了解澳大利亚

生存指南

特别呈现

U0825766

欢迎来澳大利亚

一山更比一山高？那就亲自走过去看看吧。在这片辽阔富裕的国土上，多元文化和自然奇观交相辉映。

时尚都市

大部分澳大利亚人都生活在沿海地区，实际上，89%的澳大利亚人都居住在城市里。因此，这里的城市也就理所当然地趣味盎然！悉尼汇集了迷人的海滩、精品店和酒吧；墨尔本到处都充满了艺术气息，这里的深街小巷和澳式橄榄球同样闻名遐迩；布里斯班是一座朝气蓬勃的亚热带城市；阿德莱德永远洋溢着节日的喜庆和酒酣耳热的喧嚣；作为新兴都市的珀斯弥漫着西海岸特有的豁达乐观的氛围；堪培拉政客云集；而北部热带城市达尔文和寒冷的南部砂岩之城霍巴特，都独树一帜。

通天的大路

在这片广袤的褐色土地上，许多柏油路纵横交错。从玛格丽特河到库克敦、从贾比鲁到多佛，充分领略澳大利亚的最佳方式莫过于自驾而行。汽车租赁价格实惠，路况一般较好，只要离开大城市，极少会堵车。如果你选择驾驶露营房车，在稍具规模的城镇都能找到配套设施齐全的房车公园。如果你热衷于回应野性的呼唤，不妨租辆四驱车进行一段越野之旅。澳大利亚的国家公园和隐秘的角落有许多土路，仿佛专为野外露营的越野爱好者量身打造。

餐饮

澳大利亚的餐饮风格是欧洲厨艺和环太平洋地区新鲜食材的多元化融合，也就是耳熟能详的“Mod Oz”（现代澳大利亚菜）。海鲜是当之无愧的明星，从鲜嫩多汁的莫顿湾龙虾到肉质细腻的乔治王鳕鱼，海洋慷慨地提供了无尽的产品。当然，配上啤酒，你会发现澳大利亚烧烤架上的牛肉、羔羊肉和鸡肉也是如此美味。对啤酒不感兴趣？澳大利亚的葡萄酒举世闻名：巴罗萨山谷的西拉、猎人谷的沙美龙和气候凉爽的塔斯马尼亚出产的白索维农广受欢迎。另外，塔斯马尼亚的威士忌也非常出色。需要来点咖啡因？咖啡馆无处不在，加油站设有咖啡机，市中心咖啡摊上的调配师更是随时准备为你服务。

艺术和文化

无论前往哪座城市，永远不会缺少的是标新立异的戏剧作品、热闹的现场摇滚音乐会、典雅的画廊揭幕式、电影首映式或音乐节舞蹈。这里曾是一个“文化自卑感”弥漫的国度，人们认为发源于本土的任何事情都上不了台面。但如今这种情况早已一去不复返。原住民艺术，尤其是他们的绘画和舞蹈，似乎丝毫未受这种情绪的影响，亘古不变，历久弥新。

目录

在路上

我们为什么喜欢澳大利亚

本书作者 查尔斯·罗林斯卫和梅格·沃尔拜

我们俩在这片广袤的南半球土地上生活了30年，但这里还有一些地方等着我们去探索。这不是说我们一直坐在家里，一边吃着爆米花，一边观看大卫·爱登堡（David Attenborough）的纪录片。相反，我们是旅行作家！澳大利亚实在是大得要命。即便我们用接下来的30年开始一段漫无止境的环澳大利亚公路之旅，依然会惊喜不断。对于我们这样永远在路上的狂热分子而言，这真是一种令人欣慰的体验。

了解更多作者信息，见1253页。

上图：十二门徒岩（见598页）

澳大利亚亮点

INDIAN OCEAN
印度洋
Christmas Island(Austl.)
圣诞岛(澳)
东北角
The Settlement
塞特尔门特
南角
105°30'E
10°30'S
0 12 km
0 6 miles
圣诞岛(澳)
北基林岛
97°E
0 12 km
0 6 miles
INDIAN OCEAN
印度洋
Cocos Islands (Austl.)
科科斯群岛(澳)
12°S
Bantam
班特姆
霍姆岛
West Island
西岛
South Island
南岛
科科斯群岛(澳)
INDONESIA
印度尼西亚
LAUT SAWU
萨武海
EAST TIMOR
东帝汶
TIMOR SEA
帝汶海
Melville Island
梅尔维尔岛
Cobourg Peninsula
科堡半岛
Bathurst Island
巴瑟斯特岛
Darwin
达尔文
Jabiru
Kakadu National Park
卡卡杜国家公园
卡卡杜国家公园
热带荒野(936页)
INDIAN OCEAN
印度洋
Cape Londonderry
Joseph Bonaparte Gulf
约瑟夫·波拿巴湾
Katherine
Mataranka
Wyndham
温德姆
Kununurra
Daly Waters
布鲁姆
沙漠和海洋之间的神奇颜色(1150页)
Cape Leveque
The Kimberley
金伯利
Derby
德比
Fitzroy Crossing
Fitzroy River
菲茨罗伊河
Broome
布鲁姆
Halls Creek
Tennant Creek
Dampier
丹皮尔
Port Hedland
黑德兰港
Karratha
卡拉沙
The Pilbara
皮尔巴拉
乌卢鲁-卡塔楚塔国家公园
巨大无比的岩石(983页)
NORTHERN TERRITORY
北部地区
North West Cape
Exmouth
埃克斯茅斯
Newman
Gibson Desert
MacDonnell Ranges
麦克唐奈山脉
Alice Springs
艾丽斯斯普林斯(爱丽斯泉)
Yulara
Little Sandy Desert
WESTERN AUSTRALIA
西澳大利亚州
Uluru-Kata Tjuta National Park
乌卢鲁-卡塔楚塔国家公园
Carnarvon
卡纳封
Shark Bay
沙克湾(鲨鱼湾)
Great Victoria Desert
Marla
南澳大利亚州葡萄酒产区
上等佳酿在南国(846页)
SOUTH AUSTRALIA
南澳大利亚州
Coober Pedy
Mt Magnet
Geraldton
Nullarbor Plain
纳拉伯平原
Kalgoorlie - Boulder
卡尔古利-博尔德
Eucla
Ceduna
Perth
珀斯
Fremantle
弗里曼特尔
Norseman
Great Australian Bight
大澳大利亚湾
Bunbury 班伯里
Busselton
Margaret River
Wagin
Esperance
埃斯佩兰斯
Cape Leeuwin
Albany
奥尔巴尼
墨尔本
潮人、体育和上好咖啡(519页)
大洋路
世界级的公路之旅和冲浪体验(583页)
海拔
2000m
1500m
1000m
750m
500m
250m
0
弗里曼特尔
澳大利亚最酷的小城(1020页)
克雷德尔山
塔斯马尼亚名山上令人惊叹的景色(775页)
INDIAN OCEAN
印度洋
古今艺术博物馆
独特、富有挑战和不可错过的艺术品(689页)
20°S
25°S
30°S
35°S
40°S
110°E
115°E
120°E
125°E
130°E
135°E

0 500 km
0 250 miles
ARAFURA SEA
阿拉弗拉海
Torres Strait
托雷斯海峡
PAPUA NEW GUINEA
巴布亚新几内亚
PORT MORESBY
莫尔兹比港
PAPUA NEW GUINEA
巴布亚新几内亚
Thursday Island
星期四岛
Cape York
约克角
Nhulunbuy
Arnhem Land
阿纳姆地
Groote Eylandt
Weipa
Cape York Peninsula
约克角半岛
Cape Melville
梅尔维尔角
CORAL SEA
珊瑚海
Gulf of Carpentaria
卡奔塔利亚湾
Norfolk Island(Austl.)
诺福克岛(澳)
168°E
29°S
KINGSTON
金斯顿
PACIFIC OCEAN
太平洋
菲利普岛
0 12 km
0 6 miles
诺福克岛(澳)
Great Barrier Reef
大堡礁
Cooktown
Port Douglas
道格拉斯港
Cairns 凯恩斯
Innisfail
Normanton
Flinders River
弗林德斯河
丹特里热带雨林
蝴蝶、海滩和热带丛林(480页)
大堡礁
在万花筒般的珊瑚丛中浮潜(1166页)
Ingham
Townsville
汤斯维尔
Charters Towers
Bowen
Airlie Beach
Mt Isa
芒特艾萨
Cloncurry
Whitsunday Islands
降灵群岛
Mackay
麦凯
Winton
Longreach
Barcaldine
Rockhampton
Great Barrier Reef Marine Park
大堡礁海洋公园
Gladstone
Tropic of Capricorn
南回归线
Simpson Desert
辛普森沙漠
Birdsville
QUEENSLAND
昆士兰州
Great Dividing Range
Bundaberg
Hervey Bay
Fraser Island
弗雷泽岛
Charleville
Lake Eyre North
堪培拉的博物馆和画廊
国家的教育首都(215页)
Noosa
Maroochydore
Brisbane布里斯班
St George
Toowoomba
Surfers Paradise
Coolangatta
Tweed Heads
Byron Bay
拜伦湾
Lake Eyre South
Barwon River
巴望河
PACIFIC OCEAN
太平洋
Flinders Ranges
弗林德斯山脉
Port Augusta
奥古斯塔港
Broken Hill
Darling River
达令河
Bourke
Grafton
Armidale
Coffs Harbour
NEW SOUTH WALES
新南威尔士州
Nyngan
Tamworth
Whyalla
Port Macquarie
麦夸里港
Lord Howe Island(NSW)
豪勋爵岛(新南威尔士州)
Dubbo
Eyre Peninsula
艾尔半岛
Griffith
格里菲斯
Cowra
Bathurst
Katoomba
Newcastle
Port Lincoln
Adelaide
阿德莱德
Mildura
Hay
Sydney悉尼
拜伦湾
嬉皮士、冲浪和音乐节(162页)
Murray Bridge
Swan Hill
Wagga Wagga
Goulburn
Wollongong
Kangaroo Island
坎鲁加岛
(袋鼠岛)
VICTORIA
维多利亚州
Murray River
墨累河
JERVIS BAY TERRITORY
杰维斯湾地区
Horsham
霍舍姆
Albury
Batemans Bay
Shepparton
Wodonga
CANBERRA
堪培拉
Mt Gambier
Ballarat
Melbourne
墨尔本
AUSTRALIAN CAPITAL TERRITORY
澳大利亚首都直辖区
TASMAN SEA
塔斯曼海
Warrnambool
Geelong
Wilsons Promontory
威尔逊岬
邦迪海滩
典型的澳大利亚海滩(91页)
Cape Otway
奥特韦角
King Island
金岛(国王岛)
Bass Strait
巴斯海峡
Flinders Island
弗林德斯岛
悉尼歌剧院
悉尼港里歌剧般的建筑(76页)
Devonport
Launceston
Queenstown
TASMANIA
塔斯马尼亚州
140°E
150°E
155°E
160°E
Hobart
霍巴特

澳大利亚 Top 25

1

本土野生动物

1 不管是毛茸茸、让人想拥抱的，还是性情凶猛的野生动物，一次澳大利亚野生动物观测游（见1198页）能看到的远不尽于此。去赫维湾观鲸，到昆士兰州的海滩上看海龟掘巢孵蛋（然后就变成小海龟了），维多利亚州的菲利普岛上还有憨态可掬的小企鹅和海狗。昆士兰州、西澳大利亚州和北部地区栖息着恐龙般的鳄鱼，处处都有澳大利亚的鸟儿在耳边鸣叫（笑翠鸟的笑声绝对会令你印象深刻）。在这些动物中，你将看到多种特有的动物：考拉、袋鼠、短尾矮袋鼠、袋熊和鸭嘴兽。图为蓝翼笑翠鸟，昆士兰州。

大堡礁

2 联合国教科文组织世界遗产？没错。奥普拉·温弗瑞（Oprah Winfrey）对这里赞不绝口？毋庸置疑。大堡礁（见1166页）有多美丽，就有多脆弱。它沿着昆士兰州海岸线绵延2000多公里，水下遍布着耀眼的珊瑚、慵懒的海龟、滑行的鳐鱼、羞怯的礁鲨和五光十色的热带鱼类。无论你是深潜、浮潜、搭乘观光飞机还是乘坐玻璃底船观光，这个生机勃勃的海底王国以及珊瑚环绕的岛屿一定会让你终生难忘。

MARTIN WILLIS / GETTY IMAGES ©

2

JEFF HUNTER / GETTY IMAGES ©

乌卢鲁-卡塔楚塔国家公园

3 无论你在明信片上与它邂逅过多少次，当宏伟而熠熠生辉的乌卢鲁兀然出现在地平线上时，你还是会为其折服。由于地处沙漠，加之深厚的文化底蕴以及炫目的美景，乌卢鲁值得你跋涉千里一睹芳容。不过乌卢鲁-卡塔楚塔国家公园（见983页）绝不止这一块巨岩。除了引人入胜的卡塔楚塔（奥尔加），这里还有神秘的徒步线路、叹为观止的日落风景和古老的文化等待你去探索。

悉尼歌剧院

4 坐落于悉尼港内的悉尼歌剧院（见76页）一眼就能被认出，它是悉尼的标志。作为现代艺术建筑无与伦比的代表作，约恩·乌松在贝尼隆角建造的这座前卫建筑，在极富视觉冲击力的大桥、波光粼粼的蓝色海水和往来穿梭的绿色轮渡等风景的衬托下，更显得独树一帜。最重要的是，每个人都能找到亲身感受这种魔力的方式：位置绝佳的水边酒吧、有口皆碑的法国餐厅、导游带领的观光团，还有星光熠熠的盛大演出。

3

4

5
ANDREW WATSON / GETTY IMAGES ©

6
WALTER BIBIKOW / GETTY IMAGES ©

7
MARK MAWSON / GETTY IMAGES ©

丹特里热带雨林

5 绿意葱茏的雨林里到处都是芭蕉扇般的棕榈叶、恍若史前生物的蕨类植物和红树林，它们一路延伸至耀眼的白沙海岸线，形成了世界遗产丹特里热带雨林（见480页）。走进雨林，迎接你的是鸟儿高歌、青蛙浅唱、昆虫长鸣。你可以参加夜观野生动物游、穿越山地、漫步树冠、探索小径、驾驶四驱越野车、骑马、划皮划艇、观察鳄鱼、览胜热带水果园……如果运气够好，你甚至还能看到鹤鸵。图为空中走廊，丹特里探索中心（见480页）。

弗里曼特尔

6 位于珀斯以南22公里处的弗里曼特尔是西澳大利亚州的重要港口。这座年轻学生云集的海港城市自由不羁，浪漫文艺，以城中经典的维多利亚式建筑著称。这是一片孤绝之地，离新加坡比离悉尼更近。但和所有港口城市一样，世界潮流让这里的人们充满着时代精神。新潮的弗里曼特尔（见1020页）有着一颗灼热的海洋之心：到处都是手工酿制的啤酒、现场音乐厅、嬉皮酒吧、午夜咖啡店、海鲜摊、街头艺人、海滩、市场和逃离书本的学生。

邦迪海滩

7 具备绝对的悉尼风情和无可抗拒的时尚魅力，邦迪海滩（见91页）是世界上最棒的海滩之一。冲浪手、模特、滑板朋克一族和背包客出没于Campbell Pde沿路的酒馆、酒吧和餐厅，但海滩是永恒不变的主题。这是离城市最近的海滩，优质海浪绵延不绝（虽然人潮也一样汹涌），你可以在海水中尽情嬉戏。一定要沿着邦迪至库吉崖顶路线徒步一番，起点在海滩南段。

8

TRAVIES23 / GETTY IMAGES ©

9

ANDREW WATSON / GETTY IMAGES ©

10

MONA / LEIGH CARMICHAEL ©

美酒珍馐

8 在澳大利亚各地，你会找到适合各种消费层次的美食：悉尼的牡蛎和海鲜（见84页），塔斯马尼亚的葡萄酒、威士忌和奶酪，墨尔本的咖啡、地道的希腊菜和意大利菜，南澳大利亚的烈性红酒和雷司令，西澳大利亚的淡水小龙虾，以及北部地区的特产肉类和丛林美食。澳大利亚众多的葡萄酒产区都涌现出了就地取材的烹饪文化，无论你在哪个酒庄参观，都可以享受到浪漫的午餐。

降灵群岛

9 在这片热带群岛间，你可以从一个岛到另一个岛，尽兴地展开一段短期的海上生活。降灵群岛（见417页）的美景绝对独一无二。预算不同的旅行者都可以从派对小镇艾尔利海滩乘坐游艇，在这些枝繁叶茂的绿色岛屿之间漫游，寻找心目中的天堂（你也许会发现天堂不止一个）。不要错过白天堂海滩，这是澳大利亚最棒的海滩之一。身未动，心已远，对吧？图为艾尔利海滩（见411页）。

霍巴特和古今艺术博物馆

10 从霍巴特港乘坐渡轮，可以前往一处匪夷所思的河岸，上面坐落着古今艺术博物馆（见689页）——一所世界一流的创新机构。它的创立人霍巴特慈善家大卫·沃尔什（David Walsh）称它为"一座颠覆性的成人迪士尼乐园"，三层惊人的地下画廊展示了400多幅惊世骇俗的艺术作品。你不见得全部喜欢，但登门一游不仅能成为今后的谈资，也是你在澳大利亚的独特艺术体验。图为古今艺术博物馆。

拜伦湾

11 遍地袋鼠和亚古巴宽边帽，洒脱的拜伦湾（被喜欢这里的人昵称为拜伦，见162页）是澳大利亚经久不衰的文化符号之一。趁学校假期来此度假的家庭，以及来自全球各地的冲浪者和日光浴爱好者在日落时分来到海滩，享受这里的顶级餐厅、闲适的生活节奏、无尽的海滩以及数不胜数的活动。更重要的是，这里有澳大利亚最美丽的海岸线。

墨尔本

12 为什么排队？因为他们只是在等待进入墨尔本（见519页）近来炙手可热的“不预订”餐厅。虽然最佳餐厅、最佳大厨、最佳咖啡馆、最佳咖啡师和最佳流动餐车的名头总是轮换，但有些事情却永远不会改变：市中心边上绿树成荫的公园和花园；拥挤的有轨电车带人们前往海风轻扬的南圣基尔达；生活在这座城市里的人都会为体育运动而痴狂。这里有举世闻名的街头艺术，其表现了墨尔本的忧虑、失意和快乐。图为墨尔本中心广场（见525页）。

ANDREW BAIN / GETTY IMAGES ©

MARK READ GETTY IMAGES / GETTY IMAGES ©

布鲁姆和西澳大利亚州西北部

13 严酷、偏远但令人惊叹，澳大利亚最后的边疆有着三处令人骄傲的世界遗产：鲨鱼湾、宁加卢和普尔努卢卢。这里地广人稀。布鲁姆（见1150页）是旅行者最向往的胜地之一，每天傍晚，一轮灼热的红日滑入绿宝石般的印度洋。而遥远的丹皮尔半岛出名的不仅有它的车道，奇峻的峭壁、红土、海鲜、原住民文化和豪华帐篷都会给你顶级体验。图为丹皮尔半岛（见1159页）。

大洋路

14 十二门徒岩，是从狂野的海水中一跃而出的一组形状奇特的岩石，也是维多利亚州最生动的景观，而且前往此处的公路胜景更让这里魅力倍增。放慢车速，沿着壮观的巴斯海峡旁蜿蜒的公路前行，然后慢速穿过热带雨林和散落在其中的小镇。大洋路（见583页）的魅力不仅于此，继续往前就是被誉为“海上珍宝”的费里港，以及不为人知的布里奇沃特角。如果时间充足，最好的方式是步行领略从阿波罗湾到十二门徒岩的大洋路精华。图为十二门徒岩（见598页）。

DAVID MESSENT / GETTY IMAGES ©

MANFRED GOTTSCHALK / GETTY IMAGES ©

堪培拉的博物馆和美术馆

15 尽管堪培拉仅有百年历史，但这座澳大利亚专门打造的首都却充满了历史感。这里最引人入胜的当属展现国家风采的博物馆和美术馆。澳大利亚国家美术馆（见216页）、澳大利亚国家博物馆、国家肖像馆和澳大利亚战争纪念馆都会让游客更深入地了解这个国家的古今历史和文化。图为堪培拉的澳大利亚国家博物馆（见218页）。

玛格丽特河地区

16 沿着桉树成荫的公路从一座酒庄游荡到另一座酒庄，并不能享尽西澳大利亚州的全部乐趣。这里的洞穴等待探索，历史古镇有待参观，还有春季绽放的野花等着欣赏。玛格丽特河（见1054页）附近的世界级冲浪点吸引弄潮高手蜂拥而至，但如果你发现沙滩上只有自己的脚印，也不要为此感到惊讶。在冬末春初，可以看到鲸鱼在沿着被誉为“座头鲸公路”的浅水区巡游。

克雷德尔山

17 新月形的克雷德尔山（见775页）是塔斯马尼亚最知名、最壮观的山峰，其陡峭险峻的岩石因几千年的冰蚀和风蚀形成。一日游可步行（以及攀越大岩石）往返山顶，从而一览令人叹为观止的塔斯马尼亚高山的核心区全景。你也可以怀着敬畏之心站在山下，用相机拍摄高山倒映在鸽子湖（Dove Lake）上的美丽倩影。如果山峰隐藏在云层或白雪后，不妨在附近找个小屋用炉火取暖，第二天再来。

内陆和布罗肯希尔

18 无论你是行走在南澳大利亚的乌德纳达塔步道（见903页），还是昆士兰州西南的伯兹维尔步道，你要知道你不仅仅在参观内陆地区，你已经成为它的一部分。在这里，天空更蓝，土地比其他地方更红，白天驱车几百公里，驶过无数鬣刺草堆，经历无数次爆胎。夜晚则下榻于星光灿烂的酒店，等待着流星落下。如果时间不够充裕，可以走公路，去远离海洋的内陆矿镇布罗肯希尔看看。

CHRISTIAN KOBER / GETTY IMAGES ©

JOHN SONES SINGING BOWL MEDIA / GETTY IMAGES ©

ANDREW BAIN / GETTY IMAGES ©

DARRELL GULIN / GETTY IMAGES ©

BENGOODE / GETTY IMAGES ©

达尔文和卡卡杜国家公园

19 曾在"二战"中遭受轰炸，后又饱受热带气旋翠西的摧残，达尔文（见911页）知道如何重塑自己。这座地处热带的边陲城市慢慢发展为一个拥有多元文化、倡导享乐主义的旅游热点，这里也是进行大多数澳大利亚精彩荒野游的起点。位于达尔文东南方向、约两小时车程的卡卡杜国家公园是观赏原住民岩画和纯净池塘的最佳地点，这里的亮点是喧嚣的鸟鸣和咸水鳄鱼。图为马戈凯（尖吻鲈谷，见943页）。

弗雷泽岛

20 世界上最大的沙堆——弗雷泽岛（见385页）是澳大利亚野犬、沉船遗骸和各种鸟类的家园。四驱越野车（常规车辆无法抵达）可到达富有传奇色彩的营地以及漫长的白沙滩。荒芜的海岸线让所有人都淡泊宁静，徜徉在溪水湖泊之间。在星空下的沙滩上扎营，你将真正亲近大自然。搭乘短途轮渡即可前往赫维湾，在冬天和春天可以看到座头鲸在这里喷水。图为玛希诺号（见387页）。

南澳大利亚葡萄酒产区

21 阿德莱德拥有三处世界知名的葡萄酒产区，驾车两小时都能到达：北部的巴罗萨山谷（见846页）以其非凡的红葡萄酒、古老的葡萄藤和德式酿酒法而闻名；南部的麦克莱伦谷，坐拥地中海般的风景、优质的葡萄藤和西拉葡萄酒；还有克莱尔山谷，这里最出名的首推雷司令（riesling），其次则是颠簸的骑行道。保持美誉的秘密是产自气候凉爽的阿德莱德丘陵的佳酿以及产自库纳瓦拉的优质的解百纳赤霞珠。图为巴罗萨山谷的葡萄园。

22

AUSCAPE / UIG / GETTY IMAGES ©

23

RICHARD I'ANSON / GETTY IMAGES ©

宁加卢海洋公园

22 在温柔的巨型鲸鲨身旁游泳，在未受污染的珊瑚丛上浮潜，在人迹罕至的礁岛上冲浪，在世界最佳潜水地深潜，这处被列入世界遗产名录的海洋公园在西澳大利亚州珊瑚海岸的西北角上。比起大堡礁，宁加卢（见1120页）的美毫不逊色，而且有更多方便接近的去处，可以从海滩直接进入清浅的潟湖中享受极棒的浮潜体验。这里的开发比较低调，做好扎营的准备，或者从埃克斯茅斯或珊瑚湾出发展开一日游。图为鲸鲨。

原住民艺术

23 原住民艺术植根于"梦创时代"，一个永恒不变的追溯精神祖先的生命网络，它是维系过去和现在、超自然和世俗、人和土地的纽带。澳大利亚中部的点画（见1188页）异常精美，与之相比毫不逊色的还有提维岛的雕刻和纺织品、阿纳姆地的树皮画、托雷斯海峡的岛民绘画和雕刻工艺品，以及原住民成立的艺术合作社作品。你可以在商业画廊买到价格合理的作品，从原住民社区直接购买更划算。图为印加拉克艺术游的导游Garry Djorlom，印加拉克山（见944页）。

黄金海岸

24 傲慢、享乐主义和言过其实……昆士兰州的黄金海岸（见341页）可谓样样占全，但是如果你期待一场派对，那就来对地方啦！虽然存有争议，但这里的海滩却无可非议，有绝美的海岸线、洁净的沙滩、温暖的海水和奔涌的海浪。古铜色皮肤的海浪之神——澳大利亚的冲浪救生员在沙滩上巡逻，并在冲浪嘉年华中大显身手。丰富多彩的活动包括游泳、沙滩赛跑和冲浪艇竞赛等。这里还有澳大利亚最大的主题公园，是过山车圣地！

AIRPHOTO AUSTRALIA / GETTY IMAGES ©

体育狂热

25 澳式橄榄球在这里是一种信仰：澳式橄榄球联盟（AFL）赛季的高潮是9月在墨尔本举行的总决赛（见543页）。墨尔本还会举办澳大利亚网球公开赛、一级方程式赛车澳大利亚大奖赛、墨尔本杯赛马以及一年一度的节礼日板球赛。在昆士兰州和新南威尔士州，观赏一场冬天的国家橄榄球联赛。在酒馆的大屏幕上看比赛，喝着啤酒和当地人一起加油助威是一种不可错过的体验。图为墨尔本板球场（见565页）。

RICHARD I'ANSON / GETTY IMAGES ©

行前参考

更多信息见"生存指南"（1209页）

货币
澳大利亚元（$）

语言
英语

签证
除新西兰公民外的所有外国游客在前往澳大利亚时都需要办理签证。一些签证类型的申请表，可从澳大利亚海外使领馆、旅行社或**移民和边境保护部**（www.border.gov.au）网站获得。

现金
悉尼、墨尔本、黄金海岸、阿德莱德等城市均受理银联卡。澳大利亚各城市和较大的村镇均有自动柜员机，酒店、餐厅、交通工具和活动预订都可接受信用卡。

移动电话
可选择全球漫游或是办理当地SIM卡和预付费账户。

时间
澳大利亚主要分为三个时区：东部、中部和西部标准时区。悉尼位于澳大利亚东部标准时区内，比北京时间早2小时/3小时（夏令时）。执行中部、西部标准时间且没有夏令时的珀斯、达尔文等地则与北京没有时差。

何时去

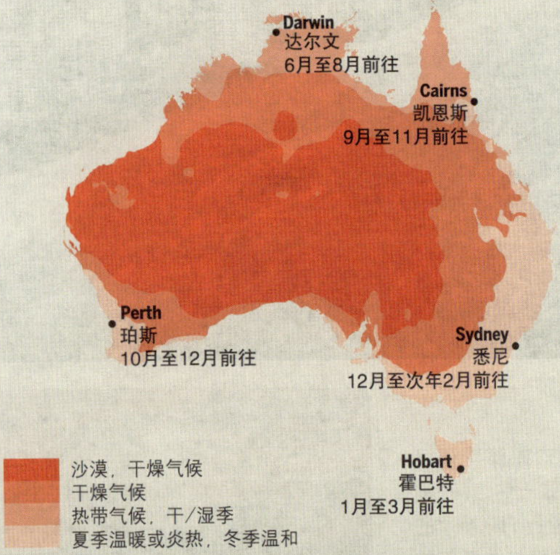

旺季
（12月至次年2月）
- 夏季是当地假期，有人头攒动的海滩和板球赛。
- 大城市的住宿价格上涨25%。
- 户外摇滚音乐会、电影放映活动和美食节比比皆是。

平季
（3月至5月和9月至11月）
- 和煦的阳光与清澈的天空，不必排长队。
- 复活节（3月底或4月初）是澳洲家庭的度假时间，各地的游客都很多。
- 维多利亚州、塔斯马尼亚州和南澳大利亚州的秋意正浓。

淡季
（6月至8月）
- 南部阴雨连绵，北部晴空万里。
- 游客较少，景点的营业时间略微缩短。
- 前往沙漠、北部热带地区或降雪区。

网络资源

澳大利亚驻华大使馆(www.china.embassy.gov.au/bjngchinese/home.html)有用的签证信息和官方的目的地介绍。

澳大利亚旅游局官网(Tourism Australia；www.australia.cn)政府旅游局官方网站，提供各种游客信息。

澳大利亚移民和边境保护部(Department of Immigration and Border Protection；www.border.gov.au)澳大利亚最新签证和移民政策。

Lonely Planet(孤独星球；www.lonelyplanet.com/australia)目的地信息、旅馆预订、旅行者论坛及其他。

The Australian(www.theaustralian.com.au)国内大报在线网站。

Parks Australia(www.environment.gov.au/parks)提供国家公园和保护区的信息。

Coastalwatch(www.coastalwatch.com)海浪报告和冲浪信息。

重要号码

澳大利亚的电话号码为两位区号加8位数字。如果从境外致电，不要加拨号码开头的0。

国家代码	☎61
国际接入码	☎0011
紧急求助电话（急救、消防、报警）	☎000

汇率

人民币	CNY1	AUD0.21
新台币	TWD100	AUD 4.18
港币	HKD100	AUD 17.73
澳门元	MOP100	AUD 17.18
新加坡币	SGD1	AUD 0.98
英镑	GBP1	AUD 2.07
欧元	EUR1	AUD 1.50
美元	USD1	AUD 1.37

了解当前汇率，可查阅www.xe.com。

每日预算

经济：低于$100

- 青年旅舍宿舍床位：$25~35
- 青年旅舍双人间：$80起
- 比萨简餐或意面套餐：$10~15
- 短途汽车或电车：$4

中档：$100~280

- 汽车旅馆、含早餐民宿或中档酒店双人间：$100~200
- 咖啡馆早餐或午餐：$20~40
- 短途出租车费：$25
- 小汽车租赁：$35起

高档：高于$280

- 高级酒店双人间：$200起
- 高档餐厅三菜套餐：$80
- 夜总会最低消费：$10~20
- 悉尼至墨尔本国内航班：$100起

营业时间

各州营业时间有所不同，但下列时间可作参考。

银行 周一至周四9:30~16:00，周五9:30~17:00

酒吧 16:00至深夜

咖啡馆 7:00~17:00

酒馆 11:00至午夜

餐厅 12:00~14:30和18:00~21:00

商店 周一至周五9:00~17:00，周六9:00~12:00或17:00

超市 7:00~20:00，部分24小时营业

抵达澳大利亚后

悉尼机场（见1231页）

5:00至次日1:00，Airport Link（车程20分钟）每隔10分钟有一班车从机场发往市中心。预约机场大巴可抵达城区酒店。乘出租车前往城内的费用为$40~50（30分钟）。

墨尔本机场（见1231页）

空中巴士（24小时）每隔10~30分钟有一班车发往城内（车程20分钟）。乘出租车前往城区的费用约为$40（25分钟）。

布里斯班机场（见1230页）

5:00~22:00（周六为6:00~22:00），Airtrain每隔15~30分钟有一班车发往市中心（车程20分钟）。预约机场大巴可抵达城区酒店。乘出租车前往城内的费用为$35~45（25分钟）。

当地交通

澳大利亚是世界第六大国家——因此选择交通工具时得费一番思量。

小汽车 按照自己的节奏来旅行。探索偏远地区时，开车可以游览公共交通工具无法企及的地点。在主要城镇可租赁小汽车，路上靠左行驶。

飞机 方便快捷，价格经济，班次频繁的快班航线遍布主要中心城市。如果你对乘飞机所产生的碳排放觉得心中有愧，可以支付碳补偿费用。

长途汽车 可靠、频繁的长途汽车服务线路遍及全国，但价格并不见得会比飞机便宜。

火车 速度较慢、价格较贵、班次较少……但一路风景无可挑剔。最好选择卧铺车厢，而不是“过夜”座位。

了解更多**当地交通**信息，参见1231页。

新线报

达令港和布朗加鲁，悉尼

达令港的面貌一新，脱去了20世纪80年代风格的旧装，变成了新兴的巨型会务中心，而新布朗加鲁则集中了写字楼、公园和娱乐场所。

澳大利亚世纪恐龙博物馆，温顿

这座新博物馆和研究机构有着漂亮的参观中心并计划开辟新的博物学展区。非营利性的研究中心每年5月和6月都会组织恐龙挖掘活动。（见506页）

Spirit of Queensland，昆士兰州

这班高速列车飞驰在布里斯班和凯恩斯间1681公里长的铁路线上，全程用时不到25小时。车厢内的座位和飞机一样，有娱乐设备和可以放平的座椅。

莫森小屋复原博物馆，霍巴特

这间位于霍巴特海滨上的小木棚子是什么？这所新建的博物馆是道格拉斯·莫森爵士1911年南极基地的逼真复制品，里面的工作人员知识渊博。（见687页）

阿德莱德椭圆形体育场，阿德莱德

在花费了6.1亿澳元改造升级后，阿德莱德椭圆形体育场焕然一新。原本绿草如茵的山丘、无花果树和旧记分牌都被保留下来，这里仍然是全球最漂亮的板球场之一。（见793页）

特雷维利安码头，堪培拉

位于伯利格里芬湖南岸的特雷维利安码头是一处集中了咖啡馆、餐馆和酒吧的运河沿岸新兴休闲带。（见225页）

MANY6160，弗里曼特尔

一处混搭有本土艺术家工作室、新兴画廊和店铺的波希米亚区，占据了以前玛雅百货宽敞的第一层。（见1028页）

戈蒂尼马因伊加德河艺术和文化中心，凯瑟琳

凯瑟琳最新的社交和文化热点就是这个超棒的新艺术中心。这幢轻松俏皮的建筑很快成了城中的地标性建筑。（见949页）

在宁加卢海洋公园玩皮划艇，西澳大利亚州

宁加卢礁上有了一条新的划艇航线，还在一些浮潜点设有停靠站。这里开发了一条过夜航线，航行中可以在通过GPS定位的偏远海滩上扎营。

布罗肯希尔，新南威尔士州

2015年，布罗肯希尔和其他102个地点被收入对国家认同具有特殊意义的国家遗产名单。（见268页）

双湾畅饮，悉尼

悉尼最新推出的严格的酒类营业许可法规让酒鬼们离开金斯克罗斯，会聚到一度古板保守的双湾地区。新开的酒吧和餐馆正在改变这里的风景线。

了解更多推荐和点评，参见
lonelyplanet.com/australia

如果你喜欢

海滩

邦迪海滩 悉尼的必游之处，可以在浪尖嬉戏，或只是慵懒小憩，看人来人往。（见91页）

酒杯湾 翻山越岭后到塔斯马尼亚这片壮丽的海湾一游，你一定会觉得不虚此行。（见731页）

白天堂海滩 昆士兰州降灵群岛的瑰宝，拥有洁白细腻的沙滩和清澈见底的海水。（见421页）

贝尔斯海滩 澳大利亚最著名的冲浪海滩，位于维多利亚大洋路上的托基附近。（见593页）

地狱火湾 这里的沙子如爽身粉般细腻。它地处西澳大利亚中部的勒格兰德角国家公园，位置较为偏僻。（见1080页）

卡里克卡林加海滩 位于阿德莱德东南部的麦克莱伦谷葡萄酒产区附近，适宜垂钓、游泳，海水碧蓝，人迹罕至。（见826页）

阿瓦隆 悉尼北部最上镜的海滩。（见99页）

克劳迪角 新南威尔士州的金色海滩，滩上怪石嶙峋，千姿百态。（见206页）

岛屿

袋鼠岛 南澳大利亚州观赏野生动物的最佳地点之一，海鲜极为新鲜。（见831页）

布鲁尼岛 海风轻拂、人烟稀少的休闲地，位于霍巴特以南，坐拥让人着迷的海岸风情。（见708页）

弗雷泽岛 世界上最大的沙岛，岛上有巨大的沙丘、淡水湖和种类丰富的野生动物。（见385页）

降灵群岛 找一家度假村住下，或是在昆士兰州这处得天独厚的群岛周边扬帆。（见417页）

北斯特拉德布罗克岛 布里斯班的度假胜地，拥有冲浪海滩和路经此地的鲸鱼。（见329页）

罗特内斯特岛（瓦杰马普） 从西澳大利亚州的弗里曼特尔乘坐轮渡即可抵达这座历史悠久的别致环礁。（见1031页）

蜥蜴岛 真的想远离尘嚣？来昆士兰州最北端的这座岛屿，既可以重金入住度假村享受高端服务，也可以露营度过节俭旅程。（见485页）

埃利奥特夫人岛 四周被大堡礁环绕，这个偏远的昆士兰州岛屿会给人荒岛求生的感觉。（见395页）

荒野

蓝山国家公园 离悉尼最近的真正荒野：壮丽的峡谷、悬崖和茂密的桉树林。（见136页）

弗林德斯岭国家公园 南澳大利亚州最古老的岩地——伊卡拉（Ikara，又称维凭拿庞）荒芜而壮美，让人心驰神往。（见894页）

尼特米卢克（凯瑟琳峡谷）国家公园 在北部地区的崎岖荒野中，尝试史诗般的纪特布拉小道五日游，沿途有许多非常棒的游泳地点。（见953页）

克雷德尔山-圣克莱尔湖国家公园 让自己沉浸在塔斯马尼亚让人望而生畏却又美轮美奂的景色之中。（见775页）

金伯利 在西澳大利亚州北部，你会发现飞流直下的瀑布、壮观的峡谷、光秃秃的山峰以及空旷的海岸线。（见1133页）

丹特里热带雨林 探索昆士兰州最北部的原始森林，这里活动丰富、游人甚少。（见480页）

斯特尔特国家公园 新南威尔士州西北端的这座国家公园是比较容易进入的内陆地域，这里的野生动物种类繁多，而地理位置相对偏远。（见275页）

葡萄酒产区

巴罗萨山谷 这里是澳大利亚最负盛名的红酒产地，在南澳大利亚州古老的德国移民村附近有80多家酒窖。（见846页）

麦克莱伦谷 在阿德莱德以南约

1小时车程处，这里是一个地中海风情的西拉葡萄酒天堂。（见822页）

泰玛谷 这里是塔斯马尼亚气候凉爽的重要葡萄酒产区，离朗塞斯顿不远。（见746页）

克莱尔山谷 不必多言，南澳大利亚州的克莱尔山谷盛产让人赞不绝口的雷司令。（见852页）

亚拉河谷 距离墨尔本仅1小时车程，亚拉河谷盛产甘醇的白葡萄酒和赤霞珠。（见575页）

猎人谷 可追溯至19世纪20年代的猎人谷是澳大利亚最古老的葡萄酒产区，这里的沙美龙葡萄酒口感很棒。（见154页）

格兰纳特贝尔 昆士兰州的高海拔葡萄酒产区生产出人意料的好酒。（见334页）

酒馆和现场音乐

Northcote Social Club 墨尔本最好的现场音乐场所之一，前有嘈杂的酒吧，后有巨大的露天平台。（见564页）

Newtown Social Club 悉尼的老Sandringham Hotel里有很棒的现场音乐，表演者有本地乐队也有独立音乐大腕。（见127页）

Governor Hindmarsh Hotel 位于阿德莱德一栋饱经风霜的建筑里，有可口的酒馆食物和各种风格的现场音乐表演。（见811页）

Knopwood's Retreat 在霍巴特的寒夜里，没有什么比看到“Knoppies”的火光更加温暖人心的事了。（见701页）

Sail & Anchor 这家弗里曼特尔精酿啤酒酒馆的口号是“酒中见真言”。（见1026页）

Bills On The Ningaloo Reef 位

AUSCAPE / GETTY IMAGES ©

ANDREW WATSON / GETTY IMAGES ©

上图：在蓝山国家公园的回音角眺望三姊妹峰（见137页）。
下图：澳大利亚国家美术馆（见216页），前为George Baldessin的作品*Pear - version number 2*（1973），后为Thanakupi的作品*Eran*（2010）。

于珊瑚湾（西澳大利亚州）的这家新开美食酒吧迅速提升了那里的烹饪档次。（见1114页）

Corner Hotel 富有传奇色彩的摇滚乐表演场地，位于墨尔本里士满。（见563页）

Breakfast Creek Hotel 经久不衰的布里斯班酒店显得媚俗。（见319页）

王宫酒店 一家奢靡、花哨的老式布罗肯希尔酒馆，近来重新焕发出生机和活力。（见273页）

美术馆

澳大利亚国家美术馆 这家一流的堪培拉博物馆藏有7500余件原住民和托雷斯海峡岛民艺术家的精美作品。（见216页）

古今艺术博物馆 澳大利亚最具颠覆力的艺术博物馆总是霍巴特街头巷尾的话题。（见689页）

维多利亚州国家美术馆 这是出类拔萃的国际艺术品巡回展场所（曾展出过莫奈、达利、卡拉瓦乔等名家之作），和墨尔本居民一起排队入场吧。（见521页）

新南威尔士州美术馆 这家老牌博物馆经常推陈出新，举办不同的展览，包括一直以来饱受争议的Archibald Prize等。（见77页）

南澳大利亚州美术馆 位于阿德莱德North Tce的这家美术馆总是在与时俱进。（见789页）

巴拉腊特美术馆 澳大利亚最古老、规模最大的地区美术馆，藏有众多知名澳大利亚艺术家的作品。（见624页）

北部地区博物馆和美术馆 达尔文格调不凡的美术馆，展出精美的原住民艺术品。（见916页）

普罗·哈特美术馆 位于新南威尔士州布罗肯希尔的美术馆，藏有这位世界著名画家的众多作品。他曾经是一位矿工。（见270页）

原住民文化

卡卡杜国家公园 北部地区诺兰基和乌比尔的崖壁上镌刻着精彩岩画。（见936页）

库里遗产信托 位于墨尔本，是探索东南部原住民文化、当代和传统艺术的好地方，提供团队游。（见530页）

Kuku-Yalanji Dreamtime Walks 在原住民向导的带领下，步行穿越昆士兰州的莫斯曼峡谷。（见478页）

乌卢鲁-卡塔楚塔文化中心 在乌卢鲁大门口了解当地原住民的法则、习俗和宗教。（见983页）

Bookabee Tours 原住民经营的前往南澳大利亚州阿德莱德和弗林德斯岭的团队游。（见797页）

戈蒂尼马因伊加德河艺术和文化中心 凯瑟琳的社交和建筑新地标（北部地区）。（见949页）

Ngurrangga Tours 从卡拉沙（西澳大利亚州）出发去往附近几处岩画和池塘的文化之旅。（见1123页）

卡那封峡谷 深入昆士兰州这些蜿蜒曲折的峡谷内，近距离观赏让人叹为观止的岩画艺术。（见403页）

丹皮尔半岛 与偏远的西澳大利亚州社区开展互动，学习如何叉鱼和捕捉泥蟹。（见1159页）

内陆探险

驾四驱车前往约克角 澳大利亚最吸引人的荒野探险之一，就是前往澳大利亚大陆最北端的越野之旅，可参团或孤身前往。（见492页）

红土中心路 从爱丽斯泉启程，跟随旅行团去探索澳大利亚沙漠核心地带的乌卢鲁和卡塔楚塔。（见977页）

卡里吉尼国家公园 在这座偏远的西澳大利亚国家公园开展一段探险观光之旅，翻山越岭、跋山涉水，穿越这些峡谷。（见1126页）

乌德纳达塔步道 位于南澳大利亚沧桑的停运铁路线上，沿途经过艾尔湖和一些偏远的酒馆，可以邂逅众多鸸鹋和蜥蜴。（见903页）

纳拉伯平原 内陆公路终极之旅，从阿德莱德至珀斯，全程2700公里，中途穿越漫长、宽广、空旷的纳拉伯平原。（见1082页）

芒戈国家公园 新南威尔士州奇妙的内陆目的地，拥有令人大开眼界的陆地构造、野生动物和原住民文化。（见266页）

阿纳姆地 从北部地区卡卡杜国家公园的贾比鲁出发，开始前往偏远的阿纳姆地的一日游之旅。（见943页）

普尔努卢卢国家公园 在西澳大利亚州这些历经风吹雨打的蜂巢圆顶石下漫步。（见1148页）

每月热门

最佳节庆

阿德莱德艺穗节，2月

悉尼同性恋狂欢节，3月

拜伦湾蓝调音乐节，4月

澳式橄榄球联盟总决赛，9月

短片艺术节，12月

1月

1月，整个澳大利亚刚从圣诞节的宿醉中苏醒过来，接着，每个人都意识到："现在是夏天了！"节庆季以阳光明媚的户外音乐节拉开帷幕，墨尔本的澳大利亚网球公开赛也在本月举行。

悉尼节

正如宣传材料所说的，这一节日"规模宏大"。事实上，这个为期3周的夏季节日会举办音乐、舞蹈、讨论、戏剧和视觉艺术等活动，其中大部分都是免费而且面向家庭的，届时整个城市都将充满艺术氛围(Sydney Festival; www.sydneyfestival.org.au)。

古今艺术博物馆音乐艺术节

古今艺术博物馆在霍巴特举办的音乐艺术节(MOFO; www.mofo.net.au)。在Violent Femmes乐团的贝斯手Brian Ritchie的策划下，音乐节和博物馆一样前卫、先进和出人意料。

国庆日

1月26日是澳大利亚的"诞生日"(Australia Day; www.australia-day.com)，也是"第一舰队"于1788年登陆的日子。澳大利亚人会举行野餐、户外烧烤、放烟火等活动来庆祝，而民族主义者则挥舞国旗、酩酊大醉、捶胸顿足。然而，澳大利亚原住民却无心庆祝这个节日，他们称其为"入侵日"或"幸存日"。

塔姆沃思乡村音乐节

每年1月中旬，在这座位于新南威尔士州北部的小镇(Tamworth Country Music Festival; www.tamworthcountrymusicfestival.com.au)上，到处都是大帽子、金色的吉他和你在这片能与田纳西州纳什维尔相媲美的土地上才听得到的最佳乡村音乐(大部分演出者都是澳大利亚人，一些世界级的外国艺术家也会来参加)。

2月

2月是澳大利亚最温暖的月份：雨季来临，北部地区变得湿热难耐，但是塔斯马尼亚和维多利亚却气候宜人。在其他地方，当地人返回工作岗位、前往海滩度假或是到运动场看板球比赛。

阿德莱德艺穗节

所有难登(或者不屑于登上)阿德莱德艺术节(Adelaide Festival)大雅之堂的艺术家都会来参加这个为期1个月的阿德莱德艺穗节(Adelaide Fringe; www.adelaidefringe.com.au)，其规模仅次于爱丁堡艺穗节。精彩纷呈的喜剧、音乐和马戏团表演都在"极乐花园"(Garden of Unearthly Delights)举行。

3月

3月是澳大利亚葡萄园的收获季节。近年来，这个月变得和1月、2月一样炙热——尽管已是金秋。墨尔本的大街小巷挤满了来观看一级方程式赛车大奖赛的人。

悉尼同性恋狂欢节

狂欢节(Sydney Gay & Lesbian Mardi Gras; www.

mardigras.org.au）持续两周，在3月第一个星期六沿悉尼Oxford St进行的花车游行庆典上达到高潮，届时会吸引30万观众到场观看。健身房内空无一人，日光浴室的灯光熄灭了，光可鉴人的商场生意兴隆，节后派对一票难求。

阿德莱德世界音乐节

一年一度的世界音乐、艺术、美食和舞蹈节日（WOMADelaide；www.womadelaide.com.au），在阿德莱德美丽的Botanic Park内举行。持续4天的节庆会吸引澳大利亚各地民众前来参观，届时8个舞台会举办数百场表演。这个节日适合家庭参加，在这里你还能找到冰啤酒。

4月

随着墨尔本和阿德莱德山区的欧洲树木由绿变黄，然后变成绛紫色，这里也充满了浓郁的秋日风情。在北方，降雨正在减少，沙漠气温也变得能够忍受。复活节使各地住宿的价格水涨船高。

拜伦湾蓝调音乐节

每年复活节，摇滚、民间和蓝调音乐迷都涌入位于新南威尔士州北部海岸的拜伦湾，参加这个为期5天的草根音乐盛筵（Byron Bay Bluesfest；www.bluesfest.com.au）。票价昂贵，但表演阵容向来强大（如Lenny Kravitz、Ben Harper、Bonnie Raitt、Buddy Guy、Paul Kelly等）。

5月

北部地区、西澳大利亚州北部和昆士兰州最北部进入旱季，潮湿终于远去。这是游览乌卢鲁（艾尔斯岩）的好时机，要赶在成群结队的旅行团观光巴士前面来。

观鲸

每年5月至10月，在澳大利亚东南部沿海，迁徙的南露脊鲸和座头鲸会游向近岸地区觅食、繁殖和养育幼鲸。能看到鲸鱼的地点包括赫维湾（新南威尔士州）、瓦南布尔（维多利亚州）、维克托港（南澳大利亚州）、奥尔巴尼（西澳大利亚州）和北斯特拉德布罗克岛（昆士兰州）。

6月

冬季来临，南阿尔卑斯滑雪场雪花飞扬，全国各地的橄榄球场看台挤满观众。北部热带进入旅游旺季，瀑布和内陆小道都易于接近，但住宿价格可没那么亲民。

劳拉原住民舞蹈节

位于凯恩斯以北330公里处、昆士兰州最北部约克角半岛的安静小镇劳拉，是澳大利亚最盛大的传统原住民聚会（Laura Aboriginal Dance Festival；www.lauradancefestival.com）举办地。来自该地区的原住民聚集到一起，举行舞蹈、歌唱和庆祝仪式。第二个周末还会举行劳拉牛仔竞技赛（Laura Races and Rodeo）。

滑雪季

当冬季来临，冰雪爱好者就会拿起他们的雪具和滑雪板，前往高山地区（www.ski.com.au）。维多利亚州和新南威尔士州有几个知名的雪场，塔斯马尼亚州也有一些小型场地。

7月

南方有可以烤火的小酒馆、舒适的咖啡店和空荡荡的海滩；北方有拥挤的市场、旅游团和住所。如果要去爱丽斯泉以南的任何地方，记得带上保暖衣物。不要错过墨尔本国际电影节。

墨尔本国际电影节

与多伦多和戛纳齐名的墨尔本国际电影节（Melbourne International Film Festival，MIFF；www.miff.com.au）从1952年开始举办，如今已成为广受欢迎的节日之一。内城门票的销售极为火爆。从7月底到8月初，在城中的每块大荧幕上都能看到无数的短片、故事长片和纪录片。

啤酒罐赛船会

北部地区有许多诸如此类的奇特节庆。这项比赛（Beer Can Regatta；www.beercanregatta.org.au）在达尔文的明迪尔海滩举办，数以百计的用空啤酒罐建造的"小船"在浅水里展开角逐。畅饮和欢笑是主题，能否浮在水面上已不再那么重要了。

8月

8月，笼罩在阴郁天空下的南方人，前往昆士兰州享受灿烂的阳光。这是在炎热和潮湿来临之前，到热带最北部旅行的最后机会。

凯恩斯节

8月末至9月初，这项大型的艺术和文化节日（Cairns Festival; www.cairns.qld.gov.au/festival）历时3周，届时开展的主要活动包括音乐、戏剧、舞蹈、喜剧、电影、原住民艺术和公开展览。在公共广场、公园、花园还会开展有凯恩斯热带气候特色的户外活动。

9月

春天预示着西澳大利亚州和南澳大利亚州的野花开始怒放，堪培拉和图文巴等地会举办野花节。橄榄球赛季结束，春季赛马嘉年华拉开帷幕。

布里斯班节

澳大利亚最大、最多样化的艺术节（Brisbane Festival; www.brisbanefestival.com.au），在9月举行，历时22天，届时会在城内举办一系列音乐会、戏剧、舞蹈表演和其他活动。最后会有"河畔焰火"（Riverfire）。

澳式橄榄球联盟总决赛

这是澳式橄榄球联盟（AFL; www.afl.com.au）的赛季巅峰对决，几百万观众（含现场和电视机前）会为双方呐喊助威。球赛门票重金难求。中场时，露天烧烤会移至当地公园，然后大家聚在一起踢一场业余的橄榄球赛。

10月

到处都是风和日丽的天气，这是外出露营或到葡萄园逛逛的好时候。在橄榄球赛季结束、板球比赛还没开始时，体育迷们数着手指煎熬度日。

葡萄园爵士节

澳大利亚的葡萄酒产区会举办为数众多的美食美酒节，包括巴罗萨山谷、麦克莱伦谷、亚拉河谷等。猎人谷靠近悉尼爵士乐团队所在地，这使得天瑞酒庄的顶级演出阵容毋庸置疑（Jazz in the Vines; www.jazzinthevines.com.au）。

11月

北方的海滩可能因为"蜇人的动物"——昆士兰州北部、北部地区和西澳大利亚州浅水海域的水母而闭门歇业。户外活动日渐增多，冲浪救生季节拉开帷幕，戏水健儿们在各处海滩上一显身手。

墨尔本杯

11月的第一个星期二，澳大利亚最重要的赛马比赛会在墨尔本上演（Melbourne Cup; www.melbournecup.com）。各地的城镇也会在这一天举办各种赛马活动，整个国家的人都会停下手里的事情来观看这场"让全国停工的赛马"。

玛格丽特河美食节

这是西澳大利亚州为本国贡献的美食节（Margaret River Gourmet Escape; www.gourmetescape.com.au）。明星主厨的阵容让人印象深刻，数十位烹饪大师烹制出让人赞不绝口的美食，但真正星光灿烂的主角当属口感醇厚的玛格丽特河葡萄酒。

海滨雕塑展

11月中旬，从邦迪海滩到塔玛拉马的崖顶步道周边摇身变成一处美轮美奂的雕塑花园（Sculpture by the Sea; www.sculpturebythesea.com）。来自海内外雕塑家的作品将被进行评选，其中最具创意的作品将赢得丰厚的奖金。每年3月，珀斯的科特索海滩（Cottesloe Beach）也会举行这一活动。

12月

圣诞节前两个星期，学校开始放假。城里到处都是购物者，天气酷热难耐。在北方，午后的雷暴会带来雨水。

短片艺术节

每年12月初的某个周日，全球最大的短片艺术节（www.tropfest.com.au）都会在悉尼绿草如茵的百年纪念公园内举行。为了打击盗版、鼓励创作，公园的每个入口都有强制性要求（例如亲吻、打喷嚏、吹气球）。参加免费！

悉尼—霍巴特帆船赛

世界上最艰难的远洋帆船赛就是比赛里程达628海里的悉尼—霍巴特帆船赛（Sydney to Hobart Yacht Race; www.rolexsydneyhobart.com）。帆船于节礼日（12月26日）离开悉尼港，获胜者大约在12月29日到达霍巴特。

旅行线路

4周 悉尼至凯恩斯

紧邻东部海岸线的悉尼和凯恩斯之间，有长达2864公里的距离，这是澳大利亚一马平川的坦途。你也许两个星期就能完成这趟行程，但为什么不花上4周来纵情享受呢？

开始几天让自己沉浸在**悉尼**的明媚和浮华中，然后沿着太平洋公路（Pacific Hwy）向北，穿过新南威尔士州的中部和北部。在**猎人谷**开怀畅饮可口的葡萄酒，然后在适合家庭游乐的**斯蒂芬斯港**和**科夫斯港**驻足戏水，俗气但标志性的“大香蕉”就在这里。接下来前往**拜伦湾**享受悠闲、秀美的海滩，然后向昆士兰州边境进发，前往派对遍地的冲浪爱好者天堂**黄金海岸**。在充满时尚气息的**布里斯班**短暂停留，然后慢慢穿越**玻璃屋山**和嬉皮士聚集的**尤姆迪**，到达位于阳光海岸上的**努萨**。

布鲁斯公路（Bruce Hwy）沿着迷人的海岸前往昆士兰远北地区（Far North Queensland）。在**赫维湾**的海岸观赏过路的鲸鱼，然后往北到达天堂般的**降灵群岛**，这里的**大堡礁**有着迷人的珊瑚礁以及潜水胜地**凯恩斯**。

4周 环游澳大利亚：大环线

向**悉尼**的灿烂阳光、酒吧和精品店说声再见，登上国内航班，前往位于澳大利亚中部、荒凉炎热的**艾丽斯斯普林斯（爱丽斯泉）**。游览景色壮美的爱丽斯泉沙漠公园，然后往南到达让人叹为观止的**乌卢鲁-卡塔楚塔国家公园**。乌卢鲁声名远扬，但事实上卡塔楚塔巨石的声誉要更高一些。

回到艾丽斯斯普林斯（爱丽斯泉），租一辆小汽车，沿着斯图尔特公路（Stuart Hwy）向北狂飙，前往粗犷的新兴城市**达尔文**。途中，可以在壮美的**尼特米卢克（凯瑟琳峡谷）国家公园**划皮艇或乘船游览，然后到**卡卡杜国家公园**观赏鳄鱼和远古的原住民岩画。

从达尔文乘坐飞机前往**珀斯**——一个有自己的节奏的自信城市，以及附近的多情旧港小镇**弗里曼特尔**。继续向南，花几个小时在**玛格丽特河**周边品尝美酒，然后准备挑战一马平川的**纳拉伯平原**。如果你不想驾车前往充满节日氛围的**阿德莱德**，那么火车印度洋太平洋线会让你毕生难忘。

游览阿德莱德周边举世闻名的葡萄酒产区（**巴罗萨山谷**和**麦克莱伦谷**都只有一小时车程），或是一路向东，沿着美不胜收的**大洋路**前往体育之城**墨尔本**。一定要看一场橄榄球比赛或到墨尔本板球场看一场板球。

如果你时间充裕，可以搭乘车辆渡轮前往**塔斯马尼亚**。澳大利亚的这座得天独厚的岛屿拥有这个国家最古老的原始森林和被列入世界遗产名录的山脉——**克雷德尔山-圣克莱尔湖国家公园**，其景色绝对震撼人心，值得一游。

从墨尔本出发，沿着维多利亚海岸线前往企鹅和考拉的家——**菲利普岛**，以及拥有绵延无际白沙滩的**威尔逊角国家公园**。在**九十英里海滩**逗留数日，然后乘船沿着新南威尔士州南部海岸线前往风景如画的**杰维斯湾**（看到鲸鱼了吗？）。回到**悉尼**，这里有为数众多的海滩，你一定能找到称心如意的天地。

2周 阿德莱德至达尔文

这段经典的3000公里路线沿斯图尔特公路而行，将带你前往澳大利亚的沙漠核心。

从**阿德莱德**的美食街道和老式石屋酒馆出发，向北前往**巴罗萨山谷**并品尝世界级的红葡萄酒。下一站是铁锈色的**弗林德斯岭国家公园**，那里有位于半沙漠地带的伊卡拉（维凭拿庞）。

斯图尔特公路途经独具特色的小镇**库伯佩迪**。继续北上，沿拉瑟特公路（Lasseter Hwy）前往此行的重头戏、标志性的**乌卢鲁-卡塔楚塔国家公园**。再向北行进300公里可到达**瓦塔卡（金斯峡谷）国家公园**的峡谷。

在沙漠绿洲**艾丽斯斯普林斯（爱丽斯泉）**住一晚，然后继续向北前往被列入世界遗产名录的**卡卡杜国家公园**并探访湿地和岩石景观，还有**利奇菲尔德国家公园**的瀑布和水潭。

达尔文早已不再是穷乡僻壤，如今这里已经发展成为一个极具多元色彩的城市，去明迪尔海滩日落市场看看就能亲身体验这一点。不容错过的还有躺椅电影院、北部地区博物馆和美术馆。

3周半 珀斯、皮尔巴拉和金伯利

想要去探险？驾上你的四驱车从**珀斯**出发，一直开到达尔文吧！

第一站是人间仙境**南邦国家公园**，经过**卡尔巴里**高耸的海岸峭壁和壮观峡谷，在鲨鱼湾的**芒基米亚**和海豚嬉戏，然后到达浮潜圣地**宁加卢礁**的海岸。

皮尔巴拉内陆的颜色是铁锈红。在恬静的**米尔斯特姆-奇切斯特国家公园**休整一下，就进入**卡里吉尼国家公园**的重重峡谷中。在澳大利亚最热的小镇**马布尔巴**喝上一杯啤酒，然后就去**八十英里海滩**窥探海龟。

"空旷地带"一直向东北方延伸至**布鲁姆**。落日余晖中，骆驼在凯布尔海滩上漫步。邻近的**丹皮尔半岛**有着质朴纯净的海滩，你可以在原住民村落中扎营。从这里往东，沿着传奇的**吉布里弗路**走进金伯利。

在**库努纳拉**补给后，向**普尔努卢卢国家公园**的圆顶石进发。踏上绝美而孤独的**邓肯路**，进入北部地区。走上柏油路面时，**达尔文**就在前方了。

1周 悉尼至墨尔本

大部分游客都直接飞抵悉尼，这是澳大利亚最大的城市，但也别错过南方1000公里左右的墨尔本，它的艺术气息相比悉尼毫不逊色。

在风光旖旎的海港观赏**悉尼**风光：辉煌的悉尼歌剧院和巨大的悉尼港大桥都是不容错过的风景。如果想从高处俯瞰，可以从灰色大拱门处"爬上大桥"。想要游泳？邦迪海滩是澳大利亚之行的必游之地。

驾车南行，曲折穿过**皇家国家公园**，驶上**蓝色海洋路**高架道，经由**伍伦贡**前往可爱的海滨小镇**基亚玛**。在附近的伊拉瓦拉可以体验树顶漫步和热带雨林飞跃。

继续向南，慢慢穿过维多利亚州边界附近的**阿勒达拉**（Ulladulla）、**纳鲁马**和名副其实的**伊登**。从这里前往墨尔本的道路平淡无奇，不妨去**威尔逊角国家公园**进行心旷神怡的丛林徒步。

墨尔本是一个生机勃勃的海湾城市，这里的艺术、橄榄球和咖啡都声名远扬。可以在大街小巷漫步，在美术馆回味，在酒馆享受晚餐，当然还有不容错过的现场乐队演出。

1周 布里斯班至拜伦湾

将冲浪板放到车顶行李架上，在澳大利亚东部这段以海浪闻名的海岸线享受一次属于自己的"无尽之夏"（Endless Summer）。

虽然曾经是一座沉睡的河畔小镇，但**布里斯班**正在蓬勃发展，其速度之快让人不可思议。都市魅力（顶级餐厅、艺术展出、咖啡馆和酒吧）与自然环境（悬崖、绿地和蜿蜒的布里斯班河）在这里完美融合。

向南前往黄金海岸，**冲浪者天堂**的都市风景线就会呈现于眼前。如果你喜欢赌场、主题公园和酒吧，那么这里就非常适合你。相对低调的是冲浪小镇**伯利角**和冲浪救生圣地**库尔加塔**。

虽然夏天（以及复活节）人潮汹涌，而且在进行大手笔的开发，但新南威尔士州北部的**拜伦湾**仍不失为一个快乐的时尚小镇，这里有着很棒的酒馆、餐厅、海滩和著名的破浪点Pass。不要错过内陆一日游：前往美丽的**班加洛**和澳大利亚近乎神秘的另类小镇**尼姆宾**。

计划你的行程

珊瑚礁之旅

世界遗产大堡礁，从南回归线以南（靠近昆士兰州的格拉德斯通）延伸2000多公里，直至巴布亚新几内亚的南部。它是世界上分布面积最为广阔的珊瑚礁体系，完全由活体生物构建而成。

何时去

珊瑚礁游的旺季是6月至12月，水下游的最佳时间为8月至次年1月。

➡ 从12月至次年3月，**昆士兰州北部**（汤斯维尔以北）进入雨季，难耐的酷暑和季风降雨来临了；7月至9月，这里较为干燥凉爽。

➡ 游览**降灵群岛**四季皆宜。冬天（6月至8月）温暖宜人，但是有时你需要穿一件套头外衣。和昆士兰州其他地区相比，这里的夏天（12月至次年3月）天气湿热。

➡ **昆士兰州南部**和**中部**地区的冬季较为温和，穿上潜水服就能潜水或浮潜。

选择地点

大堡礁地域辽阔，热门景点数不胜数，但必须时刻牢记：根据当时天气、潮汐或近期飓风灾害情况的不同，每个地区的情况都会随时间发生变化。

从大陆出发

进入大堡礁的主要大陆口岸提供的体验或活动略有不同。下面是它们的简介，按照从南向北排序。

阿根斯水域和1770镇 如果避开人群，一些小城镇是理想选择。从这里可以前往菲茨罗伊珊瑚礁潟

最佳珊瑚礁体验

观察野生动物

在埃利奥特夫人岛或赫伦岛看海龟孵蛋；在格林岛附近划皮艇寻觅礁鲨、海龟和鳐鱼；去马格内蒂克岛探访考拉；到弗雷泽岛看澳洲野犬。

最佳浮潜

带上你的面罩、脚蹼和浮潜管，前往关节礁、哈迪礁和菲茨罗伊珊瑚礁、马格内蒂克岛或降灵群岛。

最佳俯瞰

搭乘观光直升机或固定翼飞机，从凯恩斯、哈密尔顿和降灵群岛起飞。在艾尔利海滩跳伞也很有趣。

最佳航海体验

从艾尔利海滩起航，穿越降灵群岛；从道格拉斯港乘船去探索阿金库尔礁。

网络资源

Dive Queensland（www.dive-queensland.com.au）

Great Barrier Reef Marine Park Authority（www.gbrmpa.gov.au）

Queensland Department of National Parks, Sport & Racing（www.nprsr.qld.gov.au）

Reef Highlights 珊瑚礁亮点

湖，这是大堡礁最淳朴的区域之一，游客数量有所限制。静水潟湖非常适合浮潜，而且从船上观赏也几乎一样美丽。

格拉德斯通 规模略大的城镇，但仍然只能算一个较小的入口。这里是深潜和浮潜爱好者的绝佳选择，是前往南礁群岛以及包括埃利奥特夫人岛在内的无数礁岛的最近地点。

艾尔利海滩 一个夜夜笙歌的小镇，还提供全套航海装备。这里最吸引人的地方是可以花上几天乘船出海，观赏降灵群岛沿岸的一些珊瑚礁。无论你是出手阔绰的游客，还是节俭至上的背包客，都能在这里实现满足预算要求的观光之旅。

汤斯维尔 这是潜水者的首选出发点。前往众多岛屿和大堡礁海域的四天或五天的船上旅行是不错的选择。在凯尔索珊瑚礁和扬格拉号沉船遗骸处，可近距离接触海洋生物。此外，还可以选择乘坐玻璃底游船进行一日游。HQ珊瑚礁水族馆也坐落于此，可以说它是水族馆里的大堡礁。

使命海滩 这是距离大堡礁最近的入口。这是个安静的小镇，有几条前往外围珊瑚礁的游船和潜水观光游线路。尽管选择有限，但这里的游客相对较少。

凯恩斯 大堡礁之旅的主要出发点，这里为数众多的经营者既可以提供经济实惠的大船一日游行程，也能安排私密的五天豪华包船游。目的地涵盖大堡礁的许多地方，一些经营者最远可向北到达蜥蜴岛。价格较低的旅行团一般都会去往离大陆较近且不太原始的珊瑚礁。另外还可以选择乘坐观光飞机。

道格拉斯港 一个时尚的度假小镇，也是通往洛岛和阿金库尔礁的门户，后者是一处外围带状礁，有清澈透明的海水和缤纷艳丽的珊瑚。相比凯恩斯而言，这里的潜水、浮潜和巡航之旅更经典、更昂贵，所到之处人流也更少。你还可以从这里乘坐观光飞机。

库克敦 靠近蜥蜴岛，但是镇上的旅行社（以及大半个小镇）在11月至次年5月的雨季闭门歇业。

岛屿

整个大堡礁水域，形形色色的岛屿和珊瑚礁浮出水面，从这里可以即刻领略水下奇观。下面列出我们最喜欢的一些岛屿，它们按照由南向北的顺序排列。

埃利奥特夫人岛 一座珊瑚礁岛，深受观鸟爱好者欢迎，岛上共生活着57种鸟类。海龟也在此筑巢，这里也许是大堡礁观赏蝠鲼的最佳地点。它还是举世闻名的潜水胜地。岛上建有一座度假村，也可以从班达伯格出发，前往埃利奥特夫人岛进行一日游。

赫伦岛 一座小巧的珊瑚礁岛，位于一片广袤的珊瑚礁中间。这里可谓潜水圣地，浮潜也很不错，甚至可以在这里的珊瑚礁散步。赫伦岛是绿毛龟和赤蠵龟的筑巢地，也是30种鸟类的家园。岛上唯一的度假村在收费方面充分贯彻了物以稀为贵的理念。

哈密尔顿岛 降灵群岛中最大的岛屿，有一个适合家庭的大型度假村，拥有完善的基础设施。虽然氛围不怎么亲密，但很多经营商可安排前往外围珊瑚礁的观光游。这是探索一些从大陆出发无法直接到达的珊瑚礁区域的好起点。

胡克岛 一座降灵群岛外围的岛屿，周边被珊瑚礁环绕。这里有非常不错的游泳和浮潜场所，岛上有可观的丛林可以徒步。胡克岛的住宿点和宿营地经济实惠，从艾尔利海滩到这里非常方便，于是这里成为节俭旅游者的首选。

奥费斯岛 这是一个国家公园，也是大堡礁最独特、最浪漫的隐匿景点。这座岛屿非常适宜浮潜——你可以直接从海滩步入海水中，然后就会被大堡礁多姿多彩的海洋生物包围。一簇簇的裙礁提供了许多好的潜水点。

格林岛 这是大堡礁另一处真正的珊瑚礁岛，这里的裙礁被认为是周围岛屿中最美的，深潜和浮潜的景色一流。整座岛屿是一个被茂密雨林覆盖的国家公园，栖息着众多鸟类。

蜥蜴岛 偏僻而崎岖，这是逃离现代文明的完美场所。这里被洁白的沙滩、湛蓝的海水所环绕，几乎没有游客前来。礁岛上最著名的是鳕鱼洞潜水点，你可以与温顺的黑斑石斑鱼共泳，其每条最重可达60公斤。Pixie Bommie是这里另一处值得推荐的潜水点。

潜水和浮潜

在大堡礁进行的大部分潜水和浮潜活动都需要乘船，但在部分岛上，你可以直接从海滩步行并进入一个珊瑚王国。参加去珊珊瑚礁的巡航旅程，通常都可免费使用浮潜装备，然后在水下进行约3个小时的探索。过夜或"在船上吃住"的旅程可以到达更多的珊瑚礁，并提供更加深入的体验。

如果你没有潜水证书却迫切想要体验一把水肺潜水，许多经营者都可提供入门级潜水——在经验丰富的潜水者的带领下进行一段水下旅程。在潜水之前，有安全和程序课程，你不必学习为期5天的潜水教练专业协会（PADI）课程，也不必专门雇佣一位教练。

潜水须知

为了将血液中残留的氮带来的风险降到最低，并避免在身体减压过程中受到伤害，潜水后24小时内不能参加空中飞行，即使是乘热气球或跳伞也不行。不过，乘飞机抵达后可以立刻开始潜水。

确定你的保险单是否将潜水归类为免赔的危险运动。只需支付象征性的年费，**Divers Alert Network**（www.diversalertnetwork.org）即可提供发生潜水事故时的医疗和转移服务保险。其国际急救热线为☎919 684 9111。

海岸地区的水下能见度为1~3米，离海岸线几公里水域的能见度可达15米。珊瑚礁外缘的能见度可达20~35米，珊瑚海的能见度高达50米以上。

在昆士兰州北部，水温终年温暖，保持在24℃~30℃。越往南水温越低，冬季可低至20℃。

最佳浮潜点

不会潜水的人感到纳闷，跑去大堡礁"浮潜"一番到底是否值得，答案是"当然"。许多颜色斑斓的珊瑚就在水平面之下（珊瑚也需要明亮的光线才能茂盛生长），而且方便接近。以下是我们推荐的最佳浮潜点：

- 菲茨罗伊珊瑚礁潟湖（1770镇）
- 赫伦岛、大克佩尔岛、埃利奥特夫人岛、马斯格雷夫夫人岛（摩羯海岸）
- 胡克岛、海曼岛、边境岛、哈迪礁、关节礁（降灵地区）
- 蜥蜴岛、米迦勒礁、黑斯廷斯礁、诺曼礁、撒克逊礁、格林岛（凯恩斯）
- 澳宝礁、阿金库尔礁、麦凯礁（道格拉斯港）

顶级珊瑚礁潜水点

大堡礁有许多这个星球上最佳的珊瑚礁潜水点，以下是一些顶级选择：

扬格拉号 一艘沉船遗骸，在过去90多年里一直是色彩缤纷的海洋生物的家园。

鳕鱼洞 与黑斑石斑鱼面对面。

赫伦岛 从海滩直接下水，即可与一群群五颜六色的鱼共泳。

埃利奥特夫人岛 有19处举世闻名的潜水点。

Pixie Bommie 夜潜，在日暮时分跃入珊瑚礁。

乘船短途游

除非选择待在大堡礁中部的环状珊瑚岛上，否则必须参加乘船短途游方能真正体验珊瑚礁之美。一日游从海岸边许多地方和岛屿度假村出发，通常包括浮潜装备、小零食和自助午餐，可以额外付费选择水肺潜水。在一些船上，还有博物学家或海洋生物学家向游客们介绍珊瑚礁的生态系统。

乘船游览在乘客数量、船型和游览品质方面存在巨大差异，这些都最终反映在价格上，因此在报名参加前应该了解清楚所有细节。选择观光线路时，应该充分考虑船型（机动双体船或是帆船）、乘客数量（6~400人）及附加选择（食物、讲解、酒店接送等）。旅行目的地也很重要。外缘珊瑚礁通常更加原始，内缘珊瑚礁则经常留有人类活动、珊瑚白化以及以珊瑚为食的棘冠海星造成的痕迹。一些运营商提供玻璃底船或半潜船的观光活动。

许多船上都有水下相机，可供租用，但是在岸上租赁更加省钱（也可自带防水相机或使用水下密封袋）。一些船上还有专业摄影师，他们会和你一起下潜，并且在水下为你拍照。

呵护珊瑚礁

大堡礁极度脆弱，值得你花一点时间学会负责任的行为，将旅行的影响减少到最小。

- 在海洋公园破坏或移动珊瑚属于违规行为。
- 触碰珊瑚，或是在珊瑚上行走会造成破坏（还可能被严重划伤）。
- 不要触碰或骚扰海洋动物，也不要靠近儒艮活动的水域。
- 如果有船，航行前请先了解珊瑚礁周边的相关停泊规定，包括“禁止停泊区”，从而避免给珊瑚造成破坏。
- 如果潜水，下水前请确认自己配重准确，能够控制浮力，确保不触碰珊瑚礁。确保二级调节器和测量仪器等装备不会在珊瑚礁上拖拽。
- 如果浮潜（尤其是新手），在珊瑚礁以外练习，熟练后再下水。
- 租一套泳衣或潜水服，而不要在身上涂满防晒霜，因为它会对珊瑚礁造成破坏。
- 注意你的脚蹼，尽量不要搅起沉淀物或打扰珊瑚。
- 注意，收集贝壳是有数量和品种限制的。
- 带走所有垃圾，包括苹果核等可降解物质，上陆后再扔掉。

船上吃住

如果你想要尽量多留在水下，那么在船上吃住的珊瑚礁游会是不错的选择。参加这种行程，通常每天可以潜水3次，还有夜间潜水，而且都在大堡礁更偏远的水域进行。航行天数从1晚到6晚。3天3晚的行程最为常见，最多可潜水11次（9次日潜、2次夜潜）。

有必要多看一些不同的线路，一些船只可提供跟随海洋生物的特别线路，例如追踪鲸鱼迁徙或是观察珊瑚繁殖的线路；有些还可提供前往更偏远地点的航行，例如远北珊瑚礁、Pompey Complex、珊瑚海珊瑚礁或斯温群礁等。

推荐选择属于Dive Queensland成员的运营商，在www.dive-queensland.com.au上可以看到全部名单。成员的身份将确保他们能够遵循一些规定。如果他们也获得了**Ecotourism Australia**（www.ecotourism.org.au）的认可，就更好了。

随船吃住潜水船只的热门起航地点以及它们造访的潜水点如下：

班达伯格 去往邦克群岛，包括马斯格雷夫夫人岛和埃利奥特夫人岛。有些行程去菲茨罗伊、卢埃林和人迹罕至的博尔特珊瑚礁岛、霍斯金和费尔法克斯群岛。

1770镇 邦克群岛。

格拉德斯通 斯温群岛和邦克群岛。

麦凯 利霍珊瑚礁和珊瑚海。

艾尔利海滩 降灵群岛、关节礁和哈迪礁。

汤斯维尔 扬格拉号沉船，以及惠勒珊瑚礁和Keeper珊瑚礁的海下峡谷。

凯恩斯 鳕鱼洞、带状礁、珊瑚海以及远北珊瑚礁。

道格拉斯港 鱼鹰珊瑚礁、鳕鱼洞、带状礁、珊瑚海以及远北珊瑚礁。

潜水课程

在昆士兰，你可以到许多地方学习潜水，并参与进修课程或提升你的水下技能。这里的潜水课程通常都具有较高水准，所有学校都可教授潜水教练专业协会或国际潜水学校（Scuba Schools International, SSI）的课程。选择一位好老师比选择哪种证书更加重要，因此一定要多征询当地人的意见，在报名参加课程前最好先与老师见面。

一个非常受欢迎的学习地点是凯恩斯，在这里你可以选择经济型课程（4天课程的费用约为$500)，这种课程结合了泳池训练和珊瑚礁潜水；还可选择课时更长、随船吃住的珊瑚礁潜水强化课程(5天课程，含3天2夜随船吃住，$750起)。

其他可以学习潜水并在学成之后前往珊瑚礁的地方包括艾尔利海滩、班达伯格、哈密尔顿岛、马格内蒂克岛、使命海滩、道格拉斯港和汤斯维尔等。

在大堡礁露营

在热带岛屿上安营扎寨是一种体验大堡礁的独特而节俭的方式。露营者只需支付路那头五星级度假村房钱的零头，就可坐享如诗如画的热带风情。露营地设施各异，可能一无所有(只是树荫下的一块沙地)，也可能具备淋浴、冲水厕所、解说看板和野餐桌等各种设施。

大部分岛上的露营地都较为偏远，因此你要准备足够的医疗和基本急救用品。无论前往何处，你都需要带上自己的食物和饮用水(建议每人每天5升)。有时，恶劣的天气会导致回程船只延误，因此需要额外准备三四天的食物和水，以备不时之需。务必在指定的地区露营，紧邻带有标记的道路，将带上岛的物品和垃圾都随身带回去。岛上禁止生火，因此还得带上气炉和类似的用具。

国家公园露营许可需要提前通过**Queensland Department of National Parks, Sport & Racing**(☎13 74 68; www.nprsr.qld.gov.au)的网站办理，电话预约亦可。

踏上你的梦之旅吧，我们推荐的露营地如下：

降灵群岛 拥有十多处美丽的露营区，分布于胡克岛、降灵岛和亨宁岛等岛屿上。

摩羯座礁岛 可在马斯特海德岛、西北岛、马斯格雷夫夫人岛上扎营，后者是一个风景宜人、无人居住的岛屿，露营地需要乘船到达，最多限40名游客露营。位于1770镇以外。

邓克岛 度假村和国家公园，是进行游泳、皮划艇和徒步游等活动的好地方。位于使命海滩以外。

菲茨罗伊岛 度假村和国家公园，有短途的丛林穿越徒步线，沙滩以外就是珊瑚礁。位于凯恩斯以外。

弗兰克兰群岛 珊瑚裙礁环绕的岛屿，有白色沙滩。位于凯恩斯以外。

蜥蜴岛 迷人的沙滩、魔幻般的珊瑚和各式各样的野生动物，大部分游客都需要乘坐飞机从凯恩斯前往。

奥费斯岛 与世隔绝的岛屿(可乘坐飞机从汤斯维尔或凯恩斯抵达)，有茂盛的热带雨林和超赞的珊瑚裙礁。

计划你的行程

内陆之旅

澳大利亚的内陆始于何地，又终于何地，很难在地图上精确地标示出来。但是当你发现天空无限高远，地平线一望无际，而且当路上偶遇的居民一看就是生命力强健、与众不同的澳大利亚人时，你就知道自己已然身处其中。历史悠久的原住民文化、独一无二的野生动物和趣味盎然的风景、人情都等待着现代冒险家来探索。

关于内陆

澳大利亚内陆泛指从大陆中心向外辐射的一片巨大的区域。虽然绝大部分澳大利亚人都生活在沿海地区，但这一圈狭窄的绿色边缘根本无法代表这个国家，内陆才是澳大利亚的沙漠之魂。

地区与地区之间的气候各不相同，从荒凉干旱的沙漠到半干旱的灌木林地，再到热带大草原，不一而足。你总能遇到炎热晴朗的白天、繁星满天的夜晚以及高远空旷的地平线。

何时去

最佳季节

冬季 6月至8月是澳大利亚东南部（大多数澳大利亚人在此居住）多雨、多云的冬日，而内陆地区却有自己鲜明的特色。澳大利亚中部地区的降雨并不少见，事实上，近年来这里经常会雨水泛滥，但清澈的蓝天、气温舒适的白昼、寒冷的夜晚和良好的路况是这里的常态。冬季也是去地处热带的北部地区的最佳时间，届时气候干爽、温度适宜。

春季 9月至10月是春暖花开的好日子，也是前往内陆地区的黄金季节，如果你对野花情有独钟的话更是如此。艾丽斯斯普林斯（爱丽斯泉）附近

最佳内陆体验

所需物品

防晒霜、太阳镜、遮阳帽、驱虫剂、充足的饮用水以及应景的汽车音乐。

最佳内陆步道

乌德纳达塔步道 长达620公里的红土路、鸸鹋、蜥蜴、咸水湖和具有历史意义的铁路遗迹。

原住民文化

卡卡杜国家公园 在最北部荒野的热带地区，由原住民导游带领你体验古老的岩画和文化。

最佳国家公园

乌卢鲁-卡塔楚塔国家公园 标志性的乌卢鲁绝对不容错过，附近的卡塔楚塔虽然名声略逊一筹，但令人瞩目的风景还是值得一游的。

最佳内陆公路

沿着斯图尔特公路，从阿德莱德穿越这个国家的内陆腹地，最终到达达尔文。

Off the Beaten Outback Track 另辟蹊径的内陆之旅

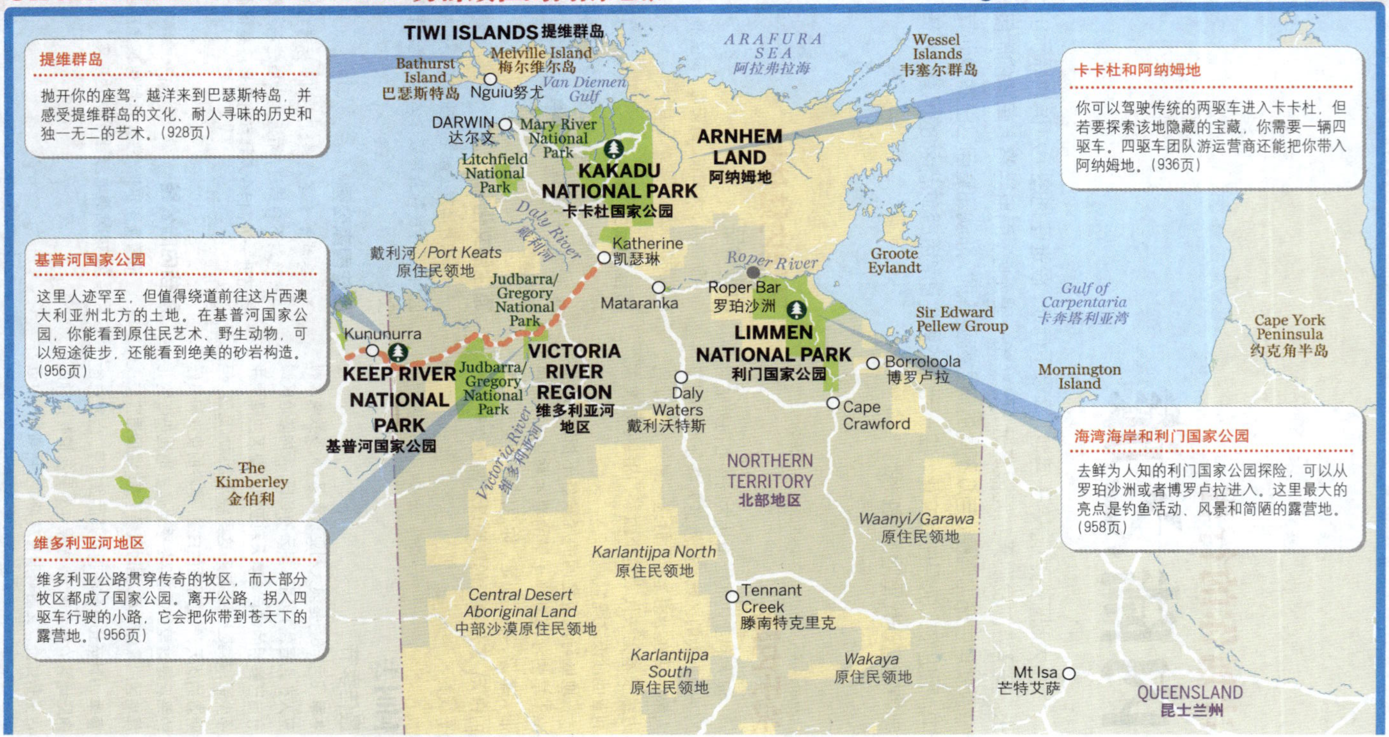

提维群岛

抛开你的座驾，越洋来到巴瑟斯特岛，并感受提维群岛的文化、耐人寻味的历史和独一无二的艺术。（928页）

卡卡杜和阿纳姆地

你可以驾驶传统的两驱车进入卡卡杜，但若要探索该地隐藏的宝藏，你需要一辆四驱车。四驱车团队游运营商还能把你带入阿纳姆地。（936页）

基普河国家公园

这里人迹罕至，但值得绕道前往这片西澳大利亚州北方的土地。在基普河国家公园，你能看到原住民艺术、野生动物，可以短途徒步，还能看到绝美的砂岩构造。（956页）

海湾海岸和利门国家公园

去鲜为人知的利门国家公园探险，可以从罗珀沙洲或者博罗卢拉进入。这里最大的亮点是钓鱼活动、风景和简陋的露营地。（958页）

维多利亚河地区

维多利亚公路贯穿传奇的牧区，而大部分牧区都成了国家公园。离开公路，拐入四驱车行驶的小路，它会把你带到苍天下的露营地。（956页）

南澳大利亚州的沙漠步道
不可轻视这几条著名的沙漠越野线路——伯兹维尔步道、乌德纳达塔步道和斯特雷兹莱基步道。先驱者的历史、广袤的天空和无尽的孤独在等待有备而来的旅行者。(903页)
红土中心路
这条人迹罕至的公路连接了澳大利亚中部的标志性景点——麦克唐奈山脉的峡谷、瓦塔卡(金斯峡谷)和绝美的乌卢鲁-卡塔楚塔。(977页)
弗林德斯岭
只有离开柏油路，才能领略弗林德斯岭的真面目，这也是进入盖蒙山脉的唯一途径。体验原住民遗产、矿山遗址和绝美的风景。(890页)
WESTERN AUSTRALIA
西澳大利亚州
Lake Mackay
麦凯湖
Lake Mackay Aboriginal Land
麦凯湖原住民领地
Gibson Desert
吉布森沙漠
MacDonnell Ranges
麦克唐奈山脉
Alice Springs
艾丽斯斯普林斯
(爱丽斯泉)
Atnetye
原住民领地
Haasts Bluff
原住民领地
Finke Gorge National Park
芬克峡谷国家公园
Kings Canyon
金斯峡谷
Pmere Nyente
原住民领地
RED CENTRE WAY
红土中心路
Petermann
原住民领地
Uluru-Kata Tjuta National Park
乌卢鲁-卡塔楚塔国家公园
Pmer Ulperre Ingwemirne
原住民领地
Simpson Desert
辛普森沙漠
Birdsville
伯兹维尔
Simpson Desert Regional Reserve
OODNADATTA TRACK
乌德纳达塔步道
BIRDSVILLE TRACK
伯兹维尔步道
Innamincka Regional Reserve
Pitjantjatjara
原住民领地
Marla
马勒
SOUTH AUSTRALIA
南澳大利亚州
Great Victoria Desert
Lake Eyre North
Conservation Park
Tallaringa Conservation Park
Lake Eyre National Park
艾尔湖国家公园
Strzelecki Regional Reserve
Coober Pedy
库伯佩迪
STRZELECKI TRACK
斯特雷兹莱基步道
Maralinga Tjarutja
原住民领地
Lake Eyre South
Vulkathunha-Gammon Ranges National Park
Nullarbor Regional Reserve
Yellabinna Regional Reserve
Lake Torrens
Nullarbor Plain
纳拉伯平原
Yalata
原住民领地
Nullabor National Park
纳拉伯国家公园
Eucla
FLINDERS RANGES
弗林德斯岭
Lake Gairdner
Great Australian Bight
大澳大利亚湾
Ceduna
塞杜纳
Port Augusta
奥古斯塔港
NEW SOUTH WALES
新南威尔士州

的麦克唐奈山脉和南澳大利亚州北部的弗林德斯岭山花怒放，在橘红色沙漠的映衬下更显得娇媚。

避开

夏季 澳大利亚中部的气温会飙升（12月至次年2月），一些沙漠城镇的气温纪录甚至达到了50℃，但这还不是最可怕的事情。与热浪同来的还有尘土飞扬的道路、引擎过热的汽车、疲劳驾驶的司机和无处不在的苍蝇，无论到哪里都需要带上大量的饮用水。在最北部，雨季带来的潮湿让人感觉非常不适，最终到来的季风会导致许多道路中断，土路也可能因为泥泞而出现数周无法通行的情况。

飞机、火车或汽车？

飞机 如果你不想用漫长的自驾来体验内陆，那么各大航空公司都有航班飞往爱丽斯泉、尤拉拉（进入中部沙漠的门户）以及达尔文（在热带的最北部地区），出发地包括珀斯、阿德莱德和东海岸主要城市。从达尔文或爱丽斯泉启程，你可以参加旅行团，或者租一辆四驱车就此上路。

火车 与世界上其他地方不同，澳大利亚的火车旅行既不便宜，也不方便。一般人坐火车，都是出于观赏风景或追寻浪漫，而不是为了节约时间快速到达某地。乘坐往返珀斯和悉尼之间的印度洋太平洋线或是往返阿德莱德和达尔文的汗线，你都将到达其他交通方式难于到达的地方，这当然会是一段十分休闲的旅程。如果你在夏天旅行，乘坐火车也是避开酷暑的好办法。因此，如果你时间充裕，而且预算充足，那么火车可能非常适合你。

汽车 你可以驾车从达尔文穿越“红土中心”前往阿德莱德，中途可以游览乌卢鲁、卡卡杜和其他地方，一路都是柏油路。然而，如果你想见识真正的澳大利亚内陆，还有许多其他路线，它们为“不走寻常路”（驾驶四驱车）赋予了新的内涵。在内陆驾车旅行，需要直面众多挑战——遥远的距离以及偶尔出现的困难地形，但古语云：“世之奇伟、瑰怪、非常之观，常在于险远，而人之所罕至焉。”这句话用来形容澳大利亚的“沉寂腹地”（dead heart）也很恰当。放心吧！你会发现，这片土地其实充满生机！

内陆公路秀

在许多内陆公路上，你都会看到迎面而来的公路列车：大型卡车（1台牵引车加上2~4节拖车）的长度经常超过50米。这些巨无霸不会给任何人让路——犹如电影《疯狂的麦克斯》（*Mad Max*）中的场景再现，它们以每小时120公里的速度排山倒海般向你冲过来。

几条经验：当你在狭窄的沥青路上发现这样的庞然大物迎面而至时，你要减速靠边避让。如果卡车司机不得不让一侧的车轮离开公路避让你，那么车轮带起的碎石一定会扑面而来，几乎肯定会砸碎你的挡风玻璃。在打算超车时，需要足够的空间（大约1公里距离）来完成整个超车过程。在土路上，公路列车所经之处一定是尘土飞扬，因此在看到它们时，最好的办法就是靠边停车，直到它们远去。

在内陆道路上行驶时，别忘了给对面的司机来一个标准的丛林问候——只需将扶方向盘那只手的食指竖起，表示向探险者致敬。

内陆精华

红土中心：爱丽斯泉、乌卢鲁和瓦塔卡（金斯峡谷）

从爱丽斯泉驾车6小时可达乌卢鲁-卡塔楚塔国家公园。爱丽斯是一个出人意料的沙漠绿洲，规模很大，有各种食宿点，也存在一些社会问题。乌卢鲁之于游客来说好比野餐上切开的半个西瓜之于蚂蚁：一天到晚都有来自全球各地的人们在这块大石头周边来来往往，但它仍不失其魅力。当地阿南古族人建议你不要攀爬。乌卢鲁以北大约300公里处的瓦塔卡（金斯峡谷）是崇山峻岭中一道鬼斧神工的深谷。

斯图尔特公路：阿德莱德至达尔文

无论哪个方向，从南至北或是由北向南，斯图尔特公路都是澳大利亚最伟大的公路之一：3020公里的红色沙漠、平坦的灌木林地带和路边飞奔而过的鸸鹋。驱车向北，

内陆骑行

骑单车穿越内陆绝非易事，如果时逢夏季更不可能。但是你的确会看到瘦长结实、晒得黝黑的怪人，他们踩着驮满行李的单车沿着阿德莱德和达尔文之间的斯图尔特公路骑行。在这段骑行之旅中，最重要的莫过于保证有充足的饮用水：地图上出现的偏远水源（水潭、水库、小溪等）可能都已干涸或者无法饮用。确保带上必备的配件，并且具备足够的修车能力。如果前往偏远地区，一定要多向当地人打听各种信息，而且记得将你的行程计划告诉亲朋好友。如果你穿越成功，用文字记录下来并出书吧，这就是传说中的无畏之旅。

记得在诡异而千疮百孔的全球蛋白石矿之都——库伯佩迪稍作停留，然后在前往爱丽斯的路上顺道去乌卢鲁。途中还会经过尼特米卢克（凯瑟琳峡谷）国家公园，这里遍布陡峭的岩石峡谷和水潭，风景十分上镜。接下来是卡卡杜国家公园，被列入世界遗产名录的热带湿地就位于此。到了达尔文之后，去Mitchell St喝一杯冰啤酒，享受多姿多彩的夜生活。

热带地区：达尔文、卡卡杜和凯瑟琳

地处热带的最北部地区，与靠南的沙漠地带截然不同。在这里，雨季和旱季决定了从A点到B点的难易程度。在雨季，道路无法通行，鳄鱼在湿地里自在畅游。但是别着急取消行程，因为这段时间物产丰富，也是国家公园最美的时候，而且卡卡杜的度假村会半价揽客！达尔文严格来说并不属于内陆，但给人的感觉仍然是个边城，尤其是在旱季，酒吧和明迪尔海滩日落市场内随处可见来自五湖四海的背包客。往南3个小时车程的凯瑟琳，显得更具“乡村风情”，也是令人叹为观止的尼特米卢克（凯瑟琳峡谷）国家公园的入口。

维多利亚公路：凯瑟琳至金伯利

维多利亚公路是凯恩斯至布鲁姆经典的“穿越北部”线路“大草原之路”的重要一段。从凯瑟琳出发，这条公路将从传统牧区蜿蜒而过，附近有些农场的面积堪比一些欧洲小国。这条线路上分布着众多四驱车和徒步线路，还有内陆露营地、岩画美术馆、国家公园、红色峡谷和鳄鱼栖息地。本地区也是最北部钓肺鱼的最佳地点。广袤的格雷戈里国家公园从前是一个大牧场，最好乘坐四驱车探索，但如果是旱季，一台两驱车也能将你带到大部分历史名胜、露营地以及与西澳大利亚州交界的基普河国家公园。

约克角

澳大利亚内陆还有一处人迹罕至的偏远地区，那就是昆士兰州的约克角——从那里再往北走就是处于澳大利亚和巴布新几内亚之间的托雷斯海峡群岛。从凯恩斯出发往北，沿路景观变为热带稀树草原：辽阔的草原上水系纵横，河水一直注入卡奔塔利亚湾。和最北部一样，这里的景色随着雨季和旱季的交替而变化。大多数旅行者都会前往南面的凯恩斯以及道格拉斯港，但沿着穆利根公路一路向北，可以去探访那些偏远的国家公园、原住民社区和矿镇。

设施

在炙热的沙漠里，澳大利亚内陆小旅馆的分布呈现出令人惊讶的规律性。你得好好算算到达下一个补给处和加油站的距离。即使是在偏远的乌德纳达塔步道上，每隔几百公里你也能找到加油站和冰啤酒。大部分小旅馆（其中许多都是24小时营业）都销售汽油，而且都附带餐厅，从而使你吃到牛排和煎炒菜品，只是不要期望享受美食。在内陆地区，总有为筋疲力尽的汽车司机准备的住宿地，包括露营地、空调汽车旅馆房间以及陈设简单的小屋。

网络资源

澳大利亚气象局（Australian Bureau of Meteorology; www.bom.gov.au）天气信息。

环境、水和自然资源部（Department of Environ-

内陆驾车和安全事宜

在内陆旅行时，你需要准备周全并保持警惕。当你在前不着村、后不着店的沙石路上，会面临缺水、加油站之间距离遥远以及地广人稀等窘境。下面是一些小提示：

通信

- 向警方或者亲朋好友通报你的线路和计划好的行程。
- 如果你离开高速公路，手机将毫无用处。不妨租一部卫星电话或者高频无线电收发机，这样就能联系皇家飞行医生服务基地或者发送应急无线电示位标。
- 在发生紧急情况时，待在车里，找车比找人要容易得多，而且带着很重的饮用水的话，你也无法走远。
- 如果你确实身陷困境，可以点燃备用轮胎（先将轮胎里的气放掉），燃烧的黑烟在数英里外都能被看见。

你的车辆

- 出发前对车辆进行保养和检修。
- 装载时注意保持车辆平衡，较重的物品放在车里，较轻的物品放在车顶行李架上。
- 用适当的容器带上一些备用汽油。
- 带上基本的修车工具：一个备胎（最好是两个）、风扇皮带、水箱水管、胎压计和气泵，以及一柄铁铲。
- 带上越野千斤顶。在陷车时，一根牵引带或拖车绳能让你迅速摆脱困境（另一辆车可以轻而易举地将你的车拉出来）。

给养和装备

- 带上充足的饮用水：在温暖的气候条件下，每人每天需5升水，此外还要为散热器水箱准备一些水。可以将水装在多个容器中。

ment,Water & Natural Resources; www.environment.sa.gov.au）建议、地图，以及南澳大利亚州国家公园的露营许可。

规划、运输及基础设施部(Department of Planning, Transport & Infrastructure; ☎1300 361 033; www.transport.sa.gov.au）南澳大利亚州路况。

环境部（Department of the Environment; www.environment.gov.au/parks）关于联邦直辖的卡卡杜和乌卢鲁-卡塔楚塔国家公园的广泛信息。

新南威尔士州交通实况（Live Traffic NSW; ☎1300 131 122; www.livetraffic.com）新南威尔士州路况。

西澳大利亚州主要道路（Main Roads Western Australia; ☎13 81 38; www.mainroads.wa.gov.au）西澳大利亚州路况。

路况报道（Road Report; ☎1800 246 199; www.roadreport.nt.gov.au）北部地区路况。

北部地区旅游局（Tourism NT; www.travelnt.com）提供关于北部地区内陆的全面信息，还制作有《北部地区自驾指南》（*The Essential NT Drive Guide*），这本非常不错的小册子为两驱和四驱车自驾旅行者提供了驾驶里程、国家公园和内陆信息及建议等。

西澳大利亚州旅游局（Tourism Western Australia; www.westernaustralia.com）关于全州信息的综合性网站。

交通和旅行信息（Traffic & Travel Information; ☎13 19 40; http://highload.131940.qld.gov.au）昆士兰州路况。

北部地区公园和野生动物委员会(Parks & Wildlife Commission NT; www.parksandwildlife.nt.gov.au）关于北部地区国家公园的一般性建议：入口、步道以及露营等。

南澳大利亚州旅游委员会（South Australian

➡ 带上充足的食物以备不时之需。

➡ 带上急救包、整套地图、配有备用电池的手电、指南针和GPS定位仪。

➡ 参见1239页提供的网络资源，了解最新路况信息。

天气和路况

➡ 在开始旅行前先确定路况：旱季（3月至10月）能够通行的道路，到了雨季可能被水淹没。

➡ 不要试图穿过被水淹没的桥梁和堤道，除非你能确认水深以及水下没有道路损毁。

土路驾车

➡ 根据具体地形给轮胎充气，在沙漠道路上，将胎压减至20~25磅/平方英寸（psi）以避免爆胎。在离开沙路后，别忘了充气增加胎压。

➡ 在非柏油道路上行车速度不要过快，因为摩擦力下降，刹车距离会有所增加。

➡ 土路通常较为颠簸，保持匀速行驶是避免事故的最佳方式。

➡ 内陆公路上的灰尘可能会影响视线，因此需要经常停车，等到尘埃落定后再上路。

➡ 爬坡时使用低档，遇到陡峭的下坡时使用最低档。尽量少用刹车，要通过油门控制速度，在山路上不要猛打方向盘。

道路灾害

➡ 每开几个小时就停下来休息一下，疲劳驾驶是非常普遍的问题。

➡ 路上会遇到牛、羊、鸸鹋、袋鼠和骆驼等动物，车速较快时可能会对它们造成伤害。谨慎驾驶，避免在夜间赶路，因为本土动物通常都在夜间出来活动。许多租车公司都明文禁止夜间驾驶。

➡ 公路列车是主要道路上的常见威胁。给它们留出足够的空间，因为它们的块头比你大多了！

Tourism Commission；www.southaustralia.com）南澳大利亚内陆的实用信息——弗林德斯岭到库伯佩迪。

团队游

如果你不怎么喜欢做功课，也没那么热爱驾车，那么由导游带领的观光游不失为体验澳洲内陆风情的好办法。观光游种类繁多，从背包客热衷的内陆酒馆短途游，到原住民文化观光游，再到前往偏远荒野的多日丛林徒步游，不一而足。

内陆步道

澳大利亚内陆有着纵横交错的柏油公路，但是从A点到B点更为有趣的方式是沿着古老的牛道和铁路线进行游览。虽然在这些道路上开车不是非四驱不可，但四驱车更适合走这样的崎岖道路，驾驶起来也更加轻松。无论选择何种车辆，你都需要有接受与世隔绝的心理和应对基础设施缺乏的准备。

在一年中最炎热的季节里，最好不要尝试那些艰难的线路（尤其是12月至次年2月）。除了面临中暑的风险外，在这些条件下，微不足道的小事故也会酿成大的不幸。如果近期有洪水发生，那么在内陆的土路上你会被困在原地，进退两难。

伯兹维尔步道

从南澳大利亚州的马里绵延517公里，越过昆士兰州边境线后抵达伯兹维尔，这条古老的车道是澳大利亚最知名的内陆线路之一，尽管沿途没有太多壮观、多样化的风景。准备周全的常规车辆可以在这条路线上行驶，但是我们不推荐这样做。别忘了在

进入原住民领地许可证

- 在内陆地区，如果你计划驾车穿越大型牧场和原住民社区，你也许需要先申请许可证。这也是为了你的自身安全着想，许多孤身探索这片崎岖土地的旅行者在迷路或者发生事故时都经历过非常复杂的救援过程。
- 许可证由原住民领地管理部门签发，具体信息可参考目的地章节。手续办理时间从几分钟到几天。

Birdsville Hotel喝杯啤酒！

坎宁牧道

这条总长为2006公里的牧道从霍尔斯克里克往西南延伸，一直到西澳大利亚州的威卢纳。路线跨越大沙沙漠和吉布森沙漠，由于整条道路完全无人养护，所以一路上需要非常谨慎。至少要有三辆装备完备、携带高频无线电（HF）或应急无线电示位标（EPIRB）的四驱车结伴行走。夏天没有人走这条路。

从威卢纳开始，长达1000公里的枪管公路通往位于北部地区边界附近的瓦拉库尔纳，并在此会入内陆路。同样，全程都需要四驱车以及足够的水和燃料。

芬克步道和老安达多步道

芬克步道（第一个路段是老南方路）紧随汗线列车铁路前行（这条铁路早已拆除），将爱丽斯泉和芬克原住民领地连接到一起。在路上，你可以顺道拜访钱伯斯柱历史保护区，参观五彩缤纷的砂岩塔。从芬克开始，这条路沿着芬克河的支流Goyder小溪向东前行，然后向北延伸18公里，就到了安达多农场。从老安达多开始，这条小路向北延伸321公里，抵达爱丽斯。老安达多步道穿过辛普森沙漠，将老安达多农场与爱丽斯泉连接到一起。路上你会经过麦克克拉克保护区，区内生长着罕见的瓦迪树。高底盘的四驱车绝对是必要的装备，而且你还应该带上高频无线电或者应急无线电示位标。

吉布里弗路

这段德比和库努纳拉之间的捷径要穿过西澳大利亚州北部风景如画的金伯利核心地区。全程将近660公里，比起920公里的1号公路要近得多。尽管车速慢得多，但周边环境美得让人流连忘返。虽然有些路段坑坑洼洼，但一般来说，普通车辆在旱季（5月至10月）尚能通行，在雨季则无法通行。

内森河路

这条小路是由几段农牧小道组成的，它也是大草原之路风景最优美的一部分。几段不同的路凑到一起，从凯恩斯蜿蜒通往布鲁姆。这条路线穿越了罗珀沙洲和博罗卢拉之间卡奔塔利亚湾西缘一些偏远的农村，其中大部分都在利门国家公园内。一辆高底盘的车辆是必不可少的装备，同时至少带上两个备胎，因为路上经常有尖锐的岩石。在澳洲肺鱼和鳄鱼栖息的小溪和水潭边露营，是这条路线最吸引人的地方。

乌德纳达塔步道

这条步道大部分时间都与穿越南澳大利亚州内陆的古老汗线列车铁路平行，其与向西延伸的斯图尔特公路交会。这条路从马里到乌德纳达塔的距离是429公里，然后延伸216公里，在马勒拐上斯图尔特公路。只要不下雨，任何准备周全的常规车辆都能驾驭这条引人入胜的线路，但是四驱车会更加潇洒自如。

内陆路

这条线路从乌卢鲁往西，一直到西澳大利亚州的拉弗顿。在拉弗顿，可以驱车

小知识：乌卢鲁和卡塔楚塔

- 乌卢鲁由长石砂岩、粗砂岩伴着长石构成。
- 卡塔楚塔则为砾岩：由混合了砾石、卵石的砂和泥浆共同构成。
- 乌卢鲁长3.6公里、高348米、宽1.9公里，底部周长9.4公里。卡塔楚塔更高一些：546米。

至卡尔古利，再下到珀斯。这条路养护良好，普通车辆可以通行，但相当偏远。路线经过原住民领地，需要提前申请旅行许可，可联系西澳大利亚州原住民事务局（WA Department of Aborignal Affairs; www.daa.wa.gov.au）了解详情。从尤拉拉（距离乌卢鲁最近的城镇）到卡尔古利大约1500公里。从贾尔斯气象台附近开始的300公里路段和枪管公路走同一条线。走老旧的枪管公路（至沃伯顿北部）到西澳大利亚州的威卢纳要艰辛得多，需要开四驱车。

普伦提公路和桑多弗公路

这些偏远的线路从爱丽斯泉北边的斯图尔特公路向东延伸，前往昆士兰州的布里亚或芒特艾萨。普伦提公路沿着辛普森沙漠北缘延伸，你可以在哈茨山脉寻找宝石。桑多弗公路则提供让人难忘又略显单调的偏远地区观光体验，在路上见到别的车都会觉得特别亲切。走这两条路不能掉以轻心，沿途几乎找不到饮用水，还有许多人迹罕至的路段。这里地广人稀、设施缺乏，补给点之间的路途相当遥远。

红土中心路和米林尼环路

从爱丽斯泉出发，红土中心路是另一条通往红土中心众多名胜景点的路线。一开始，这条路沿着拉拉平塔和纳玛吉拉车道前行，顺着宏伟的麦克唐奈山脉边缘到达格伦海伦峡谷。经过格伦海伦后，这条路与米林尼环路交会，从这里开始沿途变得格外有趣。米林尼环路需要获得许可证（$5），这条路是如此之颠簸，以至于它会将传统的两驱车摇散架。虽然路况很差，但这是前往瓦塔卡（金斯峡谷）国家公园的崎岖捷径。从瓦塔卡开始，柏油路面的路里加路可通往拉瑟特公路和乌卢鲁-卡塔楚塔国家公园。

辛普森沙漠

辛普森沙漠穿越线路从芬克附近的Mt Dare出发，在伯兹维尔结束，它对司机和车辆都是真正的考验。在未经维护的小道上，3辆四驱车是必不可少的，还应携带卫星电话、高频无线电或应急无线电示位标。

斯特雷兹莱基步道

这条步道在南澳大利亚州经过的地区和伯兹维尔步道大致相同。从马里南边的林德赫斯特出发，线路的终点是东北部460公里外、靠近昆士兰州边界的因纳明卡——倒霉的探险家伯克和威尔斯去世的地方。最好找一辆四驱车，尽管这条路的路况因为蒙巴气田的建设而有所改善。

塔纳米步道

在爱丽斯泉正北，拐下斯图尔特公路，接下来这条1000公里长的小道向西北方向穿过塔纳米沙漠，到达西澳大利亚州的霍尔斯克里克。这条道路经过维护，普通车辆一般都能正常通过，但在西澳大利亚州境内会有一些沙土路，如果最近没有进行改造，会非常颠簸。可以在爱丽斯泉了解最近的路况。

计划你的行程

澳大利亚户外活动

在澳大利亚，你有足够的理由选择什么也不做，只是静静地闲坐、赏景。但是，同样的风景里也蕴藏了无限丰富的户外活动——无论是在旱地的小路和大山，还是在岸边的浪花和礁石。

何时去

9月和10月

春天标志着橄榄球赛季的高潮，你将听到比赛看台上人们摇旗呐喊的声音。此时的活动莫过于丛林漫步、野生动物观赏和攀岩等。

12月至次年2月

时值夏日，澳大利亚人纷纷前往沙滩。这是冲浪、帆船、游泳、垂钓、浮潜、跳伞、滑翔伞等运动的黄金季节……

3月和5月

澳大利亚的秋天颇为萧瑟，夜凉如水，炊烟袅袅，这样的天气冷热适中，适合丛林漫步，或者骑车旅行。

6月至8月

冬季到来，适合内陆旅行，或是去热带的最北部，或是去观赏雪景。将四驱车行李箱装满，到沙漠徒步或者来一次观光飞行，还可以拿起滑雪板，到山里畅享皑皑白雪带来的乐趣。

陆上活动

在澳大利亚各州和地区，丛林徒步是消磨时间的主要方式。骑单车是去周边游玩的最佳方式，尽管有时两地之间的距离着实让人吃不消。山区可以进行滑雪运动，观赏野生动物的机会更是无处不在。

丛林徒步

丛林徒步在澳大利亚极受欢迎，未经开发的矮树林和林中的众多小径为游客提供了很多的徒步机会，从20分钟的路边漫步到长达一周时间的野外徒步之旅，各种徒步项目应有尽有。各州的最佳丛林徒步时间各不相同，但是基本原则是，越往北越热、越潮湿。在北部，6月至8月是最佳徒步时间，而在南方，夏天和初秋（12月至次年3月）更适合徒步。

著名的路线包括塔斯马尼亚州的陆上通道和南部海岸路线；维多利亚州的澳大利亚阿尔卑斯徒步路线、大洋路步道和大西南徒步线路；西澳大利亚州的比布蒙步道、昆士兰州穿越欣钦布鲁克岛的索斯伯恩步道和黄金海岸腹地大徒步路线也很棒。

在新南威尔士州，你可以在横跨悉尼和纽卡斯尔的大北公路徒步路线上进行长途跋涉，也可以尝试皇家国家公园海岸徒步路线、蓝山国家公园内的六英尺路线，或者徒步攀登澳大利亚最高峰科西阿斯科山。在南澳大利亚州，有壮观的长达1200公里的海森小径。北部地区有雄伟的长达233.5公里的拉拉平塔小径和尼特米卢克（凯瑟琳峡谷）国家公园的偏僻小路。

从林徒步安全指南

在整装待发之前，确保你所徒步的地区以及所选择的路线在自己力所能及的范围内，确保身体健康，且持续徒步后感觉良好。向当地相关部门打听天气和最新路况信息。注意，在不同的地区，气候条件和地形地貌变化很大，季节变化可以轻而易举地让任何徒步路线变得面目全非。

负责任的丛林徒步

为了保护澳大利亚的生态和美景，在进行丛林徒步前请注意以下事项：

➡ 带走你的所有垃圾，包括卫生巾、棉条、安全套和卫生纸。切勿掩埋垃圾：挖掘会干扰土壤和地表，并加速侵蚀。被掩埋的垃圾也可能被动物挖掘，导致动物受伤或中毒。

➡ 有厕所就用厕所，没有厕所，就将排泄物掩埋掉。在距离所有水源至少100米处挖一个15厘米深的小洞，用泥土和石头盖在排泄物上。在雪地上，需要一直挖到土壤里。

➡ 个人洗漱选择距离水道至少50米的地方，使用可降解肥皂和盛水容器。将用过的水大面积泼洒掉，让土壤能够充分过滤。

➡ 在距离水道至少50米的地方洗涤厨具和餐具，不要使用洗涤剂，可使用百洁布或用沙子、雪清洁。

➡ 走固定路线，不要抄捷径。绕着泥沼走只会让它越来越大，应该直接蹚过去。

➡ 不要燃篝火做饭。使用轻量煤油、酒精或Shellite（白气）炉，避免使用一次性丁烷气罐的炉具。

➡ 在既有生火点处生火。不要用石头将篝火围起来。只使用枯枝、落枝。在过夜的木屋里，将木头留给后来者。

➡ 不要饲喂野生动物，这样做可能让动物依赖喂食，导致其数量失衡并引发疾病。

➡ 可向**Wilderness Society**（www.wilderness.org.au）、**Australian Conservation Foundation**（www.acfonline.org.au）和**Planet Ark**（www.planetark.org）等环保组织寻求建议。

最佳丛林徒步路线

➡ 索斯伯恩步道，昆士兰州

➡ 大西南徒步线路，维多利亚州

➡ 陆上通道，塔斯马尼亚州

➡ 海森小径，迪普溪保护公园，南澳大利亚州

➡ 拉拉平塔小径，北部地区

骑行

自行车骑手在澳大利亚可以找到许多很好的骑行路线，还可以参加为期数天、一个周末甚至长达数周的团队骑车旅行。你也可以租一辆单车，用几个小时来游览城市。

较长而出彩的路线有墨累河至山间铁路小径骑行路线和东吉普斯兰铁路骑行路线，这些骑行路线都在维多利亚州。在西澳大利亚州，孟达比蒂小径让你能在山路上度过900公里的旅程，你也可以在南澳大利亚州的莫森小径上骑行相同的距离。480公里长的塔斯马尼亚小径是一条南北向贯穿整个岛的山路骑行路线。

大部分公路自行车或山地自行车的租赁费用为$20/小时或$40/天起。根据租赁时长不同，需要押金$50~200。大多数州都成立了自行车组织，可提供地图和各种建议。

观赏野生动物

本土野生动物是澳大利亚旅游业的最大卖点之一，这一点无可争议。国家公园是观赏野生动物的最佳地点，但是多数动物都在夜里出没，所以你或许需要锻炼一下用火把（手电筒）寻物的技能，以便找到它们。

澳大利亚是鸟痴的天堂，在这里可以观察到多样的鸟类栖息地和**鸟类的生活**，特别是水鸟的生存状况。堪培拉是鸟类最多的城市。在热带的北部也有许多可以观察鸟类的地方，尤其是北部地区的卡卡杜国家公园，这里的鸟类生活一定会让你叹为观止，更别提**鳄鱼**了。

在新南威尔士州，新英格兰国家公园内有**鸭嘴兽**和**袋貂**，而多里戈国家公园内则分布着120种鸟。四分之一的澳大利亚鸟类可

在边界山脉国家公园找到。世界遗产名录上的威兰德拉国家公园汇集了密集的温带湿地和大量的野生动物。在麦夸里港附近，遍地的**考拉**早已不足为奇。西澳大利亚州同样有不少热门的鸟类观赏地。

在维多利亚州，威尔逊角中满是野生动物，事实上，有时**树袋熊**（wombats）的数量甚至超过了人类。

在南澳大利亚州，可以到袋鼠岛上的弗林德斯狩猎国家公园观赏**考拉**、**袋鼠**和鸭嘴兽，还可以去北边的弗林德斯国家公园观赏**鸸鹋**。在昆士兰州，可前往马兰达观看鸟类、**海龟**和**小型沙袋鼠**；苦难角甚至有更好的鸟类，或是去马格内蒂克岛看考拉；去弗雷泽岛看**澳大利亚野犬**；去丹特里热带雨林看**食火鸡**。在塔斯马尼亚州，玛利亚岛是另一处观鸟胜地，而威廉山、费尔德山国家公园有着丰富多样的本土动物，包括著名的**塔斯马尼亚袋獾**（但估计没有塔斯马尼亚虎）。

滑雪和单板滑雪

澳大利亚的滑雪产业规模较小，但却充满热情，滑雪场位于新南威尔士州和维多利亚州交界处。滑雪季从6月中旬到9月初，相对较短，而且降雪量也很难预测。在新南威尔士州，顶级滑雪场位于大雪山的科西阿斯科国家公园；在维多利亚州，可以前往高地地区的布勒山、福尔斯克里克或霍瑟姆山；塔斯马尼亚州也有一些规模较小的滑雪场。

水上运动

如同澳大利亚国歌唱的那样，这片土地"被海水所环绕"。冲浪、垂钓、帆船、潜水和浮潜是在这片土地上生活的人们所热衷的运动项目，也是大家都喜欢的消遣娱乐方式。海生哺乳动物观赏之旅近年来日益流行。内地有巨大的湖泊和蜿蜒的河流，可进行漂流、独木舟、皮划艇（还有更多）和垂钓活动。

在澳大利亚冲浪

贝尔斯海滩、仙人掌海滩、玛格丽特河和Superbank……这一个个名字毫无疑问都和富有传奇色彩的冲浪故事联系在一起。黄金海岸的Superbank每年都会率先举办职业冲浪协会（ASP）世界巡回赛的第一站比赛，贝尔斯海滩紧随其后，且贝尔斯举办ASP赛事由来已久。仙人掌海滩声名远播的传奇海浪，让冲浪好手们跃跃欲试，而玛格丽特河则是那些追逐大浪的弄潮儿的最爱。

虽然上述地点早已声名远扬，但它们只是澳大利亚众多冲浪地点中微不足道的一部分。这一点不足为奇，澳大利亚由印度洋和太平洋环绕着，因此拥有漫长的海岸线。适合冲浪的海浪比比皆是，在澳大利亚六个州首府的周边，你都能找到滔天巨浪或粗糙礁岩。

新南威尔士州

- 从曼利到阿瓦隆，即悉尼的北部海滩
- 最北部海岸线上的拜伦湾、伦诺克斯角和安戈里角
- 中北部海岸线上的楠巴卡角和克雷森特角
- 南部海岸线上的杰维斯湾和阿勒达拉周边地区

昆士兰州

- Superbank：一段两公里长的沙洲，从鲷鱼岩延伸至季拉角
- 黄金海岸上伯利角至冲浪者天堂的一段海滩
- 莫顿湾内的北斯特拉德布罗克岛
- 玛卢奇多附近的卡罗旺德拉和亚历山德拉角以及阳光海岸的努萨

维多利亚州

- 贝尔斯海滩——澳大利亚冲浪者的精神家园。当海浪卷来时，没有什么人会怀疑这一点，但众所周知，这里的海浪脾气多变
- 菲利普岛上的史密斯海滩
- 莫宁顿半岛上的利奥角、弗林德斯、Gunnamatta、拉伊和波特西
- 西南海岸线上的巴望角、朗斯代尔角、托基和大洋路沿线的无数地方

塔斯马尼亚州

- 西北海岸线上的马拉瓦时常会掀起巨浪
- 东部海岸线上的圣海伦斯和比奇诺
- 塔斯曼半岛上的鹰颈峡，传奇的船尾崖就在这附近。澳大利亚最猛烈的海浪
- 霍巴特、克雷蒙角和克里夫顿海滩附近

南澳大利亚州

- 位于塞杜纳以西、偏僻的辛克莱角的仙人掌海滩，拥有国际公认的优质、连续的海浪
- 艾尔半岛西部的格林利海滩
- 彭宁顿湾拥有袋鼠岛最连绵的海浪
- 爱恩斯国家公园里约克半岛的邦达洛威湾和斯坦豪斯湾
- 阿德莱德以南的维克托港、埃利奥特港和米德尔顿海滩

西澳大利亚州

- 西南部的玛格丽特河、格雷斯镇和亚林加普
- 珀斯北边的特里格角和斯卡伯勒海滩
- 杰拉尔顿和卡尔巴里的远北部
- 登马克以南的太平洋

潜水和浮潜

大堡礁有许多令人心旷神怡的深潜和浮潜点，可以让你一展身手。

在西澳大利亚州，宁加卢礁游客不多，在奥尔巴尼和邓斯伯勒有围绕沉船而建的人工珊瑚礁，蔚为壮观。

在南澳大利亚州，圣文森特海湾海岸线上有瑞皮德湾防波堤。在塔斯马尼亚州，火焰湾和鹰颈峡也是非常受欢迎的潜水地。在新南威尔士州，杰维斯湾和西南岩不远处的鱼岩洞都是理想的潜水场所。

钓鱼

钓澳洲肺鱼在最北部非常流行，特别是在北部地区的博罗卢拉周边，以及昆士兰州的卡伦姆巴和蒂纳鲁湖周边地区。

在澳大利亚的很多地方，都可以进行海钓。塔斯马尼亚州壮丽的冰川湖和清澈的高原溪流都适宜垂钓。

在钓鱼之前，要注意，澳大利亚对于捕获量和鱼的大小有严格限制，许多面临生存威胁的物种因而得到保护。可通过渔具商店或各州政府捕鱼机构了解当地政策。

观赏鲸鱼、海豚和海洋生物

南露脊鲸和座头**鲸**从南极到温暖水域的迁徙路线正好经过澳大利亚海岸。乘坐观鲸游轮的最佳地点是昆士兰州的赫维湾、新南威尔士州南部的伊登、新南威尔士州中北部海岸、维多利亚州的瓦南布尔、西澳大利亚州西南角的奥尔巴尼和南澳大利亚州的众多地方。观鲸季节约在5月至10月，如果想观赏**鲸鲨**和**蝠鲼**，可以前往西澳大利亚州的宁加卢海洋公园。

在新南威尔士州东部海岸的杰维斯湾、斯蒂芬港和拜伦湾，西澳大利亚州沿海的班伯里和罗金厄姆，以及昆士兰州的北斯特拉德布罗克岛，可以全年观赏**海豚**。你还可以在维多利亚州索伦托与海豚共泳，在维多利亚州的菲利普岛，还能观赏仙女企鹅。在西澳大利亚州，**海狗**和**海狮**经常出现在罗特内斯特岛、埃斯佩兰斯、罗金厄姆和绿角。在芒基米亚可以看到各种漂亮的海洋生物，包括**儒艮**。海狮经常造访南澳大利亚州袋鼠岛的海豹湾（尽管二者间有一字之差）。

五大最佳野生动物观赏地

- 鲸鱼，昆士兰州赫维湾
- 灰袋鼠，澳大利亚首都直辖区诺马治国家公园
- 企鹅，维多利亚州菲利普岛
- 袋獾，塔斯马尼亚州玛丽亚岛
- 海豚，西澳大利亚州芒基米亚

网络资源

Bicycles Network Australia（www.bicycles.net.au）资讯、新闻和链接。

Bushwalking Australia（www.bushwalkingaustralia.org）国家级的官方网站，有各州丛林徒步俱乐部和协会的链接。

Coastalwatch（www.coastalwatch.com）最佳海浪地点的冲浪图片、报告和气象图。

Dive-Oz（www.diveoz.com.au）潜水网站。

Fishnet（www.fishnet.com.au）在澳大利亚钓鱼的方方面面（与渔网丝袜无关）。

Ski Online（www.ski.com.au）提供假期行程计划的商业网站，还有降雪图、天气预报和报告。

地区速览

澳大利亚可以被干净利落地划分为6个州和2个大陆地区。但在一个如此广袤的国家旅行时，行政区划有时并没有太大意义。热带雨林和沙漠对这些州际边界毫不在意，因此，我们需要将澳大利亚的州和地区更细致地划分为38个地区来介绍，划分的依据不仅是行政区划，还有气候、景观和文化。

悉尼及周边

海滩
餐饮
夜生活

悉尼是澳大利亚的金融重镇，但大部分旅行者来这里都是为了漂亮的海滩、多元的文化、时髦的酒吧和夜生活。悉尼人的生活信条是：吃、喝、派对，然后在沙滩上睡一整天。

见62页

新南威尔士州中部海岸

冲浪海滩
湖泊
酿酒厂

从悉尼开车向北，很快就能到达中部海岸，那里有炫目的沙滩、巨大的湖泊和悠闲的冲浪小镇。内地则是澳大利亚历史最悠久的葡萄酒产区猎人谷。

见144页

拜伦湾和新南威尔士州北部

冲浪海滩
节日
腹地城镇

到城里去，或是到城外，20世纪70年代嬉皮士的唱诵还在回响，但现在的拜伦湾除了迷幻氛围（要体验这个得去腹地）外，冲浪和音乐节也同样出名。

见160页

堪培拉和新南威尔士州南部海岸

历史和文化
政治
海岸城镇

曾经“无聊”的堪培拉现在充满了都市活力。堪培拉有一流的博物馆和美术馆，议会大厦的活动让所有人都饶有兴致。往东南方向走，则是一连串悠然自得的海滨小镇。

见213页

新南威尔士州中部和内陆

美食与美酒
历史
内陆风光

新南威尔士州中部和内陆的农业村镇以及偏远的风景是典型的澳大利亚。在奥兰治、马奇以及迷人的矿业遗址布罗肯希尔可以享受高水平的餐饮。

见248页

新南威尔士州南部

小镇
河流
山

离开悉尼令人沮丧，但如果是前往南部就正好相反！沉迷在历史悠久的南部高地小镇、周边的墨累河、马兰比吉河和澳大利亚的最高峰科西阿斯科山的苍翠风景中吧。

见278页

布里斯班及周边

都市文化
艺术
岛屿

悉尼和墨尔本要当心了，布里斯班正在崛起！时髦别致的酒吧、餐馆，生机勃勃的艺术创作以及美味咖啡，让布里斯班成为雄心勃勃、锐意进取的城市。出了城，这里还有悠然避世的岛屿和意想不到的葡萄酒产区。

见290页

冲浪者天堂和黄金海岸

冲浪海滩
夜生活
主题公园

昆士兰州大名鼎鼎的黄金海岸正是学习冲浪或彻夜狂欢的好地方（冲完浪去狂欢，或狂欢后再去冲浪）。规模庞大的黄金海岸主题公园是家庭旅行的热门之选。

见341页

努萨和阳光海岸

海滩
国家公园
冲浪

阳光海岸听起来很俗，可一旦你下到水里，很快就会忘记这个滥俗的名字。当地的海滩非常棒，尤以努萨国家公园里的一些孤立沙湾最佳。

见358页

弗雷泽岛和弗雷泽海岸

荒野
野生动植物
越野自驾

弗雷泽岛是地球上最大的沙岛，一个包围在环状珊瑚礁里，拥有沙丘、热带雨林和淡水湖的异次元世界。在岛上，除了看斑点澳洲野狗和座头鲸，还可以钓鱼、游泳、划船。

见374页

摩羯海岸和南礁群岛

海滩
岛屿
原住民文化

摩羯海岸不像昆士兰州的其他地方那样拥挤，也就意味着有更多的海滩、岛屿、洞穴和浮潜水面供你享受。不要错过罗克汉普顿的牛排和卡那封峡谷的原住民岩画。

见391页

降灵海岸

岛屿
海滩
出海航行

昆士兰州的降灵群岛是众多摄影作品、游记和揽客广告的主题，该去看看了！私家度假村、耀眼的白沙滩、探访多个岛屿的航海游程和令人难忘的艾尔利海滩之夜在等待你。

见405页

汤斯维尔和使命海滩

海滩
岛屿
野生动植物

作为一个小城，汤斯维尔有着自身的都市魅力，但这里真正吸引人的是附近的海滩和幽静的岛屿。不要错过使命海滩，这是一个悠闲舒适的海滨小镇，可以看到鹤鸵在灌木中漫步。

见423页

凯恩斯和丹特里热带雨林

热带珊瑚礁
热带雨林
活动

凯恩斯和道格拉斯港是大堡礁浮潜之旅的重镇。凯恩斯是乘坐热气球、钓鱼、漂流、蹦极跳等各种活动的中心。丹特里热带雨林生态系统的丰富多样令人叹为观止。

见444页

约克角半岛

热带荒野
越野自驾
原住民文化

昆士兰州最北端仿佛遥不可及，尤其是夏天雨季来临之后。驾上一辆四驱车不仅能尽情探索这片热带荒野，还可以体验到丰富多彩的原住民文化。

见489页

昆士兰州内陆和萨凡纳湾

乡村文化
内陆风光
钓鱼

避开旅游热点，到昆士兰州的内陆中心区看看，那里是牛仔竞赛、乡村音乐、偏远酒馆、恐龙骨头和无尽天空的世界。萨凡纳湾则是一片热带风光，钓肺鱼是这里的主打项目。

见500页

墨尔本及周边

艺术
大型体育赛事
餐饮

墨尔本充满艺术气息，美术馆、音乐会、书店和剧院数不胜数。别忘了去墨尔本体育场看板球比赛或澳大利亚橄榄球比赛，泡吧、喝咖啡和下馆子也必不可少。

见519页

大洋路

海岸风光
冲浪
小镇

哇，太精彩了！花上几天，沿着大洋路旅行绝对是世界上最棒的公路游。带上冲浪板、照相机、鱼和薯条，穿行在静谧的海滨小镇吧。

见583页

吉普斯兰和威尔逊角国家公园

海岸风光
丛林徒步
野生动物

吉普斯兰的美妙沙滩充满原始魅力，很难想象：沿着公路就可以抵达一座440万人口的城市。亮点是在威尔逊角国家公园徒步、露营和观赏野生动物。

见605页

格兰扁和金矿区

历史
小镇
荒野

19世纪50年代，维多利亚州的金矿让人趋之若鹜。淘金潮让该州的中西部出现了许多风景如画的小镇，而雄伟的格兰扁国家公园则能让你领略荒野和丰富的原住民文化。

见621页

维多利亚州高地地区

山
雪地运动
食物和葡萄酒

绑上滑雪板，向布勒山或福尔斯克里克进发，去感受冬季的魔法吧。维多利亚州阿尔卑斯山区的春夏两季同样像仙境一般，山谷间到处都是古老的城镇、酒厂和美食。

见644页

维多利亚州西北部

河流
小镇
历史

维多利亚州西北部的主角是蜿蜒流入南澳大利亚州的墨累河。水利灌溉给果园和葡萄园交错的马利带来一片青翠。伊丘卡和天鹅山的明轮船历史悠久。

见667页

霍巴特和塔斯马尼亚东南部

都市文化
历史
美食

融合了殖民历史和自然美景的霍巴特是一座完美的小城。绝佳的美酒美食、终年不断的节庆和奇妙的古今艺术博物馆让这里成为必游之地。

见683页

朗塞斯顿和塔斯马尼亚东部

都市文化
海滩
葡萄酒产区

朗塞斯顿长久以来都是霍巴特的配角，但“Lonnie”也有嬉皮吧、潮且酷的咖啡馆和餐厅。东海岸的海滩如同天堂（一定别错过酒杯湾）。泰玛谷葡萄酒产区则是通往极乐的另一条路径。

见721页

塔斯马尼亚北部和西部

荒野
丛林徒步
野生动植物

塔斯马尼亚被列入世界遗产名录的荒野地区极其美丽。你可以在史诗画卷般的陆上通道徒步，让自己融入其中，或是攀上克雷德尔山极目远眺，而地面上的有袋动物和爬行动物在肆意穿行。

见753页

阿德莱德及周边

节庆
葡萄酒产区
野生动植物

阿德莱德拥有出色的节庆，例如高雅的阿德莱德节和它叛逆的孩子——边缘艺术节。麦克莱伦谷葡萄酒产品有西拉红葡萄酒，袋鼠岛的海滩和野生动植物则在海那边等着你。

见785页

巴罗萨山谷和南澳大利亚州东南部

葡萄酒产区
河流
洞穴

巴罗萨是澳大利亚葡萄酒业的核心地带，出品大牌红酒，克莱尔山谷的雷司令也十分精纯。再往远处走，浩荡的墨累河蜿蜒流向石灰岩海岸线，那里分布着不少奇妙的洞穴。

见843页

约克半岛和南澳大利亚州西部

海岸风光
国家公园
海鲜

花上几天，探访约克半岛，那里金黄色的原野一直延伸到空旷的海滩。再往西走，就是林肯和科芬湾两块景观与周边截然不同的壮丽飞地。艾尔半岛的新鲜海鲜令人垂涎欲滴。

见872页

弗林德斯岭和南澳大利亚州内陆

山
丛林徒步
越野自驾

风景如画的弗林德斯岭起于一片半沙漠地带，山脊如锯齿般交错。这里是丛林徒步和野营的绝佳之地。再往北，传奇性的越野车道穿过干得不见一滴水的沙漠，通往那些奇妙的内陆小镇。

见887页

达尔文及周边

夜生活
国家公园
原住民文化

入夜后的达尔文很刺激，背包客爱去Mitchell St放松。沿着公路下去，就是澳大利亚最棒的3个国家公园——卡卡杜、利奇菲尔德和尼特米卢克，还有池塘、原住民文化和令人惊叹的热带野生动物。

见905页

乌卢鲁和北部地区内陆

沙漠风光
原住民文化
野生动植物

乌卢鲁和卡塔楚塔是两块大得令人叹为观止的红色岩石。瓦塔卡则截然相反，是一条深得令人目眩的荒漠峡谷。你可以参加原住民文化游，还可以去特别棒的爱丽斯泉沙漠国家公园，并观看内陆的野生动植物。

见946页

珀斯和弗里曼特尔

美酒
美食
博物馆

西澳大利亚的艳阳烘烤着珀斯和充满波希米亚风情的“Freo”（弗里曼特尔的昵称），在嬉皮吧或是落日余晖中的酒馆喝上一杯手酿啤酒，让人神清气爽。在彻底放松前，别忘了先去西澳大利亚州最好的几个博物馆参观。

见990页

珀斯周边

国家公园
水上运动
历史

从珀斯出发的一日游可以将你带到南邦国家公园奇妙的尖峰石阵，也可以带你游览几个美丽的古老村镇。来到海边，则可以钓鱼、冲浪、浮潜、玩帆板、滑沙、潜水，或是和海豚戏水。

见1029页

玛格丽特河和西南海岸

葡萄酒厂
冲浪
荒野

西澳大利亚州炎热干燥，但仍有足够的雨水培育出优质的葡萄园和长着参天大树的森林。迷人的玛格丽特河是该地区的活动中心，附近还有奇妙的洞穴和几处澳大利亚最佳的冲浪点。

见1044页

西澳大利亚州南部

海岸风光
荒野
小镇

和西澳大利亚的西南角不同，南部海岸由于距离珀斯太远，所以没有太多一日游的客人光临。给自己放上一周的假，去好好探访这一地区长着参天大树的森林、空旷的海滩、悬崖、葡萄酒厂和可爱的小镇吧。

见1063页

芒基米亚和中西部地区

海洋动物
荒野
野花

鲨鱼湾的芒基米亚因海豚而著称，但这片水域中还生活着儒艮、海龟、座头鲸、魟鱼和鲨鱼（如你所愿）。干燥的陆地上有迷人的峡谷和春季里的遍地野花。

见1089页

珊瑚海岸和皮尔巴拉

海洋动物
国家公园
海鲜

一定不要错过宁加卢海洋公园中这片物产极其丰饶的水域，这也是地球上少数几个可以和鲸鲨共泳的地方。而超级美味的海鲜和绿洲般的国家公园也在稍远处的皮尔巴拉引诱着你。

见1109页

布鲁姆和金伯利

荒野
原住民文化
奢华住宿

金伯利位于澳大利亚最西侧，峡谷、鬣刺、沙地和瀑布点缀在无垠的荒野中，原住民文化更是其中的亮点，可以参观原住民艺术或参加团队游。

见1132页

在路上

Darwin & Around
达尔文及周边 905页
Cape York Peninsula
约克角半岛 489页
Broome & the Kimberley
布鲁姆和金伯利 1132页
Uluru & Outback NT
乌卢鲁和北部地区内陆 946页
Coral Coast & the Pilbara
珊瑚海岸和皮尔巴拉 1109页
Outback Queensland & Gulf Savannah
昆士兰州内陆和萨凡纳湾 500页
Monkey Mia & the Central West
芒基米亚和中西部地区 1089页
Flinders Ranges & Outback SA
弗林德斯岭和南澳大利亚州内陆 887页
Southern WA
西澳大利亚州南部 1063页
Central & Outback NSW
新南威尔士州中部和内陆 248页
Yorke Peninsula & Western SA
约克半岛和南澳大利亚州西部 872页
1
2
3
4
5
6
7
8
9
10
11
12
13
14
15
16
17
18
19
20
21
22
23
24
25
26
27

悉尼及周边

包括 ➡

最佳餐饮

- Quay（见112页）
- Tetsuya's（见113页）
- Mr Wong（见113页）
- Ester（见114页）
- Bourke Street Bakery（见115页）

最佳住宿

- Sydney Harbour YHA（见105页）
- QT Sydney（见107页）
- 鹦鹉岛（见108页）
- ADGE Boutique Apartment Hotel（见108页）
- Park Hyatt（见106页）

为何去

悉尼很可能是你踏上这块大陆的首站，理由很简单：没有比这儿更合适的了。壮观的港口景观、阳光充沛的海滩和精致优雅的都市氛围使得这个城市在澳大利亚独一无二，热爱户外活动的悉尼人更是给城市增添了一份自信魅力，让其他许多城市艳羡。悉尼的四周不是水就是国家公园，这是一座有着野性的城市。

人们会想当然地以为悉尼附近地区都是它的影子，但情况并非如此。从霍克斯伯里河到蓝山，每一处都有自己的快乐。山上树木繁茂葱茏，你有大把的机会窝在熊熊燃烧的壁炉前享受温暖。而在霍克斯伯里，生活节奏跟河水一样悠闲缓慢。

何时去

悉尼

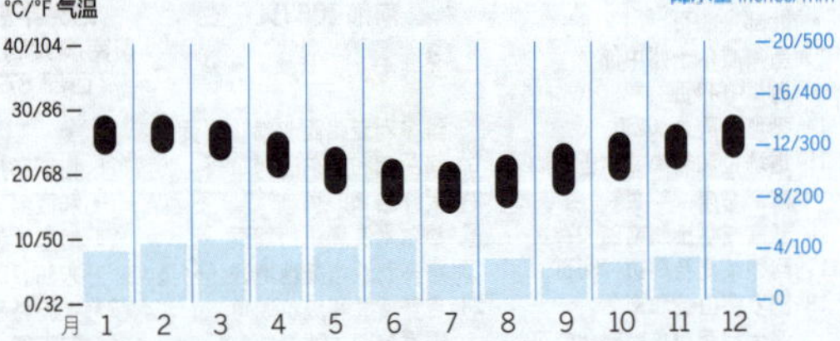

1月 悉尼港璀璨的焰火表演拉开新年的序幕。

3月 悉尼的夏日派对季在盛大的悉尼同性恋狂欢节期间达到最高潮。

7月 在蓝山享受温暖的炉火、葡萄酒和冬季美食。

悉尼及周边亮点

❶ 跳上一艘海港渡轮去**沃森湾**（见91页）。

❷ 在**邦迪海滩**的金色沙滩上消磨时光（见91页）。

❸ 享受**邦迪至库吉崖顶徒步路线**上壮丽的海滩风光（见97页）。

❹ 在时尚的**萨里山**一路吃吃喝喝（见115页）。

❺ 观看一场**悉尼歌剧院**的演出（见127页）。

❻ 漫步在**皇家植物园**（见76页）的林荫小道上，下方就是熠熠生辉的悉尼港。

❼ 在波希米亚风情的**新城**二手店和五花八门的精品店里淘货（见131页）。

❽ 在**蓝山**茂密古老的森林冠盖下沿着丛林小径徒步（见138页）。

历史

现在的大悉尼地区曾是至少三支原住民部族的古老家园，每一支都有自己的语言。北部海岸通常使用Ku-ring-gai语，博特尼湾(Botany Bay)南部海岸讲的是Dharawal语，而从港口到蓝山地区则通行达鲁格语。悉尼周边的海岸地区是Eora(意味“本地”)人的祖居地，他们分化成出了Gadigal和Wangal等部族。

1770年，英国海军中尉(后来的船长)詹姆斯·库克(James Cook)将船停靠在博特尼湾(Botany Bay)。军舰的到来让当地人感到惊恐。库克在日志里写道：“他们看起来只想要我们离开。”

1788年，英国人重返此地，而这次他们不再离开。在海军军官亚瑟·菲利普(Arthur Phillip)船长的指挥下，一只由罪犯、海军陆战队和牲畜组成的杂牌军“第一舰队”来到这里。到达博特尼湾后，眼前的景象让菲利普船长大失所望，尤其令人沮丧的是这里缺乏淡水资源。他命令船队向北行驶，并找到了“世界上最棒的港口”。登陆悉尼湾的那天为1月26日，为纪念这一历史事件，澳大利亚将这一天定为国庆日(也是许多原住民口中的“入侵日”)。

原住民战士展开了反抗英军的武装斗争，他们的领袖是来自botanical地区Bidjigal部族的Pemulwuy(1750~1802年)和来自杰克逊港北岸的Eora人Musquito(1780~1825年)。原住民的反抗最终被击溃，英国殖民者夺取了控制权。随着舰队一起入侵的还有天花等欧洲疾病，天花让Eora人遭受重创(据说Gadigal部族只有三个人活了下来)。

殖民者最初的日子十分艰难，食物短缺一直威胁着人们的生存，但这里逐渐形成了一个有石头房屋、仓库和街道的繁华港口。周边的原始林区被开垦成农场、菜园和果园。

1793年，菲利普返回伦敦，只顾一己私利的军官控制了总督府。很快，第一任总督历尽千辛万苦建立的繁华新都开始衰落。英国政府终于采取行动，派遣拉克伦·麦夸里(Lachlan Macquarie)就任新总督，恢复殖民地的秩序。在他的统治下，众多高大的建筑拔地而起(大部分保留至今)，将悉尼的样貌从原本的流放地改造成大英帝国颇具价值的殖民点。

1813年，探险家布拉克斯兰(Blaxland)、劳森(Lawson)和文特沃思(Wentworth)穿越蓝山，殖民地自此开始向广阔肥沃的西部山丘和平原地区扩张。19世纪30年代，拓荒者的脚印已遍及拉克伦河(Lachlan)、麦夸里河(Macquarie)、马兰比吉河(Murrumbidgee)和达令河流域，新南威尔士殖民地日渐繁荣。

20世纪，来自欧洲(尤其是“二战”后)、亚洲和中东的新移民大量涌入悉尼，为城市的西扩注入了新的活力，并让它成为汇聚多元文化的大都会。

悉尼原住民

传统上，悉尼地区的原住民是半游牧民族，他们在自己的土地上捕鱼、打猎并采集野果。除了提供食物，这块大陆还是他们的精神生活和“梦创时代”(澳洲土著信仰)的基础。欧洲人的强制占领带来了灾难性后果。

最近的一次全国人口普查(2011年)显示，大悉尼地区约有54,800名原住民(占总人口的1.2%)。

在悉尼，你可以通过多种方式来了解这座城市的原住民文化。澳大利亚博物馆(Australian Museum，见86页)、新南威尔士州美术馆(Art Gallery of NSW，见77页)、当代艺术博物馆(Museum of Contemporary Art，见74页)、悉尼博物馆(Museum of Sydney，见79页)、发电站博物馆(Powerhouse Museum，见84页)和岩石探索博物馆(Rocks Discovery Museum，见74页)都与原住民生活和文化有关。你还可以在曼利观光步道(Manly Scenic Walkway，见98页)和库灵盖蔡司国家公园(Ku-ring-gai Chase National Park，见99页)近距离欣赏前殖民时期的岩石雕刻作品。皇家植物园(Royal Botanic Garden，见76页)和塔隆加动物园(Taronga Zoo，见95页)都有原住民主题游。其他带原住民导游的文化主题游览还有原住民蓝山漫游(见140页)和Eco Treasures(见104页)。在卡通巴(Katoomba)的沃勒塔原住民中心

（Waradah Aboriginal Centre，见137页）全天都有短时文化表演。

想要获得更多信息，可登录网站www.visitnsw.com或www.tourism.australia.com//aboriginal.aspx。

国家公园

悉尼被国家公园环绕，北面有库灵盖蔡司和马拉马拉（Marramarra），西面有Wollemi和蓝山（见136页），南面有皇家国家公园（Royal National Park），东面海港之滨就是悉尼港国家公园（Sydney Harbour National Park，见66页）。其他公园则随处可见，其中最受欢迎的是里湾国家公园（Lane Cove National Park，见95页）。

新南威尔士州国家公园和野生动物管理局（NSW National Parks & Wildlife Service，简称NPWS；www.nationalparks.nsw.gov.au）的网站有游客中心、徒步路线和露营选择的详情。有些公园需要凭当日门票进入，通常为每辆车$7。如果你计划拜访多个公园的话，建议购买公园联合年票（$65），凭年票可以不限次数地进入新南威尔士州所有的国家公园和保护区，但科西阿斯科国家公园（Kosciuszko National Park）除外。

许多国家公园设有露营地，其设施档次不一。有些可免费使用，有些按每人每晚的标准收取$5~10的费用。节假日期间，热门的营地经常被预订一空。某些公园内允许丛林露营。

活动

悉尼及其周边的国家公园有丰富的活动，适合不同体力和冒险程度的人。

丛林徒步

几乎每一个国家公园都有带标记的小径或野外徒步道。它们囊括了各种徒步类型。

在悉尼近郊，皇家国家公园内的荒野里有几条令人兴奋的悬崖崖顶徒步路线，其中一条是长28公里的海岸小径。库灵盖蔡司国家公园内的布罗肯湾（Broken Bay）入海口附近有几条较短的丛林徒步路线。悉尼以西的地方，砂岩峭壁、桉树林和蓝山上的野生花朵美得让人心神荡漾。热爱徒步的人不妨试试从卡通巴到杰诺伦洞（Jenolan Caves）、长45公里的六英尺小道（Six Foot Track）。

新南威尔士州国家公园和野生动物管理局网站（www.nationalparks.nsw.gov.au）上有大量关于新南威尔士州国家公园和保护区的徒步信息。**新南威尔士州国家公园联合会**（National Parks Association of NSW；www.npansw.org.au）出版的《悉尼地区的丛林徒步》第一和第二册（*Bush walks in the Sydney Region Volumes 1 & 2*）获评颇高，作者是S Lord和G Daniel。此外，《悉尼的最佳丛林、公园和城市徒步》（*Sydney's Best Bush, Park & City Walks*）也不错，里面列举了50条徒步路线，覆盖大部分重要的国家公园，它与口碑甚佳的《蓝山：最棒的丛林徒步》（*Blue Mountains: Best Bushwalks*）出自同一作者Veechi Stuart的笔下。另一个有用的网站**Wildwalks**（www.wildwalks.com）提供关于丛林徒步和露营的在线信息、免费的地图和900多条徒步路线的笔记。

骑自行车

悉尼市内不断扩展的自行车道网络得益于悉尼城市委员会的一项英明举措——"悉尼2030年"（Sydney 2030）可持续发展城市计划。登录网站www.sydneycycleways.net/可了解详细信息。其他的热门骑行地点包括蓝山和霍克斯伯里河（Hawkesbury River）附近的大北方公路（Great North Rd）。

你可以访问**Bicycle NSW网站**（www.bicyclensw.org.au），获得骑行指南、地图、自行车行名单、安全建议。Lonely Planet出版的《骑行澳大利亚》（*Cycling Australia*）也很实用。

驾车观光

沿路风光最为壮丽的驾车路线有两条：大蓝山地区驾车之路（Greater Blue Mountains Drive）和里士满（Richmond）和利斯戈（Lithgow）之间的贝尔斯线公路（Bells Line of Road）。

冲浪

你可以在邦迪（Bondi）和曼利（Manly）海滩，或者悉尼的其他几十个海滩提升冲浪技术

（或学习冲浪）。想要获知海浪预报和其他信息，可登录网站www.coastalwatch.com。

观赏鲸和海豚

每年的5月末至11月末，南露脊鲸和座头鲸会沿着海岸迁徙。你可以乘坐观鲸游船看到这些庞然大物，或是爬到海边的任何一块礁石上等着看鲸鱼喷起的水柱。

海豚偶尔会在悉尼的东部海滩（Eastern Beaches）出没。

到达和当地交通

➡ 悉尼机场是大部分访客进入澳大利亚的门户，同时也是最大的国内航空枢纽。

➡ 悉尼是新南威尔士州最大的长途汽车枢纽站，其线路远达北部的布里斯班、南部的墨尔本和西部的阿德莱德。

➡ 悉尼的火车亦可到达布里斯班、墨尔本和阿德莱德，然后乘坐豪华的印度洋太平洋线继续到珀斯。

➡ 驾驶汽车或摩托车从南部出发的话，可经休姆公路（Hume Hwy，31号公路）到达悉尼；从北部过来的话，可经太平洋公路（Pacific Hwy，1号公路）到达新南威尔士州。王子公路（Princes Hwy）沿新南威尔士州的南部海岸从悉尼向南延伸。

➡ 了解更多进出悉尼的信息，见132页。

悉尼（SYDNEY）

人口 4,400,000

阳光灿烂、长袖善舞且极其自信的悉尼是澳大利亚城市的典范。它建于世界上最漂亮的海港周围，拥有三处澳大利亚的标志性景观：悉尼港大桥（Sydney Harbour Bridge）、悉尼歌剧院（Opera House）和邦迪海滩（Bondi Beach）。悉尼是这个国家历史最悠久、占地面积最大、文化最多元的城市，有出色的美术馆和更为出色的海滩，前卫的多元文化给城区和市郊都注入丰富的色彩和充沛的活力。

景点

悉尼港（Sydney Harbour）

这处雄伟的天然海港从海洋向内陆延伸20公里，至帕拉玛塔河（Parramatta River）河口，是这座城市的精华所在。宁静而美丽的海港坐拥海滩、小水湾、岛屿和遍布野生动物的国家公园，为习惯了城市快节奏生活的悉尼人提供数不清的娱乐休闲及健身场所。坐船欣赏这处广阔的视觉盛景是在悉尼游玩的极致乐趣之一。

北角（North Head）和南角（South Head）是从太平洋进入港口的门户。从前曾是一个渔村的沃森湾（Watsons Bay）位于南角靠海港的一边，城市一日游中最受欢迎的目的地——曼利则占据着北角附近的一个岬角。

圆形码头（Circular Quay）是海港内部的重要地点，也是悉尼重要的交通枢纽。从这里出发，你可以坐船探访港口两岸、河流上游和一些海港岛屿。

悉尼港大桥 桥梁

（Sydney Harbour Bridge，见72页地图；Ⓡ Circular Quay）悉尼人很喜欢他们的这个“衣架”。1932年竣工通车，这座宏伟的建筑横跨在港口最窄处。体验大桥的最佳方式是步行——别指望从火车或汽车上看到很多风景。两边的海岸有楼梯通向大桥，大桥东侧有一条人行道。你可以爬上东南侧的主塔到桥塔观景台（Pylon Lookout）或是加入人气火爆的大桥攀登活动（Bridge Climb，见104页）。

大桥是个大得惊人的工程项目，走在城中，经常会在意想不到的地方看到它的身影。高134米、长1149米、宽49米、重52,800吨，它是当时世界上最大、最重的（但不是最长的）铁拱桥。

主工程师布拉德菲尔德（JJC Bradfield）设计的两块巨大的半桥拱分别从两岸拔地而起。1930年，由1400名工人艰苦卓绝地建设9年后，两块桥拱在时速100公里的风速下，仅仅相距几厘米。这座大衣架艰难地立了起来，两侧桥拱也最终被螺栓连接成一体。

悉尼诗人肯尼斯·史莱泽（Kenneth Slessor）的描述也许最为贴切：“白天黑夜，大桥震颤，如同一个活着的生命。”

悉尼港国家公园 国家公园

（Sydney Harbour National Park；www.nationalparks.nsw.gov.au）悉尼港国家公园的

保护范围覆盖海港海岸线附近的大片原始森林和一些**海港岛屿**，这里有徒步小道、景色秀美的观景台、原住民雕刻、海滩和众多历史遗迹。公园包括**南角**（South Head，见68页地图；www.nationalparks.nsw.gov.au；Cliff St；⏲5:00~22:00；⛴Watsons Bay）和海港南侧的尼尔森公园（Nielsen Park，见91页），但是北海岸才是它的主要部分，包括**布拉德利角**（Bradleys Head）、**中角**（Middle Head）、**多布洛迪角**（Dobroyd Head）和北角（North Head，见96页）。

桥塔观景台 观景点

（Pylon Lookout，见72页地图；☎02-9240 1100；www.pylonlookout.com.au；成人/儿童 $13/6.5；⏲10:00~17:00；🚉Circular Quay）站在悉尼港大桥东南侧的主塔顶上，极目远眺之下风光极佳，里面的博物馆展示了大桥的建造过程。桥塔看似肩负着大桥的全部重量，但其实主要起装饰作用，它的花岗岩饰面引人注目。从Cumberland St的上桥楼梯进入桥塔。

鹦鹉岛 岛屿

（Cockatoo Island，见68页地图；☎02-8969 2100；www.cockatooisland.gov.au；⛴Cockatoo Island）鹦鹉岛的多处工业遗址、监狱建筑和艺术装置非常适合摄影。引人着迷的鹦鹉岛（Wareamah）于2007年向公众开放，现在上面有定时的轮渡、野营地、住宿、一间咖啡馆和一间酒吧。说明牌和语音导览（$5）介绍了这座岛屿曾作为监狱、船厂和军港的历史。

一条阴森的隧道径直穿过岛中央，你可以去探访监狱遗址。第二次世界大战期间，大部分砂岩建筑都被掀去屋顶，改造成防空洞。这里最近新挖掘出的几处单人牢房是在19世纪90年代使用又荒废的。

山羊岛 岛屿

（Goat Island，见68页地图；☎02-9253 0888；www.nationalparks.nsw.gov.au；团队游 成人/儿童 $38/29）位于悉尼港大桥西侧的山羊岛曾经是船厂、检疫站和火药库。遗址游一团可以接待20个人或更多（详情见国家公园网站）。

丹尼森堡 堡垒

（Fort Denison，见68页地图；www.fortdenison.com.au；团队游 $16/14；⏲团队游 11:00、12:15、13:45和14:45）这里被Gadigal人称为Mat-te-wan-ye（岩石岛）。殖民时期，这个位于麦夸里夫人角（Mrs Macquaries Point）外的堡垒岛上都是被隔绝的桀骜犯人。由于岛上的口粮供给微薄，这里一度被称为“断肠堡”（Pinchgut）。19世纪中叶的克里米亚战争（Crimean War）期间，由于担心俄国人

在悉尼的……

两日

第一天，首先跟随步行导览游漫步**岩石**，参观**当代艺术博物馆**（见74页），然后沿着海港，经过**悉尼歌剧院**（见76页）到**皇家植物园**（见76页），再去**新南威尔士州美术馆**（见77页）。当晚在**悉尼歌剧院**看演出（见127页）。

第二天，在**邦迪**的阳光下消磨一整天。一定要走走往库吉方向的**崖顶徒步路线**，然后再回到邦迪，在夕阳余晖中的**冰山餐厅**（见118页）吃晚餐。

四日

第三天，登上渡轮，驶过海港到**曼利**，在海滩边游泳，或是走**曼利观光步道**（见98页）。晚上去**萨里山**吃晚餐、饮酒。

第四天，去**海德公园囚营博物馆**（见78页）了解悉尼的流放地历史，然后花上一个下午去**帕丁顿**或**新城**购物。

一周

有一周时间的话，你可以花几天去探索雄伟的**蓝山**，走一次全天的丛林徒步，然后用一顿大餐犒劳自己。回到悉尼，可以去**沃森湾**、**达令港**和**塔隆加动物园**。

Sydney 悉尼

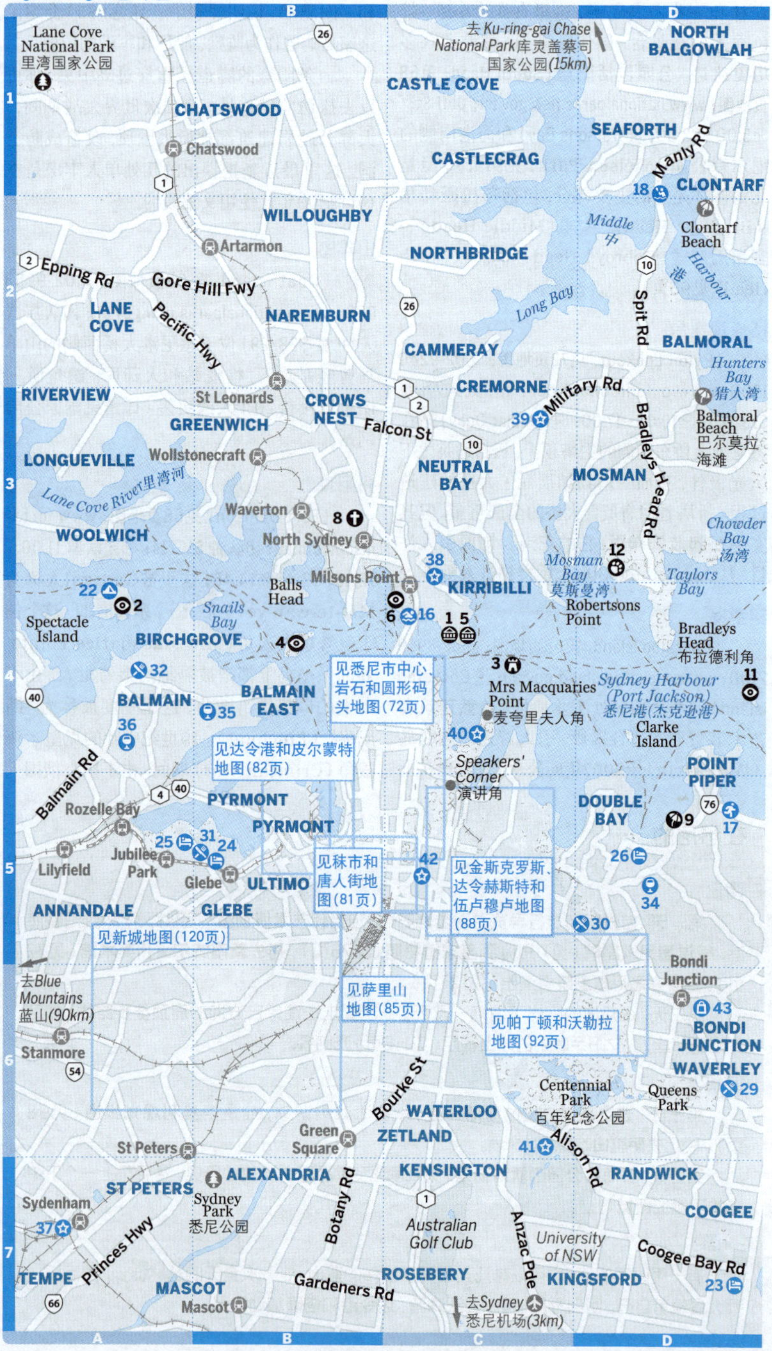
Lane Cove National Park 里湾国家公园
去Ku-ring-gai Chase National Park库灵盖蔡司国家公园(15km)
NORTH BALGOWLAH
CASTLE COVE
CHATSWOOD
Chatswood
SEAFORTH
Manly Rd
CASTLECRAG
CLONTARF
WILLOUGHBY
Middle 中
Clontarf Beach
Harbour 港
Artarmon
NORTHBRIDGE
Epping Rd
Gore Hill Fwy
Long Bay
Spit Rd
LANE COVE
Pacific Hwy
NAREMBURN
CAMMERAY
BALMORAL
Hunters Bay 猎人湾
RIVERVIEW
St Leonards
CROWS NEST
CREMORNE
Military Rd
Balmoral Beach 巴尔莫拉海滩
GREENWICH
Falcon St
Bradleys Head Rd
LONGUEVILLE
Wollstonecraft
NEUTRAL BAY
MOSMAN
Lane Cove River里湾河
Waverton
Chowder Bay 汤湾
WOOLWICH
North Sydney
Mosman Bay 莫斯曼湾
Taylors Bay
Milsons Point
Balls Head
KIRRIBILLI
Robertsons Point
Spectacle Island
Snails Bay
BIRCHGROVE
Bradleys Head 布拉德利角
Mrs Macquaries Point 麦夸里夫人角
Sydney Harbour (Port Jackson) 悉尼港(杰克逊港)
见悉尼市中心、岩石和圆形码头地图(72页)
BALMAIN
BALMAIN EAST
Clarke Island
见达令港和皮尔蒙特地图(82页)
Speakers' Corner 演讲角
POINT PIPER
Balmain Rd
PYRMONT
DOUBLE BAY
Rozelle Bay
Jubilee Park
Lilyfield
见秣市和唐人街地图(81页)
见金斯克罗斯、达令赫斯特和伍卢穆卢地图(88页)
Glebe
ULTIMO
ANNANDALE
GLEBE
见新城地图(120页)
Bondi Junction
去Blue Mountains 蓝山(90km)
见萨里山地图(85页)
BONDI JUNCTION
见帕丁顿和沃勒拉地图(92页)
Stanmore
WAVERLEY
Bourke St
Centennial Park 百年纪念公园
Queens Park
WATERLOO
Green Square
ZETLAND
St Peters
Alison Rd
KENSINGTON
ALEXANDRIA
RANDWICK
ST PETERS
Sydney Park 悉尼公园
Sydenham
COOGEE
Botany Rd
Australian Golf Club
Anzac Pde
University of NSW
Princes Hwy
Coogee Bay Rd
TEMPE
ROSEBERY
KINGSFORD
MASCOT
Gardeners Rd
Mascot
去Sydney 悉尼机场(3km)

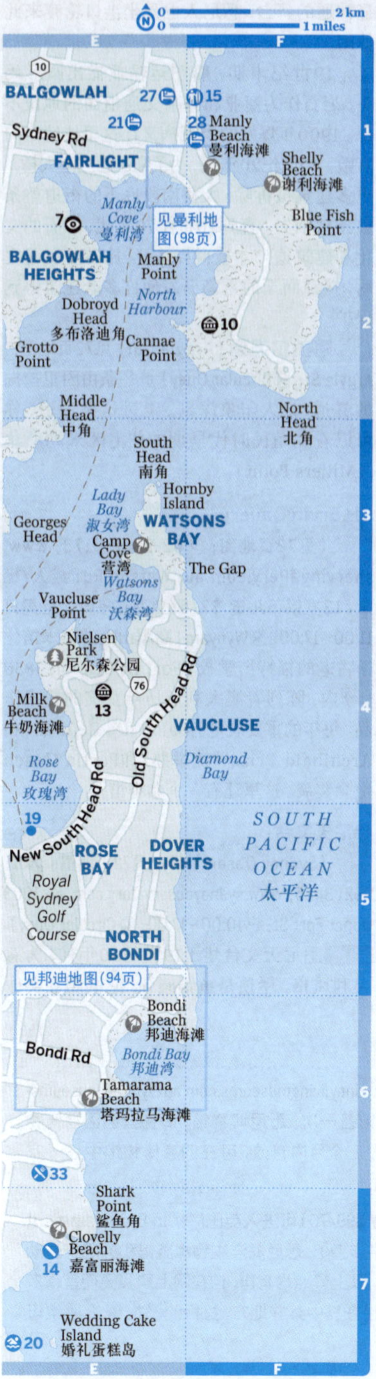

Sydney 悉尼

景点

1 总督官邸 C4
2 鹦鹉岛 A4
3 丹尼森堡 C4
4 山羊岛 B4
5 柯里比利宅邸 C4
6 月神公园 C4
7 曼利观光步道 E1
8 玛丽·麦琪罗广场 B3
9 默里罗斯池 D5
10 检疫站 F2
11 鲨鱼岛 D4
12 塔隆加动物园 D3
13 沃克吕兹宅邸 E4

活动、课程和团队游

14 戈登湾水下自然之路 E7
15 曼利冲浪学校 F1
16 North Sydney Olympic Pool C4
17 Sydney by Seaplane D5
18 Sydney Harbour Kayaks D1
19 Sydney Seaplanes E5
20 Wylie's Baths E7

住宿

21 Cecil Street B&B E1
22 鹦鹉岛 A4
23 Dive Hotel D7
24 Forsyth Bed & Breakfast B5
25 Glebe Point YHA A5
26 InterContinental Sydney Double Bay D5
27 Manly Bunkhouse E1
28 Novotel Sydney Manly Pacific F1

就餐

29 Bronte Road Bistro D6
30 Four in Hand D5
31 Glebe Point Diner B5
32 Riverview Hotel & Dining A4
33 Three Blue Ducks E6

饮品和夜生活

34 Golden Sheaf Hotel D5
35 London Hotel B4
36 Welcome Hotel A4

娱乐

37 Camelot Lounge A7
38 Ensemble Theatre C3
39 Hayden Orpheum Picture Palace C3
40 露天电影院 C4
41 皇家兰德威克赛马场 C6
42 Slide C5

购物

43 Westfield Bondi Junction D6

的入侵，英军在岛上修建了堡垒。新南威尔士州国家公园和野生动物管理局提供马泰罗塔（Martello tower）团队游（和轮渡票一起预订更便宜），但也有许多人只是上岛喝喝咖啡。

库克船长游轮（Captain Cook Cruises，见103页）和Manly Fast Ferry（见134页）每日都有若干班船从达令港和圆形码头出发开往该岛。

鲨鱼岛 岛屿

（Shark Island，见68页地图；www.nationalparks.nsw.gov.au；渡轮 成人/儿童 $20/17）玫瑰湾附近的鲨鱼岛是个很不错的野餐地。除了厕所和饮用水之外，这里没什么东西。小岛长250米、宽100米，你很快就会走遍它的每个角落。库克船长游轮（Captain Cook Cruises，见103页）每日有四班船从圆形码头（6号码头）和达令港（26号码头）开往该岛。

岩石和圆形码头 (The Rocks & Circular Quay)

悉尼湾和悉尼港大桥、悉尼歌剧院一起成为悉尼的标志，三者比邻排列，形成一个马蹄形区域。这是欧洲人在澳大利亚开辟的第一块殖民地，早年的污秽面貌早已荡然无存。当年，海港边有数不清的酒馆和几乎同样多的妓院、鸦片烟馆，劣迹斑斑的罪犯、船员、捕鲸人在里面纵情饮酒、寻衅滋事。如今，岩石（the Rocks）污水横流的肮脏街巷形成了一个保留了早年风情的旅游景点，圆形码头（Circular Quay）成为街头艺人各显神通的舞台，悉尼人也爱坐港口轮渡来此休闲。

19世纪末期，船舶运输业撤出圆形码头，岩石作为商业和海事交通枢纽的地位不保。1900年爆发的黑死病又让这里持续走向衰败。20世纪20年代，为了修建悉尼港大桥，更多建筑被拆除，大桥南段底下的街道整条整条地消失。直到20世纪70年代，岩石的文化和建筑遗产才被世界认可。旅游业兴起之后，接踵而至的重新开发使许多老建筑得到保护。

阿盖尔通道（Argyle Cut，见72页地图；Argyle St；🚇Circular Quay）是一条由囚犯挖掘的隧道，令人印象深刻。走过这条通道，你可以看到殖民时代早期的住宅区**米勒斯角**（Millers Point）。

SH Ervin Gallery 画廊

（见72页地图；☎02-9258 0173；www.shervingallery.com.au；Watson Rd；成人/优惠/12岁以下儿童 $7/5/免费；⏲周二至周日 11:00~17:00；🚇Wynyard）高踞山上的美术馆位于古老的福特街学校（Fort St School；1856年）内，陈列着澳大利亚历年获奖的艺术作品。每年的重要展览有Salon des Refusés（和Archibald Prize轮流举办）和Portia Geach纪念奖展。这里还有一个咖啡馆。

悉尼天文台 天文台

（Sydney Observatory，见72页地图；☎02-9921 3485；www.sydneyobservatory.com.au；1003 Upper Fort St；⏲10:00~17:00；🚇Circular Quay）**免费** 悉尼天文台建于19世纪50年代，为意大利风格，屋顶是黄铜圆顶。它高踞在美丽

> **ℹ 优惠通票**
>
> **悉尼博物馆通票**（Sydney Museums Pass；www.sydneylivingmuseums.com.au/sydney-museums-pass；成人/儿童 $18/9）可进入四家精品博物馆各一次：悉尼博物馆、海德公园囚营博物馆、司法与警察博物馆和苏珊娜房舍博物馆。三个月内有效，可在四家博物馆中任一家购买。
>
> **终极悉尼通票**（Ultimate Sydney Pass；成人/儿童 $99/70）可进入英国Merlin Entertainment公司旗下热门而昂贵的景点：悉尼塔眼（含空中步道）、悉尼海洋生物水族馆和悉尼野生动物园、杜莎夫人蜡像馆和曼利海洋生物保护区。以上景点均有售，但在网上购买要便宜得多（访问任一家景点的官方网站均可）。如果只想去其中某些地方，打折的**悉尼景点通票**可以提供任意组合。

值得一游

帕拉玛塔河

悉尼港是万众瞩目的焦点，但有意思的是，从这里沿河逆流而上才是这个大都会的地理中心。当你经过老工业遗址，窥视百万富翁的后院时，一个位于悉尼中心的水世界展现在你眼前，学校的划艇队员在协调划桨频率，一群群人驾着帆船划过水面，只身独影的皮划艇队员练出了一身大汗，来自地中海的海员在夜里涌出码头。

在地理学上，港区其实是一处被淹没的河谷，因此很难截然划分出海港和河流的范围，但鹦鹉岛(Cockatoo Island)是帕拉玛塔河和里湾河的交汇处，过了这里，往上就都是河流了。

乘坐渡轮从圆形码头到帕拉玛塔需要大约1小时15分(成人/儿童 $7.60/3.80)，但在潮汐处于低位时，船只会停靠在莱德米尔(Rydalmere)码头，然后由公共汽车摆渡至帕拉玛塔。如果你有一天的时间，可前往悉尼奥林匹克公园(Sydney Olympic Park)和帕拉玛塔有意思的景点。如果想赶紧返程，两处也都有火车可乘。

在帕拉玛塔，首先去**帕拉玛塔文化遗产及游客信息中心**(Parramatta Heritage & Visitor Information Centre; ☎1300 889 714; www.discoverparramatta.com; 346a Church St; ⏲9:00~17:00; 🚉Parramatta)拿一份主要景点地图。中心本身就是一家博物馆，不定期举办一些本土艺术家的作品展，以及关于帕拉玛塔历史和文化的永久展。

作为澳大利亚的第二处欧洲人定居点，帕拉玛塔是在第一舰队发现悉尼湾不适宜种植蔬菜后，由船上的流放劳工建成的。尽管由于地处偏僻的西郊，不及悉尼繁华、灿烂，但这里有一些有意思的历史景点值得探访：

旧政府大厦(Old Government House; ☎02-9635 8149; www.nationaltrust.org.au; Parramatta Park; 成人/儿童 $10/8; ⏲周二至周日 10:00~16:00; 🚉Parramatta)这幢优雅的乔治亚王朝时期的帕拉迪奥风格建筑是早期总督的乡间居所，现在则是一家保存完好的博物馆，里面摆放着原本的殖民风格家具。它的历史可以追溯至1799年，是澳大利亚现存最古老的公共建筑之一。可致电了解每月一次的鬼魂之夜(ghost night)活动详情。

伊丽莎白农场(Elizabeth Farm; ☎02-9635 9488; www.sydneylivingmuseums.com.au; 70 Alice St; 成人/儿童 $8/4; ⏲周六和周日 10:30~15:30; 🚉Rosehill)伊丽莎白农场里有最早的幸存欧洲人之家(1793年)，它由叛变的牧民和朗姆酒商约翰·麦克阿瑟(John Macarthur)建造。麦克阿瑟是澳大利亚羊毛产业的创立人，也是一名贪得无厌的资本家，政治活动让他获得了巨大的财富，他也成为几位继任总督的眼中钉。这处漂亮的居所现在是一家体验博物馆，参观者可以斜倚在仿造家具上看伊丽莎白·麦克阿瑟的信件。

的天文台山(Observatory Hill)上，可以远眺海港。里面摆放着许多年代久远的仪器设备，其中包括至今仍在使用的澳大利亚最古老的望远镜(1874年)。还有视听展览，包括原住民关于天空的故事和一个虚拟现实3D剧院(www.sydneyobservatory.com.au; 成人/儿童 $10/8; ⏲每天14:30和15:30，周六和周日11:00和12:00增设两场; 🚉Circular Quay)。夜场观星需要提前预订(成人/儿童 $18/12)。

天文台山很适合野餐。山上高大的莫顿湾无花果树间、芳草如茵的山顶上，到处都是汗流满面的攀山慢跑者、偷闲从CBD来午餐的商务人士和抽空从下面的岩石上山观光的游客。殖民地的第一座磨坊(1796年)就在这座山上。

苏珊娜房舍博物馆 博物馆

(Susannah Place Museum，见72页地图; ☎02-9241 1893; www.sydneylivingmuseums.com.au; 58-64 Gloucester St; 成人/儿童 $8/4; ⏲导览团队游 14:00、15:00和16:00; 🚉Circular Quay)这个小露台位于4栋楼房和一间古玩商店的上面，其历史可追溯到1844年，里面记录了从殖民时期开始的岩石生活简史。观看完

Central Sydney, The Rocks & Circular Quay
悉尼市中心、岩石和圆形码头

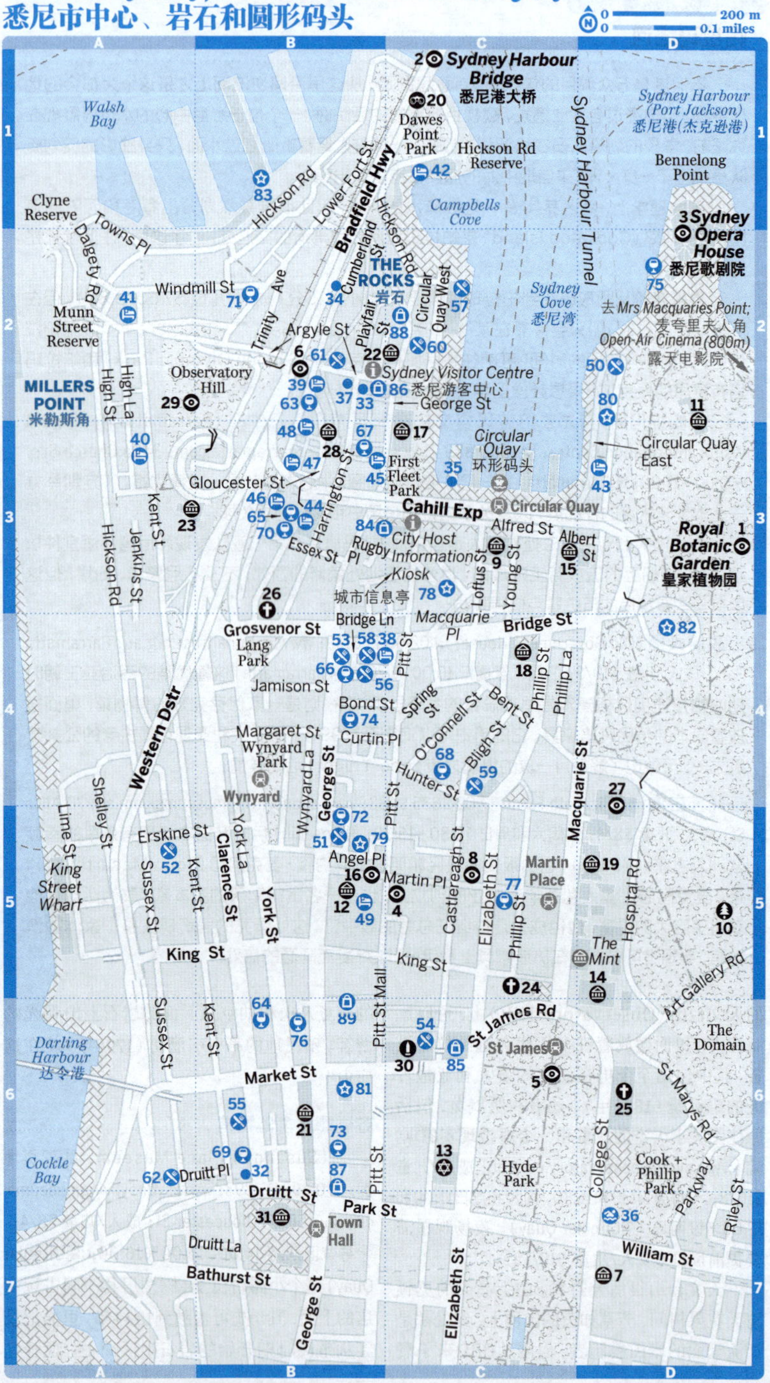

Central Sydney, The Rocks & Circular Quay
悉尼市中心、岩石和圆形码头

重要景点
1 皇家植物园 D3
2 悉尼港大桥 C1
3 悉尼歌剧院 D2

景点
4 马丁广场5号 C5
5 阿奇博尔德纪念喷泉 C6
6 阿盖尔通道 B2
7 澳大利亚博物馆 D7
8 英联邦银行分行 C5
9 海关大楼 C3
海关大楼图书馆 .... （见9）
10 区域公园 D5
11 州府大厦 D2
12 悉尼邮政总局 B5
13 大犹太教堂 C6
14 海德公园囚营博物馆 D5
15 司法与警察博物馆 C3
16 马丁广场 B5
17 当代艺术博物馆 C3
18 悉尼博物馆 C4
19 议会大厦 D5
20 桥塔观景台 C1
21 维多利亚女王大厦 B6
22 岩石探索博物馆 C2
23 SH Ervin Gallery A3
24 圣詹姆斯教堂 C5
25 圣玛丽大教堂 D6
26 圣帕特里克教堂 B3
27 新南威尔士州立图书馆 D4
28 苏珊娜房舍博物馆 B3
29 悉尼天文台 A2
30 悉尼塔眼 C6
31 悉尼市政厅 B7

活动、课程和团队游
32 Blue Bananas B6
33 Bonza Bike Tours B2
34 Bridge Climb B2
35 库克船长游轮 C3
36 Cook & Phillip Park D7
37 岩石步行导览游 B2

住宿
38 Establishment Hotel C4
39 Harbour Rocks B2
40 Langham A3
41 Lord Nelson Brewery Hotel A2
42 Park Hyatt C1
43 Pullman Quay Grand Sydney Harbour ... D3
QT Sydney .... （见81）
44 Quay West Suites B3
45 Russell B3
46 Shangri-La B3
47 Sydney Harbour Bed & Breakfast B3
48 Sydney Harbour YHA B3
49 Westin Sydney B5

就餐
50 Aria D2
51 Ash St Cellar B5
Cafe Sydney .... （见9）
52 Central Baking Depot A5
53 Est B4
54 Ippudo Sydney C6
55 Le Grand Café B6
56 Mr Wong B4
57 Quay C2
58 Rockpool B4
59 Rockpool Bar & Grill C4
60 Sailors Thai Canteen C2
61 Saké B2
62 Sepia A6
Spice Temple .... （见59）

饮品和夜生活
63 Australian Hotel B2
64 Baxter Inn B6
65 Blu Bar on 36 .... B3
66 Establishment B4
67 Fortune of War B3
68 Frankie's Pizza C4
69 Grandma's B6
70 Harts Pub B3
71 Hero of Waterloo B2
72 Ivy B5
Lord Nelson Brewery Hotel .... （见41）
73 Marble Bar B6
74 O Bar B4
75 Opera Bar D2
76 Rook B6
77 Spice Cellar C5

娱乐
Bangarra Dance Theatre .... （见83）
78 Basement C3
79 城市演奏厅 B5
80 Dendy Opera Quays D2
81 州立剧院 B6
82 悉尼音乐学院 D4
悉尼舞团 .... （见83）
悉尼歌剧院 .... （见3）
83 悉尼剧团 B1

购物
84 澳大利亚葡萄酒中心 B3
85 David Jones C6
86 甘农故居 B2
87 纪伊国屋 B6
88 Opal Minded C2
维多利亚女王大厦 .... （见21）
89 海岸百货 B6
Westfield Sydney .... （见30）

一部关于当地居民的纪录片后，导游会带你穿过房间——这里简直就是幽闭恐惧症患者的噩梦，房间的装饰反映了历史上不同时期的时代特征。

岩石探索博物馆 博物馆

（The Rocks Discovery Museum，见72页地图；☎02-9240 8680；www.rocksdiscoverymuseum.com；Kendall Lane；⏲10:00~17:00；🚉Circular Quay）**免费** 展品共分为四个系列：Warrane时期（1788年以前）、殖民时期（1788~1820年）、码头时期（1820~1900年）和转型时期（1900年至今）。展览深入介绍了岩石的历史，带你经历一段有着丰富模型展示的游览。值得特别留意的是这里关于岩石原住民Gadigal人的展览内容。

当代艺术博物馆 美术馆

（Museum of Contemporary Art，简称MCA，见72页地图；☎02-9245 2400；www.mca.com.au；140 George St；⏲周五至周三 10:00~17:00，周四至21:00；🚉Circular Quay）**免费** 当代艺术博物馆是澳大利亚最好、最富有挑战精神的美术馆，它是本国和国际当代艺术、原住民艺术鲜明的展示窗口。神奇的哥谭市风格的装饰艺术建筑经历改建后，扩大了展示空间，还多出了一个屋顶咖啡馆兼雕塑露台。朝George St的外立面在改建中被毁。

每天11:00和13:00、周四19:00和周末15:00有志愿者导览游。

圣帕特里克教堂 教堂

（St Patrick's Church，见72页地图；☎02-9254 9855；www.stpatschurchhill.org；20 Grosvenor St；⏲9:00~16:30；🚉Wynyard）这座吸引眼球的砂岩教堂（1844年）由William Davis捐建。他是爱尔兰人，由于参加1798年的起义被流放至此。教堂内部异常宁静，这让黄铜圣坛、彩绘玻璃和五颜六色的圣帕特里克雕像、圣女贞德雕像和圣迈克尔（以及龙）雕像更能打动人心。导览游非常值得参加，可以上网站了解详情。

Davis的家（原址在由小礼拜堂改造的咖啡馆）有可能是澳大利亚的首座天主教礼拜堂，曾经被用于地下灵修。1818年，殖民地唯一一名天主教神父被驱逐后，一位虔诚的头

步行游览 岩石

起点：岩石探索博物馆
终点：卡德曼小屋
距离：880米
需时：1小时

从❶**岩石探索博物馆**（见74页）开始你的游览，这里的展览全面地概述了岩石悠久却不光彩的历史。离开博物馆，沿着肯德尔巷（Kendall Lane）往北走，前方分出一条❷**磨坊巷**（Mill Lane），这里曾有一座蒸汽动力的磨坊，小巷因此而得名。

向左（西）转，进入磨坊巷，然后沿着巷子一直走到位于普莱费尔街（Playfair St）拐角处的❸**岩石广场**（The Rocks Square）。1973年，当地居民、文物保护主义者、社会活动家和商会成员在这里与警察发生冲突，挡住了正在推倒老建筑的推土机的行进道路。抗议者意在保护当地家庭世世代代生活的街道和建筑，这场反抗活动被国家媒体称之为"岩石保卫战"。1975年，最初支持岩石开发的新南威尔士州政府屈从于大多数人的意见，宣布卡希尔高速公路（Cahill Expressway）以北的所有现存历史建筑将被保留，它们受政府保护并得到修复。

向左（南）转进入普莱费尔街，沿街前行你会在右侧看到❹**阿盖尔排屋**（Argyle Terrace，1877年）和❺**阿盖尔商店**（Argyle Stores，1828~1913年）。然后向右转，沿着阿盖尔街（Argyle St）往西走，就到了引人瞩目的❻**阿盖尔通道**（Argyle Cut，见70页），这是一条穿过岩石砂岩层的隧道捷径，连接了圆形码头和位于米勒斯角的海港。

向左转进入坎伯兰街（Cumberland St），一直走到位于格洛斯特街（Gloucester St）拐角处的❼**Australian Hotel**。酒店的对面是由李普曼公司（Lippmann Associates）设计的❽**乔治五世娱乐中心**（King George VRecreation Centre）。娱乐中心于1998年开放，介于这条历史名街和高架高速公路的围墙之间，其外观所表现出的当代建筑风格让它成为

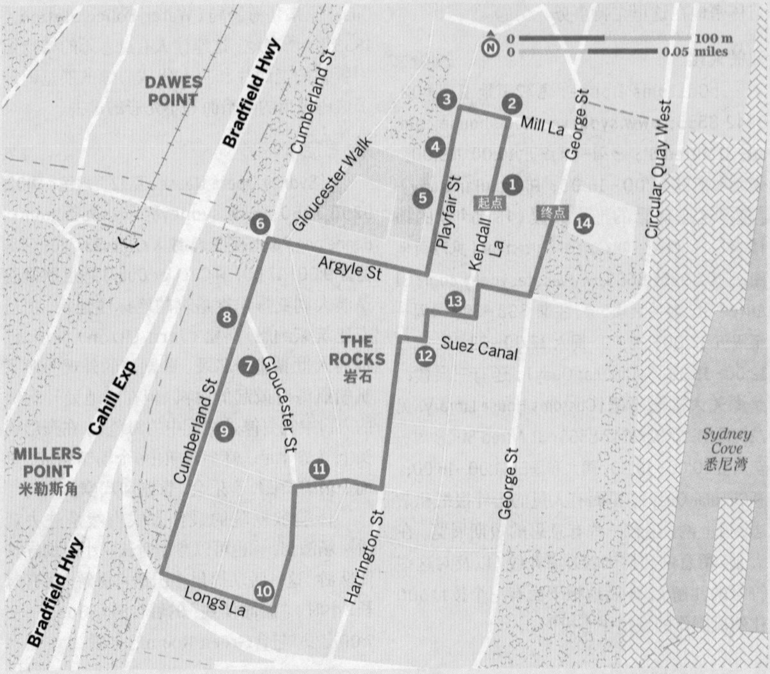

历史街区里的一个另类，是一个有趣且受人欢迎的地方。

继续沿着坎伯兰街走。你会在左手边看到❾ **Sydney Harbour YHA**（见105页），这幢奇特的建筑跨越在一个考古挖掘地之上。1994年，人们在这里挖掘出30多间房屋、两条小巷和众多商店及酒馆的遗迹，一起出土的还有750,000件文物。

向左转，进入狭窄的朗斯巷（Longs Lane），穿过它可到达格洛斯特街（Gloucester St）。巷子的西北拐角处坐落着修建于1855~1857年的❿ **乔宾斯排屋**（Jobbins Terrace）。沿格洛斯特街向前走，是建于1844年的排屋，它如今是⓫ **苏珊娜房舍博物馆**（见71页）所在地，其朴实无华的装饰风格与乔宾斯排屋形成有趣的对比。

从售卖各类稀奇古怪的澳大利亚纪念品的博物馆商店出发，在Cumberland Pl走下台阶，去哈灵顿街（Harrington St），左转后往北走，一直走到位于右手边的狭窄巷道⓬ **苏伊士运河**（Suez Canal）。19世纪，这里是悉尼最声名狼藉的地区之一，到处游荡着妓女和"Rocks Push"团伙成员——这是个臭名昭著的地痞团伙，在19世纪70年代至90年代控制着这片区域。他们以袭击、殴打警察和路人为人们所知，其惯用的手段之一就是先利用女性成员引诱醉汉和海员进入暗角，然后对他们进行殴打抢劫。

转弯走入苏伊士运河，之后左转进入曾经用作驯狗和斗鸡场所的韦尔庭院（Well Courtyard）。然后下楼去铺有石板的格林韦巷（Greenway Lane）。

来到阿盖尔街上，门牌号45-47的房屋是建于1839年的⓭ **甘农故居**（Gannon House），它曾是被流放此地的迈克尔·甘农（Michael Gannon）的住所和木器店。他以制作优质棺材而为人所知。

向右转，朝着海港的方向走到乔治街。街对面的公园内坐落着小巧的⓮ **卡德曼小屋**（Cadman's Cottage），这座建筑修建于1815~1816年，是政府舵手约翰·卡德曼（John Cadman）的住所。这里是悉尼最初的造船厂留下的唯一痕迹，也是悉尼最古老的房屋。

目秘密地在这里主持事务。

海关大楼 历史建筑

（Customs House，见72页地图；☎02-9242 8555；www.sydneycustomshouse.com.au；31 Alfred St；⏰周一至周五 10:00~19:00，周六和周日 11:00~16:00；🚉Circular Quay）免费 这座优雅的港岸大厦（1885年）的顶楼有一个酒吧，叫Cafe Sydney（见72页地图；☎02-9251 8683；www.cafesydney.com；31 Alfred St，海关大楼5层；主菜 $38~39；⏰周一至周五 12:00~23:00，周六 17:00~23:00，周日 12:00~15:30；🚉Circular Quay），还有三层楼，是海关大楼图书馆（Customs House Library，见72页地图；☎02-9242 8555；31 Alfred St；⏰周一至周五 10:00~19:00，周六和周日 11:00~16:00；🚉Circular Quay），里面有大量的国外报纸和杂志，可上网，还有一些有意思的短期展览。在大堂，留意贴砖拼出的万字花纹（以及对这些符号的注解），玻璃地板下面有一个按1:500比例尺制作的城市中心模型。

司法与警察博物馆 博物馆

（Justice & Police Museum，见72页地图；☎02-9252 1144；www.sydneylivingmuseums.com.au；Albert St和Phillip St的交叉路口；成人/儿童 $10/5；⏰周六和周日 10:00~17:00；🚉Circular Quay）原来是海警局（Water Police Station，1858年）所在地，这座让人有点忐忑的博物馆用警方的老照片和叫人胆战心惊的展览记录了这座城市的阴暗面和不光彩的过去。

澳大利亚囚犯流放地遗迹

2010年，澳大利亚最新被列入世界文化遗产名录的11处遗迹分布地从西澳大利亚州的弗里曼特尔（Fremantle）一直到远在东端的诺福克岛（Norfolk Island），其中4处位于悉尼及其周边，分别是：鹦鹉岛（Cockatoo Island，见67页）、海德公园囚营（Hyde Park Barracks，见78页）、旧政府大厦和区域公园（Old Government House and Domain，见71页），以及前往猎人谷时可以顺道拜访的大北方公路（Great North Road，见135页）。

可上www.environment.gov.au/heritage/places/world/convict-sites了解更多相关信息。

★悉尼歌剧院 建筑

（Sydney Opera House，见72页地图；☎02-9250 7250；www.sydneyoperahouse.com；Bennelong Point；导览游 成人/儿童 $37/20；⏰导览游 9:00~17:00；🚉Circular Quay）悉尼歌剧院是澳大利亚辨识度最高的地标性建筑，由丹麦建筑家约恩·乌松（Jørn Utzon）设计，已被列入世界遗产名录。歌剧院的外观参照了帆船航海时鼓起的白帆（但在当地爱开玩笑的人口中它更像是交配中的海龟），在圆形码头上气势十足。整个建筑由5个场馆构成，里面上演着舞蹈、音乐会、歌剧和戏剧。

体验歌剧院的最佳方式当然是进去观看一场演出，你也可以参加时长一小时的导览团队游，这一活动提供多国语言讲解。另有时长2小时、“面面俱到”的后台游（$165）——7:00出发，包含Green Room的早餐。

皇家植物园和区域公园

★皇家植物园 花园

（Royal Botanic Garden，见72页地图；☎02-9231 8111；www.rbgsyd.nsw.gov.au；Mrs Macquaries Rd；⏰10月至次年2月 7:00~20:00，3月至9月 至17:30；🚉Circular Quay）免费 这座广阔的园林是悉尼市民心爱的野餐地、慢跑路线所在地和谈情说爱的地方。植物园位于歌剧院以东，毗邻农场湾（Farm Cove）。建于1816年，园中种植着来自澳大利亚和世界各地的植物。这里曾经是殖民地最早的菜地，在入侵者来之前，这里是Gadigal人最早的家园。

一个半小时免费的徒步导览每天10:30出发。11月至次年3月，在每个工作日的13:00另有一次1小时导览游。提前预订原住民遗产团队游（Aboriginal Heritage Tour；☎02-9231 8134；成人/儿童 $37/17；⏰周五 10:00），其内容包括本土历史、传统植物用途和丛林食物试吃。

州府大厦 历史建筑

（Government House，见72页地图；☎02-

9931 5222; www.sydneylivingmuseums.com.au; Macquarie St; ⏲庭院 10:00~16:00, 导览游 周五至周日 10:30~15:00; 🚉Circular Quay) 免费 这座哥特式砂岩大楼(1837~1843年)位于皇家植物园的英式园林内，曾是新南威尔士州总督的官邸。这里也被用来接待来访的各州首脑和皇室成员。想要参观大厦内部，只能参加免费的导览团队游。可在门房购买门票。

麦夸里夫人角

公园

(Mrs Macquaries Point, 见68页地图; Mrs Macquaries Rd; 🚉Circular Quay) 毗邻皇家植物园，麦夸里夫人角是区域公园的一部分。它是农场湾的东北尖端，从这里眺望海湾、歌剧院和城市天际线风光无限。1810年，麦夸里总督的妻子伊丽莎白命人在岩石上凿出一个座位，以便她坐在这里欣赏海港风景，**"麦夸里夫人之椅"**由此得名，并沿用至今。

区域公园

公园

(Domain, 见72页地图; www.rbgsyd.nsw.gov.au; Art Gallery Rd; 🚉St James) 隶属于皇家植物园的区域公园是Macquarie St东侧的一大片草坪。1788年，菲利普总督(Governor Phillip)为市民休闲开辟出了这个地方。今天，悉尼上班族喜欢在这里锻炼、吃午餐。这里也会举行大型公众活动。

公园中点缀着不少雕塑，其中有一座Henry Moore的斜倚像，新南威尔士州美术馆(Art Gallery of NSW)附近还矗立着布雷特·怀特利的作品*Almost Once*(1991年)——两根巨大的火柴，其中一根已经燃尽。

在美术馆前面草坪上的**演讲角**(Speakers' Corner, 见68页地图; www.speakerscorner.org.au; Art Gallery Rd; ⏲周日 14:00~17:00; 🚉St James)，可以听到宗教狂热分子、怪人、政治极端主义者、同性恋憎恨者、嬉皮士和知识分子的热忱演说，有些非常有趣，而大部分则纯粹是胡言乱语。无论如何，在此呆一个下午是很有趣的。记得带上你自己的演说稿。

★ 新南威尔士州美术馆

美术馆

(Art Gallery of NSW, 见88页地图; ☎1800 679 278; www.artgallery.nsw.gov.au; Art Gallery Rd; ⏲周四至周二 10:00~17:00, 周三至22:00; 🚉St James) 免费 从经典希腊风格的正立面到现代风格的背立面，这所深受青睐的美术馆宾客云集，在悉尼的社会生活中扮演了举足轻重的角色。美术馆不仅定期举行轰动全球的国际巡回展，还有杰出的澳大利亚艺术作品永久展，其中原住民艺术部分翔实丰厚。美术馆也是举办讲座、音乐会、放映活动、名人演讲和儿童活动的场所。馆内提供各种主题、多种语言的一系列免费导览游，可在前台或网上查询。

◉ 麦夸里街

华丽的砂岩殖民建筑耸立在这条历史街道两旁，这条街也是中心城区的东界。这些建筑中的许多都是由首任新南威尔士总督拉克伦·麦夸里委任建造的，它们让悉尼摆脱了流放地的面貌。他录用犯人中的建筑师弗朗西斯·格林韦(Francis Greenway)来实现自己的计划，他们一起定下了城市规划的金律，达到的建筑成就再也无法重现。

新南威尔士州立图书馆

图书馆

(State Library of NSW, 见72页地图; ☎02-9273 1414; www.sl.nsw.gov.au; Macquarie St; ⏲周一至周四 9:00~20:00, 周五至周日 10:00~17:00; 🚉Martin Pl) 免费 州立图书馆的五百多万册图书中有詹姆斯·库克(James Cook)和约瑟夫·班克斯(Joseph Banks)的笔记和威廉·布莱(William Bligh)在叛舰邦蒂号(HMAV Bounty)上的日志。画廊的临时展览、雕刻精美的青铜门和新古典主义的米切尔翼(Mitchell Wing; 1910年)大庭都非常值得一看。在马赛克地板上可以看到阿贝尔·塔斯曼(Abel Tasman)的旅程地图。主阅览室是一座乳白色大理石铺就的知识圣殿。

图书馆靠Macquarie St的一侧有探索者马修·弗林德斯(Matthew Flinders)的雕像，在后面的窗台上能找到他那只大胆的猫Trim。

议会大厦

历史建筑

(Parliament House, 见72页地图; ☎02-9230 2111; www.parliament.nsw.gov.au; 6 Macquarie St; ⏲周一至周五 9:00~17:00; 🚉Martin Pl) 免费 自1829年以来，古老的议会大厦(建于1816年)一直都是新南威尔士州议会的所在地，也是仍在使用的世界上最

古老的议会建筑。大厦和附近的铸币厂建筑是一对双子楼，前楼都属于朗姆医院（Rum Hospital；作为垄断朗姆酒贸易的交换条件而建）的一部分，现在和东侧加盖的现代楼体融为一体。

进入大厦内部，需要经过金属探测检查。在大厅里，可以参观艺术品展，有木护墙的纪念室（Jubilee Room）里有历史展示。在休息日，两间会议厅都对外开放，但如果碰上议会开会，参观者就只能待在公共展厅（Public Gallery）。

海德公园囚营博物馆 博物馆

（Hyde Park Barracks Museum，见72页地图；☎02-8239 2311；www.sydneylivingmuseums.com.au；Queens Sq，Macquarie St；成人/儿童$10/5；⏲10:00~17:00；🚇St James）这座庄严的乔治时期建筑（建于1819年）是犯人建筑师弗朗西斯·格林韦的手笔，当年被用来关押犯人。1819~1848年，这里共监禁过5万名男性囚犯，大多数都是因为在英国法庭上被宣判侵吞财产而遭到流放的。这里后来被用作入境站、妇女收容所和法庭。如今，这里是一间引人入胜（虽然说不上特别欢快）的博物馆，展示囚营的历史和相关的考古发现。

圣詹姆斯教堂 教堂

（St James' Church，见72页地图；☎02-8227 1300；www.sjks.org.au；173 King St；⏲周一至周五 10:00~16:00，周六 9:00~13:00，周日 7:00~16:00；🚇St James）这座悉尼历史最悠久的教堂（建于1819年）由犯人制造的砖建成，被公认为弗朗西斯·格林韦的杰作。它本来是为法庭设计的，但蓝图经过修改后，牢房变成了教堂密室。值得一看的有深色的木制唱诗班阁楼、闪亮的铜圆顶、密室和20世纪50年代制作的彩绘玻璃“创造之窗”。

海德公园（Hyde Park）

★海德公园 公园

（Hyde Park，见81页地图；Elizabeth St；🚇St James & Museum）整齐庄严、备受喜爱的海德公园有精心修剪的花园和一条林荫大道，夜里树上的装饰灯点亮后如梦如幻，非常漂亮。公园的北侧就是具有丰富象征意义的装饰艺术建筑**阿奇博尔德纪念喷泉**（Archibald Memorial Fountain，见72页地图；🚇St James），上面装饰有希腊神话人物。公园的另一侧则是澳新军团纪念馆（Anzac Memorial，见79页）。

圣玛丽大教堂 教堂

（St Mary's Cathedral，见72页地图；☎02-9220 0400；www.stmaryscathedral.org.au；St Marys Rd；密室 $5；⏲6:30~18:30；🚇St James）这座106米高的哥特复兴式大教堂历久弥新。教堂1868年开工兴建，1905年得到祝圣，主体竣工于1928年，但直到2000年，高达75米的巨大尖顶才耸立起来。教堂地下室里的水磨石马赛克地板描绘的创世故事令人难忘，

带孩子游悉尼

有组织的儿童活动在学校放假期间（12月/1月、4月、7月和9月）有所增多。访问网站www.sydneyforkids.com.au、www.au.timeout.com/sydney/kids和www.childmags.com.au可获得活动清单。

达令港有**悉尼海洋生物水族馆**（见81页）、**悉尼野生动物园**（见83页）、**澳大利亚国家海事博物馆**（见83页）、专门针对孩子的**Monkey Baa Theatre Company**（见129页）以及**通巴隆公园**（Tumbalong Park，见83页）的大游乐场。邻近的Ultimo的体验型博物馆**发电站博物馆**（见84页）也值得探索。**新南威尔士州美术馆**（见77页）组织的儿童活动同样值得参加。另外，**塔隆加动物园**（见95页）和**月神公园**（见95页）一定能让孩子们玩得开心。

如果天气好，就到海边去。港区海滩的水上活动较少，但大多数冲浪海滩都有封闭的海水浴池，即使幼童和婴儿去玩也没问题。可选择的有：**尼尔森公园**（Nielsen Park，见91页）、**巴尔莫拉海滩**（Balmoral Beach，见96页）、**嘉富丽海滩**（Clovelly Beach，见93页）。7岁以上的结实孩子可以去位于北邦迪的**Let's Go Surfing**（见101页）学习冲浪。

其灵感来自《凯尔经》(*Book of Kells*)的凯尔特风插画。

澳新军团纪念馆

纪念馆

(Anzac Memorial, 见81页地图; www.anzacmemorial.nsw.gov.au; Hyde Park; ⌚9:00~17:00; 🚉Museum) 免费 在铭记池(Pool of Remembrance)后面,这座庄严肃穆的装饰艺术风格纪念馆(建于1934年)是为参加第一次世界大战的澳新军团(the Australia and New Zealand Army Corps, 缩写为Anzacs)的战士而建。馆内的穹窿上镶嵌着12万颗星星,每一颗都代表一位曾经服役的新南威尔士公民。星辰之下,是雷纳·霍夫(Rayner Hoff)令人唏嘘的雕塑《牺牲》(*Sacrifice*),其塑造的是一名手举盾牌和剑、赤身裸体的战士。楼下有一个小型博物馆,这里每30分钟放映一部13分钟的短片。

市中心

悉尼博物馆

博物馆

(Museum of Sydney, 缩写为MoS, 见72页地图; ☎02-9251 5988; www.sydneylivingmuseums.com.au; Phillip St和Bridge St交叉路口; 成人/儿童 $10/5; ⌚9:30~17:00; 🚉Circular Quay)建在悉尼首座(但名声不佳的)市政厅原址上的悉尼博物馆是片段式叙事的博物馆,使用最新技术设备探究这座城市的人、地点、文化和演变。原住民Eora人的历史尤其令人瞩目,他们已经在这片土地上绵延生息数千年。拉开几个不锈钢玻璃抽屉,看看里面有什么(它们会自己关上)。

马丁广场

广场

(Martin Place, 见72页地图; 🚉Martin Place)狭长形的马丁广场高楼林立,1971年后就禁止车辆通行,于是形成了一条梯田式步行街,喷泉和公共空地点缀其间。这里是悉尼城中最像城市广场的所在。2014年,马丁广场53号的Lindt cafe成了一桩16小时劫持事件的现场。最后,两名人质和持枪歹徒死亡。本书写作时,政府正计划在此竖立一个永久性的遇难者纪念碑。

建于1874年的**悉尼邮政总局**(GPO Sydney, 见72页地图; www.gposydney.com; 1 Martin Pl; 🚉Martin Place)在它的辉煌年代曾经是悉尼的标志。此后,经过内部改造,该建筑加盖了高耸的写字楼,变成了悉尼威斯汀酒店和奢华的商店、餐厅和酒吧。受意大利文艺复兴式宫殿的启发,建筑师James Barnet将代表不同地方的人脸刻在砂岩外立面上,这引发了一场小风波。维多利亚女王的雕塑位于白色大理石雕塑的中央,围绕四周的是寓言人物的雕塑。楼梯下的地下室里有小型的历史展示以及一段留有坦克溪(Tank Stream)水流的水管。

12层楼的**马丁广场5号**(5 Martin Place, 见72页地图; www.5martinplace.com.au; 5 Martin Pl; 🚉Martin Place)建于1916年,是澳大利亚第一座钢结构的摩天大楼。本书写作时,它正处于大改建中,上面将加盖玻璃高楼。

原州储蓄银行(State Savings Bank)的大楼已经变成**英联邦银行分行**(Commonwealth Bank branch, 见72页地图; 48 Martin Pl; 🚉Martin Place)。它是两次世界大战期间学院派艺术的绝佳范例,有绿色大理石的爱奥尼亚柱以及铜和大理石的封闭柜员区。

在马丁广场靠近George St的地方,可以看到纪念澳大利亚战争死难者的**纪念碑**(Cenotaph)。广场旁边的George St上则有从前的**悉尼商业银行**(Commercial Banking Corporation of Sydney),这是一座令人瞩目的大理石大厦,路过时值得驻足一观。

悉尼塔眼

塔

(Sydney Tower Eye, 见72页地图; ☎1800 258 693; www.sydneytowereye.com.au; 100 Market St; 成人/儿童 $27/16, 空中步道 成人/儿童 $70/49; ⌚9:00~21:30; 🚉St James)悉尼塔(建于1970~1981年)高309米,在其250米处有一个观景台。勇敢者可以挑战空中步道顶上的另一个观景台,那里的视野更棒。游览之前,先观看*4D Experience*——这是一部电影短片,以长尾小鹦鹉的视角带你领略这座城市、浪涛、海港和水下世界,放映时还会喷放雾气和气泡,感觉酷极了。

大犹太教堂

犹太教堂

(Great Synagogue, 见72页地图; ☎02-9267 2477; www.greatsynagogue.org.au; 187a Elizabeth St; 导览游 成人/儿童 $10/5; ⌚导览游 每周四和每月的第一、第三个周二 12:00; 🚉St James)

犹太教于1831年被引入悉尼，被列入世界遗产名录的大犹太教堂（建于1878年）是悉尼最早一批犹太教徒的精神家园。这里被认为是澳大利亚犹太教的母堂，在建筑成就上也是南半球最重要的一座犹太教堂，其融合了罗马式、哥特式、摩尔式和拜占庭式的建筑元素。导览游含AM罗森布鲁姆博物馆（AM Rosenblum Museum）的文物展和一部关于犹太信仰、传统及其在澳大利亚的历史的短片。

维多利亚女王大厦 历史建筑

（Queen Victoria Building，缩写为QVB，见72页地图；☎02-9264 9209；www.qvb.com.au；455 George St；导览游 $15；⊙周日 11:00~17:00，周一至周三、周五和周六 9:00~18:00，周四 9:00~21:00；🚉Town Hall）令人难以置信的是，这座维多利亚式的建筑杰作（建于1898年）曾经多次面临被拆除的厄运，直到20世纪80年代中期才被修缮。这里曾是悉尼的第一个市场，几乎占据了整个街区。

里面的200家特色店铺固然很棒，但大厦的亮点是铁艺阳台、拜占庭式的铜穹窿、彩绘玻璃店面、马赛克地板、王冠上宝石的复制品、舞池、叮叮咚咚的小三角钢琴和舞厅、俗气十足的皇家动画钟（钟上绘有黑斯廷斯战役的画面，还有一个每小时伸出一次头的“查理一世”）。内容翔实的45分钟导览游（周二、周四和周六 11:30）从底楼服务台出发。

大厦外是一座庄严的维多利亚女王像，附近的一口许愿井上还有她的爱犬Islay的复制品。吓人的是，这只狗会用昔日电台主持人John Laws的口吻说话。

悉尼市政厅 历史建筑

（Sydney Town Hall，见72页地图；www.sydneytownhall.com.au；483 George St；⊙周一至周五 8:00~18:00；🚉Town Hall）复折屋顶、砂岩角楼、铁艺饰边和高过顶的栏杆——市政厅（建于1868~1889年）的外观如同法兰西第二帝国时期的婚礼蛋糕，很有意思。在没有公务活动的时候，可以从正门进去参观。木饰面的音乐厅里有一组巨大的管风琴，其中的将近9000根风管曾让这组管风琴保持着世界上“最大管风琴”的称号。这里会定期举行演奏会，有些场次是免费的。

秣市（Haymarket）

唐人街 地区

（Chinatown，见81页地图；www.sydney-chinatown.info；🚉Town Hall）唐人街的核心地带Dixon St上粤语歌曲震耳欲聋，昏暗的步行街两旁餐馆林立，揽客者遍地。街尾华丽的龙门（牌坊）上装饰着仿竹瓦、金光闪闪的汉字（带英文翻译）、狮子，还有不少鸽子粪。

这里其实是悉尼的第三个唐人街：第一个形成于19世纪末的岩石，后来搬迁到达令港Market St的街尾。Dixon St上的唐人街可以追溯到20世纪20年代。飞龙、神犬和上下翻飞、火光冲天的烹调神技都很有意思。

秣市上，神奇的**金水嘴**（Golden Water Mouth，见81页地图；Hay St；🚉Town Hall）雕像流淌着水和金箔。它由一根出自康多博林（Condobolin）的桉树树干雕成，那里是淘金潮时期许多华人的目的地。在风水上，金嘴的意义是增加正能量和好运。从秣市过去一点，一幢大型砖建筑的底层是**帕迪市场**（Paddy's Markets，见81页地图；www.paddysmarkets.com.au；9-13 Hay St；⊙周三至周日 10:00~18:00；🚉Central）。市场形成于19世纪中期，当时的大部分从业者都是欧洲商人。如今，塞得满满当当的货柜则给人到了越南的感觉。

达令港和皮尔蒙特

在游客集散地的立交桥和喷泉之间的，是这个城市收入最高的几个景点。这块昔日港区的每一英寸土地都被开发成了游乐场所、酒吧和餐馆。

达令港（Darling Harbour）目前正在进行大规模的改造，大量20世纪80年代建造的大楼以及一座大型会议中心将被拆除。与此同时，步行区将沿着东岸迅速拔地而起的布朗加鲁综合写字大楼、滨水公园和娱乐场所向北延展。完工后，悉尼的第二所大型娱乐中心将与它的竞争者the Star隔水相望，后者最近也刚刚完成改造。

与此同时，这里的其他设施和公司仍然以商务为主，并不适合体验悉尼生活，但仍然值得花上一个小时四处看看。

Haymarket & Chinatown 秣市和唐人街

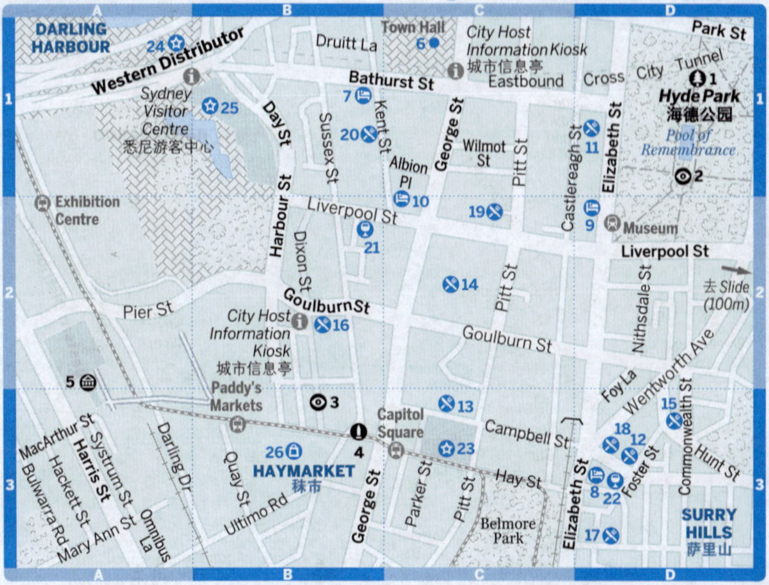

Haymarket & Chinatown 秣市和唐人街

重要景点
1 海德公园 D1

景点
2 澳新军团纪念馆 D1
3 唐人街 B3
4 金水嘴 B3
5 发电站博物馆 A2

活动、课程和团队游
6 I'm Free C1

住宿
7 Adina Apartment Hotel Sydney B1
8 Big Hostel D3
9 Hyde Park Inn D2
10 Meriton Serviced Apartments Kent Street C2

就餐
11 Alpha D1
12 Bar H D3
13 Chat Thai C3
14 鼎泰丰 C2
15 Longrain D3
16 Mamak B2
17 Single Origin Roasters D3
18 Spice I Am D3
19 Sydney Madang C2
20 Tetsuya's B1

饮品和夜生活
21 Good God Small Club B2
22 Wild Rover D3

娱乐
23 国会剧院 C3
24 IMAX A1
25 Monkey Baa Theatre Company B1

购物
26 帕迪市场 B3

悉尼海洋生物水族馆 水族馆

（Sydney Sea Life Aquarium，见82页地图；☎02-8251 7800；www.sydneyaquarium.com.au；Aquarium Pier；成人/儿童 $40/28；⊙9:30~20:00；Ⓡ Town Hall）除了常规的水族箱壁和地面水池以外，这座大型综合性水

Darling Harbour & Pyrmont
达令港和皮尔蒙特

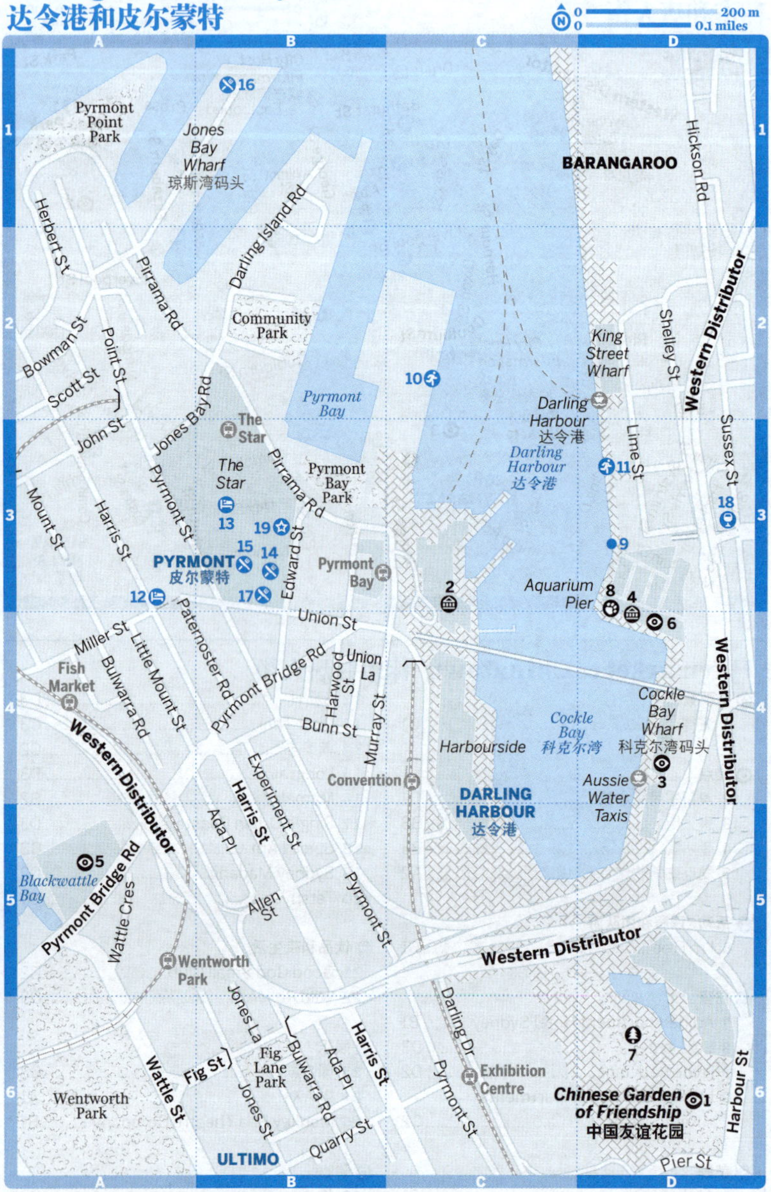

族馆还有两个大水池，可以让人经由有机玻璃隧道从水中穿过——头顶上有成群吓人的鲨鱼和鳐鱼。其他值得一看的还有小丑鱼（Nemo）、鸭嘴兽、月亮水母（位于一条灯光如舞厅般梦幻的水道内）、海龙和令人叹为观止的终极景观——大堡礁水族箱。

水族馆的两头儒艮是被冲上昆士兰州海岸后获救的。将它们放归野外的努力失败

Darling Harbour & Pyrmont 达令港和皮尔蒙特

重要景点
1 中国友谊花园 D6

景点
2 澳大利亚国家海事博物馆 C3
3 科克尔湾码头 D4
4 杜莎夫人蜡像馆 D4
5 悉尼鱼市 A5
6 悉尼海洋生物水族馆 D4
7 通巴隆公园 D6
8 悉尼野生动物园 D3

活动、课程和团队游
9 Harbour Jet D3
10 詹姆斯·克雷格号 C2
Sailing Sydney （见9）
11 Sydney Showboats D3

住宿
12 1888 Hotel A3
13 The Darling B3

就餐
14 Adriano Zumbo B3
15 Café Court B3
16 Flying Fish B1
17 Sokyo B3

饮品和夜生活
18 Slip Inn & Chinese Laundry D3

娱乐
19 Sydney Lyric B3

了，于是只好在馆内修建了儒艮池供它们生活。如此大型的海洋生物被圈养起来固然令人悲哀，但也给人类亲近他们提供了难得的机会。

不用说，孩子们爱死了这个地方，早点去可以避开人流高峰。在网上订票价格更优惠。

悉尼野生动物园 动物园

（Wild Life Sydney Zoo，见82页地图；02-9333 9245；www.wildlifesydney.com.au；Aquarium Pier；成人/儿童 $40/28；9:30~19:00；Town Hall）和它的邻居水族馆相映成趣，这座大楼里收藏的澳大利亚本土爬行动物、蝴蝶、蜘蛛、蛇和哺乳动物（包括袋鼠和树袋熊）令人印象深刻。夜间动物部分尤其精彩，袋鼬（quolls）、袋鼠（potoroos）、针鼹（echidnas）、负鼠（possums）在夜里十分活跃。野生动物园虽然有趣，但跟塔隆加动物园（Taronga Zoo）没法比。网上购票可享优惠。

杜莎夫人蜡像馆 博物馆

（Madame Tussauds，见82页地图；www.madametussauds.com/sydney；Aquarium Pier；成人/儿童 $40/28；9:30~20:00；Town Hall）在这个名人崇拜的时代，杜莎夫人蜡像馆里那些栩栩如生的蜡像大受欢迎。除了这儿，还有什么地方能让我们和休·杰克曼、凯莉·米洛亲密合影呢？

科克尔湾码头 建筑

（Cockle Bay Wharf，见82页地图；www.cocklebaywharf.com；Town Hall）科克尔湾码头是达令港第一座还算有些水准的建筑。由于木材的使用和那些古怪的雕塑（我们特别喜欢跳舞的鹳），它当代风格的尖锐棱角柔和了许多。

通巴隆公园 公园

（Tumbalong Park，见82页地图；Town Hall）这处位于达令港南匝道上的环形草地很适合家庭游乐，两旁是新开发的达令港步行区。人们在草坪上晒日光浴、扔飞盘。炎热的夏日午后，旅行者可以将脚浸在喷泉里乘凉，儿童游乐场还有21米长的飞狐游戏钢索供孩子嬉戏。

★中国友谊花园 花园

（Chinese Garden of Friendship，见82页地图；02-9240 8888；www.chinesegarden.com.au；Harbour St；成人/儿童 $6/3；9:30~17:00；Town Hall）依据道家理念修建的这座花园闹中取静，但仍能听见从达令港传来的阵阵噪声。花园的设计师来自悉尼的友好城市广州，花园修建于1988年澳大利亚立国两百周年之际。园内有亭阁、瀑布、湖泊、小径和郁郁葱葱的植物。

澳大利亚国家海事博物馆 博物馆

（Australian National Maritime Museum，见

82页地图；☎02-9298 3777；www.anmm.gov.au；2 Murray St；成人/儿童 $7/3.50；⏲9:30~17:00；🚇Pyrmont Bay）在形似风帆的屋顶之下，博物馆展示了澳大利亚与海洋之间无法割舍的联系，覆盖了从原住民独木舟、冲浪文化，到海军等的各种主题。门票包含免费的导览游，周日有儿童活动。"大票"（big ticket；成人/儿童 $27/16）包括馆外船只的门票，有澳大利亚皇家海军舰艇（HMAS）的潜水艇翁斯洛号（Onslow）、驱逐舰吸血鬼号（Vampire）以及1874年制造的横帆船詹姆斯·克雷格号（James Craig），后者会定期组织航海游览（见101页）。通常，库克的奋进号（Endeavour）的复制品也停靠在这里。

悉尼鱼市 市场

（Sydney Fish Market，见82页地图；☎02-9004 1108；www.sydneyfishmarket.com.au；Bank St；⏲7:00~16:00；🚇Fish Market）这个市场在Blackwattle Bay，每年能卖出1500多万公斤海产品。这里有众多零售批发商店和餐馆、一间寿司店、一间牡蛎店和一家口碑颇佳的烹饪学校。鱼市每个工作日的5:30开市，厨师、当地人和吃饱了的海鸥都聚集在这里，人们为锯缘青蟹、琵琶虾、龙虾和鲑鱼片讨价还价。可参加深度体验团队游（成人/儿童 $30/10）。

厄尔蒂莫、格利伯和齐本戴尔

这三个区位于城区南边，车轮滚滚的交通干道纵横交错。厄尔蒂莫和齐本戴尔一直以来都是悉尼乏善可陈的两个区，但近些年来，不少世界著名建筑师选择在分隔两区的百老汇大街两侧大展身手。特别是齐本戴尔，这里涌现出众多新潮时尚的餐馆、酒吧和画廊，已经迅速从希望之星变成城中热点。

位于厄尔蒂莫西面的格利伯绿化更好，也更为宜居。整齐排列的维多利亚式排屋的住户多为蓝领工人、学生、都市嬉皮士和同性恋者。中心城区里面积最大的原住民社区也位于这个区。

发电站博物馆 博物馆

（Powerhouse Museum，见81页地图；☎02-9217 0111；www.powerhousemuseum.com；500 Harris St；成人/儿童 $15/8；⏲9:30~17:00；🚇Paddy's Markets）从达令港出发，走一小段路便可到达博物馆，这里曾是为悉尼的有轨电车系统供电的发电站。博物馆内的高压互动演示让参观的学生惊呼连连，而对闪电、磁力和引擎声的解释也明白易懂。展品的布置经过精心考虑，游客通常都能参与其中。孩子很喜欢这里，而里面的时装和家具设计展则吸引了不少成人。

中央公园 地区

（Central Park，见120页地图；www.centralparksydney.com；Broadway；🚇Central Station）这里原来是一家酿酒厂，现在正被改建为一个占地6500平方米的住宅和商业开发区。这个项目让齐本戴尔的城郊焕发了新的活力。这里最引人注目的是让·努维尔（Jean Nouvel）的获奖设计——垂直绿化高楼**One Central Park**（建于2013年；117米）。悬臂式的屋顶设计可以将阳光反射到下面的植物上去。与此同时，百老汇大街对面的理工大学（University of Technology）校园内，一幢崭新的弗兰克·盖里（Frank Gehry）建筑正在拔地而起。

白兔 画廊

（White Rabbit，见120页地图；www.whiterabbitcollection.org；30 Balfour St；⏲周三至周日 10:00~17:00，2月和8月关闭；🚇Redfern）免费 如果你是个艺术爱好者，或者骨子里有那么一点疯狂，这个奇特的兔子窝肯定能让你满足。这家私人画廊收藏了极其丰富的当代中国先锋艺术作品，一次只能拿出一部分展览。

萨里山

这个悉尼最时髦的社区与同名的英国萨里郡那些美丽的小山没有半点相似之处。现如今，也看不出Ruth Park小说中大萧条时代拥挤密集的工人阶级社区的零星风貌了。

成排的维多利亚式排屋还保留着，现在已经成了中心城区活跃的时尚人士、美食家和同性恋者聚居的家园。

布雷特·怀特利工作室 画廊

（Brett Whiteley Studio，见85页地图；☎1800 679 278；www.brettwhiteley.org；2 Raper St；⏲周五至周日 10:00~16:00；🚇Central）

Surry Hills 萨里山

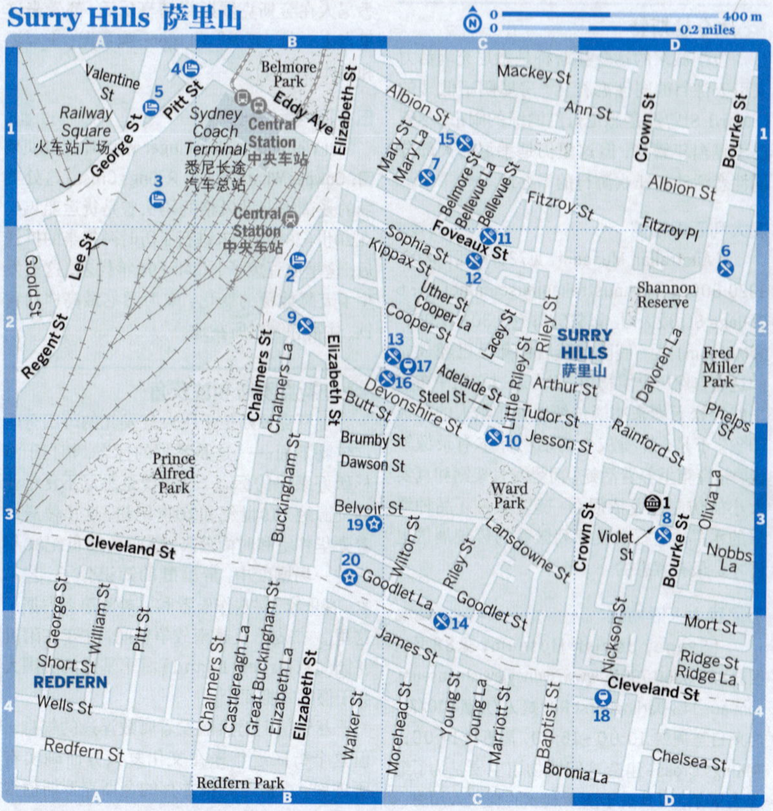

Surry Hills 萨里山

景点

1 布雷特·怀特利工作室 D3

住宿

2 Bounce B2
3 Railway Square YHA A1
4 Sydney Central YHA A1
5 Wake Up! A1

就餐

6 4Fourteen D2
7 Bodega C1
8 Bourke Street Bakery D3
9 Devon B2
10 Devonshire C3
11 El Loco C2
12 Le Monde C2
13 MoVida C2
14 Porteño C4
15 Reuben Hills C1
16 Sample Coffee C2

饮品和夜生活

17 121BC C2
18 Vasco D4

娱乐

19 Belvoir B3
20 Venue 505 .... B3

免费 声名显赫的当地艺术家布雷特·怀特利（1939~1992年）的一生丰富多彩且放纵不羁。他的工作室很难找（在Devonshire St上有标志），里面陈列有他的佳作。门口立着他的著名雕塑*Almost Once*的缩小版，在区域公园（the Domain）里可以看到全尺寸作品。

达令赫斯特

位于城东的达令赫斯特是悉尼充满活力又引人注目的同性恋社区。房屋阴暗低矮的Oxford St曾经是悉尼灯红酒绿的闹市，尽管已不复当年繁华，但这里仍是悉尼的大部分同性恋活动和狂欢游行的举办地。

澳大利亚博物馆 博物馆

（Australian Museum，见72页地图；☎02-9320 6000；www.australianmuseum.net.au；6 College St；成人/儿童 $15/8；⊙9:30~17:00；🚇Museum）第一舰队登陆后40年就已经成立的这座自然历史博物馆，努力通过在馆中布置一些轻松元素来冲淡传统博物馆给人的刻板印象。于是，落满灰尘的动物标本有录像解说，养育箱里养着活蛇，而恐龙骨架则和真实大小的仿制恐龙依偎在一起。收藏了品种繁多的水晶、宝石以及陈列骸骨的传统展区也许才是最有意思的。

悉尼犹太人博物馆 博物馆

（Sydney Jewish Museum，见88页地图；☎02-9360 7999；www.sydneyjewishmuseum.com.au；148 Darlinghurst Rd；成人/儿童 $10/7；⊙周日至周四 10:00~16:00，周五至14:00；🚇Kings Cross）建造这间博物馆主要是为了纪念大屠杀，但其关于澳大利亚的犹太人历史、文化和传统的展览也很不错。展览的年代跨越了第一舰队登陆、第二次世界大战（其直接后果就是澳大利亚成为大屠杀之后犹太幸存者占国内人口比例第二高的国家，仅次于以色列），一直到现在。留出至少两个小时来消化这些内容。周一、周三、周五和周日的正午有由志愿者带队的免费团队游，时长45分钟。

伍卢穆卢

Woolloomooloo也许是所有文字里唯一有八个"o"的单词。从金斯克罗斯下**麦克霍恩阶梯**（McElhone Stairs，见88页地图；Victoria St；🚇Kings Cross）就是市郊的伍卢穆卢，这里曾遍地是醉汉和海员。现在的情况已经好多了，酒吧氛围轻松愉快，伍卢穆卢码头（Woolloomooloo Wharf）现在有一家精品酒店和成排的高档餐馆。码头外就是著名的Harry's Cafe de Wheels（见117页），每一代悉尼人在金斯克罗斯纵情享乐后，都爱来这里点上一份"老虎"（Tiger；豌豆泥、土豆泥和肉汁配牛肉）。

伍卢穆卢手指码头 历史建筑

（Woolloomooloo Finger Wharf，见88页地图；Cowper Wharf Rdwy；🚇Kings Cross）这处美丽的爱德华七世风格的码头曾是货运船坞。在20世纪80年代末进行了历时两年半的拆迁后，这里被荒废了十几年。90年代末，这里发生了天翻地覆的变化，成为悉尼最高档的餐饮、住宿和游艇所在地。

金斯克罗斯和波茨角

金斯克罗斯位于巨大且发光的**可口可乐广告牌**下面——这是悉尼的标志，相当于洛杉矶好莱坞的标志。这里曾是悉尼不良行业的发源地。19世纪和20世纪初，这里曾矗立着豪华住宅和时尚公寓，然而在20世纪30年代的一场剧变中，醉醺醺的知识分子、艺术家、音乐家、寻欢作乐者和寻衅滋事者占据了这里。"二战"及越南战争期间，驻守在附近花园岛（Garden Island）海军基地的美国大兵于假期蜂拥而至。

尽管街上仍然散发着腐败淫逸的气息，但这个街区近年来在文化复兴方面确实有所进展。粗俗与高雅并存的金斯克罗斯值得一去。

19世纪30年代，时任新南威尔士殖民地大臣的亚历山大·麦克利（Alexander Macleay）委托建筑师约翰·弗奇（John Verge）在**波茨角**（Potts Point）和**伊丽莎白湾**（Elizabeth Bay）附近设计修建了一栋可远眺大海的楼房。自那时起，这片优雅舒适、绿树成荫的街区就成了一处深受人们欢迎的住宅区。

从金斯克罗斯往东步行五分钟就是宜人的**瑞西卡特湾**（Rushcutters Bay），在港口公园散步或慢跑都令人心情愉悦。

伊丽莎白湾宅邸 历史建筑

（Elizabeth Bay House，见88页地图；☎02-9356 3022；www.sydneylivingmuseums.com.au；7 Onslow Ave；成人/儿童 $8/4；⊙周五至周日 11:00~16:00；🚇Kings Cross）这栋希腊复兴风格的大厦属于亚历山大·麦克利，1839年建成时是殖民地最精美的建筑之一，但现在已被

金斯克罗斯的改造

金斯克罗斯坐拥海港风光，远离城市喧嚣，生活便利，在殖民时代早期是悉尼富人的住宅区。这是一片拥有豪华别墅、田产和优雅环境的区域，与粗俗混乱的圆形码头及岩石有着天壤之别。

这种田园景象只持续到了20世纪初，之后这片区域被划分成几个小块，除了曼宁街（Manning St）上的Tusculum和翁斯洛大道（Onslow Ave）上的伊丽莎白湾宅邸以外，其余的大部分别墅都被拆除，取而代之的是大片的公寓，其低廉的房租和现代主义氛围吸引了城市里放荡不羁的艺术家入住。紧随其后的是有案底在身的底层平民，他们售卖slygrog（未缴税的酒）、经营非法的赌场和色情场所。这里的住客包括作家、演员、诗人、记者、艺术家、犯有轻罪的人和像蒂莉·迪瓦恩（Tilly Devine）和凯特·利（Kate Leigh）一样声名狼藉的妓院老板。这是一座建立在囚犯关押地上的城市，这片街区则诠释了其不羁的魅力，艺术创作在犯罪的伴随之下焕发出勃勃生机。

越南战争爆发后，金斯克罗斯又变了模样，海洛因从东南亚流入这里，毒枭接管了街区，他们贩卖毒品、组建色情团伙、经营提供脱衣舞服务的夜总会。放荡不羁的艺术家搬走了，瘾君子、街头妓女、犯有轻罪的人和暴徒住了进来，周五和周六的晚上会有悉尼人到此来放纵一番。

不过，就像格言说的那样，"风水轮流转"。最近几年，艺术家又回到了金斯克罗斯，社会地位上升的年轻专业人士也被时髦的咖啡馆、酒吧、餐馆和达令赫斯特路（Darlinghurst Rd）附近遍地开花的现场音乐表演吸引。想要体验这种文艺复兴的氛围，可前往Llankelly Pl，这里曾是进行毒品交易的一条小巷，现在则充斥着像**Room 10**（见117页）这样的艺术咖啡馆，或去麦克利街（Macleay St）上的餐馆吃饭，然后在**菲茨罗伊花园**（Fitzroy Gardens，见88页地图；Macleay St和Darlinghurst Rd交叉路口；🚉Kings Cross）里新修复的有蒲公英造型的埃尔阿拉曼喷泉旁坐坐。也可以前往**Kings Cross Hotel**（见125页）参加派对狂欢。

20世纪修建的公寓比了下去。整座宅邸的亮点是其精致的椭圆形门厅，里面有盘旋而上的楼梯。

帕丁顿和沃勒拉

帕丁顿环境优雅，有修复完好的排屋和陡峭的林荫街道，穿着入时的居民出没在设计师店铺、餐馆、画廊和书店间。Oxford St是最主要的艺术街，从附近的达令赫斯特一路延伸至此。最佳探访时间是周六，届时市集热闹有趣。邻近的沃勒拉是悉尼最上流的社区，街道绿荫如盖，豪宅、名车、精品店鳞次栉比。

维多利亚兵营 历史遗迹

（Victoria Barracks，见92页地图；☎02-8335 5170；www.armymuseumnsw.com.au；Oxford St；⊙导览游周四 10:00；🚌380）免费 这座乔治时代的兵营建于1841~1848年，是大英帝国鼎盛期的精心之作，也是各殖民地同类建设中最好的一座。目前，这里仍然是一座兵营，因此只有参加免费导览游才能进入参观。天气允许的话，可以看到军乐队行进表演，之后还可以进入新南威尔士州军事博物馆（Army Museum of NSW；门票 $2）。助残设备完善。

帕丁顿水库花园 公园

（Paddington Reservoir Gardens，见92页地图；Oxford St和Oatley Rd交叉路口；🚌380）🍃这座大型公园于2008年开放，因建筑成就名声大噪。它利用帕丁顿狭长的1866水库修建而成，将原来的砖拱门和救生室纳入，它们和下沉式花园、池塘、木栈道及草坪一起构成了一个引人入胜的绿色空间。

百年纪念公园 公园

（Centennial Park，见92页地图；☎02-9339

Kings Cross, Darlinghurst & Woolloomooloo 金斯克罗斯、达令赫斯特和伍卢穆卢

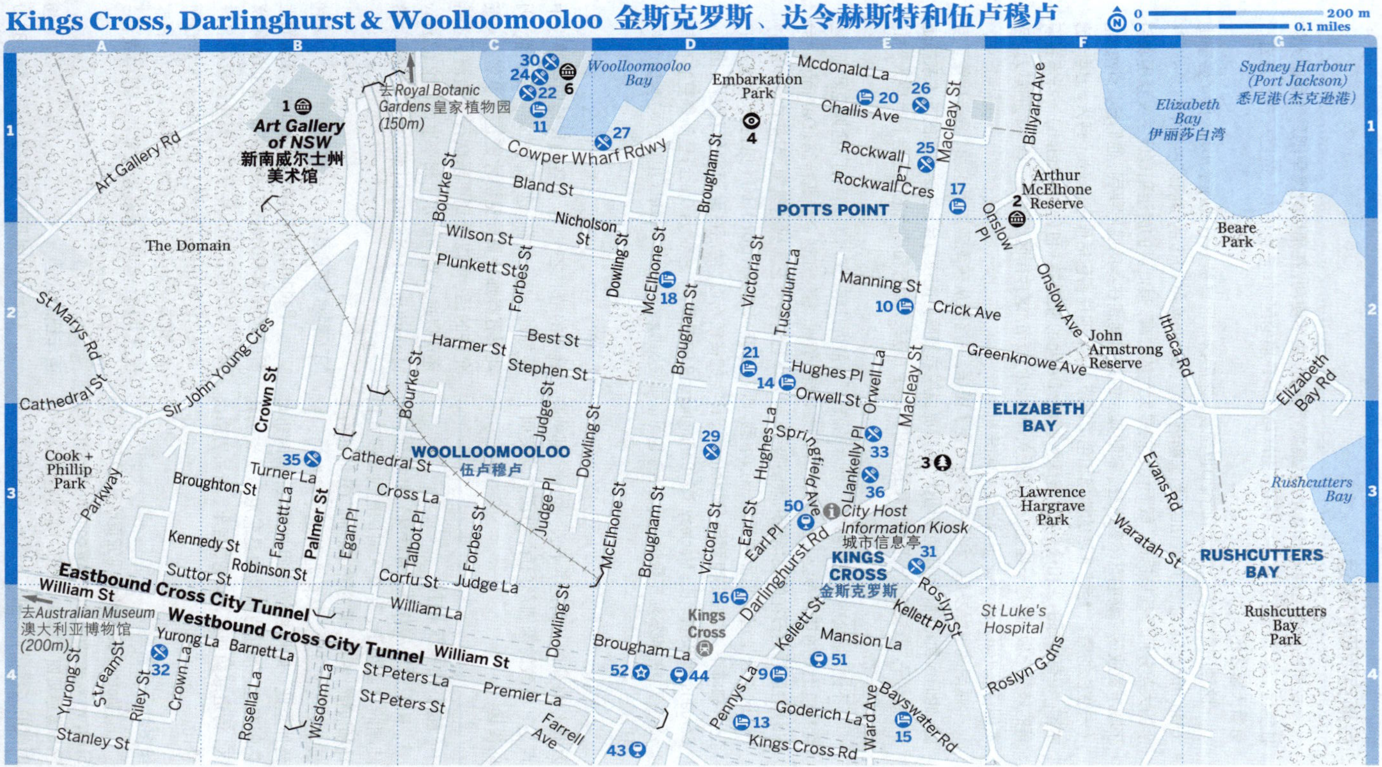

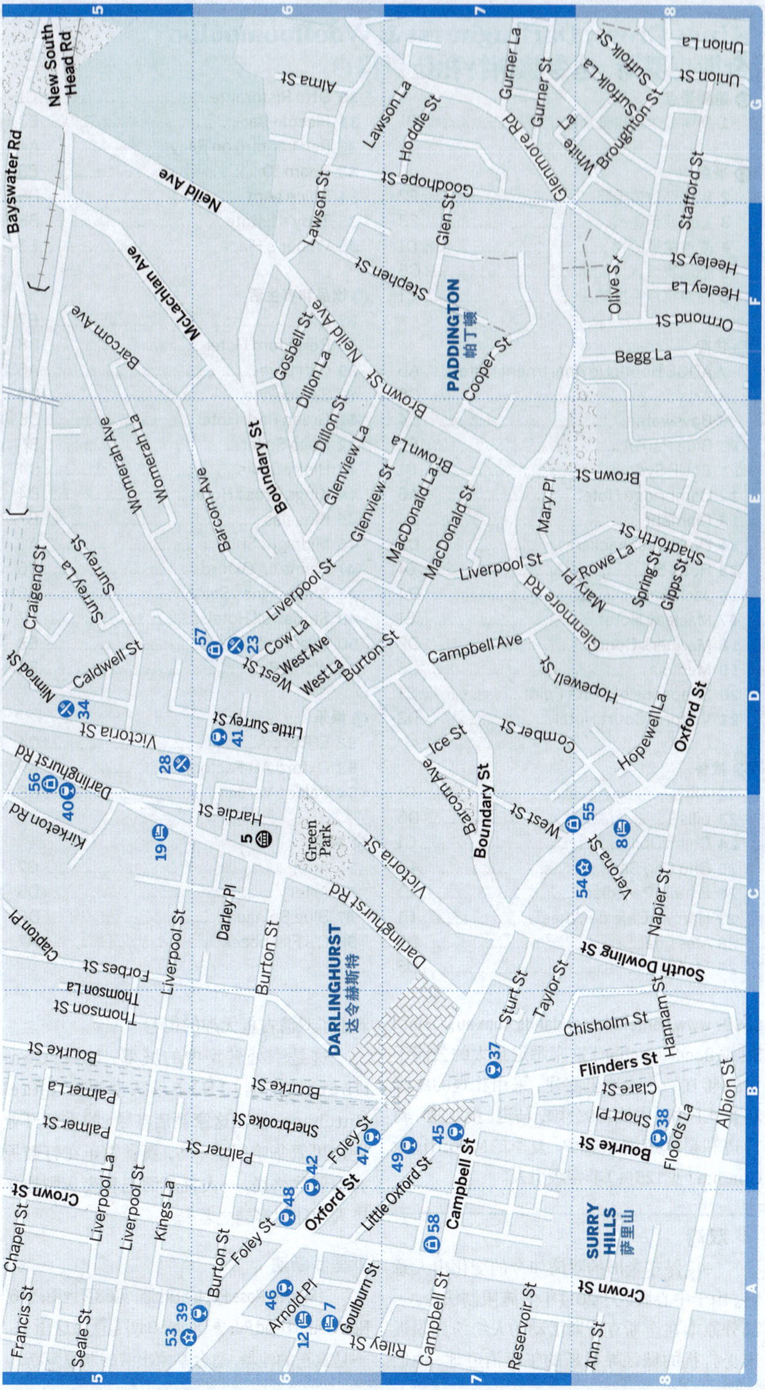
PADDINGTON
帕丁顿
DARLINGHURST
达令赫斯特
SURRY HILLS
萨里山
Green Park
New South Head Rd
Bayswater Rd
Neild Ave
Mclachlan Ave
Barcom Ave
Womerah Ave
Womerah La
Boundary St
Gosbell St
Dillon La
Dillon St
Glenview La
Glenview St
Brown St
Brown La
MacDonald La
MacDonald St
Cooper St
Stephen St
Lawson St
Lawson La
Hoddle St
Goodhope St
Glen St
Alma St
Gurner La
Gurner St
Glenmore Rd
White La
Broughton St
Suffolk La
Suffolk St
Union La
Union St
Stafford St
Olive St
Heeley St
Heeley La
Ormond St
Begg La
Mary Pl
Shadforth St
Rowe La
Spring St
Gipps St
Liverpool St
Campbell Ave
Hopewell St
Hopewell La
Oxford St
Comber St
Ice St
West St
Burton St
West La
West Ave
Cow La
Craigend St
Surrey St
Surrey La
Caldwell St
Nimrod St
Victoria St
Little Surrey St
Darlinghurst Rd
Kirketon Rd
Hardie St
Darley Pl
Verona St
Napier St
South Dowling St
Clapton Pl
Forbes St
Thomson La
Thomson St
Bourke St
Palmer La
Palmer St
Sherbrooke St
Sturt St
Taylor St
Chisholm St
Hannam St
Flinders St
Clare St
Short Pl
Floods La
Albion St
Foley St
Little Oxford St
Campbell St
Crown St
Chapel St
Liverpool La
Kings La
Francis St
Seale St
Arnold Pl
Goulburn St
Riley St
Reservoir St
Ann St
5
6
7
8
A
B
C
D
E
F
G
57
23
34
41
28
56
40
19
55
8
54
37
38
45
47
49
42
48
58
46
39
53
12
7

Kings Cross, Darlinghurst & Woolloomooloo 金斯克罗斯、达令赫斯特和伍卢穆卢

重要景点
1 新南威尔士州美术馆 ... B1

景点
2 伊丽莎白湾宅邸 ... F2
3 菲茨罗伊花园 ... E3
4 麦克霍恩阶梯 ... D1
5 悉尼犹太人博物馆 ... C6
6 伍卢穆卢手指码头 ... C1

住宿
7 ADGE Boutique Apartment Hotel ... A6
8 Arts ... C8
9 Bayswater ... D4
10 Blue Parrot ... E2
11 BLUE Sydney ... C1
12 Cambridge Hotel ... A6
13 Diamant ... D4
14 Eva's Backpackers ... D2
15 Hotel 59 ... E4
16 Jackaroo ... D4
17 Macleay Hotel ... E1
18 Mariners Court ... D2
19 Medusa ... C5
20 Simpsons of Potts Point ... E1
21 Victoria Court Hotel ... D2

就餐
22 Aki's ... C1
23 bills ... D6
24 China Doll ... C1
25 Cho Cho San ... E1
26 Fratelli Paradiso ... E1
27 Harry's Cafe de Wheels ... D1
28 Messina ... D5
29 Ms G's ... D3
30 Otto Ristorante ... C1
31 Piccolo Bar ... E3
32 Red Lantern on Riley ... A4
33 Room 10 ... E3
34 Spice I Am ... D5
35 Toby's Estate ... B3
36 Wilbur's Place ... E3

饮品和夜生活
37 Arq ... B7
38 Beresford Hotel ... B8
39 Cliff Dive ... A6
40 Eau-de-Vie ... D5
41 Green Park Hotel ... D6
42 Hello Sailor ... B6
43 Hinky Dinks ... D4
44 Kings Cross Hotel ... D4
45 Kinselas ... B7
46 Midnight Shift ... A6
47 Palms on Oxford ... B6
48 Shady Pines Saloon ... A6
49 Stonewall Hotel ... B7
50 Sugarmill ... E3
51 World Bar ... E4

娱乐
52 El Rocco ... D4
53 Oxford Art Factory ... A5
54 Palace Verona ... C8

购物
55 Ariel ... C7
56 Artery ... D5
57 Blue Spinach ... D6
58 C's Flashback ... A7

6699; www.centennialparklands.com.au; Oxford St; 🚇Bondi Junction）这座悉尼最大的公园于1888年在一片沙地上兴建，采用壮观的维多利亚式风格，占地189公顷，马道、慢跑道、骑行道和旱冰道遍布其中。夏季的Moonlight Cinema（见126页）非常吸引人。

双湾

一度保守老旧的双湾如今的变化出人意料。由于中心城区于2014年实施限制法令，一部分原本在金斯克罗斯活动的人纷纷到附近未受打扰的城区寻找新的午夜消遣地，他们看上了双湾古板无趣的街巷。

这是一处转型中的城郊，InterContinental酒店（INXS乐队主唱Michael Hutchence就在这家酒店自尽）的重新开业让这里繁华喧闹了不少，新餐馆正在打破原有的餐饮格局，一大批新酒吧和夜店则让年轻人和狂欢客趋之若鹜。

默里罗斯池 海滩

（Murray Rose Pool；红叶池，见68页地图；536 New South Head Rd; 🚆Double Bay）**免费** 这里并不是真正的池塘，适合举家出游的默里罗斯

(得名于一位奥运会游泳冠军)是离城市最近的游泳海滩,因此吸引了不少东城的人前往。

沃克吕兹

漂亮的沃克吕兹紧邻海港南岸,是市郊一片相当富裕的地区。这里有集中了保守传统的私立精英学校、欧洲轿车、物价不菲的精品店和按揭高昂的水岸豪宅。

尼尔森公园(鲨鱼海滩) 公园、海滩

(Nielsen Park (Shark Beach), 见68页地图; Vaucluse Rd; 🚌325)这个港口旁的公园是一颗遗落的明珠。这里的沙滩曾是占地206公顷的沃克吕兹宅邸(Vaucluse House)的一部分。掩映在树荫下的是Greycliffe House,一幢建于1851年的哥特式砂岩大楼(不对游客开放)。它也是悉尼港国家公园(Sydney Harbour National Park)的总部所在地。

沃克吕兹宅邸 历史建筑

(Vaucluse House; ☎02-9388 7922; www.sydneylivingmuseums.com.au; Wentworth Rd; 成人/儿童 $8/4; ⏲周五至周日 11:00~16:00; 🚌325)在占地10公顷的繁茂花园中,矗立着这栋雄伟的澳大利亚哥特式建筑。它兴建于1805年,但直到19世纪60年代才彻底竣工。波希米亚玻璃、沉重的詹姆斯一世式橡木家具和梅森瓷器等精美的欧洲工艺品点缀其间,为参观者提供了一瞥悉尼早期殖民者富裕生活的难得机会。

牛奶海滩 海滩

(Milk Beach, 见68页地图; 52 Vaucluse Rd; 🚌325)牛奶海滩宛若天堂,让人分神的只有海上飞机和闪亮的悉尼天际线。从这处位于隐士湾(Hermit Bay)底部与世隔绝的沙滩上眺望到的海港景观令人震撼,只需要穿过一条陡峭的灌木小径即可到达。身后是历史遗产思特里克兰德宫(Strickland House),眼前则是清澈温暖的海水。这个小小的天堂至今仍是悉尼鲜为人知的秘境。

沃森湾

狭长的半岛延伸到南角,就到了悉尼最令人赞叹的景点沃森湾——从圆形码头乘坐轮渡可以方便到达。沃森湾的前身是个小渔村,郊区狭窄的街道上散落的古老村舍证明了这一点,这些村舍如今售价不菲。靠海的一边是the Gap,可以在悬崖顶部地势险峻的观景台上眺望惊涛裂岸。

营湾海滩的北端是南角古道(South Head Heritage Trail)的起点,古道一直伸进悉尼湾国家公园。有一条岔路通往淑女湾(Lady Bay)。沿着主路继续往前就是有着糖果般条纹的霍恩比灯塔(Hornby Lighthouse)和南角上由砂岩砌成的守塔人小屋(Lightkeepers' Cottages; 1858年)。

回到轮渡站前,按照惯例,你应该在日落时分坐在Watsons Bay Hotel的啤酒花园里,看着夕阳渐渐落到影影绰绰的悉尼港大桥后面,并悬在布拉德利角(Bradleys Head)之上。

营湾 海滩

(Camp Cove, 见68页地图; Cliff St; ⛴Watsons Bay)紧邻沃森湾的北沿,这个不大的游泳海滩很受家庭和无上装日光浴者的喜爱。当年,菲利普总督意识到博特尼湾不适合作为流放地,然后往北航行进入悉尼港,并于1788年1月21日落锚,最终踏上了营湾的金色沙滩。

东部海滩

美得令人难以置信的沙滩弧线,镶着一条犬牙交错的礁石悬崖边,东部海滩是悉尼不可错过的地方。最有名的是宽阔的邦迪海滩(Bondi Beach),不管你心上有什么事,那些叫人眼花缭乱的风景和美丽的人体绝对会吸引你的眼球。

★邦迪海滩 海滩

(Bondi Beach, 见94页地图; Campbell Pde; 🚌380)这里才是悉尼。邦迪是世界上最棒的海滩之一:海洋和陆地碰撞汇合,太平洋卷着泛白沫的巨浪而来。在这里,人人平等。这是离市中心最近的海滩(8公里远),有无休止的优质海浪(但人很多),非常适合在里面跌跌撞撞地游泳(平均水温21℃,非常舒适)。如果浪太大,可以去海滩两头洗海水浴,这对孩子而言也很安全。

这里有两个冲浪俱乐部——Bondi和North Bondi,它们的人在红黄两色旗中巡逻,那些旗帜是用来提示危险的沟壑和洞穴的。每年都有成千上万起冲浪事故(素材足够拍

Paddington & Woollahra 帕丁顿和沃勒拉

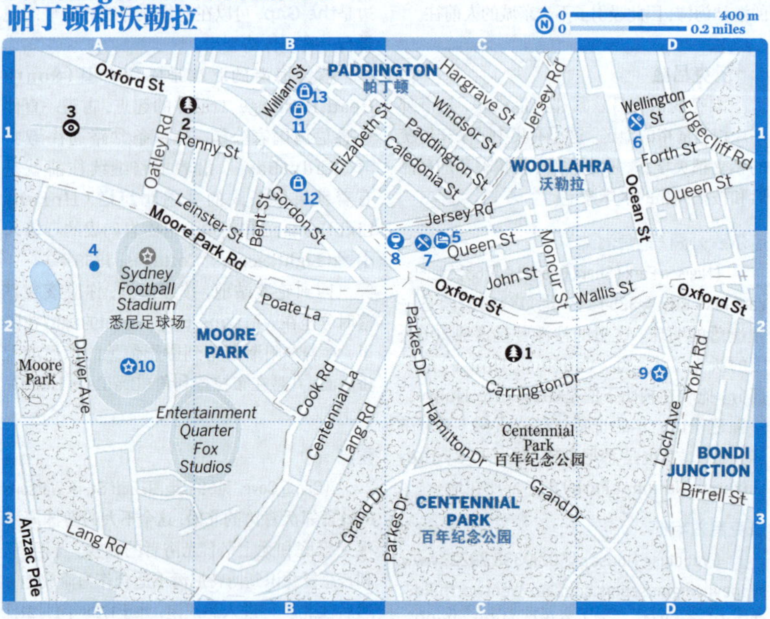

Paddington & Woollahra 帕丁顿和沃勒拉

景点
1 百年纪念公园 C2
2 帕丁顿水库花园 A1
3 维多利亚兵营 A1

活动、课程和团队游
4 SCG Tour Experience A2

住宿
5 Kathryn's on Queen C2

就餐
6 Chiswick Restaurant D1
7 Vincent C2

饮品和夜生活
8 Wine Library C2

娱乐
9 Moonlight Cinema D2
10 悉尼板球场 A2

购物
11 Corner Shop B1
12 帕丁顿集市 B1
13 Poepke B1

一部电视剧)，所以游泳时一定不能越过旗子。

海滩两头都有玩沙洲浪的冲浪者，这里同样也适合初学者。海滩的南端有一条溜冰道(skate ramp，见94页地图；Queen Elizabeth Dr；🚌380)，可以让你尽兴。North Bondi Surf Club附近有一个户外健身区(workout area，见94页地图；Queen Elizabeth Dr；🚌380)。这里也是同性恋者最常出没的区域。

邦迪凉篷(Bondi Pavilion)里有更衣室、储物柜、咖啡馆和一间传统意式冰激凌店。夏季的海滩上散布着冷饮摊。海滩北端的草地上还有投币烧烤点。海滩上禁止酗酒。

塔玛拉马海滩 海滩

(Tamarama Beach，见94页地图；Pacific Ave；🚌361)塔玛拉马海滩四周悬崖环绕，沙滩延伸得很深，海岸线却只有80米长。虽然小，但下面沟壑纵横，于是这里成为新南威尔士州有人巡逻的海滩中最危险的一个，通常对游泳者关闭。1887~1911年，曾有个游乐园在这里的水面上建起一座过山车，今天看来简直难以想象。

勃朗特海滩

海滩

（Bronte Beach；Bronte Rd；🚌378）世界上第一家冲浪救生俱乐部（1903年）诞生在这个海滩。这里有砂岩峭壁，有草地公园，非常适合家庭活动。与大多数人的想象不同，海滩的名字并非来自那几位著名的女作家，而是纳尔逊勋爵（Lord Nelson），他曾被封为勃朗特公爵（Duke of Bronte；勃朗特为西西里的一处地名）。冲浪俱乐部旁边有一个货亭和一间更衣室，公共烧烤区有铺着桌布的野餐桌。

嘉富丽海滩

海滩

（Clovelly Beach，见68页地图；Clovelly Rd；🚌339）这条水泥砌岸的海峡是游泳、晒日光浴和浮潜的好地方。它很安全，适合孩子，尽管海浪高涨，但水下的能见度仍然很棒。曾经有条特别友善的石斑鱼在这里生活了很多年，后来被一名游客刺中。带上你的护目镜来，但别伤害任何生物。

停车场的另一头是戈登湾水下自然之路（Gordons Bay Underwater Nature Trail）的入口，这是一条长达500米的水下链条，引导潜水者在珊瑚礁、沙屋和海藻森林中穿行。

库吉海滩

海滩

（Coogee Beach；Arden St；🚌372~373）库吉海滩就是脱去了浮华外衣的邦迪海滩。库吉（当地oo的发音为[u]）的沙滩深厚，有着古老的海水浴场和适合烧烤、扔飞盘的绿地。两次世界大战之间，库吉曾经建有一座英式码头，有1400个座位的剧院和能容纳600人的舞厅。

新城及周边

悉尼内城的西部是一个学生、哥特族、都市嬉皮士、艺术家、地中海移民的大熔炉。它的核心是悉尼大学（Sydney University），一组占据了城西郊区的老派建筑。大学的西南是新城曲折蜿蜒的King St，两旁都是别致的精品店、二手服装店、书店、瑜伽教室、酒馆、咖啡馆和泰餐厅。这里的档次正在节节高升，但仍保留着自由的思想和特立独行的气质。

悉尼大学

大学

（University of Sydney，见120页地图；☎02-9351 2222；www.sydney.edu.au；Parramatta Rd；🚌422~440）这座悉尼历史最悠久的高等学府（1850年）有49，000多名学生，甚至独享一个邮政编码。拿着一份免费的校园地图四处逛逛并不需要你有博士学位。两座宏伟大厅护卫下的**Quadrangle**仿佛是《哈利·波特》中众人向往的霍格沃茨，它的哥特复兴式建筑在向高贵的牛津大学致敬。校园中尼克尔森博物馆（Nicholson Museum）、**大学美术馆**（University Art Gallery，见120页地图；www.sydney.edu.au/museums；Science Rd；⏰周一至周五 10:00~16:30，每月的第一个周六12:00~16:00；🚌422~440）**免费**和麦克雷博物馆（Macleay Museum）的令人尊敬的收藏都非常值得一看。

尼克尔森博物馆

博物馆

（Nicholson Museum，见120页地图；www.sydney.edu.au/museums；University Pl；⏰周一至周五 10:00~16:30，每月的第一个周六12:00~16:00；🚌422~440）**免费**这座位于悉尼大学校区内的博物馆是古代历史迷的必游之地，里面收藏有极其丰富的希腊、罗马、塞浦路斯、埃及和近东的文物，包括Padiashaikhet木乃伊。1860年，孤儿出身的查尔斯·尼克尔森爵士（Sir Charles Nicholson）建立了它。尼克尔森爵士还是建立悉尼大学和澳大利亚博物馆（见86页）的关键人物。

麦克雷博物馆

博物馆

（Macleay Museum，见120页地图；www.sydney.edu.au/museums；Science Rd；⏰周一至周五 10:00~16:30，每月的第一个周六 12:00~16:00；🚌422~440）**免费**悉尼大学的自然历史博物馆是澳大利亚同类博物馆中最古老的一座，源起于麦克雷家族（拥有著名的伊丽莎白湾宅邸，见86页）的收藏。馆内还收藏有历史照片和早期原住民聚居地托雷斯海峡

Bondi 邦迪

Bondi 邦迪

重要景点

1 邦迪海滩 C2

景点

2 塔玛拉马海滩 B3

活动、课程和团队游

3 邦迪冰山游泳俱乐部 C2
4 邦迪潜水中心 A2
5 Let's Go Surfing D2
6 溜冰道 C2
7 户外健身区 C1

住宿

8 Adina Apartments Bondi Beach B1
9 Bondi Beach House B2
10 Bondi Beachouse YHA B3

就餐

11 A Tavola B1
12 Bondi Trattoria B2
冰山餐厅 .... （见3）
13 Lox, Stock & Barrel B1

饮品和夜生活

14 Anchor B2
15 Neighbourhood B1

娱乐

16 邦迪露天电影院 C2

购物

17 邦迪集市 C1

(Torres Strait)、太平洋岛(Pacific Island)的文物。

Carriageworks 艺术中心

(见120页地图; www.carriageworks.com.au; 245 Wilson St; ⏲10:00~18:00; 🚉Redfern) 免费 这处巨大的维多利亚时期厂房群建造于1880~1889年，属于伊夫利编组站(Eveleigh Railyards)的一部分。1988年，铁道工人撤出了这里。2007年，艺术家搬了进来。现在，这里是各种先锋艺术和行为艺术的中心，几乎时时都有有意思的活动。

悉尼公园 公园

(Sydney Park，见68页地图; Sydney Park Rd; 🚉St Peters)公园里到处都是遛狗、放风

等和宿醉初醒的人。占地40公顷的悉尼公园很适合独享宁静。站在光秃秃的山顶上眺望，城市就像从海面上浮出的火山岛般，往南则可以越过机场看到博特尼湾。公园的大部分区域都是从沼泽、黏土矿坑和砖瓦厂改建而来的。

◎巴尔曼

延伸到海港的美丽半岛就是市郊的巴尔曼，当年的巴尔曼是个码头工人聚集的以粗野暴力闻名的社区，现在已经变得充满艺术氛围，有着精心修复的维多利亚式房屋、温馨热情的酒吧、咖啡馆和新潮的店铺。乘轮渡可方便抵达。

◎下北岸

悉尼港大桥的北端，紧靠一片出奇宁静水域的就是**米尔森角**（Milsons Point）和**麦克马洪角**（McMahons Point）。两处都能看到壮观的城市景观。桥东则是高尚的**柯里比利**（Kirribilli），也是**总督官邸**（Admiralty House，见68页地图）和**柯里比利宅邸**（Kirribilli House，见68页地图）的所在地，两处府邸分别是澳大利亚总督和总理在悉尼的居所。

从此处往东是市郊的**中立湾**（Neutral Bay）、**克雷蒙**（Cremorne）和**莫斯曼**（Mosman）等几处高尚住宅区，它们以美丽的海湾、港口公园和"吃午餐的女士们"闻名。从克雷蒙角出发，经过莫斯曼湾，一直进入悉尼港国家公园，到达**布拉德利角**（Bradleys Head）。这一路是非常棒的海岸徒步线。另一条较有野趣的线路如下：沿着国家公园的**中角**（Middle Head），从**汤湾**（Chowder Bay）走到**巴尔摩拉**（Balmoral）。

月神公园 游乐园

（Luna Park，见68页地图；☎02-9922 6644；www.lunaparksydney.com；1 Olympic Dr；⏲周五和周六 11:00~22:00，周日 14:00~18:00，周一 11:00~16:00；⛴Milsons Point）**免费** 这座老式游乐园门口有一座表情疯狂的小丑雕像，这是一件具有20世纪30年代特色的原创雕塑作品。在这里，可以俯瞰悉尼港，还有Coney Island游戏房、精美的旋转木马和令人眩晕的旋转机。你可以分项目买单次票（$16），也可购买按身高计费的不限次通票（$30起，在线购票可享受优惠）。学校和公众假日会延长营业时间。

玛丽·麦琪罗广场 教堂、博物馆

（Mary MacKillop Place，见68页地图；☎02-8912 4878；www.marymackillopplace.org.au；7 Mount St；成人/儿童 $9/6；⏲10:00~16:00；🚆North Sydney）这座博物馆记录的是澳大利亚唯一一位天主教圣徒——"十字架圣玛丽"（St Mary of the Cross，即玛丽·麦琪罗）的生平事迹。1842年，她出生于墨尔本。玛丽不仅是一位忠诚奉献、直言不讳的教育家，也是推翻保守的等级制度的先锋。小礼拜堂里有她的坟墓。

塔隆加动物园 动物园

（Taronga Zoo，见68页地图；☎02-9969 2777；www.taronga.org.au；Bradleys Head Rd；成人/儿童 $46/23；⏲9:30~17:00；⛴Taronga Zoo）🍃从圆形码头搭轮渡12分钟可以到达。塔隆加动物园在占地75公顷的灌木林中，遍地都是袋鼠、树袋熊和类似的澳大利亚动物，以及进口的外来客。虽然动物园里的4000只动物拥有享受价值百万的海港景观的特权，但它们却浑然不觉。

这里的亮点有夜行鸭嘴兽栖息地、大南部海洋区、亚洲象展览。白天，可以喂动物

> **值得一游**
>
> **到郊野去**
>
> **里湾国家公园**（Lane Cove National Park；www.nationalparks.nsw.gov.au；Lady Game Dr；每辆车 $7；⏲9:00~18:00；🚆North Ryde）这处占地601公顷的公园位于北部海滩郊区之内，非常适合走一趟中等距离的丛林徒步。这里生活着几十种小动物，包括一些濒危的猫头鹰和蛤蟆。如果春季到来，能看到长角的水龙、盛开的原生兰花和百合。
>
> 里湾河上有一个船屋，可以出租划桨船和皮艇，但这里并不适合游泳。公园里可以骑自行车和露营，有些地方轮椅可达。

或与动物“偶遇”。夏季的黄昏，音乐会气氛活跃。

导览游项目包括Nura Diya（90分钟导览游 成人/儿童 $99/69；⊙周一、周三和周五 9:45），该项目由原住民导游带队，帮你认识本土动物、分享关于它们的“梦创时代”故事并了解传统的原住民生活。注意预订。Roar & Snore（☎02-9978 4791；成人/儿童 $320/205）是过夜的家庭体验游，包含一次夜间野外探险游、自助晚餐、早餐和露营帐篷住宿体验。

乘轮渡也是很有意思的体验，由于停车费相当昂贵（$17/天），所以轮渡是不错的选择。从码头出发，乘坐Sky Safari的缆车或大巴可到达主入口，你不妨反向穿过动物园，下山返回码头。动物园通票（成人/儿童/家庭 $53/27/148）包括了从圆形码头至动物园的往返船费、缆车或大巴到达山顶的车费以及门票。即使是坐船到达，也可以很方便地使用残疾人通道。

巴尔莫拉海滩
海滩

（Balmoral Beach，见68页地图；The Esplanade；🚌245）海滩飞地巴尔莫拉隔着中港（Middle Harbour）与曼利（Manly）相望。这里有几家不错的餐馆和漂亮的游泳海滩。一条美得不真实的岩礁将海滩分成两块，北岸的居民很喜欢举家来这里野餐。游泳的人集中在布有鲨鱼网的南端。

⊙ 曼利

曼利位于紧挨北角的一条地峡边。

曼利海面和港口沙滩之间就是Corso，这里有冲浪用品店、汉堡连锁店、果汁铺和酒馆。修整一新的曼利码头（Manly Wharf）上有更为高档的酒馆和餐馆，后面的街巷里则散布着一些很不错的咖啡馆。

夏天，可以花一整天在这里散步。冬天，即使是为了享受一下悉尼最佳轮渡旅程也值得走一趟。天黑之后不必停留，这里的食肆和酒吧远不如其他地方。

曼利海洋生物保护区
水族馆

（Manly Sea Life Sanctuary，见98页地图；☎1800 199 742；www.manlysealifesanctuary.com.au；West Esplanade；成人/儿童 $25/15；⊙9:30~17:00；⛴Manly）如果打算去曼利海滩冲浪，就别来这儿了。水下玻璃通道能让你近距离观察3米长的灰鲨，这着实有点吓人。在Shark Dive Xtreme（体验/持证潜水 $280/205），可以进入它们的世界。

楼上的企鹅馆乐趣无穷。曼利有小企鹅在澳大利亚大陆上的最后一片栖息地，馆内的展示也是为了让人们更好地了解这些可爱的小不点儿（别担心，馆内的企鹅都不是从野外捉来的）。

曼利美术馆和博物馆
博物馆

（Manly Art Gallery & Museum，见98页地图；www.manly.nsw.gov.au；West Esplanade；⊙周二至周日 10:00~17:00；⛴Manly）**免费** 从曼利码头走一小段路就可以到达。这个精心维护的社区美术馆着眼于本地文化，展出冲浪板、露营泳装和海滩上的林林总总。里面还有一个陶瓷展馆，以及丰富的曼利老照片。

★ 曼利海滩
海滩

（Manly Beach，见98页地图；⛴Manly）曼利海滩在悉尼的知名度仅次于邦迪海滩，金色沙滩绵延近两公里，旁边是成排的诺福克岛松（Norfolk Island）和星星点点的中高档公寓楼。海滩的南端，靠近Corso的地区被称为南斯泰因（South Steyne），中部是北斯泰因（North Steyne），北端则是昆斯克利夫（Queenscliff），每处都有冲浪救生俱乐部。

谢利海滩
海滩

（Shelly Beach，见68页地图；⛴Manly）从忙碌的曼利海滩步行1公里就可以走到这处风平浪静的北向海湾。这里松石般鲜艳的蓝绿色海水是海洋生物的天堂，也很适合浮潜。

北角
国家公园

（North Head，见68页地图；North Head Scenic Dr；🚌135）位于曼利以南3公里处，风景粗犷壮美的北角有刀削斧砍般的悬崖峭壁和观景台，可将海洋、港口和城市尽收眼底。租一辆自行车尽情探索吧。

据考证，北角是居住在当地的Cama-raigal人举行仪式的地点，如今大部分都被划入了悉尼港国家公园。

总长9公里、耗时4小时的曼利观光步道（Manly Scenic Walkway）环绕公园一周。

步行游览
邦迪至库吉海岸

起点: 邦迪海滩

终点: 库吉海滩

距离: 6公里

需时: 2~3小时

这条海岸道路也许是悉尼最负盛名、最受欢迎、最棒的步行线路，不容错过。路线两端起止处和途中的大部分地点均有公共汽车经过，如果你觉得天气太热或不想再继续，在沿途的任一处海滩跳进海里洗个澡就能解决问题。一路上没有什么遮阳物，出发前一定要记得涂防晒霜并戴上你的帽子。

从❶**邦迪海滩**（见91页）出发，拾阶而上，经过波光粼粼的❷**邦迪冰山游泳池**（Icebergs swimming pool，见102页）上方，到达诺茨大道（Notts Ave）的南端。沿着诺茨大道走到底，来到悬崖步道上。往南走，能看到最蔚为壮观的悬崖峭壁和太平洋（注意看海豚、鲸鱼和冲浪者）。❸**塔玛拉马**（见92页）是一片小而精致的沙滩，其纵深与其宽度完全不成比例。

从悬崖顶部往下走到❹**勃朗特海滩**（Bronte Beach，见93页）。扎进海里游个泳，然后去诺福克岛松树林（Norfolk Island pines）里野餐，或去咖啡馆里喝杯咖啡。休息过后，踏上海滩南侧的小路继续前进。

位于悬崖边缘的❺**韦弗利墓地**（Waverley Cemetery）是一些澳大利亚名人的安眠之所。天气晴朗的时候这里是观鲸的好位置。

路过喝着啤酒或是在嘉富丽保龄球俱乐部里打保龄球的当地人，以及❻**巴罗斯公园**（Burrows Park）里的美冠鹦鹉和亲密情侣，到达隐蔽的❼**嘉富丽海滩**（Clovelly Beach，见93页）。沿着上山的小道穿过停车场，再沿着克利夫布鲁克人行道（Cliffbrook Pde）前行，然后下山到达一排倒置着的救生艇处，这里就是❽**戈登湾**（Gordons Bay）——悉尼最棒的海岸潜水点之一。

再往前走，经过❾**海豚角**（Dolphin Point），到达壮观的❿**库吉海滩**（Coogee Beach，见93页）。入住Coogee Bay Hotel，再喝一两杯啤酒犒赏自己。

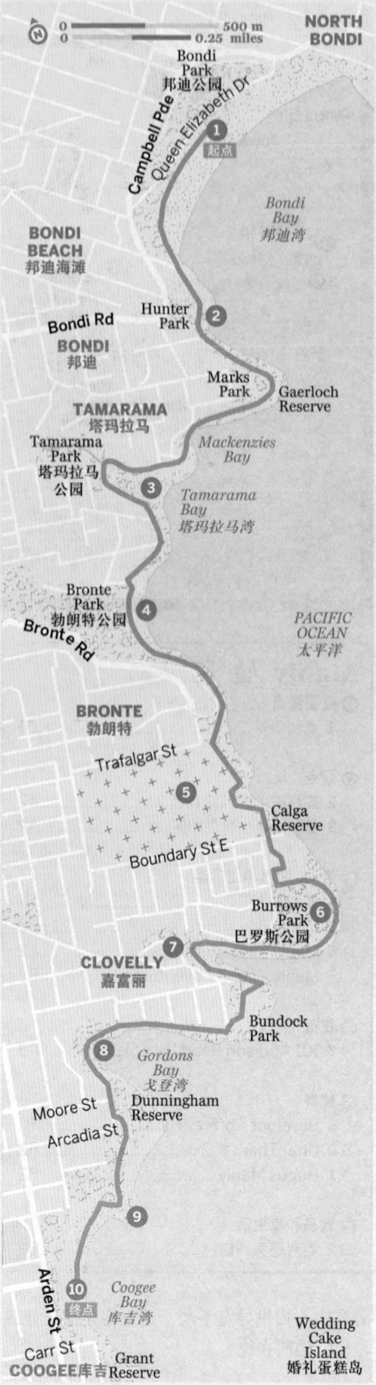

Manly 曼利

Manly 曼利

游客中心提供导览手册。这里也是历史建筑检疫站的所在地。

曼利观光步道 户外

（Manly Scenic Walkway，见68页地图；www.manly.nsw.gov.au；Manly）这段经典的步道主要由两部分组成：西侧是介于曼利和斯比特桥（Spit Bridge）之间、长达10公里的直道，东侧是围绕北角一圈、长达9.5公里的环路。游客可以在网上下载地图，或是到码头附近的信息中心里拿一份。

西侧步道先是经过价值百万的海港景观豪宅，然后穿过悉尼港国家公园崎岖不平的2.5公里小道，这里还基本保持着第一舰队驶入时的原貌。穿过斯比特桥后，可以搭乘公共汽车回到曼利（140路、143路和144路公共汽车）或回城（176路、177路、178路、179路和180路公共汽车）。

东侧环路被称为北角环线徒步道（North Head Circuit Track），走完需要3～4小时。从码头出发，沿着海滨东道（Eastern Esplanade）和Stuart St走到斯普林湾（Spring Cove），接着前往悉尼港国家公园内的北角，穿过丛林到达位于北角、风光壮丽的费尔法克斯瞭望台（Fairfax Lookout；总共需要45分钟）。从瞭望台出发，沿着费尔法克斯环路（Fairfax Loop；1

公里，步行30分钟）走，然后经由巨朱蕉湾步道（Cabbage Tree Bay Walk）回到渡轮码头——这是一段海浪汹涌的海岸线，会经过风景如画的谢利海滩（ShellyBeach）和小巧的绿荫仙子海滩（Fairy Bower Beach），最终回到曼利海滩。

检疫站 历史建筑

（Quarantine Station，见68页地图；☎02-9466 1551；www.quarantinestation.com.au；1 North Head Scenic Dr；⏰博物馆 周日至周四10:00～16:00，周五和周六至20:00；🚌135）**免费** 为了阻止霍乱、天花和腺鼠疫的传播，1835～1983年，这座古怪但优雅的建筑一直被用来隔离疑似携带病菌的入境者。现在这里焕然一新，成为一个有博物馆、住宿、餐馆和一系列景点的旅游目的地。

⊙北部海滩

位于曼利海滩和棕榈树海滩（Palm Beach）之间、长达20公里的海岸经常被描述成世界上最美的城市冲浪地。皮肤被晒成古铜色的当地人活跃在Fresh water、Curl Curl、Dee Why、Collaroy、Narrabeen、Mona Vale、Newport、Bilgola、阿瓦隆、鲸鱼海滩（Whale Beach）和棕榈树海滩上。每一处海滩都散发着自己独特的气息。

享受这些海滩的最佳方式当然是冲浪，但如果无法冲浪，又想要体验一下电视剧《聚散离合》（*Home & Away*）里的生活，可以乘坐L90路公共汽车从火车站广场（Railway Sq）到棕榈树海滩，不到两小时就可到达。

Dee Why 海滩

（The Strand；🚌176）一片适宜家庭活动的朴实海滩，后面是大片公寓楼，有几家不错的咖啡馆，遍地都是冲浪用品商店。孩子可以套着救生圈下水，妈妈则可以去岩石泳池。

Narrabeen 海滩

（Ocean St；🚌L88，L90）通过沙滩男孩（Beach Boys）的一曲*Surfin'USA*，Narrabeen声名远扬，它是铁杆冲浪粉的地盘，因此下水之前最好练习一下。虽然不是特别适合游泳，但这里有游泳池和潟湖。

Bilgola 海滩

（Bilgola Ave；🚌L88，L90）Bilgola的咸水湖让这片海滩成为一处隐秘的胜景。很棒的游泳点。

阿瓦隆 海滩

（Barrenjoey Rd；🚌L88，L90）来到阿瓦隆，仿佛穿越到了20世纪70年代，这里就是你梦中求而不得的神秘澳洲海滩。去冲浪并享受橘红色的沙滩吧。

鲸鱼海滩 海滩

（Whale Beach；Whale Beach Rd；🚌L90）宁静的鲸鱼海滩位于棕榈树海滩以南3公里处，很值得一去。天堂般的沙滩优美而深厚，旁边就是陡峭的悬崖。适合冲浪者和家庭出游。

棕榈树海滩 海滩

（Palm Beach；Ocean Rd；🚌L90）美丽的棕榈树长滩是半月形的福地，因是无聊的肥皂剧《聚散离合》的外景地而闻名。1881年，**巴伦乔伊灯塔**（Barrenjoey Lighthouse；🚌L90）树立在了库灵盖蔡司国家公园所属的一处岬角北端。要走20分钟的陡峭徒步线（没有洗手间），这对鞋子的防滑性能要求比较高，但碧水（Pittwater）的景观绝对让你不虚此行。周日11:00～15:00，每隔半小时组织一次短时导览游，不必预订。

库灵盖蔡司国家公园 公园

（Ku-ring-gai Chase National Park；☎02-9472 8949；www.nationalparks.nsw.gov.au；Bobbin Head Rd，Mount Colah；每车每天 $11，乘船登陆 成人/儿童 $3/2）这座占地14,928公顷的公园构成了悉尼的北侧边界，距离市中心24公里。在这里可欣赏到砂岩、原始丛林和海洋等一系列经典风景。公园拥有布罗肯湾（Broken Bay）南部边缘100多公里的海岸线，一直延伸到霍克斯伯里河。

库灵盖这个名字源自这里的原住民Guringai人，他们不是倒在英国殖民者的残暴统治下，就是死于殖民者带来的疾病。凯特·格伦维尔（Kate Grenville）的布克奖提名作品《神秘河》（*The Secret River*）讲述了这个悲惨的故事，小说内容引人入胜，非常值得一读。

得益于管理部门对这里800多处遗迹的保护，今天我们还能看到当年原住民的生活遗迹，其中包括岩石壁画和洞穴艺术。想要了解更多，可从Mt Colah入口进入公园，然后前往**卡尔卡里探索中心**（Kalkari Discovery Centre；☎02-9472 9300；Ku-ring-gai Chase Rd；⏰9:00~17:00）**免费**，这里有关于澳大利亚动物和原住民文化的展览。还有一条自助徒步路线，一路上可以看到生活在沼泽中的沙袋鼠、生活在丛林里的火鸡和本地的野鸭、巨蜥。

从位于西角（West Head）的Resolute野餐区出发，步行100米到达红手洞（Red Hands Cave），在这里你可以看到一些非常浅的赭石色手印。沿着Resolute小道（在这之前会经过一小段陡坡）走500米，到达一处原住民雕刻遗迹。你可以选择返回或是继续前进，去另一处遗迹，然后围着Resolute海滩走一圈，这段路程长3.5公里。在西角瞭望台（West Head Lookout）欣赏到的风景极为壮观——千万不要错过。

从野餐区出发，沿西角路（West Head Rd）向西走不到3公里便是贝辛小道（Basin Track），沿这条小路惬意地漫步，可以欣赏到一系列雕刻遗迹。再走大约2.5公里便可到达贝辛（Basin），这是一个浅水湾，设有露营区，有烧烤设施、淋浴和厕所。你可以经由贝辛小道到达此处，也可选择在棕榈树海滩乘渡轮或水上出租车过来。想要获得更多公园信息，可前往由新南威尔士州国家公园和野生动物管理局运营的**波平角信息中心**（Bobbin Head Information Centre；☎02-9472 8949；Bobbin Head；⏰10:00~16:00）。这里有游艇码头、野餐区、一间咖啡馆和一条穿过红树林的木板路。

驾车或乘坐由Fantasea经营的棕榈树海滩渡轮都可到达公园。渡轮每小时一班，从棕榈树海滩开往鲭鱼海滩（Mackerel Beach），中途会经过贝辛（20分钟）。要从CBD前往棕榈树海滩，可在火车站广场（Railway Sq）坐L90路公共汽车，或是从曼利码头乘坐156路或169路公共汽车。

驾车的话，可走位于Mt Colah的太平洋公路附近的库灵盖蔡司路（Ku-ring-gai Chase Rd），或走位于North Turramurra的Bobbin Head Rd，还可以走位于Terrey Hills的McCarrs Creek Rd。

活动

潜水

悉尼最好的岸潜地点有库吉以北的戈登湾（Gordons Bay）、嘉富丽的鲨鱼角（Shark Point）和Cronulla的Ship Rock。此外还有邦迪北部、营湾和荒芜岛（Bare Island）。热门的船潜地点为马鲁布拉外的魔术角（Magic Point）灰鲨保护海域、库吉附近的婚礼蛋糕岛（Wedding Cake Island）、悉尼海岬（Sydney Heads）和皇家国家公园（Royal National Park）附近。

邦迪潜水中心 潜水

（Dive Centre Bondi，见94页地图；☎02-9369 3855；www.divebondi.com.au；198 Bondi Rd；⏰周一至周五 9:00~18:00，周六和周日 7:30~18:00；🚌380）这家属于专业潜水教练协会的潜水中心提供潜水课程（3天 $395），以及悉尼附近的各种船潜和岸潜活动。

曼利潜水中心 潜水

（Dive Centre Manly，见98页地图；☎02-9977 4355；www.divesydney.com.au；10 Belgrave St；⏰8:30~18:00；⛴Manly）提供浮潜游（$50）、两天的专业潜水教练协会潜水入门课程（$445起），带岸潜指导（1次/2次 $95/125）和船潜指导（2次 $175）。

皮划艇

Sydney Harbour Kayaks 皮划艇

（见68页地图；☎02-9960 4389；www.sydneyharbourkayaks.com.au；Smiths Boat Shed，81 Parriwi Rd，Mosman；⏰周一至周五 9:00~17:00，周六和周日 7:30~17:00；🚌173~180）出租皮艇（$20/小时起）和立式桨板（$25起），并组织从斯比特桥附近出发的4小时生态游（$99）。

Manly Kayak Centre 皮划艇

（见98页地图；☎1300 529 257；www.

值得一游

南郊冲浪

Cronulla（Cronulla）是位于博特尼湾（Botany Bay）以南的一片适合冲浪的市郊海滩，长长的冲浪沙滩一直延伸至博特尼湾的炼油厂。这是个前卫的地方，有脏兮兮的炸鱼薯条店、彻夜不眠的青少年，总给人一种"风雨欲来"的感觉。2005年，这里就爆发过种族冲突。尽管如此，这片海滩仍旧美丽，海滨长廊令人心旷神怡，而且从Bondi Junction乘火车过来也很方便。

manlykayakcentre.com.au；West Esplanade；1/2/8小时 $25/40/70起；9:00~17:00；Manly）只要会游泳，就可以从这家位于曼利海洋生物保护区附近的柜台租一艘皮艇或桨板。

曼利码头酒店（Manly Wharf Hotel，见98页地图；www.manlywharfhotel.com.au；Manly Wharf；11:30至午夜；Manly）和检疫站（见99页）附近也有他们的柜台。一起交给你的还有一件救生衣、划桨指南和探访几个人迹罕至的海滩的经验之谈。3小时的皮划艇游收费$89。

帆船运动

詹姆斯·克雷格号 帆船

（James Craig，见82页地图；02-9298 3888；www.shf.org.au；Wharf 7，Pyrmont；成人/儿童 $150/50；Pyrmont Bay）詹姆斯·克雷格号是1874年在英格兰建造的一艘笨重的三桅帆船，通常都停泊在海事博物馆之外。它差不多每月会出海航行2次（务必预订）。游程包括早茶、午餐、下午茶和1首或3首船工号子表演。

Champagne Sailing 帆船

（02-9948 1578；www.champagnesailing.com.au；4小时包船 $1200）如果爱喝香槟，不妨包一艘10米长的双体船，再张罗20位好友一起上船分摊费用。

Sailing Sydney 帆船

（见82页地图；1300 670 008；www.sailingsydney.net；King St Wharf 9；成人/儿童 $129/99；Darling Harbour）登上一艘真正的美洲杯参赛帆船，在为时两个半小时的航行中学习打各种水手绳结。

冲浪

南部海岸的冲浪地点有邦迪、塔玛拉马、库吉、Maroubra和Cronulla。位于曼利海滩和棕榈树海滩之间的北岸有十几处冲浪点，包括Curl Curl、Dee Why、Narrabeen、Mona Vale和Newport。

Let's Go Surfing 冲浪

（见94页地图；02-9365 1800；www.letsgosurfing.com.au；128 Ramsgate Ave；冲浪板和潜水服租金 1小时/2小时/1天/1周 $25/30/50/150；9:00~17:00）邦迪北部是学习冲浪的好地方。这所口碑甚佳的学校提供满足所有人需要的课程：7~16岁的青少年课程（1.5小时 $49）、成人课程（2小时 $99，有仅限女性参加的课程）和私人授课（1.5小时 $175）。在邦迪凉篷有分店。

曼利冲浪学校 冲浪

（Manly Surf School，见68页地图；02-9932 7000；www.manlysurfschool.com；North Steyne Surf Club；Manly）全年开设为时2小时的冲浪课程（成人/儿童 $70/55）和私人授课，同时经营远至北部海滩的冲浪旅行，费用包括了两节课程、午餐、装备和市区接送服务（$120）。

游泳

悉尼有100多处公共游泳池，许多海滩上有受到保护的岩石泳池。海港沙滩提供有遮挡的、用防鲨网围住的游泳区，但太平洋才是最棒的游泳胜地。不要超出有救生员巡逻的范围，永远不要低估海浪的力量。

Cook & Phillip Park 游泳

（见72页地图；www.cookandphillip.org.au；4 College St；成人/儿童 $7/5.20；周一至周五 6:00~22:00，周六和周日 7:00~20:00；St James）这个奥运标准的室内泳池有一个水疗区和一个健身房（$20，含泳池使用费），此外还有瑜伽、普拉提场地，篮球场，游泳课程，以及一个供孩子嬉戏的波浪泳池。

邦迪冰山游泳俱乐部 游泳

（Bondi Icebergs Swimming Club，见94页地图；☎02-9130 4804；www.icebergs.com.au；1 Notts Ave；成人/儿童 $6/4；⏲周五至周三6:30~18:30）这是邦迪最著名的游泳池，拥有邦迪最棒的景色和一间小巧可爱的咖啡馆。

Wylie's Baths 游泳

（见68页地图；☎02-9665 2838；www.wylies.com.au；4B Neptune St；成人/儿童 $4.80/1；⏲10月至次年3月 7:00~19:00，4月至9月至17:00；🚌372~374）位于库吉海滩南部岩石嶙峋的海岸上。这是一处极好的海水池（建于1907年），更适合认真的游泳者，而不是一般的嬉水者。游泳后，你可以参加瑜伽课程（$18）、享受按摩或边喝咖啡边欣赏壮观的海景。

Mahon Pool 游泳

（Marine Pde；🚌376~377）免费 藏身在Maroubra海滩以北500米的悬崖之间，Mahon Pool是一个风光宜人的岩石泳池，涨潮时海浪能够冲刷到泳池的边缘。这里很可能是悉尼最美的天然泳池（海水浴）。

North Sydney Olympic Pool 游泳

（见68页地图；☎02-9955 2309；www.northsydney.nsw.gov.au；4 Alfred St South；成人/儿童 $7.10/3.50；⏲周一至周五 5:30~21:00，周六和周日 7:00~19:00；🚉Milsons Point/Luna Park）这座装饰艺术风格的奥运会标准户外泳池位于月神公园旁边，另外还有一个25米的室内泳池、儿童嬉水区、健身房（$18.50，含泳池使用费）、一个托儿所和一个咖啡馆。在所有这些设施里都能看到无敌的海港景观。

Aquatic Centre 游泳

（☎02-9752 3666；www.aquaticcentre.com.au；Olympic Blvd；成人/儿童 $7/6；⏲周一至周五 5:00~21:00，周六和周日 6:00~19:00；🚉Olympic Park）在这座屡屡诞生新的世界纪录的奥运会场馆里，你可以把自己想象成飞鱼索普或米斯提·海曼。馆内有一个休闲池，角落有旋水浴，另外有一个一流的健身房、咖啡馆和游泳用品店。有无障碍设施。

☞ 团队游

自行车团队游

Blue Bananas 骑自行车

（见72页地图；☎02-9114 8488；www.bluebananas.com.au；281 Clarence St；🚉Town Hall）骑上电动自行车，参加导览骑行游。可以选择一个半小时的大桥游（$59）或两个半小时的悉尼城市游（$99）。

Bike Buffs 骑自行车

（☎0414 960 332；www.bikebuffs.com.au；成人/儿童 $95/70；🚉Circular Quay）港区观光一日游时长4小时，途中经过悉尼港大桥。出发地点为Argyle Place。他们还出租自行车（半天/1天/1周 $35/60/295）。

Bonza Bike Tours 骑自行车

（见72页地图；☎02-9247 8800；www.bonzabiketours.com；30 Harrington St；成人/儿童 $119/99；🚉Circular Quay）该机构组织历时2.5小时的城市亮点游（City Highlights；成人/儿童 $79/66）和时长4小时的悉尼经典游（Sydney Classic；成人/儿童 $119/99）。另外还有悉尼港大桥游和曼利游。可出租自行车（1小时/半天/1天 $15/35/50）。

Manly Bike Tours 骑行

（见98页地图；☎02-8005 7368；www.manlybiketours.com.au；54 West Promenade；租车1小时/1天 $15/31起；⏲9:00~18:00；⛴Manly）🍃租车并经营两小时的曼利周边骑行游（10:30；$89；务必预订）。

船游

Manly Ocean Adventures 船游

（见98页地图；☎1300 062 659；www.manlyoceanadventures.com.au；1/40 East Esplanad；$85起；⛴Manly）乘坐快艇，沿着海岸线从曼利一直到邦迪。5月到12月有观鲸游。

Harbour Jet 船游

（见82页地图；☎1300 887 373；www.harbourjet.com；King St Wharf 9；成人/儿童 $85/50起；⛴Darling Harbour）悉尼有数家快艇运营公司（Sydney Jet、Oz Jet Boating、

Thunder Jet)可供选择。这家提供35分钟惊心动魄的游程，有大角度回转、鱼尾摆和时速75公里的急停。别把你的早餐吐出来。

Whale Watching Sydney 游轮

(☎02-9583 1199; www.whalewatchingsydney.net)座头鲸和南露脊鲸习惯性地沿悉尼海岸线上下巡游，有时还会进入港区。5月中旬至12月，这家公司有为时3个小时的出海观鲸游(成人/儿童 $94/59)。针对追求更快、更刺激体验的游客，他们提供两小时的快艇游($60/40)。船只出发点是圆形码头的6号口或达令港的科克尔湾码头。

库克船长游轮 游轮

(Captain Cook Cruises, 见72页地图; ☎02-9206 1111; www.captaincook.com.au; Wharf 6, Circular Quay; 🚉Circular Quay)除了提供豪华午餐和晚餐的游轮航行外，这家公司还有可以随意上下的水上观光巴士，经停沃森湾、塔隆加动物园、花园岛、圆形码头、月神公园和达令港。

Sydney Showboats 游轮

(见82页地图; ☎02-8296 7388; www.sydneyshowboats.com.au; King St Wharf 5; $125起; ⛴Darling Harbour)登上这艘明轮蒸汽船，享受3个小时的航行和3道菜的晚餐，还有歌舞表演。非常浮夸。

私人定制游

Bailey's Sydney 导览游

(☎0409 008 767; www.baileys-sydney.com; 全天 $395起)为"不喜欢团队游的人"提供高度个性化的私人导览游。

Real Sydney Tours 客车导览游

(☎0402 049 426; www.realsydneytours.com.au; 3名以内乘客 $465起，每加一人 $135起)搭乘私人包租小客车，进行悉尼周边游或前往蓝山、猎人谷等处。

观光飞行

Blue Sky Helicopters 观光飞行

(☎02-9700 7888; www.blueskyhelicopters.com)从机场出发，在经验丰富的机组人员的带领下看美景。提供从15分钟的大桥往返行程($330)到历时5小时的蓝山直升飞机游($2500)等的各种选择。

Sydney by Seaplane 观光飞行

(见68页地图; ☎1300 720 995; www.sydneybyseaplane.com; Rose Bay Marina; 594 New South Head Rd, Rose Bay; 每人 15/30/45/60分钟 $190/260/445/525; ⛴Rose Bay)悉尼港和北部海滩的观光飞行。"飞行+进餐"套餐可以让你去鲜为人知的地方野餐。从玫瑰湾和棕榈树海滩出发。

Sydney Seaplanes 观光飞行

(见68页地图; ☎1300 732 752; www.seaplanes.com.au; Seaplane Base, Lyne Park, Rose Bay; 每人 15/30分钟飞行 $200/265; ⛴Rose Bay)御风而行的兴奋刺激与波澜壮阔的视觉愉悦完美地结合在一起。Seaplanes的观光飞行带你从玫瑰湾到遥远的霍克斯伯里河上的Berowra Waters Inn(见135页; $585/人)，或鲸鱼海滩上的**Jonah's**(☎02-9974 5599; www.jonahs.com.au; 69 Bynya Rd, Whale Beach; 早餐 $50, 主菜 $49; ⏱7:30~9:00, 正午至14:30, 18:30~23:00; 🚌L90; $535)。这家公司也经营环悉尼港的观光航线。

步行游览

I'm Free 步行游览

(见81页地图; ☎0405 515 654; www.imfree.com.au; 483 George St; ⏱10:30、14:30和18:00; 🚉Town Hall) **免费** 每天3次从市政厅和圣安德鲁大教堂之间George St外的广场出发(不必预约，到时间出发即可)。这些评价极高的3小时导览游名义上是免费的，但那些热情的年轻导游还是很期待你的小费。步行路线经过岩石、圆形码头、马丁广场、Pitt St和海德公园。

Peek Tours 步行游览

(☎0420 244 756; www.peektours.com.au; 🚉Circular Quay)导游会带你在岩石进行两小时的徒步，你可以一边喝着清凉饮料，一边听讲解，然后进当地的老酒馆喝上一杯($60)。另外，还有90分钟的邦迪海滩徒步游($40)或按需求安排其他导览游。

Sydney Architecture Walks 步行游览

(☎0403 888 390; www.sydneyarchit

ecture.org；成人/学生 步行 $49/35，骑行 含车 $120/110）这些年轻阳光的爱好者提供两种均为3.5小时的自行车团队游和5种历时两小时的主题步行团队游。

岩石步行导览游 步行游览

（The Rocks Walking Tours，见72页地图；☎02-9247 6678；www.rockswalkingtours.com.au；Argyle St和Harrington St交叉路口；成人/儿童/家庭 $25/12/62；⏲10:30和13:30；🚉Circular Quay）常规的90分钟岩石导览游，一路上能听到不少有趣的传闻。

其他团队游

Bridge Climb 步行游览

（见72页地图；☎02-8274 7777；www.bridgeclimb.com；3 Cumberland St；成人 $218~348，儿童 $148~228；🚉Circular Quay）穿戴头盔、安全带和拉风的连体服，就可以攀爬悉尼著名的悉尼港大桥了。黎明和黄昏时攀登收费最高，90分钟的体验攀（只爬到一半）的价格较便宜。

Eco Treasures 文化团队游

（☎0415 121 648；www.ecotreasures.com.au）🍃小团导览游，包括曼利浮潜、散步（90分钟，成人/儿童 $65/40）。还有北部海岸、库灵盖蔡司国家公园等时间更长的行程，含原住民导游带领的原住民遗产游。

SCG Tour Experience 团队游

（见92页地图；☎1300 724 737；www.sydneycricketground.com.au；Venue Services Office，Allianz Stadium，Driver Ave；成人/儿童/家庭 $30/20/78；⏲周一至周五 11:00和14:00，周六 11:00；🚌373~377）悉尼板球场（Sydney Cricket Ground）的深度导览游，从更衣室开始体验专业球员的比赛生活，满足你的体育梦想。

节日和活动

Field Day 音乐

（www.fielddaynyd.com.au）在区域公园举办的新年音乐节，有国内外著名艺术家前来献艺（2015年的领军人物是SBTRKT、Alt-J、Danny Brown、Jamie XX和Salt-n-Pepa）。

悉尼节 文化

（Sydney Festival；www.sydneyfestival.org.au）悉尼最盛大的文化艺术节。每年1月，有持续3周的音乐、戏剧表演和视觉艺术展览。

短片节 电影

（Flickerfest；☎02-9365 6888；www.flickerfest.com.au；Bondi Pavilion，Queen Elizabeth Dr；🚌380）在邦迪举办的国际短片电影节，还有短剧、纪录片、动画片播放和工作坊活动。1月中旬举办，为期十多天。

国庆节 国庆日

（Australia Day；www.australiaday.gov.au）1月26日，悉尼人用野餐、烧烤、烟花、赛艇，以及越来越多的彩旗和宿醉庆祝国庆。

中国新年 文化

（Chinese New Year；www.sydneychinesenewyear.com）庆祝活动延续17天，当地华人以美食、烟花、舞龙和赛龙舟来迎接农历新年。具体日期每年不同，但都在1月或2月。

St Jerome's Laneway Festival 音乐节

（www.lanewayfestival.com.au）每年2月初在罗泽尔的悉尼艺术学院（Sydney College of the Arts）举办的一日音乐节。主办者每年都能邀请到全球最能引领潮流的新独立音乐艺人。

悉尼同性恋狂欢节 同性恋节日

（Sydney Gay & Lesbian Mardi Gras；www.mardigras.org.au）每年3月的第一个周六，这个为期两周的庆典以全球闻名的大型游行和聚会活动画上句号。

悉尼皇家复活节展览 展览会

（Royal Easter Show；www.eastershow.com.au）看上去像是农业展，这个悉尼的传统节日是一场为期两周的嘉年华盛会，有特意为孩子准备的奇趣包和糖果，人流量巨大。

Biennale of Sydney 文化

（www.biennaleofsydney.com.au）在偶数年的3月至6月举办的艺术和创意节，备受瞩目。

时装周 时尚

（Fashion Week；www.mbffsydney.com.au）每年4月，本土设计师走上Carriageworks的T

台，展示自己的作品。

Vivid Sydney 文化

(www.vividsydney.com)你会沉浸在节日的光影幻境中，届时会举办国内外艺人的音乐表演、全球新思潮领袖的演讲和辩论活动。从5月底开始持续18天。

State of Origin Series 体育

(www.nrl.com)昆士兰州和新南威尔士州橄榄球队之间的3场系列赛（每年5月、6月和7月举办），是澳式橄榄球迷心中的巅峰决战。

City2Surf 体育

(www.city2surf.com.au)每年8月的第二个周日，会有8万多人参加从海德公园至邦迪海滩的长跑活动，全程总长14公里。

风之节 嘉年华

(Festival of the Winds; www.waverley.nsw.gov.au)9月的第二个周日，在邦迪海滩的上空可以看到形似动物和外星人的各种奇形怪状的风筝。这个节日深受孩子们的欢迎，而且使用风能对生态环境也好处多多。

全国橄榄球联盟总决赛 体育

(National Rugby League Grand Final; www.nrl.com.au)参加最后决战的两只队伍将在悉尼奥林匹克公园（Sydney Olympic Park）一决胜负。每年10月长周末的周日举行。

海滨雕塑展 艺术

(Sculpture by the Sea; www.sculpturebythesea.com)从10月末开始，展览持续17天。届时，从邦迪海滩到塔玛拉马的悬崖徒步道路会变成雕塑花园。来自国内外雕塑家最具创意、最新奇、最令人捧腹的作品将获得系列奖金。

短片艺术节 电影

(Tropfest; www.tropfest.com)全球最大的短片电影节，于12月上旬的某天举行，观众可以坐在百年纪念公园的野餐毯上享受这一盛会。

悉尼—霍巴特帆船赛 体育

(Sydney Hobart Yacht Race; www.rolexsydneyhobart.com)每年的12月26日，悉尼港里会聚集数百条船，这些船只都是来为那些参加比赛的帆船送行的。等待着参赛者的将是一场令人筋疲力尽的艰苦比赛。

新年前夜 烟花表演

(New Year's Eve; sydneynewyearseve.com)一年中最大的派对，海港会燃放绚丽的烟花。

住宿

悉尼可提供的住宿品质多样，种类丰富，每个价位上都有不错的选择。尽管如此，阳光灿烂的夏季住宿也较为紧张，尤其是周末和大型节庆前后。除了那些极小的旅馆，其他酒店几乎每天都会根据入住情况调价。一般来说，周五和周六的房价最高，周日往往最便宜。繁忙的圣诞新年假期房价飞涨。

岩石和圆形码头

★ Sydney Harbour YHA 青年旅舍 $

(见72页地图; ☎02-8272 0900; www.yha.com.au; 110 Cumberland St; 铺/房间 $52/192起; ⊖❄@🛜; 🅡Circular Quay) 🍃不菲的房价看起来和旅舍的身份不相称，但只要走进这家敞阔现代的青年旅舍，看到价值百万的圆形码头海景，你的所有疑虑都会烟消云散。所有房间都很宽敞，带独立卫生间，就连多人宿舍也不例外。

Lord Nelson Brewery Hotel 酒馆 $$

(见72页地图; ☎02-9251 4044; www.lordnelsonbrewery.com; 19 Kent St; 房间$180起; ❄🛜; 🅡Circular Quay)这家独具情调的砂岩酒馆建于1836年，楼上的房间小巧紧凑，有裸露在外的砖墙和屋顶窗，可以看到海港。在9间客房中，大部分光线明亮的房间都带卫生间，也有共用浴室的便宜房间。楼下的微型酿酒厂是个喝一杯的好地方。房价含早餐。

Sydney Harbour Bed & Breakfast 民宿 $$

(见72页地图; ☎02-9247 1130; www.bbsydneyharbour.com.au; 142 Cumberland St; 房间带/不带浴室 $240/165; ⊖❄🛜; 🅡Circular Quay)这家古雅的百年老客栈温馨宜人，房间配置各不相同，但都备有茶壶、咖啡机、手工家具和光滑的地板。房价含早餐。

Russell 酒店 $$

(见72页地图; ☎02-9241 3543; www.therussell.com.au; 143A George St; 无浴室标

单/双 $159/169~209，双 $259~299；❄@📶；🚉Circular Quay）在这家长久以来深受欢迎的酒店里，老派腔调和当代风格完美融合。屋顶花园、楼下的红酒吧和位于圆形码头的地段都是它的最大卖点。隔壁就是古老的酒馆Fortune of War。周末，前排客房可能较为嘈杂。

★ Park Hyatt
酒店 $$$

（见72页地图；☎02-9256 1234；www.sydney.park.hyatt.com；7 Hickson Rd；房间 $860起；P⊖❄@📶≋；🚉Circular Quay）这是悉尼最昂贵的酒店，服务品质和配套设施首屈一指。在床上、阳台或浴室，都可以将圆形码头的全景尽收眼底。屋顶泳池让人觉得可以触摸到悉尼港大桥。每位客人都享有私人管家服务。

Pullman Quay Grand Sydney Harbour
公寓 $$$

（见72页地图；☎02-9256 4000；www.pullmanhotels.com；61 Macquarie St；公寓 $472起；P⊖❄@📶≋；🚉Circular Quay）紧邻悉尼歌剧院，这幢公寓因其炙手可热的地理位置，被当地人称为"吐司炉"。设计精心的现代化公寓让你置身于悉尼最繁华的核心，身边环绕着顶级餐馆、鸡尾酒吧和吸引人的海港。

Langham
酒店 $$$

（见72页地图；☎02-8248 5200；www.sydney.langhamhotels.com；89-113 Kent St；房间 $635起；P⊖❄@📶≋🐾；🚉Wynyard）经过花费3000万澳元的改造后，于最近重新开业的Langham呈现出优雅的古典风格。这里有真正的五星级酒店应具备的一切：内部糕点屋、整整一页纸的枕头单、奢华的泳池、日间水浴，客人还能在星光闪烁的屋顶下畅游。

Shangri-La
酒店 $$$

（见72页地图；☎02-9250 6000；www.shangri-la.com；176 Cumberland St；房间 $350起；❄📶≋；🚉Circular Quay）这是总部位于香港的酒店集团的悉尼店，这里有整洁靓丽的塔楼、富丽堂皇的客房，以及绝美的景观。服务如期待中高效而谨慎，有求必应。位于36层的Altitude餐厅享有盛名，菜式搭配精心，专注应季时鲜。

Quay West Suites
公寓 $$$

（见72页地图；☎02-9240 6000；www.quaywestsuitessydney.com.au；98 Gloucester St；公寓 $387起；⊖❄@📶≋；🚉Circular Quay）一家比较老的高层酒店，20世纪90年代初的装修风格或许正合了复古风。宽敞的房间如同自家，每套都有厨房、客厅和洗衣房。景观非凡，24楼俗气的"罗马风格"泳池很好玩。

Harbour Rocks
精品酒店 $$$

（见72页地图；☎02-8220 9999；www.harbourrocks.com.au；34 Harrington St；房间 $350起；⊖❄@📶；🚉Circular Quay）这间豪华精品酒店位于悉尼首座医院的原址上，经过时髦而和谐的改造后，从殖民风格仓库变成一组纽约loft风格的客房，有高挑的屋顶、炭砖墙面和雅致的家具。

🛏 市中心

Meriton Serviced Apartments Kent Street
公寓 $$

（见81页地图；☎02-8263 5500；www.staymsa.com/kent；528 Kent St；公寓 $195起；⊖❄📶≋；🚉Town Hall）住酒店式公寓的好处有很多，不光是急需时可以洗洗小衣物。在这幢摩登大楼里，无论一居室还是三居室的公寓都有洗衣设备和设施完整的厨房。当然，唐人街在楼下，你不见得想做饭。

Adina Apartment Hotel Sydney
公寓 $$

（见81页地图；☎02-9274 0000；www.adinahotels.com.au；511 Kent St；小开间 $180起，单卧/双卧公寓 $240/280起；⊖❄📶≋；🚉Town Hall）这家公寓酒店距离唐人街和达令港很近，但它的双层玻璃能确保你不被噪音打扰。这里有宽敞且配套完善的公寓和带厨房的小开间。面积较大的公寓的性价比最高。

Hyde Park Inn
酒店 $$

（见81页地图；☎02-9264 6001；www.hydeparkinn.com.au；271 Elizabeth St；标单/双 $165/176起；P⊖❄@📶；🚉Museum）就位于公园内，这家轻松悠闲的酒店有带简易厨房的工作间、带阳台和完备厨房的豪华间，以及几间两居室公寓。所有客房都有平板电视。房价中包含早餐和停车费。

★ QT Sydney 精品酒店 $$$

（见72页地图；☎02-8262 0000；www.qtsydney.com.au；49 Market St；房间 $380起；P⊖❄📶；🚆St James）好玩、性感、夸张炫丽，这家极为戏剧化的酒店位于历史悠久的州立剧院。所有客房都有装饰艺术风格、复古游戏和自制鸡尾酒工具。此外，这里还有一个带公共浴室和老式理发店的水疗中心，以及一间由悉尼最时尚的餐馆老板经营的酒吧兼烧烤店。

Westin Sydney 酒店 $$$

（见72页地图；☎02-8223 1111；www.westinsydney.com；1 Martin Pl；房间 $310起；P⊖❄@📶🏊；🚆Martin Place）这家豪华酒店很受商务旅客的欢迎，他们喜欢老邮政总局大楼里优雅的房间，或是现代高层里的舒适客房。酒店想得很周到，令人印象深刻。

Establishment Hotel 精品酒店 $$$

（见72页地图；☎02-9240 3100；www.merivale.com.au；5 Bridge Lane；房间 $350起；⊖❄@📶；🚆Wynyard）在这个新潮得过分的酒店里有一间房，就拥有了享受这个城市最为纸醉金迷的夜生活的通行证。酒店附近闻名远近的酒吧和餐馆弥补了其设施不完善的缺憾，更不用说那些设计精美的日式房间和沉默安静、摆放着宝格丽洗浴用品的大卫生间了。

🛏 秣市

Railway Square YHA 青年旅舍 $

（见85页地图；☎02-9281 9666；www.yha.com.au；8-10 Lee St；铺 $39起，双 带/不带浴室 $130/116起；@📶🏊；🚆Central）这间青年旅舍不仅位于中心，而且在中央车站里面。这里曾是车站的行李房，经过巧妙翻新后变成一处带平台的时尚旅舍。你可以睡在由火车车厢改建的宿舍里。孩子喜欢这里。记得戴上耳塞。这里也有独立房间（有些带独立浴室）。

Wake Up! 青年旅舍 $

（见85页地图；☎02-9288 7888；www.wakeup.com.au；509 Pitt St；铺 $38~44，标单 $98，双 带/不带浴室 $148/118；❄@📶；🚆Central）地处悉尼最繁忙的十字路口，这家旅舍所在的建筑建于1900年，曾是一家百货公司，如今已经翻修一新，成为众多背包客安然入睡的休憩之所。这里气氛活跃、色彩缤纷、服务专业，拥有520张床位、旅游咨询台和阳光充裕的咖啡馆及酒吧。这里还组织各种活动，提供24小时入住登记服务，当然也绝不会缺少派对。

Sydney Central YHA 青年旅舍 $

（见85页地图；☎02-9218 9000；www.yha.com.au；11 Rawson Pl；铺 $39起，双 带/不带浴室 $125/115起；P❄@📶🏊；🚆Central）🌿位于中央车站附近的这座建于1913年的庞然大物名列遗产名录，也是悉尼所有青年旅舍的鼻祖。经过改建的青年旅舍里什么都有。房间色彩鲜亮，厨房也很不错。最棒的体验是：在桑拿房里蒸出满身大汗，然后到屋顶泳池去享受清凉。

🛏 达令港和皮尔蒙特

1888 Hotel 精品酒店 $$

（见82页地图；☎02-8586 1888；www.1888hotel.com.au；139 Murray St；双 $169起，套 $249起；⊖❄@📶；🚆Town Hall）这家酒店位于一家被列入遗产名录的呢绒店内，将工业极简主义和温暖的铁木梁、豪华的设施结合得非常时尚。酷而随和的员工会告诉你这间潮流酒店的亮点：特别适合自拍的大堂布置、可租用的自行车和每间房配备的iPad。

The Darling 赌场酒店 $$$

（见82页地图；☎02-9777 9000；www.thedarling.com.au；80 Pyrmont St，Pyrmont；房间 $430起；P⊖❄@📶🏊；🚊Pyrmont Bay）在赌场的璀璨灯火不远处，就是华丽的Darling。你可以躺在400织埃及棉床单上，从12种枕头中挑选让自己感觉最舒服的一个。早上不想起？没关系，客人可以调节房间的光线、温度，并遥控百叶窗在早上的开启时间。迷你酒吧里的甜点和酒精饮料可以让你在午夜美餐一顿。

🛏 厄尔蒂莫、格利伯和齐本戴尔

Glebe Point YHA 青年旅舍 $

（见68页地图；☎02-9692 8418；www.yha.com.au；262-264 Glebe Point Rd，Glebe；铺 $28~45，标单 不带浴室 $70，双 不带浴室 $84~105；@📶；🚌431）非常适合工薪旅行

者。这家轻松的青年旅舍设施完善，组织丰富的活动，简单的客房带有盥洗池。这里不像有些青年旅舍那样紧张，空气中弥漫着欢乐的气氛，顶楼平台上的烧烤之夜非常受欢迎。周边的咖啡馆和便利的进城交通也给这家加了不少分。

Forsyth Bed & Breakfast 民宿 $$

(见68页地图；☎02-9552 2110；www.forsythbnb.com；3 Forsyth St, Glebe；双 $195~225；；431)这家小巧精致的世外桃源位于格利伯绿树成荫的后街上，能订到它两间客房中的一间实在是幸事。两间客房光线明亮，充满艺术气息，其中一间带阳台，可以眺望城市。主人可以为你定制个性化旅行日程，提供机场接送，并帮忙介绍公共交通。早餐在日式花园提供。最少住宿3晚。

萨里山

Bounce 青年旅舍 $

(见85页地图；☎02-9281 2222；www.bouncehotel.com.au；28 Chalmers St, Surry Hills；铺/房 $40/149起；；Central)这家很有人气的青年旅舍因其将经济型青年旅舍做成精品而屡次获奖。除了标准的多人宿舍间，也有带漂亮的卫生间、豪华酒店品质的床和电视机的双人间。屋顶露台上可以将城市天际线尽收眼底。为客人提供超大储物柜和安全充电设备。

Big Hostel 青年旅舍 $

(见81页地图；☎02-9281 6030；www.bighostel.com；212 Elizabeth St, Surry Hills；铺 $32~36，标单/双 $89/110；；Central)一家朴实无华却非常棒的青年旅舍，有清凉的屋顶露台和一处时髦的公共交流区。免费早餐和底楼的免费Wi-Fi更是锦上添花。

达令赫斯特

Cambridge Hotel 酒店 $$

(见88页地图；☎02-9212 1111；www.cambridgehotel.com.au；212 Riley St, Surry Hills；房间 $170起；；380)这家城区小酒店的地理位置不能再便利了。大多数宽敞现代的客房都有可以看到城市天际线的专属阳台。在楼下的Baccomatto Osteria可以吃到非常美味的意大利菜，酒店早餐也在这里提供。

★ADGE Boutique Apartment Hotel 公寓 $$$

(见88页地图；☎02-8093 9888；www.adgehotel.com.au；222 Riley St, Surry Hills；公寓 $374起；；380)看到ADGE大胆的壁画，就知道它是一家处处都别出心裁的酒店式公寓。12套独特而舒适无比的两居室公寓都配备有华丽的条纹地毯、智能电视机和颜色鲜艳的复古冰箱。另外还有免费Wi-Fi、欢迎饮料，让这里成为悉尼精品酒店的最佳选择。

Medusa 精品酒店 $$$

(见88页地图；☎02-9331 1000；www.medusa.com.au；267 Darlinghurst Rd, Darlinghurst；房间 $310起；；Kings

城市露营

鹦鹉岛(Cockatoo Island，见68页地图；☎02-8898 9774；www.cockatooisland.gov.au；营地 $45起，双人帐篷 $150起，公寓 $225起，房子 $595起；Cockatoo Island)登上一座位于海港中心的岛屿是一种非同一般的悉尼体验。可以带上自己的帐篷，也可以住进一间配有水岸双人床的豪华帐篷。不爱露营的人喜欢优雅的花园公寓。想要自己做饭，这里有设施齐全的帐篷厨房。三间咖啡馆和酒吧可以满足其他所有人的需求。

里湾河游客公园(Lane Cove River Tourist Park；☎02-9888 9133；www.lcrtp.com.au；Plassey Rd, Macquarie Park；无电/有电二人露营地 $37/39，小屋 $135起，豪华帐篷 $200；；North Ryde)去郊区体验回归自然，在距离CBD 14公里的国家公园露营。这里有大篷车、露营地、小屋，还有一个避暑纳凉的水池。若想来一次浪漫的丛林出游，Tandara豪华野营地是物有所值的，可以前往。上述报价包含了公园门票。

Cross)粉色外墙和甜美俏皮的装饰曾一度引领城中的酒店风尚。如今,那些色彩饱和的小套房里布置有大床和富丽堂皇的家具(最好的一间面朝庭院),看上去不再那么奢靡。酒店员工活力四射,一如往昔,Aesop洗漱用品也保留至今。当然,它的好地段也没变。

伍卢穆卢

Mariners Court

酒店 $$

(见88页地图;☎02-9320 3888;www.marinerscourt.com.au;44-50 McElhone St, Woolloomooloo;房间 $110~160;P 📶;🚇Kings Cross)这不会是你在悉尼去过的最炫丽的地方(类似1994年的风格),但难得的是它的位置、价格和房间大小综合起来相当值得,更不用说还有热乎乎的自助早餐。每间客房都有院子或阳台,有些外面绿树环绕。无障碍设施很不错。

BLUE Sydney

酒店 $$$

(见88页地图;☎02-9331 9000;www.bluehotel.com.au;6 Cowper Wharf Rdwy, Woolloomooloo;房间 $250起;P ⊖ ❄ @ 📶 🏊;🚌311)这间酒店坐落在伍卢穆卢手指码头,现在是几家顶级餐馆的所在地。在Water Bar享用鸡尾酒时,还可以观察外面展示的许多工业机械。客房大多有错层,起居区之上放置着特大号的床。标准间有天窗,让人感觉住在豪华游轮中。

金斯克罗斯和波茨角

Blue Parrot

青年旅舍 $

(见88页地图;☎02-9356 4888;www.blueparrot.com.au;87 Macleay St, Potts Point;铺 $35~42;@ 📶 🏊;🚇Kings Cross)想要体验青年旅舍的话,你大概会选择这家维护精心又很安全的小店。这里看起来更像是Effie和Sasha姐妹俩共同的家(非常干净!),而不是一般意义上的旅馆。庭院里扎着吊床,没有独用客房,只有宿舍。作为一家"真正的"青年旅舍,Blue Parrot只接受18~35岁的客人入住。

Eva's Backpackers

青年旅舍 $

(见88页地图;☎02-9358 2185;www.evasbackpackers.com.au;6-8 Orwell St, Kings Cross;铺 $34~36起,房间 $89起;❄ @ 📶;🚇Kings Cross)Eva's不受喧嚣的干扰,一直都很受欢迎。提供免费早餐和Wi-Fi,还有非常棒的屋顶烧烤区和气氛融洽的厨房餐厅。干净又安全。

Jackaroo

青年旅舍 $

(见88页地图;☎02-9332 2244;www.jackaroohostel.com;107-109 Dalinhurst Rd, Kings Cross;铺 $34~36,带/不带浴室 房间 $90/80;@ 📶;🚇Kings Cross)这家青年旅舍位于金斯克罗斯站上方,处于一切活动的核心。虽说公共区域平淡无奇,房间也显得逼仄,可它非常干净。尽量订朝后面的房间,但还是要戴上耳塞。房费含一顿简单的早餐。

Hotel 59

民宿 $$

(见88页地图;☎02-9360 5900;www.hotel59.com.au;59 Bayswater Rd, Rushcutters Bay;标单 $99,双 $130~140;❄ 📶;🚇Kings Cross)Hotel 59位于Rushcutters Bay公园附近的Bayswater Road,像一家简单的欧式小旅馆,性价比很高。楼下的咖啡馆供应的熟食早餐(含在房价内)很适合那些在金斯克罗斯狂欢后的宿醉者。两晚起订。

Diamant

酒店 $$

(见88页地图;☎02-9295 8888;www.diamant.com.au;14 Kings Cross Rd, Kings Cross;房间 $159~375,套 $315~425,公寓 $500~3200;P ⊖ ❄ @ 📶;🚇Kings Cross)位于William St, Diamant在连接金斯克罗斯和达令赫斯特的漂亮大厦中。太空时代般的走廊一直通向黑白两色装饰的精致而宽敞的客房,每间都有特大号床、高品质床品、超大的等离子电视和iPad。庭院套房有很大的专享阳台,配有时髦的户外家具。客人可以24小时免费使用大厦里的大公共健身房。

Victoria Court Hotel

民宿 $$

(见88页地图;☎02-9357 3200;www.victoriacourt.com.au;122 Victoria St;房间 $169起;P ⊖ ❄ 📶;🚇Kings Cross)这间风格朴实素雅的民宿虽显陈旧,但运营良好,两栋建于1881年的3层楼排屋里有25个房间。价格较贵的大房间带阳台。庭院里提供欧式早餐。

Macleay Hotel 酒店 $$

（见88页地图；☎02-9357 7755；www.themacleay.com；28 Macleay St, Elizabeth Bay；房间 $165起；🚭❄@📶🏊；🚉Kings Cross）这家被低估的酒店位于靓丽的波茨角顶端，四周都是非常漂亮的餐馆。房间略显老旧，但都有简单的小厨房，每层楼还有个洗衣房。屋顶泳池和健身房是加分项。最好要较高楼层的房间，可以看到城市和海港景观。

Bayswater 精品酒店 $$

（见88页地图；☎02-8070 0100；www.sydneylodges.com；17 Bayswater Rd, Kings Cross；房间 $120起；🚭❄@📶；🚉Kings Cross）这家时髦的酒店努力给客人提供精品体验，但在一些小细节上却不够到位。然而，它的房间性价比很高，位置也非常棒。便宜的房间非常狭小，为了更多空间和更大的窗户，不妨升级到豪华间。鉴于它的位置，周末晚上可能会很嘈杂。

Simpsons of Potts Point 精品酒店 $$$

（见88页地图；☎02-9356 2199；www.simpsonshotel.com；8 Challis Ave；房间 $255起；P❄@📶；🚉Kings Cross）位于一条热闹的咖啡馆街的尾端，这栋建于1892年的别墅经过用心修复，恢复了昔日的荣光。周到的服务和12间奢华舒适的客房让这家酒店长久以来深受人们的欢迎。楼下的休闲吧很适合下上一两局象棋或是喝杯酒店赠送的雪莉酒。

帕丁顿和沃勒拉

Kathryn' s on Queen 民宿 $$

（见92页地图；☎02-9327 4535；www.kathryns.com.au；20 Queen St, Woollahra；房间 $180~260；🚭❄📶；🚌380）这是一栋建于1888年的维多利亚风格排屋，坐落在百年纪念公园对面，由总是笑脸相迎的Kathryn悉心打理。这里有两间格调高雅、装饰着古董的客房。一间是阁楼套房，另一节是一楼的阳台房。地理位置很适合购买时尚服饰、就餐。

Arts 酒店 $$

（见88页地图；☎02-9361 0211；www.artshotel.com.au；21 Oxford St, Paddington；房间 $174起；P🚭❄@📶🏊；🚌380）一家管理得很不错的酒店，共有64间简单而舒适的客房。它在帕丁顿和达令赫斯特的交界处，位置方便。面朝Oxford St的正面装有厚重的三重玻璃窗，后排的房间则临着一条安静的小巷。中庭有个小太阳能泳池，客人还可以免费使用自行车。

双湾

InterContinental Sydney Double Bay 酒店 $$$

（见68页地图；☎02-8388 8388；www.ihg.com；30 Cross St, Double Bay；双 $570起；套 $850起；P🚭❄@📶🏊；⛴Double Bay）花费巨资翻修后，这家度假酒店重振雄风，成为名人汇聚之所。在意大利大理石和闪耀的水晶吊灯包裹下，从Stillery酒吧到俯瞰海湾的屋顶泳池无一处不在彰显身价。客房明亮宽敞，能看到极佳的海港景观。

东部海滩

Bondi Beachouse YHA 青年旅舍 $

（见94页地图；☎02-9365 2088；www.yha.com.au；63 Fletcher St, Bondi；铺 $26~37，标双/双 不带浴室 $65~90，标双/双 带浴室 $90~110，家 带浴室 $162~180；📶；🚌从Bondi Junction出发的361路）位于邦迪和塔玛拉马海滩之间的山腰上，这家有95间客房的装饰艺术风格的旅舍是邦迪最好的选择。提供从4人间到8人间的宿舍，有些独立房间可看到海景——全都干净且维护得很好。设有电影院、游戏厅、庭院烧烤设施，可免费使用身体冲浪板和浮潜装备，屋顶露台景色迷人。

Adina Apartments Bondi Beach 公寓 $$

（见94页地图；☎02-9300 4800；adinahotels.com.au；69-73 Hall St；🚭❄📶🏊；🚌389）这家邦迪最新的酒店极其现代，地理位置很好，离冲浪点仅有一步之遥。每套公寓都有阳台，楼下的商店和餐厅非常漂亮。酒店可将杂货递送到房间，还有小泳池、健身房和内部影院，非常适合长住。

Bondi Beach House 客栈 $$

（见94页地图；☎0417 336 444；www.bondibeachhouse.com.au；28 Sir Thmas Mitchell Rd, Bondi；标单 $100~125，双 $135~230，套

$270~300; ❄📶; 🚌380)这间迷人的青年旅舍位于Campbell Pde后面的宁静小巷里，质朴却讲究的家具和装备齐全的公共厨房带来如家般的温馨与舒适。尽管从旅舍去海滩只需步行两分钟，但你也许愿意一整天都待在旅舍里——庭院和露台都是休息放松的好地方，客房的布置也能让你舒舒服服地睡个懒觉。

Dive Hotel
精品酒店 $$

(见68页地图; ☎02-9665 5538; www.divehotel.com.au; 234 Arden St, Coogee; 房间$190起; P 🚭 ❄📶; 🚌372-374)许多酒店都名不副实，谢天谢地，这里不是。这家氛围轻松的家庭酒店设计精心，17间客房设施现代，距离海滩仅隔一条马路。房中配有小厨房，浴室小而精致，铺有马赛克砖，安放着不锈钢台盆。房价含早餐。

新城及周边

Tara Guest House
民宿 $$

(见120页地图; ☎02-9519 4809; www.taraguesthouse.com.au; 13 Edgeware Rd, Enmore; 双 带/不带浴室 $215/185; 📶; 🚉Newtown)这里的店主是一位热爱烹饪和园艺的设计师，住到这里就是来享受的。这处静谧居所有四个妙曼空间，屋顶高挑，推开门就是宽大的回廊。公共早餐是这里的亮点。房价含机场接送费。

Urban Hotel
精品酒店 $$

(见120页地图; ☎02-8960 7800; www.theurbanhotel.com.au; 52-60 Enmore Rd, Newtown; 房间 $148起; 🚭 ❄ @📶; 🚉Newtown)从新城站以及一长串很棒的酒吧和食肆步行一分钟就可到达。这家崭新酒店的前身是RSL Club，这赋予了它工业气质的精致与冷静。Urban提供的免费Wi-Fi、免费国内座机电话时长、宽松的入住和结账时间等一系列特别服务让它在竞争中脱颖而出。

曼利

Manly Bunkhouse
青年旅舍 $

(见68页地图; ☎02-9976 0472; www.bunkhouse.com.au; 35 Pine St; 铺 $38, 标双/双 $90; @📶; ⛴Manly)在这家距离曼利海滩只有几分钟路程的青年旅舍里，有背包客(主要是荷兰人)、外国学生和休假的工人。干净明亮的带浴室四人宿舍是明智选择，而价格过高的独立客房尚需改进。

Cecil Street B&B
民宿 $$

(见68页地图; ☎02-9977 8036; www.cecilstreetbb.com.au; 18 Cecil St, Manly; 标单/双 $110/130; P📶; ⛴Manly)这家低调的民宿位于曼利上方山上的一座漂亮联邦式民宅内。两间简单而雅致的客房最大程度地展现了高屋顶、铅玻璃窗和光滑的木地板的优势。唯一的不足是: 从海滩回青年旅舍需要爬一段陡坡。

101 Addison Road
民宿 $$

(见98页地图; ☎02-9977 6216; www.bb-manly.com; 101 Addison Rd; 标单/双 $165/185; P📶; ⛴Manly)这栋装修豪华的小屋建于19世纪80年代，位于海滩和轮渡码头附近的一条安静的街道上。这里有两间客房，但善解人意的主人一次只接一单(可接待1~4人)，也就是说，你可以独自享用这栋到处摆放着古董的屋子，包括一间配有高贵典雅的钢琴和开放式壁炉的私人休息室。

Novotel Sydney Manly Pacific
酒店 $$$

(见68页地图; ☎02-9977 7666; www.novotelmanlypacific.com.au; 55 North Steyne; 房间 $279起; P @📶🏊; ⛴Manly)如果不想沉湎于笔记本电脑，你可以在面朝大海的阳台上看人冲浪，或是泡在楼顶泳池中。

就餐

太平洋沿岸的地理位置，本土最新鲜的食材搭配上亚洲、美洲及早前的殖民地风味，所有这一切融合在一起造就了悉尼菜。顶级餐馆自然价格高昂，但在小馆子的花费不多。城中有不少一流的咖啡馆。众多价格公道的风味食肆供应价廉物美的比萨或面条。

岩石和圆形码头

Sailors Thai Canteen
泰国菜 $$

(见72页地图; ☎02-9251 2466; www.sailorsthai.com.au; 106 George St; 主菜 $24~29; ⏲周一至周五 正午至15:00, 每日 17:00~22:00;

🚇Circular Quay）挤上一张Sailors的长桌，混在艺术社区经营者、政客和媒体从业者当中，从芬芳四溢的菜单中选一份经典的泰式小吃吧。露台桌很抢手，运气不错的话能抢到个座位。楼下的氛围比较正式，价格也略高。

★ Quay 新派澳洲菜 $$$

（见72页地图；☎02-9251 5600；www.quay.com.au；L3, Overseas Passenger Terminal；3/4道菜 $130/150；⏰周二至周五正午至14:30，每日 18:00~22:00；🚇Circular Quay）Quay不留情面地打破了色与味不可兼得的铁律。厨师长Peter Gilmore从不故步自封，总在不断推出手艺精湛、锐意创新的菜式，让Quay登上了权威的“世界最佳餐馆”名单。餐厅景观？就像在明信片里进餐。

Saké 日本菜 $$$

（见72页地图；☎02-9259 5656；www.sakerestaurant.com.au；12 Argyle St；主菜 $25~45；⏰正午至15:00和17:30~22:30；🚇Circular Quay）彩色的清酒桶和大量深色木料给这间热闹的餐厅增添了浓厚的东方色彩。单身旅客可以环坐在开放厨房边，品尝可口的神户牛肉饺子和小卷寿司，情侣则可以品尝有多道菜式的新派日本料理（$88起）。

市中心

Central Baking Depot 面包房 $

（见72页地图；www.centralbakingdepot.com.au；37-39 Erskine St；餐点 $5~13；⏰周一至周六 7:00~16:00；🚇Wynyard）烘焙食品在悉尼的CBD首屈一指。来这里品尝开胃小吃（派、热狗、牛角面包、薄饼比萨和三明治），或来份甜点，再配上一杯咖啡。只能在一些分散摆放的桌子和一张靠窗长凳上用餐。

Sydney Madang 韩国菜 $

（见81页地图；371a Pitt St；主菜 $13~20；⏰11:30至午夜；🚇Museum）这家店位于Little Korea小巷里，是一处不起眼的美食店——内部装修一般，但食物的质量和分量都堪称上乘。是的，这里环境嘈杂、空间狭窄、秩序混乱，但是美味的海鲜辣汤会让你明天再次前来。

名厨崇拜

在许多悉尼人看来，在餐馆吃饭时，饭菜是否出自名厨之手对食物的可口程度有着至关重要的影响。这座城市有数不清的誉满悉尼或全球的明星级厨师，他们或上过电视美食节目，或出版过自己的烹饪书。其中包括以下这些人：

Colin Fassnidge（Four In Hand，见118页；4Fourteen，见116页）以用猪的各个器官烹制美味而著称的爱尔兰大厨，是*My Kitchen Rules*节目的毒舌评委。

Bill Granger（bills，见116页）一个崇尚生活品质的厨师，同时也是10本烹饪书的作者。他做的食物和烹饪风格被许多人认为是典型的“悉尼味道”。

Luke Nguyen（Red Lantern on Riley，见116页）有自己的电视节目（*Luke Nguyen's Vietnam*、*The Songs of Sapa*和*Luke Nguyen's Greater Mekong*），并撰写过一些烹饪书籍。

Matt Moran（Aria，见72页地图；☎02-9252 2555；www.ariarestaurant.com；1 Macquarie St；午餐和剧前餐主菜 $46，2/3/4道菜晚餐 $105/130/155；⏰周一至周五 正午至14:30，每日 17:30~23:00；🚇Circular Quay；Chiswick Restaurant，见118页；Opera Bar，见121页）堪培拉的国家肖像馆里陈列着Matt的肖像，通过定期参加电视节目，她的名字已被几百万澳大利亚人所知晓。

Neil Perry（Rockpool，见113页；Rockpool Bar & Grill，见114页；Spice Temple）悉尼土生土长的名厨，号召力如同摇滚明星，还留着与之相衬的马尾辫。他出版过一长串烹饪书，并多次上过美食节目。

Le Grand Café
法国菜、咖啡馆 $

（见72页地图；www.afsydney.com.au/about/le-grand-cafe; 257 Clarence St; 主菜 $10~15; ⏲周一至周四 8:00~18:15, 周五至16:30, 周六至14:00; 🅁Town Hall）咖啡馆位于由哈利·塞德勒（Harry Seidler）设计的法语联盟（Alliance Française）大楼内，我们能告诉你的是这里简直太棒了。经典的法国小吃（想想糕点和长棍面包吧）美味可口，店内环境极为时尚漂亮。

★ Mr Wong
中国菜 $$

（见72页地图；☎02-9240 3000; www.merivale.com.au/mrwong; 3 Bridge Lane; 主菜 $25~38; ⏲正午至15:00和17:30~23:00; 🅁Wynyard）饺子迷穿过一条肮脏的小巷，找到一个旧仓库的深处，然后品尝王先生那让人上瘾的广东美食。这家吸引人的地下室餐厅有着一种暗黑的魅力。虽然有240个座位，门外却常常排着长队。

Spice Temple
中国菜 $$

（见72页地图；☎02-8078 1888; www.rockpool.com; 10 Bligh St; 菜品 $14~45; ⏲周一至周五 正午至15:00, 周一至周六 18:00~22:30; 🖉; 🅁Martin Place）藏身在Neil Perry的Rockpool Bar & Grill的地下室，这是他开的一家幽暗而有气氛的中餐馆，口味偏重四川、云南、湖南、江西、广西和新疆等地的味道。准备享受又辣又刺激的味觉体验吧。

Ippudo Sydney
日本菜 $$

（见72页地图；☎02-8078 7020; www.ippudo.com.au; L5 Westfield Sydney, 188 Pitt St; 主菜 $15~25; ⏲11:00~22:00; 🅁St James）在店员的齐声欢迎中，走进这家位于Westfield美食广场附近的美妙拉面屋。这家店1985年创立于福冈，现在其分店已遍及11个国家。悉尼分店供应各种热门的汤面。

Alpha
希腊菜 $$

（见81页地图；☎02-9098 1111; www.alpharestaurant.com.au; 238 Castlreagh St; 主菜 $19~35; ⏲正午至15:00和18:00~22:00; 🅁Museum）Alpha位于希腊领事馆正对面、Hellenic Club的大餐厅里。这家出色的餐馆给悉尼市中心带来了纯正的地中海风情，主厨Peter Conistis的菜单在经典菜式上加入了自己的发挥。

鼎泰丰
中国菜 $$

（Din Tai Fung, 见81页地图；www.dintaifungaustralia.com.au; L1, World Sq, 644 George St; 点心 $11~19; ⏲11:30~14:30和17:30~21:00; 🅁Museum）这里也供应面条和馒头，但是小笼包才是这家台湾餐饮连锁店出名的原因。就着精致的包子皮一口咬下去，鲜美的肉汁瞬间喷薄而出。空着肚子早点过来，做好与他人拼桌的心理准备。在The Star（见114页）和Westfield Sydney（见129页）商场的美食区也设有摊位。

Ash St Cellar
新派澳洲菜 $$

（见72页地图；☎02-9240 3000; www.merivale.com.au/ashstcellar; 1 Ash St; 大盘 $18~26; ⏲周一至周五 8:30~23:00; 🅁Wynyard）位于当红的Ivy complex内，Ash St Cellar是一家侧通道上的优雅葡萄酒吧，供应很好的奶酪、熟食和共享餐食。如果风不太大，可以坐在外面，评价酒单上的两百多种葡萄酒。尽管身穿套装的商务人士来来往往，但这里的气氛仍然轻松悠闲。

★ Tetsuya's
法国菜、日本菜 $$$

（见81页地图；☎02-9267 2900; www.tetsuyas.com; 529 Kent St; 品尝 $220; ⏲周六正午至15:00, 周二至周六 18:00~22:00; 🅁Town Hall）人们来这间非同凡响的餐馆，更多的是为了体验美食之旅，而不仅为填饱肚子。请尽情品尝十几道法国和日式菜品。日本出生的主厨Tetsuya Wakuda制作富于创意的和风食物。请提前预订。

Rockpool
新派澳洲菜 $$$

（见72页地图；☎02-9252 1888; www.rockpool.com; 11 Bridge St; 午餐主菜 $35~55, 9/10道菜晚餐 $145/165; ⏲周一至周五 正午至15:00, 周一至周六 18:00~23:00; 🅁Circular Quay）Neil Perry的美食帝国现在已经延伸到3个城市的8家餐馆，这家大型餐馆则是母店。经历25年后，Rockpool的创新精神仍然能让食客感到惊叹。这里供应融合了亚洲风味的精细新派菜。服务周到细致，酒单也很诱人。

Est.
新派澳洲菜 $$$

（见72页地图；☎02-9240 3000；www.merivale.com.au/est；252 George St 1楼；4道菜午餐/晚餐 $118/155，品尝 $180；⊙周五 正午至14:30，周一至周六 18:00~22:00；Ⓡ Wynyard）锡屋顶、大柱子、超大窗户和现代家具，这里的内饰和食物一样有趣。这是悉尼最好的高级餐厅之一，去的时候带上厚厚的钱包，穿上花哨的服装。菜单上差不多有一半是海鲜。

Sepia
日本菜、融合菜 $$$

（见72页地图；☎02-9283 1990；www.sepiarestaurant.com.au；201 Sussex St；4道菜/品尝 $160/190；⊙周五和周六 正午至15:00，周二至周六 18:00~22:00；Ⓡ Town Hall）Sepia的菜没有任何瑕疵，每一种味道都值得专门为之写一篇文章。突破常规的菜单浸透了日本人的感性，让这里成为城中的顶级餐厅。

Rockpool Bar & Grill
牛排 $$$

（见72页地图；☎02-8078 1900；www.rockpool.com；66 Hunter St；主菜 $26~115；⊙周一至周五 正午至15:00，周一至周六 18:00~23:00；Ⓡ Martin Place）餐厅位于装饰派艺术风格的City Mutual Building里，店内井然有序。酒吧的风干纯血和牛汉堡（一定要是手工切的肥牛肉）很出名，肉食动物同样会迷上这里多汁的牛排、炖肉和烤鱼。

秣市

Mamak
马来西亚菜 $

（见81页地图；www.mamak.com.au；15 Goulburn St；主菜 $6~17；⊙周一至周四 11:30~14:30和17:30~22:00，周五和周六至次日2:00；Ⓡ Town Hall）如果你不想排队，就早点来（17:30开始供应晚餐），因为这家马来西亚餐馆是悉尼最受欢迎的廉价消费场所之一。沙嗲烤肉用木炭烤制而成，与呈金黄色的烤饼搭配在一起吃尤为美味。

Chat Thai
泰国菜 $$

（见81页地图；☎02-9211 1808；www.chatthai.com.au；20 Campbell St；主菜 $10~20；⊙10:00~14:00；Ⓡ Central）一家不一般的连锁泰餐馆。在这里可以吃到普通泰餐馆没有的菜式，尤其是少见的甜品，这让客居悉尼的泰国人蜂拥而至。

达令港和皮尔蒙特

Café Court
美食广场 $

（见82页地图；www.star.com.au；The Star底楼；主菜 $10~18；⊙周日和周一 11:00~21:00，周二至周六 至23:00；Ⓡ The Star）The Star的底楼美食广场汇集了不少餐饮业的佼佼者，例如鼎泰丰、Messina（见116页）和Adriano Zumbo。

Adriano Zumbo
烘焙 $

（见82页地图；www.adrianozumbo.com；Café Court，The Star，80 Pyrmont St；甜点 $2.50~10；⊙周日 11:00~21:00，周一至周六 至23:00；Ⓡ The Star）第一个将马卡龙引进到悉尼来的人将他威利·旺卡（Willy Wonka）式的梦想倾注到了这间概念店中。粉色的霓虹灯之间精心点缀着各种糕点。这里的马卡龙（在这里叫zumbarons）、挞饼、点心和蛋糕有多好看，就有多好吃。

Sokyo
日本菜 $$$

（见82页地图；☎02-9657 9161；www.star.com.au/sokyo；The Star，80 Pymont St；早餐 $23~38，午市套餐 $45，主菜 $30~58；⊙每日 7:00~10:30和17:30~23:00，周四至周六 正午至15:00；Ⓡ The Star）这家店给这幢赌场大厦带来了东京的华丽。这里供应制作精巧的寿司和刺身、裹浆纤薄的天妇罗、可口的炉端烧烤和精美高雅的主菜。这里的日式早餐也是悉尼最棒的。如果你是一个人，可以坐在寿司厨房的柜台边观赏整个创作过程。

Flying Fish
海鲜 $$$

（见82页地图；☎02-9518 6677；www.flyingfish.com.au；Jones Bay Wharf；主菜 $47~49；⊙每日 正午至14:30，周一至周六 18:00~22:30；Ⓡ The Star）琼斯湾码头（Jones Bay Wharf）除了建筑和投资集团以外，还有这么一家浪漫的海鲜餐厅。城市的灯光让这里如梦如幻，这里还有一流的食物和丰富的鸡尾酒单。除了这些浪漫因素，这里还有城中最酷的卫生间——当你关上门，原本透明的玻璃隔间会变得像结冰一样。

厄尔蒂莫、格利伯和齐本戴尔

★ Ester
新派澳洲菜 $$

（见120页地图；☎02-8068 8279；www.

ester-restaurant.com.au; 46 Meagher St; 主菜 $26~36; ⊙周日 正午至17:00, 周五 正午至15:00, 周二至周六 18:00至很晚; 🚉Redfern）这里接受预订，打破了城中潮流新餐馆的风尚，但在某些方面，它又是悉尼当代餐饮图景的代表：轻松但不懈怠，创新但不花哨，新潮但不刻意。菜式融合了几大洲的风味，菜量适合分食。记得给甜点留点肚子。

Glebe Point Diner 新派澳洲菜 $$$

（见68页地图；☎02-9660 2646; www.glebepointdiner.com.au; 407 Glebe Point Rd; 主菜 $29~39; ⊙周四至周日 正午至15:00, 周一至周六 18:00~23:00; 🚉Jubilee Park）一家备受瞩目的社区餐馆，只使用最好的本地食材，从家常面包、手搅黄油到牛轧糖，一切食品都是从最基本的原材料开始制作。食物既有创意，又能抚慰身心。

萨里山

★ Bourke Street Bakery 面包房 $

（见85页地图；www.bourkestreetbakery.com.au; 633 Bourke St; 点心 $5~14; ⊙8:00~17:00; 🚉Central）在这家小面包房的门外排队买点心是在萨里山必须体验的活动。这里的各种糕点、蛋糕、面包和三明治美味诱人。店里有几张小桌，但晴天最好还是坐到街上去。

Reuben Hills 咖啡馆 $

（见85页地图；www.reubenhills.com.au; 61 Albion St; 主菜 $12~18; ⊙7:00~16:00; 📶; 🚉Central）工业化的装潢搭配拉丁美洲菜肴就是Reuben Hills（又被称为时尚中心）。单品咖啡和炸鸡块的味道非常棒，鸡蛋、墨西哥煎玉米卷（tacos）和洪都拉斯玉米饼（tortillas）也不错。

Sample Coffee 咖啡馆 $

（见85页地图；www.samplecoffee.com.au; 118 Devonshire St; 点心 $3~5; ⊙周一至周五 6:30~16:00; 🚉Central）如果墙上的阿尔卑斯山风景让你想要唱上一曲山歌，就赶紧往嘴巴里塞一块Sample可口的麦芬蛋糕。店里只供应为数不多的几种配咖啡的美味甜点，它们也是这里真正的主角。可从Holt St进去。

Le Monde 咖啡馆 $

（见85页地图；www.lemondecafe.com.au; 83 Foveaux St; 主菜 $9~18; ⊙周一至周五 6:30~16:00, 周六 7:30~14:00; 🚉Central）这间小小的咖啡馆以黑木饰墙。这里有悉尼最棒的早餐。一流的咖啡和选择面极广的茶让你精神饱满地面对世界。

Spice I Am 泰国菜 $

（见81页地图；www.spiceiam.com; 90 Wentworth Ave; 主菜 $12~19; ⊙周二至周日 11:30~15:30和17:45~22:00; ✍; 🚉Central）这根小小的红辣椒一度是居住在悉尼的泰国人的心头好，现在已经宾客盈门排起长队。由于生意兴隆，它新开了家定位更高端的分店，位于达令赫斯特（见88页地图；☎02-9332 2445; 296-300 Victoria St; 主菜 $18~30; ⊙周四至周日 11:30~15:30, 每日 17:45~22:30; ✍; 🚉Kings Cross）。

Devon 咖啡馆 $$

（见85页地图；www.devoncafe.com.au; 76 Devonshire St; 主菜 $14~21; ⊙每日 7:00~16:30, 周四至周六 18:00~22:00）如果想吃老派的培根和蛋，还是另觅他所吧。Devon大胆地投入到"多元文化的澳大利亚"之中，大刀阔斧地改革传统食品，推出了种种极富创意的菜式。

Porteño 阿根廷菜 $$

（见85页地图；☎02-8399 1440; www.porteno.com.au; 358 Cleveland St; 拼盘 $15~48; ⊙周二至周六 18:00至午夜; 🚉Central）早在开门前，羊肉和乳猪就已经在火上烤了8个小时。这家远近闻名的潮流小餐馆专攻擅长肉食的阿根廷菜。不想排长队就早点到，但等位时到楼上酷炫的Gardel's Bar坐坐也不错。

Longrain 泰国菜 $$

（见81页地图；☎02-9280 2888; www.longrain.com; 85 Commonwealth St; 主菜 $18~38; ⊙周五 正午至14:30, 每日 18:00~23:00; 🚉Central）追捧者蜂拥前往这幢有着百年历史的报业大楼，享用香喷喷的现代泰国菜，品尝可口无比的鸡尾酒。可以在公共餐桌或吧台上用餐。

Bodega 西班牙小吃 $$

（见85页地图；☎02-9212 7766；www.bodegatapas.com；216 Commonwealth St；西班牙小吃 $12~28；⊙周五 正午至14:00，周二至周六 18:00~22:00；🚉Central）Bodega是悉尼遍地开花的西班牙小吃店里最酷的一家，气氛轻松，店员俊美，还有时髦的斗牛士壁画。品种、分量和价格的选择很多，最适合就着来自西班牙或南美的葡萄酒、雪莉酒、波特酒或啤酒开怀大嚼。

Bar H 亚洲菜 $$

（见81页地图；☎02-9280 1980；www.barhsurryhills.com；80 Campbell St；每道菜 $10~34；⊙周日 10:00~15:00，周一至周六 18:00~22:30；🚉Museum）这家餐馆融合中式和日式手法，烹饪澳大利亚本土丛林食材，令人印象深刻。每道菜的分量都不小，适合分食，点菜时最好向侍者了解菜量。

MoVida 西班牙菜 $$

（见85页地图；☎02-8964 7642；www.movida.com.au；50 Holt St；西班牙小吃 $5~13，大拼盘 $17~26，主菜 $29；⊙周一至周六 正午至很晚；🚉Central）一家墨尔本名店在悉尼的分店。MoVida供应一流的西班牙小吃和大拼盘，以及多种西班牙葡萄酒。需要提早预订，或是早点在吧台旁边找个位置。

Single Origin Roasters 咖啡馆 $$

（见81页地图；☎02-9211 0665；www.singleorigin.com.au；60-64 Reservoir St；主菜 $13~17；⊙周一至周五 6:30~16:00；🚉Central）🍃萨里山的深处，艺术家在这幢砖石建筑的室外餐桌上卷着香烟，里面激情四溢的咖啡因狂人大嚼着各种可口的美食。

El Loco 墨西哥菜 $$

（见85页地图；www.merivale.com.au/elloco；64 Foveaux St；主菜 $10~18；⊙周一至周四 正午至午夜，周五和周六 至次日3:00，周日 至22:00；🚉Central）尽管对Excelsior Hotel里现场摇滚演出的消失无比惋惜，我们还是得承认，这间新潮的墨西哥餐馆将原来的音乐厅变得酷极了。食物可口而有创意，一份薄饼才5块钱，性价比超高。

Devonshire 新派欧洲菜 $$$

（见85页地图；☎02-9698 9427；www.thedevonshire.com.au；204 Devonshire St；主菜 $37；⊙周五 正午至14:30，周四至周六 18:00~22:00；🚉Central）主厨Jeremy Bentley的菜非同凡响——复杂且风味鲜明。餐桌上虽然铺着白亚麻桌布，却一点也不刻板拘谨。

4Fourteen 新派澳洲菜 $$$

（见85页地图；☎02-9331 5399；www.4fourteen.com.au；414 Bourke St；主菜 $30~42；⊙周二至周日 正午至15:00，周二至周六 18:00~23:00；🚉Central）爱尔兰主厨Colin Fassnidge在自己的悉尼餐厅里烹制香浓美味的荤菜。单身食客可以坐在厨房旁的座位上欣赏他的精彩表演。

✕ 达令赫斯特

Messina 冰激凌 $

（见88页地图；www.gelatomessina.com；241 Victoria St，Darlinghurst；两勺 $6；⊙正午至23:00；🚉Kings Cross）这里是悉尼最受喜爱的意大利冰激凌（gelato）店，在柜台前排着长队的人们就像从未吃过冰激凌一般。甜品吧供应圣代冰激凌。

bills 咖啡馆 $$

（见88页地图；www.bills.com.au；433 Liverpool St；主菜 $14~25；⊙7:30~14:30；🚉Kings Cross）Bill Granger单枪匹马创造了让悉尼人为之狂热的时尚早午餐。这家气氛欢快、公共餐桌铺满报纸的街角咖啡馆是总店，在萨里山和邦迪海滩还有分店。

Red Lantern on Riley 越南菜 $$$

（见88页地图；☎02-9698 4355；www.redlantern.com.au；60 Riley St；主菜 $36~39；⊙周四和周五 正午至15:00，每天 18:00~22:00；🚉Museum）🍃这是一间美妙动人的餐馆，供应用现代烹饪方法制作的经典越南菜肴。老板是热门电视节目的主持人Luke Nguyen（*Luke Nguyen's Vietnam*）、Mark Jensen（*Ready Steady Cook*），以及Pauline Nguyen（食谱兼自传*Secrets of the Red Lantern*的作者）。

伍卢穆卢

Toby' s Estate
咖啡馆 $

（见88页地图；☎02-9358 1196；www.tobysestate.com.au；129 Cathedral St；主菜$10~15；⏰7:00~16:00；📶；🚉St James）在这家小而酷的炭烧色咖啡馆里，咖啡无疑是永恒的主题，但Toby的三明治、蔬菜卷和麦芬蛋糕也很不错。咖啡味道如何？强烈浓郁，调和得恰到好处。

Aki' s
印度菜 $$

（见88页地图；☎02-9332 4600；www.akisindian.com.au；1/6 Cowper Wharf Rdwy；主菜 $22~36；⏰周日至周五 正午至22:00，周六18:00~22:30；✍；🚉Kings Cross）走上伍卢穆卢码头看见的第一处有出租车候客的地方就是Aki' s。不用再寻觅了，这家餐厅供应摆盘精美的高级印度菜，还有一份长达6页的酒单，它囊括了本土和世界各地的出品。

Otto Ristorante
意大利菜 $$$

（见88页地图；☎02-9368 7488；www.ottoristorante.com.au；8/6 Cowper Wharf Rdwy；主菜 $41~59；⏰正午至15:00和18:00~23:00；🚉Kings Cross）这里不仅有水岸边的绝佳位置和出入的社会名流，还通过strozzapreti con gamberi（艺术作品般的扬巴大虾意面，配有土豆、红辣椒和黑橄榄）这样的作品单枪匹马地将悉尼的意大利菜带入了一个新纪元。务必预订。

China Doll
亚洲菜 $$$

（见88页地图；☎02-9380 6744；ww.chinadoll.com.au；4/6 Cowper Wharf Rdwy；主菜$34~46；⏰正午至14:30和18:00至很晚；🚉Kings Cross）可以一边品尝融合了亚洲各地风味的可口美食，一边眺望伍卢穆卢海面和城市风景线。菜量适合分食，但侍者可以给单身食客点半份菜。

金斯克罗斯、波茨角

Room 10
咖啡馆 $

（见88页地图；10 Llankelly Pl, Kings Cross；主菜 $9~14；⏰7:00~16:00；🚉Kings Cross）如果你头戴平顶帽，酷爱咖啡，那么你必定会将这家小店认作灵魂故乡。食物只有三明治、沙拉等，可口而简单。

Harry' s Cafe de Wheels
快餐 $

（见88页地图；www.harryscafedewheels.com.au；Cowper Wharf Rdwy；派 $5~7；⏰周日9:00至次日1:00，周一至周六 8:30至次日3:00；🚉Kings Cross）1938年开业以来，除了创建人"老虎"Harry Edwards在军中服役的几年，这里一直营业。几乎每个人都吃过Harry的肉馅饼，Pamela Anderson、Frank Sinatra和Colonel Sanders也不例外。Tiger（老虎）不可不吃，这是一种热腾腾的用豌豆泥、土豆泥、肉汁和番茄酱制作的肉馅饼。

Piccolo Bar
咖啡馆 $

（见88页地图；www.piccolobar.com.au；6 Roslyn St；主菜 $6~16；⏰8:00~16:00；📶；🚉Kings Cross）这家小咖啡馆60多年来都没什么改变。墙壁上贴满电影明星的海报，一如40多年前。

Ms G' s
亚洲菜 $$

（见88页地图；☎02-9240 3000；www.merivale.com/msgs；155 Victoria St；主菜 $25~38；⏰周日 13:00~21:00，周五 正午至15:00，周一至周六 18:00~23:00；🚉Kings Cross）供应大胆而随意的亚洲式菜肴，Ms G' s是一种体验。这里喧闹、狂乱，而且新潮得过分，但它将泛亚和欧洲风味结合在一起的动作显然引起了悉尼人的注意。

Cho Cho San
日本菜 $$

（见88页地图；☎02-9331 6601；www.chochosan.com.au；73 Macleay St；主菜 $14~36；⏰周五至周日 正午至15:00，每天 18:00~23:00；🚉Kings Cross）推开闪亮的黄铜门，光滑的水泥公共桌从这家有格调的日本餐厅的入口一直延伸到尽头。找一个桌边的位置坐下。这里的食物和环境一样，富有艺术美感，无论是生冷刺身还是炉端烧烤，都是居酒屋独有的美味。

Fratelli Paradiso
意大利菜 $$

（见88页地图；www.fratelliparadiso.com；12-16 Challis Ave；主菜 $22~31；⏰7:00~23:00；🚉Kings Cross）这间光线昏暗的意大利餐馆总是门庭若市（尤其是周末）。狭小亲密的空间展现的是倾注地中海活力创作而成的应季意大利菜肴。到处都是忙碌的黑衣侍者，到处都有人操着意大利语闲谈，到处都是超大款墨镜。不接受预订。

Wilbur's Place 咖啡馆、法式小酒馆 $$

(见88页地图；www.wilbursplace.com；36 Llankelly Pl；早午餐 $9~19，晚餐 $28；⏲周六 8:00~15:00，周二至周六 17:00~21:30；🚉Kings Cross)室内仅有几条长凳，过道上则有几张餐桌，小小的Wilbur坐落在最酷的咖啡馆街上，很适合来吃个简餐。供应简单朴素的食物。

帕丁顿和沃勒拉

Vincent 法国菜 $$

(见92页地图；☎02-8039 1500；www.vincentfrench.com.au；14 Queen St；主菜 $26~36；⏲周五至周日 正午至15:00，周二至周日 18:00~23:00；🚌380)这家气氛活跃的小餐馆位于Hughenen Hotel的阳光房内。菜单非常棒，都是经典菜式，例如常见的蛋奶酥(souffles)、浓厚的肉酱、黄油浇牛排薯条，以及酥烂的慢烤羊肩。

Four in Hand 新派澳洲菜 $$$

(见68页地图；☎02-9362 1999；www.fourinhand.com.au；105 Sutherland St；主菜 $34~42；⏲周二至周日 正午至14:30和18:00至深夜；🚉Edgecliff)在帕丁顿，你很难不撞进一间供应美食的漂亮老酒馆。这间是其中的佼佼者，以烹制香气扑鼻的煨荤菜而出名，当然这里的新鲜海鲜和琳琅满目的甜品也相当出色。酒吧餐单(主菜 $19~29)是较便宜的选择。

Chiswick Restaurant 新派澳洲菜 $$$

(见92页地图；☎02-8388 8633；www.chiswickrestaurant.com.au；65 Ocean St；主菜 $31~38；⏲正午至14:30和18:00~22:00；🚌389)名厨(电视节目的常客Matt Moran)也许是该店的镇店之宝，但真正吸引人的却是围绕餐厅的厨房花园——这里是菜肴的制作地。有许多可供素食主义者选择的食物，但这里的特色是来自Moran家农场的肉类和当地的海鲜。

东部海滩

Three Blue Ducks 咖啡馆 $$

(见68页地图；☎02-9389 0010；www.threeblueducks.com；141-143 Mapheson St, Bronte；早餐 $16~25，午餐 $24~31，晚餐 $28~32；⏲周日至周二 7:00~14:30，周三至周六 7:00~14:30和18:00~23:00；🚌378)🍃餐馆距离海滩有一段距离，但这并不妨碍人们为一尝这里著名的周末早餐而在涂鸦墙外排起长队。大胆创新的厨师对本土、有机和公平交易的食材有着坚定的信心。

A Tavola 意大利菜 $$

(见94页地图；☎02-9130 1246；www.atavola.com.au；75 Hall St, Bondi；主菜 $22~38；⏲周三至周日 正午至15:00，每日 17:30~23:00)位于邦迪的A Tavola延续了它在达令赫斯特的姐妹店的传统，放置了一张很大的大理石公共餐桌。开门营业之前，厨师就在这张桌子上做意大利面。浓郁的风味、性感的侍者和美味的家常意大利面都值得期待。

Lox, Stock & Barrel 晚餐、熟食 $$

(见94页地图；☎02-9300 0368；www.loxstockandbarrel.com.au；140 Glenayr Ave, Bondi；早餐和午餐 $11~18，晚餐 $29；⏲每日 7:00~15:30，周三至周日 18:00至深夜)盯着一排热乎乎的贝果面包问自己：要和牛的？还是家常熏牛肉？又或者是俄罗斯酸菜馅儿？晚餐菜单主推牛排、羊肩和慢烤茄子。

Bondi Trattoria 意大利菜 $$

(见94页地图；☎02-9365 4303；www.bonditrattoria.com.au；34 Campbell Pde, Bondi；早餐 $9~19，午餐 $17~29，晚餐 $19~36；⏲8:00至深夜；🚌380)在邦迪吃早午餐，这家店总是安心之选，这里的人亲切地把它称为"Trat"。餐桌一直摆到了Campbell Pde，让渴望海景的人一饱眼福，店里的木餐桌、抢眼的托斯卡纳壁画和黑白照片则更具本色。早餐过后，菜单的主角换成了比萨饼、意大利面和烩饭。

冰山餐厅 意大利菜 $$$

(Icebergs Dining Room，见94页地图；☎02-9365 9000；www.idrb.com；1 Notts Ave；主菜 $40~48；⏲周二至周日 正午至15:00和18:30~23:00；🚌380)🍃位于著名的Icebergs泳池之上，从餐厅往外看，自邦迪海滩延伸至大海的优美弧线尽收眼底。里面，扎着领结的侍者送上新鲜海鲜和倾注了热情的牛排。

要想省钱，可以在午餐时间点上一份意大利面和沙拉。

Bronte Road Bistro 法国菜 $$$

（见68页地图；☎02-9389 3028；www.bronteroadbistro.com；282 Bronte Rd, Waverley；主菜 $34；⊙周六和周日 正午至14:30，周二至周六 17:30~21:30；🚌314~317）这家亲切的社区小酒馆里的法国菜广受欢迎。

新城及周边

Mary's 汉堡包 $

（见120页地图；6 Mary St；主菜 $14；⊙周一至周六 16:00至午夜，周日 正午至22:00；🚉Newtown）别被这里蹩脚的审美、震耳欲聋的重金属音乐吓跑，走上这间光线昏暗的嬉皮士酒吧的夹层，那里有全城最棒的汉堡包和炸鸡。

Black Star Pastry 面包房 $

（见120页地图；www.blackstarpastry.com.au；277 Australia St；主菜 $7~10；⊙7:00~17:00；🚉Newtown）要喝好咖啡，聪明人都来这里，店里还有众多甜品及一些非常美味的食物（比如派等）可以选择。只有几张桌子，所以不妨买了带到公园去野餐。

Fleetwood Macchiato 咖啡馆 $

（见120页地图；43 Erskineville Rd；主菜 $9~18；⊙7:00~15:00；✎；🚉Erskineville）这大概是最适合咖啡馆的名字了吧，我们是这么觉得的。Fleetwood Macchiato的好咖啡、美味早餐、可口的三明治以及自制糕点、腌菜、酸奶和蛋黄酱配得上这个名字。

Luxe 咖啡馆 $$

（见120页地图；www.luxesydney.com.au；191 Missenden Rd；早餐 $8~20，午餐 $11~22；⊙8:00~16:00；🚉Macdonaldtown）隔壁的Campos也许是悉尼咖啡文化的巅峰，但如果想坐下来好好看报纸或是吃点实在的东西，还是选Luxe吧。菜单里有烤面包片、意面和汉堡包，以及大块的巧克力三明治、湿润的蛋糕和精美的挞饼。

Bloodwood 新派澳洲菜 $$

（见120页地图；☎02-9557 7699；www.bloodwoodnewtown.com；416 King St；每道菜 $9~30；⊙周一至周五 17:00~23:00，周六和周日 正午至23:00；🚉Newtown）来这间受欢迎的小酒馆休息放松，在吧台前喝几杯酒、品尝各种小点（我们最喜欢玉米片！），或者到后面去享受精心烹制的各国美食。工业化风格的装潢和另类的氛围非常具有新城的特点。

巴尔曼

Riverview Hotel & Dining 新派英国菜 $$

（见68页地图；☎02-9810 1151；www.theriverviewhotel.com.au；29 Bircgrove Rd, Balmain；比萨饼 $20~22，主菜 $28~33；⊙正午至23:00；⛴Balmain）这里的主厨Brad Sloane曾经在伦敦著名的餐厅Marco Pierre White工作。生活在悉尼的英国人喜欢在楼上的优雅餐厅里品尝他用猪的各部位制作的菜肴。而本地人则对楼下酒吧的比萨饼很感兴趣。

曼利

Barefoot Coffee Traders 咖啡馆 $

（见98页地图；18 Whistler St；点心 $3~6；⊙6:30~17:30；⛴Manly）这是一家冲浪男孩开的店，只有洗手间大小的店铺里供应的是有机咖啡，它引领着曼利海滩的新风潮。食物有限，但比利时巧克力华夫饼配焦糖玛奇朵特别棒。

Chat Thai 泰国菜 $

（见98页地图；☎02-9976 2939；www.chatthai.com.au；Manly Wharf；主菜 $10~18；⊙11:00~21:30；⛴Manly）位于曼利码头内的这家店是热门餐馆（见114页）的分店。虽然看不到海景，但菜好吃。

Hugos Manly 意大利菜 $$

（见98页地图；☎02-8116 8555；www.hugos.com.au；Manly Wharf；比萨 $20~28，主菜 $32~38；⊙正午至深夜；⛴Manly）餐馆位于码头，其地理位置总体而言比金斯克罗斯的分店更具魅力，供应同样著名的比萨，但这里的比萨多了被称为"海港风景"的浇料。专业的调酒师能为你调制鸡尾酒，你也可以叫一瓶冰啤酒。

Newtown 新城

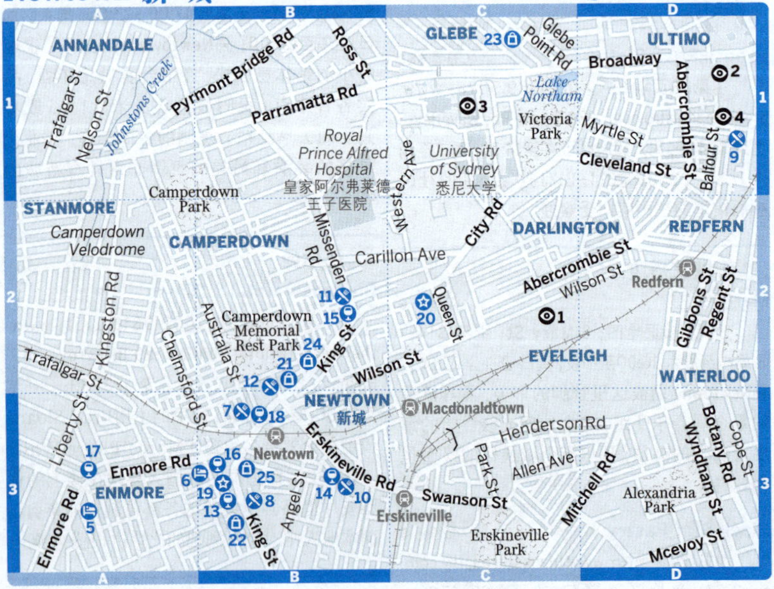

Newtown 新城

景点

1 Carriageworks C2
2 中央公园 D1
麦克雷博物馆 .... （见3）
尼克尔森博物馆 .... （见3）
大学美术馆 .... （见3）
3 悉尼大学 C1
4 白兔 D1

住宿

5 Tara Guest House A3
6 Urban Hotel B3

就餐

7 Black Star Pastry B3
8 Bloodwood B3
9 Ester D1
伊夫利农产品集市 .... （见1）
10 Fleetwood Macchiato B3
11 Luxe B2
12 Mary's B2

饮品和夜生活

13 Earl's Juke Joint B3
14 Imperial Hotel B3
15 Marlborough Hotel B2
16 Midnight Special B3
17 Sly Fox A3
18 Zanzibar B3

娱乐

19 Newtown Social Club B3
20 Vanguard C2

购物

21 Better Read Than Dead B2
22 Faster Pussycat B3
23 格利伯集市 C1
24 Quick Brown Fox B2
25 Reclaim B3

北部海滩

Boathouse 咖啡馆 $$

（www.theboathousepb.com.au; Governor Phillip Park, Palm Beach; 主菜 $25; ⌚7:30～16:00; 🚌L90, 190）你可以选择坐在面朝Pittwater的大观景木台上，或找个门外草坪的桌位，两者都是这家棕榈树海滩上最受欢迎的咖啡馆的好位置。这里的食物（试试著

名的鱼和薯条，或是缤纷的沙拉）几乎跟景色一样令人回味无穷。

Pilu at Freshwater 意大利菜 $$$

（☎02-9938 3331；www.piluatfreshwater.com.au；Moore Rd, Freshwater；主菜 $45；⏰周二至周日 正午至14:00，周二至周六 18:00~23:00；🚌139）位于一幢被列入遗产名录的海滩宅邸内，可以俯瞰大海。这家多次获奖的撒丁岛餐馆供应烤乳猪和传统的烤饼等特色菜。直接选择品尝菜单（$105起），保证不留任何遗憾。

饮品和夜生活

小酒馆是悉尼社会场景的重要组成部分，其样式繁多，既有精致的19世纪建筑，也有装饰派艺术风格的洞穴型酒馆，还有具有现代、极简主义风格但位置更为隐蔽的小酒馆。你可以在这些地方喝一大杯啤酒。酒吧则时尚、讲究得多，有些对客人的着装有要求。

悉尼拥有繁华的现场音乐场所，但奇怪的是，好的夜店寥寥无几。

岩石和圆形码头

Lord Nelson Brewery Hotel 小酒馆、酿酒厂

（见72页地图；☎02-9251 4044；19 Kent St；⏰11:00~23:00；🚉Circular Quay）这里建于1836年，1841年被改建为酒馆。这间富有情调的砂岩建筑是悉尼三家最古老的酒馆之一（按照不同标准认定的）。同在一处的酿酒厂出品天然麦酒（试试Old Admiral）。

Hero of Waterloo 小酒馆

（见72页地图；www.heroofwaterloo.com.au；81 Lower Fort St, The Rocks；⏰10:00~23:00；🚉Circular Quay）酒馆建于1843年，采用质地粗糙的砂岩砌成。你可以来这里会会当地人，与来自爱尔兰的工作人员搭个讪。周五、周六和周日有民谣、老爵士乐和凯尔特音乐的现场演出，不容错过。楼下曾是个地牢，被灌醉的人一觉醒来，可能发现自己已经被通过秘密通道径直运到港口了。

Fortune of War 小酒馆

（见72页地图；www.fortuneofwar.com.au；137 George St, The Rocks；⏰周日至周四 9:00至深夜，周五和周六 至15:00；🚉Circular Quay）这间建于1828年的小酒馆还保留着它最初的魅力。周四、周五和周末下午有现场音乐演出。

Harts Pub 小酒馆

（见72页地图；www.hartspub.com；Essex St和Gloucester St的交叉路口；⏰正午至午夜；🚉Circular Quay）Harts供应一系列精酿啤酒，这里的啤酒、观看橄榄球比赛时的热烈气氛和一些悉尼最棒的酒馆食物吸引了许多当地人。

Opera Bar 酒吧、现场音乐

（见72页地图；www.operabar.com.au；lower concourse, Sydney Opera House；⏰周一至周五 11:30至午夜，周六和周日 9:00至次日1:00；🚉Circular Quay）位于悉尼港，这里的一侧是悉尼歌剧院，另一侧是悉尼港大桥，这个位置绝佳的露台将悉尼的悠闲和精致完美结合。最近明星大厨Matt Moran的到来将食物提高了一个等级。大多数晚上都有现场音乐和DJ。

Blu Bar on 36 鸡尾酒吧

（见72页地图；www.shangri-la.com；Level 36, 176 Cumberland St；⏰17:00至午夜；🚉Circular Quay）这间酒吧位于香格里拉酒店内，从酒店顶楼看到的风景仿佛一直延伸到了新西兰，因此尽管酒水价格昂贵，但仍值得前来。酒吧对客人的着装要求为“得体的休闲装”。如果你不想被拒之门外的话，最好在“得体”上多花点心思。

市中心

Baxter Inn 酒吧

（见72页地图；www.thebaxterinn.com；152-156 Clarence St；⏰周一至周六 16:00至次日1:00；🚉Town Hall）要找到这间酒吧，你得从一条黑暗的小巷进去，然后走进那扇没有任何标志的门（如果有人排队就比较好辨识）。威士忌是这间自诩为美酒之地的时尚酒吧的招牌货，酒吧员工对自己的饮品也相当熟悉。

Frankie's Pizza 酒吧

（见72页地图；www.frankiespizzabytheslice.com；50 Hunter St；⏰周日至周四 16:00至次日3:00，周五和周六 正午至次日3:00；🚉Martin Place）走下楼梯，塑料葡萄藤、墙上的快照，

还有6块钱一片的美味比萨，会让你以为自己来到了一间20世纪70年代的比萨店。推开角落里一扇不起眼的小门，就好像打开了一个独立音乐的新世界。每周至少四晚有乐队现场表演（周二还可以和他们一起玩现场卡拉OK）。楼下隐藏着另一个酒吧。

Establishment 酒吧

（见72页地图；www.merivale.com/establishmentbar; 252 George St; ⌚周一至周六 11:00至深夜，周日 正午至22:00; 🚇Wynyard）Establishment的门庭若市证明辛苦打拼一天后去喝上一杯鸡尾酒的传统并未丢失。你可以坐在壮观的大理石吧台旁，或是在树叶婆娑的庭院里，像个股票经纪人一样把自己的电话号码写在杯垫背面，留给新的调情对象。

Marble Bar 酒吧

（见72页地图；www.marblebarsydney.com.au; 488 George St地下室; ⌚周日至周四 16:00至午夜，周五和周六 至次日2:00; 🚇Town Hall）花费高达32，000英镑的巨资修建，Marble Bar是Pitt St上Adams酒店的一部分。这家华丽的地下室酒吧是城中最适宜挥金如土的酒吧之一。周三到周六有现场音乐，从爵士到放克，乐师什么都能演奏。

Adams酒店1968年被拆除时，每一块大理石板、木雕和青铜制品都被拆下、修复，然后在这里重新组装。

限酒令和深夜酒禁

为了减少酒精引起的暴力行为，中心城区的大部分地区都实行严格的新法令，比如岩石、圆形码头、伍卢穆卢、金斯克罗斯、达令赫斯特、秣市和达令港东部。

在这个区域内，持有执照的场馆在1:30后不得再接受新客。然而，如果在这之前进入，这些场馆可以为你供应酒精饮料，直至3:00。

这给城中的派对狂欢中心金斯克罗斯带来了严重影响。尽管有些夜店在3:00以后仍然营业，但只供应无酒精饮料。许多夜间活动转移到了周边社区，例如新城和双湾。

Grandma's 鸡尾酒吧

（见72页地图；www.grandmasbarsydney.com; 275 Clarence St地下室; ⌚周一至周五 15:00至午夜，周六 17:00至次日1:00; 🚇Town Hall）这里将自己的风格定位为"大都会媚俗天堂和祖母时代的黯淡荣光"，它做到了。楼梯间摆放着一只雄鹿头，走下楼梯就到了这间窄小的地下酒吧。墙壁上贴有鹦鹉图案的墙纸，供应tiki鸡尾酒。

O Bar 鸡尾酒吧

（见72页地图；www.obardining.com.au; 47楼, Australia Sq, 264 George St; ⌚17:00至深夜; 🚇Wynyard）这家酒吧里价格在20元上下的鸡尾酒不算便宜，但还是比悉尼塔的门票便宜，而且也漂亮得多。景观极佳。

Rook 鸡尾酒吧

（见72页地图；www.therook.com.au; 56-58 York St 7楼; ⌚周一至周五 正午至午夜，周六 16:00至午夜; 🚇St James）一处看起来像是为流氓出身的股票经纪人专门设计的酒吧，屋顶被完全覆盖起来，有一种精心设计的凌乱美。供应的鸡尾酒还行，但它不便宜。可以先花上$50要一份龙虾，然后再来一份炸玛氏棒。

Good God Small Club 酒吧、夜店

（见81页地图；www.goodgodgoodgod.com; 55 Liverpool St; 吧台免费，夜店收费不一; ⌚周三 17:00~23:00，周四 至次日1:00，周五和周六 至次日3:00; 🚇Town Hall）Good God位于唐人街附近的一处已不再营业的地下酒馆内，房子后面的舞厅里时常会有现场独立乐队演出，或是牙买加瑞格舞表演。这里并不以炫丽的装潢取胜，丰富的音乐类型才是这里的杀手锏——包含了从20世纪50年代灵魂乐、山区乡村摇滚乐到热情的豪斯音乐等的各种类型。

Slip Inn & Chinese Laundry 小酒馆、夜店

（见82页地图；www.merivale.com.au/chineselaundry; 111 Sussex St; 夜店 $20~30; ⌚周一至周五 11:00至深夜，周六 16:00至深夜; 🚇Wynyard）溜进这间时而安静时而热闹的酒

男女同性恋的悉尼

男、女同性恋者从澳洲的翡翠城（Emerald City）分散到了整个澳大利亚、新西兰和全世界，成为一个有存在感、能发声的群体，是社会结构中不可分割的组成部分。悉尼仍然是全球无可争议的同性恋圣地之一，尽管当地人会告诉你现在早已不复当年的盛景了。

达令赫斯特和新城传统上是悉尼同性恋最集中的社区，但整个近郊男、女同性恋居民的比例都有升高。大部分男同性恋场所位于Oxford St的达令赫斯特路段上，但一些最盛大的活动会在混合酒吧举行，例如每周三的女同性恋之夜就在**Zanzibar**（见120页地图；☎02-9519 1511；www.zanzibarnewtown.com.au；323 King St；⏲周一至周六 10:00至次日4:00，周日11:00至午夜；🚉Newtown）和**Sly Fox**（见120页地图；www.theslyfoxhotel.com；199 Enmore Rd；⏲周一至周四 10:00至次日3:00，周五和周六 至次日6:00；🚉Newtown）举行。在**Beresford**（见88页地图；www.merivale.com.au/theberesfordhotel；354 Bourke St；⏲正午至午夜；🚉Central）则有传说中的周日下午场活动。

每年最盛大的活动就是闻名遐迩的**同性恋狂欢节**（Mardi Gras，见104页），包括长达两周的庆典、一场能吸引50万人参加的大游行和一场规模巨大的热舞派对。

免费的同性恋媒体有：LOTL（www.lotl.com）、the Star Observer（www.starobserver.com.au）和SX（www.gaynewsnetwork.com.au）。

同性恋场所有：

Imperial Hotel（见120页地图；www.theimperialhotel.com.au；35 Erskineville Rd；门票 免费至$15；⏲周日至周四15:00至午夜，周五和周六 至次日5:00；🚉Erskineville）这间艺术风格酒吧的变装表演是电影《沙漠妖姬》（*The Adventures of Priscilla, Queen of the Desert*）的灵感来源。这里气氛活跃，可以打桌球或四处游玩，周六晚间活动热点转移到酒窖会所。

Arq（见88页地图；www.arqsydney.com.au；16 Flinders St；⏲周四和周日 21:00至次日5:00，周五和周六 21:00至次日正午；🚉Museum）这家浮华的大型夜店里有鸡尾酒吧、醒酒室和两个有高能量厅和变装表演的舞池，还有一台高速转动的抽风机。

Midnight Shift（见88页地图；☎02-9358 3848；www.themidnightshift.com.au；85 Oxford St；门票 免费至$10；⏲周四至周日 16:00至深夜；🚉Museum）Midnight Shift以华丽的变装制作闻名，我们上次到访时这里正处于彻底翻修中。当尘埃落定，可以期待大有改进的楼下酒吧与楼上严肃的俱乐部并列在一起。

Palms on Oxford（见88页地图；☎02-9357 4166；124 Oxford St；⏲周四和周日 20:00至次日1:00，周五和周六 至次日3:00；🚉Museum）没人承认要来这儿，但门口的长队证明他们在说谎。在这间地下室舞吧里，一曲*Stock Aitken Waterman*永不过时。

Stonewall Hotel（见88页地图；☎02-9360 1963；www.stonewallhotel.com；175 Oxford St；⏲正午至次日3:00；🚉Museum）觉得这里太落伍的人管它叫“巨石阵”，Stonewall有整整三层楼的酒吧和舞厅，吸引了许多年轻人。歌舞表演、卡拉OK和问答之夜让气氛十分热烈。

吧，跟着年轻人一起扭动身体吧。酒吧位于达令港边缘，有吧台、台球桌、啤酒花园和来自El Loco的墨西哥食品。周五和周六晚上，旁边的夜店Chinese Laundry有乐队演出。

Spice Cellar 酒吧、夜店

（见72页地图；www.thespicecellar.com.au；58 Elizabeth St；⏲酒吧 周三至周五16:00至深夜，周六19:00至深夜，夜店 周四至周日21:00至深夜；🚉Martin Place）漫步到这家时尚的地下室休闲吧，喝上一杯鸡尾酒。旁边的夜店有悉尼最热辣的小舞池，时常能吸引高手前来炫技。

Ivy 酒吧、夜店

（见72页地图；☎02-9254 8100；www.merivale.com/ivy；330 George St 1楼；⏲周一至周五 正

午至深夜，周六 18:30至深夜；🚉Wynyard）藏身在George St外的一条小巷里，Ivy是极为时尚的酒吧、餐馆、私密休闲吧的复合体，还有一个游泳池。

萨里山

Wild Rover

酒吧

（见81页地图；www.thewildrover.com.au；75 Campbell St；⏲周一至周六 16:00至午夜，周日 至22:00；🚉Central）找到一扇上面写着"Gestetner's Surry Hills Shirt Warehouse"的窗户，然后走进这家超酷的场所，里面有成排的镀铬啤酒桶。每周，有几个夜晚有现场乐队表演。

121BC

红酒吧

（见85页地图；www.121bc.com.au；4/50 Holt St；⏲周二至周六 17:00至午夜；🚉Central）第一个挑战是找到这家酒吧（从Gladstone St进入），第二个挑战则是找到一张有空位的桌子。这以后就简单了——头顶着气泡般的灯具，坐在桌旁，让侍者介绍适合你的酒和小吃。

Vasco

鸡尾酒吧

（见85页地图；www.vascobar.com；421 Cleveland St；⏲周二至周六 17:00至午夜；🚌372）在挂满乐队照片和吉他的店面里，Vasco供应啤酒、红酒和摇滚主题鸡尾酒。你可以喝Monkey Gone to Heaven，然后叫上一份salumi或是意面，看着米亚·贾格在屏幕上嘲笑你。

达令赫斯特

Green Park Hotel

小酒馆

（见88页地图；www.greenparkhotel.com.au；360 Victoria St, Darlinghurst；⏲周日至周三 11:00至午夜，周四至周六 至次日2:00；🚉Kings Cross）Green Park有台球桌、皮面的扶手沙发、啤酒花园、时髦的Dr Seuss式灯光和一个巨大的贴有瓷砖的中央吧台。这里挤满了旅行者、男同性恋和喜欢在身上穿孔的当地人，十分热闹。

Hinky Dinks

鸡尾酒吧

（见88页地图；www.hinkydinks.com.au；185 Darlinghurst Rd；⏲周日 13:00~22:00，周一至周六 16:00至午夜；🚉Kings Cross）在这家20世纪50年代奶昔屋风格的小鸡尾酒吧里，一切都很不错。试试Hinky Fizz：一种盛在蜡纸杯中的酒味草莓冰糕。

Eau-de-Vie

鸡尾酒吧

（见88页地图；www.eaudevie.com.au；229 Darlinghurst Rd；⏲18:00至次日1:00；🚉Kings Cross）推开Kirketon Hotel的酒吧后面那张标有"洗手间"的门，便可进入这间精致的黑墙酒吧，穿着衬衫打着领带的调酒师正在专注地调制鸡尾酒——被认为是口味最棒的鸡尾酒。

Cliff Dive

鸡尾酒吧

（见88页地图；www.thecliffdive.com.au；16 Oxford Sq 地下室；⏲周四至周六 18:00至次日3:00；🚉Museum）走下楼梯，投身到这个有着粗糙石墙、闪亮的热带鱼灯笼、波利尼西亚装饰品和用tiki玻璃杯盛鸡尾酒的世界里去。在舞池里跳出一身热汗后，这里有充足的角落供你倒下休息。

Hello Sailor

鸡尾酒吧

（见88页地图；www.hellosailor.com.au；96 Oxford St；⏲周二至周日 17:00至次日3:00；📶；🚉Museum）从狭窄的Foley St进入，这家海鲜排档兼鸡尾酒吧周末时人头攒动。各色潮人在这里混到凌晨，在航海标志、导航图和大轮船的老照片下尽情狂欢。

Shady Pines Saloon

酒吧

（见88页地图；www.shadypinessaloon.com；shop 4, 256 Crown St；⏲16:00至午夜；🚉Museum）这是一间廉价的地下酒吧，位于一条阴暗的小巷内（留意Foley St上Bikram Yoga前的一个白门），门上既无标志也无门牌号，很符合城市里叛逆人群的口味。酒吧内摆放着来自西方国家的纪念品和动物标本，你可以坐下来跟时髦的年轻人一起喝杯黑麦威士忌。

Kinselas

酒吧

（见88页地图；☎02-9331 3100；www.kinselas.com.au；383 Bourke St；⏲10:00至次日4:00；🚉Museum）在Taylor Sq上的一幢建筑中，楼下是装饰艺术风格的礼拜堂，而大相径庭的楼上则是一家漂亮的鸡尾酒吧，有一个最适合看人和被人看的露台。继续往上，则是

Bands! Booze! Bowling!的标准保龄球馆。

金斯克罗斯和波茨角

World Bar 酒吧、夜店

（见88页地图；☎02-9357 7700；www.theworldbar.com；24 Bayswater Rd；⏰15:00至次日3:00；🚉Kings Cross）World Bar（一间经过改造的妓院）是一处可以卸去伪装的夜店，共有三层楼，吸引着背包客和贪便宜的酒客前来放纵。DJ每晚都在播放独立、嘻哈、大热流行或者豪斯音乐。周五有乐队现场表演，但周三（The Wall）和周六（Cakes）的夜晚才是重头戏。

Kings Cross Hotel 小酒馆、夜店

（见88页地图；www.kingscrosshotel.com.au；244-248 William St；⏰周日至周四 正午至次日1:00，周五和周六 至次日3:00；🚉Kings Cross）这是一间包含5层楼和一个地下室的大型老酒馆，一到周末就挤满了喝醉的人群。你可以去屋顶酒吧欣赏美丽的城市风景，也可以去二楼看火爆的现场音乐表演。

Sugarmill 酒吧

（见88页地图；www.sugarmill.com.au；33 Darlinghurst Rd；⏰10:00至次日5:00；🚉Kings Cross）作为一家拥挤、开业至天明的酒吧，Sugarmill非常酷。廊柱和高挑的锡屋顶彰显出这里作为银行的过往，贴得到处都是的乐队海报则将残留的资本气息驱散一空。10块钱一顿的餐食和变装女王主持的游戏之夜让本地人趋之若鹜。想要一边吃烧烤，一边看风景，可以去屋顶的Sweethearts（www.sweetheartsbbq.com.au）。

帕丁顿和沃勒拉

Wine Library 红酒吧

（见92页地图；www.wine-library.com.au；18 Oxford St；⏰周一至周六 正午至23:30，周日至22:00；🚌380）这里供应品类繁多的葡萄酒，环境休闲随意，地中海菜肴让酒吧所在地成为全城最受欢迎的地方。

双湾

Golden Sheaf Hotel 小酒馆

（见68页地图；☎02-9327 5877；www.goldensheaf.com.au；429 New South Head Rd，Double Bay；⏰10:00至次日1:00；🚉Double Bay）这家高雅闲散的老砖楼酒馆有啤酒花园、带台球桌的运动吧、小饭馆、鸡尾酒吧、屋顶露台和舞池，时常有乐队现场表演，还有DJ打碟。纪念墙上有甲壳虫乐队和大卫·鲍伊等人的签名和照片，给人留下深刻印象。

东部海滩

Anchor 酒吧

（见94页地图；www.anchorbarbondi.com；8 Campbell Pde；⏰周二至周五 16:30至午夜，周六和周日 12:30至午夜；🚌380~382）冲浪者、背包客和当地酷酷的青年喜欢在这家位于海滩南端的热闹酒吧喝上一杯冰玛格丽特。这里的消夜小点也很不错。

Neighbourhood 酒吧

（见94页地图；www.neighbourhoodbondi.com.au；143 Curlewis St；⏰周一至周四 17:30~23:00，周五 正午至23:00，周六和周日 9:00~23:00；🚌380~382）这里是让人好奇的所谓邦迪嬉皮士的自然栖息地。这家时髦的酒吧供应食物和红酒，内饰是砖墙，而庭院则为木饰。厨房旁边是邦迪电台的实况直播台。

新城及周边

Earl's Juke Joint 酒吧

（见120页地图；407 King St；⏰周一至周六 16:00至午夜，周日至22:00；🚉Newtown）正当红的酒吧，荡漾的Earl's向新城嬉皮士供应自酿啤酒和超棒的鸡尾酒。

Midnight Special 酒吧

（见120页地图；www.themidnightspecial.com.au；44 Enmore Rd；⏰周二至周六 17:00至午夜，周日至22:00；🚉Newtown）乐队海报和纸灯笼装饰着这家时髦小酒吧的黑墙。小巧的舞台上，一周中有几夜会有音乐家现场表演。

Marlborough Hotel 小酒馆、夜店

（见120页地图；☎02-9519 1222；www.marlboroughhotel.com.au；145 King St；⏰周一至周六 10:00至次日4:00，周日 正午至午夜；🚉Macdonaldtown）这是新城众多出色的装饰艺术老酒馆中的一家。体育吧每逢周末有乐

队现场表演，还有一个啤酒花园。楼上是Miss Peaches，供应美妙食物，还有摇滚演出。

巴尔曼

Welcome Hotel 小酒馆

（见68页地图；02-9810 1323；www.thewelcomehotel.com.au；91 Evans St, Rozelle；周一至周六 11:30~23:30，周日 正午至22:00；441~445）如果迷失在Rozelle的后街上，也许你会发现自己正在Welcome Hotel有名的意大利餐厅大嚼美食，又或者在棕榈树覆盖的庭院里挑选自酿啤酒。

London Hotel 小酒馆

（见68页地图；02-9555 1377；www.londonhotel.com.au；234 Darling St, Balmain；周一至周六 11:00至午夜，周日 正午至22:00；Balmain）从这家酒馆的长露台上看到的悉尼港大桥是典型的悉尼景观。酒馆的澳洲啤酒品种繁多，也有一些高品质的进口酒。

☆娱乐

悉尼拥有风格不一、富含创意的艺术、娱乐和音乐场所。

周五的《悉尼先驱晨报》（*Sydney Morning Herald*）的"入围名单"一版上有完整的娱乐资讯。大部分演出可在进场前直接购票，也可以通过票务代理处**Moshtix**（www.moshtix.com.au）、**Ticketmaster**（www.ticketmaster.com.au）或**Ticketek**（www.ticketek.com.au）订票。

电影院

大部分首轮放映影院在周二有折扣价。如果你刚好是在夏天来到这里，可以去露天电影院看场电影，非常有趣。

Dendy Opera Quays 电影院

（见72页地图；02-9247 3800；www.dendy.com.au；2 Circular Quay East；成人/儿童 $20/14；放映时间 9:30~21:30；Circular Quay）海港的灯光太晃眼？海鸥的叫声太嘈杂？那就跟着手捧爆米花的人群来这个豪华的室内电影院吧！这里放映世界各国最新的独立电影，亲切的服务和咖啡馆、酒吧也是加分项。

露天电影院 电影院

（OpenAir Cinema，见68页地图；www.stgeorgeopenair.com.au；Mrs Macquaries Rd；电影票 $37；1月和2月；Circular Quay）这个3层楼之高的露天屏幕就树立在海港边上，有环绕立体声设备，另有日落美景、城市远景和美酒佳肴相伴。大部分的票都要提前预订，只有少量于每天18:30在门口销售——登录他们的网站可获得详细信息。

IMAX 电影院

（见81页地图；02-9281 3300；www.imax.com.au；31 Wheat Rd；成人/儿童 短片$23/17、故事片$34/24；放映时间 10:00~22:00；Town Hal）花这么多钱看一场45分钟的电影确实很昂贵，但有关IMAX的一切都是巨大的，而这里以世界上最大的一块IMAX银幕著称。它高达8层楼，除了重磅大片外，还经常放映适合小朋友的纪录片，许多都是3D影片。

Palace Verona 电影院

（见88页地图；02-9360 6099；www.palacecinemas.com.au；17 Oxford St；成人/儿童 $19/14；放映时间 10:00~21:00；380）这家影院有4个放映厅，还有炫酷的咖啡馆和酒吧，可以在那里讨论刚看完的艺术电影。

Moonlight Cinema 电影院

（见92页地图；www.moonlight.com.au；Belvedere Amphitheatre, Loch Ave和Broome Ave的交叉路口；成人/儿童 $19/15；12月至次年3月 日落之后；Bondi Junction）影院位于百年纪念公园内。你可以一边野餐，一边和星空下飞来飞去的蝙蝠共同观看一场电影。可以从Oxford St上的Woollahra Gate进来。放映最新大片、文艺片和经典影片。

邦迪露天电影院 电影院

（Bondi Openair Cinema，见94页地图；www.openaircinemas.com.au；Dolphin Lawn, Bondi Pavilion旁边；电影票 $15~45；1月和2月）你可以在大海边看一场电影，电影放映前还有现场乐队演出。建议在网上订票。

Hayden Orpheum Picture Palace 电影院

（见68页地图；02-9908 4344；www.

orpheum.com.au; 380 Military Rd, Cremorne; 成人/儿童 $20/15; ⏲放映时间 10:30~20:50; 🚌244）进入这家美丽的装饰艺术影院（1935年），仿佛回到了电影的黄金时代。这里保留着原来的沃立舍（Wurlitzer）管风琴，在特别活动中有人演奏。

古典音乐

★悉尼歌剧院
表演艺术

（Sydney Opera House，见72页地图；☎02-9250 7777; www.sydneyoperahouse.com; Bennelong Point; 🚌Circular Quay）悉尼演出舞台上耀眼的明珠。悉尼歌剧院共有5个主要剧场，歌剧是重头戏，但戏剧、喜剧、音乐和舞蹈也都会在这里演出。

城市演奏厅
古典音乐

（City Recital Hall，见72页地图；☎02-8256 2222; www.cityrecitalhall.com; 2 Angel Pl; ⏲售票处 周一至周五 9:00~17:00; 🚌Martin Place）这是一个建于19世纪的欧式经典音乐厅，拥有1200个座位和近乎完美的音效。你可以在这里欣赏到Musica Viva乐团、澳大利亚勃兰登堡管弦乐团（Australian Brandenburg Orchestra）和澳大利亚室内管弦乐团（Australian Chamber Orchestra）等一流乐团的演出。

悉尼音乐学院
古典音乐

（Sydney Conservatorium of Music，见72页地图；☎02-9351 1222; www.music.usyd.edu.au; Conservatorium Rd; 🚌Circular Quay）这个历史悠久的剧场是音乐学院老师和学生展现才华的舞台。从3月到11月有合唱、爵士、歌剧和室内乐演出，每周三13:10还有免费的午休演奏会。

舞蹈

悉尼舞团
舞蹈

（Sydney Dance Company；缩写SDC，见72页地图；☎02-9221 4811; www.sydneydancecompany.com; 15 Hickson Rd 4/5码头；🚌Wynyard）澳大利亚首屈一指的现代舞团，近40年来一直不断推出现代、性感、有时令人震惊的作品。演出在街对面的Roslyn Packer Theatre或Carriageworks举行。

Bangarra Dance Theatre
舞蹈

（见72页地图；☎02-9251 5333; www.bangarra.com.au; 15 Hickson Rd 4/5码头；票价 $30~93; 🚌Wynyard）它被誉为澳大利亚最好的原住民表演团体。艺术总监Stephen Page将当代主题、原住民传统和西方技巧融为一体。没有国际巡演的时候，舞团会在歌剧院或是自己位于Walsh Bay的小剧场演出。

现场音乐、歌舞和喜剧

Oxford Art Factory
现场音乐

（见88页地图；www.oxfordartfactory.com; 38-46 Oxford St; 🚌Museum）在这两间以安迪沃霍的纽约创作中心为范本的多功能厅内，青少年表达自己的艺术追求。这里有画廊、酒吧、经常举行国际性演出和DJ表演的演出厅。详细演出内容可上网查询。

Newtown Social Club
现场音乐

（见120页地图；☎1300 724 867; www.newtownsocialclub.com; 387 King St; ⏲周二至周四 19:00至午夜，周五和周六 正午至次日2:00，周日 正午至22:00; 📶; 🚌Newtown）传奇性的Sandringham Hotel（亦即“Sando”，据本土乐队The Whitlams称，这里是上帝喝酒的地方）就算改了名字，对现场音乐的执着也会有增无减。演出者既有本土乐团，也有Gruff Rhys和Malkmus等独立音乐的标杆。

Vanguard
现场音乐

（见120页地图；☎02-9557 7992; www.thevanguard.com.au; 42 King St; 🚌Macdonaldtown）大多数夜晚，Vanguard都有现场音乐演出，还有滑稽表演、戏剧和经典电影放映。大部分座位都被购买晚餐—演出套票的食客订走了。

Basement
现场音乐

（见72页地图；☎02-9251 2797; www.thebasement.com.au; 7 Macquarie Pl; 门票 $8~60; 🚌Circular Quay）以前的Basement只有爵士乐演出，现在则吸引了专精各种音乐类型和流派的国际及当地音乐家前来演出。在这里用餐的话，可以坐在舞台边的桌子旁欣赏演出，比只能在吧台边站着看的感觉要好很多。

El Rocco 爵士、喜剧

（见88页地图；www.elrocco.com.au；154 Brougham St；周一至周六 17:00至午夜，周日 17:00~22:00；🚇Kings Cross）1955~1969年，它是悉尼首屈一指的波希米亚风格酒吧，里面的人打着响指、戴着贝雷帽。这里经常举办Frank Sinatra和Sarah Vaughan的演出。那些令人陶醉的年代早已远去，如今爵士乐重返舞台。星期六有"幸福结局"喜剧俱乐部（Happy Endings Comedy Club；www.happyendingscomedyclub.com.au）的演出。

Camelot Lounge 现场音乐

（见68页地图；www.camelotlounge.wordpress.com；19 Marrickville Rd；🚇Sydenham）在Marrickville，这家兼收并蓄的小演出厅会举办爵士、世界音乐、蓝调、民间音乐和喜剧、歌舞表演，以及各种形式的演出。

Slide 歌舞

（见68页地图；☎02-8915 1899；www.slide.com.au；41 Oxford St；⏰周三至周六 19:00至深夜；🚇Museum）由华丽的银行大厅改造而来的Slide提供餐饮，有歌舞、杂技等演出。

观赏性体育

悉尼的周末有各种各样的球类比赛。悉尼人热衷于观看**全国橄榄球联盟**（National Rugby League；www.nrl.com）的比赛。赛事从3月开始，总决赛在10月上旬举行。

悉尼人最喜欢的球队悉尼天鹅队（Sydney Swans）和西部悉尼队（Greater Western Sydney，也称巨人队）参加**澳大利亚澳式橄榄球联盟**（Australian Football League；www.afl.com.au）的比赛。

悉尼板球场 观赏性体育

（Sydney Cricket Ground；缩写SCG，见92页地图；☎02-9360 6601；www.sydneycricketground.com.au；Driver Ave；🚌373~377）在板球赛季（10月至次年3月），悉尼板球场（新南威尔士州Blues队的主场）举办的州际板球比赛寥寥无几，但国际五日赛、一日赛，以及20/20超限赛一票难求。板球赛季结束后，澳大利亚澳式橄榄球赛季拉开帷幕，体育场会变成悉尼天鹅队红白两色的海洋（www.sydneyswans.com.au）。

悉尼足球场 观赏性体育

（Sydney Football Stadium；又名Allianz Stadium，见92页地图；www.allianzstadium.com.au；Moore Park Rd；🚌373~377）这座体育场现在正式以保险公司的名字命名，不过冠名权可能随时间变更，所以我们还是以未被赞助商染指时的原名来称呼这座可以容纳4.55万人的体育场。这里是悉尼的英雄——新南威尔士州特洛皮橄榄球联盟（NSW Waratahs rugby union；www.waratahs.com.au）队悉尼公鸡队（Sydney Roosters；www.roosters.com.au）和澳大利亚职业足球联赛（A-league）悉尼FC队（Sydney FC；www.sydneyfc.com）的主场。

这些球队都有着激情洋溢的球迷（喊得最响的大概是公鸡队的"chook pen"），因此主场比赛都很好看。可以通过**Ticketek**（☎132 849；www.ticketek.com.au）预订门票。

皇家兰德威克赛马场 赛马

（Royal Randwick Racecourse，见68页地图；www.australianturfclub.com.au；Alison Rd；🚌339）随着奖金额高达400万的伊丽莎白女王锦标赛（Queen Elizabeth Stakes）的开场，这座悉尼最著名的赛马场的热度将在4月达到顶峰。可上网查询开赛时间。

剧院

悉尼剧团 剧院

（Sydney Theatre Company，缩写STC，见72页地图；☎02-9250 1777；www.sydneytheatre.com.au；15 HicksonRd 4/5码头；⏰票房 周一至周五 9:00~20:30，周六 11:00~20:30，周日 演出前2小时；🚇Wynyard）成立于1978年的悉尼剧团是悉尼戏剧的掌旗者，在众多澳大利亚著名演员的职业生涯中都占有重要地位（特别是凯特·布兰切特，她是2008~2013年该团的艺术总监之一）。每周二10:30组织在剧团码头和Roslyn Packer theatres的导览游（$10）。该团的演出也在歌剧院上演。

Belvoir 剧院

（见85页地图；☎02-9699 3444；www.belvoir.com.au；25 Belvoir St；🚇Central）位于萨里山的一个安静角落里，一家出类拔萃的实

验剧团在这家小剧场驻场演出。有时会有大明星参演。

州立剧院 剧院

（State Theatre，见72页地图；☎02-9373 6655；www.statetheatre.com.au；49 Market St；🚉St James）可容纳2000名观众的州立剧院是一个金碧辉煌、水晶灯璀璨的豪华宫殿。悉尼电影节、音乐会、戏剧、歌剧、音乐剧都在这里举行或上演，甚至还有明星大厨的表演。

国会剧院 剧院

（Capitol Theatre，见81页地图；☎1300 558 878；www.capitoltheatre.com.au；13 Campbell St；🚉Central）这家大型城市剧院经过修复后相当豪华，现在是音乐剧《坏女巫》（*Wicked*）、《悲惨世界》（*Les Miserables*）和《玛蒂尔达》（*Matilda*）的长期驻场剧场。有时还有芭蕾或大牌音乐会。

Sydney Lyric 剧院

（见82页地图；☎02-9509 3600；www.sydneylyric.com.au；The Star, Pirrama Rd；🚉The Star）这家拥有2000个座位的剧场位于赌场内，是著名音乐家的演出场地，有时举办音乐会。

Ensemble Theatre 剧院

（见68页地图；☎02-9929 0644；www.ensemble.com.au；78 McDougall St, Kirribilli；🚉North Sydney）历史悠久的Ensemble上演的是海内外剧作者（比如David Williamson和David Hare）创作的主流戏剧，通常都由颇具知名度的澳大利亚演员出演。

Monkey Baa Theatre Company 剧院

（见81页地图；☎02-8624 9340；www.monkeybaa.com.au；1 Harbour St；票价 $25；🚉Town Hall）如果你能把孩子们从旁边的游乐场拖走，那就带着未来的艺术家来看由澳大利亚儿童书改编的戏剧吧。这家富有活力的剧团演出的都是自己改编的剧目。

购物

悉尼人如果想买特别的东西，或是必须要靠购物来疗伤，他们会进城去，尤其是去Pitt St Mall。帕丁顿以前一直引领悉尼的风尚潮流，但现在面临来自位于Pitt St和Bondi Junction的Westfield的强硬挑战。新城的King St也逐渐发展成为城中最有意思的街道之一，复古精品店和书店尤其值得关注。

热衷购物的人可以考虑下载由**Urban Walkabout**（www.urbanwalkabout.com/sydney）出品的各区购物指南，也可以去旅游信息中心和信息亭免费拿已经印刷好的成品。

岩石和圆形码头

澳大利亚葡萄酒中心 葡萄酒

（Australian Wine Centre，见72页地图；www.australianwinecentre.com；Goldfields House, 1 Alfred St；⊙周一至周六 10:00~20:00，周日 至18:30；🚉Circular Quay）这间位于地下室的酒庄售卖优质的澳大利亚葡萄酒、啤酒和烈酒。这里也代理小厂商的产品以及久负盛名的各档次奔富格兰奇（Penfolds Grange）葡萄酒。可安排国际递送。

Opal Minded 珠宝

（见72页地图；www.opalminded.com；55 George St；⊙9:00~18:30；🚉Circular Quay）购买澳洲特产宝石澳宝的好地方之一。

甘农故居 艺术

（Gannon House，见72页地图；☎02-9251 4474；www.gannonhousegallery.com；45 Argyle St；🚉Circular Quay）专注澳大利亚当代艺术和原住民艺术，甘农故居直接从艺术家和原住民社团手中购买作品。店中既有Gloria Petyarre等声名显赫的艺术家作品，也有一些尚不为人知的作者的精品。

市中心

Westfield Sydney 商场

（见72页地图；www.westfield.com.au/sydney；188 Pitt St Mall；⊙周五至周三 9:30~18:30，周四 至21:00；🚉St James）城中最繁华的购物商场是一幢大得惊人的综合建筑，悉尼塔和Pitt St Mall的大部分都在其中。5楼的美食广场非常棒。

David Jones 百货店

（见72页地图；www.davidjones.com.au；86-108 Castlereagh St；⊙周六至周三 9:30~19:00，

周四和周五 至21:00；🚇St James）DJ是悉尼最大的百货商店，占据了两幢大厦。邻近Castlereagh St的区域为女装和童装卖场，邻近Market St的部分则是男装和电子产品卖场以及高端饮食区。另有一家规模很大的店，在Westfield Bondi Junction（见68页地图；☎02-9947 8000；www.westfield.com.au；500 Oxford St；⏰周五至周三 9:30~18:00，周四至21:00；🚇Bondi Junction）。

海岸百货 购物中心

（Strand Arcade，见72页地图；www.strandarcade.com.au；412 George St；⏰周一至周三和周五 9:00~17:30，周四 至20:00，周六 9:00~16:00，周日 11:00~16:00；🚇St James）海岸百货建于1891年，和维多利亚女王大厦一起被称为悉尼最漂亮的购物中心。整整三层楼都是卖设计师服装的。出售澳大利亚咖啡的店铺会让你在这里逗留的时间延长不少。

维多利亚女王大厦 购物中心

（Queen Victoria Building；缩写QVB，见72页地图；www.qvb.com.au；455 George St；⏰周日 11:00~17:00，周一至周三、周五和周六 9:00~18:00，周四 9:00~21:00；🚇Town Hall）宏伟的维多利亚女王大厦占据着一整片街区，5层楼里容纳了近200个店铺。大厦是维多利亚鼎盛时期的建筑杰作，也是悉尼最漂亮的购物中心。

纪伊国屋 书店

（Kinokuniya，见72页地图；☎02-9262 7996；www.kinokuniya.com；The Galeries 2楼，500 George St；⏰周五至周三 10:00~19:00，周四 10:00~21:00；🚇Town Hall）这家日本连锁书店是悉尼最大的书店，销售超过30万种的图书。漫画区像磁石一样吸引着青少年，进口中文、日文和欧洲杂志区则要冷清得多。这里还有一家挺酷的小咖啡馆。

达令赫斯特

Artery 艺术

（见88页地图；☎02-9380 8234；www.artery.com.au；221 Darlinghurst Rd；⏰周一至周五 10:00~18:00，周六和周日至16:00；🚇Kings Cross）走入这间小型原住民艺术画廊，仿佛走入一个充满了点和旋涡的世界。知名艺术家的大幅画作可能要几千澳元，而小幅画作最低才$35。

Blue Spinach 时装

（见88页地图；☎02-9331 3904；www.bluespinach.com.au；348 Liverpool St；🚇Kings Cross）这家高档服装寄售店适合那些追求品牌但又不舍得花钱的人。如果你能走进触目惊心的蓝色门面，就能以（相对的）低价买到Paul Smith和Gucci。

C's Flashback 复古

（见88页地图；☎02-9331 7833；www.csflashback.com.au；316 Crown St；⏰周五至周三 10:00~18:00，周四至20:00；🚇Museum）寻找二手的夏威夷T恤衫、穿旧的牛仔靴或女王曾在20世纪40年代戴过的镶着闪光片的帽子？我们不确定C代表着什么，但她那些复古的男装和女装的确让人眩晕。

帕丁顿和沃勒拉

Poepke 时装

（见92页地图；www.poepke.com；47 William St；⏰周一至周六 10:00~18:00，周日 正午至17:00；🚌380）这是帕丁顿最有意思的女装精品店之一，店里展出一系列澳大利亚和海外设计师的作品。

Corner Shop 时装

（见92页地图；☎02-9380 9828；www.thecornershop.com.au；43 William St；⏰周一至周六 10:00~18:00，周日 正午至17:00；🚌380）这家宝库一般的精品店里藏着不少澳大利亚和国外设计师设计的女装，休闲风格、高端风格都有。有额外赠送的首饰。

Ariel 书店

（见88页地图；☎02-9332 4581；www.arielbooks.com.au；42 Oxford St；⏰9:00~22:30；🚌380）行踪诡秘的艺术家、建筑师和学生在Ariel的书架间徘徊至深夜。"下层文化"是这家书店的卖点，出售的都是鲜艳浮华的艺术品、电影、时尚和设计图书，此外还有儿童书和旅行指南。

悉尼的周末集市

悉尼人对逛当地集市的热爱丝毫不亚于去海滩（这的确能说明他们的热情）。许多位于近郊区的学校和教堂会在周末时举办露天集市，你可以在集市上买到从有机食品到原创服装等的一切商品。当然，你难免会遇到一些华而不实的玩意、毫无美感的艺术品和价格虚高的旅游纪念品，但大多数时候还是能买到自己喜爱的东西。

格利伯集市（Glebe Markets，见120页地图；www.glebemarkets.com.au；Glebe Public School，Glebe Point Rd和Derby Pl交叉路口；周六 10:00~16:00；Glebe）西部最佳。这里总是人满为患，人群中穿梭着各种装扮古怪的人，使得整个集市洋溢着浓浓的嬉皮士气息。

帕丁顿集市（Paddington Markets，见92页地图；www.paddingtonmarkets.com.au；395 Oxford St；周六 10:00~16:00；380）集市出现于20世纪70年代，当时很受非主流人群的喜爱，近些年来变得更加大众化，但里面的新款和复古服装、创意工艺品和珠宝首饰仍值得一看。这里很拥挤。

邦迪集市（Bondi Markets，见94页地图；www.bondimarkets.com.au；Bondi Beach Public School，Campbell Pde；周六 9:00~13:00，周日 10:00~16:00；380~382）周日，孩子们都去海滩了，因为他们的学校在这天会变成一个集市，售卖二手服装、原创时装、二手书、珠宝、精油和旧唱片等。周六这里会变成一个农产品集市。

伊夫利农产品集市（Eveleigh Farmers' Market，见120页地图；www.eveleighmarket.com.au；Carriageworks，245 Wilson St；周六 8:00~13:00；Redfern）这里有悉尼最棒的农产品集市，集市上有70多处固定的自产自销的摊位。集市在一个被列为文化遗产的铁路车间里。食品和咖啡摊位生意兴隆，还能看到名厨Kylie Kwong现场做菜的火爆场面。

新城及周边

Quick Brown Fox 服装、配饰

（见120页地图；02-9519 6622；www.quickbrownfox.com.au；231 King St；10:30~18:30；Newtown）这里没有懒人，只有众多来去匆匆、皮肤晒成古铜色的辣妹在里面挑选时尚复古的服装。服装无论图案还是面料都吸引人，另外还有靴子和包。

Better Read Than Dead 书店

（见120页地图；02-9557 8700；www.betterread.com.au；265 King St；9:30~21:00；Newtown）这大概是我们最喜欢的悉尼书店，因为它格言金句般的店名和大量的"孤独星球"旅行指南。你可以在陈列美观的书架间逛上好几个小时，翻阅任何图书，没人会注意你。

Reclaim 家居、礼品

（见120页地图；www.reclaim.net.au；356 King St；10:00~18:00；Newtown）这是淘伊基·波普（Iggy Pop）靠垫、古董茶具套装、古怪的家居用品和时髦礼物的绝佳去处。这家店的店主是当地歌手Monica Trapaga。

Faster Pussycat 服装、配饰

（见120页地图；02-9519 1744；www.fasterpussycatonline.com；431a King St；11:00~18:00；Newtown）这家潮店里出售适合不同年龄（连婴儿朋克服都有）、性别和阶层的服装。

实用信息

紧急求助

遇到紧急情况，拨打000可联系到警察、救护车和消防部门。新南威尔士州所有警局的列表可上www.police.nsw.gov.au查询。

生命热线（Lifeline；13 11 14；www.lifelinesydney.org；24小时）提供包括自杀预防在内的24小时电话咨询服务。

强暴危机中心（Rape Crisis Centre；1800 424 017；www.nswrapecrisis.com.au；24小时）提供心理咨询，全天候服务。

上网

绝大多数的酒店和青年旅舍都为客人提供上网服务，但许多客栈和顶级酒店仍需要收取上网费。大多数图书馆都有免费Wi-Fi。

医疗服务

金斯克罗斯诊所（Kings Cross Clinic；☎02-9358 3066；www.kingscrossclinic.com.au；13 Springfield Ave；⏰周一至周五 9:00~18:00，周六10:00~13:00；🚉Kings Cross）普通医疗和旅行相关的医疗服务。

皇家阿尔弗莱德王子医院（Royal Prince Alfred Hospital，简称RPA；☎02-9515 6111；www.sswahs.nsw.gov.au/rpa；Missenden Rd，Camperdown；🚉Macdonaldtown）

St Vincent's Hospital（☎02-8382 1111；www.stvincents.com.au；390 Vitria St；🚉Kings Cross）

悉尼市医院（Sydney Hospital；☎02-9382 7111；www.seslhd.health.nsw.gov.au/SHSEH；8 Macquarie St；🚉Martin Place）

现金

悉尼到处都有自动柜员机。金斯克罗斯、唐人街、圆形码头和中央车站附近有货币兑换处。

旅游信息

城市信息亭（City Host Information Kiosks；www.cityofsydney.nsw.gov.au）圆形码头（Circular Quay，见72页地图；Pitt St和Alfred St的交叉路口；⏰9:00~17:00；🚉Circular Quay）；秣市（Haymarke，见81页地图；Dixon St；⏰11:00~19:00；🚉Town Hall）；金斯克罗斯（Kings Cross，见88页地图；Darlinghurst Rd和Springfield Ave的交叉路口；⏰9:00~17:00；🚉Kings Cross）；市政厅（Town Hall，见81页地图；George St；⏰9:00~17:00；🚉Town Hall）。

你好，曼利（Hello Manly，见98页地图；☎02-9976 1430；www.hellomanly.com.au；Manly Wharf；⏰9:00~17:00；⛴Manly）这处很有用的游客中心就在轮渡码头外面、公共汽车换乘点旁边，提供免费的曼利观光步道（见98页）以及其他曼利景点的导览册，还有大量当地公交车信息。

悉尼游客中心（Sydney Visitor Centres；www.bestof.com.au）提供各种不同内容的导览册，工作人员可以帮你预订房间、团队游和景点门票。在岩石（见72页地图；☎02-8273 0000；Argyle St和Playfair St的交叉路口；🚉Circular Quay）和达令港（见81页地图；☎02-8273 0000；Palm Grove，IMAX后面；⏰9:30~17:30；🚉Town Hall）均有分支机构。

到达和离开

飞机

悉尼机场（Sydney Airport，见1231页）也叫Kingsford Smith机场，航站楼分为国际（T1）和国内（T2和T3）。国际航站楼和国内航站楼分别位于跑道两端，相距4公里。每个航站楼都有行李寄存服务、自动柜员机、货币兑换处和租车柜台。

飞往澳大利亚其他目的地的航空公司有：

捷星航空（www.jetstar.com.au）飞往巴利纳拜伦湾、黄金海岸、布里斯班、阳光海岸、哈密尔顿岛、汤斯维尔、凯恩斯、墨尔本、霍巴特、朗塞斯顿、阿德莱德、乌卢鲁、达尔文和珀斯。

澳洲航空（www.qantas.com.au）飞往堪培拉、沃加沃加、奥尔伯里、达博、塔姆沃思、莫里、麦夸里港、阿米代尔、科夫斯港、豪勋爵岛、黄金海岸、布里斯班、图文巴、弗雷泽海岸、哈密尔顿岛、凯恩斯、达尔文、爱丽斯泉、布鲁姆、卡拉沙、珀斯、阿德莱德、墨尔本和霍巴特。

区域快线（www.rex.com.au）飞往纽卡斯尔、塔里、巴利纳拜伦湾、格拉夫顿、利斯莫尔、阿米代尔、达博、帕克斯、奥兰治、巴瑟斯特、格里菲斯、沃加沃加、奥尔伯里、默林布拉、布罗肯希尔和米尔迪拉。

虎航（www.tigerair.com/au/en）飞往科夫斯港、黄金海岸、布里斯班、麦凯、降灵海岸、凯恩斯、珀斯、阿德莱德和墨尔本。

维珍澳洲航空（www.virginaustralia.com）飞往堪培拉、奥尔伯里、麦夸里港、科夫斯港、巴利纳拜伦湾、黄金海岸、布里斯班、阳光海岸、赫维湾、麦凯、哈密尔顿岛、汤斯维尔、凯恩斯、达尔文、乌卢鲁、珀斯、阿德莱德、墨尔本、朗塞斯顿和霍巴特。

长途汽车

长途汽车到达站**悉尼长途汽车总站**（Sydney Coach Terminal，见85页地图；☎02-9281 9366；www.sydneycoachterminal.com.au；Eddy Ave；⏰6:00~18:00；🚉Central）位于中央车站下面。

主要运营商有：

Australia Wide（☎02-9516 1300；www.

austwidecoaches.com.au）开往奥兰治和巴瑟斯特。

Firefly（☎1300 730 740；www.fireflyexpress.com.au）从阿德莱德出发，经墨尔本和堪培拉到悉尼。

澳洲灰狗巴士（☎1300 473 946；www.greyhound.com.au）拥有最广泛的国内客运网。

Murray's（☎13 22 51；www.murrays.com.au）从堪培拉和南部海岸到悉尼。

Port Stephens Coaches（☎02-4982 2940；www.pscoaches.com.au）从海岸地区到纽卡斯尔和尼尔森湾。

Premier Motor Service（☎133 410；www.premierms.com.au）从凯恩斯经布里斯班、黄金海岸和悉尼到墨尔本。

火车

NSW TrainLink（☎13 22 32；www.nswtrainlink.info）将悉尼中央车站和墨尔本（$70起，11小时）、布罗肯希尔（$70起，13.5小时）、堪培拉（$40起，4小时15分）、科夫斯港（$67起，9小时）和布里斯班（$70起，14小时15分）连接在一起。

悉尼的本土铁路网由**悉尼火车**（☎13 15 00；www.sydneytrains.info）运营，新南威尔士州内的常规直达目的地有基亚玛（2小时15分）、伍伦贡（1.5小时）、卡通巴（2小时）、戈斯福德（1.5小时）和纽卡斯尔的哈密尔顿站（1.5小时）等。以上所有线路高峰票价$8.30，非高峰票价$5.81。

著名的**印度洋太平洋线**（Indian Pacific；☎1800 703 357；www.greatsouthernrail.com.au）直接从悉尼穿越澳洲大陆到达珀斯。

当地交通

抵离机场

公共汽车 从机场出发的公共汽车有限，但有一条直达Bondi Junction（400路和410路，$4.50，1小时15分）的线路，大约每20分钟一班。

机场大巴 机场大巴可到达市中心的酒店和客栈，有些还可以到达市郊及海滩。运营商有**Sydney Airporter**（☎02-9666 9988；www.kst.com.au）、**Super Shuttle**（☎1300 018 460；www.signaturelimousinesydney.com.au）、**Airport Shuttle North**（☎1300 505 100；www.airportshuttlenorth.com）和**Manly Express**（☎02-8068 8473；www.manlyexpress.com.au）。

出租车 从机场到市中心的费用大约在$45~55，到悉尼北部为$55~65，到曼利为$90~100。

火车 从国内和国际航站楼连接主铁路网的火车运营商是**Airport Link**（www.airportlink.com.au；成人/儿童 $18/14；⊙4:30至次日00:30）。他们的车频繁（每10分钟一班）、快速（到市中心13分钟）而且方便，但机场的票价高昂。如果数人同行的话，出租车更为便宜。另一个办法是乘坐开往Rockdale站的公共汽车（400路和410路，$3.50，12分钟），然后再转普通列车到市中心（$3，15分钟）。

小汽车和摩托车

➡ 尽量避免在悉尼的中心城区驾车。城内的单行道令人头昏眼花，停车场难找而且收费高昂（在酒店也一样）。与之相反，开车去悉尼外围（尤其是海滩）、一日游非常方便。

➡ 所有主要的国际租车公司在悉尼机场和其他地点都有营业点。主要的租车枢纽是达令赫斯特的William St。可靠的本地运营商有**Bayswater Car Rental**（☎02-9360 3622；www.bayswatercarrental.com.au）、可议价的**Ace Rentals**（☎02-8338 1055；www.acerentalcars.com.au）和出租露营车的**Jucy Rentals**（☎1800 150 850；www.jucy.com.au）。

➡ 悉尼的大部分车道和主要枢纽（包括悉尼港大桥、海港隧道、穿城隧道和Eastern Ditributor）都收取高额**过路费**。收费系统为电子设备，这意味着你需要上www.roam.com.au、www.roamexpress.com.au或www.myetoll.com.au中的任一家去申请电子标签或是访客通关证。注意，有些租车公司现在也可以提供电子标签。

➡ Sydney Travellers Car Market（见1234页）位于Ward Ave附近的金斯克罗斯汽车公园（Kings Cross Car Park）内。这里提供关于购买、售出和注册登记车辆的实用信息。卖家可以免费停车一周（此后将要缴纳每周$60的停车费）。周一至周四，卖家可免费将自己的汽车停在市场里过夜，而在周五至周日停车过夜则需要按一般停车场的标准缴费。请注意，睡在停在停车场的车内是违法的。在悉尼市中心的任何街道上卖车同样违法。

公共交通

Transport NSW（☎13 15 00；www.transportnsw.

info）是负责协调州内公共汽车、轮渡、火车和轻轨服务的机构。他们的网站上有好用的旅行计划工具。

悉尼人喜欢抱怨他们的公共交通系统，但游客觉得它清晰明了。火车系统是整个系统中的关键，以中央车站为核心向四周辐射。轮渡可以去往附近所有的海港，并逆流而上到帕拉玛塔（Parramatta）。乘坐轻轨去皮尔蒙特和格利伯很方便。公共汽车是去往各海滩最便捷的交通工具。

公共汽车

Sydney Buses（☎13 15 00；www.sydneybuses.info）有覆盖广泛的交通网，运营时间从约5:00开始，一直到午夜都有班次较稀疏的夜间巴士（NightRide）。以"X"开头的公共汽车线路指停站较少的快速线，以"L"开头的则指停站较少的普通线。

大部分公共汽车可以上车购票（$2.40~4.70，根据路程长短而定），但只接受预付的线路需要使用Opal卡或预付纸票（报摊、便利店和超市有售）。车资根据区间划分，大约1.6公里算一段。上车时，请将预付车票投入绿色的投票机。如果经常坐公共汽车（不包括火车或轮渡），可以购买一张预付10次的TravelTen（区间 1-2/3-5/6+ $20/31/38）。

555路车是免费线路，从圆形码头到中央车站沿George St往返。

轮渡

➡ **悉尼轮渡**（Sydney Ferries；☎13 15 00；www.transportnsw.info）的运营时间总体上是6:00到午夜。到大部分海港的单程标准船资为$6.20。去往曼利、悉尼奥林匹克公园和帕拉玛塔的船资为$7.60。如果要坐轮渡去塔隆加动物园（Taronga Zoo），可以乘坐Zoo Pass（成人/儿童 $53/27）专线。

➡ **Manly Fast Ferry**（☎02-9583 1199；www.manlyfastferry.com.au；成人/儿童 $9/6）和**Sydney Fast Ferries**（☎02-9818 6000；www.sydneyfastferries.com.au；成人/儿童 $9.75/7.50；📶）都提供快艇服务，从环形广场到曼利单程18分钟。

轻轨

➡ 轻轨行驶在中央车站和德威山（Dulwich Hill）之间，经停唐人街、达令港、星城赌场（Star Casino）、悉尼鱼市和格利伯。

➡ 短途票价为$3.80，长途票价为$4.80。可从售票员处购买。

火车

➡ **悉尼火车**（☎ 13 15 00；www.sydneytrains.info）拥有庞大的市郊铁路网，班次相对频繁，但没有去往北部和东部海滩的线路。

➡ 火车的运营时间为5:00至次日1:00，具体请查时间表。

➡ 内城短途线路的单程票价为$4。

➡ 如果没有Opal卡，上车前可以从自动售票机或是大站的柜台处购票。

出租车

➡ 除换班时间（15:00和3:00）外，在市中心和靠近内城的市郊扬招计程出租车很容易。

➡ 车资由政府调控，因此所有公司的收费标准相同。起步$3.50，周五和周六晚上22:00至次日6:00额外收取$2.50的夜间附加费。起步区间过后每公里$2.14，每天22:00至次日6:00加收20%

车票一卡通和通票

在大部分公共交通工具上，尽管你仍然可以购买单张票，但同时还有一种叫**澳宝卡**（Opal；www.opal.com.au）的智能卡。

在悉尼数不胜数的报亭和便利店里，用信用卡预授权，就可以免费获得这种卡。开启旅程前，只需要用卡接触置于火车站门口、公共汽车门旁边、轻轨车厢里和轮渡码头上的电子读卡器即可。结束旅程时需要再扫一次卡，让系统扣除相应费用。办卡的好处有：单程折扣、每日交通费$15封顶（周日$2.50封顶），以及一周内搭乘8次后可免费（每周一系统清零）。在机场火车站也可以用澳宝卡，但不享受上述优惠。

纸质**MyMulti通票**可以在码头、火车售票处，以及许多报亭和便利店里购买，但最好办张澳宝卡。一张MyMulti一日票售价为$24，而用澳宝卡最多$15。

的夜间附加费。订车需要额外收取$2.40。

➜ 悉尼可以使用**UberX**拼车软件，但州政府认为这一服务是非法行为。

主要出租车公司有：

Legion Cabs（☎13 14 51; www.legioncabs.com.au）

Premier Cabs（☎13 10 17; www.premiercabs.com.au）

RSL Cabs（☎02-9581 1111; www.rslcabs.com.au）

Taxis Combined（☎13 33 00; www.taxiscombined.com.au）

水上出租车

水上出租车是海港周边便捷的交通工具（从圆形码头到沃森湾只需15分钟）。

Aussie Water Taxis（见82页地图; ☎02-9211 7730; www.aussiewatertaxis.com; Cockle Bay Wharf）最多16人，可以按小时租用或是点对点接送。

H2O Maxi Taxis（☎300 420 829; www.h2owatertaxis.com.au）最多21人。主要在港区岛屿间运行；10人从圆形码头到丹尼森堡、Cockatoo Island、鲨鱼岛的资费分别为$110、$125、$150。他家网站上有很实用的报价工具。

Water Taxis Combined（☎02-9555 8888; www.watertaxis.com.au）最多4名乘客的费用：圆形码头至沃森湾$110；至Rose Bay $110；至伍卢穆卢$70。还提供海港游船套餐。

Yellow Water Taxis（☎02-9299 0199; www.yellowwatertaxis.com.au）4人起价，每多加1人（加收$10）。例如，从King St码头出发：至环形广场和丹尼森堡$83；至塔隆加动物园$95；至Cockatoo Island和鲨鱼岛$121；至沃森湾$127。

霍克斯伯里河（HAWKESBURY RIVER）

霍克斯伯里河距离悉尼不到1小时的车程。平静的河水流经金黄色的悬崖峭壁、历史古镇和河畔村落后进入海湾，途中经过一座座国家公园。

往上游走，会看到一条霍克斯伯里河的分支，狭窄的水路两岸草木丛生，一路延伸至生活节奏缓慢的**Berowra Waters**，这是一个商业发达、拥有大量船棚和居民的水边城镇。可乘坐24小时营运的免费渡轮渡过Berowra溪。

Wisemans Ferry是一座河边小村庄，在霍克斯伯里河向东流往**布鲁克林**（Brooklyn）的拐弯处。它的周围还保留着当年由囚犯修建的**大北方公路**（Great North Road），公路连接着悉尼和猎人谷，属于被列为世界文化遗产的澳大利亚囚犯关押地遗迹（Australian Convict Sites）的一部分。如今的它是前往北部的一条风景优美的小道。登录网站www.rms.nsw.gov.au，在搜索栏里搜索"convict trail"（囚犯主题游），可找到自助游小册子的下载链接。

活动

Riverboat Postman 游轮

（☎0400 600 111; www.riverboatpostman.com.au; Brooklyn Public Wharf, Dangar Rd; 成人/儿童/老人 $50/15/44; ⏲周一至周五 10:00出发; 🚉Hawkesbury River）从布鲁克林出发的Riverboat Postman是澳大利亚最后一艘仍在营运的邮船，乘坐它无疑是一种感受河流的怀旧方式。邮船溯流而上40公里到达Marlow，然后在13:15回到布鲁克林。船费包括早茶和农夫午餐。

住宿

感受霍克斯伯里的最佳方式就是入住一艘装备齐全的房船。在夏季和学校假期，费用高涨，但大多数房船提供实惠的淡季价格以及周中和长租优惠价。粗略估算一下，9月至12月，一艘2/6铺的房船住三晚的花费是$950/1050，在圣诞节/新年和周末节假日，费用会加倍。包括**Hawkesbury Afloat**（☎02-9985 7722; www.hawkesburyafloat.com.au; 45 Brooklyn Rd, Brooklyn）、**Holidays Afloat**（☎02-9985 5555; www.holidaysafloat.com.au; 87 Brooklyn Rd, Brooklyn）和**Ripples on the Hawkesbury**（☎02-9985 5555; www.ripples.com.au; 87 Brooklyn Rd, Brooklyn）。

就餐

Berowra Waters Inn 新派澳洲菜 $$$

（☎02-9456 1027; www.berowrawatersinn.com; East or West public wharves; 每人 $175;

⏲周五至周日 正午至14:00，周五和周六 18:00~22:00）从Berowra Waters镇前往上游方向的河岸边，只能坐船或海上飞机到达。这个由Glenn Murcutt设计的餐馆令人叹为观止，具有鲜明的新派澳洲风味的菜谱、风光明媚的河景，来这里度过一个特别的日子再完美不过。需提前致电订桌并安排渡轮。

ℹ 到达和离开

从悉尼中央车站出发有火车经过，可到达布鲁克林的霍克斯伯里河站（Hawkesbury River station；$7/3.50；1小时；大约每小时一班）注意Berowra火车站距离Berowra Waters还有足足6公里。

从水路去Wisemans Ferry最为方便，但还可以走一条漂亮的陆上道路：从中央海岸出发，沿着河流北岸蜿蜒前行，途经达鲁格国家公园（Dharug National Park）。从Wisemans Ferry往北到St Albans小村的路大部分都未铺柏油，但风景如画。

蓝山（BLUE MOUNTAINS）

人口 78,500

风光异常优美的蓝山是当之无愧的联合国教科文组织世界遗产。山脉因蓝灰色的雾气而得名，这种由桉树散发的无害油雾弥漫在人迹罕至的深谷和轮廓鲜明的砂岩层上。

山麓起于悉尼内陆的65公里处，到砂岩高原时山体已升至1100米，历经数千年侵蚀而成的山谷纵横其中。蓝山内有8处相连的自然保护区，其中包括蓝山国家公园（Blue Mountains National Park；www.nationalparks.nsw.gov.au/Blue-Mountains-National-Park），这里拥有真正称得上绝美的风景、极棒的丛林徒步小径、原住民雕刻艺术以及所有你想要看到的峡谷和悬崖。瓦勒迈国家公园（Wollemi National Park；www.nationalparks.nsw.gov.au/Wollemi-National-Park）位于贝尔斯线公路（Bells Line of Road）以北，一直延伸到猎人谷，是新南威尔士州最大的森林自然保护区。

尽管你可以从悉尼出发，花上一天的时间游遍蓝山并在当日返回，但我们强烈建议你在这里多待一晚，可以去探访一些小镇，进行至少一次丛林徒步，然后选一家好餐馆吃饭。山中气温很低，且全年都如此，因此记得带上暖和的衣服。

👁 景点

格兰布鲁克（Glenbrook）

从悉尼过来，你遇到的第一个蓝山小镇就是朴实低调的格兰布鲁克。从这里出发，你可以选择驾车或步行进入国家公园的下游。这里是公园内唯一一处要收取车辆门票（$7）的地方。从公园大门进入，走6公里即到达Mt Portal瞭望台，你可以在这里看到囊括了格兰布鲁克峡谷（Glenbrook Gorge）和Nepean河的全景。

红手洞（Red Hands Cave） 考古遗址

与其说是洞，不如说是处凹壁，这处原住民住所的石壁上有许多手印，最早的大约是1600年前留下的，最近的也有500年历史。路很好走，返程时往西南方向步行7公里就是格兰布鲁克信息中心（见143页）。

文特沃思瀑布（Wentworth Falls）

继续爬山，至文特沃思瀑布小镇，真正的蓝山风光在你面前揭开面纱，从这里南望，雄伟的杰米逊山谷（Jamison Valley）后面苍茫开阔。

文特沃思瀑布自然保护区 瀑布、公园

（Wentworth Falls Reserve；Falls Rd；🚉Wentworth Falls）和小镇同名的瀑布飞流直下300米，激起绵绵水雾。这里是一系列纵横交错的徒步线路的起点。这些线路深入峡谷，一路都有溪流、瀑布、深峡、树林和雨林伴随。一定要往回走1公里到Princes Rock，从那里看文特沃思瀑布和杰米逊山谷视野极佳。

鲁拉（Leura）

鲁拉是蓝山最漂亮的小镇，镇上有高低不平的街道、精心修整的花园和成片的维多利亚式走廊。小镇中心绿树成荫的主干道Leura Mall上，成排的乡村工艺品店和咖啡馆迎接每天的游客潮。

Sublime Point 观景台

(Sublime Point Rd; Leura; P)鲁拉南面的这块三角形岩峰每一面都是险峻的峭壁。这里非常宁静，让我们觉得比著名的卡通巴回音角更好。晴朗的日子可以看到下面广阔的蓝色峡谷上舞动的云影。

艾弗格兰德斯老宅和花园 花园

(Everglades Historic House & Gardens; ☎02-4784 1938; www.everglades.org.au; 37 Everglades Ave, Leura; 成人/儿童 $10/4; ⊙10:00~17:00)艾弗格兰德斯老宅建于20世纪30年代，现为国家信托所有。房子很有意思，但由丹麦园艺大师Paul Sorenson创作的5公顷绝美花园才是真正的亮点。

Leuralla新南威尔士州玩具和铁路博物馆 博物馆、花园

(Leuralla NSW Toy & Railway Museum; ☎02-4784 1169; www.toyandrailwaymuseum.com.au; 36 Olympian Pde; 成人/儿童 $14/6, 仅参观花园 $10/5; ⊙10:00~17:00)这座装饰艺术风格的大厦原来是首任联合国秘书长HV Evatt博士的家，里面塞满了各种各样的奇怪收藏品，从乖戾的爱德华七世时代的娃娃到《神秘博士》(*Dr Who*)里的人物塑像，再到一套罕见的纳粹宣传玩具，不一而足。铁路纪念品放置在漂亮的花园里。

卡通巴(Katoomba)

异世界般的袅袅迷雾、陡峭街道两旁林立的装饰艺术风格建筑、令人震惊的峡谷景观，还有餐馆、街头艺人、无家可归的流浪者、下流酒馆和高档酒店组成的古怪混合体——这就是卡通巴，山中最大的城镇。在这里，波希米亚和资产阶级的生活方式共存，爱恨交织在一起。

回音角 观景台

(Echo Point, 又名Three Sisters; Echo Point Rd, Katoomba)回音角的悬崖顶端是蓝山最热闹的观景平台，因为你可以看到这里最精华的景观：三座被称作**三姐妹峰**(Three Sisters; Echo Point, Echo Point Rd, Katoomba)的岩石峰。传说，一名术士为了让三姐妹免遭三名年轻男子的轻薄，将她们化作了岩石，但他没来得及将她们变回来就去世了，于是三姐妹只能以石峰形态永远留在这里。

注意：回音角有大量破坏景观的旅行团，他们不熄火的大巴放出尾气污染了山间的空气。要避开他们，就早些或晚些过去。周围的停车场很贵($4.40/小时)，可以将车停在几条街开外，然后再走过去。

沃勒塔原住民中心 文化中心

(Waradah Aboriginal Centre; www.waradahaboriginalcentre.com.au; 33-37 Echo Point Rd; 演出 成人/儿童 $12/7; ⊙9:00~17:00)位于世界遗产广场(World Heritage Plaza)上，这间美术馆和店铺展示非凡的原住民艺术精品，以及手绘飞去来器(boomerangs)和迪吉里杜管(didgeridoos)等旅游纪念品。来到此处的主要目的是看一场时长15分钟的表演。演出全天进行，表演者幽默地向观众介绍土著文化。

美景世界 缆车

(Scenic World; ☎02-4780 0200; www.scenicworld.com.au; Violet St和Cliff Dr的交叉路口, Katoomba; 成人/儿童 $35/18; ⊙9:00~17:00)乘坐玻璃地板的Skyway缆车越过峡谷上山，然后再从号称世界上最陡的轨道线以52度倾斜角下到杰米逊峡谷谷底。你可以走2.5公里的森林栈道(或是花6小时徒步12公里回到城堡废墟)，最后坐缆车回到山上。

蓝山文化中心 美术馆

(Blue Mountains Cultural Centre; www.bluemountainsculturalcentre.com.au; 30 Parke St; 成人/儿童 $5/免费; ⊙10:00~17:00)穿行在世界遗产展示中，脚下是蓝山的卫星图像，墙上和天花板上是山景，林间天籁环绕耳旁，实在是引人入胜。隔壁的美术馆举办有意思的展览，屋顶露台的景观也很棒。图书馆里可以免费上网。

百丽宫 著名建筑

(Paragon; www.facebook.com/TheParagon-Cafe; 65 Katoomba St; ⊙周日至周五 10:00~16:00, 周六至22:30)这里不算卡通巴的好餐馆，但还是值得一来。这个被列入遗产名录的

Blue Mountains 蓝山

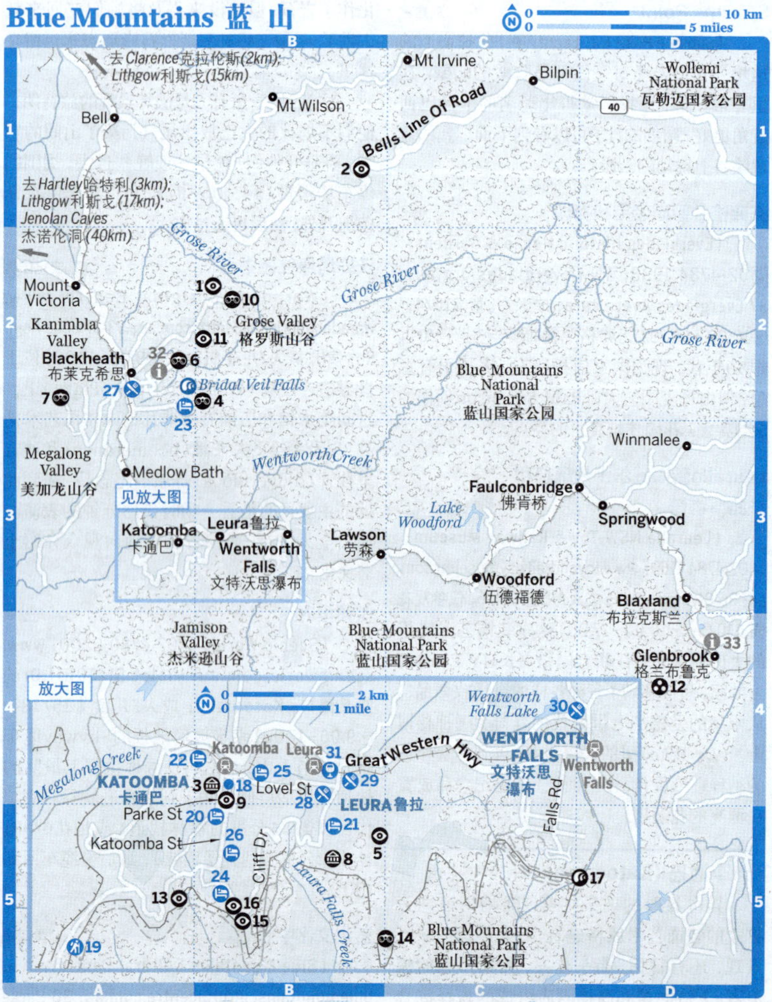

咖啡馆开业于1916年，富有时代特征的装饰极为美丽。这里的手工巧克力也很不错。别忘了去后面的鸡尾酒吧逛逛，其内部就像电影《了不起的盖茨比》(*Great Gatsby*)中的场景。

布莱克希思(Blackheath)

卡通巴以北10公里处是整洁小巧的布莱克希思镇，这里的人潮和商业氛围散去了不少。这个小镇很重要，很适合作为探访格罗斯山谷和美加龙山谷的基地。镇东是**埃文斯观景台**(Evans Lookout; Evans Lookout Rd)和**Govetts Leap观景台**，在那里可以看到蓝山最高的瀑布。东北方向，经过Hat Hill Rd可以到达**Pulpit Rock**、**Perrys俯瞰观景台**和**Anvil Rock**。西面和西南面是卡宁布拉(Kanimbla)和美加龙山谷，从**Hargraves观景台**(Shipley Rd)看过去风光壮丽。

活动

丛林徒步

要了解适合自己经验水平及锻炼目标的徒步路线，可以致电位于布莱克希思的

Blue Mountains 蓝山

景点

1 Anvil Rock....B2
2 蓝山托玛山植物园....B1
3 蓝山文化中心....B4
回音角....（见15）
4 埃文斯观景台....B2
5 艾弗格兰德斯老宅和花园....B5
6 Govetts Leap观景台....A2
7 Hargraves观景台....A2
8 Leuralla新南威尔士州玩具和铁路博物馆....B5
9 百丽宫....B4
10 Perrys俯瞰观景台....B2
11 Pulpit Rock....B2
12 红手洞....D4
13 美景世界....A5
14 Sublime Point....C5
15 三姐妹峰....B5
16 沃勒塔原住民中心....B5
17 文特沃思瀑布自然保护区....D5

活动、课程和团队游

澳大利亚登山学校....（见9）
18 蓝山探险公司....B4
19 金色阶梯徒步线....A5
High 'n' Wild Australian Adventures....（见20）

住宿

20 Blue Mountains YHA....B5
21 Broomelea....B5
22 Flying Fox....B4
Greens of Leura....（见29）
23 Jemby-Rinjah Eco Lodge....A2
24 Lilianfels....B5
25 No 14....B4
26 Shelton-Lea....B5

就餐

27 Ashcrofts....A2
Bistro Niagara....（见18）
28 Cafe Madeleine....B4
29 Leura Garage....B4
Leura Gourmet Cafe & Deli....（见28）
30 Nineteen23....C4
Sanwiye Korean Cafe....（见9）
Silk's Brasserie....（见28）
True to the Bean....（见9）
Vesta....（见27）

饮品和夜生活

31 Alexandra Hotel....B4

实用信息

32 蓝山世界自然和文化遗产中心....A2
回音角游客中心....（见15）
33 格兰布鲁克信息中心....D4

交通

蓝山探索者公共汽车....（见18）
有轨电车游....（见9）

国家公园蓝山遗产中心（Blue Mountains Heritage Centre），或是位于格兰布鲁克和卡通巴的信息中心。这三处都出售各种徒步手册、地图和图书。

要注意的是，这里丛林茂密，很容易迷路，还曾经因此出过人命。记得要将自己的姓名和徒步计划留在卡通巴警察局或是国家公园中心。警局、国家公园和信息中心都可以免费提供个人定位仪，强烈建议随身带一个，这对走长线的徒步者尤其重要。记得带上干净的饮用水和足够的食物。

最热门的两个丛林徒步区域为杰米逊山谷和格罗斯山谷，前者在卡通巴以南，后者位于卡通巴的东北方向、布莱克希思以东。**金色阶梯徒步线**（Golden Stairs Walk; Glenraphael Dr, Katoomba）到城堡废墟（Ruined Castle）的线路要比从美景世界（见137页）出发的线路安静得多。从美景世界沿Cliff Dr走1公里，找到左手边的Glenraphael Dr，道路很快就变得崎岖，而且不再是柏油路面。行走几公里后，留意左边的"Golden Stairs"路标。这是一段陡峭带劲的山路，一直下到山谷（大约8公里，回程5小时）。

风景最美的长途路线之一是需步行3天走完的**6英尺小道**（Six Foot Track），这条徒步道长45公里，从卡通巴出发沿着美加龙山谷经过考克斯河（Cox's River），一直延伸到杰诺伦洞。沿途有多个露营地。

骑自行车

蓝山也是受欢迎的骑行地，许多人带着自己的自行车，坐上开往伍德福德（Woodford）的火车，然后从那里骑车下山去格兰布鲁克，骑行时间为2～3小时。骑行地图在游客中心有售。

探险活动和团队游

蓝山探险公司 探险运动

（Blue Mountains Adventure Company; ☎02-4782 1271; www.bmac.com.au; 84a Bathurst Rd, Katoomba; ⏲8:00～19:00）绳降$150起，绳降加溪降组合$195起，溪降$150起。丛林徒步$30起，攀岩$195起。

High 'n' Wild Australian Adventures 探险运动

（☎02-4782 6224; www.highandwild.com.au; Blue Mountains YHA, 207 Katoomba St, Katoomba）绳降$135起，攀岩$169起，溪降$190起。

澳大利亚登山学校 探险运动

（Australian School of Mountaineering; ☎02-4782 2014; www.asmguides.com; 166 Katoomba St, Katoomba）绳降$165起，溪降$180起，攀岩$195起。

River Deep Mountain High 探险运动

（☎02-4782 6109; www.rdmh.com.au）经营绳降（$150起）、溪降（$150起）、溪降绳降套餐（$195）和各种徒步、山地车导览游。

Tread Lightly Eco Tours 生态游

（☎0414 976 752; www.treadlightly.com.au）经营多种日间、夜间徒步游（$65～135）和四驱车导览游，注重对地区生态环境的感受和保护。

原住民蓝山漫游 文化游

（Aboriginal Blue Mountains Walkabout; ☎0408 443 822; www.bluemountainswalkabout.com; 导览游 $95）由原住民经营和组织导览的灵性主题全天探险徒步游。从佛肯桥火车站出发，终点是Springwood站。

节日和活动

Yulefest 节庆

（www.yulefest.com）6月和8月举办的圣诞节风格的狂欢庆典。

Winter Magic Festival 节庆

（www.wintermagic.com.au）6月的冬至，卡通巴的主干道将被集市摊位、盛装出行的当地人和街头表演淹没。

Leura Gardens Festival 园艺

（www.leuragardensfestival.com; 所有花园$20，单个花园 $5）10月，喜爱园艺的游客会涌入鲁拉，共有10个私家花园向公众开放。

住宿

蓝山的住宿选择很多，但在冬季、周五和周六晚上（悉尼人喜欢来这里过一个浪漫周末）需要提前预订。绿荫如盖的鲁拉是最浪漫

值得一游

贝尔斯线公路

这条连接里士满（Richmond）北部和利斯戈（Lithgow）的公路是整个蓝山地区最美的观光路线，强烈推荐给自驾人士。这条线比高速路宁静得多，风景也让人目不暇接。

位于山脚下的贝尔萍（Bilpin）因苹果园而远近闻名，每周六10:00至正午，这里都会举办贝尔萍集市（Bilpin Markets）。

蓝山托玛山植物园（Blue Mountains Botanic Garden Mount Tomah; ☎02-4567 3000; www.rbgsyd.nsw.gov.au; ⏲9:30～17:30）免费 位于贝尔萍（Bilpin）和贝尔（Bell）的中间位置，与悉尼的皇家植物园不同的地方在于这里是低温环境。本地植物和外来植物相伴而生，包括一些灿烂的杜鹃花。

从悉尼市中心到贝尔斯线，可以先到悉尼港大桥，上M2，然后转到M7（两条路都有收费站）。从Richmond Rd出高速，接下来走Blacktown Rd，然后是Lennox Rd，路过一段很短的折线后上Kurrajong Rd，最后到达贝尔斯线公路。

的去处，而布莱克希思则适合作为徒步者的基地。这两处都是比已经过度开发的卡通巴更好的选择，但卡通巴有一些出色的客栈。

鲁拉 (Leura)

★Broomelea　民宿 $$

(☎02-4784 2940; www.broomelea.com.au; 273 Leura Mall; 房间 $180~200; @) 这座爱德华七世风格的建筑是浪漫的蓝山民宿，这里有四柱大床、修剪整齐的花园、壁炉和舒适的休息室，外廊上摆放着藤制家具。另有适合家庭入住的独立小屋。

Greens of Leura　民宿 $$

(☎02-4784 3241; www.thegreensleura.com.au; 24-26 Grose St; 房间 $175~220; @) 这栋漂亮的木屋位于与主干道平行的一条安静街道上，木屋周围是美丽的花园，提供5间以英国作家名字命名的房间（如勃朗宁、奥斯汀等）。每个房间都具有独特的装饰风格，其中一些房间有四帷柱床和水疗设施。

卡通巴 (Katoomba)

★Blue Mountains YHA　客栈 $

(☎02-4782 1416; www.yha.com.au; 207 Katoomba St, Katoomba; 铺 $30，双 带/不带浴室 $112/99; @) 旅舍的墙面是裸露的砖墙，这里共有200张床位，有宿舍和家庭房可选，所有的房间都很舒适，而且明亮干净。旅舍设施包括带壁炉的休息室、台球桌、设备齐全的公共厨房和有烧烤架的户外场地。

No 14　客栈 $

(☎02-4782 7104; www.no14.com.au; 14 Lovel St; 铺 $28，双 带/不带浴室 $89/79; @) 这里就像是一个让人愉悦的合租屋，气氛友好，经营者也乐于提供帮助。没有电视，因此住客只能彼此聊天。房费包含一份简单的早餐和上网服务。

Flying Fox　客栈 $

(☎02-4782 4226; www.theflyingfox.com.au; 190 Bathurst Rd; 扎营每人 $20，铺 $28~30，房间 $80~85;) 这里的主人罗斯和温迪有一颗旅行者的心，他们让入住这里的客人有宾至如归的感觉。旅舍朴实而惹人喜爱，这里没有喧闹的派对，只有休闲吧可以找到热红酒和巧克力。早餐免费。每周有一个意大利面之夜。

Shelton-Lea　民宿 $$

(☎02-4782 9883; www.sheltonlea.com; 159 Lurline St; 房间 $130~210;) 这所温馨的山间小屋被改成了4个套间，每套都有独立的起居空间和小厨房。有装饰艺术风以及大量花哨的家具。

Lilianfels　酒店 $$$

(☎02-4780 1200; www.lilianfels.com.au; 5-19 Lilianfels Ave; 房间 $229起; @) 紧挨着回音角，因此这里有同样壮丽的景观。这处豪华度假村拥有85个房间和该地区最棒的餐馆Darley's (3道菜 $125)，提供的设施包括水疗中心、室内外的温水游泳池、网球场、桌球/游戏室、图书室和健身房。

布莱克希思 (Blackheath)

Jemby-Rinjah Eco Lodge　小木屋 $$$

(☎02-4787 7622; www.jemby.com.au; 336 Evans Lookout Rd; $215起) 这些生态小木屋深藏在红千层林中，大概只有误打误撞才能找到。所有这些一居室和两居室的带护墙板的木屋都需要自带生活用品，豪华间里有日式澡盆。

餐饮

文特沃思瀑布 (Wentworth Falls)

Nineteen23　新派澳洲菜 $$$

(☎0488 361 923; www.nineteen23.com.au; 1 Lake St; 2/3道菜 $60/75; ⊙周六和周日 正午至15:00，周四至周日 18:00~22:00) 这家优雅的餐厅沉着冷静地保持着自己20世纪20年代的风貌，深受沉浸在爱河里的情侣的青睐——可以一边享用冗长的晚餐，一边凝视对方的眼睛。食物虽然缺乏新意，但烹制完美，风味浓郁。

鲁拉 (Leura)

Leura Gourmet Cafe & Deli　熟食 $

(☎02-4784 1438; 159 Leura Mall; ⊙周一至周五 8:00~17:00; Leura) 这里有美味的沙拉、派和乳蛋饼，还有完美的野餐食物。当地的美食爱好者在这里购买本地果酱、橄榄油和醋。琳琅满目的冰激凌足以吸引孩子们去丛林徒步，旁边的咖啡馆则有醉人美景。

Leura Garage 地中海菜 $$

（☎02-4784 3391；www.leuragarage.com.au；84 Railway Pde；午餐 $17~28，拼盘 $13~33；⊙周四至周一 正午至深夜）如果你对这家新潮咖啡吧的前身（一间车库）有所怀疑，店内悬挂着的消声器和一排排轮胎会向你证明这一点。晚餐时，菜式变为乡土拼盘，盛在木板上端上桌，其中有熟食满溢比萨。

Cafe Madeleine 咖啡馆 $$

（www.josophans.com.au；187a Leura Mall；主菜 $12~18；⊙9:00~17:00）Madeleine有一家售卖巧克力的姐妹店。这家的甜品特别好吃，比如巧克力华夫饼、蛋糕和热巧克力。对了，蛋制品早餐和法式小菜也很棒。

Silk's Brasserie 新派澳洲菜 $$$

（☎02-4784 2534；www.silksleura.com；128 Leura Mall；午餐主菜 $24~39，晚餐主菜 $35~39；⊙正午至15:00和18:00~22:00）这是一家经营多年的优质餐馆，工作人员非常热情。尽管表面上以新派为招牌，但内里还是一家啤酒馆，因此菜量很大，口味也好。记得留点肚子吃甜品。

Alexandra Hotel 小酒馆

（www.alexandrahotel.com.au；62 Great Western Hwy）Alex是小酒馆中的佼佼者。不妨和当地人来一盘桌球比赛，或在周末来听DJ和乐队的现场表演。

卡通巴（Katoomba）

Sanwiye Korean Cafe 韩国菜 $

（☎0405 402 130；www.facebook.com/sanwiyekoreancafe；177 Katoomba St；主菜 $10~16；⊙周二至周日 11:00~21:30）卡通巴满大街都是价位过高而味道一般的餐馆，这家小店因而以韩国店主倾注心血制作的新鲜美味的食物脱颖而出。

True to the Bean 咖啡馆 $

（www.facebook.com/truetothebean；123 Katoomba St；华夫饼 $3~6；⊙周一至周六 7:00~17:00，周日 8:00~14:00）悉尼人对单品咖啡的迷恋影响到卡通巴的主流品位，这一点在这家小意式浓缩咖啡馆里得到呈现。食物种类有限，冷燕麦粥和华夫饼都不错。

Bistro Niagara 法式小馆 $$

（☎02-4782 9530；www.facebook.com/BistroNiagara；92 Bathurst Rd；主菜 $26；⊙周三至周日 17:30~21:30，周六和周日 11:00~22:30；🚉Katoomba）这家山间小馆供应冒着泡泡的双层乳酪蛋奶酥和香蕉太妃派等经典食品，深受当地人和旅行者喜爱，而他们也总能得到员工热情的欢迎。餐馆中央有一个柴火炉，不同的夜里可以烤乳猪或好吃的苹果和梨挞。周末整个下午都供应午餐简餐，很适合饥肠辘辘的丛林徒步客。

布莱克希思（Blackheath）

Vesta 法式小馆 $$

（www.vestablackheath.com.au；33 Govetts Leap Rd，Blackheath；主菜 $30；⊙周三和周四 16:00~22:00，周五至周日 正午至22:00）感受到了蓝山的凉意吗？去Vesta好了。百年的柴火烤炉在后面熊熊燃烧，桌上是一盘盘丰盛的烤肉（全部都是自由放养、草饲、本地出品）和一瓶瓶澳洲葡萄酒，还有吵吵嚷嚷的当地食客。你很快就能暖和起来。

Ashcrofts 欧洲菜 $$$

（☎02-4787 8297；www.ashcrofts.com；18 Govetts Leap Rd，Blackheath；主菜 $40；⊙周四至周日 18:00~22:00，周日 正午至15:00和18:00~22:00）这家著名餐厅换了新主人，但长久以来卓越的名声不坠，依然受到山区人的欢迎。空间不大却很迷人，菜单不长却很精致，菜式随季节而变更，风味搭配也别出心裁，比如鹿肉配甜菜、防风配黑巧克力等。

实用信息

蓝山世界自然和文化遗产中心（Blue Mountains Heritage Centre；☎02-4787 8877；www.nationalparks.nsw.gov.au/Blue-Mountains-National-Park；Govetts Leap Rd尽头，Blackheath；⊙9:00~16:30）极其有帮助。正式的国家公园和野生动物管理局游客中心。

回音角游客中心(Echo Point Visitors Centre; ☎1300 653 408; www.bluemountainscitytourism.com.au; Echo Point, Katoomba; ⏲9:00~17:00)一家颇具规模的中心,员工乐于帮忙。

格兰布鲁克信息中心(Glenbrook Information Centre; ☎1300 653 408; www.bluemountainscitytourism.com.au; Great Western Highway; ⏲8:30~16:00; 📶)

到达和当地交通

驾车来蓝山的话,可沿着Parramatta Rd离开悉尼。在Strathfield拐弯进入免收过路费的M4高速公路,这条公路到了Penrith以西就变成了大西公路,沿着它行驶能到达蓝山的任何一个小镇。驾车从悉尼市中心出发去卡通巴约需1.5小时。另有一条景观路线贝尔斯线公路(见140页)可以到达。

蓝山公共汽车(Blue Mountains Bus; ☎02-4751 1077; www.bmbc.com.au; 票价 $2.40~4.70)连接主要城镇。

蓝山探索者公共汽车(Blue Mountains Explorer Bus; ☎1300 300 915; www.explorerbus.com.au; 283 Bathurst Rd, Katoomba; 成人/儿童 $40/20; ⏲9:45~17:00)运营卡通巴—鲁拉的公交环线,可随上随下。起点站在卡通巴车站,每半小时至一小时一班。

悉尼火车(Sydney Trains; ☎13 15 00; www.sydneytrains.info)蓝山线从悉尼中央车站出发,大约每小时一班,经停格兰布鲁克、Springwood、佛肯桥、文特沃思瀑布、鲁拉、卡通巴和布莱克希思。到达卡通巴需两小时(成人/儿童 $8.80/4.40)。

有轨电车游(Trolley Tours; ☎1800 801 577; www.trolleytours.com.au; 76 Bathurst St, Katoomba; 成人/儿童 $25/15; ⏲9:45~16:45)装扮成有轨电车的公共汽车,可随上随下。车辆在卡通巴和鲁拉之间走环形线路,经停29个站。

新南威尔士州中部海岸

包括 ➡

最佳餐饮

- Pearls on the Beach（见147页）
- Edwards（见152页）
- Subo（见152页）
- Muse Kitchen（见158页）

最佳住宿

- Longhouse（见158页）
- Thistle Hill（见157页）
- Junction Hotel（见149页）

为何去

经历过悉尼北部郊区颠簸的道路之后，一上高速，马上心情舒爽。说实话，中部海岸人口密集，是很适宜家庭居住的靠海的城市近郊。如果你想抽空逃离城市的喧嚣，无奈假期又只有几天，来中部海岸吧，沿着这绵延100公里的海岸线走走逛逛，你一定会感到身心愉悦。这里有适宜冲浪的黄金沙滩、若隐若现的小村落，还有波澜不惊的内陆湖，其中最大的是麦夸里湖（Lake Macquarie），面积是悉尼港的4倍。可能你会觉得这里文化底蕴不够浓厚，食物也不够美味。没关系，不妨去欢闹的纽卡斯尔和享乐至上的猎人谷葡萄酒庄园走一遭，在那里你肯定会得到满足。

何时去

纽卡斯尔

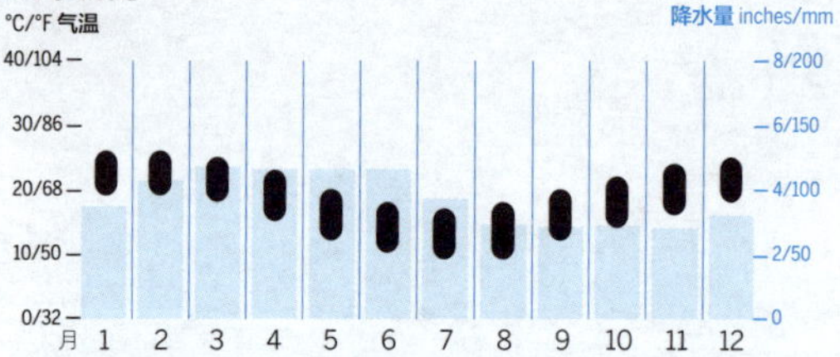

1月~3月 夏末适宜来纽卡斯尔参加冲浪节、喝精酿啤酒，来猎人谷参加音乐节。

5月~7月 此时正值鲸迁徙的季节。猎人谷中的葡萄酒和美食庆祝活动会持续一整月，美酒佳肴，狂欢到底。

10月~12月 届时葡萄酒节、爵士乐节、引人入胜的圣诞节彩灯和澳大利亚最大的新兴艺术节将轮番登场，好不热闹。

新南威尔士州中部海岸亮点

❶ 去**纽卡斯尔**最好的一个**咖啡馆**（见151页），点一杯咖啡细细品味。

❷ 参加**猎人谷**（见157页）的一个大型节日，观看一些老牌摇滚歌手的演出，喝一杯陈年的葡萄酒，吃一块有臭味的老奶酪。

❸ 找一个代驾，载你在**猎人谷**150多个**葡萄酒厂**（见155页）周围兜风。

❹ 到装饰艺术风格的**Ocean Baths**（见149页）洗个海水浴。

❺ 到**波蒂国家公园**（见146页）游玩，从你住的帐篷里观赏鲸迁徙。

❻ 到**猎人沼泽活动中心**（见148页）划独木舟、骑自行车或坐赛格威车（体感车）游览。

中部海岸（CENTRAL COAST）

你可以选择沿M1 Pacific Motorway高速公路直到纽卡斯尔（沿途会经过很多中部海岸出口），也可以沿着海岸漫步过去。戈斯福德（Gosford）是当地最大的城镇，同时也是当地交通枢纽和服务中心。阿沃卡（Avoca）以悠闲著称，那里有风景如画的海滩，还有一个饱经沧桑的电影院。而特里格尔（Terrigal）的月牙形海滩则是冲浪的好去处，城镇中心一片繁荣，有很多顶级加油站为来往车辆服务。而在海岸北部，巴托湾（Bateau Bay）和纽卡斯尔之间遍布着很多盐水湖，深邃而宁静的麦夸里湖便是其中之一。

景点

澳大利亚爬行动物园 动物园

（Australian Reptile Park；☎02-4340 1022；www.reptilepark.com.au；Pacific Hwy, Somersby；成人/儿童 $33/17；⏲9:00～17:00）在这里你可以和考拉及蟒蛇来一次亲密接触，瞧瞧工作人员是怎样提取漏斗形蜘蛛汁液（以获得抗蛇毒血清）的，再看看饲养员是怎样给加拉帕戈斯群岛海龟（Galapagos tortoise）喂食的。这对孩子们来说实在是再美妙不过的旅行了。

布里斯班水域国家公园 国家公园

（Brisbane Water National Park；☎02-4320 4200；www.nationalparks.nsw.gov.au/brisbane-water-national-park；Woy Woy Rd, Kariong；车辆可进入吉拉库和萨默斯比瀑布野餐区域 停车费 $7）戈斯福德西南方向有条河名叫霍克斯伯里河（Hawkesbury River），布里斯班水域国家公园就位于这附近。到了春天，公园里野花争奇斗艳，若是有幸来此骑骑自行车或是散散步，岂不妙哉？The Bulgandry Aboriginal Engraving Site位于Central Coast Hwy以南3公里处。公园东南边缘上有一个美丽的村庄珍珠海滩（Pearl Beach），很多悉尼人都隐居在这里。

波蒂国家公园 国家公园

（Bouddi National Park；☎02-4320 4200；www.nationalparks.nsw.gov.au/bouddi-national-park；车辆进入 $7）波蒂国家公园景色壮丽，园中小径一直延伸到海滩，那里人迹罕至，你可以登上瞭望台，欣赏一年一度的鲸迁徙（6月至11月）盛况。那景象一定会令你心潮澎湃。小海滩（Little Beach）、埔迪海滩（Putty Beach）和塔劳海滩（Tallow Beach）上都有露营地（双人 $20～28）；需要提前预订。只有埔迪海滩上的露营地提供饮用水和冲水厕所。

树顶探险公园 游乐园

（Tree Top Adventure Park；☎02-4025 1008；www.treetopadventurepark.com.au；1 Red Hill Rd, Wyong Cree；成人/儿童 $45/35起；⏲9月至次年4月，周一至周五 9:00～18:00，周六和周日 9:00～16:30，10月至次年3月 9:00～18:00）树顶探险公园的游乐设施着实刺激，包括世界最长过山车道在内，该公园共计有100多个探险项目。欧瑞巴姆国家森林（Ourimbah State Forest）郁郁葱葱，坐上过山车，跟随它飞一般地掠过树冠吧！

食宿

Tiarri 汽车旅馆 $$

（☎02-4384 1423；www.tiarriterrigal.com.au；16 Tiarri Cres, Terriga；房间/套 $145/190；🚭❄📶）这家装修精致的汽车旅馆建在特里格尔（Terrigal）一条安静的坡路上，客房整洁、时尚、舒适；二楼的房间都带有小露台，树荫遮蔽了洒向露台的阳光。仅限成人入住。

Crowne Plaza Terriga 酒店 $$

（☎02-4384 9111，1800 007 697；www.crowneplaza.com.au；Pine Tree Lan；双 $180起）这家酒店是特里格尔旅游产业的支柱酒店，配有若干豪华海滩景观房。还有两家餐厅、一个健身房、一个水疗馆和一个桑拿房。酒店价格随季节和入住率的变化而变化。

Woy Woy Fishermen's Wharf 海鲜 $$

（☎02-4341 1171；www.woywoyfishermenswharf.com.au；The Boulevarde, Woy Woy；主菜 $27；⏲外卖 周日至周三11:00～16:00，周四至周六 至19:00，餐厅开放 周日至周三 正午至15:00，周四至周六 至深夜）🌿格里根家族（The Cregan family）自1974年就开始制作口感极好的特色鱼和薯条，一直流传至今。你可以选

择把食物打包外带，到公园里大快朵颐（就像每天下午3点吃食的鹈鹕），也可以在他家整洁美丽的餐厅里选一张悬荡在水面上的桌子，坐下来细细品尝吧。

Pearls on the Beach 新派澳洲菜 **$$$**

（☎02-4342 4400；www.pearlsonthebeach.com.au；1 Tourmaline Ave, Pearl Beac；主菜 $39；⊙周四至周日 正午~14:30和18:00~22:00）这家白色小屋餐厅位于珍珠海滩，精美舒适，口碑极佳，是享用简单而味美的食物的好去处。他家的甜点口感诱人，也值得一试。

实用信息

中部海岸游客中心（Central Coast Visitor Centre；☎02-4343 4444；www.visitcentralcoast.com.au；52 The Avenue, Karion；⊙周一至周五 9:00~17:00，周六和周日 9:30~15:30）

戈斯福德游客中心（Gosford Visitor Centre；☎02-43434444；200 Mann St；⊙周一至周五 9:30~16:00，周六 至13:30）

麦夸里湖游客中心（Lake Macquarie Visitor Centre；☎02-4921 0740；www.visitlakemac.com.au；228 Pacific Hwy, Swansea；⊙周一至周五 9:00~17:00，周六和周日 至16:00）

入口游客中心（The Entrance Visitor Centre；☎02-4333 1966；Marine Pde；⊙9:00~17:00）

到达和当地交通

➡ 戈斯福德（Gosford）是纽卡斯尔和中部海岸之间的一个站点，经常会有来自悉尼和纽卡斯尔的火车（成人票$8.10，儿童票 $4.05，车程1.5小时）。如有需要，火车也可在布里斯班水域国家公园（Brisbane Water National Park）中的Wondabyne停车等候（只能是后节车厢）。

➡ **Busways**（☎02-4368 2277；www.busways.com.au）和**红色巴士公司**（Redbus；☎02-4332 865；www.redbus.com.au）两公司的长途汽车连接起当地的各个城镇和海滩。

纽卡斯尔（Newcastle）

人口 546,788

这些年来纽卡斯尔已经从一个港口城市转变为大型城市了。纽卡斯尔的主要经济产业是煤炭、钢铁和木材。近年来，文化产业、餐饮产业和创意产业也已发展成为其新兴产业。如今，属于纽卡斯尔的时代终于到来了。

按照面积来说，纽卡斯尔可能只有悉尼的十分之一大。但作为澳大利亚第二古老的城市，纽卡斯尔一直在积极地提升自己的综合实力。绝佳的冲浪海滩、历史感厚重的建筑和光照充足的气候只是这所魅力之都的一部分。纽卡斯尔还有精致的餐饮、时尚的酒吧、商品独特的精品店和多元的艺术气息，这些无一不为其增光添彩。对了，我们是不是忘记提及纽斯卡尔悠闲慵懒的氛围了呢？这绝对也是它的一大亮点。没错，纽卡斯尔的确值得你花一两天时间去观光。

景点

市中心

基督教主教座堂 教堂

（Christ Church Cathedra；☎02-4929 2052；www.newcastlecathedral.org.au；52 Church St；⊙7:00~18:00）始建于1892年的纽斯卡尔英国圣公会教堂（Anglican cathedral）巍峨壮观，直冲该城天际线。教堂里有各种宝藏，如黄金大酒杯和用宝石镶嵌的纪念册。当地很多人在第一次世界大战中丧失至爱，他们向教堂捐赠了很多珠宝，这些宝藏都是用他们捐赠的珠宝制作的。自助游手册对其中的一些物品做了一些简单介绍，如爱德华·伯恩-琼斯（Edward Burne-Jones）和威廉·莫里斯（William Morris）创作的彩色玻璃窗。

Lock Up 艺术中心

（☎02-4925 2265；www.thelockup.org.au；90 Hunter St；⊙周三至周六 10:00~16:00，周日 11:00~15:00）免费 这家艺术中心以前是家警察局（始建于1861年），而今却成了艺术家聚集地，当然啦，艺术家们可不是来蹲监狱的。他们讲授的当代美术课程充满活力。艺术家工作室和恐怖的监狱残迹如同保存完好的软壁房，墙是皮制的，里面填满了马毛。

纽卡斯尔美术馆 画廊

（Newcastle Art Gallery；☎02-4974 5100；www.nag.org.au；1 Laman St；⊙周二至周日

10:00~17:00）免费 且不管这家美术馆的野兽派外观，它里面可是珍藏了5000多件艺术作品；出生于纽卡斯尔的著名画家威廉·多贝尔（William Dobel）、约翰·奥尔森（John Olsen）、布雷特·怀特利（Brett Whiteley）以及现代派艺术家格蕾丝·科辛顿·史密斯（Grace Cossington Smith）的作品都包含在内。

纽卡斯尔东部

★斯克拉奇利堡　历史古迹

（Fort Scratchley；☎02-4974 5033；www.fortscratchley.com.au；Nobbys Rd；团队游 成人/儿童 $15/7.50；⏲周三至周一 10:00~16:00，团队游最晚 14:30）免费 克里米亚战争期间，为了抵御令人畏惧的俄罗斯人的入侵，人们在纽卡斯尔港修建了这座堡垒。第二次世界大战期间，一艘日本军舰向纽卡斯尔开火，这座堡垒立马予以回击，成为"二战"期间澳大利亚唯一一个参与海战的堡垒。不妨来一次导览游，上观堡垒，下览其迷宫般的地道，详细了解这座古迹。

Nobby's Head　水滨

纽卡斯尔港入口处的海岬本是一个岛屿，一道防波堤将其和内陆相连。防波堤是1818年至1846年间由一些囚犯建造的，施工过程中很多可怜的囚犯命丧大海。沿着海岬朝灯塔和气象站走去，这一路上的风景一定会令你兴奋不已。

泳者之路　水滨

（Bathers Way；www.visitnewcastle.com.au/pages/bathers-way）从诺比斯海滩（Nobby's Beach）到Glenrock Reserve这条风景优美的沿海小路上，海风习习，掠过海滩。沿途会经过军营城堡和the Convict Lumber Yard等引人入胜的历史景观。这条小路全长5公里，景区解说牌星罗棋布，讲述着当地的信仰和历史。要留心下梅里韦瑟水族馆（Merewether 'Aquarium'），它原本是一个人行地下通道，后经当地艺术家狄克逊·特里沃（Trevor Dixon）改造，成了一个流行艺术的水下世界。

Honeysuckle Precinct

纽卡斯尔博物馆　博物馆

（Newcastle Museum；☎02-4974 1400；www.newcastlemuseum.com.au；6 Workshop Way；⏲周二至周日10:00~17:00）免费 这家充满吸引力的博物馆位于重修过的Honeysuckle铁路作坊，它讲述了这座城市的历史进程：从Awabakal原住民部落的源头，到其艰难坎坷的社会发展史。最初这座城市是由一群囚犯、煤炭矿工和钢铁工人建造起来的。博物馆中的展品和参观者有良好的互动性，

值得一游

纽卡斯尔自然保护区

猎人沼泽活动中心（☎02-4951 6466；www.wetlands.org.au；412 Sandgate Rd，Shortland；成人/儿童 $5/2；⏲9:00~16:00）这是一个由废弃体育场改造成的环境保护区，包括鹊鹅、雀斑鸭、白鹭在内，共计有200多个品种的鸟类。并有许多其他动物栖息于此。想到这里来，要先经由太平洋公路到梅特兰，到墓地后向左转；或者乘坐到排沙闸门（Sandgate）火车，然后步行（约10分钟）。

人行道和自行车道十分宽阔，你可以步行或者骑车过去；公共汽车站点纵横交错，你可以选择乘车过去；你还可以租一只独木舟（2小时$10），沿风景如画的Ironbank Creek河划行过去。要想去沼泽地静静地观看动物，乘坐大受欢迎的赛格威车倒是种蛮有趣的方式。

Blackbutt Reserve（☎02-4904 3344；www.newcastle.nsw.gov.au/recreation/blackbutt_reserve；Carnley Ave，Kotara；⏲公园 7:00~19:00，野生动物展 10:00~17:00）丛林中有很多人行道和野餐区，可以选择一块空地坐下。该保护区由动物保护协会设立，有考拉、沙袋鼠、袋熊和多种鸟类等各种野生动物。从Kotara火车站步行到达该地只需花费很短的时间。

妙趣横生。如果你带了孩子，不妨带孩子去超新星(Supernova)科学中心体验一番，孩子自己可以亲自动手操作。

海洋中心 博物馆

(Maritime Centre; ☎02-4929 2588; www.maritimecentrenewcastle.org.au; Lee Wharf, 3 Honeysuckle Dr; 成人/儿童 $10/5; ⏲周二至周日10:00~16:00)博物馆的游客中心会常年展览纽卡斯尔的航海遗产。

活动

游泳和冲浪

在城镇东边是冲浪和游泳爱好者喜欢去的**纽卡斯尔海滩**(Newcastle Beach)，但是如果你十分害怕鲨鱼，那么你可以选择去**Ocean Baths**(Shortland Esplanade; ⏲夏季6:00~21:00，冬季6:00~16:30)**免费**。这是一家装饰华丽、充满艺术感的室内游泳馆。该游泳馆有一个专为幼儿设计的较浅游泳池，背景幕布上画的是波涛汹涌的海平面和咔嚓作响的货船。冲浪者一定要去**诺比斯海滩**(Nobby's Beach)，它就在游泳馆的北边。

纽卡斯尔海滩南边，爱德华国王公园(King Edward Park)斜下方，有一个由囚犯挖掘出来的**天然游泳池**(Bogey Hole)，这便是澳大利亚最早的海水浴场。浪花阵阵袭来，拍打着水池边缘，目睹此情此景，令人激动不已。再往南，就是最受欢迎的冲浪休息处：**Bar Beach**和**梅里韦瑟海滩**(Merewether Beach)。

这座城市最著名的冲浪节**Surfest**(www.surfest.com; 梅里韦瑟海滩)于每年2月举行。

步行和骑车

游客中心有很多宣传册，简单介绍了该城市的自助主题游。其中包括泳者之路(Bather's Way)以及东纽卡斯尔遗产步道(Newcastle East Heritage Walk)，该大道经过位于城市中心的早期殖民地时期的建筑群。*Newcastle by Design*宣传册介绍了在Hunter St及其附近值得关注的景点，包括一些城市内部的有趣建筑。

节日和活动

精酿啤酒周 饮食

(Craft Beer Week; www.newcastlecraftbeerweek.com; ⏲3月)纽卡斯尔当地有一个气氛活跃的年度啤酒酿造庆祝活动，所有关于精酿啤酒的特色活动都在纽卡斯尔、梅特兰和麦夸里湖附近进行。

这不是艺术节 艺术节

(This is Not Art Festival, TiNA; ☎02-4927 0675; octapod.org/tin; ⏲10月初)10月初会有一个独立艺术和新媒体节，它是专门为新兴和著名的作家、画家和音乐家设立的。

住宿

Newcastle Beach YHA 青年旅舍 $

(☎02-4925 3544; www.yha.com.au; 30 Pacific St; 铺/标单/双 $33/55/80; ⊖@📶)住在这里可以看见一栋富丽堂皇的英国公馆，然而位列遗产保护名录的旅舍，却以一种海滩别墅般的悠闲氛围著称。若来海滩冲浪，不远处就有趴板供游客免费使用，还有冲浪板对外出租。此外，酒馆每周都会提供免费的食物。

Stockton Beach Holiday Park 露营地 $

(☎02-4928 1393; www.stocktonbeach.com; 3 Pitt St; 营地/小木屋 $55/174起; ⊖❄@📶🐾)🍃该露营地位于斯托克顿(Stockton)沙丘后面，从纽卡斯尔乘船来此宿营，一出门(或者说帐篷)就是海滩。该露营地占地宽广，绿草萋萋，有针对厢式货车的套房和新建的智能双床/三床别墅，来这儿待上几天绝对值得。

Junction Hotel 精品酒店 $$

(☎02-4962 8888; www.junctionhotel.com.au; 204 Corlette St; 房间 $129起; ⊖❄📶)这家郊区小酒馆的楼上已改造成9间装修华丽的客房，风格以非洲动物为主题，色调独特。每间房都配有超大床和豪华浴室，浴室内有迪斯科灯和保护隐私的小隔间。酒店位于精品店和咖啡馆的交叉口处，想要去海滩只需步行10分钟。

Crown on Darby 公寓 $$

(☎02-4941 6777; www.crownondarby.com.

Newcastle 纽卡斯尔
0 400 m
0 0.2 miles
Newcastle Harbour 纽卡斯尔港
Port Hunter
PACIFIC OCEAN 太平洋
Visitor Information Centre 游客信息中心
Lee Wharf
Lee Wharf Rd
Honeysuckle Dr
Civic
Merewether St
HONEYSUCKLE PRECINCT
Hunter St
King St
Civic Park
Laman St
Darby St
COOKS HILL
Bruce St
Council St
Bull St
Dawson St
Centennial Park
Brooks St
Nesca Pde
Kitchener Pde
High St
Reserve Rd
Obelisk
King Edward Park 爱德华国王公园
Bather's Way 沐者之路
Brown St
Perkins St
Wolfe St
Church St
Tyrrell St
King St
Hunter St Mall
Newcomen St
Bolton St
Watt St
Hunter St
Newcastle 纽卡斯尔火车站
Bus Station 汽车站
Pacific St
Ocean St
Bond St
Scott St
Shortland Esp
Stevenson Pl
Parnell Pl
Nobbys Rd
Wharf Rd
Stockton Ferry
Newcastle Beach 纽卡斯尔海滩
Nobby's Beach 诺比斯海滩
Fort Scratchley 斯克拉奇利堡
去 Nobby's Head (1.2km)
去 Stockton 斯托克顿 (500m)
去 Bar Beach (1.5km); Merewether Surfhouse (3km); Merewether Beach 梅里韦瑟海滩 (3km)
去 Subo (100m); Cambridge Hotel (1km)
去 Edwards (800m)
去 Junction Hotel (1km)
1 2 3 4 5 6 7 8 9 10 11 12 13 14 15 16 17 18 19 20 21 22 23
A B C D E F G

Newcastle 纽卡斯尔

au; 101 Darby St; 公寓 $140起; P ⊖ ❄ 📶) 超大的电视、舒适的床和优质的咖啡——这家公寓会满足你所有的住宿需要。这些单间公寓不仅比一般酒店的房间要大，还配有小厨房。带有1到4间卧室的公寓则配有全套的厨房和宽敞的客厅。

Novotel Newcastle Beach 酒店 $$$

(☎02-4032 3700; novotelnewcastlebeach.com.au; 5 King St; 房间 $287起; P ⊖ ❄ @ 📶) 虽说这家酒店房间不大，但却别具一格——它没有游泳池，但是海滩就在对过，你还用愁没处游泳？酒店还建有小型健身房。这里为16岁以下的孩子提供免费住宿和早餐。

就餐

Darby和Beaumont是两条主要的小吃街，海滨也有很多家餐厅。**Newcastle City Farmers Market** (www.newcastlecityfarmersmarket.com.au; Newcastle Showground, Griffiths Rd; ⏲周日8:00~13:00，周三 14:30~21:00) 每周开放两次。

One Penny Black Espresso 咖啡馆 $

(☎02-4929 3169; www.onepennyblack.com.au; 196 Hunter St; 主菜 $12; ⏲7:00~16:30) 这家咖啡店的店员对自家咖啡的配方了如指掌，使得这家咖啡经久不衰，火爆异常。要想来此喝一杯特浓咖啡或过滤式咖啡，排队等候是常有的事。也常有爱吃烤吐司和美味早餐拼盘的人大声吆喝着点餐。

Napoli Centrale Pizza Bar 比萨 $$

(☎02-4023 2339; www.napolicentrale.com.au; 173 King St; 主菜 $20; ⏲周二至周六 11:00~22:00) 这家低调的比萨和意大利面店是那些爱吃柴火烤制比萨的当地人的最爱。他家的比萨馅薄，面饼酥脆，十分正宗。其秘诀是选用了那不勒斯面粉和圣马尔扎诺番茄酱。要吃这家的比萨，需要提前预订；或者从窗口买一个带走，去沙滩享用。

Scottie's Fish Cafe 海鲜 $$

(☎02-4926 3780; www.scottiescafe.com.au; 36 Scott St; 主菜 $28; ⏲周一至周五 11:00~21:00，周六和周日8:00~21:00) 海鲜店外面的棕榈树上缠绕着彩色的脚花灯，在树下摆上桌椅，点上一份经典的炸鱼和薯条，慢慢享用。

Merewether Surfhouse 咖啡馆、餐馆 $$

(☎02-4918 0000; www.surfhouse.com.au; Henderson Pde; 主菜 咖啡 $15~20，酒吧 $19，餐厅 $35; ⏲咖啡馆和比萨店 7:00至深夜，餐厅 周三至周六11:30至深夜，周日至16:00) 从建筑学上来讲，这里的建筑群都设计得十分显眼，很多地方都可以一眼就看到梅里韦瑟沙滩。这家装修华丽的长廊咖啡馆供应咖啡和懒汉早餐。傍晚时分意式冰激凌店常出售$10一份的比萨和冰激凌。你可到顶层餐厅去，一边透过落地窗欣赏窗外美景，一边享用价格合理的海陆大餐。

★Edwards 新派澳洲菜 $$$

（☎02-4965 3845；www.theedwards.com.au；148 Parry St；主菜 $35；⊙周二至周六 10:00至午夜，周日 至22:00）这里集酒吧、咖啡馆、晚餐店于一体。如果说新纽卡斯尔有一颗跳动的心脏，那这颗心脏一定就在这里。无论什么时候光临，美味鸡蛋早餐、柴火烤制的小吃和深夜酒吧小吃拼盘都随时恭候，一定让你吃个痛快。

这家超赞的工业风格的店是与银椅乐团（Silverchair）的贝斯手Chris Joannou合营的，这里过去是一个免下车干洗店（现在你仍可以把你的脏衣服扔到投币洗衣机中）。

★Subo 新派澳洲菜 $$$

（☎02-4023 4048；www.subo.com.au；551d Hunter St；5道菜 $85；⊙周三至周日 18:00~22:00）这是一家新颖的、评价很高的餐厅，座位需要在小小速博娱乐城（Subo）提前预订，餐厅的食物受当代法国菜影响，清淡而精致。这家餐厅有一个特制的"五道菜"菜单，菜品根据季节变化而变化。

Restaurant Mason 法国菜 $$$

（☎02-4926 1014；www.restaurantmason.com；3/35 Hunter St；主菜 早餐 $18~21，午餐 $20~36，晚餐 $35~42；⊙周二至周五 正午至15:30和18:00至深夜，周六 8:00~15:00和18:00至深夜；✎）这家新派法国菜餐厅给人一种夏天的感觉，桌椅摆放在室外的悬铃树下，主要的就餐地点就在大自然的怀抱里。菜肴都来自当地最新鲜的农产品。

饮品和娱乐

★Coal & Cedar 酒吧

（coalandcedar.com；380-382 Hunter St；⊙周二至周日 16:00至深夜）这家地下酒吧设计得如同"禁区"，你可以在木制长吧台边找个凳子坐坐。早期，这家酒吧是秘密场所，甚至不对外公开地址。不过现在这家酒吧早就不是什么秘密了。在这里你可以享用纽卡斯尔口感最好的烈性威士忌，聆听纽卡斯尔最好听的蓝调音乐。

Reserve Wine Bar 葡萄酒吧

（☎02-4929 3393；reservewinebar.com.au；102 Hunter St；⊙周二 正午至20:00，周三至周五至深夜，周六 15:00至深夜）这个前身是家银行的酒吧自称"葡萄专卖店"，先前其酒库中贮藏了350多种不同的葡萄酒，很多是从纽卡斯尔猎人谷的后花园运来的。享用美酒的同时，别忘了从奢华的菜单上点些吃的来过过瘾。

Grain Store 自酿酒吧

（☎02-4023 2707；www.grainstorenewcastle.com.au；64 Scott St；⊙周二至周六 11:30~23:00，周日 至21:00）这是家年岁已久的澳洲啤酒厂，过去曾经是存放谷物和盛啤酒小桶的仓库。这家自酿酒吧很有情调，可以坐下来品鉴21种特选的澳大利亚精酿啤酒。

Cambridge Hotel 现场音乐

（www.yourcambridge.com；789 Hunter St）这是背包客最喜欢去的地方之一，银椅乐团（Silverchair）——纽卡斯尔最著名的本土乐队常来此演出，其他巡回演出乐队和当地演员也常会现身。

购物

通过实施**纽卡斯尔复兴**（Renew Newcastle）计划，该城市的文化复兴已悄然兴起，给艺术家提供了更多的创作空间。漫步在**Hunter Street Mall**，你可以逛逛精品店，参观一下纽卡斯尔复兴计划中兴建的艺术家工作室。

Emporium 艺术品、时装

（renewnewcastle.org/projects/project/the-emporium/；185 Hunter St Mall；⊙周三和周六 10:00~16:00，周四和周五 至17:00）过去这里是戴维琼斯百货店（David Jones department store），现在其底层被各种精品店和艺术馆占据，当地的艺术品、时装、家具和设计品琳琅满目。

Olive Tree Markets 市场

（www.theolivetreemarket.com.au; Civic Park; ⏲每月的第一个周六 9:00~15:00）免费 这是一个现代手工艺品市场，当地很多画家和设计师都会在这儿摆摊，共有120多个摊位。

实用信息

Hunter Street Mall、the Honeysuckle Precinct、Hamilton's Beaumont St、纽卡斯尔机场和公共图书馆都提供免费Wi-Fi。

约翰亨特医院（John Hunter Hospital; ☎02-4921 3000; www.health.nsw.gov.au; Lookout Rd, New Lambton Heights）提供24小时急救。

游客信息中心（Visitor Information Centre; ☎02-4929 2588; www.visitnewcastle.com.au; Lee Wharf, 3 Honeysuckle Dr; ⏲周二至周四 10:00~16:00）

到达和离开

飞机

纽卡斯尔机场（Newcastle Airport; ☎02-4928 9800; www.newcastleairport.com.au）位于威廉姆镇（Williamtown）、市中心北部23公里处。

捷星航空（Jetstar; ☎13 15 38; www.jetstar.com.au）有航班抵离墨尔本（Melbourne）、黄金海岸（the Gold Coast）和布里斯班（Brisbane）。

QantasLink（☎13 13 13; www.qantas.com.au）有航班抵离布里斯班。

区域快线（Regional Express, Rex; ☎13 17 13; www.rex.com.au）有航班抵离悉尼和巴利纳（Ballina）。

维珍航空（Virgin; ☎13 67 89; www.virginaustralia.com）有航班抵离布里斯班和墨尔本。

长途汽车

火车站是当地重要的交通枢纽，纽卡斯尔几乎所有的长途汽车都在火车站后面设有站点。

Busways（☎02-4983 1560; www.busways.com.au）每天至少有两班长途汽车到茶园（Tea Gardens; $20.10, 1.5小时）、鹰巢（Hawks Nest; $20.50, 1.75小时）、Bluey's Beach（$28, 2小时）、福斯特（Forster; $32, 3.25小时）和塔里（Taree; $35, 4小时）。

澳洲灰狗巴士（Greyhound; ☎1300 473 946; www.greyhound.com.au）每天两班大巴抵离悉尼（$31, 2.75小时）、麦夸里港（$56, 4.75小时）、科夫斯港（$78, 7小时）、拜伦湾（$127, 11.5小时）和布里斯班（$157, 14.5小时）。

斯蒂芬斯港长途汽车公司（Port Stephens Coaches; ☎02-4982 2940; www.pscoaches.com.au; 成人/儿童 $4.60/2.30）有长途汽车到安娜湾（1.25小时）、尼尔森湾（1.5小时）、肖尔湾（1.5小时）和芬戈尔湾（2小时）。

Premier Motor Service（☎13 34 10; www.premierms.com.au）每日有长途汽车抵离悉尼（$34, 3小时）、麦夸里港（$47, 3.75小时）、科夫斯港（$58, 6小时）、拜伦湾（$71, 11小时）和布里斯班（$76, 14.5小时）。

Rover Coaches（☎02-4990 1699; www.rovercoaches.com.au）工作日有四班长途汽车抵离赛斯诺克（$4.70, 1.25小时），周六两班，周日无班次。

火车

悉尼火车（Sydney Trains; ☎13 15 00; www.sydneytrains.info）有列车到戈斯福德（$8.10, 1.5小时）和悉尼（$8.10, 3小时）。还有一条到猎人谷的线路；布拉克斯顿（$6.30, 50分钟）是到葡萄酒庄园最近的站点。

当地交通

抵离机场

➡ 斯蒂芬斯港长途汽车公司（Port Stephens Coaches）有很多汽车停在机场，途经卡斯尔（$4.60, 40分钟）和尼尔森湾（$4.60, 1小时）。

➡ 搭出租车去纽卡斯尔市中心约$60。

猎人谷日常团队游（Hunter Valley Day Tours; ☎02-4951 4574; www.huntervalleydaytours.com.au）有往返纽卡斯尔（单人票$35, 双人票$45）、猎人谷（单人票或双人票$125）、麦夸里湖和斯蒂芬斯港的车。

公共汽车

纽卡斯尔**本地巴士**（local buses; ☎13 15 00; www.newcastlebuses.info）交通布局广泛。城里有一个免费乘坐巴士区，7:30~18:00可免费乘坐班车。其他时间、其他区域则需要从司机那里购买一张一小时的票（$3.70）。主要站点都在纽卡斯尔火车站附近。

渡轮

Stockton Ferry（成人/儿童 $2.60/1.30）5:15~23:00，每隔半小时有船从皇后码头（Queens Wharf）起航。

火车

从纽卡斯尔火车站始发的火车都经过哈密尔顿（Hamilton）、Wickham和Civic，然后再转向悉尼或猎人谷。在这几站之间，乘车费用是$3.30。

猎人谷（Hunter Valley）

青翠的猎人谷中，狭窄的车道交错纵横，就像缠绕在山谷上的一条条金银丝带。但是游客来猎人谷，真正的目的不是享受在乡村小路上驾驶的愉悦，而是彻底的放松和畅饮。猎人谷就像在庆祝一个盛大的节日：优质葡萄酒、精品啤酒、巧克力、奶酪、橄榄，珍馐美馔，琼浆玉露，一切应有尽有。想必酒神巴克斯（Bacchus）也会在此下凡。

很多最古老的澳大利亚葡萄酒（始于19世纪60年代）都产自猎人谷，闻名世界的有沙美龙（semillon）、西拉（shiraz）和霞多丽（chardonnay）。猎人谷曾被誉为澳大利亚葡萄酒行业的“王冠上的宝石”，尽管现在该地位早已失之不保，但其仍然会生产许多上好的葡萄酒。

新一代葡萄酒酿造师不仅延续了当地传统风格，还在此基础上进行了革新，为振兴当地葡萄酒行业做出了重大贡献。这些葡萄酒厂没有装高冷，而是欢迎新手加入。在这里，就算你技艺不十分娴熟，比如太过频繁地旋

Hunter Valley 猎人谷

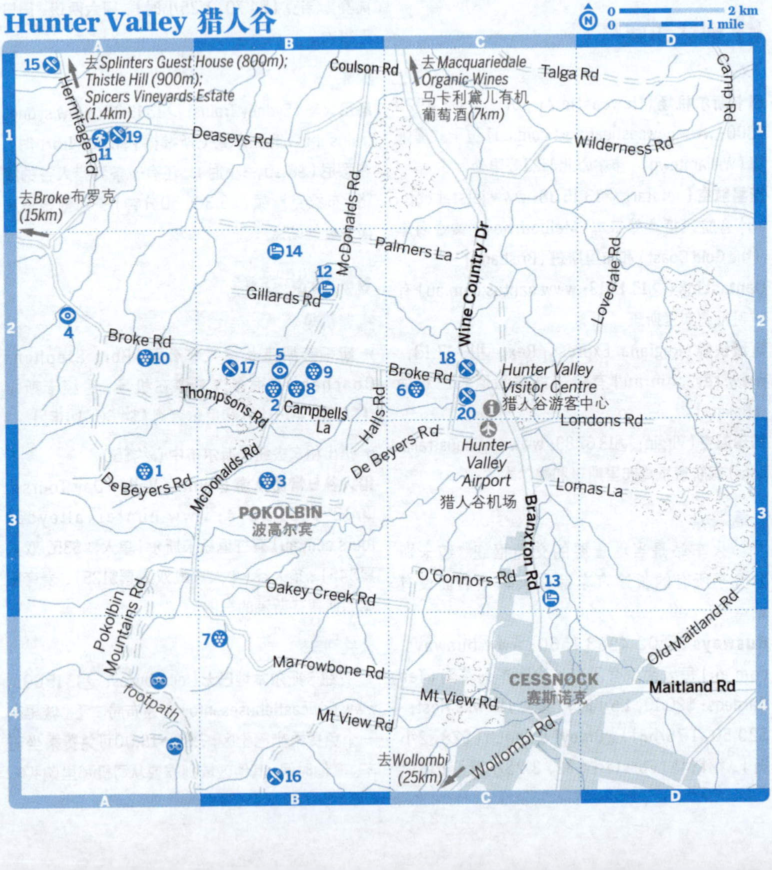

动酒杯或者很明显不会品酒，员工也绝不会对你冷眼相待。

尽管一些葡萄种植者嘲笑猎人谷有着迪斯尼乐园的外观，但那里有许多娱乐活动，热气球、骑马、露天演唱会，丰富多彩，无所不有。所以，对那些想在周末度假的人（如来自悉尼的情侣，想要举行结婚典礼的夫妇，或是想要痛饮一番、又需要找人代驾的一大群朋友）来说，猎人谷绝对是他们的不二选择。每个周五游客们蜂拥而至，各种费用也随之水涨船高。

猎人谷夏天极其炎热，所以最好在较为凉爽的月份来此。就好比当地的西拉葡萄酒，最好在凉爽些的月份享用一样。

景点和活动

猎人谷大多数景点都集中在一个区域，此地北邻New England Hwy，南邻Wollombi/Maitland Rd，波高尔宾（Pokolbin）（人口694）的葡萄酒厂和餐厅也大都群集于此。若想欣赏更别致的景色，感受更悠闲的氛围，不妨去葡萄园西北方向的布罗克（Broke）和辛格尔顿（Singleton）附近。

猎人谷共有150多个葡萄酒厂，从小规模家庭产业到大型商业运作，其规模和类型不尽相同。大多数酒厂都提供免费品酒服务，有的则会收点钱。

从波高尔宾游客中心免费拿一册《猎人谷官方导游册》（*Hunter Valley Official Guide*），上面的地图十分方便，你可以据此来规划你的路线；或者索性跟着感觉走，去一家隐蔽的小葡萄酒厂，四处走走逛逛。

天瑞酒庄 葡萄酒厂

（Tyrrell's Wines；☎02-4993 7000；www.tyrrells.com.au；1838 Broke Rd，Pokolbin；团队游$5；⊙周一至周六 9:00~17:00，周日10:00~16:00 酒庄团队游10:30）来天瑞酒庄参观，你会发现它就好比是澳大利亚葡萄栽培界的名人录。自从率先在猎人谷引进霞多丽葡萄后，该酒厂成了一个相当独立、老派的葡萄酒厂（始于1858年），来此观光的团队游络绎不绝。

詹姆士干红 葡萄酒厂

（James Estate；☎02-6547 5168；www.jamesestatewines.com.au；951 Bylong Valley Way，Baerami；⊙10:00~16:30）该酒厂位于瓦勒迈国家公园（Wollemi National Park）周边，站在那里向下俯瞰，可将整个古尔本河（Goulburn River）尽收眼底。山脊上还有4公里长的人行道和特意修建的山地车车道，在品酒之前可以先沿途欣赏一下周边美景。这个葡萄酒厂位于猎人谷的顶部，从波高尔宾西北方驱车来此只需1小时。

Hunter Valley 猎人谷

景点
1 奥德雷威尔金生酒庄 A3
2 恋木传奇 B2
3 Cockfighter's Ghost B3
4 猎人酒厂 A2
5 猎人谷花园 B2
6 福林湖 C2
7 快乐山 B4
8 Small Winemakers Centre B2
9 坦帕斯图 B2
10 天瑞酒庄 A2

活动、课程和团队游
11 基斯塔洛奇 A1

住宿
12 Hermitage Lodge B2
13 Hunter Valley YHA C3
14 Longhouse B2

就餐
15 Binnorie Dairy A1
16 Bistro Molines B4
17 Enzo B2
Hunter Valley Cheese Company （见5）
18 Hunter Valley Chocolate Company C2
Hunter Valley Smelly Cheese Shop （见9）
19 Muse Kitchen A1
20 Muse Restaurant C2

饮品和夜生活
Goldfish Bar & Kitchen （见9）

奥德雷威尔金生酒庄 葡萄酒厂

(Audrey Wilkinson Vineyard; ☎02-4998 7411; www.audreywilkinson.com.au; 750 DeBeyers Rd, Pokolbin; ⊙10:00~17:00)来这家酒厂，可在其位于山顶的酒窖边吃野餐边享受美景。作为最古老的葡萄园(始建于1866年)之一，这里景色壮丽，还有一个关于葡萄酒发展史的展览，十分有趣。

恋木传奇 葡萄酒厂

(Brokenwood; ☎02-4998 7559; www.brokenwood.com.au; 401-427 McDonalds Rd, Pokolbin; 团队游 $30; ⊙周一至周六 9:30~17:00，周日10:00~17:00)这家葡萄酒厂只种植沙美龙葡萄和西拉葡萄的单一品种葡萄园很出名，来这里你不仅可以进酒厂内部参观，还可以品尝不同年份的葡萄酒。

马卡利黛儿有机葡萄酒 葡萄酒厂

(Macquariedale Organic Wines; ☎02-6574 7012; www.macquariedale.com.au; 170 Sweetwater Rd, Belford; ⊙10:00~17:00) 马卡利黛儿有机葡萄酒是精品葡萄酒酿造商，生产经认证的天然有机产品。其庄园也种植大蒜和橄榄。

快乐山 葡萄酒厂

(Mount Pleasant; ☎02-4998 7505; www.mountpleasantwines.com.au; 401 Marrowbone Rd, Pokolbin; ⊙10:00~17:00，酒庄导览游11:00)这是猎人谷历史最为悠久的庄园之一，有很多葡萄酒可供品尝。如果你想购买葡萄酒，快乐山葡萄酒厂会向你提供价格合理且独具本地风味的葡萄酒。

福林湖 葡萄酒厂

(Lake's Folly; ☎02-4998 7507; www.lakesfolly.com.au; 2416 Broke Rd, Pokolbin; ⊙10:00~16:00)来到这家酒厂，千万不要错过口碑极好的赤霞珠和霞多丽，两者都是在这片庄园生长、酿造和装瓶的。这些葡萄酒产量较小，又主要倾向于对外出售，所以酒窖一年中大约有4个月的时间是关闭的。需提前电话预约。

Cockfighter's Ghost 葡萄酒厂

(☎02-4993 3688; www.cockfightersghost.com.au; DeBeyers Rd, Pokolbin; ⊙10:00~17:00)该酒厂就像一个大型机器，轰隆隆地生产价格适中的Cockfighter's Ghost，何不在如此现代化的酒窖中直接品尝一番呢?

Small Winemakers Centre 葡萄酒厂

(☎02-4998 7668; www.smallwinemakerscentre.com.au; 426 McDonalds Rd, Pokolbin; ⊙10:00~17:00)这个酒厂虽小，生产能力却毫不逊色。虽然它没有酒窖，却藏有30多个品种的葡萄酒。

坦帕斯图 葡萄酒厂

(Tempus Two; ☎02-4993 3999; www.tempustwo.com.au; 2144 Broke Rd, Pokolbin; ⊙10:00~17:00)这个酒厂里面葡萄藤蔓延交错，是团队游的最爱来的地方。他们的汽车通常停在酒窖、日式餐厅和臭奶酪商店(见158页)门口。美丽园(Meerea Park)有一个品酒室，很值得上门一试。

猎人酒厂 酿酒厂

(Hunter Distillery; ☎02-4998 6737; www.hunterdistillery.com.au; 1686 Broke Rd, Polkolbin; 品尝 $5; ⊙10:00~17:00)来到这家酒厂就像走进了一个科学实验室，试管里装满了其生产的美味伏特加，你可以直接品尝。

猎人谷花园 花园

(Hunter Valley Gardens; www.hvg.com.au; Broke Rd, Pokolbin; 成人/儿童 $15/2; ⊙9:00~17:00)来到这里就像走进了一个迷宫童话世界，处处鲜花盛开。最受欢迎的年度活动当属7月份的Snow Time及圣诞灯会(Christmas Lights Spectacular)。

Balloon Aloft 热气球游

(☎02-4991 1955; www.balloonaloft.com; $279)在太阳初升时乘坐热气球升上天空，俯瞰葡萄园。随热气球飘动，然后来Peterson House Winery享用早餐。

☞ 团队游

如果大家都不想为了开车而错过美酒，不必担心，这里有很多酒庄游供你选择。他们的工作人员会让游客到悉尼或纽卡斯尔集合，然后安排一次长途一日游。

适量饮酒

澳大利亚适度饮酒机构（DrinkWise Australia）建议，为了遵从“驾驶员呼气酒精浓度小于0.05”的规定，男驾驶员饮用超过2个标准单位的酒后1个小时内不得驾驶；每多饮用1个标准单位的酒，不得驾驶时长便增加1小时（女驾驶员血液中酒精浓度上升的速度比男驾驶员快得多，饮用1个标准单位的酒后1个小时内不得驾驶）。葡萄酒厂经常会提供20ml装的葡萄酒给游客品尝——5个20ml就相当于1标准单位的酒。

Hunter Valley Boutique Wine Tours 酒庄游

（☎0419 419 931；www.huntervalleytours.com.au）小团队半日游（三个酒窖）每人$65起，一日游（含午餐）每人$99起。

Aussie Wine Tours 酒庄游

（☎0402 909 090；www.aussiewinetours.com.au）相较于其他提供私人代驾服务的团队游，这个酒庄游可以由游客自己安排行程。

Kangarrific Tours 酒庄游

（☎0431 894 471；www.kangarrifictours.com；$115）这个小规模团队游从悉尼启程，承诺到猎人谷后会安排最别致的行程。你可以品尝所有的东西，从葡萄酒到意式冰激凌，还能享用早茶。

节日和活动

在这些较大的葡萄园举办的周末演唱会上，经常会有超级明星现身。每当要举行特别的活动时，都需要提前预订住宿。详情可见www.winecountry.com.au。

A Day on the Green 音乐节

（www.adayonthegreen.com.au）在夏季会有各种演唱会轮番在宾巴金酒庄（Bimbadgen Estate）登场。

拉伍达乐长桌午餐 美食节

（Lovedale Long Lunch；www.lovedalelonglunch.com.au）该美食节在5月的第三个周末举行；届时会有7个酿酒师和厨师组成一个团队，专门为音乐节和艺术节提供各种美食。

猎人谷葡萄酒和美食月 葡萄酒、美食

（Hunter Valley Wine & Food Month；www.winecountry.com.au）在6月举行。

葡萄园爵士乐节 音乐节

（Jazz in the Vines；www.jazzinthevines.com.au）每年10月在天瑞酒庄举行。

住宿

住宿价格会在周五和周六猛涨，一般情况下旅客都会在这里住上几天，最少也要住2天。很多地方都不接待儿童。

Hunter Valley YHA 青年旅舍 $

（☎02-4991 3278；www.yha.com.au；100 Wine Country Dr, Nulkaba；铺 $32，房间 带/不带独立卫生间 $88/77；@🛜🏊）在一整天的葡萄酒品尝或葡萄采摘（工人在2月份比较繁忙）活动结束后，可以来这家最近重新装修的青年旅舍，吃吃烧烤，游游泳，轻松愉悦地玩耍一番。酒店对外出租自行车；步行就能到达自酿酒吧。然而，这里的房间很闷热。

Thistle Hill 民宿 $$

（☎02-6574 7217；www.thill.com.au；591 Hermitage Rd, Pokolbin；房间/别墅 $200/350起；❄🛜🏊）这个民宿占地10公顷，静谧美丽，坐拥一个玫瑰花园、一个酸橙园、一个葡萄园、一座设施齐全可以容纳5个人的别墅，还有一个带有6个双人间的奢华客栈。房间和公共区都弥漫着一种优雅的法式异国情调。

Hermitage Lodge 木屋 $$

（☎02-4998 7639；www.hermitagelodge.com.au；609 McDonalds Rd, Polkolbin；房间 $160起；P⊖❄🛜🏊）住在这里只需步行就能到达那些酒窖，其房间和套房明亮而宽敞，且配有光照充足的露台，站在上面可以俯瞰整个西拉葡萄园。这里有高品质的北意大利风格的餐厅。虽然最普通的房间仅是由汽车旅馆稍加改进而成，但是其住宿条件很好。

Splinters Guest House 民宿 $$

（☎02-6574 7118；www.splinters.com.au；617 Hermitage Rd, Pokolbin；房间/别墅 $200/240起；❄🛜🏊）爱热闹的主人鲍比·乔里（Bobby

Jory)经营起这家民宿来不遗余力，美味的早餐、波特酒和巧克力都可送到房间，阳台上还有葡萄酒和奶酪。这里有3个环境整洁、舒适的双人间和两座乡村自炊别墅。

★ **Longhouse** 公寓 $$$

(☎0402 101 551; www.thelonghouse.net.au; 385 Palmers Lane, Pokolbin; 公寓 $299起;)50多个建筑学学生在一种澳大利亚传统的毛线工棚的基础上，共同设计了这个雅致的软垫房。该公寓由钢筋混凝土和再生木材制造，分成3间双床公寓，并配有一个极大的约48米长的露台。如果你知道你100%的花费都将用于建筑学社区的援助项目，你一定会觉得很棒。

Spicers Vineyards Estate 度假村 $$$

(☎02-6574 7229; www.spicersgroup.com.au; 555 Hermitage Rd, Pokolbin; 套 $395~495; P)灌木丛掩映中，这儿有12个悠闲的带有特大床的水疗套房，还有免费的小酒吧和带壁炉的温暖舒适的休息室；冬天若想找个地方呷一口西拉干红葡萄酒，这里绝对是一个完美的选择。在去水疗套房或者游泳池放松一下后，可以去一流的餐厅**Restaurant Botanica**(☎02-6574 7229; spicersretreats.com; 555 Hermitage Rd, Polkolbin; 2道菜套餐 $65, 3道菜套餐 $79; ⊙平日6:00~22:00, 周六和周日11:00~15:00)进餐。

就餐

猎人谷许多餐厅周三都不营业，因此最好选择周末来此观光。需要提前预订。很多葡萄酒厂就地带有餐厅。

★ **Muse Kitchen** 欧洲菜 $$

(☎02-4998 7899; www.musedining.com.au; Keith Tulloch Winery, Hermitage Rd和Deasys Rd交叉路口, Pokolbin; 主菜 $30~36; ⊙周三至周日 正午至15:00, 周六18:00~21:00)若想享用一顿美味的午餐，不妨去猎人谷最顶尖的饭店Muse Kitchen，那里的氛围就是"悠闲"的代名词。这家餐厅的季节性菜单上主要是些法式菜品，灵感来自时令果蔬和野生的香草等。别忘了留点肚子，去**基斯塔洛奇**(Keith Tulloch; ☎02-4998 7500; keithtullochwine.com.au; Hermitage Rd和Deasys Rd交叉路口, Pokolbin; 品酒 $5; ⊙10:00~17:00)酒窖尝尝精致的甜品和葡萄酒。

Enzo 咖啡馆 $$

(www.enzohuntervalley.com.au; Broke Rd和Ekerts Rd交叉路口, Pokolbin; 主菜 早餐 $15~29, 午餐$22~30; ⊙9:00~16:00)来这家备受欢迎的意大利风味咖啡馆，冬天坐在炉边，夏天则去花园，尽情享用独具乡村特色的饭菜。旅行途中可别忘了来David Hook Wines附近的这家咖啡馆坐坐。

Muse Restaurant 新派澳洲菜 $$$

(☎02-4998 6777; www.musedining.com.au; 1 Broke Rd, Pokolbin; 2道菜/3道菜 套餐 $75/95; ⊙周三至周五 18:30~22:00, 周六 正午至15:00和18:30~22:00, 周日 正午至15:00;)该餐厅位于巨大的恒福山葡萄酒厂(Hungerford Hill winery)内，是本地区口碑最好的餐厅，食物美味，菜式新颖，服务达到星级水平。还有专门为素食主义者设计的菜单(2道菜$60, 3道菜$80)。

Bistro Molines 法国菜 $$$

(☎02-4990 9553; www.bistromolines.com.au; 749 Mt View Rd, Mt View; 主菜 $38~42; ⊙周四至周一 正午至15:00, 周五和周六 19:00~21:00)这家餐厅位于塔拉维拉园葡萄酒厂(Tallavera Grove winery)内，其菜单是手工精心制作的，应季变换，如酒庄的风景一样令人难忘。

Margan 新派澳洲菜 $$$

(☎02-6579 1102; www.margan.com.au; 1238 Milbrodale Rd, Broke; 主菜 早餐 $18, 午餐 $38, 3道菜/4道菜/5道菜 $65/80/100; ⊙周五和周六 正午至15:00和18:00~21:30, 周日 9:00~10:30和正午至15:00)这家餐厅由夯土建造而成，其菜单很是吸引人，菜单上的很多菜都是从菜园现摘的；其他配料则来自当地的供应商，保证新鲜。在此就餐，视野可以穿过葡萄园，一直延伸到断背山脉(Brokenback Range)。

本地食材供应商

Binnorie Dairy 奶酪商店 $

(☎02-4998 6660; www.binnorie.com.

au; 1 Mistletoe Lane, Pokolbin; ⌚周二至周六10:00~17:00, 周日 至16:00) 这家新潮的店面出售一系列手工制成的奶酪，质地细腻，光滑柔软。山羊干奶酪、labne和腌制羊奶酪尤其让人欲罢不能。

Hunter Valley Smelly Cheese Shop 熟食店 $

(www.smellycheese.net.au; Tempus Two Winery, 2144 Broke Rd, Pokolbin; 主菜 $9~16; ⌚10:00~17:00) 这家店里除了满是人们爱吃的臭奶酪，还有熟食拼盘、比萨、汉堡包和长棍面包，以及一冰柜的超美味果冻。它在波高尔宾村还有一家分店。

Hunter Valley Cheese Company 奶酪店 $

(www.huntervalleycheese.com.au; McGuigans Winery, 447 McDonalds Rd, Pokolbin; ⌚9:00~17:30) 来这家店，店员将会一整天都在你耳边不停谈论干酪质的食物，更别提11:00~15:00的奶酪谈论会了，你更是无处可逃。那里有各种各样让人眼花缭乱的奶酪出售。

Hunter Valley Chocolate Company 巧克力店 $

(www.hvchocolate.com.au; Peterson House, Broke Rd, Pokolbin; ⌚9:00~17:00) 店里出售一系列当地产巧克力、松露、软糖和其他类型的糖果，看着就很有食欲。店旁边就是猎人谷唯一生产起泡酒的酒厂—— Peterson House。

饮品和夜生活

Goldfish Bar & Kitchen 酒吧

(www.thegoldfish.com.au; Tempus Two Winery, Broke Rd和McDonalds Rd交叉路口, Pokolbin; ⌚中午至深夜) 想出去喝酒吗？来这家受欢迎的酒吧，在阳台或是休息间，品尝一杯经典的鸡尾酒。若是周六晚上，还有免费公交车载你回家。

Wollombi Tavern 小酒馆

(www.wollombitavern.com.au; Great North Rd, Wollombi; ⌚10:00至深夜) 这家不错的小酒吧是Dr Jurd's Jungle Juice的原产地，这酒将白兰地、波特酒和葡萄酒混合起来，真是一个大胆的尝试。到了周末，这个酒馆便成为摩托车俱乐部（不吓人的那种）最爱来的歇脚点。

实用信息

猎人谷游客中心 (Hunter Valley Visitor Centre; ☎02-4993 6700; www.huntervalleyvisitorcentre.com.au; 455 Wine Country Dr, Pokolbin; ⌚周一至周六 9:00~17:00, 周日 至16:00) 该游客中心有很多小册子介绍当地的住宿、景点和饮食等情况。

到达和离开

长途汽车

Rover Coaches (☎02-4990 1699; www.rovercoaches.com.au) 工作日有4班长途汽车在纽卡斯尔与赛斯诺克间往返($4.70, 1.25小时)，周六两班，周日没有。其他的巴士从莫里赛特(Morisset)火车站开往赛斯诺克($4.70, 1小时, 每天两班)、梅特兰($4.70, 50 分钟, 流水发车)。

火车

悉尼火车有一条路线从纽卡斯尔通往猎人谷($6.30, 50分钟)。布拉克斯顿是到葡萄园最近的车站，然而只有梅特兰有到赛斯诺克的班车。

当地交通

若选择不驾车探险可能会很有挑战性。YHA hostel(见157页)对外出租自行车，**Grapemobile** (☎02-4998 7660; www.grapemobile.com.au; 307 Palmers Lane, Pokolbin; 每辆自行车租8小时 $35; ⌚10:00~18:00) 和**Hunter Valley Cycling** (☎0418 281 480; www.huntervalleycycling.com.au; 266 DeBeyers Rd, Pokolbin; 每辆自行车按半天租 $35/45) 也有。

Vineyard Shuttle (☎02-4991 3655; www.vineyardshuttle.com.au; 每人 $15; ⌚周二至周六 18:00至午夜) 在波高尔宾吃住都可享受上门服务。

拜伦湾和新南威尔士州北部

包括 ➡

最佳餐饮

- Town Restaurant & Cafe（见175页）
- Beachwood Cafe（见186页）
- Stunned Mullet（见205页）
- The Roadhouse（见167页）
- Hearthfire Bakery（见197页）

最佳住宿

- Byron Bay Cottages（见167页）
- Atlantic（见167页）
- Sugarloaf Point Lighthouse（见209页）
- Lily Pily（见196页）
- Nimbin Rox YHA（见178页）

为何去

在绵延的海岸线上，海滩小镇和国家公园星罗棋布。在内陆，茂盛的农场和列入世界遗产名录的热带雨林也不可胜数。

北部海岸可以说是一个缓冲地带，它是新南威尔士州的大城市、南部地区及昆士兰州的黄金海岸与北部地区之间的过渡带，这里的人都过着一种更为简单宁静的生活。无论你之前过的是大城市里快节奏的生活还是嬉皮士式的生活——倘若你正流连于这样可爱的澳大利亚小镇上，在找寻新奇特产的话，试一试当地一流的美食，体验一下灵魂阅读吧，一定不会令你失望的。如果你是为了冲浪而来，那就来对地方了，在这里，冲浪胜地随处可见。

何时去

拜伦湾

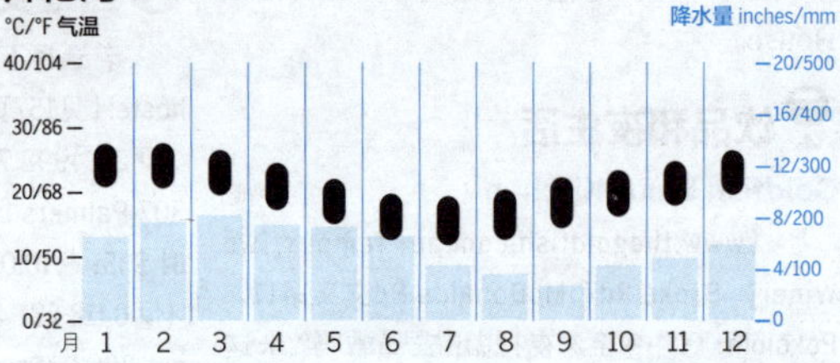

6月和7月 冬天把迁徙的鲸鱼带回了海岸，把花灯接带到了利斯莫尔，把摇滚乐手带到了拜伦湾。

9月至11月 鲸返回大海，蔷薇花盛开，迎来拜伦湾的冲浪节。

12月至次年4月 生活就像在海滩度假——利斯莫尔迎来"热带水果"舞会（全球最大的同志年会），而拜伦湾迎来了蓝调音乐节。

拜伦湾和新南威尔士州北部亮点

1 伸展四肢，躺在**米亚尔湖国家公园**（见208页）空荡荡的荒野海滩上。

2 在**多里戈国家公园**（见195页）探索世界遗产冈瓦纳古陆。

3 从**斯蒂芬斯港**（见210页）可乘游轮近距离与鲸鱼和海豚邂逅。

4 享受迷人内陆乡村的魅力，例如**贝林根**（见195页）。

5 在**拜伦湾**（见162页）有喷水的鲸群的水域中学习冲浪。

6 在**肯普西郡**（见198页）可选择沿着玛丽河（Macleay River）坐游船游览田园小路。

7 在当地市场如**班加洛**（见174页）目睹农民、嬉皮士和美食家的奇特组合。

到达和当地交通

飞机

在塔里(Taree)、麦夸里港、科夫斯港[贝林根(Bellingen)最值得一看]、格拉夫顿、巴利纳(拜伦湾)和利斯莫尔都有国内机场。此外,从斯蒂芬斯港到纽卡斯尔机场很方便,而且黄金海岸机场距离特威德角只有4公里。

长途汽车

澳洲灰狗巴士(Greyhound; www.greyhound.com.au)和**Premier**(www.premierms.com.au)均提供巴士服务,沿太平洋公路,往返于悉尼和布里斯班之间。该干道上一些小分支路线上的巴士服务由其他公司承担。

火车

NSW TrainLink(www.nswtrainlink.info)在悉尼与布里斯班间往返,经停温厄姆(Wingham)、塔里、楠巴卡角(Nambucca Heads)、科夫斯港及格拉夫顿(Grafton)。

巴利纳郡和拜伦郡(BALLINA & BYRON SHIRES)

回归自然和海滩边的生活完美结合,这条海岸线既适合家庭度假,也适合派对狂们。与北部备受游客欢迎的旅游圣地拜伦湾相比,巴利纳和伦诺克斯角的海滩小镇略逊一筹。

拜伦湾(Byron Bay)

人口 4960

这个小镇在一众海滩小镇中脱颖而出,初闻其声名,人们可能会想,究竟是什么令其如此备受宠爱。拜伦湾的海滩很棒,然而这条海岸线上其他一些海滩也不逊色。正是其独特的氛围使它脱颖而出。在这里,冲浪文化汇入到从内陆传来的嬉皮士文化当中,碰撞出一种自由随性、别样的生活方式。

拜伦湾楼层不高,人们生活悠闲。当然,现在拜伦湾确实拥挤了些,也吸引了相当一部分释放天性的青少年。然而,拜伦湾拥有着终年温和的天气,一望无际的海滩,安全可靠的踏浪点,精致的美食,灯红酒绿的夜生活和悠然自在的环境,这些独特氛围能使最愤世嫉俗的人也变得热爱生活。

诗人拜伦勋爵的祖父约翰·拜伦是著名的航海家,为纪念他,詹姆斯·库克把澳大利亚最东端的这一地点命名为拜伦角(Cape Byron)。后来的官员们误以为拜伦角一名是为纪念诗人拜伦,于是纷纷以诗人的名字为街道命名,例如琼森路、彭斯路、雪莱路。

景点

★拜伦角州立保护区公园 州立公园

(Cape Byron State Conservation Park; www.nationalparks.nsw.gov.au/cape-byron-state-conservation-area)若从**库克船长瞭望台**(Captain Cook Lookout; Lighthouse Rd; 🚗)向上,沿**拜伦角步行道**(Cape Byron Walking Track)一直爬到山顶,将会看到无比壮观的景象。在海角周边,有一些小路,沿它们下行或上行(大部分是上行)可到达**灯塔**(Lighthouse Rd; ⏲10:00~16:00)免费。沿途可看到海豚(全年)和迁徙的鲸(6月至7月向北或9月至11月向南)。还有可能遇到丛冢雉和沙袋鼠。这一圈下来要走3.7公里,大约用时两个小时。

灯塔建于1901年,里面有一些海洋和自然生物展品。如果你想到塔顶体验冒险之旅的话,需要参加志愿者团队游,体验时间大约是10:00~15:00(有金币捐赠活动)。这里有咖啡馆,灯塔值守人的小屋也提供住宿,设备齐全。

你可以直接开车上山,不过在山顶停车要付$7停车费(如果运气好的话你可以把车停在灯塔下方300米的空地上,那样就不用花钱了)。

海滩

镇中心西边的**Belongil Beach**较为荒凉,高大的山丘将此地与拥挤的人群隔离开来,还有一部分是裸体海滩,在那里穿不穿衣服都可以。在海滩的东端是著名的冲浪圣地**Wreck**,这里有强有力的右手破浪点。

正对着小镇前方的是**主海滩**(Main Beach),救生员在海滩上巡逻,人来人往,有做瑜伽的,有表演街头艺术的,有围着篝火跳舞的,昼夜热闹非凡。再往东就是**克拉克海滩**(Clarkes Beach)。海角的东端是最受欢迎的破浪点**Pass**。

Watego's Beach由石头围成半月状，沙滩上覆盖着白色的沙子，沙滩背后则是郁郁葱葱的雨林。再走400米就是僻静的Little Watego's（不通车），它就在拜伦角下方，也是一片美丽的小沙滩。黄昏的时候来此地看月出东方，美景定令人难忘。在拜伦角下的南边有一个海岬，那就是Cosy Corner（通过Tallow Beach Rd进入），即使别处的沙滩上北风呼啸，风高浪急，这里也不会有大浪。

塔劳滩（Tallow Beach）位于拜伦角以南7公里处，是一处废弃的海滩。这是躲清净的好去处。大多数海滩都背靠阿拉瓜国家公园（Arakwal National Park），但市郊的萨福克郡公园（Suffolk Park）几乎到达其南部边缘。国王海滩（Kings Beach）是一处著名的同性恋海滩，就在Seven Mile Beach Rd，过了Broken Head Holiday Park就是。

活动

探险运动在拜伦湾比比皆是，大多数探险运动的主办方都提供免费接送服务。冲浪和潜水最受青睐。

冲浪

大多数旅店都免费向顾客提供冲浪板，你也可以租设备。

Black Dog Surfing 冲浪

（☎02-6680 9828；www.blackdogsurfing.com；11 Byron St；3.5小时课程 $60）有针对性教学，适用于女人和儿童的小组课程。评价很高。

Surfing Byron Bay 冲浪

（☎02-6685 7099；www.gosurfingbyronbay.com；84 Jonson St；2.5小时课程 $60）这里有面向儿童和成人的冲浪课程，还有"冲浪瑜伽"组合课程。

Byron Bay Surf School 冲浪

（☎1800 707 274；www.byronbaysurfschool.com；29 Shirley St；3.5小时课程 $65）冲浪课程和冲浪训练营。

Mojosurf 冲浪

（☎1800 113 044；www.mojosurf.com；9 Marvell St；1门/2门课程 $69/119）冲浪课程和值得记忆的冲浪之旅。

Soul Surf School 冲浪

（☎1800 089 699；www.soulsurfschool.com.au；4小时课程 $59）为初学者设置的课程，半天至五天。

潜水

Julian Rocks Marine Reserve离岸约3公里，位于寒流和暖流交汇处，因此这里海洋物种丰富，有3种海龟。夏天可能会在这里发现豹纹鲨和蝠鲼，冬天可能会见到戟齿砂鲛。

Sundive 潜水、浮潜

（☎02-6685 7755；www.sundive.com.au；8/9-11 Byron St；潜水 $95起，浮潜团队游 $65）每天去朱利安岩礁的远征有2~3次，还包括各种各样的课程。

Dive Byron Bay 潜水

（☎02-6685 8333；www.byronbaydivecentre.com.au；9 Marvell St；潜水$99起，浮潜团队游 $65；⏲9:00~17:00）浮浅课程$495，专业潜水教练协会（Professional Association of Diving Instructors，简称PADI）指导课程$325起。

飞行和其他空中运动

Byron Bay Ballooning 热气球游

（☎1300 889 660；www.byronbayballooning.com.au；Tyagarah Airfied；成人/儿童 $325/175）早班次航行含香槟早餐。

Skydive Byron Bay 跳伞

（☎02-6684 1323；www.skydivebyronbay.com；Tyagarah Airfied；双人跳伞 $334起）跳伞高度为距离地面4267米。

Byron Airwaves 悬挂式滑翔翼

（☎02-6629 0354；www.byronair.com）滑翔（$145）和课程（$1500）。

Byron Bay Microlights 轻型飞机

（☎0407 281 687；www.byronbaymicrolights.com.au；Tyagarah Airfield；15/30/45分钟航行 $100/180/245）观鲸（$180）和观光飞行（$100）。

Byron Bay 拜伦湾

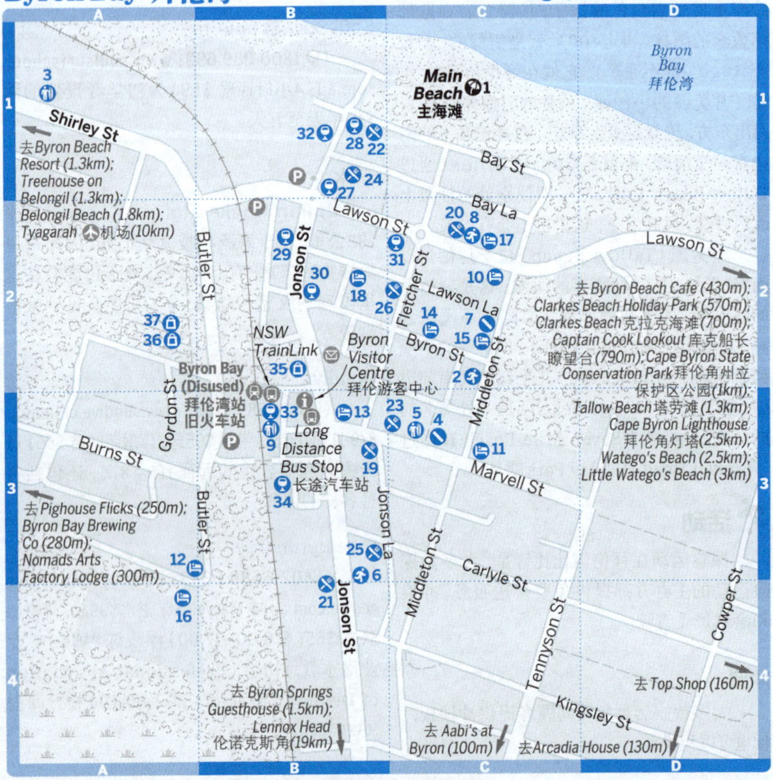

Byron Gliding

滑翔

(☎02-6684 7627; www.byrongliding.com; Tyagarah Airfied; 机票 $120起)海岸和内陆观光飞行。

替代疗法

拜伦湾是一处替代疗法的聚集中心，这里为游客提供各种各样的治疗，能治愈人们肉体上和心灵上的创伤。

Byron at Byron Spa

水疗

(☎02-6639 2110; www.thebyronatbyron.com.au/spa; 77-97 Broken Head Rd; 按摩1小时 $145起)6所豪华水疗馆就坐落在雨林中。包含度假村游泳池的使用费。

Be Salon & Spa

水疗

(☎0413 432 584; www.besalonspa.com.au; 14 Middleton St; 按摩30分钟 $60)顾客在接受美甲、足疗、脸部按摩、脱毛等服务的同时，还可体验灵魂阅读、按摩、能量平衡按摩、自然疗法。

Relax Haven

按摩

(☎02-6685 8304; www.relaxhaven.com.au; 107 Jonson St; ⏲10:00~18:30)悬浮减压浴缸(1小时 $79)、按摩(1小时 $89)、人体运动学、量子催眠疗法和灵气疗法。

其他

Go Sea Kayaks

皮划艇

(☎0416 222 344; www.goseakayakbyronbay.com.au; 成人/儿童 $69/59)🍃如果不看鲸、海龟或海豚，再来观光免费哦。

Surf & Bike Hire

自行车出租

(☎02-6680 7066; www.byronbaysurfandbikehire.com.au; 31 Lawson St; ⏲9:00~17:00)自

Byron Bay 拜伦湾

◎重要景点	
1 主海滩	C1
活动、课程和团队游	
2 Be Salon & Spa	C2
Black Dog Surfing	（见15）
3 Byron Bay Surf School	A1
4 Dive Byron Bay	C3
5 Mojosurf	C3
6 Relax Haven	B3
7 Sundive	C2
8 Surf & Bike Hire	C2
9 Surfing Byron Bay	B3
住宿	
10 Aquarius	C2
11 Atlantic	C3
12 Bamboo Cottage	A3
13 Byron Bay Accom	B3
14 Byron Central Apartments	C2
15 Cape Byron YHA	C2
16 Glen-Villa Resort	A4
17 Hibiscus Motel	C2
18 Nomads	B2
就餐	
19 Bay Leaf Café	B3
20 Blue Olive	C2
21 Cicchetti Byron Bay	B4
22 Italian at the Pacific	B1
23 Naked Treaties	C3
24 Orgasmic Food	B1
25 Petit Snail	B3
26 St Elmo	C2
饮品和夜生活	
27 Balcony Bar	B1
28 Beach Hotel	B1
29 Cocomangas	B2
30 Great Northern	B2
31 LaLaLand	C2
32 Miss Margarita	B1
33 Railway Friendly Bar	B3
34 Woody's Surf Shack	B3
购物	
35 Artisan Market	B2
36 Byron Community Market	A2
37 Farmers' Market	A2

行车和冲浪板（每日$10起），另配其他装备租赁。

团队游

Mountain Bike Tours 山地自行车

（☎0429 122 504; www.mountainbiketoursc.com.au; 半天/全天 $59/99）自行车生态游，在雨林中和沿海岸骑行。

Vision Walks 野生动植物团队游

（☎02-6685 0059; www.visionwalks.com; 夜间游 成人/儿童 $99/75，其他团队游 $45/28起）观察各种动植物的习性，包括夜行动物（参加Night Vision Walk）和嬉皮士之路内陆游（参加Hippie Trail Hinterland Tour）。

Byron Bay Adventure Tours 徒步

（☎1300 120 028; www.byronbayadventuretours.com.au; 每日团队游 $119）到沃宁山（Mt Warning）和内陆的日间、夜间徒步团队游。

节日和活动

拜伦湾蓝调音乐节 音乐节

[Byron Bay Bluesfest; www.bluesfest.com.au; 缇雅格拉芙茶树农场（Tyagarah Tea Tree Farm）;]拜伦湾蓝调音乐节这一盛大的音乐节在复活节举行，吸引了大批国际艺术家和当地重量级艺术家。

Splendour in the Grass 音乐节

（www.splendourinthegrass.com; North Byron Parklands）为期3天的音乐节于7月下旬举行，特点是表演者都是知名独立艺术家。

Byron Bay Writers' Festival 文学节

（www.byronbaywritersfestival.com.au）举行于8月初，到时来自全澳大利亚的畅销书作家及文学爱好者都会云集于此。

Byron Bay Surf Festival 冲浪

（www.byronbaysurffestival.com）举行于10月下旬，为期3天，是一场关于冲浪文化的庆典。

住宿

在1月或全年任一音乐节期间最好提前预订，如果你不满17岁，最好避开11月中旬开始的毕业周，大约持续1个月。因为在那期间很少有旅店接受只住一晚的预订。

预订机构有Byron Bay Accom（☎02-6680 8666；www.byronbayaccom.net；6/73-75 Jonson St；⏰周一至周五9:00~17:00，周六和周日10:00~17:00）。

Byron Beach Resort 青年旅舍 $

（☎02-6685 7868；byronbeachresort.com.au；25 Childe St；铺 $18~30，双 $90起，2卧公寓$150起）该度假村坐落于Belongil Beach对面，拥有优雅的环境和良好的管理，与住在拜伦镇上相比，这里价格更为公道，也是一个不错的选择。花园中有很多吊床，其间环境幽雅的宿舍、度假村，装备齐全的公寓比比皆是。这里有每日瑜伽、免费自行车，隔壁还有有趣的Treehouse on Belongil（见169页）。从Belongil Beach步行15分钟就可以到镇上（也可乘班车前往）。

Cape Byron YHA 青年旅舍 $

（☎02-6685 8788；www.yha.com.au；Middleton St和Byron St的交叉路口；铺 $38~40，双 带/不带浴室 $140/100；❄@🏊）🌿这些旅舍就在镇上，离海滩不远，聚集在一处景色宜人的恒温泳池边，泳池旁棕榈林立，环境优雅。友好且见多识广的工作人员会组织免费的步行团队游和其他活动。在淡季这里还有大幅打折活动。

Nomads Arts Factory Lodge 青年旅舍 $

（☎02-6685 7709；www.nomadsworld.com/arts-factory；Skinners Shoot Rd；露营地/铺/双 $17/34/90；❄@📶🏊）🌿要体验原汁原味的拜伦湾风情的话就住住这所古老的旅舍吧，它建在一个独特的沼泽旁，距离镇上15分钟的路程。选择多种多样，有6~10人间宿舍、湖边度假屋（只接待女客）、帐篷。情侣们也可选择"立方体"主题旅舍、海岛休闲度假小屋或略微昂贵的"情侣棚屋"（带独卫）。在这里可以做做瑜伽、学学澳大利亚传统乐器didge，也可常在森林中散散步。

Aquarius 青年旅舍 $

（☎02-6685 7663；www.aquarius-backpackers.com.au；16 Lawson St；铺/汽车旅馆 房间 $35/120起；❄@📶🏊）这所汽车旅馆式的青年旅舍就坐落于与海滩相邻的公路边，每间房都有阳台，有很多共享空间——包括一间带台球和乒乓球台的酒吧。旅馆房间还有小厨房，个别还有温泉浴室。宿舍只向外国游客提供。

Nomads 青年旅舍 $

（☎02-6680 7966；www.nomadsworld.com；1 Lawson Lane；铺 $48~52，双 $150~190；❄@📶）拜伦湾最大（最贵的）背包客旅馆，里面很多装饰都是著名设计师设计的。纵使宿舍再舒适，也不及大床房的一半，因为大床房不仅带独卫，还有冰箱和等离子电视。

Clarkes Beach Holiday Park 露营地 $

（☎02-6685 6496；www.northcoastparks.com.au/clarkes；紧邻 Lighthouse Rd；露营地/小屋 $46/175；❄📶）小屋和帐篷鳞次栉比，就排列在假日公园里一处美丽的灌木丛中，离海滩和灯塔不远。

Arcadia House 民宿 $$

（☎02-6680 8699；www.arcadiahousebyron.com.au；48 Cowper St；房间 $155起；❄📶）这个可爱的昆士兰旅舍也有些年头了，就坐落于一条僻静的街上，隐没在一个大花园中间。旅舍有通风的走廊，总共有6间雅致的房间，每间都有一张四柱床。走路的话10分钟左右就能到海滩，你也可以骑免费的自行车去。

Aabi's at Byron 客栈 $$

（☎02-6680 9519；www.guesthousesbyronbay.com.au；17 Ruskin St；房间 $180起；❄📶🏊）🌿旅舍装修华丽，充满现代感，泳池旁还矗立着几尊印度教的神像。此外，旅舍还有公用厨房、休闲酒吧，还可自助烧烤、游泳、做水疗。

Bamboo Cottage 客栈 $$

（☎0414 187 088；www.byron-bay.com/bamboocottag；76 Butler St；标单/双 不带浴室 $129/149，双 带浴室$169，公寓 $240；📶🐾）Bamboo Cottage特点鲜明，既国际化又富有热带风情，为旅客打造了从亚洲大陆到太平洋小岛的风格渐变的房间，营造出一种宾至如归的氛围。它就坐落在偏僻的小径边上。

Byron Springs Guesthouse 客栈 $$

（☎0457 808 101；www.byronsprings.com.au；2 Oodgeroo Garden；标单/双不带浴室$75/110起，双 带浴室$150；🅿📶）旅舍在小镇南方几公

里外，环绕在白色亚麻和枝繁叶茂的树木中间，地板都是抛过光的。如果你想远离人群的喧嚣，就到这来吧。而且旅舍提供欧式早餐和免费自行车。

Byron Central Apartments 公寓 $$

（☎02-6685 8800；www.byroncentral.com；5-7 Byron St；公寓$136~210；❄📶🏊）这些舒适的公寓就聚集在一个泳池旁，隐藏在镇中心的商业楼房当中，离海滩只有几条街。高级套间有阁楼卧室，家具都是新的，还配备了整体厨房。

Glen-Villa Resort 度假村 $$

（☎02-6685 7382；www.glenvillaresort.com.au；80-86 Butler St；小木屋 $110起；❄@📶🏊）旅舍的目标客户是情侣，严格遵守只接受双人房预订的规定（旅游团或家庭要投宿的话只得另觅他处了），这所假日公园集干净、舒适、安全于一身。它隐藏在后街小巷当中，得益于此，相对安静。

Hibiscus Motel 汽车旅馆 $$

（☎02-6685 6195；www.hibiscusmotel.com.au；33 Lawson St；双$155；❄📶）别看旅舍外观像高速路边的汽车旅馆，但真住进去你就会发现这里不仅房间宽敞明亮，装修豪华，工作人员也是热情好客。出门就能到达冲浪地点。

★Atlantic 酒店 $$$

（☎02-6685 5118；www.atlanticbyronbay.com.au；13 Marvell St；房间 $180起；❄📶）酒店位于镇中心，共有3栋装修豪华的加勒比式庄园别墅，每一栋都有一个天台，朝向热带花园。如果你觉得这还不够酷，还有更酷的选择。酒店后面的草坪上停着抛光铝皮制成的清风房车，你可以在里面睡觉。

★Byron Bay Cottages 别墅 $$$

（☎02-6620 9300；www.byronbaylighthouse.com；别墅 $350起）这几栋别墅是拜伦湾最炙手可热的，最好提前预订。共有4座别墅，建于20世纪20年代（能睡4~7个人），重新修葺过，花$350住在里面绝对物有所值。它们离克拉克斯海滩不远，就在被列入世界遗产名录的守塔人小屋建筑群里。

Byron at Byron 度假村 $$$

（☎02-6639 2000；www.thebyronatbyron.com.au；77-97 Broken Head Rd；套 $390起；❄📶🏊）🌿大约位于小镇南方4公里处，这些奢华一居室别墅就分散在藤蔓丛生的度假村里。你不仅可以在大大的泳池旁喝鸡尾酒，还可以上免费的瑜伽课，或是做免费水疗（见164页），也可以沿着木板路到塔劳滩。

就餐

★The Roadhouse 咖啡馆 $

（☎0403 355 498；byronbaycafebar.com.au；6/142 Bangalow Rd；主菜 $14；⏰周一 6:00~15:00，周二至周日 至22:00）离小镇不远处就有最有氛围的夜场。白天路边餐馆里播放的是绝妙的摇滚乐，提供的是天然食物和万能药，而一到晚上，这里就变成另外一番天地，昏暗的灯光，播放着蓝调音乐，酒单上有500多种威士忌。需要提前预订。

Top Shop 咖啡馆 $

（65 Carlyle St；主菜 $10~14；⏰6:30~17:00）Top Shop位于小镇东面的山丘上，当地冲浪爱好者是那里的常客。现如今它已由一个旧式的外卖店转型成高档餐厅，分成几个部分，分别在草坪上供应早餐汉堡、香肠肉卷、奎奴亚藜甘蓝沙拉，还有自制冰咖啡。

Three Blue Ducks at the Farm 农场饭馆

（☎02-6684 7888；http://thefarmbyronbay.com.au；11 Ewingsdale Rd，Ewingsdale）Three Blue Ducks在悉尼成功创办第一家咖啡馆之后，其团队决定将业务向北拓展，在拜伦湾外这个可爱的农场上展现其原汁原味的美食理念（农场中饲养牛和鸡）。

Naked Treaties 咖啡馆 $

（www.nakedtreaties.com.au；2/3 Marvell St；每份$8~15；⏰8:00~16:00；🌱）该店提供各种严格素食、有机菜、粗粮、奶制品和无糖制品。还有种类齐全、超级好吃的冰沙，一系列可口的食物，生的泰式炒面之类。店内的冷压有机咖啡是由新鲜扁桃仁牛奶和椰子花蜜制成的。

Bay Leaf Café 咖啡馆 $

（www.facebook.com/bayleafcoffee；2

Marvell St；主菜$9~17；⊙6:30~17:00）咖啡馆呈楔形，非常时尚，咖啡馆前门阶梯旁凸出一块，果汁饮品咖啡馆就建在那里，里面的早餐是很棒的。厨房是开放式的，通常很忙，菜单上的美味佳肴就是在里做的，还可能有特色意大利烩饭或是自制煎饼（加用朗姆酒泡过的葡萄干和焦糖香蕉）。

Blue Olive 熟食 $

（27 Lawson St；主菜 $10~13；⊙周二至周六 10:00~17:30，周日 至16:00）这里有好吃的奶酪、各种熟食、便餐；绿树成荫的小路上有桌子，你可以在这里享用美食，也可以到海滩上去吃。

Italian at the Pacific 意大利菜 $$

（☎02-6680 7055；www.italianatthepacific.com.au；2 Bay St；主菜 $28~36；⊙6:00~22:00）这个正宗意大利餐馆与海滩酒店相邻，虽然提供的食物种类有限，但是都很好吃。可以试一试慢炖羊小腿宽面——可能你从没吃过比那更好吃的宽面。

Byron Beach Cafe 咖啡馆 $$

（☎02-6685 8400；www.byronbeachcafe.com.au；Lawson St；主菜早餐 $15~22，午餐和晚餐 $25~33；⊙周日至周三 7:30~17:00，周四至周六 至21:00）咖啡馆就在克拉克斯海滩边上，冲完浪后到这个标志性的小咖啡馆吃个早午餐，也是个不错的选择。咖啡馆有很多不错的早餐，而且在与时俱进，变得更像餐馆了。

St Elmo 西班牙菜 $$

（☎02-6680 7426；www.stelmodining.com；Fletcher和Lawson Lane的交叉路口；菜品 $14~26；⊙周一至周六 4:00~23:00，周日 至22:00）这个西班牙餐厅生意兴隆，你可以到里面坐坐，这里有很多帅气的调酒师调制神奇的鸡尾酒，酒单上的酒有上百种。餐厅的菜单时髦且具有伊比利亚风格，上面还有一些海鲜类菜品。

Orgasmic Food 中东菜 $$

（☎02-6680 7778；11 Bay Lane；主菜 $15~25；⊙10:00~22:00；🖉）由一个沙拉三明治摊位晋升为小巷餐馆对这个餐馆来说是一个巨大的进步。这里的开胃菜可谓良心菜品，野餐时吃再合适不过了。

Cicchetti Byron Bay 意大利菜 $$

（☎02-6685 6677；www.cicchetti.com.au；108 Jonson St；拼盘 $16~22，主菜 $38，5道菜尝鲜价 $75；⊙周一至周四 5:30~23:00，周五至周日 正午至23:00）这家餐馆非常棒，员工都是意大利人，非常受欢迎。这个流行的小餐馆深受顾客喜爱，餐厅特色是有各种各样的威尼斯开胃菜，主菜丰富多样（至少两道）。独自用餐的顾客还可以到酒吧坐一坐，喝杯鸡尾酒。

Byron at Byron Restaurant 新派澳洲菜 $$$

（☎02-6639 2111；www.thebyronatbyron.com.au；77-97 Broken Head Rd；主菜 $37~40；⊙8:00~21:00）这间度假村餐厅以雨林为背景，里面烛光摇曳，非常温馨。这里的地中海菜在Northern Rivers一带是最好的，如班加洛甜猪肉和亚姆巴对虾。周四晚还有超值两菜套餐Farmers' Market（$49）。

Petit Snail 法国菜 $$$

（☎02-6685 8526；www.thepetitsnail.com.au；5 Carlyle St；主菜 $31~45；⊙周三至周六 6:30~21:30；🖉）在这里你可以沉浸在传统的法国菜中，例如鞑靼牛排、油封鸭和很多奶酪。外廊上是户外餐厅。还有单独为素食主义者设计的菜单（主菜$21~25）。

🍷 饮品和夜生活

关于娱乐场所排名，可参照每周四发布的*Byron Shire News*（www.byronnews.com.au）或收听拜伦湾电台FM99.9。

Byron Bay Brewing Co 酿酒厂

（www.byronbaybrewery.com.au；1 Skinners Shoot Rd；⊙周一至周六 正午至深夜，周日 正午至22:00）这里是由猪舍改造的，在这里你可以喝到自酿的淡啤酒，可以在酒厂里喝，也可以在充满热带风情的院子里的大无花果树的树荫下品尝。娱乐活动包括现场音乐、DJ和问答比赛。酿酒厂团队游16:00开始。

Balcony Bar 酒吧

（☎02-6680 9666；www.balcony.com.au；

Level 1, 3 Lawson St; ⏲8:00~23:00)这家供应小食和鸡尾酒的酒吧外廊隐没在棕榈树中,站在上面可以看到小镇中心的风光。日落的时候,这是个不错的去处。

Miss Margarita 酒吧

(☎02-6685 6828; missmargarita.com.au; 2 Jonson St; ⏲周一至周五 正午至15:00和17:00至次日1:00,周六和周日 11:30至次日1:00)这个小酒吧提供7种经典玛格丽塔及一系列各式各样的鸡尾酒。还有龙舌兰酒,配有小吃,例如什锦彩卷、沙拉和奶油鳄梨酱。

Railway Friendly Bar 小酒馆

(The Rails; ☎02-6685 7662; www.therailsbyronbay.com; 86 Jonson St; ⏲11:00至深夜)这个室内室外皆适用的小酒馆,吸引了各式各样的游客,从喜欢待在户外吃龙虾的英国游客到注重高品质生活的游客都喜欢这里。酒吧前面是一个啤酒园,到下午就开始热闹起来,在这里有现场音乐表演和各种美味佳肴。

Woody's Surf Shack 酒吧

(www.woodysbyronbay.com; The Plaza, 90-96 Jonson St; ⏲周一至周六 8:00~15:00)通常是夜生活的最后一站,但这里有严格的限制,现在实行了封锁制度,所以你如果对到3:00结束的桌球感兴趣的话,你得在1:30之前进场。

Great Northern 小酒馆

(☎02-6685 6454; www.thenorthern.com.au; 35-43 Jonson St; ⏲正午至深夜)这里的现场音乐表演者一直热衷于垃圾摇滚,会将从比利·布拉格到迪兹·瑞斯可的音乐演奏个遍。

Beach Hotel 小酒馆

(www.beachhotel.com.au; Jonson和Bay St交叉路口; ⏲11:00至深夜)在这充满海滨风情的啤酒园当中,你大可沉浸于此情此景。酒店播放冲浪电影,并且还有原版的《鳄鱼邓迪》里的帽子做装饰。

Treehouse on Belongil 小酒馆

(☎02-6680 9452; www.treehouseonbelongil.com; 25 Childe St; ⏲7:30~23:00)这个海滩酒吧装修朴素,木制的平台深入到树林当中,周末还有原汁原味的现场音乐表演。酒吧里大多数食物都是柴火烤制的,这里还提供很多冷饮。

Cocomangas 夜店

(www.cocomangas.com.au; 32 Jonson St; ⏲周三至周六 9:00至深夜)拜伦湾最有年头的夜店,定期举办背包客之夜。1:30后禁止入场。

LaLaLand 夜店

(☎02-6680 7070; www.lalalandbyronbay.com.au; 6 Lawson St; ⏲17:00至次日3:00)这个夜店经过时髦的翻新后,已是拜伦湾最好的夜店之一。

☆ 娱乐

Pighouse Flicks 电影院

(☎02-6685 5828; www.pighouseflicks.com.au; 1 Skinners Shoot Rd; 票价 $10~14)这个休闲影院是Byron Bay Brewing Co旗下的电影院,经常放映经典电影和艺术电影。

购物

拜伦湾有很多好得令人意想不到的购物商店。

市场包括每周的**Farmers' Market**(www.byronfarmersmarket.com.au; Butler Street Reserve; ⏲周四 8:00~23:00)、**Artisan Market**(www.byronmarkets.com.au; Railway Park, Jonson St; ⏲11月至次年3月 周六 16:00~21:00)和**Byron Community Market**(www.byronmarkets.com.au; Butler Street Reserve; ⏲每月的第一个星期天8:00~14:00)。

ℹ 实用信息

拜伦湾医药中心(Bay Centre Medical; ☎02-6685 6206; www.byronmed.com.au; 6 Lawson St; ⏲周一至周五 8:00~17:00,周六 至正午)

拜伦湾地区医院(Byron District Hospital; ☎02-6685 6200; www.ncahs.nsw.gov.au; Wordsworth和Shirley St交叉路口; ⏲24小时)

拜伦游客中心(Byron Visitor Centre; ☎02-6680 8558; www.visitbyronbay.com; Stationmaster's Cottage, 80 Jonson St; 捐赠入场; ⏲9:00~

17:00）提供海量旅游信息，房源紧张时提供住宿和巴士预订。

到达和离开

长途汽车

Jonson St上的游客中心旁有公共汽车站。

Blanch' s（☎02-6686 2144；www.blanchs.com.au）定期往返巴士，目的地有巴利纳拜伦门户机场（$9.60，1小时）、巴利纳（$9.60，55分钟）、伦诺克斯角（$7.60，35分钟）、班加洛（Bangalow；$6.40，20分钟）和马伦宾比（Mullumbimby；$6.40，25分钟）。

Brisbane Byron Express（☎1800 626 222；www.brisbane2byron.com）每天两班往返巴士，目的地有布里斯班（$38，2小时）、布里斯班机场（Brisbane Airpor；$54，3小时）；周日只有1班。

Byron Bay Express（www.byronbayexpress.com.au）每天5班往返巴士，目的地有黄金海岸机场（Gold Coast Airport；1.75小时）、冲浪者天堂（Surfers Paradise；2.25小时），$30/55（单程/往返）。

Byron Easy Bus（☎02-6685 7447；www.byronbayshuttle.com.au）小型公共汽车服务，目的地有巴利纳拜伦门户机场（$20，40分钟）、黄金海岸机场（$39，2小时）、布里斯班（$40，3.5小时）和布里斯班机场（$54，4小时）。

澳洲灰狗巴士（☎1300 473 946；www.greyhound.com.au）往返公共汽车，目的地有悉尼（$95起，12~14 小时，每天3班）、麦夸里港（$75，6小时，每天2班）、楠巴卡角（Nambucca Heads；$59，4.5小时，每天2班）、科夫斯港（Coffs Harbour；$46，3.5小时，每天4班）和布里斯班（$38，4小时，每天5班）。

Northern Rivers Buslines（☎02-6626 1499；www.nrbuslines.com.au）工作日往返巴士，目的地有利斯莫尔（1.5小时）、班加洛（30分钟）和马伦宾比（20分钟）；票价均为$9.70。

NSW TrainLink（☎13 22 32；www.nswtrainlink.info；Jonson St）火车站巴士可在旧火车站预订。目的地包括格拉夫顿（$25，3.75小时）、亚姆巴（$13.70，3小时）、巴利纳（$7，41分钟）、利斯莫尔（$9.22，1小时）、默威伦巴（$9.22，1小时）。

Premier（☎13 34 10；www.premierms.com.au）每日往返巴士，目的地有悉尼（$92，14小时）、麦夸里港（$66，7.5小时）、楠巴卡角（$58，5.75小时）、科夫斯港（$50，5小时）、布里斯班（$30，3.5小时）。

小汽车

Earth Car Rentals（☎02-6685 7472；www.earthcar.com.au；1 Byron St）

Hertz（☎02-6680 7925；www.hertz.com.au；5 Marvell St）

当地交通

拜伦湾出租车（Byron Bay Taxis；☎02-6685 5008；www.byronbaytaxis.com.au；⏲24小时）

伦诺克斯角（Lennox Head）

人口 7000

伦诺克斯角风景如画，是一个国家级冲浪保护区，海岸线上有一些极好的冲浪场所，有世界级的定点起浪点。拜伦湾位于伦诺克斯角以北17公里处，极受旅客欢迎，而伦诺克斯角充满田园气息，风光旖旎，不逊色于其北部的邻居。

景点

七英里海滩（Seven Mile Beach） 海滩

七英里海滩绵长可人，由小镇向北伸展。这里四驱车可达，不过必须向Caltex Service Station申请许可。要想小酌一杯的话，最好的去处就是小镇最北边的小店，就在冲浪俱乐部旁边。

安斯沃思湖（Lake Ainsworth） 湖泊

安斯沃思湖临沙滩而居，是一个淡水湖，湖边茶树环绕，湖水已被染成棕色。不要焦躁：那种湖水对皮肤有好处。**伦诺克斯角社区集市**（Lennox Head Community Market；Lennox Head Community Centre；⏲每月的第二个周日 8:00至次日2:00）在前滩举行。

活动

Wind & Water 风帆、冲浪

（☎0419 686 188；www.windnwater.net；1小时课程 $80起）在安斯沃思湖和七英里海滩进行的风帆活动、风筝冲浪和冲浪课程。

Seabreeze Hang Gliding 探险运动

（☎0428 560 248；www.seabreezehanggliding.com；$145起）在伦诺克斯角或拜伦角体验双人跳伞，或学习单人跳伞。

食宿

房屋中介**Professionals**（☎02-6687 7579；www.lennoxheadaccom.net.au；72 Ballina St）有很多度假房对外租售。

Lennox Head Beach House YHA 青年旅舍 $

（☎02-6687 7636；www.yha.com.au；3 Ross St；铺/标单/双 $34/55/82；@）离海滩仅100米，这里有很好的房间，氛围很好。花$5就可以租到冲浪板、帆板和自行车。

Lake Ainsworth Holiday Park 露营地 $

（☎02-6687 7249；www.northcoastholidayparks.com.au；Pacific Pde；露营地/小屋 $33/95起；🛜）这个家庭式的假日公园临湖靠海，房间有高档的也有普通的，包括不带浴室的朴素小屋和六人住的别墅。还有为露营者准备的一些新的便利设施和厨房。

Lennox Point Holiday Apartments 公寓 $$

（☎02-6687 5900；www.lennoxholidayapartments.com；20-21 Pacific Pde；公寓 $180起；❄🛜🏊）你可以在时尚的公寓里观看别人冲浪，也可在接待处借个冲浪板自己体验一把。单床房和双床房是一样大小的，所以单床房更宽敞些。

Cafe Marius 拉美菜 $$

（☎02-6687 5897；www.cafemarius.com.au；90-92 Ballina St；主菜 $15~22；⏰周一至周四 7:00~15:30，周六和周日 至21:00，周日 8:00~15:30）这个酷酷的小咖啡馆执照齐全，里面从早到晚都有时尚的服务员为食客端上美味的拉美菜或西班牙菜。

Foam 新派澳洲菜 $$

（☎02-6687 7757；www.foamlennox.com；41 Pacific Pde；主菜 早餐 $10~17，午餐 $26~36）Foam有奢华的氛围，在露台上喝一瓶冰的白葡萄酒，吃一顿长长的午餐，看看七英里海滩令人叫绝的美景，是再好不过的事了。

到达和离开

Blanch's（☎02-6686 2144；www.blanchs.com.au）定期往返巴士，目的地有巴利纳拜伦门户机场（$6.40，30分钟）、巴利纳（$6.40，15分钟）、拜伦湾（$7.60，35分钟）和马伦宾比（$10，1小时）。

Northern Rivers Buslines（☎02-6626 1499；www.nrbuslines.com.au）工作日到利斯莫尔有1班或2班往返巴士（$9.70，1小时）。

巴利纳（Ballina）

人口 19,000

巴利纳地处里士满河（Richmond River）河口处，得天独厚，白色的沙滩和清澈如水晶的流水呵护着她。在19世纪末，这里是一个富裕的木材镇；在后街小巷仍然能找到零星分布的雅致历史建筑。近来，巴利纳成了最受出游家庭和退休人员欢迎的地方，有地区机场。

景点

主街东边的大桥对面就是水平如镜的**肖湾潟湖**（Shaws Bay Lagoon），这是家庭旅游的好去处。**谢利海滩**是一片白色的沙滩，有人巡逻。**南巴利纳海滩**（South Ballina Beach）是一个短途旅行的好去处，可在Burns Point Ferry Rd上乘坐汽车渡轮到达。

巴利纳海军和海事博物馆 博物馆

（Ballina Naval & Maritime Museum；☎02-6681 1002；www.ballinamaritimemuseum.org.au；8 Regatta Ave；成人/儿童 $5/2；⏰9:00~16:00）在19世纪，巴利纳是新南威尔士州第三大港口。第二次世界大战之后，很多退伍的海军在这里的造船厂工作。博物馆中最有意思的展品就是一只轻木筏，它是拉斯维加斯巴尔萨斯河探险队的一部分，穿过太平洋从厄瓜多尔漂流到这里，1973年停靠在巴利纳。

大对虾 地标

（Big Prawn；Ballina Bunnings，507 River St）巴利纳的大对虾地标在2009年差点被拆除。

5000人联名签署请愿书要求保护这一地标，于是在2013年政府花费了$400,000将它修葺一新，此后这一高9米、重35吨、14岁的动物又如从前一样诱人了。

活动

Ballina Boat Hire 划船

（☎0402 028 767；www.ballinaboathire.com.au；268 River St；半天 $90）租赁锃光发亮的渔船、烧烤船和双体船。

Summerland Surf School 冲浪

（☎0428 824 393；www.summerlandsurfschool.com.au；2小时课程 $69）以巴利纳南部的埃文斯角（Evans Head）为基地。

Kool Katz 冲浪

（☎02-6685 5169；www.koolkatzsurf.com；4小时课程 $49）在肖湾潟湖、谢利海滩或伦诺克斯角进行的冲浪课程。

团队游

Kayak Ballina 皮划艇

（☎02-6681 4000；kayakballina.com；$85）Kayak Ballina带你沿这条有很多海豚的水道体验一次为期3小时的导览游，你可以看到海豚和迁徙的鸟群。

Richmond River Cruises 游轮

（☎02-6687 5688；www.rrcruises.com.au；Regatta Ave；成人/儿童 $30/15）沿里士满河的巡游，时间大多是周日、周三早上和下午茶时间。

Aboriginal Cultural Concepts 文化游

（☎0405 654 280；www.aboriginalculturalconcepts.com；半/全天团队游每人 $100/180；⊙周三至周六）看原汁原味的当地古建筑，沿邦加朗（Bundjalung）海岸探索神秘的景点。

住宿

Shaws Bay Holiday Park 房车公园 $

（☎02-6686 2326；www.northcoastholidayparks.com.au；1 Brighton St；露营地/小屋 $38/134；）修葺整齐，位置绝佳，这个公园在潟湖上，离镇中心不远。除普通的露营地和房车停放地之外，这里还有一系列设备齐全的套间，包括3座豪华别墅。

Ballina Palms Motor Inn 汽车旅馆 $$

（☎02-6686 4477；www.ballinapalms.com；Bentinck St和Owen St的交叉路口；标单/双 $115/125；）这里拥有良好的管理、茂密的花园和整洁的房间，是不错的选择。房间不算太大，但都有小厨房和时髦的家具。

Ballina Manor 酒店 $$$

（☎02-6681 5888；www.ballinamanor.com.au；25 Norton St；房间 $165~290；）这里之前是一个学校，现已被改为一家高档客栈，里面用的都是翻新过的20世纪20年代的家具。所有的房间都很宽敞，最大的一间有四柱床和一个温泉浴室。

就餐

Beanz 快餐 $

（222 River St；主菜 $8~11；⊙11:00~16:00；）要吃健康的快餐就到主街上找这间沙拉酒吧。它主要供应的食物包括沙拉三明治、汉堡包和沙拉。

Ballina Gallery Cafe 咖啡馆 $$

（☎02-6681 3888；www.ballinagallerycafe.com.au；46 Cherry St；主菜早餐 $12~18，午餐 $14~26；⊙周三至周日 7:30~15:00）这里在20世纪20年代曾是巴利纳议会的会议室，现已成为全镇最好的咖啡馆。这里供应有趣的早餐，例如油炸奶酪烤鸡蛋和油炸馅饼，在餐厅内的话顾客可一边用餐一边欣赏现代艺术，也可以在外廊上用餐。

Lighthouse Beach Cafe 咖啡馆 $$

（☎02-6686 4380；lighthousebeachcafe.com.au；65 Lighthouse Pde；早餐主菜 $13~20，午餐主菜 $18，晚餐 $18~27；⊙周一至周三 7:00~15:00，周四至周六 至21:00，周日 至18:00）这个在冲浪俱乐部里的咖啡馆适合家庭，可以看到东巴利纳的灯塔海滩。它还推出了丰盛的早餐拼盘、美味意面和海鲜。

购物

在夏令时，这里每周都会举办Twilight

Market (Fawcett Park; ⊙10月至次年3月 每周四 16:00~20:00)。Ballina Missingham Farmers' Market (Kingsford Smith Dr; ⊙周日 6:00至正午)全年都举办。最大的是Ballina Markets (Canal Rd; ⊙每月的第三个星期天 7:00~13:00),在河边举行。

实用信息

Ballina Airport Services Desk (巴利纳机场; ⊙周二、周四和周六 10:15至正午和15:15~17:00,周一、周三、周五和周日 15:15~17:00)这里是小镇信息中心的前哨,开放时间与机场同步。

巴利纳游客信息中心 (☎02-6686 3484; www.discoverballina.com; 6 River St; ⊙9:00~17:00)

到达和离开

飞机

巴利纳拜伦门户机场 (Ballina Byron Gateway Airport, BNK; ☎02-6681 1858; www.ballinabyronairport.com.au; Southern Cross Dr)巴利纳机场位于市中心南部5公里处。从机场坐出租车到巴利纳市中心花费$12~15,也可乘坐Blanch's的固定班次长途汽车或往返班车。

捷星航空 (Jetstar; ☎13 15 38; www.jetstar.com.au)有航班抵离悉尼和墨尔本。

区域快线 (Regional Express, Rex; ☎13 17 13; www.regionalexpress.com.au)有航班抵离悉尼。

维珍航空 (Virgin; ☎13 67 89; www.virginaustralia.com)有航班抵离悉尼。

机场巴士

Byron Easy Bus (☎02-6685 7447; www.byronbayshuttle.com.au)提供机场至伦诺克斯角($15, 15分钟)、拜伦湾($20, 40分钟)、班加洛($25, 50分钟)的上门接送服务。还有班车从城镇至黄金海岸机场($39, 1.75小时)和布里斯班机场($54, 4小时)。

长途汽车

Blanch's (☎02-6686 2144; www.blanchs.com.au)这是一个本地长途汽车公司,提供以下班次:伦诺克斯角($6.40, 15分钟)、班加洛($7.60, 30分钟)、拜伦湾($9.60, 55分钟)和马伦宾比($10, 1.5小时)。

澳洲灰狗巴士 (Greyhound; ☎1300 473 946; www.greyhound.com.au)每天至少有两班大巴抵离以下地点:悉尼($147, 12.5小时)、楠巴卡角($52, 4小时)、科夫斯港($38, 3小时)、拜伦湾($6, 45分钟)、布里斯班($40, 4.5小时)。

Northern Rivers Buslines (☎02-6626 1499; www.nrbuslines.com.au)有到利斯莫尔的长途汽车,工作日每天有8班,周末有3班($9.70, 1.25小时)。

NSW TrainLink (☎13 22 32; www.nswtrainlink.info)每天都有大巴抵离以下地点:格拉夫顿($21, 3小时)、亚姆巴($17, 2.25小时)、默威伦巴($15, 1.5小时)和特威德角($20, 2小时)。

Premier (☎13 34 10; www.premierms.com.au)每天都有大巴抵离以下地点:悉尼($92, 13.25小时)、麦夸里港($66, 7小时)、楠巴卡角($52, 5.25小时)、科夫斯港($47, 4.5小时)和布里斯班($36, 4.5小时)。

汽车和摩托车

机场有大量汽车租赁服务台。如果你打算驾车去拜伦湾,可以沿美丽的海滨大道行车,穿过伦诺克斯角(Lennox Head),然后到达目的地。

马伦宾比和不伦瑞克角(Mullumbimby & Brunswick Heads)

人口 3173和1636

这两个景色迷人的城镇距离拜伦湾只有18公里,中间隔着太平洋公路。

马伦宾比(又名Mullum)地处内陆,背后是一座金字塔一般的山。这个小乡镇浑身都散发着魅力,到处都是慵懒的棕榈树和热带风情建筑,以及具有国际风情的咖啡馆、精品店和小酒馆。为期4天的马伦宾比音乐节(Mullum Music Festival; www.mullummusicfestival.com)会在11月末的黄金旅游时段举行。农贸市场(farmers' market; www.mullumfarmersmarket.org.au; Mullumbimby Showground, 51 Main Arm Rd; ⊙周五 7:00~11:00)每周都会开放。每个月的第三个周六,社区市场也会开门迎客。

横跨公路,可以看到秀丽的不伦瑞克

角（又称Bruns），人们经常会从不伦瑞克河（Brunswick Rive）河湾及河滩上捕获大量新鲜的牡蛎和青蟹。

景点

水晶城堡和香巴拉花园 花园

（Crystal Castle & Shambhala Gardens；☎02-6684 3111；www.crystalcastle.com.au；81 Monet Dr, Mullumbimby；成人/儿童 $22/18）在这些奇妙的花园中，单块水晶星罗棋布，还矗立着金色大佛和各种神秘的雕像。你可以漫步穿过梯田状的草坪，穿过竹林，或是在星期一下午（13:30）找个导游带你到处逛逛。这儿有个露天咖啡馆，你可以随意点份小吃，玩玩塔罗牌，或者拍几张有氛围的照片。

住宿

Hotel Brunswick 酒店 $

（☎02-6685 1236；www.hotelbrunswick.com.au；4 Mullumbimbi St, Brunswick Heads；标单/双 无浴室$55/85）该酒店建于20世纪40年代，别有一番风情。这里的小酒馆和餐厅（主菜 $20；⏲10:00~21:00）很是不错，小吃十分美味。周四到周日还有现场音乐。

Brunswick River Inn 汽车旅馆 $$

（☎02-6685 1010；www.brunswickriverinn.com.au；2 The Terrace, Brunswick Heads；房间$159起；P❄📶）这个汽车旅馆最近翻修过，房间宽敞明亮，从阳台上能看到不伦瑞克河的风景，走几步就能到冲浪沙滩。

就餐

★Milk & Honey 比萨 $$

（☎02-6684 1422；milkandhoneymullumbimby.com.au；59a Station St, Mullumbimby；主菜 $24；⏲周四至周六 17:00~21:00）这里柴火烤制的比萨在当地绝对是首屈一指。还有很多套餐可供选择，其中一种包括培根、菠萝、泡椒；另一种包括野蘑菇、帕尔马干酪（Parmesan）、荷兰芹（parsley），所有食材都从拜伦市场采购。这里很火爆，要么提前预约，要么只能打包带走。

Rock & Roll Coffee Company 泰国菜 $$

（☎02-6684 4224；rockandrollcoffee.com.au；3/55 Burringbar St, Mullumbimby；主菜 $15~20；⏲周一至周五 7:30~15:00，周六 至14:00，周三至周五 17:00~21:00）这条小路上小吃种类繁多，最出色的是泰国菜和越南菜。你也可以点一杯上等咖啡或是蒲公英茶来缓解一下旅行的疲劳。

到达和离开

Blanch's（☎02-6686 2144；www.blanchs.com.au）有班车抵离拜伦湾（$6.40，25分钟）、伦诺克斯角（$10，1小时）、巴利纳（$10，1.5小时）。

Northern Rivers Buselines（☎02-6626 1499；www.nrbuslines.com.au）工作日有班车抵离以下地点：拜伦湾（$9.70，20分钟）、班加洛（$9.70，40分钟）。

NSW TrainLink（☎13 22 32；www.nswtrainlink.info）到利斯莫尔（$8，1小时）。

利斯莫尔和特威德河地区（LISMORE & THE TWEED RIVER REGION）

尽管这里远离海岸，但苍翠的风光、有机果蔬市场以及另类的生活方式使得这片土地成为当地人和游客最喜爱的地方。事实上，这里的主流生活方式已然变成了后嬉皮士风格，而在尼姆宾这种风格尤为明显，它简直就像一个后嬉皮士主题公园。

2300万年前，火山在这里喷涌而出，使得这片土地的轮廓变得神秘多姿。随后，地貌侵蚀对这里造成了巨大的影响，火山口只剩下熔岩栓（造型奇特的沃伦宾沃宁山）以及包围火山口的巨大的环形山脊了。

班加洛（Bangalow）

人口 1520

班加洛被亚热带林木和起伏的绿色农场环抱。它成熟发达，扎根于此的居民虽少，却极富创造力。这里的食物充足而丰盛，都市气派的小店琳琅满目。每月的**班加洛集市**（Bangalow Market；www.bangalowmarket.com.au；Bangalow Showgrounds；⏲每个月的第四个周日 9:00~15:00）时，小镇都会人山人海。从拜

伦来此地需要跋涉14公里，可是每次来这儿，你都会觉得不虚此行。

住宿

Bungalow 3 客栈 $$

（☎0401 441 582；messengerproperty.com.au/bungalow3；3 Campbell St；单间 $130起，住宅 $230起；❄）这个位于班加洛中心的屋舍别致优雅，封檐板的外观更添古朴之气。两间白色的房间装饰简单，法国风情的大门一开便是露天平台和果蔬丰茂的菜园子。另外，还有一个单间。组团的游客可以租下整座屋舍。

Possum Creek Eco Lodge 别墅 $$$

（☎02-6687 1188；www.possumcreeklodge.com.au；Cedarvale Rd；别墅 $198~235起；）这个复式小别墅位于班加洛以北4公里处，仅一山之隔。这里共有3座住宅，宽敞明亮，设备齐全。凭窗眺望，苍翠繁茂的山谷尽收眼底。度假屋名字里的"eco"指的是节水技术和太阳能。

Summer Hills Retreat 小屋 $$$

（☎02-6687 2288；www.summerhills.com；100 Binna Burra Rd；小屋 $349起；❄）这里的4个小屋建在山丘起伏的农场里，装饰豪华，厨房设施一应俱全，户外的独立小屋中还有水疗浴室。这是个适合驻足停歇的私人场所，还有瑜伽室和盐水泳池可供娱乐休闲，房客们在这里可以追寻自然的足迹。

餐饮

Sparrow Coffee 咖啡馆 $

（☎02-6687 2726；8/36 Bangalow Rd；主菜 $12；⏲周一至周六 6:00~15:00）据说经营这家咖啡馆的一家人原先在附近的Newrybar的Harvest餐厅和面包房工作。这家咖啡馆提供无与伦比的Allpress咖啡、好吃的甜品，还有现成的午餐便当。

Utopia 咖啡馆 $$

（☎02-6687 2088；www.utopiacafe.com.au；13 Byron St；主菜 $14~26；⏲8:30~16:00；）这家咖啡厅宽敞通风，处处散发着艺术气息。其历史悠久，里面摆满了各种书籍杂志，再也不用担心清晨等咖啡和烤饼时的无聊了。这里的甜点简直让你欲罢不能。

Italian Diner 意大利菜 $$

（www.theitaliandiner.com.au；37-39 Byron St；主菜 $30；⏲周一至周五7:30~14:30和17:30~21:00，周六和周日8:00~15:00和17:30~21:00）坐在这个热闹的法式小馆的阳台上，点一杯堪培利开胃酒（Campari）和一碗spaghetti ai gamberi（由当地新鲜的虾制作），享用一顿讲究的午餐，就像置身于意大利一样。这种感觉令人难以置信。还有非常好吃的木柴烤制的比萨和美味甜品。

Town Restaurant & Cafe 新派澳洲菜 $$$

（☎02-6687 2555；townbangalow.com.au；33 Byron St；咖啡 主菜 $15~22，品尝会 $85；⏲市中心 周一至周六 8:00~15:00，周日 9:00~15:00，住宅区 周四至周六 19:00~21:30）如果你喜欢的话，地处住宅区的Upstairs是新南威尔士州北部最好的餐厅，这里提供6道菜套餐菜谱，所有的食材都来源于当地的时令果蔬，制作精细讲究。来到市中心，你能尝到堪称完美的早餐、清淡爽口的午餐，还有吧台上琳琅满目的甜品。

Bangalow Hotel 小酒馆

（www.bangalowhotel.com.au；1 Byron St；⏲周一至周六 10:00至午夜，周日 正午至22:00）这个小酒馆着实让人心生喜欢，坐在露天阳台上，边听音乐边吃汉堡实在是一种享受。你也可以提前预订一个上等的**班加洛包间**（Bangalow Dining Rooms；☎02-6687 1144；www.bangalowdining.com；The Bangalow Hotel，1 Byron St；主菜 $32；⏲正午至15:00和17:30~21:00）。

到达和离开

Byron Easy Bus（见173页）有抵离巴利纳拜伦门户机场（Ballina Byron Gateway Airport）的服务。

Blanch's（☎02-6686 2144；www.blanchs.com.au）工作日有班车抵离巴利纳（$7.60，30分钟）和拜伦湾（$6.40，20分钟）。

Northern Rivers Buslines（☎02-6626 1499；www.nrbuslines.com.au；）工作日有长途汽车抵离

利斯莫尔（1.25小时）、拜伦湾（30分钟）、不伦瑞克角（30分钟）和马伦宾比（40分钟），票价一律$9.70。

NSW TrainLink（☎13 22 32；www.nswtrainlink.info）每日有大巴抵离默威伦巴（$9.70，1.25小时）、特威德角（$11.30，2小时）、伯利角（$13.70，1.5小时）和冲浪者天堂（$15.30，2小时）。

利斯莫尔（Lismore）

人口27,500

利斯莫尔是北河（Northern Rivers）地带一个不太繁华的商业中心，到处是古建筑和乡野小径。这里充满创造力的居民、南十字星大学数量日益增多的学生和与其他地方相比更多的男女同性恋者，给这个城镇平添了几分折中主义色彩。尽管绝大多数游客依然偏爱沿海地带或者到内地秘境探险，但利斯莫尔绝对值得一游。

景点和活动

利斯莫尔地区画廊 画廊

（Lismore Regional Gallery；www.lismoregallery.org；131 Molesworth St；⏲周二、周三和周五 10:00~16:00，周四 至18:00，周六和周日 至14:00）免费 尽管这个画廊不大，每次仅能容纳两个临时展览，但通常每个展览都精彩无比。

考拉护理中心 野生动物保护区

（Koala Care Centre；www.friendsofthekoala.org；Rifle Range Rd；成人/家庭 $5/10；⏲团队游 周一至周五 10:00和14:00，周六 10:00）这个护理中心负责照看生病、受伤或者落单的考拉。游客们只能在规定的时间在导游的指引下进行参观。要看野生考拉，前往**鲁滨孙瞭望台**（Robinson's Lookout；Robinson Ave, Girard's Hill），就在市中心北部的不远处。

威尔逊河体验漫步（Wilson River Experience Walk） 步行

从市中心开始，沿着威尔逊河走3公里。沿途你会路过一个灌木茂盛的花园，里面的一种植物过去常出现在当地Widjabal族的餐桌上。

鸟翼蝶观赏漫步（Birdwing Butterfly Walk） 步行

市中心东边6公里处，在Goonellabah的郊区，鸟翼蝶观赏漫步区内种植着一种藤蔓，常会吸引珍奇的昆虫。你会在Tucki Tucki Creek看见鸭嘴兽，尤其是在黄昏或黎明时分。要到那儿去，得走Bruxner高速公路，然后到Kadina St向右转。

节日和活动

利斯莫尔灯笼游行 节日游行

（Lismore Lantern Parade；www.lanternparade.com）离冬至（6月）最近的一个周六是利斯莫尔灯笼游行日。届时3万多人会一齐涌上街头，仰望天空，观赏夜空中张灯结彩的景象。

热带水果节 男女同性恋

（Tropical Fruits；www.tropicalfruits.org.au）这是新年后最奇妙的盛大节日之一，也是新南威尔士男女同性恋最盛大的节日。在复活节和女王诞辰日（6月），各种派对也会在这里举行。

住宿

Melville House 民宿 $$

（☎02-6621 5778；www.melvillehouselismore.com；267 Ballina St；标单/双 不带浴室 $60/80，标单 带浴室 $90~110，双 带浴室 $120~140；）这个大家族宅邸建于1942年，是由现任房主的爷爷一手兴建的，拥有当地最大的私人泳池。6间宽房大屋物超所值，屋内装修风格独具当地艺术风情，摆放着精雕细琢的玻璃制品和各种古玩。

Elindale House 民宿 $$

（☎02-6622 2533；www.elindale.com.au；34 Second Ave；标单/双 $135/150；）这座美轮美奂的民宿拥有独特的木制结构，屋内的所有印花织品都堪称现代艺术的代名词。4间房都有独立卫浴，其中有的房间还有端庄敦实的四柱雕镂大床。

就餐

Goanna Bakery & Cafe 面包房、咖啡馆 $

（www.goannabakery.com.au；171 Keen St；

主菜 $11~17; ⏲周一至周五 8:00~17:30, 周六和周日 至15:00; ✍)这个洞穴状的面包咖啡馆除了能烘焙出营养的有机酵母面包、制作丰富多样的美味甜点外, 还能为素食主义者和严格素食者提供优质多样的食物。

Lismore Pie Cart 快餐 $

(Magellan St和Molesworth St交叉路口; 馅饼 $4.80; ⏲周一至周五 6:00~17:00, 周六 至14:00)只提供当地自制的肉饼、麦芽酒、豌豆糊和肉汤的饭馆。

Palate at the Gallery 新派澳洲菜 $$

(☎02-6622 8830; www.palateatthegallery.com; 133 Molesworth St; 主菜 早餐 $10~20, 午餐 $16~29, 晚餐 $26~32; ⏲周二和周三 10:00~14:30, 周四和周五 10:00~14:30和18:00~21:00, 周六 8:00~14:00和18:00~21:00, 周日 8:00~14:00; 📶)在这个老式楼阁, 法式的大门一开, 满眼便是阳光下郁郁葱葱的梯田。这里的日间咖啡馆精致有情调。这家利斯莫尔最上等的餐厅无时无刻不用美食诱惑着你。所有美味都供你随时体验。

购物

在市场的数量上, 利斯莫尔绝对领跑整个地区, 其市场不仅数量多而且种类丰富: 一周开放一次的**有机菜市场**(organic market; www.tropo.org.au; Lismore Showground; ⏲每周二 7:30~11:00)、**农产品市场**(produce market; www.farmersmarkets.org.au; Magellan St; ⏲每周四 15:30~18:30)以及**农贸市场**(farmers' market; ⏲每周六 8:00~11:00)和**汽车市场**(car boot market; Lismore Shopping Sq, Uralba St; ⏲每月第一、三个周日 8:00~14:00)。

实用信息

利斯莫尔游客信息中心(Lismore visitor information centre; ☎02-6626 0100; www.visitlismore.com.au; Molesworth St和Ballina St的交叉路口; ⏲9:30~16:00)

到达和离开

飞机

利斯莫尔机场(Lismore Regional Airport, LSY; ☎02-6622 8296; www.lismore.nsw.gov.au; Bruxner Hwy)位于城区以南3公里处。

区域快线(Regional Express, Rex; ☎13 17 13; www.regionalexpress.com.au)抵离悉尼。

长途汽车

汽车站位于**利斯莫尔城市运输中心**(Lismore City Transit Centre; Molesworth St和Magellan St交叉路口)。

Northern Rivers Buslines(☎02-6622 1499; www.nrbuslines.com.au)当地长途车(外加服务费)抵离以下地点所用时长: 格拉夫顿(3小时)、巴利纳(1.25小时)、伦诺克斯角(1小时)、班加洛(1.25小时)和拜伦湾(1.5小时), 票价一律$9.70。

NSW TrainLink(☎13 22 32; www.nswtrainlink.info)大巴抵离以下地区: 拜伦湾($6.45, 1小时)、巴利纳($7, 45分钟)、马伦宾比($8, 1小时)、不伦瑞克角($9.60, 1.5小时)、布里斯班($28.25, 3小时)。

Waller's(☎02-6622 6266; www.wallersbus.com)工作日每天至少3班抵离尼姆宾的长途汽车($9, 30分钟)。

尼姆宾(Nimbin)

人口 1668

欢迎来到另类生活之都——尼姆宾, 尽管这里都是陈陈相因的规矩, 这个小镇还是彰显着它的迷人之处。尼姆宾曾是北河一个名不见经传的小村庄, 靠奶制品支撑其发展, 直到1973年5月, 才发生了翻天覆地的变化。成千上万的学生、嬉皮士以及"重返地球"运动的信徒来到这个位于美丽山谷中的小镇, 举行了"宝瓶座节"(Aquarius Festival), 随后许多人在此驻留, 并创立了新的生活社区, 以实现他们在10天节庆活动中所表达的理想。

尼姆宾历史上的另一个里程碑是1979年发生的特兰尼亚溪战役(Terania Creek Battle), 这是澳大利亚环境保护运动取得的首个重大胜利, 被称颂为能确保新南威尔士州热带雨林长存的胜利。**示威者瀑布**(Protestor Falls)是为纪念自然环境保护者而起的名字, 它位于睡帽国家公园(Nightcap National Park)内。

现在，迷幻壁画上“梦创时代”中的彩虹蛇已不复存在，尼姆宾的主街道上也看不到大麻吸食者迷乱狂喜的身影了而那些披散发绺、浑身缀满珠子的当地人也化作了历史的泡影。小镇在20世纪80年代后真是大变了样子，如今真正留下的是坚信和平与爱的一代。常有游客从拜伦坐巴士来游玩，为了谋生，铜锅商人们也常混迹其中。除了铜锅，他们还卖高纯度的毒品。由嗜酒引发的暴力冲突也在日益增长。

当年嬉皮士一到这个小镇便开了一家休闲酒吧，名为**彩虹咖啡馆**（Rainbow Cafe）。这家咖啡馆历经40个春秋，过去一直是游客的首选之地。可惜2014年它同尼姆宾博物馆一起被烧毁了。

景点

大麻大使馆 文化中心

（Hemp Embassy；☎02-6689 1842；www.hempembassy.net；51 Cullen St；⏲9:00~17:00）这是个颇具争议的地方，一半是店铺，一半是小政治团体大麻党的堡垒。它一直致力于将大麻合法化，并提供吸大麻需要的所有工具和新鲜玩意，这些做法经常引来警察的关注。这个“大使馆”还负责组织每年5月的**狂欢节**（MardiGrass festival；www.nimbinmardigrass.com）。

姜邦花园 花园

（Djanbung Gardens；☎02-6689 1755；www.permaculture.com.au；74 Cecil St；团队游 $5；⏲周三至周六 10:30~15:00，团队游 周六 11:00）免费 尼姆宾是开创有机果蔬园的先锋，也是世界闻名的可持续发展农业的教育中心。这里既是果林又是菜园，不仅具备防干旱的水利系统，还有水源充沛的池塘，风吹草低见牛羊，一派生机勃勃的样子。这里还有一系列关于可持续农业的有效的短期课程。

睡帽国家公园 国家公园

（Nightcap National Park；www.nationalparks.nsw.gov.au/nightcap-national-park）这里有宏伟壮观的瀑布，有陡峭的熔岩悬崖，还有80平方公里的茂密苍翠的热带雨林。睡帽国家公园可能是新南威尔士州年均降雨最多的地方。作为冈瓦纳古陆世界遗产区（Gondwana Rainforests World Heritage Area）的一部分，睡帽国家公园是很多当地鸟类和其他受保护种群的家园。从尼姆宾启程，驾车10公里途经Tuntable Falls Rd和Newton Dr就能到达公园的边缘，旁边就是海拔800米的纳迪山（Mt Nardi）。

Historic Nightcap Track（16公里，1.5天）是19世纪末期由邮递员们一步步踩出来的，从纳迪山（Mt Nardi）一路通向**Rummery Park**，那里是一个野餐和野营的好去处。**皮特山瞭望台**（Peate's Mountain Lookout）就在Rummery Park之上，从这里瞭望，通向拜伦的风光一览无遗。**Minyon Loop**（7.5公里，4小时）环绕着风光无限的名永瀑布（Minyon Falls），游客们可以到这里体验一次半天的美妙徒步旅行，在靠近瀑布的地方，你能亲身体验冰水飞溅的快感。香农（Channon）有一条通向特拉尼亚小溪野餐区（Terania Creek Picnic Area）的土路，风光极好。从特拉尼亚小溪野餐区往回走1.4公里就能到示威者瀑布。

住宿

当地有数十家农场乐意招待志愿者，有意者联系**有机农场志愿工作者**（Willing Workers on Organic Farms；www.wwoof.com.au）寻求更多信息。

★ **Nimbin Rox YHA** 青年旅舍 $

（☎02-6689 0022；www.nimbinrox.com；74 Thornburn St；露营/圆帐篷/铺/双 $14/28/38/72起；@🛜≋）躲开沿海拥挤的人群，来这家青年旅舍，你可以选择在苍翠的山丘下露营。这里到处都是可以休闲放松的地方，树上挂满了吊床，温水池里可以泡澡，旁边还有条小河可以游泳。好客的房主为让游客满意不遗余力。早餐提供免费的薄饼，甚至还提供到镇上的班车。

Grey Gum Lodge 客栈 $

（☎02-6689 1713；www.greygumlodge.com；2 High St；房间 $75~120；@🛜）这个用棕榈树建成的小木屋充满昆士兰风情，站在屋前长廊，山谷风光尽收眼底，美不胜收。所有

另辟蹊径

边界山脉国家公园

边界山脉国家公园（www.nationalparks.nsw.gov.au/border-ranges-national-park；车辆进入 $7）地处新南威尔士州，这个广袤的边界山脉国家公园占地317平方公里，旁边的麦克弗森山脉沿着新南威尔士—昆士兰边界蔓延。它是冈瓦纳古陆世界遗产区的一部分，据估计，澳大利亚四分之一的鸟类都可以在这里找到。

在公园东部可以深入探索44公里长的**Tweed Range Scenic Drive**（有砾石处，干燥天气可选择），这条车道一直从莉莲岩石[Lillian Rock，乌基（Uki）和凯欧格尔（Kyogle）居中处]至Wiangaree。公路的支道上路标不清晰（比如根据路标找国家公园的时候会迷惑不已），但这里仍然值得尝试寻找。

这条车道穿过高山雨林，从特威德山谷到沃伦宾沃宁山沿途是陡峭的山丘和瞭望台，还有美丽的海岸。至**顶点瞭望台**（Pinnacle Lookout）的短途步行是重点，而且是太阳升起时看沃伦宾（Wollumbin）侧影最好的体验。**Antarctic Beech**有一处树龄2000年的山毛榉森林。从这里，步行一段（大约5公里），向下通往位于**Brindle Creek**的草木茂盛的雨林，那里有游泳处所和野餐区域。

的房间都温馨舒适，装潢摆设优雅有品位，最重要的是所有房间都有独立浴室。

Rainbow Retreat Backpackers 青年旅舍 $

（☎02-6689 1262；www.rainbowretreatnimbin.com；75 Thorburn St；露营地/铺/标单/双 $15/25/40/60，独立小屋 $120起）这是个背靠着灌木丛的休息寓所，尽管设施简单，却处处体现着宝瓶座时代精神。有一整套颜色明亮的小屋，还有一个小客房，周围环绕着橡胶树和绿树成荫的露营场地。

就餐

Nimbin Pizza & Trattoria 意大利菜 $

（☎02-6689 1427；70 Cullen St；主菜 $12~15；⏲17:30~21:00）这里有美味的比萨和意大利面，通常情况下周四还有现场音乐。

Nimbin Hotel 小酒馆饮食 $

（☎02-6689 1246；www.nimbinhotel.com.au；Cullen St；主菜 $11~18；⏲11:00~22:00）这个传统的酒店有一个大而宽敞的后廊，在那里，苍翠的山谷尽收眼底。蜂鸟法式小酒馆（Hummingbird Bistro）让人满意，从treehugger沙拉到咖喱再到烤尖吻鲈，这个小店几乎能提供所有美食。每个周末都有现场音乐，楼上还有为背包客们准备的房间。

购物

Nimbin Markets 市场

（www.facebook.com/NimbinMarkets；Nimbin Community Centre）每月第四个周日，市场上总是热闹非凡，这时尼姆宾彩虹部落便会重新焕发活力。

Blue Knob Farmers' Market 市场

（719 Blue Knob Rd，Lillian Rock；⏲周六9:00~13:00）这个农贸市场位于Blue Knob Hall Gallery菜园，绝对货真价实。

Nimbin Candle Factory 工艺品

（☎02-6689 1010；www.nimbincandles.com.au；⏲周一至周五 9:00~17:00）出售形状各异的手工蜡烛，有的像大麻叶，有的像金字塔，还有的像男巫和独角兽。这个古老的黄油厂就位于默威伦巴小镇旁的桥边。

Nimbin Artists Gallery 艺术、工艺品

（www.nimbinartistsgallery.org；49 Cullen St；⏲10:00~17:00）当地的艺术家和工匠们在这里展览或售卖他们的作品。

实用信息

尼姆宾游客信息中心（Nimbin visitor information centre；☎02-6689 1388；www.visitnimbin.com.au；46 Cullen St；⏲10:00~16:00）

值得一游

乌基和沃伦宾国家公园

乌基（发音为uke-eye，人口250）是一个安静的小村庄，在沃伦宾沃宁山（Mt Warning）神秘的山峰下，就在湍急的特威德河河边。这里有很多有机商店。在每周的**农贸市场**（farmers' market；Uki Hall；⊙周六 8:00~12.30）和**Uki Buttery Bazaar**（Uki Village Buttery；⊙每月第3个周日，8:00~14:00）可以领略另一种生活。

乌基西北处，41平方公里的**沃伦宾国家公园**（www.nationalparks.nsw.gov.au/wollumbin-national-park）围绕在沃伦宾沃宁山周围（海拔1156米），这里的地形是内陆最引入注目的。该山是澳大利亚大陆每天最早看到日出的地方，因此许多人会不辞劳苦爬到山顶看日出。大家应该知悉，依据当地的邦加朗人（Bundjalung）的规则，只有特定的人才被允许爬上这座神圣的山峰。然而，你可以在默威伦巴信息中心购买到艺术家制作的复制品。

Mavis' s Kitchen and Cabins（☎02-6679 5664；www.maviseskitchen.com.au；64 Mt Warning Rd；主菜 $24~28；⊙周三、周四和周六 11:00~15:00，周五和周六 11:00~15:00和17:30~21:00）是个不错的歇脚地，有着美丽庭院和乡村式样的菜单，提供慢火烹饪的有机饭菜和令人赞叹的北海岸生活。

到达和离开

长途汽车

Gosel' s（☎02-6677 9394）工作日各有两班长途汽车到乌基（$12.70，40分钟）和默威伦巴（$14.70，1小时）。

Waller' s（☎02-6622 6266；www.wallersbus.com）工作日每天至少3班长途汽车抵离利斯莫尔（$9，30分钟）。

班车和团队游

有许多旅行社提供一日游，还会安排从拜伦湾到尼姆宾的班车，班车有时也会在附近的其他景点停车。大多数班车都在10:00发车，大概18:00返程。

Grasshoppers（☎0438 269 076；www.grasshoppers.com.au；往返包括一顿户外烧烤午餐$49）

Happy Coach（☎02-6685 3996；往返票$25）

Jim' s Alternative Tours（☎0401 592 247；www.jimsalternativetours.com；团队游$40）

默威伦巴（Murwillumbah）

人口 8530

这个古老的小镇占据着宽阔的特威德河（Tweed River）河岸最优良的位置，这里长满了甘蔗和香蕉树，一派生机盎然。移目远处，远古的沃伦宾沃宁山（Wollumbin Mt Warning）火山口若隐若现。

景点

特威德地方美术馆及玛格丽特·奥利艺术中心 画廊

（Tweed Regional Gallery & Margaret Olley Art Centre；artgallery.tweed.nsw.gov.au；2 Mistral Rd；⊙周三至周日 10:00~17:00）免费 这个画廊风格独树一帜，站在窗口可以俯瞰特威德河（Tweed River）。其建筑风格令人赏心悦目，这里收藏着澳大利亚一些最好的艺术品，其新建的分支机构致力于展示出生于利斯莫尔的画家玛格丽特·奥利（Margaret Olley）的作品，并重建了她在家乡的工作室。

热带水果世界 果园

（Tropical Fruit World；☎02-6677 7222；www.tropicalfruitworld.com.au；Duranbah Rd；成人/儿童 $45/25；⊙10:00~16:00）这个热带水果园位于小镇北部，种满了茂盛的大牛油果。这个水果主题公园号称世界上珍奇热带水果最大的集聚地，总共有500种热带水果。这里提供观光拖拉机游览、水果尝鲜、手划船游览、当地家畜观赏，还可参观宠物乐园、乘坐小型火车等。

住宿

Mount Warning-Murwillumbah YHA 青年旅舍 $

(☎02-6672 3763; www.yha.com.au; 1 Tumbulgum Rd; 铺/双 $33/72起) 早前这是个船长的住所，如今被改造成了一个拥有8个铺的水滨旅舍，极富情趣。晚上还有免费的冰激凌，外加水上泛舟和自行车之旅。

就餐

Sugar Beat 咖啡馆 $

(☎02-6672 2330; www.sugarbeatcafe.com.au; 6-8 Commercial Rd; 主菜 $7~17; ⊙周一至周五7:30~17:00，周六 至14:00;) 你可以坐在阳光明媚的窗边歇歇脚，也可以在露天小桌边进餐。有很多美食可供选择，如满口生香的咖啡风情创意菜，以及当地著名的烘焙食物。

Modern Grocer 咖啡馆、熟食 $

(☎02-6672 5007; www.themoderngrocer.com; 3 Wollumbin St; 主菜 $8~11; ⊙周一至周五 8:30~17:00，周六 至14:00) 这个熟食柜台珍馐繁多，随便买些带上，都能把简单的一次野炊变成美食盛宴。随意坐在一张公共餐桌上，可以享用现做的早餐，还有三明治，食品也可以打包带走。

购物

每周一次的**卡尔德拉农贸市场**(Caldera Farmers' Market; www.murwillumbahfarmersmarket.com.au; Murwillumbah Showground, 37 Queensland Rd; ⊙每周三 7:00~11:00) 有各种农产品、小吃摊和农场现场音乐。**小屋市场**(Cottage Market，又名Knox Park) 每个月的第一和第三个周六开门迎客(⊙8:00~13:00)，另一个**展销市场**(Showground Market; www.murwillumbahshowground.com; Murwillumbah Showground) 则在每月的第四个周日举办(⊙8:00~13:00)。

实用信息

默威伦巴游客信息中心(Murwillumbah visitor information centre; ☎02-6672 1340; www.tweedtourism.com.au; Alma St和Tweed Valley Way的交叉路口; ⊙9:00~16:30) 会给前来咨询的人提供很多有用的信息。这个游客中心有国家公园的相关信息和通行证，还有很棒的热带雨林游览活动和画廊。

到达和离开

Gosel's(☎02-6677 9394) 工作日每天有两班到尼姆宾的长途车($14.70, 1小时)，途经乌基。

NSW TrainLink(☎13 22 32; www.nswtrainlink.info) 大巴抵离以下地区：利斯莫尔($12.90, 2小时)、巴利纳($10.40, 1.5小时)、班加洛($9.70, 1.25小时)、拜伦湾($6.45, 1小时) 和布里斯班($15.30, 1.5小时)。

Premier(☎13 34 10; www.premierms.com.au) 每日大巴抵离以下地区：悉尼($92, 14.75小时)、麦夸里港($66, 7.5小时)、科夫斯港($52, 6.25小时)、拜伦湾($12, 1小时) 和布里斯班($25, 1.75小时)。

克拉伦斯海岸 (CLARENCE COAST)

格拉夫顿(Grafton)

人口 19,000

不要被公路上那些特许加盟店所迷惑，格拉夫顿这条雅致小路上有豪华小酒馆和一些非常有味道的老房子。每逢10月末，紫薇花盛放之时，紫色花瓣雨便飘然而至，整个小镇子都被洗刷，瞬间有了精气神儿。河流中部的苏珊岛(Susan Island) 聚居着一个果蝠群落，它们的夜间飞行十分壮观。

景点

维多利亚街(Victoria Street) 地区

维多利亚街是城市的主要传统遗产区，还有几处典型的19世纪建筑，包括位于这条街47号的**大法院**(courthouse; 1862年)、位于Duke St街角的**圣公会天主教座堂**(Anglican Cathedral; 1884年) 以及位于85号的**罗切斯家族酒店**(Roches Family Hotel; 1871年)。

格拉夫顿地区画廊 画廊

(Grafton Regional Gallery; ☎02-6642 3177; www.graftongallery.nsw.gov.au; 158 Fitzroy St; 捐赠入场; ⊙周四至周日 10:00~16:00) 这座住宅

始建于1880年，令人印象深刻，如今成了眼前这个画廊。画廊规模虽不大，却收藏了大量新南威尔士州的风景画，还有一些定期特色展览。

克拉伦斯河历史社会博物馆 博物馆

（Clarence River Historical Society；www.clarencehistory.org.au；190 Fitzroy St；成人/儿童$3/1；⊙周二至周四和周日 13:00~16:00）这里曾经是Schaeffer的住宅（1903年），现在已成为一个小博物馆。小镇里珍藏在各家阁楼上的奇珍异宝经常会在此展览。

节日和活动

七月赛马狂欢节 体育节

（July Racing Carnival；www.crjc.com.au）为期一周的狂欢节将格拉夫顿杯（Grafton Cup）赛马节推向巅峰，这是整个澳大利亚规模最宏大的赛马盛事。

紫薇花节 文化节

（Jacaranda Festival；www.jacarandafestival.org.au）这是澳大利亚为期最长的花节，于10月末的后两周内举行。届时整个小镇都沉浸在淡紫色的海洋中。

住宿

Gateway Village 露营地 $

（☎02-6642 4225；www.thegatewayvillage.com.au；598 Summerland Way；露营地/小屋$22/120起；）来到这里，便仿佛是置身于一个节假日花园中。这是一个综合的娱乐场所，花园被修剪得风姿有致，观赏湖里种满的睡莲也招摇着惹人欢喜。

Annies B&B 民宿 $$

（☎0421 914 295；www.anniesbnbgrafton.com；13 Mary St；标单/双 $145/160；）这座别致的维多利亚风格住宅地处枝繁叶茂的街角，这些私人房间从里到外都有一番古朴的情调，打眼一看就与其他那些民居住宅颇为不同。提供欧式早餐。

就餐

Heart & Soul Wholefood Cafe 咖啡馆 $

（☎02-6642 2166；cafeheartandsoul.com.au；124a Prince St；$8~15；⊙周一至周五7:30~15:00，周六 至14:00，周末 8:00至正午；

新南威尔士州中北部海岸的原住民

托马利（Tomaree）半岛至福斯特以及远至西边的格罗斯特的区域是**沃米**（Worimi）人的土地。而现在他们只拥有这些土地中的很少一部分了。2001年时斯托克顿湾（Stockton Bight）的沙丘被返还给他们，建成了沃米自然保护地（见210页）。米亚尔湖国家公园的Dark Point Aboriginal Place（见208页）4000年来对沃米人意义重大。根据当地的口头传说，在19世纪末期，这里是白人殖民者屠杀当地人的现场，整个部落的人被赶到岩石上并被推了下去。

从沃米人的土地向北，你就进入了**巴拜人**（Birpai）的地方，这包括塔里和麦夸里港。海亩国家公园（Sea Acres Rainforest Centre，见203页）有一部分属于当地人，巴拜人导游就从这里带领丛林美食团队出发。

游览了**Dainggatti**人的居住地之后（这些人差不多和肯普西郡的人口相当），你就进入了**Gumbainggir**人的土地，它向北延伸至克拉伦斯河。像楠巴卡角这样的地方仍有人口相当多的澳大利亚原住民部落。附近的“红岩”是另一处19世纪大屠杀的现场。

新南威尔士州北部海岸和黄金海岸大部分的土地属于**邦加朗**（Bundjalung）民族，包括他们的圣山沃伦宾沃宁山（见180页）。Aboriginal Cultural Concepts（见172页）的团队游提供对邦加朗人生活的介绍。**Minjungbal Aboriginal Cultural Centre**（☎07-5524 2109；www.facebook.com/MinjungbalMuseum；Kirkwood Rd，South Tweed Heads；成人/儿童$15/7.50；⊙周一至周五 10:00~16:00）位于特威德角，也值得游览。

☑）这个风格优雅的咖啡馆由两对夫妇共同经营，他们都钟爱植物类食物。在这里，你能品尝到五花八门的亚洲菜和色泽鲜亮的沙拉，它们被装在各种精致的陶瓷碗里。甜品也值得一尝，比如一种叫choc mint的仿奶酪的食物就是很好的选择。

Vines at 139 咖啡馆 **$$**

（☎02-66425500；139 Fitzroy St；主菜$18~25；⊙7:30~22:00）这个老宅也算得上历史遗迹了，满屋的花草和果酱罐子，令人心情愉悦。这个咖啡馆非常受欢迎，这里的菜单包罗万象，似乎能找到全世界的美味，从泰国咖喱到地中海沙拉，真是应有尽有。

ℹ 实用信息

克拉伦斯河游客信息中心（Clarence River visitor information centre；☎02-6642 4677；www.clarencetourism.com；Spring St和Pacific Hwy交叉路口；⊙9:00~17:00；📶）河流以南。

国家公园和野生动物管理局（National Parks and Wildlife Service office；NPWS；☎02-6641 1500；Level 4, 49 Victoria St；⊙周一至周五8:30~16:30）

ℹ 到达和离开

飞机

克拉伦斯山谷地区机场（Clarence Valley Regional Airport, GFN；☎02-6643 0200；www.clarence.nsw.gov.au）位于小镇东南部12公里处。

区域快线（Regional Express, Rex；☎13 17 13；www.rex.com.au）有航班抵离悉尼、塔里（Taree）。

火车和长途汽车

Busways（☎02-6642 2954；www.busways.com.au）主要经营当地线路，每天有4至8班长途车到下列地区：麦克莱恩（1小时）、亚姆巴（1.25小时）和安戈里（1.5小时），票价一律$12。

澳洲灰狗巴士（Greyhound；☎1300 473 946；www.greyhound.com.au）有大巴抵离以下地区：悉尼（$132, 10.5小时，每日3班）、楠巴卡角（$31, 2.5小时，每日2班）、科夫斯港（$17, 1小时，每日3班）、拜伦湾（$28, 3小时，每日3班）和布里斯班（$61, 6.5小时，每日3班）。

Northern Rivers Buslines（☎02-6626 1499；www.nrbuslines.com.au）工作日各有1班车抵离麦克莱恩（$9.70, 43分钟）、利斯莫尔（$9.70, 3小时）。

NSW TrainLink（☎13 22 32；www.nswtrainlink.info）每日都有3班车抵离以下地区：悉尼（$71, 10小时）、肯普西（$25, 3小时）、楠巴卡角（$19, 2小时）、科夫斯港（$12, 1.25小时），还有1班不间断发往布里斯班（$47, 4.25小时）的车。每天各有1班大巴到下列地点：麦克莱恩（$6.50, 35分钟）、亚姆巴（$9.60, 1.25小时）、巴利纳（$21, 3小时）、伦诺克斯角（$23.40, 3.5小时）和拜伦湾（$25, 3.5小时）。

Premier（☎13 34 10；www.premierms.com.au）每日都大巴抵离以下地区：悉尼（$67, 9.5小时）、楠巴卡角（$34, 1.75小时）、科夫斯港（$34, 1小时）、拜伦湾（$47, 4.25小时）和布里斯班（$52, 7.5小时）。

Ryans Bus Service（☎02-6652 3201；www.ryansbusservice.com.au）工作日有长途车抵离以下地方：伍尔古尔加（$21, 1.5小时）、红岩（$20, 50分钟）和科夫斯港（$21.80, 2小时）。

尤瑞格国家公园（Yuraygir National Park）

535平方公里的尤瑞格国家公园（车辆通行$7）沿一条从红岩（Red Rock）一直向南延伸、长达60公里海岸线而建。这里是濒临灭绝的鸸鹋（产于澳洲的一种大而不会飞的鸟）的主要栖息地之一。若想去游览这个与世隔绝的沙滩，最佳选择是Yuraygir Coastal Walk，这是一条全长65公里、从安戈里（Angourie）到红岩的栈道。沿途有数条蜿蜒曲径，海滩和石台交互成景。别停下脚步，接下来你还会遇到景色别致的村庄，它们散落在布鲁姆角（Brooms Head）、明尼水域（Minnie Water）以及乌利（Wooli）。最惬意的莫过于找个阳光明媚的日子，从北走到南。步行的游客可以选择在最简单的露营地（camping grounds；www.nationalparks.nsw.gov.au/Yuraygir-National-Park；成人/儿童$10/5）驻扎，沿途饮用水资源不多，需要特别注意。游客中心提供折叠式插页的徒步指南（$2）。

乌利（Wooli，人口493）在公园南半部分，占据了一条长长的蜿蜒的峡谷小道，小道一端是河口，另一端是海，这幅光景给此地平添了几分孤独的魅惑。10月初，这里还举行澳大利亚国家巨蜥拔河冠军赛（Australian National Goanna Pulling Championships；www.goannapulling.com.au），参与者手脚着地蹲坐着，把皮革甲胄套在头上然后以头发进行拔河比赛。

如果你想在这里多停留几天，你还能顺便去钓钓鱼，划划皮划艇，或者慵懒地躺在沙滩上。孤独岛海洋公园度假区（Solitary Islands Marine Park Resort；☎02-6649 7519；www.solitaryislandsresort.com.au；383 North St；露营地/小屋 $31/140；❄📶）有各种各样的小屋，它们隐藏在河岸繁茂的丛林里。

格拉夫顿到亚姆巴（Grafton to Yamba）

格拉夫顿（Grafton）和海岸之间的三角洲是一片农田，蜿蜒的克拉伦斯河（Clarence River）奔腾不息，其中共有100多个岛屿，有的岛屿面积非常大。在这里你会看到最南端的甘蔗种植园和有昆士兰州风情的住宅。这些木制结构的屋子由一根根木柱支撑起来，高耸的屋顶非常利于夏天通风换气。但是人们会在5月至12月份焚烧甘蔗地，这常使得空气中弥漫着强烈的呛人的味道。

在太平洋公路上，值得你迂回一小段路到阿尔马拉（Ulmarra，人口435）去，这个被列为历史遗产的小镇依傍河港而建。阿尔马拉酒店（Ulmarra Hotel；www.ulmarrahotel.com.au；2 Coldstream St，Ulmarra）是一个既古雅又有年头的街角小酒馆，锈迹斑斑的铁艺走廊锁不住这个啤酒园的生机盎然，鲜亮的绿色一直蔓延到河畔。

麦克莱恩（Maclean，人口2600）是一个充满诗情画意的河畔小镇，地儿虽不大，却有不止3家小酒馆。这里的历史遗迹苏格兰风情浓厚，即使是灯柱也装饰成苏格兰格呢子风格。漫步河岸，逛逛超市，然后在时尚的On the Bite（215 River St，Maclean；主菜 $12~18；⏲周一至周六 7:00~16:30）吃一顿美食，会给你带来意外惊喜。

亚姆巴和安戈里（Yamba & Angourie）

人口 6040和184

亚姆巴（Yamba）位于克拉伦斯河（Clarence River）河口，因为它类似波希米亚式的风土人情、顶级的海滩和美味的小吃店而变得越来越受欢迎。你经常听到人们把这里描述成“20年前的拜伦湾”，这样的说法不无根据。它南边5公里的安戈里（Angourie）是个令人放松心神的地方。尽管此地面积不大，却是老练的冲浪手的首选之地，当这里成为澳大利亚第一个冲浪保护区的时候，那些冲浪手激动不已。

景点和活动

如果说安戈里破浪点（Angourie Point）的冲浪活动只受年轻男女钟爱，那么亚姆巴海滩则会让每个人醉心于此。主海滩（Main Beach）是最热闹的地方，这里有海水泳池，到处是香蕉树，对于那些不爱沾上沙子的人，这里的小山坡一定会让他们满意。修女院海滩（Convent Beach）是日光浴爱好者的天堂。由于特纳沙滩（Turner's）修建了防浪堤，因而是个学习冲浪的好地方。来到皮皮海滩（Pippi Beach），有时能看到海豚沿着海岸线嬉戏的场景。

你可以选择步行或者骑车欣赏亚姆巴海岸的风景。这其中最美丽的地方当属从情侣地（Lovers Point）附近的皮皮海滩（Pippi Beach）到修女院沙滩（Convent Beach）之间的这一小块空地。The Yuraygir Coastal Walk起始于安戈里（Angourie）。

安戈里蓝色水池 泉水

（Angourie Blue Pools；The Crescent）这些注满泉水的水潭是采石场的遗址，过去这里曾是防浪堤。胆子大的人可以选择攀爬悬崖、蹦极。不爱刺激的人则可以静静地滑入水池，池子周围长满了灌木，离冲浪的地方只有几米。

邦加朗国家公园 国家公园

（Bundjalung National Park；www.national

parks.nsw.gov.au/bundjalung-nationalpark；车辆通行$7）这个国家公园从北部的克拉伦斯河（Clarence River）到南部的艾文汉（Evans Head），共25公里长。这个国家公园几乎是原生态的，未被开发。若想在公园中探险，最好驾驶一辆四驱越野车。而且，南部的地段畅通无阻，从亚姆巴开始，经过唯一一条克拉伦斯河运河，再到达伊鲁卡（Iluka；每天至少4班船）。公园这一部分包括伊鲁卡自然保护区（Iluka Nature Reserve）：一片热带雨林，对面就是伊鲁卡海滩（Iluka Beach），这是冈瓦纳古陆世界遗产区（Gondwana Rainforests World Heritage Area）的一部分。在伊鲁卡绝壁（Iluka Bluff）的另一边是10英里海滩（Ten Mile Beach），真是有10英里长。

澳大利亚冈瓦纳古陆

冈瓦纳古陆散布在新南威尔士州北部和昆士兰州最南部的41个不同区域（其中包括16个国家公园），它在世界遗产名录中被认为是世界上地域最广阔的亚热带雨林。从进化的角度来说，这片雨林就是一个时间胶囊，它所代表的生态系统在冈瓦纳大陆分裂解体之前就已经存在了，其中冈瓦纳大陆是指古代的超级大陆，如今的澳大利亚、新西兰、南极洲、南美洲、非洲和印度都曾经是它的一部分。据分析，冈瓦纳大陆在大约8000万年前开始分裂，大约4500万年前，澳大利亚大陆开始从南极洲分离出来。

若你想去体验这种具有侏罗纪风貌的雨林，可以参观伊鲁卡自然保护区（Iluka Nature Reserve，见185页）、多里戈国家公园（Dorrigo National Park，见195页）、新英格兰国家公园（New England National Park，见197页）、睡帽国家公园（Nightcap National Park，见178页）、沃伦宾国家公园（Wollumbin National Par，见180页）或者是边界山脉国家公园（Border Ranges National Park，见179页）。

亚姆巴皮划艇
皮划艇

（Yamba Kayak；☎02-6646 0065；www.yambakayak.com；3/5小时 $70/90）闯入附近这片茫茫荒地，来一次半天或者一整天的冒险之旅。

亚姆巴-安戈里冲浪学校
冲浪

（Yamba-Angourie Surf School；☎02-6646 1496；www.yambaangouriesurfschool.com.au；2小时/3天课程 $50/120）课程由澳大利亚前冲浪冠军Jeremy Walters安排教授。

克拉伦斯河渡轮
游轮

（Clarence River Ferries；☎0408 664 556；www.clarenceriverferries.com；⏲11:00~15:00）有去往伊鲁卡的定期渡轮（成人$7.20，儿童$3.60），周日还有现场音乐游轮（成人/儿童 $30/15）。此外，每周还有两班前往海伍德岛（Harwood Island）的游轮（成人/儿童$20/10）。

住宿

Yamba YHA
青年旅舍 $

（☎02-6646 3997；www.yha.com.au；26 Coldstream St，Yamba；铺 $30~34，房间 $80；@📶🏊）这个热情好客、由一个家庭经营的青年旅舍有个非常受欢迎的酒吧，楼下还有餐厅和烧烤区，屋顶上还有个小泳池。

Blue Dolphin Holiday Resort
露营地 $

（☎02-6646 2194；www.bluedolphin.com.au；Yamba Rd，Yamba；露营地/小屋 $37/105起；❄@📶🏊）这里依傍河流，假日公园里草木蔓延、生机勃勃，里面从简单的小屋到豪华住宅一应俱全。这里的两个泳池和操场都会让孩子们高兴。

Yamba Beach Motel
汽车旅馆 $$

（☎02-6646 9411；www.yambabeachmotel.com.au；30 Clarence St，Yamba；房间 $139~199；❄📶🏊）在这个精品汽车旅馆，房间里的电视都是大屏平板电视，有极为舒服的大床和高级洗漱用品。上等咖啡馆能把餐点送到你的房间，在山脚下还有一处海滩。

Clubyamba
公寓 $$

（☎0427 461 981；www.clubyamba.com.au；

14 Henson Lane, Yamba; 公寓 $145起; ⓦ)在山丘之上,有4座色彩明亮的现代公寓和两处海景套房。在河边,还有一处精装的一居室小镇住宅。这些都是比较奢华的住所。

Surf Motel 汽车旅馆 $$

(☎02-6646 2200; www.yambasurfmotel.com.au; 2 Queen St, Yamba; 房间 $120~180; ❄ⓦ)该旅馆建在悬崖之上,俯瞰着主沙滩,是一片有现代风情之地。这里的8个带厨房的单间宽敞明亮,有的还有阳台。除了能冲浪,这里还静谧宜人。

餐饮

★Beachwood Cafe 土耳其菜 $$

(☎02-6646 9781; www.beachwoodcafe.com.au; 22 High St, Yamba; 主菜早餐 $13~16, 午餐 $18~22; ⌚周二至周日 7:00~14:00)在这个精致小巧的咖啡馆,Sevtap Yüce不拘泥于传统的菜谱形式,大胆地把他的新手艺——土耳其风味菜(Turkish Flavours)带向餐桌。很多餐桌摆在露天处,旁边的果蔬生长茂盛。

Leche Cafe 咖啡馆 $$

(☎0401 471 202; www.facebook.com/LecheCafe; 27 Coldstream St, Yamba; $14~25; ⌚6:00~14:00)在这家咖啡馆后院品尝酸奶后,你可能还想大口享用椰蓉面包和拜伦湾风味的Marvell咖啡。午餐营养健康,有甜菜汉堡包、菜花沙拉和鱼肉玉米饼。

Irons & Craig 咖啡馆 $$

(☎02-6646 1258; ironsandcraig.com; 29 Coldstream St, Yamba; $12~16; ⌚周二至周四 7:00~15:00, 周三 至11:00)在这个建于20世纪30年代的海景住宅,有种堪称完美的咖啡,还有罐装奶昔(含有店家自制的冰激凌),孩子们尝一口就兴奋不已。每个月也至少有一顿5道菜的丰盛晚餐。

Pacific Hotel 小酒馆

(☎02-6646 2466; www.pacifichotelyamba.com.au; 18 Pilot St, Yamba)高居悬崖之上,俯瞰着亚姆巴海滩,这个酒店的小酒馆有着全澳大利亚最好的风光。定期有现场音乐和DJ之夜,各种食品也很美味。

到达和离开

Busways (☎02-6645 8941; www.busways.com.au)亚姆巴每日有4至8班公共汽车抵离以下地点:安戈里($3.30, 9分钟)、麦克莱恩($8.90, 19分钟)和格拉夫顿($12, 1.25小时)。

澳洲灰狗巴士(Greyhound; ☎1300 473 946; www.greyhound.com.au)每日有长途大巴抵离以下地点:悉尼($139, 11.5小时)、科夫斯港($28, 2小时)、拜伦湾($15, 2.25小时)、冲浪者天堂($41, 5小时)和布里斯班($46, 6.25小时)。

NSW TrainLink (☎13 22 32; www.nswtrainlink.info)每日有长途大巴到以下地点:麦克莱恩($7, 30分钟)、格拉夫顿($9.60, 1.25小时)、伦诺克斯角($19, 2.5小时)、巴利纳($17, 2.25小时)和拜伦湾($13.70, 3小时)。

科夫斯港地区(COFFS HARBOUR REGION)

科夫斯港(Coffs Harbour)

人口 71,798

尽管这是个内陆城市,但是科夫斯港拥有一连串漂亮的海滩,同时受到家庭和背包客的欢迎。小镇有丰富多彩的水上活动和体育活动,还能偶遇野生动物,更不用说那个叫大香蕉(Big Banana)的文化地标了。

科夫斯港从前叫科尔夫港(Korff's Harbour)。19世纪60年代,欧洲人曾定居在这里。还有个建于1892年的码头,曾经用于装卸雪松和其他的圆木。19世纪80年代香蕉种植第一次被引入该地,此后这项种植业在20世纪60年代达到顶峰。如今,旅游业已经是当地经济的支柱产业。

小镇被分为三个景区:码头区、商业中心和海滩。

景点

公园海滩(Park Beach)海岸线绵长,迷人的海滩舒展明媚,映衬着茂盛的灌木林和沙丘,远处的楼房在灌木林中若隐若现。**Jetty Beach**从某种程度上说位置更为隐蔽。来到**Diggers Beach**要在接近大香蕉的

Coffs Harbour 科夫斯港

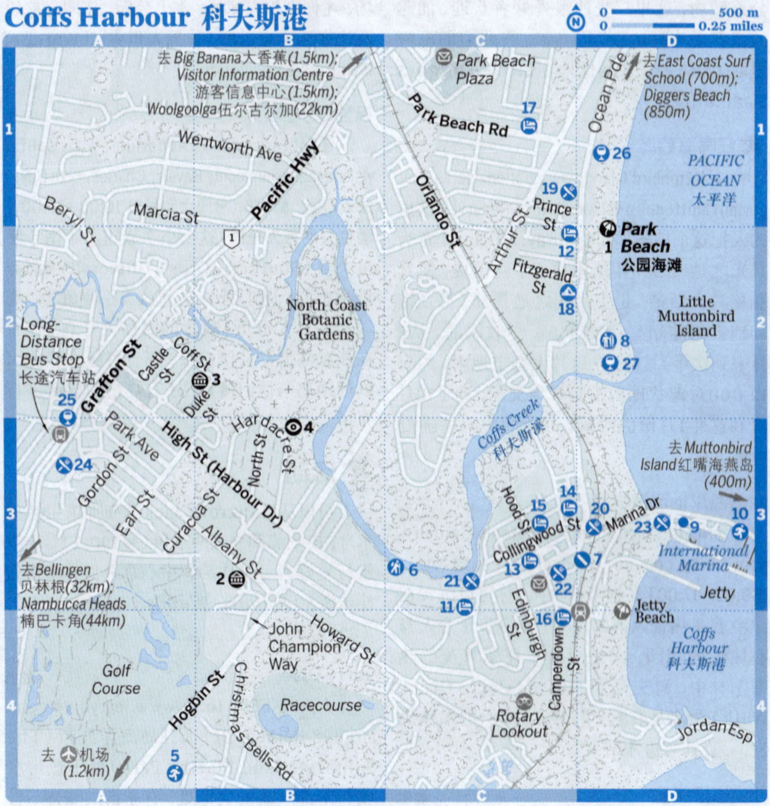

Coffs Harbour 科夫斯港

重要景点
1 公园海滩 D2

景点
2 邦克卡通画廊 B3
3 科夫斯港地区画廊 B2
4 北部海岸地区植物园 B3

活动、课程和团队游
5 Coffs City Skydivers A4
6 科夫斯溪流漫步和Cycleway C3
7 Jetty Dive D3
8 Lee Winkler's Surf School D2
9 Liquid Assets D3
10 Spirit of Coffs Harbour D3

住宿
11 Aussitel Backpackers C3
12 Bosuns Inn Motel C2
13 Caribbean Motel C3
14 Coffs Harbour YHA C3
15 Coffs Jetty BnB C3
16 Observatory Apartments C4
17 Pacific Property Management C1
18 Park Beach Holiday Park C2

就餐
19 Cafe Aqua C1
20 Fiasco D3
21 Mangrove Jack's C3
22 Old John's C3
23 Yknot Bistro D3
24 Zulus A3

饮品和夜生活
25 Coast Hotel A2
26 Hoey Moey D1
27 Surf Club Park Beach D2

公路转弯，这里广受冲浪爱好者欢迎，涌起的浪花平均高达1米至1.5米。在北边的海岬里面，裸体主义者随性地在Little Diggers Beach闲逛。

★红嘴海燕岛 岛屿

（Muttonbird Island；www.nationalparks.nsw.gov.au/Muttonbird-Island-Nature-Reserve）这里的人把这个岛屿称作Giidany Miirlarl，意为月光之地。1935年这里建立了防浪堤，使其北接科夫斯港。走上月光之地顶部（最顶端的地方很陡峭），远景如画，尽收眼底。从8月末到次年4月初，在这片生态宝地上，约有12,000对楔状尾剪嘴鸥聚集交配，到了12月份和次年1月份的时候，可爱的小鸥鸟随处可见。

北部海岸地区植物园 花园

（North Coast Regional Botanic Garden；www.ncrbg.com.au；Hardacre St；捐赠入场；⏲9:00~17:00）在这个植物园，你可以沉浸在洋溢着亚热带风情的温室里，漫步于令人身心愉悦的花园，或是穿梭于苍翠繁茂的热带雨林中。科夫斯溪流漫步（Coffs Creek Walk）距离足有8公里，从Coff St的水塘出发，一直到海边才结束。

邦克卡通画廊 画廊

（Bunker Cartoon Gallery；www.coffsharbour.nsw.gov.au；John Champion Way；成人/儿童$2/1；⏲周一至周六 10:00~16:00）这个第二次世界大战遗留下来的碉堡里，永久收藏有18,000件卡通作品，还会循环展出部分作品。

科夫斯港地区画廊 画廊

（Coffs Harbour Regional Gallery；www.coffsharbour.nsw.gov.au；Rigby House，Coff St和Duke St交叉路口；⏲周二至周六 10:00~16:00）免费 展览当地艺术作品，也会做巡回展览。

大香蕉 游乐园

（Big Banana；www.bigbanana.com；351 Pacific Hwy；共同进场 成人/儿童 $57/49；⏲9:00~17:00）免费 1964年，大香蕉一建成，就在澳大利亚掀起一股“大家伙”风。没有门票，但是相关景点要收费，比如溜冰场、雪橇场、迷你高尔夫球场、水上公园、庄园之旅以及让你流连忘返的“香蕉大世界”（World of Bananas Experience）。

孤独岛水族馆 水族馆

（Solitary Islands Aquarium；www.solitaryislandsaquarium.com；Bay Dr，Charlesworth Bay；成人/儿童 $10/6；⏲周六和周日 10:00~16:00，学校假期每天开放）这个小水族馆属于南十字星大学（Southern Cross University）海洋科学中心，周末对公众开放。各种鱼类、珊瑚和一只大章鱼（喂食的时候去看它）经常在孤独岛海洋公园出没，隔着可触水箱你可以近距离与他们接触，还有热情的导游进行介绍。

活动

可以从Mangrove Jack's咖啡馆租借独木舟、皮划艇和立式冲浪板（见190页）。徒步旅行爱好者可以从游客中心拿一份《孤独岛徒步游》（*Solitary Islands Coastal Walk*）（$2）。

Jetty Dive 潜水

（☎02-6651 1611；www.jettydive.com.au；398 Harbour Dr）孤独岛海洋公园（The Solitary Island Marine Park）处于热带水域和南部气流的交汇处，有丰富的珊瑚、岩礁鱼类和海藻。潜水中心有精彩的潜水和浮潜项目（双潜$170），并专门开设了PADI认证课程（国际专业潜水教练协会，$495）。6月至10月，这里还会组织观鲸游（成人/儿童$59/49）。

Spirit of Coffs Harbour 观鲸

（☎02-6650 0155；www.gowhalewatching.com.au；Coffs Harbour Marina；每人 $45；⏲5月至11月 9:30）游客可在一艘18.3米长的双体船上观鲸。

Coffs City Skydivers 跳伞

（☎02-6651 1167；www.coffsskydivers.com.au；Coffs Harbour Airport；双人跳伞 $229~399）飞机会把你带上4572米的高空，让你体验一把全澳洲高度最高的海滩跳伞之旅。

East Coast Surf School 冲浪

（☎02-6651 5515；www.eastcoastsurf

school.com.au; Diggers Beach; 课程 $55起）这里的经营者是著名的冲浪运动员Helene Enevoldson。这里对女性顾客尤为适合。

Lee Winkler's Surf School 冲浪

（☎02-6650 0050; www.leewinklerssurfschool.com.au; Park Beach; $55起）这是科夫斯港历史最悠久的一家冲浪学校。

团队游

Liquid Assets 探险游

（☎02-6658 0850; www.surfrafting.com; 38 Marina Dr; 半日团队游 $50起）这里提供各种水上活动或是团队游，包括皮划艇、激浪漂流、冲浪以及观赏鸭嘴兽。

节日和活动

皮特沃特与科夫斯港赛舟会 体育节

（Pittwater to Coffs Harbour Regatta; www.pittwatertocoffs.com.au）这场比赛的举办形式与悉尼至霍巴特（Hobart）的赛艇活动类似，但规模略小，于每年的1月2日举行，从悉尼出发，这里是终点。

科夫斯港国际街头艺人节和喜剧节 音乐节

（Coffs Harbour International Buskers & Comedy Festival; www.coffsharbourbuskers.com）举办时间为9月末。

住宿

Pacific Property Management（☎02-6652 1466; www.coffsaccommodation.com.au; 101 Park Beach Rd）是一家假日公寓中介。

Coffs Harbour YHA 青年旅舍 $

（☎02-6652 6462; www.yha.com.au; 51 Collingwood St; 铺 $27~37, 房间 $70~140; 🚭@🏊）这家青年旅舍提供如此优质的服务和舒适的房间，很难想象这里的其他酒店还有生意可做。宿舍十分宽敞，单人间有独立卫生间，电视休闲区和厨房也十分整洁。旅舍提供冲浪板和自行车租赁服务。

Aussitel Backpackers 青年旅舍 $

（☎02-6651 1871; www.aussitel.com; 312 Harbour Dr; 铺/双 $27/65起; @📶🏊）进门之前，你可别看见它橙黄色的外表就心生厌恶。这家砖墙结构的青年旅舍十分宽敞，有家一般舒适的宿舍，还有一个阴凉的庭院。旅舍免费提供冲浪板、立式滑板、皮划艇、独木舟和浮潜装备。汽车租赁也很便宜。

Park Beach Holiday Park 露营地 $

（☎02-6648 4888; www.coffsholidays.com.au; Ocean Pde; 露营地/小屋 $35/87起; 📶🏊）露营地位于海滩上，十分宽敞。儿童在这里能得到妥善照顾，他们可以玩蹦蹦床，或是在带有滑梯和喷泉的水池里玩耍。

Bosuns Inn Motel 汽车旅馆 $

（☎02-6651 2251; www.motelcoffsharbour.com; 37 Ocean Pde; 房间 $95; ❄🏊）这家汽车旅馆位于公园海滩的马路对面，价钱合理。旅馆主人把旅馆的各种设施都安排得井然有序，整个旅馆都充满了一股航海的气息。旅馆后面还有一个很棒的游泳池。

Coffs Jetty BnB 民宿 $$

（☎02-6651 4587; www.coffsjetty.com.au; 41a Collingwood St; 双 $125起; 📶）这家民宿位于小镇郊区，客房装修雅致，卫生间也很棒，整体住宿条件在其他民宿之上。而且这里离海滩和饭店都很近。

Caribbean Motel 汽车旅馆 $$

（☎02-6652 1500; www.caribbeanmotel.com.au; 353 Harbour Dr; 双/公寓 $132/165起; ❄📶🏊）旅馆靠近码头，有24个套间，重新装修之后变得很是雅致。最好的房间有阳台和水疗池，能看到不错的风景。带厨房的一居室套房也很实惠。

Observatory Apartments 公寓 $$

（☎02-6650 0462; www.theobservatory.com.au; 30-36 Camperdown St; 公寓 $170起; ❄📶🏊）这家酒店式公寓现代美观，有1卧、2卧和3卧公寓，所有房间都明亮通风，带有设备齐全的厨房。所有公寓的阳台上都能赏海景，有些房间还配有水疗设施。

就餐

Old John's 咖啡馆 $

（www.facebook.com/oldjohns; 358 Harbour Dr; 主菜 $14~17; ⏰周日至周二 7:00~16:00, 周

三至周六 至23:00）这家咖啡馆的家具摆放随意，还挂着一些知名的艺术品，充满了时尚气息；店里的服务员年轻开朗，提供的啤酒非常好喝，食物也相当可口。如果你晚上来，还可以欣赏现场音乐，品尝鸡尾酒，享用$15的意大利面和红酒套餐。

Cafe Aqua 咖啡馆 $

（☎02-6652 5566；www.cafeaqua.com.au；57 Ocean Pde；主菜 $10~19；⊙7:00~15:00）这家咖啡馆离公园海滩（Park Beach）很近，提供的早餐量大丰盛，午餐则是各种各样的百吉饼和汉堡包，种类之多令人惊讶。这里的咖啡也不错。

Yknot Bistro 小酒馆饮食 $$

（☎02-6651 1741；www.yknotbistro.com.au；Coffs Harbour Yacht Club，30 Marina Dr；主菜 早餐 $13~18，午餐 $17~30，晚餐 $21~33；⊙7:00~14:30和18:00~20:30）这间小餐馆生意很好，供应酒馆风格的海鲜、牛排和面食。最棒的是屋外有许多露天座位，能看到大海，这在科夫斯港实属少见。

Mangrove Jack's 咖啡馆 $$

（☎02-6652 5517；www.mangrovejackscafe.com.au；Promenade Centre，Harbour Dr；主菜 早餐 $9~16，午餐 $17~25，晚餐 $24~30；⊙周日至周四7:30~15:00，周五和周六 7:30~15:00和17:00~21:00；📶）咖啡馆位于科夫斯溪（Coffs Creek）的拐弯处，四周很安静。你可以在阳台上悠闲地坐下，一边喝着冰啤酒或是咖啡，一边连着免费的Wi-Fi查阅电子邮件。

★ **Fiasco** 意大利菜 $$$

（☎02-6651 2006；www.fiascorestaurant.com.au；22 Orlando St；主菜 $38；⊙周二至周六17:00~21:00）餐馆的厨房是开放式的，供应意式经典美食，花园里种的香草是食材之一，其他食材全都来自当地最好的食品供应商。豆粥、柴火烤制的比萨和自制意大利面都很美味，保准叫你大"吃"一惊。如果你不是特别饿，可以在餐馆兼营的酒吧里点一些开胃小吃。

Zulus 埃塞俄比亚菜 $$$

（☎02-6652 1588；www.zuluscoffs.com；Best Western Zebra Motel，27 Grafton St；主菜 $35；⊙周二至周六 18:00~20:30）点菜的时候仔细看看菜单，你会有意想不到的惊喜。菜的外观可能不是很地道，但味道是一级棒，而且要用手抓着吃，这也非常有趣。

饮品和夜生活

周四出版的《科夫斯港倡导者报》（www.coffscoastadvocate.com.au）有节目预告。

Surf Club Park Beach 小酒馆

（☎02-6652 9870；www.surfclubparkbeach.com；23 Surf Club Rd，Park Beach；⊙7:00~23:00）周日下午在海滩上欣赏当地音乐家的表演是到科夫斯必须要做的事情之一。喝酒的时候可以吃点海鲜，配上点西班牙小吃。

Hoey Moey 小酒馆

（www.hoeymoey.com.au；84 Ocean Pde；⊙10:00至深夜；📶）光看到酒馆内部宽敞的啤酒花园就能想象到夏天这里有多么热闹。每周都有台球比赛、现场音乐、智力竞赛和螃蟹赛跑。

Coast Hotel 小酒馆

（www.coasthotel.com.au；2 Moonee St；⊙11:00至深夜）这里非常适合那些想在啤酒花园里过一个慵懒下午的人。你可以在屋外的平台上欣赏漂亮的风景，也可以随心所欲地躺在沙发上享受属于自己的独立空间。

实用信息

游客信息中心（Visitor information centre；☎02-6648 4990；www.coffscoast.com.au；Big Banana，351 Pacific Hwy；⊙9:00~17:00）

到达和离开

飞机

科夫斯港机场（Coffs Harbour Airport，CFS；☎02-6648 4767；www.coffscoast.com.au/airport；Airport Dr）机场位于小镇西南方向3公里处。

Qantaslink（☎13 13 13；www.qantas.com.au）抵离悉尼。

虎航（Tigerair；☎02-8073 3421；www.tigerair.com.au）抵离悉尼。

维珍航空（Virgin；☎13 67 89；www.virginaustralia.

com）抵离悉尼及墨尔本。

长途汽车

长途汽车和地区长途汽车从游客中心旁边的汽车站出发。

Busways（☎02-6652 2744；www.busways.com.au）工作日抵离楠巴卡角（Nambucca Heads）和贝林根（Bellingen）的车每天至少5班（均为 $11.90，1.25小时），周六至少1班。

澳洲灰狗巴士（Greyhound；☎1300 473 946；www.greyhound.com.au）抵离悉尼（$66，8.5小时，每天1班）、麦夸里港（$37，2.5小时，每天2班）、楠巴卡角（$13，45分钟，每天2班）、拜伦湾（$45，3.5小时，每天4班）和布里斯班（$81，7小时，每天3班）。

新英格兰长途汽车公司（New England Coaches；☎02-6732 1051；www.newenglandcoaches.com.au）一周至少两班车抵离多里戈（$45，1.5小时）和贝林根（$35，50分钟）。

Premier（☎13 34 10；www.premierms.com.au）每天有数班开往各地的长途汽车，包括悉尼（$66，8.5小时）、麦夸里港（$47，2.25小时）、楠巴卡角（$34，40分钟）、拜伦湾（$50，5小时）和布里斯班（$59，8.5小时）。

Ryans Bus Service（☎02-6652 3201；www.ryansbusservice.com.au）有长途汽车抵/离伍尔古尔加（$13，1小时，工作日一天6班，周六一天2班）和格拉夫顿（$21.80，2小时，工作日一天2班）。

火车

NSW TrainLink（☎13 22 32；www.nswtrainlink.info）每日有3列火车抵离悉尼（$67，9小时）、肯普西（$13，1.75小时）、楠巴卡角（$5，40分钟）和格拉夫顿（$11.30，1.25小时），其中有一列继续开往布里斯班（$59，5.5小时）。

当地交通

由Busways、Ryans和**索特尔**（Sawtell；☎02-6653 3344；www.sawtellcoaches.com.au）3家公司负责当地长途汽车的运行。索特尔有到达机场的专线。

科夫斯地区出租车公司（Coffs District Taxis；☎13 10 08；www.coffstaxis.com.au）提供24小时服务。

伍尔古尔加（Woolgoolga）

人口 4720

科夫斯港北部约20公里的地方有两个超棒的海滩。其中之一是冲浪胜地**翡翠海滩**（Emerald Beach），位于它南侧的左手冲浪海滩无与伦比，冲浪时正对着的海岬有个相当贴切的名字，叫“看着我”（Look at Me Now）。伍尔古尔加（当地人多称之为“伍村”）往北约12公里的社区以冲浪和锡克教而闻名。如果你驱车行驶在高速公路上，沿途经过的纳克神庙（Guru Nanak Temple）一定会给你留下深刻的印象，这是一座锡克教的谒师所（朝拜地）。每隔一个周六，这里都会有**宝莱坞巴扎**（Bollywood Bazaar）；每年9月，全镇都会庆祝**咖喱节**（Curryfest；www.facebook.com/WoolgoolgaCurryfest）。

住宿

Woolgoolga Beach Caravan Park
露营地 $

（☎02-6648 4711；www.coffscoastholidayparks.com.au；55 Beach St；营地/小屋 $36/78起；📶）这个露营地就设在海滩上，到了晚上很安静。

Solitary Islands Lodge
民宿 $$

（☎02-6654 1335；www.solitaryislandslodge.com.au；3 Arthur St；房间 $160；📶）这座建在山顶上的房子现代感十足，里边的3间客房干净整洁，能欣赏到绝美海景。可爱的房主还在每间房间里储存了制作欧式早餐的食材。

Waterside Cabins
木屋 $$

（☎02-6654 1644；www.watersidecabins.com.au；Hearnes Lake Rd；小屋 $113起；❄🏊）这几间装修别致的2卧、3卧套间周围全都是这种木屋造型的建筑。这家旅馆可出租的4间小屋坐落在铺满了落叶的湖边，一旁还有一条通往海滩的通道。

就餐

White Salt
炸鱼和薯条 $

（☎02-6654 8832；70 Beach St；$10~18；⏰每日 11:30~14:00，周三至周一 17:00~20:00）

这家餐馆采用新鲜食材，做出来的食物相当好吃。你可以试试这里的沙拉、大溪地生鱼片还有装在老式盒子里的鳕鱼和薯片。

Bluebottles Brasserie 咖啡馆 $$

（☎02-6654 1962；www.bluebottlesbrasserie.com.au；53 Beach St；主菜 早餐 $12~17，午餐 $14~23，晚餐 $24~30；⏰周一至周四 6:15~16:00，周五和周六 至21:00，周日7:00~15:00）这里早上提供味道浓厚、提神醒脑的咖啡和油炸玉米饼；店里全天供应样式丰富的早餐，还有丰盛的沙拉和下午茶糕点。

ℹ 到达和离开

Ryans Bus Service在伍尔古尔加往返于科夫斯港（$13，1小时）、红岩（$11，15分钟）和格拉夫顿（$21，1.5小时）的长途汽车并不多。不过走太平洋公路的大巴有时会在伍尔古尔加稍作停留。

索特尔（Sawtell）

人口 3451

索特尔虽然在内陆与科夫斯港接壤，但索特尔的海滩风情反而与迷人的努萨（Noosa）更为相似。已录入澳大利亚遗产名录里的无花果树遮蔽着索特尔的主干道，道路两旁开满了各种高级咖啡馆和精品店。这里每年还会举办**索特尔红辣椒节**（Sawtell Chilli Festival；www.sawtellchillifestival.com.au；⏰7月）。

住宿

Sawtell Motor Inn 汽车旅馆 $$

（☎02-6658 9872；www.sawtellmotorinn.com.au；57 Boronia St；房间 $150起；P❄📶🏊）旅馆紧邻主干道，步行5分钟就可以到达沙滩。整间旅馆整洁静谧，套间宽敞干净，光线充足，里边摆放的都是藤制家具。有些房间自带小厨房和水疗池。

就餐

Sea Salt 炸鱼和薯条 $

（☎02-6658 9199；www.seasaltsawtell.com.au；29 First Ave；$8~12；⏰11:00~19:30）餐馆供应美味的鲷鱼汉堡包、鱼肉玉米饼、虾卷和可口的意式冰激凌。

Split Espresso 咖啡馆 $$

（☎02-6658 3026；www.splitcafe.com.au；3-4 First Ave；主菜 早餐 $13~17，午餐 $16；⏰7:00~17:00）这家咖啡馆制作的咖啡很是香浓，早餐让人很有饱腹感，比如刚出炉的枫糖蛋糕。咖啡馆还是自行车陈列室。这里的店员很乐意为你推荐当地的骑行路线。

Hello Sawtell 新派澳洲菜 $$

（☎0427 933 107；www.facebook.com/hellosawtell；20 First Ave；小份菜 $16，主菜 $26；⏰周二至周日 18:00~22:00）餐馆的美食无可挑剔，座无虚席，连走廊上都站满了人。需要提前预订。

ℹ 到达和离开

索特尔长途汽车站（Sawtell Coaches；www.sawtellcoaches.com.au）运营往返于科夫斯港和索特尔的大巴。

楠巴卡角（Nambucca Heads）

人口 19,530

楠巴卡角的海岸线极其曲折，风光美丽宜人，楠巴卡河（Nambucca River）顺着这里的海岬流入大海。这里环境静谧喜人，未受损毁，吸引了很多七八十岁的老年人来这里沐浴阳光。在这个年纪来这里玩，带上钓鱼竿和防晒霜足矣。

楠巴卡（发音为nam-buk-a）的含义是“许多弯”。在19世纪40年代欧洲伐木工到达楠巴卡角之前，这里的河谷一直都是由Gumbainggir人统治的。楠巴卡角和上游的维尔河谷到现在还生活着许多强大的原住民部落。

景点

在众多瞭望台中，沿着高耸的峭壁而建的**库克船长瞭望台**（Captain Cook Lookout）是观赏沙滩的好地方。这里还有一条道路通往**谢利海滩**（Shelly Beach）的潮间水坑。谢利海滩和北边的**贝利亚海滩**（Beilbys Beach）连为一体，再往北就是**主海滩**（Main

Beach），主海滩是唯一一个有救生员巡逻的海滩。

★V形墙（V-Wall） 防浪堤

数十年来，楠巴卡角的防浪堤被当地居民和来往游客用画笔装饰得五颜六色，上面不仅有颜色缤纷的艺术插画，还有写给爱人、家人以及新朋友的寄语。如果你还能在巨石上找到空隙，一定要在上边留下属于你的痕迹。

住宿

White Albatross Holiday Park 露营地 $

（☎02-6568 6468；www.whitealbatross.com.au；52 Wellington Dr；营地 $41起，小屋 $87~180；）这个大型度假公园位于河口附近，中间是一座有救生员巡逻的潟湖。这里的小屋都十分干净，配有全套的烹饪设备。公园里还有一个装修精致、气氛欢快、有现场秀的酒馆。

Marcel Towers 公寓 $$

（☎02-6568 7041；www.marceltowers.com.au；12-14 Wellington Dr；双 $130起；）这间假日公寓酒店虽然年代久远，但套间都收拾得非常干净，站在客房的阳台上还能俯瞰整个入海口。如果美丽的海景勾起了你下水的欲望，可以去公寓那里租船和皮划艇。

Riverview Boutique Hotel 客栈 $$

（☎02-6568 6386；www.riverviewlodgenambucca.com.au；4 Wellington Dr；标单/双 $139/179起；）客栈所在的建筑建于1887年，之前是个酒馆。翻新后，这座两层木楼重现生机，内部改造出了8间时髦的客房，有些房间里能欣赏到壮丽的美景。

就餐

Bookshop Café 咖啡馆 $

（☎02-6568 5855；Ridge St和Bowra St的交叉路口的角落；饭菜 $9~14；⏲8:00~17:00；）在小镇上吃早餐，一定得去走廊的桌子上吃才有感觉。一天中有蛋糕、薄饼、三明治和沙拉等各种不同的食物供你品尝。

Lom Talay 泰国菜 $$

（☎02-6568 8877；58 Ridge St；主菜 $15；⏲周二至周六 17:30~21:00）这个泰式餐馆虽然不起眼，但用餐的氛围很好。当地人和游客都特别喜欢加了蔬菜和主食的酸橙味咖喱，如泰式炒河粉。夏天的晚上人会很多，需要提前预订。可以自带酒水或食物。

值得一游

红岩

红岩村（人口 310）坐落于美丽的海滩和鱼虾成群的河口之间。它的名字来源于岬角处那些堆砌的、被染红的岩石。当地的Gumbainggir人是通过一个更阴郁的名字来了解它的，那就是血岩。在19世纪80年代，一支武装警察的小分队对生活在这里的原住民营地里的居民进行了屠杀，幸存者一直被追到岬角，在那里，他们被赶下了海。如今，血岩大屠杀的故事被写在一块朴素的饰板上以作纪念，这片区域也被当地人看作圣地。

亚拉瓦拉原住民文化中心（Yarrawarra Aboriginal Cultural Centre；☎02-6640 7100；www.yarrawarra.org；170 Red Rock Rd，Corindi Beach；⏲周三至周日 9:00~16:00）拥有一个有趣的艺术馆和一家丛林美食咖啡馆，在这里你可以欣赏袋鼠雕饰、品尝柠檬香桃木面包。这里也有丛林医药团队游和艺术课程，如果你对此感兴趣并想要加入其中，请提前来电预约。

红岩房车公园（Red Rock caravan park；☎02-6649 2730；www.redrock.org.au；1 Lawson St；露营地/小木屋 $23/105；）可提供住宿（包括一些灯光常亮、顶部倾斜的帐篷）。

在周末，Ryans偶尔会有往返于伍尔古尔加（$11，15分钟）和格拉夫顿（$20，50分钟）的长途汽车。

Nambucca Boatshed & Cafe 咖啡馆 $$

(☎02-6568 6511; nambuccaboatshed.com.au; Riverside Dr; 主菜 $12~18; ⏰周一至周六 7:30~16:00, 周日 8:00~15:00)这家咖啡馆建在河边的一条长廊上，虽然位置不太起眼，但坐在这里能欣赏到秀丽的河岸风光，这可是这家咖啡馆的"杀手锏"。享用完丰盛的汉堡午餐之后，可以从隔壁的tackle shop(☎02-6568 6432; www.nambuccacbd.com.au/beachcomber.html; Riverside Dr; ⏰7:00~17:00)租借皮划艇和滑板下水戏耍一番。

实用信息

楠巴卡角游客信息中心(Nambucca Heads Visitor Information; ☎02-6568 6954; www.nambuccatourism.com.au; Riverside Dr 和Pacific Hwy交叉路口; ⏰9:00~17:00)

到达和离开

长途汽车

长途汽车停靠在游客中心。

Busways(☎02-6568 3012; www.busways.com.au)抵离贝林根($9.70, 1.25小时)和科夫斯港($11.90, 1.25小时)的长途汽车工作日期间有6班，周六有1至2班。

澳洲灰狗巴士(Greyhound; ☎1300 473 946; www.greyhound.com.au)每天有两班大巴抵离悉尼($100, 8小时)、麦夸里港($22, 1.75小时)、科夫斯港($13, 45分钟)、拜伦湾($60, 4.5小时)和布里斯班($106, 8.25小时)。

Premier(☎13 34 10; www.premierms.com.au)每天都有大巴抵离悉尼($63, 8小时)、麦夸里港($38, 1.75小时)、科夫斯港($34, 40分钟)、拜伦湾($58, 5.75小时)和布里斯班($63, 9.25小时)。

火车

NSW TrainLink(☎13 22 32; www.nswtrainlink.info)每天有3列火车抵离悉尼($66, 8小时)、温厄姆($25, 3小时)、肯普西($8, 1小时)、科夫斯港($5, 40分钟)，每天有两列火车到布里斯班($62, 6.25小时)。

多里戈(Dorrigo)

人口 1080

虽然多里戈地方不大，但很漂亮，整个小镇围绕两条极为宽阔的街道组成的T字路口向外扩张。

小镇的主要景点是位于小镇北边1.2公里处的Dangar Falls，瀑布的水流冲过大片嶙峋的岩石倾泻而下，坠入前方的水池之中。在瀑布下的水池游泳能满足你洗个冷水澡的愿望。

住宿

Heritage Hotel Motel Dorrigo 酒店 $$

(☎02-6657 2016; www.hotelmoteldorrigo.com.au; Cudgery St和Hickory St的交叉路口; 房间 $105起; ❄📶)这家酒馆从外面看起来不怎么样，可里面的酒吧和餐厅却是魅力十足。酒馆楼上是修缮一新的卧室，不仅住着舒适，价格也很合适。套间正对着停车场的后部。

Mossgrove 民宿 $$

(☎02-6657 5388; www.mossgrove.com.au; 589 Old Coast Rd; 房间 $195)这家民宿占地2.5公顷，离多里戈(Dorrigo)8公里，整栋建筑带有联邦时期的风格，连翻新过后都带着那个时代的味道。民宿有两间高级房间，还有一间会客室和一间卫生间。提供欧式早餐。

餐饮

Dorrigo Wholefoods 咖啡馆 $

(☎02-6657 1002; www.dorrigowholefoods.com.au; 28 Hickory St; 主菜 $12; ⏰周一至周五 7:30~15:00, 周六 8:00~14:00)咖啡馆提供由大量蔬菜、沙拉、蛋糕组成的大拼盘和由少量精致的龙虾咸派、芝士饼组成的餐品。店员还会制作可口的混合果汁。

Thirty Three on Hickory 欧洲菜 $$

(☎02-6657 1882; www.thirtythreeonhickory.com.au; 33 Hickory St; 主菜 $17~23; ⏰周三至周日 17:00~21:00)餐馆所在的小屋建于20世纪20年代，外墙上铺设了隔板，装有彩色玻璃。屋外还有一个鲜花竞放的花园。餐馆桌上铺着雪白的桌布，银制餐具闪闪发光，旁边还有温暖的明火壁炉，这一切都是为了衬托

值得一游

斯科茨角

从太平洋公路出发，绕行17公里的路程，沿途风光秀丽，一路向北至楠巴卡角，然后沿Tourist Drive 14前往斯图尔特角（Stuarts Point），穿过桉树林到达**Grassy Head**。从这里开始，沿路穿过**亚拉哈比尼国家公园**（Yarriabini National Park; www.nationalparks.nsw.gov.au/yarriabini-national-park）到达**斯科茨角**（Scotts Head; 人口 820），这是一个规模虽小却人气很高的海滨居民点。当你在这里旅游时，在**Taverna Six**（☎02-6569 7191; www.tavernasix.com; 6 Short St; 主菜 早餐 $13~16，晚餐 $26~28; ⊙每天8:30~13:00，周三至周六 18:30~21:00）住宿是个不错的选择，这是一家环境舒适且食品可口的希腊餐馆。继续前行，返程的道路紧挨着一条小溪，小溪的两边都是高大的树木。

这里的招牌菜——美味的发酵比萨。

Red Dirt Distillery 酿酒厂

（☎02-6657 1373; www.reddirtdistillery.com.au; 51-53 Hickory St; ⊙周一至周五 10:00~16:00，周六和周日 10:00~14:00）酒庄将伏特加酒和烈性甜酒进行了创新性调制。有的烈性甜酒是采用长在多里戈红土地里的土豆发酵而成的。

ℹ 实用信息

多里戈游客中心（Dorrigo Information Centre; ☎02-6657 2486; www.dorrigo.com; 36 Hickory St; ⊙10:00~15:00）

ℹ 到达和离开

新英格兰长途汽车公司（New England Coaches，见198页）每周有3班车到达科夫斯港（$45，1.5小时）。

多里戈国家公园（Dorrigo National Park）

贝林根的瀑布路（Waterfall Way）顺着陡坡一路向悬崖延伸，通向多里戈。沿着瀑布路开车行进，中途会路过好几个倾泻而下的溪流，沿途还可欣赏到多里戈国家公园壮美的景致。

公园占地119平方公里，是冈瓦纳古陆世界遗产区（Gondwana Rainforests World Heritage Area）的一部分。园内植物种类繁多，栖息着120多种鸟类。**雨林中心**（Rainforest Centre; ☎02-9513 6617; www.nationalparks.nsw.gov.au/Dorrigo-National-Park; Dome Rd; 成人/儿童 $2/1; ⊙9:00~16:30; 📶）位于公园的入口处，中心有介绍公园生态系统的展示和录像，你还可以在此获得有关徒步路线的建议。中心提供免费Wi-Fi，配备了供手机和相机使用的充电站。公园里还有极好的**Canopy Cafe**（www.canopycafedorrigo.com; 主菜 $14~19; ⊙9:00~16:30）以及**空中步道**（Skywalk），这是一条建在雨林树冠上方的人行道，从这里遥看远方，景色美得让人窒息。

Wonga Walk是一条6.6公里长的沥青小路，始发点在雨林中心，往返需两小时，途中会经过雨林深处。在路上，你可以看到三两道壮美的瀑布，其中一道可以绕到瀑布的后边。

贝林根（Bellingen）

人口 12,854

贝林根隐于贝林格河（Bellinger River）两岸的山坡树林之中，这个美丽的小镇有自己的特色bongo手鼓，镇上的居民喜欢随着鼓点起舞。这里有各种有机美食和住宿可供选择，正如一位游客所说，这是一个乐而不淫的地方。小镇夹在多里戈国家公园壮丽的热带雨林和美不胜收的海滩之间，是东海岸上的一颗宝石。

在19世纪40年代被砍伐雪松的人发现之前，这块宽阔的河谷一直都在Gumbainggir人的统治之下。20世纪40年代，这里不再进行河床清淤工作，从此小镇便不再通船。1988年，彼得·凯利的小说《奥斯卡与露辛达》（*Oscar and Lucinda*）获奖之后，小镇作为故事的发生地更加出名了。

景点

贝林根岛 野生动物保护区

（Bellingen Island; www.bellingen.com/flyingfoxes）贝林根岛位于贝林格河上，面积不大，是一个半岛（只有河水上涨的时候，小岛才会和陆地分开），岛上生活着许多灰头狐蝠。傍晚，成千上万的狐蝠飞出巢穴觅食，场面非常壮观，从镇中心的小桥上能捕捉到最最精彩的画面。想要近距离观看，需要爬上北岸陡峭的Red Ledge Lane。

这里最佳的旅游时节在10月至次年1月，这个时候的小果蝠刚刚出生，嗷嗷待哺。

活动

Bellingen Canoe Adventures 独木舟

（☎02-6655 9955; www.canoeadventures.com.au; 4 Tyson St, Fernmount; 租用 每小时/天 \$15/55）旅行社提供贝林格河一日游（成人/儿童 \$90/60）和满月之旅团队游（成人/儿童 \$25/20）。

Valery Trails 骑马

（☎02-6653 4301; www.valerytrails.com.au; 758 Valery Rd, Valery; 骑马2小时 成人/儿童 \$65/55）马场位于小镇东北15公里处，有75匹马和大片跑马场。

节日和活动

Camp Creative 艺术节

（www.campcreative.com.au）每年1月中旬会为成人和儿童举办为期5天的艺术嘉年华。

贝林根文学节 文学节

（Bellingen Readers & Writers Festival; bellingenwritersfestival.com.au）每年6月份女王生日的长周末期间，著名作家和新晋作家都会前来参加作家见面会、阅读会、研讨会和工作坊。

贝林根爵士音乐节 爵士音乐节

（Bellingen Jazz Festival; www.bellingenjazzfestival.com.au）每年8月中旬的一个长周末会在贝林根举办爵士音乐节，期间群星云集，各种爵士乐表演轮番上演。

住宿

Bellingen YHA 青年旅舍 \$

（☎02-6655 1116; www.yha.com.au; 2 Short St; 铺 \$33，房间 带/不带浴室 \$105/80; @📶）这家旅店重新翻修之后加设了外墙隔板，使得室内变得更加宁静宜人。从旅舍宽敞的走廊向外眺望，能够欣赏到宜人的风景。如果提前电话联系，店员可以到乌蓝咖（Urunga）的车站或者火车站接站。

Federal Hotel 酒店 \$

（☎02-6655 1003; www.federalhotel.com.au; 77 Hyde St; 标单/双 带公用浴室 \$80/100; 📶）这间漂亮的旧客栈在翻新的时候安装了外墙隔板。有些房间可直通正对主街的阳台。酒店楼下有一个气氛活跃的酒馆，里边的食物不错，可以听现场音乐。

Bellingen Riverside Cottages 木屋 \$\$

（☎02-6655 9866; www.bellingenriversidecottages.com.au; 224 North Bank Rd; 别墅 \$150起; ❄📶🐾）这里的山间小屋优雅舒适，屋内摆设充满田园风情，阳光会透过窗户暖暖地照射进来。从木制阳台上能够俯瞰贝林格河，你可以乘旅店提供的皮划艇在河上游玩。首次入住可在第二天早上免费享用大分量的早餐套餐。

Bellingen River Family Cabins 木屋 \$\$

（☎02-6655 0499; www.bellingencabins.com.au; 850 Waterfall Way; 小屋 \$150; ❄）这家家庭农场位于贝林根东边4公里处，有两间宽敞的两卧小屋，从屋里可以俯瞰宽阔的河谷。套间设施齐全，可以容纳6个人睡觉。农场还免费提供皮划艇和早餐。其中一间小屋有无障碍通道。

★ Lily Pily 民宿 \$\$\$

（☎02-6655 0522; www.lilypily.com.au; 54 Sunny Corner Rd; 房间 \$260起; ❄📶）这家民宿坐落在山顶上，整个建筑设计得很精巧，有3间客房能够一览河上美景。民宿装修大气，服务周全。刚入住的时候会有香槟款待，丰盛的早餐会一直供应到中午，客房里摆放的家具都相当豪华，如此种种，不胜枚举。这里位于小镇中心南方3公里处。

餐饮

★ Hearthfire Bakery 面包房 $

(☎02-6655 0767; www.hearthfire.com.au; 73 Hyde St; 每项 $9~14; ⊙周一至周五 7:00~17:00，周六7:30~14:00，周日 9:00~14:00）有机酵母在木柴炙热的烘烤下发出阵阵诱人的香气，循着这股香味，你就可以找到这个美味的乡村面包咖啡店。来这里可以品尝一下有名的澳洲水果坚果面包或坐下来喝杯咖啡，再配上个味道鲜美的派。这里提供各种类型的早餐。

Bellingen Green Grocers 健康食品 $

(☎02-6655 0846; 58-60 Hyde St; ⊙周一至周五 7:30~18:00，周六 至17:00，周日 至16:00）店里所有的食材都由小镇周围150公里以内的农户提供。带着令人垂涎欲滴的食物去河畔野餐是最好的选择。此外，店里兼营的咖啡馆（⊙周一至周六 11:00~14:30）提供卷饼、沙拉和冰沙。

Hyde 咖啡馆 $

(62 Hyde St; 小吃 $6; ⊙周一至周五 7:30~16:30，周六 9:00~13:30; 📶）这家咖啡馆之前是一家家具店，不过现在你可以坐在这里品尝美味的咖啡。这里的小松饼和蛋糕还是一如既往的美味。

Bellingen Gelato Bar 冰激凌 $

(www.bellingengelato.com.au; 101 Hyde St; ⊙周三至周日 10:00~18:00）这家冰激凌店装修时借鉴了20世纪50年代美国咖啡馆的风格，供应自制冰激凌。

Purple Carrot 咖啡馆 $$

(☎02-6655 1847; 105 Hyde St; 主菜 $13~16; ⊙8:00~15:00）这家咖啡馆更专注于早餐，用鸡蛋搭配其他菜品，如法式奶油吐司、熏鲑鱼土豆饼和奶油蘑菇香草酱。周日要早一些去吃早午餐。

Oak Street Food & Wine 新派澳洲菜 $$$

(☎02-6655 9000; www.oakstreetfoodandwine.com.au; 2 Oak St; 午餐 $12~18，晚餐主菜 $34; ⊙周三至周六 正午至21:30，周日 10:00~15:00）这家大受欢迎的餐馆做出的菜又精致又好吃，所有的食材都来自贝林根山谷的慷慨馈赠。周日的早午餐很丰盛。

★ No 5 Church St 酒吧

(www.5churchstreet.com; 5 Church St; 主菜 $16; ⊙周三至周五 11:00~22:00，周六 8:00~22:00，周日 8:00~16:00; 📶）这里之前是一家咖啡馆，后来毫不费力地转型成了一家酒吧。酒吧拥有贝林根最酷的场地舞台，会举行现场音乐表演，有时候还会播放夜场电影或是举

瀑布路

先上Pacific Hwy走40公里，穿越贝林根（Bellingen）到多里戈（Dorrigo），然后上瀑布路走125公里，就能到达阿米代尔（Armidale）。也许长长的道路让你倍感压力，但这条线路有很多亮点。

➡ 经过多里戈（Ebor以西2公里）后再走50公里，向右转弯就可以到达盖伊福克斯河国家公园（Guy Fawkes River National Park）的俄莫瀑布（Ebor Falls; www.nationalparks.nsw.gov.au/guy-fawkes-river-national-park）。

➡ 瀑布路就在大教堂岩石国家公园（Cathedral Rock National Park; www.nationalparks.nsw.gov.au/cathedral-rock-national-park）边上。往左边走8公里是Point Lookout Rd，它通向新英格兰国家公园（New England National Park; www.nationalparks.nsw.gov.au/new-england-national-park），这是冈瓦纳古陆世界遗产区的另一部分。

➡ 再走28公里，然后左转，你就能看到260米高的Wollomombi瀑布，这是奥克斯利野外河流国家公园（Oxley Wild Rivers National Park; www.nationalparks.nsw.gov.au/oxley-wild-rivers-national-park）的一大美景。

办社团活动。酒吧的菜都很美味，不过菜单有时会根据当地农户所种的当季菜略有变化。

购物

社区集市(community market; www.bellingenmarkets.com.au; Bellingen Park, Church St; ⊙每月第3个周六 9:00~15:00)上的250多个摊位足够让你眼花缭乱。贝林根每月还会举办**农户集市**(growers' market; www.bellingengrowersmarket.com; Bellingen Showgrounds, Hammond St和Black St的交叉路口; ⊙每月的第2个和第4个周六 8:00~13:00)。

旧黄油工厂 艺术、工艺品

(Old Butter Factory; www.theoldbutterfactory.com.au; 1 Doepel St; ⊙9:00~17:00)这栋建筑里有手工艺品商店，还有一间画廊、一家蛋白石经销商店和一间咖啡馆。

Emporium Bellingen 服装

(☎02-6655 2204; www.emporiumbellingen.com.au; 73-75 Hyde St; ⊙周一至周六 9:00~17:00, 周日 10:00~17:00)商场位于著名的哈蒙德惠特利商业区(建于1909年)，装修精致漂亮，楼内有各种家居用品店和服装店。楼上有很多店铺售卖各种进口产品。

Heartland Didgeridoos 音乐节、服装

(☎02-6655 9881; www.heartlanddidgeridoos.com.au; 2/25 Hyde St; ⊙周一至周六 10:00~16:30)这家店在制作高质量乐器方面颇有声望。

Bellingen Book Nook 书店

(☎02-6655 9372; 25 Hyde St; ⊙周二至周六 10:00~16:00)这间小小的书屋里二手书堆得有屋顶那么高。

实用信息

瀑布路游客中心(Waterfall Way information centre; ☎02-6655 1522; www.coffscoast.com.au; 29-31 Hyde St; ⊙9:00~17:00)在服务中心可领取游客手册详细了解景观路段、步行路段以及一段艺术徒步路径。

到达和离开

从贝林根出发，沿着瀑布路一路上行29公里后可到达多里戈。

Busways(☎02-6655 7410; www.busways.com.au)工作日每天有5~6班车抵离楠巴卡角和科夫斯港(均为$11.90, 1.25小时)。周六有两班。

新英格兰长途汽车公司(New England Coache; ☎02-6732 1051; www.newenglandcoaches.com.au)到乌蓝咖($40)和科夫斯港($35)的大巴每周有3班。

肯普西郡(KEMPSEY SHIRE)

肯普西郡包括以农业生产为主的大镇肯普西、麦克利山谷(Macleay Valley)的农场和成排的优质冲浪海滩。

如果你有时间逛逛这些地方，就从肯普西下高速，顺着Crescent Head Rd到海边。顺着马路经过贝摩尔河(Belmore River)和玛丽河(Macleay River)两河的交汇口，再往前走一点就到了格拉德斯通的边界，那里有铺满了落叶的帽子角国家公园(Hat Head National Park)。驶过玛丽河就是西南岩石区，河堤上长着密密的芦苇，一旁的高地上建有老式农舍和古老小屋。

肯普西(Kempsey)

人口 29,361

肯普西有两个象征澳大利亚的标志：亚古巴宽边帽(Akubra hat)和乡村音乐传奇歌手斯利姆·达斯蒂(Slim Dusty)。肯普西虽然靠此赚了不少钱，但也不值得因此就对小镇求全责备。小镇制作亚古巴宽边帽的工厂不面向公众开放。**斯利姆·达斯蒂中心**(Slim Dusty Centre; ☎02-6562 6533; www.slimdustycentre.com.au; 490 Pacific Hwy, South Kempsey)之前空空如也，现在已经陆续投入了几百万的资金用于修建展馆，建成的展馆里将详细地介绍他的一生，另外还会修建一条通向中心的道路。在中心修建完成之前，肯普西唯一有点意思的地方就属**肯普西博物馆**(Kempsey Museum; www.kempseymuseum.org; 62 Lachlan St; 成人/儿童 $4/2; ⊙10:00~16:00)了。

到达和离开

当地的长途汽车由Busways公司运营（见206页）。公司新增了到麦夸里港（Port Macquarie）、克雷森特角（Crescent Head）和西南岩石区的公共汽车。

NSW Trainlink（见207页）、澳洲灰狗巴士（见206页）和Premier（见206页）这3家公司都有长途汽车行经太平洋公路，中途会在肯普西停一下。

西南岩石区（South West Rocks）

人口 4820

绵长的海岸线上有许多美丽的海滨小城，西南岩石区就是其中之一，这里的海滩秀美多姿，娱乐活动丰富多彩，足够你在这里玩上一两个晚上。

美丽的**特赖尔湾**（Trial Bay）向东舒展延伸。1816年，一群囚犯驾驶着偷来的特赖尔号逃往悉尼，不料中途遇上了暴风雨，船沉在了此处，于是大家就以船的名字将这片海湾命名为特赖尔湾。海湾的东部是位于海岬中心的**阿拉库恩国家公园**（Arakoon National Park），这里栖息着许多袋鼠和笑翠鸟（kookaburras），深受露营者的欢迎。阿拉库恩所在的村子里除了有几处美丽的露营地可供选择，还有一处海滨别墅群可供出租。在阿拉库恩的东面，**小湾海滩**（Little Bay Beach）上围着一圈坚固的岩石屏障，石头把海上的波涛阻挡在外，这一小道弯弯的沙滩则躲在里面，静谧安逸。所以，这里很适合游泳，一些徒步路线也把起点设了在这里。

景点和活动

西南岩石区非常适合潜水，尤其是烟雾角（Smoky Cape）南边的鱼岩洞（Fish Rock Cave）。**西南岩石区**（South West Rocks; ☎02-6566 6474; www.southwestrocksdive.com.au; 5/98 Gregory St）和**鱼岩洞**（Fish Rock; ☎02-6566 6614; www.fishrock.com.au; 134 Gregory St）的潜水中心均提供潜水服务（1日/2日双人船潜水 $130/250）和住宿。

特赖尔湾监狱 博物馆

（Trial Bay Gaol; ☎02-6566 6168; www.nationalparks.nsw.gov.au/arakoon-national-park/; Cardwell St; 成人/儿童 $10/7; ⌚9:00~16:30）监狱矗立在特赖尔湾东部的海岬上，建于1877年至1886年，用来关押来此修建防浪堤的囚犯。可是自然界的变化超过人的预期，防浪堤都被冲走了。这里后来仅在第二次世界大战中关押过德国和奥地利战犯，其余时间一直都是空的。如今，为了展现这幢建筑特殊的历史意义，监狱里边已经被改造成了有趣的博物馆。

西南岩石区到这里只有4公里，沿着沙滩悠闲地散会儿步就到了。

住宿

Horseshoe Bay Holiday Park 露营地 $

（☎02-6656 6370; www.mvcholidayparks.com.au; 1 Livingstone St; 露营地/小屋 $49/99起）这座房车公园离主干道和沙滩很近，暑假期间人会特别多。

特赖尔湾监狱露营地 露营地 $

（Trial Bay Gaol Campground; ☎02-6566 6168; www.nationalparks.nsw.gov.au/arakoon-national-park/; Cardwell St; 露营地 $28起）这处风景秀丽的露营地隶属国家公园和野生动物管理局管辖，位于监狱后方的半岛之上，这里大部分的露营点都可以看到壮观的海滩风光，而且经常有袋鼠出没。配套设施包括饮用水、带抽水马桶的厕所、投币式热水淋浴和燃气烧烤台。

Smoky Cape Retreat 民宿 $$

（☎02-6566 7740; smokycaperetreat.com.au; 1 Cockatoo Pl, Arakoon; 房间 $160; ⊖❄☒）这家民宿位于阿拉库恩附近的原始林区，居住环境轻松舒适，有3个私人水疗套房和可以悠闲散步的花园，花园里还建有一个网球场和一个咸水游泳池。民宿的主人还在空地上铺上甲板，开了一家咖啡店；你如果住在这里，早起以后还能在咖啡馆吃上热腾腾的早餐。

Heritage Guesthouse 民宿 $$

（☎02-6566 6625; www.heritageguesthouse.com.au; 21-23 Livingstone St; 双 $120~175; ❄☎）这栋房屋建于19世纪80年代，重新装修之后房间舒适宜人，充满了怀旧气息，

值得一游

格拉德斯通

值得在河边的格拉德斯通（人口387）驻足，逛逛Macleay Valley Community Art Gallery（www.kempsey.nsw.gov.au/gallery/; 5 Kinchela St; 周四至周日 10:30~16:00）免费，并在Heritage Hotel（www.heritagehotel.net.au; 21 Kinchela St; 主菜 $16起; ⏲周一至周六 10:00至午夜，周日 10:00~21:00）小酌一杯，这是家很棒的老式酒吧，有一个绿洲一般的啤酒园。

有的房间还带有水疗设施。楼下的房间相对简约，楼上的房间能看到海景，装修得比较豪华，游客可根据自身的情况选择入住。房价里包含欧式早餐。

Rockpool Motor Inn 汽车旅馆 $$

（☎02-6566 7755; www.rockpoolmotorinn.com.au; 45 McIntyre St; 房间 $140起; ❄📶）这个现代旅馆距离沙滩只有几条街，里边的服务员热情贴心，房间装饰得也很漂亮。旅馆里的餐厅也很不错。

就餐

Chillati Gelati 意式冰激凌店 $

（31 Livingstone St; ⏲周日至周四 10:00~17:00，周五和周六 至20:30）每一个海滨城市都有一家好吃的冰激凌店，而西南岩石区的冰激凌店绝对算是这里面的佼佼者。30多种意式冰激凌色彩纷呈，美味的秘诀就是当地的牛奶。用这种牛奶做出的咖啡也很好喝。

Malt & Honey 咖啡馆 $

（☎02-6566 5200; 5-7 Livingstone St; 主菜 $10~16; ⏲周二至周日 7:30~16:00）这家咖啡馆面朝沙滩，做出来的食物比邻店好吃得多，如营养丰富的沙拉和入口绵润的自制蛋糕。

Trial Bay Kiosk 咖啡馆 $$

（☎02-6566 7100; www.trialbaykiosk.com.au; Cardwell St; 主菜 早餐 $10~16，午餐和晚餐 $18~28; ⏲周五和周六 8:00~14:00和17:30~21:30）咖啡馆离监狱不远，你可以坐在咖啡馆的平台上，细细欣赏远处的风景。午餐倾向法式风格，供应牛排和土豆泥、意大利调味饭、炸鱼和薯条。

实用信息

游客信息中心（Visitor information centre; ☎02-6566 7099; www.macleayvalleycoast.com.au; 1 Ocean Ave; ⏲9:00~16:00）

到达和离开

Busways（☎02-6562 4724; www.busways.com.au）抵离肯普西的长途汽车周一至周六每日2至3班（$13.60，46分钟）。

帽子角国家公园（Hat Head National Park）

帽子角国家公园（车辆进入$7）占地74平方公里，几乎将克雷森特角（Crescnt Head）和西南岩石区之间的海滩全部包含在内。园区里遍布着灌木林地、沼泽和美丽的海滩，海滩后方是新南威尔士州最大的沙丘生态系统之一。

与世隔绝的海滨小村帽子角（Hat Head; 人口326）在公园的中央。在假日公园的后面，村子的尽头有一座造型别致的人行木桥，横跨科诺格诺溪（Korogoro Creek）入海口。入海口处清澈见底，可以看见鱼儿在里面游来游去。

从公园最北边的Smoky Cape Lighthouse能观赏到最美的风景。这里还是每年观赏鲸迁徙的最佳地点。

住宿

Hat Head Holiday Park 露营地 $

（☎02-6567 7501; www.mvcholidayparks.com.au; Straight St; 营地/小屋 $35/121起）这是一座旧式的家庭假日公园，靠近海滩和人行桥。

NPWS Camp Sites 露营地 $

（www.nationalparks.nsw.gov.au/hat-head-national-park; 露营地 每人 成人/儿童 $5/3）帽子角以南5公里处的Hungry Gate和烟角灯塔（Smoky Cape Lighthouse）下面隐蔽的烟角处都可以露营。两处营地都遵循先到先得的

原则，不接受预订。营地有旱厕和烧烤区，需自带水。

Smoky Cape Lighthouse 民宿、别墅 **$$$**

（☎02-6566 6301；www.smokycapelighthouse.com；Lighthouse Rd；标单/双 $150/220起，小屋 每2晚$500起）住在这里，你可以眺望远处的大海，倾听海风盘旋在海岬高处时发出的一阵阵呜咽，度过一个浪漫的夜晚。

克雷森特角（Crescent Head）

人口 979

这片隐匿的海滩拥有澳大利亚最好的右手破浪点。如今，许多人前来只为观看长板冲浪者在Little Nobby's Junction的巨浪上乘风破浪。Plomer Rd附近很适合进行短板冲浪。不受约束的Killick Beach向北延伸14公里。

食宿

当地的房屋中介Point Break Realty（☎02-6566 0306；www.crescentheadholidayaccommodation.com.au；4 Rankine St）专门代理假期租房。

Surfari 青年旅舍、汽车旅馆 **$**

（☎02-6566 0009；www.surfaris.com；353 Loftus Rd；铺/房间 $40/150起；@🛜🏊）这间汽车旅馆的主人最初经营悉尼-拜伦湾的冲浪团队游，但现在他们选择在克雷森特角安家，因为“这里每天都可以冲浪”。这里的客房干净舒适，特有的冲浪住宿套餐也算是旅店的一块招牌。旅店坐落在道路一旁，距离格拉德斯通3.5公里。

Sun Worship Eco Apartments 公寓 **$$$**

（☎1300 664 757；www.sunworship.com.au；9 Belmore St；公寓 $220起；🛜）🍃这5间别墅宽敞大方，内里设计十分豪华，全部为夯土建造，采用直流式通风设备、自然朝向采光和太阳能热水等具有可持续发展理念的设施和设计。虽然花费挺高，但住着舒心。

Crescent Head Tavern 小酒馆饮食 **$$**

（www.crescentheadtavern.com；2 Main St；主菜 $15~30；⏲正午至14:00和17:30~19:30）可以在这家酒吧喝着冰啤酒，享受日光浴，酒吧还提供美味的汉堡、海鲜、比萨和沙拉。

到达和离开

Busways（☎02-6562 4724；www.busways.com.au）公交快线在克雷森特角和肯普西之间运行（$10.10，25分钟），一天2~3班车。周日无班车。

麦夸里港（PORT MACQUARIE）

人口 76,500

麦夸里港位于亚热带海滨的入口，众所周知，该港口是一个度假胜地，有很多美丽的海滩。

景点

这些海滩让人叹为观止，它们距离城镇中心都很近，驾车的话只需要花费很短的时间。这些海滩大多适宜游泳和冲浪，游客不会太多。城镇（Town）、弗林家（Flynn's）和灯塔（Lighthouse）等海滩都很适宜冲浪，夏天还会有人巡逻。雨林一直延伸到Shelly海滩和Miners海滩，后者是非正式的裸体海滩。

5月至11月是观鲸季；城镇里有数不胜数的观鲸点，你也可以乘坐观景游轮，近距离观鲸。

从小镇码头（Town Wharf）能一直走到灯塔海滩。这条路上的防波堤（breakwater）现已成为一件公众涂鸦艺术作品了。人们精心地在石头上涂涂写写，譬如一些美好的回忆，还有“疯狂派对”之类的无聊的话。

考拉医院 野生动物保护区

（Koala Hospital；www.koalahospital.org.au；Lord St；捐赠入场；⏲8:00~16:30）衣原体、交通事故和犬类袭击是造成靠近城镇生活的考拉受伤的最主要原因：每年有大约250只考拉死在医院。白天，你随时都可以沿着户外的围场散个步，但参加团队游的话你将了解得更加全面（15:00）。那些长期住院的考拉病人面前会有一个标牌，详细介绍它们的情况。登录他们的网站可以申请来此地当志愿者。

诺托大宅 历史建筑

（Roto House；www.nationalparks.nsw.gov.

Port Macquarie 麦夸里港

Port Macquarie 麦夸里港

重要景点

1 弗林家海滩……F4

景点

2 玻璃屋……C1

玻璃屋地区艺术馆……（见2）

3 考拉医院……E4

4 库鲁邦溪自然公园……C3

5 海事博物馆……E2

6 天文台……E2

7 海事博物馆Pilot’s Boatshed博物馆……B1

8 麦夸里港历史博物馆……C1

9 诺托大宅……E4

活动、课程和团队游

10 Port Macquarie Cruise Adventures……B1

11 麦夸里港冲浪学校……F4

12 Port Venture Cruises……B1

住宿

13 Eastport Motor Inn……E3

14 Flynns on Surf……F4

15 Mantra Quayside……B2

16 Observatory……E2

17 Ozzie Pozzie YHA……A2

18 Port Macquarie Backpackers……A2

就餐

19 Corner Restaurant……C1

20 Fusion 7……C2

21 LV's on Clarence……B1

Milkbar……（见16）

22 Social Grounds……A2

23 Stunned Mullet……E2

饮品和夜生活

24 Beach House……C1

25 Grape & Petal……B1

26 Zebu Bar & Grill……C1

au/macquarie-nature-reserve; Lord St; 捐赠入场; ⏲10:00~16:30)这是栋维多利亚晚期檐板式别墅，1891年由测量师约翰·弗林(John Flynn)建造，至今保存完好。热心的志愿者很乐意给你当导游。

海亩国家公园 国家公园

(Sea Acres National Park; www.nationalparks.nsw.gov.au/sea-acres-national-park; Pacific Dr; 成人/儿童 $8/4; ⏲9:00~16:30)这家公园占地72公顷，拥有全国最大、最多样性的沿海雨林区。这里还有各种鸟、澳洲巨蜥、灌丛塚雉和金刚巨蟒。

雨林中心(Rainforest Centre)有一家绝佳的咖啡馆(见205页)，还有介绍巴拜人(Birpai)发展史的展出活动。亮点是贯穿森林的全长1.3公里的木栈道，可无障碍通行。到了旺季，有知识丰富的志愿者担任导游，带领游客在此观光，整个行程长达1小时，讲解引人入胜。

库鲁邦溪自然公园 公园

(Kooloonbung Creek Nature Park; Gordon St) 免费 该公园的灌木丛和湿地占地50公顷，是多种鸟类的栖息地。在这里，条条步行小路和无障碍通行的木栈道均可通往红树林和木麻黄林。

死水潭考拉和野生动物公园 动物园

(Billabong Koala & Wildlife Park; ☎02-6585 1060; www.billabongkoala.com.au; 61 Billabong Dr; 成人/儿童$24.50/14; ⏲9:00~17:00)你可以去公园的考拉繁殖中心参观考拉繁殖幼崽(10:30、13:30和15:30)。还有其他澳洲小动物，比如猴子、猫鼬以及濒临灭绝的雪豹。

麦夸里港历史博物馆 博物馆

(Port Macquarie Historical Museum; www.port-macquarie-historical-museum.org.au; 22 Clarence St; 成人/儿童 $5/2; ⏲周一至周六 9:30~16:30)这本是一幢建于1836年的房屋，现在已经成了一家超有趣的博物馆。在电子展览品接管这里之前，有关原住民和流放罪犯的历史展品较多。包括一个"商店一条街"和漂亮的旧衣服展示(有一部分是有关内衣的)。

玻璃屋 艺术中心

(Glasshouse; ☎02-6581 8888; www.glasshouse.org.au; Clarence St和Hay St的交叉路口)当地人工制品在大厅和地下室展示。这里有个**地区艺术馆**(regional art gallery; ⏲周二至周日 10:00~16:00) 免费 ，是一个600座剧院及旅游信息中心。

海事博物馆 博物馆

(Maritime Museum; www.maritimemuseumcottages.org.au; 6 William St; 成人/儿童 $5/2; ⏲10:00~16:00)过去这里是城镇海滩的飞机场(1882年)，现已被改建成了一个小型海事博物馆。在19世纪90年代，小镇码头(Town Wharf)曾有个稍小些的**Pilot's Boatshed**博物馆(www.maritimemuseumboatshed.org.au; 捐赠入场; ⏲10:00~14:00)。

天文台 天文台

(Observatory; www.pmobs.org.au; William

St；成人/儿童 $8/5；⏲周三和周日 19:30，10月至次年4月 20:15）找个公共观景和展览开放日，来到这个天文台，用这里的天文望远镜窥探宇宙的奥秘。

活动

Port Macquarie Coastal Walk 步行

免费 这条沿海步行路线风景极美，始于Town Green海滩，沿着海岸一路蜿蜒，约9公里后就能到达Tracking Point Lighthouse（Lighthouse Rd），该景点位于海亩国家公园（Sea Acres National Park，见203页）。这里很多地方可以游泳（有8个海滩之多），5月至11月还可以观赏鲸迁徙的盛况。这条路也可以分成较短的路段，每段长2公里。

麦夸里港冲浪学校 冲浪

（Port Macquarie Surf School；☎02-6584 7733；www.portmacquariesurfschool.com.au；46 Pacific Dr；课程 $40起）该冲浪学校会针对不同水平的学员设置各种不同的课程。

Soul Surfing 冲浪

（☎02-6582 0114；www.soulsurfing.com.au；课程 $50起）这家冲浪学校特别适合初学者。

团队游

Port Venture Cruises 游轮

（☎1300 795 577；www.portventure.com.au；Town Wharf；成人/儿童 $17/10起）提供晚餐、午餐、"生态历史"巡游以及海豚观赏。观鲸游轮每年5月中旬至11月中旬（$50）出航。

Port Macquarie Cruise Adventures 游轮

（☎0414 897 444；www.cruiseadventures.com.au；Town Wharf；游轮 $15起）观海豚、观鲸、吃午餐、观夕阳以及大沼泽巡游。

Port Macquarie Hastings Heritage 步行游览

（☎0447 429 016；www.pmheritage.com.au；每人 $29；⏲周三至周六 9:30）这个步行团队游从玻璃屋出发，全程2.5小时，沿途可以看到港口的历史变迁。周三至周六14:00还有90分钟的墓地团队游（$19）。

住宿

Ozzie Pozzie YHA 青年旅舍 $

（☎02-6583 8133；www.ozziepozzie.com；36 Waugh St；铺/标单/双 $31/66/88；@📶🏊）这家旅舍房间整洁，氛围悠闲，它由3栋紧挨着的郊区房屋改建而成。这里提供一系列的娱乐活动，配备有游泳池、乒乓球桌、自由趴板等，并出租自行车（每天$5）。

Port Macquarie Backpackers 青年旅舍 $

（☎02-6583 1791；www.portmacquariebackpackers.com.au；2 Hastings River Dr；铺/标单/双 $31/65/80；@📶🏊）这家旅舍已被列入遗产名录，墙壁是锡皮压花的，有五颜六色的墙画，后院树木葱葱郁郁，还带有一个游泳池。来往车辆可能会带来很多噪音，但是瑕不掩瑜，毕竟很多东西（比如Wi-Fi、自行车、海滩飞机和趴板）都是免费的。

Observatory 酒店 $$

（☎02-6586 8000；www.observatory.net.au；40 William St；房间/公寓 $165/179起；P❄📶🏊）🍃这是家高档酒店，就在城镇海滩（Town Beach）的对面。房间和公寓内设施齐全，很具吸引力。许多房间都带有阳台，海滩可尽收眼底。楼下是休闲时髦的Milkbar（主菜 $9~16；⏲周一至周五 7:30~15:00，周六和周日 至正午）咖啡馆。

Beachport 民宿 $$

（☎0423 072 669；www.beachportbnb.com.au；155 Pacific Dr；房间 $80~200；❄📶）这家民宿相当不错，楼下的两个房间带有独立的阳台，而楼上的套间则更为宽敞。这里提供简单的自助早餐，Rainforest Cafe就在路对面。

Eastport Motor Inn 汽车旅馆 $$

（☎02-6583 5850；www.eastportmotorinn.com.au；Lord St和Burrawan St的交叉路口；房间 $129起；⊖❄📶🏊）这家汽车旅馆共有3层，最近重新装修过。旅馆房间不大，房价合理，舒适的大床上铺着亚麻的床单被褥。

Mantra Quayside
公寓 $$

(☎02-6588 4000; www.mantraquayside.com.au; William St和Short St的交叉路口; 公寓$180起; ❄📶✉)住进这家公寓,你可以爬到这栋建筑物的屋顶吃烧烤,在温水游泳池里游泳嬉戏,或者仅仅是欣赏一下周遭的景色。单间带有小厨房,还可使用公共洗衣房;而1卧、2卧公寓房则设施齐全。

Flynns on Surf
别墅 $$

(☎02-6584 2244; www.flynns.com.au; 25 Surf St; $180起; P ⊖ ❄📶✉)这些时髦的1卧、2卧、3卧别墅坐落在房主的私人庄园里。别墅周边的灌木丛景观十分美丽。里面的设施非常齐全,有很多设施是专为房客享受生活的,例如Nespresso咖啡机和iPod音乐底座等。200米外有冲浪的地方,而且步行到镇上只需花3分钟。

就餐

Social Grounds
咖啡馆 $

(151 Gordon St; 主菜 $7~14; ⊙周一至周六 6:00~15:00)这家咖啡馆是当地很受欢迎的消遣场所,若想来此喝咖啡,你可以拉一把椅子,坐在平台上的餐桌旁。菜品种类繁多,从鸡蛋和百吉饼到塔形鲁本(Reuben)三明治和美味沙拉,应有尽有。咖啡真心不错。

Rainforest Cafe
咖啡馆 $

(☎02-6582 4444; www.rainforestcafe.com.au; Sea Acres Rainfmorest Centre, Pacific Dr; 主菜早餐 $10~15, 午餐 $12~22; ⊙9:00~16:00; ✎)🍃来到这家咖啡馆,你周围可能是繁茂的枝叶,但是不要期望吃到丛林美食:这里的顶级大厨做的菜都是地道的法国风味。最主要的菜品是健康的三明治和沙拉,以及美味无比的蛋糕和甜点。

LV' s on Clarence
咖啡馆 $$

(☎02-6583 9210; 74 Clarence St; 主菜 $14~23; ⊙周一至周六 7:00~15:00, 周日 至 11:30)不论你打算快速地吃个午餐还是想细细品尝咖啡和家庭自制的甜点,你都可以随时光顾这家务实的咖啡馆。

★ Stunned Mullet
新派澳洲菜 $$$

(☎02-6584 7757; www.thestunnedmullet.com.au; 24 William St; 主菜 $36~39; ⊙正午至14:30和18:00~22:00)很多人都喜欢来这家新开的沿海餐厅就餐。他家的菜品品质卓越又紧跟时代潮流,以经典菜肴为主,如五花肉配煎扇贝;也有异国风味菜品,如巴塔哥尼亚的美露鳕鱼。这里有各国风味的葡萄酒,不愧是最佳餐厅。

Fusion 7
创意菜 $$$

(☎02-6584 1171; www.fusion.com.au; 124 Horton St; 主菜 $35; ⊙周四至周六 18:00~21:00)老板兼大厨Lindsey Schwab曾经和创意菜美食之父Peter Gordon一起在伦敦共事过。现如今他开了这家餐厅,他家的菜单简洁但很具创新性,以当地特色菜为主,甜品特别美味。

Corner Restaurant
新派澳洲菜 $$$

(☎02-6583 3300; cornerrestaurant.com.au; 11 Clarence St; 主菜早餐 $12~19, 午餐$15~24, 晚餐 $36; ⊙周一至周六7:00~21:00, 周日 至 17:00)这家餐厅外观优美,是典型的悉尼式的风格。白天一营业便会有美味的饭菜,例如家庭加工的三文鱼和创新意大利烩饭。而晚餐则属于精致餐饮,菜品很时髦,员工服务周到。

饮品和夜生活

Grape & Petal
葡萄酒吧

(☎02-6584 6880; www.tameeka.com.au; 72 Clarence St; ⊙周二 15:00~22:00, 周三至周六 7:30~22:00, 周日 7:30~15:00)Grape & Petal位于水滨,里面的氛围略微有些狂野。如果你想找个地方边喝玫瑰酒,边品尝盘里的奶酪,那你绝对该来海滩,而不是去一个装饰平庸的沙龙。否则,你只能把整晚的时间消磨在西班牙小吃和厚厚的酒单上了。

Zebu Bar & Grill
鸡尾酒吧

(☎02-6589 2888; www.zebu.com.au; 1 Hay St; ⊙正午至午夜)这个著名鸡尾酒休闲酒吧位于Rydges Hotel内,"混乱"、"摇晃"、"形形色色"就是用来形容这里最好的词汇。另外,还有现场音乐、比萨和养眼的河景,所有的一切都使得在这里度过的时光尤为美妙。

Beach House 酒吧

（www.thebeachhouse.net.au; 1 Horton St; ⊙周日 7:30~22:00，周一至周四 至午夜，周五和周六 至深夜）这个酒吧就在绿草萋萋的河岸边，地理位置极佳。若想在午后来一次慵懒的小酌，来这里准没错。周末常常有DJ和现场乐队表演。

ℹ 实用信息

麦夸里港基地医院（Port Macquarie Base Hospital; ☎02-5524 2000; www.mnclhd.health.nsw.gov.au; Wrights Rd）

游客信息中心（Visitor information centre; ☎02-6581 8000; www.portmacquarieinfo.com.au; Glasshouse, Hay St和Clarence St的交叉路口; ⊙周一至周五 9:00~17:30，周六和周日 至16:00）

ℹ 到达和离开

飞机

麦夸里港机场（Port Macquarie Airport, PQQ; ☎02-6581 8111; www.portmacquarieairport.com.au; Oliver Dr）麦夸里港机场距镇中心大约5公里；坐出租车花费$20，有当地固定班次的大巴。

QantasLink（☎13 13 13; www.qantas.com.au）有航班抵离悉尼。

维珍航空（Virgin; ☎13 67 89; www.virginaustralia.com）有航班抵离悉尼和布里斯班。

长途汽车

麦夸里港汽车站（Port Macquarie Coach Terminal; Gordon St）当地长途汽车从汽车站出发。

Busways（☎02-6583 2499; www.busways.com.au）提供本地长途汽车服务，并可到达稍远的地方，如North Haven（$13.30，1小时）、麦夸里港机场（$5，28分钟）和肯普西（$16.50，1小时）。

澳洲灰狗巴士（Greyhound; ☎1300473946; www.greyhound.com.au）每天2班长途汽车抵离以下地点：悉尼（$74，6.5小时）、纽卡斯尔（$56，4小时）、科夫斯港（$37，2.5小时）、拜伦湾（$76，6小时）和布里斯班（$119，10小时）。

Premier（☎13 34 10; www.premierms.com.au）每日有大巴抵离以下地点：悉尼（$60，6.5小时）、纽卡斯尔（$47，3.75小时）、科夫斯港（$47，2.25小时）、拜伦湾（$66，7.5小时）和布里斯班（$67，11小时）。

大塔里地区（GREATER TAREE）

塔里（Taree; 人口17,800）是个大镇，位于太平洋公路上，交通十分便利，而太平洋公路沿着肥沃的曼宁谷（Manning Valley）穿行。朝山谷向上走，附近的镇是**温厄姆**（Wingham; 人口4520），这个镇既有英国乡村式的可爱，又拥有伐木工人的历史背景。

在另一个方向，曼宁河的入口处便是海滩小镇**哈灵顿**（Harrington; 人口2260），壮观的防波堤使其免受灾害，周围有很多鹈鹕。这是个休闲的好地方，极受度假者和退休老人欢迎——48%的人口超过60岁。

克劳迪角（Crowdy Head; 人口221）是个小渔村，位于哈灵顿西北6公里处，旁边就是克劳迪湾国家公园（Crowdy Bay National Park）。库克船长于1770年在该海岬发现了一群当地原住民，并给此地命名为克劳迪角。无论是空寂无人的海滩，还是从1878年建的**灯塔**（lighthouse）上俯瞰到的荒野，景色都很宜人。到麦夸里港有多条路线可选，如果你不选择穿过国家公园那条路线的话，那就走太平洋公路，在Kew转入Ocean Dr。途经北部兄弟瞭望台，到达**Laurieton**（人口1930）。在此左转，穿过大桥就是冲浪胜地**North Haven**（人口1600）。继续向北经过卡西湖（Lake Cathie）（Cathie读作"cat-eye"），这是一个特别适合孩子戏水的浅水区域。

👁 景点

Wingham Brush Nature Reserve 森林

（Isabella St, Wingham）一条木板路横穿雨林富有诗情画意的部分，这里有很多大摩顿湾无花果树和成群结队的狐蝠。你甚至可能看到鱼鹰和钻石蟒蛇。

克劳迪湾国家公园 国家公园

（Crowdy Bay National Park; www.nationalparks.nsw.gov.au/crowdy-bay-national-park; 汽车进入$7）这个公园因其岩石结构和崎岖的山崖而知名，公园后面便是狭长而美丽的海滩。有一条4.8公里（步行2小时）的环形小径贯穿钻石角(Diamond headland)。穿过公园的小路没有铺柏油，坑坑洼洼，斑驳的灯光透过桉树叶照射下来，使得这条小路十分可爱。

Dooragan National Park 国家公园

(www.nationalparks.nsw.gov.au/dooragan-national-park)这个小公园位于克劳迪湾国家公园北边、沃森泰勒湖(Watson Taylor Lake)岸边、北部兄弟山(North Brother Mountain)的山脚下。一段柏油路可通向山顶的瞭望台，从那里俯瞰海岸，风景美不胜收。

住宿

国家公园和野生动物管理局露营地 露营地 $

(NPWS Campgrounds; ☎02-6588 5555; 露营地 每人 成人/儿童 $10/5)在克劳迪湾国家公园所有的露营场地中，**Diamond Head**是最受欢迎、配备最完备的(带有冲水式厕所和天然气烧烤)，而**Kylie's Hut**是最原始简陋的。**Crowdy Gap**(成人/儿童 $5/3)位于公园南边的海滩上，价格相对便宜些。所有露营地都需要自备饮水。

Bank Guest House 民宿 $$

(☎02-6553 5068; www.thebankandtellers.com.au; 48 Bent St, Wingham; 标单/双 $165/175; ❄📶🐾)20世纪20年代这里曾是一个银行经理的宅邸，现在被改造成了民宿，主人热情友好，房间装饰入时。后院有个房间，可带宠物入住。

就餐

Bent on Food 咖啡馆 $$

(☎02-6557 0727; www.bentonfood.com.au; 95 Isabella St, Wingham; 主菜 $10~25; ⏲周一至周五 8:00~17:00, 周六和周日 至15:00)这家咖啡馆非常不错，提供多种多样的现做和烘焙的食物。与其相关的烹饪学校提供各种课程，从制作奶酪到野味，应有尽有。

Harrington Hotel 小酒馆饮食 $$

(☎02-6556 1205; www.harringtonhotel.com.au; 30 Beach St, Harrington; 主菜 $15~26)当地人都很喜欢来这家宽阔的小店休闲，在靠近海边的阳台上喝几杯啤酒。这家宽敞的法式小餐馆里的食物美味，坐在店里吃饭视野极佳。

实用信息

曼宁谷游客信息中心(☎02-6592 5444; www.manningvalley.info; 21 Manning River Dr, Taree; ⏲9:00~16:30)

到达和离开

塔里飞机场(Taree Airport, TRO; ☎02-6553 9863; 1 Lansdowne Rd, Cundletown)位于塔里中心东北方向5公里处。

区域快线(Regional Express, Rex; ☎13 17 13; www.regionalexpress.com.au)有航班抵离悉尼和格拉夫顿。

NSW TrainLink(☎13 22 32; www.nswtrainlink.info)在温厄姆和塔里设有站点，有列车抵离以下地点：悉尼($57, 5.5小时，每天4班)、楠巴卡角($23.40, 3小时，每天3班)、科夫斯港($28.25, 3.5小时，每天3班)、格拉夫顿($39.60, 5小时，每天3班)和布里斯班($72, 9小时，每天2班)。

大湖区 (GREAT LAKES REGION)

大湖区因几个湖泊紧凑地挤在这一区域而得名，尽管名字很大气，但大湖区却很不爱出风头，那里有一系列的湖泊，沿着海岸从斯蒂芬斯港一直延伸到福斯特坦卡里(Forster-Tuncurry)中心。这儿的乐趣是终于不用再走高速公路了，你可以行驶在贯穿国家公园的林荫路上。

布蒂布蒂国家公园 (Booti Booti National Park)

这个15.67平方公里的国家公园沿着狭长的半岛延伸，它的东边是**七英里海滩**(Seven Mile Beach)，而西边是**Wallis Lake**。公园汽车进入费$7，但是不包括Lakes Way，这条路直接穿过公园中心。公园的北部是

沿海雨林，最高处是海拔224米的霍克角（Cape Hawke）。在霍克角的岬角处有个观景平台（viewing platform），要想登上这个平台，你需要爬420层台阶。这可能会使你汗流浃背，但是为了一睹美丽的风景也是很值得的。若是想探险的话，Green Cathedral（1940年起开始宗教活动）是个不错的地方，棕榈树下有木制座位，向外能看到湖泊。

Ruins有可自行登记入住的营地（露营地 每位成人/儿童 $14/7），位于七英里海滩的南端。

实用信息

国家公园和野生动物管理局（NPWS office；☎02-6591 0300；www.nationalparks.nsw.gov.au/booti-booti-national-par；The Ruins；⏰周一至周五 8:30~16:30）

太平洋棕榈树（Pacific Palms）

人口 664

太平洋棕榈树在米亚尔湖和布蒂布蒂国家公园之间。这里是富有的城市居民来度周末的地方，所以你要是爱喝咖啡，在这里能找到几家不错的咖啡店。

大部分房屋依Blueys Beach或Boomerang Beach而建，这两个沙滩都是绵延很长的金色沙滩，深受冲浪者欢迎。最受人欢迎的游泳海滩是有人巡逻的伊丽莎白海滩（Elizabeth Beach）。

食宿

Mobys Beachside Retreat 度假村 $$

（☎02-6591 0000；www.mobysretreat.com.au；4 Red Gum Rd，Boomerang Beach；公寓 $180起；）这个度假村位于Boomerang Beach正对面，有75间设施齐全的度假公寓，这里房间虽不大，但是装修前卫，设施便利。这里还带有一个网球场和儿童乐园，以及一个很受欢迎的餐馆。

Twenty by Twelve 咖啡馆 $

（☎02-6554 0452；207 Boomerang Dr；主菜 $7~17；⏰7:30~15:00；）这家咖啡馆以简餐、当地有机食品和可口的熟食招待客人。

实用信息

太平洋棕榈树游客中心（Pacific Palms visitor centre；☎02-6554 0123；www.greatlakes.org.au；Boomerang Dr；⏰10:00~16:00；）

到达和离开

Busways（☎02-4997 4788；www.busways.com.au）每天至少有2班车在Blueys Beach停靠。也有去往纽卡斯尔（$28，2小时）和塔里（$17，1小时）的班车。

米亚尔湖国家公园（Myall Lakes National Park）

坐落在海滩奢华漂亮的地方，这个国家公园（www.nationalparks.nsw.govau/myall-lakes-national-park；车辆进入收费$7）规模很大，里面的湖泊、沙滩、茂密的海滨森林、海滩交相辉映。栖息在这片湖泊的鸟种类繁多，有造园鸟、白腹海雕和褐色蛙嘴夜鹰等。在Mungo Brush南部有条穿过海岸雨林和海滩沙丘的小路，特别适合观赏野花，还有可能看到澳洲野狗。

此地最好的海滩和冲浪地在北部的Seal Rocks周围。这是一个小村庄，围绕着Sugarloaf Bay。海滩上有翠绿色的岩池和金沙滩。抄小路到Sugarloaf Point灯塔可以看到波澜壮阔的海景。也可绕路到灯塔海滩（Lighthouse Beach），它是一个受欢迎的冲浪地点。灯塔旁边可以看到Seal Rocks——这里的瞭望台可以看到澳大利亚海狗。座头鲸（Humpback whales）每年迁徙时会游过这里。

近海的布劳顿岛（Broughton Island）无人居住，只有短尾鹱、小企鹅和各种鱼类栖息在这里。此处适宜潜水，海滩十分隐蔽。Moonshadow（☎02-4984 9388；www.moonshadow.com.au；35 Stockton St，Nelson Bay）在10月份到次年复活节有从尼尔森湾（Nelson Bay）到岛上的一日游（暑假更频繁），活动包括浮潜和水上隔网戏水（成人/儿童 $85/45）。

住宿

Seal Rocks Holiday Park 露营地 $

（☎02-4997 6164；www.sealrocksholidaypark.com.au；Kinka Rd，Seal Rock；露营地/小屋 $33/89；📶）提供不同价位的廉价住宿，包括草地露营和房车泊靠地，靠近水边。

国家公园和野生动物管理局露营地 露营地 $

（NPWS Campgrounds；☎1300 072 757；www.nationalparks.nsw.gov.au/Myall-Lakes-National-Park；布劳顿岛 双人 $30，外加 每人 成人/儿童 $10/5）公园周围分散有19个简易的营地，其中部分有饮用水和冲水厕所。在本书写作期间，布劳顿岛（Broughton Island）是唯一需要提前预订的，不过有可能改变；详情请登录网址查看。

★ **Sugarloaf Point Lighthouse** 小屋 $$$

（☎02-4997 6590；www.sealrockslighthouseaccommodation.com.au；别墅 $340起；📶）这里的3个灯塔管理员的小木屋都是全面翻新过的，可以在此观看澎湃的海浪和野生动物。3个小屋设备齐全，有2~3个卧室，还有烧烤炉。

Bombah Point Eco Cottages 小屋 $$$

（☎02-4997 4401；www.bombah.com.au；969 Bombah Point Rd；双 $220~275；❄）🍃在国家公园中心处，建筑师设计的前厅为玻璃房的小木屋，最多可以住下6位客人。以"Eco"（生态）命名确实是实至名归：污水在现场使用生物反应器系统处理，电力来自太阳能电池板，过滤后的雨水罐提供水源。

到达和离开

经鹰巢的Mungo Brush Rd，从公园至Bombah Broadwater，那里有**Bombah Point ferry**（每车 $6），在8:00~18:00这个时间段，每半小时一摆渡，路上5分钟。继续向北，在Bombah Point Rd上行驶约10公里可达Bulahdelah，这段路是非柏油路，可在此处转到太平洋公路。

由Buladelah沿太平洋公路向北5公里，就是The Lakes Way，沿此路可达米亚尔湖北缘和史密斯湖，再往前就是太平洋棕榈树和福斯特坦卡里。在Bungwahl，Lakes Way分出一条岔路，就是Seal Rocks Rd。

茶园和鹰巢（Tea Gardens & Hawks Nest）

人口 2430和1120

这对宁静的小镇跨在米亚尔河（Myall River）河口，两个小镇由Singing Bridge连接，那是一座优雅的小桥[在强烈西南风的吹袭下，桥的栏杆会发出宛如乐器的鸣声，因此被称为会唱歌（Singing）的桥]。茶园的魅力在于其河流文化，它历史悠久且古朴幽静。而鹰巢的魅力则要全部归功于海滩了。**Jimmy's Beach**前是一片水域，这里水明如镜，海滩与尼尔森湾（Nelson Bay）隔水相望，而**班奈特海滩**（Bennett's Beach）朝向海洋和布劳顿岛。

若想更深入了解米亚尔河和周边水路，就乘坐皮划艇或船屋去探索一下吧。**Lazy Paddles**（☎0412 832 220；www.lazypaddles.com.au；团队游 成人/儿童 $50/35，出租每2/4/10小时 $40/55/65）提供两小时的历史和自然旅游，也出租皮划艇。

食宿

鹰巢汽车旅馆 汽车旅馆 $$

（Hawks Nest Motel；☎02-4997 1166；www.hawksnestmotel.com.au；5 Yamba St，Hawks Nest；房间 $140起；❄📶❄）这个旧式的两层砖墙汽车旅馆经过翻新，换上了新毯子、新家具和明亮的照片，很有吸引力。

Boatshed 咖啡馆、餐馆 $$

（☎02-4997 0307；www.teagardensboatshed.com.au；110 Marine Dr，Tea Gardens；主菜 早餐 $17，午餐$18~30，晚餐$34~40；⏰每天 8:30~14:30，周三至周六 18:00~21:00）这里有香浓的咖啡、美味的食物，傍晚时在这里边喝东西边欣赏日落，再好不过了。

Benchmark on Booner 各国风味 $$

（☎02-4997 2980；www.benchmarkrestaurant.com.au；100 Booner St，Hawks Nest；主菜 $16~32；⏰周一至周六 正午至15:00和17:30~21:00）这里同普通的汽车旅馆附带的餐馆不同，比你想象的要更新奇。在这里，晚餐可选

择简单吃个柴火烤制的比萨，也可到餐厅享用高档美食。

实用信息

茶园游客中心（Tea Gardens visitor centre；☎02-4997 0111；www.teagardens.nsw.au；245 Myall St，Tea Gardens；⊙10:00~16:00）

到达和离开

走水路的话，从尼尔森湾到这里仅仅5公里，若驾车则需折回太平洋公路，通过Medowie然后再折回去，这样要走81公里。徒步旅客和骑行者的一个备选路线就是在尼尔森湾乘坐渡轮（见212页）。

Busways（☎02-4983 1560；www.busways.com.au）每天至少有两班抵离纽卡斯尔的巴士（$21，90分钟）。

斯蒂芬斯港（PORT STEPHENS）

人口 68,935

纽卡斯尔往北驾车1小时，就是斯蒂芬斯避风港，它有幸独享空寂无人的海滩、国家公园和非凡的沙丘系统。这里的中心是尼尔森湾，是捕鱼船队和大批旅游船舶的停泊地，后者前来是为了一睹“澳大利亚海豚之都”。

尼尔森湾东边就是面积略小的肖尔湾（Shoal Bay），此处有个狭长的游泳海滩，游泳最好在早晨，下午就起风了。向南开一小段路就到了芬戈尔湾（Fingal Bay），它与另一个美丽的海滩都在托马利国家公园的边缘。公园沿天体海滩武士海滩（Samurai Beach）向西延伸，武士海滩是一个著名的冲浪胜地。在一英里海滩（One Mile Beach），美丽圆弧内极柔软的沙子和湛蓝的海水被那些熟悉该地的人喜爱：冲浪者、沙滩寻宝者，以及有闲暇的文艺青年。

公园延伸至安娜湾（Anna Bay）的海边村庄，这个村庄后面是令人叹为观止的沃米保护地（Worimi Conservation Lands）。Gan Gan Rd与Nelson Bay Rd将安娜湾、一英里海滩和武士海滩连在一起。

景点

沃米自然保护地 自然保护区

（Worimi Conservation Lands；www.worimiconservationlands.com；3天许可证 $10）位于斯托克顿湾（Stockton Bight），这里有南半球最长的移动沙丘，绵延超过35公里。感谢沃米地区人民的慷慨大方，你可以任意闲逛（前提是你别打扰原住民），也可以沿海滩驾车兜风（只能是越野车；需要许可证）。从旅游服务中心或尼尔森湾的国家公园和野生动物管理局申请许可证。

在这里穿行，你可能完全被闪光的沙子包围，看不到大海或任何生命迹象。在遥远的海滩西端，人们在海里发现了沉没的西拿（Sygna）船的残骸。

托马利国家公园 国家公园

（Tomaree National Park；www.nationalparks.nsw.gov.au/tomaree-national-park）这个国家公园保护着几种濒危物种，包括斑点尾袋鼬和鹰鸮。

从肖尔湾东端步行一小段到无人巡逻的顶点海滩（Zenith Beach）冲浪，或者爬上Tomaree Head Summit Walk（1公里，往返需1小时），欣赏令人惊叹的海洋风景。可以去Fishermans Bay野餐和浮潜，那里有很多岩石水坑。长途徒步旅行事宜，包括从Tomaree Head至Big Rocky的沿海步行，可以咨询一下国家公园和野生动物管理局。

尼尔森角灯塔小屋 历史建筑

（Nelson Head Lighthouse Cottage；www.innerlighttearooms.com；Lighthouse Rd，Nelson Bay；⊙10:00~14:00）免费 建于1875年，这个翻修的建筑有个景色宜人的茶室和一个展示当地历史的小博物馆。

Murray's Craft Brewing Co 酿酒厂

（☎02-4982 6411；www.murraysbrewingco.com.au；Bob's Farm，3443 Nelson Bay Rd；⊙团队游 14:15开始）该酿酒厂热衷创新，例如赢得奖励的Murray's Grand Cru混合了Belgian Trippel和Golden Strong Ale等啤酒。斯蒂芬斯港葡萄酒厂也在这个景点，酒厂有个宽阔的酒窖。

活动

Port Stephens Surf School 冲浪

（☎0411 419 576；www.portstephenssurfschool.com.au；2小时/2天/3天课程 $60/110/165）冲浪课程、直立单桨冲浪和冲浪板租赁（1小时/2小时 $17/28）。

奥克菲尔德牧场 骑骆驼

（Oakfield Ranch；☎0429 664 172；www.oakfieldranch.com.au；Birubi Pt car park，James Patterson St，Anna Bay）在周末和公共节假日，沿海滩骑骆驼20分钟。

团队游

Imagine Cruises 游轮

（☎02-4984 9000；www.imaginecruises.com.au；Dock C，d'Albora Marinas，Nelson Bay）旅行包括3.5小时航海、游泳、浮潜和海豚观赏（12月至次年3月，成人/儿童 $63/30），90分钟海豚观赏巡游（11月至次年5月，$28/15）、3小时鲸鱼观赏巡游（3月至11月中旬，$63/30）和2小时海鲜晚宴巡游（12月至次年4月，$45/25）。

Dolphin Swim Australia 海豚游泳

（☎1300 721 358；www.dolphinswimaustralia.com.au；5小时旅行 $289；⏲9月至次年5月 周六和周日）坐在一个双人船里紧紧抓住绳子，被拖拽着穿过一群野生海豚。

Port Stephens Paddlesports 皮划艇

（☎0405 033 518；www.portstephensecosports.com.au；皮划艇/冲浪板租赁每小时 $25/30；⏲9月至次年5月）提供一系列皮划艇、直立式冲浪板的短途旅游，包括1.5小时落日团队游（$35/25）和2.5小时探索之旅（$40/30）。

Port Stephens 4WD Tours 自驾游

（☎02-4984 4760；www.portstephens4wd.com.au；James Paterson St，Anna Bay）提供1.5小时海滩和沙丘团队游（成人/儿童 $52/31）、3小时西拿沉船（Sygna Ship wreck）团队游（成人/儿童 $90/50）和一次滑沙体验（$28/20）。

住宿

Samurai Port Stephens YHA 青年旅舍 $

（☎02-4982 1921；www.samuraiportstephens.com；Frost Rd，Anna Bay；铺 $35，双 $91~123；）这些拥有精美家具、木制地板的别墅分布在游泳池附近以及考拉居住的丛林地，周围点缀着亚洲雕塑。这里有个丛林厨房，可以烧烤；有个看似摇摇欲坠的游戏棚，里面有张台球桌。

Melaleuca Surfside Backpackers 青年旅舍 $

（☎02-4981 9422；www.melaleucabackpackers.com.au；2 Koala Pl，One Mile Beach；露营地/铺/双 $20/32/100起；@）建筑师设计的小屋坐落在安静的灌木丛中，在这片运营良好的地方，居住着考拉和笑翠鸟。这里有令人感到惬意的休闲区和厨房，店主提供滑沙和其他短途旅游。

Marty's at Little Beach 酒店 $$

（☎02-4984 9100；http://martys.net.au；Gowrie Ave和Intrepid Close的交叉路口，Nelson Bay；房间 $130起，公寓 $240起；）在这个低调的小汽车旅馆，你散一会儿步就能到小海滩和肖尔湾，这里有简单的海滩住宅房间和现代化的设施齐全的独立公寓。

Beaches Serviced Apartments 公寓 $$

（☎02-4984 3255；www.beachesportstephens.com.au；12 Gowrie Ave，Nelson Bay；公寓 $190起；）在这个风格保留完好的公寓，房间舒适，有一处单间和三处卧室供选择。游泳池旁整齐地栽着棕榈树，还有高尔夫球场。

就餐

Nice at Nelson Bay 咖啡馆 $$

（☎02-4981 3001；www.niceatnelsonbay.com.au；Nelson Towers Arcade，71a Victoria Pde；主菜 $18；⏲8:00~14:00）镇上最好的早餐在靠近水滨的商场里，有不少于6种火腿蛋松饼和精致的馅饼。

Little Beach Boathouse 海鲜 $$

（☎02-4984 9420；littlebeachboathouse.

com.au; Little Beach Marina, 4 Victoria Pde; 午餐主菜 $20, 晚餐主菜 $32; ⏲周二至周六 正午至15:00和17:30~21:00)餐馆恰在水边，舒适惬意，可订购新鲜的沙拉和当地海鲜拼盘。除了眼前的美食，还能看到海豚群潜水嬉戏、鹈鹕群壮观登陆。

Sandpipers 新派澳洲菜 **$$**

(☎02-4984 9990; www.sandpipersrestaurant.com.au; 81 Magnus St, Nelson Bay; 主菜 $30; ⏲周一至周六 17:30~22:00)餐厅位于尼尔森湾购物区，高档但不奢华，每周三提供超值特色菜，可能包括炖五花肉，或当天新捕的海鱼。斯蒂芬斯港牡蛎(Port Stephens oysters)是必点菜。

实用信息

国家公园和野生动物管理局(NPWS office; ☎02-4984 8200; www.nationalparks.nsw.gov.au; 12b Teramby Rd, Nelson Bay; ⏲周一至周五 8:30~16:30)

游客信息中心(Visitor information centre; ☎02-4980 6900; www.portstephens.org.au; 60 Victoria Pde, Nelson Bay; ⏲9:00~17:00)水上公园的表演引人入胜。

到达和离开

Port Stephens Coaches(☎02-4982 2940; www.pscoaches.com.au)大巴快速穿过斯蒂芬斯港，驶向纽卡斯尔和纽卡斯尔机场($4.60, 1.5小时)。每日大巴抵离悉尼($39, 4小时)，中途在安娜湾(Anna Bay)、尼尔森湾和肖尔湾有停靠站。

Port Stephens Ferry Service(☎0412 682 117; www.portstephensferryservice.com.au)和**MV Wallamba**(☎0408 494 262)都能从尼尔森湾出发，一路开到茶园(在鹰巢停留)，每日来往2~3次(成人/儿童/自行车 往返 $20/10/2)。

堪培拉和新南威尔士州南部海岸

包括 ➡

为何去

自悉尼一路向南穿越令人惊叹的皇家国家公园，最后在悠闲的伍伦贡落脚。伍伦贡是一座友好的城市，以美味的餐厅和低调朴实但却充满活力的夜景为其特色。

再往南是一连串慵懒的海滨小镇，有各种悠闲的活动。坐皮划艇环绕赫斯基森和杰维斯湾，在纳鲁马观赏海豹和企鹅，或者在巴特曼斯贝学习冲浪。在新南威尔士州和维多利亚州边境附近的伊登观赏鲸迁徙，此外还可以在美食之都贝里和沉寂的迪巴中部探访新南威尔士的殖民遗产。

从新南威尔士海岸向内陆，现代化城市堪培拉的主要博物馆、艺术馆和公共建筑讲述着澳大利亚辛酸却又充满激情的历史。在首都堪培拉的新区，纽艾克顿、布拉顿和金斯顿海滩都涌现出了不少非常好的时髦的咖啡馆、酒吧和餐馆。

最佳餐饮

➡ Temporada（见223页）
➡ Močan & Green Grout（见224页）
➡ Tallwood（见238页）
➡ Hungry Duck（见234页）
➡ Gunyah Restaurant（见237页）

最佳住宿

➡ Hotel Hotel（见222页）
➡ East Hotel（见223页）
➡ Paperbark Camp（见236页）

何时去

堪培拉

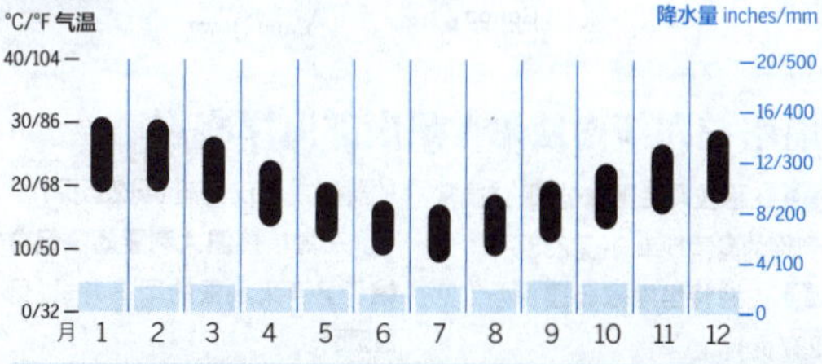

2月至5月（复活节除外） 阳光明媚，孩子们也都返校上学了。

5月至11月 沿海岸观鲸。

12月 体验澳大利亚圣诞节——吃海鲜午餐，玩沙滩板球。

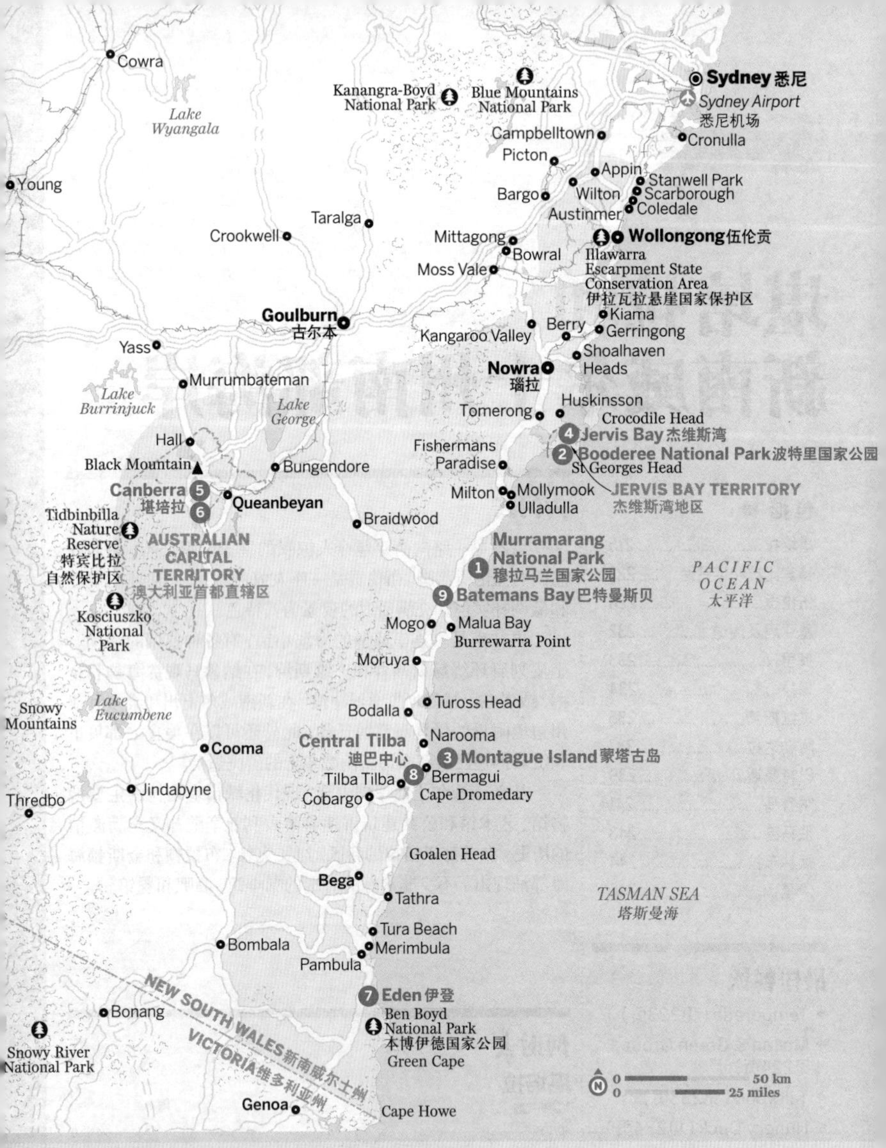

堪培拉和新南威尔士州南部海岸亮点

❶ 在**穆拉马兰国家公园**，袋鼠常到你的露营地串门（见238页）。

❷ 去**波特里国家公园**探险（见237页）。

❸ 在**蒙塔古岛**与海豹和企鹅一起玩耍（见241页）。

❹ 在**杰维斯湾**的海滩留下自己的脚印或玩皮划艇（见235页）。

❺ 在堪培拉**澳大利亚战争纪念馆**了解澳大利亚的军事背景（见215页）。

❻ 在**布拉顿、纽艾克顿**和**金斯顿海滨**领略堪培拉的城市风光（见223页）。

❼ 观赏鲸群游过**伊登**风景如画的海岸线（见246页）。

❽ 在**迪巴中心**的木板房回到迷人的过去（见242页）。

❾ 在**巴特曼斯贝**学习像澳洲人一样冲浪（见239页）。

到达和当地交通

飞机

本地区主要机场位于堪培拉，莫鲁亚(Moruya)和默林布拉(Merimbula)有小型机场。

公共汽车

堪培拉和首都直辖区各城市间有巴士往返，各条线路巴士都沿海岸行驶。

汽车和摩托车

堪培拉至海岸最快捷的交通路线是国王公路(Kings Hwy)。从伍伦贡至南部的伊登的王子公路(The Princes Hwy)是这一地区海岸游览的主要通道。

火车

堪培拉与悉尼之间有火车开行。堪培拉与墨尔本之间没有直达火车。

堪培拉(CANBERRA)

人口 381,488

堪培拉的城市设计是极具远见的美国建筑师沃尔特·伯利·格里芬(Walter Burley Griffin)的手笔，在妻子玛丽恩·马奥尼·格里芬(Marion Mahony Griffin)的协助下，他为这座城市留出了广阔的空间。其美学视角受到19世纪工艺美术运动影响，将建筑风格和自然元素结合得天衣无缝。不幸的是，堪培拉是一座完全为汽车而生的城市——通过公共交通工具探索这里绝非易事，而步行几乎是不可能的。你的确需要带轮子(2个或4个)的工具助你一臂之力，当然这座城市的旖旎如画的内陆风光也值得探索。

尽管堪培拉似乎偏爱建筑的象征意义，少了点随性自然，但各文化机构开展各种生机勃勃的游览和社会项目。在布拉顿、纽艾克顿和金斯顿海滩地区，城市的活力正日益展现。

在议会召开的数周时间里，这座城市充斥着关于国家政治的言论，但是在大学放假期间又会变得有点沉寂，尤其是圣诞节和新年前后。

历史

恩古那瓦(Ngunnawal)人称这个地方为Kanberra，据说意思是“集会之地”。每年到了博贡(Bogong)蛾聚集的季节，各部落会在这里举行大型的集会，这个名字也许就源自于此。

1820年前后，欧洲人在这里建立殖民地之后，恩古那瓦人原有的生活方式受到极大的破坏，但他们生存了下来，而且公众形象得到提高，人口数量也有所增长。

1901年，澳大利亚组建联邦政府，之前各自独立的殖民地改称为州。悉尼(Sydney)和墨尔本(Melbourne)展开了激烈的竞争，结果是谁也没能成为这个新国家的首都。于是在两座城市中间，新南威尔士州的石灰岩平原(Limestone Plains)上被划出一小块地方作为折中方案。这座新城市在1913年被正式命名为堪培拉，并于1927年，接替墨尔本成为澳大利亚的首都。

景点

大多数著名的景点都位于伯利格里芬湖附近。

★澳大利亚战争纪念馆 博物馆

(Australian War Memorial，见220页地图；☎02-6243 4211；www.awm.gov.au；Treloar Cres, Campbell；⏲10:00~17:00) **免费** 这是堪培拉最值得游览的博物馆，馆内有专门为第一次世界大战、第二次世界大战和1945年至今发生的冲突而设的展厅。还有一个精彩的飞行器展厅和澳新军团大厅(Anzac Hall)的声光展览。其中最精彩的是“黑夜袭击”(Striking by Night)，它再现了“二战”期间的一次夜袭柏林的行动(整点上演)，还有“越过前线：空中的伟大战争”(Ove rthe Front: the Great War in the Air，每小时过一刻上演)。

进入馆内要经过纪念庭院(Commemorative Courtyard)，这里有一个光荣榜，列出了为国家而战死沙场的人们的名字。多年以来，亲属们用鲜红色的纸折成罂粟花贴在已逝亲人的名字上。这些用来缅怀死者的罂粟花象征着1915年春天在比利时、法国和加利波利(Gallipoli)战场上绽放的生命。

庭院后面是镶嵌着马赛克的纪念大厅(Hall of Memory)。这里安置着澳大利亚无名战士墓(Tomb of the Unknown

Canberra 堪培拉

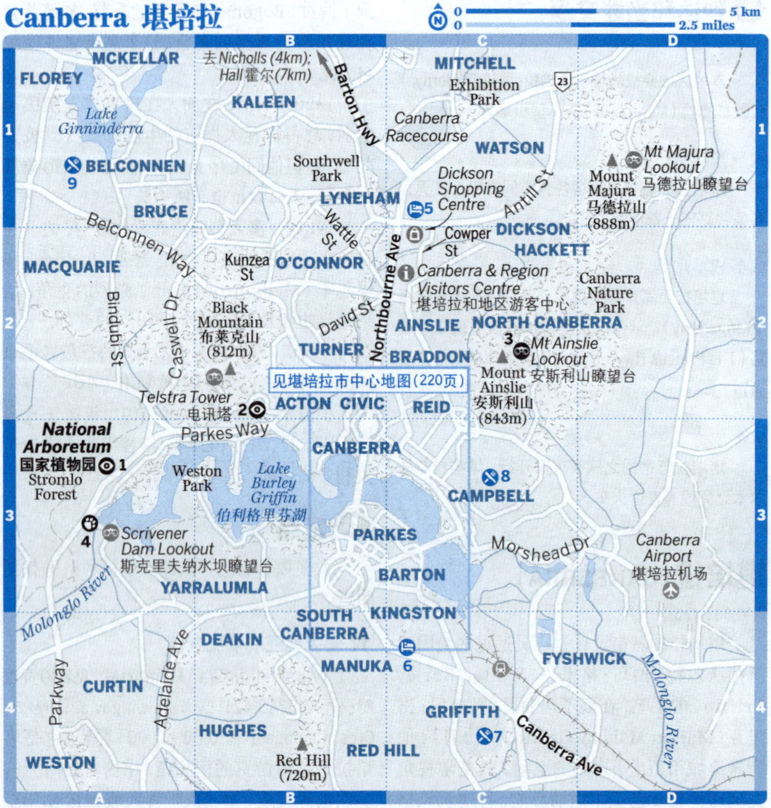

Canberra 堪培拉

重要景点

1 国家植物园 A3

景点

2 澳大利亚国家植物园 C1
3 安斯利山 C2
4 国家动物园和水族馆 A3

住宿

5 Blue & White Lodge C1
6 East Hotel C4

就餐

7 Aubergine C4
8 Lanterne Rooms C3
9 Malaysian Chapter A1

Australian Soldier)，以此纪念所有在战争时期献出生命的澳大利亚人。

博物馆提供常规的免费团队导览游，从主入口的导览大厅(Orientation Gallery)出发。你也可选择买一份带地图的《自助团队游》小册子($5)。

★澳大利亚国家美术馆 画廊

(National Gallery of Australia，见220页地图；☎02-6240 6502；www.nga.gov.au；Parkes Pl, Parkes；专门展览需收费；⏲10:00~17:00) 免费 展品包括非同凡响的来自阿纳姆地中部(Central Arnhem Land)的原住民纪念碑(Aboriginal Memorial)，这件艺术品是1988年为纪念澳大利亚建国200周年而创作的。“灵魂的森林”由43位艺术家用200根中空的棺椁原木(一根棺木代表欧洲殖民者在这里的一年)创作而成。这件艺术品也是馆内众多原住民和托雷斯海峡岛民(Torres Strait Islander)的作品之一。此外，还有涵盖了从殖民时期到当代的澳大利亚艺术展和最好的亚洲艺术收藏。有代表性的来自太平洋的艺术品和来自欧洲及美洲的杰出作品使得馆内收藏更加精彩。免费导览游详情请至网站查询。

★议会大厦 知名建筑

(Parliament House, 见220页地图; ☎02-6277 5399; www.aph.gov.au; ⊙开会期间，周一和周二 9:00起，周三和周四 8:30起，其他非会议时间 9:00~17:00) **免费** 坐落在国会山(Capital Hill)的议会大厦于1988年启用，大厦的屋顶是草地，上面有一根81米高的旗杆。这片屋顶草地围绕一座23公顷的花园，它同时也是俯瞰城市全景的绝佳观景台。大厦有17个庭院、门厅、大厅(Great Hall)、众议院(House of Repre-sentatives)、参议院(Senate)和似乎没有尽头的走廊。免费导览团队游(议会开会期间每次30分钟的其他时间每次45分钟)；发团时间为9:30、11:00、13:00、14:00和15:30。

游客也可自行从公众走廊进入并观看议会议事的过程。众议院质询时间(议会开会期间14:00开始)的参观门票是免费的，但需在警卫官(Sergeant at Arms)处预约；参观参议院不需要门票。议会开会日程请至网站查询。

★国家肖像馆 画廊

(National Portrait Gallery, 见220页地图; ☎02-6102 7000; www.portrait.gov.au; King Edward Tce, Parkes; ⊙10:00~17:00) **免费** 这间美术馆用肖像来讲述澳大利亚的历史：从原住民部落的石蜡浮雕到殖民时期国家建立者们的肖像，再到当代风格的作品，例如霍华德·阿克利(Howard Arkley)用荧光颜料画的歌手尼克·凯夫(Nick Cave)的肖像。参观结束后，可以在咖啡馆喝一杯咖啡回味一番。

★国家植物园 花园、景观

(National Arboretum, 见216页地图; www.nationalarboretum.act.gov.au; Forest Dr, 紧邻Tuggeranong Parkway; ⊙6:00~20:30) **免费** 国家植物园位于先前发生森林火灾的一块土地上，展示来自世界各地的树木，且树木种类在不断增加。许多植物还在生长早期。游客中心还是值得一看的，也可以在此俯瞰整个城市。常规导览游的内容翔实，还有一处相当有创意的儿童游乐园。

可从Civic乘坐81路(工作日)或981路(周末)公交车到达。

澳大利亚民主博物馆 博物馆

(Museum of Australian Democracy, 见220页地图; ☎02-6270 8222; www.moadoph.gov.au; Old Parliament House, 18 King George Tce, Parkes; 成人/优惠/家庭 $2/1/5; ⊙9:00~17:00) 1927~1988年，这里是政府的所在地，因此游客能看到一些过往的议会活动的遗迹。对于研究过澳大利亚历史，或细致观察过在堪培拉上演的政治闹剧的人而言，这些东西很有意义，而对于其他游客来说也是有益的。展览包括澳大利亚历任总理的事迹、全球和当地民主政治的起源以及当地抗议运动的历史。你还可以参观旧参议院和旧众议院、议会图书馆和总理办公室。

原住民帐篷大使馆 历史古迹

(Aboriginal Tent Embassy, 见220页地图) 旧议会大厦前的草坪是原住民帐篷大使馆(Aboriginal Tent Embassy)所在地，是澳大利亚原住民争取平等和代表权运动中的一处重要地点。

伯利格里芬湖 地标

(Lake Burley Griffin, 见220页地图) 堪培拉大多数文化机构坐落于35公里的湖岸。此湖系截取莫朗格洛河(Molonglo River)的部分河段建造，于1963年竣工，并筑有33米高的斯克里夫纳水坝(Scrivener Dam)。其得名源于建筑师沃尔特·伯利·格里芬，1911年，他和他的妻子兼同事在为澳大利亚设计首都的竞赛中获胜。亮点包括：**国家钟楼**(National Carillon, 见220页地图; ☎02-6257 1068)和**库克船长纪念喷泉**(Captain Cook Memorial Water Jet, 见220页地图; ⊙10:00至正午和14:00~16:00，外加夏令时19:00~21:00)。

和解处
公园

（Reconciliation Place，见220页地图）位于伯利格里芬湖边，里面的艺术作品描绘了国家在促进原住民和非原住民和谐相处方面所做出的承诺。

澳大利亚国家博物馆
博物馆

（National Museum of Australia，见220页地图；☎02-6208 5000；www.nma.gov.au；Lawson Cres，Acton Peninsula；永久藏品展免费，团队游 成人/儿童/家庭 $10/5/25；⏰9:00~17:00）免费 展览按年代顺序组织，虽然一部分游客会觉得这座博物馆很有意思，但也有些观众不喜欢。展览主题集中在环境变化、原住民文化和国家符号等方面。不要错过展览开始的电影介绍，放映地点在名为西卡尔剧场（Circa Theatre）的小型旋转剧场里。在Civic坐7路（工作日）或者934路（周末）公共汽车可达博物馆。博物馆也在堪培拉城市观光巴士（Canberra City Explorer，见219页）沿线。

国家电影和声音档案馆
博物馆

（National Film & Sound Archive，见220页地图；☎02-6248 2000；www.nfsa.gov.au；McCoy Circui，Acton；⏰周一至周五 9:00~17:00）免费 档案馆设在一栋漂亮的艺术装饰风格的建筑内，这里保存着澳大利亚的电影和声音资料。有时会举办临时展览、讲座或电影放映活动，地点：档案馆电影院（Arc Cinema，见220页地图；成人/优惠 $10/8）。

澳大利亚国家植物园
花园

（Australian National Botanic Gardens，见216页地图；☎02-6250 9540；www.anbg.gov.au；Clunies Ross St，Acton；⏰2月至12月 8:30~17:00，1月 周一至周五 8:30~17:00，周六和周日至20:00，游客中心 9:30~16:30）免费 在布莱克山（Black Mountain）的低坡地带，90公顷的花园展示了澳大利亚多种多样的花卉。约瑟夫·班克斯徒步步道（Joseph Banks Walk）是众多自助徒步路线中的一条。90分钟的往返路线从桉树坪通往位于山坡更高处的花园，最终经布莱克山自然公园（Black Mountain Nature Park）到达山顶。

免费导览徒步游出发地点为游客中心，出发时间：11:00和14:00。周末可乘坐电车参加植物探索团队游（成人/儿童 $6/3；⏰周六和周日 10:30和13:30）。

电讯塔
观景点

（Telstra Tower，见216页地图；☎02-6219 6111；www.telstratower.com.au；Black Mountain Dr；成人/儿童和优惠 $7.50/3；⏰9:00~22:00）位于城市西北的布莱克山（812米）山顶，塔高195米。登上塔身66米处，可以看到非常棒的景色。

澳大利亚国家图书馆
图书馆

（National Library of Australia，见220页地图；☎02-6262 1111；www.nla.gov.au；Parkes Pl，Parkes；⏰珍本陈列室 10:00~17:00，阅览室 周一至周四 10:00~20:00，周五 10:00~17:00，周日 13:30~17:00）免费 图书馆自1901年建立，累计藏书已超过600万册，大部分图书都能在阅览室里借阅。不要错过珍本陈列室（Treasures Gallery），定期更新的展品中包括库克船长（Captain Cook）的日志《奋进号》（*Endeavour*）和布莱船长（Captain Bligh）列出的反抗者名单等。每天的10:30和每周一、周三、周五的11:30有免费团队游，时长40分钟。

国家首都展览馆
博物馆

（National Capital Exhibition，见220页地图；☎02-6272 2902；www.nationalcapital.gov.au；Barrine Dr，Commonwealth Park；⏰周一至周五 9:00~17:00，周六和周日 10:00~16:00）免费 这个朴实无华的博物馆位于雷加特角（Regatta Point）附近，你可以在这里了解堪培拉地区原住民的生活，并欣赏精美的伯利·格里芬城市速写的复制品。

国家科技中心
博物馆

（Questacon，见220页地图；☎02-6270 2800；www.questacon.edu.au；King Edward Tce，Parkes；成人/儿童 $20.50/15；⏰9:00~17:00）这个科技中心的互动展览生动有趣，极具教育意义，而且对孩子们有着极大的吸引力。孩子们可以在这里探索体育运动、田径项目和游乐园的物理原理，模拟海啸，学习在飓风和地震中求生的技能。门票包含精彩的科学展、讲座和木偶剧表演。

国家动物园和水族馆 动物园、水族馆

(National Zoo & Aquarium，见216页地图；☎02-6287 8400；www.nationalzoo.com.au；999 Lady Denman Dr, Yarralumla；成人/儿童/家庭 $38/21.50/105；⊙10:00~17:00）提前预约即可体验到抱着猎豹的感觉（$175），也可以与小熊猫、白狮子或长颈鹿亲密接触（$50起），还可以参加团队游，亲手给狮子、老虎和熊喂食（$120起）。81路公共汽车从Civic出发，在动物园和水族馆附近停车，但仅在周末营运。

安斯利山 观景点

(Mt Ainslie，见216页地图）安斯利山位于堪培拉东北部，高843米，在白天和夜间都能欣赏到优美的风景。上山步道的起点位于战争纪念馆的后面，之后沿安斯利山上行直至**马德拉山**（Mt Majura；888米）结束。

活动

堪培拉的湖泊、山脉和气候为你提供了丰富的丛林徒步、游泳和骑行等活动。

Lake Burley Griffin 划船

（见220页地图；☎02-6249 6861；www.actboathire.com；Acton Jetty, Civic；⊙周一至周五 9:00~17:00，周六和周日 8:30~18:00）有独木舟、皮划艇和脚踏船出租服务（每小时$15~30）。

丛林徒步旅行

位于城市西南方的特宾比拉自然保护区（Tidbinbilla Nature Reserve，见227页）内有徒步和骑行线路，还有一处桉树林和一处鸭嘴兽栖息地。另外，适合丛林徒步的地方还有诺马治国家公园（Namadgi National Park，见227页），从堪培拉向南约30分钟车程。

骑车

堪培拉有着分布广泛的骑行路线网络。堪培拉和地区游客中心（Canberra & Region Visitors Centre）提供《伯利格里芬湖骑行路线》（*Lake Burley Griffin Cycle Routes*）小册子和由**Pedal Power ACT**（http://pedalpower.org.au）出版的《徒步和骑行地图》（*Walking & Cycling Map*）。

Mr Spokes Bike Hire 自行车出租

（见220页地图；☎02-6257 1188；www.mrspokes.com.au；Barrine Dr, Acton；每小时/半天/全天 $20/30/40；⊙周三至周日9:00~17:00，学校假期每天 9:00~17:00）邻近Acton Park Ferry Terminal。

Real Fun 自行车出租

（☎0410 547 838；www.realfun.com.au）可送车上门（每日/每周$45/95）。

团队游

Balloon Aloft 热气球游

（☎02-6249 8660；www.canberraballoons.com.au；Kallaroo Rd, Pialligo；成人/儿童 $290/210起）空中鸟瞰堪培拉，这是真正了解这座城市的独特设计的好机会。

堪培拉城市观光巴士 巴士游

(Canberra City Explorer，见220页地图；☎02-9567 8400；www.canberracityexplorer.com.au；从Melbourne Bldg, Northbourne Ave出发；24小时 成人儿童 $35/20，48小时 $60/30；⊙9:00~18:00）共13个停靠站，随时上下。

Southern Cross Yacht Club 游轮

（见220页地图；☎02-6273 1784；www.cscc.com.au；1 Mariner Pl, Yarralumla；$15起）湖上巡游，可选午餐和晚餐。

Lake Burley Griffin Cruises 游轮

（见220页地图；☎0419 418 846；www.lakecruises.com.au；成人/儿童 $18/9；⊙10月中旬至次年5月中旬）增长见识的湖上巡游。

节日和活动

详情请查阅 www.events.act.gov.au。

国家多元文化节 文化节

(National Multicultural Festival；www.multiculturalfestival.com.au）为期3天的艺术、文化和美食盛宴，2月举行。

皇家堪培拉展览会 农业展

(Royal Canberra Show；www.canberrashow.org.au）2月底举行，农产品展览。

Central Canberra 堪培拉市中心

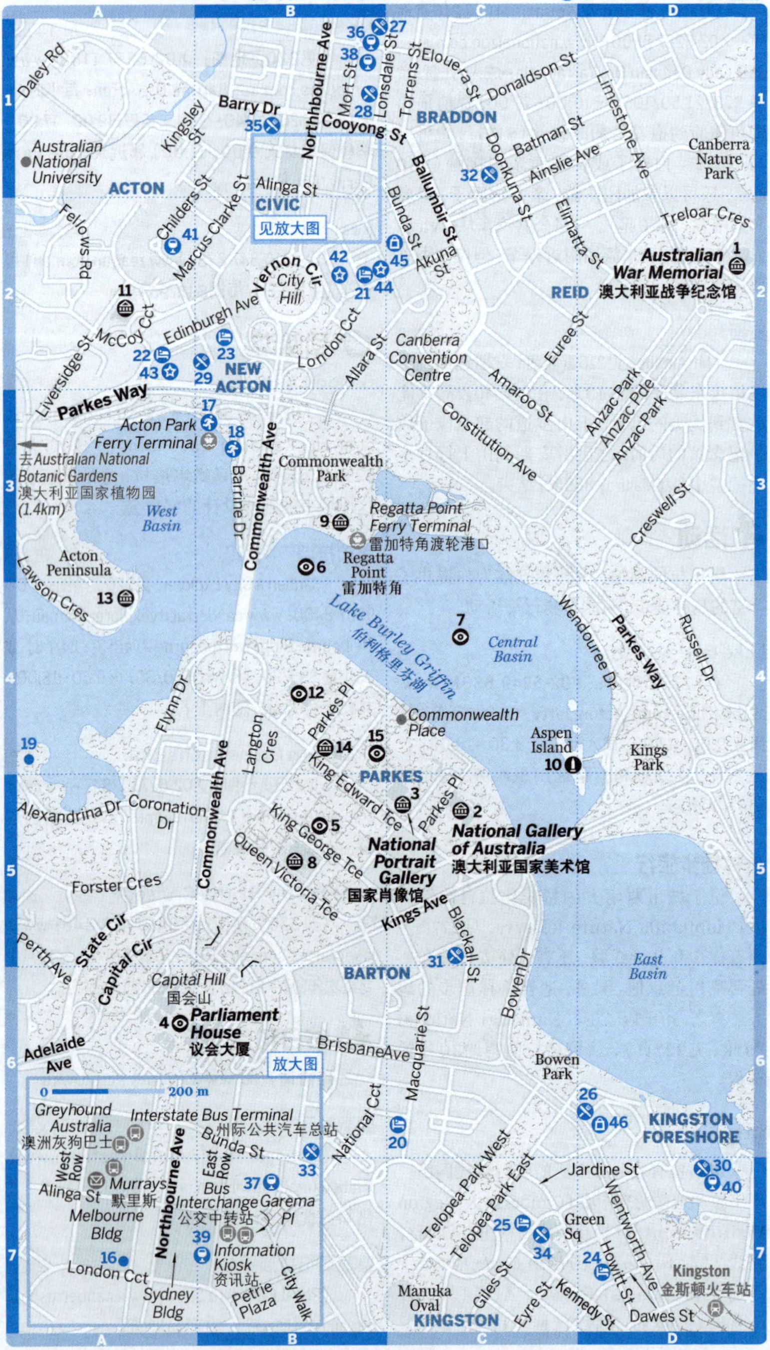

Central Canberra 堪培拉市中心

重要景点

1 澳大利亚战争纪念馆......D2
2 澳大利亚国家美术馆......C5
3 国家肖像馆......C5
4 议会大厦......A6

景点

5 原住民帐篷大使馆......B5
6 库克船长纪念喷泉......B3
7 伯利格里芬湖......C4
8 澳大利亚民主博物馆......B5
9 国家首都展览馆......B3
10 国家钟楼......C4
11 国家电影和声音档案馆......A2
12 澳大利亚国家图书馆......B4
13 澳大利亚国家博物馆......A4
14 国家科技中心......B4
15 和解处......B4

活动、课程和团队游

16 堪培拉城市观光巴士......A7
17 伯利格里芬湖......B3
Lake Burley Griffin Cruises......（见17）
18 Mr Spokes Bike Hire......B3
19 Southern Cross Yacht Club......A4

住宿

20 Burbury Hotel......C6
21 Canberra City YHA......B2
22 Hotel Hotel......A2
23 QT Canberra......B2
24 Victor Lodge......D7
25 York Canberra......C7

就餐

26 Brodburger......D6
Elk & Pea......（见27）
27 Lonsdale Street Eatery......B1
28 Lonsdale Street Roasters......B1
Malamay......（见20）
29 Močan & Green Grout......B2
Monster Kitchen & Bar......（见22）
30 Morks......D7
31 Ottoman......C5
32 Sage Dining Room......C1
33 Sammy's Kitchen......B6
34 Silo Bakery......C7
35 Temporada......B1

饮品和夜生活

36 BentSpoke Brewing Co......B1
37 Honky Tonks......B7
38 Knightsbridge Penthouse......B1
39 Phoenix......B7
40 Rum Bar......D7
41 Wig & Pen......A2

娱乐

档案馆电影院......（见11）
42 Canberra Theatre Centre......B2
43 Palace Electric Cinema......A2
44 Ticketek......B2

购物

45 Canberra Centre......C2
Craft ACT......（见42）
National Library Bookshop......（见12）
46 Old Bus Depot Markets......D6

灯光节

文化节

（Enlighten；www.enlightencanberra.com.au）庆祝“光明之中的崭新堪培拉”的一系列活动。3月初举行。

堪培拉艺术节

艺术节、文化节

（Canberra Festival；www.events.act.gov.au）一年一度的堪培拉建都周年庆祝活动，3月举行。

堪培拉热气球节

热气球游

（Canberra Balloon Spectacular；www.balloonspectacular.com.au）每年3月，在老国会大厦前的草坪上，到处都是热气球。

国家民俗文化节

艺术节、文化节

（National Folk Festival；www.folkfestival.asn.au）澳大利亚最盛大的民俗文化节之一，复活节期间举行。

堪培拉地区葡萄酒丰收节

葡萄酒节

（Canberra District Wine Harvest Festival；www.canberrawines.com.au）葡萄酒、美食和音乐，4月举行。

堪培拉国际音乐节

音乐节

（Canberra International Festival；www.cimf.org.au）每年5月，音乐在堪培拉各大标志性建筑奏响。

花卉节

花展

（Floriade；www.floriadeaustralia.com）堪培拉花展于每年9月至10月呈现春花盛景。

澳大利亚首都直辖区的葡萄酒厂

堪培拉的葡萄酒产区酿造适合高地、寒冷气候的葡萄酒，明星产品为雷司令白葡萄酒和西拉葡萄酒。

详情请参见www.canberrawines.com.au或《堪培拉区葡萄酒厂指南》（*Canberra District Wineries Guide*）。

Brindabella Hills Winery（☎02-6230 2583；www.brindabellahills.com.au；156 Woodgrove Close，via Wallaroo Rd，Hall；⏲周六和周日 10:00~17:00）这座庞大的葡萄园邻近霍尔，经营了20多年。葡萄园建在美丽的山脊上，园区酿造的西拉、赤霞珠和雷司令葡萄酒频频获奖。在这里，你也可以品尝到美味的西班牙小吃拼盘。

Clonakilla Wines（☎02-6277 5877；www.clonakilla.com.au；3 Crisps Lane，Murrumbateman；⏲酒窖 10:00~17:00）精品葡萄酒厂酿造的葡萄酒是少数几个大受欢迎的品种，其中有获奖的西拉维欧尼葡萄酒。

Eden Road Wines（☎02-6226 8800；www.edenroadwines.com.au；3182 Barton Hwy，Murrumbateman；⏲酒窖 周三至周日 11:00~16:00）一家新的葡萄酒厂，西拉味道很棒。

Helm Wines（☎02-6227 5953；www.helmwines.com.au；19 Butts Rd，Murrumbateman；⏲周四至周一 10:00~17:00）在小型品酒室，你可以品尝到这片区域最棒的雷司令葡萄酒。品酒室的前身是1888年建造的校舍。

Lark Hill（☎02-6238 1393；www.larkhillwinery.com.au；521 Bungendore Rd，Bungendore；⏲周三至周一 11:00~16:00）Lark Hill 建于乔治湖悬崖（Lake George Escarpment）的高处，能眺望宾根多尔（Bungendore）村庄。酒厂出售生物动力葡萄酒，还经营着一家葡萄园餐馆，周末供应午餐。

Wily Trout Vineyard（☎02-6230 2487；www.wilytrout.com.au；431 Nanima Rd，Hall；⏲10:00~17:00）园内是备受欢迎的**偷猎者厨房餐厅**（Poachers Pantry，见227页）和它的烟熏屋咖啡馆。

住宿

议会开会期间堪培拉住宿最为紧张。在此期间，逢平日酒店按旺季价格收费，但周末价格会有所下调。花展期间酒店房价也会调整为旺季价格。

伯利格里芬湖以北

Canberra City YHA 青年旅舍 $

（见220页地图；☎02-6248 9155；www.yha.com.au；7 Akuna St，Civic；铺 $36~45，双和标双 $118，家 $144~200；❄@🛜≋）学校团队经常在此住宿。大部分房间和宿舍都只能使用公共浴室，但家庭房内有独立设施。有自行车（每天$25）、小型室内游泳池、桑拿房、厨房、露台和咖啡馆。

QT Canberra 精品酒店 $$

（见220页地图；☎02-6247 6244；www.qtcanberra.com.au；1 London Circuit，New Acton；双 $155~255）酒店舒适的客房设计独具风格，比如具有怀旧风格的前任首相明信片。楼下是国会酒吧和烧烤（the Capitol Bar & Grill），这个国家政坛的风云人物们在这里上演他们的《纸牌屋》。

★**Hotel Hotel** 精品酒店 $$$

（见220页地图；☎02-6287 6287；www.hotel-hotel.com.au；25 Edinburgh Ave，New Acton；房间 $228~340）酒店内外的装饰同样精彩时尚。房间装饰风格独特，虽然昏暗的灯光并不符合每个人的胃口，我们却大爱这间酒店夸张不羁的氛围。酒店大堂有书吧等小型空间，酒店的Monster Kitchen & Bar（见224页）也很有意思。

伯利格里芬湖以南

Victor Lodge
客栈 $

（见220页地图；☎02-6295 7777；www.victorlodge.com.au；29 Dawes St, Kingston；卫浴共享 标单 $89起，双和标双 $116；❄📶）Victor Lodge紧邻金斯顿的美味咖啡馆和餐厅，房间紧凑，设施简单。有厨房、烧烤区、欧陆早餐和自行车出租。

Blue & White Lodge
民宿 $$

（见216页地图；☎02-6248 0498；www.blueandwhitelodge.com.au；524 Northbourne Ave, Downer；标单/双 $90/100起；❄📶）这间地中海风格的民宿舒适干净，一尘不染，有的需要共用卫浴，熟食早餐只需$10。店主同时经营附近的Canberran Lodge。附近有公共汽车进城。

★East Hotel
旅馆 $$$

（见216页地图；☎02-6295 6925，1800 816 469；www.easthotel.com.au；69 Canberra Ave, Kingston；房间 $265~320，公寓 $270~315；P❄@📶）East Hotel 填补了精品酒店和商务酒店之间的空白，提供时尚的办公空间。房间内的设施包括办公桌、iPod接口、浓缩咖啡机和设备齐全的小厨房，家庭房有X-box游戏机和懒人沙发。隔壁是环境时尚别致的牛肉餐馆和一间酒吧。

Burbury Hotel
旅馆 $$$

（见220页地图；☎02-6173 2700；www.burburyhotel.com.au；1 Burbury Close, Barton；房间 $200~285，公寓 $300~380；P❄@📶）这间商务酒店提供普通房间、一居室套房和两居室套房。房间装修缺乏个性但很休闲，而且阳光充足。相邻的、刚刚完工的公寓房非常适合家庭入住；酒店还有两家亚洲菜餐厅。

York Canberra
公寓 $$$

（见220页地图；☎02-6295 2333；www.yorkcanberra.com.au；31 Giles St, Kingston；房间 $250，一居室公寓 $275，两居室公寓 $350；P❄📶）位于金斯顿的咖啡馆和餐馆区，本店适合家庭入住。提供大小适中的套房和公寓房，其中有些配有设备齐全的厨房、洗衣机和烘干机，剩下的都带小厨房。

就餐

餐馆集中在Civic、金斯顿、Manuka和Griffith地区，Dickson有不少亚洲餐馆。伯利格里芬湖南岸的纽艾克顿、金斯顿海滩开发区，以及布拉顿（Braddon）的Lonsdale St是新兴的餐饮区。请注意，许多餐馆在周日和周一关门。

伯利格里芬湖以北

Lonsdale Street Roasters
咖啡馆 $

（见220页地图；http://lonsdalestreetroasters.com；Shop 3, 7 Lonsdale S, Braddon；⏰周一至周五 6:30~16:00，周六 至15:00，周日 8:00~14:00）这家颓废风格的咖啡馆位于时尚的布拉顿，咖啡超级美味。就在不远处有一家更大的分店（见220页地图；23 Lonsdale St；主菜 $9~22；⏰周一至周三 6:00~16:00，周四至周六至21:30，周日7:00~19:00），分店有一个大大的阳台，也提供各种美味咖啡。

Elk & Pea
墨西哥菜 $

（见220页地图；www.elkandpea.com.au；21 Lonsdale St, Braddon；墨西哥卷饼 $7.50，分享餐 $15~20；⏰周二至周日 8:00~22:00，周一 至15:00）日新月异的Lonsdale St上新开的店，去探探店，说声你好（hola）吧。墨西哥特色包括墨西哥辣酱乡村煎蛋（早餐）、汉堡和玉米饼（午餐），以及堪培拉最好的墨西哥玉米卷（晚餐）。来一杯早餐马提尼（Breakfast martinis）或者西班牙番茄冷汤血玛丽（gazpacho Bloody Marys）提提神，定会让你神清气爽。周六15:00开始有现场音乐。

★Temporada
西班牙菜 $$

（见220页地图；www.temporada.com.au；15 Moore St, Civic；小份 $8~15，大份 $20~36；⏰周一至周六 正午至深夜）堪培拉的这家新餐馆主打西班牙风味，主厨们很乐于展示他们用柴火做菜的技艺。牡蛎带有可口的烟熏味，卤汁羔羊肉（marinated lamb）搭配烤香肠和面

包干(grilled sausage and flatbread),烤章鱼(barbecued octopus)配上西瓜,口味清新爽口。最后可以来一杯精美的鸡尾酒、葡萄酒或澳大利亚精酿啤酒。

★ **Močan & Green Grout** 咖啡馆 $$

(见220页地图;www.mocanandgreengrout.com;1/19 Marcus Clarke St,New Acton;早餐和午餐主菜 $9~16,晚餐分享餐 $16~25;⏲周一7:00~18:00,周二至周六 至21:00,周日 8:00~16:00;📶)这家位于纽艾克顿的咖啡馆有一间开放式厨房。咖啡馆常常沐浴在清晨的阳光中,是堪培拉地区开启一天旅程的最好选择之一。菜单以当季的散养家禽和本地土产为特色,来一杯意式浓缩咖啡和一份的黎波里烤鸡蛋(baked Tripoli eggs)。周二至周六供应晚餐,亮点是小份餐食,有日本风味的软壳蟹(soft-shell crab)。

Monster Kitchen & Bar 新派澳洲菜、咖啡馆 $$

(见220页地图;www.hotelhotel.com.au;Hotel Hotel,25 Edinburgh Ave,New Acton;早餐 $11~24,酒吧小吃和分享餐 $10~33;⏲6:30至次日1:00)位于Hotel Hotel内,这是堪培拉最多姿多彩的餐馆之一。酒店住客、纽艾克顿的时髦人士和政客们在这里就着早餐或酒吧小吃浏览Twitter上的信息更新,或者在午餐或晚餐时,一边分享着略微带有中东口味的餐食一边交谈。入夜,它又变身为一家酒吧(也是打听政治八卦的好地方)。

Lanterne Rooms 马来西亚菜 $$

(见216页地图;☎02-6249 6889;www.lanternerooms.chairmangroup.com.au;Shop 3,Blamey Pl,Campbell;午餐宴席 $33.50,晚餐主菜 $30~35;⏲周二至周五 正午至14:30和18:00~22:30,周六 18:00~22:30)供应精心烹制的娘惹菜(Nyonya dishes),餐馆内饰具有殖民时代的槟城(Penang)农舍风貌,精致宜人。

Sammy's Kitchen 马来西亚菜 $$

(见220页地图;☎02-6247 1464;www.sammyskitchen.com.au;9 Bunda St,Civic;主菜 $10~25;⏲11:30~22:00)Sammy's在本地经营了很长时间,主营各种中国菜和马来西亚菜。不花哨但很有趣。

Malaysian Chapter 马来西亚菜 $$

(见216页地图;☎02-6251 5670;www.malaysianchapter.com.au;6 Weedon Close,Belconnen;主菜 $15~20,套餐每人 $26;⏲周二至周六 正午至14:00和17:30~21:00,周一 17:30~21:00)这是一家家庭经营的餐馆,低调实在,喜欢家常风味马来西亚菜的游客一定要去尝尝。餐馆位于Civic西北面的Belconnen购物中心,距离Civic大约10公里(确实有些远)。特色菜包括美味的罗望子鱼(tamarind-based fish)和非常好吃的沙爹(satay),让人不禁回忆起在槟城的那些慵懒的夜晚。临走时点一份甜点:冰镇西米露(含香兰、椰子和棕榈糖)。

Sage Dining Room 法国菜 $$$

(见220页地图;☎02-6249 6050;www.sagerestaurant.net.au;Batman St,Braddon;3/5道菜套餐 $75/95;⏲周二至周六 正午至14:00和17:30~22:00)Sage餐厅位于the Gorman House Arts Centre,是法国主厨Clement Chauvin的私家餐厅。他曾任职于伦敦的顶级酒店Claridges和世界级餐厅、法国的Maison Pic餐厅。微妙的法国风味与本地食材融合,创造出精美的滋味。

伯利格里芬湖以南

Brodburger 汉堡包 $

(见220页地图;☎02-61620793;www.brodburger.com.au;Glassworks Bldg,11 Wentworth Ave,Kingston;汉堡包 $13~20;⏲周二至周六 11:30~15:00 和17:30至深夜,周日 正午至16:00)Brodburger起初是一家湖畔房车营地的外卖店。现在有了固定店址,但是火烤汉堡像往常一样好吃。三文鱼、鸡肉和羊羔肉味的汉堡是澳洲啤酒和葡萄酒的绝配。我们实在无法抗拒超级汉堡(Brodeluxe)的撩人香味。

Silo Bakery 面包房、咖啡馆 $$

(见220页地图;☎02-6260 6060;http://silobakery.com.au;36 Giles St,Kingston;早餐 $9~22,午餐 $20~22;⏲周二至周六 7:00~16:00)发酵面包、意大利面食和水果馅饼是

极致的早餐诱惑，而带馅的法棍面包、农家菜肴和奶酪拼盘让你的午餐用得尽兴。加上美味的咖啡和葡萄酒（按杯出售），这一餐几近完美。午餐需预订。

Morks 泰国菜 $$

（见220页地图；☎02-6295 0112；www.morks.com.au；Trevillian Quay，Kingston Foreshore；主菜 $24~28；⊙周二至周六 正午至14:00和18:00~22:00，周日 正午至14:00）这是我们最爱的餐馆，主营新式泰国菜。要坐室外，一边观看顾客们在邻近的餐厅、专业的咖啡馆和熙熙攘攘的酒吧进进出出，一边品尝正宗的泰式红咖喱鸭肉和辣酱猪肉。

Ottoman 土耳其菜 $$$

（见220页地图；☎02-6273 6111；www.ottomancuisine.com.au；Broughton St和Blackall St交叉路口，Barton；主菜 $29~33，7道菜精选套餐 $75；⊙周二至周五 正午至14:30和18:00~22:00，周六 18:00~22:00）这家豪华的土耳其餐馆位于一座大型别墅内。传统的土耳其菜肴（开胃小菜、菜叶包、烤肉串）被巧妙地赋予了一丝现代澳大利亚菜风味。供应多种葡萄酒，服务周到。

Aubergine 新派澳洲菜 $$$

（见216页地图；☎02-6260 8666；www.aubergine.com.au；18 Barker St，Griffith；4道菜套餐 $90；⊙周一至周六 18:00~22:00）Aubergine餐馆得过大奖，食物美味可口、搭配合理。Aubergine的服务和食物都值得信赖，宽敞的用餐区可以看到应季和创新菜式展示，比如烤鸭配鸭油煎蛋黄。

Malamay 中国菜 $$$

（见220页地图；☎02-6162 1220；http://malamay.chairmangroup.com.au；Burbury Hotel，1 Burbury Close，Barton；主菜 $33~38，午餐宴席 $42，晚餐宴席 $65.50；⊙周二至周五 正午至14:30和18:00~22:30，周六 18:00~22:30）麻辣味的川菜充满了诱惑。华丽的内部装饰让人似乎回到20世纪30年代的上海。Malamay是休闲聚餐或火辣菜肴的极佳选择，菜品包括茴香椒盐味羊肉。

🍷 饮品和夜生活

酒馆和酒吧大多集中在Civic以及布拉顿的Lonsdale St和Mort St及附近。伯利格里芬湖南面的金斯顿海滩地区是新兴的餐饮区。

★ BentSpoke Brewing Co 手工啤酒

（见220页地图；www.bentspokebrewing.com.au；38 Mort St，Braddon；⊙11:00至午夜）BentSpoke是澳大利亚最好的精酿啤酒生产商，供应18种啤酒和苹果酒。坐在骑行主题的酒吧里，或者在室外，来一组啤酒（4杯，$16）开始你的夜生活。我们最喜欢Barley Griffin麦芽酒，它有淡淡的比利时酵母的辛辣味道。酒吧食物也很好。

Rum Bar 酒吧

（见220页地图；www.facebook.com/therumbarcanberra；Trevillian Quay，Kingston Foreshore；⊙周二 17:00~22:00，周三至周五 15:00起，周六和周日 正午起）酒吧位于金斯顿海岸的特雷维利安码头的运河水岸，有全城最齐全的朗姆酒。鸡尾酒、西班牙小吃和精酿啤酒是酒吧的传统卖点。其他酒吧和小酒馆使这一地区成了入夜以后或者消磨一个慵懒的下午的好去处。

Honky Tonks 酒吧

（见220页地图；www.drinkhonkytonks.com.au；17 Garema Pl，Civic；⊙周一至周四 16:00至深夜，周五至周日 14:00至深夜）当地人会约上朋友一起来这里吃美味的墨西哥玉米卷，畅饮玛格丽特鸡尾酒，听DJ播放各种曲风的音乐。总之这里充满乐趣。

Knightsbridge Penthouse 鸡尾酒吧

（见220页地图；☎02-6262 6221；www.knightsbridgepenthouse.com.au；34 Mort St，Braddon；⊙周二和周三 17:00至午夜，周四至周六 17:00至深夜）这里充满艺术气息，对同性恋友善，有很棒的DJ，鸡尾酒极为可口，气氛轻松愉快。

Wig & Pen 精酿啤酒

（见220页地图；www.facebook.com/wigandpen.canberra；100 Childers St，Llewellyn Hall；⊙周一至周五 11:30至午夜，周六 14:00至午

夜，周日 14:00~20:00）这家堪培拉老字号啤酒屋迁到了澳大利亚国立大学音乐学院的校园。那些学生真幸运。

Phoenix 小酒馆

（见220页地图；☎02-6247 1606；www.lovethephoenix.com；23 East Row, Civic；⊙周一至周三 正午至13:00，周四至周六 至15:00）Phoenix堪称本土音乐的铁杆粉丝，氛围轻松自在，时尚前卫。

☆ 娱乐

有关当地举办的娱乐活动，可参阅每周四印发的《堪培拉时报》（*Canberra Times*）和BMA网站（www.bmamag.com）。**Ticketek**（见220页地图；☎02-6219 6666；www.ticketek.com.au；Akuna St, Civic）售卖各类门票。

Palace Electric Cinema 电影院

（见220页地图；☎02-6222 4900；www.palacecinemas.com.au/cinemas/electric/；2 Phillip Law St, NewActon Nishi）一家艺术剧院，放映独立电影，周一票价更便宜。

Canberra Theatre Centre 剧院

（见220页地图；☎售票处 02-6275 2700；www.canberratheatre.org.au；London Circuit, Civic Sq, Civic；⊙售票处 周一至周五 9:00~17:00，周六 10:00~14:00）堪培拉的舞台剧表演中心。

购物

Canberra Centre 商场

（见220页地图；☎02-6247 5611；www.canberracentre.com.au；Bunda St, Civic；⊙周一至周四 9:00~17:30，周五 9:00~21:00，周六 9:00~17:00，周日 10:00~16:00）堪培拉首屈一指的购物中心。中心有一家多屏幕电影院。

Craft ACT 家庭用品、珠宝

（见220页地图；☎02-6262 9993；www.craftact.org.au；1st fl, North Bldg, 180 London Circuit, Civic；⊙周二至周五 10:00~17:00，周六 正午至16:00）有现代设计风格的商品和展览品。

Old Bus Depot Markets 市场

（见220页地图；☎02-6292 8391；www.obdm.com.au；21 Wentworth Ave, Kingston；⊙周日 10:00~16:00）出售各种艺术品、工艺品、当地手工艺品和地方特色葡萄酒。

National Library Bookshop 书店

（见220页地图；☎02-6262 1424；http://bookshop.nla.gov.au；Parkes Pl, Parkes；⊙9:00~17:00）只出售澳大利亚作家的书籍。

ℹ 实用信息

堪培拉和地区游客中心（Canberra & Region Visitors Centre，见216页地图；☎1300 554 114, 02-6205 0044；www.visitcanberra.com.au；330 Northbourne Ave, Dickson；⊙9:00~16:00）在Civic以北约3公里处。

ℹ 到达和离开

飞机

澳洲航空（Qantas；☎13 13 13, TTY 1800 652 660；www.qantas.com.au；Jolimont Centre, Northbourne Ave, Civic）和**维珍澳洲航空**（Virgin Australia；www.virginaustralia.com.au）的航班连通**堪培拉机场**（Canberra Airport，见216页地图；☎02-6275 2226；www.canberraairport.com.au）和澳大利亚所有州的首府。

公共汽车

州际公共汽车总站位于乔利蒙特中心（Jolimont Centre）。

澳洲灰狗巴士（Greyhound Australia，见220页地图；☎1300 4739 46863, 1300 GREYHOUND；www.greyhound.com.au；⊙乔利蒙特中心代售点 6:00~21:30）长途汽车发往悉尼（$42, 3.5小时）和墨尔本（$91, 9小时），班次频繁。

默里斯（Murrays，见220页地图；☎13 22 51；www.murrays.com.au；⊙乔利蒙特中心代售点 7:00~19:00）特快班车发往悉尼（$42, 3.5小时）、巴特曼斯贝（$30, 2.5小时）、纳鲁马（$37, 4.5小时）、伍伦贡（$47, 3.5小时）及滑雪场，每天都有班次。

汽车和摩托车

悉尼至墨尔本的休姆公路（Hume Hwy）在堪培拉以北50公里处经过。Federal Hwy向北延伸，在近古尔本（Goulburn）处与休姆（Hume）相连。邻近亚斯（Yass），Barton Hwy（25号公路）与休姆交会。堪培拉以南，Monaro Hwy将堪培拉与库马相连。

火车

金斯顿火车站(Kingston train station; Wentworth Ave)是市区铁路总站。车站内可预订车票和接驳长途汽车票。

NSW TrainLink开通(见287页)往返悉尼的火车($40, 4.5小时, 一天2~3趟)。在墨尔本, 发往库塔曼德拉(Cootamundra)的NSW TrainLink长途汽车($14, 2.5小时)与悉尼至墨尔本的火车联运($75, 6小时)。每天, **V/Line**(☎13 61 96; www.vline.com.au)的Canberra Link联运墨尔本至奥尔伯里沃当加(Albury Wodonga)火车与墨尔本至堪培拉长途汽车($ 55, 8.5小时)。

当地交通

抵离机场

堪培拉机场位于堪培拉东南8公里处。搭乘出租车去市中心的费用为$50~55。**机场快线**(Airport Ex-press; ☎1300 368 897; www.royalecoach.com.au; 单程/往返 $12/20)往返于机场与市区之间。

公共交通

堪培拉的公共交通运营商是**ACT Internal Omnibus Network**(简称Action; ☎13 17 10; www.action.act.gov.au; 单程 成人/特惠$4.60/2.30, 单日通票 $8.80/4.40)其主要的公交中转站沿Alinga St、East Row与Mort St兴建。获取路线图和时刻表, 可到**资讯站**(information kiosk, 见220页地图; East Row, Civic; ⌚周一至周五7:30~17:30)。

前往代售点(包括游客中心和报刊亭)买票, 或上车找司机买票。

出租车

堪培拉精英出租车(Canberra Elite Taxis; ☎13 22 27; www.canberracabs.com.au)提供堪培拉出租车服务。

出租速运(Cabxpress; ☎02-6260 6011; www.cabxpress.com.au)提供堪培拉出租车服务。

堪培拉周边 (AROUND CANBERRA)

堪培拉和地区游客中心提供地图和旅游信息服务。

特宾比拉和诺马治 (Tidbinbilla & Namadgi)

特宾比拉自然保护区

自然保护区

(Tidbinbilla Nature Reserve; ☎02-6205 1233; www.tidbinbilla.act.gov.au; 每车 $11; ⌚游客中心 9:00~17:00)保护区地处堪培拉西南45公里处, 黄昏时分, 不仅可以漫步丛林深处, 还能观赏到袋鼠、鸸鹋、鸭嘴兽和琴鸟等野生动物。上网可查询由保护区管理员导游的各项活动。

诺马治国家公园

国家公园

(Namadgi National Park; www.tams.act.gov.au)诺马治(Namadgi)是澳大利亚原住民语中堪培拉西南部的山峰名。公园内共有8座海拔超过1700米的山峰。这里是丛林徒步、山地自行车骑行、钓鱼、骑马和欣赏原住民岩画的好去处。上网或去塔瓦(Tharwa)以南2公里处的**诺马治游客中心**(☎02-6207 2900; Naas Rd, Tharwa; ⌚周一至周五 9:00~16:00, 周六和周日至16:30)预订露营地。

周边城镇和村庄(Surrounding Towns & Villages)

从堪培拉出发, 沿Barton Hwy行进大约15分钟就到了**霍尔**(Hall), 这里的**偷猎者厨房餐厅**(Poachers Pantry; ☎02-6230 2487; www.poacherspantry.com.au; Nanima Rd, Hall; ⌚餐厅每日 10:00~17:00, 烟熏风味咖啡馆 周五 正午至15:00, 周六和周日 10:00~11:30)以腌肉和烟熏风味咖啡馆而闻名遐迩。

当地一流的特色葡萄酒厂在**穆鲁巴特曼**(Murrumbateman; 距堪培拉30分钟车程)。**宾根多尔**(Bungendore)位于堪培拉以东35公里处, 每逢周末, 参观当地艺术馆和古董店的游客络绎不绝。**宾根多尔木制艺术品展馆**(Bungendore Wood Works Gallery; ☎02-6238 1682; http://bungendorewoodworks.com.au; Malbon St和Ellendon St交叉路口, Bungendore; ⌚9:00~17:00)展有澳大利亚的木材, 有一家精致的咖啡馆和环境不错的住宿**老石屋**(Old Stone House; ☎02-6238

1888; www.theoldstonehouse.com.au; 41 Molonglo St, Bungendore; 房间 $220; ❄)。

伍伦贡(WOLLONGONG)

人口 292,190

伍伦贡位于悉尼以南80公里处,是许多城市羡慕的对象。餐馆、酒吧、艺术节、文化、娱乐与悠闲自在的海滨生活浑然一体。搭乘当地火车可方便到达悉尼灯红酒绿的娱乐场所。

自皇家国家公园以南,经伍伦贡和肯布拉港,有17处有人巡逻的沙滩,还有令人惊叹的砂岩悬崖。

Grand Pacific Dr沿途有优良的冲浪区、安全的沙滩、丛林徒步以及高空冒险之旅。

景点

贝尔摩内港(Belmore Basin) 海港、港口

伍伦贡渔船队停靠在港口南端。1868年,坚硬的岩石一分为二,形成了内港。在港口,有一家渔业公司和一座老灯塔(建于1872年)。不远处的岬角上,矗立着一座新的防波堤灯塔(Breakwater Lighthouse)。

科学中心和天文馆 博物馆

(Science Centre & Planetarium; ☎02-4283 6665; http://sciencecentre.uow.edu.au; Squires Way, Fairy Meadow; 成人/儿童 $13/9; ⏲10:00~16:00)不同年龄段的充满好奇心的孩子,都能在这玩得忘乎所以。博物馆由伍伦贡大学经营,展品十分丰富,有恐龙骨架,也有电子产品。天文馆展区全天开放。

伍伦贡植物园 花园

(Wollongong Botanic Gardens; 61 Northfields Ave, Keiraville) 免费 园内有热带、温带栖息地,还有林地。想野餐就来这儿吧。

伍伦贡市画廊 画廊

(Wollongong City Gallery; www.wollongongcitygallery.com; Kembla St和Burelli St交叉路口; ⏲周二至周五 10:00~17:00, 周六和周日 正午至16:00) 免费 画廊展品丰富,有现代澳洲、原住民和亚洲艺术品,还有不同风格的临时展品。

海滩

北海滩(North Beach)通常比伍伦贡市海滩(Wollongong City Beach)更适合冲浪。港口的海滩对儿童更安全。北海滩有冲浪胜地布利(Bulli)、桑登角(Sandon Point)、提罗(Thirroul; D.H.劳伦斯在澳洲期间的住所)和美丽的奥斯汀莫(Austinmer)。

活动

Pines Surfing Academy 冲浪

(☎0410 645 981; www.pinessurfingacademy.com.au; 北海滩; 3天课程 $120, 租船1/3小时 $20/30; ⏲12月中旬至次年1月末)仅夏季开设冲浪和划桨课程。

Sydney Hang Gliding Centre 探险运动

(☎0400 258 258; www.hanggliding.com.au; 双人滑翔 $245起; ⏲7:00~19:00)双人滑翔伞项目从斯坦威尔公园(Stanwell Park)令人赞叹的巴尔德山(Bald Hill)起飞,在壮观的海岸线上空盘旋。

Cockatoo Run 景观铁路

(☎1300 653 801; www.3801limited.com.au; 成人/儿童/家庭 $60/50/175; ⏲指定的周日、周三和周四 10:50)遗产旅游列车途经南部高原(Southern Highlands),穿过悬崖和雨林,开往摩斯维勒(Moss Vale)。

住宿

Coledale Beach Camping Reserve 露营地 $

(☎02-4267 4302; www.coledalebeach.com.au; Beach Rd; 无电力供应/有电力供应营地 $25/30起)位于伍伦贡以北,约20分钟车程。一觉醒来就可以去海边冲浪,有时候还能观赏海豚与鲸。

Keiraleagh 青年旅舍 $

(☎02-4228 6765; www.backpack.net.au; 60 Kembla St; 铺/标单/双 $24/55/75起; @📶)这是一家宽敞的遗址屋,有普通客房、宽敞的天台和一个烧烤区,店家为人热情。

Beach Park Motor Inn 汽车旅馆 $$

(☎02-4226 1577; www.beachparkmotorinn.

Wollongong 伍伦贡

Wollongong 伍伦贡

景点

1 贝尔摩内港 D3
2 防波堤灯塔 D3
3 北海滩 C1
4 老灯塔 D3
5 伍伦贡市海滩 C4
6 伍伦贡市画廊 B4

活动、课程和团队游

7 Pines Surfing Academy C1

住宿

8 Beach Park Motor Inn B1
9 Keiraleagh B3

就餐

10 Balinese Spice Magic A3
11 Caveau A3
12 Diggies C1
13 Lee & Me B4

饮品和夜生活

14 His Boy Elroy A4
15 Howlin' Wolf B4
16 Illawarra Brewery C4

com.au; 16 Pleasant Ave; 房间 $88~185; ❄📶）白砖墙的外观干净整洁，房间稍显浮夸，但主人热情好客。距海滩仅几步之遥。

Chifley 酒店 $$

（☎02-4201 2111; www.silverneedlehotels.com; 60-62 Harbour St; 房间 $152起）伍伦贡

最新建起的酒店，能俯瞰海景和高尔夫球场，房间设计精美高雅，还有共享的公共区域。距宜人的海滩、小酒馆和餐馆仅几步之遥。

就餐

在Crown St商场以北，Keira St是伍伦贡餐厅主要的集聚区。Crown St和Keira St拐角处，在伍伦贡中央购物中心周边，也新开了几家咖啡馆和餐馆。

Balinese Spice Magic 印度尼西亚菜 $

（www.balinesespicemagic.com.au；130 Keira St；午餐 $10~13，晚餐 $16~20；⏲周三至周五 11:30~14:30，周二至周六 17:30~22:00）进店可品尝地道的印度尼西亚菜。店主一家热情好客，服务周到。Keira St也有泰国菜和越南菜餐馆，但我们挑选的这些店都是口味最棒的，这是为了提醒你回忆在东南亚的那些东游西荡的悠闲时光。

Lee & Me 咖啡馆 $

（www.leeandme.com.au；87 Crown St；早餐或午餐 $11~16；⏲周一至周五 7:00~16:00，周六和周日 8:00~16:00）这是一座建于19世纪晚期的两层历史建筑物，有一家咖啡馆和一家艺术与服装商店。特色美食有酪乳麦芽烤饼和经典牛肉汉堡。

Diggies 咖啡馆 $$

（☎02-4226 2688；www.diggies.com.au；1 Cliff Rd；午餐 $16~26，晚餐 $21~32；⏲周日至周四 6:30~16:00，周五和周六 至22:00）在一天当中的任何时候，这里都是饱餐一顿的绝佳场所，放眼望去，海浪绵延不断。在夏季，每周日16:00起，你可以坐在甲板上品品鸡尾酒，听听音乐，惬意自得。

Caveau 新派澳洲菜 $$$

（☎02-4226 4855；www.caveau.com.au；122-124 Keira St；7道菜精选套餐 $99，配葡萄酒 $145；⏲周二至周六 18:00~23:00）这家令人赞不绝口的餐馆供应各类美食，如王鱼鞑靼（kingfish tartare）和水煮大虾（poached scampi）。餐馆菜单随季节变化，周二至周三供应3道菜套餐（$79）。

饮品和娱乐

His Boy Elroy 酒吧

（www.hisboyelroy.com.au；Globe Lane；早餐 $11~16，小吃和汉堡包 $6~19；⏲周日、周三和周四 9:00~22:00，周五和周六 8:00至午夜）His Boy Elroy融合了亚洲和南美洲的街边小吃。在这里你可以一边品尝汉堡包、墨西哥薄饼卷和越南三明治（banh mi），一边品尝澳大利亚精酿啤酒、浓烈的鸡尾酒和各种葡萄酒。早餐味道也很棒。不妨搜索一下周边小巷，探寻新的酒吧和咖啡馆。

Illawarra Brewery 酒吧

（www.thebrewery.net.au；Crown St和Harbour St交叉路口；⏲11:00至深夜）这家整洁的酒吧有海景，出售6种精酿啤酒，有时也出售季节性啤酒。产自澳大利亚各地的折价款待啤酒，勾勒出了一幅啤酒花香的热闹画面。当然，酒吧还供应可口的食物。

Howlin' Wolf 酒吧

（3/53-61 Crown St；⏲周日至周三 17:00~22:00，周四至周六 至午夜）在这里，聆听现场音乐，融入摇滚氛围，点一杯威士忌或苹果酒，再一尝西班牙小吃，尽情放松一下。此时还夫复何求？

实用信息

游客中心（Visitor Centre；☎1800 240 737；www.visitwollongong.com.au；93 Crown St；⏲周一至周六 9:00~17:00，周日 10:00~16:00）提供预订和信息查询服务。

到达和离开

当地的长途汽车全部从火车站东边发车。**火车**（☎13 15 00；www.sydneytrains.info）停靠南部海岸线，开往悉尼中央车站（$8.10，90分钟）。

Murrays（☎13 22 51；www.murrays.com.au）长途汽车发往堪培拉（$47.40，3.5小时）。

Premier（☎13 34 10；www.premierms.com.au）长途汽车发往悉尼（$18，2小时）和伊登（$69，8小时）。

当地交通

带上一辆自行车，从悉尼坐火车旅行，这绝

对是恣意游玩的最佳方式。自行车道向北延伸至布利(Bulli)，向南则至肯布拉港(Port Kembla)。

如需出租车，请致电☎02-4229 9311。

伍伦贡周边 (AROUND WOLLONGONG)

市南区(South of the City)

就在伍伦贡以南，伊拉瓦拉湖(Lake Illawarra)因包括帆板运动在内的各类水上运动大受欢迎。伊拉瓦拉湖以东，Windang Peninsula遍布风景迷人的海滩。再往南是贝壳港(Shellharbour)，一个很受欢迎的度假胜地，也是沿岸最古老的一座城镇。它的名字源自欧洲殖民者在这发现的贝冢(原住民住地的遗迹)。

伊拉瓦拉悬崖国家保护区 (Illawarra Escarpment State Conservation Area)

热带雨林生长在悬崖的砂岩上，峭壁边缘不断遭到侵蚀，但肯布拉山(Mt Kembla)仍高达534米。要想一饱令人惊叹的沿海风光，不妨驱车前往凯拉山瞭望台(Mt Keira lookout; 464米)；走北边的高速公路，按指示牌行驶。

市北区(North of the City)

在去往皇家国家公园以北的路上，劳伦斯·哈格雷夫瞭望台(Lawrence Hargrave Lookout)就矗立在斯坦威尔公园上方的巴尔德山(Bald Hill)，是俯瞰崖顶的瞭望点。哈格雷夫(Hargrave)，早期的航空飞行家，20世纪初就开始尝试飞行。现代的悬挂式滑翔飞行员延续了他对飞行的痴迷，HanggliderOz(☎0417 939 200; www.hangglideoz.com.au; $245起)和Sydney Hang Gliding Centre(见228页)都提供双人滑翔伞项目。

辛比奥野生动物园(Symbio Wildlife Gardens; ☎02-4294 1244; www.symbiozoo.com.au; 7-11 Lawrence Hargrave Dr, Stanwell Tops; 成人/儿童 $27/15; ⏲9:30~17:00)拥有超过1000种可爱的毛茸茸的小动物，包括当地的澳大利亚物种和外国的珍奇动物。

> **不要错过**
>
> **景点速览**
>
> 斯卡伯勒酒店(Scarborough Hotel; ☎02-4267 5444; www.scarboroughhotel.com.au; 383 Lawrence Hargrave Dr, Scarborough; 主菜 $25~30; ⏲周一至周五 9:00~16:00, 周六和周日 至17:00)建于1886年，已被列入遗产名录，是澳大利亚最精美的啤酒园之一。海景确实很壮观，美味的食物也绝对值得长途跋涉一番。与旅伴分享大份的海鲜拼盘($98)，味道保证不会让你失望。酒店楼下是马修·吉勒特画廊(Matthew Gillett Gallery; www.matthewgillettgallery.com; ⏲9:00~16:00)，总是展出相当有趣的出自澳大利亚当代艺术家的作品。

皇家国家公园 (Royal National Park)

皇家国家公园(☎02-9542 0648; www.environment.nsw.gov.au; 小汽车 $11, 徒步和骑车免费; ⏲闭园 20:30)占地15,091公顷，建成于1879年，是继美国的黄石公园(Yellowstone)后，世界上第二座最古老的国家公园。从美丽的海岸向内陆延伸32公里，公园拥有大片的亚热带雨林。海风拂过沿海灌木丛，沙漠沟壑种满橡胶树，淡水和咸水湿地、幽静的海滩和壮观的峭壁令人惊叹。过去，这里曾是塔尔瓦斯人(Dharawal)的聚居地。此外，考古学家在这儿发现了大量的原住民遗址(Aboriginal sites)和文物。

步行路线包括景色壮观的26公里(2天)海滨步道(Coast Track)。多数海滩没有人巡逻，岩石裂缝会让人陷入危险。伽利(Garie)、伽勒(Era)、南伽勒(South Era)和炎热的棕榈树(Burning Palms)是广受欢迎的冲浪海滩，Werrong Beach是裸体海滩。

在哈金港(Port Hacking)南岸，国家公园环抱班迪纳(Bundeena)。步行30分钟可到达吉邦岬（Jibbon Head）的海滩，环境不错，原住民岩画也挺有看头。班迪纳也是海滨漫步的起点之一。

住宿

许多地方允许丛林露营，但你必须在游客中心购买许可证（成人/儿童 $5/3）。

Bonnie Vale Campground 露营地 $

（http://www.nationalparks.nsw.gov.au/Royal-National-Park/bonnie-vale/camping；Sea Breeze Lane；成人/儿童 $14/7）这里有74个营地位置，邻近班迪纳，配有厕所、热水淋浴和野餐桌。

Beachhaven B&B 民宿 $$$

（☎02-9544 1333；www.beachhavenbnb.com.au；Hordens Beach，Bundeena；房间 $300起；❄📶）棕榈树掩映下，民宿可直达美丽的Hordens Beach，2个房间优雅别致。配套设施有可俯瞰沙滩的水疗所。

实用信息

游客中心（Visitor Centre；☎02-9542 0648；www.environment.nsw.gov.au/nationalparks；Farnell Ave；⏲8:30~16:30）这里出售门票、露营许可证，也提供地图和丛林徒步信息。中心位于奥德利（Audley）、公园东北角入口处内2公里，紧邻王子公路。

到达和离开

克罗纳拉国家公园渡轮（Cronulla National Park Ferries；☎02-9523 2990；www.cronullaferries.com.au；成人/儿童 $6.40/3.20；⏲5:30~18:30每小时1班）从克罗纳拉到班迪纳旅行，可经悉尼搭乘火车。

基亚玛及周边 (KIAMA & AROUND)

人口 12,817

基亚玛是一个大镇，拥有精美的旧式建筑、高大的树木、数不清的海滩和不规则的岩层，但喷水孔才是小镇的地标景观。

景点和活动

在镇上，有一片小型冲浪海滩，而**邦博海滩**（Bombo Beach）位于镇中心以北3公里处，CityRail车站就在海滩附近。

Blowhole Point 地标

海浪叠卷，海水从裂缝中喷涌而出，景象蔚为壮观。晚上有灯光照明。

Little Blowhole 地标

（紧邻Tingira Cres，Marsden Head）洞口仅半米宽，但很明显能挑战老大哥Blowhole Point。

萨德尔巴克山（Saddleback Mountain） 自然保护区

在这里能领略到伊拉瓦拉悬崖（Illawarra Escarpment）的绝美风景。从Manning St右转进入Saddleback Mountain Rd。

伊拉瓦拉飞天道 自然保护区

（Illawarra Fly；☎1300 362 881；www.illawarrafly.com.au；182 Knights Hill Rd，Knights Hill；成人/儿童/家庭 $25/10/64；⏲9:00~17:00，最后进入时间16:15）小镇以西25公里，在崖顶四周满是热带雨林的树冠中，从500米的观景塔和树顶吊桥（Treetop Walk）上能一饱壮丽的景色。最近新增了一个令人兴奋的高空飞索（成人/儿童 $75/45）项目；高空飞索费用含观景塔和树顶吊桥。整个冒险之旅约2.5小时。请注意，高空飞索的门票必须上网提前预订。

米纳姆拉雨林中心 自然保护区

（Minnamurra Rainforest Centre；☎02-4236 0469；www.environment.nsw.gov.au/contact/MinnamurraRainforest.htm；小汽车 $11；⏲9:00~17:00，最后进入时间16:00）坐落在**布德罗国家公园**（Budderoo National Park）东部边缘，从基亚玛往里走约14公里。路线一：步行1.6公里环行步道，途经瀑布般的急流后，穿过一片雨林。沿途注意水龙和琴鸟。路线二：步行2.6公里崎岖小道，到达**米纳姆拉瀑布**（Minnamurra Falls）。

海滨漫步道（Coastal Walk） 步行

这条迷人的6公里小路从基亚玛高地的

Love' s Bay延伸至维力海滩（Werri Beach）的北端。

食宿

★ Kiama Harbour Cabins 木屋 $$$

（☎02-4232 2707；www.kiamacoast.com.au；Blowhole Point；小屋 $220起；❄）建在城镇最佳位置，房间干净整洁，配套设施完善，前廊有烤架，俯瞰海滩和海边泳池。

Chachi' s 意大利菜 $$

（☎02-4233 1144；www.chachisrestaurant.com.au；32 Collins St；主菜 $22~35；⏲周二至周五 11:30~14:30，周二至周六 17:30~21:00）Chachi' s坐落在连排房屋历史街区，休闲的露天餐厅环境深受当地人喜爱。

实用信息

游客中心（☎1300 654 262，02-4232 3322；www.kiama.com.au；Blowhole Point Rd；⏲9:00~17:00）位于Blowhole Point景区。

到达和当地交通

Premier（☎13 34 10；www.premierms.com.au）长途汽车发往贝里（$18，30分钟）、伊登（$69，7.5小时）和悉尼（$25，2.5小时），一天2班。**Kiama Coaches**（☎02-4232 3466；www.kiamacoaches.com.au）发往吉罗奥（Gerroa）、杰林贡（Gerringong）和米纳姆拉（Minnamurra），途经詹伯鲁（Jamberoo）。

Sydney Trains（☎13 15 00；www.sydneytrains.info）火车开往伍伦贡、悉尼和瑙拉（博马德里），车次频繁。

如果你选择自驾游，不妨先途经杰林贡（Gerringong）和吉尼奥（Gerroa），绕行海滩，再驶入贝里或瑙拉以北的公路。

肖尔黑文海岸（SHOALHAVEN COAST）

沿岸风景秀美，拥有广阔的海滩、国家森林和国家公园，如偌大的莫顿国家公园（Morton National Park，190,751公顷）。周末和学校假期，房费普遍提价。

贝里（Berry）

人口 1690

贝里是南部海岸最有名的内陆小镇。若期待参观散布的古董和设计店，见识招牌咖啡馆和餐馆的火爆美食场面，不妨到此一游。令人称奇的袋鼠谷（Kangaroo Valley）风景秀美，开车很快就到。

景点和活动

小镇的主要街道并不长，两旁是列入国家信托名录的古建筑。贝里附近，绵延起伏的乡村有许多优质的葡萄园。

贝里博物馆 博物馆

（Berry Museum；135 Queen St；⏲周六 11:00~14:00，周日 至15:00）**免费** 博物馆建在一栋建于1884年的银行大楼里。

贾斯伯谷葡萄酒 葡萄酒厂

（Jasper Valley Wines；www.jaspervalleywines.com；152 Croziers Rd；⏲周五至周日 10:00~17:00）位于贝里以南5公里处，举办品酒会，供应午餐。

Silos Estate 葡萄酒厂

（☎02-4448 6082；www.thesilos.com；B640 Princes Hwy，Jaspers Brush；主菜 $34；⏲周四至周日 午餐和晚餐）在这里，不仅可以品尝美酒，还可以享用餐馆美食，入住精品酒店（$175~245）。

节日和活动

Berry Country Fair 集市

市场有艺术品、工艺品和当地农产品出售。每月的第一个周日开市。

贝里凯尔特节 文化节

（Berry Celtic Festival；www.berryrotary.com.au；Berry Showgrounds；成人/儿童 $10/5）节日期间，举行掷木柱、抛哈吉斯比赛和风笛表演。每年5月的最后一个周六举行。

住宿

Village Boutique 汽车旅馆 $$

（☎02-4464 3570；www.berrymotel.com.au；72 Queen St；房间 $165~240；❄📶🏊）旅馆

位于贝里高档主街区的边上，高档房间宽敞舒适。

Bellawongarah at Berry 民宿 $$$

(☎02-4464 1999; www.accommodation-berry.com.au; 869 Kangaroo Valley Rd, Bellawongarah; 房间 $250起; ❄)热带雨林环绕四周，坐落于通往袋鼠谷山路上，距贝里8公里。主建筑具有亚洲艺术风格，而1868年建成的卫斯理教堂则具有法国乡土气息。以独栋小屋对外出租，设施齐全。

就餐

Berry Woodfired Sourdough 面包房 $$

(www.berrysourdoughcafe.com.au; Prince Alfred St; 主菜 $10~26; ⏲周三至周日 8:00~15:00)这家店是食客们的最爱，你可到店采购面包或用餐。店主还在贝里的主要街道经营着一家**Milkwood Bakery**(109 Queen St; ⏲7:00~18:00)。不妨尝尝可口美味的派。

★ **Hungry Duck** 亚洲菜 $$

(☎02-4464 2323; www.hungryduck.com.au; 85 Queen St; 主菜 $17~34, 5/9道菜宴席 $50/80; ⏲周三至周一 18:00~21:30)餐馆以西班牙小吃式的时尚亚洲菜为主，当然也有大份的主菜。餐馆有个后院和菜园，各种香草直接采摘上桌。鲜鱼、肉类和鸡蛋都在本地采购。

到达和离开

火车发往伍伦贡($6.30, 75分钟)，途经悉尼和其他南部海岸的城镇，车次频繁。**Premier**(☎13 34 10; www.premierms.com.au)长途汽车发往基亚玛($18, 30分钟)、瑙拉($18, 20分钟)和悉尼($25, 3小时，一天2班)。

值得一游

袋鼠谷

无论是从瑙拉还是贝里，一条林中小路都能蜿蜒至风景迷人的袋鼠谷。这座迷人的历史小镇，四周大山环抱，安静的主街上有咖啡馆、工艺品商店和一家棒的小酒馆。周边地区的娱乐活动包括骑车、徒步、划独木舟和露营。登录www.kangaroovalleytourist.asn.au可查询店家和民宿信息。

瑙拉(Nowra)

人口 9257

瑙拉，距海岸17公里，是肖尔黑文地区最大的城镇。虽然有更迷人的海滩城镇，但对于贝里(东北17公里)或杰维斯湾(东南25公里)海滩而言，瑙拉仍是便利的地区交通大本营。

景点和活动

游客信息中心可建议当地徒步路线。**Ben's Walk**从Scenic Dr附近的桥出发，经肖尔黑文河南岸而行。肖尔黑文河北岸，5.5公里长的环形**邦德瑞溪徒步小径**(Bomaderry Creek Walking Track)穿过砂岩峡谷。

肖尔黑文动物园 野生动物保护区

(Shoalhaven Zoo; ☎02-4421 3949; http://shoalhavenzoo.com.au; Rock Hill Rd, North Nowra; 成人/儿童/家庭 $22/12/58; ⏲9:00~17:00)在肖尔黑文河北岸，占地6.5公顷，能见到当地的动物群。还建有一片露营地(成人/儿童 $10/6起)。

肖尔黑文河游轮 游轮

(Shoalhaven River Cruises; ☎0429 981 007; www.shoalhavenrivercruise.com; 2/3小时游轮 $29/49)游轮就从桥东的码头出发，整个航程趣味十足。

食宿

Whitehouse 客栈 $$

(☎02-4421 2084; www.whitehouseguesthouse.com; 30 Junction St; 房间 $104~168; 📶)这家客栈由一户好客的家庭经营，重新装修过，有一条走廊和几间舒适的带独立卫浴的房间。

George Bass Motor Inn 汽车旅馆 $$

(☎02-4421 6388; www.georgebass.com.au; 65 Bridge Rd; 房间 $124起; ❄📶)旅馆仅有一层，设计风格朴素，配套设施齐全，房间干

净整洁，阳光充足。

Deli on Kinghorne 咖啡馆 $

(www.thedeli.net.au; 84 Kinghorne St; 套餐$5~15; ⏲周一至周五 6:30~17:00，周六和周日至15:00）这家是城里最棒的咖啡馆，早餐、午餐很丰盛，有很多户外座椅，阳光明媚。

Wharf Rd 新派澳洲菜 $$

（☎02-4422 6651; www.wharfrd.com.au; 10 Wharf Rd; 小份/大份 $16/32; ⏲周二至周六 正午至深夜 周日 11:30~15:00）Wharf Rd位于河右岸，进店可享受瑙拉最具国际化的用餐体验。分享餐包括羊驼沙朗（alpaca sirloin）、蓝眼鲹配辣椒或鳄梨（blue-eye trevalla with chilli, or avocado）和鱿鱼墨西哥卷饼（squid tacos）。上网可查到工作日特价午餐。

饮品

Hop Dog Beerworks 精酿啤酒

（www.hopdog.com.au; Unit 2, 175 Princes Hwy; ⏲品尝和售卖 周三至周四 10:00~16:00，周五 至17:00，周六 至15:00）Hop Dog就在镇南的工业园区，出售的精酿啤酒有比利时的印度淡艾尔啤酒（Belgian IPA）和印度黑啤（India Black Ale）。瓶装和罐装啤酒可外卖。

实用信息

国家公园和野生动物管理局（☎02-4423 2170; www.nationalparks.nsw.gov.au; 55 Graham St）提供国家公园的相关信息。

游客中心（☎02-4421 0778; www.shoalhaven.nsw.gov.au; Princes Hwy和Pleasant Way交叉路口）穿过镇北的桥就到了。

到达和离开

Premier（☎13 34 10; www.premierms.com.au）开通途经贝里（$18，20分钟）到悉尼（$25，3小时），和途经阿勒达拉（$19，1小时）到达伊登（$57，5小时）的长途汽车。

CityRail（☎13 15 00; www.sydneytrains.info）有从悉尼中央车站或邦迪联运站（Bondi Junction stations）至基亚玛的火车，也有发往瑙拉（博马德里）的火车。

值得一游

瑙拉一日游

瑙拉以东，肖尔黑文河蜿蜒穿过河口湾和湿地，至**克鲁克黑文岬**（Crookhaven Heads），又名“Crooky”，在这可以尽情冲浪。瑙拉以东约15公里的**格林威尔角**（Greenwell Point），专门养殖新鲜的牡蛎。

河湾北边是**肖尔黑文岬**（Shoalhaven Heads）和延伸至杰罗奥（Gerroa）的**七英里海滩国家公园**（Seven Mile Beach National Park）。

肖尔黑文岬正前方的库尔加塔（Coolangatta），是欧洲人在新南威尔士州南部海岸最早的定居点。**库尔加塔地产**（Coolangatta Estate; ☎02-4448 7131; www.coolangattaestate.com.au; 房间$140起; ⏲葡萄酒厂 10:00~17:00）建有高尔夫球场、葡萄酒厂和餐馆，以及囚犯造的公寓住宿。

杰维斯湾（Jervis Bay）

这片巨大的避风港，拥有白皑皑的沙滩，清澈透亮的海水、景色优美的国家公园和嬉戏玩耍的海豚。季节性的游客包括来自悉尼的度假者（夏季和多数周末）和定期迁徙的鲸（5月至11月）。

1995年，原住民部落成功争得维克湾（Wreck Bay）景区的土地权，现在共同管理杰维斯湾南端的波特里国家公园（Booderee National Park）。奇怪的是，这片景区实际是隶属于澳大利亚首都直辖区，而非新南威尔士州。

景区发展主要集中在赫斯基森（Huskisson）和文森提亚（Vincentia）周边，北面海湾旅游基础设施相对匮乏。比克罗夫特半岛（Beecroft Peninsula）勾勒出杰维斯湾的东北边，其尽头是珀彭迪丘勒角（Point Perpendicular）十分陡峭的悬崖。半岛多数地区是海军领地，但通常也会对公众开放。

景点和活动

多数游玩活动集中在赫斯基森。赫斯基

森以南，海姆斯海滩（Hyams Beach）的沙子据说是世界上最白的。

杰维斯湾国家公园 国家公园

（Jervis Bay National Park；www.nationalparks.nsw.gov.au）要去卡拉拉海湾（Callala Bay），要穿过杰维斯湾国家公园，它拥有4854公顷的灌木丛和林地。这片海湾就是一座海洋公园。

丹曼夫人号文化遗产园区 博物馆

（Lady Denman Heritage Complex；☎02-4441 5675；www.ladydenman.asn.au；Dent St；成人/儿童 $10/5；⊙10:00~16:00）馆内展出历史藏品，有1912年建造的丹曼夫人（Lady Denman）号渡轮，还有Timbery's Aboriginal Arts & Crafts画廊和商店。每月的第一个周六，农贸市场开市。游客信息中心也在这儿。

Dive Jervis Bay 潜水、浮潜

（☎02-4441 5255；www.divejervisbay.com；64 Owen St）这座海洋公园深受潜水人和浮潜者的欢迎，他们能造访附近的海豹聚居地（通常在5月至10月）。

Jervis Bay Kayaks 皮划艇

（☎02-4441 7157；www.jervisbaykayaks.com；13 Hawke St；皮划艇出租 3小时/天 $49/69，团队票 $55~165）这里提供皮划艇出租，有带导游的海上皮划艇旅行、自助的露营和皮划艇探险。

Huskisson Sea Pool 游泳

（⊙11月至次年4月 周五至周三 6:00~20:00）免费 是一个海水泳池，几乎是奥运会泳池规格。

Hire Au Go-Go 骑车

（☎02-4441 5241；http://hireaugogo.com；1 Tomerong St；1小时/天 $19/60）骑上电动自行车，探索海岸。

Dolphin Watch Cruises 乘船游

（☎02-4441 6311；www.dolphinwatch.com.au；50 Owen St；海豚/鲸/海豹观赏团队游 $35/65/80）观赏海豚、海豹和观鲸之旅。

住宿

周末，房费普遍涨价。海姆斯海滩（Hyams Beach）的海姆斯海滩房产（Hyams Beach Real Estate；☎02-4443 0242；www.hyamsbeachre.com.au；76 Cyrus St）提供私人出租屋。

Huskisson Beach Tourist Resort 露营地 $

（☎02-4441 5142；www.holidayhaven.com.au；Beach St；露营地每2人 $40~85，小屋 $105~205；）建有一大片小屋，靠海滨而建。

Jervis Bay Motel 汽车旅馆 $$

（☎02-4441 5781；www.jervisbaymotel.com.au；41 Owen St；房间 $119~189；）旅馆的装修风格讨人喜欢，从楼上房间（价格较贵）还能领略迷人的景色。

Huskisson B&B 民宿 $$$

（☎02-4441 7551；www.huskissonbnb.com.au；12 Tomerong St；房间 $225；）色彩缤纷的房间宽敞明亮、空气清新，配以舒适的床铺和松软的毛巾。

★ **Paperbark Camp** 露营地 $$$

（☎1300 668 167；www.paperbarkcamp.com.au；571 Woollamia Rd；双 $395起；⊙9月至次年6月）提倡环保型露营，12间豪华旅行帐篷房也全靠太阳能供电，有配套的卫生间和全景平台。露营地建在一片繁茂的灌木丛里，距赫斯基森3.5公里；借艘皮划艇划过小溪，可到达海湾。

就餐

Supply 咖啡馆 $

（☎02-4441 5815；www.supplyjervisbay.com.au；Shop 1, 54 Owen St；主菜 $12~18；⊙周一至周六 7:30~17:00，周日 至15:00）是赫斯基森最棒的咖啡馆，其特色莫过于令人垂涎欲滴的早餐和熟食。

Wild Ginger 亚洲菜 $$

（☎02-4441 5577；www.wild-ginger.com.au；42 Owen St；主菜 $31.50；⊙周二至周日 16:30至深夜）进店可轻松品尝到东南亚和日本风味的佳肴。期盼一尝美味的当地海鲜吧。

Gunyah Restaurant 新派澳洲菜 $$$

(☎02-4441 7299; 3道菜套餐 $70; ⌚9月至次年6月 18:30~21:00)这家位于Paperbark Camp的餐馆口碑不错，可以坐在森林阳台的树冠下，小憩一下。主要采购当地食材，游客最好提前订位。

饮品和娱乐

Huskisson 小酒馆

(☎02-4441 5001; www.thehuskisson.com.au; Owen St)整个夏天，坐在露天甲板上，一览海湾绝妙美景，品尝美味佳肴，别有滋味。多数周末，酒馆有现场音乐。酒店最近翻新的房间很时尚，价格适中($150起)。

到达和当地交通

Jervis Bay Territory(☎02-4423 5244)有从赫斯基森发往瑙拉的长途汽车。

Nowra Coaches(☎02-4423 5244; www.nowracoaches.com.au)长途汽车从杰维斯湾周边发车，开往瑙拉。

阿勒达拉(Ulladulla)

人口 12,137

这座城镇以捕鱼业为主产业，每年都举行复活节的船队祝福节庆贺仪式，附近海滩景色迷人。

景点和活动

镇中心以北，绚丽多彩的莫里莫克海滩(Mollymook Beach)一直绵延2公里多。紧邻的Narrawallee Beach尽头是一个适合皮划艇的水湾。尽管真正热爱冲浪的人一般都去克利尔海滩(Collers Beach)，但莫里莫克海滩和Narrawallee海滩都有激浪。

Coomee Nulunga Cultural Trail 步行

步行路径全长700米，先从灯塔橄榄球球场(Lighthouse Oval)出发(在公路以东走Deering St)，穿过当地的灌木丛，沿着岬角的小路可到达海滩。

住宿

Ulladulla Headland Tourist Park 露营地 $

(☎02-4455 2457; www.holidayhaven.com.au; South St; 露营地 $26~45, 小屋 $95~210; 📶🏊)这一处位于岬角的营地，树木茂盛，有海景。配套设施完善。

Ulladulla Lodge 青年旅舍 $

(☎02-4454 0500; www.ulladullalodge.com.au; 63 Pacific Hwy; 铺/双 $35/80起)客栈干净整洁，环境舒适。住客可租用自行车、冲浪板和俯伏冲浪板。

Bannisters 酒店 $$$

(☎02-4455 3044; www.bannisters.com.au; 191 Mitchell Pde, Mollymook; 房间 $295~400, 套 $470~1475; ❄@📶🏊)这间混凝土砌成的汽车旅馆，建于20世纪70年代，追求时尚低调的奢华风格。在无边泳池边恣意畅游，同时欣赏海岸风景；在自己房间的阳台，

不 要 错 过

波特里国家公园

波特里国家公园(Booderee National Park; ☎02-4443 0977; www.booderee.gov.au; 2日小汽车或摩托车入场费 $11)占据杰维斯湾东南岬，景色壮丽，在两侧的海湾和海滩可以尽情游泳、冲浪和潜水。这里石楠丛生，夹杂着一些林木，其中还有一小片雨林。

洞穴海滩(Caves Beach)和**Pipeline**是冲浪的好去处。

游客中心(☎02-4443 0977; www.booderee.gov.au; ⌚9:00~16:00)提供徒步路线地图和露营信息。可以一边走，一边四处探寻206种鸟类、27种陆地哺乳动物和23种爬行动物。

波特里植物园(Booderee Botanic Gardens; ⌚8:30~16:00)植物园内主要是大量的杜鹃花和海岸植物，当地原住民曾把这些植物用作食物和药材。

Green Patch、布里斯托角(Bristol Point)和僻静的洞穴海滩(Caves Beach)有**露营**场地(露营地 $12~22)。旺季可经游客中心网上预订。

也能领略令人赞叹的海景。

就餐

Hayden's Pies 面包房 $

（☎03-4455 7798；166 Princes Hwy；派 $4~7；⏰7:00~17:00）这家小面包房出售传统的美味派，充满酥脆美味的清香。

★ Tallwood 新派澳洲菜、咖啡馆 $$

（☎02-4455 5192；www.tallwoodeat.com.au；2/85 Tallwood Ave, Mollymook；早餐 $9~24，晚餐 $20~36；⏰周三至周日 7:30至深夜；🖉）Tallwood新的一天从醇香的咖啡、美味的早餐开始，比如乳酪烤饼（ricotta hotcakes）。之后，又开始午餐、晚餐的创意美食。色彩缤纷的现代环境，可品尝特色美食葡萄牙鱼饼配藏红花蛋黄酱、巴厘岛五香鸭和杜卡五香茄子。素食者也有不错的选择，澳大利亚精酿啤酒和葡萄酒是本店引以为豪的特色酒水。

Ulladulla Oyster Bar 海鲜 $$

（www.ulladullaoysterbar.com.au；Shop 5, The Plaza, 107 Princes Hwy；牡蛎和西班牙小吃 $10~20；⏰周二和周三 10:00~20:00，周四至周六 至22:00）供应纯天然的悉尼石蛎，可试一下青柠和芥末味的，或尝尝配生姜、大豆的烤牡蛎。可点一瓶瑙拉产的Hop Dog牌精酿啤酒或当地葡萄酒佐餐。

Cupitt's Winery & Restaurant 新派澳洲菜 $$$

（☎02-4455 7888；www.cupitt.com.au；60 Washburton Rd；主菜 $32~37；⏰周三至周日 正午至14:30，周五和周六 18:00~20:30）餐馆由建于1851年的乳酪厂改建而成，这里不仅可以享用尊贵的美食，还能品尝地道的葡萄酒。这里提供精品葡萄园住宿（1/2晚 $330/550），并有意建一个新的精酿啤酒厂。

Bannisters Restaurant 海鲜 $$$

（☎02-4455 3044；www.bannisters.com.au；191 Mitchell Pde, Mollymook；早餐 $15，晚餐主菜 $30~50；⏰8:00~11:00和18:00至深夜）餐馆优雅别致，坐落于班尼斯特角、镇北1公里处。著名的英国主厨里克·斯泰因（Rick Stein）烹饪的海鲜与周边的美景完全相称。

实用信息

游客中心（☎02-4444 8819；www.shoalhavenholidays.com.au；Princes Hwy；⏰9:00~17:00）提供预订和信息查询服务。

到达和离开

Premier（☎13 34 10；www.premierms.com.au）长途汽车往返于悉尼（$35，5小时）和伊登（$50，4小时），途经巴特曼斯贝（$16，45分钟）和瑙拉（$19，1小时）。

穆拉马兰国家公园（Murramarang National Park）

穆拉马兰国家公园 国家公园

（Murramarang National Park；www.nationalparks.nsw.gov.au；每车每天 $7）这座迷人的海滨公园占地12,386公顷，是野生袋鼠栖息地，有丰富的鸟类资源，也是受保护的穆拉马兰原住民区（Murramarang Aboriginal Area），园内有远古贝丘和原住民文化宝藏。

黄蜂头（Wasp Head）、德波特（Depot）、培布利（Pebbly）和梅利海滩（Merry）最受冲浪者欢迎。徒步路径沿着这些海滩曲折蜿蜒，攀登杜拉斯山（Durras Mountain，283米），路途陡峭但有趣。

住宿

国家公园和野生动物管理局建有露营地（www.environment.nsw.gov.au/NationalParks/；无电力供应/有电力供应营地 $20/28），地点在德波特海滩（☎02-4478 6582）、培布利海滩（☎02-4478 6023）和美丽海滩（Pretty Beach；☎02-4457 2019）。学校放假期间，需提前预订营地。在德波特海滩和美丽海滩也有配套完善的小屋（森林/海滩 $115/140起）。

Durras Lake North Holiday Park 露营地 $

（☎02-4478 6072；www.durrasnorthpark.com.au；57 Durras Rd, Durras North；露营地每2人 $35~85，小屋 $90~120）营地绿树成荫，建有可爱的小屋。这里也深受袋鼠的喜爱。

EcoPoint Murramarang Resort 露营地 $$

（☎02-4478 6355；www.murramarangresort.com.au；Mill Beach，Banyandah St，South Durras；露营地每2人 $30~51，别墅 $149~253；♿）在这片大面积的现代化露营地，有袋动物喜欢出没，诺福克松树林（Norfolk pines）营地与海滩分隔开来。营地还有带独立卫生间的露营地和配水疗浴缸的小屋。

到达和离开

王子公路（Princes Hwy）是公园的西部边界，但它距海滩10公里。道路大多高低不平，但那些通往杜拉斯（Durras）、杜拉斯湖、德波特海滩和杜拉斯诺斯（Durras North）的路都铺装了柏油路。通往培布利海滩的Mt Agony Rd（而非Pebbly Beach Rd）也是铺装路面。

尤罗博达拉海岸（EUROBODALLA COAST）

这条南部海岸线，意为“多水之乡”，展现了蔚蓝色的美景。大片的绿地也不时地点缀着这一地区广阔的尤罗博达拉国家公园（Eurobodalla National Park）。

城镇、湖泊和水湾分布在斑皮桉森林中，丰富的本地野生动物也是公园的特色。这块地区是宇因（Yuin）人的家园之一，也是他们的圣山古拉格（Gulaga）的所在地。

巴特曼斯贝（Batemans Bay）

人口 11,334

风景迷人的海滩，波光粼粼的河口，使这个渔港成为南部海岸最受欢迎的度假地之一。

景点

海滩

离城镇最近的是**柯里根海滩**（Corrigans Beach），桥北的长滩则通向穆拉马兰国家公园。冲浪者常去**粉石**（Pink Rocks）、**冲浪海滩**（Surf Beach）、**马鲁亚湾**（Malua Bay）、**麦肯基海滩**（McKenzies Beach）和**本杰罗海滩**（Bengello Beach）。**布鲁利**（Broulee）拥有一大片月牙形的沙滩，但北端有大浪。

活动

Merinda Cruises 游轮

（☎02-4472 4052；Boatshed，Clyde St；3小时游轮 成人/儿童 $30/15；⏲11:30）从桥东的渡船码头出发，游轮沿克莱德河口（Clyde River Estuary）向前行驶。

Region X 皮划艇

（☎0400 184 034；http://regionx.com.au；皮划艇租赁1小时 $30，团队游 $50~90）租艘皮划艇，去探索附近的水路，也可参加划艇团队游。

Bay & Beyond 皮划艇

（☎02-4478 7777；www.bayandbeyond.com.au；皮划艇团队游每人 $60~120）皮划艇导览游，沿海岸驶进附近的河口。

Broulee Surf School 冲浪

（☎02-4471 7370；www.brouleesurfschool.com.au；成人/儿童 $45/40起）可以在附近的布鲁利海滩学冲浪。

Soulrider Surf School 冲浪

（☎02-4478 6297；www.soulrider.com.au；1小时 成人/儿童 $45/40）沿海岸各处均有设点。

Surf the Bay Surf School 冲浪

（☎0432 144 220；www.surfthebay.com.au；团体课/私人课 $40/90）学校开设冲浪课和浮板课程。

Total Eco Adventures 水上运动

（☎02-4471 6969；www.totalecoadventures.com.au；7/77 Coronation Dr，Broulee）包括皮划艇、浮潜、站立式划水和冲浪项目。

住宿

夏季，房费普遍涨价。**Bay River Houseboats**（☎02-4472 5649；www.bayriverhouseboats.com.au；Wray St；4晚 $840起）和**Clyde River Houseboats**（☎02-4472 6369；www.clyderiverhouseboats.com.au；3晚 $700~1350）分别出租6个、10个泊位的船屋。

Shady Willow Holiday Park 青年旅舍、露营地 $

（☎02-4472 6111；www.shadywillows.com.

au；South St和Old Princes Hwy交叉路口；有电力供应营地 $26，铺/双 $28/58，小屋 $71起；❄📶🚭）青年旅舍联盟（YHA）店，邻近城镇，棕榈树环绕四周，环境极具波希米亚氛围。提供房车双人间和小屋4人间。

Clyde River Motor Inn 汽车旅馆 $$

（☎02-4472 6444；www.clydemotel.com.au；3 Clyde St；房间/公寓 $110/145起，排屋 $179起；❄📶🚭）旅馆居住环境十分舒适，普通房间位于旅馆中部，另一边是宽敞的排屋和3居室公寓。

Lincoln Downs 酒店 $$

（☎1800 789 250；www.lincolndowns.com.au；Princes Hwy；房间 $149起；❄📶🚭）高档的汽车旅馆风格房间，多数房间可俯瞰私家湖泊。还有一只家养孔雀。

就餐

Innes Boatshed 炸鱼和薯条 $

（1 Clyde St；炸鱼和薯条 $14，6只牡蛎 $9；⊙周日至周四 9:00~14:30，周五和周六 至20:00）20世纪50年代以来，Innes Boatshed一直都是南部海岸最受欢迎的炸鱼和薯条及牡蛎的店家之一。可以去宽敞的甲板散散步，但要当心鹈鹕。只收现金。

Little Restaurant & Bar 法式小馆 $$

（1 Orient St；主菜 $27；⊙周二至周六 17:00~22:00）凭亮橙色的外墙，你就能找到这家酒吧兼餐馆的店面，这里总是客流不断。海鲜和牛排是小店的星级美食，不妨试一下煎灼扇贝，价钱合理，超值划算。

On the Pier 海鲜 $$$

（☎02-4472 6405；www.onthepier.com.au；2 Old Punt Rd；主菜 $30~34；⊙周日 9:00~11:00，正午至14:00和18:00~22:00，周一和周四 18:00~22:00，周五和周六 正午至14:00和18:00~22:00）是巴特曼斯贝最受欢迎的一家餐馆，供应脆皮五花肉和烤扇贝等美食。海鲜拼盘（每人$69）也很棒。

饮品和娱乐

Bayview Hotel 小酒馆

（☎02-4472 4522；www.bayviewhotel.com.au；20 Orient St；⊙10:00至午夜）走进酒馆，喝杯冰镇啤酒，聆听现场音乐，感受DJ魅力，或沉迷在趣味问答之夜。

实用信息

游客中心（☎1800 802 528；www.eurobodalla.com.au；Princes Hwy；⊙9:00~17:00）提供城镇和尤罗博达拉地区的信息查询。

到达和离开

风景如画的国王公路（Kings Hwy）一路上坡，从巴特曼斯贝正北方向通往堪培拉。

Murrays（☎13 22 51；www.murrays.com.au）长途汽车发往堪培拉（$36.60，2.5小时）、莫鲁亚（$13.30，1小时）和纳鲁马（$20.50，2小时）。

Premier（☎13 34 10；www.premierms.com.au）长途汽车发往悉尼（$45，6小时）和伊登（$46，3小时），途经阿勒达拉（$16，45分钟）和莫鲁亚（$11，30分钟）。

莫戈（Mogo）

人口 263

莫戈是一条具有历史价值的商业街，街边都是木制房屋，有咖啡馆和纪念品商店。

不远处，**淘金殖民地**（Gold Rush Colony；☎02-4474 2123；www.goldrushcolony.com.au；26 James St；成人/儿童 $20/12；⊙10:00~17:00）是一个被重新改装的前卫村庄，可体验淘金乐趣，住宿在**矿工的小屋**（miners' cabins；www.goldrushcolony.com.au；铺/双 $26/130；🚭）。

莫戈动物园（Mogo Zoo；☎02-4474 4855；www.mogozoo.com.au；222 Tomakin Rd；成人/儿童 $29.50/16；⊙9:00~17:00）在公路以东2公里处，面积虽小，但很有看头，园内有稀有的白狮子和招人喜爱的猩猩家族。

莫鲁亚（Moruya）

人口 2531

莫鲁亚（黑天鹅）有维多利亚时期的建筑物，建在宽阔的河岸边。莫鲁亚有一个受人欢迎的**市场**（www.moruyacountrymarkets.com.au；⊙7:30~12:30），周六开市。当地的最佳旅店莫过于Post & Telegraph B&B(☎02-4474 5745; www.southcoast.com.au/postandtel; Page St和Campbell St交叉路口; 标单/双 $125/150)。

River(☎02-4474 5505; www.theriver moruya.com.au; 16b Church St; 主菜 $30~36; ⊙周三至周日 正午至14:30, 周三至周六 18:00~21:30; ❀)采用当地应季的食材, 融合各国风味。需要提前预订。

莫鲁亚机场(Moruya Airport; ☎02-4474 2095; George Bass Dr)距城镇7公里, 邻近北角(North Head)。区域快线(Rex; ☎13 17 13; www.rex.com.au)开通从默林布拉和悉尼机场起飞的航班。Murrays(☎13 22 51; www.murrays.com.au)长途汽车发往堪培拉($40, 3.5小时)和悉尼($34.70, 9小时)。

纳鲁马(Narooma)

人口 2409

纳鲁马地处绿树成荫的河口, 两侧有冲浪海滩, 是一座景色宜人的海滨小镇。这也是去蒙塔古岛(Montague Island)的出发点, 这绝对是一次有意义的近海短途旅行。

景点

★蒙塔古岛(巴兰古巴)[Montague Island(Baranguba)] 自然保护区

距纳鲁马9公里, 这座小型的无虫岛是海鸟和海狗的聚居地。小企鹅也在此做窝, 尤其在9月至次年2月。

3小时的导览游(☎1800 240 003; www.montagueisland.com.au; 每人 $120~155)由国家公园和野生动物管理局的管理员管理, 发团依参团人数和天气情况而定。因此, 最好经游客中心提前预订。下午参团更有机会见到企鹅。

如果你也报名参加环境保护工作, 不妨住在刚整修的lighthouse keepers' cottages(www.conservationvolunteers.com.au/project/info?projectId=52086; 2晚标单/双 每人 $595/720起)。含餐食, 但你需帮助准备。非观鲸季节, 房价略便宜些。最好提前预订房间。

Bar Rock Lookout 观景点

从Riverside Dr沿海湾入海口步行可到达海边。瞭望台正下方是澳大利亚岩(Australia Rock), 一块略微神似澳大利亚版图的巨石。

海滩

游泳的最佳地点, 在Bar Beach南端桥对面的netted swimming area, 在Narooma Beach有个冲浪俱乐部, 不过最佳的冲浪地在东南风起的Bar Beach。

活动

Island Charters Narooma 潜水、浮潜

(☎02-4476 1047; www.islandchartersnarooma.com; Bluewater Dr; 潜水 $95起, 浮潜 $75起)开设潜水、浮潜项目, 提供观鲸之旅。当地有许多不错的游玩去处, 如观赏戟齿砂鲛(nurse sharks)和海狗, 参观达令夫人(Lady Darling)号轮船的残骸。要想买到最便宜的票, 可去游客中心预订。

Wagonga Princess 游轮

(☎02-4476 2665; www.wagongainletcruises.com; 成人/儿童 $35/25; ⊙1月每日, 2月至12月周日、周三和周五 13:00)从Wagonga河口出发, 在老式游轮上体验3小时的旅行。

节日和活动

牡蛎节(Oyster Festival) 美食节

5月举行, 是吃牡蛎的好时节。

南方布鲁斯音乐节 音乐节

(Great Southern Blues Festival; www.bluesfestival.tv)10月, 本地和各国的表演者汇聚于此。

住宿

Narooma YHA 青年旅舍 $

(☎02-4476 3287; www.yha.com.au; 243 Princes Hwy; 铺/双 $26/70起; @)店家热情好客, 双人房布局紧凑, 上下铺房干净整洁, 所有房间都配有独立卫浴。闲适的花园、免费自行车和俯伏冲浪板让居住体验更加圆满。

Easts Narooma Shores Holiday Park 露营地 $

(☎02-4476 2046; www.eastsnarooma.com.au;

Princes Hwy;营地 $44,小屋 $95~185;❄@📶🏊)这片靠水湾的营地维护完好,老板为人友善,建有大型游泳池,四周栽种棕榈树。

Whale Motor Inn 汽车旅馆 $$

(☎02-4476 2411; www.whalemotorinn.com; 104 Wagonga St; 双 $168~210; ❄📶🏊)旅馆视野很好,站在阳台可观赏鲸群(可用双筒望远镜),房间重新装修之后也不错。

Horizon Holiday Apartments 公寓 $$

(☎02-4476 5200; www.horizonapartmentsnarooma.com.au; 147 Princes Hwy; 公寓 $129起)这些现代化的公寓价格合理,有些能眺望部分海景。

就餐

Quarterdeck Marina 海鲜 $$

(13 Riverside Dr; 主菜 $13~28; ⏰周四至周一 8:00~16:00)墙上挂着数个提基面具和20世纪50年代的电视明星签名照,在它们的注视下,尽情享用美味的早餐和海鲜午餐吧。除此之外,还能欣赏绝美的河湾风景,偶尔感受现场音乐。早午餐时,不妨品尝一下美味的墨西哥玉米饼。

Inlet 炸鱼和薯条 $$

(www.facebook.com/theinletnarooma; Riverside Dr; 主菜 $18~26; ⏰周二至周日 11:30~14:30, 周二至周六 17:00~22:00)小店之前的名字叫Taylor's Seafood,现在改名Inlet。不过,别担心:你仍然能尝到新鲜海鲜、炸鱼和薯条,欣赏河湾壮丽的景色。

Whale Restaurant 新派澳洲菜 $$$

(☎02-4476 2411; www.whalemotorinn.com; 104 Wagonga St; 主菜 $29~36; ⏰周二至周六 18:00~21:00)欣赏海滨美景的同时,不妨犒劳一下自己,点一份扁头鱼、肉眼菲力牛排或烤羊排。可自带葡萄酒。

实用信息

国家公园和野生动物管理局(☎02-4476 0800; www.nationalparks.nsw.gov.au; Graham St和Burrawang St交叉路口)提供Deua、古拉格(Gulaga)和瓦德比里格(Wadbilliga)国家公园的相关信息。

游客中心(☎1800 240 003, 02-4476 2881; www.eurobodalla.com.au; Princes Hwy; ⏰9:00~17:00)建有一个小型博物馆。

到达和离开

Murrays(☎13 22 51; www.murrays.com.au)长途汽车发往莫鲁亚($14.50, 1小时)、巴特曼斯贝($20.50, 2小时)和堪培拉($47.40, 4.5小时)。

Premier(☎13 34 10; www.premierms.com.au)长途汽车发往伊登($41, 2.5小时)和悉尼($58, 7小时),途经伍伦贡($56, 5小时)。

迪巴迪巴和迪巴中心(Tilba Tilba & Central Tilba)

人口 391

伯马吉(Bermagui)的沿海公路在进入环路前重新会入王子公路(Princes Hwy)。环路一直通往古拉格(Gulaga)附近的这些被列入国民信托名录的村庄。

迪巴迪巴的面积只有其邻居(沿公路2公里处)的一半大小。

自19世纪因采挖黄金成为新兴城市以来,迪巴中心的面貌基本上维持不变。小酒馆后的Bate St都是老建筑,有不少咖啡馆和工艺品商店。沿街可以走到水塔,一睹古拉格壮美的景色。**Bates Emporium**(Bate St; ⏰8:00~17:00; 📶)提供信息查询和地图。

景点和活动

迪巴谷葡萄酒 葡萄酒厂

(Tilba Valley Wines; ☎02-4473 7308; www.tilbavalleywines.com; 947 Old Hwy; ⏰10月至次年4月 10:00~17:00, 5月至7月和9月 周三至周日 11:00~16:00)位于科伦纳湖(Corunna Lake)沿岸。

ABC Cheese Factory 乳制品厂

(www.southcoastcheese.com.au; ⏰9:00~17:00)工厂出售美味的奶酪,还有一家很好的咖啡馆。

节日和活动

科巴戈民俗节 音乐节

(Cobargo Folk Festival; www.cobargofolkfestival.com)每年2月下旬,在历史悠久的科巴戈

(Cobargo)举行，在贝加(Bega)以南20公里处。

迪巴复活节 艺术节

(Tilba Easter Festival; http://www.tilba.com.au/tilbafestival.html)复活节期间，有音乐节和娱乐活动。

住宿

查阅更多资讯，请登录www.tilba.com.au。

Green Gables 民宿 $$

(☎02-4473 7435; www.greengables.com.au; 269 Corkhill Dr; 房间 $170起)这座1879年搭建的小屋有3间设计精美的房间，可饱览乡村美景。

Bryn at Tilba 民宿 $$

(www.thebrynattilba.com.au; 91 Punkalla-Tilba Rd; 房间 $180~220)房间内深色木材搭配白色亚麻床品，设计精美。

到达和离开

Premier(☎13 34 10; www.premierms.com.au)长途汽车途经纳鲁马($8, 25分钟)发往悉尼($59, 8小时)，途经默林布拉($28, 90分钟)发往伊登($36, 2小时)。

蓝宝石海岸(SAPPHIRE COAST)

蓝宝石海岸比昆士兰州黄金海岸有过之无不及。这个新南威尔士州最南端的海岸也很是为自己骄傲。其实，走王子公路(Princes Hwy)以东任何一条路，都可以到达隐藏在崎岖壮观的环境里的洁净海滨。

伯马吉(Bermagui)

人口 1473

万鸟栖息的瓦拉加湖(Wallaga Lake)以南，伯马吉(Bermagui，即Bermie)是悠闲舒适的渔港，也是渔民、冲浪者、另类生活达人和澳大利亚原住民的居所。

镇子里的**渔民码头**(Fishermen's Wharf; Lamont St)规模很大，建筑群由知名建筑师、伯马吉本地居民菲利普·考克斯(Philip Cox)一手设计。

景点和活动

当地步行路线包括北面一条6公里沿海步道，可到达**骆驼岩**(Camel Rock)，再向前走2公里就到了**瓦拉加湖**。步道沿**海沃德海滩**(Haywards Beach)延伸，海沃德海滩是冲浪的好去处。

骆驼岩和**库塔吉**(Cuttagee)也适合冲浪，**贝壳海滩**(Shelly Beach)适合儿童游玩。岬角周围约1公里是**蓝湖**(Blue Pool)，一个悬崖边的海岸泳池。

住宿

房屋假期租赁情况，可咨询**朱莉·卢瑟福房地产**(Julie Rutherford Real Estate; ☎02-6493 3444; www.julierutherford.com.au)。

Zane Grey Park 露营地 $

(Bermagui Tourist Park; ☎02-6493 4382; www.zanegreytouristpark.com.au; Lamont St; 有电力供应/无电力供应营地 $39/28，小屋 $100~286)站在迪克森角的最佳位置，你可以将飞盘扔进马蹄湾(Horseshoe Bay)。

Bermagui Beach Hotel 酒店 $$

(☎02-6493 4206; www.bermaguibeachhotel.com.au; 10 Lamont St; 铺 $35起，双/套 $100/120起; ❄)这家酒店建于1895年，有9间套房，其中4间的阳台可眺望海滩和古拉格美景。还有更便宜超值的汽车旅馆房间和宿舍房。

Bermagui Motor Inn 汽车旅馆 $$

(☎02-6493 4311; www.bermaguimotorinn.com.au; 38 Lamont St; 标单/双 $110/125; ❄)地处市中心，主人热情好客，旅店新装修过，床铺很舒适。

餐饮

Bluewave Seafoods 炸鱼和薯条 $

(www.bluewaveseafood.com.au; Fishermen's Wharf; 炸鱼和薯条 $15; ⏲10:00~20:00)这家雅致的外卖店，能眺望码头，其前身是原渔民合作商店。当心讨厌的海鸥！

默林布拉周边的野生动物

9月至11月，默林布拉沿海可以观鲸，但也有机会观赏到其他陆地野生动物。

在潘布拉—默林布拉高尔夫球场和潘布拉海滩还能看到袋鼠和沙袋鼠。黄昏时分（16:30开始），是一天中最美的时刻。

Potoroo Palace（☎02-6494 9225；www.potoroopalace.com；2372 Princes Hwy；成人/儿童 $20/12；⏲10:00~16:00）有针鼹、袋鼠、澳洲野犬、考拉、鼠袋鼠和本地鸟类。Potoroo Palace位于默林布拉以北9公里处，去往贝加的路上。

潘博拉（Panboola；www.panboola.com；Pambula）包含穿过潘布拉湿地的徒步路线；也是观察水鸟的最佳地点。

Bermagui Oyster Room 海鲜 $$

（1/14 Lamont St；牡蛎 4/8/12个 $8/14/20起，西班牙小吃 $6~12；⏲周三至周四 10:00~18:00，周五 至21:00，周六和周日 至16:00）在伯马吉主街，找到这个时尚雅致、空气清新的地方，享用一顿瓦佩戈湾（Wapengo Bay）超新鲜的有机牡蛎和美味的西班牙小吃。

Il Passaggio 意大利菜 $$

（☎02-6493 5753；www.ilpassaggio.com.au；Fishermen's Wharf；比萨 $20，主菜 $27~35；⏲周五至周日 正午至14:00，周四至周日 18:00至深夜）餐厅提供地道的意大利菜，包括比萨、开胃菜和虾仁辣椒意大利宽面条。

Mimosa Dry Stone 新派澳洲菜 $$$

（☎02-6494 0164；www.mimosawines.com.au；2845 Bermagui-Tathra Rd；主菜 $30~36，比萨 $20~28；⏲周四至周日 正午至15:00）地处伯马吉和塔斯拉（Tathra）两地之间，是一家备受追捧的酒庄餐馆。餐馆常常被婚礼预订，因此需电话预约。

Horse & Camel Wine Bar 葡萄酒吧

（www.horseandcamel.com.au；Fishermen's Wharf；⏲周三至周日 15:00~22:00）在这里，喝杯葡萄酒或精酿啤酒，顺便赞叹一下渔港的美景。

Mister Jones 咖啡馆

（www.misterjones.com.au；1/4 Bunga St；⏲周一至周六 7:00至正午）路经此地，要不是当地的咖啡爱好者坐在店外，你不会注意到这家不大的艺术工作室咖啡馆。

ℹ 到达和离开

Premier（☎13 34 10；www.premierms.com.au）长途汽车每日往返于悉尼（$60，10小时）和伊登（$31，1.75小时）。

伯马吉至默林布拉（Bermagui to Merimbula）

米莫萨岩石国家公园（Mimosa Rocks National Park；www.nationalparks.nsw.gov.au）免费 占地面积5802公顷，是风景秀美的海滨公园，拥有繁茂的灌木丛、海蚀洞、潟湖和海滨露营地。

追溯到1862年，**塔斯拉码头**（Tathra Wharf；成人/儿童 $2/免费；⏲10:00~17:00）是新南威尔士州沿海最后一个停靠蒸汽船的码头。从码头向里走，有一个有趣的当地博物馆，还有一间咖啡馆，能看到塔斯拉优美的海湾风景。

占地2654公顷的**邦恩达国家公园**（Bournda National Park；www.nationalparks.nsw.gov.au；每车 $7）有空旷的冲浪海滩、崎岖不平的岬角和林木丛生的步行小道。**霍巴特海滩**（Hobart Beach；☎02-6495 5000；每营地 $20）拥有63个灌木丛露营地。

默林布拉（Merimbula）

人口 6873

默林布拉沿长长的黄金海滩和迷人的河口延伸开来，是度假者和退休者的居所。夏季时分，这里是南部海岸外少数熙熙攘攘的地方之一。

◉ 景点

Nature Boardwalk 自然保护区

在堤道西南1.75公里处，沿着红树林附近的河口湾，有大片的牡蛎养殖场和白千层树。还有随处可见的鸟类、哺乳动物和甲壳

动物。

默林布拉水族馆 水族馆

(Merimbula Aquarium; Lake St; 成人/儿童 $15/10; ⌚10:00~17:00)拥有27个水池和一个供鲨鱼和其他较大海洋食肉动物生活的水族馆。

活动

Merimbula Marina 游轮

(☎02-6495 1686; www.merimbulamarina.com; Merimbula jetty; 游轮 $40~69)搭乘游轮游览包括：8月中旬至9月的观鲸之旅；各处风景和海豚的观赏之旅。当然，你也可以租船自驾游。

Coastlife Adventures 冲浪、皮划艇

(☎02-6494 1122; www.coastlife.com.au; 团体/个人冲浪课程 $65/120，皮划艇团队游 $65起)开设冲浪和站立式冲浪课程，也提供皮划艇团队游和皮划艇租赁服务。

Cycle n' Surf 骑车、冲浪

(☎02-6495 2171; www.cyclensurf.com.au; 1b Marine Pde; 自行车租赁 半/全天 $30/45)出租自行车、俯伏冲浪板和普通冲浪板。

Merimbula Divers Lodge 潜水

(☎02-6495 3611; www.merimbuladiverslodge.com.au; 15 Park St; 1/2次岸潜 $69/120，潜水装备 $55/99)提供基本的指导和浮潜游玩——适合初学者。附近有1950年格拉德斯通帝国(Empire Gladstone)沉船残骸。

住宿

通常，配套齐全的公寓按每周租期对外出租。详情请咨询**Getaway Merimbula & Eden**(☎02-6495 2000; www.getawaymerimbula.com.au; Promenade, Market St)。

Wandarrah YHA Lodge 青年旅舍 $

(☎02-6495 3503; www.yha.com.au; 8 Marine Pde; 铺/标单/双/家 $28/55/69/135起; @)旅店干净整洁，店主为人友善，有用具齐全的厨房和宽敞的公共区域，靠近冲浪海滩和公交车站。可安排接送，若晚到店，请告知店员。

Merimbula Beach Holiday Park 露营地 $

(☎02-6495 3381; www.merimbulabeachholidaypark.com.au; 2 Short Point Rd; 露营地 $32~54，小屋和别墅 $110~280; 📶🏊)远离镇中心，但靠近冲浪地和短角海滩(Short Point Beach)，可饱览海滩的风景。

Merimbula Lakeview Hotel 汽车旅馆 $$

(☎02-6495 1202; www.merimbulalakeview.com.au; Market St; 房间 $99起; ❄📶)建于海滨，位置优越，房间设计雅致得体。房间邻近酒店的啤酒园，这在夏季既好也不好。

餐饮

Wheelers Oyster Farm 海鲜 $$

(www.wheelersoysters.com.au; 162 Arthur Kaine Dr, Pambula; 主菜 $22~36; ⌚商店 每日10:00~17:00，餐馆 每日正午至14:30，周一至周六18:00至深夜)品尝美味的新鲜牡蛎——或打包，或在商店买，或在餐馆直接享用。特色菜单包括不同做法的牡蛎和其他美味的海鲜和牛排。每天11:00，以观看受人喜爱的双壳贝展览为特色的团队游准时发团。

Waterfront Cafe 咖啡馆、海鲜 $$

(☎02-6495 7684; www.thewaterfrontcafe.net.au; Shop 1, Promenade; 主菜 $19~30; ⌚8:00~22:00)地处湖边，位置绝佳。咖啡价格合理；美味的海鲜是整个菜单的招牌。

Ritzy 西班牙小吃 $$

(☎02-6495 1085; 56 Market St; 西班牙小吃 $10~24; ⌚周一至周六 16:00至深夜)这家气氛很棒的小吃店位于镇中心，提供西班牙小吃分享餐，并供应相当好的葡萄酒和啤酒。

Zanzibar 新派澳洲菜 $$$

(☎02-6495 3636; http://zanzibarmerimbula.com.au; Main St和Market St交叉路口; 2/3/5道菜 $65/75/85; ⌚周四和周五 正午至14:00，周二至周六 18:00至深夜)当地烹饪行业的佼佼者，其中，最引以为豪的莫过于食材选用本地捕获的海鲜和人工精选的南部海岸农产品。菜品多样，令人食指大动，比如腌黄鳍金枪鱼、甜菜根和鲜奶油等。5道菜的“本土膳食主义者”菜单价格合理，只需$85。

值得一游

本博伊德国家公园

在10,485公顷的本博伊德国家公园，荒野连绵不断，让人应接不暇。博伊德是一个企业家，1850年，他曾努力在伊登周边打造一个捕鲸帝国，但最终惨败。公园沿壮美的海岸线延伸，四处分布着僻静的海滩，园内还有博伊德当年进军捕鲸业失败后留下的遗迹。

公园的南段主要由一条从铺装硬质路面的Edrom Rd分出的砾石路（每车 $7）相连。Edrom Rd在伊登以南19公里处离开王子公路（Princes Hwy）。公园南端，是**格林角灯塔**（Green Cape Lightstation；☎02-6495 5555；www.nationalparks.nsw.gov.au；Green Cape Rd；木屋平日/周末 $200/280起），其1883年建成，别具风情。登塔眺望，景色令人惊叹。可参加**团队游**（成人/儿童 $7/5；⏲周四至周一 15:00），有精心修复的看护人小屋（6人间）可供住宿。

沿Edrom Rd行进11公里，到图佛德湾（Twofold Bay），有一个岔道去往历史上有名的图佛德湾**戴维森捕鲸站**（Davidson Whaling Station），在这里，你可以在**Loch Gaira Cottage**（1896年建成）的乡村花园野餐。

继续向前，是去往**博伊德塔**（Boyd's Tower）的岔道。博伊德塔用悉尼砂岩建造，建于19世纪40年代晚期。它本来的用途是灯塔，但政府没有准许博伊德运作灯塔。

31公里长的 **Light to Light Walk** 将博伊德试图建造的灯塔与实实在在的格林角灯塔连接起来。有**露营地**（☎02-6495 5000；每营地 $20）建在**盐水溪**（Saltwater Creek）和**比唐加比湾**（Bittangabee Bay）沿途。

穿过伊登以北的王子公路（Princes Hwy）可到达公园北段。

实用信息

国家公园和野生动物管理局（☎02-6495 5000；www.environment.nsw.gov.au；Merimbula Dr和Sapphire Coast Dr交叉路口；⏲周一至周五 9:00~16:00）提供丛林徒步信息查询。

游客中心（☎02-6495 1129；www.sapphirecoast.com.au；Market St和Beach St交叉路口；⏲9:00~17:00）提供预订服务和住宿咨询。

到达和当地交通

飞机

默林布拉机场（Merimbula Airport，MIM；☎02-6495 4211；www.merimbulaairport.com.au；Arthur Kaine Dr）地处镇外1公里处、通往潘布拉（Pambula）的路上。

区域快线（Rex；☎13 17 13；www.rex.com.au）每天都有航班飞往墨尔本（$165起，90分钟）、悉尼（$165起，1.25小时）和莫鲁亚（$74起，30分钟）。

公共汽车

Premier（☎13 34 10；www.premierms.com.au）长途汽车开往悉尼（$69，8.5小时），每天2班。

NSW TrainLink（☎13 22 32；www.nswtrainlink.info）发往堪培拉（$33，4小时），每天一班。

伊登（Eden）

人口 3043

伊登是一座寂静的小城，通常只有当渔船靠岸时，码头才出现忙乱繁杂的场面。城市周边拥有令人激动的海滩、国家公园和荒野地带。

迁徙的座头鲸和南露脊鲸近距离地游过海岸，专家表示，这片区域是澳大利亚的最佳观鲸点之一。通常，10月至11月，在鲸南迁游回南极水域时，我们常常能见到它们在图佛德湾（Twofold Bay）进食或休息的场景。

景点和活动

Killer Whale Museum 博物馆

（www.killerwhalemuseum.com.au；94 Imlay St；成人/儿童$9/2.50；⏲周一至周六 9:15~15:45，周日 11:15~15:45）该馆建于1931年，主要用于保存一头叫老汤姆（Old Tom）的虎鲸的骨架，它是当地的一个传奇。

Whale Lookout
观景点

最佳观鲸点位于Bass St，发现鲸的身影时，虎鲸博物馆会响起警报声。

蓝宝石海岸海洋探索中心
水族馆

（Sapphire Coast Marine Discovery Centre；☎02-6496 1699；www.sapphirecoastdiscovery.com.au；Main Wharf；成人/儿童 $10/5；⏲周二至周五 11:00~14:00）要想了解海洋知识，不妨去岩礁水族馆一探究竟，或干脆来一场浮潜之旅（每人$25，4人以上）。

Cat Balou Cruises
游轮

（☎0427 962 027；www.catbalou.com.au；Main Wharf；成人/儿童 $75/60）10月至11月，这个团队经营每天3.5小时的观鲸之旅。其他时间，每天2小时的海湾游轮之旅可观赏到海豚和海豹。

Ocean Wilderness
皮划艇

（☎0405 529 214；www.oceanwilderness.com.au；4/6小时团队游 $85/130起）旅游路线包括：经图佛德湾到达本博伊德国家公园（Ben Boyd National Park）的海洋皮划艇之旅，和一整天的戴维森捕鲸站（Davidson Whaling Station）之旅。

节日和活动

鲸鱼节
鲸

（Whale Festival；www.edenwhalefestival.com.au）狂欢节、街头游行和街市摊位，到处充斥着有关鲸的热烈氛围。11月举办。

住宿

Eden Tourist Park
露营地 $

（☎02-6496 1139；www.edentouristpark.com.au；Aslings Beach Rd；有电力供应/无电力供应营地 $34/28，小屋和套间 $85~130）公园位于岬角Lake Curalo分水口的Aslings Beach上，茂密的树林里时常回荡着婉转动听的鸟鸣。

Twofold Bay Motor Inn
汽车旅馆 $$

（☎02-6496 3111；www.twofoldbaymotorinn.com.au；164-166 Imlay St；房间 $130~175；❄📶🏊）汽车旅馆地处市中心，房间很大，有些能眺望海景。还建有一个小型室内游泳池。

Seahorse Inn
精品酒店 $$

（☎02-6496 1361；www.seahorseinnhotel.com.au；Boydtown；双 $175~349；❄📶）Seahorse Inn地处伊登以南6公里的博伊德镇（Boydtown），可眺望图佛德湾。这是一家装修奢华的精品酒店，随处可见各种装饰。店内还有一家口碑不错的餐馆和花园酒吧，对外营业。

就餐

Sprout
咖啡馆 $

（www.sprouteden.com.au；134 Imlay St；主菜 $10~18；⏲周一至周五 7:30~16:30，周六和周日 8:00~15:00；📶✍）🌿咖啡馆提供许多有机、环保食品和镇上最美味的汉堡包及醇香的咖啡。

Wharfside Café
咖啡馆 $$

（Main Wharf；主菜 $15~28；⏲每日 8:00~15:00，周五和周六 18:00~22:00）美味的早餐，浓香的咖啡，再加上唯美的海景，在这里，新的一天完美地开始了。午餐可品尝亚洲大虾沙拉，再搭配上一杯葡萄酒，或者询问店家是否供应当地的牡蛎和贻贝。Main Wharf位于小镇的下坡。

实用信息

游客中心（☎02-6496 1953；www.visiteden.com.au；Mitchell St；⏲周一至周六 9:00~17:00，周日 10:00~16:00）提供预订服务和信息查询。

到达和离开

Premier（☎13 34 10；www.premierms.com.au）长途汽车向北发往伍伦贡（$69，8小时）和悉尼（$71，9小时）。**NSW TrainLink**（☎13 22 32；www.nswtrainlink.info）长途汽车每天发往堪培拉（$35，4.5小时）。V/Line长途汽车和火车联运至墨尔本（$46，9小时），途经拜恩斯代尔（Bairnsdale）。

新南威尔士州中部和内陆

包括 ➡

最佳餐饮

- 王宫酒店（见273页）
- Agrestic Grocer（见259页）
- 洛维酒业（见264页）
- Poetry on a Plate（见277页）
- Goldfish Bowl（见253页）

最佳住宿

- Perry Street Hotel（见265页）
- De Russie Suites（见259页）
- Opal Caravan Park（见255页）

为何去

相信我们，在悉尼和新南威尔士海岸之外还有一种生活，且绝对值得关注。马奇和奥兰治这样的享乐圣地向城里人发出了呼唤。布罗肯希尔的采矿遗产很丰富，体现了国家精神。国家公园里有沙丘、古老的岩画、遍布于森林的野生动植物，还有很不错的徒步路径。

从新英格兰绵延不绝的绿色山丘到绚烂的红土内陆，有太多美好的澳洲时刻值得回味：凝视纯净湛蓝的天空，与采矿社区里各式各样的人分享奇闻逸事，在最意想不到的地方赞叹艺术之美（比如在小酒馆的墙边、蛋白石矿下面以及偏远的牧场里）。这一地区的日历里排满了各种节日，它们都是聚会的理由——从稀奇古怪的节日（猫王节、乡村音乐节）到力量型的运动（赛车），再到各个季节的庆祝活动（丰收节、秋季红叶节以及春季樱花节）。谁还需要海滩呢？

何时去

塔姆沃思

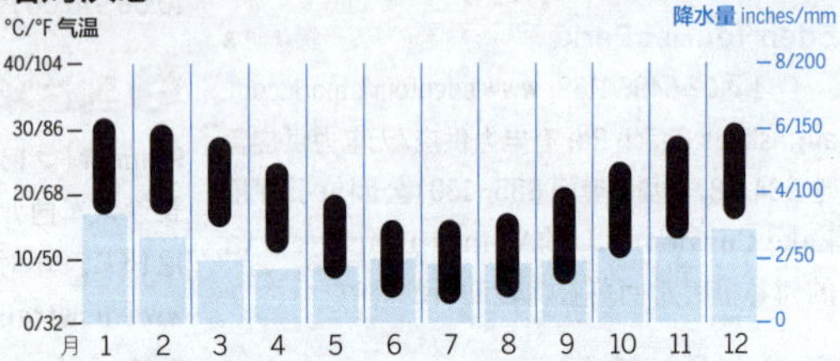

1月 学校假期，当地人都去国家公园游玩。帕克斯和塔姆沃思举行盛大的音乐节。

复活节至10月 内陆地区的旅游旺季，气温较低（晚上很冷）。

9月至10月 马奇和奥兰治举行美食美酒节。考拉举行樱花节。

新英格兰（NEW ENGLAND）

1839年，最初的英国殖民者为这里青葱翠绿的风景打动，将其命名为“新英格兰”。在北部高地，英式景色随处可见。山上云雾缭绕、气候凉爽，山谷土壤肥沃，小小的教堂坐落在橡树丛生的牧场上，道路蜿蜒曲折，串联起青翠欲滴的风景。恐怕你会迷失在古雅乡村给人的错觉中，但是塔姆沃思的牛仔风会将你带回现实。

塔姆沃思（Tamworth）

人口 36,130

塔姆沃思在以农业为主的乡村地区。与其说这里是区域中心，倒不如说是圣地——许多热爱音乐的澳洲人的天堂。这里的信仰就是乡村音乐，上帝就是斯利姆·达斯蒂（Slim Dusty），圣杯就是世界上最大的金吉他。

景点和活动

大金吉他游客中心 博物馆

（Big Golden Guitar Tourist Centre；☎02-6765 2688；www.biggoldenguitar.com.au；New England Hwy；⏲9:00~17:00）塔姆沃思游客中心（见252页）就在标志性的12米高金吉他后面的大楼里，楼内还有一家咖啡馆和一家销售当地乐曲和纪念品的礼品店。这里还有俗气的**蜡像馆**（Gallery of Stars Wax Museum；成人/儿童 $10/5），记录着澳大利亚乡村音乐的传奇。它是为真正的粉丝（或者说庸俗作品的忠实粉丝）而建的。它位于公路向南的延长线上。这条公路通往小镇，距镇中心大约5公里。

乡村音乐博物馆 博物馆

（Walk a Country Mile Museum；www.countrymusichalloffame.com.au；Peel St和Murray St的交叉路口）你可以通过两个展览探寻这个小镇的音乐遗产：一个是Walk a Country Mile纪念品展览，一个是**乡村音乐名人堂**（Country Music Hall of Fame）。它们现在在同一个屋檐下（在一个吉他形状的建筑物里）。

★塔姆沃思有袋动物公园 公园

（Tamworth Marsupial Park；Endeavour Dr；⏲8:00~16:45；🚻）**免费** 园内生活着一些友善的美冠鹦鹉、漂亮的孔雀和其他本土动物，旁边有游乐区、烧烤区和野餐区。动物园有几条美丽的小路通往旁边的植物园，非常近。可经Brisbane St过去。

奥克斯利风景瞭望台 观景点

（Oxley Scenic Lookout；Scenic Rd；⏲7:00~10:00）**免费** 沿着White St走到最顶端，就到了观景点。这里是看日落的最佳位置。

Leconfield Jackaroo & Jillaroo School 骑马

（☎02-6769 4328；www.leconfield.com；‘Bimboola’，Kootinga；5日课程 $625）你热衷于骑马？想掌握唤马等基本骑术吗？这种地地道道的课程会教你很多干农活时需要的技巧（并且帮助你安排工作）。在这里，你也可以在乡野小道骑马。

节日和活动

乡村音乐节 音乐节

（Country Music Festival；www.tcmf.com.au）1月中旬，为期10天、充满快乐的音乐节开始了。这个音乐节号称是南半球最大的音乐节。2015年的数据非常可观：来自120个地方的800多名表演家让55,000名游客玩得非常尽兴。你会看到很多人跳排排舞。

许多表演都是免费的，其他收费节目的价格为$5~50（详情请见音乐节网址）。“节日快线”巴士会往来于各个场馆和大部分的旅馆（1天/整个音乐节 $5/20）。

住宿

1月音乐节时需提前预订住宿。委员会会给露营者留出河边的大片区域，虽然简陋而吵闹，却也充满乐趣。这段时间也有家庭宾馆，可在音乐节网站查询。

Tamworth YHA 青年旅舍 $

（☎02-6761 2600；www.yha.com.au；169 Marius St；铺/双 $27/61起；❄@📶）旅舍位于中心地带，面积不大，风格老旧（6到8个床铺的宿舍），但是干净整洁。

Sundance Park 汽车旅馆 $$

（☎02-6765 7922；www.sundancepark.com.

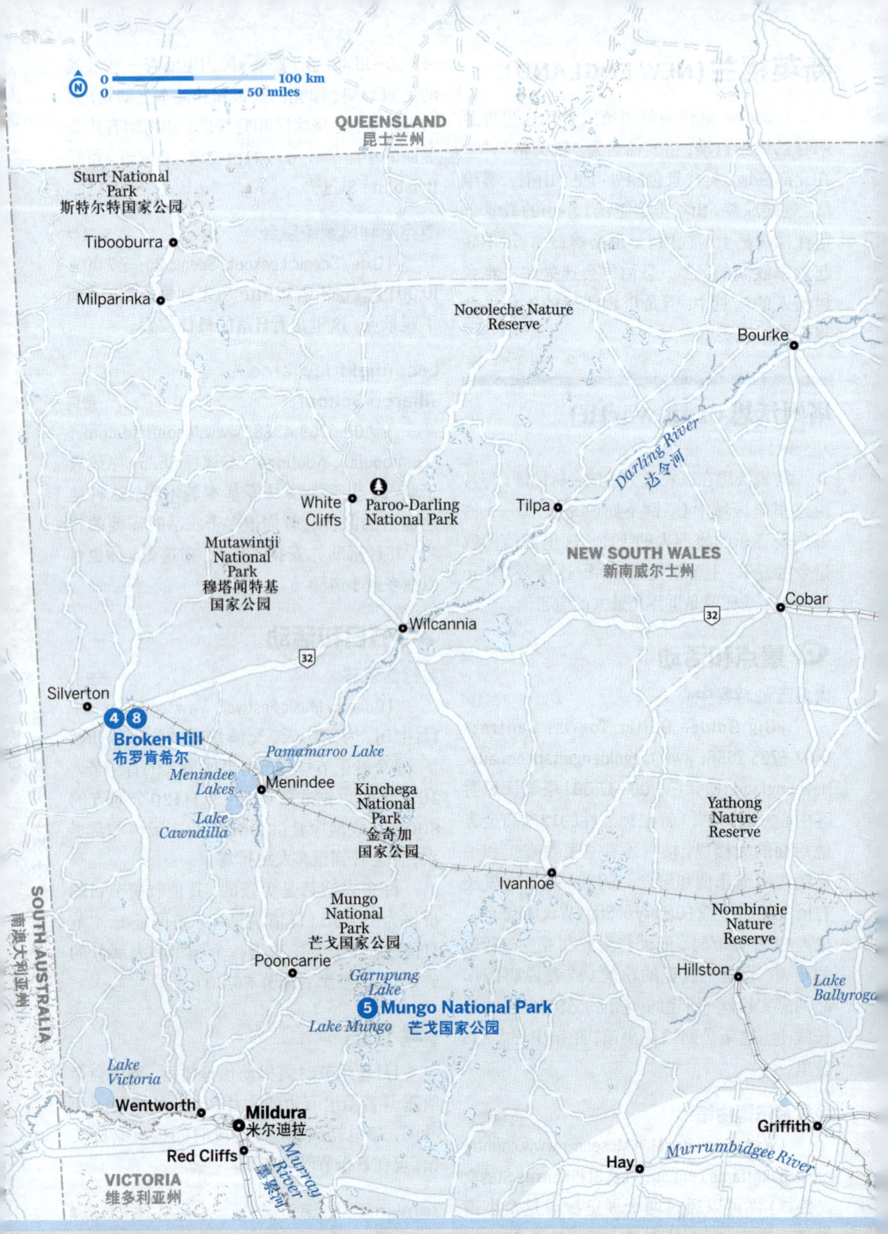

新南威尔士州中部和内陆亮点

❶ 参观地下蛋白石矿山，然后去**雷电岭**（见255页）泡个温泉。

❷ 在**马奇**（见264页）和**奥兰治**（见258页）品尽葡萄酒，尝尽美味佳肴。

❸ 在**达博**的**塔隆加西部平原动物园**（见263页）骑着自行车观赏从犀牛到猫鼬等的各种动物。

❹ 在**布罗肯希尔**（见268页）及其周边不同寻常的地方，发现意想不到的艺术之美。

❺ 在**芒戈国家公园**（见266页）里的中国墙观看日落。

❻ 在**考拉**的**日本花园**（见260

页）体会宁静与和平。

7 在**塔姆沃思**（见249页）聆听现场音乐和乡村音乐的传奇故事。

8 在**库纳巴拉布兰**（见256页）或**布罗肯希尔**眺望清澈夜空的繁星（见268页）。

9 欣赏**轿卡装履艺术**展览（见262页）。

10 陶醉于**巴瑟斯特**一流的**化石和矿石博物馆**（见257页）。

au; New England Hwy; 房间 $99起; ❄📶🏊)城镇的主要街道上布满了传统的澳式汽车旅馆。Sundance Park位于小镇南郊,里面有一流的游泳池(形状像吉他,底部铺有澳大利亚国旗图案的瓷砖),所以我们对它格外偏爱。这里的房间非常合算。

Quality Hotel Powerhouse 酒店 $$

(☎02-6766 7000; www.powerhousetamworth.com.au; New England Hwy; 房间/公寓 $185/205; ❄📶🏊)这里有上档次且设施完善的房间、套房和酒店式公寓,还有一套完备的设施。它位于通往阿米代尔的高速公路上。

Retreat at Frog-Moore Park 民宿 $$$

(☎02-6766 3353; www.froogmoorepark.com.au; 78 Bligh St; 房间含早餐 $225起; 📶)这里有5间风格各异的套房(比如摩洛哥幻想和地牢),这使得该时尚前卫的民宿成为塔姆沃思风格奇特、环境奢华的酒店之一。这里有宽敞的房间、宜人的花园,还有小镇上最好吃的早餐。

餐饮

游客中心编写了传单,里面列举了一周内的现场音乐会,很多都是在小酒馆和夜店举行的。周五和周六晚上是最好的选择。

Addimi 咖啡馆、法式小馆 $$

(☎02-6766 7802; www.addimi.com.au; 306 Peel St; 晚餐主菜 $21~38; ⏲周一和周二 7:00~16:00, 周三至周六 至22:00, 周日7:30~15:00)这个小馆位于镇中心,全天营业,装饰风格现代化。这里供应受欢迎的早餐,也有西班牙小吃和鸡尾酒。晚餐时间供应的现代澳洲菜套餐适合大众口味。

★ **Le Pruneau** 法国菜 $$

(☎02-6765 3666; www.lepruneau.com.au; 67 Denison St; 午餐主菜 $10~22, 晚餐主菜 $32~36; ⏲周二至周六 7:30~22:00, 周日 至15:00)这家位于西塔姆沃思的小馆既是咖啡馆也是餐馆,由法国人经营,你需要借助地图才找得到它,但为了有创意的美食也是值得的。周六早上,小屋后面是当地的有机集市。晚餐建议预订。

Longyard 小酒馆 $$

(www.thelongyard.com.au; The Ringers Rd; 餐 $16~33; ⏲10:00至深夜)Longyard位于游客中心正后方,是一个宽敞热闹的酒吧,非常受欢迎。这里供应传统的酒馆食物(分量很足的汉堡包、牛排等),周末还有现场音乐。

实用信息

游客中心(Visitor Centre; ☎02-6767 5300; www.destinationtamworth.com.au; New England Hwy; ⏲9:00~17:00)它位于小镇中心以南、大金吉他里面。

到达和离开

长途汽车从位于Marius St上的火车站出发。

澳洲灰狗巴士(Greyhound; ☎1300 473 946; www.greyhound.com.au)开行悉尼和布里斯班之间沿New England Hwy行驶的夜班车,经停塔姆沃思、阿米代尔、腾特菲尔德和图文巴。从塔姆沃思到布里斯班需要9.5小时($125),到悉尼需要6.5小时($75)。

新英格兰长途汽车(New England Coaches; www.newenglandcoaches.com.au)经营两条实用交通路线:塔姆沃思到科夫斯港($90)、塔姆沃思到布里斯班($115)。两条线路每周各有三个班次。

NSW TrainLink(☎13 22 32; www.nswtrainlink.info)每天都有火车去阿米代尔($20, 2小时)和悉尼($59, 6.25小时)。

阿米代尔(Armidale)

人口 25,400

阿米代尔的历史建筑、花园和苔藓覆盖的教堂看起来像历史剧的舞台布景。复古的风景和引人入胜的秋叶(3月至5月)吸引着游客来到这个海拔980米的中心小镇,周围是澳大利亚最好的牧场。这里夏天温和宜人,冬天凉爽清新,还有受人青睐的高质量教育机构。

景点

游客中心有宣传册,可以为游客提供各种建议。这里有详细的遗址信息,还有一些小册子介绍区域内的景点和瀑布路(Waterfall

Way，见197页）——通往科夫斯港海岸的景色宜人的路线。

新英格兰地区美术馆 博物馆

（New England Regional Art Museum，NERAM；www.neram.com.au；106-114 Kentucky St；⊙周二至周日 10:00~16:00）免费 新英格兰地区美术馆位于小镇的南边，拥有大量的永久性藏品和很好的当代作品。玛格丽特·奥莉（Margaret Olley）的作品《黄色的房间三联画》（*Yellow Room Triptych*）是其亮点。

原住民文化中心及保护地 画廊

（Aboriginal Cultural Centre & Keeping Place；www.acckp.com.au；128 Kentucky St；⊙周一至周五 9:00~16:00，周六 10:00~14:00）免费 和新英格兰地区美术馆在同一条街上，这里可以帮助你了解原住民艺术。这儿有一家小而温馨的咖啡馆，供应极具创意的丛林美食。

团队游

Heritage Bus Tours 巴士游

（☎02-6770 3888；⊙10:00）免费 免费（且内容丰富）的2.5小时阿米代尔巴士游——每天10:00从游客中心出发，需提前预订。

食宿

Armidale Tourist Park 露营地、青年旅舍 $

（☎02-6772 6470；www.armidaletouristpark.com.au；39 Waterfall Way；露营地 $22~46，铺 $38，小屋 $82~160；@令✉）这里环境优美、树木葱郁，有一个便宜的简易屋，还有一些小屋。

Armidale Pines Motel 汽车旅馆 $$

（☎02-6772 0625；www.armidalepinesmotel.com；141 Marsh St；房间 $135起；❄✉）这个干净的汽车旅馆位于小镇中心，这里有宽敞明亮的房间和清新自然的装饰。

★ Petersons Guesthouse 客栈 $$$

（☎02-6772 0422；www.petersonsguesthouse.com.au；Dangarsleigh Rd；房间 $200起；❄令）这个豪华的老庄园被精心修复成旧时英式庄园的富丽风格，内有7间宽敞、风格各异的套房和华丽大气的庭院（经常用于婚礼派对）。可以在这儿吃晚餐。客栈会举行寒冷气候葡萄酒品酒会和周日野外午餐（要提前打电话，因为若有宴会活动，客栈就不接待游客）。

Goldfish Bowl 面包房、咖啡馆 $

（160 Rusden St；午餐 $8~19；⊙周一至周五 7:00~16:00，周六 至13:00）一流的咖啡和柴火烤制的烘焙食品使得在这儿的短暂停留非常值得。肚子里装满各种甜品、发酵面包和美味的比萨。

Bistro on Cinders 法式小馆 $$

（www.bistrooncinders.com；14 Cinders Lane；主菜 $12~25；⊙周一至周六 8:30~15:00）邮局后面就是这家时尚现代的餐馆，它带着一个小院子。在这里，你可以快速地喝杯咖啡，可以尝尝鲑鱼炒蛋，或者留下来吃午饭，享受这里自制的意大利乳清干酪面团。

实用信息

游客中心（Visitor Centre；☎02-6770 3888；www.armidaletourism.com.au；82 Marsh St；⊙9:00~17:00）

到达和当地交通

长途汽车从游客中心出发。

澳洲灰狗巴士（Greyhound；☎1300 473 946；www.greyhound.com.au）开行悉尼和布里斯班之间沿New England Hwy行驶的夜班车，经停塔姆沃思、阿米代尔、腾特菲尔德和图文巴。阿米代尔到悉尼行程8小时（$113）。

新英格兰长途汽车（New England Coaches；☎02-6732 1051；www.newenglandcoaches.com.au）经营实用交通路线：阿米代尔到科夫斯港（$70）、阿米代尔到布里斯班（$105）。两条线路每周各有三个班次。

NSW TrainLink（☎13 22 32；www.nswtrainlink.info）每天有火车开往塔姆沃思（$20，2小时）和悉尼（$66，8小时）。也有到腾特菲尔德的长途汽车（$25，2.5小时）。

腾特菲尔德及周边（Tenterfield & Around）

人口 2997

腾特菲尔德是区域中心，区域内零星分

布着村庄和10个国家公园。在小镇上，有许多迷人的历史建筑，包括一座建于1886年的火车站（现已不再运营，成了一座博物馆）。这座小镇是著名歌手彼得·艾伦（Peter Allen）的出生地。

景点

腾特菲尔德马具厂 地标

（Tenterfield Saddler; www.tenterfieldsaddler.com; 123 High St; 周四至周日 10:00~15:00）这座青石建筑在1870年开放，是一家马具店。彼得·艾伦的一首著名歌曲中提到了这家店（歌是写给他祖父的，他的祖父在这儿做了50年的马具商）。这里仍然在营业。

秃石国家公园 国家公园

（Bald Rock National Park; www.nationalparks.nsw.gov.au; 每车每天 $7）在腾特菲尔德东北35公里处[走Naas Rd，有路标写着伍登邦（Woodenbong）]，你可以徒步登上澳大利亚最大的独块裸露花岗岩顶部（这块石头看起来像有条纹的小乌卢鲁）。这个区域内有几条美丽的小径（包括两条通往岩石的路线，上面视野很好）。岩底附近还有野餐和露营区（成人/儿童 $10/5）。袋鼠和鸟儿的歌声是这里最精彩的部分。

亨利·帕克斯爵士纪念艺术学院 历史建筑

（Sir Henry Parkes Memorial School of Arts; www.henryparkestenterfield.com; Rouse St; 博物馆 10:00~16:00）澳大利亚历史研究人员很喜欢这家博物馆（成人/儿童 $5/2），这座古老的大楼已经修复一新。此地闻名于世，因为“联邦之父”亨利·帕克斯爵士于1889年在这里发表了腾特菲尔德演说，提出将澳大利亚6个独立的英国殖民地统一起来。其他人也许只是喜欢这里的图书馆、电影院和咖啡馆。

食宿

主街上有各种各样的餐馆，也有相当不错的小酒馆。

★Commercial Boutique Hotel 精品酒店 $$

（02-6736 4870; www.thecommercialboutiquehotel.com; 288 Rouse St; 房间 $160~260）这家酒店原本是具有20世纪40年代艺术风格的小酒馆，现已被打造成华丽的精品酒店（内有8个单色装饰房间）。就餐区也经过重新装修，现在成了一个漂亮的酒吧，主营当地的葡萄酒和精酿啤酒。餐馆工作日10:00开始营业，周末9:00起提供早午餐。周一或周二不供应晚餐，但是可以打包带走，或者来这儿喝一杯。

Peter Allen Motor Inn 汽车旅馆 $$

（02-6736 2499; www.peterallenmotorinn.com.au; 177 Rouse St; 房间 $105起; ）在主要街道沿线的汽车旅馆中，这个地方不偏僻也不花哨，友善的新主人把房间打扮得整洁漂亮。设施很好，价格适中。

实用信息

游客中心（Visitor Centre; 02-6736 1082; www.tenterfieldtourism.com.au; 157 Rouse St; 周一至周六 9:30~17:00，周日 至16:00）

到达和离开

澳洲灰狗巴士（Greyhound; 1300 473 946; www.greyhound.com.au）开行悉尼和布里斯班之间的夜班车，沿New England Hwy行驶，沿途的站点有塔姆沃思、阿米代尔、腾特菲尔德和图文巴。腾特菲尔德到布里斯班需要5.5小时（$96）。

新英格兰长途汽车（New England Coaches; 02-6372 1051; www.newenglandcoaches.com.au）经营一条实用的线路，经阿米代尔、塔姆沃思和布里斯班，终点在腾特菲尔德，每周三班。

Northern Rivers Buslines（02-6626 1499; www.nrbuslines.com.au）每周有三个班次的长途汽车，往返于利斯莫尔与拜伦湾（$6，2小时）。

NSW TrainLink（13 22 32; www.nswtrainlink.info）每天有长途汽车去阿米代尔（$25，2.5小时），在阿米代尔你可以换乘火车前往悉尼。

西北部（NORTHWEST）

大部分人都会匆匆地穿过这片原始而平坦的澳大利亚土地，也许他们满脑子想的都是昆士兰州的海滩。如果人们不打算去昆士兰州，那么目的地可能是雷电岭。就像其他的内陆采矿社区一样，这个小镇的多变个性像它蕴含的珠宝一样丰富多彩。

卡斯特雷公路（Castlereagh Highway）

卡斯特雷公路（又称55号公路，是内陆大道的一部分，连接悉尼和凯恩斯）在Gilgandra分岔通往奥克斯利公路（Oxley Hwy），然后经过库南布尔（Coonamble）、沃尔格特（Walgett）和崎岖不平、富含蛋白石的雷电岭，最终到达昆士兰州境内。

雷电岭（Lightning Ridge）

人口 2600

这个让人大开眼界的内陆矿区小镇（世界上仅有的几处出产黑蛋白石的地方之一）洋溢着真正的开拓精神，这里聚集着古怪的工匠、热忱的乡下人以及各类颠覆传统的人物。这是个有趣的地方，值得待上几天。

景点和活动

有几个地下矿井和蛋白石陈列室对公众开放。

★Chambers of the Black Hand 画廊、矿井

[02-6829 0221; www.chambersoftheblackhand.com.au; 3 Mile Rd (Yellow Car Door 5)；成人/儿童 $35/10; 4月至10月 团队游 9:30和15:00开始，11月至次年3月 10:30开始]这里代表并象征着雷电岭令人惊讶和富有创造性的一面，非常值得关注。艺术家兼矿工Ron Canlin将12米深的矿井建成了一个洞穴状的画廊，展出雕刻和绘画作品，内容包括超级英雄、名人、法老、佛陀、动物等，应有尽有。请电话确认团队游时间。有免费的巴士接送服务。

Walk-In Mine 矿井

（02-6829 0473; www.walkinmine.com.au; Bald Hill; 成人/儿童$15/6; 4月至10月 9:00~17:00，11月至次年3月 8:30~12:30）参观矿井可以让人体验蛋白石采矿工的生活环境和雷电岭的生活。

★Hot Artesian Bore Baths 游泳

（Pandora St; 24小时）免费 独特的露天浴，可以一边泡澡一边欣赏美丽的风景。这里的温泉水富含矿物质，取自地下1200米处。这里的日出和日落很美，与当地人聊天也很有趣。注意：这里通常会在10:00~12:00闭馆并进行清洁工作。高温不适合儿童。

Sport & Aquatic Complex 游泳

（Gem St; 游泳池/水上公园 $4/7; 10月至次年4月 11:00~18:00）烈日炎炎，温泉浴也不会让你凉快下来。到这儿来吧，这里有社区筹资建设的一个50米长的游泳池，还有一个为孩子们准备的水上乐园。

团队游

Car Door Tours 自驾游

当地的社区经营四条自驾游路线，从而挖掘小镇周边不同区域内的景点。每条团队游路线以不同颜色（绿色、蓝色、黄色和红色）的车门为标志，每条路线都可以在游客中心的宣传册（$1）中找到。

Black Opal Tours 团队游

（02-6829 0368; www.blackopaltours.com.au; 成人/儿童 $35/15; 团队游 4月至10月 8:30和12:30，11月至次年3月 8:15）在每天3个小时的团队游中，跟着团队探矿（或者淘金），领略当地的奇异风景。你也可以参加4.5小时的全包团队游，内容包括Chambers of the Black Hand（见255页；$70/15）。

食宿

★Opal Caravan Park 露营地、木屋 $

（02-6829 1446; www.opalcaravanpark.com.au; 142 Pandora St; 露营地 $27~45，小屋$110起; ）这个新建的湿地公园位于温泉浴的对面，布局合理，服务设施现代化：设施齐全的小屋、游泳池、Wi-Fi、有独立卫浴的营地，以及配有比萨烤箱的营地厨房。这里甚至有小块区域供游客淘金。

Bruno's 意大利菜 $$

（02-6829 4157; www.brunosrestaurant.com.au; 38b Morilla St; 午餐 $12.50~14.50，晚餐主菜 $15~21; 周二至周日 7:30~22:00）这家餐馆有一位正宗的意大利厨师、一个柴火烤炉和许多十分受人欢迎的可口甜点（比如意

式奶油布丁和提拉米苏)。餐馆供应各式各样的意大利面、比萨和肉类主菜(如小牛肉片、牛排)。

实用信息

游客中心(Visitor Centre; ☎02-6829 1670; www.lightningridgeinfo.com.au; Morilla St; ⊙9:00~17:00)

到达和离开

NSW TrainLink(☎13 22 32; www.nswtrainlink.info)每天都有巴士来往于雷电岭和达博($67, 4.5小时)。

纽厄尔公路(Newell Highway)

纽厄尔公路(Newell Hwy, 又称39号公路)自维多利亚出发,经过繁星满天的库纳巴拉布兰和蓬勃发展的原住民艺术中心莫里,最后到达州境上的贡迪温迪。

库纳巴拉布兰(Coonabarabran)

人口 3200

库纳巴拉布兰(当地人称之为"Coona")被认为是遥望星空的圣地,因为这里空气清新、海拔高(505米)、湿度低。**游客中心**(☎1800 242 881; www.warrumbungleregion.com.au; Newell Hwy; ⊙9:00~17:00)在钟楼的北边(有巨型动物展览)。公路沿途有汽车旅馆,而且有长途汽车开往利斯戈(经过马奇)。

景点和活动

库纳巴拉布兰有几个私人天文观测台,提供价格适中的适于家庭的夜空观星服务(注意:需事先打电话,因为观测星空需要合适的天气。另外,日落时间不同,开始观测的时间也不同)。

赛丁泉天文台 天文台

(Siding Spring Observatory; rsaa.anu.edu.au/observatories/siding-spring-observatory; 成人/儿童 $5.50/3.50; ⊙周一至周五 9:30~16:00, 周六和周日 10:00~16:00)库纳巴拉布兰的天空如此清澈,使得澳大利亚国立大学(Australian National University)选择把研究设施建在小镇以西27公里处,即沃伦本格国家公园(Warrumbungle National Park)边缘。这个地方有许多属于国家、国际机构的望远镜,其中包括3.9米的英澳望远镜——澳大利亚最大的光学(可见光)望远镜。

这里没有公共的观星设施,但是有一个**游客中心**,里面有关于太阳系的各种知识和数据,非常令人震撼。

米尔罗伊天文台 天文台

(Milroy Observatory; ☎0448 129 119; www.milroyobservatory.com.au; 成人/儿童 $30/15)米尔罗伊天文台是南半球最大的公共天文望远镜(这台望远镜口径1米,在库纳巴拉布兰10公里外的一个山顶上)所在地。负责的天文学家卡姆·瓦利(Cam Wylie)定期组织每次90分钟的观星活动。

沃伦本格天文台 天文台

(Warrumbungle Observatory; ☎0488 425 112; www.tenbyobservatory.com; 成人/儿童 $20/10)这是一个私人观测台,提供90分钟的夜空观测。其主人是一位天文学家,有一个非常有意思的名字——彼得·星(Peter Starr)。这里距离小镇约9公里,在去往赛丁泉的途中。

沃伦本格国家公园 国家公园

(Warrumbungle National Park; ☎02-6825 4364; www.nationalparks.nsw.gov.au; 每车每天 $7)这个公园在库纳巴拉布兰以西35公里处,面积232平方公里。这里有壮丽的花岗岩穹窿、多条丛林徒步路线以及大量野生动植物,春天花团锦簇,非常漂亮。尽管2013年的一场大火席卷了公园,一些地方仍需数年才能完全恢复,但它仍是新南威尔士州最美的公园之一。

入园费用可在国家公园和野生动物管理局(NPWS)游客中心支付。附近的Camp Blackman(成人/儿童 $5/3起)有极好的露营地。步行小径包括无与伦比的Breadknife and Grand High Tops Walk,全程12.5公里。

皮利加国家公园 国家公园

(Pilliga National Park; ☎02-6843 4011; www.nationalparks.nsw.gov.au)在库纳巴拉布

兰和纳拉布赖之间，皮利加森林（Pilliga Forest）沿公路两边分布。如果你想近距离游览这半干旱地貌景观，就从位于巴拉丁（库纳巴拉布兰以北46公里处）的探索中心开始。在这里，你可以拿上地图和说明，去欣赏砂岩洞穴（Sandstone Caves）内的特色原住民岩石雕刻，或者去搜寻森林中的新亮点：灌木丛中的塑像（Sculptures in the Scrub）。

莫里（Moree）

人口 9350

公路两旁有汽车旅馆，在Warialda St（近水上运动中心）沿街也可以找到。

景点和活动

★ Yaama Ganu Centre 画廊

（www.yaamaganu.com.au; 211 Balo St; 周一至周五 9:00~16:00，周六 至13:00，周日 至正午）免费 想要了解充满活力的当地艺术，你可以来逛逛这个绝佳的艺术中心。这里是原住民艺术画廊，也有宽敞明亮、服务周到的咖啡馆。

莫里平原美术馆 画廊

（Moree Plains Gallery; www.moreeplainsgallery.org.au; Frome St和HeberSt的交叉路口；周一至周五 10:00~17:00，周六 至13:00）免费 美术馆在小镇的一座历史建筑里，有许多令人惊叹的当代原住民艺术作品。

莫里水上运动中心 游泳

（Moree Artesian Aquatic Centre; www.maacltd.com; 20 Anne St; 成人/儿童 $8/6; 周一至周五 6:00~20:00，周六和周日 7:00~19:00）当地人在这个游泳池内嬉戏玩耍，在富含矿物质的温泉池中泡澡。一些小镇汽车旅馆也有供顾客用的温泉池。

实用信息

游客中心（Visitor Centre; 02-6757 3350; www.moreetourism.com.au; Gwydir Hwy和Newell Hwy交叉路口；周一至周五 9:00~17:00，周六和周日 至13:00）

中西部地区（CENTRAL WEST）

相对而言，中西部地区离悉尼较近，这里居住着大量逃离城市生活的人。这些人无疑促进了离蓝山不远的许多农业城镇的发展。再往西行驶，能看到内陆地区的红色土壤。

巴瑟斯特（Bathurst）

人口 31,294

巴瑟斯特是澳大利亚最古老的内陆定居点，这里气候凉爽，有一个美丽整洁的中心广场，广场四周宏伟的维多利亚时期建筑带你穿越到过去。然而，与这一切形成鲜明对比的是，它也是澳大利亚赛车运动的基地。

景点

在游客中心可以询问到关于葡萄酒厂、徒步路径和景观驱车路段的信息。

★ 澳大利亚化石和矿石博物馆 博物馆

（Australian Fossil & Mineral Museum; www.somervillecollection.com.au; 224 Howick St; 成人/儿童 $12/6; 周一至周六 10:00~16:00，周日 至14:00）不要让单调的名字误导了你，这是一个充满奇迹的宝库。这里有举世闻名的萨默维尔藏品（Somerville Collection）：稀有的化石，还有宝石和色彩缤纷的矿石（紫水晶、钻石、红宝石、内有古代昆虫的琥珀）。这座博物馆也收藏着澳大利亚唯一完整的霸王龙骨架。

法院 历史建筑、博物馆

（Courthouse; www.bathursthistory.org.au; Russell St; 博物馆 成人/儿童 $4/2.50; 博物馆 周二至周六 10:00~16:00，周日 11:00~14:00）该博物馆建于1880年，是巴瑟斯特最让人印象深刻的历史建筑。博物馆东翼内设有一个小小的历史博物馆（Historical Museum）。

帕诺拉马山 地标

（Mt Panorama; www.mount-panorama.com.au）免费 汽车运动爱好者喜欢6.2公里长的帕诺拉马山环山赛车道（Mt Panorama Motor Racing Circuit）。每年10月，盛大的巴瑟斯特V8超级汽车1000公里耐力赛就在这里举行（届时此地会聚集20多万人）。赛道也是公共车道，你可以绕着赛道行驶，但只能开到每小时60公里。山顶有一处观景台，还有一个赛车主题的儿童游乐场。

所有道路都通向赛道，包括位于西南方的William St。

国家赛车博物馆 博物馆

(National Motor Racing Museum; www.nmrm.com.au; Murrays Corner, Mt Panorama; 成人/儿童$12.50/5.50; ⏲9:00~16:30)该博物馆坐落在帕诺拉马山下，所有展览都与汽车运动有关。

节日和活动

Bathurst 1000 赛车

(www.v8supercars.com.au; ⏲10月)车迷们蜂拥来到巴瑟斯特观看1000公里赛程的汽车赛，该项赛事被认为是澳大利亚赛车运动的顶级赛事。完成比赛要绕帕诺拉马山行驶161圈。

住宿

Jack Duggans Irish Pub 小酒馆 $

(☎02-6331 2712; www.jackduggans.com.au; 135 George St; 铺/标单/双 共用卫生间$30/50/65)这个地方活力四射，位于小镇中心地带，楼下有不错的饭店和酒吧（由一位爱尔兰人经营，周末还有现场音乐会，气氛很棒）。楼上是经济客房，面积不大但是质量很好。

Accommodation Warehouse 公寓 $$

(☎02-6332 2801; www.accomwarehouse.com.au; 121a Keppel St; 标单/双 $100/130; ❄📶)这座三层纺织厂可以追溯到19世纪70年代，现在已经被改造成了五栋设备齐全的公寓。它们并非虚有其表：房间温馨而舒适，比现代汽车旅馆更加有特点。公寓位于Keppel St上一条窄窄的巷子里。

Rydges Mount Panorama 酒店 $$

(☎02-6338 1888; www.rydges.com/bathurst; 1 Conrod Straight; 房间 $150起; 📶🏊)酒店面积很大（有129间单间和公寓）且布局合理，设备齐全。每个房间都可以看到赛道，但如果想观赏Bathurst 1000需提前预订。

餐饮

Church Bar 比萨 $$

(1 Ribbon Gang Lane; 比萨 $17~25; ⏲正午至午夜)该教堂建于19世纪50年代，后来经过改造。如今，客人在此朝拜另一位完全不同的神明：柴火烤比萨。它高高的天花板和紧邻William St的青翠庭院使之成为本地区最佳的就餐和社交场所之一。

Hub 咖啡馆 $$

(52 Keppel St; 主菜 $13~25; ⏲周一至周六7:00~17:00，周日 至15:00)附近有几家舒适的咖啡馆可供选择，红色遮阳伞和葱郁的绿叶使这个受欢迎的地方成为享用露天餐饮的最佳地点。

Webb & Co 酒吧

(www.webbandco.com.au; 紧邻George St; ⏲周一至周六 15:00至深夜，周日 正午至22:00)这家一流的“饮料商店”在一个中心拱廊内，这里供应精酿啤酒、鸡尾酒和当地的葡萄酒，还有最好的分享餐、主菜($26)和各种品尝菜品。

实用信息

游客中心(Visitor Centre; ☎02-6332 1444; www.visitbathurst.com.au; Kendall Ave; ⏲9:00~17:00)

到达和离开

Australia Wide Coaches(☎02-6362 7963; www.austwidecoaches.com.au)客车每天来往于悉尼和奥兰治之间，中途停靠卡通巴和巴瑟斯特（悉尼—巴瑟斯特 $40, 3.5小时）。

NSW TrainLink(☎13 22 32; www.nswtrainlink.info)有很多火车班次开往悉尼($9, 4.25小时)和奥兰治($12, 1小时)。

奥兰治(Orange)

人口 38,000

这个名字总会让人以为其周边尽是挂满了梨子、苹果和核果的果园，其实这个城市以奥兰治威廉王子(Prince William of Orange)的名字命名。这里已经成为以食品和葡萄酒为特色的区域中心，发展迅速。

景点

★肯奴保纳山(Mt Canobolas) 自然保护区

这个自然保护区位于奥兰治西南方，有瀑

布、美景、徒步路线和自行车道。肯奴保纳湖（Lake Canobolas）很适合游泳。湖边有许多野餐区，还有一个湖畔儿童游乐场。通往湖的岔路口位于镇西8公里处、Coronation Rd的延长线上。

奥兰治地区美术馆 美术馆

（Orange Regional Gallery；www.org.nsw.gov.au；Byng St和Peisley St的交叉路口；⌚9:00~17:00）免费 美术馆就在游客中心隔壁，展览精彩纷呈、形式多样，其中不乏澳大利亚大师级的作品。

节日和活动

奥兰治一年当中有四大季节性节日，届时本地区的农场主将会隆重登场。

Slow Summer 饮食

1月上旬，Slow Summer与巴尼奥·帕特森诗歌节（Banjo Paterson Poetry Festival）同时举行。

奥兰治美食周 美食和葡萄酒

（F.O.O.D Week，Food of Orange District；www.orangefoodweek.com.au）4月中旬举行。

奥兰治苹果节（Orange Apple Festival） 美食

在5月这个丰收的季节举行。

奥兰治葡萄酒节（Orange Wine Festival） 葡萄酒

在10月举行。

住宿

奥兰治是一个适合周末度假的地方，非常受欢迎。这里有很多村舍和民宿。登录www.orangeaccommodationgroup.com.au，查看小镇和小镇周围的住宿列表。

★ De Russie Suites 精品酒店 $$

（☎02-6360 0973；www.derussiehotels.com.au；72 Hill St；双 $155~260；❄📶🅿）这个小小的酒店很精致，可以与悉尼的任何住宿相媲美。酒店豪华现代、设备齐全，每个单间都有小厨房。

Templers Mill Motel 汽车旅馆 $$

（☎02-6362 5611；www.oesc.com.au；94 Byng St；房间 $130起；❄📶🅿）旅馆是庞大的退伍军人俱乐部建筑的一部分，经营良好，面积很大，有全新的房间，也有经过修葺的老房间供选择。这里距餐馆聚集地和主街道都很近。俱乐部设施（游泳池、健身房等）可免费使用。

奥兰治的菜肴与葡萄酒

奥兰治是葡萄酒和美味之旅不可多得的目的地。此地区以寒冷气候葡萄酒（cool-climate wines）而闻名（详情见www.winesoforange.com.au）。这里还种着果树、浆果和坚果，养着品质上乘的羔羊和牛。

奥兰治有许多酒窖和农庄，均向公众开放。游客中心是探索奥兰治的最佳起点。拿起《奥兰治和周边美酒美食指南》（*Orange & District Wine & Food Guide*）和一张介绍了城镇内外的6条游览路线地图。里面还有介绍酒窖、农庄（浆果农场和果园）和当地批发商（供应商和小型酿酒坊），另外还有一路上可以野餐的地方。

最佳的选择是自驾游，当然也有旅游经营商带你游玩。奥兰治葡萄酒之旅（Orange Wine Tours；☎02-5310 6818；www.orangewinetours.com.au）有多种选择，3小时起（$75）。

餐饮

Byng Street Local Store 咖啡馆 $

（www.byngstreet.com.au；47 Byng St；主菜$7~15；⌚周一至周五 7:00~18:00，周六和周日至15:00）这个街角咖啡馆在当地很受欢迎。面包、松饼和馅饼都是新鲜出炉的，咖啡香醇可口，招牌菜（新鲜的沙拉和三明治）更是美味。

★ Agrestic Grocer 咖啡馆 $$

（426 Molong Rd；午餐 $16~28；⌚周一至周五 8:30~17:30，周六和周日 至16:00）这家具有乡村气息的咖啡杂货店位于小镇以北几公里处（在Mitchell Hwy上），主营当地特产。早餐有家庭自制的煎饼，午餐有意大利面包沙拉

或韩国烧烤汉堡，都十分美味。

Lolli Redini 新派澳洲菜 $$$

（☎02-6361 7748；www.lolliredini.com.au；48 Sale St；2/3道菜 $68/85；⏲周二至周六 18:00~21:00，周六 正午至14:00）这家饭店备受赞扬，奥兰治最好的特产都可以在这里找到（需提前预订）。主菜和红酒的搭配颇为周到，环境和服务都堪称典范，厨房里的各种创意菜品（包括许多素食菜品）香气扑鼻。

★ **Ferment** 葡萄酒吧

（www.orangewinecentre.com.au；87 Hill St；⏲11:00~20:00）Ferment位于一座华丽的古建筑里，在当地葡萄酒生产领域赫赫有名（也是几家小型生产厂家的酒窖）。你可以在这里谈论葡萄酒，品尝美食拼盘，或者只是欣赏这里时尚的装潢。Ferment也提供其他很讨巧的服务：半天的自行车出租和午餐时间的两人野餐。

Union Bank 葡萄酒吧

（☎02-6361 4441；www.unionbank.com.au；Sale St和Byng St的交叉路口；主菜 $16~32；⏲周一至周六 正午至深夜，周日 至21:00）这家优雅的酒吧有适合每个人的菜单（素食主义者、分享食物的人、饥饿的人）和与之搭配的葡萄酒（其中20种酒可按杯出售），让你可以品尝到整个地区的美味。周六下午在庭院里开现场音乐会再合适不过了。

实用信息

奥兰治游客中心（Orange Visitor Centre；☎02-6393 8000；www.visitorange.com.au；Byng St和Peisley St的交叉路口；⏲9:00~17:00）

Verto（☎1300 483 786；www.verto.org.au）可以帮你找到在奥兰治和Young地区的水果采摘工作。

到达和离开

Australia Wide Coaches（☎02-6362 7963；www.austwidecoaches.com.au）每天有班车往返悉尼和奥兰治（$40，4小时），途经巴瑟斯特。

NSW TrainLink（☎13 22 32；www.nswtrainlink.info）有火车开往悉尼（$27，5小时）和达博（$19，2小时），班次频繁。

考拉（Cowra）

人口 10,000

考拉是个令人惊奇的小镇，它有自己独一无二的故事。1944年8月，1000多名日本囚犯曾试图逃出此地的战俘营（其中的231人及另外4名澳大利亚人死亡）。战争结束后，考拉与日本握手言和，并为促进世界和平做出了贡献。

就在游客中心开始你的旅程吧，这里会放映关于越狱事件的全息影片，时长9分钟，非常精彩。

景点

★ **日本花园** 花园

（Japanese Garden；www.cowragarden.com.au；Binni Creek Rd；成人/儿童 $15/8；⏲8:30~17:00）人们修建这座花园的目的是纪念曾被关押在考拉的日本战俘。花园占地5公顷，宁静漂亮，附设的文化中心收藏了不少经典作品，非常值得参观（入场费有点高）。语音导览（$2）对植物、历史和花园设计进行讲解。

你可以买鱼食喂锦鲤，也可以在现场咖啡馆填饱肚子（主要供应澳大利亚菜，当然带有日本风味）。

考拉和日本战争墓地 墓地

（Cowra & Japanese War Cemeteries；Doncaster Rd）这些令人动容、精心维护的公墓位于城南约5公里处，在去往卡南德拉的途中，有路标。

战俘营地和警卫塔 纪念馆

（POW Campsite & Guard Tower；Evans St）从小镇的战争公墓向南，标志会指引你到日本战俘越狱的地点。你仍会看到营地的基础构造，而且信息板对战争时期考拉的军事和移民营进行了讲解。

世界和平之钟 纪念碑

（World Peace Bell；Darling St和Kendal St的交叉路口）户外广播讲述着世界和平之钟的背景及重要意义。这是矗立在联合国前的大钟的复制品，也是澳大利亚唯一的此类大钟。

魅力村庄

中西部的大城镇以采金矿和丛林居民风俗为基础而建，这里有庄严的建筑、宽阔的街道、公园和管理精细的英式花园。城镇都各具特色、富有魅力，但历史感更浓厚的，则非小村庄莫属。那里街道优美，到处可见长廊与古朴的小酒馆。当然这里也有温文尔雅的一面：咖啡馆、餐馆、葡萄酒厂、艺术馆、可供出租的民宿以及别墅，在周末这些无不吸引众多游客前来。

以下是我们选出的最喜欢的小城镇度假地：

古尔岗（Gulgong）这座让时间停滞的小村庄（www.gulgong.net），位于马奇北部29公里处，曾经和作家亨利·劳森（Henry Lawson）一起出现在10澳元的纸币上。当地奇特的开拓者博物馆（Pioneer Museum）值得参观。

米尔索普（Millthorpe）位于奥兰治的东南22公里处，这个开拓时期的村庄（www.millthorpevillage.com.au）是19世纪中期历史的缩影。这里有一些可品尝葡萄酒的酒厂和当地有名的餐馆，包括可品尝酒馆菜肴的Gerry's @ The Commercial和高级的Tonic餐厅。

卡南德拉（Canowindra）发音为"ca-noun-dra"。这座村庄（www.canowindra.org.au）位于考拉（Cowra）北部32公里处。这里可乘坐热气球，可参观酒窖还有一个有趣的博物馆展示当地找到的化石。

节日和活动

樱花节（Cherry Blossom Festival） 文化节

考拉美丽的樱花节将在9月下旬持续一周以上，同时还有日本美食和文化展览。

住宿

主街道（Kendal St）两旁遍布不错的小酒馆和咖啡馆。

Vineyard Motel 汽车旅馆 $$

（☎02-6342 3641；www.vineyardmotel.com.au；42 Chardonnay Rd；标单/双 $120/140起；❄📶🏊）这家静谧的老式汽车旅馆距离小镇4公里，从走廊看去，风景十分迷人，老板待客也非常热情。这家旅馆只有6个房间，离Quarry不远，步行可达。

Breakout Motor Inn 汽车旅馆 $$

（☎02-6342 6111；www.breakoutmotel.com.au；181 Kendal St；房间 $130起；❄📶）在主街东端的几家旅馆中，这家现代汽车旅馆格外出众。

餐饮

Quarry 新派澳洲菜 $$

（☎02-6342 3650；www.thequarryrestaurant.com.au；7191 Boorowa Rd；午餐主菜 $20~30，晚餐主菜 $33；⏲周四至周日 正午至14:30，周五和周六18:30~22:00）Quarry距离小镇4公里，位于葡萄园内，这里的美食让人赞不绝口（尤其是布丁）。这里也有各种各样的葡萄酒—— Quarry是当地一些葡萄园的酒窖。

Oxley Wine Bar 葡萄酒吧

（9-11 Kendal St；⏲周三和周四 正午至21:00，周五和周六 8:00至午夜，周日 8:00~15:00）这是主街上一家新开的酒吧。在这里，现场音乐、周六的DJ之夜以及复古的风格，与你手中的精酿啤酒、本土葡萄酒和比萨相得益彰。

实用信息

游客中心（Visitor Centre；☎02-6342 4333；www.cowratourism.com.au；Olympic Park，Mid Western Hwy）

到达和离开

NSW TrainLink（☎13 22 32；www.nswtrainlink.info）有长途汽车到达利斯戈（途经巴瑟斯特），从那里你可以乘火车到达悉尼（$42，6小时）。那里也有到奥兰治的公交（$19，1.5小时）。

帕克斯(Parkes)

人口 10,000

帕克斯之所以名声在外，有两个原因。第一，这里有一架大型射电望远镜。第二，许多猫王的模仿者1月份会到这里来。

景点

亨利·帕克斯中心 博物馆

(Henry Parkes Centre; ☎1800 623 465; www.henryparkescentre.com.au; Newell Hwy; 成人/儿童 $12/6; ⊙周一至周五 9:00~17:00，周六和周日 10:00~16:00)博物馆在小镇北面，帕克斯**游客中心**(www.visitparkes.com.au)就在这里，这里也举行展览。猫王城堡(King's Castle)收藏了许多猫王纪念品，许多物品都是猫王的私人物品(包括其标志性的孔雀腰带)。这里也有一些珍贵的老爷车和古董机械，非常有意义。

帕克斯射电望远镜 望远镜

(Parkes Radio Telescope; ☎02-6861 1777; www.csiro.au/parkes; Newell Hwy; ⊙游客服务中心 8:30~16:15)这个望远镜由联邦科学与工业研究组织(CSIRO)于1961年建立，位于纽厄尔公路(Newell Hwy)以东6公里、帕克斯以北19公里处。

这个望远镜因电影《碟》(*The Dish*; 2000年)而出名，电影讲述了1969年望远镜转播阿波罗11号登月实况的故事(带有虚构的成分)。这里有关于太空信息的游客服务中心、3D影院和关于射电天文学(对来自天体电波的研究)的知识。

> **值得一游**
>
> **轿卡装履艺术**
>
> 位于距离帕克斯70公里处的Condobolin road上(路标明确)，**轿卡装履艺术**(Utes in the Paddock; www.utesinthepaddock.com.au)屹立在路边，作品独具特色且妙趣横生，是对内陆生活的奇特而有趣的诠释。这里，20辆标志性汽车(仅限Holden汽车)都已换上极具创意的新装。你能看到不同的皮卡车，包括皮卡哥斯拉(Utezilla)、鸸鹋皮卡(the Emute)、致敬皮卡(the TribUte)以及埃德娜夫人(Dame Edna)上"厕所"。

节日和活动

猫王音乐节 音乐

(Elvis Festival; www.parkeselvisfestival.com.au)1月的第二周，帕克斯的人口会增长一倍，因为大量游客涌入帕克斯庆祝猫王的生日，狂欢会持续5天。这期间节目众多，包括猫王的模仿者表演、各种音乐会、街头表演、游街狂欢(以猫王为主题的彩车、老爷车和作品秀)、卡拉OK和户外电影。

食宿

Hotel Gracelands 酒店 $$

(☎02-6862 3459; www.gracelandsparkes.com.au; 7-9 Bushman St; 标单/双 $89/119起; ❄📶)帕克斯大部分的汽车旅馆都位于公路沿线，但是这一家位于较偏僻的街道，刚刚修葺一新，房间紧凑、干净整洁，无可挑剔。酒店还有一家不错的餐厅，名字叫Ikon。

Old Parkes Convent 民宿 $$

(☎02-6862 5385; www.parkesconvent.com.au; 33 Currajong St; 标单/双 $150/190; ❄)这栋迷人的古老历史建筑有两间精心装饰的公寓，里面摆满了古董。

Bellas 意大利菜 $$

(☎02-6862 4212; www.bellascafe.com.au; 245 Clarinda St; 晚餐主菜 $18~33; ⊙周一至周六 8:00~22:00，周日 至14:00)这家餐馆全天营业，早餐走的是寻常路线(有一些有趣又诱人的美食，比如西西里面包圈)。到了午餐时间，菜单明显偏意式风格，有大众喜欢的帕尼尼、比萨、意大利面和烩饭。

Dish Cafe 咖啡馆 $$

(Parkes Radio Telescope; 午餐 $9~20; ⊙8:30~15:30)这间咖啡馆常年笼罩在巨型望远镜的大片斜影中，早餐和午餐的样式繁多，任你挑选(其中班尼迪克蛋可以打满分)。

到达和离开

NSW TrainLink (☎13 22 32; www.nswtrainlink.

info）每天有三个班次前往悉尼（$56起，7~10小时），包括去往奥兰治或利斯戈的火车和长途汽车。

达博（Dubbo）

人口 32,300

作为重要的中心乡镇，达博位于一条南北向的内陆主干道上，是内陆地区的交通门户。

景点

★塔隆加西部平原动物园 动物园

（Taronga Western Plains Zoo；☎02-6881 1400；www.taronga.org.au；Obley Rd；两天通票成人/儿童 $47/24；⏲9:00~16:00）这里是达博的明星级景点，也是澳大利亚最好的地区动物园之一。你可以徒步穿越6公里长的环形小径，也可以租辆自行车（$15）或开上自己的车，从沿途的任何一处围栏动身出发。周末（学校假期开放天数更多）有向导带领的徒步游（成人/儿童 $15/7.50），出发时间为6:45。动物园有免费烧烤和野餐地点，也有咖啡馆和售货亭。

如果想要有与动物不期而遇的特别体验，或者想体验一下各种不错的住宿环境，比如在灌木丛露营、住进可供一家人居住的小屋、在旅行度假屋里度过一夜，则需要提前预订。

西部平原文化中心 博物馆

（Western Plains Cultural Centre；www.wpccdubbo.org.au；76 Wingewarra St；⏲周三至周日10:00~16:00）免费 文化中心设在一幢时尚的建筑内，里面是达博的原中学主厅，同时也包括达博地区博物馆和画廊，还有一家精致的咖啡馆。这样的空间组合使文化中心非常适合举行展览，无论是当代展览还是历史展览。

老达博监狱 博物馆

（Old Dubbo Gaol；www.olddubbogaol.com.au；90 Macquarie St；成人/儿童 $15/5；⏲9:00~16:00）如今这里成了一家博物馆，“电子动物”讲述着当年的故事。周末（学校假期每天）这里还有真人秀和导览游，也可以参加黄昏之旅。

住宿

Cobra St上有许多旅馆，还有两块适于家庭居住的露营地，面积很大，带几间小屋。虽然价格不菲，但是塔隆加西部平原动物园的住宿会让你难以忘怀。

达博宜必思经济酒店 酒店 $

（Ibis Budget Dubbo；☎02-6882 9211；www.ibisbudget.com；Mitchell Hwy和Newell Hwy交叉路口；标双/双/家 $59/69/89；❄@📶🏊）这是个不错的选择：房间紧凑，没有什么装饰，但是有电视、空调和卫生间。早餐很便宜，仅售$7。

No 95 Dubbo 汽车旅馆 $$

（☎02-6882 7888；www.no95.com.au；95 Cobra St；房间 $135；❄📶🏊）不要因为其不起眼的外表就拒绝这里，其内部房间配有顶级的家具、床品和家用电器，设施一流。

Westbury Guesthouse 客栈 $$

（☎02-6881 6105；www.westburydubbo.com.au；Brisbane St和Wingewarra St的交叉路口；标单/双 $125/150；❄📶）这栋历史悠久的建筑（建于1915年）有6间宽敞雅致的房间，还有一家讨人喜欢的泰国菜馆。

就餐

Village Bakery Cafe 咖啡馆 $

（www.villagebakerycafe.com.au；113a Darling St；⏲6:00~17:30；📶👪）优质的肉馅饼、三明治和儿童游乐场使人喜欢这里。柜橱里还有传统蛋糕和甜品供你选择。

Two Doors Tapas & Wine Bar 西班牙小吃 $$

（☎02-6885 2333；www.twodoors.com.au；215 Macquarie St；菜肴 $7~20；⏲周二至周五16:00至深夜，周六 10:00起）枝繁叶茂的院子可供客人放松心情，品尝哈鲁米肉串、软壳螃蟹和烤五花肉等美食。

实用信息

游客中心（Visitor Centre；☎02-6801 4450；www.dubbo.com.au；Macquarie St和Newell Hwy的交叉

路口；⏲9:00~17:00）位于城镇北端，提供信息服务和自行车出租服务。

ℹ 到达和当地交通

区域快线（Rex；www.rex.com.au）和**澳洲航空**（Qantas；www.qantas.com.au）均有飞往悉尼的航班，前者还有飞往布罗肯希尔的航班。

达博是区域交通枢纽，主干道在这里交会。

- A32 Mitchell Hwy连接悉尼和阿德莱德。
- A39 Newell Hwy连接墨尔本和布里斯班。
- B84 Golden Hwy起自纽卡斯尔。

NSW TrainLink（☎13 22 32；www.nswtrainlink.info）有频繁往返于悉尼的火车（$55起，6.5小时），还有长途汽车，可到达新南威尔士州中部和内陆地区的区域中心或主要城镇，这其中包括雷电岭、伯克和布罗肯希尔。

马奇（Mudgee）

人口 9830

马奇这个名称来自原住民语，意思是“山中之家”。这座古雅的小镇周围有许多葡萄园，到处可见连绵起伏的丘陵。葡萄酒厂提供美味佳肴，使得马奇成了主要的周末度假好去处。

👁 景点

马奇的35个葡萄酒酒窖（全部由各家庭自己经营）主要集中于城镇的东北。游客中心可见更详细信息。有些葡萄园有好吃的餐馆，有些可提供住宿，有些只在周末营业。

★洛维酒业　葡萄酒厂

（Lowe Wines；☎03-6372 0800；www.lowewine.com.au；Tinja Lane；⏲10:00~17:00）你可选择步行或是骑自行车前往野餐地点，一路上映入眼帘的是有田园风光的有机葡萄园和果园，还有驴群和鸡群。在酒窖可品尝葡萄酒，另有当地特色拼盘（$30），Zin House（见265页）餐厅也在这里。请登录网站查看活动。

洛根酒业　葡萄酒厂

（Logan Wines；www.loganwines.com.au；33 Castlereagh Hwy；⏲10:00~17:00）酒厂位于马奇东部15公里处，在这里可参观令人印象深刻的现代葡萄酒酒窖。

> **马奇葡萄酒一瞥**
>
> - 获取信息：**游客中心**（见265页；*Mudgee Region*小册子附带一张地图）；上网查询www.mudgeewine.com.au
> - 最佳酒庄游：**Mudgee Wine & Country Tours**（☎02-6372 2367；www.mudgeewinetours.com.au；半/全天 酒庄游 $50/80）和**Mudgee Tourist Bus**（☎02-6372 4475；www.mudgeetouristbus.com.au；半/全天 酒庄游 $45/70）
> - 最佳葡萄酒吧：**Roth's**（见265页）
> - 最佳游玩时间：9月，马奇葡萄酒和饮食节

Pieter van Gent Winery & Vineyard　葡萄酒厂

（www.pvgwinery.com.au；141 Black Springs Rd；⏲周一至周六 9:00~17:00，周日 10:30~16:00）置身于橡木桶储酒屋内，你可以品尝口感绝佳的白波特酒和麝香葡萄酒。

Robert Stein Winery & Vineyard　葡萄酒厂

（www.robertstein.com.au；Pipeclay Lane；⏲10:00~16:30）一座小型农家酒窖和二手摩托车博物馆（免费参观）静待你的光临。这里还有超棒的餐厅Pipeclay Pumphouse——供应从牧场到餐盘的新鲜食物。

di Lusso Estate　葡萄酒厂

（www.dilusso.com.au；162 Eurunderee Lane；⏲周一至周六 10:00~17:00，周日 至16:00）在这里你可以玩意式滚球，品尝自家种植的橄榄和无花果，吃比萨，品味意式葡萄酒，如内比奥罗（nebbiolo）和桑娇维赛（sangiovese）等。

🛏 住宿

Mudgee Riverside Tourist Park　露营地、木屋 $

（☎02-6372 2531；www.mudgeeriverside.com.au；22 Short St；露营地 $24~31，木屋 $90起；❄）位于中央地带，植被茂盛，管理良好。

★ **Perry Street Hotel** 精品酒店 $$

(☎02-6372 7650; www.perrystreethotel.com.au; Perry St和Gladstone St的交叉路口; 套间$165起; ❄📶)极品公寓套房，你精致的选择。酒店精益求精，有和服睡衣、胶囊咖啡机和免费的小吃。

Cobb & Co Boutique Hotel 精品酒店 $$

(☎02-6372 7245; www.cobbandcocourt.com.au; 97 Market St; 房间 $160起; ❄📶)这家酒店位于小镇中心，设施颇为现代化，且与自身的传统风格完美地融合在一起。周末最少住两晚。

餐饮

Alby & Esthers 咖啡馆 $$

(www.albyandesthers.com.au; 61 Market St; 主菜 $10~18; ⏲周一至周四 8:00~17:00，周五和周六 至深夜)走过小巷可见这座极致典雅的咖啡馆，旅客可品尝精致的当地菜肴和口感绝佳的咖啡。周五和周六晚上，咖啡馆会变为葡萄酒吧。

★ **Zin House** 新派澳洲菜 $$$

(☎02-6372 1660; www.zinhouse.com.au; 329 Tinja Lane; 午餐 $75; ⏲周五 17:30起，周六和周日 正午起)华丽的洛维酒业(见264页)为你的周末增光添彩：你可以在这里悠闲自在地品味漫长的午餐。午餐包括六道当地菜肴(选用自家种植或来源可靠的食材)。食客需在设计精美的农家屋内共用餐桌。周五晚上，你可以在这里品尝西班牙小吃($45)。快叫上你的朋友吧！记得提前预订哦！

★ **Roth's** 酒吧

(www.rothswinebar.com.au; 30 Market St; ⏲周三至周六 17:00至午夜)Roth's是新南威尔士州最古老的酒吧(始于1923年)，不大，外观古老，提供本地葡萄酒(每杯$6起)和美味菜肴，配有悦耳的现场音乐，美妙之极。

实用信息

游客中心(Visitor Centre; ☎02-6372 1020; www.visitmudgeeregion.com.au; 84 Market St; ⏲9:00~17:00)

到达和当地交通

Countryfit(☎02-6372 3955; 6-42 Short St)可租赁自行车。

NSW TrainLink(☎13 22 32; www.nswtrainlink.info)到利斯戈的长途汽车与悉尼火车线路相衔接($37, 5小时)。

内陆地区(OUTBACK)

新南威尔士州遥远的西部内陆很少受到推崇，但它其实是个值得人们赞誉的地方。红色的沙地上生长着片片灰色的滨藜，你可以想象自己正走在世界上最大的原住民点彩画之中，巨大的画布一直铺展至视野的尽头。

文特沃思(Wentworth)

人口 1248

内河港口文特沃思地处墨累河和达令河交汇处，洋溢着殖民地风情。和米尔迪拉相比，它面积不大但更加宁静，距离维多利亚州边界有30公里。此地河岸秀美，给人以甜美柔和之感。文特沃思拥有大量历史建筑。

文特沃思是新南威尔士州内陆地区的门户，也是前往芒戈国家公园的出发地之一。

景点

墨累河与达令河汇流处(Murray-Darling River Junction) 河流

在小镇西南角，可以看到墨累河与达令河的汇流处。从Cadell St可以进入河畔公园，园内高大的赤桉树在河堤上投下了浓浓的树影。这里还有一个高高架起的观景台，在那儿你可以欣赏两条河流不同的颜色。

Perry Sand Hills 户外

位于镇北约6公里处(顺着前往布罗肯希尔的路牌前行，然后转到Renmark roads)，这些低矮却十分漂亮的橙色沙丘的历史可以追溯至40,000年前。沙丘风景在日落或日出时最佳(最适合摄影)。

历史建筑

在达令河河畔，有一处建于殖民地时期、风格古朴的**码头**(复制品)。沿Darling St可见老邮局（Old Post Office；建于1899年）、文特沃思法院（Wentworth Court House；建于1880年）和St John the Evangelist Anglican Church（建于1871年）等壮美的历史遗迹。在城镇的西北端，老文特沃思监狱（Old Wentworth Gaol；☎03-5027 3337；Beverley St；成人/儿童 $8/6；⏲10:00~17:00）仿佛会让时光倒流。而附近的文特沃思先驱博物馆（Wentworth Pioneer Museum；☎03-5027 3160；117 Beverley St；成人/儿童 $5/2；⏲10:00~16:00）拥有船只照片、巨型动物展品等藏品。

团队游

一些来自米尔迪拉（见670页）的团队游经营商在文特沃思提供接送服务。

Wentworth River Cruises 乘船游

（☎0408 647 097；www.wentworthcruises.com.au；成人/儿童 $25/15起）这家公司共有3条乘船游览路线可选：周三14:00游览，含下午茶；暮光之旅（9月至次年3月，周三18:30），含炸鱼和薯条，并有现场音乐；每周日12:30，在游览船上自助烧烤。

食宿

船屋（houseboats）给人好玩的体验。许多公司在米尔迪拉—文特沃思地区提供此项服务。Murray Darling Houseboats（www.murraydarlinghouseboats.com.au）提供大量关于船屋经营商及其船只的信息。

Wentworth Grande Resort 酒店 $$

（☎03-5027 2225；www.wentworthgranderesort.com.au；61-79 Darling St；双/家 $99/160起；❄📶🏊）这里毫无疑问是镇中心的最佳住宿选择，酒店地方很大，紧邻达令河，房间布置大方得体，井井有条。

★Avoca-On-Darling 客栈 $$$

（☎03-5027 3020；sites.google.com/site/avocaondarling/；住宿每人 含餐 $160）Avoca是一间家庭客栈，由伊恩（Ian）和巴布（Barb）经营。这是一座19世纪70年代的农庄，在长满橡树的河岸上，距离文特沃思26公里。客房带公共洗手间，农庄提供三餐。农庄内还有一间设备齐全、带厨房的房间（$160）、一间农场新手的宿舍（每人$25）和一处野营地。

从文特沃思出发，沿着前往布罗肯希尔的道路向北行驶6公里，然后转入Lower Darling Rd，接着行进18.5公里后在标示处转弯前行即可到达。

就算不打算入住也可以电话预约游览此地并品尝德文郡茶点（$15）。

★Artback Gallery & Cafe 咖啡馆 $

（☎03-5027 2298；www.artbackaustralia.com.au；Darling St和Adelaide St的交叉路口；餐 $8~20；⏲周四至周六 10:00~16:00，周日8:30~16:00；📶）主街上的酒馆菜肴和外卖与这所坐落在角落里的咖啡馆的食物相比就相形见绌了。这座二层的咖啡馆外观时尚，由一座1882年的青石建筑改造而成。

实用信息

游客中心（Visitor Centre；☎03-5027 5080；www.visitwentworth.com.au；66 Darling St；⏲周一至周五 9:00~17:00，周六和周日 至13:00）

到达和离开

无开往北方的长途汽车。**Sunraysia Bus Lines**（☎03-5023 0274；www.sunbus.net.au）提供米尔迪拉至文特沃思的长途汽车（35分钟），仅工作日运行。

芒戈国家公园（Mungo National Park）

偏远而优美的芒戈国家公园占地278.5平方公里，是威兰德拉湖区世界遗产（Willandra Lakes Region World Heritage Area）的重要部分。芒戈国家公园是澳大利亚内陆地区交通最便利的地点之一。

芒戈湖（Lake Mungo）是一片干湖，考古学家在这里发现了澳大利亚最古老的考古遗址。此地还有原住民持续生活时间最长的记录（这里有世界上已知最古老的火葬遗址）。

景点和活动

游客中心 博物馆

（Vistor Centre；www.visitmungo.com.au）游

> **芒戈国家公园一瞥**
>
> **何时游玩** 全年可游玩，4月至10月最佳（夏季气温攀升，很炎热）
>
> **门户城镇** 米尔迪拉、文特沃思、巴尔拉纳德和布罗肯希尔
>
> **主要景点** 中国墙沙丘地貌、内陆地区、野生动植物和原住民地区
>
> **交通** 除了下雨天，两驱车足够应付园内未铺装道路

客中心展示国家公园的文化和自然历史。在这儿，你能获得园内地图，可以付门票和露营费，还可以询问团队游相关事宜。游客中心旁边是青旅Shearers' Quarters和始于1869年的**羊毛厂**（Historic Woolshed），非常值得参观！

游客中心后面是已有20,000年历史的人类脚印（于2003年被发现）复制品。室外是**Meeting Place**，它对于原住民有着重要意义。

★中国墙（Walls of China） 户外

持续的西风造就了长达33公里的半环形（"新月形"）沙丘群，这片壮观的沙丘被称为"中国墙"。从游客中心出发，沿一条穿过干湖床到停车场的路前进，随后再走不远就到了**观景台**。只有参加导览游才能近距离欣赏这些沙丘。

★Mungo Track 景观路段

Mungo Track是一条环绕芒戈国家公园的路线，设有路标，全长70公里。它连接公园内主要景点，沿途经过各种各样的景观、瞭望台、小路，也有成群的鸸鹋与袋鼠。

即便道路未铺设硬质路面，不下雨时，两驱汽车也能适应道路状况。天气好时（比如不太热），可以尝试山地自行车骑行。

这条路经过中国墙停车场后，继续通往美丽的**红顶山观景台**（Red Top Lookout），这里位置优越，能看到风沙过后留下的沟壑。在此之后，这条路成为一条单行环线，最终返回游客中心。

上路前，记得在游客中心领取一份地图，加满油，带上备胎和充足的水。中途，你可以选择暂停旅行，在Belah Camp住宿一晚。

徒步路径

从Main Camp开始会有许多小路，比如Grasslands Nature Stroll和一条通往芒戈瞭望台（Mungo Lookout）的小径。

自游客中心起，你可以选择2.5公里长的**Foreshore Walk**，此步道沿芒戈湖古湖岸线而建。你还能步行或骑行于10公里长的**Pastoral Heritage Trail**，这条步道连接羊毛场和Zanci农庄遗址（建于20世纪20年代）。

团队游

米尔迪拉、文特沃思、巴尔拉纳德，还有布罗肯希尔，这几个城镇都有去芒戈国家公园的团队一日游。行程包餐且可去中国墙一游（无导游禁止入内）。

文特沃思的旅游经营商在米尔迪拉提供接送服务。如果你愿意，经营商通常也允许游客在芒戈加入团队游。

原住民探险团队游 文化游

（Aboriginal Discovery Tours; ☎03-5021 8900; www.visitmungo.com.au/discovery-tours; 成人/儿童 $35/20）自助游园的旅客可参加团队游。团队游从游客中心出发，由新南威尔士州国家公园和野生动物管理局管理并由原住民做向导，行程中，中国墙是最受欢迎的景点。上网查看行程：学校假期每天发团，其余时间每周末发团。发团时间取决于天气预报和日落时间等因素。

Harry Nanya Tours 文化游

（☎03-5027 2076; www.harrynanyatours.com.au; 成人/儿童 $180/110）位于文特沃思的本地原住民经营商广受好评，擅长公园团队游。团队游4月至10月时长为一整天，11月至次年3月在日落时间进行。米尔迪拉和文特沃思均提供接送服务（成人/儿童 $180/110，行程8小时），或者在芒戈加入团队游（$90/45，5小时）。可住宿一晚。

Outback Geo Adventures 团队游

（☎0407 267 087; www.outbackgeoadventures.com.au; 每人 $150）从巴尔拉纳德出发。

8小时的芒戈一日游包括公园内所有著名景点。两人成团。

MurrayTrek Tours 团队游

(☎1800 797 530; www.murraytrek.com.au; 每人 $145~175)从米尔迪拉出发的日落游和一日游。

Discover Mildura 团队游

(☎03-5024 7448; www.discovermildura.com; 每人 $165)从米尔迪拉出发的一日游。

食宿

露营或住宿的报价不包括公园门票。

游客中心提供遮阳野餐桌和烧烤用具。如果不打算在Mungo Lodge进餐，你需要自带足够的食物并在入园门户城镇获取物资。

Main Camp 露营地 $

(成人/儿童 $5/3)提供燃气烧烤和简易厕所。游客中心有冲水马桶和淋浴。自备饮用水。

Belah Camp 露营地 $

(成人/儿童 $5/3)Belah Camp位于偏远的沙丘群东侧。不允许使用柴火，需自备炊具。

Shearers' Quarters 青年旅舍 $

(☎1300 072 757; www.visitmungo.com.au/accommodation; 成人/儿童 $30/10; ❄)Shearers' quarters有5间整洁、超值的客房(每间设施不同，最多可住6人；自备铺盖)。设有公共厨房、卫生间和一个烧烤区。

Mungo Lodge 度假屋 $$$

(☎1300 663 748; www.mungolodge.com.au; 套 $199~269; ❄📶)芒戈最豪华的住所莫过于Mungo Lodge，这里奢华、诱人、价格昂贵。度假屋位于Mildura road，距离游客中心约4公里。这里的经济适用客房(饮食自理)略显破旧，不过已计划升级改造。度假屋还有许多未打广告的廉价房床位($20)。

度假屋有酒吧、休息厅和可提供一日三餐的餐厅(主菜 $22~32)。就餐需提前预订。

实用信息

每车每天的入园费用为$7，可在游客中心付款。

注：公园内没有手机信号。

国家公园和野生动物管理局(NPWS Office; ☎03-5021 8900; ⏲周一至周五 8:30~16:30)位于Buronga的Sturt Hwy拐角处，邻近米尔迪拉。

游客中心(Visitor Centre; ☎03-5021 8900; www.visitmungo.com.au; ⏲8:00~16:00)

到达和离开

芒戈距米尔迪拉110公里，距巴尔拉纳德150公里。道路未铺设硬质路面但路况良好，不过下雨之后可能会无法通过——不下雨时两驱车就足够了。从文特沃思起，道路全长150公里，其中100公里为铺装路面。

加油站在巴尔拉纳德、米尔迪拉、文特沃思、蓬卡里和梅宁迪都可找到。

可以在门户城镇的旅游局打听前往芒戈的道路是否畅通以及两驱车能否抵达。你还可以拨打电话☎132 701或☎03-5027 5090，或者登录网站www.visitwentworth.com.au/Mungo-Road.aspx查询。

布罗肯希尔(Broken Hill)

人口 18,500

巨大的银矿渣堆构成了布罗肯希尔镇中心的背景，充分显示了这座被称为沙漠边陲城镇的特色。虽然地处偏远，但完善的设施和迷人的景点让这里如同世界尽头的绿洲一般。新南威尔士州一些最好的国家公园就位于附近，这一切使得如今的布罗肯希尔成了一处有趣而又神秘的小镇。这里到处彰显着团结和创新精神。

2015年，布罗肯希尔独特的历史价值得到认可，成为澳大利亚第一批被列入国家遗产名录的城市。布罗肯希尔和其他102个遗址(包括悉尼歌剧院和大堡礁)为提升澳大利亚的民族形象做出了贡献。

历史

牧场围栏巡逻修理工查尔斯·拉斯伯(Charles Rasp)是布罗肯希尔的奠基者。这个小镇将澳大利亚由一个农业国转变为工业国。1883年，他发现了银矿脉，并且成立了布罗肯希尔控股公司(Broken Hill Proprietary

Broken Hill 布罗肯希尔

Broken Hill 布罗肯希尔

重要景点

1 布罗肯希尔地区美术馆 D2
2 矿脉线矿工纪念馆 C4
3 王宫酒店 C3

景点

4 艾伯特·克斯斯腾矿业矿产博物馆 C3
5 银城铸币和艺术中心 C2

活动、课程和团队游

6 Silver City Tours D2
7 三州旅行队 C1

住宿

8 Caledonian B&B C2
9 Imperial C2
王宫酒店 (见3)
10 Red Earth Motel D2
11 Royal Exchange Hotel C3

就餐

12 Café Alfresco D2
13 Silly Goat D2
14 Thom, Dick & Harry's D3

饮品和夜生活

王宫酒店 (见3)

Company)——现在的名称为必和必拓(BHP Billiton)。后来，这家公司成为澳大利亚最大的公司和国际巨头。

早期的采矿条件骇人听闻。数百名矿工死去，许多人遭受着铅中毒和肺病的折磨。因此，布罗肯希尔出现了另一股强大的势力，那就是工会。许多矿工都是移民，但所有人都团结起来，致力于改善工作条件。1919~1920年的“大罢工”持续了超过18个月，矿工们最终达到了每周工作35小时的目标，也终止了干式钻孔的工作方式。

如今，这个世界上银、铅和锌矿储量最丰富的地区仍在开采作业。不过，这一产业正在放慢节奏，随之而来的便是人口不断下降。

景点和活动

★矿脉线矿工纪念馆 纪念馆、瞭望台

（Line of Lode Miners Memorial; Federation Way; ⏲6:00~21:00）免费 这座令人动容的纪念馆坐落于巨大的银矿渣堆上，倾斜的外观设计让其看上去摇摇欲坠。纪念馆内有一块醒目的耐腐蚀钢纪念碑，用来纪念自布罗肯希尔成为矿镇以来在这里死去的900名矿工，它记载了发生在这些矿工身上的悲惨故事。要来这里，沿着Lodide Street向南，穿过火车铁轨后跟随指示牌前行。

我们调研期间，餐馆已经停止营业，不过可能会在原址另开一家。

★布罗肯希尔地区美术馆 画廊

（Broken Hill Regional Art Gallery; www.bhartgallery.com.au; 404-408 Argent St; 捐赠金币入馆；⏲周一至周五 10:00~17:00，周六和周日 至16:00）这座令人印象颇深的美术馆位于修葺一新的萨莉商场（建于1885年）内，非常精彩。它是新南威尔士州历史最悠久的地区美术馆，馆内的永久藏品包括1800件各类艺术品。展品来自许多澳大利亚艺术大师，如约翰·奥尔森（John Olsen）、西德尼·诺兰（Sidney Nolan）和亚瑟·斯切特（Arthur Streeton）。馆内还藏有许多原住民的作品。

★皇家飞行医生服务 博物馆

（Royal Flying Doctor Service; ☎08-8080 3714; www.flyingdoctor.org.au/Broken-Hill-Base.html; Airport Rd; 成人/儿童 $8.50/4; ⏲周一至周五 9:00~17:00，周六和周日 10:00~15:00）这个标志性的澳大利亚医疗服务机构在机场设有游客中心。在这里，你可以欣赏震撼人心的关于医疗健康创新的展示，也可以了解到那些为生活、工作在偏远地区的人们提供医疗服务的人的感人事迹（注：这个中心面积广阔，达640,000平方公里），保证让你眼界大开，视频内容同样激动人心。

★王宫酒店 历史建筑

（Palace Hotel; ☎08-8088 1699; thepalacehotelbrokenhill.com.au; Argent St和Sulphide St交叉路口）一鸣惊人的澳大利亚电影《沙漠妖姬》（*The Adventures of Priscilla, Queen of the Desert*）曾在此取景。这个令人印象深刻的三层老酒馆（建于1888年）有一条精致的铸铁走廊以及大众化的风景壁画，壁画覆盖了整个公共区域，被称为“意大利文艺复兴邂逅内陆”，20世纪70年代由原住民艺术家Gordon Waye完成。酒馆内有高质量的餐厅和客房，当然也少不了内陆人的最爱：冰镇啤酒。

★普罗·哈特美术馆 美术馆

（Pro Hart Gallery; www.prohart.com.au; 108 Wyman St; 成人/儿童 $5/3; ⏲3月至11月 10:00~17:00，12月至次年2月 至16:00）普罗·哈特（1928~2006年）曾是一名矿工，被世人视为澳大利亚内陆最优秀的画家之一。他的作品摆满了这里的三层楼，另有一间以其工作室为原型的复制间。引人入胜的视频介绍这位画家的生平和作品。你还可以欣赏他的劳斯莱斯（Rolls-Royce）收藏。

艾伯特·克斯腾矿业矿产博物馆 博物馆

（Albert Kersten Mining & Minerals Museum; Geomuseum; Bromide St和Crystal St的交叉路口；成人/儿童 $7/5; ⏲周一至周五 10:00~16:45，周六和周日 13:00~16:45）引人入胜的展览（和一个挑战智力的视频）为你解释世界上最丰富的银、铅、锌矿脉是如何经过漫长的时间形成的。博物馆还展出美丽而珍稀的矿石和晶体，还有一块重达42公斤的天然银块、引人瞩目的由银制作的树和一个1879年由8.5千克重的纯银制作的饰盘（餐桌装饰品）。

杰克·阿布沙卢姆美术馆 画廊

（Jack Absalom's Gallery; www.jackabsalom.com.au; 638 Chapple St; ⏲3月至12月 10:00~17:00）免费 耄耋之年的杰克·阿布沙卢姆是著名的“Brushmen of the Bush”（由五位来自布罗肯希尔的艺术家组成）的成员之一，普罗·哈特也是其中一员。他的家里有一处特别的地方，那里展出杰克·阿布沙卢姆的油画

（和蛋白石收藏）。他的作品将内陆地区美丽的光影和颜色淋漓尽致地展现出来。

白日梦矿井 矿井

（Day Dream Mine；☎08-8088 5682；www.daydreammine.com.au；地下和地面团队游 成人/儿童 $30/10；⏲团队游 10:00和11:30）最初的采矿场完全是靠工人一步一个脚印，一锄一铲开掘而成的，这简直就是一场噩梦。如想获得更为震撼的感受，你可以戴上矿工头灯，借着微弱摇曳的灯光沿着台阶而下，游览这座历史矿场（始于19世纪80年代）。结实的鞋子是必备品。这里距布罗肯希尔33公里，在Silverton road驶入一条土路，13公里后即可到达，一路上风景优美。

学校假期有更多的团队游。幽闭恐惧症患者可以仅游览地面景观，票价$8。只收现金。

银城铸币和艺术中心 画廊

（Silver City Mint & Art Centre；www.silvercitymint.com.au；66 Chloride St；成人/儿童 $7.50/3；⏲10:00~16:00）这里是Big Picture的所在地，展有这一100米长、12米高的巨大画幅，其立体地再现了布罗肯希尔内陆全景。画作由一位画匠花费两年时间完成。Big Picture固然令人眼前一亮，但门票却较为昂贵。入馆（更像是一个精心装饰的纪念品商店）收费$2.50真是无耻。

★ 内陆天文馆 天文馆

（Outback Astronomy；☎0427 055 225；www.outbackastronomy.com.au；Racecourse Rd）布罗肯希尔四周全是荒原，是观看漆黑夜空和闪耀星辰的好去处。这家经营商提供一小时夜观星空服务。通过提供的望远镜，在主持者的引导下可用肉眼观看星座等其他天空景象。

观景地点在城镇东北的赛马场，场内有休闲沙发，供观景用（衣服要穿够，特别是冬季）。

登录网站可查看观景日历。

空中学校 课程

（School of the Air；www.schoolair-p.schools.nsw.edu.au；586 Lane St；门票 $4.40；⏲教学日8:15开始）如果想重返校园或是了解内陆概况，可以通过面向偏远农庄孩子的广播课堂听一节课。至少提前一天在游客中心预约。当然，学校假期这里会关门。

团队游

Broken Hill City Sights Tours 团队游

（☎08-8087 2484；www.bhoutbacktours.com.au；半天/全天游 $60/125起）这里经营布罗肯希尔、锡尔弗顿（Silverton）、梅宁迪湖（Menindee Lakes）和白崖（White Cliffs）的半天/全天游。可将你带到白日梦矿井。两人成团。

Silver City Tours 团队游

（☎08-8087 6956；www.silvercitytours.com.au；380 Argent St）半天和全天游的行程包括布罗肯希尔城内景点、梅宁迪湖、金奇加国家公园、白崖和锡尔弗顿。也可选择多日游。

三州旅行队 四驱自驾游

（Tri State Safaris；☎08-8088 2389；www.tristate.com.au；一日游 $220）这一布罗肯希尔的旅游经营商广受好评，他们有1~15天的团队游，目的地是内陆地区的各个景点，例如穆塔闻特基国家公园、金奇加国家公园、芒戈国家公园、科纳乡村、伯兹维尔和辛普森沙漠。游客可自驾四驱车跟随旅游团。

电话、时间和橄榄球

新南威尔士州政府说布罗肯希尔仅仅是地图上的一个小点，所以拒绝提供布罗肯希尔所需的服务，委员会回答道，悉尼也曾是地图上的一个小点，所以布罗肯希尔应当成为南澳大利亚州的一部分。因为布罗肯希尔为新南威尔士州贡献了巨大财富，所以布罗肯希尔被告知它仍将隶属于新南威尔士州。为了表示抗议，布罗肯希尔自那时起便采用了南澳大利亚州的时间和电话区号，并开始玩澳式橄榄球。

游客请注意：布罗肯希尔的时间是中央标准时间（CST），比周围地区的东部标准时间（EST）晚30分钟。你所在区域的电话区号是☎08。在酒馆不要讨论英式橄榄球。

节日和活动

圣帕特节赛马 体育节

（St Pat's Day Races；www.stpatricks.org.au）3月的赛马比赛是布罗肯希尔观景日历里最不可错过的项目。

住宿

★Caledonian B&B 民宿 $

（☎08-8087 1945；www.caledonianbnb.com.au；140 Chloride St；标单/双 共用卫生间 含早餐 $79/89，别墅 $130；❄📶）这家舒适的民宿位于一家经过重新装修的酒馆（建于1898年）内，当地人称之为"the Cally"。店内有3座设施齐全的别墅，每间最多可住6人。店主Hugh和Barb热情好客，房间整洁干净。每天醒来，Hugh做的意式浓缩咖啡的香气便会扑面而来，令人沉浸于此，无法自拔。

王宫酒店 历史酒店 $

（☎08-8088 1699；www.thepalacehotelbrokenhill.com.au；227 Argent St；铺/标单/双 有公共卫生间 $30/45/65起，双 $115~135；❄）这家老牌酒店规模够大，虽不可能照顾到每个人的需求，但是这里确实可以提供内陆地区最独特的住宿体验之一。新增了许多客房，它们都带有阳台和独立卫浴。大多数房间风格复古，公共区域的壁画也独具特色。如果想深入体验，可以试试Priscilla Suite（$135）。

★Red Earth Motel 汽车旅馆 $$

（☎08-8088 5694；www.redearthmotel.com.au；469 Argent St；单间公寓 $160，2卧/3卧公寓 $220/260；❄📶🏊）这是新南威尔士州乡村地区最棒的汽车旅馆之一，由一个家庭打理。这里有宽敞时尚的房间，每个房间都有单独的客厅、厨房及其配套设施，是长期住宿的理想选择。这里还有住客洗衣房、游泳池和烧烤区。

Imperial 客栈 $$

（☎08-8087 7444；www.imperialfineaccommodation.com；88 Oxide St；房间/公寓 含早餐 $170/270；❄📶🏊）这家客栈由传统酒馆改建而成，有壮观的铸铁走廊。作为布鲁肯希尔最棒的住宿选择之一，这里提供让人舒适的服务。

Royal Exchange Hotel 酒店 $$

（☎08-8087 2308；www.royalexchangehotel.com；320 Argent St；房间 $135~180；❄📶）这家修葺一新的酒店建于20世纪30年代，具有强烈的艺术装饰风格，是镇中心的最佳住宿地。

餐饮

★Silly Goat 咖啡馆 $

（360 Argent St；菜肴 $8~16；⏲周二至周五 7:30~17:00，周六 8:00~14:00，周日 8:00~13:00）这是什么店？在内陆提供手冲咖啡服务和单品咖啡的咖啡馆？答对了，Silly Goat就是！咖啡馆让你有回到大城市咖啡馆的感觉。糕点摆放得足够诱人，咖啡绝佳。整个咖

沙漠中的内陆日落

沙漠奇观保护区（Living Desert Reserve；成人/儿童 $5/2）布罗肯希尔最令人难忘的便是在远离城镇的山顶**雕塑园**（Sculpture Symposium）看日落。巨大的砂岩雕塑是由12位国际艺术家现场雕刻的。

这一壮观的室外艺术景观是沙漠奇观保护区（24平方公里）的重要景观。保护区内还有**动植物保护区**（Flora and Fauna Sanctuary），内有一条长2.2公里的文化步道和一条长1公里的植物步道。

你可以驾车前往雕塑的顶部，或是从动植物保护区走过去（大约20分钟）。较低的停车场距离烧烤和野餐区域很近。

日落大约30分钟后，保护区的大门便会关闭。动植物保护区里的步道开放时间为3月至11月的9:00~17:00以及12月至次年2月的6:00~14:00。在游客中心可咨询日落时间与保护区开门时间。

啡馆既忙碌又欢快。

Bells Milk Bar 奶吧 $

(www.bellsmilkbar.com.au; 160 Patton St; 小吃 $4~7; ⏲10:00~17:30; 📶)这家老字号奶品小吃店位于南布罗肯希尔(从火车站沿Crystal St西行),洋溢着20世纪50年代的怀旧气息。品尝这里的"蜘蛛苏打水"或者要一杯奶昔,然后追忆似水年华。

Thom,Dick & Harry's 咖啡馆 $

(thomdickharrys.com.au; 354 Argent St; 法棍面包 $8.50; ⏲周一至周四 8:00~17:30,周五至18:00,周六 9:00~14:00)狭小的店面里挤满了新潮的厨房用具和可口的食物。你可以坐在屋里(或者到街边)享用醇厚的咖啡和美味的法棍面包。

Silvers Restaurant 各国风味 $$

(☎08-8088 4380; Argent St和Silver St的交叉路口; 主菜 $25~37; ⏲周一至周六 18:00起)虽然有些贵,但位于Junction Hotel的这家餐馆一定会让你眼前一亮。除了经典菜肴外,还有咖喱系列(蔬菜、羊肉、羊肉丸和斯里兰卡鸡肉)。服务周到,甜品车很有怀旧风格。

Café Alfresco 新派澳洲菜 $$

(397 Argent St; 晚餐主菜 $15~29; ⏲7:00至深夜)Café Alfresco以内陆地区的节奏提供服务,但这个地方全天营业。有许多不那么挑剔的顾客,愿意为了那一盘盘荤菜(经典菜品有牛排和帕尔玛火腿鸡肉)、比萨和意大利面付出宝贵的时间。

★王宫酒店 小酒馆

(☎08-8088 1699; thepalacehotelbrokenhill.com.au; 227 Argent St; ⏲周一至周三 15:00起,周四至周六 正午起)城镇里有许多小酒馆,一定不要错过这个内陆最有故事的酒馆,它将带给你真正的内陆乡村风格的娱乐。**Sidebar restaurant**提供上等菜肴(主菜 $17~36),饮品和小吃在一楼阳台。餐厅内偶尔会有现场音乐。周五21:00起,你可以在这里玩"扔硬币"。

ℹ 实用信息

国家公园和野生动物管理局(NPWS Office; ☎08-8080 3200; 183 Argent St; ⏲周一至周五 8:30~16:30)可在此处了解国家公园和道路封闭信息,并预订园内住宿。

游客中心(Visitor Centre; ☎08-8088 3560; www.visitbrokenhill.com.au; Blende St和Bromide St的交叉路口; ⏲3月至11月 8:30~17:00, 12月至次年2月至15:00)

ℹ 到达和离开

Buses R Us(☎08-8285 6900; www.busesrus.com.au)提供前往阿德莱德的长途汽车($120,7小时)服务,一周2~3班。长途汽车抵离游客中心。

印度洋太平洋线(☎1800 703 357; www.greatsouthernrail.com.au)印度洋太平洋线为你提供漫长的陆上铁道之旅(4天共4352公里),火车每周1~2班,在悉尼、阿德莱德和珀斯间往返。在布罗肯希尔,火车停大约2小时——对走马观花的团队游来说足够了。

NSW TrainLink(☎13 22 32; www.nswtrainlink.info)经营每周一班前往悉尼的内陆探险火车($138, 13.25小时)。每天还有前往达博的长途汽车,与达博—悉尼铁路运输路线联运($138, 16.5小时)。

区域快线(Rex; ☎13 17 13; www.rex.com.au)每天都有去阿德莱德和悉尼的航班。还有一周5次飞往米尔迪拉的航班,到达后可以转机前往墨尔本。

布罗肯希尔周边(Around Broken Hill)

锡尔弗顿(Silverton)

人口大约60人,另加4头驴

锡尔弗顿是一座古老的银矿小镇,如今却离奇地变成一个鬼城。走进小镇就如同走入一幅罗素·德赖斯代尔(Russell Drysdale)的画作。

锡尔弗顿的财富在1885年达到顶峰,当时这里的人口达到了3000人。但随着1889年银矿的关闭,人们(和一些房屋)都迁往了布罗肯希尔。

👁 景点和活动

锡尔弗顿曾是《疯狂的麦克斯 2》(*Mad Max* Ⅱ)和《艾丽丝城》(*A Town Like*

Alice）等电影的外景地。城镇的核心和灵魂**Silverton Hotel**展示了与电影有关的重要纪念品，并以澳大利亚标志性的恶棍式幽默展示了各种稀奇古怪的展品。

建于1889年的**锡尔弗顿监狱**（Silverton Gaol；成人/儿童 $4/1；⊙9:30~16:00）里曾有14间牢房。今天，这里已成为一家博物馆，每个房间里塞满了各式各样的物品（婚纱、打字机、采矿设备和照片），展现百年来当地人的生活。**学校博物馆**（School Museum；成人/儿童 $2.50/1；⊙周一、周三和周五至周日 9:30~15:30）是另一处历史性的歇脚之处，可追溯到当地学校最初的状态——1884年由帐篷搭建的学校。

最另类的当属**《疯狂的麦克斯 2》博物馆**（Mad Max 2 Museum；Stirling St；成人/儿童 $7.50/5；⊙10:00~16:00）。这可能是你最不想去的地方，实在没什么可逛的——这里展现的仅仅是英国人阿德里安·贝奈特（Adrian Bennett）一生对电影主题的痴迷。

许多**美术馆**分散在这里。谁会想到这样贫瘠的土地居然激发出了如此惊人的创造力？

离开锡尔弗顿的路格外荒芜，地平线一眼望去看不到边界。不过，驾车前往5公里外的**Mundi Mundi Lookout**还是很值得的。那里视野辽阔，可以看到地球弧形的轮廓。

食宿

★ Silverton Hotel 小酒馆 $$

（☎08-8088 5313；silvertonhotel@bigpond.com；Layard St；双 $120，加床 $25）在远离啤酒花园的区域，你将看到7个汽车旅馆套间，每一个都可以住5人。房间现代、舒适。酒店犹如未加雕琢的钻石，独具特色。菜单上都是一些简单不贵的菜肴（热狗、汉堡包、炸鱼和薯条）。

Silverton Tea Rooms 咖啡馆 $

（Stirling St；主菜 $7~20；⊙8:00~17:30）咖啡馆提供丛林汉堡包、硬烧饼（即在篝火上烤制的面包）、檀香果（一种本地水果）派和冰激凌。

到达和离开

锡尔弗顿在布罗肯希尔西面25公里处，沿着一条柏油路可以到达。

穆塔闻特基国家公园（Mutawintji National Park）

这座占地690平方公里的公园位于宾寡努山脉（Bynguano Range）之中。4亿年前，这里曾是一片海床，经过长年的自然侵蚀和风化最终形成了现在的模样。震撼人心的峡谷和岩石水塘是野生动物的家园，遍布澳大利亚围篱树（mulga）的平原一直延伸到远方的地平线。

Malyangapa人和Bandjigali人已经在这个地区生活了数千年，因此这里有许多重要的石雕、图案符号、绘画和其他反映他们日常生活的遗迹。这些遗迹大部分都在**穆塔闻特基历史古迹**（Mutawintji Historic Site）中，由导游带领方可进入：你可以参加由三州旅行队（见271页）经营的从布罗肯希尔出发的一日团队游（$220）。你也可以自驾四驱车跟随从布罗肯希尔出发的团队游（$110），或者在园内加入团队游（$40）。

布罗肯希尔的国家公园和野生动物管理局（见273页）提供的公园宣传册里有一份简易地图，以及步行或驾车穿越公园的8条线路。你可以在Homestead Creek露营（成人/儿童 $5/3）。记得带上所有用品。

公园位于布罗肯希尔东北130公里处。在天气干燥的情况下，两驱车是可以通过的，但每次来之前都要做好准备，告知亲友自己的行程。打电话☎08-8082 6660或☎08-8091 5155询问道路封闭信息。

科纳乡村（Corner Country）

这片地区是一个截然不同的世界：荒凉而平静的大地悠远地延伸至无尽的地平线。新南威尔士州最西端的这个角落是由红土平原、热浪、沙尘和飞蝇组成的半沙漠地带——从地图上消失的最佳地点。

蒂布巴拉（Tibooburra）

蒂布巴拉小镇是本州最热的地方，这个典型的内陆边缘小镇上有两家粗糙的砂岩酒馆和一处被称为“三棱石”（gibbers）的巨大的红色岩石地貌景区。蒂布巴拉

是到斯特尔特国家公园（Sturt National Park）的门户——出发前一定要去国家公园和野生动物管理局（☎08-8091 3308；www.nationalparks.nsw.gov.au；Briscoe St；⊙周一至周五 8:30~16:30）和镇上的公园游客中心。

两家酒馆都提供住宿、菜肴，也都稀奇古怪。Tibooburra Hotel（☎08-8091 3310；www.tibooburrahotel.com.au；Briscoe St）又称“两层楼”，这里挂满各式古旧帽子的墙很值得一看。Toole’s Family Hotel（☎08-8091 3314；www.tibooburra.com.au；Briscoe St）又称“the Family”，去看看这个由图画装饰的酒吧，里面的画都是曾在此居住的艺术家克利夫顿·皮戈（Clifton Pugh）画的。

Tibooburra Beds Motel（☎08-8091 3333；www.tibooburrabeds.com.au；Briscoe St和Brown St的交叉路口；双 $130）为你提供新的住宿选择。3间现代化汽车旅馆风格的套间给你意想不到的奢华体验。

ℹ 到达和离开

Silver City Hwy连接蒂布巴拉和布罗肯希尔（332公里），途经密帕林卡（Milparinka）。一路上既有柏油路也有土路，下雨（很少）后很危险（甚至会被关闭）。询问路况可前往布罗肯希尔的游客中心、布罗肯希尔或蒂布巴拉的**国家公园和野生动物管理局**，或者打电话☎08-8082 6660。

斯特尔特国家公园（Sturt National Park）

位于蒂布巴拉北方和西北方，巨大的斯特尔特国家公园占地3400平方公里，一眼望去全是典型的内陆地貌。园内有4处露营地和野餐区。要注意的是，园内的水都是未经处理的，所以要提前备好燃料、食物、饮用水，以确保能在这个偏远燥热的地带安全旅行。

Mt Wood Historic Homestead（☎08-8091 3308；Tibooburra；双 $100起，剪毛人驻地的铺位 $15）激起你探索内陆的欲望。这里由国家公园和野生动物管理局经营，可提供舒适的客房（有公共厨房和卫浴设施）和剪毛人驻地的廉价铺位。

两驱车（仅在干燥天气时）足够应付园内大多数道路。唯一的例外是Middle Rd，它需要四驱车才可通过。

公园一直向东北延伸至卡梅伦角（Cameron Corner），有一条始于蒂布巴拉且标志清晰的土路直达那里（全长140公里）。那里有一根柱子，它标志着昆士兰州、南澳大利亚州和新南威尔士州的交界点。在昆士兰州境内，卡梅伦角商店（Cameron Corner Store；☎08-8091 3872；Cameron Corner）可提供燃油、饮食、住宿、露营以及关于路况的建议。

在交界处，可看到长达5600公里的澳洲野狗隔离栏（Dingo Fence）。隔离栏建于19世纪80年代，为防止澳洲野狗破坏东南富饶的土地而建。

威尔坎尼亚（Wilcannia）

过去，威尔坎尼亚并不受游客的青睐，不过新商业的到来为这里带来了生机。

小镇有大量原住民，砂岩建筑随处可见，这些建筑可追溯到19世纪80年代，那时这里兴旺发达，是达令河繁荣的港口。

🛏 食宿

★ **Warrawong on the Darling** 露营地、汽车旅馆 $$

（☎1300 688 225；www.warrawongonthedarling.com.au；Barrier Hwy；露营地 $20~35，双 $120~140）Warrawong位于小镇东侧，露营区树叶茂盛，适合开展丛林露营。汽车旅馆的套房设备齐全、物超所值，每间房都有小厨房和烧烤用具。旅馆很大，无可挑剔。管理者阳光乐观，使得这里充满活力和生气。还有一只友好的鸸鹋，名叫Rissole。未来将有餐厅酒吧和水滨小屋。

Courthouse Cafe & Gallery 咖啡馆 $

（☎08-8091 5910；www.courthouse.net.au；Reid St和Cleaton St的交叉路口；午餐 $6~13；⊙周三至周一 10:00~16:00）坐落在一条古建筑街道上，这家惬意的咖啡馆是很好的歇脚处，有上等的咖啡、菜肴（包括口味不错的农家午餐）和自家制作的蛋糕，不过氛围与装饰有些附庸风雅。

到达和离开

威尔坎尼亚位于布罗肯希尔和科巴(Cobar)中间的Warrawong Hwy上。小镇西侧是一条柏油路，设有到白崖的路标。

白崖(White Cliffs)

遍布坑洞、盛产蛋白石的白崖可能是澳大利亚最奇怪的小镇，它位于威尔坎尼亚西北93公里处的一条柏油路上，周围是荒凉的村野，人们忍受着严酷的自然环境——持续的高温远远高过40℃，因此这里的许多居民都逃到地下生活。

你可以参观**蛋白石展示厅**(opal showrooms)，那里有矿工售卖他们挖掘的珍品(到展厅的路标明确)。你也可以在旧坑洞中碰碰运气，在那里你会看到讲解标牌。千万要小心脚下。

你可以选择待在地下，住在**White Cliffs Underground Motel**(☎08-8091 6677; www.undergroundmotel.com.au; 标单/双 有公共卫生间 含早餐 $115/145; ✉)。这个地下汽车旅馆是用一部隧道挖掘机挖出来的。旅馆内有游泳池、餐厅和舒适安静的房间。旅馆里的**博物馆**展示了当地人的生活，值得一看。宾客免费，非宾客$10。

伯克(Bourke)

人口 2047

澳大利亚诗人亨利·劳森(Henry Lawson)曾经说"如果你了解了伯克，你就了解了澳大利亚"。澳大利亚人常说的一句话就是"伯克后面"(back of Bourke)，意思是"前不着村后不着店"。这个小镇坐落于内陆边缘，沿达令河展开，远离周边城镇。

景点和活动

Back O' Bourke Exhibition Centre 博物馆

(☎02-6872 1321; www.visitbourke.com.au; Kidman Way; 成人/儿童 $22/10; ⌚4月至10月 9:00~17:00，11月至次年3月 周一至周五 至16:00)博物馆通过互动装置，讲述了发生在穷乡僻壤的奇闻轶事(包括原住民和移民)，值得一游。博物馆建筑内还有**伯克游客中心**(Bourke visitor centre)，提供城镇里一处或所有主要景点的游览项目：在Jandra河上坐游船，欣赏引人入胜的内陆秀(11:00开始)或坐上巴士游玩城镇及其周边地区(注：乘船游览和内陆秀仅在4月至10月开放)。

自助游的游客可在游客中心索取名为伯克旅行概览图(*Back O'Bourke Mud Map Tours*)的宣传册，里面详尽说明了徒步、自驾、景点和商店的信息，还包括牧场住宿的情况。

Bourke's Historic Cemetery 墓地

(Kidman Way)在伯克的这片公墓中，随处可见这样的墓志铭："在丛林中凋敝"。国际知名的眼科医生福瑞德·哈洛斯(Fred Hollows)教授就长眠于此。

PV Jandra 划船

(☎02-6872 1321; 从Kidman's Camp出发; 成人/儿童 $16/10; ⌚周一至周六 9:00和15:00，4月至10月 周日 14:30)内河贸易曾经是伯克的生命线。位于Sturt St北面尽头的是一个三层高的码头，它建于1897年，后来经过重建。河上的PV Jandra是建于1895年的桨翼蒸汽轮船的复制品。一小时的乘船游览可帮你了解当地的历史，你还可以观看河鸟的生活。

食宿

Kidman's Camp 露营地、木屋 $$

(☎02-6872 1612; www.kidmanscamp.com.au/bourke/; Cunnamulla Rd, North Bourke; 露营地 $30~34，木屋 $99~139; 📶✉)营地位于河岸上，距离伯克约8公里，是一处很好的营地。Jandra乘船游自此出发。此外，这里还有花园、游泳池、木屋(适合家庭居住，有公共卫生间)。舒适的木屋有卫生间、小厨房和长廊。

Bourke Riverside Motel 汽车旅馆 $$

(☎02-6872 2539; www.bourkeriversidemotel.com.au; 3-13 Mitchell St; 标单/双 $110/125起; ❄📶✉)这家宽敞的旅馆有河畔花园、设施齐全的房间与套房。有些是带有古董家具的传统房间，有些带有厨房，还有一些适合家庭居住。不错的选择。

★ **Poetry on a Plate** 澳洲菜 $$

（www.poetryonaplate.com.au; Kidman's Camp; 成人/儿童 $25/10; ⌚4月至10月 周二、周四和周日 18:30）前所未有的盛情款待：星空下，坐在篝火旁，就着简单、精心制作的菜肴与餐后甜点，听澳大利亚丛林民谣诗歌和故事，物有所值。衣服穿得暖和些，自备饮品、露营椅和餐具（盘子、刀叉和杯子），或者额外付$5租用这些物品。

ℹ 到达和离开

NSW TrainLink（☎13 22 32; www.nswtrainlink.info）长途汽车往返于达博（$67, 4.5小时），在达博有开往悉尼的火车。

新南威尔士州南部

包括 ➡

最佳餐饮

- Biota Dining(见280页)
- Raw & Wild(见280页)
- Eschalot(见281页)
- Wild Brumby Mountain Schnapps(见288页)
- Café Darya(见288页)

最佳住宿

- Links Manor(见280页)
- Bundanoon YHA(见281页)
- Globe Inn(见282页)
- Briardale B&B(见282页)
- Lake Crackenback Resort(见289页)

为何去

在悉尼和奥尔伯里之间，一连串古意盎然的内陆城镇散布在休姆公路两侧，它们中的每一个都因某个特别的原因而闻名，比如丛林大盗、富饶的牧场或祖先的遗产。

这一地区的亮点包括南部高地的鲍拉，以及令人昏昏欲睡的历史定居点亚斯和冈德盖。奥尔伯里正好位于新南威尔士州和维多利亚州的边界之上，它将一个不错的博物馆，以及上好的咖啡馆和酒吧等融合在一起。在北部，临河的沃加沃加是新南威尔士州最大的内陆城市。

在公路的西北面，土地越发平坦，红得更加醒目，也更加干燥。墨累河和马兰比吉河为Riverina地区解决了当地的灌溉问题，也为格里菲斯周边美食旅游业的发展提供了助力。

在奥尔伯里和新南威尔士州的海岸线之间，大雪山的主体是庞然大物科西阿斯科山——澳大利亚的最高峰。冬天前来可以滑雪，或是进行其他一些高山运动项目。夏天的话，不妨骑山地自行车、徒步和钓鱼。

何时去

鲍拉

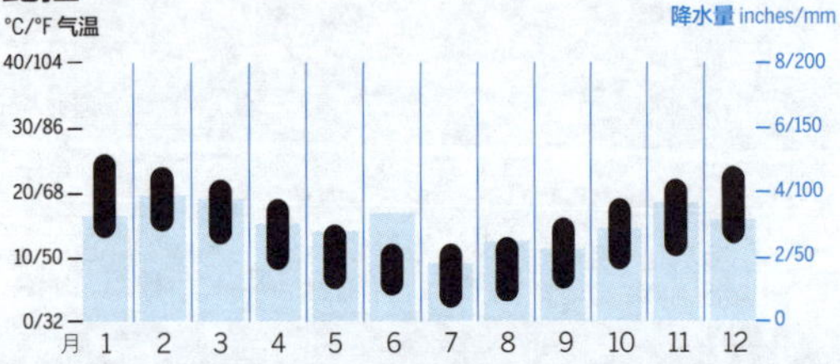

复活节 去德尼利昆，参加大天空布鲁斯及传统音乐节。

6月至8月 在最好的滑雪和滑板滑雪胜地大雪山尽情享受。

10月 在Riverina一年一度的尝鲜节上品尝美食佳肴。

新南威尔士州南部亮点

❶ 在**鲍拉**的**布拉德曼板球博物馆**（见280页）了解唐纳德的生平。

❷ 在南部高地一探地下**洞穴系统**（见281页）。

❸ 在安静的**亚斯**（见281页）和怪异的**冈德盖**（见283页）体验新南威尔士有趣的历史文化遗产。

❹ 在**奥尔伯里**（见282页）和**沃加沃加**（见283页）享用当地美味的葡萄酒、啤酒和佳肴，同时欣赏艺术。

❺ 在**格里菲斯**主街的**食肆**（见286页）里发掘你身上属于意大利的那一面。

❻ 在临湖的**金德拜恩**（见287页）的山间骑山地自行车。

❼ 在**铁播堡**（见288页）繁忙热闹的冬季进行滑雪和滑板滑雪。

南部高地（THE SOUTHERN HIGHLANDS）

鲍拉（Bowral）

人口 12,154

鲍拉位于休姆公路旁，是南部高地主要的城镇之一。这是个洋溢着英伦风情的美丽地方，附近有值得一探的Moss谷。

景点

★国际板球名人堂 博物馆

（International Cricket Hall of Fame；☎02-4862 1247；www.internationalcrickethall.com.au；St Jude St，Bowral；成人/儿童 $20/11；⏲10:00~17:00）鲍拉是已经过世的伟大板球明星唐纳德·布拉德曼（Donald Bradman）爵士度过其少年时光的地方。他是澳大利亚最传奇的体育英雄。在名人堂的建筑群内，有一处漂亮的板球场，球迷可以在**布拉德曼板球博物馆**（Bradman Museum of Cricket；www.bradman.com.au）向这位巨星表达敬意。这里收藏着有趣的灰烬杯纪念物和与唐纳德有关的纪念品，丰富的展品全面展示了这项国际化的体育运动。

节日和活动

鲍拉郁金香节 文化节

（Bowral Tulip Time Festival；www.tuliptime.net.au）春季的鲜花之节。在9月举办。

食宿

悉尼的一日游旅行者和过夜者都十分喜欢这一地区，此地有上好的餐馆和民宿。最佳午餐地点包括：**Centennial Vineyards**（☎02-4861 8700；www.centennialrestaurant.com.au；Centennial Rd；主菜 $28~39；⏲周三至周一 正午至15:00）、**Southern Highland Wines**（☎02-4686 2300；www.shw.com.au；Oldbury Rd；主菜 $27~34；⏲周四至周一 正午至15:00）以及**McVitty Grove Estate**（☎02-4878 5044；www.feastatmcvitty.com.au；Wombeyan Caves Rd；小吃 $18~20，主菜 $28~34；⏲周四至周日 10:00~16:00）。

> **非凡的休姆公路**
>
> 四车道的休姆公路从悉尼通往墨尔本，全程近900公里，沿途拥有许多风景如画的路段，还会经过一些历史城镇。请注意，该公路严格执行每小时110公里的限速，一旦超速将会收到巨额罚单。

★Links Manor 客栈 $$$

（☎02-4861 1977；www.linkshouse.com.au；17 Links Rd；房间 $190~340；❄📶）这家精品客栈拥有一个休息室以及花园庭院——简直就是《告别有情天》（*Remains of the Day*）里面旅馆的翻版。周五和周六晚上的房价最高。

★Raw & Wild 咖啡馆 $$

（250 Bong Bong St；主菜 $14~24；⏲周日至周四 8:00~17:30，周五和周六 至21:00；🖉）🍃穿过一家健康食品商店就能够找到鲍拉最好的咖啡馆，这里专注于一切有机的、当地的、野生的以及可持续的东西。当然味道也是一流的。这里还提供上好的啤酒和葡萄酒。周末，小吃之夜非常受欢迎。

★Biota Dining 新派澳洲菜 $$$

（☎02-4862 2005；http://biotadining.com；18 Kangaloon Rd；早午餐 主菜 $19，精选套餐 $105~165；⏲周六和周日 9:00~11:00，周五至周一 正午至14:30，每天 18:00~21:30）改良的季节性菜单包括一些相当有意思的菜品，比如盐焗黄瓜配生蚝及海边植物。这里酒单的品质和周末的早午餐一样棒。尝试螃蟹和奶油鸡蛋滑块，配上一杯滋补的胡椒莓血腥玛丽。

实用信息

南部高地游客中心（Southern Highlands Visitors Centre；☎02-4871 2888；www.southern-highlands.com.au；62-70 Main St，Mittagong；⏲周一至周五 9:00~17:00，周六和周日 至16:00）位于Mittagong，就在鲍拉附近。

贝丽马和班达努恩（Berrima & Bundanoon）

人口 246（贝丽马），2419（班达努恩）

沿着休姆公路往南行驶，便可到达建于1829年的贝丽马。这座被列入遗产保护名单

的小镇的特色是艺术画廊、古玩店、精致的食物及葡萄酒。而贝丽马的南部就是宁静的班达努恩，这里是莫顿国家公园的门户所在。

景点

莫顿国家公园 国家公园

（Morton National Park；www.nationalparks.nsw.gov.au；每车 $3）莫顿国家公园的亮点是Budawang Range深不可测的峡谷和高耸的砂岩高原，还有高达81米的Fitzroy瀑布。国家公园和野生动物管理局游客中心（NPWS visitor centre；☎02-4887 7270；www.nationalparks.nsw.gov.au；Nowra Rd，Fitzroy Falls）提供有关步行游览和徒步活动的信息。

食宿

★Bundanoon YHA 青年旅舍 $

（☎02-4883 6010；www.yha.com.au；115 Railway Ave；铺/双/标三 $34/78/102）位于一座爱德华风格的建筑内，Bundanoon拥有绿荫如盖的走廊。

Bendooley Bar & Grill 小酒馆 $$

（☎02-4877 2235；www.bendooleyestate.com.au；比萨 $22~25，主菜 $27~34；⊙10:00~15:00）想轻轻松松地吃顿午餐？这里是最佳选择。试试大虾鲜椒比萨饼，配上一杯当地手工酿制的啤酒。这里附属于Berkelouw's Book Barn & Café。

Josh's Café 咖啡馆 $$

（☎02-4877 2200；9 Old Hume Hwy，Berrima；主菜 $25~32；⊙周三至周六 正午至15:00，周四至周六 18:00~21:00，周日 9:00~15:00）这家不拘一格的小餐馆主要供应土耳其口味的食物。

★Eschalot 新派澳洲菜 $$$

（☎02-4877 1977；www.eschalot.com.au；24 Old Hume Hwy，Berrima；主菜 $36~40，含7道菜的精选套餐 $110；⊙周四至周日 正午至14:30，周三至周六 18:00~21:00）这间古老的砂岩小屋完美地代表了现代澳大利亚烹饪的最佳水准。菜品包括芝麻烤羊驼肉薄片配西瓜、奶油以及野生大米，甜点非常美味。

购物

Berkelouw's Book Barn & Café 书店

（☎02-4877 1370；www.berkelouw.com.au；Old Hume Hwy，Bendooley；⊙9:00~17:00）位于贝丽马以北3公里处，这家书吧有一些二手书。

到达和离开

NSW TrainLink（☎13 22 32；www.nswtrainlink.info）火车从班达努恩开往伍伦贡（$8.60，2小时）和悉尼中央车站（$21，2小时）。

亚斯及周边（YASS & AROUND）

人口 5591

亚斯平静而有魅力（多亏了公路绕道而行），城中散落着历史建筑和安静的街角酒馆。

南部高地的洞穴

宏伟壮观的石灰岩**钟乳石洞穴**（Wombeyan Caves；☎02-4843 5976；www.nationalparks.nsw.gov.au；Wombeyan Caves Rd；Figtree Cave 成人/儿童 $18/12，两处洞穴及团队游 Discovery Pass $30/23；⊙9:00~16:00）在Mittagong西北65公里处一条未铺设过的山区道路上，附近有徒步路径，以及一个带小屋和农舍的露营地。

Abercrombie洞穴（☎02-6368 8603；http://abercrombiecaves.com；不带导游/带导游 团队游 $18/30；⊙周四至周一 9:00~16:00）可以经由巴瑟斯特南部一条72公里长的岔路到达。这个洞穴系统拥有世界上最大的天然隧道之一——大拱门（Grand Arch）。

在亚斯东南57公里处，通过部分仍是土路的道路，可以到达**Careys洞穴**（☎02-6227 9622；www.weejaspercaves.com；成人/儿童 $15.40/9.90；⊙团队游 周六和周日 正午、13:30和15:00，周五和周一 正午和13:30）。它位于Wee Jasper。若想参加团队游，务必提前打电话预订。

Jenolan洞穴（☎1300 763 311；www.jenolancaves.org.au；Jenolan Caves Rd；成人/儿童 $32/22起；⊙团队游 9:00~17:00）也位于这个区域。

亚斯山谷游客中心(Yass Valley Visitor Centre; ☎1300 886 014; www.yassvalley.com.au; 259 Comur St; ⊙周一至周五 9:30~16:30, 周六和周日 10:00~16:00)位于加冕公园(Coronation Park)内,隔壁就是亚斯和地区博物馆(Yass & District Museum; ☎02-6226 2577; www.yass-history.org; 成人/儿童 $5/免费; ⊙周六和周日 10:00~16:00),那里收藏着19世纪90年代亚斯城镇的模型。建于1835年的库马小屋(Cooma Cottage; ☎02-6226 1470; www.nationaltrust.org.au/nsw/CoomaCottage; 成人/儿童 $5/3; ⊙周五至周日 10:00~16:00)位于从小镇前往悉尼的Yass Valley Way之上。游客中心有关于徒步路线的地图,这类路线包括休姆和霍维尔徒步小道(Hume & Hovell Walking Track)。

11月初,美酒、鲜花和爵士音乐节(Wine, Roses & All That Jazz Festival)期间会上演现场音乐会,供应上等美食,并开展葡萄酒品尝活动。雅致的Globe Inn(☎02-6226 3680; www.theglobeinn.com.au; 70 Rossi St; 标单/双 $130/160起)无疑是最好的住宿选择。

奥尔伯里(ALBURY)

人口 45,627

区域中心奥尔伯里在墨累河上,也在州界上,与其维多利亚州的姐妹城沃当加相对而立。奥尔伯里是去往维多利亚州和新南威尔士州雪原、高山地带及探索墨累河上游的理想大本营。同时,此地也可以作为悉尼和墨尔本之间的小憩之地。

景点

图书馆博物馆 博物馆

(Library Museum; ☎02-6023 8333; www.alburycity.nsw.gov.au; Kiewa St和Swift St交叉路口; ⊙周一、周三和周四 10:00~19:00, 周二和周五 至17:00, 周六 至16:00, 周日 正午至16:00) 免费 这里既举办展览,也讲述当地的历史,包括原住民文化和20世纪该地区的移民史等内容。

奥尔伯里地区美术馆 美术馆

(Albury Regional Art Gallery; ☎02-6043 5800; www.alburycity.nsw.gov.au; 546 Dean St; ⊙周一至周五 10:00~17:00, 周六 10:00~16:00, 周日 正午至16:00) 免费 翻修之后,奥尔伯里的美术馆于2015年重新开放,这里兴许是悉尼之外新南威尔士州最好的美术馆。特色展品包括原住民艺术和当代艺术。

活动

Noreuil Park 游泳

就在快到Lincoln Causeway的地方,有一些美丽茂密的法国梧桐树,以及一个河流游泳池。你不妨尝试环游:仰面朝天地漂在水上游个20分钟,那感觉妙极了。

Wonga Wetlands 观鸟

(Riverina Hwy, Splitters Creek)这是一处由当地Wiradjuri人建立的原住民露营地,也是一个力图恢复当地湿地的创新型项目。你可以在保护区内观赏154种鸟。

住宿

Albury Motor Village YHA 青年旅舍 $

(☎02-6040 2999; www.yha.com.au; 372 Wagga Rd; 铺/双/家 $30/70/90; @🏊)位于奥尔伯里市中心以北约4.5公里处,这家青年旅舍有不少木屋、房车和背包客宿舍。

★Briardale B&B 民宿 $$

(☎02-6025 5131; www.briardalebnb.com.au; 396 Poplar Dr; 房间 $155~190; ❄)这家优雅的民宿位于奥尔伯里北部,拥有一些装饰精美的客房,风格朴素古雅。民宿毗邻一个大的公园。

Quest Albury 公寓 $$

(☎02-6058 0900; www.questalbury.com.au; 550 Kiewa St; 房间 $149起; ❄📶)这里拥有工作室套房以及公寓房,装饰现代,色调柔和,配有暗木家具。

餐饮

Green Zebra 咖啡馆 $

(☎02-6023 1100; www.greenzebra.com.au; 484 Dean St; 主菜 $11.50~17.50; ⊙周一至周五 8:00~18:30, 周六和周日 7:30~15:00; 🖉)🍃 这家位于主街上的不错咖啡馆提供自制意大利面、沙拉和其他有机菜肴。

Mr Benedict 咖啡馆 $$

(www.mrbenedict.com.au; 664 Dean St; 主菜 $12~21; ⊙周三至周日 7:30~15:00)这里是

我们在奥尔伯里最喜爱的咖啡馆，供应城里最棒的咖啡、一种精选啤酒以及不错的葡萄酒，还有有意思的早餐和午餐黑板特色菜。

Kinross Woolshed 小酒馆食物 $$

（☎02-6043 1155；www.kinrosswoolshed.com.au；Old Sydney Rd，Thurgoona；主菜$12~32；⏲周一至周五 9:00至深夜，周六 7:00起，周日 8:00起）这个乡村酒馆位于一个19世纪90年代的旧羊毛厂内，值得驱车（或者搭乘班车）前往。周六晚上有乡村音乐演出，看演出之前先来上一份$2的熏肉鸡蛋卷。

Border Wine Room 新派澳洲菜 $$

（www.borderwineroom.com.au；492a Dean St；主菜 $28~37；⏲周二至周六 16:00至午夜）这家时髦的酒吧和餐馆供应改良版的食物，其风味带有中东以及亚洲菜肴的细微影响。

Bamboo 自酿啤酒

（www.bambooalbury.com.au；498 Dean St；⏲周三至周日 正午至15:00，周二至周日 17:30至深夜）这里有自酿啤酒、来自亚洲的街头小吃以及花园庭院里偶尔上演的现场音乐表演。

ℹ 实用信息

奥尔伯里游客信息中心（☎1300 252 879；www.visitalburywodonga.com.au；Railway Pl；⏲9:00~17:00）在火车站对面。

ℹ 到达和离开

机场（Borella Rd）距离城镇4公里。**区域快线**（☎13 17 13；www.rex.com.au）、**维珍澳洲航空**（Virgin Australia；www.virginaustralia.com.au）和**澳洲航空**（Qantas；☎13 13 13；www.qantas.com.au）都有航班飞往悉尼（$130起，1.25小时）和墨尔本（$109起，1小时）。

澳洲灰狗巴士（Greyhound；☎1300 473 946；www.greyhound.com.au）有长途汽车发往墨尔本（$52，3.75小时）、沃加沃加（$35，2.5小时）和悉尼（$82起，10小时）。

NSW TrainLink（☎13 22 32；www.nswtrainlink.info）XPT列车开往沃加沃加（$19，1.25小时）、悉尼（$72，8小时），以及墨尔本（$46，3.5小时）。NSW TrainLink的长途汽车开往伊丘卡（$32，4.25小时）。**V/Line trains**（☎13 61 96；www.vline.com.au）的列车开往墨尔本（$33，3.75小时）。

沃加沃加（WAGGA WAGGA）

人口 46,913

马兰比吉河蜿蜒流过沃加沃加的北端，河岸上种植的尤加利树与树荫成行的街道和可爱的花园一起，十分相衬。在当地Wiradjuri人的语言中，这个地名的含义是"鸦群之地"。"沃加"是新南威尔士州最大的内陆城市。

你还在半道上

冈德盖（Gundagai）位于马兰比吉河畔，差不多在悉尼和墨尔本中间的位置。这里有一个不错的沿河露营地和一些汽车旅馆，不过最好的住宿选择是位于城南34公里处的占地1000英亩的**Hillview Farmstay**（☎02-6944 7535；www.hillviewfarmstay.com.au；Hume Hwy；1卧/2卧/4卧 别墅 $145/175/450；❄）。

淘金热和丛林大盗是冈德盖色彩斑斓的早期历史中不可分割的部分。臭名昭著的丛林大盗月光队长（Captain Moonlight）就是在冈德盖建于1859年的法院里接受审问的，其遗体就埋葬在镇北**墓园**中。园里还有Yarri的墓地，这位原住民曾在19世纪初洪水泛滥时挽救过近50位当地居民的生命。

形象生动的**艾尔弗雷德王子大桥**（Prince Alfred Bridge）——车辆和行人均不能通行——横跨在马兰比吉河形成的冲积平原上。与这座桥平行的是新南威尔士州最长的木制火车轨道。

Mt Parnassus观景台有全景风光。可以向游客中心打听风景同样优美的**Rotary观景台**。

镇东约8公里处，**餐盒上的狗**（Dog on the Tuckerbox）是冈德盖著名的雕像，其原型是19世纪丛林民谣中的一只狗。

景点和活动

植物园 花园

（Botanic Gardens；Macleay St；⏲日出至日落）植物园内有一个小动物园，里面有袋鼠、袋熊和鸸鹋等动物，另有一个可以让鸟儿在其中自由飞翔的大型鸟舍。旁边的Baden Powell Dr一直通向一个不错的观景台以及风景优美的库克船长车道（Captain Cook Drive）。

Museum of the Riverina 博物馆

（www.wagga.nsw.gov.au/museum；Baden Powell Dr；⏲周二至周六 10:00~16:00，周日 至14:00）免费 设有市府礼堂（Civic Centre）和植物园两个分馆。后者专注于沃加的风土人情、地方志和重大活动。

沃加沃加美术馆 美术馆

（Wagga Wagga Art Gallery；☎02-6926 9660；www.wagga.nsw.gov.au/gallery；Civic Centre，Morrow St；⏲周二至周六 10:00~16:00，周日 10:00~14:00）免费 这里的亮点是奇妙的国家艺术玻璃展厅（National Art Glass Gallery），此外还有当地和全国艺术家的作品。

Wiradjuri Walking Track 步行

一条长12公里以及另一条长30公里的环线，都起始于游客中心，沿途会经过一些观景台和对原住民具有重大意义的地点。

沃加的葡萄酒和油

Harefield Ridge（www.cottontailwines.com.au；562 Pattersons Rd；⏲周三至周日 11:30至深夜）在地窖中品酒、用餐。

Wagga Wagga Winery（☎02-6922 1221；www.waggawaggawinery.com.au；Oura Rd；⏲周二至周日 11:00~22:00）在地窖中品酒、用餐。

Charles Sturt University Winery（www.winery.csu.edu.au；McKeown Dr；⏲周五至周日 11:00~16:00）品尝葡萄酒、橄榄油以及芝士。

Wollundry Grove Olives（☎02-6924 6494；www.wollundrygroveolives.com.au；15 Mary Gilmore Rd；⏲11:00~16:00）获过大奖的橄榄油和餐桌橄榄。

沃加河滩（Wagga Beach） 河滩

位于Tarcutta St的尽头，是河边不错的游泳地点。

节日和活动

尝鲜节 美食、葡萄酒

（Taste；www.tasteriverina.com.au）10月可以在Riverina地区品尝美酒佳肴。

住宿

Wagga Wagga Beach Caravan Park 露营地 $

（☎02-6931 0603；www.wwbcp.com.au；2 Johnston St；露营地 每位成人 $25，小屋 $115~170；❄📶）包括一个由河岸改造而来的适于游泳的河滩。

Townhouse Hotel 酒店 $$

（☎02-6921 4337；http://townhousewagga.com.au；70 Morgan St；房间 $119~189；❄📶🏊）Townhouse在市中心，提供绝佳的服务和具有现代风格的房间。并非所有的房间都带有外窗。

Dunns B&B 民宿 $$

（☎02-6925 7771；www.dunnsbedandbreakfast.com.au；63 Mitchelmore St；标单/双 $130/140；❄📶）这是一栋装饰质朴的联邦房屋，带有私人阳台和起居室。位于市中心以外，靠近植物园。

餐饮

Mates Gully Organics 咖啡馆 $$

（www.matesgully.com.au；32 Fitzmaurice St；主菜 $14~33；⏲周日至周三 8:00~16:00，周四至周六 至21:30；📶）🌿公用的桌子和墙上的艺术品营造出了一种很酷的氛围。众多食材都出自自家菜园。偶尔会有现场音乐表演。

Oak Room Kitchen & Bar 小酒馆 $$

（www.townhousewagga.com/the-oak-room/；Townhouse Hotel，70 Morgan St；酒吧小食 $7~17，主菜 $28~39；⏲周一至周六 18:00至深夜）这家喧闹的酒馆将小份菜品和大份菜肴结合在了一起。17:00起，酒吧开始提供饮料和小食。

Magpies Nest 小酒馆 $$$

（☎02-6933 1523；www.magpiesnestwagga.com；20 Pine Gully Rd；套餐 $55；⏰周二至周六17:30至深夜）这是一家快乐的休闲餐厅，栖身于经过修复的19世纪60年代的石制马房里。从这里可以眺望马兰比吉河洼地，周围环绕着橄榄林和葡萄园。

Thirsty Crow Brewing Co 精酿啤酒

（www.thirstycrow.com.au；31 Kincaid St；比萨 $19~25；⏰周一和周二 16:00~22:00，周三至周六 11:00~23:30，周日 正午至21:30）来这里品尝美味的啤酒吧——我们最爱的是带啤酒花的Dark Alleyway IPA，还可以来一份用木头烤制的比萨饼。

实用信息

游客中心（Visitor Centre；☎1300 100 122；www.visitwagga.com；183 Tarcutta St；⏰9:00~17:00）帮助预订并提供信息。

到达和离开

澳洲航空（Qantas；☎13 13 13；www.qantas.com.au）有航班飞往悉尼（$129起，1小时），**区域快线**（☎13 17 13；www.rex.com.au）有航班飞往墨尔本（$129起，1.25小时）和悉尼（$126起，1.25小时）。

NSW TrainLink（☎13 22 32；www.nswtrainlink.info）的长途汽车从**沃加火车站**（Wagga train station；☎02-6939 5488，13 22 32）发车，在车站可以预订车票。火车开往奥尔伯里（$25，1.25小时）、墨尔本（$88，5小时）和悉尼中央车站（$88，6.75小时）。

格里菲斯（GRIFFITH）

人口 17,616

在格里菲斯，你看到印度人、斐济人的概率和看到意大利人的差不多，这要归功于这座农业小镇的文化多元性。当地餐馆遍地，格里菲斯也因此成了Riverina地区的美酒佳肴之都。

景点和活动

先驱公园博物馆 博物馆

（Pioneer Park Museum；☎02-6962 4196；Remembrance Dr和Scenic Dr的交叉路口；成人/儿童 $10/6；⏰9:30~16:00）位于镇中心以北，先驱公园博物馆复制了Riverina早期村庄的样子，最近还新增了葡萄酒展示。

Sir Dudley de Chair Lookout 瞭望点

这个拥有全景的观景台靠近**隐士洞**（Hermit's Cave）。20世纪初，一个意大利人在隐士洞里住了几十年。当心这里的蛇。

McWilliam's Hanwood Estate 葡萄酒厂

（www.mcwilliamswine.com；Jack McWilliam Rd，Hanwood；⏰品酒 周二至周六 10:00~16:00）这是本地区最古老的一家葡萄酒厂（1913年）。

De Bortoli 葡萄酒厂

（www.debortoli.com.au；De Bortoli Rd；⏰周一至周六 9:00~17:00，周日 至16:00）不妨品尝令人大开眼界的Black Noble甜品葡萄酒。

Catania Fruit Salad Farm 农场

（☎02-6963 0219；www.cataniafruitsaladfarm.com.au；Farm 43 Cox Rd，Handwood；⏰团队游 2月至11月 13:30）在农场团队游中，可以品尝一系列泡菜、开胃小菜、水果和果酱。

> **德尼利昆：节日之城**
>
> 在10月新南威尔士州的劳动节长假里，安静的德尼利昆会庆祝**Ute Muster**（www.deniutemuster.com.au；⏰10月），这个节日吸引着成千上万的人驾驶他们的ute皮卡车前来度过一个激动人心的周末。活动内容包括竞技表演、电锯雕塑、砍木头以及适合儿童的项目。大赛里还会出现一些在澳大利亚音乐界大名鼎鼎的人物。
>
> 在复活节的整个周末，众多不拘一格的国际艺术家都会来参加**大天空布鲁斯及传统音乐节**（Big Sky Blues & Roots Festival；www.bigskybluesfestival.com；⏰复活节周末）。近年的节日里，明星阵容包括埃尔维斯·科斯特洛（Elvis Costello）以及永远走在时尚之巅的乔治·克林顿（George Clinton）。

节日和活动

UnWINEd 美食、葡萄酒

（www.unwined-riverina.com；⏲6月）美酒品鉴活动，现场提供午餐并举办音乐会。

住宿

Myalbangera Outstation 青年旅舍 $

（☎0428 130 093；Farm 1646，Rankin Springs Rd，Yenda；铺 $19~25，双 $40~45；❄）这是一个面向背包客的住宿选择，位于镇外约12公里处。主人可协助寻找季节性的工作。

Banna Suites 公寓 $$

（☎02-6962 4278；www.bannasuites.com；470 Banna Ave；1卧/2卧公寓 $150/260起）时髦的国际化公寓，位于格里菲斯的主街上。

Grand Motel 汽车旅馆 $$

（☎02-6969 4400；www.grandmotelgriffith.com.au；454 Banna Ave；房间 $135~175；❄📶）这里有高高的天花板和明亮的现代客房。不要选择没有窗户的房间。

就餐

Banna Ave大街两侧有很多意大利餐馆。

Roastery 咖啡馆 $$

（www.facebook.com/TheRoasteryGriffith；232 Banna Ave；主菜 $12~24；⏲周一至周五 7:00~17:00，周六和周日 8:00~15:00）这家餐厅从世界各地精选咖啡豆，提供格里菲斯最棒的咖啡以及Riverina产的葡萄酒，此外还有最受欢迎的咖啡馆点心和柜台食物。

Belvedere 意大利菜、比萨 $$

（www.facebook.com/Belvedereristorante；494 Banna Ave；比萨 $14~30，主菜 $18~30；⏲周二至周日 正午至深夜）这里是我们在城里最喜爱的比萨饼店，提供Tresetti自酿大杯啤酒。

La Scala 意大利菜 $$

（☎02-6962 4322；455b Banna Ave；主菜 $26~30；⏲周二至周六 18:00~21:30）你在这里能看到老式菜单、被壁画覆盖的墙壁和便宜的按杯计价的白葡萄酒。感觉很棒。

> **不要错过**
>
> **格里菲斯的意大利美食**
>
> ➡ 最美味的奶油甜馅煎饼卷：**Bertoldo's Bakery**（324 & 150 Banna Ave；⏲8:30~17:00）
>
> ➡ 最棒的意式薄饼：**La Piccola Italian Deli**（444a Banna Ave；⏲周一至周五 8:30~17:30，周六 8:30~13:00，周日 9:00至正午）
>
> ➡ 最好的比萨：**Belvedere**

购物

Riverina Grove 美食

（☎02-6962 7988；www.riverinagrove.com.au；4 Whybrow St）从腌羊奶干酪、橄榄油到自制的果酱和酸辣酱，这里应有尽有。还有许多免费试尝的机会。

实用信息

多个农场和葡萄庄园提供帮忙采收的工作。可以向游客中心打听一下。

游客中心（Visitor Centre；☎02-6962 4145；www.visitgriffith.com.au；Banna Ave和Jondaryan Ave的交叉路口）帮助预订并提供信息。

到达和当地交通

区域快线（☎13 17 13；www.rex.com.au）有航班飞往悉尼（$173起，1.25小时）。

除了NSW TrainLink（停在火车站）之外，所有长途汽车都停在游客中心。有经由米尔迪拉（$59，6小时）开往墨尔本（$80，9.5小时）和经由库塔曼德拉（$28，2.75小时）前往悉尼（$70，10.25小时）的班次。

大雪山（SNOWY MOUNTAINS）

大雪山是大分水岭的一个组成部分，跨越新南威尔士州和维多利亚州的边界。这里有澳大利亚大陆地带最高的山峰——科西阿斯科山，其海拔2228米。这里是澳大利亚境内唯一类似阿尔卑斯山脉的区域：从6月初到8月下旬都有降雪。

到达和离开

库马(Cooma)是大雪山的东部门户,但若想获得本地区的最佳体验,最好将据点设在金德拜恩——尤其是夏季,也可以设在铁播堡和滑雪处。

如果你只是想滑雪的话,可以搭乘公共交通。不过,在夏季,你还是需要一辆车来进行全面的探索。

在本书落笔之时,还没有前往大雪山的航班。

澳洲灰狗巴士(Greyhound; ☎1300 4739 46863; www.greyhound.com.au)冬季,有从悉尼和堪培拉定期前往的滑雪班次。

Murrays(☎13 22 51; www.murrays.com.au)冬季每天都有长途汽车服务,包括从悉尼和堪培拉前往的滑雪班次。

NSW TrainLink(☎13 22 32; www.nswtrainlink.info)常年有车从库马到堪培拉($14, 1.25小时)和悉尼中央车站($53, 7小时)。本书调研时,将金德拜恩、堪培拉和库马连接起来的长途汽车服务正在试运行当中。

Snowliner Coaches(☎02-6452 1584; www.snowliner.com.au)在新南威尔士州的学校学期中,提供从库马到金德拜恩的校车,同时也面向大众(成人/儿童 $15/8)。

V/Line(☎13 61 96; www.vline.com.au)提供从堪培拉到库马的长途汽车服务($13, 1.25小时)。

金德拜恩(Jindabyne)

金德拜恩是距离科西阿斯科国家公园主要滑雪度假胜地最近的城镇。冬季,这里要接待两万多名游客。夏季,镇子拥有更为安静祥和的气氛。在河里和湖中钓鱼,或是进行越来越受欢迎的山地自行车运动,是主要的活动选择。

活动

Sacred Ride 探险运动

(☎02-6456 1988, 1300 736 581; www.sacredride.com.au; 6 Thredbo Tce)出租装备并组织活动,包括花式滑水、山地自行车、激浪漂流、绳降、划独木舟和皮划艇。想要进行山地自行车运动的话,来这里就对了。

Mountain Adventure Centre 运动

(☎1800 623 459; www.mountainadventurecentre.com.au; Shop 5, Snowline Centre, Kosciuszko Rd和Thredbo Rd的交叉路口; ⌚11月至次年5月 9:00~16:00, 6月至10月 8:00~18:00)出售、出租户外装备,也可以安排探险活动。夏天,骑山地自行车、划独木舟或者徒步。冬季,可以在乡间滑雪、做旋转急停并踏雪健行。

Discovery Holiday Parks 划船

(☎02-6456 2099; www.discoveryholidayparks.com.au; Kosciuszko Rd和Alpine Way的交叉路口)出租摩托艇、独木舟和明轮船。

住宿

冬季的价格上涨明显,所以务必提前预订。想要在假期租房,可以看看**Jindabyne & Snowy Mountains Accommodation Centre**(☎1800 527 622; www.snowaccommodation.com.au)和**Visit Snowy Mountains**(☎02-6457 7132; www.visitsnowymountains.com.au)。

Snowy Mountains Backpackers 青年旅舍 $

(☎1800 333 468; www.snowybackpackers.com.au; 7-8 Gippsland St; 夏季 铺/双 $25/60, 冬季 铺 $30~50, 双 $90~140; @)这是村里物有所值的住宿地,有整洁的宿舍、设施齐全的房间和阳光充沛的公共区域,还可以提供有关交通和活动方面的建议。

Banjo Paterson Inn 酒店 $$

(☎02-6456 2372; www.banjopatersoninn.com.au; 1 Kosciuszko Rd; 房间 夏季 $100~130, 冬季 $150~230)最好的房间带阳台,还能欣赏到湖景。其余设施包括喧闹的酒吧和微型酿酒厂。冬天,这里相当受欢迎。

就餐

冬天,你能找到意大利菜、印度菜、日本菜和墨西哥菜,但夏季很多餐厅会关门歇业。

Red Door Roastery 咖啡馆 $

(www.facebook.com/TheRedDoorRoastery; Town Centre Mall; 主菜 $9~16; ⌚7:30~15:00)

选一张户外的桌子，坐下来欣赏湖景，一边喝着金德拜恩最好的咖啡一边计划你的探险行程。这里全天供应菜肴，包括非常棒的早餐。

★ **Wild Brumby Mountain Schnapps** 小酒馆 $$

（www.wildbrumby.com; Alpine Way; 主菜 $12~30; ⌚10:00~17:00）酒馆位于金德拜恩和铁播堡之间，人们来这里主要是为了喝几杯烈酒。坐在走廊上，就着芝士和熟食拼盘来上一杯啤酒。

★ **Café Darya** 中东风味 $$

（☎02-6457 1867; www.cafedarya.com.au; Snowy Mountains Plaza; 小吃 $14，主菜 $29~32; ⌚周二至周六 18:00~21:00）在这里，可以品尝以波斯香料和玫瑰花瓣慢火烹饪的小羊腿。可自带啤酒、葡萄酒。只接受现金。

饮品和夜生活

Banjo Patterson Inn 微型酿酒厂、酒吧

（www.banjopatersoninn.com.au; 1 Kosciuszko Rd）科西阿斯科山淡啤酒就是在这里酿造的。Clancy's Bistro有不错的食物。Banjo的夜总会仅在冬天开放，在舞池里跳上一曲才尽兴。

实用信息

大雪山地区游客中心（Snowy Region Visitor Centre; ☎02-6450 5600; www.environment.nsw.gov.au; Kosciuszko Rd; ⌚9:00~16:00）由国家公园和野生动物管理局运营，拥有展示区、电影院和咖啡馆。可以在此询问关于垂钓和酿酒厂的信息。

科西阿斯科国家公园（Kosciuszko National Park）

覆盖673,492公顷、延伸150公里的科西阿斯科国家公园，是新南威尔士州国家公园皇冠上的一颗宝石。春夏之际，徒步道和露营地被高山花朵簇拥环绕着。这里的特色是洞穴、石灰岩峡谷、古老的小屋以及牧场，自行车和山地自行车运动非常受欢迎。

如果你直接开车穿过公园，就不必支付停车费用。但如果你需要过夜，或是打算经由金德拜恩去夏洛特山口（Charlotte Pass），则需按照每辆车每24小时$16的标准支付费用。

铁播堡（Thredbo）

海拔1370米，铁播堡常常被誉为澳大利亚首屈一指的滑雪度假胜地。夏季，这里有几项值得参与的活动项目。

景点和活动

铁播堡山体滑坡纪念碑 纪念碑

（Thredbo Landslide Memorial; Bobuck Lane）这个纪念碑可以从Bobuck Lane上看见，正是在这里，房舍Carinya和Bimbadeen在1997年的山体滑坡中被整个摧毁。支撑着平台的18根柱子象征在这次悲剧性事件中失去的18条生命。

Bobsled 探险运动

（1/6/10次 $7/36/50; ⌚全年 10:00~16:30）坐在雪橇板式的交通工具上，自山上下滑700米。

Kosciuszko Express Chairlift 缆车

（一日票 成人/儿童 往返 $34/18; ⌚全年）

在大雪山滑雪

铁播堡（☎1300 020 589; www.thredbo.com.au）和大雪山其他滑雪区域[如**蓝派瑞雪**（Perisher Blue; ☎02-6459 4495, 1300 369 909; www.perisherblue.com.au）和**夏洛特山口**（Charlotte Pass; www.charlottepass.com.au）]的滑雪季通常从6月初一直持续至8月末。

铁播堡的地形适合各种水平的滑雪爱好者。可以选择Supertrail（3.7公里）、容易的Village Trail（5公里）或是具有挑战性的Karels T-Bar（5.9公里）。

派瑞雪山谷（Perisher Valley）、Smiggin Holes、Mt Blue Cow和Guthega共同组成了蓝派瑞雪。

位于科西阿斯科山底部的夏洛特山口是澳大利亚海拔最高、最古老并且最难以到达的滑雪胜地之一。这里对于进行夏季运动来说也是不错的大本营。

攀登澳大利亚最高峰

相对来说，澳大利亚的最高峰较易攀登，尽管登顶仍需费上一番力气。没有雪的时候进行徒步是可行的，但一年中的天气情况变幻莫测。

需要向导服务的话，可以考虑Mt Kosciuszko Day Walk（www.thredbo.com.au；成人/儿童/家庭 $44/30/88；⏲10月底至次年4月底 周二、周四和周六 10:00~15:30）或Sunset Tour（www.thredbo.com.au；成人 $93；⏲圣诞节和新年前后的特定日期）。

一个人登山的话可以选择：

Mt Kosciuszko Track 从铁播堡出发，乘坐Kosciuszko Express Chairlift，在缆车到达处的顶部是陡峭的往返13公里的登顶山路。

Summit Walk 开车到达夏洛特山口上方铺设过的道路尽头，然后就要开始沿着广阔的路前进了。登山的道路长9公里（来回18公里），包括最后登顶前那段陡峭的路。

Main Range Track 仍然是从夏洛特山口出发，这段20公里长的环线会经过一些小溪，费时费力。

上升560米。从顶部的车站可以攀爬科西阿斯科山。

Thredbo Snow Sports Outdoor Adventures 探险运动

（☎02-6459 4100；www.thredbo.com.au）提供冬季高山探险项目。

K7 Kosciuszko Adventures 探险运动

（☎0421 862 354；www.k7adventures.com）夏季及冬季探险活动。

住宿

Thredbo YHA Lodge 青年旅舍 $

（☎02-6457 6376；www.yha.com.au；8 Jack Adams Path；夏季 标双 $99，铺/标双 不带浴室 $35/85；@）这是铁播堡最好的经济型住宿选择，带有很不错的公共区域。冬季房价飙升，成人必须是YHA会员才能入住。

Candlelight Lodge 旅馆 $$

（☎1800 020 900，02-6457 6318；www.candlelightlodge.com.au；32 Diggings Tce；标单/双 冬季 $210/250起，夏季 $135/180起；📶）这个提洛尔风格的旅馆很棒，每一个房间都能欣赏到美景。餐厅里提供的芝士火锅（仅限冬季）让人垂涎欲滴。

★ **Lake Crackenback Resort** 度假村 $$$

（☎1800 020 524；www.lakecrackenback.com.au；1650 Alpine Way；房间 $255起；❄@📶🏊）这个临湖的水疗度假村的公寓和农舍小屋都很上档次，餐厅也很有水平。无论冬季、夏季，这里都能提供许多活动选择。

餐饮

Gourmet 42 咖啡馆 $

（100 Mowamba Pl, Village Sq；主菜 $12~19；⏲7:30~15:00）宿醉的滑雪爱好者和没精打采的酒吧员工都会来这里喝咖啡、汤，吃意大利面。

Knickerbocker 新派澳洲菜 $$

（☎02-6457 6844；www.jeanmichelknickerbocker.com.au；Diggings Tce；主菜 $32~33；⏲周六和周日 正午至14:00，周三至周日 18:00至深夜）坐在屋内尽享阿尔卑斯式的舒适，或是裹上毛毯在露台上欣赏华美的景致。

实用信息

铁播堡游客中心（Thredbo Visitor Centre；☎02-6459 4294；www.thredbo.com.au；Friday Dr；⏲夏季 9:00~17:00，冬季 8:00~18:00）帮助预订和提供信息。

布里斯班及周边

包括 ➡

最佳餐饮

- Brew（见312页）
- Kwan Brothers（见314页）
- Baker's Arms（见311页）
- Varias（见337页）
- Island Fruit Barn（见331页）

最佳住宿

- Latrobe Apartment（见311页）
- Limes（见307页）
- Bowen Terrace（见307页）
- Casabella Apartment（见308页）
- Vacy Hall（见339页）

为何去

澳大利亚最被低估的城市？布里斯班是一座蒸蒸日上、充满活力的河滨城镇，拥有前卫的艺术场所、动感的夜生活以及美味的咖啡馆和餐馆。郁郁葱葱的公园和悠久的建筑为城市锦上添花，它们都浓缩在蜿蜒流淌的布里斯班河的转弯处。

布里斯班人喜爱出门，宜人的气候更是造就了当地居民的体魄。体态健美的当地人喜欢早起慢跑、游泳、骑车、划艇、攀岩或者就是遛狗。当天气过于炎热之时，布里斯班的亚文化暗流也在这里深深扎根，有书店、具有全球风韵的餐馆、咖啡馆、酒吧和众多的乐队。

布里斯班的东面是莫顿湾，这里有一些低洼的沙滩岛屿、海滩以及巡游而过的鲸鱼、海龟和海豚。西面则是具有乡村风情的内陆枢纽城镇图文巴（同样被低估了）以及格兰纳特贝尔葡萄酒区，这里出产一些令人难忘的美酒。

何时去

布里斯班

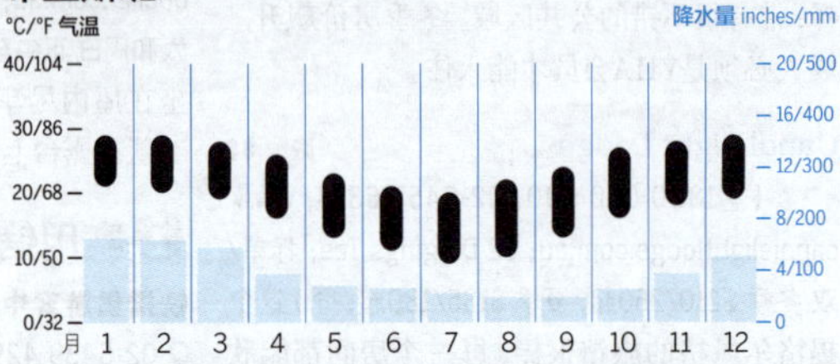

1月 布里斯班夏季酷暑难耐，1月是前去北斯特拉德布罗克岛的最佳月份。

5月至8月 凉爽、温和的温度（记得带件夹克），加上清透的天空，这可是布里斯班的最佳季节！

9月 春天到来，气候转暖，文艺范儿十足的布里斯班节也在这个月份举办。

布里斯班及周边亮点

① 在**布里斯班**参观世界级的**现代艺术美术馆**（见297页），然后在**南岸公园**（见298页）的Streets Beach戏水。

② 在**布里斯班发电站**（见323页）观看一些现场喜剧表演，接着在**福蒂蒂尤德瓦利**（见324页）纵情玩乐一夜。

③ 在**布里斯班**的**西区**（见321页）逛逛书店、观看酒吧里的现场乐队表演。

④ 沿着北斯特拉德布罗克岛的**北部峡谷海岬步道**（见330页）漫步，观看海龟、蝠鲼和离岸海豚。

⑤ 探索城市中的灌木林：沿着灌木丛生的坡道攀爬至**库特塔山瞭望台**（见293页）。

⑥ 在**布里斯班河**（见302页）上搭渡轮来回穿梭。

⑦ 在**格兰纳特贝尔葡萄酒区**（见335页）不同的酒窖之间徘徊。

在布里斯班的……

两日

在布里斯班波希米亚风格的西区来份早餐——我们推荐**Gunshop Café**（见317页）和**Burrow**（见316页），之后漫步至**南岸公园**（见298页）。花几个小时闲逛**现代艺术美术馆**（见297页），然后在河边的餐厅来顿午餐，在**Streets Beach**（见299页）畅游一番、凉爽一下。临近晚上时，跳上一艘开往**布里斯班发电站**（见298页）的渡轮，发电站位于新农场，可以在这里吃、喝或是观看一场展览。

第二天，直接去闹市区，在新旧混合的建筑里闲逛，参观新近翻修过的**市政厅**（见296页）——别错过位于三楼的**布里斯班博物馆**（见296页）和**财政大楼**（见297页），之后再缓步穿过郁郁葱葱的**城市植物园**（见296页）。最后在**福蒂蒂尤德瓦利**结束一天的行程：在**Alfred & Constance**（见319页）喝上一杯，在**唐人街**（见298页）来碗汤面，然后在酒吧和小酒馆里尽情享受夜晚。

四日

第三天，去位于新农场的**Chouquette**（见315页）品尝一流的法式咖啡，随后来到帕丁顿逛逛复古商店。开车去到**库特塔山保护区**（见293页）顶部的瞭望台，在**布里斯班植物园**（见293页）逛上一两个小时。打扮一番去城里赴晚宴，好好喝一顿：在**Super Whatnot**（见319页）先来一杯解渴，然后再在**E' cco**（见312页）气派地吃一顿。

第四天，搭游轮去**孤柏考拉保护区**（见293页）。在**Breakfast Creek Hotel**（见319页）一边喝啤酒、吃牛排，一边重数一遍今天遇见了多少种不同的野生动物，然后回到西区在**Archive Beer Boutique**（见321页）喝啤酒，在**Lock 'n' Load**（见322页）听现场乐队演奏。

布里斯班（BRISBANE）

人口 220万

布里斯班的魅力有理有据：看看这里的艺术、咖啡馆、酒吧、气候、老式的昆士兰房屋，还有上进积极的态度。但可能还是布里斯班河（2011年和2013年暴发的两次洪水令许多人心碎）本身让布里斯班脱颖而出。这条河的天然弯道将这个城市分割成一块块都市和村庄的混合体，每个区域都个性鲜明，地形各异：波希米亚风格的西区（West End）地势较低；新潮时尚的帕丁顿（Paddington）位于山顶；高端的新农场（New Farm）位于半岛上；而拘谨整洁的袋鼠角（Kangaroo Point）则位于海岬之上。游走在不同的村庄之间，可以领略昆士兰州（Queensland）这座千变万化而又略显古怪的时髦首府。

历史

1824年，布里斯班的第一个殖民定居点在莫顿湾的雷德克利夫（Redcliffe）建立，当时是作为悉尼较为顽固的犯罪分子的流放地西存在。在经历了水资源匮乏和与无家可归的当地原住民部落的冲突之后，殖民地迁至布里斯班河岸，即今天的市中心所在之处。新址在数任不良狱吏的手中备受蹂躏，直至1839年被废弃。之后，莫顿湾地区于1842年被重新开放以接纳自由的定居者，从此，布里斯班开始渐渐起势。

到1859年昆士兰州从新南威尔士州分离的时候，布里斯班已经拥有了6000左右的人口。巨大的财富逐渐涌入这个城市，这要归功于Darling Downs新的畜牧业和金矿产业，宏伟的建筑纷纷拔地而起，充分体现了这里的富足。然而，这里作为一个边沿城镇的形象并没有那么容易被打破——直到1982年的英联邦运动会（Commonwealth Games）和1988年的世博会（Expo），布里斯班作为一个文化中心的名声才开始慢慢树立起来。

景点

大布里斯班地区

库特塔山保护区 自然保护区

（Mt Coot-tha Reserve，见294页地图；www.brisbane.qld.gov.au；Mt Coot-tha Rd，Mt Coot-tha；⏲24小时）免费 从市区驱车或搭乘公共汽车15分钟就可以到达这片面积广大、郁郁葱葱的自然保护区，最高峰库特塔山海拔287米（真的只能算是座小山）。你可以在山坡上发现布里斯班植物园（Brisbane Botanic Gardens）、托马斯爵士布里斯班天文馆（Sir Thomas Brisbane Planetarium）、徒步路径和令人瞠目的库特塔山瞭望台（Mt Coot-tha Lookout，见294页地图；www.brisbanelookout.com；1012 Sir Samuel Griffith Dr；⏲24小时）免费。在晴朗的日子里，你还可以看见莫顿湾的岛屿。

若想经由公共交通到达此地，可以在市里的Adelaide St搭乘471路公共汽车，地点就位于乔治国王广场（King George Sq）对面（$6.10，25分钟）。公交车的终点在瞭望台，途中会在植物园外和天文馆停靠。

就在通往瞭望台的公路北侧，在Samuel Griffith Dr有条岔路通往JC Slaughter瀑布，只需沿步道前行700米即到；还有一条长1.5公里的原住民艺术小径（Aboriginal Art Trail），可以前往8处艺术空间，那里有当地原住民艺术家的作品。你还可以从JC Slaughter瀑布徒步前往瞭望台（往返大约4公里，山路很陡峭！）。在顶部有一座咖啡馆和一间俗艳的餐厅。

布里斯班植物园 花园

（Brisbane Botanic Gardens，见294页地图；☎07-3403 8888；www.brisbane.qld.gov.au/botanicgardens；Mt Coot-tha Rd，Mt Coot-tha；⏲8:00~17:30）位于库特塔山脚下，这座占地52公顷的花园拥有丰富的迷你生态环境：仙人掌、盆栽和草药园，雨林和干旱植物区……领略了各种奇特的植物后，你好像已经环游了全球！周一和周六的11:00和13:00提供免费的步行导览，周一至周五的10:30还可以乘坐免费的小巴游览。

若想经由公共交通到达此地，可以在市里的Adelaide St搭乘471路公共汽车，地点就位于乔治国王广场对面（$6.10，25分钟）。

托马斯爵士布里斯班天文馆 天文台

（Sir Thomas Brisbane Planetarium，见294页地图；☎07-3403 2578；www.brisbane.qld.gov.au/planetarium；MtCoot-thaRd，Mt Coot-tha；入场免费，展示 成人/儿童/家庭 $15/9/41；⏲周二至周五和周日 10:00~16:00，周六 11:00~19:30）全新装修过的托马斯爵士布里斯班天文馆就位于库特塔山的布里斯班植物园的入口处，是澳大利亚最大的天文台。天文馆内有大量的望远镜，在Cosmic Skydome里定期上演10个外太空展示，解说员长得像哈里森·福特（Harrison Ford）和伊万·麦格雷戈（Ewan McGregor），建议提前预订。

从市里的Adelaide St搭乘471路公共汽车可到达此地，就在乔治国王广场对面（$6.10，25分钟）。

孤柏考拉保护区 野生生物保护区

（Lone Pine Koala Sanctuary；☎07-3378 1366；www.koala.net；708 Jesmond Rd，Fig Tree Pocket；成人/儿童/家庭 $30/20/72；⏲9:00~17:00）位于市中心以南大约12公里处，孤柏考拉保护区占据了河边的一片园地。这里生活着大约130只考拉，还有袋鼠、负鼠、袋熊、鸟类和其他澳大利亚动物。考拉的可爱让人难以抗拒，多数游客乐意掏出$16，怀抱着一只考拉合影留念。全天都安排有各种动物的展示。

如果要前往这里，可以从Queen St汽车站搭乘430路公共汽车（$7.20，45分钟）。或者选择搭乘Mirimar（☎1300 729 742；www.mirimar.com；包括保护区门票 成人/儿童/家庭 $55/33/160）游览船，沿着布里斯班河航行前往保护区，发船地点位于南岸维多利亚桥旁边的文化中心浮码头（Cultural Centre Pontoon）。每天的发船时间是10:00，13:45从孤柏返回。

纽斯特德宅邸 历史建筑

（Newstead House，见294页地图；www.newsteadhouse.com.au；Breakfast Creek Rd和Newstead Ave交叉路口，Newstead；成人/儿童/家庭 $9/6/20；⏲周一至周四 10:00~16:00，周日 14:00~17:00）在微风徐徐的山丘上俯瞰着河

Greater Brisbane 大布里斯班地区

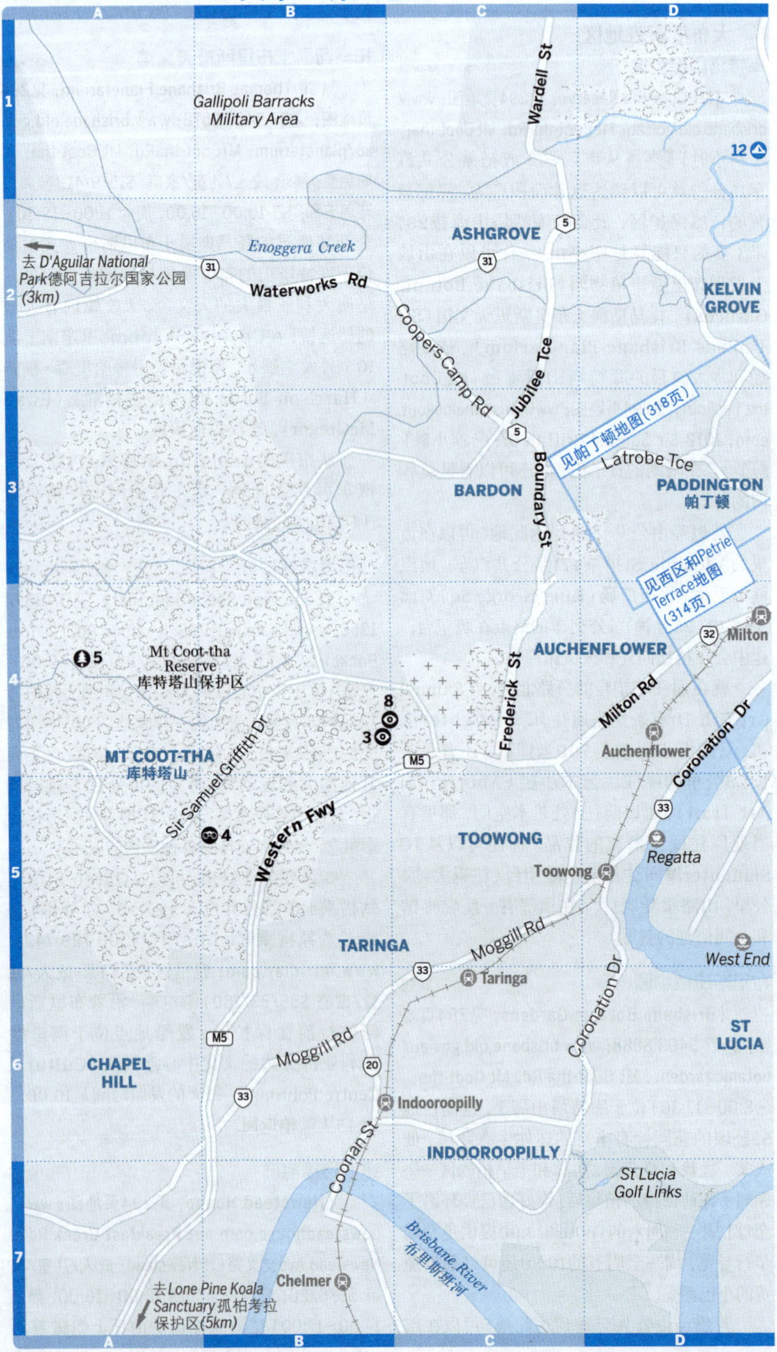

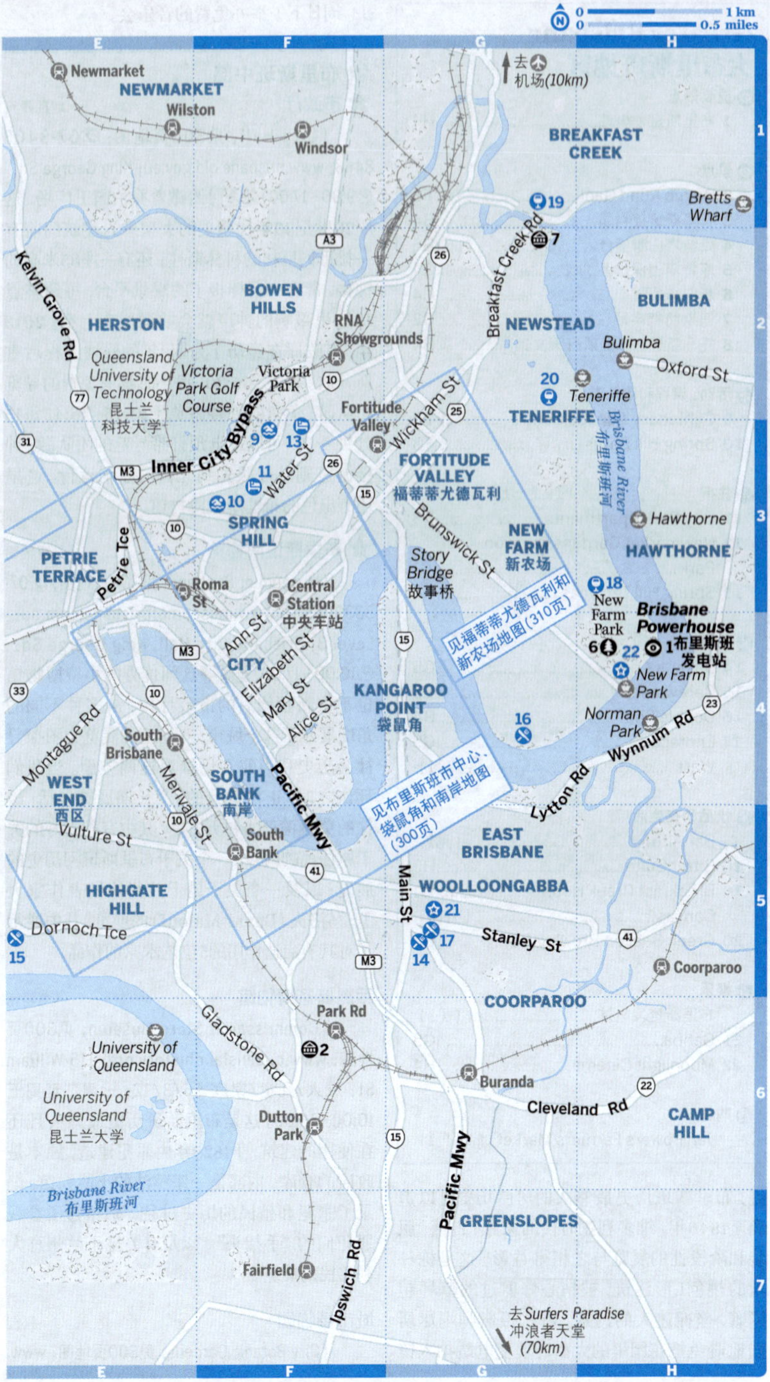
0 1 km
0 0.5 miles
E
F
G
H
1
2
3
4
5
6
7
Newmarket
NEWMARKET
Wilston
Windsor
去机场(10km)
BREAKFAST CREEK
19
Bretts Wharf
7
A3
26
Breakfast Creek Rd
Kelvin Grove Rd
BOWEN HILLS
HERSTON
BULIMBA
NEWSTEAD
RNA Showgrounds
Bulimba
Oxford St
Queensland University of Technology
昆士兰科技大学
Victoria Park Golf Course
Victoria Park
10
77
20
Teneriffe
TENERIFFE
Fortitude Valley
Wickham St
25
31
9
13
Brisbane River
布里斯班河
Inner City Bypass
11
Water St
26
FORTITUDE VALLEY
福蒂蒂尤德瓦利
M3
15
10
SPRING HILL
Brunswick St
Hawthorne
NEW FARM
新农场
HAWTHORNE
PETRIE TERRACE
Petrie Tce
Roma St
Central Station
中央车站
Story Bridge
故事桥
见福蒂蒂尤德瓦利和新农场地图(310页)
18
New Farm Park
Brisbane Powerhouse
1 布里斯班发电站
6
22
Ann St
M3
CITY
Elizabeth St
15
New Farm Park
33
10
Mary St
KANGAROO POINT
袋鼠角
Alice St
23
Norman Park
Montague Rd
South Brisbane
16
Wynnum Rd
WEST END
西区
Merivale St
SOUTH BANK
南岸
Pacific Mwy
见布里斯班市中心、袋鼠角和南岸地图(300页)
Lytton Rd
10
Vulture St
South Bank
41
Main St
EAST BRISBANE
WOOLLOONGABBA
HIGHGATE HILL
21
Dornoch Tce
17
14
Stanley St
41
15
M3
Coorparoo
COORPAROO
Park Rd
Gladstone Rd
University of Queensland
2
Buranda
University of Queensland
昆士兰大学
Dutton Park
Cleveland Rd
22
CAMP HILL
15
Pacific Mwy
Brisbane River
布里斯班河
GREENSLOPES
Fairfield
Ipswich Rd
去Surfers Paradise冲浪者天堂(70km)

Greater Brisbane 大布里斯班地区

重要景点

1 布里斯班发电站........H4

景点

2 Boggo Road Gaol........F6
3 布里斯班植物园........B4
4 库特塔山瞭望台........B5
5 库特塔山保护区........A4
6 新农场公园........H4
7 纽斯特德宅邸........G2
8 托马斯爵士布里斯班天文馆........B4

活动、课程和团队游

9 Centenary Aquatic Centre........F3
10 Spring Hill Baths........F3

住宿

11 City Park Apartments........F3
12 Newmarket Gardens Caravan Park........D1
13 Spring Hill Terraces........F3

就餐

14 Baker's Arms........G5
15 Caravanserai........E5
16 Double Shot........G4
17 Enoteca........G5
Watt........（见1）

饮品和夜生活

Bar Alto........（见1）
18 Bitter Suite........H3
19 Breakfast Creek Hotel........G1
Canvas........（见14）
20 Green Beacon Brewing Co........G2

娱乐

布里斯班发电站........（见1）
21 Gabba........G5
22 Moonlight Cinema........H4

购物

Jan Powers Farmers Market........（见1）

流，布里斯班历史最悠久的房屋历史可以追溯至1846年，维多利亚时代的家具、古董、服装和阶段性的展览与之相得益彰。这是栋朴素的桃色L形建筑，被精心修剪过的草坪包围着，坐拥迷人的河景。婚礼摄影师竭尽所能地避免把花园里的大型砖墙变电站拍入镜头。周日下午举办免费的音乐会。

布里斯班中部

★市政厅 地标建筑

（City Hall，见300页地图；☎07-3403 8463；www.brisbane.qld.gov.au；King George Sq；⏲9:00~17:00）免费 俯瞰着乔治国王广场，这座20世纪30年代精美的大型砂岩建筑门前有一排形同巨杉的科林斯柱。还有一座85米高的钟楼，带有一个棒极了的观景平台，每到整点从这里敲响的钟声就会响彻城市上空。2013年，市政厅在经历了为期3年的修缮工程后重新开放。10:15~15:30，每小时都有免费的导览团队游；免费的钟楼游览于10:45~16:45每15分钟一次。可以致电预订带导览的团队游；钟楼游览则是按照先到先得的原则运行。这里还有出色的布里斯班博物馆。

★布里斯班博物馆 博物馆

（Museum of Brisbane，见300页地图；☎07-3339 0800；www.museumofbrisbane.com.au；Level 3，Brisbane City Hall，King George Sq；⏲10:00~17:00）免费 这间优秀的小型博物馆位于重新翻修后的市政厅内，从多种不同的角度展示了这个城市，互动型的展览力图探寻社会历史和当前文化景观这两方面。当我们拜访之时，正在进行的3个长期展览包括：极佳的莫顿湾岛屿和历史展，其中有相当好的关于原住民的内容；一个关于布里斯班河历史的展览；以及一个关于昆士兰州的代表作家大卫·马洛夫（David Malouf）的展览，其中展示了对其有启迪作用的5位艺术家的作品。

军需储备博物馆 博物馆

（Commissariat Store Museum，见300页地图；www.queenslandhistory.org；115 William St；成人/儿童/家庭 $6/3/12；⏲周二至周五 10:00~16:00）这是布里斯班历史最悠久且还在使用的建筑，于1829年由罪犯建造，原本是政府的仓库。内部是一座整洁的小博物馆，记录了罪犯和殖民的历史过往。别错过了参观罪犯们的"手指头"，以及有关昆士兰州意大利移民的展览。

城市植物园 公园

（City Botanic Gardens，见300页地图；www.

brisbane.qld.gov.au; Alice St; ⌚24小时; 📶)布里斯班最受欢迎的绿色空间，从昆士兰科技大学(Queensland University of Technology)的校区沿着斜坡缓缓延伸至河边，这里有面积广大的草坪、缠绕的莫顿湾无花果、南洋杉(bunya pine)、澳洲坚果树(macadamia tree)以及打太极拳的团体。每天的11:00和13:00，免费的导览游从圆形大厅出发。

旧政府大楼 历史建筑

(Old Government House，见300页地图；☎07-3138 8005; www.ogh.qut.edu.au; 2 George St; ⌚周日至周五10:00~16:00) **免费** 作为昆士兰州最重要的历史建筑，这幢1862年的瑰宝由深受尊敬的政府建筑师查尔斯·蒂芬(Charles Tiffin)设计，是与昆士兰州第一任州长乔治·鲍恩爵士(Sir George Bowen)身份相衬的豪华寓所。其奢华的内部于2009年得到修复。周二至周日的早晨有免费的导览团队游，请提前致电预约。

财政大楼 历史建筑

(Treasury Building，见300页地图；www.treasurybrisbane.com.au; Queen St和William St交叉路口；⌚24小时) **免费** 精美意大利文艺复兴风格的财政大楼位于Queen St Mall的西端，建于1889年。这里已经没有收税员，而成了布里斯班的赌场。

同样恢宏的前**土地管理局大楼**(Land Administration Building)位于赌场对面，前方是一片广场草坪，现在已被改建成了五星级酒店，名字就叫Treasury(见306页)。

南岸

只要从中央商业区(Central Business District，简称CBD)跨过维多利亚桥(Victoria Bridge)就能到达南岸，来到布里斯班的文化生活核心——**昆士兰文化中心**(Queensland Cultural Centre)。这个大型建筑群包括音乐厅和剧场、4家博物馆和昆士兰州立图书馆(Queensland State Library)。

★现代艺术美术馆 画廊

(Gallery of Modern Art，简称GOMA，见300页地图；www.qagoma.qld.gov.au; Stanley Pl;

另辟蹊径

德阿吉拉尔国家公园

觉得城郊闷得慌？那么前往**国家公园**(www.nprsr.qld.gov.au/parks/daguilar; 60 Mount Nebo Rd, The Gap)满足你对于野外的渴望吧。公园占地5万公顷，虽然就位于市中心西北10公里处，但让人感觉恍如隔世(公园名读作“dee-ag-lar”)。**Walk-about Creek游客信息中心**(Walk-about Creek visitor information centre; ☎07-3512 2300; www.walkaboutcreek.com.au; 野生动物中心 成人/儿童/家庭 $6.80/3.30/17.10; ⌚9:00~16:15)位于公园入口，提供公园的地图。**昆士兰州东南野生动物中心**(South East Queensland Wildlife Centre)也在此处，你可以近距离看到生活在这里的鸭嘴兽，还有海龟、蜥蜴、蟒蛇和负鼠。这里还有一座美妙的小型步入式鸟舍，以及一家咖啡馆。一个新的花费数百万澳币的再开发项目已在计划中；2020年回到此地时就能亲眼看见它完成后的样子。

公园里有好几条步道，长度从数百米到13公里，包括莫奈里娜(Manorina)日间开放区域内的6公里的莫雷雅小径(Morelia Track)和光荣山(Mt Glorious)上4.3公里的格林纳瀑布小径(Greene's Falls Track)。还可以骑山地自行车或是骑马。你也可以在公园露营，在偏远的林间**露营地**(☎13 74 68; http://parks.nprsr.qld.gov.au/permits; 每人 $5.75)，未经预约也可入住。从游客中心出发也有几条步道(1.5公里和5公里)，但其他徒步路线则相对较长(所以你需要带上自己的交通工具)。

从罗马街车站(Roma St Station)搭乘385路公共汽车($7.20, 30分钟)抵达公园停车场，然后再沿着路向上爬几百米。

⌚10:00~17:00; 📶) 免费 现代艺术美术馆由棱角分明的玻璃、混凝土和黑色金属建成，侧重于展示20世纪70年代以来的澳大利亚艺术，是不容错过的现代艺术画廊。美术馆求新求变，反映现实，展品从油画、雕塑和摄影，再到录像、装置和电影艺术。这里还有一家艺术书店、儿童活动室和一家咖啡馆。免费导览游在11:00、13:00和14:00开始。非常棒！

南岸公园 公园

（South Bank Parklands，见300页地图；www.visitsouthbank.com.au; Gtey St; ⌚清晨至黄昏）这抹美丽的绿色上拥有表演场地、雕塑、街头艺人、餐馆、酒吧、小片的热带雨林、烧烤区、挂满九重葛的藤架和隐秘的草坪。造价最高的景点要数Streets海滩，这片庸俗的人造游泳沙滩根据热带环礁湖仿造而成（周末时人山人海）；还有宛如"伦敦眼"的**布里斯班摩天轮**（Wheel of Brisbane，见300页地图；☎07-3844 3464; www.the wheel of brisbane.com.au; Grey St; 成人/儿童/家庭$17.50/12/50; ⌚周一至周四 11:00~21:30，周五和周六 10:00~23:00，周日 10:00~22:00），在60米的高度可以360度地俯瞰全景。摩天轮转一圈大约10分钟，包括音频解说（还有空调）。

昆士兰美术馆 画廊

（Queensland Art Gallery，简称QAG，见300页地图；www.qagoma.qld.gov.au; Melbourne St; ⌚10:00~17:00）免费 一头栽进昆士兰美术馆欣赏精美的永久收藏品。澳大利亚的艺术品年代从19世纪40年代到20世纪70年代：注意欣赏著名大师的作品，包括悉尼·诺兰爵士（Sir Sydney Nolan）、亚瑟·博伊德（Arthur Boyd）、威廉·多贝尔（William Dobell）和乔治·兰伯特（George Lambert）。免费导览游时间为：11:00、13:00和14:00。

昆士兰博物馆和科学中心 博物馆

（Queensland Museum & Sciencentre，见300页地图；www.southbank.qm.qld.gov.au; Grey St和Melbourne St交叉路口；昆士兰博物馆 免费，科学中心 成人/儿童/家庭 $14.50/11.50/44.50; ⌚9:30~17:00）这里的展览生动地再现了昆士兰州的历史，引人入胜，包括在昆士兰发现的木他龙（Muttaburrasaurus，又名"Mutt"）恐龙骨架以及Avian Cirrus——昆士兰人伯特·辛克勒（Bert Hinkler）驾驶这架小型飞机在1928年完成了首次英格兰到澳大利亚的单人飞行。在户外"鲸鱼中心"（Whale Mall）伴着鲸鱼的"背景声"吃些点心。

这里还有科学中心，是一座寓教于乐的场所，100多件可以亲身实践的互动展品带你深入了解生命科学和技术的奥秘。在学校放假时这里会大排长龙。

福蒂蒂尤德瓦利

唐人街 地区

（Chinatown，见310页地图；Duncan St, Fortitude Valley; ⌚24小时）布里斯班的唐人街尽管只有一条街（注意欣赏仿唐朝拱形门廊的复制品以及位于Ann St那头的石狮子），但却与悉尼和墨尔本的唐人街一样活力四射，令人食指大动。油亮的吊炉烤鸭挂在蒸汽腾腾的玻璃橱窗背后，来自泰国、中国、越南、老挝和日本的菜肴芬芳弥漫在空气中。夏季还有免费的露天电影，中国农历春节期间整个街区更是热闹非凡。

现代美术学院 画廊

（Institute of Modern Art，简称IMA，见310页地图；www.ima.org.au; 420 Brunswick St, Fortitude Valley; ⌚周二至周六 正午至18:00，周四至20:00）免费 位于朱迪丝·赖特当代艺术中心（Judith Wright Centre of Contemporary Arts，见323页）内部，这家优质的非营利美术馆里充斥着工业氛围，定期举办当地艺术家的展览。这里还有针对成年观众的低俗艺术、新兴艺术以及实验艺术，好像就是现代艺术美术馆调皮捣蛋的小表弟一样。

新农场

★布里斯班发电站 艺术中心

（Brisbane Powerhouse，见294页地图；www.brisbanepowerhouse.org; 119 Lamington St, New Farm; ⌚周一至周五 9:00~17:00，周六和周日 10:00~16:00）免费 位于新农场公园（New Farm Park）的东侧，这处曾遭废弃的发电站现在已经被改建成了一座宏伟的当代艺术中心。砖墙内部是残存的涂鸦、工业机器残件以及由老旧的电子变压器改制的灯具。发电站还会举办一系列丰富的活动(许多是免费的),包括视觉艺术、美食美酒活动以及喜剧和音乐表演。这里还有两家沿河的餐厅。下载免费的发电站应用,就能得到这幢无与伦比的老建筑的音频游览指南。

新农场公园 公园

(New Farm Park,见294页地图;www.newfarmpark.com.au;Brunswick St, New Farm;⏰24小时;📶)新农场公园位于沿河的Brunswick St的尾端,是一片巨大的开放型公园场地,带有野餐区和燃气烧烤区、蓝花楹树、玫瑰花园以及免费的Wi-Fi。这里的游乐场令人惊喜——一系列克鲁索式(Crusoe)的平台夹在一些巨型莫顿湾无花果树之中——对孩子们来说再适合不过了。Jan Powers Farmers Market(见325页)和Moonlight Cinema(见323页)也位于此。

活动

步行

想要伸展伸展腿脚吗?登录www.brisbane.qld.gov.au/facilities-recreation/sports-leisure/walking/walking-trails查看城镇周边一系列不错的艺术及遗迹的徒步路径。

令人悲哀的是,这个城市曾经非常棒的河边徒步小道在2011年的洪水中被毁于一旦,不过沿着河岸走上一段仍然令人舒畅。全新的、更能抵御洪水的河边徒步小道——其中包括从新农场到中央商业区的一段——正在建设之中。

骑车

布里斯班是多山的地势,但这里仍然是澳大利亚最适合骑自行车的城市之一,拥有超过900公里的自行车道,包括沿着布里斯班河的路线。想要好好热身的话,可以从城市植物园开始,穿过亲善桥,来到昆士兰大学(University of Queensland)。这段路单程7公里,你还可以途中在Toowong的Regatta Pub来一杯啤酒。

自行车允许被带上布里斯班的列车,除了工作日的高峰时段之外。你还可以免费将自行车带上CityCats和渡轮。

CityCycle 自行车出租

(☎1300 229 253;www.citycycle.com.au;出租 每小时/天 $2.20/165,前30分钟免费;⏰出租 5:00~22:00,归还 24小时)布里斯班的公共自行车共享计划非常棒!先在网站注册(每天/周/3个月 $2/11/27.50),然后就可以在市区周围150家租赁点租借自行车(收取额外费用)。租用超过1小时的话价格非常昂贵,因此充分利用每辆车前30分钟的免费时间吧——可以从一个站骑到另一个站,然后换车继续前行。有时候车上附带有头盔和车锁,但通常情况下都没有:网站上列明了你可以买到这两样东西的自行车店。

Bicycle Revolution 自行车出租

(见314页地图;www.bicyclerevolution.org.au;294 Montague Rd, West End;每天/周 $35/150;⏰周一 9:00~17:00,周二至周五 至18:00,周六 8:00~14:00)这家态度友好、服务热情的社区商店提供多款经过员工回收重组的自行车。非常时髦。

游泳

Streets Beach 游泳

(见300页地图;www.visitbrisbane.com.au/south-bank;⏰白天)免费 Streets Beach位于中心城区的南岸河边,可以在这片人造沙滩游游泳(而且免费)。救生员、大声嬉闹的孩童、沙滩宝贝、炫耀健身房训练成果的肌肉男,以及冰激凌推车——在这里一应俱全。

Centenary Aquatic Centre 游泳

(见294页地图;☎1300 332 583;www.cityaquatics.com.au;400 Gregory Tce, Spring Hill;成人/儿童/家庭 $5.10/3.70/15.60;⏰周一至周四 5:00~20:00,周五 至18:00,周六和周日 7:00~18:00)这是城里最好的游泳池,最近刚刚被粉刷过,拥有一个奥运会标准长度的环形游泳池、一个儿童游泳池和一个带有高台的跳水池。

Spring Hill Baths 游泳

(见294页地图;☎1300 733 053;www.cityaquatics.com.au;14 Torrington St, Spring Hill;成人/儿童/家庭 $5.10/3.70/15.60;⏰周一至周四 6:30~19:00,周五 至18:00,周六和周日

Central Brisbane, Kangaroo Point & South Bank
布里斯班市中心、袋鼠角和南岸

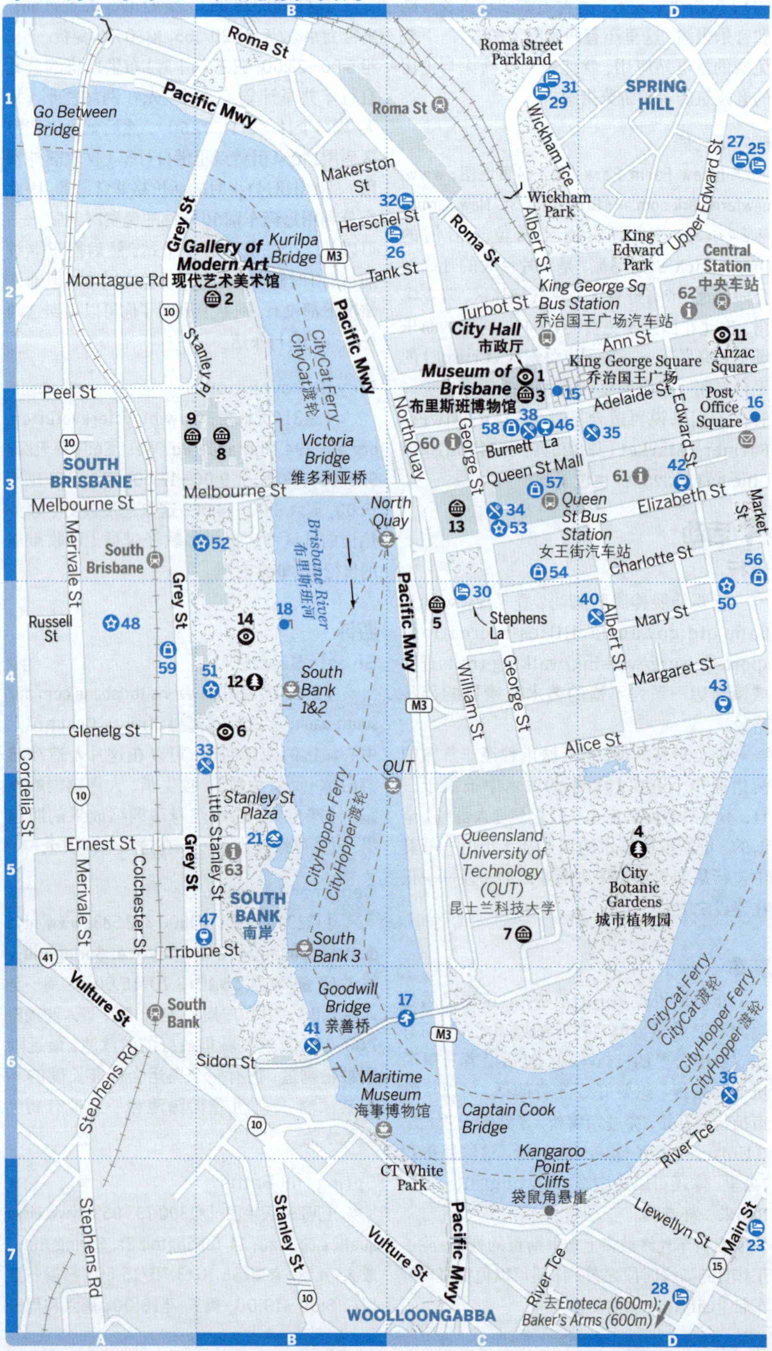

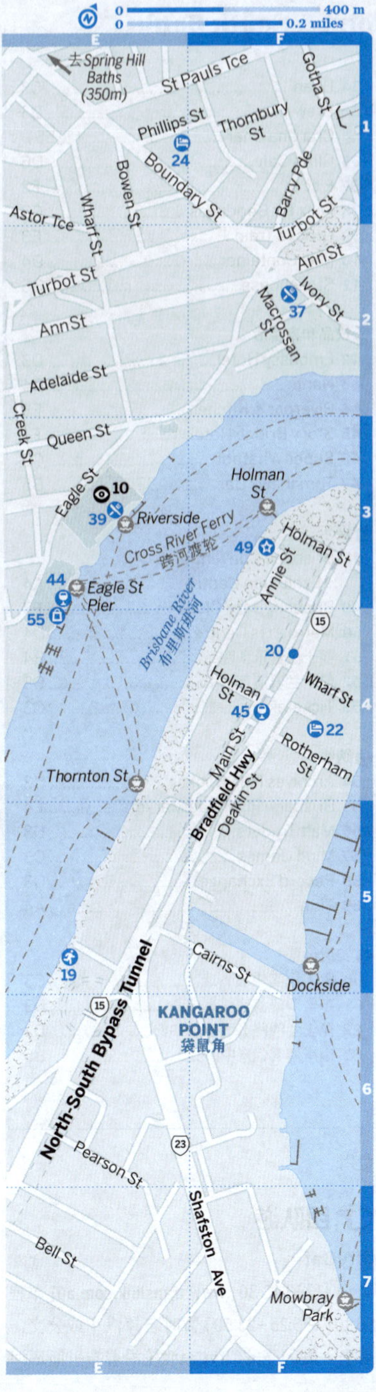

8:00~17:00）1886年开业，这条古朴的25米泳道四周环绕着别致的木制更衣室。这里是南半球最古老的公共浴室之一。

攀登和绳降

Story Bridge Adventure Climb 探险游览

（见300页地图；☎1300 254 627；www.sbac.net.au；170 Main St，Kangaroo Point；成人/儿童$99/85起）在布里斯班必须尝试的事：攀登大桥可以让你在清晨、白天、黄昏或夜晚观赏无与伦比的市区美景。全程2.5小时，攀爬大桥的南半段，最后到达蜿蜒浑浊的布里斯班河上方80米处。攀登大桥者的年龄不得低于10岁。这里还提供大桥绳降探险体验。

Riverlife Adventure Centre 攀岩

（见300页地图；☎07-3891 5766；www.riverlife.com.au；Naval Stores，Kangaroo Point Bikeway，Kangaroo Point；⏰9:00~17:00）位于20米高的袋鼠角悬崖附近，Riverlife提供攀岩课程（$55起）和绳降探险（$45）。他们还提供河流皮划艇旅行（$45起）并出租自行车（每4小时 $35）、皮划艇（每2小时 $35）和轮滑鞋（每4小时 $40）。

Urban Climb 攀岩

（见314页地图；☎07-3844 2544；www.urbanclimb.com.au；2/220 Montague Rd，West End；成人/儿童 $20/18；⏰周一至周五 正午至22:00，周六和周日 10:00~18:00）一面大型室内攀岩墙，有200多条攀岩路线。

轮滑

你可以在Riverlife Adventure Centre租借轮滑鞋及装备。

Planet Inline 轮滑

（见300页地图；☎0413 099 333；www.planetinline.com；Goodwill Bridge；团队游 $15）轮滑爱好者们在周三晚上占领街道——Planet Inline的轮滑团队游19:15从亲善桥上出发。周六早上还有早餐俱乐部的团队游，而周日下午的游览则每周内容都会更换，时长3小时。

跳伞和热气球

Jump the Beach Brisbane 跳伞

（☎1300 800 840；www.jumpthebeachbris

Cental Brisbane, Kangaroo Point & South Bank
布里斯班市中心、袋鼠角和南岸

重要景点

1 市政厅……C2
2 现代艺术美术馆……B2
3 布里斯班博物馆……C3

景点

4 城市植物园……D5
5 军需储备博物馆……C4
6 Courier-Mail Piazza……B4
7 旧政府大楼……C5
8 昆士兰美术馆……B3
9 昆士兰博物馆和科学中心……A3
10 Riverside Centre……E3
11 战争纪念馆……D2
12 南岸公园……B4
13 财政大楼……C3
14 布里斯班摩天轮……B4

活动、课程和团队游

15 Brisbane Greeters……C3
16 CitySights……D3
17 Planet Inline……C6
18 River City Cruises……B4
19 Riverlife Adventure Centre……E5
20 Story Bridge Adventure Climb……F4
21 Streets Beach……B5

住宿

22 Bridgewater Apartments……F4
23 EconoLodge City Star Brisbane……D7
24 Kookaburra Inn……E1
25 Mantra Terrace……D1
26 Meriton Serviced Apartments……C2
27 Punthill Brisbane……D1
28 Queensland Motel……D7
29 Soho Motel……C1
30 Treasury……C4
31 Urban Brisbane……C1
32 X-Base Brisbane Uptown……C2

就餐

33 Ahmet's……B4
34 Bean……C3
35 Brew……D3
Cha Cha Char……（见55）
36 Cliffs Cafe……D6
37 E'cco……F2
38 Felix for Goodness……C3
39 Groove Train……E3
40 Miel Container……D4
41 Stokehouse……B6

饮品和夜生活

42 Embassy Hotel……D3
43 Nant……D4
44 Riverbar & Kitchen……E3
45 Story Bridge Hotel……F4
46 Super Whatnot……C3
47 Tomahawk Bar……B5

娱乐

48 Brisbane Convention & Exhibition Centre……A4
49 Brisbane Jazz Club……F3
50 Metro Arts Centre……D4
51 昆士兰音乐学院……B4
52 昆士兰表演艺术中心……B3
53 Ticketek……C3

购物

54 Archives Fine Books……C3
55 Brisbane Riverside Markets……E4
56 Malt Traders……D3
57 Mind Games……C3
58 Record Exchange……C3
59 Title……A4

实用信息

60 BCC顾客中心……C3
61 布里斯班游客信息中心……D3
62 昆士兰铁路公司旅游中心……D2
63 南岸游客信息中心……B5

bane.com.au；跳伞 $279起）从中央商业区出发，提供双人高空跳伞，俯瞰布里斯班的机会，最后降落在雷德克利夫的沙滩。

Fly Me to the Moon 热气球

（☎07-3423 0400；www.brisbanehotairballooning.com.au；成人/儿童 $299/230）1小时的热气球游飞越布里斯班。包含接送和早餐费用。

团队游

CityCat 划船

（☎13 12 30；www.translink.com.au；单程 $6.10；⏰5:25~23:50）暂时忘掉汽车或公交，乘坐一艘闪亮的CityCat渡轮沿着布里斯班河

航行，这才是在布里斯班观光的正确之道。站在露天甲板，渡轮缓缓地从故事桥（Story Bridge）下穿过，前往南岸和市中心。渡轮每15～30分钟往返于西南部的昆士兰大学和市北的Apollo Road终点站之间。中途停靠14个站点，包括新农场公园、北码头（North Quay，可前往中央商业区）、南岸和西区。

Brisbane Bicycle Tours 自行车游览

（☎0417 462 875；www.brisbanebicycletours.com.au；2/4小时游览 $50/75起）骑行在两轮交通工具上游览这个河滨城市，在市中心一探究竟或是沿着河边小道骑行。节奏很轻松（如果你有段时间没有骑车的话），沿途停车休息时间很多。

CitySights 导览游

（见300页地图；www.citysights.com.au；日间票 每位成人/儿童/家庭 $35/20/80；⏲9:00～15:45）这辆随上随下的穿梭巴士途经布里斯班的19个主要标志性景点（如果你不下车的话全程时长为2小时），包括中央商业区、库特塔山、唐人街、南岸和故事桥。团队游每45分钟从Queen St的邮局广场（Post Office Sq）发车。从司机处直接购票即可。

XXXX Brewery Tour 团队游

（见314页地图；☎07-3361 7597；www.xxxx.com.au；Black St和Paten St交叉路口，Milton；成人/儿童 $32/18；⏲团队游 周一至周五 11:00、12:30、14:00和15:30，周六 11:00、11:30、正午、12:30、13:00、13:30和14:00）想要尝尝XXXX啤酒？参与这个啤酒厂的团队游不免会喝上几口祛湿解暑的啤酒，所以把汽车留在家里吧。另外，周一到周四的10:30有混在一起的啤酒及Suncorp体育场之旅（成人/儿童 $48/28）。所有的团队游览都需要提前预订，记得穿一双不露脚的鞋。如果你喝得不过瘾，这里还有一个酒馆。

Brisbane Greeters 导览游

（见300页地图；☎07-3156 6364；www.brisbanegreeters.com.au；Brisbane City Hall，King George Sq；⏲10:00）免费 热情的志愿者带领小团体免费介绍、游览布里斯班。致电了解每天具体的安排，或者自己组织一个个性化的行程。务必提前预订。

Brisbane Lights Tours 导览游

（☎07-3822 6028；www.brisbanelightstours.com；成人/儿童/家庭 $69/30/160起）时长3小时的夜间团队游每天18:30出发（包括酒店接送），行程涵盖一打城市地标，在库特塔山瞭望台享用晚餐（或小吃），以及乘坐20分钟的CityCat游轮。

Lucy Boots Bushwalking Tours 徒步

（☎0499 117 199；www.lucybootsbushtours.com.au；团队游 $99起）参加一个带导游的徒步游览团，穿过一些易于到达的野外荒地，作为布里斯班之外的一日游：拉明顿国家公园（Lamington National Park）、坦柏林山（Tamborine Mountain）、格拉斯豪斯山（Glasshouse Mountains）、布莱比岛（Bribie Island）或是斯普林布鲁克国家公园（Springbrook National Park）。价格包括午餐以及布里斯班的接送服务。

River City Cruises 游轮

（见300页地图；☎0428 278 473；www.rivercitycruises.com.au；South Bank Parklands Jetty A；成人/儿童/家庭 $29/15/65）River City经营1.5小时的游轮，从南岸往返新农场，配有解说。10:30和12:30从南岸发船（夏季14:30加开1班）。

Ghost Tours 团队游

（☎07-3344 7265；www.ghost-tours.com.au；步行/大巴游览 $20/50起）参加这个90分钟的带导游的步行游览团或是2.5小时的大巴游览团，带着一身"鸡皮疙瘩"探访布里斯班的闹鬼之地：谋杀现场、墓地、怪异的商场和臭名昭著的**Boggo Road Gaol**（见270页地图；☎07-3844 0059，0411 111 903；www.boggoroadgaol.com；Annerley Rd，Dutton Park；历史团队游 成人/儿童/家庭 $25/12.50/50，闹鬼团队游 成人/超过12岁的儿童 $40/25；⏲历史团队游 周二至周六 11:00和13:00，周日 9:00、10:00、11:00、正午和13:00，闹鬼团队游 周三和周日 19:30，周五 19:00和20:00）。每周提供数个游览；务必提前预订。

节日和活动

登录www.visitbrisbane.com.au查看城

布里斯班节

在9月全城最大的年度艺术盛会——布里斯班节（Brisbane Festival；www.brisbanefestival.com.au）期间，布里斯班的街道呈现出一片色彩斑斓、烟花绽放的热闹景象。在为期3个多星期的时间里，这里将举行300多场演出和60多项活动，吸引来自全球2000多名艺术家前来表演。艺术展、舞蹈、戏剧、歌剧、交响乐、杂技表演、街头卖艺、综艺节目等百花齐放，精彩纷呈，整个城市周边还有众多免费的街头路演和音乐会。

每年这个节日都以一声巨响打开序幕——毫不夸张。大型烟火表演Riverfire配合着令人眼花缭乱的视觉舞蹈节目，烟花伴着同步的音乐在布里斯班河的上空绽放，南岸、市区和西区等地都是观看的有利地点。

里各种近期活动的详情列表。

布里斯班国际赛 网球

（Brisbane International；www.brisbaneinternational.com.au）职业网球锦标赛吸引了世界各路好手，每年1月在昆士兰网球中心（Queensland Tennis Centre）举行，就在澳大利亚网球公开赛（在墨尔本）之前举行。

春节 文化节

（Chinese New Year；www.chinesenewyear.com.au）农历春节于1月/2月在福蒂蒂尤德瓦利的Chinatown Mall（Duncan St）举行。届时会放鞭炮、舞龙，还有美味食物。

布里斯班喜剧节 喜剧节

（Brisbane Comedy Festival；www.briscomfest.com）在3月举行，为期4周，在布里斯班发电站（见323页）举行当地和国际喜剧表演。

布里斯班冬季狂欢节 运动

（Brisbane Winter Carnival；www.racingqueensland.com.au）昆士兰州主要的赛马狂欢节，在5月和6月举行。6月初的斯特拉德布罗克障碍赛（Stradbroke Handicap；www.stradbrokehandicap.com.au）是最重要的日子。

布里斯班骄傲节 同性恋

（Brisbane Pride Festival；www.brisbanepridefestival.com.au）布里斯班年度同性恋盛会在9月举行，为期4周（包括华丽的女王舞会在内的一些活动则在6月进行）。

"Ekka"皇家昆士兰展 文化节

（'Ekka' Royal Queensland Show；www.ekka.com.au）Ekka（即之前的布里斯班博览会，现在缩写为"Ekka"）——昆士兰最大的年度盛事，在8月期间让乡村与城市互相"碰撞"。这里有小动物、奇趣包、怪异的杂耍、剪羊毛展示、各种游乐设施以及大嚼糖果的孩子们的喊叫声。

布里斯班作家节 文学节

（Brisbane Writers Festival，简称BWF；www.brisbanewritersfestival.com.au）昆士兰首屈一指的文学活动，已经持续有50年了：文字、书本，还有写书的人。在9月举行。

布里斯班节 行为艺术

（Brisbane Festival；www.brisbanefestival.com.au）布里斯班主要的艺术节（见304页），在9月举行，为期3个星期。

Valley Fiesta 音乐节

（www.valleyfiesta.com.au）摇滚乐队和DJ在10月占领了福蒂蒂尤德瓦利的Brunswick St和唐人街的各大商场，为期3天。布里斯班最大的免费音乐盛会。

布里斯班国际电影节 电影节

（Brisbane International Film Festival，简称BIFF；www.biff.com.au）在11月的12天时间里，质量上乘的影片在布里斯班各大院线展映。

住宿

布里斯班拥有丰富多样的住宿选择，可以满足各种预算。多数住处都远离商务酒店集中的市中心，但通常都拥有不错的公共交通衔接或是在公共交通的步行范围内。

前往泉山（Spring Hill）寻找安逸的住

处；福蒂蒂尤德瓦利适合夜间派对；帕丁顿有咖啡馆和精品店；Petrie Terrace有青年旅舍；新农场对同性恋态度友好，还有餐馆；西区则有酒吧和书店。

大布里斯班地区

Newmarket Gardens Caravan Park 露营地 $

（见294页地图；07-3356 1458；www.newmarketgardens.com.au；199 Ashgrove Ave, Newmarket；不带电/带电 露营地 $40/42，房车 $56，廉价房间 $66，小屋 $130~155；）这个郊区宿营旅行车公园里的一些树是杧果树——小心果子掉落！这里就位于城北4公里处，公交车和火车可到达。这里有一排6间简单经济的房间（不带空调），5间整洁的小屋（带空调）以及一大片房车和帐篷露营地。对于孩子来说倒算不上是一个有吸引力的场所。

布里斯班中部

X-Base Brisbane Uptown 青年旅舍 $

（见300页地图；07-3238 5888；www.stayatbase.com；466 George St；铺/双 $21/85起；）这间特意建造的青年旅舍靠近罗马街车站，以其大胆新潮的内部装修、体面的设施和整体的干净程度来突显其年轻的身份。每个房间都带空调、浴室和单独使用的储物柜，而且都可以方便轮椅进入。楼下的酒吧是办派对的绝佳场所，有大屏幕的体育台、DJ以及开放麦克风之夜。

Kookaburra Inn 客栈 $

（见300页地图；1800 733 533, 07-3832 1303；www.kookaburra-inn.com.au；41 Phillips St, Spring Hill；标单/标双和双 不带浴室 $67/84起；）这个小巧简洁的客栈有两层楼，简易的房间配有洗脸池和冰箱，共用的卫生间很干净。虽然建筑本身并不起眼，但是有一个休息室、厨房和户外天井。如果你再也不想睡多人间了，这里是一个不错的经济型住宿选择。只有部分双人房有空调。Wi-Fi免费。

Spring Hill Terraces 汽车旅馆 $$

（见294页地图；07-3854 1048；www.springhillterraces.com；260 Water St, Spring Hill；双 $95~145，单元间 $175；）这里提供很好的老式服务，有保安和一个小小的游泳池（或者仅仅能算是个池子），汽车旅馆式的房间并不令人感觉讨厌，宽敞的平台单元间带有阳台和种满植物的天井。距离福蒂蒂尤德瓦利步行仅需10分钟。

Punthill Brisbane 酒店 $$

（见300页地图；07-3055 5777, 1300 731 299；www.punthill.com.au；40 Astor Tce；1卧/3卧公寓 $150/180起；）这里的大堂摆放的满是复古式的自行车（以供租用），每个阳台都有一个鸟笼，里面装着只假鸟……尽管有这些怪异之处，你仍可以期待看到具有现代风格的套房（尽是灰褐色、炭色、乳白色等配色，以及不错的艺术品），酒店位置很中心，价格也具竞争力。整体而言是一个很好的住宿选择。停车费$25。

Meriton Serviced Apartments 公寓 $$

（见300页地图；13 16 72, 07-3999 8000；www.staymsa.com；43 Herschel St；双 $120起，1卧/2卧/3卧 公寓 $150/315/365起；）想要找间能看得见风景的房间？黑得发亮的249米的Infinity Tower是布里斯班最高的建筑。这里有大概80层的Meriton现代化公寓，大小不一、装配各异，但都坐拥风景。工作室和1卧室的选择非常物有所值。停车费$35。

Urban Brisbane 酒店 $$

（见300页地图；07-3831 6177；www.hotelurban.com.au；345 Wickham Tce；双/1卧/2卧 $180/225/270起；）经过近年花费1000万澳元的修缮后，看起来仍然风韵犹存，酒店使用阳刚的色调，阳台和高端的陈设（非常舒适的床铺、大屏幕电视和绒毛浴袍）搭配时尚的客房。还有恒温室外游泳池和酒吧，许多身穿制服的空乘人员在此入住。物有所值。停车费$15。

Mantra Terrace 精品酒店 $$

（见300页地图；1300 737 111, 07-3009 3400；www.8hotels.com；52 Astor Tce；双 $179起；）这个七层楼高的酒店有一个超现代的黑白色外观，房间紧凑而符合时代特征——有着漂亮的墙纸和各种考虑周到的设计（艺术品原件、免费Wi-Fi）。较大的套间带

带孩子游布里斯班

从幼儿到青少年，布里斯班绝不缺少让他们乐在其中（家长也放心满意）的地方。想要了解现有的活动，可以取阅免费的月刊杂志《布里斯班的孩子》（*Brisbane's Child*; www.brisbaneschild.com.au）。在学校放假期间，布里斯班市政会为年龄在10至17岁的孩子们举办"驰放"（Chill Out）活动项目：可登录www.brisbane.qld.gov.au/whats-on/type/recreation-programs/chill-out查看。

出门走走，路过**南岸公园**（见298页），这里有草坪、烧烤、游乐场，缓慢旋转的**布里斯班摩天轮**（见298页）一定会让每个15岁以下的孩子兴奋不已。有救生员巡逻的Streets Beach（见299页）也在此处，有一处浅水区适合真正的小泳客；**新农场公园**（New Farm Park，见299页）是河边另一处美景，有一连串树屋模样的平台串联起巨大（且树荫片片）的莫顿湾无花果树。

布里斯班河是一处大的亮点。搭乘渡轮沿着布里斯班市中央蜿蜒的河流航行，或者缓慢地开往远处的**孤柏考拉保护区**（见293页），孩子们在那里可以拥抱可爱的小动物。如果你要前往库特塔山，务必在**托马斯爵士布里斯班天文馆**（见293页）看一场星空上演的演出。

在室外太湿热了？前往南岸的昆士兰文化中心（Queensland Cultural Centre）享受空调吧。那里的**昆士兰博物馆**（见298页）在学校假期会针对小朋友开展一些精彩的动手实践项目。在这里的**科学中心**（Sciencentre）还有很多按钮，按下去会有不一样的发现。**昆士兰美术馆**（见298页）有一个儿童艺术中心，全年都会有固定的活动项目，**昆士兰州立图书馆**（见326页）和**现代艺术美术馆**（见297页）也一样。**C!RCA**（见309页地图；☎07-3852 3110; www.circa.org.au; Level 3, 420 Brunswick St, Fortitude Valley）为崭露头角的年轻杂技演员在福蒂蒂尤德瓦利的朱迪丝·赖特当代艺术中心（Judith Wright Centre of Contemporary Arts）提供动感十足的"杂技课程"（翻转、平衡、跳跃和空中飞人）。

日间照顾和儿童托管服务可以选择**Dial an Angel**（☎07-3878 1077, 1300 721 111; www.dialanangel.com）和**Care4Kidz**（www.careforkidz.com.au）。

有厨房和休息室区域，在一楼还有一个带酒吧的餐厅。停车费$28。

Soho Motel 汽车旅馆 $$

（见300页地图；☎07-3831 7722; www.sohobrisbane.com.au; 333 Wickham Tce; 房间$100~160; P ❄ @ 📶）这个有着50个房间的砖式旅馆距离罗马街车站仅一步之遥，酒店内部比外观看上去要好一些，漂亮紧凑的房间带有小阳台。老板友善而机智，在细节处考虑周全：免费的Wi-Fi、11:00退房、免费停车、家具以及奢华的床单。物超所值。

City Park Apartments 公寓 $$

（见294页地图；☎07-3839 8683; www.cityparkapts.com.au; 251 Gregory Tce, Spring Hill; 双 $140起，1卧/2卧 公寓 $180/230起；P ❄ 📶 🏊）尽管有热带棕榈树和后现代的装饰品，这个精心打理的三层公寓看上去仍然略带托斯卡纳风情。房价合理，带有一个荫凉的呈腰形的游泳池，距离中心商业区也不远。入住时间越长，房价越便宜。

Treasury 豪华酒店 $$$

（见300页地图；☎07-3306 8888; www.treasurybrisbane.com.au; 130 William St; 房间$260起；P ❄ @ 📶）这个布里斯班最奢华的酒店位于外观同样奢华的前土地管理局大楼后。每个房间都与众不同，充满历史气息，有着挑高的天花板、裱框的艺术作品、锃亮的木制家具和优雅的陈设。如果你中意奢华和稍显华丽的感觉的话，这里就很完美。从最好的房间可以看到河景。员工工作非常有效率，停车费$30。

袋鼠角

Bridgewater Apartments
公寓 $$

（见300页地图；☎07-3391 5300；www.bridgewaterapartments.com.au；55 Baildon St, Kangaroo Point；工作室公寓 $160起，1卧/2卧/3卧 公寓 $180/230/320起；P 📶 🏊）距离Story Bridge Hotel（以及故事桥本身）不远，这座华丽而安全的公寓包含一栋3层楼高的满是单元房的建筑，以及拥有美丽风景的13楼的高塔。这里以黑炭和奶油配色为主。房价可以按照每晚、每周和每个月收取。

EconoLodge City Star Brisbane
汽车旅馆 $$

（见300页地图；☎07-3391 6222；www.citystar.com.au；650 Main St, Kangaroo Point；双/标双/家 $119/134/154起；P ❄ 📶 🏊）来布里斯班出差还是游玩？以这两种目的前来此地的人数量不相上下，但无论目的为何，他们都能在这家超级干净、超级有效率的汽车旅馆（这里的床铺是新的！）找到舒适的住宿，旅馆就位于穿过袋鼠角的主街上。前去中央商务区Eagle St码头的免费渡轮只需步行一小段就可以到达。

Queensland Motel
汽车旅馆 $$

（见300页地图；☎07-3391 1061；www.queenslandmotel.id.au；777 Main St, Kangaroo Point；双/标三/家 $120/155/270；P ❄ 📶 🏊）这家老派的汽车旅馆毫不矫揉造作、服务友好，位于"the Gabba"板球场附近，步行20分钟就能到达市区。要抢订顶楼的房间，窗外就是婆娑的棕榈树。

福蒂蒂尤德瓦利

Bunk Backpackers
青年旅舍 $

（见310页地图；☎07-3257 3644，1800 682 865；www.bunkbrisbane.com.au；21 Gipps St, Fortitude Valley；铺 $23~33，标单 $60，双/公寓 $80/170起；P ❄ @ 📶 🏊）这座历史悠久的艺术学院在10年前以背包客旅馆的身份重生——然而派对并没有结束。这里面积很大，众多房间占据了5层楼（多数是8人宿舍间），距离福蒂蒂尤德瓦利的夜生活仅几步之遥。这里还有一家室内酒吧（Birdees）和一家墨西哥酒馆，顶楼还有许多很棒的公寓。这里不适合晚上10点就上床睡觉的人。

Central Brunswick Apartments
公寓 $$

（见310页地图；☎07-3852 1411；www.centralbrunswickhotel.com.au；455 Brunswick St；房间 $130~150；P ❄ 📶）这栋砖房建筑过去是酿酒厂，60间现代派的工作室公寓深受商务人士的青睐。每个房间都有配备齐全的厨房，楼内还有一处健身房、免费Wi-Fi和屋顶烧烤。停车费$10。

★ Limes
精品酒店 $$$

（见310页地图；☎07-3852 9000；www.limeshotel.com.au；142 Constance St, Fortitude Valley；双 $229起；P ❄ 📶）作为福蒂蒂尤德瓦利一处时尚的住宿选择，Limes拥有21个漂亮的房间，巧妙地利用了有限的空间：每个房间都配有奢华的家具、迷你厨房和考虑周到的设计（iPod底座音响、免费使用Wi-Fi和健身房）。屋顶酒吧、热水浴缸和电影院更是神来之笔！附近的停车费$18。

Alpha Mosaic Brisbane
酒店 $$$

（见310页地图；☎07-3332 8888；www.alphamosaichotelbrisbane.com.au；12 Church St, Fortitude Valley；1卧/2卧 公寓 $229/459起；P ❄ 📶）2014年才全新开始营业的Alpha Mosaic是个超级奢华的所在，致力于将福蒂蒂尤德瓦利从花哨廉价往有品位的方向推动。上好的艺术品、不错的景色、友好的员工……好吧，这个地方实在好！酒吧和餐厅的设计令人感觉轻松愉快、悠闲自在。这里也靠近James St。停车费$25。

新农场

★ Bowen Terrace
客栈 $

（见310页地图；☎07-3254 0458；www.bowenterrace.com.au；365 Bowen Tce, New Farm；铺/标单/双 不带浴室 $35/42/72，双/家 带卫生间 $119/145；P @ 📶 🏊）这座漂亮而安静的客栈是一幢精心修复的昆士兰风格建筑，具有百年历史。房间配备了电视、迷你酒吧冰箱和优质的床单，每个房间的天花板都很高，还安装了电风扇。后屋有一处露台可以俯瞰诱人的游泳池。虽然没有空调，但性价比较高，比你常见的青年旅舍档次高很多。房间的隔墙稍有些薄（建于电视发明之前）。

Spicers Balfour Hotel 精品酒店 $$$

（见310页地图；☎1300 597 540；www.spicersretreats.com/spicers-balfour-hotel；37 Balfour St, New Farm；房间 $329起；P❄📶）这里的9间精心设计的房间在风格和舒适度上的评分都很高，分布于一幢经过精心翻修过的昆士兰式两层古老建筑内（看不见印花或是桌巾）。这里的行事作风稍微有一点自命不凡（餐厅里供应下午茶）：忘了那些自负，尽情享受屋顶的酒吧和时髦的周边区域吧。

西区

Gonow Family Backpacker 青年旅舍 $

（见314页地图；☎07-3846 3473；www.gonowfamily.com.au；147 Vulture St；铺 $18~30，双 $69；P📶）这里一定是布里斯班最便宜的床铺了，Gonow干得不错——尽管房价极其便宜，仍然设法提供了干净、有礼、安全的青年旅舍体验。这里可不是举办派对的地方：如果你想要喝个痛快的话，最好还是另寻他处。楼上的房间天花板挑高更高一些。

Brisbane Backpackers 青年旅舍 $

（见314页地图；☎07-3844 9956，1800 626 452；www.brisbanebackpackers.com.au；110 Vulture St；铺 $21~34，双/标双/标三 $99/110/135；P❄@📶🏊）有没有“俗气的背包客住处”？如果有的话，这家庞大的旅舍或许符合要求，员工们身着过紧的T恤，还有暧昧的宣传语暗示旅行者们“只睡最好的”。但如果你想找派对，那你就来对地方了。这里有很不错的泳池和酒吧区，房间简易但基本上管理得还不错。

Petrie Terrace

Aussie Way Backpackers 青年旅舍 $

（见314页地图；☎07-3369 0711；www.aussiewaybackpackers.com；34 Cricket St, Petrie Terrace；铺/标单/标双/双 $26/55/69/69，家 $81~135；❄📶🏊）位于很上镜的昆士兰风格的二层木屋内，其所在的板球街（Cricket St）路名也很吸引人，Aussie Way的感觉更像是温馨的客栈，而不是青年旅舍。宽敞的房间里布置品位独特，还有华丽的泳池适合消磨布里斯班湿热的下午时光。后面第二幢楼里的双人间很迷人。22:30以后禁止喧哗。

Brisbane City YHA 青年旅舍 $

（见314页地图；☎07-3236 1004；www.yha.com.au；392 Upper Roma St；铺 $33起，标双和双 带/不带浴室 $113/99起，家 $133起；P❄@📶🏊）这家完美无瑕、经营完善的旅舍，有一个屋顶泳池和阳光露台可以欣赏醉人的河景。最大的多人间可以安放6张床（不算太大吧），多数房间配备浴室。这里很安全，有多种活动和团队游，厨房也很大（有许多冰箱）。咖啡—酒吧会有知识竞答和快乐时光之夜，但是这是一家国际青年旅舍，不是派对中心。停车费用$10。

Banana Benders Backpackers 青年旅舍 $

（见314页地图；☎1800 241 157，07-3367 1157；www.bananabenders.com；118 Petrie Tce, Petrie Terrace；铺 $27~30，标三 $32，双和标双 $70~76；❄📶）这个友好的、香蕉色的背包客栈有简单的房间，后面还有一小块不错的平台。这里稍微有些偏离主线（是件好事情），从罗马街车站需要走10分钟的上山路。这里众多的住客可以被归类为“成熟类型”：这里显然不是一个派对场所。

Chill Backpackers 青年旅舍 $

（见314页地图；☎07-3236 0088，1800 851 875；www.chillbackpackers.com；328 Upper Roma St；铺/双/标三 $30/89/105起；P❄@📶）位于中央商业区的边缘，这家耀眼的浅绿色建筑配备了小巧干净的现代房间，屋顶露台还能欣赏到绝美的河景（景色看起来和这条路上的国际青年旅舍差不多，但是高度没有那么高）。就氛围而言，这里介于派对和清教徒风格之间。提供24小时入住登记服务。

帕丁顿

★ Casabella Apartment 公寓 $$

（见318页地图；☎07-3217 6507；www.casabella-apartment.com；211 Latrobe Tce, Paddington；公寓 $175；P📶）这座紫红色的房屋地处帕丁顿主干道安静的一端，其林下灌木

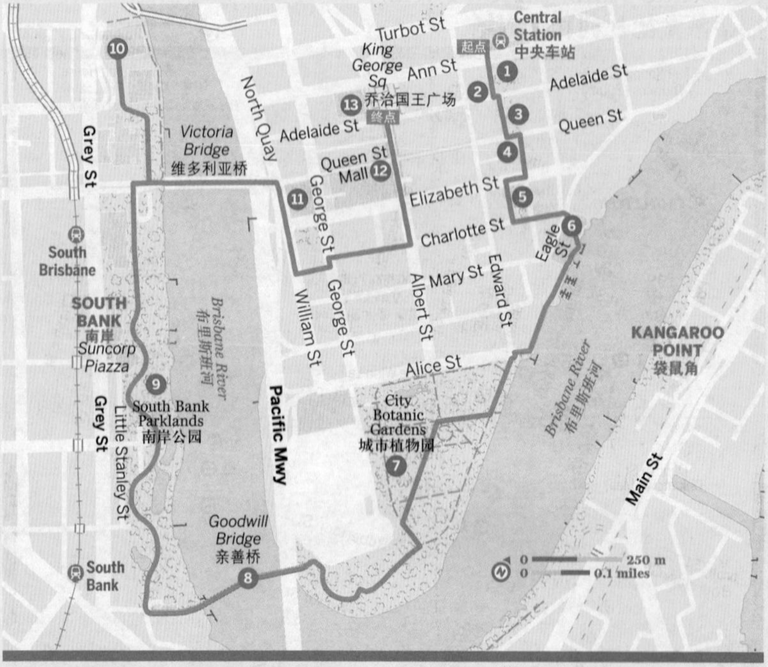

步行游览
中央商业区和南岸商业圈

起点: 中央车站

终点: 乔治国王广场

距离: 5公里

需时: 2小时

穿过中央车站以南的Ann St，来到肃穆的❶**战争纪念馆**，位于❷**澳新军团广场**的北端，广场上种植着粗壮的猴面包树，朱鹭游走其中。在广场的南侧，爬上跨越Adelaide St的一座人行天桥，来到位于高处且精心修剪的❸**邮局广场**。广场南端坐落着布里斯班庄严的石头建筑❹**邮政总局**。沿邮局翼楼之间的小巷来到Elizabeth St。穿过马路，扎头进入白色石头修建的精美的❺**圣史蒂芬大教堂**。

走过大教堂背后的庭院草坪来到Charlotte St。左转穿过Eagle St，来到河上的❻**Eagle Street码头**。欣赏一下左侧的故事桥景色，然后拾阶而下，沿着河边栈道往南走。

在Edward St和Alice St的街口，绕路穿越❼**城市植物园**（见296页）。遥望河对岸的袋鼠角悬崖，然后环绕布里斯班河边舞台的后方，来到只供行人通行的❽**亲善桥**：在左侧的昆士兰海事博物馆观赏"迪亚曼蒂纳"号皇家海军军舰。从这里出发，向北走过弯弯曲曲的一小段路来到❾**南岸公园**（见298页）。

如果时间允许，进入精彩绝伦的❿**现代艺术美术馆**（见297页）。要不就穿过维多利亚桥，回到布里斯班市中心。位于William St宏伟的⓫**财政大楼**以南的一条无名小巷带你前往George St。折返回到Charlotte St，沿着这条路走，然后左转来到Albert St，这里是布里斯班现代的中央商业区。

继续沿着Albert St，穿越⓬**Queen Street Mall**，然后从Adelaide St进入乔治国王广场，高耸的⓭**市政厅**（见296页）坐落在广场的西南边。欣赏一番风景之后，返回商场犒赏一下自己。

Fortitude Valley & New Farm 福蒂蒂尤德瓦利和新农场

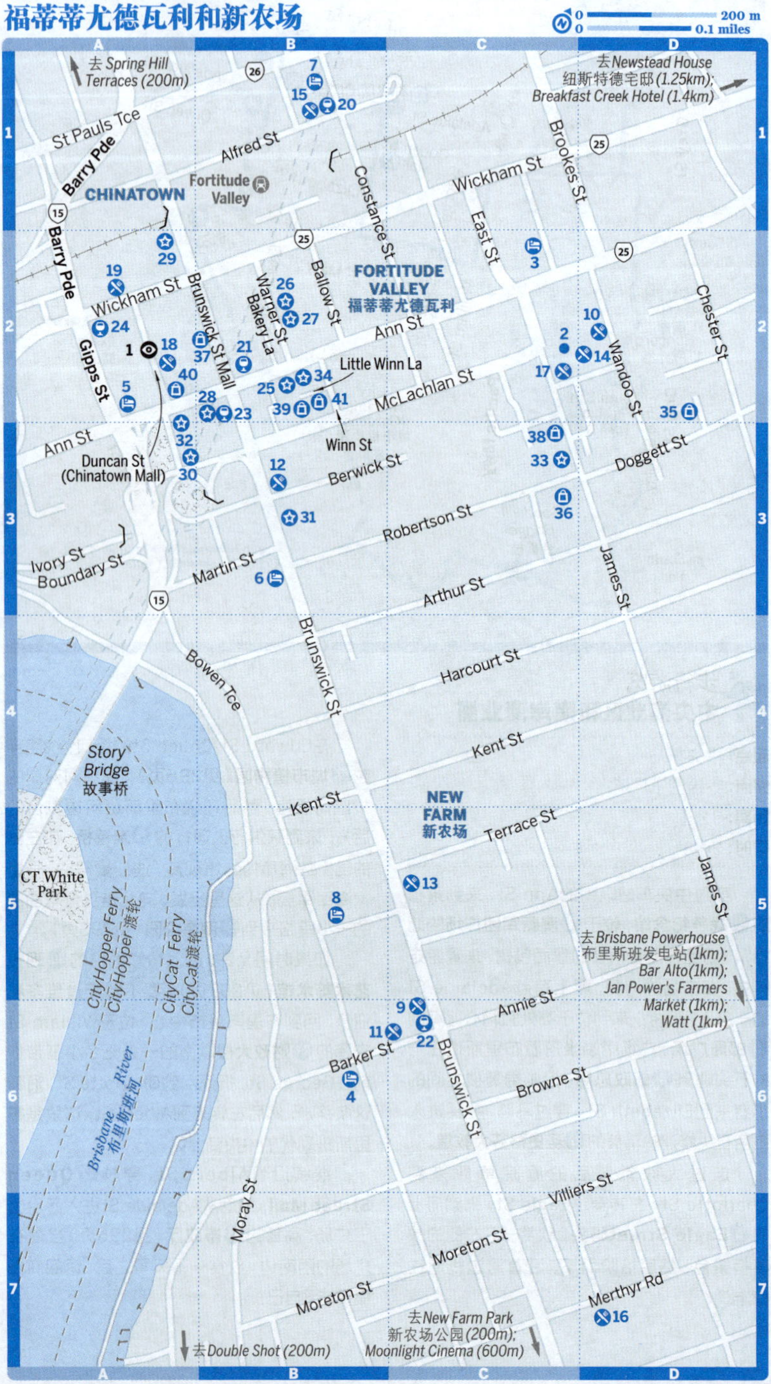

Fortitude Valley & New Farm 福蒂蒂尤德瓦利和新农场

景点

1 唐人街 A2
现代美术学院 （见31）

活动、课程和团队游

C!RCA （见31）
2 James St烹饪学校 C2

住宿

3 Alpha Mosaic Brisbane C2
4 Bowen Terrace B6
5 Bunk Backpackers A2
6 Central Brunswick Apartments B3
7 Limes B1
8 Spicers Balfour Hotel B5

就餐

9 Anise C6
10 Campos D2
11 Chouquette C6
12 Harajuku Gyoza B3
13 Himalayan Cafe C5
14 James St Market D2
15 Kwan Brothers B1
16 Smoke BBQ D7
17 Spoon Deli Cafe C2
18 Thai Wi-Rat A2
19 Vietnamese A2

饮品和夜生活

20 Alfred & Constance B1
21 Bowery B2
22 Gertie's Bar & Lounge C6
23 Press Club B2
24 Sabotage Social A2

娱乐

25 Beat MegaClub B2
26 Brightside B2
27 Church B2
28 Cloudland B2
29 Crowbar A2
30 Family A3
31 朱迪丝·赖特当代艺术中心 B3
32 Oh Hello A3
33 Palace Centro C3
34 Zoo B2

购物

35 Angelo's Fresh Pasta D2
36 Blonde Venus C3
37 Brisbane Valley Markets B2
38 James Street C3
39 Künstler B2
40 Trash Monkey A2
41 Winn Lane B2

从现在被改造成了非常舒适的自给系统套间。有双卧室房间（可睡3人），温暖的地中海色调，再生材料的木地板，多扇百叶窗能够降温通风（没有空调）。很迷人！街边免费停车；最少需入住两晚。

★ Latrobe Apartment 公寓 $$$

（见318页地图；☎0448 944 026；www.stayz.com.au/77109；183a Latrobe Tce，Paddington；公寓 $200起；P ❄ 令）位于富庶的帕丁顿一家脊椎治疗按摩店的楼下，这家很棒的双卧室公寓可以睡4个人，有2间浴室、抛光地板、情调十足的灯光和华丽的烧烤平台。设计简约现代，一切用料皆质量考究：床单、盥洗用品、厨具、电视、iPod底座、皮沙发……临街设有咖啡馆，还可以沿街免费停车。

就餐

和布里斯班的许多东西一样，就餐体验也随着不同的社区而有所区别。市中心提供高档餐饮和咖啡馆。你会在福蒂蒂尤德瓦利找到便宜的咖啡馆和唐人街。附近的新农场拥有大量的各国风味食肆、法式咖啡馆和屡获殊荣的店家。不拘一格的西区则散落着波希米亚风格的咖啡馆和便宜的国际风味餐馆。南岸主流的和昂贵的餐厅交相辉映。但是无论你身在何处，你总是可以在室外用餐（“布里斯班”是否就是拉丁语中的“al fresco”——意为在户外？）！

大布里斯班地区

★ Baker's Arms 面包店 $

（见294页地图；☎07-3391 6599；www.thebakersarms.com.au；29 Logan Rd，Woolloongabba；主菜 $8~10；⏲7:00~15:00）这间位于Logan Rd的忙碌的面包房并没有固定的菜单：取而代之的是多种多样的美味蛋糕、蛋

挞、菜肉馅煎蛋饼、沙拉、派、汤和如小碟子般大小的饼干可供选择，每天的式样都不同，取决于材料和面包师的心血来潮。看看橱柜里正在供应什么，然后在咖啡机的咔嗒声伴随下点单即可。可以坐在布满阳光的人行道边的桌子旁。

Enoteca 意大利菜 $$$

（见294页地图；07-3392 4315；www.1889enoteca.com.au；10-12 Logan Rd, Woolloongabba；主菜 午餐 $21~38，晚餐 $35~42；周二至周五和周日 正午至14:30，周二至周六 18:00至深夜）在市中心南部的Woolloongabba，一家建于1889年的华美店面里供应着简单而又绝妙的传统意大利面、鱼还有肉类菜肴。即使你不是来这里吃饭（这里还有一间小小的葡萄酒店），也可以来看看豪华的灯光、壮丽的大理石酒吧以及四处装满意大利酒瓶的玻璃橱柜。

布里斯班中部

★Brew 咖啡馆 $

（见300页地图；07-3211 4242；www.brewgroup.com.au；Lower Burnett Lane；主菜 $9~30；周一 7:00~16:00，周二和周三 至22:00，周四和周五 至23:30，周六 9:00~23:30，周日 9:00~15:00）你会在西雅图或柏林找到这种亚文化的地下咖啡馆……但是布里斯班呢？作为昆士兰州全新的咖啡文化阵地，Brew把咖啡因带到了小巷里，提供简餐（西班牙小吃、意大利面和三明治）搭配咖啡。如果你不想喝咖啡，这里还供应葡萄酒、鸡尾酒和瓶装啤酒。

Felix for Goodness 咖啡馆 $

（见300页地图；www.felixforgoodness.com；50 Burnett Lane；主菜 $6~17；周一至周五 7:00~15:00；）这是又一家位于Burnett Lane的好去处，兢兢业业的Felix把业务打理得井井有条：自制沙拉、蛋挞、法式长棍面包、派和蛋糕、咖啡和鲜榨水果沙冰做得都不赖。这里一直提供当地的以及有机的天然食物，每天都供应新鲜食材。当我们拜访时，他们正打算在夜间供应美味拼盘和全部来自澳大利亚的啤酒及葡萄酒。

Miel Container 汉堡店 $

（见300页地图；0423 466 503；www.facebook.com/mielcontainer；Mary St和Albert St交叉路口；主菜 $12~24；周一至周四 11:00~22:00，周五和周六 至午夜）这个红得扎眼的运输集装箱就被放置在布里斯班市中心的摩天大楼下方的角落里。自制的汉堡美味可口，是这里的招牌：自己任选圆面包、牛肉饼、蔬菜、奶酪和酱料，再在人行道旁找一个空位坐下。午饭时穿得西装笔挺的来这里显得非常时髦。

Bean 咖啡馆 $

（见300页地图；www.facebook.com/beanbrisbane；181 George St后方；主菜 $9~15；周一和周二 7:00~18:00，周三至周六 至22:00）这里是布里斯班又一家全新的时髦街边咖啡店。Bean位于George St连接着的一条肮脏的、满是涂鸦的车道旁，周围都是火灾逃生梯、空调装置和白领烟民。你可以在这里享用一块饼干、一杯啤酒或是一份带鸡蛋的早餐，但咖啡才是重头戏。周四晚有现场原声音乐表演。

Groove Train 咖啡馆 $$

（见300页地图；www.groovetrain.com.au；Riverside Centre, 123 Eagle St；主菜 $19~34；7:00至深夜）一座橘色与深黑木色的建筑物，盘踞于Riverside的渡轮总站旁，Groove Train狭长、低洼、精简而时髦。看着船只发出轧轧声来来往往，而你享用着用木头烤制的比萨、大火炒出的菜、汉堡、馅饼饺、意大利烩饭和大份的沙拉。在夜间，这里变得像个酒吧一般喜怒无常。

★E'cco 新派澳洲菜 $$$

（见300页地图；07-3831 8344；www.eccobistro.com；100 Boundary St；主菜 $40~43；周二至周五 正午至14:30，周二至周六 18:00~22:00）本州最精致的餐厅之一，获奖无数的E'cco是美食家的必到之处。菜单的杰作来自主厨菲利普·约翰森（Philip Johnson），包括甘草猪五花配焦糖桃肉、洋葱酱和小土豆。内部装饰豪华有度：全是黑白配色和不锈钢材料。

Cha Cha Char 牛排馆 $$$

（见300页地图；07-3211 9944；www.chachachar.com.au；Shop 5, 1 Eagle St Pier；主菜 $36~56；周一至周五 正午至23:00，周六和周日 18:00~23:00）这家历史悠久的餐厅广受赞

誉，供应布里斯班最美味的牛排以及一流的海鲜和烧烤的野味肉类。Eagle St码头上高档的半圆形餐厅装饰着落地长窗，可以眺望河景。

袋鼠角

Cliffs Cafe 咖啡馆 $

（见300页地图；www.cliffscafe.com.au；29 River Tce, Kangaroo Point；主菜 $7~22；周一至周六 7:00~17:00）从河边沿着陡峭的山路而上（或是轻松驾车直接到门口），这家悬崖顶上的咖啡馆可以看到卓绝的河景和城市的天际线。这是一家随意的开放式咖啡馆：大份的早餐、汉堡、炸尖吻鲈鱼柳、薯条、沙拉、甜点和美味的咖啡都很不错。

南岸

Ahmet's 土耳其菜 $$

（见300页地图；07-3846 6699；www.ahmets.com；Shop 10, 168 Grey St；主菜 $21~34，晚宴 每人 $38~46；11:30~15:00和18:00至深夜；）位于餐馆林立的Grey St，Ahmet's供应可口的土耳其佳肴，店内装饰色彩浓烈，还饰以大巴扎与博斯普鲁斯海峡风格的壁画。尝试一下Sucuk pide（土耳其炉烤面包配上土耳其香肠、鸡蛋、番茄和马苏里拉奶酪）。街边还有宽敞的露台，并且定时表演现场音乐。

Stokehouse 新派澳洲菜 $$$

（见300页地图；07-3020 0600；www.stokehouse.com.au；River Quay, Sidon St；主菜 $34~40；正午至深夜）想要找间适合求婚的高档餐厅？这间由混凝土与深色木材建成的有棱有角的河边建筑物正是为你设计的！先从韭葱炖莫顿虾开始，再来份盐焗约克郡猪肉配雪莉酒浸西梅和花椰菜。俗丽的Stoke Bar就位于隔壁（求婚成功后可以来这里喝香槟庆祝）。

福蒂蒂尤德瓦利

James Street Market 市场 $

（见310页地图；www.jamesstmarket.com.au；22 James St, Fortitude Valley；周一至周五 8:30~19:00，周六和周日 8:00~18:00）这里是吃货的天堂，市场虽然较小，但是布置得很漂亮。有美味的奶酪、面包、糕点、蔬菜水果、鲜花和许多优质货品。新鲜的海鲜柜台销售很棒的寿司和刺身。楼上是**James St烹饪学校**（James St Cooking School，见310页地图；07-3252 8850；www.jamesstcookingschool.com.au；3小时课程 $135~155）。

Harajuku Gyoza 日本菜 $

（见310页地图；07-3852 4624；www.harajukugyoza.com；394 Brunswick St, Fortitude Valley；主菜 $8~12；正午至深夜）走进这家黝黯的位于主街的日本餐厅，来上一份快火烧制的日式煎饺（gyoza）或是一碗拉面汤，最好是和几位好友一起喝上一杯。这里很有意思，价格公道，有冰冻的麒麟生啤，冰箱里还有用越光米（Koshihikari）酿制的啤酒。不提供预订。

Vietnamese 越南菜 $

（见310页地图；07-3252 4112；www.thevietnameserestaurant.com.au；194 Wickham St, Fortitude Valley；主菜 $10~20；11:00~15:00和17:00~22:00）虽然名字起得没有新意，但这里的确是在布里斯班品尝越南菜的绝佳之处，供应精心准备的佳肴，总是门庭若市。选择"主厨推荐"的美味：辣味蜜汁脆牛柳（crispy beef strips with honey and chilli）或蚝油瓦罐虾（clay-pot prawns with oyster sauce）。性价比很高。

Campos 咖啡馆 $

（见310页地图；www.camposcoffee.com；11 Wandoo St, Fortitude Valley；主菜 $9~17；6:30~16:00）在James St Market后方的一条小小的黑墙小巷内有着一些城里最好的咖啡，咖啡因成瘾者们得绕过牛奶盒和成堆的纸板箱才能到达这里。这里的食物都是实实在在用来搭配咖啡的（煎鸡蛋、百吉饼、脱脂牛奶煎饼）。也售卖袋装的咖啡豆，可以打包带走。

Thai Wi-Rat 泰国菜、老挝菜 $

（见310页地图；07-3257 0884；20 Duncan St, Fortitude Valley；主菜 $10~18；10:00~16:00和17:00~21:30）这家位于唐人街商场里巴掌

West End & Petrie Terrace
西区和Petrie Terrace

大的餐厅端庄有度、颜色鲜艳，供应实在、重辣的泰国和老挝菜肴，包括烤整条鲶鱼(pla dook yang)。这里的咖喱叻沙(意为神之甘露)味道一般。提供外卖服务。

★ **Kwan Brothers** 亚洲菜 $$

(见310页地图；☎07-3251 6588；www.kwanbros.com.au；43 Alfred St, Fortitude Valley；小盘 $10~15，主菜 $15~27；⏲周一至周四 正午至

West End & Petrie Terrace 西区和Petrie Terrace

活动、课程和团队游

1	Bicycle Revolution	A4
2	Urban Climb	B4
3	XXXX Brewery Tour	B2

住宿

4	Aussie Way Backpackers	D2
5	Banana Benders Backpackers	D2
6	Brisbane Backpackers	B5
7	Brisbane City YHA	C2
8	Chill Backpackers	D2
9	Gonow Family Backpacker	B5

就餐

10	Blackstar Coffee Roasters	B5
11	Burrow	B4
12	Chop Chop Chang's	B5
13	George's Seafood	B5
14	Gunshop Café	B4
15	Little Greek Taverna	B4
16	Scout	D1
17	Swampdog	C6
18	Tibetan Kitchen	D1

饮品和夜生活

19	Archive Beer Boutique	B4
20	Cabiria	D2
21	Dowse Bar	C1
22	End	B5
23	Lychee Lounge	B4
24	Statler & Waldorf	D2

娱乐

25	Hi-Fi	B4
26	Lock 'n' Load	B5
27	Loft West End	B5
28	Palace Barracks	D2
29	Suncorp体育场	C2

购物

30	Avid Reader	B5
31	Boundary Street Markets	B4
32	Davies Park Market	A4
33	Egg Records	B5

15:00和17:00~23:00，周五至周日 正午至深夜；)这家餐厅开得很晚，坐在他们位于迪斯科舞厅和中式大伞下方，阴郁、翻修后的仓库周围，和朋友们一起共享柠檬草辣椒煎脆豆腐、韩式炒花椰菜以及烧烤五花肉。饭后来上一杯麒麟啤酒，再在太阳升起之前上床睡觉。

Spoon Deli Cafe 咖啡馆 $$

(见310页地图；07-3257 1750；www.spoondeli.com.au；Shop B3, 22 James St, Fortitude Valley；早餐 $7~21，主菜 $10~29；周一至周五 6:30~18:00，周六和周日 7:00~17:00；)位于James St市场里，这家高端的熟食店供应琳琅满目的意大利面、汉堡、沙拉、汤、大块帕尼尼三明治和千层面。新鲜果汁分量大得也可以当作一餐。墙边摆放着各类食材和器皿：醋、食用油、草药和食物篮。你一走进餐馆就会感到饥肠辘辘。

新农场(NewFarm)

Chouquette 咖啡馆 $

(见310页地图；07-3358 6336；www.chouquette.com.au；19 Barker St, New Farm；糕点 $3~11，10个泡芙 $3.50；周三至周六 6:30~17:00，周日 至12:30；)算不算得上是图卢兹(Toulouse)以外最好的法式糕点店呢？当你喝着坚果味的咖啡、吃着一袋被称作泡芙的糕点(chouquette；小小的和有鸡蛋的面团，上面撒有糖霜)、享用着一块亮晶晶的柠檬塔(tarte au citron)或是一根夹馅的法式长棍面包时，就可以考虑考虑这个问题的答案。店员会说法语。

Double Shot 咖啡馆 $

(见294页地图；07-3358 6556；125 Oxlade Dr, New Farm；主菜 $11~19；周二至周日 6:00~15:00)这家异常忙碌的社区小咖啡馆唤醒了新农场那些昏昏欲睡的低地居民们。吃早午餐的妈妈们和遛狗的人挤满了这个小小的店面，他们来吃西班牙沙丁鱼加吐司、早餐玉米煎饼以及超赞的酥皮糕点、蛋糕和蛋挞。员工干劲十足，会想方设法给你找个位置。

Anise 法国菜 $$

(见310页地图；07-3358 1558；www.anise.com.au；697 Brunswick St, New Farm；主菜 $24~34，7道菜的精选套餐 带/不带葡萄酒 $155/100；周四至周六 正午至14:30，周一至周六 18:00~21:30)这间拥有22个座位的餐厅非

常时髦——葡萄酒吧会根据不同季节上架相应的法国酒。主顾们坐在狭小的酒吧内享用餐前点心（什锦拼盘），比如牡蛎和阿尔萨斯鹅肝（Alsace foie gras），之后再来点芥末猪肉饼或是南瓜配鸭胸脯肉、姜饼和甘草汁。这个场所非常适合特别的时刻。

Watt 新派澳洲菜 $$

（见294页地图；☎07-3358 5464；www.wattrestaurant.com.au；Brisbane Powerhouse，119 Lamington St，New Farm；主菜 酒吧 $9~22，餐厅 $27~39；⊙周一至周五 9:00至深夜，周六和周日 8:00至深夜）Watt位于布里斯班发电站的河边，轻松随意，凉风徐徐。点上一些鸭肉沙拉配甜椒、芝麻菜和橙子，或是烟熏猪腿肉糜配小扁豆和腌黄瓜。供应杯售葡萄酒。周日下午是DJ舞曲时间。可以选择在酒吧或是在更贵的餐厅里享用。

Smoke BBQ 烧烤 $$

（见310页地图；☎07-3358 1922；www.thesmokebbq.com.au；85 Merthyr Rd，New Farm；主菜 $15~38；⊙周二至周日 11:30~14:00，周一至周日 18:00~21:00）山核桃的气味充满着这家美式烧烤店。菜单包括细嫩的短肋排、手撕猪肉和炭火烤鸡（佐伏特加烧烤酱），再配上必点的配菜，如凉拌卷心菜、奶酪通心粉和薯条。店里有一个笑话："吃完烧烤后2到3天你就又会感到饥饿了。"

Himalayan Cafe 尼泊尔菜 $$

（见310页地图；☎07-3358 4015；640 Brunswick St，New Farm；主菜 $15~25；⊙周二至周日 17:30~22:00；✎）点缀着大量经幡和色彩艳丽的坐垫，这家殊胜、朴素的餐馆提供原汁原味的藏族和尼泊尔风味，例如fhaiya darkau（羊肉配以蔬菜、椰奶和香料），非常柔嫩。重复念诵这家餐馆的经文"愿赐予每一位生者力量"。

西区

★ George's Seafood 炸鱼和薯条 $

（见314页地图；☎07-3844 4100；150 Boundary St，West End；主菜 $7~16；⊙周一 11:00~20:00，周二至周六 9:30~20:00，周日 10:30~20:00）橱窗陈列着满满的新鲜青蟹、莫顿湾石蚝、大虾和整条的鲷鱼，这家老式的炸鱼薯条店已经重新装修了门面，不过仍然提供货真价实的食物。$9.50的鳕鱼薯条晚餐无与伦比。

Swampdog 海鲜 $

（见314页地图；☎07-3255 3715；www.swampdog.com.au；186 Vulture St，West End；主菜 $10~15；⊙正午至20:30）🍃这里的口号就是"换种方式吃炸鱼薯条"，这个忙碌的海鲜小餐馆位于Vulture St（非常不好停车）的一处令人感觉不适的延伸段。这里的鱼类供应很及时，供应的食物新鲜而分量足（试试看发酵的沙丁鱼）。一位开心的顾客评论道："这里可是餐厅的品质，低于咖啡馆的价格！"

Burrow 咖啡馆 $

（见314页地图；☎07-3846 0030；www.theburrowwestend.com.au；37 Mollison St，West End；主菜 $10~17；⊙周二至周日 7:00至深夜；📶）这座笨拙、古老的昆士兰风格建筑位于一片无遮挡的下层林木之中，Burrow就像是墨西哥下加利福尼亚州的酒馆遇上了学生公寓：慵懒的沙滩冲浪风情壁画，播放着平克·弗洛伊德（Pink Floyd）乐队的音乐。尝尝看消除宿醉感的"比尔·默里"（Bill Murray）奶酪汉堡（使用大量亚尔斯堡奶酪）；或是"巫师老爹"（Big Voodoo Daddy）比萨饼配烤鸡、法式香肠和波旁烧烤酱。这里也有手工酿造的啤酒。

Blackstar Coffee Roasters 咖啡馆 $

（见314页地图；www.blackstarcoffee.com.au；44 Thomas St，West End；主菜 $7~13；⊙7:00~17:00）街坊邻居的最爱，这家西区自己的咖啡馆提供顶尖的咖啡和简易的早餐（卷饼、鳄梨吐司和火腿蛋松饼），播放着罗伊·奥比森（Roy Orbison）的乐曲，定期还有朗诵和尤克里里琴（Ukulele）之夜（并非同时）。在大热天品尝一下他们的冷压冰咖啡。

Chop Chop Chang's 亚洲菜 $

（见314页地图；☎07-3846 7746；www.chopchopchangs.com.au；185 Boundary St，West End；主菜 $12~22；⊙11:30~15:00和17:30~21:30）"幸福并不因与人分享而减少。"佛祖曾这么

说过。Chop Chop Chang's里饥饿的人群似乎同意这个说法，相互传递着装有泛亚洲街头食物的碗以及拉差（sriracha）辣椒酱的瓶子，面带微笑。试试罗望子烧焦糖猪肉。周五和周六晚些营业。

★Gunshop Café

咖啡馆、新派澳洲菜 $$

（见314页地图；☎07-3844 2241；www.thegunshopcafe.com；53 Mollison St, West End；主菜 $16~29；⏰周一 6:30~14:00，周二至周六 至深夜，周日 至14:30）时尚的氛围、奇特的灯光和快乐的员工，这家悄悄改头换面的“手枪店”装饰了斑驳的砖墙、雕塑吊灯和诱人的后花园。食材以当地的为主，每日更换菜单，但固定不变的菜肴包括赫维湾（Hervey Bay）蟹肉扇贝、西葫芦碎和藏红花酸奶；早餐还有上好的奶油蛋卷和法式吐司。还提供手工酿制啤酒、澳大利亚葡萄酒和午后提神饮品。

Little Greek Taverna

希腊菜 $$

（见314页地图；☎07-3255 2215；www.littlegreektaverna.com.au；Shop 5, 1 Browning St, West End；主菜 $15~17，晚宴 每人 $35~43；⏰11:00~21:00）迎合时下，地处西区的黄金地段，顾客总是络绎不绝。这家餐馆非常适合享用希腊盛宴和观察当地的人们。享用大虾煎奶酪沙拉（prawn and saganaki salad）或经典的羊肉烤串（lamb gyros），再灌下一杯希腊咖啡，保证不会瞌睡。这里也适合孩子来用餐。

Caravanserai

土耳其菜 $$

（见294页地图；☎07-3217 2617；www.caravanserairestaurant.com.au；1 Dornoch Tce, West End；主菜 $24~34；⏰周五和周六 正午至14:30，周二至周日 18:00至深夜）编织桌布、红色墙面和烛光餐桌在这家出色的土耳其餐厅营造出了温馨的氛围。与人共享一份“伊斯坦布尔至尊”（Istanbul Sublime）小吃拼盘[有烤哈罗米奶酪（haloumi）、肉丸、蒜蓉虾以及其他美味]，或是大快朵颐一番美味的羊排。

Petrie Terrace

Scout

咖啡馆 $

（见314页地图；www.scoutcafe.com.au；190 Petrie Tce, Petrie Terrace；主菜 $6~18；⏰7:00~16:00）这家老式的社区店面在Scout开始卖百吉饼之前空置了17年时间。这里的氛围很闲适、友善而附庸风雅。如果你对早餐的百吉饼并不感兴趣，可以点马其顿豆配菲达奶酪和烤圣女果，坐在阳光里看孩子们用粉笔在人行道上乱涂乱画。

Tibetan Kitchen

西藏菜 $$

（见314页地图；☎07-3367 0955；www.tibetankitchen.com.au/springhill；216 Petrie Tce, Petrie Terrace；主菜 $14~19；⏰17:30至深夜；✎）可口的西藏菜上方是悬挂在天花板下的纸灯笼，和一对巨大的藏传佛教长号。尝尝看bakra ko tihun（咖喱带骨山羊肉配南瓜泥）。如果你从来没有尝过尼泊尔的大米啤酒的话，现在机会来了。

帕丁顿

Gelateria Cremona

冰激凌店 $

（见318页地图；☎07-3367 0212；5/151 Baroona Rd, Rosalie；冰激凌 $4.80起；⏰周一 17:00~22:00，周二至周五 14:00~22:00，周六和周日 13:00~22:00；✎）地道的意大利冰激凌，放在小碗或圆筒中，尤为适合在布里斯班潮湿的夜晚散步时享用。试试看经典的盐渍焦糖或荷兰巧克力，或是更为清爽的季节性水果冰沙（斐济果超赞！）。从帕丁顿的主要地带往山下走，就在可爱的Rosalie购物区内。

Merlo Torrefazione

咖啡馆 $

（见318页地图；☎07-3368 2099；www.merlo.com.au；1/78 Latrobe Tce, Paddington；糕点 $3~6；⏰周一至周五 6:00~17:30，周六和周日 至17:00）这是城里数家Merlo连锁店（一个当地成功的创业故事）的其中一家，烘焙咖啡令帕丁顿保持清醒。吃块饼干或浅尝一些小点，但别忘了你之所以前来此地的目的仍然是为了喝咖啡：可以外带一袋咖啡豆或喝上快火烧制的一杯，效力强劲到足够支撑你到下一杯为止。

Il Posto

意大利菜 $$

（见318页地图；☎07-3367 3111；www.ilposto.com.au；107 Latrobe Tce, Paddington；主菜 $20~29；⏰周三至周日 正午至16:00和每天

Paddington 帕丁顿

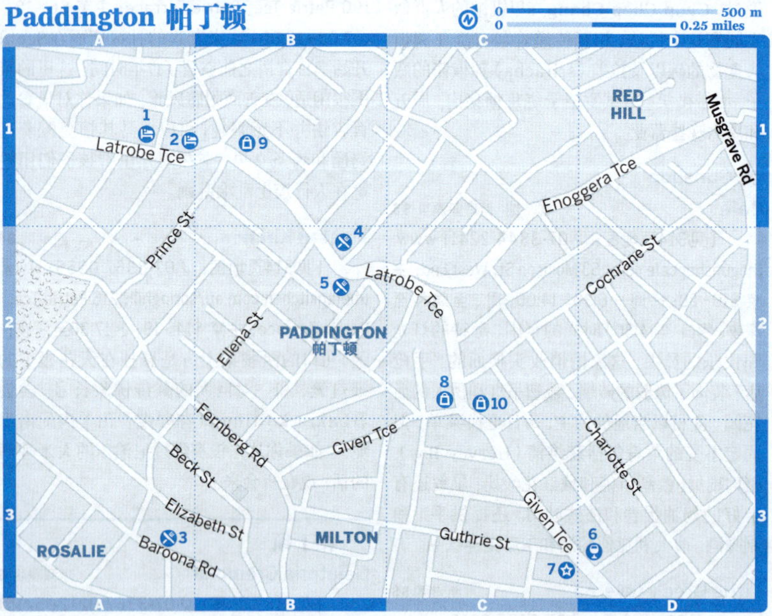

Paddington 帕丁顿

住宿

1 Casabella Apartment........................A1
2 Latrobe Apartment............................A1

就餐

3 Gelateria Cremona.............................A3
4 Il Posto...B2
5 Merlo Torrefazione.............................B2

饮品和夜生活

6 Kettle & Tin..D3

娱乐

7 Paddo Tavern......................................C3

购物

8 Dogstar...C2
9 Paddington Antique Centre..................B1
10 Retro Metro.......................................C2

17:30至深夜）比萨饼和意大利面让人仿佛置身于罗马，可以在户外小广场享用美食（如果室外太闷热可以坐在室内）。比萨饼既可以选择番茄酱底料（rosse），也可以选择不放番茄酱的白底（bianche），做出来又薄又脆。这里的员工也很棒，在这儿随时可以喝到Peroni啤酒，并且也适合带孩子来用餐（这点也和在罗马相似）。

饮品和夜生活

布里斯班主要的喝酒去处是福蒂蒂尤德瓦利，有酒廊、现场音乐酒吧和夜店（适合异性恋和同性恋的都有）。许多夜店在周三至周日的夜晚开门迎客，有的免费，另一些则收取高达$20的费用。打扮得光鲜亮丽，并记得带上你的证件。在中央商务区，有一些上班族在下班后会喝酒玩乐，而西区的时尚酒吧则齐聚着城市潮人。新农场也有一些潮吧，主要吸引的是住在附近街区的居民。

大布里斯班地区

★ Green Beacon Brewing Co 酿酒厂

（见294页地图；www.greenbeacon.com.au；26 Helen St, Teneriffe；⏲周一和周二 17:00至深夜，周三和周四 正午至深夜，周五至周日 11:00至深夜）在Teneriffe上相的红砖墙后街上，这家不错的新酿酒厂正在装瓶。在长长的吧台之后是一排巨大的不锈钢桶，美味的酒在发酵后经由龙头倒入你的杯子中：手工酿制的淡啤酒、小麦啤酒、琥珀啤酒、IPA和porter啤酒，再加上季节性的特别供应和让人停不下嘴的酒吧食物。这里绝对是胜出者！

Canvas 红酒吧

（见294页地图；www.canvasclub.com.au；16b Logan Rd, Woolloongabba；⊙周二至周五 正午至午夜，周六和周日 8:00至午夜）位于Gabba板球场附近，Canvas时尚简约，充满艺术气息。从Logan St进入——这条街俨然逐渐成为就餐、饮品和古董的中心——停下来欣赏一下诡异的壁画，然后向酒保要一杯"游击战争"（Guerilla Warfare）鸡尾酒。

Breakfast Creek Hotel 小酒馆

（见294页地图；www.breakfastcreekhotel.com；2 Kingsford Smith Dr, Albion；⊙10:00至深夜）这家历史悠久的酒馆建于1889年，是布里斯班的经典。法国文艺复兴式的奢华建筑风格，拥有各种吧台和就餐区，包括一处啤酒花园和一座装饰艺术派的"私人酒吧"，你可以喝到从木桶里打出的扎啤。时髦的Substation No 41酒吧提供鸡尾酒和美味的牛排。

布里斯班中部

★ Super Whatnot 酒吧

（见300页地图；www.superwhatnot.com；48 Burnett Lane；⊙周一至周四 15:00~23:00，周五 正午至次日1:00，周六 15:00至次日1:00，周日 15:00~20:00）Super Whatnot是一处大胆创新的时尚酒吧，位于巷道里，充满工业化气息，带有夹层和下沉式休闲区。饮料：澳大利亚精品瓶装啤酒和鸡尾酒[尝一杯专制的"边境控制"（Border Control）]。食物：美国风味的酒吧小吃（热狗、墨西哥小卷饼、玉米片）。音乐：打碟的DJ们从周四到周六轮番上演放克、灵魂和嘻哈音乐；周三进行现场纯乐表演。都是屡获殊荣的乐队！

Riverbar & Kitchen 酒吧

（见300页地图；www.riverbarandkitchen.com.au；71 Eagle St；⊙7:00~23:30）这里是下午喝啤酒的令人放松的去处，位于布里斯班河下游、Eagle St码头建筑的底层。如同是船舱一般伸展出去，带有盘绕的绳索、漆成白色的木头和木制摊位。气氛很轻松随意、自由流畅（如同河流本身一样）。食物也不错。

Nant 酒吧

（见300页地图；www.nant.com.au；2 Edward St；⊙周二至周六 15:00至深夜）一处时髦的新地下酒吧，展示着Nant威士忌——来自塔斯马尼亚（Tasmania）中部高地的极其出色的单麦芽发酵酒。同样供应波本酒、黑麦酒以及禁酒期式的杜松子酒：如果喝得过多的话，可以踉跄着走到城市植物园里去看看蝙蝠。还有皮沙发、挑高的天花板、时尚的吧台员工以及定期的现场音乐。

Embassy Hotel 小酒馆

（见300页地图；www.embassybar.com.au；214 Elizabeth St；⊙周一至周三 11:00~22:00，周五11:00至深夜，周六 正午至深夜）这个建于1928年的酒馆这些年间已经经历了多次重生，最近的一次带来了手工酿制的啤酒、压锡板墙、敞开式的红砖墙以及绝好的牛排三明治。楼上青年旅舍的许多背包客常常在这里晃来晃去。

袋鼠角

Story Bridge Hotel 小酒馆

（见300页地图；www.storybridgehotel.com.au；200 Main St, Kangaroo Point；⊙9:00至深夜）位于袋鼠角的桥下，这座美丽的酒馆和啤酒花园建于1886年，非常适合在走了一整天之后进来喝上一大杯。周日（15:00起）有现场爵士乐表演，还有许多风格各异的饮酒和就餐区域。

南岸

Tomahawk Bar 小酒馆

（见300页地图；www.tomahawkbar.com.au；5/182 Grey St；⊙周日、周二和周三 11:00~22:00，周四 至23:00，周五和周六 至午夜）南岸地区想要喝杯啤酒的最酷的所在，所有人都会同意是这家。懒洋洋的留胡子的酒吧员工，倒出自酿啤酒和有机苹果酒，还可以随时供应丹麦、美国和一种新西兰酒。吧台小吃也很好吃：五花肉汉堡、烘卡芒贝尔奶酪和鱼块三明治。

福蒂蒂尤德瓦利

★ Alfred & Constance 酒吧

（见310页地图；www.alfredandconstance.com.

au；130 Constance St, Fortitude Valley；⌚周一至周五 7:00至深夜，周六和周日 8:00至深夜）天啊！这家华丽诡异的酒吧占据了两幢护墙板房屋，远离主要的福蒂蒂尤德瓦利中心地带。在里面，身穿防护服的坑洞工地工人、文身的女同性恋、正装商务人士和冲浪爱好者们游走在提基酒吧、屋顶平台、咖啡区和休息室。留意内部装饰：枝形吊灯、人体骨架、冲浪板、老旧的高保真设备……这里很诡异，但非常美妙。

Sabotage Social 酒吧

（见310页地图；www.sabotagesocial.com.au；Gipps St和Wickham St交叉路口，Fortitude Valley）威士忌是布里斯班本月的宠儿（或者可能是全年的），一大堆主打威士忌的酒吧在城里如雨后春笋般地出现。这一个不错，樱桃红色的靠椅、刷成金色的墙、20世纪90年代的重金属歌单以及一流的啤酒（或者应该说，威士忌）花园。

Bowery 鸡尾酒吧

（见310页地图；www.facebook.com/thebowerybar；676 Ann St, Fortitude Valley；⌚周二至周日 17:00至深夜）这家狭长的酒吧内斑驳的砖墙、镀金的镜子、包间以及历经风霜的地板，为福蒂蒂尤德瓦利小打小闹的酒吧业带来了一丝严肃正经的气氛。鸡尾酒和葡萄酒单都很高端（价格也就水涨船高），周二至周四有现场爵士和节拍电子乐的表演。DJ会在周末打碟助阵。

Press Club 鸡尾酒吧

（见310页地图；www.pressclub.net.au；339 Brunswick St, Fortitude Valley；⌚周二至周四 19:00至深夜，周五至周日 18:00至深夜）琥珀色调、皮革沙发、奥斯曼风格的长软椅、熠熠生辉的枝形吊灯、织布灯笼……这里呈现了华丽的摩洛哥风情，还有一丝《星球大战》那个诡异小酒馆的气氛。周四有现场音乐表演（爵士、放克、乡村摇滚），周末有DJ表演。

Cloudland 夜店

（见310页地图；www.katarzyna.com.au/venues/cloudland；641 Ann St, Fortitude Valley；⌚周一和周二 17:00至深夜，周三至周日 11:30至深夜）宛如进入了一片超现实的云林，这家夜店有好几层楼，大堂面积很大，用植物装扮，还有一个可伸缩的玻璃屋顶、巨大的枝形吊灯和铸铁鸟笼形状的小角落。即使你不爱去夜店，也可以在白天透过玻璃看看里面，内部设计非常漂亮！

Oh Hello 夜店

（见310页地图；www.ohhello.com.au；621 Ann St, Fortitude Valley；⌚周四至周日 21:00至次日5:00）"喂，你好！""很高兴见到你！"如果你喜欢去夜店，却觉得总有些不尽如人意，那么这家欢乐的夜店就很适合你。这里朴实无华（穿件T恤也没问题），可以选择多种精酿啤酒，这里的顾客也不会自视清高。

Family 夜店

（见310页地图；www.thefamily.com.au；8 McLachlan St, Fortitude Valley；⌚周五至周日 21:00至次日5:00）排队进入布里斯班最大、最好的夜店之一吧。这里的音乐超凡脱俗，充斥着4层楼内无数的舞池、吧台、时髦的主题包间，一流的DJ来自澳大利亚和外国。周日晚上有主题为"毛茸茸"的同性恋跳舞派对。

Church 夜店

（见310页地图；www.thechurchnightclub.com.au；25 Warner St, Fortitude Valley；⌚周五和周六 21:00至次日5:00）想要扭动臀部舞蹈吗？这个充满蛊惑性的漆成黑色的神圣屋子位于福蒂蒂尤德瓦利的一个小巷内，是所魔幻的城市超级夜店，周五和周六的晚上上演无拘无束的舞蹈盛宴。

Beat MegaClub 夜店、同性恋

（见310页地图；www.thebeatmegaclub.com.au；677 Ann St, Fortitude Valley；⌚周一和周二 21:00至次日5:00，周三至周日 20:00至次日5:00）5个房间+7个吧台+3个休息区+浩室/电子/复古/高科技舞曲音乐=跳舞爱好者的完美场所。这里深受男女同性恋的欢迎，有定期变装表演。

新农场

Bar Alto 酒吧

（见294页地图；www.baralto.com.au；Brisbane Powerhouse, 119 Lamington St, New Farm；⌚周二至周日 11:00至深夜）位于艺术气息浓厚的发电站内，这家时尚轻快的楼上餐

吧拥有巨大的阳台，配上拙实低矮的木桌，可以俯瞰河水，这里在全天的任何时候都是个得天独厚的有利位置。这里的葡萄酒单极好，食物也很绝妙。

Gertie's Bar & Lounge 葡萄酒吧

（见310页地图；699 Brunswick St, New Farm；⏲周二至周五16:00至午夜，周六15:00至午夜，周日14:00至午夜）作为一个复杂世故的场所，Gertie's里似乎总是有成群的漂亮城市女孩在折叠式窗内喝着鸡尾酒。即使没有养眼的美女，Gertie's也是低调地喝上一杯或是吃碗意大利面和来杯葡萄酒的好地方——这里灯光昏暗，立体声音响和墙上的复古照片里还游走着旧日的魂灵。

Bitter Suite 酒吧

（见294页地图；www.bittersuite.com.au；75 Welsby St, New Farm；⏲周二至周四11:30~23:00，周五至23:30，周六8:00~23:30，周日8:00~22:00）这个高高的老式红砖仓库位于新农场一条安静的后街上，已经作为一个活跃的啤酒吧重生了，这里供应60多种精酿啤酒，每天有8种生啤可供选择。有超赞的酒吧食物（北京烤鸭烙饼），周末还提供早餐。

西区

★Archive Beer Boutique 酒吧

（见314页地图；www.archivebeerboutique.com.au；⏲11:00至深夜）有趣的啤酒、有趣的人和有趣的地方：欢迎来到Archive，这座啤酒圣殿供应多种扎啤佳酿（可以尝试Holgate Cowboy Sour Porter）。留意一下用书本堆成的吧台！噢！这里的食物也很可口（牛排、贻贝、意大利面）。楼上的**Loft West End**（见314页地图；www.loftwestend.com；⏲周三至周六16:00至深夜）是精致的鸡尾酒吧和餐厅。

End 酒吧

（见314页地图；www.73vulture.com；1/73 Vulture St, West End；⏲15:00至午夜）这家以现代工业气息改造而来的店面的确是当地人喜爱的去处，吸引着时髦人士。供应奶酪拼盘，播放莫里西（Morrisey）的音乐，DJ和现场不插电演出轮番上演。下雨的午后，一杯Blackstar的摩卡司陶特啤酒（由当地咖啡爱好者原创提供的美酒）定会让你振作起来。

Lychee Lounge 鸡尾酒吧

（见314页地图；www.lycheelounge.com.au；94 Boundary St, West End；⏲周日至周四15:00至午夜，周五和周六15:00至次日1:00）在这座充满东方异域风情的酒吧，陷坐在奢华的家具里，瞪着那些毛骨悚然的娃娃头吊灯，浑厚的乐曲、柔和的灯光和朝向Boundary St的前门。真正的鸦片馆是否就长着这副模样？

Petrie Terrace

Statler & Waldorf 酒吧

（见314页地图；www.statlerandwaldorf.co；25 Caxton St, Petrie Terrace；⏲周三至周日11:00至午夜）还记得《木偶秀》（*The Muppet Show*）里那两个愤世嫉俗的老评论家吗？他们正从这间充满艺术氛围的酒馆房间里壁炉上方的一幅画内斜睨着外面，这家酒吧为这条默默无名的Caxton St带来了一次急需的提升。这里有老旧的地板、精酿啤酒、鸡尾酒、苏格兰威士忌和友好的交谈氛围。

Cabiria 酒吧

（见314页地图；www.cabiria.com.au；6 The Barracks, 61 Petrie Tce, Petrie Terrace；⏲周一7:00~15:00，周二至周五7:00至深夜，周六16:00至深夜）布里斯班古老的警察营房被改造成了一系列有品质的酒吧和餐馆，其中值得推荐的便是很酷的Cabiria。这里空间狭小，灯光昏暗，装饰着大镜子和闪烁着微光的酒架（35种不同的龙舌兰酒！），还有美味的纽约风味三明治。

帕丁顿

Kettle & Tin 酒吧

（见318页地图；www.kettleandtin.com.au；215 Given Tce, Paddington；⏲周一7:00~17:00，周二至周日至深夜）这家酷酷的咖啡馆酒吧前面的黑板吸引了我们的注意力，上面写着"我们供应啤酒和威士忌，因为从来没有一个伟大的故事是从一份沙拉开始的"。这里的食物也极好（卡路里也极高：试试看鸭腿烤干酪辣味玉米片或是炒猪五花肉）。现场纯乐在每周日下午提供。

Dowse Bar 酒吧

(见314页地图; www.facebook.com/dowsebar; Given Tce和Dowse St交叉路口, Paddington; ⌚周四至周日 16:00至深夜)藏身于更大、更潮的Iceworks酒吧下方的Dowse Bar是一个气氛亲密、复古离奇的酒肆，店里都是蓄着胡子的学生，为帕丁顿带来了一丝颓废时髦的气氛。

☆ 娱乐

许多大牌的国际乐队把布里斯班选为巡演的必经之站，而市内的夜店常常吸引着顶级的DJ。剧院、电影院和其他演出场所就规模和质量而言，在澳大利亚都是数一数二的。

免费的娱乐街头报刊包括*Music*(www.themusic.com.au)和*Scene*(www.scenemagazine.com.au)。*Q News*(www.qnews.com.au)涉及男女同性恋的相关资讯。《布里斯班快邮报》(*Courier-Mail*; www.news.com.au/couriermail)也刊登每日的艺术和娱乐资讯(还有过多的橄榄球新闻)，或者查看《布里斯班时报》(*Brisbane Times*; www.brisbanetimes.com.au)。

Ticketek(见300页地图; ☎13 28 49; www.ticketek.com.au; Elizabeth St和George St交叉路口; ⌚周一至周五 9:00~17:00)是位于市中心的订票机构，负责大型活动、体育和演出票务。想要看更高雅的艺术表演，可以试试**Qtix**(☎13 62 46; www.qtix.com.au)。

Brightside 现场音乐

(见310页地图; www.thebrightsidebrisbane.com.au; 27 Warner St, Fortitude Valley; ⌚周四至周六 20:00至深夜)这个建于1906年的教堂地基石头上写着"献给主之荣光"。但正相反的是，这些日子里却是活人之神颠覆了这里的信仰：沉重、充满激情、癫狂以及无比喧嚣。这里就像是回到了1991年，除了不能抽烟以外。

Lock'n'Load 现场音乐

(见314页地图; www.locknloadbistro.com.au; 142 Boundary St, West End; ⌚周一至周五 10:00至深夜，周六和周日 7:00至深夜; 📶)这家热情洋溢的木制二层美食酒吧吸引了一群积极向上的音乐迷。乐队在前面的小舞台进行表演(爵士乐和原创音乐)。看一场现场演出，第二天再赶来吃顿早餐(宿醉之后适合来一份土豆和火腿肉蛋糕)。

Hi-Fi 现场音乐

(见314页地图; www.thehifi.com.au; 125 Boundary St, West End; ⌚夜间现场演出 20:00至深夜)这家简约现代的摇滚场所视野开阔，一览无余，有许多当地和国际上颇有天赋的音乐人前来献艺(包括Sepultura、Kingswood、Violent Soho等)。Retro Vinyl酒吧就在门前。

Crowbar 现场音乐

(见310页地图; www.facebook.com/crowbarbrisbane; 243 Brunswick St, Fortitude Valley; ⌚夜间现场演出 20:00至深夜)重金属、硬核和朋克音乐的天堂：身着黑衣、看起来有点瘆人的乐手来自澳大利亚各地、美国和英国，看起来有些挑衅还有些冷酷。

Zoo 现场音乐

(见310页地图; www.thezoo.com.au; 711 Ann St, Fortitude Valley; ⌚周三至周日 19:00至深夜)🍃自1992年起就雄霸一方，Zoo已经将一点音乐领土拱手相让给了Hi-Fi和Brightside，但这里的邋遢场地仍然很适合独立摇滚、嘻哈、原声和电子乐演奏(许多当地崭露头角的音乐人在此演出)。

Brisbane Jazz Club 爵士乐

(见300页地图; ☎07-3391 2006; www.brisbanejazzclub.com.au; 1 Annie St, Kangaroo Point; $15~25; ⌚周四至周六 18:30~23:00，周日 17:00~22:00)就位于河口，这家小巧玲珑的河畔爵士小屋自从1972年以来就始终是布里斯班的爵士乐地标。任何爵士乐名人来此巡演的时候，都会选择这里作为演出场地。

Brisbane Convention & Exhibition Centre 现场音乐

(见300页地图; www.bcec.com.au; Merivale St和Glenelg St交叉路口, South Bank)当大人物来布里斯班时(尼克·凯夫、鲍勃·迪伦)，他们的音乐就会把南岸的这个拥有8000座位的礼堂掀翻。

Palace Barracks 电影院

(见314页地图；www.palacecinemas.com.au；61 Petrie Tce, Petrie Terrace；成人/儿童 $18.50/13；⏲9:00至深夜）靠近罗马街车站，位于Barracks Centre内，这间豪华的电影院拥有6个屏幕，播放好莱坞和其他一些影片，还有一个酒吧。

Moonlight Cinema 电影院

(见294页地图；www.moonlight.com.au；Brisbane Powerhouse, 119 Lamington Rd, New Farm；成人/儿童 $16/12；⏲周三至周日 19:00）就在布里斯班发电站隔壁，新农场公园于12月和次年2月之间在Moonlight Cinema播放露天电影。早点到以便找个好位置。

Palace Centro 电影院

(见310页地图；www.palacecinemas.com.au；39 James St, Fortitude Valley；成人/儿童 $17.50/13；⏲10:00至深夜）这里播放艺术院线的电影，在3月、4月还会主办一个法国电影节，7月则是北欧电影节。

布里斯班发电站 表演艺术

(Brisbane Powerhouse，见294页地图；www.brisbanepowerhouse.org；119 Lamington St, New Farm）在全国和全球享有盛名的戏剧、音乐、喜剧、舞蹈……发电站有许多活动轮番上演，而且很多都是免费的。发电站还拥有时尚的酒吧餐馆，可以在壮观的环境之中俯瞰布里斯班河。

朱迪丝·赖特当代艺术中心 表演艺术

(Judith Wright Centre of Contemporary Arts，见310页地图；www.judithwrightcentre.com；420 Brunswick St, Fortitude Valley；⏲售票处 周一至周五 9:00~16:00；📶）前卫艺术表演的场地，创造性的空间，规模中等（最多容纳300人）：现代舞和世界音乐、本土剧院、马戏团和视觉艺术。

Metro Arts Centre 剧院

(见300页地图；www.metroarts.com.au；Level 2, 109 Edward St；⏲表演 不定期，画廊 周一至周五 10:00~16:30，周六 14:00~16:30）这个位于市中心的艺术场地举办社区戏剧表演、本地戏剧性的作品、舞蹈和艺术秀。对想要了解布里斯班富有创造性的人才来说，这里是一个令人兴奋的地方，无论是标新立异、古怪、革新或绝对的诡异，这里都不缺。艺术家和表演者在每月的第一个周五晚上有免费的对谈。

昆士兰表演艺术中心 表演艺术

(Queensland Performing Arts Centre，简称QPAC，见300页地图；www.qpac.com.au；Queensland Cultural Centre, Grey St和Melbourne St交叉路口，South Bank；⏲售票处 周一至周六 9:00~20:30）布里斯班主要的高雅表演艺术中心包含3个演出场地，举办演唱会、戏剧、舞蹈以及各种类型的表演，包括弗拉门戈舞、百老汇的音乐剧以及美国芭蕾舞团的演出。

昆士兰音乐学院 歌剧院、现场音乐

(Queensland Conservatorium，见300页地图；www.griffith.edu.au/music/queensland-conservatorium；140 Grey St, South Bank；⏲售票处 周一至周五 7:00~22:00，周六和周日 8:00~18:00）作为格里菲斯大学（Griffith University）的一部分，音乐学院举办歌剧表演，还有许多巡演的音乐人在此演出，包括古典、爵士、摇滚和世界音乐。很多演唱会都是免费的。

Paddo Tavern 喜剧

(见318页地图；www.standup.com.au；186 Given Tce, Paddington；⏲10:00至深夜）若是一家洗车店娶了它的超市表亲，它们的头一胎大概很可能就长得像这个丑陋的帕丁顿小酒馆，其内部很不和谐地采用了狂野的西部主题（牛仔帽、马鞍座、墙上挂着的老式来复枪）。但这里可是在布里斯班站着看喜剧的最佳地方之一：查询网站看看最新剧目。

体育

像许多其他地方的澳大利亚人一样，布里斯班人也痴迷于体育。在位于袋鼠角以南的**Gabba**（布里斯班板球场，见294页地图；www.thegabba.org.au；411 Vulture St, Woolloongabba）赶上几场州际或国际板球赛。板球赛季从10月持续到次年3月。如果你对这项体育运动仅仅略知一二，先试着看一场Twenty20的比赛——这是最激烈的板球赛。

Gabba也是澳式橄榄球联赛（Australian Football League，简称AFL；www.afl.com.au）队伍——布里斯班雄狮队（Brisbane Lions）的主场，该支球队在20世纪初雄霸联赛（最近则不尽其然）。在4月至9月的夜晚，可在灯光球场上一睹球队风采。

橄榄球联赛在布里斯班也是一项体育盛事，拥有数量众多的观众。国家橄榄球联赛（National Rugby League，简称NRL；www.nrl.com.au）的布里斯班野马队（Brisbane Broncos）冬季在Milton（位置在Petrie Terrace和Paddington之间）的Suncorp体育场（见314页地图；www.suncorpstadium.com.au；40 Castlemaine St，Milton）进行比赛。在橄榄球联盟里，打超级橄榄球联赛的昆士兰红色队（Queensland Reds）以及国家袋鼠队（national Wallabies team）也同样在Suncorp比赛，拥有大批拥趸。

Suncorp也是昆士兰狮吼足球队（Queensland Roar）的主场，他们参与澳大利亚职业足球联赛（A-League；www.aleague.com.au）的比赛。国内的足球联赛赛季从8月持续到次年2月，最近几年吸引了大量的观众。

购物

布里斯班拥有一些很好的河边市场、引人注目的精品店和画廊，再加上独一无二的店铺——尤其是福蒂蒂尤德瓦利和帕丁顿一带，它们售卖从独立时尚之物到本土艺术品、复古服装、全新和二手书籍以及稀有唱片在内的各种物品。Queen St Mall和中央商业区的Myer Centre都设有大型连锁品牌店、高端的专卖店和随处可见的廉价游客纪念品店。

布里斯班中部

Archives Fine Books 书店

（见300页地图；www.archivesfinebooks.com.au；40 Charlotte St；⌚周一至周四 9:00~18:00，周五 至19:00，周六 至17:00）在这里待上数小时，你准会迷路：摇摇欲坠的书架、嘎吱作响的地板以及（据说）上百万本二手书。

Mind Games 游戏

（见300页地图；www.mindgamesbrisbane.com；Level 2，Myer Centre，Queen St Mall；⌚周一至周四 9:00~17:30，周五 至21:00，周六 至16:00，周日 10:00~16:00）考验智力而且适合雨天的游戏仍然以旧式的方式进行着：国际象棋、填字游戏、魔方、麻将牌、拼字游戏、1000片凯旋门拼图……

Malt Traders 葡萄酒

（见300页地图；www.malttraders.com.au；10 Market St；⌚周一和周二 10:00~19:00，周三 至20:00，周五 至21:00，周六 正午至19:00）中央商务区内最好的小型酒店，这里主打单麦芽威士忌、有机苹果酒、单一酒庄的葡萄酒以及手工酿制的啤酒。

Record Exchange 音乐

（见300页地图；www.therecordexchange.com.au；Level 1，65 Adelaide St；⌚9:00~17:00）这个位于二楼的店铺是个大杂烩，拥有数量惊人的唱片以及CD、DVD、海报和其他摇滚物件。自称是"布里斯班最有趣的商店"。

南岸

Title 书店

（见300页地图；www.titlestore.com.au；1/133 Grey St；⌚10:00~18:00）离奇另类的艺术、音乐、摄影和电影书籍，另外还有唱片、CD和DVD——有一些左翼叛逆颠覆的感觉（这正是南岸所需要的）。选一张你梦想已久的伍迪·格斯里（Woody Guthrie）百岁生日的百年纪念专辑。

福蒂蒂尤德瓦利

Trash Monkey 服装、配件

（见310页地图；www.trashmonkey.com.au；9/8 Duncan St，Fortitude Valley；⌚周一至周三 10:00~19:00，周四至周六 至21:00，周日 至17:00）福蒂蒂尤德瓦利里反主流文化的典范！暗黑系、滑冰系、朋克、另类摇滚和摇滚叛军们都纷纷涌入这里寻找适合他们的鞋子、T恤衫、无边帽、尼龙长袜、道具装备、袜子、腰带和毛线帽，其中的大部分都以闪烁的金属片装饰并带有以文身为重点的设计。你已经在向往着豹皮软底男鞋了，对不对？

Angelo's Fresh Pasta 食物

（见310页地图；www.angelospasta.com.au；

22 Doggett St, Fortitude Valley; 意大利面 $5左右; ⏲周一至周五 8:00~17:00, 周六 至正午)这个当地的公司自1968年就开始制作意大利面了，他们在一条后街的停车场内一个小小的红色小棚屋里售卖这种条状的食物。西红柿意大利干面、鸭蛋意大利扁面条、南瓜和菠菜意大利烤碎肉卷……非常棒！看看街边的货板上有多少被踩扁的西红柿罐头瓶。

Winn Lane
服装、书店

(见310页地图; www.winnlane.com.au; Winn Lane)隐身于Ann St(与Winn St相连)之后，这片艺术范儿的街区有精品店、书店、珠宝店和小吃店。这里的街头艺术闪闪发亮，气氛新潮而怪异。别错过了**Künstler** (见310页地图; www.kunstler.com.au; 5 Winn Lane; ⏲周二至周六 10:00~17:00, 周日 至15:00)，这可能是布里斯班最小的店，贩卖艺术类和建筑类书籍。

James Street
服装、食物

(见310页地图; www.jamesst.com.au; James St, Fortitude Valley)福蒂蒂尤德瓦利的时尚潮区要害(或者说是它的中心腹地)位于James St沿途的几个街区，沿街是一排无花果树。高端的精品店(Scanlan Theodore、Mimco、Kookai、Blonde Venus)、咖啡店和不错的James Street Market (见313页)在附近。

Blonde Venus
服装

(见310页地图; www.blondevenus.com.au; Shop 3, 181 Robertson St, Fortitude Valley; ⏲周一至周六 10:00~18:00, 周日 11:00~16:30)作为布里斯班顶级的精品店之一，Blonde Venus已经经营了20多个年头，这里销售一些精选的独立品牌和设计品牌女装。

西区

★Egg Records
音乐

(见314页地图; www.eggrecords.com.au; 79 Vulture St, West End; ⏲周一至周五 9:30~17:30, 周六和周日 至16:00)这家经营良好的店铺收藏有密纹唱片、CD以及令人难以置信的媚俗纪

去市场，去市场

Jan Powers Farmers Market (见294页地图; www.janpowersfarmersmarkets.com.au; Brisbane Powerhouse, 119 Lamington St, New Farm; ⏲每月第二和第四个周六 6:00至正午)想要一些紫色的胡萝卜或是蓝色的香蕉？这家相当不错的农贸市场拥有120多家摊位，常卖一些不太寻常的农作物。CityCat渡轮可以直接将你带到此地。

Davies Park Market (见314页地图; www.daviesparkmarket.com.au; Davies Park, West End; ⏲周六 6:00~14:00)位于西区的一大片巨型莫顿湾无花果树之下，这家时髦的河畔市场销售有机食品、美味早餐、草药、鲜花和小玩意，还有街头艺人助阵。

Brisbane Valley Markets (见310页地图; www.brisbane-markets.com.au/brisbane-valley-markets.html; Brunswick St & Duncan St Malls, Fortitude Valley; ⏲周六 8:00~16:00, 周日 9:00~16:00)这几个色彩鲜艳的市场位于福蒂蒂尤德瓦利的Brunswick St和Duncan St(唐人街)的商场内，出售风格多变的工艺品、衣服、书本、唱片、食物摊以及新设计师们的作品。

Brisbane Riverside Markets (见300页地图; www.brisbane-markets.com.au/brisbane-riverside-markets.html; Eagle St Pier; ⏲周日 7:00~16:00)靠近河的位置，周日的河边市场有十几家摊位，出售玻璃器皿、手工艺品、艺术品、果汁和小吃，还有现场歌唱表演。CityCat渡轮的停靠点仅几步之遥。

Boundary Street Markets (见314页地图; www.boundarystreetmarkets.com.au; Boundary St和Mollison St交叉路口, West End; ⏲周五 16:00~22:00, 周六和周日 9:00~15:00)这些市场坐落在曾经的冰激凌工厂内和周边，风格很波希米亚，这里有短期店铺、街头艺人、售卖食物的小货车、复古装备以及古怪的人们(在西区最常见)，此外在Motor Room还有现场乐队。

念品，对任何只要懂得一丁点儿“收藏”意味着什么的人来说都是个必到之处。大量二手的唱片和CD，加上重金属T恤和一排塑料制的神秘博士（Doctor Who）、星球大战人物、埃维尔·克尼维尔（Evel Knievel）的珍品……太棒了！

Avid Reader 书店

（见314页地图；www.avidreader.com.au；193 Boundary St, West End；⏲周一至周五 8:30~20:30，周六 至18:00，周日 至17:00）多样的书籍、角落的小咖啡馆以及频繁的阅读分享会和活动——这里是真正的西区文化枢纽。

帕丁顿

Retro Metro 服装

（见318页地图；☎07-3876 3854；www.mustdobrisbane.com；297 Given Tce, Paddington；⏲周二至周六 10:00~17:00，周日 11:00~16:00）帕丁顿精品店林立的主街上的一个亮点，Retro Metro收藏有相当棒的复古装备：牛仔靴、西服、鸡尾酒会礼服、手袋、珠宝、唱片、20世纪80年代的摇滚T恤衫、太阳眼镜、花瓶、烟灰盒和其他一些有趣的小物件。门面上，和一些唱片一起钉着一个寒酸的老昆士兰州白人形象。

Dogstar 服装

（见318页地图；www.dogstar.com.au；2 Latrobe Tce, Paddington；⏲周一至周五 10:00~17:00，周六 至16:00，周日 至15:00）这家时髦的精品店不只是仅仅带有日本风格而已。这里有美丽的织物，衬衫、夹克、围巾、束腰大衣、珠宝和复古冬季针织衫上都有显著而出色的细节。

Paddington Antique Centre 古玩

（见318页地图；☎07-3369 8088；www.paddingtonantiquecentre.com.au；167 Latrobe Tce, Paddington；⏲10:00~17:00）布里斯班最大的古董商场位于一座建于1929年的剧院里，50多位古董商销售各种类型的古老珍宝与廉价货：衣服、珠宝、玩偶、书籍、20世纪60年代的夏威夷衬衫、台灯、乐器、玩具、“二战”时的德军头盔……这里也有一家咖啡馆。

ℹ 实用信息

紧急情况

警察局（☎000；200 Roma St）布里斯班的警察总局。

昆士兰皇家汽车俱乐部（RACQ；☎13 11 11；www.racq.com.au）汽车道路援助。

上网

Brisbane Square Library（www.brisbane.qld.gov.au；266 George St；⏲周一至周四 9:00~18:00，周五 至19:00，周六和周日10:00~15:00；📶）免费Wi-Fi。

Hispeed Internet（61 Petrie Tce, Petrie Terrace；⏲8:00至深夜；📶）位于Barracks购物中心内。

昆士兰州立图书馆（State Library of Queensland；www.slq.qld.gov.au；Stanley Pl, South Bank；⏲周一至周四 10:00~20:00，周五至周日 至17:00；📶）可以使用电脑30分钟，并有免费的Wi-Fi。

医疗服务

CBD Medical Centre（☎07-3211 3611；www.cbdmedical.com.au；Level 1, 245 Albert St；⏲周一至周五 7:00~19:00，周六 8:30~17:00，周日 9:30~17:00）综合医疗服务和疫苗注射。

Pharmacy on the Mall（☎07-3221 4585；www.pharmacies.com.au/pharmacy-on-the-mall；141 Queen St；⏲周一至周四 7:00~21:00，周五 至21:30，周六 8:00~21:00，周日 8:30~18:00）

Royal Brisbane & Women's Hospital（☎07-3636 8111；www.health.qld.gov.au/rbwh；Butterfield St, Herston）有24小时的急诊室。

现金

美国运通（American Express；☎1300 139 060；www.americanexpress.com；260 Queen St；⏲周一至周四 8:30~16:30，周五 至17:00）位于西太平洋银行（Westpac Bank）内。

通济隆（Travelex；☎07-3174 1018；www.travelex.com.au；300 Queen St；⏲周一至周四 9:30~16:00，周五 至17:00）货币兑换。

邮局

邮政总局（Main post office，简称GPO，见300页地图；www.auspost.com.au；261 Queen St；⏲周一至周五 7:00~18:00，周六 10:00~13:30）

旅游信息

BCC顾客中心（BCC Customer Centre，见300页地图；☎07-3407 2861；www.brisbane.qld.gov.au；266 George St；⌚周一至周五 9:00~17:00）这个布里斯班市政厅的中心为有关布里斯班周边的残疾人设施提供信息。与Brisbane Square Library在同一幢楼里。

布里斯班游客信息中心（Brisbane visitor information centre，见300页地图；☎07-3006 6290；www.visitbrisbane.com.au；Queen St Mall；⌚周一至周四 9:00~17:30，周五 至19:00，周六 至17:00，周日 10:00~17:00）极好的一站式信息咨询柜台，可以提供有关布里斯班的一切信息。

南岸游客信息中心（South Bank visitor information centre，见300页地图；www.visitsouthbank.com.au；Stanley St Plaza，South Bank；⌚9:00~17:00）提供南岸的信息，以及团队游、住宿和交通预订，还提供娱乐活动的票务预订。

到达和离开

布里斯班交通枢纽（Brisbane Transit Centre）就位于罗马街车站市中心西北500米处，是主要的终点站以及所有长途汽车和火车的预订处，同时还有Citytrain服务。中央车站对火车来说也是一处重要的枢纽。

飞机

布里斯班机场（Brisbane Airport；www.bne.com.au）位于市中心东北大约16公里处的Eagle Farm，国际航班和国内航班的航站楼不在一处，相距大约两公里。航站楼之间由Airtrain（见328页）连接，5:40~22:00每15~30分钟一班（航站楼之间每位成人/儿童 $5/免费）。这里去往亚洲、欧洲、太平洋群岛、北美和新西兰的国际到达及出发班次频繁。

数家航空公司将布里斯班和国内其他城市连接起来。主要的航空公司有：

捷星航空（Jetstar；www.jetstar.com）

澳洲航空（Qantas；www.qantas.com.au）

虎航（Tigerair；www.tigerair.com）

维珍澳洲航空（Virgin Australia；www.virginaustralia.com）

澳洲航空、维珍澳洲航空和捷星航空全都飞往昆士兰州内的城镇，尤其是更为受欢迎的沿海目的地以及降灵群岛（Whitsunday Islands）。虎航则运营布里斯班和墨尔本、悉尼、阿德莱德、达尔文和凯恩斯之间的航班。

Skytrans（www.skytrans.com.au）是一家更为小型的航空公司，经营布里斯班至地区枢纽之间的航班，包括图文巴、查尔维尔（Charleville）和芒特艾萨（Mt Isa）。

长途汽车

布里斯班的汽车总站和长途汽车与火车售票处是**布里斯班交通枢纽**（Brisbane Transit Centre；Roma St Station；www.brisbanetransitcentre.com.au；Roma St）。这里有澳洲灰狗巴士（见338页）和**Premier Motor Service**（www.premierms.com.au）的预订处。

长途路线的主要班次和价格如下（尽管搭飞机的价格与之差不多，而且还快很多）：

目的地	时长（小时）	单程票价（$）
阿德莱德	62	396
凯恩斯	30	205
达尔文	49	418
墨尔本	36	298
悉尼	18	105
汤斯维尔	24	285

机场到黄金海岸和拜伦湾

Con-x-ion（www.con-x-ion.com）运营从布里斯班机场到黄金海岸（$49）的直达机场大巴。开车时间可以衔接主要的航班到达时刻，可以在黄金海岸沿途下车。**AA Express**（www.aaexpress.com.au）的长途汽车也连接布里斯班交通枢纽和黄金海岸（$45）。

往南去拜伦湾，每天从布里斯班机场（$54，3小时）和布里斯班交通枢纽（$40）出发多班长途汽车，运营商为**Byron Easy Bus**（www.byroneasybus.com.au）。**Brisbane 2 Byron**（www.brisbane2byron.com）的长途汽车也以相似的票价往返于同样的路线。

机场到阳光海岸

Sun-Air Bus Service（www.sunair.com.au）提供从布里斯班机场到阳光海岸的直达服务的几家运营商之一。

Con-x-ion（www.con-x-ion.com）和Sun-Air运营相同的路线。单程票价$40起（去南部的阳光海岸地区，越往北走越贵）。

小汽车和摩托车

布里斯班有70公里长的摩托车道、隧道和桥梁（其中部分收费）网络，由**昆士兰高速公路**（Queensland Motorways; ☎13 33 31; www.qldmotorways.com.au）运营。如果你打算由北至南或由南至北穿越昆士兰州，选择Gateway Motorway（M1），会绕过布里斯班市中心（本书落笔时通行费为$4.25；提前或事后访问www.govia.com.au网站查看付费方式）。

租车

主要的租车公司——**Avis**（www.avis.com.au）、**Budget**（www.budget.com.au）、**Europcar**（www.europcar.com.au）、**Hertz**（www.hertz.com.au）和**Thrifty**（www.thrifty.com.au）都在布里斯班机场和市区设有办事处。

小型租车公司在机场附近设有分部（有班车前往）。包括**Ace Rental Cars**（☎1800 049 225; www.acerentals.com.au; 330 Nudgee Rd, Hendra）、**Apex Car Rentals**（☎1800 121 029; www.apexrentacar.com.au; 400 Nudgee Rd, Hendra）和**East Coast Car Rentals**（☎3839 9111, 1800 028 881; www.eastcoastcarrentals.com.au; 76 Wickham St, Fortitude Valley）。

火车

布里斯班的长途火车总站位于罗马街车站（Roma St Station，实际上和布里斯班交通枢纽是同一座建筑）。如果要预约和开展信息咨询，联系位于中央车站（Central Station）的**昆士兰铁路公司旅游中心**（Queensland Rail Travel Centre，见300页地图；☎1800 872 467, 07-3235 1323; www.queenslandrail.com.au; Concourse Level, 305 Edward St; ⏲周一至周五 8:00~17:00）。

NSW TrainLink 布里斯班到悉尼。

Spirit of Queensland 布里斯班到凯恩斯。

Spirit of the Outback 布里斯班到朗里奇（Longreach），途经罗克汉普顿（Rockhampton）。

Sunlander 布里斯班到凯恩斯，途经汤斯维尔。

摆式列车（Tilt Train）布里斯班到凯恩斯。

Westlander 布里斯班到查尔维尔。

ℹ 当地交通

抵离机场

Airtrain（☎07-3215 5000; www.airtrain.com.au）的火车在5:40~22:00每15~30分钟从布里斯班机场前往福蒂蒂尤德瓦利、中央车站、罗马街车站（布里斯班交通枢纽）和其他主要的目的地（单程/往返 $16.50/31）。从Gold Coast Citytrain公交站到机场有半小时一班的车次服务（单程 $37）。

如果你倾向于一对一接送的服务，**Con-x-ion**（www.con-x-ion.com）的机场大巴定点往返于机场和中央商业区的酒店（单程/往返 $20/36），还往返于布里斯班机场和黄金海岸的酒店（单程/往返 $49/92）。

从机场前往市中心的出租车价格是$40~50。

小汽车和摩托车

在中央商业区和近郊许多道路上的停车处，停靠超过两小时会被贴罚单。务必留意停车的标牌，布里斯班的停车管理员可是不留情面的。白天的时候，在南岸和西区停车比在市中心停车便宜，中央商业区的停车位在夜间免费。

GPS定位系统可以成为你的开车好搭档，因为布里斯班的街道格局天然形成，交错纵横。

公共交通

布里斯班拥有出色的公共交通网络：公共汽车、火车和渡轮，都由**TransLink**（☎13 12 30; www.translink.com.au）运营，它还有一个位于罗马街车站（即布里斯班交通枢纽）的枢纽信息中心。布里斯班游客信息中心（见327页）也可以帮忙提供公共交通信息。

票价 公共汽车、火车和渡轮的票价都按照区域计价：大多数位于市内的地方都属于1区（Zone 1），在1区的单程票价为 $5.20/2.60（成人/儿童）。如果需要去2区（Zone 2），票价为$6.10/3.10。购买一张Go Card可以帮你省点钱。

NightLink 除了下面提到的服务之外，还有专线的夜间NightLink公共汽车、火车和固定费率的出租车服务，从市区和福蒂蒂尤德瓦利出发。查看www.translink.com.au了解详情。可以在CityCycle（见299页）查看布里斯班公共自行车租用网络的详情。

公共汽车

Translink经营布里斯班的公共汽车服务，

包括免费的市区环线（City Loop）和泉山环线（Spring Hill Loop），它们分别在中央商业区和泉山环行，停靠在主要的景点，如昆士兰科技大学、Queen Street Mall、城市植物园、中央车站和罗马街公园。环线公共汽车在工作日7:00~18:00每10分钟一班。

本地公共汽车的主要车站是地下的**女王街汽车站**（Queen Street Bus Station，见300页地图）和**乔治国王广场汽车站**（King George Square Bus Station，见300页地图）。你还可以在Adelaide St搭乘沿途停站的许多公共汽车，就在George St和Edward St之间。

公共汽车在周一至周五的5:00~23:00，通常10~30分钟有一班，周六早上（6:00开始）的班次频率也一样。其他时间，公共汽车的发车间隔较长。公共汽车周日运营到21:00，其他时间则到半夜才停止服务。CityGlider和BUZ在一些繁忙的路线上班次较频繁。

摆渡

除了快速的CityCat（见302页）服务，Translink还经营Cross River Ferries（跨河渡轮），从袋鼠角往返中央商业区，从新农场公园往返邻近河岸的Norman Park（还往返于Teneriffe和更北边的Bulimba）。适用的票价和区域与布里斯班其他交通工具一样。

免费的CityHopper渡轮曲折往返于布里斯班河的两岸，停靠北码头、南岸、中央商业区、袋鼠角和新农场的Sydney St。这些额外的渡轮班次从6:00左右运营到大约23:00。

火车

Translink运营的快捷的Citytrain网络有6条主要线路，最北可以到达阳光海岸的金皮（Gympie），最南到达黄金海岸的大学湖区（Varsity Lakes）。所有火车都途经罗马街、中央车站和福蒂蒂尤德瓦利车站，南岸车站也很方便。

Airtrain的服务和Citytrain的网络在中央商务区交会，并且并行于黄金海岸沿线。

火车从4:30左右开始运营，每条线的末班车在23:30至午夜驶离中央车站。在周日，末班车结束于22:00左右。

出租车

在市区的罗马街车站以及Edward St的地势较高的一头与Adelaide St的交会处都有出租车等候点。深夜在福蒂蒂尤德瓦利打车可能有些费劲，在Brunswick St和Ann St路口附近有一处等候点，但要做好排长队的准备。

Black & White（☎13 32 22；www.blackandwhitecabs.com.au）

Yellow Cab Co（☎13 19 24；www.yellowcab.com.au）

> **GO CARD**
>
> 如果你计划在好几段行程中都使用公共交通的话，购买一张**Go Card**（起始余额 成人/儿童 $10/5）可以帮你省下一些钱。买卡、充值，然后就可以在城市公交、火车和渡轮上使用它，这样会比直接购票节省超过30%的费用。Go Card在交通枢纽站和报刊亭都可以购买，此外还可以直接打电话或者上网购买。登录www.translink.com.au/tickets-and-fares/go-card查看详情。

布里斯班周边（AROUND BRISBANE）

北斯特拉德布罗克岛（North Stradbroke Island）

人口 2000

从布里斯班郊区的克利夫兰（Cleveland）乘坐渡轮轻松航行30分钟即可到达，这座简朴的度假小岛汲取了努萨和拜伦湾的精华。有几处很不错的白色细沙海滩、冲浪胜地和一些就餐和住宿的好去处（为了迎合布里斯班人来此度轻松周末的模式）。来到这里的游客也很热衷于观测海豚、海龟和蝠鲼，另外在6月至11月间，还能看到数百只座头鲸。“斯特拉迪”（Straddie）还有几座淡水湖和一些四驱车道。

岛上的常住居民很少，住宿和就餐的选择也不多，大多数位于东北面的**海角瞭望台**（Point Lookout）附近。在西海岸，渡轮停靠在**登尼奇**（Dunwich）。而**阿米蒂**（Amity）是一个位于西北角的小村庄。岛屿南部的很多区域由于采砂作业，不对游客开放。

有意思的是，南、北斯特拉德布罗克岛曾经一度是同一座岛屿，但在1896年的一次狂风暴雨之后，被刮起的砂石将二者阻隔开来。

景点

在海角瞭望台，**北部峡谷海岬步道**（North Gorge Headlands Walk）绝对是一个亮点，令人惊叹。沿着步道环绕海岬一周大约需要20分钟，可以轻松完成，还能伴着蝉鸣漫步。注意寻找近海处海龟、海豚和蝠鲼的踪迹。从海岬俯瞰主海滩（Main Beach）的美景也精彩绝伦。

在海角瞭望台周围有几座漂亮的**海滩**。作为有人巡逻的游泳区域，塞林德海滩（Cylinder Beach）深受家庭游客的欢迎，周围还有家园海滩（Home Beach）和名字很不吉利的死人海滩（Deadman's Beach）。在距离瞭望台更远的地方，如果你不介意零星几位全裸的游客从你身旁走过，法国人海滩（Frenchman's Beach）就是另一处安逸僻静的海滩。上述的大多数海滩也都适宜冲浪。在海岬步道附近，冲浪者和趴板爱好者会光顾主海滩，寻找最棒的海浪。

垂钓爱好者在主海滩上驾驶着他们的四轮驱动车（需要许可证；在Straddie Camping办理 $39.55），前往**十八英里沼泽**（Eighteen Mile Swamp），再继续向东海岸一直到Jumpinpin——分隔南、北斯特拉德布罗克岛的隧道，也是一处传奇的**垂钓**点。

位于登尼奇以东4公里处，被单宁染色的**棕湖**（Brown Lake）颜色像是一壶烧开的茶水，但绝对可以游泳。湖边还有野餐桌、烧烤和洗手间。沿着这条路继续向前4公里，选择2.6公里（40分钟）的灌木步道到达斯特拉德布罗克波光粼粼的中心——**蓝湖**（Blue Lake），这里是**那拉巴重加拉国家公园**（Naree Budjong Djara National Park；www.nprsr.qld.gov.au/parks/naree-budjong-djara）的一部分。留心沿途森林里的鸟儿、生龙活虎的蜥蜴和不知所措的小袋鼠。湖边有一个木制的观景平台，被白千层树、尤加利和山龙眼树林包围着。如果你不介意深不见底的湖水，可以在湖中畅游一番、凉快凉快。继续向北朝着海角瞭望台前进，The Keyholes是一座淡水湖和潟湖系统。可以乘坐四轮驱动车经由海滩前来此地（需要许可证）。另一条令人愉悦的旁路是去**Myora泉**——一处被葱郁的植被和徒步步道包围的游泳之处——位于登尼奇以北4公里的海岸边。

北斯特拉德布罗克岛历史博物馆 博物馆

（North Stradbroke Island Historical Museum；☎07-3409 9699；www.stradbrokemuseum.com.au；15-17 Welsby St，Dunwich；成人/儿童 $3.50/1；⊙周二至周六 10:00~14:00，周日 11:00~15:00）这个小巧精致的博物馆曾经是收留贫困者的"登尼奇慈善庇护所"（Dunwich Benevolent Asylum），介绍了沉船、痛苦的航行经历以及岛上丰富的原住民历史（Quandamooka部落原本是这片名为Minjerribah的土地的主人，而这片土地又被称为"斯特拉迪"）。岛上的文物包括一具抹香鲸的头颅（2004年被海浪卷上主海滩）以及海角瞭望台老旧的灯塔透镜。

活动

North Stradbroke Island Surf School 冲浪

（☎07-3409 8342；www.northstradbrokeislandsurfschool.com.au；课程 $50起；⊙每天）在"斯特拉迪"温暖的波涛中参加小团组的冲浪课程，时长90分钟。如果你感到腼腆的话，也可以提供私教课程。

Straddie Adventures 海上皮划艇、滑沙

（☎0433 171 477；www.straddieadventures.com.au；⊙每天）出租冲浪板、浮潜设备和自行车，还经营海上皮划艇的旅程（成人/儿童 $60/45），提供滑沙课程（$30/25）。

Straddie Super Sports 自行车出租

（☎07-3409 9252；18 Bingle Rd，Dunwich；⊙周一至周五 8:30~16:30，周六 8:00~15:00，周日 9:00~14:00）提供山地自行车（每小时/天 $6.50/30）、皮划艇（每半天/全天 $30/50）出租，并且还有钓鱼装备可供出售。这里有可能是整个昆士兰州最和善可亲的店铺了！

Manta Lodge & Scuba Centre 潜水

（☎07-3409 8888；www.mantalodge.com.au；1 East Coast Rd，Point Lookout）位于国际青年旅舍（YHA），Manta Scuba Centre提供多种服务。你可以只租用潜水服（$20）、浮潜设

备（$25），或是冲浪板（$50）。或者参加水肺潜水课程，价格从$499起。浮潜之行（$60起）包括船费和所有装备的费用。

团队游

North Stradbroke Island 4WD Tours & Camping Holidays 自驾游

（07-3409 8051；www.stradbroke4wdtours.com；成人/儿童 半天 $35/20，全天 $85/55）提供在海角瞭望台地区的四轮驱动车团队游，观赏丰富的灌木、海滩以及野生动物。海滩钓鱼的费用是 $45/30（成人/儿童）。

Straddie Kingfisher Tours 探险团队游

（07-3409 9502；www.straddiekingfishertours.com.au；成人/儿童 含岛屿接送 $80/40，从布里斯班或黄金海岸 $195/145）经营6小时的四轮驱动车和垂钓之旅；另外在赏鲸季节还有观鲸的团队游。可以咨询皮划艇和滑沙项目。

住宿

Straddie Camping 露营地 $

（07-3409 9668；www.straddiecamping.com.au；1 Junner St，Dunwich；四轮驱动车露营地$16.55起，不供电/供电营地 $39/46起，小屋 $120起；售票处 8:00~16:00）这家机构在岛上经营着8处露营地，包括两处只接受四轮驱动车露营的前滩营地（需要许可证，$39.55）。最好的一些露营地簇拥在海角瞭望台周围，**Cylinder Beach**、**Adder Rock**和**家园海滩**的露营地都能俯瞰沙滩，而**Amity Point**的露营地拥有全新的生态小屋。请提前预订，按周付款的话，价格会更优惠。

Manta Lodge YHA 青年旅舍 $

（07-3409 8888；www.mantalodge.com.au；1 East Coast Rd，Point Lookout；铺/双/标双/家 $34/86/86/113；）这幢3层楼的青年旅舍粉刷着柠檬黄色调的外墙，房间干净普通，而且就在海滩边上（话说谁想要呆坐在一间宿舍里呢？）。后院有丛林吊床和公共篝火区，楼下还有一家潜水学校。有新的淋浴还有新的床铺。冲浪板、趴板和浮潜设备都可供出租。

Straddie Views 民宿 $$

（07-3409 8875；www.northstradbrokeisland.com/straddiebb；26 Cumming Pde，Point Lookout；标单/双 $125/150起）这间民宿的楼下有两个宽敞的套间，由一位和善的斯特拉迪当地人经营打理。楼上露台可以享用烹饪的早餐，同时欣赏绝美的海景。

Straddie Bungalows 平房 $$

（07-3409 7017；www.straddiebungalows.com.au；33 Ballow St，Amity；1卧/2卧/3卧 平房 $179/189/229起；）这里抬高式的海滩平房带有一丝泰式的设计感，位于令人轻松的阿米蒂的海边：如果你想要远离海角瞭望台的喧闹，这里是个不错的选择。非常棒的游泳池，非常适合家庭。你还可以从防波堤上直接看到海豚的身影！

Stradbroke Island Beach Hotel 酒店 $$$

（07-3409 8188；www.stradbrokehotel.com.au；East Coast Rd，Point Lookout；双 $235起；）斯特拉迪唯一的酒馆有13间时尚诱人的客房，装饰着贝壳色调的瓷砖、金黄的木料、高端的小配件，还有阳台。步行前往海滩，或者在下楼的路上受开放式酒吧（供应早餐、午餐和晚餐，主菜 $18~40）的吸引。如果要入住多晚的话，这里还提供光鲜亮丽的3床和4床的公寓。

Allure 公寓 $$$

（07-3415 0000，1800 555 200；www.allurestradbroke.com.au；43 East Coast Rd，Point Lookout；公寓 $249起；）这些超现代的大公寓坐落在林木成荫的院落之中。每栋别墅（或被称作"棚屋"，因为单卧公寓就会被这样叫）装饰了大量充满沙滩风情的色调、原创的艺术作品以及配有烧烤设施的户外平台。虽然别墅之间的间距不大，但是它们安排得错落有致，注重私密性。住两天及以上的话会便宜得多。

就餐

★ **Island Fruit Barn** 咖啡馆 $

（07-3409 9125；www.stradbrokeholidays.com.au；16 Bingle Rd，Dunwich；主菜 $10~12；周一至周五 7:00~17:00，周六和周日 至16:00；）位于登尼奇的主路上，店面不大，氛围轻

松，桌椅摆放紧凑，运用质量上乘的食材，提供美味的早餐、冰沙、沙拉、汤、蛋糕和三明治。点一块菠菜羊奶酪卷，然后在美味的食品区选购一番。

Oceanic Gelati

意式冰激凌店 $

(☎07-3415 3222; www.stradbrokeholidays.com.au; 19 Mooloomba Rd, Point Lookout; 意式冰激凌 $4起; ⏲9:30~17:00) "天啊！这是世界上最美味的意式冰激凌！" 一位满意的顾客这样称赞道，我们也完全同意他的说法。尝试一下不含乳制品的热带风味，清爽的柠檬味或经典的香草味。

Seashells Cafe

咖啡馆 $$

(☎07-3409 7886; www.stradbrokeholidays.com.au; 21 Ballow St, Amity; 主菜 $13~28; ⏲周一至周六 9:00~20:00，周日 至14:00) 阿米蒂最佳的用餐选择就是这家气氛轻松的开放式咖啡酒吧。提供冰冻的XXXX生啤酒，主打菜包括海鲜套餐、蔬菜意大利宽面条和羊小腿，此外全天都供应咖啡和蛋糕。光脚的也欢迎！主厨来自法国——哪里能比这儿距离他的家乡更加遥远？

Look

新派澳洲菜 $$

(☎07-3415 3390; www.beachbarcafe.com; 1/29 Mooloomba Rd; 主菜 $22~38; ⏲每天8:00~15:00，周四至周六 18:00~21:00) 看看！这里有比萨饼、以鱼为主的主菜、意大利面、沙拉、时尚的氛围和轻松的室外就餐座位，还能看见海景。许多葡萄酒可以按杯销售，还有烟熏辣味大虾。

ℹ 实用信息

虽然此处全年许多时候都很安静，但岛上人口数量在圣诞节、复活节和学校假日期间都会迅速增长，尽可能提前预订住宿或申请露营许可。

如果你打算越野驾驶，你可以向Straddie Camping（见331页）咨询并获得驾驶四轮驱动车的许可证（$39.55）。

ℹ 到达和离开

布里斯班海滨郊区的克利夫兰（Cleveland）是通往北斯特拉德布罗克岛的渡轮门户。**Citytrain**（www.translink.com.au）的定期车次从布里斯班的中央车站和罗马街车站驶往克利夫兰车站（$10.30，1小时）；前往渡轮站的公共汽车在克利夫兰车站与火车接驳（$5.20，10分钟）。

斯特拉德布罗克渡轮和快速渡轮（Stradbroke Ferries & Fast Ferries; ☎07-3488 5300; www.stradbrokeferries.com.au; 往返 每辆车包括乘客$149，步行 成人/儿童 $10/5，快速渡轮 往返 成人/儿童 $20/10; ⏲5:00~20:00）与Big Red Cat一起组队，斯特拉德布罗克渡轮运载乘客、车辆往返于登尼奇，每天8班（45分钟）。快速渡轮每天15班（25分钟）。对车辆运输来说，在线预订更为便宜。

Big Red Cat（☎07-3488 9777, 1800 733 228; www.bigredcat.com.au; 往返 每辆车包括乘客$149，步行 成人/儿童 $10/5; ⏲5:15~19:00）与斯特拉德布罗克渡轮前后结伴航行，Big Red Cat看起来像猫一样，运载汽车、乘客往返于克利夫兰和登尼奇之间，每天大约往返8次（45分钟）。在线预订可以省一点钱。

Gold Cats Stradbroke Flyer（☎07-3286 1964; www.flyer.com.au; Middle St, Cleveland; 往返 成人/儿童/家庭 $19/10/50; ⏲5:00~19:30）每天航行大约12个往返客轮班次，搭载乘客往返于克利夫兰和登尼奇的One Mile Jetty之间（30分钟）。

Amity Trader（☎07-3820 6557; www.amitytrader.com; 四驱/步行乘客 往返 $270/40）针对四驱车辆和步行乘客的渡轮服务，每周几次往返于阿米蒂和莫顿湾的库林格尔（Kooringal）之间。致电询问最新的时刻表。

ℹ 当地交通

"斯特拉迪"很大，拥有自己的交通工具，才能好好地一探究竟。如果你计划去越野，需要从Straddie Camping（见331页）购买四驱许可证（$39.55）。

如果没有自驾车，**Stradbroke Island Buses**（☎07-3415 2417; www.stradbrokebuses.com）在登尼奇的码头接驳渡轮，前往阿米蒂和海角瞭望台（单程/往返 $5/10）。从海角瞭望台前往登尼奇的末班车在18:20发车。**Stradbroke Cab Service**（☎0408 193 685）还提供出租车服务，从登尼奇前往海角瞭望台，大约收费$60。

登尼奇的Straddie Super Sports（见330页）有出租山地车（每小时/天 $6.50/30）。

莫顿岛（Moreton Island）

人口 250

如果你并不打算在昆士兰州去到比布里斯班更北的地方，只是想要浅尝热带天堂的风情的话，可以去无忧无虑的莫顿岛偷个欢。可以肯定的是，莫顿岛隐蔽的砂质海岸、灌木林、鸟类、沙丘和漂亮的潟湖都保护得很好，95%的岛屿面积都被划为**莫顿岛国家公园与休闲区**（Moreton Island National Park & Recreation Area；www.nprsr.qld.gov.au/parks/moreton-island）。除了一些岩石遍布的海岬之外，这里几乎全是沙滩，而坦普斯特山（Mt Tempest）则是世界上最高的海岸沙丘，高达280米。岛屿的西海岸是锈迹斑斑、丑陋笨重的汤加鲁马沉船（Tangalooma Wrecks），在这里可以进行很好的浮潜和潜水活动。

这座岛屿历史悠久，从早期原住民的定居，再到昆士兰的第一座也是唯一一座捕鲸站所在地。捕鲸站位于**汤加鲁马**（Tangalooma），曾在1952年至1962年运作。这些年来，游泳、浮潜和四轮驱动车小径让游客乐不思蜀（事实上，这座岛只有四轮驱动车能够通行）。

汤加鲁马拥有岛上唯一的度假村，西海岸还有另外3处小型居民点：**布尔沃**（Bulwer）邻近西北角，**考恩考恩**（Cowan Cowan）位于布尔沃和汤加鲁马之间，而**库林格尔**（Kooringal）则靠近最南端角。

景点和活动

每当傍晚夕阳时分，在岛屿西侧中部的汤加鲁马，可以观看喂海豚。大约有6只海豚会从深海游过来，从志愿喂食者的手中抢食小鱼。你必须入住Tangalooma Island Resort，才能亲自体验，但欢迎围观。度假村内还有**汤加鲁马海洋教育及观察中心**（Tangalooma Marine Education & Conservation Centre；www.tangalooma.com/info/dolphin_feeding/tmecc；Tangalooma Island Resort；⏲10:00至正午和13:00~17:00），有关于莫顿湾丰富的海洋及鸟类生活的展示。你可以在这里拿一本岛上徒步线路的地图。中心也经营喂鹈鹕（pelican）、笑翠鸟（kookaburra）和鱼类的团队游，此外还有自然徒步之旅。

著名的**汤加鲁马沉船点**（Tangalooma Wrecks）就在度假村北边，距离海岸不远处：15艘沉船形成了船舶停锚的避风港以及很棒的浮潜点，你可以从度假村租借**浮潜**装备，另外Tangatours在沉船点周边提供2小时的皮划艇和浮潜之旅（$79），此外还有带导游的**单桨冲浪**（$49）和黄昏时的**皮划艇**团队游（$59）。

岛上的**丛林步道**包括从度假村出发的一条荒凉小道（2小时），还可以艰难地攀登坦普斯特山——从Eagers Creek出发，往内陆前进3公里可以到达。虽然这种体验难能可贵，但你还是需要想办法解决前往起点的交通问题。

莫顿角灯塔（Cape Moreton Lighthouse）位于岛屿的最北端角，建于1857年，是昆士兰州现存仍在运作的灯塔之中最古老的一座。这里风景极佳，如果有鲸鱼从旁边游过，那就更壮观了。

团队游

多数岛屿团队游会从布里斯班或黄金海岸出发。**Dolphin Wild**（☎07-3880 4444；www.dolphinwild.com.au；成人/儿童/家庭 包含午餐 $125/75/325，浮潜游每位成人/儿童 额外$20/10）在布里斯班北部的雷德克利夫半岛经营观赏海豚团队游。由Tangalooma Island Resort经营的**Tangatours**（☎07-3410 6927；www.tangatours.com.au）🍃提供各种不同活动项目的团队游。

Adventure Moreton Island 探险游

（☎1300 022 878；www.adventuremoretonisland.com；1日游 $144起）与Tangatours一起在Tangalooma Island Resort合伙经营，这里的团队游提供丰富多样的活动项目（单桨冲浪、浮潜、帆船、皮划艇和钓鱼等），从布里斯班出发。还提供度假村过夜住宿套餐项目（包括团队游$323起）。

Moreton Bay Escapes 探险游

（☎1300 559 355；www.moretonbayescapes.com.au；1日游 成人/儿童 $189/139起，2日 露营团队游 $309/179）🍃有资质的生态团队游。乘坐四轮驱动车1日游，包括浮潜或皮划艇、滑沙、海洋野生动物观测以及一顿野餐午饭。过夜露营可以更深入体验小岛。

Moreton Island Adventures 驾驶游

（☎07-3909 3333；www.moretonislandadventures.com.au；14 Howard Smith Dr, Port of Brisbane；1日游 成人/儿童 $170/140起）四轮驱动车导览游，行程或侧重于生态环保，或追求刺激，从布里斯班港口搭乘时髦的Micat车辆渡轮出发。也提供住宿，可以选宿舍式的单元间或是时尚的带卫浴的帐篷（双床/四床帐篷$80/110起，单元间 $130起）。

食宿

除了度假村之外，在库林格尔、考恩考恩和布尔沃还有几处假日公寓和房屋供出租，登录www.moretonisland.com.au查看详情。Moreton Island Adventures也提供露营和单元间住宿。

莫顿岛有10处国家公园**露营地**（☎13 74 68；www.nprsr.qld.gov.au/experiences/camping；露营地 每个人/家庭 $5.75/23），那里都提供自来水、厕所和冷水淋浴，其中5座露营地就位于海滩上。在你上岛之前通过网络或电话事先预订好。

在度假村里还有一个小小的便利店，以及咖啡馆、餐厅和酒吧；此外，库林格尔和布尔沃也有（昂贵的）店铺。不然的话，需从大陆上自带食物及饮料前来。

Tangalooma Island Resort 酒店、公寓 $$$

（☎07-3637 2000, 1300 652 250；www.tangalooma.com；双 $250起，2卧/3卧/4卧 公寓$630/730/830起；❄@🛜🏊）这座环境优美的度假村让岛上其他的住宿业者都陷入困境。这里有多种住宿选择，从酒店简易标间起步。如果升级到单元间或套房，就可以随意进出海滩，房间的装修也更加现代化。如果再升级到公寓的话，房型有双卧到四卧室等不同的配置。度假村内也有几处就餐选择，房费有时包含渡轮往返以及接送。

ℹ 实用信息

莫顿岛没有铺设柏油马路，但是四轮驱动车可以在海滩和岛上的小道上行驶（普通汽车禁行），在盲目冒险之前先在当地询问关于海潮和溪流穿越的建议。可以从渡轮运营商处获得地图。四驱车的许可证需要花费$45.10获取，有效期为1个月，可以通过渡轮公司、网站或者致电Department of National Parks, Sport & Racing购买。如果你想带车上船渡海，船票必须提前预订。

访问www.visitmoretonisland.com了解网络信息。

ℹ 到达和当地交通

从大陆出发，可以乘坐几条渡轮线路。登岛后，如果要游玩岛屿，自行驾驶四轮驱动车并随渡轮上岛，或者报名参加团队游项目。多数团队游从布里斯班出发，包括搭乘渡轮的费用。

Amity Trader（见332页）从北斯特拉德布罗克岛到库林格尔的车辆渡轮服务。

Micat（www.micat.com.au；14 Howard Smith Dr, Port of Brisbane；往返 成人/儿童 $50/35，车辆 包含两个人 $195~230）从布里斯班的码头运营汽车渡轮前往汤加鲁马的服务，每周8班（75分钟）；登录网站了解前往渡轮码头的交通路线。

Moreton Island Tourist Services（07-3408 2661；www.moretonisland.net.au）提供岛上四驱计程车服务，单程费用为$50~220。

Tangalooma Flyer（☎07-3637 2000；www.tangalooma.com；往返 成人/儿童 $80/45）由Tangalooma Island Resort运营的快速汽轮客船。时长75分钟的航行，每天3次，从布里斯班的Holt St Wharf码头出发（在网站了解详细地址），到度假村。从中央商业区或机场到码头还有往返巴士接驳（成人/儿童 单程 $21/10.50）。务必提前预订。

格兰纳特贝尔（Granite Belt）

点缀在大分水岭的西侧，距离布里斯班西南约210公里的格兰纳特贝尔地区处处是起伏的山坡，其间是片片葡萄田和果园（苹果、梨、李子、桃），此地凉爽、新鲜的空气令果树长得很繁盛[斯坦索普（Stanthorpe）是该地区的枢纽，海拔915米]。这里是昆士兰州唯一一个真正算得上是葡萄酒产区的地域，无论规模如何——也是本州唯一一处足够凉爽到可以种植出可以满足商业所需数量的葡萄的地方。再往南，在新南威尔士州（NSW）边界，匀称的巨石和春季盛放的野花吸引着灌木徒步者们来到风景如画的吉拉温国家公园

(Girraween National Park)。

斯坦索普和布兰德恩(Stanthorpe & Ballandean)

斯坦索普(人口4300)确实是昆士兰州最凉快的小镇，也是本州最不为人知的旅游城市之一。1860年，一位来自意大利的牧师在这里种下了第一株葡萄藤，但直到20世纪40年代大批意大利移民(他们带来了受用一生的葡萄种植常识)涌入时，葡萄酒产业才开始真正启动。今天，功能性的斯坦索普和其南部约20公里处的小村庄布兰德恩(人口470)的葡萄酒业兴盛繁荣，这里有葡萄园活动和精品住宿。

但这里并非只有葡萄酒和歌声：格兰纳特贝尔变换的季节也使得这里成为一处主要的水果种植区，对那些不介意在寒冷早晨工作的背包客来说，这里有很多摘水果的工作可以提供。

景点和活动

在这一带乡镇地区，品酒是必须尝试的事情，同样必做的就是开车穿越陡峭的、种满葡萄树的格兰纳特贝尔独特的地貌。如果你计划痛饮一番的话，那就跟一个旅游团。

周末来度假的人不仅仅是为了葡萄酒而来，同样也为了美食：在整个格兰纳特贝尔地区都可以找到上好的精品餐厅，供应令人愉悦的食物(和饮品)。

在斯坦索普游客信息中心(见338页)可以买到《从斯坦索普到布兰德恩骑行小径》(*Stanthorpe to Ballandean Bike Trail*)小

格兰纳特贝尔的葡萄酒庄

在格兰纳特贝尔，十几家葡萄酒庄都提供免费品尝服务，在这里花上一周时间相当容易，可以畅饮本地区各种不同的葡萄酒——但这也仅仅是浅尝辄止而已(见www.granitebeltwinecountry.com.au/wine/cellar-doors)。你还可以花一两天时间有选择地参观其中几家。去小酒窖之前，通常都值得先打电话约好时间，以确保他们正在营业。

Ballandean Estate(☎07-4684 1226; www.ballandeanestate.com; 354 Sundown Rd, Ballandean; ⏲9:00~17:00)这是昆士兰州最古老也是最大的葡萄酒庄之一，出产的葡萄酒屡获殊荣，还有一个叫Barrel Room Café(见337页)的令人印象深刻的咖啡餐厅。11:00有免费的葡萄酒团队游。

Boireann Wines(☎07-4683 2194; www.boireannwinery.com.au; 26 Donnellys Castle Rd, The Summit; ⏲周五至周一 10:00~16:00)Boireann手工酿造的珍品红酒位列本地区最佳葡萄酒之位(已经被澳大利亚的葡萄酒神James Halliday夸赞为5星)。这是家位于斯坦索普以北10公里处的小酒窖。

Golden Grove Estate(☎07-4684 1291; www.goldengroveestate.com.au; 337 Sundown Rd, Ballandean; ⏲10:00~15:00)由同一个家族建立并经营的庄园，供应多种独一无二的选择，包括一种上好的黑达沃拉红酒(nero d' avola red)——这是一种产自西西里岛的当地葡萄。James Halliday对此酒的评定也是5星。

Ravens Croft Wines(☎07-4683 3252; www.ravenscroftwines.com.au; 274 Spring Creek Rd, Stanthorpe; ⏲周五至周日 10:30~16:30)备受尊敬的葡萄酒制造商，出产极佳的红葡萄酒(petit verdot、cabernet sauvignon和南非pinotage)和白葡萄酒(包括一流的verdelho)。这是一个位于斯坦索普西部偏僻地区的朴实无华的酒窖。

Robert Channon Wines(☎07-4683 3260; www.robertchannonwines.com.au; 32 Bradley Lane, Stanthorpe; ⏲周一、周二和周五 11:00~16:00，周六和周日 10:00~17:00)这里有许多获奖的葡萄酒(这是昆士兰州第一家被James Halliday评为5星的葡萄酒庄)，还有一个可以看到漂亮湖景的咖啡馆，周末时人很多。尝尝verdelho酒。

册子，里面有关于这两处枢纽之间34公里长的小道的详细介绍。

斯坦索普地区艺术画廊 画廊

（Stanthorpe Regional Art Gallery; ☎07-4681 1874; www.srag.org.au; Lock St和Marsh St交叉路口，Stanthorpe; ⏰周二至周五 10:00~16:00，周六和周日 10:00~13:00）免费 这里是昆士兰州上佳的地区艺术画廊之一，收藏有少量但相当迷人的当地艺术家的作品，令人惊叹——多数是帆布画和陶器作品。在雨天时，很值得来此一游。上网查询网站或致电询问周日下午现场音乐会的详情。

Granite Belt Brewery 酿酒厂

（☎07-4681 1370; www.granitebeltbrewery.com.au; 146 Glenlyon Dr, Stanthorpe; ⏰10:00~17:00）这里不只是出售葡萄酒——一家当地的酿酒厂就位于此！$12的尝酒套餐（或是更小一些的、受到司机们欢迎的$7的版本）可以允许你品尝4种当季美酒，有可能会包括Granite Pilsner、Poziers Porter或Irish Red Ale。

Granite Belt Dairy 奶酪

（☎07-4685 2277; www.granitebeltdairy.com.au; Amiens Rd和Duncan Lane交叉路口，Thulimbah; ⏰10:00~16:00）喝葡萄酒不配奶酪怎么行？格兰纳特贝尔首屈一指的奶酪厂供应一系列美味的好东西，都允许试尝。在相邻的**Jersey Girls Cafe**还有美妙绝伦的奶昔和奶酪蛋糕、德文郡茶和清淡的午餐，加上新鲜烘焙的面包、酸辣酱和其他适合放入野餐食篮的点心。离开前务必尝尝散发出阵阵臭气的Bastard Tail软质洗皮奶酪。

Bramble Patch 草莓

（☎07-4683 4205; www.bramblepatch.com.au; 381 Townsend Rd, Glen Aplin; ⏰10:00~16:00）在Townsend Rd跟随草莓的标志一路往前，就能到达这块长着莓果的土地，这里看上去带有一丝幽默感。可以买走也可以现场吃：冰激凌配自制高脚草莓果盘、草莓华夫饼、果酱、小菜、勾兑过的草莓葡萄酒，当然还有新鲜的草莓（11月至次年4月）。超爱辣椒李子酱。

住宿

Top of the Town Tourist Park 宿营旅行车公园 $

（☎07-4681 4888; www.topoftown.com.au; 10 High St, Stanthorpe; 带电露营地 $40，小屋/汽车旅馆 双 $110/125起；❄@🏊）位于斯坦索普北部的一处灌木密布的营地，如果你想在此地的葡萄园和果园里寻找季节性工作的话，这就是个适合的住宿选择。可容纳6个人的农舍温暖舒适，每晚$230。

Backpackers of Queensland 青年旅舍 $

（☎0429 810 998; www.backpackersofqueensland.com.au; 80 High St, Stanthorpe; 每周$195; ❄）这里的管理层可以帮助年轻人寻找摘水果的工作，也为他们提供有偿的舒适住宿。带卫浴的5人间宿舍要求至少入住一周时间。不允许喝酒、吸毒、抽烟或是瞎胡闹。

Diamondvale B&B Cottages 农舍 $$

（☎07-4681 3367; www.diamondvalecottages.com.au; 26 Diamondvale Rd, Stanthorpe; 1卧/2卧/4卧 $195/350/750起；📶）地处斯坦索普镇外田园般的丛林环境中，Diamondvale是一个友善的地方，有5幢独用的农舍小屋以及一个带有4个卧室的旅馆，每一间都有着复古的细节之处，还有一个烧木头的壁炉、厨房和走廊。用作公共烧烤的小屋出类拔萃，沿着小溪前行两公里，就能漫步到镇上（或是直接跳进去游泳）。

Stannum Lodge Motor Inn 汽车旅馆 $$

（☎07-4681 2000; www.stannumlodge.com.au; 12 Wallangarra Rd, Stanthorpe; 双/标双 $125/135起；❄📶🏊）这家汽车旅馆将斯坦索普的同类远远抛在身后，虽然旅馆位于一幢低矮的1985年的砖房内，但这里很有可能是我们遇到过的最干净的汽车旅馆！全新的电视和床单、一个小而干净的泳池、免费的Wi-Fi、和蔼可亲的老板，没什么可挑的。在后面还有一块可爱的露台，可以享受葡萄酒加奶酪的美妙时光。

Azjure Studio Retreat 精品酒店 $$$

（☎0405 127 070; www.azjure.com.au; 165 Sundown Rd, Ballandean; 1卧/2卧 工作室

值得一游

吉拉温国家公园

距离布兰德恩东面不远处，吉拉温国家公园（www.nprsr.qld.gov.au/parks/girraween）里有一些令人咋舌的巨大卵石、原始森林和春天时盛放的野花（Girraween的意思就是“花朵之地”），所有这些使得在此漫步一番相当美妙而有情调。野生动物多种多样，还有条长17公里的徒步小径让你可以四处走走并去到一些超现实的花岗岩层顶部。短途步道包括1.6公里的去往大拱门（Granite Arch）的往返线路和3.6公里的攀爬金字塔山（Pyramid；1080米）的往返路线。吉拉温徒步线路的经典是往返11公里去往诺曼山（Mt Norman；1267米）的徒步路径。

布兰德恩和斯坦索普距离此地都很近，本地区还有几个不错的地方值得一留。

Girraween Environmental Lodge（☎07-4684 5138；www.girraweenlodge.com.au；Pyramids Rd，Ballandean；双 $250，额外的成人/儿童 $40/20；）是一处注重生态平衡的灌木隐居之地，占地160公顷，拥有大量野生生物，与国家公园比邻而居。10间简朴优雅、设备齐全的小木屋大量使用了回收后的木材，每间最多可以睡6个人，无比舒适，有木制的加热器、DVD播放器和带烧烤台的独用平台。这里还有一个户外水疗馆和游泳池。没有餐厅，需自带食物。

Wisteria Cottage（☎07-4684 5121；www.wisteriacottage.com.au；2117 Pyramids Rd，Wyberba；双 含早餐 $190起）位于一个有着许多牛的牧场内，拥有三间简单而有品位的独立木制农舍小屋：一间带2个卧室（可以睡6个人），另外两间分别带一个卧室（可以睡2个人和4个人）。小屋有宽敞的走廊和舒适温暖的木制壁炉。早餐分量很大，还有家**Heavenly Chocolate**（☎07-4684 5121；www.heavenlychocolate.com.au；2117 Pyramids Rd，Wyberba；周五至周一 10:00~16:00）商铺在这里呢！

公园里还有2个不错的可以直接开车入住的露营地（☎13 74 68；http://parks.nprsr.qld.gov.au/permits；每人/家庭 $5.75/23）——**Castle Rock**和**Bald Rock Creek**——周遭都是野生生物，还有饮用水、烧烤区和热水淋浴。到达前在线或通过电话预订。

游客中心位于Pyramids Rd的尽头，提供关于公园和徒步路径（开放时间不定，不过即使没人的话，应该也能拿到地图手册）的信息。尽管这里的冬夜较冷，攀爬大卵石时还是会很热，所以尽量多带一些水。

要去往公园，从布兰德恩向南走8公里，在Pyramids Rd左转，继续向前走7公里就可以到达公园的入口。

$300/430起；）这个获奖无数的精品酒店有3间设计时尚的独立工作室，每间可以住两人（还有适合4人入住的别墅），葡萄园的美景一览无余。每个房间都有着敞开式的格局、巨大的窗户、一个带烧烤和高端设备的走廊（包括一个能欣赏到景色的水疗浴缸）。袋鼠在暮色中单脚跳来跳去。

餐饮

★Varias 新派澳洲菜 $$

（☎07-4685 5050；www.varias.com.au；Queensland College of Wine Tourism，22 Caves Rd，Stanthorpe；主菜 $25~34；每天 午餐 11:00~15:00，周六和周日 早餐 9:00~11:30，周五 葡萄酒和小吃 16:00~19:00）这家时髦的小酒馆的特色是相邻的昆士兰葡萄酒旅游学院的学生大厨们亲手所准备的美味食物，酒馆是一座低矮、有角的钢筋混凝土建筑，面对着New England Hwy。菜肴搭配的是学院上好的Bianca Ridge葡萄酒。炉火忽闪忽灭，落地窗远望着葡萄园，这里是斯坦索普最经典的餐厅，水平远超其他饭店。

Barrel Room Cafe 新派澳洲菜 $$

（☎07-4684 1326；www.thebarrel-room.com；Ballandean Estate，354 Sundown Rd，

Ballandean；主菜 $27~35；⊙周三至周一 11:30~14:30，周四至周日 18:00至深夜）这家温馨舒适的咖啡餐馆位于Ballandean Estate（见335页）葡萄酒庄内，四周放置着有着140年历史的大酒桶，是吃上一顿好的再喝一两瓶葡萄酒的好地方。有机羊肩肉配以色列蒸粗麦粉和生羊乳酪，鸭胸脯肉配松露面团和香菇肉酱——这两样都是时令性菜单里最近的热门菜。

Patty's on McGregor 新派澳洲菜 **$$$**

（☎07-4681 3463；www.pattysonmcgregor.com.au；2 McGregor Tce，Stanthorpe；主菜 $30~38；⊙周四至周六 18:30至深夜）这是个在斯坦索普经营了很久且颇受欢迎的所在，Patty's的怪异门面位于后街上，供应不断更新的、带有东方风情的准备完美的菜肴——可能是羊肉咖喱佐当地的有机羊肉，或是用za'atar香料烧制的猪腰配梨和蜂蜜，而且每天总是有一种素食。地板是黑白相间的瓷砖，桌上点着蜡烛，还有当地的艺术品，自带饮料不必支付开瓶费！

ℹ 实用信息

大多数格兰纳特贝尔的葡萄酒庄都位于斯坦索普南部的布兰德恩一带。可以从**斯坦索普游客信息中心**（Stanthorpe visitor information centre；☎1800 762 665，07-4681 2057；www.granitebeltwinecountry.com.au；28 Leslie Pde，Stanthorpe；⊙9:00~17:00）取用一本名为《格兰纳特贝尔葡萄酒区》（*Granite Belt Wine Country*）的小册子。

ℹ 到达和当地交通

澳洲灰狗巴士（Greyhound Australia；☎13 14 99；www.greyhound.com.au）和**Crisps Coaches**（www.crisps.com.au）都在斯坦索普提供服务。有公共汽车前往Warwick（$16，45分钟）、图文巴（Toowoomba；$47，2.5小时）、布里斯班（$58，4.5小时）和新南威尔士州的腾特菲尔德（Tenterfield；$20，45分钟）。还有Northern Rivers Buslines（见254页）提供的去往拜伦湾的车次。

想要游览格兰纳特贝尔的葡萄酒庄，可以选择一个带导游的团队游，或是自己安排车辆（还得要一位不喝酒的朋友保持清醒开车）。

图文巴（Toowoomba）

人口 157,700

图文巴位于大分水岭的高原边缘，海拔700米，是一处未经规划的枢纽城市，这里有宽敞的绿树成荫的街道、庄严的房屋和接地气的当地人。从旅行者的角度来看（事实上，当我们询问一位当地的朋友"我们到了图文巴之后可以做些什么？"的时候，他的回复是"离开。"），这里可以做的事情并不多——不过如果你已经穿越了整个州、迫切需要停下来休息一下的话，这里并不算是一个差的落脚点，完全可以放松个一两天。

这里的气候相当凉爽，春天时城里的花园满是盛放的色彩。这个"花园城市"不仅是昆士兰州最大和最古老的内陆城市，还是两位国家级形象的诞生地：Aussie cake的原型——拉明顿蛋糕，以及奥斯卡奖得主杰弗里·拉什（Geoffrey Rush）。

景点和活动

科布有限公司博物馆 博物馆

（Cobb & Co Museum；☎07-4659 4900；www.cobbandco.qm.qld.gov.au；27 Lindsay St；成人/儿童/家庭 $12.50/6.50/32；⊙10:00~16:00）就位于女王公园（Queen's Park）的北面，十分不错的科布有限公司博物馆有令人印象深刻的马车收藏，描绘了在以马代步的年代里城镇生活和野外旅行的真实场景。博物馆里还有一个铁熔炉、关于图文巴早期历史的摄影展和原住民收藏——盾、斧头、回飞棒——加上和"梦创时代"故事相关的活泼有趣的影片。看看位于博物馆前面那半打转动的风车磨坊。

野餐点 公园

（Picnic Point；www.picnic-point.com.au；Tourist Rd；⊙24小时）免费 野餐点就位于大分水岭的边缘，海拔很高，与镇子东部边缘相接的是图文巴的悬崖公园（Escarpment Parks）。这里有徒步小径、许多同名的野餐地点以及一个**咖啡餐厅**（主菜 $14~27；⊙周一至周四 8:30~17:00，周五 至21:00，周六 8:00~21:00，周日 8:00~17:00），但每个人来此地主要都是为了欣赏Lockyer山谷醉人的

景致。

寿乐园 花园

（Ju Raku En Japanese Garden; www.toowoombarc.qld.gov.au; West St; ⌚7:00至黄昏）免费 漂亮的禅意日式庭院，距离市中心约4公里，位于南昆士兰大学（University of Southern Queensland）内。由一位京都的日本教授设计，5公顷的花园内拥有一个水波涟漪的湖、细心摆放的卵石、松柏植物、竹林、樱花树、可爱的小桥和蜿蜒的小道。

图文巴地区艺术美术馆 画廊

（Toowoomba Regional Art Gallery; ☎07-4688 6652; www.toowoombarc.qld.gov.au/trag; 531 Ruthven St; ⌚周二至周六 10:00~16:00，周日 13:00~16:00）免费 这家小型的美术馆收藏有油画、陶器和绘画美术作品，十分有趣，在图书馆区还有稀有的书本、地图和手稿。定期有巡回展览，会比平时吸引更多的参观者。

住宿

Big4 Toowoomba Garden City 宿营旅行车公园 $

（☎07-4635 1747, 1800 333 667; www.big4toowoombagchp.com.au; 34a Eiser St, Harristown; 带电露营地 $39起，1卧/2卧/3卧 小屋 $103/135/170起; ❄📶🏊）这里距离城镇有段距离，不过这个安静的位于后街的宿营旅行车公园是来访图文巴的露营者们的最佳选择。这里有青翠的营地、整洁的小屋、花圃、2个游泳池和一个漂亮的户外烧烤区（“禁止醉酒和粗野行为！”）。

★Vacy Hall 客栈 $$

（☎07-4639 2055; www.vacyhall.com.au; 135 Russell St; 双 $125~245; 📶）就位于城镇中央的上坡处，这座富丽堂皇的寓所建于1873年（最初是作为一个富有的牧场主送给女儿的结婚礼物），提供12间复古风格的房间，充满古色古香的浪漫魅力。宽敞的回廊环绕着整幢屋子，所有房间都配有卫浴或私用浴室；其中大多数还有壁炉。挑高极高的天花板令一些房间看上去高度比宽度还长。免费Wi-Fi。

Ecoridge Hideaway 木屋 $$

（☎07-4630 9636; www.ecoridgehideaway.com.au; 712 Rockmount Rd, Preston; 房间$140起）由于城里的住宿业相对乏善可陈，Ecoridge就成为一处不错的选择。位于前往加顿（Gatton）的支路上，距离图文巴约15公里。三座设备齐全的小屋简约大方，带有木制加热器、燃气炉灶和令人惊叹的大分水岭的景色。入住时间越长房价越低。

Central Plaza Hotel 酒店、公寓 $$

（☎1300 300 402, 07-4688 5333; www.toowoombacentralplaza.com.au; 523 Ruthven St; 1卧/2卧/3卧 公寓 $180/380/415起; ❄📶🏊）Central Plaza时髦而商务，拥有9层楼，令人印象深刻，在这个相对乡土的大城镇里透着一丝大城市的优雅——这个城里有无数汽车旅馆，而多数酒店仅是你会去喝杯啤酒的地方。酒店内部有不错的艺术品、现代家具以及带有屋顶风景的色彩缤纷而别具匠心的公寓。

餐饮

Phatburgers 汉堡 $

（☎07-4638 4738; www.phatburgers.com.au; 520 Ruthven St; 汉堡 $6~20; ⌚10:00~21:00）爽朗的Phat呈上了超赞的汉堡、鲜橙色的餐巾纸，现场DJ打出的是复古摇滚音乐。汉堡无疑占据了卡路里排行榜的首位——大到足以使人无法动弹（如果你可以一口气吃完一整个的话，记得告诉我们）。喜欢这里的自制辣椒面糊。

Artisan 比萨 $

（☎07-4638 0727; www.facebook.com/artisanpizzaandsandwich; 41a Russell St; 主菜$8~18; ⌚周二至周五 11:00~15:00，周二至周六 17:00~21:00）这是一处时髦、半工业化的所在，有着敦实的木制公共长桌、不锈钢椅、老旧的木地板和装饰主义风格的天花板。位于角落的开放式厨房很忙碌，供应简单的比萨、沙拉和三明治。咖啡也不错。

Ortem 咖啡馆 $$

（☎07-4632 0090; www.ortem.com.au; 15 Railway St; 主菜 $17~22; ⌚7:00~16:00）就位于火车站对面，这个时髦的工业咖啡馆供应的菜色不太多但相当有艺术范儿：沙拉、意大利调味饭、汉堡和大份的早餐，再加上超赞的咖啡。店前有户外的座位区，还有很酷的当代艺术品和快乐的员工（这通常都是一个好现象）——这就是这里的完全体验。楼上也有一个活动空间：登录网站查询一下活动详情（难题问答之夜、电影观赏等）。

Chutney Mary's 印度菜 $$

（☎07-4638 0822；www.chutneymary.com.au；335 Ruthven St；主菜 $17~23；⏲周一至周六正午至15:00，每天 17:00至深夜）在图文巴逗留期间到这里辣爽一番吧，供应靠谱的咖喱、印度烤饼、泥炉菜和米饭菜肴，店里满是颜色丰富的印度装饰品。

饮品

Spotted Cow 小酒馆

（www.spottedcow.com.au；Ruthven St和Campbell St交叉路口；⏲11:00至深夜）这里被刷成了芥末色，播放着老的蓝调音乐，定期举办现场乐队演出（澳大利亚本地歌手如Dan Sultan和Steve Kilbey），这个小酒馆在图文巴人尽皆知。供应70种不同种类的啤酒——在享用了美味而让人口渴的酒馆菜肴后正是你所需要的（主菜 $11~40，来一份1公斤的蚌只需$27）。周三晚上是难题问答之夜。

实用信息

图文巴游客信息中心（Toowoomba visitor information centre；☎1800 331 155，07-4639 3797；www.southernqueenslandcountry.com.au；86 James St；⏲9:00~17:00；📶）就在市中心的东南部、James St与Kitchener St的交会处。这里提供大张的城镇地图。还有自助式的《图文巴游客驾驶图》（*Toowoomba Tourist Drive*）。

到达和离开

图文巴位于布里斯班以西126公里处的Warrego Hwy旁。澳洲灰狗巴士（见338页）在布里斯班和图文巴（$36，2小时）之间每天运营定期的班次，往南前去斯坦索普的车则没有那么频繁（$47，2.5小时）。

如果你直接从布里斯班机场飞过来，Airport Flyer（☎1300 304 350，07-4630 1444；www.theairportflyer.com.au；单程/往返 $86/155）提供往返于图文巴的上门服务（乘客超过一位的话更加便宜）。

冲浪者天堂和黄金海岸

包括 ➡

最佳餐饮

➡ BSKT Cafe（见347页）
➡ Borough Barista（见351页）
➡ Cafe dbar（见353页）

最佳住宿

➡ La Costa Motel（见353页）
➡ Binna Burra Mountain Lodge（见355页）
➡ 奥林匹斯山公寓（见346页）

为何去

海岸蜿蜒52公里，一年里300天阳光灿烂，每年数百万游客来此度假，沐浴阳光、冲浪、漫步沙滩，参加各种活动，黄金海岸让你享受五彩斑斓的生活。这里是澳洲最适合学习冲浪的地方之一，来这儿的时候别忘记带上冲浪板。冲浪者天堂的著名海滩后面是一排气派的高楼，有公寓、饭店、酒吧、俱乐部和主题公园，夜晚灯火通明，保证你能尽情放纵，乐而忘忧，直至精疲力竭。一路往南更加精彩：宽阔海滩（Broadbeach）的沙滩细腻又富有情调；伯利角（Burleigh）拥有迷人的海岸线；库尔加塔（Coolangatta）是冲浪休闲的好去处。不要错过黄金海岸丰富多彩的亚热带内陆风情——包括拉明顿（Lamington）和斯普林布鲁克国家公园（Springbrook National Parks）——这里有热带雨林中幽静的小径、壮观的瀑布、一览无余的美景以及山间的私人寓所。

何时去

冲浪者天堂

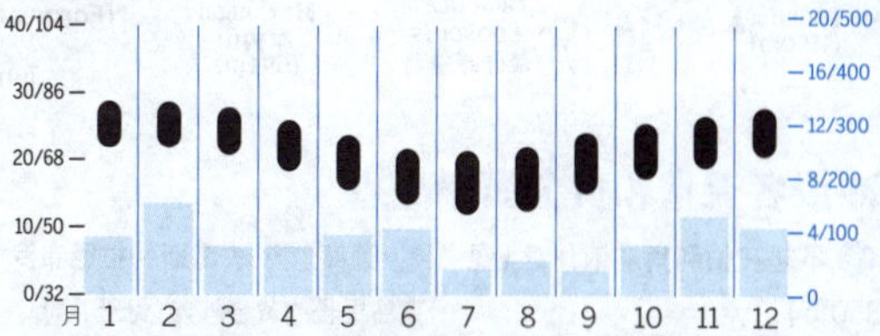

12月至次年2月 阳光、高温与拥挤的海滩。

6月至8月 澳大利亚冬天里会迎来很多游客，他们会从寒冷的地方到这儿来晒晒太阳。

11月至12月 是毕业生们蜂拥到“冲浪者天堂”玩乐的时候。

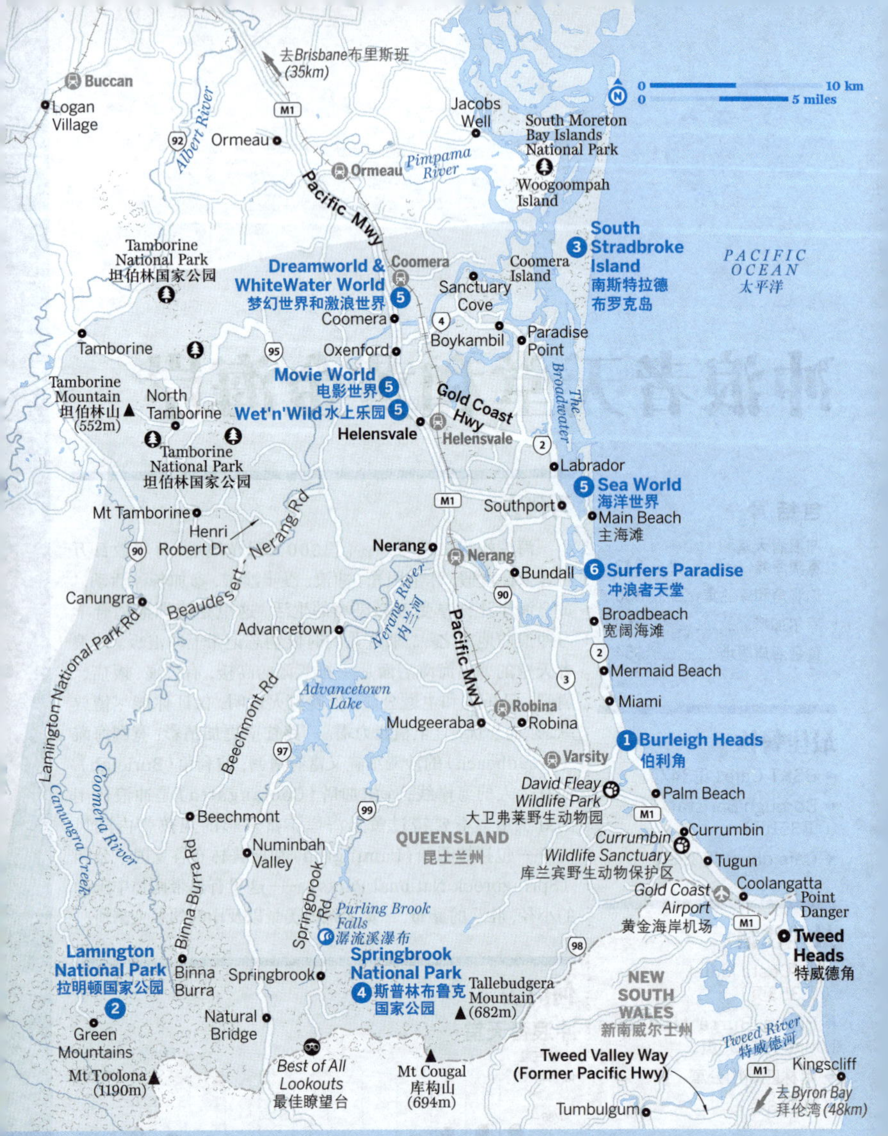

冲浪者天堂和黄金海岸亮点

❶ 早起在**伯利角**冲浪休息（见350页）。

❷ 丛林徒步，穿过**拉明顿国家公园**崎岖的峡谷和热带雨林（见355页）。

❸ 远离尘嚣，去**南斯特拉德布罗克岛**极长的黄金沙滩（见351页）。

❹ 在最佳瞭望台领略**斯普林布鲁克国家公园**的景致（见356页）。

❺ 黄金海岸**主题公园**的过山车可以一测你的胆量（见347页）。

❻ 在**冲浪者天堂**海滩饮酒、跳舞以及观看日出（见343页）。

到达和离开

飞机

黄金海岸机场(Gold Coast Airport; www.goldcoastairport.com.au; Longa Ave, Bilinga)位于冲浪者天堂以南25公里处的库尔加塔(Coolangatta)。澳大利亚的国内航班都飞往这里。**新加坡酷航航空**(www.flyscoot.com)、**马来西亚的亚洲航空**(☎1300 760 330; www.airasia.com)和**新西兰航空**(Air New Zealand; ☎13 24 76; www.airnewzealand.co.nz)都有航班到此。

布里斯班机场(Brisbane Airport; www.bne.com.au)在布里斯班市中心东北16公里处。先飞到这里,再去黄金海岸就非常方便,尤其是对那些国际旅客来说。

公共汽车

澳洲灰狗巴士(Greyhound; www.greyhound.com.au)往返布里斯班的班次非常频繁($21, 1.5小时),还可以驶往拜伦湾($30, 2.5小时)及更远的地方。

Premier Motor Service(☎13 34 10; www.premierms.com.au)每日有数班汽车发往布里斯班($21起, 1.5小时)、拜伦湾($29起, 2.5小时)以及其他沿海地区。

汽车和摩托车

黄金海岸在布里斯班南边,仅一个小时的车程。从南方过来,你会在特威德角穿过新南威尔士州(NSW)和昆士兰州的边界线(一条郊区公路!)。库尔加塔(黄金海岸最南端的一个城镇)正好跨越两州的分界线。

火车

TransLink(☎13 12 30; translink.com.au)城际列车贯穿布里斯班与黄金海岸(75分钟)的内兰(Nerang)、诺宾(Robina)、瓦斯特湖站(Varsity Lakes),大约每半小时一班。这条线路从布里斯班向北,一直延伸至布里斯班机场。

当地交通

抵离机场

Con-X-ion Airport Transfers(☎1300 266 946; www.con-x-ion.com; 单程成人/儿童 $20/12起)抵离黄金海岸机场(单程成人/儿童 $20/12起)、布里斯班机场(单程成人/儿童 $49/25)以及黄金海岸主题公园。

> **寻欢作乐的毕业生**
>
> 每年11月,数以千计的毕业生涌向冲浪者天堂来庆祝他们高中学业的结束,他们会举办为期3周的派对,派对主题是"毕业生周"。尽管当局已经加以管制,但青少年酗酒和嗑药现象还是十分普遍。
>
> 更多信息详见www.schoolies.com。

黄金海岸游客接驳车(Gold Coast Tourist Shuttle; ☎1300 655 655, 07-5574 5111; www.gcshuttle.com.au; 单程成人/儿童 $21/13)到黄金海岸机场接机,送往黄金海岸附近各大宾馆旅店。还可以送到黄金海岸的主题公园。

公交车

Surfside Buslines(☎13 12 30; www.surfside.com.au)作为布里斯班主运输线路的补充,Surfside公交公司经营往返黄金海岸的公交车以及从黄金海岸火车站到冲浪者天堂及更远地方(包括中央公园)的接驳车。

Surfside公司(与黄金海岸的旅游接驳车相连接)提供一种快捷套票,包括黄金海岸机场的返程车换乘及在主题公园的不限次数的换乘,还可乘坐当地公交车,价格是成人$78、儿童$39,有效期为3天(也有5天、7天和10天的套票可供选择)。

出租车

黄金海岸出租车(Gold Coast Cabs; ☎13 10 08; www.gccabs.com.au)

有轨电车

G:link(Gold Coast Light Rail; ☎13 12 30; translink.com.au; 票价 $4.80起,多天有效套票Goexplore cards 成人/儿童 $15/7.50)G:link轻轨电车线路2014年开始运营,连接南港与宽阔海滩,途中设有站点。可在G:link停靠站、7-11便利店以及一些报刊亭购票。

冲浪者天堂和宽阔海滩(Surfers Paradise & Broadbeach)

人口 24,300

有人说如今的冲浪爱好者更喜欢其他地方的海滩,这里除了优美的景色,天堂的感觉

Surfers Paradise 冲浪者天堂

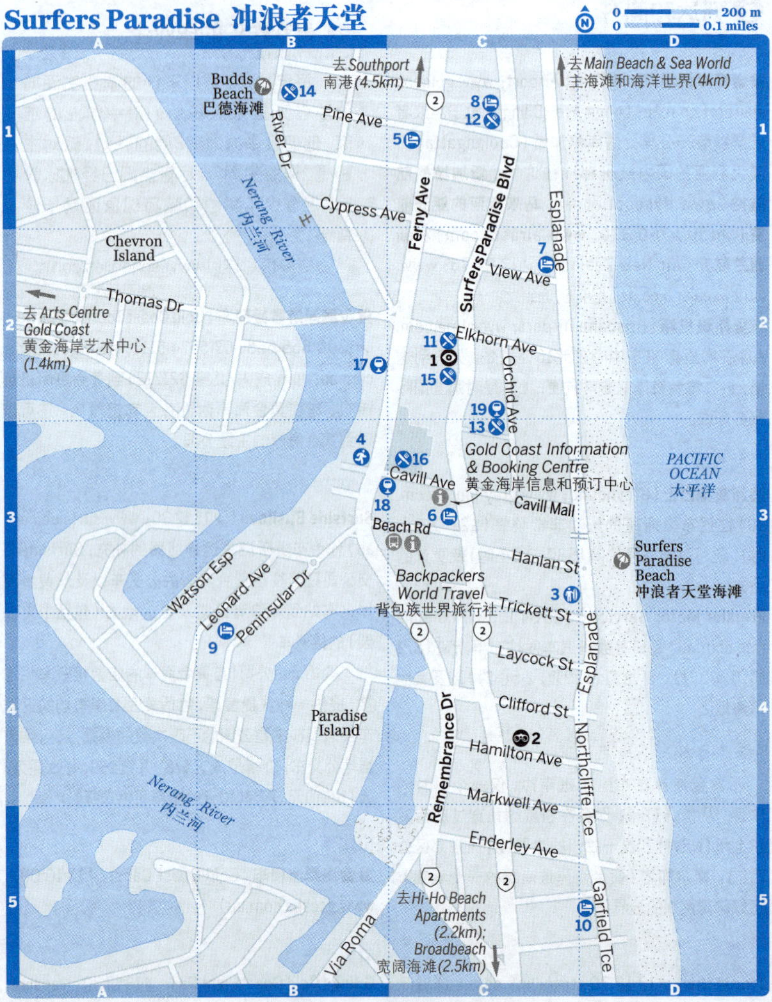

已经不再。不过，此处还是能够吸引相当数量的游客前来狂欢，一天会有多达2万人！追逐热闹的人在这里的俱乐部、酒吧、购物中心簇拥，当醉酒的人离开的时候，或许还有点海滩时光的感觉。这里也十分性感：光着膀子、刺满文身的背包客和有着堪比"大峡谷"的豪乳的美女随处可见。

到了冲浪者天堂南边的宽阔海滩，质量上乘的咖啡馆、风格入时的商店和餐厅及一望无际的金色海岸都增添了此地浪漫、时尚的氛围。

景点

天际观景台 观景点

（SkyPoint Observation Deck；www.skypoint.com.au；Level 77, Q1 Bldg, Hamilton Ave, Surfers Paradise；成人/儿童/家庭票 $22/13/57；周日至周四 7:30~20:30，周五和周六 7:30~23:30）冲浪者天堂的各个景点散布在海滩上的高楼之间。如要鸟瞰全景，需要登上Q1大厦的顶层，大楼高达230米，是世界知名的摩天大厦之一，在楼顶附近的观景平台眺望，美景尽收眼底。也可以尝试登上270米高的**天顶**

Surfers Paradise 冲浪者天堂

◎ 景点
1 无穷无尽 C2
2 天际观景台 C4

活动、课程和团队游
3 Cheyne Horan C3
4 冲浪者天堂的鲸鱼 B3

住宿
5 Budds in Surfers C1
6 黄金海岸住宿服务 C3
7 奥林匹斯山公寓 C2
8 QT C1
9 Sleeping Inn Surfers B4
10 冲浪者海滩度假公寓 D5

就餐
11 Baritalia C2
12 Bazaar C1
13 Black Coffee Lyrics C3
14 Bumbles Café B1
15 Coles C2
16 Woolworths C3

饮品和夜生活
17 Helm Bar & Bistro B2
18 Melbas on the Park B3
19 Sin City C2

攀岩(SkyPoint Climb)的塔尖(成人/儿童$69/49)。

这里还有一个为游客提供便利的服务台,出售本地其他景区的门票。

无穷无尽 迷宫

(Infinity; www.infinitygc.com.au; Chevron Renaissance, Surfers Paradise Blvd和Elkhorn Ave交叉路口, Surfers Paradise; 成人/儿童/家庭票$27/18/73; ◷10:00~22:00)让孩子们在迂回穿梭的迷宫里迷失一个小时(真的会迷路),各种精巧的视听设施可以用来隐身和伪装。

活动

Balloon Down Under 热气球游

(☎07-5500 4797; www.balloondownunder.com; 1小时飞行 成人/儿童 $299/240)飞啊,飞啊,在黎明时乘热气球飞过黄金海岸,最后享用配有香槟的早餐。

冲浪者天堂的鲸鱼 观鲸

(Whales in Paradise; ☎07-5538 2111; www.whalesinparadise.com.au; Cavill Ave和Ferny Ave交叉路口; 成人/儿童/家庭票 $95/60/250; ◷1月至11月)冲浪者天堂中心出发,每天3次,观赏3.5小时的鲸鱼表演。

节日和活动

Quicksilver Pro Surfing Competition 冲浪

(www.aspworldtour.com)全世界最好的冲浪运动员在每年3月的首轮世界巡演中在这里劈波斩浪。

冲浪者天堂节 美食、艺术

(Surfers Paradise Festival; www.surfersparadisefestival.com)4月里为期4周的美食、美酒与音乐会。

黄金海岸电影节 电影

(Gold Coast Film Festival; www.gcfilmfestival.com)4月份会在露天大银幕放映界各地的主流和激进的电影。

黄金海岸马拉松运动 运动

(Gold Coast Marathon; www.goldcoastmarathon.com.au)7月里,群众参加长跑,大汗淋漓。

黄金海岸600 运动

(Gold Coast 600; www.v8supercars.com.au)10月份有3天,冲浪者天堂的各条街道变身为V8超级高速赛车的路线。

住宿

黄金海岸住宿服务(Gold Coast Accommodation Service; ☎07-5592 0067; www.goldcoastaccommodationservice.com)可以提前预订住所和旅游团。

Budds in Surfers 青年旅舍 $

(☎07-5538 9661; www.buddsinsurfers.com.au; 6 Pine Ave, Surfers Paradise; 铺/标双/双/家 $28/80/80/120起; @📶❄)舒适的巴德旅馆里有整洁的浴室,干净的瓷砖,免费无线

网，还有酒吧和游泳池，离巴德海滩仅几步之遥。有自行车可以租借。

Sleeping Inn Surfers 青年旅舍 $

（☎1800 817 832, 07-5592 4455; www.sleepinginn.com.au; 26 Peninsular Dr, Surfers Paradise; 铺 $28~32, 双人间 $78~88; @📶🏊）这个供背包客歇脚的旅馆是一栋远离市中心的老式公寓楼。正如旅馆的名字所说，你或许可以到这里来睡一晚。这儿有比萨和烧烤晚会，有厨房，还免费接送客人。一所邻近的公寓楼也有不错的装修过的家庭旅馆。

★奥林匹斯山公寓 公寓 $

（Olympus Apartments; ☎07-5538 7288; www.olympusapartments.com.au; 62 Esplanade, Surfers Paradise; 一居室公寓 $100~160, 两居室公寓 $150~300; P📶🏊）公寓的性价比很高，就在海滩对面。舒适的小高层房间装修精致，宽敞明亮，有一室或两室的，配有新潮的家具与时尚的艺术品，超级干净，都朝向大海。

冲浪学校

这是一个学习冲浪的好地方。任意选择一所位于黄金海岸沿岸优良的冲浪学校，至少上个10节课。

Surfing Services Australia（☎07-5535 5557; www.surfingservices.com.au; Currumbin; 成人/儿童 $35/25）

Cooly Surf（☎07-5536 1470; www.surfshopaustralia.com.au; Marine Pde和Dutton St交叉路口，库尔加塔; 2小时冲浪课程 $45; ⊙9:00~17:00）

Cheyne Horan（☎1800 227 873; www.cheynehoran.com.au; 2小时课程$49, 3/5节课程 $129/189; ⊙10:00和14:00）

Brad Holmes（☎07-5539 4068, 0418 757 539; www.bradholmessurfcoaching.com; 宽阔海滩; 90分钟课程 $75）

Walkin' on Water（☎07-5534 1886, 0418 780 311; www.walkinonwater.com; Greenmount Beach, Coolangatta; 2小时课程 $50）

Hi-Ho Beach Apartments 公寓 $$

（☎07-5538 2777; www.hihobeach.com.au; 2 Queensland Ave, Broadbeach; 标单/双 $100/130; P❄📶🏊）住宿的首选，离海滩和咖啡馆很近。在这里你不用为豪华炫目的大堂掏钱，公寓提供标准的住宿条件，性价比高，无不必要服务（装修有20世纪90年代的风格），经营管理得很好，整洁安静。门口有拉斯维加斯风格的指示牌！

冲浪者海滩度假公寓 公寓 $$

（Surfers Beachside Holiday Apartments; ☎07-5570 3000; www.surfersbeachside.com.au; 10 Vista St, Surfers Paradise; 一居室/两居室公寓3晚价格$600/700）这家旅馆低调实惠，对于家庭游客特别适合，管理方式也让人倍感愉快。每间公寓都是独立的，并装修过，房间内部干净、舒适。旺季时，至少需要连住3晚，如果住不了那么久，你可以跟管理员商量。

QT 酒店 $$

（☎07-5584 1200; www.qtgoldcoast.com.au; 7 Staghorn Ave, Surfers Paradise; 房间$165起）这个具有复古风格的大楼看上去个性十足，如同老奶奶的庭院旧货市场：墨西哥户外椅、老式自行车，还有大厅里20世纪80年代风格的巨型吊灯。这种让人啧啧称奇的装修显示出冲浪者天堂要营造的20世纪五六十年代的迈阿密风情，尽显享受阳光海滩的主题。房间内部怀旧情结少了一些（不过床单被罩什么的还是有些与众不同）；房间明亮、舒适，具有现代气息。

为配合这里放松和休闲的氛围，每个房间里还提供了几双塑料平底人字拖鞋，用一个棉布袋装着。

就餐

选择自己做饭吃的游客可以在**Chevron Renaissance Centre**（Elkhorn Ave和Surfers Paradise Blvd交叉路口，Surfers Paradise; ⊙营业时间：周一至周六 7:00~22:00, 周日 8:00~20:00）和**Circle on Cavill**（Cavill Ave和Ferny Ave交叉路口，Surfers Paradise; ⊙营业时间：周一至周六 7:00~22:00, 周日 8:00~20:00）购物中

不要错过

黄金海岸主题公园

黄金海岸的美式主题公园里抗拒地心引力的过山车和滑水道会让你头晕目眩，你要尽力克制，免得把午餐吐出来。黄金海岸的大多数旅游局都销售打折票；VIP通票（每人$110）可多次进入海洋世界（Sea World）、电影世界（Movie World）和水上乐园（Wet' n' Wild；均为华纳兄弟旗下公园）。

温馨提示：主题公园可能会出现疯狂的拥挤状况，所以早点到，不然要排很长的队。注意：公园禁止自带食物和饮料。

梦幻世界（Dreamworld；☎1800 073 300，07-5588 1111；www.dreamworld.com.au；Dreamworld Pkwy，Coomera；成人/儿童 $95/75；⏲10:00~17:00）这是澳大利亚最大的主题公园。所有设备都是为小孩子准备的，如"相当惊险刺激的云霄飞车"、摇摆世界（Wiggles World）和梦工厂（DreamWorks）的体验活动。其他亮点如老虎岛（Tiger Island）、与各种动物的不期而遇。一张全天通行证（网上 成人/儿童 $95/85，门票$105/95）可以进入梦幻世界和激浪世界（WhiteWater World）。

海洋世界（Sea World）这里的海豚和海狮会表演特技，正因为如此引发争论不断。海洋世界强调这能给动物更好的生活，而福利组织则认为关押脆弱的海洋哺乳动物本身就是对它们的巨大伤害，尤其是人为干预，更是对动物的极大迫害。这公园也有企鹅和北极熊，还有滑水表演和过山车。

电影世界（Movie World；☎13 33 86，07-5573 3999；www.movieworld.com.au；Pacific Hwy，Oxenford；成人/儿童 $83/50；⏲9:30~17:00）电影主题展、骑行和景点游览，还包括Batwing Spaceshot、Justice League 3D Ride以及Scooby-Doo Spooky过山车。演员扮演的蝙蝠侠（Batman）、王牌大贱谍（Austin Powers）及猪小弟（Porky Pig）等角色在人群中穿梭。

水上乐园（Wet 'n' Wild；☎ 13 33 86，07-5556 1660；www.wetnwild.com.au；Pacific Hwy，Oxenford；成人/儿童 $63/48；⏲10:00~17:00）这儿的终极滑水运动当属Kamikaze——从双人管道纵身跃下，以50公里/小时的速度降落，最后溅起11米高的浪花。大型水上公园还有暗黑滑行（pitch-black slides）、激流险滩（white-water rapids）以及浪花泳池（wave pools）等游戏设施。

激浪世界（WhiteWater World；☎1800 073 300，07-5588 1111；www.whitewaterworld.com.au；Dreamworld Pkwy，Coomera；成人/儿童 $60/40；⏲周一至周五 10:00~16:00，周六和周日 至17:00）这座公园的特色项目是Cave of Waves和Pipeline Plunge，另外还有多达140种的水上活动和滑水项目。一张全天通票（网上 成人/儿童 $95/85，门票$105/95）确保进入梦幻世界和激浪世界（WhiteWater World）畅通无阻。

心里找到超市。

★BSKT Cafe 咖啡馆 $

（☎07-5526 6565；www.bskt.com.au；4 Lavarack Ave，Mermaid Beach；正餐 $10~27；⏲周一至周四 7:00~16:00，周五和周六 至22:00，周日 至17:00；🖉👪）在角落的时髦咖啡馆距美人鱼海滩有100米，从宽阔海滩向南走不多远即到。开办餐馆是4个人的共同创意，餐食注重使用有机原料。敦实的原木餐桌，精干的员工还有富有创意的菜品，体现了完美的融合。素食者也能吃得满意，感到自在。孩子们亦如此，这儿有一个儿童玩耍区，周围有围栏。

Bumbles Café 咖啡馆 $

（☎07-5538 6668；www.bumblescafe.com；21 River Dr，Budds Beach，Surfers Paradise；主菜

$12~22; ⏲7:30~16:00)这个绝妙的地方,曾经是妓院,现已被改造成为集住宿、商店于一体的咖啡馆,绝对是你在这里吃早餐、甜品,享用咖啡的好去处。这里各种房型应有尽有:粉色系的公主房、完美的享用下午茶的房间,还包括图书馆。哦,这儿的蛋糕也是当地最好吃的。

Cardamom Pod 素食 $

(www.cardamompod.com.au; Lot 1, 70 Surf Pde, Broadbeach; ⏲周一至周五 11:30~21:00,周六和周日 7:30~21:00; 📝)素食主义者的狂欢盛宴!受印度牧牛神讫里什那启发,这家素食主义小饭馆创造出了当地最美味的一些素食菜品。这家的素食意式宽面值得你亲自造访。只需$26,就可以任选两份咖喱和沙拉,外加米饭。餐后再来点店里的招牌甜点:纯天然、含麦麸、无糖,十分美味。在这里,所有食物都是现做的。

Black Coffee Lyrics 咖啡馆 $$

(☎0402 189 437; www.blackcoffeelyrics.com.au; 40/3131 Surfers Paradise Blvd, Surfers Paradise; 主菜 $12~21; ⏲周二至周五 正午至14:30和17:00至午夜,周六和周日 8:00起)这个时尚的咖啡馆隐藏在一座拱桥里面,实在太酷了。跟阳光明媚的冲浪海滩形成了鲜明的对比,美式波旁风格的酒吧坐落在黑暗之中,酒吧到处散发着刺鼻的工业气味。可以送餐。简单美味的三明治和煎蛋与精品啤酒和鸡尾酒搭配,相得益彰。也可以加点浓咖啡和马提尼酒。

Baritalia 意大利菜 $$

(☎07-5592 4700; www.baritaliagoldcoast.com.au; Shop 15, Chevron Renaissance Centre, Elkhorn Ave和Surfers Paradise Blvd交叉路口, Surfers Paradise; 主菜 $25~35; ⏲7:30至深夜)这家意大利酒吧餐厅拥有极好的露天阳台和时髦的外国员工。辣椒炒蚌配白葡萄酒加西红柿肉汤,或是美味的意大利面,比萨和意大利调味饭(有无麸质,任君选择)。玻璃杯盛载着各种美味的葡萄酒。这里还有醇香的咖啡。

Bazaar 各国风味 $$$

(☎07-5584 1238; 7 Staghorn Ave, Surfers Paradise; 早餐/晚餐 $32/72; ⏲周一至周六 6:30~10:30和15:30~21:00,周日 正午至15:00; 📝)正如复杂巧妙的公关辞令所说:这家独具21世纪建筑风格的新潮饭馆将带你吃遍全球美食。简单来说,你可以选择种类不同的各种食物来填饱肚子——西班牙熟食、意大利比萨、亚洲菜还有澳式海鲜。在这雅致有趣的餐厅,来一场看到什么就吃什么的终极体验吧!

12周岁以下的儿童半价。

🍷 饮品和夜生活

Helm Bar & Bistro 酒吧

(www.helmbarsurfers.com.au; 30-34 Ferny Ave, Surfers Paradise; ⏲10:00~21:00)如果你并非特别钟情于爱尔兰酒吧,这家海洋主题酒吧绝对是你在这镇上喝酒的最佳归宿。喝着小酒,18:00还可以欣赏内兰河上的落日余晖,这生活简直太完美了。这里的比萨和牛排也很美味。

Sin City 夜店

(www.sincitynightclub.com.au; 22 Orchid Ave, Surfers Paradise; ⏲21:00至深夜)这家夜店的装修是奢华的拉斯维加斯风格,也是罪恶的发祥地。这里各种人混在一起,其中不乏性感的服务员、大牌DJ、豪赌者及大学生。

Melbas on the Park 夜店

(www.melbas.com.au; 46 Cavill Ave, Surfers Paradise)这家夜店历史悠久,绝对称得上是派对皇宫。其主要包括宽敞的休闲酒吧和带有餐馆的夜店。比起那些豪饮的普通背包客,这里稍微更吸引年龄稍长一点的客人。

☆ 娱乐

黄金海岸艺术中心 剧院、电影院

(Arts Centre Gold Coast; ☎07-5588 4000; www.theartscentregc.com.au; 135 Bundall Rd, Surfers Paradise; ⏲售票厅周一至周五 8:00~21:00,周六 9:00~21:00,周日 11:00~19:00)艺术中心是内兰河边的文化礼仪城堡,有两家影院、一家餐厅、一个酒吧、黄金海岸城市画廊及可以容纳120人之多的剧院。这家剧院会定期上演出色作品,如喜剧、爵士乐、歌剧、儿童音乐会等。

值得一游

主海滩和斯皮特

斯皮特在冲浪者天堂以北，将南港（其实是阴暗的住宅区和商务区）同太平洋分离开来。主海滩有大主题公园、海洋世界（见347页）和水手湾（Mariner's Cove）。水手湾还有实用的**水手湾旅游信息和预订中心**（Mariner's Cove Tourism Information & Booking Centre；☎07-5571 1711；主海滩；⏲9:00~15:00）。你可以预订很多水上项目，例如：

澳大利亚皮划艇探险之旅（☎0412 940 135；www.australiankayakingadventures.com.au；半日游成人/儿童 $95/75，日落游 $55/45）

喷气滑雪之旅（Jet Ski Safaris；☎07-5526 3111，0409 754 538；www.jetskisafaris.com.au；Mariner's Cove, 60-70 Sea World Dr, Main Beach；每次喷气滑雪1小时/2.5小时 $190/395起）

小岛冒险（Island Adventures；☎07-5532 2444；goldcoastadventures.com.au；Mariner's Cove, 60-70 Sea World Dr, Main Beach；3小时游成人/儿童 $99/69，全天游成人/儿童 $129/79）可赏鲸。

布罗德沃特运河游轮（Broadwater Canal Cruises；☎0410 403 020；www.broadwatercanalcruises.com.au；Mariner's Cove, 60-70 Sea World Dr, Main Beach；2小时游轮成人/儿童 $23/15；⏲10:00和正午）

对旱鸭子来说，**联邦路**（Federation Walk）只是一条3.7公里长的美丽小径。这条小径穿过部分滨海热带雨林，连接了黄金海岸滨海大道。大道全长36公里，沿此即可步行或骑车去库尔加塔。步道的起点位于海洋世界入口对面的菲利普公园（Phillip Park）的停车场内。

公寓区坐落在东南面，正朝着冲浪者天堂方向大张旗鼓地扩张。这里有一家独具西班牙使命派风格的**主海滩展馆**（Main Beach Pavilion；Macarthur Pde, Main Beach；⏲9:00~17:00），它建于1934年，十分迷人。展馆里陈列着许多黄金海岸的老照片。

食宿

对那些想要躲避喧嚣的冲浪者天堂的人来说，主海滩和斯皮特的食宿也是不错的选择。

Surfers Paradise YHA at Main Beach（☎07-5571 1776；www.yha.com.au；70 Sea World Dr, Main Beach；铺 $32，标单和标双$81；@📶）一楼位置极佳，可以欣赏到码头全景。另外，这里还提供免费的往返大巴。这里也组织团队游等活动。

想吃美味的话可以去**Providore**（☎07-5532 9390；www.facebook.com/miragemarket；Shop 37, Marina Mirage, 74 Sea World Dr, Main Beach；主菜 $16~29；⏲7:00~18:00）试一下。这可是一家新潮的意大利熟食咖啡馆，售卖杯装酒、面包、乳酪和野餐用品。如果你想要来点更实际的，那就去**Peter's Fish Market**（☎07-5591 7747；www.petersfish.com.au；120 Sea World Dr, Main Beach；餐 $9~16；⏲9:00~19:30），这里提供各种生熟海鲜，物美价廉。可供选择的还有**Fisherman's Wharf Tavern**（☎07-5571 0566；Mariner's Cove, Main Beach；主菜 $22~32；⏲10:00至午夜），这里从10:00开始供应混合啤酒，也有好吃的汉堡和其他的酒吧美食。

到达和离开

当地705路公交定点往返于冲浪者海滩和主海滩/斯皮特。

实用信息

背包族世界旅行社（Backpackers World Travel；☎07-5561 0634；www.backpackerworldtravel.com；6 Beach Rd, Surfers Paradise；⏰10:00～16:00；📶）住宿、团队游、交通预订及国际长途（每小时$4.5；无线网每日$5）。

黄金海岸信息和预订中心（Gold Coast Information & Booking Centre；☎1300 309 440；www.visitgoldcoast.com；Cavill Ave, Surfers Paradise；⏰周一至周五 8:30～17:00，周日 9:00～16:00）这是黄金海岸主要的信息问询亭售卖主题公园的门票，提供公共交通信息。

冲浪者天堂24小时医疗中心（Surfers Paradise Day & Night Medical Centre；☎07-5592 2299；www.goldcoast7daymedicalcentres.com.au；3221 Surfers Paradise Blvd, Surfers Paradise；⏰6:00～23:00）综合医疗中心和药店。预约或直接就诊皆可。

到达和离开

长途汽车停靠在**冲浪者天堂交通中心**（Surfers Paradise Transit Centre；10 Beach Rd, Surfers Paradise），主要有澳洲灰狗巴士（Greyhound，见343页）和 Premier Motor Service（见343页）。

当地交通

想要游玩冲浪者天堂周围的景点，你可以乘坐Surfside（见343页）。这个巴士有两条线路，一条是705路，途经冲浪者天堂，往返于宽阔海滩和海洋世界（主海滩）之间；另一条则为731路，往返于南港（Southport）和宽阔海滩，也会经过冲浪者天堂。

G:link有轨电车（见343页）也是一种方便快捷的选择。

小汽车

每日租金是$40～50。

东海岸汽车租赁（East Coast Car Rentals；☎07-5592 0444，1800 028 881；www.eastcoastcarrentals.com.au；80 Ferny Ave；⏰周一至周五7:00～18:00，周六8:00～17:00，周日8:00～16:00）

红背车辆出租（Red Back Rentals；☎07-5592 1655；www.redbackrentals.com.au；冲浪者天堂交通中心，10 Beach Rd；⏰周一至周六 7:30～16:00）

Scooter Hire Gold Coast（☎07-5511 0398；www.scooterhiregoldcoast.com.au；3269 Surfers Paradise Blvd；⏰8:00～17:30）小摩托车租金（50cc）每日大约$75。

伯利角和库兰宾（Burleigh Heads & Currumbin）

人口 9200和2785

黄金海岸真正的沙滩精华弥漫在整个伯利角上悠闲舒适的运动小镇之中。伯利角的魅力能征服所有的人：舒服的咖啡馆、海滨餐厅、著名休息区、美丽的海滩及小型国家公园。

稍稍往南就到了库兰宾（Currumbin），它是一座安静的小城镇，人们以各自家庭为中心。这里十分安全，你可以在溪畔尽情游泳。

景点

伯利角国家公园　　公园

（Burleigh Head National Park；www.nprsr.qld.gov.au/parks/burleigh-head；Goodwin Tce, Burleigh Heads）免费 穿过伯利角国家公园去海岬周围散散步，这是每个游客不可错过的项目。这座占地27公顷的雨林保护区鸟类资源丰富，沿途还有几条步行小径。伯利角沿途的绝美风光可尽收眼底。

大卫弗莱野生动物园　　野生动物保护区

（David Fleay Wildlife Park；☎07-5576 2411；www.nprsr.qld.gov.au/parks/david-fleay；Loman Lane和West Burleigh Rd交叉路口，West Burleigh；成人/儿童/家庭票 $20.10/9.25/51.3；⏰9:00～17:00）这座野生动物园由首位成功繁殖鸭嘴兽的医生创建。园里有条4000米长的小路，穿过红树林与热带雨林，全天展示当地各种的野生动植物。从内陆到伯利角大约有3公里。

库兰宾野生动物保护区　　野生动物保护区

（Currumbin Wildlife Sanctuary；☎1300 886 511，07-5534 1266；www.cws.org.au；28 Tomewin St, Currumbin；成人/儿童/家庭票$49/35/133；⏰8:00～17:00）库兰宾野生动物保护区有澳大

利亚最大的热带雨林鸟舍，你可以亲手喂食炫彩斑斓的吸蜜鹦鹉（rainbow lorikeet）。你也可以喂袋鼠，与考拉和鳄鱼合影，观看爬行动物表演和原住民舞蹈。15:00后价格更实惠。有长途公车（往返票$18）。

活动

Currumbin Rock Pools 游泳

（www.gcparks.com.au; Currumbin Creek Rd, Currumbin Valley）免费 天然的游泳池给这炎热夏日带来一份清凉，两岸芳草如茵，你也可以在此烧烤。玩乐的青少年从崎岖的岩壁纵身跳下。从海岸沿着Currumbin Creek Rd上行14公里可达。

Burleigh Heads Bowls Club 保龄球

（☎07-5535 1023; www.burleighbowls.org.au; Connor St和James St交叉路口, Burleigh Heads; 每人$5; ⏰周日 正午至17:00）周日午后海面如果比较平静，那就甩掉鞋子，来当地的草地保龄球俱乐部，尽情享受"光脚玩保龄球"的乐趣吧。必须预订。

Burleigh Brewing Company 团队游

（☎07-5593 6000; www.burleighbrewing.com.au; 17a Ern Harley Dr, Burleigh Heads; 团队游$20）每月的第一个周六来伯利角精致的酿酒厂参观一下。你也可以在每周五17:30~20:00到自酿酒吧喝上一杯。

住宿

Burleigh Beach Tourist Park 房车公园 $

（☎07-5667 2750; www.goldcoasttouristparks.com.au; 36 Goodwin Tce, Burleigh Heads; 营地无电力/有电力 $31/41起，小屋 $145~210; ❄@📶≋）这个市政府所属的公园温馨舒适、管理良好，而且靠近海滩。争取订到公园前面的那3间蓝屋子。住宿费7日起收。

Burleigh Palms Holiday Apartments 公寓$$

（☎07-5576 3955; www.burleighpalms.com; 1849 Gold Coast Hwy, Burleigh Heads; 单卧公寓每晚/每周 $170/620; ❄📶≋）虽然位于公路旁，但公寓宽敞舒适、设备齐全，离海滩很近，穿过后巷即可到达。收费合理，十分实惠。公寓主人对当地信息了如指掌，并且亲自维护公寓的清洁以节省成本。

> **另辟蹊径**
>
> ### 南斯特拉德布罗克岛
>
> 这个21公里长的狭长沙岛还没经过大范围的开发——与黄金海岸的嘈杂形成鲜明的对比。狭长的海峡位于南斯特拉德布罗克岛的北部尽头，把它与北斯特拉德布罗克岛（North Stradbroke Island）分隔开，是一个绝佳的钓鱼地点。南部尽头距离斯皮特只有200米远。南斯特拉德布罗克实际上是和北斯特拉德布罗克连在一起的，直到1896年一场巨大的暴风雨冲开了连着它们的地峡。这里有奢华的**Ramada Couran Cove Island Resort**（☎07-5597 9999; www.courancove.com.au; 双/套 $350/450起; ❄≋），还有3个野营地、许多小袋鼠、大量的灌木丛、沙滩及大海。整座岛上都没有汽车！
>
> 想要了解更多关于岛上露营的细节，如Tipplers、North Currigee及South Currigee露营地及交通信息，可登录www.mystraddie.com.au查询。

Hillhaven Holiday Apartments 公寓 $$

（☎07-5535 1055; www.hillhaven.com.au; 2 Goodwin Tce, Burleigh Heads; 双卧式公寓 $170起; @📶）位于国家公园邻近的海岬上，从这22套公寓可以俯瞰伯利角和海滨浪花绝美的风景。距离海滩只有150米远，非常安静。质量等级从"标准"到"黄金豪华"。

就餐

★ **Borough Barista** 咖啡馆 $

（14 Esplanade, Burleigh Heads; 主菜 $5~19; ⏰5:30~14:00）这家开放式的小咖啡屋背景音乐时尚，氛围友好。菜单很简单，有汉堡包和沙拉，以及绝对不会弄错的咖啡（5:30开始供应）。魔幻的烤蘑菇堡（$13.50）会让你爱上素食。在棕榈海滩旁，还有一家物有所值的姐妹咖啡馆也很值得一去，叫**Barefoot Barista**（www.barefootbarista.com.au; 10 Palm Beach Ave, Palm Beach; 主菜 $11~18; ⏰周一至周五 5:00~16:00, 周六和周日 至15:00）。

Fishmonger 海鲜 $

（☎07-5535 2927；9 James St，Burleigh Heads；菜品 $7~16；⏲10:00~19:30）这家低调的炸鱼薯条店1948年就已经在这儿了——这么悠久的历史足够做出美味佳肴！带点外卖小吃前往海滩吧。

Justin Lane Pizzeria & Bar 比萨$$

（☎07-5576 8517；www.justinlane.com.au；1708 Gold Coast Hwy，Burleigh Heads；比萨$19~24；⏲17:00至深夜）作为伯利角众多时尚小餐馆之一，Justin Lane开在一个翻修的商场里。这家比萨店兼酒吧充满乐趣和活力，同样也是个嘈杂喧闹的地方。对了，这里的比萨超级棒！

Elephant Rock Café 新派澳洲菜、咖啡馆 $$

（☎07-5598 2133；www.elephantrock.com.au；776 Pacific Pde，Currumbin；主菜 $28~35；⏲周二至周六 7:00至深夜，周日和周一 至17:00）库兰宾海滩（Currumbin beachfront）未经雕琢，让人耳目一新。坐在这里的双层咖啡馆，感受清风拂面，细细品味白天的海滩风情和夜晚的时尚风味。你可以一边欣赏美丽海景一边品尝风味十足的印尼海鲜咖喱饭。

★ **Fish House** 海鲜$$$

（☎07-5535 7725；www.thefishhouse.com.au；50 Goodwin Tce，Burleigh Heads；主菜$36~56；⏲周三至周日 正午至15:00和18:00~21:00）这家时尚的红砖餐厅与海滩相隔一条马路，海鲜是它的拿手菜：鳕鱼、箭鱼、鲹、海鲂等，所有海鲜都是在当地捕获或从别的州新鲜进口的。你可要精心打扮一番，并做好大声讲话的准备（隔间比较多），还可观看人山人海（许多人从全国各地专门飞来只为在此就餐）。这值得你花费时间来好好体验一下。

饮品和夜生活

Currumbin Beach Vikings SLSC 小酒店

（☎07-5534 2932；www.currumbinslsc.com.au；741 Pacific Pde，Currumbin；⏲7:00~22:30）这家酒店地处库兰宾海滩，位于崎岖大象岩（Elephant Rock）之下，位置十分优越。下午在这片冲浪胜地喝杯啤酒简直就是一大美事。菜单（主菜 $20~30）虽无新意，但四周美景会让你惊叹不已。

到达和离开

Premier Motor Service（www.premierms.com.au）连接了伯利角与南北之间的多个地点，包括拜伦湾（$29起）。Surfside Buslines（见343页）的702路公交[连接黄金海岸机场（Gold Coast Airport）与南港，沿途设有站牌]就停靠在伯利角。

库尔加塔（Coolangatta）

人口 5200

库尔加塔是一座位于昆士兰南部边界的安逸海边小镇，有优质的冲浪海滩和关系亲密的社区居民。在这著名的库尔加塔黄金冲浪地，每年10月都会举行救生比赛。沿着木板路向北，一条美丽绵长的海滩从季拉（Kirra）一直延伸到郊外。在这里你可以挑战高难度的冲浪运动。

活动和团队游

Gold Coast Skydive 探险运动

（☎07-5599 1920；www.goldcoastskydive.com.au；1/78 Musgrave St，Kirra Beach；双人跳伞$365起）敢不敢从3660米的高空速降？你肯定跃跃欲试。虽然有些人难以理解，但这的确是一项非常受欢迎的活动。在黄金海岸独此一家经营双人高空跳伞。

Tweed Endeavour Cruises 巡游

（☎07-5536 8800；www.goldcoastcruising.com；2小时游览成人/儿童 $40/20起）从抓泥蟹到沿特威德河（Tweed River）岸的热带雨林巡游，再到品尝海陆大餐（surf' n' turf），多项活动，任君挑选。

住宿

Coolangatta YHA 青年旅舍 $

（☎07-5536 7644；www.coolangattayha.com；230 Coolangatta Rd，Bilinga；铺 $29~34，标单/双/家 $45/68/90；📶🅿）距离热闹街区有4公里，而且还位于喧闹的机场旁，但这家态度友善的青年旅舍也有加分项：提供免费接送车去库尔加塔，而且邻近季拉海滩（Kirra

当地知识

卢克·伊根：前职业冲浪运动员

黄金海岸是排在全世界前5名的最佳的冲浪地之一，这里的海滩独具特色之处就是海浪冲上来就被沙滩缓和了，通过沙滩，我们享受的是全世界最完美的海浪。

最佳冲浪海滩

伯利角有许多著名景点，季拉海滩、彩虹湾（Rainbow Bay）和斯伯纳岩（Snapper Rocks）使得黄金海岸成为每个充满激情的冲浪者的必去之地。

去哪儿学

第一次去格林芒角（Greenmount Point）和库兰宾的人有充足的时间踏浪，并且可以享受远距离的冲浪。这两个地方可能是澳大利亚（也可能是全世界）学习冲浪的最佳之地。

最佳经历

没有什么比冲浪冲到筋疲力尽更棒的了——尤其是在冲了一天的浪之后，这感觉更甚。尽管我不再参加世界冲浪巡回赛，但我每天仍以人生最后一次的态度去冲浪。

Beach，穿过高速公路即是）。你可以租冲浪板（每天$20）和自行车（$25）。早餐花费$5。

★ **La Costa Motel** 汽车旅馆 $$

（☎07-5599 2149；www.lacostamotel.com.au；127 Golden Four Dr, Bilinga；双 $150）这家拥有薄荷绿挡风板的汽车旅馆紧邻Gold Coast Hwy，是20世纪50年代的"高速公路遗产"之一。外观保持原有复古风格，然而内部装饰却十足地现代化。房间整洁且带有厨房，是一家值得长住的漂亮公寓。错开旺季价格会低很多。

★ **Hotel Komune** 酒店、青年旅舍 $$

（☎07-5536 6764；www.komuneresorts.com；146 Marine Pde, Coolangatta；铺$35起，1/2卧公寓房 $105/145起；🛜🏊）这家店会更新人们对青年旅舍的看法。这幢10层公寓楼经过改装之后，独具沙滩风情、棕榈装饰的泳池区以及惬意的氛围，成为顶级的冲浪胜地休息区。这有经济房、公寓房间和一个为派对而建的时尚顶楼公寓。

这里的夜店酒吧俱乐部每天21:00开始营业，周五至周日有现场音乐。

Nirvana 公寓 $$$

（☎07-5506 5555；www.nirvanabythesea.com.au；1 Douglas St, Kirra；2/3卧公寓房 $210/380起；P🛜）这幢时尚崭新的公寓楼比起海滩，更适合这座城市。它面朝季拉海滩，给人愉悦享受。健身泳池、体育馆、电影院、海景和日光浴一应俱全。

就餐

Burger Lounge 汉堡 $

（☎07-5599 5762；www.burgerlounge.com.au；Musgrave St和Douglas St交叉路口，Kirra；主菜 $13~17；⊙11:00~21:00）位于Nirvana地下的绝世汉堡盛宴，鸡肉杧果红辣椒汉堡是最佳选择。有许多上好的啤酒、鸡尾酒、红酒，还有壶装桑格里亚酒。

★ **Cafe dbar** 新派澳洲菜 $$

（☎07-5599 2031；www.cafedbar.com.au；275 Boundary St, Coolangatta；主菜 $14~26；⊙周一至周四 11:15~15:00，周五至周日 至20:00）这家可爱的餐厅傲立于危险角（Point Danger）的峭壁之上，可以说是在两个州的最东端——几乎位于昆士兰州和新南威尔士州交界处。你可以尽情享受各种美味早餐（作者们最爱的一顿饭）、新鲜的沙拉和西班牙小吃，以及上等的咖啡。

Bread 'n' Butter 西班牙小吃 $$

（☎07-5599 4666；www.breadnbutter.com.au；76 Musgrave St, Coolangatta；西班牙小吃 $15~27，比萨 $20~25；⊙17:30至深夜）🌿 直奔Bread 'n' Butter楼上的阳台，变幻的灯光和清爽的曲调让这家西班牙酒吧非常适合小酌一杯，再来些木柴烤的比萨或是西班牙小吃

（也可以三者兼顾）。DJ在周五和周六晚上摇摆不停。

Bellakai 新派澳洲菜 $$$

（☎07-5599 5116；www.facebook.com/bellakai.coolangatta；82 Marine Pde, Coolangatta；主菜 $30~37；⏲5:00~21:30）从5:00（是的，5:00！）直到深夜，Bellakai供应超好吃的菜肴。菜单随季节而变。菜品可以改变成辣软壳蟹肉加茄子和辣椒酱，或是新鲜的鱿鱼。昂贵但不是特别贵。咖啡也很不错。

到达和离开

澳洲灰狗巴士（Greyhound；☎1300 473 946；www.greyhound.com.au）连接了布里斯班、库尔加塔及其他地方（大巴在Warner St停留；票价$21起），而**Premier Motor Service**（☎13 34 10；www.premierms.com.au）有向北远至凯恩斯（Cairns）的班次。大巴在Wharf St有站点。

黄金海岸腹地（Gold Coast Hinterland）

在黄金海岸冲浪过后，越过沙滩，穿过半裸人群，就到了黄金海岸腹地的米克菲森山脉（McPherson Range）。那里森林茂密、群山连绵，让人感到仿佛置身于万里之外。这儿还有一些很棒的国家公园，有亚热带的雨林、瀑布、瞭望台和肆意奔跑的野生动物。斯普林布鲁克国家公园（Springbrook National Park）或许是昆士兰东南部最潮湿的地方，那里空气凉爽，森林密布。拉明顿国家公园（Lamington National Park）吸引了大批鸟类观察家和登山爱好者；而不少喜爱手工艺和小屋的人们选择周末前去坦伯林山（kitschy Tamborine Mountain）一探究竟。

团队游

Bushwacker Ecotours 生态旅游

（☎07-3848 8806, 1300 559 355；www.bushwacker-ecotours.com.au；成人/儿童 $129/99起）生态游览斯普林布鲁克国家公园，深入腹地，穿梭在雨林之间。从黄金海岸或布里斯班出发。

JPT Tour Group 团队游

（☎07-56301602；www.daytours.com.au；团队游成人/儿童 $102/63）各种一日游项目都从布里斯班或黄金海岸出发，包括途经坦伯林山（Tamborine Mountain）的拉明顿国家公园（Lamington National Park）游和前往自然桥（Natural Bridge）的萤火虫夜游之旅。

Mountain Coach Company 团队游

（☎1300 762 665, 07-5524 4249；www.mountaincoach.com.au）团队游每天从黄金海岸前往坦伯林山（成人/儿童 $59/49）、拉明顿国家公园（$89/57）和斯普林布鲁克国家公园（$89/57）。另外，也提供黄金海岸的接送（坦伯林山成人/儿童 $30/20，拉明顿国家公园 $50/40）。

坦伯林山（Tamborine Mountain）

隐匿在山顶热带雨林中，由鹰高地（Eagle Heights）、北坦伯林（North Tamborine）和坦伯林山（Mt Tamborine）组成，距离黄金海岸45公里，使得一些虚夸的团队游以及贩卖劣质巧克力、牛奶软糖和烈性甜酒的市场大规模发展。如果这里能满足你的喜好，鹰高地的**艺廊街**（Gallery Walk）绝对值得一去。

想品尝上等的咖啡和美食，就去Main St。当地人最喜欢去的地方就是北坦伯林了。再远一点就是当地很棒的酒庄了，那里景色优美，餐厅优质。

景点和活动

坦伯林国家公园 国家公园

（Tamborine National Park；www.nprsr.qld.gov.au/parks/tamborine）它是昆士兰州最古老的国家公园，分为13个部分。公园横穿8000米的高原。在这里瀑布奇观、黄金海岸的绝妙风景都可以尽收眼底。相对好走的小道有**女巫瀑布**（Witches Falls）、**柯蒂斯瀑布**（Curtis Falls）、**雪松溪瀑布**（Cedar Creek Falls）和**卡梅隆瀑布**（Cameron Falls）。记得在北坦伯林的游客中心取一张地图。

空中走廊 步行

（Skywalk；☎07-5545 2333, 07-5545 2222；www.rainforestskywalk.com.au；333 Geissman Dr, North Tamborine；成人/儿童/家庭

值得一游

拉明顿国家公园

澳大利亚现存的最大的亚热带雨林，覆盖了迈克弗森山脉（McPherson Range）深谷和陡峭的悬崖，一直延伸到海拔1100米高的拉明顿高原。占地200平方公里的**拉明顿国家公园**（Lamington National Park; www.nprsr.qld.gov.au/parks/lamington）是联合国教科文组织确认的世界遗产地，拥有一条超过160公里长的徒步路径。

两个最接近公园的地方分别是**宾纳布拉**（Binna Burra）和**格林山**（Green Mountains），都从卡伦格拉（Canungra）起经由狭长弯曲的道路可到达（对大本营来说不算大）。从内兰（Nerang）出发也可以到达宾纳布拉。

公园里有很多活动，从短途旅游到多日的史诗之旅。有经验的登山者可选择黄金海岸内陆步行大道（Gold Coast Hinterland Great Walk），进行为期3天的旅途。这是一条从格林山麓到春溪高原，全长54公里长的道路。其他深受欢迎的线路包括让人倍感刺激的树冠顶篷漫步（Tree Top Canopy Walk），即沿着格林山一连串的悬索木板桥行走；21公里的边境步道（Border Track），沿着新南威尔士州（New South Wales）和昆士兰州的分水岭，往返于宾纳布拉和格林山之间。

可以从位于宾纳布拉（Binna Burra）和格林山（Green Mountains）的**公园管理处**（ranger stations; ⏲周一至周五 7:30~16:00，周六和周日 9:00~15:30）领取徒步指南。

住宿

Green Mountains Campground（☎13 74 68; www.nprsr.qld.gov.au/parks/lamington/camping.html; Green Mountains; 营地单人/家庭 $5.75/23）在Lamington National Park Rd的尽头，紧邻游客停车场，就是错落有致的国家公园露营地了。这里的许多地方都提供帐篷和房车（还有厕所和浴室）；记得提前预订。

Binna Burra Mountain Lodge（☎1300 246 622, 07-5533 3622; www.binnaburralodge.com.au; 1069 Binna Burra Rd, Beechmont; 无电力供应营地/有电力供应营地 $28/35，双含早带浴室/不带浴室 $300/190）这里位置优越，离灌木丛中的滑雪度假屋最近。在这片山间幽僻之地，你可以选择住在淳朴木屋、奢华公寓或是被森林包围的帐篷之中。中央餐厅提供晚餐自助（$45）和早餐（$28）。

露营地也有咖啡厅风格的茶室（主菜 $14~18），10:00~16:00营业。提供接送服务。店家还为房客组织了许多活动，如大自然漫步。

O'Reilly's Rainforest Retreat（☎1800 688 722, 07-5502 4911; www.oreillys.com.au; Lamington National Park Rd, Green Mountains; 房间 $179起，单/双卧公寓房 $330/360起；@📶🏊）这座著名的客栈（建于1926年）虽已不复往日辉煌，但其淳朴魅力及绝美景色一直延续至今。新建的奢华别墅和双人间为客栈平添了一抹现代色彩。客栈会组织许多活动，另外这里还有水疗中心、咖啡馆、酒吧和餐厅（主菜 $26~40），供应早餐、午餐及晚餐。

票 $19.50/9.50/49; ⏲9:30~16:00）在离地面30米的空中走廊上步行穿过热带雨林冠层。1.5公里长的山路往下可穿过雨林通往雪松溪。你可以从一个悬臂式的观景点欣赏（虽然有轻微摇晃）壮美的全景。留心观察沿途罕见的里士满鸟翼凤蝶（Richmond Birdwing butterflies）。

食宿

Songbirds Rainforest Retreat 酒店 $$$

（☎07-5545 2563; www.songbirds.com.au; Lot 10, Tamborine Mountain Rd, North Tamborine; 别墅 $298起）这是山上到目前为止最豪华的酒店。这6个别墅带有明显东南亚特征，非常舒适。在这豪华别墅里享受双温泉的同时，

你还可以欣赏大片的热带雨林。这里还有一流的餐厅，值得你前来享受一顿漫长午餐。

St Bernards Hotel 小酒馆 $$

（☎07-5545 1177; www.stbernardshotel.com; 101 Alpine Tce, Mt Tamborine; 主菜$22~29; ⏱10:00至午夜）山中古老的木制小酒馆有一个大阳台，从阳台向下俯瞰，所有景色一览无余。这里还提供物美价廉的酒吧食物如炸鱼薯条和意式鸡排。澳洲坚果鸡里脊肉（$29.90）是当地屈指可数的美味之一。

Mason Winery Eden Restaurant 新派澳洲菜 $$

（☎07-5545 2000; www.masonwines.com.au; 32 Hartley Rd, North Tamborine; 主菜$15~30; ⏱11:00~15:00）坦伯林新晋餐馆之一，Mason Wines每天都有免费的红酒供品尝。你可以在有篷的走廊占个座，一边享用一顿悠闲的午餐一边欣赏苍翠美丽的花园。虽然，这里的肉类和海鲜拼盘都是两人份，但单人餐也有多种选择，如裹着日式面包屑的鳕鱼片，以及由当地新鲜食材制作而成的沙拉。所有菜品制作精美。

ℹ 实用信息

坦伯林山游客信息中心（Tamborine Mountain Visitor Information Centre; ☎07-5545 3200; www.tamborinemtncc.org.au; Doughty Park, Main Western Rd, North Tamborine; ⏱10:00~16:00; 📶）这里有大量关于坦伯林国家公园的信息。

斯普林布鲁克国家公园 (Springbrook National Park)

从伯利角向西行驶大约40分钟，就可到达斯普林布鲁克国家公园（www.nprsr.qld.gov.au/parks/springbrook），属于巨大的特威德盾状火山（Tweed Shield）的一处遗迹。火山在2000万年前以新南威尔士的沃宁山（Mt Warning）附近为中心。对登山爱好者来说，这里是一方乐土：绝佳的小径搭配凉爽的气温，还有亚热带桉树林；沿途也可以欣赏峡谷、悬崖和瀑布组成的美景。

公园由4部分组成。1000多米高的春溪高原（Springbrook Plateau）是其中的一部分。高原之上有一条Springbrook Rd，这条路上是春溪镇。这里以瀑布、小路和令人瞠目的景观吸引了众多的游客。风景名胜天生桥（Natural Bridge）是另一部分。桥体紧邻Nerang-Murwillumbah road，有一条1公里长的环形小路横跨水帘洞，通往巨大的石拱门——这里是萤火虫的栖息地。第三部分是库构山（Mt Cougal）。经过Currumbin Creek Rd即可到达。这里有许多瀑布和泳池（小心暗藏的木头和溜滑的岩石）。那明巴（Numinbah）属于公园的第四部分，自此以北地区森林密布。

👁 景点

最佳瞭望台 观景点

（Best of All Lookout; Repeater Station Rd）这里被称为最佳瞭望台简直名副其实。站在此处，春溪高原南部边缘到低地的所有美景尽收眼底。从停车场到观景台大约有350米的徒步路径，途中你需经过一些粗糙多节的南极山毛榉树（Antarctic beech trees），而且这些树只生长在风景名胜的边缘地区。

潺流溪瀑布 瀑布

（Purling Brook Falls; Forestry Rd）紧邻Springbrook Rd，潺流溪瀑布到热带雨林的海拔落差达到令人震惊的109米。在让人眩晕的观景台上眺望这壮观的瀑布吧。

峡谷观景台 观景点

（Canyon Lookout; Canyon Pde）在峡谷观景台可看到冲浪者天堂（Surfers Paradise），一眼望去尽是山谷错综复杂的景致。这是到双子瀑布（Twin Falls）4公里长的环形路的起点，也是春溪最长的徒步路径17公里长的Warrie Circuit的一部分。

谷莫拉若瀑布 瀑布

（Goomoolahra Falls; Springbrook Rd）在Springbrook Rd的尽头，有一座宏伟壮观的瞭望台。其紧挨有60米落差的谷莫拉若瀑布。在这里你可环视整个高原以及所有海岸后面的线路。小溪边也有一个野餐区。

食宿

Settlement Campground 露营地 $

(☎13 74 68; www.nprsr.qld.gov.au/parks/springbrook/camping.html; 52 Carricks Rd; 每人/家庭 $5.50/22)在这迷人、整齐的野营地中有11块草地，这里也是春溪唯一的露营地，附带厕所，可以烧烤。需要提前预订。黄金海岸内陆著名的步道也穿过这里。

Dancing Waters Café 咖啡 $

(☎07-5533 5335; www.dancingwaterscafe.com; 33 Forestry Rd; 菜肴 $6~13; ⏲10:30~16:30)这家典雅的咖啡馆靠近潺流溪瀑布停车场，提供健康的沙拉和清淡的便餐（绝妙的烤鸡肉三明治以及自制松饼）。冬季可生火；夏日可享受日光浴。

实用信息

游客信息中心 (Visitor Information Centre; Springbrook Rd; ⏲10:00~14:00)有地图、旅游手册、住宿预订服务和其他信息。

努萨和阳光海岸

包括 ➡

最佳餐饮

- Little Humid（见363页）
- Spice Bar（见369页）
- Mooloolah River Fisheries（见369页）

最佳住宿

- YHA Halse Lodge（见362页）
- 格拉斯豪斯山（玻璃屋）生态旅馆（见366页）
- 波林角露营地（见372页）

为何去

阳光海岸指的是从布莱比岛（Bribie Island）绵延至库鲁拉海岸（Cooloola Coast），全长100公里长的黄金海岸。此地闻名遐迩，因为其若隐若现的海岸线，十分适宜冲浪，悠闲而好客的当地居民总是面带笑容。时尚的努萨（Noosa）更以高级餐厅和度假村景观而闻名，而莫罗拉巴（Mooloolaba）则因为其大受欢迎的沙滩和露天咖啡馆，深受来此度假的澳大利亚家庭喜爱。

腹地（hinterland）虽然算不上精彩绝伦，但确实也有几处好地方。超凡的格拉斯豪斯山（Glass House Mountains，玻璃屋）鸟瞰着整个大地和海洋景观，极其适合步行。要欣赏风景，开车一会儿就能到附近的瞭望台。继续往北，布莱科尔山脉（Blackall Range）有不同的景观，比如茂密的森林、草木丛生的牧场和古雅的村庄。腹地的餐饮场所越来越多；还有许多不错的高级餐厅。标志性的建筑澳大利亚动物园（Australia Zoo）也在这一地区。

何时去

努萨

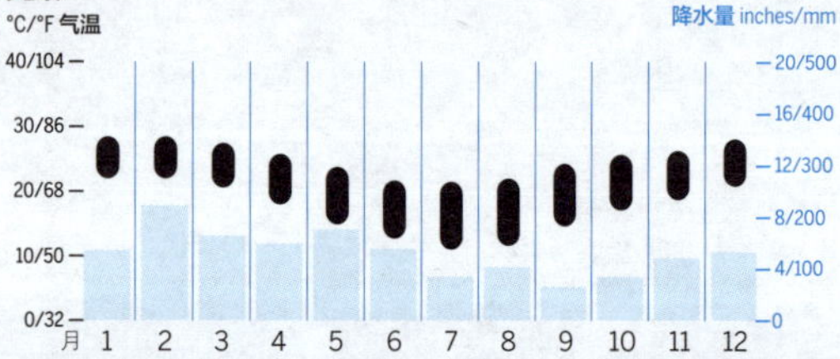

5月 来努萨国际美食和葡萄酒节大快朵颐。

8月 游客减少，天气变得温暖，可以到沙滩上散散步。

9月 适逢为期4天的努萨爵士音乐节，音乐响彻大街小巷。

努萨和阳光海岸亮点

1 沿海徒步路径在**努萨国家公园**（见360页）。

2 在努萨的一处豪华**餐馆**品尝美食（见363页）。

3 尽情欣赏**莫罗拉巴**的海滩风光（见367页）。

4 欣赏**格拉斯豪斯山（玻璃屋）**引人入胜的景色（见365页）。

5 在**努萨湿地**乘独木舟（见360页），探索**大桑迪国家公园（库鲁拉）**（见372页）。

到达和当地交通

飞机

阳光海岸机场（Sunshine Coast Airport; ☎07-5453 1500; www.sunshinecoastairport.co; Friendship Ave, Marcoola）该机场位于马尔库拉，在马卢奇多以北10公里、努萨以南26公里处。**捷星航空**（Jetstar; ☎13 15 38; www.jetstar.com.au）和**维珍澳洲航空**（Virgin Australia; ☎13 67 89; www.virginaustralia.com）每天都有航班从悉尼（Sydney）和墨尔本（Melbourne）启航。

长途汽车

澳洲灰狗巴士（Greyhound Australia; ☎1300 473 946; www.greyhound.com.au）有从布里斯班（Brisbane）到卡罗旺德拉（$11起，2小时）、马卢奇多（$21，2小时）和努萨（$28，2.5小时）的几班日间车。**Premier Motor Service**（☎13 34 10; www.premierms.com.au）同样有布里斯班到马卢奇多（$23，1.5小时）和努萨（$23，2.5小时）的几班日间车。

有几家公司提供从阳光海岸机场和布里斯班到海岸各旅游点的换乘服务。从布里斯班出发要花费$40~50，从阳光海岸机场出发花费$25~35（儿童一般是半价）。

Con-X-ion（☎07-5450 5933; www.con-x-ion.com）提供从阳光海岸机场和布里斯班的换乘服务。

Henry's（☎07-5474 0199; www.henrys.com.au）提供从阳光海岸机场到北部景点的上门接送业务，最远可到努萨岬和托伍德。

Sunbus（☎13 12 30; www.sunbus.com.au）提供卡罗旺德拉以及努萨之间的往返服务，和从努萨到南波（Nambour）火车站的服务（$10.50，1小时），途经尤姆迪（Eumundi）。

努萨（Noosa）

人口 14,000

努萨是个时髦的度假城镇，有晶莹的海滩和热带雨林等壮丽的自然景观。沙滩上的精品店区满是设计师精品店和高级餐厅，但在沙滩和灌木丛之间还有较多空地，时尚达人全都聚集于此，身穿丁字裤、沙滩裤和比基尼，尽情展露古铜色的身躯。

在周末长假和学校放假时，熙熙攘攘的Hastings St上人群摩肩接踵，寸步难移；其他时候，这里的人则相对稀少。

努萨包括3个主要区域：努萨岬（Noosa Heads；在拉古纳湾和Hastings St附近）、努萨维勒（Noosaville；在努萨河岸）和Noosa Junction（管理中心）。

景点

努萨国家公园 国家公园

（Noosa National Park; www.noosanationalpark.com）这个公园风景迷人，是努萨最棒的地方之一。这里有海岬、优质的步道、美丽的海滨风光和一系列带有优质冲浪场地的海湾。有很多条路可以通往这个公园，以努萨为起点，沿海岸的木板路是风景最为优美的一条。

在Tea Tree Bay附近的树上经常可看到考拉，而且在Alexandria Bay附近布满岩石的海岬上经常可以看见海豚，东部有一片非正式的裸体海滩。在公园入口处的**努萨国家公园信息中心**（Noosa National Park Information Centre; ☎07-5447 3522; ⏲9:15~16:45）领取一张步道地图。

拉古纳瞭望台（Laguna Lookout） 观景点

想要一睹公园的全景，步行或者驱车至位于Noosa Junction的拉古纳瞭望台。

努萨湿地 国家公园

努萨河的河道穿过大桑迪国家公园（Great Sandy National Park，见372页），那里被诗意地称为“镜子之河”或者“湿地”（Everglades），很适合划皮划艇，或是在公园河岸边的众多露营地中选一处露营。

活动

冲浪和水上运动

这是一个未遭人工破坏的国家公园，海岸边有适合冲浪的地方，通常在12月和1月时有最好的海浪。阳光角（Sunshine Corner）位于阳光海滩的最北端，这里海浪全年都很适宜冲浪，只不过附近有一处海滩垃圾场比较煞风景。海岬周围的海浪角只有夏天才能冲浪，但一旦起浪，常常非常猛烈，在海岬北边的Boiling Point和Tea Tree可能会出现非常好的浪墙。在Hastings St最末尾处的

Noosa Heads 努萨岬

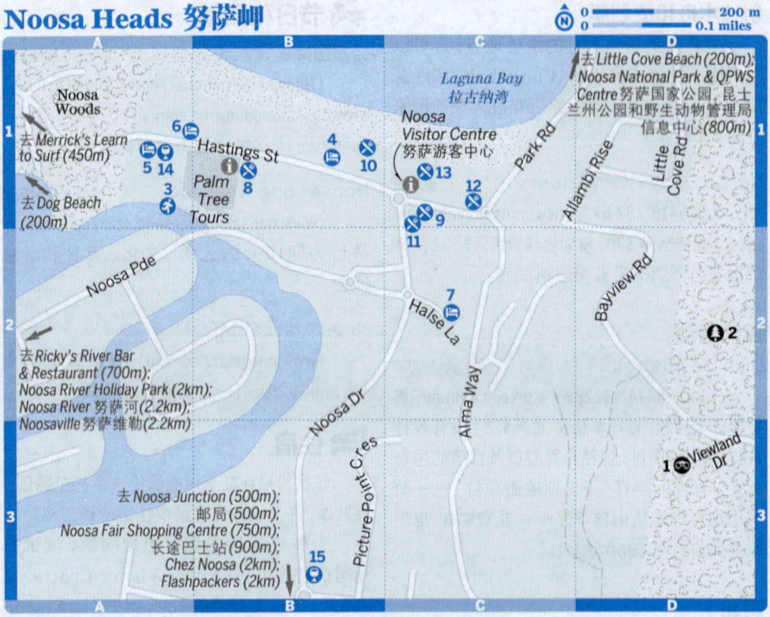

Noosa Heads 努萨岬

景点

1 拉古纳瞭望台 D3
2 努萨国家公园 D2

活动、课程和团队游

3 努萨渡轮 A1

住宿

4 Accom Noosa B1
5 Hotel Laguna A1
6 Seahaven Noosa A1
7 YHA Halse Lodge C2

就餐

8 Bay Village Shopping Centre Food Court B1
9 Berardo's C1
10 Bistro C B1
11 Gaston C1
12 Massimo's C1
13 Noosa Heads SLSC C1

饮品和夜生活

14 Miss Moneypenny's A1
15 Reef Hotel B3

Noosa Spit也有温和的海浪，大多数的冲浪学校都在这里训练。

河口处和Lake Weyba适合风筝冲浪者，10月和1月为最佳时段，而刮大风时的努萨河绝对是勇者的天堂。

Merrick's Learn to Surf　冲浪

（☎0418 787 577; www.learntosurf.com.au; Beach Access 14, Noosa Main Bea; 2小时课程 $60; ⏲9:00和13:30）设有1天、3天和5天的冲浪项目。

Adventure Sports Noosa　风筝冲浪

（☎07-5455 6677; www.kitesurfaustralia.com.au; 203 Gympie Tce, Noosavil; 风筝冲浪 2.5小时课程 $275）教授风筝课程的同时，还提供探险运动租赁器械、皮划艇（半日$35）、自行车（两小时$19，全天$25）和桨板（两小时$19，全天 $25）。

Noosa Stand Up Paddle　水上运动

（☎0423 869 962; www.noosastandup paddle.com.au; 课程 $55; ⏲课程9:00, 11:00, 13:00, 15:00）适合想要学习立式桨板的人。

划独木舟和皮划艇

努萨河是划独木舟的绝佳地点；你可以沿河而下穿过库罗伊巴（Cooroibah）和库瑟拉巴（Cootharaba）湖，然后穿过大桑迪国家公园（库鲁拉）。

Noosa Ocean Kayak Tours 皮划艇

（☎0418 787 577；www.noosakayaktours.co；2小时团队游 $70，皮划艇租赁每天$60）在努萨国家公园周围沿着努萨河观光。

探险活动

Bike On Australia 山地自行车

（☎07-5474 3322；www.bikeon.com.au；旅行项目 $80起，自行车租赁 每天$25）设有各种各样的旅行项目，包括自驾游以及冒险的生态远足。有趣的半日“下山顶旅游项目”——骑着山地自行车从山顶下来——花费$79。也出租公路自行车（$30每天）。

游轮

努萨渡轮 游轮

（Noosa Ferry；☎07-5449 8442；www.noosaferry.com）这一杰出的渡轮服务公司提供托伍德（Tewantin）和喜来登码头（Sheraton Jetty）之间的往返航程，共90分钟，游客可乘游轮欣赏风景（$20）。这里还有一条生态游轮路线（非常适合观鸟者，还包含一段自然漫步；每人$45）、一场晚餐游轮航行，和1小时欣赏落日的游轮航行（你可以自带酒水；每人$20）。

团队游

Fraser Island Adventure Tours 探险游

（☎07-5444 6957；www.fraserislandadventuretours.com.au；一日游 $145起）这趟前往伊莱溪（Eli Creek）、Maheno沉船和麦肯齐湖（Lake McKenzie）的一日游很受欢迎，基本上相当于两天的行程内容。

Discovery Group 自驾游

（☎07-5449 0393；www.thediscoverygroup.com.au；Jetty 186, Gympie Tce, Noosavil；一日游成人/儿童 $175/120）可乘坐大型的四驱卡车来弗雷泽岛观光。此外，还提供穿过大湿地的行程（见372页）。

节日和活动

努萨国际美食和葡萄酒节 美食节、葡萄酒节

（Noosa International Food & Wine Festival；www.noosafoodandwine.com.au）每年5月举行，为期3天，来尽情享受美食和佳酿吧。

Noosa Long Weekend 美食节、时装节

（www.noosalongweekend.com）6月或7月，举行为期10天的艺术、文化、美食和时装盛会。

Noosa Jazz Festival 爵士乐

（www.noosajazz.com.au）9月初举行，为期4天，届时会吸引一大批爵士乐玩家。

住宿

住宿价格在旺季可能涨价一半甚至翻倍。在旺季，许多地方要求最少住宿两到三晚。

为解决短期的假日租房问题，试试打给努萨游客中心（Noosa Visitor Centre，见365页）和私人运营的**Accom Noosa**（☎07-5447 3444；www.accomnoosa.com.au；Shop 5/41 Hastings St, Noosa Heads）。

★ **YHA Halse Lodge** 青年旅舍 $

（☎07-5447 3377；www.halselodge.com.au；2 Halse Lane, Noosa Hea；铺 $32，双 $96；@📶）这座昆士兰风格建筑非常壮观，是殖民地时期的木制建筑，也是背包客徒步路径上最负盛名的住宿地，爬上陡峭的道路来到这里绝对不虚此行。这里的宿舍规格为3人或6人床位，有双人间，走廊漂亮又宽敞。这家酒吧总是挤满了各种各样的人，它们在这里聚会聊天，酒吧里还有好吃的食物（$10~15）。这里距离主海滩的活动场地很近。

Noosa River Holiday Park 房车公园 $

（☎07-5449 7050；www.noosaholidayparks.com.au；4 Russell St, Noosavil；营地无电力/有电力 $36/44；📶）地处努萨河的岸边，风景秀美，这里的露营设施距离努萨最近。谨记这里住宿规定非常严格，必须遵守。

Hotel Laguna 公寓 $$

（www.hotellaguna.com.au；6 Hastings St, Noosa Head；单间/套 $155/210；❄📶🏊）以这个

价格来看，这里是该地区性价比最高的住宿，而且刚好处在努萨河和Hastings St的夹角处，La Laguna有独立公寓和较小的单间可供选择。由于这里所有的公寓都是个人所有，每间的装修风格都不同，但都干净时尚。公寓位置也能加分：起了床就去海滩逛逛，在咖啡店品一杯高档咖啡。

Coral Beach Noosa Resort 公寓 $$

（☎07-5449 7777; www.coralbeach.com.au; 12 Robert St, Noosavil; 2张床公寓 $185; P❄📶🏊）努萨最超值的住宿选择，这些复式、宽敞又通风的公寓都有各自不同的装修风格，每间都有一小块草坪，外加小小的阳台。这里尤其受到家庭旅行者的喜爱——想想孩子们在游泳池里花样百出的可爱样子吧。度假村的管理员都非常乐于助人，而且从这里到河滨活动场地很方便，周围草木茂盛，还有一个游泳池。

Noosa Sun Motel 公寓 $$

（☎07-5474 0477; www.noosasunmotel.com.au; 131 Gympie Tce, Noosavil; 房间 $115~240; ❄@📶🏊）该公寓外表平平，但是内部却非常出人意料：现代化、宽敞又非常时尚，配有设施完善的厨房和免费Wi-Fi。有些房间大肆宣传可以看到水面景色，而低价位套间只能看到花园。走几步就有很多餐馆和商店。

Seahaven Noosa 公寓 $$$

（seahavennoosa.com.au; 15 Hastings St, Noosa Head; 单间 $199起，套间 $490起）这个海滨公寓令人惊叹：整洁、现代的内部室内设计，还有电动百叶窗和智能厨房。这些临海套间明亮又宽敞，对于喜欢"游泳—读书—睡觉"循环模式的人来说，住在这里是最佳选择。在Hastings St上的单间空间有点小，相对来说略显昂贵。

就餐

努萨以其食物而闻名，不管是在精致的餐馆还是岸边的外卖摊都能轻易买到全球各地和当地风味的各种美食。在努萨岬，餐馆遍布Hastings St；在努萨维勒，餐馆一直延伸到Thomas St和Gympie Tce沿线。

在**Bay Village Shopping Centre food court**（Hastings St, Noosa Heads; 主菜 $12）你可以随意选择一系列便宜的外卖或者一些休闲餐饮。自己做饭的人可以在**Noosa Fair Shopping Centre**（Lanyana Way, Noosa Junction）购买食材，地点位于Noosa Junction。

Burger Bar 汉堡包 $

（☎07-5474 4189; theburgerbar.com.au; 4 Thomas St, Noosabille; 汉堡 $11~15; ⏰11:00~20:00; ✎）这家随意又怪异的餐馆提供不含激素、全素食和奇奇怪怪而又令人惊喜的美味汉堡；羔羊肉汉堡（尤其是"Top Bun"，带有布里干酪、卷心菜和辣泡菜酱；$14）味道非同一般。

Massimo' s 意式冰激凌店 $

（75 Hastings St, Noosa Heads; 意式冰激凌 $2~6; ⏰10:00~21:30）可以选择的冰激凌口味摞起来简直和比萨斜塔（Tower of Pisa）一样高，本地的冰激凌爱好者喜欢冰激凌使用的天然材料，这里绝对是昆士兰最好的意式冰激凌店（gelaterias）之一。

★**Little Humid** 新派澳洲菜 $$

（☎07-5449 9755; www.humid.com.au; 2/235 Gympie Tce, Noosaville; 主菜 $25起; ⏰周三至周日 正午至14:00和周二至周日 18:00开始）餐饮朴实而精致。据当地人说，这家异常火爆的餐馆是镇上最好的餐馆之一。这里名副其实，有美味的食物，包括顶级的里脊牛排、好吃的五花肉和一系列创意素食可以选择。一定要预订。

★**Gaston** 新派澳洲菜 $$

（facebook.com/gastonnoosa; 5/50 Hastings St, Noosa Heads; 主菜 $25~36; ⏰7:00至深夜）朴实无华，但是菜单绝对是最高水准，Gaston是一处看"美女"、打发时间的好去处。淡季时，一边欣赏路过的节日游行队伍，一边吃着超值的特价午餐（主菜和饮品 $20），或者晚餐套餐（两个主菜加一瓶葡萄酒$55）。

Bistro C 新派澳洲菜 $$

（☎07-5447 2855; bistroc.com.au; Hastings

St, On the Beach Resort, Noosa Heads; 主菜$19~40; ⏲7:30~23:30）这里营业时间很长，吸引了众多游客。地理位置优越，就在海滩上，是休闲的最佳场所，不论是喝杯咖啡还是鸡尾酒都十分惬意。早午餐绝对物超所值（试试玉米和细香葱薄饼，$22）。傍晚，当地的氛围比美味的食物还吸引人，不过酒吧还是很有趣。下午也出售西班牙小吃。

Noosa Heads SLSC 各国风味 $$

（☎07-5474 9788; www.noosasurfclub.com.au; 69 Hastings St, Noosa Heads; 主菜$16.50~31; ⏲8:00至深夜）坐在露台上就能欣赏整个海滩景观，喝杯啤酒，吃点小酒馆的食品（太高级的就不适合了）再惬意不过了。食物从“钢铁人”（ironman）早餐（鸡蛋、培根，外加一整盘满满的其他食物）到午餐或者晚餐时间的炸鱼薯条和汉堡包，不一而是。

Berardo's 新派澳洲菜 $$$

（☎07-5447 5666; berardos.com.au; 52 Hastings St, Noosa Heads; 主菜 $30~42; ⏲18:00开始营业）美丽的Berardo's是品尝美食的理想国度，也是努萨最著名的餐馆之一。菜品外观精美，与餐厅的环境非常契合，整体采用白色装饰，钢琴声叮咚作响，屋里洒下斑驳的阳光，感觉非常雅致惬意。食材几乎都来自本地，添加了一些有趣的食材，例如青柠果和甘蔗酱。

Ricky's River Bar & Restaurant 新派澳洲菜 $$$

（☎07-5447 2455; rickys.com.au; Noosa Wharf, 2 Quamby Pl, Noosa Heads; 主菜 $30~40; ⏲正午至深夜）在Noosa Sound段的努萨河畔一处绝佳位置，当地商业人士大多来这里吃午餐。这里的菜单简单利落，采用本地食材，例如努萨旭蟹意大利面。西班牙小吃菜单同样诱人，而且这里还有各种佳酿。

饮品和夜生活

Miss Moneypenny's 酒吧

（☎07-5474 9999; missmoneypennys.com.au; 6 Hastings St, Noosa Heads; ⏲7:30至深夜）Moneypenny女士宣扬说自己“把悉尼带到了努萨岬”，而且她确实应用了鲜明的城市装修风格，座椅线条流畅，灯光朦朦胧胧的（可惜，没有007的迹象）。她所端出的每一杯鸡尾酒都可想而知，从传统样式（摇晃的，当然不是搅拌的）到创新样式——此外还有吧台和零点菜单。

值得一游

著名的尤姆迪市场

小巧可爱的尤姆迪是一个古老的高地村庄，带有离奇的新时代氛围，在远近闻名的市场日里更为明显。古老的街道，两旁排列着无花果树，路边有现代咖啡馆、艺术精品店。在这里生活的人们心灵手巧。大多数人来这里都是为了**尤姆迪市场**（www.eumundimarkets.com.au; 80 Memorial Dr; ⏲周三 8:00~13:30，周六 7:00~14:00），这里有600个以上的摊位，出售各种物品，从手工制作的家具和珠宝到手工衣物和另类按摩疗法应有尽有。等你钱包里的钱快要花光了的时候，到**Bohemian Bungalow**（☎07-5442 8679; www.bohemianbungalow.com.au; 69 Memorial Dr; 主菜 午餐 $13~28，晚餐 $26~34; ⏲周三、周六和周日 早餐，周三和周日 午餐，周四至周六 晚餐），这是镇上最好的餐馆之一。

如果你喜欢高档餐厅，不要错过机会，传奇般的**Spirit House**（☎07-5446 8977; www.spirithouse.com.au; 20 Nindery Rd, Yandina; 拼盘 $12~53; ⏲每日午餐供应，周三至周六 晚餐）在杨迪纳（Yandina）、尤姆迪往南11公里处，适合度过美好的下午时光——想象一下亚热带地区、东南亚风格的装修环境，品尝让人赞不绝口的美食。

Sunbus（☎13 12 30; www.sunbus.com.au）每小时一班车，从努萨岬（$4.50，45分钟）和南波出发（$5.90，40分钟）。许多人在周三和周六会来游览尤姆迪市场。

Noosa Yacht Club 酒吧

（Gympie Tce，Noosaville；⌚周一至周六10:00至深夜，周日 8:00至深夜）满足你对游艇俱乐部的所有幻想：廉价格罗格酒、水上景色和可口的食物。

Reef Hotel 小酒馆

（☎07-5430 7500；noosareef.com.au；19 Noosa Dr，Noosa Junction；⌚周日至周四 11:00至午夜，周五和周六至3:00）虽然装修让这里少了些许灵性，但是现场音乐和冰啤酒让这里很受欢迎。

实用信息

努萨游客中心（Noosa visitor centre；☎07-5430 5000；www.visitnoosa.com.au；61 Hastings St，Noosa Heads；⌚9:00~17:00）旅游局能提供努萨及其周边地区的旅游信息。

Palm Tree Tours（☎07-5474 9166；www.palmtreetours.com.au；Bay Village Shopping Centre，Hastings St，Noosa Heads；⌚9:00~17:00）非常有用，常设旅游咨询桌。可以预订团队游、住宿和车票。

邮局（91 Noosa Dr，Noosa Junction）

到达和离开

长途巴士，停靠在Noosa Junction的**努萨换乘中心**（Noosa Transit Centre；Sunshine Beach Rd）。

澳洲灰狗巴士（Greyhound Australia；☎1300 473 946；www.greyhound.com.au）有几班日间巴士往返于布里斯班（$28，2.5小时），同时**Premier Motor Servic**（☎13 34 1；www.premierms.com.au）只有1班（$23，2.5小时）。

多数青年旅舍提供接送服务。

Sunbus（Translink；☎13 12 30；sunbus.com.au；⌚8:30~16:30频繁发往马卢奇多（$10.50，1.5小时）和南波（Nambour）火车站（$11.20，1小时）。

当地交通

自行车

Bike On Australia（见362页）在努萨的好几处地点租赁自行车，包括阳光海滩（见370页）的Flashpackers。另外，可以送自行车上门（$35，如果预订金额超过$100则免费送到）。

> **不要错过**
>
> **特色生物：澳大利亚动物园**
>
> 在毕尔瓦北部，是昆士兰乃至全澳大利亚最负盛名的一处旅游胜地。**澳大利亚动物园**（☎07-5436 2000；www.australiazoo.com.au；steve irwin way，beerwah；成人/儿童/家庭 $59/35/172；⌚9:00~17:00）是在向其创始人：古怪的野生动物爱好者史蒂夫·欧文致敬。除了带有黏液和鳞片的动物以外，动物园里还有许多令人感到惊奇的野生动物馆，包括一间柬埔寨风格的虎舍和著名的鳄鱼馆。
>
> 布里斯班和阳光海岸的很多公司都提供到此地的团队游。动物园与毕尔瓦火车站之间有免费往返长途汽车（必须预订）。
>
> 动物园还有金刚鹦鹉、猛禽类、巨型龟、蛇类、水獭、骆驼、鳄鱼和其他你不知道的生物种类。准备好在这个奇妙的野生动植物公园度过一整天吧。

船

努萨渡轮（见362页）经营渡轮往返于努萨岬和特旺亭之间，每30分钟一趟（全天通票 成人$20，儿童$6）。

长途汽车

Sunbus（见365页）提供本地服务，往返于努萨岬、努萨维勒、Noosa Junction和托伍德。

汽车

所有大型汽车租赁品牌在努萨都能找到；租金每天$55左右。

Noosa Car Rentals（☎0429 053 728；www.noosacarrentals.com.au）是本地租车的优质选择；可送车到你的住所。

格拉斯豪斯山（玻璃屋）（Glass House Mountains）

格拉斯豪斯山（玻璃屋）的火山颈从卡布丘（Caboolture）以北20公里处的亚热带平原上拔地而起。传说这些多岩石的山峰属于山神家族。探险者詹姆斯·库克（James

Cook）认为这些山的形状像他家乡英格兰约克郡（Yorkshire）工业生产中的圆锥形（玻璃制品生产）的熔炉。驶离布鲁斯公路转到低速的Steve Irwin Way上，从茂密的松树森林和绿色的牧场中蜿蜒穿过，近距离欣赏令人叹为观止的岩浆侵入岩景观，绝对超值。

格拉斯豪斯山国家公园（Glass House Mountains National Park）被分成几个部分[都在毕尔瓦（Beerwah）附近]，有野餐场地和瞭望台，但没有露营场地。经由一些从Steve Irwin Way延伸出来通往内陆的柏油路和土路可以到达山顶。

地图和说明书，可以询问格拉斯豪斯山（玻璃屋）游客咨询中心（Glass House Mountains Visitor and Interpretive Centre；☎07-5438 7220；www.visitsunshinecoast.com.au；Bruce Pde 和 Reed St交叉路口；⏲9:00~16:00），非常有帮助。

景点和活动

眺望山峰和远处海滩最便捷、最好的观景台是格拉斯豪斯山（玻璃屋）瞭望台（Glasshouse Mountains Lookout），地点在Woodford Rd，离游客咨询中心9公里。

徒步旅行者可供选择的景点太多了。沿着有路牌的步行路径走就能到达其中的一些山顶，但你要做好准备面对陡峭又多岩石的徒步路径。勇士开拓者步道（Soldier Settlers Walk）是一条新开辟的路径，长6公里，景色迷人，植物茂盛。此外，还有一座最近开放的木制桥梁。Ngungun（253米）较平缓，风景美妙绝伦，而Tibrogargan（364米）的攀爬路段极具挑战性。看着非常陡峭的Beerburrum（278米）也对外开放。注意：在进行调查时，几处通向山顶的步道因落石而被关闭；查看昆士兰州公园和野生动物管理局（☎07-5494 0150；www.nprsr.qld.gov.au；Bells Creek Rd，毕尔瓦）网站来了解状况和道路关闭状态。

经常看到攀岩者们攀爬Tibrogargan和Ngungun。Mt Coonowrin（又名“弯脖子”）是火山栓上最刺激的地方，但不对公众开放。

住宿

★格拉斯豪斯山（玻璃屋）生态旅馆　度假屋 $$

（Glass House Mountains Ecolodge；☎07-5493 0008；www.glasshouseecolodge.co；198 Barrs Rd；房$120~220；P❄📶）🌿这里新奇又僻静，由一位热情的环保主义者管理，位于澳大利亚动物园附近并且提供一系列高质量的住宿，环境安静，包括温暖舒适的果园房间（$120）、改造后的教堂阁楼（$220）和改造过的火车车厢。从漂亮的花园里就能看到Tibrogargan山。从格拉斯豪斯山（玻璃屋）站可以搭便车。

卡罗旺德拉（Caloundra）

人口 10,000

卡罗旺德拉横跨阳光海岸最南端海岬，是一个集退休村和海滨郊区于一体的奇异地段。这个度假村有极好的钓鱼场，还有许多令人愉快的冲浪海滩，备受家庭和水上运动爱好者喜爱。

一条迷人的海岸线路从卡罗旺德拉开始，环绕海岬一直延伸到卡特赖特海角（Point Cartwright）。

景点和活动

昆士兰州航空博物馆　博物馆

（Queensland Air Museum；☎07-5492 5930；www.qam.com.au；Caloundra Airport；成人/儿童/家庭票 $13/7/30；⏲10:00~16:00）博物馆里有许多飞机，新晋飞行员们很乐意来这里参观学习。

卡罗旺德拉冲浪学校　冲浪

（Caloundra Surf School；☎0413 381 010；www.caloundrasurfschool.com；课程$45起）最好的冲浪学校，也可以租赁冲浪板。

Blue Water Kayak Tours　皮划艇

（☎07-5494 7789；www.bluewaterkayaktours.co；半日/全日游最少4人 $90/150，落日观赏游 $55）活力四射的皮划艇之旅（Energetic kayak tours）横渡海峡到达布莱比岛国家公园（Bribie Island National Park）北端。

卡罗旺德拉游轮 游轮

（Caloundra Cruise；☎07-5492 8280；www.caloundracruise.co；Maloja Jetty；成人/儿童/家庭票 $20/10/55；⊙周日、周二、周三、周五）有各式各样进入Pumicestone Passage的游览项目，大都是20世纪30年代风格的船。

阳光海岸跳伞 探险运动

（Sunshine Coast Skydivers；☎07-5437 0211；www.sunshinecoastskydivers.com.au；Caloundra Airport；双人跳伞 $279起）从15,000英尺高（如果你乐意，也可以是7000英尺）的高空一眼望去，虽然大脑一片空白，但卡罗旺德拉的壮丽景观尽收眼底。

住宿

通常旅游旺季最短租期为3至5天。

Caloundra Backpackers 青年旅舍 $

（☎07-5499 7655；www.caloundrabackpackers.com.au；84 Omrah Ave；铺/双 $32/75；@📶）卡罗旺德唯一的青年旅舍，价格合理，带有可以用于交际的庭院，有图书交换服务，还有烤肉和比萨之夜。寝室并无惊喜之处，不过安静整洁。

Rumba Resort 度假村 $$$

（☎07-5492 0555；www.rumbaresort.com.au；10 Leeding Tce；房间 $260起）这是一家出色的度假村，以白色为主，其五星级游乐场在卡罗旺德拉特别受欢迎。工作人员愉快而自信，房间和泳池如传说中一样好。

就餐

布洛克沙滩（the Bulcock Beach）的空地上遍地都是露天咖啡馆和餐馆，随便一处都可看到美丽的海景。

Green House Cafe 素食 $

（☎07-5438 1647；www.greenhousecafe.com.au；5/8 Orumuz Ave；主菜 $8~16；⊙7:30~15:00；🅥）除沿海咖啡馆外，有一个广受欢迎的可爱小店，隐藏在一条小巷道里，在那里你可以吃到一些附近最好吃的食物。菜肴是100%素食、有机菜，而且非常美味。内部装潢时尚，由当地制造的灯具和家具共同装饰。

Pocket Bar 咖啡馆 $

（www.facebook.com/thepocketespressobar；8 Seaview Tce，Moffat Beach；⊙周一至周三 6:00~14:00，周四至周日 6:00~18:00）乡土爵士乐响彻卡罗旺德拉。这个漂亮的袖珍咖啡馆兼酒吧还有其他惊喜：自制麦芽啤酒和苹果酒、好喝的混合咖啡，食材取自自由放养长大的家畜。一定要吃Gourmet Pocket of Joy（一种派）。这里是休闲胜地，可以随便吃点东西再去海滩逛逛，仅几步之遥。

Amici 意大利菜 $$

（☎07-5491 9511；www.amicicafe.com.au；2/80 Lower Gay Tce；主菜 $17~30；⊙周二至周日 17:00开门，周日 7:00~15:00）尽管不在海滩上，但这里是当下最火爆的餐厅，因为这里有优质意式菜品和格调十足的现代化环境。在周日，游泳后的午餐可选帕尼尼（panini，意式三明治）和汉堡，或者早点来吃点精致的食物，从精致的烤葡萄干面包到极好的蛋类菜肴应有尽有。

实用信息

阳光海岸游客中心（Sunshine Coast visitor centre；☎07-5420 6240；7 Caloundra Rd；⊙9:00~15:00）在小镇入口处的环岛边上；还有一个信息亭设在Bulcock S（☎07-5420 87；77 Bulcock St；⊙9:00~17:00）。

到达和离开

澳洲灰狗巴士（Greyhound；☎1300 473 946；www.greyhound.com.au）从布里斯班出发（$11起，2小时），终点在Cooma Tce的巴士换乘中心，距离Bulcock海滩一个街区。

Sunbus（☎13 12 30；www.sunbus.com.au）有多趟车发往努萨（$12.20，1.5小时），途经马卢奇多（$6.70，50分钟）。

莫罗拉巴和马卢奇多（Mooloolaba & Maroochydore）

人口 11,000和15,000

莫罗拉巴金色海滩以优越的气候条件和闲适的生活方式吸引了众多游客。餐馆、服饰店、许多度假村以及公寓沿着滨海大道(the Esplanade)铺陈开来，使曾经不起眼的渔村转型成为昆士兰州最受欢迎的度假胜地之一。

马卢奇多附近就是旅行的终点，然而这里也有许多迷人的景点和好吃的餐馆。

景点和活动

莫罗拉巴朝北的主海滩是该地区最隐蔽、最安全的海滩之一。沿着这片海域你能找到服务周到的冲浪休息区，在亚历山德拉岬角(Alexandra Headland)处是昆士兰州为长板冲浪运动者提供的最好的休息区之一，即Bluff。Pincushion在马卢奇多河河口附近，为冬天躲避离岸风提供了最佳休息处。

潜水参观沉没舰艇ex-HMAS Brisbane的残骸也很受游客欢迎。该艇沉没于2005年7月，残骸处于水下28米处；它的烟囱只在水面下4米处。

海底世界——莫罗拉巴海洋生物馆 水族馆

(Underwater World-Sea Life Mooloolaba; ☎07-5458 6280; www.underwaterworld.com.au; Wharf, Mooloolaba; 成人/儿童/家庭票 $38/23/104; ⏰9:00~17:00)在这个广受欢迎的热带水族馆，穿过80米长的透明水下通道观看海洋生物，定会令你惊叹不已。付点额外的费用，你还可以和海豹一起游泳，和鲨鱼一起潜水。那里有可触摸的水箱，还有大人和孩子都喜欢看的现场表演。一次“幕后”参观收费$10。

Robbie Sherwell's XL Surfing Academy 冲浪

(☎07-5478 1337; www.xlsurfingacademy.com; 1小时课程 私人教练/团体 $95/45)在这所有历史的学校体验一次澳洲冲浪文化。

Suncoast Kite & SUP Fun 风筝冲浪

(☎075-479 2131; www.sunshinecoastkitesurfingnsupfun.com)位于马卢奇多，并且提供风筝冲浪课程($150，1.5小时)和站立式冲浪课程(每小时$50)。

Sunreef 潜水

(☎07-5444 5656; www.sunreef.com.au; 110 Brisbane Rd, Mooloolaba; 潜水教练协会开放水域潜水课程$495)在ex-HMAS Brisbane残骸上进行，双人潜水价格($175)。同样有沉没舰艇上的夜间潜水项目。

阳光海岸自行车和冲浪板租赁 冲浪、自行车出租

(Sunshine Coast Bike & Board Hire; ☎0439 706 206; www.adventurehire.com.au)自行车和冲浪板打包租赁一天$50起。本地住宿者免费接送。

斯旺船只租赁 划船

(Swan Boat Hire; ☎07-5443 7225; www.swanboathire.com.au; 59 Bradman Ave, Maroochydore; 半天/全天租赁 $190/285; ⏰6:00~18:00)在马卢奇多河边上。皮划艇也可租赁(1小时/半天 $30/95)。

团队游

Whale One 观鲸

(☎1800 942 531; www.whaleone.com.au; Wharf, Mooloolaba; 成人/儿童/家庭票 $119/79/320)每年6月至11月组织赏鲸巡游。

运河游轮 乘船游

(Canal Cruise; ☎07-5444 7477; www.mooloolabacanalcruise.com; Wharf, Mooloolaba; 成人/儿童/家庭票 $20/8/50; ⏰11:00、13:00和14:30)这些乘船巡航之旅会经过莫罗拉河(Mooloolah River)岸边的麦克豪宅(McMansions)。

沿海游轮 乘船游

(Coastal Cruise; ☎0419 704 797; www.cruisemooloolaba.com.au; Wharf, Mooloolaba)落日游($25)和附带海鲜午餐的游轮之旅($35)穿过莫罗拉巴港(Mooloolaba Harbour)、莫罗拉河以及运河。

住宿

学校节假日期间，价格可能翻倍，而且大多数地方要求最少住宿两到三晚。

Caloundra Beach Backpackers 青年旅舍 $

(☎07-5444 3399; www.mooloolababackpackers.com; 75 Brisbane Rd, Mooloolaba; 铺/双 $30/70; P 📶 🏊)有些宿舍是套房，尽管房间有点单调，但附带的赠品(自行车、冲浪板、

站立式冲浪板和早餐）完全可以抵消这些不足。况且，这里距离海滩旁的各种活动和丰富的夜生活仅500米。

Cotton Tree Holiday Park 露营 $

（☎07-5459 9070; www.sunshinecoastholidayparks.com.au; Cotton Tree Pde, Cotton Tree, Maroochydore; 露营地 $43，别墅 $140起）在马卢奇多河上一处风景优美的地段，是马卢奇多的一处热门目的地。

Mooloolaba Motel 汽车旅馆 $$

（☎07-5444 2988; www.mooloolabamotel.com.au; 46 Brisbane Rd, Mooloolaba; 双/标三 $105/165; P❄📶🏊）70后肯定会喜欢这里：虽然外观设计是棕色砖墙，但是房间宽敞又通风，还有全屋式落地窗，室内装饰简洁而现代。汽车旅馆位于主干道上，但想到距离莫罗拉巴的商店、海滩和活动场地只有几百米之遥，这也就不是问题了。

Maroochydore Beach Motel 汽车旅馆 $$

（☎07-5443 7355; www.maroochydorebeachmotel.co; 69 Sixth Ave, Maroochydore; 标单/双/家 $120/135/180; P❄@🏊）本主题酒店时尚又整洁，有18种不同的房型，包括"猫王房间"（当然要有）、埃及房间和澳洲人房间（配有玩具树袋熊）。尽管位于主干道上，这里距离海滩仅50米。

就餐

★Mooloolah River Fisheries 海鲜 $

（Mooloolaba Fish Market; www.mooloolahfish.com.au; Lot 201, Parkyn Pde, The Spit, Mooloolaba; 炸鱼和薯条 $12起，大盘海鲜 $60; ⊙周一至周四 8:00~19:30，周五至周日 至20:00）这是一个集华丽炫目和臭气熏天于一体的鱼类市场兼商店，出售最新鲜的海鲜，还能有什么呢？方式多种多样：点餐后到Parkyn的二楼用餐，买了海鲜带回家自己烹饪，或者买了让厨师做好然后带到公园里野餐。

★Spice Bar 亚洲菜、创意菜 $$

（☎07-5444 2022; www.spicebar.com.au; 1楼, 123 Mooloolaba Esplanade, Mooloolaba; 主菜 $27~35; ⊙周二至周日 18:00至深夜，周三至周日 正午开始营业）简而言之：这里备受当地的美食家们青睐。这一诱人的时尚餐馆，装饰以红黑两色为主，供应一流的亚洲创意菜。拼盘也很好吃——如果你喜欢赫维湾扇贝和"麻鸡"的话——干辣椒面撒在鸡肉上让你"嗞嗞"吸气却还停不下嘴来。提供非常可口的试吃菜。

Boat Shed 海鲜 $$

（☎07-5443 3808; www.boatshed.net.au; Esplanade, Cotton Tree, Maroochydore; 主菜 $28~38; ⊙周一至周六 9:00~23:30，周日 17:00开门）一间复古又时尚的餐厅，位于马卢奇多河畔。落日时分，品一杯美酒，在繁盛的木棉树下欣赏美丽的风景再好不过了。在Mod Oz菜品中海鲜是热门菜；吃过晚饭，漫步回到露天休闲酒吧，吃个甜点，看看星星真是太浪漫了。或者坐在河畔的长椅上品一杯美酒，欣赏落日也是极好的。

饮品和夜生活

Taps@Mooloolaba 酒吧

（www.tapsaustralia.com.au; Esplanade和Brisbane Rd交叉路口; ⊙正午至深夜）这是爱喝啤酒的人的梦幻场所：你可以自己酿酒——这是真的。这一高科技酒吧配有信息纽扣帮助完成啤酒评判和筛选。这可能听起来过于花哨，但这是严肃的事情：有20来种原材料和其他配料可供选择。另外，还有汉堡包和意式烤面包让你吃个饱。

SolBar 夜店

（☎07-5443 9550; www.solbar.com.au; 19 Ocean St, Maroochydore; ⊙周一至周五 7:30至深夜，周六和周日 10:30开门）SolBar是饥渴城市独立乐队粉丝的天赐福地。这里经常有出人意料的节目安排，船夫们一边享用各国风味的啤酒一边享受比城里其他酒馆更为安静的氛围。

实用信息

莫罗拉巴海滨大道（The Mooloolaba Esplanade）沿着亚历山德拉岬角（Alexandra Headland）海滨沙滩延伸，让人不知不觉就走到了亚历山德拉度假天堂（Alexandra Pde，当地人称之为"Alex"），之后又扩展到Aerodrome Rd，乃至马卢奇多主要中央商务区（Central Business District,

简称CBD）。Cotton Tree地处马卢奇多河（the Maroochy River）河口。

阳光海岸游客信息中心（Sunshine Coast visitor information centre；☎1300 847 481；www.visitsunshinecoast.com.au；Brisbane Rd和First Ave交叉路口，Mooloolaba；⏰9:00~15:00）同样有遍布整个地区的分支机构：马卢奇多（www.visitsunshinecoast.com.au；Sixth Ave和Melrose St交叉路口，马卢奇多；⏰9:00~16:00）和阳光海岸机场（Sunshine Coast Airport；www.visitsunshinecoast.com.au；Marcoola；⏰机场时刻）。

到达和当地交通

长途巴士停在马卢奇多阳光海岸游客信息中心门前。**澳洲灰狗巴士**（Greyhound Australia；☎1300 473 946；www.greyhound.com.au；单程$21）和**Premier Motor Services**（☎13 34 10；www.premierms.com.au；单程$23）有进出布里斯班的长途汽车（2小时）。

Sunbus（☎13 12 30；www.sunbus.com.au）车辆频繁往返于莫罗拉巴和马卢奇多之间（$4.8，15分钟），并继续开往努萨（$10.50，1.5小时）。本地巴士换乘中心在阳光广场（the Sunshine Plaza）。

皮瑞吉海滩和阳光海滩（Peregian Beach & Sunshine Beach）

人口 3500和2300

从库拉姆延伸出15公里宽敞的、一览无余的海滩向北直至阳光海滩和努萨国家公园布满岩石的岬角最北角。

皮瑞吉是一处长而僻静的海滩，在这里你可以散步、冲浪、呼吸新鲜空气并享受充足的阳光；这里也经常可以看到鲸靠近岸边。

再往北一点，阳光海滩吸引了努萨本地人蜂拥而至。在海滩上走着走着你就到了岬角处，这里的海滩演变成灌木丛，其间有小路通过；闲逛着穿过努萨国家公园（Noosa National Park）到亚历山德里亚湾（Alexandria Bay）要一个小时，到努萨的拉古纳湾要2小时。从McAnally Dr或Parkedge Rd前往公园。

住宿

Flashpackers 青年旅舍 $

（☎07-5455 4088；www.flashpackersnoosa.com；102 Pacific Ave，Sunshine Beach；铺$33起，女士铺$38，双$85；❄📶🏊）Flashpackers比

探索腹地

从南波往内陆走50公里之遥，布莱科尔山脉（Blackall Range）成了阳光海岸海滩的壮丽背景。驱车环游，从海岸出发，沿着悬崖沿下弯弯曲曲的道路，穿过古老的山村，包括凯尼尔沃思（Kenilworth）和蒙特维尔（Montville），还可以欣赏沿岸低地的壮观景象。村庄遍布俗气的工艺品店和德文郡（Devonshire）茶馆。值得一游的是引人入胜的乡村景致、葱郁的碧绿牧场和连绵起伏的山地，还有瀑布、游泳场地、热带雨林，还可以在国家公园内散步。舒适的小屋和民宿在周末时非常受欢迎，尤其是冬季。

如果说哪个村庄的氛围最容易让人融入其中，一定是马莱尼（Maleny）村。这个漂亮的村庄人才济济，十分有趣，有创作人、老嬉皮士、逃离城市的年轻人和投资合伙人。村庄边上波希米亚风盛行，最为突出的是这里繁荣的商业街——尚未受到附近其他山村常有的低劣又古老的旅游陷阱影响。这里有几处迷人的花园和一个自然保护区，马莱尼游客信息中心（Maleny visitor information centre；☎07-5499 9033；www.malenycommunitycentre.org；Shop 2，23 Maple St；⏰9:30~16:00）提供游览和住宿等有用信息。

有几个旅游公司进入腹地游览，在阳光海岸沿路都可以接人上车：SunAir Bus Service（www.sunair.com.au；成人/儿童 $55/35）在附近的旅游胜地也可以短时逗留；Off Beat Eco Tours（☎0417 787 31；www.offbeattours.com.au；半日游 每人 $65，全天 成人/儿童 $195/135）深入腹地中的热带雨林和荒野保护区。

传统意义上的青年旅舍好很多。整洁的宿舍，细节处理体贴入微，有镜子、充足的墙面插座和免费使用的冲浪板。

Chez Noosa 汽车旅馆 $$

（☎07-5447 2027；www.cheznoosa.com.au；263 Edwards St, Sunshine Beach；标准套间/豪华套间 $120/130；❄📶🏊）紧邻努萨国家公园，坐落于草木茂盛的花园中央，Chez绝对物超所值。独立套间虽然只配有基础设施却很漂亮，而且这里还有加热式泳池、水疗和室外烧烤区（BBQ）。

Peregian Court Resort 公寓 $$

（☎07-5448 1622；www.peregiancourt.com；380 David Low Way, Peregian Beach；一居室 $115~160，两居室 $145~180；P❄📶🏊）这个度假村式公寓非常整洁，通风也很好。从这里步行至海滩只需1分钟。公寓的装修各不相同，却都配有设施齐备的厨房。在海风习习中露天烧烤，促成了一场场露天盛宴。最少住两晚。

✗就餐

Le Bon Delice 咖啡馆 $

（www.lebondelice.com.au；Shop 8, 224 David Low Way, Peregian Beach；蛋糕类 $3起，小吃 $8~14；⏲周三至周六和周一 7:00~16:00，周日 至14:00）由一位训练有素的法国糕点师让·雅克（Jean Jacques）亲自动手制作。这家小店地处村庄广场的角落，是广场上不可或缺的一处。只要尝一口美味的奶油泡芙、马卡龙或者乳蛋饼，你马上就会感觉自己仿佛置身于香榭丽舍大道（Champs-Élysées）而不是皮瑞吉海滩广场。

Fratellini 意大利菜 $$

（☎07-5474 8080；www.fratellini.com.au；36 Duke St, Sunshine Beach；主菜 $23~35；⏲6:30至深夜）这个有趣的地方在阳光海滩咖啡一条街上绝非等闲之辈（fratellino，意大利语"小弟"一词）。厨房能制作Big Mamma等级的优质意式菜品，包括美味的手工意大利面和薄脆比萨。啊！这里的咖啡也很好喝！

Pitchfork 新派澳洲菜 $$

（☎07-5471 3697；www.pitchforkrestaurant.com.au；5/4 Kingfisher Dr, Peregian Beach；主菜 $25~35；⏲周二至周日 正午至14:00和17:00至深夜）这间醒目的餐厅的厨师曾获过大奖，简洁的菜单以海鲜类菜品为主。每日新钓来的鱼都非常抢手。在这里吃饭，一边喝酒，一边感受舒适的气氛，一边体验皮瑞吉海滩广场上Pitchfork设置的有趣的、现代化的设施。然后，好好享受美味吧。

库鲁拉海岸（Cooloola Coast）

库鲁拉海岸全长50公里，位于努萨彩虹海滩之间，是长桑迪海滩的偏远地带，背靠大桑迪国家公园（库鲁拉）。虽然这里尚未开发，但是越野车和铁皮船来来往往，所以这里也不总像你想象中那样安静。不过，如果你步行或者乘坐独木舟沿着其中的一条海湾或者水路往前走，你很快就能逃离纷扰的人群。

从托伍德（Tewantin）的Moorindil St街尾出发，努萨北岸渡轮（Noosa North Shore Ferries；☎07-5447 1321；www.noosanorthshoreferries.com.au；单程 每人/每辆车 $1/7；⏲周日至周四 5:30~22:20，周五和周六 5:30至次日0:20）横跨整条河流到达努萨北岸。如果你开越野车，你可以沿着海岸开到彩虹海滩，然后乘坐从因斯基普角（Inskip Point）到弗雷泽岛（Fraser Island）的渡轮，但是你需要有一张许可证（www.nprsr.qld.gov.au；每天/周/月 $11.40/28.65/45.10）。你也可以从昆士兰州公园和野生动物管理局（QPWS）买一张许可证（见373页）。注：要注意潮汐时间。

在前往海滩的路上，你会经过提瓦彩色沙崖（Teewah coloured sand cliffs），其大约有40,000年的历史。

库罗巴湖（Lake Cooroibah）

从托伍德向北几公里，努萨河河面逐渐变得宽阔，形成库罗巴湖，被草木茂盛的原始森林环绕。如果你搭乘努萨北岸渡轮，你可以驱车前往湖畔并且在海滩附近露营。

住宿

努萨北岸度假村 努萨 $

（Noosa North Shore Retreat；☎07-5447

1225; www.noosanorthshoreretreat.com.au; Beach Rd; 营地无电力/有电力 $20/30起, 小屋/房间 $80/145; ❄@☒)这里什么类型的住宿都有, 从露营和帐篷村庄到闪亮的汽车旅馆房间以及小别墅, 应有尽有。放下你的背包, 然后去湖里划船, 在丛林中徒步走走或者去蹦床上跳一跳。度假村还设有Great Sandy Bar & Restaurant(主菜 $15~30), 周末时, 提供午餐和晚餐。

库萨拉巴湖和波林角 (Lake Cootharaba & Boreen Point)

库萨拉巴(Cootharaba)是大桑迪国家公园(库鲁拉)最大的湖泊, 大约宽5公里, 长10公里。地处库萨拉巴湖西岸和国家公园南部边缘交会处, 波林角(Boreen Point)是一处休闲小社区, 这里有几个可以闲坐吃东西的地方。过了库萨拉巴湖就是努萨湿地(Noosa Everglades), 可以进行丛林徒步和灌木丛露营。

从波林角出发, 沿路行5公里就到了Elanda Point(有一半路程没有铺柏油)。

团队游

Kanu Kapers 皮划艇

(☎07-5485 3328; www.kanukapersaustralia.com; 11 Toolara St, Boreen Point; 半天/全天导览游 $155/185, 1日自助游 $85)划船到静谧的大沼泽地。

Discovery Group 划独木舟

(☎07-5449 0393; www.thediscoverygroup.com.au; 1日 $125, 3日/2夜 自驾独木舟旅行 $155)精彩的全日航行以及乘坐独木舟穿过湿地直到Fig Tree Point(提供早茶和中午露天烧烤)。如果你想单独旅行, 你可以乘坐独木舟, 并在野外露营, 旅程可以持续3天以上。下午也可以乘坐邮轮游览。

食宿

波林角露营地 露营地 $

(Boreen Point Camping Ground; ☎07-5485 3244; www.noosaholidayparks.com.au; Esplanade, Boreen Point; 无电力供应/有电力供应营地 $23/29)在库萨拉巴湖上, 这处绝妙的小露营地, 遍布巨大的橡胶树, 人烟稀少, 可以有你自己僻静的一小块临湖风景, 有灌木遮挡。

Lake Cootharaba Motel 汽车旅馆 $$

(☎07-5485 3127; www.cootharabamotel.com; 75 Laguna St, Boreen Point; 房间 $105~140; ❄)这个有点古趣而整洁的地方看起来不像个汽车旅馆, 反而更像是临湖度假村, 是游览湿地或者在库萨拉巴湖上戏水的好去处。只有5间房; 一定要提前预订。

Apollonian Hotel 小酒馆 $$

(☎07-5485 3100; www.apollonianhotel.com.au; 19 Laguna St, Boreen Point; 主菜 $12~30; ⏲10:00至午夜)这是一间漂亮的小酒馆, 有坚固的木制墙壁、阴凉的阳台以及非常漂亮的内部装饰。小酒馆里的食物非常美味也很受欢迎。著名的周日叉烧烤肉午餐需要提前预订($25)。

大桑迪国家公园(库鲁拉) (Great Sandy National Park: Cooloola Section)

该地区占地540平方公里, 是国家公园的一部分, 从库萨拉巴湖的北岸延伸至彩虹海滩。这里是物种繁多的荒野保护区, 有长长的沙质海滩, 岸边有成排的红树林、森林和石楠地, 有各种各样的鸟, 包括珍稀品种, 例如褐肩鹰和草鸮, 春天时还有许多野花。

Cooloola Way从托伍德通往彩虹海滩, 允许越野车通行, 大雨天除外——出发前记得询问管理员。多数人都喜欢在海滩上跑跑跳跳, 尽管只能在退潮时的几个小时里才行。你要有一张许可证(permit; www.nprsr.qld.gov.au; 每天/周/月 $11.40/28.65/45.10)。

游览库鲁拉的最佳方式是乘船或独木舟, 沿着努萨河流的众多支流逛逛。在托伍德、努萨(在Gympie Tce周边)、库萨拉巴湖上的波林角以及Elanda Point都有船只租赁。

从Elanda Point角出发有几处完美的徒步路径, 包括长46公里的库鲁拉荒野徒步路径(Cooloola Wilderness Trail), 可以通往彩虹海滩; 一条7公里长的徒步路径通向一处位于Kinaba的昆士兰州公园和野生动物管理局信息中心。

昆士兰州公园和野生动物管理局大桑迪信息中心（QPWS Great Sandy Information Centre; ☎07-5449 7792; 240 Moorindil St, Tewantin; ⊙8:00~16:00）提供进入公园、潮汐时间和公园内禁火令等信息。该中心还可以获取弗雷泽岛和大桑迪国家公园范围内的汽车和露营许可证，不过这些证件最好先在网站上预订，网址为www.nprsr.qld.gov.au。

公园内有许多**露营地**（☎13 74 68; www.nprsr.qld.gov.au; 单人/家庭 $5.75/23.15）露营地大都沿着河边。最受欢迎的（条件也最好的）露营地是**Fig Tree Point**（在库萨拉巴湖最北角上）、**Harry's Hut**（在上游4公里处）和**Freshwater**（距离Double Island Point有6公里左右），都在岸边。如果你驾车前往彩虹海滩，你也可以在路边指定区域露营。除了Harry's Hut、Freshwater和提瓦海滩（Teewah Beach）之外，所有地点均可徒步或者乘船到达。

弗雷泽岛和弗雷泽海岸

包括 ➡

最佳餐饮

- Waterview Bistro（见382页）
- Pop In（见383页）
- Enzo' s on the Beach（见379页）
- Rosie Blu（见384页）
- Arcobaleno on the Beach（见382页）

最佳住宿

- Kingfisher Bay Resort（见387页）
- Debbie' s Place（见382页）
- Torquay Beachfront Tourist Park（见377页）
- Colonial Lodge（见377页）
- Inglebrae（见384页）

为何去

热爱自然的人们，尽情享受吧！位列世界遗产名录的弗雷泽岛（Fraser Island）是世界上最大的沙岛，是一方神秘且有时怪诞的土地。上面有巨大的沙丘、古老的热带雨林、明亮的湖泊和包括澳大利亚纯种野狗在内的野生动物。这里真的不同于地球上的其他地方。穿过大桑迪海峡（Great Sandy Strait）海域，静谧的赫维湾沿岸是弗雷泽岛的入口。每年7月到10月，迁徙途中的座头鲸会游入赫维湾，继而南进到南极。再往南是很小的彩虹海滩，那是个悠闲的海滨村，也是前往弗雷泽岛的另一个出发点。钓鱼、游泳、划船和野营是这条海岸线旁非常受欢迎的活动。

在内陆，历史悠久的复古乡村小镇周围环绕着农田。班达伯格（Bundaberg），该地区最大的城市，俯瞰着成就了朗姆酒盛名的成片甘蔗田，而这种朗姆酒保证能让你热情如火，思维混乱。

何时去

班达伯格

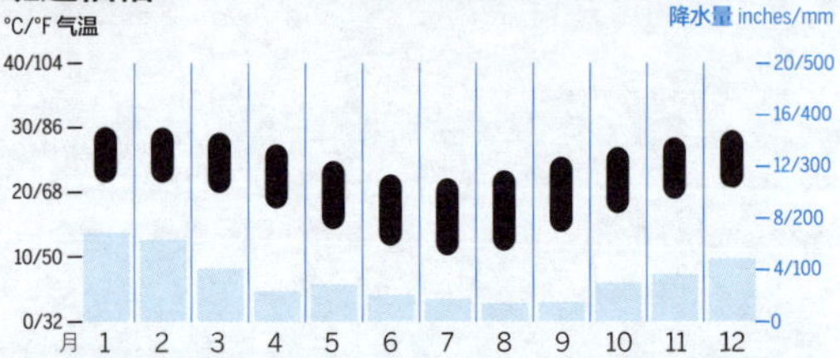

6月和7月 带上伞去参加马里伯勒的玛丽·波平斯节。

7月至11月 寻找座头鲸——最佳观赏时间是8月至10月。

11月至次年3月 观察海龟在蒙里普斯（Mon Repos）的沙滩上产卵。

弗雷泽岛和弗雷泽海岸亮点

1. 沿着沙滩公路巡航，在雨林中远足，在星空下露营**弗雷泽岛**（见385页）。
2. 看鲸在**赫维湾**嬉戏（见376页）。
3. 在弗雷泽岛白沙环绕的淡水湖**麦肯锡湖**（见387页）那纯净靛蓝的湖水中冷静下来。
4. 见证小海龟在**蒙里普斯**（见384页）沙滩上第一次跌跌撞撞地爬行。
5. 在远离彩虹海滩的**狼礁**（见381页）潜水、观鲨。
6. 在**彩虹海滩**（见380页）的卡洛沙丘顶端俯瞰彩虹崖。
7. 在**班达伯格**（见383页）的朗姆酒厂采集“水黄金”。

到达和离开

飞机

澳洲航空（Qantas；☎13 13 13；www.qantas.com.au）和**维珍航空**（Virgin；☎13 67 8；www.virginaustralia.com.au）飞往班达伯格和赫维湾。

长途汽车

澳洲灰狗巴士（Greyhound；☎1300 473 946；www.greyhound.com.au）和**Premier Motor Service**（☎13 34 10；www.premierms.com.au）都有沿布鲁斯公路（A1）的公共汽车，在所有主要城镇都有站点。它们也会绕道离开高速公路，驶向赫维湾和彩虹海滩。

火车

昆士兰铁路公司（Queensland Rail；☎1800 872 467；www.queenslandrail.com.au）有列车频繁穿梭于布里斯班和罗克汉普顿区域。选择全速列车（Tilt Train）或者更加平稳的桑兰德号（Sunlander）均可。

弗雷泽海岸（FRASER COAST）

弗雷泽海岸沿线景色美不胜收，从沿海美景、海滨国家公园及海滨小村庄延伸到环绕着复古乡镇的农场和甘蔗地。

赫维湾（Hervey Bay）

人口 76,403

赫维湾的名字源于一位英伦才子，难怪迷人魅力无人能挡。这片海岸有着温暖的亚热带气候、绵长的沙滩、静谧的蓝色海洋和舒适而朴实无华的当地社区，吸引了各类游客前来造访，不论是背包客，还是家庭团和退休人员。在这里你有机会看到霸气的座头鲸在水中嬉戏，去世界遗产弗雷泽岛也很方便。因此，不难理解赫维湾虽然样貌普通，却不可否认地成为引人入胜的旅游热点。

弗雷泽岛保护着赫维湾免受海浪的冲刷，这里的海水浅，表面平静，是孩子们的戏水天堂，拍出的照片每一张都像是夏日度假风格的明信片。

景点

珊瑚礁世界 水族馆

（Reef World；☎07-4128 9828；Pulgul St, Urangan；成人/儿童 $18/9，鲨鱼潜水$50；⏲9:30~16:00）一个小型水族馆储备有许多大堡礁里多彩的角色，包括活了18年的大型澳大利亚隆头鱼。你还可以和柠檬鲨、捕鲸船及其他非捕食性的鲨鱼同潜。

Fraser Coast Discovery Sphere 博物馆

（☎07-4197 4207；www.frasercoastdiscoverysphere.com.au；166 Old Maryborough Rd，Pialba；成人/儿童/家庭票 $7/5/20；⏲10:00~16:00）这里有跟该地区密切相关的大量教育活动。特别适合孩子和富有求知欲的成年人。

水上教育公园 公园

（Wetside Water Education Park；www.widebaywater.qld.gov.au；The Esplanade，Scarnes；⏲周三至周日 10:00~18:00，学校假期每天开放）酷热时节，这块海滩湿地也不会遭到热浪侵袭。这里有大片的阴凉、喷泉、倾盆而下的水流和水上娱乐节目用的木板桥。开放时间随季节变化，所以要查看网上更新的信息。

活动

从**Aquavue**（☎07-4125 5528；www.aquavue.com.au；The Esplanade，Torquay）或者**Enzo's on the Beach**（☎07-4124 6375；www.enzosonthebeach.com.au；The Esplanade，Scarness）租赁划桨板、皮划艇、水上三轮车、摩艇等。租金每小时$20左右起。

观鲸

每年的7月底到11月初是鲸迁徙的时间，如果天气状况允许，观鲸之旅每天会在赫维湾外进行。从8月到10月底，能保证游客看到鲸（如果没看到鲸，游客能够免费游览接下来的景点）。过了黄金季节，会有很多船组织看海豚的团队游。船的航线从**尤兰根海港**（Urangan Harbour）出发到鸭嘴兽湾（Platypus Bay），然后会快速不停地来回开动，直至找到最活跃的鲸。大部分船只提供半日游，成人$120，儿童$70，并且大部分包含了午饭和（或）早茶（或是下午茶）。可以通过你的酒店或信息中心预订团队游。

Spirit of Hervey Bay 观鲸

（☎1800 642 544；www.spiritofherveybay.

com; Urangan Harbour; ⏲8:30和13:30）最大的观鲸船，载客量最大。

MV Tasman Venture 观鲸

（☎1800 620 322; www.tasmanventure.com.au; Urangan Harbour; ⏲8:30和13:30）最好的观鲸船之一，还配备有水下麦克风和观景窗。在这个季节，可以确保游客看到鲸；如果鲸没出现，那游客即可免费游览接下来的景点。

蓝色海豚海洋之旅 观鲸

（Blue Dolphin Marine Tours; ☎07-4124 9600; www.bluedolphintours.com.au; Urangan Harbour）船长皮特有近30年接触海洋哺乳动物的经验，这使近距离观鲸过程中出现的许多问题都能迎刃而解。

其他活动

MV Fighting Whiting 钓鱼

（☎07-4124 3377; www.fightingwhiting.com.au; 成人/儿童/家庭票 $70/35/175）你可以在这片平静的水域钓鱼。价格包含三明治、鱼饵和所有渔具。

MV Princess II 钓鱼

（☎07-4124 0400; 成人/儿童 $160/100）与一个经验丰富并在这些水域钓鱼超过20年的船员一起钓鱼。

Krystal Klear 游轮

（☎07-4124 0066; www.krystalkleer.com.au; Urangan Marina; 5小时团队游 成人/儿童 $90/50）乘坐一条长12米的玻璃底船巡游，赫维湾独此一家。包括浮潜、珊瑚观赏和岛上烧烤。

Fraser Coast Microlites 观光飞行

（☎1800 811 728; 票价 $125~250）进行一次航时20分钟、30分钟、45分钟或70分钟的观光飞行，在小岛和湖泊上空，体验让风掠过头发的感觉。需要提前预订。

Skydive Hervey Bay 跳伞

（☎0458 064 703; www.skydiveherveybay.com.au）串联跳伞是从3660米的高度跳下，花费$325，要经历45秒激动人心的自由落体。

Susan River Homestead 骑马

（☎07-4121 6846; www.susanriver.com; Hervey Bay-Maryborough Rd）骑马套餐（成人/儿童 $250/160）包括住宿、三餐和使用现场游泳池和网球场的费用。一日游的游客可以骑马慢跑2小时（成人/儿童$85/75）。

节日和活动

赫维湾鲸节 文化节

（Hervey Bay Whale Festival; www.herveybaywhalefestival.com.au）庆祝8月鲸回归。

住宿

赫维湾有许多大旅馆。有一些聚集在Scarness地区的托基路（Torquay Rd），如果你没有预订又想找个好旅馆，这里是个不错的选择。

★ **Colonial Lodge** 酒店 $

（☎07-4125 1073; www.herveybaycoloniallodge.com.au; 94 Cypress St, Torquay; 房间 $90~140; ❄📶🏊）庄园风格，完美、奇妙、和谐，这些独立单间和双卧室房都很便宜。在游泳池戏水或者走过一条街区可以去沙滩。

Torquay Beachfront Tourist Park 房车公园 $

（☎07-4125 1578; www.beachfronttouris

欢乐时光

每年从7月到11月初，在继续艰苦的南极迁徙之旅前，成千上万座头鲸花费好几天时间漫游到赫维湾的隐蔽水域。它们在澳大利亚东北部的温暖水域交配并产仔后，成群结队地来到赫维湾，大约12只一组（称为"脉冲"），然后分成较小的组——2~3只为一组（称为"豆荚"）。幼鲸利用这段时间形成厚厚的、在冰冷的南部水域生存所必需的脂肪层，每一只日常消耗大约600升牛奶的热量。

这些壮观的生物简直令人感到敬畏。你会看到这些华丽的海底杂技演员挥舞着它们的胸鳍，抖动尾巴，拍打或只是扑腾。许多鲸还会在观鲸船旁边旋转，将一只眼睛露出水面。

Hervey Bay 赫维湾

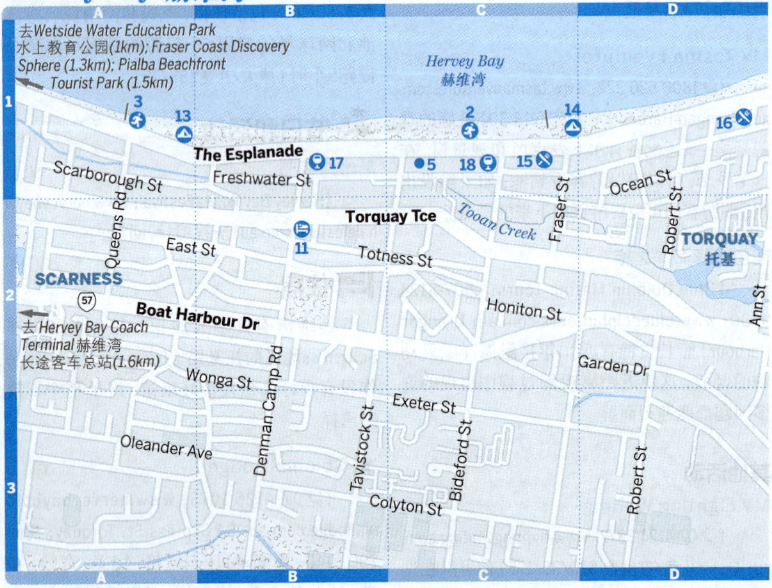

Hervey Bay 赫维湾

景点

1 珊瑚礁世界 H2

活动、课程和团队游

2 Aquavue C1
蓝色海豚海洋之旅 .... （见6）
3 Enzo's on the Beach A1
4 Krystal Klear H3
MV Tasman Venture .... （见6）
5 Nomads C1
6 Spirit of Hervey Bay H2

住宿

7 Alexander Lakeside B&B E1
8 Bay B&B F1
9 Colonial Lodge E1
10 Colonial Village YHA G3
11 Flashpackers B2
12 Quarterdecks Harbour Retreat G3
13 Scarness Beachfront Tourist Park A1
14 Torquay Beachfront Tourist Park C1

就餐

15 Bayaroma Cafe C1
16 Coast D1
Enzo's on the Beach .... （见3）

饮品和夜生活

17 Hoolihan's B1
18 Viper C1

tparks.com.au; The Esplanade, Torquay; 无电力供应/有电力供应 $26/31; 📶）面朝赫维湾精致、绵长的沙滩，所有这3个绿树成荫的海滨公园都没有辜负它们的名字，都拥有美妙的海洋景观。托基度假营地处于正中心。其他分支在**Pialba**（☎07-4128 1399; www.beachfronttouristparks.com.au; The Esplanade, Pialba; 无电力供应/有电力供应 $26/31; 📶）和**Scarness**（☎07-4128 1274; www.beachfronttouristparks.com.au; The Esplanade, Scarne; 无电力供应/有电力供应 $26/31; 📶）。

Colonial Village YHA 青年旅舍 $

（☎07-4125 1844; www.yha.com.au; 820 Boat Harbour Dr, Urangan; 铺/双人间/小屋 $23/52/79; ❄@📶🏊）这家十分不错的青年旅舍坐落于面积达8公顷的宁静丛林中，接近

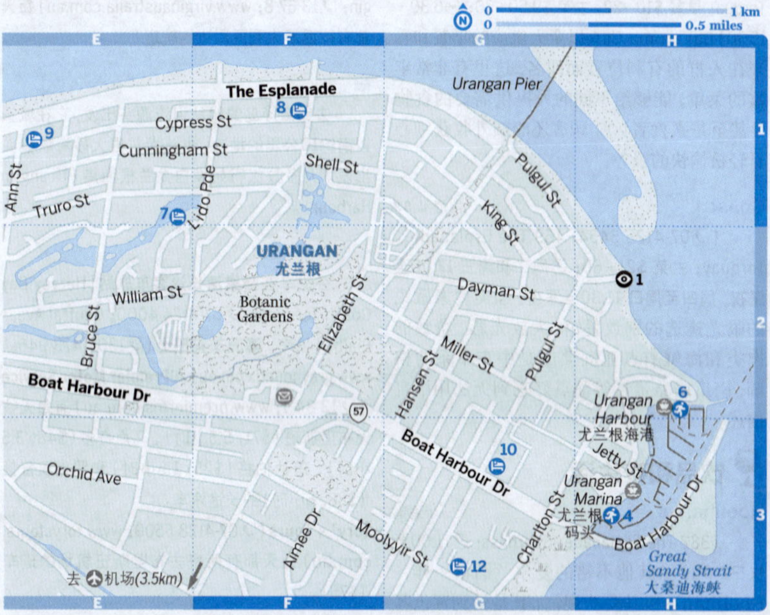

码头，距海边仅50米。这是一个可爱的地方，有负鼠和鹦鹉，很有气氛。设施包括游泳池、网球场和篮球场以及适合社交的酒吧餐馆。

Flashpackers 青年旅舍 $

(☎07-4124 1366; www.flashpackersherveybay.com; 195 Torquay Tce, Torquay; 铺$25~30，双人间 $70; ❄📶🏊)舒适、宽敞的寝室和套房，有阅读灯、许多电源插座、步入式公用冰箱、一尘不染的公共领域和电热水器。在远离沙滩的一条街上。

Bay B&B 民宿 $$

(☎07-4125 6919; www.baybedandbreakfast.com.au; 180 Cypress St, Urangan; 标单$100，双 $125~140; ❄@📶🏊🐾)这家超值的家庭旅馆是由一位友好且经常旅行的法国人同他的妻子经营的，他们还有一条狗。客房在后面舒适的附属建筑里，海湾著名的早餐会在热带花园里供应。一家人居住可以选择设施齐全、完全独立的单元。

Quarterdecks Harbour Retreat 公寓 $$

(☎07-4197 0888; www.quarterdecksretreat.com.au; 80 Moolyyir St, Urangan; 有1/2/3卧室的别墅 $185/225/290; ❄📶🏊)这些高档别墅装饰很时髦，有私人庭院，所有现代化生活设备一应俱全，还有一些小奢侈品，如绒毛浴袍。背靠一个自然保护区，除了绝妙的鸟叫声外这里非常安静，而且就在沙滩附近。住宿和旅行套餐很超值。

Alexander Lakeside B&B 民宿 $$

(☎07-4128 9448; www.herveybaybedandbreakfast.com.au; 29 Lido Pde, Urangan; 房间$140~150，套房 $170~180; ❄@📶)这家民宿温暖友好，客人可以在湖边尽情放松，而海龟也会在早上造访。这里有一个湖边温泉浴场，2间宽敞的套房和2套豪华独立套房。

就餐

Enzo's on the Beach 咖啡馆 $

(www.enzosonthebeach.com.au; 351a The Esplanade, Scarness; 主菜 $8~20; ⏲6:30~17:00)这家老旧却别致的海边咖啡馆供应三明治、卷饼、沙拉和咖啡，你可以在划着租来的皮艇出发前，或是在风筝冲浪课的课前填饱肚子。

Bayaroma Cafe 咖啡馆 $

(☎07-4125 1515; 428 The Esplanade,

Torqua; 早餐 $10~22, 主菜 $9.50~20; ⏲6:30~15:30) Bayaroma Cafe以全天供应的早餐和看来往人群的有利位置而闻名，这里有非常丰富的菜单，能够给不同的人提供需要的食物（甚至是素食者!）。顾客还能额外收获细心且轻松愉快的服务。

Coast 创意菜 $$

(☎07-4125 5454; 469 The Esplanade, Torquay; 主菜 $21~60; ⏲周二和周三 17:00至深夜，周四至周日 11:30至深夜）经美食家敏锐的眼光挑选的别致餐馆，大放光彩。精致的肉类和海鲜有点亚洲菜或是中东菜系的格调；南瓜奶酪蛋糕等甜点好吃到无法用语言描述。

饮品和夜生活

Hoolihan's 小酒馆

(382 The Esplanade, Scarness; ⏲11:00至次日2:00）像其他不错的爱尔兰酒馆一样，Hoolihan's极其受欢迎，尤其是受到背包客的喜爱。

Viper 俱乐部

(410 The Esplanade, Torquay; ⏲周三、周五和周六22:00至次日3:00）这个新俱乐部就像一块未经加工的天然钻石，里面有活泼动感的音乐和一群充满活力的人们，尤其是在夏天。

实用信息

赫维湾包括一系列的海滨郊区——Point Vernon、派阿尔巴、Scarness、托基和尤兰根——但在完美的海滨地区及安静的郊区后面，市郊地区却消失在一片蔓生且杂乱的工业丛林中。

赫维湾游客信息中心（Hervey Bay Visitor Information Centre; ☎1800 811 728; www.visitfrasercoast.com; Urraween路和Maryborough路的交叉口）有很多小册子和详细信息，对游客很有帮助。在城镇的边缘地带。

到达和离开

飞机

赫维湾机场（Hervey Bay Airport）在Don Adams Dr，紧邻Booral Rd。**澳洲航空**（Qantas; ☎13 13 13; www.qantas.com.au）和**维珍航空**（Virgin; ☎13 67 8; www.virginaustralia.com.au）每天都有往返澳大利亚周边的航班。

船

去弗雷泽岛的船从河流源头出发，它在城镇以南约10公里的地方。也从尤兰根大砂海峡码头出发。大多数旅行始发自尤兰根海港（Urangan Harbour）。

长途汽车

公交车在**赫维湾长途客车总站**（Hervey Bay Coach Terminal; ☎07-4124 4000; Central Ave, Pialba）发车。**澳洲灰狗巴士**（☎1300 473 946; www.greyhound.com.au）和**Premier Motor Service**（☎13 34 1; www.premierms.com.au）有每天往返布里斯班（$71, 5.5小时）、马卢奇多（$48, 3.5小时）、班达伯格（$25, 1.5小时）和罗克汉普顿（$88, 6小时）的长途汽车。

Tory's Tours（☎07-4128 6500; www.torystours.com.au）每天都有两班去布里斯班机场的班车（$75）。

Wide Bay Transit（☎07-4121 3719; www.widebaytransit.com.au）每个工作日的每小时都有从尤兰根码头（停靠在海滨大道）到马里伯勒的长途汽车（$8一小时），周末的汽车服务要少一些。

当地交通

汽车

赫维湾是弗雷泽岛上最适合租用越野车的地方。

Aussie Trax（☎07-41244433; www.fraserisland4wd.com.au; 56Boat Harbour Dr, Pialba）

Hervey Bay Rent A Car（☎07-4194 6626; www.herveybayrentacar.com.au; 5 Cunningham St, Torquay）也出租小摩托（每天$30）。

彩虹海滩（Rainbow Beach）

人口 1103

绚丽的彩虹海滩是建立在因斯基普半岛上的一个小镇，有着壮观的七彩崖（coloured sand cliffs），可以俯瞰拍岸的浪花和白色的沙滩。小镇上有友好的当地人，氛围轻松，前往弗雷泽岛很方便（坐船只需10分钟），还有大桑迪国家公园的库鲁拉地区，这些都使小

镇越来越成为喜好户外运动的人及海滩爱好者驻足停留的地方。

景点

这个城镇得名于七彩崖，这个地方沿着沙滩，有2公里长。七彩崖在怀德湾外围形成一个红色的圆弧，你可以将双岛点的灯塔和北部的弗雷泽岛尽收眼底。

穿过库鲁拉最南端的树林，走600米到达卡洛沙丘（Carlo Sandblow），壮观的120米沙丘高高耸立在悬崖上。你可以走出来，到沙丘上观赏惊人的美景，比如那五彩缤纷的悬崖和沙滩——为了自身的安全，也为了保护沙丘，一定要注意途中的标志。

活动

在Double Island Point有一个很好的冲浪点。

Wolf Rock Dive Centre 潜水

（☎07-5486 8004，0438 740 811；www.wolfrockdive.com.au；20 Karoonda Rd；双潜水执照$220起）Wolf Rock是Double Island Point不远处由4个火山顶组成的岩石群，被认为是昆士兰最适合深水潜水的地点之一。一年当中都可以在这里看到濒危的灰鲨。

Skydive Rainbow Beach 跳伞

（☎0418 218 358；www.skydiverainbowbeach.com；2400/4570米 潜水 $299/429）体验沙滩上的软着陆。

Rainbow Paragliding 滑翔伞

（☎07-5486 3048，0418 754 157；www.paraglidingrainbow.com；滑翔 $180）在五彩的悬崖上进行令人兴奋的串联飞行。

Epic Ocean Adventures 冲浪

（☎0408 738 192；www.epicoceanadventures.com.au；3小时冲浪课程$60，3小时的独木舟旅行 $70）冲浪课程和观看海豚的海上独木舟之旅。

丛林徒步和露营

大桑迪国家公园（库鲁拉，见372页）有很多丛林徒步旅行的小路和露营点，包括提瓦沙滩上美妙的海滩露营。需在网上预订露营和汽车许可证。

在沙滩上露营是体验海岸乐趣的最佳途径之一；如果你没有野营装备，Rainbow Beach Hire-a-Camp（☎07-5486 8633；www.rainbow-beach-hire-a-camp.com.au；帐篷每晚$30起，额外每晚$10）可以出租设备、搭建帐篷、确定露营点、办理野营许可证，并且在你离开时帮你拆卸帐篷。

团队游

Surf & Sand Safaris 自驾游

（☎07-5486 3131；www.surfandsandsafaris.com.au；成人/儿童 $75/40）半天的越野车旅行，穿过国家公园，沿着沙滩去看五彩缤纷的沙滩和Double Island Point的灯塔。

住宿

在彩虹海滩有不少旅馆可选，而且都挺符合标准。大部分旅馆都聚集在Spectrum St街上，所以很容易找到并选择您最喜爱的旅馆。或者，可以考虑在户外露营。

Pippies Beach House 青年旅舍 $

（☎07-5486 8503；www.pippiesbeachhouse.com.au；22 Spectrum St；铺/双 $24/65；❄@📶🏊）只有12个房间，这家规模不大但舒适惬意的旅舍会让你在户外的活动之后缓一缓。提供免费早餐、无线网和趴板；组织很多团体活动，让你在这里更惬意。

Dingo's Backpacker's Resort 青年旅舍 $

（☎1800 111 126；www.dingosresort.com；20 Spectrum St；铺 $24；❄@📶🏊）这个有酒吧的派对旅舍有现场音乐、卡拉OK、化妆晚会，还有供人休闲放松的露台，免费的煎饼早餐并且每晚都会提供便宜的晚饭。

Rainbow Sands Holiday Units 汽车旅馆 $

（☎07-5486 3400；www.rainbowsands.com.au；42-46 Rainbow Beach；双人间 $100，单卧公寓 $11；❄📶🏊）这是完全让人心旷神怡的建筑，层数不高，门前种着棕榈树，配有标准的汽车旅馆房间。也有独立的套间，配备全套的洗衣间，为你更长时间的停留提供舒适的服务。

彩虹海滩度假村 房车公园 $

(Rainbow Beach Holiday Village; ☎07-5486 3222; www.rainbowbeachholidayvillage.com; 13 Rainbow Beach; 无电力供应/有电力供应 $38/47起，别墅 $14; ❄ 🏊)受欢迎但也较贵的海滨公园。

★ Debbie's Place 民宿 $$

(☎07-5486 3506; www.rainbowbeachaccommodation.com.au; 30 Kurana St; 双/套 $119/140起，3个卧室的公寓 $300; ❄ 📶 🐾)在这家漂亮的民宿里种满了昆士兰州的盆栽植物，迷人的房间内设施齐全，有私人的入口和走廊。生机勃勃的Debbie是一座知识宝库，使这里成为远离自己家外的另一个舒适的家。

✖ 就餐

自己做饭的客人可以在Rainbow Beach Rd上找到一家超市。在这一带有很多价格低廉的咖啡馆。

★ Waterview Bistro 新派澳洲菜 $$

(☎07-5486 8344; Cooloola Dr; 主菜 $26~35; ⏲周三至周六 11:30~23:30，周日 11:30~18:00)日落时，一定要在这家时髦的餐馆点上一杯饮料，从山顶的上俯瞰弗雷泽岛那令人震撼的景观。尽情享受海鲜杂烩汤、牛排和海鲜，或自已在灼热的石块上做饭，收获乐趣无穷。

Arcobaleno on the Beach 意大利菜 $$

(1 Rainbow Beach Rd; 比萨 $15~25; ⏲9:00~22:00)其实就在海滩旁，可看不到海滩风景。但充满禅宗色彩且长满植物的天井，室内的沙发及友好的工作人员，都能让人放松下来，吃顿饭(早、中、晚餐)，随时来杯不错的咖啡，或者吃块美味的意式比萨。

Rainbow Beach Hotel 小酒馆 $$

(1 Rainbow Beach Rd; 主菜 $18~35; ⏲从11:30开始)这家精心装修过的酒吧里所有装饰无一不令人想到种植园：吊扇、棕榈树、木地板、藤木家具和啤酒香。餐馆提供传统的小酒店饮食。可以从楼上的阳台俯瞰街景。

ℹ 实用信息

昆士兰州公园和野生动物管理局(Queensland Parks & Wildlife Service, QPWS; Rainbow Beach Rd; ⏲8:00~16:00)

彩虹海滩游客中心(Rainbow Beach Visitor Centre; ☎07-5486 3227; www.rainbowbeachinfo.com.au; 8 Rainbow Beach; ⏲7:00~17:30)除了公布的时间，偶尔还会在别的时间开放。

Shell Tourist Centre(36 Rainbow Beach Rd; ⏲6:00~18:00)在Shell Tourist Centre服务站，可以安排旅游预订，还可以购买去弗雷泽岛的船票。

ℹ 到达和当地交通

澳洲灰狗巴士(Greyhound; ☎1300 473 946; www.greyhound.com.au)每天都有从布里斯班($49, 5小时)、努萨($32, 3小时)和赫维湾($26, 2小时)出发的车。**Premier Motor Service**(☎13 34 10; www.premierms.com.au)提供较便宜的服务。**Cooloola Connections**(☎07-5481 1667; www.coolconnect.com.au)有从布里斯班机场($135, 3小时)和从阳光海岸机场($95, 2小时)到彩虹海滩的班车。

大多数汽车租赁公司可以收取许可证和驳船的费用(每辆车往返花费$100)，也出租露营装备。尝试**All Trax**(☎07-5486 8767; www.fraserisland4x4.com.au; Rainbow Beach Rd, Shell service station; 每天$165起)或者**Rainbow Beach Adventure Centre**(☎07-5486 32; www.adventurecentre.com.au; 13 Spectrum Street, Rainbow Beach; 每天$180起)。

马里伯勒(Maryborough)

人口 21,777

马里伯勒建于1847年，是昆士兰州最古老的城镇之一，这里的港口见证了19世纪时成千上万自由移民，踏着摇晃的脚步，率先踏上这片土地，期待在新的国度寻找更好的生活。遗产和历史是马里伯勒的特色，昔日的步伐反映在美丽绝伦的殖民时代建筑物和亲切的昆士兰人家园中。

这迷人的古老小镇也是帕梅拉·林登·特拉弗斯的出生地，此人是挥舞雨伞的玛丽·波平斯(Mary Poppins)的创造者。

获奖影片《大梦想家》(*Saving Mr Banks*)以主角的身份讲述了20世纪早期发生在马里伯勒的特拉弗斯的故事。在Richmond St和Wharf St的拐角，有个真人大小的玛丽·波平斯的雕像。

漫步在玛丽河旁边被称为港口区(101 Wharf St; ⌚周一至周五 10:00~16:00，周六和周日 10:00~13:00)的历史街区，探索13处位列世界遗产名录的建筑物、绿地和博物馆。每个周四，该城会因马里伯勒遗产城市市场(AdelaideSt和 Ellena St的交叉路口; ⌚周四 8:00~13:30)变得生机勃勃——不要错过13:00的礼炮。有向导的步行团队游(Guided walking tours; ⌚周一至周六 9:00) 免费 会从市政厅的游客中心出发游览城镇，非常有意思，但是真正的玛丽·波平斯追星族，应该为了每年6月或者7月的玛丽·波平斯节(www.marypoppinsfestival.com.au)特意安排他们的行程。

食宿

Eco Queenslander 精品酒店 $$

(☎0438 195 443; www.ecoqueenslander.com; 15 Treasure St; 每两人 $140) 这个可爱且改装过的昆士兰州旅馆会令你舍不得离开，这里有舒适的休息室、全套烹饪设备、洗衣服务和铸铁浴缸。可持续使用的设备包括太阳能、储水罐、节能照明和自行车。至少住两晚。

★ Pop In 咖啡馆 $

(203 Bazaar St; 三明治 $8.5; ⌚周一至周五 7:00~15:00，周六 7:00~13:00)愉快又友好的咖啡馆吸引人们在此停留。供应好喝的咖啡、新鲜的果汁，自制食物包括填馅蘑菇和沙拉、全套早餐和三明治。

实用信息

马里伯勒/弗雷泽岛游客中心(Maryborough/Fraser Island Visitor Centre; ☎1800 214 789; www.visitfrasercoast.com; Kent St; ⌚周一至周五 9:00~17:00，周六和周日 9:00~13:00)这个游客中心地处有100年历史的市政厅，极其有帮助，有免费传单，详细说明全面自助游的情况。还有港口地区的博物馆的景点介绍。

到达和离开

桑兰德号(Sunlander; $75，5小时)和全速列车($75，3.5小时)连接布里斯班和马里伯勒西站。车站在中心以西7公里处，可乘坐班车到达。

澳洲灰狗巴士(Greyhound; ☎1300 473 946; www.greyhound.com.au)和**Premier Motor Service**(☎13 34 10; www.premierms.com.au)有去金皮($30，1小时)、班达伯格($40，1.5小时)和布里斯班($64，4.5小时)的长途汽车服务。

Wide Bay Transit(☎07-4121 4070; www.widebaytransit.com.au)每个小时都提供班车服务(周末少一点)：从马里伯勒到赫维湾($8，1小时)，从肯特街上的市政厅外出发。

班达伯格(Bundaberg)

人口 69,805

尽管拥有理想的气候、珊瑚环绕的海滩、波浪状的大片甘蔗地，班达伯格仍被大多数游客忽视。成群的背包客涌向这里，采摘水果、做做农活；其他访客快速穿过农田，前往附近的海滨村庄，一家人欢度暑假时光。

这里是著名的班达伯格朗姆酒的发源地，奇怪的是这种烈性酒竟然用北极熊代言，而且像Tim Tams巧克力饼干和Vegemite蔬菜酱一样，成了澳大利亚的象征。

在很多人眼中，班达伯格周围的海滩村庄比城镇更有吸引力。中心以北25公里处是摩尔公园(Moore Park)，其有着平坦宽阔的沙滩。向南是非常受欢迎的Elliott Heads，其有着漂亮的沙滩，岩石之滨是钓鱼的好地方。

景点和活动

★ 班达伯格朗姆酒厂 酿酒厂

(Bundaberg Rum Distillery; ☎07-4131 2999; www.bundabergrum.com.au; Avenue St; 自助游 成人/儿童 $15/8，自助游 $25/12; ⌚周一至周五 10:00~15:00，周六和周日 10:00~14:00)班达伯格最出名的就是标志性的班达伯格朗姆酒，你会看到全城的广告牌和保险杠贴纸上贴着班达伯格朗姆酒的北极熊标志。可以选择自助游自己逛博物馆，也可以选择导游带领的旅行团参观酿酒厂——逢整点出发。对于18岁以上的成年人来说，两种旅行中都可以

品酒。参观必须穿满帮鞋。

Bundaberg Barrel 酿酒厂

（☎07-4154 5480；www.bundaberg.com；147 Bargara Rd；成人/儿童 $12/5；⏲周一至周六 9:00~16:30，周日10:00~15:00）班达伯格不含酒精的姜汁啤酒和其他软饮料虽然不如朗姆酒有名，但都很好喝。参观一下酿酒桶，在这个小型博物馆里进行一次录音导游之旅。品酒也包含在其中，而且很适合与家人一起品。

辛克勒航空馆 博物馆

（Hinkler Hall of Aviation；www.hinklerhallofaviation.com；Mt Perry Rd，Botanic Gardens；成人/儿童/家庭票 $18/10/38；⏲9:00~16:00）这座现代博物馆有多媒体展厅、飞行模拟器以及对班达伯格之子伯特·辛克勒生活点滴的翔实记录，1928年他在英国和澳大利亚之间实现了第一次单独驾驶飞机的飞越行动。

Bundaberg Aqua Scuba 潜水

（☎07-4153 5761；www.aquascuba.com.au；239 Bourbong St；潜水课程 $349起）会指引想要潜水的人去纳斯公园附近的地点。

Burnett River Cruises 游轮

（☎0427 099 009；www.burnettrivercruises.com.au；School Lane，East Bundaberg；2.5小时的团队游 成人/儿童 $25/10）班达伯格丽人号（Bundy Belle）是一艘老式的渡轮，咔嚓咔嚓、不紧不慢地驶向伯恩内特河口。查看网站或直接打电话询问旅行时间。

食宿

在通向城镇的班达伯格—奇尔德斯路上，有很多中端汽车旅馆。班达伯格有少数几个旅馆是给背包客住的，大多数能安排帮助收获农作物的工作。

Bigfoot Backpackers 旅馆 $

（☎07-4152 3659；www.footprintsadventures.com.au；66 Targo St；铺 $24起；Ⓟ❄）这是一家舒适、友爱的中心旅馆，也组织去蒙里普斯（Mon Repos）观看绝妙的海龟团队游。旅馆新粉刷过，快乐的员工和轻松的氛围使得Bigfoot完胜其他竞争对手。还有很多采摘水果的机会。

> ### 乌龟幼崽
>
> **蒙里普斯**（Mon Repos），在班达伯格东北方向15公里的位置，是澳大利亚最接近海龟栖息地的地点之一。从11月到次年3月底，雌性海龟为了在沙子里产卵费力地爬到沙滩上。大约8周以后，刚孵化出的小乌龟从沙子里爬出来，趁着天黑，它们集体拍打着四肢以最快的速度奔向水中。
>
> 班达伯格游客中心有关于海龟保护的信息，还安排了夜场团队游（成人/儿童 $11.25/6）。在观光季节，团队游从19:00开始。必须提前预订，而且需要通过游客中心或者www.bookbundabergregion.com.au预订。班达伯格游客中心对于每年在这个季节会看见多少只海龟都有相关报道。

★ **Inglebrae** 民宿 $$

（☎07-4154 4003；www.inglebrae.com；17 Branyan St；房间含早 $120~150；❄）想要感受辉煌的昆士兰州那种古典的英伦魅力，那么这家令人愉快的民宿正合你意。从入口到房间，都是锃亮的木制家具和彩色玻璃，还有高脚床和小古董。

Rosie Blu 熟食店 $

（☎07-4151 0957；90a Bourbong St；主菜 $9~20；⏲周一 8:00~16:00，周二至周五 8:30~16:00，周六 8:00~13:30）当地人全都聚集在这个可爱的小地方，这里提供美食家三明治、沙拉、素食和热午餐，分量很足，而且上菜速度很快。

Indulge 咖啡馆 $

（80 Bourbong St；菜肴 $9~18；⏲周一至周五 8:30~16:30，周六 7:30~12:30）美味的糕点和根据当地农产品而制作的花式菜单。

实用信息

班达伯格游客中心（Bundaberg Visitor Centre；☎07-4153 8888，1300 722 099；www.bunda

bergregion.org; 271 Bourbong St; ⌚9:00～17:00)

到达和当地交通

飞机

班达伯格机场(Bundaberg Airport; Airport Dr)在中心西南方向6公里的位置。

QantasLink(☎13 13 10; www.premierms.com.au)每天都有去布里斯班的航班。

长途汽车

长途汽车总站在Targo街。**澳洲灰狗巴士**(Greyhound; ☎1300 473 946; www.greyhound.com.au)和**Premier Motor Service**(☎13 34 10; www.premierms.com.au)每天都有从班达伯格通往布里斯班($89, 7小时)、赫维湾($25, 1.5小时)和罗克汉普顿($51, 4小时)的班车。

Duffy's Coaches(☎1300 383 397)每个工作日都有许多去巴戈拉的班车($5, 35分钟),从Woongarra街后面的Target出发。

火车

昆士兰铁路公司(Queensland Rail; ☎1800 872 467; www.traveltrain.com.au)桑兰德号($89, 7小时,每周3次)和全速列车($89, 5小时,周日至周五)从布里斯班到班达伯格,然后分别到达凯恩斯和罗克汉普顿。

弗雷泽岛(FRASER ISLAND)

当地土著布查拉人有充分的理由称它为天堂。经过风、沙、浪的雕刻、冲刷,醒目的蓝色淡水湖泊、清澈的小溪、巨大的沙丘和这个庞大沙洲上茂密的热带雨林,共同构成了一个不同于其他地方的神秘的岛上天堂。弗雷泽岛在成千上万年前由澳大利亚大陆东海岸吹过的沙子堆积形成,弗雷泽岛是世界上最大的沙岛(15km×120km),有地球上唯一已知的能生长在沙子上的雨林。

在内陆,植被变化很大。从茂密的热带雨林和野外荒地到湿地、灌丛、沙丘(大型沙丘有200多米高)、矿质小溪和面向绵长沙滩的淡水湖泊,地形条件较为多样。沙滩周围有海浪不断冲刷、拍打。这座岛是大量的鸟类和野生动物的家,包括有名的澳洲野狗,而近海水域布满了儒艮、海豚、鳐鱼、鲨鱼和迁徙的座头鲸。

曾经这里的自然资源、沙子和木材被过度使用,弗雷泽岛在1992年被列入世界遗产名录。大多数岛屿作为**大桑迪国家公园**(Great Sandy National Park)的一部分被保护起来。

但是,这个乌托邦岛屿被不断增加的汽车尾气污染,汽车毁坏了海滩和沿线的砂质内陆轨道。平均每天有1000人会来该岛游玩,

对付澳洲野狗

尽管弗雷泽岛有许多自然景点和冒险机会,但没有什么比第一眼看到澳洲野狗时更令人毛骨悚然了。弗雷泽的野狗被认为是拥有世界上最纯正基因的动物品种之一,它们毛色光滑、行动敏捷、非常漂亮。它们也是野兽,如果帽子掉到地上(或有强烈气味的食物袋),它们可能变得富有攻击性。尽管主动攻击人的情况比较少见,但每一个到达岛屿的游客都必须做好预防措施。

不管野狗看起来有多瘦,或者表现得多么愁眉苦脸,绝对不要喂它们。被人喂大的澳洲野狗会很快失去它们的羞怯,变得争强好斗。喂野狗是非法的,会被重罚。

别留下任何食物残渣,不要把食物带到湖边——在岸边吃东西,野狗能很容易察觉到,锁定目标,并前来觅食。

跟团队其他人待在一起,并让孩子时刻待在自己一伸手就能够到的地方。

挑逗它们不仅是残忍的,而且非常危险。离它们远点,这样它们也会自动远离你。

在合适的距离观察澳洲野狗最好。带一个变焦镜头并且试着保持安静,你就会拍到一些精彩的照片……并且你自己也不会被咬到。

Fraser Island 弗雷泽岛

Fraser Island 弗雷泽岛

弗雷泽有时像一个大沙坑，有自己的高峰期和拥挤的海滩公路。

在2014年10月末，布查拉人赢得了对弗雷泽岛的土地所有权——自20世纪70年代以来，他们一直试图使自己的土地权得到认可。这将允许布查拉人以他们认为合适的方式保护具有文化意义的地方，并向游客展示更多岛屿在历史和精神方面的特质。

乘坐渡轮从彩虹海滩或者赫维湾出发前，确保你乘坐的交通工具有适当的高底盘（如果你是那极少的不加入团队游的人），如果野营，那要有足够的食物、水和燃料。

◎景点和活动

从岛的南端开始，渡轮会前往大陆的因斯基普角，从高潮通道切入，避免危险的Hook角，然后前往东部海滩的主要通道入口。第一个停靠点是**狄力村**（Dilli Village），之前是采沙中心；**Eurong**，在往北行9公里处，有商店、加油站和吃饭的地方。这里有一条内陆轨道，能穿行至中央车站和旺固巴小溪（可以找到去河流源头的渡轮）。

位于岛正中间的是在**中心站**（Central Station）的护林站，这是很多徒步道路的起点。从这里你可以走着或者驾车去美丽的**麦肯锡湖**（McKenzie）、**Jennings**、**拜拉比恩湖**（Birrabeen）和**布曼金湖**。麦肯锡湖是一个十分清澈的湖泊，周围环绕着白色的沙滩，是一个游泳的好地方；去拜拉比恩湖游览的旅行团和背包客群体要少一些。

沿着海滩走，在Eurong以北4公里的地方，一个徒步行走的标记指向沙丘那边的美丽的**瓦比湖**（Lake Wabby），是最易接近弗雷泽湖泊的地方。一条更简单的路线是从瓦比湖瞭望台出发，从内陆一侧离开Cornwell's Break路。瓦比湖三面有桉树环绕，而第四面是一个巨大的沙丘，以大约每年3米的速度侵蚀着湖岸。湖水看上去很浅，但在这里潜水其实很危险。

当你开车到海滩，在涨潮期间，你可能不得不绕道内陆以躲开**Poyungan**和**Yidney Rocks**，在到达**快乐谷**（Happy Valley）之前，这里有住的地方，有商店和小餐馆。往北大约10公里是**爱莉溪**（Eli Creek），水流迅速、清澈见底的水路会毫不费力地把你带到下游。距离爱莉溪2公里处是一艘弃船：**玛希诺号**（Maheno），之前是邮轮，在1935年被龙卷风吹上岸，后来被拖到一个日本人经营的废料场。

大约在玛希诺号往北5公里处，你会看到**Pinnacles**——一部分被侵蚀过的七彩崖，大约10公里以外是**邓杜巴拉**（Dundubara），有一个护林站和极好的露营地。在你到达岩石露头的**印第安角**（Indian Head）之前，能看到一处20公里长的沙滩。在顶端经常可以看到鲨鱼、鳐鱼、海豚，迁徙的季节还可以看到鲸。

在印第安角和瓦迪角（Waddy Point）之间，轨道向内陆延伸，穿过**香槟池**（Champagne Pools），这是岛上唯一安全的海水泳地。在**瓦迪角**（Waddy Point）和**兰花沙滩**（Orchid Beach）有很适合露营的地方，是岛上最后一个停靠点。为了保护环境，许多步道从这里往北都被关闭了。

Kingfisher Bay Resort（☎07-4194 9300；www.kingfisherbay.com）可以安排直升机观赏，**Air Fraser Island**（☎07-4125 360；www.airfraserisland.com.au）提供可选的15分钟的航行，$75就可以游览许多岛屿。

食宿

★ **Kingfisher Bay Resort** 度假胜地 $$

（☎1800 072 555，07-4194 9300；www.kingfisherbay.com；Kingsfisher Bay；双人间 $188，两卧别墅 $258；❄@≋）🍃这个高雅的生态度假村有酒店客房，客房配有私人阳台，精致的2~3卧的木制别墅，提升档次是为了限制对环

境的影响。在旺季，最少要住3晚。度假村有饭馆、酒吧和商店，岛上每天都有生态旅游，由护林人带路（成人/儿童 $160/110）。

弗雷泽岛海滨别墅 小屋 $$

（Fraser Island Beachhouses；☎1800 626 230，07-4127 9205；www.fraserislandbeachhouses.com.au；Eurong Second Valley；单间/住宅 $150/275；）想要自己的空间又没有沙子和帐篷的人们，可以首选这里。房间里阳光明媚、设施齐备，有亮闪闪的木制家具、有线电视，还可以观看海景；有4款海景房，价格根据大小和位置而定。适用于在此稍作停留的人们。

★ Eurong Beach Resort 度假村 $$

（☎1800 111 808，07-4120 1600；www.eurong.com.au；Euro；房间 $135起，双卧公寓 $199；）有趣但十分简单的Eurong是东海岸主要的度假村，是大部分预算有限的游客的可靠选择。可以选择简单的汽车旅馆房间或舒适的设施齐全的公寓。有一个餐馆（主菜 $18~40；早餐、午餐和晚餐）、一个酒吧、一个商店、两个游泳池、一个网球场和一个加油站。

Fraser Island Retreat 小屋 $$

（☎07-4127 9144；www.fraserisretreat.com.au；Happy Valley；小屋每两晚 $360；）寓所的9个小木屋（每个木屋最多可以睡4个人）提供岛上最超值的住宿。小木屋很通风，仿佛住在树林中，距离海滨也很近。现场是一个露营地厨房，提供有营业执照的餐馆和销售燃料的商店。

Sailfish on Fraser 公寓 $$$

（☎07-4127 9494；www.sailfishonfraser.com.au；Happy Valley；双人间 $230~250，每多

沙丘探险之旅：探索弗雷泽岛

除了步行以外，开越野车探索弗雷泽岛是唯一的方式。对于大多数旅客来说，有3种交通方式：跟随他人游览、组团游览或租赁汽车游览；第四个选项是待在岛上的一家酒店，然后每天从酒店出发游览。

这里环境脆弱；需要牢记，岛上私家车的数目越多，对环境破坏越大。

跟随他人游览

广受背包客欢迎，旅客们挤到越野车队里，跟在一个有经验的导游和司机的车后面游览。旅客轮流开车，可能会十分好玩，但也有可能造成事故。费用是$350~400——一定要确认下这个费用里是否包含食物、燃料和酒。住宿的地方一般是帐篷。

优点：你能很快交到新朋友；开车去海滩也是非常刺激的事情。

缺点：如果不提供食物，就得自己做。团队的人比大巴旅行人还要多。

Dropbear Adventures（☎1800 061 156；www.dropbearadventures.com.au）许多人从赫维湾、彩虹海滩、努萨出发到弗雷泽岛。

彩虹上的弗雷泽（Fraser's on Rainbow；☎07-5486 8885；www.frasersonrainbow.co）从彩虹沙滩出发。

弗雷泽野狗（Fraser Dingo；☎0400 779 880；fraserislandtagalongtours.com；Unit 13/3 Southern Cross Circuit，Urangan；2天的团队游 $304）包括食物和宿舍住宿。

Pippies Beach House（☎07-5486 8503；www.pippiesbeachhouse.com.au）从彩虹海滩出发；小车队，安全有保障。

Nomads（☎07-5447 3355；www.nomadsfraserisland.com）从努萨启程。

团队游

大部分有组织的团队游覆盖了弗雷泽的旅游热点：雨林、爱丽泉、麦肯锡湖、瓦比湖、彩

1人 $10; 🅟) 在这个豪华、纵情享受的寓所里，任何粗鲁的野性想法很快就会被遗忘。有两个卧室的公寓宽敞豪华(最多可以睡6个人)。有温泉、现代化的生活设备、一个吸引人的游泳池和一个洗车区。

露营

岛上的供应品有限且昂贵。在到达前屯好货，而且要为迎战蚊子和3月的苍蝇做好准备。

在Department of National Parks, Sport and Racing露营地和所有公共区域(即海滩沿线)露营需要野营许可证。最发达的露营地(NPRSR camping grounds; ☎13 74 68; www.nprsr.qld.gov.au; 每人/每个家庭 $5.45/21.80)在瓦迪角、邓杜巴拉和中央车站，有投币式热水器、厕所、烧烤。在布曼金湖以及西岸的Ungowa和Wathumba，开车的露营者也可以使用较小的露营场地，但设备相对较少。步行者营地离主要宿营地很远，在弗雷泽大道沿线。徒步路径地图列出了露营地点和设施。在指定的东部海滩是允许露营的，但这里没有任何设施。除了瓦迪角和邓杜巴拉的公共火环，其他地方都是禁止烧火的——自己带上些未经处理的小块木柴。

Dilli Village Fraser Island 露营地 $

(☎07-4127 9130; www.usc.edu.au; 露营地每人$10, 床铺/小木屋 $50/120)由阳光海岸大学管理，这里有些不错的露营地点，在一个微微倾斜的坡上。

弗雷泽主教座堂 房车公园 $

(Cathedrals on Fraser; ☎07-4127 9177; www.cathedralsonfraser.com.au; Cathedral Beach; 无电力供应/有电力供应 $39/45, 小木屋含/不含独卫 $220/180; @)宽敞的公园由私人

色尖峰石阵和"玛希诺号"(Maheno)遇难船只残骸。

优点: 专家级的讲评; 美味的食物和舒适的住宿; 通常是最实惠的选择。

缺点: 一日游的巴士通常全部在同一地点同一时间到达; 社交机会较少。

炫酷野犬之旅(Cool Dingo Tours; ☎07-4120 3333; www.cooldingotour.com; 2日游/3日游 $325/395)可以在旅舍过夜，可以选择在岛上多待几夜。可参加聚会。

弗雷泽探险家旅行团(Fraser Explorer Tours; ☎07-4194 9222; www.fraserexplorertours.com.au; 1日游/2日游 $175/319)经验丰富的司机; 出发地很多。

弗雷泽体验(Fraser Experience; ☎07-4124 4244; www.fraserexperience.com; 1日游/2日游 $180/327)小规模团队游，在行程方面提供更多自由。

遥远的弗雷泽(Remote Fraser; ☎07-4124 3222; www.tasmanventure.com.au; 团队游 $150)一日游可以去很少有人光顾的西海岸。

租赁越野车游览

你能从赫维湾、彩虹海滩或弗雷泽岛租赁越野车。所有公司都要求很高的抵押金，通常以信用卡的形式支付，如果你在海水中开车，你一定会失去押金，所以绝不要妄想"随车逐浪"这种事情。

规划行程时，考虑一下在内陆的速度是20公里/小时，在东部海滩是40公里/小时。大多数公司都会协助安排渡轮、许可证和露营装备。多日的租赁费用每天至少$185左右。

优点: 漫步在整个岛屿、远离喧嚣的人群，这是一种完全的自由。

缺点: 你可能会遇到沙滩和道路状况，甚至让有经验的司机也觉得有挑战性; 价格贵。

在**赫维湾**(见376页)和**彩虹海滩**(见380页)有租赁公司。在岛上，**Aussie Trax**(☎07-41244433; www.fraserisland4wd.com.au)出租越野车，每人每天$283起。

弗雷泽岛徒步行

在岛上徒步行走是探索神秘岛屿的一个极好方法。徒步道路环岛而建，从狄力村落到快乐谷有90公里。道路被分成约6公里至16公里长的7段，还有一些边道，道路沿弗雷泽岛的土著布查拉人(Butchulla)的路径而建。在路上，步行可经过雨林的树冠下，绕过岛上灵动的湖泊，经过流动的沙丘。

需要登录www.nprsr.qld.gov.au查看地图，会有详细信息和路线更新，当路况不好时，系统会关闭。

经营，有圈养野狗、面积巨大且平坦的草地。适宜阖家同游。

实用信息

教堂海滩(Cathedral Beach)、Eurong、翠鸟湾(Kingfisher Bay)、快乐谷及兰花海滩的商店提供一般的生活必需品和公共电话；大部分露营地也有电话。

Eurong昆士兰州公园和野生动物管理局信息中心(☎07-4127 912)是主要的护林中心。其他的护林中心位于**邓杜巴拉**(Dundubara；☎07-4127 9138)和**瓦迪角**(☎07-4127 9190)。办公室常常没人在，因为护林员要在外面巡逻。

通行证

在到达前，你必须从**Department of National Parks, Sport and Racing**(☎13 74 68；nprsr.qld.gov.au)为交通工具办好通行证(每天/每周/每月$11/27.70/43.60)，然后在露营地露营(每人/每个家庭 $5.45/21.80)。私人露营地或度假村不需要许可证。在线购买许可证或与游客中心确认最新购买信息。

到达和离开

飞机

弗雷泽岛上的飞机(见387页)从赫维湾机场出发，到东部海滩的往返飞机票费用至少$135(30分钟往返)。

船

汽车渡轮连接弗雷泽岛与河流源头(在赫维湾以南大约10公里处)，或再往南的因斯基普角(Inskip Point)，其靠近彩虹海滩。

Fraser Venture Barge(☎1800 227 437, 07-4194 9300；www.fraserislandferry.com.au)在弗雷泽岛西海岸，从河流源头穿行至旺固巴小溪(交通工具搭4人往返 $165，30分钟)。每天8:30、10:15和16:00从河流源头出发，9:00、15:00和17:00从岛上返回。

翠鸟湾轮渡(Kingfisher Bay Ferry；☎1800 227 437, 07-4194 9300；www.fraserislandferry.com)每天有车辆和客运渡轮(徒步的成人/儿童 $50/25，交通工具及四名乘客往返$165，50分钟)从河流源头到翠鸟湾，在6:45、9:00、12:30、15:30、18:45和21:30(只有星期五和星期六)启程，在7:50、10:30、14:00、17:00、20:30和23:00(只有星期五和星期六)返程。

蝠鲼(Manta Ray；☎07-5486 3935；mantarayfraserislandbarge.com.au)从彩虹沙滩出发，蝠鲼有两班轮渡，使得从因斯基普角穿行到弗雷泽岛上的Hook角只需要15分钟，每天6:00~17:30不间断运行(交通工具往返$110)。

当地交通

想要在弗雷泽岛上开车，那么你不仅需要越野车，还需要一个许可证(见390页)。教堂海滩、Eurong、翠鸟湾、快乐谷及兰花海滩的商店可以加油，但是很贵。如果你的汽车抛锚了，可以给在Eurong的**拖车服务**(☎0428 353 164, 07-4127 9449)打电话。

弗雷泽岛出租车服务(Fraser Island Taxi Service；☎07-41279188；www.fraserservice.com.au)提供越野车租车。提前预订极其重要，因为整个岛上只有1辆出租车。

摩羯海岸和南礁群岛

包括 ➡

最佳餐饮

- Ferns Hideaway（见402页）
- Getaway Garden Café（见394页）
- Ginger Mule（见398页）
- Great Western Hotel（见398页）
- Megalomania（见400页）

最佳住宿

- Svendsen' s Beach（见401页）
- LaLaLand Retreat（见394页）
- Coral Inn Yeppoon（见400页）
- Lady Elliot Island Resort（见396页）
- Myella Farm Stay（见397页）

为何去

摩羯海岸线横跨南回归线，是东海岸最静谧、最美丽的海岸线之一。虽然在学校放假期间会有大量的当地居民涌向海滩，但一年中的大多数时候这里都人烟稀少。即使是在旅游旺季，你也不必驱车很远寻找人迹罕至的海滩。

摩羯海岸上白沙耀眼、海水碧蓝，作为假期旅游手册的图片再合适不过了。在昆士兰州，大堡礁（Great Barrier Reef）南部的原始岛屿是浮潜和潜水的好去处，小至海龟、大到鲸类，这里是各种野生动植物集聚的绝妙地点。沿着海岸线，随处可见未经破坏的海滩和被海风吹拂着的国家公园。

内陆地区有熙熙攘攘的罗克汉普顿（Rockhampton），它不仅是卡普里柯尼亚（Capricornia）的经济中心，也是澳大利亚的“牛都”。这里有牛排馆、各种牛仔竞技表演，还有随处可见的大牛仔帽。

何时去

罗克汉普顿

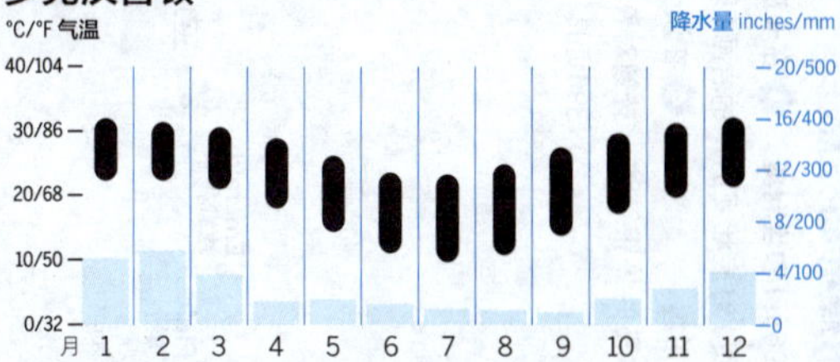

2月 艾格尼斯蓝调和根音乐节音乐震天，“嗨翻”整个探索海岸。

5月至9月 冬日比较温暖，适合游泳、沐浴阳光。

12月 夏至之时，游客会在摩羯岩洞看到令人叹为观止的灯光秀。

摩羯海岸和南礁群岛亮点

❶ 在**赫伦岛**（见396页）和**埃利奥特夫人岛**（见395页）海底壮观的珊瑚丛中体验潜水乐趣。

❷ 参观**大克佩尔岛**的热带海滩（见401页）。

❸ 在**卡那封峡谷**徒步寻找原住民的岩画（见403页）。

❹ 在澳大利亚的"牛都"**罗克汉普顿**对着巨大的牛排大快朵颐（见396页）。

❺ 在**摩羯岩洞**爬行穿过黑洞和狭窄的隧道（见399页）。

❻ 怀着一夜暴富的梦想来**宝石矿场**挖掘筛选蓝宝石吧（见402页）。

❼ 来**艾格尼斯水域**冲浪，在那里感受昆士兰州最北端的冲浪海滩的惬意（见393页）。

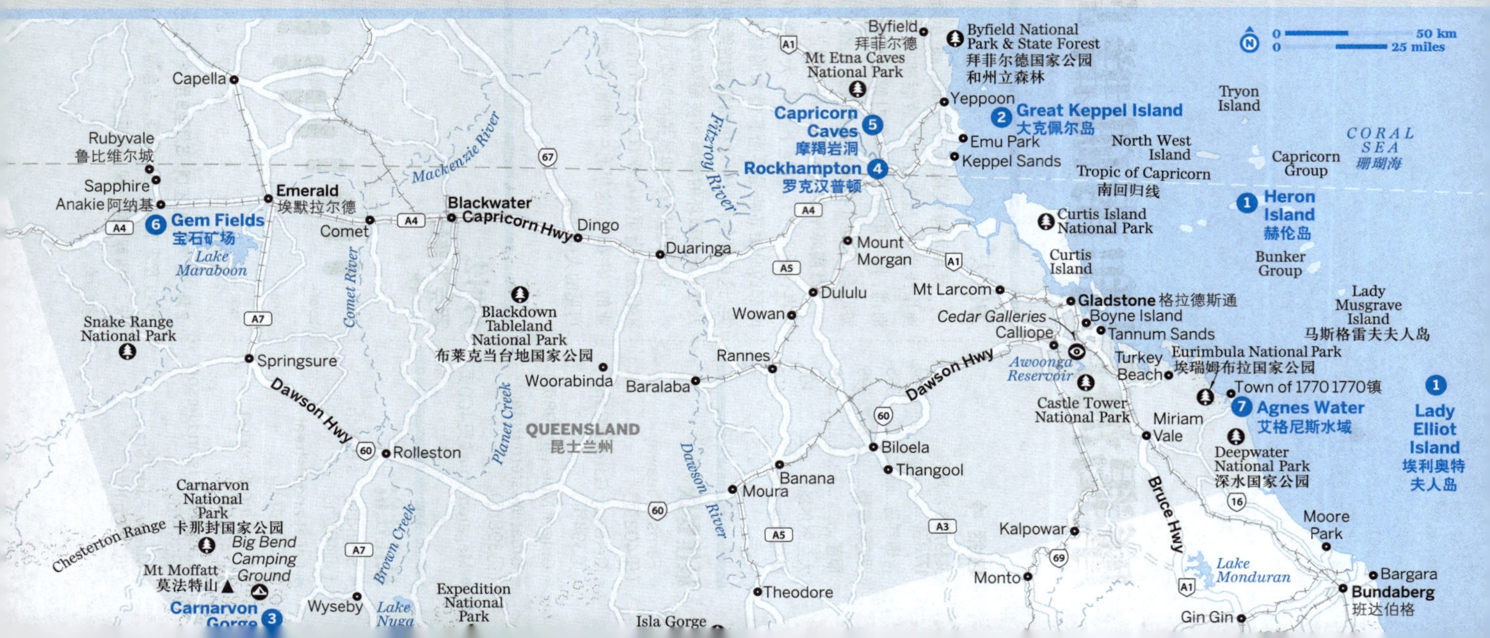

艾格尼斯水域和1770镇（Agnes Water & Town of 1770）

人口 1815

艾格尼斯水域和1770镇是两座孪生小镇，它们被国家公园和太平洋环抱着，迷人又安静，是昆士兰最适合落脚歇息的地点。面积不大的艾格尼斯水域小镇拥有东海岸最靠北的冲浪海滩，1770镇的面积就更小了，跟码头比都大不了多少。这里是库克船长在昆士兰的第一处登陆点，也是皮划艇、立式单桨冲浪的好去处。探索海岸（Discovery Coast）广为人知，备受喜爱，因为在这里可以远离熙熙攘攘的人群，尽情享受冲浪、划船和钓鱼的乐趣。格拉德斯通以南70公里处就是米利安谷（Miriam Vale），从米利安谷的布鲁斯公路往东拐，就能到达探索海岸了。这里距离艾格尼斯水域还有57公里，再走6公里就是1770镇。

景点和活动

艾格尼斯水域是昆士兰最北部的**冲浪沙滩**。主海滩的海浪大小正适合冲浪，这里还有冲浪救生俱乐部的救生员。环山溪（Round Hill Creek）上游也是**钓鱼**和**抓蟹**的好去处。要是租条船去远礁的话，你就既可以钓鱼浮潜，又能冲浪潜水了。要钓鱼，你可以在1770镇的小船坞那里租一艘小艇（半天 $75，全天 $110），或者直接向Poppy Bob寻求帮助。如果你不想自己一个人去，可以参加**Hooked on 1770**（☎07-4974 9794；www.1770tours.com；半天/全天团队游 $150/220）组织的包船团队游。

深水国家公园 国家公园

（Deepwater National Park；www.nprsr.qld.gov.au/parks/deepwater）艾格尼斯水域南部8公里之外的滨海景观保存完整，这里的沙滩蜿蜒绵长，到处都是步行小道和小海湾，是绝佳的钓鱼场所。不过这里仅允许四驱车通行。这里也是蠵龟（loggerhead）和海龟的繁殖区。它们一般在11月至次年2月产卵，1月至4月的晚上孵化出小海龟。

Reef 2 Beach Surf School 冲浪

（☎07-4974 9072；www.reef2beachsurf.com；艾格尼斯水域购物中心，艾格尼斯水域）这家冲浪学校备受好评，你可以在这里学习如何在主海滩或是低缓的海浪上冲浪。3小时的团体冲浪课程收费$17，租借冲浪板每4小时$20。

1770 Liquid Adventures 皮划艇

（☎0428 956 630；www.1770liquidadventures.com.au）黄昏时分，划着皮划艇感受别样的美丽景色。在1770镇每次冲浪花费$55。人们通常会在日落时分去沙滩填饱肚子，不过去之前记得留意一下，没准还会看到海豚。你也可选择租皮划艇（每小时$20起）。

1770 SUP 水上运动

（☎0421 026 255；www.1770SUP.com.au；1.5小时团队游 $35/50）你可以选择立式单桨冲浪来探索这片平静的水域和沙滩。团队游含有一堂冲浪入门课程，当然你也可以自己租冲浪板，1小时$20，2小时$30。在1770水滨，穿梭于树状栏之间的移动SUP拖车随处可见。

Scooteroo 摩托车

（☎07-4974 7697；www.scooterrootours.com；21 Bicentennial Dr, Agnes Water；3小时骑行 $75）跨上摩托车，一脚油门“呜”的一声就可以开50公里，虽然有些粗野，不过有趣极了。任何一个有驾照的人都可以在这里驾驶无级变速摩托车风驰电掣一番。记得穿长裤和满帮鞋；机车手（Scooteroo）还会为你提供硬汉皮夹克（当然少不了令人热血沸腾的火焰图标）。

团队游

★ **Lady Musgrave Cruises** 游轮

（☎07-4974 9077；www.1770reefcruises.com；Captain Cook Dr, Town of 1770；成人/儿童 $190/90；⊙每天8:30出发）这个由家族公司策划的岛上一日游棒极了。旅游团会在马斯格雷夫夫人岛（Lady Musgrave Island）上待5个小时，旅行团费包含午餐、早茶和下午茶，你可以在半潜式的平台里穿着浮潜用具观赏珊瑚。想要潜水或是在礁石上钓鱼，需要另外付费。岛上露营人均花费$450。

ThunderCat 1770 探险游

（☎0411 078 810；团队游 $70起）你可以乘冲浪艇去冲浪，也可以在动力冲浪板上跃至浪尖，最精彩的还是穿着胖胖的充气相扑服在水中跟着浪花反弹旋转。不求刺激的游客可以选择参加Wilderness Explorer组织的生态游，来一次环保的平静水路之旅。

1770 Larc Tours 团队游

（☎07-4974 9422；www.1770larctours.com.au；成人/儿童 $155/95）大鸨角（Bustard Head）和埃瑞姆布拉国家公园（Eurimbula National Park）的探险团队游耗时7小时，这恐怕也是世界上最奇怪的生态游了（游客们会乘坐粉红色的两栖军用装甲车游览）。下午也有几个小时的团队游（成人/儿童 $38/17）和滑沙之旅（$120）。

节日

艾格尼斯蓝调和根音乐节 音乐

（Agnes Blues & Roots Festival；www.agnesbluesandroots.com.au；SES Grounds，Agnes Water）这个最重大、最热门的活动会在2月最后的一个周末开启。

住宿

Workmans Beach Camping Area 露营地 $

（Workmans Beach，Springs Rd，Agnes Water；营地每人 $6）Workmans Beach是由市政当局管理的露营地。这里地方宽敞，周围满是迷人的沙滩。还配备冷水淋浴间、马桶和液化气烧烤炉。如果你已深深地爱上了这里，最多可以待上44天。这里不接受预订，直接去就好。幽默的市政工作人员一大早就会敲响你的小客车或帐篷来收住宿费。

Cool Bananas 青年旅舍 $

（☎07-4974 7660，1800 227 660；www.coolbananas.net.au；2 Springs Rd，Agnes Water；铺 $28；@📶）这家巴厘岛风格的背包客旅馆生意火爆，分6人间和8人间，地方开阔，空气流通。从这里到沙滩或者商店只需要走5分钟。你也可以慵懒地躺在吊床之上，享受热带花园的惬意时光。

1770 Southern Cross Tourist Retreat 青年旅舍 $

（☎07-4974 7225；www.1770southerncross.com；2694 Round Hill Rd，Agnes Water；铺/双 含早 $25/85；@📶🏊）这家青旅设在一片桉树林中隐蔽的地方。这里还有游泳池以及配有吊床和篝火的烧烤区，天然开阔，适合放松身心。虽然晚上会有各种聚会，不过如果你想睡个好觉，这里仍然是最好的选择。这里距离城镇2.5公里，可以搭乘免费巴士到达。

1770 Camping Groud 房车公园 $

（☎07-4974 9286；www.1770campingground.com.au；Captain Cook Dr，Town of 1770；无电力供应/有电力供应营地 $33/37起）公园开阔宁静，紧邻海滩和树林。

★ LaLaLand Retreat 客栈 $$

（☎07-4974 9554；www.lalalandholiday.com.au；61 Bicentennial Dr，Agnes Water；小屋 $135~240；P❄📶🏊）这家客栈生意红火，几栋色彩斑斓的小屋就位于通往城区公路旁迷人的丛林灌木之中。每间小屋最多可以睡下5个人。这里有一座潟湖式风格的泳池，不仅造型美观，而且还方便轮椅通行；住在这里就会有一种远离现代文明的感觉。提前打电话询问费率。

Agnes Water Beach Club 公寓 $$

（☎07-4974 7355；www.agneswaterbeachclub.com.au；3 Agnes St，Agnes Water；一居室/两居室公寓 $150/250；❄@📶🏊）如果是组团或是全家来玩，住在这里相当超值。公寓不仅设计豪华，设施也很高端。公寓邻近海滩，地处黄金地段。

就餐

Agnes Water Bakery 面包房 $

（Endeavour Plaza，Agnes Water；派 $5；⏰周一至周六 6:00~16:00，周日 至14:00）千万不要错过这家！这里的馅饼比城里大部分面包房的都好吃，海边村庄里的馅饼更没法相提并论了。来这里寻找美食绝对不虚此行，就连素食也是不错的选择（我们去的时候点了花椰菜巧达汤）。热情周到的服务令人赞叹不已。不过这里通常是座无虚席，所以要早去。

★ Getaway Garden Café 新派澳洲菜 $$

（☎07-4974 9232；303 Bicentennial Dr，Agnes Water；早餐 $7~19，午餐 $10~22，晚餐 $20~25；⏰周日至周五 8:00~16:00，周三

和周日 8:00~20:00）这家户外咖啡馆宽敞通风，可以在此观赏莲花池塘，再步行片刻就能找到几处僻静的海滩。不论是早餐吃班尼迪克的鲑鱼（salmon Benedict）还是午餐吃汉堡，这里的食物味道都不错。当地人特别喜欢在周三及周日晚上去吃这里的烤羊腿（要提前预订）。吃完主餐之后，你也可以喝杯咖啡、吃块蛋糕来打发时间。

Tree Bar 新派澳洲菜 **$$**

（☎07-4974 7446; 576 Captain Cook Dr, Town of 1770; 主菜 $16~34; ⊙早餐、午餐和晚餐）这家美式小馆靠着水滨，墙壁上还有少许的结晶盐，酒吧十分简朴，用的是塑料桌子，但是海景极美，微风从海滩吹来穿过林间。虽然当地海鲜略胜一筹，但是这里的早餐（$8起）也真的是好吃到不行！

Agnes Water Tavern 小酒馆 **$$**

（☎07-4974 9469; 1 Tavern Rd, Agnes Water; 主菜 $15~30; ⊙11:30起）这家小酒馆舒适宜人，提供多种服务，在户外有很多座位。每天的午餐和晚餐都有特别套餐。

购物

1770市场 市场

（1770 Markets; SES Grounds, Town of 1770; ⊙周日 8:00至正午）市场上小摊贩欢快的叫卖声此起彼伏，商品种类多样，从食物到古玩应有尽有。每月第二个和第四个周日才开放。

实用信息

艾格尼斯长城游客中心（Agnes Water Visitors Centre; ☎07-4902 1533; 71 Springs Rd, Town of 1770; ⊙周一至周五 9:00~17:00，周六和周日 至 16:00）即使关门了，那些工作细致认真的志愿者也会将信息手册留下，方便迷路的游客参考。

到达和离开

有几趟**澳洲灰狗巴士**（Greyhound; ☎1300 473 946; www.greyhound.com.au）会绕道布鲁斯公路开往艾格尼斯水域，每日必走的站点包括班达伯格（$26, 1.5小时）和凯恩斯（$224, 21小时）。**Premier Motor Service**（☎13 34 10; www.premierms.com.au）也在城镇内外运行。

南礁群岛（Southern Reef Islands）

如果你一直梦想着踏上有白沙和宝石蓝大海环绕着的环礁珊瑚岛，那么南礁群岛就是你梦中的天堂。美丽的埃利奥特夫人岛位于班达伯格东北80公里处，海洋里有珊瑚礁和环礁，从埃利奥特夫人岛一直到Tryon岛，蜿蜒蔓延140公里。

尽管在这一区域潜泳花费比近岸的小岛要高，但这里的几个珊瑚礁是浮潜和潜水的绝佳地点。这里有很多岛屿是重要的海龟和海鸟繁殖基地，按照Department of National Parks, Sport and Racing等相关部门的规定，游客应提前了解一些预防措施从而确保对野生动物的保护。

马斯格雷夫夫人岛、桅顶和西北国家公园群岛（Masthead and North West national park islands）是可以露营的，但在这些地方露营统统需要自给自足。露营名额有限，因此提前申请是明智之举。请联系**Department of National Parks, Sport and Racing**（☎13 74 68; www.nprsr.qld.gov.au; 露营许可证每人/家庭 $5.45/21.80）。

从1770镇和格拉德斯通（Gladstone）出发都可以到达这里。

埃利奥特夫人岛（Lady Elliot Island）

埃利奥特夫人岛位于大堡礁的南部边缘，珊瑚礁植被占地40公顷，很多海龟在此产卵，在此处栖息的海鸟数量更是大得

> **蜇伤**
>
> 在10月至次年的4月，昆士兰州coastal waters北部的艾格尼斯水域（尤其是偏南的海域）里潜藏着毒性极强的箱形水母，又称海胡蜂。所以这期间不建议靠近海岸游泳。幸运的是，礁岛附近游泳和浮潜的场所全年都比较安全。不过礁岛外围也曾发现了非常少见的小型致命水母（大约1~2厘米）。游泳之前一定要仔细询问当地居民或者租一套全身的防蜇伤泳衣。

惊人。大堡礁南部是公认的浮潜和潜水的好去处。你可以探索海床上的沉船残骸，探访珊瑚海中花园、沉没的巨珊瑚礁丛（珊瑚塔和露出地表的珊瑚）和风浪穴，你还可以观察到各种各样的海洋生物，包括梭子鱼（barracuda）、大型蝠鲼（manta ray）和不伤人的豹纹鲨（leopard shark）。

埃利奥特夫人岛不是国家公园，游客不能在此露营。你只能选择住在**埃利奥特夫人岛度假村**（Lady Elliot Island Resort; ☎1800 072 200; www.ladyelliot.com.au; 每人 $147~350）。这里有帐篷小屋、汽车旅馆风格的简易套间或是设施齐备的奢华双卧套间，你也可以选择住在独立套间。费用包括早餐、晚餐、浮潜装备和一些团队游项目。

坐小型飞机是抵达这座岛的唯一方式。度假村里的游客可以在班达伯格、黄金海岸（Gold Coast）及赫维湾（Hervey Bay）坐飞机到达。度假村也会组织内容丰富、性价比高的**一日游**（day trips），费用约为$300，其中包括观光飞行、浮潜团队游及午餐，更多详细内容请登录网站查询。班机及一日游可以通过当地旅游预订机构进行预订。

马斯格雷夫夫人岛 (Lady Musgrave Island)

想体验荒岛余生的感觉，来这里就对了。这座小型岛礁面积为15公顷，位于班达伯格东北100公里处，坐落在一个青绿色潟湖的西缘，游客不论在这里游泳、浮潜还是潜水，安全都能够得到保障。潟湖因此而广为人知。沙沙作响的白沙滩被茂密的麻风桐（pisonia）树林围绕着，各类禽鸟栖息其间，包括燕鸥（tern）、剪嘴鸥（shearwater）和黑燕鸥（white-capped noddies）。鸟类的筑巢期是10月至次年4月，绿甲海龟（green turtles）的筑巢期则是11月至次年2月。

这座无人居住的岛屿是摩羯珊瑚礁国家公园（Capricornia Cays National Park）的一部分。岛的西面是露营地，你必须自给自足，别忘了带上水。每次露营都不能超过40人，所以提前向**Department of National Parks, Sport and Racing**（☎13 74 68; www.nprsr.qld.gov.au; 每人/每家 $5.45/21.80）申请露营许可证。游客需要自带气炉，因为岛上严禁生火。

一日游（$190）前往马斯格雷夫夫人岛的一日游从1770镇码头出发。

赫伦岛和威尔逊群岛 (Heron & Wilson Islands)

直接从海滩就可以前往赫伦岛的水下珊瑚世界，这里不但因为方便前往南礁群岛而为人们所知，还以水肺潜水和浮潜而享有盛名，但是来这里游玩价格不菲。这座小岛其实就是一个珊瑚礁，岸上密布着茂盛的麻风桐，四周还环绕着24平方公里的暗礁。岛的东北部有一座度假村和一家研究站，占岛屿面积的三分之一左右；其余部分都是国家公园。

住宿

赫伦岛度假村 度假村 $$$

（Heron Island Resort; ☎1300 863 248; www.heronisland.com; 双/家/沙滩房 $434/798/3198起）这里适合家庭和情侣入住；海岬套房（Point Suites）坐拥最好的风景。游客可以从相关网站查询信息。餐饭打包需要另付费，午餐有外卖。海上飞机接送的费用为$291，直升机接送的费用为$395。不论哪种运送方式，均是从格拉德斯通（Gladstone）启程。

Wilson Island 休养所 $$$

（☎1300 863 248; www.wilsonisland.com; 双 每人 $463）Wilson Island是国家公园的一部分，这座高档的野外休养所有6座固定的帐篷和太阳能热水淋浴。只有通过赫伦岛才能进入威尔逊岛，所以你需要购买威尔逊-赫伦岛的组合套餐，并且要在威尔逊岛最少住够2晚才行。在赫伦岛和威尔逊岛穿行是要交税的，餐饭和饮品的费用也需要自付。

岛上沙滩很棒，特别适合浮潜；季节合适的话，你还可以看到海龟。

罗克汉普顿（Rockhampton）

人口 61,724

欢迎来到罗克汉普顿（别名"Rocky"）。这里遍地都是大宽檐帽、大牛仔靴、体格壮大的犹特人——不过要说个头最大的，还得是公牛。在罗克汉普顿，半径250公里范围内养育着250万头牛，因此这里被冠以澳大利亚"牛都”的称号名副其实。这座狭长的城镇是昆士兰州的商业和管理中心。宽阔的马路和精致的维多利亚时期建筑（你可以漫步在Quay St）在一定程度上展示了19世纪的繁荣景象，那时正是黄金、铜矿及肉牛产业的鼎盛时期。

罗克汉普顿横跨摩羯热带区，因此天气十分炎热。这里是内陆地区，距离海岸线40公里，海风也不是很强烈。因此夏天十分潮湿，让人难以忍受。罗克汉普顿的闪光点不少，但它最大的亮点是作为耶蓬（Yeppoon）和大克佩尔岛（Great Keppel Island）的门户而存在。

景点

★植物园 花园

（Botanic Gardens；07-4932 9000；Spencer St；6:00~18:00）免费 这座花园是一方美丽的绿洲，位于城镇南部。热带亚热带雨林、风景花园还有长满睡莲的潟湖都融合在这里。此处的日式花园将日本禅式的宁静体现得淋漓尽致。这里有咖啡馆（8:00~17:00）和好玩的免费动物园（8:30~16:30）。动物园有考拉、袋熊、澳洲野狗和猿等动物，还有一间带走廊的鸟舍供游客参观。

摩羯热带区尖塔 地标

（Tropic of Capricorn；Gladstone Rd）在南回归线体验一把！这座尖塔在Gladstone Rd上的游客信息中心处横跨南回归线。巨大的塔尖是标志。

梦创时代文化中心 文化中心

（Dreamtime Cultural Centre；07-4936 1655；www.dreamtimecentre.com.au；Bruce Hwy；成人/儿童 $14/6.50；周一至周五 10:00~15:30，团队游 10:30和13:00）在这里，轻轻松松就能了解到原住民和托雷斯海峡岛民的传统和历史。1.5小时的团队游精彩纷呈而且老少咸宜，你也可以参与亲身实践（可以亲掷飞镖哦！）。位于市中心以北约7公里处。

团队游

Little Johnny's Tours and Rentals 团队游

（0414 793 637；www.littlejohnnysrentals.com.au）这家旅行社会组织去比较近的景点游览，比如拜菲尔德和摩羯岩洞。旅行社在罗克汉普顿机场和耶蓬之间也有小型公共汽车来往接送。

住宿

在去往洛基（Rocky）的南北两条道路上，有许许多多汽车旅馆，但如果你想漫步在棕榈成排的街道，欣赏菲茨罗伊河的风光，那就得选择河南边的古镇中心了。

牧人和牛仔：农场住宿

大农场就在名副其实的澳大利亚内陆中，农场红色的尘土飞扬，看看你能不能分辨出到底谁是牧场的新牧童，谁是饲养员，谁是冒名顶替的人，谁才是真正的牛仔。骑马、骑摩托、斗野牛、击剑，你一定会沉浸在农场丰富多彩的活动中。

Myella Farm Stay（07-4998 1290；www.myella.com；Baralaba Rd；2/3天 260/370，一日游 $120；）Myella Farm Stay位于罗克汉普顿西南125公里处，占地10.6平方公里，你能在这里体验到内陆的生活特色。套餐里的体验项目包括骑马、骑摩托或开四驱车进行丛林探险；此外，套餐包含三餐及住宿，住宿地是一家刚刚翻新过的民房，民房里铺了抛光木地板，还有一条宽宽的走廊；套餐里还提供农场服装，去罗克汉普顿还可以免费接送。

Kroombit Lochenbar Station（07-4992 2186；www.kroombit.com.au；2天1晚套餐 每人 $229；）这里提供不同的农场住宿套餐，你可以自主选择入住帐篷、树屋抑或高端的小屋。要想入乡随俗，融入澳大利亚人的生活，你可以学着甩鞭子、扔回旋镖或是循环套索，骑电子公牛也能给你赢来名声。费用包括伙食费及到附近的Biloela接站的费用。

罗克汉普顿背包客旅馆 青年旅舍 $

(☎07-4927 5288; www.rockhamptonbackpackers.com.au; 60 MacFarlane St; 铺 $28; ❄@📶🏊)这家旅舍是青年旅舍协会的会员,整间旅舍朴实无华,在休闲酒吧和餐厅很容易就能和周围的人打成一片。宿舍都是基本配置,多为4张床。这里人群混杂,往来繁忙。有的背包客会在养牛场寻找工作。

Southside Holiday Village 房车公园 $

(☎07-4927 3013; www.sshv.com.au; Lower Dawson Rd; 无电力/有电力供应营地$30/38,小屋 $69~88,别墅 $98~120; ❄@📶🏊)这座房车公园算是城里数一数二的了,小屋和别墅都收拾得井井有条,还配上了独立设施;露营的地方铺有大块的草坪,厨房也设计得很好。价钱可以2人分担。公园位于市中心以南大约3公里处一条繁忙的主干线上。

Criterion 酒店 $$

(☎07-4922 1225; www.thecriterion.com.au; 150 Quay St; 小酒馆房间 $60~85,汽车旅馆 $130~160; ❄📶)Criterion是罗克汉普顿的一座恢宏而且历史悠久的小酒馆。这里的门厅优雅大方,酒吧员工友好亲切,牛排馆更是倍受推崇。酒店的最高2层有几十个带时代印记的房间。房间里有淋浴,但必须要到一层的大厅上厕所。这里也有很多四星级半的汽车旅馆。

餐饮

★Ginger Mule 牛排馆 $

(☎07-4927 7255; 8 William St; 主菜 $10; ⏰周三和周四 11:30至午夜,周五 至次日2:00,周六 16:00至次日2:00)这家小餐馆算是罗克汉普顿最酷的一家店,虽然店家自称做的是西班牙小吃,但来这里吃饭的人却都是为了牛排!这里的牛排不管是半生不熟的,还是经过高温烤炙的,都很好吃。餐馆每周末会专门准备本周特色菜(包括$10的牛排);来这儿吃饭,你要么就早点儿去,要么就准备好去抢座位吧。这里还有鸡尾酒吧供你消遣至深夜。

★Great Western Hotel 小酒馆

(☎07-4922 1862; www.greatwesternhotel.com.au; Stanley St和Denison St交叉路口; ⏰10:00至次日2:00)这家小酒馆建于1862年,里边看起来和电影里的美国西部酒馆一模一样,这里聚集着罗克汉普顿的牛仔和姑娘们。酒馆后面有个牛仔竞技场,每个周三、周五都有勇敢的牛仔在场上被愤怒的公牛或是野马甩来甩去。偶尔也会有摇滚乐队来这里做巡回表演;入场券可以上网订购。食物全都是极好的牛排。

实用信息

摩羯热带区游客中心(Tropic of Capricorn Visitor Centre; ☎1800 676 701; Gladstone Rd; ⏰9:00~17:00)这个很有帮助的游客中心在高速公路上,紧挨摩羯热带区,距离镇中心大约有3公里。

到达和离开

飞机

澳洲航空(Qantas; ☎13 13 13; www.qantas.com.au)和**维珍航空**(Virgin; ☎13 67 89; www.virginaustralia.com)为罗克汉普顿搭起了与其他城市沟通的桥梁。机场离城镇中心大约有6公里。

长途汽车

澳洲灰狗巴士(Greyhound; ☎1300 473 946; www.greyhound.com.au)该公司定期的长途汽车从罗克汉普顿开往麦凯($62, 4小时)、布里斯班($160, 11小时)和凯恩斯($200, 17小时)。所有的长途汽车都停靠在24小时移动路边客栈(Mobil Roadhouse; 91 George St)。

Premier Motor Service(☎13 34 10; www.premierms.com.au)该公司提供往返于布里斯班和凯恩斯的班次,中途会在罗克汉普顿停一会儿。

Young's Bus Service(☎07-4922 3813; www.youngsbusservice.com.au; 171 Bolsover St)周一至周五有公车来往于耶蓬和摩根山(Mt Morgan)之间(单程费用 $6.70)。长途汽车从警察局旁边的Bolsover St发车。

火车

昆士兰铁路公司(Queensland Rail; ☎1800 872 467; www.queenslandrailtravel.com.au)从罗克汉普顿坐火车可前往布里斯班(Brisbane)、凯恩斯(Cairns)和昆士兰州的内部城镇,如朗里奇

摩羯岩洞

摩羯岩洞（☎07-4934 2883; www.capricorncaves.com.au; 30 Olsens Caves Rd; 成人/儿童 $28/14.50; ⏲9:00~16:00）在罗克汉普顿以北大约24公里处的Berserker Range山脉上，景色壮丽，不容错过。这些古老洞穴在石灰石山脊上，好似蜂巢。在大洞穴和迷宫的导览游中，你能看到洞穴礁、钟乳石和悬空的无花果树根，也可能会看见小型食虫蝙蝠，不过概率不大。

一小时"教堂游"的亮点部分就是那形如主教座堂的天然岩石。石头边上还有录像来展示洞穴的声学原理——带给你全新的身心感受。这里每年还会举办多场演唱会。每年12月，在夏至前后的日子（12月1日至次年1月14日），阳光会透过Belfry洞穴顶部垂直地照下来，俨然就是一场电子灯光秀。如果你正好站在光束下方，你穿的衣服是什么颜色，反射出来的太阳光就是什么颜色。整个洞穴都映成了同一个颜色。

勇敢的洞穴探险家可以预订2小时的**探险游**（$75）。至少提前一天预订。探险游会带你经过十分狭窄的地方，有的地方叫"胖子的悲哀"。年满16岁才能参加探险游。

摩羯岩洞有烧烤区、泳池、售货亭及**住宿点**（有电力供应营地 $35，小屋 $140~170）。

（Longreach）和埃默拉尔德（Emerald）。火车站位于市中心西南450米处。

当地交通

Sunbus（www.sunbus.com.au）公司运营的长途汽车网覆盖了整个城市。周一至周五：全天运行，周六：上午运行；在信息中心可以获取时刻表。也有**Rocky Cabs**（☎13 10 08）。

耶蓬（Yeppoon）

人口 13,500

耶蓬是一座充满魅力的海滨小村，那里有绵长的沙滩、平静的大海，还有引人入胜的火山腹地、菠萝地和大片的牧场草地。寂静的马路、静谧的汽车旅馆和沙滩咖啡馆吸引着一大批罗克汉普顿人来这里避暑，游客们也会直奔距海岸仅13公里的大克佩尔岛（Great Keppel Island）而去。

景点和活动

去往大克佩尔岛的游轮和渡船会从位于劳斯林湾（耶蓬的南面）的克佩尔湾码头（Keppel Bay Marina）出发。

在城镇附近的无花果树溪（Fig Tree Creek）和大片树林里，你会从中发现狐蝠的身影。日落之时，这些狐蝠翱翔于天空，十分壮观。

库伯利公园 野生动物保护区

（Cooberrie Park; ☎07-4939 7590; www.cooberriepark.com.au; Woodbury Rd; 成人/儿童/家庭 $30/15/70; ⏲10:00~15:00，动物表演13:00）在耶蓬北面15公里处，园内有10公顷低矮的灌木林，是众多小型野生动植物的家园。在公园里，你可以看到成年大袋鼠、小袋鼠和孔雀自由地漫步。你也可以喂一些小动物；不过你想要抱抱毛茸茸的考拉或者其他爬行动物的话，需要额外付费。

库拉那鳄鱼养殖场 野生动物保护区

（Koorana Crocodile Farm; ☎07-4934 4749; www.koorana.com.au; Coowonga Rd; 成人/儿童 $28/13; ⏲团队游10:30, 13:00）从鸸鹋公园往罗克汉普顿的方向走上15公里就是库拉那鳄鱼养殖场，不过要在经验丰富的导游引导下参观。这吃人猛兽动作迅速，水花飞溅，吓破胆的你可以在养殖场的餐馆里吃一些鳄鱼烤串、排骨或者鳄鱼派来小小地报复一下。

Funtastic Cruises 游轮

（☎0438 909 502; www.funtasticcruises.com; 全天 游轮 成人/儿童/家庭 $98/80/350）这家游轮在17米长的双体船上组织的浮潜游项目长达一天，游轮会在大克佩尔岛停留2小时，提供早茶和下午茶，以及各种浮潜装备。也有项目组织游客下船去岛上露营。

Sail Capricornia 游轮

（☎0402 102 373；www.sailcapricornia.com.au；全天游轮 含午餐 成人/儿童 $115/75）Sail Capricornia提供在Grace号双体船上的浮潜游轮行，另外这里还提供日落游轮行（$55）以及3天游轮行（$499）。

住宿

在耶蓬至鸸鹋公园19公里的海岸线上，海滩、房车公园、汽车旅馆和假日套间应有尽有。

当地住宿详情可登录www.yeppooninfo.com.au查询。

★ **Coral Inn Yeppoon** 青年旅舍 $

（☎07-4939 2925；www.flashpackers.net.au；14 Maple St；铺 $29，双 $90；）Coral Inn老板热情好客、服务周到。这里的整体色调如珊瑚礁一样鲜艳，公共区域也其乐融融，实在是让人流连忘返。所有的房间都有套间，性价比超高。这里配有非常棒的共用厨房、带吊床的小型海滩和泳池。不过旅舍只有一个6人间的宿舍。吸烟的旅客要注意，该旅舍绝对禁止吸烟。

★ **Emu's Beach Resort & Backpackers** 青年旅舍 $

（☎07-4939 6111；www.emusbeachresort.com；92 Pattison St，Emu Par；铺 $25~28，标双/三/四 $80/95/105；）旅舍位于距离耶蓬19公里的鸸鹋沙滩对面。这里性价比很高，服务也很热情，有游泳池和烧烤也给旅舍加分不少。宿舍（没有上下铺）设备齐全，宽敞安逸。

Beachside Caravan Park 房车公园 $

（☎07-4939 3738；Farnborough Rd；无电力供应营地 $28，有电力供应营地 $32~36）这处露营地位于城镇中心以北，靠着美丽的沙滩。营地虽然不大，但配有基础设施，干净整洁。这里草地阴凉，设施便利。但是没有小屋或是固定的客车可住。价钱标的是2人的。

Surfside Motel 汽车旅馆 $$

（☎07-4939 1272；30 Anzac Pd；房间 $129起；）这家建于20世纪50年代的旅馆在海滩对面，离小镇很近，其黄绿色的外观可以说是夏季假日海滩的典范。旅馆的房间宽敞、设备齐全，配有烤面包机、吹风机和免费Wi-Fi，住在这里真是相当划算。如果住3晚以上，价格会便宜一点。

就餐

Flour 咖啡馆 $

（☎07-4925 0725；9 Normanby St；甜点 $3.50起，早餐 $9；⊙周一至周五 8:00~15:00，周六 至14:00）可爱的小镇咖啡馆做出大都市水平的早餐，蛋糕入口即化。有很多无麸质蛋糕可选，而且这里的咖啡毫无疑问是方圆几英里之内最好的。

Megalomania 创意菜 $$

（☎07-4939 2333；Arthur St；主菜 $22~36；⊙周二至周六 正午至15:00和17:30~21:00，周日 正午至15:00）耶蓬的最佳餐厅洋溢着都市岛屿的风情，提供新派澳大利亚风格的创意佳肴，食材以当地海鲜为主。到了这里，你可以舒服地躺在无花果树下，聆听室内银器叮当之声。

实用信息

摩羯海岸信息中心（Capricorn Coast Information Centre；☎1800 675 785；www.capricorncoast.com.au；Ross Creek Roundabout；⊙9:00~17:00）游客在信息中心可以咨询当地信息、预订住宿和团队游。

到达和离开

耶蓬位于罗克汉普顿东北方向43公里处。

Young's Bus Service（☎07-4922 3813；www.youngsbusservice.com.au）负责运营罗克汉普顿（单程 $6.70）至耶蓬或克佩尔湾码头（Keppel Bay Marina）的长途汽车。

坐在渡船里，船夫可带你穿梭在住所和克佩尔湾码头之间。如果是自驾出行，白天可以在码头免费停车。若停车时间较长，可将车停至安全的室内停车场——**大克佩尔岛室内停车场**（Great Keppel Island Security Car Park；☎07-4933 6670；422 Scenic Hwy；每天 $15起），该停车场位于耶蓬南部Scenic Hwy上码头岔口的地方。

大克佩尔岛（Great Keppel Island）

大克佩尔岛是一座壮丽的岛屿，这里有崎岖的海岬、茂密的山林。白色细沙海滩被清澈湛蓝的海水环绕着。海滩环绕着这座14平方公里的岛屿，岛上原始丛林的覆盖面积高达90%。

主海滩的树后，坐落着一连串小屋和住处。这里距离大陆仅13公里，对于那些喜欢宁静的背包客来说，这是靠近大堡礁的最好去处之一。但是，自从政府批准这里新建酒店（含250个房间）、别墅（700套）、渡船站点和18洞的高尔夫场地之后，岛上已经迎来了巨大的发展，换句话说——不久之后，这里也将不再平静。

The Rainbow Hut Shop、Great Keppel Island Hideaway和Great Keppel Island Holiday Village都售卖生活必需品，如果你想自己做饭的话，设备需要自带。

景点

大克佩尔岛的海滩可算是昆士兰的一流海滩。从渔夫海滩（Fisherman's Beach；主海滩）延伸出好多条丛林徒步线路；岛屿另一端Bald Rock Point附近有一座2.5米高的"灯塔"（往返3小时），最长的那条丛林徒步路径最难抵达灯塔。沿着陡峭的步行道步行45分钟或者往南部的海岬步行25分钟就来到了猴子海滩（Monkey Beach），这里是浮潜的绝佳地点。飞机起落场南端的一条小径通往长滩（Long Beach），可能是岛上最好的海滩。

活动

Watersports Hut 水上运动

（☎07-4925 0624；Putney Beach；⊙周六、周日和学校假期）Watersports Hut位于主沙滩上，这里不仅出租橡皮艇、双体船和浮潜装备，还有滑道项目。

住宿

★ Svendsen's Beach 木屋 $$

（☎07-4938 3717；www.svendsensbeach.com；双 $105）这家僻静的小酒店在斯维德森海滩（Svendsen's Beach）上，除了在架高的木制平台上搭有2个奢华的帐篷平房外，这里还有颜色亮丽的单间（$130）和公寓（$200起；最多能睡下4个人）。酒店的一切设计都生态友好，有效地利用太阳能和风能，连淋浴用的都是木桶。这里是浮潜、丛林徒步和浪漫出游的圣地。每次住宿最少收费$315。

在渔夫海滩渡船还需要缴税。只收现金。

Great Keppel Island Hideaway 度假村 $$

（☎07-4939 2050；www.greatkeppelislandhideaway.com.au；帐篷小屋 $60~100，房间 $100~160，小屋 $160~200）度假村坐落在蜿蜒曲折的渔夫海滩上，这个不断扩建延展开的区域非常好玩，空间设计友好。海滩边上的餐馆（主菜 $12~25）和酒吧视野辽阔，菜品丰富美味。这里的住宿条件有待升级，我们去的时候还是略显杂乱，以后极有可能会规划露营点。

可以在网站上查找该度假村的各种超值包价套餐。

Great Keppel Island Holiday Village 青年旅舍、木屋 $$

（☎07-4939 8655；www.gkiholidayvillage.com.au；铺 $35，标单和双 帐篷 $90，小屋 $150）度假村提供各种不同类型的房型（宿舍、小屋、双层帐篷），也有整栋公寓可选。整个度假村的氛围友好放松，有公共卫生间、干净的公共厨房和烧烤区。浮潜用具可免费使用，度假村还会组织游客乘电动独木舟去最好的地方体验浮潜。

到达和离开

Freedom Fast Cats（☎07-4933 6888；www.freedomfastcats.com；往返 成人/儿童/家庭票 $55/35/160）这艘船每天早上从罗斯林湾（耶蓬以南7公里处）的克佩尔湾码头（Keppel Bay Marina）出发前往大克佩尔岛，当天下午返回（电话询问准确发船时间）。这家公司也推出旅游套餐，在流程里添加浮潜游、玻璃底船游览等，有的项目里可能含有餐费。

摩羯腹地（Capricorn Hinterland）

罗克汉普顿以西的中央高原（Central

Highlands）拥有两家很棒的国家公园。布莱克当台地国家公园庄严肃穆，而去了卡那封国家公园的游客一定会赞叹那里壮观的峡谷。

在内陆270公里处的埃默拉尔德（Emerald），你可以在燥热的石堆里弯着腰寻找宝石。内陆环境不错，身边都是好心人。尽量在比较凉爽的4月至11月份前来。

布莱克当台地国家公园（Blackdown Tableland National Park）

壮观的布莱克当台地国家公园令人望而生畏，海拔600米的砂岩高原从昆士兰中部的平原拔地而起。这里有独特的野生动物和植物品种，还有强烈的原住民艺术和宗教气息，是丛林徒步爱好者的天堂。前往布莱克当台地的岔道位于丁戈（Dingo）以西11公里。碎石路从台地的底部出发，全长23公里，不适合房车行驶，而且在雨季会相当危险。刚开始的8公里路段，陡峭蜿蜒，湿滑难行。抵达顶部后，你就会看到摄人心魄的马掌瞭望台（Horseshoe Lookout）。这里景色壮观，还有野餐桌、烧烤设备和厕所。前往两英里溪（Two Mile Creek）的步道从这里开始。

Munall Camping Ground（☎13 74 68；www.qld.gov.au/camping；每人/每家$5.45/21.80）该营地大约距离马掌瞭望台8公里。这里有简易厕所和生火的地方，你需要自备水、柴火和（或）燃油炉。需网上预订。绝不要错过Goon Goon Dina circuit，这个2.5公里的环形设施可以把你从露营景区带到Ghungalu洞穴绘画。那些想要更多锻炼机会的游客可以驱车经过露营地到几公里之外的Gudda Gumoo；从这里迈上240级阶梯、爬过2公里的陡坡就会到达长满绿色蕨类植物的峡谷底部。

宝石矿场（Gem Fields）

埃默拉尔德（Emerald）以翡翠唐斯山（Emerald Downs）命名，但此处并没有发现翡翠，西部是占地640平方公里的宝石矿

值得一游

拜菲尔德

有惊人美景的拜菲尔德国家公园是一座与众不同的巨大山丘，这里有浓郁的亚热带雨林、湿地及尖礁。每周日午后来此潜水感觉妙不可言。这里有长长的徒步小路，还有独立的海滩。如获准许，可在此长期定居。这里有5个露营地点（☎13 74 68；www.nprsr.qld.gov.au；每人/家庭$5.85/21.80）可供选择，不过要提前做好预约。九英里海滩（Nine Mile Beach）和Five Rocks都在海滩上，乘四驱车才能到那里。如果条件适宜，你可以在九英里海滩享受到不错的冲浪。

Nob Creek Pottery（☎07-4935 1161；www.nobcreekpottery.com.au；216 Arnolds Rd；⏰10:00~16:00）免费 陶瓷馆和画廊会展示工匠用吹制技术制成的玻璃制品、木制品和珠宝。这里的陶瓷也很出色。

Ferns Hideaway（☎07-4935 1235；www.fernshide-away.com；67 Cahills Rd；无电力供应营地每人 $15，小屋 $150；❄ ✉）是僻静的丛林绿洲。这里有小屋和露营地；在这里你既可以划独木舟，也可以漫步大自然。在周末当天来回的短途游客可以试试这里的餐馆（☎07-4935 1235；www.fernshideaway.com；67 Cahills Rd；主食 $20~38；⏰周五和周日午餐，周六午餐及晚餐），这家店在当地很流行，烹饪得用心且贴心，还有现场音乐可听。你会很享受在那里的时光。

Byfield General Store（☎07-4935 1190；Byfield Rd；⏰周三至周一8:00~18:00）提供燃油，还有一个随意经营的杂货铺，里面简朴的乡村咖啡馆会提供派和三明治。强烈推荐这里的汉堡包及新鲜果汁。

公园位于耶蓬北面，驾车要开40公里。位于拜菲尔德北面的肖尔沃特湾（Shoalwater Bay）紧邻森林和公园，这里是军事训练区，严禁入内。

场，吸引了一批又一批意志坚定的淘宝者，在挖到第一桶宝石之前，他们已经到了难以维持生计的地步了（还要忍受中暑的折磨）。淘宝者的数量在冬季锐减，夏季时这座城镇几乎就被荒弃了。多数人都是冲着蓝宝石来的，他们偶尔也能挖到几颗锆石，至于红宝石就相当少见了。从埃默拉尔德出发再走16公里就到了萨费尔城（Sapphire）和鲁比维尔城（Rubyvale），是采矿场的两个主要的城镇。

景点

想寻找宝石，你先要获得许可证。景区里有些地方能拿到许可证，如**中部高地游客信息中心**（Central Highlands Visitors Centre; www.centralhighlands.co.au; 3 Clemont St, Emerald; ⌚10:00~16:30）在埃默拉尔德有淘宝地的列表，或者登录www.dnrm.qld.gov.au查询；（成人/家庭票 $7.25/10.45）。如果你只是想玩玩而已，在众多的寻宝公园里可以买一桶"矿水"（矿砂与水的混合物），亲自筛选并且冲洗。

矿工文化遗产区步入矿场 矿井

（Miners Heritage Walk-in Mine; ☎07-4985 4444; Heritage Rd, Rubyvale; 成人/儿童 $20/10; ⌚9:00~17:00）鲁比维尔城前边就是这个矿井，允许游客进去参观。30分钟的地下矿井团队游信息丰富，十分精彩。你可以潜入地表以下18米处，在迷宫一样的矿道之中穿行一整天。团队游通常在整点过后15分钟开始。

食宿

阿纳基（Anakie）、萨费尔城和鲁比维尔城里都设有房车营地。

Sapphire Caravan Park 露营地 $

（☎07-4985 4281; www.sapphirecaravanpark.com.au; 57 Sunrise Rd, Sapphire; 无电力供应营地/有电力供应营地 $25/29，小屋 $115）这座房车公园坐落在面积为1.6公顷的小山丘上，里边十分洁净，氛围也很友好。公园里的小屋隐藏在桉树之下，十分适合淘金者居住。

Pat's Gems 酒店 $

（☎07-4985 4544; 1056 Rubyvale Rd, Sapphire; 小屋 $85; ❄📶）Pat's Gems有4座干净的小屋，很快就会住满心满意足的回头客或是家庭客人。这里有烧烤区、烹饪区和现场进行烘焙的**咖啡馆**（⌚8:30~17:00）。

Rubyvale Gem Gallery 酒店 $$

（www.rubyvalegemgallery.com; 3 Main St, Rubyvale; 双 $125起; ❄📶）酒店提供有客厅的现代化大型套间，每间还配备了厨房、洗衣机和烘干机。酒店里的商店陈列着当地最精致的宝石。咖啡馆供应便餐，做出的浓咖啡还带有大都市的风味。

卡那封国家公园 (Carnarvon National Park)

卡那封峡谷（Carnarvon Gorge）充分展示了澳大利亚壮观的自然美景。过去潜逃的罪犯经常会藏在这些历史悠久的岩画之中。1932年，农民们失去了对牧场的租用权，这里成为一处国家公园。

峡谷全长30公里、高200米，是卡那封溪（Carnarvon Creek）历经数百万年冲刷而形成的，其支流穿透了软化的沉积岩，形成了仙境般的绿洲。这里枝繁叶茂，庇护了繁盛的动植物，使它们不至于生活在荒凉的地方。你会发现巨大的苏铁（cycad）、紫萁（king fern）、细枝木麻黄（river oak）、巨桉（flooded gum）、菜棕（cabbage palm），溪流在有些地方会形成深水潭，偶尔还会有鸭嘴兽出没。

对多数人而言，卡那封峡谷就是卡那封国家公园，因为公园的其他地区，包括莫法特山（Mt Moffatt，约1.9万年前原住民部落就在此生活）、卡卡蒙迪（Ka Ka Mundi）和萨尔瓦多罗萨（Salvator Rosa），长期以来都难以进入。

如果从罗尔斯顿（Rolleston）过来，会有75公里的沥青路面，还有20公里土路。如果从罗马途经因捷尼（Injune）和Wyseby的农庄过来，前边大约215公里都是沥青路面，路况还很不错，不过后边还有约30公里的土路，路上凹凸不平，不太好走。如果下了大雨，这些路面都难以通行。

公园入口道路通向**信息中心**（☎07-4984 4505; ⌚8:00~10:00和15:00~17:00）和风景秀美的野餐地。学校假日期间，在公园的入口可以

有限制地露营。主要的步道也从入口开始，游客可以沿着卡那封溪穿越峡谷，也可以绕路前往不同的景点。这些景点包括青苔花园（Moss Garden；距离野餐地3.6公里）、Ward's Canyon（4.8公里）、美术馆（Art Gallery；5.6公里）和大教堂洞窟（Cathedral Cave；9.3公里）。来这里玩至少得预留出一整天的时间。Takarakka Bush Resort提供基本的食品杂货和冰块。峡谷内没有地方可以加油，所以要在罗尔斯顿或因捷尼加满油箱。

你不能从卡那封峡谷驱车前往公园的其他地区，但你可以从因捷尼（需要驾驶四驱车）沿着一段土路前往风景优美的莫法特山（Mt Moffatt）。

Sunrover Expeditions（☎1800 353 717；www.sunrover.com.au；每人含3餐$940）8月至10月经营为期5天的露营游猎，带你深入探索卡那封峡谷。

住宿

如需住宿，进入国家公园之前需要预订。

Big Bend Camping Ground 露营地 $

（☎13 74 68；www.qld.gov.au/camping；营地 每人/家庭 $5.85/21.80）这块露营地十分偏僻，沿峡谷向上走10公里即可抵达。

Mt Moffatt Camping Ground 露营地 $

（☎13 74 68；www.qld.gov.au/camping；营地 每人/家庭$5.85/21.80）来这里露营者不仅需要自备补给，还需要自驾四驱车。

Takarakka Bush Resort 露营地 $$

（☎07-4984 4535；www.takarakka.com.au；Wyseby Rd；无电力供应营地/有电力供应营地 $38/45起，小屋 $195~228）最近，这里重新进行了装修，现在大受家庭游客和丛林徒步爱好者的欢迎。前台出售简易的杂货、地图、酒、冰块和新床单（$10）。度假村离峡谷入口有5公里远。

Carnarvon Gorge Wilderness Lodge 度假屋 $$$

（☎1800 644 150；www.carnarvon-gorge.com；Wyseby Rd；双 $220；⊙11月至次年2月停业；🅿）这处度假屋深藏于丛林之中，带有内陆房屋特色的装潢有着迷人的风情。这里还提供精彩的导览游，其中还有包含全部食宿的组合套餐（每人$155~300）。

到达和离开

这里没有去卡那封的长途汽车，所以去卡那封最好的方式就是打车或者在海岸乘坐夜间旅游车。

降灵海岸

包括 ➡

最佳餐饮

- Mr Bones（见415页）
- Spice n Flavour（见410页）
- Fish D' vine（见415页）
- Jochheims Pies（见422页）
- Bommie Restaurant（见420页）

最佳住宿

- Qualia（见420页）
- Whitehaven Campgrounds（见421页）
- 鸭嘴兽野营地（见413页）
- Kipara（见414页）
- Stoney Creek Farmstay（见409页）

为何去

珊瑚海上风平浪静，柔光闪烁。降灵群岛景色美不胜收，是澳大利亚最为知名的自然景观之一。小岛上草木丛生，四周海水有如猫眼翡翠般清澈，沙滩纯净洁白。附近的大堡礁海洋公园拥有世界上最大的珊瑚园，波光粼粼的海面下，热带鱼成群结队游来游去。乘船是观岛的最佳方式；不论选择何种方式游览，这里都不算便宜。艾尔利海滩是背包客的集中地。他们把皮肤晒成古铜色，在那里举办节日游行，渔船上、海滩上、夜店里不时传来欢声笑语。预算紧的游客差不多只能逛到这儿了。

麦凯是昆士兰州一个普通的沿海小镇，位于艾尔利的南部。那里的建筑多为艺术装饰主义风格，街道两边则是两排整齐的棕榈树。到这里旅行，一定不要错过伊加拉国家公园。这是个生态腹地，绿洲苍翠繁茂，鸭嘴兽常在这里嬉戏玩耍。

何时去

麦凯

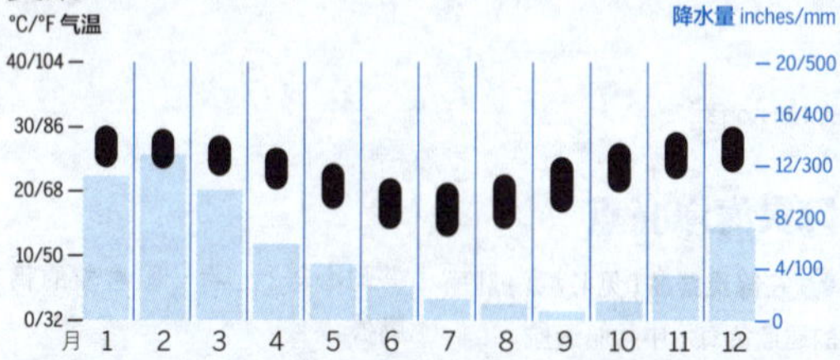

6月至10月 最合适，天朗气清，气候温和宜人，海面波澜不惊。

8月 适逢艾尔利海滩（Airlie Beach）比赛周，一艘艘帆船掠过水面，还有多场派对举行。

9月和10月 这是乘皮划艇环绕群岛航行的最佳时间。

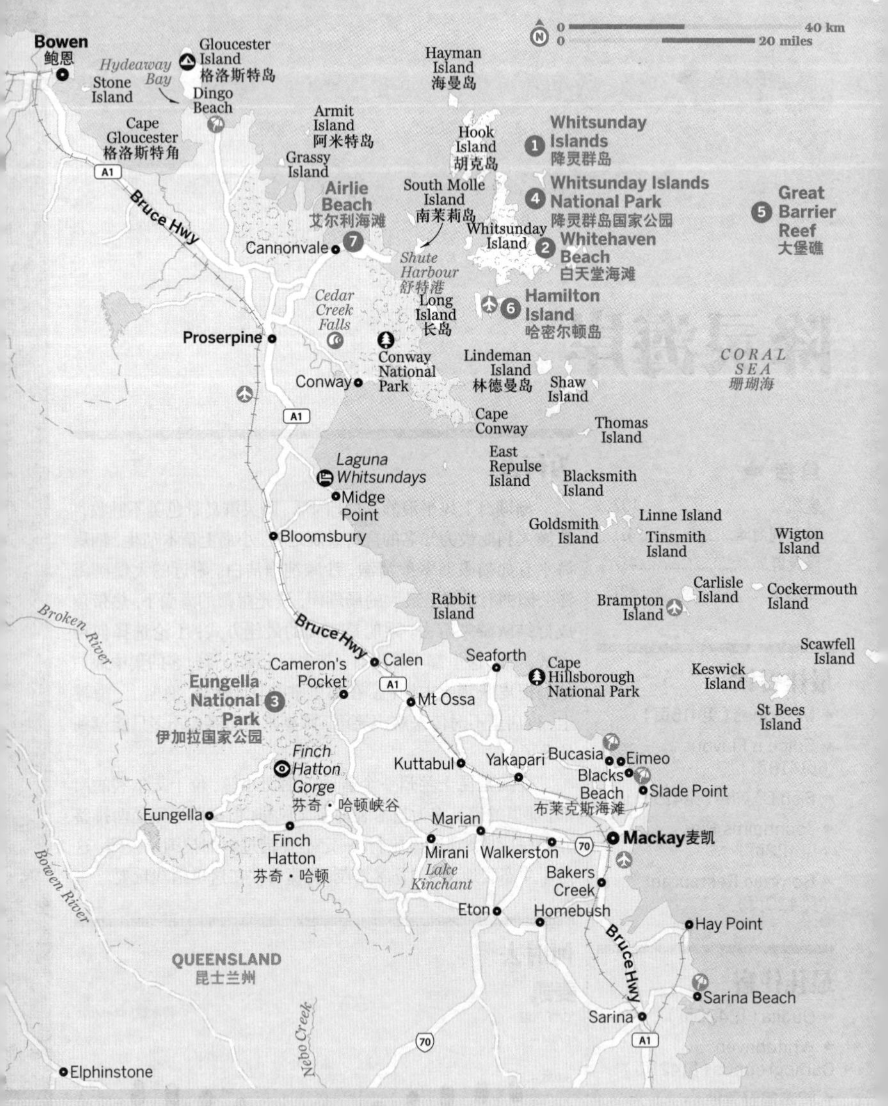

降灵海岸亮点

❶ 在**降灵群岛**(见417页)壮丽的碧蓝色海水中乘船远航。

❷ 被美丽的**白天堂海滩**(见421页)上洁白的硅沙晃得眼花缭乱。

❸ 在**伊加拉国家公园**(见413页)里雾蒙蒙的雨林中漫步,并耐心等待,看一眼害羞的鸭嘴兽。

❹ 在**降灵群岛国家公园**(见420页)的星空下露营,如同荒岛求生一样。

❺ 在**大堡礁**(见414页)外围的礁石那里潜水、浮潜。

❻ 在**哈密尔顿岛**(见419页)上陡峭的森林中徒步旅行。

❼ 在妙趣横生的**艾尔利海滩**(见411页)上大口喝啤酒,尽情寻欢作乐。

到达和离开

飞机

麦凯境内有一个较大的**机场**（www.mackayairport.com.au）。**捷星航空**（Jetstar；☎13 15 38；www.jetstar.com.au）、**澳洲航空**（Qanta；☎13 13 13；www.qantas.com.au）以及**维珍航空**（Virgin；☎13 67 89；www.virginaustralia.com）有固定航班往返于澳大利亚几个主要中心城市。**虎航**（Tiger Airways；☎02-8073 3421；www.tigerairways.com.au）有从墨尔本（Melbourne）和悉尼（Sydney）飞往麦凯的航班。

捷星航空和维珍航空有很多航班飞往哈密尔顿岛（Hamilton Island），到那儿后你可以再转乘轮船或者飞机去其他群岛。还有很多航班飞往大陆降灵海岸机场（Whitsunday Coast Airport）。从那儿你可以乘包机飞往群岛或者坐长途汽车到艾尔利海滩及附近的舒特港（Shute Harbour）。

船

若想乘船去降灵群岛旅行，一般要从艾尔利海滩和舒特港（Shute Harbour）起航。

长途汽车

澳洲灰狗巴士（Greyhound；☎1300 473 946；www.greyhound.com.au）和 Premie（☎13 34 10；www.premierms.com.au）沿布鲁斯公路（A1）设有大巴，并在主要城镇设立了站点。这些巴士沿普罗瑟派恩（Proserpine）到艾尔利海滩高速公路行驶，下高速后再绕道而行。

火车

昆士兰铁路公司（Queensland Rail；www.queenslandrailtravel.com.au）在布里斯班和敦斯维尔/凯恩斯之间有列车，往返穿梭于整个地区。

麦凯（Mackay）

人口 85,399

麦凯的街道充满迷人的热带风情，建筑极尽装饰主义风格，道旁的红树弯曲遒劲，当地人热情而好客，旅游资源十分丰富。尽管如此，麦凯并没有进入最受游客欢迎的目的地名单。相反，作为一个较大的沿海城镇，麦凯更迎合了周围农业和矿工业的发展。但是，如果你去过了太多的旅游胜地，偶尔来这里也会令你耳目一新。码头重建后，风景如画的海滨大道上，露天餐厅和户外咖啡馆也成为新的卖点，但麦凯似乎更适合出城短途旅行。去艾尔利海滩只需要一个半小时的车程，坐船就可以去降灵群岛，而且从甘蔗地到达伊加拉国家公园（Eungella National Park）这一带风景如画。

景点

麦凯的**装饰艺术派建筑**令人印象深刻，但几乎都在1918年的一场热带气旋中毁于一旦，这场毁灭性的热带气旋将城镇里的许多建筑都夷为平地。建筑发烧友们应该从麦凯游客信息中心领一本《装饰艺术派的麦凯》（*Art Deco in Mackay*）读读，以弥补不能亲眼参观的遗憾。

不论是从麦凯北部的**旋转瞭望台**（Rotary Lookout）看海港，还是从**Lampert's Lookout**看海滩，视野都非常好。

麦凯艺术中心 画廊

（Artspace Mackay；☎07-4961 9722；www.artspacemackay.com.au；Gordon St；⏰周二至周日 10:00~17:00）免费 一家地方性小艺术馆，展示当地及来访艺术家的作品。还可以细细品味**Foodspace**（www.artspacemackay.com.au；主菜 $16~26；⏰周二至周日 9:00~15:00）小吃店现做的拿手好菜。

麦凯地区植物园 花园

（Mackay Regional Botanical Gardens；Lagoon St）这个植物园位于市中心以南3公里处，占地33公顷。对植物爱好者来说，这个花园不容错过。里面有五个主题公园，还有潟湖（Lagoon）咖啡餐厅（周三至周日 9:00~16:00营业）。

蓝水潟湖 潟湖

（Bluewater Lagoon；⏰9:00~17:45；📶）免费 蓝水潟湖是个人工湖，具有很强的观赏性。它靠近Caneland Shopping Centre，购物中心里边有喷泉、水滑道、可供野餐的草地，还有免费的无线网络和咖啡馆。

麦凯码头（Mackay Marina） 海港

（Mackay Harbour）热闹的码头很适合饮酒，还可以一边欣赏水滨景色一边吃饭、喝酒，或者在公园里简单地来个野餐，然后沿着堤坝散散步。在那儿钓鱼也不错。

Mackay 麦凯

Mackay 麦凯

景点

1 麦凯艺术中心 B3
2 蓝水潟湖 B1

住宿

3 Gecko's Rest D2

就餐

4 Burp Eat Drink D2
Foodspace .... (见1)
5 Kevin's Place D2
6 Oscar's on Sydney D3
7 Spice n Flavour C2
8 Woodsman's Axe Coffee D2

饮品和夜生活

9 Ambassador Hotel D1
10 Tryst C2

海滩

麦凯有很多海滩，然而不是所有的海滩都适合游泳。

城镇附近最好的游泳去处是**海港滩**（Harbour Beach），其位于市中心以北6公里处，就在麦凯码头的南边。这里的海滩自然保护区，常有警卫巡逻，还有野餐用的桌子和烧烤设备。

麦凯北边16公里处的海滩就更棒了。**布莱克斯海滩**（Blacks Beach）又长又平坦，海滩上有许多住宅，整个海滩足足有6公里长。**布卡夏**（Bucasia）是当地原始风貌保留最完整的海滩，可能也是该地最美丽的海滩了。为了旅行方便，你最好住在Blacks Beach Holiday Park（见409页）或Bucasia Beachfront Caravan Resort（见409页）。

团队游

Farleigh Sugar Mill 团队游

（☎07-4959 8360；2小时团队游 成人/儿童 $25/13；⏲5月至12月 9:30和13:00）在甘蔗丰产的季节，你将有机会看到甘蔗被制成糖晶的过程。进入操作间要合理着装：长袖褂子、长腿裤子和不带窟窿的鞋子。含早茶或下午茶。

Reeforest Adventure Tours 文化游

（☎1800 500 353；www.reeforest.com）该

文化游会安排一系列游览活动，如生态游（含鸭嘴兽、热带雨林参观）、为期2天的伊加拉（Eungella）游以及有趣的港口游（含当地制糖厂参观）。

文化遗产步行游 步行游览

（Heritage Walk；☎07-4944 5888；⏲5月至9月 周三 9:00）免费 抽出1.5~2小时来这里散散步，好好地欣赏沿途风景，感受古老麦凯的神秘色彩。从老霍尔镇的Sydney St出发。

住宿

市中心以南的Nebo Rd熙熙攘攘，那里有许多汽车旅馆。这些旅馆（双人间大约$110起）会把房价挂在门前，旅客可根据自己的预算选择。这里住宿价格不高，但街边比较嘈杂，住宿环境可能会差些。

★ Stoney Creek Farmstay 农场寄宿 $

（☎07-4954 1177；www.stoneycreekfarmstay.com；Peak Downs Hwy；铺/棚/村舍$25/130/175）这个灌木屋在麦凯以南32公里，和其他可选择的旅馆相比，它可算是又矮又简陋。你可以在乡村的棚户区，或是有着非凡魅力的Dead Horse Hostel找间摇摇晃晃的村舍住下，倒也有趣。别指望有什么现代化设备了，这里完全是原生态的居住环境。3个小时的骑马行程每人需花费$105，除此之外还可参与许多别的活动。

布莱克斯海滩公园 房车公园 $

（Blacks Beach Holiday Park；☎07-4954 9334；www.mackayblacksbeachholidaypark.com.au；16 Bourke St, Blacks Beach；无电力供应/有电力供应营地 $30/35，别墅 $140~180；🅿❄📺）从该房车公园俯瞰，可以看到绵长的布莱克斯海滩上的美丽景色，该海滩位于麦凯以北约16公里处。

Bucasia Beachfront Caravan Resort 房车公园 $

（☎07-4954 6375；www.bucasiabeach.com.au；2 The Esplanade；有电力供应营地 $30~45；📺🐾）在最近更新的"Bucasia度假村精选"中一些度假村榜上有名，它们多靠近海滨且视野极佳。这个房车公园位于麦凯往北16公里处。

Mackay Marine Tourist Park 房车公园 $

（☎07-4955 1496；www.mmtp.com.au；379 Harbour Rd；无电力供应/有电力供应营地$32/35，别墅 $97~150；❄@📶📺🐾）走进这家房车公园，你会发现，所有的小屋和别墅都配备有私人露天公寓和宽屏电视。在又大又软的枕头上做个好梦，你肯定会爱上这里的每一寸土地。

Gecko's Rest 青年旅舍 $

（☎07-4944 1230；www.geckosrest.com.au；34 Sydney St；铺/标单/双 $30/45/55；❄@📶）Gecko's总是挤满了爱冒险的游客和矿工。旅舍不豪华，但它是镇上唯一的青年旅舍，而且还处在镇中心。

Potter's Oceanside Motel 汽车旅馆 $$

（☎07-5689 0388；www.pottersoceansidemotel.com.au；2c East Gordon St；双 $149~169，家 $269；❄📶📺）这家旅馆于2014年开业，经营有方且让人倍感亲切，离城镇海滩仅一步之遥。值得一提的是这里的房间宽敞，设备十分现代化（有的还可供轮椅进出）。如果你一路上已经感到疲惫不堪，汽车旅馆是个放松身心的好地方。

就餐

Maria's Donkey 西班牙小吃 $

（☎07-4957 6055；8 River St；西班牙小吃$8~15；⏲周三和周四 正午至22:00，周五至周日至午夜）来这家餐厅，在奇特而又奔涌不息的河边，吃着盘子里的西班牙小吃，喝着壶里的桑格里亚酒，听着远处不时传来现场美妙的音乐，感受惬意美妙的时光。小吃店的服务也很古怪。然而，这也正是它的魅力所在。

Woodsman's Axe Coffee 咖啡馆 $

（41 Sydney St；咖啡 $4.30；⏲周一至周五

夏日蜇伤：去哪儿游泳？

海洋中有蜇人动物存在，每年10月到次年5月不适合在海里游泳，除非穿上防护服。而艾尔利海滩前滩上漂亮的潟湖（见411页）一年四季都很适宜游泳。

6:00~14:00，周六和周日 7:00~14:00）这家咖啡馆有镇上最好的咖啡，还有各种点心，如卷饼、乳蛋饼、松饼等。

Oscar's on Sydney 创意菜 $

（☎07-4944 0173；Sydney St和Gordon St交叉口；主菜 $10~23；⏰周一至周五 7:00~17:00，周六 至16:00，周日 8:00~16:00）在这家街角咖啡店很有名，这里广受欢迎的美味迷你煎饼其实就是顶部有配料的荷兰薄饼，其他小吃也值得一试。这是吃早餐的首选地点。

★ Spice n Flavour 印度菜 $$

（☎07-4999 9639；162 Victoria St；主菜 $15~25，宴席人均 $35起；⏰周一至周五 11:30~14:30，日常 17:30至深夜）如果爱吃辣的人在其他印度餐馆没吃过瘾，可以在这里主动向服务员要求多放辣，试试辣得冒火的感觉，你的味蕾一定会得到满足。所有的知名菜和特色菜都在菜单上，服务员还会根据你点的不同的菜品向你推荐搭配的饮料。无论如何，你可一定得尝尝杧果啤酒。

Kevin's Place 亚洲菜 $$

（☎07-4953 5835；79 Victoria St；主菜 $16~27；⏰周一至周五 11:30~14:00和17:30~20:00，周六 17:30~20:00）火辣的新加坡菜、忙碌热情的服务员，以及置于户外的餐椅，这一切都会让你领略到美妙的热带风情。特价午餐$12起，非常实惠。

Burp Eat Drink 新派澳洲菜 $$$

（☎07-4951 3546；www.burp.net.au；86 Wood St；主菜 $33起；⏰周二至周五 11:30~15:00和18:00至深夜，周六 18:00至深夜）这是热带地区的一个有着墨尔本风格的奢华餐厅，Burp的菜单很小，却写得妙趣横生。有几个精选菜品：扇形五花肉、青柠软壳蟹、口味正宗的牛排等。

饮品和夜生活

Ambassador Hotel 酒吧

（☎07-4953 3233；www.ambassadorhotel.net.au；2 Sydney St；⏰周四 17:00至深夜，周五至周日 16:00至深夜）这家酒吧外边是装饰派艺术风格，里边的气氛热闹而狂野。这里有麦凯唯一的天台酒吧，还有各种级别的宴会。

Tryst 夜店

（99 Victoria St；⏰周四至周六 22:00至次日4:00）这里是当地人彻夜狂欢的不二选择，还有客串明星DJ助阵。

购物

Mackay Showgrounds Markets 市场

（Milton St；⏰周六 7:30开始）这是一个农贸市场，里面有许多好吃的烘焙食品。

Troppo Market 市场

（Mt Pleasant Shopping Centre carpark；⏰每月第二个周日 7:30起）这个市场里无所不有，包括娱乐和餐饮。

实用信息

机场、植物园和游客中心都在市中心以南3公里处。麦凯港（Mackay Harbour）位于市中心东北部6公里处，以大量的制糖工业为主，而毗邻的码头则只有少数几个水滨餐厅。

麦凯游客中心（Mackay visitor centre；☎1300 130 001；www.mackayregion.com；320 Nebo Rd；⏰9:00~17:00；@📶）位于市中心以南约3公里处。提供国际长途和Wi-Fi。

到达和离开

飞机

机场位于麦凯市中心以南约3公里处。

捷星航空（Jetstar；☎13 15 38；www.jetstar.com.au）、**澳洲航空**（Qantas；☎13 13 13；www.qantas.com.au）和**维珍航空**（Virgin；☎13 67 89；www.virginaustralia.com）有往返布里斯班的航班。**虎航**（Tiger Airways；☎02-8073 3421；www.tigerairways.com.au）有从麦凯到墨尔本、悉尼的直航。

长途汽车

公交车停靠在**麦凯公交终点站**（Victoria St 和Macalister St的交叉路口），那儿也可以预订车票。

澳洲灰狗巴士（☎1300 473 946；www.greyhound.com.au）沿海岸来回穿梭。单程成人费用以及车程：艾尔利海滩（$31，2小时）、汤斯维尔（$69，6.5小时）、凯恩斯（$117，13小时）以及布里斯班（$218，17小时）。

Premier（☎13 34 10；www.premierms.com.au）该公司和澳洲灰狗巴士相比，价格比较便宜，但服务不如它全面。

火车

昆士兰铁路公司（Queensland Rail；☎1800 872 467；www.queenslandrail.com.au）昆士兰铁路公司将麦凯与布里斯班、凯恩斯以及它们之间的大小城市连接起来。火车站在市中心以南5公里处的Paget。

当地交通

麦凯机场有许多汽车租赁公司，详情见www.mackayairport.com.au/travel/car-hire中的列表。

麦凯出租车（Mackay Taxis；☎131008）

麦凯长途汽车公司（Mackay Transit Coaches；☎07-4957 3330；www.mackaytransit.com.au）该公司的行车路线几乎遍布整个城市，将城市、海港和北边的沙滩连接为一个整体。你可以在旅客中心拿张时间表，也可以上网查阅相关信息。

Ocean Breeze Transfers（www.ocean-breeze-transfers.com.au）往返于城市与机场之间，但要记得提前订票。

艾尔利海滩（Airlie Beach）

人口 7868

背包客们除了可以在梦幻的降灵群岛上跳伞以外，还可以在艾尔利海滩上的小镇享受到水准最高的服务，主要街道和草地上有成排的酒吧、旅馆，环绕在可以游泳的潟湖周围。2014年艾尔利码头新建的豪华港口，把酒店、餐馆融为一体。这个港口的建立表明，乡村游变得上档次了，它提供更为多样性的选择，吸引了越来越多的老年人和成功人士。他们想要在向平静的大海以及丛林群生的小岛出发之前，再体验一下略微狂野的生活。而那些不喜欢热闹的人在附近的小镇就能轻松找到住宿的地方。

降灵乘船游的游轮是从艾尔利港口出发的，许多巡航的帆船也是在那里停泊的。沿着港口的人行道往东走大约750米就能到艾尔利港口。很多别的轮船从埃布尔角码头（往西1公里处）或舒特港（Shute Harbour，往东约12公里处）出发；大多数游轮公司都会提供去镇上的免费长途汽车。

活动

每到一定的季节，艾尔利海滩酒店前面都会对外出租摩托艇、筏、帆板以及划水桨。

潟湖 游泳

（Lagoon；Shute Harbour Rd）免费 潟湖在市中心，一年四季温度适宜，没有鳄鱼出现，也不会有热带风暴，很适合游泳。

艾尔利海滩双人跳伞 跳伞

（Tandem Skydive Airlie Beach；☎07-4946 9115；www.skydiveairliebeach.com.au；$199起）从6000英尺、8000英尺或14,000英尺高的飞机上跳下。

Salty Dog Sea Kayaking 皮划艇

（☎07-4946 1388；www.saltydog.com.au；Shute Harbour；半天/全天 $80/130）出租皮划艇（半天/1天 $50/80），提供全天团队导览游，以及时间较长的皮划艇出租或露营任务游（6天的挑战之旅 $1650）。皮划艇是观岛的一种好方式，魅力十足又有益健康。

潜水

你会发现艾尔利海滩以及降灵群岛都没有专门的潜水用品商店。尽管大堡礁很具吸引力，但大部分来此潜水的人都会选择到降灵群岛周围边缘的礁石去，特别是北边的那个尖尖的地方。因为那里比较好找，而且经常还能看到软体珊瑚。如果你只是到水下吹几个泡泡的话，降灵群岛景区的确有几个不错的地方。但那些想在大堡礁潜水的专业游泳爱好者会去凯恩斯（Cairns），那里会有很多更好的选择。

开放水域和其他几个海域的潜水课程价格大约$1000起。降灵潜水课（Whitsunday Diving Academy；☎1300 348 464；www.whitsundaydivingacademy.com.au；2579 Shute Harbour Rd，Jubilee Pocket）是个学基础课的好地方。

许多帆船游轮都有潜水这个额外的项目，供旅客选择。入门级或专业级别的潜水课程的价格为$85起。负责降灵游轮（见416页）的路线的人员会安排好礁石浮桥一日游的行程，还提供潜水服务（最低$119）。

大多数岛屿度假村（island resorts）也有潜水学校和免费的浮潜装置。

Airlie Beach 艾尔利海滩

Airlie Beach 艾尔利海滩

活动、课程和团队游
1 潟湖 B1

住宿
2 Airlie Beach YHA C2
3 Airlie Waterfront B&B B1
4 Beaches Backpackers B2
5 Magnums Backpackers B2
6 Nomads Backpackers B2
7 Sunlit Waters A2
8 Waterview A2

就餐
9 Denman Cellars Beer Cafe D3
10 Easy Cafe B2
11 Fish D'vine D2
12 Mr Bones B2
13 Village Cafe B2
14 Wisdom health B2
15 Woolworths Supermarket C2

饮品和夜生活
16 Just Wine & Cheese D2
17 Mama Africa B2
18 Paddy's Shenanigans B2
19 Phoenix Bar C2

交通
20 长途汽车站 D2
21 降灵特运车站 B2
22 降灵特运车站 C2
23 降灵特运车站 B2
24 降灵特运车站 C2

钓鱼

拿一根便宜的手钓线，试试能不能钓几条鱼做顿晚餐。艾尔利有几个地方特别受欢迎，例如坎农韦尔（Cannonvale）帆船俱乐部的岩壁，还有舒特港的钓鱼浮桥。许多团队游（尤其是在艾尔利海滩预订的）价格约为$120/210（半天/一天）。

团队游

大部分一日游包括很多活动，例如浮潜或浮木栅栏网（boom-netting），有的还额外增加了水肺潜水活动。大多数游轮路线从艾尔利港口出发；若从舒特港（Shute Harbour）出发的话，有的团队还会提供从艾尔利海滩（Airlie Beach）到坎农韦尔

(Cannonvale)的大巴接送。你也可以乘长途汽车到舒特港。

一般来说，随便去一家艾尔利海滩团队游代理都能预订一日游。

降灵乘船游 乘船游

（Cruise Whitsundays；☎07-4946 4662；www.cruisewhitsundays.com；Shingley Dr, Abel Point Marina；乘船全天游 $99起）降灵乘船游会带领游客到达哈迪礁（Hardy Reef）、白天堂海滩（Whitehaven Beach）、白日梦岛（Daydream island）以及长岛（Long island）。或者买一份全天的岛屿游通票（Island Hopper pass；成人/儿童 $120/59）来自己安排行程。旅游指南还会为你安排卡米拉（Camira）海上一日游。

Ecojet Safari 团队游

（☎07-4948 2653；www.ecojetsafari.com.au；每人 $195）游猎长达3小时，分组乘坐水上摩托艇（每艇乘坐2人）进行探险之旅。可以欣赏到群岛上的美丽风光、壮丽的红树林以及北降灵海岸里的海洋生物。

海上漂流 船上游

（Ocean Rafting；☎07-4946 6848；www.oceanrafting.com.au；成人/儿童/家庭 $134/87/399起）乘坐巨大的黄色快艇急速飞驰，领略群岛的自然风光。在白天堂海滩上游泳，然后在导游的带领下在国家公园逛一逛，在曼塔雷湾和边界岛上的礁石附近游泳。

值得一游

伊加拉国家公园

神秘的伊加拉国家公园位于草木茂盛的克拉克山脉（Clarke Range），占地近500平方公里。但除了布罗肯河（Broken River）和芬奇·哈顿峡谷（Finch Hatton Gorge）周围的步道外，这里大部分地区都不对外开放。生长着热带和亚热带植物的土地已经从其他热带雨林地区隔绝分离出来几千年了，之后这里产生了几个特殊的物种，包括侧身为橙色的石龙子蜥蜴和美丽的伊加拉青蛙。这种蛙用胃来孵卵，然后把小蝌蚪吐出来。

一年中的大部分时候，游人都能在著名的鸭嘴兽观赏台（platypus-viewing platforms）的布罗肯河看到一两只鸭嘴兽，就在桥边的问询处那条街对面。据说，这是世界上仅存的几个能看到鸭嘴兽嬉戏的地方之一，而且，我们可以保证所有人都会玩得很开心。看鸭嘴兽最好的时机是天刚放亮或天黑之前那几个小时。你必须耐心等待、保持安静，不能乱动。鸭嘴兽的活跃期是5月至8月。到那时，母鸭嘴兽开始囤积脂肪准备繁殖。沿河边，你还可以看到其他生物，比如北部的大鳄龟和灵动的蓝翠鸟。

另外，你一定不能错过布罗肯河野餐地和伊加拉之间那几条风景优美的热带雨林徒步路径（rainforest walking trails）。你可以在平台旁边的问询处拿张地图来看。虽然那里服务人员少，但幸运的是，很多信息板上都有地图，地图上标明了徒步路径通向哪里。

住宿有几个去处。对于需要控制预算的游客，最佳去处是奇妙的鸭嘴兽野营地（Platypus Bushcamp；☎07-4958 3204；www.bushcamp.net；Finch Hatton Gorge；露营地 $10，小屋 $100），地点位于芬奇·哈顿峡谷苍翠繁茂的热带雨林低地，那里还有鸭嘴兽游泳的水塘。预算宽裕些的人应该直奔亲切舒适的布罗肯河山区度假村（Broken River Mountain Resort；☎07-4958 4000；www.brokenrivermr.com.au；双 $130~190；），就在山上高处布罗肯河鸭嘴兽观赏台正对面。你可以登录www.nprsr.qld.gov.au/parks/eungella/camping.htm查找几个露营地的相关信息。

公园在麦凯以西84公里的地方。没有长途汽车开往伊加拉或芬奇·哈顿峡谷。但Reeforest探险游（Reeforest Adventure Tours，见408页）白天有车从麦凯出发，沿途会停车捎上那些还想逗留一段时间的人。然而，不是每天都有这种车的，所以你的行程可能比预期结束得更早些。

Big Fury
乘船游

(☎07-4948 2201; 成人/儿童/家庭 $130/70/350)选择这个乘船游，游客可以乘敞篷运动艇快速冲到白天堂海滩，享受美味的午餐，然后在附近僻静的礁石附近浮潜。在艾尔利海滩上的旅行社即可预订，还可享受优惠。

降灵空中游
观光飞行

(Air Whitsunday; ☎07-4946 9111; www.airwhitsunday.com.au; Terminal 1, Whitsunday Airport)降灵空中游提供一系列团队游，包括白天堂一日游($255)以及美丽大堡礁观光飞行游和浮潜团队游。

降灵鳄鱼游览
团队游

(Whitsunday Crocodile Safari; ☎07-4948 3310; www.crocodilesafari.com.au; 成人/儿童 $120/60)在这儿可以暗中观察野生鳄鱼的生活习性，探索神秘的河口湾，还可以尝到真正的丛林野食。

节日和活动

艾尔利海滩竞赛周
帆船游

(Airlie Beach Race Week; www.airlieraceweek.com)每年8月，来自世界各地的水手们都会一下子都聚集到艾尔利海滩，参加镇上一年一度的划船比赛。

艾尔利海滩音乐节
音乐节

(Airlie Beach Music Festival; airliebeachfestivalofmusic.com.au)音乐节创立于2012年，越来越受到人们的喜爱。音乐节在11月举行，为期3天。派对上常有现场摇滚表演和民间音乐演奏。

住宿

艾尔利海滩(Airlie Beach)是背包客们的梦想之地。但由于青年旅舍太多，住宿条件参差不齐，床上有臭虫是很常见的事情。

大部分度假村都可网上预订全套服务，价格比广告上的便宜很多。

★ Kipara
度假村 $

(www.kipara.com.au; 2614 Shute Harbour Rd; 房间/小屋/别墅 $65/100/105; ❄@☎🏊)度假村深藏于绿林草木周边，价格公道。住在这儿，离城市只有2公里，却能让你轻松忘记城市的喧嚣。体贴的服务员会帮你把房间打扫干净，屋子里还有做饭的炊具。在这里可以时不时地进行野外观光，绝对是艾尔利海滩最好的度假村之一。在这里住绝对物超所值。如果你连续待超过2个晚上，房费更便宜。

Nomads Backpackers
青年旅舍 $

(☎07-4999 6600; www.nomadsairliebeach.com; 354 Shute Harbour Rd; 铺/双 $25/88; ❄@☎🏊)这家青年旅舍占地2.8公顷，四周草木繁茂，周围还有排球场和泳池，比镇上其他青年旅舍更有度假村的气息。住宿条件没什么特别的，但营帐很温馨也很凉快。单人间有电视、冰箱，还有小厨房。

Seabreeze Tourist Park
房车公园 $

(☎07-4946 6379; www.theseabreezepark.com.au; 234 Shute Harbour; 无电力供应/有电力供应营地 $20/35起，小屋/别墅 $100/130; P❄@☎🏊🐾)这里从草蔓生、海水清新，令人心旷神怡，有返璞归真之感。营地很阴凉，比之其他大多数房车公园，新建的木制巴黎香墅更有异域风情。

Beaches Backpackers
青年旅舍 $

(☎07-4946 6244; www.beaches.com.au; 356 Shute Harbour; 铺/双 $22/85; ❄@☎🏊)即使不在Nomads Backpackers住，你至少也得在这里的露天大酒吧里喝上一杯。但如果你决定住在这里，晚上睡觉时记得带上耳塞，参加派对时记得穿上你最炫的派对长靴。来这住的人都是为了狂欢而来的。

Backpackers by the Bay
青年旅舍 $

(☎07-4946 7267; www.backpackersbythebay.com; 12 Hermitage Dr; 铺 $26，双和标双 $80; ❄@☎🏊)如果你不喜欢市区那些闹腾的"派对旅舍"，你可以选择安静的Backpackers by the Bay。这里房屋简洁，有吊床和泳池。这里很安静，绝对没有让人头痛欲裂的舞曲。从艾尔利中心到这儿大概走10分钟就到了。

Magnums Backpackers
青年旅舍 $

(☎1800 624 634; www.magnums.com.au; 366 Shute Harbour Rd; 露营地/厢式车停车点

$22/24, 铺/双 $22/56; ❄@📶)这里有热闹的酒吧,大家都来这里聚会,酒应有尽有,还有很多年轻人爱玩的东西。虽然露营地就在离酒吧不远的地方,但你狂欢起来根本就不会想要睡觉,除非你醉得不省人事了。一旦你厌倦了闹哄哄的欢迎会,你肯定会去热带公园附近找个安静简单的宿舍。

Airlie Beach YHA 青年旅舍 $

(☎07-4946 6312; www.yha.com.au; 394 Shute Harbour Rd; 铺 $28.50, 双 $79; ❄@📶🏊)这家旅舍相当安静,游泳池水面闪闪发亮,厨房设备也很齐全。

Waterview 公寓 $$

(☎07-4948 1748; www.waterviewairliebeach.com.au; 42 Airlie Cres; 单间/单人间套间 $140/155; ❄📶)不论从地理位置还是从舒适度来评判,这里都是住宿的最佳选择。住在这儿的公寓里,可以俯视到整条主街,看海湾的视野也是极好的。房间极具现代感,宽敞明亮,空气流通很好。还有小厨房,可以自己动手做饭。

Coral Sea Resort 度假村 $$

(☎1800 075 061; www.coralsearesort.com; 25 Ocean View Ave; 双/2人间公寓 $175/330; ❄@📶🏊)Coral Sea Resort度假村就在镇中心的西边,俯瞰海角末端的水域低地,拥有周围最好的地理位置。许多房间视野极佳,美景让人赞叹不已。

Sunlit Waters 公寓 $$

(☎07-4946 6352; www.sunlitwaters.com; 20 Airlie Cres; 单间 $92起, 单人间公寓 $115; ❄📶🏊)单人间房间都很大,基础设施应有尽有,包括设备齐全的小厨房。在狭长的阳台上看风景也是美不胜收。房间的价格也很便宜。

Airlie Waterfront B&B 民宿 $$$

(☎07-4946 7631; www.airliewaterfrontbnb.com.au; Broadwater Ave和Mazlin St的交叉口; 单/双人间公寓 $179/249; ❄@📶🏊)这里里里外外都很干净,风景宜人。民宿装修奢华,只有高消费群体才会来这里住。从这儿顺着木板路慢慢悠悠走5分钟就能到镇上。其中一些房间还可以做水疗。

就餐

想自己做饭的人可以去镇中心新开的大超市**Woolworths Supermarket**(Shute Harbour Rd; ⏲8:00~21:00)采购。艾尔利港口对面那一带是高档就餐区。而艾尔利海滩市区属于混合区。从便宜可外带的烤肉串店,到有格调的露天庭院式餐厅,各种档次的餐厅应有尽有。

Wisdom Health 咖啡馆 $

(1b/275 Shute Harbour Dr; 烤面包 $4.95起, 果汁 $6.45起; ⏲7:30~15:30; ✎)这家咖啡馆位于街道拐角处,生意火爆,所以主要以外带为主。但屋里屋外都放了几张桌子供客人就餐。烤面包非常有营养,菜单上还有三明治(包括为素食主义者特意准备的美味扁豆汉堡)、比萨、新鲜的冰沙和果汁。

Easy Cafe 咖啡馆 $

(Pavillion Arcade; 主菜 $9.50~16; ⏲周四至周二7:30~15:00; 📶)这家咖啡馆远离艾尔利喧嚣的街道,是一个位置隐蔽的现代熟食咖啡店。店里有镇上最好吃的沙拉,还有新鲜可口的面包,面包上放着美味的火腿松蛋饼。

★ **Mr Bones** 比萨 $$

(☎0416 011 615; Lagoon Plaza, 263 Shute Harbour R; 拼盘 $12~17, 比萨 $15~23; ⏲周二至周六 9:00~21:00)Mr Bones价格公道,风格又很时尚,是个吃饭的好去处。这里的薄比萨很出名,尝试一下对虾和辣椒酱口味的。除了比萨以外,其他的食物也都很好吃,开胃菜包括人们赞不绝口的黑煎鱼串,上边有凤梨、薄荷和辣番茄酱。

Fish D' vine 海鲜 $$

(☎07-4948 0088; 303 Shute Harbour R; 主菜 $16~30; ⏲17:00至深夜)海盗们绝对会爱上这家餐馆:这里有美味的海鱼和朗姆酒,酒吧里夜夜笙歌。这儿的食物都是从海神的水域里捕来的。当然还有喝不完的朗姆酒(有200多种)。

Denman Cellars Beer Cafe 西班牙小吃 $$

(☎07-4948 1333; Shop 15, 33 Port Dr; 西班牙小吃 $10, 主菜 $18~36; ⏲周一至周五

11:00~22:00，周六和周日 8:00~23:00）主要提供地道的澳大利亚菜，包括小羊羔嫩肉丸和小份西班牙海鲜小吃。早餐几乎常年不变，但啤酒有700多种！

Village Cafe 咖啡馆 $$

（☎07-4946 5745；366 Shute Harbour Rd；主菜 $20~30；⊙7:30~21:00）这个乡村咖啡馆从不乏宿醉的背包客和慕名而来买咖啡的人。吃过这儿的早餐，一天都元气满满。点一块“高温岩石”，这是一种在热滋滋的火山岩石上烤制的食物，岩石要加热12小时，这样能最大程度保留食物的营养价值。

饮品和夜生活

有人说，艾尔利海滩就是个酗酒的地方，常有航海事故。酒吧位于Magnums和Beaches，背包旅馆在镇中心，人总是很多。如果你想度过一个灯红酒绿的不眠夜，来这儿没错。

Phoenix Bar 酒吧

（390 Shute Harbour Rd；⊙7:00~15:00）每天晚上舞池里都挤满了男男女女，DJ不断把气氛炒热。现场提供特饮还有免费的比萨（18:00~20:00）。

Paddy's Shenanigans 爱尔兰酒吧

（352 Shute Harbour Rd；⊙17:00至次日3:00）这里大概就是大家能想到的样子吧。

Just Wine & Cheese 葡萄酒吧

（Shop 8，33 Port Dr；一杯葡萄酒 $7~18；⊙15:00~22:00）这家酒吧表明艾尔利海滩变得越来越高档了，而且什么都有。在这里看艾尔利码头景色很好。

Mama Africa 夜店

（263 Shute Harbour Rd；⊙22:00至次日5:00）当你在派对酒吧堆里转悠的时候，可能突然就会发现这家夜店。非洲游猎风格让猎人和猎物都难以拒绝。

实用信息

旅游让人讨厌的事儿就是一堆地下经营的团队游代理商缠着你说个没完。我们推荐**降灵游预订**（Whitsunday Bookings；☎07-4948 2201；www.whitsundaybooking.com.au；346 Shute Harbour Rd）。记得查看公告栏，看看航海游和住宿花费大约多少。互联网和无线热点几乎到处都有。

Department of National Parks, Sport & Racing（NPRSR；☎13 74 68；www.nprsr.qld.gov.au；Shute Harbour Rd和Mandalay Rd的交叉口；⊙周一至周五 9:00~16:30）最好提前打电话或上网查阅相关信息并取得露营许可证。

到达和离开

飞机

在一些主要机场中，距离最近在降灵海岸（Proserpine）和哈密尔顿岛（Hamilton Island）。

降灵机场（Whitsunday Airport；☎07-4946 9180）位于艾尔利海滩东部6公里处，处于艾尔利海滩和舒特港（Shute Harbour）之间，是个小型飞机起落场。

船

船只行驶于**艾尔利港口**（Port of Airlie；www.portofairlie.com.au）和哈密尔顿之间。行驶于白日梦岛和长岛之间的是**降灵游轮**（Cruise Whitsunday；☎07-4946 4662；www.cruisewhitsundays.com）。

长途汽车

澳洲灰狗巴士（Greyhound；☎1300 473 946；www.greyhound.com.au）和**Premier Motor Service**（☎13 34 10；www.premierms.com.au）公交车绕道布鲁斯公路去艾尔利海滩。艾尔利海滩和沿岸主要的中心枢纽之间都有长途汽车，其中主要包括：布里斯班（$245，19小时）、麦凯（$31，2小时）、汤斯维尔（$647，4小时）以及凯恩斯（$85，9小时）。

长途汽车在帆船俱乐部和艾尔利海滩酒店之间的海滨大道（Esplanade）停站。

降灵特运（Whitsunday Transit；☎07-4946 1800；www.whitsundaytransit.com.au）连接Proserpine（降灵机场）、坎农韦尔、亚伯角（Abel Point）、艾尔利海滩和舒特港。

当地交通

艾尔利海滩很小，徒步就能走遍整个海滩。不论你在哪儿，大多数游轮都会派公交车去接你，然后把你带到舒特港或亚伯角码头。如果要打车，记得打电话给**麦凯出降灵出租车**（Whitsunday Taxis；☎131008）。

大多数汽车租赁代理公司都在Shute Harbour

Rd这条路上。

降灵群岛(The Whitsundays)

降灵群岛的74个小岛分布在珊瑚海中,小岛的沙滩逐渐延伸进入晶莹剔透的蓝绿色海水中。降灵群岛外围有大堡礁遮挡,没有什么巨浪或者致命的下层逆流。因而这片海水很适合帆船航行。

在众多美丽的海滩和隐蔽的海湾中,白天堂海滩以它纯白的硅沙而闻名遐迩。它无疑是降灵群岛上最好的海滩,在全世界也是屈指可数的。如果你的预算只够去一个地方玩,那么白天堂岛一日游是个不错的选择。

本地的艾尔利海滩是沿海中心,也是去往群岛的必经之路。群岛中只有7个岛有游客度假村。从胡克岛(Hook Island)上的普通住宿到海曼岛(Hayman Island)上的奢华房型应有尽有,你可以从中挑选一个。降灵群岛上大部分地方没有人居住,有几个岛提供海滩露营和丛林徒步活动,让你体验回归自然的感觉。

虽然很多一样的活动可以在目的岛提前预订,但大多数有组织的团队游和活动都是在艾尔利海滩上进行。

实用信息

艾尔利海滩是降灵群岛的中心,海滩上有许多住宿的地方,还有让人眼花缭乱的旅行社和导游。艾尔利港口是游轮一日游和岛屿渡船游的主要港口,但一些公司会在艾尔利海滩西部1公里处的亚伯角码头靠岸。

降灵地区信息中心(Whitsundays Region Information Centre; ☎1300 717 407; www.whitsundaytourism.com; ⏲10:00~17:00)在普罗瑟派恩南部入口处的布鲁斯公路上。

到达和当地交通

飞机

降灵群岛的两个主要机场在哈密尔顿岛和普罗瑟派恩(降灵海岸)。降灵小机场位于艾尔利海滩,大约在离镇上6公里的地方。

船

降灵游轮(Cruise Whitsundays; ☎07-4946 4662; www.cruisewhitsundays.com; 成人/儿童 单程$36/24起)提供途经白日梦岛、长岛、南莫莉岛和哈密尔顿岛的渡船。

长岛(Long Island)

长岛有隐蔽的美丽白海滩,可爱的野外岩间袋鼠,岛上还有13公里长的徒步路线。如果要在Break Free Long Island Resort(☎1800 075 125; www.oceanhotels.com.au/longislan; 双 $139起; ❄@≋)住,网上订购会很便宜。这里有点远,但生活很悠闲,在这里可以和孩子们在池里戏水,在美丽的海滩上喝啤酒或在棕榈树荫下搭个吊床躺在上边晃悠。有几条林中小路都是以这里为起点的。皮划艇和脚踏船都是免费的。还可以租迷你高尔夫和许多其他的水上运动设备。

一日游的游客也可以用Break Free Long Island Resort的设施,岛上还有简单的露营地(www.nprsr.qld.gov.au; 每人/家 $5.75/23)。

到达和当地交通

降灵游轮(Cruise Whitsundays; ☎07-4946 4662; www.cruisewhitsundays.com)每天频繁往返于长岛度假村和艾尔利港口。全程大约20分钟,单程票价$48。

胡克岛(Hook Island)

胡克岛总面积53平方公里,是降灵群岛第二大岛。它也是主要的国家公园,胡克峰海拔450米。岛上到处都是好玩的海滩,其中有一些还是该地最好的潜水和浮潜地点。

Maureen Cove、Steen's海滩、Curlew海滩和Crayfish海滩上有国家公园的露营地(www.nprsr.qld.gov.au; 每人/每家$5.45/21.80)。虽然露营地设施很简单,但它们会提供一些不错的活动让你体验回归自然的感觉。

一旦你预订了住宿的地方,它们就会给你安排交通工具。如果没给你安排,Whitsunday Island Camping Connections – Scamper(☎07-4946 6285; www.whitsundaycamping.com.au)可以安排在露营地的住宿(最少4个人),往返每人大约$160。

南莫莉岛(South Molle Island)

这是莫莉群岛中最大的岛,占地4平方公里。南莫莉岛连接了中部和北部的莫莉群岛。

在降灵群岛乘帆远航

降灵群岛是最适合乘帆掠过的蓝色水面，你可以享受热带微风吹过脸颊的感觉。如果你的出行时间灵活，等到最后时刻价格会大幅下降。同时，你还可以在这段时间内对当地气候情况有更好的了解。

大多数船都提供去群礁区浮潜的活动。那里的软珊瑚通常比外边的礁颜色更丰富，数量也更多。潜水及其他活动几乎都需额外付费。一旦你做好决定，马上去艾尔利海滩找一家旅游预订代理。

一日游

除了超快的卡米拉（Camira）外，其他的帆船不可能在一天之内到达某个终点，例如白天堂海滩等。相反，它们通常去往美丽的兰福德礁和海曼岛。预订前记得先查看相关信息。

卡米拉（www.cruisewhitsundays.com；一日游 $195）是世界上最快的商用双体帆船之一，现在船身上画着淡紫色的降灵图标。超值一日游包括去白天堂海滩游玩和浮潜。还会提供早茶及下午茶，午餐吃烧烤，还有各种各样的小零食（包括葡萄酒和啤酒）。

德温特狩猎（Derwent Hunter；www.tallshipadventures.com.au；一日游 $179）是在美丽的木式双轨纵帆船上进行帆船游猎。对于情侣或那些喜欢野生动物却不想在野外生活的人来说，这是个不错的选择。

SV Domino（www.aussieyachting.com；一日游 $180）最多容纳8人，目的地是Bali Hai Island，这是降灵群岛上一个很少有人来过的神秘小岛。同时SV Domino也提供午餐，还有2个小时的欢乐浮潜活动。船只还可以单独租给个人。

幻想号（Illusions；☎0455 142 021；www.illusion.net.au；一日游 $125）是一条12米长的双体船。提供的一日游活动虽然价格低，但品质可不低，一直广受好评。

多日游

大多数需过夜的航海游都是3天2夜或者2天2夜。

Solway Lass（www.solwaylass.com；3天/3夜游 $579起）在这艘广受背包客们的喜爱，也是艾尔利海滩上唯一真正的高船上（28米高）享受3天吧。

普瑞玛航海（Prima Sailing；www.primasailing.com.au；2天/2夜游 $390起）十分有趣，最多可容

除了民宅和北部鲍尔湾的高尔夫球场，岛上其他地方都是国家公园所在。南莫莉岛上的15公里长的徒步路线呈十字图案展开，是岛上最佳的观景点。

南部的Sandy Bay以及度假村附近的Paddle Bay有国家公园**露营地**（☎13 74 68；www.nprsr.qld.gov.au；每人/家庭 $5.45/21.80）。

一日游的游客和露营者可以通过Whitsunday Island Camping Connections - Scamper的安排去南莫莉（往返$65）。

白日梦岛 (Daydream Island)

白日梦岛长1公里多点，宽200多米。岛上相当热闹，和它的名字有点不符。如果有人认为它是漂浮着的主题公园，也说得过去。白日梦岛是当地最近的度假村，一日游很受大家欢迎。这里适合每一个人，特别是那些平日忙碌的家庭、爱热闹的单身贵族以及想在岛上举办一场浪漫婚礼的小情侣。

广受欢迎的**白日梦岛度假村和水疗中心**（Daydream Island Resort & Spa；☎1800 075 040；www.daydreamisland.com；双 $368起；❄📶🏊）周围是景色优美的热带园林，中间是潟湖，湖里有魟鱼、鲨鱼等各种鱼类。这里有网球场、体育馆、双体船、风浪板，还有三个游泳池和一个露天影院，价格详见收费表。还有一个专门为孩子准备的俱乐部，举办的活动让孩子乐而忘返。整个岛都是度假村。如果

纳12人。这里是追求风格和内在品质的情侣的理想之地。

大西洋快帆（Atlantic Clipper; www.atlan ticclipper.com.au; 2天/2夜游 $460起）挤满年轻、漂亮、狂饮的人群，到处都是发酒疯的人。在兰福特浮潜（或苏醒）是最激动人心的部分。

降灵探索（Explore Whitsundays; www.explorewhitsundays.com; 2天/1夜游 $359起）价格便宜，但运营良好。不同的船上提供许多不同的选择。一般都非常适合背包客。

空船租赁

出租船没有船长，也没有船员或供给。租船不需要正规资历，但你（或你们中的一员）必须证明你能成功操纵船体。在旺季（9月至次年1月），每天的消费为$500~1000。费用主要包括在快艇（一个快艇能睡4至6人）上过夜的费用，以及定金和保证金（船安全返回后保证金会退给游客）。大多数公司租赁时间最少5天。

下面介绍几个艾尔利海滩上的空船租赁公司：

澳大利亚快艇租赁（Charter Yachts Australia; ☎1800 639 520; www.cya.com.au; Abel Point Marina）

坎伯兰快艇租赁（Cumberland Charter Yachts; ☎1800 075 101; www.ccy.com.au; Abel Point Marina）

昆士兰快艇租赁（Queensland Yacht Charters; ☎1800 075 013; www.yachtcharters.com.au; Abel Point Marina）

Whitsunday Escape（☎1800 075 145; www.whitsundayescape.com; Abel Point Marina）

降灵快艇租赁（Whitsunday Rent A Yacht; ☎1800 075 000; www.rentayacht.com.au; 6 Bay Tce, Shute Harbour）

作为船员

在船上你可以免费睡卧铺、吃饭、游览风光，但你也有义务帮忙拉起主帆，把船头打扫干净。玩得开心与否取决于船只、船长、其他船员（如果有的话）以及你本人的态度。但一定要和家人或朋友交代好你去哪儿、和谁去、去多久等事宜。

你是来寻找孤独感，享受一个人的旅行的，那白日梦岛绝对不是你该来的地方。

降灵游轮（Cruise Whitsundays; ☎07-4946 4662; www.cruisewhitsundays.com; 成人/儿童 单程 $36/24）频繁往返于白日梦岛、亚伯角码头和舒特港，将这几个地方连接为一个整体。

哈密尔顿岛 (Hamilton Island)

人口 1209

欢迎来到这片美如同天堂般的岛屿。在这里，高尔夫球车时常碾过铺好的小路；布满岩石的陡峰被人们踩出一条十字交叉的小径，人们一边走一边享受壮丽的海景；白色沙滩上，游客们沉迷于各种水上运动。尽管不是所有人都把这里视作理想的度假胜地，但这里高档的住宿条件、餐厅、酒吧和有趣的活动让人很难不动心。只要有钱，这里总有适合你的东西。一日游的游客可以使用度假村里的基础设施，包括网球场、高尔夫练球场、迷你高尔夫球场等。这是海岛游的一种相对省钱的方式。

在度假村地区前方的猫眼沙滩（Catseye Beach），你可以租直立式桨板、皮划艇、风浪板、双体船、摩托艇和其他设备，玩滑翔伞和滑水运动。无引擎设备租半小时花费约$12，1小时$20。

港口附近有几个商店会安排潜水活动，并教授专业级别的潜水课程。这里的店家会竞相让你报名，乘游轮去领略其他岛上以及外围的礁石魅力风光。

如果时间只够去一个地方走走，建议你去爬岛上东北角上的通道峰（Passage Peak；239米）。

住宿

Qualia 度假村 $$$

（☎1300 780 959；www.qualia.com.au；双$995起；❄@📶🏊）Qualia度假村位置隐蔽，占地12公顷。有现代化的别墅，如同草木繁茂的山丘上空漂浮的书屋，十分梦幻。该度假村有一个私人海滩、两个餐厅、一个水疗中心，还有两个泳池。

Beach Club 度假村 $$$

（www.hamiltonisland.com.au/BeachClub；双$595；❄@📶🏊）绕过主要度假村建筑群的侧面，Beach Club的房间有露台，是靠海滨的绝佳位置。这里只接收成人旅客，是猫眼海滩上最浪漫的度假胜地。

降灵假日公寓 公寓 $$$

（Whitsunday Holiday Homes；☎13 73 33；www.hihh.com.au；$288起；❄@📶🏊）这里都是私人旅馆。从三星级公寓到家庭套房或者五星级奢华住宿应有尽有。自带高尔夫球车来也是要收费的。其中一些地方要求最少住4个晚上。

棕榈树别墅 木屋 $$$

（Palm Bungalows；www.hamiltonisland.com.au/palm-bungalows；双$350起；❄@📶🏊）别墅建在小山丘上，从猫眼海滩走一会儿就到了。别墅很阴凉，周围有热带园艺。几个单独的别墅挨得很紧，但都很私密。

就餐

主要的度假村建筑群里有许多餐馆。码头那边也有很多不错的餐馆，包括：bakery-deli（Front St；三明治 $9；⏰7:00~16:00）、炸鱼薯条店（Front St；炸鱼和薯条 $11.50；⏰周日至周四10:00~21:00，周五和周六 11:30~21:00）和taver（☎07-4946 88；主菜 $17.5；⏰11:00至午夜）。

Bommie Restaurant 新派澳洲菜 $$$

（☎07-4948 9433；主菜 $38~50；⏰周二至周六 18:00至午夜）在这里，你可以一边品尝高档的澳大利亚美味菜一边欣赏海边的风景，当然，菜品价格不菲。这家店在度假村建筑群内部。

Romano's 意大利菜 $$$

（☎07-4946 8212；Marina Village；主菜$33~40；⏰周四至周一 18:00至午夜）这家意大利餐馆很有名，水面上有一个很大的封闭式甲板。

Mariners Seafood Restaurant 海鲜 $$$

（☎07-4946 8628；Marina Village；主菜

另辟蹊径

降灵群岛露营

Department of National Parks, Sport & Racing（NPRSR；www.nprsr.qld.gov.au）管理着降灵群岛国家公园（Whitsunday Islands National Park）上的几个露营地。露营者可以单独来，也可以组团来这儿旅行。露营许可（每人/家庭 $5.75/23）可以在网上或者艾尔利海滩的Department of National Parks, Sport & Racing售票处办理。

你必须自备口粮，建议每人每天带5升水，再加上3天的额外补给以防被困。还得自带一个燃油炉，因为所有的岛上都禁止用木头生火。

如果降灵游轮（见417页）没有带你到达目的岛，那就通过Whitsunday Island Camping Connections-Scamper（☎07-4946 6285；www.whitsundaycamping.com.au）前去。从舒特港出发，可以在南莫莉、丹曼、勃兰东岛（往返$65）、降灵岛（往返$105）、白天堂岛（往返$155）以及胡克岛（往返$160）逗留。露营时提供一个免费的5升水容器。你也可以租一套露营装备（第一晚$40，以后每晚$20）。其中，包括帐篷、煤气炉、保温箱以及其他设备。网站上有很多详细的有用信息。

$38~48; ⏲周六至周三18:00至深夜）既然提到了海鲜，这儿自然也有烧烤餐馆。

到达和离开

飞机

来降灵群岛旅行的人大多会在哈密尔顿岛机场着陆，哈密尔顿岛机场有**澳洲航空**（Qantas; ☎13 13 13; www.qantas.com.au）、**捷星航空**（Jetstar; ☎13 15 30; www.jetstar.com.au）以及**维珍航空**（Virgin; ☎13 67 89; www.virginaustralia.com.au）。

船

降灵游轮（Cruise Whitsundays; ☎07-4946 4662; www.cruisewhitsundays.com）连接了哈密尔顿岛机场和位于艾尔利海滩港口码头。

当地交通

7:00~23:00有免费的环岛班车。

你也可以租一辆高尔夫球车（1/2/3/24小时$45/55/60/85），然后乘高尔夫球车观岛。

海曼岛 (Hayman Island)

降灵群岛最北边的海曼岛占地仅4平方公里，高出海平面250米。海曼岛上有丛林密布的山丘、山谷和海滩，还有五星级豪华度假村。

高大的椰枣树连成一片，形成一条林荫道，成为通往美丽且**独一无二的海曼岛度假村**（One&Only Hayman Island Resort; ☎07-4940 1838; www.hayman.com.au; 房间 含早 $730~12,300; ❄@🛜🏊）的主要通道。这里是大堡礁上最富丽堂皇的娱乐场所之一。有一公顷大的游泳池和花园，地面有精修过的园艺作品，还有独一无二的精品店。

来度假村的游客必须先飞到哈密尔顿岛机场，然后乘坐舒适豪华的海曼游船到度假村。

林德曼岛 (Lindeman Island)

林德曼岛虽小却很温馨，这里曾经有一个Club Med度假村。近年来旅游的都是那些自然摄影爱好者和来登山的人。游客的到来让这个小岛变得热闹起来。他们在各个岛上的小树林里单独长途跋涉，从奥尔德菲尔德山（Mt Oldfield，海拔210米）上眺望壮丽景色。林德曼岛上大部分都是国家公园。海湾一望无际，步行道长20公里，令人难忘。**博特海滩**（Boat Port）是野营的最佳去处。

降灵岛 (Whitsunday Island)

白天堂海滩（Whitehaven Beach）位于降灵岛，海滩长7公里，原始风貌保存良好。海滩上的沙子里有许多碎石子（其中98%是硅土，据说是世界上最白的沙子）。周围是郁郁青葱的热带树木和璀璨的碧蓝大海。海滩最北边的希尔海口（Hill Inlet）处，沙子旋涡般穿过蓝绿的海水，构成一幅绮丽的画，看得人眼花缭乱。最南边极适合浮潜。白天堂海滩是澳大利亚最美的海滩之一。

国家公园**露营地**（☎13 74 68; www.nprsr.qld.gov.au; 成人/家庭 $5.45/21.80）位于西面的Nari's and Joe海滩的Dugong，南面有Chance Bay，最南边是白天堂海滩，北边则有彼得湾（Peter Bay）。

Whitsunday Island Camping Connections-Scamper往返$105。

降灵群岛其他地方 (Other Whitsunday Islands)

北边的群岛还未被开发，也很少有游轮船或水上出租车经过。其中，格洛斯特、Saddleback和阿米特这几个岛有国家公园露营地。艾尔利海滩上Department of National Parks, Sport & Racing（见416页）可以解决露营许可证的问题，还给你提供去哪个岛、如何去的建议。

鲍恩 (Bowen)

人口 10,260

鲍恩（Bowen）是昆士兰州一个普通的沿海小镇，当地历史悠久。这里街道宽广，建筑楼层不高，到处都是木式昆士兰传统房屋。当地人生活悠闲，待人友善。与其他几个类似的小镇相比，鲍恩小镇因24幅多彩多样的壁画脱颖而出。壁画上描绘了各种新闻大事，记录了当地的历史。记得在游客中心或问询处拿一张地图，多了解下相关信息。

前滩空地景观别致，有野餐的桌子，也可以在那儿烧烤，是一个中心点。镇中心东北处有几个魅力四射的海滩和海湾，但很少有人去那里游玩。

到了摘水果的季节(4月至11月),鲍恩就变得熙熙攘攘了。著名的鲍恩杧果自然是产自这里。

留心镇上水塔上那块写着“Bowen wood”的标志。巴兹鲁曼(Baz Luhrmann)于2007年在这里拍摄了史诗般的电影《澳大利亚》(*Australia*),所以当地人以此为傲。

你来的时候如果想摘水果,查查海滩旁边的**Bowen Backpackers**(☎07-4786 3433; www.bowenbackpackers.net; Herbert St; 铺 每晚/周 $40/180起; ❄@🛜)上的相关信息。如果你想在那儿待的话,记得提前预订床位。即使你只是路过,也一定要在**Jochheims Pies**(49 George St; 馅饼 $4.6; ⏲周一至周五 5:30~15:30; 周六 至12:30)逗留一下,吃个“hunky beef”,之所以叫这个名字是因为休·杰克曼(Hugh Jackman)在拍电影《澳大利亚》(*Australia*)时最喜欢吃这个。然后,到镇上南边7公里处的**鲍恩旅游处**(Tourism Bowen; ☎07-4786 4222; www.tourismbowen.com.au; ⏲周一至周五 8:30~17:00, 周六和周日 10:30~17:00)停一下,或者去Herbert St街尾海滩上的**问询处**(Santa Barbara Pde; ⏲周一至周五 10:00~17:00, 周六和周日 时间不固定)吃一勺鲍恩杧果雪糕。

ℹ 到达和离开

长途汽车

澳洲灰狗巴士(Greyhound; ☎1300 473 946; www.greyhound.com.au)和**Premier**(☎13 34 1; www.premierms.com.au)两家公司提供频繁往返于艾尔利海滩($24, 1.5小时)和汤斯维尔($27, 4小时)的长途汽车。

汤斯维尔和使命海滩

包括 ➡

最佳餐饮

- Wayne & Adele's Garden of Eating（见429页）
- Dunk Island kiosk（见442页）
- Caffe Rustica（见441页）
- Bingil Bay（见442页）
- Marlin Bar（见435页）

最佳住宿

- Shambhala Retreat（见434页）
- Noorla Heritage Resort（见436页）
- Jackaroo Hostel（见441页）
- Bungalow Bay Koala Village（见434页）
- 珊瑚度假屋（见428页）

为何去

使命海滩位于受游客喜爱的凯恩斯（Cairns）和降灵群岛（Whitsunday Islands）之间，海滩上生长着成片的热带雨林，周围环绕着棕榈树，深邃静谧，鲜为人知。汤斯维尔常常被忽视，但整座城市的街道舒适而宽阔，富有现代气息。漫步于这座景色宜人的海滨城市，你会欣赏到典雅的19世纪建筑、形形色色的文化场所以及各式各类的体育比赛。这里也是去马格内蒂克岛（Magnetic Island）的起点，沿途野生动植物数量更多，但花费比降灵群岛便宜。

使命沙滩位于汤斯维尔以北，安逸闲适，但却吸引了大批的极限挑战爱好者。

何时去

汤斯维尔

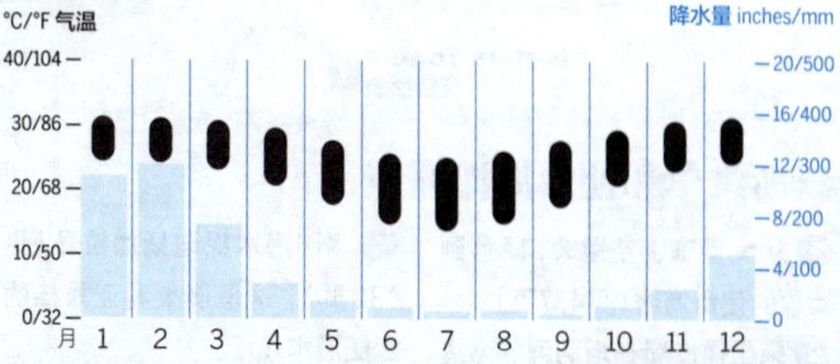

5月至10月 这时候海里没有螯刺动物，是举行水上活动的最好时节。

8月 汤斯维尔会举办澳大利亚室内音乐节，可以一睹当地文化的风采。

10月 使命海滩的使命进化音乐节让你在音乐中放下所有烦忧。

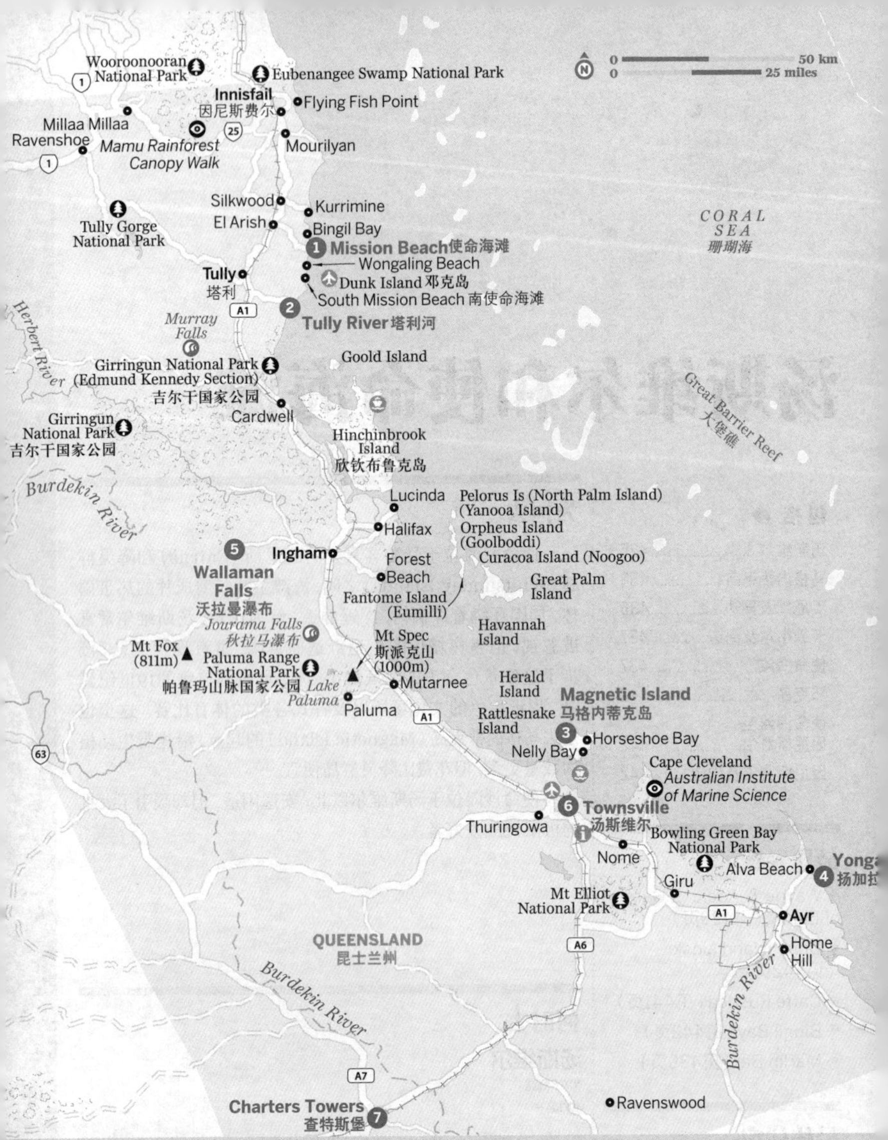

汤斯维尔和使命海滩亮点

❶ 从大堡礁上空跳伞，降落到柔软的**使命海滩**（见437页）。

❷ 乘坐橡皮艇在**塔利河**的弯道上疯狂漂流（见439页）。

❸ 在天堂般的**马格内蒂克岛**上寻找打盹的考拉，亲手喂食岩袋鼠（见432页）。

❹ 水肺潜水探访**扬加拉号**（见430页），这是澳大利亚最棒的沉船潜水场所。

❺ 在高处欣赏澳大利亚最高的单段瀑布**沃拉曼瀑布**（见436页）飞流直下的壮美景色，然后下到瀑布底部。

❻ 在**汤斯维尔**，为北昆士兰全民追捧的国家橄榄球联盟“牛仔队”或国家篮球联盟“鳄鱼队”欢呼喝彩（见425页）。

❼ 在内陆的淘金城**查特斯堡**（Charters Towers）看露天电影《黑暗幽灵》（见431页）。

汤斯维尔及周边（TOWNSVILLE & AROUND）

汤斯维尔是昆士兰州北部最大的城市，是海岸、内陆及海上一日游的理想胜地。

汤斯维尔（Townsville）

人口 189,238

汤斯维尔东面是碧波荡漾的海洋，西面是红色的山丘，整座城市整洁有序，极具现代感。这里有精彩的博物馆、巨大的水族馆、世界一流的潜水区，还有两大体育运动俱乐部。你可以徜徉于漫无尽头的滨海大道，也能尽享城市热闹的夜生活。这里的城市规划方便人们出行，一座座19世纪的古建筑修葺一新，气势恢宏，也是游览的路标向导。如果你确实迷了路，当地人肯定会热情相助，说不准还会请你喝杯啤酒。当地人思想保守，但数以千计的学生和军人令这里充满活力，还有矿工人员频繁往来，以及来这里尽情享受平均一年320天灿烂阳光的人们。

这里距离凯恩斯只有350公里，但与凯恩斯的热带气候相比十分干燥：如果汤斯维尔让你觉得酷热难当，那马格内蒂克岛的美丽沙滩也待不下去。

景点和活动

★HQ珊瑚礁水族馆 水族馆

（Reef HQ Aquarium；www.reefhq.com.au；Flinders St E；成人/儿童 $28/14；⏲9:30~17:00）珊瑚礁附近的海水径流量高达250万升，这里有130种珊瑚、120种鱼类。孩子们喜欢来这里，在海龟医院（turtle hospital）看一看海龟，摸一摸，给它们喂食。全天的游览活动（包含在门票中）涉及珊瑚礁和水族馆的方方面面。

Castle Hill 观景点

这座粉红色山丘是一整块花岗岩，高286米，爬上山顶，汤斯维尔的美景和克利夫兰湾（Cleveland Bay）尽收眼底。你可以沿着Hillside Cres崎岖不平的“山羊步道”步行到达，单程2公里。也可以自驾前往，先沿Gregory St从狭窄的小道上去，再绕行Castle Hill Rd 2.6公里即可。山顶路牌上有详细说明通往观景台的数条短途路线。

> **安全事项：提防各类水母和鳄鱼**
>
> 每年10月底直至次年5月，最好不要去海边游泳，因为海里会有箱型水母（box jellyfish）、伊鲁康吉水母（iruk-andji）以及其他海洋螫刺动物（marine stingers）。只有在装备了防水母安全网并有人巡逻查看的浴场内游泳才安全。
>
> 咸水鳄鱼常常栖息在红树林、入海口以及开阔水域里。在鳄鱼可能出没的水域会设有警示标志。一定要多加小心，这些造型奇特的警示牌可不仅仅是为你的假日快照充当道具的，鳄鱼的速度和智商可是超出你的想象！
>
> 去当地旅游局咨询或是从当地水上运动爱好者那里查询最新信息。

昆士兰热带博物馆 博物馆

（Museum of Tropical Queensland；www.mtq.qm.qld.gov.au；70-102 Flinders St E；成人/儿童 $15/8.80；⏲9:30~17:00）昆士兰热带博物馆与普通的博物馆不同，它利用各种栩栩如生的模型，设置互动展示，重现各种真实场景。每天的11:00和14:30，你都有机会在此装载发射18世纪的炮弹。艺术馆里有MindZone儿童科学中心以及北昆士兰州的历史展：从恐龙到雨林以及珊瑚礁。

死水潭保护区 野生动物保护区

（Billabong Sanctuary；www.billabongsanctuary.com.au；Bruce Hwy；成人/儿童 $33/20；⏲9:00~17:00）就在汤斯维尔向南17公里，这座生态野生动物园是当地野生动物的自然栖息地。在这里，不论澳洲野狗（dingoes）还是鹤鸵，你都可以跟他们亲密接触。整个公园占地面积达11公顷，游客每隔半个钟头就可以喂食动物、观看表演、聆听讲解，一天下来轻松愉快。

植物园 花园

（Botanic Gardens；⏲日出至日落）免费 汤斯维尔植物园有三个园址，每一处都各具特色，但里面都少不了郁郁葱葱的热带植物。其中最靠近市中心的是Queens Gardens（位于GregorySt和Paxton St交叉路口；⏲日出至

Townsville 汤斯维尔

日落），该植物园管理规范，装饰考究，就在Castle Hill山脚下，朝市区西北方向走1公里即可到达。

文化中心 文化中心

（Cultural Centre；☎07-4772 7679；www.cctownsville.com.au；2-68 Flinders St E；成人/儿童 $5/2；⏲9:30~16:30）当地原住民乌古鲁卡巴（Wulgurukaba）和宾多（Bindal）人的发展历史、传统文化和风俗习惯都在这里得到了充分的展示。参团请电话咨询具体时间。

佩克塔克地区美术馆 美术馆

（Perc Tucker Regional Gallery；www.townsville.qld.gov.au/facilities/galleries/perctucker；Denham St和Flinders St交叉路口；⏲周一至周五10:00~17:00，周六和周日 至14:00）**免费** 这座当代艺术馆恢宏气派，前身是一家建于1885年的银行。里面的展品大多出自北昆士兰地区的艺术家之手。

汤斯维尔海洋博物馆 博物馆

（Maritime Museum of Townsville；www.townsvillemaritimemuseum.org.au；42-68 Palmer St；

Townsville 汤斯维尔

成人/儿童 $6/3；⊙周一至周五 10:00~15:00，周六和周日 正午至15:00）这是轮船爱好者的好去处，陈列着沉船扬加拉号（Yongala）的残骸，还有各种体现北昆士兰航海业发展的展品。停用的HMAS号巡逻船“汤斯维尔”对游客开放。

海滨（Strand） 游泳

汤斯维尔海岸绵延2.2公里，公园、游泳池、咖啡馆和运动场在这里随处可见。路旁的棕榈树数以百计，掩映成荫。金沙滩由两道防蜇护栏保护，并有人巡逻。

最北端的游泳池**rock pool**（The Strand；⊙24小时开放）免费 是个巨大的人工泳池，周边是草坪和沙滩。你也可以尝试一下这里的消毒安全泳池**Tobruk Memorial Baths**（www.townsville.qld.gov.au；The Strand；成人/儿童 $5/3；⊙周一至周四5:30~19:00，周五至18:00，周六7:00~16:00，周日8:00~17:00）。这个泳池按照奥运会规格建造，并且进入了奥运遗产名录。这里还有一片**儿童水上娱乐场**（water playground；The Strand；⊙12月至次年3月 10:00~20:00，9月至11月、4月和5月 至18:00，6月至8月 至17:00）免费。

汤斯维尔跳伞 跳伞

（Skydive Townsville；☎07-4721 4721；www.skydivetownsville.com.au；双人跳伞 $395起）找一架安全可靠的飞机，准确降落在海岸上。

节日和活动

这里一年到头都有各种各样的节日和体育赛事。最受关注的球队如下：**北昆士兰牛仔**（North Queensland Cowboys；www.cowboys.com.au；赛季为3月至9月）国家橄榄球联盟队和**鳄鱼**（Crocodiles；www.crocodiles.com.au；赛季为10月中旬至次年4月）澳大利亚国家篮球联盟球队。

汤斯维尔500 体育

（www.v8supercars.com.au）每年7月，V8赛车锦标赛都会在此举办，你会看到V8 Supercars赛车在特制的赛道上呼啸而过，一路奔驰。

澳大利亚室内音乐节 音乐节

（Australian Festival of Chamber Music；www.

afcm.com.au; ⏲8月）每年8月，汤斯维尔都会举办享誉世界的澳大利亚室内音乐节，这里也因此充满了文化气息。

住宿

每逢节假日和赛季，汤斯维尔的宾馆都会一抢而空，所以最好提前预订。在海滨地区有各种中等规模的汽车旅馆和饮食自理的套间，而国际连锁酒店和背包客旅馆则大量集中于市中心以及Palmer St附近。

珊瑚度假屋　民宿 $

（Coral Lodge; ☎07-4771 5512; www.corallodge.com.au; 32 Hale St; 标单/双 无卫生间 $80/85，标三/四 $110/135; ❄📶）如果你想体验古朴迷人的澳大利亚家庭住宅（还有三条腿的猫），那这个百年老宅不容错过。楼上套间设备齐全，就像自家公寓一样，楼下客房共用卫生间。房东热情好客，他会亲自去公交站、火车站或者渡口接你。

礁石度假屋　青年旅舍 $

（Reef Lodge; ☎07-4721 1112; www.reeflodge.com.au; 4 Wickham St; 铺 $23~35，双 有卫生间/无卫生间 $80/62; ❄@📶）这是汤斯维尔最靠近市中心、海洋气息最浓郁的青年旅馆，从酒店的花园走到20世纪80年代旧式电子游戏室，一路上佛像和吊床随处可见。

Civic Guest House　青年旅舍 $

（☎07-4771 5381; www.civicguesthousetownsville.com.au; 262 Walker St; 铺/双 $24/58起; @📶）世界上最干净的青年旅舍之一，带有几分殖民地风情，员工热情友好，客人悠闲自得，果然名不虚传。可免费往返于渡口和公交车站。

Rowes Bay Caravan Park　房车营地 $

（☎07-4771 3576; www.rowesbaycp.com.au; Heatley Pde; 无电力供应/有电力供应营地 $27/38，小屋有卫生间/无卫生间 $99/77起; ❄@📶🏊）整座公园绿树成荫，枝繁叶茂，Rowes Bay海滨沙滩就在对面。这里刚刚建起的数栋别墅，虽然没有小木屋大，但却相当整洁。

Orchid Guest House　客栈 $

（☎07-4771 6683; www.orchidguesthouse.com.au; 34 Hale St; 铺 $28，双 有卫生间/无卫生间 $85/65; ❄）这不是狂欢派对的最佳场所，但对于只求一席床铺睡觉的人绝对实惠又舒服。对于工作背包客而言，在这里住上一周相当划算。

Historic Yongala Lodge Motel　汽车旅馆 $$

（☎07-4772 4633; www.historicyongala.com.au; 11 Fryer St; 汽车旅馆 房间$89~135，1/2间卧室的公寓 $139/159; ❄📶🏊）该旅馆建于1884年，历史悠久，周围有夸张的围栏，从海滨和市中心走不远就到。房间和公寓套间都不大，但性价比很高。这儿的餐厅相当不错（我们路过时，恰逢重新装修，暂停营业），深受当地人喜爱。

Aquarius on the Beach　酒店 $$

（☎1800 622 474; www.aquariusonthebeach.com.au; 75 The Strand; 双 $117~270; ❄@📶🏊）这家旅馆是海边最高的建筑，占地面积大，从酒店阳台向外眺望，远方的美景和眼前的建筑都令人震撼。别看这建筑古老陈旧，但酒店规格相当高，服务也细心周到。

Mariners North　公寓 $$$

（☎07-4722 0777; www.marinersnorth.com.au; 7 Mariners Dr; 房间 $199起，2居室/3居室公寓 $239/290起; ❄📶🏊）真正的海景房，设备齐全，内部宽敞，带有大卫生间和开阔阳台，从阳台望去，克利夫兰湾到马格内蒂克岛的美景尽收眼底。免费使用健身房，最少住两晚。

就餐

Gregory St与the Strand垂直交叉，沿路随处可见咖啡馆和外卖店。Palmer St的美食应有尽有：沿路一逛，美食尽享。汤斯维尔的很多酒吧和小酒馆也提供食物。

Cafe Bambini　咖啡馆 $

（46 Gregory St; 主菜 $11~21; ⏲周一至周五 5:30~17:00，周六和周日 6:30~16:00; 🖉）这家咖啡馆在全市共有四家分店，生意火爆。汤斯维尔最好的早餐（全天都有！）就在这里，午餐新鲜，分量十足。

Souvlaki Bar　希腊菜 $

（Shops 3 & 4, 58 The Strand; 餐 $7.50~

随风飘扬

昆士兰被誉为"阳光之州"，这里气候闷热，天气总是晴好，全年都是度假季，曾经有一句广告语赞美说"到此一游，快乐永久"。但是每年11月至次年4月，在远北地区，旋风——北半球叫做飓风——在热带地区十分常见，平均每个季节都会有四五次。尽管这类旋风很少会升级成具有强烈破坏性的风暴，但是也不乏极具摧毁力的时候：2011年的2月，旋风"亚斯"侵袭了使命海滩及沿海地区，当时的风力估计已达到300公里/小时，它横扫塔利（Tully）和卡德韦尔（Cardwell）地区以及邓克岛、贝达拉岛（Bedarra）、欣钦布鲁克岛（Hinchinbrook）等几座岛屿。位于因尼斯费尔和英厄姆之间沿岸的数百个家庭损失严重，香蕉种植园和甘蔗地夷为平地，国家公园的热带雨林地区也遭受重创。幸运的是，当时并未造成严重的人员伤亡。

所以在旋风多发季节要随时关注旋风预报和警报。如果有旋风的监测和警报，一定要锁定当地广播，还要关注**气象局**（Bureau of Meteorology；www.bom.gov.au）网站，随时关注最新消息及防范建议。当地居民在旋风来临之时往往淡定从容，但是旋风来临之前，他们还是会囤下大量的水和食物以备不时之需。

10.60；⊙周一至周五10:30~21:00，周六和周日至22:00）这家外卖分量十足，有鲜嫩多汁的沙威玛（gyros）、开胃菜梅泽（meze）、汉堡包和自制蜂蜜泡芙（honey puffs）。

Harold's Seafood 海鲜 $

（The Strand和Gregory St交叉路口；餐$4~10；⊙周一至周四8:00~21:00，周五至周日至21:30）从汉堡包到$10一盘的尖吻鲈沙拉（barramundi and salad），这家外卖店的菜品十分丰富，物有所值。

Wayne & Adele's Garden of Eating 新派澳洲菜 $$

（☎07-4772 2984；11 Allen St；主菜 $19起；⊙周一18:30~22:00，周四至周六至23:00，周日正午至15:00）这里的主菜有"Don't Lose Your Tempeh"（咖喱蔬菜炸天贝泰国柠檬沙拉）以及"Goat in a Boat"（摩洛哥羊肉派配椰枣扁豆糊），喜欢猎奇的人一定不要错过。餐厅的紫色庭院阔气奢华，菜单也做得绚烂多彩。

Longboard Bar & Grill 新派澳洲菜 $$

（☎07-4724 1234；The Strand，Gregory St对面；主菜 $15~37；⊙11:30~15:00和17:30至深夜）这家海滨餐厅带有烧烤间，食客络绎不绝。酱烤猪排、牛排以及布法罗辣鸡翅（buffalo wings）是人们的最爱。你可以忽略不协调的冲浪主题，戴上餐巾享受美味吧。

Brandy's 咖啡馆 $$

（30-34 Palmer St；早餐 $14~20，比萨$22~30；⊙周一至周五 17:00至深夜，周六和周日6:00至深夜）周末在此能吃到汤斯维尔最好的早餐，还可以在晚上品尝柴火烤制的比萨、西班牙小吃（tapas）和意大利面（pasta）。气氛欢快热闹。

Cbar 咖啡馆 $$

（The Strand，Gregory St对面；主菜 $16~32；⊙7:00~22:00；🅥）这里的饭菜好吃不贵，值得信赖。饭菜全天供应，你可以浅尝辄止（开胃菜 $18），也可以大快朵颐（大份炸鱼汉堡包$17）。

Summerie's Thai Cuisine 泰国菜 $$

（☎07-4420 1282；232 Flinders St；特色午餐 $12.50，晚餐主菜 $17起；⊙11:30~14:30和17:30~22:00）真正的泰国风味，当地人对咖喱椰浆（coconut-curry）赞不绝口。特色菜"Heaven on Earth"是椰肉大虾配爽脆的绿叶蔬菜，经文火烹调，名不虚传。

饮品和娱乐

可能是因为天气晴朗，汤斯维尔人很喜欢小酌。夜生活主要集中在Flinders St East，而Palmer St和the Strand的店则相对低调些。详细信息请查看周四的《汤斯维尔简报》（*Townsville Bulletin*）目录。营业时间随季节和客流

汤斯维尔到大堡礁之旅

大堡礁与汤斯维尔海岸遥遥相望，比到凯恩斯和道格拉斯港距离还要远，票价也因燃油费的增加而有所升高。庆幸的是，这里不那么拥挤（珊瑚礁也较少因为人多而遭受破坏）。若是在汤斯维尔启程，一般人都是奔着潜水去的。如果你只是想浮潜，那就去大堡礁来个一日游——扬加拉号沉船（Yongala）的残骸就是潜水区。扬加拉号与埃尔（Ayr）附近的阿尔瓦海滩（Alva Beach）距离要比到汤斯维尔近许多，所以如果你主要对残骸潜水感兴趣，那你就考虑一下从阿尔瓦海滩启程，直奔**扬加拉潜水区**（Yongala Dive；☎07-4783 1519；www.yongaladive.com.au；56 Narrah St，Alva Beach）。

游客信息中心有汤斯维尔的潜水营业机构名单，这些机构提供由潜水教练专业协会（PADI）教练授课的潜水课程，课程包括为期两天的泳池训练，外加两天一夜船宿实战。价格约$615起，游客需要做潜水体检（约$60）。

Adrenalin Dive（☎07-4724 0600；www.adrenalinedive.com.au；252 Walker St）经营扬加拉号（$220起）和惠勒礁（Wheeler Reef，$280起）一日游，可潜水两次。服务项目还包括惠勒礁浮潜（$180起）、船宿以及潜水证书课程。

Remote Area Dive（RAD；☎07-4721 4424；www.remoteareadive.com.au；16 Dean St）提供俄耳甫斯岛（Orpheus）和Pelorus islands一日游（$220起）。游客也可以在船上住宿，参加潜水课程。

扬加拉号潜水（Yongala Dive；☎07-4783 1519；www.yongaladive.com.au；56 Narrah St）经营从埃尔东北方向17公里处的阿尔瓦海滩出发的扬加拉号残骸潜水之旅（$259，含潜水工具）。从这里出发到扬加拉号残骸，只需30分钟，而从汤斯维尔乘船出发则需要2.5小时。来这之前需要提前预订海边潜水度假屋的青年旅舍，旅舍免费从Ayr接车。

量变化；夜店一般都会营业至次日5:00。

Heritage Bar 酒吧

（www.heritagebar.com.au；137 Flinders St E；酒吧小吃 $10.50起；⏲周二至周六17:00至次日2:00）时尚而精致。如果你觉得啤酒畅饮还不过瘾，那态度温和的"调酒师"会精心调制各式各样新奇的鸡尾酒。游客在这里还能品尝到精致的食物（想象一下烧烤威士忌猪肉、扇贝还有香肠马铃薯丸子），细细品味美味的椰肉大虾吧。

Brewery 自酿酒吧

（252 Flinders St；⏲周一至周六11:30至午夜）这个自酿酒吧是由19世纪80年代的邮局改建而成，设计巧妙，生意红火。啤酒可以现场酿造。在雅致的**餐厅**（主菜 $17~36）就餐时可以顺便喝一杯汤斯维尔的苦啤酒（Townsville Bitter）或者Bandito Loco。

Coffee Dominion 咖啡馆

（Stokes St和Ogden St交叉路口；⏲周一至周五 6:00~17:00，周六和周日 7:00~13:00）这家咖啡重视生态、环保。烘烤咖啡豆源自附近的阿瑟顿高原（Atherton Tableland），远至赞比亚（Zambia）。如果这里的咖啡都不合你的口味，你可以自己搭配，他们会根据你的要求现场磨制新鲜的咖啡。

Seaview Hotel 小酒馆

（The Strand和Gregory St交叉路口；⏲10:00至午夜）Seaview以周日的露天啤酒会和所处的海滨黄金地段而著称，你可以一边欣赏现场音乐表演和娱乐节目，一边畅饮大杯冰镇啤酒。餐厅（主菜 $21~44）很大，牛排也很大。

Molly Malones 小酒馆、夜店

（87 Flinders St E；⏲周一和周二 11:30至次日1:00，周三至次日2:00，周四至次日3:00，周五至次日5:00，周六 17:00至次日5:00，周日 17:00至次日1:00）这家爱尔兰酒吧非常热闹，周五和周六晚上都会有现场音乐表演。食物便宜又好吃。

Flynns 现场音乐

（101 Flinders St E；⏲周二至周日 17:00至深夜）虽然是一家气氛欢乐的爱尔兰酒吧，但并没有多少爱尔兰风格。除了每周三晚上的卡拉OK，每天晚上都会有现场音乐引爆全场。

购物

Cotters Market 市场

（www.townsvillerotarymarkets.com.au；Flinders St Mall；⏲周日8:30~13:00）市场上大约有200个摊位，有卖工艺品的，也有卖小吃的，还有现场娱乐表演。

Strand Night Market 市场

（www.townsvillerotarymarkets.com.au；The Strand；⏲5月至12月的第一个周五 17:00~21:30）放眼望去，小摊上摆着各种古董、工艺品和小饰品。

实用信息

游客信息中心（Visitor information centre；☎07-4721 3660；www.townsvilleholidays.info；Flinders St和Stokes St交叉路口；⏲9:00~17:00）能查询汤斯维尔、马格内蒂克岛以及附近国家公园的大量游客信息。该市向南10公里的布鲁斯公

值得一游

雷文斯伍德和查特斯堡

你不用深入太远就能体验到昆士兰内陆的尘土和干燥，这与苍翠的沿海地区相比是截然不同的风貌。从汤斯维尔出发的一日游能够体会到这样的鲜明对比，但是如果可以，最好在那里过夜，那样你就会跟友好的当地人有更多交流。

沿Flinders Hwy走，在汤斯维尔西南方向88公里处的Mingela会有一个岔路口，顺着岔路向南40公里就来到了金矿村**雷文斯伍德**（Ravenswood；人口350），这里有许多19世纪末20世纪初的小酒馆，会有些简单的（卫生间公用）住宿。

从Mingela沿着Flinders Hwy向西47公里，就是历史上著名的淘金城**查特斯堡**（Charters Towers；人口8234）。城市名字中的“towers”指的是它周围的山丘。William Skelton Ewbank Melbourne（WSEM）Charters是淘金热时候的黄金专员，查特斯堡在当时是昆士兰最富有的第二大城市，矿场有将近100个，小酒馆也有90个左右，还有专门的证券交易所，可以说是“一个小世界”。

而今天来到查特斯堡，漫步走过它的宏伟建筑群，追忆曾经的繁华，聆听当地人的故事。

建于1890年的**证券交易中心商场**（Stock Exchange Arcade，记得尝尝那里的咖啡）和旁边的**查特斯堡游客中心**（Charters Towers visitor centre；☎07-4761 5533；www.charterstowers.qld.gov.au；74 Mosman St；⏲9:00~17:00）的墙壁静静地向游客诉说着过往的历史。游客信息中心的免费旅游手册大致介绍了**一平方英里徒步路径**（One Square Mile Trail），城市中心保存完好的19世纪建筑。该中心安排的所有团队游都在市区，例如经常闹鬼的**维纳斯炼金厂**（Venus Gold Battery）。

夜幕降临，Towers Hill全景一览无余，这里是首次发现黄金的地方，气氛十分阴森，与**露天电影院**（open-air cinema）播放的时长20分钟的《黑暗幽灵》（*Ghosts After Dark*）很是相称。请提前查询季节性放映时间表，在游客信息中心购票（$10）。

市区的住宿亮点是亲切友好、到处是旧式家具的曾经的小酒馆**皇家私人酒店**（Royal Private Hotel；☎07-4787 8688；www.royalprivate-hotel.com；100 Mosman St；标单/双无卫生间$65/75，双有卫生间 $114起；❄📶）。在市郊还有三个房车营地。

澳洲灰狗巴士（Greyhound；☎1300 473 946；www.greyhound.com.au）每周都会有两班车往返于汤斯维尔和查特斯堡之间（$29，1.75小时）。

昆士兰铁路公司（The Queensland Rail；☎1800 872 467；www.queenslandrail.com.au）的内陆火车每周有两个班次往返于汤斯维尔和查特斯堡之间（$21，3小时）。

路上还有一个分部。

到达和离开

飞机

在**汤斯维尔机场**（Townsville Airport；www.townsvilleairport.com.au），**维珍航空**（Virgin；☎13 67 89；www.virginaustralia.com）、**澳洲航空**（Qantas；☎13 13 13；www.qantas.com.au）、**北方航空**（Air North；☎1800 627 474；www.airnorth.com.au）以及**捷星航空**（Jetstar；☎13 15 38；www.jetstar.com.au）均有航班往返凯恩斯、布里斯班（Brisbane）、黄金海岸（Gold Coast）、悉尼（Sydney）、墨尔本（Melbourne）、麦凯（Mackay）以及罗克汉普顿（Rockhampton），也有飞往其他大城市的航班。

长途汽车

澳洲灰狗巴士（Greyhound；☎1300 473 946；www.greyhound.com.au）每天有三个班次到达布里斯班（24小时，$272）、罗克汉普顿（12小时，$124）、艾尔利海滩（4.5小时，$47）、使命海滩（3.75小时，$42）以及凯恩斯（6小时，$61）。长途汽车在**Breakwater Ferry Terminal**上下（2/14 Sir Leslie Thiess Dr；储物柜每日 $4~6）。

Premier Motor Service（☎13 34 10；www.premierms.com.au）每天有一班车往返于布里斯班和凯恩斯之间，在汤斯维尔的**Fantasea car ferry terminal**（Ross St, South Townsville）停车。

汽车

主要的汽车租赁公司都在汤斯维尔和机场有店面。

火车

一周有5班布里斯班—凯恩斯的“昆士兰精神”（Spirit of Queensland）高速列车经过汤斯维尔。布里斯班到汤斯维尔的列车车程为25小时（单程票价$189起）；请电话咨询**昆士兰铁路公司**（Queensland Rail；☎1800 872 467；www.queenslandrail.com.au）。

当地交通

抵离机场

汤斯维尔机场位于加布特（Garbutt）市中心西北方向5公里处。搭出租车去市中心大概花费$22。

机场巴士（☎1300 266 946；www.con-x-ion.com；单程票/往返票 $10/18）机场班车接送所有航班，在市中心商业区沿途可上下车（必须提前预订）。

长途汽车

Sunbus（☎07-4771 9800；www.sunbus.com.au）提供汤斯维尔周边本地长途汽车服务。你可以在游客信息中心或者网上查询汽车路线和时刻表。

出租车

市区各处均有出租车候车点，也可致电**汤斯维尔出租车公司**（Townsville Taxis；☎13 10 08；www.tsvtaxi.com.au）。

马格内蒂克岛（Magnetic Island）

人口 2500

马格内蒂克岛以其沿海边的岩石步道和在橡胶树上小憩的考拉（没准真能看到几只）而闻名，想不爱上这个地方都很难。尽管它只是旅行中的匆匆一站，但是仍旧有很多人会在这里长期生活工作。与其说这是个度假胜地，不如说它是个悠闲的社区。

这座多山的岛屿呈三角形，总面积约52平方公里，其中大半都属于国家公园，步道风景如画，野生动植物种类丰富，这里栖息着很多岩袋鼠（非常可爱）。迷人的沙滩上活动丰富，游客既可以畅享刺激的水上运动，也可以就在那儿静静地晒个日光浴。这里有花岗岩石（granite boulders）、肯宁南洋杉（hoop pines）以及桉树（eucalyptuses），与见怪不怪的普通热带海岛很不一样。

景点和活动

有一条主干道贯穿全岛，以野餐湾（Picnic Bay）为起点，途经奈利湾（Nelly Bay）和杰弗里湾（Geoffrey Bay），直抵马蹄湾（Horseshoe Bay）。当地巴士定时往返于该路线。徒步路径穿过灌木丛，也可以通往多个主要城镇。

野餐湾（Picnic Bay）

野餐湾曾经是渡船终点站（现在终点在奈利湾），但那已是过去时，如今它成了岛上最低调的景点，友好的当地人是这里的主要人群。每到赛季（11月至次年5月）这里就会配备防水母安全保护网具，在这里游泳真是棒极了。

奈利湾（Nelly Bay）

如果你想在迷人的马格内蒂克岛（Maggie）乘船游览，奈利湾就是整个行程的起点和终点。这里的就餐和住宿环境热闹而又轻松，游客有多种选择；海滩风景秀美，令人神往。海滩北端有一个儿童游乐园；珊瑚礁边缘是不错的浮潜圣地。

Arcadia

Arcadia村朴实无华，中档的商店、餐馆及住宿一应俱全。主海滩杰弗里湾（Geoffrey Bay）南端有一处礁石（低潮时最好不要在上面行走）。迄今最美的海滩要属阿尔玛湾（Alma Bay cove）了，此处巨石嶙峋，伸入海中。海滩上绿树掩映，树荫下面设有野餐桌和儿童乐园。

沿路走到尽头是位于杰弗里湾和阿尔玛湾之间的布莱纳角（Bremner Point），如果在17:00左右到达，你可以徒手喂食野生岩袋鼠（rock wallaby）——它们已经习惯了每天的定点喂食。虽然有着种种美景，这绝对是你旅程中的一大亮点。

雷迪卡湾和要塞建筑（Radical Bay & the Forts）

汤斯维尔是“二战”期间太平洋战场的补给站，当时为保护城市不被海军袭击修建了这个要塞。如果你只想徒步一次，要塞步道（forts walk）长2.8公里，往返1.5小时，绝对不容错过。从Radical Bay附近的岔道开始，沿途经过许多旧的军事基地、炮台和假“岩石”。步道尽头是观光塔和战地指挥所，站在那里眺望，一片大好风光，而且你一定会看见考拉（koalas）懒洋洋地挂在树梢。原路返回或是继续沿通达的小路一直走，就来到了马蹄湾（Horseshoe Bay，在这儿可以搭乘巴士返回）。

附近的裸体海滩（Balding Bay）是马格内蒂克岛的非正式裸体海滩。

马蹄湾（Horseshoe Bay）

马蹄湾位于海岸北部，是马格内蒂克岛对外开放的最美沙滩，吸引了一大批热爱自然、崇尚自由的年轻人，年长一些的人也喜欢来此一日游。在这里，你可以租用水上运动设备；浴场设有防水母保护网；数家咖啡馆并排而建，也有不错的小酒馆。

Bungalow Bay Koala Village有一个野生动物园，在那里你可以跟鳄鱼和考拉亲密接触。

你还可以去马蹄湾市场（⏲每月的第二和最后一个周日9:00~14:00）挑选当地的艺术品和工艺品。

团队游

快乐潜水员 潜水

（Pleasure Divers; ☎07-4778 5788; www.pleasuredivers.com.au; 10 Marine Pde, Arcadia; 在开放水域上课，每人 $349）这里有潜水教练专业协会（PADI）的开放水域课程，为期三天，还有高级课程和扬加拉号（Yongala）残骸潜水。如果你经验丰富，又想去大堡礁（the Great Barrier Reef）潜水，那么在人迹罕至的Lodestone Reef的两次潜水游是最佳选择，费用$226（浮潜为$196）。

热带风光团队游 自驾游

（Tropicana Tours; ☎07-4758 1800; www.tropicanatours.com.au; 一日游成人/儿童$198/99）报名参加这种一日导览游，游客可乘坐四驱车游遍全岛最好的景点。团费包括与野生动植物亲密接触，当地咖啡馆享用午餐，以及一杯落日鸡尾酒。除此之外，你也可以选择参加短途团队游。

马蹄湾大农场 骑马

（Horseshoe Bay Ranch; ☎07-4778 5109; www.horseshoebayranch.com.au; 38 Gifford St, Horseshoe Bay; 骑马2小时 $110）策马奔驰2小时，可以从灌木丛一直骑到海滩，冲进海浪里。这里也专门为儿童准备了矮马（20分钟，$20）。

马格内蒂克岛海上皮划艇 皮划艇

（Magnetic Island Sea Kayaks; ☎07-4778 5424; www.seakayak.com.au; 93 Horseshoe Bay Rd, Horseshoe Bay; 团队游 $60起）🍃你可以参加清晨或傍晚的生态游，也可以自己租一辆皮

划艇单独行动(单人/双人 每日 $75/150)。

Providence V 游轮

(☎0427 882 062; www.providencesailing.com.au)这里可以潜水，撑开栅栏网，在落日的余晖中，驾驶着马格内蒂克岛上唯一的高桅横帆船远航吧。航行两小时，人均花费$70起。

住宿

★ Bungalow Bay Koala Village 青年旅舍 $

(☎1800 285 577, 07-4778 5577; www.bungalowbay.com.au; 40 Horseshoe Bay Rd, Horseshoe Bay; 无电力供应/有电力供应营地每人$12.50/15, 铺 $28, 双 有卫生间/无卫生间 $90/75; ❄@📶🏊)🍃对于游客而言，这里就如同夏令营一般。酒店、旅舍、野营地散布在自营的**野生动植物园**(☎07-4778 5577, 1800 285 577; www.bungalowbay.com.au; 40 Horseshoe Bay Rd, Horseshoe Bay; 成人/儿童 $19/12; ⏲游览时间为10:00、正午及14:30, 2小时)，在这里你可以跟考拉亲密拥抱。你也可以去游泳消暑，或者去清凉的酒吧小酌一杯，步行5分钟到海滩吹吹海风也不错，就地在**酒吧兼餐厅**(☎07-4778 5577, 1800 285 577; www.bungalowbay.com.au; 40 Horseshoe Bay Rd, Horseshoe Bay; 主菜 $15.50~24; ⏲正午至深夜)大口吃着比萨喝着啤酒也是一种独特体验。

背包客基地 青年旅舍 $

(Base Backpackers; ☎1800 242 273; www.stayatbase.com; 1 Nelly Bay Rd, Nelly Bay; 露营每人 $15, 铺 $28~33, 双 有卫生间/无卫生间 $125/105起; @📶🏊)如果不想睡觉就来这里狂欢吧。这里因为举办疯狂的月圆派对(full-moon parties)而出名，由于旅舍的酒吧(Island Bar)名声不好，这里任何时候都很吵闹。除此之外，还有食宿交通全包的套票。这里是一处位于奈利湾和野餐湾之间的海滩，地域闭塞，风景却十分迷人。

★ Shambhala Retreat 别墅 $$

(☎0448 160 580; www.shambhala-retreat-magnetic-island.com.au; 11 Barton St, Nelly Bay; 双 $105起; ❄🏊)🍃来这里找回内心的平静吧。这栋别墅注重环保节能，有三个热带风格的套间，室内有佛教壁挂。站在露台透过树木，就可以看见当地的野生动植物。其中有两个套间配有室外淋浴；所有的套间都有厨房、大卫生间和洗衣机等全套设备。入住时间不能少于两晚。

热带棕榈旅馆 汽车旅馆 $$

(Tropical Palms Inn; ☎07-4778 5076; www.tropicalpalmsinn.com.au; 34 Picnic St, Picnic Bay; 套间 $120起; ❄📶🏊)这家汽车旅馆的套间陈设虽然简单，但设施十分齐全。门口就有个游泳池，虽然不大，但是相当好。工作人员亲切友善，整个旅馆的气氛愉悦放松。住两晚以上，价格会有优惠。你还能在这里租到四轮驱动车。

Arcadia Village Motel 酒店 $$

(☎07-4778 5481; www.arcadiavillage.com.au; 7 Marine Pde, Arcadia; 房间 $100~155; ❄📶🏊)这家酒店的员工待人和善，态度随和，内部充满假日气氛，里面还有一个法式小馆和酒吧**Island Tavern**(☎07-4778 5481; www.arcadiavillage.com.au; 7 Marine Pde, Arcadia; 主菜 $19.50~28; ⏲法式小馆11:00~20:00, 酒吧正午至次日3:00)。这里的饮品不贵，每周三晚上的现场音乐演奏和海蟾蜍比赛(cane-toad races)都深受顾客欢迎。这里的两个泳池都非常棒，过街溜达不远就到漂亮沙滩。

Arcadia Beach Guest House 客栈 $$

(☎07-4778 5668; www.arcadiabeachguesthouse.com.au; 27 Marine Pde, Arcadia; 铺 $58起，旅行帐篷 $65, 房间 无卫生间 $69~89, 有卫生间 $140~249; ❄📶🏊)房型多样，任你挑选！你愿意住在明亮的海景房(以马格内蒂克岛附近的海湾命名)里，还是住在旅行帐篷或宿舍床位？到阳台上观海龟，租一艘小船、一辆Moke敞篷车或者四轮驱动车，或者全都体验一番？有免费渡船接送。

餐饮

好几家酒店和青年旅舍都带有餐厅和酒吧，当地人和旅客都很喜欢。营业时间随季节和客流量而变化。奈利湾和马蹄湾就餐选择最为丰富。

毫无疑问，马格内蒂克岛上的海鲜是一定要品尝的。

Noodies on the Beach 墨西哥菜 $

（☎07-4778 5786; 2/6 Pacific Dr, Horseshoe Bay; $10起; ⏲周一至周三和周五 10:00~22:00，周六 8:00~22:00，周日 8:00~15:00; 🅿）在这里点一杯玛格丽塔（margarita），店家会免费奉送一顶阔边帽，你没法不爱上它。这家餐厅的墨西哥菜非常精致，咖啡更是有名——号称“马格内蒂克岛上第一”。此外，这里还会开办书籍交换活动。

Picnic Bay Hotel 小酒馆饮食 $

（The Esplanade, Picnic Bay; 主菜 $11~26; ⏲9:30~22:00）伴着海湾对岸闪烁的汤斯维尔的灯光，静静地坐在这里喝一杯。这里的**R&R Cafe Bar**（⏲9:00至深夜）小吃、大份沙拉和路易斯安那大虾（Cajun prawn）全天都有供应。

Man Friday 墨西哥菜、各国风味 $

（☎07-4778 5658; 37 Warboy St, Nelly Bay; 主菜 $14~39; ⏲周三至周一 18:00起; ✎）这家餐馆环境虽不太协调，但也充满田园气息，灯光熠熠的花园偶尔还会有野生动物悠闲地走过。在这里，你可以大口大口地吃经典的墨西哥菜——这时候就不要想着节食了。如果店里很忙，也不要着急，上菜虽然慢点，味道还是很好的。

阿卡迪亚夜市 市场 $

（Arcadia Night Market; RSL Hall, Hayles Ave, Arcadia; ⏲周五 5:00~20:00）这个夜市虽然不大，但是非常热闹，有正规的酒吧及各种食物，种类丰富，物美价廉。

Marlin Bar 小酒馆饮食 $$

（3 Pacific Dr, Horseshoe Bay; 主菜 $16~24; ⏲午餐和晚餐）来到马格内蒂克岛，如果你不能在这个著名的海边酒吧靠窗坐一坐，望一望海湾的落日，喝一杯冰饮的话，那就太可惜了。这里的食物分量都很大，而且（惊喜哦！）主要都是海鲜。

ℹ 实用信息

马格内蒂克岛上没有官方的游客信息中心，但是汤斯维尔的游客信息中心（见431页）可以查询实用信息和地图，也可帮助寻找住宿。在汤斯维尔的轮渡终点站和奈利海湾终点都有地图供游客参考。

大部分商家都可以使用电子自动转账购物系统，除此之外，岛上的自动柜员机也随处可见，其中一个就设在**邮局**（Sooning St, Nelly Bay; ⏲周一至周五 9:00~17:00，周六 至11:00）。

ℹ 到达和离开

所有来往于马格内蒂克岛的轮渡终点站都在奈利湾。汤斯维尔的两个渡船终点站都设有停车场。

Fantasea（☎07-4796 9300; www.magnetic-islandferry.com.au; Ross St, South Townsville）经营从罗斯溪（Ross Creek）南面出发的汽车轮渡，每日8个班次（周末7个班次），35分钟一班。每辆车最多容纳3人，费用为$178（往返票），徒步游客费用为$29/17（成人/儿童，往返）。必须提前预订。此外，自行车可免费搭乘轮渡。

Sealink（☎07-4726 0800; www.sealinkqld.com.au）经营乘客渡船往来于汤斯维尔和马格内蒂克岛之间（成人/儿童往返票 $32/16），全程约20分钟。渡轮离开汤斯维尔，从Sir Leslie Thiess Dr的Breakwater Terminal出发。

ℹ 当地交通

马格内蒂克岛上的徒步路径四通八达，可以通往海岸山脊、内陆地区，连接各个城市，还能到达远处的海滩。渡船终点检票处会为游客提供地图，虽然不是特别详细，但是信息量也很丰富。

自行车

虽然有的山路崎岖不平，但是马格内蒂克岛仍然是骑行的理想之地。大部分住宿的地方自行车租金大概是$20一天，不过也有很多地方有自行车免费供客人骑行。

长途汽车

Sunbus（www.sunbus.com.au/sit_magnetic_island）在野餐湾和马蹄湾之间运行，游客可在途中转乘任意一班轮渡，长途汽车也途经大型酒店。全区一日游通票$7.2。一定要多跟长途汽车司机聊聊天，他们会津津乐道马格内蒂克岛的一切。

汽车和摩托车

Moke（敞篷车）和摩托车的租用点随处可见。租用要求：年满21岁，已取得驾照，有信用卡付款。摩托车租费每日约$35起，Moke约$75。你可以尝试一下**MI Wheels**（☎07-4758 1111；www.miwheels.com.au；138 Sooning St，Nelly Bay）家的经典Moke敞篷车，也可以在**Roadrunner Scooter Hire**（☎07-4778 5222；3/64 Kelly St，Nelly Bay）租一辆摩托车或是山地自行车。

汤斯维尔北部地区（NORTH OF TOWNSVILLE）

离开汤斯维尔，也就意味着离开了干燥的热带气候。由此向北，炙热的气候景观将逐渐被高速公路沿途的甘蔗种植园和满山的热带雨林所替代。

在内陆地区偏僻闭塞，但可以看到瀑布、国家公园和小村庄，包括帕鲁玛山脉国家公园（Paluma Range National Park），它是湿热带世界遗产地（Wet Tropics World Heritage Area）的一部分。徒步路线、游泳场以及露营地等信息都可以在游客信息中心的宣传册上找到。

汤斯维尔北部曾遭遇2011年2月的旋风“亚斯”以及2006年的旋风“拉利”袭击，海岸线、周边群岛、国家公园以及农场因此受损失惨重。虽然仍有一些地区还在重建中，但是就目前来说，大部分灾区的清理工作已经完成。

英厄姆及周边（Ingham & Around）

人口 4767

英厄姆骄傲地守卫着方圆120公顷的草鸮湿地（Tyto wetlands；草鸮湿地信息中心；☎07-4776 4792；www.tyto.com.au；Cooper St和Bruce Hwy交叉路口；⊙周一至周五 8:45~17:00，周六和周日 9:00~16:00）。这里有一条4公里长的徒步路径，吸引了约230种鸟类来此栖息，其中不乏从西伯利亚和日本远道而来的候鸟品种。当地的主人——数百只沙袋鼠（wallabies）也对这个地方颇为着迷，每日早晚都会在此聚集。此外，这里还有艺术馆和图书馆。澳大利亚著名乡村歌手斯利姆·达斯蒂（Slim Dusty）的流行金曲《没有啤酒的酒吧》（1957年）就是受到同名诗歌的启发创作出来的。当年Ingham的甘蔗收割人Dan Sheahan在Lees Hotel（☎07-4776 1577；www.leeshotel.com.au；58 Lannercost St，Ingham；标单/双 $64/84起，套餐 $12起；⊙周一至周六 午餐和晚餐；❄📶）看到美国士兵喝光了酒吧的酒以后，写出了这首诗。现在这个酒吧已经有了房间、餐食甚至啤酒。酒吧很好找，房顶有一个骑着马的骑士塑像的就是了。

Noorla Heritage Resort（☎07-4776 1100；www.hotelnoorla.com.au；5-9 Warren St，Ingham；标单 $69~169，双 $79~179；❄📶🏊）曾经是意大利甘蔗收割者的地盘。英厄姆这座20世纪20年代的装饰艺术派建筑已修缮一新，房间有挑高天花板，花园里还有价格稍低的集装箱风格的客房。

英厄姆是沃拉曼瀑布（Wallaman Falls）发源地，瀑布高305米，是澳大利亚最长的单段瀑布，气势恢宏，值得一去。瀑布位于吉尔干国家公园（Girringun National Park），在市区向西51公里处（该路段除最后10公里，均铺设硬质路面）。不论何时，瀑布都蔚为壮观，雨天观景尤佳。徒步路径（2公里）可以直接通达瀑布底端，虽然有些陡峭，但非常值得一试。在露营地（camping ground；www.nprsr.qld.gov.au；每人/家庭 $5.75/23）可以烧烤、淋浴，还有定时的野生动物观赏，对于那些喜欢安静坐着的人而言，还有机会在游泳场里逗一逗鸭嘴兽（platypus）。从草鸮湿地信息中心拿宣传单看看。

从英厄姆向南24公里，汤斯维尔向北91公里，就到了秋拉马瀑布（Jourama Falls；下了布鲁斯公路再走6公里就到了），很方便。这里是散步、观看野生动物——记得看红木飞鼠（mahogany gliders）——以及露营的好去处。从英厄姆向南走40公里（汤斯维尔以北61公里处）是斯派克山（Mt Spec），一条条徒步路径从热带雨林和桉树林（eucalyptus trees）中穿过，纵横交错。下了布鲁斯公路后，沿Spiegelhaur Rd经过北线向Big Crystal Creek（4公里）走，或者从景色宜人的Paluma Village走南线就到了。

Mungalla Station（☎07-4777 8718；www.mungallaaboriginaltours.com.au；2小时团队游 成

人/儿童 $52.50/30)位于英厄姆向东15公里处，这里会有土著人给游客作详细讲解，包括教你扔回飞棒以及介绍当地土著Nywaigi部落文化。值得一试的是再多花点钱去品尝一下传统的土埋方式烹制的午餐（Kupmurri），挖开地面，在土坑里进行烹制，有肉有菜，外面由香蕉叶包裹（成人/儿童 含团队游 $102.50/60）。

澳洲灰狗巴士(Greyhound; 1300 473 946; www.greyhound.com.au; 汤斯维尔/凯恩斯 $39/52)和Premier(13 34 10; www.premierms.com.au; 汤斯维尔/凯恩斯 $26/34)运营的凯恩斯—布里斯班线路都会在英厄姆站停车。

同时，英厄姆也处在昆士兰铁路公司(Queensland Rail; 1800 872 467; www.queenslandrail.com.au)的布里斯班—凯恩斯一线途中。

卡德韦尔及周边（Cardwell & Around）

人口 1250

布鲁斯公路大部分路段是在离海岸几公里的内陆，所以你想象不到它是以海岸为起点。当你抵达卡德韦尔小镇，看到道路边缘就是海浪，一定会大吃一惊。大部分游客都是冲着当季的水果采摘来这里的，如果你也想找这类工作可以咨询背包客旅馆。

活动

Cardwell Forest Drive 户外

从市中心出发，一路风景如画，穿过国家公园，绵延26公里，沿路都是瞭望台、徒步路径以及野餐区，都有路标指引。在Attie Creek Falls可以畅享游泳的乐趣，还有名副其实的水疗池（Spa Pool），你可以坐在石头洞里，享受水流划过身体的舒适感。

卡德韦尔游客信息中心的旅游手册还详细介绍了公园里的其他徒步小路和游泳场。

住宿

Cardwell Beachcomber Motel & Tourist Park 房车营地 $

(07-4066 8550; www.cardwellbeachcomber.com.au; 43a Marine Pde; 无电力供应/有电力供应营地 $27/36，汽车旅馆双 $98~125，小屋和单间 $95~115;)这个大型公园在2011年的“亚斯”旋风中遭受冲击，现已重新营业，新建了池畔小屋、精美的单间以及现代化的海景别墅。这里时尚的餐厅供应海鲜、牛排和美味比萨。

Cardwell Central Backpackers 青年旅舍 $

(07-4066 8404; www.cardwellbackpackers.com.au; 6 Brasenose St; 铺 $22;)服务热情周到，主要面向季节性工人（这里的管理人员会帮忙找工作），也适合于来此过夜的旅客。可免费上网和打台球。

Mudbrick Manor 民宿 $$

(07-4066 2299; www.mudbrickmanor.com.au; Lot 13, Stony Creek Rd; 标单/双 $90/120;)顾名思义，这家民宿是由泥砖、原木和石头手工建成。房间都经过了精心装修，室内宽敞雅致，庭院里设有喷泉。费用包含热食早餐；可以提前几个小时预订晚餐（三道菜，每人$30）。

实用信息

Rainforest & Reef Centre (07-4066 8601; www.greatgreenwaytourism.com/rainforest-reef.html; 142 Victoria St; 周一至周五 8:30~17:00，周六和周日 9:00~13:00)这里靠近卡德韦尔码头，热带雨林互动式展示美妙绝伦，你还可以在此处查到欣钦布鲁克岛（Hinchinbrook Island）和附近其他国家公园的详细信息。

到达和离开

澳洲灰狗巴士(Greyhound; 1300 473 946; www.greyhound.com.au)和**Premier**(13 34 10; www.premier-ms.com.au)运营的布里斯班到凯恩斯路线在卡德维韦尔停车。到凯恩斯费用为$50，汤斯维尔$37。

布里斯班—凯恩斯铁路途经卡德韦尔；具体细节请咨询**昆士兰铁路公司**(Queensland Rail; 1800 872 467; www.queenslandrail.com.au)。

渡船自市区向南2公里处的欣钦布鲁克码头（Hinchinbrook Marina）出发，开往欣钦布鲁克岛。

使命海滩（Mission Beach）

人口 4852

布鲁斯公路以东不到30公里，绵延着

一片甘蔗和香蕉种植园，就是这些隐匿于堪称世界遗产的雨林之中的村庄造就了使命海滩。雨林一直延伸到珊瑚海（Coral Sea），使这段14公里长、棕榈摇曳的僻静海湾和空旷海滩平添了一种热带岛屿的荒凉感。

2011年，强力旋风亚斯在使命海滩登陆，破坏了大片热带雨林和植被，岛上一片荒芜。当地许多社区仍在慢慢重建——比如，在我们到此考察时，这里还没有一家专业的水肺潜水运营商，但是，在不久的将来有可能会有一家开业。

此地名为"使命海滩"，或者就直接叫"使命"，许多独立的村庄沿海岸排列成线，规模虽小却舒适安逸。宾吉尔湾（Bingil Bay）位于Mission Beach proper北面4.8公里处（有时也称"北使命海滩"）。向南5公里是翁琳海滩（Wongaling Beach），再向南走5.5公里就到了南使命海滩（South Mission Beach）。城市的大部分便利设施都设在Mission proper和翁琳海滩；南使命海滩和宾吉尔湾主要是住宅区。

使命地区距离大堡礁最近，所以它是通往邓克岛（Dunk Island）的门户。来到这里你就尽情徒步探险吧：一条条步行路径以使命海滩为中心散开，还有成群的食火鸟（cassowary，约40只）悠闲地漫步于热带雨林，这在全澳大利亚算得上是食火鸟数量最多的地区了。虽然使命地区的海岸线似乎在朝你招手，但在水里你不能到处乱跑，待在游泳区内，免得遇到水母或者鳄鱼。

活动

这里的极限运动以及水上运动体验棒极了，其中一项就是在附近的塔利河（Tully River）上激浪漂流。极限运动的狂热爱好者为此纷纷来到使命海滩纵情享受。如果你有自己的冲浪板，来宾吉尔湾吧，这里浪虽然不大，1米左右，但绵延不断，是极少数的可以在礁石区内冲浪的地方。

使命海滩和南使命海滩防蜇围栏内的游泳场地非常安全，全年开放。

游客信息中心提供大量信息，方便游客寻找最佳徒步路径。

★ 使命海滩跳伞 跳伞

（Skydive Mission Beach；☎1300 800 840；www.skydivemissionbeach.com.au；1 Wongaling Rd, Wongaling Beach；4267米 双人跳伞 $334）使命海滩是昆士兰当之无愧的最佳跳伞场地之一。翱翔空中，你可以鸟瞰美丽的海岛和湛蓝的海洋。白色沙滩细腻柔软，你可以轻轻降落

另辟蹊径

欣钦布鲁克岛

面积399平方公里，是澳大利亚最大的岛屿国家公园，徒步者心目中的圣地。去那里不容易，而且必须提前预订。巍峨的花岗岩山峰高高耸立在海边。热带植被郁郁葱葱，密布在大陆边缘。长长的沙滩和茂密的红树林环绕着东部海岸。

岛上一大亮点就是托斯本路径（Thorsborne Trail，也叫作东海岸路径），这是一条很有挑战性的海边小径，全长32公里。一路都有Department of National Parks, Sport and Racing camp sites（☎13 74 68；www.nprsr.qld.gov.au；每人 $5.45）。建议你在那里住三个晚上，以便走完全程，当然也可以中途返回，每个路段均可。要多加小心，道路崎岖，还可能会遇上饥饿的野兽（包括鳄鱼）和凶猛的蚊子。在这里露营，你得自己打水喝。

由于穿越路径项目一次仅限40人，所以Department of National Parks, Sport and Racing建议旺季最好提前一年预订，非旺季提前半年预订。取消入住的情况也不是没有，所以如果没预订，到了那不妨再确认一下是否有空房。

欣钦布鲁克岛的游轮（Hinchinbrook Island Cruises；☎07-4066 8601；www.hinchinbrookislandcruises.com.au）从卡德韦尔出发驶向欣钦布鲁克岛（1.5小时，单程每人$90）。此外也有欣钦布鲁克5小时一日游（每人$99，最少4人参加），但是游轮出发时间随时变动，可以通过卡德韦尔热带雨林和礁石中心（Cardwell's Rainforest & Reef Centre）提前预订（见437页）。

到地面。"澳大利亚高空跳伞"，当地也称之为"使命海滩高空跳伞"，每天推出好几场跳伞飞行服务。

使命海滩沙滩车 极限运动

(Blokart Mission Beach; ☎07-4068 8310; www.missionbeachadventurehire.com; 71 Banfield Pde, 翁琳海滩)沙滩车就像沙滩上的帆船：有轮子的"卡丁车"带有风帆，能够推着人在沙滩上航行。除此之外，你也可以租用各种交通工具：从皮划艇到自行车，应有尽有。

Big Mama Sailing 帆船

(☎0437 206 360; www.bigmamasailing.com; 成人/儿童 $75/50起)乘坐长18米的双桅帆船，与划船运动爱好者Stu、丽萨(Lisa)和弗莱彻(Fletcher)一起，乘风破浪吧。你可以选择2.5小时的黄昏游，也可以选择乘船出去吃烧烤午餐，堡礁一日游也值得一试。

珊瑚海皮划艇 皮划艇

(Coral Sea Kayaking; ☎07-4068 9154; www.coralseakayaking.com; 半/全天团队游 $80/136)邓克岛一日团队游，会让你长不少知识；也可选择轻松舒适的半日游。

使命海滩垂钓 钓鱼

(Fishin' Mission; ☎0427 323 469; www.fishinmission.com.au; 半/全天团队游 $160/260)在这里，跟当地的职业垂钓者一起悠闲地在礁石上钓鱼。

使命海滩热带水果之旅 美食品尝

(Mission Beach Tropical Fruit Safari; ☎07-4068 7099; www.missionbeachtourism.com; Mission Beach Visitor Centre, Porter Promenade, Mission Beach; 成人/家庭 $9.50/23.50; ⏲周一和周二13:00~14:00)了解以及品尝这里各种奇怪而美味的热带水果。

节日和活动

Mission Evolve Music Fest 音乐

(www.missionevolve.com.au)这个节日在10月份举办，现场演奏为期两天，以蓝调、根源摇滚、灵魂音乐、放克音乐为特色，还有来自昆士兰远北地区的DJ。

> **不要错过**
>
> **塔利河漂流**
>
> 塔利河地区经常有倾盆大雨，河流中建有水力发电的排洪闸门，这为塔利河上常年刺激的激浪漂流提供了天然的有利条件。漂流之旅往往在大闸门的每日泄洪之时，迸发的四级激流在美丽迷人的雨林的映衬之下奔腾不息。
>
> 可选择**Raging Thunder Adventures**(☎07-4030 7990; www.ragingthunder.com.au; 标准/极限之旅 $189/215)或者**R'n'R White Water Rafting**(☎07-4041 9444; www.raft.com.au; $179起)的一日游，费用包括烧烤午餐和从塔利或附近的使命海滩出发的交通。从凯恩斯出发，多加$10。

住宿

游客信息中心有酒店预订代理商名单。青年旅舍提供免费长途汽车接送服务。

使命海滩南部

Sea-S-Ta 客栈 $$$

(☎07-4088 6699; www.sea-s-ta.com.au; 38 Kennedy Esplanade; 每晚 $375; 📶)客栈名字奇怪，评价相当不错。这家海滩度假住宅设备齐全，对于想要在使命沙滩住宿和游玩的旅游团而言是绝佳的选择。大庄园的设计灵感来源于墨西哥，宽敞明亮，可容纳6人住宿，这里还提供许多额外服务或设施，例如榨汁机或是男、女式拖鞋。入住时间不少于两晚；时间更长有优惠。

翁琳海滩

Scotty's Mission Beach House 青年旅舍 $

(☎1800 665 567; www.scottysbeachhouse.com.au; 167 Reid Rd; 铺 $25~29, 双 $71; ❄@📶🏊)这里的房间舒适整洁(女生房间有芭比粉红床单！)，都建在旅舍绿草如茵的公共泳池区周围。出了门，就是**斯科特的酒吧和烧烤餐厅**(Scotty's Bar & Grill; ☎1800 665 567; 167 Reid Rd; 主菜 $10~30; ⏲17:00至午夜)，就算你没有在这里住宿，酒吧和餐厅也

向你敞开怀抱。这里几乎每晚都会有热闹的活动：从转火圈表演到游泳竞赛，再到现场音乐——简直是背包客们的黄金时光啊！

Dunk Island View Caravan Park 房车营地 $

（☎07-4068 8248；www.dunkislandviewcaravanpark；21 Webb Rd；无电力供应/有电力供应营地 $28/38，1居室/2居室套间 $98/128；❄📶🏊🐾）这个干净舒适的公园距离海滩只有50米之遥，清晨醒来，可以吹着清新的海风在园中漫步。你在房车营地需要的任何东西，这里应有尽有。营地还有一间**咖啡馆**（on-site cafe，炸鱼和薯条 $8），真是个额外的惊喜。

★ **Licuala Lodge** 民宿 $$

（☎07-4068 8194；www.licualalodge.com.au；11 Mission Circle；标单/双/标三 含早餐$99/135/185；📶🏊）来到民宿就有一种宾至如归的感觉，这里有专门的客用厨房，围廊也经过精心设计，泳池带有瀑布，有时还会有食火鸡光临。要是看见泰迪熊在你的卧室里，千万别觉得惊讶哦。这里距离海滩有1.5公里，距离其他地方也很远，所以非常安静。

Hibiscus Lodge B&B 民宿 $$

（☎07-4068 9096；www.hibiscuslodge.com.au；5 Kurrajong Cl；房间 $135起；📶）清晨在鸟鸣声中醒来，而且在对着热带雨林方向的平台上吃早餐（不容错过）时，很可能还会见到一两只食火鸡。这家民宿共有三个房间（私密性很好），必须提前预订。不接待儿童入住。

使命海滩

Mission Beach Retreat 青年旅舍 $

（☎07-4088 6229；www.missionbeachretreat.com.au；49 Porter Promenade；铺 $22~25，双 $56；❄@📶🏊）旅舍位于市中心的海滨地段，海风轻拂，背包客可以在这里放松身心，想不爱它都难。

使命海滩生态村庄 木屋 $$

（Mission Beach Ecovillage；☎07-4068 7534；www.ecovillage.com.au；Clump Point Rd；双 $130~210；❄📶🏊）生态村有自己的热带花园，花园里的香蕉树和菩提树相映成

食火鸡——当地的濒危动物

食火鸡就如同从《侏罗纪公园》（*Jurassic Park*）中走出来的史前鸟类，它们长得跟成人一般高，不会飞行，而是在热带雨林中趾高气扬地漫步。三只爪形趾像匕首般锋利，头部是亮蓝色，肉髯呈红色（从脖子上面垂下来），角像头盔一般坚硬，黑色的羽毛蓬松凌乱，看上去跟鸸鹋相似。食火鸡是热带雨林生态系统的重要一环。这里再没有其他动物能够将70多种树的种子散播开来，因为这些树的果实太大，雨林中其他动物难以消化和转化为肥料。在使命海滩、埃蒂湾以及丹特里国家公园（Daintree National Park）苦难角（Cape Tribulation）周边的野外，都可以见到它们的身影。它们可能很具攻击性，有幼鸟在身边的时候更是如此。不要靠近它们。如果某只食火鸡向你发出威胁，不要贸然跑开，让它们先走，同时在你们之间找到坚硬物作为屏障，最好是找棵树做保护。

据估计，在北昆士兰的野外，食火鸡数量只有1000只——甚至更少。作为濒危物种，丧失栖息地就是对食火鸡最大的威胁。目前的情况都是由自然原因造成的。热带旋风“亚斯”将使命海滩周边的大片热带雨林蹂躏得一片荒芜，食火鸡无处觅食，生存受到严重威胁。旋风的破坏也让它们在自然环境中无处藏身，因而在觅食时更易受到野狗袭击，也更易造成车祸。

使命海滩游客信息中心旁边的**湿热带环境中心**（Wet Tropics Environment Centre；☎07-4068 7197；www.wettropics.gov.au；Porter Promenade；⏲10:00~16:00），有食火鸡保护展示区，这里的工作人员都是来自**食火鸡及海岸保护社区**（Community for Cassowary & Coastal Conservation；www.cassowaryconservation.asn.au）的志愿者。礼品店的营业收入都用于食火鸡栖息地的建设。更多信息，请查看网站www.savethecassowary.org.au。

趣，穿过热带雨林可直通海滩，环境优势得到充分体现。别墅都是围绕泳池而建，豪华别墅还带私人水疗浴缸。这里有一间餐厅（restaurant；☎07-4068 7534；Clump Point Rd；主菜 $18.50；⊙周三至周六 7:00~22:00）。

宾吉尔海湾

★ Jackaroo Hostel 青年旅舍 $

（☎07-4068 7137；www.jackaroohostel.com；13 Frizelle Rd；露营地 $15，铺/双 含早餐 $24/58；P@🛜≋）原木框架房子矗立在热带雨林中，一切都那么完美，还不止如此。四周丛林环绕，房间空气清新，站在阳台上感受习习微风，你会情不自禁想多住几日；丛林中的泳池更是让这一切得以圆满。

★ Sanctuary 木屋 $$

（☎07-4088 6064，1800 777 012；www.sanctuaryatmission.com；72 Holt Rd；铺 $35，标单/双 木屋 $65/70起，小屋 $145/165；⊙4月中旬至12月中旬；@🛜≋）🍃从停车场（也可搭乘四轮驱动车）出发，沿着600米长的步行路径穿越茂密的热带雨林，就能到达这里。睡觉的地方是个简单的小木屋，在平台上搭个防苍蝇的蚊帐就可入睡。你也可以住在带独立卫生间的小屋，浴室从地板到天花板都能看到热带雨林景观。

在这里，你可以沿着步行路径来个"长途漫步"，也可以上节瑜伽课（$15）舒缓身心，做个按摩好好放松一下（1小时，$80）也不错。你也可以在厨房里自己做饭。如果不想下厨，可在餐厅就餐，价格有优惠哦。这里的排水系统、雨水收集装置以及可生物降解洗洁剂无不体现着生态环保理念。入住儿童要求年满11岁。

就餐

使命海滩大部分的酒吧和港口餐厅，集中在沿滨海步行大道（Porter Promenade）的Mission Beach proper，在周边密布的小步道和拱廊上。使命海滩上有一家小型超市。翁琳海滩上还有一家大型的沃尔沃斯（Woolworths）超市（在这里可以看到体型巨大的食火鸡）。翁琳海滩还有不少餐馆、酒吧以及酒类商店。

翁琳海滩

Millers Beach Bar & Grill 小酒馆饮食 $

（☎07-4068 8177；1 Banfield Pde；$10~38；⊙周二至周五 15:00至深夜，周六和周日 正午至深夜）因为离海滩很近，甚至你的啤酒里都会飞进沙子，酒馆还有一个小小的庭院，非常适合在院中慵懒漫步。你可以略微品尝一下这里$10的比萨（每日16:00~18:00），也可以大吃一顿丰盛的牛排，或者干脆品一杯鸡尾酒、好好欣赏一下邓克岛的美妙景色。这里提供不含谷蛋白的食物，也有儿童菜单。

★ Caffe Rustica 意大利菜 $$

（☎07-4068 9111；24 Wongaling Beach Rd；主菜 $13~25，比萨 $10~25；⊙周三至周六 17:00至深夜，周日 10:00~21:00；✍）这家沙滩小店屋顶是瓦垄铁皮，自制意大利面食和脆皮比萨非常美味；他们也会做自家特色的意式冰激凌和雪糕。一定要记得提前预订。

使命海滩

Fish Bar 海鲜 $

（☎07-4088 6419；Porter Promenade；主菜 $10~17；⊙10:00至午夜）要是想结交朋友或者狼吞虎咽，那你可能来错地方了。这里闲适安逸但又不失活力，菜单很有吸引力，菜品包括大量的海鲜食品。

Zenbah 各国风味 $

（☎07-4088 6040；39 Porter Promenade；主菜 $9~25；⊙周五和周六 10:00~13:30，周日至周四 至午夜）地上摆放着的各色椅子说明这家店备受食客欢迎。这里的菜品极其丰富。周五和周六，你还可以边听现场音乐边品尝美食。

Garage Bar & Grill 新派澳洲菜 $$

（☎07-4088 6280；41 Donkin Lane；开胃菜 $17；⊙9:00至深夜；❄✍）这家超级适合社交的餐厅位于使命海滩的"村庄广场"，这里有美味的"小餐包"（也就是小汉堡），鸡尾酒可以免费续杯（$14），你也可以品尝一下香醇的咖啡、蛋糕和西班牙小吃。伴着节奏明快的现场音乐，大快朵颐吧。

宾吉尔海湾

★ Bingil Bay Cafe 咖啡馆 $$

(29 Bingil Bay Rd; 主菜 $14~23; ⌚6:30~22:00; ✎)循着它淡紫色的地标走进去,你会发现,这里一切都是那么新潮,菜品应有尽有,还未进门就有一股香气飘来。这家的早餐是一大亮点。在这里,可以单纯地点一杯冰镇啤酒,然后自己静静地观赏艺术展品,听听现场音乐,要么跟别人攀谈一番。

购物

Mission Beach Markets 市场

(Porter Promenade, Mission Beach; ⌚每月的第一个和第三个周日 8:00~13:00)使命海滩市场的摊位上琳琅满目,摆满了当地的艺术品、手工艺品、珠宝、热带水果以及自制美食等。

Mission Beach Rotary Monster Market 市场

(Marcs Park, Cassowary Dr, Wongaling Beach; ⌚4月至11月,每月的最后一个周日 8:00至次日0:30)这里的商品很精美,包括手工木制家具。

实用信息

使命海滩游客中心(Mission Beach Visitor Centre; ☎07-4068 7099; www.missionbeachtourism.com; Porters Promenade, Mission Beach; ⌚周一至周六 9:00~16:45, 周日 10:00~16:00)的旅游信息数量庞大,并有多种语言可选。

到达和离开

澳洲灰狗巴士(Greyhound; ☎1300 473 946; www.greyhound.com.au)和**Premier**(☎13 34 10; www.premierms.com.au)会在"大食火鸡"雕塑附近的翁琳海滩停车。灰狗和Premier到凯恩斯的车票为$24和$19,到汤斯维尔的车票为$42和$46。

Sugarland Car Rentals(☎07-4068 8272; www.sugarland.com.au; 30 Wongaling Beach Rd, Wongaling Beach; ⌚8:00~17:00)的小型汽车租赁费用为每天$35。

邓克岛(Dunk Island)

邓克岛在智如(Djiru)的土著人中叫做Coonanglebah,意为"和平富饶的岛屿",可谓名副其实。这座热带小岛丛林密布,沙滩洁白,海水蓝得不可思议,简直就是热带岛屿中的桃花源!

徒步路径基本呈环形分布,在岛上交错纵横,沿着迂回的小路(长9.2公里)漫步,就能够深入到海岛内部去探索各类野生动植物的奥秘。在Muggy Muggy沉没的巨珊瑚礁丛(bommies)处有浮潜点(但是我们去的时候珊瑚已被蔓生的海藻遮盖),风景绝美的椰树海滩(Coconut Beach)还有大型的游泳场。周末,这里通常会有特色活动,比如邦戈鼓(bongo)课程,还有尤克里里乐队(ukulele band),详情请至使命海滩游客信息中心查询(见442页)。

由于遭受旋风破坏,目前岛上的度假村都处于停业状态,但是**露营**(☎0417 873 390; 每人$5.15)已重新开放。营地就在迷人的海滩,有热水淋浴,还有燃气烧烤。自带装备。周五、周六和周日,这里的**小吃店**(kiosk; 主菜 $10.50~30; ⌚营业时间依计程船运营时间而定)营业至最后一班计程船离岛,出售冰镇啤酒、新鲜美味的对虾、鱼和汉堡包。

使命海滩至邓克岛的水上计程船(Mission Beach Dunk Island Water Taxi; ☎07-4068 8310; www.missionbeachwatertaxi.com; Banfield Pde, Wongaling Beach; 成人/儿童 往返 $35/18)从翁琳海滩出发,20分钟就能到达邓克岛。

使命海滩至因尼斯费尔(Mission Beach to Innisfail)

从使命海滩出发,沿路向北,在**艾尔阿里什**(El Arish; 人口442)与布鲁斯公路会合,继续沿着布鲁斯公路一直向北。好几条岔路都可通向各种海滩,这里有风景秀丽的**埃蒂湾**(Etty Bay),你会看到食火鸡在此处悠然漫步。这里还有多石的岬角、葱郁的雨林、超大的水母防护网。此处的房车公园虽然简单,地理位置却十分优越。

因尼斯费尔及周边(Innisfail & Around)

人口 10,143

因尼斯费尔坐落在凯恩斯热门景区南部

80公里处，这里绝对是昆士兰远北地区安逸静谧的乡村的典型写照。渔民穿梭在宽阔的约翰斯顿河（Johnstone River）上捕鱼，拖拉机缓慢驶过大街，当地人都对自己的装饰艺术风格建筑（尽管由于2006年旋风拉利的袭击严重受损）引以为傲，也会为这里土生土长的橄榄球员比利·斯莱特（Billy Slater）感到自豪。

海边的飞鱼点（Flying Fish Point）位于因尼斯费尔市中心东北方向8公里处，是个放松身心的好地方。开车前往国家公园并不需要太长时间，其中的玛姆雨林天空步道（Mamu Tropical Sky Walk；www.mamutropical-skywalk.com.au；Palmerston Hwy；成人/儿童$20/10；⏲9:30~17:30，最晚入场时间16:30）长2.5公里，就设在密林深处，道路蜿蜒迂回，轮椅可通行。

住宿

因尼斯费尔的青年旅舍主要接待附近种植园里的香蕉采摘员（如果你要来这里找工作，那也应该在此咨询）；每周费用平均在$185左右（铺）。游客信息中心待人和善，乐于助人，这里列出了大量的住宿信息，并可帮助找工作。

Backpackers Shack 青年旅舍 $

（☎049 904 2446，07-4061 7760；www.backpackersshack.com；7 Ernest St；铺 每周$195；P ❄ @）位于市中心，和善友好。

Codge Lodge 青年旅舍 $

（☎07-4061 8055；www.codgelodge.com；63 Rankin St；铺 每周 $185；❄ @ 📶 🏊）这家青年旅舍气氛欢乐，大批的农场工人在此长期居住，不过它也招待过夜的游客。

Barrier Reef Motel 汽车旅馆 $$

（☎07-4061 4988；www.barrierreefmotel.com.au；Bruce Hwy；房间 $120起，套间 $160~180；❄ @ 📶 🏊）这是整个因尼斯费尔最好的旅馆，房间通风良好，铺设瓷砖，还带大卫生间。

就餐

Innisfail Fish Depot 海鲜 $

（51 Fitzgerald Esplanade；⏲周一至周五8:00~18:00，周六 9:00~16:00，周日 10:00~16:00）这里的食材非常新鲜，厨师会将刚捕的鱼放到炉上烧烤，有机烹制的大虾论袋卖（每公斤 $18~20）。

Flying Fish Point Cafe 咖啡馆 $$

（9 Elizabeth St，Flying Fish Point；主菜$12~25；⏲7:30~20:00）留出肚子来享受大分量的海鲜吧，这里有炸鱼排、烤鱿鱼、鲜虾馄饨、天妇罗扇贝等。

Oliveri's Continental Deli 熟食 $

（www.oliverisdeli.com.au；41 Edith St；三明治 $8.50~11；⏲周一至周五 8:30~17:15，周六至12:30；🖉）这里尽是因尼斯费尔的当地美味：光欧洲风味的奶酪就60多种，还有火腿、萨拉米香肠以及令人垂涎的三明治。咖啡绝妙。

到达和离开

这里每天都有一班**Premier**（☎13 34 10；www.premierms.com.au）以及几班**澳洲灰狗巴士**（☎1300 473 946；www.greyhound.com.au）的长途汽车往返于因尼斯费尔和汤斯维尔（4.5小时，$47）以及因尼斯费尔和凯恩斯（1.2小时，$20）之间。

凯恩斯—布里斯班铁路线途经因尼斯费尔，具体细节请咨询**昆士兰铁路公司**（Queensland Rail；☎1800 872 467；www.queenslandrail.com.au）。

凯恩斯和丹特里热带雨林

包括 ➡

最佳餐饮

- Vivo Bar & Grill（见465页）
- Yorkeys Knob Boating Club（见462页）
- Tokyo Dumpling（见456页）
- Candy（见456页）
- Chianti' s（见463页）

最佳住宿

- 布鲁姆菲尔德度假屋（见481页）
- Peppers Beach Club（见477页）
- Cape Trib Beach House（见483页）
- Travellers Oasis（见455页）

为何去

凯恩斯代表着"R&R"——大堡礁（Reef）和雨林（Rainforest），是澳大利亚东海岸观光不容错过的地点。这里位置相对偏远，但大堡礁和热带雨林是人间无与伦比的美景。

前往棕榈湾（Palm Cove）和道格拉斯港探秘寻幽。草木茂盛的阿瑟顿高原（Atherton Tableland）位于内陆，拥有凉爽宜人的气候、清澈见底的湖泊和雄伟壮观的瀑布。

通往道格拉斯港的高速公路，沿途的海岸线风景优美，一直通向宏伟的丹特里河（Daintree River）渡口。热带雨林从这里一直延伸到苦难角（Cape Tribulation）。

那些酷爱冒险的人沿布鲁姆菲尔德步道（Bloomfield Track）去往库克敦（Cooktown），这条道需要四驱越野车。

何时去

凯恩斯

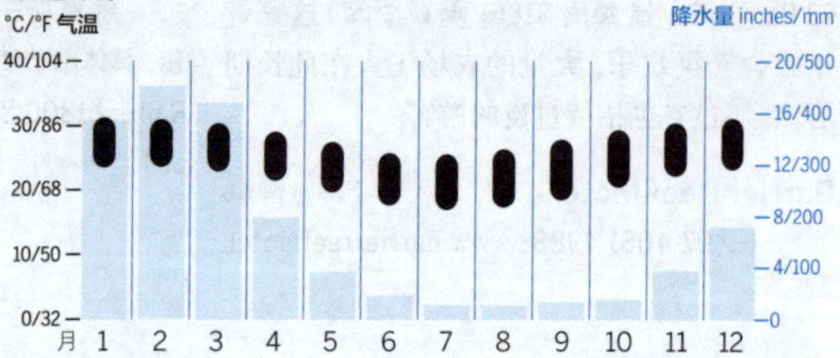

5月 道格拉斯港（Port Douglas）正值嘉年华时期，"叮蜇"季节结束。

6月 库克敦探索节（Cooktown Discovery Festival）在此时举行，库克敦又变得热闹起来。

11月 每年珊瑚产卵的季节，潜水爱好者们为之欢喜雀跃。

凯恩斯(CAIRNS)

人口 165,860

大堡礁和丹特里热带雨林都被联合国教科文组织列入世界自然遗产名录。旅游业是凯恩斯的支柱行业。凯恩斯是通往大堡礁和丹特里热带雨林的必经之地，同时也是乘四轮驱动越野车到约克角半岛(Cape York Peninsula)原始景观的起点。对大多数人来说，凯恩斯标志着漫长东海岸线旅行的结束，但对另外一些人来说，他们的澳洲冒险从这里刚刚开始。不管你是哪种游客，旅途中你都会遇到与自己志同道合的同伴。

经常来此旅行的人说凯恩斯简直出卖了自己的灵魂，一切都向钱看，那里的酒吧、夜店和小饭馆都盯紧了游客的钱袋。或许凯恩斯一向如此吧，毕竟这里之前是一个金矿港口。受浓厚的节日氛围影响，你很容易挥金如土。虽然凯恩斯市区没有沙滩，但是那里的中心商务区(CBD)卖沙滩裤的比卖公文包的还要多。豪华气派、精心修葺的木板路、海滨广场、人工潟湖大受欢迎。而著名的大堡礁(Great Barrier Reef)、北部沙滩以及各式各样的娱乐活动就在身边。

当地人并未因纷至沓来的游客而感到不适，而是热情欢迎你的到来，这也是享有国际声望的旅游胜地应有的姿态。如果你遇到的情况并非如此，不妨和他们套套近乎，夸赞一下他们的家乡。

景点

★凯恩斯滨海大道、木板路和人工潟湖

海滨

(Cairns Esplanade, Boardwalk & Lagoon, 见450页地图; www.cairnsesplanade.com.au; ⏲潟湖 周四至周二 6:00~21:00, 周三 正午至21:00) 免费 凯恩斯的滨海大道位于该市的海滨，那里有一个**人工潟湖游泳池**(swimming lagoon)，喜欢晒太阳和玩乐的人常常会来这里。这个人工海水泳池面积4800平方米，周围是沙滩，有救生员巡逻，还有夜间照明。邻近的**木板路**(boardwalk)长3公里，有野餐区、免费烧烤区和健身器材区。家庭游客沿此一直向北走就可到达适宜玩耍的**Muddy's playground**游乐场。

可以上网查询有哪些免费好玩的项目。

★珊瑚礁讲解中心

解说中心

(Reef Teach, 见450页地图; ☎07-4031 7794; www.reefteach.com.au; 2楼, Main Street Arcade, 85 Lake St; 成人/儿童 $18/9; ⏲演讲时间 周二至周六 6:30~20:30) 在这个有趣的信息中心能获得很多新知识，海洋专家会教你如何辨认各种鱼和珊瑚、怎样接近珊瑚礁。

注意：海蜇和鳄鱼

每年10月末到次年5月，箱形水母的出现使得在遥远昆士兰州北部迷人的水中游泳成为冒险的举动。这种微小的水母直径通常只有1~2厘米，在水里很难用肉眼看得见。人们一旦被它们那致命的毒素伤到的话，身体就会感到极其痛苦。如果你仍选择冒险，只能在防毒刺网覆盖的区域内游泳。即使那样，我们也要知道小型水母会穿过这个网子——这网本是用来捕咸水鳄的！

这种危险的咸水鳄常年出没此地，寿命平均可达70余年，成年鳄鱼长4~7米，栖息在昆士兰远北地区的红树林、河口和溪流中，常会游移到水道中和沙滩上：在鳄鱼驻留之地都有警示标志。虽然鳄鱼对人的致命袭击不常见，不过还是要仔细看一下警示标志上的文字：缺乏警惕的游客敌不过这些行动敏捷的爬行动物。相对来说，淡水中的鳄鱼更怕生，没有攻击性，体积更小(身长大概3米)，生活在陆地的淡水中。

假定所有的热带水道都是存在风险的。千万不要在咸水湖、潮汐河流或河水不够清澈的河滩边游泳。千万不要在河流边上远足或散步，不要在野营地乱扔食品碎屑或垃圾。无论如何都不要惹怒鳄鱼，请在 www.ehp.qld.gov.au上搜索“be croc wise”以了解更多。

无法确定是否安全时，最好还是在度假村的泳池里游泳。

凯恩斯和丹特里热带雨林亮点

❶ 在**大堡礁**（见449页）的鱼群、龟类和珊瑚群中潜水、浮潜和游泳。

❷ 在丹特里国家公园里，徒步**Kuku-Yalanji Dreamtime Walk**（见478页），并在清澈的溪水边漫步**莫斯曼峡谷**（见478页）。

❸ 乘着森林上空的**空中缆车**（见461页）去库兰达市场，回来的时候乘**库兰达观光火车**（见461页）。

❹ 在**棕榈湾**（见464页），有充满浪漫气息的饭店，还有原始风格的旅游度假村。

❺ 乘四驱车，在布鲁姆菲尔德步道上经历惊心动魄的体验，之

后在**Lion' s Den Hotel**（见486页）里喝杯啤酒。

❻ 在**哈特利鳄鱼探险中心**了解一下我们的祖先（见466页）。

❼ 在**蒂纳鲁湖**（见472页）的小艇上垂钓，然后再到云噶布拉必去的小酒馆喝上一杯冰镇啤酒。

❽ 在**阿瑟顿高原**（见470页）浓荫蔽日的林中休息片刻，然后去Millaa Millaa的**瀑布环**（见472页）游个泳。

❾ 及时回到**赫伯顿历史村庄**（见471页），在美丽的云噶布拉度过美好的夜晚。

❿ 在**帕罗尼拉公园**仔细考虑下是追求浪漫还是冒险（见470页）。

查普凯土著文化园

文化中心

（Tjapukai Aboriginal Cultural Park；☎07-4042 9999；www.tjapukai.com.au；Cairns Western Arterial Rd，Caravonica；成人/儿童$40/25；⊙9:00~17:00）这个一流的文化展览中心在市区北面15公里处。由原住民管理，2015年进行了全面整修。文化中心里有巨幅的图片影像和精彩的表演，讲述当地的发展历程。还有舞蹈剧院、画廊、回旋镖和长矛投掷表演，以及乘坐独木舟跟海龟来一次亲密接触。**查普凯土著文化园的夜间活动**（成人/儿童 $109/59，19:00~21:30）含晚餐和表演，围着篝火，原住民的歌舞会把活动推向高潮。

弗雷克植物园

花园

（Flecker Botanic Gardens；☎07-4032 6650；www.cairns.qld.gov.au；64 Collins Ave；⊙庭院每天 7:30~17:30，游客中心周一至周五 9:00~16:30，周六和周日 10:00~14:30）免费 **游客中心**（visitor centre）四面都是镜子，风格别致。工作人员会建议你到美丽的热带花园里走一走，提供免费导游。沿着**雨林木板路**（Rainforest Boardwalk）到海水湾（Saltwater Creek）和世纪湖（Centenary Lakes）去，适合喜欢观鸟的人。沿花园向上走，在**惠特菲尔德山自然保护公园**（Mt Whitfield Conservation Park）有穿过雨林的步道，沿步道就可以到达整个城市的观景点。

打听一下**红树木板路**（Mangrove Boardwalk）和从那儿出发通往湿地的两条路。

水晶瀑布（Crystal Cascades）

瀑布

（经过Redlynch）水晶瀑布（Crystal Cascades）距离凯恩斯大约14公里，有很多美丽的瀑布和田园风情又无鳄鱼出没的游泳场，当地人更愿意独享这块宝地。经由一条1.2公里（步行30分钟）的道路可以进入此地。一条位于雨林内部、崎岖的**徒步小径**（walking trail）把水晶瀑布和莫里斯湖（Lake Morris，该市的水库）连接起来（来回

另辟蹊径

巴宾达巨石和卧如龙国家公园

巴宾达在布鲁斯高速公路上、凯恩斯南部60公里的地方，是一个工人阶级聚居的小城镇，往内陆7公里就能到达**巴宾达巨石**，溪流在4米高的岩石之中川流，景色如画。这个地方没有鳄鱼，但是同样有潜在的威胁：特别危险的水域。传说有一个年轻的女人失恋后纵身投入了这片宁静的水域。正是她的痛苦才使这条小溪变得水流湍急，旋涡丛生。至今，已经有大约20名游客在这里失去生命。可以选择小溪水流平稳而且有清楚标志的地方游泳，但是一定要注意所有的警示牌。如果想呼吸新鲜空气或是照相的话，步行小径是个很安全的地方。

巴宾达巨石露营地最多可以免费住两晚，有厕所，并提供冷水沐浴和免费的烧烤。在附近，你可以在巴宾达清澈的小溪中通过**Babinda Kayak Hire**（☎07-4067 2678；www.babindakayakhire.com.au；330 Stager Rd；半/全天包括 接客人 $55/83）玩皮划艇。

作为湿热带世界遗产景区的一部分，卧如龙国家公园中约瑟芬瀑布的热带雨林已经慢慢到达昆士兰州最高山脉的顶点Mt Bartle Frere（1622米），给众多的植物和动物提供了一个独特的生存环境。约瑟芬的瀑布很壮观而且还有游泳池，其中停车场离布鲁斯高速公路有6公里的距离，离巴宾达南部有10公里的距离。这是一条穿过森林通往瀑布的陡峭小路，全长600米，在贝伦登科尔岭（Bellenden Ker Range）的山脚下。

Mt Bartle Frere的顶峰步道（15公里，往返两天）将约瑟芬瀑布的停车场和山顶连接起来。这个上坡路只适合身体健康且装备齐全的长途旅行者，乌云和暴雨可能随时逼近。游客可以沿着徒步路径远足，使用**Department of National Parks, Sport and Racing**（☎13 74 68；www.nprsr.qld.gov.au）提前预订，到达**巴宾达信息中心**（☎07-4067 1008；www.babindainfocentre.com.au；Munro St 和 Bruce Hwy交叉路口；⊙9:00~16:00）获取路线图。

一般需要3小时)，徒步小径从野餐区起始。

没有直达泳池的公交车。自驾至Redlynch郊区，然后沿着路标指示的方向就可到达水晶瀑布。

凯恩斯地区画廊 画廊

(Cairns Regional Gallery, 见450页地图; ☎07-4046 4800; www.cairnsregionalgallery.com.au; Abbott St和Shields St交叉路口; 成人/儿童 $5/免费; ⊙周一至周五 9:00~17:00, 周六 10:00~17:00, 周日 10:00~14:00)这个画廊的永久藏品存放在原州政府保险办公室里，画廊也被列入遗产名录。永久藏品主要是当地的和一些土著艺术家的作品。也经常举办其他一些展览。

油槽艺术中心 画廊

(Tanks Arts Centre; ☎07-4032 6600; www.tanksartscentre.com; 46 Collins Ave; 票价不定; ⊙周一至周五 9:30~16:00)油槽艺术中心是一个大型艺术展览场所，“二战”时期使用的三个油槽经改造成了画廊和表演艺术的演出地。每月4月至11月的最后一个周日在这里都会举行一场热闹的集市。

澳大利亚装甲和炮兵博物馆 博物馆

(Australian Armour&Artillery Museum; ☎07-4038 1665; ausarmour.com; 1145 Kamerunga Rd, Smithfield; 成人/儿童 $25/15; ⊙9:30~16:30)该博物馆于2014年9月对外开放，这里有南半球最大的装甲车和火炮展示厅，军事和历史爱好者肯定会喜欢这里。

活动

很多旅行社推出的从凯恩斯出发的探险项目，大多都提供从出发地到酒店的接送服务。

AJ Hackett Bungee&Minjin 探险运动

(☎1800 622 888; www.ajhackett.com; McGregor Rd, Smithfield; 蹦极 $169, 雨林秋千 $129, 套餐价 $249; ⊙10:00~17:00)从50米的高台上跳下，或者高速下降45米后，以每小时120公里的速度在树丛中飞荡。票价包含从凯恩斯返回的车票。

Fishing Cairns 钓鱼

(☎0448 563 586; www.fishingcairns.com.au; 60 Collinson St, Westcourt; 半日游 $95起)经营各种钓鱼项目，具有丰富的经验。有半天到多天的飞轮钓、运动钓、鱼竿钓以及包船业务。可以在平静的水面，也可以去外海。价格不等。

凯恩斯水上公园 水上运动

(Cairns Wake Park; ☎07-4038 1304; www.cairnswakepark.com; Captain Cook Hwy, Smithfield; 成人/儿童 每小时 $39/34, 每天 $74/69; ⊙10:00~18:00)这个水上运动公园靠近空中缆车，游客可以来这里学滑水、花式滑水或跪式滑水，全都不需要用船拖曳。票价包含基本设备和技术指导费用。

团队游

每天会有800多家的旅游团乘车、乘船或搭乘飞机离开凯恩斯，你要从当中做出选择。我们推荐有多年从业经验的旅行社，他们能带你去游客通常都愿意去看的地方，也会提供其他线路。

Cairns Discovery Tours 导览游

(见450页地图; ☎07-4028 3567; www.cairnsdiscoverytours.com; 36 Aplin St; 成人/儿童 $75/40; ⊙周一至周六)下午的半日游有园艺家作导游，游览地为植物园和棕榈湾。北部海滩转乘需另收费，成人$8，儿童$4。

大堡礁

去大堡礁的旅行通常会提供交通、午饭、特定衣服和浮潜工具。选择旅游团时，要考虑船只的型号、载客量、包含的服务以及目的地。虽然外堡礁有些远，但是它更能体现出礁石的原始之美，而内堡礁零零碎碎却可以显出礁石衰退的迹象。有些人喜欢小一些、乘客量少一些的船；另外一些人则喜欢大船上的宽敞空间。

自家拥有游船的旅行社可以提供全面的服务：对于家庭来说乘坐游船是去体验大堡礁的一个超级棒的方式——那些不怎么喜欢潜入水中的人可以享受游船的各种设施，此外还可以乘坐玻璃底船(glass-bottomed boat)或者半潜水艇(semisubmersible)。

几乎所有的船都是早上8:00左右从马林码头(Marlin Wharf)起航(在Reef Fleet客

Cairns 凯恩斯

500 m
0.25 miles
去Tanks Arts Centre油槽艺术中心(1.2km); Flecker Botanic Gardens弗雷克植物园(1.5km); Edge Hill艾基山(2km); Great Barrier Reef Helicopters大堡礁直升机公司(2km); GSL Aviation(2km); Nautilus Aviation皇家直升机公司(2km); 机场(4km); Smithfield史密斯菲尔德(13km)
NORTH CAIRNS
Cairns Cemetery
MANUDA
Trinity Bay 三一湾
Cairns Harbour 凯恩斯港
Pier Marina
Munro Park
Little St
Smith St
Sheridan St
McKenzie St
The Esplanade
Digger St
Thomas St
James St
Charles St
Lake St
Grove St
Grafton St
Martyn St
McLeod St
Upward St
Water St
Gatton St
Minnie St
Abbott St
Florence St
Aplin St
Pierpoint Rd
Cairns & Tropical North Visitor Information Centre 凯恩斯和热带北部游客信息中心
Cairns Transit Mall 凯恩斯转乘广场
Sunbus 阳光巴士
CAIRNS 凯恩斯
Main St Arcade
Reef Teach 珊瑚礁讲解中心
Shields St
Spence St
200 m
0.1 miles
放大图
Cairns Esplanade, Boardwalk & Lagoon 凯恩斯滨海大道、木板路和人工潟湖

运站购票及检票)，18:00左右返回。规模小一点的旅行社可能是在船的泊位上验票登船，你可以提前跟旅行社确认。

★ Tusa Dive

潜水、浮潜

(见450页地图；☎07-4047 9100；www.tusadive.com；Shields St和The Esplanade交叉路口；成人/儿童 一日游 $185/110起) 🍃凯恩斯最新的船最多可容纳60人，是为大堡礁游览专门设计的T6，乘坐该船可随意参观外堡礁，而且船上有足够的工作人员为乘客服务，因此对于一日游的乘客来说，这是一个上好的选择。

★ 银燕号

潜水、浮潜

(Silverswift，见450页地图；☎07-4044 9944；www.silverseries.com.au；1 Spence St；成人/儿童 一日游 $202/152起) 对于那些支付能力稍强的人来说，银燕号(Silverswift)因高速、平稳和设备齐全(最多容纳85人)的优势成为凯恩斯最受欢迎的大堡礁游轮之一。外堡礁总共有16个，你大约有5个小时可以游览其中的3个。

银燕号的姐妹号银声号(Silversonic)速度同样很快，它从道格拉斯港起行。

珊瑚邂逅号

潜水、浮潜

(Reef Encounter，见450页地图；☎07-4037 2700；reefencounter.com.au；100 Abbott St；3天2夜游 $410起) 如果一天不够，可以乘坐珊瑚邂逅号，在珊瑚礁过一夜，第二天继续游玩。珊瑚邂逅号有21间带空调的套房，最多可容纳42位客人。提供各种服务项目，包括餐饮和每日从凯恩斯启程的旅行。对那些渴望体验不同事物的人来说珊瑚邂逅号是绝佳的选择。

激情天堂号

潜水、浮潜

(Passions of Paradise，见450页地图；☎1800 111 346；www.passions.com.au；1 Spence St；成人/儿童 一日游 $159/109起) 🍃激情天堂号是一艘豪华高速游艇，其目的地是达米迦勒礁(Michaelmas Cay)。达米迦勒礁的中部有一个白海滩，你可以在那里浮潜，然后停留在天堂礁(Paradise Reef)上，远离人群，欣赏天堂礁之美。

Cairns 凯恩斯

大冒险号 潜水、浮潜

(Great Adventures, 见450页地图; ☎07-4044 9944; www.greatadventures.com.au; 1 Spence St; 成人/儿童 一日游 $218/112起; 👪)拥有多层的游船，可近距离观看珊瑚礁，大冒险旅行社(Great Adventures)经营大堡礁快船一日游和去格林岛的团队游。潜水工具、玻璃底船和半潜水艇也一应俱全。

Reef Daytripper 航海

(☎07-4036 0566; www.reefdaytripper.com.au; 1 Spence St; 成人/儿童 一日游 $139/100起)小规模的团队，乘老式双体船前往位于大堡礁外围的乌波卢岛礁(Upolu Reef)，深受背包客青睐。

Down Under Cruise & Dive 潜水、浮潜

(见450页地图; ☎1800 079 099; www.downunderdive.com.au; 287 Draper St; 成人/儿童 一日游 $159/80起)$159的外堡礁浮潜套票会让你感觉实在物超所值，价格包含两处大堡礁景点游览和其他一些附送服务。而且还有PADI的专业潜水训练课程可供选择。

珊瑚魔法号 潜水、浮潜

(Reef Magic, 见450页地图; ☎07-4031 1588; www.reefmagiccruises.com; 1 Spence St; 成人/儿童 一日游 $195/95起)珊瑚魔法号(Reef Magic)双体船会驶向海底世界漂浮码头，全

天候系泊在外堡礁边上。船速快，是家庭出游的上佳选择。如果你水性不好，可以尝试乘坐玻璃底船，途中可以和海洋生物学家聊聊天，或者做个按摩。

太阳恋人号 潜水、浮潜

（Sunlover，见450页地图；☎07-4050 1333；www.sunlover.com.au；1 Spence St；成人/儿童 一日游 $195/90起）太阳恋人号是适合家庭游的快速游艇，停靠摩尔礁（Moore Reef）外的漂浮码头。在那里你可以选择半潜式游览和海底漫步。

珊瑚公主号 游轮

（Coral Princess；☎1800 079 545；www.coralprincess.com.au；24 Redden St，Portsmith；双/标双 每人 $1596起）往返凯恩斯、哑罗经岛（Pelorus Island）和蜥蜴岛（Lizard Island）之间的珊瑚公主一号（Coral Princess I）和二号（II）修饰一新，提供3～7夜的豪华航行，行程包含全部餐饮。

阿瑟顿高原

Food Trail Tours 团队游

（☎07-4032 0322；www.foodtrailtours.com.au；Manoora，Cairns；成人/儿童 $175/115起；⏲周一至周六）在阿瑟顿高原，当地美食都可以随走随尝。感兴趣的话还可以参观下农场，农场中有夏威夷果、热带水果、葡萄酒、奶酪、巧克力和咖啡等各种农副产品。

Uncle Brian's Tours 户外活动

（☎07-4033 6575；www.unclebrian.com.au；团队游 $119；⏲周一至周六）这是个充满活力、精力充沛的小团队，其一日游景点包括巴宾达巨石（Babinda Boulders）、森林、瀑布和湖泊。

Captain Matty's Barefoot Tours 户外活动

（☎07-4055 9082；www.barefoottours.com.au；成人票 $85）背包客喜欢全天的高原远足旅行，可以在瀑布和天然的滑水道旁歇脚戏水。不适合儿童。

Organic Experience 团队游

（☎0474-311 885；www.theorganicexperience.com.au；团队游 $175起；⏲周五 8:30～17:00）这个绿色旅行社将带你体验可持续发展的生活方式，绿色代表了新生和环保。可以请教当地有机菜的种植者和农场主关于种菜的经验，还可以获得他们的蔬菜样品。

潜水课程和旅行

凯恩斯是大堡礁的水肺潜水中心，也是取得开放水域潜水教练专业协会证书的好去处。可供学习的课程（不少课程用多语种授课）数量惊人；要仔细确认细节。所有的经营者都需要你出示适宜潜水的健康状况证明，他们可以安排体检（费用大约$60）。可能要缴纳上礁税（$20～80）。

热衷潜水并且持有潜水资格证的人应该寻找专业的潜水机会，例如夜间潜水、观赏珊瑚产卵、去蜥蜴岛附近的Cod Hole（这里是澳大利亚最受欢迎的潜水地之一）。

Pro-Dive（见450页地图；☎07-4031 5255；www.prodivecairns.com；Grafton St和Shields St交叉路口；一日游成人/儿童 $185/110起，潜水教练协会课程 $700起）作为凯恩斯最有经验的经营者之一，专业潜水教练能讲多种语言。这里五天学会潜水的课程被认为是最好的课程之一。

凯恩斯潜水中心（Cairns Dive Centre，见450页地图；☎1800 642 591；www.cairnsdive.com.au；121 Abbott St；船上旅游团 2/3天 $540/680起，一日游 $200起）由于和国际潜水学校（SSI）是附属关系，这个著名的长期经营的潜水中心价格更便宜些。

Deep Sea Divers Den（见450页地图；☎07-4046 7333；www.diversden.com.au；319 Draper St；一日游 $160起，潜水教练协会证书$640起）自1974年开始，这些热情的当地人就开始训练专业潜水者。

苦难角和丹特里热带雨林

游览完大堡礁，苦难角是当地另一个最受欢迎的一日游去处。通往海角的是一条路标清晰的柏油路。如果你想从容不迫地慢慢欣赏沿路风景时，可以考虑租辆车。

Billy Tea Bush Safaris 户外活动

（☎07-4032 0077; www.billytea.com.au; 一日游 成人/儿童 $205/155）这个旅行社信誉良好，有前往Cape Trib的小团队一日游，可乘坐专门改装的四轮驱动越野车。

热带探险 户外活动

（Tropics Explorer; ☎1800 801 540; www.tropicsexplorer.com.au; 一日游 $110起）有趣的海角游，需要自备午餐；也有过夜的团队游。

库克敦和约克角

Adventure North Australia 自驾游

（见450页地图；☎07-4028 3376; www.adventurenorthaustralia.com; 36 Aplin St; 一日游 成人/儿童 $260/220）去库克敦的时候如果恰逢旅游高峰期，可以考虑乘坐四轮驱动车走沿海路线，返回时可走内陆路线。有很多其他行程较宽松的团队游：2天或3天的团队游、自驾游、土著文化游，包括巴马之路（Bama Way）。

GSL Aviation 观光飞行

（☎1300 475 000; gslaviation.com.au; 3 Tom McDonald Dr, Aeroglen; 每人 $169起）那些想从大堡礁上空欣赏其全貌的人最好选择观光飞行，不仅比直升机游览便宜，而且在空中停留的时间更长。

皇家直升机公司 观光飞行

（Nautilus Aviation; ☎07-4034 9000; www.nautilusaviation.com.au; Bush Pilots Ave, Aeroglen; 每人 $386起）这是凯恩斯最新的一家经营豪华直升机旅游项目的公司，提供一系列套餐式体验项目和包机服务。

大堡礁直升机公司 观光飞行

（Great Barrier Reef Helicopters; ☎07-4081 8888; www.gbrhelicopters.com.au; Bush Pilots Ave, Aeroglen; 每人 $165起）大堡礁直升机经营各种直升机飞行项目，从10分钟的俯瞰凯恩斯（$165）到一小时的大堡礁和热带雨林观光（$699），应有尽有。

凯恩斯热气球公司 热气球游

（Hot Air Cairns, 见450页地图；☎07-4039 9900; www.hotair.com.au/cairns; 1 Spence St; 飞行时间 30分钟 成人/儿童 $235/160起）热气球从马里巴（Mareeba）起飞，清晨旭日初升之时，乘热气球在美丽宽阔的阿瑟顿高原（Atherton Tablelands）上空飞行。来回接送。

Skydive Cairns 跳伞

（☎1300 800 840; www.skydivecairns.com.au; Tom McDonald Dr, Aeroglen; 双人跳伞 $334起）体验此跳伞项目，从一个全新的角度体验热带风情，鸟瞰大堡礁、列入世界遗产的热带雨林和三一水道（Trinity Inlet）。

激浪漂流

在拜伦河（Barron River）、拉赛尔河（Russell River）和北约翰斯顿河（North Johnstone River）玩白浪漂流的刺激程度取决于当时的季节：降雨越多，水流越湍急。塔利河（Tully River）全年水流湍急。漂流根据难易程度可分为5个等级，1级最舒缓轻松，到了5级就会心惊肉跳。

Foaming Fury 漂流

（☎1800 801 540; www.foamingfury.com.au; 19-21 Barry St; 半日游 $133起）拉赛尔河全天漂流（$200）和巴伦河半日漂流（$133）。也有家庭漂流。

Raging Thunder 漂流

（见450页地图；☎07-4030 7990; www.ragingthunder.com.au; 52-54 Fearnley St, Portsmith; 半日/全日游 $133/199起）塔利河全天漂流（标准漂流 $199，刺激漂流 $235）和巴伦河半日漂流（$133）。有去往菲茨罗伊岛（Fitzroy Island）的车（$74）。

节日和活动

凯恩斯节 节日

（Cairns Festival; www.cairns.qld.gov.au/festival; ⏲8月底至9月初）每逢节日凯恩斯整个城市都沉浸在各种艺术表演、艺术展览、音乐盛会和家庭活动带来的欢快氛围中。

住宿

凯恩斯虽然是个小城市，却有大量的游客往来，就业人员呈现季节性流动。在多雨潮湿的月份（1月至3月），凯恩斯的房子会经常重新装修。期望值不要太高，免得到时失望：凯恩斯的酒店数量比不上纽约市或者法国蓝色海岸（Côte d'Azur）。

凯恩斯深受背包客的喜爱：那里有大量的青年旅舍，既有私密的家庭旅舍，也有喧闹的度假村。从Sheridan St大街开始，一直到机场，各种不同定位的汽车旅馆坐落在Upward St大街，私人经营，价格较低，也是一种选择。面向游客的经济型酒店竞相争夺沿滨海大道的最好地段。尽管市中心有很多高档的酒店，但是那些要住豪华酒店的游客还是会直奔棕榈湾或道格拉斯港。

家庭游和团体游需要在凯恩斯假日之家（Cairns Holiday Homes；☎07-4045 2143；www.cairnsholidayhomes.com.au）办理退房手续。如果你打算在附近逗留几天，Cairns Sharehouse（见450页地图；☎07-4041 1875；www.cairns-sharehouse.com；17 Scott St；标单/双 每人每周 $125/160起；❄📶🏊）在整个城市大约有200个长租的房间可供你选择。

★ Travellers Oasis
酒店 $

（见450页地图；☎1800 621 353；travellersoasis.com.au；8 Scott St；铺/标单/双 每人 $27/33/49起；❄@📶🏊）这个小小的嬉皮士风格酒店隐藏在凯恩斯城中心后面的一个小巷子里，深得人们喜爱。与其他酒店相比它有较多的私人空间，此外也没有那么多的聚会场所。但它房间类型多种多样，3人间、4人间、6人间、单人间、标准双人间和豪华双人间，应有尽有。空调费每3小时$1。

吉利根背包客青年旅舍
青年旅舍 $

（Gilligan's Backpacker's Hotel & Resort，见450页地图；☎07-4041 6566；www.gilligansbackpackers.com.au；57-89 Grafton St；铺/标单/双 每人 $22/65/129起；❄@📶🏊）吉利根背包客青年旅舍是爱热闹的、豪爽的、喜欢参加社交聚会的背包客的理想下榻之处，因为那里所有房间都有独立卫生间，大多数房间都有阳台。价格高一点的房间还有冰箱和电视机。酒店里的酒吧和与之相连的人工潟湖都是值得一去的娱乐之地。酒店里的夜间娱乐活动繁多，你都没时间一一尝试。选择尝试一些最受欢迎的娱乐活动。

梦幻时光旅客休闲酒店
酒店 $

（Dreamtime Travellers Rest，见450页地图；☎1800 058 440；www.dreamtimehostel.com；Bunda St和Terminus St交叉路口；铺/标单/双 每人 $24/29/45起；@📶🏊）梦幻时光旅客休闲酒店位于昆士兰州边缘，那里的员工十分友好，房间十分舒适，采光好、不潮湿。低价的比萨、热闹的篝火晚会和烧烤之夜会能给你留下甜蜜回忆。

Northern Greenhouse
酒店 $

（见450页地图；☎07-4047 7200；www.northerngreenhouse.com.au；117 Grafton St；铺/双 每人 $24/48起；P❄@📶🏊）他们的友好态度深受游客喜爱。酒店房间各式各样，从单间到带有厨房和阳台的公寓房，应有尽有。酒店的中心露天平台、泳池和游戏室都是社交的好地方。酒店提供的免费早餐和周末烧烤让你心动。

★ 凯恩斯广场酒店
酒店 $$

（Cairns Plaza Hotel，见450页地图；☎07-4051 4688；www.cairnsplaza.com.au；145 The Esplanade；双 $129起；P❄@📶🏊）凯恩斯广场酒店是凯恩斯最早的高层酒店之一，刚换了老板，已经重新装修过。酒店房间干净舒适，有功能齐全的厨房和阳台，在阳台上就可以欣赏三一湾令人惊叹的美景。酒店可以自助洗衣，有24小时前台服务，友好热情，位于安静的滨海大道，价格公道，适合多住几日。

凯恩斯酒店
酒店 $$

（Hotel Cairns，见450页地图；☎07-4051 6188；www.thehotelcairns.com；Abbott St和Florence St交叉路口；双 $129起；❄📶🏊）这个精品酒店有浓郁的热带风情，依照传统昆士兰"大农场"风格建造，与滨海大道仅一个街区之隔。酒店有现代风格的房间，古朴而典雅。豪华套房风格别致，带有独立阳台。独具慧眼的游客肯定不会放过这样的实惠。

希尔顿逸林酒店

酒店 $$

(Doubletree by Hilton, 见450地图; ☎07-4050 6070; doubletree3.hilton.com; 121-123 The Esplanade; 双/套 $160/296起)位于滨海大道的最北端，客房服务24小时随叫随到，该连锁酒店内现代化的客房都有落地窗。带阳台的房间，需额外收费。

太平洋酒店

酒店 $$

(Pacific Hotel, 见450地图; ☎07-4051 788; www.pacifichotelcairns.com; The Esplanade和Spence St交叉路口; 双 $139起)太平洋酒店位于滨海大道的首要位置，年头虽久，维护得很好，最近刚刚重新装修过。颇具20世纪70年代的特色，各种木雕工艺品和现代化的设施相得益彰。所有房间都有阳台。酒店的员工都热情友好，真诚服务，适合多住几日。

Reef Palms

公寓 $$

(见450地图; ☎1800 815 421; www.reefpalms.com.au; 41-47 Digger St; 公寓 $130起; ❄@📶🏊)来旅游的夫妻或家庭都喜欢来这个性价比高、服务态度友好的公寓，还配有齐全的烹饪器具。不过有人可能会觉得内部装饰过于俗丽。此外，大一点的公寓还有休闲酒吧和水疗。

Pullman Reef Hotel Casino

酒店 $$$

(见450地图; ☎07-4030 8888; www.reefcasino.com.au/hotel; 35-41 Wharf St; 双/套 $229/319起)位于商务区的中心，底层是赌场，上面是五星级豪华酒店，你在这里可以入住凯恩斯最舒适的房间，体验最好的服务。酒店有各式各样的房间，包括豪华套房，多数的房间都有阳台和按摩浴缸。

Shangri-La

酒店 $$$

(见450地图; ☎07-4031 1411; www.shangri-la.com/cairns; 1 Pierpoint Rd; 双/套 $205/365起; P❄@📶🏊)处于黄金地段，本店可以俯瞰马林码头景致，而且离凯恩斯最高级的饭店不远，但在本书写作时，它并没有让我们刮目相看。酒店正在装修，老旧的房间可以打折，刚刚装修过的豪华房间条件很好，价格也高，与酒店的名气相符。

就餐

凯恩斯游客很多，吃的地方也不少，随便找个地方就能吃顿美餐，但是有一些超美味的食物值得专程上门一试。小酒馆食物的丰盛和实惠是出了名的。滨海大道上有一排热闹的小餐馆，包括**夜市**(见450地图; 滨海大道; 菜肴 $10~15; ⏰17:00~23:00)自助美食广场。虽然木板路离码头很近，氛围也超级棒，但在水滨背面，Grafton St上还有更棒的餐馆。

★ Tokyo Dumpling

日本菜 $

(见450地图; ☎07-4041 2848; 46 Lake St; 饺子 $7起，每碗 $10.80起; ⏰11:00~20:30)来这个一尘不染的外卖小餐馆吃最好的弹弹门(tantanmen，一种日式麻辣拉面)和一些让人垂涎欲滴的日式饺子：各种奶酪和土豆一定要尝一尝。我们敢说你肯定会不止一次来这儿吃饭的。

Meldrum's Pies in Paradise

面包房 $

(见450地图; ☎07-4051 8333; 97 Grafton St; 馅饼 $4.70~5.90; ⏰周一至周五 7:00~16:30，周六 7:00~14:30; 🌱)获奖无数的Meldrum's Pies in Paradise配得上这样的赞扬，因为自从1972年以来它卖出的澳洲馅饼不计其数。从鸡肉鳄梨馅饼(chicken and avocado)到南瓜金枪鱼馅饼(pumpkin gnocchi and tuna mornay)，各种口味的美食应有尽有。我们喜欢那里的牛排和辣椒香菇酱。

★ Candy

咖啡馆 $$

(见450地图; ☎07-4031 8816; 70 Grafton St; ⏰7:00~14:30)这是家风格独特的特许咖啡馆，供应各种精美的甜食：火腿蛋松饼配荷兰酱；焦糖法式吐司配水煮梨和乳酪；还有牛肉糖果汉堡配蛋、培根、甜菜根酱和上好的切达干酪。

Lillypad

咖啡馆 $$

(见450地图; ☎07-4051 9565; 72 Grafton St; 菜肴 $10~14; ⏰7:00~15:00; 🌱)Lillypad咖啡馆提供丰盛的餐宴，不但有法式薄饼和卷饼，还有大量的素食，它是镇上性价比最高的咖啡馆之一。该咖啡馆有点嬉皮士风格，通常都是宾客满座，所以你可能需要等好一会才能享受到美味的咖啡。一定要喝那里超棒

的新鲜果汁。

Caffiend 咖啡馆 $$

（见450地图；☎07-4051 5522；www.caffiend.com.au；5/78 Grafton St；菜肴 $12起；⊙周一至周六 7:30~15:00，周日 8:00~14:00；📶）顺着香味进到墙上满是涂鸦的墨尔本常见的小巷子，就可以找到这家温馨的咖啡馆，有高档的咖啡、全天的早餐、美味的午餐、艺术表演、啤酒和现场演出。

Little Ricardo's 意大利菜 $$

（见450地图；☎07-4051 5266；www.littlericardos.com；191 Sheridan St；比萨 $17起，主菜 $19起；⊙周一至周六 17:00~22:00）这个浪漫的小型复古意大利菜馆提供比萨、意大利面和家庭最爱的鱿鱼和小牛肉，各种口味，应有尽有。可以打包带走。

★Waterbar & Grill 牛排馆 $$$

（见450地图；☎07-4031 1199；www.waterbarandgrill.com.au；码头购物中心，1 Pierpoint Rd；主菜 $19~42；⊙周一至周六 11:30~23:00，周日 11:30~21:00）Waterbar & Grill是凯恩斯一家一流的牛排馆，提供新鲜多汁的牛排、松软的汉堡包以及价格不菲的配菜。如果你确实对食物不太满意（一般不大可能），一定要让饭店人员知道，这样他们会加以改进。一定要留点肚子吃自制美味布丁。

Dundees 海鲜 $$$

（见450地图；☎07-4051 0399；www.dundees.com.au；Harbour Lights，1 Marlin Pde；主菜 $25~79；⊙11:30~21:30）这个经久不衰的水滨海鲜饭店环境优雅，氛围温馨，菜肴丰富，服务贴心。饭店开胃菜多种多样，有海鲜杂烩（chunky seafood chowder）、天妇罗软壳蟹（tempura soft-shell crab）和软炸鱿鱼条（lightly dusted calamari strips），主菜有意大利面（pasta）、各种烧烤（a full grill menu）和大盘海鲜（enormous seafood platters）。

Ochre 新派澳洲菜 $$$

（见450地图；☎07-4051 0100；www.ochrerestaurant.com.au；43 Shields St；主菜 $19~38；⊙周一至周五 11:30~14:30，周一至周日 17:30~21:30；🌿）这家创新饭店的菜单使用的都是澳洲当地的动物（如鳄鱼肉配本地胡椒或袋鼠肉配檀香红椒酱）和植物（金合欢籽丹波面包或柠檬香桃炖蛋）作为食材。不知吃什么好？那就来个拼盘儿。

🍷 饮品和夜生活

毫无疑问，凯恩斯是北方的欢乐之都。那里绝大多数场所都有吃的、喝的和各种娱乐项目。

要想了解城里发生的事，点击网址www.entertainmentcairns.com或读读凯恩斯邮报周四的Time Out版块。如果你十分喜欢热闹，尝试一下**通宵派对**（Ultimate Party；☎07-4041 0332；www.ultimatepartycairns.com；每人 $35；⊙周三和周六晚上），这个在5条街道上的疯狂派对将持续6个多小时。

★Salt House 酒吧

（见450地图；☎07-4041 7733；www.salthouse.com.au；6/2 Pierpoint Rd；⊙周五至周日 9:00至次日2:00，周一至周四 正午至午夜）Salt House位于游艇夜店附近，是凯恩斯最棒的酒吧，可以容纳20~30人。鸡尾酒搭配现场音乐。酒吧饭店有超级美味的新派澳洲菜。来这儿烧钱吧。

★Jack 小酒馆

（见450地图；☎07-4051 2490；www.thejack.com.au；Spence St和Sheridan St交叉路口；⊙10:00至深夜）不论从哪方面看，Jack都是一家充满活力的小酒馆，藏在绿荫遮蔽的啤酒花园中。这里夜生活丰富多彩，包括现场音乐演奏、DJ、带劲儿的食物，对于不忍离去的人，旁边有一家背包客旅馆。

Pier Bar & Grill 酒吧

（见450地图；☎07-4031 4677；www.pierbar.com.au；码头购物中心，1 Pierpoint Rd；⊙11:30至深夜）Pier Bar&Grill的地理位置位于海滨前，每天的欢乐时间是17:00~19:00，都是这里的"绝杀"。2014年刚装修一新。热闹非凡的周日聚会（Sunday Sesh）值得好好体验一番，那里有美妙动听的现场音乐、美味的食品和特价饮品，热闹非凡。

Courthouse Hotel 小酒馆

（见450地图；☎07-4081 7777；www.

lanternhotels.com.au/courthouse-hotel; 38 Abbott St; ⏲9:00至深夜）这个豪华的小酒馆之前是洁白发亮的凯恩斯法院（建于1921年），现在有滋滋的水池和擦亮的木制吧台，每周都有很多户外活动和现场音乐。每周活动都十分盛大豪华。

Flying Monkey Cafe 咖啡馆

（见450地图；☎0411 084 176; 154 Sheridan St; 咖啡 $4; ⏲周一至周五 6:30~15:30，周六 7:00至正午）极好的咖啡、不断更新的当地艺术展、多才多艺的街头艺人、和气友善的服务生，这家店是享受咖啡与文化的不二之选。

Cock 'n' Bull 小酒馆

（见450地图；☎07-4031 1160; www.cocknbull.net.au; 6 Grove St; ⏲周一至周六 10:00~15:00，周日 10:00至午夜）凯恩斯医院附近有一个当地最受喜爱的英式小酒馆，但是却有一个非常没有英国风味的热带风情啤酒园。超大的酒馆里有超值美味食品，而且经常会有特价饮品。

G-Spot 酒吧、夜店

（见450地图；☎07-4040 2777; www.thegspotcairns.com; 57-89 Grafton St; ⏲10:00至深夜）Gilligan's nightclub、Attic和G-Spot每周都有主题之夜和特别活动。那里有凯恩斯最疯狂的音乐，是大批背包客聚集之地。

Lyquid Nightlife 夜店

（见450地图；☎07-4028 3773; www.lyquid.com.au; 33 Spence St; ⏲21:00至次日3:00）Lyquid Nightlife是凯恩斯最性感的会所，是镇上最火的夜店。精心打扮一下，去整夜狂欢吧。

Woolshed 酒吧、夜店

（见450地图；☎07-4031 6304; www.thewoolshed.com.au; 24 Shields St; ⏲周日至周四 19:00至次日3:00，周五和周六 19:00至次日5:00）Woolshed是背包客最爱的聚集处（性交易场所）。在那里无数的花花公子、潜水教练和牧民们酩酊大醉，甚至在桌子上跳舞。

☆ 娱乐

Reef Hotel Casino 赌场

（见450地图；☎07-4030 8888; www.reefcasino.com.au; 35-41 Wharf St; ⏲周五和周六 9:00~17:00，周日至周四 9:00~15:00）凯恩斯赌场除了赌博的地方，还有四个饭店和四个酒吧，包括Vertigo Cocktail Bar & Lounge（提供免费的音乐和购票观看的表演）和Casino Sports Arena bar。

购物

凯恩斯有各种各样购物的地方，从高档的精品店到普通的纪念品商店，应有尽有。

★ Rusty's Markets 市场

（见450地图；☎07-4040 2705; www.rustysmarkets.com.au; 57 Grafton St; ⏲周五和周六 5:00~18:00，周日 5:00~15:00）在凯恩斯，每逢周末人们总要逛逛这个新鲜农产品市场，那里摊子上摆放着杧果、香蕉、菠萝和各种各样的热带水果，另外还有农场刚刚生产出来的蜂蜜、热薯条和冷饮。

凯恩斯中央购物中心 购物中心

（Cairns Central Shopping Centre，见450地图；☎07-4041 4111; www.cairnscentral.com.au;

真的有很多（游客）信息中心吗？

大多数凯恩斯团队游和活动都可以在住所的"旅游服务台"和遍布该市的声称是"旅行者信息中心"的机构进行提前预订。感到迷惑吗？我们也是如此。很多相关的旅行社会每天采取各种激励措施，让这些所谓的信息中心（标志是蓝底白色的"i"）帮他们招揽生意，补充预订人数不够的团队。

在镇上只有一个官方认可、发布权威旅游信息的机构——凯恩斯和热带北部游客信息中心。这是唯一一个蓝底上带黄色"i"的，在环礁湖前面Esplanade的路口处。专业且友好的员工大多数是热爱他们城市的志愿者，他们尽力根据你的需求推荐适合的旅游项目。

McLeod St和Spence St交叉路口；⏲周一至周三、周五和周六 9:00~17:30，周四 9:00~21:00，周日 10:00~16:30）凯恩斯中心地铁站的上面是当地最大的购物中心。那里有好多家超市和各类商店，店里卖的东西从书籍到比基尼，从防晒霜到手机卡，一应俱全。

ℹ 实用信息

上网

Shields St和Aplin St之间的Abbott St上有多家咖啡馆，可以上网。

邮政

邮局（见450地图；☎13 13 18；www.auspost.com.au；Shop 112, Cairns Central Shopping Centre；⏲周一至周三、周五和周六 9:00~17:30，周四 9:00~21:00，周日 10:30~16:00）

旅游信息

凯恩斯和热带北部游客信息中心（Cairns & Tropical North Visitor Information Centre，见450地图；☎1800 093 300；www.cairns-greatbarrierreef.org.au；51 The Esplanade；⏲周一至周五 8:30~18:00，周六和周日 10:00~18:00）镇上只有这一家政府办的游客信息中心，提供翔实准确的出行建议。在那里无数免费的宣传册、地图和小册子供人取阅。工作人员会十分友好热情地帮你预订住宿和旅游团。游客中心的标志是蓝底黄色的字母"i"。

昆士兰皇家汽车俱乐部（Royal Automobile Club of Queensland, RACQ；☎07-4042 3100；www.racq.com.au；537 Mulgrave Rd, Earlville；⏲周一至周五 9:00~17:00）本州范围内包括约克角在内的有关路况的地图和信息。获取24小时语音路况报道，请拨打☎1300 130 595。

ℹ 到达和离开

飞机

澳洲航空（Qantas；☎13 13 13；www.qantas.com.au）、**维珍澳洲航空**（Virgin Australia；☎13 67 89；www.virginaustralia.com）和**捷星航空**（Jetstar；☎13 15 38；www.jetstar.com.au）有往返凯恩斯机场的航班（见1231页），凯恩斯机场距业务中心地区大约6公里。有直达除堪培拉（Canberra）和霍巴特（Hobart）之外各大城市的飞机，也有飞往汤斯维尔（Townsville）、韦帕（Weipa）和霍恩岛（Horn Island）等地区中心的飞机。有直达巴厘岛（Bali）、上海（Shanghai）、关岛（Guam）、东京（Tokyo）和莫尔兹比港（Port Moresby）的国际航班。

Hinterland Aviation（☎07-4040 1333；www.hinterlandaviation.com.au）有飞往库克敦的飞机（单程 $175起，40分钟），每日最多3班（周一至周六）。

2015年1月，地区性的航空公司Skytrans结束了25年的运营，不再有飞往科恩、巴马加和Lockhart River等地的长途航班。本书调研的时候，还不知道是否有通往那些地区的替代交通。

船

几乎所有大堡礁旅行的起始站都是凯恩斯的马林码头（有时被称为Marlin Jetty），订票和验票登船都是在**礁舰队航运站**里面（见450地图）。许多规模小的旅行团是在码头上查票登船。一定要问清楚轮船泊位的编号。

去往约克角的Seisia的国际游轮和SeaSwift（见493页）渡轮停靠在**Cairns Cruise Terminal**航运站（见450地图；☎07-4052 3888；www.cairnscruiselinerterminal.com.au；Wharf St和Lake St交叉路口），并从这儿出发。

公共汽车

凯恩斯库克敦快车（Cairns Cooktown Express；☎07-4059 1423；www.cairnsbuscharters.com/services/cairns-cooktown-express）凯恩斯公共汽车公司经营每日沿内陆路线去往库克敦的凯恩斯库克敦快车（$79，5小时）。

澳洲灰狗巴士（Greyhound Australia，见450地图；☎1300 473 946；www.greyhound.com.au）从**Interstate Coach Terminal**（见450地图）出发；澳洲灰狗巴士提供每日沿着海岸线去往汤斯维尔（$55起，6小时）、艾尔利海滩（$85起，11小时）、罗克汉普顿（$201，18小时）和布里斯班（$311，29小时）的公共汽车。有打折票。

John's Kuranda Bus（☎0418 772 953）有往返凯恩斯（起始站 Lake St Transit Centre）和库兰达之间的班车（$5，30分钟），一天2~5班。

Premier Motor Service（☎13 34 10；www.premierms.com.au）每日去往布里斯班的班车只有一班（$205，29小时），途经因尼斯费尔（Innisfail，$19，1.5小时）、使命海滩（Mission

Around Cairns 凯恩斯周边

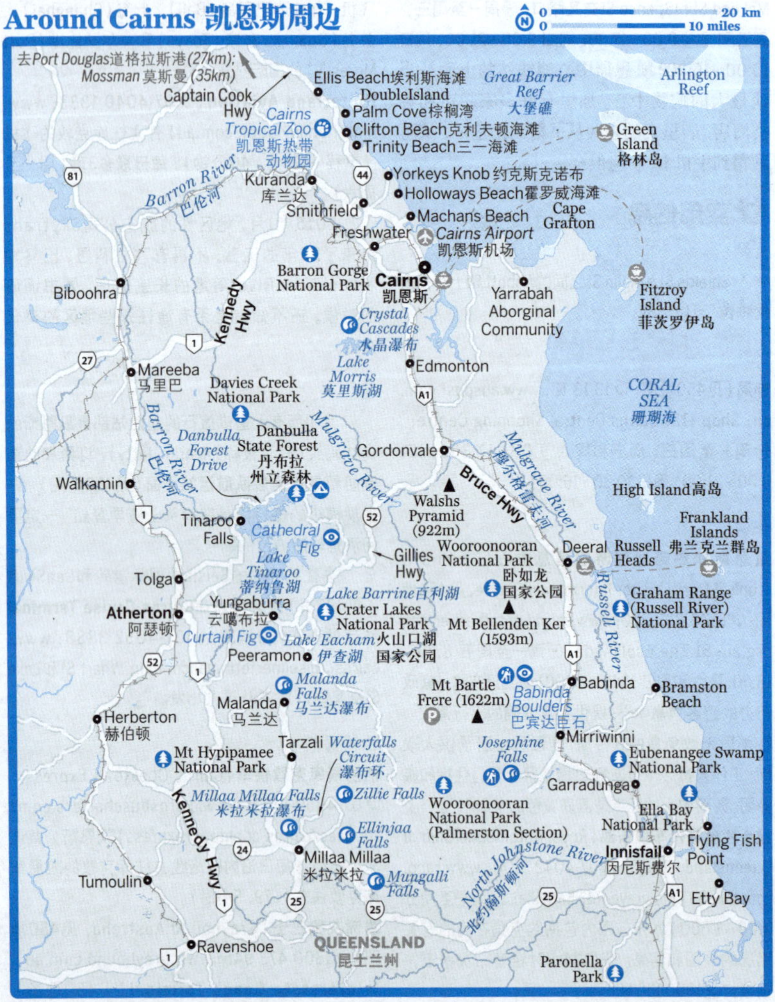

Beach，$19，2小时）、塔里（Tully，$26，2小时）、卡德韦尔（Cardwell，$30，3小时）、汤斯维尔（Townsville，$55，5.5小时）和艾尔利海滩（Airlie Beach，$90，10小时）。可以咨询是否有优惠价。

Trans North（见450页地图；☎07-4095 8644；www.transnorthbus.com；凯恩斯中央火车站）往返凯恩斯和高原之间的公共汽车每日有5班，包括库兰达（$8，30分钟，一天4班）、马里巴（Mareeba，$18，1小时，一天1~3班）和阿瑟顿（Atherton，$23.40，1.75小时，一天1~3班）。凯恩斯中央火车站是公共汽车的始发站，上车买票。

Sun Palm（☎07-4087 2900；www.sunpalmtransport.com.au）在凯恩斯商业中心区、机场（$15，20分钟）和道格拉斯港（$40起，1.5小时）之间运营的定点大巴及包车服务，途经棕榈湾和北部海滩（$20起）。

汽车和摩托车

主要的租车公司在市中心和机场都有分公司。小型汽车每日租金约$45，四驱车$80。

Cairns Older Car Hire（☎07-4053 1066；www.

cairnsoldercarhire.com；410 Sheridan St；每日 $25起）和**Rent-a-Bomb**（07-4031 4477；www.rentabomb.com.au；144 Sheridan St；每日 $30起）有收费较低的旧车出租。如果你想租便宜的露营车，**Jucy**（1800 150 850；www.jucy.com.au；55 Dutton St，Portsmith；每日最低$40）、**Spaceships**（1300 132 469；www.spaceshipsrentals.com.au；3/52 Fearnley St，Portsmith；每日 $59起）和**Hippie Camper Hire**（1800 777 779；www.hippiecamper.com；432 Sheridan St；每日 $40起）都有性能好且价格实惠的车。

如果你打算开始长途旅行，可借助青年旅舍、www.gumtree.com.au、Abbott St上的公告栏，能够获得一些关于二手露营车和背包客用过的车子的信息。

相比四个轮子的车，如果你更喜欢两个轮子的，就去**Choppers Motorcycle Tours & Hire**（1300 735 577；www.choppersmotorcycles.com.au；150 Sheridan St）租一辆哈雷戴维森摩托车（每日 $210起），或者租一辆拉风的本田VTR（每日 $110起）。也可以参加团队游。

火车

昆士兰铁路公司（1800 872 467；www.traveltrain.com.au）的Spirit of Queensland列车2015年投入运营，技术先进，适宜观光。有卧铺、商务舱、标准经济硬座和私人娱乐系统。**凯恩斯中央火车站**（Bunda St）周一、周三、周四、周五和周日有去往布里斯班的火车（单程 $222起，24小时）。

库兰达观光火车每日都有。

当地交通

抵离机场

机场距离凯恩斯中央北部大约6公里；很多住宿的地方都免费接送。各型航班均可降落，并且有往返机场和中央商务区的接驳车（成人/儿童$15/7.50）。**Cairns Airport Shuttle**（0432 488 783；www.cairnsairportshuttle.com.au；每人 $12起）有最便宜的接驳车服务，乘客越多，票价越低。建议网上订票。

乘出租车去中央商务区大约$25。

自行车和摩托车

Bike Man（07-4041 5566；www.bikeman.com.

不要错过

俯瞰和走进热带雨林的旅行

去凯恩斯旅行，如果没有穿过巴伦乔治国家公园到库兰达村庄观看那片森林的话，那么这次的旅行是不完整的。建议乘坐单程的雨林索道缆车和库兰达观光火车。购买联票可优惠。

7.5公里长的空中缆车（07-4038 5555；www.skyrail.com.au；Cook Hwy和Cairns Western Arterial Rd交叉路口，Smithfield；成人/儿童 单程票 $49/24.50，往返票 $73/36.50；9:00~17:15）是世界上最长的索道缆车，游客在上面可以俯瞰整个热带雨林的景观。单程的观光旅行大约需要90分钟，包括途中的两处停歇，一个是带有解说面板的雨林栈道，另一个是在巨大的巴伦瀑布之上的观景台。推荐乘坐玻璃板打造的全透明式吊船浏览全景（成人额外付$10，儿童额外付$5），但是真正的冒险者不能错过扣人心弦的露天伞式滑翔机（每人需要至少额外交$100）。

最后一班缆车15:45从凯恩斯和库兰达出发；可提供到各大交通站点的接送服务。要想更加深入游览，考虑一下40分钟的雅加布卡土著居民引导的雨林徒步游览（成人/儿童$24/12），从巴伦瀑布站出发。

凯恩斯到库兰达之间蜿蜒的轨道有34公里长，穿过美丽的山脉，库兰达观光火车行驶在这条轨道上。库兰达观光火车（07-4036 9333；www.ksr.com.au；成人/儿童 单程票 $49/25，往返票 $79/37）在1891年竣工：工人徒手打通隧道，与疾病、陡峭的地形和有毒的生物作斗争。1.75小时的愉快旅程每天8:30和9:30从凯恩斯出发，14:00和15:30从宜人的库兰达站返回。

au; 99 Sheridan St; 每日/每周 $15/60)租借、出售和维修自行车。

Cairns Scooter & Bicycle Hire (☎07-4031 3444; www.cairnsbicyclehire.com.au; 47 Shields St; 摩托车/自行车 每天 $95/35起)也销售二手摩托车。

公共汽车

Sunbus (见450页地图; ☎07-4057 7411; www.sunbus.com.au; 票价 $2.20起)有从**凯恩斯转乘广场**(Cairns Transit Mall)始发去往凯恩斯及其附近的固定班车(见450页地图),Lake St上有张贴出来的时刻表。有用的公交路线有:弗雷克植物园/艾基山(131路)、霍罗威海滩和约克斯克诺布(113路)、三一海滩(111路)和经过Clifton海滩至棕榈湾(110路)。大多数向北走的公共汽车都经过史密斯菲尔德区。所有的路线晚上都有车。通往南方的140路公交车最远可到戈登维尔。单程车票$2.20起,全天票$4.40起。

出租汽车

凯恩斯出租车(Cairns Taxis; ☎13 10 08; www.cairnstaxis.com.au)遍布整座城市,Abbott St上和凯恩斯中心的购物中心附近也停满了出租车。

凯恩斯北部海滩(CAIRNS' NORTHERN BEACHES)

让人惊讶的是,到达凯恩斯海滩之前,很少有游客知道从商务中心区到那里开车只需15分钟。北部海滩是无数美丽海滩的聚集地,每个海滩都各具特色。约克斯克诺布适宜乘船观光,三一海湾很大,适合家庭旅游,整个棕榈湾是度蜜月的好地方。

从Cook公路沿着岔路可以到达所有的海滩,沿途路标比较清楚。

你到了那里,北沙滩自行车租赁行(Northern Beaches Bike Hire; ☎0417 361 012; cairnsbeachesbikehire.com; 41 Iridescent Dr, Ellis Beach; 每日 $20起)出租自行车,可骑车去往北部海滩大部分旅店,等你用完,他们会上门收车。

约克斯克诺布(Yorkeys Knob)

约克斯克诺布是一个低调的地方,因有半月湾(Half Moon Bay)和码头而为人所知。一个拟建的大型赌场将会完全改变这个城市,当地很多居民群起而反对这个事情(现在他们已不再喋喋不休抱怨了)。目前,一切如常。

活动

Kite Rite 水上运动

(☎07-4055 7918; www.kiterite.com.au; Shop 9, 471 Varley St; 每小时 $79)提供风筝冲浪和帆板冲浪的培训,这是Yorkeys独特的项目。出租用具,2天培训课程及获证书($499)。

食宿

Villa Marine 公寓 $$

(☎07-4055 7158; www.villamarine.com.au; 8 Rutherford St; 公寓 $99~189起; ❄📶🏊)热情好客的主人皮特把公寓营造得复古温馨,如家一般。公寓都是单层的,围绕中间的游泳池排成了一圈,每一间里边都配有齐全的设备,这里离沙滩很近,步行可及。

York 公寓 $$

(☎07-4055 8733; www.yorkapartments.com.au; 61-63 Sims Esplanade; 公寓 $165起)这处公寓区坐落在沙滩对面,公寓楼层不多,明亮通风,里面摆放着高档家具,铺着瓷砖,厨房里设施齐全,房间都带有阳台。

★ **Yorkeys Knob Boating Club** 海鲜 $$

(☎07-4055 7711; www.ykbc.com.au; 25-29 Buckley St; 主菜 $16起; ⏲正午至15:00和18:00~21:00; ✎)这个餐馆是个意外之喜,海鲜相当美味,还有个广阔的露台,坐在上边能够一览港口美景,看小船在海面上起伏。一定不要错过周五的龙虾日($35)和周六的牡蛎日(一打$12),还有每日的特色菜。这里的午餐超棒,如果你是从凯恩斯来约克玩,到这里吃上一顿会让你的旅行更加精彩。

到达和离开

如果不是自驾,可从凯恩斯乘Sunbus的113路车前往约克,车程约为40分钟。

当地知识

巴马之路

连接了凯恩斯和库克敦，巴马之路是一条旅游路线。“巴马”（发音Bumma）一词在昆士兰州南部被广泛使用，意思是“土著人”。有各种导游带领的游览项目供那些想进行深度文化体验的人选择。沃克家庭旅游（见486页）强烈推荐库克敦的布鲁姆菲尔德步道和威力戈登Guurrbi Tours（见487页）的文化启迪之旅。如果你对自驾游感兴趣，在游客中心选一张巴马之路的地图，或者从巴马之路的网页上下载电子版：www.bamaway.com.au。

三一海滩（Trinity Beach）

三一海滩维护完好，有一望无垠的漂亮沙滩、价格合理的餐饮和住宿，已然成为团队旅游的首选。对凯恩斯当地人来说这里也是旅游的热门地点和聚餐的好地方。在这里除了吃饭、睡觉和发呆没有别的事可以做，但是三一海滩位置居中，交通十分便利，你可以身随心动，随时出去玩。

住宿

三一海滩有大量的酒店式公寓，里边条件很好，价格又合理，不管你是举家前来，还是结伴游玩，这种公寓都是极好的选择。

Comfort Inn&Suites Trinity Beach Club 酒店 $$

（☎07-4055 6776；www.choicehotels.com.au；19-23 Trinity Beach Rd；公寓$195起）公寓提供酒店式的管理和服务。这里有1卧公寓和2卧公寓可供选择，每间公寓还配有设备齐全的厨房，离三一海滩仅有200米。

Sea Change Beachfront Apartments 公寓 $$$

（☎07-4057 5822；www.seachange-beachfront-apartments.com；31-35 Vasey Esplanade；公寓$290起）这处豪华公寓区位于三一海滩的南端，里边环境安静，管理十分专业。房间有多种，从1卧到4卧一应俱全。有一些还配备室外游泳池或者私人独立露台。大量的回头客印证了它的好口碑。三晚起住。

就餐

三一海滩上有很多意大利餐馆，在罗马也看不到这么多意式餐馆聚在一起。

★Chianti's 意大利菜 $$

（☎07-4057 5338；www.chianttis.com；81 Vasey Esplanade；主菜 $18起；⏲16:00~22:00）这家家族经营的餐馆低调朴实，内部装饰怀旧浪漫，做出来的美食更是有口皆碑；不要期望这里会提供过于正式的银质服务。你可以在舒适的走廊上吃东西，享受最美的景致和氛围。这里的比萨和意大利面丰盛可口，有着家常的风味，每天的早餐也都相当超值。

Fratelli on Trinity 意大利菜 $$

（☎07-4057 5775；www.fratelli.net.au；47 Vasey Esplanade；主菜 $20起；⏲周四至周日7:00~22:00，周一至周三 17:30起）一间海滩小屋，不要因为这里装修简单、气氛轻松就忽视了这里的顶级餐饮。意大利面味道一流，文火烹调的羊肩和用大蒜、迷迭香调味的五花肉卷滋味诱人，会让你无暇欣赏价值百万的迷人美景。

Blue Moon Grill 新派澳洲菜 $$$

（☎07-4057 8957；Shop 6, 22-24 Trinity Beach Rd；主菜 $26~39；⏲周五至周日 7:00~11:00和16:00~22:00，周一至周四 16:00~22:00）这个家族式法式小馆离海滩只有两个街区，有充满创意的本土佳肴。你在哪里还能吃到鳄鱼爆米花？

L'Unico Trattoria 意大利菜 $$$

（☎07-4057 8855；www.lunico.com.au；75 Vasey Esplanade；主菜 $22起；⏲正午至22:00；🍷）这家餐馆建在开放的沙滩露台上，提供精致美味的意大利菜肴。餐厅的美食包括用大蒜、辣椒和白葡萄酒烹饪的龙虾，自制四喜汤圆和采用柴火烤制的比萨；除此之外，餐厅提供星级红酒列表，你可以从中选择心仪的美酒来搭配美食。

到达和当地交通

我们极力推荐你一到凯恩斯就去租一辆车。

从机场到三一海滩开车大约需要20分钟，从凯恩斯市区出发则大约需要30分钟。除此之外，你还可搭乘Sunbus（见462页）的111路车前往三一海滩。

棕榈湾（Palm Cove）

作为凯恩斯北部最出名的海滩，棕榈湾本就是个热门的旅游目的地。棕榈湾是一个与世隔绝的海滨社区，有一条美丽的散步小道以及树荫成线排列的Williams Esplanade，相比于道格拉斯港，棕榈湾更加让人亲近；相比南部毗邻的海滩，这里又更加高端。这片绵延的白沙滩和点缀其间的精致餐馆成功地将青年爱侣们从奢华的度假村里吸引了过来。

与道格拉斯港不同的是，在这里你可以徒步前往各处。这里也不像凯恩斯，你都不会注意其他来晒日光浴或是游览珊瑚礁的游客。你有钱在此住宿的话，也就不会在乎再租个车，如果想走远一点，寻找更加刺激的体验，有辆车是必要的。

景点和活动

凯恩斯热带动物园 动物园

（Cairns Tropical Zoo；☎07-4055 3669；www.cairnstropicalzoo.com.au；Captain Cook Hwy；成人/儿童 $34/17；⏲8:30~16:00）在这里你可以近距离观察野生动植物，与鳄鱼和蛇类来一次亲密的接触，而且你能够亲自给考拉喂食、和考拉合影。凯恩斯夜场动物园的门票包括烧烤晚餐和娱乐项目的费用（成人/儿童 $105/52.50）。从这里去其他景点的交通需另收费。

Palm Cove Watersports 皮划艇

（☎0402 861 011；www.palmcovewatersports.com；皮划艇每小时$20起租）组织两小时的日出海上皮划艇之旅（$55）以及前往达伯尔海岛（Double Island）的半日划船游（成人/儿童 $110/80）。有划船用具出租。

Beach Fun Co. 水上运动

（☎0411-848 580；www.beachfunco.com；Williams Esplanade和Harpa St的交叉路口）可租双体船（每小时$50）、摩托艇（15分钟单人/双人 $60/80）、脚踏船（$30）和SUP滑板（$30）。此外该公司还提供达伯尔海岛和Haycock-aka Scouts Hat-Island的摩托艇环岛游（30分钟，单人/双人$150/200起）。最好提前电话预订。

住宿

这个小村庄可供住宿的地方有30多个，不过多数都要求至少住两天。淡季的时候房间便宜，如果你去时能碰到好天气，那就实惠到家了。

Palm Cove Holiday Park 露营地 $

（☎1800 736 640；www.palmcovehp.com.au；149 Williams Esplanade；无电力供应/有电力供应营地$20/28起；📶）这个靠近码头的海滩露营地是棕榈湾最便宜的住宿点，营地里有帐篷和房车点，还另外配备烧烤区、洗衣房和Wi-Fi热点等基础设施。

Reef Retreat 公寓 $$

（☎07-4059 1744；reefretreat.com.au；10-14 Harpa St；公寓 $145起；🏊）最近换了老板，但我们相信公寓的服务会跟以往一样优质贴心。公寓建在宁静的森林里，中心是一个带有棚顶的游泳池；泳池周围矗立着一幢幢1卧、2卧和3卧公寓房，公寓里收拾得很是整洁，内部装修凸显东西方融合的特点，摆放着经久耐用的木制家具，还有宽敞通风的阳台。

Silvester Palms 公寓 $$

（☎07-4055 3831；www.silvesterpalms.com.au；32 Veivers Rd；公寓 $125；❄📶🏊）这里的1卧、2卧和3卧公寓宽敞明亮，设备齐全，相比于棕榈湾庞大的度假村是更加实惠的选择。而且这里浪漫的氛围尤其适合举家来此欢度节日。

Sanctuary Palm Cove 公寓 $$$

（☎07-4059 2200；www.sanctuarypalmcove.com.au；6 Cedar Rd；公寓 $175起；🏊）这里的1卧、2卧和3卧公寓房坐落在棕榈湾的北端，沙滩近在咫尺。有眼光的客人来这里能尽情享受旅行的惬意：内部宽敞大方，瓷砖铺地，落地百叶窗，摆放着时髦的高端家具，配备阳台和按摩浴缸，户外有一座长25米的游泳池，周围是茶树和热带花园，相映成趣。

当地知识

为什么都是楼梯?

棕榈湾和道格拉斯港的游客经常感到吃惊——他们住的地方没有电梯。在棕榈湾和道格拉斯港有严格的高度限制——建筑物的高度不能超过最高的棕榈树:通常是三层楼的高度。在低层建筑物里安装电梯设计受限而且造价过高。另外,那里的空气含盐量很大,意味着电梯需要定期维修且花费不小。如果你很关心上下楼的方便问题,当你预订的时候,确认你的酒店有电梯或者选择订一楼的房间。

Peppers Beach Club&Spa 酒店 $$$

(07-4059 9200; www.peppers.com.au; 123 Williams Esplanade; 大约 $275;) 这里是放松和休闲的世外桃源。进了酒店巨大的沙滩潟湖泳池就舒服得不想再爬出来——泳池里还有酒吧,除此之外还极具吸引力的就是枝繁叶茂的雨林泳池、网球场和水疗设施。酒店所有房间都有私人的阳台水疗,顶楼公寓套间($720起)还有专属的屋顶泳池。

Reef House Resort&Spa 精品酒店 $$$

(07-4080 2600; www.reefhouse.com.au; 99 Williams Esplanade; 大约 $239;)这里曾经是一位将军的私人寓所,相比棕榈湾多数的度假村,这里更加低调温馨。粉刷洁白的墙面、藤制家具和铺着平纹棉布床罩的大床,充满了雅致的情调。Brigadier's Bar酒吧诚信经营;你还可以在黄昏时刻的烛光中饮用免费赠送的果酒。

就餐

棕榈湾高档精致的餐厅和咖啡馆位于滨海大道沿线。所有度假村的餐厅都对非住客开放。如果你预算有限,可以去当地人常去的饭馆用餐:克利夫顿购物中心(Clifton Village Shopping Centre)紧邻克利夫顿海滩,里边有各种可口的休闲餐饮可供选择,自炊游客也可从商场里的超市选购食材自己来烹饪。购物中心距离三一海滩只有10分钟的路程。

Deli Adrift 咖啡馆 $

(07-4055 3354; 2 Veivers Rd; 三明治 $9起; 7:00~15:30)这个咖啡馆的服务热情友好,用餐氛围轻松随意,是个喝咖啡、吃早餐、品尝美味三明治的好地方。可在店内就餐,也可外带到海滩上野餐。

Chill Cafe 咖啡馆 $$

(0402 665 523; www.chillcafepalmcove.com.au; Shop 1, 41 Williams Esplanade; 主菜 $15; 周四至周日 7:00~16:00, 周五和周六 7:00~20:00) el-primo这家飘荡着迷人曲调的咖啡馆位于滨海大道Esplanade的临水一角,友好贴心的服务,店外宽大的露天平台,这些足够吸引你来试试这里量大又味美的食物(如墨西哥煎玉米卷和厚实的酒吧三明治)。坐在太阳底下。你可以点上一杯果汁或者啤酒,享受沁人的凉爽。

A Taste of Italy 比萨 $$

(07-4059 2727; www.atasteofitaly.com.au; Clifton Village Shopping Centre, Clifton Beach; 比萨 $13起; 11:00~21:00)如果你想休息一下,去意式餐厅吃个比萨,来这家店就行。如要自取可以去邻近的克利夫顿海滩,也可以打电话订餐($20起送,派送费$5)。相信我们,这家的比萨味道好极了。

★ **Vivo Bar&Gril** 新派澳洲菜 $$$

(www.vivo.com.au; 49 Williams Esplanade; 主菜 $28起; 7:30~21:00)在滨海大道所有的餐厅里,这家不管在装修上还是口味上都是数一数二的。店里的美食创意十足(不管是早餐、午餐还是晚餐),所用的食材都来自本地,提供的服务也是首屈一指,连店外的景色都是极好的。这家餐厅占据了三大优势,所以价格自然也水涨船高。每日特色菜都相当超值。

Beach Almond 亚洲菜、海鲜 $$$

(07-4059 1908; www.beachalmond.com; 145 Williams Esplanade; 主菜 $30起; 周一至周二和周四至周六 17:30~22:00, 周日 12:00~15:00和17:30~22:00)这家餐厅表面上是一间摇摇欲坠的沙滩小屋,可粗陋的外表掩盖不住美食所发出的光芒,这里的饭菜味道超赞,值得等待,你一定不要错过!黑椒大虾(blackpepper prawns)、新加坡青蟹(Singaporean mud crab)和巴厘岛风味的尖吻鲈都是新鲜制作的创意料理,既有亚洲特色,又有独特香气。

饮品和夜生活

Surf Club Palm Cove 酒吧

(☎07-4059 1244; www.surfclubpalmcove.com.au; 135 Williams Esplanade; ⏲18:00至深夜)这家酒馆颇受当地人青睐,他们都喜欢来店里阳光明媚的花园酒吧喝上一杯。这里有便宜的海鲜和不错的儿童餐。

Apres Beach Bar & Grill 酒吧

(☎07-4059 2000; www.apresbeachbar.com.au; 119 Williams Esplanade; ⏲7:30~23:00)这家酒吧是在棕榈湾最热闹的地方,店里的天花板上滑稽地悬挂着旧摩托车、赛车和双翼飞机。这里定期会有现场音乐表演,供应各类大牛排。

实用信息

商业化的旅游预订公司在Williams Esplanade随处可见。位于凯恩斯的凯恩斯和热带北方旅客信息中心(Cairns&Tropical North Visitor Information Centre,见459页)也可帮助旅客预订。

棕榈湾购物村(Palm Cove Shopping Village; 113 Williams Esplanade; ⏲7:00~22:00)有一个邮局(可以上网,每小时$4)、小超市和书报亭。

到达和离开

棕榈湾位于凯恩斯和道格拉斯港之间,去两地都要驾车行驶30分钟。自己开车就有机会进行更多的探索。你可以在凯恩斯机场租一辆车,绕过凯恩斯,直接去棕榈湾。

你还可以乘坐Sunbus(见462页)110路,从克利夫顿海滩(Clifton Beach)前往棕榈湾,途经史密斯菲尔德(Smithfield)。

埃利斯海滩(Ellis Beach)

小小的埃利斯海滩是凯恩斯最北部的海滩,高速公路离这里最近,直接横跨整个海滩。这片很长的避风海湾景色秀美,被棕榈树环绕的海滩适合游泳,有救生员巡逻,夏天还安设了水母防护网。

活动

★Hartley's Crocodile Adventures 动物收容所

(☎07-4055 3576; www.crocodileadventures.com; Captain Cook Hwy, Wangetti Beach; 成人/儿童 $35/17.50; ⏲每日 8:30~17:00)鳄鱼探险中心位于埃利斯海滩北部,靠近道格拉斯港,已经成功抢走了其他旅游景点的风头。这里每天都有一系列激动人心的活动,包括游览鳄鱼农场、给鳄鱼喂食、观看"鳄鱼攻击"表演和搭乘游轮。请放心,你可以亲自近距离观察鳄鱼。不过这里不适合敏感胆小的人。

住宿

Ellis Beach Oceanfront Bungalows 房车公园 $

(☎1800 637 036; www.ellisbeach.com; Captain Cook Hwy; 无电力供应营地 $32,别墅$155起; ❄@≋)这片低调的露营地是棕榈树摇曳的海滨天堂,营地里有露营点、小屋和别墅,各处都能清晰地欣赏到辽阔的海景。

Ellis Beach Bar n' Grill 小酒店饮食 $$

(☎07-4055 3534; ellisbeachbarandgrill.com.au; Captain Cook Hwy; 主菜 $16起; ⏲8:00~20:00)开车路过这里不必下车就可以点一杯啤酒或买个汉堡包。对了,差点忘记说了,这里的牡蛎只花$1,周日还有现场音乐。来埃利斯海滩只能在这里吃饭。

凯恩斯离岛 (ISLANDS OFF CAIRNS)

格林岛(Green Island)

格林岛距离凯恩斯只有45分钟的路程,随着名气的与日俱增,这里的环境因为旅游业的发展也受到了一定影响,不过这个珊瑚礁小岛美丽依旧,在外围的岩礁散步还会看到更加壮观的珊瑚礁。格林岛内部的热带雨林里有景观步道;小岛周围环绕着白沙滩,近海就可以浮潜:尤其适合带孩子来体验。徒步

环岛一周大约需要30分钟的时间，路线沿着国家公园以及海洋公园的沿海保护区。

景点和活动

Great Adventures（见452页）和**Big Cat**（☎07-4051 0444；www.greenisland.com.au；成人/儿童 $86/43起）旅行社有一日游的项目，游客可选择参加乘坐玻璃船底的船只或半潜船的团队游。另外，可乘坐**Ocean Free**（见450页地图；☎07-4052 1111；www.oceanfree.com.au；1 Spence St；成人/儿童 $195/110起）航行，在Pinnacle Reef消磨近一天的时光，途中在格林岛短暂停留。

Marineland Melanesia 水族馆

（☎07-4051 4032；www.marinelandgreenisland.com.au；Green Island；成人/儿童 $18.50/8.50）这家水族馆由家族经营，以热带生物为主，有多种鱼类、龟类、黄貂鱼和鳄鱼，包括最大的鳄鱼——卡修斯，长5.5米，据说已经有100多岁了。每日会在10:30和13:30给鳄鱼喂食。馆内还收藏了一些梅拉尼西亚的手工艺品。当日购票不限制出入次数。

住宿

Green Island Resort 度假村 $$$

（☎1800 673 366；www.greenislandresort.com.au；Green Island；套 $670起；❄@🏊）奢侈的格林岛度假村幽静私密、与世隔绝，不过一些区域会对公众开放，所以即使你不是住客，也能够享用餐厅、酒吧、冰激凌店和水上运动设施。度假村里有木制装修的宽敞房间和热带主题的跃层套间，房间里摆放着木制家具，配有开放式阳台。房费里包括早餐、夕阳酒饮、徒步导览游和免费的浮潜装备与皮划艇出租。度假村还有高速游艇提供格林岛与凯恩斯之间往返接送。

菲茨罗伊岛（Fitzroy Island）

菲茨罗伊岛陡峭的山顶从海上升起，小岛周围的海滩上到处都是珊瑚，岸上则遍布着丛林和徒步小径，沿着其中的一条可以到达已经闲置的灯塔。纽迪海滩（Nudey Beach）的岩石周围是最受欢迎的浮潜胜地，虽然“纽迪”字面意思是“裸体”，但这里不能裸泳，还是要穿泳衣的哦。不像岛上其他地方都是裸露的岩石，纽迪海滩上还是覆盖有一些沙子。

菲茨罗伊岛海龟康复中心（Fitzroy Island Turtle Rehabilitation Centre；www.saveourseaturtles.com.au；菲茨罗伊岛；成人/儿童 $5.50/2.20；⏲团队游 14:00）会照顾生病受伤的海龟，待它们康复之后再将它们放生。中心每天都会组织教育团队游（最多15人），游览新建的海龟医院。你可以在**Fitzroy Island Resort**（☎07-40446700；www.fitzroyisland.com；Fitzroy Island；单间/小屋 $155/300起，套1卧/2卧 $215/325起；❄🏊）预订房间，这里虽然地处热带，但里边很是凉爽，有时髦的单间、海滨小屋以及设备齐全的豪华公寓等各种住宿房型可供选择。这里的餐厅、酒吧和售货亭也接待一日游的游客。在珊瑚岛上能有这样的住宿条件确实是物超所值。同时度假村也管理着**Fitzroy Island Camping Ground**（☎07-4044 6700；www.fitzroyisland.com；Fitzroy Island；露营点 $32），营地优美僻静，配备淋浴、厕所，同时也提供烧烤设施。最好提前电话预订。

去度假村可乘**Fast Cat**（www.fitzroyisland.com/getting-here；往返成人/儿童 $72/36），用时45分钟，每天于8:00、11:00和13:30从凯恩斯的马林码头（Marlin Wharf）出发（铺位$20，需提前预订）。除此之外，你也可以参加Raging Thunder（见454页）的一日游，尽情在海洋蹦床上弹跳！

弗兰克兰群岛（Frankland Islands）

如果你想要前往五座无人居住的珊瑚岛礁之一，感受精彩的浮潜，欣赏壮丽的白沙海滩，有什么不可能呢？坐游轮前往弗兰克兰群岛国家公园（Frankland Group National Park）吧。

到了这里，你可以在高岛（High Island）或拉塞尔群岛（Russell Islands）露营，两座岛都有茂密的热带雨林。可联系**Department of National Parks, Sport and Racing**（☎13 74 68；www.nprsr.qld.gov.au；许可证$5.45）提前预订并且了解季节限制。

Frankland Islands Cruise&Dive（☎07-4031 6300；www.franklandislands.com.au；成人/儿童 $159/89起）经营精彩的一日游线路，其中包括沿着穆尔格雷夫河（Mulgrave River）的游轮、浮潜工具、培训费及午餐费。旅行社另外还提供海洋生物学家带领的团队浮潜导览游和潜水套餐。也提供往返拉塞尔岛的交通。接送的船会从位于凯恩斯南部45公里的Deeral出发；从凯恩斯以及北部海滩转车的费用为每人$16。

要去高岛需要自行准备船只或包船。

阿瑟顿高原（ATHERTON TABLELAND）

离开海边，我们再去昆士兰州北边的阿瑟顿高原逛逛，这里位于因尼斯费尔（Innisfail）和凯恩斯之间，有着十分肥沃的土地。这里的青山鲜翠欲滴，连绵不绝，其中还伫立着昆士兰州的最高峰——巴特弗里山（Bartle Frere，1622米）和Bellenden Ker（1593米）；山上景色也复杂多样，热带雨林以及壮丽的湖泊和瀑布穿插其间，清凉优美；而在这之中，又点缀着一座座古朴的小镇、生态木屋以及豪华的民宿。

有四条主要道路从海边通往这里：因尼斯费尔的Palmerston Hwy、Gordonvale的Gillies Hwy、凯恩斯的Kennedy Hwy以及莫斯曼和道格拉斯港之间的Rex Range路。

到达和当地交通

Trans North（见460页）的长途汽车定期往返于凯恩斯和高原之间；从凯恩斯中央火车站（Cairns Central Railway Station）出发，到达库兰达（$8，30分钟）、马里巴（$18，1小时）和阿瑟顿（$23.40，1.75小时）的长途汽车每日均为一班，而到达赫伯顿（Herberton，$31，2小时）和雷文斯霍（$36，2.5小时）的汽车只在周一、周三和周五发车。

除此之外，从凯恩斯租车到这里来个一日游也很划算。

库兰达（Kuranda）

人口 2966

隐藏在热带雨林里的库兰达充满了艺术气息，是凯恩斯最热门的一日游目的地之一。

景点

沿着Barron Falls Rd步行3公里，就来到了必看的巴伦瀑布（Barron Falls），这里水汽弥漫、雷声隆隆。

Kuranda Original Rainforest Markets 市场

（☎07-4093 9440；www.kurandaoriginalrainforestmarket.com.au；Therwine St；⏲9:30~15:00）该集市于1978年首次开放，是欣赏手工艺品及嬉皮士表演的最佳场所。在这里可以买到民间艺术品、手工艺品，还可以品尝当地产的蜂蜜和水果酒。

Heritage Markets 市场

（☎07-4093 8060；www.kurandamarkets.com.au；Rob Veivers Dr；⏲9:30~15:30）这些集市位于公交车道旁，售卖澳洲纪念品，还聚集着很多野生动物。在**库兰达考拉花园**（Kuranda Koala Gardens；☎07-4093 9953；www.koalagardens.com；Rob Veivers Dr；成人/儿童 $17/8.50，和考拉照相要另收费；⏲9:45~16:00），如果你能让动物感受到你的友好与亲近，你可以试着去抱抱考拉（或轻拍袋熊和小袋鼠）。**澳大利亚蝴蝶保护区**（Australian Butterfly Sanctuary；☎07-4093 7575；www.australianbutterflies.com；Rob Veivers Dr；成人/儿童/家庭 $19/9.50/47.50；⏲9:45~16:00）是澳大利亚最大的蝴蝶保护区，有1500多种热带蝴蝶；有半小时的团队游。**Birdworld**（☎07-4093 9188；www.birdworldkuranda.com；Rob Veivers Dr；成人/儿童 $17/8.50；⏲9:00~16:00）在独一无二的雨林环境里为80多种鸟类创造了一个崭新的生活环境。

若想参加野生动植物体验之旅（Wildflife Experience tickets），联票票价为$46/23（成人/儿童）。

Rainforestation 公园

（☎07-4085 5008；www.rainforest.com.au；Kennedy Hwy；成人/儿童 $44/23；⏲9:00~16:00）这座公园坐落在库兰达的热带雨林里，漫步其中，你会听见各种动物的叫

Kuranda 库兰达

声，它们有的叽叽喳喳，有的大声咆哮，还有的尖声鸣叫，真是好不热闹。这个大型旅游公园位于郊外，游客可乘接驳车（成人票$10，儿童票$5）前往；园内有野生动物区，游客还可参加游船游览项目，与原住民进行互动。

食宿

这里有数不清的小餐馆。晚上，最后一班火车和空中观光缆车开走之后，库兰达就变成了一座空城。

Kuranda Hotel Motel 汽车旅馆 $$

（☎07-4093 7206；www.kurandahotel.com.au；Coondoo St和Arara St交叉路口；标单/双$95/100；❄🏊）被当地人称为“bottom pub”，Kuranda Hotel Motel的后院拥有十分宽敞的房间，颇具20世纪70年代汽车旅馆的风格，又有现代气息。酒吧每天在午饭期间开门迎客，周四至周六供应晚餐。

Cedar Park Rainforest Resort 旅游度假区 $$

（☎07-4093 7892；www.cedarparkresort.com.au；250 Cedarpark Rd；标单/双 $130/150起；@📶）🌿度假区位于森林深处，沿着库兰达开往马里巴的公路约要行驶20分钟。里边的建筑很奇特，有一部分是欧洲城堡的造型，另一部分则是澳大利亚丛林别墅的样式。住在这里，游客们可以摆脱电视的束缚，近距离观看小袋鼠、孔雀和当地的各种鸟类；度假区里小溪潺潺而过，各处都设有吊床，人们可以围着篝火玩耍，也可以去物美价廉的餐馆里填饱肚皮，而且那里边还提供免费的波特酒。

Kuranda 库兰达

景点

1 澳大利亚蝴蝶保护区 C2
Birdworld .... （见3）
2 Heritage Markets C2
3 库兰达考拉花园 B2
4 Kuranda Original Rainforest Markets C2

住宿

5 Kuranda Hotel Motel D2

就餐

6 Kuranda Cyber Cafe B2
7 Petit Cafe C1

Petit Cafe
法式薄饼 $

（www.petitcafekuranda.com；Shop 35，Kuranda Original Rainforest Markets；法式薄饼$10～17；⏲8:00～15:00）隐匿在原始市场后方的咖啡馆会奉上让人垂涎欲滴的各色法式薄饼，可以选择咸味或甜味的馅料。像澳洲坚果和羊奶酪等各种绝妙搭配会让你馋涎欲滴。

Kuranda Cyber Cafe
咖啡馆 $

（☎07-4093 7576；8/12 Rob Veivers Dr；餐$8起；⏲周二至周日11:00～21:00，周一15:00营业）去Kuranda Cyber Cafe可以吃到便宜又好吃的比萨，而且还能顺便会一会当地友好的孩子们；我们很难找到能与这家相媲美的汉堡包和焦糖雪泡。而且这里也是少数几家天黑以后仍然营业的饭店之一。

ℹ 实用信息

库兰达游客信息中心（Kuranda Visitor Information Centre；☎07-4093 9311；www.kuranda.org；Centenary Park；⏲10:00～16:00）游客中心位于Centenary Park里，外边张挂着地图，所以很容易找到；里面的职员训练有素，见多识广，很乐意为游客提供各种旅行建议。

ℹ 到达和离开

热带雨林空中观光缆车（见461页）和库兰达观光火车（见461页）的终点都在库兰达。如果想节省费用，你也可以乘Trans North（见460页）和John's Kuranda Bus（见459页）的长途汽车。

阿瑟顿（Atherton）

人口 7288

本地区最大的城镇与阿瑟顿高原同名，全年都可以采摘水果和蔬菜，景色宜人。联系**阿瑟顿游客信息中心**（Atherton Visitor Information Centre；☎07-4091 4222；www.itablelands.com.au；Main Rd和Silo Rd交叉路口）可获得最新工作信息和自驾旅行线路。

景点和活动

专业的山地自行车骑行者对这里维护良好的徒步路径评价很高。更多细节请访问www.nprsr.qld.gov.au/parks/herberton-range/mountain-bike.html。

Hou Wang Miau
寺庙

（☎07-4091 6945；www.houwang.org.au；86 Herberton Rd；成人/儿童 $10/5；⏲周三至周日11:00～16:00）19世纪末期，成千上万的中国人来到这片地区寻找黄金。如今遗留下来的就只有一座位于阿瑟顿唐人街的中国庙宇博物馆，这座由瓦楞铁建成的庙宇现在由国家信托基金进行维护。入园费包括导游服务。

水晶岩洞
博物馆

（Crystal Caves；☎07-4091 2365；www.crystalcaves.com.au；69 Main St；成人/儿童$22.50/10；⏲周一至周五 8:30～17:00，周六 至16:00，周日 10:00～16:00，2月关门）水晶岩洞是一座富丽堂皇的矿石博物馆。你可以敲一块带回家，把这块经历了漫长岁月的亮晶晶的石头当作独属于你的纪念品。

不 要 错 过

一个人的理想：帕罗尼拉公园

作为凯恩斯最流行的一日游目的地之一，**帕罗尼拉公园**（☎07-4065 0000；www.paronellapark.com.au；Japoonvale Rd，Mena Creek；成人/儿童 $42/21）事实上离因尼斯费尔很近，大约向南行驶90分钟。当这个带有风力发电系统的艺术城堡在1935年竣工的时候，世界就因此而变得完全不同了。西班牙移民约瑟帕罗尼拉自己建造了这个地方，作为给他妻子马格里拉的礼物。在建筑建成不久后，他便把这个不对称的建筑和漂亮的花园向公众开放了。他死于1948年，现在这个公园为私人所有而且被列入国家信托。这个非凡的公园充满魔力和神秘，它的每一角落都有其独特的魅力，等着你来探寻。附近还有露营地和精巧的小屋。**北部体验生态之旅**（☎07-4058 0268；www.northernexperience.com.au；77 Kamerunga Rd；旅游团 成人/儿童 $120/82起）组织了凯恩斯到公园的一日游，有很多旅行线路可供选择。

住宿

Barron Valley Hotel
酒店 $

(☎07-4091 1222; www.bvhotel.com.au; 53 Main St; 标单/双 不带卫生间 $40/60，带卫生间 $60/85; ❄📶)这座酒店是一幢精美的装饰艺术派建筑，整洁的客房长期受到住客的欢迎，酒店里还有一个餐厅(主菜 $18~35)供应丰盛的美食，如大块的牛排。

云噶布拉(Yungaburra)

人口 1150

如果你时间有限，可以直接去迷人的云噶布拉——昆士兰州最大的国家信托村庄。云噶布拉栖息着大量的鸭嘴兽，作为澳大利亚19个入选世界遗产名录的景点之一，这里周边的景色也美不胜收，熟悉情况的人多来此地度假。丰富且高质量的住宿条件也让它成为高原地带的最佳选择之一。

景点和活动

Curtain Fig
自然景观

(☎07-4091 4222; Fig Tree Rd, East Barron)树龄500年的无花果树(镇外3公里的标识处)十分壮观，悬垂的根系如同巨大的帘幕。

Avenue of Honour
纪念碑

(www.avenueofhonour.com.au; Tinaburra Dr)在蒂纳鲁湖湖边，有为了纪念在阿富汗战争中牺牲的澳大利亚士兵建造的纪念碑，2013年开放，街道两旁种植当地特有的伊拉瓦拉凤凰木。

云噶布拉市场
市场

(Yungaburra Markets; www.yungaburramarkets.com; Gillies Hwy; ⏲每月第四个周六7:30~12:30)集市挤满了来此购买手工艺和土特产的游客，热闹非凡。

Platypus Viewing
野生动植物观察

(Gilles Hwy) 免费 如果你屏住呼吸，不发出大的声响，你就有机会在这个建在彼得森小溪(Peterson Creek)的鸭嘴兽观察平台上观察到鸭嘴兽。黄昏和黎明是最好的观赏时机。

另辟蹊径

赫伯顿历史村庄

赫伯顿历史村庄(☎07-4097 2002; www.herbertonhistoricvillage.com.au; 6 Broadway; 成人/儿童 $25/12; ⏲9:00~17:00，最后进入时间 15:30)是高原旅行行程中必看的景观，独一无二的迷人村庄由50多座遗产建筑组成，经过修复重新迁移到现在的地点。可以参观的地方从学校到锯木厂、从银行到主教住宅、从马车房到相机店，不一而足。重要的展品包括农场设备、古董车和印刷机。在澳大利亚，它也是独一无二的。

这个村庄距凯恩斯有90分钟的车程，在赫伯顿一个充满快乐和安静的高原城镇上。

节日

高原民俗节
音乐

(Tablelands Folk Festival; www.tablelandsfolkfestival.org)每年10月在云噶布拉和邻近的赫伯顿举行，是当地的盛事，包括音乐会、工艺作坊、各种表演以及热闹的集市。

住宿

★On the Wallaby
青年旅舍 $

(☎07-4095 2031; www.onthewallaby.com; 34 Eacham Rd; 露营$10，铺/双 有公共卫生间 $24/55; @)这家青年旅舍十分舒适，客房一尘不染，屋里摆放着手工木制家具，装饰着马赛克图案，不过房间里没有电视。大自然主题的团队游($40)包括晚间的独木舟之旅、游览项目费以及从凯恩斯的往返接送服务(单程$30)。

Eden House Retreat
精品酒店 $$$

(☎07-4089 7000; www.edenhouse.com.au; 20 Gillies Hwy; 双人间 $175起; ❄@📶🏊)这家酒店位于村中心的一座历史农庄后面，周围都是花园，酒店里的浪漫小屋摆着雕花大床，配备有大型水疗设施；酒店还提供专为家庭准备的别墅。周二到周六餐厅现场供应晚餐。

餐饮

Nick's Restaurant 瑞士菜、意大利菜 $$

(☎07-4095 9330; www.nicksrestaurant.com.au; 33 Gillies Hwy; 主菜 $8.50起; ⊙周六和周日11:30~15:00, 周二至周日17:30~23:00)这座餐厅充满了瑞士度假屋的风情，能够让你的晚餐充满趣味，这里有穿着制服的员工和特制的啤酒杯，餐馆里的表演者会用钢琴和手风琴弹奏小夜曲，有时还会即兴高歌一曲瑞士约德尔歌谣。食物选择包括炸猪排、煎香肠和意大利面，还有几款素食餐点。

Lake Eacham Hotel 小酒馆

(☎07-4095 3515; 6-8 Kehoe Pl; ⊙11:00~23:00)这家老店名气很大，更多的人知道它另外的名字“云噶布拉酒馆”(Yungaburra Pub)。楼下温馨的餐厅连着旋转而上的木头楼梯，设计精巧别致；我们希望这里一直保持不变最好。楼上的房间物美价廉；详情请咨询酒吧。

实用信息

云噶布拉游客信息中心(Yungaburra Visitor Information Centre; ☎07-4095 2416; www.yungaburra.com; 16 Cedar St)整洁的旅客信息中心里，乐于助人的志愿者可以帮你推荐住宿佳所。记得要来拿一本*Old Town Loop*步行指南。不妨跟当地人聊一聊，了解一下小镇上的趣事。这里可以上网。

到达和离开

你可以自驾前往云噶布拉，不过等到了目的地，你就只能步行来游览这里。如果自行驾车，可以从凯恩斯往南走，经过陡峭多风的Gilles Hwy，或者是北边的Palmerston Hwy，就可到达云噶布拉(中途经过库兰达、马里巴和阿瑟顿)。不管走哪条路，车程都为一个小时左右。

蒂纳鲁湖(Lake Tinaroo)

蒂纳鲁湖的名字据说是勘探者起的，他们偶然间发现了冲积的锡矿，一阵激动，于是便大喊“Tin! Hurroo!”，不过让人激动的不单单是锡的发现，这里也是当地人逃离闷热，来海岸划船、滑水以及放松的好地方。**垂钓尖吻鲈**(Barramundi fishing)一年四季都适宜，但你需要提前办理许可证。你也可

不要错过

马兰达和米拉米拉瀑布环

如果你想要逃离酷热，大约在凯恩斯西南部75公里处，绿树成荫且没有鳄鱼的马兰达瀑布，已经慢慢成为公众的游泳池。**Guided rainforest walks**(每人 $16; ⊙周六和周日9:30和11:00 提前预订很重要)，由Ngadjonji社区的成员带领，由**马兰达瀑布游客中心**(☎07-4096 6957; www.malandafalls.com; Malanda-Atherton Rd; ⊙9:30~16:30)组织，地点在瀑布对面。要询问更多关于米拉米拉瀑布的情况，可前往**瀑布环**(Waterfalls Circuit; www.millaamillaa.com.au)。它在往南25公里处，风景如画，靠近米拉米拉地区的奶牛群落。

在四条当中的一条15公里长的悠闲小路上散步，观赏着高原如画的瀑布，它的起点位于米拉米拉东部1公里的地方。你将很快到达游客“拍照最多”的地方——12米的米拉米拉瀑布，这是游泳的最佳场所。再继续前进8公里，你会看到一条通向瀑布瞭望台的小路，顺着这条小路能到达Zillie瀑布。接下来，在Ellinjaa瀑布，一条200米长的徒步小径通往瀑布底部的游泳潭。沿着Palmerston高速路向下走5.5公里就是Mungalli瀑布的末端。

饿了？在**Falls Teahouse**(☎07-4097 2237; www.fallsteahouse.com.au; 6 Theresa Creek Rd; 餐 $9起; ⊙10:00~17:00)的壁炉旁暖和一下，或者在后面的阳台上欣赏起伏的农场风景，还可以品尝美食，比如说煎烤鱼和当地的牛肉派。可以提供住宿。

如果你想在马兰达和米拉米拉之间寻找一个安静的地方，你会发现**Canopy Treehouses**(☎07-4096 5364; www.canopytreehouses.com.au; Hogan Rd, Tarzali, 经由Malanda; 双$199起; 📶)🌿。这些豪华装修的树屋坐落在100英亩的森林中，在里面可以看到种类丰富的野生动植物。两晚起住。

以搭乘Lake Tinaroo Cruises（☎0457 033 016；www.laketinaroocruises.com.au；2/4小时包船$200/300）的游轮，在黄昏时分出航，去垂钓、烧烤，或者在舒适的"漂浮休息室"品上一杯葡萄酒。

Danbulla Forest Drive长28公里，沿着湖泊北侧穿越雨林和针叶林蜿蜒前行。在丹布拉州立森林（Danbulla State Forest）有五个昆士兰公园露营地（Queensland Parks campgrounds）。所有露营地（☎13 74 68；www.nprsr.qld.gov.au；许可证$5.45）都提供水、烧烤设施和厕所，务必提前预订。另外，Lake Tinaroo Holiday Park（☎07-4095 8232；www.laketinaroohol idaypark.com.au；3 Tinaroo Falls Dam Rd，Tinaroo Falls；无电力供应/有电力供应营地$27/31，小屋 $89起；❄@📶🏊）有现代化的生活设施，对外出租船（每半天$90）和皮划艇（每小时$10）。

火山口湖国家公园（Crater Lakes National Park）

作为湿热带世界遗产地区的一部分，两座水平如镜且无鳄鱼出没的火山湖伊查湖（Lake Eacham）和百利湖（Lake Barrine）从Gillies Hwy下来的柏油路可以轻松到达。这里不允许露营。

百利湖是最大的湖泊，笼罩在茂密古老的雨林之中；一条5公里的步道沿湖而建，走完全程大概需要1.5小时。Lake Barrine Rainforest Tea House（☎07-4095 3847；www.lakebarrine.com.au；Gillies Hwy；主菜 $8起；⊙9:00~15:00）坐落在湖畔，可以停下来喝一杯英格兰德文郡的茶。伊查湖晶莹剔透，非常适合游泳和观赏海龟；湖畔有遮篷的野餐区域、游泳浮码头和船只停泊港。3公里的环湖路线非常好走，不用一小时就能够走完全程。

Crater Lakes Rainforest Cottages（☎07-4095 2322；www.craterlakes.com.au；Lot 17，Eacham Close；双人间$240；❄@）这里有四座风格各异的村舍木屋，巧妙地隐匿在专属的雨林之中，屋里浪漫地布置了蜡烛和鲜花，还有烧火炉用的木材、水疗浴缸和全套厨房。供应自助早餐，还有一些用来喂鸟的水果。如果你想找个简约的住处，可以去Lake Eacham Tourist Park（☎07-4095 3730；www.lakeeachamtouristpark.com；Lakes Dr；无电力供应/有电力供应营地$22/25；@），这里有绿树成荫的露营地和可爱的小屋。

道格拉斯港（PORT DOUGLAS）

人口 3205

道格拉斯港起源于20世纪60年代的一个小渔村，现已经发展成为可以替代凯恩斯的热门旅游景点。这里距离外堡礁的路程不到一个小时，丹特里热带雨林是它的后院；现在在道格拉斯港随便一找都能碰上个度假村；日益发展壮大的背包客、富有的夫妻和有钱的家庭都选择道格拉斯港作为他们的主要游览地，之后从凯恩斯机场离开。

镇上的主要景点是四英里海滩（Four Mile Beach），这是一片风景优美的白沙滩，上面生长着古老的棕榈树；沙滩位于麦哥山街（Macrossan St）的最东端，购物、美酒和美食更是让人欲罢不能。在麦哥山街的西部，你会发现风景如画的迪克森湾（Dickson Inlet）和Reef Marina，有钱人会把他们的游艇停靠在那里。

景点

三一湾观望台 观景点

（Trinity Bay Lookout；Island Point Rd）在三一湾观望台会看到壮观的珊瑚海（Coral Sea）和附近的珊瑚礁岛。

St Mary's by the Sea 教堂

（☎0418 456 880；6 Dixie St）免费 洁白的木结构教堂建于1911年，不限宗教派别，值得去一探究竟（如果没有太多婚礼的话）。

Wildlife Habitat Port Douglas 动物园

（☎07-4099 3235；www.wildlifehabitat.com.au；Port Douglas Rd；成人/儿童 $33/16.50；⊙8:00~17:00）这座动物园致力于保护和展示当地的动物，努力为动物们提供更加自然的生活环境，在这里你可以近距离观察考拉、袋鼠、鳄鱼、鹤鸵等动物。门票有效期为3天。动物园距离城镇4公里；可沿着Davidson St向

Port Douglas 道格拉斯港

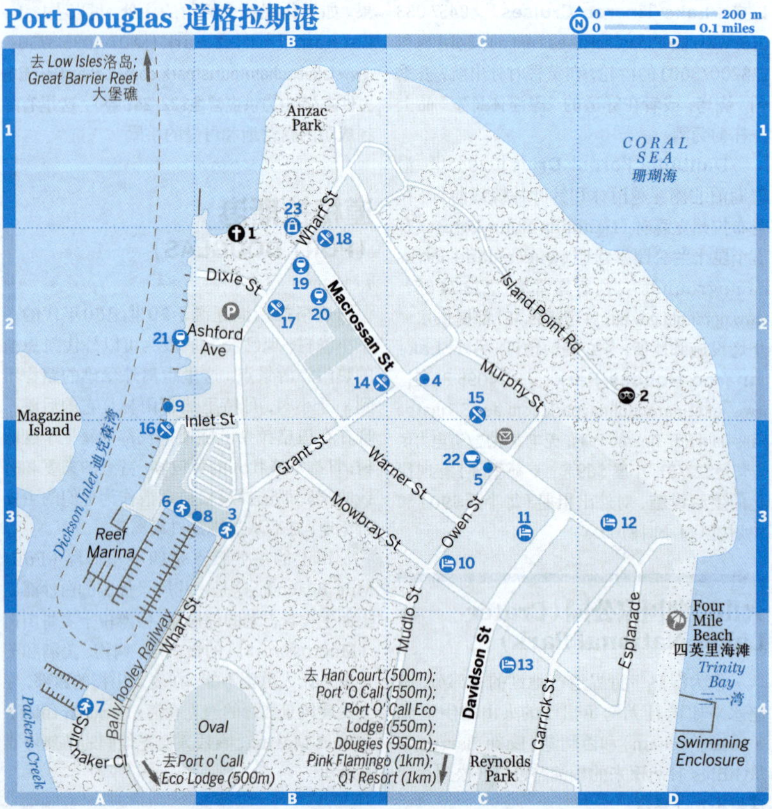

Port Douglas 道格拉斯港

景点

1 St Mary's by the Sea B2
2 三一湾观望台 D2

活动、课程和团队游

3 Ballyhooley Steam Railway B3
4 Blue Dive C2
5 BTS Tours C3
6 Port Douglas Boat Hire A3
7 Port Douglas Yacht Club A4
8 Quicksilver B3
9 Reef Sprinter A2

住宿

10 Hibiscus Gardens C3
11 Mantra Aqueous on Port C3
12 Martinique on Macrossan D3
13 Peppers Beach Club C4

就餐

14 Cafe Fresq B2
15 Little Larder C2
16 On the Inlet A3
17 Salsa Bar & Grill B2
18 Sassi Cucina e Bar B2

饮品和夜生活

19 Court House Hotel B2
20 Iron Bar B2
Port Douglas Yacht Club .... （见7）
21 Tin Shed A2
22 Whileaway Bookshop Cafe C3

购物

23 道格拉斯港市场 B1

南行进。

活动

Ballyhooley Steam Railway 迷你火车

(☎07-4099 1839; www.ballyhooley.com.au; 44 Wharf St; 成人/儿童 每日 $10/5起; ⊙周日)孩子一定会十分喜欢这辆微型的蒸汽火车。每周日(还有一些节假日),火车会从Reef Marina的小车站开到St Crispins车站。往返需1个小时;只搭乘部分区间还可以打折。

Port Douglas Yacht Club 帆船

(☎07-4099 4386; www.portdouglasyachtclub.com.au; 1 Spinnaker Cl; ⊙周三16:00开始)在周三16:00举行与俱乐部会员一起航行的活动,免费参加。16:00开始签到。航海结束以后还可以享用晚餐和饮品。

Port Douglas Boat Hire 划船

(☎07-4099 6277; www.pdboathire.com.au; Berth C1, Reef Marina; 租金$33起)可在这里租用小艇(每小时$33)和有遮篷、适合全家乘坐的充气船(每小时$43)。提供钓鱼装备。

Lady Douglas 游船

(☎07-4099 1603; www.ladydouglas.com.au; 1.5小时游艇成人/儿童 $30/20)你可以在此乘坐可爱的桨轮蒸汽船在迪克森湾(Dickson Inlet)顺流而下观察鳄鱼(包括黄昏游艇巡航)。

Bike N Hike 骑车

(☎0477-774 443; www.bikenhiketours.com.au; 骑车旅行$99起)你可以根据自身情况骑山地自行车参加在Bump Track进行的越野自行车游,或是参加疯狂的夜之旅。

Fishing Port Douglas 钓鱼

(☎0409 610 869; www.fishingportdouglas.com.au; 合租/单人 租船 每半日 $90/320)这里提供包船,单人或合租均可。含钓鱼工具和鱼诱。

团队游

道格拉斯港是一个旅游中心。这里许多团队游项目衍生自凯恩斯的旅游项目,包括激浪漂流和热气球旅行,而且项目还提供在道格拉斯港的往返接站服务。

YEEE-HAA:马里巴牛仔竞技表演

在马里巴如同置身于蛮荒的美国西部。当地的商人售卖皮马鞍、手工阔边帽和超大的皮带扣,满足你驾驭野牛的梦想。7月的**马里巴牛仔竞技表演**(www.mareebarodeo.com.au)是澳大利亚最大最好的竞技场之一,里面有骑野牛,还有乡村音乐表演。**马里巴文化博物馆和旅游信息中心**(☎07-4092 5674; www.mareebaheritagecentre.com.au; Centenary Park, 345 Byrnes St; ⊙9:00~17:00) 免费 有关于竞技表演、城镇历史和当地景观介绍的信息。

大堡礁

相比于凯恩斯,外堡礁更接近道格拉斯港,所以络绎不绝的游客纷纷前往道格拉斯港附近的珊瑚礁,但这对当地的环境造成了很大的破坏。虽然你仍能看到色彩斑斓的珊瑚和海洋生物,但在一些地方已经不怎么好看了。

大多数一日游会从Reef Marina出发。团费通常包含珊瑚观赏税、浮潜和住处接送费用,另外包含午餐和小吃饮料。初级的水肺潜水,有人指导,不需要资质和经验,费用约$250,再潜一次加收约$50;有执照的潜水者交付大约$260,可以享受两次潜水,包含所有装备。

几家旅行社有去往洛岛(Low Isles)的游轮,这是一座被潟湖包围的珊瑚礁,离岸仅为15公里;还有机会观赏到海龟。

★ **Quicksilver** 游轮

(☎07-4087 2100; www.quicksilver-cruises.com; Reef Marina; 成人/儿童 $225/113)这家大型旅行社提供前往阿金科特礁(Agincourt Reef)的快船,停靠自家的浮码头。你可以在水下平台上戴着头盔做海底漫步($158)。旅行社还提供10分钟的直升机观景之旅($165,最少两名乘客)。

Poseidon 浮潜

(☎07-4087 2100; www.poseidon-cruises.com.au; Reef Marina; 成人/儿童 $226/158)已与

Quicksilver公司合并，提供前往阿金科特礁的豪华双体船游。

Blue Dive 潜水

（☎0427 983 907; www.bluedive.com.au; 32 Macrossan St; 珊瑚礁潜水课程 $285起）这是道格拉斯港评价最高的潜水中心，提供多种项目服务，包括各种游轮旅行以及“专业潜水教练协会”的证书培训。提供珊瑚礁私人潜水导游。

Sailaway 帆船、浮潜

（☎07-4099 4200; www.sailawayportdouglas.com; 成人/儿童 $225/155）这家前往洛岛的帆船和浮潜之旅很受欢迎，适合全家出行。另外在道格拉斯港附近海岸提供90分钟的暮光航行（$60）。

Sail Tallarook 帆船

（☎07-4099 4070; www.sailtallarook.com.au; 成人/儿童半天帆船 $120/100）你可以乘坐历史悠久的游艇（长30米）来一趟夕阳之旅（周二和周四$60起，包括奶酪拼盘）。

Reef Sprinter 浮潜、划船

（☎07-4099 6127; www.reefsprinter.com.au; Shop 3, Reef Marina; 成人/儿童 $120/100）这趟前往洛岛的往返游时长2.25小时，不过只花15分钟就可以到达洛岛，还有1~1.25小时可在水里游玩。也提供半天的外礁旅行（$200）。

丹特里及周边

从凯恩斯出发的自驾团队游（四轮驱动车）途经道格拉斯港，前往库克敦（Cooktown）和约克角（Cape York）。

★ Tony's Tropical Tours 户外运动

（☎07-4099 3230; www.tropicaltours.com.au; Lot 2, Captain Cook Hwy; 一日游 $185起）这家旅行社主营精品的小型团队游（8~10名乘客），专门带游客前去探索偏僻的地方，如莫斯曼峡谷（Mossman Gorge）和丹特里热带雨林（Daintree Rainforest; 团队游A 成人/儿童 $185/155）、布鲁姆菲尔德瀑布（Bloomfield Falls）和Cape Trib（团队游B 成人只需$210——要求有良好的身体素质）。极力推荐！

> **来嘉年华！**
>
> 在5月的最后十天，道格拉斯港因为**嘉年华**（www.carnivale.com.au）变得活跃起来：有节日游行、现场音乐、丰富的表演，还有大量的美食和红酒。上网查询更多详细信息，如果你的行程碰巧与节假日重合，一定要提前预订。房间很快就会住满并且价格飞涨。

Daintree Discovery Tours 户外运动

（☎07-4098 2878; www.daintreediscoverytours.com.au; 12 Thooleer Close, Mossman; 半日游 成人/儿童 $90/70起）旅行社经营莫斯曼峡谷、Cassowary Falls和Cape Trib的半日游和一日游（成人/儿童 $180/160），有亲切的、博学的导游带你游览瀑布，乘坐河上游轮。

Back Country Bliss Adventures 浮潜

（☎07-4099 3677; www.backcountryblissadventures.com.au; 旅行 $99）你可以顺着莫斯曼河的水流浮潜。中间可能会看到龟类和淡水鱼类。适宜儿童。提供各种团队游。

BTS Tours 户外运动

（☎07-4099 5665; www.btstours.com.au; 49 Macrossan St; 成人/儿童 $83/52起）去丹特里热带雨林和Cape Trib的团队游，包括划独木舟、游泳和雨林漫步等活动。

住宿

道格拉斯港的主要缺点是大部分住处远离5公里长的Port Douglas Rd，而几乎所有的餐厅、酒吧和码头都位于Macrossan St街道上。小镇上的出租车并不多，所以晚上沿着街边走回家真是太不方便啦。

★ Port O' Call Eco Lodge 青年旅舍 $

（☎07-4099 5422; www.portocall.com.au; Port St和Craven Close交叉路口; 铺 5/4床 $25/30起，标双$69起; ❄@🛜🏊）🍃这家旅舍采用全新的管理模式，服务态度十分友好。旅店的宿舍和私人客房都很温暖，里面装饰得五颜六色，打扫得很干净。店里还有ipod基座音响，免费为客人提供平板电脑和Wi-Fi。这里还有一个漂亮的泳池和一个极棒的法式酒吧。所

有房间都配有卫生间。极力推荐。

Dougies 青年旅舍 $

（☎07-4099 6200；www.dougies.com.au；111 Davidson St；营地人均$17，铺$26，双$68；❄@📶🏊）在这家惬意的青年旅舍，吊床悬挂在不规则延伸的庭院里，可以轻松地打发一天，然后在晚上转战酒吧。如果决定探索周边地区，可以从前台租用自行车或钓鱼装备。周一、周三和周六可以去凯恩斯免费接站。

★ Pink Flamingo 精品酒店 $$

（☎07-4099 6622；www.pinkflamingo.com.au；115 Davidson St；双人$135起；❄@📶🏊🐾）酒店提供色彩绚烂的客房和四周有墙的私人庭院（配备吊床、户外浴缸和户外淋浴）。另外时髦的室外酒吧也让Pink Flamingo变得趣味横生。酒店会举办露天电影之夜，如有需要，可以使用健身房和租自行车。

Mantra Aqueous on Port 公寓 $$

（☎07-4099 0000；www.mantra.com.au；3-5 Davidson St；$140起；🏊）这处度假村位置绝佳，里面还有四个独立的游泳池，真是叫人没法拒绝。一楼所有的房间都有带泳池的阳台。所有的房间都配备户外按摩浴缸！度假村有单间、1卧公寓和2卧公寓可供选择。在这里住得越久，房费越低。

龟背湾海滩度假村

龟背湾海滩度假村（☎07-4059 1800；www.turtlecove.com；Captain Cook Hwy；双/套 $157/279起；🅿❄@🏊）度假村位于棕榈湾和道格拉斯港之间，是热带的北昆士兰唯一的同性恋场所，很受欢迎。在凯恩斯甚至都没有一个同性恋酒吧！幸运的当地人可以免费来这个有趣的小度假村，这里拥有美丽的私人海滩。桉树的浓荫下有一个美丽的泳池，还有吊床，环境也很让人放松。穿不穿衣服均可。

最近房间已经重新装修了，费用包含早餐。当然，现场的酒吧和法式小馆也可以吃午餐、晚餐，还有冰镇果汁朗姆酒。待得越久，优惠越多。

Martinique on Macrossan 公寓 $$

（☎07-4099 6222；www.martinique.com.au；66 Macrossan St；房间$129起；📶🏊）这处公寓的外表是赤褐色的，提供优质的1卧公寓，每间都有一个小厨房和私人阳台，装饰色彩鲜明，还有落地百叶窗。公寓坐落在主要街道上，位置绝佳；公寓的主人也热情好客，住在这里真是物超所值。公寓里有一个六湾游泳池，周围有豪华的大象和海豚的雕像。物超所值。

QT Resort 度假村 $$

（☎07-4099 8900；www.qtportdouglas.com.au；87-109 Port Douglas Rd；双人间$159起；❄@📶🏊）这个度假村新鲜、有趣、时髦，主要针对20～30岁的青年人。度假村有潟湖游泳池和池滨酒吧；客房装修复古，提供免费Wi-Fi；在回荡着DJ打碟节奏的鸡尾酒吧Estilio里，还有帅气的服务生来来回回。我们觉得自助早餐是最好的之一：你一定要亲眼看一看，亲口尝一尝。

Hibiscus Gardens 度假村 $$

（☎07-4099 5995；www.hibiscusportdouglas.com.au；22 Owen St；双人间$170起；❄@🏊）巴厘岛风格的柚木家具陈设、双折门和透气百叶窗（还有时不时能看到的佛像）为这家时尚的度假村增添了一抹异域风情。这里的日间水疗在镇上是数一数二的。

★ Peppers Beach Club 度假村 $$$

（☎1300 987 600；20-22 Davidson St；双$207起；📶🏊）位置绝佳，有一个面积超大的带沙滩的泳池。这是豪华通风的公寓，配有高端的家具和娱乐场所。周围有完备的体系，一些房间里还配有浴缸和泳池。以上这些加上不会出现半点差池的管理团队，使得它在激烈的道格拉斯港奢华旅游度假村的竞争中居于首位。那家人很友善，建议浪漫的年轻人去。

✕ 就餐

道格拉斯港备有适量的精致晚餐，需要的话提前预订。自助旅行者可以在**购物中心的海港村**（Macrossan St）看到一个大型超市。

★ Port 'O Call 澳洲菜 $$

（☎07-4099 5422；www.portocall.com.au；Port St和Craven Close交叉路口；主菜 $16起；⊙周二至周日 18:00~21:30）这家青年旅舍的食堂和

普通的青旅不太一样，不仅食物美味而且价格合理，环境也相对舒适。主食依然是标准的鱼类、牛排、面食，还有沙拉，厨师的每日特色菜（包括墨西哥菜之夜）也值得一尝。

Cafe Fresq 咖啡馆 $$

（☎07-4099 6111；27 Macrossan St；早餐$10起，主菜 $15起；⌚7:30~15:00）吃早餐的最好去处是位于麦哥山（Macrossan）的这所露天咖啡馆（尽管可能要等别人腾出桌子），这里的美食分量十足，咖啡和新鲜果汁也是绝杀饮料，唤醒你的一整天。

Little Larder 咖啡馆 $$

（☎07-4099 6450；Shop 2, 40 Macrossan St；早餐$6起，三明治 $12.50；⌚周三至周一7:30~15:00）正午开始提供三明治——我敢打赌，无论你选哪一种，都会满意。这里的咖啡很棒，而且你也可以品尝现煮的咖啡和超级健康的康普茶。

Han Court 中国菜 $$

（☎07-4099 5007；85 Davidson St；主菜 $16起；⌚正午至14:00和17:00~22:00）如果港口昂贵的菜单让你望而却步，这里还有美味的传统食物。他们一生都在镇上做着同样的食物，但是味道都特别好，比如像蜂蜜鸡肉和黑豆牛肉等主食。这些美食都摆放在点蜡烛的桌子上。饺子超级棒。

★ **Flames of the Forest** 新派澳洲菜 $$$

（☎07-4099 5983；www.flamesoftheforest.com.au；Mowbray river Rd；晚餐、表演、饮品和交通 $182起）这次独一无二的体验完全超越了传统的晚餐和节目的概念。这里的美式小馆被热带雨林包围着，给你一个真正的集剧院、文化和美食为一体的夜晚。需要提前预订。

Salsa Bar&Grill 新派澳洲菜 $$$

（☎07-4099 4922；www.salsaportdouglas.com.au；26 Wharf St；主菜 $22.50起；⌚正午至15:00和17:30~21:30；✎）港口不时有新变化，这家店却已是经营了多年。尝尝这儿的特色食物，比如克里奥尔菜的什锦菜肴（米饭中拌有对虾、墨鱼和熏鸡）或抹有果酱的小豆，我们觉得你应该搭配一杯鸡尾酒。

On the Inlet 海鲜 $$$

（☎07-4099 5255；www.portdouglasseafood.com；3 Inlet St；主菜 $24起；⌚正午至23:30）人山人海，队伍一直延伸到迪克森入口，桌子沿着巨大的甲板不断向两边延长。所有人一直等到17:00来买重达250公斤的澳大利亚隆头鱼，够吃好几天的。可以买上一桶对虾外带饮品，价格优惠（15:00~17:30，$18）。

Sassi Cucina e Bar 意大利菜 $$$

（☎07-4099 6744；www.sassi.com.au；Wharf St和Macrossan St交叉路口；主菜 $26起；⌚正午至22:00）你需要节省开支以便在这家著名的餐馆体验一下真正的意大利盛宴，这家店的老板兼大厨托尼萨西的杰作，他来自意大利的阿布鲁佐。他烹饪海鲜的独到手艺世

值得一游

莫斯曼峡谷

莫斯曼位于道格拉斯港北部20公里处，是参观**莫斯曼峡谷**（www.mossmangorge.com.au）的必经之处，如果你还想继续北行的话，还可以在这里补充能量。

在城镇西部5公里的地方，丹特里国家公园的西南角，莫斯曼峡谷成了Kuku Yalanji人居住的传统陆地的一部分。受到莫斯曼河流的侵蚀，峡谷的石块开始剥落，水流冲刷着古老的岩石，水花四溢。在美妙的**莫斯曼峡谷中心**（☎07-4099 7000；www.mossmangorge.com.au；梦幻之旅 成人/儿童 $50/25；⌚8:00~18:00），有一个艺术馆和一个号称丛林美食的饭店，顺着弯曲的步行小道沿着这条河流可以到达清澈的游泳潭——不过要当心，因为水流很急。这里有野餐区，但是没有露营地。走完一圈需要花一个小时的时间，或者坐班车（每15分钟1班；成人/儿童 $8.50/4.25）到达峡谷中心。1.5小时有土著人做导游的难忘之旅**Kuku-Yalanji Dreamtime Walks**（成人/儿童 $50/25；⌚9:00, 11:00和15:00）可以在莫斯曼峡谷中心预订。

界知名：每一道菜品都很精致，其美味会在你舌尖萦绕不去。

饮品和夜生活

Tin Shed 酒吧

（☎07-4099 5553；www.thetinshed-portdouglas.com.au；7 Ashford Ave；⊙10:00~22:00）在道格拉斯港像这样服务多样的夜店并不多见，岸边吃饭可以讲价。甚至连饮品也很便宜。

Iron Bar 小酒馆

（☎07-4099 4776；www.ironbarportdouglas.com.au；5 Macrossan St；⊙11:00~15:00）古怪的室内装饰奠定了狂欢之夜的基调。20:00的蔗蟾蜍比赛（$5）一定不能错过。

Court House Hotel 小酒馆

（☎07-4099 5181；courthousehotelportdouglas.com.au；Macrossan St和Wharf St交叉路口；⊙11:00至深夜）酒店漂亮简洁，不容错过，具有浓郁的地方特色，周末还会有乐队表演。小酒馆里的食物也很不错。

Whileaway Bookshop Cafe 咖啡馆

（☎07-4099 4066；whileaway.com.au；2/43 Macrossan St；⊙7:00~18:00）在文艺范儿的环境里品一杯咖啡。

Port Douglas Yacht Club 酒吧

（☎07-4099 4386；www.portdouglasyachtclub.com.au；1 Spinnaker Close；⊙周一至周五16:00~22:00，周六和周日 正午至22:00）这里充满令人兴奋的航海气氛。夜间价格实惠。

娱乐

Moonlight Cinema 电影院

（www.moonlight.com.au/port-douglas；QT Resort, 87-109 Port Douglas Rd；成人/儿童 $16/12；⊙6月至10月）带上野餐垫或租一个豆袋坐垫以备观看户外暮光电影。详情上网查询。

购物

道格拉斯港市场 市场

（Port Douglas Markets；Anzac Park, Macrossan St；⊙周日8:00~13:00）这些周日市场的特色就是手工艺品、珠宝、当地热带水果和新鲜的农产品。

实用信息

*Port Dougla s &Mossman Gazette*每周六出版，刊登当地的实用信息和演出指南等各种有用的信息。

在道格拉斯港，游客咨询中心都经政府授权，发布权威的旅行信息。

Douglas Shire Historical Society（☎07-4098 1284；www.douglashistory.org.au；Wharf St, Port Douglas；入场费 $2；⊙周二、周四、周六、周日10:00~13:00）通过道格拉斯、莫斯曼和丹特里网站下载DIY步行地图，或者在Court House博物馆咨询当地人。

邮局（☎07-4099 5210；5 Owen St；⊙周一至周五8:30~17:00，周六9:00至正午）

到达和离开

从凯恩斯到道格拉斯港车程65公里，其中一半是沿着海岸线行驶。风景秀美——司机需要集中精力，眼睛看路哦。

道格拉斯港公共汽车（☎07-40995665；www.portdouglasbus.com.au；单程 成人/儿童 $34/20）班车每天运行（$34，1.5小时）于道格拉斯港和凯恩斯之间，途经棕榈湾和凯恩斯机场。

Coral Reef Coaches（☎07-4098 2800；www.coralreefcoaches.com.au；成人 $44起）Coral Reef在道格拉斯港和凯恩斯（$44，1.25小时）之间运营，途经棕榈湾和凯恩斯机场，也提供市内交通服务。

Sun Palm（☎07-4087 2900；www.sunpalmtransport.com.au；成人 $44起）Sun Palm公共汽车每天行驶于道格拉斯港和凯恩斯之间（$44，1.5小时），途经北部海滩和机场。

当地交通

主要的汽车租赁机构在这里都设有分支机构，或者尝试一下**Paradise Wheels**（☎07-4099 6625；www.paradisewheels.com.au；7 Warner St），不能把车开到外地。

Port Douglas Bike Hire（☎07-4099 5799；www.portdouglasbikehire.com.au；Wharf St和Warner St交叉路口；每天$19起）道格拉斯自行车租赁中心为租客提供了高端的自行车和串联式双人自行车（每天$32）。免费上门送取车。

丹特里(THE DAINTREE)

一提到丹特里地区，人们就会想到世界遗产级的热带雨林、一条河流、一座暗礁、一座村庄以及Kuku Yalanji人的故乡。它包括丹特里和布鲁姆菲尔德河流之间所有的沿岸低洼地，是热带雨林和沿岸的交界处。这是一个脆弱的远古生态体系，曾因伐木而遭到破坏，现在是一个国家公园，受到了保护。

丹特里河至苦难角(Daintree River to Cape Tribulation)

世界遗产热带雨林景区的一部分，从丹特里的北面到苦难角景色优美，以古老的热带雨林海滩和崎岖的山为特色。丹特里河的北面有发电机供电，太阳能也被越来越多地使用了。商店和服务业有限，移动电话在大部分情况下都没有信号。Daintree River Ferry (douglas.qld.gov.au/community/daintree-ferry; 汽车/摩托车 $13.50/5，自行车和行人 $1; ⌚6:00至午夜 不必预订)载人及车辆过河的船每15分钟出发一次。

景点和活动

Cape Kimberley和奶牛湾之间陡峭蜿蜒的道路上，Walu Wugirriga Lookout景色尽收眼底，远至丹特里河入口，日落时分更是让人流连忘返。

白沙奶牛湾海滩位于Buchanan Creek Rd的尽头，比沿岸的任何一家游乐园都要好玩。

丹特里探索中心 自然保护区

(Daintree Discovery Centre; ☎07-4098 9171; www.discoverthedaintree.com; Tulip Oak Rd; 成人/儿童/家庭 $32/16/78; ⌚8:00~17:00)这个一流的空中走廊有一个23米的高塔，曾用于空气检测，把你带入森林高处，如同置身于郁郁葱葱的华盖之中。剧院主要放映关于鹤鸵、鳄鱼、文物保护和气候变化的电影。入场费中包含自动音频解说，介绍当地风土人情；门票有效期为7天。

Daintree Rainforest Tours 团队游

(☎07-4098 9126; www.daintreerainforest.net.au; Cape Tribulation Rd; 私人导游陪同服务 $55~300)如果需要专业人士指导热带雨林徒步旅行，需要提前预订，包括在库珀河中游泳。有丰富的旅行路线可供选择。

Cape Tribulation Wilderness Cruises 游轮

(☎0457 731 000; www.capetribcruises.com; Cape Tribulation Rd; 成人/儿童 $30/22起)乘坐唯一被允许进入丹特里国家公园苦难角区的旅行船，一览沿途的红树林和鳄鱼。

住宿

Lync-Haven Rainforest Retreat 露营地 $

(☎07-4098 9155; www.lynchaven.com.au; Lot 44, Cape Tribulation Rd; 无电力供应营地/有电力供应营地 $14/32，双$99起; ❄)这个静居处位于主道路16公顷的房子里，适合家庭居住，离奶牛湾北部大约有5公里的距离。那里还有步行小径和人工饲养的袋鼠。它的饭店

丹特里国家公园今昔

这个比较大的丹特里热带雨林作为丹特里国家公园的一部分，受到保护，但这样的保护也不是没有争议。1983年，虽然有自然资源保护者的阻挠，人们还是把从苦难角到布鲁姆菲尔德河流之间低洼的雨林铲平，变成了现在的布鲁姆菲尔德步道。紧接着的宣传使得联邦政府提名昆士兰州的湿热带雨林列入世界遗产名录，这引起了州政府和木材工业的对立。1988年该景区被列入世界遗产名录并且禁止一切商业伐木行为。

联合国教科文组织世界遗产名录(whc.unesco.org)并不影响所有权或控制权。自20世纪90年代以来，昆士兰州政府和资源保护机构已经尝试在该景区买回原有之物并且恢复不动产原有状态，把它们放到丹特里国家公园里。2002年去苦难角的路修成柏油路，更多的土地被回购，无序发展得到控制，现在雨林的恢复已经见了成效。查询拯救雨林(www.rainforestrescue.org.au)了解更多详情。

提供多汁鲜嫩的牛排、好吃的面团和鱼类。

Thornton Beach Bungalows 平房 $$

（☎07-4098 9179；www.thorntonbeach.com；Cape Tribulation Rd；小屋/住宅 $95/250）这里真是天堂一般：两个带有阳台的可爱小屋和一座配有浴盆和四人床的现代化住宅，位于临海的路对面。至少住两晚。

Epiphyte B&B 民宿 $$

（☎07-4098 9039；www.rainforestbb.com；22 Silkwood Rd；标单/双/小屋 $80/110/150起）这家风格闲适的住处建在3.5公顷的茂盛的农场上。客房大小各异，风格独特，但是都带有阳台。宽敞的私人小屋里有露台、小厨房和浴室。

Daintree Rainforest Bungalows 平房 $$

（☎07-4098 9229；www.daintreerainforestbungalows.com；Lot 40, Spurwood Rd；平房 $105起）这里的住宿实惠，装饰简约，在热带果园里有一个带平台的独立式小屋，邻近海滩、森林和游泳池。两晚起住。

★Heritage Lodge 度假屋 $$$

（☎07-4098 9321；www.heritagelodge.net.au；Lot 236/R96 Turpentine Rd, Diwan；小屋 $250起；❄📶）这家林中度假屋老板友好随和，会尽力让你有宾至如归的感觉。他们的小屋装修有水准，舒适雅致，有空调和免费的无线网络。库珀溪的游泳潭清澈见底，值得一看。供应的餐食很美味。

就餐

库珀溪的南面，**雨林村庄**（☎07-4098 9015；www.rainforestvillage.com.au；Cape Tribulation Rd；⏲7:00~19:00）售卖食品杂货、冰和燃料。

Daintree Ice Cream Company 冰激凌 $

（☎07-4098 9114；Lot 100, Cape Tribulation Rd；冰激凌 $6；⏲11:00~17:00）你开车绝对不会错过这个全天然的冰激凌工厂，口味丰富，每天都有新花样。

Thornton Beach Kiosk 凉亭 $

（☎07-4098 9118；Cape Tribulation Rd；主菜 $12~25；⏲9:00~16:00）这个亭子位于海滩平台上，在这儿喝瓶啤酒，吃个汉堡，享受眼前的美景；更好的是，$10就能够买到炸鱼薯条，带到海滩上享受美食吧。

> **另辟蹊径**
>
> **有一点点特别：布鲁姆菲尔德度假屋**
>
> **布鲁姆菲尔德度假屋**（☎07-4035 9166；www.bloomfieldlodge.com.au；Weary Bay Rd, Cape Tribulation；双人 含三餐 $350起；❄📶🏊）背靠丹特里热带雨林，设施俱全，饭菜可口，是昆士兰远北地区最值得去的地方之一。友好的员工使出浑身解数让游客感到与众不同。你来，他们亲切问候；你乘船而去，他们不舍告别。房间不仅通风而且装修简单，可以看到美丽的海景——有些房间还在露天平台装有按摩浴缸。
>
> 令人垂涎的饭菜可以满足各种人的胃口，主要以当地新鲜的海鲜、美味的沙拉和丰盛的早餐为特色。

Cow Bay Hotel 小酒店饮食 $$

（☎07-4098 9011；Cape Tribulation Rd；主菜 $14起；⏲11:00~21:30）如果你想吃一桌可口的饭菜、一瓶冰镇啤酒和想拥有澳大利亚小酒馆般的氛围，奶牛湾酒店（邻近海滩）绝对是不二之选；更妙的是，它还提供送餐服务。

On the Turps 新派澳洲菜 $$$

（☎07-4098 9321；Lot 236/R96 Turpentine Rd, Diwan；主菜 $18起；⏲12:00~14:00和17:30~21:00）Heritage Lodge提供一些丹特里最好的菜肴，室内室外环境也相对宜人，周围有清澈的库珀溪，潺潺流淌。创意菜肴包括袋鼠菲利肉排、鳄鱼饺子和美味馅饼。

苦难角（Cape Tribulation）

这块孤立的乐园显露出边疆风貌，有路标提醒司机路口常有鹤鸵出现，而鳄鱼警示牌则让海滩漫步变得不那么轻松惬意。

雨林恰好坐落于茂盛的垂枝相思树和苦难角海滩之间，被诺比角分开。路的尽头是小村庄：再往前，只有四轮驱动越野车才能通

Cape Tribulation Area 苦难角地区

Cape Tribulation Area 苦难角地区

行，沿布龙菲尔德路可到达库克敦。

没有去苦难角的公共交通，也没有去丹特里河以远的住处的机场接驳车。要到达那里的话需要自己租车或加入一日团队游。

◎ 景点

蝙蝠屋 野生动植物中心

（Bat House；☎07-4098 0063；www.austrop.org.au；Cape Tribulation Rd；入场费 $5；⏲周二至周日10:30～15:30）conservation organisation Austrop专门为受伤和被遗弃的果蝠（狐蝠）成立了一个动物养殖场。

Mt Sorrow 步行

强健的步行者应该早起爬这座山，虽然费力但是值得一试（7公里，往返需要5～6小时，10:00之前出发）。这个标记清晰的小路的起点位于Kulki野餐景区停车场北面大约150米处。

团队游和活动

★Ocean Safari 浮潜

（☎07-4098 0006；www.oceansafari.com.au；Cape Tribulation Rd；成人/儿童 $128/82）海洋旅行队带领一个小的旅游团（最多25人），乘坐浮潜游轮到达大堡礁，那里离岸只有半小时的行程。

热带丛林冲浪 户外、徒步

（Jungle Surfing；☎07-4098 0043；www.junglesurfing.com.au；滑索道 $90，夜间行走 $40，小型爵士乐队$120；⏲夜间行走 19:30）乘坐飞索在热带雨林中飞行，非常刺激。黑夜丛林行走活动中有生物学家跟随指导，保证不会在黑暗中迷失方向。费用还包括从Cape Trib住处的接送服务（不允许自己驾车）。

D' Arcy of the Daintree 自驾游

（☎07-4098 9180；www.darcyofdaintree.com.au；116 Palm Rd，Diwan；团队游 成人/儿童 $129/77）小团队，乘四驱车游览，沿布鲁姆菲尔德步道到Wujal Wujal瀑布，远至库克敦。

Paddle Trek Kayak Tours 皮划艇

（☎07-4098 0062；www.capetribpaddletrek.com.au；Lot 7，Rykers Rd；皮艇出租每小时 $16～55，旅行 $69～79）有导游带领的海上皮划艇旅行，可租用皮划艇。

Cape Trib Horse Rides 骑马

（☎07-4098 0043；www.capetribhorserides.com.au；每人$99起；⏲8:00和14:30）休闲地沿着海滩骑马，也可以骑到森林里去。

住宿

★Cape Trib Beach House 青年旅舍、度假村 $

（☎07-4098 0030；www.capetribbeach.com.au；152 Rykers Rd；铺 $29起，小屋 $150起；❄@🛜≋）不管是对于背包客、夫妻还是家庭

另辟蹊径

丹特里村

你可以跑去Cape Trib海滩，但是对于野生动植物爱好者来说，绕道20公里到丹特里小村庄是值得的。乘游轮在丹特里河观赏鳄鱼是主要项目。乘坐Crocodile Express（☎07-4098 6120；www.crocodileexpress.com；1小时游轮 成人/儿童 $23/12；⏲8:30起）或者观看丹特里野生动物（☎0447 734 933；www.daintreeriverwildwatch.com.au；2小时游轮 成人/儿童 $60/35），有在日出时的观鸟游和日落时分的风光摄影游。

15个精品榕树（树屋）丹特里生态小屋和水疗（☎07-4098 6100；www.daintree-ecolodge.com.au；20 Daintree Rd；树屋 $215起；❄@🛜≋）🍃设在村庄南部几公里外的雨林里大树之上。Nonguests有非常受欢迎的Julaymba Restaurant（☎07-4098 6100；www.daintree-ecolodge.com.au；20 Daintree Rd；主菜 $26.50~40；⏲早餐、午餐和晚餐），菜单上可口饭菜的食材都是来自本地。

丹特里村庄里不能加油。

来说，这都是一个极好的选择。管理团队和员工十分友好，还有多式多样的住宿可供选择，从宿舍到浪漫的海滩小屋。这里的特点包含原始私人海滩、整洁的公用厨房还有一个独具特色的开放式的餐厅和酒吧。

PK's Jungle Village 青年旅舍 $

（☎07-4098 0040；www.pksjunglevillage.com；Cape Tribulation Rd；无电力供应营地 每人 $15，铺 $25起，双 $125起；❄@🛜≋）这儿长期以来是背包客聚集之地，由此沿木板路可到达Myall海滩。这里的丛林酒吧就是Cape Trib的娱乐中心。

Rainforest Hideaway 民宿 $$

（☎07-4098 0108；www.rainforesthideaway.com；19 Camelot Close；双 $129起）🍃这个五彩缤纷的民宿全是由房屋主人、艺术家和雕塑家Dutch Rob一手建成的，甚至连家具和床都是纯手工制作的。一条小径蜿蜒穿过庄园，两边有各式雕塑。

Ferntree Rainforest Resort 度假村 $$

（☎07-4098 0000；www.ferntreerainforestlodge.com.au；Camelot Close；铺 $28起，双 $130起；🛜≋）Cape trib里仅有的度假村风格的酒店，主要是生活设施一应俱全。在精心护理的平地上有一个美丽的游泳景区，休息室提供免费无线网且房屋通风，百叶窗外种满绿色植物。

就餐

Whet 澳洲菜 $$

（☎07-4098 0007；www.whet.net.au；1 Cape Tribulation Rd；主菜 $16.50起；⏲11:30~15:00和17:30~21:30）这里是Cape Trib最酷也是无可争议的最佳餐饮，有时尚的澳洲美食，间或举办各种主题晚会和活动。

Sandbar 比萨饼 $$

（☎07-4098 0077；Lot 11，Cape Tribulation Rd；比萨饼 $14起；⏲4月至10月17:00~21:00）Cape Tribulation Camping（☎07-4098 0077；www.capetribcamping.com.au；Lot 11，Cape Tribulation Rd；无电力供应营地 $15起；@）有柴火烤制的比萨和好听的音乐，还有新鲜的饮料。

Mason's Store&Cafe 咖啡馆 $$

（☎07-4098 0016；3781 Cape Tribulation Rd；主菜 $15起；⏲周日至周四10:00~16:00，周五和周六 10:00~19:00）这家闲适的本地咖啡馆有美味的炸鱼薯条和大块的牛排三明治。还有一个小型的酒水商店、旅游信息咨询处，最值得高兴的是还有一个干净的、不会有鳄鱼出没的游泳池（捐款入场）。

实用信息

Mason's Store（☎07-4098 0070；Cape Tribulation Rd；⏲8:00~18:00）能查询到当地的信息包括布鲁姆菲尔德步道的状况。

库克敦以北（North to Cooktown）

从南部到库克敦有两条路：一条是沿海路线，从苦难角途经只有四轮驱动车能行走的布鲁姆菲尔德步道；另一条是内地路线，全程柏油路，途经穆里根高速公路。

内地路线（Inland Route）

如果你从道格拉斯港过来，你会穿过朱拉灯山（Julatten）。这个村庄是浪漫之乡，小屋奢华且设备齐全，设计非常巧妙，与外界隔离开来。Sweetwater Lodge（☎07-4094 1594；www.sweetwaterlodge.com.au；2472 Mossman-Mt Molloy Rd；双 $225起），是热带森林和灌木丛的交界处。斯威特沃特很受观鸟者和喜爱清静的人的欢迎。两晚起住。

大约在马巴里北部40公里、道格拉斯港西南部45公里处的地方莫洛伊山（人口274）是穆里根高速公路的起点，自此可一直向北。自从这个镇采矿业兴盛之时，就有一个小酒馆、面包房、邮局和咖啡馆，咖啡馆里据说有世界著名的汉堡包——显然，汉堡包的个头很大。从这里到美丽的卡宾山（Mt Carbine）大约有30公里的距离；如果你在距卡宾山8公里处下高速，你将会发现专门建的露营地、复原的烟草工人的住房还有Bustard Downs农场里宜人的家庭旅馆（☎07-4094 3094；www.bustarddowns.com.au；61-03 East Mary Rd, Maryfarms；野营 $12.50，小屋 $220，家庭旅馆标单/双 $135/220）。

如果你有高底盘的四轮驱动车，并且有兴趣探索一些有吸引力的废墟和典型的鬼城，梅敦（Maytown）这个曾经在帕莫河流域淘金热时辉煌的地方（1873~1883），就在从高速公路往内陆去80公里的地方。旅途艰辛，但值得一试，中间包含渡河，只允许有经验者参加。岔路在Palmer River Roadhouse（☎07-4060 2020；Peninsula Development Rd；无电力供应营地 $20，小屋 $45~90）南部17公里处，前面的路更难走，这是你可以停下来吃点东西、加点燃料的最后机会了。这里有漂亮的露营地并且为这些准备休息的人提供舒适的小屋。参观离奇有趣的当地历史博物馆，并且询问Andrew任何有关再往北去要注意的事情。

再行驶15公里到达莱克兰（Lakeland），这里是穆里根和传说中的Peninsula Developmental Rd交界处。向西走通往劳拉（Laura）。过去劳拉，就没有柏油路了，非常难走，需乘四驱车去约克角。很多人会选择在穆里根停留然后再走80公里到达库克敦（Cooktown）：在到达目的地之前30公里的地方是黑山国家公园（Black Mountain National Park），超凡脱俗，令人惊叹，它由成千上万的黑色的花岗岩巨石组成，这些巨石都是2.6亿年前形成的。这儿是热带世界遗产景区的最北端。这里是各种传说和神秘故事中描述的圣山。若想知道更多，问一下当地居民吧！

如果你能付得起——蜥蜴岛

拥有五个岛屿的蜥蜴岛群位于离海岸33公里远的地方，大约在库克敦北面100公里处。蜥蜴岛是主要的岛屿，有岩石、山区地带、闪耀的白色沙滩，还有适宜浮潜和潜水的壮观的裙礁。岛屿大部分属于国家公园，遍布各种野生动植物。奢华的住宿和晚餐象征着蜥蜴岛度假村五星级奢华酒店的缩影。蜥蜴岛度假村（☎1300 863 248；www.lizardisland.com.au；Anchor Bay；双$1699起；❄@📶🏊）2014年4月遭受飓风Ita重创，2015年重建并进行了精心的装修。岛上有有限的灌木丛露营地（☎13 74 68；www.nprsr.qld.gov.au/parks/lizard-island/camping.html；Watsons Bay；每人 $5.75）。岛屿上没有商店。可以在景区预订往返凯恩斯的机票（往返$670，1小时）。

丹特里空中服务（☎1800 246 206；www.daintreeair.com.au；一日游 $750起）提供从凯恩斯出发的一日游，包括美味的午餐、浮潜设备、接送及本地导游带你游览这个原始生态系统中最美丽的一些地方。

沿海路线 (Coastal Route)

传说中只有四驱车才能通行的布鲁姆菲尔德路，连接苦难角和库克敦，横穿过小溪口岸、极其陡峭的山坡和崎岖不平的地面。下雨天会连续数周不能通行。即使不下雨，你也应该检查一下路况，因为横跨小溪会受到潮汐次数的影响。这里的地理条件也不适宜拉载拖车。这条小道充满着争议：在20世纪80年代早期，施工人员强行铲平这片原始森林，在这里抗议者和警察曾发生过激烈的斗争。有未经证实的消息称这条路将要修成柏油路。

从Cape trib到Emmagen Creek有8公里的距离，从这里开始道路上下坡都很陡而且有急转弯，接下来穿过宽阔的布鲁姆菲尔德河流，向深处行进22公里。过桥立刻向左拐就能看到布鲁姆菲尔德瀑布。鳄鱼栖息在这片河中，这个地方对当地土著的Wujal Wujal社区来说很重要。强烈推荐半小时的沃克家族徒步旅行（☎07-4040 7500；www.bamaway.com.au；成人/儿童 $25/12.50；⏰通过预订）游览瀑布和周边的森林。

大约在Wujal Wujal北部5公里的地方，Bloomfield Track Takeaway & Middleshop（☎07-4060 8174；菜肴 $10起；⏰周四至周六8:00~22:00，周日和周一8:00~20:00）售卖快餐、燃料、渔具和杂货。Home Rule Rainforest Lodge（☎07-4060 3925；www.home-rule.com.au；Rossville；无电力供应营地 成人/儿童 $10/5，房间 成人/儿童 $35/20）位于布鲁姆菲尔德的北部，是很多步行路线的起点，在崎岖不平的3公里车道的尽头。设施齐备，无可挑剔，包括公用的小屋和厨房，有皮划艇供出租。Home Rule是Wallaby Creek节庆活动（www.wallabycreekfestival.org.au；⏰9月结束）的举办地。这是一个为期三天、多元文化特色且适合家庭的节日，能够听到美国民间音乐、布鲁斯音乐和土著音乐。

再走9公里到达极好的Lion's Den Hotel（☎07-4060 3911；www.lionsdenhotel.com.au；398 Shiptons Flat Rd，Helenvale；无电力供应/有电力供应营地 每人 $12/28，标单/双 $45/65；❄🅿）：一个舒适休闲之地，其历史可以追溯到1875年。这里可以补充燃料，享受冰镇啤酒、浓咖啡、美味的比萨和酒馆美食。如果你有机会晚上露营或者待在一个帐篷小屋也不错。别忘了在没有鳄鱼出没的小溪里游个泳。

探索Mungumby Lodge（☎07-4060 3158；www.mungumby.com；海林维尔（Helenvale）；标单/双 $260/279；🛜🅿）🌿周围的热带雨林和瀑布，成套的平房分散在草坪和杧果树之中。费用包含早餐。可参加亲近自然旅行团。再往北约4公里，是布鲁姆菲尔德步道和封锁的穆里根高速公路的交会处，这里距库克敦有28公里的距离。

库克敦（COOKTOWN）

人口 2339

库克敦位于约克角半岛东南边缘，是一个有历史的小地方，几千年前，Waymbuurr曾经是土著Guugu Yimithirr和Kuku Yalanji人聚集的地方。1770年6月17日，库克船长将奋进号拖上岸，这只船早前曾在苦难角触礁。库克的船员在这里用了48天的时间修理这只破损的船只，使库克敦成为澳大利亚第一个非土著居住地（尽管时间不长）。

现在这里已经成为热点目的地，很多历史爱好者来此探寻遗迹，世界有机农场组织的成员到此寻找工作机会，还有热衷钓鱼的人带着食品饮料来此休闲。

◉景点和活动

天黑之后，城镇中心的环境竟让行人感到一丝不安，尤其是对于独自出行的女性游客和周五周六晚上行走的人来说。这里比较荒凉，谨慎一些为妙。

Grassy Hill 观景点

库克曾爬上这个162米高的山丘，在礁石中找寻出口。在黎明、黄昏时刻，可以360度俯瞰城镇、河流和大海，十分壮观！从城里出发，乘简单的交通工具，需经过一段陡峭的道路。行人可以走樱桃树湾通过丛林小径爬上去。

Nature's Powerhouse 解说中心

（☎07-4069 6004；www.naturespowerhouse.com.au；off Walker St；乐捐入场；⏰9:00~17:00）环保中心是两个杰出画廊的所在地：一

个是Charlie Tanner Gallery，里面保存的画让人毛骨悚然；另一个是画廊Vera Scarth-Johnson Gallery，主要展示的是当地一些植物的解说图。

James Cook Museum 博物馆

（☎07-4069 5386；www.nationaltrust.org.au/qld/JamesCookMuseum；Helen St和Furneaux St交叉路口；成人/儿童 $10/3；⊙9:30~16:00）这是库克敦至今保存最好的建筑物（一座1899年建的女修道院），收藏了当年奋进号上的日记、大炮和锚，还有当地土著文化展览。

Bicentennial Park 公园

这里摆放着用青铜雕刻的库克船长的雕像和附近的Milbi墙——12米长的马赛克画，描述当地土著人Gungarde（Guugu Yimithirr）人的历史。在岸边有一块岩石，标记着当年库克搁浅的地方。

Fishing Cooktown 钓鱼

（☎07-4069 5980；www.fishingcooktown.com；Lot 4 Wilkinson St；每人 $115起）这次行程主要包括观看鳄鱼、观鸟、捉蟹和生态旅游。

团队游

这里没有去附近暗礁的定期潜水和浮潜游。很多水上团队游从码头出发。很多旅行社会在雨季缩短营业时间。

★Guurrbi Tours 文化游

（☎07-4034 5020；guurrbitours.blogspot.com.au；旅行团 2/4小时 $95/120起，自驾游 $65/85起；⊙周一至周六）由努加瓦拉族长者Willie Gordon经营，通过物理景观解释这里的独特文化精髓，让游客更加深入地了解土著文化及相关的传说。

Maaramaka Walkabout Tours 文化游

（☎07-4045 6328；www.maaramaka.com.au；1.5小时团队游 成人/儿童 $84/42起）在Hope-vale附近听土著人的文化故事，在森林中漫步，吃着丛林美食；打电话提前预约。

Cooktown Tours 团队游

（☎1300 789 550；www.cooktowntours.com；旅行团 成人/儿童 $60/35起）提供两小时的城镇游和为期两天半的布莱克山国家公园游，住宿地点为Lion's Den Hotel。

节日和活动

Cooktown Discovery Festival 文化节

（www.cooktowndiscoveryfestival.com）这个节日在6月初举办，是为了纪念1770年库克船长的到来，包括再现当年情景的历史表演、盛装游行以及土著居民的各种活动。

食宿

Pam's Place Hostel& Cooktown Motel 青年旅舍、汽车旅馆 $

（☎07-4069 5166；www.cooktownhostel.com；Charlotte St和Boundary St交叉路口；铺 $30，标单和双 $60，汽车旅馆 双 $95起；❄@☎≋）库克敦的青年旅舍，该镇最便宜的住处。友好的经理可以帮忙介绍收割的活儿。

Seaview Motel 汽车旅馆 $$

（☎07-4069 5377；www.cooktownseaviewmotel.com.au；178 Charlotte St；双$95起，城市住房 $235；❄☎≋）在码头对面，位置极佳，有雅致的现代房间（有一些还带有独立阳台）。

Sovereign Resort Hotel 酒店 $$$

（☎07-4043 0500；www.sovereign-resort.com.au；Charlotte St和Green St交叉路口；双$180起；❄@☎≋）库克敦时髦的公寓里有热带风格的房间、华丽的庭院，拥有该镇最大的泳池，提供酒水和餐食。

The Italian 意大利菜 $$

（☎07-4069 6338；95 Charlotte St；主菜 $13~22；⊙周四至周六 16:00~20:00）正宗的意大利菜，在户外享用，伴有现场音乐，环境宜人，服务高效周到。菜单上标有汉字。

Cooktown Bowls Club 法式小馆 $$

（☎07-4069 5819；129 Charlotte St；主菜 $15；⊙周三至周五 11:30~14:30，每天 17:30~22:00；👪）丰盛的法式餐。在周三和周六的下午可以参加当地的社交保龄球会。

Restaurant 1770 新派澳洲菜 $$$

（☎07-4069 5440；3/7 Webber Esplanade；主菜 $28起；⊙7:30~9:30，11:30~14:00，周

四至周六 18:00~21:30；✎）位于水边平台，Restaurant 1770的特色美食是来自当地的新鲜鱼类。不要忘了留点肚子吃好吃的甜点。

实用信息

旅游信息中心（Tourist Information Centre；☎07-4069 6004；www.naturespowerhouse.com.au；Walker St；⊙9:00~17:00）在Nature's Powerhouse，员工很友好，给游客提供地图和建议。有问题尽管问John！

到达和当地交通

库克敦机场在镇西面McIvor Rd7.5公里处。**Hinterland Aviation**（☎07-4040 1333；www.hinterlandaviation.com.au）每天最多有三个航班（周一到周六）到凯恩斯（单程$175起，40分钟）。

凯恩斯的公共汽车每天运营。**Cairns Cooktown Express**（☎07-4059 1423；www.cairnsbuscharters.com/services/cairns-cooktown-express）沿着内地路线到凯恩斯（$79，5小时）。

约克角半岛

包括 ➡

最佳团队游

- Cape York Day Tour（见492页）
- Heritage Tours（见492页）
- Aurukun Wetland Charters（见492页）

最佳住宿

- Cape York Camping Punsand Bay（见497页）
- Grand Hotel（见498页）
- Laura Motel（见494页）

为何去

崎岖不平、遥不可及的约克角半岛拥有这个星球上最野性的热带自然环境。大分水岭（Great Dividing Range）山脉形成了约克角的"脊梁"：热带雨林和棕榈树环绕的海滩位于东部侧翼；广阔的草原林地、尤加利树林和沿海红树林则位于西侧。

经由陆路跋涉至半岛顶端的行程是一次令人愉悦的四驱车之旅，可带你深入澳大利亚最后的"伟大边境"之一。雨季的时候基本无法成行。高低不平、崎岖颠簸的道路能把屁股坐麻，途中需要穿越鳄鱼横行的河流——虽具挑战性但只能算是平常之事，而想要享用美味的食物或是睡在满是靠枕的床上就只能是美梦一场了。探险、大量的野生生物、半岛顶端至美而在意料之外的远阔景致、真正的荒无人烟，还有深深的成就感（无论你走得有多深入）就是你能获得的奖赏。

何时去

约克角半岛

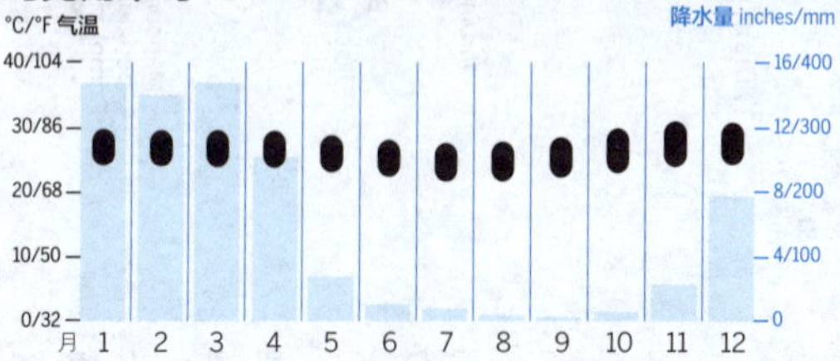

6月至8月 干燥的季节里，白天较为温和，夜晚则更凉爽；顶级的朝圣者们颠簸在四驱车道上。

9月和10月 由于雨季即将到来，游客的数量有所减少；低调前往即可。

11月至次年4月 坐船、搭飞机或是搭渡轮来体验约克角雨季里的草木繁茂的景致。

约克角半岛亮点

❶ **片裂岩美术馆**（见493页）位于劳拉之外，其收藏的远古原住民的岩画令人惊叹不已。

❷ 庆祝自己终于到达了**半岛顶端**（见497页）——澳大利亚大陆的最北端。

❸ 探寻小小的**星期四岛**（见497页）的独特历史与文化。

❹ 在**霍恩岛**（见497页）的托雷斯海峡遗产博物馆对这一地区丰富的军事历史感到诧异。

❺ 在偏僻而富有情调的**埃利奥特瀑布露营地**（见496页）的满天星空下露营。

❻ 当你在**韦帕**（见495页）垂钓澳洲肺鱼，或是穿越壮观的

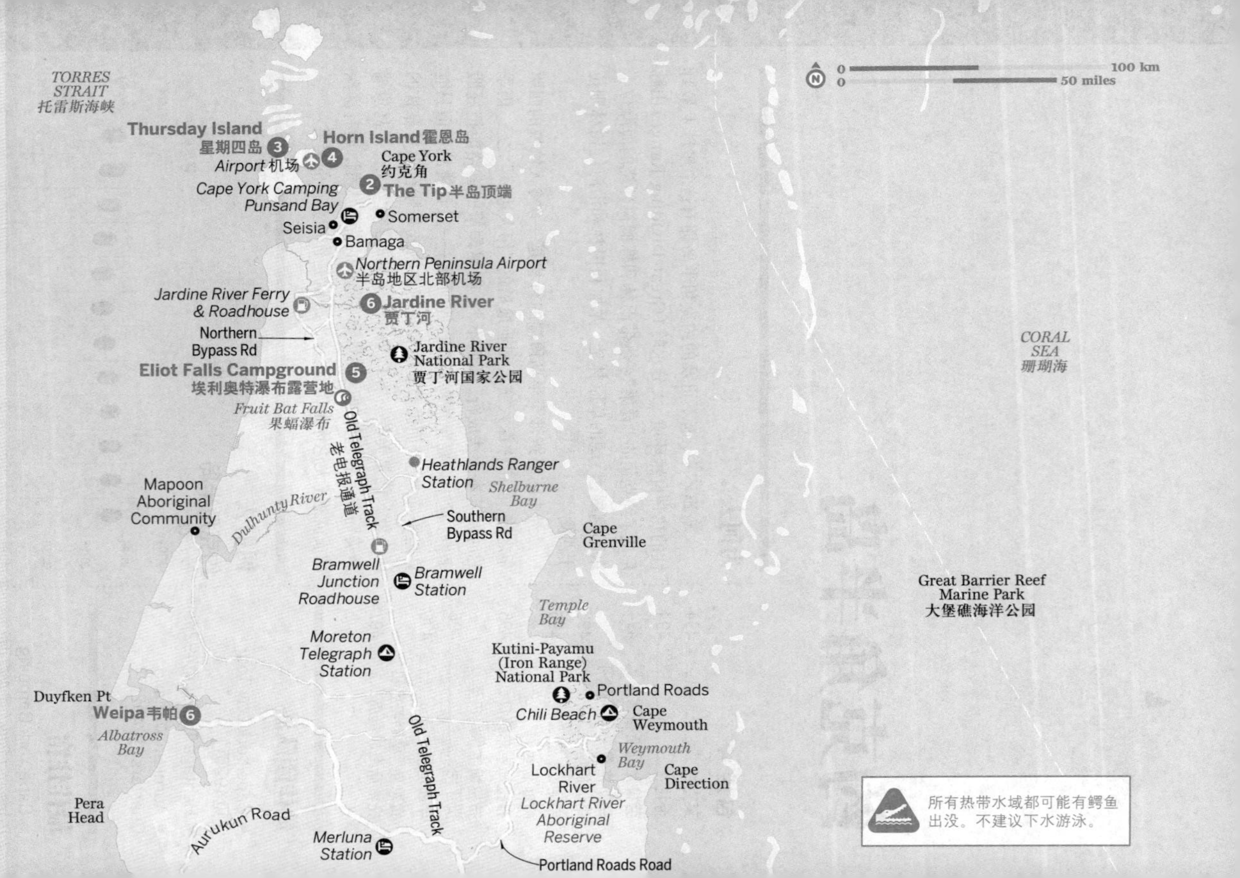

贾丁河（见496页）时留意鳄鱼出没。

❼ 在**林伊路（莱克菲尔德）国家公园**（见494页）丰富多彩的鸟类生活里发掘你潜在的鸟类学家的那一面。

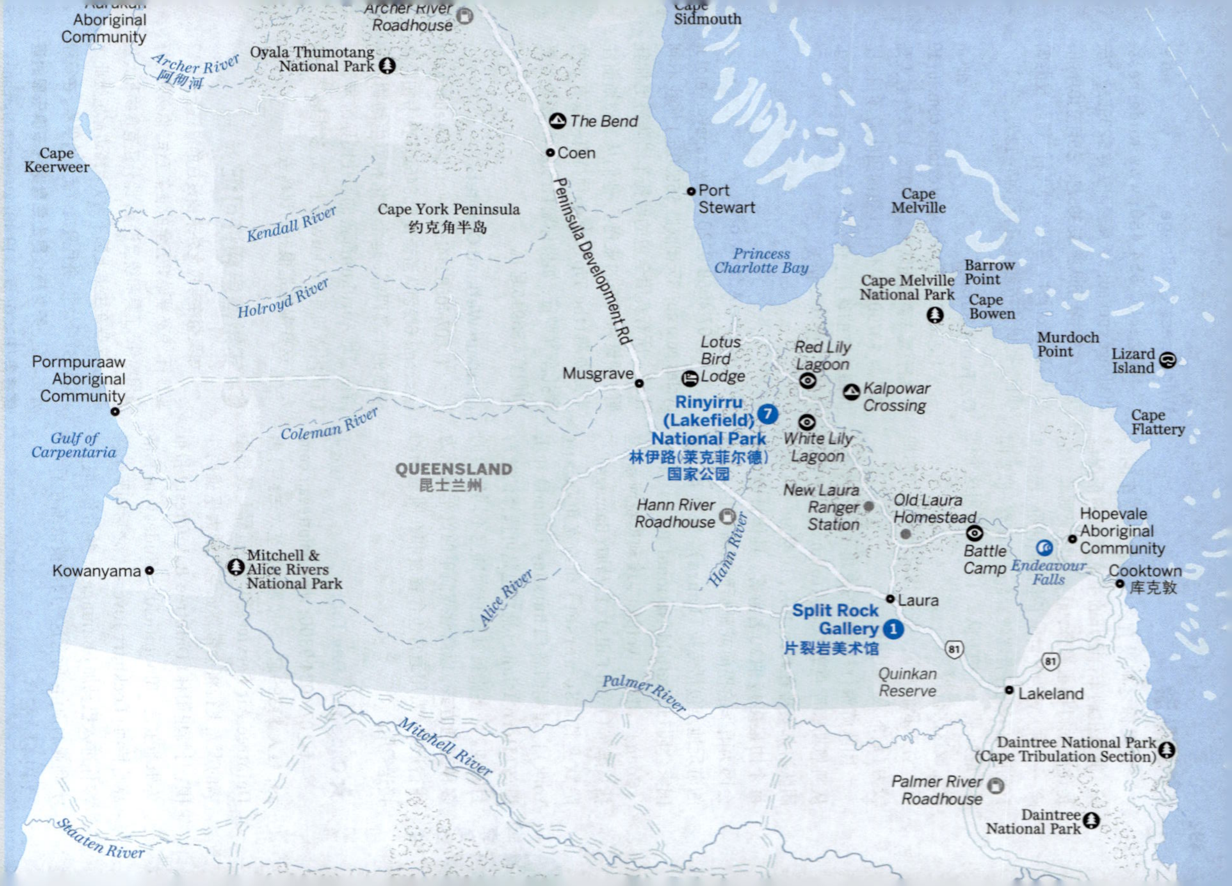

☞团队游

如果你之前没有多少驾驶四驱车的经验，那么租辆车自己开的主意最好的情况就是让人觉得你很愚蠢，最差的情况则非常危险——有人曾为此付出了生命的代价。经验丰富的四驱车爱好者驾驶着自己的座驾，带着同伴（最好是一个护卫队），以充分利用这个机会完成这次行程。

对于我们来说，强烈建议与某个对此地较为了解的人一道同行。

团队游旅行社经营约克角半岛的线路，从凯恩斯和库克敦（Cooktown）出发：多数团队游都安排在4月至10月，团期为6~14天，每个团最多接纳20名游客。具体日期可能会因为雨季的提前或延后而有所变化。经典的游玩地点包括劳拉（Laura）、莱克菲尔德国家公园（Lakefield National Park）、科恩（Coen）、韦帕（Weipa）、埃利奥特河系[包括双瀑布（Twin Falls）、巴马加（Bamaga）、萨默塞特（Somerset）和约克角（Cape York）]。星期四岛（Thursday Island）和霍恩岛（Horn Island）通常也是可选择的旅游目的地。许多旅行社提供海陆空不同组合的多种交通方式，以露营或简单的汽车旅馆为住宿形式。费用通常包含餐食和在凯恩斯的接送费用。

★Cape York Day Tour 团队游

（☎07-4034 9300; www.daintreeair.com.au; 每人 $1399起; ⊙按需 4月至次年1月）由Daintree Air Services经营的世界上最长距离的观光飞行将会带你低空飞越大堡礁的外围、丹特里雨林（Daintree Rainforest）和布鲁姆菲尔德（Bloomfield）、Endeavour和洛克哈特河（Lockhart Rivers）。之后四驱车将接你进入巴马加（Bamaga），并带你到达澳大利亚的顶角：所有这一切都被浓缩在了一天当中！包含餐食。

Heritage Tours 团队游

（☎1800 775 533; www.heritagetours.com.au; 7天飞行/驾车游 $2449起; ⊙5月至10月）提供范围广泛的团队游，包括飞行或驾车、游轮和穿越大陆等方式，以露营或其他住宿方式过夜。

Wilderness Challenge 团队游

（☎1800 354 486; www.wilderness-challenge.com.au; 5天露营团队游 $2095起，7天飞行/驾车住宿团队游 $3395起; ⊙5月至10月）信息丰富的旅行社，组织多种飞行、驾驶或游船项目，提供住宿选择，行程为5~12天。

Oz Tours Safaris 团队游

（☎1800 079 006; www.oztours.com.au; 10天飞行/驾车露营团队游 $3090起，16天穿越大陆团队游 $3790起）不计其数的团队游项目，提供海陆空的选择，住宿形式包括露营或汽车旅馆，行程是7~16天。

Cape York Motorcycle Adventures 摩托车团队游

（☎07-4059 0220; www.capeyorkmotorcycles.com.au; 8天团队游 $5550起）你找不到比这个所有费用全包的摩托车团队游更加狂野、颠簸和兴奋的旅程了，他们从凯恩斯前往半岛顶端（the Tip）。你必须持有一张有效的摩托车驾驶证：如果你骑自己的车，团费会更加便宜（$3945起）。

Aurukun Wetland Charters 文化游

（☎07-4058 1441; www.aurukunwetlandcharters.com; 6晚团队游套餐 $5845起）在韦帕以南偏僻的半岛西部，这个文化和野生动物团队游由当地Aurukun部落的原住民导游带领。住在内燃机船Pikkuw号上（最多能够搭载8人）。这些湿地是很好的观鸟去处。

ℹ实用信息和许可证

如果想在劳拉之外未铺设过的道路上进行四驱旅行，有必要做好万全的准备工作。你必须带好备用零件、工具和绞盘设备，此外还有食物和大量的水，这些在主道上都不常见。路边旅馆彼此之间远隔数百公里，并且只提供简易的供给。在行程开始之前，务必核查**昆士兰皇家汽车俱乐部的道路报告**（RACQ; ☎13 19 40; www.racq.com.au）。手机网络仅限于Telstra的服务，信号也只是勉强凑合。请勿单独挑战这个旅途——最好的情况是至少两辆四驱车一起组成一个队伍。

在达尔汉蒂河（Dulhunty River）以北，需要从**昆士兰公园**（Queensland Parks; ☎13 74 68; www.nprsr.qld.gov.au; 许可证 $5.75）处获得许可证才

能在原住民部落的土地上露营（基本就是河流北岸的所有土地）。原住民Injinoo部落经营横渡贾丁河（Jardine River）的渡船，船票费用包含露营许可证。

在约克角半岛穿越其他的原住民土地可能还需要另外的许可证，你可以联系当地部落委员会获取。登录约克角可持续发展网站（Cape York Sustainable Futures；www.cypda.com.au）了解详细信息。许可证的有效期最多六周。

约克角土地委员会（Cape York Land Council；cylc.org.au）提供了全面的概览。近年间，已有30%的约克角土地被交还到其传统所有者的手中。

酒类限制

在前往半岛的路上，你会看见酒类限制的警示标志，这适用于所有游客。在一些社区部落，酒类被完全禁止，而且严禁携带。在半岛地区北部（Northern Peninsula Area，贾丁河以北），每辆车（不是每人）最多可以携带11.25升啤酒（或9升预调酒）和2升葡萄酒。违反限令的罚款高得惊人，对初犯者而言达到$42,693。如果要了解最新实用信息，登录www.datsima.qld.gov.au/funding-grants/atsi/alcohol-limits/index.page?查看。

地图和书籍

Hema的《约克角地图集及指南》（*Cape York Atlas&Guide*）、昆士兰皇家汽车俱乐部（RACQ）的地图《凯恩斯/库克敦/汤斯维尔》（*Cairns/Cooktown/Townsville*）和《约克角半岛》（*Cape York Peninsula*）最为出色。Ron and Viv Moon的《约克角——探险者指南》（*Adventurer's Guide*）被认为是最适合四轮驱动车和露营爱好者的全面指南。

ℹ 到达和离开

飞机

QantasLink（☎13 13 13；www.qantas.com.au）每天从凯恩斯飞往韦帕和霍恩岛（Horn Island）。

2015年1月，一家经营偏僻领域航班如科恩、巴马加和洛克哈特河的区域航空公司**Skytrans**结束了其25年的运营。在本书落笔之时，尚不清楚是否有别家航空公司会开始前往这些地区的服务。

船

MV Trinity Bay（☎07-4035 1234；www.seaswift.com.au；单程 $670起）每周经营一班货轮前往星期四岛和塞西亚（Seisia），船只最多可以搭载38名乘客。每周二从凯恩斯出发，周五从塞西亚返回。

小汽车和摩托车

从凯恩斯前往半岛顶端（被称作“the Tip”）的最短距离为925公里，也是最具挑战性的一条线路。这个行程只有在具备高通过性的四驱车或路径山地自行车的情况下才能挑战。

行程的第一段有245公里，沿着Mulligan公路前往莱克兰（Lakeland），之后是顺着半岛发展之路（Peninsula Developmental Rd；简称PDR）开到劳拉，整个行程的路面都有铺设过。

从劳拉到韦帕的半岛发展之路大约500公里，路面宽，路况也还不错，但时常是起伏不平的土路，做好准备迎接非常颠簸的路途。道路在韦帕开始分岔为PDR和Telegraph Rd，从这里起，去往约克角的探险才真正开始：涉水渡溪的次数变得越来越多，也越来越艰险。

在距离韦帕岔路口120公里的布拉姆韦尔路口（Bramwell Junction），多数司机会沿着Bamaga Rd（也被称为旁道）一路217公里开到巴马加，但那些坚韧而富有经验的四驱爱好者们则会选择沿着110公里长的老电报通道（Old Telegraph Track，简

不要错过

片裂岩原住民美术馆

在莱克兰以北约50公里和劳拉以南12公里处，有一条岔路通往**片裂岩美术馆**（Split Rock Gallery；Peninsula Development Rd；捐赠入场），这是唯一一处不需要向导就面向公众开放的岩石艺术遗址。在停车场通过捐赠入场。这里的砂岩陡壁满覆着距今1.4万年的绘画！取决于你来的时间，有时候在静默、孤独和寂寞中沿着小道上山会是一次特别超现实的体验，然后你就能在岩石的表面看见无数仿佛来自另一个世界的“画作”。

片裂岩有一种真正的神圣气息：这里既怪异又美得令人窒息。你肯定会好奇那么多年以前这里的地貌究竟是什么模样，当时这里的生活又会是一副什么样子。

称OTT）前往——这是一段位于贾丁河北的极其艰险的四驱路段，专业人士也需要开上一整天。老电报通道在通过贾丁河时与Bamaga Rd重新会合。而Telegraph Rd和Bamaga Rd合起来通常被称为Northern Peninsula Rd。无论选哪条路走，你都身处纯四驱车的领土——完全不适合缺乏经验者或者胆小人士。

莱克兰（Lakeland）

从库克敦到约克角，在莱克兰可以沿着PDR往西北方向行驶。在到达劳拉之前的路段都有被铺设过，之后是维护得不错的宽土路一直到韦帕。莱克兰有一家供应燃料的杂货店、一座小型的房车营地和Lakeland Hotel Motel（☎07-4060 2142；Peninsula Development Rd；双 $90起），这是在到达劳拉之前最后一个可以有水洗澡、有餐食提供的地方，住宿条件十分简陋。

离开莱克兰之后，你就进入了昆堪地区（Quinkan Country）的境内，这里以遍布于此的岩石艺术遗址而命名。联合国教科文组织把昆堪地区列为全球十佳岩石艺术地区之一。

劳拉（Laura）

从2013年起，自从PDR铺设到劳拉之后，这里的游客数量就持续增长，不过除此之外这座安静的居民点的其余地方并未有什么改变。这里主要因为其靠近昆堪地区的岩石艺术遗址而出名，此外还有为期三天的劳拉原住民舞蹈节（Laura Aboriginal Dance Festival；www.lauradancefestival.com），这是澳大利亚最盛大的传统原住民舞蹈与文化活动。

昆堪和地区文化中心（Quinkan&Regional Cultural Centre；☎07-4060 3457；www.quinkancc.com.au；捐款入场；⊙周一至周五 8:30~17:00，周六和周日 9:00~15:30）涵盖了这片地区的历史。这里可以帮助预订富有洞察力的昆堪地区岩石艺术遗址导览游，安排一位原住民导游（询问后给价）。

你可以在简朴的Quinkan Hotel（☎07-4060 3393；Deighton Rd；不供电/供电营地 $25/32）露营并在这里喝酒、用餐，或是住在对面全新无瑕的Laura Motel（☎07-4060 3238；Deighton Rd；双 $120起；❄）。

> **另辟蹊径**
>
> **林伊路（莱克菲尔德）国家公园**
>
> 昆士兰州第二大的国家公园，以其占地537,000英亩的庞大河流系统、壮丽的湿地以及丰富的鸟类生活而闻名。这个广阔的河流系统最后排入位于公园北部边界的Princess Charlotte Bay。
>
> New Laura Ranger Station（☎07-4060 3260）位于Battle Camp Rd岔路口以北约25公里处。可以通过昆士兰公园（☎13 74 68；www.nprsr.qld.gov.au；许可证 $5.75）在线申请许可证，之后就可以使用Kalpowar Crossing最好的露营设施（带有厕所和淋浴）。风景如画的Red Lily潟湖里盛放着红色的莲花（早上盛开得最为娇艳），和White Lily潟湖一起吸引着众多的鸟类前来生活。

你可以在Laura Roadhouse（☎07-4060 3440；Peninsular Development Rd；餐 $10起）或Laura Store&Post Office（☎07-4060 3238；Terminus St）补充燃料，前者还供应不错的早餐。两家店都销售冰块和基本的食品杂货。

劳拉至马斯格雷夫（Laura to Musgrave）

从劳拉向北，会涉过一些溪流，例如小劳拉河（Little Laura River）和肯尼迪河（Kennedy River），都非常适合露营。若想选择另外一条景色更优美的路线前往马斯格雷夫，可以沿着去往林伊路（莱克菲尔德）国家公园（Rinyirru/Lakefield National Park）的岔路前行，位于劳拉以北大约28公里处。

如果沿着PDR行驶，你会到达提供食物和燃料（还有啤酒）的休息站，Hann River Roadhouse（☎07-4060 3242；Peninsula Developmental Rd）位于劳拉以北76公里处。从这里开始，平坦、荒芜的地貌一直延伸到地平线的尽头，这种壮观的单调只有在出现大片的草场和巨大的白蚁丘时才会被打破。

住宿

Musgrave Roadhouse 汽车旅馆、露营地 $

（☎07-4060 3229；www.musgraveroadhouse.com.au；露营地 $10，房间 $100）位于汉恩河（Hann River）以北80公里处，建造于1887年。这里最早是一座电报站，现在是一家有售酒执照的咖啡馆和路边旅馆，销售燃料、基本的杂货和啤酒。房间很简单，露营区域绿意盎然、绿草如茵。

Lotus Bird Lodge 旅馆 $$$

（☎07-4060 3400；www.lotusbird.com.au；Marina Plains Rd；标单/双 含餐 $300/440；⏰仅限5月至11月；🅿）位于抵达马斯格雷夫之前的26公里处，这是受观鸟爱好者喜欢的一处旅舍，拥有舒适的木制小屋，俯瞰一个潟湖。

马斯格雷夫至阿御河路边旅馆（Musgrave to Archer River Roadhouse）

科恩（Coen，人口416）是约克角半岛的"首府"，这座极小的镇位于马斯格雷夫以北108公里处，有种天高皇帝远的不羁之感。在富有传奇色彩的S' Exchange Hotel（☎07-4060 1133；Regent St）一边大言不惭一边喝上一杯啤酒：几杯酒下肚之后你看什么都呈"S"形了。隔壁的Homestead Guesthouse（☎07-4060 1157；www.coenguesthouse.com.au；37 RegentSt；房间 $90起）提供更为整洁的房间。

科恩以北大约5公里的Bend是一处景色优美的河边露营地。向北25公里，是通往偏远的Oyala Thumotang国家公园（Oyala Thumotang National Park；之前被命名为Mungkan Kandju National Park）的岔路。

Archer River Roadhouse（☎07-4060 3266；不供电营地 成人/儿童 $10/5，房间 $70起；⏰7:30~22:00；❄）位于科恩以北66公里处，是布拉姆韦尔路口（Telegraph Rd以北170公里处）或韦帕（PDR以西197公里处）之前的最后一处加油站。这里也提供露营地和简易的房间。可以寻找一下纪念Toots的纪念碑——那位言辞强硬的女卡车司机是约克角的传奇人物。

Merluna Station（☎07-4060 3209；www.merlunastation.com.au；不供电营地 $13，标单/双 不带浴室 $80/100；❄）位于Archer River Roadhouse西北方向大约80公里处，这是一处正在使用中的养牛场，住宿为改造的农场员工宿舍。

韦帕（Weipa）

人口 3344

韦帕是约克角半岛最大的城镇，规模还在持续扩大中，这里拥有世界上最大的矾土矿场（从这种矿石中可以提炼出铝）。但在多数游客的心目中，韦帕只是一座可以钓澳洲鲱鱼的小镇。

住宿

Albatross Bay Resort 度假村 $$

（☎1800 240 663；www.albatrossbayresort.com.au；Duyfken Cres；平房/房间 $130/155；❄🅿）靠近海滨，这个很不错的酒馆提供本地区最好的餐食和住宿。

Weipa Caravan Park& Camping Ground 露营地 $$

（☎07-4069 7871；www.campweipa.com；不供电/供电营地 $30/35，小屋 带浴室 $120~140，旅馆 房间 $165~180；❄@🅿）位于海边的阴凉处，而且还是小镇非官方的游客办公室，组织矿场和钓鱼的团队游。提供小镇和矿场团队游（成人/儿童 $40/12），参观采矿作业，保准会让你眼界大开：每24小时会开采出2.2万吨的矾土，然后立即送往等候在码头的轮船准备运走。

到达和离开

Qantaslink（见493页）每天都有往返凯恩斯的航班。

阿御河至布拉姆韦尔路口（Archer River to Bramwell Junction）

在Archer River Roadhouse以北约36公里处，一条岔路延伸135公里，穿越铁山岭国家公园（Iron Range National Park）抵达

Portland Roads袖珍的沿海居民点。这座国家公园拥有澳大利亚面积最大的低地雨林，很多动物在澳大利亚南方都难觅踪迹。可以在Portland Roads以南的辣椒海滩（Chilli Beach）露营。另外，如果要在野外感受一丝奢华，可以住在Portland House（☎07-4060 7193；www.portlandhouse.com.au；每人 $95起）设备齐全的海滩小别墅里。

从阿彻河出发，PDR继续向韦帕延伸；但48公里以后，电报路（Telegraph Road）向北分叉，一路颠簸起伏22公里，通向温罗克河（Wenlock River）的渡口。这里的洪水水位曾经高达14米！在温罗克河的北岸，Moreton Telegraph Station（☎07-4060 3360；www.moretonstation.com.au；不供电营地 每人 $10，游猎帐篷 标单/双 $172/212）有一处游猎露营地。你可以购买燃料、餐食和啤酒。

有一条岔路通往澳大利亚最北面的畜牧场Bramwell Station（☎07-4060 3300；bramwelltouristpark@harboursat.com.au；露营每人 $10），提供简易的住宿、露营和餐食。从这里，再走15公里就可以到达Bramwell Junction Roadhouse（☎07-4060 3230；不供电营地 每人 $12）。路边旅舍位于Southern Bypass Rd和老电报通道两条路的交会处。这是到达贾丁河渡口（只在8:00~17:00开放）前的最后一处燃料和补给站。

布拉姆韦尔路口至贾丁河（Bramwell Junction to Jardine River）

从布拉姆韦尔路口有两条路线前往贾丁河渡口。较长的路线是路况较好、定期维护的等级公路Southern Bypass Rd，而走Northern Bypass Rd的话则更快，并且可以避开温罗克河和贾丁河之间的大部分溪水与河流渡口。

而老电报通道（OTT）虽然不绕路，但一路更加艰险，是极致的四驱路段。这里有很深的水沟、粉状的细沙和较为困难的溪流穿越，特别是Palm Creek和达尔汉蒂河（Dulhunty River）之间的河流穿越。老电报通道沿着残剩的大陆电报线延伸，后者于19世纪80年代修建，旨在建立凯恩斯和约克角之间的通信联系。

在北线一半左右的位置，老电报通道重新并入Southern Bypass Rd长达9公里，直到Northern Bypass Rd向西（之后再向北）通往贾丁河渡船的渡口。如果你继续沿着老电报通道向前行进几公里，就会到达通往果蝠瀑布（Fruit Bat Falls）的岔路。从这个岔道口再向前7公里，能够到达通往埃利奥特和双瀑布（Eliot&Twin Falls）的岔路。这里的瀑布和翠绿的游泳深潭格外壮丽。这里的埃利奥特瀑布露营地（Eliot Falls Campground；☎13 74 68；www.nprsr.qld.gov.au；每人 $5.75）是极受欢迎的一处露营地，值得逗留很久。

经过埃利奥特瀑布之后，在Sam Creek和Mistake Creek之间有一条道路往西并入Northern Bypass Rd，从这里到贾丁河渡船的渡口约45公里：这是要到达更北的区域唯一的方式。

如果你是一位铁杆的四驱车驾驶员并愿意一直走老电报通道的话，请做好准备面对一系列真正危险的溪流穿越，之后你将到达道路的尽头——与贾丁河相交之处。这一段河流十分危险，满是鳄鱼，已经不再允许直接渡河。从这里，你必须向西走，顺着道路行驶15公里，直到渡船渡口。

作为昆士兰州最长的常年性河流，充满了鳄鱼的贾丁河注入大海的淡水量相比澳大利亚其他河流都更多。贾丁河渡船（Jardine River Ferry；☎07-4069 1369；带/不带拖车 $145/129；⏲8:00~17:00）由Injinoo部落委员会管理，仅在旱季时运营。渡船价格包含丛林露营的许可证费用，可以在达尔汉蒂河和贾丁河之间的丛林以及贾丁河以北的指定区域露营。这里食物和燃料都可以提供。

从主路向东延伸到海岸，一路都是贾丁河国家公园（Jardine River National Park）难以逾越的地貌，包括贾丁河和Escape River的源头。

半岛地区北部（Northern Peninsula Area）

贾丁河以北的大陆地带都被称为半岛地区北部（当地人简称为NPA）。

巴马加和塞西亚(Bamaga & Seisia)

位于贾丁河以北45公里处的巴马加(人口1046)是过河之后经过的第一处居民点,这里生活着约克角人口数量最多的托雷斯海峡(Torres Strait)岛民。海岸边的塞西亚(人口204)位于巴马加西北5公里处,眺望着托雷斯海峡,也是探索半岛顶端的一个不错的大本营。

活动

Cape York Adventures 垂钓

(☎07-4069 3302; www.capeyorkadventures.com.au; 包船 每天 $800起)提供半天和全天的钓鱼之旅和夕阳游轮,以及从凯恩斯前往巴马加的团队游。

住宿

Seisia Holiday Park 露营地 $

(☎07-4069 3243; www.seisiaholidaypark.com; 不供电/供电营地 每人 $12/20, 标单/双 $80/120; ❄@📶)就在塞西亚的码头隔壁,这座受欢迎的露营地有不错的设施,还有一家餐馆(餐$15起)。营地还可以负责预订景观飞行、四轮驱动车团队游和前往星期四岛的渡船。

Loyalty Beach Campground& Fishing Lodge 露营地 $

(☎07-4069 3372; www.loyaltybeach.com; 不供电/供电营地 $12/32, 标单/双 $120/175)位于海边,距离码头3公里,环境比Seisia Holiday Park更加安静。供应餐食,还提供团队游预订。

到达和离开

Peddells Ferry Service(☎07-4069 1551; www.peddellsferry.com.au; 单程 成人/儿童 $58/29; ⊙6月至9月 周一至周六,10月至次年5月 周一、周三和周五 8:00和16:00)运营从塞西亚的码头前往星期四岛的定期渡船班次。

半岛顶端(The Tip)

从巴马加出发,这条路向北经过洛克比庄园(Lockerbie Homestead)。**Croc Tent**(☎07-4069 3210; www.croctent.com.au; ⊙7:30~18:00; Punsand Bay Rd和Pajinka Rd交叉路口)就在马路的对面,销售纪念品,还是非官方的游客信息中心。几公里之后就是**Cape York Camping Punsand Bay**(☎07-4069 1722; www.punsand.com.au; Punsand Bay Rd; 不供电/供电营地 $15/20, 双 $176起; ❄@🏊)那片宜人的绿洲。露营地、正对着海滩的小屋、乐于助人而好客的工作人员、超赞的用木头烤的比萨以及家庭式的餐食都能在这个友善、轻松愉快的地方找到,庆祝你成功到达了如此偏远的地方。不过这还不是终点。

主路经过**Lockerbie Scrub**,这是澳大利亚最北端的雨林,之后你会到达一个三岔路口。

右侧的岔路通向**萨默塞特**(Somerset)漂亮的海滩,那里有一座露营地。隔海相望的Pabaju岛(也称奥尔巴尼岛)上的诱人旅舍在等着你,可以和**CY Fishing Charters**(☎07-4069 2708; www.cyfishingcharters.com.au; Pabaju Island; 日间包船 每人 $200起,双 每人 $150起)那帮友好的家伙们一起好好地钓一天鱼。如果想要在天堂般的景色里痛快一或两晚的话,可以询问Pabaju Private Island Adventure。

左侧的岔道延伸10公里经过现已停业的Pajinka Wilderness Lodge,通向一处停车场。从那里步行1公里穿越树林,然后沿着海滩(如果海水涨潮就要在海岬上走)前往**约克角**——这就是澳大利亚大陆的最北端!你总算到了!你来之前是否有想过一路的风景会如此令人难忘?

霍恩岛、星期四岛和托雷斯海峡群岛(Horn, Thursday&Torres Strait Islands)

澳大利亚的最北端边界由100多座岛屿组成,星罗棋布,像是从约克角半岛顶端通向巴布亚新几内亚(Papua New Guinea)的垫脚石,幅员150公里。群岛的形态各异,有的是大分水岭北部余脉延伸的崎岖小岛,有的则是小珊瑚礁和雨林覆盖的火山岛。

托雷斯海峡岛民大约在2000年前从美拉尼西亚(Melanesia)和波利尼西亚(Polynesia)群岛来到此地,形成了有别于巴布亚新几内亚和澳大利亚原住民的独特文化。

作为第二次世界大战中的一处重要的战略空军基地，霍恩岛一度有超过5000名军人居住于此。今天，这里的人口仅为539人，是群岛和约克角的空中枢纽，这里还有定期的轮渡前去附近的**星期四岛**（简称TI）。

虽然**威尔士亲王岛**（Prince of Wales Island）是其中最大的一座岛屿，但距离约克角半岛30公里的星期四岛（面积仅3平方公里）才是群岛的行政首府。尽管本身缺乏淡水资源，但星期四岛（人口 2610）因其拥有深水港和避风港口，并且紧邻主要的航运水道而被选中。作为海峡群岛17座有人居住的岛屿之一，TI曾经是一个主要的珍珠采集中心，这一产业促进了东南亚、欧洲和原住民岛民的文化融合。

如果要拜访其他外岛，需要先获得许可证。联系**托雷斯海峡地区议会**（Torres Strait Regional Council; ☎07-4048 6200; www.tsirc.qld.gov.au; 46 Victoria Pde）。

景点

★托雷斯海峡遗产博物馆 博物馆

（Torres Strait Heritage Museum; ☎07 4090 3333; www.torresstraitheritage.com; 24 Outie St, HornIsland; 成人/儿童 $7/3.50）令人眼界大开的教育性团队游览（成人 $45起，儿童 $22.50起）由霍恩岛非凡的当地历史博物馆友善的工作人员经营，展示了这个岛显著而几乎被人遗忘的军事历史，包括固定的大炮点和飞机残骸。提供午餐套餐。

加伯提维文化中心 画廊

（Gab Titui Cultural Centre; ☎07-4090 2130; www.gabtitui.com.au; Victoria Pde St和Blackall St交叉路口, Thursday Island; 门票 $6; ⏲周一至周六 9:00~16:30, 周日需预约）位于星期四岛上，这个文化中心包括一家现代的画廊，展示了托雷斯海峡的文化历史；这里也举办文化活动和当代艺术家的展览。

万灵及圣巴托罗缪纪念教堂 教堂

（All Souls&St Bartholomew Memorial Church）建于1893年，以缅怀"奎达号"（Quetta）船难的134名遇难者。当年，奎达号撞上了地图未标记的暗礁，在3分钟内沉入海底。教堂里陈列着许多失事船只的纪念物。

团队游

Peddells Tours 巴士游

（☎07-4069 1551; www.peddellsferry.com.au; 成人/儿童 $32/16; ⏲8:30~17:00）组织90分钟的星期四岛巴士团队游，路线涵盖各大旅游景点。另外还经营约克角四轮驱动车的几日游和霍恩岛"二战"历史的团队游。

LAX Tours 文化游

（☎0427 691 356; www.laxchartersandtours.com.au; Thursday Island; 团队游 每人 $60）来自当地的Dirk很友善，急于想要向你展示他的岛屿，包括Green Hill城堡以及日本采珠人纪念馆（Japanese Pearl Divers Memorial），团队游可以个人定制，并带有空调。包船钓鱼行也可以提供。

食宿

Gateway Torres Strait Resort 度假村 $$$

（☎07-4069 2222; www.torresstrait.com.au; 24 Outie St, Horn Island; 房间 $180起; ❄@≋）这个小小的度假村拥有简单的房间，设施一应俱全的套间，以及一个游泳池。从霍恩岛码头步行5分钟即可到达。

Wongai Beach Hotel 酒店 $$$

（☎07-4083 1100; www.wongaibeachresort.bigpondhosting.com; 2 Wees St, Horn Island; 标单/双 $200/220; ≋）这家宜人的酒店拥有霍恩岛上最好的房间，带有冰箱和微波炉，还有一个可爱的游泳池和精心打理过的花园。

Grand Hotel 酒店 $$$

（☎07-4069 1557; www.grandhotelti.com.au; 6 Victoria Pde, Thursday Island; 标单 $200~210, 双 $235~260; ❄@）位于星期四岛码头后面的山丘上，酒店现代的房间能够眺望海景和山色。房费包含早餐。

Thursday Island Motel 汽车旅馆 $$$

（☎07-4069 1569; Jardine St和Douglas St交叉路口, Thursday Island; 标单/双 含早餐

$200/215; ❄@)这些舒适的汽车旅馆套间位于Federal Hotel酒店的后院。

Torres Strait Hotel 小酒馆 $$

(☎07-4609 1141; Normaby St和Douglas St交叉路口, Thursday Island; 菜肴 $14起)在咽下鲜嫩多汁的小龙虾馅饼后,从此你就可以骄傲地号称自己在"澳大利亚最北端的酒馆吃过饭"了。

到达和当地交通

McDonald Charter Boats (☎1300 664 875; www.tiferry.com.au; 成人/儿童 往返 $14/7)在白天经营往返于星期四岛和霍恩岛之间的渡船,另外在托雷斯海峡其他岛屿之间也提供水上出租车服务。McDonald还经营抵离霍恩岛机场的大巴线路(www.tiferry.com.au; 往返 成人/儿童 $20/10),与航班时刻可以衔接。

Peddells Ferry Service (☎07-4069 1551; www.peddellsferry.com.au; Engineers Jetty)经营塞西亚码头和星期四岛之间运行的定期渡船。

QantasLink (☎13 13 13; www.qantas.com.au)的航班每天往返于凯恩斯和霍恩岛之间。

West Wing Aviation (☎1300 937 894; www.westwing.com.au)从霍恩岛飞往其他岛屿。

昆士兰州内陆和萨凡纳湾

包括 ➡

最佳节日

- 伯兹维尔杯赛马会（Birdsville Cup，见512页）
- 芒特艾萨牛仔竞技会（Mt Isa Rodeo，见503页）
- 内陆节（Outback Festival，见506页）
- 布里尔骆驼大赛（Boulia Camel Races，见511页）
- 乌达拉内陆歌剧节（Undara Opera in the Outback，见513页）

最佳住宿

- Undara Experience（见513页）
- Adel's Grove（见518页）
- North Gregory Hotel（见507页）

为何去

海边游玩过后，何不继续前行？在昆士兰你也能感受澳大利亚最名副其实的内陆，那里天地广阔，方便旅行。

翻过大分水岭，如洗碧空无限延伸，覆盖着澳洲的荒野，美不胜收。游客们为了这份安逸舒适而又充满异国风情的体验而来，这里广袤的土地、绚烂的色泽和寂静的环境净化了他们，洗去浮躁和不安。

这里林木丛生，有各种竞技表演和特色鲜明的乡村酒吧。可以房车露营，也可以住在酒吧后的背包客旅馆。在这里，你能够垂钓尖吻鲈，欣赏如火的日落。旱季时，只有边无际的蓝天笼罩着戈壁，与之相伴的是夜晚宛如丝绒的银河。

昆士兰内陆和萨凡纳湾虽然广袤无垠，交通却很是便利，柏油公路纵横交错，中小城镇集中于此。这里虽然前不着村后不着店，但你绝对会不虚此行。

何时去

芒特艾萨

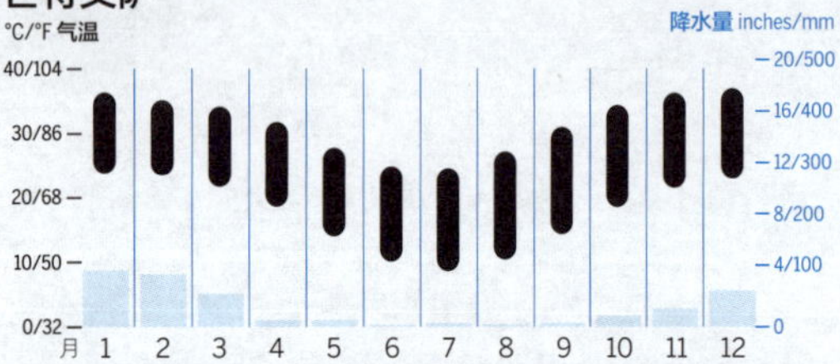

6月至8月 冬日里完美的天气——蔚蓝的天空，舒适的温度，海湾边垂钓。

3月至4月和9月至10月 恰好躲开了旅游旺季，此时天气仍然不错，游客不多，花费也不高。

11月至次年2月 夏日淡季：内陆地区天气炎热，不适宜旅行。因为暴雨有时会切断交通。

昆士兰州内陆和萨凡纳湾亮点

① 在**波特加姆拉（草坪山）国家公园**乘独木舟穿过草坪山峡谷（见517页）。

② 在**芒特艾萨**的地道中穿行（见503页）。

③ 在**温顿**的恐龙徒步路径寻找化石（见505页）。

④ 远行至偏远的**伯兹维尔**（见512页）。

⑤ 在**卡伦巴**垂钓尖吻鲈（见515页）。

⑥ 在**朗里奇**乘坐科布公司的马车，在"波音747"上体验机翼行走，向早期探索者和牧场主致哀（见507页）。

⑦ 在**乌达拉火山国家公园**探索古老的熔岩管道（见513页）。

⑧ 在**查尔维尔**附近观赏繁星密布的内陆天空（见509页）。

⑨ 在偏僻的**伯克敦**追逐"晨辉云"（见516页）。

⑩ 在**巴尔卡丁**经典的木头酒吧里解暑（见508页）。

查特斯堡至芒特艾萨（CHARTERS TOWERS TO MT ISA）

弗林德斯高速公路（Flinders Hwy）延伸至内陆地区，从查特斯堡西到克朗克里（Cloncurry）小镇大概650公里，沿途公路大多地势平坦。再沿Barkly Hwy行驶120公里就到了芒特艾萨。公路最初是科布有限公司（Cobb & Co）运营管理，两侧分布着许多小镇，方便乘车旅客中途休息。这里的主要看点是草原（查特斯堡西200公里处，有家酒店据传闹鬼，值得你驻足探索一番），休恩登（Hughenden）、里士满（Richmond）和茱莉亚溪（Julia Creek）也是不错的选择。

休恩登（Hughenden）

第一站是恐龙之道，休恩登的**弗林德斯发现中心**（Flinders Discovery Centre；☎07-4741 2970；www.visithughenden.com.au；37 Gray St；成人/儿童 $5/2；⏰4月至10月 每日9:00~17:00，11月至次年3月 周一至周五9:00~17:00，周末缩短开放时间）非常值得一看，里面陈列着20世纪60年代发现的布拉龙（Muttaburrasaurus）骨架复制品。

FJ Holden's（☎07-4741 5121；Brodie St和Flinders Hwy交叉路口；餐 $7~14；⏰周一至周六 8:00~20:00）是一家复古咖啡馆，在昆士兰内陆地区非常有名。在这里你可以看到20世纪50年代美式的装饰布局，汉堡和奶昔令人拍手叫好。

郁郁葱葱的**豪猪峡谷森林公园**（Porcupine Gorge National Park；☎07-4741 1113；www.nprsr.qld.gov.au/parks/porcupine-gorge；露营 每人/家庭 $5.75/23）位于休恩登以北70公里处，是干旱荒漠中的一方绿洲。你可以在金字塔观景台（Pyramid Lookout）露营，旁边是汩汩流淌的溪流，你也可以在峡谷中远足。

里士满（Richmond）

里士满以**化石博物馆**（Kronosaurus Korner；☎07-4741 3429；www.kronosaurus-korner.com.au；91-93 Goldring St；成人/儿童/家庭 $20/10/40；⏰4月至10月 8:30~17:00，11月至次年3月 8:30~16:00）而声名远扬，这里珍藏了澳大利亚最好的海洋化石，这些化石多数是由当地的土地所有者发现的。这里保存了一具跟完整的上龙（pliosaur）骨架相差无几的化石，化石高达4.25米，是澳大利亚保存最完整的脊椎动物化石之一，也是名副其实的镇馆之宝。这里还有一具昆士兰长头龙（Kronosaurus queenslandicus）的部分骨架，它是目前已知的生活在澳大利亚的最大海洋爬行动物。

里士满以北有两处正在挖掘的化石遗址，车行12公里即可到达。5月到9月，每周四有2小时的指导性挖掘项目（$20），你需要先从化石博物馆获取地图和工具。

克朗克里（Cloncurry）

人口 2313

昵称"克里"的小镇，以皇家飞行医生服务（Royal Flying Doctor Service，简称RFDS）的诞生地而闻名于世，是查特斯堡到芒特艾萨之间唯一的小镇。19世纪，克朗克里曾是大英帝国最大的铜矿产地。现在这里成了繁忙的畜牧业中心，采矿业也重整旗鼓。

在玛丽·凯瑟琳纪念公园（the Mary Kathleen Memorial Park）的**克朗克里发掘博物馆**（Cloncurry Unearthed；☎07-4742 1361；www.cloncurry.qld.gov.au；Flinders Hwy；博物馆 成人/儿童 $10.50/5；⏰4月至9月 周一至周五8:30~16:30，周六和周日9:00~16:00，10月至次年5月 周一至周五 8:30~16:30，周六和周日 9:00~13:00；📶）里陈列着各类历史文物和相关资料。

约翰·弗林地方博物馆（John Flynn Place；☎07-4742 4125；www.johnflynnplace.com.au；Daintree St和King St交叉路口；成人/儿童 $10.50/5；⏰周一至周五 8:00~16:30，5月至9月 周六和周日 9:00~15:00）不容错过，它是为了纪念约翰·弗林医生（Dr John Flynn）的伟大成就而建立的，皇家飞行医生服务的创建给当时偏远内陆地区的人们带去了希望和帮助。博物馆分三层，包括皇家飞行医生服务的互动展示和早期脚踏式无线电广播设备、弗林的道奇车，还有弗雷德麦凯艺术馆（Fred

McKay art gallery)。

克朗克里有丰富多样的小酒馆、汽车旅馆和房车营地。

Wagon Wheel Motel(☎07-4742 1866；54 Ramsay St；标单/双$90/101，豪华标单/双$105/116；❄📶🅿)是昆士兰西北部最早有营业资质的酒店。酒店后面的汽车旅馆房间干净舒适，配有电视和冰箱。你也可以多付一些钱入住更大更新的超值豪华房间。酒店餐厅(主菜 $22~36)供应早餐和晚餐，是这里最好的餐厅之一。

芒特艾萨(MT ISA)

人口 20,570

行驶到芒特艾萨，你一定会看到工厂的大烟囱。这里是昆士兰州运营历史最悠久的矿业城镇，也是该州中部的旅游和生活中心。无论你是来工作还是来旅游，或者只是路过此处，晚上去芒特艾萨的夜店里喝上一杯吧，酒后微醺就会忘记自己身处偏远内陆。

夜晚，周围悬崖上的灯光常亮，机器仍在不停运作。从城市观景台望去，烟囱的轮廓和星星点点的矿灯显得异常美丽。周围乡村也有着鲜亮的红色美景。造型各异的岩石上覆盖着一片片橄榄绿色的三齿稃(spinfex)，这种植物沿着城市的边界生长。黄昏时分，深蓝色的天幕使一切照明灯光都变得黯然失色。

与自豪的当地人一起喝下几瓶啤酒后，他们就会与你分享尘封已久的热情和与世隔绝的超脱。在这里，你可以感受到一份强烈的集体意识。最好8月中旬来，观看澳大利亚最大规模的**牛仔竞技会**(rodeo；www.isarodeo.com.au；⌚8月第二个周末)。

景点和活动

★ 芒特艾萨内陆中心 博物馆

(Outback at Isa；☎1300 659 660；www.outbackatisa.com.au；19 Marian St；⌚8:30~17:00)芒特艾萨内陆集游客中心和三个主要景点的预订办公室于一处，备受游客赞誉。**艰难时期矿井**(Hard Times Mine；成人/儿童$49/30；⌚全年开放)将带你来到真正的地道，进行一次真实的芒特艾萨地下采矿体验。**芒特艾萨体验和内陆公园**(Isa Experience & Outback Park；成人/儿童 $12/7.50；⌚8:30~17:00)详尽地展示了包括采矿、拓荒在内的当地历史概况，展品丰富多彩，是一座让人如临其境的博物馆。让人流连忘返的**瑞弗斯雷化石中心**(Riversleigh Fossil Centre；成人/儿童$12/7.5；⌚8:30~17:00)重现了世界著名的波特加姆拉(草坪山)国家公园化石遗址。有多种门票套餐供你选择，包括超值的两日票(成人/儿童 $59/36)，涵盖所有景点。

★ 城市观景台 观景点

(City Lookout) 免费 城市观景台绝对不容错过，花点时间登上观景台，你就能观赏芒特艾萨的美丽风光。最佳的观赏时间是日落时分，那时候烟囱的轮廓逐渐显现，矿灯也开始星星点点地闪烁。

School of the Air 学校

(☎07-4744 8333；www.mtisasde.eq.edu.au；137-143 Abel Smith Pde；团队游 $2；⌚团队游周一至周五 10:00开始)一个小时的学校之旅，表明了内陆地区与世隔绝的状态，也表明了在年轻一代教育上的改革创新。

地下医院 博物馆

(Underground Hospital；☎07-4743 3853；Joan St；导览游 成人/儿童 $15/5；⌚10:00~14:00)1942年，该地受日本空袭的威胁，在采矿工人和采矿设备的帮助下，芒特艾萨医院转移到了地下。空袭没有发生，这个地下医院保存了下来。在这里你还能看到芒特艾萨曾经随处可见的帐篷屋。

住宿

Travellers Haven 青年旅舍 $

(☎07-4743 0313；www.travellershaven.com.au；75 Spence St；铺/标单/双 $35/60/70；❄@🅿)这些房间相当朴素，但却是芒特艾萨，甚至是昆士兰内陆唯一一个真正的青年旅舍，非常适合交朋会友。店主波莉(Polly)是英国人，她对这里无比喜爱，这种强烈的感情也会感染到你。旅店距芒特艾萨内陆中心不远，可以电话联系接送事宜。

Mt Isa Caravan Park 房车公园 $

(☎07-4743 3252；www.mtisacaravanpark.

Mt Isa 芒特艾萨

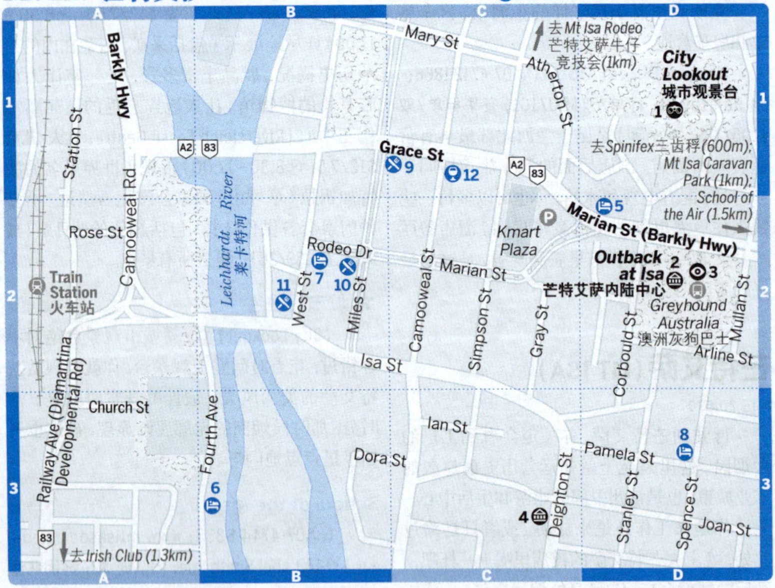

Mt Isa 芒特艾萨

重要景点
1 城市观景台 D1
2 芒特艾萨内陆中心 D2

景点
3 艰难时期矿井 D2
芒特艾萨体验和内陆公园 （见2）
瑞弗斯雷化石中心 （见2）
4 地下医院 C3

住宿
5 Central Point Motel D2
6 Fourth Avenue Motor Inn B3
7 Red Earth Hotel B2
8 Travellers Haven D3

就餐
9 Happy Box Noodles C1
10 Rodeo Bar & Grill B2
11 Three Doors Coffee House B2

饮品和夜生活
12 Buffs Club C1

com.au; 112 Marian St; 有电力供应点 $28~35，现场房车 $70，小屋 $90~140; P 🏊）这是距市中心最近的房车公园，也是让人印象深刻的旅游村。这里有不少住宿方式供游客挑选，包括设备齐全的套间。这里的游泳池很大，茵茵绿地阴凉宜人。

Fourth Avenue Motor Inn 汽车旅馆 $$

（☎07-4743 3477; www.fourthavemotorinn.com; 14 Fourth Ave; 双/家 $140/160起; P ❄ 🏊）这家色彩艳丽的汽车旅馆位于安静的居民区之中，服务态度友好，整洁的户外区域配有海水游泳池。旅馆房间规格高于城市的平均水准。

Central Point Motel 汽车旅馆 $$

（☎07-4743 0666; www.centralpoint-motel.com; 6 Marian St; 标单/双 $135/140起; ❄ 📶 🏊）距离市中心仅几步之遥，看起来有点儿老旧，却洋溢着热带风情，阳光明媚的房间里还配有设备齐全的厨房。

Red Earth Hotel 酒店 $$$

（☎1800 603 488; www.redearth-hotel.com.au; Rodeo Dr; 双$189~229; ❄ @）Red Earth 绝对是芒特艾萨最佳的精品酒店，因为这里配有高雅的家具和带爪式支脚的浴缸。多花一点钱就可以享受私人阳台、水疗和大电视，这绝对值得。大堂里有鸡尾酒吧和不错但是

价格不菲的高档餐厅。在同一街区，有一家差不多的芒特艾萨酒店，但是房间价格要便宜一些。

餐饮

Happy Box Noodles 亚洲菜 $

（☎07-4743 0889; 32 Miles St; 主菜 $12; ⊙周日至周三 11:30~21:30，周四至周六 至22:00）这里有美味的亚洲面条和米饭类食物，包括寿司（sushi）、叻沙（laksa）和炒面（chow mein）。

Three Doors Coffee House 咖啡馆 $

（☎07-4743 3353; 13 West St; 菜肴 $7.50~18; ⊙周一至周五 6:30~15:00，周六 8:30~15:00，周日 8:30~14:00）这里有芒特艾萨最好的咖啡和最时尚的氛围。也是吃早餐的最佳选择。

Rodeo Bar & Grill 小酒馆饮食 $$

（☎07-4749 8888; Miles St和Rodeo Dr交叉路口; 主菜 $15~40; ⊙6:30~11:30，正午至15:00, 18:00~21:00）这家洞穴似的酒吧深藏在新翻修的Isa Hotel里，与他人一起坐在卡座里，会拉近人与人之间的距离。菜品种类多样，有比萨（$16）、西班牙小吃及牛排（澳洲内陆分量）等。在卡座上享受一顿早餐（6:30开始）也是极好的。

Buffs Club 酒吧

（☎07-4743 2365; www.buffs.com.au; Grace St和Camooweal St交叉路口; ⊙周日至周四 10:00至午夜，周五和周六 至次日2:00）Buffs Club位于最中心地带，从始至终这里都是芒特艾萨最热闹的夜店。周三到周六Billabong Bar有DJ音乐，周末还有体育酒吧、阳光露台和现场娱乐活动。你可以在Frog & Toad Bar & Grill用餐。

Irish Club 酒吧

（☎07-4743 2577; www.theirishclub.com.au; 119th Ave; ⊙10:00至次日2:00，周五和周六至次日3:00）这个酒吧是芒特艾萨的一个多功能场所，位于市中心南不远处。这里有游戏室、洞穴似的Blarney Bar、卡拉OK厅，还有略显俗气但却热闹的Rish夜总会，餐厅也十分高档。

到达和当地交通

区域快线（☎13 17 13; www.rex.com.au）每天都有芒特艾萨直飞汤斯维尔（Townsville）的航班。

跨国长途汽车行驶路线也经过芒特艾萨。**澳洲灰狗巴士**（Greyhound Australia; ☎1300 473 946; www.greyhound.com.au）每日发车至汤斯维尔（$174, 11.5小时）、朗里奇（Longreach, $125, 8.5小时）、布里斯班（Brisbane, $232, 26.5小时）和爱丽斯泉（Alice Springs, $243, 14小时）。车站设在芒特艾萨内陆中心（Outback at Isa, 见503页），非常方便。

昆士兰铁路公司（Queensland Rail; ☎1800 872 467; www.queenslandrailtravel.com.au）的内地大陆号（Inlander）一周两次往返于芒特艾萨和汤斯维尔（经济座/卧铺 $108/265, 21小时）。

以下租车公司在机场设有柜台：**Avis**（☎07-4743 3733; www.avis.com.au）、**Hertz**（☎07-4743 4142; www.hertz.com.au）和**Thrifty**（☎07-4743 2911; www.thrifty.com.au）。如果搭乘出租车进城（$30~35），电话联系**Mt Isa Taxis**（☎07-4749 9999）。

芒特艾萨至查尔维尔（MT ISA TO CHARLEVILLE）

从Barkly Hwy向东到Landsborough Hwy东南，一直行驶1200公里，或许这是昆士兰内陆最受欢迎的公路旅行路段了。这里不仅有著名的畜牧业，还以恐龙、澳洲航空（Qantas）甚至《鳄鱼邓迪》（*Crocodile Dundee*）而名声大噪。

每天有从布里斯班（途经查尔维尔）或从罗克汉普顿（Rockhampton，途经朗里奇）出发的澳洲灰狗巴士（见508页）经过这里。

温顿（Winton）

人口 954

开拓者的峥嵘岁月记录在只需要40步就能走完的主干道中，这个以牛和羊为主的畜牧业中心尽其所能，让自己与《丛林流浪》产生联系。据说班卓·帕特森（Banjo Paterson）在这里游览后创作了澳大利亚国歌，120年前就是在North Gregory Hotel进行的首演。

恐龙徒步路径

不论你是化石爱好者，还是业余古生物学家，或者纯粹就是个《侏罗纪公园》(*Jurassic Park*)的粉丝，你一定会爱上这条恐龙路径。这条路径是由昆士兰州内陆的三条路径组合而成。北端是**里士满**（见502页）和**休恩登**（见502页），前者是澳大利亚收藏海洋恐龙化石最丰富的地方，后者是布拉龙的发现地。尽管如此，说起最吸引人的两处史前胜地，那还得是温顿地区。

约9500万年前后，一群小型恐龙因为受到捕猎者的惊吓而四散逃开。它们四处逃窜时，在河床上留下了成千上万个脚印，就这样在大自然的作用下变成化石保存了下来。温顿西南110公里处的云雀采石场恐龙路径（Lark Quarry Dinosaur Trackways; ☎1300 665 115; www.dinosaurtrackways.com.au; 导览游 成人/儿童/家庭 $12/7/30; ⊙团队游10:00、正午和14:00）是昆士兰州内陆的一个迷你侏罗纪公园，在这里你可以看到史前恐龙逃跑的足迹。这个景点由隐蔽通道保护着，所以人们只能通过导览游参观，科学家们推断出了当时的场景，这些故事导游会一一讲给你听。这里没法进餐，也没法住宿。Winton-Jundah路有部分路段是柏油路，这条路径上有明确的车道标识：旱季适合二轮驱动车行驶（1.5小时）。

澳大利亚世纪恐龙博物馆（Australian Age of Dinosaurs; ☎07-4657 0712; www.australianageofdinosaurs.com; Lot 1 Dinosaur Dr; 成人/儿童/家庭 $30/16/69; ⊙8:30~17:00，导览游 每小时出发一次9:00~15:00）在Landsborough Hwy上，位于温顿以东15公里处。这座迷人的互动研究博物馆就在Jump Up崎岖高地上的一个大养牛场里。博物馆的两侧分别是研究实验室和收藏陈列室，后者包括本地发现的原始恐龙化石，它们拼凑成了"Matilda"和"Banjo"这两副不完整的骨架。博物馆两侧分别有为时30分钟的团队游，游客中间可以休息半小时。化石的狂热爱好者们可以提前预约为时一天（$65）或一周的化石处理，也可提前预订每年一次、为时三周的化石挖掘（每周$3500）。

Matilda Country Tours（☎07-4657 1607; 团队游 $30~75; ⊙每日）每天会派长途汽车接送游客。

游客可以在本地区的游客中心咨询一下恐龙套票（Dino Pass），使用套票后，恐龙徒步路径里所有景点的门票都有优惠。

Elderslie St上的古老木制酒馆和历史建筑构成了多彩的街景，吸引众多旅客前来拍照。温顿是开始探寻恐龙路径的最佳地点，昆士兰内陆两大恐龙胜地就在附近。

内陆节（Outback Festival; ☎07-4657 1558; www.outbackfestival.org）在9月中旬举行，有滑稽表演活动。

景点

华尔兹玛蒂尔达中心 博物馆

（Waltzing Matilda Centre; ☎1300 665 115; www.facebook.com/waltzingmatildacentre; 73 Elderslie St）2015年6月，这里的游客中心、博物馆和画廊在丛林大火中被烧毁。这里有一处澳大利亚死水潭的室内实景，还展出了一系列澳洲航空的文物。政府计划重建，具体进程请查看网站。

皇家剧院 剧院

（Royal Theatre; 73 Elderslie St; 成人/儿童 $7/5; ⊙演出时间 4月至9月 每周三20:00）帆布椅、瓦楞铁皮墙和繁星点点的天空，这半露天的剧院会带你感受电影世界的悠久魅力。在这里，你还可以躺在世界上最大的帆布躺椅上尽情享受。放映室有一座小型博物馆，放映经典老片，花几块钱就可以进去看一看。

阿诺墙 雕塑

（Arno's Wall; Vindex St）阿诺墙是温顿最离奇的景点。由艺术家阿诺·格罗蒂扬（Arno Grotjahn）设计，70米长的作品至今仍未完工，墙上陈列着大量工业用品和家居用品，从电视机到摩托车。所有的展品都被嵌入到灰泥墙体当中。

食宿

Pelican Van Park 房车公园 $

（☎07-4657 1478；92 Elderslie St；无电力供应点/有电力供应点 $25/30，小屋 $80起；❄）普通而舒适的房车公园，从市中心出发，一个右拐弯就能到。步行去当地小酒馆非常方便。

★ North Gregory Hotel 酒店 $$

（☎07-4657 0647；www.northgregoryhotel.com；67 Elderslie St；房间$95~125；❄）这座古老的装饰艺术派建筑楼层高、房间多，无论是小旅店风格，还是套间，这里的房间都是最好的选择。华丽的大堂像黑色电影里的场景，房间的设计融合了小旅馆全盛时期的风格和20世纪布里斯班的风采。1895年4月6日这天，《华尔兹玛蒂尔达》（《丛林流浪》）就是在这家酒店首演的。

Musical Fence Cafe 咖啡馆 $

（☎07-4657 0647；67 Elderslie St；主菜 $5~16；⏲7:00~14:00）这家有营业资质的小咖啡厅紧邻North Gregory Hotel，是个吃早餐的好地方。三明治、汉堡或比萨这样的简便午餐也不错。

Tattersalls Hotel 小酒馆饮食 $$

（☎07-4657 1309；78 Elderslie St；主菜 $12~28；⏲11:00~21:00）这家服务态度很好的充满木头装饰的酒馆位于街角，酒馆佳肴价格合理，成为美食家们寻找的对象。最好的享用美食的地点是面对街道的木游廊。楼上也有房间，马路对面有小客车停车场。

朗里奇（Longreach）

人口 3200

20世纪初，澳洲航空公司诞生于这座繁荣的内陆小镇，但近些年来，澳大利亚牧场主名人堂和内陆遗迹中心作为昆士兰内陆的最佳博物馆之一，也可以与之比肩。南回归线穿过这座城市，恰巧划分了热带（北边）和温带（南边），你可以在游客中心附近寻找南回归线的标记。

景点

★ 澳洲航空创始人博物馆 博物馆

（Qantas Founders Outback Museum；☎07-4658 3737；www.qfom.com.au；Landsborough Hwy；成人/儿童/家庭 $25/15/70；⏲9:00~17:00）澳洲航空创始人博物馆陈列着等比例大小的爱弗罗（Avro）504K飞机的复制品，它是这家逐渐成长的航空公司拥有的第一架飞机。这里有互动多媒体设施展示澳洲航空公司的历史。隔壁是澳洲航空1921年的机库，里面陈列着一架DH-61飞机复制品。外面屹立着1979年停止使用的闪亮的**巨型喷气式飞机（Jumbo）747-200B**（☎07-4658 3737；www.qfom.com.au；Landsborough Hwy；博物馆和飞机团队游 成人/儿童/家庭 $60/40/175，机翼行走 成人/儿童 $65/55；⏲飞机团队游 9:30，11:00，13:00和14:30，机翼行走11:00，12:30和14:30）。飞机团队游，以及旁边的波音707餐馆都非常棒，你还可以系上安全带体验机翼行走（需预约）。

★ 澳大利亚牧场主名人堂和内陆遗迹中心 博物馆

（Australian Stockman's Hall of Fame & Outback Heritage Centre；☎07-4658 2166；www.outbackheritage.com.au；Landsborough Hwy；成人/儿童/家庭 $31/15.50/82；⏲9:00~17:00）这座巧妙构思的建筑有着让人印象深刻的多拱形设计，这里同时也是一座精美的博物馆，记录着内陆的先驱、早期的探索者和牧场主，以及澳大利亚土著的伟大贡献。这里共有5个主题展区，有的展区用互动触摸屏展示历史，包括：原住民文化；欧洲人的探索——有形象的地图展示伯克和维尔斯（Burke and Wills）、路德维希·莱卡特（Ludwig Leichhardt）、欧内斯特·贾尔斯和他同伴（Ernest Giles and co）的探索路线；拓荒者与牧民；“生活在内陆”和牧场展览馆。可以留意内陆牧民表演，生动的故事表演在周二到周日的11:00为你奉上（成人/儿童 $20/10）。

博物馆还建有咖啡馆、花园和纪念品商店。门票有效期为2天。

团队游

Kinnon & Co Longreach 团队游

(07-4658 1776; www.kinnonandco.com.au; 115a Eagle St)朗里奇主要的旅行公司，经营汤姆森河(Thomson River)上的夕阳西下时分的游轮游，然后在星空下用餐，享受篝火晚会(成人/儿童/家庭 $89/50/250)。科布有限公司(Cobb & Co)的"跃过丛林游"(Gallop thru the Scrub，成人/儿童/家庭 $79/52/236)非常精彩，项目包含剧场演出、午餐和一场电影，你也可以乘坐公共马车游行，为时45分钟。需要提前预订。

Outback Aussie Tours 团队游

(07-4658 3000; www.oat.net.au; Landsborough Hwy)在火车站提供汤姆森河受欢迎的Drover's夕阳游轮(成人/儿童 $89/59)，包含晚餐和表演活动，同时经营一系列一日游(温顿、Strathmore Station)以及至约克角(Cape York)和伯兹维尔的多日游。

食宿

Eagle St是个食宿中心，这里有汽车旅馆、咖啡馆、面包店和小酒馆。

Longreach Tourist Park 房车公园 $

(07-4658 1781; www.longreachtouristpark.com.au; 12 Thrush Rd; 无电力供应营地/有电力供应营地 $26/32，小屋 $98; ❄☒)这个宽敞的房车营地虽然缺乏植被，但是有小型温泉池，旁边还有Woolshed酒店和酒吧。

Commercial Hotel 小酒馆 $

(07-4658 1677; 102 Eagle St; 标单/双 带卫生间 $85/100，不带卫生间$36/50; ❄☒)这家酒店虽然简单，但房间舒适，服务热情周到，九重葛花装饰的啤酒花园是个用餐的好地方(主菜 $12.50~22.50)。

★ McKinnon & Co Outback Lodges 度假屋 $$

(07-4658 3811; www.kinnonandco.com.au; 63-65 Ilfracombe St; 设施齐全的小屋 $120~135，板条木屋 $180; ❄☒)这里的度假屋设施齐全、十分舒适，绝对物超所值。我们去的时候他们正在做板条木屋的收尾工作，木屋设计虽然是现代风格，却给人们带来内陆乡村的感觉。这里还有绿荫遮挡的游泳池、原生态的花园和一大片公共区域。就在澳航博物馆(Qantas museum)对面。

Longreach Motor Inn 汽车旅馆 $$

(07-4658 2322; 84 Galah St; 房间 $124~134; ❄☒)超大的房间配有阳台，员工训练有素，备受游客欢迎。除此之外，它还紧挨购物区，十分方便。封闭式的游泳池和绿树成荫的花园可以让你轻松地打发一个下午。Harry's(主菜 $16~32)是朗里奇(Longreach)最好的现场餐厅。

Eagle's Nest Bar & Grill 新派澳洲菜 $$

(07-4658 0144; 110 Eagle St; 餐 $15~34; ⊙周三至周五 11:30至午夜，周六和周日 7:45至正午)备受欢迎的有营业执照的法式小馆，供应牛排和海鲜。周末在这里享用早餐是种很棒的体验。

实用信息

朗里奇游客信息中心(Longreach Visitor Information Centre; 07-4658 3555; 99 Eagle St; ⊙周一至周五 8:00~16:45，周六和周日 9:00至正午)信息中心位于Eagle St北头。

到达和离开

澳洲灰狗巴士(Greyhound Australia; 1300 473 946; www.greyhound.com.au)该公司每天都会提供发往布里斯班的车次($173，18小时)，途经查尔维尔；还有班次前往芒特艾萨($125，8.5小时)，途经温顿和克朗克里。长途汽车在商务酒店(Commercial Hotel)后面停车。

昆士兰铁路公司(Queensland Rail; 1800 872 467; www.queenslandrailtravel.com.au)的Spirit of the Outback号火车每周有两班，往返于朗里奇和布里斯班，途经罗克汉普顿(Rockhampton)。

巴尔卡丁(Barcaldine)

人口 1500

巴尔卡丁(发音：bar-call-din)是一座多姿多彩的酒馆小镇，位于朗里奇以东108公里、Landsborough Hwy和Capricorn Hwy(Rte 66)的交会处。

1891年，小镇开始在澳大利亚历史上占据一席之地，当时这里是剪羊毛工人罢工的指挥部。澳大利亚工人党（Australian Workers' Party）在双方对峙中应运而生，也就是现在澳大利亚主要政党之一工党的前身。火车站附近栽种着一棵桉树，被称为知识之树（Tree of Knowledge），它曾是罢工组织者的集会地点，长期以来都被视为工人及其权利的纪念碑。2006年这棵树莫名被人毒死了，取而代之的是一座新的纪念碑。这种转变激起了一系列的政治纷争。

巴尔卡丁的原住民是Inningai人。1824年探险家托马斯·米切尔（Thomas Mitchell）踏上这片土地后不久，这些人就"消失"了。

景点和活动

★知识之树纪念碑　纪念碑

（Tree of Knowledge Memorial; Oak St）这件当代装置艺术品耗资500万澳元，被一位当地人不满地称之为"翻倒的牛奶箱"。这种装置艺术适合在夜间观赏，斑驳的光影穿过木制风铃照射在上面时，十分形象生动。无论你喜欢与否，毫无疑问，这座纪念碑已经成了马路对面酒馆主顾们对艺术批判的谈资，而且大多数当地居民渐渐接受了它的存在。

澳大利亚工人遗产中心　博物馆

（Australian Workers Heritage Centre; ☎07-4651 1579; www.australianworkersheritagecentre.com.au; Ash St; 成人/儿童/家庭 $16/9/40; ⏲周一至周六 9:00~17:00，周日 10:00~16:00）遗产中心主要介绍了澳大利亚社会、政治和工业运动三方面的情况。这里的展品有的是永久性的，有的是不断更新的。劳动女性、剪羊毛的工人以及澳大利亚工人联盟的成立等都在这些展品中得到了展示。

Artesian Country Tours　团队游

（☎07-4651 2211; www.artesiancountrytours.com.au; 成人/儿童 $145/65; ⏲周一、周三和周六）这家旅行社的历史团队游口碑非常好，项目包括前往阿拉马克（Aramac）和格雷思威（Gracevale）附近的当地原住民岩石艺术遗址、熔岩洞窟和养牛场。

食宿

Homestead Caravan Park　房车营地 $

（☎07-4651 1308; www.homesteadcvpark.com.au; Landsborough Hwy; 无电力供应/有电力供应营地 $18/27，小屋$55~90）这个紧凑的小型房车营地草地繁茂，距市中心及小酒馆仅有几步之遥。当地的客栈服务态度都很友好。

Shakespeare Hotel　小酒馆 $

（☎07-4651 1111; 95 Oak St; 标单/双 不带卫生间 $30/40，双卧套间 $60，主菜 $23~29）红色的酒馆位于知识之树对面，多样的房间和美味的食物任你选择。

Barcaldine Country Motor Inn　汽车旅馆 $$

（☎07-4651 1488; www.barcaldinecountrymotorinn.com.au; 1 Box St; 标单/双 $110/120; ❄📶）这些非常舒适的房间布置得井井有条，显得干净又清爽。旅馆就在主干道标志性酒馆的拐角处。

Ironbark Inn　汽车旅馆 $$

（☎07-4651 2311; www.ironbarkmotel.com.au; 72 Box St; 小屋 双 $90起，汽车旅馆套间 $120~145）旅馆位于大街南边几个街区里，十分幽静。房间是汽车旅馆风格，干净舒适，周围是当地风格的花园。这里的**3Ls Bar & Bistro**（主菜$20~30）充满着乡村风情，备受顾客欢迎。

实用信息

游客信息中心（Visitor Information Centre; ☎07-4651 1724; Oak St; ⏲3月至10月 每日 8:15~16:30，11月至次年2月 周六和周日9:00~14:00）位于火车站隔壁。

查尔维尔（CHARLEVILLE）

人口 3300

查尔维尔历史悠久，壮观宏大，是昆士兰州中部真正的元老级城镇。它是穆拉加（Mulga）地区最大的城镇，也是由南进入内陆的必经之地。由于地处沃里戈河（Warrego River）旁的黄金位置，这里过去是早期开拓者的重要据点，科布有限公司（Cobb & Co）

曾经在这里设立了最大的客车制造厂。小镇也是澳大利亚主要的羊毛中心，同时也为游客开发了不少有趣的景点。

游客信息中心（visitor information centre；☎07-4654 7771；Qantas Dr）位于小镇南部的"宇宙中心"（Cosmos Centre），游客在这里可以预订本地团队游。

景点和活动

宇宙中心 天文台

（Cosmos Centre；☎07-4654 7771；www.cosmoscentre.com；Qantas Dr；成人/儿童 夜间瞭望 $28/19，太阳观测 $12/9；⏰10:00~16:00，天文台19:30）游客可以通过高倍望远镜和专家的导览，一睹内陆的夜空。活动从日落后不久的19:30开始，全长90分钟。这里也有太阳望远镜供游客白天观察太阳。这两个活动项目都需要在天气晴好、万里无云的情况下才能进行——当然，晴空万里在这里十分常见。

兔耳袋狸体验 野生动植物

（Bilby Experience；☎07-4654 7771；www.savethebilbyfund.com；1 Park St；$10；⏰4月至10月 周一、周三、周五和周日 18:00）在这里你可以有幸目睹一下难得一见的兔耳袋狸。志愿者会为你讲解兔耳袋狸的圈养繁育和保护计划。

食宿

Evening Star 农家乐 $

（Thurlby Station；☎07-4654 2430；Adavale Rd；无电力供应营地/有电力供应营地 $26/30，小屋 $110；⏰4月至10月）农家乐是车站的一部分，位于查尔维尔西边仅9公里。这里舒适宜人，有帐篷、套间小屋可供住宿。营火旁边有充满乡村气息的酒吧播放常见的音乐。每周三、周六有到这里的团队游（每人$40）。

Hotel Corones 酒店 $

（☎07-4654 1022；33 Wills St；标单/双 $50/70，汽车旅馆标单/双 $89/99，传统房标单/双 $95/115；❄）这家气派的酒店是个经典的乡村小酒馆，楼上是修葺一新的房间，房间里有复古的壁炉和琉璃窗户装潢。酒馆旁边就是汽车旅馆客房，十分便捷。你可以在富丽堂皇的餐厅用餐，也可以去公共酒吧随便吃点。

Moo Steakhouse 牛排馆 $$

（☎07-4654 1002；34 Wills St；主菜 $14~27；⏰正午至15:00和18:00~23:00）这家牛排馆位于科罗斯酒店（Hotel Corones）旁边，它自称为"查尔维尔最差的素食餐厅"，多汁的牛排带你回到牛羊成群的乡村，在这里你仿佛听得到牛群"哞哞"的叫声。

康乃尔乡下（THE CHANNEL COUNTRY）

想去内陆吗？好了，这里就是内陆了，朋友！周围几百英里的地盘都是内陆！康乃尔地区环境严酷、地广人稀，赤红的砂岩山丘绵延不绝，珍奇的野花竞相绽放，罕见的日晕现象让你大饱眼福。水道由向南奔腾的雨水冲刷而成。夏季季风带来大量降雨，乔治娜河（Georgina River）、汉密尔顿河（HamiltonRiver）、迪亚曼蒂纳河（Diamantina River）和库珀溪（Cooper Creek）的水会普遍上涨。如果你受不了酷暑炎热和尘土飞扬，请不要在夏季（每年10月至次年4月）来此游玩。

到达和当地交通

康乃尔地区没有火车和长途汽车，最近的租车点位于芒特艾萨（Mt Isa）。这里有一些从东部和北部进入康乃尔地区的柏油路，但是每年10月至次年5月，这些道路也会被阻断，土路更是寸步难移。到这儿旅行，你的交通工具不仅要结实耐用，底盘还要足够的高（如果你想不走寻常路的话，就需要一辆四驱越野车）。记得一定要带上充足的饮用水和汽油。

穿越这片地区的主道路是Diamantina Developmental Rd。从芒特艾萨穿过布里尔（Boulia）到贝杜里（Bedourie）的这段是柏油路，然后从温多拉（Windorah）向东为土路。从布里尔到伯兹维尔（Birdsville）的路是土路，而且这些土路大多数是从温多拉延伸出来的。驾驶普通车辆就能穿越干旱时期的内陆，但一定要提前了解好路况。

布里尔（Boulia）

人口 230

这座整洁的偏远小镇，位于广袤的辛普

森沙漠(Simpson Desert)边缘，是康乃尔地区非官方的“首府”。这里也是世界上最长邮政路线的终点，路线起点是南澳大利亚州的奥古斯塔港(Port Augusta)，全长3000公里。布里尔将会在每年7月的第3个周末举办**布里尔骆驼大赛**(Boulia Camel Races)，这是澳大利亚最重要的骆驼赛跑活动之一。

布里尔最著名的看点莫过于神秘的“冥冥之光”(Min Min Lights)。夜幕降临，温度会迅速下降，这时飘忽不定的光亮就会出现在异常空阔的地平线上。据说这应该是一种非常自然的现象。或许，你有幸能看到这些怪异景象，就算你看不到这些自然之光，你也能在**邂逅冥冥**(Min Min Encounter; ☎07-4746 3386; Herbert St; 成人/儿童/家庭 $18/15/45; ⏲4月至9月 8:45~17:00, 10月至次年3月 周一至周五 8:45~17:00, 周六和周日 10:00~14:00)中看到每小时一次的“外星人”演出，这里有科幻的电子仿生装置和诡异的光线展示。景点还兼作信息中心，典型的投游客所好，非常方便。

石屋博物馆(Stone House Museum; Pituri St 和Hamilton St交叉路口; 成人/儿童 $5/3; ⏲周一至周五8:30~17:00, 周六和周日 8:00至正午)里有许多棚子，棚子里摆满了内陆物品、太空垃圾、当地历史和原住民的文物，开拓者琼斯(Jones)家族建于1888年的故居(石屋)也包括在内。

镇上有**房车公园**(☎07-4746 3320; Herbert St; 幔帐营地 $10, 无电力供应营地/有电力供应营地 $20/25, 小屋 $75~95)，还有**小酒馆**(☎07-4746 3144; Herbert St; 标单/双 $44/55, 汽车旅馆套间 $99; ❄)以及有宽敞现代套间的**Desert Sands Motel**(☎07-4746 3000; www.desertsandsmotel.com.au; Herbert St; 标单/双 $127/137; ❄📶)。

Kennedy Developmental Rd(Rte 62)是一条柏油路，这条公路东起布里尔，向西行369公里抵达温顿。**米德尔顿**(Middleton)距离布里尔175公里，这是唯一的停靠点。这里有家**小酒馆**(☎07-4657 3980; Kennedy Developmental Rd; 主菜 $16~30, 酒吧小吃 $10起)，司机还可以在这里加油。

贝杜里(Bedourie)

人口 280

贝杜里是一个内陆偏远的小镇，镇上百

另 辟 蹊 径

温多拉、奎尔派及周边

Birdsville Developmental Rd由伯兹维尔向东延伸，经过277公里崎岖的沙石路后与Diamantina Developmental Rd交会。驾车旅行的人需要带够行驶395公里的燃料和水，因为395公里是到温多拉周围最近的城市的距离。

库珀溪(Cooper Creek)以西就是**温多拉**，这里有个小酒馆和杂货店，还有一个简单的旅行车营地。**Western Star Hotel**(☎07-4656 3166; www.westernstarhotel.com.au; 15 Albert St, Windorah; 酒店 标单/双 $80/90, 汽车旅馆 标单/双 $130/140; ❄)始建于1878年，这是个极好的乡村旅馆。在**伯兹维尔杯赛马会**(Birdsville Cup, 见512页)举办前的周三，这里将会举办**小龙虾竞赛**(Yabbie races)。

奎尔派 是一座盛产猫眼石的城镇，也是铁路的终点站，在这里你会看到成群的牲畜被运往海岸线。奎尔派以南、库纳马拉以西就是偏僻的**犹瓦猫眼石场**(Yowah Opal Fields)和**尤洛**(Eulo)小镇，去年8月尤洛和库纳马拉共同承办了**世界蜥蜴锦标赛**(World Lizard Racing Championships)。尤洛以西130公里处的**塔格米达**(Thargomindah)有几家汽车旅馆和客栈。再往西145公里是**诺坎德拉**(Noccundra)，这里只有一家酒店提供基本的住宿、饮食和燃料。如果你有四驱越野车，可以继续西行，通过崎岖多石的斯特雷兹莱基小径(Strzelecki Track)到达南澳大利亚州的因纳明卡(Innamincka)，途中会经过著名的**救援树**(Dig Tree)。1860~1861年，在伯克和威尔斯不幸的探险中，威廉·布拉赫(William Brahe)就是把供给品埋在了这里。

姓十分友好。迪亚曼蒂纳行政区议会（Diamantina Shire Council）规模宏大，贝杜里是议会的行政管理中心。从布里尔出发，在新铺设的柏油马路上向南行驶200公里即可到达贝杜里。免费的公共游泳池和**自流温泉水疗馆**（artesian spa）最令人神往。

贝杜里酒店（Bedourie Hotel; ☎07-4746 1201; www.bedouriehotel.com; Herbert St; 房间$88起; ❄）一座充满魅力的黏土砖墙建筑，建于19世纪80年代，是该地区的社交中心。酒店后面有汽车旅馆客房，温馨舒适。餐厅供应牛排和尖吻鲈，分量足。

辛普森沙漠绿洲（Simpson Desert Oasis; ☎07-4746 1291; www.simpsondesertoasis.com.au; 1 Herbert St; 标单/双汽车旅馆 $149/150; ❄@）是一家路边旅馆，这里有房车营地和舒适的汽车旅馆套间。旅馆自带超市和餐馆，还可提供燃料。

伯兹维尔（Birdsville）

人口 120

没有到过伯兹维尔的游客没有资格称他们是"不走寻常路"的人，伯兹维尔是辛普森沙漠边缘标志性的澳大利亚人定居点，也是昆士兰地区最偏远的"小镇"。

每年9月的第一个周末，这里会举行一年一度的**伯兹维尔杯赛马会**（Birdsville Cup; www.birdsvilleraces.com），来自全国的7000多人聚集于此，一起喝酒、跳舞、博彩，享受三天尘土飞扬的日子。所有小型飞机免费停放。

Birdsville Hotel（☎07-4656 3244; www.theoutback.com.au; Adelaide St; 标单/双$140/160; ❄）自1884年就屹立于砂岩地之上，这是一家备受游客喜爱的酒店。套间是汽车旅馆风格的，宽敞雅致。餐厅十分华丽，两者形成了鲜明的对比。

伯兹维尔步道（Birdsville Track）

全长517公里的伯兹维尔步道从伯兹维尔南部一直延伸至南澳大利亚州的马里（Maree）地区，荒凉僻静，西至辛普森沙漠，东至斯图尔特多石沙漠（Sturt Stony Desert），从伯兹维尔延伸出来的路线有两条，目前只有较长的向东线外部步道（Outside Track）开放。

游客可以在伯兹维尔的**瓦拉里中心**（Wirrarri Centre; ☎07-4656 3300）获取更多相关信息。

蒙加–提里国家公园（Munga-Thirri National Park）

干燥的辛普森沙漠地处澳大利亚中部，横跨昆士兰州、北领地和南澳大利亚州的边界，占地面积20万平方公里。位于昆士兰州遥远的西南角的那片沙漠，被作为1万平方公里的蒙加–提里国家公园而得到保护。这里位置偏远，气候干燥。高高的红色沙丘上长满了三齿稃和画眉草属植物（cane grass）。

传统的交通工具尚且可以应付得了旱季的伯兹维尔步道，但想要穿过辛普森沙漠的话，则需要四驱越野车和更全面的准备了。穿越沙漠时最少需要两辆四驱越野车同时行动，车里最好配备合适的通信设备（例如紧急无线电示位标，简称EPIRB），以备不时之需。另外，游客还可以从**伯兹维尔警察局**（Birdsville police; ☎07-4656 3220; Birdsville）租借卫星电话，在南澳大利亚州的**马里警察局**（☎08-8675 8346; Maree, SA）归还就可以。

在公园里任何地方露营都需要许可证（每人/家庭 $5.75/23），你可以从网上申请（www.nprsr.qld.gov.au），也可以到伯兹维尔或朗里奇的国家公园办公室（national parks offices），以及伯兹维尔服务站办理露营许可证。如果去南澳大利亚州的公园，需要另外单独的许可证，可以通过**南澳大利亚国家公园**（National Parks South Australia; ☎1800 816 078; www.environment.sa.gov.au）申请。

大草原之路（SAVANNAH WAY）

史诗般的大草原之路起于凯恩斯（Cairns），一直延伸至布鲁姆（Broome），环绕着整个国家最高的地区。大草原之路途经昆士兰州时，将东海岸和卡奔塔利亚湾（Gulf of Carpentaria）连接了起来，从凯恩斯至伯克敦（Burketown）那段是昆士兰州绝佳的公路旅行路段。

这里的世界五彩斑斓，东海岸边，高耸入云的翠绿山峰和大片的甘蔗地逐渐变成了平坦的红土地貌，这里有长满草的平原、树丛繁茂的森林和郁郁葱葱的红树林。林子里季节性河流纵横交错，鳄鱼在潮水溪里出没，河流奔腾，一同汇入卡奔塔利亚湾。这里的捕鱼业很出名，尤其是尖吻鲈——鲈捕捞季节从1月中旬直至9月末。

绕行至卡伦巴（Karumba）和波特加姆拉（草坪山）国家公园的这一段大草原之路才是真正的内陆探险，大多数干旱地区甚至并不需要你驾驶四驱越野车就能轻松通过。

Trans North（☎07-4096 8644；www.transnorthbus.com）每周有3个班次往返于凯恩斯和卡伦巴（$154，11小时），途经的每个城镇都会停车，包括乌达拉（Undara，$67，4.5小时）和诺曼顿（Normanton，$148，10小时）。每周一、周三和周五从凯恩斯发车，周二、周四和周六从卡伦巴返程。

没有往返于诺曼顿和芒特艾萨或伯克敦之间的长途汽车。

乌达拉火山国家公园（Undara Volcanic National Park）

大约19万年前，乌达拉盾状火山爆发了，滚烫的熔岩在周围地面上流动。尽管熔岩表面冷却硬化，中间炽热的熔岩仍旧继续流动，最终，这里形成了世界上最长的单口熔岩管（尽管中间有断裂）。

熔岩管总长160公里，只有一部分对外开放，游客必须通过导游带领进行参观。大多数的导览游由**乌达拉体验**（Undara Experience；☎07-4097 1900，1800 990 992；www.undara.com.au；2~4小时团队游 成人/儿童/家庭 $55/27.50/165起）组织发团。在乌达拉体验景区（见513页）有4家主要的一日团队游，包括两小时的Archway Explorer以及Active Explorer项目。**夕阳野生动物游**（Wildlife at Sunset；成人/儿童 $60/30）是一个备受欢迎的团队游，游客在这里不仅会看到微型蝙蝠从洞口倾巢而出，还可以给快如闪电、被称为黑夜老虎的树蛇喂食。**岩床山村房车公园和团队游**（Bedrock Village Caravan Park & Tours；☎07-4062 3193；www.bedrock-village.com.au；Mt Surprise；全天 成人/儿童 $128/65，半天 $82/42）也会组织团队游，他们将从惊喜山（Mt Surprise）出发。

在标识牌的指引下，游客可以开车绕路去**卡尔卡尼火山口**（Kalkani Crater），沿途风景优美，绝对值得一试。火山口边缘的小路长2.5公里，从日间停车场出发，轻轻松松就可以环行一圈，周围的乡村美景映入眼帘。

每年10月**内陆歌剧节**（Opera in the Outback）在Undara Experience度假村举办。在星空下观看古典音乐表演是种独一无二的体验。

从大草原之路沿着柏油路向南15公里即可到达乌达拉。

食宿

★ **Undara Experience** 度假村 $$

（☎1800 990 992；www.undara.com.au；无

闻名历史的海湾列车

萨凡纳湾中，这两列让人怀旧的火车依然运行着。古老的**萨凡纳兰德号**（Savannahlander；☎1800 793 848，07-4053 6848；www.savannahlander.com.au；单程票/往返票 $232/392）又叫“银色子弹”，沿着凯恩斯到福赛斯的传统采矿线路往返。这趟火车周三6:30从凯恩斯出发，周六18:40返回凯恩斯。各种团队游——附带短程游览奇拉哥（Chillagoe）、乌达拉和科博尔德峡谷——以及住宿都可以通过网络预订。

车头扁扁的**海湾线**（Gulflander；☎07-4745 1391；www.gulflander.com.au；成人 单程票/往返票$69/115，儿童$34.50/57.50）火车往返于诺曼顿和克洛伊登。单方向每周发车一次。该路线是1891年运金矿至港口的路线，与Gulf Developmental Rd并排而行。列车周三8:30从诺曼顿发车，周四8:30从克洛伊登发车。

电力供应/有电力供应营地 每人 $12.50/18，标单/双车厢 $90/170起；❄☒）Undara Experience就在国家公园之外，度假村提供多种住宿选择，游客可以选择去阴凉的露营地露营，也可以选择到升高的平台上搭建小巧灵便的布幔帐篷，还可以选择带房间的套房居住。由修复的火车车厢改造成的房间是这里最引以为傲的住宿，这些房间装修得很是可爱，有的还带有套间。度假村附近就是溶洞，你还可以去周边的丛林里走走。这里配有餐厅、酒吧和烧烤区域，十分便利。还有一家现场小商店售卖燃料，价格不低。

乌达拉到克洛伊登（Undara to Croydon）

惊喜山（Mt Surprise）以西大约32公里处，有一部分是柏油路的**探索者环线**（Explorers' Loop，需要确认路况）带你穿越古老的金矿小镇，完成150公里的环线旅行。在**埃纳斯雷**（Einasleigh）唯一的小酒馆里小酌一杯，前往考普费尔峡谷（Copperfield gorge）之前看看店主收藏的微型玩具小屋，令人称奇。继续前行，经过**福赛斯**（Forsayth），就来到了在**科博尔德峡谷**（Cobbold Gorge）中被泉水滋润的私人绿洲，这是内陆地区中不可思议的美景。**Cobbold Gorge Village**（☎1800 669 922，07-4062 5470；www.cobboldgorge.com.au；Cobbold Gorge；无电力供应营地/有电力供应营地/带卫生间 $26/36/49，标单/双 $89/99起；⏲4月至10月；❄@📶☒）会组织3小时的丛林徒步**团队游**（☎07-4062 5470，1800 669 922；www.cobboldgorge.com.au；Cobbold Gorge；成人/儿童/家庭 $79/39.50/205；⏲4月至10月 10:00，另加 6月至8月 13:30），在团队游的最后，游客可以乘坐游轮穿过令人叹为观止的峡谷。记得留意在石头上晒太阳的鳄鱼。在这干燥的周围环境中，村里那个大游泳池备受游客欢迎，游完之后上来在旁边的酒吧里喝上一杯来打发时间吧。

乔治镇（Georgetown，人口 244）背向大草原之路，是探索环线的终点。**地球中心**（Terrestrial Centre；☎07-4062 1485；Low St；⏲5月至9月 8:00~17:00，10月至次年4月 周一至周五 8:30~16:30）里面的**游客中心**（visitor centre）和**特德·埃利奥特矿物收藏品**（Ted Elliot Mineral Collection；☎07-4062 1485；Low St；门票 $8；⏲8:00~17:00）展示了全澳大利亚4500多种微光闪烁的矿石、宝石和水晶。

克洛伊登（Croydon）

人口 312

由于短暂而又有利可图的淘金热，克洛伊登这座小城居然曾是萨凡纳湾最大的城镇，真是令人难以置信。1885年，人们在这里发现了黄金，但是第一次世界大战结束后，金矿开采殆尽，就变成了一座空城。

克洛伊登的**游客信息中心**（visitor information centre；☎07-4748 7152；Samwell St；⏲4月至9月 每日9:00~16:30，10月至次年3月 周一至周五9:00~16:30）详细讲解了本地的历史，这里还播放淘金热时期的短片（免费观看）。贝尔摩湖（Lake Belmore）位于游客信息中心以南4公里处，如果你喜欢钓鱼或者游泳的话，这里有大量的尖吻鲈可供你垂钓。

Club Hotel（☎07-4745 6184；www.clubhotelcroydon.com.au；Brown St和Sircom St交叉路口；双 $80，套间 $115；❄☒）建于1887年，矿业兴盛时期这里的酒吧曾经有30多家，而现在仅存的酒吧只有这一家。酒店供应的餐食和冰镇啤酒分量十足，傍在阳台上能够观赏落日。露营者可以选择去**Croydon Caravan Park**（☎07-4745 6238；www.croydon.qld.gov.au/croydon-caravan-park；Brown St和Alldridge St交叉路口；无电力供应营地/有电力供应营地 $20/30，小屋 双/家 $100/120；❄☒）。

克洛伊登杂货店（Croydon General Store；☎07-4745 6163；Sircom St；⏲周一至周五 7:00~18:30，周六和周日 9:00~19:30）的木牌上宣称自己"建于1894年，是澳大利亚历史最悠久的商店"。怀旧风格的内部装潢会带你回到过去，游客可以细细欣赏当时的木制地板和少量的历史古董。

诺曼顿（Normanton）

人口 1469

诺曼顿是克洛伊登淘金热时的港口，城里多彩的旧楼房鳞次栉比，沿着又长又宽的主干道排列着。现在诺曼顿成为卡伦巴和伯克敦之间的游客旅游枢纽，也是海湾线（Gulflander）列车的终点。诺曼河（Norman River）出产巨大的尖吻鲈；每年复活节Barra Bash都会吸引众多游客，诺曼顿牛仔竞技表演（Normanton Rodeo & Show，6月中旬）和诺曼顿比赛（Normanton Races，9月）也吸引着人潮。

Burns Philp的历史建筑中，诺曼顿的游客信息和遗产中心（visitor information & heritage centre；☎07-4745 8444；www.carpentaria.qld.gov.au；Caroline St和Landsborough St交叉路口；⏲4月至9月 周一至周五 9:00~16:00，周六和周日 至正午，10月至次年3月周日不营业）棒极了，这里有图书馆、历史展品和当地相关的信息。如果信息中心不开门，游客可以去诺曼顿火车站（Normanton Train Station）获取信息。

来到Landsborough St的人都会去Krys the Crocodile拍照。这是一个8.64米等大的咸水鳄雕像，由鳄鱼猎手Krystina Pawloski于1958年在诺曼河射击捕获，这是世界上有记载的最大的鳄鱼。

诺曼顿游客公园（Normanton Tourist Park；☎1800 193 469，07-4745 1121；www.normantontouristpark.com.au；14 Brown St；无电力供应营地/有电力供应营地 $24/32，小屋带/不带卫生间$105/100；❄📶🏊）在主街道的树荫里，公园里有小屋和自流水温泉spa。

多彩的木制酒吧Purple Pub（☎07-4745 1324；Landsborough St和Brown St交叉路口；标单/双 $100/120，主菜 $15~25；❄）不容错过。酒吧后面就是汽车旅馆风格的房间，这里提供不错的酒吧餐食（$15~25）。

卡伦巴（Karumba）

人口 587

啊，卡伦巴，钓鱼爱好者的圣地，也是南部退休者的冬季度假地。日暮时分，夕阳如同燃烧的赭石火球一般沉入卡奔塔利亚湾，小小的卡伦巴如同内陆天堂一样。就算你不喜欢钓鱼也别无他法，因为卡伦巴是整个海湾沿岸唯一一个可以通过柏油路到达的城镇，游客中途在这里可以休整几天。

虽然真正的市中心位于河边，但是游客需要从海边走公路大约6公里才能到Karumba Point，这里更适合住宿。一条步道将这两个地方连接起来，步道全长3公里，没有绿树荫蔽，走在上面十分炎热。卡伦巴的游客信息中心（☎07-4745 9582；www.carpentaria.qld.gov.au；Walker St，Karumba Town；⏲4月至9月 周一至周五 9:00~16:30，周六和周日 至正午，10月至次年3月周日不开放；📶）里可以查询钓鱼用具租赁和游轮的相关信息。

景点和活动

尖吻鲈发现中心 鱼卵孵化处团队游

（Barramundi Discovery Centre；☎07-4745 9359；148 Yappar St，Karumba Town；成人/儿童 $15/7.50；⏲团队游 周一至周五10:30和13:30，周六和周日9:30，商店 周一至周五9:30~15:30，周六和周日9:00至正午）参加繁育孵化导览游，你可以了解一切有关尖吻鲈的知识，还可以亲手给尖吻鲈喂食。礼品店里销售由尖吻鲈、鳄鱼或海蟾皮制成的袋子和钱包。

Ferryman 游轮

（☎07-4745 9155；www.ferryman.net.au；游轮 $45，观赏鳄鱼 $60）在卡伦巴游玩，必不可少的就是去海湾来一场黄昏游艇巡航。旱季时，旅游公司的操作会定期安排游轮旅行，旅行团提供饮料、大虾、水果和奶酪拼盘。游客也可以在这儿办理钓鱼用具租赁（半天/一天 $100/200）。

Croc & Crab Tours 团队游

（☎0428 496 026；www.crocandcrab.com.au；半日团队游 成人/儿童 $119/60，游轮 成人/儿童 $65/30）精彩的半日团队游包括在诺曼河抓螃蟹和赏鳄鱼项目，午餐包含泥蟹和当地大虾。旅行社也有黄昏游艇巡航项目。

食宿

捕虾依然是当地的一大产业，你可以在卡伦巴城或Karumba Point附近的市场里买到新鲜的（冰冻的）当地海鲜，游客可以通过路牌找到。1公斤一包的大虾$20。

★ Karumba Point Sunset Caravan Park 房车公园 $

（☎07-4745 9277；www.sunsetcp.com.au；

53 Palmer St, Karumba Point; 无电力供应营地/有电力供应营地 $34/41, 小屋 $105~125; ❄📶✉) 卡伦巴地区有4个房车公园，这是其中最好的一个。公园就在岸边，紧邻船坡，有遮阴的棕榈树和干净的便利设施。

Ash's Holiday Units 汽车旅馆 $$

(☎07-4745 9132; www.ashsholidayunits.com.au; 21 Palmer St, Karumba Point; 标单/双 $105/114; ❄@📶✉) 汽车旅馆风格的小屋设施齐全，外面附带小泳池。咖啡馆（$8~22）提供美味的炸鱼薯条和肺鱼汉堡（$9.50）。

End of the Road Motel 汽车旅馆 $$

(☎07-4745 9599; www.endoftheroadmotel.com.au; 26 Palmer St, Karumba Point; 双$165~210; ❄📶✉) 这是卡伦巴最好的汽车旅馆，房间种类多样，游客还可以在花园观赏落日。当然最好的房间里还可以欣赏到海湾美景。

★ **Sunset Tavern** 小酒馆 $$

(☎07-4745 9183; www.sunsettavern.com.au; The Esplanade, Karumba Point; 主菜 $15~35; ⏲10:00~22:00) 这间宽敞的开放小酒店是Karumba Point观赏夕阳的好去处。喝小酒，吃海鲜，看落日缓缓沉入海湾，来这里就对了。这里的海鲜不错，风景更美——记得早去占个室外的桌子，体验美好的夕阳美景。

西北角（Northwest Corner）

从诺曼顿到伯克敦途中有30公里柏油路，从诺曼顿到莱卡特河（Leichhardt River）之间大约有120公里是混凝土分洪道，在旱季，这些维护很好的土路通常会对所有车辆开放。至伯克敦的最后70公里是柏油路。诺曼顿外大约37公里处，是个神秘的**Burke & Wills Camp 119**路标。伯克和威尔斯因为装备不足而遭受不幸，这里就是他们曾经设立的最北处的营地——他们只差5公里就能到达萨凡纳湾了。

另一条路Burke Developmental Rd（也称Matilda Hwy）南起诺曼顿，行驶至克朗克里（380公里）处时与Barkly Highway和Flinders Highway相会，这380公里全程都是柏油路。继续向南行驶，你就会看到平坦干燥的乡村草地逐渐变成小高地和白蚁山森林。分洪道指示牌会告诉你雨季是什么样，那就是：潮湿。

来这儿的人都会在**Burke & Wills Roadhouse**（☎07-4742 5909; 营地 每人$10, 标单/双 $70/80, 主菜 $18~28; ⏲5:30至午夜，餐馆至21:00; ❄）停下喝杯冷饮，加点汽油。柏油路Wills Developmental Rd从这里出发，一直向西直指格里高利（Gregory），从格里高利你可以继续向北抵达伯克敦（Burketown），或者从格里高利向西抵达波特加姆拉国家公园（Boodjamulla National Park）。

伯克敦（Burketown）

🛏 食宿

★ **Burketown Pub** 小酒馆 $$

(☎07-4745 5104; www.burketownpub.com; Musgrave和Beames St交叉路口; 套间 标单/双$135/145, 主菜$17~38; ⏲周三至周六10:00起，周日至周二 11:00起; ❄) 伯克敦的小酒馆是这座城市的心脏和灵魂所在。已有140年之久的原酒馆在2012年被烧毁了，之后酒馆经过了全面重建并于2013年重新开业。大火烧毁了酒吧原有的古老风貌，如今人们建成了一个更大的酒吧，新设施闪闪发亮，给酒吧增添了一抹新的色彩。人们可以在这里和当地人或者旅行者交流钓鱼心得。菜肴分量

晨辉云

大约在8月至11月，“晨辉云”时常毫无防备地就翻涌而来，届时，伯克敦就成了赏云者的圣地。晨辉云是一种奇特的天气现象，管状云像波浪似的翻涌过来，有时候8朵云彩组成一团。这些云高2公里，长至1000公里，以每小时60公里的速度漂浮着。太阳升起时，滑翔机冲向前方，就像是要抓朵云彩似的；你可以问问周围的人，或许能碰到热心人搭个顺风车来这里。想要看晨辉云近景的话，就去搭乘一架小型飞机吧，联系**萨凡纳航空**（Savannah Aviation; ☎07-4745 5177; www.savannah-aviation.com; Burketown; 最多4人每小时$650）。

领地游

由昆士兰内陆到北部地区（Northern Territory，简写为NT）旅游有两条线路。最便捷的是走Barkly Hwy，这是一条从芒特艾萨到Three Ways的柏油路（640公里），从Three Ways向南，通过斯图尔特公路（Stuart Hwy）的柏油路能到达爱丽斯泉（Alice Springs），向北就能到达达尔文（Darwin）。比较冒险的路是从伯克敦西部出发，继续走大草原之路。这条长约500公里的路，有一部分是柏油路。有些地段比较崎岖，比如，从伯克敦到博罗卢拉（Borroloola，NT）路段就需要一辆四驱越野车。雨季时，这条路通常不能通行。在路上你会经过**多玛吉原住民社区**（Doomadgee Aboriginal Community；☎07-4745 8188），当地人非常欢迎你在这里购买燃料和补给品；进入村庄需要得到政府的许可，还要对酒类进行限制。沿着千层树（melaleuca）丛林继续向前80公里，就到了**Hell's Gate Roadhouse**（☎07-4745 8258；露营每人$10），这家路边旅馆距离北领地边界有50公里之遥。店里提供燃料、露营（无电力）和小吃；只收现金。

很大，自然也少不了尖吻鲈。

Burketown Caravan Park 房车公园 $

（☎07-4745 5118；www.burketowncaravanpark.net.au；Sloman St；有电力供应营地 $34，双 小屋不带卫生间 $75~90；❄）这个旅行车营地有多种小屋（带私人卫生间更贵点）、宽敞的供电营地和营地厨房。

Morning Glory Restaurant 法式小馆 $

（☎07-4745 5295；Beames St；主菜 $8.50~18.50；⏲8:00~20:30；📶）小酒馆位于马路对面，这是一家有资质的餐馆和咖啡馆，从打包带走的肺鱼汉堡到牛排，应有尽有。店主罗西塔（Rosita）打算把亚洲菜也列入菜单。

伯克敦到波特加姆拉国家公园（Burketown to Boodjamulla National Park）

从伯克敦到格里高利，全程120公里都是柏油路，这是去波特加姆拉（草坪山）国家公园最便捷、最直接的路线。从高低不平的泥土路向南185公里就是Barkly Hwy，从Barkly Hwy向西可以抵达卡穆威尔，向东可以抵达芒特艾萨。

格里高利（人口40）向西100公里就是波特加姆拉（草坪山）国家公园的入口，在通往格里高利河的路上，这个入口就是个路边停车点，方便游客歇歇脚。游客可以在**Gregory Downs Hotel**（☎07-4748 5566；Gregory；标单/双 露营地 $10/12，双人汽车旅馆套间 $100；❄）加油，房间舒适宜人，游客可以在此解渴，吃点正宗的酒吧餐（周一至周五晚餐，周六晚烧烤，周日午餐）。

始于格里高利的Wills Development Rd，向东延伸147公里，与Matilda Hwy在Burke & Wills Roadhouse处相接。

波特加姆拉（草坪山）国家公园（Boodjamulla National Park）

纵观昆士兰州内陆，波特加姆拉是最美丽、最古老的地方之一。草坪山溪（Lawn Hill Creek）中泉水哗哗流淌，波光闪闪。火红色的砂岩峡谷，深邃连绵，从溪水中拔地而起。叶子形状酷似卷心菜的棕榈树（cabbage-leaf palms）、露兜树（pandanus）和火鸡灌木（turkey bush）等苍翠的植被整齐地沿峡谷生长，这片内陆绿洲为野生动物提供了一处栖息地。Waanyi原住民部落在这里已经繁衍生息了三万多年，留下了丰富的岩画作品。

几条徒步小径从草坪山峡谷（Lawn Hill Gorge）呈扇形排开，通向几个令人难忘的瞭望台，总长20公里左右。翠绿的河水非常适宜游泳，在因达利瀑布（Indarri Falls）下游泳，体验尤为特别。

划独木舟才是感受峡谷的正确方式，绝对让你有种非凡的体验（双人独木舟每小时$25）。如果你体力足够好，那就值得花时间和力气去峡谷高处体验一番。或者来场带导游的游轮之旅。坐在由太阳能供电的生态节能船（成人/儿童 $35/25）上，领略公园内的美景。游客可以通过Adel's Grove预订独木舟和生态节能船。

草坪山峡谷旁边有个不错的国家公园**露营地**（☎13 74 68; www.nprsr.qld.gov.au; 每人/家庭 $5.75/23）。这里没有电力供应，但有自来水、淋浴间和厕所。除此之外，还有园林管理员办公室。

公园南部就是被列入世界遗产名录的**瑞弗斯雷化石地**（Riversleigh fossil field），那里有个小**露营地**（☎13 74 68; www.nprsr.qld.gov.au; 每人/家庭 $5.75/23; ⏲3月至10月），营地位于瑞弗斯雷化石地唯一向公众开放的区域D区以南4公里处。化石的种类繁多，从巨蛇、食肉袋鼠到袖珍考拉一应俱全。因此，这里被认为是全澳大利亚哺乳动物化石最丰富的地方。露营者需要提前预约，而且要完全自给自足。

这里的住宿核心是**Adel's Grove**（☎07-4748 5502; www.adelsgrove.com.au; 露营双/家 $34/45，旅行帐篷含晚餐、床和早餐 $220~290），从公园入口处向西行10公里即可到达。这个迷你度假村位于草坪山溪的岸边，有现场酒吧和**餐馆**（☎07-4748 5502; www.adelsgrove.com.au; 早餐 $13，午餐主菜 $10~18，2道菜晚餐 $35），还有个露天的木制平台。河边那个绿树成荫的露营区（无电力）是独立的，与主住宿区分开。除此之外，高台上还有旅行帐篷（距河岸近的更贵些）、简单的空调小屋和新的套房小屋，都是不错的选择。大多数住处（除了露营）都含有基本的晚餐、床和早餐。如果你更喜欢自炊的话，可以选择只要床。这里提供燃料、包装食品，还有最基本的杂货。

由Adel's Grove组织的团队游精彩绝伦。项目包括瑞弗斯雷化石地团队游（一天半团队游$75）和Century 21矿井团队游。

墨尔本及周边

包括 ➡

最佳餐饮

- Vue de Monde（见550页）
- MoVida（见548页）
- Attica（见555页）
- Charcoal Lane（见551页）
- Supernormal（见548页）

最佳住宿

- Art Series（The Cullen，见546页）
- Ovolo（见545页）
- Adina Apartment Hotel（见544页）
- Space Hotel（见543页）
- Lake House（见572页）

为何去

在世界上最适宜人类居住的城市中，墨尔本总是榜上有名，而且在过去的10年里还在迅速发展。悉尼靠地理位置与知名度受到青睐，而墨尔本往往要更努力地去赢得世人的掌声。墨尔本时尚前卫又充满了艺术气息，活力四射且融合世界各地之精华，因而变得日益强大。它是澳大利亚最丰富多彩的餐饮文化之乡，号称澳大利亚的“艺术与体育之都”。墨尔本的建筑多采用庄严神圣的淘金热时代建筑风格。这里拥有广袤的土地、多彩的街头艺术、顶级的博物馆以及繁荣的现场音乐传统，可以说墨尔本在各个方面都有着卓越的成就。在城市之外，你将偶遇很多值得一看的东西，其中有菲利普岛的企鹅、赫本泉的温泉以及亚拉河谷的葡萄酒和野生动物。

何时去

墨尔本

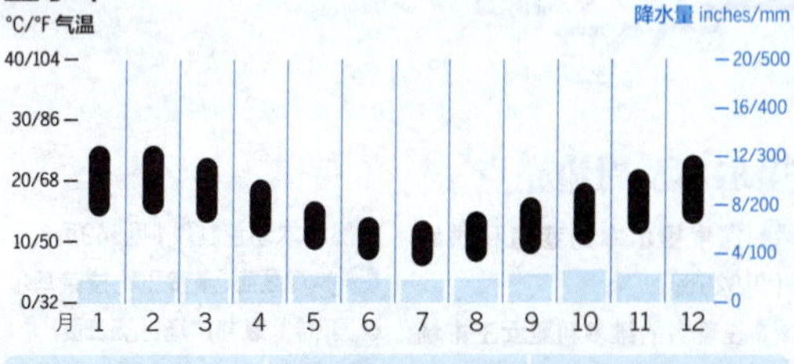

12月中旬至次年3月 安静的夜晚、大满贯网球赛以及音乐节。

4月至9月 在闲适的画廊、精品店以及活跃的酒吧里避寒。

9月至11月 澳式橄榄球的决赛到来。

墨尔本及周边亮点

1. 探索**墨尔本**的**巷道**和**拱廊**(见525页)。
2. 在著名的**维多利亚女王市场**上流连于各色商品间(见529页)。
3. 在亚拉来一场**皮划艇团队游**(见539页)。
4. 在**HuTong Dumpling Bar**参加墨尔本汤包制作(见549页)。
5. 参观画廊,漫步于比拉荣马尔公园,游览**联邦广场**(见521页)。
6. 在工业风格的**Auction Rooms**里喝杯咖啡(见553页)。
7. 到**亚拉河谷**参加葡萄酒厂和酿酒厂的团队游(见575页)。
8. 在**希尔斯维尔野生动物保护区**和野生动植物近距离接触(见575页)。
9. 在**菲利普岛**的日落时分观看企鹅上岸(见580页)。
10. 在**戴尔斯福德**找一处有趣的假日休闲目的地(见571页)。

墨尔本（MELBOURNE）

人口 425万

在墨尔本，你最能体会澳洲的特色风情，因为它集合了周围的所有特色。开车驶进街区，或是爬上废弃楼顶的露天酒吧，或许你会明白，墨尔本为什么会成为澳大利亚最热门的城市。

景点

墨尔本市中心

墨尔本宽阔的主路和众多的街道日夜繁忙。随处可见博物馆和艺术画廊。过去10年，市中心人满为患，现在市中心公寓的入住人数约有10万。城市的两端地域广阔。城市东西部边缘高楼林立，这些地区主要用于商业发展。还有较远的达克兰体育场和新达克兰。联邦广场（著名的Fed Square）位于弗林德斯街站对面，紧临亚拉河，是墨尔本人口密集之地。它的东边是这座城市的顶端（当地人称之为“巴黎区”），那里有不朽的淘金热时代建筑和时尚的小店。

★联邦广场 广场

（Federation Square，见526页地图；www.fedsquare.com.au；Flinders St和Swanston St交叉路口；🚊1、3、5、6、8、16、64、67、72，🚉Flinders St）墨尔本人花了相当一段时间才接纳了联邦广场，并顺从建造者的本意，在此庆祝、抗议、观看体育活动或只是闲逛。联邦广场占据着十分优越的地理位置，它完全不是方形的：它那刻有花纹的波状前院是由46万块金伯利地区的手砌卵石铺建的，上面的墨尔本地标图案十分醒目。它的建筑物表面是不规则的爬行动物皮肤图案。

联邦广场街头是墨尔本游客中心（见569页）。强烈推荐周一至周六11:00的联邦广场免费游，要早到10~15分钟。广场上有免费Wi-Fi。每天7:30，有免费的太极课程。每周二12:30有禅修课程。

★伊恩波特中心：维多利亚州国家美术馆 画廊

（Ian Potter Centre:NGV Australia，见526页地图；☎03-8620 2222；www.ngv.vic.gov.au；Federation Sq；展会票价不一；⏲周二至周日10:00~17:00；🚊1、3、5、6、8、16、64、67、72，🚉Flinders St）伊恩波特中心隐藏于联邦广场地下，是维多利亚州国家美术馆（简称NGV）的第二部分，为展示澳大利亚伟大的艺术作品而建。它共有三层，既有固定展品（免费）也会举办专题展览（收费），包括图画、装饰艺

在墨尔本的……

两日

先参观**伊恩波特中心：维多利亚州国家美术馆**（见521页）和**澳大利亚活动影像中心**（见524页），然后在**MoVida**吃午餐（见548页）。加入一个步行游览团，去看看墨尔本的**街道艺术**，然后在**屋顶酒吧**放松一下（见559页），等到晚上加入亚拉河的**皮划艇团队游**（见539页）。第二天，漫步在**比拉荣马尔公园**（见524页）和**皇家植物园**（见537页），然后到**维多利亚女王市场**购物（见529页）。晚上去热闹的Acland St听一场音乐会，然后去酒吧畅饮一番。在此之前，可以先搭乘有轨电车到**圣基尔达**（见537页）的海滩漫步。

一周

花上几个小时游览**墨尔本博物馆**（见536页），然后在**DOC Espresso**喝一杯咖啡休息一下（见553页）。在到**Cutler & Co**（见552页）赴宴前，先去菲茨罗伊和科林伍德，沿着**Gertrude St**购物。回到市中心后，去**唐人街**闲逛一会儿（见528页），到**州立图书馆**参观一下（见528页），晚餐吃一些汤包。一周剩下的时光可以尽情**购物**（见565页），去热闹的咖啡馆闲坐着看人来人往。冬天，你可以去**墨尔本板球场**（见533页）看一场球赛，然后去**laneway bars**喝一杯。一定要去**Mamasita**（见548页）尝一下墨西哥玉米卷，听听科林伍德**Tote**（见563页）的现场音乐。

Melbourne 墨尔本

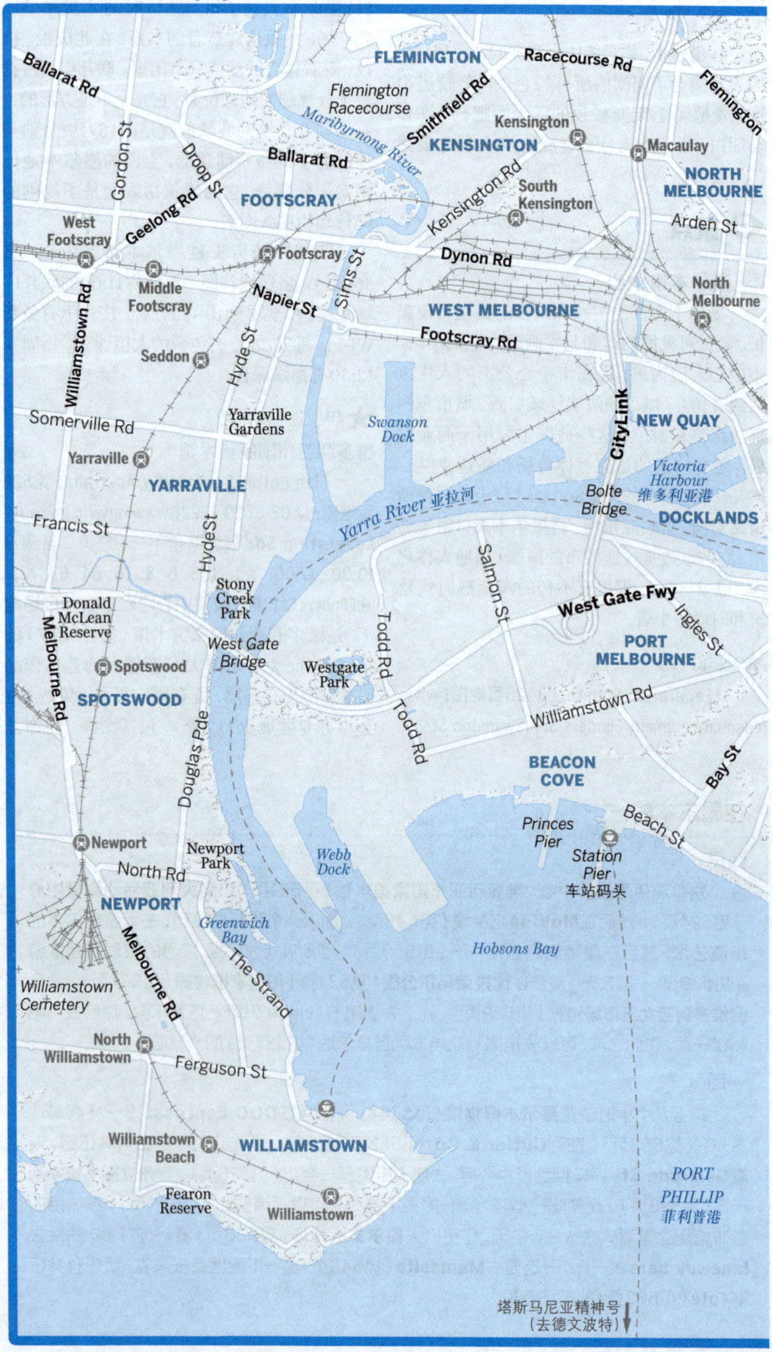

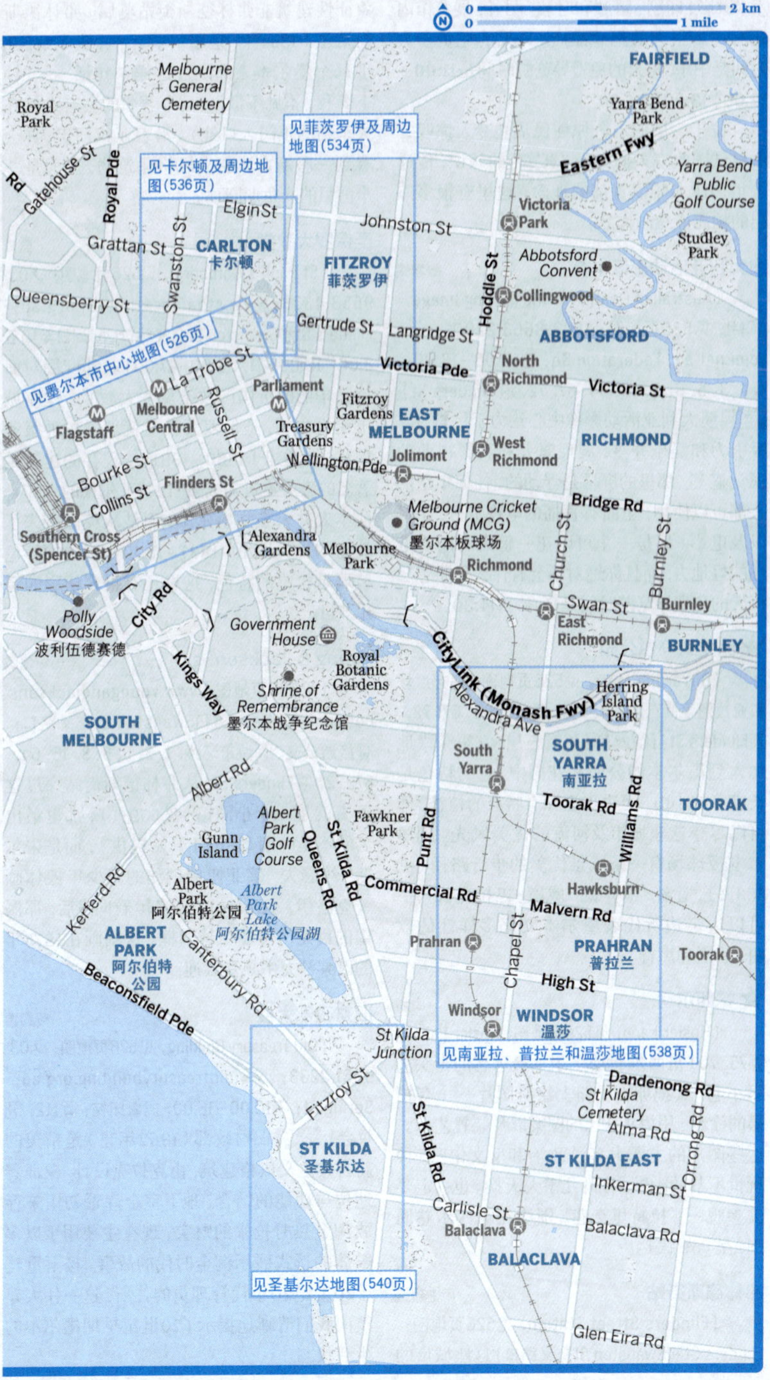
0 2 km
0 1 mile
FAIRFIELD
Melbourne General Cemetery
Royal Park
Yarra Bend Park
见菲茨罗伊及周边地图(534页)
见卡尔顿及周边地图(536页)
Eastern Fwy
Yarra Bend Public Golf Course
Rd
Gatehouse St
Royal Pde
Elgin St
Johnston St
Victoria Park
Grattan St
CARLTON
卡尔顿
FITZROY
菲茨罗伊
Studley Park
Swanston St
Abbotsford Convent
Hoddle St
Collingwood
Queensberry St
Gertrude St
Langridge St
ABBOTSFORD
见墨尔本市中心地图(526页)
La Trobe St
Victoria Pde
North Richmond
Victoria St
Parliament
Melbourne Central
Russell St
Fitzroy Gardens
EAST MELBOURNE
Flagstaff
Treasury Gardens
West Richmond
RICHMOND
Jolimont
Wellington Pde
Bourke St
Collins St
Flinders St
Bridge Rd
Melbourne Cricket Ground (MCG)
墨尔本板球场
Church St
Burnley St
Southern Cross (Spencer St)
Alexandra Gardens
Melbourne Park
Richmond
Swan St
Burnley
East Richmond
Polly Woodside
波利伍德赛德
City Rd
Government House
BURNLEY
Kings Way
Royal Botanic Gardens
CityLink (Monash Fwy)
Shrine of Remembrance
墨尔本战争纪念馆
Alexandra Ave
Herring Island Park
SOUTH MELBOURNE
South Yarra
SOUTH YARRA
南亚拉
Toorak Rd
TOORAK
Albert Rd
Williams Rd
Albert Park Golf Course
Fawkner Park
Punt Rd
Gunn Island
Queens Rd
St Kilda Rd
Hawksburn
Commercial Rd
Kerferd Rd
Albert Park
阿尔伯特公园
Albert Park Lake
阿尔伯特公园湖
Malvern Rd
ALBERT PARK
阿尔伯特公园
Canterbury Rd
Prahran
Chapel St
PRAHRAN
普拉兰
Toorak
High St
Beaconsfield Pde
Windsor
WINDSOR
温莎
St Kilda Junction
见南亚拉、普拉兰和温莎地图(538页)
Dandenong Rd
St Kilda Cemetery
Fitzroy St
Alma Rd
Orrong Rd
ST KILDA
圣基尔达
ST KILDA EAST
St Kilda Rd
Inkerman St
Carlisle St
Balaclava
Balaclava Rd
BALACLAVA
见圣基尔达地图(540页)
Glen Eira Rd

术、摄影、印刷、雕塑和时装。另外，展览馆内还有一个很大的纪念品店。每天的免费参观时间是中午，每天的免费导览游时间是11:00、12:00、13:00和14:00。

位于一层的永久原住民展览令人惊叹，展览试图改变人们对于"真实"的认识，传递着很多让人难以置信的理念。这里有很多杰出的帕潘亚绘画作品。

澳大利亚活动影像中心 博物馆

(Australian Centre for the Moving Image, ACMI, 见526页地图; ☎03-8663 2200; www.acmi.net.au; Federation Sq; ⏲10:00~18:00; 🚋1、3、5、6、8、16、64、67、72, 🚉Flinders St) 免费 澳大利亚活动影像中心致力于将教育、吸引力和娱乐并重，展现澳大利亚影视业的视觉盛宴。那里的屏幕是浮动的，任何年纪的人都可以使用，里面有直播的电视节目、比赛以及电影。那是一个可以花一整天时间看电视的好地方，而且你绝对不会有什么犯罪感。每天的免费导览游时间是11:00和14:30。

★比拉荣马尔公园 公园

(Birrarung Marr, 见526页地图; 联邦广场和亚拉河之间; 🚋1、3、5、6、8、16、64、67、72, 🚉Flinders St) 比拉荣马尔有三层，它很荣幸地加入到墨尔本的公园和花园中。它的特色是长满草的小山、河边步道和有特点的植被，你可以尽享这座城市及河流的优美风光。到墨尔本板球场有一条风景优美的步行路径（见533页），途经"有声的"威廉·巴拉克桥——可以边走边听代表墨尔本文化多样性的歌曲、话语和声音。

★霍西尔巷 街道

(Hosier Lane, 见526页地图; Hosier Lane; 🚋75、70) 霍西尔巷是墨尔本最著名的街头艺术小巷，其鹅卵石小路上绘有图片——有拍摄的涂鸦、用模板印出的图案以及装置艺术。这些图片的主题大多是政治和反文化，有种玩世不恭的幽默。图片几乎天天换。也一定要去参观一下拉特里奇巷（围绕在霍西尔巷周围，呈马蹄状）。

弗林德斯街站 历史建筑

(Flinders Street Station, 见526页地图; Flinders St和Swanston St交叉路口) 这座城市的象征性建筑非弗林德斯街站莫属。弗林德斯街站建于1854年，是墨尔本第一个火车站，几乎每个墨尔本人都说过这样一句话——"钟下等我，不见不散"（这个著名的会合点就在火车站的正门入口处）。沿着亚拉河走，你会看到一座新古典主义风格建筑物，上面是一个醒目的八角形圆顶。

圣保罗大教堂 教堂

(St Paul's Cathedral, 见526页地图; ☎03-9653 4333; www.stpaulscathedral.org.au; Flinders St和Swanston St交叉路口; ⏲周日至周五 8:00~18:00, 周六 8:00~17:00) 联邦广场对面就是华丽的英国国教圣保罗大教堂。这座城市建设之初，圣保罗大教堂就承办各种服务项目。教堂建于1880~1891年，现存的建筑是著名的教会建筑师威廉·巴特菲尔德的杰作。他本人并未亲临墨尔本，而是从英国寄来了教堂的设计图纸。1887~1890年制造的彩色玻璃是教堂的特色，这里还有很多精彩的音乐节目。

Young & Jackson's 历史建筑

(见526页地图; www.youngandjacksons.com.au; Flinders St和Swanston St交叉路口; 🚋旅游公交, 🚋城市环线、1、3、5、6、8、16、64、67、72, 🚉Flinders St) 从弗林德斯街站穿过这条街就是一个小酒馆（见559页），那里最出名的不是啤酒（1861年开始提供），而是朱尔斯·约瑟夫·莱菲博瑞创作的青少年裸体画《克洛伊》(*Chloe*)。克洛伊看向身后，那渴望的目光仿佛要穿越画框。这幅画在1875年的巴黎沙龙中颇受欢迎。

旧财政部大楼 博物馆

(Old Treasury Building, 见526页地图; ☎03-9651 2233; www.oldtreasurybuilding.org.au; Spring St; ⏲10:00~16:00, 周六闭馆; 🚋112, 🚉议会) 免费 旧财政部（1862年建）是精美的新古典主义风格建筑，由克拉克设计，象征着地位与功能的结合。地下室金库最初用来存放淘金热时抢来的财宝，现在主要用于以多媒体的形式展示淘金时代的故事。楼下重建了20世纪20年代管理员的住所，这一伟大建筑向我们清晰地揭示了20世纪早期墨尔本的生活状态。

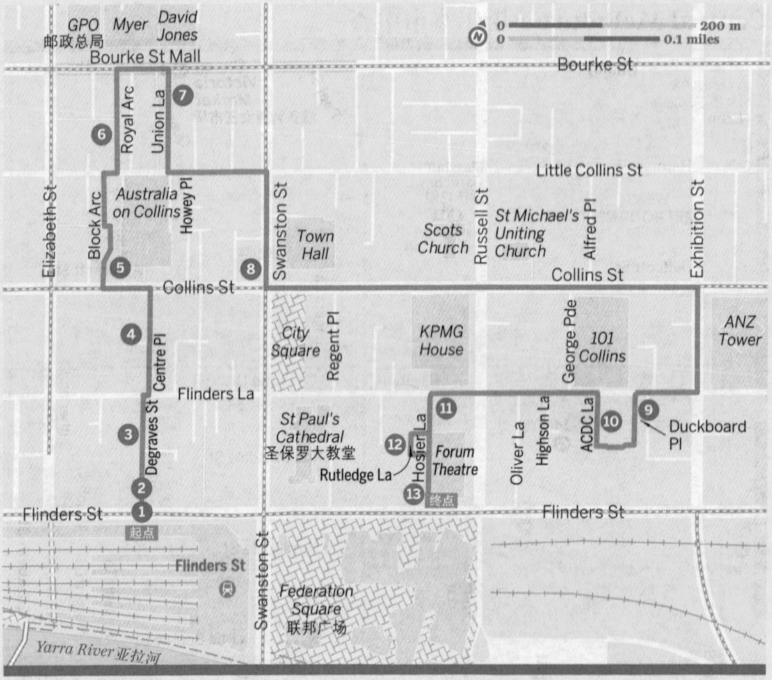

步行游览
拱廊和小巷

起点: 坎贝尔拱廊
终点: MOVIDA
距离: 3公里
需时: 2.5小时

墨尔本中央区是个大杂院,这里有19世纪拱廊、街头艺术、地下餐厅、精品店和酒吧。

先从装饰派艺术❶**坎贝尔拱廊**(也被称作Degraves Subway)的地下开始游览,该拱廊是为1956年墨尔本奥运会建的,现在这里布满了各色独立的小店。沿着楼梯往上走,到达❷**Degraves St**,在❸**Degraves Espresso**喝一杯咖啡后继续向北,穿过Flinders Lane到达咖啡馆林立的❹**中心广场**,这里是欣赏街道艺术的绝佳之处。

穿过Collins St,左转进入❺**街区拱廊**。1891年,该建筑在米兰维托伊曼纽尔二世拱廊广场的基础上建设而成,以蚀刻玻璃的天花板和马赛克地板为特点。霍普顿茶室的橱窗让人流连忘返。从拱廊的另一端出来到达Little Collins St。

径直走到❻**皇家拱廊**并体验陶艺。漫步到Bourke St Mall,右转,一直走,直到发现右手边满是街道艺术的❼**联合巷**再止步。

沿着联合巷一直走到底,左转进入Little Collins St,然后在Swanston St右拐,往南走到Collins St街角处的❽**曼彻斯特联合拱廊**(1932年)。好好地欣赏一下这座拱廊,然后再回到Swanston,一直往东走,爬上山,就到了Collins St的"巴黎区"(Paris End)。

右转进入Exhibition St,然后往右拐到Flinders Lane上,继续走,直到❾**Duckboard Place**出现。沿着巷道走,去ACDC小巷之前先好好欣赏一下这里的街道艺术,然后穿过❿**Cherry**(见564页)。

沿着Flinders Lane一直走下去,到达街头艺术的胜地⓫**霍西尔巷**(见524页)和⓬**Rutledge Lane**。游览之后,你可以在⓭**MoVida**吃点西班牙小吃,喝一杯难得的饮品(见548页)。

Central Melbourne 墨尔本市中心

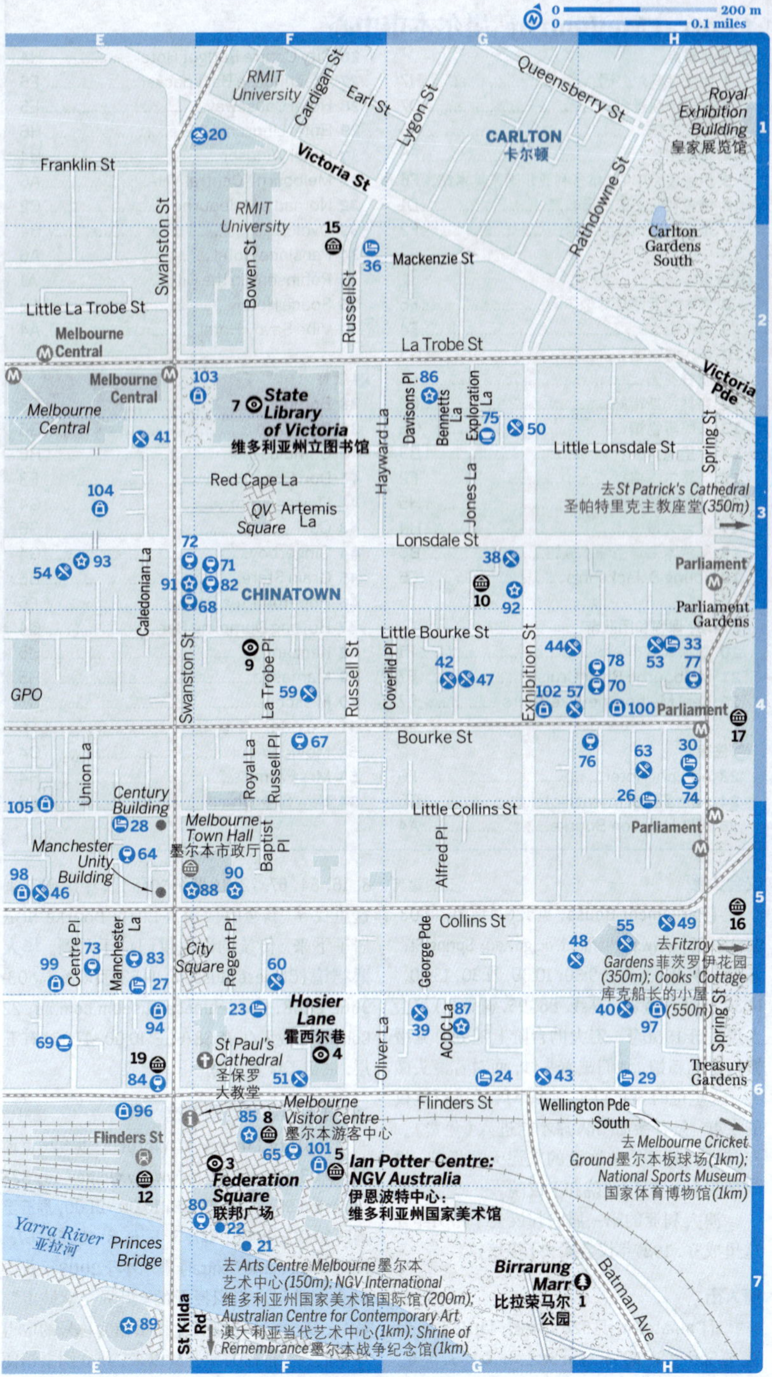
0 200 m
0 0.1 miles
E
F
G
H
1
2
3
4
5
6
7
RMIT University
Cardigan St
Earl St
Lygon St
Queensberry St
Royal Exhibition Building
皇家展览馆
20
CARLTON
卡尔顿
Victoria St
Franklin St
Swanston St
RMIT University
Bowen St
15
36
Mackenzie St
Rathdowne St
Carlton Gardens South
RussellSt
Little La Trobe St
Melbourne Central
La Trobe St
Victoria Pde
Melbourne Central
Melbourne Central
103
7
State Library of Victoria
维多利亚州立图书馆
Hayward La
Davisons Pl
86
Bennetts La
Exploration La
75
50
Spring St
Little Lonsdale St
41
104
Red Cape La
QV Square
Artemis La
Jones La
去St Patrick's Cathedral
圣帕特里克主教座堂(350m)
72
Lonsdale St
38
54
93
Caledonian La
71
91
82
68
CHINATOWN
10
92
Parliament
Parliament Gardens
Little Bourke St
9
La Trobe Pl
Russell St
Coverlid Pl
Exhibition St
44
33
53
77
78
70
GPO
59
42
47
102
57
100
Parliament
17
Swanston St
Bourke St
Union La
Royal La
Russell Pl
67
76
63
30
26
74
105
Century Building
28
Melbourne Town Hall
墨尔本市政厅
Baptist Pl
Little Collins St
Alfred Pl
Parliament
Manchester Unity Building
64
98
46
90
88
Collins St
16
Centre Pl
73
Manchester La
83
City Square
Regent Pl
60
George Pde
55
49
48
去Fitzroy Gardens菲茨罗伊花园(350m); Cooks' Cottage库克船长的小屋(550m)
99
27
94
23
Hosier Lane
霍西尔巷
4
39
ACDC La
87
40
97
Spring St
69
19
84
St Paul's Cathedral
圣保罗大教堂
51
Oliver La
24
43
29
Treasury Gardens
96
Melbourne Visitor Centre
墨尔本游客中心
85
8
Flinders St
Wellington Pde South
去Melbourne Cricket Ground墨尔本板球场(1km); National Sports Museum国家体育博物馆(1km)
Flinders St
65
101
5
3
Federation Square
联邦广场
Ian Potter Centre: NGV Australia
伊恩波特中心：维多利亚州国家美术馆
12
80
22
21
Yarra River
亚拉河
Princes Bridge
去Arts Centre Melbourne墨尔本艺术中心(150m); NGV International维多利亚州国家美术馆国际馆(200m); Australian Centre for Contemporary Art澳大利亚当代艺术中心(1km); Shrine of Remembrance墨尔本战争纪念馆(1km)
Birrarung Marr
比拉荣马尔公园
1
Batman Ave
89
St Kilda Rd

Central Melbourne 墨尔本市中心

议会大厦 历史建筑

（Parliament House，见526页地图；☎03-9651 8568；www.parliament.vic.gov.au；Spring St；⊙团队游 周一至周五 9:30，10:30，11:30，13:30，14:30，15:45；🚊城市环线、86、96，🚉议会）议会大厦建于1856年，宏大的台阶上随处可见缓慢行走的新娘，她们戴着头纱，面对着镜头微笑。这里也时常可以见到手举牌子进行抗议的人群。只有参加团队游才能进入（免费），在其中到处可见装饰性的灰泥天花板。一进门是两个主室：下议院和上议院。

澳大利亚的第一届联邦议会于1901年在这里成立，1927年议会搬去了堪培拉。

唐人街 景区

（Chinatown，见526页地图；Little Bourke St，在Spring St和Swanston St之间；🚊1、3、5、6、8、16、64、67、72）19世纪50年代，中国矿工来这里找寻"新金山"，并在Little Bourke St定居了下来。传统的红色拱门位于两侧。**华人博物馆**（Chinese Museum，见526页地图；☎03-9662 2888；www.chinesemuseum.com.au；22 Cohen Pl；成人/儿童 $8/6；⊙10:00~17:00）有五层，展出了众多文物。

★维多利亚州立图书馆 图书馆

（State Library of Victoria，见526页地图；☎03-8664 7000；www.slv.vic.gov.au；328 Swanston St；⊙周一至周四 10:00~21:00，周五至周日 10:00~18:00；🚊1、3、5、6、8、16、64、67、72，🚉Melbourne Central）墨尔本于2008年获得联合国教科文组织授予的"世界文学城市"称号，其中维多利亚州立图书馆为称号的取得贡献良多。自1854年开放以来，州立图书馆便

55 No 35 at Sofitel H5	84 Young & Jackson's E6
56 Paco's Tacos C4	娱乐
57 Pellegrini's Espresso Bar G4	85 澳大利亚活动影像中心 F6
58 Rockpool Bar & Grill B7	86 Bennetts Lane G2
59 ShanDong MaMa F4	87 Cherry G6
60 Supernormal F5	88 Halftix Melbourne E5
61 Tutto Bene D7	89 Hamer Hall E7
62 Vue de Monde B5	90 Last Laugh at the Comedy Club F5
63 Waiters Restaurant H4	Melbourne Symphony Orchestra .... (见89)
饮品和夜生活	91 Rooftop Cinema E3
64 美式咖啡吧 E5	92 Ticketek G3
65 Beer DeLuxe F6	93 Ticketmaster E3
66 Brown Alley B3	购物
67 Carlton Hotel F4	94 Alice Euphemia E6
68 Cookie E3	95 Captains of Industry D4
69 Degraves Espresso E6	96 City Hatters E6
70 Double Happiness H4	97 Craft Victoria Shop H6
71 Ferdydurke F3	98 Gewürzhaus E5
72 Goldilocks E3	99 Incu E5
73 Hell's Kitchen E5	100 Melbournalia H4
74 Hotel Windsor H4	101 NGV Shop at the Ian Potter Centre F6
75 League of Honest Coffee G3	102 Original & Authentic Aboriginal Art G4
Lui Bar .... (见62)	103 Readings F2
76 Madame Brussels H4	104 RM Williams E3
77 Melbourne Supper Club H4	105 Somewhere E5
78 New Gold Mountain H4	106 Wunderkammer C3
79 Ponyfish Island D7	
80 河岸 F7	
81 Robot D5	
82 Section 8 .... F3	
83 Shebeen E5	

成了墨尔本文学景象中的领头军。这里收藏了200多万本书，是个看书的好地方。

中心的八角形建筑是**拉筹伯阅览室**（La Trobe Reading Room），建成于1913年。阅览室的钢筋混凝土圆顶是当时的世界之最，那里的自然光照耀着华丽的抹灰泥，以及曾在这里努力创作的墨尔本作家们。

这里还有**凯利纪念品**（Ned Kelly memorabilia），包括他的盔甲。

老墨尔本监狱 历史建筑

（Old Melbourne Gaol，见526页地图；☎03-8663 7228；www.oldmelbournegaol.com.au；337 Russell St；成人/儿童/家庭 $25/13.50/55；⊙9:30~17:00；🚊24、30、城市环线）这个封闭的青石监狱建于1841年，直到1929年才投入使用。这里是墨尔本最受欢迎的博物馆之一，在此可以参观微小阴暗的牢房。1880年，约有135人被在这里绞死，其中包括澳大利亚最臭名昭著的丛林逃犯凯利（Ned Kelly）——他的一个死亡面具也在此展出。

★维多利亚女王市场 市场

（Queen Victoria Market，见526页地图；www.qvm.com.au；513 Elizabeth St；⊙周二和周四 6:00~14:00，周五 6:00~17:00，周六 6:00~15:00，周日 9:00~16:00；🚌观光巴士，🚊19、55、57、59）维多利亚女王市场有600多个商户，是南半球最大的露天市场，吸引了无数顾客。墨尔本人在鱼贩子和水果蔬菜摊主的叫卖声中挑选生鲜农产品。熟食厅有浓重的艺术气息，罗列着各种各样的食物，包括软干酪、酒、波兰香肠、希腊酱、松露油和袋鼠干肉片。

COLLINS ST的巴黎区

Collins St的尽头，在Spring St和Elizabeth St之间，道路两旁种满了法国梧桐，豪华的楼房和奢华的精品店遍布，因而得名"巴黎区"。在这里，你会发现，华丽的走廊通向Collins St。包括Block Pl、Block Arcade 和Block Ct在内的The Block network是以19世纪的休闲活动doing the block命名的，意指步行在城市的时装景区。

旗杆花园 公园

(Flagstaff Gardens，见526页地图；William St，在La Trobe、Dudley St和King St之间；▣观光巴士，▣24、30、55、城市环线，▣Flagstaff）旗杆花园最初被称为潜山，这些花园是墨尔本的第一个墓地遗址——墨尔本早期的定居者中有8人被埋葬在此。现在，这里优美空旷的草地是工人午休时间经常光顾的地方。花园里有很多百年古树，其中有莫顿湾无花果树，还有各种各样的桉树，包括斑点桉树、糖桉树和赤桉。附近有很多负鼠，不要随意喂东西给它们吃。

库里遗产信托 文化中心

（Koorie Heritage Trust，见526页地图；☎03-8622 2600；www.kooriehe ritagetrust.com；295 King St；捐赠进场，团队游 $15；⌚周一至周五 9:00~17:00；▣24、30，▣Flagstaff）这家文化中心致力于保护东南部地区的原住民文化、手工艺品和口述历史。这里的画廊展示了种类繁多的当代作品和传统作品。文化中心的核心有一棵瘢痕树模型，以及关于维多利亚库里人历史的固定编年展。重要作品多在幕后小心保存，展会上展出的为复制品，游客可用手触摸。这里正在迁移，请上网查看具体信息。

强烈推荐通过团队游去旗杆花园。沿着亚拉河走走，是它彻底改变了这里和人。它对每一处风景的影响都能够唤醒潜藏在现代城市背后的记忆。提前打电话咨询团队游。

非去这里不可的另一个原因就是这里的商店，它出售原住民文化书籍、光盘、工艺品和天然食物。

移民博物馆 博物馆

（Immigration Museum，见526页地图；☎13 11 02；www.museumvictoria.com.au/immigrationmuseum；400 Flinders St；成人/儿童 $12/免费；⌚10:00~17:00；▣70、75）移民博物馆通过个人、群众的声音、图像、大事记讲述澳大利亚移民的故事。这座重新翻修的建筑物被象征性地安置在旧海关大楼里，它本身就是值得一游的地方：海关办公室（Long Room）是新文艺复兴建筑的宏伟之作。

墨尔本海洋生物水族馆 水族馆

（Sea Life Melbourne Aquarium，见526页地图；☎03-9923 5999；www.melbourneaquarium.com.au；Flinders St和King St交叉路口；成人/儿童/家庭 $38/22/96；⌚9:30~18:00，最晚17:00入场；▣70、75）该水族馆是鳐形目鱼、苏眉鱼和鲨鱼的家园，它们在一个220万公升的水池中游动，游客可以透过透明隧道观看。在这里，你可以看到企鹅，也可以在鳄鱼巢近距离观看澳大利亚最大的咸水鳄鱼。潜水员一天喂食鲨鱼3次，支付$210~300就可以和潜水员一起喂鲨鱼。网上订票有优惠。

圣帕特里克主教座堂 教堂

（St Patrick's Cathedral；☎03-9662 2233；www.stpatrickscathedral.org.au；Gisborne St和Cathedral Pl交叉路口；⌚周一至周五 9:00~17:00；▣112）在McArthur St最前方（Collins St的外延），可以看到世界上最大最宏伟的哥特复兴式建筑。圣帕特里克教堂由威廉·华德尔设计，得名于爱尔兰的守护神，反映了当地天主教团体的大致起源。这座建筑于1863年动工，1939年竣工。

城市环线电车 有轨电车

（City Circle Trams；Tram 35；☎13 16 38；www.ptv.vic.gov.au；⌚周日至周三 10:00~18:00，周四至周六 10:00~21:00；▣35）**免费** 城市中心的城市环线服务最初是为游客设计的。免费的有轨电车沿着市中心行驶，沿途有语音介绍各个风景区。大约10分钟1班。

南岸和达克兰

南岸以前是一个工业区，从Flinders St延伸出来，正好穿过亚拉河。在它背后，是这个城市主要的艺术区。沿着河的下游往回走，河道将我们带到墨尔本皇冠赌场（Crown

Casino & Entertainment Complex)，这里自称为“娱乐世界”。继续往前是南码头(South Wharf)，这里有许多新开的酒吧与餐馆。达克兰(Docklands)位于这座城市的西侧，是一个集公寓楼、办公室、饭店、广场、公共艺术和公园于一身的小城市。这里是老区，里面的建筑都很相似，好在还有活色生香的市井生活。

★维多利亚州国家美术馆国际馆 画廊

(NGV International; ☎03-8662 1555; www.ngv.vic.gov.au; 180 St Kilda Rd; 展览收费不一; ⊙周三至周一 10:00~17:00; 🚌观光巴士，🚋1、3、5、6、8、16、64、67、72)你会发现一个三层的收集柜，里面涵盖了从古代到现代的国际艺术。主要作品涉及伦勃朗、提埃坡罗和勃纳尔。偶尔能看到莫奈、莫迪里阿尼或者培根的作品。这里也是毕加索《哭泣的女人》(*Weeping Woman*)的诞生地，这部作品曾于1986年的艺术品大盗事件中失窃。11:00~14:00，每小时有一次45分钟、前往不同展区的免费游览。

★墨尔本艺术中心 艺术中心

(Arts Centre Melbourne; ☎预订1300 182 183; www.artscentremelbourne.com.au; 100 St Kilda Rd; ⊙售票处 周一至周五9:00~20:30，周六10:00~17:00; 🚌观光巴士，🚋1、3、5、6、8、16、64、67、72，🚉Flinders St)这个艺术中心是由两座独立的建筑物构成的：Hamer Hall(音乐会堂)以及剧院建筑(在尖顶下面)，两个建筑物之间是观光道。乔治·亚当斯画廊(George Adams Gallery)和圣基尔达路门厅画廊(St Kilda Road Foyer Gallery)展览的作品很丰富，可免费参观。在剧院的大厅可以领取自助导览小册子，它将帮你了解里面的艺术作品。

★尤里卡观景台 观景点

(Eureka Skydeck，见526页地图；www.eurekaskydeck.com.au; 7 Riverside Quay; 成人/儿童/家庭 $19.50/11/44，The Edge 额外收费$12/8/29; ⊙10:00~22:00，最晚21:30入场; 🚌观光巴士)尤利卡塔有297米高，是墨尔本最高的建筑，建于2006年，坐上电梯你就可以在40秒之内到达88楼(有空的话可以看看电梯地板上贴的照片)。The Edge是一个玻璃立方体，有点儿恐怖，它会把你悬吊在建筑物外面。你别无选择，只能往下看。

澳大利亚当代艺术中心 画廊

(Australian Centre for Contemporary Art, ACCA; ☎03-9697 9999; www.accaonline.org.au; 111 Sturt St; ⊙周二和周四至周六 10:00~17:00，周三 10:00~20:00; 🚋1) 免费 澳大利亚当代艺术中心是澳大利亚最刺激、最具有挑战意义的艺术馆之一，收藏了很多当地及国际艺术家的作品。这个建筑是雕刻出来的，它生锈的外表昭示着曾在这里的工厂，而内部宏伟的建筑陈列着很多常用的设施。从弗林德斯火车站穿过王子桥，沿着St Kilda Rd走。在Grant St右转，然后左转进入Sturt St。

波利伍德赛德 博物馆

(Polly Woodside; ☎03-9699 9760; www.pollywoodside.com.au; 2a Clarendon St; 成人/儿童/家庭 $16/9.50/43; ⊙周六和周日10:00~16:00，学校假期每天营业; 🚋96、109、112)波利伍德赛德是一艘重修后的铁壳商业船(或者叫“高桅横帆船”)，它建造于1885年，现在被放置在亚拉河外的一个围栏中。看一眼船上的绳索就可以联想到19世纪亚拉河中停满了抛锚的船的场景。

墨尔本之星 摩天轮

(Melbourne Star; ☎03-8688 9688; www.melbournestar.com; 101 Waterfront Way, Docklands; 成人/儿童/家庭 $32/19/82; ⊙10:00~22:00; 🚋城市环线、70、86，🚉Southern Cross)墨尔本之星始建于2009年，工期

> **墨尔本自行车租赁站**
>
> 墨尔本自行车租赁站(☎1300 711 590; www.melbournebikeshare.com.au)成立于2010年，起步很慢，这主要归咎于维多利亚州强制戴头盔的法律。在中央商务区附近的“7-11”便利店里有受补贴的安全帽可用($5，其中有$3返款)。租用自行车的前半小时是免费的。日租金($2.80)和周租金($8)需要信用卡支付，还要交$300的保证金。

值得一游

威廉斯顿及周边

穿过西门桥（the Westgate Bridge），就来到了历史上有名的威廉斯顿郊区，这里游艇遍布，吹拂着咸咸的海风。在这里，可以看到墨尔本绝妙的风景。如果你想划船，可以去南边的小海滩。城镇周边满是历史印记，漫步于此就如同回到往昔一般。

景点和活动

盖利布兰德（Point Gellibrand）是维多利亚州第一个白人聚集地，维多利亚州海军就是在此地成立的。这里的报时球（Timeball Tower）是1840年由囚犯劳工建立起来的，曾经被用来给船只设定航海钟。

科学展览中心（Scienceworks；☎13 11 02；www.museumvictoria.com.au/scienceworks；2 Booker St，Spotswood；成人/儿童 $10/免费，天文台和Lightning Room 成人/儿童 另付$6/4.5；⏲10:00~16:30；🚉Spotswood）科学展览中心会进行一整天的互动展示，极大地满足孩子们的好奇心。中心分布于3座历史建筑中，其中就包括了**墨尔本天文台**（Melbourne Planetarium）。按下按钮，拉动杠杆，提升襟翼，了解各种奇异的真相，然后尽情地探索宇宙的奥秘（或人体解剖构造）吧。

海事工程（Seaworks；☎0417 292 021；www.seaworks.com.au；82 Nelson Pl）海事工程里有很多历史悠久的船篷，还有海事博物馆和展览空间。这里也是**澳大利亚海洋守护协会**（Sea Shepherd Australia；www.seashepherd.org.au）的总部。周末的正午至16:30，你可以参观反偷猎船只。海事工程还有一个造船厂、一个海盗主题的小酒馆和维多利亚州最古老的太平间，你在参加**幽灵之旅**（ghost tour；☎1300 390 119；www.lanternghosttours.com；成人/儿童 $34/24）时就可以看到。

食宿

威廉斯顿的主街和远离主街的路上有许多历史悠久的小酒馆等你去探索。

Quest Williamstown（☎03-9393 5300；www.questwilliamstown.com.au；1 Syme St；1卧公寓 $199起；🅿📶）Quest Williamstown非常棒，配有设备齐全的海滨公寓，可以俯瞰整个码头。如果想在远离市中心的地方住宿，这里就是非常棒的选择！

Ragusa（☎03-9399 8500；www.ragusarestaurant.com.au；139 Nelson Pl；主菜 $17~34；⏲正午至15:00和18:00至深夜）Ragusa位于一处漂亮的古建筑里，提供现代克罗地亚菜。

Jimmy Grants（www.jimmygrants.com.au；28 Ferguson St，Williamstown；主菜 $7.50起）Jimmy Grants因其希腊烤肉而在墨尔本很受欢迎。最近，该店在Hobsons Bay Hotel（位于威廉斯顿）的公共酒吧开了一个小分店。听起来像是很奇怪的组合，但是啤酒和希腊烤肉在冬天确实很受欢迎。

实用信息

Hobsons Bay游客信息中心（☎03-9932 4310；www.visithobsonsbay.com.au；Syme St和Nelson Pl交叉路口）从水滨回来，可去旅游办公室获取本地和全州景点的资料。

到达和离开

考虑到整个海洋环境，毫无疑问，最受欢迎、景色最好的方式是乘渡轮——这是去威廉斯顿最合适的选择。**威廉斯顿渡轮**（Williamstown Ferries；☎03-9682 9555；www.williamstownferries.com.au；威廉斯顿到南岸 成人/儿童 $18/9，往返票$28/14）每天定时往返Hobsons Bay，在南岸停靠，沿途可以观赏很多景点，包括科学展览中心和达克兰。**墨尔本河流游轮**（Melbourne River Cruises；☎03-8610 2600；www.melbcruises.com.au；威廉斯顿到市区 成人/儿童 $22/11）在宝石码头（Gem Pier）停靠。

一拖再拖后，终于开始转动。这个大型观景摩天轮中加入了“伦敦眼”和新加坡摩天观景轮的元素，可以把你带到120米的高空，让你全景观看这座城市的菲利普海滩、吉朗城区外围以及丹德农的景色。一次游览大约30分钟。再付$8就可以坐一次夜晚的摩天轮，看看这个城市的璀璨。

墨尔本东部和里士满

墨尔本东部安静宽阔的街道排列着宏伟的维多利亚时代的柱廊、意大利风格的豪宅以及弥漫着艺术气息的公寓楼。当地人会穿过菲茨罗伊花园步行往返于城市。足球或板球赛期间，嘈杂的人声会打破这里的宁静——墨尔本板球场的球可以打到这里。

穿过Punt Rd、Hoddle St这一经常拥堵的地段，就到了里士满的郊区，这里一直通向亚拉河。一代代衣衫褴褛的劳动者曾居住在这里，他们在制革厂、服装厂、食物加工厂里打苦工，但现在这里更像是一个上流社会的集中地。这里有很多小酒馆，因为Victoria St边的越南社区日益繁荣。在Victoria St一边是平行的Bridge Rd和Swan St，还有一些餐馆、商店、饮品店。里士满南北主干道是Church St。

★墨尔本板球场 体育馆

（Melbourne Cricket Ground；☎03-9657 8888；www.mcg.org.au；Brunton Ave；团队游 成人/儿童/家庭 $20/10/50，与国家体育博物馆联票$30/15/70；⏲团队游10:00~15:00；🚌观光巴士，🚋48、70、75，🚆Jolimont或Richmond）这个球场是世界上最大的运动场之一，可以容纳100,000人，夏季有板球，冬季有橄榄球——很多澳大利亚人都把这里看作神圣之地。你可以去看比赛，即便不去，也可以在非比赛日时进行一次朝圣之旅，**团队游**带你穿过看台、媒体和教练区、各个房间，来到球场（不能进入球场）。

国家体育博物馆 博物馆

（National Sports Museum；☎03-9657 8856；www.nsm.org.au；MCG，Olympic Stand，Gate 3；成人/优惠/家庭 $20/10/50，与墨尔本板球场联票 团队游$30/15/70；⏲10:00~17:00）博物馆建在墨尔本板球场中，里面陈列着五组澳大利亚比较受欢迎的体育运动展览，纪念着历史上著名的体育赛事。孩子很喜欢交互式运动环节，他们可以在这个过程中测试自己的足球、板球以及投球技能。

菲茨罗伊花园 公园

（Fitzroy Gardens；www.fitzroygardens.com；Wellington Pde，Lansdowne St和Albert St之间；🚌观光巴士，🚋75，🚆Jolimont）这个城市在Spring St东面，给墨尔本美丽的庭院菲茨罗伊花园腾出了空间。这些庄严的道路与英国榆树、花圃、广阔的草坪、奇异的喷泉和小溪排成一列，距离城镇只有一小段路。

亮点是**库克船长的小屋**（Cooks' Cottage；☎03-9419 5766；成人/儿童/家庭 $6/3/16.50；⏲9:00~17:00），这里使用的砖是用船从约克郡一块一块地运过去的。小屋于1934年重修。装修采用的是18世纪中期的风格，展示出詹姆斯·库克船长举足轻重却也饱受争议的南海之行。

菲茨罗伊及周边

菲茨罗伊是墨尔本的第一个郊区，长久以来以卑劣肮脏而臭名远扬。现在，有思想的人聚集于此。逛完一次性精品店和二手店之后，你可以在这儿吃饭、闲聊。这里还有很多艺术馆。

奶奶们曾经不敢踏入半步的Gertrude St，现在属于墨尔本了。大家都在谈论科林伍德Smith St上精致的餐厅、咖啡馆、精品店，但这儿仍有很多不完善的地方。

Collingwood Children's Farm 农场

（www.farm.org.au；18 St Heliers St，Abbotsford；成人/儿童/家庭 $9/5/18；⏲9:15~16:30；🚌200、201、207，🚆Victoria Park）市中心消失在这人人喜爱的乡村河畔。这里的农场有很多活泼的小动物，孩子可以给它们喂食，我们可以在花园里散散步，天气好的时候还可以去野餐。农场的咖啡馆很早就开门了，可以不经过农场直接进去。每月的**农贸市场**（www.mfm.com.au；成人/儿童 $2/免费；⏲每月的第二个周六 8:00~13:00）设在河畔，是当地特色，这里的农贸产品有兔子、玫瑰、有机奶等，所有东西都放在篮子里。

Fitzroy & Around 菲茨罗伊及周边

Fitzroy & Around 菲茨罗伊及周边

卡尔顿和联合酿酒公司 自酿酒吧

(Carlton & United Breweries; ☎03-9420 6800; www.carltonbrewhouse.com.au; Nelson St 和Thompson St交叉路口, Abbotsford; 团队游 成人/优惠$25/20; 🚋109)周一至周六有团队游,时间可能有变动,请查阅相关网站。游客必须年满18岁,不要穿露脚趾的鞋。必须预订。

当代摄影中心 画廊

(Centre for Contemporary Photography, 见534页地图; ☎03-9417 1549; www.ccp.org.au; 404 George St, Fitzroy; ⏲周三至周五 11:00~18:00, 周六和周日 12:00~17:00; 🚋86) 免费 这个摄影中心不以营利为目的,每个艺术馆的摄影展时间都不一样。展览贯穿了传统的技术和抽象的概念。那些带视频投影的作品有着独特的魅力,窗户上有一块夜间备用的屏幕。这里还提供摄影课。

澳卡斯顿美术馆 画廊

(Alcaston Gallery, 见534页地图; ☎03-9418 6444; www.alcastongallery.com.au; 11 Brunswick St, Fitzroy; ⏲周二至周五 10:00~18:00, 周六11:00~17:00; 🚋112) 免费 澳卡斯顿美术馆采用壮观奢华的梯形建筑风格,主要收集现存的澳大利亚本土艺术家的作品。美术馆直接和原住民社区合作,很有文化敏感性。参展的作品风格跨度很大,从古典作品到当代作品,不一而足。还有一个区域专门展出纸绘作品。

加布里埃尔佩兹画廊 画廊

(Gallery Gabrielle Pizzi, 见534页地图; ☎03-9416 4170; www.gabriellepizzi.com.au; 51 Victoria St, Fitzroy; ⏲周三至周五 10:00~17:00, 周六12:00~18:00; 🚋11、96、112) 免费 加布里埃尔·佩兹于20世纪80年代建立了这个画廊,她是澳大利亚最受尊重的原住民艺术商之一。她的女儿萨曼莎传承了她的事业,向大家展示当代城市艺术家以及巴尔戈西尔、帕潘亚、马宁格里达和提维群岛等地的团体传统艺术家的作品。

卡尔顿及周边

卡尔顿是墨尔本意大利社区的传统家园。20世纪50年代,脑力活动、浓缩咖啡以及波希米亚人垂涎的美食在这个地区激情碰撞。到了20世纪70年代,这里一片生机,成了这个城市反主流文化场景的中心,产生了很多

Carlton & Around 卡尔顿及周边

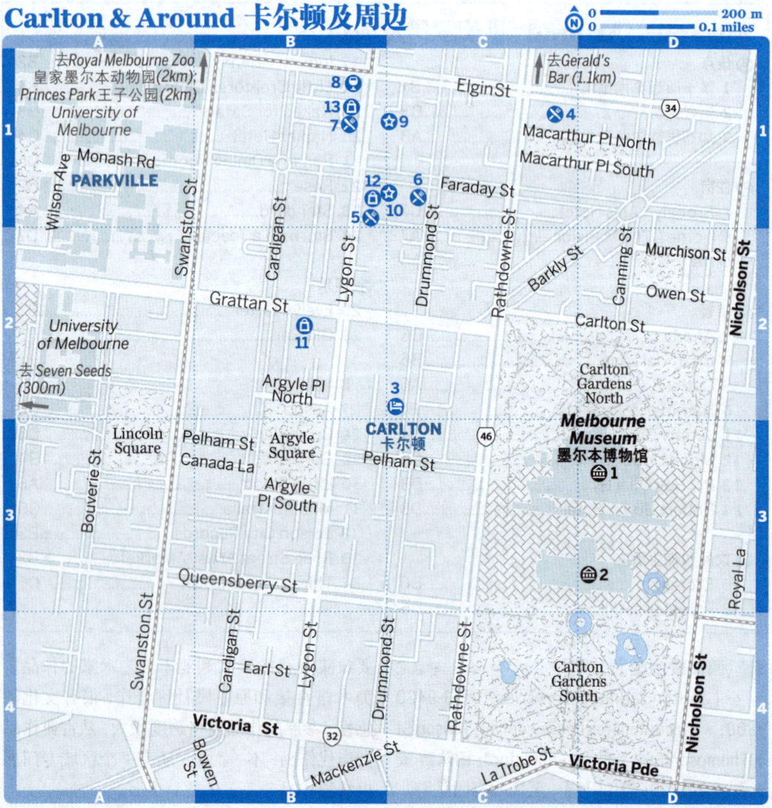

传奇的戏剧、音乐和文学作品。

★ 墨尔本博物馆 博物馆

（Melbourne Museum，见536页地图；☎13 11 02；www.museumvictoria.com.au；11 Nicholson St，Carlton；成人$12，儿童及学生免费，展览需另付费；⏲10:00~17:00；🚌观光巴士，🚌城市环线、86、96，🚆Parliament）这个博物馆介绍了维多利亚州的自然和文化历史，有恐龙化石、巨型乌贼标本、标本大厅、3D火山以及展示维多利亚时代植物的露天森林大厅。你会沉浸在冠军赛马、国家英雄法拉普的传说中。一楼的**本吉拉卡**采用最先进的技术手段和原始的声音呈现了很多澳大利亚原住民的故事。这里还有一个**巨幕IMAX电影院**。

皇家展览馆 历史建筑

（Royal Exhibition Building，见536页地图；☎13 11 02；www.museumvictoria.com.au/reb；9 Nicholson St，Carlton；团队游 成人/儿童 $10/7；🚌观光巴士，🚌城市环线、86、96，🚆Parliament）这座美丽的维多利亚大厦是1880年为国际博览会建的，2004年被联合国教科文组织授予世界文化遗产的称号，它象征着工业革命、大英帝国以及19世纪墨尔本的辉煌时期。这是第一座插上澳大利亚国旗的建筑物，澳大利亚的第一届国会1901年在此建立。如今，从贸易交易会到车展的各种活动都在此举办。14:00，团队游从墨尔本博物馆出发。

皇家墨尔本动物园 动物园

（Royal Melbourne Zoo；☎03-9285 9300；www.zoo.org.au；Elliott Ave，Parkville；成人/儿童 $30/13.20，周末及假期儿童免费；⏲9:00~17:00；🚌505，🚌55，🚆Royal Park）这个动物园建于1861年，是澳大利亚最古老的动物园，也

Carlton & Around
卡尔顿及周边

是世界上第三古老的动物园。现在，它是世界上最受欢迎的景点之一。动物园中的花园面积广阔，风景优美，围墙为里面的动物模拟了自然栖息地。天然灌木丛中有很多当地的动物。动物园有鸭嘴兽水族馆、漂亮的蝴蝶馆、海狗、大象、狮子、老虎，还有很多爬行动物。

南亚拉、普拉兰和温莎

这些街区一直都是浮华和魅力的代名词，这里的高地与阔土久负盛名。1850年以前，王子大桥还没建成，从城市中心到南亚拉一般要坐船。

★皇家植物园 花园

（Royal Botanic Gardens；www.rbg.vic.gov.au；Birdwood Ave, South Yarra；⌚7:30至日落，儿童花园周三至周日开放，7月中旬至9月中旬不开放；🚌观光巴士，🚋1、3、5、6、8、16、64、67、72）**免费** 皇家植物园是世界上最漂亮的植物园之一，也是墨尔本最受欢迎的景点之一。它设在亚拉河畔，巧妙的设计使其会聚了全球的植物品种。带上一本书，准备一顿野餐或是一套飞盘，最重要的是慢慢享受这一切。

墨尔本战争纪念馆 纪念碑

（Shrine of Remembrance；www.shrine.org.au；Birdwood Ave, South Yarra；⌚10:00~17:00；🚌观光巴士，🚋1、3、5、6、8、16、64、67、72）**免费** 墨尔本战争纪念馆屹立在St Kilda Rd旁，是为第一次世界大战中死去的维多利亚人建的。纪念馆建于1928~1934年，我们经常会把它与大萧条、失业救济金和劳工联系起来。它的设计非常经典，部分参照了世界七大古迹之一的摩索拉斯王陵墓。你站在城镇的另一头还能看见它。

圣基尔达及周边

来圣基尔达吹吹海风，这里不堪的历史值得善良之人一看。圣基尔达曾经是遍布舞厅、趣园、溜冰场、剧院、海浴以及花园的游乐场。现在，这里充满了文化气息的建筑风格让房价涨成了天文数字。周末，音响一打开，车子就从四面八方挤过来，浓浓的街边舞会气氛降临。这里仍然是一个非常刺激、非常吸引人的街区，无论是高级餐厅与旁边的青年旅舍，还是精品设计师商店与一旁的烤肉酒吧，都形成了鲜明的对比。

圣基尔达海滩 海滩

（St Kilda Foreshore，见540页地图；Jacka Blvd；🚋16、96）圣基尔达海滩有棕榈树步道、海滨公园和很多细沙。海滩因为《海岸救生队》而经历了20多年的辉煌历史，吸引力比英国的布赖特（Brighton）海滩更强。圣基尔达码头一端的报亭同样值得一游。2003年，老报亭在距离它百年纪念仅一年的时候被烧毁，现在的报亭是完全按照老报亭重建的。

月神公园 游乐园

（Luna Park，见540页地图；☎03-9525 5033；www.lunapark.com.au；18 Lower Esplanade, St Kilda；单程票 成人/儿童 $11/9，无限次票$49/39；🚋16、96）月神公园于1912年开放，至今仍然保留着老式游乐园的风格。走进入口，就好像走进了月神的嘴里。这里有一座世界

South Yarra, Prahran & Windsor
南亚拉、普拉兰和温莎

遗产过山车（世界上最古老的操作过山车），还有一个精美的巴洛克式旋转木马，上面有手绘的马、天鹅、战车。

墨尔本南部、墨尔本港和阿尔伯特公园

这些郊区确实有值得吹嘘的地方，它们距离海湾、海滩以及广阔的阿尔伯特公园湖比较近。这些郊区的档次比较高，环境令人怡然自得（虽然有国际汽车大奖赛，但也只是在重要的时刻才会比较闹腾）。

墨尔本南部市场 市场

（South Melbourne Market；www.southmelbournemarket.com.au；Coventry St和Cecil St交叉路口，South Melbourne；⏲周三、周六和周日8:00~16:00，周五 8:00~17:00；🚊96）这个市场就像迷宫，有从旧学堂到精品店等的各种稀奇古怪的店铺。1864年，市场诞生于此。1月中旬至3月初，每个周四这里都有简易的饭馆和热闹的夜市。这里还有一个烹饪学校——可以登录网站查看细节。

阿尔伯特公园湖 湖泊

（Albert Park Lake；Queens Rd、Fitzroy St、Aughtie Dr和Albert Rd之间；🚊96）当你在这条5000米长的人工湖畔慢跑、骑车或是散步的时候，你就会看到，有着优雅魅力的黑天鹅倒立起来，向你献上它们专有的致礼。Lakeside Dr在20世纪50年代是国际摩托赛道，自1996年开始，赛道经过了翻修，成了每年3月**一级方程式赛车（"F1"）澳大利亚大奖赛**的举办地。**墨尔本体育和水上运动中心**（Melbourne Sports & Aquatic Centre）的周围有一处奥运标准的游泳池和一个受孩子们欢迎的造浪机。

活动

Kayak Melbourne 皮划艇

（☎0418 106 427；www.kayakmelbourne.com.au；团队游 $72~117；🚊11、31、48）不要错过划着皮艇参观亚拉河的机会。两个小时的团队游带你走过墨尔本最新的城区，让你了解旧城区的历史文化。月光之旅的晚餐有炸鱼和薯条，这是最让人念旧的旅途。团队游一般从达克兰的维多利亚港出发——详情请登录相关网站查询。

骑车

联邦广场的游客中心有骑行地图。城市系列地图中有亚拉河主干道（35公里）、玫蕊溪单车道（Merri Creek Trail，19公里）、Outer Circle Trail（34公里）和Maribyrnong River Trail（22公里）。你也可以沿着墨尔本海滩的小路走走。

Humble Vintage 自行车出租

（☎0432 032 450；www.thehumblevintage.com；两小时/全天/周票 $25/35/90）给自己来一套骑行设备吧，这里有珍藏的比赛专用车、城市自行车，还有女式车。费用包括车锁、头盔和地图。地图中会建议你不骑车的时候去做些什么。请上网查询取车点。

跑步

The Tan 跑步

（Royal Botanical Gardens，Birdwood Ave；🚌观光巴士，🚊8）3.8公里长的驯马场现在是这个城市最受欢迎的跑步地点。它包围着皇家植物园和国王的宫殿。

王子公园 跑步

（Princes Park；Princes Park Dr，North Carlton；🚊19）这个公园有条3.2公里长的石子小路，人们在这条小路上慢跑、散步，公园的中间有很多人打板球、踢足球、遛狗。这里以前是卡尔顿足球俱乐部（现在这里是训练场）。

游泳

夏天，和墨尔本人在城市海滩上玩。圣基尔达、中央公园以及墨尔本港都是很著名的地方，布赖特和桑德灵厄姆有一些城郊海滩。公共游泳池也很受欢迎。

墨尔本城市浴场 游泳

（Melbourne City Baths，见526页地图；☎03-9663 5888；www.melbourne.vic.gov.au/melbournecitybaths；420 Swanston St，Melbourne；成人/儿童 $6.10/3.60；⏲周一至周四 6:00~22:00，周五 6:00~20:00，周六和周日 8:00~18:00；🚆Melbourne Central）1860年，墨

St Kilda 圣基尔达

墨尔本及周边

墨尔本

St Kilda 圣基尔达

◎景点

1 月神公园 C5
2 圣基尔达海滩 A5

活动、课程和团队游

Aurora Spa Retreat （见9）
3 Kite Republic A4
4 Stand Up Paddle HQ A4

住宿

5 Adina Apartment Hotel St Kilda C2
6 Base D5
7 Hotel Barkly D4
8 Hotel Urban B3
9 Prince B3
10 Ritz D2

就餐

11 Claypots D6
12 Lau's Family Kitchen B3
13 Mirka's at Tolarno B2
14 Monarch Cake Shop C5

饮品和夜生活

15 George Lane Bar C2
Hotel Barkly （见7）
16 Republica A4
17 St Kilda Bowling Club C2
18 Vineyard C5

娱乐

19 Esplanade Hotel B4
20 Palais Theatre C5
Prince Bandroom （见9）

购物

21 Bookhouse D4
22 Dot Herbey D6
23 Eclectico D6
24 Esplanade Market B4
25 Readings D5

尔本刚刚开放城市浴场的时候，只有公共浴场，其目的就是让人们不要在亚拉河里洗澡或者饮水，因为那里的水污染很严重。墨尔本城市浴场自称墨尔本市中心最大的浴场（30米长），你可以在这处始建于1903年的文化遗产中好好转转。

墨尔本体育和水上运动中心 游泳

（Melbourne Sports & Aquatic Centre, MSAC; ☎03-9926 1555; www.msac.com.au; Albert Rd, Albert Park; 成人/儿童 $7.40/5.20; ⊙周一至周五 5:30~22:00，周六和周日 7:00~20:00; 🚊96、112）这里有一个豪华的室内游泳池——50米长，还有浪涛湾、水上滑梯、桑拿屋。阿尔伯特公园湖畔有一大块公共活动区。

帆板、风筝冲浪和立式单桨冲浪

每年11月至次年4月，可以去圣基尔达观看现场风筝冲浪。圣基尔达南边的埃尔伍德是一个很著名的帆船运动场。

Stand Up Paddle HQ 水上运动

（见540页地图; ☎0416 184 994; www.supb.com.au; St Kilda Pier; 租用每小时$30，两小时团队游$89; 🚊96）安排一堂课、租用立式桨板设备或是去参加亚拉河团队游览。

Kite Republic 风筝冲浪

（见540页地图; ☎03-9537 0644; www.kiterepublic.com.au; St Kilda Seabaths, 4/10-18 Jacka Blvd; 1小时课$90; ⊙10:00~19:00）这里提供风筝冲浪课程、团队游和设备，同时也是个不错的信息来源。冬天，霍瑟姆山可以滑雪。

团队游

Melbourne By Foot 步行游览

（☎0418 394 000; www.melbournebyfoot.com; 团队游$40; 🚊Flinders St）出去玩几个小时，步行游览4000米，街头艺术、政治、墨尔本各方面的历史知识会让你宁心静气，增长自己的见识。团队游包括茶歇。强烈推荐。上网预订。

Aboriginal Heritage Walk 文化游

（☎03-9252 2300; www.rbg.vic.gov.au; 成人/儿童 $25/10; ⊙周日至周四11:00; 🚌观光巴士，🚊8）皇家植物园是土著人露营、开会的场所。团队游会为你讲述他们歌唱的民谣、植物知识及其他内容，一共90分钟。团队游从游客中心启程。

Melbourne Street Art Tours 步行游览

（☎03-9328 5556；www.melbournestreettours.com；团队游$69；⊙周二、周四和周六13:30）团队游的时间是3小时。导游就是那些街头艺术家，所以你可以深入了解这些艺术形式。

St Kilda Music Walking Tours 步行游览

（www.skmwt.com.au；团队游 $40；⊙周末）臭名昭著的酒吧和地标是圣基尔达地下音乐景观的主体。除了那些令圣基尔达声名远扬的或滑稽或有些无耻的幕后团队游，吸引你的可能是音乐界的偶像人物或乐队，如弗雷德黑人（Fred Negro）和菲奥娜·李·梅纳德（Fiona Lee Maynard）等。

Real Melbourne Bike Tours 自行车游

（见526页地图；☎0417 339 203；www.rentabike.net.au/biketours；Federation Sq；4小时含午餐团队游 成人/儿童 $110/79；⊙10:00；🚉Flinders St）你可以跟随这种自行车游去很多地方，好好享受墨尔本的风景和美食。还可以租借自行车。

Hidden Secrets Tours 步行游览

（☎03-9663 3358；www.hiddensecretstours.com；团队游 $29~150）提供各种形式的步行团队游，包括车道和拱廊、葡萄酒、建筑、咖啡和咖啡馆以及墨尔本二手店等主题。

墨尔本游客巴士 巴士游

（Melbourne Visitor Shuttle；www.thatsmelbourne.com.au；每日票价$5，10岁以下儿童免费；⊙9:30~16:30）这辆巴士来回1.5小时。巴士上设有音频广播，还有13个站点，可以带游客去墨尔本所有的主要景点。

Melbourne River Cruises 乘船游

（见526页地图；☎03-9681 3284；www.melbcruises.com.au；Federation Wharf；成人/儿童$23/11）乘1小时的游轮沿亚拉河上游或下游参观，或者直接乘2.5小时的往返游轮。可以从好几个地点出发——请自行查看详情。威廉斯顿的索斯盖特和宝石码头之间有一个渡口，每日的帆船可能有3班至9班，具体得看天气情况。

节日和活动

澳大利亚网球公开赛 体育活动

（Australian Open；www.australianopen.com；National Tennis Centre）你可以在这里看到世界顶级网球手，体验欢乐的氛围——每年1月份大家可以和澳大利亚网球大满贯冠军亲密接触。

同性恋节 男同性恋和女同性恋

（Midsumma Festival；www.midsumma.org.au）1月中旬至2月中旬是墨尔本一年一度的同性恋节，届时会有100多项活动，最后以骄傲游行（Pride March）结束。

中国春节 文化

（www.chinatownmelbourne.com.au；Little Bourke St）19世纪60年代，Little Bourke St成了唐人街。于是，墨尔本每年2月都会庆祝农历新年。

White Night 文化

（whitenightmelbourne.com.au）墨尔本每年2月都会有一个不眠之夜，届时整个城市五光十色，是自由艺术、音乐和电影的舞台。

圣基尔达节 音乐

（St Kilda Festival；www.stkildafestival.com.au；Acland St和Fitzroy St）这个为期一周的节日2月底举行，在这个月的最后一个星期天，以一场在郊区举行的狂野的街头派对告终。

墨尔本美食美酒节 美食节

（Melbourne Food & Wine Festival；www.melbournefoodandwine.com.au）3月份，整个城

带孩子游墨尔本

Collingwood Children's Farm（见533页）

澳大利亚活动影像中心（见524页）

月神公园（见537页）

皇家墨尔本动物园（见536页）

国家体育博物馆（见533页）

墨尔本博物馆（见536页）

科学展览中心（见532页）

市（以至全国）的很多场馆都会有市场参观、葡萄酒品尝、烹饪课以及名人厨师展示等活动。

蒙巴 文化

（Moomba；www.thatsmelbourne.com.au；Alexandra Gardens）这个水边举行的节日因为特别的捕鸟者集会活动而在当地享有盛名。参赛选手乘自制的航空器跃入亚拉河中。3月举行。

一级方程式赛车澳大利亚大奖赛 体育运动

（Australian Formula One Grand Prix；☎1800 100 030；www.grandprix.com.au；Albert Park；票价$55起）这条街道有5.3公里长，环绕着宁静的阿尔伯特公园湖，这里湖面平静、水流湍急。3月，墨尔本会举办为期4天的激动人心的比赛，届时赛车的轰鸣声将塞满街道和人们的耳朵。

墨尔本国际喜剧节 喜剧节

（Melbourne International Comedy Festival；www.comedyfestival.com.au；墨尔本市政厅）3月份或者4月份，镇上会汇聚大批当地和各国的喜剧大亨。为期4周。

墨尔本爵士乐 爵士乐

（Melbourne Jazz；www.melbournejazz.com）5月或6月，国际爵士乐音乐人会聚集到镇上，去维多利亚艺术中心、丽晶剧院以及皇冠赌场的棕榈酒店，与当地人一起参与演奏会。

墨尔本国际电影节 电影节

（Melbourne International Film Festival；miff.com.au）隆冬时节的电影盛会。七八月，随着穿着黑色女佣制服的影迷的出现，电影节拉开帷幕。

墨尔本作家节 文学节

（Melbourne Writers Festival；www.mwf.com.au）没错，墨尔本是联合国教科文组织的文学城，这座城市以它拥有的作家为傲，更以读者为傲。作家节从8月的最后一周开始。在各个场馆举办的具有作家节特色的论坛、活动是这个节日的特色。

澳式橄榄球联盟总决赛 体育节

（AFL Grand Final；www.afl.com.au；MCG）从边界线进球都比买到9月总决赛的门票容易。在墨尔本，无论你在哪里都能感受到决赛的狂热（尤其是在酒吧）。

墨尔本艺穗节 艺术节

（Melbourne Fringe Festival；www.melbournefringe.com.au）9月至10月的艺术节会给我们带来实验剧场、音乐以及视觉艺术的视觉体验。

墨尔本国际艺术节 艺术节

（Melbourne International Arts Festival；www.melbournefestival.com.au）10月份，这个艺术节会在城市的各个场馆举行，以发人深思的澳大利亚节目以及国际戏剧、歌剧、舞蹈、视觉艺术和音乐为特色。

墨尔本杯 体育节

（Melbourne Cup；www.springracingcarnival.com.au）墨尔本杯久负盛名，春季赛马嘉年华是其终极项目，这既是一场社会活动也是一项体育赛事。比赛在11月的第一个周二举行，这一天墨尔本公休。

节礼日板球赛 体育运动

（Boxing Day Test；www.mcg.org.au；MCG）作为对板球迷的回馈，节礼日会举行墨尔本一年一度的国际板球比赛。13湾（Bay 13）会有恶作剧，要有心理准备。

住宿

墨尔本市中心

无论你是去市中心购物、参加聚会、看比赛或者学习当地文化，很多地方都提供各种价位的选择。

★ Space Hotel 青年旅舍、酒店 $

（见526页地图；☎03-9662 3888；www.spacehotel.com.au；380 Russell St；不带卫生间铺/标单/双 $29/77/93；❄@🛜；🚊城市环线、24、30）这个现代化酒店干净时尚，是墨尔本少见的几个真正适合较高预算背包客的旅店之一，其出售的东西很多，价格合理。屋子里有iPOD适配器和平板电视，卧室里有智能开关，比如大储物柜上的感应灯和可锁适配器。只有几个双人间里有套间和阳台。

原住民的墨尔本

景点

本吉拉卡原住民文化中心（见536页）
在墨尔本博物馆。

库里遗产信托（见530页）

Aboriginal Heritage Walk（见541页）

比拉荣马尔公园（见524页）

澳卡斯顿美术馆（见535页）

加布里埃尔佩兹画廊（见535页）

伊恩波特中心：维多利亚州国家美术馆（见521页）

就餐

Charcoal Lane（见551页）

媒体

➡ 墨尔本广播站3KND（Kool n Deadly；1503AM）

➡ NITV是一个全国性的电视台，重点播放本土内容。

Melbourne Central YHA 青年旅舍 $

（见526页地图；☎03-9621 2523；www.yha.com.au；562 Flinders St；铺/双 $34/100；@📶；🚊70）青年旅舍协会最近将这座古建筑完全改造了，所以现在这儿比以前更好。四层有体贴的服务、整齐的房间、厨房以及公用区。一楼有个非常棒的餐厅，叫Bertha Brown，这儿还有一个宽敞的天台。

Nomad's Melbourne 青年旅舍 $

（见526页地图；☎03-9328 4383；www.nomadshostels.com；198 A' Beckett St；铺$20~45，双 $100~145；P@📶；🚉Flagstaff）这家精致漂亮的青年旅舍的4层至14层混合分布着宿舍间（有些带套房）和宽敞的双人间，所以涌入墨尔本市中心的背包客挤爆了这家旅舍。这里有个天台，上面有烤肉，有影院休息室，还有灯红酒绿的酒吧，以及很多靓女。

City Centre Budget Hotel 酒店 $

（见526页地图；☎03-9654 5401；www.citycentrebudgethotel.com.au；22 Little Collins St；双 公共卫生间/独立卫生间 $79/94；@📶；🚉Parliament）如果你不想受外界干扰，这个经济酒店就是好去处，它有38个房间。其位置比较接近郊区，周围风景优美。它在一座不起眼的建筑物里，要上几层楼梯到楼上。房间比较简单，但很干净、很整齐，服务员也都非常友好，有免费Wi-Fi、洗衣房，鹅卵石铺就的屋顶还有个公共厨房。

Greenhouse Backpacker 青年旅舍 $

（见526页地图；☎03-9639 6400；www.greenhousebackpacker.com.au；6/228 Flinders Lane；铺/标单/双 含早 $37/80/90；❄@📶；🚉Flinders St）Greenhouse环境很好，这儿很了解背包客的需求，一直以来生意都不错。这里有免费Wi-Fi、免费天台烤肉设施、宽敞的公共空间、行李寄存处，还有各种活动。这里的服务员热心为顾客服务，旅舍的设施也都干净整齐。到弗林德斯火车站步行5分钟即可。

★Adina Apartment Hotel 公寓 $$

（见526页地图；☎03-8663 0000；www.adinahotels.com.au；88 Flinders St；公寓$141起；P❄📶；🚊城市环线、70、75）这里的设计师是地地道道的墨尔本当地人。这里很有设计感，酷酷的单冷色调的复式工业仓库公寓宽敞奢华。订一个前面的房间，可以看到令人惊叹的草地景观，或是从宽敞的套间（里面有全功能的厨房，铺有锃亮的地板）看一眼墨尔本的小巷。另外一些公寓在圣基尔达（见540页地图；☎03-9536 0000；157 Fitzroy St，St Kilda；公寓$139起），可以俯瞰阿尔伯特公园。

Alto Hotel on Bourke 酒店 $$

（见526页地图；☎03-8608 5500；www.altohotel.com.au；636 Bourke St；房间 $166起；P❄@📶；🚊86、96）🍃Alto注重环保，这里有省水淋浴龙头、节能灯、双层玻璃，鼓励客房用品回收再利用。房间设备齐全、光照充足、装饰简约。公寓（单间除外）厨具完备，室内布置有多个液晶电视，有些还包含水疗设施。有机意大利浓缩咖啡、苹果以及按摩室体验是免费的。客人可以租用电动汽车，每小时$17。

Pensione Hotel 酒店 $$

（见526页地图；☎03-9621 3333；www.pensione.com.au；16 Spencer St；$114起；

P ❄ @ 📶; 🚋96、109、112）Pensione Hotel精致漂亮，诚恳待客，让人耳目一新。一些房间的名字叫"鞋柜"或是"火柴盒"——不要太在乎房间的大小，室内得体的装修风格、房间里的附加设备及合理的价格会弥补其不足。

Hotel Causeway
酒店 $$

（见526页地图；☎03-9660 8888；www.causeway.com.au；275 Little Collins St；房间 $139起；❄ @ 📶；🚋86、96）Causeway在Howey Place商场里有一个不显眼的入口，这里对那些来墨尔本购物或是到酒吧娱乐的人比较有吸引力。这家酒店比较小，所以不要期待这儿的设施和大酒店一样。房间很精致，奢华的毛巾、睡袍、拖鞋是这里的特色。

Robinsons in the City
精品酒店 $$

（见526页地图；☎03-9329 2552；www.ritc.com.au；405 Spencer St；房间 $149起；P ❄ 📶；🚋75、96）Robinsons是这座城市的珍宝，里面有6个大房间，服务到位。这里的历史可以上溯到1850年，最初这个地方是个面包房，但是现在它的外表装修得现代而含蓄。每个房间都有专有的卫生间，在走廊里。这里的服务很周到、很人性化，经常有回头客。

Vibe Savoy Hotel
酒店 $$

（见526页地图；☎03-9622 8888；www.vibehotels.com.au；630 Little Collins St；房间$101起；❄ @ 📶；🚆Southern Cross）这座惹人喜欢的历史建筑位于Collins St的西头（在南十字星车站对面），已经进行了大胆的改造，不过有些房间还巧妙地保持了一些时代特点。它将传统酒店的舒适度、明亮的颜色设计以及现代的设施融为一体。

★Ovolo
精品酒店 $$$

（见526页地图；☎03-8692 0777；www.ovologroup.com；19 Little Bourke St；房间含早$215起；P ❄ @ 📶；🚆Parliament）这是墨尔本最新的精品酒店，它融合了时尚特点与正式的行政氛围。这里服务热情、氛围愉快、美食多多，每个房间里都有一个免费的小吧台，每天的放松时刻楼下都有免费酒宴。一进门就会获赠"欢迎礼包"，大堂摆着咖啡机，还有法式早餐糕点。你肯定永远都不想离开这里了。

Adelphi Hotel
酒店 $$$

（见526页地图；☎03-8080 8888；www.adelphi.com.au；187 Flinders Lane；房间$275起；❄ @ 📶 🏊；🚋3、5、6、16、64、67、72）这座低调的建筑是澳大利亚最早一批精品酒店之一，现在仍很受欢迎。这里进行了五星级的装修，房间舒适，里里外外透着欧式风格，很有设计感。谢天谢地，楼顶的露天泳池保留了下来，可以俯瞰Flinders Lane。

Hotel Lindrum
精品酒店 $$$

（见526页地图；☎03-9668 1111；www.hotellindrum.com.au；26 Flinders St；房间$275起；P ❄ 📶；🚋70、75）Hotel Lindrum是这座城市最受欢迎的酒店之一，这里曾经是传奇般的林德勒姆（Walter Lindrum，澳大利亚职业台球选手）打过球的地方。你可以在这里享受音质优良的音乐、淡雅的灯光还有手感舒服的毛巾。挑选一个豪华的房间，透过飘窗，你就可以欣赏墨尔本美景。没错，这里还有一个台球台——是林德勒姆曾经用过的，如假包换。

Crown Metropol
酒店 $$$

（☎03-9292 6211；www.crownhotels.com.au；Crown Casino，8 Whiteman St；房间$280起；❄ @ 📶 🏊；🚋96、109、112）Crown最棒的地方就是这里的顾客可以在墨尔本最美的无边界泳池游泳，可以以大视角观赏远处的丹德农风景。漂亮的豪华房间可以供四人住宿，是同类房间里价格最合算的。

Hotel Windsor
酒店 $$$

（见526页地图；☎03-9633 6000；www.thehotelwindsor.com.au；111 Spring St；房间$200起；❄ @；🚆Parliament）这座建筑物建于1883年，装饰豪华，大厅内的吊灯闪闪发光，还有一架三角钢琴。Windsor自认为是澳大利亚最出名的大酒店之一。

墨尔本东部和菲茨罗伊

迈开你的步伐，去墨尔本东部看看吧，从主城区步行即可到达，还能去墨尔本板球场看看。菲茨罗伊活力四射，不论白天还是晚上都有值得参观的地方，也在步行范围内。

★Nunnery
青年旅舍 $

（见534页地图；☎03-9419 8637；www.

nunnery.com.au; 116 Nicholson St, Fitzroy; 铺/标单/双 含早$32/90/120起; @; 96) Nunnery建于1888年，这里很有情调，楼梯宽敞，还保留了很多最初的风格——墙上是宗教艺术作品和华丽的彩色玻璃窗。你一定喜欢舒心的休闲酒吧及这儿的公共区域。主建筑的旁边就是女修道院宾馆(Nunnery Guesthouse)，这里比较私密，房间也更大($130起)。这里任何时候都是爆满，所以请提前预订。

Home@The Mansion 青年旅舍 $

(见534页地图; 03-9663 4212; www.homehostels.com.au; 80 Victoria Pde, East Melbourne; 铺$25~36, 双 $80~99; @; 城市环线、30、96, Parliament) 位于一座宽敞的历史遗产建筑里，本店是墨尔本不多见的有独特风格的旅舍之一。里面有92个宿舍床位以及几个双人间，所有房间都宽敞明亮，天花板漂亮，而且比较高。这里有两个小的电视区，包含游戏机，前门外有一个院子，还有一个阳光充足的厨房。

Brooklyn Arts Hotel 精品酒店 $$

(见534页地图; 03-9419 9328; www.brooklynartshotel.com.au; 48-50 George St, Fitzroy; 含早 标单/双 $115/155起; ; 86) 这个特色鲜明的酒店有7个不同的房间。老板马吉喜欢接待爱好艺术的人，而艺术家也常来这里住，所以你可能会在享用欧式早餐的时候听到一些很有趣的谈话。房间大小各不相同，但都整齐独特，颜色鲜亮，装饰美观，有一个房间里甚至摆着钢琴。楼上宽敞的房间屋顶比较高，街上的景色一览无余，比较受欢迎。

值得一游

海德现代艺术馆

海德现代艺术馆(03-9850 1500; www.heide.com.au; 7 Templestowe Rd, Bulleen; 成人/儿童 $16/免费; 周二至周日 10:00~17:00; 903, Heidelberg) 曾是当地著名的约翰·李迪和桑迪·李迪的故居，现在是一个大型公共艺术馆，环境优美，定期举行不同的展览，作品的创作者包括西德尼·诺兰(Sidney Nolan)和艾伯特·塔克(Albert Tucker)。这里有一家很棒的**咖啡馆**，可以带午餐便当或是在亚拉河边野餐。下午的免费导览游(14:00)会详尽描述墨尔本早期的绘画艺术。

Knightsbridge Apartments 公寓 $$

(03-9470 9100; www.knightsbridgeapartments.com.au; 101 George St, East Melbourne; 公寓 $119起; P@; 48、75, Jolimont) 套房公寓进行了重新装修，配有设备齐全的厨房，加上里面的家具、饰品，所有这一切意味着房间的价格也提高了。这里服务热情，给人的整体印象是“工作人员永远不会嫌麻烦”。可以选择更高的楼层，这样可以看到更多风景，采光也比较好(提醒一下，这里没有电梯)。提前打电话预订车位。

南亚拉和普拉兰

南亚拉在亚拉河以南，绿树成荫的住宅区街道周边有很多高档时尚的地方。

★ Art Series (The Cullen) 精品酒店 $$$

(见538页地图; 03-9098 1555; www.artserieshotels.com.au/cullen; 164 Commercial Rd, Prahan; 房间$215起; @; 72、78、79, Prahran) 这个酒店是Art Series连锁酒店中的精品，里面布满了涂鸦画家亚当·卡伦(Adam Cullen)的作品，他的作品充满活力。房间都非常精致，很舒适，不过空间不算大。

圣基尔达

圣基尔达是预算较低的游客喜爱的地方，距离海滨不远，有一些时尚之地可供选择。

★ Base 青年旅舍 $

(见540页地图; 03-8598 6200; www.stayatbase.com; 17 Carlisle St; 铺 $27~39, 双 $90~125; P@; 3a、16、79、96) 这个旅舍运营良好，宿舍布置合理(每间宿舍都有配套的卫生间)，还有舒适的双人间。有一层是女游客专用的，里面有头发拉直器、香槟开瓶器。酒吧和晚间现场音乐让欢乐随时伴你左右。

值得一游

免费墨尔本

皇家植物园（见537页）

比拉荣马尔公园（见524页）

城市环线电车（见530页）

澳大利亚当代艺术中心（见531页）

伊恩波特中心：维多利亚州国家美术馆（见521页）

维多利亚州国家美术馆国际馆（见531页）

霍西尔巷（见524页）

维多利亚女王市场（见529页）

澳大利亚活动影像中心（见524页）

维多利亚州立图书馆（见528页）

Ritz 青年旅舍 $

（见540页地图；☎03-9525 3501；www.ritzbackpackers.com；169 Fitzroy St；铺/双 含早 $23/65起；❄@📶；🚋3a、16、79、96、112）在一个英国小酒馆上面，Ritz因为拍摄过澳大利亚电视剧《左邻右舍》而名声大噪。Ritz位置很好，在市中心的小湖和公园对面，到圣基尔达中心步行也就5分钟。周五是电影之夜，可以免费烧烤。

Hotel Barkly 酒店 $

（St Kilda Beach House，见540页地图；☎03-9525 3371；www.stkildabeachhouse.com；109 Barkly St；含早 铺/双 $28/99起；❄@📶；🚋3、67）Hotel Barkly是聚会之地，欢迎你参加。一楼的宿舍虽然不是奢华的私人间，但是采光比较好，有情调。其他楼层的一些宿舍带阳台，可以欣赏美景。下面是一个很受欢迎的小酒馆，楼上的酒吧总是欢声笑语，音乐声震耳欲聋。吵吗？的确。但你要是喜欢那种环境，就绝对会是有趣的体验。

Hotel Urban 酒店 $$

（见540页地图；☎03-8530 8888；www.hotelurban.com.au/melbourne；35-37 Fitzroy St；房间 $149起；P❄@📶🏊；🚋3a、16、79、96、112）屋子里大量使用白枫色或白色家具，使房间显得比较大，干净亮堂，让人心绪平静。每个房间都不一样：有些有独立的室内水疗，有些则是圆形的。这里还有一个小健身房。

Prince 酒店 $$

（见540页地图；☎03-9536 1111；www.theprince.com.au；2 Acland St；含早房间 $185起；P❄@📶🏊；🚋3a、16、79、96、112）这里有一个非常漂亮的大堂，房间装修以使用天然材料为特色，有一种含蓄之美。这里有**Aurora**（见540页地图；☎03-9536 1130；www.aurorasparetreat.com；2 Acland St，St Kilda；1小时$120起；⊙周一至周五8:30~20:00，周六8:30~18:00，周日 10:00~19:00；🚋3a、16、96、112）都会型水疗、**Circa**饭店、酒吧和乐队练习室，早餐是由楼下的**Acland St Cantina**提供的。周末来的话要做好心理准备，夜店的噪音可能会影响到你。有免费Wi-Fi。

圣基尔达周边

Drop Bear Inn 青年旅舍 $

（☎03-9690 2220；www.dropbearinn.com.au；115 Cecil St，South Melbourne；铺/双 $27/50起；@📶；🚋112）旅舍的名字来自澳大利亚传说中一种可怕的野兽。旅舍正好在墨尔本南部市场对面，所以买生鲜农产品很方便，尤其是闭市前——会有特价。下面就是一个小酒馆，所以很适合那些喜欢聚会的人。大部分房间都有很好的自然采光，也比大部分青年旅舍漂亮。Wi-Fi免费。

Art Series（The Blackman） 精品酒店 $$$

（☎1800 278 468，03-9039 1444；www.artserieshotels.com.au/blackman；452 St Kilda Rd，Melbourne；房间 $220起；❄📶；🚋3、5、6、8、16、64、67、72）这里或许没有什么查尔斯·布莱克曼原创作品，但是房间能看到的风景的确非常不错——转角的套房可以欣赏到阿尔伯特公园湖以及城市的天际线。此外，这儿的大床非常奢华，窗帘的遮光性也很好，你可以好好睡上一觉。

就餐

墨尔本市中心

★ **ShanDong MaMa** 亚洲菜 $

（见526页地图；☎03-9650 3818；shop 7,

Mid City Arcade, 200 Bourke St; 主菜 $11起; ⏲11:00~21:00)这个简单的小店切切实实体现了墨尔本人对饺子的钟爱。这儿的饺子跟别的地方不一样, 别的地方多是蒸饺, 这儿的则是煮的。午饭时要是来晚了, 恐怕就要等位了。我们最喜欢点的两人餐是一盘Little Rachaels再加一盘鲜虾饺(King Prawn)。美妙之极。

Miss Katie's Crab Shack 美国菜 $

(☎03-9329 9888; www.misskatiescrabshack.com; 238 Victoria St; 菜肴$8~25; ⏲周二至周五 5:00~21:00, 周六 正午至21:00, 周日 正午至20:00; 🚊19、57、59) Miss Katie's在一个小酒吧里面, 采用美国南方家庭烹饪风格, 选用的农产品原料都是从马路对面的Vic Market买的, 还有自制辣椒酱。店主的祖母来自美国弗吉尼亚州, 她做的招牌炸鸡非常好。店主的妈妈是美国马里兰州人, 切萨皮克湾风味的海蟹大餐是她的拿手菜。

Misschu 东南亚菜 $

(见526页地图; ☎03-9077 1097; www.misschu.com.au; 297 Exhibition St; 主菜 $7~16; ⏲11:00~22:00; 🚊城市环线、24、30) Miss Chu自称"纸米卷女王", 她一步步扩大自己简陋的餐馆, 这里的菜都是老挝和越南摊式小吃, 物美价廉。餐馆的设计不拘一格, 座位是木箱式的, 窗子是20世纪50年代风格的复古百叶窗。推荐烤鸭香蕉纸米卷或牛肉和牛尾河粉纸米卷。这个餐馆在南亚拉(见538页地图; ☎03-9041 5848; 276 Toorak Rd, South Yarra; ⏲11:00~23:00; 🚊8、78、79)有分店。

Don Don 日本菜 $

(见526页地图; 198 Little Lonsdale St; 主菜 $6~9; ⏲周一至周六 11:00~21:00, 周日 11:00~20:30; 🚊3、5、6、16、64、67、72, 🚉Melbourne Central)因为人太多了, Don Don不得不搬到一个大地方去, 但人还是满满的。用一个大碗或者一个便当盒盛上一份日本菜, 然后在屋子里狼吞虎咽一番, 或者去州图书馆的草坪上, 和大家坐在一起细细品尝。

★ MoVida 西班牙菜 $$

(见526页地图; ☎03-9663 3038; www.movida.com.au; 1 Hosier Lane; 西班牙小吃 $4~6, 主菜 $8~30; ⏲正午至深夜; 🚊70、75, 🚉Flinders St) MoVida在一条鹅卵石小路上, 这条路是世界上街头艺术最密集的地方之一, 没有比这儿更具墨尔本风格的了。在酒吧外面排成一队, 挤在窗边的小桌子旁。或者提前预订, 然后坐在餐饮区好好享受美味的西班牙小吃。

MoVida Next Door(确实在隔壁)是提前展示啤酒、西班牙小吃的好地方。让你不得不去MoVida的原因还有**MoVida Aqui**(见526页地图; ☎03-9663 3038; www.movida.com.au; 1st fl, 500 Bourke St; 西班牙小吃$4.50起, 主菜 $22~30; ⏲周一至周五正午至深夜, 周六18:00至深夜; 🚊86、96), 这里地方很大, 菜单上主要是西班牙小吃和高温烤炙食品, 隔壁是墨西哥饭馆**Paco's Tacos**(见526页地图; ☎03-9663 3038; www.pacostacos.com.au; 1st fl, 500 Bourke St; 墨西哥卷饼$6; ⏲正午至23:00; 🚊86、96)。最近, 墨尔本机场开了**Bar Pulpo**[www.movida.com.au/airport; Terminal 2 (International), Melbourne Airport; 早餐 $7.90~22.50, 西班牙小吃$4.90起, 主菜 $13.90起; ⏲8:00至次日0:30], 乘飞机前可以享受一顿西班牙小吃和饮品。

★ Supernormal 亚洲菜 $$

(见526页地图; ☎03-9650 8688; www.supernormal.net.au; 180 Flinders Lane; 主菜 $15~37; ⏲周日至周四 11:00~23:00, 周五和周六 11:00至午夜)看来安德鲁·麦康奈尔绝不会出错。考虑一下安德鲁在上海和香港生活、烹饪的经历, 从有馅食品到海鲜, 再到四川慢炖羊肉等主菜, 他选择的食材都非常有创意。

就算你不在里面吃饭, 也要停下来买一份很受欢迎的新英格兰龙虾卷外卖——奶油蛋卷里放上小龙虾。我们有什么理由不喜欢呢? 5人及以下不接受预订。

Mamasita 墨西哥菜 $$

(见526页地图; ☎03-9650 3821; www.mamasita.com.au; 1/11 Collins St; 墨西哥卷饼 $5起, 共享盘 $19起; ⏲周一至周六 正午至深夜, 周日 13:00至深夜; 🚊城市环线、11、31、48、112)这家餐馆提供正宗的墨西哥街头食品, 这里任何时候都排着长长的队伍。这儿的烤玉米上撒上了奶酪和辣椒蛋黄酱, 这是它的神奇之处。这里还有一种上等的玉米卷饼和180种龙舌兰

酒。不接受预订，所以要做好排队的准备。

Cumulus Inc
新派澳洲菜 $$

（见526页地图；www.cumulusinc.com.au；45 Flinders Lane；主菜 $19~39；⌚周一至周五 7:00~23:00，周六和周日 8:00~23:00；🚋城市环线、48）这是墨尔本最好的餐馆之一，所有菜品都属一流。这些菜品看起来漂亮、简约而有艺术性：从大理石酒吧的沙丁鱼早餐和烟熏番茄吐司到晚餐外皮鲜嫩的"月光曲"牡蛎，坐在皮革沙发上好好欣赏一番吧。

不接受预订，所以很可能要排队。

Chin Chin
亚洲菜 $$

（见526页地图；☎03-8663 2000；www.chinchinrestaurant.com.au；125 Flinders Lane；主菜 $19~33；⌚11:00至深夜；🚋城市环线、70、75）Chin Chin是Flinders Lane上的另一个好地方，这里有一些好吃的东南亚街边小吃。它在一个老楼房里面，让人特别有一种置身纽约的感觉。不接受预订，楼下是Go Go Bar，你可以去那里消遣。

Waiters Restaurant
意大利菜 $$

（见526页地图；☎03-9650 1508；1st fl, 20 Meyers Pl；主菜 $15~25；⌚周一至周五 正午至14:30，周一至周六 18:00至深夜；🚆Parliament）沿着小巷往下走，上几个台阶就能进到这个餐馆里面——就像回到20世纪一样。这个餐馆是1947年开的，用的还是20世纪50年代的窗帘、木镶板和澳松板桌。曾经，这里是几个意大利和西班牙厨师休息时玩"scopa"（一种扑克游戏）的地方，现在每个人都为这里美味可口的红酱意大利面而来。

HuTong Dumpling Bar
中国菜 $$

（见526页地图；www.hutong.com.au；14-16 Market Lane；主菜 $15~25；⌚11:30~15:00和17:30~22:30；🚋86、96）窗子朝着著名的Flower Drum（见550页），美味的"小笼灌汤包"很著名，这就意味着午餐时间很难在这个三层的餐馆里找到座位。可以在楼下看大厨如何制作精致的包子。还有一个分店，在普拉兰（见538页地图；www.hutong.com.au；162 Commercial Rd, Prahran；主菜$15~25；🚋72、78、79）。

> **值 得 一 游**
>
> **中餐好去处**
>
> ShanDong MaMa（见547页）
>
> HuTong Dumpling Bar
>
> New Shanghai
>
> Supernormal（见548页）

New Shanghai
中国菜 $$

（见526页地图；☎03-9994 9386；www.newshanghai.com.au；shop 323, level 3, Emporium, 287 Lonsdale St；主菜 $8~32；⌚周六至周三 11:00~19:00，周四和周五 11:00~21:00）当地的包子大厨说，这里最受墨尔本人欢迎的就是"小笼灌汤包"。我们不想夺走HuTong Dumpling Bar的王冠，但你要是喜欢这种口味（还有筷子这种工具），为什么不两家都去尝尝呢？

Pellegrini's Espresso Bar
意大利菜 $$

（见526页地图；☎03-9662 1885；66 Bourke St；主菜 $15~18；⌚周一至周六8:00~23:30，周日正午至20:00；🚆Parliament）Pellegrini's提供地道的意大利菜，这一点几十年来从未改变。你可以选择各种各样自制的意大利面和酱料，你可以坐在桌子旁看厨师把你挑选好的东西一股脑投入一口大锅里煮。夏天，可以点一份西瓜冰沙。

Gazi
希腊菜 $$

（见526页地图；☎03-9207 7444；www.gazirestaurant.com.au；2 Exhibition St；共享盘 $11.50起，主菜 $23；⌚11:30~23:00；🚋48、70、75）餐厅是宽敞的工业化设计感大厅。大家可以挑选地道的开胃菜拼盘、美味的小块希腊烤肉，外加大虾、鸭肉，或是柴火灶烧的菜。

店主还拥有Hellenic Republic（☎03-9381 1222；www.hellenicrepublic.com.au；434 Lygon St, East Brunswic；主菜 $12~32；⌚周五 正午至16:00，周六和周日 11:00~16:00，周一至周日 17:30至深夜；📶；🚋1、8）。

Bomba
西班牙菜、西班牙小吃 $$

（见526页地图；☎03-9077 0451；http://bombabar.com.au；103 Lonsdale St；西班牙小吃 $3.50~8，菜肴 $15~32；⌚周一至周五正午至

15:00，每天 17:00至深夜；🚆Parliament）这里让人想起热热闹闹的西班牙餐厅，它为那些饥肠辘辘的食客提供正宗的西班牙餐前小吃、主菜，还有加泰罗尼亚炖肉和肉菜饭。酒单上大都是西班牙酒，苦艾酒和冷爱丝特雷娜缓缓淌在喉间——在屋顶的露台上享受这一切的同时，圣巴特里爵主教座堂的尖塔就在远处，真是再完美不过了。

Grain Store 咖啡馆 $$

（见526页地图；☎03-9972 6993；www.grainstore.com.au；517 Flinders Lane；午餐主菜$18~29，晚餐主菜 $26~38；⏲周一至周三 7:00~16:00，周四至周六 7:00~16:00和18:00~22:00，周日8:00~16:00）Grain Store位于墨尔本一个后工业化地区，这里发展良好。菜肴种类很多，从小火慢炖8小时的奥特韦猪肘子到孜然烧菜花，不一而足。周末，这里的早午餐菜品种类比大多数地方的早餐都要多，其中意大利乳清干酪和百果煎饼比较诱人。

Hopetoun Tea Rooms 茶室 $$

（见526页地图；☎03-9650 2777；www.hopetountearooms.com.au；282 Collins St；主菜$13~23；⏲周一至周六8:00~17:00，周日 9:00~17:00）1892年，这里就开始提供纸风车三明治、茶（调成淡红色的）和拉明顿蛋糕。Hopetoun太出名了，队伍常常排到Block Arcade入口。等位的时候就看着窗户里面的情景流口水吧。

★Vue de Monde 新派澳洲菜 $$$

（见526页地图；☎03-9691 3888；www.vuedemonde.com.au；level 55，Rialto，525 Collins St；套餐$150~250；⏲预订 周二至周五和周日 正午至14:00，周一至周六 18:00~21:15；🚋11、31、48、109、112，🚆Southern Cross）本店位于里亚尔托的旧观景台，人们喜欢在这里享受烛光晚餐，因为这里的景色和它的名字很配。这里的主厨贝内特很有远见，他改变了传统的法国菜，从装饰到菜单都添加了些许新派澳洲菜主题。

★Kenzan 日本菜 $$$

（见526页地图；☎03-9654 8933；www.kenzan.com.au；56 Flinders Lane；主菜 $30~45，午餐/晚餐套餐$36/85；⏲正午至14:30和18:00~22:00）Kenzan是墨尔本最好的日本菜馆之一，其位置并不好，但是这儿的生鱼片和寿司非常棒，日本火锅也是一个不错的选择。不知道选择什么好？午餐和晚餐套餐都非常棒。要是能单点，可以要一份贵一点儿的雪花牛肉。

Flower Drum 中国菜 $$$

（见526页地图；☎03-9662 3655；www.flower-drum.com；17 Market Lane；主菜 $15~60；⏲周一至周六 正午至15:00和18:00~23:00，周日18:00~22:30；📶；🚋86、96）Flower Drum一直是墨尔本最好的中国菜馆。它采用上好、新鲜的食材，对细节的要求非常严格，所以这家唐人街餐馆经常提前几周被订光。粤菜（菜单每天都变）表面上看起来简单，但是制作过程非常繁复。这里的服务细致周到，和周围优雅的环境相得益彰。

Gingerboy 亚洲菜 $$$

（见526页地图；☎03-9662 4200；www.gingerboy.com.au；27-29 Crossley St；共享菜肴$32~52；⏲周一至周五 正午至14:30和17:30~22:30，周六17:30~22:30；🚋86、96）欢迎体验这里前卫时尚的环境和周末的聚会。厨师蒂格·伊扎德很有才能，他对街边小吃进行了改良。比较出名的菜有青椒扇贝，还有椰肉无鳔石首鱼，上面撒了一些花生和罗望子酱。请提前预订。Gingerboy在楼上有一个非常长的鸡尾酒吧。

No 35 at Sofitel 新派澳洲菜 $$$

（见526页地图；www.no35.com.au；level 35，Sofitel，25 Collins St；主菜 $30~48；⏲正午至14:30和18:00至深夜；🚋11、48、109、112，🚆Parliament）从这家餐厅能看到整个城市的风景——透过落地玻璃窗（在厕所都能看到令你难忘的风景）。这家餐厅比较适合在特殊场合宴请宾朋，你可以从菜单上看到各种各样的美食，比如烤海鳟、奶酪汤圆、上面涂着蟹酱和鱼子酱的奶油沙司，还有菠菜奶油。

Mrs Parma's 新派澳洲菜 $$

（见526页地图；www.mrsparmas.com.au；25 Little Bourke St，Melbourne；鸡肉帕尔玛$21.50~27.50；⏲周一至周五 11:00至深夜，周六和周日正午至深夜；🚆Parliament）澳大利亚人一直都把帕尔马（干酪鸡肉）看成是一种非常低俗的东西，但Mrs Parma's将帕尔马制作提到了一个新高度，这里有15种不同的帕尔马——鸡肉的、牛肉的、茄子的，不一而足。除此之外，这里还有大量用维多利亚时代的工艺酿制的啤酒，绝对不容错过。

Southgate、南码头和达克兰

Tutto Bene 意大利菜 $$

（见526页地图；☎03-9696 3334；www.tuttobene.com.au；midlevel，Southgate；主菜 $24~45；⏰正午至15:00和18:00~22:00；🚉Flinders St）这家意大利餐厅最出名的菜品就是意大利调味饭。这里既有简单的威尼斯菜“青豆米汤”（rice and peas），也有一些奢侈无比的菜肴，包括松露、烧鹌鹑和意大利葡萄醋。不要错过餐厅的自制意式冰激凌哦。

Rockpool Bar & Grill 牛排 $$$

（见526页地图；☎03-8648 1900；www.rockpoolmelbourne.com；Crown Entertainment Complex；主菜 $24~110；⏰周日至周五 正午至14:30，每天 18:00~23:00；🚋55，🚉Flinders St）这里的菜品都是牛肉，从食草牛到纯种的神户牛，不一而足。这里的环境很简单、很时尚，就跟菜单一样。酒吧的餐饮服务很好，各种饮品琳琅满目。

里士满

来此就餐的美食家越来越多，他们属于高消费阶层，里士满因此名声大噪，但是这里仍有很多接地气的餐馆，尤其是Victoria St上的越南菜馆，其价格非常实惠。

Richmond Hill Cafe & Larder 咖啡馆 $$

（☎03-9421 2808；www.rhcl.com.au；48-50 Bridge Rd；午餐$12~30；⏰8:00~17:00；🚋75，🚉West Richmond）这里曾经是大厨斯蒂芬妮·亚历山大（Stephanie Alexander）的地盘，现在咖啡馆仍旧以其漂亮的奶酪室、简单而令人舒爽的食物（如干酪吐司等）而自豪。可以尝试一下早餐鸡尾酒。

菲茨罗伊及周边

过去的几年里，Smith St上出现了很多非常棒的新餐馆，Gertrude St则吸引了一些受欢迎的餐馆来此营业。Brunswick St有几家老牌餐馆，人气一直很旺，其他餐馆的状况时好时坏。再往前走就到了Northcote's High St，这里吃饭的地方很多。

Po' Boy Quarter 美国菜 $

（见534页地图；☎03-9419 2130；www.gumbokitchen.com.au；295 Smith St，Fitzroy；面包卷 $10~14；⏰11:30~13:00；🚋86）Smith St上的这辆炊事车是个小卖部风格的简便饮食店，非常漂亮，喜欢在这里停车的男孩子可以一边看着大街上人来人往，一边狼吞虎咽地吃下面包卷。有的面包卷里是手撕猪肉和涂满路易斯安那辣椒酱的大虾，有的配有卡津卷心菜。

Jimmy Grants 希腊菜 $

（见534页地图；www.jimmygrants.com.au；113 St David St，Fitzroy；希腊烤肉 $9起；⏰11:00~22:00；🚋86）这家餐厅是由著名的乔治·克仑比尔大厨开的。这里有烤肉卷、羊肉皮塔饼、芥末蛋黄酱、薯条、蜜汁明虾和青菜。

★Charcoal Lane 新派澳洲菜 $$

（见534页地图；☎03-9418 3400；www.charcoallane.com.au；136 Gertrude St，Fitzroy；主菜 $19~31；⏰周二至周六 正午至15:00和18:00~21:00；🚋86）🌿这家餐厅位于旧的青石银行里，实习生主要是当地人和那些手头比较紧的年轻人。这里是本地菜最正宗的餐厅之一——菜单上可能有袋鼠汉堡，上面抹了野生番茄酱，还夹着鞑靼小袋鼠肉。建议提前预订。这里还有使用本地原料的特色菜讲习班，具体情况请上网查询。

Añada 西班牙小吃 $$

（见534页地图；☎03-9415 6101；www.anada.com.au；197 Gertrude St，Fitzroy；西班牙小吃$4起，主菜 $10~26；⏰周一至周五 17:00至深夜，周六和周日 正午至深夜；🚋86）这家餐馆精致可爱，菜肴都是美味的西班牙和穆斯林—地中海口味。这里的西班牙小吃种类丰富，你也可以花$50点九道菜的筵席（主厨精选）。

Hammer & Tong 412 咖啡馆 $$

（见534页地图；☎03-9041 6033；www.hammerandtong.com.au；rear 412 Brunswick St，Fitzroy；主菜 $14~32；⏰周二至周六 7:00至深夜，周一和周日 7:00~16:00；🚋112）Hammer & Tong

412位于Brunswick St上，外观设计令人生畏，可能会勾起你的好奇心。其实，这是一家备受欢迎的咖啡馆，这家咖啡馆是由名门望族Vue du Monde和Jacques Reymond开的。早餐供应虾尾鸡蛋饼，午餐供应软壳螃蟹汉堡包，还有很多精致的主菜。咖啡口味也很棒。

Robert Burns Hotel 西班牙菜 $$

（见534页地图；www.robertburnshotel.com.au；376 Smith St, Collingwood；主菜 $19起；⏲周一和周二17:00至深夜，周三至周日正午至深夜；🚊86）经过一番改造之后，这里虽然更加光亮整洁，却比从前少了幽暗迷人的魅力。谢天谢地，地道的西班牙菜还在：这里的西班牙海鲜饭仍旧是墨尔本数一数二的。售价$12的午饭很超值。

Cutler & Co 新派澳洲菜 $$$

（见534页地图；☎03-9419 4888；www.cutlerandco.com.au；55 Gertrude St, Fitzroy；主菜$36~49；⏲周五和周日 正午至深夜，周一至周四18:00至深夜；🚊86）这是安德鲁·麦康奈尔的另一家餐馆，装饰过于花哨，但仍值得推荐。服务员细致入微而且见多识广，菜肴（烤乳猪、格雷伯爵冰激凌、月光湾牡蛎等）让人心情舒畅，所以这个地方很快就成了墨尔本最好的餐馆之一。

Moon Under Water 新派澳洲菜 $$$

（见534页地图；☎03-9417 7700；www.buildersarmshotel.com.au；211 Gertrude St, Fitzroy；3/4/6道菜套餐$65/75/95；⏲周三至周六18:00~22:00，周日正午至15:00和18:00~22:00；🚊86）这家优雅安静的餐厅也是安德鲁·麦康奈尔的，它在Builders Arms Hotel的后面，位置非常隐秘。这里的套餐一周一变，搭配的酒类要另付$55。餐厅供应素食。如果你想从菜单上随便点菜，那就在18:00以后去隔壁的法式小馆看一下每天的烤肉菜单（烧乳猪）。

建议你至少提前两周预订。

Estelle 新派澳洲菜 $$$

（☎03-9489 4609；www.estellebarkitchen.com.au；243 High St, Northcote；5/8道菜试吃套餐$80/120；⏲周二至周四 18:00至深夜，周五至周日 正午至深夜；🚊86，🚉Northcote）餐厅设计一流、地板光亮，你可以尽情享受室内优雅的环境，也可以观赏后院——很有诺思科特古典后院的感觉。菜品种类繁多，从丰富的法国菜到亚洲式鱼类菜品，跨度很大。五个菜的套餐配上酒类很受欢迎，最低消费$70。

卡尔顿及周边

20世纪50年代，来自地中海沿岸的众多移民搬到这里，那之后，Lygon St的菜肴就越来越像意大利菜。不要理会这里的喧哗声，往北走会经过Grattan St——从这里再往前有很多精致的咖啡馆和餐厅。Lygon St尽头

上门送餐服务：墨尔本快餐车

墨尔本的餐车历史悠久——如果没有人在餐车柜台前拿着热乎乎的果酱甜甜圈、肉馅饼和热薯条吸引球迷，一场郊区的澳式橄榄球比赛就不能算作结束。每天供应商都会发布消息，让Twitter和Facebook的关注者知道他们的动向，这样人们一到时间就会去街道旁等待用餐。墨尔本最受欢迎的餐车（以及他们的Twitter）如下：

Beatbox Kitchen（@BeatboxKitchen）美味的汉堡和薯条。

Cornutopia（@Cornutopia）墨西哥菜风格的街道饮食。

GrumbleTumms（@GrumbleTumms）丛林美食：鳄鱼或鸸鹋馅饼和袋鼠汉堡包。

Gumbo Kitchen（@GumboKitchen）新奥尔良风味。

Mr Burger（@MrBurgerTruck）食物如同它的名字。

Smokin' Barry's（@SmokinBarrys）烟熏烧烤肉类。

也可以登录www.wherethetruck.at寻找城镇周围更多的快餐车。

不要错过

从中东部到北部

布伦瑞克的Sydney Rd是墨尔本中东部的枢纽。忙碌的**A1 Lebanese Bakehouse**（www.a1lebanesebakery.com.au; 643-5 Sydney Rd, Brunswick; 主菜 $10起; ⏲周日至周三 7:00~19:00，周四至周六 至21:00; 🚊19, 🚆Anstey）和不提供饮酒的**Tiba's Restaurant**（www.tibasrestaurant.com.au; 504 Sydney Rd, Brunswick; 主菜 $11起; ⏲周日至周四 11:00~23:00，周五和周六 至午夜; 🚊19, 🚆Brunswick）值得一游，还有在中东部有影响力的**Ray**（☎03-9380 8593; 332 Victoria St, Brunswick; 餐 $8~20; ⏲周一至周五 7:30~16:00，周六和周日 8:30~17:00; 📶; 🚊19, 🚆Brunswick），可在这里品味咖啡。

的The East Brunswick也不错。

Sugardough Panificio & Patisserie
面包房 $

（☎03-9380 4060; www.sugardough.com.au; 163 Lygon St, East Brunswick; 主菜 $8.60; ⏲周二至周五 7:30~17:00，周六和周日 7:30~16:00; 🚊1、8）Sugardough生意火爆，其自制的馅饼（有素的）、面包和点心很受欢迎。这儿的刀具、杯子、茶碟不太配套，感觉就像在外祖母家用餐一样。

D.O.C Espresso
意大利菜 $$

（见536页地图; ☎03-9347 8482; www.docgroup.net; 326 Lygon St, Carlton; 主菜 $12~20; ⏲周一至周六 7:30~21:30，周日 8:00~21:00; 🚌205, 🚊1、8、96）D.O.C由第三代意大利人经营，因为它的存在，Lygon St更添活力。这家意式咖啡吧以自制意大利面、意酿啤酒为特色，还有餐前小食时段（16:00~19:00）——坐在酒杯架后面，置身于悬挂着的肘子肉和超大的奶酪圈之间，你可以一边喝着尼格罗尼鸡尾酒，一边享用免费赠送的小吃。

deli（见536页地图; ☎03-9347 8482; www.docgroup.net; 326 Lygon St, Carlton; 主菜 $12起; ⏲9:00~20:00）在隔壁，这里的奶酪拼盘和帕尼尼做得很好，角落那里是D.O.C最早的**比萨饼店**（见536页地图; ☎03-9347 2998; www.docgroup.net; 295 Drummond St, Carlton; 比萨 $13~18; ⏲周一至周三 17:30~22:30，周五至周日 正午至22:30; 🚌205, 🚊1、8），这里的薄皮比萨很好吃，气氛也非常轻松欢乐。

Rumi
中东菜 $$

（☎03-9388 8255; www.rumirestaurant.com.au; 116 Lygon St, East Brunswick; 主菜 $12~24; ⏲18:00~22:00; 🚊1、8）这家餐馆的服务非常周到，既有传统的黎巴嫩菜也有对传统波斯菜的现代诠释。奶酪和松子糕点是当地传统美食，像肉丸这样美味可口的主菜可以搭配很多有趣的蔬菜（焦糖花椰菜和蚕豆比较好）。

Auction Rooms
咖啡馆 $$

（☎03-9326 7749; www.auctionroomscafe.com.au; 103-107 Errol St, North Melbourne; 主菜 $14~22; ⏲周一至周五7:00~17:00，周六和周日 7:30~17:00; 📶; 🚊57）这里以前是座举行拍卖会的房子，后来改作咖啡馆，在墨尔本北部大获成功。这里有着墨尔本最好的浓缩咖啡和过滤器，采用最新鲜的自家烘烤的单品咖啡豆。早午餐都非常有创造性，菜单随季节而变。从维多利亚市场沿着Victoria St往西走，Errol St的右边就是。

Bar Idda
意大利菜 $$

（☎03-9380 5339; www.baridda.com.au; 132 Lygon St, East Brunswick; 主菜 $15~20; ⏲周二至周六18:00~22:00; 🚊1、8）你可能想不到这家西西里餐厅的菜多么好吃。从撒满开心果碎屑的羊肉里脊，到素菜分层茄子，这里的拼盘菜很是丰富。

Tiamo
意大利菜 $$

（见536页地图; www.tiamo.com.au; 303 Lygon St, Carlton; 主菜 $9~26; ⏲6:30~23:00; 🚌观光巴士, 🚊1、8）如果你喝够了现磨咖啡、机造咖啡、冲饮咖啡、过滤咖啡或者泡饮咖啡，就来Lygon St最原始的意大利咖啡馆吧。这里欢声笑语不断，充满了只有金字招牌餐馆才有的生活乐趣。意大利面和比萨也不错。隔壁有很多高档的咖啡摩卡壶。

Abla's 黎巴嫩菜 $$

(见536页地图; ☎03-9347 0006; www.ablas.com.au; 109 Elgin St, Carlton; 主菜 $27~30; ⊙周四和周五 正午至15:00, 周一至周六 18:00~23:00; 🚌205, 🚊1、8、96) Abla Amad是这里的主厨, 他做的菜地道可口。周五或周六晚上带一瓶你最喜欢的酒, 点上一些必点的菜($70)。

圣基尔达及周边

Fitzroy St是条很著名的小吃街。在这里, 你会发现有的地方不错, 有的地方很好, 而有的地方丑陋至极。Acland St有很多餐馆, 这儿的蛋糕店也很出名。Carlisle St有很多精致的咖啡馆和餐馆, 当地人非常喜欢。

Monarch Cake Shop 甜品、欧洲菜 $

(见540页地图; ☎03-9534 2972; www.monarchcakes.com.au; 103 Acland St, St Kild; 蛋糕块 $5起; ⊙8:00~22:00; 🚊96) 圣基尔达的这家东欧蛋糕店久负盛名, 吸引了好多人前来一睹甜品橱窗的风采。咕咕霍夫(大理石面包)、梅子蛋糕和罂粟籽芝士蛋糕经久不衰。从1934年开始, 这家店里让人垂涎欲滴的黄油香味和古老的氛围就没怎么变过。这儿的咖啡也很棒。

Si Señor 墨西哥菜 $

(193 Carlisle St, Balaclava; 墨西哥玉米卷 $5~8, 墨西哥三明治 $13.50~16; ⊙11:30至深夜; 📶; 🚊3、16、79) Si Señor是墨尔本最新的墨西哥饭店之一, 也是最地道的一家店。按照店家的指导, 把美味的烤肉加在绵软的玉米饼上食用。

Glick's 百吉饼 $

(www.glicks.com.au; 330a Carlisle St, Balaclava; 百吉饼$4~10; ⊙周一至周五和周日 5:30~20:00, 周六 日落后30分钟至午夜; 🚊3、16、79) 装饰简单的面包店里有自制的百吉饼和符合犹太教教规的食品, 当地犹太社区的百姓很高兴能有这样一家店。Glick's坚持传统做法, 店家还尝试用奶油芝士和鸡蛋沙拉做了一款叫"New Yorker"的新品。

Monk Bodhi Dharma 咖啡馆 $$

(☎03-9534 7250; www.monkbodhidharma.com; 位于Balaclava的202 Carlisle St后面; 早餐 $9~20; ⊙周一至周五 7:00~17:00, 周六和周日8:00~17:00; 🌿; 🚊3、16、79) Monk Bodhi Dharma因为位置隐蔽——在Carlisle St旁边的一条小巷里(紧挨着Safeway), 所以不会有太多人经过这里。但幸运的是, 这个舒适的砖砌咖啡馆仍有许多忠实的顾客。20世纪20年代, 这里曾是一个面包房, 现在经营美味素食、自制伯奇木斯里(Bircher muesli, 一种麦片)以及单品咖啡。

周五的晚餐需提前预订。

Uncle 越南菜 $$

(☎03-9041 2668; www.unclestkilda.com.au; 188 Carlisle St, St Kilda; 主菜 $24~34; ⊙周二 17:00至深夜, 周三至周日 正午至深夜) Uncle的外观具有浓郁的圣基尔达地方风情(还有屋顶餐厅), 这里提供一流的越南菜, 近年来成为墨尔本最有吸引力的亚洲餐馆之一。饮品单里包括越南桑格利亚酒(Viet sangria), 主菜有柠檬草和椰浆鱼片(lemongrass and coconut scotch fillet), 然而比较传统的人喜欢越南米粉。

Mirka's at Tolarno 各国风味、意大利菜 $$

(见540页地图; ☎03-9525 3088; www.mirkatolarnohotel.com; Tolarno Hotel, 42 Fitzroy St, St Kilda; 主菜 $18~38; ⊙18:00至深夜; 🚊16、96、112) 墙上是深受人们爱戴的艺术家米尔卡·莫拉(Mirka Mora)的壁画, 这使餐厅显得极具年代感(从20世纪60年代早期开始就是广受欢迎的餐馆)。这是美食家Guy Grossi开的餐馆之一, 意大利菜单上是一些具有田园特色的经典菜品, 比如意式煎小牛肉火腿卷配加了戈尔根朱勒干酪的核桃和梨汤圆, 让人耳目一新。这里也有套餐, 包括4道菜($60)。

Claypots 海鲜 $$

(见540页地图; ☎03-9534 1282; 213 Barkly St, St Kilda; 主菜 $24~38; ⊙正午至15:00和18:00至次日1:00; 🚊96) Claypots是当地人喜欢的地方, 主打的海鲜以店名命名。提早去占座才能吃到好东西, 因为受欢迎的菜品卖得很快。这家店在墨尔本南部市场(见539页)也有分店。

Lau' s Family Kitchen
中国菜 $$

（见540页地图；☎03-8598 9880；www.lauskitchen.com.au；4 Acland St, St Kilda；主菜$24~38；⊙晚餐入席时间 18:00和20:00；🚊16、96）经营者是地道的中国人（父亲叫吉尔伯特·刘，是著名的Flower Drum的前任老板），饭店周围林木葱郁、景色宜人。菜单上主要是粤菜，描述简单，但菜式精致。时而给敢于尝鲜的食客准备一些惊喜。

有两个晚餐时间段，可选其一预订。

★Attica
新派澳洲菜 $$$

（☎03-9530 0111；www.attica.com.au；74 Glen Eira Rd, Ripponlea；8道菜体验套餐 $190；⊙周三至周六18:30至深夜；🚊67，🚆Ripponlea）一直广受好评的Attica地处郊外，你可以在此吃到主厨Ben Shewry的精选创新菜。许多菜在上菜时还是半成品，服务员会撒点这个放点那个，变魔术似的将美味呈现在客人面前。每周二晚上，Shewry都会在大厨桌上“试验”新创意（每人$125）。需要提前几个月预订。

沿着Brighton Rd向南一直到Glen Eira Rd。

墨尔本南部、墨尔本港和艾伯特公园

Andrew' s Burgers
汉堡包 $

（☎03-9690 2126；www.andrewshamburgers.com.au；144 Bridport St, Albert Park；汉堡包 $7.50起；⊙周一至周六 11:00~15:00和16:30~21:00；🚊1）这是家族经营的汉堡店，自20世纪50年代营业至今。墙壁依然镶着木板，挂着当地名人的照片，他们跟大多数人一样，常会进来点一大份经典汉堡和一大包薯条，然后打包带走。有素菜可供选择。

St Ali
咖啡馆 $$

（☎03-9689 2990；www.stali.com.au；12-18 Yarra Pl, South Melbourne；菜肴 $8~23；⊙7:00~18:00；🚊112）St Ali原先是一个偏僻的仓库，现已被改造成咖啡馆。这里的咖啡原汁原味，保证好喝。如果你不知道要喝混合咖啡、特色咖啡，还是白咖啡或黑咖啡，可以选择拼盘（$18）。在《2013顶级咖啡馆指南》（*The Age Good Cafe Guide 2013*）中，该店被列为最佳，其玉米煎饼加煮鸡蛋和芝士堪称一绝。

紧邻Clarendon St，在Coventry St和York St之间。

Albert Park Hotel Oyster Bar & Grill
海鲜、酒馆 $$

（☎03-9690 5459；www.thealbertpark.com.au；Montague St和Dundas Pl交叉路口，Albert Park；主菜 $15~30；🚊1、96）Albert Park Hotel专注于做牡蛎、海鲜和酒吧美食，承诺向每位顾客提供市场价格的新鲜鱼类和五种地中海风味的炭烤大鱼。

饮品和夜生活

墨尔本的酒吧名声在外，从隐蔽的小巷到喧嚣的角落，能见到各种酒吧。咖啡馆也是这样。在远离市中心的购物街上，饮品店林立，你可以前往菲茨罗伊、科灵伍德、诺斯科特、普拉兰和圣基尔达。市内的酒馆打发走酒鬼，收起洒满啤酒的地毯，把地板擦得干干净净，然后请来高级厨师和调酒师。

墨尔本市中心

★美式咖啡吧
鸡尾酒吧

（Bar Americano，见526页地图；20 Pesgrave Pl，紧邻Howey Pl；⊙8:30至次日1:00；🚊11、31、48、109、112）Bar Americano是城市小巷里隐藏的酒吧，空间狭小局促，有黑白相间的方格地板，墙上的瓷砖像是地铁站里的那种。内部挂着“禁止吐痰”的标识，有一种非法经营酒吧的微妙气氛。白天店里经营上好的咖啡，但是天黑之后就只有鸡尾酒。价格不菲，但质量上乘。

Lui Bar
鸡尾酒吧

（见526页地图；www.vuedemonde.com.au；level 55, Rialto, 525 Collins St；⊙周一 17:30至午夜，周二至周五 正午至午夜，周六 17:30至深夜，周日 正午至傍晚；🚊11、31、48、109、112，🚆Southern Cross）这是城里最精致的酒吧之一，窗外景色宜人，可品尝酒吧小吃——有很棒的熏鲑鱼干。几乎每晚都会聚集商界达人和社会名流，所以要提前去（好好打扮一下），报上你的桌号，然后点饮品。

饮品包括澳洲马丁尼酒，这种酒是真空蒸馏出来的。

男女同性恋的墨尔本

墨尔本的男女同性恋团体已经很好地融入大众群体了，但是夜店和酒吧分别位于两个不同的地方：Abbotsford和科灵伍德，以及普拉兰和南亚拉。Commercial Rd将普拉兰和南亚拉分离开来，是很多同性恋夜店、咖啡馆和生意场所的集聚地。比起"北部"这里更吸引人，多了些实在，少了些矫饰。

想要获取当地信息，可以选择一份免费的周报*MCV*（*Melbourne Community Voice*）。GLBT社区广播站**JOY 94.9FM**（www.joy.org.au）是游客和当地人获取信息的另一个重要来源。

节日和活动

在同性恋节（Midsumma Festival）期间，大量的墨尔本场馆开始营造节日的氛围（见542页）。这里有不同的文化、社团和体育活动，包括很受欢迎的亚历山大花园（Alexandra Gardens）的同性恋狂欢节（Midsumma Carnival）等。

墨尔本同性恋电影节（Melbourne Queer Film Festival；www.melbournequeerfilm.com.au）澳大利亚最大的男同性恋电影节在3月举行，电影节会展示未删减长篇电影、动画以及实验性作品。

住宿

169 Drummond（见536页地图；☎03-9663 3081；www.169drummond.com.au；169 Drummond St, Carlton；双 含早 $120~145；📶；🚊1、8）这家私人男同性恋客栈是翻修过的19世纪排屋，距充满活力的Lygon St只有一个街区。

饮品和夜生活

Exchange Bar（见538页地图；☎03-9804 5771；www.exchangebar.com.au；119 Commercial Rd, South Yarra；⏰周三至周六 17:00至深夜；🚊72）之前是Exchange Hotel，现在则是Commerical Rd为数不多的几家同性恋场所之一，有定期的扮装秀。

Laird（☎03-9417 2832；www.lairdhotel.com；149 Gipps St, Collingwood；⏰17:00至深夜；🚆Collingwood）Laird经营男同性恋酒店已经有30多年了。它位于Gipps St的Abbotsford一侧，一直延伸到科灵伍德的Wellington St。

DT's Hotel（☎03-9428 5724；www.dtshotel.com.au；164 Church St, Richmond；🚊78、79）这家私密的男同性恋酒馆规模不大，但有墨尔本最好的扮装秀、让人回味的夜晚和快乐时光。

Peel Hotel（☎03-9419 4762；www.thepeel.com.au；113 Wellington St, Collingwood；⏰周四至周六 21:00至次日黎明；🚊86）Peel是墨尔本最著名、最受欢迎的男同性恋场所之一。

Commercial Hotel（☎03-9689 9354；www.hotelcommercial.com.au；238 Whitehall St, Yarraville；⏰周四至周六；🚆Yarraville）这家低调的小酒馆服务态度好，每周六晚上都有扮装秀。从市中心出发，沿着Footscray Rd走，然后向左转到Whitehall。

GH Hotel（Greyhound Hotel；☎03-9534 4189；www.ghhotel.com.au；Carlisle St和Brighton Rd交叉路口，St Kilda；🚊16、67、79）这家老店经过翻修，周四至周六晚上有扮装秀。这里的夜店配有最高水准的音响设备。

Melbourne Supper Club 酒吧

（见526页地图；☎03-9654 6300；1st fl, 161 Spring St；⏰周日至周四 17:00至次日4:00，周五和周六 17:00至次日6:00；🚊95、96，🚆Parliament）这家店营业到很晚，是演员和爱交际的人下班后喜欢去的地方。进去的时候要穿过一道木门，门上并无任何招牌。你可以把外套存好，然后舒舒服服地坐在长沙发上。

浏览百科全书般的酒单，放松心情。侍酒师会满足你关于酒的任何要求。

Madame Brussels 酒吧

（见526页地图；www.madamebrussels.com；level 3, 59-63 Bourke St；⏲正午至次日1:00；🚊86、96）如果不开心就来这里吧，这里以19世纪一家著名妓院的老板的名字命名。置身此处，感觉像是进入了一个奇特的世界，回到了20世纪60年代的乡村酒吧。逃离城市的喧嚣，在视野开阔的屋顶天台上喝一罐本店特色的皮姆酒（Pimms）。

Double Happiness 酒吧

（见526页地图；☎03-9650 4488；www.double-happiness.org；21 Liverpool St；⏲周一至周三 16:00至次日1:00，周四和周五 16:00至次日3:00，周六 18:00至次日3:00，周日 18:00至次日1:00；🚊86、96，🚉Parliament）这个时髦狭小的酒馆装饰着中国的宣传海报和毛主席雕像，有一系列很棒的亚洲风格的辣椒或香芹口味鸡尾酒。楼上的**New Gold Mountain**（见526页地图；☎03-9650 8859；www.newgoldmountain.org；level 1, 21 Liverpool St；⏲周二至周四 18:00至深夜，周五和周六 至次日5:00；🚊86、96，🚉Parliament）也是酒吧老板经营的。

Hell's Kitchen 酒吧

（见526页地图；level 1, 20 Centre Pl；⏲周一和周二 正午至22:00，周三至周六 至深夜，周日至23:00；🚉Flinders St）这家店在美丽的Centre Place Arcade的一条隐蔽小巷里，沿着一段狭窄的楼梯上去就是。在这里，你可以细品传统的鸡尾酒、啤酒或者苹果酒，还可以通过巨大的窗户观赏外面的风景。这里吸引着时尚的年轻人。酒吧也供应餐食。

Shebeen 酒吧

（见526页地图；www.shebeen.com.au；36 Manchester Lane；⏲周一至周五正午至深夜，周六16:00至深夜；🚊11、31、48、109、112）🍃Shebeen这个名字是南非种族隔离期间对非法酒吧的称呼。铁皮墙为这家惬意的小酒吧平添了几分食堂的感觉。这里为你提供一个正当的喝烈酒的场所。所有酒水的利润都会被捐给一个海外的慈善机构。

我们调研的时候，酒吧正计划增加现场音乐和DJ。

Hotel Windsor 茶室

（见526页地图；www.thehotelwindsor.com.au；111 Spring St；下午茶 周一至周五 $69，周六和周日 $89；⏲周一和周二 正午，周三至周日 正午和14:30；🚉Parliament）这家店自1883年开始提供下午茶。你可以沉浸在美食带来的兴奋中。三层托盘里放着手指三明治、烤饼、甜点和香槟，可以在餐厅及充满艺术气息的新的宴会厅尽情享用。

Cookie 酒吧

（见526页地图；☎03-9663 7660；www.cookie.net.au；level 1, Curtin House, 252 Swanston St；⏲周日至周四 中午至次日1:00，周五和周六 至次日3:00）Cookie既是时尚酒吧又是泰国饭店，还是墨尔本夜晚灯火通明的欢庆场所之一。令人难以置信的是，这家酒吧保存了上好的威士忌和红酒，有200多种啤酒可供选择，精酿啤酒供应充足，也能调出正宗的鸡尾酒。

Goldilocks 酒吧

（见526页地图；☎0401 174 962；www.goldliocksbar.com；level 4, 262 Swanston St；⏲14:00至次日3:00）上等的鸡尾酒和很棒的屋顶天台使这家店成为墨尔本夜晚一颗耀眼的星，人们没有理由不来这里。

Section 8 酒吧

（见526页地图；www.section8.com.au；27-29 Tattersalls Lane；⏲周一至周三 10:00~23:00，周四和周五 10:00至次日1:00，周六和周日 正午至次日1:00；🚊3、5、6、16、64、67、72）Section 8整体上是个笼子，里面有集装箱和木板座位，一直是城市中最时尚的酒吧之一。店里做的热狗非常棒，还有素馅热狗。

Ferdydurke 酒吧

（见526页地图；☎03-9639 3750；www.ferdydurke.com.au；levels 1 & 2, 31 Tattersalls Lane，和Lonsdale St的交叉路口；⏲正午至次日1:00；📶；🚉Melbourne Central）这里的老板和Section 8的经营者是一家人。这家地下酒吧

酒吧和酿酒厂

近几年来，墨尔本涌现出一批小啤酒厂和精酿啤酒酒吧，这主要是为了迎合爱酒人的需求。

在墨尔本啤酒日历上，两大重要的活动是**Good Beer Week**（www.goodbeerweek.com.au）和**Great Australasian Beer SpecTAPular**（www.gabsfestival.com.au）。这两个活动都在5月举行，它们完整地展示了当地、本国和国外的精酿啤酒。

Mountain Goat Brewery（www.goatbeer.com.au; North St和Clark St交叉路口，Richmond; ⊙周三和周五 17:00至午夜; 🚊48、75、109, 🚆Burnley）在工业化的里士满小巷里，这个本地的小啤酒厂就在一个大型啤酒加工仓库里。你可以边吃比萨边品尝各种啤酒（划船$11）。周三有免费的酿酒厂团队游。到达那里不太容易：沿着Bridge Rd一直走，在Burnley左转，然后在North St右转。

Temple Brewery（☎03-9380 8999; www.templebrewing.com.au; 122 Weston St, Brunswick East; ⊙周一至周四5:00~23:00，周五和周六正午至23:00，周日正午至21:00; 🚊1、8）在这个带有小酒吧的豪华酿酒厂里，可以品尝应季的精酿啤酒。

Matilda Bay Brewery（☎03-9673 4545; www.matildabay.com.au; 89 Bertie St, Port Melbourne; ⊙周二至周四11:30~22:00，周五和周六 至23:00; 🚊109）喝啤酒的最佳地点是酿造车间：一边穿梭于生产设备之间看啤酒生产，一边品尝。周六有免费导览游。

Local Taphouse（www.thelocal.com.au; 184 Carlisle St, St Kilda; ⊙正午至深夜; 🚊16、78, 🚆Balaclava）这里让人联想到老式的布鲁克林酒吧。酒吧由暗色木材抛光后建成。你不妨找找19种精酿啤酒中现成的品种，或者找到让人印象深刻的酒单，然后预订。楼上有一个啤酒花园，楼下有长沙发椅。这里因它的现场喜剧之夜而闻名。

Alehouse Project（☎03-9387 1218; www.thealehouseproject.com.au; 98-100 Lygon St, East Brunswick; ⊙周二至周五 15:00至深夜，周六和周日 正午至深夜; 📶; 🚊1、8）这里是啤酒爱好者聚集和讨论的地方，这里有12种现成的精酿啤酒。有啤酒馆式的座椅、二手沙发、一个小庭院和电视节目上的体育用品。

Beer DeLuxe（见526页地图; www.beerdeluxe.com.au; Federation St; ⊙周日至周三 11:00~23:00，周四至周六至深夜; 🚌观光巴士，🚊城市环线，🚆Flinders St）这家店在市中心，没有菜单，却有一部"啤酒圣经"。这里的酒是精选自全世界的160种啤酒，包括12种现酿啤酒。这里还有一个非常吸引人的啤酒馆式啤酒花园。

Forester's Hall（见534页地图; www.forestershall.com.au; 64 Smith St, Collingwood; ⊙周一至周四 16:00至次日2:00，周五和周六 正午至次日4:00，周日 正午至次日2:00）50个水龙头提供30多种精酿啤酒和精品啤酒，这些酒来自世界各地。

也是一个艺术空间，被分割成了好几层。周三晚上，人们会在对面巨大的砖墙上投映电子游戏。这家店也卖热狗。

Robot 酒吧

（见526页地图; ☎03-9620 3646; www.robotsushi.com; 12 Bligh Pl; ⊙周一至周五 17:00至深夜，周六 20:00至深夜; 🚆Flinders St）如果你突然想吃寿司、想喝朝日啤酒，就来本店吧。这家酒吧奉行来者皆是客的政策，大大的窗户朝向大路，还有漂亮的夹楼，吸引着众多悠闲的年轻人。

河岸 酒吧

（见526页地图; ☎03-9662 1771; www.riverlandbar.com; Vaults 1-9 Federation Wharf, under Princes Bridge; ⊙周一至周五 10:00至深夜，周六和周日 9:00至深夜; 🚆Flinders St）在王子桥

下、亚拉河畔，这家店风格简单，有可以随时取用的桶装葡萄酒和啤酒。酒吧小吃吊人胃口，有猪肉制品、奶酪和烧烤香肠。天气好的时候，在外面的餐桌上吃饭绝对是惬意之事。

Ponyfish Island 咖啡馆、酒吧

（见526页地图；www.ponyfish.com.au；under Yarra Pedestrian Bridge；⏲8:00至次日1:00；🚆Flinders St）就喝酒而言，哪里能比亚拉河拱桥下的露天角落更好呢？从Flinders St站的地铁通道朝着Southgate走，通过行人桥，走下台阶，就能看见有人在那里畅饮着啤酒，大口吃着烤三明治或者芝士拼盘。

Carlton Hotel 酒吧

（见526页地图；www.thecarlton.com.au；193 Bourke St；⏲16:00至深夜；🚊86、96）建筑带有夸张的墨尔本洛可可风格，让人开心一笑。如果你要寻找在迈阿密度假的感觉或仅想要更好的视野，就到天台**Palmz**瞧瞧。

Young & Jackson's 小酒店

（见526页地图；www.youngandjacksons.com.au；Flinders St和Swanston St交叉路口；⏲11:00至深夜；🚆Flinders St）位于Flinders St的车站对面，这个具有年代感的小酒馆从1861年就开始卖酒，现在是很受欢迎的聚会场所。在Chloe's Bar的长沙发上休息，或者去天台上的苹果酒酒吧，随时饮用9种桶装的澳洲苹果酒，包括自家酿制的特色酒。

Alumbra 夜店

（☎03-8623 9666；www.alumbra.com.au；Shed 9, Central Pier, 161 Harbour Esplanade；⏲周五和周六 16:00至次日3:00，周日 16:00至次日1:00；🚌观光巴士，🚊70、城市环线）即使巴厘岛风格与摩洛哥风格混杂的装潢无法吸引你，优美的音乐和绝佳的位置则一定会让你印象深刻。如果你想去墨尔本的超级夜店（而且喜欢在玻璃地板上跳舞），这家店是你最好的选择。这里有不少古老的棚式建筑。

Brown Alley 夜店

（Colonial Hotel，见526页地图；☎03-9670 8599；www.brownalley.com；585 Lonsdale St；⏲周四至周日 22:00至次日7:00；🚆Flagstaff）这个极具年代感的小酒馆里隐藏着一家业务全面的夜店，有24小时营业许可证。它规模庞大，房间分三个不同的等级，能容纳1000人。有高级的音响设备，DJ反复播放各种节奏的音乐，如迷幻音乐和迷幻灵歌。

🍷 菲茨罗伊及周边

这里是墨尔本郊区小酒馆最密集的地区，与科灵伍德和诺斯科特相邻，沿着High St也能看到许多。

Naked for Satan 酒吧

（见534页地图；☎03-9416 2238；www.nakedforsatan.com.au；285 Brunswick St, Fitzroy；⏲周日至周四 正午至午夜，周五和周六 正午至次日1:00；🚊112）这里激情四射、人声鼎沸，店名让人联想起关于Brunswick St的传说[一个外号撒旦（Satan）的人在店铺下面一个非法经营的伏特加酿酒作坊里挥汗如雨，全身赤裸，卖力工作]。它的pintxos（巴斯克西班牙小吃；$2）很出名，还有许多别出心裁的酒水和无与伦比的全景天台。

Everleigh 鸡尾酒吧

（见534页地图；www.theeverleigh.com；150-156 Gertrude St, Fitzroy；⏲17:30至次日1:00；

在星空下饮酒

墨尔本是酷炫酒吧之乡，这些酒吧深藏在满是烂白菜叶子的城市小巷里。当夏日来临，夜晚时间长且气候凉爽，是感受自然光和呼吸新鲜空气的好时候。无论是乘电梯到一个神秘的屋顶还是在啤酒花园喝罐装啤酒，墨尔本的露天酒吧真是数不胜数。

屋顶酒吧

Goldilocks（见557页）

Naked for Satan（见559页）

Madame Brussels（见557页）

Palmz at the Carlton Hotel（见559页）

室外酒吧和啤酒花园

The Standard（见560页）

河岸（见558页）

86）窝在皮沙发里和几个朋友在亲密轻松的氛围下聊聊天，讨论"黄金时代"鸡尾酒，仿佛你未曾喝过一样。

Wesley Anne 酒吧

（☎03-9482 1333；www.wesleyanne.com.au；250 High St，Northcote；⏰正午至深夜；86，Northcote）这家很有氛围的小酒馆在教堂布道所的一间房子里。当好酒的诱惑超过了戒酒的压力，你还能怎么样呢？除了美酒佳酿，这里还有各种有意思的食物、现场音乐、带有小型供暖器的大啤酒花园和来来回回的人群。

Panama Dining Room 酒吧

（见534页地图；☎03-9417 7663；www.thepanama.com.au；3rd fl，231 Smith St，Fitzroy；⏰周日至周三 17:00~23:00，周四 17:00至午夜，周五和周六 17:00至次日1:00；86）在巨大的仓库风格的建筑里呆呆地看着人造曼哈顿景观，时而品几口上等的鸡尾酒，尝尝松露玉米薯片或者蘸了芝麻酱的三明治丸子。

Industry Beans 咖啡馆

（见534页地图；www.industrybeans.com；Fitzroy St和Rose St交叉路口，Fitzroy；⏰周一至周五 7:00~16:00，周六和周日 8:00~17:00；📶；96、112）这家仓库式咖啡馆专注于咖啡制作，店面设在菲茨罗伊的一个小巷子里。向导带你经过正在出售的特色咖啡（现场制作），员工会向你推荐咖啡。你可以往点的饮品里加些拿铁咖啡珍珠或者咖啡太妃糖。

菜品琳琅满目，但不一定全都合你的口味。

Napier Hotel 小酒馆

（见534页地图；☎03-9419 4240；www.thenapierhotel.com；201 Napier St，Fitzroy；⏰周一至周四 15:00~23:00，周五和周六 13:00至次日1:00，周日 13:00~23:00；86、112）Napier在这个角落里营业了100多年。从中心吧台信步走到喧闹的餐厅，品尝具有代表性的博根汉堡，再上楼，到画廊欣赏一番。

Rose 小酒馆

（见534页地图；406 Napier St，Fitzroy；⏰周日至周三正午至午夜，周四至周六正午至次日1:00；86、112）位于深受喜爱的菲茨罗伊后街，Rose保留了便宜的简餐，不爱奢华的人会聚在这里观看体育比赛。

Little Creatures Dining Hall 啤酒馆

（见534页地图；☎03-9417 5500；www.littlecreatures.com.au；222 Brunswick St，Fitzroy；⏰8:00至深夜；📶；112）大厅十分宽敞，可以在此喝到澳大利亚最成功的精酿啤酒厂酿造的啤酒，还能吃到美味的比萨。有带野餐篮的社区自行车，可免费使用，所以提上一篮这里的啤酒吧。

Standard 小酒馆

（见534页地图；☎03-9419 4793；293 Fitzroy St，Fitzroy；⏰周一和周二 15:00~23:00，周三至周六 正午至23:00，周日 正午至21:00；96、112）Standard是个很棒的啤酒花园。菲茨罗伊后街有脚踏实地干活的酒吧服务员和各行各业的顾客，加上现场音乐、小屏幕上的足球比赛和大声而投入的交谈，这里气氛热烈。

Storm in a Teacup 咖啡馆

（见534页地图；☎03-9415 9593；www.storminateacup.com.au；48a Smith St，Collingwood；⏰周二至周日 10:00~18:00；📶；86）在墨尔本浓厚的咖啡氛围之中，同样用心做茶饮的咖啡馆无疑让人惊喜。这里出售40种精心挑选的茶饮，有来自世界各地的红茶、绿茶和白茶，包括数种单品茶叶。这里也有饭食和以茶调味的鸡尾酒。

卡尔顿及周边

Seven Seeds 咖啡馆

（www.sevenseeds.com.au；114 Berkeley St，Carlton；⏰周一至周六 7:00~17:00，周日 8:00~17:00；19、59）这是Seven Seeds咖啡连锁店里最宽敞气派的一家，这里有很多地方放自行车。到这里和其他人一起品尝上等咖啡吧。

Jimmy Watson's 红酒吧

（见536页地图；☎03-9347 3985；www.jimmywatsons.com.au；333 Lygon St，Carlton；⏰11:00~23:00；1、8）在这里，玻璃杯中盛满各种美酒供你选择，或者来上一瓶混合酒

墨尔本最好的咖啡

Auction Rooms（见553页）

Industry Beans（见560页）

Seven Seeds

Brunswick East Project

（苦艾酒加姜汁），从下午坐到晚上。如果罗宾·博伊德设计的这座极好的中世纪建筑有耳朵，那么好几代作家、学生和学者的高谈阔论已经被聆听。

Alderman 红酒吧

（134 Lygon St, East Brunswick; ⊙周二至周五 17:00至深夜，周六和周日 14:00至深夜；📶；🚊1、8）地段上佳，Alderman有着充满魅力的传统木制吧台、开放式壁炉、品种丰富的啤酒以及大罐鸡尾酒。有一个小庭院，你可以在隔壁Bar Idda（见553页）处订餐。

Town Hall Hotel 小酒馆

（☎03-9328 1983; www.townhallhotelnorthmelbourne.com.au; 33 Errol St, North Melbourne; ⊙周一至周四16:00至次日1:00，周五和周六正午至次日1:00，周日正午至23:00；🚊57）Town Hall不花哨，墙上是一些极不协调的与宗教有关的肖像画。周四至周六，前厅的现场音乐是免费的，其他时间会播放一些传统的唱片。这里也有啤酒花园和酒吧餐。从维多利亚女王市场沿着Victoria St向西走，就在Errol St右手边。

Gerald's Bar 红酒吧

（http://geraldsbar.com.au; 386 Rathdowne St, North Carlton; ⊙周一至周六 17:00~23:00；🚌253，🚊1、8）在Gerald's，可根据自己的口味选择玻璃杯中的红酒，弧形的木头吧台后面放着悠扬美妙的老唱片音乐。白天，Gerald在后厨根据自己的喜好为你准备食物：咖喱、烤鱿鱼、肉丸和松糕。

Brunswick East Project 咖啡馆

（☎03-9381 1881; www.padrecoffee.com.au; 438 Lygon St, East Brunswick; ⊙周一至周六7:00~16:00，周日 8:00~16:00；🚊1、8）这家仓库风格的咖啡馆是Padre咖啡的发源地，制作原汁原味的老式咖啡和混合咖啡，在墨尔本咖啡行业中的地位举足轻重。还有League of Honest Coffee（见526页地图；8 Exploration Lane; ⊙周一至周五7:00~17:00；🚊城市环线、24、30）及在维多利亚女王市场（Queen Victoria Market; String Bean Alley, M Shed near Peel St; ⊙周二和周四7:00~14:00，周五至周日7:00~16:00；🚊55）、South Melbourne Market（www.padrecoffee.com.au; shop 33, South Melbourne Market; ⊙周三、周六和周日7:00~16:00，周五至17:00；🚊96）里的摊位。

Retreat 小酒馆

（☎03-9380 4090; www.retreathotelbrunswick.com.au; 280 Sydney Rd, Brunswick; ⊙正午至深夜；🚊19，🚆Brunswick）这家小酒馆很大，大到有种要把人淹没的感觉。休闲放松的地方不少：后院的花园、简陋的乐队练习室，还有酒吧前厅。周日，当地民众喜欢懒散地躺在假草坪上消磨时光，多数夜晚会有现场音乐。

Brunswick Green 酒吧

（313 Sydney Rd, Brunswick; ⊙周二至周四16:00至午夜，周五和周六14:00至次日1:00，周日14:00~23:00；🚊19，🚆Brunswick）这里有波希米亚式酒吧前区、舒适的公共休息室和啤酒花园。周三晚上，有各种大受欢迎的集体节目。

墨尔本南部

Clement 咖啡馆

（www.clementcoffee.com; South Melbourne Market, 116-136 Cecil St, South Melbourne; ⊙7:00~17:00；🚊96）这家小咖啡馆很出名，在South Melbourne Market边上，不仅有精心调制的咖啡，而且有自制的咸焦糖和果酱奶油甜甜圈。可以坐在街边的凳子上细品，或者边喝边逛集市。

Eve 夜店

（☎03-9696 7388; www.evebar.com.au; 334 City Rd, South Melbourne; ⊙周四至周六黄昏至深夜；🚊112）黑色花岗岩吧台和路易斯座椅是这家酒吧的基调。夜色渐浓，酒吧迅速热闹起来，橄榄球健将、漂亮女孩和神情落寞之人来此喝酒。21:00之后需要排队。

圣基尔达及周边

Carlisle Wine Bar
红酒吧

（☎03-9531 3222；www.carlislewinebar.com.au；137 Carlisle St, Balaclava；⌚周一至周五15:00至次日1:00，周六和周日11:00至次日1:00；🚊3、16，🚆Balaclava）当地人喜欢这家热闹、主打红酒的店。这家店以前是个肉铺。这里的服务员会像招待常客一样招待你，为你推荐一杯特色饮品，但周末人多时，则是匆匆塞给你一杯鸡尾酒。地道的意大利菜很好。从Carlisle St往东走，本店就挨着St Kilda Rd。

George Lane Bar
酒吧

（见540页地图；www.georgelanebar.com.au；1 George Lane, St Kilda；⌚周四至周日19:00至次日1:00；🚊96、16）本店在George Hotel后边、Grey St旁边，位置隐蔽，是一个好去处。它的装修别致随意，赏心悦目，与别家局促的装饰风格大不相同。周末，这里会有DJ而且会排长队。

Republica
酒吧

（见540页地图；www.republica.net.au；St Kilda Sea Baths, 10-18 Jacka Blvd, St Kilda；⌚周一至周五11:30至次日1:00，周六和周日9:00至次日1:00；📶；🚊3a、16、96）本店正对着圣基尔达海滩，它是墨尔本距离海滩最近的酒吧。傍晚，躺在悬挂式柳条椅里，喝着啤酒和鸡尾酒，最是惬意不过。你也可以在早晨到这儿来，然后在海边吃早餐喝咖啡。

St Kilda Bowling Club
小酒馆

（见540页地图；www.stkildasportsclub.com.au；66 Fitzroy St, St Kilda；⌚周日至周四 正午至23:00，周五和周六 正午至次日1:00；🚊16、96、112）这是家有年头的酒馆，前面是修剪过的篱笆和保龄球草坪。这里的酒水丰富，价格和夜店相当。周日的下午，你可以参加圣基尔达最新潮的活动。脱了鞋，玩玩保龄球，然后畅饮啤酒。

Hotel Barkly
小酒馆

（见540页地图；☎03-9525 3354；www.hotelbarkly.com；109 Barkly St, St Kilda；🚊16、67、79）如果你打算喝几杯，就去街上的大众酒吧，随着点唱机里随机播放的音乐扭动，拥抱陌生人，然后开始喝酒。天台上的酒吧貌似高级不少，但比较乱。在这儿欣赏圣基尔达对面的日落景色还是非常棒的。

Vineyard
酒吧

（见540页地图；www.thevineyard.com.au；71a Acland St, St Kilda；⌚周一至周五10:30至次日3:30，周六和周日10:00至次日3:30；🚊3a、16、96）Vineyard是一家受欢迎的老式酒吧，它在街角的位置非常棒，附近的露天烧烤吸引了大批背包客和衣着暴露的年轻人，吵闹声淹没了附近的过山车。周日下午，这里有大型的聚会。

☆ 娱乐

澳大利亚活动影像中心
电影院

（ACMI，见526页地图；☎03-9663 2583；www.acmi.net.au；Federation Sq；🚊1、48、70、72、75，🚆Flinders St）这里播放各种电影。除了一次性放映的电影之外，它还定期为电影流派和观众举行活动。

Cinema Nova
电影院

（见536页地图；☎03-9347 5331；www.cinemanova.com.au；380 Lygon St, Carlton；🚌观光巴士，🚊1、8）这里播放最新的纪录片和外国电影。周一的电影票很便宜。

Rooftop Cinema
电影院

（见526页地图；www.rooftopcinema.com.au；level 6, Curtin House, 252 Swanston St；🚆Melbourne Central）Curtin House很高，天台酒吧就在这里。夏季会放映户外电影，提供带条纹的帆布躺椅、新电影和传统影片的上映时间表。

Moonlight Cinema
电影院

（www.moonlight.com.au；Gate D, Birdwood Ave, Royal Botanic Gardens；🚊8）这是墨尔本最原始的户外影院，你可以选择Gold Grass的套票，其中包含一杯红酒和预留的沙发座。

La Mama
剧院

（见536页地图；☎03-9347 6948；www.lamama.com.au；205 Faraday St, Carlton；🚊1、8）La Mama是墨尔本历史上重要的剧院。这个小型私人论坛排演新的澳大利亚作品和实

验性戏剧，这里出过许多剧作家，因而声名远扬。它是一座十分破旧的建筑，带有一个露天酒吧。表演也会在Courthouse Theater（349 Drummond St）进行，所以仔细看一下票，以确保不走错地方。

Malthouse Theatre 剧院

（☎03-9685 5111；www.malthousetheatre.com.au；113 Sturt St, Southbank；🚋1）Malthouse Theatre经常排演非常激动人心的戏剧，这是墨尔本其他剧院无法相比的。这个公司专注于推广澳大利亚戏剧，1990年（那时候叫Playbox）就已经入驻有着良好氛围的Malthouse Theatre。从Flinders St Station穿过Princes Bridge，沿着St Kilda Rd走。在Grant St右转，然后左转进入Sturt St。

Melbourne Theatre Company 剧院

（MTC；☎03-8688 0800；www.mtc.com.au；140 Southbank Blvd, Southbank；🚋1）这是墨尔本主要的剧社，每年大约出15部新作，涵盖了从近现代作品（包括许多澳大利亚新剧）到莎士比亚剧作或其他古典戏剧的各种作品。

Last Laugh at the Comedy Club 喜剧

（见526页地图；☎03-9650 1977；www.thecomedyclub.com.au；Athenaeum Theatre, 188 Collins St；演出$25；⏲周五和周六；🚋1、72、112，🚉Flinders St）每个周五和周六的晚上有喜剧演出，夏季会增加夜场。这是职业单口喜剧，由当地或国际艺术家进行表演。推荐观看晚间表演大放送（$55），建议提前订票。

> **购票**
>
> **Moshtix**（www.moshtix.com.au）音乐会、剧院、喜剧和其他活动的门票。
>
> **Halftix Melbourne**（见526页地图；www.halftixmelbourne.com；Melbourne Town Hall, 90-120 Swanston St；⏲周一10:00~14:00，周二至周五11:00~18:00，周六10:00~16:00；🚉Flinders St）票源充足。
>
> **Ticketek**（见526页地图；http://premier.ticketek.com.au）在这里你可以从窗口买票，也可以打电话或上网订购大型体育活动和主流娱乐活动的门票。
>
> **Ticketmaster**（见526页地图；www.ticketmaster.com.au）这里是戏剧、音乐会、体育节和其他活动的主要订票机构。

Comic's Lounge 喜剧夜店

（☎03-9348 9488；www.thecomicslounge.com.au；26 Errol St North Melbourne；🚋57）每天晚上都有单口喜剧。入场券的价格不等，一般为$15~25。边吃晚饭边看表演是很受欢迎的形式。墨尔本最著名的喜剧家参与表演。周二晚上是露天音乐之夜，心怀梦想的喜剧演员在此表演8分钟，或赢得满堂彩，或铩羽而归。

现场音乐

查看日报和每周的街边杂志Beat（www.beat.com.au）、The Music（www.themusic.com.au）以获得全面的信息。19:00，无线电台3RRR（102.7FM）会广播最新的旅游信息，可以登录www.rrr.org.au搜索。

Esplanade Hotel 现场音乐

（The Espy，见540页地图；☎03-9534 0211；www.espy.com.au；11 The Esplanade, St Kilda；⏲周日至周三 正午至次日1:00，周四至周六 正午至次日3:00；🚋16、96）这里是热爱摇滚的人的天堂，虽显得格外破旧，却吸引着四方人潮。当地乐队和国际乐队每晚在传说中的Gershwin Room、前区酒吧或地下室进行演出，从摇滚乐到说唱乐，一应俱全。

The Tote 现场音乐

（☎03-9419 5320；www.thetotehotel.com；Johnston St和Wellington St交叉路口，Collingwood；⏲周二至周日 16:00至深夜；🚋86）作为墨尔本标志性的现场音乐场地之一，这家科灵伍德小酒馆不仅有当地和国际一流的乐队，还有世界上最好的自动点唱机。它在2010年暂时停业，这让墨尔本陷入瘫痪，当时人们曾上街抗议导致它停业的禁酒令。

Corner Hotel 现场音乐

（☎03-9427 9198；www.cornerhotel.com；57 Swan St, Richmond；⏲周二和周三 16:00至深夜，周四至周日 正午至深夜；🚋70，🚉Richmond）这里的乐队练歌房是墨尔本最受欢迎的中型场所之一，它在过去几年里举行了很多声势浩大的现场演出。如果耳朵需要休息一下，可以前往气氛融洽的前区酒吧。从天台可以俯瞰整个城市，但是那里会非常拥挤。

Northcote Social Club 现场音乐

（☎03-9489 3917；www.northcotesocialclub.com；301 High St, Northcote；⌚周一和周二16:00至深夜，周三至周日 正午至深夜；🚊86，🚉Northcote）很多国际民间音乐人在市北地区的舞台演出过。它的本土阵容也很出名。如果你只是想喝杯酒，那么前面的酒吧每晚都会让你喝尽兴。那里还有一块很大的露天平台，在此可以度过一个懒洋洋的下午。

Cherry 现场音乐

（见526页地图；www.cherrybar.com.au；AC/DC Lane；⌚周二和周三 18:00至次日3:00，周四至周六 17:00至次日5:00，周日 14:00~18:30；🚊城市环线、70、75）墨尔本传说中的摇滚酒吧仍然在发展壮大。位于AC/DC Lane，这里经常需要排队，但是一旦进去了，你就会感受到一种热烈而无拘无束的氛围。每周四都有传统的灵魂之夜活动。

乐队演出后可以去消遣一下，酒吧曾因为要遵守与一个当地乐队的演出契约而拒绝了Lady Gaga，此事轰动一时。

Old Bar 现场音乐

（见534页地图；☎03-9417 4155；www.theoldbar.com.au；74-76 Johnston St, Fitzroy；📶；🚊96、112）这里一周七天都有现场乐队表演。当地很棒的乐队和一些国际上的乐队在破旧的乐队练习室演奏，有一种家庭派对的氛围。

Bennetts Lane 爵士乐

（见526页地图；☎03-9663 2856；www.bennettslane.com；25 Bennetts Lane, Melbourne；⌚21:00至深夜；🚊城市环线、24、30）Bennetts Lane曾为墨尔本爵士乐的流行推波助澜。它吸引了当地和国际上的音乐达人，以及高素质的听众——他们知道何时要为独唱者鼓掌。除了惬意的前区酒吧，这里还为大型演奏会保留了场地。

Prince Bandroom 现场音乐

（见540页地图；☎03-9536 1168；www.princebandroom.com.au；29 Fitzroy St, St Kilda；🚊16、96、112）Prince是圣基尔达一个非常受欢迎的地方，有高水准的国际、本土摇滚乐队，独立制片人，DJ和说唱乐队，舞台氛围很棒。长满绿色植物的阳台和楼下欢呼的人群增加了这里的吸引力。

Evelyn Hotel 现场音乐

（见534页地图；☎03-9419 5500；www.evelynhotel.com；351 Brunswick St, Fitzroy；⌚12:30至次日1:30；🚊112）这里大多是当地人在表演，但Evelyn偶尔也会请国际表演者前来献艺。只要是好的音乐，就有一席之地。

Palais Theatre 音乐会场地

（见540页地图；☎03-9525 3240，票务 13 61 00；www.palaistheatre.net.au；Lower Esplanade, St Kilda；🚊3a、16、79、96）优雅地挨着月神公园，遗产名录里的宫殿（Palais）是圣基尔达的标志。剧院不仅是一个美丽而古老的地方，还有一些非常特别的表演。从国际乐队到大牌喜剧演员都在这里表演过。

Sidney Myer Music Bowl 音乐会场地

（☎1300 182 183；www.artscentremelbourne.com.au；Linlithgow Ave, King Domain Gardens；🚊1、3、5、6、8、16、64、67、72）公园里这个美丽的圆形剧场是用来举办各种户外活动的。

舞蹈、古典音乐和歌剧

Australian Ballet 芭蕾舞剧

（☎1300 369 741；www.australianballet.com.au；2 Kavanagh St；🚊1）澳大利亚芭蕾起源于墨尔本，到现在有40多年历史，在悉尼国家剧院表演中心上演传统作品和新作品。你可以花一个小时的时间游览澳大利亚芭蕾中心（$18，需要预订），行程包括欣赏作品、参观服装部门，以及去公司和学校的演播室参观。

Hamer Hall 音乐会场地

（Melbourne Concert Hall，见526页地图；☎1300 182 183；www.artscentremelbourne.com.au；Arts Centre Melbourne，100 St Kilda Rd；🚊1、3、16、64、72，🚉Flinders St）这里最近进行了一次耗资数百万澳元的重建。这个音乐厅的音响效果极好，装饰的灵感来源于澳大利亚丰富的矿物质和宝石。

Melbourne Symphony Orchestra 管弦乐队

（MSO，见526页地图；☎03-9929 9600；www.mso.com.au）MSO定期在市内的场馆里演出，包括墨尔本市政厅、独奏会中心和哈默馆。它也在悉尼梅尔音乐中心举办一系列免费音乐会。

Opera Australia 歌剧

（☎03-9685 3700；www.opera.org.au；Fawkner St和Fanning St交叉路口，Southbank）国家歌剧公司定期在墨尔本维多利亚艺术中心演出。

体育

墨尔本是一个热爱运动的城市。从3月到10月，这里到处是澳大利亚橄榄球联盟，然而英式橄榄球、足球等联赛也很受欢迎。在夏季，主要的运动是板球。

墨尔本板球场 表演赛

（☎03-9657 8888；www.mcg.org.au）这里是墨尔本的运动圣地（见533页），俗称"MCG"或者"G"，这里在夏季主办板球比赛，在冬季主办澳大利亚橄榄球赛。来此看比赛是许多当地人生活中须臾不可离的大事。

Melbourne Park 体育比赛

（☎03-9286 1600；www.mopt.com.au；Batman Ave，Richmond；团队游成人/儿童/家庭 $15/7/35；🚌48、70、75，🚆Jolimont）每年1月，墨尔本公园是世界网坛四大满贯赛事之一的**澳大利亚网球公开赛**（Australian Open Tennis）的主要举办地，公园内有34个场地，包括中央球场**罗德·拉沃球场**（Rod Laver Arena）。你可以参观更衣室、VIP区域，以及超级包厢。室内场地的租金是$36~42，户外场地的租金是$28~36，外加球拍租金。

Flemington Racecourse 赛马

（☎1300 727 575；www.vrc.net.an；400 EpsomRd，Flemington；🚌57，🚆Flemington Racecourse）作为维多利亚赛马俱乐部所在地，Flemington赛马场定期举办赛马大会。10月到11月的春季赛马狂欢节（包括墨尔本杯，见543页）将赛马推向高潮。

购物

墨尔本是一个富有激情的城市，大众的想法不同，生活方式也各有各的特点，敬业的零售商们十分用心，尽可能满足所有人的喜好。从琳琅满目的城市小巷到郊区的购物街和商场，你会发现很多稀奇的东西，这里花钱的地方可真不少。

墨尔本市中心

在墨尔本市中心，既有小巷里的精品店，也有像QV、Emporium、Melbourne Central这样的拥有许多国际名牌的大型购物商场。

★Craft Victoria Shop 工艺品

（Craft Victoria，见526页地图；☎03-9650 7775；www.craft.org.au；31 Flinders Lane；⏰周一至周六 11:00~18:00；🚌免费观光电车、70、75）零售店里陈列着最精致的手工艺品，主要出自维多利亚州本地艺术家之手。有珠宝、纺织品、饰品、玻璃和陶瓷制品，既是工艺品也是艺术品，是墨尔本旅游很好的纪念品。这里也有一些展出内容不断更新的艺术馆。免费入场。

Somewhere 时装、饰品

（见526页地图；www.someplace.com.au；Royal Arcade，2/314 Little Collins St；⏰周一至周四和周六 10:00~18:00，周五 至20:00，周日 11:00~17:00；🚌86、96）Somewhere的名字恰如其分，是很难寻得的宝藏。它位于Royal Arcade尽头的Little Collins St（找到Marais标志，然后上二楼）。仓储式的店堂粉刷成白色，主要出售各种北欧品牌服装，这里也有本土设计师品牌，还有真皮手袋、Anne Black陶瓷珠宝、牛仔系列。

Incu 时装

（见526页地图；☎03-9663 9933；www.incuclothing.com；shop 6a，274 Flinders Lane；⏰周一至周四和周六 10:00~18:00，周五 至20:00，周日 11:00~17:00；🚆Flinders St）这家悉尼的零售店已经在墨尔本开了分店，售卖一系列当代男装设计师品牌，有挺括的Weathered定制衬衫、舒适的卡其裤，也有来自Vanishing Elephant和Kloke品牌的好货色。Incu的女装店铺设在QV大楼里。

Captains of Industry 服装、饰品

(见526页地图; ☎03-9670 4405; www.captainsofindustry.com.au; level 1, 2 Somerset Pl; ⏰9:00~17:00; 🚊19、57、59)有什么地方既可以理发，又可以定制西装、鞋子和皮夹呢？就是这里了。Captains of Industry店面宽敞，勤劳的员工还会为你提供家常的早餐和午餐。到了周五晚上，这里则变成一家低调的酒吧。

City Hatters 饰品

(见526页地图; ☎03-9614 3294; www.cityhatters.com.au; 211 Flinders St; ⏰周一至周五 9:30~18:00，周六 9:00~17:00，周日 10:00~16:00; 🚉Flinders St)City Hatters位于Flinders St Station主入口旁边，在这里最容易购买到澳大利亚标志性的Akubra帽、袋鼠皮太阳帽或者其他独特的东西。

Wunderkammer 古玩

(见526页地图; ☎03-9642 4694; www.wunderkammer.com.au; 439 Lonsdale St; ⏰周一至周六 10:00~18:00，周日 至16:00; 🚊55)这个"奇妙屋"里到处都是惊喜，这可能是最奇怪的小店了，举几个例子来说吧，店里居然有动物标本、盛在广口瓶里的昆虫、古老的科学工具、手术设备和食肉植物。

RM Williams 服装

(见526页地图; ☎03-9663 7126; www.rmwilliams.com.au; Melbourne Central, Lonsdale St; ⏰周一至周四和周六 10:00~18:00，周五 至21:00，周日 至17:00)RM Williams是澳洲的象征，为和土地打交道的工作提供时尚的基本服装，包括它著名的靴子，即使是城里人也适合。

维多利亚女王夜市

从每年11月中旬到次年2月底的每个周三的晚上，夏日夜市占据了整个**维多利亚女王市场**(见529页)。热闹的市场上有各种各样的摊贩，有美味食品摊、酒吧、音乐和舞蹈表演。另外，在8月份每个周三的晚上也会有冬日夜市。

Original & Authentic Aboriginal Art 艺术品、工艺品

(见526页地图; ☎03-9663 5133; www.originalandauthenticaboriginalart.com; 90 Bourke St; ⏰11:00~18:00; 🚊86、96)这家店铺在市中心已经经营了25年了，和澳大利亚各地的原住民艺术家有着密切的联系，这里销售质优价廉的艺术品，每个作品都带有作者的简介。

Alice Euphemia 时装、珠宝

(见526页地图; shop 6, Cathedral Arcade, 37 Swanston St; ⏰周一至周四和周六 10:00~18:00，周五 至19:00，周日 正午至17:00; 🚉Flinders St)这里出售的澳大利亚设计制造的商品中有好多出自艺术学校学生之手，Romance was Born、Karla Spetic和Kloke等知名品牌就是在这里诞生。这里的珠宝要么怪得雷人要么美得惊人，而且二楼会定期举办各种活动和展览。

NGV Shop at the Ian Potter Centre 书籍、礼品

(见526页地图; www.ngv.vic.gov.au; Federation St; 🚉Flinders St)这个画廊商店国际级别的设计杂志种类丰富，还有专门的儿童区域和一般画廊的标准商品。维多利亚州国家美术馆国际馆也有此店(见531页)。

Melbournalia 礼品、纪念品

(见526页地图; www.melbournalia.com.au; shop 5, 50 Bourke St; ⏰周一至周四 10:00~18:00，周五 至20:00，周六和周日 11:00~17:00; 🚊86、96)这里以前是个临时商店，后来变成了固定店铺，出售当地设计师设计的有趣的纪念品，从印有有轨电车图案的手提袋到这座城市的象征——城市楼顶蜂蜜，以及各类关于这个城市的标志的印刷品和有关墨尔本的书籍，应有尽有。

菲茨罗伊及周边

Gertrude St现已成为墨尔本最有看头的购物街之一。Smith St十分古老，街上有许多小的精品店，然而跨过Johnston St后，这条路的北段，挤满了各种清仓商店。Brunswick St鱼龙混杂，但也确实有来自Johnston St和Gertrude St的优秀精品设计师品牌。

Northcote's High St有许多有意思的家居店和二手店，还有一些年轻设计师开的小店。

★ Third Drawer Down
家庭用品

（见534页地图；www.thirddrawerdown.com; 93 George St, Fitzroy; ⏰周一至周六 11:00~17:00; 🚋86）这家店又被称为"艺术纪念品博物馆"，从有特色的茶巾设计（现收藏于纽约现代艺术博物馆）做起。Third Drawer Down主要售卖带有幽默感的荒谬主义的设计作品，也有著名设计师设计的高档艺术品，这些让人们的生活变得精彩非凡、不同寻常。

Mud Australia
陶瓷

（见534页地图；☎03-9419 5161; www.mudaustralia.com; 181 Gertrude St, Fitzroy; ⏰周一至周五 10:00~18:00，周六 至17:00，周日 正午至17:00; 🚋86）你会发现一些十分有美感且实用的澳大利亚设计的瓷器。咖啡杯、牛奶壶、沙拉碗和上菜盘都是柔和的粉彩，并且经过了亚光处理。每件价格$20起。

Crumpler
饰品

（见534页地图；☎03-9417 5338; www.crumpler.com; 87 Smith St和Gertrude St交叉路口，Fitzroy; ⏰周一至周六 10:00~18:00，周日 至17:00; 🚋86）Crumpler靠邮差包起家。邮差包是由两个从前的快递员设计的，他们想要一种骑车回家时可以把啤酒放进去的包。这种持久而实用的设计不断延伸，为照相机、笔记本电脑和iPod制作专用包，如今邮差包遍布全球。

Gorman
服装、饰品

（见534页地图；www.gormanshop.com.au; 235 Brunswick St, Fitzroy; ⏰周一至周四和周六 10:00~18:00，周五 至19:00，周日 11:00~17:00; 🚋112）Lisa Gorman的每件衣服都很特别：中性但性感。短袖都是用上等面料剪裁而成，开襟羊毛衫则搭配轻松舒适、有机材质的T恤。在邮政总局（见526页地图；☎03-9663 0066; www.melbournesgpo.com; Elizabeth St和Bourke St Mall交叉路口；⏰周一至周四和周六 10:00~18:00，周五 至20:00，周日 11:00~17:00; 🚋19、57、59、86、96）和城里的其他地方还有分店。

墨尔本最好的市场

墨尔本南部市场（South Melbourne Market，见539页）

维多利亚女王市场（Queen Victoria Market，见529页）

Rose Street Artists' Market（见534页地图；www.rosestmarket.com.au; 60 Rose St, Fitzroy; ⏰周六11:00~17:00; 🚋112）作为墨尔本最受欢迎的艺术和工艺品市场之一，这里展示了当地最好的设计师的作品，距离Brunswick St也仅仅几步之遥。你会发现这里有70个摊位在卖银珠宝、服装、牛奶瓶式陶瓷、标志性的墨尔本丝网版画、野无花果蜡烛和丑陋但有趣的玩具。**Humble Vintage**（见539页）这里出租自行车。

Esplanade Market（见540页地图；www.esplanademarket.com; Cavell St和Fitzroy St之间，St Kild; ⏰5月至9月 周日 10:00~16:00，10月至次年4月 至17:00; 🚋96）想在海边来个周日漫步购物吗？那就来Esplanade Market吧。在这里架起来的桌子首尾相接，绵延一公里，上面摆放着私人的手工艺品，从玩具和有机肥皂到大型鱼类金属雕塑。

Poison City Records
音乐

（见534页地图；www.poisoncityrecords.com; 400 Brunswick St, Fitzroy; ⏰11:00~18:00; 🚋112）这个独立唱片和滑板店有自己的品牌——Poison City，发行墨尔本独立乐队、朋克和摇滚乐队专辑，例如Nation Blue、White Walls和Smith Street Band。

Aesop
化妆品

（见534页地图；☎03-9419 8356; www.aesop.com; 242 Gertrude St, Fitzroy; ⏰周一和周日 11:00~17:00，周二至周五 10:00~18:00，周六 10:00~17:00; 🚋86）这家本土护肤品公司专门经营柑橘和植物为本的芳香油膏、发膜、香水香精、清洁用品和护肤油。这些产品包装简约精美，男女皆可使用。市区内有很多分店，在墨尔本大多数咖啡馆的洗手间里可以试用到这些产品。

Shirt & Skirt Market
服装、工艺品

（www.shirtandskirtmarkets.com.au; Abbotsford Convent, 1 St Heliers St, Abbotsford; ⏲每月的第三个周日10:00~16:00; 🚉Collingwood）在这里你可以从新兴的设计师那里购买限量版服装及饰品，成人和儿童的都有。修道院是很好的户外休闲游览去处。登录网站查看固定摊位具体信息。沿着Johnson St向东走，在Clarke St向右转，再左转就到了。

Little Salon
工艺品、时装

（见534页地图; www.littlesalon.com.au; 71 Gertrude St, Fitzroy; ⏲周一至周六10:00~18:00; 🚋86、112）这家漂亮的小店有很多出自当地设计师之手的时装、首饰，还有供壁挂和书架摆放的装饰品。

卡尔顿及周边

Readings
书籍

（见536页地图; www.readings.com.au; 309 Lygon St, Carlton; ⏲周一至周五 8:00~23:00, 周六 9:00~23:00, 周日 9:00~21:00; 🚌观光巴士, 🚋1、8）如果你喜欢，可以在这样一个独立书店消磨一整个下午。书桌上堆满了特价书（很划算），摇摇欲坠。书架上的书从拉康（Lacan）的著作到《查理和罗拉》（*Charlie & Lola*）无所不包，工作人员也对店里的书籍无所不知。书店外"寻室友"的布告栏也十分有名。本店在圣基尔达（见540页地图; ☎03-9525 3852; www.readings.com.au; 112 Acland St; 🚋96）和市中心（见526页地图; State Library, La Trobe St和Swanston St交叉路口; 🚉Melbourne Central）也有分店。

> **墨尔本有用的网站**
>
> **Broadsheet Melbourne**（www.broadsheet.com.au）这个网站有对墨尔本最好吃的食物、好喝的饮品和购物点的评论，是一个非常好的网站。
>
> **That's Melbourne**（www.thatsmelbourne.com.au）可以下载墨尔本的地图、信息和播客。
>
> **Three Thousand**（thethousands.com.au/melbourne）关于当地一周所发生事情的综述。
>
> **Visit Victoria**（www.visitvictoria.com.au）介绍墨尔本和维多利亚州的特色活动。
>
> **Good Food**（www.goodfood.com.au）墨尔本周围的餐厅和美食。

Gewürzhaus
饮食

（见536页地图; www.gewurzhaus.com.au; 342 Lygon St, Carlton; ⏲周一至周六10:00~18:00, 周日 11:00~17:00; 🚋1、8）这家店是由两个雄心勃勃的德国女孩开的，店里售卖世界各地的香料，包括本土的澳大利亚原住民的混合香料、各种调味盐和糖，简直就是一个厨师的梦想之家。这里有高质量的烹饪用品和烹调礼品，同时也开设烹饪课程。它在Block Arcade（见526页地图; 282 Collins St; 🚋19、57、59）也有一家店。

Eastern Market
服装

（见536页地图; ☎03-9348 0890; www.easternmarket.com.au; 107 Grattan St, Carlton; ⏲周一至周六 11:00~18:00; 🚋1、8、16）这里是流行达人的地盘，带点欧洲和日本风格。这里本身就是一个景点：它是一座19世纪小教堂，店主自己还给小教堂增加了一些独特的装饰。

圣基尔达

Dot Herbey
时装、饰品

（见540页地图; www.dotandherbey.com; 229 Barkly St; ⏲周一至周三 10:30~18:30, 周四和周五 至19:00, 周六和周日 10:00~18:00; 🚋96）这个位于角落的小精品店里，Dot奶奶和Herb爷爷从壁画般的大照片里朝你微笑，在复古印花织物的围绕下，你仿佛置身于复古风格的家里一般。如果你在寻找风格统一的连锁店，那么就不要来这里了。这里远离了墨尔本黑色主调，是一个多彩的开始。

Eclectico
服装

（见540页地图; www.eclectico.com.au; 163a Acland St; ⏲周一至周六 10:30~18:30, 周日 11:00~18:00; 🚋96）圣基尔达嘻哈风全套装束的一站式商店就在这里，有服装、毛线帽、扎染的衬衫和印度珠宝等。或者进来喝一杯免费的印度茶，然后登上这家时尚的奥克兰街商店的屋顶，在天台上闲逛。这里还有很棒的非洲打击乐黑胶唱片。

Bookhouse 书籍

（见540页地图；www.bookhousestkilda.com.au; 52 Robe St; ⌚周三至周日10:00~18:00; 🚋3、67）Bookhouse是非常受欢迎的本土店，它最近从Fitzroy St搬到了这个安静的后街小巷，在书架上你可能找到乔姆斯基（Chomsky）和凯鲁亚克（Kerouac）的经典作品，或者漂亮的咖啡桌书，以及与澳洲和墨尔本相关主题的书籍。

实用信息

危险和麻烦

周末晚上，墨尔本市中心的某些地方偶尔会有酒后暴力行为的发生，尤其是King St。

紧急情况

需要警察、救护车和消防车，拨打☎000。

反性骚扰中心（Centre Against Sexual Assault，简称CASA；☎1800 806 292）

警察（228 Flinders Lane）在市中心的警察局。

笔译及口译服务（Translating & Interpreting Service；☎13 14 50）24小时服务。

上网

在市中心地区，包括联邦广场（Federation Sq）、弗林德斯街地铁站（Flinders St Station）、皇冠赌场（Crown Casino）和州立图书馆（the State Library）在内的各个地方都有免费无线网。大多数住宿场所都有无线网和电脑终端，费用从免费到每小时$10。

医疗服务

比利时、芬兰、意大利、爱尔兰、马耳他、荷兰、挪威、新西兰、斯洛文尼亚、瑞典和英国都与澳大利亚达成了互惠医疗协约（reciprocal health-care agreements），来自以上国家的游客可以通过**医疗保险**（Medicare；☎13 20 11; www.humanservices.gov.au/customer/dhs/medicare）享受低价医疗健康服务。

Chemist Warehouse（www.chemistwarehouse.com.au）连锁折扣药店遍布墨尔本。上网查看药店地址。

Royal Children's Hospital（☎03-9345 5522; www.rch.org.au; 50 Flemington Rd, Parkville）这家儿童医院急诊科24小时有人值班。

皇家墨尔本医院（Royal Melbourne Hospital；☎03-9342 7000; www.rmh.mh.org.au; Grattan St和Royal Pde交叉路口，Parkville; 🚋19、59）是公立医院，设有急诊科。

旅行医生（Travel Doctor; TVMC; ☎03-9935 8100; www.traveldoctor.com.au; level 2, 393 Little Bourke St; ⌚周一、周三、周五 9:00~17:00，周二和周四至20:30，周六至13:00; 🚋19、57、59）专门为出国旅行者接种疫苗、提供健康咨询服务。在Southgate（☎03-9690 1433; 3 Southgate Ave, Southbank; ⌚周一至周五8:30~17:30）也有旅行医生。

旅游信息

墨尔本游客中心（Melbourne Visitor Centre，简称MVC，见526页地图；☎03-9658 9658; www.melbourne.vic.gov.au/touristinformation; Federation Sq; ⌚9:00~18:00; 📶; 🚉Flinders St）这里有墨尔本和维多利亚州部分地区的综合旅游信息，包括面向行动不便的游客的服务设施，以及提供住宿和团队游预订的旅游服务台。这里还有供手机充电的电源插座。在Bourke St Mall也有一个游客中心服务站（主要提供购物信息和基本咨询）。

到达和离开

飞机

墨尔本机场（Melbourne Airport; www.melbourneairport.com.au; Centre Rd, Tullamarine）墨尔本机场位于市中心西北方向22公里处的图拉马林（Tullamarine），大多数航空公司都有直飞墨尔本机场的国内或国际的航班。澳洲航空（Qantas）、捷星航空（Jetstar）、维珍澳洲航空（Virgin Australia）和虎航（Tiger Airways）都开设了国内和国际航班。Qantaslink是澳洲航空的子公司，有飞往米尔迪拉（Mildura）、朗塞斯顿（Launceston）、德文波特（Devonport）和堪培拉的航班。

区域快线（Regional Express）有飞往米尔迪拉、甘比尔山（Mt Gambie）、金岛和伯尼的往返航班。

阿瓦隆机场（Avalon Airport，代码AVV；☎1800 282 566, 03-5227 9100; www.avalonairport.com.au）捷星航空往返于悉尼和布里斯班之间的航班起落于阿瓦隆机场。这个机场位于墨尔本市中心西南约55公里处。

艾森顿机场（Essendon Airport，代码MEB；☎03-9948 9300；www.essendonairport.com.au）是较小型的机场，有Sharp Airlines（☎1300 556 694；www.sharpairlines.com）飞往波特兰（Portland）、瓦南布尔（Warrnambool）和弗林德斯岛（Flinders Island）的航线。

船

塔斯马尼亚精神号（Spirit of Tasmania；☎1800 634 906；www.spiritoftasmania.com.au；成人/轿车 单程 $159/83起）每天晚上至少会有一班"塔斯马尼亚精神号"穿过巴斯海峡（Bass Strait），从墨尔本开往塔斯马尼亚的德文波特（Devonport）。旺季还有白天出发的班次。从墨尔本港（Port Melbourne）的车站码头（Station Pier）出发，航程11个小时。

长途汽车和火车

南十字星车站（Southern Cross Station；www.southerncrossstation.net.au；Collins St和Spencer St交叉路口）这里是州际长途汽车的终点站。

Firefly（见526页地图；☎1300 730 740；www.fireflyexpress.com.au）有白天和夜班长途汽车，从墨尔本出发到阿德莱德（$55起，11小时）和悉尼（$60起，14小时）。

澳洲灰狗巴士（Greyhound；☎1300 473 946；www.greyhound.com.au）澳大利亚全境运营。

V/Line（☎1800 800 007；www.vline.com.au）提供维多利亚州各地汽车和火车运输服务。

当地交通

抵离机场

图拉马林机场

不方便的是，图拉马林机场与市区之间没有直达火车或有轨电车。你可以选择搭乘公共交通工具**901路公共汽车**，从1号航站楼（Terminal 1）出发到达布罗德梅多斯地铁站（Broadmeadows railway station，这可不是晚上闲逛的好地方），从这里你可以赶上去市内的火车。费用在$10左右（可使用公交卡），耗时大约一个小时。往返机场的末班车大约为23:00。

乘坐**出租车**从机场到墨尔本市中心$50起，午夜搭乘算上附加费和通行费，大约$75。

开车旅行的人须知，从图拉马林机场到墨尔本的主要路线是收费公路，是由**CityLink**（☎13 26 29；www.citylink.com.au）管理经营。如果你走收费公路（CityLink和EastLink）少于30天，你需要买一张墨尔本通行证（Melbourne Pass，$5.50的初始费用，加上通行费和车辆配套费）。如果你想省点钱并有足够的时间，可以从Bell St出口驶出，右转进入Nicholson St，然后一直向南可以到达市中心。

空中巴士（SkyBus，见526页地图；☎03-9335 2811；www.skybus.com.au；成人票单程$18；🚉Southern Cross Station）空中巴士24小时往返于市中心和机场之间，市内的酒店有站点，可以下车。车程大约25分钟，当然这取决于交通情况。

阿瓦隆机场

西塔巴士公司（Sita Coaches；☎03-9689 7999；

MYKI卡

墨尔本的长途汽车、有轨电车和火车都使用**MYKI卡**（www.myki.com.au），这是一个备受争议的"刷卡上车，刷卡下车"的通行系统。对于短期旅行的游客来说这不是特别方便，因为你需要花费$6买一张塑料的MYKI卡，然后在旅行前实名确认。MYKI卡可以在车站的机器、"7-11"便利店或是报刊亭买到，有些青年旅舍也会从离开墨尔本的游客那里回收公交卡。建议游客买一个MYKI Visitor Value Pack（$14），这样一来就能安排你一天的行程，还能在各个景点享受折扣。但只能在机场、机场大巴终端机或是PTV中心的南十字星车站买到。

MYKI卡可以在"7-11"便利店、大多数的火车站以及市中心有轨电车站点的公交卡机器上进行充值。令人失望的是，在线充值至少需要24小时才能到账。在Zone 1，2小时要花费现金$3.76，或是一天$7.52。机器并不总能解决零钱问题，所以最好带着正好的钱。如果出行没有办理有效的卡，那么需要交罚款$212（或是当场支付$75）——检票员谨慎严格。

免费有轨电车

2015年政府对公共交通票价机制进行了改革，现在在墨尔本市中心乘坐有轨电车，即在维多利亚女王市场、达克兰的维多利亚港、泉水街道和联邦广场之间的旅行将不再收费。在这一景区旅游就不需要公交卡了。

www.sitacoaches.com.au；成人/儿童 $22/10）西塔巴士公司的车次安排配合阿瓦隆机场的所有起降航班。从南十字星车站（Southern Cross Station）出发（车程50分钟）。不必预订。

汽车和摩托车

租车

Avis（☎13 63 13；www.avis.com.au）

Budget（☎1300 362 848；www.budget.com.au）

Europcar（☎1300 131 390；www.europcar.com.au）

Hertz（☎13 30 39；www.hertz.com.au）

Rent a Bomb（☎13 15 53；www.rentabomb.com.au）

Thrifty（☎1300 367 227；www.thrifty.com.au）

停车场

市中心的停车巡查员特别警觉。大多数的街头停车点都有计时器，如果你停车超时，就会被罚款（$72~144）。也要注意禁停区域（设有禁止路边停车的标志），在这些区域停车会有高额罚款。在市中心停车大约每小时$6，市中心外围大约$3.50。市内很多地下停车场，价格不等。摩托车可以停放在人行道上。

收费道路

汽车和摩托车如果需要从下面两条路通行，需要付通行费：一是CityLink连接图拉马林机场、市区和墨尔本东郊；二是**EastLink**（☎13 54 65；www.eastlink.com.au），连接林伍德（Ringwood）和弗兰克斯顿（Frankston）。可以通过网络或电话付款，但需在使用收费公路三天内支付，否则会有罚款。

公共交通

Flinders St车站是连接城市和郊区的主要**地铁**站。环城铁路在市区地下运行，连接城区的东南西北。

有轨电车 线路网延伸至城市的各个角落，沿着主干道路开往四面八方。有轨电车在周一至周五大约每10分钟1班，周六每15分钟1班，周日每20分钟1班。在市内和多克兰（Docklands）地区可以免费乘坐。

自行车不能带上有轨电车或公交车，但是可以带上火车。

维多利亚州交通局（Public Transport Victoria；☎1800 800 007；www.ptv.vic.gov.au）监管本地区的公共交通，可登录网站查看详细信息。

出租车

墨尔本的出租车按计价器收费，如果你在22:00到次日5:00打车，就需要预付车费。根据最后的车费情况，多退少补。通行税需另算。

13 Cabs（☎13 22 27；www.13cabs.com.au）

Silver Top（☎131 008；www.silvertop.com.au）

墨尔本周边（AROUND MELBOURNE）

戴尔斯福德和赫本泉（Daylesford & Hepburn Springs）

人口 3265

戴尔斯福德和赫本泉位于高原地区如画般的山丘、湖泊和森林间，形成了"维多利亚州的水疗中心"。一年四季不论何时，这里都是旅游者向往的目的地，你可以泡着温泉忘却烦恼，也可以在壁炉旁品评红酒。这个地方是维多利亚最受欢迎的精品周末旅游地之一，即使你对温泉水疗不感兴趣，这里还有许多很棒的步道、保存修复完好的建筑、美妙的食物和艺术气息的遗风。一些商家工作日会关门，最好周四到周日来这里游玩。

景点和活动

戴尔斯福德在美丽的人工湖**戴尔斯福德湖**（Lake Daylesford）上，是一个很受欢迎的垂钓和野餐场所。**朱比利湖**（Jubilee Lake）在城市东南3公里处，也是一个美丽的野餐地，还可以租借独木舟。此地的徒步小径沿途有许多矿泉水泵，包括**水手瀑布**（Sailors

Falls)、蒂珀雷里泉(Tipperary Springs)、中央泉保护区(Central Springs Reserve)和赫本泉保护区(Hepburn Springs Reserve);带上一个水瓶,亲自品尝一下泉水。游客中心有地图和步行指南。

修女院美术馆 画廊

(Convent Gallery; ☎03-5348 3211; www.theconvent.com.au; 7 Daly St, Daylesford; 门票 $5; ⏲10:00~16:00)袋熊山(Wombat Hill)上这座宏伟的修女院建于19世纪,现已经改建成美术馆,建筑内有很高的天花板、巨大的拱门和美丽的花园。在修女院后边的花园里,沿路向上走,整个城市一览无余。修道院中厅有咖啡馆、酒吧,还有顶层公寓。这里晚上为勇敢者设计了幽灵之旅(ghost tours; $45, 提前预订)。

★赫本浴场和水疗中心 水疗

(Hepburn Bathhouse & Spa; ☎03-5321 6000; www.hepburnbathhouse.com; Mineral Springs Reserve Rd, Hepburn Springs; 公共浴场门票 2小时 $27起; ⏲9:00~18:30)在赫本矿泉保护区内,公共浴场的主建筑是线条流畅的超现代建筑,在这里你可以泡在公共水池里,也可以懒散地躺在长沙发上,同时眺望着周围的灌木丛。水疗中心提供各种专业护理,你也可以在最初的历史建筑中的私人矿泉水池里泡泡。

公共浴场周围是野餐区、矿泉水泵和很有历史意义的Pavilion咖啡馆。

节日和活动

ChillOut Festival 同性恋节日

(www.chilloutfestival.com.au)在3月的劳动节周末期间举办,这一同性恋者引以为傲的节日是戴尔斯福德最盛大的年度活动,吸引了成千上万人来参加街头游行和音乐舞蹈派对。

瑞士意大利狂欢节 文化节

(Swiss Italian Festa; www.swissitalianfesta.com)该节日在10月下旬举办,文学、音乐、美食、美酒和艺术活动吸引了该地区的欧洲裔人群。

食宿

戴尔斯福德

2 Dukes 客栈 $$

(☎03-5348 4848; 2 Duke St, Daylesford; 房间$99起; 📶)在戴尔斯福德,价格实惠的住宿是这家客栈的招牌,这里以前是医生的手术室,现在用一些古旧收藏和色彩鲜艳的原创艺术品作为装饰。五间房的特点各不相同,共用一间浴室(一个房间有独立浴室)。提供简便早餐,有免费无线网,是市内价格最优惠的住处。

Lake House 精品酒店 $$$

(☎03-5348 3329; www.lakehouse.com.au; King St, Daylesford; 双含半膳食 $550起; ❄📶)著名的Lake House俯瞰戴尔斯福德湖,周边是个大花园,花园里有小桥和瀑布。35个房间被改成了宽敞的带阳台的水边房和带有私人庭院的度假屋。房价包括了早餐和晚餐,晚餐有三道菜,用餐处在酒店名声响亮的餐馆。周末两晚起住。

Farmers Arms 小酒店饮食 $$

(☎03-5348 2091; www.thefarmersarms.com.au; 1 East St, Daylesford; 主菜 $25~40; ⏲正午至15:00和18:00至深夜)这个红砖美食酒吧坐落在一个古老乡村里,不论是周围环境还是食物,在这里都实现了现代风与乡村风的完美融合。在夏天,还有一个很受欢迎的前区酒吧和啤酒花园。

★Lake House 新派澳洲菜 $$$

(☎03-5348 3329; www.lakehouse.com.au; King St, Daylesford; 2~4道菜套餐 $80起; ⏲正午至14:30和18:00~21:30; 📶)说起戴尔斯福德,就不得不说Lake House,这里长期以来被视为这座城市最高档的用餐场所。这里有流行

> **ℹ 戴尔斯福德住宿预订**
>
> **Daylesford Accommodation Escapes** (☎03-5348 1448; www.dabs.com.au; 94 Vincent St, Daylesford)
>
> **Daylesford Getaways** (☎03-5348 4422; www.dayget.com.au; 14 Vincent St, Daylesford)
>
> **Daylesford Cottage Directory** (☎03-5348 1255; www.cottagedirectory.com.au; 16 Hepburn Rd, Daylesford)

黑色星期六

维多利亚州经常发生森林大火。1939年，有71人死于黑色星期五的火灾；1983年的"圣灰星期三"，维多利亚州和南澳大利亚州有75人丧生于火海。但是谁也没有料想到发生在2009年的灾难性森林大火，这一天因此被称为黑色星期六。

在2月7日这一天，维多利亚州温度创历史最高纪录，墨尔本超过46℃，有些州的最高温度甚至达到了48℃。强风和多年干旱气候下生成的灌木丛，再加上历史最高温度给高风险的森林大火创造了条件。最先是在Kilmore附近发现了火情，然后从南而来的强风将大火吹向亚拉山脉。就在这极具破坏性的几个小时里，凶猛的火焰席卷了马里斯维尔（Marysville）、国王湖（Kinglake）、Strathewen、Flowerdale和Narbethong，与此同时，还有几股火势从Horsham、Bendigo和比奇沃思（Beechworth）的东南地区蔓延开来。大火几乎将马里斯维尔和国王湖夷为平地，火势蔓延非常迅速，很多居民都没有机会逃出来。很多遇难者死在家中或是困在车里，还有一些被倒在路中央的树堵住了出路。

大火持续了一个多月，高温、强风和无雨的天气为消防员控制火势带来难度。最近的一次火灾发生在威尔逊角国家公园（超过50%的公园景区被烧毁）、丹德农山脉（Dandenong Ranges）和戴尔斯福德景区（Daylesford area）。

统计数据诠释了该事件的悲惨：死亡173人，超过2000个家庭被毁，大约7500人无家可归，超过4500平方公里被烧毁。灾难过后，带给这个国家的是无尽的悲痛、人道主义援助和慈善救助。陌生人纷纷捐献出数吨衣服、玩具、食物和房车，甚至有人给火灾中的幸存者提供房屋，同时澳大利亚红十字会筹集到了超过3亿澳元的救助金。

如今在国王湖和马里斯维尔附近被烧毁的黑色森林已经重新焕发了生机，社区也在重建之中。旅游业仍然是经济体的重要支柱，商店、咖啡馆和酒店的旅游消费持续促进本地的经济复兴。

的紫色高背家具，窗口可望见戴尔斯福德湖，风景如画。餐厅供应优质的应季菜品、获奖红酒，以及高质量的服务令人印象深刻，这里不会让你失望。周末需要早早预订。

赫本泉

★Hepburn Springs Chalet 酒店 $$

（☎03-5348 2344；www.hepburnspringschalet.com.au；78 Main Rd, Hepburn Spring；房间周三/周末 $120/180；📶）如果唐·德雷珀（Don Draper）来这里了，那么他一定会来此下榻。起初在20世纪20年代的时候，这里是一家客栈，主人在保留最初特点的基础上又采用复古风格进行了装扮，例如装饰性的镜子、休息区和酒吧区的天鹅绒躺椅。房间很简单，但是很舒适，并且带独立浴室。

Shizuka Ryokan 客栈 $$$

（☎03-5348 2030；www.shizuka.com.au；7 Lakeside Dr, Hepburn Spring；双 $280~380）这家传统的极简主义客栈，灵感来源于复兴重建后的日本传统建筑，6间客房都有私人的日式花园、榻榻米和绿茶。不适合孩子。

Red Star Café 咖啡馆 $$

（☎03-5348 2297；115 Main Rd, Hepburn Spring；主菜 $8~26；⏲8:00~16:00）装有护墙板的店面看上去就像某人的家，有沙发躺椅、摆满读物的书架、很棒的音乐、后门外的花园和一种时髦的本地氛围。早上想喝个咖啡或午餐想吃一顿佛卡夏面包（focaccia）、咖喱饭或牛排三明治，这里再适合不过了。

实用信息

戴尔斯福德游客中心（Daylesford Visitors Centre；☎1800 454 891, 03-5321 6123；www.visitdaylesford.com；98 Vincent St, Daylesford；⏲9:00~17:00）这家很赞的游客中心在老消防站内，这里有关于该区域和矿泉的全面信息。游客中心隔壁有一个历史**博物馆**（☎03-5348 1453；www.daylesfordhistory.com.au；100 Vincent St, Daylesford；成人/儿童 $3/1；⏲周六和周日

13:30~16:30)。

到达和离开

戴尔斯福德距离墨尔本115公里，驾车走Calder Hwy需要1.5小时；或者在伍德登（Woodend）转弯，从那里到目的地需要35分钟。

从戴尔斯福德（起于Bridport St）到赫本泉距离3公里，有本地公共汽车运营；车程15分钟。

V/Line（1800 800 007; www.vline.com.au）V/Line每日运行，火车从墨尔本到伍德登（Woodend）、巴拉腊特（Ballarat）或卡斯尔梅恩（Castlemaine），然后乘公共汽车去戴尔斯福德（$11.40，2小时）。公共汽车从消防站对面的Bridport St出发。

丹德农地区（The Dandenongs）

丹德农地区树林葱郁、山脉低矮，距离墨尔本只有35公里，在这里你可以体验远离城市的世界，拥有一天美好的旅行。丹德农山（Mt Dandenong，633米）是最高峰，这里的风景犹如在茂密的树蕨类植物底层，由外来植物和本地植物拼贴而成图画。在这里驾车，除了其他车辆，还要小心蜿蜒的道路，你可能会看到琴鸟悠闲地横穿马路。

在山上的许多咖啡馆里，喝茶、吃司康饼是必不可少的，或者你也可以停下来，在城市里一些高品质的饭店里吃午饭，像Olinda、Sassafras和Emerald。

景点和活动

丹德农岭国家公园　国家公园

（Dandenong Ranges National Park; www.parkweb.vic.gov.au; Upper Ferntree Gully, Belgrave）这个国家公园包含丹德农地区仅剩的四片最大的森林。蕨树沟（Ferntree Gully）地区有若干短途步道，包括很受欢迎的**1000步**（1000 Steps）：一直到**独树山野餐区**（One Tree Hill Picnic Ground，往返2小时），步道是**科克达纪念路**（Kokoda Memorial Track）的一部分，这是为纪念在第二次世界大战中在新几内亚战斗牺牲的澳大利亚军人而建的。带上一双结实的鞋子，因为台阶很滑。

希尔布鲁克森林（Sherbrooke Forest）就在贝尔格雷夫（Belgrave）北边，这里满是花楸树（mountain ash），还有几条步行小道。**Grants Picnic Ground**在卡里斯塔（Kallista），这里吸引了一群群的葵花凤头鹦鹉（sulphur-crested cockatoos）。

国家杜鹃花公园　花园

（National Rhododendron Gardens; 03-9751 1980; www.parkweb.vic.gov.au; Georgian Rd, Olinda; 10:00~17:00）免费 在这些花园里，巨大的桉树拔地而起，在草坪和缤纷的花圃投下树荫。这里有超过1.5万株各色杜鹃花和1.2万株映山红。观赏杜鹃花最好的时间就是9月到11月。

丹德农山观景台　观景点

（SkyHigh Mt Dandenong; 03-9751 0443; www.skyhighmtdandenong.com.au; 26 Observatory Rd, Mt Dandenong; 车辆通行费$5; 周一至周四9:00~22:00，周五 至22:30，周六和周日8:00~23:00; 688）开车沿路向上，到达SkyHigh观景台，这里是丹德农的最高点，可以俯瞰整个墨尔本和菲利普港湾。黄昏中城市的万家灯火，特别壮观。这里有一个咖啡馆、一座花园、野餐区和迷宫（成人/儿童/家庭 $6/4/16）。

Puffing Billy　火车

（03-9757 0700; www.puffingbilly.com.au; Old Monbulk Rd, Belgrave; 往返成人/儿童/家

值得一游

圣安德鲁斯

在墨尔本以北35公里的山里有一个寂静的城镇，这个小镇因它们每周的**圣安德鲁斯社区市场**（www.standrewsmarket.com.au; 周六8:00~14:00）而出名。每个周六的早上桉树的香气混杂着前来买东西人群的气味，人们到这里购买手工工艺品，享受指压按摩，品味印度奶茶，调整心绪，或是单纯地听听街上的乐师演奏。要去那里可以乘坐从Hurstbridge火车站出发的班车。

另外，从圣安德鲁斯一直到Kinglake的蜿蜒小路是这一区域著名的旅游路线之一。

庭 $65/32.50/131；🚉Belgrave）Puffing Billy是复原了的标志性蒸汽火车，是许多墨尔本人美好的童年记忆，它蜿蜒穿梭在长满茂盛树蕨的丘陵中，从贝尔格雷夫（Belgrave）驶往埃默拉尔德湖公园（Emerald Lake Park）和根布鲁克（Gembrook）。小孩子喜欢把腿垂在两侧开放的车厢外。在途中，你可以随乘随下，尽情享受野餐，随心漫步。

在墨尔本郊区交通网中，从贝尔格雷夫火车站步行到普芬比利火车站很近。

树林探险 探险运动

（Trees Adventure；☎09752 5354；www.treesadventure.com.au；Old Monbulk Rd，Glen Harrow Gardens；2小时活动 成人/儿童 $40/25；⏲周一至周五 11:00~17:00，周六和周日 9:00~17:00；🚉Belgrave）树林探险就是在长满红杉（sequoia）、花楸树和日本橡树（Japanese oak）的古老森林里探险：爬树、飞狐滑翔和障碍越野。这让人想起了《绝地大反攻》（*Return of the Jedi*）里的伊渥克族（Ewok）部落的村庄。

安全系统确保你自始至终都有系上保险绳，新手区的活动5岁左右的儿童都可以参加。

餐饮

Pie in the Sky 澳洲菜 $

（www.pieinthesky.net.au；43 Olinda-Monbulk Rd，Olinda；馅饼 $5起；⏲周一至周五 10:00~16:30，周六和周日 9:30~17:00）朋友，来尝尝澳洲芋泥（poi）、经典的获奖澳洲菜或者勃艮第红酒烩牛肉（beef burgundy）吧。

Miss Marple's Tearoom 茶室

（382 Mt Dandenong Tourist Rd，Sassafras；菜肴 $13~17，德文郡司康饼 2个 $9；⏲周一至周五 11:00~16:00，周六和周日 至16:30）这家古雅的英国茶室灵感来源于阿加莎·克里斯蒂（Agatha Christie）书中人物，桌子上铺着印花桌布，摆着德文郡司康饼、太妃布丁和午餐主菜。在周末这里更是非常受欢迎，等2个小时很正常。

实用信息

丹德农岭和诺克斯游客信息中心（Dandenong Ranges & Knox Visitor Information Centre；☎03-9758 7522；www.dandenongrangestourism.com.au；1211 Burwood Hwy，Upper Ferntree Gully；⏲周一 13:00~17:00，周二至周六 9:00~17:00，周日 10:30~14:30；🚉Upper Ferntree Gully）位于上蕨树沟（Upper Ferntree Gully）火车站的外面。有很好的步行线路图。

到达和离开

从墨尔本市中心到奥林达（Olinda）、黄樟树（Sassafras）或者贝尔格雷夫的车程不到1小时。最快的线路就是沿Eastern Fwy，从Burwood Hwy或者Boronia Rd的出口驶离。郊外的火车从墨尔本（贝尔格雷夫线）驶向贝尔格雷夫火车站（Belgrave station）。

亚拉河谷（Yarra Valley）

苍翠茂密的亚拉河谷是维多利亚州最重要的葡萄酒产区和周末旅行的地方，一方面是因为距离墨尔本很近，但主要是因为这里有80多家葡萄酒厂、一流的饭店、国家公园和野生动植物。河谷流域面积很广，从东边险峻秀美的亚拉山脉国家公园（Yarra Ranges National Park）到西边的国王湖国家公园（Kinglake National Park），大分水岭（Great Dividing Range）山坡上有面积巨大的桉树林。这之间就是爬满葡萄藤的河谷。冷溪镇（Coldstream）被认为是通往亚拉河谷葡萄酒厂区的门户，大多数葡萄酒厂就建在冷溪、希尔斯维尔（Healesville）和亚拉格兰之间的三角形区域内。

希尔斯维尔（Healesville）

希尔斯维尔面积很小，却是主要的城镇，也是探索下亚拉河谷的三角区域的基地。它因为其野生动物保护区很出名，在该区域内的位置也很优越，从这里去一些最好的葡萄酒厂也很方便，开车或骑车到亚拉格兰或冷溪的沿途，可以欣赏到优美的风景。

景点和活动

★ **希尔斯维尔野生动物保护区** 动物园

（Healesville Sanctuary；☎03-5957 2800；www.zoo.org.au/healesville；Badger Creek Rd，

Healesvilel；成人/儿童/家庭 $30.80/13.60/74.60；⏲9:00~17:00；🚌685、686）在澳大利亚南部，这里是看本土动物最棒的地方。这个野生动物园里到处都是袋鼠（kangaroos）、澳洲野狗（dingoes）、琴鸟（lyrebirds）、袋獾（Tasmanian devils）、蝙蝠（bats）、考拉（koalas）、老鹰（eagles）、蛇类（snakes）和蜥蜴（lizards）。鸭嘴兽之家（Platypus House）展示鸭嘴兽这种害羞的水底生物。这里每天11:30（周末14:00加一场）还有互动表演。激动人心的捕食之鸟（Birds of Prey，每天正午和14:30）则展示空中翱翔的巨大的楔尾鹰（wedge-tailed eagles）和猫头鹰。周末免费为孩子们开放。

食宿

这里的许多葡萄酒厂都会提供豪华住宿。在亚拉河谷（Yarra Valley）还有很多民宿、住宿农庄和客栈可供你选择。登录www.visityarravalley.com.au查看相关住宿预订信息。

Healesville Hotel 酒店 $$

（☎03-5962 4002；www.yarravalleyharvest.com.au；256 Maroondah Hwy，Healesville；双周中/周末 $110/130起，周六 含晚餐 $325；❄📶）这家1910年重新修整过的酒店是希尔斯维尔的地标性建筑。楼上的房间精致漂亮，里面有雪白的亚麻织品，天花板采用压制金属工艺，公共卫生间打扫得一尘不染。除此之外，酒店后面的Furmston住宅里还有一些别致的公寓（单间 $180起）。

Tuck Inn 民宿 $$

（☎03-5962 3600；www.tuckinn.com.au；

亚拉河谷葡萄酒厂

亚拉河谷（www.wineyarravalley.com）有80家葡萄酒厂和50个酒窖分散于到处是葡萄树的河谷，是维多利亚州最古老的葡萄酒产地——第一棵葡萄树于1838年种在优伶站（Yering Station）。该地区生产的酒适合冬季饮用并适合搭配食物，比如霞多丽（chardonnay）、黑比诺（pinot noir）和灰比诺（pinot gris），还有一些口感浓郁的红酒。

道门酒庄（Domain Chandon；☎03-9738 9200；www.chandon.com；727 Maroondah Hwy，Coldstream；⏲10:30~16:30）位于Coldstream和希尔斯维尔之间的Maroondah Hwy，道门酒庄是大型葡萄酒导览游的典范。该葡萄酒庄是Moët & Chandon的一个附属酒厂，有一个设计高端的接待区可以看到美丽的景色，游客还可以在这里品尝和购买葡萄酒。导览游分别在11:00、13:00和15:00出发，还可以看一眼充满情调的大厅。

Oakridge（☎03-9738 9900；www.oakridgewines.com.au；864 Maroondah Hwy，Coldstream；⏲10:00~17:00）获得2012年《时代报》（*The Age*）和*Sydney Morning Herald*最佳葡萄酒厂的称号。

Rochford（☎03-5962 2119；www.rochfordwines.com.au；878-880 Maroondah Hwy，Hill Rd和Coldstream交叉路口；⏲9:00~17:00）大型的葡萄酒厂有餐馆和画廊，还有上好的赤霞珠葡萄酒和黑比诺。最著名的就是他们的酒厂音乐会。

塔拉沃拉庄园（TarraWarra Estate；☎03-5957 3510；www.tarrawarra.com.au；311 Healesville-Yarra Glen Rd，Healesville；品尝 $4；⏲11:00~17:00）塔拉沃拉庄园是一个非常引人注目的现代艺术馆，有很多很棒的展览。附近的小酒馆和酒窖可以加油。

Yering Station（☎03-9730 0100；www.yering.com；38 Melba Hwy，Yering；⏲周一至周五10:00~17:00，周六和周日 10:00~18:00）你可以在1859年的老酒厂里品尝佳酿，然后去楼上的咖啡馆欣赏美景，在生产仓库买一些葡萄酒。沿着这条有趣的小路一直走到这家现代优雅的餐厅。**亚拉河谷农民市场**（Yarra Valley Farmers' Market）每月第三个星期日举行。

亚拉河谷酒庄游（Yarra Valley Winery Tours；☎1300 496 105；www.yarravalleywinerytours.com.au；从亚拉河谷/墨尔本出发的团队游 $105/140）每日游游览四个或五个酒厂，含午餐。

亚拉河谷苹果酒和啤酒步道

葡萄酒吸引很多游客来到亚拉河谷，而**苹果酒和啤酒步道**（www.ciderandaletrail.com.au）将会给你一条有趣的路线——引领你参观当地小啤酒厂和苹果酒生产商。

Buckley's Beer（☎0408 354 909；www.buckleysbeer.com.au；30 Hunter Rd，Healesville；⊙周六和周日 11:00~17:00）为了完成"save the world one brew at a time"这一任务，Buckley手工酿造传统的陈贮啤酒和麦芽酒已经有十余年的历史。团队游和品酒活动仅在周末举办。

Kelly Brothers Cider Co（☎03-9722 1304；www.kellybrothers.com.au；Fulford Rd，Wonga Park；⊙周一至周六10:00~17:00，周日 11:00~17:00）从20世纪60年代开始，苹果酒产业就开始兴盛起来。可以在这里品尝一下用当地的梨和苹果酿造的酒。

Napoleone Cider（☎03-9739 0666；www.napoleonecider.com.au；10 St Huberts Rd，Coldstream；⊙10:00~17:00）各种梨和苹果酿造的酒是用从果园里采摘的水果现场压榨而成的。这里还生产淡色麦芽啤酒。均可免费品尝。

White Rabbit Brewery（☎03-5962 6516；www.whiterabbitbeer.com.au；316 Maroondah Hwy，Healesville；⊙周六至周四11:00~17:00，周五 11:00~21:00）这里是啤酒爱好者的必游之地，这个小型啤酒厂装修朴素，在其加工区域的正中间摆放着一些复古的沙发和工作台，你可以在大型酒桶和装瓶机器周围品尝一些凉酒，期待周中的喧嚣，同样还有非常棒的比萨。

Aussie Brewery Tours（☎1300 787 039；www.aussiebrewerytours.com.au；团队游含交通、午餐和品尝 $150）位于墨尔本的澳大利亚酿酒厂团队游最受欢迎。

2 Church St，Healesville；双 周中/周末 $150/180起；❀）这家客栈之前是个共济会会所，现已改建成具有现代风格的时尚旅馆，这里有五间客房，主人十分友善。含全餐。

★**Giant Steps & Innocent Bystander** 西班牙小吃、比萨 $$

（☎03-5962 6111；www.innocentbystander.com.au；336 Maroondah Hwy，Healesville；主菜$20~45；⊙周一至周五 10:00~22:00，周六和周日 8:00~22:00；📶）Giants Steps & Innocent Bystander的规模颇大，既是一家热闹的餐厅，又是一个酒窖。你可以在此品尝美味的比萨、西班牙小吃和奶酪拼盘，还可以在慵懒的午后来一杯饮品。你可以在酒吧品尝免费的葡萄酒，也可以在参观酒窖时花$10（可在购买葡萄酒时抵用）来品尝特定年份的酒。

ℹ 实用信息

亚拉山谷游客中心（Yarra Valley Visitor Centre；☎03-5962 2600；www.visityarravalley.com.au；Harker St，Healesville；⊙9:00~17:00）是下亚拉河谷的主要游客中心，这里有大量的宣传手册和地图出售。

ℹ 到达和离开

希尔斯维尔位于墨尔本以北65公里处。经由Eastern Fwy和Hwy/B360，只需一个小时就能轻松开车到达。市郊列车从墨尔本出发，一直通往莉莉岱（Lilydale），那里会有定点长途汽车发往希尔斯维尔。

McKenzie's Bus Lines（☎03-5962 5088；www.mckenzies.com.au）在墨尔本的南十字星车站（Southern Cross Station）每天都会有发往希尔斯维尔（1.5小时，$6.20）、马里斯维尔和艾尔登的长途汽车；你可以在网站上查询汽车时刻表。

莫宁顿半岛（Mornington Peninsula）

莫宁顿半岛位于菲利普港口（Port Phillip Bay）和西港口海湾（Western Port Bay）之间，形状如靴子一般。19世纪70年代，明轮船开始行至波特西（Portsea），自此，莫宁顿半岛就成了墨尔本的夏季游乐场。美食家很喜欢这个地方，因为葡萄酒厂的午餐是一大亮点。如今，虽然岛内大部分农场已经被葡萄园和果园所取代，但岛内仍然保留着原

生灌木丛可爱的状态。

菲利普港湾旁边，宁静的“前滩”吸引着无数家庭来莫宁顿、索伦托等海边小镇度假。崎岖不平的“后滩”对着巴斯海峡，从波特西、索伦托（Sorrento）和瑞尔（Rye）出发都可以轻松到达。沿岸地带有一些设计绝妙的步道，这些步道也是莫宁顿半岛国家公园（Mornington Peninsula National Park）的一部分。

实用信息

半岛游客信息中心（Peninsula Visitor Information Centre；☎1800 804 009，03-5987 3078；www.visitmorningtonpeninsula.org；359b Nepean Hwy，Dromana；⌚9:00~17:00）游客可以在半岛的主要游客中心里预订住宿和团队游。莫宁顿（☎03-5975 1644；www.visitmorningtonpeninsula.org；320 Main St，Mornington；⌚9:00~17:00）和索伦托（☎03-5984 1478；George St和Ocean Beach Rd交叉路口）也有游客中心。

到达和离开

Mornington Peninsula Fwy是通往莫宁顿半岛的主要路径，取道Moorooduc Hwy和Point Nepean Rd就能进入Mornington Peninsula Fwy。除此之外，游客还可以驶离Moorooduc Hwy转而选择走菲利普港口周边的沿海公路。

昆斯克利夫-索伦托渡轮（Queenscliff-Sorrento Ferry；☎03-5258 3244；www.searoad.com.au；行人单程成人/儿童 $11/8，2成人和汽车单程/往返 $73/136；⌚7:00~18:00每小时1班，1月和周末到19:00）渡轮穿过菲利普港口连接着索伦托和昆斯克利夫。

索伦托和波特西 (Sorrento & Portsea)

历史悠久的索伦托是莫宁顿半岛上著名的城镇，这里有美丽的石灰岩楼房、大海和海湾沙滩，夏日海滨热闹非凡。1803年，囚犯、海军、政府官员和自由定居者们从英格兰远道而来，他们在索伦托建立了维多利亚州第一个正式的欧洲人定居点。

再朝西4公里处就是面积很小的波特西，那里的后滩、潜水和水上运动的商家也都不错。

◉ 景点和活动

安静的港湾海滩很适合家庭游玩，你可以在前滩租**桨板**玩。低潮时，后海滩的**岩石池**相对安全，成年人和孩子们可以在里面游泳潜水。夏天，有人会在冲浪海滩巡逻。

★ Moonraker Charters 野生动植物观察

（☎03-5984 4211；www.moonrakercharters.com.au；7 George St，Sorrento；景点观光成人/儿童 $55/44，海豚和海豹游泳 $129/115）观看海豚海豹表演的3小时团队游，将从索伦托码头（Sorrento Pier）出发。

★ 波佩罗海豚表演 野生动植物观察

（Polperro Dolphin Swims；☎03-5988 8437；www.polperro.com.au；景点观光成人/儿童 $55/35，海豚和海豹表演 成人票和儿童票 $135）在早晨和下午参观海豚、海豹表演的团队游，将从索伦托码头出发。

食宿

Carmel of Sorrento 客栈 $$

（☎03-5984 3512；www.carmelofsorrento.com.au；142 Ocean Beach Rd，Sorrento；双 $130~220）这座可爱的石灰岩住宅位于索伦托的正中地带，年代十分久远，目前已被修复得十分雅致，颇具时代特点，住宅巧妙地将这座城镇的历史与当代的舒适感结合了起来。客栈有三间配有卫生间爱德华时代风格的套房，套房提供包含面包与热饮的早餐，客栈还有两个现代风格的套间，设施十分齐全。

Portsea Hotel 酒店 $$

（☎03-5984 2213；www.portseahotel.com.au；Point Nepean Rd，Portsea；标单/双不带卫生间 $75/105起，标单/双带卫生间 $135/175起）这间不规则的半露木酒店是波特西的脉搏，这个规模庞大的酒馆有着漂亮的草坪和可以俯瞰海湾的露台区。这里有一家很棒的**法式小馆**（主菜 $24~39）和老式住处（大多数房间有公共浴室），海景房费用更高（周末费用更高一些）。

Hotel Sorrento 酒店 $$$

（☎03-5984 2206；www.hotelsorrento.com.au；5-15 Hotham Rd，Sorrento；汽车旅馆房间 $195~280，公寓 $220~320）这个享有盛名的索

伦托酒店凭借它的名声吸引了大量游客入住。“公园上的索伦托”(Sorrento on the Park)会提供标准和特等的汽车旅馆房间，但是那些可爱的“山丘之上”(On the Hill)会提供通风良好的双人间和家庭公寓，房间配有宽敞的卫生间和私人阳台。

The Baths 炸鱼和薯条 $

(☎03-5984 1500; www.thebaths.com.au; 3278 Point Nepean Rd, Sorrento; 炸鱼和薯条$10，餐厅主菜 $27~36; ⊙正午至20:00)昔日用作海水泳池的水滨甲板和昆斯克利夫渡轮是享用午餐的好去处，在这里你还可以一边俯视着登岸码头和昆斯克利夫渡口，一边享用浪漫的落日晚餐。这里的菜单上有很多很棒的海鲜食品，前滩还有大受欢迎的外带炸鱼和薯条。

值得一游

湖山和马里斯维尔

分布在Narbethong和湖山之间的山谷中，马里斯维尔就位于2009年森林大火那场悲剧的中心(见573页)，里面大部分的城镇楼房已经被烧毁了，34人在这场火灾中丧命。城镇里更加紧密的社区正在稳步重建，这里仍然是湖山(Lake Mountain)主要的越野滑雪场地。

作为亚拉山脉国家公园的一部分，湖山(1433米)是澳大利亚首屈一指的越野滑雪度假胜地，这里有37公里的跑道和多条雪橇滑道。在夏季这里有带标记的徒步和山地自行车道路。山上没有住宿，但是这里离马里斯维尔仅有10公里之远。

在滑雪季的周末和节假日，每天的门票是每车$35，周中$25；跑道费为$11.90/5.90(成人/儿童)起。非滑雪季，这里仅收$2的停车费。

活动

Lake Mountain Alpine Resort (☎03-5957 7222; www.lakemountainresort.com.au; Snowy Rd; ⊙10月至次年5月 周一至周五 8:00~16:30，6月至9月 至18:30)有滑雪板出租、滑雪学校、咖啡馆和隐秘的烧烤区。

Marysville Ski Centre (www.marysvilleski.com.au; 27 Murchison St, Marysville; ⊙6月至9月)出租滑雪板、雪橇、服装和汽车链。

住宿

Crossways Historic Country Inn (☎03-5963 3290; www.crosswaysmarysville.com.au; 4 Woods Point Rd, Marysville; 双 $120，2卧室小屋 $195)Crossways大约自20世纪20年代以来出现，值得注意的是，它在森林大火中幸存了下来。家庭友好型住宿包括小木屋风格的套间和河边小屋——一个现代化的两卧室套间。

The Tower (☎03-5963 3225; www.towermotel.com.au; 33 Murchison St, Marysville; 标单/双/家 $125/145/165; ❄📶)坐落在主道路上，是黑色星期六中保留下来的少数楼房之一，The Tower保留了其20世纪70年代汽车旅馆的外墙，而近期的翻修让它上升到精品屋的档次。业主非常友好，另外旅馆还带有一个美丽的庭院和葡萄酒吧，房间都配有迷你吧、有线电视和免费无线网。在滑雪季节价格会上涨。

到达和离开

Lake Mountain Snow Bus (Country Touch Tours; ☎03-5963 3753; www.lakemountainsnowbus.com; 24 Murchison St, Marysville)湖山雪长途汽车开通了到湖山的返程服务，费用包括入门费，起点包括马里斯维尔(10:30启程，成人/儿童 $45/40)和希尔斯维尔(周六10:00，成人/儿童 $45/40)。长途汽车15:00从湖山返回。

Smokehouse 意大利菜 $$

（☎03-5984 1246；182 Ocean Beach Rd，Sorrento；主菜 $20~34；⌚18:00~21:00）Smokehouse是当地百姓的最爱，美味的比萨和意大利面是这家比萨店的特色。创新的酱料和燃木烤炉里飘散出来的香味更是为它加分。

菲利普岛（Phillip Island）

人口 9406

菲利普岛因企鹅游行和摩托车大奖赛闻名，吸引了一大批有兴趣的冲浪者、摩托车迷以及直奔小企鹅而来的海外游客。

虽然菲利普岛本质上仍然是农业区，但是自然生态游已经将这里逐渐变成了维多利亚州最热门的团队游目的地之一。除了在夜间摇摆前行的企鹅之外，这里还是大型的海豹和考拉栖息地，而且莱尔湿地周围还生活着大量的鸟类。崎岖不平的南海岸有许多棒极了的冲浪海滩，游客摩肩接踵，夏季来此度假的游客甚至会增至40,000人左右，这也就意味着小岛的中心考斯市内满是全家乐景点和旅馆。咖啡馆和饭店如果生意好的话，肯定是热热闹闹的。如果冬季来度假，你就会发现这里十分安静，因为本地人中的农民、冲浪者、嬉皮士们都各忙各的去了。

景点和活动

考斯主海滩上风平浪静，非常适合游泳。你可以去蜿蜒绵长的考斯东海滩安静地享受时光。最适合冲浪的海滩都在南海岸。壮观的乌拉迈角（Cape Woolamai）是最受欢迎的冲浪海滩，但是这里湍流暗涌，所以只适合经验丰富的冲浪者来此逍遥。初学者和全家人可以前去史密斯海滩（Smiths Beach），因为那里经常有大量的冲浪学校团体。夏季这两个地方都有人巡逻。贝里海滩（Berrys Beach）也很漂亮，通常比乌拉迈角和史密斯海滩还要安静。诺比司角（Nobbies）周围，当风从乌拉迈和史密斯景区吹向岸边时，Cat Bay和Flynns Reef一般是很平静的。

★企鹅游行 野生动物保护区

（Penguin Parade；☎03-5951 2800；www.penguins.org.au；Summerland Beach；成人/儿童/家庭 $23.80/11.90/59.50；⌚10:00至黄昏，企鹅在日落时出现）企鹅游行每年都会吸引超过500,000名游客来看这些小企鹅（小脚企鹅），它们是世界上最小的企鹅，多半也是世界上最讨人喜欢的企鹅。企鹅中心里有多个混凝土浇筑而成的圆形竞技场，可容纳3800名观众，游客可以在日落时分观赏这些小家伙们从海里蹒跚而出，走向它们陆地上的巢穴。

虽然企鹅的数量在夏季繁殖后猛增，但是它们常年住在洞穴里。观赏完企鹅游行，在木板小道上走走，就可以近距离地观看它们是如何寻找巢穴和配偶了。记得带一些暖和的衣服。这里还有许多专项的团队游（www.penguins.org.au；成人 $44~80），护林员陪同讲解企鹅的行为，游客还可以从Skybox这种高架站台观赏企鹅。此外，企鹅大厦里还有咖啡馆和解说中心。

考拉保育中心 动物园

（Koala Conservation Centre；☎03-5951 2800；www.penguins.org.au；1810 Phillip Island Rd，Cowes；成人/儿童/家庭 $11.90/5.95/29.70；⌚10:00~17:00，夏季会延长开放时间）站在木板小道上，你肯定能看见吃着树叶或是打着盹的考拉——它们一天可是要睡20多个小时！

★海豹岩和诺比斯 野生动植物观察

（Seal Rocks & the Nobbies；免费；⌚11:00~17:00）诺比斯位于是岛屿西南角，是一大片峻峭的近海岩石。更远处就是海豹岩，海豹岩是澳大利亚最大的毛皮海豹（fursea）的聚居处。诺比斯中心（Nobbies Centre；☎03-5951 2852；www.penguins.org.au；⌚11:00至日落前一小时）免费 是观赏诺比斯的最佳去处，大约有6000只澳大利亚皮毛海豹会在那里晒太阳。你可以站在木板小道上用双筒望远镜观赏海豹，也可以选择用诺比斯中心的水下摄像机观赏（$5）。

诺比斯中心还有一些有趣的互动展览、小孩游戏室和咖啡馆。

★菲利普岛大奖赛赛道 探险运动

（Phillip Island Grand Prix Circuit；☎03-5952 9400；Back Beach Rd）就算摩托车停赛时，爱好者们还是对赛车大奖赛喜爱有加，正因如此，才促成了1989年的澳大利亚摩托车大奖赛。游客中心有带导游的赛道团队游项

Phillip Island 菲利普岛

0 4 km
0 2 miles

目（http://phillipislandcircuit.com.au；成人/儿童/家庭 $22/13/57；⏲团队游14:00），或是参观**赛车历史博物馆项目**（History of Motorsport Museum；成人/儿童/家庭 $15/8/38）。更具冒险精神的赛车手可以使用V8引擎能飞速跑完赛道（$330；必须预订）。

你自己可以开着卡丁车在仿制版的**菲利普岛卡丁车赛道**上试一把（每人 10/20/30分钟 $35/60/80）。

Island Surfboards 冲浪

（☎03-5952 3443；www.islandsurfboards.com.au；65 Smiths Beach Rd，Smiths Beach；课程 $65，冲浪板出租每小时/天 $12.50/40）岛屿冲浪板带你开启一场激情冲浪之旅，在这里，你可以租用潜水衣，学习全部标准课程。**考斯市**（☎03-5952 2578；www.islandsurfboards.com.au；147 Thompson Ave；潜水板出租每小时/天 $12.50/40）也有商店。

团队游

Go West 团队游

（☎1300 736 551，03-9485 5290；www.gowest.com.au；团队游 $135）从墨尔本出发的一日团队游包含午餐，期间会有用多种语言讲解的iPod导览。其中就包括观赏企鹅游行。

Phillip Island 菲利普岛

重要景点

1 企鹅游行 A2
2 海豹岩和诺比斯 A3

景点

3 考拉保育中心 C2
4 诺比斯中心 A2

活动、课程和团队游

5 Island Surfboards C1
6 菲利普岛大奖赛赛道 B2
7 野生动植物海岸游轮 B1

住宿

8 Clifftop C2
9 Island Accommodation YHA D2
10 Waves Apartments C1

就餐

11 Fig & Olive at Cowes B1
12 White Salt D3

野生动植物海岸游轮 乘船游

（Wildlife Coast Cruises；☎03-5952 3501；

www.wildlifecoastcruises.com.au; Rotunda Bldg, Cowes Jetty; 海豹观赏成人/儿童 $72/49; ⌚5月至9月 周五至周三 14:00，10月至次年4月 每天 14:00和16:30）这里有很多种游轮航线，包括海豹观赏巡游、黄昏巡游和岬角巡游。除此之外，还有一班到法国岛的2小时巡游（成人/儿童 $30/20）和到威尔逊角国家公园的全天游（$190/140）。

节日和活动

澳大利亚摩托车大奖赛 体育运动

（Australian Motorcycle Grand Prix; www.motogp.com.au）这个岛屿最盛大的活动就是10月份持续三天的极速飞车比赛。

食宿

Island Accommodation YHA 青年旅舍 $

（☎03-5956 6123; www.theislandaccommodation.com.au; 10-12 Phillip Island Rd, Newhaven; 铺/双$35/165起; @📶）这个大型的背包客专用旅馆每层都有相同的大型住宿区，有乒乓球桌和在冬季用来取暖的舒适壁炉。屋顶平台视野很棒，旅舍十分注重环保。最便宜的房间可以睡下12个人，双人间是汽车旅馆标准。

Waves Apartments 公寓 $$

（☎03-5952 1351; www.thewaves.com.au; 1 Esplanade, Cowes; 双 $195起; ❄📶）这些光鲜的公寓俯瞰着考斯的主海滩，所以如果你不选择近海的套间，你就没有办法欣赏阳台的美景。这些设备齐全的现代化公寓配有水疗设施、阳台或者院子。

Clifftop 精品酒店 $$$

（☎03-5952 1033; www.clifftop.com.au; 1 Marlin St, Smiths Beach; 双 $235~300; ❄）岛上没有比在史密斯海滩上小憩一下更好的地方了。在这七间豪华套房里，四套顶级的套房拥有私人阳台可以看到海洋，楼下的房间则直通花园——所有房间的床都很松软，装饰也很华丽。

White Salt 炸鱼和薯条 $

（☎03-5956 6336; 7 Vista Pl, Cape Woolamai; 鱼类 $6.50起，饭菜打包 $15起; ⌚周三、周四和周日 17:00~20:00，周五和周六正午至20:30）White Salt提供岛上最美味的炸鱼和薯条——炸鱼选自新鲜的鱼片，薯条都是手工切制的。其他菜品还包括天妇罗对虾和拌有玉米、柠檬和意大利松子青酱的烤章鱼沙拉。

Fig & Olive at Cowes 新派澳洲菜 $$

（☎03-5952 2655; www.figandoliveatcowes.com.au; 115 Thompson Ave, Cowes; 主菜 $24~38; ⌚周三至周一 9:00至深夜）这家餐厅以木材、石头和石灰绿装饰为主，十分有趣，店内舒适宜人。在此，你可以好好享受一顿美味的大餐，也可以在深夜来一杯鸡尾酒。这个兼收并蓄的菜单以海鲜为主，从海鲜饭或是五花肉到炭烤的塔斯马尼亚州鲑鱼，形式十分多样。

实用信息

菲利普岛游客中心（Phillip Island Visitor Centre; ☎1300 366 422; www.visitphillipisland.com; 895 Phillip Island Tourist Rd, Newhaven; ⌚9:00~17:00，学校节假日 至18:00）这是岛屿上的主要游客中心，位于纽黑文的主道路上，此外，考斯还有一个更小的游客中心（Thompson St和Church St交叉路口）。这两处都出售三园套票（成人/儿童/家庭 $36/18/90），项目包括观赏企鹅游行、游览考拉保护中心和丘吉尔岛遗产农场。除此之外，主中心还提供免费的住宿和团队游预订服务。

到达和离开

菲利普岛距离墨尔本140公里，只有开车通过圣雷莫和纽黑文之间的大桥才能到达。从墨尔本出发，取道Monash Fwy，从帕肯汉姆（Pakenham）出来，在库维鲁（Koo Wee Rup）进入South Gippsland Hwy。

V/Line（☎1800 800 007; www.vline.com.au）V/Line提供火车和长途汽车服务，从墨尔本南十字星车站（Southern Cross Station）出发，途经丹德农站或库维鲁（$12.80，2.5小时）。没有直达车辆。

大洋路

包括 ➡

最佳餐饮

- ➡ Brae（见595页）
- ➡ A La Grecque（见594页）
- ➡ Merrijig Kitchen（见603页）
- ➡ Chris's Beacon Point Restaurant（见597页）

最佳住宿

- ➡ Bimbi Park（见598页）
- ➡ Great Ocean Ecolodge（见598页）
- ➡ Beacon Point Ocean View Villas（见597页）
- ➡ Vue Grand（见590页）
- ➡ Cimarron B&B（见594页）

为何去

大洋路是澳大利亚极负盛名的一条公路旅行路线。这条线路带领游客们经过世界级的冲浪场所，穿过一片片雨林和静静的海边小镇，还可以欣赏到满处栖息着考拉的森林树冠。这里也有陡峭的石灰石岩壁、奶牛场和荒野，还可以让你亲身近距离接触南大洋汹涌的波浪。

你也可以逃离尘世，在城镇之间寻访孤立的海滩、灯塔和奥特韦内陆地区茂盛的桉树林。如果不直接去大洋路，在吉朗（Geelong）有一条岔路，可以带你穿过贝拉林半岛（Bellarine Peninsula），来一场悠闲之旅，在途中你可以参观迷人的昆斯克利夫（Queenscliff）和葡萄酒厂。

从墨尔本到这里一日游的游客总是在不到12个小时的时间里匆忙地来回，但是在这样一个如此完美的地方，你至少应该待上一周。

何时去

奥特韦角

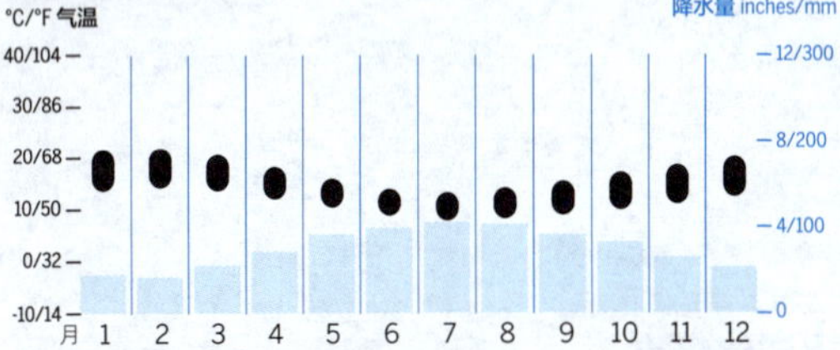

3月 去广受欢迎的费里港民谣节欣赏民俗音乐，放松自己。

复活节 冲浪赛（Rip Curl Pro）期间去贝尔斯海滩（Bells Beach）观看壮观的冲浪运动。

7月 隆冬时节去海边的小镇看明媚的海景，逛逛那些舒适温馨的咖啡馆，还可以临海观鲸。

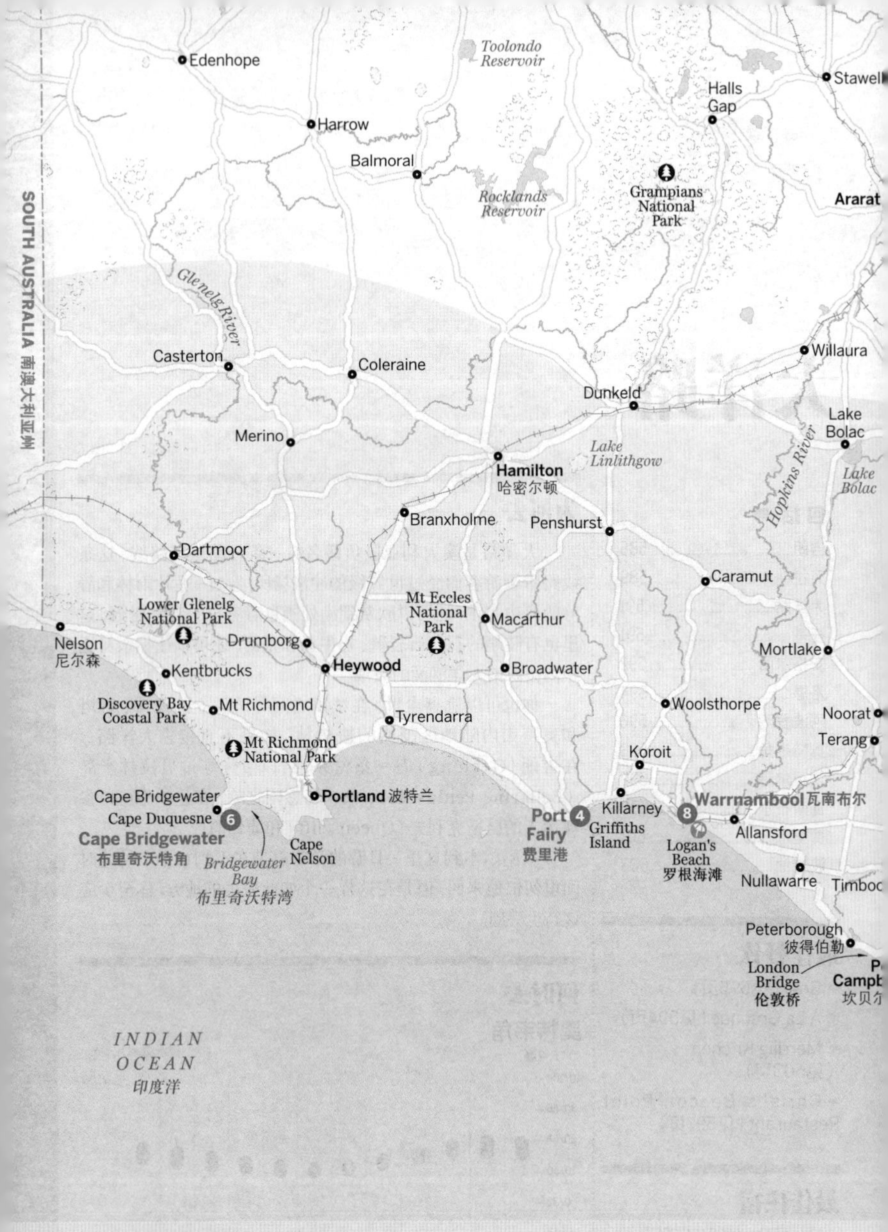

大洋路亮点

❶ 去坎贝尔港附近的海滨数一数矗立在海中的**十二门徒岩**（见598页）。

❷ 在紧邻灯塔的海滩露营，到**奥特韦角**（见598页）看考拉。

❸ 在绿树成荫的**洛恩**（见594页），享受一下度假生活。

❹ 在**费里港**（见601页）住几天，感受一下海边村庄的生活。

❺ 在**托基**（见591页）买一套冲浪设备学学冲浪。

❻ 在与世隔绝又美丽的**布里奇**

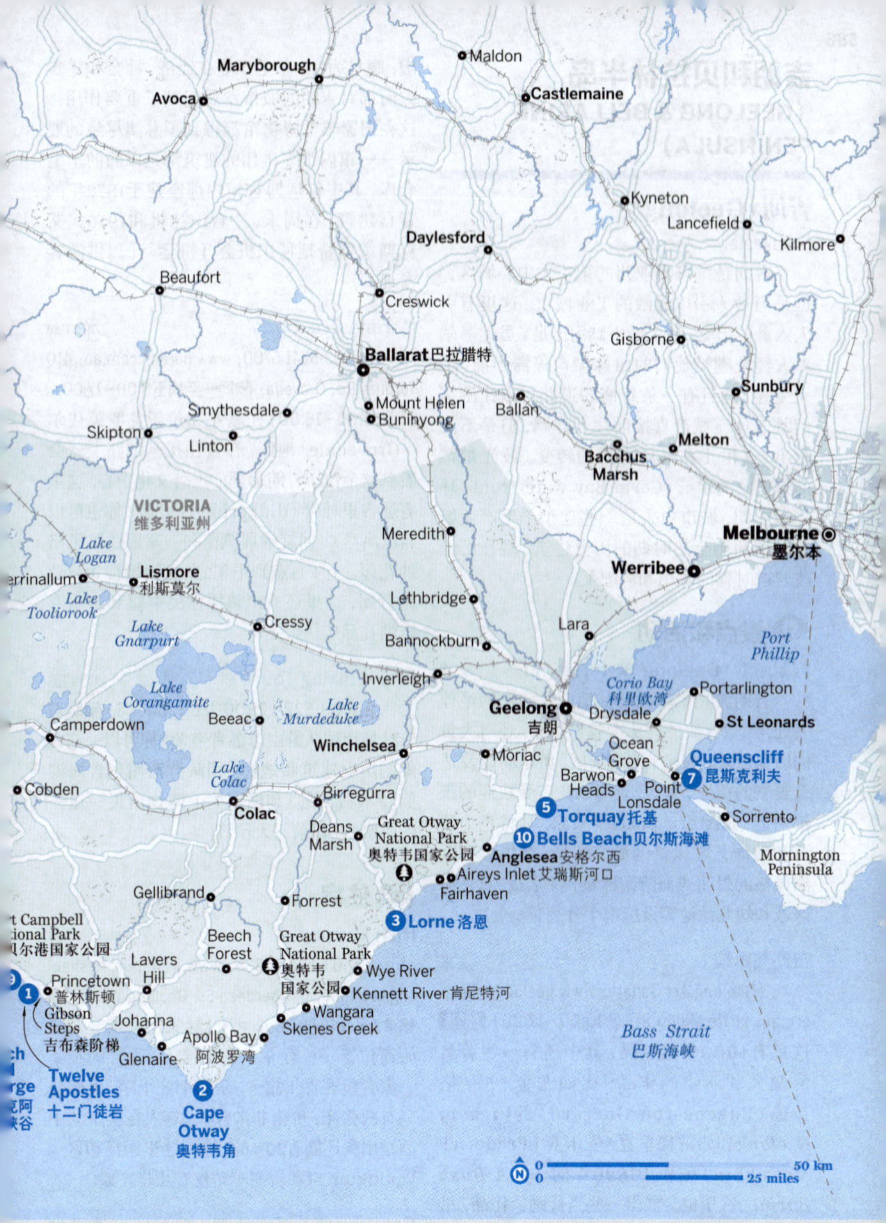

沃特角（见604页）观看海豹。

⑦ 从墨尔本出发，去美丽的**昆斯克利夫**（见589）度过一个愉快的周末。

⑧ 在**瓦南布尔**（见600页）的海岸边瞭望鲸鱼。

⑨ 在**洛克阿德峡谷**（见599页）回味那些消失的生命的传说。

⑩ 在**贝尔斯海滩**（见593页）观看波涛滚滚的壮观景象。

吉朗和贝拉林半岛（GEELONG & BELLARINE PENINSULA）

吉朗（Geelong）

人口 143,921

吉朗是维多利亚州的第二大中心城区，也是当地人引以为傲的工业城市。这里有引人入胜的历史，整个城市魅力十足。虽然墨尔本人经常嘲笑他们的姐妹城市停滞不前、了无生趣，而且有一条新修的道路可以让游客们跳过这座城市直接前往大洋路，但是不难看出，这里正在经历可喜的转变。波光粼粼的科里欧湾水滨（Corio Bay waterfront）环绕着吉朗，城市中央是一些建于羊毛产业繁荣时期和淘金热时期的历史建筑，现在已经改建成时髦的餐馆和酒吧了。

景点和活动

吉朗海滨（Geelong Waterfront） 水滨

吉朗波光粼粼的海滨地区是闲逛的绝佳去处，风景优美的码头上餐馆遍布，还有大量的历史遗迹、雕塑、游泳景区、游乐场以及适合野餐的草地。夏天，你可以在广受欢迎的东部海滩（Eastern Beach）乘凉，其特色为沙滩和装饰艺术风格的海滨浴场，浴场里有欧洲风格的封闭式海湾游泳场，跳水板、日光浴区域和幼儿泳池等设施都十分完善。

吉朗美术馆 画廊

（Geelong Art Gallery；www.geelonggallery.org.au；Little Malop St；⏲10:00~17:00）免费 这里有4000多幅展品，其中还有一些著名的澳大利亚绘画作品，比如尤金·冯·格拉德（Eugene von Guérard）的*View of Geelong*和弗雷德里克·麦卡宾（Frederick McCubbin）创作于1890年的作品*A Bush Burial*。这里也会展出一些当代画家作品，星期六下午2点游客可以免费参加导览游。

国家羊毛博物馆 博物馆

（National Wool Museum；☎03-5272 4701；www.geelongaustralia.com.au/nwm；36 Moorabool St；成人/儿童/家庭 $8.25/4.50/25；⏲周一至周五9:30~17:00，周六和周日10:00~17:00）耳听为虚，眼见为实。羊毛工业在经济、社会和建筑方面都对吉朗的城市发展起到了重要作用，这在国家羊毛博物馆都得到了淋漓尽致的展示——馆内很多雄伟的建筑都是以前的羊毛仓库，其中包括博物馆内那座建于1872年的青石建筑。在周末，一台织袜机和1910式艾克斯敏斯特地毯织机会开机运行，以供游客参观。

Narana Creations 文化中心

（☎03-5241 5700；www.narana.com.au；410 Torquay Rd，Groveda；⏲周一至周五9:00~17:00，周六10:00~16:00）托基小镇位于戈罗芙代尔（Grovedale）地区，在去往托基的路上就会看到这个位于吉朗远郊的土著文化中心，这里有迪吉里杜管（didgeridoo）表演（你也可以自己演奏）、回旋镖展览馆和一座原住民风格的花园。上午11点到下午2点之间接待每日游旅行团，这里还有出售原住民书籍和音乐专辑的礼品店。

City Walking Tours 步行游览

（☎03-5222 2900；26 rabool S；团队游$12）城市团队游由志愿者带领，你可以一览吉朗的历史建筑和地标。团队游费用包含海滨旋转木马、茶点和国家羊毛博物馆买一送一的门票。需提前一天预订。

住宿

Irish Murphy's 青年旅舍 $

（☎03-5221 4335；www.irishmurphysgeelong.com.au；30 Aberdeen St，Geelong West；铺/标单/双 $40/45/80；🅿📶）这家由家族经营的旅馆位于一栋爱尔兰酒吧楼上，是吉朗唯一一家背包客青年旅舍。房间十分干净，大部分只有两张床，价格非常合算。客人在楼下的小酒馆用餐还能有20%的折扣。这里距离市区、Pakington St和吉朗车站仅有几步之遥。

Gatehouse on Ryrie 客栈 $$

（☎0417 545 196；www.gatehouseonryrie.com.au；83 Yarra St；双 含早餐 $110~145；🅿@📶）Gatehouse on Ryrie是吉朗中档旅店的最佳选择。客栈建造于1897年，铺有华丽的木制地板，房间宽敞（大多共用卫浴设施），有一间公共厨房和一间公共休息室。在华丽

Geelong 吉朗

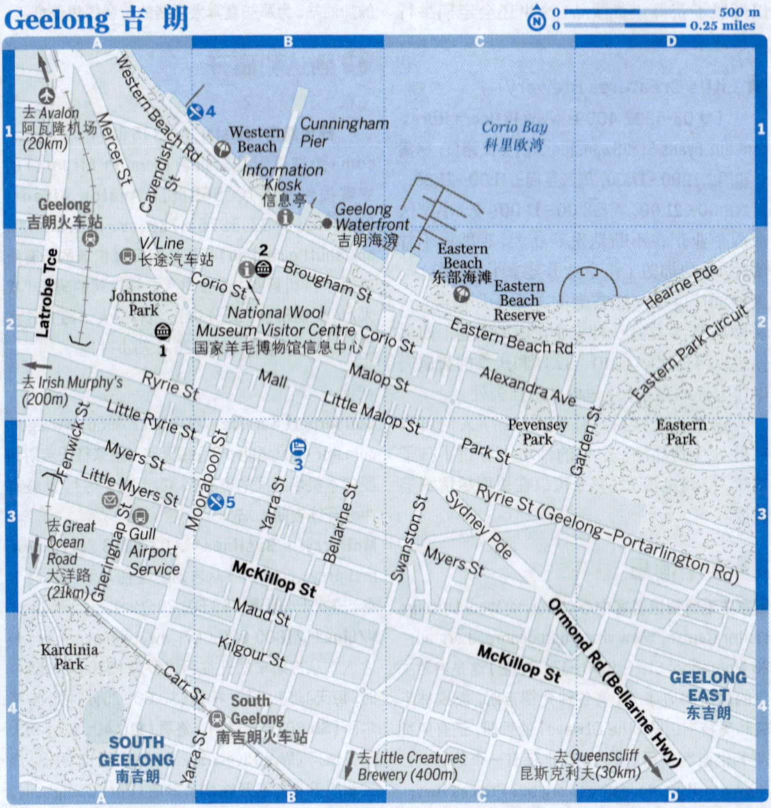

的前厅中供应早餐。

餐饮

Geelong Boat House 炸鱼和薯条 $

（吉朗海滨；炸鱼和薯条$8.50；⏲10:00~20:00）这家店建在曾经行驶于疏浚雅拉（Yarra River）河道的大型驳船上，延伸到水面之上。你可以拿把椅子去甲板上或者屋顶上坐会儿，也可以去绿草茵茵的河岸歇息片刻，懒洋洋地躺在野餐垫上消磨时光。与之相连的船棚里还有一家海鲜餐馆。

★ **Jack & Jill** 新派澳洲菜 $$

（☎03-5229 9935；www.jackandjillrestaurant.com.au；247 Moorabool St；品尝餐 $33.5；⏲每天18:00至深夜，周五正午至14:30）从菜单上点三个用当地食材做成的小吃[比如巴望羊羔肉粗麦面卷（Barwon lamb and couscous filo parcel），上面淋有柠檬酸奶和石榴糖浆]，他们会把三个小菜放在一个盘子里端给你。楼上是屋顶啤酒园，这里供应上等的精酿啤酒。周五下午，5点到6点半之间，游客可

Geelong 吉朗

景点

1 吉朗美术馆......A2
2 国家羊毛博物馆......B2

活动、课程和团队游

City Walking Tours......（见29）

住宿

3 Gatehouse on Ryrie......B3

就餐

4 Geelong Boat House......B1
5 Jack & Jill......B3

以掷骰子获得免费饮品。这里还会定期举行现场音乐表演。

★ **Little Creatures Brewery** 酿酒厂

（☎03-5202 4009；www.littlecreatures.com.au；Fyans St和Swanston St的交叉路口；⌚周一和周二11:00~17:00，周三至周五11:00~21:00，周六8:00~21:00，周日8:00~17:00；📶）小家伙啤酒企业正在不断地发展壮大，吉朗也不甘落后，成功加盟了该企业并建立了最新分厂。该酿酒厂位于一座古老的羊毛工厂内部，其装修风格洋溢着一种工业仓库的气息。如果你想以薄皮比萨（$10~$23）和焦香的袋鼠肉串作为佐酒食物，这里可是最佳去处。

这里一天接待好几拨团队游，人们可以在此处免费品酒。这里的沙坑十分讨小孩子喜欢，空间也很大，孩子可以在里面尽情嬉笑玩耍。

ℹ 实用信息

国家羊毛博物馆游客中心（National Wool Museum Visitor Centre；www.visitgreatoceanroad.org.au；26 Moorabool St；⌚9:00~17:00；📶）这是吉朗主要的旅游局办事处，有各种介绍吉朗、贝拉林半岛和奥特韦山脉（the Otways）的手册，还有免费Wi-Fi供游客使用。在吉朗路上还有一个信息中心（www.visitgreatoceanroad.org.au；Princes Hwy；⌚9:00~17:00），位于里特尔河（Little River）附近的加油站，为那些直奔大洋路的游客提供信息。

ℹ 到达和离开

飞机

捷星航空（Jetstar；☎13 15 38；www.jetstar.com）为往返阿瓦隆机场（Avalon Airport）的旅客提供服务（见569页）。**Avalon Airport Shuttle**（☎03-5278 8788；www.avalonairportshuttle.com.au）可以为阿瓦隆机场的所有航班提供接机服务，该公司有去往吉朗的班车（成人/儿童 $18/14，35分钟），也有沿大洋路去往洛恩（Lorne）的班车（$32/26，1.75小时）。

长途汽车

Gull Airport Service（☎03-5222 4966；www.gull.com.au；45 McKillop St）每天有14趟来往于吉朗和墨尔本机场之间的班次（$32，1.25小时），从城市中心开往吉朗车站。

McHarry's Buslines（☎03-5223 2111；www.mcharrys.com.au）从吉朗发往托基和贝拉林半岛，班次十分频繁（$3.60，20分钟）。

V/Line（☎1800 800 007；www.vline.com.au）长途汽车从吉朗车站开往阿波罗湾（$16.80，2.5小时，每天4班），经过托基（$3.60，25分钟）、安格尔西（$5.60，45分钟）、洛恩（$10.40，1.5小时）和怀依河（Wye River；$12.80，2小时）。周一、周三和周五有继续开往坎贝尔港（Port Campbell；$29.20，5小时）和瓦南布尔（Warrnambool；$33，

大洋路路程和时间

路线	距离	时间
墨尔本—吉朗	75公里	1小时
吉朗—托基	21公里	15~20分钟
托基—安格尔西	16公里	15分钟
安格尔西—艾瑞斯河口	10公里	10分钟
艾瑞斯河口—洛恩	19公里	20分钟
洛恩—阿波罗湾	45公里	1小时
阿波罗湾—坎贝尔港	96公里	1.5小时
坎贝尔港—瓦南布尔	66公里	1小时
瓦南布尔—费里港	28公里	20分钟
费里港—波特兰	72公里	1小时
波特兰—墨尔本	经大洋路440公里/经Hamilton Hwy358公里	6.5小时/4.5小时

6.5小时）的班次，需要在阿波罗湾换乘。

直接去瓦南布尔的话，乘火车更加快捷、便宜，不过你会错过大洋路的美丽风景。

汽车

25公里的吉朗环形公路连接克里奥（Corio）与华安池，完全绕过了吉朗。去吉朗城的时候，注意不要错过左车道的王子公路（M1）。

火车

V/Line（☎1800 800 007；www.vline.com.au）有多趟火车从吉朗车站驶往墨尔本南十字星车站（$7.80起，1小时），班次很频繁。也有从吉朗去瓦南布尔的火车（$22.80，2.5小时1班，每天3班）。

贝拉林半岛（Bellarine Peninsula）

昆斯克利夫（Queenscliff）

人口 1418

昆斯克利夫是一个历史悠久、风景秀丽的地方，墨尔本人很喜欢到此一日游或过夜，逛逛历史街区或者感受大海的气息。Phillip Heads港口和巴斯海峡（Bass Strait）之间的风景非常壮观。

景点和活动

昆斯克利夫堡 历史古迹

（Fort Queenscliff；☎03-5258 1488，周中团队游 0403 193 311；www.fortqueenscliff.com.au；Gellibrand St和King St交叉路口；成人/儿童/家庭 $10/5/25；⏲周六和周日13:00和15:00，学校假期每日）昆斯克利夫堡在1882年首先被用作沿海防御堡垒，以保护墨尔本免受俄国的入侵。这里在1946年之前是一个军事基地，之后则被用作陆军学院——直到2012年末；现在这里成为国防档案中心。在30分钟的导览游中，你可以参观军事博物馆、弹药库、牢房及其紧邻的两座灯塔。入口处需要检查身份证件。

贝拉林半岛铁路 火车

（Bellarine Peninsula Railway；☎03-5258 2069；www.bellarinerailway.com.au；昆斯克利夫火车站；Drysdale往返 成人/儿童/家庭 $30/20/70，Lakers Siding $15/12/40；⏲学校假期 周日、周二和周四 11:00和14:45发车）铁路由一群快乐的超级蒸汽火车迷运营，古老的蒸汽柴油火车往返于昆斯克利夫和Drysdale之间（1.75小时），每天另有火车开往Lakers Siding（33分钟往返），13:15从昆斯克利夫发车。

Sea-All Dolphin Swims 野生动植物观察

（☎03-5258 3889；www.dolphinswims.com.au；昆斯克利夫；观光游 成人/儿童$75/65，3.5小时浮潜$140/120；⏲10月至次年4月8:00和13:00）在菲利普海湾港口可以观光旅游，还可以和海豹与海豚一起游泳。在这里可以看到海豹；海豚则并不常见，但也还是有机会看到的。

团队游

游客中心给在周围城镇自助游的游客分发了免费的小册子《昆斯克利夫——鲜活的遗迹》。

Queenscliff Heritage Walk 步行游览

（☎03-5258 4843；包括下午茶 $12）每周六下午2点，游客中心都会开展昆斯克利夫遗迹步行导览游活动，也可预订导览游的时间，参观城镇的历史建筑，游览历时1.25小时。

节日和活动

昆斯克利夫音乐节 音乐

（Queenscliff Music Festival；☎03-5258 4816；www.qmf.net.au）这是海岸地区最好的音乐节之一，有许多大名鼎鼎的澳大利亚乐师参加，主打民乐和蓝调曲风。11月下旬举行。

Blues Train 音乐

（www.thebluestrain.com.au；票价 $97.70）在不同寻常的火车之旅中，你可以欣赏富有特色的传统音乐演奏，也可以品尝传统风味的餐食。随着音乐的节拍，让你的脚步踏起来吧。可访问网站查看相关日期和到场的艺术家名单。

住宿

Athelstane House 精品酒店 $$

（☎03-5258 1024；www.athelstane.com.au；4 Hobson St；房间 含早$160~270；📶）

值得一游

体验贝拉林美食小径

贝拉林半岛作为一个美食区声名鹊起，这里的葡萄酒尤其美味。在贝拉林和吉朗有50多家酒厂，以其寒冷气候带出产的比诺、西拉和霞多丽葡萄酒而闻名。探访该地区的时候，很轻松地就度过了几天的慵懒生活。获得酒厂信息请查看www.winegeelong.com.au，该地区的游客信息中心也可以给你提供一些信息。

贝拉林美食小径（www.thebellarinetastetrail.com.au）将葡萄酒厂和贝拉林美食路径串联起来，这个行程囊括了大多数美食生产商，走下来你会发现你度过了多么美妙的一天。

Athelstane House位于美丽的历史建筑中，房间舒适，有历史感，还有水疗浴缸。在他家的餐馆里你肯定会吃得很开心，还有美丽的门廊可以供你度过暖和的夜晚。

Queenscliff Hotel 酒店 $$

（☎03-5258 1066；www.queenscliffhotel.com.au；16 Gellibrand St；双 $149起；❄@）根据国家信托的分类，这是一处货真价实的古色古香的豪华酒店。内设小型维多利亚风格的房间，没有电话也没有电视，卫生间是共用的。你可以在舒适的顾客休闲室休息，也可以在餐馆就餐，或去酒吧喝酒。

★**Vue Grand** 酒店 $$$

（☎03-5258 1544；www.vuegrand.com.au；46 Hesse St；基本/塔楼 房间 含早餐 $200/400起）这里有各种房间，从基本的客栈房间，到现代化的塔楼套房（有全景视角）和湾景房（在休息室有独立式浴缸），应有尽有。如果你没有订到这些房间，阳光明媚时在塔楼层露天平台喝上一两杯也是不错的选择。

餐饮

Athelstane House 新派澳洲菜 $$

（☎03-5258 1024；www.athelstane.com.au；4 Hobson St；主菜 $28；⊙周一至周五18:00~21:00，周六和周日 正午至14:00和18:00~21:00，夏天每天8:00~21:00）这家餐馆是一处历史遗迹，布置得别致可爱，你可以在室内用餐，也可以在美丽的花园露台上用餐。这里有各种各样的食物，有昆士兰虎虾扁意面（Queensland tiger prawn linguine）、烤鸭脯（roasted duck breast），也有低热量的单片三明治（lighter open sandwiches）。

Café Gusto 咖啡馆 $$

（☎03-5258 3604；25 Hesse St；主菜 $12~26；⊙8:30~16:00）在昆斯克利夫，这里是享用早餐的最佳去处，咖啡馆后面还有一个宽敞的花园式庭院。当吃饭的人多的时候服务可能跟不上，但是这里的食物很好，环境也不错，值得等待。

Vue Grand 新派澳洲菜 $$$

（☎03-5258 1544；www.vuegrand.com.au；46 Hesse St；2/3道菜套餐 $59/79，5道菜贝拉林品尝套餐 没有/有葡萄酒或啤酒$95/145；⊙周三至周六18:00~21:00）作为昆斯克利夫餐饮业中最权威的餐馆，富丽堂皇的Vue Grand有许多美味的菜肴，比如羊羔里脊配藏红花、茴香和石榴（lamb back strap with saffron, fennel, pomegranate），还有新鲜发泡羊奶酪（whipped feta），外加甘醇的葡萄酒和啤酒。贝拉林品尝套餐包含当地出产的菜肴，并配有葡萄酒和啤酒，可以带你来一次舌尖上的半岛之旅。周末的时候可能很难订到位置。

ℹ 实用信息

昆斯克利夫游客中心（Queenscliff Visitor Centre；☎03-5258 4843；www.queenscliffe.vic.gov.au；55 Hesse St；⊙9:00~17:00）提供各种小册子，隔壁图书馆可免费上网。

ℹ 到达和离开

从墨尔本、昆斯克利夫（以及贝拉林半岛其余的地方）可以通过王子高速公路（M1）去吉朗，非常方便。不要走吉朗支路，穿过吉朗去贝拉林公路（B110）会是一个更好的选择。

昆斯克利夫-索伦托渡轮（☎03-5258 3244；www.searoad.com.au；单程步行乘客 成人/儿童 $11/8，2个成人和汽车$73；⊙7:00~18:00每小时1班）渡轮在昆斯克利夫和索伦托之间来回行驶（40分钟）。旺季运行到19:00。

大洋路（GREAT OCEAN ROAD）

托基（Torquay）

人口 13,339

在20世纪六七十年代，托基只是一个落后的海边城市。那时，冲浪在澳大利亚毫无疑问还是一种反主流文化的追求，受到了中途退学的嬉皮士们的推崇。嬉皮士们住在破旧的大众房车里，抽大麻，还会拐走你的女儿。目前，冲浪已经成为当仁不让的主流趋势，托基邻近世界闻名的贝尔斯海滩，又是两个冲浪产品龙头品牌——Rip Curl和Quicksilver——所在地，这些都确保托基毫无争议地成为澳大利亚冲浪业的领军城市。

景点和活动

托基的海滩吸引了很多人，既有在浅水区游玩的孩子，也有冲浪学校的背包客学生。渔夫海滩（Fisherman's Beach）保护人们免受涌浪的侵袭，最适合家庭游玩。在夏天，当冲浪救生员在海浪汹涌的后海滩（Back Beach）巡逻时，被茂盛的松树和倾斜的草地包围的前海滩（Front Beach）吸引了许多懒汉。著名的冲浪海滩包括附近的Jan Juc和Winki Pop，当然还有贝尔斯海滩。

冲浪世界博物馆 博物馆

（Surf World Museum；www.surfworld.com.au；冲浪城市广场；成人/儿童/家庭 $12/8/30；⏲9:00~17:00）对那些冲浪旅行的人来说，这是一个很好的起点。这个博物馆设计精巧，并且向澳大利亚的冲浪运动致以敬意。这里展出从西蒙·安德森（Simon Anderson）1981年设计出的开拓性的三舵板到马克·理查德（Mark Richard）的冲浪板藏品，最著名的还是澳大利亚冲浪名人堂。这里有许多有纪念价值的东西（包括杜克·卡哈那莫库的木制长板），也有关于20世纪60年代到80年代的冲浪文化录像和展览。

Go Ride a Wave 冲浪

（☎1300 132 441；www.gorideawave.com.au；1/15 Bell St；2小时课程包括租金 $65）出租冲浪设备，出售二手设备，提供课程（提前预订比较便宜）。

Torquay Surfing Academy 冲浪

（☎03-5261 2022；www.torquaysurf.com.au；34a Bell St；2小时 团体/个人课程 $60/180）这是一所严谨的冲浪学校。

Westcoast Surf School 冲浪

（☎03-5261 2241；www.westcoastsurfschool.com；2小时课程 $60）这一享有盛名的西海岸冲浪学校提供冲浪课程和冲浪板租赁。

住宿

Bells Beach Backpackers 青年旅舍 $

（☎03-5261 4029；www.bellsbeachbackpackers.com.au；51-53Surfcoast Hwy；铺/双 $26/80；@📶）这家友好的背包客旅馆位于主干道上，提供很有冲浪城市特色的服务，包括出租冲浪板、为游客提供每日冲浪消息以及收集冲浪录像。旅馆提供普通客房，房间都十分干净，状况良好。

Woolshed B&B 民宿 $$$

（☎04-0833 3433；www.thewoolshedtorquay.com.au；75 Aquarius Ave；公寓 含早$275；❄🏊）该酒店建于托基郊区美丽的农场，是由上百年历史的羊毛场改建而成的一家空气新鲜的开放的旅店，有两个卧房。最多可招待6名客人，客人可以使用游泳池和网球场。需提前预订。

餐饮

Cafe Moby 咖啡馆 $

（☎03-5261 2339；www.cafemoby.com；41 Esplanade；主菜 $12~18；⏲7:00~16:00；📶）这座木制外墙的房子位于Esplanade，它的历史要回溯到托基还是个简陋的小城市的时候。但这并不意味着它的菜肴不够现代化：在这里你可以饱餐一顿意式扁面条或者蜜汁烤羊肉串。后面有一个非常棒的游乐场，孩子们可以在那里玩耍。

Bottle of Milk 汉堡包、酒吧 $

（☎04-5674 8617；www.thebottleofmilk.com；24 Bell St；汉堡包$10；⏲10:30至深夜）除了十分成功的洛恩（Lorne）分店，为Bottle of Milk赢得口碑的要素还有搭配起来相得益彰的汉堡包、海滩和啤酒，这些都使它广受欢

迎。这里有啤酒园，也有非常棒的咖啡。

购物

托基主道沿途设有各种各样的冲浪用品的商店，从大品牌到当地冲浪板制造厂的产品，应有尽有。要是想便宜些，可以到冲浪城市广场（Surf City Plaza）旁的Baines Cres，那里可以买到打折的二手冲浪用品。

实用信息

托基游客信息中心（Torquay Visitor Information Centre; www.greatoceanroad.org; Surf City Plaza, Beach Rd; ⏲9:00~17:00）资源丰富，位于冲浪世界博物馆旁边。隔壁的图书馆有免费的无线网和互联网可用。

到达和离开

开车从吉朗南部沿大洋路前行，15分钟可到达托基。

长途汽车

McHarry's Buslines（☎03-5223 2111; www.mcharrys.com.au）9:00~20:00（周末大约到17:00），每小时都有长途汽车从吉朗驶往托基（$3.60, 30分钟）。

V/Line（☎18-0080 0007; www.vline.com.au）周一至周五每天有6趟（周末2趟）长途汽车从吉朗开往托基（$3.60, 25分钟）。

团队游

Go West Tours（☎13-0073 6551; www.gowest.com.au; 团队游 $125）全天游的行程包括参观贝尔斯海滩，在奥特韦看考拉，参观坎贝尔港，最后将回到墨尔本。长途汽车上有免费Wi-Fi。

奥特韦探索之旅（Otway Discovery Tour; ☎03-9629 5844; www.greatoceanroadtour.com.au; 1/2/3天团队游 $99/249/355）价格实惠的大洋路之旅。2日游可以参观菲利普岛（Phillip Island），3日游可以参观格兰扁（Grampians）。

Ride Tours（☎18-0060 5120; www.ridetours.com.au; 团队游 $210）这里提供沿大洋路的2天1夜的旅行。

Great Ocean Road Surf Tours（☎18-0078 7353; www.gorsurftours.com.au; 106 Surf Coast Hwy）这里提供沿海岸的数天冲浪旅行，$309起，内含在托基的住宿费用。

安格尔西（Anglesea）

人口 2454

陡峭的橙色悬崖深入大海，旁边是长满树的丘陵郊区，到了夏季，人口暴增，这就是安格尔西了。对许多家庭来说，他们几十年的传统就是在安格尔西河边与海鸥一起分享炸鱼薯条。

新的吉朗支路的建成使得开车从墨尔本到安格尔西的时间减少到75分钟左右。

景点和活动

主海滩（Main Beach）是学习冲浪的理想之地，而静谧的**罗德奈特角海滩**（Point Roadknight Beach）则是家庭旅游的好去处。

Anglesea Golf Club 高尔夫

（☎03-5263 1582; www.angleseagolfclub.com.au; Noble St; 9洞$25起; ⏲俱乐部 8:00至午夜）透过俱乐部的大玻璃窗，你可以看到袋鼠在球道上吃草，更棒的是，在欣赏风景的同时打一场高尔夫球。

Go Ride a Wave 冲浪

（☎13-0013 2441; www.gorideawave.com.au; 143b Great Ocean Rd; 2小时课程$65起，冲浪板租赁$25起; ⏲9:00~17:00）这所历史悠久的冲浪学校教授冲浪课程，也出租冲浪板、立桨冲浪板和皮划艇。

住宿

Anglesea Backpackers 青年旅舍 $

（☎03-5263 2664; www.angleseabackpackers.com; 40 Noble St; 铺$35起，双$95~115，家庭$150; @）大多数的青年旅舍都想把房间里填满铺位，但是这家简单家常的背包客旅馆只有2个多人房间、1个双人间和1个3人间，干净明亮，热情好客。冬天，炉火把客厅烤得暖暖的，

不要错过

贝尔斯海滩和艾迪斯角

大洋路正式开始于托基和安格尔西中间的地区。稍微绕个弯路你就来到了著名的贝尔斯海滩，国际冲浪界的传奇惊爆之地[电影《惊爆点》(*Point Break*)中基努·里维斯(Keanu Reeves)和帕特里克·斯维兹(Patrick Swayze)的终极对决就是在这里，当然只是传说]。当长长的右手浪涌来之时，它就是澳大利亚最长的冲浪区之一。

自1973年起，每年的复活节贝尔斯海滩都会举办Rip Curl Pro(www.aspworldtour.com)职业冲浪赛。职业冲浪协会(ASP)世界巡回赛吸引了成千上万的人来观看世界上水平最高的冲浪者如何在秋日最大的浪潮中乘风破浪。比赛期间海浪高达5米。贝尔斯海滩变幻莫测，当其不开放的时候，the Rip Curl Pro职业冲浪赛也会移师约翰娜海滩(Johanna Beach)举行，就在贝尔斯海滩向西2小时路程的地方。

在托基西南方9公里的地方有一个岔路通往景色壮观的艾迪斯角，这一片广袤的天体海滩吸引了冲浪者、裸体主义者、滑翔翼和游泳爱好者。库里文化徒步路线(Koorie Cultural Walk)设有路标，这是1公里长的环形路线，穿过铁皮木盆地(Ironbark Basin)，最终可到达海滩。

很惬意。

Anglesea Rivergums 民宿 $$

(☎03-5263 3066; www.angleseariverqums.com.au; 10 Bingley Pde; 双 $125~160; ❄)临河而建，静谧优美，那2间宽敞并且装饰高雅的房间(那里有栋设施齐全的小屋，还有一个跟它相连的房间)绝对值这个价。

就餐

★Uber Mama 新派澳洲菜 $$

(☎03-5263 1717; www.ubermama.com.au; 113 Great Ocean Rd; 主菜 $19~33; ⊙周四至周六正午至15:00和18:00~21:00，周日9:00~15:00)一股小小的变革之风席卷了澳大利亚部分地区的厨房，Uber Mama就是其中的一个例子。Uber Mama在新派澳洲菜的基础上加入亚洲菜元素，非常有创意，但又没有偏离当地口味太远。可以尝试分享餐，比如烤奥特韦布里奶酪、烤扇贝配意大利熏火腿，或者以传统的炸鱼薯条做主菜。

Locanda Del Mare 意大利菜 $$

(☎03-5263 2904; 5 Diggers Pd; 主菜 $19.50~25; ⊙夏季周四至周一18:00起，冬季周四至周六18:00起)不要被它丑陋的外表蒙蔽，这确实是一家地道的意大利餐馆，就隐藏在安格尔西加油站后面。这里的菜品好评如潮，尤其是它美味的甜品。

实用信息

安格尔西游客信息中心(Anglesea Visitor Information Centre; Great Ocean Rd; ⊙9:00~17:00)这座新的信息中心坐落在Angahook Cafe的对面，它的旁边也是同样新开的烧烤区。

艾瑞斯河口及周边(Aireys Inlet & Around)

人口 1071

艾瑞斯河口位于安格尔西和洛恩之间的位置，这里有许多美丽的海滩，包括Fairhaven和Moggs Creek。可以到游客中心里咨询海滩步行游览的事宜。

景点和活动

★斯普利特角灯塔 灯塔

(Split Point Lighthouse; ☎03-5263 1133; www.splitpointlighthouse.com.au; 45分钟团队游 成人/儿童/家庭 $14/8/40; ⊙每小时发团11:00~14:00，暑假 10:00~16:00)登上136级台阶，就可到达美丽的"白色女王"灯塔，获得全景视野的视觉享受。这座34米高的灯塔建造于1891年，现在仍然在运营(不过现在是全自动运行)。只有通过预约才能参观。

Blazing Saddles 骑马

(☎03-5289 7322; www.blazingsaddlestrailrides.com; Lot 1 Bimbadeen Dr; 1/2.5小时

$50/100）来自世界各地的人们在这里骑上Blazing Saddles的马，沿着美丽的海滩驰骋，或者冲进灌木丛。

食宿

★Cimarron B&B

民宿 $$

（☎03-5289 7044；www.cimarron.com.au；105 Gilbert St；双 $150~175；📶）Cimarron建于1979年，全部用当地木材和木桩搭叠而成，在这里可以俯瞰Point Roadknight的风景。在宽敞的休息区里，一排排的书整齐地摆满了墙上的书架，还有暖和的壁炉，楼上是两间非常独特的阁楼样式的双人房，有着拱形的木屋顶；还有一间两居室的迷你公寓。民宿后面是国家公园和野生动植物。

允许同性恋居住，但不接待儿童。

★A La Grecque

希腊菜 $$

（☎03-5289 6922；www.alagrecque.com.au；60 Great Ocean Rd；主菜 $22~35；⏲12月至次年3月的每日，4月、5月和9月至11月的周三至周日9:00~11:30，12:30~14:30和18:00~22:00）在这间具有现代感的希腊小餐馆，可以品尝地中海菜肴，让你仿佛来到遥远的地中海。开胃小菜有烤扇贝、苹果炖墨鱼、酸橙汁芹菜，主菜中的烤猪前腿肉非常好吃。

Aireys Pub

小酒馆 $$

（☎03-5289 6804；www.aireyspub.com.au；45 Great Ocean Rd；主菜 $20~34；⏲正午至深夜；📶）这家酒馆建造于1904年，2011年之前经历过两次失火，差点关店，但在当地人的捐助下得以继续经营。酒店现在比以前好多了，有宽敞的厨房（要尝尝袋鼠汉堡包）、熊熊的炉火、宽阔的啤酒园、现场音乐，还有具有本店特色的艾瑞斯生啤酒。

洛恩（Lorne）

人口 1046

洛恩有令人难以置信的自然美景，非常鲜活生动，从艾瑞斯河口开始驶入城里，你就会看到：高大古老的橡胶树分列在起伏的街道两旁，Loutit海湾波光闪闪，让人心向往之，无法抗拒。这些美景吸引了一代又一代的游客来这里游玩。这里游客非常多，夏天时有许多一日游的游客来跟你抢餐馆座位和饮料。当然，不管有没有成群结队的游客，这里都是一个出来游玩的好地方。

景点和活动

孩子们会喜欢这里的海边游泳池、蹦床和滑冰公园的。在洛恩周围有50多公里**灌丛徒步**路线，可游览观赏葱翠的森林和瀑布。去信息中心领本《洛恩徒步游和瀑布》（*Lorne*

去哪里参观野生动植物

大洋路并不仅仅是世界上最好的旅行线路之一，也是澳大利亚观看野生动植物最好的地方之一。

袋鼠

Anglesea Golf Club（见592页）

塔丘保护区（Tower Hill Reserve；在瓦南布尔西部15公里处）这里也是看鸸鹋和考拉的好地方。

鸭嘴兽

伊丽莎白湖（Lake Elizabeth；距福里斯特7公里，福里斯特距阿波罗湾30分钟车程）。请联系**奥特韦生态旅游**（Otway Eco Tours；☎04-1967 0985；www.platypustours.net.au；成人/儿童 $85/50）。

考拉

肯尼特河（Kennett River；尤其是房车营地后面的河段）

奥特韦角（沿着公路干线和灯塔之间的路段）

企鹅

十二门徒岩（见598页）

伦敦桥（见599页）

南方观鲸胜地

瓦南布尔（5月至9月）

波特兰（5月至9月）

黑色小袋鼠

巴特里山（Battery Hill，见602页）

费里港（Port Fair，见601页）

大洋路 洛恩

Walks & Waterfalls)的小册子吧。

艾斯金瀑布 瀑布

（Erskine Falls; Erskine Falls Access Rd）从城里出来观赏这美丽的瀑布吧。步行去观景台非常方便，或者可以走下250级台阶（常常比较滑）到达底部，在那里，你可以继续探索，或者折回。

Southern Exposure 水上运动

（☎03-5261 9170; www.southernexposure.com.au; 两小时冲浪课程 $75）这里提供冲浪课程，在皮划艇和山地自行车运动方面也很棒。

节日和活动

瀑布音乐节 音乐

（Falls Festival; www.fallsfestival.com; 2日票/3日票/4日票 $320/390/433; ⏲12月28日至次年1月1日）在城外的农场上有为期4天的新年狂欢，这个精彩的音乐节吸引了一流的国际摇滚团体和独立音乐组合。过去在这里演出的著名的音乐团体包括伊基·波普（Iggy Pop）、Spiderbait、莱昂国王（Kings of Leon）和the Black Keys。票价包含露营费用，很快就会卖完。

Pier to Pub Swim 体育节

（www.lornesurfclub.com.au）这是1月份很受欢迎的活动，4500名泳者游过1.2公里，穿过Loutit Bay到达洛恩酒店。这是拍到当地的政治家和名人的好机会。

住宿

Great Ocean Road Backpackers 青年旅舍 $

（☎03-5289 1070; http://greatoceanroadcottages.com; 10 Erskine Ave; 铺/双 $35/90; ❄📶）这座木制度假屋有两层，位于灌木丛之中，灌丛中有许多美冠鹦鹉、考拉和其他野生动植物。度假屋有宿舍和物有所值的双人间。男女混用的卫生间可能让你觉得不太容易适应。这里也有费用更贵一些的尖顶木屋，内设厨房和一个带浴室的套间。

Grand Pacific Hotel 酒店 $$

（☎03-5289 1609; www.grandpacific.com.au; 268 Mountjoy Pde; 双/公寓$130/180起; 📶）这是在洛恩非常具有代表性的地标建筑，其历史可回溯到1875年，酒店重修时加入了现代化的特点，但是仍保留着一些时代的特征。最好的房间有阳台，可以看到美丽的海景和岸边的码头。普通房间很小，像个四四方方的盒子，但是仍然物有所值，这里也有一些设施齐全的公寓。

Qdos 日式旅馆 $$$

（☎03-5289 1989; www.qdosarts.com; 35 Allenvale Rd; 房间含早$250; 📶）这对那些想找个浪漫的隐居地或森林静居处的人来说是最佳选择。Qdos奢华的禅宗树屋里有榻榻米垫子、宣纸屏风，没有电视。最少住两夜，谢绝儿童入住。

就餐

Bottle of Milk 汉堡包 $

（☎03-5289 2005; www.thebottleofmilk.com; 52 Mountjoy Pde; 汉堡包$12起; ⏲周一至周五8:00~15:00，周六和周日至17:00，12月至次年2月8:00~21:00）这里有24种创意汉堡包，都由新鲜的食材做成。这儿是既热门又位于主街

> **值得一游**
>
> **BRAE**
>
> **Brae**（☎03-5236 2226; www.braerestaurant.com; 4285 Cape Otway Rd, Birregura; 8道菜试吃餐每人$180，配酒 $120; ⏲周五至周一正午至15:00，周四至周日18:00开始）主厨丹·亨特（Dan Hunter）曾就职于位于邓凯尔德（Dunkeld）的皇家邮政酒店（Royal Mail Hotel），当Birregurra搞旅游业的人听说他在这个镇上开了家饭店的时候，他们一定非常期待。Brae前身为受人喜爱的Sunnybrae，其农庄由著名的建筑师Six Degrees重新整修。
>
> 饭店所用食材都是取自当地12公顷的有机菜园。最好提前预订。酒店的一项未来计划是建一家精品酒店。
>
> 它位于科拉克和洛恩之间的历史小镇Birregurra。

不要错过

在大洋路徒步

大洋路步道（Great Ocean Walk；www.visitgreatoceanroad.org.au/greatoceanwalk）开始于阿波罗湾，一直延伸到十二门徒岩，需要好几天才能走完全程。一路上你可以看到景观不断变化，这里有壮观的峭壁崖顶、人迹罕至的海滩，还有森林覆盖的奥特韦国家公园。

可以从一个景点出发，然后安排在另一个景点来车接（公共交通很少且相隔较远）。你可以短途步行，或者花8天时间走完全部的104公里。沿途有许多指定的露营区，只为登记过的徒步者服务；需自带烹饪工具（不允许生火）和帐篷。

Walk 91（☎03-5237 1189；www.walk91.com.au；157-159 Great Ocean Rd，Apollo Bay）可以为你安排行程，提供交通工具和设备租赁，并且能把你的背包运送至目的地。

GOR Shuttle（☎03-5237 9278，04-2837 9278）运送行李和接送徒步者，推荐大洋路班车服务。当你的徒步结束的时候就去接你（价格$35~85，视距离而定）。

区的人流聚集地，很容易就能找到。

Lorne Beach Pavilion 新派澳洲菜 $$

（☎03-5289 2882；www.lornebeachpavilion.com.au；81 Mountjoy Pde；早餐和午餐主菜$9~20，晚餐$25~37；⏲8:00~21:00）这是前岸最好的地方，这里的生活就是名副其实的海滩生活，尤其当一杯冰啤酒在手时。1公斤贻贝只要$10，还有买一送一的鸡尾酒，快来这里度过快乐的时光吧。咖啡馆风格的早餐和午餐非常美味，晚餐则供应高档的新派澳洲菜。

Arab 咖啡馆 $$

（☎03-5289 1435；94 Mountjoy Pde；主菜$19；⏲周一至周五7:00~20:00，周六和周日至21:30）Arab于1956年开始营业，是以垮掉的一代形象示人的咖啡休闲吧，然后迁至洛恩，凭一己之力从一个土气的家庭度假目的地摇身一变成为一个高档的咖啡馆。咖啡馆自开业以来一直经营至今，这里的咖啡和全天早餐依然美味可口。

ℹ 实用信息

洛恩游客中心（Lorne Visitor Centre；☎13-0089 1152；www.visitgreatoceanroad.org.au/lorne；15 Mountjoy Pde；⏲9:00~17:00；📶）这里为游客提供许多信息（包括步行地图）、钓鱼许可证、长途汽车票、住宿预订服务，对游客帮助很大。中心有网络和免费Wi-Fi。

ℹ 到达和离开

V/Line（www.vline.com.au）有长途汽车每天经吉朗（$10.40，1.5小时）开往阿波罗湾（$4.40，1小时）。

阿波罗湾（Apollo Bay）

人口 1094

阿波罗湾是大洋路沿线的规模较大的城镇之一，渔民、艺术家、音乐家还有搬到海边享受安静生活的人和谐共处，形成了一个友好的社区。这个城镇的后面是起伏的山丘，前面是广阔的白沙滩。如果你想去探索迷人的奥特韦角（Cape Otway，见598页）和奥特韦国家公园（Otway National Park），这里可就是一个理想之地了。岸边有许多美味的餐厅，还有两家活力四射的酒馆。

活动

Mark's Walking Tours 步行游览

（☎04-1798 3985；www.greatoceanwalk.asn.au/markstours；2~3小时团队游 成人/儿童$50/15）在这里你可以和当地奥特韦角灯塔看护人的儿子马克·布拉克一起走走。他比当地任何人都了解这片海岸，熟悉当地的历史和一些鬼故事。一日游行程包括参观沉船、历史游、萤火虫游和大洋路步道游。两人成团——人越多人均价钱越低。

Apollo Bay Surf & Kayak 水上运动

（☎04-0549 5909；www.apollobaysurf

kayak.com.au；157 Great Ocean Rd；2小时皮划艇$65，1.5小时冲浪课程$60）可乘坐双人皮艇去看澳大利亚海狗群。团队游（对初来者有全面的指导）从马伦戈海滩（Marengo Beach；城镇中心以南）开始。这里也有冲浪课程，还可以租赁冲浪板、站立式桨板和山地车。

住宿

YHA Eco Beach 青年旅舍 $

（☎03-5237 7899；www.yha.com.au；5 Pascoe St；铺 $36.50起，双/家$101.50/122；@📶）🍃这家青年旅舍价值$300万，由建筑师设计，拥有生态证书，旅舍中有美妙的休息区、厨房、滚球场和屋顶露台。房间没什么特点但是也无可挑剔。旅舍位于海滩后的街区。

Surfside Backpacker 青年旅舍 $

（☎03-5237 7263；www.surfsidebackpacker.com；Great Ocean Rd和Gambier St交叉路口；铺$28起，双$75；📶）这个青年旅舍建于20世纪40年代，就在海滩对面，漂亮、宽敞而又怀旧，吸引着那些住宿预算较低又想找有特点的住宿的游客（尽管可能对那些寻找时髦的现代青年旅舍的游客没有吸引力）。旅舍的家常休闲酒吧里有长沙发、棋牌游戏设施，还有巨大的窗户，透过窗子可以看到大海。距公交车站15分钟步行路程。

★Beacon Point Ocean View Villas 别墅 $$

（☎03-5237 6196；www.beaconpoint.com.au；270 Skenes Creek Rd；房间$165；❄）这家别墅地处丛林包围的山中，居高临下，别墅里有一或两个舒服的卧室，对想在林间静居的人来说，这里是可以负担得起的奢侈住宿。大多数别墅都有迷人的海岸美景、阳台和烧木材的壁炉。

餐饮

Bay Leaf Café 咖啡馆 $

（☎03-5237 6470；Great 131 Ocean Rd；主菜$11~17；⏲8:30~14:30）这家店有着新颖的菜单、美味的咖啡、和谐的气氛和上等的啤酒。因此，这里已经成为当地人最喜欢去的地方之一。

Apollo Bay Hotel 小酒馆 $$

（☎03-5237 6250；www.apollobayhotel.com.au；95 Great Ocean Rd；主菜$18~36；⏲11:00~23:00）在夏天，这家酒店临街的啤酒园是个诱人的好去处。这家法式小馆有美味的海鲜，周末还有现场乐队到这里来演奏。

★Chris' s Beacon Point Restaurant 希腊菜 $$$

（☎03-5237 6411；www.chriss.com.au；280 Skenes Creek Rd；主菜$38；⏲每天8:30~10:00

沉船海岸

在帆船时代，维多利亚州西南部美丽又曲折的海岸线是地球上最危险的地方。从18世纪30年代至20世纪30年代，有200多艘船在奥特韦角和费里港之间所谓的沉船海岸四分五裂、沉入大海。从19世纪50年代早期至19世纪80年代后期，维多利亚州的淘金热和随后的经济繁荣吸引了无数艘船只，还有来自欧洲、北美和中国的数不清的矿工和渴望成功的人们。在海上度过几个月后，许多船只（和生命）就失落在了"最后冲刺"阶段了。

建在海岸边上的几座**灯塔**——位于艾瑞斯河口、奥特韦角、费里港和瓦南布尔——仍然可以点亮，沉船博物馆、纪念碑和船锚讲述着这个海岸边沉船的故事。其中最著名的是铁壳帆船**洛克阿德号**（Loch Ard）。该船1878年从英国出发，在这个长途航行的最后一夜中，于4:00在羊肉鸟岛（Mutton Bird Island；靠近坎贝尔港）附近沉没。船上共有37名船员和19名乘客，只有2人幸存。伊娃·卡迈克尔（Eva Carmichael）不会游泳，她死死抓住一块残骸，被冲到了一个峡谷里。该峡谷后来就被命名为**洛克阿德峡谷**（Loch Ard Gorge，见599页），实习警官汤姆·皮尔斯（Tom Pearce）在那里救了她。尽管传言中他们之间有过一段浪漫的爱情故事，但是伊娃很快回到了爱尔兰，他们再也没有见过彼此。

和18:00至深夜，周六和周日加上正午至14:00；☎）该店位于树木丛生的Chris山顶，是一座美食圣殿。在这里你可以看着美丽的大海享用美餐。这家餐馆提供美味新鲜的海鲜，还有希腊风味的菜肴。建议预订。你也可以住在它非常精美的别墅里（$265~330）。入口在Skenes Creek Rd上。

实用信息

大洋路游客中心（Great Ocean Road Visitor Centre；☎13-0068 9297；100 Great Ocean Rd；⏰9:00~17:00；☎）现代化且专业的旅游局办事处可以提供许多景区信息，生态中心也有展览。这里也有免费的Wi-Fi，可以预订长途车票。

奥特韦角（Cape Otway）

奥特韦角是在澳大利亚大陆位居第二的南端地点（排在最南端威尔逊角之后），是该州非常湿润的地区之一。这条海岸线特别漂亮，但又崎岖曲折，在过去对过往船只而言十分危险。距阿波罗湾21公里处是通往灯塔路的出口，走12公里可到达灯塔。

景点和活动

奥特韦角灯塔站 灯塔

（Cape Otway Lightstation；☎03-5237 9240；www.lightstation.com；Lighthouse Rd；成人/儿童/家庭 $19.50/7.50/49.5；⏰9:00~17:00）奥特韦角灯塔站是澳大利亚大陆上现存的最古老的灯塔，于1848年由40多个石匠修建而成，修建过程中没有使用灰浆和水泥。**电报站**（Telegraph Station）展出长达250公里海底电报电缆。电缆铺设于1859年，与塔斯马尼亚州相连。整个建筑群很庞大，从原住民文化遗址到第二次世界大战的碉堡，这里有许多景点可看。

住宿

★Bimbi Park 房车营地 $

（☎03-5237 9246；www.bimbipark.com.au；90 Manna Gum Dr；无电力供应营地/有电力供应营地 $20/30，铺$45，双 小屋$60~185；☎）距离灯塔3公里处，经过一条土路就到了这个非常有特点的房车营地，这里有许多灌木丛、小屋、宿舍，还有老式敞篷车。这里有包括考拉在内的许多野生动植物，可以骑马（$45每小时），还有攀岩墙，很适合家庭出游。这个营地在节水方面做得很好。

Cape Otway Lightstation 民宿 $$$

（Cape Otway lightstation；☎03-5237 9240；www.lightstation.com；Lighthouse Rd；双$255起）这家民宿位于风口上，有多种住宿选择。你可以预订Head Lightkeeper's House（可以住16个人），也可以预订小点儿的Manager's House（可以住2人）。第二晚半价。小客车也可以在这里停车，一晚上$25，但是你需要交入场费。

★Great Ocean Ecolodge 度假屋 $$$

（☎03-5237 9297；www.greatoceanecolodge.com；635 Lighthouse Rd；房间含早和活动$380；🚭）这一豪华的非洲假日旅行度假屋用泥砖建造而成，坐落在一片有许多野生动植物的草场上，充满了怀旧气息。这里都是太阳能发电，房费收入捐献给位于此地的**生态保护中心**（Centre for Conservation Ecology；www.conservationecologycentre.org）。

它也是当地的动物医院，正在实施一个圈养虎鼬（tiger quoll）的计划。黄昏时分，你可以和生态学家一起参加野生动植物徒步行。

坎贝尔港国家公园（Port Campbell National Park）

离开奥特韦后，开始进入平坦、狭窄的长着低矮灌丛的道路，然后，沿途景色又变成了在普林斯顿（Princetown）和彼得伯勒（Peterborough）之间沿海岸70米高的陡峭悬崖——这是多么鲜明的景色变化。这就是坎贝尔港国家公园，十二门徒岩就在这里。这里也是大洋路最著名的、游客摄影最多的景点。

由于汹涌的水流和逆流，这里的海滩都不适合游泳。

景点和活动

★十二门徒岩 地标

（Twelve Apostles；Great Ocean Rd；⏰信息

中心 9:00~17:00）对大部分游客来说，十二门徒岩是大洋路上最具标志性且最经久不衰的景色，将给旅行带来一个小高潮。这些岩石矗立在海里，以一种壮观的姿态从海洋中凸显出来，仿佛是被海岬抛回到大海中。现在从悬崖顶部由木板连接的观景台上只能看到7个“门徒”岩。

游客从十二门徒岩游客信息中心（中心看起来更像是一个亭子和厕所，倒不像是信息中心）的停车场出发，在经过一条大洋路下的隧道后，可以经由一条步行通道到达观景台。

最佳观赏时间是傍晚日落的时候，这时你不仅可以获得最佳的拍照机会，还可以乘坐游览车，观看小企鹅回岸。它们的返回时间有所不同，但通常都是在日落之后的20~40分钟。需带双筒望远镜，望远镜可以在坎贝尔港游客信息中心借到（见600页）。

吉布森阶梯（Gibson Steps） 海滩

悬崖上的86个台阶是由19世纪的地主休·吉布森用手凿出来的（最近越来越多的台阶已经被混凝土台阶代替了），这些台阶可以通往吉布森海滩。你可以沿海边散步，但是一定要小心，不要被涨潮时的潮水困在那里。

洛克阿德峡谷（Loch Ard Gorge） 海滩

十二门徒岩附近就是洛克阿德峡谷，是沉船海岸最著名的故事发生的地方——铁制快速帆船洛克阿德（Loch Ard）号曾在此失事，全船仅有两人成功到达了岸边，活了下来。你可以沿这里的几条路去往他们曾经躲避的洞穴，那附近还有一个墓地和一片起伏不平的海滩。

伦敦桥（London Bridge） 地标

从坎贝尔港出来，在去彼得伯勒的途中，伦敦桥仿佛从天而降般坐落在那里。它曾经是一个与大陆相连的双拱形岩石平台，但这也是一个很壮观的景点。1990年1月，伦敦桥坍塌，在水中仿佛形成一座孤岛，两名惊恐的游客被困在这里，后来他们终于被直升机救起。

坎贝尔港（Port Campbell）

人口 260

这个小型悠闲的海滨小镇以苏格兰船长亚历山大·坎贝尔的名字命名。坎贝尔是一个捕鲸者，在塔斯马尼亚州和费里港之间的贸易航行途中曾经在此避难。这是个友好、和善的小镇，有许多便宜的住处可以选择。在参观了十二门徒岩之后，这里也是打听信息的最佳之处。这个小型的海湾有一个美丽的沙滩，在风高浪急的海岸边，这里是少数可以安全游泳的地方之一。

☞ 团队游

Port Campbell Touring Company 团队游

（☎03-5598 6424；www.portcampbell

到底有多少门徒岩？

从数量上来看，十二门徒岩并不是12个，而且从各方面的数据来看，也从未出现12这一数字。从观景台望去，你可以清楚地看到7个门徒岩，可能有一些门徒岩被其他的遮挡住了。我们咨询了许多维多利亚州公园管理处的工作人员甚至观景台保洁员，但是仍然没弄清楚到底有多少门徒岩。当地人会告诉你“这取决于你在哪儿看”，事实上也确实是这样。

门徒岩在地质学上被称作“海蚀柱”，这样的岩层最初被称为“母猪和小猪”。20世纪60年代有人（现在没有人能记起是谁了）觉得如果给他们起一个像样的名字，也许能够吸引一些观光客，所以就把它们改名为“门徒”。因为耶稣有12个门徒，门徒岩后来就采用了“12”这个数字。在观景台东边（奥特韦）的那两个海蚀柱并不叫门徒岩——人们给它们起名为哥革（Gog）和玛各（Magog）。

松软的石灰岩崖壁总是在不停地发生着变化，随着海浪的不断侵蚀，一座70米高的海蚀柱在2005年7月倒塌，掉入大海。拱门岛（Island Archway）的拱门也在2009年6月坍塌。

touring.com.au；半日团队游$100起）这里的旅行项目包括门徒海岸游，还包括洛克阿德晚间徒步游（$65）。

住宿

Port Campbell Guesthouse 客栈 $

（☎04-0769 6559；www.portcampbellguesthouse.com；54 Lord St；标单/双 含早餐$40/60；❄@）在他乡找到一个像家一样的地方真是太棒了。这里与城镇相邻，颇具历史意义。客栈里有4个舒适的房间，一个休闲酒吧，还有乡村厨房。为了增加私密性，这里还有一个独立的汽车旅馆式房间，前面有一间带卫生间的套房。屋主马克很随和，非常了解这个地区。

Port Bayou 民宿 $$

（☎03-5598 6009；www.portbayou.portcampbell.nu；52 Lord St；双 木屋$185；❄）你可以选择舒适的室内民宿，也可以选择装饰有外露式横梁天花板和波纹锡墙的乡村风格的独立式村舍（我们更愿意去村舍）。

餐饮

12 Rocks Cafe Bar 咖啡馆 $$

（19 Lord St；主菜 $21~37；⏲9:30~23:00）这个小饭馆的海景视野非常好，可以看到漂浮物被冲上海滩。品尝面食和海鲜时不妨尝试一下当地的奥特韦啤酒，或者仅仅是坐下喝一杯咖啡。

Port Campbell Hotel 小酒馆

（40 Lord St；⏲周一至周六11:00~13:00，周日正午至23:00）可以来这里跟当地人一起喝啤酒、吃东西。20:30厨房就下班了。

实用信息

坎贝尔港游客中心（Port Campbell Visitor Centre；☎13-0013 7255；www.visit12apostles.com.au；26 Morris St；⏲9:00~17:00）这里有许多当地信息和住宿信息，还有有趣的遇难船只展览——包括洛克阿德号的锚。免费提供双筒望远镜和GPS设备。

到达和离开

V/Line（☎13 61 96；www.vline.com.au）有长途汽车在周一、周三和周五从吉朗出发，经过坎贝尔港（$29.20，5小时）到达瓦南布尔（$6.80，1小时20分钟），可能会在阿波罗湾停留。

瓦南布尔（Warrnambool）

人口 29,284

瓦南布尔原是捕鲸和猎捕海豹的地方，但现在它作为一个重要的地区商业中心和观鲸中心，已经蓬勃发展起来。这里的历史建筑、航道和林荫道都非常迷人，当地还有许多学生。

景点和活动

作为避风港的**夫人湾**（Lady Bay）也是一处主要的游泳海滩，在它的西端的防波堤还有一处要塞。**罗根海滩**（Logan's Beach）有最好的冲浪场地，**利维海滩**（Levy's Beach）和**第二海湾**（Second Bay）有许多断层。

★弗拉格斯塔夫山海洋村 历史古迹

（Flagstaff Hill Maritime Village；☎03-5559 4600；www.flagstaffhill.com；89 Merri St；成人/儿童/优惠/家庭 $16/6.50/12.50/39；⏲9:00~17:00）世界著名的弗拉格斯塔夫山也以它的沉船博物馆而闻名，这里的灯塔和要塞已经被列入国家遗产，因为它们再现了历史上维多利亚港口城镇的景象。晚上有70分钟的声光演出**沉船**（Shipwrecked；成人/儿童/家庭 $26/14/67），展现洛克阿德号的悲剧故事。这个村庄是按照开拓时期澳大利亚沿海港口的模式建成的，有许多古老风格的商店，比如：铁匠铺、蜡烛店和造船作坊。

Rundell's Mahogany Trail Rides 骑马

（☎04-0858 9546；www.rundellshorseriding.com.au；1.5小时海滩骑马$65）在这里，你可以慢慢骑着马，欣赏瓦南布尔宁静的海滩景色。

住宿

Warrnambool Beach Backpackers 青年旅舍 $

（☎03-5562 4874；www.beachbackpackers.com.au；17 Stanley St；铺/双 $26/80；@📶）这家青年旅舍距海滩只有几步之遥，有宽敞的起居空间、互联网接入、厨房，还提供免费的接

瓦南布尔的鲸

19世纪，瓦南布尔的捕鲸人主要通过鱼叉来捕鲸。但现在，在鲸迁移的5月到9月，人们成群结队地来看鲸在近海嬉戏，这成为主要的旅游景点。南露脊鲸（如此命名是因为它是理想的猎捕对象）是主要的迁徙者，它们从南极迁往这里的温带水域。

尽管在波特兰和安格尔西都能够观鲸，但是毫无疑问，观鲸最好的地方是瓦南布尔的罗根海滩观鲸平台——它们将这里当成了繁殖地。这里不一定能看到鲸，但是当鲸在水里照顾幼鲸的时候，你有机会可以看到它们拍打尾巴嬉戏。提前给游客中心打电话（请看下方）确定附近是否有鲸，或者登录www.visitwarrnambool.com.au获得最新信息。

机服务，因此它能满足背包客所有的需要。这里的房间非常干净且物超所值，还可以对外出租冲浪板和自行车。自驾房车来此露营的话，每人交$12就可以了。

Hotel Warrnambool 小酒馆 $$

（03-5562 2377; www.hotelwarrnambool.com.au; Koroit St和Kepler St的交叉路口；双 含早餐 无/有卫生间 $110/140；）这家酒店历史悠久，建于1894年，升级后的酒店房间更加接近精品酒店，同时又保留了其经典的酒吧旅舍的感觉。

Lighthouse Lodge 客栈 $$

（www.lighthouselodge.com.au; Flagstaff Hill; 双/住宅 $155/375起；）这里曾经是前海港主人的家，这个迷人的檐板小屋可以出租整栋房屋或者单个房间。它有一片绿草丛生的区域，在这里可以俯瞰海边村庄和海岸线。村庄里的要塞营地（Garrison Camp）也有住宿的地方（每人$25），有放置着上下床的尖顶小木屋，对那些精打细算的游客来说是个不错的选择。需自带床单。

就餐

★Kermond's Hamburgers 汉堡包 $

（03-5562 4854; 151 Lava St; 汉堡包$8; 9:00~21:30）自1949年开业以来，这家汉堡店变化不大，一直都是耐美力（Laminex）桌子、木板墙和盛在不锈钢杯子中的经典奶昔。它的汉堡包已经成了一个招牌。

Bojangles 比萨 $$

（03-5562 8751; www.bojanglespizza.com.au; 61 Liebig St; 主菜 $16~31; 17:00~22:00; ）这里有非常美味的薄皮比萨，比你平时吃的乡村比萨要好吃许多。

Hotel Warrnambool 酒吧餐厅 $$

（www.hotelwarrnambool.com.au; Koroit St和Kepler St交叉路口；午餐主菜 $12~27，晚餐主菜$28~34；正午；）Hotel Warrnambool是维多利亚州最好的海滨酒馆之一，这里兼具酒吧的迷人氛围与波希米亚风格，除了小酒馆里常有的餐点，还供应有柴火烤制的比萨。

实用信息

瓦南布尔游客中心（Warrnambool Visitor Centre; 18-0063 7725; www.visitwarrnambool.com.au; Merri St; 9:00~17:00）提供最新的观鲸信息，还有自行车骑行地图和一些步行地图，也提供自行车租赁（$30一天）服务。

到达和离开

瓦南布尔位于坎贝尔港以西，沿B100行驶车程为一个小时。

V/Line（18-0080 0007; www.vline.com.au; Merri St）有火车经由吉朗（$22.80, 2.5小时）开往墨尔本（$31.80, 3.25小时，每天3~4班）。

每周有3班V/Line长途汽车从吉朗沿大洋路开往瓦南布尔（$33, 6.5小时），每天也有3班车从瓦南布尔开往费里港（$4.20, 35分钟）和波特兰（$11.40, 1.5小时）。

大洋路西部（WEST OF THE GREAT OCEAN ROAD）

费里港（Port Fairy）

人口 2835

费里港建于1833年，起初是一处捕鲸和

猎捕海豹的站点，现在仍然保留着19世纪迷人的历史魅力，用青石和砂石建造的楼房、涂成白色的木屋、鲜艳多彩的渔船和绿树成荫的宽阔的街道，这一切都给人一种轻松又厚重的历史感。2012年，这里被评为世界上最宜居的小镇，对最大多数游客来说，其中的原因不言自明。

景点和活动

巴特里山（Battery Hill） 历史古迹

巴特里山在风景如画的港口，位于桥的另一端，这里有建于1887年的加农炮和一些防御工事，是为了抵抗外国军舰而建立的。你也会碰到一些已经在这儿安家落户的黑色小袋鼠。巴特里山最初是用来插旗杆的，可想而知，这里的视野非常好。

Self-Guided Walking Tours 步行

在信息中心拿一套地图和小册子，你就可以按照指引去看看这个镇上许多的历史遗产。信息中心也有备受欢迎的海事和沉船文物步行路线（Maritime & Shipwreck Heritage Walk）的地图；建筑爱好者们还可以购买费里港历史建筑（Historic Buildings of Port Fairy）的复制品。

Go Surf 冲浪

（☎0408 310 001；www.gosurf.com.a；2小时课程$40，冲浪板租赁2小时/1天 $25/50）在这里可以来一场冲浪学校课程和站立桨板之旅。

> **费里港住宿**
>
> 费里港的许多假期住宿地点都是由中介管理的。游客中心（见603页）提供免费预订服务。
>
> **费里港住宿中心**（Port Fairy Accommodation Centre；☎03-55683150；www.portfairyaccom.com.au；2/54 Sackville St）这里提供当地住宿预订服务。
>
> **费里港假期租赁**（Port Fairy Holiday Rentals；☎03-5568 1066；www.lockettrealestate.com.au；62 Sackville St）提供本地住宿信息的中介。

节日和活动

★费里港民谣节 音乐节

（Port Fairy Folk Festival；www.portfairyfolkfestival.com；票价$75~290）这是澳大利亚最重要的民间音乐节，于每年3月的劳动节周末举行。音乐节期间有精彩纷呈的国际表演，也有令人叹为观止的国内表演，街道上到处都是街头艺人。住宿可以提前一年预订。

住宿

Port Fairy YHA 青年旅舍 $

（☎03-5568 2468；www.portfairyhostel.com.au；8 Cox St；铺 $26~30，标单/标双/双$41.50/70/75；@📶）这里建于1844年，起初是商人William Rutledge的住处。现在这座旅舍经营良好，热情好客，有一间很大的厨房，有台球桌、免费有线电视，还有一座静谧的花园。

★Douglas on River 民宿 $$

（www.douglasonriver.com.au；85 Gipps St；房间含早餐$160；📶）客栈位于码头水滨，是建于1852年的文物建筑，费里港最古老的客栈，对于那些想住精品酒店的游客来说，这绝对是一个不错的选择。屋前面美丽的草坪和公共区域都是休息的绝佳之地，而且客栈可口的早餐都是用当地的土产做成。

Pelican Waters 木屋 $$

（☎03-5568 1002；www.pelicanwatersportfairy.com.au；34 Regent St；小屋 $100；❄）当你能在火车上住一晚体验一把，为什么还要住在酒店里呢？这个精美的农家旅舍有小木屋，也有墨尔本郊区列车改成的房间。这里还有羊驼和美洲驼。

餐饮

Pantry Door at Basalt 咖啡馆 $$

（☎03-5568 7442；1131 Princes Hwy，Killarne；主菜 $12~26；🕘周一7:30至正午，周三至周日至16:30；📶）这座青石咖啡馆位于费里港以外的小镇基拉尼，主要经营当季土产，在果树林中间还有一个露天平台。咖啡馆隔壁是**Basalt Wines**（☎04-2968 2251；www.basaltwines.com；1131 Princes Hwy，Killarney；🕘周六和周日11:00~16:30），这是一个家族经

营的有机葡萄酒庄，经营葡萄酒品尝业务。

Stump Hotel 小酒馆 $$

（☎03-5568 1044；www.caledonianinnportfairy.com.au；41 Bank St；主菜 $16~22；⊙正午至深夜）这是维多利亚州最古老的酒馆，并且自1844以来一直营业至今。Stump又叫Caledonian Inn，这里有一个啤酒园，也供应酒吧餐。这家店里还有提供基本服务的汽车旅馆房间，$100起。

★ **Merrijig Kitchen** 新派澳洲菜 $$$

（☎03-5568 2324；www.merrijiginn.com；1 Campbell St；主菜 $28~38；⊙周四至周一18:00~21:00；📶）这是维多利亚海岸氛围最好的饭店之一；你可以在火炉旁边暖暖身子，享用美味菜肴。这里的菜品随季节而变化。食物可口，服务周到。

实用信息

费里港游客中心（Port Fairy Visitor Centre；☎03-5568 2682；www.visitportfairy-moyneshire.com.au；Bank St；⊙9:00~17:00）这里为游客提供准确的旅游信息、步行游览的小册子、车票和自行车租赁服务（半天/全天$15/25）。

到达和离开

费里港位于瓦南布尔以西，走A1路20分钟车程。

V/Line（☎1800 800 007；www.vline.com.au）工作日每天有3班车（周六2班，周日1班）到波特兰（$7.80，55分钟）和瓦南布尔（$4.20，35分钟）。

波特兰（Portland）

人口 9950

波特兰因其是维多利亚州的第一个欧洲殖民地而出名，建立于19世纪早期，当时曾经是捕鲸和猎捕海豹的基地。尽管波特兰曾作为殖民地存在，建筑精巧，规模宏大，但它的工业城市风格缺乏旅游卖点，这制约了它的发展潜力。在城市外围有许多美丽的沙滩和有岸边浪的冲浪场所。

景点和活动

通常情况下冬天可以来此观鲸；请登录www.whalemail.com.au获得最新信息。

历史海滨（Historic Waterfront） 海滨

港口上方的草坪上有几座青石建筑，如今已成为历史文物。**历史屋**（History House；☎03-5522 2266；Cliff St；成人/儿童$3/2；⊙10:00至正午和13:00~16:00）的前身是市政厅（建于1863年），其中有一个有趣的博物馆，陈列着波特兰的殖民历史。建于1850年的**海关大楼**（Customs House）中有令人神往的战利品展览，包括一个黑熊标本。这里在1845年是**法院**（courthouse），在1886年是**火箭仓库**（Rocket Shed），里面有船舶救生设备的展览。1889年，这里是**炮台**（battery），曾用来抵御俄罗斯人的入侵。

Self-guided Walking Tours 步行游览

旅游局办事处提供自助步行游览手册，包括**历史建筑**游览和追寻**圣玛丽·麦基洛浦**（St Mary MacKillop's）在波特兰的足迹的导览游。

住宿

Annesley House 精品酒店 $$

（☎0429 852 235；www.annesleyhouse.com.au；60 Julia St；双$150起；❄📶）这所房子原本是医生的宅邸（约建于1878年），最近又经过了改建。现有6个房间，房间各不相同，但设备齐全。有些设有四脚浴缸，还能看到外面美丽的景色。所有房间都有与众不同的风格。

Clifftop Accommodation 客栈 $$

（☎03-5523 1126；www.portlandaccommodation.com.au；13 Clifton Ct；双$140；❄📶）从这家客栈的阳台上可以看到全景式的海景，令人叫绝。3个设备齐全的房间都很宽敞，有宽大的铜质床和望远镜，使人可以体验到现代化的滨海生活的感觉。

就餐

Deegan Seafoods 炸鱼和薯条 $

（106 Percy St；主菜$10；⊙周一至周五9:00~18:00）这个炸鱼薯条店供应最新鲜的鱼，因而在维多利亚州声名远播。

CafeBahloo 咖啡馆 $$

（85 Cliff St；主菜 $12~29；⊙周二至周六

7:30~15:30)Bahloo位于港口对面，最初用作港口的值班室，也是一座青石建筑。这里提供可口的早餐和美味的咖啡。

实用信息

波特兰游客中心(Portland Visitor Centre; ☎18-0003 5567; www.visitportland.com.au; Lee Breakwater Rd; ⏲9:00~17:00)这个信息中心位于水滨一个现代化的建筑里，这里可为旅客提供许多关于活动和景点信息的建议。

到达和离开

波特兰位于费里港以西，走A1驾车1个小时可抵达。

V/Line(☎1800 800 007; www.vline.com.au)把波特兰与费里港($7.80, 55分钟)和瓦南布尔($11.40, 1.5小时)连接起来。工作日每天有3班车，周六2班，周日1班。从Henty St发车。

波特兰到南澳大利亚州沿线(Portland to South Australia)

从波特兰沿着美丽的Portland-Nelson Rd向西北行驶。这条路从海岸延伸至内陆，但是沿途有许多岔路可以去往海滩和国家公园。

沿Portland-Nelson Rd自驾一定要绕道去布里奇沃特角(Cape Bridgewater)，这段路程长21公里。长4公里的弧形布里奇沃特湾(Bridgewater Bay)是澳大利亚美丽出众的白沙冲浪海滩之一。沿这条路继续向前走到达迪尤肯角(Cape Duquesne)，有条步行道可以通往悬崖顶壮观的喷水孔和奇特的石化森林(和风力电厂)。回来时，经过两个小时较长的步行之后将到达海豹栖息地。

面积不大的尼尔森(Nelson)距波特兰65公里，距南澳大利亚州边界只有4公里。这里只有一家杂货店、一间酒吧，还有一些住宿的地方，但是你可以在这里乘船或者皮艇在格雷尔河(Glenelg River)上开始休闲之旅。

吉普斯兰和威尔逊角国家公园

包括 ➡

最佳餐饮

- Koonwarra Food & Wine Store（见612页）
- Metung Galley（见616页）
- Ferryman's Seafood Cafe（见618页）
- Lucy's（见620页）

最佳住宿

- Walhalla Star Hotel（见609页）
- Lighthouse Keepers' Cottages（见612页）
- Wilderness Retreat（见612页）
- Limosa Rise（见613页）
- Adobe Mudbrick Flats（见620页）

为何去

如果说大洋路上是一片热热闹闹的繁荣景象，那吉普斯兰就是一片宁静之地，这里仿佛掩藏着无数的秘密。吉普斯兰地区远离城市的喧嚣，也少了些城市的繁华。可是小镇的别处，却有维多利亚州最为秀美的海滩和荒野，不仅景色迷人，而且保存得完好如初。

海岸线上还坐落着威尔逊角国家公园，这里是徒步旅行者和观光客的天堂。激动人心的沙滩之旅才刚刚开始。壮观的九十英里海滩连接康兰角海岸公园和克罗津戈隆国家公园。三者连成了世上少有的自然原始且景色绝美的海滩。

岛内，有迷人的村庄沃尔哈拉。位于斯诺伊河和艾润纳达鞍的国家公园，偏远静谧，原始古朴。这也是澳大利亚所有国家公园共有的特点。

何时去

希克斯角

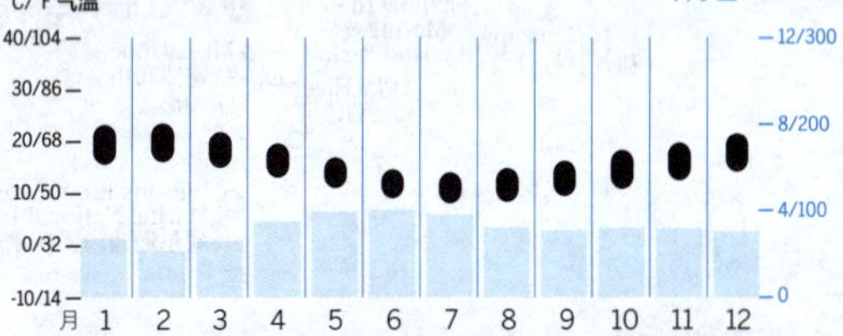

2月至3月 在因沃洛什和佩恩斯维尔举办的爵士音乐节全程舞动，嗨翻全场。

9月至11月 春回大地，正是万物复苏的好时节。背上背包，来场丛林徒步旅行吧。

12月至次年1月 年底是旅游旺季，恰逢盛夏，这时的大海湖泊，风景更胜，岂容错过！

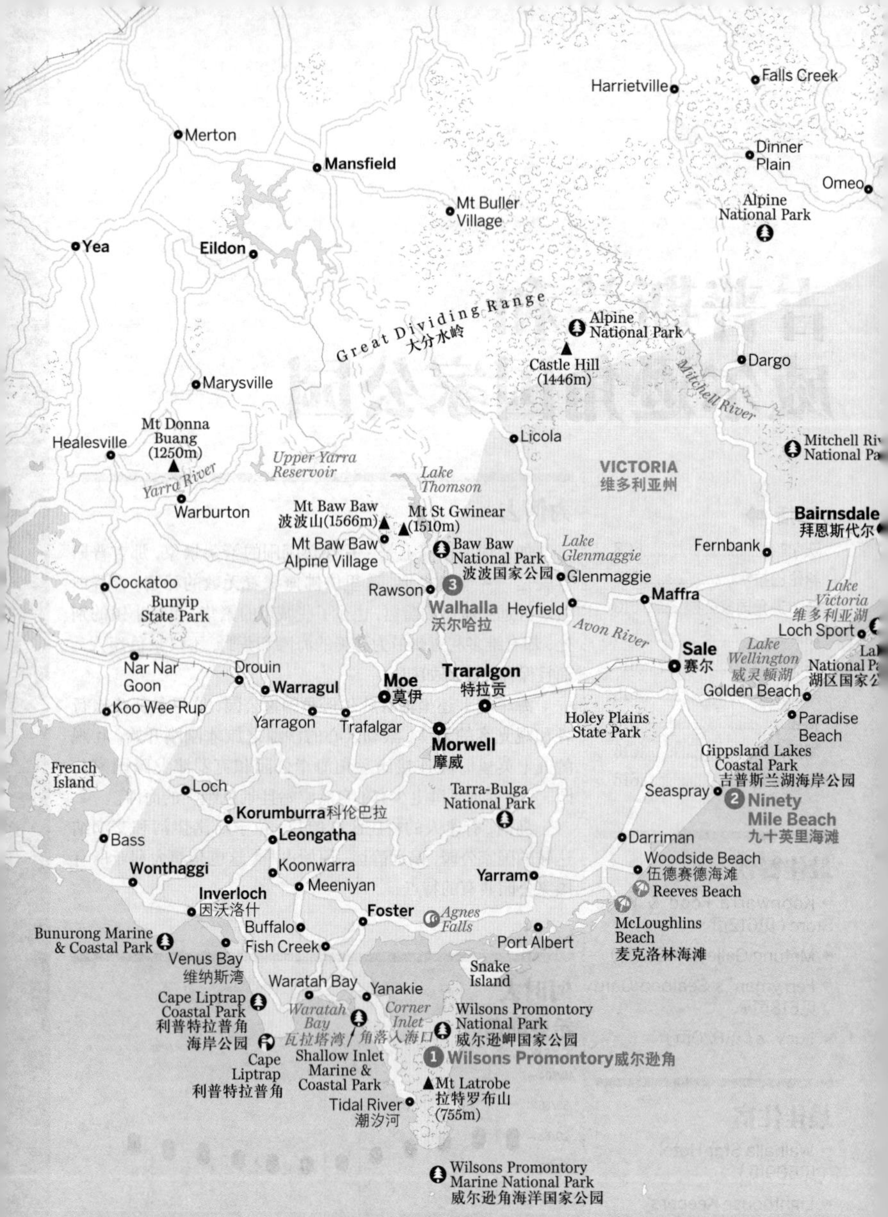

吉普斯兰和威尔逊角国家公园亮点

❶ 在壮观的**威尔逊角**（见610页）里游览时，可从潮汐河徒步行至海豹猎人湾（Sealers Cove）或是远处的灯塔。

❷ 到了传说中的**九十英里海滩**（见615页），你可以在沙丘上露营，在海滩上钓鱼。

❸ 漫步于正宗的淘金小镇**沃尔哈拉**（见608页），追忆它已逝的繁华岁月。

❹ 在**斯诺伊河国家公园**（见619页）里徒步漫游丛林，或是沿着行车道驾车游览。

❺ 在**布坎**（见618页），你可以深入古老的石灰溶洞进行探索，

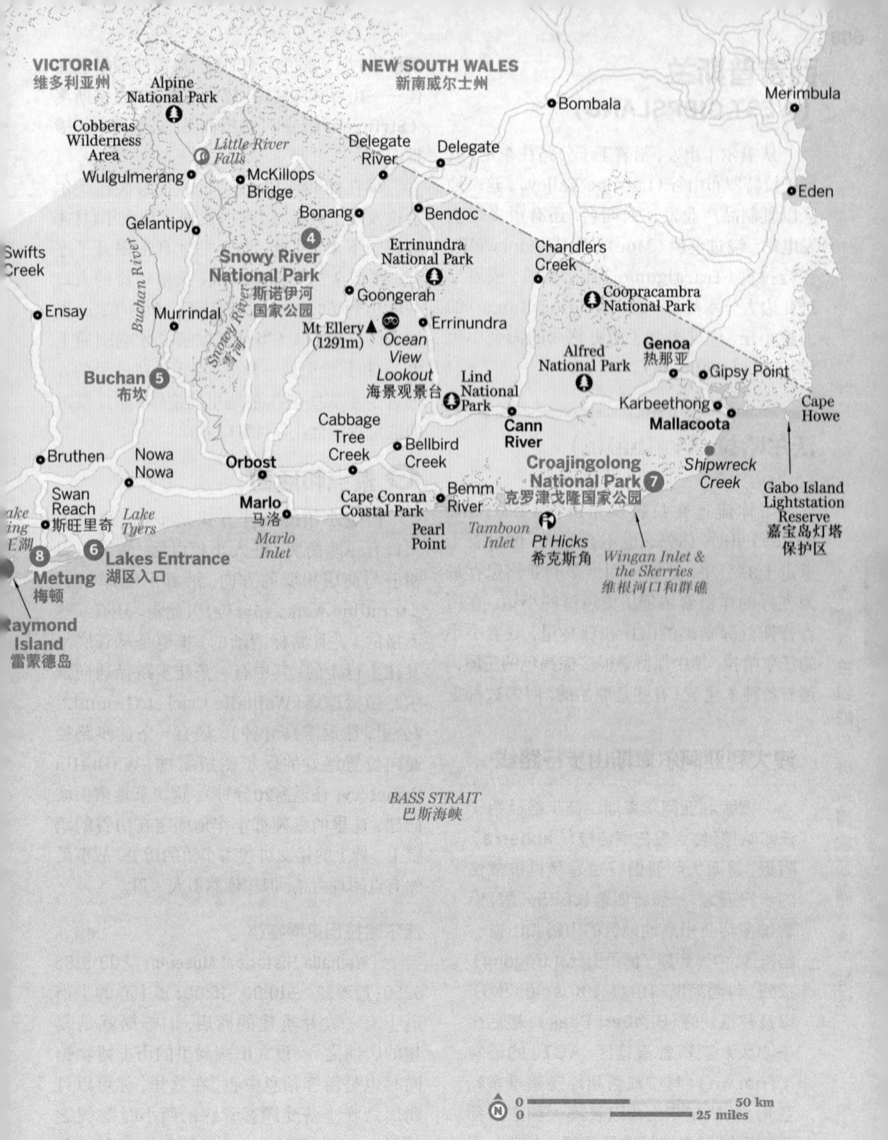

还可以感受一下露营的乐趣。

6 找个下午在**湖区入口**（见616页）乘着游轮去探访葡萄酒厂，晚上归来之后再来一顿海鲜大餐。

7 在景色壮观的**克罗津戈隆国家公园**（见619页）里，寻找属于你自己的安静一隅。

8 在宁静的海边小镇**梅顿**（见616页），乘船一览湖区美景。

9 去鲜为人知的**雷蒙德岛**（见617页）和考拉来一场约会。

西吉普斯兰（WEST GIPPSLAND）

从墨尔本出发，沿着王子公路往东走，就到了拉特罗布山谷（Latrobe Valley），这一地区以乳制品产业发达而闻名，还有很多煤炭发电站。绕过莫伊（Moe）、摩威（Morwell）和特拉贡（Traralgon）这几个大镇，或者穿过北边大分水岭（Great Dividing Range）的山麓小丘，你就来到了历史悠久的淘金小镇沃尔哈拉（Walhalla）。

沃尔哈拉（Walhalla）

人口 15

当你流连在拉特罗布山谷（Latrobe Valley）里时，你怎么也不会想到，再沿着干道走上35公里，就能见到维多利亚州保存最为完好的洋溢着浓郁历史风情的小镇。在西吉普斯兰绿幽幽的山丘和森林里，藏着小小的沃尔哈拉。镇中保留着很多棕褐色的房屋，还有各种木建筑（有些是原始的，但多数都重新修缮过），景色优美如画。小镇外围景色亦佳——山谷林深树密，郁郁葱葱；斯金格斯溪（Stringers Creek）蜿蜒而下，从小镇中心横贯而过。

早在1862年12月26日，人们首次在沃尔哈拉发现了黄金，但这次发现直到次年1月才被记录下来，从此，淘金热才真正揭开了序幕。在淘金热的鼎盛时期，沃尔哈拉的人口一度达到了5000人。然而到了1998年，这里的人口仅剩10人（当时沃尔哈拉才刚刚通上电）。和其他鬼城一样，现在生活在这里的人远远少于那些埋在墓地里的遗体，而且墓地的选址肯定会让你目瞪口呆。

澳大利亚阿尔卑斯山步行路线

澳大利亚阿尔卑斯山徒步路径始于沃尔哈拉，终点设在堪培拉（Canberra）附近，是澳大利亚最好也是最具挑战性的步行道之一。步行道全长655公里，沿着维多利亚州高地地区的山谷和山脊一路延伸，中途翻越了博贡山（Mt Bogong）顶峰、科西阿斯科山（Mt Kosciuszko）以及宾百利峰（Bimberi Peak），最后止于澳大利亚首都直辖区（ACT）的塔哇（Tharwa）；其中宾百利峰还是维多利亚州、新南威尔士州以及澳大利亚首都直辖区这三个地区的最高峰。走完全程是个艰巨的任务，要求步行者有极强的方向感和判断力，能够高度适应周边环境，具备良好的自我生存技能。走完全程大约需要八周，如有此打算，可以读一读约翰·查普曼（John Chapman）和莫妮卡·查普曼（Monica Chapman）夫妇共同编写的《澳大利亚阿尔卑斯山步行路线》（*Australian Alps Walking Track*）。

景点和活动

游览小镇的最佳方式是步行。小镇的入口有一些商店，进入小镇以后，游客可以朝着与商店相反的方向，沿着**旧电车轨道**（tramline walk，45分钟）开始走。还有一些不错的（并且路标清晰的）步道是从谷底出发往上行走的。其中有一条徒步路径通向**沃尔哈拉板球场**（Walhalla Cricket Ground，2公里，往返需45分钟）。还有一条徒步路径通向位置绝妙的**沃尔哈拉墓地**（Walhalla Cemetery；往返需20分钟），这块墓地依山坡而建，这里的墓碑都牢牢地固定在山谷的峭壁上。碑上的铭文讲述着小镇的历史，故事虽然有点阴森萧条，但却依然引人入胜。

沃尔哈拉历史博物馆 博物馆

（Walhalla Historical Museum；☎03-5165 6250；门票$2；⏰10:00~16:00）镇中心的主街道上有一大片重建的商店，旧邮局就是复建的店铺之一。设在旧邮局里的历史博物馆同时也是游客信息中心。在这里，你可以订购周六晚上备受顾客青睐的两小时**幽灵之旅**（www.walhallaghosttour.inf；成人/儿童/家庭$25/20/75；⏰周六19:30，夏令时为周六 20:30）。

Long Tunnel Extended Gold Mine 矿井

（☎03-5165 6259；紧邻Walhalla-Beardmore Rd；成人/儿童/家庭 $19.50/13.50/49.50；⏰每天13:30，外加周六、周日以及节假日的正午和15:00）游客可以在导览游中重温矿区的历史，探索柯恩斯礁（Cohens Reef）。这里一度是澳大利亚最大的礁岛金矿。这一金矿的黄金总产

值得一游

邦诺海洋和海岸公园

邦诺海洋和海岸公园虽然不大，却也不乏亮点。这里的浮潜和潜水在整个澳大利亚都排得上号。因沃洛什（Inverloch）和帕特森角（Cape Paterson）之间的邦诺海滨车道就建在悬崖边上，驱车而过，刺激十足。20世纪90年代初，这里发掘出了距今1.2亿年前的恐龙化石，震惊了整个考古界。想在公园体验浮潜，可以去鹰巢（Eagles Nest）、Shack Bay、the Caves和Twin Reefs。最受当地人喜爱的冲浪海滩是The Oaks。The Caves就是当年挖掘出恐龙遗骸的地方。

SEAL Diving Services（☎03-5174 3434; www.sealdivingservices.com.au; 7/27 Princes Hwy, Traralgon）这家潜水服务中心夏天会在因沃洛什开设PADI（国际专业潜水教练协会）开放水域潜水课程。初学者或是有经验的潜水者可选择一日潜水游；中心还为孩子们制定了儿童项目；持证潜水者则可在邦诺海洋和海岸公园享受周末潜水游。

量近14吨。

沃尔哈拉金矿铁路 火车

[Walhalla Goldfields Railway; ☎03-5165 6280; www.walhallarail.com; 成人/儿童/家庭 往返 $20/15/50; ⊙周三、周六、周日以及公共假日11:00, 13:00和15:00从沃尔哈拉火车站（Walhalla Station）出发，11:40, 13:40, 15:40从汤姆森火车站（Thomson Station）出发]沃尔哈拉金矿铁路沿线的景色相当迷人，这段铁路位于沃尔哈拉火车站和汤姆森火车站（位于主要道路上，距离沃尔哈拉3.5公里）之间，大约要运行20分钟。火车沿着斯金格斯溪谷一路蜿蜒行驶，穿过栈桥，经过一旁掩映在森林里的清新可人的小村庄。这趟火车夏天每天都会发车。

食宿

North Gardens位于村庄的北端。这里提供免费露营、厕所（无淋浴）和烧烤设施。

Chinese Garden 露营地 $

（www.walhallaboard.org.au; 紧邻Main St; 每人$25）这个露营地位于小镇北端，刚刚开始营业，配备有全套的如厕淋浴设备和自助洗衣间，还有专门的烧烤区域。

★ **Walhalla Star Hotel** 历史酒店 $$

（☎03-5165 6262; www.starhotel.com.au; Main St; 双 含早餐 $189~249; ❄@📶）这家经过重修的历史悠久的酒店，提供颇具格调的精品住宿。这里有超级大床，装修也很精致，简约而不简单。装修的时候还充分利用了当地资源，例如波纹铁皮水箱。本店住宿者可在酒店内部的餐厅用餐；其他客人如要用餐，需要提前预约。酒店还经营咖啡馆——Greyhorse Café（主菜 $5起；⊙10:00~14:00），在这里，你能吃得上美味的早餐、派和蛋糕，还能喝上香浓的咖啡。

Windsor House 民宿 $$

（☎03-5165 6237; www.windsorhouse.com.au; 紧邻Walhalla Rd; 双 $170, 套 $175~215）这家民宿位于一个两层小楼中，小楼始建于1878年，经过修葺之后相当漂亮，现有五个房间和套间，都很有年代感，住在里边说不定有免费的幽灵可看哦。不接待12岁以下的儿童。

Walhalla Lodge Hotel 小酒馆饮食 $$

（☎03-5165 6226; Main St; 主菜 $15~28; ⊙周三至周一 正午至14:00和16:00~21:00）舒适的Wally Pub只有一间屋子，以老沃尔哈拉的印刷品进行装饰，供应超值的吧台美食——如汉堡包、意大利面、炸肉排以及T骨牛排。

到达和离开

沃尔哈拉位于墨尔本东部，距墨尔本大约180公里。没有公共交通工具可以到达那里。游客可以驾车从莫伊（Moe）或是特拉贡（Traralgon）出发，沿着弯弯曲曲的森林小径开往沃尔哈拉。

南吉普斯兰（SOUTH GIPPSLAND）

南吉普斯兰有着众多珍宝一样的美景，

散布在墨尔本和威尔逊角国家公园之间的海岸上——维纳斯湾（Venus Bay）、利普特拉普角海岸公园（Cape Liptrap Coastal Park）和瓦拉塔湾（Waratah Bay）都值得你去一一探索。有几条行车道沿途风景极佳，不仅途经内陆的牧场，越过斯特雷兹莱基山（Strzelecki Ranges），还会经过一些像昆瓦拉（Koonwarra）一样时髦的村子。

科伦巴拉（Korumburra）

人口3350

从墨尔本出发，沿着Gippsland Hwy行驶，遇到的第一个大镇就是科伦巴拉，它坐落在斯特雷兹莱基山（Strzelecki Ranges）的山脚下，景色秀丽宜人。你可以在前往威尔逊角公园的路上歇歇脚，看看风景。

景点

煤溪遗产村 博物馆

（Coal Creek Village；☎03-5655 1811；www.coalcreekvillage.com.au；12 Silkstone Rd；⏲周四至周一 10:00~16:30，学校假日每天开放）免费 煤溪遗产村是一个19世纪的采矿小镇，也经过了重新修缮。和维多利亚州其他的采矿景点相比，这里不算光鲜，游客也较少，不过这两点倒是吸引了不少人前来参观。

到达和离开

V/Line（☎1800 800 007；www.vline.com.au）开往科伦巴拉（$12.80，1.75小时）的大巴从墨尔本的南十字星车站（Southern Cross Station）出发，每天最多发7班车。

威尔逊角国家公园（WILSONS PROMONTORY NATIONAL PARK）

如果你爱好丛林徒步旅行，那你一定会爱上这个地方，这里海岸风光极佳，沿途还有一些僻静的白色沙滩，很少有人踏足。这里被亲切地称为“The Prom”，是澳大利亚最受欢迎的国家公园之一。“The Prom”的称号名副其实，且不说从墨尔本到威尔逊角交通方便，它本身就有得天独厚的旅游条件：园内步行道纵横交错，长达80公里，有各种各样的野生动植物，更是游泳和海滩冲浪的好地方。这里地处澳大利亚大陆的最南端，曾经是大陆桥的一部分，当时人们可经过这里步行至塔斯马尼亚州。

潮汐河（Tidal River）距离公园入口30公里，虽然是一个交通枢纽，但周围没有燃料供应点。这里也是维多利亚州公园管理处（Parks Victoria office）的所在地，旁边还有一家杂货店、一间咖啡馆和住宿场所。潮汐河周边的野生动物都特别温顺。

活动

带标识的**徒步路径**为你提供多种多样的选择，这些路径带着你穿越森林、沼泽，跨过长满树蕨的山谷，翻过低矮的花岗岩山区，在靠着沙丘的海滩上散步。从位于潮汐河的维多利亚州公园管理处那里，能领到介绍各种步行活动的小册子，不管你是想慢走15分钟，还是想进行持续多日的徒步旅行，小册子里边都有详细的介绍。不爱步行的人也可以尽情享受公园的美景，潮汐河旁的道路直通美丽的海滩和瞭望台，路旁就有停车场。

在诺曼湾（Norman Bay，近潮汐河）边的美丽海滩或是斯奎基海滩（Squeaky Beach）的海岬周围**游泳**十分安全。走在铺满了超细石英砂的海滩上，静心屏气，还能听到沙粒摩擦的咯吱声。

团队游

Bunyip Tours 巴士游

（☎1300 286 947；www.bunyiptours.com；团队游 $120；⏲周三和周六，夏天再加上周五）Bunyip Tours的无碳排放旅游是该旅行社的招牌项目，它为游客提供威尔逊角一日导览游，游客还可以选择在这里多待两天，独自探索公园。

First Track Adventures 探险游

（☎03-5634 2761；www.firsttrack.com.au）这家公司总部位于雅拉贡（Yarragon），可为个人和团队组织去往威尔逊角的定制游，内容包括丛林徒步、划独木舟和沿绳下降。价格根据旅游团的规模和活动内容而定。

Wilsons Promontory National Park
威尔逊角国家公园

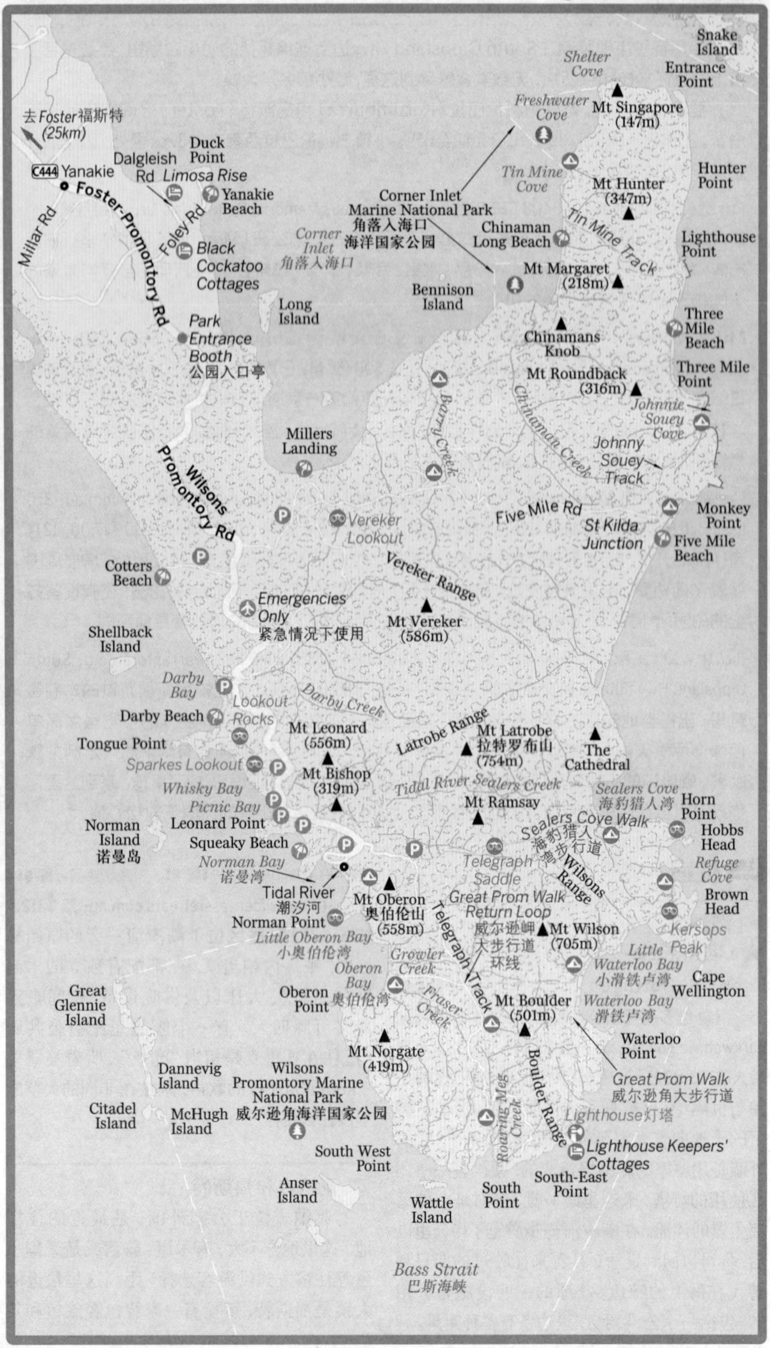

值得一游

库恩瓦拉

库恩瓦拉小镇隐藏在South Gippsland Hwy边上连绵起伏的奶牛农场里，不过多亏了镇上的烹饪学校和杂货店，无数美食家寻到这里，让小镇名声大噪。

要到库恩瓦拉，可搭乘科伦巴拉（Korumburra）和福斯特（Foster）之间往来的长途汽车，工作日一天3班，周末每日会增至6班。小镇在科伦巴拉西南方向32公里处、因沃洛什东北方向21公里处。

Farmers Market（☎0408 619 182；www.kfm.org.au；Memorial Park，Koala Dr；⊙每月第一个周六8:00~13:00）库恩瓦拉每月的第一个周六会在纪念公园（Memorial Park）举行农贸市集，集市里不仅能买到有机农产品（水果、蔬菜、浆果、咖啡豆），还售卖不含任何激素的牛肉和不添加任何化学品的奶酪。

Milly & Romeo's Artisan Bakery & Cooking Schoolz（☎03-5664 2211；www.millyand-romeos.com.au；1 Koala Dr；成人/儿童 $90/50起；⊙周四和周五9:30~16:30，周六和周日8:30~16:30，夏日延长时间）该校是维多利亚州第一家通过有机机构认证的烹饪学校，学校开设的短期课程包括学习制作蛋糕、面包、传统点心、意大利面，以及法国经典菜肴的烹饪课，另外学校还专门为儿童开设了烘焙课。

Lyre Bird Hill Winery & Guest House（☎03-5664 3204；www.lyrebirdhill.com.au；370 Inverloch Rd；标单/双 $125/175；⊙品酒室 10月和11月及2月至4月 周三至周一 10:00~17:00，12月和1月每日开门，5月至9月预约开门；❄）这家民宿位于库恩瓦拉西南方向4公里处，房屋周围爬满了葡萄藤。这里清净安逸，年代感十足；房间里光线充足，可以俯瞰花园；还有设备齐全的田园风小屋，举家出游的旅客住在这里再适合不过了。民宿的隔壁就是葡萄园。

Koonwarra Food & Wine Store（☎03-5664 2285；www.koonwarrastore.com；South Gippsland Hwy和Koala Dr交叉路口；主菜$12~26；⊙8:30~16:00）这幢重新翻新过的木制建筑里，出售当地制作的食物和葡萄酒。里面还有一家知名的咖啡馆，制作的食物虽然简单但味道浑然天成，尤其以使用有机环保食材为荣。咖啡馆每个月还会有两个周六定制主题晚餐。咖啡馆的店内装修以木材为主，还在店外建有小屋的花园里摆放了桌椅。来到这里，你既可以坐在店里享受咖啡馆的悠然气氛，也可以躲在店外小屋的树荫下放松心情。

住宿

潮汐河

★Lighthouse Keepers' Cottages 小屋 $$$

（☎维多利亚州公园管理处13 19 63；www.parkweb.vic.gov.au；双 小屋 $334~371，12床小屋每人 $133.80起）这家建于19世纪50年代的小屋与世隔绝，已被列入文化遗产名录。小屋脚下的土地向着大海延伸，路面起伏不平。它的外墙是用厚厚的花岗岩筑成的，紧挨着一座还在使用的灯塔。来这里睡一觉，绝对是一种远离尘嚣的体验。在潮汐河徒步游览了19公里以后，你可以回到这里，看看来往驶过的船只和游弋在海上的鲸鱼。小屋的一些设施是公用的，包括一个公共厨房，里边备有各种厨具。

★Wilderness Retreat 豪华游猎帐篷 $$$

（www.wildernessretreats.com.au；双 $312，加床 $25）帐篷区位于潮汐河一旁的原始林区中，帐篷内相当豪华，都配有独立的木制平台、浴室、大床以及供暖设备，每间帐篷最多可睡四人。有一个帐篷里配有公共厨房。住在这里真是相当“酷炫”，听着笑翠鸟（kookaburra）的歌声，跟住在非洲的大草原上没什么两样。

亚纳吉和福斯特

亚纳吉位于公园外围，是最近的住宿地。这里地方不大，有木屋、露营或是豪华小屋等住宿方式供游客选择。距离这里最近的大镇是福斯特，镇里有一家背包客旅馆和几家汽车旅馆。

Prom Coast Backpackers 青年旅舍 $

(☎0427 875 735; www.promcoastyha.com.au; 40 Station Rd, Foster; 铺/双 $35/70起; @)这家位于福斯特的青年旅舍待客热情，是离公园最近的背包客旅馆。这里经过修葺之后十分舒适，只有10张床，所以很好地保障了私密性。

Black Cockatoo Cottages 小屋 $$

(☎03-5687 1306; www.blackcockatoo.com; 60 Foley Rd, Yanakie; 双 $140~170, 6人小屋 $250)这些深褐色的木头小屋不仅别致，还很僻静，躺在舒服的床上就能看见国家公园壮丽的景色，而且住在这里花费也不是很高。这里有3间现代化的小屋和一栋3居室的房子。

★ Limosa Rise 小屋 $$$

(☎03-5687 1135; www.limosarise.com.au; 40 Dalgleish Rd, Yanaki; 双 $260~455; ❄)这里离公园的入口不远。小屋内部布置豪华，设备齐全。从屋内往外看，景色绝美。三间小屋的布置相当有格调，都装有落地窗。凭窗远眺，视线甚至可越过角落入海口(Corner Inlet)和威尔逊角的群山，将那里的醉人景致一览无余。

就餐

Tidal River General Store & Cafe 咖啡馆 $

(主菜 $5~24; ⏲周日至周五 9:00~17:00, 周六至18:00)商店里有食品杂货和一些露营装备，不过如果你准备徒步或者小住一阵的话，还是在福斯特储备必需品比较便宜。店内还经营一家咖啡馆，这里供应可外带的食品，如派和三明治，周末和节假日还供应早餐、简易午餐和酒馆风格的餐食。

到达和离开

潮汐河位于墨尔本东南方向224公里处。

威尔逊角顶级步行道

在圣诞节至次年1月末，潮汐河(Tidal River)游客停车场和Telegraph Saddle停车场之间有免费班车往来(以这种方式开启威尔逊角大步行道之旅也很不错)。

威尔逊角大步行道(Great Prom Walk)全程约为45公里，整体呈环形，是最受欢迎的长距离徒步路线。整条路线始于潮汐河，之后跨越海豹猎人湾(Sealers Cove)，顺着庇护湾(Refuge Cove)、滑铁卢湾(Waterloo Bay)和灯塔一路延伸，最后经过奥伯伦湾(Oberon Bay)返回潮汐河。走完全程一般用时三天，其间还得估算好潮起潮落的时间，与步行的行程协调起来，因为涨潮的时候就算是穿过一条小溪也会有一定的危险性。如果提前和公园管理处办公室协商好，还有机会去灯塔参观、住宿。

海豹猎人湾步行道(Sealers Cove Walk)如果你打算徒步旅行两天一夜，首选这条路线。出发点在Telegraph Saddle，沿着Telegraph Track前行，晚上可在美丽的小滑铁卢湾(Little Waterloo Bay, 12公里，4.5小时)过夜。第二天行经庇护湾和海豹猎人湾，最后可回到Telegraph Saddle(24公里，7.5小时)。

莉莉皮莉谷自然徒步路径(Lilly Pilly Gully Nature Walk)走这条路线很轻松，全程仅5公里(2小时)，途经荒野和桉树林，能看到很多野生动植物。

奥伯伦山顶峰(Mt Oberon Summit)起点位于奥伯伦停车场，全程7公里(2.5小时)，属于中高难度路线。在峰顶眺望，能够将公园全景尽收眼底，更直观地领略威尔逊角的壮丽美景。奥伯伦山有免费班车往返于Telegraph Saddle停车场。

小奥伯伦湾(Little Oberon Bay)这条徒步路径属于中低难度路线，全程8公里(3小时)，中间途经长满茶树的沙丘，站在沙丘上能够一览湾中美景。

斯奎基海滩(Squeaky Beach Nature Walk)这条路线也很轻松，往返一共5公里，在沿海的茶树林和山龙眼树丛之间，逛着逛着就来到了美感十足的白沙滩。

威尔逊角住宿

来威尔逊角一定得在这里过夜。主要的住宿基地在潮汐河，不过园内还另外设有11个露营区（外设分点），都有蹲厕或是堆肥厕所，但没有其他设施。游客需自带饮用水。

露营点 每处可有一辆车及最多8个人，价钱根据有无电力供应而不同，无电力供应和有电力供应营地分别为每处$54.90和$61.10起。露营点的有些**小木屋**只有床铺和小厨房，没有卫生间（4/6人木屋$98.50/150起）；还有宽敞的私人小屋，里边设备齐全，最多可睡6人（$229.60~313.80）。

潮汐河共有484个露营点，但仅有20个有电力供应。圣诞节学校放假期间，露营点需抽签入住（6月30日之前通过维多利亚州公园管理处的网站申请）。

维多利亚州公园管理处（Parks Victoria；☎03-5680 9555，13 19 63；www.parkweb.vic.gov.au；⏲8:30~16:30）游客中心位于潮汐河，能够提供多种帮助，所有的公园住宿点都可在这里预订，如果要离开潮汐河而在其他地方露营，也要先在这里拿到许可证。

威尔逊角和周边住宿服务中心（Wilsons Prom & Surrounds Accommodation Service；www.promcountry.com.au）如果你想预订更偏僻的地方，可以去威尔逊角和周边住宿服务中心试试。

墨尔本和威尔逊角之间还没有开通直达的公共交通。

V/Line（☎1800 800 007；www.vline.com.au）长途汽车从墨尔本南十字星站出发，开往福斯特（$20.40，3小时，每天4班），途经丹德农（Dandenong）和Koo Wee Rup镇。

Wilsons Promontory Bus Service（Moon's Bus Lines；☎03-5687 1249）开往威尔逊角国家公园的长途汽车专线，每周五16:30从福斯特发车，终点站为潮汐河[途经鱼溪（Fish Creek）]。返程车于周日16:30发车。这趟专线在鱼溪这一站可以接驳从墨尔本发车的V/Line长途汽车。

湖区（LAKES DISTRICT）

吉普斯兰湖区是澳大利亚最大的内陆水系，与三座主要湖泊彼此相通：威灵顿湖（Lake Wellington）、国王湖（Lake King）和维多利亚湖（Lake Victoria）。整个湖区从赛尔（Sale）一直延伸到湖区入口（Lakes Entrance）。这三座湖实际上是咸水潟湖，湖水和海水之间隔着吉普斯兰湖海岸公园（Gippsland Lakes Coastal Park），中间还横亘着一道狭窄的沙丘带，也就是著名的九十英里海滩（Ninety Mile Beach）。来这里可别光想着去海滩或是下水，去逛逛那些美丽的沿海小城，这可是此次旅行的一大亮点。

塞尔（Sale）

人口 12,766

塞尔是吉普斯兰湖区的入口，也是主要的地区中心。但塞尔并没有什么特别吸引人的特色，游客可根据自己的喜好决定去留。

景点

塞尔港（Port of Sale） 港口

塞尔港位于小镇中央，是一处重新开发的码头景区。景区铺有木板路，路边有咖啡店。一条流入吉普斯兰湖的运河也流经这里。

食宿

Cambrai Hostel 青年旅舍 $

（☎03-5147 1600；www.maffra.net.au/hostel；117 Johnson St；铺 每晚/每周 $28/160；@）这家青年旅舍位于塞尔北边的马夫拉（Maffra），两地相距约16公里。旅舍住宿经济实惠，能节省不少预算，这里也是吉普斯兰为数不多的真正的背包客旅馆之一。旅舍所在的建筑建于120年前，这里曾是一位医生的居所。旅舍兼营酒吧，有正规的经营证书。酒吧休闲舒适，摆着一张台球桌和烧柴火的壁炉。旅舍还配有一间小小的自炊厨房。客房也收拾得干净整洁，住着倍感愉悦。

如有需要，旅店老板有时候可以帮忙给你在当地安排个工作。

Quest Serviced Apartments 公寓 $$

（☎03-5142 0900；www.questapartments.com.au；180-184 York St；1/2/3卧公寓房$120/205/285；❄📶🅿）这是一家连锁机构，值得信赖。所提供的公寓设计现代，设施齐全。费用不高，住着却非常舒适，性价比很高。不仅如此，其所在的地理位置也很优越，周围的街道比镇上的其他汽车旅馆档次所在地区更高。

Mister Raymond 咖啡馆 $$

（☎03-5144 4007；268-270 Raymond St；主菜 $14~28；⏲周二至周四、周六和周日8:00~16:00，周五至21:00）不管是早餐、早午餐还是午餐，如果在塞尔吃，最好的选择是Mister Raymond。这家漂亮的咖啡馆里供应手撕猪肉（pulled-pork）、软壳蟹玉米饼（soft-shell-crab tacos）和其他种类的新鲜美食。我们推荐各位坐在店内用餐，不过，坐在外面的人行道上的座位也可以。

ℹ 实用信息

威灵顿游客信息中心（Wellington Visitor Information Centre；☎03-5144 1108；www.tourismwellington.com.au；8 Foster St；⏲9:00~17:00）这里有上网设备，还提供免费的住宿预订服务。

ℹ 到达和离开

塞尔靠近Princes Hwy，距离墨尔本214公里。

V/Line（☎1800 800 007；www.vline.com.au）在墨尔本和塞尔（$25，3小时，每天4班）之间联运服务的火车和火车—长途汽车，有时可以在特拉贡站换乘。

九十英里海滩（Ninety Mile Beach）

说到九十英里海滩，我们来换用一下鳄鱼邓迪（澳大利亚经典喜剧片《鳄鱼邓迪》中的主人公，原句应为“那不是刀，这才是刀”）的经典台词——那不是海滩，这才是海滩。九十英里海滩独自横亘于湖海之间，是一条背靠沙丘和潟湖的狭窄沙带，从麦克洛林海滩（McLoughlins Beach）附近延伸到湖区入口（Lakes Entrance）的海峡，连绵不绝达90英里（150公里）。这里是冲浪、垂钓、露营和海滩长距离徒步的绝佳地点，不过游泳时遇到猛烈的海浪可能会比较危险，可以选择去Seaspray、伍德赛德海滩（Woodside Beach）或是湖区入口，这几个地方有救生人员巡逻。

去九十英里海滩，一般从塞尔或是福斯特出发，走主要干道South Gippsland Hwy，中途可转向Seaspray、黄金海滩（Golden Beach）以及斯伯特湖湾（Loch Sport）等地。

值得一游

波波国家公园

波波国家公园在大分水岭的余脉上，是维多利亚州高地地区的最南端。波波高原、汤姆森（Thomson）谷地和艾柏迪河谷（Aberfeldy Rivers），都是丛林徒步旅行的绝佳场所，这三个地方的徒步路径都做有标记，能够带你跨越亚高山植被带，沿途还可观赏到桉树林、水沟还有高原上参天的森林。该地区的两大高峰分别为圣菲莱克山（Mt St Phillack，1566米）和波波山（Mt Baw Baw，1564米）。冬天，皑皑白雪覆盖在公园的高地上，吸引无数游客来到波波山滑雪度假村（Baw Baw Village ski resort）和圣格维尼尔山（Mt St Gwinear）越野滑雪景区。公园里有一条僻静的小路（另外还有澳大利亚阿尔卑斯山步行路线）通向沃尔哈拉。

波波山高山度假管理处（Mt Baw Baw Alpine Resort Management Board；☎03-5165 1136；www.mountbawbaw.com.au；⏲滑雪季节 周六至周四8:30~19:30，周五至21:30，其他时节9:00~17:00）管理处位于村子中心，游客可在此处咨询旅游和住宿信息。

梅顿(Metung)

人口 1010

怀抱着班克罗夫特湾(Bancroft Bay)的梅顿虽小，却是吉普斯兰湖区最漂亮的小镇之一。沉醉其间的当地人，把这里称作“吉普斯兰的里维埃拉”(Gippsland Riviera；里维埃拉是地中海沿岸一座迷人的海滨小镇)。因为这里水滨位置优越，氛围闲适安逸，故这个称呼倒也无可争议。

活动

Riviera Nautic 划船

(☎03-5156 2243; www.rivieranautic.com.au; 185 Metung Rd; 三天的游艇和游轮 $1056起)到水上游玩很是方便：Riviera Nautic出租船和游艇，可以让游客巡游、钓鱼、畅游吉普斯兰湖区(Gippsland Lakes)。

食宿

Metung Holiday Villas 木屋 $$

(☎03-5156 2306; www.metungholidayvillas.com; Mairburn Rd和Stirling Rd交叉路口; 小屋 $150~240;) 以前这里是梅顿的房车公园，后来进行了彻底改造，在里面建起了许多轻奢华的小屋，变成了一个小村子，是镇子里最划算的住处。

Moorings at Metung 公寓 $$$

(☎03-5156 2750; www.themoorings.com.au; 44 Metung Rd; 公寓 $150~390;) 这里位于梅顿道路的末端，临窗可见国王湖(Lake King)或者班克罗夫特湾(Bancroft Bay)，入眼便是水上风情。整个公寓小区建筑现代，各种公寓类型一应俱全，不仅有宽敞的单间、两居室，还有错层式的小镇住房。小区内配备网球场以及室内室外游泳池，有水疗会所，还有一个能停靠游艇的小码头。如果能错开旅游高峰期，住在这里的确物超所值。

★ **Metung Galley** 咖啡馆 $$

(☎03-5156 2330; www.themetunggalley.com.au; 50 Metung Rd; 午餐主菜 $10~22, 晚餐主菜 $19~35; ⏲周二 8:00~16:00, 周三至周五至深夜, 周六 7:30至深夜, 周日 7:30~16:00) 在理查德(理查德·伯克，维多利亚州州长)管辖下的一众城市都热情好客，这家咖啡馆就充满了浓浓的人情味，装修也新颖别致。这里的食物摆盘精美，质量上乘。新鲜的海鲜以及吉普斯兰羊肉(还有值得推荐的羊肉卷配酸奶黄瓜)，都是直接选用当地新鲜的食材制作的。

Metung Hotel 小酒馆饮食 $$

(☎03-5156 2206; www.metunghotel.com.au; 1 Kurnai Ave; 主菜 $25~36; ⏲正午至14:00, 16:00~20:00) 这里是俯瞰梅顿码头(Metung Wharf)的绝佳位置，不仅有高大的玻璃窗，室外还搭有木板平台，可一览水上美景。店里的法式小酒馆专攻当地新鲜的海鲜，做出来的酒吧美食美味绝顶。镇上最便宜的房间($85)也在这家旅馆。

实用信息

梅顿游客中心(Metung Visitor Centre; ☎03-5156 2969; www.metungtourism.com.au; 3/50 Metung Rd; ⏲9:00~17:00) 为游客提供住宿预订和租船服务。

到达和离开

梅顿位于王子公路南侧，紧邻C606。去梅顿的转弯路标设在斯旺里奇(Swan Reach)。离梅顿最近的两大重镇分别为拜恩斯代尔(Bairnsdale, 28公里)和湖区入口(24公里)。最近的城际铁路服务站点也设在拜恩斯代尔。

湖区入口(Lakes Entrance)

人口 5965

浅浅的库宁海姆湾(Cunninghame Arm)水道，把小镇和惊涛骇浪的海滩分隔开来，让风景如画的湖区入口，得以在这片风平浪静的美地沐浴温暖的阳光。可到了旅游旺季，这里就挤满了背包客，滨海大道Esplanade两旁到处都是汽车旅馆、房车公园、迷你高尔夫球场和纪念品商店，优雅气息全无。可就算是这样，小镇里还有在湾里来来回回的渔船、新鲜的海鲜、一望无际的海滩和开往梅顿和韦恩格公园酒庄(Wyanga Park Winery)的游轮——这一切就足够让你沉醉其中、流连忘返了。

景点和活动

来到湖区入口，光是逛逛海滩、划划船就足以让你尽兴。小镇东面有一条狭长的人行桥跨过库宁海姆湾，通向大海和九十英里海滩。湖区入口还是东部海滩步行道（Eastern Beach Walking Track，2.3公里，45分钟）的起点，沿着步行道，穿过岸边低矮的灌木丛，还能到达人行桥的入口处。

Surf Shack 冲浪

（☎03-5155 4933；www.surfshack.com.au；507 Esplanade；2小时课程$50）这家冲浪中心在距离湖区入口10公里的泰尔斯湖海滩（Lake Tyers Beach）开设了冲浪课程（提供装备）。

团队游

Peels Lake Cruises 游轮

（☎03-5155 1246，0409 946 292；www.peelscruises.com.au；Post Office Jetty；前往梅顿的4小时午餐游轮 成人/儿童$60/18，2.5小时游轮$45；⏲周二至周日11:00，周二至周四和周六14:00）这家游轮经营多年，每日有开往梅顿的午餐游轮Stormbird号以及航程2.5小时的Thunderbird号。

Sea Safari 游轮

（☎0458 511 438；www.lakes-explorer.com.au；Post Office Jetty；1/2小时游轮 $15/25）这家的海洋科学考察船会开往探索者湖（Lakes Explorer），重点进行科学研究，了解海洋生态，除了会对海鸟的种类进行辨别和计数，还会测量海水盐度，了解海洋动物的生活习性。

住宿

Eastern Beach Tourist Park 房车公园 $

（☎03-5155 1581；www.easternbeach.com.au；42 Eastern Beach Rd；无电力供应营地/有电力供应营地$27/32，小屋$110～300；）公园掩映在东部海滩（Eastern Beach）后边的灌木林里，远离小镇的喧嚣，地理位置绝佳；园内的露营点绿草遍地，空间很大，也不像镇上其他的房车公园那样拥挤。这里还有一条通向小镇的步行道（30分钟）。公园还增设了超赞的新设施，包括一个厨房帐篷、烧烤台和给孩子们新建的游乐场。

Kalimna Woods 小屋 $$

（☎03-5155 1957；www.kalimnawoods.com.au；Kalimna Jetty Rd；双$99～170；）Kalimna Woods距离镇中心2公里，位于一片广阔的雨林

> **值得一游**
>
> **雷蒙德岛**
>
> 要想在维多利亚州看考拉，雷蒙德岛就是个好地方。你可以先沿着王子公路一路开到悠闲的湖边小镇佩恩斯维尔（Paynesville）。佩恩斯维尔本身就是个游玩的好地方，而且这里的港口到雷蒙德岛仅需5分钟。雷蒙德岛上的考拉数量庞大，其中大部分都是在20世纪50年代从菲利普岛（Phillip Island）迁徙过来的。车辆可直接开到平底渡轮上；渡轮的运行时间为7:00～23:00，每半小时1班，步行或骑自行车的游客可免费搭乘。汽车和摩托车每辆$10。
>
> 佩恩斯维尔在拜恩斯代尔的南边，沿着C604行驶要开上16公里。

和灌木丛中，像是一个大花园；你如果住在这里，说不定还能碰见当地的友好居民——负鼠和鸟儿们。这里的小屋充满乡野气息，内部空间很大，设备齐全，屋里要么可以做水疗，要么配有烧木柴的火炉，兼具舒适与私密性。

Bellevue on the Lakes 酒店 $$

（☎03-5155 3055；www.bellevuelakes.com；201 Esplanade；双$179起，2卧公寓房$284起；）这家酒店位于Esplanade的中心，内部装潢低调朴实，房间里家具摆放得整整齐齐，收拾得干干净净；多数房间都能看到美丽的水上风景。如果还想住更加奢华一点的房间，酒店里还提供宽敞大方的水疗套间，以及内部设施一应俱全的2卧公寓房。

就餐

Six Sisters & A Pigeon 咖啡馆 $

（☎03-5155 1144；567 Esplanade；主菜$9～19；⏲周二至周六7:00～15:00；）咖啡馆位于Esplanade大道，在人行桥的对面，店名叫做“六姐妹和一只鸽子”，光是看到这个奇怪的名字，就让人想去这个有售酒执照的咖啡馆一探究竟。这里的咖啡很好喝，而且全天供应早餐——有墨西哥鸡蛋（Mexican eggs）、法式吐司（French toast）以及西班牙蔬菜蛋卷（Spanish omelettes），午餐则有佛卡夏面包（focaccias）和法国长棍面包

(baguettes)，简便的主菜则兼具亚洲菜和意大利菜的风情。

★ Ferryman's Seafood Cafe 海鲜 $$

（☎03-5155 3000；www.ferrymans.com.au；Middle Harbour, Esplanade；午餐主菜 $18~24，晚餐$21~45；⊙10:00至深夜；👪）这间咖啡馆兼餐厅建在甲板上，漂浮在海浪的波涛上，气氛真是无限地好，让你不自觉地就多吃很多鱼和海鲜，这里还供应经典小吃炸鱼薯条。来这儿吃饭点一份海鲜大拼盘也不错。餐厅对孩子也很照顾；你还可以在餐厅楼下买大虾和小龙虾等新鲜的海鲜（8:30~17:00）。

Miriam's Restaurant 牛排、海鲜 $$

（☎03-5155 3999；www.miriamsrestaurant.com.au；Esplanade和Bulmer St交叉路口；主菜$24~39；⊙18:00至深夜）这间餐厅位于楼上，可以俯瞰Esplanade海滨大道；餐厅供应的吉普斯兰牛排和海鲜类菜肴味道很棒，一边的鸡尾酒休闲区气氛一流。你可以点个传统的希腊海鲜拼盘（"Greek fisherman's plate"）尝尝，整道菜的食材都是当地的海鲜，每500克的价钱为$55。

ℹ 实用信息

湖区入口游客中心（Lakes Entrance Visitor Centre；☎1800 637 060, 03-5155 1966；www.discovereastgippsland.com.au；Princes Hwy和Marine Pde交叉路口；⊙9:00~17:00）提供免费的住宿和团队游预订服务。可登录www.lakesentrance.com.查看。

ℹ 到达和离开

从湖区入口出发沿着王子公路行驶314公里，即可到达墨尔本。

V/Line（☎1800 800 007；www.vline.com.au）墨尔本到湖区入口有一条火车和长途汽车联运线，中途会经过拜恩斯代尔（Bairnsdale，$35，4.5小时，每日3班）。

东吉普斯兰和荒野海岸（EAST GIPPSLAND & THE WILDERNESS COAST）

湖区入口后方绵延着大片的荒野区域，风景壮阔的海岸国家公园和古老的森林就坐落在那里。这里的大部分区域还没有被清理为农耕区，其中有几处还是维多利亚州最偏远原始的国家公园，这些原始森林中的伐木行为现在是一个热点问题。

马拉库塔（Mallacoota）

人口 1031

马拉库塔位于维多利亚州的最东端，它地方虽然不大，却是吉普斯兰和维多利亚州的一块瑰宝。小镇紧靠着宽阔的马拉库塔河口（Mallacoota Inlet），四周环绕着克罗津戈隆

值得一游

布坎

寂静的布坎坐落在大雪山（Snowy Mountains）脚下，小镇设有布坎岩洞保护区，以其壮丽多姿、千姿百态的石灰溶洞群闻名于世。古老的石灰石在地下河水日积月累的冲刷下形成了洞穴，也让生活在距今约一万八千年前的原住民有了避身之所。

洞穴附近可以**露营**（需到维多利亚州公园管理处预约），还可到再远一点的布坎镇上住宿。

从湖区入口出发，向北驾车行驶56公里就可到达布坎。

Buchan Caves（☎13 19 63；www.parks.vic.gov.au；团队游 成人/儿童/家庭 $20.90/12.20/57.50，两座溶洞联票$31.20/18.10/85.80；⊙团队游 10:00, 11:15, 13:00, 14:15及15:30，具体时间根据季节变更）维多利亚州公园管理处每天会轮流提供**皇家洞**（Royal Caves）和**仙人洞**（Fairy Caves）的导览游。这两处溶洞各有千秋，都很壮观：皇家洞的洞顶很高，形态更丰富多彩，还保存着已经消亡的袋鼠种类遗迹；仙人洞里则有很多精美的装饰，有些景点真的宛如仙境一般。旅游高峰期间还会另外安排Federal Cave的导览游，不过这个溶洞还未经过彻底开发，需要戴安全帽进去观览。

东吉普斯兰国家公园

维多利亚州最美丽的几座国家公园，都坐落在吉普斯兰东部更远的地区，这里景色多样，沿海有崎岖不平的荒原，往里还有深深的密林。露营地和步行道的详情请至www.parkweb.vic.gov.au查询。

斯诺伊河国家公园 斯诺伊河发源于新南威尔士州的大雪山（Snowy Mountains），一路奔腾至马洛（Marlo）入海，中途经过的石灰岩和砂岩，由于受到日积月累的冲刷，竟被斯诺伊河一分为二，变成了陡峭的峡谷，也为我们造就了这一壮观的斯诺伊河国家公园。公园灌木丛生，山谷崎岖，美到了极致，没受到丝毫的破坏，为游客呈现了一场视觉上的饕餮盛宴。

艾润纳达鞍国家公园 这里有维多利亚州最大的低温雨林，是东吉普斯兰最美丽的自然景区之一。公园里三块突起的花岗岩高耸入云，带来了丰沛的降水，使这里的土壤变得丰厚肥沃，哺育了大量野生动植物；园内小溪、河流纵横交错，分别流向北方、南方和东方。2014年上半年的一场森林大火让公园损失惨重，在本书作者做调查研究时，公园的几条步行道仍是封闭的。

克罗津戈隆国家公园 这里有着澳大利亚最美的海岸荒原，园区的海岸线从贝母河畔（Bemm River）的小镇一路延伸至新南威尔士州边界，长达100公里。公园里壮丽大气的海滩、水湾、河口和森林均未受到污染，是露营、步行、游泳和冲浪的好去处。园内的希克斯角（Point Hicks）是1770年库克船长和"奋进"号（Endeavour）船员看见的第一块澳大利亚土地。

康兰角海岸公园 公园里的海岸线还未经过开发，上面的白色沙滩蜿蜒绵长，是吉普斯兰的一大美景。从马洛到康兰角的那段海岸线有19公里，一边是拔克西木林、草原和沙丘，一边是大海，风景十分秀丽。

国家公园（Croajingolong National Park）的美丽灌木林地和海边沙丘。为了迎接那些决意不远万里来到这里的游客，马拉库塔以空旷绵长的海边冲浪沙滩、潮起潮落的河口，以及入海口处的游泳、垂钓和游船活动款待他们。

景点和活动

马拉库塔河口风平浪静，海岸线长达300公里，不过要体验马拉库塔及其河口的美景，最好还是租船进行游览，在水边有很多优质的步行道。

要想找个**冲浪**的好地方，可以去堡垒角（Bastion Point）或是提普海滩（Tip Beach）。贝特卡海滩（Betka Beach）也可以游泳冲浪，这里还有巡逻水域，在圣诞节学校放假期间会有救生人员来回巡逻。堡垒角（Bastion Point）和考埃瑞海滩（Quarry Beach）的海岸保护区里，也有几处不错的**游泳胜地**。

Mallacoota Hire Boats 划船

（☎03-5158 0704，0438 447 558；Main Wharf，Allan Dr和Buckland Dr交叉路口；摩托艇每2/4/6小时$60/100/140）这家租船公司位于小镇中心，向外出租船只和独木舟。不需要驾驶执照；只收现金。

团队游

MV Loch-Ard 游轮

（☎03-5158 0764；Main Wharf；成人/儿童2小时游轮$35/15）这里有多条河口航线可供选择，你可以乘游轮去观察野生动植物，也可以去享受一趟夕照之下的巡航之旅。

住宿

Mallacoota Foreshore Holiday Park 房车公园 $

（☎03-5158 0300；Allan Dr和Maurice Ave交叉路口；无电力供应营地 $21~30，有电力供应营地 $27~40；Wi-Fi）这座公园环水而建，绿草遍地，是维多利亚州景色最美并且最具人情味的房车公园。从这里可以俯瞰河口美景，园内还有很多黑天鹅和鹈鹕。这里虽然没有搭建小屋，但和马拉库塔其他的公园相比，这里最

值得一游

嘉宝岛

习习海风吹拂着距离马拉库塔14公里的嘉宝岛（Gabo Island），岛上占地154公顷的嘉宝岛灯塔保护区（Gabo Island Lightstation Reserve）是海洋鸟类的家和世界上最大的小企鹅栖息地之一，这里小企鹅的数量远超菲利普岛。站在海岸上偶尔还能看见鲸、海豚和海豹在海浪里游弋。岛上有一座尚在运营的灯塔，建于1862年，是南半球最高的灯塔。

Wilderness Coast Ocean Charters（☎03-5158 0701, 0417 398 068）旅行社组织前往嘉宝岛的一日游（$75，至少8人开团；如果要在岛上过夜的话，单趟$75），如果报名人数够多，旅行社还会组织参观紧邻维根河口（Wingan Inlet）的海豹栖息地。

嘉宝岛灯塔（Gabo Island Lighthouse；☎03-5161 9500，维多利亚州公园管理处13 19 63；www.parkweb.vic.gov.au；最多8人 $315~350）来这个偏僻的灯塔住上一晚，才称得上是一次真正的野外之旅。原灯塔守夜人的三居室小屋是可以入住的。两晚起住；圣诞节和复活节期间需中标才可入住。

适合露营者居住。

★Adobe Mudbrick Flats 公寓 $

（☎03-5158 0329, 0409 580 0329；www.adobeholidayflats.com.au；17 Karbeethong Ave；双$80，四$95~180）出于店主夫妇玛格丽特·库尔策（Margaret Kurz）和皮特·库尔策（Peter Kurz）的兴趣，这家公寓采用泥砖搭建而成，外观造型奇特别致，是卡比桑（Karbeethong）一道独特的风景线。公寓强调环保与生态友好，不仅使用太阳能热水器，还鼓励住客将厨余进行堆肥处理。一排排公寓从外边看是奇怪了一点，但内部装修舒适，设施齐全，住宿费也很便宜。

Karbeethong Lodge 客栈 $$

（☎03-5158 0411；www.karbeethonglodge.com.au；16 Schnapper Point Dr；双$110~220）这家古老的木制客栈建于20世纪早期，从这里能够将马尔库塔河口的美景尽收眼底；在宽阔的露台上休憩时，你在不知不觉中就会被周边静谧的气氛所感染，感到身心安逸。客栈为客人准备的休闲酒吧和餐厅十分宽敞，里边建有开放的燃木壁炉，摆放的家具也颇有些年代了。客栈还有一个大厨房可供你使用。客房卧室虽然不大，但整体色调柔和，装修得很有品位。

✕ 餐饮

★Lucy's 亚洲菜 $$

（☎03-5158 466；64 Maurice Ave；主菜$10~23；⊙8:00~20:00）Lucy's的自制米线可以配上鸡肉、鲜虾或鲍鱼食用，美味超值，大受好评；这家的自制饺子也很好吃，所用的食材都是在自家的花园里栽种的。早餐也不错。

Mallacoota Hotel 小酒馆饮食 $$

（☎03-5158 0455；www.mallacootahotel.com.au；51-55 Maurice Ave；主菜$17~33；⊙正午至14:00和18:00~20:00）这家当地的法式小酒馆偶尔会更新菜单，但这里的美食真的是良心之作，吉普斯兰牛排（Gippsland steak）和帕尔玛干酪鸡肉（chicken Parmigiana）一直都是不变的经典。这里夏季还会有乐队定期来表演。

ℹ 实用信息

马拉库塔游客中心（Mallacoota Visitor Centre；☎03-5158 0800；www.visitmallacoota.com.au；Main Wharf, Allan Dr和Buckland Dr交叉路口；⊙10:00~16:00）中心位于主码头旁的一间小屋里，由热心的志愿者进行管理。营业时间会有变动。

ℹ 到达和离开

马拉库塔位于热那亚（Genoa）东南方23公里处，在王子公路沿线，离墨尔本约492公里。可先乘火车前往拜恩斯代尔（3.75小时），再转乘V/Line长途汽车前往热那亚（$45.20，3.5小时，每日1班）。马拉库塔至热那亚的长途汽车每周一、周四、周五，以及学校假日期间的周日与V/Line的长途汽车接驳，开往马拉库塔（$4.70，30分钟）。

格兰扁和金矿区

包括 ➡

最佳餐饮

- Royal Mail Hotel（见642页）
- Public Inn（见636页）
- Dispensary Enoteca（见632页）
- Mr Carsisi（见633页）
- Catfish（见627页）

最佳住宿

- The Schaller Studio（见631页）
- Maldon Miners Cottages（见637页）
- D' Altons Resort（见640页）
- Little Desert Nature Lodge（见641页）
- Comfort Inn Sovereign Hill（见627页）

为何去

历史上，维多利亚核心地区的自然景观与历史文化得到完美的结合。在19世纪中叶较短的一段时间内，世界上超过三分之一的黄金都产自维多利亚州。今天，在本迪戈、巴拉腊特，以及迷人的卡斯尔梅恩、基内顿和莫尔登，仍然存在着对各种珍贵金属进行过度开采的现象。这一片美丽的旅游胜地有着多样化的景致，既有美丽的乡村、绿色的森林、红色的土地、花岗石地区，又有农场、果园和葡萄酒厂，彼此之间形成鲜明的对比。

再往西就是维多利亚州最壮观的自然奇迹之一——格兰扁国家公园。在这里，游客可以感受到不同类型的历史文化。这里有占整个维多利亚州80%的土著岩石艺术，这片宏伟的山脉是探险者的天堂，山下是田园般的沃托克山谷（Wartook Valley）、贺斯盖镇（Halls Gap）和邓凯尔德（Dunkeld）。

何时去

巴拉腊特

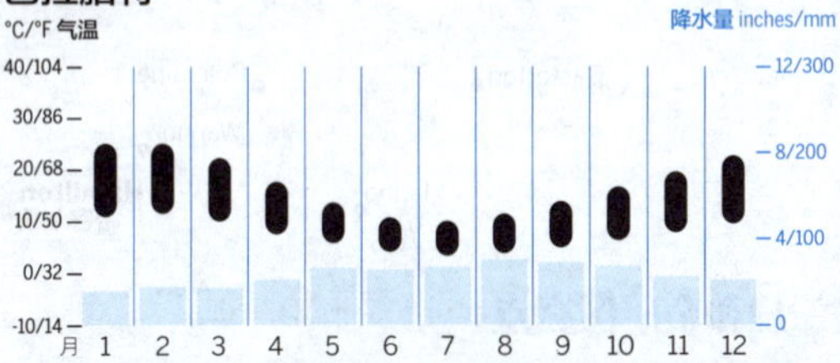

东方节 节日期间可体验本迪戈复活节的舞龙活动。

3月至5月 欣赏多彩的秋日美景，远离喧嚣，去徒步旅行，参加葡萄酒观光游。

9月至11月 这是格兰扁国家公园野花烂漫的时节。

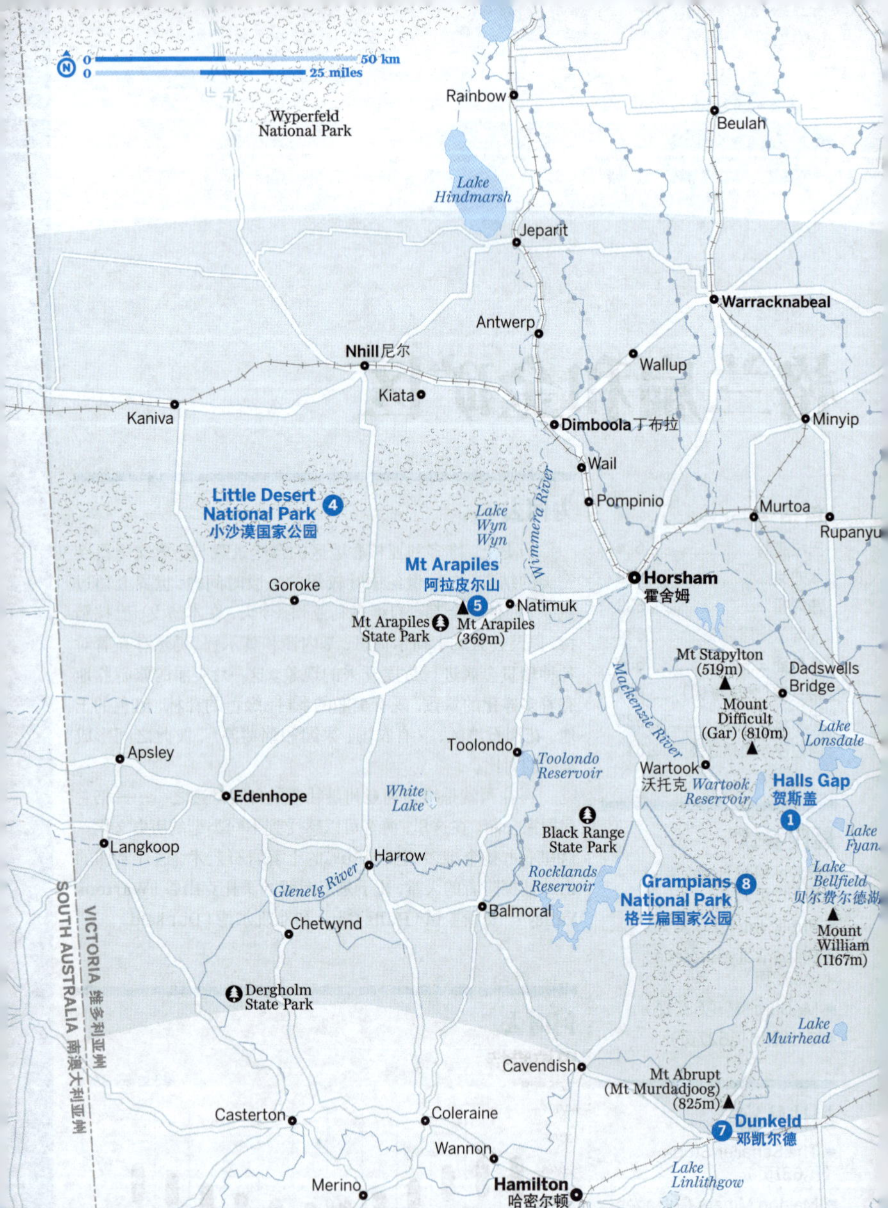

格兰扁和金矿区亮点

❶ 在贺斯盖的**布朗巴克文化中心**（见640页）可了解加里维德的传统故事。

❷ 去金矿深处探索一番，然后乘坐“带讲解”的电车去**本迪戈**（见628页）美餐一顿。

❸ 在**莫尔登**乘坐经过修复的**蒸汽火车**（见634页）到卡斯尔梅恩。

❹ 在**小沙漠国家公园**（见641页）的星空下露营。

❺ 在维多利亚最好的攀岩地**阿拉皮尔山**（见642页）感受其巍峨。

❻ 在**巴拉腊特**的**疏芬山**（见624

页）与这座真正的淘金热小镇亲密接触。

7 攀登Mt Sturgeon，然后在**邓凯尔德**（见642页）的Royal Mail Hotel喝酒吃饭。

8 在**格兰扁国家公园**（见637页）露营，步行观赏瀑布，欣赏美景。

9 沿着如明信片一样美丽的**莫尔登**主大街漫步，重温过去的时光（见636页）。

巴拉腊特（BALLARAT）

人口 85,935

巴拉腊特是一座盛产黄金的城市，从城市中心地带宏伟的维多利亚时期建筑中，一望便知当时曾有过的盈利盛况。这里最引人注目的就是疏芬山（Sovereign Hill）上经过重建的那个美丽的淘金村庄，但在这座繁忙的行政中心里，还有更多值得一去的地方，包括宏伟的淘金时代建筑和纪念尤利卡栅栏事件（Eureka Stockade）令人叹为观止的新博物馆。如果你在冬季前来，记得要裹上一条毯子，巴拉腊特是出了名的冷。

历史

巴拉腊特周围的地区被本地库里人称为“Ballaarat”，意思是“安息之地”。1851年9月，人们在这里发现了金子，这使两个月前在维多利亚州的克卢恩（Clunes）出现的淘金热持续升温，随后，数以千计的淘金者蜂拥而来，这里成了一座满是帐篷和棚屋的简陋小镇。巴拉腊特的这片冲击型金矿区只是金山一角，在砂金矿被挖空了以后，深层的矿井沉降，露出了不可思议的丰富石英矿。1854年，尤里卡的暴乱使得淘金者与政府对抗，巴拉腊特不得不把淘金者的权益放在首要位置。

景点和活动

花些时间沿Lydiard St散步，这里是澳大利亚最美丽的街景之一，有许多美轮美奂的维多利亚时期的建筑。让人眼前一亮的建筑有女王剧院（Her Majesty's Theatre；☎03-5333 5888；www.hermaj.com；17 Lydiard St Sth）、Craig's Royal Hotel（☎03-5331 1377；www.craigsroyal.com；10 Lydiard St South；双 $230~450）、George Hotel（☎03-5333 4866；www.georgehotelballarat.com.au；27 Lydiard St Nth；双/家/套$145/220/260起；❄📶）和美术馆。主街Sturt St有三链那么宽（60米；“链”是一个英制长度单位，66英尺，即20.1168米），牛车可以在这条街上掉头，让人印象深刻。

★疏芬山 历史古迹

（Sovereign Hill；☎03-5337 1100；www.sovereignhill.com.au；Bradshaw St；成人/儿童/学生/家庭 $49.50/22/39.60/122；⏲10:00~17:00，日照时间长时17:30关门）你需要预留出至少半天的时间来参观这座美丽的淘金小镇，它建于19世纪60年代，后来又经历了重建。这里在淘金热时期曾被开采，大部分的设备，包括矿井，都是原本的样子。孩子们喜欢在溪流中淘金，随时关注倒在水里的黄金颗粒，也喜欢在旧币店里淘宝。

这里主要的街道就像一座生动的历史博物馆，人们穿着各时代的服装忙前忙后地做家务。疏芬山晚上会再次开放，有令人印象深刻的声光表演，Blood on the Southern Cross（☎03-5337 1199；成人/儿童/学生/家庭$59/31.50/47.20/160，再加上疏芬山门票$107.50/53.50/86/282）戏剧化地模拟了尤利卡栅栏（Eureka Stockade）的战争。每晚有两场表演，但时间不定，因此请提前查询；必须预约。

持门票还能进入附近的黄金博物馆（Gold Museum；Bradshaw St；成人/儿童 $11.20/5.90；⏲9:30~17:30），该馆坐落在一个老矿的废石堆上。馆内有极富想象力的展览和来自各个老矿区的样品，还有金币以及关于尤利卡暴乱的展览。

★澳大利亚民主博物馆尤利卡分馆 博物馆

（Museum of Australian Democracy at Eureka，MADE；☎1800 287 113；www.made.org；Eureka St和Rodier St交叉路口；成人/儿童/家庭$12/8/35；⏲10:00~17:00）这座博物馆位于尤利卡暴乱的旧址上，于2013年5月开始对外开放，并且已经成为巴拉腊特最著名的旅游景点之一。该馆的优势在于存有原始尤利卡特色的遗迹和能够再现1854年事件的多媒体影像。它以尤利卡暴乱为起点，又拓展成为谈论澳大利亚民主和举办一系列交互展览的地方。

★巴拉腊特美术馆 美术馆

（Art Gallery of Ballarat；☎03-5320 5858；www.balgal.com；40 Lydiard St Nth；⏲10:00~17:00）免费 巴拉腊特美术馆是澳大利亚最古老的地方美术馆，于1884年建成，1890年又搬迁到现在的位置。它的建筑本身就是一座珍宝，这里收藏有早期殖民地时期绝妙的绘画作品，也有著名澳大利亚艺术家[包括汤

尤里卡栅栏事件

1854年11月29日，在一次集会中，大约800名矿工把自己的许可证扔到了火里，然后在爱尔兰人彼得·莱勒（Peter Lalor）的带领下，他们在尤里卡建起了栅栏，准备靠武力来维护自己的权利。老兵拉斐尔·卡尔博尼（Raffaello Carboni）参加过意大利独立战争，他号召大家“不论民族，不论宗教，不论肤色”向南十字星（Southern Cross）致敬，认为南十字星是“世界上所有国家受压迫者的庇护所”。

12月3日政府派军队（殖民骑警）去镇压这次暴动。只有150名矿工进行临时防御，战斗持续了短短的20分钟，但伤亡惨重，其中25名矿工被杀，4名骑兵死亡。

虽然暴动很快就被镇压下去，但矿工们赢得了许多维多利亚人的同情和支持。政府认为赦免被判最高叛国罪的领导者是明智的选择。有意思的是只有4名矿工是澳大利亚人；其他人来自爱尔兰、英国、意大利、科西嘉岛、希腊、德国、俄罗斯、荷兰、法国、瑞士、西班牙、葡萄牙、瑞典、美国、加拿大和西印度。

许可证费被取消了，取而代之的是每年需交费1英镑的矿工权利费。这赋予了矿工采金的权利，在土地上筑篱、耕作和修建住所的权利，以及选举立法机构成员的权利。多年后，暴动的矿工彼得·莱勒成了议会的一员。在澳大利亚文化中，尤里卡一直是一个强有力的标志，它象征着工人权利、民主和公平的宝贵观念。

遗憾的是，1854年建立的采金兄弟会有其局限性。来自中国南方的4万名采金者在“新金山”试运气，他们时常成为个人暴力和社会歧视的对象。时至今日，这个中国团体依旧在墨尔本和维多利亚地区保留了下来，并日益发展壮大。

姆·罗伯特（Tom Roberts）、西德尼·诺兰先生（Sir Sidney Nolan）、拉塞尔·德雷斯戴尔（Russell Drysdale）和佛瑞德· 威廉姆斯（Fred Williams）]的作品和一些当代作品。这里有免费的iPod语音导览，周三至周日下午2点还有免费导览游。

巴拉腊特野生动物园 动物园

（Ballarat Wildlife Park；☎03-5333 5933；www.wildlifepark.com.au；York St和Fussell St交叉路口；成人/儿童/家庭 $28/16/75；⏲9:00~17:30，团队游11:00）巴拉腊特宁静的野生动物园中当地动物种类极多。有可爱的金岛小松鼠、袋獾、鸸鹋、短尾矮袋鼠、蛇类、鹰和鳄鱼等。每日都有导览游，周末的游览项目还包括：考拉秀、袋熊秀、蛇秀和喂鳄鱼。

柯利欧城堡 城堡

（Kryal Castle；☎03-5334 7388；http://kryalcastle.com.au；121 Forbes Rd，Leigh Creek；成人/儿童/家庭 $31/19/89；⏲周六、周日和学校假期10:00~16:00）也许它只是一座粗糙的中世纪城堡复制品。但是作为一个颇具特色的中世纪探险公园，孩子们喜欢在这里从早玩到晚。骑士和少女在“险境”中徘徊——这里有龙的巢穴、魔法师的工坊、马背上的骑士决斗表演和有各种酷刑的地牢等。你也可以在一个轻奢华风格的城堡套房中睡一晚（房间$130起）。

Gold Shop 淘金

（☎03-5333 4242；www.thegoldshop.com.au；8a Lydiard St North；⏲周一至周六10:00~17:00）勘探者们也许可以在老采矿交易所的金店租一套金属探测器，体验一下矿工的角色。

团队游

幽灵之旅 团队游

（Eerie Tours；☎13-0085 6668；www.eerietours.com.au；成人/儿童/家庭$27.50/17.50/75；⏲周三至周日20:00~21:00）重温巴拉腊特令人毛骨悚然的过去，在夜间体验幽灵之旅或墓地之旅。

节日和活动

秋海棠节 街头狂欢节

（Begonia Festival；www.ballaratbegoniafestival.com）这个有着百年历史的节日的时间

Ballarat 巴拉腊特

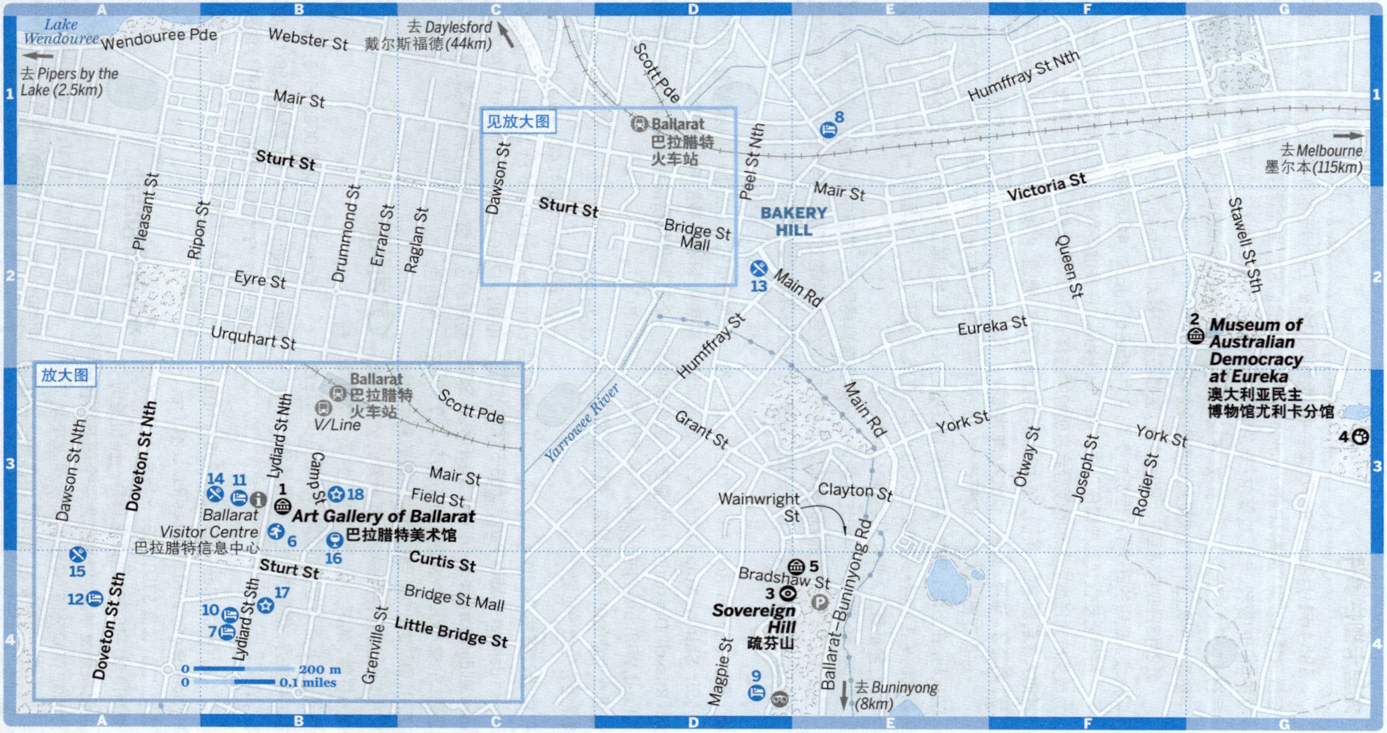

Ballarat 巴拉腊特

是在3月初的劳动节周末，届时有赏心悦目的花卉展览、街头游行、焰火表演、艺术展和音乐会。

住宿

Ballarat Backpackers Hostel 青年旅舍 $

（☎0427 440 661；www.ballaratbackpackers.com.au；81 Humffray St Nth；铺/标单/双$30/40/70）位于古老的Eastern Station Hotel（建于1862年）中，这个重新装修过的旅舍同时也是个不错的小酒馆，偶尔会有现场音乐表演。房间布置简单但是很别致，性价比很高。

★**Comfort Inn Sovereign Hill** 历史酒店 $$

（☎03-5337 1159；www.sovereignhill.com.au/comfort-inn-sovereign-hill；39-41 Magpie St；房间 $175~195；❄📶）这里以前叫Sovereign Hill Lodge，房间明亮又现代化，与疏芬山只有咫尺之遥，真是个好地方。可咨询其住宿和娱乐套餐。

"Night in the Museum"套餐（标单/双 $150/170）包括在疏芬山中Main St顶部的Steinfeld's楼房中的住宿，会有着装颇具时代特色的员工为你服务。

★**Oscar's** 精品酒店 $$

（☎03-5331 1451；www.oscarshotel.com.au；18 Doveton St；双 $150~200，水疗客房$225；❄📶）酒店装修颇具艺术风格，十分迷人，这里有13间装修极有格调的客房，内含双人淋浴和水疗设施（你可以一边看电视一边享受水疗）。

Ansonia on Lydiard 民宿 $$

（☎03-5332 4678；www.theansoniaonlydiard.com.au；32 Lydiard St Suth；房间 $125~225；❄📶）Ansonia是Lydiard St有名的酒店之一，其简约的设计、抛光的地板、深色木制家具和明亮的门廊，使这里充溢着一种宁静的气息。时尚的房间中配有大屏幕电视，有小型公寓住房、双人间及家庭套房。

就餐

L'Espresso 意大利菜 $

（☎03-5333 1789；417 Sturt St；主菜$11~20；⏰周日至周四7:30~18:00，周五和周六7:30~23:00）这间时尚的意大利餐厅是巴拉腊特咖啡店的支柱，另外它还是一家唱片店，你可以一边等待意式浓缩咖啡或托斯卡纳菜豆汤，一边在数量庞大的CD收藏中挑选爵士乐、蓝调和世界音乐。

★**Catfish** 泰国菜 $$

（☎03-5331 5248；www.catfishthai.com.au；42-44 Main Rd；主菜 $18~34；⏰周二至周六18:00至深夜）Catfish的厨师是达米安·琼斯（Damien Jones），他使得Lydiard Wine Bar成为当地珍藏的秘宝。泰国菜烹饪课使日益流行的泰国菜变得更受欢迎。

Forge Pizzeria 意大利菜、比萨 $$

（☎03-5337 6635；www.theforgepizzeria.com.au；14 Armstrong St Nort；比萨$15~25；⏰正午至23:00）这里能成为巴拉腊特本迪戈风格

复兴的开端吗？砖墙装饰的就餐区代表着城市最高端的饮食，这里有极棒的比萨、意大利菜以及非常好的意大利熏肉熟食店。

Pipers by the Lake 咖啡馆 $$

（☎03-5334 1811；www.pipersbythelake.com.au；403 Wendouree Pde；主菜$19~33；⊙周六至周四9:00~16:00，周五9:00~16:00和18:00~22:00）建于1890年的Lakeside Lodge是由WH Piper设计的，如今它是一个可爱的咖啡店，光线充足，有高大的落地窗，你可以透过窗户眺望湖泊和户外的庭院。菜品丰盛，有手撕猪肉三明治，也有烤南瓜、羊乳酪和松仁烩饭。

饮品和娱乐

巴拉腊特有许多学生，因此夜生活十分热闹而丰富多彩。小镇里有许多不错的老酒馆，但是大多数娱乐场所都在Lydiard St和附近的Camp St一带。

Haida 休闲酒吧

（☎03-5331 5346；www.haidabar.com；12 Camp St；⊙周三至周日17:00至深夜）Haida是一间两层楼的休闲酒吧，你可以在楼上的开放式壁炉旁喝着鸡尾酒休息一下，也可以在楼下伴着DJ和现场音乐放松身心。

Karova Lounge 现场音乐

（☎03-5332 9122；www.karovalounge.com；Field St和Camp St交叉路口；⊙周三至周六21:00至深夜）这是巴拉腊特最佳原创现场音乐表演场地，本地和巡演乐队会在这里表演垃圾摇滚和工业音乐。

巴拉腊特通票

巴拉腊特通票（☎1800 446 633；www.visitballarat.com.au/things-to-do/ballarat-pass；3/4个景点通票 成人$96/107，儿童 $51/58，家庭$257/288）包含疏芬山（Sovereign Hill）、柯利欧城堡（Kryal Castle）和巴拉腊特野生动物园（Ballarat Wildlife Park）。4个景点的通票还增加了澳大利亚民主博物馆尤利卡分馆（Museum of Australian Democracy）。买这样的一张通票比普通门票价格便宜10%。通票可以通过电话购买，也可以在巴拉腊特信息中心购买。

购物

Mill Markets 市场

（☎03-5334 7877；www.millmarkets.com.au；9367 Western Hwy；⊙10:00~18:00）它由一家老羊毛厂改建而成，与戴尔斯福德广受欢迎的Mill Markets相似，这里出售大量的古董、复古家具和小摆件。

实用信息

巴拉腊特游客中心（Ballarat Visitor Centre；☎1800 446 633，03-5320 5741；www.visitballarat.com.au；43 Lydiard St North；⊙9:00~17:00）位于美术馆对面。

到达和离开

机场巴士（☎03-5333 4181；www.airportshuttlebus.com.au）从墨尔本机场直达巴拉腊特火车站（成人/儿童$34/17，1.5小时，周一至周五每天9班，周末每天7班）。

澳洲灰狗巴士（Greyhound Australia；☎1300 473 946；www.greyhound.com.au）长途汽车往返于阿德莱德（$92，8.75 小时，16:15从阿德莱德发车）和墨尔本（$29，1.75小时）之间，可以要求司机在巴拉腊特停车。

V/Line（☎1800 800 007；www.vline.com.au）有多班直达列车从墨尔本（南十字车站）开往巴拉腊特（$12.75起，1.5小时，每天18 班），至少有3班车经过吉朗。

本迪戈（BENDIGO）

人口 82,794

本迪戈是一座值得一去的城市，它发展迅速，已跻身该州的一线城市之列。这里有一些极具吸引力的东西：从淘金热时代的建筑和精美的美术馆，到在复活节才会复活的中国龙。此外，还有许多充满活力的新酒店和具有震撼人心的绝妙魅力的经过重建的历史遗迹（曾经的一座监狱将很快被改造成为可以容纳千人的剧院）。它位于采矿区和葡萄种植区的中心地带，然而唯一的问题就是为什么本

Bendigo 本迪戈

Bendigo 本迪戈

重要景点

1 本迪戈美术馆......B2
2 本迪戈带解说的有轨电车......A4
3 中央黛博拉金矿......A4
4 金龙博物馆和花园......C1

景点

5 Dudley House......B2
6 圣心大教堂......A3
7 有轨电车博物馆......D1

住宿

8 Bendigo Backpackers......B3
9 Quest Bendigo......D1
10 Shamrock Hotel......C2

就餐

11 Brewhouse Cafe......B3
12 Dispensary Enoteca......C2
13 Gillies Bendigo Original Pie Shop......C2
14 GPO Bar & Grill......C2
15 Malayan Orchid......A2
16 Mason's of Bendigo......C3
17 Woodhouse......C3

娱乐

18 Capital......B2

迪戈的发展历时这么久。

历史

1851年，人们在附近的雷文斯伍德(Ravenswood)发现了黄金，此后，异常富裕的本迪戈矿区面积扩展到超过了360平方公里，后来延伸到了本迪戈溪(Bendigo Creek)。据说Shamrock Hotel的服务生每天晚上都要擦地，来收集顾客靴子上掉落的金屑。1854年，成千上万中国矿工的到来，对这个小镇产生了深远的影响，尽管这时种族矛盾已浮出水面。

在19世纪60年代，实力雄厚的矿业公司开始使用重型机械，这使得独立的矿工处于劣势地位，状况再次发生了改变。公司在该小镇投入大量资金，发现了35处含石英的“珊瑚石”。本迪戈地表下已被采矿轴弄得千疮百孔，黄金仍遍地都是——2008年，本迪戈采矿公司成功恢复了对Kangaroo Flat金矿的开采。

景点

该城市大多数令人印象最深刻的楼房都在Pall Mall，而View St则犹如历史街景画，街内有许多精美的建筑，包括本迪戈美术馆（Bendigo Art Gallery）所在的Capital。

★中央黛博拉金矿 历史古迹

（Central Deborah Goldmine；☎03-5443 8322；www.central-deborah.com；76 Violet St；成人/儿童/家庭矿井游体验 $30/16/83；⊙9:30~17:00）要想体验深入地底的感受，可以由一名地质学家陪同，下降到这座500米深的矿井里。井内有17个作业层，大约有1吨的黄金已被开采了出来。戴上安全帽和头灯以后，你会被带往矿井中观看作业和钻井演示。每个工作日会有5个旅游团，周末会有6个旅游团，每次体验之旅持续约75分钟。

其他观光内容包括2.5小时的地下探险（Underground Adventure；成人/儿童/家庭$85/52.50/245）。患有幽闭恐怖症的人，可以进行自助的地面部分游览（$15/7.50/40）。

★本迪戈带解说的有轨电车 有轨电车

（Bendigo Talking Tram；☎03-5442 2821；www.bendigotramways.com；成人/儿童/家庭$17.50/11/51；⊙10:00~17:00）登上修复过的“带解说”的古老电车，在本迪戈进行一次有趣的旅行。可随时上下车的有轨电车，往返于中央黛博拉金矿和有轨电车博物馆（Tramways Museum；1 Tramways Rd；持有轨电车票可免费参观；⊙10:00~17:00），每半小时停6站，包括金龙博物馆（Golden Dragon Museum）和韦罗纳湖（Lake Weeroona）。

★金龙博物馆和花园 博物馆

（Golden Dragon Museum & Gardens；☎03-5441 5044；www.goldendragonmuseum.org；1-11 Bridge St；成人/儿童/家庭$11/6/28；⊙9:30~17:00）本迪戈的中国遗迹使它有别于其他金矿区小镇，在这个巨大的博物馆和花园里正好可以体验这些差异。走过一扇巨大的木门，进入一个让人敬畏的房间，这里满是各种龙，包括帝国龙老龙（Imperial Dragons Old Loong，世界上最古老的龙）和太阳龙（Sun Loong，世界上最长的龙，100多米）。

博物馆也展出令人惊叹的中国传统的物品和服饰。博物馆外面的区域已被重新开发为大金山华人区，这里还栽种着许多荷花。

Joss House Temple 寺庙

（☎03-5443 8255；www.bendigojosshouse.com；Finn St；成人/儿童/家庭$6/4/18；⊙11:00~16:00）寺庙是红色的，这是代表力量的传统颜色。该寺庙是维多利亚州中部仅存的尚在使用中的寺庙。位于中心城区西北2公里处。

★本迪戈美术馆 美术馆

（Bendigo Art Gallery；☎03-5434 6088；www.bendigoartgallery.com.au；42 View St；乐捐入场；⊙10:00~17:00，团队游14:00）这是维多利亚州最好的地区美术馆之一，这里的永久珍藏品包括杰出的殖民地时期艺术品和澳大利亚当代艺术作品。每年的临时展览非常前卫，已成为本迪戈复兴非常重要的一部分。美术馆内的咖啡馆俯瞰着罗莎琳德公园（Rosalind Park），是个喝杯咖啡或吃个简单午餐的好地方。

圣心大教堂 教堂

（Sacred Heart Cathedral；Wattle St和High St交叉路口）一定不要错过这座宏伟的大教堂高耸的尖塔。教堂于19世纪动工，2001年安装上来自意大利的钟表后才竣工。内部有高高的拱形屋顶和雕刻极尽精美的主教椅，彩绘玻璃窗非常漂亮，还有木雕的小天使从拱形的屋顶上探出头来。

Great Stupa of Universal Compassion 佛教

（☎03-5466-7568；www.stupa.org.au；25

维多利亚淘金热

1851年5月，人们在新南威尔士州发现了金子，尽管害怕维多利亚会的发展会因此滞后，但政府还是提出要奖励可以在墨尔本周边300公里范围内淘到金子的人。其实，这种担心是完全没必要的。到了6月，在巴拉腊特以北32公里处的克伦斯(Clunes)有了重大发现，采矿者都涌入了维多利亚的中部地区。

在接下来的几个月里，几乎每个星期在维多利亚都会淘出新的金子。1851年9月，在Moliagul也有重大发现，随后，在巴拉腊特、本迪戈、亚历山大山和其他地方都发现了金子。到1851年年底，满怀希望的采金者从英国、爱尔兰、欧洲、中国和没落的加利福尼亚采金区赶到这里来。

淘金热也有其悲剧的一面(包括在营地里蔓延开来的传染病)，再加上流氓的骚扰(包括袭击淘金船的丛林居民)，但它开辟了维多利亚发展和繁荣的新时期。12年里，维多利亚的人口由7.7万增加到了54万。矿业公司对该地区进行了大额投资，公路和铁路的发展加速，充斥着大片破旧棚屋的小镇，逐渐变成了维多利亚的现代化省城，最引人注目的是巴拉腊特、本迪戈、卡斯尔梅恩这些城市，它们在19世纪80年代辉煌至极。

1869年在Moliagul发现的Welcome Stranger重72公斤，是世界上最大的冲击土层金块，而27公斤的"上帝之手"(Hand of Faith，用金属探测器发现的最大块金)是于1980年在Kingower附近被发现的。

Sandhurst Town Rd, Myers Flat)这座佛塔位于Myers Flat，就在本迪戈城外，四周被桉树环绕，很可能是西方国家最大的佛塔了(地基50米，高50米)。建成后该佛塔内将放置一尊巨大的玉雕佛像(也是世界上最大的佛像)。该佛塔现已对外开放，尽管仍不确定何时能建成。

节日和活动

复活节 狂欢节

这是本迪戈最主要的节日，在3月或4月举行，它的狂欢气氛和多彩喧嚣的中国舞龙吸引了数以千计的人，舞龙由太阳龙(Sun Loong)带领，它是世界上最长的帝国龙。

住宿

Bendigo Backpackers 青年旅舍 $

(☎03-5443 7680; www.bendigobackpackers.com.au; 33 Creek St Sout; 铺/双/家$30/70/100; ❄📶)这间小而温馨的青年旅舍是本迪戈经济型旅舍中首屈一指的选择。旅舍位于一座装有风雨板的小屋内，地处中心地带。房间轻快明亮，设施齐全，还有包括自行车租用在内的其他附加服务。

Central City Caravan Park 房车公园 $

(☎1800 500 475, 03-5443 6937; www.centralcitycaravanpark.com.au; 362 High St, Golden Square; 无电力供应/有电力供应营地$30/37, 小屋$89~190; ❄🏊)这片距离市中心最近的公园有绿荫掩映的露营点、一个营地厨房和一些小屋套间。

★ The Schaller Studio 精品酒店 $$

(☎03-4433 6100; www.artserieshotels.com.au/schaller; Bayne St和Lucan St交叉路口; 双$112; P❄📶)Schaller Studio拥有本迪戈最新潮的装饰，是上等艺术系列连锁酒店的一部分，已在墨尔本享有盛名。该酒店的设计灵感来自澳大利亚艺术家马克·沙勒(Mark Schaller)的画室，他的风景画和静物画尤为出名。

公共区域设计轮廓分明，而大部分房间的风格都活泼俏皮，物超所值。还有一个满是沙勒的雕塑作品的花园。

★ Shamrock Hotel 酒店 $$

(☎03-5443 0333; www.hotelshamrock.com.au; Pall Mall和Williamson St交叉路口; 双$130~200, 套$250)Shamrock是本迪戈的历史地标之一，这座富丽堂皇的维多利亚时期建筑里，装饰着彩绘玻璃、名画原作、华丽的廊柱和《飘》(*Gone with the Wind*)中所描

述的独具风格的阶梯。楼上的房间重新装修过，从小标准间到宽敞的豪华间和水疗套房，房型很多。

Quest Bendigo
公寓 $$

（☎03-5410 1300; www.questapartments.com.au; 228 McCrae St; 单间$140，1床/2床公寓$165/240; ❄📶）这个位于本迪戈郊区的连锁酒店的公寓时尚宽敞，服务现代化，而且靠近市中心。

就餐

★Gillies Bendigo Original Pie Shop
面包房 $

（Hargreaves St Mall; 馅饼$5起; ⏰周六至周四9:00～17:30，周五至19:00）这家店的窗口开在商场边的角落里，但在本迪戈非常有名，它的馅饼也一定很合你的胃口。

★Dispensary Enoteca
新派澳洲菜 $$

（☎03-5444 5885; www.thedispensaryenoteca.com; 9 Chancery Lane; 主菜$18～55; ⏰周二至周六 11:30至深夜）当地的特产、时尚的用餐环境，加上天资卓越的厨师，使之成为维多利亚州比较有创意的餐馆之一。香烤大鹌鹑（chargrilled jumbo quail）可能稍稍逊色于杜松烤制的艾尔斯伯里鸭脯（Aylesbury duck breast）。餐厅位于小巷中，堆着大量的啤酒瓶，大概也只有懂行的人才知道，这是一个让人先吃饱再喝足的地方。

★Mason's of Bendigo
新派澳洲菜 $$

（☎03-5443 3877; www.masonsofbendigo.com.au; 25 Queen St; 主菜$18～49; ⏰周二至周六 8:30～21:30）Mason's曾经是一家玻璃厂，这里的菜肴很随意却非常精致，菜品大多取决于当地食材，同时也受世界各地烹饪方式的影响。这里精美的食物和良好的环境总是搭配有致，让你心情愉快。菜品可能有甜菜根团子（beetroot gnocchi）、烤山羊肘（goat shoulder）或鹌鹑（quail），还有开心果酱以及好喝的啤酒。

Brewhouse Cafe
咖啡馆 $$

（☎03-5442 8224; www.brewhousecoffee.com.au; 402 Hargreaves St; 主菜$14～22; ⏰周一至周四 7:00～17:00，周五 7:00～21:00，周六 7:00～16:00，周日8:00～16:00）该咖啡馆有墨尔本风格的仓库般大小，还有本迪戈最好的咖啡，并且他们从全球范围采购食材，以本地方式进行烘焙，这真是绝佳的搭配。这里有美味的早餐与午餐比萨、三明治，还有其他菜肴，如泰国鱼球和健力士黑啤酒焖羊腿。

GPO Bar & Grill
地中海菜 $$

（☎03-5443 4343; www.gpobendigo.com.au; 60-64 Pall Mal; 西班牙小吃$9起，午餐主菜$16～27，晚餐主菜$21～36; ⏰11:00至深夜; 📶）这里食物鲜美，气氛融洽，当地人对它评价很高。慢火炖牛脸、哈考特梨和蓝纹奶酪沙拉都是美味的午餐选择，也不妨品尝一下创意比萨、意大利面食或西班牙餐前小吃。尝尝这里香醇甘美的葡萄酒和鸡尾酒吧，一定让你神清气爽，回味无穷。

Malayan Orchid
马来西亚菜、澳洲菜 $$

（☎03-5442 4411; www.malayanorchid.com.au; 155 View St; 主菜$20～30; ⏰周一至周五正午至14:00和17:00至深夜，周六 17:00至深夜）这家精致的马来西亚餐馆提供最常见的主食，但是它能把鸸鹋、袋鼠甚至骆驼肉配上马来酱汁端上餐桌，这就是本迪戈人促进跨文化融合的典型例子。

Woodhouse
牛排 $$$

（☎03-5443 8671; www.thewoodhouse.com.au; 101 Williamson St; 比萨$18～23，主菜$33～59; ⏰周二至周五 正午至14:30和17:30至深夜，周一和周六 17:30至深夜）该餐馆为仓库式风格空间，装修色调为温暖的砖色。本迪戈人都喜欢来这里就餐，因为这里有维多利亚州最美味的牛排。Woodhouse的Wagyu Tasting Plate（$58.90）价格较高，但是对于肉食主义者来说，它的美味会让你飘飘欲仙。特价午餐只需$20，含比萨和一杯葡萄酒，非常便宜。

饮品和娱乐

本迪戈的夜生活充满活力与激情，周二和周四晚上是大学生之夜。尽管有些夜店开到凌晨5点，但所有夜店凌晨2点起就不再让顾客入内。城内主要的夜生活区域集中在Bull St和Pall Mall周围。包括Wine Bank、

Dispensary Enoteca和Whirrawee在内的很多餐厅，在停止供应食物后都能迅速转变成高级酒吧。

Capital 剧院

（☎03-5434 6100；www.bendigo.vic.gov.au；50 View St）Capital经过修整后十分漂亮，成了艺术表演的主要场地，这里每年举办几百场演出和展览。

实用信息

本迪戈游客中心（Bendigo Visitor Centre；☎1800 813 153，03-5434 6060；www.bendigotourism.com；51-67 Pall Mall；⊙9:00~17:00）这里曾经是一个邮局，现在提供住宿预订服务，还可预订邮局美术馆（Post Office Gallery）游，为游览本迪戈美术馆打前站。

到达和离开

Bendigo Airport Service（☎03-5444 3939；www.bendigoairportservice.com.au；单程/往返成人$42/78，儿童$20/40）有长途汽车直接往返于墨尔本的图拉马林机场（Tullamarine Airport）和本迪戈火车站之间。必须提前预订。

V/Line（☎13 61 96；www.vline.com.au）每天有多班火车往返于墨尔本（南十字车站）和本迪戈之间（$19.30起，2小时，每天12~18班），途经基内顿（Kyneton）和卡斯尔梅恩（Castlemaine）。

金矿镇（GOLDFIELDS TOWNS）

这里的繁华程度丝毫不逊色于巴拉腊特和本迪戈，乡村小镇和采金旧址让维多利亚的中心地带成为世界级的胜地，值得你好好探索。游览卡斯尔梅恩、基内顿、马里伯勒（Maryborough）和莫尔登（Maldon）等城市，会让你更好地理解黄金小镇当年惊人的发展以及后来不可避免的衰退，你也会经过美丽的乡村和日益繁荣的（并且体现了时尚潮流的）美酒和美食产地。沿着Calder Hwy（M79和A79）一直往墨尔本北部走，开启你的旅程。

基内顿（Kyneton）

人口 4460

基内顿建于发现金矿的前一年，是墨尔本和本迪戈之间的主要长途车站，也是农民为掘金者供应新鲜食物的集中区。现在，Piper St是一个历史区域，路两旁的青石建筑已经被改建成了咖啡馆、古玩店、博物馆和餐馆。

景点

基内顿历史博物馆 博物馆

（Kyneton Historical Museum；☎03-5422 1228；67 Piper St；成人/儿童$6.50/3；⊙周五至周日11:00~16:00）这一处银行大楼（建于1855年）旧址现在成了收藏当地历史物品的博物馆，上层的地板装饰颇具时代特色。建筑本身可能比其中陈列的展览品更有意思。

节日和活动

Kyneton Daffodil & Arts Festival 狂欢节

（www.kynetondaffodilarts.org.au；⊙9月）基内顿因水仙花而闻名。每年的基内顿水仙花和艺术节，会举行为期10天的节日晚会、市场交易、音乐会、展览会、艺术展和花展。

Budburst 美食、葡萄酒

（☎1800 244 711；www.macedonrangeswine.com.au/budburst-festival/；⊙11月中旬）Budburst是一个属于美酒和美食的节日，会在马其顿山区（Macedon Ranges）的一个葡萄酒酿酒厂举办，并持续若干天。

食宿

基内顿的小吃街是历史上著名的Piper St，这里有环境优雅的咖啡馆和饭馆。

Airleigh-Rose Cottage 民宿 $$$

（☎0402 783 489；www.airleighrosecottage.com.au；10 Begg St；房间2晚$490，两晚起住）这里砖木结构的房间建造于联盟时代，非常漂亮迷人。

★ **Mr Carsisi** 中东菜 $$$

（☎03-5422 3769；http://mrcarsisi.com；37c Piper St；主菜$29~39；⊙周五至周二11:30至深夜）这家著名餐馆的主要菜品是土耳其美食和中东开胃小菜，并且它把外国口味和当地产品结合了起来——蜂蜜豆蔻的Milawa鸭胸（Milawa duck breast）就是非常典型的例子。

Annie Smithers Bistrot 新派澳洲菜 $$$

（☎03-5422 2039；www.anniesmithers.com.au；72 Piper St；主菜 $36~40；⊙周四至周六正午至14:30和18:00~21:00，周日正午至14:30）这家餐馆是维多利亚州中部地区最令人激动的餐馆之一，这个地方非常不错，有季节性的菜单和当地产品制成的菜肴介绍，读起来像烹饪小故事，还有精心调制的组合口味，例如：榛子茴香猪排、苹果拌茴香泥、春天的卷心菜沙拉、猪肉拌酒汁。

ℹ 实用信息

基内顿游客中心（Kyneton Visitor Centre；☎1800 244 711，03-5422 6110；www.visitmacedonranges.com；127 High St；⊙9:00~17:00）在小镇的东南入口处。参考《小镇散步》（*Town Walks*）、《自驾游》（*Self Drive Tour*）和《坎帕斯皮河漫步》（*Campaspe River Walk*）等小册子。

ℹ 到达和离开

基内顿紧邻Calder Hwy，大约在墨尔本的西北部90公里处。

V/Line（www.vline.com.au）通常本迪戈线上的V/Line火车是从墨尔本发车（$10.35起，1.25小时）。火车站在市中心南部1公里处。

卡斯尔梅恩（Castlemaine）

人口 9124

卡斯尔梅恩位于维多利亚州金矿区的中心地带，是个值得一去的平民小镇，在一些颇能启发灵感的建筑和花园中，居住着许多艺术家、作家和移居丛林者（tree-changers），并且他们的数量在不断增加。主要街道上有许多宏伟的19世纪后期的建筑。

历史

自1851年斯贝西蒙峡谷（Specimen Gully）发现黄金以来，亚历山大迪金斯山（Mt Alexander Diggings）吸引了大约3万名淘金者，卡斯尔梅恩成了繁荣的金矿区市场。19世纪60年代，随着表层金被采尽，小镇变得不再那么重要，所幸的是镇中心当时建设得很完备，现在也依然保持得相对完好。

即使金子被淘尽了，这座小镇依然因其工业和创新而闻名。这里是卡斯尔梅恩某啤酒酿造公司（Castlemaine XXXX beer-brewing company）的诞生地（该公司本部目前设在昆士兰州），也是卡斯尔梅恩硬糖（Castlemaine Rock）的原产地，巴恩斯（Barnes）家族自1853年起就开始生产这种坚硬的可爱糖果。

👁 景点和活动

★卡斯尔梅恩美术馆和历史博物馆 艺术馆、博物馆

（Castlemaine Art Gallery & Historical Museum；☎03-5472 2292；www.castlemainegallery.com；14 Lyttleton St；成人/学生/儿童$4/3/免费；⊙10:00~17:00）美术馆位于一幢艺术风格华丽宏伟的大楼内，主要展出殖民地时期和当代的澳大利亚艺术作品，其中包括知名澳大利亚艺术家弗莱德里克·麦克宾（Frederick McCubbin）和拉塞尔·德雷斯戴尔（Russell Drysdale）的作品。当地历史物品展位设于博物馆底层，包括服装、瓷器和采金遗迹展览。

卡斯尔梅恩植物园 花园

（Castlemaine Botanical Gardens；Walker St）这些奇美的花园，是维多利亚最古老的花园（建于1860年）之一，位于在国家信托登记过的众多令人惊叹的树木和乔安娜人工湖之间，这里错落有致地遍布着雕塑和野生灌丛，而这一切都显得如此协调，毫无违和之感。

伯克和威尔斯纪念碑 纪念碑

可以前往位于Wills St（沿小镇中心东部的Lyttleton St）的伯克和威尔斯纪念碑，在那儿可以好好欣赏这个小镇，视野绝佳。在罗伯特·奥哈拉·伯克（Robert O' Hara Burke）踏上他的那次意义重大的探险旅程之前，他曾经是卡斯尔梅恩的一名治安管理者。

维多利亚金矿区火车站 火车站

（Victorian Goldfields Railway；☎03-5470 6658；www.vgr.com.au；往返成人/儿童$45/20）这列有历史意义的蒸汽火车经过维多利亚黄金村的铁皮木（一种桉树）森林，往返于卡斯

尔梅恩和莫尔登之间，一周3班。

节日和活动

卡斯尔梅恩州立艺术节 艺术

（Castlemaine State Festival；www.castlemainefestival.com.au；⌚3月至4月）维多利亚州重要的艺术活动之一，以戏剧、音乐、艺术和舞蹈为特色。在奇数年的3月和4月举行。

Festival of Gardens 花园

（www.festivalofgardens.org；⌚11月）有50多名当地人把他们的家对外开放，供人参观。活动在偶数年举行。

住宿

节日期间提前预订酒店是很有必要的，所以要充分利用好这里免费的**住宿预约服务**（☎1800 171 888；www.maldoncastlemaine.com）。

Castlemaine Gardens Caravan Park 房车公园 $

（☎03-5472 1125；www.castlemaine-gardens-caravan-park.vic.big4.com.au；Doran Ave；无电力供应/有电力供应营地$32/37，小屋$85~155）这个公园位于植物园和公共游泳池旁，树木茂盛，非常漂亮，这里有营地厨房、烧烤和娱乐小屋。

★**Apple Annie's** 公寓 $$

（☎03-5472 5311；www.appleannies.com.au；31 Templeton St；公寓 $120~160）这是一个装饰布置十分精美的公寓，有手工木地板和开放式的壁炉，光线柔和，在前面的公寓内还有个美丽的私人院子。

Midland Private Hotel 客栈 $$

（☎0487 198 931；www.themidland.com.au；2 Templeton St；双 $150）酒店位于火车站对面，建于1879年，周围有一圈露台。这里保留了大部分原来的装饰，因此房间呈现出老式的装饰风格，但是从艺术风格装修的入口到豪华的宾客休息室及附属的Maurocco Bar，都颇具魅力。不接受儿童入住。

就餐

Apple Annie's 面包房、咖啡馆 $

（☎03-5472 5311；www.appleannies.com.au；31 Templeton St；主菜 $10~17；⌚周三至周六8:00~16:00，周日至15:00）这间乡村风格的咖

值得一游

马里伯勒

马里伯勒是维多利亚中部"金三角"的一部分，探矿者运气好的话仍能在这里发现一两块金子。小镇的骄傲和喜悦之处就是这个规模宏大的火车站，现在从墨尔本开出的客运列车又行经此地了，这里值得花一天的时间来旅行。现在每天只有一班从墨尔本到这里的直达列车（$29，2.25小时），其他线路都要坐长途汽车经过吉朗（Geelang）、巴拉腊特和卡斯尔梅恩。

马里伯勒火车站（Maryborough Railway Station；☎03-5461 4683；38 Victoria St；⌚10:00~17:00）让这个小镇引以为自豪的是，这里有许多令人印象深刻的维多利亚时期建筑，但是马里伯勒火车站则使它们都黯然失色。火车站建于1892年，是和钟楼一起建成的，这座占地面积极大的火车站被马克·吐温描述成"带有小镇的火车站"。现在，火车站里有大型的古董商场、葡萄酒中心和咖啡馆。

Coiltek Gold Centre（☎03-5460 4700；www.marybroughgoldcentre.com.au；6 Drive-in Ct；⌚9:00~17:00）如果你对金矿感兴趣，Coiltek Gold Centre会有高水平的金属探测员提供全天候的探矿课程（1/2人 $120/200）。这里也出售和出租探测装备。

金矿区中部游客中心（Central Goldfields Visitor Centre；☎1800 356 511，03-5460 4511；www.visitmaryborough.com.au；Alma St和Nolan St交叉路口；⌚9:00~17:00）可以提供很多有用的地图，工作人员态度也很友好。

啡馆兼面包房，供应刚烤好的面包、乳酪南瓜饼以及填充面包，是别处无可比拟的。

Good Table 欧洲菜 $$

（☎03-5472 4400；www.thegoodtable.com.au；233 Barker St；主菜 $26~32，周一至周四 2/3 道晚餐套餐 $25/30；⏲周四至周六正午至14:00，每日18:00开始营业）Good Table位于一家雅致的街角酒店中，其菜肴深受欧洲风格影响，菜单随季节和市场新鲜食材的变化而变化。另外一个亮点就是它丰富的酒水单。

★ **Public Inn** 新派澳洲菜 $$$

（☎03-5472 3568；www.publicinn.com.au；165 Barker St；2道菜午餐 $39，主菜$19~45；⏲周五至周日 正午至深夜，周一至周四16:00至深夜）这个曾经的Criterion Hotel已经华丽变身，成为轻松舒适的酒吧和餐厅，有豪华的格调和真皮沙发，这样的布置即使是在曼哈顿，也显得毫不逊色。这里的食物是高端的“酒吧美食”。去“酒桶墙”看看吧，那里有各种各样的当地酒水。

☆ 娱乐

Bridge Hotel 现场音乐

（☎03-5472 1161；http://bridgehotelcastlemaine.com；21 Walker St；⏲周一至周三 16:00~23:00，周四 至次日1:00，周五 正午至次日1:00，周六 正午至午夜，周日 正午至23:00）去维多利亚州的这一非常出色的现场音乐会体验一番，总是值得的。这是一个气氛愉悦的地方，定期会有现场表演，包括个人演奏和明星表演，还有卡拉OK和益智问答之夜。

Theatre Royal 电影院

（☎03-5472 1196；www.theatreroyal.info；28 Hargreaves St；电影票成人/儿童 $15.50/12）它从19世纪50年代开始陆续放映电影，是一个非常好的娱乐场所——这里有传统的影院（可边吃饭边看电影），也可以观看现场表演，影院里还有酒吧和咖啡馆。可在网站上查看放映场次。

ℹ 实用信息

卡斯尔梅恩游客中心（Castlemaine Visitor Centre；☎03-5471 1795；www.maldoncastlemaine.co；44 Mostyn St；⏲9:00~17:00）该信息中心位于宏伟的卡斯尔梅恩老市场（Castlemaine Market），建筑的正面装饰成古典罗马教堂的样子，顶部有色列斯（Ceres）——罗马丰收女神的雕塑。

ℹ 到达和离开

V/Line（☎13 61 96；www.vline.com.au）每小时都有火车往返于墨尔本和卡斯尔梅恩之间（$14.15起，1.5小时），随后继续行驶，前往本迪戈（$3.90）。

莫尔登（Maldon）

人口 1236

莫尔登像民间博物馆一样，面积不大，但是整体看来，就是一座保存完好的淘金热时期的遗迹，有许多用当地的石头建成的精美建筑。曾经有两万人在这里的金矿工作，不过该地目前的人口数已经锐减。即便如此，这个小镇的人们依然努力工作，充满活力——周末旅行者纷至沓来的时候，小镇非常繁忙，到了工作日，这里又回归安静的状态。

◉ 景点和活动

老邮局 历史建筑

（Old Post Office；95 High St）老邮局建于1870年，是当地作家亨利·汉德尔·理查森（Henry Handel Richardson）儿时的故乡。她（是的，就是她）在自传《我年轻时》（*Myself When Young*，1948）中描述过此地。

卡门隧道 历史古迹

（Carman's Tunnel；☎03-5475 2656；紧邻Parkin's Reef Rd；成人/儿童$7.50/2.50；⏲团队游周六、周日及学校假期每日13:30、14:30和15:30）这条570米长的矿井隧道于19世纪80年代开凿，挖了两年，却只产出了价值$300的黄金，你可以在这里亲身体验一把。现在，跟随向导进入隧道，体验45分钟的烛光游吧。

Mt Tarrengower 观景点

要开车去3公里外的塔伦格沃尔山，从观景台欣赏全景。

Victorian Goldfields Railway 火车

（☎03-5470 6658；www.vgr.com.au；往返

成人/儿童$45/20）这列经过修复的蒸汽火车非常漂亮，它沿着最初的线路穿过Muckleford森林开往卡斯尔梅恩（并返回），每周三班。乘坐一等车厢，你会得到额外的收获：观看路两旁的橡树。莫尔登火车站建于1884年。

节日和活动

莫尔登民间艺术节 音乐

（Maldon Folk Festival；www.maldonfolkfestival.com；2日票$115；⊙10月至11月）这是莫尔登的一大盛事，为期4天的音乐节吸引了许多表演者，在小镇和塔伦格沃尔山保护区都有精彩纷呈的现场音乐表演。

食宿

小镇周围修复的建筑中有许多设备齐全的小屋，还有很多舒适的民宿。可尝试这里的住宿预约服务（见635页）。

★Maldon Miners Cottages 小屋 $$

（☎0413 541 941；www.heritagecottages.com.au；41 High St；小屋$150）在莫尔登19世纪的遗产小屋预订住宿是一个不错的选择。

Gold Exchange Cafe 咖啡馆 $

（www.goldexchangecafe.com；44 Main St；餐$7~15；⊙周三至周日9:00~17:00）这个小小的咖啡馆有售酒执照，这里的螯虾派的食材取自当地养殖的淡水螯虾，值得一去。

实用信息

莫尔登游客中心（Maldon Visitor Centre；☎03-5475 2569；www.maldoncastlemaine.com；95 High St；⊙9:00~17:00）有网络可用。拿份《信息指南》（*Information Guide*）和《历史小镇步行游览》（*Historic Town Walk*）宣传册，这些小册子可以引导你游览小镇最具历史意义的建筑。

格兰扁（加里维德）[THE GRMPIANS（GARIWERD）]

格兰扁屹立于维多利亚州西部平原之上，是丛林徒步者、攀岩者和自然爱好者的天堂，体现了整个维多利亚州最突出的自然和文化特色。这里有丰富的野生动植物、独特的岩石构造、原住民的岩石艺术、壮观的视野、交织成网的小路以及灌木营地，每个人都能在此地找到自己喜欢的景色。当地土著Jardwadjali人称这座山为加里维德，用当地方言说就是“gari”，意思是“险峻的山”，而“werd”意为“肩膀”。探险家托马斯·米切尔（Thomas Mitchell）少校以苏格兰的山给它命名为格兰扁山。

格兰扁国家公园（Grampians National Park）

格兰扁的四大山脉，包括北部的Mt Difficult Range、东部的Mt William Range、东南部的Serra Range和西南部的Victoria Range。范围从阿勒山（Ararat）到沃托克山谷（Wartook Valley），从邓凯尔德（Dunkeld）到霍舍姆（Horsham）附近。贺斯盖（Halls Gap）是主要的住宿地点和旅游小镇，位于法恩斯山谷（Fyans Valley）。小万得兰山脉（Wonderland Range）靠近贺斯盖，人们可以置身于最壮观的景色、景观路段、野餐草地和散步花径之中，例如：尖峰石阵（Pinnacles）和银河瀑布（Silverband Falls）。

步行小径有150多公里长，非常显眼，你可以在此散步半个钟头，也可以穿过崎岖的地带，整晚徒步旅行，都是以汽车公园、野餐地点和露营地为起点的。如果要徒步旅行，一定要让人知道你的行踪（最好是告诉维多利亚州公园管理处的巡逻者）。

壮观的麦肯奇瀑布（MacKenzie Falls）是最受欢迎的景点之一。从汽车公园有一条600米长的陡峭的路通往瀑布底端，那里有一个很大的水潭（禁止游泳）。其他受欢迎的地方有：波洛卡瞭望台（Boroka Lookout），在这里可以很好地欣赏贺斯盖和贝尔费尔德湖（Lake Bellfield）；距里德瞭望台（Reed Lookout）不远处是露台（Balconies），可以欣赏沃托克湖的美景。北面的Mt Stapylton和Hollow Mountain以绳降和攀岩而出名。

在2014年1月中旬，格兰扁发生了一系列的林区大火。余火朝贺斯盖扑来，但是及时的风向转变拯救了这座小镇。格兰扁北部地区情况最严重，沃托克和Brimpaen部分住房都

被烧光了，而Mt Difficult周边的森林都化成了灰。尽管遭遇过火灾，但格兰扁依旧大范围对外开放，请咨询各信息中心和维多利亚州公园管理处，看看是否有路线被禁行。

团队游

Absolute Outdoors 探险游

（☎03-5356 4556；www.absoluteoutdoors.com.au；105 Main Rd，Halls Gap）包括攀岩、绳降、山地骑行、划独木舟和大自然徒步导览游。也提供设备租赁服务。

★布朗巴克文化中心 文化游

（Brambuk Cultural Centre；☎03-5356 4452；www.brambuk.com.au；Grampians Tourist Rd，Halls Gap；3/5小时团队游 $70/140）在管理员的引领下，游客可进行文化欣赏和岩石观赏，深入了解当地本土文化。必须预订。

Grampians Horseriding Adventures 骑马

（☎03-5383 9255；www.grampianshorseriding.com.au；430 Schmidts Rd，Wartook Valley；2.5小时 $100；⏲10:00和14:00）你可以在宽阔的场地上骑马，视野更为广阔，这里也有澄澈的湖泊，你还可以在丛林小径漫步。初学者会得到周全的照顾，有供儿童骑的小型马（$30）。

岩石艺术

传统的原住民已居住在加里维德（格兰扁山脉）20,000年了，这里是可以看到维多利亚本土岩石艺术的最易于抵达的地方。这里的遗址包括班吉尔庇护所（Bunjil's Shelter），这个维多利亚最神圣的地方之一，它靠近斯塔威（Stawell），最好跟随布朗巴克文化中心（Brambuk Cultural Centre；☎03-5356 4452；www.brambuk.com.au；Grampians Rd/C216）的导览游进行游览。公园西侧的其他岩石艺术遗址有曼扎庇护所（Manja Shelter），从Harrop Track停车区可以到达此地，Billimina Shelter靠近Buandik露营地。北边是Ngamadjidj Shelter，从Stapylton露营地可以到达那里。

这些突出的防护岩石上的画，大多都是手印、动物的足迹和简笔画。它们表现出人们对大山的崇拜。这些图画是被当地土著部落保留下来的，应该得到尊重。

Grampians Mountain Adventure Company 探险游

（GMAC；☎0427 747 047；www.grampiansadventure.com.au；半天/全天$95/145起）可参加这里的专业攀岩和绳降探险游，不论是新手还是老手，都会依据个人情况给予适当的指导。

Hangin' Out 攀岩

（☎0407 684 831，03-5356 4535；www.hanginout.com.au；4小时/全天攀岩 $115/160）这里的攀岩专家会从4小时的入门课程和个人指导开始。有经验的指导者Earl会把你带到攀岩现场，对你将要面临的场景进行生动的讲解。他的全天候冒险包括攀岩和沿绳下降。

住宿

维多利亚州公园管理处维护着露营地（每辆车或6个人$11.70~37.80），这里有厕所、野餐桌和壁炉（自带饮水）。需要带许可证；可以自己注册，然后在布朗巴克文化中心（Brambuk Cultural Centre）的办公室付钱。除了万得兰山区（Wonderland Range area）、沃托克湖周边、塞拉（Serra）部分地区、威廉山和维多利亚地区，其他地方都允许丛林露营（不许生营火）。

在全面禁火的日子一定要多加注意，一旦发生火灾，除了可能对丛林和自身造成伤害之外，你还会因为包括点火炉在内的生火行为而被监禁。登录www.cfa.vic.gov.au，在出发前查看更多的禁火信息。

实用信息

维多利亚州公园管理处（Parks Victoria；☎03-5361 4000，13 19 63；www.parkweb.vic.gov.au；Brambuk Cultural Centre，Grampians Tourist Rd，Halls Gap）公园办公室提供地图，这里的管理员可以对你要去的地方、露营的地点和观看目标提出建议。这里也办理露营许可证和在当地小溪钓鱼所需要的钓鱼许可证。

贺斯盖（Halls Gap）

人口 613

贺斯盖位于崎岖的万得兰山脚下，是一

The Grampians (Gariwerd)
格兰扁(加里维德)

0 10 km
0 5 miles

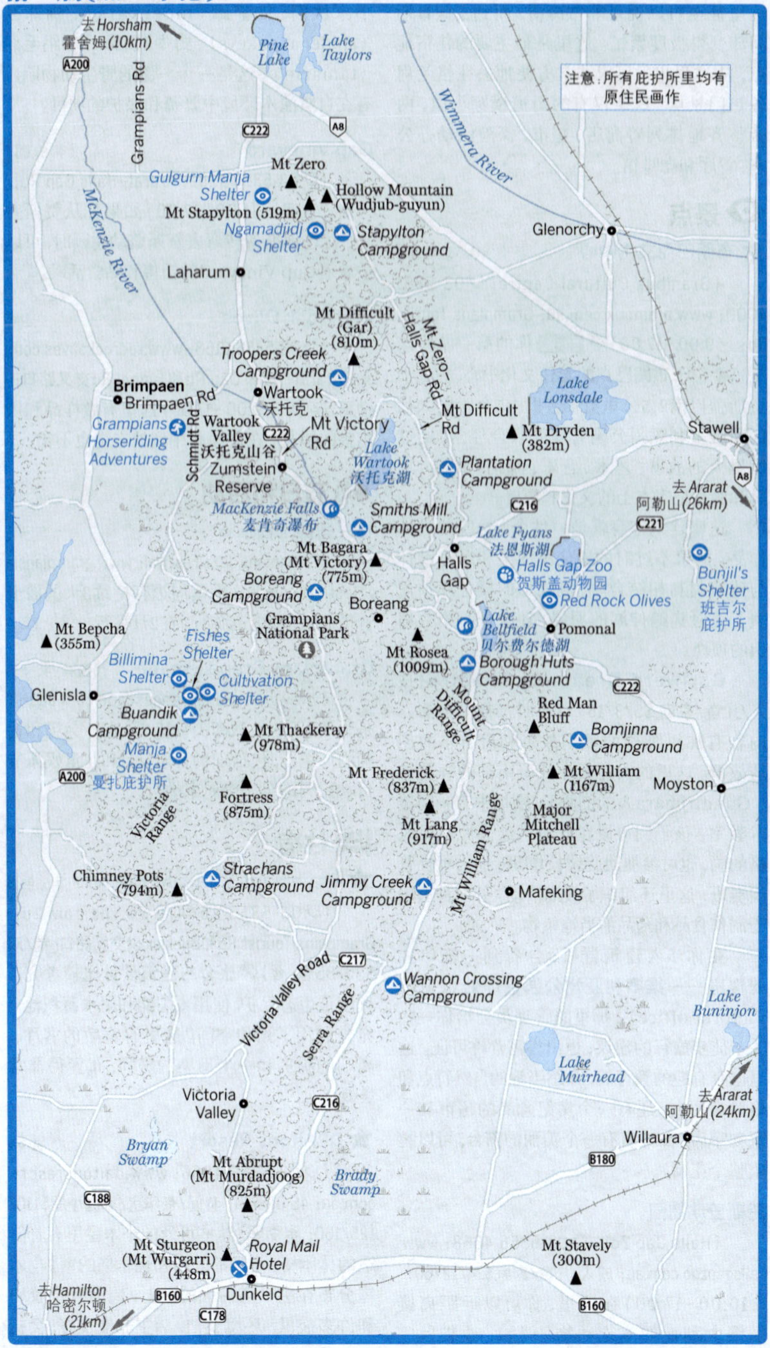

格兰扁和金矿区

贺斯盖

座非常小的城镇。如果你在冬天的周三到来，这里甚至可以说是非常冷清，而到了假日期间却变得极度繁忙。这里是最主要的住宿地点，从这里出发可以非常方便地去往格兰扁各热门景点。这条仅有的街道横穿小镇，两旁整齐地排列着商店、超市、探险活动办公室、餐厅和咖啡馆。

景点

★布朗巴克文化中心 文化中心

（Brambuk Cultural Centre；☎03-5361 4000；www.brambuk.com.au；Grampians Tourist Rd；⊙9:00~17:00）免费 你的第一站应该是这个位于布朗巴克的宏伟文化中心，它位于贺斯盖以南2.5公里处。这里由5个库里人社区和维多利亚州公园管理处联合经营，通过库里人的故事、艺术、音乐、舞蹈、武器、工具和照片呈现本土的文化和历史。

这座建筑本身就是一件令人惊叹的设计作品，把永不过时的原住民图案和当代设计与建筑材料相结合。它流线形的橘色屋顶代表了美冠鹦鹉伸展的羽翼，还象征着格兰扁山的顶峰。

Gariwerd Dreaming Theatre（成人/儿童/家庭 $5/3/15）每小时都播映电影，内容有加里维德的梦幻故事和班吉尔的创造故事。这里的天花板象征着南部的脊美鲸（Gunditjmara人的图腾）。剧场中有一间美术教室，孩子们可以在此尝试绘画原住民风格的画，也可参加回旋镖投掷班、迪吉里杜管演奏班，这里还组织了假期活动。外面种有用于制作食品和药品的当地植物。

在你步入建筑群后，会看到一栋单独的楼房——**维多利亚州公园管理处**（Parks Victoria office）。那里的管理员会给你一些关于徒步旅行的建议，也出售露营许可证。这里也有有趣的教育展，介绍当地的自然特点和格兰扁历史，还有一个卖纪念品的超市和一家咖啡店，咖啡店有一个美丽的露台，可以眺望整个花园。

贺斯盖动物园 动物园

（Halls Gap Zoo；☎03-5356 4668；www.hallsgapzoo.com.au；成人/儿童/家庭$24/12/60；⊙10:00~17:00）在这里，你可以近距离接触澳大利亚的本土动物，例如：沙袋鼠、袋鼠、袋鼬和袋熊。这里也有来自异国的小家伙们，如猫鼬（meerkats）、蜘蛛猴（spider monkeys）、野牛（bison）和绢毛猴（tamarin）。这是一个一流的野生动物园，有在自然灌木环境中繁殖和保护的项目。

Gap Vineyard 葡萄酒厂

（☎03-5356 4252；Ararat-Halls Gap Rd；⊙周三至周一 11:00~17:00）如果你从贺斯盖来，就在你准备转弯去贺斯盖动物园时，可以去看看Gap Vineyard的销售和品尝活动。

Red Rock Olives 农场

（☎03-5356 6168；www.redrockolives.com.au；Ararat-Halls Gap Rd和Tunnel Rd交叉路口；⊙周五至周日10:00~17:00）这里有做样品和供出售的橄榄，在橄榄林中到处走走也不错。

节日和活动

格兰扁爵士音乐节 音乐节

（Grampians Jazz Festival；www.grampiansjazzfestival.com.au）小镇周边有持续3天的爵士音乐节，还有街道游行。在2月举行。

Grampians Grape Escape 葡萄酒、美食节

（www.grampiansgrapeescape.com.au）这是为期2天的美酒和美食盛事，在各会场和葡萄酒厂举行，包括现场音乐节目和儿童娱乐节目。在5月的第一个周末举行。

住宿

★Grampians YHA Eco-Hostel 青年旅舍 $

（☎03-5356 4544；www.yha.com.au；Grampians Tourist Rd和Buckler St交叉路口；铺/双$30/85起；@）旅舍的建筑设计比较考究，且注重生态保护，使用太阳能和雨水蓄积池，充分利用了光和空间。这里有宽敞的客厅、高端的厨房和一尘不染的房间，布置得非常美观。

★D' Altons Resort 小屋 $$

（☎03-5356 4666；www.daltonsresort.com.au；48 Glen St；套间/豪华房/家庭小屋$110/125/160；❄📶🏊）这些可爱的小木屋里有着舒适的休闲椅、小巧的外廊和烧木柴的壁炉。木屋分布在主干道后面的山上，周围有橡胶树和许多袋鼠。环境整洁，店主非常友好，会提

值得一游

小沙漠国家公园

不要期待此处会有起伏的沙丘，这个公园占地1320平方公里，十分干旱，却生长着许多旺盛的植物，动物种类也十分丰富。这里的植物超过670种，在春天和初夏，这里开满野花，变成了五彩缤纷的美丽仙境。最有名的是眼斑冢雉（mallee fowl），这是一种勤劳的鸟，你可以在小沙漠自然度假屋（Little Desert Nature Lodge）的鸟舍中看到它们。

公园里的Nhill-Harrow Rd已经铺上了沥青，从丁布拉（Dimboola）开始的路都铺满了碎石，但公园里大多都是土路，只适合四驱车行驶或者步行前进。在雨季（7月至10月），这里连四驱车也无法通行。

小沙漠自然度假屋（Little Desert Nature Lodge; ☎03-5391 5232; www.littledesertlodge.com.au; 露营地$25，简易房屋双$44，民宿房 $125; ❄）这个丛林度假村在尼尔（Nhill）南边16公里处，位于沙漠的北部边缘，设施精良，是游览公园的绝佳住处。这里有宽敞的露营地、简易房屋和舒适的汽车旅馆式套间和旅馆，每个人都可在此找到最适合自己的住宿地点。最吸引人的旅游项目是眼斑冢雉鸟舍游览（$15），你能见到这些在繁殖计划中的珍稀鸟类。还有眼斑冢雉保护区游览（$65）和夜间游览（$15）。

小沙漠公园办公室（Little Desert Park Office; ☎13 19 63; www.parkweb.vic.gov.au; Nursery Rd）提供在公园露营的信息。紧邻丁布拉南部的Western Hwy。

供大量的当地信息。这里还有一个网球场和咸水池。

Mountain Grand Guesthouse 客栈 $$

（☎03-5356 4232; www.mountaingrand.com.au; Grampians Tourist Rd; 标单/双含早餐$146/166; ❄📶）这个古朴的老式木屋宾馆一直保持着传统小屋的样子，且引以为傲。晚餐前，你可以在任意一处休息区消遣，还可以和其他住客聊聊天。房间古色古香但是光线充足，有点小清新的情调。这里的Balconies Restaurant非常不错。

Aspect Villas 别墅 $$$

（☎03-5356 4457; www.aspectvillas.com.au; 紧邻Mackey's Peak Rd; 双$475; ❄）这两座豪华的别墅离小镇特别近，但是当你躺在床上或靠在木火旁，透过大大的落地窗眺望外面的万得兰山的时候，就像与小镇隔了整个世界那么远。它们对当地建筑材料物尽其用，坐落于一处偏僻的地方，并拥有私家潟湖。有水疗设备和特大号的双人床，是适合情侣度假的浪漫之地。

就餐

Livefast Lifestyle Cafe 咖啡馆 $

（☎03-5356 4400; www.livefast.com.au; shop 5, Stony Creek Stores; 主菜$9~17; ⏲周一至周五7:00~16:00，周六和周日7:00~17:00; 📶）贺斯盖最棒的咖啡和阳光般温暖的氛围是这家咖啡馆的标志。这里的烹饪新鲜又美味，有慢火炖羊肉沙拉（low-cooked pulled-lamb salad）、甜菜根（beetroot）和菠菜阿拉伯馅饼（spinach felafel）。

★ **Kookaburra Restaurant** 鸡尾酒吧 $$

（☎03-5356 4222; www.kookaburrabarbistro.com.au; 125-127 Grampians Rd; 主菜$19~35; ⏲周二至周五18:00~21:00，周六和周日正午至15:00和18:00~21:00）贺斯盖的这家小店以其美味的酒吧食物而出名，比如高端脆皮鸭子（crispy-skin duck）、肺鱼（barramundi）、袋鼠肉（只做小份或中份）。酒单颇具格兰扁地域风格，气氛活跃，有精酿啤酒供应。

Halls Gap Hotel 小酒馆 $$

（☎03-5356 4566; www.hallsgaphotel.com.au; 2262 Grampians Rd; 主菜$18~30; ⏲周三至周日正午至14:00，每天从18:00开始）说起分量慷慨的大份儿正统小酒馆食品，没有其他地方能比得过这家本地酒馆。酒馆位于镇上往北2公里处，从此处可以看到格兰扁山脉。这里的菜肴包括意大利海鲜调味饭（seafood risotto）、当日烧烤（roast of the day）和热摩洛哥鸡肉沙拉（Moroccan chicken salad）。这里有供孩童玩耍的地方，也有一个社交场所，在结束了一天的丛林徒步之后，你可以在这里喝一杯啤酒。

实用信息

贺斯盖游客中心（☎1800 065 599；www.grampianstravel.com.au；Grampians Rd；⊙9:00~17:00）这里的员工很热情，可以帮你预订旅行、住宿和活动。

格兰扁南部（The Southern Grampians）

格兰扁的南端入口是邓凯尔德（Dunkeld），这座安静的小镇里有一家非常有名的餐馆。这里位置很好，北面是Mt Abrupt和Mt Sturgeon，而经过通往贺斯盖的Grampians Tourist Rd可以很方便地到达公园，当你途经塞拉山和威廉山之间时，还会看到一线天。身体状况好的远足者可以去Mt Abrupt（6.5公里，往返3小时）和Mt Sturgeon（7公里，往返3小时）山顶，欣赏山脉全景。

就餐

★ **Royal Mail Hotel** 新派澳洲菜 $$$

（☎03-5577 2241；www.royalmail.com.au；Parker St，Dunkeld；酒吧餐$31~44，餐馆主菜$39~55，5/8道菜套餐$110/150；⊙酒吧和小酒馆正午至14:30和18:00~21:00，餐馆周三至周日18:00开始营业）邓凯尔德最吸引人的地方是Royal Mail Hotel的餐馆。Royal Mail从1855年开始持续营业，现在是维多利亚最好的餐馆之一。厨师Robin Wickens在这家高级餐馆的厨房掌勺，但这里的价格还是挺实惠的。想在主餐馆吃饭，你需要提前几个月预订。

实用信息

邓凯尔德游客中心（Dunkeld Visitor Centre；☎03-5577 2558；www.visitsoutherngrampians.com.au；Parker St，Dunkeld）提供关于这个格兰扁南部小镇非常实用的信息。

沃托克山谷和格兰扁北部（Wartook Valley & the Northern Grampians）

沃托克山谷的走向与格兰扁西部的山脉一致，让你可以从不同的角度欣赏这座山。无论是在前往还是离开霍舍姆（Horsham）的途中，都可经过这一足以与Western Hwy（A8）相媲美的风景胜地。从沃托克出发，Roses Gap Rd和Mt Victoria Rd的柏油公路都经过公园，还有许多途经小河、瀑布和野餐地点的未封闭的公路。大部分的旅游设施幸免于2014年的那场大火，但大部分土地已经从绿色变成了黑色，完全恢复还需要一段时间。

景点

Mt Zero Olives 农场

（☎03-5383 8280；www.mountzeroolives.co；Mt Zero Rd；⊙10:00~16:00）Mt Zero Olives从1953年起种植橄榄树，用以产出橄榄、橄榄油（包括不同的品种）、橄榄酱以及其他的美食产品，这里环境优美、风景如画。每天有品尝活动和农家门口售卖活动，还有环境优雅的咖啡馆，在周末和节假日营业。

格兰扁西北部（NORTHWEST OF THE GRAMPIANS）

阿拉皮尔山州立公园（Mt Arapiles State Park）

阿拉皮尔山是澳大利亚主要的攀岩地。这座369米高的山并不是世界上最宏伟的山脉，却有超过2000条的攀登路线，吸引了全世界跃跃欲试的攀岩者。流行的攀登路线有Bard Buttress、Tiger Wall和Pharos。在附近的纳提木克镇（Natimuk），有一群热心的攀岩者开设了商店，来为旅行者提供便利，同时，这座小镇也发展成了艺术家的聚集中心。

活动

Natimuk Climbing Company 攀岩

（☎03-5387 1329；www.climbco.com.au；

6 Jory St, Natimuk）提供攀登课程和沿绳下降指导。

Arapiles Climbing Guides 攀岩

（☎03-5384 0376; www.arapiles.com.au; Natimuk）阿拉皮尔山附近的登山指导和引导。

节日和活动

Nati Frinj Festival 表演艺术

（http://actnatimuk.com/nati-frinj）两年一次的Nati Frinj Festival在奇数年的11月份举行，其间会举办表演和各种游行活动。

住宿

Pines Camping Ground 露营地 $

（Centenary Park; 营地$7）山脚下的这片露营地非常受欢迎，大多数攀登者都会住在这里。

维多利亚州高地地区

最佳餐饮

- Simone's Restaurant（见661页）
- Provenance（见654页）
- Pepperleaf Bushtucker Restaurant（见660页）
- Tuileries Restaurant & Cafe（见655页）

最佳住宿

- Freeman on Ford（见653页）
- Odd Frog（见660页）
- Dreamers（见662页）
- Eildon Houseboat Hire（见645页）

为何去

维多利亚州高地地区（Victorian High Country）有着引人入胜的历史，可以探险，并且充满美食诱惑。维多利亚州高地地区是你度假的好去处。你可以一路游览大分水岭——澳大利亚的东部山脊，它盘绕着维多利亚州东部的山脉地带（从大雪山至格兰皮恩，其峰顶位于壮观的高地地区）。这是维多利亚州的阿尔卑斯山——在冬季，这里会吸引滑雪者和滑雪板运动爱好者，在夏季会吸引丛林徒步者和山地自行车骑手。山上空气清新，令人心旷神怡，布勒山、霍瑟姆山和福尔斯克里克的度假村冬季白雪皑皑，甚为壮观。

除了在山顶观景之外，在那里你还可以参加丰富多彩的活动，布赖特是该州最美的门户城镇之一。置身于比奇沃思的历史城镇、国王谷和拉瑟格伦的葡萄酒厂，以及布琅兄弟密拉瓦的美食供应区，这里有太多让你流连忘返的理由。

何时去

霍瑟姆山

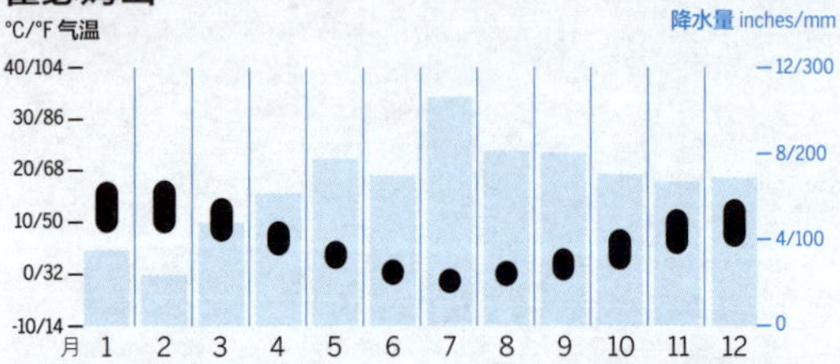

4月至5月 金秋是去布赖特和奥米欧的最佳时节。

7月至8月 雪山滑雪的季节。

12月至次年2月 山地自行车骑行、骑马和葡萄酒团队游，是这个绿意盎然的时节里的主旋律。

艾尔登湖(Lake Eildon)

艾尔登湖国家公园(Lake Eildon National Park)是通向高地地区的位于地势低洼处的南大门，占地面积超过270平方公里，是步行和露营的绝佳选择。公园周围还有许多同名的湖泊。

艾尔登湖最初名为舒格洛夫自然保护区(Sugarloaf Reserve)，它被建成大型水库，目的是灌溉和水力发电。艾尔登湖建造于1915年至1929年，湖水可浇灌达灵福德镇和周边农场。这片湖曾有几年干旱期，但近几年的降雨已使湖水容量重新达到蓄水量。大坝的后面，水库的蓄水(从大坝流出的水)流过艾尔登镇地下。艾尔登镇虽是个只有酒吧大小的小镇，但却是著名的娱乐和度假胜地。

湖的北部是**邦妮杜恩**(Bonnie Doon)，一个受欢迎的周末度假地。这是一个不可名状的标志性景点。在1997年的澳大利亚讽刺电影《城堡》中，克里根(Kerrigan)一家就在这里感受到了难得的宁静。

活动

艾尔登鳟鱼养殖场 钓鱼

(Eildon Trout Farm; ☎03-5773 2377; www.eildontroutfarm.com.au; 460 Back Eildon Rd; 门票/钓鱼$2.50/2.50; ⌚9:00~17:00)这个农场位于桑顿(Thornton)和艾尔登之间的乡村小道上，在这里你能够钓到鳟鱼或三文鱼。农场有五个池塘可供选择，你可以自备渔具或者租用($2.50)。更棒的是你可以留下自己钓到的鱼，带回家做晚餐(或者现场烧烤)。

Rubicon Valley Horse Riding 骑马

(☎03-5773 2292; www.rubiconhorseriding.com.au; Rubicon Rd; 骑马入门/2小时/半天/全天$50/80/120/210)环境布置可爱动人，任何人都能参加，包括儿童。

住宿

艾尔登湖非常漂亮，很适合在灌木丛里露营。湖畔旁有许多国家公园。所有**露营地**(www.parkweb.vic.gov.au; 每个营地 $11.70~48.70)都必须在线预订。

在艾尔登镇和去往桑顿的后街有几个合适的住宿选择。

Eildon Lake Motel 汽车旅馆 $$

(☎03-5774 2800; www.eildonlakemotel.com.au; 2 Gordwood Pde; 标单/双 $90/100; P ❄)古尔本河后面的一条街，汽车旅馆很宽敞，是相当标准的砖墙房间。

★ **Eildon Houseboat Hire** 船屋 $$$

(☎0408 005 535; www.eildonhouseboathire.com.au; 每周 冬季/夏季 $2400/3500)如果觉得墨累河太远，或者你需要预订更多房间，就来艾尔登湖吧，那里是维多利亚州第二个可住上船屋的好地方。你可以在这里租用10个或者12个豪华船屋泊位(周末至少预订三晚，租金为$1700)。假期记得提前预订好。

★ **Lake Eildon Marina & Houseboat Hire** 船屋 $$$

(☎03-5774 2107; www.houseboatholidays.com.au; 190 Sugarloaf Rd; 旺季10人船屋每周$2500~3500)这里有10个或12个船屋泊位，在旺季你需要提前几个月预订。

实用信息

艾尔登游客信息中心(☎03-5774 2909; www.lakeeildon.com; Main St; ⌚10:00~14:00)这间小办公室在购物中心对面，服务人员都很友好。

到达和离开

艾尔登湖位于墨尔本东北部215公里处，驾车通过Hume Fwy(M31; 在西摩下高速)可达，也可以经由穿过希尔斯维尔的路段到达艾尔登湖，沿途景色更好。

贾米森(Jamieson)

人口 384

一条风景优美的柏油后街以艾尔登为起点，沿着国家公园的南边一直铺展到贾米森。贾米森是一个迷人的小镇，古尔本河和贾米森河就在这里汇入艾尔登湖。贾米森建于19世纪50年代，当时是为金矿矿工提供便利的小镇，这里也有很多有趣的历史性建筑遗留下来。

维多利亚州高地地区亮点

❶ 骑行在**墨累至山间铁路小径**。这可是维多利亚州第二长的自行车道（见654页）。

❷ 参观内德·凯利（Ned Kelly）的牢房，然后品尝历史小镇**比奇沃思**的Bridge Road Brewers所酿造的酒（见653页）。

❸ 前往美食小路，在**米拉瓦**品尝葡萄酒、奶酪、芥末和橄榄（见651页）。

❹ 在美丽的**福尔斯克里克**的滑雪道上滑雪（见663页）。

❺ 欣赏**布赖特**秋天的缤纷色彩，享受参加春天的节庆活动的欢乐（见658页）。

❻ 用一天或两天时间来品尝红酒，这些红酒来自邻近**拉瑟格伦**的维多利亚州最好的葡萄酒产地（见654页）。

❼ 像电影《来自斯诺伊河的人》的主人公一样，在**曼斯菲尔德**四周的高原上骑马（见648页）。

❽ 沿着Great Alpine Rd驾车前往偏远但风景如画的**奥米欧**小镇潜水（见665页）。

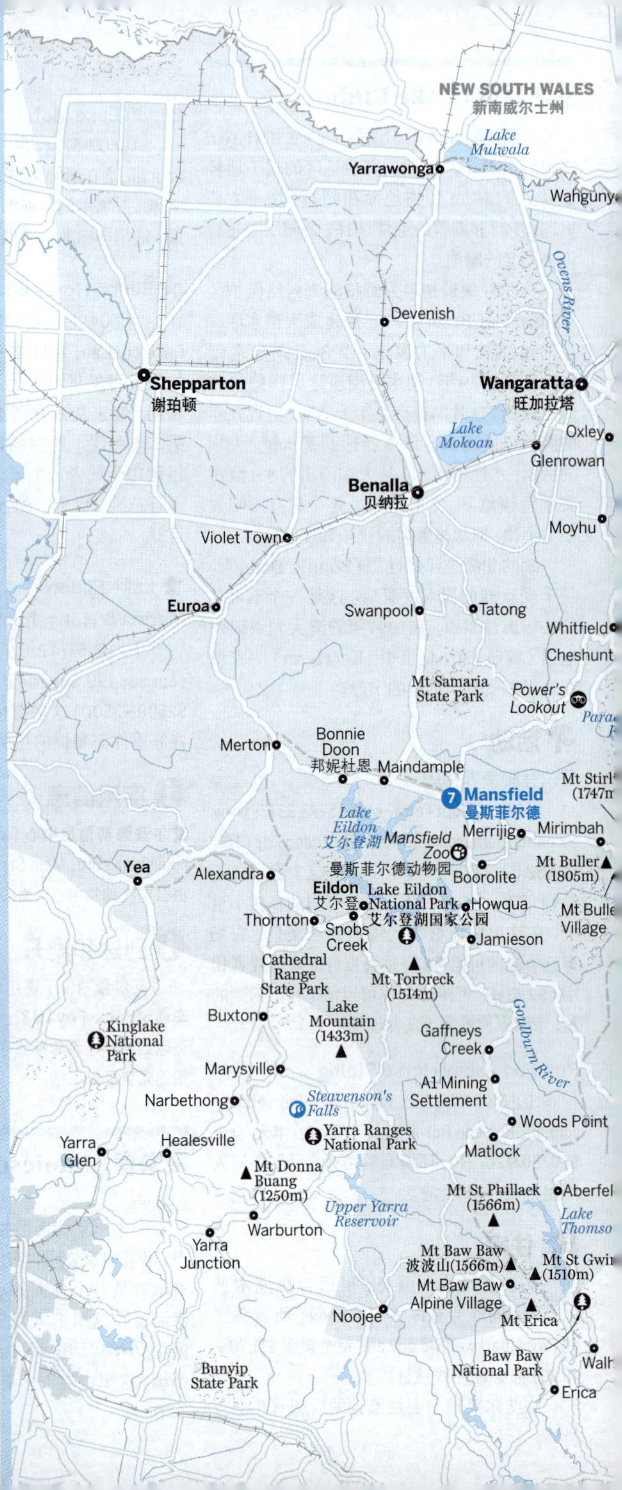

0 50 km
0 25 miles
Albury 奥尔伯里
Rutherglen 拉瑟格伦
Chiltern 丘特恩
Wodonga
Murray River 墨累河
Talgarno
Bellbridge
Granya
Walwa
Pine Mountain (1062m)
Burrowa-Pine Mountain National Park
Tintaldra
Mt Burrowa (1300m)
Towong
Tallangatta
Bullioh
Stanley State Forest
Red Bluff
Berringama
Colac Colac
Corryong 科立昂
Khancoban
Yackandandah 亚肯丹达
2 Beechworth 比奇沃思
Stanley 斯坦利
Everton
Milawa 米拉瓦
Whorouly
Gapsted
Tallandoon
Mitta Mitta River
Eskdale
VICTORIA 维多利亚州
NEW SOUTH WALES 新南威尔士州
Myrtleford
Ovens
Mitta Mitta
Dartmouth
Lake Dartmouth
Mt Buffalo National Park 布法罗山国家公园
1 Murray to Mountains Rail Trail 墨累至山间铁路小径
Porepunkah
Tawonga
Mt Bogong (1986m)
Park Entrance Station
Dingo Dell
5 Bright 布赖特
Mt Beauty
The Horn (1723m)
Cresta Valley 克雷斯塔山谷
Wandiligong
Bogong 博贡
4 Falls Creek 福尔斯克里克
Glen Valley
Harrietville
Mt Feathertop (1922m)
Mount Hotham
霍瑟姆山
Mt Hotham 霍瑟姆山 (1868m)
Dinner Plain 迪纳平原
Anglers Rest
Benambra
Alpine National Park
Mt Hotham Airport 霍瑟姆山机场
8 Omeo 奥米欧
Craig's Hut
Great Dividing Range
Mt Howitt (1742m)
Wonnangatta River
道路在冬季关闭
Victoria Falls Camping Area
Alpine National Park
Swifts Creek
Buchan River
Dargo River
Ensay
Dargo
Buchan
Licola
Mitchell River National Park
Bruthen
Nowa Nowa
Mitchell River
Bairnsdale 拜恩斯代尔
Lake Tyers
Eagle Point
Metung
Lake Tyers
Paynesville
Raymond Island
Lakes Entrance
Heyfield
Maffra
Stratford

食宿

Twin River Cabins 木屋 $

（☎03-5777 0582；www.twinrivercabins.com.au；3 Chenery St；标单/双 $50/90）这些乡村住所邻近小镇，绝对经济适用。这里可以供4至6人休息，并且有基本的厨房设施和公共便利设施。户主出租山地自行车，每天$20。

Jamieson Brewery 小酒馆饮食 $$

（☎03-5777 0515；www.jamiesonbrewery.com.au；Eildon-Jamieson Rd；水电费 $16~32；⊙11:00~22:00）贾米森酿酒厂是一处距离小镇3公里的位置优越的休息站。这家酿酒厂出产味道浓郁的现酿啤酒，包括树莓啤酒和烈度很高的“野兽”（Beast）。你可以品尝四瓶啤酒和自制香蒜沙司（$15），12:30有免费的酿酒厂游。这里甚至还有可免费品尝的自制乳脂软糖。法式小馆还会提供美味的酒吧食品。

曼斯菲尔德（Mansfield）

人口 3067

曼斯菲尔德不仅是通往布勒山的雪地和一些壮观高地的门户，它本身也是个令人激动的、全年可游玩的旅游目的地。在这个《来自斯诺伊河的人》（*The Man from Snowy River*）的故乡，有很多事情可以做。夏天流行骑马、骑山地自行车等，而在冬天，当滑雪爱好者来到这里的时候，小镇变得热热闹闹，气氛欢快。

景点

曼斯菲尔德墓地（Mansfield Cemetery） 墓地

1878年，在Stringybark Creek被奈德·凯利和他的同伙杀死的3名曼斯菲尔德警官埋葬于此。

曼斯菲尔德动物园 动物园

（Mansfield Zoo；☎03-5777 3576；www.mansfieldzoo.com.au；1064 Mansfield Woods Point Rd；成人/儿童/家庭 $15/8/44；⊙10:00~17:30，夏季至18:30或日落）这是一家令人惊叹的野生动物园，除了许多本土动物以外还有来自异国的动物，比如一对狮子。只要你的年龄在8岁以上，就可以睡在围场里的吊床上（成人/儿童 $65/45，包括两日有效的动物园门票），清晨在野生动物的“合唱”声中醒来。

曼斯菲尔德农贸市场 市场

（Mansfield Farmers Market；www.mansfieldfarmersmarket.com.au；30 High St；⊙8:30~13:00每月的第四个周六）每月的第四个周六，农民都会拿着自己的农产品到镇上的曼斯菲尔德小学销售。

活动

All Terrain Cycles 山地自行车骑行

（☎03-5775 2724；www.allterraincycles.com.au；58 High St；山地自行车租用每天 $50~$130）出租顶级山地车和护具等安全设备。这里还经营导览游，也有山地车维修处。

High Country Horses 骑马

（☎03-5777 5590；www.highcountryhorses.com.au；Mt Buller Rd，Merrijig；2小时/半天骑行 $100/130，整夜 $590；⊙10月至次年5月）位于去往Mt Buller路上的Merrijig。高地马既可以适应短途旅行，也能彻夜跋涉，奔赴克莱格小屋（Craig's Hut）、豪奎河和史特灵山。

McCormacks Mountain Valley Trail Rides 骑马

（☎03-5777 5542；www.mountainvalleytrailrides.com.au；43 McCormack's Rd，Merrijig；2小时/半天骑行$90/120；⊙10月至次年5月）当地经验丰富的民众可以带你去国王谷和高地地区，也可选择数日的探险项目。

节日和活动

Upper Goulburn Wine Region Vintage Celebration 葡萄酒节

（www.uppergoulburnwine.org.au）4月份，当地葡萄酒、音乐人和厨师共同为我们安排了为期3天的有趣节日活动。

High Country Festival & Spring Arts 艺术

（www.highcountryfestival.com.au）艺术节从10月下旬开始，届时会举办为期一周的艺术、灌木丛市场和各类活动，其热潮在墨尔本杯活动日的野餐比赛期间达到顶峰。

住宿

Mansfield Holiday Park 房车公园 $

（☎03-5775 1383；www.mansfieldholidaypark.com.au；Mt Buller Rd；无电力供应/有电力供应营地$25/30，双人小屋$70~140；🅿）小镇边上，这是一个带有游泳池、迷你高尔夫球场、露营厨房以及舒适小屋的宽敞房车公园。

Highton Manor 民宿 $$

（☎03-5775 2700；www.hightonmanor.com.au；140 Highton Lan；双 马场/塔楼 含早餐$130/365；🅿）这里是1896年为纪念弗朗西斯·海耶特（Francis Highett）而建造的，他曾与内莉·梅尔巴女爵士（Dame Nellie Melba）一起合唱。这座端庄的两层楼宅邸，别具格调和浪漫气息，但并不过于肃穆。在共享房间有团体膳宿，在改装过的马厩有现代房间，在主楼有奢华的房间。如果你想要享受皇家待遇，可以选择塔楼房。

Wappan Station 农家乐 $$

（☎03-5778 7786；www.wappanstation.com.au；Royal Town Rd；剪毛季度20人 $450，农舍 双$200；❄）你可以在艾尔登湖岸边的平台上观看农场活动。

餐饮

★**Mansfield Regional Produce Store** 咖啡馆 $

（☎03-5779 1404；www.theproducestore.com.au；68 High St；主菜 $12~19；⏰周二至周四，周六和周日 9:00~17:00，周五至21:00；✎）这间具有乡土气息的小店是镇上最好的喝咖啡和享用简单午餐的去处，店里还有多种多样的当地特产、葡萄酒和新鲜烘焙的手工面包。黑板上的菜单不断更新，会提供分量充足的早餐、法棍和沙拉。

Mansfield Hotel 小酒馆饮食 $$

（☎03-5775 2101；www.mansfieldhotel.com.au；86 High St；主菜 $18~35；⏰正午至14:00和18:00~21:00）在2010年的火灾以后重新修葺。现在这里有宽敞的餐厅、酒馆小吃和比萨的种类十分丰富。冬天可以坐在壁炉旁的沙发上用餐，夏天则可以在阳光明媚的啤酒露台上享用美食。

Deck on High 新派澳洲菜 $$

（☎03-5775 1144；www.thedeckonhigh.com.au；13-15 High St；主菜 $12~37；⏰周三至周一11:00至深夜）这是一间精致而又令人放松的酒吧兼餐厅，供应新派澳洲菜，比如虎虾面和炭烧剑鱼。夏日午后，在上层平台喝东西是绝妙的享受。冬季来临时，躺在下层酒吧的柔软卧榻和流线型沙发上，浏览丰富的当地葡萄酒单也是十分惬意的。

实用信息

曼斯菲尔德和布勒山高地地区游客中心（☎1800 039 049；www.mansfieldmtbuller.com.au；175 High St；⏰9:00~17:00）邻近镇上的始发火车站的现代建筑，这里是游客信息中心，可以为人们预订旅店和车票。

到达和离开

曼斯菲尔德距离墨尔本东北部209公里，如果你开车去，至少要2.5小时。在Hume Fwy的Tallarook或Euroa出口下高速。

V/Line（☎1800 800 007；www.vline.com.au）长途汽车在墨尔本南部站点和曼斯菲尔德之间运行（3小时，$25），每日至少一班车。在滑雪旺季会有更多班次。

布勒山（Mt Buller）

海拔 1805米

这是维多利亚州最大、最繁忙的滑雪胜地，同时也是离墨尔本最近的大度假村，整个冬天都十分热闹。同时，这里也正在成为夏季山地自行车骑行者和徒步者的热门选择，有许多越野和沿绳下降的小径。沿绳下降的滑雪地带的覆盖面积为180公顷，垂直高度为400米。

景点和活动

在冬季和夏季的周末，这里充满生机活力，是一处发展完备的度假胜地。在冬季的周六和周日，可以参加这里的夜晚滑雪，这里有平底雪橇，还有滑雪轮胎和极好的雪地鞋，供不会滑雪的游客使用。在冬季，在Horse Hill停车的费用为一天$35（夏季免费停车）。

在曼斯菲尔德和布勒山周边，至少有8

个商店出租滑雪设备以及其他设备；可以登录www.mtbuller.com.au查询可供选择的清单。

住宿

布勒山高山住宿服务区 住宿服务

(Mt Buller Alpine Reservations; ☎03-5777 6633; www.mtbullerreservations.com.au)布勒山高山住宿服务区可以预订。一般来说，周末最少需要住两晚。

High Country Reservations 住宿服务

(☎1800 039 049; www.mansfieldmtbuller.com.au)可以提供在线住宿预订。

Buller Backpackers 青年旅舍 $

(www.bullerbackpackers.com.au; 铺 $55起)这家由布勒山度假屋经营的旅舍价格低廉，是背包客最佳选择之一。

Mt Buller Chalet 度假屋 $$$

(☎03-5777 6566; www.mtbullerchalet.com.au; Summit Rd; 双 含早餐 夏季/冬季$250/325; 📶🏊)这家店位于中央街区，度假屋中有十分可爱的各种套间，带台球桌的图书馆，受到好评的餐馆，还有让人惊叹的运动中心和温水游泳池。

餐饮

在冬季，你会在这里发现很多可以品味美食的地方，有些地方四季开放。在村庄中心有一家有执照的价格公道、备货充分的**超市**。

Cattleman's Café 咖啡馆、法式小馆 $

(☎03-5777 7970; Village Centr; 主菜$8~19; ⏰10月至次年5月8:00~14:00，6月至9月至21:00)咖啡馆就在Blue Bullet缆车站那儿，一年四季都开放，这里提供早餐、咖啡、法式牛排，还有汉堡包、鱼和薯条。

Black Cockatoo 新派澳洲菜 $$$

(☎03-57776566; Summit Rd; 主菜$31~45, 2/3道菜套餐$60/70; ⏰7:00~11:00和18:00~21:00)在布勒山度假屋，这是一年四季照常营业的高级餐厅，是山上最好的一家餐厅。在冬季**Après Bar & Cafe**有更多休闲餐饮。

Pension Grimus 奥地利菜 $$$

(☎03-5777 6396; www.pensiongrimus.com.au; Breathtaker Rd; 主菜 $34~42; ⏰周六和周日正午至14:00和18:00~21:00，周一至周五18:00~21:00)在这里的Kaptan's Restaurant，你可以品尝有奥地利风格的食品，倾听即兴音乐，还可以在你爬山归来后，在酒吧中体验那一份温暖和朦胧的感觉。

实用信息

布勒山度假村管理委员会(Mt Buller Resort Management Board; ☎03-5777 6077; www.mtbuller.

骑行布勒山

布勒山现在已经成为维多利亚州最成功的夏日山地自行车骑行选地之一，山顶处有连成网的徒步路径，也有激动人心的下山道路。从12月26日到次年1月底，Horse Hill缆车只在周末开放，可以送你和你的自行车前往山顶平台（全天缆车和道路费用$60）。如果你不打算骑行，依然可以选择乘坐全天运行的缆车（成人/儿童 $20/15）。

从12月26日到复活节周，一辆长途汽车每周末从山脚的**Mirimbah Store**（☎03-5777 5529; www.mirimbah.com.au; 每趟 $15，日票 $40; ⏰冬季 每天，9月至次年5月 周三至周日 8:00~16:00）出发，抵达山顶的停车场，你可以从那儿任选一条小路下山。最受欢迎的小路是**Delatite River Trail**（1~1.5小时），一部分重合于有13条支流的狄拉泰河（Delatite River）。更富挑战性的是**Australian Alpine Epic**（4~5小时）。Mirimbah Store（巧合的是，这也是一家不错的咖啡馆）的店主是一名很有经验的骑行者，同时也是一名通晓这些小道的“百科全书”式人物。

你可以在曼斯菲尔德的All Terrain Cycles（见648页）租一辆高质量的山地自行车。在骑行季节，这家店也提供租借自行车服务，它还有一家分店位于布勒村。

com.au; Community Centre, Summit Rd; ⏲8:30~17:00)在冬季，村庄广场钟楼上有一家咨询处。

到达和当地交通

滑雪旺季开放的停车场位于村庄下方。游客可以乘坐四轮驱动出租车去村庄住宿。

在Horse Hill停车的一日游游客，可以乘坐有四个座位的缆车到滑雪场地，或者乘坐通行于停车场和村庄之间的免费一日游班车。坐缆车的地方可租用滑雪设备，还可购买入场券。

Mansfield-Mt Buller Buslines (☎03-5775 2606; www.mmbl.com.au)在曼斯菲尔德有一家长途汽车服务站(成人/儿童 往返票价$62/42)。

V/Line (☎1800 800 007; www.vline.com.au) V/Line在墨尔本和布勒山之间每天至少有一个班次(成人/儿童 往返票价 $132/82)。

国王谷(King Valley)

从墨尔本向东转弯离开旺加拉塔(Wangaratta)附近的Hume Fwy，顺着Snow Rd行驶，便能到达国王谷，这是一个凉爽的葡萄酒产区，也是美食汇聚之地。国王谷向南延伸至the King River，穿过Mohyu、惠特菲尔德和切森特这几个小镇。这是一片虽然繁荣却相对名不见经传的葡萄酒产区。这里比较有名的意大利品种和凉爽产区型葡萄酒有桑娇维塞(sangiovese)、巴贝拉(barbera)、普罗塞柯起泡酒(sparkling Prosecco)和灰品诺(pinot grigio)。登录www.winesofthekingvalley.com.au可查看相关信息。

沿着King River行驶，沿途有一些露营的好去处，在惠特菲尔德也有几处可以逗留。

景点

Dal Zotto Estate 葡萄酒厂

(☎03-5729 8321; www.dalzotto.com.au; Main Rd, Whitfield; ⏲酒窖10:00~17:00，意式小馆 周四、周六和周日正午至15:00，周五正午至15:00和18:00~22:00) Dal Zotto Estate是这个地区最好的葡萄酒厂之一。这里也有一家很好的意式小馆，供应北意大利菜肴。

Pizzini 葡萄酒厂

(Pizzini; ☎03-5729 8278; www.pizzini.com.au; 175 King Valley Rd, Whitfiel; ⏲10:00~17:00) Pizzini是位于国王谷的一家相对来说更受欢迎的葡萄酒厂。这里也有专门教授意大利菜烹调技艺的烹饪学校。

米拉瓦美食区(Milawa Gourmet Region)

米拉瓦/奥克斯莱美食区(www.milawagourmet.com)是放纵你味蕾的好去处。除了品酒，你还可以品尝奶酪、橄榄、芥末和卤汁，也可以在当地的一些棒极了的餐馆就餐。

景点和活动

★**米拉瓦奶酪公司** 奶酪

(Milawa Cheese Company; ☎03-5727 3589; www.milawacheese.com.au; Factory Rd, Milawa; ⏲9:00~17:00，餐 9:30~15:00)米拉瓦奶酪公司位于米拉瓦以北大约2公里处，是大家最爱去的商店。这个小店出身低微简陋，如今有大量令人垂涎的奶酪可供人们品尝和购买。这里擅长于生产软农场布里奶酪(羊奶酪或者牛奶酪)以及味道很冲的洗皮奶酪。这里还有一家面包房和很棒的餐厅，特色菜是各种用米拉瓦奶酪制成的比萨。同样，这里有**木园酒庄**(Wood Park Wines; ☎03-5727 3500; www.woodparkwines.com.au; ⏲周五至周三 11:00~16:00)的专属酒窖Cellar Door。

★**布琅兄弟酒庄** 葡萄酒厂

(Brown Brothers; ☎03-5720 5500; www.brownbrothers.com.au; Bobbinawarrah Rd, Milawa; ⏲9:00~17:00) Brown Brothers Vineyard是该区域最著名的葡萄酒厂，该酒厂的第一批美酒产于1889年，并且一直由同一个家族经营。除了品酒室以外还有一间非常棒的**美食中心**(Epicurean Centre)，附带有美丽的花园、小孩的游乐设施和野餐烧烤装备。

Gapsted Wines 葡萄酒

(☎03-5751 1383; www.gapstedwines.com.au; Great Alpine Rd; ⏲每日午餐 10:00~17:00) Snow Rd至Great Alpine Rd(B500)之间的Gapsted Wines是一家很棒的葡萄酒厂。你可以在这里欣赏周围美景，品尝应季菜肴。

Sam Miranda 葡萄酒厂

(☎03-5727 3888; www.sammiranda.com.au; 1019 Snow Rd, Oxley; ⊙酒窖开放时间10:00~17:00)特色鲜明的Sam Miranda有一间专门从事建筑设计的品酒室，出产多种多样意大利风格的葡萄酒。

米拉瓦芥末 芥末

(Milawa Mustard; ☎03-5727 3202; www.milawamustards.com.au; The Cross Roads, Milawa; ⊙10:00~17:00)米拉瓦芥末位于米拉瓦的主干道上，在这里可以品尝本店手工制作的各种美食，比如芥末粉、香草醋和果酱。

橄榄商店 橄榄

(Olive Shop; ☎03-5727 3887; www.theoliveshop.com.au; 1605 Snow Rd, Milawa; ⊙10:00~17:00)橄榄商店出售当地生产的橄榄油、美味的橄榄酱和充满异域风情的香料。

EV Olives Groves 橄榄

(☎03-5727 0209; www.evolives.com; 203 Everton Rd, Markwood; ⊙10:00~17:00) EV Olives Groves位于在从米拉瓦至埃弗顿的路上，这里提供果香浓郁的橄榄油、橄榄和果酱。

食宿

大多数来米拉瓦地区旅游的人都暂住在布莱特、旺加拉塔或默特尔福德。这里的大多数葡萄酒厂都有很不错的餐厅。

Whorouly Hotel 酒店 $

(☎03-5727 1424; www.whoroulyhotel.com; 542 Whorouly Rd, Whorouly; 双 $50, 主菜 $16~28; ⊙周五和周六 餐18:00~21:00)在啤酒花园中有简约的酒吧房间和美味的食物可供享用，是Whorouly令人振奋的实惠选择。

2 Cooks Cafe 咖啡馆 $

(☎03-5783 6110; the2cookscafe.com.au; 577 Whorouly Rd, Whorouly; 主菜 $12.50~17.50; ⊙周五至周一9:00~17:00, 周五18:00~21:00) Whorouly还有2 Cooks cafe和出售美味佳肴的熟食店、食品店和咖啡店，这些店里供应羊肉饼、椰子咖喱和牛肉咖喱等琳琅满目的美食。

Milawa Gourmet Hotel 新派澳洲菜 $$

(☎03-5727 3208; www.milawagourmethotel.com.au; Snow Rd和Factory Rd交叉路口, Milawa; 主菜 $15~36; ⊙正午至14:30和18:00~20:30)这是一家传统的乡村酒吧，供应当地制作的美味菜肴。你可以品尝米拉瓦鸡，里面有当地的软质奶酪、熏肉和米拉瓦芥末。

到达和离开

米拉瓦位于Snow Rd上，在旺加拉塔和默特尔福德之间。公共交通不经过此地，自驾是出游的最佳方式。

比奇沃思(Beechworth)

人口 3559

历史悠久的蜂蜜色花岗岩建筑和绝妙的美食，使比奇沃思成为维多利亚州东北部最令人感到愉悦的旧时小镇。这里被国家信托列入维多利亚州最"著名"的两座小镇之一(另一座是莫尔登)，一踏入小镇你很快就会知道原因。

景点和活动

历史文化区里保存良好的蜂蜜色花岗岩建筑是比奇沃思的主要景点，这就构成了历史文化区。第一站是**市政厅**(town hall; Ford St)，里面有信息中心和免费的"历史的回声"(Echoes of History)视听之旅。

比奇沃思法院 历史建筑

(Beechworth Courthouse; 成人/儿童/家庭 $8/5/16; ⊙9:00~17:00)比奇沃思法院因奈德·凯利首次在此露面而闻名于世。在夏尔厅(the Shire Hall)后面，现在依旧可以见到那时关押奈德的牢房。在法院后面是**Old Police Station Museum**(入场费 $2.50; ⊙周五至周日10:00~14:00)。

博物馆电报站 博物馆

(Telegraph Station; Ford St; 入场费 $2.5; ⊙10:00~16:00)电报站也就是原来的摩斯码办公室，你可以从这里发一份电报给世界任何一个角落。

罗伯特·奥哈拉伯克博物馆 博物馆

(Robert O' Hara Burke Museum; ☎03-5728

8067；成人/儿童/家庭 $8/5/16；⏲10:00～17:00）伯克博物馆是为了纪念探险家罗伯特·奥哈拉·伯克（Robert O' Hara Burke）而建造的。伯克在1854年至1858年期间曾经是比奇沃思的警察主管。这里是淘金热时代的遗址，在140年前曾是一家商店。

Beechworth Honey Experience 蜂蜜

（☎03-5728 1432；www.beechworthhoney.com.au；Ford St和Church St交叉路口；⏲9:00～17:00）免费 比奇沃思蜂蜜体验带你进入蜂蜜和蜜蜂的奇妙世界，honey有自助式的语音导览，内容包括参观真正的蜂巢和品尝蜂蜜。这家商店出售当地自制的蜂蜜、蜂蜡蜡烛、牛轧糖和肥皂。

★ **Sticks & Stones Adventures** 户外

（☎02-6027 1483；www.sticksandstonesadventures.com.au）这家公司提供了一些维多利亚州更为引人入胜的游览项目，包括丛林生存（学习如何自己生火和收集木柴）以及有趣的丛林体验（淘金或制作减音器）。野生动植物和当地饮食也让你的旅游行程充满了特色。

团队游

这里每天都有步行团队游（成人/儿童/家庭$10/7.50/25），从信息中心出发，在途中你会听到很多传闻，还有很多有趣的经历。10:15有淘金热团队游，13:15有内德·凯利（Ned Kelly）团队游。

Beechworth Ghost Tours 团队游

（☎1300 856 668，0447 432 816；www.beechworthghosttours.com；成人/儿童/家庭 $35/20/110；⏲20:00）比奇沃思最受欢迎的夜晚出游项目是Beechworth Ghost Tours，包括点灯去镇上的旧疯人院，那里有很多可怕的谋杀案传说。在周末，这里有4个团队游，包括午夜步行游。8岁以下儿童禁止入内。

住宿

比奇沃思有很多村舍和历史建筑中的民宿；请登录www.beechworthonline.com.au网站查询相关信息。

Lake Sambell Caravan Park 房车公园 $

（☎03-5728 1421；www.caravanparkbeechworth.com.au；Peach Dr；无电力供应营地/有电力供应营地$29/35，小屋$90～170；❄📶）这个绿树成荫的公园位于美丽的萨姆贝尔湖（Lake Sambell）畔，设施很不错，包括营地厨房和游乐场，还出租自行车。夕阳映照在湖面上，景色十分壮美。

> **ⓘ 联票**
>
> 如果你不只想参观一家位于比奇沃思的博物馆，买张“Golden Ticket”联票（成人/儿童/家庭 $25/15/50）比较划算。通票可以在网上购买或者亲自去游客服务中心购买（见654页）。联票包括4天（必须是连续4日）内游览大部分主要景点，还包括两次导览游。

Old Priory 客栈 $$

（☎03-5728 1024；www.oldpriory.com.au；8 Priory Lan；铺/标单/双 $50/70/100，小屋$150～170）这家历史悠久的修女院别具魅力。经常有学校团体过来住宿，是比奇沃思最好的经济型住宿地。这里有美丽的花园和很多房间，包括经过翻新的美丽的矿工小屋。

★ **Freeman on Ford** 民宿 $$$

（☎03-5728 2371；www.freemanonford.com.au；97 Ford St；标单/双 含早餐 $255/275；❄）这间漂亮的民宿就位于镇中心，在建于1876年的东方银行（Oriental Bank）楼中，流露着维多利亚时期的奢华气息，这里有六间经过翻新的华美房间。这里的店主海蒂（Heidi）会让你感受到这家民宿旅店的特别之处。

餐饮

Beechworth Bakery 面包房 $

（☎1300 233 784；www.beechworthbakery.com.au；27 Camp St；便餐 $4.50～11；⏲6:00～19:00）这个很受欢迎的地方是闻名于全州的面包连锁店发源地。这里很适合享用派、糕点、蛋糕和三明治。

★ **Bridge Road Brewers** 比萨 $$

（☎03-5728 2703；www.bridgeroadbrewers.com.au；Old Coach House Brewers Lane，50 Ford St；比萨 $12～23；⏲周一至周四11:00～16:00，周

墨累至山间铁路小径

墨累至山间铁路小径（www.murray-tomountains.com.au）是维多利亚州第二长的骑行路线，也是高地地区家庭或休闲骑行者最好的徒步/骑行路线之一。道路都已铺装完好，大部分路程非常平坦，途经景色十分壮观的乡村农场、森林和葡萄园，并且可以欣赏到高山景观。

默特尔福德到布赖特的94公里长的徒步路径，经过默特尔福德和坡瑞庞卡。从旺加拉塔至瓦冈亚的西北部，通过拉瑟格伦新建成的部分，可以体验真正的墨累河及山区的风光。

骑行爱好者说最佳骑行路线（尽管这里有富有挑战性的上坡路段）是绕行于艾佛顿和比奇沃思之间16公里的主干道，因为你将骑行穿过灌木丛。你还可以在旺加拉塔和布赖特及其周边城镇租借自行车。

五至周日至23:00）比奇沃思最好的小型自酿酒厂就隐藏在breweries气势宏伟的Tanswells Commercial Hotel后面，生产的啤酒（喝10瓶花费$15）非常好。这里还供应新鲜出炉的椒盐脆饼（pretzels）和美味的自制意大利比萨。

★ **Provenance** 新派澳洲菜 $$$

（☎03-5728 1786; www.theprovenance.com.au; 86 Ford St; 2/3道菜套餐 $63/80, 佳肴美酒品鉴菜单 未配/配有红酒 $100/155; ⏲周三至周日18:30至深夜）Provenance位于一幢建于1856年的银行大楼内，是一家优雅而现代的高级餐厅。在深受当地欢迎的主厨迈克尔·瑞恩引领下，这里提供了颇具创新性的餐点，菜单上有包括米拉瓦鸭胸肉在内的菜肴和别具灵感的素食菜肴可供选择。如果你无法抉择，就去看看佳肴美酒品鉴菜单吧。需提前预订。

实用信息

比奇沃思游客中心（Beechworth Visitor Centre; ☎1300 366 321; www.beechworthonline.com.au; 103 Ford St; ⏲9:00~17:00）游客服务中心位于老市政厅大楼内，这里有详尽的信息，还提供住宿和活动的预订服务。

到达和离开

比奇沃思紧邻Great Alpine Rd，距离旺加拉塔以东36公里，距离墨尔本东北部280公里。

V/Line（☎1800 800 007; www.vline.com.au）有往返于墨尔本和比奇沃思之间的火车/长途汽车，在西摩或旺加拉塔中转（$31.80, 3.5小时，每天3班）。从旺加拉塔（$4.40, 35分钟，每天6班）和布赖特（$9.20, 50分钟，每天2班）出发有直达的长途汽车。

拉瑟格伦（Rutherglen）

人口 2125

拉瑟格伦遗留着许多雄伟的淘金热时期建筑（1860年在这里发现了金矿），还保留了北维多利亚州备受称赞的葡萄酒酿造传统。小镇上的一切都值得逗留，这里有一个很棒的馅饼店、古董店和一个迷宫似的二手书店。这一切构成了小镇独到的特色，让它成为维多利亚州内一处探究墨累河的胜地。

景点和活动

Rutherglen Wine Experience 葡萄酒

（☎1800 622 871; www.rutherglenvic.com; 57 Main St; ⏲9:00~17:00; Ⓟ）Rutherglen Wine Experience是镇上葡萄酒产业引人注目的中心地带。在这里，你能得到关于当地葡萄酒酿造厂和品酒的一切信息。

住宿

Rutherglen Caravan & Tourist Park 房车公园 $

（☎02-6032 8577; www.rutherglentouristpark.com; 72 Murray St; 无电力供应营地/有电力供应营地 $27/34, 双 小屋 $95~145; ❄）这座气氛友好、设备齐全的公园位于国王湖（Lake King）旁边，靠近高尔夫球场和游泳池。

★ **Tuileries** 精品酒店 $$

（☎02-6032 9033; www.tuileriesrutherglen.com.au; 13 Drummond St; 双 含早餐 $199, 含晚餐 $299; ❄📶🏊）这家奢华的酒店就在Jolimont Cellars隔壁，酒店所有的房间都有着明亮的

当代风格装饰。这里有宾客休息室、网球场、游泳池以及出色的餐厅和咖啡馆。

Carlyle House 民宿 $$

（☎02-6032 8444；www.carlylehouse.com.au；147 High St；房间 含早餐 $150~240；❄）这四间传统的套房和现代花园式公寓，以漂亮的姿态矗立于这令人钟爱的翻修后的住宅内。托考伊套房中有着备受称赞的私人休息室。

就餐

★ Parker Pies 面包房 $

（☎02-6032 9605；www.parkerpies.com.au；86-88 Main St；馅饼 $5~7.5；⏲周一至周六 8:00~17:00，周日9:00~16:30）如果你觉得馅饼只是馅饼而已，这间曾获殊荣的当地面包房也许会改变你的想法。试试这里美味的酥皮糕点吧，糕点的馅料有鸸鹋、鹿肉、鳄鱼、水牛和鲜美的羊肉（加了迷迭香和薄荷的羊肉酥饼）。

★ Tuileries Restaurant & Cafe 地中海菜 $$

（☎02-6032 9033；www.tuileriesrutherglen.com.au；13-35 Drummond St；午餐 主菜 $13.50，晚餐 $30.50~38；⏲正午至14:00和18:30~21:00）明亮的庭院式咖啡馆是享用午餐的好去处。晚上，这家高级餐厅提供上等的地中海菜，比如深受当地特产影响而制成的袋鼠熏片或墨累河谷五花肉。

Taste @ Rutherglen 新派澳洲菜 $$$

（☎03-5728 1480；www.taste-at-rutherglen.com；121b Main St；晚餐 主菜 $28~34，菜单 配酒/不配酒 $130/80；⏲正午至14:30和18:00~21:00）白天有时尚咖啡馆，晚上有精致餐厅。这里的美食令人交口称赞，比如兔肉及鸭肉制成的团子，还有波斯羊乳酪蛋奶酥。

节日和活动

Tastes of Rutherglen 葡萄酒、美食

3月份可以有两周时间在葡萄园和餐馆尽情享用美食和红酒。

Winery Walkabout Weekend 葡萄酒、音乐

澳大利亚的葡萄酒节在六月份举办，届时会有音乐表演和绕桶赛马活动，或许还能品酒呢。

Rutherglen Wine Show 葡萄酒

（www.rutherglenwineshow.com.au）不要错过9月底、10月初的葡萄酒节，期间会有美味晚餐和公众品酒哦！

拉瑟格伦红酒

拉瑟格伦葡萄酒厂生产绝佳的混合普通酒（港口葡萄酒、麝香葡萄酒和妥凯葡萄酒）和一些烈性都利夫（durifs）、西拉（shirazes），这些都是混合葡萄酒中酒劲最大的。更多详细信息请查看www.winemakers.com.au。

All Saints（☎02-6035 2222；www.allsaintswine.com.au；All Saints Rd，Wahgunyah；⏲周一至周六 9:00~17:30，周日 10:00~17:30）这里有童话般的城堡、露台餐馆和奶酪品尝活动。

Buller Wines（☎03-9936 0200；www.buller.com.au；Three Chain Rd；⏲周一至周五 9:00~17:00，周六和周日 10:00~17:00）自从1921年以来，这里开始出产不错的西拉葡萄酒。

Rutherglen Estates（☎02-6032 7999；www.rutherglenestates.com.au；Tuileries Complex，13-35 Drummond St；⏲10:00~17:30）最近的葡萄酒厂至小镇有西拉、歌海娜葡萄酒和其他开胃酒。

Stanton & Killeen Wines（☎02-6032 9457；www.stantonandkilleenwines.com.au；Jacks Rd；⏲周一至周五 9:00~17:00，周六和周日 10:00~17:00）这家有着悠久历史传统的葡萄酒厂出产开胃酒（Table reds）、麝香葡萄酒（muscats）和波多酒（vintage ports）。

Warrabilla Wines（☎02-6035 7242；www.warrabillawines.com.au；Murray Valley Hwy；⏲10:00~17:00）小葡萄酒厂生产质量上乘的西拉和赤霞珠酒类。

实用信息

拉瑟格伦游客信息中心（Rutherglen Visitor Information Centre；☎1800 622 871；57 Main St；⊙9:00~17:00）和拉瑟格伦美酒体验（Rutherglen Wine Experience）中心位于同一个建筑群中。

到达和离开

拉瑟格伦距离墨尔本东北部295公里。乘坐汽车沿着Hume Fwy（M31）行驶可以到达那儿，在丘特恩下高速。

V/Line（☎1800 800 007；www.vline.com.au）有火车和长途汽车往返于墨尔本和拉瑟格伦之间，中途在旺加拉塔（Wangaratta）换乘（$31.80，3.5小时，每周8班）。节日期间，可以通过信息中心安排去往葡萄酒厂的长途汽车。

值得一游

丘特恩

小小的丘特恩是维多利亚州最古老、最迷人的殖民小镇，这里的风景仿佛一部古老电影的场景。主干道两旁矗立着19世纪的建筑、古董店和几个酒馆——并且足够真实，小镇曾是怀旧电影的拍摄地，在这里拍摄的电影包括早期的迪斯尼经典动画片《宝马真情》（*Ride a Wild Pony*）。这里最初被称为Black Dog Creek，始建于1851年，在1895年发现金矿时开始兴旺起来。丘特恩团队游指南（Chiltern Touring Guide）可从**丘特恩游客中心**（☎03-5726 1611；www.chilternvic.com；30 Main St；⊙10:00~16:00）领取；它会指引你参观小镇周围散落分布的20多个历史遗址。

在丘特恩的具有历史意义的邮局后面，就是这座20世纪50年代建造的**Linesman's Cottage**（☎03-5726 1300；www.linesmanscottage.com.au；56 Main St；1/2/3晚 住宿 $120/220/300；❀）。房屋至今仍保留其历史性外观，但是内部已经过重新修葺。这里有厨房、庭院花园、一张大床和沙发床，适合举家来访的旅行者。

丘特恩距离墨尔本东北部290公里，紧邻Hume Fwy（M31）。从墨尔本南部十字车站出发，最多有三辆长途汽车或火车V/Line通行（$31.80，3.25小时）。

亚肯丹达（Yackandandah）

人口 950

古老的金矿小镇依偎在比奇沃思美丽的山谷下，"Yack"（意为"侃大山"）这个词已经众所周知，而亚肯丹达作为该词的发源地几乎可以得到国民信托组织的认可。你或许会看出这环境就是2004年上映的由保罗·根和迈克尔·卡顿领衔主演的电影《怪异同床人》（*Strange Bedfellows*）中的场景。

景点

漫步于历史悠久的小镇主干道，可以观览小镇风光的亮点。出发之前，别忘了去信息中心拿免费的*A Walk in High Street*小册子。

Karrs Reef Goldmine 矿井

（☎0408975991；成人/儿童 $25/20；⊙周六和周日10:00，13:00和16:00）Karrs Reef Goldmine始于1857年。1.5小时的导览游过程中，你要戴上安全帽，下降至隧道里去了解矿井的历史。导览游可以在信息中心预订。

施密特草莓酒厂 葡萄酒厂

（Schmidt's Strawberry Winery；☎02-6027 1454；932 Osborne's Flat Rd，Allans Flat；⊙周一至周六 9:00~17:00，周日 10:00~16:00）10月中旬至次年1月中旬，这里有新鲜草莓出售，但这里最具特色的是草莓酒。草莓酒不一定符合所有人的口味，但你会发现这种酒与其他地方的酒完全不同。这里位于亚肯丹达东北部大约5公里处，沿着这条路行驶可以抵达Barandudа。

节日和活动

Yackandandah Folk Festival 音乐

（http://folkfestival.yackandandah.com）这是一年最隆重的盛事：3月中旬至下旬会举办为期三天的音乐、节日游行、讨论会、娱乐活动。

食宿

Yackandandah Holiday Park 房车公园 $

(☎02-6027 1380; www.yhp.com.au; Taymac Dr; 有电力供应营地 $32~43，小屋 $105~170) 在亚肯丹达河旁边，靠近小镇，这个设备齐全的公园就是一个小绿洲，到处是金灿灿的秋日之光。

Star Hotel 小酒店 $$

(☎02-6027 1493; 30 High St; 主菜 $17~21; ⊙周五至周日 正午至深夜，周一至周四 15:00至深夜) 这家建于1863年的酒店是当地知名的"顶级酒店"，里面有混合烧烤、牛排三明治、素食意大利千层面和红咖喱鸡等法式菜肴。

购物

主干道上有很多历史悠久的商店，比如艺术馆、古玩店等。

Kirby's Flat Pottery 陶瓷

(☎02-6027 1416; www.johndermer.com.au; 225 Kirby's Flat Rd; ⊙周六和周日 10:30~17:30) 一体式录音棚—画室—商店距离亚肯丹达南部4公里。即使你不想买东西，也可以欣赏画廊里绝妙的收藏品。

实用信息

亚肯丹达游客中心 (Yackandandah Visitor Centre; ☎02-6027 1988; www.uniqueyackandandah.com.au; 27 High St; ⊙9:00~17:00) 信息中心位于这座建于1878年的壮丽雅典娜神殿建筑中。

到达和离开

亚肯丹达位于距离墨尔本东北部307公里处，可以沿着Hume Fwy行驶至Great Alpine Rd，从旺加拉塔北部出去，然后跟随去比奇沃思的标志继续前行。从这里到达亚肯丹达还需行驶22公里。

默特尔福德（Myrtleford）

人口 2707

默特尔福德位于Great Alpine Rd，靠近布法罗山丘陵地带，是"阿尔卑斯山的入口"。如果你想去雪地或是探索美食之地，这里是个不错的歇脚地。

景点和活动

默特尔福德黄油工厂 黄油

(Myrtleford Butter Factory; ☎03-5752 2300; www.thebutterfactory.com.au; Great Alpine Rd; ⊙周一至周五 10:00~16:00，周六和周日 9:00~17:00) 黄油厂和商店位于古老的黄油厂里，你在这里仍能看到制作黄油的过程。周四上午11:00在黄油厂有45分钟的导览游 ($8)。商店里有很多当地产品，在这里你会了解到黄油在烹饪中的众多用途，其中有一些绝对超乎你的想象。

默特尔福德自行车中心 自行车出租

(Myrtleford Cycle Centre; ☎03-5752 1511; www.myrtlefordcycle.com; 59 Clyde St; 每天/每周 $25/45; ⊙周二至周六 9:00~17:30，周日 10:00~14:00) 这里出租自行车和头盔。

住宿

Lake Sambell Caravan Park 房车公园 $

(☎03-5752 1598; www.myrtlefordholidaypark.com.au; Lewis Av; 无电力供应/有电力供应露营点 $26/28起，铺 $29起，小屋 $86~138; ❄) 这里为背包客和团队游客提供了草坪、维护完好的小屋、儿童游乐场和40个床位的简易屋。

Motel on Alpine 汽车旅馆 $$

(☎03-5752 1438; www.motelonalpine.com; 258 Great Alpine Rd; 双/家 含早餐$130/195; ❄📶🏊) 这是一家品质上乘的汽车旅馆，其中有游泳池、水疗馆、花园和令人称赞的餐馆，而且离小镇中心很近。

实用信息

默特尔福德游客中心 (Myrtleford Visitor Centre; ☎03-5755 0514; www.visitmyrtleford.com; 38 Myrtle St; ⊙9:00~17:00) 信息中心和预订中心就在滑雪场附近。可索取*Myrtleford Discovery Trail Guide*，这个导览手册大体描绘了小镇附近的历史性景点。

到达和离开

默特尔福德位于墨尔本东北部296公里处。

去那里的最便捷路线是走旺加拉塔（距离46公里）和布赖特（距离30公里）之间的Great Alpine Rd（B500）。

布法罗山国家公园（Mt Buffalo National Park）

美丽的布法罗山是可以全年游玩的景点：冬季它就成了一处面积不太大的适合全家度假的滑雪度假村，这里有坡度和缓的滑雪道。在夏季，这里是丛林徒步、山地自行车骑行和攀岩的好去处。

这里是由探险家休姆（Hume）和豪威尔（Hovell）于1824年命名的，当时他们正在从悉尼徒步跋涉到菲利普港的路途之中。随后，这里在1898年被宣布确立为国家公园。

景点和活动

你会在这里发现花岗岩露台、瞭望台、溪流、瀑布、野花和野生动植物。Big Walk是一段11公里长，耗时5个小时的上坡步道，以坡瑞庞卡北部的Eurobin Creek野餐区为起点，在Gorge一日游景区结束。道路通向Horn（1723米）山顶下方，也就是群山之巅。附近的卡塔尼湖（Lake Catani）是游泳、划独木舟和露营的好去处。整洁的越野滑雪小径（cross-country ski trails）有14公里长，起点是克雷斯塔山谷（Cresta Valley）的停车场——同时也是平底雪橇滑雪区。在夏天，布法罗山是悬挂式滑翔翼（hang-gliding）的天堂，而峡谷边近乎垂直的山壁，使这里成为全澳大利亚最具有挑战性的攀岩地（rock climbing）。

布法罗山橄榄 橄榄

（Mt Buffalo Olives; ☎03-5756 2143; www.mtbuffaloolives.com.au; 307 Mt Buffalo Rd, Porepunkah; ⏰周五至周一和学校假期每天11:00~17:00）沿着道路从坡瑞庞卡一路行驶到布法罗山，途经一处橄榄园，在这里你可以品尝和购买橄榄、橄榄油以及其他当地农产品。这里也是住宿的好选择（周日至周四每晚$180，周五和周六$220，至少住宿两晚）。

Adventure Guides Australia 户外

（☎0419 280 614; www.visitmountbuffalo.com.au）在这里你可以体验绳降（$90起）、攀岩（$88起）和包含萤火虫洞穴的暗河水系探险（$120起）。在冬季，这里还经营一所越野滑雪学校。

住宿

Lake Catani Campground 露营地 $

（每处景点 $46.30; ⏰11月至次年4月）这里是一处带有厕所和淋浴室的夏季露营地。可通过维多利亚州公园管理处（☎13 19 63; www.parkweb.vic.gov.au）预订。

到达和离开

主要行车通道在坡瑞庞卡之外，位于默特尔福德和布赖特之间。

布赖特（Bright）

人口 2165

布赖特因其灿烂的秋季彩叶而闻名，是一年四季都很受欢迎的旅游目的地。它位于高山区域的山麓处，是通往霍瑟姆山（Mt Hotham）和福尔斯克里克（Falls Creek）的门户。在冬季，滑雪者们为了抄近路而穿过布赖特，但其实布赖特是探索阿尔卑斯国家公园的基地。在这里你可以玩滑翔伞、垂钓，也可以在当地河流上划皮划艇，还可以丛林徒步或者去探访该区域的葡萄酒厂。这里有大量的住宿场所可供选择，还有一些非常理想的餐厅和咖啡馆，此处因此对游客有着更大的吸引力。

活动

布赖特是各种各样的探险活动基地，包括滑翔伞运动——这项运动的爱好者，会追赶着上升的暖气流来到附近的神秘山（Mystic Mountain）。

墨累至山间铁路小径 骑车

（Murray to Mountains Rail Trail; www.murraytomountains.com.au）墨累至山间铁路小径连接了布赖特和旺加拉塔，它的起点（或终点）在旧火车站后面。Cyclepath（☎03-5750 1442; www.cyclepath.com.au; 74 Gavan St; 每小时/半天/全天 $20/24/32，每天山地/公路自行车 $44/60; ⏰周一至周五9:00~17:30，周六和周日9:30~16:00可以租借自行车、双人自行车和婴儿车）。

Active Flight 探险运动

(☎0428 854 455; www.activeflight.com.au)在这里可以参加滑翔伞入门课程($265)或是体验双人滑翔($150)。

Alpine Paragliding 冒险体育

(☎0428 352 048; www.alpineparagliding.com; ⏲10月至次年1月)你可以体验双人滑翔($130)活动从神秘山滑翔而下，还可以参加

奈德·凯利

或许奈德·凯利曾是绿林好汉或亡命之徒，但他可能是澳大利亚最伟大的民间英雄。他的生死传奇一直被作为国家文化的一部分被人铭记——从西德尼·诺兰的名画到彼得·凯里曾荣获布克奖的小说《凯利帮真史》(*True History of the Kelly Gang*)中都有他的影子——他成了澳大利亚反叛性格的象征。

奈德出生于1855年，他14岁的时候在本纳拉第一次被捕，在接下来的10年中进出监狱多次。在1878年，他因偷马而被发出逮捕令，所以他和他的兄弟丹到处躲藏。他们的母亲和两个朋友因为包庇和教唆被逮捕、判刑和监禁。凯利的家人一直觉得遭到了当局者的迫害，而关押凯利夫人成了压倒骆驼的最后一根稻草，导致他奋起反抗。

奈德和丹在史蒂夫·哈特和乔伊·巴恩的帮助下，在Wombat Ranges找到了藏身之处，就在曼斯菲尔德附近。4名警察[肯尼迪(Kennedy)、罗尼甘(Lonigan)、斯坎伦(Scanlon)和麦金太尔(McIntyre)]来搜捕他们，在澳洲桉树溪(Stringybark Creek)的交火中，奈德杀死了肯尼迪、罗尼甘和斯坎伦。麦金太尔逃到了曼斯菲尔德，并发出了警报。

为逮捕凯利帮成员，政府悬赏£500，不论成员是死是活。在1878年12月，凯利帮抢劫了尤罗阿国家银行，抢走了£2000。1879年2月，在杰里尔德他们占领了警察局，将两名警察锁在了监狱里，穿着警察的制服抢劫了新南威尔士银行。此时，他们每人的悬赏额度到了£2000。

1880年6月27日，凯利帮抓住了60个人质，关押在旺镇的一家酒店里。政府派了一火车警察和追踪者从墨尔本赶来。奈德本想破坏火车，可是一名教师警告了警察，该计划宣告失败。凯利帮被包围了，他们躲在酒店，穿着用犁头材料制成的厚重铠甲还击了几个小时。奈德腿部被击中，并被逮捕，丹·凯利(Dan Kelly)、乔伊·巴恩(Joe Byrne)和史蒂夫·哈特(Steve Hart)以及几名人质被杀。

奈德·凯利被带到墨尔本，并试图越狱，在1880年11月11日被施以绞刑。他勇敢地面对自己的结局，他的著名遗言是："这就是生活"。他的死亡面具、盔甲和绞刑架陈列于老墨尔本监狱(见529页)。

在所有与奈德·凯利(Ned Kelly)相关联的小镇中，紧邻Hume Fwy的弯曲小道的格林罗旺(Glenrowan)则可以说是做到了物尽其用。你只要是开车经过格林罗旺，就不能不面对这一传说，尤其是这里还有一座2米高、身着铠甲的雕像。具有吸引力的主要景点都有指示牌，所以只要拿起步行地图，沿着走就好。

Ned Kelly Museum & Homestead (☎03-5766 2448; 35 Gladstone St, Glenrowa; 成人/儿童 $6/1; ⏲9:00~17:30)在凯特小屋(其主人也叫这个名字)后面，你将会发现这家博物馆中陈列着从各地收集来的凯利的纪念品和艺术品，此外还有凯利的房子模型。

Ned Kelly's Last Stand (☎03-5766 2367; www.glenrowantouristcentre.com.au; 41 Gladstone St, Glenrowan; 成人/儿童/家庭 $27/20/90; ⏲9:30~16:30, 30分钟一场表演)在格林罗旺信息中心，有一些房间展览了奈德·凯利垂死挣扎的情景、枪战的场景和绞刑的场景(对儿童来说可能会过于恐怖)。

你可以逛商店，免费参观小的纪念品展和油画展。你也可以拿起地图，对照相关的枪战地点进行参观。

为期两天的课程($500)。

Alpine Gravity 山地自行车骑行

(☎03-5758 3393; www.alpinegravity.ne; 100 Gavan St; 半天/全天游 $60/75) 11月中旬至接下来的日子里，这里会有山地自行车骑行节，游客们可以在山径上骑行半天、全天或数日。

课程

★ Patrizia Simone Country (Cooking School) 烹饪课程

(☎03-5755 2266; www.simonesbright.com.au; 98 Gavan St; 每人 $180) 维多利亚州东北部最著名的主厨Patrizia Simone开设了极好的4小时意大利菜(尤其是翁布里亚菜)烹饪课，用当地食材教授烹饪技艺。她的标志性课程是"翁布里亚体验课"(Umbrian Experience)，涉及Patrizia所著的《我的翁布里亚厨房》(*My Umbrian Kitchen*)书中的相关食谱。

节日和活动

Bright Autumn Festival 街头狂欢节

(www.brightautumnfestival.org.au) 狂欢节期间，这里的花园会对外开放，旅游车队的表演极富观赏性，届时还会有大受欢迎的狂欢日活动。4月或5月举行。

Bright Spring Festival 街头狂欢节

(www.brightspringfestival.com.au) 这一节日是为了庆祝一切明媚(Bright正好是这个镇子的名字)而美好的事物而举办的。在10月下旬、11月上旬举办，为期两周，适逢举办墨尔本杯的周末以及之后的一段时间。

住宿

这里的住宿场所众多，但是在圣诞节、复活节假日和其他节日期间，客房会大量减少，价格也变得昂贵。如果你迷路了，可以查询一下**Bright Escapes** (☎1300 551 117; www.brightescapes.com.au; 76a Gavan St)或**Bright Holiday Accommodation** (www.brightholidays.com.au)。

Bright Holiday Park 房车公园 $

(☎03-5755 1141; www.brightholidaypark.com.au; Cherry Lan; 无电力供应营地/有电力供应营地 $32/37, 小屋 $115~240; 📶) 这座美丽的公园横跨风景优美的Morses Creek，从这里出发，只需步行5分钟即可到达商店。河流水疗小屋是一个好去处。

★ Odd Frog 精品酒店 $$

(☎0418 362 791; www.theoddfrog.com; 3 McFadyens Lan; 双 $150~195, 四 $250) 🍃 这家酒店里有着带现代感且注重生态保护的小套间，房间明亮而通风，屋外有漂亮的露天平台，上面放着一台天文望远镜供你仰望星空。酒店的设计巧妙地利用了山坡的斜面，搭建了钢制框架作为地基，将阳台扩展出去。

Coach House Inn 汽车旅馆 $$

(☎1800 813 992; www.coachhousebright.com.au; 100 Gavan St; 标单/双 $85/105, 公寓 $125~205; ❄ 🏊) 这里位于中心地段，房间布置简单，但是很划算。设备齐全的汽车旅馆风格的单元房能够睡下2至6人。在冬季，这里的商店可出租滑雪设备，并且游客可以享受优惠价格，广受欢迎的**Lawlers Hut Restaurant**就在隔壁。旺季每间套间附加费用是$22。

Aalborg 公寓 $$$

(☎0401 357 329; www.aalborgbright.com.au; 6 Orchard Ct; 房间 $220~250; 📶) 这个美妙的地方有浅色的松木家具，是简洁的北欧风。每一件家居品都是经过主人精挑细选的，打开窗就能看到大片的灌木丛。两晚起住。

餐饮

Blackbird Café & Food Store 咖啡馆 $

(☎03-5750 1838; www.blackbirdfood.com.au; 95 Gavan St; 主菜 $8~21; ⏰8:00~16:00) 报纸散落在沙发和咖啡桌上，当地人和游客们在明亮的街角咖啡馆享受布赖特的悠闲时光，品尝美食。烤哈里特维尔鳟鱼也是十分诱人的。

★ Pepperleaf Bushtucker Restaurant 新派澳洲菜 $$

(☎03-5755 1537; 2a Anderson St; 1/10餐前小吃 $8/70, 主菜 $18~30; ⏰周五至周二 正午至14:00和18:00至深夜，周末供应早餐) 使用当地食材，包括金合欢籽、檀香、野酸橙和柠檬香

值得一游

科立昂和《来自斯诺伊河的人》

你或许看过这个电影或者读过班卓·佩特森有名的诗，但是在科立昂，就在靠近墨累河源头（Murray River）的地方，传说似乎变成了现实。科立昂四面环山，是一个美丽的小镇，是钓鲑鱼、划独木舟、骑车和丛林徒步的天然运动场。

《来自斯诺伊河的人》博物馆（Man From Snowy River Museum；☎03-6076 2600；www.manfromsnowyrivermuseum.com；103 Hanson St，Corryong；成人/儿童 $5/1；⏲9月至次年5月10:00~16:00，6月至8月 11:00~15:00）你可以去《来自斯诺伊河的人》博物馆了解杰克·莱利的故事，他工作和生活的地点在科立昂附近，这可能是佩特森诗歌的灵感来源。这里也是地方历史博物馆，其中的特色展品有1870年的一套滑雪板，还有贾维斯农庄的相关信息，农庄中有一座建于19世纪的厚木板木屋。

杰克·莱利之墓（Jack Riley's Grave）科立昂墓地（Corryong Cemetery）小镇的墓地里，杰克·莱利的墓碑上刻着“纪念《来自斯诺伊河的人》的杰克·莱利，于1914年7月16日埋葬于此”。

《来自斯诺伊河的人》丛林节（Man From Snowy River Bush Festival；☎02-6076 1992；www.manfromsnowyriverbushfestival.com.au；⏲3月至4月）电影里的骑马情节特别有趣，因而当地人也想要尝试山上骑马比赛，这里的山非常陡峭，十分崎岖不平。是的，这是全国范围的挑战，全澳大利亚骑术能力比赛。赛马是丛林节的特色——连续四天甩着鞭子骑马驰骋。

科立昂游客中心（Corryong Visitor Centre；☎03-6076 2277；50 Hanson St，Corryong；⏲9:00~17:00）信息中心可提供该地区的详细信息。

桃叶，创造出别具匠心的菜肴。主菜有椒盐鳄鱼、袋鼠和香肠等。

★ Simone's Restaurant 意大利菜 $$$

（☎03-5755 2266；www.simonesbright.com.au；98 Gavan St；主菜 $37~40，素食/非素食菜单 $85/95；⏲周二至周六 6:30~22:00）20年来，这里的老板兼大厨Patrizia Simone都供应着杰出的意大利美味，特别重视使用当地食材和时令农产品，这家乡村餐厅被列入了遗产名录。这是维多利亚州当地极好的餐厅之一，非常值得到此一游。需提前预订。

★ Bright Brewery 自酿酒吧

（☎03-5755 1301；www.brightbrewery.com.au；121 Gavan St；⏲正午至22:00；📶）这间不断扩张中的精品自酿酒厂生产各种优质啤酒（6瓶$12），也供应和啤酒搭配的各种食物，如比萨、欧式香肠（kransky）和玉米片（nachos）。每周一、周五和周六的15:00有导览游和品酒（$18）活动，周日有现场音乐演出。你还可以花一天时间在这里学习做酿酒师所需的技艺（$360）。

ℹ 实用信息

高山地区游客信息中心（Alpine Visitor Information Centre；☎1800 111 885，03-5755 0584；www.brightvictoria.com.au；119 Gavan St；⏲9:00~17:00）这里有住宿预订等服务项目，还可提供维多利亚州公园管理处的相关信息和咖啡馆信息。

ℹ 到达和离开

布赖特距离墨尔本东北部310公里。

在滑雪季节，**Snowball Express**（☎1300 656 546；www.snowballexpress.com.au）运营从布赖特到霍瑟姆山的长途汽车（成人/儿童 往返$50/40，1.5小时）。

V/Line（☎1800 800 007；www.vline.com.au）V/Line有来自墨尔本的火车/长途汽车（$33，4.5小时，每天2班），在旺加拉塔中转。

美丽山和凯瓦山谷（Mt Beauty & the Kiewa Valley）

人口 1654

凯瓦河（Kiewa River）畔的美丽山和仿

佛双子星一般的村庄塔旺加（Tawonga）与塔旺加南（Tawonga South），是通往福尔斯克里克滑雪胜地的门户，位于维多利亚州的最高山博贡山（Mt Bogong；海拔1986米）的山脚下。从布赖特前往这里的路上可以观赏非常漂亮的高山美景。

景点和活动

Annapurna Estate 葡萄酒厂

（☎03-5754 4517；www.annapurnaestate.com.au；217 Simmonds Creek Rd，Tawonga Sout；⊙周五至周日 11:00~16:00）Annapurna Estate距离美丽山3公里，是一个带有酒窖和餐馆的令人惊叹的葡萄园，在这里你可以在舒适的平台上用餐。

Rocky Valley Bikes 自行车出租

（☎03-5754 1118；www.rockyvalley.com.au；Kiewa Valley Hwy；自行车租赁每小时 $20，越野自行车 半天/全天 $35/50）罗基山谷自行车租赁处夏季出租山地自行车和越野自行车，冬季出租雪地运动用品。

Bogong Horseback Adventures 骑马

（☎03-5754 4849；www.bogonghorse.com.au；Mountain Creek Rd，Tawong；2/3小时 骑行 $90/110，全天含午餐$220）骑马者可以在波冈山开始马背上的探险之旅，体验这个地方的美丽景色。这里距离塔旺格西北部12公里。

节日和活动

Mt Beauty Music Festival 音乐

（www.musicmuster.org.au）美丽山4月的音乐节期间，民间、布鲁斯和乡村音乐家欢聚在一起。

住宿

Mt Beauty Holiday Centre 房车公园 $

（☎03-5754 4396；www.holidaycentre.com.au；Kiewa Valley Hwy；无电力供应营地/有电力供应营地$30/35，小屋和圆顶帐篷 $80~150；❄📶）这座家庭房车公园靠近镇中心，里面有亲水区域、游戏场和烘干室。这里的小屋种类多且有趣，包括六角形的“圆顶帐篷”（“yurts”）。

★ Dreamers 公寓 $$$

（☎03-5754 1222；www.dreamersmtbeauty.com.au；Kiewa Valley Hwy，Mt Beaut；双$200~490；📶🅿）🌿Dreamers里每间惊艳且设备齐全的生态公寓都有一些特点，在建筑结构的设计上别具一格。休闲酒吧中的下沉式休息室、开放式壁炉、阁楼卧室和阳台水疗是其中几个亮点。绝美的风景和美丽的潟湖相映成趣，带给你梦幻浪漫的五星级体验。

就餐

★ Å Skafferi 瑞典菜 $$

（☎03-5754 4544；www.svarmisk.com.au；84 Bogong High Plains Rd，Mt Beauty；主菜 $12~21；⊙周四至周一 8:00~16:00）这里的瑞典菜馆和食品店是绝佳去处。早餐可以吃米拉瓦奶酪烧烤三明治，午餐可以吃瑞典肉丸或者尝尝鲱鱼和脆面包。这里出售当地农产品和北欧菜，还有一些极好的公寓（1卧/2卧/3卧 公寓 $295/365/515）可供住宿。

Roi's Diner Restaurant 意大利菜 $$

（☎03-5754 4495；177 Kiewa Valley Hwy；主菜 $27~34；⊙周四至周日 6:30~21:30）这是塔旺加高速公路旁一个不起眼的木棚屋，距离美丽山5公里。其实这是一家曾荣获奖项的餐厅，擅长美味的现代意大利美食。这里有美味的意大利烩饭、肋眼牛排，还有令人垂涎的烤猪肉。

实用信息

美丽山游客中心（Mt Beauty Visitor Centre；☎1800 111 885，03-5755 0596；www.visitmountbeauty.com.au；31 Bogong High Plains Rd；⊙9:00~17:00）提供住宿预订服务，还有关于该地区历史和自然的展览。

到达和离开

在冬季，**Falls Creek Coach Service**（☎03-5754 4024；www.fallscreekcoachservice.com.au）周三、周五、周六和周日有从墨尔本（单程/往返 $85/134）和奥尔伯里（$34/53）出发直达美丽山的长途汽车，两车都会继续前行驶往福尔斯克里克。

V/Line（☎1800 800 007；www.vline.com.au）有

从墨尔本开往美丽山的火车/长途汽车/出租车（$37.20，5.5小时），途经旺加拉塔和布赖特。

福尔斯克里克（Falls Creek）

海拔1780米

作为维多利亚州最具时尚感的度假地，福尔斯克里克将风景如画的高山环境与令人印象深刻的滑雪场结合在了一起。

活动

福尔斯克里克的滑雪场主要分布在两个区域——博尔村（Village Bowl）和太阳谷（Sun Valley）。这里一共有19台缆车，直线下降高度达到267米。除此之外，这里还有澳大利亚最长的初学者滑道Wombat's Ramble。福尔斯克里克还是免费滑雪的好去处，有四座公园。博尔村的夜滑活动（Night skiing）一周举行数次。如需了解冬季其他活动的实用信息，请拨打活动热线（☎1800 204 424）。

在暑假期间，夏季缆车（Summit chairlift）照常运行（每趟/每天 $15/25）。山地自行车骑行在这儿的绿色季节里广受欢迎，有下坡小径和三条上坡小径，还有惊险刺激的支路、涉水小径、环路，提供自行车出租服务（每天$55起）。

当地最好的徒步旅行路径包括通往Wallace Hut的步道，Wallace Hut建于1889年，据说是高地地区最古老的牧人木屋；还可徒步前往Rocky Valley Lake。

Packers High Country Horse Riding 骑马

（☎03-5159 7241；www.horsetreks.com；Anglers Res；1.5小时/半天/全天 骑行$80/150/250）Packers High Country Horse Riding位于Anglers Rest附近和通向奥米欧的路上，这里经营穿过河谷和积雪胶树树林的高地地区骑行。

节日和活动

Mile High Dragon Boat Festival 文化节

（www.fallscreek.com.au/dragonboats）在Rocky Valley湖举办精彩壮观的龙舟比赛，举行日期为1月26日至27日。

> **福尔斯克里克住宿**
>
> **Falls Creek Central Reservations**（☎1800 033 079；www.fallscreek.com.au/centralreservations）住宿预订。
>
> **Falls Creek Reservation Centre**（☎1800 453 525；www.fallscreek.com.au/ResCentre）住宿信息中心。

复活节 饮食

（www.fallscreek.com.au/easterfestival）届时会举办一场盛大的寻找复活节彩蛋的活动。

住宿

大多数福尔斯克里克的度假屋两晚起住，尤其是在周末。

Alpha Lodge 度假屋 $

（☎03-5758 3488；www.alphaskilodge.com.au；铺 夏季/冬季 $61/159起）宽敞又实惠的小屋，里面有桑拿、全景大休息室和公用厨房。

Frueauf Village 公寓 $$$

（☎1300 300 709；www.fvfallscreek.com.au；4 Schuss St；双 两晚 $400起；Wi-Fi）这些奢华的公寓由建筑师精心设计，公寓里应有尽有，包括私人室外热水浴缸和时尚的咖啡馆酒吧——Milch Cafe Wine Bar。

餐饮

Three Blue Ducks 咖啡馆 $$

（☎03-5758 3863；www.huski.com.au；3 Sitzmark St；主菜 $12~16；⏲6月至9月 7:30~23:00）这家新开的漂亮咖啡馆提供很棒的休闲餐饮、咖啡和高地特有的美食。

The Gully by Three Blue Ducks 新派澳洲菜 $$

（☎03-5758 3863；www.thegully.com.au；3 Sitzmark St；午餐 主菜 $14~25，晚餐 $35；⏲7:30~21:30）这家极佳的餐馆位于赫斯克豪华公寓中，和与它类似的咖啡馆Three Blue Ducks采用相同的烹饪方法。我们要品尝一下这里的经典美食，包括甜菜根意式调味饭和盐焗当地虹鳟。

Man Hotel 小酒馆

（☎03-5758 3362；www.themanfallscreek.com；20 Slalom St；⌚16:00至深夜）这里似乎一年到头永远开着，是福尔斯克里克夜生活的中心。冬季，这里摇身一变成了夜店、鸡尾酒吧和现场音乐场地的结合体，有许多大受欢迎的澳洲乐团会来表演。好的小酒馆提供晚餐和比萨。

实用信息

在滑雪季节，度假地每天的门票是每辆车$20~45。缆车一日票价格为$113/57（成人/儿童）。缆车和课程的套餐组合价格为$178。缆车车票在霍瑟姆山也可使用。

福尔斯克里克滑雪管理处（☎03-5758 1202；www.fallscreek.com.au；1 Slalom St；⌚冬季每天 8:30~17:00，周一至周五 9:00~17:00，夏季 周六和周日 10:00~15:00）这里可提供旅游信息，包括*Crosscountry*（关于滑雪道和夏日徒步的地图和指南）。

到达和当地交通

福尔斯克里克距离墨尔本375公里，行车4.5小时。

Falls Creek Coach Service（☎03-5754 4024；www.fallscreekcoachservice.com.au）每周有4班往返于福尔斯克里克和墨尔本之间的长途汽车（单程/往返 $80/140），还有往返于奥尔伯里（$60/95）和美丽山（$37/58）之间的车次。夏季班次会减少。

雪地的士每天在7:00至午夜（至周五凌晨2:00，至周六和周日凌晨1:00）行驶（$40 往返）于汽车公园和度假屋之间。这里在白天为游客们提供汽车停车服务，地点就在村庄边上，位于滑雪缆车旁边。

霍瑟姆山预约代理

Mt Hotham Accommodation Service（☎1800 032 061；www.mthothamaccommodation.com.au）预约滑雪旺季山上的住宿。

Dinner Plain Accommodation（☎1800 444 066，03-5159 6696；www.accommdinnerplain.com.au；Big Muster Dr, Dinner Plain）迪纳平原的住宿预约代理中心。

Dinner Plain Central Reservations（☎1800 670 019；www.dinnerplain.com；Big Muster Dr, Dinner Plain）为迪纳平原的旅行者提供住宿预约代理服务。

霍瑟姆山和迪纳平原（Mt Hotham & Dinner Plain）

海拔 1868米

较为专业的徒步者、滑雪者和雪板爱好者都会来挑战霍瑟姆山，这一区域有最好且最具挑战性的下坡路线。

活动

霍瑟姆山下坡区域达到320公顷，垂直下降距离有428米。滑雪道中有80%是中等或高等难度的黑钻级滑道。初学者可去Big D滑道，冬季的每周三和周六，这一滑道可进行**夜间滑雪**。

在迪纳平原上距离霍瑟姆村庄10公里的地方，有数条很棒的**越野小径**环绕着村庄，包括霍瑟姆—迪纳平原滑雪小径。至少有六家旅游公司可提供滑雪和其他设备出租服务；信息中心有不错的折扣，或者可登录www.mthotham.com.au查询。在11月至次年5月之间，霍瑟姆和迪纳平原的高山小径呈现出令人惊叹的美景，适合**徒步**和**山地自行车**。

节日

Cool Summer Festival 音乐

（www.coolsummerfestival.com）在一片荒地中举行为期3天的音乐节。1月或2月举行，为期三天。

住宿

在滑雪旺季，这里的住宿通常两晚起住。

Leeton Lodge 度假屋 $

（☎03-5759 3283；www.leetonlodge.com；Dargo Ct, Mt Hotha；铺 夏季 $45，冬季 $65~85）传统的家庭式滑雪俱乐部小屋，有30张床、烹饪设备和不错的风景。全年营业。

General Lodge 度假屋 $$$

(☎03-5759 3523; www.thegeneral.com.au; Great Alpine Rd, Mt Hotha; 1~2卧 $350起)餐馆Genera的后方是这些设备齐全且崭新的公寓，带休息室、厨房和露台，景观不错。

Arlberg Resort 公寓 $$$

(☎03-5986 8200; www.arlberghotham.com.au; Mt Hotha; 双 两晚 $430~870; 📶🏊)这是山上规模最大的度假村，有大量的公寓和汽车旅馆式的房间，还有餐厅、酒吧和温水游泳池，可出租滑雪设备。仅在滑雪季节开放。

就餐

在冬季，霍瑟姆山有足够多的可享受美食的地方。在夏季，有几个地方会供应餐食，General的一家小超市也照常营业。

General 小酒馆饮食 $$

(☎03-5759 3523; Great Alpine Rd, Mt Hotha; 主菜 $12~32; ⊙正午至14:00和18:00~20:30)永远值得信赖的"Gen"全年营业，是热门的喝酒场所，还有种类繁多的比萨和美味的酒馆餐食，并且提供网络。

Dinner Plain Hotel 小酒馆饮食 $$

(☎03-5159 6462; www.dinnerplainhotel.com.au; Dinner Plai; 主菜 $10~29; ⊙正午至14:00和18:00~21:00)这间酒馆是迪纳平原的社交中心，全年营业而且氛围友好。这里有熊熊燃烧的壁炉，还有一家小酒馆供应美味的酒吧小食和比萨。

★Graze 新派澳洲菜 $$$

(☎03-5159 6422; www.rundells.com.au; 12 Big Muster Dr, Dinner Plai; 主菜 $35~45, 5道菜套餐不带/带酒$89/134; ⊙6月至9月 12:30~14:30和18:00~20:30, 3月至5月 周二至周六18:00~20:30)这简直是当地最好的餐馆！主厨Leigh Irish运用当地食材烹饪，精品菜肴是米拉瓦红烧鸭或者欧文斯谷鹿肉、牛肉烹制美食。

实用信息

滑雪季节的门票是每辆车每天$40，而乘长途汽车的旅行者的门票则是$15（也许已经包含在你的车费中了）。缆车票价（旺季）是$120/100/58（成人/学生/儿童）。9月价格较低。也有包含滑雪设备租赁和培训费用的套餐。门票同时在福尔斯克里克也可以使用。

迪纳平原游客中心(Dinner Plain Visitor Centre; ☎1300 734 365; www.visitdinnerplain.com)位于村子中心。

霍瑟姆山高山滑雪管理委员会(Mt Hotham Alpine Resort Management Board; ☎03-5759 3550; www.mthotham.com.au)位于村庄的行政中心。在这里可收集一些带地图的宣传册，了解短途、生态、历史和村庄步行游览信息。

到达和当地交通

霍瑟姆山(Mt Hotham)位于墨尔本东北方向360公里处。乘车从Hume Fwy前往旺加拉塔，然后沿着Great Alpine Rd前行可抵达霍瑟姆山。

霍瑟姆山机场(Mt Hotham Airport; ☎03-5159 6777)覆盖的服务区域包括霍瑟姆高地(Hotham Heights)和迪纳平原，但目前唯一的商业航线是**QantasLink**(www.qantas.com.au)：在冬季运营的往返悉尼的包机服务。

Snowball Express(☎03-9370 9055, 1800 659 009; www.snowballexpress.com.au)在滑雪季节，每天都有从墨尔本开往霍瑟姆山的长途汽车（往返$164, 6小时），途经旺加拉塔、默特尔福德(Myrtleford)、布赖特和哈里维尔。

7:00至次日3:00有一趟免费班车穿梭于霍瑟姆山之中。另有一条路线通往迪纳平原。

奥米欧(Omeo)

人口 487

无论你是沿着盘山公路从海岸边驶来，还是从山顶上下来，都能抵达这个美丽的历史小镇奥米欧。这是通往霍瑟姆山、福尔斯克里克的南部入口，这里也是Great Alpine Rd东部的重要城镇。冬季时这条路有可能被积雪覆盖，所以在动身前务必查询天气信息。

食宿

Omeo Caravan Park 房车公园 $

(☎03-5159 1351; www.omeocaravanpark.com.au; Old Omeo Hwy; 无电力供应/有电力供应营地 $30/35, 双人小屋 $100起)这个公园位于

利文斯顿溪（Livingstone Creek）旁边的漂亮小山谷里，离小镇大约2公里，空间宽敞，草木繁盛。这也是**Howling Husky Sled Dog Tours**（www.howlinghuskys.com.au）的另一个基地，提供当地的短程车旅和波波山（Mt Baw Baw）的周末长途全包旅行。

Golden Age Hotel 酒店 **$**

（☎03-5159 1344; www.goldenageomeo.com.au; Day Ave; 标单/双 $50/80起，双含水疗$160）这间漂亮的装饰艺术转角酒吧位于奥米欧的主要街道上。楼上有简约而优雅的房间，有些是带水疗设施的套间。这家气氛友好的餐厅（主菜 $15~25）里供应的菜肴堆得高高的，美味的牛排、沙拉和比萨的价格都很合理。

ℹ 实用信息

奥米欧游客信息中心（Omeo Visitor Information Centre; ☎03-5159 1455; www.omeoregion.com.au; 179 Day Ave; ⏲周一至周五 8:30~17:00，周六和周日 10:00~14:00）位于图书馆内，待客友好。

ℹ 到达和离开

奥米欧位于距离墨尔本400公里处。

O' Connell' s Bus Lines（☎0428 591 377; www.omeobus.com.au）在夏季每天都有“Alps Link”班车往返于奥米欧和布赖特（$11）之间，途经霍瑟姆山（$5.40）和迪纳平原（$4.40）。冬季前往迪纳平原和霍瑟姆山的班车运营时间为周日、周三和周五。

Omeo Bus Lines（☎0427 017 732）有一班长途汽车在工作日往返于奥米欧和拜恩斯代尔（Bairnsdale）之间（$22，2小时）。

维多利亚州西北部

包括 ➡

最佳餐饮

- Jim McDougall in Stefano's Cellar（见673页）
- Spoons Riverside Café（见676页）
- Shebani's（见681页）
- Fish in a Flash（见681页）

最佳住宿

- 船屋（见681页）
- Quality Hotel Mildura Grand（见673页）
- Adelphi Boutique Apartments（见681页）
- Indulge Apartments（见673页）

为何去

墨累河（Murray River）波澜壮阔，是澳大利亚最长且最重要的内陆水道，维多利亚州最迷人的小镇就坐落在墨累河两岸。小镇热闹非凡，葡萄酒厂和果园遍布；这里气候宜人，赤桉树林郁郁葱葱，适合在丛林露营。墨累河蜿蜒流淌2400公里，沿岸风貌变化不断。这里的小镇极具历史风韵，比如伊丘卡地区（Echuca）；美食和葡萄酒则是米尔迪拉（Mildura）的主打项目；沙漠热情似火，围绕沙漠而建的国家公园一直延伸到西北深处。这里的河滩风景秀丽，明轮船（指在两侧安有轮子的船，由于轮子的一部分露在水面上，因此被称为明轮船）来回穿梭，驾驶明轮船曾是维多利亚州内陆居民的主要营生手段。地平线的尽头预示着不远处就是澳大利亚的内陆。这里虽说相对偏远，风景却引人入胜，你可以循着澳大利亚最早的探险家足迹沿河游览。

何时去

米尔迪拉

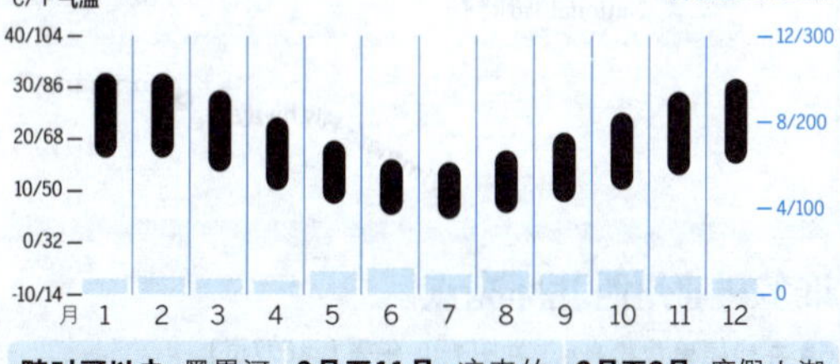

随时可以去 墨累河地区，一年四季阳光充足。米尔迪拉市阳光尤为充沛。

9月至11月 凉爽的春日，正逢当地人欢度佳节。

2月至3月 度假人潮离开之后，正是河畔露营的好时节。

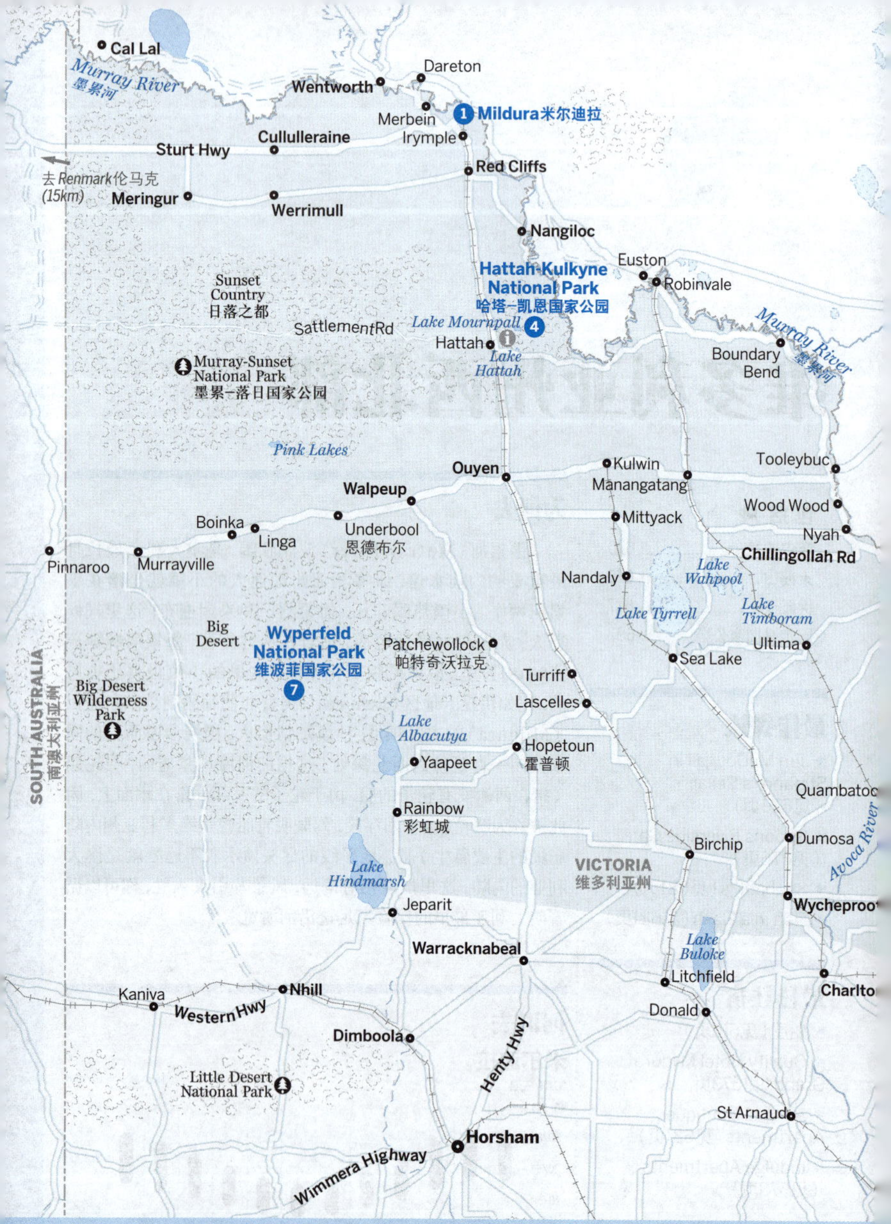

维多利亚州西北部亮点

❶ 在船屋里放松身心，在阳光明媚的**米尔迪拉**“美食街”上一饱口福（见670页）。

❷ 墨累河上乘坐明轮船顺流而下，在**伊丘卡**的葡萄酒厂里享用午餐（见677页）。

❸ 新的**探索中心**（discovery centre，见677页）、古老的码头景区、历史悠久的墨累河滨大道（Murray Esplanade），都是探寻伊丘卡历史的好去处。

❹ 在美丽的**哈塔-凯恩国家公园**（Hattah-Kulkyne National Park）观赏种类繁多的水鸟（见675页）。

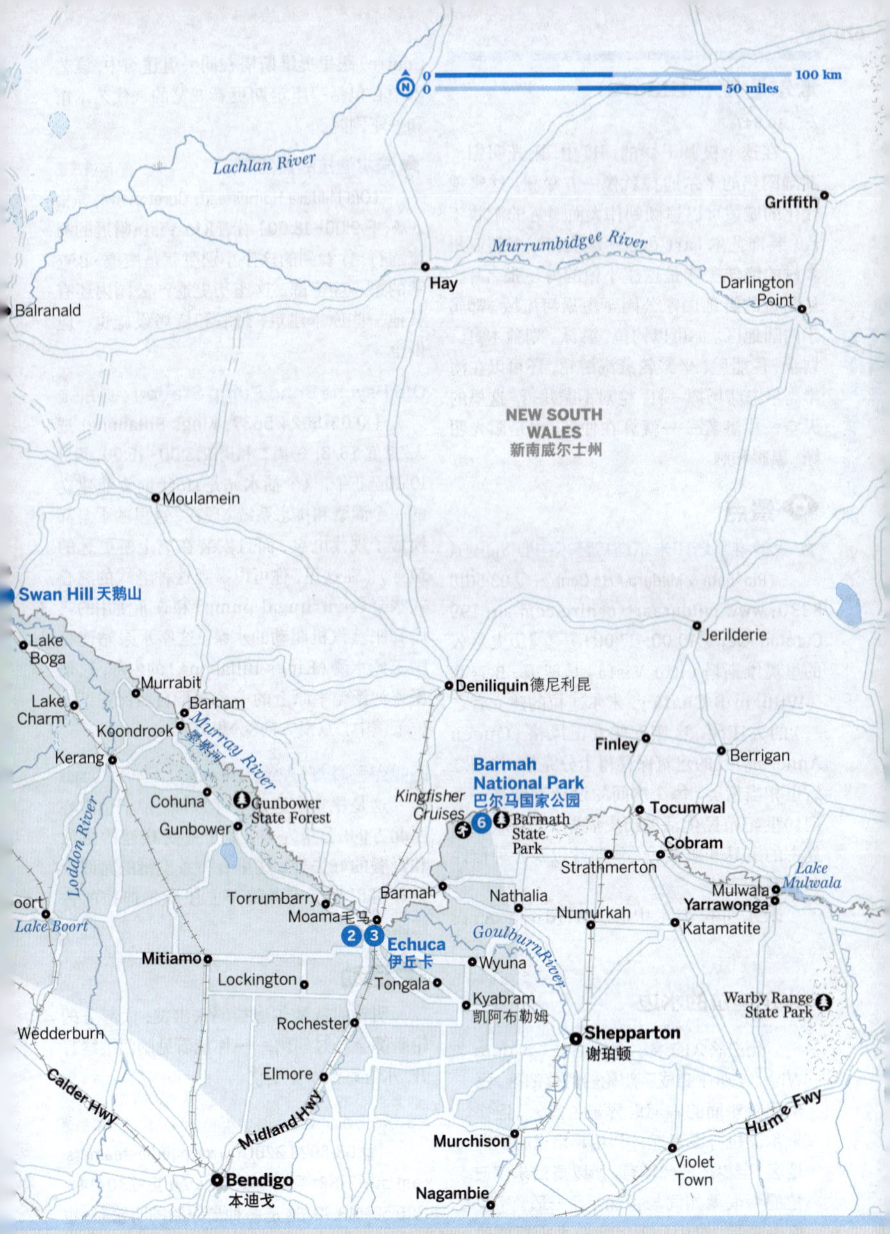

❺ 带孩子去**天鹅山**的**拓荒者定居点**(Pioneer Settlement)一起回到过去(见676页)。

❻ 乘船穿梭在**巴尔马国家公园**(Barmah National Park)的赤桉树林中(见682页)。

❼ 远离尘世，隐匿于遥远的**维波菲国家公园**(Wyperfeld National Park，见675页)，感受Mallee的广袤无垠。

米尔迪拉(Mildura)

人口 30,647

在这个极其干燥的国度中，阳光明媚、潮湿闷热的米尔迪拉就像一方绿洲。这座现代化的城镇可以追溯到伟大而遥远的游牧年代。装饰艺术(art deco)建筑和维多利亚州乡村的绝佳美味是这座小镇的另一张名片。从附近的野地国家公园至墨累河流域，都属于内陆地区。你可以钓鱼、游泳、划独木舟、划水、住船屋、坐桨轮蒸汽游轮，还可以在河岸高尔夫球场挥一杆，绝对不虚此行。这里的天空一片湛蓝——就算在仲冬，也是阳光明媚、温暖和煦。

景点

★里奥维斯塔和米尔迪拉艺术中心 历史建筑

(Rio Vista & Mildura Arts Centre; ☎03-5018 8330; www.milduraartscentre.com.au; 199 Cureton Ave; ⌚10:00~17:00) 免费 历史悠久的里奥维斯塔(Rio Vista)是威廉·B.查菲(William B Chaffey, 米尔迪拉的建立者之一)的大庄园，这座安妮女王风格(Queen Anne-style)的建筑保存得十分完整，修缮之后也相当精美。每个房间的设计都像是一系列19世纪殖民生活的历史展览，你会欣赏到复古的家具和服装、大量照片以及各种信件和收藏品。

米尔迪拉艺术中心(Mildura Arts Centre)跟里奥维斯塔在同一组建筑中，该艺术中心包括一座定期更新展览的现代艺术馆和一座剧院。

★米尔迪拉的古庄园 历史古迹

(Old Mildura Homestead; Cureton Ave; 乐捐入场; ⌚9:00~18:00)沿着Rio Vista附近的河流前行，你看到的这座小别墅就是威廉·B.查菲的第一座宅邸。这座历史遗产公园内还有其他一些原木建筑，野餐和烧烤设施也一应俱全。

Old Psyche Bend Pump Station 历史古迹

(☎03-5024 5637; Kings Billabong; 成人/家庭 $3/8; ⌚周二和周四13:00~16:00，周日10:30至正午)这个抽水站是115年前查菲建立的一个灌溉和排水系统(现在，这里的水泵都换成了现代电泵，而且安装在离上游更远的地方)。在这里，你可以参观这种老式的离心式水泵(centrifugal pump)和查菲使用的三段膨胀蒸汽机驱动的水泵。这座水泵站建在国王死水潭(Kings Billabong)的内部，这是墨累河泛滥平原上的一个美丽自然保护区，位于镇中心东南方向8公里处。

阿佩克思海滩(Apex Beach) 海滩

这是墨累河边的一个沙滩，位于镇中心西北方向3公里左右，是个备受欢迎的游泳和野餐的好去处。这里有一条不错的路线，游客可以步行或者骑车去往米尔迪拉的古庄园。

活动

明轮船从米尔迪拉码头出发，大部分的轮船都会经过船闸——你能看见闸门缓缓打开，水位逐渐发生变化。

PS Melbourne 乘船游

(☎03-5023 2200; www.paddlesteamers.com.au; 2小时乘船游览 成人/儿童 $30/14; ⌚10:50和13:50)这是一种最原始的明轮船，也是现今唯一一艘仍旧用蒸汽作动力的游轮，在船上你可以观看船家往最原始的锅炉里添加木柴的场景。周五和周六，游轮会在PV Rothbury停靠供人登船。

PV Rothbury 乘船游

(☎03-5023 2200; www.paddlesteamers.

> **米尔迪拉的水边**
>
> 历史悠久的米尔迪拉码头(Mildura Wharf)现在变成了明轮船的停泊区，虽然码头对面的临河地界景色宜人，但是米尔迪拉并没有充分利用起自己的滨河地区，至少在现代没有。所以身处米尔迪拉的海滨就如同与世隔绝了一般。不过好消息是，这里马上就会有大规模的改建了。人们打算建公园、修步道，然后将Langtree Ave的饭店区域和米尔迪拉的滨河地区连接起来。人们还打算将游客信息中心搬迁到滨河景区来，最早2016年动工。

Mildura 米尔迪拉

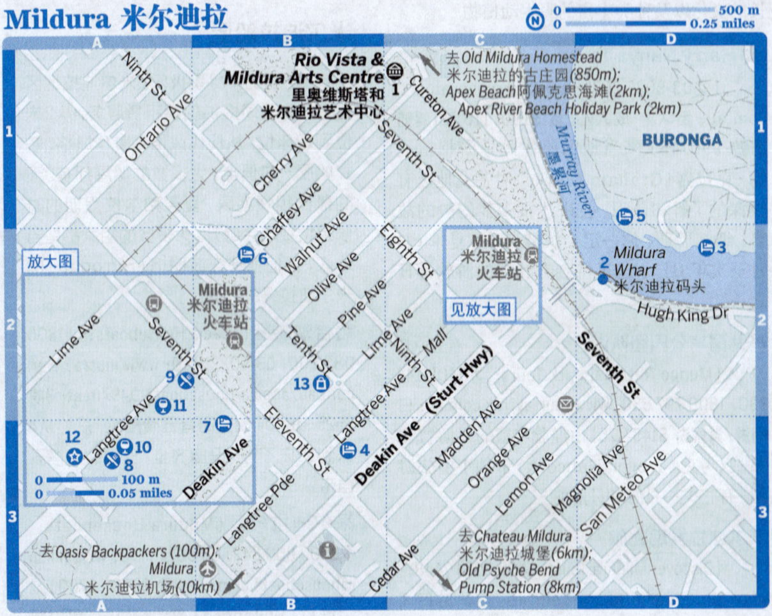

Mildura 米尔迪拉

重要景点

1 里奥维斯塔和米尔迪拉艺术中心............C1

活动、课程和团队游

2 PS Melbourne..............................D2
PV Rothbury..............................（见2）

住宿

3 金合欢船屋..............................D2
4 Indulge Apartments..............................B3
5 米尔迪拉船屋..............................D1
6 Pied-à-Terre..............................B2
7 Quality Hotel Mildura Grand..............B3

就餐

Jim McDougall in Stefano's Cellar..............................（见7）
Pizza Café at the Grand..............（见9）
8 Restaurant Rendezvous..............................A3
9 Spanish Bar & Grill..............................A2

饮品和夜生活

10 Dom's Nightclub..............................A3
11 Mildura Brewery..............................A2

娱乐

12 Sandbar..............................A3

购物

13 Sunraysia Cellar Door..............................B2

com.au；葡萄酒厂之旅 成人/儿童 $75/35，晚餐巡航之旅 $70/35，午宴巡航之旅 $35/17；⏲周二11:30，周四10:30和19:00）这是江轮中最快的一种，该游轮提供5小时的葡萄酒厂巡航之旅（周四10:30出发），游客可以参观Trentham Estate葡萄酒厂，并在国王死水潭享用烧烤午餐。该游轮在周四还提供3小时的晚餐游轮服务，周二提供通往Gol Gol Hotel的3.5小时午餐游轮服务，人们可在Gol Gol Hotel购买午餐。

团队游

古老的芒戈国家公园（Mungo National Park；位于新南威尔士）景观奇特、浑然天成，值得一游。很多旅游公司会组织此地的团队游，你会沉醉于此处4500年的历史、源远流长的文化以及种类丰富的野生动植物。

★ Harry Nanya Tours 文化游

（☎03-5027 2076；www.harrynanyatours.com.au；团队游 成人/儿童 $180/110，自驾随团游 $90/45）当地的原住民导游格雷厄姆·克拉克（Graham Clarke）对芒戈地区有很深的了解和认识，会讲述很多梦幻般的故事，细细聆听，你一定会沉醉其中。夏季（11月至次年3月），这里将会有壮观的游轮落日之旅。

芒戈国家公园团队游 团队游

（Mungo National Park Tours；☎0408 147 330，1800 797 530；www.murraytrek.com.au；日间游/黄昏游 $145/175）由经验丰富的导游特雷弗·汉考克（Trevor Hancock）带领小型旅游团，有芒戈一日游和日落游。

米尔迪拉发现之旅 团队游

（Discover Mildura Tours；☎03-5024 7448；www.discovermildura.com.au；团队游每人$150~165）此处的导览之旅涵盖了品酒、游览芒戈国家公园或者参观农场等项目。

Moontongue Eco-Adventures 皮划艇

（☎0427 898 317；www.moontongue.com.au；皮划艇团队游 $35~65）在落日时分划皮划艇是欣赏河流美景和野生动植物的绝佳选择。当你划着皮划艇穿行于壮观又平静的戈戈河（Gol Gol Creek）和墨累河周边时，当地导游伊恩（Ian）会向你介绍这里的景色和鸟类。

Wild Side Outdoors 探险游

（☎0428 242 852，03-5024 3721；www.wildsideoutdoors.com.au）Wild Side是一个环保机构，组织各种活动，如国王死水潭的皮划艇落日之旅（成人/儿童 $35/15）、6小时的Hattah-Kulkyne国家公园四驱车之旅（成人/儿童 $85/30）。该机构还出租独木舟、皮划艇和山地自行车（每小时$30/20/20）。

节日和活动

米尔迪拉文特沃思艺术节 艺术节

（Mildura Wentworth Arts Festival；www.artsmildura.com.au）河边、沙丘上到处都是奇妙的音乐会。举办时间为2月至3月。

米尔迪拉船屋

寄宿船屋，尽享极乐。米尔迪拉地区有十几家公司提供船屋租赁服务，从2床位到12床位，从现代风格到奢华风格，各式船屋一应俱全。大多数的船屋都有3天的最低租赁期限，夏天和学校假期的时候租赁费用会飙升。大多数的船家都是当地人，他们就住在波朗格（Buronga）的米尔迪拉码头对面。

金合欢船屋（Acacia Houseboats；☎1800 085 500，03-5022 1510；www.murrayriver.com.au/acacia-houseboats-949/fleet；3晚 $525~1800）该公司有五艘船屋，规格从4床到12床不等，设施齐全，食物饮品需要自带。

米尔迪拉船屋（Mildura Houseboats；☎1800 800 842，03-5024 7770；www.mildurahouseboats.com.au；3晚 $990~3700）威兰德拉（Willandra）有六艘船屋，可以睡下2至12人。这里还提供美食和高尔夫套餐。

米尔迪拉乡村音乐节 音乐节

（Mildura Country Music Festival；www.milduracountrymusic.com.au）为期10天的免费音乐会，举办时间为9月底和（或者）10月初。

米尔迪拉爵士音乐节、美食节和葡萄酒节 音乐节

（Mildura Jazz, Food & Wine Festival；www.artsmildura.com.au/jazz）这里有传统的乐队、美味的食物以及香醇的葡萄酒。举办时间为10月或11月。

住宿

Apex RiverBeach Holiday Park 房车公园 $

（☎03-5023 6879；www.apexriverbeach.com.au；Cureton Ave；无电力供应营地/有电力供应营地 $34/39，小屋 $75~125；❄📶）这座丛林公园位于城外的阿佩克思沙滩上，位置得天独厚，游客络绎不绝。学校放假期间，价格比平时高出25%。这里有篝火晚会、丛林灶具、烧烤区域、滑船坡道、游泳池以及咖啡馆。

Oasis Backpackers 青年旅舍 $

（☎03-5022 8200，0401 344 251；www.milduraoasisbackpackers.com.au；230-232 Deakin Ave；铺/双 每周 $160/340；❄@📶🏊）米尔迪拉是那些想去田园采摘的游客的一大目的地，所以这座城市的许多青年旅舍都有此类的采摘服务。Oasis是米尔迪拉配套设施最齐全的背包客旅馆，有一个很棒的游泳池、天井酒吧、极现代化的厨房以及免费因特网。旅馆老板会安排丰富多彩的季节性活动。一周起住。

★ Quality Hotel Mildura Grand 酒店 $$

（☎03-5023 0511，1800 034 228；www.qualityhotelmilduragrand.com.au；Seventh St；标单/双 含早 $85/130；❄📶🏊）Grand的标准间并不是镇上最奢华的，但是住在米尔迪拉的地标酒店里，总会给人一种非同寻常的感觉。虽然最初建成的一翼的房间更便宜、舒适，但是，时髦的私人水疗套间仍旧是不错的选择。

许多房间都能通向庭院花园，园里有健身房、游泳池和水疗。

★ Indulge Apartments 公寓 $$

（☎1300 539 559，03-5018 4900；www.indulgeapartments.com.au；150 Langtree Ave；单间 $149，1/2卧公寓房 $175/265；❄）这些位于镇中心的现代公寓是米尔迪拉规格最好的公寓：地板铮亮，房间宽敞，设备齐全。如果Langtree Ave上的公寓满员的话，镇上还有几处类似的住所。

Pied-à-Terre 民宿 $$

（☎03-5022 9883；www.piedaterre.com.au；97 Chaffey Ave；双 $175，加床成人/儿童 每晚 $25/15；❄📶P）有着法式的风格和宾至如归的氛围，这比普通的家居环境更漂亮！5间风格时尚、华贵讲究的卧室，最多可睡下10个人。房间设备齐全。有免费Wi-Fi、船只泊位、停车场以及烧烤区。

✕ 就餐

米尔迪拉的咖啡和美食区分布在Langtree Ave（也叫"美食街"）沿街，以及格兰德大酒店（Grand hotel）所在街区的周边。意大利人斯特法诺·德·皮耶里（Stefano de Pieri）十分健谈，也许他的一只手就能掌控镇上美食的半边江山，但后继者也源源不断。

Pizza Café at the Grand 比萨 $

（☎03-5022 2223；www.pizzacafe.com.au；18 Langtree Ave；比萨和意大利面 $15~21；⊙周一至周六11:00~23:00，周日11:30~23:00）这里烹制简单、价格便宜，但口味不失新潮。环顾格兰德大酒店美食街，Pizza Café无可挑剔。柴火烤制的比萨正合顾客口味，餐厅还提供沙拉、意大利面和鸡肉等配菜。

Spanish Bar & Grill 牛排 $$

（☎03-5021 2377；www.spanishgrill.com.au；Langtree Ave和Seventh St交叉路口；主菜 $26~48；⊙周二至周六18:00~22:00）位于格兰德大酒店内部，提供的服务比较单一，菜品有顶级牛排和烧烤类食品，还有袋鼠肉。虽然没有餐前小吃，但这里绝对是喜肉食客的天堂。

Restaurant Rendezvous 法国菜 $$

（☎03-5023 1571；www.rendezvousmildura.com.au；34 Langtree Ave；主菜 $17~39；⊙周一至周五正午至16:00和18:00至深夜，周六18:00至深夜）这家老字号餐馆与相邻的格兰德大酒店（Grand Hotel）相比有些不起眼，随意的气氛与美味佳肴相得益彰，从地中海风味的海鲜、烤肉、意大利面、可丽饼（crepes）到各式别致的招牌菜，每一道都是精心烹制的。

★ Jim McDougall in Stefano's Cellar 意大利菜 $$$

（☎03-5023 0511；www.jimmcdougall.com.au；Quality Hotel Mildura Grand，Seventh St；2/3道菜午餐套餐 $55/62，晚餐套餐 $130~175；⊙周二至周四19:00~23:00，周五和周六正午至15:00和19:00~23:00）斯特法诺·德·皮耶里（Stefano de Pieri）可能不会再掌勺了，不过他的徒弟吉姆·麦克道戈尔（Jim McDougall）继承了他的好手艺。这家餐厅在斯特法诺的意大利菜基础上又开发了一些新鲜时尚的菜品，食材大部分取自当地。这里的菜单随季节而变，但是袋鼠肉、小龙虾（yabbies）、墨瑞鳕（Murray cod）和当地的主要水果一直都有。

烛光晚餐会增加人与人之间的亲密感，因此备受顾客喜爱——一定要提前预订哦！

饮品

★Mildura Brewery 自酿酒吧

（☎03-5022 2988；www.mildurabrewery.com.au；20 Langtree Ave；⊙正午至深夜）这家酒吧的前身是阿斯特电影院（Astor cinema），跟格兰德大酒店在同一个街区，是米尔迪拉最时髦的酒吧。闪闪发光的不锈钢酒桶、酒管和酿酒设备映衬出酒吧的时尚与休闲。这里酿造的啤酒味道棒极了，如Honey Wheat和Mallee Bull。食物也十分美味。

酒吧内部保留了原来剧院的很多时尚艺术装饰品。

Dom's Nightclub 夜店

（☎03-5021 3822；www.doms.com.au；28 Langtree Ave；⊙周六21:00至深夜）Dom楼上的夜店是美食街的中心，周六晚上，人们在小酒馆喝完之后就会来这里消遣一番。

娱乐

Sandbar 现场音乐

（☎03-5021 2181；www.thesandbar.com.au；Langtree Ave和Eighth St交叉路口；⊙周二至周日正午至深夜）休闲酒吧开在一栋用古典艺术装饰的大楼里。温和惬意的夜晚，当地人会涌入酒吧后面的啤酒园里痛饮。周四至周日的晚上，酒吧前面会有当地乐队、原创乐队及主流乐队带来精彩纷呈的表演。

值得一游

米尔迪拉周边的葡萄酒厂

米尔迪拉是澳大利亚葡萄酒最多产的地方之一。如果你有意去当地的葡萄酒厂游览一番的话，可以从游客信息中心拿一份《米尔迪拉葡萄酒》宣传手册，或者登录www.mildurawines.com.au查询相关事项。

Sunraysia Cellar Door（☎03-5021 0794；www.sunraysiacellardoor.com.au；125 Lime Ave；⊙周一至周五9:00~17:00，周六和周日11:00~17:00）如果你不了解这些葡萄酒厂，没关系，可以去市区的光之果酒窖（Sunraysia Cellar Door）品酒和买酒。这里的葡萄酒有250种左右，产自22个当地葡萄酒厂，此外还有少量精酿啤酒。

米尔迪拉城堡（Chateau Mildura；☎03-5024 5901；www.chateaumildura.com.au；191 Belar Ave；成人/儿童 $5/免费；⊙10:00~16:00）这座集葡萄庄园和博物馆于一体的城堡建于1888年，至今仍在生产佐餐葡萄酒。游客还可以在此处品品酒，看看历史展品。

Nursery Ridge Estate Wines（☎03-5024 3311；www.nrewines.com.au；8514 Calder Hwy，Red Cliffs；⊙周四至周日10:00~16:30）这座酒庄位于米尔迪拉中心以南约20公里处，这里的红葡萄酒和白葡萄酒种类繁多，一应俱全。

实用信息

米尔迪拉游客中心（Mildura Visitor Centre；☎1800 039 043，03-5018 8380；www.visitmildura.com.au；Deakin Ave和12th St交叉路口；⊙周一至周五9:00~17:30，周六和周日至17:00）你可以享受各种免费服务：食宿预订、展览、当地特产、咖啡馆、图书馆、游泳中心，还有乐于助人的工作人员帮你预订团队游和各种活动。

到达和离开

从墨尔本经考尔德公路（Calder Highway，A79）向西北542公里处就是米尔迪拉。

飞机

米尔迪拉机场（MQL；☎03-5055 0500；www.milduraairport.com.au）米尔迪拉机场紧邻Sturt Hwy，距离镇中心10公里左右，是维多利亚州最繁忙的地区机场。

澳洲航空（Qantas；☎13 13 13；www.qantas.com.au）航班往返于米尔迪拉与墨尔本之间。

区域快线（Regional Express Airlines，Rex；☎13 17 13；www.regionalexpress.com.au）航班往返于米尔迪拉与墨尔本、悉尼、阿德莱德和布罗肯希尔之间。

维珍澳洲航空（Virgin Australia；☎13 67 89；www.virginaustralia.com）航班往返于墨尔本和米尔迪

值得一游

维多利亚州西北部国家公园

Mallee位于广袤无垠的维多利亚州西北部，一眼望去就是无尽的地平线。这里地形起伏，荒漠无垠，桉树矮灌木扭扭歪歪地生长着。除了荒无人烟，这里也不乏看点，半干旱的野生动植物景区因生物繁多而最负盛名，原生植物郁郁葱葱，早春野花竞相绽放，各种鸟类在此栖息。Mallee有“日落之都”的美称，是维多利亚州名副其实的空旷之地。热爱自然的人可能会对这种地方格外钟爱，但如果不是经验丰富的四轮驱动车狂热者的话，其他人很难能来到这里。最好不要在夏季最热的那几个月来这里游玩，这与大多数的内陆地区无异。

接下来，这里主要的国家公园就要出场了。想要了解更多信息，联系维多利亚州公园管理处（☎13 19 63; www.parkweb.vic.gov.au）。

哈塔—凯恩国家公园（Hattah-Kulkyne National Park）这是Mallee地区最容易到达的公园，园里有20多个湖泊。墨累河畔生长着赤桉树、黑黄杨（black box）、金合欢树（wattle）和问荆（bottlebrush），还有干燥多沙的长满桉树矮灌木的村落。这里有自然游项目，也不乏露营地，还有专门供游人骑车的小路。哈塔位于米尔迪拉以南70公里处，从哈塔延伸出来的小路，属于考尔德公路的一部分，是通往国家公园的主要道路。哈塔—凯恩国家公园游客中心（Hattah-Kulkyne National Park visitor cente; ☎03-5029 3253）就位于公园的入口处。

维波菲国家公园（Wyperfeld National Park）这座公园多是干涸的湖床和沙质平原，面积广阔，易于到达。赤桉树和桉树矮灌木郁郁葱葱，原生春季野花竞相绽放。200多种鸟类在这里栖息繁衍，步道和自行车道交错纵横，还有两处露营地供游客休息。从帕特奇沃拉克（Patchewollock）、霍普顿（Hopetoun）、恩德布尔（Underbool）和彩虹城（Rainbow）出发都可以抵达这里。

Big Desert Wilderness Park 公园坐落在维波菲以西，依南澳大利亚州边界而建。这里没有道路可通行，也没有各种便民设施和水源。这里允许露营和徒步，但必须得是经验丰富的旅行者，且需要自给自足。

墨累—落日国家公园（Murray-Sunset National Park）小桉树林地和粉红湖面积大得惊人，足足有6330平方公里。公园从林赛岛（Lindsay Island）的赤桉树森林一直延伸到恩德布尔地区。这里只适合驾驶四轮驱动车长途跋涉。从恩德布尔出发是到达这里的最快路径。

拉之间。

长途汽车和火车

V/Line长途汽车站 在Seventh St的火车站里。目前还没有直接往返于米尔迪拉的客运火车。

澳洲灰狗巴士（Greyhound; ☎1300 473 946; www.greyhound.com.au）提供米尔迪拉开往阿德莱德（Adelaide）的客运服务，票价每人$40起。

V/Line（☎1800 800 007; www.vline.com.au）往返于墨尔本与本地之间（$45.50, 7.5小时，一天4班），途经本迪戈或者天鹅山。V/Line Murraylink每天都会发车，贯通了米尔迪拉与墨累河沿岸诸小镇：天鹅山（$27.20, 3小时，一天3班）、伊丘卡（Echuca, $37.20, 6小时，一天1班）、奥尔伯里—沃当加（Albury-Wodonga, $46.40, 11小时，一天1班）。

天鹅山（Swan Hill）

人口 9894

天鹅山是个安静的河畔之城，这里虽然没有米尔迪拉和伊丘卡那样热门，但是也值得一看。江边的拓荒者定居点（Pioneer Settlement）是维多利亚州最好的露天博物馆之一，这里还有很多地方可供你一饱口福。你不会特意横穿整个州来这里一游，但是沿着墨累河漫游时，在这里歇歇脚也是个不错的选择。

景点和活动

Burke & Wills Tree位于Curlewis St。曾经有一群命途多舛的探索者途经天鹅山。这一大片摩顿湾（Moreton Bay）无花果树（fig tree）就是用来纪念他们的。

拓荒者定居点 博物馆

（Pioneer Settlement；☎03-5036 2410；www.pioneersettlement.com.au；Monash Dr, Horseshoe Bend；成人/儿童/家庭 $28/20.50/76.50；⏲9:30~16:00）天鹅山最引人瞩目的景点是一座重建的明轮船年代的河港小镇，非常有趣。小镇的展览包括：修缮过的拓荒者定居点、一条澳大利亚最大的河船、旧式四轮马车、无盖无门轻马车、一家旧式的摄影店、一处原住民储藏地、一家糖果店、一间教室，还有一台令人着迷的恺撒立体镜（Kaiser Stereoscope）。明轮船**PS Pyap**（成人/儿童/家庭 $22/15/59；⏲游轮每日14:30，周末和学校假期增加一班10:30）顺墨累河而下，带你领略沿途风光。

每天傍晚时分，坐在敞篷船上，穿梭于拓荒者定居点，45分钟的**音乐灯光秀**（sound-and-light show；成人/儿童/家庭 $22/15/59）绝对让你印象深刻。同时购买游轮和声光表演票的话有优惠。

天鹅山地方美术馆 画廊

（Swan Hill Regional Art Gallery；☎03-5036 2430；www.swanhillart.com；Monash Dr, Horseshoe Bend；乐捐入场；⏲周二至周日10:00~17:00）这家画廊在拓荒者定居点（Pioneer Settlement）对面，常设展览包括300多件艺术品，以当代艺术和本土艺术为主。

节日和活动

天鹅山美食节和葡萄酒节 美食节、葡萄酒节

（Swan Hill Food & Wine Festival；www.swanhillfoodandwine.com.au）人们会在3月初举办美食节和葡萄酒节，美食家们对这个节日喜爱有加。主推的都是当地产品。产品质量很高。

食宿

Riverside Caravan Park 房车公园 $

（☎03-5032 1494, 1800 101 012；www.big4.com.au；1 Monash Dr；无电力供应营地/有电力供应营地 $31/35起，小屋 $105~170）该公园位于墨累河畔，靠近拓荒者定居点，是个绝佳的中心位置。这里有多种类型的小屋，节假日期间，价格飙升50%之多。

Travellers Rest Motor Inn 汽车旅馆 $$

（☎03-5032 9644；www.bestwestern.com.au/travellersrest；110 Curlewis St；双 $133起；❄📶🏊）该旅馆位于Burke and Wills Tree的绿荫下，这里的房间宽敞舒适，拥有大多数汽车旅馆的标配，还有温泉水疗和户外游泳池。

★ **Spoons Riverside Café** 新派澳洲菜 $$

（☎03-5032 2601；www.spoonsriverside.com.au；125 Monash Dr, Horseshoe Bend；午餐主菜 $9.50~25，晚餐 $26~35；⏲周日至周三8:00~17:00，周四至周六至23:00）单是河岸一处就足够诱人了，这家有经营许可证的咖啡馆还设有大大的观景平台，马拉波河（Marraboor River）和拓荒者定居点一览无余。这里除了提供简便午餐和创意晚餐（以当地的新鲜食材为主），还有一家出售新鲜食品和美食餐盒的熟食店。

Java Spice 泰国菜 $$

（☎03-5033 0511；www.javaspice.com.au；17 Beveridge St；主菜 $21~32；⏲周五和周日正午至14:00和18:00至深夜，周二至周四和周六18:00至深夜；🍷）在热带公园里，坐在开放的茅草覆盖的柚木屋里吃饭，仿佛穿越到了东南亚。这里的主打美食是泰国菜，夹杂着马来西亚和印度尼西亚风味。**town centre**分店可以送外卖（☎03-5033 0015；24 McRae St）。

实用信息

天鹅山地区信息中心（Swan Hill Region Information Centre；☎1800 625 373, 03-5032 3033；www.swanhillonline.com；McCrae St和Curlewis St交叉路口；⏲9:00~17:00）提供该地区的地图和宣传手册，对你会有所帮助。

到达和离开

天鹅山距离墨尔本西北338公里，沿途会经过本迪戈（Bendigo）和克兰镇（Kerang）。天鹅山位于墨累河谷高速公路（B400）沿线，距离米尔迪拉218公里，距离伊丘卡156公里。

V/Line（☎1800 800 007；www.vline.com.au）有往返于墨尔本和天鹅山之间的火车（$36.60，4小时，一天3~4班）。游客还可以在本迪戈换乘火车或者巴士。通往米尔迪拉（$27.20，3小时）和伊丘卡（$16.80，2小时）的V/line巴士每天都会发车。

伊丘卡（Echuca）

人口12,613

伊丘卡是维多利亚州乡村地区最迷人的小镇，这里是维多利亚州的明轮船之都，也是非常古典的墨累河小镇，因其悠久的历史、怀旧的风格以及轮船而名声大噪。伊丘卡的原意是“与诸水邂逅”，因为这里是古尔本河（Goulburn）、坎帕斯皮河（Campaspe）和墨累河三大河流交汇处。历史悠久的港口景区和河流本身无疑就是这里最精彩的部分。在这里你可以尽情享受行船之旅，也可以漫步于夕阳之下，听成群的美冠鹦鹉（cockatoos）和凤头鹦鹉（corellas）在空中欢唱。

景点

如果你想自己在镇中心的历史建筑中驻足观赏，可以参考伊丘卡游客中心的《漫步伊丘卡遗址》（*Heritage Walk Echuca*）宣传手册。

当地的明星景点是伊丘卡的历史港口。这里的一切都原封不动地保存了下来——免费漫步在墨累河滨大道（Murray Esplanade）上，会有亲历历史之感。

★伊丘卡港口探索中心 博物馆

（Port of Echuca Discovery Centre；☎03-5481 0500；www.portofechuca.org.au；74 Murray Esplanade；成人/儿童 $11/8；⏲9:00~17:00）在墨累河滨大道最北端新建的伊丘卡港口探索中心里，你可以一览伊丘卡码头景区的风采。这里精彩的展品（其中一些展品是交互式的）讲述港口的历史、明轮船的故事以及河船贸易。每天有两次导览游从探索中心出发。

因为河流水位不断变化，所以码头建了三层；码头上有水位尺来标记最高水位。一堆老旧的明轮船船舵和一家锯木厂，构成了码头的原始风貌。

赤桉树工厂 历史古迹

（Red Gum Works；Murray Esplanade；免费进场；⏲9:00~16:00）**免费** 你会看到赤桉树工厂的木匠和铁匠们使用传统工艺做活，这里的赤桉树加工品还可以出售。

Sharp's Magic Movie House & Penny Arcade 历史建筑

（☎03-5482 2361；43 Murray Esplanade；成人/儿童/家庭 $15/10/45；⏲9:00~17:00）在这里，你可以看到各种经典的投币游乐设备，还可以免费品尝乳脂软糖。电影屋里会放映各种老电影，比如巴斯特·基顿（Buster Keaton）、劳蕾尔（Laurel）和哈代的经典作品。

St Anne's 葡萄酒厂

（☎03-5480 6955；www.stanneswinery.com.au；53 Murray Esplanade；⏲10:00~18:00）游客在这里可以免费品尝当地的葡萄酒。波尔图葡萄酒有多个系列。

★国立霍顿博物馆 博物馆

（National Holden Museum；☎03-5480 2033；www.holdenmuseum.com.au；7 Warren St；成人/儿童/家庭 $7/3/16；⏲9:00~17:00）这家博物馆收集了大量的四轮汽车图像，从FJ越野车到莫纳多（Monaro）跑车，一共有40多辆复原的霍顿车。喜爱汽车的发烧友千万不要错过。

大澳洲啤酒棚 博物馆

（Great Aussie Beer Shed；☎03-5480 6904；www.greataussiebeershed.com.au；377 Mary Ann Rd；成人/儿童/家庭 $12/5/25；⏲周六、周日和节假日9:30~17:00）这座位于大棚之下的圣陵有墙对墙的建筑结构，圣陵内盛有17,000多只啤酒罐。这些啤酒罐是花了30年收集而成的——其中一只可以追溯到联邦时期。导览游可以带你领略啤酒的发展历史，你会感受到非常地道的澳大利亚气息。

Echuca 伊丘卡

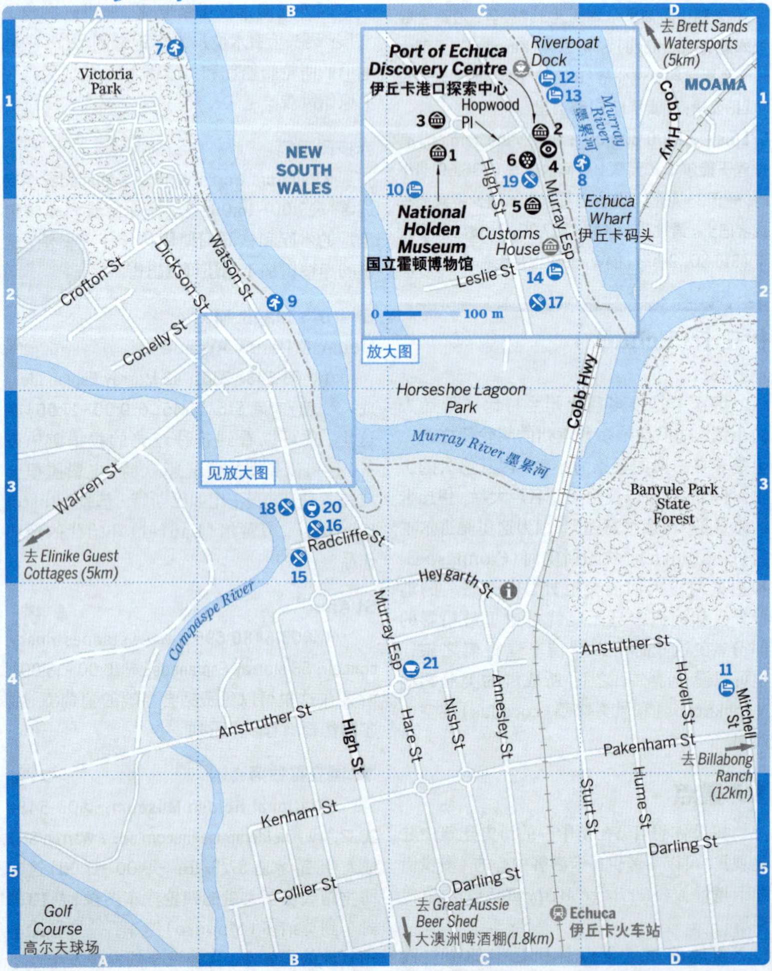

活动

游玩至此，必须要来一场明轮船之旅。游客有时会乘坐烧柴蒸汽驱动的游轮，还能听到有趣的现场解说。买票可以去伊丘卡港口探索中心和伊丘卡游客中心（见682页），或者墨累河滨大道沿线的售票点。记得查看午餐、晚餐、黄昏游和落日游的时间表。

PS Alexander Arbuthnot 游轮

（☎03-5482 4248；www.echucapaddlesteamers.net.au；1小时游轮 成人/儿童/家庭 $24/10/62.50）登上这艘1923年建造的蒸汽船，你就可以享受一小时的游轮之旅，偶尔还能赶上2小时的黄昏游和2.5小时的晚餐航游。

PS Canberra 游轮

（☎03-5482 5244；www.emmylou.com.au；成人/儿童/家庭 $24/10/65）这艘蒸汽船建造于1912年，修复于2003年。登上这艘可爱的老游轮，享受1小时的游轮之旅吧。

PS Emmylou 游轮

（☎03-5482 5244；www.emmylou.com.au；1小时游轮 成人/儿童/家庭 $27.50/13/75，2小时游

Echuca 伊丘卡

轮 $35/16/87.50)这是伊丘卡最令人印象深刻的游轮，它们都经过了全面修复，不过还是由原始发动机驱动运行。这艘游轮每天提供2次1小时的游轮之旅和1次2小时的游轮之旅，外加午餐、晚餐和过夜巡航游(overnight cruises)。3小时的晚餐航游，价格为$130/55(成人/儿童)。

PS Pevensey 游轮

(☎1300 942 737, 03-5482 4248; www.echucapaddlesteamers.net.au; 成人/儿童/家庭 $24/10/62.50)这艘船是最古老的明轮船(1911年)之一，电视短剧《大河在奔腾》(*All the Rivers Ru*)就是在此处取景的，PS Pevensey每天最多可提供5次1小时的游轮之旅。

PS Pride of the Murray 游轮

(☎03-5482 5244; www.murraypaddlesteamers.com.au; 成人/儿童/家庭 $24/10/65)提供1小时游轮之旅服务。

Billabong Ranch 骑马

(☎03-5483 5122; www.billabongranch.com.au; 1/2/3小时骑马 $55/100/145)伊丘卡以东12公里处就是这座大农场，你可以在荒野中策马奔腾，也可以沿着墨累河和古尔本河(Goulburn Rivers)挥鞭叱咤。这里还有迷你高尔夫球场、脚踏船、动物畜养场、保龄球(tenpin bowling)、游乐场、咖啡馆、酒吧和骑小马项目。

Echuca Boat & Canoe Hire 划船

(☎03-5480 6208; www.echucaboatcanoehire.com; Victoria Park Boat Ramp)租用摩托艇(1/2小时 $40/60)，带烧烤的"芭比风格的船"(10人 $100/150起)，皮划艇($16/26)，独木舟($20/30)。在持续多日的自助游"独木舟露营"之旅中，你可以顺流而下，也可以奋力逆流而上。

River Country Adventours 划独木舟

(☎0428 585 227; www.adventours.com.au; 半天/全天/2天探险之旅 $55/88/245)这个以凯阿布勒姆(Kyabram)为基地的团队是世界上最专业的独木舟探险团队，可以在古尔本河上有组织地进行独木舟探险。该团队在巴尔马、古尔本以及墨累河地区都有独木舟和露营探险项目。

团队游

Echuca Moama Wine Tours 葡萄酒厂

(☎1300 798 822; www.echucamoamawinetours.com.au; 团队游 $95起; ⊙周二至周日)该团队游项目包括：游览历史悠久的港口、墨累河巡航、参观当地葡萄酒厂等项目。

节日和活动

登录www.echucamoama.com查看在线

活动日历。

河船音乐节 音乐节

（Riverboats Music Festival；www.riverboatsmusic.com.au）墨累河地区有音乐节、美食节和葡萄酒节。2月下旬举办。近期的表演者有蒂姆·费恩（Tim Finn）、阿奇·罗奇（Archie Roach）和柯林·黑（Colin Hay）。

伊丘卡—毛马冬季蓝调音乐节 音乐节

（Echuca-Moama Winter Blues Festival；www.winterblues.com.au）音乐节将于7月下旬的一个周末举办。届时，小镇街上和会场里会有蓝调和民间音乐表演。

住宿

小镇以东5公里左右的**克里斯蒂斯河滩**（Chsfdvristies Beach）是墨累河岸一处免费的露营地。有简易厕所，不过饮水和柴火需要自行解决。

想要获取5种食宿类型的联系方式，可以去游客办公室索取宣传册《伊丘卡毛马——传统床位和早餐》（*Echuca Moama - Traditional Bed & Breakfasts*），或者登录www.echucabandbs.com。

Echuca Gardens 青年旅舍、客栈 $

（☎0419 881 054，03-5480 6522；www.echucagardens.com；103 Mitchell St；铺 $30，四轮马车 $80~160，客栈 $110~200；P@📶）这家半客栈半青年旅舍式的旅店是由旅行达人凯姆开设的。美丽的花园、清澈的池塘、精美的雕塑、成群的小鸡、葱郁的果树构成了这座旅馆，来到这里的每个人都能乐在其中。工人小屋虽然已有140年之久，不过双层铺、小巧的卫生间、乡村厨房和电视房等设施一应俱全。花园里的那辆“吉卜赛马车”与卧室配套，还带有简易厨房，住在这里绝对是一种独一无二的体验。

Steampacket B&B 民宿 $$

（☎03-5482 3411；www.steampacketinn.com.au；Murray Esplanade和Leslie St交叉路口；双 $135~200；❄）游览至伊丘卡，一定要在老港区歇歇脚。这家19世纪的民宿由全国托管协会管理，老式的亚麻蕾丝家纺和黄铜材质床架，使得这些房间带有一种古朴文雅的气息（但也有空调和平板电视）。想要欣赏码头美景的话，去找一间大大的角房吧，那里视野开阔。

休息室温暖舒适，早餐盛在精致的瓷器里，十分讲究。

Elinike Guest Cottages 别墅 $$

（☎03-5480 6311；www.elinike.com.au；209 Latham Rd；双 含早餐 $160~195）小镇之外5公里处就是这些独立的小别墅，它们建在墨累

ℹ 自由通行券

凭一张自由通行券就可以将伊丘卡的景点逛完，既省时间又省钱。

遗址套票（Heritage Package；成人/优惠/儿童/家庭 $50/44/23/120）凭此套票，游客可以进入伊丘卡港口探索中心（见677页）、国立霍顿博物馆（见677页）、大澳洲啤酒棚（见677页）和**伊丘卡历史博物馆**（Echuca Historical Museum；☎03-5480 1325；www.echucahistoricalsociety.org.au；1 Dickson St；成人/儿童 $5/1；⏰11:00~15:00），还能享受1小时明轮船之旅。

Discovery Centre & One-Hour Cruise Package（成人/优惠/儿童/家庭 $34.50/28.50/16/96）凭此套票，游客全天都可以参观历史悠久的港口景区（11:30和13:30提供导览游），并且享有1小时的游轮之旅，除了PS Emmylou外，任何一艘明轮船都可以上。

Riverboat Discovery Package（成人/儿童/家庭 $38/19/108.50）游客凭票可以登上PS Emmylou，享受1.5小时的游轮之旅。除此之外，游客全天都可以进入伊丘卡港口探索中心。

Wharf to Winery Package（每人 $69.50）游客凭票可以乘坐明轮船去往莫里森葡萄酒厂，可以在船上吃饭品酒，午餐包含两道菜。

河附近花草丛生的花园里，很是浪漫。这些别墅虽然是旧式风格，配套设施倒是很现代化，比如这里有双人水疗项目。紫丁香色的别墅还带有一座玻璃顶棚的花园房。

★Adelphi Boutique Apartments 公寓 $$$

（☎03-5482 5575；www.adelphiapartments.com.au；25 Campaspe St；1卧/2卧公寓房$175/360起；❄）如果你想俯瞰坎帕斯普河的话，选择主街后面的那个街区吧。这些位于河畔的半豪华公寓花费虽然略高，不过站在天台就可饱览河流美景。

就餐

★Fish in a Flash 炸鱼和薯条 $

（☎03-5480 0824；602 High St；炸鱼和薯条$8.90起；⌚11:00~20:00）Fish in a Flash已经连续多年被评为维多利亚州最好吃的炸鱼薯条店了，店家偶尔会选用河鱼做材料，当然最常见食材还是海鱼了，不论什么鱼，裹上店家的秘制面糊，炸出来的口味都是满分。这家店位置绝佳，很适合在河边野餐。

Beechworth Bakery 面包房 $

（☎1300 233 784；www.beechworthbakery.com.au；513 High St；主菜$5~12；⌚6:00~18:00）面包房开在一栋富丽堂皇的老房子里，有着弧形阳台和木制平台，方便游客眺望坎帕斯皮河。面包、馅饼、蛋糕和三明治任你挑选，吃完保证心情大好。

★Shebani's 地中海菜 $$

（☎03-5480 7075；535 High St；主菜$12~22；⌚8:00~16:00）这家饭店给伊丘卡的饮食又添上了浓墨重彩的一笔，这里的饭菜地中海风味十足——希腊菜、黎巴嫩菜，甚至还有北非菜风味。来这里就餐就等于把地中海菜吃了个遍。餐厅的装饰将地中海瓷砖、摩洛哥灯具、澳大利亚咖啡馆等元素轻松地融合在了一起。

Ceres 欧洲菜 $$

（☎03-5482 5599；www.ceresechuca.com.au；554 High St；午餐$14~27，晚餐$26~38；⌚周一至周五10:00至深夜，周六和周日9:00至深夜）餐厅所在的这栋房子由一座建于1881年的砖制磨坊改建而成。高背皮椅、上过浆的桌布，还有点缀其中的几个长沙发，无不彰显着克瑞斯的风格。这里是一个午餐时分放松身心的好去处，全天供应咖啡和西班牙小吃。这里晚上吃正餐的氛围也很好，菜单都是经过创新的，有融合了意大利风味的面条、牛排，还有烤雏鸭肉。

Star Hotel 法式小馆 $$

（☎03-5480 1181；www.starhotelechuca.com.au；45 Murray Esplanade；主菜$13~26，比萨$19~23；⌚周三至周日8:00~14:00和18:00至深夜）这家历史悠久的“明星酒吧”是镇上生意最红火的地方，尤其是周末有现场音乐表演的时候，来这里就餐的人更是络绎不绝。早餐都是现场烹制的，热气腾腾；午餐是乌贼肉和帕尔玛鸡肉，价格适中。这些东西只有在港口附近才能吃得到。店里柴火烤制的比萨是镇上名副其实的第一名。

饮品

Bordello Wine Bar 葡萄酒吧

（☎03-5480 6902；www.rivergalleryinn.com.au；578 High St；⌚周四至周日17:00~23:00）这里是品尝当地葡萄酒的理想之地。除了种类繁多的葡萄酒之外，啤酒种类也多达65种。人们可以坐在舒适的扶手椅中畅饮，也可以

租船屋

伊丘卡是租借船屋的绝佳地点。伊丘卡游客中心有介绍船屋运营者的宣传手册和信息。

墨累河船屋（Murray River Houseboats；☎03-5480 2343；www.murrayriverhouseboats.com.au；Riverboat Dock；2~7床船屋每周$1550~2720）船队有五艘船屋，其中有一艘叫Indulgence号的有四张床，让人惊讶。

Rich River Houseboats（☎03-5480 2444；www.richriverhouseboats.com.au；Riverboat Dock；8床船屋 每周 $3850~6800）这6艘漂亮的小船有的带有6张床铺，价廉物美；还有几座漂浮小屋。

在周六的晚上来看现场音乐表演。

Office 3564 咖啡馆、葡萄酒吧

（☎03-5482 3564; 252 Hare St; ⊙7:00至午夜）这家小巧的当代咖啡馆开在一所旧邮局里，咖啡口味令人叫绝，还提供简便午餐、甜品和甘醇的葡萄酒，这些食物大多产自当地。

实用信息

伊丘卡游客中心（Echuca Visitor Centre; ☎1800 804 446; www.echucamoama.com; 2 Heygarth St; ⊙9:00~17:00）游客中心设在一个古老的水泵站里，这里不仅有蒸汽船项目，还提供住宿预订服务，员工的服务非常周到。

到达和离开

伊丘卡位于墨尔本以北222公里处。取道休姆高速公路（the Hume Fwy, M31），指示牌上写得很明确，在B75处下高速即可。在前往伊丘卡的途中，你会经过西斯寇特（Heathcote）和罗彻斯特（Rochester）。

V/Line（☎13 61 96; www.vline.com.au）周五和周末提供墨尔本和伊丘卡之间的直达火车，周一至周五提供火车/长途汽车（往返 $50, 3.5小时），你可以在本迪戈、默奇森（Murchison）和谢珀顿（Shepparton）换乘。

巴尔马国家公园（Barmah National Park）

巴尔马国家公园是墨累河泛滥平原上一个非常重要的湿地景区，位于伊丘卡东北40公里处，取道新南威尔士州的科布公路（the Cobb Hwy）即可到达。这里有澳大利亚保存最完整的赤桉树森林，低洼潮湿的林下植被经常被洪水冲刷，因此成为鱼类和鸟类的绝佳栖息地——在维多利亚州能看到超级鹦鹉（superb parrot）的地方少之又少，而巴尔马国家公园就是其中一处。

在公园里露营是免费的，当然你也可以选择在巴尔马湖泊露营景区（Barmah Lakes camping area）露营，这里有桌子、烧烤区，还有简易厕所。公园入口位于巴尔马小镇以北6公里处（在小酒馆处转弯即可）。

活动

Kingfisher Cruises 游轮

（☎03-5855 2855; www.kingfishercruises.com.au; 1小时游轮 成人/儿童/家庭 $32/17/80, 2小时游轮 $37/21/100; ⊙周一、周三、周四、周六和周日10:30）平底船按日外租，来一场Kingfisher Cruises之旅，绝对会让你大长见识。一路上鸟类和哺乳动物层出不穷，船长会一一指给你看。提前打电话咨询出发时间和预订事项。

霍巴特和塔斯马尼亚东南部

包括 ➡

最佳餐饮

- Pilgrim Coffee（见698页）
- Jackman & McRoss（见700页）
- Lotus Eaters Cafe（见712页）
- Summer Kitchen Bakery（见713页）

最佳住宿

- Henry Jones Art Hotel（见696页）
- Alabama Hotel（见694页）
- Duffy's Country Accommodation（见708页）
- Huon Bush Retreats（见713页）
- Jetty House（见715页）

为何去

霍巴特是澳大利亚第二古老的城市，背后是高耸的威灵顿山。这里不仅有丰富的殖民地时期建筑和优美的自然景观，而且有时尚的节日庆典、惊喜连连的集市以及顶级的美食佳饮。

沿着充满果香的休恩峡谷一路向东南行驶，就能来到丹特尔卡斯托海峡，海峡入口闪闪发光，布鲁尼岛的海岸十分迷人。

从霍巴特经过短途飞行就能到达塔斯曼半岛，这里的海岸景观和历史古迹令人惊叹不已。在这里你可以体验丛林徒步、海上冲浪和皮划艇等各种娱乐活动。

何时去

霍巴特

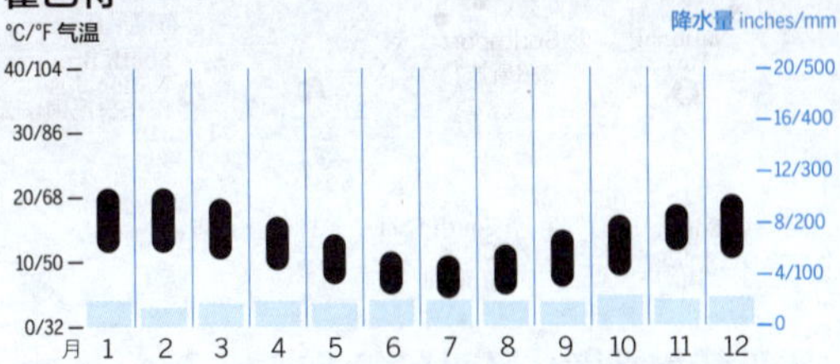

新年前夜 新年前后，霍巴特到处都是水手、游客、美食节和音乐会。

1月至3月 漫长夏日少不了吃吃喝喝、丛林徒步、板球比赛，也许还能游个泳。

6月至8月 不仅可以去欣赏一下银装素裹、白雪皑皑的威灵顿山脉，体验一番澳式橄榄球联盟的橄榄球，还可以享受一次霍巴特实惠的海滨住宿。

霍巴特(HOBART)

人口 218,000

毫无疑问，霍巴特的未来发展很有前景。这里的旅游业欣欣向荣，这个古老的城镇正自信地迈上世界舞台。做好在这里待一段时间的准备，因为你至少需要几天的时间才能一一品尝酒馆里提供的种类齐全的啤酒。

夏日的午后，海上微风吹拂，游艇迎风航行在河流上。冬日的早晨，豆汤(名为Bridgewater Jerry)一样浓的雾升腾起来，仅露出威灵顿被雪覆盖的山顶，山顶这一块巨大凹凸的石头，好像是为山地自行车骑行和丛林徒步而特地存在的。

沿海滨往下走，萨拉曼卡市场两边的咖啡馆、酒吧及餐馆，还有附近的巴特里角

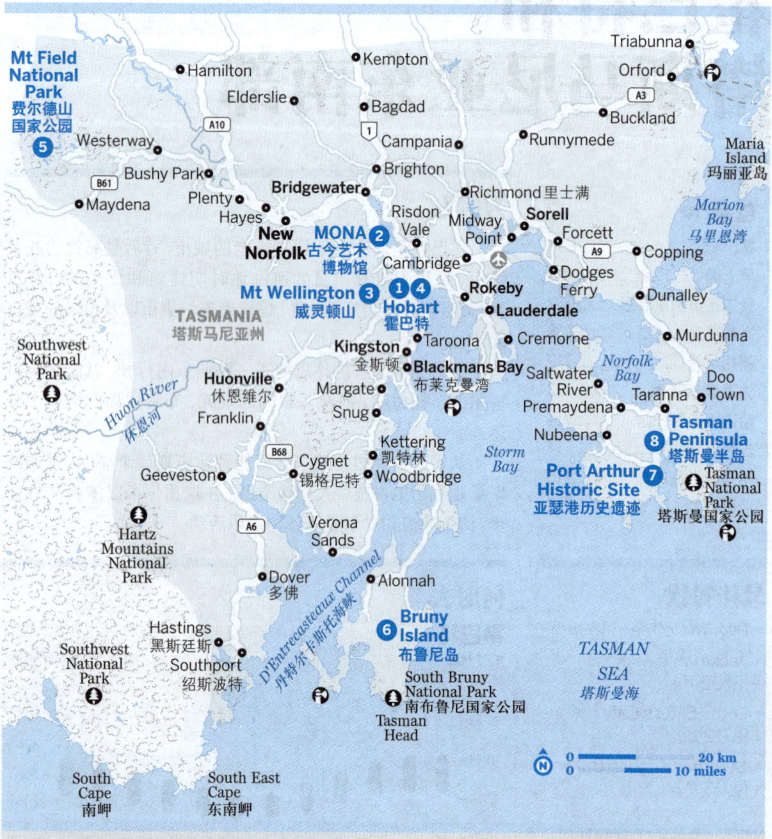

霍巴特和塔斯马尼亚东南部亮点

❶ 悠闲地穿行在**霍巴特**周六早上的**萨拉曼卡市场**(见689页)迷宫般的摊位之中。

❷ 在**古今艺术博物馆**(见689页)获得灵感、体验震撼、接受教育并愉悦身心。

❸ 骑着山地车从**威灵顿山**(见689页)山顶直冲而下。

❹ 在**霍巴特**的**滨水酒吧和小酒馆**(见701页)享受周末。

❺ 在**费尔德山国家公园**感受**罗素瀑布**(见707页)飞溅的水花带来的清凉。

❻ 关掉手机，在**布鲁尼岛**(见708页)清静几日。

❼ 在**亚瑟港历史遗迹**(见718页)缅怀或远或近的历史。

❽ **划橡皮艇**(见716页)畅游环**塔斯曼半岛**的充满野趣和惊艳美景的海岸线。

（Battery Point），向我们展示了塔斯马尼亚最好的农产品。富裕的沙湾（Sandy Bay）和具有波希米亚风情的霍巴特北部的Elizabeth St沿途有更棒的美食和酒宴。继续北进，古今艺术博物馆提升了这个城市的国际形象。

历史

半游牧的Mouheneer人是这里最初的定居者。欧洲人最早于1803年选择了德温特河（Derwent River）东岸的里斯登湾（Risdon Cove）作为定居点，但一年后他们便迁至现在的霍巴特。

19世纪20年代，英国的监狱人满为患，数以万计的犯人被铁链捆着赶进散发着腐烂气息的大船里，一路航行至霍巴特镇，在这里恶劣的条件下服刑。19世纪50年代，在数不尽的港湾客栈里，到处都是水手、士兵、捕鲸者、流氓和妓女，常常借酒滋事，吵闹不休，从事皮肉交易。

可以这么说，这座城市还是处于半醉半醒之间。如果有一天霍巴特的海滨不再是人们聚到一起喝啤酒的地方，倒真会是一件伤心事。不过如今这些酒吧里的“囚徒”更多是那些白领们，而非真正的坏家伙。霍巴特的家丑不可外扬——土著的塔斯马尼亚人和成千上万的囚犯在这里受尽折磨而死去——但这个古镇亮丽的景致和轻松的气氛已经驱散了那些阴魂。

景点

市中心

★农场大门市场 市场

（Farm Gate Market，见690页地图；www.farmgatemarket.com.au；Bathurst St，Elizabeth St和Murray St之间；周日9:00~13:00）虽然位于海滨的萨拉曼卡市场（Salamanca Market）已经成功运营了几十年，但这个新兴活跃的新美食街市场也同样物超所值。9:00，大铜铃一敲响，商品交易就开始了。为了买到最实惠的东西，你必须在人群的推挤中前行，或者你可以不紧不慢地饱览各种水果、蔬菜、蜂蜜、葡萄酒、烘焙食品、啤酒、熏肉、咖啡、坚果、油、鲜花和果酱……实在是太棒了！

监狱教堂历史古迹 历史古迹

（Penitentiary Chapel Historic Site，见686页地图；03-6231 0911；www.penitentiarychapel.com；Brisbane St和Campbell St交叉路口；团队游成人/儿童/家庭$12/5/25；团队游 周日至周五10:00、11:30、13:00和14:30，周六13:00和14:30）这里的法庭、牢房和刑房都引人深思。作家T.G.福特曾有过这样的想法：“当魔鬼穿梭在霍巴特监狱的时候，映入他眼帘的是一个孤独的牢房；魔鬼很欣慰，因为这给了他一个暗示：去教育拯救那些身陷地狱之人。”你可以参加国民托管组织运营的超赞团队游，或者一个小时的**监狱教堂幽灵之旅**（Penitentiary Chapel Ghost Tour，见686页地图；03-6231 0911；www.hobartghosts.com；成人/儿童/家庭$15/10/50；周一和周五20:30），一周组织两次（需提前预订）。

塔斯马尼亚海事博物馆 博物馆

（Maritime Museum of Tasmania，见690页地图；03-6234 1427；www.maritimetas.org；16 Argyle St；成人/儿童/家庭$9/5/18；9:00~17:00）以沉船、造船、捕鲸为特征的霍巴特与大海有着千丝万缕的关系，塔斯马尼亚海事博物馆拥有众多有着静态美并让人痴迷的展品，如老照片、油画、模型和遗物（馆内有一只来自Rhexenor号轮船的大铜钟，忍住你敲击它的冲动吧）。博物馆楼上是地方议会经营的**Carnegie Gallery**（见690页地图；10:00~17:00）免费，展示了当代的塔斯马尼亚艺术品、工艺品、设计品和摄影作品。

议会大厦 历史建筑

（Parliament House，见690页地图；03-6212 2248；www.parliament.tas.gov.au；Salamanca Pl；团队游 周一至周五非开会日10:00和14:00）免费 塔斯马尼亚州的砂岩议会大厦（建于1840年）起初是海关大厦，紧邻萨拉曼卡广场，屹立于一个种满橡木的公园中。Murray St下面有一条从议会大厦通往海关大厦的隧道，海关大厦的对面是一家小酒馆。官方称没有人知道该隧道的用途，但我们有一系列猜测。没有会议时，公众可以进去游览参观45分钟。

皇家剧院 历史建筑

（Theatre Royal，见690页地图；www.theatrer

Hobart 霍巴特

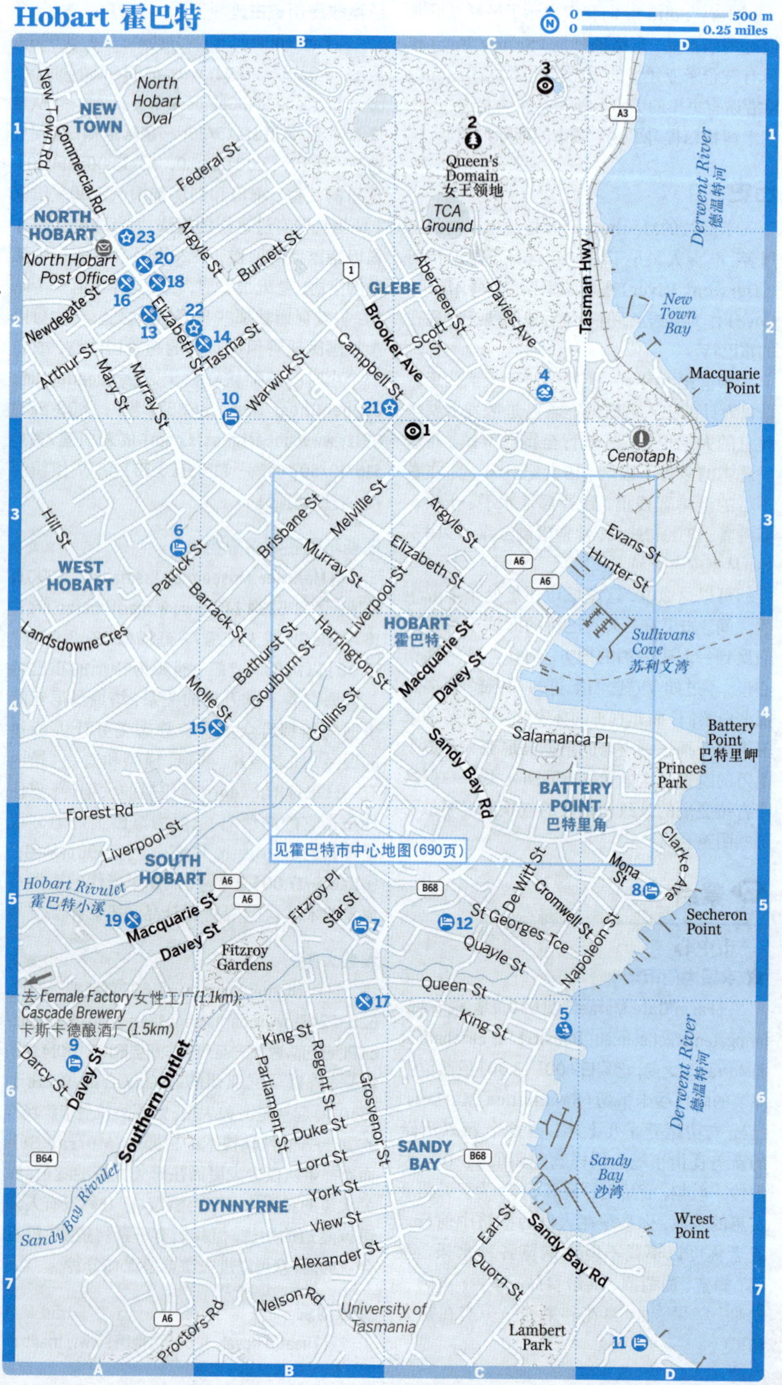
0 500 m
0 0.25 miles
A B C D
1 2 3 4 5 6 7
North Hobart Oval
NEW TOWN
New Town Rd
Commercial Rd
Federal St
NORTH HOBART
North Hobart Post Office
Argyle St
Burnett St
Newdegate St
Elizabeth St
Tasma St
Arthur St
Mary St
Murray St
Warwick St
Queen's Domain 女王领地
TCA Ground
GLEBE
Brooker Ave
Aberdeen St
Scott St
Davies Ave
Campbell St
Tasman Hwy
Derwent River 德温特河
New Town Bay
Macquarie Point
Cenotaph
Hill St
WEST HOBART
Patrick St
Barrack St
Brisbane St
Melville St
Murray St
Argyle St
Elizabeth St
Liverpool St
Evans St
Hunter St
Landsdowne Cres
Harrington St
Bathurst St
Goulburn St
HOBART 霍巴特
Macquarie St
Davey St
Sullivans Cove 苏利文湾
Molle St
Collins St
Sandy Bay Rd
Salamanca Pl
Battery Point 巴特里岬
Princes Park
BATTERY POINT 巴特里角
Forest Rd
Liverpool St
SOUTH HOBART
见霍巴特市中心地图(690页)
Hobart Rivulet 霍巴特小溪
Macquarie St
Davey St
Fitzroy Pl
Star St
De Witt St
Cromwell St
Mona St
Clarke Ave
Secheron Point
St Georges Tce
Quayle St
Napoleon St
Fitzroy Gardens
Queen St
去Female Factory女性工厂(1.1km);
Cascade Brewery
卡斯卡德酿酒厂(1.5km)
King St
Darcy St
Davey St
Southern Outlet
King St
Parliament St
Regent St
Grosvenor St
Duke St
Lord St
SANDY BAY
Sandy Bay 沙湾
York St
DYNNYRNE
View St
Sandy Bay Rivulet
Alexander St
Earl St
Sandy Bay Rd
Wrest Point
Quorn St
Nelson Rd
Proctors Rd
University of Tasmania
Lambert Park
A1 A3 A6 B64 B68

Hobart 霍巴特

景点

1	监狱教堂历史古迹	C3
2	女王领地	C1
3	皇家塔斯马尼亚植物园	C1

活动、课程和团队游

4	霍巴特水上中心	C2
	监狱教堂幽灵之旅	（见1）
5	Roaring 40s Kayaking	C6

住宿

6	Altamont House	A3
7	Apartments on Star	B5
8	Grand Vue Private Hotel	D5
9	Islington	A6
10	Lodge on Elizabeth	B2
11	Motel 429	D7
12	Quayle Terrace	C5

就餐

13	Burger Haus	A2
14	Elizabeth St Food + Wine	B2
15	Pigeon Hole	B4
16	Raincheck Lounge	A2
17	Solo Pasta & Pizza	B6
18	Sweet Envy	A2
19	Vanidol's	A5
20	Vanidol's	A2

娱乐

21	Brisbane Hotel	B2
22	Republic Bar & Café	A2
23	State Cinema	A2

oyal.com.au；29 Campbell St；1小时团队游成人/儿童$12/10；⌚团队游周一、周三和周五11:00）你可以在这座霍巴特最负盛名的皇家剧院里参观其后台。从1834年开始，这里就是有着夸张演技演员的聚集地。尽管1984年经历了一场大火，但皇家剧院仍旧是澳大利亚最古老的剧院。

海滨和萨拉曼卡广场

萨拉曼卡广场 历史古迹

（Salamanca Place，见690页地图；www.salamanca.com.au）这排四层砂岩货栈景色如画，是澳大利亚殖民建筑中最具代表的一个。萨拉曼卡广场最早可追溯到19世纪30年代的捕鲸时代，它曾是霍巴特镇的商贸中心。20世纪中叶，许多货栈已成为废墟，直到20世纪70年代才开始重新修建。如今的萨拉曼卡有很多餐厅、咖啡馆、酒吧和商铺，还有不容错过的萨拉曼卡市场——周六上午营业（见689页）。

海滨 历史古迹

（Waterfront，见690页地图）霍巴特人就像海鸥似的群集到海滨，品尝薯条。海滨的中心地带位于**维多利亚码头**（Victoria Dock，一个作业中的渔港）和**宪法码头**（Constitution Dock，挤满了提供海鲜外卖的平底船），值得你去探索一番。来霍巴特你一定要坐在阳光下，享受温暖阳光，品尝美味炸鱼和薯条，欣赏海港的潮起潮落。如果你想享用正餐，这里也有一些很棒的餐馆——去**Elizabeth Street Pier**吧。

★莫森小屋复原博物馆 博物馆

（Mawson's Huts Replica Museum，见690页地图；www.mawsons-huts-replica.org.au；Morrison St和Argyle St交叉路口；成人/儿童/家庭$12/4/26；⌚10月至次年4月9:00~18:00，5月至9月10:00~17:00）这座新建的超棒海滨建筑是道格拉斯·莫森爵士（Sir Douglas Mawson）在南极探险时居住的小木屋的精确复原品，1911~1914年，莫森领导的澳大利亚的南极探险之行，就是从霍巴特出发的。博物馆内的一切都是100%真品，就连火柴、炉子和床铺也是。一位知识渊博的导游坐在一张粗糙的桌子旁边，随时准备为你解答有关南极的问题。门票收入都拿去用于南极Cape Denison原址木屋的维修了。

塔斯马尼亚州博物馆和美术馆 博物馆

（Tasmanian Museum & Art Gallery，见690页地图；www.tmag.tas.gov.au；Dunn Pl；⌚周二至周日10:00~16:00）**免费** 塔斯马尼亚州博物馆和美术馆是粮仓（Commissariat Store）的原址，建于1808年，是霍巴特最古老的建筑。这座翻新过的博物馆的特色展览是殖民遗迹、土著作品和野生动植物。美术馆里收集了塔斯马尼亚殖民时期的艺术。周三至周日13:00和14:00有免费的导览游（学生们可能没有你对艺术发展感兴趣），此外每周三11:00，博物馆内还有一个历史村舍可供参观。馆内还有一个不错的咖啡馆。

巴特里角、沙湾和南霍巴特

巴特里角 历史古迹

（Battery Point，见690页地图；www.batterypoint.net；巴特里角）这个古老的沿海村庄有着19世纪的农舍和小巷，小巷和农舍紧挨着，就像水手们挤在船舱里。在这里你可以花一个下午去探索：从萨拉曼卡广场蹒跚地爬上**凯利阶梯**（Kelly's Steps），然后进入**南街**（South Street），这里曾是红灯区。你可以在如诗如画的**Arthur Circus**流连忘返，在**Hampden Road**上的咖啡馆补充能量，然后去Cromwell St街上的**圣乔治圣公会教堂**（St George's An-glican Church）探寻一番。

卡斯卡德酿酒厂 自酿酒吧

（Cascade Brewery；☎03-6224 1117；www.cascadebrewery.com.au；140 Cascade Rd，South Hobart；酿酒厂团队游 成人/家庭$25/65，遗产团队游 成人/家庭$15/37；⏲酿酒厂团队游每日11:00和12:30，遗产团队游周一、周三和周五12:30）在清澈的霍巴特小溪（Hobart Rivulet）溪畔，矗立着一栋惊艳的哥特式独立建筑，那就是澳大利亚最古老的酿酒厂——卡斯卡德酿酒厂。卡斯卡德酿酒厂建于1832年，至今仍然出产质量上乘的啤酒。团队游有大量的历史讲解，最后还可以品尝美酒。需要注意的是，16岁以下的游客不可以参加酿酒厂团队游（可以参加适合家庭游的历史遗迹团队游）。而且周末酿酒厂是不开放的（酿酒者也要过周末）。必须预订。乘坐44路、46路、47路或者49路公交车均可到达此地。

威灵顿山 山

（Mt Wellington；Kunanyi；www.wellingtonpark.org.au；Pinnacle Rd，经由Fern Tree）高耸的威灵顿山（海拔1270米）常年覆盖着冬雪，像一位仁慈的君王俯视着整个霍巴特。其雄伟屹立的姿态让市民感到无比安心，户外运动者们则可在其树影婆娑的山坡上徒步和骑行。威灵顿山顶的景色十分雄伟壮观，让人难以置信！你可以选择驱车于一条柏油马路上，一路直达峰顶；或者选择乘坐**霍巴特往返巴士公司**（Hobart Shuttle Bus Company；☎0408 341 804；www.hobartshuttlebus.com；团队游成人/儿童$30/20，换乘每人$20）的公交车。公司每日提供2小时的山顶游，另外为徒步旅行者提供单程换乘服务。

女性工厂 历史遗迹

（Female Factory；☎03-6233 6656；www.femalefactory.org.au；16 Degraves St，South Hobart；成人/儿童/家庭$5/5/15，团队游 成人/儿童/家庭$15/10/40，《她的故事》戏剧 成人/儿童/家庭$20/12.50/60；⏲9:30~16:00，团队游10:00~15:00每小时1次，《她的故事》戏剧11:00）女性工厂最终被认定为一个重要的历史遗址

在霍巴特的……

两日

漫步**巴特里角**（见688页）追忆历史——一定要去**Jackman & McRoss**（见700页）品尝蛋糕和咖啡。而后，沿着凯利阶梯（Kelly's Steps）向下去**萨拉曼卡广场**（见689页），看看那里的工艺品和艺术品店，或者到霍巴特最好的酒吧**Knopwood's Retreat**（见701页）畅饮卡斯卡德（Cascades）啤酒。在**莫森小屋复原博物馆**（Mawson's Hut Replica Museum，见687页）重温霍巴特的南极遗产，之后沿着苏利文湾（the Sullivans Cove）漫步，然后在**Flippers**（见699页）吃晚餐——炸鱼薯条。

第二天，在位于萨拉曼卡广场的**Retro Café**（见699页）吃一顿丰盛的早餐恢复体力[如果是周六，还有**萨拉曼卡市场**（见689页）]，然后搭渡轮参观**古今艺术博物馆**（见689页）度过一个极具颠覆性的下午。回归现实，在North Hobart吃完晚餐喝点东西后，去**Republic Bar & Café**（见702页）感受现场音乐的魅力。

不要错过

萨拉曼卡市场

从1972年起，每周六上午露天开放的萨拉曼卡市场（见690页地图；www.salamanca.com.au；⏲周六8:00～15:00）吸引着来自各地的嬉皮士和工艺品商人，在绿树成荫的萨拉曼卡广场上摆摊。这个市场出售塔斯马尼亚的新鲜有机土特产、二手服装和书籍、旅游纪念品、陶瓷制品和木制品、廉价太阳镜、老古董、美味食物和饮品……应有尽有，但是观看来来往往的人群才是真正有意思的事。不管天气如何，一定要来此逛逛！

（被押解至"范迪门地"的罪犯，每四人中就有一名是女性），这里是霍巴特女性囚犯被囚禁的地方。你可以独自探索该遗址，也可以预订导览游，或者观看戏剧《她的故事》。该遗址离卡斯卡德酿酒厂（Cascade Brewery）不远，因此一下午的时间足够游览参观两地，肯定是一个美妙的行程。可乘公共交通到达此地，乘坐44路、46路、47路或者49路公交车，在第13站下车。

北部郊区

★古今艺术博物馆 博物馆、画

（MONA；☎03-6277 9900；www.mona.net.au；655 Main Rd，Berriedale；成人/儿童$20/免费，塔斯马尼亚居民免费；⏲12月和2月至4月周三至周一10:00～18:00，1月每日10:00～18:00，5月至11月周三至周一10:00～17:00）古今艺术博物馆位于霍巴特市中心以北12公里处，坐落在德温特河的一块状如平底锅的半岛上。建筑外层完全被石块包裹，地下的三层楼面展品的排布摆放独具匠心，这座博物馆耗资7500万澳元，它的慈善家主人大卫·沃尔什（David Walsh）称之为"一座颠覆性的成人迪斯尼乐园"。古老的文物陈列在当代作品旁边，十分迷人，令人兴奋不已、思绪万千，深深地沉浸在其中。千万不要错过。

从布鲁克街码头搭乘快速渡轮或往返公交车就能到达这里（往返$20）。所有预订均可在网上完成。

皇家塔斯马尼亚植物园 花园

（Royal Tasmanian Botanical Gardens，见686页地图；☎03-6236 3057；www.rtbg.tas.gov.au；Lower Domain Rd，Queen's Domain；⏲10月至次年3月8:00～18:30，4月和9月8:00～17:30，5月至8月8:00～17:00）免费 这些小巧迷人的花园位于女王领地（Queen's Domain）的东边，建于1818年，种植了6000多种国内外的花草树木。在这里你可以在草坪上野餐，可以游览亚南极的暖房（Subantarctic Plant House）或者去植物餐馆（Botanical Restaurant）随便吃点东西，植物餐馆里有一个礼品店和小卖部。穿过大门便来到博马里斯动物园（Beaumaris Zoo）的旧址。1936年，最后一只被捕获的塔斯马尼亚虎死在这里。

东海岸

塔斯马尼亚州板球博物馆 博物馆

（Tasmanian Cricket Museum；☎03-6282 0433；www.crickettas.com.au/blundstone-arena/museum-library；Church St和Derwent St交叉路口，Bellerive；成人/儿童$2/1，团队游$10/2；⏲周二至周四10:00～15:00，周五至正午）板球球迷可以驾车直达Blundstone竞技场。这里有精彩的板球博物馆和图书馆，还有椭圆板球场团队游（可打电话咨询时间并预订）。没有纪念大卫·布恩（David Boon）的庆典，尽管1989年他在从悉尼飞往伦敦的航班上狂饮了52听啤酒。从市区发车的608路公交车会经过椭圆板球场。

活动

骑车

★Mt Wellington Descent 骑车

（☎1800 064 726；www.underdownunder.com.au；成人/儿童$75/65；⏲全年每日10:00和13:00，1月和2月另有16:00）先乘小客车到达威灵顿山（海拔1270米）山顶，然后骑山地车顺山势直下22公里。超级好玩，简直就是用最少的力气欣赏最美的景色！团队游的起止地点都是霍巴特海滨的Brooke St Pier。

Central Hobart 霍巴特市中心

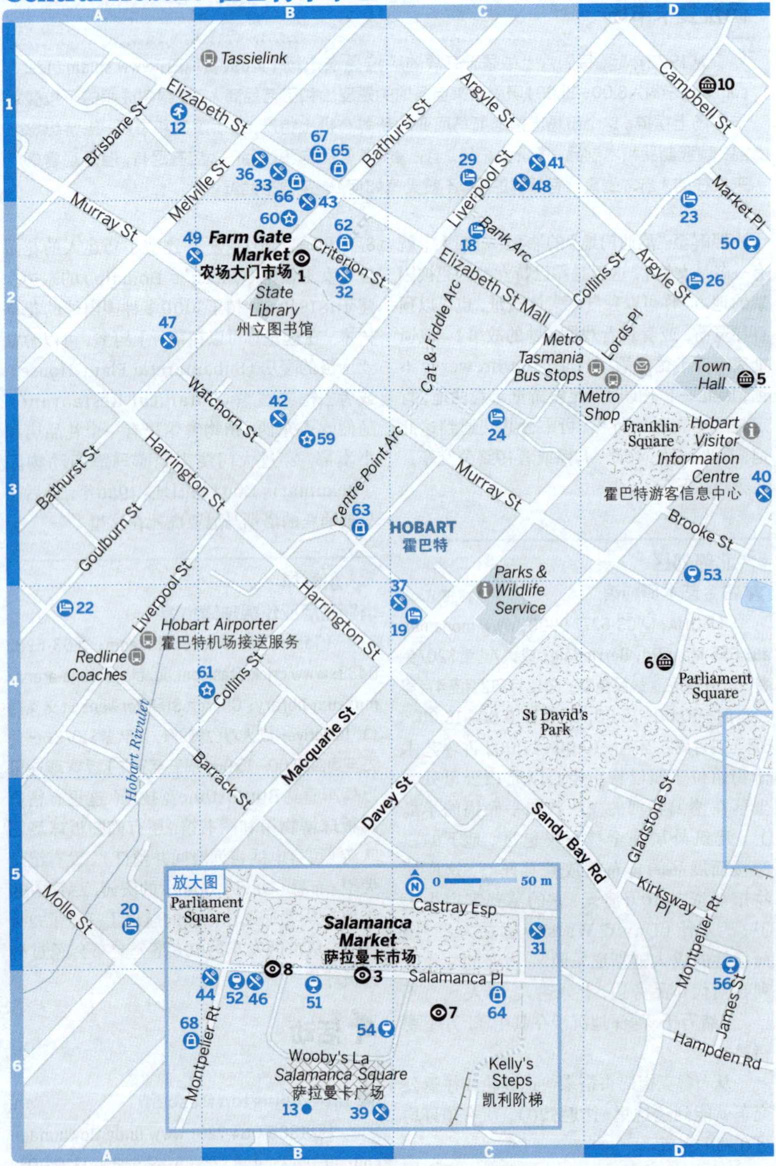

Artbikes 自行车出租

（见690页地图；☎03-6165 6666；www.artbikes.com.au；146 Elizabeth St；⊙周一至周五 9:00~16:30）只要身高超过140厘米，你便可以从Artbikes免费租用城市自行车。只需一张信用卡和带照片的身份证件。如果租的车子第二天还，价格是$22；若租了度周末，价格是$44。

Hobart Bike Hire 自行车出租

（见690页地图；☎0447 556 189；www.

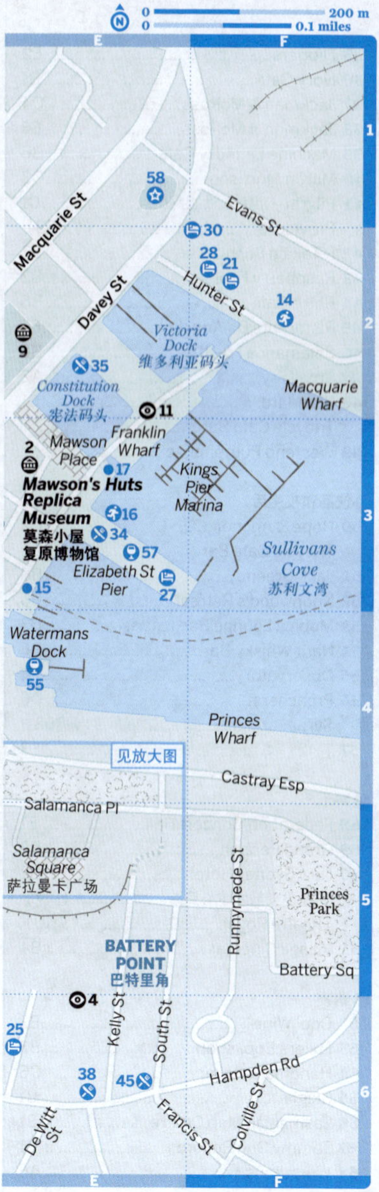

hobartbikehire.com.au; 35 Hunter St; 自行车租用每天/隔夜$25/35起; ⏲9:00~17:30)位于霍巴特海滨的中心地带，提供各种新颖的自助游路线，如城市周边游，或沿德温特河岸去往MONA。这里也出租电动车和双人自行车，附带地图和头盔。

海上皮划艇

Roaring 40s Kayaking

皮划艇

(见686页地图; ☎0455 949 777; www.roaring40skayaking.com.au; 成人/儿童$90/50; ⏲全年每日10:00, 11月至次年4月另有16:00)从水上看到的霍巴特或许是最美的霍巴特。Roaring 40s皮划艇安全平稳，耗时2.5小时，带导游，名字来自这一纬度的盛行风。你可以从沙湾(Sandy Bay)乘游轮经巴特里角(Battery Point)进入霍巴特码头，在返回沙湾之前你可以品尝炸鱼和薯条。

游泳和冲浪

想要安全卫生的游泳环境，那就去镇子南部的金斯顿(Kingston)或布莱克曼湾(Blackmans Bay)吧。当地最好的冲浪地点就是克里夫顿海滩(Clifton Beach)和山羊海滩(Goats Beach)，去南湾(South Arm)会经过这里。

霍巴特水上中心

游泳

(Hobart Aquatic Centre, 见686页地图; ☎03-6222 6999; www.hobartcity.com.au/recreation/the_hobart_aquatic_centre; 1 Davies Ave, Queen's Domain; 成人/儿童/家庭$7.50/5/20; ⏲周一至周五6:00~21:00, 周六和周日8:00~18:00)就算是下雨天，霍巴特水上中心依然开放水疗娱乐中心。中心内部有休闲泳池、赛道泳池、水疗馆、桑拿房、蒸汽室、水中健美操，以及为水性差的人准备的正规有氧运动。

帆船

Lady Nelson

帆船

(见690页地图; ☎03-6234 3348; www.ladynelson.org.au; Elizabeth St Pier; 成人/儿童$30/10; ⏲10月至次年3月 周六和周日11:00、13:00和15:00, 4月至9月11:00和13:00)乘坐极为坚固的Lady Nelson号双桅横帆船的复制品来一次90分钟的旅行，Lady Nelson号是第一批驶抵塔斯马尼亚的殖民船只之一。偶尔也会提供旅途长一点的旅行；详情请上网查询。

Central Hobart 霍巴特市中心

重要景点

1 农场大门市场 B2
2 莫森小屋复原博物馆 E3
3 萨拉曼卡市场 B6

景点

4 巴特里角 E6
Carnegie Gallery （见5）
5 塔斯马尼亚海事博物馆 D2
6 议会大厦 D4
7 萨拉曼卡艺术中心 C6
8 萨拉曼卡广场 B6
9 塔斯马尼亚州博物馆和美术馆 E2
10 皇家剧院 D1
11 海滨 E2

活动、课程和团队游

12 Artbikes A1
13 Ghost Tours of Hobart & Battery Point B6
14 Hobart Bike Hire F2
15 霍巴特历史游轮游 E3
16 Lady Nelson E3
17 Tasman Island Cruises E3

住宿

18 Alabama Hotel C2
19 Astor Private Hotel C4
20 Edinburgh Gallery B&B A5
21 Henry Jones Art Hotel F2
22 Hobart Hostel A4
23 Hotel Collins D2
24 Imperial Hotel Backpackers C3
25 Montacute E6
26 Montgomery's Private Hotel & YHA D2
27 Somerset on the Pier E3
28 Sullivans Cove Apartments F2
29 Tassie Backpackers C1
30 Zero Davey F2

就餐

31 Blue Eye C5
32 Criterion Street Café B2
33 Ethos B1
34 Fish Frenzy E3
35 Flippers E2
36 Ivory Cafe B1
37 Jackman & McRoss C4
38 Jackman & McRoss E6
39 Machine Laundry Café B6
40 Mill on Morrison D3
41 Pilgrim Coffee C1
Providore （见33）
42 R.Takagi Sushi B3
43 Raspberry Fool B2
44 Retro Café B6
45 Ristorante Da Angelo E6
46 Salamanca Fresh B6
47 Small Fry A2
48 Standard C1
Tricycle Café Bar （见7）
49 Westend Pumphouse A2

饮品和夜生活

50 Hope & Anchor D2
Tricycle Café Bar （见21）
51 Jack Greene B6
52 Knopwood's Retreat B6
53 Mobius Lounge Bar D3
54 Nant Whisky Bar B6
55 Observatory E4
56 Preachers D6
Syrup （见52）
57 T-42° E3

娱乐

58 Federation Concert Hall E1
59 Grand Poobah B3
60 New Sydney Hotel B2
萨拉曼卡艺术中心庭院 （见7）
Theatre Royal （见10）
61 Village Cinemas B4

购物

62 Cool Wine B2
63 Fullers Bookshop B3
64 Handmark Gallery C6
65 Skigia B1
66 Tasmanian Map Centre B1
67 Tommy Gun Records B1
68 Wursthaus A6

团队游

Hobart Historic Tours 步行游览

（☎03-6238 4222，03-6231 4214；www.hobarthistorictours.com.au；团队游 成人/儿童/家庭$30/14/75）这里有极丰富有趣的90分钟霍巴特徒步游（周四至周六15:00和周日9:30）和历史名胜巴特里角徒步游（周三17:00和周六13:00）。此外还有老霍巴特酒馆之旅（Old Hobart Pub Tour，周四至周六17:00），这些酒馆位于海滨地区的酒吧之间。缩短冬季出行计划，但务必提前预订。

Gourmania 美食游

（☎0419 180 113; www.gourmaniafoodtours.com.au; 每人$95起）美食游带你穿梭于萨拉曼卡广场周围和霍巴特市中心，品尝当地美食，与餐馆、咖啡馆和商店老板谈天说地。本书将会提到霍巴特最棒的咖啡馆游。

Louisa's Walk 步行游览

（☎03-6229 8959, 0437 276 417; www.livehistoryhobart.com.au; 2小时团队游 成人/家庭$35/90）参观"女性工厂"的霍巴特女囚遗址是一次很棒的团队游（见688页），"漫步剧场"（strolling theatre）有现场表演，为我们重现了这一段历史。旅行团14:00从卡斯卡德酿酒厂出发。

霍巴特历史游轮游 乘船游

（Hobart Historic Cruises, 见690页地图; ☎03-6223 5893; www.hobarthistoriccruises.com.au; 6 Franklin Wharf; 1小时游轮 成人/儿童/家庭$20/15/60; ⊙每日都有）乘坐模样有趣的老式渡轮从霍巴特的海滨出发，在德温特河上游览。还有游览时间更长的午餐巡游（成人/儿童/家庭$30/25/100）和晚餐巡游（$49/45/150），顺流方向和逆流方向都有。可打电话咨询时间并预订。

红色双层巴士 巴士游

（Red Decker; ☎03-6236 9116; www.reddecker.com.au; 途经20个站点 成人/儿童/家庭$30/15/80）可以在老式的伦敦双层巴士上听到观光讲解。可以购买一张涵盖20站、随上随下的通票（有效期3天），或是参加90分钟的环线团队游。再加一点钱就可以参加卡斯卡德酿酒厂团队游（成人/儿童/家庭$55/30/140）或者威灵顿山团队游（$55/30/130）。

Jump Tours 巴士游

（☎0422 130 630; www.jumptours.com）为期3天或5天的塔斯马尼亚游，以年轻人和背包客为主。

Under Down Under 巴士游

（☎1800 064 726; www.underdownunder.com.au）提供绿色环保、适合背包客的短途旅行。有为期3天到9天的各种团队游。

Tasmanian Whisky Tours 酿酒厂团队游

（☎0412 099 933; www.tasmanianwhiskytours.com.au; 每人$185; ⊙周三、周五和周日9:00）苏利文湾威士忌（Sullivans Cove Whisky）在2014年的世界威士忌大赛（World Whisky Awards）中获得著名的"最佳单一麦芽威士忌"（Best Single Malt）奖章，从此塔斯马尼亚威士忌声名大噪。参观三四个酿酒厂，品尝至多10种顶级的塔斯马尼亚单一麦芽威士忌。至少四位游客才能成团。

Ghost Tours of Hobart & Battery Point 步行游览

（见690页地图; ☎0439 335 696, 03-3933 5696; www.ghosttoursofhobart.com.au; 成人/儿童$25/15）大多数日子的黄昏时分，会有从萨拉曼卡广场的面包店（Bakehouse）出发的徒步团队游。务必提前预订，8岁以下儿童禁止参加。

节日和活动

★Taste of Tasmania 美食节、葡萄酒节

（www.thetasteoftasmania.com.au）新年前后在海滨举办的活动，为期一周，是一场塔斯马尼亚超凡美食的盛会。现场提供的海鲜、葡萄酒、奶酪都极其鲜美，或者去尝尝蘑菇、松露和覆盆子。当然少不了现场音乐。

古今艺术博物馆音乐艺术节 音乐、艺术

（MONA FOMA, MOFO; www.mofo.net.au; ⊙1月）MONA FOMA是"古今艺术博物馆音乐艺术节"的首字母缩写。MONA每年1月都会举办博采众长的音乐艺术节，其特色是引人注目的"杰出驻点艺术家"（EAR）。之前的EAR有约翰·凯尔（John Cale）和尼克·凯夫（Nick Cave）。真是激动人心。

澳大利亚木船节 文化

（Australian Wooden Boat Festival; www.australianwoodenboatfestival.com.au）澳大利亚木船节是每两年（奇数年）举办一次的盛会，举办时间是2月中旬，与皇家霍巴特赛艇节（Royal Hobart Regatta）举办时间一致。该节日展示了塔斯马尼亚的造船历史和航海传统。节日期间，你几乎能闻到水松的味道！

Ten Days on the Island 文化、艺术

(www.tendaysontheisland.com)岛上十日节是塔斯马尼亚首要的文化节日，是每两年举行一次的盛会(奇数年，通常3月底至4月初举行)。全州范围内庆祝塔斯马尼亚的艺术、音乐和文化，有音乐会、展览、舞蹈、电影、戏剧和工作坊。

Dark MOFO 音乐、艺术

(www.darkmofo.net.au) Dark MOFO是MONA FOMA的邪恶姊妹篇，举办时间是6月冬至日的黄昏。节日当天有现场音乐、装置艺术展、读书会、黑色电影和午夜宴会，烘托出塔斯马尼亚州十足的哥特气质。

Tasmanian Beerfest 啤酒节

(www.tasmanianbeerfest.com.au)来自澳大利亚和世界各地的200多种啤酒都将悉数亮相，各位可以边享受海滨的美味饮食和美妙音乐，边观看啤酒的制作过程。11月举办。

悉尼—霍巴特帆船赛 体育

(Sydney to Hobart Yacht Race; www.rolexsydneyhobart.com)每年一次的悉尼—霍巴特帆船赛，是世界最负盛名也是最具挑战性的比赛，参赛船只将在12月29日左右陆续抵达霍巴特，正好赶上新年前夜(船主们当然可以开派对庆祝)。

Falls Festival 音乐节

(www.fallsfestival.com.au)塔斯马尼亚版的摇滚音乐节，比维多利亚摇滚音乐节更胜一筹！从12月29日至次年1月1日，在霍巴特东部的马里恩湾(Marion Bay)有为期四天三夜的现场音乐节，届时会有国际知名音乐人(如Paul Kelly、Dan Sultan、Cold War Kids和Alt J)到场。

住宿

尽管苏利文湾海滨和萨拉曼卡广场的住宿价格昂贵、空房率低，但它们依然是霍巴特最受欢迎的住宿区。如果你想1月去霍巴特旅游，一定要尽可能早地提前预订房间。虽然中央商务区整体氛围一般，但大多数适合背包客的青年旅舍、带住宿的小酒馆和中档酒店都聚集此地。

市中心北部的郊区是北霍巴特(North Hobart)和新城(New Town)，那里有离北霍巴特餐馆(North Hobart restaurants)很近的公寓和民宿，步行即可到达。市中心南部是沙湾海滨，这里的住宿价格真是非常合理。

市中心

★Alabama Hotel 酒店 $

(见690页地图；☎0499 987 698; www.alabamahobart.com.au; level 1, 72 Liverpool St; 双/标双$85/90起；📶)正如那首美国民谣所唱，"阿拉巴马，甜蜜的家！"这家老酒店的装修充满艺术气息——曾经因高端奢侈的定位受人追捧，如今已经变身为精品经济型酒店。酒店的17个房间都没有独立浴室，但酒店的公用设施都很干净齐全。酒店装修时尚，色彩斑斓，装饰复古华美，有全天营业的酒吧，酒吧带有阳台，可以观赏街景。太酷了！

Tassie Backpackers 青年旅舍 $

(Brunswick Hotel, 见690页地图；☎03-6234 4981; www.tassiebackpackers.com; 67 Liverpool St; 双人间$20~30，双/标三 带独立卫生间$79/85起；📶)尽管我们无法忍受到处都是用"塔斯马尼亚"命名的地方，但我们很难否认这个酒店的优点(霍巴特最便宜的床位?)。酒店历史悠久(这里的一些砂岩墙壁可以追溯到1816年)，现在提供很多公用区域，比如中央位置的厨房和洗衣室。酒店管理者真是精力充沛，还在酒店楼下经营一家酒吧。

悉尼—霍巴特帆船赛

悉尼—霍巴特帆船赛可以说是世界上规模最大、难度最大的离岸赛艇赛事之一，赛程于新年前夕在霍巴特的宪法码头结束。历经疾风巨浪的领航帆船抵达终点，筋疲力尽的船员开香槟庆祝，整座城市陷入狂欢。新年第一天，在海港找一处阳光明媚的地方，津津有味地吃一顿来自**Taste of Tasmania**(见693页)的午餐，然后悠闲地眺望水面的三角帆船。

带孩子游霍巴特

在霍巴特，父母不用倾囊而出，也可以让一家人玩得愉快。在萨拉曼卡艺术中心有免费的**周五晚间音乐会**（Friday-night music，见703页）适合家庭参与，周六在**萨拉曼卡市场**（见689页）有各种街头艺人的表演，各年龄段的孩子都为之着迷。在**海滨**（见687页）永远都不会无聊：渔船在维多利亚码头（Victoria Dock）进进出出、帆船在苏利文角乘风破浪……在宪法码头的Flippers的鱼形船外卖店，不用花多少钱就可以喂饱一家人。

雨天适合孩子（或童心未泯的你）的景点，包括**塔斯马尼亚博物馆和艺术馆**（Tasmanian Museum & Art Gallery，见687页）、**塔斯马尼亚海事博物馆**（Maritime Museum of Tasmania，见685页）以及非常精彩的新建博物馆**莫森小屋复原博物馆**（Mawson's Hut Replica Museum，见687页）。

如需两人的浪漫烛光晚餐，可联系**Mobile Nanny Service**（☎03-6273 3773，0437 504 064；www.mobilenannyservice.com.au），还可咨询孩子看管服务。

Hobart Hostel 青年旅舍 $

（见690页地图；☎1300 252 192，03-6234 6122；www.hobarthostel.com；Goulburn St和Barrack St交叉路口；铺$26~30，标单/双 不带卫生间$65/73，双和标双 带卫生间$85~95；@📶）Hobart Hostel是一个酒吧（始终有摇滚乐环绕的那种）改造而成的，店内有干净整洁并刚刚装修过的普通客房，此外楼上还有性价比高的套房和双人间。酒店楼下有巨大的红色沙发，举止得体的背包客们在这里做着自己的事（在其他地方可举行派对）。

Imperial Hotel Backpackers 青年旅舍 $

（见690页地图；☎03-6223 5215；www.backpackersimperialhobart.com.au；138 Collins St；铺/标单/标双/双$24/59/82/90起；📶）这座迷宫般的青年旅舍位于市中心，是霍巴特最原始的酒店之一（建于1870年），酒店内有很多公共区域，有一间升级的厨房、高高的天花板和友好的员工，还有附加服务，比如行李寄存和旅行接待处。你可以要一间坐南朝北、面朝Collins St、阳光充足的房间。

Montgomery's Private Hotel & YHA 青年旅舍 $

（见690页地图；☎03-6231 2660；www.montgomerys.com.au；9 Argyle St；铺$29起，双和标双 有/无卫生间$140/120起，家 $118起；@）该旅舍附属于一个历史上的小酒馆（近来被称作Fluke & Bruce），是一个简约干净的青年旅馆（YHA），住宿环境宽敞明亮、安全放心，而且就在市中心。各种规格的房间分布在三层迷宫一样的楼层里，其中包括豪华套房和家庭套房。这里没有停车场，但步行去任何地方都不远。

★Astor Private Hotel 酒店 $$

（见690页地图；☎03-6234 6611；www.astorprivatehotel.com.au；157 Macquarie St；标单$79~89，双$93~140，都含早餐；📶）Astor是一座充满20世纪20年代魅力的布局分散的酒店，独具特色，如彩色玻璃窗、老式家具、天花板。老式房间有大量充足的公共设施，新一点的套房的价格最高。酒店严格执行"举止不雅者恕不接待"的政策！

Edinburgh Gallery B&B 民宿 $$

（见690页地图；☎03-6224 9229；www.artaccom.com.au；211 Macquarie St；房间 含早餐$90~230；P@📶）该酒店位于市中心西部，原为建于1909年的联邦政府机构的大楼，现在改变风格，成为一家充满艺术气息的精品酒店。酒店的一些房间没有独立卫生间，但共用的卫生间非常干净。所有房间都有DVD播放机和另类的艺术装饰（体验一下游廊套房）。酒店可爱的公共厨房提供欧式早餐（包括农场蜂蜜和果酱、酸奶、谷物和巧克力碎片饼干！）。

Hotel Collins 酒店 $$

（见690页地图；☎03-6226 1111；www.hotelcollins.com.au；58 Collins St；双$180~275，公寓$385起；❄@📶）该酒店是霍巴特最新建

的酒店之一，光鲜亮丽的外表使其他酒店尽显古老和沧桑。酒店年轻的接待人员热情接待各方来宾，整个酒店都洋溢着他们的热情。酒店共10层，所有的房间都宽敞明亮，一部分房间还能欣赏到威灵顿山雄伟壮美的景色。酒店楼下还有供客人放松的休闲咖啡吧。唯一美中不足的是没有停车场。

海滨和萨拉曼卡广场

Zero Davey 公寓 $$

（见690页地图；☎03-6270 1444，1300 733 422；www.escapesresorts.com.au；15 Hunter St；1/2/3卧室公寓房$185/329/429起；P ❄ 📶）这些现代、时尚的公寓位于霍巴特活力四射的海滨边缘，虽然它们没有值得称赞的建筑外观，但其内部很棒，而且地理位置极佳。尽量预订一个有阳台的房间，这样，在房间你就可以欣赏到霍巴特俏丽的渔船队。网上预订会有优惠。

★Henry Jones Art Hotel 精品酒店 $$$

（见690页地图；☎03-6210 7700；www.thehenryjones.com；25 Hunter St；双$310起；P ❄ @ 📶）超级时髦的HJs酒店可谓是精致典雅的典范。该酒店位于滨水地区一座修复的Henry Jones IXL果酱厂内，有少量剩余的果酱制造机器和巨大的木梁，散发着一股经典但不傲慢的气息（这里是霍巴特，不是悉尼）。酒店墙面因现代艺术的装饰而生机勃勃，店内的设施和娱乐场所（酒吧、餐馆、咖啡馆）也都是世界一流的。真的很棒。

Sullivans Cove Apartments 公寓 $$$

（见690页地图；☎03-6234 5063；www.sullivanscoveapartments.com.au；5/19a Hunter St；1/2/3卧室 双 公寓$260/320/520起，加床$45；P ❄ 📶）独特的、精致的、奢华的、私人的……这一切都是给这些时髦公寓的形容词，它们分布在霍巴特海滨五个不同的位置（所有公寓都在5/19a Hunter St登记入住）。我们的最爱是极其时尚新颖的套间，这些套间位于Morrison St上的Gibson’s Flour Mill老磨坊里面，利用了原有的木头和钢铁结构，内部设计别具特色。

Somerset on the Pier 酒店 $$$

（见690页地图；☎03-6220 6600，1800 766 377；www.somerset.com；Elizabeth St Pier；1~2卧室公寓房$295/395起；P ❄ @ 📶）这个炫酷的酒店位于霍巴特的一个显眼地段，在伊丽莎白码头的上层，奢华的公寓房设计活泼、现代，窗外即是海湾美景。带阳台的公寓贵一些，但是尽收眼底的美景胜过任何一种观光游！酒店有免费停车场，但车位有限。

巴特里角、沙湾和南霍巴特

★Montacute 青年旅舍 $

（见690页地图；☎03-6212 0474；www.montacute.com.au；1 Stowell Ave, Battery Point；铺/标双/双$35/90/100起；P 📶）这个“精品简易房”位于巴特里角，重新装修过，住客好评如潮。很多霍巴特的青年旅舍都是由老旧的小酒馆简易改造成的，但Montacute的档次不知高到哪里去了，有干净整洁的房间和公用卫生间、好看的艺术品、高档的亚麻床上用品和床垫，而且离咖啡馆很近，离市中心和萨拉曼卡只有10分钟的步行距离。总之，这是一家不错的旅舍。

★Quayle Terrace 出租屋 $$

（见686页地图；☎0418 395 543；www.quayleterrace.com.au；51 Quayle St, Battery Point；双$180~250，加床$20；P ❄）Quayle大街沿着巴特里角与沙湾的边界线延伸，以一排长长的漂亮的连排住宅为特色，很适合摄影（忽略掉电线，眼前就是19世纪90年代的景致）。Quayle Terrace是这样一个建筑——一个有两层、两个卧室并且被翻修过的高雅住宅，配有舒适的煤气取暖炉，在淋浴间就能看到山景。街上停车免费。

Tree Tops Cascades 出租屋 $$

（☎03-6223 2839，0408 323 839；www.treetopscascades.com.au；165 Strickland Ave, South Hobart；双/四$150/250起，加床每位$25；P 📶）这个可爱的带有三间卧室的住宅需要提前预订（可睡5人），它位于一个闲适恬静的灌木环境中，距离卡斯卡德酿酒厂附近的市区有6公里，离威灵顿山徒步可及。住宅占地面积2公顷，简直是一个满是野生动植物的动物园：负鼠、小袋鼠、袋狸和温顺的笑翠鸟（你可以在烧烤台上给它们喂食）。从市区乘坐44路、46路、47路和49路公交车可以到达这里。

Apartments on Star
公寓 $$

（见686页地图；☎03-6225 4799, 0400 414 656; www.apartmentsonstar.com.au; 22 Star St, Sandy Bay; 1/2/3卧公寓房$190/230/300起；P📶）这座古老的砖房公寓位于Star St的尽头（公寓的底层曾住过《孤独星球》的一位作者），现今这个砖房由两个时髦的公寓组成，紧挨着的是个新建小楼，有两个漂亮套间。砖房内部有精美的厨房、大屏的电视、高档的家具……公寓几米之外就是沙湾繁忙的餐馆。

Motel 429
汽车旅馆 $$

（见686页地图；☎03-6225 2511; www.motel429.com.au; 429 Sandy Bay Rd, Sandy Bay; 双$130~200；P❄@📶）这家汽车旅馆33个房间中，有27间正在进行内部装修，看上去漂亮时尚。旅馆员工热情友好，环境干净整洁，只需一小段车程就能到达沙湾的餐馆。豪华房间超级舒适。如果你觉得自己运气好的话，可以去对面的Wrest Point Casino赌场试试手气。

Grand Vue Private Hotel
民宿 $$$

（见686页地图；☎03-6223 8216; www.grande-vue-hotel.com; 8 Mona St, Battery Point; 双$225~285；P📶）这座建于1906年的住宅经过了精心修葺，在位置最好的房间能远眺沙湾和德温特河的美景，向另一个方向看则是壮丽的威灵顿山。时尚简约的现代化浴室和热情周到的服务，使得风景大酒店（Grande Vue）比周边类似的民宿更胜一筹。早餐（$12.50）含新鲜出炉的各色美食，来自Jackman & McRoss面包房。

霍巴特北部和西部

Hobart Cabins & Cottages
房车公园 $

（☎03-6272 7115; www.hobartcabinscottages.com.au; 19 Goodwood Rd, Glenorchy; 有电力供应营地$35，小屋 双和家$110起，三卧室房$200；P📶）位于市中心以北8公里处的Glenorchy，虽然位置不算好，但别墅、小屋、三居室等一应俱全、干净整洁。三居室最多能容纳10人入住。

Lodge on Elizabeth
民宿 $$

（见686页地图；☎03-6231 3830; www.thelodge.com.au; 249 Elizabeth St; 房间 含早餐$165~230；P📶）这座老式房屋建于1829年，曾经是校舍、寄宿宿舍和小驿站，现在变成了一家高性价比的客栈。客栈所有房间内都有古董装饰（现代主义者肯定不喜欢），并且都有独立浴室。客栈内的独立小别墅可俯瞰客栈后方的庭院，庭院里盛开着五彩缤纷的郁金香。最少住两晚。

Bay View Villas
汽车旅馆、公寓 $$

（☎1800 061 505, 03-6234 7611; www.bayviewvillas.com; 34 Poets Rd, West Hobart; 双$149~219，加床$20；P📶🏊）从市中心沿西霍巴特陡峭的斜坡向上走几千米就可到达Bay View Villas，该旅馆以接待家庭为主，提供游戏室和室内泳池（从前台循着氯气味就能找到）。旅馆前方是一排花哨的汽车旅馆套间，后面则是12个具有现代风格的一居室套间，在房间里就可以欣赏美妙的河流景色。

Islington
精品酒店 $$$

（见686页地图；☎03-6220 2123; www.islingtonhotel.com; 321 Davey St, South Hobart; 双人间$395起；P📶）作为霍巴特最好的酒店之一，Islington致力于将文物建筑和古董家具、当代艺术及富丽堂皇的花园融为一体。酒店服务细心周到，早餐供应地点是一间宽敞的暖房。夜晚，可以端一杯红酒去客用图书馆看看书、去音乐房听听音乐或去画室涂涂鸦，都是极好的享受。酒店还提供精致的私人晚餐。这一切简直棒极了！

Altamont House
公寓 $$$

（见686页地图；☎0409 145 844, 0437 344 932; www.altamonthouse.com.au; 109 Patrick St, West Hobart; 双$200，加床 成人/儿童$60/30；P❄📶）街道最陡能有多陡？城市设计者在设计Patrick St时没有考虑到这一点，但这条街的景色实在是太棒了！Altamont位于一座华丽古老的石板岩住宅底层，提供豪华套间，而且可根据客人需要提供附加房间。

就餐

霍巴特市区有几家不错的供应早午餐和午餐的餐馆，但太阳下山以后，就没有几家能吃晚饭的地方了。所以，去萨拉曼卡广场和海

滨地区吧，那里是霍巴特餐饮业的核心地，到处都是新鲜的海鲜。

巴特里角的Hampden Rd上的饭店都值得一去，而位于北霍巴特（亦称"NoHo"）的Elizabeth St则汇集了多种多样的国际化小餐馆。

去New Sydney Hotel（见702页）或Republic Bar & Café（见702页），可品尝霍巴特最棒的小酒馆美食。

市中心

★ Pilgrim Coffee
咖啡馆 $

（见690页地图；☎03-6234 1999；48 Argyle St；主菜$11~20；⊙周一至周五7:00~17:00）Pilgrim是霍巴特最时尚的咖啡厅，建筑外形像字母L，内部有裸露的砖块、木制横梁，墙面斑驳。这里有美味卷饼、帕尼尼和特色主菜（秘鲁秘制羊驼肉配藜麦和甜菜根！），再配上一杯高级咖啡，夫复何求？在共用的大桌上，你可以跟当地人热聊。从后面的小巷下去就是**Standard**（见690页地图；☎03-6234 1999；Hudsons Lane；汉堡包$7~12；⊙11:00~22:00），这是一家追求时尚的汉堡快餐店，非常不错。

Small Fry
咖啡馆 $

（见690页地图；☎03-6231 1338；www.small-fryhobart.com.au；129 Bathurst St；主菜$6~25；⊙周一至周四7:30~15:30，周五7:30~21:00，周六8:30~21:00）时尚的Small Fry凭借自身实力成为霍巴特目前最好的咖啡吧之一。顾客们围坐在钢制柜台旁，自然就熟络起来，谈天说地：啜饮一杯葡萄酒、一些汤或一杯咖啡，欢声笑语配上美味沙拉，简直太惬意了……如此轻松愉悦的环境怎会没有聊天话题呢。咖啡馆的木板菜单也十分惹人喜爱！

Raspberry Fool
咖啡馆 $

（见690页地图；☎03-6231 1274；85 Bathurst St；主菜$9~17；⊙周一至周五7:30~16:00，周六和周日至14:30）这里的菜品全天都精致美味，为此厨师一天忙到晚，片刻不歇。可以品尝一下奶酪韭菜培根土司和煎鸡蛋，或是烤鸡蛋洋葱、火腿和格鲁耶尔干酪。每周日早上店外的农场大门市场（见685页）开市时，店里就越发忙碌。店里的咖啡也很棒。

Criterion Street Café
咖啡馆 $

（见690页地图；☎03-6234 5858；www.criterionstcafe.com；10 Criterion St；主菜$6~15；⊙周一至周五7:00~16:00，周六和周日8:00~15:00）Criterion Street Café位于一条小街上，菜单上的选择不甚丰富，不过这里的早餐和午餐相当不错，美味可口，每天还有不少咖啡控进进出出。进店一定要尝一下西班牙煎蛋卷或加糙米和小菠菜的干酪沙拉。啤酒和葡萄酒也值得品尝。

R.Takagi Sushi
日本菜 $

（见690页地图；☎03-6234 8524；155 Liverpool St；寿司每份$3起；⊙周一至周五10:30~17:50，周六10:30~16:00，周日11:30~15:00）霍巴特最好的寿司餐厅，料理绝大多数是塔斯马尼亚美味的海鲜。乌冬面和味噌也是这家时髦而又小巧的餐馆的特色，这里受到霍巴特市区白领们的热捧。

Providore
咖啡馆、熟食 $

（见690页地图；☎03-6231 1165；100 Elizabeth St；主菜$3~12；⊙周一至周六10:00~16:00）附属于晚间营业的Ethos餐厅，这家店白天营业，做生意很守规矩，严格采用当地生产的食材。店内特色菜除了超级好吃的沙拉和三明治，还有满架子的手工面包、橄榄油、香蒜沙司、番茄酱、蜂蜜以及烹饪方面的书籍。隔壁的yoghurt and juice bar也超棒。

Westend Pumphouse
咖啡馆 $$

（见690页地图；☎03-6234 7339；www.pumphouse.com.au；105 Murray St；主菜$19~38；⊙8:30至深夜）Pumphouse是一家服务多样的商业咖啡馆，店内供应品种丰富的葡萄酒、香醇的咖啡和微酿啤酒，可随时享用。早上亲自动手研磨咖啡，玩了一天回来后约上几个好友一起分享美味（尝尝羊肘肉、甘蓝菜和芥菜沙拉），喝几杯艾尔啤酒。别忘了看看由奶粉罐垒成的墙壁！

Ivory Cafe
泰国菜 $$

（见690页地图；☎03-6231 6808；112 Elizabeth St；主菜$12~20；⊙周一至周六11:30~15:00，周二至周六17:00~21:00）Ivory Cafe是霍

巴特最受欢迎的泰国餐馆，一条长凳沿墙摆放，三把高凳靠窗而立，是独自一人吃饭的好去处。点一份超级美味的绿鸡肉咖喱（green chicken curry），凝视窗外Elizabeth St上的滚滚红尘。

Ethos 新派澳洲菜 $$$

（见690页地图；☎03-6231 1165；www.ethoseatdrink.com；100 Elizabeth St；6/8道菜套餐$75/90；⊙周二至周六18:00至深夜）离开Elizabeth St，沿一条石板小巷下去就能到达隐匿庭院之中的Ethos。Ethos严格采用当地农户提供的食材，制作地道的塔斯马尼亚美食。该饭店的菜单极具时令性，完全使用当地的精选食材，绝对新鲜。菜量偏少，但味道新颖独特，美味可口。必须预订。楼下还有一个氛围多变的新建葡萄酒吧（wine bar）。

海滨和萨拉曼卡广场

★Retro Café 咖啡馆 $

（见690页地图；☎03-6223 3073；31 Salamanca Pl；主菜$10~18；⊙7:00~17:00）Retro Café深受大众喜爱，周六早午餐时间几乎坐无虚席（或者说，每一天都是如此）。馆内精美的早餐、百吉饼、沙拉和汉堡，配上店员爽朗的笑声、爵士乐轻快之声和咖啡机旋转的嗡嗡声，让你流连忘返。这是一家经典的霍巴特咖啡馆。

Flippers 海鲜 $

（见690页地图；www.flippersfishandchips.com.au；Constitution Dock；餐$10~24；⊙9:30~20:30）Flippers有撩人的鱼形轮廓和迷人的海蓝色绘画装饰，漂浮在海上，是霍巴特的一大景观。店里的炸鱼和薯条更是令人赞不绝口。油锅里的扁头鱼鱼片和鱿鱼卷，都是刚刚从深海打捞出来的，十分新鲜美味。海鸥会在你上空盘旋。

Machine Laundry Café 咖啡馆 $

（见690页地图；☎03-6224 9922；12 Salamanca Sq；主菜$7~17；⊙周一至周六7:30~17:00，周日8:30~17:00）在这家明亮又复古的咖啡馆中，你可以盯着上下翻滚的烘干机发呆。这里有洗衣房（$5），不必过分担心会把新鲜果汁、汤汁或咖啡弄到衣服上。早餐一定要吃烤饼卷辣椒。

Tricycle Café Bar 咖啡馆 $

（见690页地图；☎03-6223 7228；www.salarts.org.au/portfolio/tricycle；71 Salamanca Pl；主菜$8~15；⊙周一至周六8:30~16:00）这个环境舒适、内饰红漆的咖啡馆隐匿于萨拉曼卡艺术中心（Salamanca Arts Centre，见690页地图；☎03-6234 8414；www.salarts.org.au；77 Salamanca Pl；⊙商店和画廊9:00~17:00）店内提供各式咖啡馆经典美食（培根生菜番茄三明治、烤面包片、有机炒蛋、沙拉、自酿印度奶茶和价格公道的咖啡），此外还有很赞的每日特色菜（炖和牛米饭配墨西哥胡椒奶油——绝了！）。酒吧售卖杯装葡萄酒。

Salamanca Fresh 超市 $

（见690页地图；☎03-6223 2700；www.salamancafresh.com.au；41 Salamanca Pl；⊙7:00~19:00）自己掌勺的美食家们注意：一定要买这里的水果、蔬菜、肉类和日常杂货，再加一套塔斯马尼亚葡萄酒。

Fish Frenzy 海鲜 $$

（见690页地图；☎03-6231 2134；www.fishfrenzy.com.au；Elizabeth St Pier；主菜$14~35；⊙11:00~21:00）这个临时的海边场所到处可见炸鱼薯条、新鲜的沙拉（椒盐鱿鱼、熏制鲑鱼和布里干酪）以及各式鱼肉汉堡。和店同名的美食"Fish Frenzy"（$18）集合了各种原料和味道。口味不是一直都稳定，不过优质的服务和临港口的优美环境会抵消你的遗憾。不必预订。

Mill on Morrison 西班牙菜、新派澳洲菜 $$

（见690页地图；☎03-6234 3490；www.themillonmorrison.com.au；11 Morrison St；西班牙餐前小吃$4~16；⊙周一至周五正午至14:00，周一至周六17:30至深夜）在装修华丽的Gibson's City Mill（铁铸的柱子、裸露的木天花板、深色的木桌椅）里，隐藏着这个热闹但让人放松的西班牙小吃餐馆：既有点西班牙风味，又有点墨西哥的味道，还有点新派澳洲的风情。记得吃烤鱿鱼和炸芝士饭团。沿科尔河谷（Coal River Valley）到加泰罗尼亚（Catalonia）的杯装葡萄酒都很好喝。

Blue Eye 海鲜 $$$

（见690页地图；☎03-6223 5297；www.blueeye.net.au；1 Castray Esplanade；主菜$29~45；⏰周一17:00~21:00，周二至周六11:00~21:00）撇开有点像诊所的装修风格不看，在这里尽情享受霍巴特最美味的海鲜。特色菜包括扇贝鲜虾意面（scallop and prawn linguini）、咖喱海鲜汤（curried seafood chowder）和一种淋着茴香菠菜酱的极美味的海鲜饼。店里随时供应Moo Brew啤酒，还供应由塔斯马尼亚工艺酿造的葡萄酒，想想就让人垂涎三尺。

巴特里角、沙湾和南霍巴特

★Jackman & McRoss 面包房 $

（见690页地图；☎03-6223 3186；57-59 Hampden Rd, Battery Point；餐$8~13；⏰周一至周五7:00~18:00，周六和周日至17:00）这是一家适合坐着聊聊天的社区咖啡馆，千万不要错过。店里的陈列柜里满满地放着美味可口的馅饼、果味派、法式长棍面包和糕点，哪怕你只是呆呆地看看也是不错的。这里早餐提供蛋糕和咖啡，午餐提供乳蛋饼或黑莓袋鼠派。服务生虽然忙得团团转，依然热情不减。这座城市的另一家分店（见690页地图；☎03-6231 0601；4 Victoria St；⏰周一至周五7:00~16:30）价格和这家相同。

Ginger Brown 咖啡馆 $

（☎03-6223 3531；464 Macquarie St, South Hobart；主菜$10~20；⏰周二至周五7:30~16:00，周六和周日8:30~16:00；👪）生意好的时候，整家店都洋溢着喜悦：员工开心、顾客开心、气氛愉快。这儿的羊羔肉帕尼尼里加了酸黄瓜和鹰嘴豆泥，经过精心烹制，十分美味，值得一试。非常适合孩子和骑行者。15:00结束点餐。

Ristorante Da Angelo 意大利菜 $$

（见690页地图；☎03-6223 7011；www.daangelo.com；47 Hampden Rd, Battery Point；主菜$18~32；⏰17:00至深夜）这家意式餐厅久负盛名，菜单上可选的东西实在太多，有各式各样的自制意面、小牛肉和鸡肉菜品、包馅比萨以及二十多种不同口味的比萨。墙上挂着罗马竞技场和卡尔顿足球队的照片。店铺营业到很晚，提供外卖服务，允许自带酒水。

Solo Pasta & Pizza 意大利菜 $$

（见686页地图；☎03-6234 9898；www.solopastaandpizza.com.au；50b King St, Sandy Bay；主菜$12~26；⏰周二至周日17:00~22:00）这里的意面、比萨、烩饭和包馅比萨味道绝佳，数十年来吸引了一批又一批食客。看外表你看不出这是家老店，华丽的玻璃橱窗里放着成排的葡萄酒，尽显未来派风格。

霍巴特北部和西部

★Burger Haus 汉堡包 $

（见686页地图；☎03-6234 9507；364a Elizabeth St, North Hobart；主菜$10~14；⏰周一至周五11:30~21:30，周六和周日11:00~21:45）这家店里什么都有！有震耳欲聋的20世纪80年代的摇滚，有牛肉大汉堡，还有一个小露台。你可以坐在露台上，边吃东西边欣赏威灵顿山上多变的色彩。Haus汉堡包（夹有培根、洋葱圈、糖菠萝，淋着芥末和蛋黄酱）最受欢迎。

Pigeon Hole 咖啡馆 $

（见686页地图；☎03-6236 9306；www.pigeonholecafe.com.au；93 Goulburn St, West Hobart；主菜$10~13；⏰周二至周六8:00~16:30）这家时尚友好的咖啡馆就像每个城市都能见到的社区小店。美味的咖啡甜点加上厨师的认真态度，使得这里比其他地方更胜一筹。新鲜出炉的帕尼尼将会是你品尝到的最美味的食物。此外炖蛋盅（en cocotte）配上索拉娜火腿（serrano ham）也是非常好吃的。

Sweet Envy 咖啡馆 $

（见686页地图；☎03-6234 8805；www.sweetenvy.com；341 Elizabeth St, North Hobart；小吃$5~10；⏰周二至周五8:30~18:00，周六至17:00）Sweet Envy位于北霍巴特（North Horbart）的一条餐馆遍布的小岔路上。店里幽暗灯光映衬下的马卡龙、玛德琳蛋糕和纸杯蛋糕美得像是假的，仿佛用魔法变出的一样。美食家馅饼和香肠卷（尝尝猪肉茴香馅的吧）、冰激凌和果汁雪糕都非常好吃，所有的食物现点现做。来上一勺黑芝麻冰激凌，然后去逛街吧！

Elizabeth St Food + Wine
新派澳洲菜、熟食 $$

（见686页地图；☎03-6231 2626；285 Elizabeth St, North Hobart；主菜$10~20；⊙周日至周四8:00~18:00，周五至20:00，周六至16:00）这家充满活力的北霍巴特餐厅有咖啡馆、葡萄酒存放室。这儿的菜品除了美味的早餐、大碗的沙拉和上等的主菜（尝尝辣牛颊肉，配菜为土豆和辣椒），其他菜品都搭配当地的葡萄酒（早餐除外）。开放餐桌和货架上放满了100%塔斯马尼亚当地当季产的食品。

Raincheck Lounge
咖啡馆 $$

（见686页地图；☎03-6234 5975；www.rainchecklounge.com.au；392 Elizabeth St, North Hobart；西班牙餐前小吃$6~17，主菜$9~22；⊙周一至周五7:00至深夜，周六8:00至深夜，周日8:30至深夜）在Raincheck的波希米亚风格或摩洛哥风格的房间里和人行道旁的桌子边，常常坐着一些客人，他们在城市清爽的空气中啜饮着一杯咖啡，享用着丰盛的早餐，还谈论着各种美食，如配有鳀鱼面包碎的花椰菜和炒辣椒配腊香肠。这里有香醇甘美的葡萄酒，也有彬彬有礼的服务生。在State Cinema（见702页）看电影之前或之后来这里小坐，感觉好极了。这是一家很不错的店。

Vanidol's
亚洲菜 $$

（见686页地图；☎03-6234 9307；www.vanidols-north-hobart.com；353 Elizabeth St, North Hobart；主菜$18~30；⊙每天5:30~21:00；🖉）Vanidol's位于北霍巴特，极富创新性。在这里你可以毫不费力地吃到亚洲各地的美食：泰式辣牛肉沙拉（spicy Thai beef salad）、尼泊尔咖喱羊肉（Nepalese lamb curry）、巴厘烤鸡（Balinese chicken）。这里也有各种美味素菜。另一家分店位于南霍巴特（见686页地图；☎03-6224 5986；www.vanidolsouth.com；361a Macquarie St, South Hobart；主菜$20~25；⊙周二至周六11:00~14:00和17:30~21:00）。

饮品和夜生活

霍巴特好喝酒的年轻人跟以前喝着朗姆酒的醉醺醺的捕鲸人大不一样。不过想法都是差不多的，那就是喝点小酒，好好放松一下，没准就会幸运地带个漂亮妞或者帅小伙回去。在萨拉曼卡广场和海滨周围有各种各样的酒吧，可以在它们的露天空间里度过凉爽的夏夜，或是在冬季燃起篝火。北霍巴特的酒吧也是个靠谱的（或者说是个明智的）选择。

★Knopwood's Retreat
小酒馆

（见690页地图；www.knopwoods.com；39 Salamanca Pl；⊙10:00至深夜）既然要"入乡随俗"，那就出发前往Knoppies吧。Knoppies是霍巴特最好的酒馆，从流放囚犯时代开始，就一直为出海远航的人提供艾尔啤酒。大部分时间里酒馆里都烧着壁炉，环境非常舒适惬意。每周五晚上，城市里的上班族蜂拥而至，人多得都挤到街上去了。

Preachers
酒吧

（见690页地图；5 Knopwood St, Battery Point；⊙正午至深夜）你可以选择在室内的复古沙发中就座，也可以去破旧的花园酒吧——那里有一辆放满了酒台的旧巴士。无论你作何选择，身旁都有许多时尚先锋与你举杯共饮。店里有大量塔斯马尼亚精酿啤酒敞开供应，服务生让人感觉如沐春风。这儿还有一个驻唱乐队。这里$15的汉堡和$12的小吃价格从来不变，人们把钱都花在啤酒上了。

Jack Greene
酒吧

（见690页地图；www.jackgreene.com.au；47-48 Salamanca Pl；⊙11:00至深夜）这里一个美味的汉堡价格高达$20，但如果你四处游逛找酒喝，人头攒动的Jack Greene（可能看起来像一间移动的欧式狩猎小屋？）确实值得你前来。酒吧冰箱里塞满了各式各样的瓶装佳酿，此外这里还常年供应至少16种来自澳大利亚和新西兰各地的啤酒。酒吧内偶尔有民谣歌手在楼梯旁表演。

IXL Long Bar
酒吧

（见690页地图；www.thehenryjones.com；25 Hunter St；⊙周一至周五17:00~22:30，周六和周日15:00至深夜）该酒吧位于Henry Jones Art Hotel（见696页），在这里你一定要控制好自己，别醉倒在这热烈的气氛中。在酸威士忌的推杯换盏间，你可以看到霍巴特时尚领域的弄潮儿。如果这个略小的酒吧已高朋满

座，不妨去大厅皮沙发上歇歇。店里随时供应Moo Brew啤酒，周五至周日有现场爵士乐表演。

T-42° 酒吧

（见690页地图；www.tav42.com.au；Elizabeth St Pier；⏲周一至周五7:30至深夜，周六和周日8:30至深夜）T-42°位于海滨，以美食（主菜$13~30）闻名。除此之外，极简抽象的室内设计、大三角帆的建筑外形和响彻酒吧的音乐，吸引了许多彻夜不归的酒鬼。如果你待到了凌晨，这里也供应早餐。

Nant Whisky Bar 酒吧

（见690页地图；www.nant.com.au；63 Woobys Lane；⏲周日至周五正午至午夜，周六10:00至午夜）这个酒吧紧邻萨拉曼卡广场，有着极好的传统氛围，狭小紧凑。你会发现，和世界其他地区的烟熏味酒类制品相比，塔斯马尼亚中部地区的**Nant Distillery**（☎1800 746 453, 03-6259 5790；www.nant.com.au；254 Nant Lane；试吃和团队游$15；⏲10:00~16:45，团队游 11:00和15:00）出产的威士忌品质是如此上乘。

Hope & Anchor 小酒馆

（见690页地图；www.hopeandanchor.com.au；65 Macquarie St；⏲11:00至深夜）如果你愿意相信的话（不要相信悉尼的Fortune of War酒吧服务生的话），这是澳大利亚历史最悠久的小酒馆（始于1807）。酒吧内部是用木头装修的，摆着一排跟航海有关的小摆设。想喝杯冰Cascade啤酒，这儿是个不错的地方。

Syrup 夜店

（见690页地图；39 Salamanca Pl；⏲周五和周六21:00至次日5:00）Syrup位于Knopwood's Retreat两层楼之上，是个适合深夜畅饮的绝佳场所。DJ们播放着电子乐，舞池中的人们随着音乐舞动。这家蓝调酒吧以前在最高层，只在午夜营业。

Mobius Lounge Bar 夜店、酒吧

（见690页地图；7 Despard St；⏲周三21:00至次日4:00，周五22:30至次日4:30，周六22:00至次日5:00）这是个火热的地下俱乐部，同时也是一个很棒的休闲酒吧。时而会有大牌DJ助阵。

Observatory 夜店

（见690页地图；www.observatorybar.com.au；level 1, Murray St Pier；⏲周三、周五和周六21:00至深夜）当你在Observatory的暗处闲逛时，不妨啜饮一口“Big O”鸡尾酒。穿着不要太随意（否则保镖会禁止你入内）。

☆ 娱乐

State Cinema 电影院

（见686页地图；☎03-6234 6318；www.statecinema.com.au；375 Elizabeth St, North Hobart；成人/儿童$18/14；⏲10:00至深夜）State电影院幸存于20世纪90年代的大拆除，拥有多个独立放映室，放映国内外的独立电影和艺术电影。电影院内部有很棒的咖啡馆和酒吧，还有一家值得一逛的书店。此外，电影院右边有一家超级美味的北霍巴特风味饭馆。

Republic Bar & Café 现场音乐

（见686页地图；☎03-6234 6954；www.republicbar.com；299 Elizabeth St, North Hobart；⏲11:00至深夜）Republic是一家装饰极为艺术的酒吧，每晚都有现场音乐表演（通常免门票）。这是霍巴特头号的现场音乐酒吧，有各式各样的啤酒和美味的食物，是个适合和当地好友一起前来的好地方。

Brisbane Hotel 现场音乐

（见686页地图；3 Brisbane St；⏲周二至周六正午至深夜，周日15:00至深夜）过去破烂陈旧的Brisbane已改头换面，它不再是一个固执的老酒鬼形象，而变成了一个时髦的现场音乐集会地。Brisbane以原创性、标新立异和非商业性演出独树一帜，在这里可以看到朋克、金属、嘻哈和创作型等风格的歌手。

New Sydney Hotel 现场音乐

（见690页地图；www.newsydneyhotel.com.au；87 Bathurst St；⏲正午至午夜）每周二至周日晚上都有低调悠扬的乡村音乐、爵士乐、蓝调和喜剧表演（通常都是免费的）；可以在官方网站上查询节目单。这里有可口的酒馆美食和任君挑选的美酒，甚至还有最新鲜的岛上微酿啤酒。每周六14:00还会教你做爱尔兰果酱。

Theatre Royal 剧院

（见690页地图；☎03-6233 2299，1800 650 277；www.theatreroyal.com.au；29 Campbell St；表演$20~60；⊙售票处周一至周五9:00~17:00）这家剧院是澳大利亚仍在营业的最古老的剧院，十分珍贵。第一场演出可追溯至1834年。这里有丰富多彩的音乐会、芭蕾舞、戏剧、歌剧和校园讽刺剧。

Grand Poobah 现场音乐

（见690页地图；142 Liverpool St；⊙周三20:00至次日1:00，周五和周六21:00至次日4:30）这个时髦的波希米亚风格的酒吧，同时也是一个音乐演出场地，有驻唱乐队、DJ、舞蹈和喜剧等各种演出。

Federation Concert Hall 古典音乐

（见690页地图；☎1800 001 190；www.tso.com.au；1 Davey St；⊙售票处周一至周五9:00~17:00）该音乐厅与Hotel Grand Chancellor合为一体，看起来像是一个巨大的铝制罐头。塔斯马尼亚交响乐团（Tasmanian Symphony Orchestra）在此为您倾情献艺。

Village Cinemas 电影院

（见690页地图；☎1300 555 400；www.villagecinemas.com.au；181 Collins St；成人/儿童$17.50/13，金牌班底$30起；⊙10:00至深夜）该电影院位于市区内，播放多种形式主流电影。周二的特价电影票价为$12。

购物

Fullers Bookshop 书籍

（见690页地图；www.fullersbookshop.com.au；131 Collins St；⊙周一至周五8:30~18:00，周六9:00~17:00，周日10:00~16:00）这是霍巴特最好的书店，店里有各种文学作品及旅行手册。除此之外，书店会定期举办活动和读书会。书店一角还有家很有格调的咖啡厅。

Cool Wine 酒类

（见690页地图；www.coolwine.com.au；shop 8，MidCity Arcade，Criterion St；⊙周一至周六9:30~18:30，周日10:00~14:00）这里供应上等的塔斯马尼亚葡萄酒和世界各地的精酿啤酒。

> **不要错过**
>
> **周五晚上的弗拉明戈**
>
> 一些霍巴特最棒的歌手每周五晚都会去**萨拉曼卡艺术中心庭院**（见690地图；www.salarts.org.au/portfolio/rektango；77 Salamanca Pl；⊙17:30~19:30）放松身心，庭院紧邻Wooby's Lane。这是一个名为Rektango的免费社区现场演出，名字来自一个常来此演出的乐队。每个月的表演各有不同——既有非洲节拍，也有山区乡村摇滚、民谣以及吉卜赛－拉丁音乐。酒水（夏季喝桑格里厄汽酒，冬天喝加香料的热葡萄酒）必须有，舞蹈也可以有。

Tommy Gun Records 音乐、服装

（见690页地图；127 Elizabeth St；⊙周一至周五10:00~17:00，周六至15:00）在这里你可以找到所有你想要的：黑胶唱片、镶嵌有皮革的腕带和黑色摇滚T恤。

Wursthaus 食品

（见690页地图；www.wursthaus.com.au；1 Montpelier Retreat；⊙周一至周五8:00~18:00，周六8:00~17:00，周日9:00~17:00）这家熟食店紧邻Salamanca Pl，店里出售熟肉、奶酪、蛋糕、面包、葡萄酒以及熟食半成品。

Handmark Gallery 工艺品

（见690页地图；www.handmark.com.au；77 Salamanca Pl；⊙10:00~17:00）Handmark已经营了三十年，店里橱窗内有纯塔斯马尼亚风格的陶瓷、玻璃制品、木制品、珠宝、绘画及雕塑等。

Tasmanian Map Centre 地图

（见690页地图；www.map-centre.com.au；110 Elizabeth St；⊙周一至周五9:30~17:30，周六10:30~14:30）在这里，你可以买到丛林徒步地图、GPS套装以及旅行指导手册。

实用信息

紧急情况

霍巴特警察局（Hobart Police Station；☎03-6230 2111，非紧急求助电话13 14 44；www.police.tas.gov.au；43 Liverpool St；⊙24小时服务）霍巴特警

局总部。

警察、消防和救护车（☎000）紧急情况。

上网

Ruffcut Records（www.ruffcut-records.com；35a Elizabeth St；⏰周一至周五8:30~18:00，周六10:00~17:00）这里有互联网终端和小众黑胶唱片。

州立图书馆（State Library；www.linc.tas.gov.au；91 Murray St；⏰周一至周四9:30~18:00，周五至20:00，周六至14:00）该图书馆可免费上网一小时。

参考网站

Hobart City Council（www.hobartcity.com.au）市政服务网站，你可以在这里查询停车场、交通、娱乐的相关信息。

Welcome to Hobart（www.welcometohobart.com.au）官方游客指南。

媒体

霍巴特长期发行的报纸《信使报》（*Mercury*；www.themercury.com.au；有人以谐音称其为"the Mockery"，即"嘲笑"）着力于报道霍巴特所发生的事情。周四的报纸会发布一些娱乐活动。如果你想查看娱乐信息，可以拿份免费的街头小报*Warp*（www.warpmagazine.com.au），或是上网看看**The Dwarf**（www.thedwarf.com.au）。

医疗服务

City Doctors & Travel Clinic（☎03-6231 3003；www.citydoctors.com.au；188 Collins St；⏰周一至周五9:00~17:00）普通疾病预约以及旅行免疫接种。

My Chemist Salamanca（☎03-6235 0257；www.mychemist.com.au；6 Montpelier Retreat，Battery Point；⏰周一至周五8:30~18:30，周六8:30~17:00，周日10:00~16:00）紧邻萨拉曼卡广场，非常方便。

Royal Hobart Hospital（☎03-6222 8423；www.dhhs.tas.gov.au；48 Liverpool St；⏰24小时营业）急救通道入口位于Liverpool St。

现金

各大银行在Elizabeth St Mall周围都有支行或自动柜员机。萨拉曼卡广场周围也设有一些自动柜员机。

邮局

邮政总局（General Post Office，GPO，见690页地图；www.auspost.com.au；Elizabeth St和Macquarie St交叉路口；⏰周一至周五8:30~17:30）先把邮件放一边去，欣赏一下这个历史建筑吧！

旅游信息

霍巴特游客信息中心（Hobart Visitor Information Centre，见690页地图；☎03-6238 4222；www.hobarttravelcentre.com.au；Davey St和Elizabeth St交叉路口；⏰每日9:00~17:00，夏季延长开放时间）这里提供旅游信息、地图、全州团队游、交通信息和住宿预订。

公园和野生动物管理局（见690页地图；☎1300 827 727，1300 135 513；www.parks.tas.gov.au；134 Macquarie St；⏰周一至周五9:00~17:00）如果你想到国家公园的丛林徒步旅行，这里可以提供实用信息、地图、路线以及情况说明书。位于Service Tasmania office里面。

到达和离开

飞机

没有抵达和离开塔斯马尼亚的直飞国际航班。以下航班往返于塔斯马尼亚及澳大利亚大陆之间。

捷星航空（Jetstar；☎13 15 38；www.jetstar.com.au）澳航（Quata）的廉价航线。从墨尔本和悉尼直飞霍巴特和朗塞斯顿（Launceston）。

澳洲航空（Qantas；☎13 13 13；www.qantas.com.au）从悉尼、布里斯班（Brisbane）和墨尔本直飞霍巴特和朗塞斯顿。QantasLink（当地分公司）经营往返墨尔本和德文波特（Devonport）之间的航班。

虎航（☎03-9999 2888；www.tigerairways.com.au）往返于墨尔本和霍巴特之间。

维珍澳洲航空（Virgin Australia；☎13 67 89；www.virginaustralia.com.au）航班从墨尔本、悉尼、布里斯班和堪培拉直飞霍巴特，从墨尔本、布里斯班和悉尼直飞朗塞斯顿。

长途汽车

霍巴特有两家主要的州内长途汽车公司。可上网查询客运时间表和费用信息，或咨询霍巴特游客信息中心（见704页）。

Redline Coaches（见690页地图；☎1300 360 000；www.redlinecoaches.com.au；230 Liverpool St）长途汽车的始发站在Liverpool大街上。

Tassielink（见690页地图；☎1300 300 520；www.tassielink.com.au；64 Brisbane St）在新长途汽车总站（根据租契，就在旧址上重建）建成之前，Tassielink的始发站在Brisbane大街上，临时停靠站设在霍巴特游客信息中心对面的Elizabeth大街上。可以打电话或上网查询最新信息。

ℹ 当地交通

抵离机场

霍巴特机场（Hobart Airport；☎03-6216 1600；www.hobartairport.com.au；Strachan St, Cambridge）位于城东19公里处的坎布里奇。工作日6:00~20:00打车去市区大约花费$42，其他时间$50左右。

霍巴特机场接送服务（Hobart Airporter，见690页地图；☎1300 385 511；www.airporterhobart.com.au；单程/往返$18/32）提供酒店到机场的接送服务（也提供其他路线服务），所有航班均可接送。必须预订。

自行车

城市中有许多自行车租赁点（见689页）可供选择。

公共汽车

Metro Tasmania（☎13 22 01；www.metrotas.com.au）运营本地的公交车网络，值得信赖，但是非工作时间班次较少。**Metro Shop**（见690页地图；22 Elizabeth St；⏲周一至周五8:00~18:00）提供订票和咨询服务。绝大多数的公交车从Elizabeth大街或者附近的富兰克林广场（Franklin Sq）发车。

单程票价根据旅行距离（"段"）设定（$3~6.20）。只需花$5.30，你就可以购买一张不限乘的**一日通票**（Day Rover），有效期为周一至周五早上9点之后，以及周六、周日全天。单程票可从地铁站商店、司机（自备零钱）或者票务代理处（报刊亭和邮局）购买。司机不卖通票。

汽车、露营车和摩托车

AAA Car Rentals（☎0437 313 314，03-6231 3313；www.aaacarrentals.com.au；73 Warwick St；⏲周一至周五9:00~17:00，周六和周日10:00~14:00）

AutoRent-Hertz（☎03-6237 1111，1300 067 222；www.autorent.com.au；Bathurst St和Harrington St交叉路口；⏲8:00~17:00）

Avis（☎03-6214 1711；www.avis.com.au；2/4 Market Pl；⏲周一至周五8:00~17:30，周六和周日至16:00）

Bargain Car Rentals（☎1300 729 230；www.bargaincarrentals.com.au；173 Harrington St；⏲周一至周五8:00~17:00，周六和周日9:00~15:00）

Britz（☎1300 738 087；www.britz.com.au）

Budget（☎03-6234 5222，1300 362 848；www.budget.com.au；96 Harrington St；⏲周一至周五7:30~17:30，周六7:30~16:30，周日9:00~14:00）

Europcar（☎03-6231 1077，1300 131 390；www.europcar.com.au；112 Harrington St；⏲周一至周五8:00~17:30，周六至16:00，周日至14:00）

Tasmanian Campervan Hire（☎1800 807 119；www.tascamper.com）专门出租双床铺露营车。

Tasmanian Motorcycle Hire（☎0418 365 210；www.tasmotorcyclehire.com.au）

出租车

131008 Hobart（☎13 10 08；www.131008hobart.com）标准出租车。

Maxi-Taxi Services（☎13 32 22；www.hobartmaxitaxi.com.au）提供可方便搭载轮椅的汽车，以及团体出游的出租车。

霍巴特周边（AROUND HOBART）

在离霍巴特市区几分钟车程的地方就可以欣赏到河滨社区、历史悠久的小镇、美丽的牧场和栽种原始灌木的露台。在久经沧桑的里士满，人们仿佛能看到过去塔斯马尼亚罪犯的鬼魂拖着脚镣蹒跚其中。行走于费尔德山国家公园（Mt Field National Park）的荒野之中，欣赏野生动植物和瀑布、体验不同寻常的短线徒步，将是首府周边绝妙的一日游。

里士满（Richmond）

人口 750

历史悠久的里士满横跨于霍巴特东北27公里处的科尔河（Coal River）上，曾经是一个具有战略意义的军事要塞和前往亚瑟港路上的囚犯拘留点。这里布满了19世纪的建筑，毫无争议地成为塔斯马尼亚首屈一指的历史古镇。但是就像悉尼岩石区（the Rocks）和阿德莱德（Adelaide）的哈恩多夫（Hahndorf）一样，里士满正逐步失去本真，有着拿当年殖民地的血泪史作为噱头吸引游客的嫌疑。即便如此，不可否认的是，里士满风景如画。常见孩子们在河岸上快乐地追逐着鸭子。

更多信息请查询www.richmondvillage.com.au。

景点和活动

里士满大桥 桥梁

（Richmond Bridge；Wellington St）这座敦实却不失优雅的大桥，仍然是跨越科尔河的交通要道，而且是全镇最引以为傲的地方，桥梁于1823年由囚犯们修建而成（成为澳大利亚最古老的公路桥）。据说，"里士满的鞭笞者"（Flagellator of Richmond）乔治·格罗佛（George Grover）1832年死于此地，据称其阴魂不散。

波诺朗野生动物中心 野生动物保护区

（Bonorong Wildlife Centre；☎03-6268 1184；www.bonorong.com.au；593 Briggs Rd，Brighton；成人/儿童/家庭$25/11/65；⌚9:00~17:00）🍃该雄伟的野生动物中心位于里士满西17多公里处（或者在布莱顿看到路标下Hwy 1高速路）。从里士满出发，沿Middle Tea Tree Rd前行11公里后左转进入Tea Tree Rd。"波诺朗"（Bonorong）来源于土著语，意思为"自然的同伴"。这里能看到袋獾、考拉、袋熊、针鼹以及袋鼬。这个中心最重要的作用是保护动物、普及教育，并为受伤动物提供康复环境。

ZooDoo Wildlife Park 野生动物保护区

（☎03-6260 2444；www.zoodoo.com.au；620 Middle Tea Tree Rd；成人/儿童$25/13；⌚9:00~17:00）ZooDoo野生动物公园位于通往布赖顿（Brighton，Middle Tea Tree Rd）的途中，在里士满西部6公里处，园内有游览巴士、游乐场、野餐区和怪医杜立德（Dr Dolittle）预约簿上一半的动物，包括狮子、老虎、南美驼、袋獾以及小袋鼠。饥饿的白狮子在固定时间进食。

里士满监狱遗址 历史建筑

（Richmond Gaol Historic Site；☎03-6260 2127；www.richmondgaol.com.au；37 Bathurst St；成人/儿童/家庭$9/4/22；⌚9:00~17:00）保存异常完好的里士满监狱北翼建于1825年，比亚瑟港的监狱还要早5年，是澳大利亚最古老的监狱。和亚瑟港监狱一样，这里令人着迷的历史景观比比皆是，但是气氛也甚为沉重。

老霍巴特城历史模型村 古迹

（Old Hobart Town Historical Model Village；☎03-6260 2502；www.oldhobarttown.com；21a Bridge St；成人/家庭$14/35；⌚9:00~17:00）霍巴特城（Hobart Town）根据城市最初的规划来修建，竭力复原19世纪20年代的景象。孩子们会很喜欢。门票有些贵，不过倒是个很棒的地方，能增长很多历史知识。

里士满公园船屋 划船

（Richmond Park Boat House；☎04-0123 3652，03-6260 1099；www.richmondparkboathouse.com.au；56 Bridge St；划艇每30分钟$25，自行车每小时$25；⌚周三至周日10:00~16:00）在这里你可以自己租一辆自行车或汽车绕小镇转一转；或租一艘游艇，沿河而下、躲避水鸭。

食宿

Barilla Holiday Park 房车公园 $

（☎03-6248 5453，18-0046 5453；www.barilla.com.au；75 Richmond Rd，Cambridge；无电力供应营地/有电力供应营地$34/40，小屋套间$80~150；❄@📶🏊）对有车的人来说，Barilla是一个极佳选择。Barilla位于霍巴特（14公里）与里士满（14公里）正中间。距离机场、科尔河谷（the Coal River Valley）葡萄酒厂和一些美丽的野生动植物公园很近。这里的游乐场里有许多保存良好的小屋，并设有迷你高尔夫球场（多有趣啊）和一家饭店，能吃到柴火烤制的比萨。

★Daisy Bank Cottages 民宿 $$

（☎03-6260 2390；www.daisybankcottages.com.au；78 Middle Tea Tree Rd；双$150~190）这个极具乡村风情的小屋由19世纪40年代的砂岩谷仓改建而成，拥有两间一尘不染的、有独立厨卫设施的单元房（其中一间有水疗房）。这里有阁楼卧室，可以眺望整个里士满房屋

值得一游

煤河谷葡萄酒产区

里士满和附近Cambridge都位于煤河谷的中心——塔斯马尼亚发展最快的葡萄酒产区。这里除了几家自带美味餐馆的葡萄酒厂，大部分都是规模不大的家庭经营的葡萄园，一般可预约参观酒窖。详情参见www.winesouth.com.au，可以从下面几个葡萄园开启你的探索之旅。

Puddleduck Vineyard（☎03-6260 2301；www.puddleduck.com.au；992 Richmond Rd, Richmond；⊙10:00~17:00）小型家庭葡萄园，每年仅出产1200箱葡萄酒，主要品种：雷司令、黑比诺以及Bubbleduck气泡酒。在湖边品尝一份芝士拼盘（$20），或来一份烧烤午餐（自带食材），运气好时，湖中有鸭子为伴。

Frogmore Creek（☎03-6274 5844；www.frogmorecreek.com.au；699 Richmond Rd, Cambridge；4/5/6道菜套餐$80/95/125，加葡萄酒$100/125/160；⊙10:00~17:00，餐馆 正午至16:00）Frogmore Creek葡萄酒厂距离里士满9公里，俯瞰Mt Pleasant Observatory，有一间高级餐馆供应午餐，酒品主要有霞多丽、黑比诺以及雷司令甜酒。不要错过Flawed History：当地艺术家Tom Samek的拼图地板作品。来此餐厅就餐，建议你预订（不接待小孩）。

的屋顶风光，还有令孩子神往的诸多农场活动。周围的农场有划分清楚的小路，空中有鸟儿飞翔。每日都提供早餐。独特优势明显。

Number 3 Henry Street 小别墅 $$$

（☎03-6260 2847；www.numberthree.com.au；3 Henry St；双$350，加床$75；❄📶）这间讨人喜欢的老房子曾经过扩建和重新布置，变得更时尚，外表看来它仍然古雅，但其内部极为现代化。在这里，你可以看到暗色调的装饰、豪华亚麻制品、洁净的卫生间（多卫）和一个石板铺成的私人庭院。两个卧室可容纳四人（楼上的卧室建在阁楼上，这是多么巧妙的创意！）。

Richmond Bakery 面包房 $

（☎03-6260 2628；50 Bridge St，紧邻Edward St；小吃$3~8；⊙7:30~18:00）在这里你可以买到馅饼、油酥点心、三明治、羊角面包、松饼和蛋糕，可以选择带走，或是在院子享用。如果街上空无一人，那他们一定是都到这儿来了。

到达和离开

Tassielink 640（☎1300 653 633；www.tassielink.com.au）每天有多班车开往里士满（周六2班，周日1班）。单程票价$7.60（45分钟）。

里士满旅游巴士（Richmond Tourist Bus；☎04-0834 1804；www.hobartshuttlebus.com/richmond-village.html；成人/儿童 往返$30/20；⊙周日至周五9:00，每日12:15）每天都有班车从霍巴特发往里士满，在里士满停留3小时，在此期间你可以自己游览。可以电话预订并告知上车站点。

费尔德山国家公园（Mt Field National Park）

费尔德山位于霍巴特西北80公里处，1916年被正式辟为国家公园，因其壮美的山地风景、高山湿地、湖泊、雨林、瀑布以及数量繁多的野生动植物而声名鹊起。从霍巴特出发，一日之内可以游完整个公园，也可以选择在公园露营过夜。

景点和活动

罗素瀑布（Russells Falls） 瀑布

千万不要错过雄伟壮观的、45米高的分层式罗素瀑布（Russell Falls）。从游客信息中心后方的小径漫步至此只需20分钟。小径上可行驶婴儿推车和轮椅。有一路直达巴伦女士瀑布（Lady Barron Falls）和马蹄瀑布（Horseshoe Falls）的路径，也有费力一点的丛林小道。

莫森山 滑雪

（Mt Mawson；www.mtmawson.info；全

天滑雪 成人/儿童$30/15，半天$20/10，滑雪保险$10；⏲7月中旬至9月中旬 周六和周日10:00～16:00）有时也可以去莫森山（Mt Mawson）滑雪，不过要看能否有积雪（近年来积雪难得一见）。可上网查询雪情报告，网址www.ski.com.au。

住宿

Mt Field National Park Campground 露营地 $

（☎03-6288 1149；www.parks.tas.gov.au；紧邻Lake Dobson Rd；无电力供应营地/有电力供应营地 每两位成人$16/20，加床成人$7/9，加床儿童$3/4）该露营地由公园管理部门运营，露营场地是经营者自主登记注册的，距离游客信息中心有几百米远，有齐全的设施（厕所、淋浴房、洗衣房和免费烧烤架），不必预订。营地的费用不包含在国家公园门票之中。

Lake Dobson Cabins 木屋 $

（☎03-6288 1149；www.parks.tas.gov.au；Lake Dobson Rd；小屋最多6人$45）木屋位于公园内16公里处，有3间陈设简单、内设6张床位的房间。在这里你可以回归最原始的山顶生活。所有房间都配有床垫、冷水、柴火灶和木柴（这里没有电力供应），屋外有公用卫生间。煤气灯、厨具、餐具和铺盖需自带。可去游客中心（见708页）预订或上网预订。

★ Duffy's Country Accommodation 小别墅 $$

（☎03-6288 1373；www.duffyscountry.com；49 Clark's Rd，Westerway；双$130～145，加床 成人/儿童$25/15；📶）从两间整洁干净的自助式小屋中，可以眺望一大片覆盆子灌木丛。其中一间是工作室风格的情侣小屋，另外一间是从费德尔山国家公园搬移过来的两居室家庭小屋。这里还有两间可爱的适合青少年的双床简易木屋（各挨着一栋小别墅）。供应早餐。很有可能看到小袋鼠。

实用信息

费尔德山国家公园游客中心（Mt Field National Park Visitor Centre；☎03-6288 1149；www.parks.tas.gov.au；66 Lake Dobson Rd；⏲11月至次年4月8:30～17:00，5月至10月9:00～16:00）

到达和离开

如果你开车穿过德温特河河谷（Derwent Valley）和布希公园（Bushy Park）去往费尔德山，这将会是一次不折不扣的惊艳之旅。一路上你会看到湍急的河流、五彩斑斓的啤酒花培植园、整齐划一的白杨树和错综复杂的山楂篱墙。没有通往该公园的长途汽车，但霍巴特当地的一些旅游公司会组织费尔德山一日游。

东南部（THE SOUTHEAST）

东南部拥有连绵起伏的丘陵和山谷、苹果园、河畔小镇以及幽静安逸的海港和水湾。这是一个宁静的英式农耕社区，去布鲁尼岛（Bruny Island）和哈茨山国家公园（Hartz Mountains National Park）都非常方便。

更多信息请查询www.huontrail.org.au。

到达和当地交通

Metro Tasmania（☎13 22 01；www.metrotas.com.au）94～97路公交车每天都有确定的班车由霍巴特发往布鲁尼岛的入口——凯特灵（$8，50分钟）。98路公交车往返于锡格尼特（Cygnet）和霍巴特之间，每天（仅周一至周五）往返各一个班次。

Tassielink（☎13-0030 0520；www.tassielink.com.au）提供一天数班次的长途汽车服务。沿着Huon Hwy从霍巴特经由休恩维尔（$10.50，45分钟），部分继续驶往锡格尼特（$12.50，1.25小时）、吉夫斯顿（$14，1.25小时）和多佛（$21，1.45小时）。

布鲁尼岛（Bruny Island）

人口 600

布鲁尼岛几乎是由两个小岛组成，两个小岛中间仅靠一条狭长的被称为颈项（Neck）的沙质地峡连接。小岛因其野生动物（小企鹅、针鼹鼠、红嘴海燕、小袋鼠）而闻名于世。岛上人烟稀少、未经开发，南部受海上降雨的影响潮湿多雨，而灌木丛生的北部则干燥少雨。小岛以法国探险家布鲁尼·丹特尔卡斯托（Bruni D'Entrecasteaux）之名来命名。

The Southeast 东南部

如果你想慢慢领略布鲁尼岛上与世隔绝的海边社区风光，享受一下游泳和沙滩冲浪的乐趣，体验一番丛林徒步的惊险，这需要几天时间。不要妄图用一天时间游遍全岛，特别是假期和周末的时候，因为那时排队等渡轮就需要很长时间。

大多数住宿选择都是设备齐全的小别墅或客栈。要四处逛逛，开车或骑自行车几乎是不可避免的。Adventure Bay杂货店和位于Alonnah的一个小商店库存充裕，在此可购买任何生活必需品。需要注意的是岛上部分道路是土路，并不是所有汽车租赁公司的车都能应付的。

景点和活动

Bruny Island Neck　　自然保护区、观景点

(www.brunyisland.org.au/about-bruny-island/the-neck)公园横跨于南北布鲁尼之间的颈项地峡之上，爬上279级台阶就是**特鲁加尼尼纪念馆**(Truganini Memorial)，在这里整个岛屿的壮美景象都一览无余。另一条横跨颈项狩猎区的木制走道通往沙滩的另一侧。沿着这条路继续向前走，你会看到遍地都是红嘴海燕(mutton birds)和小企鹅的栖息地。夏日黄昏时分是观看企鹅的最佳时间。

南布鲁尼国家公园　　国家公园

(South Bruny National Park; ☎03-6293 1419; www.parks.tas.gov.au; 汽车/人每日$24/12)这里是丛林徒步的绝佳选择。从冒险海湾(Adventure Bay)东部的**沟槽角**(Fluted Cape)出发，有一条易走的小路蜿蜒通往位于**绿荫角**(Grass Point)的捕鲸站(往返1.5小时)。从这里沿着海岸线可以前往**企鹅岛**(Penguin Island)，但只有低潮时才能前

往，你也可以选择前往更难到达的巡回角（cape circuit，往返2.5小时）。

公园的东南部包含拉比亚迪埃（Labillardiere Peninsula），其特色风景是参差不齐的海岸线和一座灯塔。这里有各式各样的步道，有悠闲的海滩漫步路线，也有7小时环岛路线。

Bligh Museum of Pacific Exploration 博物馆

（☎03-6293 1117；www.southcom.com.au/~jontan/index.html；876 Main Rd，Adventure Bay；成人/儿童/家庭$4/2/10；⊙10:00~16:00）这里详细介绍了一些本土探险家的英勇事迹，如布莱（Bligh）、库克（Cook）、弗诺（Furneaux），当然少不了布鲁尼·丹特尔卡斯托（Bruni d' Entrecasteaux）。这里收藏了很多珍贵的藏品，包括地图、图表、手稿，其中的很大一部分都是原本或初稿。

团队游

Bruny Island Cruises 乘船游

（Pennicott Wilderness Journeys；☎03-6234 4270；www.brunycruises.com.au；成人/儿童/家庭$125/75/390）这里运营极其出色的3小时团队游，包括参观布鲁尼美不胜收的东南海岸线，探访动物繁殖处、海豹栖息地、海湾、洞穴和高大的海边悬崖。每日上午11点从冒险海湾的防波堤出发，夏天14点还有一班。你也可以选择从霍巴特出发的一日游（成人/儿童$195/140，包含午餐），或从凯特灵出发的一日游（成人/儿童$140/90）。

Bruny Island Traveller 团队游

（Pennicott Wilderness Journeys；☎03-6234 4270；www.brunyislandtraveller.com.au；成人/儿童$195/170）Bruny Island Traveller与Bruny Island Cruises同属一家公司，有为水性不好之人（不想在船上待太长时间）准备的霍巴特外围一日游。该项目包括游览海滩、观看野生动植物、参观布鲁尼岛奶酪公司（Bruny Island Cheese Co）和布鲁尼角灯塔（Cape Bruny Lighthouse），并在布鲁尼岛顶级葡萄酒庄（Bruny Island Premium Wines）享用午餐。费用包含交通费、渡轮费、午餐费以及国家公园门票。

Bruny Island Safaris 团队游

（☎04-3749 9795；www.brunyislandsafaris.com.au；每人$149）这个一日游项目从霍巴特出发，旨在让游客深入了解布鲁尼岛的历史和自然风景。游客可以饱尝岛上独具风味的美食，包括牡蛎、大马哈鱼、奶酪、葡萄酒和浆果，还可以一睹布鲁尼角老灯塔的内部风采。

住宿

布鲁尼丹特尔卡斯托游客信息中心

（Bruny d' Entrecasteaux Visitor Information Centre；☎03-6267 4494；www.brunyisland.org.au；81 Ferry Rd，Kettering；⊙9:00~17:00）是凯特灵当地一个预订住宿的好地方。更多信息请上网查询，网址www. brunyisland.net.au和www.brunyisland.com。

Captain Cook Caravan Park 房车公园 $

（☎03-6293 1128；www.captaincookpark.com；786 Main Rd，Adventure Bay；无电力供应营地/有电力供应营地$25/30，双人营地房车/小屋$70/140；❄）公园位于冒险海湾沙滩对面的一条街，这里除了几棵树几乎没别的，但设施齐全，有许多崭新漂亮的配有私人平台的一居室小屋。房间非常整洁。

★43 Degrees 公寓 $$

（☎03-6293 1018；www.43degrees.com.au；948 Adventure Bay Rd，Adventure Bay；双/公寓$190/240，加床$40）在南纬43°的冒险海湾沙滩上，并排分布着干净的住房：最西边有三间漂亮、圆顶的单间（可住两人）；沙滩最东侧，码头附近有两栋风格相似的公寓（可住四人）。双层玻璃使得房间内冬暖夏凉。查询整套出租信息请联系Bruny Island Cruises（见710页）。

Morella Island Retreats 出租屋 $$

（☎03-6293 1131；6 Adventure Bay Rd，Adventure Bay；双$180~250，加床$25）这些独特的充满艺术气息的小别墅位于冒险海湾北部6公里处。这里有两间情侣房（我们喜欢驾驶舱风格那间），还有一间家庭度假套房。所有房间设备齐全，其设计风格和装饰布置是典型的"古典船只"风格。连续入住优惠$30。**Hothouse Cafe**（☎03-6293

1131; www.morella-island.com/hothouse.htm; 46 Adventure Bay Rd, Adventure Bay; 主菜$11~18; ⌚9:00~17:00; ✎)也在这里。

Satellite Island 出租屋 $$$

(☎0400 336 444; www.satelliteisland.com.au; Satellite Island, 经过Alonnah或Middleton; 双/加床$950/450起)一座"岛"挨着一座"岛",一座"岛"挨着一座"岛"……这个惊艳的私人岛屿风格的度假屋(舢板棚风格),仿佛漂流在丹特尔卡斯托海峡,最多可容纳15人,房间设备齐全。这里有皮艇和钓竿供你消遣,还可以沿步道漫步,在石头缝里寻找牡蛎。私人皮艇驶往布鲁尼岛上的阿隆哈(Alonnah)或塔斯马尼亚大陆上的密德尔顿(Middleton)。最少两晚起住(但你会想多待几天的)。

All Angels Church House 出租屋 $$$

(☎03-6293 1271; www.brunyisland.com/accommodation; 4561 Main Rd, Lunawanna; 双$235起)你的祈祷已得到回应,该教堂在丹尼尔海湾(Daniels Bay)附近,1912年已被修缮一新。现在这里可供出租的住宿有3间卧室和一个屋顶高耸的开放式休息室。可以在有顶棚的花园里生火烧烤,在野餐桌上露天品尝美食,或进屋在一张巨大的公用餐桌上进餐。可住五人。

就餐

Penguin Cafe 咖啡馆 $

(☎03-6293 1352; 710 Main Rd, Adventure Bay; 主菜$5~12; ⌚9:00~15:00, 夏日营业时间延长)这家另类的Penguin Cafe位于冒险海湾商店旁,店面不大,供应自制汉堡、炸鱼和土豆片、鸡蛋培根卷、美味的咖喱扇贝派和松饼咖啡。

Jetty Cafe 咖啡馆 $$

(☎03-6260 6245; www.jettycafebrunyisland.com; 18 Main Rd, Dennes Point; 午饭$15~20, 晚饭$28~30; ⌚周四至周日10:00~21:00)时尚前卫的Jetty Café(一流建筑学家John Wardle设计)既是咖啡餐厅,也是食品生产商,同时还是当地的艺术馆,是布鲁尼岛餐饮业中一道独特的风景。店内菜单随季节

舌尖上的布鲁尼岛

布鲁尼岛的美酒佳酿名声日渐响亮。以下为你逐一列举布鲁尼美食之旅最佳选择。

Get Shucked Oyster Farm(☎0428 606 250; www.getshucked.com.au; 1735 Main Rd, Great Bay; 12只生蚝$12起; ⌚9:30~18:30, 冬季营业时间缩短)Get Shucked在寒冷的Great Bay主导"爱的燃烧"。参观生蚝品尝室,可就着柠檬汁、塔巴斯哥辣酱油和一杯清冽的Jansz,一起泡酒吞下一打生蚝。可提供开壳的生蚝。

布鲁尼岛烟熏工坊和威士忌酒吧(Bruny Island Smokehouse & Whisky Bar; ☎03-6260 6344; 360 Lennon Rd, North Bruny; 主菜$30起; ⌚9月至次年5月9:30~17:30, 6月至8月至16:30)这家烟熏工坊和威士忌酒吧拓展了商品种类,现在店里有塔州所有威士忌酒厂出产的酒水。还有美味的芝士拼盘、熏肉和海鲜浓汤。错过最后一班渡轮就回不了凯特林(Kettering),请不要怪我们哦。

布鲁尼岛奶酪工坊(Bruny Island Cheese Co; ☎03-6260 6353; www.brunyislandcheese.com.au; 1087 Main Rd, Great Bay; 餐$10~24; ⌚10:00~17:00)是不是对微微颤动的芝士薄片垂涎欲滴?去参观布鲁尼岛奶酪工坊吧。这里的奶酪制作师是来自新西兰的Nick Haddow,有多年在法国、西班牙、意大利以及英国工作和旅行的经验,因此可制作各种奶酪。也供应手工面包、柴火比萨、清新提神的咖啡和本地产葡萄酒。

布鲁尼岛优级葡萄酒(Bruny Island Premium Wines; ☎03-6293 1008, 0409 973 033; www.brunyislandwine.com; 4391 Main Rd, Lunawanna; ⌚11:00~16:00)如果口渴了,逛逛澳大利亚最南端的葡萄园酒窖吧。酒窖盛产黑比诺和霞多丽;也供应汉堡包、芝士拼盘和肉类主菜。

变化而变化，莱肴均取材于当地，你可以踱步来这儿买杯咖啡，或预订午餐，或在周五晚来份炸鱼和薯条。由于营业时间随时节而变化，请提前致电询问。

实用信息

布鲁尼丹特尔卡斯托游客信息中心（Bruny d' Entrecasteaux Visitor Information Centre；☎03-6267 4494；www.brunyisland.org.au；81 Ferry Rd；⏲9:00~17:00）这个当地的游客信息中心位于渡轮码头，是游客查询布鲁尼岛上住宿信息和服务信息的最佳选择，能够获得步行地图和驾车指南。这里还有一个咖啡馆。

到达和离开

布鲁尼岛渡轮（Bruny Island Ferry；☎03-6273 6725；www.brunyislandferry.com.au；Ferry Rd，Kettering；汽车往返$30~35，摩托/自行车/步行$5/5/免费）双层甲板的Mirambeena往返于凯特灵及布鲁尼岛北部的罗伯茨角（Roberts Point）之间，运送汽车和乘客。每天至少有10班船，单程耗时20分钟。从凯特灵出发的首班船时间为6:35（周日7:45），末班船18:30（周五19:00）。从布鲁尼岛始发的首班船启程时间是7:00（周日8:25），末班船19:00（周五19:50）。

锡格尼特（Cygnet）

人口 1460

布鲁尼·丹特尔卡斯托曾经把这个偏远的小地方命名为黑天鹅港（Port de Cygne Noir），因为常有天鹅翱翔于海湾之上。如今摇身一变为“小天鹅”（Cygnet）城镇，已经成为一片富有艺术气息的土地，但仍然是当地主要的水果产地。饱经风霜的农民们和背着班卓琴的嬉皮士在大路边上愉快地聊天。他们是镇上酒吧的常客。

广受欢迎的**锡格尼特民俗艺术节**（Cygnet Folk Festival；www.cygnetfolkfestival.org；日票/周票$70/130起），在一月有为期3天的文学、音乐和舞蹈活动。

食宿

Commercial Hotel 小酒馆 $

（☎03-6295 1296；2 Mary St；标单/双不带卫生间$65/85；📶）布局凌乱的Commercial Hotel（被称为“底楼酒馆”）建于1884年，楼上有大方得体的酒店房间。所有房间都配有平板电视、冰箱和崭新的床铺。楼下，酒吧里挤满了性格豪爽的当地人，他们争先恐后地抢着店里足量的牛排晚餐（主菜$10~28，营业时间 正午至14:00和18:00~20:00）。

★ Cherryview 小别墅 $$

（☎03-6295 0569；www.cherryview.com.au；90 Supplices Rd；双$130~160）这幢占地10公顷、设施完备的宁静小屋，十分美丽，每个单间都设施齐全。这里布置简单，但十分有创意。窗外就是以哈茨山为背景的美丽峡谷。旧门板式样的床头也十分惹人爱！你的GPS在这儿会乱套：这是Supplice Rd还是Supplices Rd？不管GPS怎么识别，都距离锡格尼特城市4公里。

★ Lotus Eaters Cafe 咖啡馆 $

（☎03-6295 1996；www.thelotuseaterscafe.com.au；10 Mary St；主菜$10~25；⏲周四至周一9:00~16:00；✎）这家咖啡馆品质一流，其乡村风格的装修更表现了对美食的深刻理解：这里有可口的鸡蛋早餐、咖喱和汤。店内所有食物都近乎严苛地选自当季有机生产、自由放养和土生土长的食材。这里还有顶级自制蛋糕、杏仁羊角面包和咖啡。

休恩维尔及周边（Huonville & Around）

人口 2540

休恩维尔坐落在休恩河畔，位于霍巴特南侧35公里，是霍巴特南部最大的城镇。休恩维尔曾是塔斯马尼亚苹果种植业的主力军，其名字也来源于此。小镇如今仍坚持劳作，作为一座功能性城镇，这里或许景色不如别的地方迷人，但服务设施齐全。路旁就是**富兰克林区**（Franklin，人口1110），这个别致的河滨区内有不少美味的小餐馆。

景点和活动

Apple Shed 博物馆

（☎03-6266 4345；www.williesmiths.com.au；2064 Main Rd，Grove；⏲10:00~18:00）这座

修整过的博物馆位于休恩维尔以北6公里处的格罗夫（Grove），同时也是一家咖啡馆和食品供应商。这里是Willie Smith's有机苹果酒（Willie Smith's Organic Apple Cider）的发源地，该酒曾掀起了一股苹果酒热潮，并席卷了澳大利亚新开的酒馆和酒吧。来这里坐坐，这儿有咖啡、芝士比萨、正餐（主菜$7~24）、苹果酒品尝套餐（$12），你也可以选择1.89升的"咆哮者"，一种Wllie Smith's干苹果酒（Willie Smith's Bone Dry）。这座博物馆坐落在休恩维尔的苹果遗产区，馆内陈列有旧式苹果榨汁机，并有一堵陈列有各苹果品种的墙，让你难忘。

Wooden Boat Centre 博物馆

（☎03-6266 3586; www.woodenboatcentre.com; 3341 Huon Hwy, Franklin; 成人/儿童/家庭$9/3/20; ⊙9:00~17:00）这座迷人的博物馆以海洋文化为中心，与School of Wooden Boatbuilding建有合作关系。该学校开设官方认可的课程，教授用塔斯马尼亚木材建造传统船只（1~7周）。在这里你可以坐在教室里听听课，了解一下如何用休恩河畔的松木组装一艘船。

Huon Jet 划船

（☎03-6264 1838; www.huonjet.com; Esplanade, Huonville; 成人/儿童$80/58; ⊙10月至次年4月 9:00~17:00, 5月至9月10:00~16:00）喷气快艇？那不是20世纪80年代的事儿吗？不过，35分钟的快速喷气快艇航程，绝对是亲近河流的极好方式。建议你预订。

食宿

Huon Valley Caravan Park 房车公园 $

（☎0438 304 383; www.huonvalleycaravanpark.com.au; 177 Wilmot Rd, Huonville; 无电力供应营地/有电力供应营地$30/34）位于休恩河（Huon River）与Mountain River交汇处的房车公园，填补了当地廉价住宿市场的空白。此处目前还没有客房，但有一间全新的营地厨房，配有比萨烤炉和各种干净的便利设施。

★ **Huon Bush Retreats** 木屋 $$

（☎03-6264 2233; www.huonbushretreats.com; 300 Browns Rd, Ranelagh; 无电力供应营地$30, 圆锥帐篷/木屋 双$145/295）此地是一个亲近野生动植物的私密安静地，位于米塞里山（Mt Miseray）侧翼。营地有5座设施齐全的现代化木屋、豪华圆锥帐篷、普通帐篷和房车营地。另有5公里步道以及一间非常好的野外烧烤厨房。美丽的蓝鹩莺在枝叶间飞来飞去。上网查询路线——木屋距离休恩维尔12公里（注意：道路崎岖泥泞！）。

★ **Summer Kitchen Bakery** 面包房、咖啡馆 $

（☎03-6264 3388; 1 Marguerite St, Ranelagh; 每样$4~7; ⊙周二至周五 7:30~16:00, 周六8:00~16:00）当地人从周边几英里的地方过来，就为了他们家的面包。面包房位于距离休恩维尔几公里的拉内勒夫（Ranelagh）的一个街角。店家供应柴火烤制的有机酵母面包、裸麦/黑麦胚芽酵母面包、牛肉沙鼠肉馅饼、酥皮糕点和休恩地区（Huon）最美味的咖啡。很不错。

Petty Sessions 咖啡馆 $$

（☎03-6266 3488; www.pettysessions.com.au; 3445 Huon Hwy, Franklin; 主菜$19~32; ⊙周一至周五9:00~16:00和17:30~20:00, 周六和周日9:00~20:00）这家讨人喜欢的咖啡馆由一座建于1860年的法院改建而成，鲜花、篱笆围绕四周。到露天平台点一份经典套餐（含沙拉、培根三明治、烤休恩河三文鱼以及海鲜意面）——或者尝尝店家特色菜：鲍鱼杂烩浓汤（abalone chowder）。

实用信息

休恩维尔游客信息中心（☎03-6264 0326; www.huontrail.org.au; 2273 Huon Hwy, Huonville; ⊙9:00~17:00）东南方向的游客信息中心位于从霍巴特去往市区的途中。

吉夫斯顿及周边（Geeveston & Around）

人口 1430

吉夫斯顿位于休恩维尔以南31公里，是一个崎岖的林间小镇。小镇实实在在却很难吸引游客眼球，但镇上提供的住宿离哈茨山（Hartz Mountains）和塔胡恩森林空中走道很近。

活动

塔胡恩森林空中走道 徒步

（Tahune Forest AirWalk；☎1300 720 507；www.adventureforests.com.au；Tahune Forest Reserve，Arve Rd；成人/儿童/家庭$26/13/52；⏲10月至次年3月9:00~17:00，4月至9月10:00~16:00）塔胡恩森林建有离地20米的悬空钢架走道，全长600米，可通行轮椅。其中一段长24米的悬臂式走道随着步伐会有相应的晃动。头晕目眩？地面步道包括一段20分钟的沿河路程，可漫步穿过休恩松（Huon pine）林。途中有咖啡馆（主菜$10~30）和度假屋住宿（铺/双/家$47/95/115）。

Eagle Hang Glider 探险游

（☎1300 720 507；www.tahuneairwalk.com.au；Tahune Forest Reserve，Arve Rd；成人/儿童$15/13.50；⏲11月至次年3月9:00~17:00，4月至9月10:00~16:00）空中走道附近，想体验展翅飞翔的游客被绑在滑翔伞上，随时准备起飞，滑翔伞则固定在一条长250米的缆绳上，缆绳悬于休恩河和森林上空50米。飞翔吧，我的美人儿！最低、最高承重为25公斤和100公斤。

食宿

Cambridge House 民宿 $$

（☎03-6297 1561；www.cambridgehouse.com.au；2 School Rd；双 有/无 浴室 含早餐$140/115）这间建于19世纪70年代的民宿小而不俗，适宜拍照。楼上有三间客房，设施共享（适合家庭入住）；楼下有两间客房，各带浴室。木楼梯和波尼的松木（Baltic pine）天花板尤其出彩。保持安静的话，可以在花园尽头的小溪里观察鸭嘴兽。提供熟食早餐。

Masaaki's Sushi 日本菜 $

（☎0408 712 340；20b Church St；寿司$8~20；⏲周五和周六11:30~18:30）惊喜哦！塔斯马尼亚州最好的寿司——包括新鲜的塔斯马尼亚芥末酱——就在安逸的吉夫斯顿。遗憾的是营业时间很短，不过在霍巴特的周日集市上，也能找到Masaaki先生和他的美味寿司（见685页）。

哈茨山国家公园（Hartz Mountains National Park）

65平方公里的哈茨山国家公园（☎03-6264 8460；www.parks.tas.gov.au；车/人 每天$24/12）以参差错落的山峰、冰川湖泊、峡谷沟壑、高山草原和弥漫云雾而闻名于世。当地天气变幻莫测，因此即便是一日游的徒步旅行者，也要备好雨具和保暖衣物。

公园里有一些相当出色的短途徒步步道，也有可以坐下来思考人生的观景点。瓦拉塔观景台（Waratah Lookout）距离吉夫斯顿24公里，从公路过去5分钟即可到达，很方便。还有其他去往阿尔夫瀑布（Arve Falls；往返20分钟）以及奥斯本湖（Lake Osborne；往返40分钟）的步道，路况很好。地势更为陡峭的埃斯佩兰斯湖（Lake Esperance）步道（往返1.5小时）将带你穿过令人叹为观止的高山地带。

公园内无露营设施——仅提供基本的日常设施。详情请上网查询。路线：从吉夫斯顿经Arve Rd，最后10.5公里是土路，有时有积雪。

多佛及周边（Dover & Around）

人口770

深入探索南部，多佛是个很好的放松、恢复基地。19世纪，多佛只是一个木材加工小镇；但如今，当地众多养鱼场养殖的大西洋鲑鱼（Atlantic salmon）已出口至亚洲各地。要继续南下的旅行者可在此地加油、补充一切所需。再往南大约28公里即是另一座不显眼的小镇，绍斯波特（Southport，人口280），以前主要在海边从事木材加工。

详情请登录网站www.farsouthtasmania.com。

食宿

Dover Beachside Tourist Park 房车营地 $

（☎03-6298 1301；www.dovercaravanpark.com.au；27 Kent Beach Rd；无电力供应营地/有电

力供应营地$22.50/35，木屋 $95起；🛜）公园位于沙滩和新的儿童游乐场对面，有宽阔的草地、整齐的木屋，前台还有一只饶舌的美冠鹦鹉（别相信它说的任何话）。

★ **Jetty House** 民宿 $$

（☎03-6298 3139；www.southportjettyhouse.com；8848 Huon Hwy；标单/双 含早餐 $120/170，加床 $30；🛜）南部海岸徒步探索之旅结束后，这家靠近码头的家庭客栈是恢复体力的绝佳选择。客栈建于1875年，乡村风格的游廊环绕四周，是当年锯木厂老板的家。房价包含熟食早餐全餐和下午茶。明火取暖、奇特的艺术品、没有任何装饰垫，以及猫咪Pushkin友好的态度给你一个完美的住宿体验。晚餐需预订；长住可优惠。

Ashdowns of Dover 民宿 $$

（☎0417 746 437；www.ashdownsofdover.com.au；6957 Huon Hwy；双$140，加床$25；🛜）忘了白色悬崖吧；Ashdowns of Dover才是更受欢迎的去处。这家建于1950年的亚洲和非洲风格的木结构房子，有三间带浴室的客房，外加熟食早餐全餐以及屋后田野里的羊群。小朋友还可以捡拾家养母鸡生的蛋。

★ **Post>Office 6985** 海鲜、比萨 $$

（☎03-6298 1905；6985 Huon Hwy；主菜 $15~30；⏲9月至次年5月 周三至周日正午至14:00，周四至周日18:00~20:00，6月至8月周四至周六16:00~20:00）立体声播放着莱昂纳德·科恩（Leonard Cohen）和其他另类乡村歌曲，酷酷的室内装潢、美食杂志……菜单主打当地海鲜和柴火烤制的比萨（建议你品尝扇贝焦糖洋葱意式培根口味（the scallop, caramelised onion and pancetta version）。住上一晚后，你可能还想再住一晚。另提供斯特林啤酒（Sterling beer）及葡萄酒。

科克尔小溪（Cockle Creek）

澳大利亚最南端的自驾路线是自**艾达湾**（Ida Bay）——不要错过风景绝佳的14公里长的**艾达湾铁路**（Ida Bay Railway；☎0428 383 262, 03-6298 3110；www.idabayrailway.com.au；328 Lune River Rd；成人/儿童/家庭$30/15/75；⏲9:00~17:00）延伸出去的崎岖不平的砾石路——途经海浪轻柔的**洛切切湾**（Recherche Bay）通往科克尔小溪（Cockle Creek）。科克尔小溪一度规划建设规模宏大的街道网络，但是日渐萎缩的煤矿矿脉和逐渐减少的鲸的数量，给这一计划泼了一盆冷水。

这是一片非同凡响的原野，遍布崎岖陡峭、云雾缭绕的群山，令人惊叹的海滩，最棒的是，游人稀少、一望无垠的空旷。富有挑战的**南海岸路线**（South Coast Track）从这里出发（或结束于此），带你穿过**西南国家公园**（Southwest National Park）内的**米拉路卡**（Melaleuca；www.parks.tas.gov.au；车/人 每天$24/12）。若把**戴维港路线**（Port Davey Track）纳入行程，你可以一路走佩德尔湖（Lake Pedder）。短程徒步从科克尔小溪出发，或沿海岸线漫步至位于**费舍尔点**

不要错过

黑斯廷斯洞穴和温泉

迷人的**黑斯廷斯洞穴和温泉**（☎03-6298 3209；www.parks.tas.gov.au/reserves/hastings；754 Hastings Caves Rd, Hastings；溶洞和温泉 成人/儿童/家庭$21/15/60，仅温泉$5/2/12；⏲1月9:00~17:00，2月至4月10:00~16:00，5月至9月10:30~15:30，10月至12月10:00~15:30）入口位于多佛以南15公里（刚过绍斯波特出口），从休恩公路往内陆方向5公里处设有路标。游览洞穴（位于黑斯廷斯洞穴保护区内）只能乘坐导游船。去游客中心购票。团队游大约每小时发团一次，但时间随季节变化会有变动：具体信息可电话查询或上网查询。

费用包括45分钟奇妙石灰岩洞穴**纽德盖特洞穴**（Newdegate Cave）游览，外加**温泉游泳池**门票。泳池位于游客中心后，充注28℃温泉水。

洞穴入口距离游客中心5分钟车程。此路段无公共交通。

（Fishers Point）的灯塔（往返2小时），或沿部分南海岸路线漫步至**南岬湾**（South Cape Bay；往返4小时）。国家公园要门票；在科克尔小溪自助检票。

洛切切湾沿岸，包括Catamaran之前的Gilhams海滩有非常好的免费**露营地**，提供基本设施。科克尔小溪当地也可免费宿营，但过了桥就要支付国家公园门票费用。

请联系**Evans Coaches**（☎03-6297 1335；www.evanscoaches.com.au）查询吉夫斯顿—科克尔小溪路线是否正在运营。否则请自驾。

塔斯曼半岛（TASMAN PENINSULA）

亚瑟港历史遗址（Port Arthur Historic Site）是塔斯曼半岛游览活动的重点。此外，岛上还有高达300米的海边悬崖、空旷的冲浪海滩，以及穿越繁茂森林和僻静海岸线的绝妙丛林徒步路线。**塔斯曼国家公园**（Tasman National Park；www.parks.tas.gov.au）占据了半岛大部分面积。

详情请上网查询，网址：www.tasmanregion.com.au和www.portarthur.org.au。

☞ 团队游

Tasman Island Cruises 乘船游

（见690页地图；☎03-6234 4270；www.tasmancruises.com.au；富兰克林码头；团队一日游 成人/儿童$225/155；⏲7:45）从亚瑟港出发，环塔斯曼岛三小时的生态巡游，观赏南半球最高的、令人叹为观止的皮勒角（Cape Pillar）海边悬崖，接下来游览亚瑟港历史遗址，然后乘巴士回城。票价含上午茶点、午餐及亚瑟港门票。

Roaring 40s Kayaking 皮划艇

（☎0455 949 777；www.roaring40skayaking.com.au；一日游$200；⏲11月至次年4月）Roaring 40s提供环塔斯曼半岛的海上皮划艇一日游，途经豪伊角（Cape Hauy）壮观的海岸线。票价包含划艇设备、午餐、从霍巴特出发的交通。

Under Down Under 团队游

（☎1800 444 442；www.underdownunder.com.au；每人$110）背包客式的亚瑟港一日导览游，含住宿地接送、门票、徒步导游以及海湾游轮。途中可匆匆瞥一眼里士满（Richmond）。

Tours Tasmania 团队游

（☎1800 777 103；www.tourstas.com.au；一日游$120；⏲周日至周五）性价比高的小型团队亚瑟港一日游（含门票、徒步游和海港游轮），途经里士满、魔鬼厨房（Devil's Kitchen）和塔斯曼拱门（Tasman Arch）。主要针对背包客。

Navigators 游轮

（☎03-6223 1914；www.navigators.net.au；Brooke St Pier, Hobart；一日游 成人/儿童$229/204；⏲10月至次年4月）从霍巴特至亚瑟港乘坐游轮，返回乘坐大客车。票价包含历史遗迹门票、上午茶点、午餐、徒步游和死亡之岛（the Isle of the Dead）游览。不用餐或不参观死亡之岛减价（成人/儿童$159/128）。

Gray Line 巴士游

（☎1300 858 687；www.grayline.com.au；一日游 成人/儿童$139/70）轻松愉快的外霍巴特客车游，含环死亡之岛海港游轮、亚瑟港门票和导览游，在塔斯曼拱门和魔鬼厨房停车休息。

ℹ 到达和当地交通

Tassielink（☎1300 300 520；www.tassielink.com.au）有从霍巴特出发驶往塔斯曼半岛的服务，途经鹰颈峡（$21，1.5小时）和亚瑟港（$25，2.25小时）。

鹰颈峡到亚瑟港（Eaglehawk Neck to Port Arthur）

鹰颈峡（Eaglehawk Neck；人口340）的历史可追溯到监狱时期，那时在这仅100米宽的地峡拴着一排恶狗——这就是恶名远扬的“烈犬防线”（Dogline）——以防止罪犯逃跑。为了防止犯人游泳逃跑，散布谣言说水里有鲨鱼出没。值得一提的是，即使有这些防范措施，还是有几名囚犯成功逃出，重获自由。

去鹰颈峡的途中会在索雷尔停留，到**速乐水果农场**（Sorrell Fruit Farm）亲手采摘

Tasman Peninsula 塔斯曼半岛

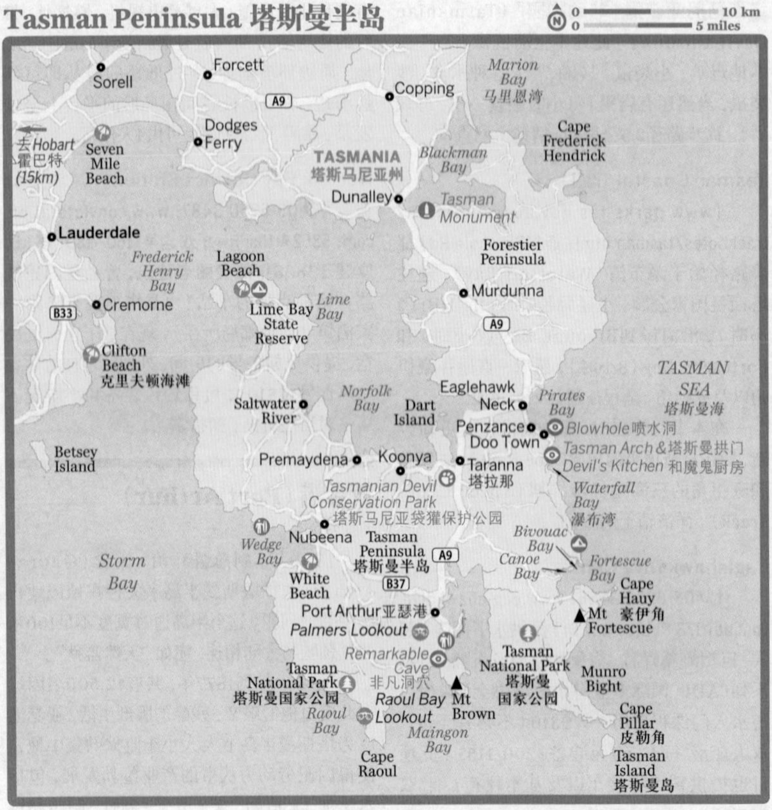

（☎03-6265 2744; www.sorellfruitfarm.com; 174 Pawleena Rd; 每盒 $8.50起; ⏲10月至次年5月 8:30~17:00）当季水果。

👁 景点和活动

鹰颈峡历史古迹 历史古迹、博物馆

（Eaglehawk Neck Historic Site; ☎03-6214 8100; www.parks.tas.gov.au; Arthur Hwy; ⏲24小时，博物馆 9:00~15:30）**免费** 在鹰颈峡，监狱时期遗留下来的唯一建筑是**Officers Quarters Museum**（1832年），它是澳大利亚最古老的木制军事建筑。博物馆内的展室陈列丰富的历史信息，包括"烈犬防线"、逃犯以及大名鼎鼎的丛林大盗马丁·凯什（Martin Cash）。

喷水洞、塔斯曼拱门和魔鬼厨房 地标

（Blowhole, Tasman Arch & Devil's Kitchen, 紧邻Blowhole Rd）要近距离观赏鹰颈峡以南壮观的海岸线，请沿路标至喷水洞、塔斯曼拱门（形似洞穴的天然桥梁）和魔鬼厨房（一个崎岖的60米深的裂缝）。在喷水洞要小心有时会有水喷出来，在别处景点也要确保待在栏杆后——悬崖边沿的确会坍塌。往喷水洞途中，注意通往瀑布湾（Waterfall Bay）的4公里砾石路的路标，那里有更多适宜摄影的风景。

塔斯马尼亚袋獾保护公园 野生动物保护区

（Tasmanian Devil Conservation Park; ☎1800 641 641; www.tasmaniandevilpark.com; 5990 Arthur Hwy; 成人/儿童/家庭$33/18/79; ⏲9:00~17:00）袋獾在当地被称为"塔斯马尼亚恶魔"（Tasmanian Devil）。塔拉那（Taranna）的主要景点就是这个野生动物保护区，我们去时正在改建，以后恐怕就只能叫

塔斯马尼亚袋獾"非动物园"（Tasmanian Devil Unzoo）了。此地本土动植物丰富——本地母鸡、小袋鼠、袋鼬、鹰、各种水禽、沙袋鼠，当然还有袋獾（每小时喂食一次，可观看）。徒步路径2.5公里。详情请上网查询。

Tasman Coastal Trail 步行

（www.parks.tas.gov.au/recreation/tracknotes/tasman.html；紧邻Blowhole Rd）徒步路径始于瀑布湾（Waterfall Bay），通往塔斯曼国家公园。小径翻越Tatnells Hill（2小时），沿海岸到Bivouac Bay（6小时）和Fortescue Bay（8小时），然后一直通往豪伊角以及皮勒角。全程往返计划5~6天。

在本书写作之时，部分路段正在更新改造，旨在打造顶级的包含Cape Raoul、皮勒角和豪伊角的三海角徒步线路（Three Capes Track）。详情请上网查询。

Eaglehawk Dive Centre 潜水

（☎03-6250 3566；www.eaglehawkdive.com.au；178 Pirates Bay Dr）提供水下探险（洞穴、巨型海藻森林、海狮栖息地及沉船）以及系列PADI（国际专业潜水教练协会）课程。潜水入门课程费用一天$310（不必有经验，双人船潜 每人 有/无装备$200/115）。此项目也提供霍巴特接车以及基本住宿（铺/双$25/80）。

住宿

Taranna Cottages 木屋 $

（☎03-6250 3436；www.tarannacottages.com.au；19 Nubeena Rd；无电力供应营地$20，双$95~125，加床 成人/儿童$24/12）该别墅位于塔拉那南端，物超所值，提供自助住宿，包括两栋从休恩谷搬迁至此的摘苹果工人的木屋和一座铁路建筑，十分整洁。该别墅以灌木丛为背景，环境优雅安静，明火取暖，另付几澳元即可享用早餐（散养鸡蛋、自制果酱）。第一家博物馆/咖啡馆在我们到访时即将开业。

★Larus Waterfront Cottage 出租屋 $$

（☎0457 758 711；www.larus.com.au；576 White Beach Rd，White Beach；双$145~200）该别墅拥有当代设计、海洋主题、美丽风景以及所有现代化的设施（大屏幕电视机、燃气灶、带灯的烧烤架），简直就是塔斯曼半岛的隐居之地。周边环境幽静，穿过低矮的灌丛即可到达海边。你可以长时间在环形的平台上坐着发呆、品酒、欣赏日落。可供4人住宿。

Norfolk Bay Convict Station 民宿 $$

（☎03-6250 3487；www.convictstation.com；5862 Arthur Hwy；双 含早$160~180；📶）这座建于1838年的美丽老建筑，曾经是囚犯铁路在诺福克港的车站（也是塔斯曼半岛第一家酒馆和当地邮局所在），现在成了迷人的民宿，提供风格各异的房间，外加家常自助早餐（热食另付$10），可租钓鱼装备和小游艇。店主对当地历史了如指掌。

亚瑟港（Port Arthur）

人口 250

1830年，副总督乔治·亚瑟（George Arthur）选择塔斯曼半岛来关押在殖民地再次犯罪的囚犯。这个半岛通过宽度不足100米的鹰颈峡与大陆相连，宛如"天然监狱"。

从1830年到1877年，共有12,500名囚徒在此度过他们艰辛、残酷的服刑生活。亚瑟港成为塔斯曼半岛上大大小小监狱的集中地，使得囚犯劳动力从事的产业蓬勃发展，包括木材加工、造船、煤矿开采、制鞋、制砖和钉子制造业。

尽管已变成了旅游胜地，亚瑟港仍是一个阴郁之地。别以为你在这里所看到的一切对你没有影响。这里有一种无法忽视的悲伤情愫，即使在最阳光灿烂的日子里，四周也充斥着一种哥特式的阴森恐怖氛围。而且，在1996年4月，有一个年轻人在这里漫无目标地开枪射击，造成35人死亡，超过37人受伤。不久之后，此人又放火烧了一家客栈，好在最后终于被缉拿归案，而后一直被关在霍巴特以北的监狱。这一事件发生后，澳大利亚便颁布了严格的枪支管控法规。

景点和活动

亚瑟港历史遗迹 历史古迹

（Port Arthur Historic Site；☎03-6251 2310；www.portarthur.org.au；Arthur Hwy；成人/儿童/家庭 $37/17/90起；⏲团队游和参观建筑

塔斯马尼亚虎和塔斯马尼亚恶魔

塔斯马尼亚虎（袋狼属，拉丁学名Thylacinus cynocephalus，英文名thylacine）——一种带条纹的像狗的夜行捕食动物，曾经广泛分布于塔斯马尼亚与澳大利亚大陆。关于它的故事有两种结局：一般认为，它在人类的乱捕滥杀中于20世纪初灭绝了，1936年最后一只死于霍巴特动物园。虽然之后有上百例目击报道，但从未得到证实。第二种版本说这种行踪不定、难以捉摸的虎，仍然生存在塔斯马尼亚的荒野中。科学家们对此不以为然，但是当地人却不愿意否认这种可能性。大卫·欧文（David Owen）的《袋狼》（*Thylacine*）和科尔·贝利（Col Bailey）《袋狼的阴影》（*Shadow of the Thylacine*）深入剖析了这一现象，此外2011年上映的电影《猎人》（*The Hunter*），讲述了一个人（威廉·达福饰演）在塔斯马尼亚苦苦搜寻最后一只袋狼的故事。

脾气暴躁的袋獾（拉丁学名Sarcophilus harrisii）被称为塔斯马尼亚恶魔，肯定还没有灭绝，但是野生种群面部肿瘤（DFTD）感染率高达75%（真正的袋獾看上去一点也不像华纳兄弟出品的卡通里的形象）。全州各地都已建立隔离区，但是至今仍没有找到治愈方法。你可以在各地的野生动物园观赏袋獾，并可获得关于控制面部肿瘤的研究进展的最新信息。

9:00~17:00，庭院 9:00至傍晚）这一令人惊叹的囚犯遗址，是塔斯马尼亚州价格昂贵的旅游景点之一，属于世界级遗迹。此地有十多处建筑，导游解说可以加深你的了解。**博物馆**原本是庇护所，**隔离监狱**是通过隔离和感官剥夺对囚犯进行惩罚和改造。建于1836年的**教堂**在1884年被烧毁，**重犯监狱**起初是一座谷仓。宽箭（Broad Arrow）咖啡馆是1996年枪击案的犯罪现场，现已在其周围建成一座**纪念花园**。

在游客中心有一家咖啡馆、罪犯餐吧（Felons Bistro，见720页）以及一家礼品店（出售囚犯相关主题出版物）。楼下是画廊，在此你可以重温囚犯们从英格兰到塔斯马尼亚州的旅程。有穿梭车为行动不便的游客提供服务——详情请询问服务台。往返港口的渡轮也可通行轮椅。

住宿

Port Arthur Holiday Park 房车营地 $

（☎1800 620 708，03-6250 2340；www.portarthurhp.com.au；Garden Point Rd；铺$25，无电力供应营地/有电力供应营地/带浴室$28/33/43，小屋$120起；❄📶）该营地离亚瑟港不到2公里，地方宽敞、草木葱郁、鸟鸣声声，不远处就有带遮阳伞的海滩。营地设施完备，包括营地厨房、木柴烧烤、商店和加油站。这里是附近最好的（也是唯一的）廉价住所。

Sea Change Safety Cove 民宿 $$

（☎0438 502 719，03-6250 2719；www.safetycove.com；425 Safety Cove Rd，Safety Cove；双$180~240，加床 成人/儿童$40/20；📶）这家客栈位于亚瑟港以南4公里处，任何房间都可以欣赏绝妙的海景——薄雾缭绕的海崖、海浪侵蚀的安全湾沙滩和树丛繁盛的灌木。这家民宿有几间含早餐的客房，外加楼下一间最多可睡5人的自助套间。室外，开满茶花的花园通往美丽的露天平台，在那里可以俯瞰海滩。要再来一杯汤力杜松子酒吗？

Stewarts Bay Lodge 度假村 $$

（☎03-6250 2888；www.stewartsbaylodge.com.au；6955 Arthur Hwy；小屋/单元房 双$159/219起，2卧$260/319，3卧 小屋$360；❄📶）Stewarts Bay Lodge位于一个隐蔽的海湾附近，似乎是为了游泳和划船而建。度假村里既有古朴的小木屋，又有新式豪华套间，有的还带独立的按摩浴缸。现代化的厨房非常适合用来烹制当地美味的农产品，不过你也许更愿意在井然有序的Gabriel's on the Bay餐厅用餐。

值得一游

非凡洞穴

非凡洞穴位于亚瑟港以南大约5公里处，是悬崖底部因海水侵蚀而成的一条长长隧道，通往大海。海浪冲进洞穴激起阵阵浪花。一条木板步道和台阶通往峡谷上方的金属观景台，从停车场步行几分钟即可到达。信不信由你，铁杆儿的冲浪迷常来此挑战，他们劈水斩浪，游出洞口，冲向更远的近海群礁。

就餐

Gabriel' s on the Bay　新派澳洲菜 $$

（☎03-6250 277; www.stewartsbaylodge.com.au; Stewarts Bay Lodge, 6955 Arthur Hwy; 主菜 午餐$18~35，晚餐$28~35; ⊙每天8:00~10:00和正午至14:00，周四至周一17:30~20:30; 📶）餐厅为现代风格的木结构玻璃墙大厅，窗外即是美丽的海景，主打当地农产品：鹰颈峡牡蛎、塔斯曼半岛三文鱼汉堡、塔斯曼尼亚肉眼牛排配甘薯泥、炖韭葱和红酒汁。住在附近的话，绝对值得专程前去一试。建议你预订。

Felons Bistro　新派澳洲菜 $$

（☎1800 659 101; www.portarthur.org.au; Port Arthur Historic Site; 主菜$23~32; ⊙17:00至深夜）餐厅位于亚瑟港历史古迹游客中心一翼，用餐可参加夜晚的幽灵之旅活动。这里提供高档又有创意的晚餐，以海鲜为主。正如引人注目的标语所说："带着信仰用餐"（Dine with Conviction）。肉食爱好者可以尝试Cape Grim特色的炖牛颊或者Doo Town特色的烤鹿肉配塔斯马尼亚人参。建议你预约。

朗塞斯顿和塔斯马尼亚东部

包括 ➡

最佳餐饮

- Stillwater（见743页）
- Freycinet Marine Farm（见732页）
- Moresco Restaurant（见737页）
- River Cafe（见747页）

最佳住宿

- Two Four Two（见743页）
- Fresh on Charles（见742页）
- Red Feather Inn（见750页）
- View（见747页）
- Piermont（见730页）

为何去

从霍巴特向北一路前行到朗塞斯顿，你会看到塔斯马尼亚的中部农业地区，有着非常显著的英伦风格：这有烈日炙烤的麦秸色田野、挺拔的白杨树、灌木树篱以及保存完好的乔治王朝风格村庄。

向东驶去，塔斯马尼亚的东部海岸海水微咸，这里正处于发展振兴中——这片安静的海湾地区，最显眼的便是一片花岗石海岬，上面布满了鲜艳的橙色地衣。在这里，你可以随意徒步旅行、骑自行车、乘皮划艇、冲浪、潜水和钓鱼。

很难想象在塔斯马尼亚北部有这样一个小城，竟比朗塞斯顿，甚至威灵顿或卑尔根更加吸引人。当地人这样形容朗尼——容得大都市的车水马龙，也不失小乡村之惬意。

朗塞斯顿外就是柔和静美的泰玛谷，两侧山坡上是漫山遍野的葡萄藤。朗塞斯顿南部和西部的小镇散发着无穷的魅力，这里有气派的庄园，古香古色的街景和充满魅力的小镇。

何时去

朗塞斯顿

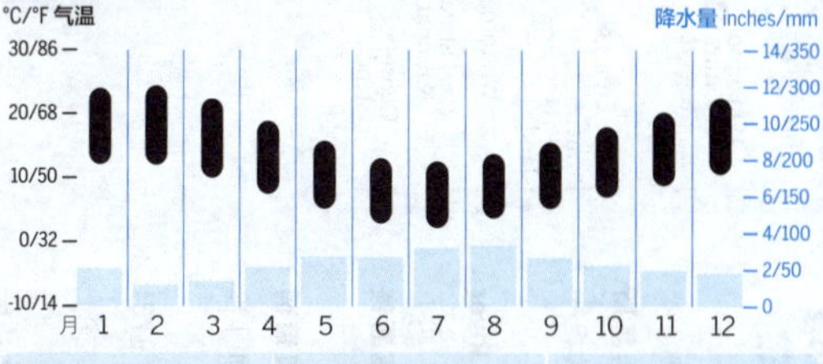

12月至次年2月 朗塞斯顿盛夏的节日让人眼花缭乱，而河畔的夜晚很宁静。

3月至4月 这是泰玛谷丰收的时节，也是东海岸海水最温暖的时候。

6月至8月 本洛蒙德山山上积雪尚未消融，中部地区晴朗澄净。

朗塞斯顿和塔斯马尼亚东部亮点

❶ 步行、游泳、吃饭，或仅仅在**朗塞斯顿**的**奔流峡谷**放松一下（见738页）。

❷ 乘着**Tamar River Cruises**（见741页）在水上观赏**朗塞斯顿**全景。

❸ 在**风笛手河葡萄酒产区**（见749页）参观酒窖。

❹ 在**酒杯湾**（见731页）东海岸运动一下，出出汗。

❺ 在东海岸旁边的**玛丽亚岛国家公园**（见726页）观赏袋熊和沙袋鼠。

❻ 在东北部的**宾那龙湾**（见736页），沉浸在海浪里。

❼ 从**本洛蒙德国家公园**（见751页）的雪

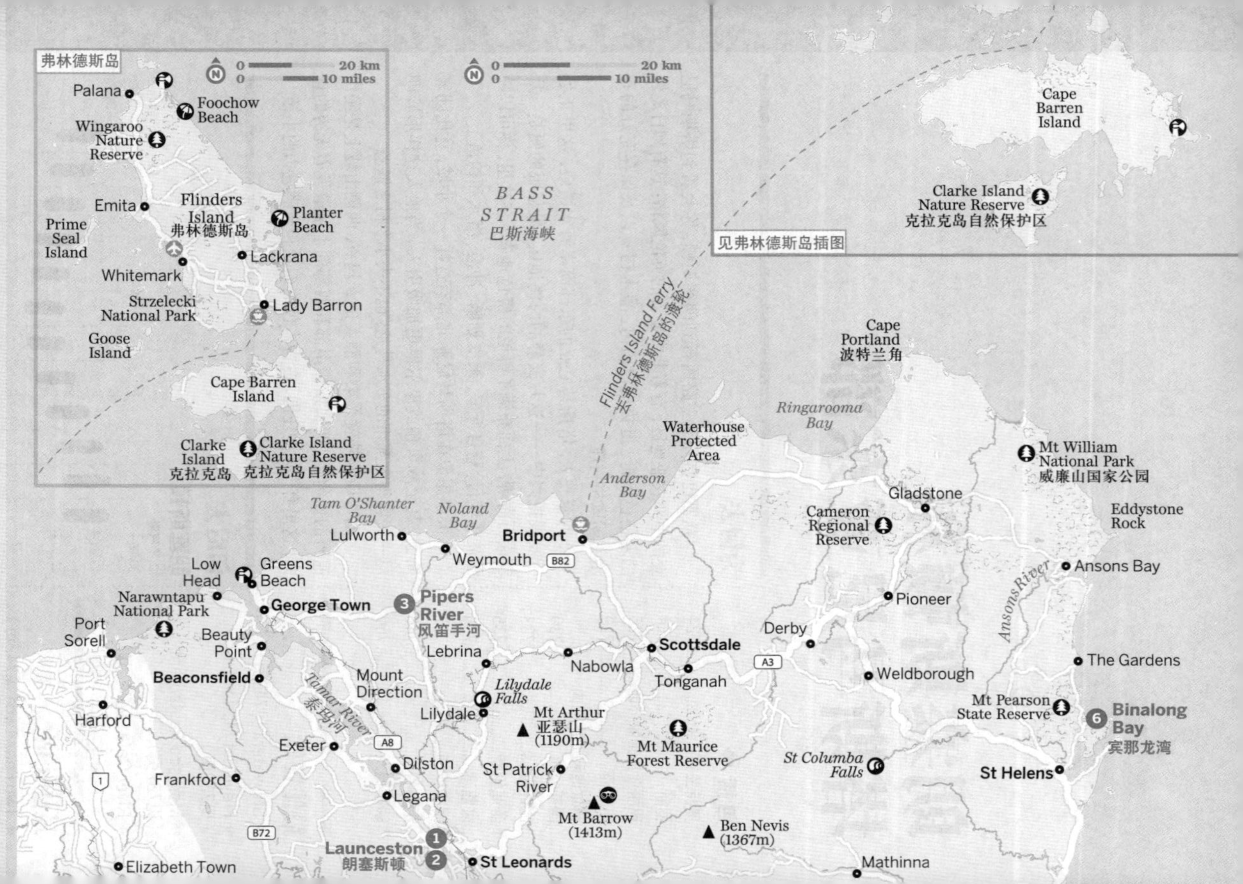

坡上猛冲下来。

8 在**埃文代尔**（见750页）的国家老式自行车锦标赛上，为飞速的自行车运动员加油。

中部地区（THE MIDLANDS）

到达和当地交通

Redline Coaches（☎1300 360 000；www.tasredline.com.au）每日都有几班巴士沿着Midland Hwy行驶。霍巴特/朗塞斯顿到奥特兰兹的单程票价为$22/25，到罗斯或坎贝尔镇的单程票价为$31/14。

奥特兰兹（Oatlands）

人口 860

奥特兰兹建于1832年，最初作为军事重地存在。如今这里的旅游贸易蓬勃发展，但仍然保持着庄重的氛围。这个小镇有澳大利亚最大的乔治王时代的建筑群——在极具特色的主街道上有87栋历史悠久的建筑，其中一些现在成了画廊和工艺品店。

景点

考灵顿磨坊 历史建筑

（Callington Mill；☎03-6254 1212；www.callingtonmill.com.au；1 Mill Lane；团队游 成人/儿童/家庭 $15/8/40；⏲9:00~17:00）考灵顿磨坊建于1837年，从那时起奥特兰兹的屋顶上一直在磨制面粉，直到1891年才停产。由于数十年疏于看管，房子内部堆积了不少鸽子粪便，建筑物的石造部分破碎不堪。但经过完整修缮后，这里再次开始生产优质的有机面粉。这是一个工程杰作。10:00~15:00，每个小时的导览游都会有详细的讲解。该城的游客信息中心也在这里。

食宿

Blossom's Cottage 民宿 $$

（☎03-6254 1516；www.blossomscottageoatlands.com.au；116 High St；双含早餐$110；📶）一个设施齐全的花园套间里放着一张铸铁的小床，房间里有红木地板、花窗玻璃，还有一个小厨房，几张椅子摆放在白桦树下，这一切使小屋看上去明朗又令人愉快。这家民宿物超所值。提供丰富的早餐。

Woodfired Bakery Cafe 面包、咖啡 $

（☎0418 551 546；www.naturespath.com.au；106 High St；主菜$10~16；⏲周三至周一10:00~16:00）这是城镇里最新的小餐馆（我们去参观时他们的开业招牌还在外面挂着）。这里有美味的咖啡餐，例如早餐卷饼、汤、烤制的三明治和乳酪煎饼。兼售的橄榄油香皂也招揽了不少生意。周六晚上的比萨尝起来也别有风味。

实用信息

奥特兰兹游客信息中心（Oatlands Visitor Information Centre；☎03-6254 1212；www.heritagehighwaytasmania.com.au；Callington Mill, 1 Mill Lane；⏲9:00~17:00）提供一般信息，处理住宿预订问题。可领取免费材料：《欢迎来到奥特兰兹》（*Welcome to Oatlands*），这是一本自助小镇观光游指南；《德珥顿湖步行指南》（*Lake Dulverton Walkway Guide*），这是一本环湖探索的指南；还有些可以指引我们去往城镇的老军事区和最高法院区域的指南。

罗斯（Ross）

人口 420

这是一个干净的（不，简直是一尘不染的）中部小镇，位于霍巴特北部120公里处。罗斯建于1812年，最初作为军事重地，用来保护来往于霍巴特和朗塞斯顿的游客不被土匪抢劫。很快，罗斯变成了一个重要的长途货运中转站。绿树成荫的街道显露着殖民地时期的风采，满满都是历史的痕迹。

交叉路口位于小镇正中央，指向四个方向：诱惑（the Man O' Ross Hotel）、救赎（天主教堂）、娱乐（市政厅）和天谴（旧监狱）。

景点

罗斯桥 桥

（Ross Bridge；Bridge St）建于1836年的罗斯桥是澳大利亚第三古老的桥梁。优美的拱形桥洞由殖民地建筑师约翰·李·雅哲（John Lee Archer）设计，后由两个服刑的石匠马赛斯·科伯克（Messrs Colbeck）和赫伯特（Herbert）修建而成，以此赎罪。赫伯特凿刻了186个错综复杂的雕刻品来装饰拱形桥，上面有凯尔特的符号、动物以及贵族的头像（包括州长亚瑟和英国—丹麦罪人乔真·乔根森，他是荒唐的冰岛前国王）。夜晚桥上点

了灯，雕刻那鬼魅般的影子微微闪烁，十分吓人。

罗斯女子工厂 博物馆

（Ross Female Factory; www.parks.tas.gov.au; Bond St和Portugal St交叉路口；⏲现场9:00~17:00，小屋周一至周五 9:30~16:30，周六和周日 13:00~16:00）**免费** 塔斯马尼亚有两个女子监狱，其中之一位于这片不毛之地（另一个在霍巴特，见688页）。虽然如今这里只留下了一座充满有趣历史气息的小屋，但收割后的田野里考古挖掘工作正有序进行着。我们可以从一些小木牌上的描述中，了解到这些女性的悲惨生活。游客服务中心处可以领到《罗斯女子工厂》旅游手册，然后沿着小路从Church St的上面走，就可以到达这里了。

食宿

Ross Caravan Park 房车公园 $

（☎03-6381 5224; www.rossmotel.com.au; Bridge St；无电力供应/有电力供应点$24/32，小屋标单/双 $50/70；📶）靠近罗斯桥有片草地十分吸引人，就在盛产鱼虾的麦格觉河的岸边。这儿的小屋是兵营风格，用砂岩建成，非常实用，一次可以入住2~4人（带厨具），也是小镇上最廉价的住宿。卫生间是公用的；需自带床单。接待处在Rose Motel。

Stone Cottage 出租屋 $$

（☎03-6381 5444; www.stonecottageross.com.au; 4 Church St；双$120，加床 成人/儿童 $20/10；❄📶👪）Stone Cottage对于家庭游的游客来说是镇上最好的住宿选择之一。它通体由石头构成（纹路十分清晰！），里面有很多儿童玩具和动画片光盘，还有一个种满了果树的大花园。乡下的厨房，摆着长木桌，可以做点简单的午餐和晚餐。屋内可供7人住宿。

Ross Motel 汽车旅馆 $$

（☎03-6381 5224; www.rossmotel.com.au; 2 High St；双/家含早餐$135/195；📶）独立经营的Ross Motel提供的小屋套间十分整洁，富有乔治王时代的风格。房间内放有乔治风格的饰品（都是些复制品），每个套间都配有微波炉、冰箱和电视。家庭套间能睡四个人。房间位于中心位置且非常安静，并且入住首日提供早餐。

Ross Village Bakery 面包房 $

（☎03-6381 5246; www.rossbakery.com.au; 15 Church St；每件$3~20；⏲8:30~16:30）这里有分量十足的开胃菜、馅饼、超大片香草片。夏日周六晚上有柴火烤制的比萨及冷汤和各种各样的沙拉。面包店的老板每天早晨4点钟起床，给木炭烤炉生上火，准备干活。这烤炉从1860年就开始使用了。

Man O' Ross Hotel 小酒馆饮食 $$

（☎03-6381 5445; www.manoross.com; 35 Church St；主菜$19~30；⏲12:00~14:00和18:00~20:00；📶）罗斯的正餐有些单调，但这个历史悠久的小镇酒馆供应着许多当地的传统食物，包括风靡东海岸的啤酒、搭配有薯片和蔬菜的自制炸丸子、基辅烤鸡以及每日推荐的烤肉。酒吧后面有个美丽的啤酒园，放满了高吧台和庭院遮阳伞。

实用信息

罗斯游客信息中心（Ross Visitor Information Centre; ☎03-6381 5466; www.visitross.com.au; 48 Church St；⏲9:00~17:00）位于塔斯马尼亚羊毛纺织中心内部。如果你们一队人数超过八人，信息中心会为你们推荐小镇导览游（每人 $5，需提前预订）。

坎贝尔镇（Campbell Town）

人口 990

坎贝尔镇位于罗斯北部12公里处，也曾作为军事重地，并曾关押过犯人。与在奥特兰兹和罗斯不同的是，Midlands Hwy径直穿过小镇，使得小镇成为一个休息站，十分便利。High St小径的红砖上记述着犯人的罪行、审判以及关押时间，例如罪犯Ephram Brain和English Corney，因偷盗土豆、重婚以及谋杀等被关押至范·达尔曼岛。

见网址www.campbelltowntasmania.com。

景点

坎贝尔镇博物馆 博物馆

（Campbell Town Museum; ☎03-6381 1503;

市政厅，75 High St；⌚周一至周五 10:00~15:00）免费 该博物馆由志愿者经营，藏品丰富、十分有趣。其特点是记录了许多著名人物的生平经历，例如John Batman和Martin Cash（一个当地绿林好汉）。这里还有各种各样古老的手工制品，例如一台电影放映机，Bye兄弟曾在20世纪30年代用它在周六晚上放映电影。

红桥 桥

（Red Bridge；High St）红桥横跨伊丽莎白河，由犯人建造，完工于1838年。其历史之长久，使得它几乎与罗斯桥同样珍贵。当地人称之为红桥，是因为建筑时用了超过150万的现场烧制的红砖。

就餐

Red Bridge Cafe & Providore 咖啡 $

（☎03-6381 1169；137 High St；每件$4~13；⌚周一、周三和周四 7:30~16:00，周五至17:00，周六和周日 8:00~17:00；📶）这个餐馆位于小镇最南，靠近红桥。这里曾是个酿酒厂，后来改为一个时尚餐厅。客人们在店里可以共用一张木桌子，这里还有很多好吃的塔斯马尼亚美食、红酒和啤酒。无论你的目的地在南边还是北边，这里美味可口的蛋糕、乳蛋饼、果馅饼和美味的派，都值得你停下来尝一尝。

实用信息

坎贝尔镇游客信息中心（Campbell Town Visitor Information Centre；☎03-6381 1353；www.campbelltowntasmania.com；Town Hall，75High St；⌚周一至周六10:00~15:00）提供当地信息以及坎贝尔镇博物馆（Campbell Town Museum）信息（见725页）。这个信息中心由志愿者管理，所以营业时间或许会有变化。取本《坎贝尔镇—塔斯马尼亚的历史中心》（*Campbell Town -Historic Heart of Tasmania*）吧，这本小册子上面的地图，绘制着各式各样的历史建筑。

东海岸（EAST COAST）

塔斯马尼亚宁静的东部海岸极其美丽。西海岸阴雨连绵，所有的雨云都聚到了西边时，东海岸就十分晴朗啦！毫无意外，这里就是塔斯马尼亚人庆祝主要节日的地方。酒杯湾（Wineglass Bay）和弗雷西内国家公园（Freycinet National Park）的粉红色花岗岩峰，因其美丽而举世闻名。网址见www.eastcoasttasmania.com。

到达和当地交通

自行车

沿东部海岸的Tasman Hwy是塔斯马尼亚最受人欢迎的自行车旅游路线。沿路有海边小镇、森林以及很多适合游泳的地方。这里通常交通都比较通畅，山的坡度适中。

公共汽车

Tassielink（☎1300 300 520；www.tassielink.com.au）提供东海岸从霍巴特到特里亚布纳（$21，1.75小时）、斯旺西（$30，2.25小时）、科尔湾（$34，3小时）和比奇诺（$38，3~4小时）的公交车次。

Bicheno Coach Service（☎03-6257 0293，0419 570 293；www.freycinetconnections.com.au）汽车往返于比奇诺、科尔湾和弗雷西内国家公园之间，最终与塔斯通长途巴士公司沿东海岸运行的公交在科尔湾会合。

比奇诺北部的**Calow's Coach**（☎0400 570 036，03-6376 2161；www.calowscoaches.com.au）运营着开往圣海伦斯（$14，2小时）和朗塞斯顿（$36，3~4小时）的公交车。

玛丽亚岛国家公园（Maria Island National Park）

从霍巴特向海边进发，在奥福德北部大约8公里处就是**特里亚布纳**（Triabunna；人口：900），从这里可以乘坐渡轮前往**玛丽亚岛国家公园**（www.parks.tas.gov.au；24小时开放，每人$12），该公园离海岸只有几公里。在**特里亚布纳游客信息中心**（☎03-6257 4772；Charles St和The Esplanade交叉路口；⌚9:00~17:00，12:00~13:30为午休时间）可以预订和购买船票，以及国家公园的门票。

玛丽亚（读作“ma-rye-ah”）全区域禁车，1972年被认定为国家公园。这里有精致的

East Coast 东海岸

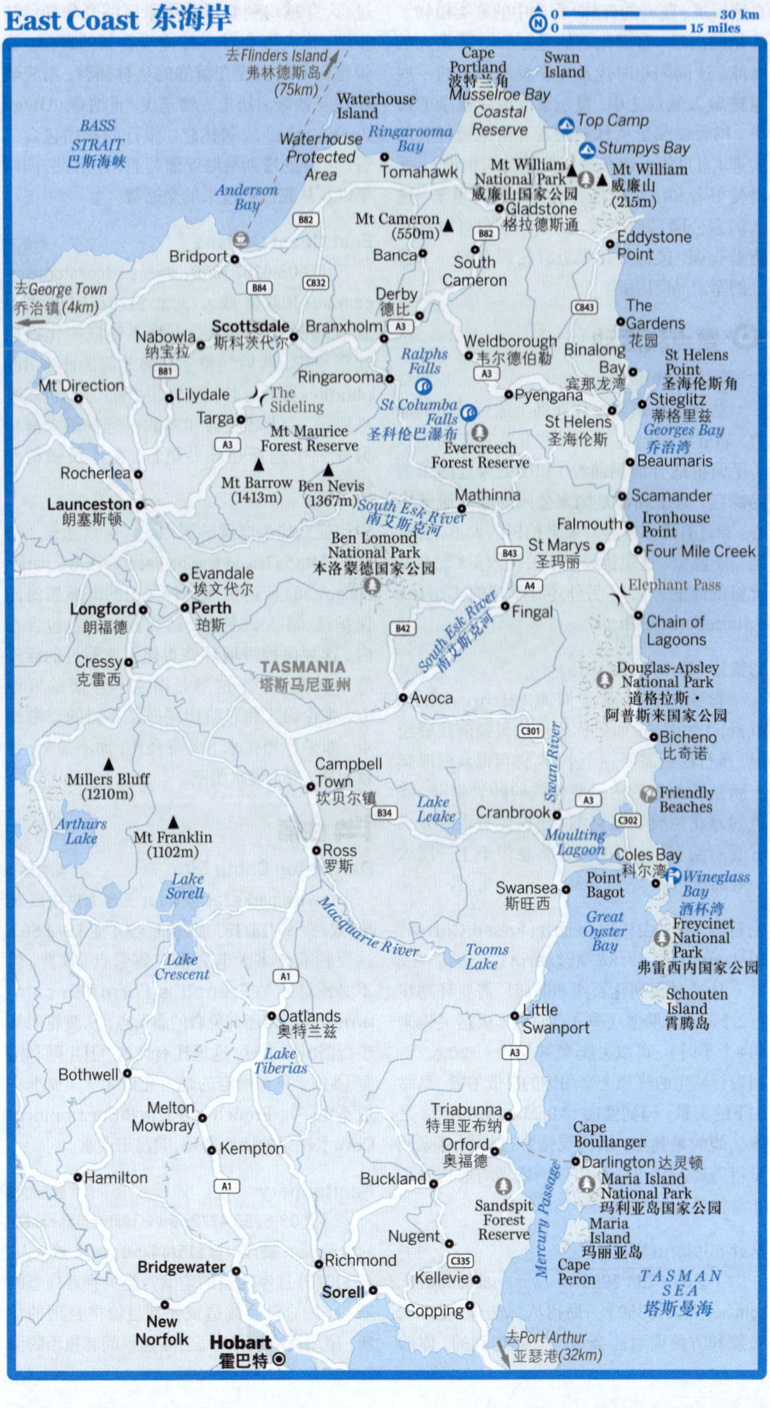

自然景观、茂密的森林、深沟中的蕨类植物、峻峭的山峰、布满化石的悬崖和空荡无人的海滩。连同囚犯时代及工业发展留下的一些遗迹融入景观之中，显示了该地区复杂的历史。玛丽亚深受丛林探险者和山地骑行者的欢迎（可自备山地车或从渡轮公司租借），浮潜爱好者和潜水爱好者也喜欢到这里来。进入国家公园需要交费，岛上的信息可以到接待处查询，接待处在靠近渡轮码头的一个曾经的军需品商店里。

景点和活动

达灵顿（Darlington） 历史古迹

达灵顿小镇就是你在岛上旅行开始的地方。靠近渡轮码头的是一些非常古老的筒仓（里面很适合僧侣诵经）和历史久远的军需品商店，这里现在是国家公园的旅游服务中心。穿过有许多弯曲的大果柏树的大道，会看到一座监狱，这里曾经用于关押囚犯（现在是价格低廉的旅店），另外还有重建的 Coffee Palace和mess hall。

彩绘崖（Painted Cliffs） 地标

彩绘崖位于希望海滩（Hopground Beach）的南端，如果你想从达灵顿前往彩绘崖，步行往返需要一个小时。你可以从海滩爬上满是雕刻过的沾满氧化铁的砂岩峭壁，颜色如万花筒般变化莫测。建议你黄昏时分去看看彩绘崖，这时的阳光将悬崖染上一层火一般的橙色。

化石崖、神父山和玛利亚山（Fossil Cliffs, Bishop and Clerk&Mt Maria） 步行游览

从达灵顿到化石崖和旧砖厂需要环路步行2小时。如果你还剩了点时间（从达灵顿来回4个小时），可以去爬爬神父山（620米），到岩石丛生的峰顶上享用你的自带午餐，鸟瞰山下的美景。玛利亚山（Mt Maria，711米）是该岛屿的最高点，从达灵顿穿过桉树林来回步行需要7个小时，从山顶俯瞰岛屿地峡景色非常壮观。

Maria Island Walk 步行

（☎03-6234 2999；www.mariaislandwalk.com.au；每人$2350）一提到丛林徒步，受潮的帐篷和方便面可能会是你首先想到的。体验过4天穿越玛利亚最美风景区的豪华导览徒步游，你大概会对丛林徒步有新的理解。徒步旅行的前两晚在僻静的丛林露营，第三晚在达灵顿著名历史人物迭戈·贝纳奇（Diego Bernacchi）故居休息。旅行的费用包含三餐、上好的塔斯马尼亚葡萄酒、住宿、公园门票以及从霍巴特过来的交通费。

East Coast Cruises 乘船游

（☎03-6257 1300；www.eastcoastcruises.com.au；团队游 成人/儿童 $175/65）从水上看看玛利亚岛屿上令人赞不绝口的化石崖和彩绘崖，然后到位于岛屿北部的Iles des phoques看看海豹，探索海底洞穴。你也能跳进海里，带上呼吸器和海豹一起畅游大海！另外一个选择是环岛航行，在达灵顿稍作停留。

玛利亚岛屿海洋保护区 潜水、浮潜

（Maria Island Marine Reserve；www.parks.tas.gov.au）从返回地到神父山的海域属海洋保护区，不允许钓鱼，达灵顿地区也包含在内。这片保护海域环绕着化石湾附近的巨藻海草林和洞穴，这里是潜水和浮潜的好地方。渡轮码头和彩绘崖同样是不错的浮潜地点。如果你想在水下多待会儿，而不是5分钟就上来，穿上潜水服吧。

住宿

Darlington Camp Site 露营地 $

（www.parks.tas.gov.au；无电力供应点 标单/双/家 $7/13/16，加床 成人/儿童 $5/2.50）达灵顿有许多无电力供应露营点（收费，但不必预订），在French's Farm和Encampment Cove还有免费的露营点，从渡轮码头步行需3~4小时。这里还有烧烤、卫生间和浴室（$1）。只有指定的地方允许生火（夏季一般不允许）。French's Farm和Encampment Cove水箱里的淡水有限，自己带点水。

Penitentiary 度假屋 $

（☎03-6256 4772；www.tasmaniaeastcoast.com.au；铺/双/家$15/44/50，加床 成人/儿童 $10/5）这座砖造的监狱曾经关押着岛上的罪犯，如今已经改造成便利且价格合理的住所。屋里面有六张床、公共洗手间和投币的浴

室($1)。需要自带床单有照明物品(这里没有电)、食物、厨具,还要不怕鬼。这里经常会有很多学生团,所以来旅游的话提前做好准备。

到达和离开

玛利亚岛渡轮(Maria Island Ferry; ☎0419 746 668; www.mariaislandferry.com.au; 成人/儿童 往返$35/25,自行车/皮艇$10/20)船只往返于特里亚布纳和达灵顿之间,9月至次年4月每日两班,其他月份仅周五至周一有班次。这里也出租自行车(每天$20)。渡轮可乘坐40人,本书写作时,更新、更大、更快、更好的渡轮正在研发中。

斯旺西(Swansea)

人口 780

斯旺西建于1820年,坐落在美丽的大牡蛎湾(Great Oyster Bay)西部的避风海岸,遥对菲新亚半岛(Freycinet Peninsula),景色秀丽壮美。斯旺西,这个宁静的海边村庄的崛起,与塔斯马尼亚旅游业的繁荣息息相关,今天它已经有了舒适的民宿、餐馆和有趣的博物馆。东海岸美丽的葡萄园也近在咫尺。

景点和活动

东部海岸历史博物馆 博物馆

(East Coast Heritage Museum; ☎03-6256 5072; www.eastcoastheritage.org.au; 22 Franklin St; ⏲10:00~16:00) 免费 这个有趣的小博物馆里,收藏着原住民时期的艺术品、殖民时期的历史记录和20世纪60年代东海岸的冲浪之旅。

尖刺桥(Spiky Bridge) 地标

小镇南边约7公里就是令人称奇的尖刺桥,19世纪40年代初期由犯人建造,其间使用了当地数以千计的大卵石。东海岸主干道以前径直穿过小镇,但现在改建到了高速公路一旁。**凯维敦海滩**(Kelvedon Beach)和**克雷西海滩**(Cressy Beach)附近有深金色的沙滩,游客很少。

Bark Mill Museum 博物馆

(☎03-6257 8094; www.barkmilltavern.com.au; 96 Tasman Hwy; 成人/儿童/家庭 $10/6/23; ⏲9:00~16:00)这个博物馆位于树皮磨坊小酒馆后面,其藏品介绍了从黑色编织树皮中获得单宁酸,并将其用于鞣制单宁皮革的过程。这个磨坊是斯旺西为数不多的几个在大萧条时期坚持生产的企业之一,并且让整个小镇的经济得以维持。塔斯马尼亚的东海岸沿岸,还有一个关于早期法国人探索的展览。

Freycinet Vineyard 葡萄酒厂

(☎03-6257 8574; www.freycinetvineyard.com.au; 15919 Tasman St, Apslawn; ⏲10:00~17:00)从1980年开始,布尔一家便利用东海岸强烈的光照种植葡萄,这是海边的第一个葡萄园。酒窖门口的环境有些乡土气息,没有丝毫奢华与炫耀,我们非常喜欢!这里有超好喝的白索维农(一种白葡萄酒)。

恶魔之家 葡萄酒厂

(Devil's Corner; ☎03-6257 8881; www.brownbrothers.com.au; Sherbourne Rd, Apslawn; ⏲10:00~17:00)走过大牡蛎湾的瞭望台,便是恶魔之家葡萄酒厂,这里是塔斯马尼亚最大的葡萄酒厂之一,由著名的布朗兄弟公司经营。透过双开门的酒窖门,你可以眺望摩尔廷潟湖(Moulting Lagoon),湖的另一边是菲辛那半岛。

Loontitetermairrelehoiner Walk 步行

(前滩)这条徒步路径经过滑铁卢海滩和滨海艺术中心之间的岬角,并且穿过一片羊肉鸟(短尾海鸥)的繁殖地。繁殖季节(9月至次年4月),成年的鸟类在海上捕食完成后于黄昏返回巢穴。你得拿出30~50分钟的时间在小径上来回走走(你至少还需要这么长的时间,来弄明白这条路怎么读,因为它是用居住在这个景区的澳大利亚原住民的名字命名的)。

住宿

Swansea Backpackers 青年旅舍 $

(☎03-6257 8650; www.swanseabackpackers.com.au; 98 Tasman Hwy; 有电力供应和无电力供应营地$18,铺/双/标三/四 $31/81/81/87起; 📶)这座时尚的背包客旅馆与树皮磨坊相邻,是几年前特意修建的,现在看起来还是非常抢眼。里边有非常精致宽敞的公共区域和锃光瓦亮的不锈钢厨房。房间周围有个遮阴的露台，干净又整洁。酒吧就在隔壁。

★ **Schouten House** 民宿 $$

（☎03-6257 8564; www.schoutenhouse.com.au; 1 Waterloo Rd; 双含早餐$160~200）该民宿于1844年由犯人建造而成，通体砖石、砂岩，曾是"大天鹅港"的中心，之后其中心向北移动了一点。房间非常宽敞，充满浓郁的乔治王时代风格（没有虚饰），简单大方。床是仿古的，有独立卫生间。民宿老板是个历史爱好者，做得一手好烙饼，并且将黄油酥饼的手艺发挥到了极致。

Swansea Beach Chalets 木屋 $$

（☎03-6257 8177; www.swanseachalets.com.au; 27 Shaw St; 双$180~240，加床成人/儿童 $20/10; ）这里有20座设施齐全、灰蓝相间的度假屋，非常时髦雅致。这里离朱比利海滩（Jubilee Beach）只有几步之遥。其最豪华的度假屋可180度观赏海景，高大宽敞的同时非常漂亮。如果你不喜欢海滩，这里还有烧烤场地、游戏室和室外游泳池供你随意挑选。

★ **Piermont** 木屋 $$$

（☎03-6257 8131; www.piermont.com.au; 12990 Tasman Hwy; 双$235~355; ）沿着一条两旁种满山楂树的车道行驶，从斯旺西往南10公里便是21个时尚雅致的石屋。这些石屋从一幢靠近海边的旧农舍开始排列成行。每个套间都有壁炉和水疗设备。这里还有游泳池、网球场、可租赁的自行车、皮艇和同名的**餐馆**（☎03-6257 8131; www.piermont.com.au; 12990 Tasman Hwy; 主菜$32~38，品尝/不品尝红酒 $150/120; ⏲18:00~20:00，8月份不营业），一直备受称赞。婚宴方面做得很好（需提前预订）。

就餐

Kate's Berry Farm 咖啡 $

（www.katesberryfarm.com; 12 Addison St; 餐$10~14; ⏲9:30~16:30）坐在凯特（斯旺西以南3公里）的紫藤凉棚下面，想想哪些手工浆果制品适合你现在的心情：浆果冰激凌、浆果果酱、煮水果、巧克力、华夫饼、烙饼和馅饼（还可以吃到树莓制作的美食）。还有香醇的咖啡和"盆栽"馅饼（想想牛肉配勃垦地葡萄酒或者猪肉配辣味香肠）。注意看一下Tasman Hwy出口处的路牌。

Ugly Duck Out 咖啡馆、新派澳洲菜 $$

（☎03-6257 8850; www.theuglyduckout.com.au; 2 Franklin St; 主菜$12~32; ⏲8:30~20:00）店名似乎让大家很困惑，但是这家海边的小餐馆是附近最好的餐馆之一。汉堡包、沙拉、咖喱、意面、烤肉、面包卷等，这些食物全是当地所产、手工自制，其废料还能够被生物降解从而实现可持续利用。试试沙袋鼠香肠三明治吧。店主还很喜欢聊天。

Saltshaker 咖啡馆、新派澳洲菜 $$

（☎03-6257 8488; www.saltshakerrestaurant.com.au; 11a Franklin St; 午餐主菜$18~27，晚餐$20~39; ⏲正午至14:00和17:30至深夜，咖啡馆8:30~21:00，6月至8月至16:00）热情洋溢的Saltshaker在斯旺西市区获得人们的交口称赞。这是个明亮雅致的水滨餐厅，午餐新鲜、晚餐经典。其特色菜是当地的海鲜制品（尝一尝配有菠菜和红胡椒粉的蟹肉面点，以及白葡萄酒制作的莳萝酱）。这里的酒种类繁多，足够你品尝一下午。隔壁还有个提供外带服务的咖啡馆（主菜$6~12）。

实用信息

斯旺西游客信息中心（Swansea Visitor Information Centre; ☎03-6256 5072; www.tasmaniaseastcoast.com.au; 22 Franklin St; ⏲9:00~17:00; ）该信息中心位于Noyes St街角那座旧学校建筑里（与东海岸文化博物馆在一个地方）。

科尔湾和弗雷西内国家公园（Coles Bay & Freycinet National Park）

人口 310

科尔湾小镇坐落在一片沙地之上，与引人注目的哈泽德山（Hazards）粉红色的花岗岩山峰隔海湾相对。这个悠闲的度假小镇有很多住宿选择（夏天最好提前预订），还有一

些不错的旅行方案。人们之所以来美丽的弗雷西内国家公园游玩，是因为这里有一片天然的像白砂糖般纯净的海滩，还有杜松子酒般清澈的水。公园里门票较贵的景点是美丽壮观的酒杯湾（Wineglass Bay）。网址为www.freycinetcolesbay.com。

景点和活动

图维尔海角（Cape Tourville） 地标

只需轻松环行20分钟，就可看完半岛东部海岸线令人眼花缭乱的美景。轮椅和婴儿车也可以进来。图维尔海角灯塔（Cape Tourville Lighthouse）也位于此。黎明时，当太阳在地平线上展露笑脸的时候，景色令人惊叹。

★ Wineglass Bay Walk 步行

毫无疑问，这条路线是塔斯马尼亚最受欢迎的步行路线之一。你可以爬上陡峭的台阶来到酒杯湾瞭望台（Wineglass Bay Lookout；往返1.5小时）。这里视野宽阔，来这里俯瞰海湾和半岛，景色一览无余。但如果你想听海滩在你的脚下吱吱的声音，就得多走几步了。从瞭望台到海湾的陡坡得再走30分钟，这里到停车场的往返时间达2.5~3小时。

团队游

弗雷西内步行体验游 步行

（Freycinet Experience Walk；☎03-6223 7565，1800 506 003；www.freycinet.com.au；成人/儿童 $2350/2000；⊙11月至次年4月）对于那些希望荒野之行不那么狂野的人来说，弗雷西内步行体验游提供了一个4天的旅行方案，完全可以满足他们探索半岛的愿望。徒步旅行者每晚回到Friendly Beaches Lodge用餐，这里位置偏僻，环境优雅舒适。在这里可以享用美味的食物，品尝当地的葡萄酒，然后洗个舒服的热水澡，美美地睡一觉。步行全程约37公里。

弗雷西内探险 皮划艇

（Freycinet Adventures；☎03-6257 0500；www.freycinetadventures.com.au；2 Freycinet Dr，科尔湾；团队游每人$95；⊙团队游10月至次年4月8:30，5月至9月9:00）从科尔湾周围的隐蔽水域划船三个小时就可以看遍半岛。这里还有每日的黄昏团队游，日落前三个小时出发。不需要经验。皮划艇可以出租（每人每天$55，含安全装备）。

酒杯湾乘船游 乘船游

（Wineglass Bay Cruises；☎03-6257 0355；www.wineglassbaycruises.com；Jetty Rd，科尔湾；成人/儿童 $130/85；⊙团队游 9月至次年5月10:00）提供从科尔湾到酒杯湾共4个小时的游轮行程，沿途无风浪。游轮上有香槟，牡蛎和小点心可供品尝。小船突突地绕着半岛的南部行驶，经过哈泽德海滩（Hazards Beach）和霄腾岛（Schouten Island）。很有可能看到海豚、海鹰、海豹、企鹅，来对季节的话甚至还能看到迁徙的鲸。需要提前预订。

酒杯湾一日游 巴士游

（Wineglass Bay Day Tour；☎0407 778 308，03-6265 7722；www.wineglassbaytours.com.au；成人/儿童 $105/60）全天都有小型公共汽车前往美丽的酒杯湾，7:45离开霍巴特，大约19:00返回。走进酒杯湾，你还能看见尖刺桥（Spiky Bridge）、图维尔海角灯塔和蜜月湾（Honeymoon Bay）。

All4Adventure 探险运动

（☎03-6257 0018；www.all4adventure.com.au；1 Reserve Rd，科尔湾；成人/儿童2小时 $139/89，半天 $239/129）开着沙滩车独辟蹊径，去这个国家公园里鲜有人去的地方转转。团队游每天13:00启程（离开前需培训30分钟），11月至次年3月16:30离开。去Friendly Beaches景区的半日游每天8:00启程。带上你的驾照。

住宿

Richardsons Beach 露营地 $

（☎03-6256 7000；www.parks.tas.gov.au；无电力供应/有电力供应营地$13/16）这些露营地在理查森海滩后面，十分受欢迎。从12月底至次年2月中旬以及复活节，露营场地的分配通过一个抽签系统决定，需提前下载申请表格，填好后于7月31日之前提交。抽签期以外的时间，可通过弗雷西内国家公园游客信息中心进行预订（见733页）。国家公园入门需收费。

BIG4 Iluka on Freycinet Holiday Park 房车公园、青年旅舍 $

（☎1800 786 512, 03-6257 0115; www.big4.com.au; Reserve Rd的尽头；无电力供应营地$30，有电力供应营地$36~40，青年旅舍铺/双$30/78，小屋和套间双 $100~185；📶）Iluka是一个四处延伸的大公园，已经建好很长时间了，当地的度假者非常喜欢，需尽早预订。有一家国际青年旅舍（YHA），包含6个四人间，一个双人间和一个不错的厨房。往山下步行一小会就能到当地的商店、面包房和小酒馆。

Freycinet Rentals 出租屋 $$

（☎03-6257 0320; www.freycinetrentals.com; 5 East Esplanade；小木屋$170~250）这家店位于科尔湾附近，你可以在这儿租到（大多是老式、实惠）度假屋以及科尔湾里面和外围位置的海滩“小屋”。夏季和冬季的价格大不一样，对于长周末和圣诞节假期有最少住宿天数的要求。**81 On Freycinet**可以作为住宿选择之一，这里极具吸引力：这座石木建筑有三个卧室和螺旋楼梯，还能看见哈泽德山（双人间$180）。

★**Eagle Peaks** 公寓 $$$

（☎03-6257 0444, 0419 101 847; www.eaglepeaks.com.au; 11-13 Oyster Bay Ct；双$275~425，海滩住宅$295~445，加床$50；❄📶）这两个美丽的单间公寓由塔斯马尼亚橡树和泥土修建而成，位于科尔湾北部4公里处。每个套间内都配有独立厨房、木制的观景阳台和舒适的特大号床。这座干净的海滩公寓可容纳4人同时入住。烧烤向所有游客开放，在外面吃饭时，食蜜鸟在树叶间窜来窜去。从这里到鹨海滩步行5分钟可到。

不要错过

酒杯湾

清澈的水装点着完美的天穹和云母沙，毫无疑问，你一定见过酒杯湾的照片。它是世界上最棒的十个海滩之一，但前往海滩游览酒杯湾并不轻松。到达海湾需要步行半天，来回都有800个陡峭的台阶。

如果你仅仅爬到了海湾上的观景点，你的酒杯湾之旅就像其他一大群人一样，只为拍照而来（就和每年来这儿的250,000名游客差不多）。想看到更美的景色，早点儿来，并且要从观景点的另一边向下跋涉到海湾。带着水、食品和防晒霜，别忘了再去游个泳！

Saffire Freycinet 度假村 $$$

（☎1800 723 347, 03-6256 7888; www.saffire-freycinet.com.au; 2352 Coles Bay Rd；双含餐$1800起；❄@📶）Saffire是建筑史上的奇迹，同时，这里的珍馐美味极尽奢华、价格昂贵。在酒吧里你能感受到塔斯马尼亚人的热情好客。这里有20个豪华套间，房间内海景极佳，蔚蓝的天空和大海连成一线。气势宏伟的主楼房有豪华餐厅、自助酒吧、图书馆、美术馆和水疗房。还有一些活动可供选择，许多服务的价格已包含在房价中。

Edge of the Bay 度假村 $$$

（☎03-6257 0102; www.edgeofthebay.com.au; 2308 Main Rd；双$218~360，加床$30；📶）这个小小的度假村就在科尔湾往北4公里的海滩上，这里远离节日的喧嚣，有着自己的节奏。度假村有精心装饰的海边套间，这里员工服务周到，还有可以睡五人的木屋。睡醒觉，就有各种活动等着你。骑山地车，划小船，还可以到网球场上激情挥拍。这里还有家很棒的**餐馆**（☎03-6257 0102; www.edgeofthebay.com.au; 2308 Main Rd，海滩边缘；主菜$25~39；⏰18:00~20:00）。

就餐

Freycinet Cafe & Bakery 面包房、咖啡馆 $

（☎03-6257 0272; 2 Esplanade；每件$6~15；⏰8:00~16:00；📶）这家面包房为许多来弗雷西内长距离徒步的人提供饮食补充能量。可以在这里挑点馅饼、蛋糕和三明治吃，或在隔壁的小酒馆喝上一晚，然后晃晃悠悠地去吃份全天候供应的早餐。不期而遇的泰国牛肉沙拉和新榨的果汁也让人眼前一亮。

★**Freycinet Marine Farm** 海鲜食物 $$

（☎03-6257 0140; www.freycinetmarine

farm.com; 1784 Coles Bay Rd; 每盘$15~25; ⊙9月至次年5月 9:00~17:00, 6月10:00~16:00, 7月和8月11:00~16:00) Freycinet Marine Farm非常受欢迎, 这里肥美多汁的大牡蛎(一打$15)是在Moulting Lagoon的潮汐水里饲养的。极力推荐你尝尝蛤贝、大皮皮虾、扇贝和鲍鱼, 保证让你大饱口福。坐在露台上品品夏敦埃葡萄酒, 吃吃海鲜野餐, 味道鲜美, 心情惬意。

Tombolo Freycinet 咖啡、比萨 $$

(☎03-6257 0124; 6 Garnet Ave; 主菜$16~24; ⊙周一和周二8:30~16:00, 周三至周日至20:30) 这里有小镇产的葡萄酒、海鲜、柴火烤制的比萨和最好的咖啡, 在精致的小露台一边享用美食, 一边俯瞰主街。哦, 看! 还有水煮梨和鸡蛋花挞。

实用信息

弗雷西内国家公园游客信息中心 (Freycinet National Park Visitor Information Centre; ☎03-6256 7000; www.parks.tas.gov.au; Freycinet Dr; ⊙11月至次年4月8:00~17:00, 5月至10月9:00~16:00) 在公园的入口购买门票。12月至次年2月有免费的护林员讲解活动。

到达和离开

比奇诺巴士公司(见726页)公交从比奇诺开往科尔湾($11.50, 45分钟), 途经国家公园的步道($14.50, 50分钟)。这些公交与塔斯通长途巴士公司沿东海岸运行的公交是在从霍巴特($34, 3小时)到科尔湾的拐弯处会合的。从拐弯处前往科尔湾, 车费$9(30分钟)。

比奇诺(Bicheno)

人口 750

不同于发达的斯旺西和科尔湾, 比奇诺(读作"bish-uh-no")的渔港是仍在使用的渔港。这里有波澜壮阔的大海和松散绵软的海滩, 非常受度假者的欢迎。但这片海滩并未刻意迎合旅游业的繁盛, 依旧保持未经修饰的原始模样。沿弗雷西内向北前行, 你就会发现这里的食物和住宿价格还是挺实惠的。

景点和活动

★比奇诺摩托车博物馆 博物馆

(Bicheno Motorcycle Museum; ☎03-6375 1485; www.bichenomotorcyclemuseum.com; 33 Burgess St; 成人/儿童 $9/免费; ⊙6月至8月 9:00~17:00, 周日关门) 安德鲁·奎恩(Andrew Quin)四岁得到了他第一辆本田摩托车, 自此后便迷上了摩托车。在他的自行车修理店后面有个博物馆, 面积不大但是非常壮观, 值得参观, 而且这里并非仅向摩托爱好者开放。博物馆里展览着60辆已经修复如新的摩托车, 包括全世界独一无二的Noriel 4 Café赛车。

钻石岛 岛屿

(Diamond Island; Redbill Beach, 紧邻Gordon St) 紧邻Redbill Beach北端的是发光的花岗岩石层, 通过一条半浸水地峡与主岛相连。地峡很短, 有许多沙子, 可以蹚水而过。选个退潮的时候下水, 要不然你可能要在齐胸深的水中摸索着往回走。

东海岸自然世界 动物园

(East Coast Natureworld; ☎03-6375 1311; www.natureworld.com.au; 18356 Tasman Hwy; 成人/儿童/家庭 $22/10.50/56; ⊙9:00~17:00) 这个野生动物园位于比奇诺北部大约7公里处, 有许多本土和非本土的野生动物, 包括袋獾、袋熊、袋鼬鼠、蛇、袋熊和巨大的鼬鼠。每天的10:00、12:30和15:30是投食时间, 你可以近距离观察这些动物。这里还有一个咖啡馆。

道格拉斯·阿普斯来国家公园 国家公园

(Douglas-Apsley National Park; ☎03-6359 2217; www.parks.tas.gov.au; 个人/交通工具 每天$12/24) 从比奇诺北部4公里处拐弯, 可以抵达道格拉斯·阿普斯来国家公园, 这里有最原始的干桉树林、瀑布、峡谷, 还有许多鸟类和动物。可以步行至**阿普斯来峡谷**(Apsley Gorge; 往返2~3小时)内的洞穴中游泳, 或者去**阿普斯来河水潭**(Apsley River Waterhole; 往返15分钟)。这里还有个基础丛林徒步营地(免费, 但国家公园收费)。

海滩步道(Foreshore Footway) 步行

这段海边步道全程3公里, 起点位于

Redbill Beach，最终抵达Blowhole，途经Waubedebar's Grave和Gulch。当大海发怒时（哪怕只是有点小脾气），巨浪滔天，蔚为壮观。别靠水太近，即使是平静的海面也可能会让你浑身湿透。回程途中爬爬鲸鱼山（Whalers Hill），从山上俯瞰小镇视野开阔。捕鲸季节时，这里可以看到体态巨大的鲸游过。

团队游

比奇诺企鹅之旅 观鸟

（Bicheno Penguin Tours；☎03-6375 1333；www.bichenopenguintours.com.au；Tasman Hwy；成人/儿童 $30/15；⏰黄昏）比奇诺是塔斯马尼亚看企鹅的最高地点之一。黄昏时有一个小时时间可以观赏企鹅，黄昏过后它们就会摇摇晃晃地回到洞里。期待一次充满诚意的、单纯的体验自然的旅行吧！这里没有咖啡也没有纪念品（不允许拍照）来打扰你的旅行。离开时间取决于日落时间，每年都不同。需要提前预订。

比奇诺透明底游船 乘船游

（Bicheno's Glass Bottom Boat；☎03-6375 1294，0407 812 217；bichenoglassbottomboat@activ8.net.au；Esplanade，the Gulch；成人/儿童$20/5；⏰10:00、正午和14:00）在这40分钟的行程中，你会看到比奇诺的水下奇观。天气好的话，峡谷团队游可以从10月开展至次年5月（最好在1月份预订）。

住宿

Bicheno Backpackers 青年旅舍 $

（☎03-6375 1651；www.bichenobackpackers.com；11 Morrison St；铺$28~31，双$75~95；📶）这家舒适的背包客旅馆设有一些宿舍式房间，分散在两栋绘着精美壁画的楼房里，还有一些棚屋（Shack）和一间12个铺位的房子，离Foster St距离一个街区（六个双人铺位）。有公共厨房。这里还有免费的行李寄存，热情的店家可以帮忙预订旅游团。

Bicheno East Coast Holiday Park 房车公园 $

（☎03-6375 1999；www.bichenoholidaypark.com.au；4 Champ St；无电力供应/有电力供应 营地$25/33，套间/小屋$95/138起，加床$25；📶）这个干净、体面的公园位于小镇中央，这儿有大片的草地（树不多），有烧烤、露营厨房、洗衣设备和儿童游乐场。小屋最多可以住七个人。如果你住在露营车里，这儿有淋浴提供给非住客（$5）。

Bicheno Hideaway 木屋 $$

（☎03-6375 1312；www.bichenohideaway.com；179 Harveys Farm Rd；双$155起，加床$25）这几幢度假屋位于野生动物资源丰富的原始林区里，建筑风格独特。这里距离小镇的南边几公里远，靠海较近，景色宜人。可静下心来观察一下鸟类的生活（包括走来走去的孔雀），或者找找花园里可食用的香草。最短住宿时间需要申请，是否能申请得到取决于小屋的数量和入住季节。

Diamond Island Resort 度假村 $$$

（☎03-6375 0100；www.diamondisland.com.au；69 Tasman Hwy；双$250~510；📶🏊）这个度假村位于比奇诺北部2公里左右，有27个光照充足的公寓，这里草坪环绕，向北望去一直可以看到海岸。这里有个私人海滩，当然如果你宁愿泡在氯气池中也不愿下海，这里也有游泳池。潮落时可以去同名的钻石岛（Diamond Island）漫步。Facets（☎03-6375 0100；www.diamondisland.com.au；69 Tasman Hwy；主菜$24起；⏰5:30~20:30）餐馆餐食现场制作，顾客可以免费观赏企鹅。

就餐

Sir Loin Breier 熟食 $

（☎03-6375 1182；57 Burgess St；每件$5~20；⏰周一至周五8:30~17:30，周六9:00~16:00）这家上好的肉店出售各种各样的熟食，为野餐存一些吧。店里洋溢着各种熟食的香味，有当地小龙虾、熏鳟鱼、牡蛎、美食馅饼、奶酪、蘸料、汤、东海岸啤酒和葡萄酒，还有美味的熏鹌鹑香肠。店名有什么特殊意义吗？我们搞不懂，你怎么看？1月份星期天也营业。

★Pasini's 咖啡馆 $$

（☎03-6375 1076；70 Burgess St；主菜$10~17；⏰周二至周六9:00~20:00，周日9:00~15:00）这家小店外部装潢让人印象深

刻，主营意大利主食，例如开胃小菜、柴火烤制比萨和意式宽面，但这里比大多数意式餐厅要好吃得多。早餐由厨师手工制作，意大利面食和汤团也是自制的，这儿的咖啡（“Ooomph”牌，产于霍巴特）实在是太好喝了。提供外带服务。这里的东海岸啤酒、红酒和三明治做得非常棒，还可以打折。超级划算！

ℹ 实用信息

比奇诺游客信息中心（Bicheno Visitor Information Centre; ☎03-6256 5072; www.tasmaniaseastcoast.com.au; 41b Foster St; ⊙10月至次年4月 9:00~17:00，5月至9月10:00~16:00）提供当地信息以及帮助预订住宿。

东北部（THE NORTHEAST）

东北部游客相对较少，所以这里和东海岸其他地区相比有一种不发达、荒凉的感觉。美丽的海边小镇圣海伦斯（St Helens）是该地区中心，也可以把这里当个中转站，出发参观野生动植物资源丰富的威廉山国家公园，观赏瀑布，游览几英里长却十分空旷的海岸线。这里很多地方可以钓鱼，与之相应的是这里还有成排的海鲜餐馆。网址为www.northeasttasmania.com.au。

ℹ 到达和当地交通

Calow's Coaches（☎03-6372 5166; www.calowscoaches.com.au）提供往返于比奇诺和圣海伦斯的公交服务（$14，2小时），以及往返于圣海伦斯和朗塞斯顿之间的巴士服务[$33，3小时，途经圣玛丽（St Marys）]。一些公交与塔斯通长途巴士公司的公交在Midlands Hwy会合，然后继续向南前往霍巴特。

圣海伦斯（St Helens）

人口 2180

粗犷的圣海伦斯环绕着风景如画的乔治湾（Georges Bay），这里在1830年时曾是一个捕鲸小镇，不久之后猎捕黑天鹅的人赶来，猎捕尚在哺乳期的黑天鹅。圣海伦斯很长一段时间内都是一个十分重要的渔港，现在这里有塔斯马尼亚最大的捕鱼船队。

在圣海伦斯西部大约26公里处拐弯，就到了小小的**Pyengana**，这里还有**圣科伦巴瀑布**（St Columba Falls），高90米，是该州最高的瀑布。再远一点就是**韦尔德伯勒**（Weldborough; 人口50）了。这里的**Weldborough Hotel**（☎03-6354 2223; www.weldborough.com.au; 12 Main Rd; 无电力供应/有电力供应营地 $15/30，标单/标双/双/家 $70/82/98/125; ⊙周二至周日11:30至深夜）非同一般。**德比**（Derby）也在这儿，这里曾是一个古老的锡矿镇，现在是**Tin Dragon Interpretation Centre & Cafe**（Tin Centre; ☎03-6354 1062; www.trailofthetindragon.com.au/derby; Main St; 成人/儿童/家庭 $12/6/30; ⊙9:00~17:00，冬天时间缩短）的所在地。在这个中心可以了解到德比过去作为一个采矿中心的历史：19世纪末期，成千上万的中国矿工在这里工作和生活。

◉ 景点和活动

如果想游泳的话可以来这些海滩看看：**宾那龙湾**（Binalong Bay; 离Binalong Bay Rd 11公里）、**纳雷海滩**（Jeanneret Beach）、**Sloop Rock**（北部15公里，先经过Binalong Bay Rd，然后经过Gardens拐向两侧）、**蒂格里兹**（Stieglitz; 圣海伦斯往东7公里）、**圣海伦斯角**（St Helens Point）和**汉芭角**（Humbug Point），这些地方都有非常适合游泳的海滩。

Gone Fishing Charters 钓鱼

（☎0419 353 041, 03-6376 1553; www.breamfishing.com.au）跟一个当地导游在近海岸处钓几条欧鳊。

东海岸 水上运动

（East Lines; ☎03-6376 1720; https://eastlines.wordpress.com; 28 Cecilia St; ⊙周一至周五9:00~17:00，12月至次年2月 周六和周日10:00~14:00）可以在这里租赁冲浪板、潜水衣、浮潜用具、钓鱼竿和自行车。要想潜水的话可以联系宾那龙湾（Binalong Bay）的**火焰湾潜水**（Bay of Fires Dive; ☎03-6376 8335; www.bayoffiresdive.com.au）。

住宿

BIG4 St Helens Holiday Park 房车公园 $

（☎03-6376 1290；www.sthelenscp.com.au；2 Penelope St；无电力供应/有电力供应营地$35/37起，小屋和别墅双 $95~225，加床$22；）这个公园在离小镇1.5公里的一片草坡上，这里有很多可供家庭玩乐的娱乐设施（游戏室、跳跃枕头、游乐场和游泳池）。山上巧妙地排列着一排蓝白相间的别墅，跑到山上去抢占一栋吧！这里还有气派的营地厨房。

St Helens Backpackers 青年旅舍 $

（☎03-6376 2017；www.sthelensbackpackers.com.au；9 Cecilia St；铺$27~30，双带卫生间/不带卫生间 $80/65；）这座青年旅舍位于主街之上，整洁宽敞，又透着悠闲气息。楼上设有"背包客"主题客房（适合家庭），后面有几个宿舍式房间，房间内床铺由实木手工制作，十分厚实。可以在甲板上逛逛或在墙边沉思，墙上贴着啤酒瓶标签，令人印象深刻（这不是个聚会的地方，天黑之后就让它安静下来吧）。

Bed in the Treetops B&B 民宿 $$$

（☎03-6376 1318；www.bedinthetreetops.com.au；701 Binalong Bay Rd；标单$220~310，双$250~310，加床$70，全部含早餐；）从圣海伦斯到宾那龙海湾大约7公里，可以来这里兜兜风（多爽！）。从这儿向上穿过树林就能到达僻静又时尚的木制小屋。这里有两座豪华的公寓，布置高雅，有私人包间、水疗中心和翠绿的景致。费用包括了下午茶或晚餐前的饮品，还有熟食早餐。

就餐

Lifebuoy Cafe 咖啡馆 $

（☎0439 761 371；29 Quail St；主菜$8~14；⏲周一至周六7:30~16:00）这个小咖啡店在远离主干道的古董商店后面，位置隐蔽但是很有格调。如果来的话一定要尝尝这里醇香的咖啡和自制羹汤，这里还有三文鱼汉堡、华夫饼、班尼迪克蛋和好吃的乡村烤饼。

Mohr & Smith 咖啡馆、新派澳洲菜 $$

（☎03-6376 2039；55/59 Cecilia St；早餐和午餐主菜$10~22，晚餐主菜$22~30；⏲周日至周三8:00~16:30，周四至周六至20:00）哦，看！一个多么优雅的城市角落！这里有阳光明媚的阳台、舒适明亮的休息室、清爽的气氛和性感的员工，M&S会让你感觉像在霍巴特的Salamanca Pl一样自在。早餐时可以订一个手撕猪肉油炸玉米粉饼，或者配有牛油果、芝士和西班牙香肠的煎鸡蛋，然后期待新的一天。晚上来喝一杯也是不错的选择。

Blue Shed Restaurant 海鲜 $$

（☎03-6376 1170；www.blueshedrestaurant.com.au；1 Marina Pde；主菜$29~30，外卖$10~18；⏲餐馆12:00~14:00和18:00~20:00，外卖 周一至周五10:00~19:30，周六和周日11:30开始营业）这个上等的滨港餐馆的海鲜真是一绝。最先上的是肥美多汁的牡蛎，然后是椒盐鱿鱼，或者是奶酪黄油烤的龙虾。不吃鱼的人有猪肉、鸡肉和牛肉餐可选。另外，外面有家**Captain's Catch**，提供外带。这家的菜单自1994年来就没变过，卖得非常火。

实用信息

圣海伦斯游客信息中心（St Helens Visitor Information Centre；☎03-6376 1744；www.tasmaniaseastcoast.com.au；61 Cecilia St；⏲9:00~17:00）这个信息中心就在图书馆后面，离主街道不远。出售国家公园的门票。这座城镇的收藏品和照片上记载着历史。

火焰湾（Bay of Fires）

火焰湾非常精致，周边都是矮小的灌木丛和池塘，这儿有着细腻如面粉般的沙滩和蔚蓝色的海水。忽略掉岩石和岬上生长极快的橘黄色苔藓吧，早先的探险者正是因为看到了这些苔藓，以为是土著居民沿着海岸生起的火焰，以此为名。

宾那龙湾（Binalong Bay；人口210）是火焰湾唯一的永久性社区，并且有漂亮的游泳海滩。如果想来火焰湾，只需沿着那条通往有着破落小屋的**花园**（The Gardens）小镇的道路前进就可以了。火焰湾的北边紧邻C843公路。C843通向安森湾（Ansons Bay）居民区和威廉山国家公园（Mt William

National Park）。

活动

火焰湾四天三夜徒步游 步行

（Bay of Fires Lodge Walk；☎03-6392 2211；www.bayoffires.com.au；团队游$2250起；⏰10月至次年5月）在这片海浪冲刷区域进行一场四天三夜的冒险吧！有向导。一次最多十人，经验丰富的导游将带队到海岸。第一晚于隐蔽的海滩帐篷休息，余下的两晚在美丽的火焰湾度假屋。第三天在这片沙滩上游玩。你可以在安森河上划皮艇，或者仅在阳光下悠闲地散散步，空空肚子，一会儿吃晚饭。有可口的饭菜和葡萄酒。超级棒！

食宿

在海湾边上有非常棒的免费露营点，宾那龙湾北边也是非常棒的选择，从圣海伦斯有路可达（从花园的地方转弯）。北边靠近警察执勤岗的地方是海滨地区，在安森湾前一个路口转弯。所有物品自备。

Bay of Fires Character Cottages 出租屋 $$

（☎03-6376 8262；www.bayoffirescottages.com.au；66-74 Main Rd；双$180~230；❄📶）这里有五栋设施齐全的小木屋，黄金位置，可俯瞰海湾。景色如画，本地的矮树点缀其中，在观景台上吃着烧烤，着实感到心旷神怡。每个套间里面都有完备的厨具和洗衣设施。

Arthouse Tasmania 出租屋 $$$

（☎0457 750 035；www.arthousetasmania.com.au；61 Lyall Rd；4人$500起；📶）可以和一群兴趣相投的朋友来这儿住住，这里的海滩住宅由设计师设计，有光亮的地板、花岗岩长凳和宽阔弯曲的露台。露台一侧有一排推拉门。大概50米以外是美丽的火焰湾景色：白色的沙滩、长满橘色苔藓的岩石和缓缓起伏的海浪。可容纳四人同时入住。12岁以下儿童禁止入住。

★Moresco Restaurant 咖啡馆、新派澳洲菜 $$

（☎03-6376 8131；www.morescorestaurant.com.au；64 Main Rd；早餐主菜$11~24，午餐和晚餐$22~39；⏰6月至8月周一不营业，每天7:30~21:00）这是宾那龙湾唯一的一家店，生意火爆。餐厅装饰精美，水面景色尽收眼底。全天供应顶级餐食。尝尝洎柏谷（Huon Valley）蘑菇吐司卷配上塔斯马尼亚的松露油做的早餐，然后出门冲个浪，回来之后再享用一顿美味晚餐，尝尝蜕皮湾（Moulting Bay）牡蛎和巴斯海峡（Bass Strait）的辣茄汁鱿鱼这些风味小吃。这里还有超棒的咖啡和更加美味的葡萄酒。

威廉山国家公园（Mt William National Park）

威廉山国家公园（☎03-6376 1550；www.parks.tas.gov.au；个人/交通工具 每天$12/24，露营 标单/标双/全家 $13/13/16，加床 成人/儿童 $5/2.50）这里与其他地区四不相接，其特点是拥有长长的沙滩、低低的裂纹岩面和沿海的荒野。春季或者初夏可以观赏到盛开的野花。威廉山的最高点（1.5小时路程）仅有216米高，但是风景宜人。这片景区于1973年成为国家公园，其主要目的是为了保护塔斯马尼亚剩余的森林袋鼠（灰袋鼠）。它们在20世纪五六十年代因为疾病差点灭绝。

在爱德斯通角有着令人印象深刻的**爱德斯通灯塔**（Eddystone Lighthouse），建于19世纪90年代，用花岗岩建造而成。这里有一个小型野餐点，从这里可以俯瞰下面的海滩，海滩上有红色花岗岩。你也可以在**Stumpys Bay**和**Musselroe Top Camp**露营。

公园远离主干路，只能从北边或者南边进来。北部尽头距离格拉德斯通17公里，南部尽头距离圣海伦斯大概60公里。夜间驾驶车辆时请小心野生动物。

朗塞斯顿（LAUNCESTON）

人口 106,200

塔斯马尼亚第二大城市一直和南部大城市霍巴特互相封锁对抗。朗塞斯顿人争论说他们的建筑更优雅，公园更漂亮，周围环绕的山丘更绿，甚至他们的食品都更具风味。从某种意义来讲，竟然很难反驳啊。

初到朗塞斯顿的时候，这里并不是让你印象深刻的地方。当Reverend Horton在1822年造访这里时，他给上级写的信中这样说：

Launceston 朗塞斯顿

“朗塞斯顿人的邪恶已经罄竹难书。如果你看到这里的愚昧无知、对神灵的亵渎、人们的醉态、通奸和所有的恶习，你会想尽办法送更多的传教士过来。”朗塞斯顿仍然在完善自己的不足之处，并成为魅力之都。这里历史悠久，适宜休闲娱乐。

登录www.visitlauncestontamar.com.au。

景点

★奔流峡谷 公园

（见738页地图；Cataract Gorge；☎03-6331 5915；www.launcestoncataractgorge.com.au；经由Cataract Walk，Trevallyn；单程升缆椅成人/孩子$12/8，返程$15/10；⏲24小时）从市区往西走10分钟就是壮丽的奔流峡谷。从市区眺望，这片原始森林、悬崖还有冰冻的南艾斯克河似乎有百万英里远。在第一盆地有一个免费的室外**游泳池**（11月至次年3月开放）、世界上最长的**缆椅**（9:00~17:30）、夏季演唱会、巨大的欧洲树木和友善的孔雀。可以吃饭的地方包括一间咖啡馆、一个凉亭和时尚的**峡谷餐厅**（Gorge Restaurant，见738页地图；☎03-

Launceston 朗塞斯顿

6331 3330; www.launcestoncataractgorge.com.au/gorgerestaurant.html; Cataract Gorge; 午餐主菜$22起，晚餐$30~39; ⊙每天中午至14:30，周二至周六18:30至深夜）。最棒的是夜里的灯光，一定让你过目不忘。

★维多利亚女王博物馆和美术馆 博物馆、画廊

（Queen Victoria Museum & Art Gallery, QVMAG，见740页地图; ☎03-6323 3777; www.qvmag.tas.gov.au; 2 Wellington St; ⊙10:00~16:00）免费 朗塞斯顿杰出的QVMAG两个馆分别位于两个位置：精心修复的**美术馆**（殖民地的油画和装饰性的艺术品）在皇家公园的尽头；自然、社会和科技的相关藏品位于**因弗雷斯克铁路广场**（Inveresk Railyards）的**博物馆**（QVMAG，见740页地图; 2 Invermay Rd; ⊙10:00~16:00，天文馆展览 周二至周五中午和14:00，周六14:00和15:00）。建筑本身很有吸引力，尤其是位于因弗雷斯克（Inveresk）的博物馆。这里不久之前还是朗塞斯顿的铁路中心。如果你来这儿，可以去**天文馆**（成人/儿童/家庭 $6/4/16）学习黑洞相关知识，或者在**咖啡馆**填饱肚子。

Boag's Brewery 自酿酒吧

（见740页地图; ☎03-6332 6300; www.boags.com.au; 39 William St; 团队游 成人/儿童$30/15; ⊙团队游11:00、13:00和14:00）William St最早在1881年时就开始出售James Boag's啤酒了。团队游有机会观看90分钟琥珀提炼，在结束之后可以动手尝试。博物馆努力还原酿酒历史（旧时代的电视广告、啤酒标签和大量的照片），免费向公众开放。团队游一定要提前预订。12月到次年3月有额外团队游名额。

城市公园 公园

（City Park，见740页地图; www.launceston.tas.gov.au; Tamar St和Cimitiere St交叉路口; ⊙白天全天）广阔的城市公园有高大的橡树和悬铃树、优雅的喷泉、玻璃温室、维多利亚音乐台和一个操场，还有一个为孩子准备的迷你火车。透过玻璃看看**日本猿猴标本**（4月至9月每日8:00~16:00，10月至次年3月延时到16:30），思考一下人类基因库。这是这座城市的友好城市——日本池田市送的礼物。

塔斯马尼亚国立汽车博物馆 博物馆

（National Automobile Museum of Tasmania，见740页地图; ☎03-6334 8888; www.namt.com.au; 86 Cimitiere St; 成人/儿童/家庭$13/7/32.50; ⊙9月至次年5月每天9:00~17:00，6月至8月每日10:00~16:00）汽车爱好者们跃跃欲试，对这个展览垂涎不已。这是一个关于私人藏品的展览，展示了人们收藏的经典车型、老爷车以及摩托车。一款漂亮的1969年克尔维特的Stingray型跑车一定会冲击你的感官。

活动

塔斯马尼亚山地自行车 山地自行车

（Mountain Bike Tasmania; ☎0447 712 638; www.mountainbiketasmania.com.au）沿着北艾斯克河（North Esk River）有步行也有骑行（$100）的路线，这条路途经Trevallyn State Recreation Area（$120）然后从本洛蒙德山下来（$225）。本洛蒙德山海拔1050米，等到山顶后你可以大喊"马祖奇（一种山地车品牌）帅呆啦！"

探索塔斯马尼亚 攀岩

（Tasmanian Expeditions; ☎1300 666

Central Launceston 朗塞斯顿市中心

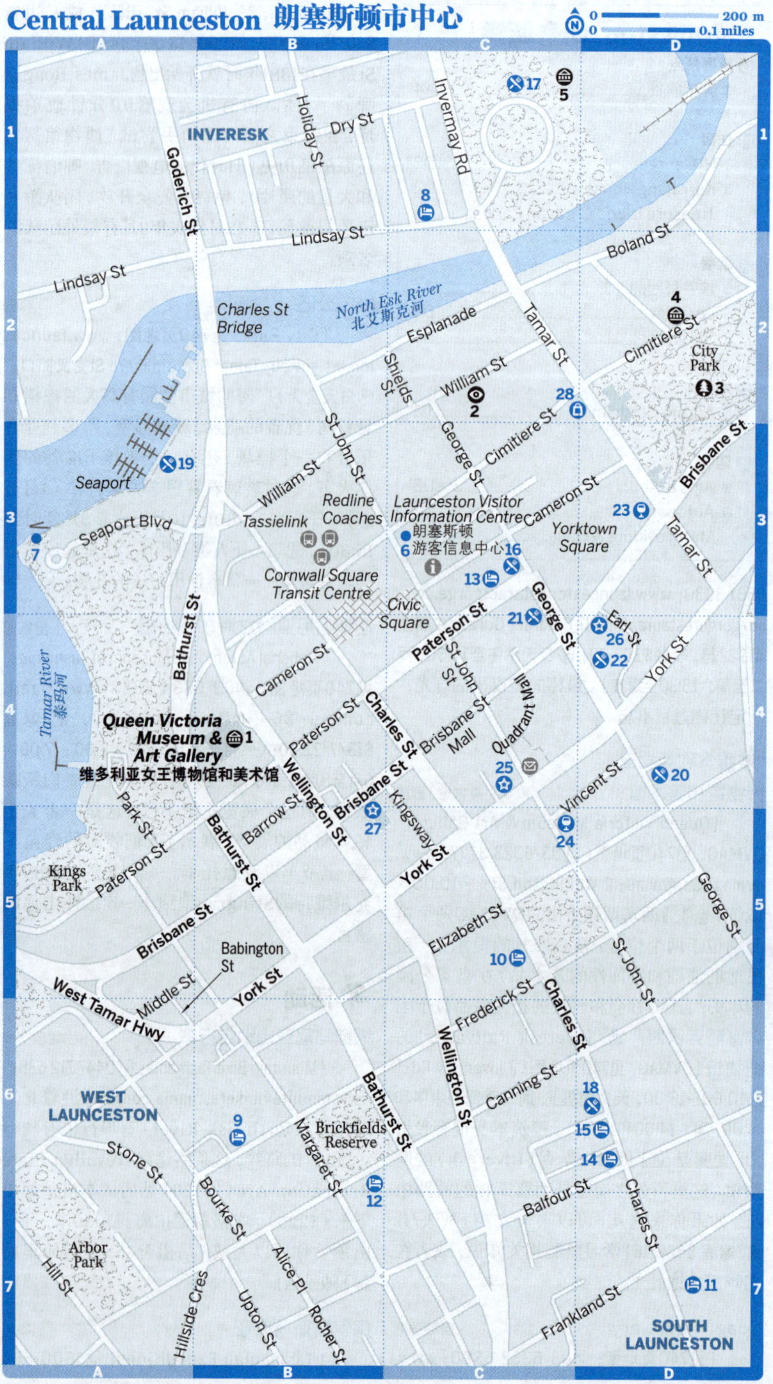

朗塞斯顿和塔斯马尼亚东部

朗塞斯顿

Central Launceston 朗塞斯顿市中心

重要景点

1 维多利亚女王博物馆和美术馆 B4

景点

2 Boag's Brewery C2
3 城市公园 D2
4 塔斯马尼亚国立汽车博物馆 D2
5 维多利亚女王博物馆和美术馆 C1

活动、课程和团队游

Launceston City Ghost Tours .... (见23)
6 Launceston Historic Walks C3
7 Tamar River Cruises A3

住宿

8 Arthouse Backpacker Hostel C1
9 Auldington B6
10 Fresh on Charles C5
11 Hotel Charles D7
12 Launceston Backpackers B6
13 Quest Launceston Serviced Apartments C3
14 Sportsmans Hall Hotel D6
15 Two Four Two D6

就餐

16 Black Cow Bistro C3
17 Blue Café Bar C1
18 Elaia D6
Fresh on Charles .... (见10)
19 Mud A3
20 Pickled Evenings D4
21 Pierre's C4
22 Sweetbrew D4

饮品和夜生活

23 Royal Oak Hotel D3
24 Saint John C5

娱乐

25 Hotel New York C4
26 Princess Theatre D4
27 Village Cinemas B5

购物

28 Harvest C2

856, 03-6331 9000; www.tasmanianexpeditions.com.au)很多攀岩爱好者都爱攀登奔流峡谷(Cataract Gorge)的玄武岩峭壁。提供半天($250每人，如果二人及以上则$150每人)或全天($400每人，二人或者以上则$225每人)攀爬。半天攀爬不需要攀岩经验(如果全天则需要)。提供所有装备。

团队游

Tamar River Cruises 乘船游

(见740页地图; ☎03-6334 9900; www.tamarrivercruises.com.au; Home Point Pde)来这儿乘船感受朗塞斯顿(Launceston)水上之美，登上朗塞斯顿小姐号(Lady Launceston)体验50分钟的奔流峡谷和滨海地区的探索之旅(成人/儿童/家庭$29/12/70)。另有长时间游轮旅行，上午、下午均可。Tamar Odyssey(2.5小时，成人/儿童/家庭$79/35/179)号带你顺流而下去罗斯威尔斯(Rosevears)然后返程。

Launceston Historic Walks 步行游览

(见740页地图; ☎03-6331 2213; www.1842.com.au/launceston-historic-walks; 每人$15; ⏲周一16:00，周二至周六10:00)这场徒步全程1.5小时，带你领略历史的足迹。途经乔治亚、维多利亚，还有城市的现代建筑。步行的起点是"1842"大楼，位于St John St和Cimitiere St的拐角处。

Valleybrook Wine Tours 葡萄酒厂

(☎0400 037 250, 03-6334 0586; www.valleybrook.com.au; 半/全天 团队游 $100/150起)一天的葡萄酒团队游，带你参观泰玛谷(Tamar Valley)的六个酒窖。上午/下午的半天团队游也可以选择参观四个酿酒厂。提供到住宿地点的接送服务。

Launceston City Ghost Tours 步行游览

(见740页地图; ☎0421 819 373; www.launcestoncityghosttours.com; 成人/儿童/家庭$25/15/55; ⏲黄昏)这段旅途长达90分钟，日落之后去城市后面的小巷子里散散步，你可能会被吓坏。团队游黄昏从**Royal Oak Hotel**(☎6331 5346; 14 Brisbane St)出发，那是幽灵西里尔长居的地方。需要预订，而且出发时间整年皆有不同。儿童不能参加。

节日和活动

Festivale 饮食、艺术

(www.festivale.com.au) 2月在城市公园有三个节日，有美食、美酒和艺术还有乐队现场表演。塔斯马尼亚当地食物配红酒真是妙极了！

Junction Arts Festival 艺术节

(www.junctionartsfestival.com.au) 这场9月的节日为期五天，有新奇有趣的艺术演出、音响设备、演奏会，还有热闹的夜间聚会。

Tasmanian Breath of Fresh Air Film Festival 电影节

(BOFA; www.bofa.com.au) 11月份在因弗雷斯克公园(Inveresk Park)的艺术剧院放映一些独立制作的、实验性的电影，给人以思考和改变。这是一场多棒的电影节！

住宿

Arthouse Backpacker Hostel 青年旅舍 $

(见740页地图; ☎03-6333 0222, 1800 041 135; www.arthousehostel.com.au; 20 Lindsay St, Invermay; 铺$23~27, 标单/双$57/67; @ 📶) 这是朗塞斯顿古老的滨海酒店(建于1881年)中最受欢迎的青年旅舍：宿舍空气清新(这里的阁楼很棒)、客厅里有大屏电视、楼上阳台充满魅力(还有钟塔)，可以坐下来闲聊，后面还有可以烤肉的小院子。那也是澳大利亚第一个提倡低碳背包旅行的地方(这里废物重复利用，种植树木，还有一个蠕虫农场！)。可出租自行车和露营装备。

Sportsmans Hall Hotel 小酒店 $

(见740页地图; ☎03-6331 3968; www.sportieshotel.com.au; Charles St和Balfour St交叉路口; 标单$55, 双 带卫生间/不带卫生间 $80/70; P 📶) 圣查尔斯街尾常年举办运动会，这多少是个当地习俗。这家酒店最近刚刚落成，而且房间非常棒：三间房有公用的卫生间，其他房间在走廊尽头，有独立的卫生间。在周五或周六晚上记得要一间远离酒吧的房间(因为这里有现场乐队演出)。

Launceston Backpackers 青年旅舍 $

(见740页地图; ☎03-6334 2327; www.launcestonbackpackers.com.au; 103 Canning St; 铺/标单/标双/标三 $24/52/56/75, 双 带卫生间/不带卫生间 $67/58; P 📶) 这里曾是大型的联合住宅，如今已被改为洞穴状的背包客旅馆。它位于布里克非尔德保护区一片郁郁葱葱的地方，但它或许并不是最让你振奋的那种青年旅舍。这些天在朗塞斯顿依然很难找到青年旅舍，所以能找到什么就住什么吧。房间非常清洁明亮。

Treasure Island Caravan Park 房车公园 $

(见738页地图; ☎03-6344 2600; www.treasureislandtasmania.com.au; 94 Glen Dhu St, South Launceston; 无电力供应营地/有电力供应营地 $27/32, 篷车$60, 小屋$90~100; P) 这是距离市中心最近的露营点，仅距城市南侧2.5公里。但它位于高速公路一侧，非常喧闹。这里可以作为度假地的最后选择。我们去的时候，这里正在改头换面，所以下次你来，或许就叫其他的名字了。

★ Fresh on Charles 公寓 $$

(见740页地图; ☎03-6331 4299; www.freshoncharles.com.au; 178 Charles St; 双人$120~150; 📶) 从**Fresh on Charles** (见740页地图; ☎03-6331 4299; www.freshoncharles.com.au; 178 Charles St; 主菜$10~22, 拼餐$35~65; ⏰周六至周四8:30~15:00, 周五8:30至深夜; 📶 ✎) 的楼梯上去。这两座公寓非常棒，在他们附近有家素食咖啡馆，店里有光滑的水泥地板。房间十分复古，面积不大，位置上佳，采光好，性价比高。价格贵一些的套间正对着道路，对面能看到王子广场的大树。夜幕降临之后，前面的街道免费停车。

Hi George 民宿 $$

(见738页地图; ☎03-6331 2144; www.higeorge.com.au; 64 York St; 双人含早餐$130起; P 📶) 让人奇怪的是，Hi George并不在George St上。如果你想入住这家店，你必须前往York St。如果你真的来了，会发现这是个1880年建的砖房，有六间简单、有品位的套房，干净整洁。含熟食早餐。非常棒！

Quest Launceston Serviced Apartments 公寓 $$

(见740页地图; ☎03-6333 3555; www.

questlaunceston.com.au; 16 Paterson St; 双$159起, 2床公寓$249起; P ❄ @ 📶)这栋美丽的穆雷大楼经过重新修复后再次营业,位于乡镇中心。这里的43间公寓是你离家之后所希望找到的那种高端住宅:宽敞、舒适、设备齐全并且魅力十足。建筑师保留了露在外面的砖墙和原先的钢柱,全部加以巧妙利用,饶有趣味。

Auldington 精品酒店 $$

(见740页地图; ☎03-6331 2050; www.auldington.com.au; 110 Frederick St; 双$129起, 2床公寓$252起; P 📶)这间很小的精品酒店,从外部看,历史悠久,用棕色砖块和铁管花边装饰的阳台掩盖了里面时髦的装潢。在城镇的中心还有家安静的女修道院,从这里观赏到的城市景观充满魅力。这里还提供在大酒店享受不到的贴心服务。

Kurrajong House 民宿 $$

(见738页地图; ☎03-6331 6655; www.kurrajonghouse.com.au; High St和Adelaide St交叉路口; 双/村舍 $155/175起; P 📶)这里更喜欢成熟顾客(住客需大于21岁)。这座安静的1887年的民宿有家的感觉,但会让你觉得比在家更舒服。外面有盛开的玫瑰,还有设施完备的小别墅,专门供长期顾客选择。快人快语的苏格兰主人在明亮的玻璃暖房里供应热早餐,美味可口。

★ Two Four Two 公寓 $$$

(见740页地图; ☎03-6331 9242; www.twofourtwo.com.au; 242 Charles St; 双含早餐$250起; 📶)这是一个非常棒的翻修!这里选用了家具制作人艾伦(Alan)的工艺品家具,目前有四家个人住宅如此选择。每家的家具都有用黑木桃金娘木或塔斯马尼亚橡木做的点缀。这里的不锈钢厨房、咖啡机、私人庭院和水疗浴缸会让你好好享受一番。随时可前往Charles St餐馆就餐。

Hotel Charles 酒店 $$$

(见740页地图; ☎03-6337 4100; www.hotelcharles.com.au; 287 Charles St; 双$220起; P ❄ @ 📶)这里以前曾是一家气氛沉闷的医院,但现在是朗塞斯顿最时尚的酒店。入口的斜坡和滑动门仍然让你感到——你似乎应该坐着救护车进来,但是酒店内部非常明亮,装饰时髦、服务贴心、**餐馆**雅致。便宜的房间非常挤,不如多花点钱要个单间。所有的房间都有小厨房。

✖ 就餐

★ Sweetbrew 咖啡馆 $

(见740页地图; ☎03-6333 0443; 93a George St; 平均消费$4~10; ⏲周一至周五7:00~17:00, 周六8:00~15:00, 周日9:00~14:00)这间新咖啡馆的员工如此评论:“墨尔本(Melbourne)仅仅是朗塞斯顿的郊区。”这里的咖啡绝对值得一来,它是如此香醇,是地道的墨尔本风味。这里还卖甜点、法国长面包、乳蛋饼和上等的蛋挞。去后院看看那间小杂货店哦!

Le Café 咖啡馆 $

(见738页地图; ☎03-6334 8887; 39 Ann St, East Launceston; 主菜$8~16; ⏲周一至周五8:30~17:00, 周六至16:00)这里十分火爆,到处都是人。这间法式的咖啡馆在东朗塞斯顿的山丘上和圣乔治广场相望。在美丽古老的店面里(装饰有着色玻璃,还有法式风格的瓷砖)有新鲜的果汁、蛋糕、馅饼和南瓜鸡肉派,店员热情好客,咖啡十分美味。非常棒。

★ Stillwater 新派澳洲菜 $$

(见738页地图; ☎03-6331 4153; www.stillwater.net.au; 2 Bridge Rd, Ritchie's Mill; 早餐$12~23, 午餐和晚餐主菜$29~35; ⏲每日8:30~15:30, 周二至周六18:00至深夜; 🖉)这里静水流深、大巧不工,服务非常好。里奇面粉磨坊(Ritchie's Flour Mill)位于泰玛(Tamar)旁边,已经重新修建(其中一部分可以追溯到1832年)。可以在这儿悠闲地吃顿早餐,放松地吃顿午餐,尝尝斯蒂尔沃特的当地食物……然后回到豪华旅馆吃晚餐。这是朗塞斯顿最好的餐馆,抬脚就到。葡萄酒窖同样历经岁月。

Blue Café Bar 咖啡馆 $$

(见740页地图; ☎03-6334 3133; www.bluecafebar.com.au; Inveresk Railyards, Invermay; 主菜$15~30; ⏲周日至周四 8:00~16:00, 周五和

周六至深夜，7月和8月夜间不营业）这间很酷的咖啡馆在一座被改造的低矮水泥发电厂旁边，而发电厂旁是塔斯马尼亚艺术大学。这家店为看书看累了的建筑专业的学生提供美味咖啡，还有当地口味的创新有机菜肴。去吃一次配有牛肉、熏肉、干酪、德国泡菜和山葵的Reuben比萨吧。

Elaia 咖啡馆 $$

（见740页地图；03-6331 3307；www.elaia.com.au；240 Charles St；主菜$11~30；周一至周六7:30~20:00，周日至15:30；）Elaia是位于Charles St上先锋派的一家咖啡馆。食物在一张单子上列得清清楚楚：比萨、意大利面、意大利调味饭和沙拉，全天供应早餐，店里放有乡村音乐，有时髦文身的服务生、围成一圈的长凳、周五晚间的现场音乐和放在五彩步道上的小桌子。这是一家无与伦比的咖啡馆。

Pickled Evenings 印度菜 $$

（见740页地图；03-6331 0110；www.pickledevenings.com.au；135 George St；主菜$17~22；周二至周日 5:30~21:30；）通常好饮者在晚间或节假日总会不醉不归，不过到这家印度菜餐馆的游客不会也不能过度饮酒。来这儿必点咖喱，量大、辛香、味道一流。有可口的素食可选，能打包外带。

Pierre's 法国菜 $$

（见740页地图；03-6331 6835；www.pierres.net.au；88 George St；午餐主菜$18~29，晚餐$28~38；周二至周五11:00至深夜，周六8:00至深夜）Pierre's是朗塞斯顿的一个公共机构（从1956年起）。这里装饰有哑光黑色皮革，菜单几乎固定，常年不换，非常经典（淋着法国芥末的鞑靼牛肉、法国白兰地和薯条）。这里的咖啡有不少人认为是朗塞斯顿最好的。菜品和当地葡萄酒非常搭。不错，不错！

Black Cow Bistro 牛排馆 $$$

（见740页地图；03-6331 9333；www.blackcowbistro.com.au；70 George St；晚餐主菜$35~47；周五中午至14:30，每天17:30至深夜）这间高级法式餐厅专营牛排，特别擅长制作塔斯马尼亚自由放养、食草长大、无激素喂养的牛肉。这里有六种不同的牛排，根据其营业情况来看，被认为是塔斯马尼亚最好的牛排馆，不会让你失望的。去Cape Grim吃块淋着松露蛋黄酱的肋眼牛排吧。绝对物有所值。

Mud 新派澳洲菜 $$$

（见740页地图；03-6334 5066；www.mudbar.com.au；28 Seaport Blvd；午餐主菜$24~29，晚餐$35~48；11:00至深夜）这家时尚的酒吧同时也是港口周围最好的小餐馆。端一杯啤酒在酒吧闲逛，然后回到桌旁去享受上等的亚洲美食（这里有越南糖烹制的猪五花肉、黄豆酱油烘制的鸭子、生姜调制的鲑鱼）。可以看到North Esk Rowing Club的滑翔伞队伍翱翔而过。

饮品和娱乐

★ Royal Oak Hotel 小酒馆

（见740页地图；03-6331 5346；14 Brisbane St；中午至深夜）朗塞斯顿最好的小酒馆。我们不必夸大事实，这里即饮的啤酒、开放式麦克风之夜（每月的最后一个周三）、周三到周日的现场音乐和大胆的20世纪80年代的立体声摇滚，都很难让我们不去赞美。如果您生理上已过了赶这些时髦的年纪，但心理上仍觉得自己是个年轻人，那么这个地方很适合你。

★ Saint John 酒吧

（见740页地图；0424 175 147；133 St John St；周二至周日 中午至午夜）时尚达人的欢乐世界！精酿啤酒从酒桶的龙头里流淌而出，大胡子酒吧老板一杯杯地盛给客人。酒桶后面啤酒清单上的酒列得非常详细，随你选择。让人意外的是酒吧后面有一辆小食品车，提供费城奶酪牛排和羊肉汉堡，你可以带到酒吧中享用。这真是完美的搭配！

Princess Theatre 剧院

（见740页地图；03-6323 3666；www.theatrenorth.com.au；57 Brisbane St；售票处 周一至周五 9:00~17:00，周六 10:00~13:00）这个电影院建造于1911年，电影院后面还有一个小小的伯爵艺术中心，上演着老旧的公主王子剧。表演清单上还列着戏剧、舞蹈和喜剧，塔斯马尼亚和澳洲大陆的各种表演家都会来此表演。

Aurora Stadium 表演赛

（见738页地图；☎03-6323 3383；www.aurorastadiumlaunceston.com.au；Invermay Rd, Invermay；成人/儿童 $25/15起）如果你来这儿时刚好赶上橄榄球赛季（4月至8月），可以去奥罗拉体育场看看墨尔本本土的澳式橄榄球联盟球队，看看飞人霍索恩在主场打橄榄球。"射门！"

Hotel New York 现场音乐

（见740页地图；www.hotelnewyork.net.au；122 York St；⏲周五和周六16:00至深夜）这间国际化夜店型酒馆有一群常驻DJ，常年在此表演本土音乐和洲际摇滚（纽约城来得不多）。费用通常$10起。

Village Cinemas 电影院

（见740页地图；☎1300 866 843；www.villagecinemas.com.au；163 Brisbane St；成人/儿童 $17.50/13）来这里看场好莱坞叫座的电影，尝尝香气四溢的爆米花，让我们一起逃离现实吧！

购物

Harvest 市场

（见740页地图；☎0417 352 780；www.harvestmarket.org.au；Cimitiere St car park；⏲周六 8:30~12:30）来自塔斯马尼亚北部和西部的有机菜生产者、供应商，每周在这里聚集一次，非常热闹。在小小的绿色帐篷下，精酿啤酒、手工制品、奶酪和鲑鱼摆放得满满当当。

Mill Providore & Gallery 饮食

（见738页地图；☎03-6331 0777；www.millprovidore.com.au；2 Bridge Rd；⏲周一至周五 9:30~17:30，周六 9:00~17:40，周日9:00~16:00）里奇面粉磨坊位于一家斯蒂尔沃特餐厅之上，在这个磨坊里你会发现非常棒的居家厨卫用品，还有精美的食物和藏品。这里有摆满了书籍、食品和葡萄酒的货架（还有关于食品和葡萄酒的书籍），还有精美的野餐熟食区和值得一看的社区画作展览区。

Alps & Amici 饮食

（见738页地图；☎03-6331 1777；www.alpsandamici.com；52 Abbott St, East Launceston；⏲周一至周五7:30~18:30，周日8:00~14:00）超级主厨Daniel Alps创立了这个小店，在这里你可以带走精美的饭菜回家享受。有上等的蛋糕、奶酪、肉类、海鲜、新鲜的水果和蔬菜，还有塔斯马尼亚的啤酒和葡萄酒。这里的咖啡也很不错。

实用信息

银行和自动柜员机设于St John St和Brisbane St的路口，附近有个商场。

Launceston General Hospital（☎03-6348 7111；www.dhhs.tas.gov.au；287-289 Charles St；⏲24小时营业）24小时处理事故和突发事件。

朗塞斯顿游客信息中心（Launceston Visitor Information Centre，见740页地图；☎03-6336 3133, 1800 651 827；www.visitlauncestontamar.com.au；68-72 Cameron St；⏲周一至周五 9:00~17:00，周六和周日至13:00）如果你有关于朗塞斯顿的问题，尽可来此问问，这里可以查到所有你想知道但是不愿开口询问的事情。

Main Post Office（GPO，见740页地图；☎131318；68-72Cameron St；⏲周一至周五8:30~17:30，周六9:00~12:30）位于一栋奇妙的19世纪80年代的红砖楼房里。

到达和离开

飞机

捷星航空（Jetstar；www.jetstar.com）这里的航班飞往布里斯班（Brisbane）、悉尼（Sydney）和墨尔本（Melbourne）。

澳洲航空（Qantas；www.qantas.com.au）这里有到墨尔本、悉尼和布里斯班的直达航班。

维珍澳洲航空（Virgin Australia；www.virginaustralia.com）这里有直达墨尔本和悉尼的航班。

长途汽车

提供最多交通服务的是Cornwall Square Transit Centre（见740页地图；200 Cimitiere St）。在网上查询最新的票价和时间表。

Redline Coaches（见740页地图；☎1300 360 000；www.tasredline.com.au）提供从西朗塞斯顿开往韦斯特伯里（Westbury）、德洛兰（Deloraine）、德文波特（Devonport）、伯尼（Burnie）和斯坦利（Stanley）的公交，也有公交从北朗塞斯顿开往霍巴特（Hobart）。途中有很多

站点。

Tassielink（见740页地图；☎1300 300 50；www.tassielink.com.au）这里有沿西海岸运行的公共汽车，途经德文波特和克雷德尔山（Cradle Mountain）。还有从德文波特渡轮终点经朗塞斯顿到霍巴特的快车。这里也有从朗塞斯顿到埃文代尔（Evandale）和朗福德（Longford）的班次。

当地交通

抵离机场

朗塞斯顿机场（Launceston Airport；☎03-6391 6222；www.launcestonairport.com.au；201 Evandale Rd, Western Junction）位于通往埃文代尔的路上，距离城市15公里。朗塞斯顿机场**大巴**（Launceston Airporter；☎1300 38 55 22；www.airporterlaunceston.com.au；成人/儿童 $18/14）班车提供接机服务。出租车到市区大概花费$35。

自行车

Arthouse Backpacker Hostel（见742页）对外出租自行车，每天$15。

Artbikes（☎03-6331 5506；www.artbikes.com.au；Design Centre Tasmania, Brisbane St和Tamar St交叉路口；⏲周一至周五 9:30~17:30，周六和周日10:00~16:00）可以来塔斯马尼亚设计中心（Design Centre Tasmania）租辆城市自行车。记得带上信用卡和身份证。过夜还车租金$22；周末租金$44。

公共汽车

Metro Tasmania（☎13 22 01；www.metrotas.com.au）这里管理运营着朗塞斯顿城郊的公交车网络。单程票价根据旅行距离（"段"）而不同（$3~6.20）。9:00之后可购买不限旅程的全日车票（$5.30）。公共汽车出发点位于St John St上的两条街区，St John St位于Paterson St和York St之间。很多路线夜间或周日停运。

Free Tiger Bus（☎03-6323 3000；www.launceston.tas.gov.au）周一至周五10:00~15:30每30分钟一班，从因弗雷斯克出发到王子公园（Princes Park）、风车山丘（Windmill Hill），然后返回因弗雷斯克。

汽车

大牌的租车公司在朗塞斯顿机场及市内都有分店。在一些小型租车公司，可租到每天$40左右的车。

Rent For Less（☎03-6391 9182, 1300 883 739；www.rentforless.com.au；153 St John St；⏲周一至周五 8:00~17:00，周六8:30~17:00，周日9:00~13:00）

朗塞斯顿周边（AROUND LAUNCESTON）

泰玛谷（Tamar Valley）

从朗塞斯顿往北前行64公里就是泰玛河的漏斗形边界。泰玛河最终汇入巴斯海峡（Bass Strait）。河流两岸有许多果园、森林、牧场和葡萄园。这里是塔斯马尼亚最主要的葡萄酒生产基地，并且其所生产的优质葡萄酒已经获得了国际认可。浏览www.tamarvalleywineroute.com.au找寻葡萄酒团队游信息。

泰玛游客信息中心（Tamar Visitor Information Centre；☎1800 637 989, 03-6394 4454；www.tamarvalley.com.au；Main Rd, Exeter；⏲8:30~17:00）位于泰玛谷西部的埃克塞特（Exeter）。

到达和当地交通

Manions' Coaches（☎03-6383 1221；www.manionscoaches.com.au）提供从朗塞斯顿到西泰玛谷的服务。**Lee's Coaches**（☎03-6334 7979；www.leescoaches.com）提供从朗塞斯顿到东泰玛谷的服务。

罗斯威尔斯及周边（Rosevears & Around）

人口 310

这个美丽的河边小村庄在西泰玛Hwy一侧的辅路上。这里有一些非常棒的葡萄酒厂，堪称葡萄酒爱好者的天堂。这里三家最好的店分别是：**Ninth Island Vineyard**（☎03-6330 2388；www.kreglingerwineestates.com；95 Rosevears Dr, Rosevears；⏲10:00~17:00），这里的黑比诺葡萄酒十分好喝；规模很大的**Tamar Ridge**（☎03-6330 0300；www.tamarridge.com.au；1a Waldhorn Dr, Rosevears；⏲10:00~17:00），这里的阳台上阳光甚好；还有**Velo Wines**（☎03-6330 3677；www.velowines.com.au；755 West Tamar Hwy, Legana；⏲酒窖营业 周三至周日10:00~17:00，餐馆 周三

值得一游

布莱德斯托薰衣草农场

布莱德斯托薰衣草农场（☎03-6352 8182；www.bridestowelavender.com.au；296 Gillespies Rd, Nabowla；⏰9:00~17:00）免费 这是南半球最大的薰衣草农场，靠近纳宝拉，从朗塞斯顿东北部52公里处转弯。这里为香水工业生产大量薰衣草精油。在花季（12月中旬至次年1月下旬），紫色的花田令人难以忘怀。这里也有咖啡馆和礼品店出售所有关于薰衣草的东西：抽屉、软糖、冰激凌和"波比熊"。这种用薰衣草填充的玩具卖了数千个（信不信由你）。

至周日12:30~15:30，周五和周六18:00至深夜），由前奥运自行车运动员Michael Wilson经营。Velo的咖啡非常受欢迎。

食宿

★View 公寓、民宿 $$

（☎0434 200 300；279 Gravelly Beach Rd, Gravelly Beach；双$120~140）在技工工房的旁边是一家很时尚的民宿单间，可以睡两人。一顿早餐要包括水果、蛋类、面包、果酱、谷类和咖啡，而这些你都可以在拐角的小厨房里面找到。而且这里的景色非常棒！

Rosevears Waterfront Tavern 小酒馆饮食 $$

（☎03-6394 4074；www.rosevearstavern.com.au；215 Rosevears Dr, Rosevears；主菜$25~29；⏰每天中午至15:00，周三至周六6:00~21:00）这家店建于1831年，店里供应小酒馆套餐（汉堡包和帕尔马干酪鸡肉），还有很多让人惊叹的食物，例如咖喱羊羔腿和烤老虎虾比萨。河流景色原始，啤酒源源不断。周日下午还可以听到很多现场音乐。

博尤替角及周边 (Beauty Point & Around)

人口 1210

在美丽的博尤替角港口旁是充满魅力的**海马世界**（Seahorse World；☎03-6383 4111；www.seahorseworld.com.au；200 Flinders St, Inspection Head Wharf, Beauty Point；成人/儿童/家庭 $22/9/54；⏰12月至次年4月9:30~16:00，5月至11月10:00~15:00），海马在此孵化，人们养育它们长大，然后运输到世界各地的水族馆。隔壁是**鸭嘴兽之家**（Platypus House；☎03-6383 4884；www.platypushouse.com.au；200 Flinders St, Inspection Head Wharf, Beauty Point；成人/儿童/家庭 $23/9/55；⏰9:30~15:30）。这里是个野生动物中心，有鸭嘴兽和针鼹。

博尤替角南部是**比肯斯菲尔德**（Beaconsfield；人口 1200），这是一座淘金小镇，在2006年因为金矿救援为世人所知。**比肯斯菲尔德淘金文化遗产保护中心**（Beaconsfield Mine & Heritage Centre；☎03-6383 1473；www.beaconsfieldheritage.com.au；West St, Beaconsfield；成人/儿童/家庭 $12/4/30；⏰9:30~16:30）提供交互式展览，为您展现历史上淘金的细节。

门票从埃克塞特的泰玛游客信息中心（见745页）处获得。**Triple Pass**（成人/家庭 $50/136）可游览以上三个景点。

食宿

★Tamar Cove 汽车旅馆 $$

（☎03-6383 4375；www.tamarcove.com；4421 Main Rd；双$119~150，双卧室公寓$149；📶🏊）位于一个迷人的小山坡上，充满魅力！这里有9间修缮完毕的汽车旅馆房间，前面是修剪好的花园和太阳能加热的泳池。**餐馆**（主菜$15~30，8:00直到深夜）也可以欣赏到非常棒的景色，来这儿一定要尝尝自制海鲜杂烩。提供免费Wi-Fi。这是一个非常棒的选择！

★River Cafe 咖啡馆、新派澳洲菜 $$

（☎03-6383 4099；www.therivercafe.com.au；225 Flinders St；主菜$8~30；⏰11:00至深夜；📶）如果你天晴的时候来这里坐坐，River Cafe窗户的折射会让你感到水面近在眼前，好像可以碰到一样。菜单上列着新鲜的本土食物价格，以此引起你的食欲。塔斯马尼亚的肋眼牛排非常赞，咖啡也很好喝。

Around Launceston 朗塞斯顿周边

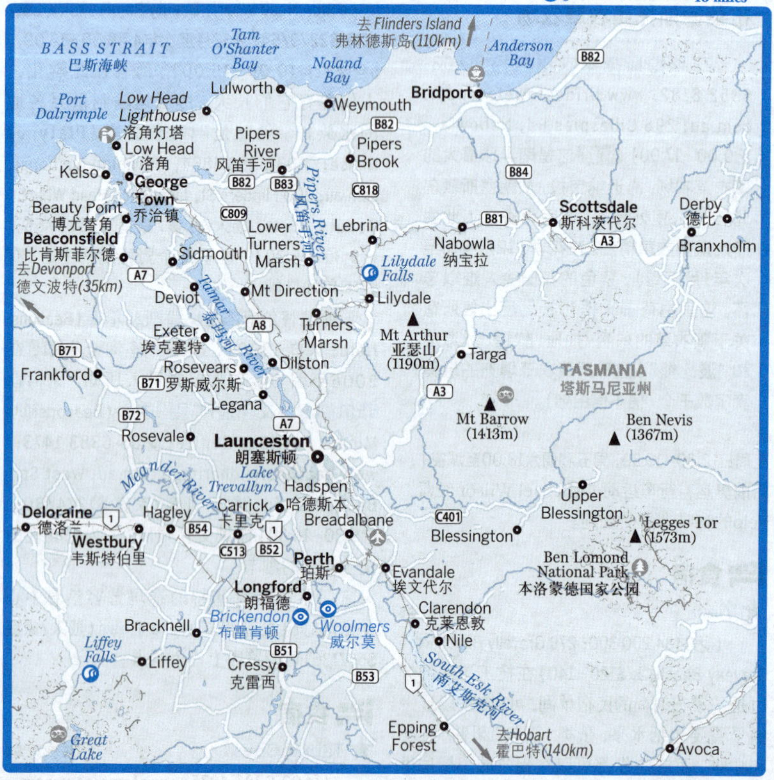

比萨可打包，提供免费无线网和泰玛谷葡萄酒。

乔治镇 (George Town)

人口 4310

乔治镇历史悠久，位于泰玛河口的东岸，是澳大利亚第三古老的白人定居地（在悉尼和霍巴特之后）。乔治镇在1804年由Lieutenant Colonel Paterson创立，来对抗企图入侵这片区域的法国人。遗憾的是，原本的乡镇已经几乎不复存在。

乔治镇游客信息中心（George Town Visitor Information Centre；☎03-6382 1700；www.provincialtamar.com.au；92-96 Main Rd；⌚9:00~17:00）向骑车探险者出租自行车。如果你想来**Bass & Flinders Centre**（☎03-6382 3792；www.bassandflinders.org.au；8 Elizabeth S, George Town；成人/儿童/家庭 $10/4/24；⌚9:00~16:00）参观，可以问问如何到达。这是一座博物馆，藏有诺福克（Norfolk）的复制品。

食宿

Pier Hotel Motel 酒店、汽车旅馆 $$

（☎03-6382 1300；www.pierhotel.com.au；5 Elizabeth St；双$110~260；📶）酒店后面有对称的汽车旅馆房间，十分安静。房间内还有翻新过的小酒馆楼梯。但是最吸引人的还是一家**法式小馆**（bistro；主菜$14~33；⌚中午至14:00和18:00~20:00），这里有美味的比萨、小酒店牛排、沙拉和配有极好的红辣椒贝夏梅尔调味酱的法式牛排。天气暖和时，通往水边的折叠门会打开。

洛角（Low Head）

人口 450

洛角历史悠久，景色壮观。城市外部是危险的旋涡，泰玛河的水流从这里注入大海。救援船在水上巡航，洛角引航站（Low Head Pilot Station）是澳大利亚最老的引航站（1805），同时这里也是有趣的洛角引航站博物馆（Low Head Pilot Station Museum；☎03-6382 2826；www.lowheadpilotstation.com；399 Low Head Rd；成人/儿童/家庭$5/3/15；⏲10:00~16:00）所在地。馆里堆满了具有历史意义的物品和陈列品。

对洛角来说，从1888年建的灯塔上眺望到的美景是其魅力之所在。洛角企鹅团队游（Low Head Penguin Tours；☎0418 361 860；http://penguintours.lowhead.com；Low Head Rd街尾；成人/儿童 $18/10；⏲黄昏）的企鹅夜晚时分回到洞穴，参加这个团队游可以参观企鹅。来巴斯海峡东部沙滩（East Beach）来次冲浪，十分过瘾！也可以在河里游游泳，十分安全。

食宿

Head Tourist Park 房车公园 $

（☎03-6382 1573；www.lowheadtouristpark.com.au；136 Low Head Rd；无电力供应营地$15~20，有电力供应营地$24~30，套间$34~40，铺$28，房车$60~80，小屋$95~115，村舍$120~140）有两段通往河边公园的路，一段很旧，一段很新。河边公园树木很少。选择不同，价格也不同。可变房车上有通铺和被褥。可以在这里预订一间新的小木屋，欣赏日落美景。

Low Head Pilot Station 村舍 $$

（☎03-6382 2826；www.lowheadpilotstation.com；399 Low Head Rd；村舍住宿 2/5/6/8/9人 $180/210/210/250/300）位于洛角具有历史意义的引航站管理区，有9间翻新的水滨村舍，干净且设备齐全，最多可一次容纳9人。非常适合家庭居住。孩子将会真切地感受到海洋，并竖起耳朵聆听来自灯塔的雾号声（周日的正午响起）。

Coxwain's Cottage Café 咖啡馆 $$

（☎03-6382 2826；www.lowheadpilotstation.com；399 Low Head Rd，Low Head Pilot Station；主菜$6~20；⏲6月至11月10:00~17:00，12月至次年5月9:00~17:00）这家咖啡馆是洛角最佳（唯一）的用餐地点，位于引航站内部的一个建于1847年的小木屋里。这里供应有自

不要错过

风笛手河葡萄酒产区

不要忘记花整个下午去风笛手河葡萄酒产区观赏一下酒窖，这将是一次十分轻松的旅行，让你可以悠闲地在朗塞斯顿北部待一天。网址为www.tamarvalleywineroute.com.au。

笛手溪葡萄园（Pipers Brook；☎03-6382 7527；www.pipersbrook.com.au；1216 Pipers Brook Rd，Pipers Brook；试吃免费，咖啡主菜 $14~25；⏲10:00~17:00，咖啡馆 10:00~15:00）是这片区域最著名的葡萄园。在极具创新感的建筑里，欣赏笛手溪、九岛的风光，品味Kreglinger产的葡萄酒。这里也有家咖啡馆，菜单多变，有很多小零食和美味的甜点拼盘。

简茨酒庄（Jansz Wine Room；☎03-6382 7066；www.jansz.com.au；1216b Pipers Brook Rd，Pipers Brook；⏲10:00~16:30）位于笛手溪葡萄园隔壁，简茨（以探险家Abel Jansz Tasman命名）的厨师极具创新力，制作出了极美味的酒，叫“Méthode Tasmanoise”。一盘奶酪加上两杯起泡酒一共$30，起泡酒会盛在细长的高脚杯里端上来。

黛拉米尔葡萄园（Delamere Vineyards；☎03-6382 7190；www.delamerevineyards.com.au；4238 Bridport Rd，Pipers Brook；⏲10:00~17:00）友善的、家庭经营的黛拉米尔与周围需要昂贵门票的葡萄酒厂形成鲜明对比。它是个小园子，所有工序都在一个地方。葡萄在此生长、酿造，酿造好的酒直接就地瓶装。这里有美丽的玫瑰和白、黑比诺发泡酒。

制派（冬天时尝试一下羊羔肉派）、乳蛋饼、烤三明治和丰盛的汤，还有Pipers River葡萄酒和浓香的浓缩咖啡。

朗福德及周边（Longford & Around）

朗福德（人口3760）位于朗塞斯顿以南27公里，是一座国际知名小镇，举办了1965年的澳洲国际汽车大奖赛。这座城市的名气还在于出了个名人：作家理查德·弗拉纳根（Richard Flanagan），2014年他凭借小说《通往北部深处的窄路》（*The Narrow Road to the Deep North*）获得布克文学奖（Man Booker Prize）。

附近同样有一些极富历史意义的著名区域。威尔莫（Woolmers；☎03-6391 2230；www.woolmers.com.au；Woolmers Lane, Longford；入场费$14/5，团队游 成人/儿童/家庭 $20/7/45起；⊙10:00~16:00，团队游11:15、12:30和14:00）建于1819年，列于联合国教科文组织世界遗产清单之上，其标志是面积达两公顷的玫瑰花园和满是古玩的楼房。附近的布雷肯顿（Brickendon；☎03-6391 1383；www.brickendon.com.au；Woolmers Lane；成人/儿童/家庭$12.50/5/38；⊙10月至次年5月 9:30~17:00，6月至9月）建于1824年，相比威尔莫普通了一些。这里有传统花园和依然运作的农场村庄。威尔莫和布雷肯顿都有住宿（双$145起）可供选择。住宿区域位于殖民时期遗留的小木屋内。这里经过翻新，设备齐全。

Entally Estate（www.entally.com.au；Old Bass Hwy, Hadspen；成人/儿童 $10/8；⊙10:00~16:00）建于1819年，十分雄伟壮观，现由政府管理。Entally Estate建在美丽的土地上，如今是哈德斯本（Hadspen；人口 2070）最美的地方。位于朗福德以北15公里处。

网址为www.longfordtasmania.com。

食宿

★Red Feather Inn 精品酒店 $$$

（☎03-6393 6506；www.redfeatherinn.com.au；42 Main St, Hadspen；双/四 含早餐 $250/450起；❀）这家店建于1852年，除华丽之外没有任何词语配得上它。这是一家非常好的精品酒店和烹饪学校，曾登上某时尚杂志。房间从阁楼双人间到10人村舍住宿都有。全天烹饪课程（$195起）在村庄厨房进行，同样也为餐馆（3堂课$90起）服务，周五和周六夜间对公众开放。

★Home of the Artisan 咖啡馆 $$

（☎03-6391 2042；15 Wellington St, Longford；午餐主菜$18~22，晚餐$38~45；⊙周一至周三和周五9:00~16:30，周四至20:00）这是朗福德最好的咖啡馆，也是一间朴实的、物有所值的餐馆，店面始于1860年（前身是药店）。厨师用在后花园种植的新鲜药草和蔬菜做成了极美味的沙拉，这里还有超棒的自制蛋糕、英格兰松饼和精品咖啡。周四的夜间晚餐是乡村菜肴。有精致的食品展示架、价格亲民的葡萄酒和可外带的沙司和酸辣酱。

到达和离开

Metro Tasmania（☎13 22 01；www.metrotas.com.au）78路公交车从朗塞斯顿驶向Hadspen（$4.50，30分钟）。仅在周一至周六通车。没有到卡里克（Carrick）的车。

Tassielink（☎1300 300 520；www.tassielink.com.au）周一至周六公共汽车往返于朗塞斯顿和朗福德（$7.50，50分钟），途经埃文代尔（Evandale）。

埃文代尔（Evandale）

人口 1410

埃文代尔位列国家遗产基金会（National Trust）清单，是个很上镜的魅力城市。你可以在这里花几个小时去安静且极具历史意义的街道上散步，还可以参观美术馆，去咖啡馆散散心。无论你怎么选择，都会度过一段美好的时光。

每年最精彩的活动是2月的国家老式自行车锦标赛（National Penny Farthing Championships；www.evandalevillagefair.com），那时会有速度惊人的绕城自行车比赛。

景点

克莱恩敦 历史建筑

（Clarendon；☎03-6398 6220；www.nationaltrust.org.au/tas/clarendon；234 Clarendon Station Rd；成人/儿童 $15/免费；⊙9月至次

年5月10:00~16:00)两层楼高的克莱恩敦(Clarendon)位于城镇南部Nile Rd经过的地方,非常宏伟。该建筑建于1838年,充满了新古典主义风格,看起来就像从《飘》(*Gone with the Wind*)里走出来一般,一直都是殖民时期最宏伟的建筑。来这来体验一次自助游吧。建筑里面装饰古色古香,十分优雅。在南艾斯克河还有七个景色宜人的大花园。这里还有澳大利亚飞钓博物馆(Australian Fly Fishing Museum)。

埃文代尔市场 市场

(Evandale Market; ☎03-6391 9191; Falls Park, Logan Rd; ⏲周日 8:00~13:30)这是一场欢乐又生机勃勃的聚会,当地人来这里贩卖新鲜的水果蔬菜,儿童可以骑乘矮种马(有时也有小火车)。还有食品车和售卖小古董的货摊。

澳大利亚飞钓博物馆 博物馆

(Australian Fly Fishing Museum; ☎03-6398 6220; www.affm.net.au; 234 Clarendon Station Rd, Clarendon; 入场费$5; ⏲周一至周六10:00~16:00, 周日 中午至16:00)飞钓是一种高贵的艺术。更不用说制作各种鲑鱼想吃的鱼饵了。这家新的博物馆有很多关于鱼竿、卷轴和鱼饵的藏品。当你游览克莱恩敦的时候可以来这儿看看。

食宿

Wesleyan Chapel 村舍 $$

(☎03-6331 9337; www.windmillhilllodge.com.au; 28 Russell St; 双 含早餐 $150起)这家店建于1836年,这座小小的砖石小教堂曾被用作德鲁伊教会堂、皇家文学学会会堂和童子军会堂。现在它是一家时尚而又设备齐全的二人旅店,就在主街道边上。老旧的钢铁栏杆通过高耸的天花板,将外墙一起支撑了起来。

Grandma's House 村舍 $$

(☎0408 295 387; www.grandmashouse.com.au; 10 Rodgers Lane; 双$130~170, 加床$50; 📶)这栋楼在城镇中心,住宅有四间卧室(可以睡5个人),其繁茂的花园历史上曾属于马尔堡住宅。后面紫藤遮挡的阳台上放置着烤肉架,整个大花园都是你的。长期居住可以打折。看看村舍翻新前的照片,你会知道这是多么不可思议的转变!

Vitalogy 咖啡馆 $

(☎0437 840 035; 1/14 Russell St; 主菜$9~25; ⏲周三至周五9:30~16:00, 周六10:00~16:00, 周日9:00~16:00)这是特地为珍珠果酱乐队粉丝们准备的场所(他们的唱片如此之棒),这间很酷的小餐馆有非常美味的咖啡套餐,用了当地新鲜材料制作而成。点一份配有玉米面包的南瓜汤、奶酪香草煎蛋卷,或者一份豪华牛肉千层面。这里的咖啡也是城镇中最好的。

实用信息

埃文代尔游客信息中心(Evandale Visitor Information Centre; ☎03-6391 8128; www.evandaletasmania.com; 18 High St; ⏲9:30~16:30)提供当地信息和住宿预订。买一份*Evandale Heritage Walk*($3),里面详细介绍了城镇悠久的历史。**History room**有关于约翰·格劳夫(John Glover)和哈利·穆里(Harry Murray)的展览,前者是当地的画家,后者是曾参加过第一次世界大战的士兵,功勋卓著。两人的雕像屹立在Russell St上以示纪念:格劳夫(Glover)的雕像站在由18块石头组成的梅花底座上。穆里(Murray)的雕像正在投掷手榴弹。

到达和离开

Tassielink(☎1300 300 520; www.tassielink.com.au)周一至周六往返于朗塞斯顿和埃文代尔之间($6.50, 30分钟)的车次继续通往朗福德。

本洛蒙德国家公园(Ben Lomond National Park)

塔斯马尼亚最受信任的雪上运动中心,是181平方公里的**本洛蒙德国家公园**(☎03-6336 5312; www.parks.tas.gov.au; 交通工具/个人每天 $24/12),位于朗塞斯顿东南55公里处。雪融化的时候丛林穿行者漫步其中,春、夏季时还可以看到高山上的野花。

全天上山缆索吊椅收费$55/30(成人/儿童);半天花费$38/20。了解降雪预报及雪情动态,可查询网站www.ski.com.au/reports/

australia/tas/benlomond。

本洛蒙德雪上运动中心（Ben Lomond Snow Sports；☎03-6390 6185；www.skibenlomond.com.au；Ben Lomond Rd, Ben Lomond National Park；⏲旺季 9:00~16:30）这里设有售卖外带食品的亭子，另有一家经营滑雪项目的商店，出租滑雪板、雪橇以及相关设备。滑雪板、靴子、撑杆和滑雪课收费$85/70（成人/儿童），只要滑雪板、靴子和撑杆需花费$55/40。国家公园的门票也可进入这片滑雪场。

食宿

Ben Lomond Alpine Hotel 度假屋 $$

（☎03-6390 6199；www.northerntasmania.com.au/accommodation/ben-lomond-alpine-hotel；Alpine Village, Ben Lomond Rd；双$150~250）这是塔斯马尼亚最好的小酒馆，全年提供住宿。这里有舒适温暖的套间，如果雪况允许，你还可以在门边滑雪。这里也有一家**餐馆**（主菜$16~32），你可以补充滑雪所消耗的能量。

到达和离开

这里没有通往山上的公共交通，所以自驾是你唯一的选择。通往平原的小路是条土路。横穿雅各布的天梯（Jacob's Ladder），这是一段大陡坡，有一个有着六个惊险的急转弯儿，而且没有防护栅栏。锁链是雪季的标准配备，可以从霍巴特的**Skigia**（见690页地图；www.skigia.com.au；123 Elizabeth St, Hobart；⏲周一至周五 9:30~18:00，周六至16:00）或朗塞斯顿的**Autobarn**（见738页地图；☎03-6334 5601；www.autobarn.com.au/stores/launceston；6 Innes St, Launceston；⏲周一至周五8:00~17:30，周六9:00~17:00，周日9:00~16:00）租用（每人$40左右，外加$60的保证金）。

本洛蒙德雪上运动中心有短途公共汽车（$15每人每次），从护林者站1公里处和国家公园都可以搭乘。可以电话叫车。

塔斯马尼亚北部和西部

包括 ➡

最佳餐饮

- Mrs Jones（见757页）
- Linda Valley Cafe（见772页）
- Renaessance（见759页）
- Xanders（见769页）

最佳住宿

- @VDL（见768页）
- Corinna Wilderness Experience（见770页）
- Cradle Mountain Lodge（见779页）
- Franklin Manor（见774页）

为何去

如果你想象中的塔斯马尼亚州，拥有高耸的山峰和未受破坏的梦幻荒野，那么你算是猜对了一部分。塔斯马尼亚是澳大利亚最原始质朴的区域之一，全州覆盖着大片的森林，有无数河流；达金荒原（Tarkine wilderness）的热带雨林遮天蔽日，古老厚重；僻静的海滩美不胜收，四周充盈着地球上最清新的空气。北部海岸汇集了令人激动的海滩和历史城镇，斯坦利（Stanley）和彭古因（Penguin）就曾作为电影外景地出现在大荧幕上；在9月中旬到来年的3月或者4月，还有小企鹅会登上这里的海岸。想来观赏鸭嘴兽（platypuses），塔斯马尼亚内陆就有几个好地方，在整个澳大利亚都是数一数二的。到了晚上，你还可以在迷人的小镇里进入梦乡，消除一天的疲劳。不过最美妙的还是那种探索地球上最后一片净土的感觉，就算你离开了澳大利亚，这种感觉也会一直萦绕在你心头。

何时去

德文波特

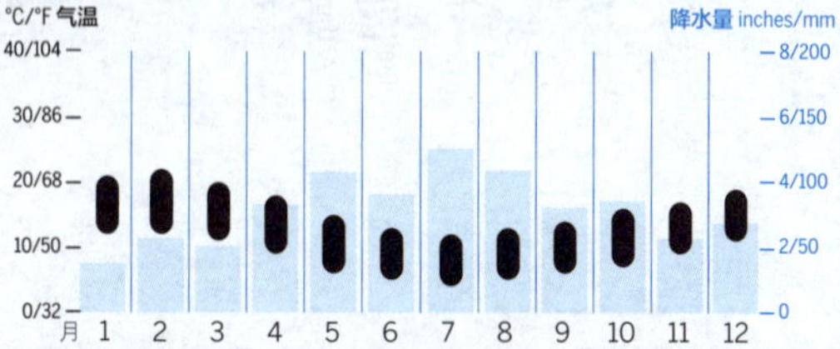

1月至3月 整个地区熙熙攘攘，漫长的白天让你有更多的时间进行户外活动。

6月至8月 感受南纬40°咆哮西风带（the Roaring Forties）狂风吹过的力量吧。

10月至12月 西北部鲜花盛开，此外这个时候还能吃到新鲜的小龙虾（crayfish，螯虾），看到企鹅。

塔斯马尼亚北部和西部亮点

❶ 探索塔斯马尼亚高山中心，寻找袋熊，然后攀登**克雷德尔山**（见775页）。

❷ 俯瞰整个世界遗产荒原，然后下山，游览**戈登河**（见775页）。

❸ 离开铺设完好的公路，深入到位于**科林纳**达金温带雨林去吧（见770页）。

❹ 在**斯特拉恩**观看戏剧演出**"The Ship That Never Was"**，了解罪犯逃跑的真实故事（见773页）。

❺ 在**斯特拉恩**乘坐**西海岸荒野铁路**深入茂密的雨林（见771页）。

❻ 沿着**富兰克林河**顺流而下，在水上漂

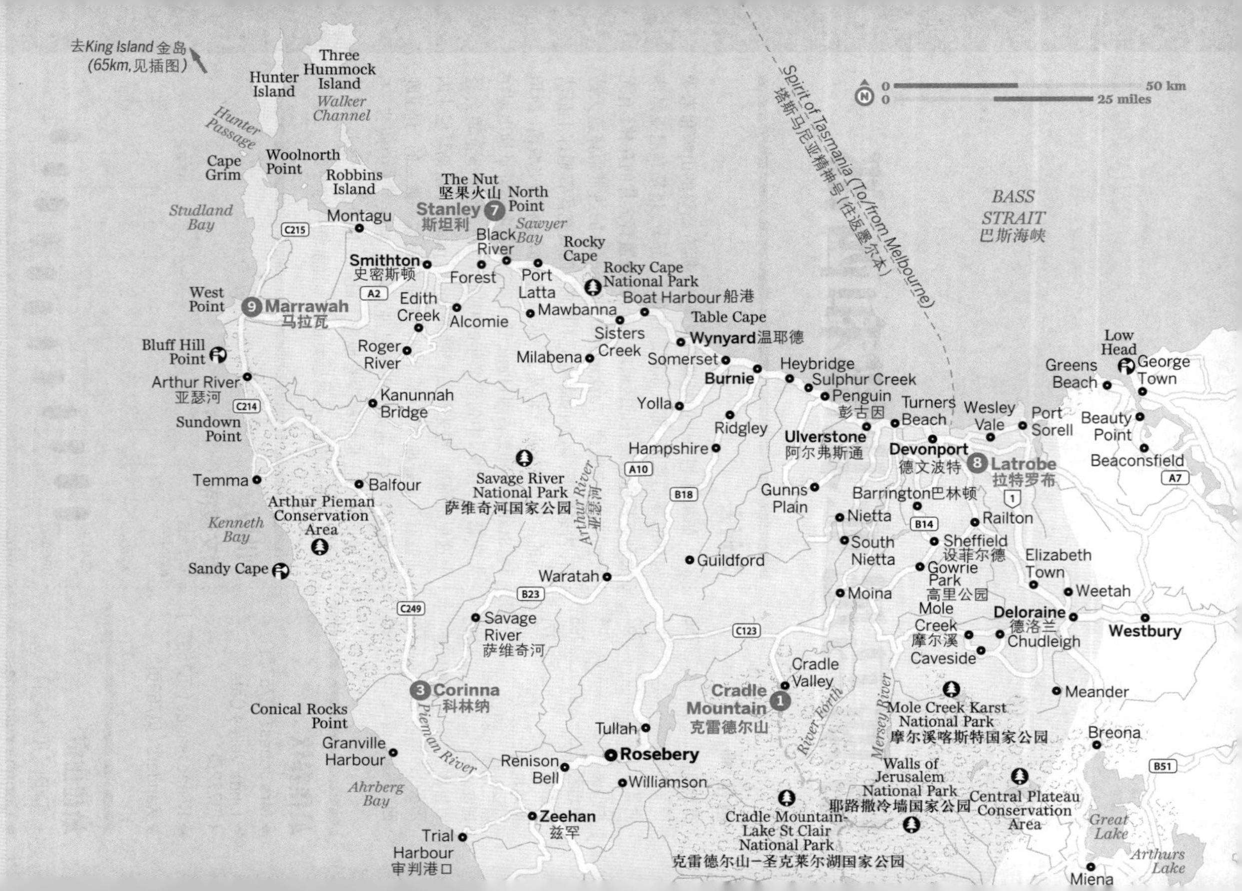

流，体验一把野性的呼唤（见776页）。

❼ 在**斯坦利**沿着古迹观光路线游览，然后往上爬到坚果火山（the Nut），一览优美风光（见768页）。

❽ 在**拉特罗布**南部的默西河（Mersey River）上寻找鸭嘴兽（见757页）。

❾ 在**马拉瓦**遥望永恒或者体验暴风带汹涌的波浪（见769页）。

北部地区（THE NORTH）

塔斯马尼亚州北部有几个海边城镇人口稠密，还有巨大空旷、丘陵遍布的大西岭（Great Western Tiers，大西部山脉）。人们在这片区域进行了大规模的耕种，富含铁质的铁褐色土壤和翠绿的草原，在朗塞斯顿的北部和西部铺展开；除此之外，那里的森林、冰川山谷、玄武岩山峰和大河也都气势磅礴，不容忽视。所以，你可以驶离高速公路，去探索这些安静的小路和城镇。

德文波特（Devonport）

人口 22,770

德文波特是塔斯马尼亚渡轮“塔斯马尼亚精神1号”（Spirit of Tasmania I）和“塔斯马尼亚精神2号”（Spirit of Tasmania II）的停靠地，这两艘红白相间的渡轮将德文波特和大陆连接起来。当三声汽笛长鸣过后，两艘游轮驶过主街的尽头，开始了它们的北上之旅，这样的场面令人感触颇深。渡轮远去之后，德文波特又回复到一片沉寂之中。在你离开德文波特之前，得抓住机会好好逛逛这里：沿着默西河步行，爬上墨济绝壁灯塔（Mersey Bluff lighthouse），眺望海岸线和巴斯海峡（Bass Strait），欣赏这不容错过的美景。

景点和活动

巴斯海峡海事中心 博物馆

（Bass Strait Maritime Centre；6 Gloucester Ave；成人/儿童/优惠/家庭$10/5/8/25；每天10:00~17:00，圣诞节和受难节闭馆）该博物馆设在前港务长故居（约建于1920年）和引航站处，靠近海滩。馆内藏有从帆船时代到蒸汽时代至现代远洋航运的客轮模型。

★霍姆希尔（家园山） 历史建筑

（Home Hill；03-6424 8055；www.nationaltrusttas.org.au；77 Middle Rd；成人/儿童/优惠$10/免费/$8；导览游周三和周日14:00，其他时间需预约）这里是约瑟夫·莱昂斯（Joseph Lyons，澳大利亚唯一一位来自塔斯马尼亚州的总理；1932~1939年）的故居，他和他的妻子艾妮德·莱昂斯夫人（Dame Enid Lyons）以及12个子女曾经在此居住。这座美丽的白色房屋建于1916年，到处都印有这个家庭的美好回忆，其中许多涉及夫妇俩的公众活动。

顿河铁路 博物馆

（Don River Railway；03-6424 6335；www.donriverrailway.com.au；Forth Main Rd；成人/儿童/家庭$18/13/40；9:00~17:00）即使你不是一个火车爱好者，仍可以在这里欣赏各种火车头藏品和色彩鲜亮的铁道车辆。门票包含一趟半小时的柴油火车之旅（10:00~16:00整点发车），在周日和公共假日期间你还可以登上蒸汽火车。

Devonport Regional Gallery 画廊

（03-6424 8296；www.devonportgallery.com；45-47 Stewart St；周一至周五10:00~17:00，周六正午至17:00，周日13:00~17:00）这间精美的画廊藏有的画作，绝大多数都是20世纪的塔斯马尼亚人所作，另外还藏有当代本地和大陆艺术家的作品，此外还有陶瓷和玻璃制品。

Murray's Day Out 巴士游

（03-6425 2439；www.murraysdayout.com.au；一日游 每人$150起）你可以考虑参加这家旅行社的团队游，旅行中会有热情洋溢、充满魅力的塔斯马尼亚人，带你领略塔斯马尼亚的迷人风景。Murray在他舒适的小客车（可容纳7人）里为你奉上“幽默服务”。旅途会一路向西到达马拉瓦（Marrawah），可以顺便参观克雷德尔山（Cradle Mountain）或者在德文波特附近的乡村小路闲逛。

住宿

Mersey Bluff Caravan Park 房车公园 $

（03-6424 8655；www.merseybluff.com.au；41 Bluff Rd；无电力供应营地 每人$13，有电力供应营地每两位成年人$33，营地房车双$40~80）这个宜人的绿色公园位于墨济崖（Mersey Bluff）的海边，距离海滩只有几步之遥。这里有一个供野营者使用的厨房，有烧烤工具，附近还有一个游乐场；公园靠近墨济崖的新开发区。

Cameo Cottage 出租屋 $$

（03-6427 0991，0439 658 503；www.

devonportbedandbreakfast.com; 27 Victoria Pde; 双$165, 加床 成人/儿童 $35/25; P)这间两居室的小屋隐藏在一条平静的后街小巷。小屋虽建于1914年，但重新装修过后十分精致。屋里有设备齐全的厨房、安逸的起居室、洗衣房，屋外还有个静谧的花园，配备有烧烤设施。

Quality Hotel Gateway 酒店 $$

(03-6424 4922; www.gatewayinn.com.au; 16 Fenton St; 双$136起; P)现代风格的客房很是吸引眼球，最近又重新进行了翻新；不过这里最大的好处就是从海滨到这里只需跨越三个街区。虽然这里不像民宿一样独具个性，但住宿质量还是很好的。酒店还有一家餐馆。

就餐

★Drift Cafe Restaurant 咖啡馆 $$

(03-6424 4695; www.driftdevonport.com; 41 Bluff Rd; 主菜$22~28, 汉堡包$8~16; 周三至周日10:00至深夜，周一和周二至16:00) Mersey Bluff road涌现出一批新开的冲浪俱乐部，使得这里的格调轻而易举地从经典优雅转为了大众亲民。品尝着塔斯马尼亚精酿啤酒和美味的汉堡，感受着海风轻拂过脸颊。如此享受，夫复何求？咖啡馆的菜品也相当丰盛，从塔斯马尼亚三文鱼（Tassie salmon）到红薯和鹰嘴豆咖喱（sweet-potato-and-chickpea curry），偶尔还提供希腊和泰国风味，真是应有尽有。夏季一直营业到深夜。

★Laneway 咖啡馆 $$

(www.lane-way.com.au; 2/38 Steele St; 主菜$11~20; 7:30~16:00) Laneway之前是一家面包房，现在却是塔斯马尼亚最好的咖啡馆之一。打扮时尚的服务员会提供香气四溢的早餐，如牛油果泥（avocado）配煮鸡蛋（poached egg）和意大利培根（pancetta）；这间咖啡馆也经营熟食，出售当地啤酒、红酒和手工艺制品。有时特价晚餐的菜单会预先安排好，所以不妨顺路去看看有什么活动。

★Mrs Jones 新派澳洲菜 $$$

(03-6423 3881; www.mrsjonesrbl.com.au; 41 Bluff Rd; 主菜$29~40; 正午至深夜)这家店的店主关闭了彭古因沿海那家深受喜爱的Wild Cafe，重新开了Mrs Jones，彭古因损失不少，不过德文波特赚到了。Mrs Jones在新建的豪华冲浪俱乐部楼上，室内装修精美（塔斯马尼亚橡木桌和真皮沙发，还有一间开放式厨房），饭菜更是出人意料地好吃，而且食材均来自当地，质量可以保证。

菜单随着季节更换，但那加入了肉桂和五香粉、用文火慢炖的羊肩肉和香气四溢的椰香咖喱鸭，总能在我们经过的时候吸引我们的注意。

饮品

Central at the Formby 酒吧

(82 Formby Rd; 14:00至深夜)当地人认为这是德文波特最好的酒吧。酒吧里的真皮沙发营造了休闲的氛围，温暖的夜晚还能打开折叠窗，欣赏河岸的夜景。周五和周六有乐队的现场演出，周日下午可以欣赏纯音乐演奏会，到时会有更多的高雅人士前来。

实用信息

德文波特游客信息中心（Devonport Visitor Information Centre; 1800 649 514, 03-6424 4466; www.devonporttasmania.travel; 92 Formby Rd; 7:30~17:00）旅客从渡轮码头乘船来到德文波

值 得 一 游

拉特罗布的鸭嘴兽

拉特罗布（Latrobe）极尽夸张，推销自己，自称“世界鸭嘴兽之都”。这里有好几个与鸭嘴兽相关的参观游览活动。

- **Australian Axeman's Hall of Fame** (03-6426 2099; www.axemanscomplex.com.au; 1 Bells Pde; 9:00~17:00) 免费 鸭嘴兽解说中心。
- **瓦拉威森林保护区**（Warrawee Forest Reserve; 9:00至黄昏）
- **Platypus-Spotting Tours** (03-64261774, 03-64214699; 成人/儿童 $10/免费; 8:00和16:00)

特后，可来这里咨询相关服务。中心还提供免费行李寄存服务。

到达和离开

飞机

QantasLink（☎13 13 13；www.qantas.com.au）有飞往墨尔本的固定航班。

船

塔斯马尼亚精神号（Spirit of Tasmania；☎1800 634 906；www.spiritoftasmania.com.au；⊙客户联络中心 周一至周六8:00~20:30，周日9:00~20:00）渡轮在墨尔本的车站码头（Station Pier）起航，终点设在东德文波特的海滨大道（Esplanade）。

长途汽车

Redline Coaches（☎1300 360 000；www.tasredline.com.au）长途汽车会在Edward St 9号和"塔斯马尼亚精神号"的德文波特终点站停靠。公司开行从朗塞斯顿（Launceston）到德文波特（$25.40，2.5小时）的长途汽车，途经德洛兰（Deloraine）和拉特罗布（Latrobe）。此外还有前往阿尔弗斯通（Ulverstone，$6.50，25分钟）、彭古因（$8.50，40分钟）和伯尼（Burnie，$11.20，1小时）的车次。

Tassielink（☎1300 300 520；www.tassielink.com.au）Tassielink的长途汽车在游客信息中心和"塔斯马尼亚精神号"的终点站停车。从德文波特出发的长途汽车会开往朗塞斯顿（$25.50，70分钟）、设菲尔德（$5.60，40分钟）、高里公园（$10.20，55分钟）、克雷德尔山（Cradle Mountain，$42.40，2小时）、昆斯顿（Queenstown，$56.20，4小时）和斯特拉恩（Strahan，$66.80，5小时）。

当地交通

德文波特机场和精神号接送巴士（Devonport Airport & Spirit Shuttle；☎1300 659 878）

彭古因（Penguin）

人口 3159

彭古因（意为"企鹅"）就像是英国的海滨小镇，十分美丽，走到哪里都能看到冰激凌、水桶和铲子；漫步沙滩，还可享受微风的轻拂，惬意十足。但这里有一样东西就没那么有"英伦味"了，那就是企鹅！世界上最小的企鹅——小蓝企鹅（Eudyptula minor）会在繁殖季节登上这里的海岸，即使你去的时候一只企鹅也没看见，你也可以去镇上看看企鹅的模型来过过眼瘾。

> **去哪儿看企鹅？**
>
> 顾名思义，彭古因（Penguin）就是小企鹅的聚集地。在9月中旬、10月、3月或者4月的晚上，企鹅会在这一片海岸登陆。有三个地方可以观赏企鹅：
>
> - 日落时分，最大的繁殖群落回到位于彭古因往东22公里处的Lilico Beach。这里有一个观景台，在企鹅登岸季节的大多数晚上，都会有一个公园管理员来为游客解答疑问。联系公园和野生动物办公室（Parks & Wildlife Office；☎03-6464 3018；parks.tas.gov.au；Short St，Ulverstone）或者是彭古因的游客信息中心询问更多细节。
> - 另有一小群企鹅在Sulphur Creek（彭古因往西4公里处）上岸。
> - 第三个点在伯尼（彭古因往西19公里处）的西部海滩，在制造者工作坊后面。

食宿

Happy Backpacker 小酒馆 $

（Neptune Grand Hotel；☎03-6437 2406；www.thehappybackpacker.com.au；84 Main Rd；铺/双 无卫生间$25/65起；P📶）这家小酒馆待客热情，客房设施简单但有现代感。客房内有盥洗盆，但卫生间和淋浴室是公用的。餐厅提供廉价的主食，有帕尔马干酪鸡肉（chicken parmigiana）、泰国菜和一些海鲜类的食物。

Madsen 精品酒店 $$$

（☎0438373456，03-64372588；www.themadsen.com；64 Main St；双 $165~300，家 $220；@📶）这家精品酒店是由曾经的银行大楼改建而成的，离海边只隔着一条马路。从酒店的很多房间里都可以欣赏到巴斯海峡（Bass Strait）的美景。酒店客房装修得很有格调，将古典和现代恰到好处地融合在了一

起，是一个让来客身心愉悦的好地方。如要享受极致的奢华住宿，可预订酒店顶级豪华阁楼套房。

★ **Renaessance** 咖啡馆 $$

（☎0409 723 771；95 Main Rd；主菜$12~25；⏲周一至周四和周六9:00~17:00，周五至18:00，周日10:00~16:00）Renaessance地处主街的繁华路段，提供香浓的咖啡、沙拉、三明治和调味酱。咖啡馆后边的平台上可以一览巴斯海峡的美景，是在本地喝咖啡、品红酒的最佳地点。

ℹ 实用信息

彭古因游客信息中心（Penguin Visitor Information Centre；☎03-6437 1421；78 Main Rd；⏲10月至次年3月 周一至周五9:00~16:00，周六和周日9:00~15:30，4月至9月 周一至周五9:30~15:30，周六9:00~12:30和周日9:00~15:30）服务中心的工作人员都是热情的志愿者，如果你想寻找企鹅的踪迹或是了解当地其他景点的信息，可以来这里咨询。

ℹ 到达和离开

Redline Coaches（www.tasredline.com.au）长途汽车从彭古因出发，分别开往伯尼（$6.50，15分钟）和德文波特（$8.50，40分钟），这两条路线也是该公司西北海岸路线的一部分。

德洛兰（Deloraine）

人口 2333

德洛兰坐落在大西岭（Great Western Tiers）的山脚下，处处都是美景如画。小镇的主街两侧矗立着一幢幢乔治式和维多利亚式的建筑，每一栋楼房的窗户外都镶嵌着精美的锻铁窗花，这些精美的小楼一直延伸到米安德尔河（Meander River）绿茵茵的河岸上。小镇生机勃勃，艺术氛围浓郁，有别具一格的小餐馆、波希米亚精品店以及二手商店。

值 得 一 游

摩尔溪喀斯特国家公园

欢迎来到塔斯马尼亚州与众不同的国家公园之一。**摩尔溪喀斯特国家公园**（☎团队游预订电话 03-6363 5182；www.parks.tas.gov.au）喀斯特——它的名字本身，便预示着这里的迷人之处了，这是石灰岩地区的景观特征，包括山洞和地下暗河。摩尔溪（Mole Creek）包含300多座已知的山洞和溶洞，有些山洞对游客开放，有些野洞穴则比较严格，只允许有经验的洞穴探险者进入。

马拉库帕洞穴（Marakoopa Cave）马拉库帕洞穴这个名字来自一个原住民词语“美观的”——这个洞穴确实也是当之无愧，它有着精致的钟乳石和石笋、萤火虫、闪闪发光的石英晶体和波光粼粼的水塘。这里有两条旅游路线可以选择。轻松的**地下河和萤火虫之旅**（Underground Rivers and Glowworms Tour；成人/儿童 $19/9.50；⏲10月至次年5月10:00、正午、14:00和16:00，6月至9月无16:00的团队游）适合所有年龄段人群。**大教堂和萤火虫之旅**（Great Ca-thedral and Glowworms Tour；成人/儿童 $19/9.50；⏲11:00、13:00和15:00）更有挑战性，顺着阶梯往上爬，可到达一个名为大教堂（Great Cathedral）的巨大山洞。

所罗门王洞（King Solomons Cave；成人/儿童 $19/9.50；⏲每小时发团 12月至次年4月10:30~16:30，5月至11月11:30~15:30）这个狭窄的山洞里，有五颜六色、形态各异的奇石。进入所罗门王洞只能刷信用卡或者电子转账，不收现金。如果没有信用卡，你可以在11公里外的马拉库帕洞穴附近的售票处，购买这两个洞穴的门票。

摩尔溪洞穴售票处（Mole Creek Caves Ticket Office；☎03-6363 5182；www.molecreek.info；330 Mayberry Rd，Mayberry）摩尔溪洞穴售票处离马拉库帕洞穴入口处很近，可以买到团队游门票。

景点和活动

德洛兰博物馆 博物馆

（Deloraine Museum; YARNS:Artwork in Silk; ☎03-6362 3471; www.yarnsartworkinsilk.com; 98-100 Emu Bay Rd; 成人/儿童/家庭$8/2/18; ⊙9:00~17:00）博物馆里最引人注目的展品莫过于4幅精美的贴布绣品，描绘了米安德尔谷（Meander Valley）一年四季的变化。这些绣品是由当地300名创意十足、心灵手巧的男女工匠满怀感情齐力缝制的，画面精美细致，令人称奇。其中每一幅作品都要人工缝制2500小时，完成整个作品花费了整整3年时间。如今它被陈列在博物馆专门为其修建的礼堂里，有关于整个作品制作过程的介绍。

41° South Tasmania 养鱼场

（☎03-6362 4130; www.41southtasmania.com; 323 Montana Rd; ⊙11月至次年3月9:00~17:00, 4月至10月至16:00）免费 这家有趣的渔场在水箱里饲养大马哈鱼，湿地则被作为生物滤池来使用。这种渔场不产生任何污染，也不使用任何化学药品，是最干净的鱼类饲养方式，用这里的鱼做出来的烟熏三文鱼也会超级美味，你可以在品尝间品尝（免费）和购买，或者在咖啡馆享用午餐。你还可以选择沿着渔场的步行道（成人/儿童/家庭$10/5/25）自助游览湿地。

食宿

Deloraine Hotel 小酒馆 $

（☎03-6362 2022; www.delorainehotel.com.au; Emu Bay Rd; 标单 无卫生间$40，双 有卫生间$80~120）这家小酒馆建于1848年，屋外装饰有锻铁花栅栏；曾经的小酒馆风格的室内装饰也重新翻新，更具现代气息。楼上的房间也进行了彻底翻修，风格偏向雅致低调。

★Bluestone Grainstore 民宿 $$

（☎03-6362 4722; www.bluestonegrainstore.com.au; 14 Parsonage St; 双人间含早餐$165~180; 📶）这家民宿之前是一座有着150年历史的仓库，修葺之后重获新生，很有格调：房间里的石墙都刷成了白色，桌上铺着清新的亚麻床品，床头使用皮质包裹，浴室里摆放着椭圆形的大浴缸……房间里还放置着折纸花等时髦独特的装饰品。甚至还有一个迷你电影院，你可以自己选择影片来播放。早餐采用当地农产品——能买到有机食材。

★Forest Walks Lodge 度假屋 $$

（☎03-6369 5150; www.forestwalkslodge.com; Jackeys Marsh; 标单/双/家含早餐$140/160/170起）这间美妙的度假屋坐落在美丽的乡间，一直好评不断。这里的房间室内宽敞，色调温暖，当地手工艺品和艺术品稍加点缀，很有品位，不过房间内摆放的家具却更偏向智能与现代。

你可以预订一桌含有三道菜的晚餐，然后根据步行道上的指引穿越大西岭的森林。多么幸福的享受！

Deloraine Deli 熟食、咖啡馆 $$

（☎03-6362 2127; 81 Emu Bay Rd; 主菜$11~21; ⊙周一至周五8:30~17:00，周六至14:30）这家咖啡馆是你在早午间享受配有各种美味馅料的法式长棍、贝果面包和佛卡夏面包的不二之选。这里的咖啡极其美味，还提供不含乳制品和不含麸质（谷蛋白）的餐点。

到达和离开

Redline Coaches（☎03-6336 1446, 1300 360 000; www.redlinecoaches.com.au）有开往朗塞斯顿的长途汽车（$14.30, 45分钟）。

Tassielink（☎03-6230 8900, 1300 300 520; www.tassielink.com.au）有长途汽车开往克雷德尔山（$61.50, 3小时）和斯特拉恩（要在昆斯顿换乘；$85.40, 6.5小时）。

耶路撒冷墙国家公园（Walls of Jerusalem National Park）

耶路撒冷墙国家公园（www.parks.tas.gov.au; 每人/每车每日 $12/24）是塔斯马尼亚最美丽的公园之一。在冰川的冲刷下，这里形成了壮观陡峭的玄武岩山峰，还有高山湖泊和古松林。作为塔斯马尼亚荒原世界遗产区（Tasmanian Wilderness World Heritage Area）的一部分，公园毗连中央高原的荒原。

荒原上，高山湖泊荡漾着粼粼波光。公园里的步行道贯穿整个公园，还与克雷德尔山—圣克莱尔湖国家公园（Cradle Mountain & Lake St Clair National Park）相连。

活动

本地最流行的徒步活动就是徒步前往一道道“耶路撒冷墙”，要花费一整天的时间。从Mersey Forest Rd的停车场出来，沿着一条陡峭的小路前进就可以参观**猎人的小屋**（Trappers Hut；往返2小时）和**所罗门的宝藏**（Solomon's Jewels；往返4小时），穿过**律王之门**（Herod's Gate）后，就到了**莎乐美湖**（Lake Salome；往返6~8小时）和**大马士革门**（Damascus Gate；往返9小时）。如果你打算参观历史上著名的**狄克逊的王国小屋**（Dixon's Kingdom Hut）和它周围美得惊人、让人流连忘返的铅笔松林（pencil-pine；从停车场出发，往返10小时），又或者你想登上**耶路撒冷山**（Mt Jerusalem）的山顶，那么最好选择露营过夜。在**野狗小溪**（Wild Dog Creek）有可搭帐篷的平地和堆肥卫生间。

你需要做好准备应对恶劣天气：这里降雪量相当大，而且不只在冬天下雪。穿越公园的步行道，在约翰·查普曼（John Chapman）和约翰·塞斯曼（John Siseman）编写的《克雷德尔山—圣克莱尔湖和耶路撒冷墙国家公园》（*Cradle Mountain Lake St Clair and Walls of Jerusalem National Parks*）以及Lonely Planet系列书籍中的*Walking in Australia*中都有详细介绍。

Tasmanian Expeditions 步行

（☎03-6331 9000，1300 666 856；www.tasmanian-expeditions.com.au）塔斯马尼亚探险之旅（Tasmanian Expeditions）是为期6天的耶路撒冷墙之旅（$1695），旅途中会参观公园的主要景点和一些冷门景点。

到达和离开

你可以从摩尔溪（Mole Creek）出发，走Mersey Forest Rd前往罗瓦伦湖（Lake Rowallan），然后到达公园。其中最后的11公里为保养良好的砾石路。

设菲尔德及周边（Sheffield & AROUND）

人口 1108

20世纪80年代的设菲尔德是一个典型的农村小镇，经济十分萧条。后来有几个头脑灵活的村民，把曾经用于加拿大小镇彻梅纳斯（Chemainus）的方法，拿到设菲尔德试了试，取得了喜人的成果。这个方法就是在小镇的墙上画壁画，描绘昔日拓荒时期的情景。如今的设菲尔德是一个名副其实的室外美术馆了，拥有50多幅大型壁画，每年在此举行的绘画艺术节，还会创作出更多作品。

团队游

★ **Mural Audio Tours** 步行

你可以从游客信息中心租一个电子导览器（$9），跟着电子导游详细的语音讲解，游览设菲尔德小镇的户外艺术。导览器会带你去参观镇上最好的20幅壁画，整趟游览下来大约要花费90分钟（导览器可由游客保存一天）。此外，导览器还会带你参观**创作艺术空间**（Working Art Space；www.traksheffield.blogspot.com.au；2 Albert St；⏲11:00~15:00，冬季时间会缩短），在那里你可以看到当地正在从事创作的艺术家们。

节日和活动

Muralfest 艺术节

（www.muralfest.com.au）设菲尔德的户外艺术庆祝活动，每年的3月末4月初举行。这是一场盛大的绘画活动。活动会设定一个主题，来自澳大利亚各地的艺术家们聚集到镇上，为争夺奖金展开激烈的角逐，活动结束之后，小镇的墙上会新增9幅新的壁画。提前预订住宿是个明智的选择。

食宿

Sheffield Cabins 木屋 $$

（☎03-6491 2176；www.sheffieldcabins.com.au；1 Pioneer Cres；双$100~105，加床成人/儿童每人$15/10）这处小屋紧挨游客中心，房间朴素、干净、设备齐全，性价比很高。而且，允许携带宠物哦。

Glencoe Rural Retreat 民宿 $$

(☎03-6492 3267; www.glencoeruralretreat.com.au; 1468 Sheffield Rd, Barrington; 双$175~210;) 这家漂亮的民宿位于设菲尔德北面巴林顿（Barrington）的B14公路上，其主人是知名的法国大厨雷米·邦卡尔（Remi Bancal），让这家店声名远扬。你可以入住极其时尚的浪漫客房（禁止12岁以下儿童住宿），如果提前预约，还能享受三道菜的晚餐（$65）。

★ **Blacksmith Gallery Cafe** 咖啡馆 $

(☎03-6491 1887; www.fridaynitemusic.org; 63 Main St; 主菜$9~18; ⊙8:30~17:00) 这家咖啡馆待客热情，艺术氛围浓厚。这里的咖啡号称设菲尔德最好的——他们说的也许没错。店内采用复古的装饰风格，播放着节奏感强烈的音乐，火炉里的柴火烧得很旺：实在是寒冬里消遣的好地方。你可以在这里吃到丰盛的早餐，再吃一顿慵懒的午餐[他们家的乳蛋饼（quiche）做得很棒]，两餐中间还能喝点咖啡，吃些小点心。在每个月的最后一个星期五，这里都会举办热闹的民歌之夜。

到达和离开

Tassielink（www.tassielink.com.au）Tassielink的长途汽车就停在游客中心门外。往返车次包括设菲尔德（Sheffield）至朗塞斯顿（Launceston, $31.20, 2小时）、德文波特（Devonport, $5.60, 40分钟）、克雷德尔山（Cradle Mountain, $27.60, 70分钟）和斯特拉恩（Strahan, $60.30, 5小时）。

> **值得一游**
>
> **特罗瓦那野生动物园**
>
> 沿B12公路摩尔溪以东大约5公里，查德利（Chudleigh）以西2公里处，便是一流的**特罗瓦那野生动物园**（Trowunna Wildlife Park; ☎03-6363 6162; www.trowunna.com.au; 成人/儿童/家庭$22/12/60; ⊙9:00~17:00，团队导览游11:00、13:00和15:00），专注于袋獾、袋熊、考拉和鸟类。这是一个增广见闻的团队游，你可以轻轻地拍拍这些野生动物，或给他们喂食，甚至把他们抱在怀里。游览过程中，不要错过了**袋獾教育和研究中心**（Devil Education and Research Centre）互动活动。

金岛（King Island）

金岛唯一的交通管制就是当你路过时，当地人悠闲地朝你挥挥手。金岛（King Island，当地人又称之为“KI”）是一片长64公里、宽27公里的狭长地带。在这片悠闲的土地上，居民彼此相识，生活节奏轻松。岛上的牧草优质茂盛，为生产各种著名的乳制品提供了基础；小岛四周环海，能够获得极其丰富和新鲜的海产品（也是冲浪的好地方）。

景点

金岛牛奶场 乳制品场

(King Island Dairy; ☎1800 677 852, 03-6462 0947; www.kidairy.com.au; 869 North Rd; ⊙周日至周五 正午至16:00) 金岛牛奶场外表看起来并不起眼，但出产的牛奶质量却是顶级的。牛奶场的奶酪店在嘉里（Currie）以北8公里的地方（就在机场不远处）。记得尝尝这里屡获殊荣的布里奶酪（bries）、切达干酪（cheddars）和挑战勇气的蓝纹奶酪（blues）；在这里，只有在这里，奶酪价格才如此划算，一定要囤点货为你的金岛之行提供能量。这里的奶油也同样好吃得让人难以自持。

威克姆角（Cape Wickham） 历史古迹

你可以开车去金岛北端的威克姆角（Cape Wickham），看看南半球最高的**灯塔**（lighthouse）。小岛的海岸线上遍布险峻的礁石，导致数艘船只接连失事，于是人们在1861年建造了这座48米高的灯塔。所有发生在金岛附近的海难事故中，最著名的是卡塔拉基号沉船事件，那是澳大利亚民用船舶最惨烈的海难，有400人葬身大海。

金岛博物馆 博物馆

(King Island Museum; Lighthouse St, Currie; 成人/儿童 $5/1; ⊙14:00~16:00, 7月和8月闭馆) 博物馆里介绍了灯塔维护、沉船

事故和纪念碑的信息，同时在*King Island Maritime Trail:Shipwrecks & Safe Havens*这本小册子也有介绍。这本宣传册可在任何提供旅游信息的地方领取。

活动

金岛是澳大利亚**冲浪**（surfing）的首选地之一——《冲浪生活》（*Surfing Life*）杂志提议将玛莎拉维尼亚（Martha Lavinia）的波浪评选为世界十大海浪之一。

你还可以在岛上许多杳无人迹的海滩（但得当心浪涌和激流）和淡水潟湖里**游泳**。

如果想要**徒步旅行**，可以从金岛旅游中心（King Island Tourism）拿一张地图独自探索，或者你也可以参加**金岛荒野步行道**（☎0400 858 339; Lighthouse St, Currie）的导览徒步旅行。

在金岛想要观察**野生动植物**甚至都不用出去，因为这里到处都能看到野生动植物。在岛上，你能看到红颈袋鼠（Bennett's wallabies）、丛林袋鼠（pademelons）、蛇类、针鼹（echidnas）和鸭嘴兽（platypuses），甚至还可能瞥见海豹。岛上共有78种鸟类，在夏日的夜晚，不少小企鹅还会在格拉西（Grassy）的防浪堤周围上岸。

食宿

金岛还是美食家的天堂。来到金岛，必须品尝的美食包括金岛奶酪和乳制品，还有时令小龙虾（11月至次年8月）、牡蛎、螃蟹、草饲牛肉、散养猪肉和各种野味。除此之外，别忘了买几瓶云珠矿泉水（Cloud Juice），这是用金岛纯净的雨水罐装而成的。金岛在嘉里（Currie）有两家超市，在格拉西（Grassy）有一家百货商店。

Bass Cabins&Campground 露营地 $

（☎03-6462 1260; 5 Fraser Rd, Currie; 营地每人$14，小屋 双$85起）这处露营地有几个露营点，旁边有卫生间，还有两间两居室小屋。这个露营地距离嘉里市中心有1.5公里。

Portside Links 公寓、民宿 $$

（☎03-6461 1134; www.portsidelinks.com.au; Grassy Harbour Rd, Grassy; 公寓双$170）这家旅店的住宿条件优越，是金岛住宿的最佳地点。旅店有两间公寓，里面装修雅致、设备齐全，饮食自理；此外，店主还在自己的房子里提供民宿。这里距离美丽的格拉西湾（Grassy Harbour）和吹沙海滩（Sand Blow Beach）只有几步之遥。附近还可以看到企鹅。旅店两晚起住，但房价会随着住宿时间的延长而降低。

Boomerang by the Sea 新派澳洲菜 $$$

（☎03-6462 1288; www.boomerangbythesea.com.au; Golf Club Rd, Currie; 主菜$29~42; ⏲周一至周六 18:00~21:00）这家店称得上是岛上最好的饭店了，店里的美食以海鲜为主，还能欣赏到绝美的景致。

实用信息

金岛旅游局（King Island Tourism; ☎03-6462 1355, 1800 645 014, www.kingisland.org.au; 5 George St, Currie）可索取《金岛牧场步道》（*King Island Grazing Trails*）地图，该地图详细介绍了全岛各条历史、自然和文化步道路线。此外，金岛旅游局网站也是你制订行前计划很好的信息资源。

到达和离开

金岛航空公司（King Island Airlines; ☎03-9580 3777; www.kingislandair.com.au）墨尔本莫拉宾（Moorabbin）每天有两趟飞往金岛的航班。

区域快线（☎13 17 13; www.regional-express.com.au）有从墨尔本图拉马莱恩（Tullamarine）飞往金岛的航班。

Sharp Airlines（☎1300 556 694; www.sharpairlines.com）有朗塞斯顿（Launceston）—金岛的航班（单程机票$261起）。

当地交通

King Island Car Rental（☎03-6462 1282, 1800 777 282; kicars2@bigpond.com; 2 Meech St, Currie）每日租金约$73起。

P&A Car Rental（☎03-6462 1603; 1 Netherby Rd, Currie）每日租金约$80起。

西北部(THE NORTHWEST)

塔斯马尼亚西北部处于南纬40° 咆哮西风带，常年大风不断，年均降水量超过2米，因此这里拥有沿海岸的石楠丛林、湿地和茂密的温带雨林，而后者更是保留了冈瓦纳大陆(Gondwana)时代的风貌。这里的社区不是偏远的乡村，就是吸引旅行者的景点。越往西走，能碰见的同行者就越少，最终你会到达塔斯马尼亚州最西北角的荒野之地，那里有蜿蜒曲折的海滩和一些小型的社区，一望无际的大海绵延至南美洲。

伯尼(Burnie)

人口 19,819

一直以来，伯尼就像是塔斯马尼亚州的"丑小鸭"，不过曾经的工业小镇伯尼，已开始向"制造者之城"转型，这既包含其制造业为主的过去，也体现了小镇现在富有创造力的发展眼光。镇上新建的制造者工作坊，是伯尼向游客展现魅力的主要景点，值得成为你初到此地开始旅行的第一站。在9月、10月至次年的2月，这里还能观赏到企鹅登岸的景象。

景点和活动

伯尼的市政和住宅建筑令人印象深刻，你可以沿着两条**联邦步行小径**(Federation walking trails)——欣赏。这座城市艺术装饰风格的建筑也很有名，你可以在**艺术装饰徒步路径**(Art Deco Trail)观赏。从位于制造者工作坊的游客信息台，可获得这三条路径的地图说明。

★ 制造者工作坊 博物馆

(Makers' Workshop; ☎03-6430 5831; www.discoverburnie.net; 2 Bass Hwy; ⏲9:00~17:00)这座引人注目的新建筑一半是博物馆，一半是艺术中心，高耸在伯尼主海滩的西端。这里是了解这座城市创造核心的最佳地点。工作坊的内部空间深邃，装饰现代，在角落里甚至能发现真人大小的**纸人**。这些作品都来自伯尼的**创意纸艺工坊**(Creative Paper; ☎03-6430 5830; 成人/儿童 $15/8; ⏲团队游 9:15~16:30)，这是伯尼的一家手工纸品生产商。这趟团队游，会带你领略将袋鼠粪便、苹果渣和雨林树叶等不同寻常的原料，制作成纸张的过程。

伯尼地区美术馆 画廊

(Burnie Regional Art Gallery; ☎03-6430 5875; www.burniearts.net; Burnie Arts & Function Centre, 77-79 Wilmot St; ⏲周一至周五 10:00~16:30，周六和周日13:30~16:30) 免费 这间美术馆展示的都是塔斯马尼亚当代艺术精品，包括许多澳大利亚最著名的艺术家的杰作，如西德尼·诺兰(Sidney Nolan)和布雷特·怀特利(Brett Whiteley)。

★ 伯尼企鹅中心 观鸟

(Burnie Penguin Centre; ☎0437 436 803) 免费 在伯尼的海滩上有一条木栈道，从Hilder Pde一路铺到西海滩的最西端，紧挨制造者工作坊，那里是一个观赏企鹅的好地方。从10月到次年3月你可以参加免费的**企鹅讲解团队游**(Penguin Interpretation Tour)，企鹅们会在黄昏之后的一小时左右游出海面，登上海滩，摇摇摆摆地回到他们的巢穴。野生动植物导游志愿者会在现场介绍企鹅和它们的生活习性。

住宿

Burnie Oceanview 房车营地 $

(☎03-6431 1925; www.burniebeachaccommodation.com.au; 253 Bass Hwy; 无电力供应营地/有电力供应营地双$24/30，铺$25，营地房车双$55，小屋和套间双$95~139; @ 🏊)营地位于市中心以西4公里的地方，有背包客住宿房，后边还有绿草茂盛的露营地和配备小厨房的房车和小屋。营地的室内温水游泳池是最吸引人的地方。

★ Ikon Hotel 精品酒店 $$

(☎03-6432 4566; www.ikonhotel.com.au; 22 Mount St; 双$185~220; ❄ 📶)地处市中心的Ikon Hotel，将精品酒店的时尚气息带到了伯尼。酒店古典的外表与宽敞靓丽的现代套间相得益彰，房内还配备了皮革家具和布局紧凑的小厨房。房间的墙上挂着复古和现代风格的艺术品。此外，这里还有巨大的浴室和通风良好的明亮客房。

Seabreeze Cottages 出租屋 $$

(☎0439 353 491; www.seabreezecottages.

值得一游

船港海滩

如果天气好，这里简直就是天堂。船港海滩风景秀丽，金色的沙滩、宝石般的蓝色海水会给你一种错觉，让你以为在巴斯公路拐错了弯，来到了加勒比。平日里的海水非常平静，很适合儿童玩耍。船港海滩是一个适合家庭游玩的低调之地。

你可以乘坐每天从伯尼出发的Redline Coaches，在通往船港海滩（3公里）或者姐妹海滩（8公里）的路口下车，票价$6.5。如果从温耶德（Wynyard）自驾，最好的路线是顺着C234公路西北向走，沿途有悬崖峭壁和岩石海岸等美景。

Azzure Holiday Houses（☎0430 066 312, 03-6445 1155; www.azzurebeachhouses.com.au; 263 Port Rd; 4床/6床房$280/410起；📶）这个综合区的海滩小屋都是现代风格的。设施一应俱全：DVD-CD播放器、Wi-Fi、空调、高档的厨房，墙上挂着当代艺术画作。还有一个健康水疗所正在酝酿中。

Harbourside B&B（☎0400 595 036, 0400 595 066; www.harboursidebnb.com.au; 237 Port Rd; 双 含早餐$195起）这个精致的民宿房更像是一个现代化的私人公寓，可以看到漂亮的海景。从床上就可以看到窗外美丽的街景，还有水疗浴缸和私人露天平台。

com.au; 标单$160~185, 双$175~185）小屋就在市中心以西不远处，算是伯尼最好的住所了。这里有凉爽、现代的海滨别墅（Beach House; 243 Bass Hwy, Cooee），穿过马路就能来到海滩，顺路还能参观西部公园（West Park; 14 Paraka St）和可爱的Number Six（6 Mollison St），后两个景点去市中心步行仅需10分钟。这里所有房屋均配备现代化设施，室内装潢时尚雅致，六号房间还有点唱机等各种娱乐设备供游客消遣。我们爱这里的一切！

✕ 就餐

Another Mother 咖啡馆 $

（☎03-6431 8000; 14 Cattley St; 主菜$9~16; ⊙周一至周五8:00~15:00; ✎）🍃店内环境优雅，色调鲜艳，墙体刷成了亮红色，家具摆放不拘一格，还有当地摄影作品做点缀，可以提供有益健康的素食菜肴（也有一些肉类食品），食材取自当地可以采购到的有机农产品。这家店的一种南瓜和腰果汉堡，配上酸奶和辣椒，非常美味。**Hot Mother Lounge**（70 Wilson St; ⊙周一至周五7:00~15:00）是这家店的姊妹店，这里提供的卷饼、烘焙、汤类和外卖同样很美味。

★ **Bayviews** 新派澳洲菜 $$

（☎03-6431 7999; www.bayviewsrestaurant.com.au; 1st fl, 2 Marine Tce; 午餐$12~24, 晚餐$33~39; ⊙周四至周六正午至深夜，周一至周三17:00至深夜）🍃这家高档餐厅坐落在海滩上，提供精致高档的菜肴。选用的食材包括当地的散养猪肉、用当地草饲养的牛肉、海鲜。周围的美景令人赞叹。

ℹ 实用信息

游客信息中心（Visitor Information Centre; ☎03-6430 5831; www.discoverburnie.net; 2 Bass Hwy; ⊙9:00~17:00）坐落在制作者工作坊里。

ℹ 到达和离开

Redline Coaches（☎1300 360 000; www.tasredline.com.au）长途汽车停靠在Wilmot St、地铁电影院（Metro Cinemas）对面。目的地包括朗塞斯顿（$39.30, 2.5小时）和史密斯顿（$24, 1.5小时）。

区域快线（Regional Express Airlines, REX; www.regional-express.com.au）有从伯尼（Burnie）飞往墨尔本（Melbourne）的航班。

Sharp Airlines（☎1300 556 694; www.sharpairlines.com）伯尼（Burnie）和金岛（King Island）之间有往返的航班。

斯坦利（Stanley）

人口 481

来这个遥远的塔斯马尼亚西部小镇感

The Northwest 西北部

0 20 km
0 10 miles
BASS STRAIT
巴斯海峡
Spirit of Tasmania (To/from Melbourne)
塔斯马尼亚精神号（往返墨尔本）
Table Cape
Fossil Bluff
Wynyard
温耶德
Somerset
萨默塞特
Burnie
伯尼
Heybridge
Sulphur Creek
Penguin
彭古因
Yolla
Ridgley
Turners Beach
Ulverstone
阿尔弗斯通
Gawler
Riana
Hampshire
Forth
Devonport
德文波特
Spreyton
Latrobe
Point Sorell
Narawntapu National Park
Hawley Beach
Shearwater
Port Sorell
Wesley Vale
Harford
Warrawee Forest Reserve
瓦拉威森林保护区
Gunns Plain
Blythe River
Barrington
巴林顿
Railton
去Greens Beach (34km)
Nietta
Wilmot
Lake Barrington
Sheffield设菲尔德
Leven Canyon
St Valentines Peak (1106m)
South Nietta
Mt Roland (1234m)
Winterbrook Falls
Guildford
Gowrie Park
Elizabeth Town
Black Bluff (1339m)
Mt Claude (1034m)
Moltema
Moina
King Solomons Cave
所罗门王洞
Trowunna Wildlife Park
特罗瓦那野生动物园
Weetah
Deloraine
德洛兰
Lake Lea
Lake Cethana
Mole Creek
Chudleigh
Marakoopa Cave
马拉库帕洞穴
Caveside
Devils @Cradle
Mole Creek Karst National Park
摩尔溪喀斯特国家公园
Cradle Valley
克雷德尔谷
Dove Lake
Lake Parangana
Meander
Meander Forest Reserve
Devils Gullet
Cradle Mountain
克雷德尔山
(1545m)
Lake Mackintosh
Central Plateau Conservation Area
Meander Falls
Lake Rowallan
Quamby Bluff Forest Reserve
Murchison Dam
TASMANIA
塔斯马尼亚州
Pillans Lake
Mt Jerusalem
耶路撒冷山
(1459m)
Lake Augusta
Great Lake
Cradle Mountain-Lake St Clair National Park
克雷德尔山-圣克莱尔湖国家公园
Walls of Jerusalem National Park
耶路撒冷墙国家公园
A2
B26
A10
B17
B16
B14
B13
B18
B74
B71
B54
C123
C171
A5
1

受它的魅力吧。小镇安详静谧，呼吸着这里的空气，你能够真实地感受到站在世界尽头的感觉。斯坦利的魅力远不限于这种远离喧嚣、遗世独立的美感。在古老的坚果火山（the Nut）的背风处，还零星地散布着一些色彩鲜亮的小屋。天气晴朗的日子里在小镇上漫步，那种来到世界尽头的感觉并不会很强烈，但是当咆哮西风带的大风呼啸而过的时候，这种感觉会真切地涌上心头，而这正是来此旅行的精彩之处。

景点和活动

你可以从游客信息中心领取《坚果火山之下——斯坦利文化遗产游》（*Under the Nut-Stanley Heritage Walk*）的小册子，里面收纳了斯坦利14个或美丽或有趣的历史建筑。每一处景点都做了详细的介绍。可登录www.stanleyheritagewalk.com.au查看更多信息。

坚果火山（The Nut） 地标

这座醒目的火山岩高达152米，在斯坦利周围数公里外都能看见。沿着陡峭的山坡攀爬至山顶需20分钟，但山顶上的风景值得你这么做。不想爬山的话可以乘坐登山吊椅（chairlift；成人单程/往返$9/15，儿童$6/10；⏲10月至次年5月 9:30~17:00，6月至9月10:00~16:00）。此处最佳的瞭望台（lookout）位于登山缆车的南边步行五分钟的距离；你还可以沿着一条小道环火山顶漫步，全程两公里，耗时35分钟。

★海菲尔德 历史建筑

（Highfield；☎03-6458 1100；www.historic-highfield.com.au；Green Hills Rd；成人/儿童/家庭$12/6/30；⏲9月至次年5月每天，6月至8月周一至周五9:30~16:30）这家农庄位于小镇以北2公里处，建于1835年，是为范·迪门斯地公司（Van Diemen's Land Company）的总代理而建造的，是塔斯马尼亚殖民时代住宅建筑的优秀典范。你可以参观小屋和周围的一些附属建筑，如马厩、粮仓、工人的小屋以及小教堂。

Van Diemen's Land Company Store 历史建筑

（16 Wharf Rd）这间青石仓库坐落在海滨，建于1844年，曾经用于储存出口的袋装羊毛，如今这座建筑被改造成了精品酒店@VDL。

团队游

Stanley Seal Cruises 乘船游

（☎0419 550 134，03-6458 1294；www.stanleysealcruises.com.au；Fisherman's Dock；成人/5岁以上儿童/5岁以下儿童$55/18/10；⏲9月中旬至次年6月）这趟巡航游历时75分钟，带你领略500多只澳大利亚毛海豹在巴斯海峡的牛岩（Bull Rock）上晒太阳的场景。若海况允许，出航时间如下：9月至次年4月为10:00和15:00，5月和6月为10:00——记得提前预约确认是否有游轮出航。公司同时经营近海捕鱼船只租赁业务。

住宿

Stanley Hotel 酒店 $

（☎1800 222 397，03-6458 1161；www.stanleytasmania.com.au；19 Church St；标单/双无卫生间$50/70，双有卫生间$109起）这家酒店的历史源远流长，每个房间都爆满。这里每个房间的墙壁都刷得颜色鲜亮，让人感到身心愉悦——是这一带最好的酒馆住宿之一。旅店的公共浴室特别干净，服务人员的态度也特别友好。你可以坐在楼上的露台上，俯瞰斯坦利的街景。酒店还经营了6栋可以自己做饭的别墅Abbeys Cottages（☎1800 222 397；www.stanleytasmania.com.au；双含早餐$135~240）。

★Ark Stanley 精品酒店 $$

（☎0421 695 224；www.thearkstanley.com.au；18 Wharf Rd；双$140~300）这家酒店客房设计得既独特又别致，对每一处细节都尽可能优化——室内铺有抛光木地板，家具陈设均采用纯铁锻造，奢华的亚麻布艺，柔软的鹅绒被……许多房间都可以看到窗外的美景，客房服务周到而又体贴。

★@VDL 精品酒店 $$$

（☎0437 070 222，03-6458 2032；www.atvdlstanley.com.au；16 Wharf Rd；双 $175~255；📶）19世纪40年代，这里还只是青石砌成的仓库，如今摇身一变，成了一家超级时尚的精

品酒店，拥有两个套间和一个设施齐全的阁楼公寓。这简直就是最酷的酒店了。室内所有物品，从床上用品到挂在墙上的艺术品，都是顶级的。老板同时经营了一家姊妹酒店@The Base（32 Alexander Tce；双 $115~140），这原来也是一座老建筑，如今被分隔成了两间相似的套房，内里装潢时尚雅致。

就餐

Moby Dicks Breakfast Bar 咖啡馆 $

（☎03-6458 1414；5 Church St；主菜 $8~16；⏰7:00至正午）在去面对猛烈的西风之前，先来这里享受一顿丰盛的早餐吧。这里早上能吃到熟鸡蛋和蘸着枫糖浆的华夫饼……真是太美味了。

★Xanders 新派澳洲菜 $$$

（☎03-6458 1111；25 Church St；主菜 $28~42；⏰周三至周日 18:00~21:00）餐馆位于主街上的一幢老宅内，前后都有不错的景致，是斯坦利最为时尚的高级餐厅。这里主要烹制鱼类和海鲜菜肴，但也提供该地区最好的牛肉，还有鸭肉和泥炉炭烤羊排等特色菜肴。专为儿童准备的菜单也很不错。

Stanley's on the Bay 新派澳洲菜 $$$

（☎03-6458 1404；15 Wharf Rd；主菜 $23~41；⏰9月至次年6月 周一至周六 18:00~21:00）这家精致餐厅位于古老的"福特的商店"（Ford's Store）里，专注于烹饪牛排和海鲜。2人份的美味海鲜拼盘（$100）堆满了当地的扇贝、牡蛎、鱼类、章鱼和三文鱼。

实用信息

斯坦利游客信息中心（Stanley Visitor Information Centre；☎03-6458 1330，1300 138 229；www.stanley.com.au；45 Main Rd；⏰10月至次年5月 9:30~17:00，6月至9月10:00~16:00）游客可来此咨询斯坦利和周边地区的信息。从中心还可领取*Take on the Edge*宣传册，更详尽地了解遥远的西北地区。

到达和离开

Redline Coaches（www.tasredline.com.au）长途汽车停靠在游客中心，往返于伯尼（Burnie，$21.10，75分钟）和史密斯顿（Smithton，$6.10，25分钟）。

马拉瓦（Marrawah）

人口 371

充满野性、未遭破坏的马拉瓦（Marrawah）坐落在一片巨大的海滩上，日落时的美景和绿色的田园山丘令人印象深刻。这里的大海时不时会掀起滔天巨浪；那些天然的海滩、岩石洞穴和海岬曾经是塔斯马尼亚原住民的栖身之所，如今依然保持原样，几乎没有变化。海岸上有大量塔斯马尼亚原住民留下的符号，这些符号给这里平添寂寞空虚之感，让人觉得这些原住民才刚刚离开这片土地。

马拉瓦的滔天巨浪举世闻名。有时候，来自南太平洋的海浪，会把那些早已被人遗忘的船体残骸带到这里；这些残骸随着海浪翻卷，海浪有时可达10米之高。经验丰富的冲浪者和风帆运动者，也会来这里挑战巨浪。

这里的杂货店（general store；800 Comeback Rd；⏰周一至周五7:30~19:00，周六和周日8:00~19:30）出售补给品和汽油，也是澳大利亚邮政（Australia Post）和联邦银行（Commonwealth Bank）的代理点。如果你打算通过西部探索之路（Western Explorer）到达科林纳（Corinna），你最好在这里给汽车加满油，否则你就得到200公里外的兹罕（Zeehan）和瓦拉塔湾（Waratah）才能加到油了。

食宿

Ann Bay Cabins 木屋 $$

（☎03-6457 1361，0428 548 760；99 Green Point Rd；双$150起）这两间温馨舒适的小木屋是外出闲游和摆脱烦恼的好去处。你可以坐在木制的平台上欣赏美丽景色，或者尽情享受一次深度水疗，屋内提供各种沐浴用品和巧克力。

Marrawah Beach House 出租屋 $$

（☎03-6457 1285；www.marrawahbeachhouse.com.au；双$160起）这处出租屋偏僻清静，有色彩鲜艳的海星和贝壳做成的装饰，到处都可以欣赏到宜人美景。旅店的老板热情周到，会在屋里摆上鲜花，有时还会在你到来之前就备好当地的蜂蜜。每间出租屋最多可住4人。旅店位于绿点海滩（Green Point Beach）不远处的山丘上，从这里能欣赏到塔斯马尼亚数一数二的景致。

Marrawah Tavern 酒馆 $$

（☎03-6457 1102；Comeback Rd；主菜$15~33；⊙周一至周三正午至22:00，周四至周六至午夜，周日至21:00）你可以在这间休闲乡村小酒馆享用美食，品尝美酒。酒馆提供牛肉三明治、明虾（prawns）、烤肉（roasts）、珊瑚牛肉（beef 'n' reef）和当地产的比目鱼（flounders）。

西部地区（THE WEST）

塔斯马尼亚的西部地区原始、狂野、粗犷，与澳大利亚的其他地方都大为不同，高耸的崎岖山脉、覆盖着扣子草的高原、鞣酸色的奔流河水、密不透风的雨林和无尽的暴雨——人类从未能够驯服这片西部荒野之地，如今这里则构成了塔斯马尼亚荒野世界遗产区（Tasmania's world Heritage Area）的一部分。除旅游中心斯特拉恩（Strahan）外，这里仅有的几座小镇和定居点都显得相当粗糙、原始、野性和沧桑。

科林纳（Corinna）

在那个淘金热潮高涨的年代，科林纳是一个十分热闹的小镇，镇上有两家酒店、一个邮局，还有许多商店，人口数量一度达到2500人。可如果你现在把车开到草木丛生的皮曼河（Pieman River）边，停车熄火的刹那，你会感受到森林里那难以置信的寂静。

在不到十年以前，科林纳的拥有者，把这个过气的金矿改造成了能够深度体验森林荒野的地方，游客可来此冒险，抛弃在都市里舒适的生活方式，全身心地投入丛林生活。所以这里接收不到手机信号和电视信号，最常听到的声音就只有鸟鸣了。这里常常能见到小袋鼠、沙袋鼠、袋熊和其他野生动植物。

活动

皮曼河乘船游 乘船游

（Pieman River Cruises；☎03-6446 1170；成人/儿童 $90/51；⊙10:00）来科林纳旅游一定要去皮曼河乘船游览一番。与其在斯特拉恩的戈登河（Gordon River）上乘坐拥挤的游轮，倒不如在充满乡村气息的皮曼河上来一次悠闲的水上之旅。游玩中所乘坐的是极具历史意义的阿卡迪亚2（Arcadia II）号轮船，一路顺流而下，全程耗时4.5小时，最终会到达皮曼河在南太平洋的入海口。旅程中提供盒装午餐，在返回科林纳之前，你有充足的时间到偏僻的海滩上漫步。提前预订。

住宿

★Corinna Wilderness Experience 小屋 $$$

（☎03-6446 1170；www.corinna.com.au；露营地每2人$20，小屋双$200~250，家$250）科林纳有新建的木制生态小屋，里边设备齐全，除此之外，还有一些老式住房可供选择。刚建好的小屋装修精美，配备现代化的设施，而且走出后门就能进入雨林。

小酒馆里有藏酒丰富的吧台，**餐厅**（主菜$14~38，营业时间 正午至14:00和18:00~20:00）在午餐时提供牛肉三明治之类的食品，晚餐则有两至三道美味的主菜（比如牛排或者三文鱼）。餐馆也提供野餐篮和室外烧烤工具。

到达和离开

要去科林纳，可以从伯尼西侧的萨默塞特（Somerset）出发，沿着Murchison Hwy穿越雄伟壮阔的赫利尔峡谷（Hellyer Gorge，这里是个野餐的好地方）。C247公路瓦拉塔（Waratah）至萨维奇河（Savage River）路段是沥青马路，往后有26公里路面未铺装，但路况还不错的砾石路，两驱车可以通过。如果你选择C249公路的西部探索之路，从亚瑟河（Arthur River）开始有109公里的路段是未铺装路面。**菲特曼驳船**（Fatman Vehicle Barge；☎03-6446 1170；摩托车/汽车/拖车$10/20/25；⊙4月至9月9:00~17:00，10月至次年3月至19:00）使用缆绳牵引的菲特曼驳船往来于皮曼河的两岸，你可以乘驳船从科林纳顺流而下，前往兹罕（Zeehan）和斯特拉恩（Strahan）。驳船对车辆的限制为长不得超过9米，重量不得超过6.5吨。

昆斯顿(Queenstown)

人口 1975

塔斯马尼亚的西部地区一般都是绿树成荫。可到了昆斯顿却由绿色变成了橘色或红色。沿着蜿蜒曲折的Lyell Hwy开往昆斯顿时，途中穿过腐蚀的沟壑和光秃的山坡，好似月球表面般离奇，而这些地方过去曾是雨林。这片区域就是采矿业对西海岸环境造成破坏的明据。自从19世纪90年代在这里发现了铜矿，采矿活动就从未停止过。

这座城镇还保留着它最真实、粗糙而实用的开拓时期本色。我们上次来到这里的时候，矿井已经关了，城里的许多生意都关门了，这里会一直萧条下去的谣言愈演愈烈。尽管这样说，这里还是有积极的一面。昆斯顿的旅游业正蓬勃发展，当地的一些乐观主义者坚信，矿井一定会重新运转起来。无论发生什么，昆斯顿这座城市在塔斯马尼亚州都是独一无二的。

景点

★ Iron Blow 观景点

在经过一连串发夹弯到达昆斯顿之前，位于莱伊尔公路(Lyell Hwy)的哥曼斯顿山(Gormanston Hill)顶上，有一条柏油小路通往一个绝对了不起的瞭望台，在这里，你可以俯瞰大地上撕裂的伤口Iron Blow。这座废弃的露天矿井是昆斯顿发达的采矿业发源地，它自身的深度令人惊叹，现在里面则满是翠绿色的水。从矿井上方新的"跳板"通道，你可以俯瞰整个矿井。

★ 昆斯顿景观艺术研究美术馆 画廊

(LARQ Gallery; ☎0407 527 330; www.landscapeartresearchqueenstown.wordpress.com; 8 Hunter St; ⏲1月中旬至6月中旬 周二至周六14:00~18:00) 免费 昆斯顿景观艺术研究会由塔斯马尼亚州国际著名艺术家雷蒙德·阿诺德(Raymond Arnold)创办。这是一个很棒的画廊，举办许多当地和外来的艺术家

不要错过

不要错过西海岸荒野铁路

你喜欢蒸汽时代的罗曼蒂克吗？你喜欢黄铜镶边的古老木制车厢、蒸汽发动机喷气的噗噗声，或者回响在记忆里的火车汽笛声吗？那就跳上火车，踏上激动人心的35公里雨林铁路之旅吧。西海岸荒野铁路(☎03-6471 0100; www.wcwr.com.au)往返于斯特拉恩和昆斯顿之间。

1896年建成的时候，这列火车以及通往遥远乡野之地的铁路线，成为铁路工程的一个奇迹。该路线沿着国王河(King River; 国王河曾经被污染过，现在又恢复了)陡峭的峡谷，穿过茂密的桃金娘雨林，跨过40座桥梁，所跨越的坡度很少有火车能够与之匹敌。铁路是昆斯顿莱尔山矿业铁路有限公司(Mt Lyell Mining and Railway Co)的生命线，铁路将矿石和旅客运到国王河的提普卡纳港(Teepookana)，然后再到斯特拉恩。原来的铁路在1963年停止营运。

当它作为旅游铁路重新运营之后，命运多舛，因为维持运行的高昂成本而停运了一段时间，2014年才恢复正常运营。

供选择的路线(冬季可能会取消部分路线)如下:

机架和峡谷(Rack & Gorge)周三至周日9:00从昆斯顿出发，绕过国王河峡谷，13:00返回(成人/儿童/家庭 $89/30/195)。

河流和雨林(River & Rainforest)周三至周五14:00从斯特拉恩出发，绕过海港，进入热带雨林，途中穿过多座大桥，17:30返回到斯特拉恩(成人/儿童/家庭 $89/30/195)。

昆斯顿探险(Queenstown Explorer)周一、周二9:00从斯特拉恩出发，全程需要穿过峡谷和雨林，到达昆斯顿(在昆斯顿停留一小时)，17:30返回到斯特拉恩(成人/儿童/家庭 $95/40/220)。

画展，也经营团体工作坊负责版画复制和作画。这个研究会旨在促进当地艺术的发展，这里的艺术灵感大多来自西海岸壮美的自然景观。这是一个非常好的画廊，的确值得一看。如果画廊不开放，你可以询问当地旅游局，请求进入。

斯皮温山瞭望台（Spion Kop Lookout）
观景点

沿着Hunter St上山，向左拐进Bowes St，然后通过一个向左的急转弯到达Latrobe St，你会看到一个小型停车场，这里有一个短而陡峭的小路通往斯皮温山（Spion Kop，由布尔战争中幸存的士兵取名）的顶峰。这条小路两旁开满杜鹃花，在停车场附近有一个矿道坑入口，山顶处有一个矿井入口。

团队游

★ 昆斯顿遗产团队游
矿井团队游

（Queenstown Heritage Tours; Mt Lyell Mine Tours; ☎0407 049 61; www.queenstownheritagetours.com）“玛格丽特湖历史水电站游”（成人/儿童 $45/30）带你感受20世纪初的水力发电，“莱尔山地下矿井团队游”（成人 $80）让你置身于铜矿的世界。然而真正吸引人的是“旧矿场和古松林游”（成人/儿童 $80/40），可参观旧的铜矿和金矿，还有一个商业锯木厂和一片热带雨林。

值得一游

LINDA VALLEY CAFE

在采矿业兴盛的年代，许多人都住在昆斯顿西部的山里。现在，琳达谷（Linda Valley）只有四位居民，还有一个意料之外的珍宝。昆斯顿以西大概5公里处，有一家备受称赞的咖啡馆**Linda Valley Cafe**（☎03-6471 3082; 1 Lyell Hwy, Linda Valley, Gormanston; 主菜 $32~38; ⏲10月至次年4月10:00~20:00，5月至9月时间缩短），当地人信誓旦旦地保证，这里有西海岸最好的食物。

咖啡馆环境朴素，食物现代而且美味。这里你可以品尝到许多美味食物，比如慢火烤五花肉（slow-roasted pork belly）和柠檬胡椒鱿鱼（lemon pepper squid），还有特色咖啡利口酒（liqueur coffees）和美味自制蛋糕。后面有免费的露营区可以搭帐篷停房车。

住宿

Empire Hotel
小酒馆 $

（☎03-6471 1699; www.empirehotel.net.au; 2 Orr St; 标单 有公共卫生间 $45，双 有公共/独立卫生间 $70/90）这里的房间虽然比不了有上等黑木（黑木是列入国家信托名录的保护树木）楼梯的那些，但其特有的饱经风霜的沧桑感还是很吸引人，而且一般都很干净。

Mt Lyell Anchorage
民宿 $$

（☎03-6471 1900; www.mtlyellanchorage.com; Cutten St 17; 双 含早餐 $160~170; Ⓟ📶）仅看外表你可能无法想象，这座19世纪90年代的檐板房子，早已彻底变成了一个舒适的小客栈，配有高档床铺和亚麻床品，以及奢华的厚地毯。这里其中两个房间十分宽敞，带有智能浴室（其他房间穿过大厅都有私人卫浴设施）。酒店里有一个公共厨房和一个舒适的休闲厅，并且可以生火。

Penghana
民宿 $$

（☎03-6471 2560; www.penghana.com.au; 32 Esplanade; 标单 $135~150，双$150~175，均含早餐; Ⓟ📶）1898年，太莱尔矿业和铁路有限公司（Mt Lyell Mining & Railway Co）首任总经理，为巩固他的管理地位而建了这座酒店。它坐落在山上的一个花园中，花园里有大量稀有树木。这个包含住宿和早餐的民宿条件舒适，风格复古。

就餐

Café Serenade
咖啡馆 $$

（40 Orr St; 主菜 $11~18; ⏲8:30~16:00; 🖉）这是昆斯顿最好的咖啡馆。这里的食物都是自制的，十分美味，有可口的汤、发酵烤三明治、沙拉和素食菜谱，还有好吃的烤肉和咖喱。咖喱扇贝馅饼（the curried scallop pies）是这里的特色菜。这里也有不含麸质和乳制品的甜点，还有醇香的咖啡。

Empire Hotel
新派澳洲菜 $$

（☎03-6471 1699; www.empirehotel.net.

au; 2 Orr St; 主菜午餐 $12, 晚餐 $17~30; ⏲酒吧 11:00~22:00, 午餐正午至14:00, 晚餐17:30~20:00)这座老矿工酒馆年代久远, 带有一个历史气息浓厚的餐厅。这里的菜单不断更新, 食物丰盛, 包括烤肉、意大利面、上好的牛排和排骨。可尝一尝苹果炸猪肉卷(apple and pork rissoles)或者是牛肉塔(Beef Tower)——烤牛排跟蔬菜高高地叠在一起。

☆ 娱乐

Paragon Theatre 电影院

(www.theparagon.com.au; 1 McNamara St)这个艺术装饰风格的剧院, 刚经过让人眼前一亮的翻新, 它播放一些好莱坞电影和艺术片, 还会循环播放关于西海岸和昆斯顿的短片。你可以带着咖啡或葡萄酒(当然还有爆米花)到剧院看电影, 这里的椅子都是高背真皮座椅。

ℹ 实用信息

昆斯顿游客中心(Queenstown Visitor Centre; ☎03-6471 1483; 1-7 Driffield St; ⏲10月至次年4月 周一至周五 9:30~17:30, 周六和周日 12:30~17:00, 冬季时间缩短)影院位于埃里克·托马斯美术博物馆内(Eric Thomas Galley Museum), 由志愿者经营, 所以其开放时间可能变化。

ℹ 到达和离开

Tassielink(www.tassielink.com.au)长途汽车的起点和终点站都是Orr St 65号牛奶吧。两条主线分别去霍巴特($67.60, 6小时)和朗塞斯顿($74.80, 5.5小时); 后者途经斯特拉恩($10.60, 45分钟)。

斯特拉恩(Strahan)

人口 660

《芝加哥论坛报》(*Chicago Tribune*)曾经授予斯特拉恩"世界上最好的小镇"称号, 我们知道这意味着什么。斯特拉恩依山傍水, 坐落于麦夸里港(Macquarie Harbour)和热带雨林之间, 地理位置绝佳, 并且拥有丰富的自然资源。再加上那些整修过的早期建筑、讨人喜爱的商店、酒店和海滨崛起的那些密集别墅。在这里, 你会感到像是置身于迪斯尼电影一般。如今, 斯特拉恩不再是西部荒原了, 而是有童话气息的城市, 因为它周围的环境美得让人难以置信。

👁 景点和活动

West Coast Reflections 博物馆

(Esplanade; ⏲夏季 10:00~18:00, 冬季正午至17:00) 免费 这里是斯特拉恩游客信息中心的博物馆部分。博物馆展现了澳大利亚西海岸的历史, 极具创造性且发人深思, 同时也辩证地评价了这里的环境问题和取得的成绩, 比如富兰克林河道封锁。

海洋海滩(Ocean Beach) 海滩

海滩离城市有6公里远, 汹涌的海浪拍打着33公里海滩, 十分壮观。海滩从北边的审判港口(Trial Harbour)一直延伸到南面的麦夸里岬(Macquarie Heads)。从这里可以看到橘黄色的太阳落山, 降到海平面以下。那里的海水十分危险: 不要下水游泳。

★ The Ship That Never Was 剧院

(Esplanade; 成人/儿童 $20/10; ⏲9月至次年5月17:30, 售票处17:00开放)这个话剧讲述了1834年一群罪犯从萨拉岛(Sarah Island)逃生的故事, 十分精彩, 不容错过。非常有趣(观众可参与), 适合各个年龄段的旅行者观看。

团队游

大多数游客都会选择戈登河游轮之旅, 河岸上葱郁的雨林和鲜有人踏足的野外, 给人的那种静谧感都会让你难忘。

你可以同其他的河流爱好者一同乘坐巨大的双体船(配有很多舒适的座位)游览戈登河; 也可以更冒险一点, 和一小组人一同划船参观。所有的航行在进入戈登河入海口之前都穿过麦夸里海港, 继续行进到历史登陆点(Heritage Landing), 准备热带雨林徒步旅行。大多数的航行都参观萨拉岛(Sarah Island)——范迪文斯地(Van Diemen's Land)臭名昭著的、残暴的罪犯流放地, 也是麦夸里岬(Macquarie Heads)和地狱之门(Hells Gates)——这个狭窄的海港入口。如果你自己开船航行, 可以偷偷地比其他游轮去的地方再开远一点，去美丽的约翰爵士瀑布（Sir John Falls）。

★ World Heritage Cruises 乘船游

（☎03-6471 7174；www.worldheritagecruises.com.au；Esplanad；成人 $105~150，儿童 $50~80，家庭 $260~340；⊙8月中旬至次年7月中旬 9:00）由Grining家庭经营。自1896年起，他们便一直带领游客到戈登河，他们是斯特拉恩当之无愧的河流专家。你可以加入Grinings，坐上他们新的低尾流环保双体船雄鹰号，航行穿过麦夸里港和地狱之门，去萨拉岛和戈登河。

座位分上层的特等座、靠窗的优等座和中间的标准座，票价各不相同。所有票都含一顿自助餐。如果是家庭集体出游，World Heritage Cruises是最好的选择，孩子们可以去见船长而不用付额外的费用。盛夏时可能额外加一个下午出发的航行，而隆冬季节可能会停止营业。

Gordon River Cruises 乘船游

（☎03-6471 4300；www.gordonrivercruises.com.au；Esplanade；成人 $105~220，儿童 $52~220，家庭 $260~334）该航行由塔斯马尼亚皇家汽车俱乐部（Royal Automobile Club of Tasmania；该俱乐部似乎拥有半个斯特拉恩）经营，简·富兰克林小姐II号（*the Lady Jane Franklin II*）8:30从斯特拉恩出发，14:15返回，沿途经过麦夸里港、萨拉岛和戈登河，远至历史登陆点。

票价依船上的位置而定，上层船舱绝对是独有的吃喝玩乐的好地方。

★ West Coast Yacht Charters 乘船游

（☎03-6471 7422；www.westcoastyachtcharters.com.au；Esplanade；⊙10月至次年4月）如果你想让你的戈登河之旅带点冒险的色彩，并少些人同行，那么你可以乘坐风暴突击者号（Stormbreaker）。该航行包含一个2.5~3小时的皮划艇和垂钓之旅，出发时间根据需要而定，大部分是在正午和/或17:00（成人/儿童 $90/50）。还有一个戈登河上的通宵旅行（成人/儿童 $380/190），包括萨拉岛的参观，提供餐食。

Strahan Seaplanes & Helicopters 观光飞行

（☎03-6471 7718；www.adventureflights.com.au；⊙9月中旬至次年5月）乘坐水上飞机和直升机飞越该地区。乘坐水上飞机你可以选择80分钟飞越法国帽（Frenchmans Cap）、富兰克林—戈登河和萨拉岛（成人/儿童 $199/110），也可以选择65分钟飞越克雷德尔山（成人/儿童 $210/95）。乘坐直升机60分钟飞越提普卡纳森林保护区（成人/儿童 $199/120），还有15分钟快速飞越地狱之门和麦夸里港（成人/儿童 $110/70）。

住宿

Strahan Backpackers 青年旅舍 $

（☎03-6471 7255；www.strahanbackpackers.com.au；43 Harvey St；无电力供应营地每两人 $20，铺$27~30，双$65起，小屋$75起；P@）从市中心步行15分钟就到了，在一片灌木丛中，有简单的铺位房间和双人间，还有可爱的尖顶小屋。这里有厨房区、洗衣间，还有游戏室。

★ Gordon Gateway 公寓 $$

（☎03-6471 7165，1300 134 425；www.gordongateway.com.au；Grining St；双 $79~140）公寓位于通往雷加特角（Regatta Point）的山坡上，它有像汽车旅馆一样的单间套房，也有大点的尖顶度假屋，大多数房间都有清洁水源并可以俯瞰整个城市。

Crays 小别墅 $$

（☎0419 300 994，03-6471 7422；www.thecrays-accommodation.com；11 Innes St；双 $130~220；P）Crays有两个设备齐全的套间，位于Innes St；还有六个明亮宽敞的崭新别墅，位于里斯比湾（Risby Cove）对面Esplanade 59号。但是只有部分房间的视野很好。在这里住三天的顾客，可以得到一份鲜美多汁的塔斯马尼亚州小龙虾，并且在West Coast Yacht Charters乘游轮可以打折（见774页）。

★ Franklin Manor 精品酒店 $$$

（☎03-6471 7311；www.franklinmanor.com.au；Esplanade；双 $175~250；P）这座美丽又有历史意义的酒店是斯特拉恩最好的住宿所

在。现在这所精品酒店坐落在精心照料的花园中，依附着水滨，客房精致，食物精美，服务周到。这里有一个传奇的酒窖，现在出售塔斯马尼亚州的土产，在这里你可以品尝和购买当地的美味佳肴。

就餐

Risby Cove 新派澳洲菜 $$

（☎03-6471 7572；www.risbycove.com.au；Esplanade；主菜 $22~38；⏲18:00~21:00）各地来的人都到Cove吃饭，这里精致幽静，从市中心穿过水域就可以到达。这里有精美的菜肴，比如说泰玛谷（Tamar Valley）的烤鸭，还有麦夸里港的新鲜鳟鱼。也有专为儿童准备的菜单。水面上的风景很美。

Hamer' s Hotel 小酒馆饮食 $$

（☎03-6471 4335；Esplanade；主菜午餐$12~23，晚餐$19~32；⏲正午至14:30和18:00~22:00）在斯特拉恩，大多数游客都会到这个历史悠久的酒馆吃饭。这个酒馆有各种各样美味的食物，你可以尝一尝麦夸里港的鳟鱼或者大块的肉眼—菲力牛排。夏季这里生意很好，但是它不接受预订，所以要尽早去用餐。

Regatta Point Tavern 小酒馆饮食 $$

（Esplanade；主菜 $16~29；⏲酒吧正午至22:00，用餐正午至14:00和18:00~20:00）如果你想跟当地人坐在一起吃饭，远离浮华，就到这个实惠的小酒馆来吧！它位于火车站附近，从斯特拉恩市中心2公里左右海湾旁。这里有寻常的牛排和汉堡，还有上好的新鲜鱼类。如果你想尝点美味的东西，试试当令的小龙虾奶酪酱吧。

实用信息

公园和野生动物管理局（Parks & Wildlife Service；☎03-6471 7122；www.parks.tas.gov.au；Esplanade；⏲周一至周五9:00~17:00）在老海关大楼里——邮局也在这里——有上网中心和取款机。

西海岸游客信息中心（West Coast Visitor Information Centre；☎03-6472 6800；www.westcoast.tas.gov.au；Esplanade；⏲12月至次年3月10:00~18:30，4月至11月至18:00）包括West Coast Reflections博物馆。

到达和离开

Tassielink（☎1300 300 520；www.tassie-link.com.au）交通路线的起止点都是游客信息中心。目的地站包括朗塞斯顿（$85.40，7小时）、霍巴特（$78.20，7.5小时）和昆斯顿（$10.60，45分钟）。

富兰克林—戈登野河国家公园（Franklin-Gordon Wild Rivers National Park）

20世纪80年代，从水力发电热潮中幸存下来、现在位居世界遗产之列的国家公园（www.parks.tas.gov.au）包含富兰克林河和奥尔加河（Franklin and Olga Rivers），还有部分戈登河的集水区，还包含所有的漂流、丛林徒步和攀岩区域。国家公园里白雪覆盖的山峰是法国帽（Frenchmans Cap；1443米；3~5天很有挑战性的徒步旅行）。公园里还有许多稀缺植物品种，在Kutikina Cave还有澳大利亚原住民的主要考古遗址。

公园的许多地方都有很深的河谷和浓密的雨林，莱尔公路（Lyell Hwy）横贯北端。从公路出发有几段短途步道，包括到尼尔森瀑布（Nelson Falls；往返20分钟）和多纳吉山（Donaghys Hill；往返40分钟）的徒步路径。在山上你可以看到富兰克林河和高耸入云的法国帽的白色圆顶石英山峰。

克雷德尔山—圣克莱尔湖国家公园（Cradle Mountain-Lake St Clair National Park）

克雷德尔山上有完美的新月形岩石，摄影师喜欢捕捉拍摄其映在镜面般湖水表面的倒影。克雷德尔山已经成为塔斯马尼亚州的象征。圣克莱尔湖可能是岛上最著名的景观，被视作1262平方公里的克雷德尔山—圣克莱尔湖国家公园的至上荣誉。公园里冰川覆盖的山峰、河流峡谷、大小湖泊、高山荒野，从北边的大西岭（Great Western Tiers），一直延伸到南面的德文特桥（Derwent Bridge）。

国家公园里充满传奇色彩的冒险是著名

富兰克林河漂流

在富兰克林河上漂流是塔斯马尼亚州旅行最狂野刺激的部分，这种极限冒险活动绝对是世界级的漂流探险。如果设备齐全，准备充分，有经验的漂流者可以独自应对。但是对于非漂流行家（90%的富兰克林河漂流者都不是行家）来说，也有旅游公司为你提供全套的漂流设备。如果你跟一个独立的团去，一定要在**昆斯顿公园和野生动物管理局**（☎03-6471 2511；Penghana Rd，Queenstown）跟公园管理员联系，询问有关准入、规定和环境情况的即时信息。也可以登录www.parks.tas.gov.au查看富兰克林河漂流注意事项。所有的探险活动都要在德文特桥（Derwent Bridge）以西49公里莱伊尔公路和科灵伍德河（Collingwood River）交叉处的登记站登记信息。

富兰克林河之旅从科灵伍德河出发，到约翰爵士瀑布（Sir John Falls）结束，全程需要8~14天，依河流状况而定。也可以在某些河段之间短途漂流。在约翰爵士瀑布的出口处，你可以乘坐**斯特拉恩水上飞机和直升机**（Strahan Seaplanes & Helicopters；☎03-6471 7718；www.strahanseaplanesandhelicopters.com.au；Strahan Wharf；⊙9月至次年5月8:30~17:00）的水上飞机，或者乘坐**风暴突击者**（Stormbreaker，见774页）旅行回到斯特拉恩。

富兰克林河之旅的上游，从科灵伍德河到Fincham Track，穿过迷人的Irenabyss Gorge，在那里你可以顺便观赏法国帽，就当另一段小小的旅行了。下游从Fincham Track到约翰爵士瀑布，穿越野生大峡谷（wild Great Ravine）。

塔斯马尼亚探险（Tasmanian Expeditions；☎1300 666 856；www.tasmanianexpeditions.com.au；9天 $2695）经典的富兰克林河之旅，乘船返回斯特拉恩。

富兰克林河漂流（Franklin River Rafting；☎0422 642 190；www.franklinriverrafting.com；70 Dillons Hill Rd，Glaziers Bay；8/10天 $2695/2995）美妙的8天和10天的旅行从科灵伍德桥出发，乘风暴突击者返回斯特拉恩。10天的旅行有机会攀登法国帽。

Water By Nature（☎0408 242 941，1800 111 142；www.franklinrivertasmania.com；5/7/10天 $1980/2440/2980）这套项目包括5天、7天和10天的旅行，你可以乘坐水上飞机在戈登河上方飞行。也可以攀登法国帽。

的陆上通道（Overland Track）。对于旅行者来说，这一周的远足就像圣杯一样神圣。从克雷德尔山到克莱尔湖（塔斯马尼亚州人称之为Leeawuleena，即沉睡的水）之间65公里的路程，是一段穿过塔斯马尼亚高山中心的难忘旅程。

很少有人知道克雷德尔山还是一个极好的野生动植物观赏地。在这里，你一定会看到袋熊（wombat）、班纳特小袋鼠（Bennett's wallabies）和小型沙袋鼠（pademelons），还有可能看到塔斯马尼亚恶魔（Tassie devils，即袋獾）和鸭嘴兽。

景点

Devils@Cradle 野生动物保护区

（☎03-6492 1491；www.devilsatcradle.com；3950 Cradle Mountain Rd；成人/儿童 $18/10，家庭票 $45~60，包含夜晚喂食的夜晚团队游，成人/儿童$27.50/15，家庭 $70~90；⊙10:00~16:00，团队游 10:30、13:00和15:00，夜晚团队游 17:30）这个美丽的野生动物公园里有许多袋獾，几只袋熊，还有神出鬼没的东澳袋鼬和斑点袋鼬（eastern and spotted-tail quolls）。在这里你可以了解威胁袋獾生存的面部肿瘤病。你可以按照自己的时间独自游览，但是最好还是按照团队游的时间来，这样可以让你尽可能多地了解这个公园。大部分的夜行动物在喂食的时候（17:30）观察最佳；在实行夏令时期间，20:30还有一次额外的夜晚喂食。

Wilderness Gallery 画廊

（☎03-6492 1404；www.wildernessgallery.

com.au; Cradle Mountain Rd; 入场费 $7, Cradle Mountain Hotel的顾客免费; ⏲10:00~17:00)这个画廊向人们展示了美妙的环境摄影作品。这里还有一个吸引人的塔斯马尼亚虎展览(Tasmanian Tiger Exhibition),还有现存唯一的袋狼皮地毯。

活动

克雷德尔谷徒步

公园里有一些通往克雷德尔谷(Cradle Valley)的小道口。以下名单仅列部分。

尼维特瀑布(Knyvet Falls; 往返25分钟)从克雷德尔山度假屋对面出发。

火山湖(Crater Lake; 往返2小时)从罗尼溪(Ronny Creek)停车场往上,可到达这个满是湖水的火山口。

克雷德尔谷徒步(Cradle Valley Walk; 单程2小时)从解说中心步行8.5公里,就可以到达鸽子湖(Dove Lake)。木板步道最远铺设至罗尼溪(5.5公里),接下来通往鸽子湖的步道可能会变得很泥泞,有时大雨后会关闭。

鸽子湖环行(Dove Lake Circui; 环行2~3小时)从鸽子湖停车场出发,一路环湖徒步,沿

陆上通道

这是塔斯马尼亚州标志性的高山之旅,全程65公里,历时6~8天,背着背包,从克雷德尔山附近的罗泥溪出发,穿过世界遗产名录里的高山奇景,到达圣克莱尔湖。路线的终点在圣克莱尔湖北岸,在这里你可以乘坐渡轮(见780页),或者沿着湖边步道走15公里回到现代文明中来。如果你参加过露营和为时几天的远足活动,身体状况良好,并且能够很好地适应塔斯马尼亚州的古怪天气,那么这就是一定可以成功的独立冒险经历。没有经验的徒步旅行者应该考虑参加导览团。

大部分的旅行者都选择夏天去陆上通道远足,高山植物百花芬芳,日照时间长,你可以积蓄足够的热量,好在冰冷高山上的湖泊游泳。夏季这条线路很繁忙,开始实行人群限制许可证制度。有经验的步行者可以选择冬天去,冰天雪地,静谧美丽。春季和秋季也有迷人之处,步行者较夏季少(但是仍然实行许可证制度)。

在不实行许可证制度的季节,南北步行规定实施之后,该路线可以从南、北两个方向进入。路线的全程都标记清楚。徒步旅行途中会遇到很多特色景点,比如说奥萨山(Mt Ossa),还有一些美丽的瀑布——这些都值得花些时间看看。除了天寒地冻的时候,你每天都能在旅行中遇到很多步行者。

途中有些自助式的木屋,有木板铺位和燃气炉,都按照一天的行程设置,但不要指望夏天的时候在屋里找到一张空床,最好随身带着帐篷。这里不允许生营火,你必须自带一个燃料炉用来做饭。

徒步旅行中可以遇到各式各样的景色,有高山荒野、岩屑堆、峡谷,还有茂密的森林。关于该徒步旅行和主要支线旅行的详细信息,见Lonely Planet系列书籍*Walking in Australia*。想要更深入地了解公园远足路线,可以阅读《克雷德尔山—圣克莱尔湖和耶路撒冷墙国家公园》(*Lake St Clair and Walls of Jerusalem National Parks*),作者约翰·查普曼(John Chapman)和约翰·斯瑟曼(John Siseman)。口袋大小的便携步行参考书是*P&WS's The Overland Track:One Walk, Many Journeys*,书中对该路线的生态和历史进行了陈述,还以插画的形式列出了途中你可能遇到的动植物。也可登录www.parks.tas.gov.au获得所有关于徒步旅行的最新信息。徒步路线和周围环境的地图比例是1:100,000[《克雷德尔山—圣克莱尔湖》(地图由Tasmap出版)]。

10月1日至次年5月31日实施许可证制度(成人/儿童 $200/160),每天最多34位独立步行者。也可以在www.parks.tas.gov.au网站获得每个季节的许可证,网上预订7月1号开放。

公园交通

公园中的车流量是严格控制的，一旦车辆（或者说停车场容量）排到了Cradle Valley road，门栅会关闭，不允许车辆进入，直到有足够的车辆离开。尤其是早上会有这个问题。

为了将繁忙的车流控制在公园外，大多数入口只允许**中转班车**进入。夏季8:00~20:00（冬季时间缩短）每10~20分钟就有一辆中转班车从**克雷德尔山中转中心**（在游客中心旁边）出发，你可以把车停在那里。车费包含在有效公园通行证里。中转班车分别在管理处解说中心、蛇山（Snake Hill）、罗泥溪和鸽子湖（Dove Lake）站停车。

途观赏克雷德尔山风景。

克雷德尔山顶峰（Cradle Mountain Summit；往返6~8小时）虽然登山的过程很艰苦，但是天气好的时候，登上山顶之后的风景美得不可思议。不建议你在能见度低或是冬季冰雪天气里爬山。你可以从鸽子湖停车场或者罗泥溪开始游览。

辛西娅湾徒步

如果你在国家公园南端圣克莱尔湖那边，以下是为你提供的远足项目。

Larmairremener tabelti（往返1小时）原住民文化探索之旅，带你穿过古时该地区的土著居民Larmairremener居住的土地。从游客中心出发，环绕湖边森林一圈，然后沿着海岸线回到游客中心。

鸭嘴兽湾环行（Platypus Bay Circuit；往返30分钟）从游客中心附近的Watersmeet出发。

影子湖环行（Shadow Lake Circuit；往返4~5小时）

鲁弗斯山环行（Mt Rufus Circuit；往返7~8小时）

圣克莱尔湖边徒步（Lake St Clair Lakeside Walk）乘坐游轮到达回音角[Echo Point；3~4小时走回到辛西娅湾（Cynthia Bay）]或者是到达水仙小屋（Narcissus Hut；5~6小时走回到辛西娅湾），然后沿着湖岸往回走。

家庭徒步

虽然对孩子的年龄有限制，但是克雷德尔谷的很多步行活动对儿童都适合，只要身体状况适宜。如果你的孩子的确非常小，接下来的活动你可能会喜欢。

雨林步行和铅笔松瀑布（Rainforest Walk & Pencil Pine Falls；往返10分钟）从翻译中心出发，步行经过这段木板路很轻松，但是沿途的风景绝对让你震撼。

迷人的自然步行（Enchanted Nature Walk；往返25分钟）从Cradle Mountain Lodge附近出发，沿着铅笔松溪（Pencil Pine Creek）走。大多数的路段都可通行婴儿车和轮椅。

温道弗森林健行（Weindorfers Forest Walk；往返20分钟）从瓦尔德海姆小屋（Waldheim Cabins）附近出发，往上穿过森林。婴儿车和轮椅无法通行。

罗尼溪（Ronny Creek；往返20~25分钟）陆上通道标志性的木板步道，很适合家庭步行，途中有许多袋熊。

团队游

Tasmanian Expeditions 步行

（1300 666 856；www.tasmanianexpeditions.com.au；10月至次年5月初）塔斯马尼亚探险包含一个6天的陆上通道徒步跋涉（$1995起），还有一系列穿过国家公园和其他地方的远足活动。

Cradle Mountain Huts 步行

（03-6392 2211；www.cradlehuts.com.au；$2850起；10月至次年5月）这个步行活动历时六天五夜，跟着导游沿着陆上通道徒步，晚上住宿私人木屋，有其他人帮忙背行李。

食宿

克雷德尔谷

Discovery Holiday Parks Cradle Mountain 房车营地 $

（03-6492 1395；www.discoveryholidayparks.com.au；Cradle Mountain Rd；无电力供应营地/有电力供应营地 每两人 $36/46，铺 $32，小屋 $144起，小别墅 $159起；P @ ）这片灌木丛林离国家公园2.5公里。这里有分散度很好的营

地、一所青年旅舍、一个露营厨房和一个洗衣房，还有设备齐全的小屋。

★ **Cradle Mountain Highlanders Cottages** 小屋 $$

（☎03-6492 1116；www.cradlehighlander.com.au；Cradle Mountain Rd；双 $125~285；P）这是藏在克雷德尔山最好的旅馆。真诚好客的主人拥有几套设备十分齐全的小屋。每个小屋都可以用木头或者燃气生火，都有大号床铺，并且提供电热毯和欧陆式早餐。三个小屋包含一个水疗室，并且白天都开放。

Cradle Mountain Hotel 酒店 $$

（☎03-6492 1404，1800 420 155；www.cradlemountainhotel.com.au；Cradle Mountain Rd；双 $169起；P@）你在去克雷德尔谷的途中，看到的第一座大楼便是它了。它的大门处立着高大的门廊，格外显眼。虽然这家酒店的公共区域还不错，木制结构外加温暖的炉火，但是坦白说，房间很一般，跟汽车旅馆差不多。你最好订一间在前面的房间，以确保能够看到雨林。

这里有一个相当好的自助餐厅（成人/儿童 $38/19），还有更精美的Grey Gum à la carte restaurant（主菜$28起）。

★ **Cradle Mountain Lodge** 度假屋 $$$

（☎1300 806 192，03-6492 2103；www.cradlemountainlodge.com.au；Cradle Mountain Rd；双 $189~870；P❄@）冬季的时候，小木屋在迷离的烟雾中若隐若现，你会情不自禁地被周围的环境迷住。大多数房间都具有当代气息，一些房间用明火取暖。这个度假屋举行多种活动和导览徒步游。Waldheim Alpine Spa提供按摩放松和美容服务。

Tavern Bar & Bistro 法式小馆 $$

（☎03-6492 2100；www.cradlemountainlodge.com.au；主菜 $16~29；⏲正午至20:30）丰盛的食物和熊熊的篝火，让这个位于Cradle Mountain Lodge内的朴素小馆毫不逊色。这里有意大利面、汉堡包、牛排和三文鱼等，还有丰盛的儿童菜肴。有时星期三20:30会有现场音乐演奏。

辛西娅湾和德文特桥

Lake St Clair Lodge 度假屋 $$

（☎03-6289 1137；www.lakestclairlodge.com.au；无电力供应营地/有电力供应营地每两人 $25/30，铺/双$40/110，小别墅 $185~550；P@）这里有位于湖岸的无电力供应的丛林露营地和有电力供应的房车。这个背包客旅馆有双铺到四铺，还有厨房设施，也有设备齐全的高档别墅。在圣克莱尔湖游客中心对面的主要建筑里有一个咖啡馆，为准备丛林徒步旅行或者步行完的你提供丰盛的食物，让你精力充沛。18:30停止点餐。

Hungry Wombat Café 咖啡馆 $

（Lyell Hwy；主食 $6~16；⏲夏季 8:00~18:00，冬季 9:00~17:00）作为加油站的一部分，这个气氛友好的咖啡馆可为你提供早餐，

观赏野生动物

在澳大利亚，想要观赏丰富的野生动物，克雷德尔山是最方便的选择。除了下面提到的这些动物，在克雷德尔山你还可以看到袋獾、针鼹、斑点袋鼬和东部袋鼬。

塔斯马尼亚袋熊（Common wombat）在公园里很常见，但是日落之前罗泥溪岸边的袋熊最多。

塔斯马尼亚州小型沙袋鼠（Tasmanian pademelon）这种小袋鼠一样的圆胖生物在公园里也很常见。

班纳特小袋鼠（Bennett's wallaby）不像沙袋鼠那般多，但是在罗泥溪附近也很常见。

鸭嘴兽（Platypus）在公园里的大部分河流附近都能找到鸭嘴兽，你可以试着在黎明和黄昏的时候去罗尼溪看看。

让你整天精神焕发。这里的午餐有各种汤品、三明治、炸鱼和薯条、馅饼、卷饼、汉堡包。并且全天候提供小吃、咖啡和蛋糕。每一种食物都是自制的，美味可口。这里还有一个小的杂货区，并为游客提供实用信息。

实用信息

克雷德尔山游客信息中心（Cradle Mountain Visitor Information Centre; ☎03-6492 1110; www.parks.tas.gov.au; 4057 Cradle Mountain Rd; ⌚8:00~17:00，冬季时间缩短）克雷德尔山游客中心就在公园的外面。在这里你可以购买公园的门票，并且获得一些关于丛林徒步旅行的实用信息和地图、实时的天气预报和关于丛林旅行装备、丛林安全和丛林规范的建议。该游客中心有洗手间和一个小型的咖啡店（☎03-6492 1024; Cradle Mountain Rd; 主菜 $8~11; ⌚12月至次年3月 8:00~21:00，4月至11月 9:00~17:00），还有销售点电子转账系统（也许能取现）。这里也支持信用卡支付。没有自动取款机。

管理处翻译中心（Ranger Station Interpretation Centre; ⌚夏令时 8:30~17:00，冬季 至16:00）克雷德尔谷公园里面就是公园管理处解说中心。我们在编写本书时，这里正在建一个礼堂，专门用来播放克雷德尔山的历史和发展轨迹。这里还有原住民文化展示。

圣克莱尔湖游客信息中心（Lake St Clair Visitor Information Centre; ☎03-6289 1172; www.parks.tas.gov.au; Cynthia Bay; ⌚8:00~17:00）公园的南边界处便是辛西娅湾，圣克莱尔湖游客中心就在这里。它为游客提供公园和徒步旅行的实用信息，展示该地区的地理、动植物群和原住民文化遗产。如果你忘带雨具了，可以在这里的商店里顺便买一些防水的衣物。

不要错过

荒野壁画

当你在德文特大桥和勃朗特公园（Bronte Park）之间旅行的时候，不要错过**荒野壁画**（☎03-6289 1134; www.thewalltasmania.com; 成人/儿童 $10/6; ⌚9月至次年4月 9:00~17:00，5月至8月至16:00）。这一伟大创作代表着艺术的进步。木雕刻家格雷格·邓肯（Greg Duncan）正在创作一座全景木雕，呈现出塔斯马尼亚州高原地区的历史。其规模宏大到不可思议，完成创作预计耗时10年，全长100米。

这座木雕不仅规模巨大，而且雕刻工艺精湛，手法细腻，从工人手上的血管到衬衫上的褶皱，再到他们的胡须毛发，都栩栩如生、活灵活现。壁画位于德文特大桥往东2公里处，的确值得一看。

到达和离开

Tassielink（☎1300 300 520; www.tassielink.com.au）去克雷德尔山中转中心的渡轮从朗塞斯顿出发，中途经过德文波特，渡轮终点可以安排接送服务。从克雷德尔山出发的渡轮可以到达朗塞斯顿（$61.50，3.25小时）、德文波特（$42.40，2小时）和斯特拉恩（$42.40，3~4小时）。还有一个从霍巴特到圣克莱尔湖的路线（$53.60，2.5小时）。

当地交通

圣克莱尔湖渡轮（Lake St Clair Ferry; ☎03-6289 1137; www.lakestclairlodge.com.au; 单程 成人/儿童 $40/20）圣克莱尔度假屋也经营丛林徒步旅行者的渡轮旅行，其起止点都是圣克莱尔湖北端的水仙小屋。每天有三班渡轮从辛西娅湾出发（9:00、正午和15:00），全年不休（或根据需要增减班次，每班最少6人），大概30分钟到达水仙小屋。冬天可能会减少出发次数，请提前电询。

如果你想在陆上通道徒步旅行的终点处使用渡轮，一定要提前预订，到达水仙小屋的时候要跟负责人重新确认一下你订的票。你也可以乘坐渡轮从辛西娅湾去回音角（成人/儿童 $35/17），然后再走回到辛西娅湾（2~3小时）。

西南部（THE SOUTHWEST）

西南国家公园（Southwest National Park）

这是澳大利亚最大的国家公园，也是野生动植物的王国，这里有茂密葱郁的森林、层峦叠嶂的高山、青草茵茵的平原，还有迷人的海景。这里生长着3000年历史的候恩松，还有世界上最高的开花植物——赤桉。大约

注意安全——暴风雪和低温

在塔斯马尼亚州山区，一年中的任何时间都有可能发生暴风雪。徒步旅行者需要为寒冷天气做好准备，尤其是去偏远地区的游客。带上暖和的衣服，比如保暖内衣裤和夹克衫，还有防风防水外套。带上质量好的适合雪地露营的帐篷和足够撑上额外两天的食物，以防遇到恶劣天气被困。

失温极度危险，尤其是冬季的时候在澳大利亚南部，特别是在塔斯马尼亚州。强风带来的强冷空气会导致失温，即使在凉爽的温带地区也一样。失温的早期症状包括不能正常完成动作（比如说系纽扣）、颤抖和其他一系列的反常现象（笨手笨脚、说话含糊不清、喃喃自语以及走路不稳）。应急措施的关键是避开严寒之地，脱掉湿衣服，换上有防风防水隔层的干衣服，注意保温和补充能量（水和碳水化合物），让身体抖动以提高体内温度。失温特别严重的时候，会停止颤抖，这表明需要医疗急救，除了上述应急措施外，应立即撤离。

有300种地衣、苔藓和蕨类植物，其中有些非常稀缺，装点着雨林，高山草原野花遍地，还有开花的灌木，简直美如图画。公园里有野河穿过，急流快速穿过深谷，瀑布直泻悬崖。

活动

丛林徒步旅行

公园里最常走的路线是行程70公里的**Port Davey Track**，从Scotts Peak Rd走到Me-laleuca（大概5天），还有更受欢迎的旅行，85公里的**South Coast Track**从科克尔溪（Cockle Creek）走到Melaleuca（6~8天）。

走这两条路线的游客都要为恶劣天气做准备。乘坐轻型飞机到西南部的Melaleuca（那里没有道路）的旅行者，可以从South Coast Track另一端的科克尔溪和Port Davey Track另一端的Scotts Peak Rd乘坐车辆和公共交通。

实用信息

公园和野生动物管理局（Parks & Wildlife Service; www.parks.tas.gov.au）

到达和当地交通

从11月到次年3月，**伊万斯汽车**（Evans Coaches; ☎03-6297 1335; www.evanscoaches.com.au）有早班车到安妮山环线（Mt Anne Circuit）的起止点，也可以坐到斯科特峰大坝（Port Davey Track的起止点附近）。伊万斯还在South Coast Track末端的科克尔溪（Cockle Creek）设有徒步旅行者接送车服务。

佩德湖和斯特拉斯戈顿（Lake Pedder& Strathgordon）

佩德湖水库（Lake Pedder Impound-ment）位于西南荒原的北边缘处，是一个巨大的山谷，曾经孕育了最初的佩德湖（Lake Pedder）。佩德湖是一个壮丽的自然湖泊，是该地区的生态珍宝。这是世界上最大的冰川水沉积湖，它低浅的琥珀色湖水占地3平方公里，宽阔的沙滩是理想的轻型飞机跑道。佩德湖是一些濒危物种的栖息地，是澳大利亚西南部第一个在国家公园内被保护的地方，很受重视。然而，这个重要的身份最终还是没能保护住佩德湖。1972年，该湖因佩德/戈登水电站而消失在水库之下。

现在这里很流行捕鳟鱼。湖里渔产丰富，逮到的鱼重量不等，小的有一公斤，偶尔也会出现20公斤的大鱼。不建议你乘小船和小艇，因为水面长55公里，而且很容易产生大浪。南部的斯科特峰大坝（Scotts Peak Dam）和北部的斯特拉斯戈顿附近有船用滑道。

住宿

Edgar Camping Ground 露营地

免费 Edgar Camping Ground是湖南端附近的两个露营地之一，带有坑式厕所和水，

The Southwest 西南部

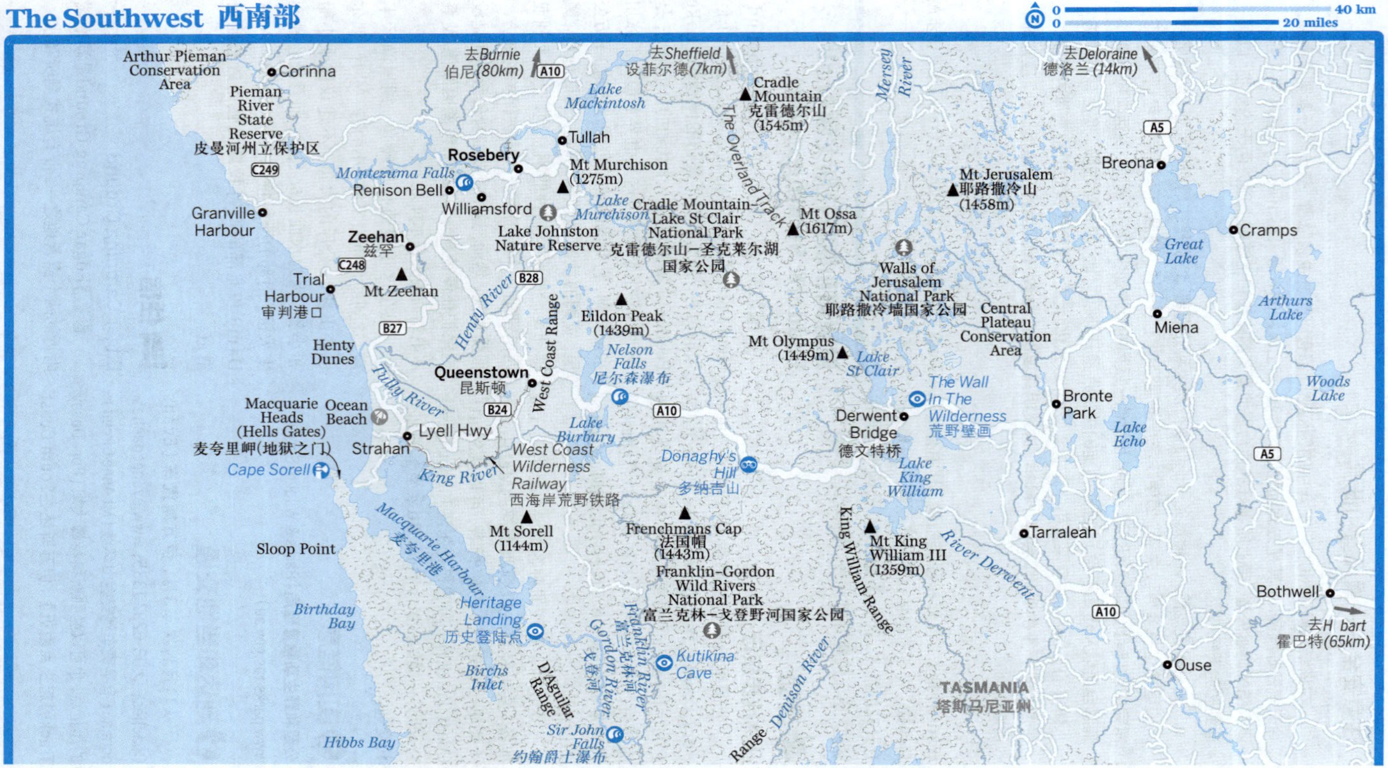

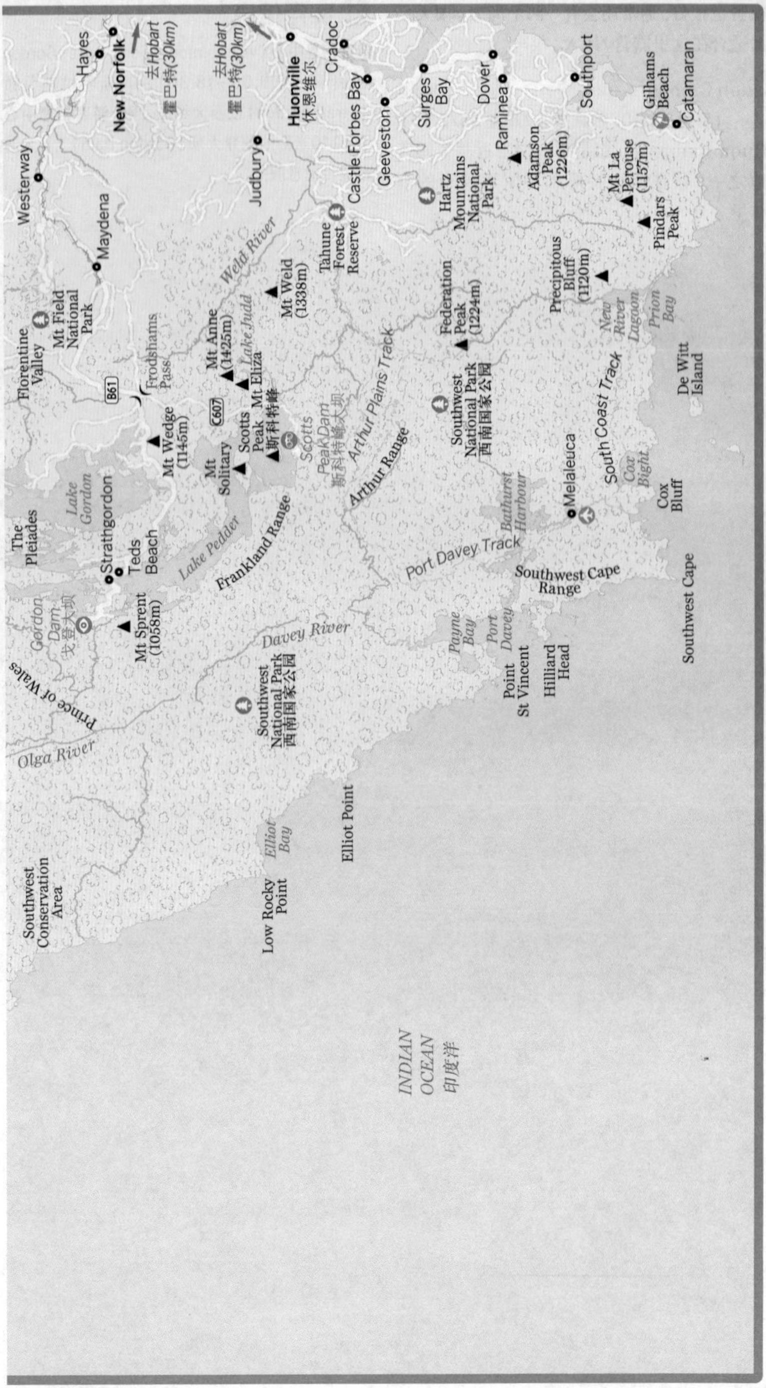

Hayes
New Norfolk
去Hobart
霍巴特(30km)
Westerway
Maydena
Mt Field
National
Park
Florentine
Valley
B61
Frodshams
Pass
The
Pleiades
Lake
Gordon
Strathgordon
Teds
Beach
Gordon
Dam
戈登大坝
Mt Sprent
(1058m)
Prince of Wales
Olga River
Southwest
Conservation
Area
Mt Wedge
(1145m)
Mt
Solitary
C607
Scotts
Peak
斯科特峰
Mt Anne
(1425m)
Mt Eliza
Lake Judd
Lake Pedder
Frankland Range
Weld River
Judbury
Huonville
休恩维尔
Cradoc
Mt Weld
(1338m)
Scotts
Peak Dam
斯科特峰大坝
Arthur Plains Track
Arthur Range
Davey River
Southwest
National Park
西南国家公园
Elliot
Bay
Low Rocky
Point
Elliot Point
Tahune
Forest
Reserve
Castle Forbes Bay
Geeveston
Surges
Bay
Dover
Raminea
Southport
Hartz
Mountains
National
Park
Federation
Peak
(1224m)
Southwest
National Park
西南国家公园
Adamson
Peak
(1226m)
Precipitous
Bluff
(1120m)
Mt La
Perouse
(1157m)
Pindars
Peak
Gilhams
Beach
Catamaran
New
River
Lagoon
Prion
Bay
De Witt
Island
South Coast Track
Melaleuca
Cox
Bight
Cox
Bluff
Bathurst
Harbour
Port Davey Track
Southwest Cape
Range
Payne
Bay
Port
Davey
Point
St Vincent
Hilliard
Head
Southwest Cape
INDIAN
OCEAN
印度洋

视野也很好，通常还会有一两个渔夫。雨天不太适合在这里露营。风大，很冷。

Huon Campground 露营地

（营地 双$10，加床成人/儿童 $5/2.50）Huon Campground是湖南端附近两个露营地之一，藏在斯科特峰大坝附近茂密的森林里。

实用信息

游客信息中心（Visitor Information Centre; Gordon River Rd; ⏲9:00~18:30）距离斯特拉斯戈顿（Strathgordon）以西大约12公里，**游客信息中心**位于140米高的戈登大坝（Gordon Dam）上，为游客提供信息服务。

阿德莱德及周边

包括 ➡

最佳餐饮

- Peel Street（见806页）
- Gin Long Canteen（见807页）
- Star of Greece（见825页）
- Flying Fish Cafe（见829页）
- Dudley Cellar Door（见836页）

最佳住宿

- Adabco Boutique Hotel（见801页）
- Port Elliot Beach House YHA（见828页）
- Stirling Hotel（见821页）

为何去

告别澳大利亚东部海岸的狂热，来惬意悠闲的阿德莱德盘桓几日。阿德莱德是全球有人居住的最干旱大陆上最干旱省份的首府。它借助庆祝生活中的美好事物来消暑降温：优美的景致、热闹的节日、精致的食物、醇香的美酒。

滨海的格莱内尔格（Glenelg）就在电车轨道旁不远处，在那儿，阿德莱德仿佛放下了戒备，穿上了沙滩裤，悠闲自在。阿德莱德港（Port Adelaide）近在咫尺，虽然不断发展进步，仍然无法摆脱港口污秽的气息。向内陆进发，阿德莱德不大的平原渐渐消失，拔地而起的则是阿德莱德丘陵，距高速公路仅有12分钟车程。

弗勒里约半岛距离阿德莱德不远，适合一日游，仿似阿德莱德的周末乐园。那里可以冲浪，海滩戏水安全，还有历史古镇以及麦克莱伦谷（McLaren Vale）葡萄酒产区。

何时去

阿德莱德

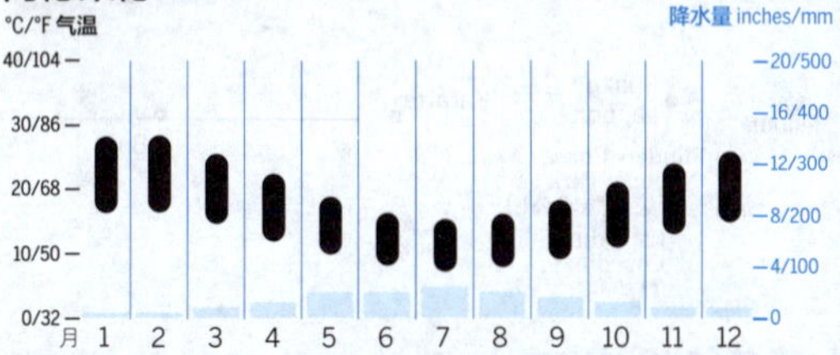

2月至3月 节庆季正当其时：艺穗节和阿德莱德（Adelaide）世界音乐节是其中的亮点。

3月至5月 旅游平淡季（还有9月至11月），夏日城市已然退去夏日的炎热。

9月 橄榄球总决赛时刻：手拿啤酒和馅饼，在球场内疯狂呐喊。

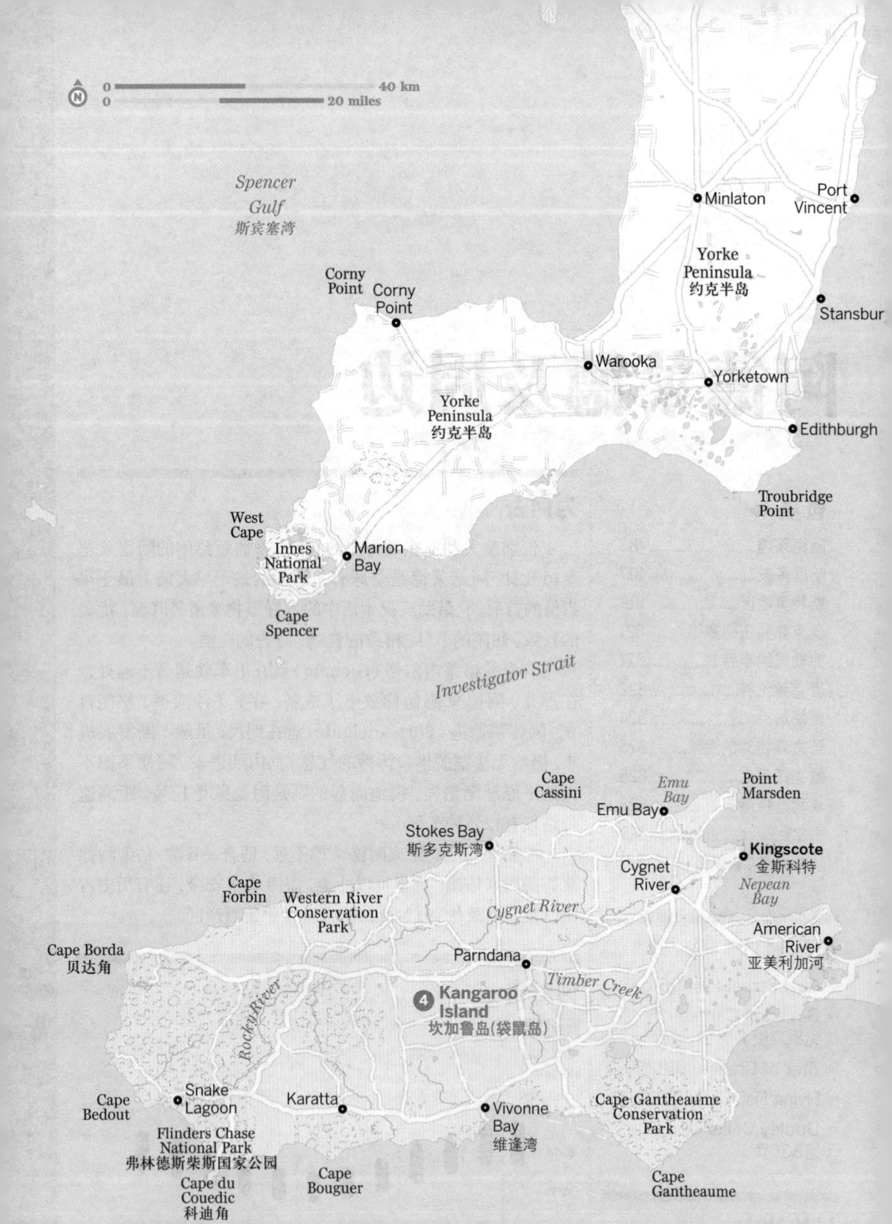

阿德莱德及周边亮点

❶ 在**阿德莱德**的**中央市场**（见788页）发现诱人的奶酪、成熟的水果和香醇的咖啡。

❷ 走进我们魂牵梦绕的南澳大利亚州葡萄酒产区**麦克莱伦谷**（见822页），品鉴、闻香、畅饮美酒。

❸ 参加**阿德莱德丘陵**（见817页）一日游，探访酒窖、市场和古城。

❹ 倾听**坎加鲁岛**（**袋鼠岛**，见831页）上海豹的呼吸声。

❺ 来到**阿德莱德Peel St**（见809页）或者**Exeter Hotel**（见809页），加入下班畅饮人群。

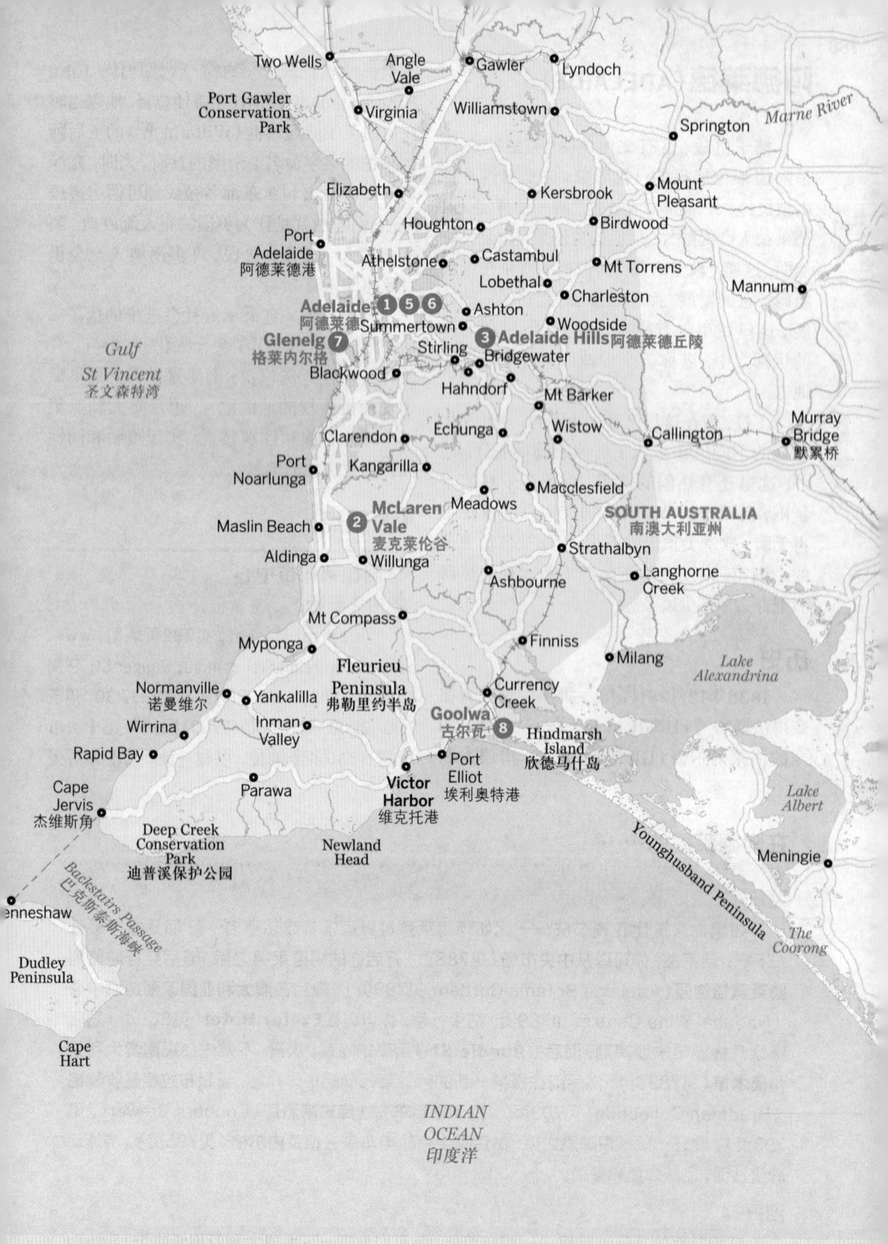

❻ 前往修缮一新的**阿德莱德椭圆形体育场**(见793页),观看板球赛或者澳式橄榄球联盟(AFL)举办的橄榄球赛事。

❼ 搭乘有轨电车前往**格莱内尔格**(见795页),来到海边游泳,一边欣赏日落一边品尝烤鱼和薯条。

❽ 沿着英康特自行车道,从维克托港去往**古尔瓦**(见829页),搜寻鲸鱼掠过的身影。

阿德莱德(ADELAIDE)

人口 129万

精于世故、富有文化、休闲整洁——这是阿德莱德展现的自我形象，也是对这片自由殖民地——而非“流放地”的一种肯定。阿德莱德人会提醒你，他们的身份是自由公民。然而，这座“教堂之都”的古板和富裕在过去阻碍了它的发展，而不是推动、促进了它的发展。这座城市曾有些缺乏魅力，沉浸在老派的忧郁之中，堪称一个虔诚而又善于反思的地方。

不过，现在这里已经大为不同。多元文化带来的不同风味融入了阿德莱德的餐厅。此外，这里还有热闹的酒吧、现场音乐和艺术氛围，而城市的节日庆典则让周六的夜晚不再无聊。教堂尖顶仍然不少，但却被数量更多的小酒馆，以及在僻街陋巷不断涌现的热舞酒吧夺去了不少风头。

历史

1836年12月28日，第一批英国殖民者在豪得法斯特湾(Holdfast Bay)——也就是如今的格莱内尔格(Glenelg)登陆，南澳大利亚殖民地就此成立。约翰·欣德马什(John Hindmarsh)船长担任了首任总督，他以当时在位的英王威廉四世(William Ⅳ)的王后阿德莱德的名字命名了南澳的首府。当时，充斥着罪犯的澳大利亚东部各殖民地可谓劣迹斑斑，它们起初就是作为英国的犯人流放地。阿德莱德人全是自由公民，许多南澳人至今仍对此津津乐道。

阿德莱德一直秉承着社会进步的信条：1876年，这里实现了工会合法化；1894年，开始允许女性竞选议员；南澳是世界上最早赋予女性投票权的地区之一，也是澳大利亚第一个禁止种族和性别歧视、实现堕胎和同性性行为合法化的地区。

景点

阿德莱德市中心

★中央市场 市场

(Central Market，见792页地图；www.adelaidecentralmarket.com.au; Gouger St; ⏲周二 7:00~17:30，周三和周四 9:00~17:30，周五 7:00~21:00，周六 7:00~15:00)阿德莱德中央市场拥有250多个铺位，堪称一流，无论你对美

在阿德莱德的……

两日

如果你来这里正逢节庆——比如阿德莱德世界音乐节或艺穗节——那就好好感受一下吧。若不然，你可以从**中央市场**(见788页)开启你的阿德莱德之旅，随后穿行游览**阿德莱德植物园**(Adelaide Botanic Garden，见789页)，最后在**澳大利亚国家葡萄酒中心**(National Wine Centre，见789页)结束行程。你可以在**Exeter Hotel**(见809页)酒店畅饮几杯波希米亚啤酒，而后去**Rundle St**享用豪华晚餐。次日，不妨先参观**南澳大利亚州美术馆**(见789页)，然后前往修缮一新的阿德莱德椭圆形体育场，看看**布拉德曼收藏馆**(Bradman Collection，见793页)。搭乘出租车去往**库珀啤酒厂**(Coopers Brewery，见793页)，展开一段认识啤酒之旅，然后乘坐有轨电车前去**格莱内尔格**(见795页)，游泳、静坐沙滩，品味炸鱼和薯条。

四日

延续前面的二日游行程——如有可能，还可以参观一下**南澳大利亚州博物馆**(South Australian Museum，见789页)和**Jam Factory当代工艺设计中心**(Jam Factory Contemporary Craft & Design Centre，见793页)。你可以用野餐篮装满中央市场的美食，随后前往附近的**阿德莱德丘陵**、**麦克莱伦谷**或**巴罗萨山谷**的葡萄酒产区畅游一日。次日还可以去**阿德莱德港**的博物馆和历史酒吧逛逛，而后赶回城里。在去**Gouger St**(见805页)享用晚餐之前，来**Grace Emily Hotel**(见809页)欣赏现场乐队演奏吧。

食的渴望是显而易见还是遮遮掩掩，这里绝对能让你心满意足。想要Mettwurst Shop的意大利蒜味腊肠，还是Smelly Cheese Shop的英国斯提尔顿奶酪，又或者Yoghurt Shop出售的蓝莓酸奶？你想要的这里都有，在这儿不尝点什么可不容易。阿德莱德的唐人街（Chinatown）就在隔壁。Adelaide's Top Food & Wine Tours（见797页）会组织导览游。

★南澳大利亚州美术馆 画廊

（Art Gallery of South Australia，见792页地图；www.artgallery.sa.gov.au；North Tce；⏲10:00~17:00）免费 你得花几个小时安静地参观这个镶木地板的拱顶美术馆，因为这里展示的是澳大利亚艺术巨匠的杰作。常设展览包括澳大利亚、原住民和托雷斯海峡岛民（Torres Strait Islander）、亚洲、欧洲和北美的艺术作品，甚至包括20件罗丹（Rodin）的青铜作品！地下室里则设有前卫大胆的临时展览。这里提供免费的导览游（每天 11:00和14:00）与午餐会（周二 12:30）。

澳大利亚国家葡萄酒中心 葡萄酒厂

（National Wine Centre of Australia，见792页地图；www.wineaustralia.com.au；Botanic Rd和Hackney Rd交叉路口；⏲周一至周五 8:00~21:00，周六 9:00~21:00，周日 9:00~19:00，团队游和品酒 10:00~17:00）免费 记得来这家魅力非凡的酒业中心，参加免费的葡萄酒发现之旅。实际上，这里本是阿德莱德大学（University of Adelaide）的研究院，而不只是旅游景点。自助导览游将带你体验互动式展览，你还可以品尝澳大利亚葡萄酒（$10起）。你会深入了解酿酒师们争论的议题，甚至还可以自己虚拟一份葡萄酒评级标准。周五晚的“开瓶”品酒会于16:30举行。此外，这里也有一家不错的咖啡馆。

南澳大利亚州博物馆 博物馆

（South Australian Museum，见792页地图；www.samuseum.sa.gov.au；North Tce；⏲10:00~17:00）免费 在这里可以深入了解澳大利亚的自然史，特展包括鲸类展和南极探险家道格拉斯·莫森爵士（Sir Douglas Mawson）的生平展。此外，这里还有一座原住民文化美术馆（Aboriginal Cultures Gallery），展示生活在库龙和墨累河下游的原住民Ngarrindjeri人的手工艺品。巨型鱿鱼和甩尾狮引人注目。免费团队游平日11:00启程，周末14:00和15:00启程。此处的咖啡馆适合享用午餐。

阿德莱德动物园 动物园

（Adelaide Zoo，见800页地图；www.zoossa.com.au/adelaide-zoo；Frome Rd；成人/儿童/家庭 $32.50/18/85；⏲9:30~17:00）奇妙的阿德莱德动物园于1883年开园，这里约有1800种异域和本土哺乳动物、鸟类和爬行动物，它们尽情嘶吼、号叫和鸣鸣。这里设有儿童动物园，组织喂食活动，每隔半小时进行免费徒步导览游（也提供时间更久的导览游和过夜游）。澳大利亚只有两只大熊猫，名叫“网网”（Wang Wang）和“福妮”（Funi），2009年从中国远道而来，入住本园，曾经轰动一时，一直深受游客喜爱。其他观览热门有夜行动物和爬行动物巢穴。可以搭乘大力水手号游船（Popeye，见802页）前往这个动物园。

阿德莱德植物园 公园

（Adelaide Botanic Gardens，见792页地图；www.botanicgardens.sa.gov.au；North Tce；⏲周一至周五 7:15至日落，周六和周日 9:00起）免费 来到这里，可以细品一本快餐读物消磨时间，也可以在林木繁茂的花园慢跑。亮点包括一座修缮后的1877年温室、一座拥有体型巨大的王莲（Victoria Amazonica）的睡莲馆、新开发的第一溪（First Creek）湿地、引人入胜的**经济植物学博物馆**（Museum of Economic Botany），还有模拟热带雨林环境的**两百周年纪念馆**（Bicentennial Conservatory，开放时间 10:00~16:00）。每天10:30，免费的1.5小时步行导览游，将从朔姆布尔克凉亭（Schomburgk Pavilion）出发。

移民博物馆 博物馆

（Migration Museum，见792页地图；www.migrationmuseum.com.au；82 Kintore Ave；⏲周一至周五 10:00~17:00，周六和周日 13:00~17:00）免费 这座迷人的社会历史博物馆，讲述众多移民来到南澳大利亚州定居的故事。博物馆的数据库拥有100多个民族（而非个人）的信

Adelaide 阿德莱德

息，其中还有不少令人心酸的往事。此外，这里还有曾经的原住民寄宿学校和贫民窟。

西台地公墓 墓地

（West Terrace Cemetery，见792页地图；☎08-8139 7400；www.aca.sa.gov.au；west Tce；⊙11月至次年4月 6:30~18:00，5月至10月 至20:30）**免费** 这座令人称奇的古老公墓建于1837年，安葬着15万人的遗体，大多数阿德莱德人开车经过此处都会忽视它，因而你可以在此体验静谧而不同寻常的漫步。自助式

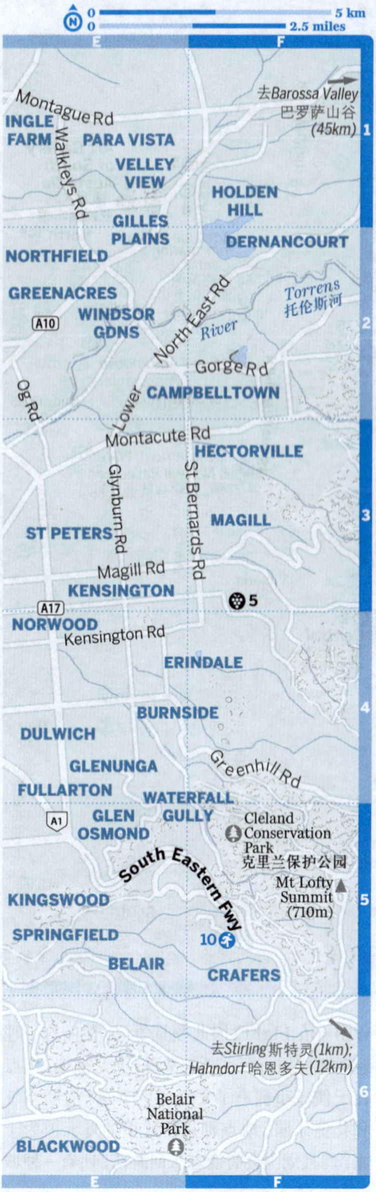

Adelaide 阿德莱德

景点

1	海湾探索中心	B5
	阿德莱德号	（见7）
2	库珀啤酒厂	C2
3	黑氏巧克力厂	D4
4	国家铁路博物馆	B1
5	奔富玛格尔酒庄	F3
6	南澳大利亚州航空博物馆	B2
7	南澳大利亚州海事博物馆	B1
8	Wild at Hart Fresh Food Market	B1

活动、课程和团队游

9	Adelaide Scuba	B5
	Dolphin Explorer Cruises	（见7）
10	鹰山自行车公园	F5
11	Glenelg Bicycle Hire	B5
12	Temptation Sailing	B5

住宿

13	BIG4 Adelaide Shores	B4
	Glenelg Beach Hostel	（见1）
14	Largs Pier Hotel	A1
15	Levi Park Caravan Park	D3
16	Oaks Plaza Pier	B5
	Port Adelaide Backpackers	（见4）
17	Seawall Apartments	B5
18	Watson	D3

就餐

19	Bar 9	D4
20	Café de Vili's	C4
	Good Life	（见1）
21	Jarmer's Kitchen	C3
22	Parwana Afghan Kitchen	C4
23	Zest Cafe Gallery	B5
	Zucca Greek Mezze	（见12）

饮品和夜生活

24	Colonist	D4
	Pier Bar	（见12）
25	Wheatsheaf	C3

娱乐

26	阿德莱德娱乐中心	C3
27	Governor Hindmarsh Hotel	C3

的**遗产亮点解说小径**（Heritage Highlights Interpretive Trail）总长2公里，经过29处重要景点。记得在公墓入口处取一本小册子。导览游周二和周日10:30启程（每人$10），请电话预订。

塔达亚国家原住民文化研究所 画廊

（Tandanya National Aboriginal Cultural Institute，见792页地图；☎08-8224 3200；www.tandanya.com.au；253 Grenfell St；⏰周一至周六 9:00~16:00）免费 这个研究所深刻揭

Central Adelaide 阿德莱德市中心

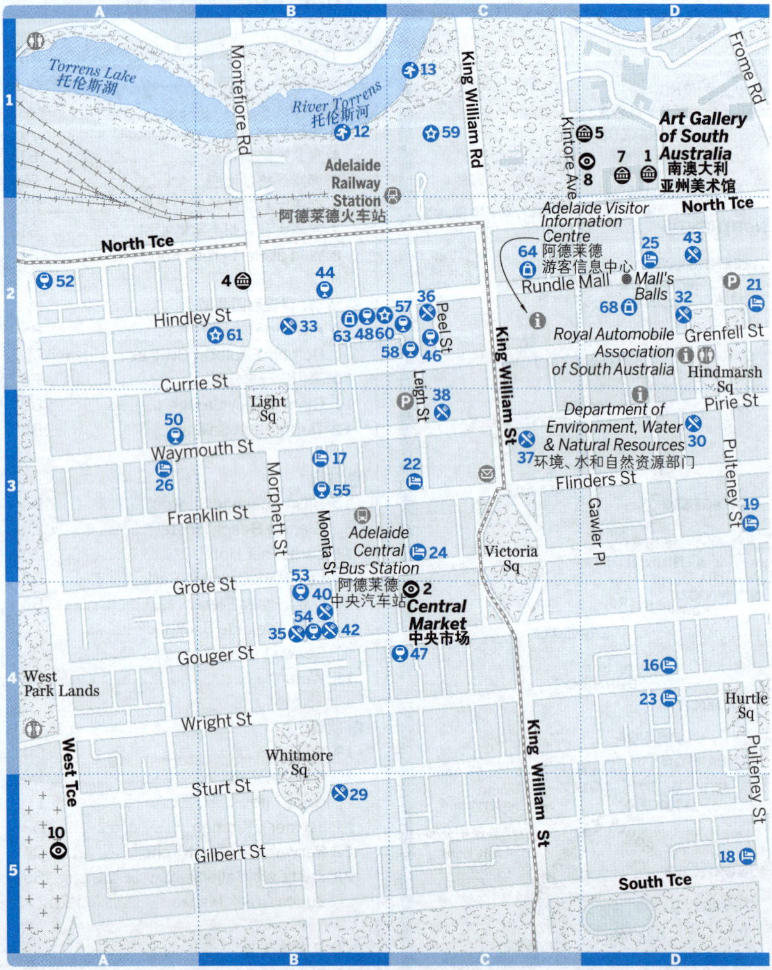

示原住民Kaurna人的文化，他们的领土南至杰维斯角（Cape Jervis）、北至威克菲尔德港（Port Wakefield）。内部设有互动视频艺术展区，还有礼品店和咖啡馆。可以致电咨询迪吉里杜管（didgeridoo）或托雷斯海峡岛民文化表演详细情况，也可提前预订团队游。

阿德莱德公园（Adelaide Park Lands） 公园

免费 包括时尚的阿德莱德北部在内，阿德莱德全城都被宽阔的草地所环绕，城市最初的设计者威廉·莱特上校（Colonel William Light）因此颇具争议，他的这一理念对整座城市而言既是幸事、又是祸端，优点在于使城市拥有了大片绿色空间、清新空气和儿童乐园。缺点则是让这里的夏天极为干燥，而且周围会有变态来回游荡，还有一种城市与郊区分离的感觉。

不要错过位于南台（South Terrace）的**游乐场**和**阿德莱德—姬路花园**（Adelaide-Himeji Garden，见792页地图），以及**威廉·莱特上校雕像**（见800页地图），后者屹立在蒙特费里山（Montefiore Hill），俯瞰阿

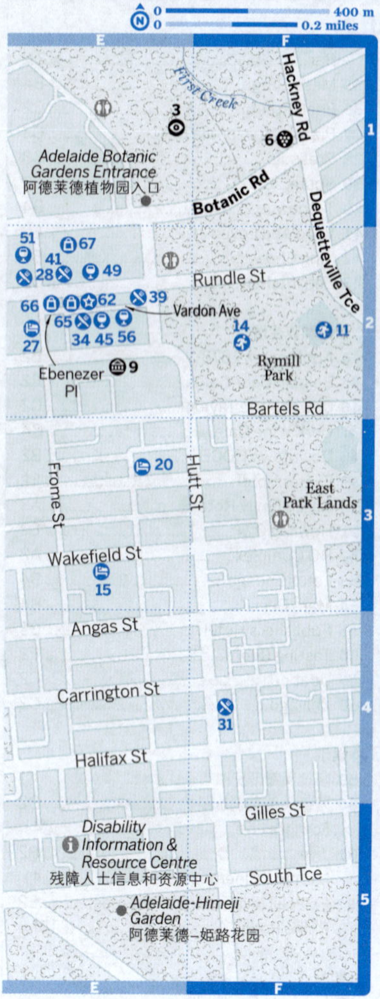

德莱德椭圆形体育场（Adelaide Oval）和城市办公大楼。

Jam Factory当代工艺设计中心

艺术馆

（Jam Factory Contemporary Craft & Design Centre，见792页地图；☎08-8410 0727；www.jamfactory.com.au；19 Morphett St；⏲周一至周六10:00~17:00）免费 拥有高品质的当代本地手工艺品，还有一些作坊和一家酷热难耐的玻璃产品吹制工作室（你可以在阳台上观看全过程），这里出品不少美轮美奂的玻璃器物。团队游（6人或以上）需要提前预约。

阿德莱德北部

阿德莱德椭圆形体育场

地标

（Adelaide Oval，见800页地图；☎08-8205 4700；www.adelaideoval.com.au；King William Rd, North Adelaide；团队游 成人/儿童 $20/10；⏲团队游 周一至周五 非赛事日 11:00和14:00）阿德莱德椭圆形体育场被誉为世界上最漂亮的板球场，夏季承办州际和国际性板球大赛，冬季则举行国家澳式橄榄球联赛（Australian Football League，简称AFL）和州橄榄球联赛。场馆经过扩建，可以容纳50,000名观众。每当观众齐声呐喊，主场优势立刻凸显！团队游启程地是Riverbank Stand，紧邻War Memorial Dr；请通过电话预约。

布拉德曼收藏馆（Bradman Collection，见800页地图；Riverbank Stand；⏲周一至周五10:00~16:00）免费 也在这里。唐纳德·布拉德曼（Don Bradman）的球迷可以来此细致了解这位板球超人的传奇往事。一尊布拉德曼的青铜雕像坐落在球场前方。

近郊

库珀啤酒厂

酿酒厂

（Coopers Brewery，见790页地图；☎08-8440 1800；www.coopers.com.au；461 South Rd, Regency Park；1小时团队游每人 $22；⏲团队游周二至周五 13:00）来阿德莱德游玩，怎能不来库珀啤酒厂参观？团队游将带你浏览啤酒厂、装瓶间和历史博物馆，你还可以在那里品尝烈性酒、麦芽酒和淡啤酒。这里需要提前预约；最低参团年龄18岁。啤酒厂位于北部近郊——从伊斯灵顿火车站（Islington train station）搭乘出租车或步行1公里即可到达。

奔富玛格尔酒庄

葡萄酒厂

（Penfolds Magill Estate Winery，见790页地图；☎08-8301 5569；www.penfolds.com；78 Penfolds Rd, Magill；品尝 免费至$50；⏲10:00~17:00）作为澳大利亚最为著名的葡萄酒，具有传奇色彩的葛兰许（Grange）正是发源于这家已有百年历史的葡萄酒厂。你可以在品酒室品尝佳酿，在餐厅里享用餐点，参加遗迹之旅（Heritage Tour, $15），或者不吝钱财，加入葛兰许绝世之旅（Great Grange Tour, $150），必须预约。

Central Adelaide 阿德莱德市中心

重要景点

1 南澳大利亚州美术馆 D1
2 中央市场 C4

景点

3 阿德莱德植物园 E1
4 Jam Factory当代工艺设计中心 B2
5 移民博物馆 D1
6 澳大利亚国家葡萄酒中心 F1
7 南澳大利亚州博物馆 D1
8 南澳大利亚州立图书馆 D1
9 塔达亚国家原住民文化研究所 E2
10 西台地公墓 A5

活动、课程和团队游

11 阿德莱德保龄球俱乐部 F2
12 朱莉船长游乐船 B1
13 大力水手号 C1
14 Rymill Park Rowboats F2

住宿

15 Adabco Boutique Hotel E3
16 Adelaide Backpackers Inn D4
17 Adelaide Central YHA B3
18 Adelaide City Park Motel D5
19 Backpack Oz D3
20 Clarion Hotel Soho E3
21 Crowne Plaza Adelaide D2
22 Franklin Central Apartments C3
23 Hostel 109 D4
24 Hotel Metropolitan C3
25 Hotel Richmond D2
26 My Place A3
27 Roof Garden Hotel E2

就餐

28 Amalfi Pizzeria Ristorante E2
29 Café Troppo B5
中央市场 （见2）
30 Earth's Kitchen D3
31 Good Life F4
32 Jasmin Indian Restaurant D2
33 Jerusalem Sheshkabab House B2
34 Kutchi Deli Parwana E2
Lucia' s Pizza & Spaghetti Bar （见2）
35 Mesa Lunga B4
36 Peel Street C2
37 Pizza e Mozzarella Bar C3
38 Press C3
39 Sosta E2
40 T-Chow B4
41 Vego And Loven' It E2
42 Ying Chow B4
43 Zen Kitchen D2

饮品和夜生活

44 Apothecary 1878 B2
45 Belgian Beer Café E2
46 Clever Little Taylor C2
47 Cork Wine Cafe C4
48 Downtown HDCB B2
49 Exeter Hotel E2
50 Grace Emily Hotel A3
51 Howling Owl E2
52 HQ Complex A2
53 Lotus Lounge B4
54 Mars Bar B4
55 Publishers Hotel B3
56 Tasting Room E2
57 Udaberri C2
58 Zhivago C2

娱乐

59 阿德莱德节庆中心 C1
60 阿德莱德交响乐团 B2
Fowlers Live （见4）
61 Jive B2
Mercury Cinema （见4）
62 Palace Nova Eastend Cinemas E2
Rhino Room （见51）

购物

63 Imprints Booksellers B2
64 茱莉蔻 C2
65 Midwest Trader E2
66 Miss Gladys Sym Choon E2
67 Streetlight E2
68 Tarts D2
Urban Cow Studio （见51）

黑氏巧克力厂 巧克力

（见790页地图；☎08-8372 7070；www.haighschocolates.com；154 Greenhill Rd，Parkside；⏰周一至周五 8:30~17:30，周六 9:00~17:00）**免费** 如果你对巧克力颇有微词，这家龙头作坊定会让你冰释前嫌。免费团队游历时20分钟，纵览从可可豆到手工松露巧克力的制作全过程，并且可以试吃。可以致电咨询团队游时间并预约。

格莱内尔格

格莱内尔格又被称作“海湾”（the Bay），是来南澳大利亚州的殖民者登陆的地点，也是阿德莱德最前卫的区域。格莱内尔格**海滩**面朝西方，每当夕阳落入大海，酒吧和小酒馆里就挤满了冲浪者、背包客和留有晒痕的花甲老人。隆隆的有轨电车从城中驶来，途经**杰蒂路**（Jetty Rd）的购物街，前往**莫斯利广场**（Moseley Sq）周边的露天咖啡馆。

格莱内尔格游客信息中心（Glenelg Visitor Information Centre，见790页地图；☎08-8294 5833；www.glenelgsa.com.au；Shop 22, Marina Pier, Holdfast Shores, Glenelg；⊙周一至周五 9:00~16:30，周六和周日 10:00~14:00）提供各种当地旅游信息，包括**潜水**和**搭乘帆船**详情。

在城里，你可以搭乘有轨电车，抑或167路、168路或190路公交车前往格莱内尔格。

海湾探索中心 博物馆

（Bay Discovery Centre，见790页地图；www.glenelgsa.com.au/baydiscover；Moseley Sq, Town Hall；乐捐入场；⊙10月至次年3月 10:00~17:00，4月至9月 至16:00）这家低调的博物馆位于格莱内尔格建于1887年的市政厅（Town Hall）内，讲述了格莱内尔格从殖民地时期至今的社会历史，展现了当地原住民Kaurna人的历史困境——他们不仅失去了自己的土地，也失去了发言权。不要错过码头旧址出土的遗迹，还有古老而阴森的杂耍机。

阿德莱德港

阿德莱德港位于城市西北方15公里处，数十年以来深受经济低迷困扰，如今正在缓步提升。仓库变身艺术空间和博物馆，喧闹酒馆成为精品啤酒商店，甚至出现一家有机食品交易市场。总之，一切都越来越棒。

阿德莱德港游客信息中心（Port Adelaide Visitor Information Centre，见790页地图；☎08-8405 6560, 1800 629 888；www.portenf.sa.gov.au；66 Commercial Rd, Port Adelaide；⊙9:00~17:00；📶）非常实用，提供导游手册，介绍历史景点自助游、遗址酒吧、徒步及驾车观览海豚之旅。同时介绍附近极具波希米亚特色的塞默福海滩（Semaphore）的无尽风情。旅游项目包括观海豚巡航游和皮划艇。

据说阿德莱德孤寂的电车轨道将延伸至阿德莱德港。在此之前，你可以从North Tce搭乘150路公交车，也可以乘坐火车前往阿德莱德港。

南澳大利亚州海事博物馆 博物馆

（South Australian Maritime Museum，见790页地图；www.samaritimemuseum.com.au；126 Lipson St, Port Adelaide；成人/儿童/家庭 $10/5/25；⊙每天 10:00~17:00，灯塔 周日至周五 10:00~15:00）这是澳大利亚同类型博物馆中最古老的海事博物馆。亮点包括标志性的**阿德莱德港灯塔**（Port Adelaide Lighthouse，只参观灯塔$1，或可包含在参观博物馆的门票之中）、足迹遍布北爱尔兰的伦敦德里（Londonderry）和加拿大魁北克（Quebec）等地的船头雕饰、船只遗骸和探险家展品，还可在电脑中查阅早期移民资料。

Wild at Hart Fresh Food Market 市场

（见790页地图；www.wildathart.com.au；Mundy St, Port Adelaide；⊙周日 9:00~13:00）码头的大众市场乏善可陈，可直接忽略。这个市场出色得多，出售有机产品、家常饭食、烘焙食品和咖啡，还有街头艺人混迹于此，整体氛围不同凡响。哈特老厂房惹人喜爱。

国家铁路博物馆 博物馆

（National Railway Museum，见790页地图；www.natrailmuseum.org.au；76 Lipson St, Port Adelaide；成人/儿童/家庭 $12/6/32；⊙10:00~17:00）火车爱好者的福音！这里摆满了各种铁路纪念品，足以令狂热爱好者们欢天喜地。书店里《托马斯和他的朋友们》（*Thomas the Tank Engine*）系列应有尽有。

阿德莱德号 船只

（City of Adelaide，见790页地图；www.cityofadelaide.org.au；Divett St, Port Adelaide；⊙24小时）**免费** 漫步前往Divett St尽头，（透过栅栏）窥视一眼世界最古老的老飞剪船（1864年建造）的模样。2013年，搁浅的阿德莱德号船体从苏格兰运送至此。

活动

阿德莱德地势非常平坦，如果天气不太

热的话，这里非常适合骑自行车和步行。自行车可以随时带上火车，但不能带到公交车上。**Trails SA**（www.southaustraliantrails.com）提供大量可供骑车和徒步的道路信息，记得带一本名叫《南澳40大短途步道》（*40 Great South Australian Shortwalks*）的小册子。

阿德莱德植物园（见789页）内有免费的徒步导览游。滨河的**带状公园小径**（Linear Park Trial）是一条长达40公里的徒步/骑车小道，位于格莱内尔格通往阿德莱德丘陵的山脚下，主要沿着托伦斯河（River Torrens）而行。另外一条颇受欢迎的步道则是陡峭的**Waterfall Gully Track**（往返3小时），通向洛夫蒂山顶（Mt Lofty Summit）和后山。

如需免费借用一天**阿德莱德城市自行车**（Adelaide City Bike），可联系Bicycle SA（见816页）。

鹰山自行车公园 山地自行车

（Eagle Mountain Bike Park，见790页地图；www.bikesa.asn.au；Mt Barker Rd，Leawood Gardens；⏲黎明至黄昏）免费 鹰山自行车公园位于阿德莱德丘陵之中，拥有总长21公里的小道，山地自行车手们可得去那里看看。登录官网查询具体方位。

Escapegoat 自行车游

（☎0422 916 289，08-8121 8112；www.escapegoat.com.au）从710米高的洛夫蒂山（Mt Lofty）山顶骑车俯冲至阿德莱德（$99），或者参加骑车穿过麦克莱伦谷的一日游活动（$129）。此外，这里也有前往弗林德斯岭的自行车之旅。

阿德莱德保龄球俱乐部 保龄球

（Adelaide Bowling Club，见792页地图；☎08-8223 5516；www.adelaidebowlingclub.com.au；58 Dequetteville Tce；每人 $15；⏲10月至次年3月 周日 14:00至深夜）这个老牌俱乐部位于中央商务区（Central Business District，简称CBD）以东。可以前往，参加周日超级保龄球（Sunday Superbowlz）赛事，小试身手。如想休憩，可去俱乐部会所享用晚餐和饮料。

Bikeabout 山地自行车

（☎0413 525 733；www.bikeabout.com.au）组织"阿德莱德"（Radelaide）骑乘山地自行车一日游活动，骑乘山地自行车游览阿德莱拉丘陵（$130起）。同时，出租山地自行车（每24小时 $65起），并组织团队游，带你领略巴罗萨山谷、麦克莱伦谷和克莱尔山谷这些葡萄酒产区的盛景。

Glenelg Bicycle Hire 自行车出租

（见790页地图；☎08-8376 1934；www.glenelgbicyclehire.com.au；71 Broadway，Norfolk Motor Inn，Glenelg South；每4小时/天 $25/50，双人自行车 $40/60）Glenelg Bicycle Hire就在海滩上，可以在那儿租借自行车。

水上运动

阿德莱德的夏天简直热得无以复加！赶紧奔赴格莱内尔格的海滩，或者参加其他水上活动降降温吧。想要尝试更多选择，不妨体验一下**大力水手号**（见802页）的河面巡航游，以及朱莉船长游乐船（Captain Jolley's Paddle Boats，见802页）。

阿德莱德水上中心 游泳

（Adelaide Aquatic Centre，见800页地图；www.adelaideaquaticcentre.com.au；Jeffcott Rd，North Adelaide；成人/儿童/家庭 $7.50/6/21；⏲周一至周五 6:00~21:00，周六和周日 7:00~19:00）距离城市最近的游泳池，还有室内泳池和潜水池，并提供健身房、桑拿房和水疗设施。

Adventure Kayaking SA 皮划艇

（☎08-8295 8812；www.adventurekayak.com.au；团队游 成人/儿童 $50/25起，皮划艇出租 每3小时 1/2/3等座 $40/60/80）🍃在港口河的入河口附近组织皮划艇导览游，你可以看到海豚、红树林和船只残骸，非常适合家庭游客。这里也对外出租皮划艇。

Rymill Park Rowboats 划船

（见792页地图；☎08-8232 2814；www.rymillparkkiosk.com.au；Rymill Park，East Tce；船只每小时 $8；⏲周六和周日 9:00~16:30）来到Rymill Park，租借一叶扁舟。湖面之上，鸭子穿梭往来。你可带着孩子徜徉其间。位于市中

心以东。

Temptation Sailing 划船

（见790页地图；☎0412 811 838；www.dolphinboat.com.au；Holdfast Shores Marina，Glenelg；3.5小时海豚观赏/共游 每位成人 $68/98，儿童 $58/88）提供环保的双体船巡航游，你可以观赏海豚，或与之同游。这里也组织黄昏巡游和1.5小时的白天巡游（成人/儿童 $24/16）。

Earth Adventure 皮划艇

（☎08-8165 2024；www.earthadventure.com.au；3小时皮划艇 每人 $75起）这家机构组织清晨皮划艇之旅，探访阿德莱德港附近港口河（Port River）周边的红树林和船只失事地点。如果旅行团少于5人，人均费用提高。可以划行更远，前往墨累河（Murray River）、袋鼠岛（Kangaroo Island）和科芬湾（Coffin Bay）周边地带。

Dolphin Explorer Cruises 划船、游轮

（见790页地图；☎08-8447 2366；www.dolphinexplorer.com.au；Commercial Rd，Port Adelaide；2小时巡航游 成人/儿童 $10/6起；⏲每天）巡航游从阿德莱德港的渔夫码头出发，在港口河前去与宽吻海豚（bottlenosedolphin）"眉目传情"。这里还有很多带餐饮服务的巡航游供你选择。

Adelaide Scuba 潜水

（见790页地图；☎08-8294 7744；www.adelaidescuba.com.au；Patawalonga Frontage，Glenelg North；⏲周一至周五 9:00~17:30，周六和周日 8:00~17:00）出租浮潜设备（每天$30），并组织潜水活动（单人/双人潜水 $65/130）。开设潜水入门课程，时长两个周末，费用 $450。

团队游

搭乘自由城市巴士环游各主要景点是参观阿德莱德的最佳方式。除了市内，一日游活动还涵盖了周边的阿德莱德丘陵、弗勒里约半岛、巴罗萨山谷和克莱尔山谷。前往距离较远的弗林德斯岭和袋鼠岛的一日游通常只是走马观花，并非物有所值。

长路漫漫

南澳大利亚州拥有三条远程徒步、骑行小径，全都穿过或经过阿德莱德。

海森小径（Heysen Trail；www.heysentrail.asn.au）澳大利亚最长徒步小径：全长1200公里，连接弗勒里约半岛的杰维斯角和弗林德斯岭的帕拉齐尔纳峡谷（Parachilna Gorge）。途中设有几处入口，特别适合半日和一日徒步游。注意：根据防火规定，12月至次年4月这个小径部分路段禁止通行。

基德曼小路（Kidman Trail；www.kidmantrail.org.au）这条徒步和骑行小径分为10段，位于弗勒里约半岛的威朗加和巴罗萨山谷以北的Kapunda之间。

莫森小路（Mawson Trail；www.southaustraliantrails.com）这条骑行小径全程900公里，位于阿德莱德和弗林德斯岭的布林曼（Blinman）之间，穿过阿德莱拉丘陵和克莱尔山谷（Clare Valley）。

Adelaide's Top Food & Wine Tours 团队游

（☎08-8386 0888；www.topfoodandwinetours.com.au）始于清晨（$70，含早餐）或上午（$55）的团队游，将带你了解南澳大利亚州美食的精髓，来到熙熙攘攘的中央市场，那里的摊贩会向你介绍他们的农产品。另有前往阿德莱德丘陵、麦克莱伦谷、巴罗萨山谷和克莱尔山谷的品鉴葡萄酒团队游。

Bookabee Tours 文化游

（☎08-8235 9954；www.bookabee.com.au）原住民运营的半天/全天城市团队游（$180/255），关注的重点是阿德莱德植物园、塔达亚国家原住民文化研究所和南澳大利亚州博物馆里的丛林美食。这是一次深入了解Kaurna人文化的绝好机会。你也可选择距离稍长的弗林德斯岭（Flinders Ranges）团队游。

Bums on Seats 导览游

（☎0438 808 253；www.bumsonseats.com.au；每人 $55，景点联票 $85）穿越阿德莱德港的团队游为数不多，这是其中一个。可以仅仅

游览阿德莱德港，也可参加组合景点团队游，游览阿德莱德港以及其他阿德莱德主要景点和地标。

Adelaide Sightseeing 导览游

（☎1300 769 762；www.adelaidesightseeing.com.au）组织阿德莱德亮点团队游活动（$64），地点包括North Tce、格莱内尔格、黑氏巧克力工厂、阿德莱德椭圆形体育场和其他景点。也提供中央市场、巴罗萨山谷、麦克莱伦谷、阿德莱德丘陵、袋鼠岛的团队游。

Haunted Horizons 导览游

（☎0407 715 866；www.adelaidehauntedhorizons.com.au；每个成人 $30）这项夜间徒步游恐怖刺激，历时2小时，只接收成人。深入挖掘阿德莱德那些阴森、残暴和神秘的历史。

Integrity Tours 导览游

（☎08-8382 9755；www.integritytoursandcharter.com.au）提供阿德莱德城市夜景团队游（$59）和前往阿德莱德丘陵的半天/全天团队游（$69/99起），还有带你探索麦克莱伦谷/弗勒里约半岛的一日游活动（$99起）。

节日和活动

Tour Down Under 运动

（www.tourdownunder.com.au）世界上最卓越的自行车手将在这里挥汗如雨：六段赛程穿越南澳大利亚州的各大城镇，而盛大的决赛冲刺则于每年1月在阿德莱德上演。

阿德莱德艺穗节 艺术节

（AdelaideFringe；www.adelaidefringe.com.au）每年2月和3月独立举办的艺术节，仅次于爱丁堡艺穗节（Edinburgh Fringe），充满了溢于言表的欢腾、时尚和莫测。

阿德莱德节 艺术节

（Adelaide Festival；www.adelaidefestival.com.au）每年3月举行，汇聚了澳大利亚和全球一流的舞蹈、戏剧、歌剧、文学和舞台表演。不要错过Lola's Pergola夜总会以及North

当地知识

阿德莱德艺术和节日

爱玛·费伊（Emma Fey）是阿德莱德艺术界领军人物，也是南澳大利亚州美术馆前任开发经理（Development Manager），她向我们分享了一些阿德莱德节日与艺术场所的亮点。

节庆季

阿德莱德节（Adelaide Festival）、阿德莱德艺穗节、阿德莱德作家周（Adelaide Writer's Week）以及Clipsal 500（V8房车赛），都在2月或3月左右举行，那时天气晴朗，每个人都充满活力，投入户外活动之中。我想象不到还有哪个地方像这儿一样，能看到一群赛车狂人身边是足不出户的“宅人”。观察人群也很有意思！

城中艺术

南澳大利亚州美术馆位于North Tce的中部（地处城区与小河之间，一旁则是博物馆和大学）。美术馆最近进行了翻新，两个侧厅Elder和Melrose再度对外开放，吸引了更多游客，特别是年轻人和孩子，因为这里新建了一片名为“工作室”（the Studio）的艺术创作专属空间。此外，阿德莱德也有一些展示当代艺术的区域，它们不经意间突然出现在小巷之中。

最佳免费活动

阿德莱德会举办各种各样免费而惊艳的活动，特别是在阿德莱德节期间，街头游击艺术与游击餐厅的就餐体验相映成趣，此外还有非同凡响的阿德莱德节深夜夜店（Adelaide Festival late-night club）Lola's Pergola和南澳大利亚州美术馆每天推出的免费项目等待着你。

Tce沿途的Northern Lights，闪耀的灯光将照亮古老的砂石建筑。

Clipsal 500 运动

（www.clipsal500.com.au）为期4天的Clipsal 500于每年3月举行，阿德莱德的街道会化身竞速场，吸引着发烧友们热情参与，享受霍顿（Holden）与福特（Ford）赛车之间的极速较量。

阿德莱德世界音乐节 音乐节

（WOMADelaide; www.womadelaide.com.au）全球最好的现场音乐节之一，有来自全世界的超过300名音乐家和演员登台献艺。每年3月举行。

澳大利亚美食节 食品、葡萄酒

（Tasting Australia; www.tastingaustralia.com.au）节日期间，全城出动，竞相晒出美食。美食活动分为"吃"、"喝"、"分享"和"思考"几类。开设课程，现场演示，还可大快朵颐。每年4月下旬举行。

阿德莱德卡巴莱歌舞节 表演艺术

（Adelaide Cabaret Festival; www.adelaidecabaretfestival.com）澳大利亚唯一的歌舞表演节，每年6月举行。

阿德莱德吉他节 音乐节

（Adelaide Guitar Festival; www.adelaideguitarfestival.com.au）一年一度的吉他音乐节，其间有大量的摇滚乐、古典乐、乡村乐、蓝调和爵士乐表演，每年7月举办。

南澳大利亚现代艺术节 艺术节

（South Australian Living Artists Festival，简称SALA; www.salafestival.com.au）横跨整个城镇的前卫展览，甚至不允许过气艺术家参展，就在每年的8月。

City to Bay 运动

（www.city-bay.org.au）每年9月，总长12公里的公益长跑将从阿德莱德出发，终点设在格莱内尔格，让你挥汗如雨，还能考验你的心脏承受能力。

Royal Adelaide Show 文化节

（www.theshow.com.au）农艺和园艺展览，还有大量巡回演艺和娱乐活动，每年9月举行。

OzAsia Festival 文化节

（www.ozasiafestival.com.au）美食、艺术、交流和音乐，更有迷人的中秋灯会节（Moon Lantern Festival）。每年9月举行。

南澳大利亚州国家橄榄球联盟总决赛 运动

（SANFL Grand Final; www.sanfl.com.au）每年9月迎来当地澳式规则（Aussie Rules）橄榄球赛季的最高潮。去阿德莱德椭圆形体育场现场也好，到酒吧观看转播也好，或者只是在房间看电视也行，总之怎么样都别错过！

圣诞游行 文化节

（Christmas Pageant; www.cupageant.com.au）每年11月（好奇怪的时间），这项拥有70年历史的阿德莱德习俗活动——彩车、乐队和游行队伍将会占据城市街道整整一天。

Feast Festival 同性恋节日

（www.feast.org.au）11月，阿德莱德举行盛大的男女同性恋庆典，为期2周，其间有狂欢活动、戏剧、对话讨论和舞蹈表演。

住宿

阿德莱德大多数经济型住宿地位于市中心。然而，在阿德莱德旅游出行非常方便，所以住到中央商务区（CBD）的外围也是不错的选择。阿德莱德北部很是繁忙，但也颇为低调。想要住在滨海地区，不妨去格莱内尔格找找。"旅舍一条街"（Motel Alley）就在通向城市东南部的主干道Glen Osmond Rd沿途。

登录www.bandbfsa.com.au获取民宿列表。

阿德莱德市中心

My Place 青年旅舍 $

（见792页地图；☎1800 221 529, 08-8221 5299; www.adelaidehostel.com.au; 257 Waymouth St; 铺/标双/双 含早餐 $26/72/72起；P ❄ 📶）与正规运营的大型旅舍不同，My Place有着热情而又私密的氛围，与Grace Emily酒店仅咫尺之遥。虽然颇有争议，但依然堪称阿德莱德最好的酒馆！这里拥有温馨的电视房、

North Adelaide 阿德莱德北部

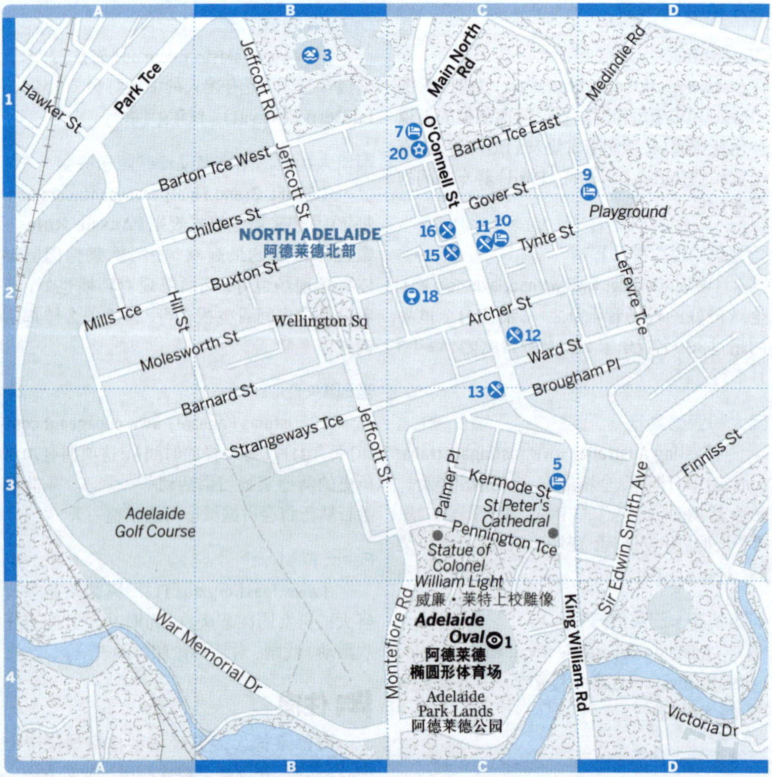

临街的烧烤露台、免费自行车和Wi-Fi，还有定期的比萨和酒吧之夜，真是独行游客的不二之选。

Adelaide Central YHA 青年旅舍 $

（见792页地图；☎08-8414 3010；www.yha.com.au；135 Waymouth St；铺 $32起，双 带/不带浴室 $105/90起，家 $130起；P ❄ @ 📶）这家国际青年旅舍并不以社交活动而闻名，你可以在宽敞而又舒适的客房内尽享充足睡眠。这是一家极为时尚的旅舍，拥有不错的安保、宽敞的厨房、休息区以及整洁的厕所，相较于城镇周边的其他普通青年旅舍而言，着实是一大进步。停车费每天$10起。

Backpack Oz 青年旅舍 $

（见792页地图；☎1800 633 307，08-8223 3551；www.backpackoz.com.au；Wakefield St和Pulteney St交叉路口；铺/标单/双/标双/标三 $26/65/70/75/105；❄ @ 📶）尽管外表并不怎么突出，但这家改建的酒馆（原先的Orient Hotel）却完美平衡了聚会的欢腾与房间的宁静。酒店拥有宽敞的铺房，以及一间额外的简朴客房，就在马路的对面，非常适合夫妻。顾客也可以在酒吧里喝啤酒、打台球。许多项目免费，包括早餐、Wi-Fi、自行车、床上用品和周三晚间烧烤。

Hostel 109 青年旅舍 $

（见792页地图；☎1800 099 318，08-8223 1771；www.hostel109.com；109 Carrington St；铺/标单/标双/双/标三 $30/65/75/90/105；❄ @ 📶）这家小型的青年旅舍位于镇上一处静谧的角落，管理良好，拥有几个小型阳台，可供俯瞰街道。此外，这里还有一间舒适的厨房/公共区域。旅舍里一尘不染，氛围友好，提供锁柜和煤气炉灶，安保也很不错。唯一不

North Adelaide 阿德莱德北部

重要景点
1 阿德莱德椭圆形体育场 C4

景点
2 阿德莱德动物园 E4
布拉德曼收藏馆 ......（见1）

活动、课程和团队游
3 阿德莱德水上中心 B1

住宿
4 阿德莱德房车公园 F2
5 Greenways Apartments C3
6 Minima Hotel E2
7 O'Connell Inn C1
8 Old Lion Apartments E2
9 Princes Lodge Motel D1
10 Tynte Street Apartments C2

就餐
11 Amarin Thai C2
12 Gin Long Canteen C2
13 Good Life C3
14 Lion Hotel E2
15 O'Connell St General C2
16 Royal Oak C2
17 Store E2

饮品和夜生活
18 Daniel O'Connell C2

娱乐
19 Moonlight Cinema F4
20 Piccadilly Cinema C1

足是房间通向采光天井，而不是外面的大千世界。17点以后街边停车免费。

Hotel Metropolitan 小酒店 $

（见792页地图；☎08-8231 5471；www.hotelmetro.com.au；46 Grote St；标单/标双/双/家 $55/90/90/180起；📶）Metropolitan酒吧早在1883年便已开门营业。26间楼上客房拥有条纹床单、高高的屋顶、小型平板电视和各种床上用品。酒吧侍者扬起眉毛说："以前在这里住宿可谓绝妙的体验。"我们不确定他话里的真实含义，但是如今，即使身处风景优美的地段，你也可以期待价格便宜又体面舒适的住宿环境。浴室共用。

Adelaide Backpackers Inn 青年旅舍 $

（见792页地图；☎1800 099 318，08-8223 6635；www.abpi.com.au；112 Carrington St；铺 $27起；❄@📶）这家休闲雅致的旅舍，前身是1841年便已开业的小酒馆ol' Horse & Jockey。旅舍最近进行了翻新，如今拥有崭新的浴室、冰箱、地毯、洗衣机和时髦的色调。来往Hutt St和Rundle St方便。出租小汽车和助力车，自行车免费出借。17点以后街边停车免费。

★Adabco Boutique Hotel 精品酒店 $$

（见792页地图；☎08-8100 7500；www.adabcohotel.com.au；223 Wakefield St；双 $139起；❄📶）这家精品酒店出类拔萃，外部使用石材构造，建于1894年，采用威尼斯哥特式（Venetian Gothic）风格。过去，曾经作为原住民教育机构、旱冰馆以及滑绳运动场。现

在，提供三类客房，房间配备妙趣横生的艺术作品和优质床上用品。同时，提供早餐和免费Wi-Fi。员工面带微笑。绝对属于上乘住宿地点。

Hotel Richmond 酒店 $$

（见792页地图；☎08-8215 4444；www.hotelrichmond.com.au；128 Rundle Mall；双 $140起；P❄📶）这家豪华酒店位于一幢20世纪20年代的高大建筑内，就在蓝道购物中心（Rundle Mall）的中部，拥有时尚而简约的客房，内设宽大的床铺、大理石的浴室、美国橡木和意大利式家具。对了，酒店还配有极为少见的开放式窗户。免费提供电影和报纸。停车费每天$20起。

Clarion Hotel Soho 酒店 $$

（见792页地图；☎08-8412 5600；www.clarionhotelsoho.com.au；264 Flinders St；双 $145起；P❄📶🏊）这家酒店位于阿德莱德东区，奢华套房（有些设有水疗池，大多数都有阳台）想要营造伦敦Soho区的氛围？奢华的床单、24小时客房服务、意大利式大理石浴室、按摩浴缸以及一家上等的餐厅，恰如其分地做到了这一点。周中几天的价格较为便宜。停车费$20起。提供免费Wi-Fi。

Franklin Central Apartments 公寓 $$

（见792页地图；☎1300 662 288，08-8221 7050；www.franklinapartments.com.au；36 Franklin St；1卧/2卧/3卧 公寓 $148/199/298起；P❄📶）这栋老式红砖写字楼魅力四射，包含五类公寓客房，房间内饰雅致新潮，地处市区，物有所值。客户定位差旅人士，但是地段和价位都适合度假者。停车每天收费$15。

Adelaide City Park Motel 汽车旅馆 $$

（见792页地图；☎08-8223 1444；www.citypark.com.au；471 Pulteney St；双 带/不带浴室 $110/88起，家 $210起；P❄📶）城区周边出色

带孩子游阿德莱德

很少有孩子不喜欢**搭乘有轨电车**从市区前往格莱内尔格（5岁以下儿童免票），他们可能还会赖在车上迟迟不愿下来。你不妨提议在**海滩**边的浅水区戏水，再去草坪上吃点炸鱼薯条，这样应该足以诱惑他们乖乖下车。

学校假期期间，**南澳大利亚州博物馆**（见789页）、**南澳大利亚州立图书馆**（State Library of South Australia，见792页地图；☎08-8207 7250；www.slsa.sa.gov.au；North Tce和Kintore Ave交叉路口，1st fl；⏲周一至周三10:00~20:00，周四和周五 至18:00，周六和周日 至17:00）、**南澳大利亚州美术馆**（见789页）、**阿德莱德动物园**（见789页）和**阿德莱德植物园**（见789页）会组织有教育意义的项目活动，适合儿童和家庭参与，并可接触一些互动性展览。在每月第一个周日，美术馆还会从正午至15:00举办名为**“从美术馆出发”**（START at the Gallery）的儿童项目，涵盖团队游、音乐演出和各类活动。

在托伦斯河下游，**大力水手号**（Popeye，见792页地图；www.thepopeye.com.au；往返成人/儿童 $12/6，单程 $4/2；⏲10:00~16:00）河面巡航游和**朱莉船长游乐船**（见792页地图；www.captainjolleyspaddleboats.com.au；Elder Park；租赁 每30分钟 $20；⏲夏季 每天9:30~18:00，冬季 周六和周日 10:00~16:00）溅起水花，让孩子兴奋、惬意。**Rymill Park Rowboats**（见796页）航行线路基本相同。

在阿德莱德港，你可以带孩子去看看**南澳大利亚州海事博物馆**（见795页）、**国家铁路博物馆**（见795页）或**南澳大利亚州航空博物馆**（见790页地图；www.saam.org.au；66 Lipson St，Port Adelaide；成人/儿童/家庭 $10/5/25；⏲10:30~16:30），也可以扬帆起航，参加**观赏海豚巡航游**。

免费月报**《儿童报》**（*Child*；www.childmags.com.au）在各大咖啡馆和图书馆均可领取，虽然上面有大量社论广告，但也包含了全面的活动列表。**Dial-An-Angel**（☎1300 721 111，08-8267 3700；www.dialanangel.com.au）可以为所有景点提供保姆和儿童照看服务。

的汽车旅馆之一（特别奇怪，合格汽车旅馆为数很少）。这家旅馆拥有洁净的浴室、真皮的座椅、迷人的法式印花布。步行前往Hutt St的餐馆方便，位置优越，靠近通往阿德莱德丘陵和墨尔本的高速公路。这里还提供免费停车位、DVD和Wi-Fi。

Crowne Plaza Adelaide 酒店 $$

（见792页地图；☎08-8206 8888；www.crowneplaza.com/adelaide；16 Hindmarsh Sq；双$180起；P ❄ @ 📶 🏊）这家酒店包含两栋14层大楼，紧邻Rundle St，房间阳台小巧玲珑，鸟瞰欣德马什广场（Hindmarsh Sq）的整洁草坪。缺乏内涵，整体比较华丽、商业化和国际化。地理位置优越。停车费每天$36。

Roof Garden Hotel 酒店 $$$

（见792页地图；☎1800 008 499，08-8100 4400；www.majestichotels.com.au；55 Frome St；双 $200起；P ❄ @ 📶）这家市区中心日式主题的酒店看上去都是那么崭新如初。你可以预订一间自带阳台，朝向Frome St的房间，那里拥有最好的景致。你也可以带瓶红酒来到同名屋顶花园，欣赏日落美景。提供免费Wi-Fi，还会提供入店优惠价格和尾房甩卖；停车费每天$20起。

阿德莱德北部

Princes Lodge Motel 汽车旅馆 $

（见800页地图；☎08-8267 5566；www.princeslodge.com.au；73 LeFevre Tce，North Adelaide；标单/双/家 含早餐 $65/85/145起；P ❄ 📶）开在一栋宏伟的1913年建筑内，氛围包容并蓄。这里不但氛围友好，而且可以眺望远处的公园，有着高大的屋顶、崭新的电视，还有一丝光鲜褪去的庄严感。旅馆靠近阿德莱德北部的精致餐厅，距离市中心也就几步之遥。很有特色，物超所值。旅馆后面，原先的马车房已被用作经济型客房，很便宜。

Minima Hotel 酒店 $$

（见800页地图；☎08-8334 7766；www.majestichotels.com.au；146 Melbourne St，North Adelaide；双 $100起；P ❄ @ 📶）一艘宇宙飞船降落在古老的阿德莱德北部！建于几年前的Minima坐落在Melbourne St，有着极好的地理位置，提供紧凑但时髦的房间，客房装饰都由南澳大利亚州艺术家设计，每间设计师各不相同。登记入住都是自助式的——使用大厅中的触屏即可。停车位有限，每晚$10起。

Greenways Apartments 公寓 $$

（见800页地图；☎08-8267 5903；www.greenwaysapartments.com.au；41-45 King William Rd，North Adelaide；1卧/2卧/3卧 公寓 $127/168/220；P ❄ 📶）建于1938年的公寓，并不浮华，但如果你极度厌恶奢华、21世纪开放式的"生活方式"，那么Greenways将是你的不二之选。以这个价格，你还能在哪里找到一个既靠近市中心，又干净整洁、管理得当的公寓呢？这里也是板球迷们的首选，因为阿德莱德椭圆形体育场就在附近。想要观看国际板球锦标赛（Test matches）可得及早订票。

O' Connell Inn 汽车旅馆 $$

（见800页地图；☎08-8239 0766；www.oconnellinn.com.au；197 O' Connell St，North Adelaide；双/家 $155/185起；P ❄ 📶）在阿德莱德，想要找到一家高雅体面的汽车旅馆可谓无比艰难，大多数都是20世纪90年代的风格，但这家却深得新世纪旅馆风潮的精髓。小巧的旅馆不但氛围友好，价格合宜，而且坐拥优美风景，北上前往巴罗萨山谷、克莱尔山谷和弗林德斯岭等地都非常方便。

Tynte Street Apartments 公寓 $$

（见800页地图；☎1800 779 919，08-8334 7783；www.majestichotels.com.au；82 Tynte St，North Adelaide；双和1卧 公寓 $140起；P ❄ 📶）这栋建筑包含24套后现代红砖公寓，设施齐备，就在两旁绿树成荫的街道边，靠近O' Connell St沿途的咖啡馆和酒吧，可容纳3人同住。登记入住的地点位于1公里外的**Old Lion Apartments**（见800页地图；☎1800 779 919，08-8334 7799；9 Jerningham St，North Adelaide；双 $145起，1卧/2卧/3卧 公寓 $155/205/305起；P ❄ 📶）。同时提供免费停车和Wi-Fi。

近郊

Levi Park Caravan Park 房车营地 $

（见790页地图；☎08-8344 2209；www.

levipark.com.au; 1a Harris Rd, Vale Park; 无电力/有电力供应 露营地 $36/38起, 小屋/公寓 $105/145起; P ❄ @ ≋) 这片草木茂盛的公园距离小镇4公里, 拥有大量配套设施, 包括网球场和棕榈树环绕的板球场。公寓房坐落在重新修葺后的Vale House之中, 据说这是阿德莱德最古老的住宅!

阿德莱德房车公园 房车营地 $

(Adelaide Caravan Park, 见800页地图; ☎08-8363 1566; www.adelaidecaravanpark.com.au; 46 Richmond St, Hackney; 有电力供应 露营地 $35~40, 小屋和套间 $129起; P ❄ ≋ ≈) 令人惊讶的是, 这个托伦斯河畔的公园坐落在市中心东北方2公里处的一条安静街道边, 紧凑简易、干净整洁、运营良好。入夏时分, 这里绿草茵茵。

Watson 精品酒店 $$

(见790页地图; ☎1800 278 468, 08-7087 9666; www.artserieshotels.com.au/watson; 33 Warwick St, Walkerville; 双 $155起, 民宿 $205起; P ❄ ≋ ≈) 这家酒店2014年开业, 名字取自本土艺术家Tommy Watson, 他的作品在此熠熠生辉。这是一栋多层大楼, 总共24间房, 位于CBD以北4公里的Walkerville (来往便捷)。设施和服务完备: 健身房、泳池、24小时客户服务、自行车租赁等。阿德莱德一直墨守成规, 竟然能够新开一家精品酒店, 仅凭这点, 足以令人心潮澎湃。实属睿智之选!

格莱内尔格、阿德莱德港及周边

格莱内尔格的**Glenelg Holiday & Corporate Letting** (☎08-8376 1934; www.glenelgholiday.com.au; ❄) 和**Glenelg Letting Agency** (☎08-8294 9666; www.baybeachfront.com.au; ❄) 两家机构都提供设施齐全的海滨公寓, 每晚大约$140起。

Glenelg Beach Hostel 青年旅舍 $

(见790页地图; ☎1800 359 181, 08-8376 0007; www.glenelgbeachhostel.com.au; 1-7 Moseley St, Glenelg; 铺/标单/双/家 $25/60/70/110起; @ ≋) 这栋1879年的古老建筑非常漂亮, 与海滩只有几条街的距离, 是阿德莱德最受欢迎的经济型旅馆。带有电扇的房间装饰古朴, 多数没有上下铺。位于地下室的酒吧提供冰镇的库珀啤酒, 周末还有现场音乐助兴。此外, 这里有敞开的壁炉、高大的屋顶、女士专用的铺房和一个庭院花园。夏天可得早早预约。

Port Adelaide Backpackers 青年旅舍 $

(见790页地图; ☎08-8447 6267; www.portadelaidebackpackers.com.au; 24 Nile St, Port Adelaide; 铺/标单/双 $19/60/65起; ❄ ≋) 我们发自内心地喜爱阿德莱德港, 这里将要新开一家背包客酒店, 令人喜出望外。我们到访之时, 酒店正在筹建。对于这家地处港口历史中心、即将开业、设计新颖、砖混结构的海员之家, 我们寄予厚望。记得告诉我们进展状况! 提供免费Wi-Fi和免费街边停车。

BIG4 Adelaide Shores 房车营地 $

(见790页地图; ☎1800 444 567, 08-8355 7320; www.adelaideshores.com.au; 1 Military Rd, West Beach; 有电力供应 露营地 $38~53, 环保帐篷 $92, 1/2/3床 小屋 $105/141/245起; P ❄ @ ≋ ≈) 这座公园坐落在西滩 (West Beach) 的沙丘后方, 是夏季人们的热门选择, 一侧是通向格莱内尔格的步道/自行车道 (3.4公里), 另一侧则通往亨利海滩 (Henley Beach, 3.5公里)。这里拥有草木茂盛的场地、永久环保帐篷、全新的设备, 还有海豚不时经过此处。

★Largs Pier Hotel 酒店 $$

(见790页地图; ☎08-8449 5666; www.largspierhotel.com.au; 198 Esplanade, Largs Bay; 双/家/公寓 $164/184/199起; P ❄ ≋) 哇, 太令人震惊了! 在稍显安静的郊区海滩拉格斯湾 (Largs Bay), 阿德莱德港以北5公里的地方, 有着一家已有130年历史、无与伦比的三层楼酒店, 其形状如同一个婚礼蛋糕。经过全面整修, 这家酒店看上去气势恢宏: 极高的屋顶、灰褐的色调、舒适的大床, 还可以欣赏沙滩美景。一家低矮的汽车旅馆紧邻酒店的一侧, 街道的对面还有一些公寓房。

Oaks Plaza Pier 酒店、公寓 $$

(见790页地图; ☎1300 551 111, 08-8350 6688; www.oakshotelsresorts.com; 16 Holdfast Promenade, Glenelg; 双 $185起, 1卧/2卧/3卧 公寓 $210/299/499起; P ❄ ≋) 这家酒店总共八

层，当属格莱内尔格多层公寓住宅之中的佼佼者。客房华丽气派，有商务风格。提供免费Wi-Fi，配备海景阳台，还有酒吧和餐厅。名叫堤岸酒店，其实没有堤岸。停车费用$20。

Seawall Apartments 公寓 $$$

（见790页地图；☎08-8295 1197；www.seawallapartments.com.au；21-25 South Esplanade, Glenelg；1/2/3/4床 公寓 $200/329/499/599起；🅿❄📶）这排古老房舍经过了翻修，坐落在格莱内尔格的莫斯利广场（Moseley Sq），沿着防波堤漫步5分钟即可到达。这里的外墙刻意地装饰着一些诸如锚、小船、划桨、鲨鱼嘴的航海元素，其实它完全没必要摆出这些噱头，因为公寓的地理位置已经有足够的优势了。公寓的内部颇为宽敞，干净整洁，具有当代的装饰风格。

就餐

美食爱好者们会蜂拥前往西区（West End）的热门场所，例如Gouger St（发音为"goo-jer"）、唐人街和美食云集的中央市场。这里也不乏一些极好的小酒馆。你还可以选择艺术氛围浓郁的Hindley St——那是阿德莱德不可告人的秘密之所，那里有一些不错的小餐馆。在东区（East End）、Rundle St和Hutt St有露天咖啡馆，你可以在街边观察过往的行人。阿德莱德北部的Melbourne St和O' Connell St，则分布着一些提供健康食品的法式小馆、咖啡馆和小酒馆。

阿德莱德市中心

中央市场 市场 $

（Central Market，见792页地图；www.adelaidecentralmarket.com.au；Gouger St；⏲周二 7:00~17:30，周三和周四 9:00~17:30，周五 7:00~21:00，周六 7:00~15:00）在这里，你可得经受感官轰炸：各种各样的香味、色彩和摊贩们此起彼伏的吆喝声，他们叫卖着新鲜的蔬菜、面包、奶酪、海鲜和美味农产品。此外，这里还有咖啡馆、热闹的美食街、超市和唐人街。

Zen Kitchen 越南菜 $

（见792页地图；☎08-8232 3542；www.facebook.com/zenkitchenadelaide；Unit 7, Tenancy 2, Renaissance Arc；主菜 $5~11；⏲周一至周四 10:30~16:30，周五 10:30~20:00，周六 11:00~15:00）新鲜制作的可口越南冷卷、河粉汤和极为松脆的烤肉面包卷，你可以堂食，也可外带。来一杯冰镇的椰奶，或者加上香甜炼奶、口味浓郁的越南咖啡。正宗、便宜、美味。

Café Troppo 咖啡馆 $

（见792页地图；☎08-8211 8812；www.cafetroppoadelaide.com；42 Whitmore Sq；主菜 $9~16；⏲周二至周五 7:30~16:00，周六和周日 9:00~16:00；📶）🍃阿德莱德中部共有五座广场，Whitmore Sq开发程度最低。这家转角咖啡馆为Whitmore Sq注入些许活力。咖啡馆采用裸木搭建，显得生机勃勃，遵循生态环保原则（使用当地食材、可循环物品、有机牛奶、生态环保洗涤用品）。咖啡美味绝伦，还有可口的腌制袋鼠肉、羊奶干酪三明治、菠菜烘蛋和本地瑞士风格奶酪。

Lucia' s Pizza & Spaghetti Bar 意大利菜 $

（见792页地图；☎08-8231 2260；www.lucias.com.au；2 western Mall, Central Market；餐 $8~14；⏲周一至周四和周六 7:00~16:00，周五至21:00）店主露西娅（Lucia）还很年轻的时候，她的这家小型意式餐厅就已在此安家落户了。餐馆里所有的意大利面、香肠和比萨都是自制的。如果你喜欢这里的食物，可以去隔壁的Lucia' s Fine Foods购买新鲜的意面食材。

Vego And Loven' It 素食 $

（见792页地图；www.vegoandlovenit.webs.com；Level 1, 240 Rundle St；餐 $7~14；⏲周一至周五 10:00~16:00；🖉）这家餐馆位于楼上，艺术氛围浓郁，采用富含维生素蔬果制成美味素食汉堡、卷饼或意大利面包。都市里留着发辫儿、离经叛道的人们会要求"多一点苜蓿菜，但不要鹰嘴豆泥"。找到马赛克路标，走上逼仄楼梯，即可到达。

Jerusalem Sheshkabab House 中东菜 $

（见792页地图；☎08-8212 6185；131b Hindley St；主菜 $10~15；⏲周二至周日 正午至14:00和17:30~22:00；🖉）这家位于Hindley St的小型餐馆历史悠久，供应无与伦比的中东和黎巴嫩美食：阿拉伯馅饼（falafel）、

鹰嘴豆泥（hummus）、塔布勒蔬菜沙拉（tabouleh）、芝麻酱（tahini），当然还有烤羊肉串（sheshkababs）。塑料家具和褶皱帆布面料搭配这种氛围，恰如其分。

★ Peel Street 新派澳洲菜、亚洲菜 $$

（见792页地图；☎08-8231 8887；www.peelst.com.au；9 Peel St；主菜 $20~30，品尝套餐 $68；⏰周一至周五 7:30~15:00，周四至周六18:30至深夜）Peel St位于阿德莱德西区，是条辅巷，毫不起眼。近来，这条街上开了许多酒吧餐馆。这家餐馆最先开业，而且最为出色。这是一家超酷咖啡酒馆，不断聚拢人气。都市靓女落座窗前，细嚼慢咽，品味帕尔马干酪拌萝卜和柠檬果脯土耳其肉丸。酒单令人震撼。

Pizza e Mozzarella Bar 意大利菜 $$

（见792页地图；☎08-8164 1003；www.pizzaemozzarellabar.com.au；33 Pirie St；比萨$19~23，主菜 $20~36；⏰周一至周四 11:30~15:00，周五 13:30~21:30，周六 17:30~21:30）这家乡土风情意大利餐馆分为上、下几层，内部装饰面包篮子和陶器，意大利员工和指路灯饰锦上添花。走进店门，就能看到木火烤炉，所有菜肴都在这个炉内烤制。比萨较薄（罗马风格），马苏里拉奶酪（mozzarella）连同木火烤炉面包和肉品（章鱼、金枪鱼和腌肉）一起呈上。意大利/南澳大利亚州葡萄酒和啤酒酒单阵容强大。真棒！

> **不要错过**
>
> ## 南澳大利亚州葡萄酒产区
>
> 我们清楚自己缘何来此。南澳大利亚州葡萄酒堪称世界一流，葡萄酒产区层出不穷，老牌和新秀百花争鸣，游客可以一饱口福。多数距离阿德莱德不远，适合一日游。
>
> **阿德莱德丘陵**（见817页）阿德莱德后方的低温葡萄酒产区，葡萄酒令人难忘。
>
> **巴罗萨山谷**（见846页）历史悠久，红葡萄酒闻名遐迩。
>
> **克莱尔山谷**（见852页）珍藏雷司令（riesling）葡萄酒，周末休憩佳地。
>
> **库纳瓦拉**（见870页）位于莱姆斯通海岸（Limestone Coast）平原，出产清冽爽口赤霞珠（cabernet sauvignon）。
>
> **麦克莱伦谷**（见822页）出产极品西拉葡萄酒（shiraz），漫山遍野葡萄藤蔓，延伸至海。

Jasmin Indian Restaurant 印度菜 $$

（见792页地图；☎08-8223 7837；www.jasmin.com.au；basement，31 Hindmarsh Sq；主菜$17~29；⏰周四和周五 正午至14:30，周二至周六17:30~21:00）这里有着神奇的北印度咖喱，还有完美无瑕的专业侍者，他们可能从2011年你在这里就餐时就记住你的名字了。菜单上没什么令人惊奇之处，但那已经尽善尽美了。必须预约。

Earth's Kitchen 素食 $$

（见792页地图；☎08-8215 0458；www.kitchenson.earthcommunities.com.au；131 Pirie St；主菜 $17~21；⏰周一至周四 7:00~16:00，周五 7:00~21:00，周六 9:30~14:30；🅥）城区周边，采用玻璃和花岗岩装饰的餐馆不胜枚举，但这家与众不同。其嬉皮风格的餐馆之内，有机产品填满陶罐，装满麻袋，塞满货架。提供精美沙拉、蘸酱菜和比萨。几乎纯素，配有烤辣椒和马苏里拉奶酪的香辣红焖袋鼠比萨美味可口，诱惑无法阻挡。

Mesa Lunga 地中海菜 $$

（见792页地图；☎08-8410 7617；www.mesalunga.com；Gouger St和Morphett St交叉路口；小吃 $4~19，主菜 $18~31；⏰周五 正午至15:00，周日 正午至深夜，周二至周六 18:00至深夜）时尚的Mesa Lunga位于一幢显眼的街角建筑内，拥有迷人的酒红色木墙，提供西班牙小吃和质量上乘的比萨。不妨点上一些配有黑盐大虾和西班牙辣香肠的面粉糕点（gamba）、曼萨尼约橄榄（Manzanillo olive）馅料的凤尾鱼，再喝点桑格利亚气泡酒（sangria）。真是一种神奇的享受。

Ying Chow 中国菜 $$

（见792页地图；☎08-8211 7998；114 Gouger St；主菜 $11~24；⏰周五 正午至14:45，每天 17:00

至午夜）该餐馆灯火通明，侍者颇有见地，堪称美食的宝地，提供广州一带的特色菜肴，如“BBC”（以豆腐、蚕豆和中国酸辣酱制成），以及酱油蒸鸭。这里时常人满为患，队伍都排到了门外（餐前不必预订），但还是值得一等。

Amalfi Pizzeria Ristorante 意大利菜 $$

（见792页地图；☎08-8223 1948；29 Frome St；主菜 $17~32；⊙周一至周五 正午至14:30，周一至周六 17:30~22:30）这家老牌经典餐厅早在阿德莱德电话号码还是七位之时就已开业。这里拥有水磨石的地板，你可以坐在弯木椅上享受正宗的比萨和意大利面，特色菜将黑板写得满满当当，强劲的咖啡会让你睡意全无，还有假想的黑手党成员（Mafioso）在密室里低声轻语。

T-Chow 中国菜 $$

（见792页地图；☎08-8410 1413；www.tchow.eatout-adelaide.com.au；68 Moonta St；主菜 $13~25；⊙11:00~15:00和17:00~23:00；✎）这家餐馆宽敞、明亮、嘈杂。位于唐人街核心区，上菜速度飞快。菜单菜品丰富，从常见菜品（例如炖牛肉火锅和蒜茸蒸大虾）到特殊菜肴（例如腌白菜猪肉肠、去脂嫩鸭）应有尽有。午茶每天11:00~15:00。

★ Press 新派澳洲菜 $$$

（见792页地图；☎08-8211 8048；www.pressfoodandwine.com.au；40 Waymouth St；主菜 $16~48；⊙周一至周六正午至深夜）Waymouth St这条街道上有很多办公楼，而在街上所有的新兴餐馆中，Press这家当属最佳。餐厅装饰极为新潮（砖墙、玻璃、柠檬色的椅子）。菜单上有内脏料理（油炸羊脑、烤牛舌）、生食料理（生牛肉片、渍鲑鱼片）和脆皮油封肉（鸭腿、洋葱、橄榄）。品尝套餐每位$68。记得预订楼上餐座，否则，店员将会安排顾客落座楼下酒吧附近。

Sosta 阿根廷菜 $$$

（见792页地图；☎08-8232 6799；www.sostaargentiniankitchen.com.au；291 Rundle St；小吃 $16~26，主菜 $33~45；⊙周一至周五正午至14:30，每天 18:00至深夜）牛肉、羊肉、猪肉、鸡肉、鱼肉……素食主义者唯恐避之不及！重达1公斤的成熟T骨牛排堪称Sosta的镇店之宝。干净的桌布、深色的地板，这是开启你东区夜生活的一处优雅之所。

阿德莱德北部

O' Connell St General 超市、熟食 $

（见800页地图；www.foodland.net.au；113 O' Connell St, North Adelaide；⊙8:00~22:00）这是一家食品超市，门前设有一个熟食/生肉摊位。

★ Gin Long Canteen 亚洲菜 $$

（见800页地图；☎08-7120 2897；www.ginlongcanteen.com.au；42 O' Connell St, North Adelaide；小盘 $5~13，主菜 $18~24；⊙周二至周五 正午至14:30，周二至周六 17:30至深夜）这处就餐地点活力四射、出类拔萃。员工热情洋溢，引导顾客落座公共餐桌（未有预订顾客），然后立刻点菜下单。上菜麻利：精美咖喱、文火炖制泰国牛肉和猪肉、网状春卷，还有马来咖喱泡芙等。泛亚气息浓郁，更有大瓶越南啤酒和无处不在的欢声笑语烘托气氛。

Store 咖啡馆、小酒馆 $$

（见800页地图；☎08-8361 6999；www.thestore.com.au；157 Melbourne St, North Adelaide；早餐 $10~20，主菜 $15~28；⊙周一 7:00~15:00，周二至周五 7:00~22:00，周六 8:00~22:00，周日 8:00~15:00；✎）Store魅力迷人，既有法式小馆的巴黎休闲风情，也是一家奔放的咖啡馆。风格复古花哨——新艺术风格的海报、牡鹿角以及切奇科夫（Tretchikoff）的画作。此外，上菜速度也很快，你可以期待意大利面、意式焗饭和汉堡，还有上等的鱼肉、鸡肉和牛肉菜肴，而且没有一道菜会让你破产。这里的红酒也令人印象深刻。

Royal Oak 小酒馆饮食 $$

（见800页地图；☎08-8267 2488；www.royaloakhotel.com.au；123 O' Connell St, North Adelaide；主菜 $18~29；⊙周六和周日 8:00至正午，每天 正午至15:00和18:00~21:00）在这家长盛不衰、讨人喜欢的当地酒吧酒馆里，有着诱人的酒馆美食：牛排三明治、蔬菜千层面、羊腿派、鲜肉包，还有抹上枫糖浆的法式吐司——别指望每样都尝，你可吃不下。这里有

着奇特的复古风格，每周二、周三、周五和周日还可以聆听现场音乐或独立摇滚乐。

Amarin Thai 泰国菜 $$

（见800页地图；☎08-8239 0026；www.theamarinthai.com.au；108 Tynte St, North Adelaide；主菜 $13~27；⏰周三至周五 正午至14:30，每天 18:00~21:30）这家泰国餐馆紧邻阿德莱德北部核心区，朴实无华、值得信赖。走道摆放一些深黄座椅，温暖的夜晚可以落座休憩。

Lion Hotel 小酒馆饮食 $$$

（见800页地图；☎08-8367 0222；www.thelionhotel.com；161 Melbourne St, North Adelaide；主菜 $38~43；⏰周一至周五和周日 正午至15:00，周一至周六 18:00~22:00）这家高档的酒馆里有着大块的幕墙、酒吧露台和商业风格，其一侧紧邻时尚的餐馆，内部装饰颇为复古，浪漫氛围浓郁。热门菜肴包括鲜美多汁的库龙安格斯牛排（Coorong Angus steak）、新鲜鱼肉和辣炒鲜虾意大利宽面条，服务也极为专业。一旁的酒吧提供早餐（主菜$10~21），时间为：周一至周五8:00至正午，周末8:00~15:00。

近郊

Bar 9 咖啡馆 $

（见790页地图；☎08-8373 1108；www.bar9.com.au；96 Glen Osmond Rd, Parkside；主菜 $9~18；⏰周一至周五 7:30~16:00，周六和周日 8:30~14:00）如果你对咖啡有较高要求，那么这里正是为你量身打造的咖啡天堂。它位于阿德莱德东南近郊，距离市中心只有一小段路程。在这里，食物倒是其次：穿着开襟毛衣、消息灵通的顾客正热烈讨论要品尝黑板上的哪种特色咖啡。如果你饥肠辘辘，他们也提供不错的熏肉蛋、香草牛奶什锦早餐，或者蘑菇菌类吐司。

Café de Vili's 快餐 $

（见790页地图；www.vilis.com；2-14 Manchester St, Mile End Sth；餐 $4~14；⏰24小时）Vili制作的馅饼可以说是南澳大利亚州的标杆。在其工厂的一旁，也就是CBD的西边，坐落着这家通宵营业的餐馆，提供同样标志性的“漂浮馅饼”（pie floater），这是一种浮在浓豌豆汤上的肉馅饼，上面涂有土豆泥、肉汁和调料——美味至极！此外，这里还有香肠卷、馅饼、汉堡、薄煎饼、现成的早餐、蛋奶冻馅饼、甜甜圈……

Parwana Afghan Kitchen 阿富汗菜 $$

（见790页地图；☎08-8443 9001；www.parwana.com.au；124b Henley Beach Rd, Torrensville；主菜 $14~25；⏰周二至周四和周日 18:00~22:00，周五和周六 18:00~22:30）这家餐馆略显古怪、弥漫菜香、光滑洁净、比较时髦。阿富汗菜品独一无二，餐馆名副其实。位于CBD以西、绿地草坪对面，实属品味阿富汗美食的绝佳地点。招牌菜banjaan borani茄子堪称一绝。市区Rundle St附近设有午餐分店，名叫**Kutchi Deli Parwana**（见792页地图；☎08-7225 8586；7 Ebenezer Pl；⏰周一至周五 11:30~16:00）。自带酒水，只收现金。

Jarmer's Kitchen 咖啡馆、新派澳洲菜 $$

（见790页地图；☎08-8340 1055；www.jarmerskitchen.com.au；18 Park Tce, Bowden；主菜 $11~33；⏰周一 7:30~16:00，周二至周五 7:30~22:00，周六 8:00~22:00，周日 8:00~16:00）这家餐厅水准一流、独领风骚，位于重新焕发活力的Bowden。Bowden坐落城郊，原是一片工业废墟，如今成百上千时髦新居拔地而起，新潮都市民众在此落户。这是一处24小时精品咖啡馆，位于一栋古旧酒馆之内，提供美味三明治、意大利面、汉堡包和实惠菜品：可以尝尝茴香猪肉香肠。酒品琳琅满目。

格莱内尔格

Zest Cafe Gallery 咖啡馆 $

（见790页地图；☎08-8295 3599；www.zestcafegallery.com.au；2a Sussex St, Glenelg；餐 $9~17；⏰周一至周六 7:30~17:00，周日 8:00~17:00；🖉）这家小小咖啡馆位于偏僻街巷，但它悠闲的氛围、无与伦比的早餐足以弥补空间上的劣势。法式长棍面包（baguette）和百吉饼（bagels）塞满了各异的馅料，创意十足。想要驱赶你的宿醉，不妨吃一些“神奇鸡蛋”（Hell's Eggs）：采用小巧烘焙模子烹制，配料包括迷迭香、番茄沙拉、奶酪和塔巴斯科辣沙司。这里的咖啡、优雅的侍者和素食特色菜也很不错。

Good Life 比萨 $$

（见790页地图；☎08-8376 5900；www.goodlifepizza.com；Level 1, Jetty Rd和Moseley St交叉路口，Glenelg；比萨 $14~35；⊙周二至周五和周日 正午至14:30，每天 18:00至深夜；✎）在这家无与伦比的有机比萨店里，你可以欣赏到Jetty Rd上的电车来来往往。松脆的薄皮上盖满了美味的馅料，如散养烤鸭、斯宾塞湾的大虾和辛辣的哈恩多夫（Hahndorf）蒜味腊肠。生活是美好的，真可谓店如其名啊……在城里（见792页地图；☎08-8223 2618；170 Hutt St；比萨 $14~35；⊙周一至周五 正午至14:30，每天 18:00至深夜；✎）和阿德莱德北部（见800页地图；☎08-8267 3431；Shop 5, 11 O' Connell St, North Adelaide；比萨 $14~35；⊙周二至周四 正午至14:30，周二至周日 18:00至深夜；✎）也有分店。

Zucca Greek Mezze 希腊菜 $$

（见790页地图；☎08-8376 8222；www.zucca.com.au；Shop 5, Marina Pier, Holdfast Shores, Glenelg；开胃小菜 $5~24，主菜 $17~48；⊙正午至15:00和18:00至深夜）简朴的桌布、码头的风光、极致的服务和一份现代化的菜单，上面都是西班牙餐前小吃式的开胃小菜——你很难在圣托里尼岛（Santorini）上发现任何这么高档的东西。这里还有欣德马什谷（Hindmarsh Valley）羊奶烤干酪，撒有调味葡萄干。还有搭配羊乳酪和开心果的烤扇贝，美味至极。

饮品和夜生活

Rundle St上有一些标志性的小酒馆。而在西区，Hindley St脂粉飘香，Leigh St和Peel St酒吧时髦。每晚服务费或许不同，最高$15，最低免费。大多数夜店周一至周四不营业。

阿德莱德中部

★Exeter Hotel 小酒馆

（见792页地图；☎08-8223 2623；www.facebook.com；246 Rundle St；⊙8:00至深夜）这家传奇的酒馆是阿德莱德最好的酒吧，吸引了各色人群到来，将一天的疲惫抛在身后：有刚下班的，有朋克一族，还有自斟自饮的顾客。在酒吧内找个座位，或者在蹩脚的露天啤酒花园里找张桌子，享受夜晚的美好时光。每晚都有原创音乐（独立音乐、电子音乐、原声音乐），不允许赌博。提前预订楼上餐厅的咖喱之夜（通常是每周三）。

★Grace Emily Hotel 小酒馆

（见792页地图；www.graceemilyhotel.com.au；232 Waymouth St；⊙16:00至深夜）为了"阿德莱德最佳酒馆"的头衔，Grace想要和Exeter一决雌雄，让我们也很难取舍。大多数的夜晚，Grace都有现场音乐（个性摇滚、乡村音乐、原声音乐、即兴表演），内部装饰采用20世纪50年代怪异的伏都教（voodoo）风格。这里还有开放式的壁炉、可口的啤酒。酒馆会定期播放电影；不允许赌博。

Downtown HDCB 酒吧

（见792页地图；☎08-8212 7334；www.facebook.com/DowntownHDCB；99 Hindley St；⊙周三至周五 正午至午夜，周六 18:00至次日2:00）HDCB就是Hot Dogs和Cold Beer的缩写。这家狭小的Hindley St酒吧大量供应热狗和冰啤。墙壁之上，昔日音乐宣传海报熠熠生辉，DJ带有文身，播放摇滚和嘻哈音乐。这些元素都与Hindley St氛围格格不入。Hindley St之上，脱衣舞夜总会、霓虹灯闪耀的便利店、成人用品店以及主流啤酒吧云集，HDCB混杂其间，仿似沙漠绿洲。

Cork Wine Cafe 葡萄酒吧

（见792页地图；www.corkwinecafe.com.au；61a Gouger St；⊙周一至周四 16:00至午夜，周五和周六 15:00至次日1:00）这家狭小的法式葡萄酒吧位于Gouger St的街边，出人意料地夹在敞亮的中式餐馆之间。磨损的地板、弯木椅、苦艾酒的海报……这里是你餐前快饮一杯的理想之地。关于附近的中餐馆，参见前文介绍。

Udaberri 酒吧

（见792页地图；www.udaberri.com.au；11-13 Leigh St；⊙周二至周四 16:00至深夜，周五 15:00至深夜，周六 18:00至深夜）空间狭小、引领潮流的Udaberri位于Leigh St，颇有墨尔本小巷酒吧之风，按杯供应西班牙葡萄酒，还有汩汩流出的上等啤酒和巴斯克(Basque)酒吧小吃(pintxo),包括牡蛎、奶酪、熏腿肉(jamon)和玉米粉圆饼。顾客来自都市,出手阔绰。

Howling Owl 酒吧、咖啡馆

(见792页地图; www.thehowlingowl.com.au; 13 Frome St; ⏲周一和周二 8:30~18:00,周三至周五 8:30至深夜,周六 正午至深夜)谁喝杜松子酒?这家咖啡馆兼酒吧白天供应提神醒脑的咖啡饮品,晚上节奏立刻放缓,供应极其精美家常饮品,添加材料五花八门,从胡荽到小豆蔻,应有尽有。同时提供南澳大利亚州啤酒和葡萄酒,播放另类古怪音乐,后堂设有雅致包厢,顾客时髦新潮、不同凡响。谁还要杜松子酒?

Clever Little Taylor 酒吧

(见792页地图; www.cleverlittletailor.com.au; 19 Peel St; ⏲16:00至深夜)这家酒吧属于先驱一族,随后,阿德莱德街巷酒吧如雨后春笋般涌现。烈酒出类拔萃,南澳大利亚州葡萄酒同样出色,采用砖石结构改建。酒吧食品赏心悦目。

Apothecary 1878 葡萄酒吧

(见792页地图; www.theapothecary1878.com.au; 118 Hindley St; ⏲17:00至深夜)这家至真至美的酒吧本是一间药房。提供精美可口咖啡和葡萄酒。始建于1878年。摆放深色木制药柜,还有巴黎式样大理石台面酒桌:堪称首次约会绝佳地点。

Tasting Room 葡萄酒吧

(见792页地图; www.eastendcellars.com.au; 25 Vardon Ave; ⏲周一和周二 9:00~19:00,周三和周四 9:00~21:00,周五 9:00~22:00,周六 10:00~22:00,周日 正午至19:00)这是东区酒庄的一个销售平台,也是阿德莱德最佳酒行,雅致新潮,允许客户购买前品尝。葡萄酒种类繁多。顾客可以靠窗而坐,一边看着东区居民疾步经过,一边尽情品味各种美酒。

Publishers Hotel 酒吧

(见792页地图; www.publishershotel.com.au; Cannon St和Franklin St交叉路口; ⏲周二至周六 11:00至深夜,周日 15:00至深夜)招牌写着"始于1914"。然而,根据我们推测,开业时间不会早于2014年。不管怎样,这家酒吧如今已经颇上档次。酒保穿着白色制服,葡萄酒令人迷醉,啤酒精心酿制(产自阿德莱德丘陵的Lobethal Bierhaus比尔森啤酒最为出色)。周末,DJ播放各种音乐,从动人心弦的经典曲目到恐怖海峡(Dire Straits)乐曲,无所不包(氛围颇似20世纪30年代风格)。

Belgian Beer Café 酒吧

(见792页地图; www.oostende.com.au; 27-29 Ebenezer Pl; ⏲周日至周四 11:00至午夜,周五和周六 至次日2:00)闪闪发亮的黄铜制品、迷人的侍者、冲洗干净的玻璃酒杯,以及酒吧上方某处摆放着的26款比利时进口佳酿(我们数不清了……)。不妨就着你的白啤(weiss beer),品尝一些贻贝配薯条(moules-frites)。紧邻Rundle St。

Zhivago 夜店

(见792页地图; www.zhivago.com.au; 54 Currie St; ⏲周五至周日 21:00至深夜)西区精品夜店(Light Sq周边为数不少,其中一些稍显呆板)之中,Zhivago的DJ脱颖而出,在这家高档的夜店中,播放着从雷鬼、Dub到浩室(house)的各种音乐,颇受18~25岁的年轻"夜猫子"们青睐。

Lotus Lounge 夜店

(见792页地图; www.lotuslounge.net.au; 268 Morphett St; ⏲周三至周六 18:00至深夜)我们喜欢这里的指示牌:一盏非常小巧的荧光马提尼酒杯,上面有闪烁着的橄榄。走进其中,你会发现这是一家迷人的休闲酒吧,提供鸡尾酒和上等的啤酒,还有阿德莱德的漂亮姑娘在此翩翩起舞。周六晚上,门前常排起长龙。

HQ Complex 夜店

(见792页地图; www.hqcomplex.com.au; 1 North Tce; ⏲周三、周五和周六 20:00至深夜)阿德莱德最大的夜店,拥有5个大房间,还有隐隐传来的乐声和闪烁的光影。周六的夜晚正当其时——这里有城里最大、最热闹的夜总会之夜。周三则是复古之夜。周五举行现场演出。

Mars Bar 夜店

(见792页地图; www.themarsbar.com.au;

120 Gouger St; ⏲周五和周六 21:00至深夜）热闹的Mars Bar是阿德莱德同性恋群体重要的夜间场所，满是装扮抢眼的顾客，还有炫目的装饰和众多变装秀表演。

阿德莱德北部

Daniel O' Connell 小酒馆

（见800页地图；www.danieloconnell.com.au; 165 Tynte St, North Adelaide; ⏲11:00至午夜）这家1881年开的爱尔兰酒馆从来没有凯尔特式的庸俗，有的只是不错的吉尼斯黑啤酒（Guinness）、敞开式的壁炉、170多种南澳大利亚州葡萄酒、原声音乐和当代菜品（主菜$12~26）。168年历史的露天啤酒花园之内，长着一棵房子大小的漆椒树。

近郊

★Wheatsheaf 小酒馆

（见790页地图；www.wheatsheafhotel.com.au; 39 George St, Thebarton; ⏲周一至周五 11:00至午夜，周六 正午至午夜，周日 正午至21:00；📶）这片宝地隐藏在工业区塞巴顿（Thebarton），这片区域的上空航班来往频繁。这里艺术氛围浓郁，吸引了成群的爵士乐师、同性恋、朋克族和摇滚乐手。这里拥有整洁的露天啤酒花园、现场音乐（原声音乐、蓝调音乐、乡村音乐）和敞开的壁炉，据说还会有家新餐馆即将营业。精酿啤酒棒极了。

Colonist 小酒馆

（见790页地图；www.colonist.com.au; 44 The Parade, Norwood; ⏲9:00至深夜）这家时尚酒吧显得颇为反主流文化，却位于诺伍德区（Norwood）主流文化的阵地Parade。这里虽有经年累月的痕迹，但仍很不错，并装饰有古斯塔夫·克里姆特（Gustav Klimt）式的壁画，提供精酿啤酒。马路对面是橄榄球场，在诺伍德橄榄球球队[Norwood FC（本地的澳式橄榄球）职业俱乐部]的比赛后，场地上常会空无一人，而酒吧里则是人满为患。

格莱内尔格

Pier Bar 酒吧

（见790页地图；www.glenelgpier.com.au; 18 Holdfast Promenade, Glenelg; ⏲周一至周五 正午至深夜，周六和周日 11:00至深夜）这家主流的体育酒吧如洞穴般宽敞深邃，当海风徐徐吹来时，你可以打开折叠窗，一瞥海滩的景色。这里的电视屏幕和侍者一样多，因此周日赛事期间的喧嚣也就不足为奇了。

☆ 娱乐

阿德莱德的艺术氛围颇浓，拥有丰富的文化生活，活动之多足以匹敌更大规模的城市。

如需娱乐项目名录和相关评论，可以阅览**Adelaide Now**（www.adelaidenow.com.au）和**Adelaide Review**（www.adelaidereview.com.au）。

想要预订高档的活动，可以选择：

BASS（☎13 12 46; www.bass.net.au）

Moshtix（☎1300 438 849; www.moshtix.com.au）

Venue Tix（☎08-8225 8888; www.venuetix.com.au）

现场音乐

阿德莱德知道如何点燃人们的激情！城区周围，许多酒馆上演现场音乐，Wheatsheaf、Grace Emily Hotel（见809页）和Exeter Hotel（见809页）首屈一指。

免费的街头报纸*Rip It Up*（www.ripitup.com.au）和*dB*（www.dbmagazine.com.au）上面有乐队和DJ的列表和评论。如需了解现场演出详情，可以阅览**Music SA**（www.musicsa.com.au）和**Jazz Adelaide**（www.jazz.adelaide.onau.net）。

★Governor Hindmarsh Hotel 现场音乐

（见790页地图；www.thegov.com.au; 59 Port Rd, Hindmarsh; ⏲11:00至深夜）这里堪称阿德莱德现场音乐的中心，时常举办一些具有传奇色彩的当地或国际演出。个性的爱尔兰乐队会在酒吧里施展音乐才华，而主要的演出场地上则回荡着摇滚、民乐、爵士、蓝调、萨尔萨乐曲、雷鬼乐和舞曲。地方很大，却有着难以名状的私密氛围。此外，这里的食物也很不错。

Jive 现场音乐

（见792页地图；www.jivevenue.com; 181

Hindley St; ⌚时间不定)在一座改建的剧院内，Jive为与众不同、学生风格的人群提供了他们喜爱的音乐：放克、左派和非主流音乐。下沉式舞池中的人们是酒吧里最美的风景线！

Fowlers Live 现场音乐

(见792页地图; www.fowlerslive.com.au; 68 North Tce; ⌚时间不定)这片可以容纳500人的场地位于曾经的福勒面粉厂(Fowler Flour Factory)，可以说是重摇滚、朋克和金属乐的圣地。

阿德莱德娱乐中心 演出场所

(Adelaide Entertainment Centre，见790页地图; www.theaec.net; 98 Port Rd, Hindmarsh; ⌚售票处 周一至周五 8:30~17:00)大约有12,000位观众就座，翘首期待着从威格尔斯乐队(Wiggles)到史提夫·汪达(Stevie Wonder)等各路乐手。

阿德莱德交响乐团 古典音乐

(Adelaide Symphony Orchestra，见792页地图; www.aso.com.au; 91 Hindley St; ⌚售票处 周一至周五 9:00~16:30)令人尊崇的阿德莱德交响乐团(ASO)：可登录网站了解详细演出信息。

电影院

登录www.my247.com.au/adelaide/cinemas获取电影播映列表。

Palace Nova Eastend Cinemas 电影院

(见792页地图; ☎08-8232 3434; www.palacecinemas.com.au; 250 & 251 Rundle St; 门票 成人/儿童 $19.50/15.50; ⌚10:00至深夜)他们的两家电影院在Rundle St隔街相望，都放映精良的高雅影片，包括新近上映的文艺片、外语片、独立制作及一些主流电影。已获放映许可。

Mercury Cinema 电影院

(见792页地图; ☎08-8410 0979; www.mercurycinema.org.au; 13 Morphett St, Lion Arts Centre; 门票 成人/优惠 $17/13; ⌚时间不定)Mercury电影院性质为非营利，播映艺术片，是阿德莱德电影协会(Adelaide Cinémathèque)的基地，你能在这里发现经典、小众和实验电影的身影。登录网站了解放映时间。

Moonlight Cinema 电影院

(见800页地图; ☎1300 551 908; www.moonlight.com.au; Botanic Park; 门票 成人/儿童 $18/14; ⌚11月中旬至次年2月 每天19:00)到了夏天，准备好野餐食品和驱蚊剂，坐在星空下的草坪上，观赏或旧或新的经典电影吧。“金草票”(Gold Grass ticket)让你得以坐在充气椅中，享受最好的视角，但价格也会更贵。

Piccadilly Cinema 电影院

(见800页地图; ☎08-8267 1500; www.wallis.com.au; 181 O' Connell St, North Adelaide; 门票 成人/儿童 $18.50/14; ⌚10:00至深夜)这家漂亮的电影院历史悠久，采用装饰艺术的布局，地处阿德莱德北部的主街上，面朝迷人的弧形马路，大楼的墙面上还闪耀着V形臂章般的窗户所反射的光芒。大多是主流电影。

剧院和喜剧

Adelaide Theatre Guide(www.theatreguide.com.au)提供订票和场地信息，并有对喜剧、戏剧和音乐剧的点评。

阿德莱德节庆中心 表演艺术

(Adelaide Festival Centre，见792页地图; www.adelaidefestivalcentre.com.au; King William Rd; ⌚售票处 周一至周五 9:00~18:00)这座白色水晶般的节庆中心是南澳大利亚州表演艺术的中心，于1973年6月开门营业，甚至比悉尼歌剧院(Sydney Opera House)还早4个月，是当地人的骄傲。**国家剧院公司**(State Theatre Company; www.statetheatrecompany.com.au)的基地也坐落于此。

Rhino Room 喜剧

(见792页地图; www.rhinoroom.com.au; 13 Frome St; 门票 $20~25; ⌚周一、周五和周六 18:30至深夜)每周五和周六的晚上，来自澳大利亚全国和海外的艺术家们，将带来各自的现场表演，而每周一晚上则有对公众开放的音乐喜剧。

体育

像澳大利亚多数城市一样，阿德莱德会为自己球队的胜利摇旗呐喊。在**澳大利亚**

橄榄球联盟(Australian Football League; www.afl.com.au)里，阿德莱德乌鸦队(Adelaide Crows)和阿德莱德港强力队(Port Adelaide Power)不时会有上佳表现，在阿德莱德椭圆形体育场狭路相逢。阿德莱德郊区的队伍则会参加名字颇具迷惑性的南澳大利亚州橄榄球联盟(South Australian National Football League; www.sanfl.com.au)。橄榄球赛季从每年3月持续至9月。

澳大利亚全国篮球联赛(National Basketball League; www.nbl.com.au)中，阿德莱德36人队(Adelaide 36ers)已称雄数十年。无挡板篮球方面，阿德莱德雷鸟队(Adelaide Thunderbirds)参加澳新银行冠军杯(Australian and New Zealand Banking Group，简称ANZ; www.anz-championship.com)，时常取胜。足球方面，阿德莱德联队(Adelaide United)在澳超联赛(ALeague; www.a-league.com.au)也实力不凡。夏天，在南澳大利亚州板球协会(Cricket SA; www.cricketsa.com.au)的赞助下，赤背蜘蛛队(Redbacks)会在阿德莱德椭圆形体育场内举办为期一天或数天的州际比赛。如今，赤背蜘蛛队已更名为阿德莱德前锋队(Adelaide Strikers)，参加T20 BigBash(www.bigbash.com.au)举办的全国性赛事。

购物

商场和百货商店集中位于蓝道购物中心(Rundle Mall)，漂亮的古老拱廊依然保留着原有的魅力，连接着购物中心和Grenfell St，各式各样的小店分布其中。Rundle St和边上的Ebenezer Pl是精品店和复古服饰店的聚集地。

★Streetlight 书店、音乐

(见792页地图; www.facebook.com/streetlightadelaide; 2/15 Vaughan Pl; ⏲周一至周四和周六10:00~18:00，周五10:00~21:00，周日11:00~17:00)Streetlight以最可行的方式展现了左派、艺术性和颠覆性的特点，想要找到久未露面的迈尔斯·戴维斯(Miles Davis)的唱片，或者查尔斯·布考斯基(Charles Bukowski)的诗集，来这里就对了。

Midwest Trader 服装、饰品

(见792页地图; www.facebook.com; Shop 1 & 2 Ebenezer Pl; ⏲周一至周四和周六10:00~18:00，周五10:00~21:00，周日正午至17:00)存放着朋克作品、冰鞋、复古服饰、自行车和山村摇滚装备，还有二手牛仔靴。心动不如行动!

Imprints Booksellers 书店

(见792页地图; www.imprints.com.au; 107 Hindley St; ⏲周一至周三9:00~18:00，周四和周五9:00~21:00，周六9:00~17:00，周日11:00~17:00)埋没在Hindley St夜店一条街上的喧闹声中，这或许是阿德莱德最差地段上的最好书店。这里的爵士乐、地板和波斯挂毯都会吸引你，偶尔还会传出琅琅的读书声，并举办书籍发布会。

Urban Cow Studio 设计店

(见792页地图; www.urbancow.com.au; 11 Frome St; ⏲周一至周四10:00~18:00，周五10:00~21:00，周六10:00~17:00，周日 正午至17:00)🍃这里最引人注目的特点便是"阿德莱德手工制作"(Handmade in Adelaide)——店内收藏了各种无与伦比的画作、珠宝、玻璃制品、瓷器和丝绸，楼上还有一个画廊。酷热夏日，穿上这里制作的"到处都好"(Heaps Good)T恤衫，表达对南澳大利亚州的喜爱之情真是再合适不过了。

Miss Gladys Sym Choon 时装

(见792页地图; www.missgladyssymchoon.com.au; 235a Rundle St; ⏲周一至周四9:30~18:15，周五9:30~21:30，周六10:00~18:00，周日10:45~17:30)这家新潮时装店根据20世纪20年代一位Rundle St商人命名，出售精美女装、摇滚靴、优质运动鞋、珠宝、手表和帽子。

茱莉蔻 化妆品

(Jurlique，见792页地图; www.jurlique.com.au; Shop 2Ga, 50 Rundle Mall Plaza; ⏲周一至周四9:00~18:00，周五9:00~21:00，周六9:00~17:00，周日11:00~17:00)来自南澳本土的茱莉蔻是一家享有国际声誉的化妆品商店，销售芳香四溢的护肤品——有人想试试玫瑰衡肌花卉水(Rosewater Balancing Mist)吗?虽然价格不菲，但却物有所值。

Tarts 设计店

（见792页地图；www.tartscollective.com.au；10g Gays Arcade, Adelaide Arcade, Rundle Mall；⊙周一至周六 10:00~17:00）这里有丝织品、珠宝、手提包、卡片和各式商品，全部来自35位当地会员设计师组成的艺术协作社。你可以在店里见到这些艺术家。

实用信息

紧急情况

救护车、火警、匪警（☎000）阿德莱德警察总署设在60 Wakefield St。

皇家汽车协会紧急路边救助（RAA Emergency Roadside Assistance；☎13 11 11；www.raa.com.au）提供车辆救援服务。

上网

Arena Internet Café（Level 1, 264 Rundle St；⊙周一至周四 11:00至午夜，周五至周日 10:00至深夜）

Wireless Cafe（53 Hindley St；⊙周一至周五 7:00~19:30，周六 8:00~18:00）位于Hindley St核心地带。

媒体

阿德莱德的日报是地区性报纸*Advertiser*；《时代报》（*Age*）、《澳大利亚人报》（*Australian*）和《财经评论》（*Financial Review*）也广泛有售。

> **请来一品脱库珀啤酒!**
>
> 在阿德莱德的酒吧，事情会变得很复杂。首先，200毫升（7盎司）的“一杯啤酒”（butcher）通常是老年顾客的选择，仅供老人们在铺着黏脚地毯的昏暗酒吧里小酌。除此之外，这里还有三种主要的啤酒容量：285毫升（10盎司）的“大杯”（schooner），在澳大利亚的其他地方称为“一壶”（pot）或“中杯”（middie）；425毫升（15盎司）的“品脱”（pint），其他地方叫“大杯”；还有568毫升（20盎司）的“特大杯”（imperialpint，也就是传统的英制品脱）。了解了这些，你就可以放心大胆地走进酒吧点单了!

阿德莱德评论（www.adelaidereview.com.au）免费月刊，登载高品位的文章，提供文化与艺术方面的信息。

Blaze（www.gaynewsnetwork.com.au）有关同性恋的街边出版物，免费半月刊。

dB（www.dbmagazine.com.au）当地的街边出版物；提供大量音乐信息。

Rip it Up（www.ripitup.com.au）街边出版物*dB*的竞争对手；有不少音乐信息，还有餐饮评价信息。

医疗服务

紧急牙医服务（Emergency Dental Service；☎08-8222 8222；www.sadental.sa.gov.au）

午夜药店（Midnight Pharmacy；☎08-8231 6333；13 West Tce；⊙周一至周六 7:00至午夜，周日 9:00至午夜）营业至深夜。

阿德莱德皇家医院（Royal Adelaide Hospital；☎08-8222 4000；www.rah.sa.gov.au；275 North Tce；⊙24小时）设有急诊室（可不是治疗水疱这种小灾小病的！）和性病（STD）诊所。

妇幼医院（Women's & Children's Hospital；☎08-8161 7000；www.cywhs.sa.gov.au；72 King William Rd, North Adelaide；⊙24小时）设有急诊，并为性侵受害者提供服务。

现金

美国运通（American Express；www.americanexpress.com；147 Rundle Mall, Citi Centre Arcade；⊙周一至周五 9:00~17:00，周六 至正午）提供外汇兑换服务。

通济隆（Travelex；www.travelex.com.au；HSBC, 55 Grenfell St；⊙周一至周四 9:30~16:00，周五 至17:00）提供外汇兑换服务，在HSBC办公楼内。

邮局

阿德莱德邮政总局（Adelaide General Post Office，简称GPO，见792页地图；www.auspost.com.au；141 King William St；⊙周一至周五 9:00~17:30）这是阿德莱德（也算本州）中心邮局。

旅游信息

阿德莱德游客信息中心（Adelaide Visitor Information Centre，见792页地图；☎1300 588 140；www.adelaidecitycouncil.com；9 James Pl，紧邻Rundle Mall；⊙周一至周五 9:00~17:00，周六和周日 10:00~16:00，法定节假日 11:00~15:00）专门提

供阿德莱德相关信息。同时提供南澳大利亚州详细介绍，包括精美地区介绍画册。

环境、水和自然资源部门（Department of Environment, Water & Natural Resources，简称DEWNR，见792页地图；☎08-8204 1910；www.environment.sa.gov.au；Level 1, 100 Pirie St；⊙周一至周五 9:00～17:00）提供国家公园介绍以及门票预订服务。

残障人士信息和资源中心（Disability Information & Resource Centre，简称DIRC，见792页地图；☎1300 305 558, 08-8236 0555；www.dircsa.org.au；195 Gilles St；⊙周一至周五 10:00～16:00）为残障人士提供有关住宿、场地和旅游的信息。

到达和离开

飞机

航空公司为数不少，提供国际、国内以及短途航行。

阿德莱德机场（简称ADL，见790页地图；☎08-8308 9211；www.adelaideairport.com.au；1 James Schofield Dr, Adelaide Airport）位于市中心以西7公里处。

捷星航空（Jetstar；www.jetstar.com.au）提供往来阿德莱德与珀斯、达尔文、凯恩斯、布里斯班、黄金海岸（Gold Coast）、悉尼和墨尔本的直飞航班。

澳洲航空（Qantas；www.qantas.com.au）有往来阿德莱德与珀斯、爱丽斯泉、达尔文、凯恩斯、布里斯班、悉尼、堪培拉和墨尔本的直飞航班。

区域快线（Regional Express, Rex；www.regionalexpress.com.au）从阿德莱德起飞，前往南澳大利亚州周边区域的中心城市，包括金斯科特（Kingscote）、库伯佩迪（Coober Pedy）、塞杜纳（Ceduna）、甘比尔山（Mount Gambier）、林肯港（Port Lincoln）和怀阿拉（Whyalla），还有新南威尔士州（NSW）的布罗肯希尔（Broken Hill）和维多利亚州的米尔迪拉（Mildura）。

虎航（Tiger Airways；www.tigerairways.com.au）提供往返于阿德莱德、墨尔本、悉尼以及布里斯班的直飞航班。

维珍澳洲航空（Virgin Australia；www.virginaustralia.com.au）提供往返于阿德莱德与珀斯、布里斯班、黄金海岸、悉尼、堪培拉和墨尔本的直飞航班。

长途汽车

阿德莱德中央汽车站（Adelaide Central Bus Station，见792页地图；☎08-8221 5080；www.adelaidemetro.com.au/bussa；85 Franklin St；⊙6:00～21:30）是所有州际和州内重要线路的枢纽。如需了解路线及时间信息，请登录网站。注意，阿德莱德和珀斯之间没有直达车往返。

Firefly Express（www.fireflyexpress.com.au）往返悉尼、堪培拉、墨尔本和阿德莱德。

澳洲灰狗巴士（Greyhound Australia；☎1300 473 946；www.greyhound.com.au）澳大利亚长途客运主力，客车往返阿德莱德和墨尔本、堪培拉、悉尼、爱丽斯泉以及达尔文。

Premier Stateliner（☎1300 851 345；www.premierstateliner.com.au）提供州内的长途汽车服务。

V/Line（☎1800 800 007；www.vline.com.au）提供往返于阿德莱德和墨尔本之间的长途汽车及汽车火车联运服务。

小汽车和摩托车

主要国际汽车租赁公司在阿德莱德机场和市内设有办公室。也有一些本地租车机构。请注意，一些公司禁止驾驶车辆前往袋鼠岛。

Acacia Car Rentals（☎08-8234 0911；www.acaciacarrentals.com.au；91 Sir Donald Bradman Dr, Hilton；⊙周一至周五 8:00～17:00，周六 至正午）租车前往阿德莱德方圆100公里内的地方旅游，价格较为便宜；也出租轻便摩托车。

Access Rent-a-Car（☎08-8340 0400, 1800 812 580；www.accessrentacar.com；464 Port Rd, West Hindmarsh；⊙周一至周五 8:00～18:00，周六和周日至正午）允许驾驶车辆前往袋鼠岛。出租四驱车。

Cut Price Car & Truck Rentals（☎08-8443 7788；www.cutprice.com.au；Sir Donald Bradman Dr和South Rd交叉路口，Mile End；⊙周一至周五 7:30～17:00，周六和周日 8:00～15:00）出租四驱车。

Smile Rent-a-Car（☎08-8234 0655；www.smilerentacar.com.au；315 Sir Donald Bradman Dr, Brooklyn Park；⊙8:00～18:00）秉承“微笑服务”理念。

火车

大南部铁路公司（☎08-8213 4401, 1800 703

357；www.greatsouthernrail.com.au）运营的州际火车，终点停靠**阿德莱德公园火车站**（Adelaide Parklands Terminal；Railway Tce，Keswick；⌚周一和周五 6:00~17:00，周二 6:30~17:30，周三 9:00~17:00，周四 9:00~19:00，周日 8:30~13:00），就在市中心西南方1公里处。以下班次定时驶离阿德莱德，背包客折扣政策适用：

汗线（The Ghan）开往爱丽斯泉（座位/卧铺 $449/1089，19小时）

汗线（The Ghan）开往达尔文（$889/2099，47小时）

印度洋太平洋线（The Indian Pacific）开往珀斯（$569/1599，39小时）

印度洋太平洋线（The Indian Pacific）开往悉尼（$389/779，25小时）

陆地线（The Overland）开往墨尔本（$129起，11小时）

ℹ 当地交通

抵离机场和火车站

你可以向私人公司**Adelaide Airport Flyer**（☎08-8353 5233，1300 856 444；www.adelaideairportflyer.com）订票，其运营的小型巴士可以往返机场、火车站和阿德莱德任何地点。问清价格，上网订票（机场至市区，每人花费$35）。Adelaide Metro的JetBuses（www.adelaidemetro.com.au/routes/J1；票价$3.20~5.10；⌚周一至周五 6:30~23:15，周六和周日 8:00~23:15）的客车往返机场与格莱内尔格和CBD。

乘坐出租车，从机场进入城市大约需要花费$30（15分钟），从阿德莱德公园火车站进入城市大约需要花费$15（10分钟）。如果你选择入住青年旅舍，那么它们中的大部分都会提供接送服务。Adelaide Transport也提供接送服务。

自行车

阿德莱德一马平川，非常适合骑车游览！持有效护照或驾照，你就可以从**Bicycle SA**（☎08-8168 9999；www.bikesa.asn.au/bikehire；111 Franklin St；⌚9:00~17:00）免费借到一辆**"阿德莱德城市自行车"**（Adelaide City Bike），也提供头盔和车锁。Bicycle SA在城区设有18个租车点，可从任何一个租车点租借，前提是哪借哪还。

在沙滩地区的游客可以向Glenelg Bicycle Hire（见796页）租借自行车。

公共交通

Adelaide Metro（☎1300 311 108；www.adelaidemetro.com.au；King William St和Currie St交叉路口；⌚周一至周五 8:00~18:00，周六 9:00~17:00，周日 11:00~16:00）运营阿德莱德完备、气派的公交车、火车和有轨电车。

你也可以在上车后再购买车票，或者去火车站的售票处、熟食店或报亭买票。车票的种类包括一日票（$9.70）、两小时高峰时段票（$5.10）和两小时非高峰时段票（$3.20），9点之前以及15点之后均为高峰时段。5岁以下儿童免票。新近开设一种三天有效、不限次数的游客公交通票（$25）。

公交车

阿德莱德的公交车干净可靠。大部分车辆大约从6:00开始发车，运营至午夜。

99C & 99A城市环线公交车（99C & 99A City Loop Buses；www.adelaidemetro.com.au；⌚周一至周五 9:00~19:30）Adelaide Metro免费的99C和99A城市环线公交车，环绕着中央商务区的边缘分别顺时针和逆时针行驶，沿途经过阿德莱德车站、North Tce和中央市场。20分钟1班。98C和98A运行线路相同，开入阿德莱德北部，周末照常运行。

夜宵车（After Midnight Buses；www.adelaidemetro.com.au；⌚周六 午夜至次日5:00）Adelaide Metro的夜宵车按照挑选的标准线路运行，但在线路编号前会显示有字母"N"。价格仍为标准车票价。

火车

阿德莱德人挚爱的古老柴油机车从**阿德莱德火车车站**（Adelaide Station；www.railmaps.com.au/adelaide.htm；North Tce）出发，沿着5条郊区线路（Belair、Gawler、Grange、Noarlunga和Outer Harbour）行驶。火车通常从6点运营至午夜（部分线路4:30始发）。

有轨电车

隆隆驶过的有轨电车为阿德莱德平添几分艺术气息，其始发站和终点站均设在格莱内尔格的Moseley Sq，途经市中心的Victoria Sq，并沿着North Tce一直驶向阿德莱德娱乐中心。周中，电车大约每7分钟或8分钟1班（周末每15分钟1班），每天从6:00运行至午夜。电车适用标准票价，但South Tce和阿德莱德娱乐中心之间的路段是免费的。

出租车

Adelaide Independent Taxis（☎13 22 11，可供轮椅通行的出租车1300 360 940；www.aitaxis.com.au）提供普通和轮椅适用出租车。

Adelaide Transport（☎08-8212 1861；www.adelaidetransport.com.au）小巴出租车可乘坐4人以上，提供机场至市内的运送服务。

Yellow Cabs（☎13 22 27；www.yellowcabgroup.com.au）提供普通出租车（多数白色）。

阿德莱德丘陵（ADELAIDE HILLS）

夏天，当阿德莱德平原酷暑难耐之际，拥有新鲜空气、森林树荫和曲折山谷的阿德莱德丘陵——更准确地说是洛夫蒂山脉的气温总要低几度。早期的殖民者在斯特灵（Stirling）和阿尔盖特（Aldgate）附近建起了宏伟的避暑庄园，而逃避宗教迫害的德国移民也来到这里，将欧洲价值观和建筑风格融入哈恩多夫和罗巴索（Lobethal）的小镇之中。

从阿德莱德前往丘陵地带是一次不错的一日游活动，穿梭于各个小镇之间时，你会发现每个小镇都至少有一家小酒馆，还可以在沿途欣赏石屋、橄榄树林、葡萄酒庄园，以及满载着新鲜农产品的手推车。

团队游

除了当地那些旅游项目，还有许多走出阿德莱德的一日游活动。

Adelaide Hills Ambler 导览游

（☎0414 447 134；www.ambler.net.au；半天/全天 团队游 每人 $70/100）当地组织的这些团队游特色鲜明，始于哈恩多夫，游览丘陵方式别具一格。葡萄酒、奶酪、巧克力和艺术作品纵贯全程。

Tour Adelaide Hills 导览游

（☎08-8563 1000，1300 136 970；www.touradelaidehills.com；全天 团队游 每人 $145）旅程持续一天，穿越丘陵地带，可以就地，也可前往阿德莱德或巴罗萨山谷（Barossa Valley）接驳游客。景色壮丽、藤蔓茂盛、食物精美。

到达和当地交通

游览群山最佳方式便是自驾游。也可搭乘**Adelaide Metro**（www.adelaidemetro.com.au）运营的公交车，它们往来于阿德莱德和大多数位于丘陵之中的小镇之间。864路和864F路长途汽车则行驶在阿德莱德和巴克山（Mt Barker）之间，沿途经停斯特灵、阿尔盖特和哈恩多夫。823路公交车从克拉佛斯（Crafers）前往洛夫蒂山顶和克里兰野生动物园（ClelandwildlifePark），830F路长途汽车则从阿德莱德开往奥克邦（Oakbank）、伍德赛德（Woodside）和罗巴索，工作日运营。

哈恩多夫（Hahndorf）

人口 1810

如同悉尼的岩石（Rocks）、霍巴特（Hobart）附近的里士满（Richmond）一样，哈恩多夫就是一处“旧世界”中的殖民地，仍在毫不吝惜地利用着它的历史，多少是对其自身的拙劣复制。

尽管如此，哈恩多夫的美丽依然无可否认。这里拥有日耳曼式的砂石建筑、欧洲的树木，以及从半满的酒桶中散发出的醇香。这里也着实有趣，1839年，50个信仰路德教派的家庭，为躲避宗教迫害而从普鲁士出逃，在此建立了澳大利亚现存最古老的德裔聚集区。第一次世界大战期间，哈恩多夫处于军事管制之下，名字也改成了没有德国味道的“安布尔赛德”（Ambleside），直到1935年才恢复原名哈恩多夫。如今，这里也慢慢地少了一些俗气，变得更加时尚——一家家可爱的咖啡馆，等待你光临，主街的氛围也颇为活跃。

景点和活动

哈恩多夫学院 博物馆

（Hahndorf Academy；www.hahndorfacademy.org.au；68 Main St，Hahndorf；⊙10:00~17:00）免费 在这栋1857年的建筑里有一家**美术馆**，里面循环展览汉斯·黑森爵士（Sir Hans Heysen）的原始素描——他是著名的风景画家，曾在哈恩多夫居住。你可以咨询一下相关的团队游活动，黑森爵士原先的工

Adelaide Hills 阿德莱德丘陵

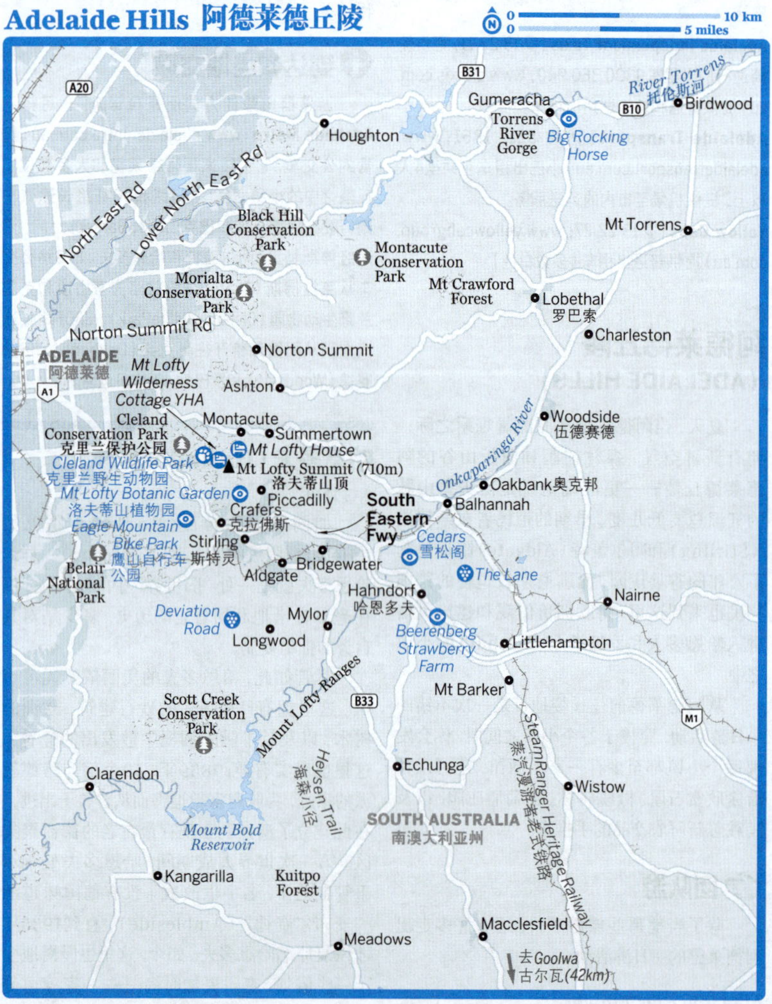

作室雪松阁(The Cedars)就在附近。博物馆描绘了早期德国移民的生活风貌，收藏有教会物品、简朴服装和农业用具。阿德莱德丘陵游客信息中心(Adelaide Hills Visitor Information Centre)也位于此处。

Beerenberg Strawberry Farm 农场

(☎08-8388 7272; www.beerenberg.com.au; Mount Barker Rd, Hahndorf; 采草莓 每位成人/儿童 $4/免费，草莓每公斤 $9.50起; ⊙9:00~17:00) 每年11月至次年5月，你可以亲自在这座闻名遐迩的家庭农场里采摘草莓。此外，这个农场也因其生产大量的果酱、酸辣酱和调料而声名显赫。最晚入园时间16:15。12月和1月，每逢周五，农场开放至20:30。

Lane 葡萄酒厂

(☎08-8388 1250; www.thelane.com.au; Ravenswood Lane, Hahndorf; ⊙10:00~16:00) 哇！这真是一幢时尚的建筑，风景也如此优美！这里有着上镜的风景、当代的纯酿葡萄酒，包括维妮雅(viognier)、意式灰品诺(pinot grigio)和法式黑品诺(pinot gris)，

还有一家极为出众的餐馆，午餐需要提前预订。只要购买，品酒费用即可退还。

Hahndorf Walking Tours 步行游览

（☎0477 288 011；www.facebook.com/hahndorfwalkingtours；45/90分钟 团队游 每人$18/25；⏲45分钟 团队游 周六和周日 正午和13:00，90分钟 团队游 周六和周日 14:00，还有10月至次年3月 每天 18:00）行程不远，但是值得探究。全程散发浓郁历史气息，可以真切感受这个古老城镇脉搏。必须预订。

食宿

想要品尝德式腊肠、炸猪排和果馅奶酪卷，可以去German Arms Hotel（☎08-8388 7013；www.germanarmshotel.com.au；69 Main St；主菜 $16~30；⏲8:30~22:00）或Hahndorf Inn（☎08-8388 7063；www.hahndorfinn.com.au；35 Main St；主菜 $17~32；⏲8:30~21:00）。The Lane也提供餐饭。

Manna 汽车旅馆、公寓 $$

（☎08-8388 1000；www.themanna.com.au；25 & 35a Main St；双 带/不带水疗 $225/150起，1卧/2卧公寓 $159/318起；❄📶🏊）Manna是一家位于主干道旁的汽车旅馆，时尚而又现代，占据了几栋建筑，拥有众多套房。稍旧一些的套间坐落在重新装修过的旅馆房屋内，建材砖块清晰可见，虽然远离街道，但价格更为便宜。提供免费Wi-Fi。

Thiele House Retreat 公寓 $$$

（☎0421 983 291；www.stayz.com.au；102 Main St；每6人 $570起，多加一人 $50；❄）这座翻新过的公寓坐落在Rockbare酒窖的背后，原先是一家餐馆，团队住宿的价格也非常实惠。拥有石制墙壁的公寓6人入住最佳，最多容纳8人，拥有两个厕所和一个现代化厨房，全部使用时尚的都市色彩、裸露的木制建材和抽象艺术装饰。夫妻入住时，可租用部分房间。

Udder Delights 咖啡馆 $

（www.udderdelights.com.au；91a Main St；餐 $12~25；⏲9:00~17:00；✍）这家奶香四溢的奶酪店也是一家咖啡馆，提供沙拉、果馅饼、派、汤品、蛋糕、大盘芝士、新颖芝士火锅和斯特灵最好的咖啡。此外还有免费品尝奶酪的机会。

Seasonal Garden Cafe 咖啡馆 $

（☎08-8388 7714；www.facebook.com/theseasonalgardencafe；79 Main St；主菜 $8~20；⏲8:00~17:00；✍）🌿这家小店背离哈恩多夫主流风尚，独树一帜，秉承节能环保意识。店内、柜台边有一袋袋橙子、一罐罐调料、一堆堆南瓜，还有一碗碗颗粒饱满的辣椒。餐饮一流，提供可口咖啡、草绿冰沙，还有许多本地当季有机食品（品尝一下带有自制豆子的烘焙蛋饼）。

Haus 咖啡馆 $$

（☎08-8388 7555；www.haushahndorf.com.au；38 Main St；早餐主菜 $8~22，午餐和晚餐 $20~55；⏲7:30~23:00）Haus为阿德莱德丘陵带来了一丝都市的时尚。乡村风味的比萨配上大量当地菜肴，还有为数众多的葡萄酒，其中不少都是丘陵地区的特产。这里也提供法式长棍、意大利面、汉堡、沙拉、乳蛋饼和不错的咖啡。

实用信息

阿德莱德丘陵游客信息中心（Adelaide Hills Visitor Information Centre；☎1800 353 323, 08-8388 1185；www.visitadelaidehills.com.au；68 Main St；⏲周一至周五 9:00~17:00，周六和周日 10:00~16:00）通常这里都有大量小册子，并提供住宿预订。

斯特灵地区（Stirling Area）

早期居民发现这片地区适合种植落叶树，正是这些树使得风景如画的老式村庄斯特灵（人口 2870人）和简陋偏僻的阿尔盖特（人口 3350人）都以令人着迷的秋色名扬天下。奇怪的是，邦·斯科特（Bon Scott）和梅尔·吉普森（Mel Gibson）也曾在阿尔盖特居住了数年之久。

景点

克里兰野生动物园 野生动物保护区

（Cleland Wildlife Park；☎07-8339 2444；www.clelandwildlifepark.sa.gov.au；365 Mt

Lofty Summit Rd, Crafers; 成人/儿童/家庭 $22/11/50; ⌚9:30~17:00, 最后入园时间16:30)动物园在地势陡峭的**克里兰保护公园**(Cleland Conservation Park; www.environment.sa.gov.au/parks; ⌚24小时)里面。在这里,你有机会与各种各样的澳大利亚猛兽进行互动。全天都有喂食活动,有时组织夜晚徒步(成人/儿童 $45/35),并可与动物饲养员交流,你也可以与考拉合拍大头照($30, 每天14:00~15:15, 周日11:00~11:45)。此外,这里还有一个**咖啡馆**。如果你在阿德莱德城里,可以搭乘864路或864F路长途汽车从Grenfell St前往克拉佛斯,再换乘823路公交车抵达公园。

洛夫蒂山顶 观景点

(Mt Lofty Summit; www.environment.sa.gov.au/parks; Mt Lofty Summit Rd, Crafers; ⌚24小时)从克里兰野生动物园出发,你可以进行一段2公里的丛林徒步,或者驾车登上洛夫蒂山顶(居然高达710米),那里能够远眺阿德莱德惊艳的美景。**洛夫蒂山顶游客信息中心**(Mt Lofty Summit Visitor Information Centre; ☎08-8370 1054; www.mtloftysummit.com; ⌚9:00~17:00)提供当地景点和**步道**的信息,包括陡峭的Waterfall Gully Track(往返8公里, 2.5小时)和洛夫蒂山植物园环形步道(Mt Lofty Botanic Gardens Loop Trail, 环形7公里, 2小时)。有视频讲述了1983年2月16日"圣灰星期三"(Ash wednesday)那天发生的丛林大火。此外,这里还有一家时髦的**咖啡馆兼餐厅**。

Deviation Road 葡萄酒厂

(www.deviationroad.com; 214 Scott Creek Rd, Longwood; ⌚10:00~17:00)这里最具吸引力的莫过于葡萄酒:超凡卓越的黑皮诺、真材实料的西拉、激动人心的灰皮诺,当然也有无与伦比的香槟酒。

洛夫蒂山植物园 花园

(Mt Lofty Botanic Garden; www.botanicgardens.sa.gov.au; 入口位于Mawson Dr和Lampert Rd, Crafers; ⌚周一至周五 8:30~16:00, 周六和周日 10:00~17:00) 免费 从洛夫蒂山出发,驾车向南行驶1.5公里,就可以抵达气候凉爽的植物园斜坡。自然形成的步道经过湖泊、湖边,穿过各种异域的温带植物、当地的桉树林和尽情开放的杜鹃花。9月至10月和3月至5月的每周四上午10:30,这里都有免费的步行导览游,就从位于Lampert Rd的停车场出发。

斯特灵市场 市场

(Stirling Markets; www.stirlingmarket.com.au; Druids Ave, Stirling; ⌚每月第4个周日, 12月第3个周日 10:00~16:00)这座气氛愉悦的市场坐落在斯特灵的Druids Ave,街道两旁橡树林立。你可以在这里发现很多植物、街头艺人、派、蛋糕和丘陵地区的小玩意儿,不过没有很多德鲁伊教成员(druids)。

食宿

Mt Lofty Wilderness Cottage YHA 小屋 $$

(☎08-8414 3000; www.yha.com.au; Mt Lofty Summit Rd, Crafers; 每晚 $110起)这座石制小屋建于1880年,位于洛夫蒂山陡峭的侧面,距离马路有一些距离,原先是牧羊人的房舍,如今则是设施齐全的简易旅舍。小屋拥有2个卧室,最多可住8人,你还可以从桉树间隙中瞥见阿德莱德城区的风貌。至少两晚起住。

Mt Lofty House 历史酒店 $$$

(☎08-8339 6777; www.mtloftyhouse.com.au; 74 Summit Rd, Crafers; 双 $242起; ❄📶🏊)这座19世纪50年代的石头豪宅建在洛夫蒂山植物园里,拥有无与伦比的美景、奢华的怀旧客房和花园套房,还有一家高档餐厅。你也可以从那里欣赏到美妙的景致,特别适合那些共度蜜月或度周末的情人。可以登录www.mtloftycottages.com.au了解雅致屋舍住宿信息。

Organic Market & Café 咖啡馆 $

(www.organicmarket.com.au; 5 Druids Ave, Stirling; 餐 $6~16; ⌚8:30~17:00; 🖉)🍃毛发浓密的丘陵居民摈弃了斯特灵自大浮夸的趋势,蜂拥来到这家活力充沛、具有嬉皮士风格的咖啡馆。理所当然的,这里是小镇上最为忙碌的场所。咖啡馆提供美味的食物,而且都极为用心地制作。不妨品尝一下蒜味烤面包、可口的松饼、上等的咖啡和让你爱不释手的葡萄牙奶冻馅饼。

★ **Stirling Hotel** 小酒馆饮食 $$

（☎08-8339 2345；www.stirlinghotel.com.au；52 Mt Barker Rd，Stirling；主菜 $16~32；⏲周一至周五 正午至15:00和18:00~21:00，周六和周日 8:00~21:00）这里的主人花费巨资装饰这座华贵的老旧酒店——他们当时还能发得出工资简直是奇迹。新主人的努力看起来大获成功，顾客们畅饮的法式小馆（拥有高档的酒吧美食和比萨）和提供上等佳肴的浪漫餐馆，总是人满为患。

楼上有5间优雅而现代的套房（双人房$280起），其中3间设有冬季使用的开放式壁炉，还有夏日专享的微风徐徐的阳台。所有套房里都配备了平板电视、高档的床上用品和奢华的浴室，你一定舍不得离开。

奥克邦和伍德赛德（Oakbank & Woodside）

人烟稀少的**奥克邦**只有450人，因而始终期盼着一年一度的**奥克邦复活节赛马嘉年华**（Oakbank Easter Racing Carnival；www.oakbankracingclub.com.au），据说这是世上最好的野餐赛马会。节日为期两天，你可以看到骏马的英姿、艳丽的服饰，还有那些不胜酒力的年轻人。

伍德赛德是一个农业小镇（人口1830），对于那些四处奔走探寻美食的游客而言，还是很有吸引力的。**Woodside Cheese Wrights**（www.woodsidecheese.com.au；22 Henry St，Woodside；品尝免费，奶酪 $5起；⏲10:00~16:00）是一处有着含蓄热情的宝地，从当地放牧的牛羊身上取材，为游客提供经典、精美抑或创新的奶酪，软质奶酪是这里的一大特色。**Melba's Chocolate & Confectionery Factory**（www.melbaschocolates.com；22 Henry St，Woodside；品尝免费，巧克力 $2起；⏲9:00~16:30）储存了许多巧克力蛋糕、烤杏仁和巧克力。

甘莫查、伯德伍德和罗巴索（Gumeracha，Birdwood & Lobethal）

阿德莱德通向伯德伍德的车道景色宜人，途经**托伦斯河峡谷**（Torrens River Gorge），最终抵达**甘莫查**（人口 400）。这是一座条件艰苦的山坡小镇，山脚下有一家小酒馆——这使得酒后回家变得困难重重。在这里，最吸引人的莫过于爬上18.3米高的**Big Rocking Horse**（www.thetoyfactory.com.au；Birdwood Rd，Gumeracha；入场费 $2；⏲9:00~17:00），但这匹马并不会真的摇摆起来。澳大利亚的重要景观远离此处，这里的雅致也算是别具一格。

伯德伍德（人口 1130）有一家1852年的面粉厂，令人印象深刻，而**国家汽车博物馆**（National Motor Museum；☎08-8568 4000；www.motor.historysa.com.au；Shannon St，Birdwood；成人/儿童/家庭 $12/5/30；⏲10:00~17:00）就在它的后方，收藏着一尘不染的摩托车和老式经典汽车，记得去看看那里的德罗宁轿车（DeLorean）！每年9月，经典车型组成的编队将从镇里缓缓开出，参加**驶向伯德伍德**（Bay to Birdwood；www.baytobirdwood.com.au）的活动，其终点线设在国家汽车博物馆。

罗巴索（人口 1660）就在附近，该小镇于1842年由路德教牧师弗里切（Fritzsche）和他的追随者共同建立。和哈恩多夫一样，罗巴索在第一次世界大战期间也改掉了德国式的名字（"Tweedale"这名字真不是个好选择）。如果你在12月的圣诞节期间光临小镇，那么正好可以赶上**罗巴索灯节**（Lights of Lobethal；www.lightsoflobethal.com.au）。你还可以去**Lobethal Bierhaus**（☎08-8389 5570；www.bierhaus.com.au；3a Main St，Lobethal；⏲周五和周六 正午至22:00，周日 至18:00），品尝那里纯正的微酿啤酒（试试Red Truck Porter）。

弗勒里约半岛（FLEURIEU PENINSULA）

弗勒里约（发音为：floo-ree-oh）半岛堪称阿德莱德周末的游乐园。这里拥有成片的葡萄园、橄榄树林以及扁桃种植园，一直延伸至海岸。麦克莱伦谷葡萄酒产区（McLaren Vale Wine Region）正逐步发展壮大，出品可口的红葡萄酒——有益健康的西拉红葡

萄酒，足以匹敌本州著名的巴罗萨山谷的红酒——事实上，我们认为麦克莱伦谷的红酒显然更胜一筹。再向东走，弗勒里约半岛上的英康特海岸（Encounter Coast）也足够迷人，集海滩冲浪、老镇游览和近岸鲸鱼观赏于一身。

麦克莱伦谷（McLaren Vale）

人口 3870

麦色的威朗加斜坡（Willunga Scarp）在麦克莱伦谷的一侧，周围环绕着葡萄园。从阿德莱德出发向南，只要40分钟便可到达。这座经营葡萄酒产业的小镇充满活力，但风格比较务实，没有什么值得一看的地方，不过这里还是有一些不错的小餐馆，去往几家出色酒庄道路通畅。

景点和活动

大多数游客前往麦克莱伦谷就是为参观**葡萄酒厂**，酒厂多达60多家。参观这些酒厂就得花费几天时间！请前往游客信息中心（见824页）索取酒厂分布图。

6月的“长周末”期间，大多数的阿德莱德人会非常激动，一辆辆公交车将会带着他们去参加一年一度的**Sea & Vines Festival**（www.mclarenvaleseaandvines.com.au），当地的葡萄酒厂还会烹制海鲜、邀请游客品鉴红酒并举办现场音乐会。

Goodieson Brewery 酿酒厂

（www.goodiesonbrewery.com.au; 194 Sand Rd; 品酒 $5; ⏲11:00~17:30）这里葡萄酒厂云集。谁想喝一杯？这处家庭作坊酿制淡啤酒、比尔森啤酒、小麦啤酒和麦芽黑啤酒，还有出类拔萃的当季啤酒。来到阳光明媚的天台，小酌一杯。

西拉小径（Shiraz Trail） 骑车

探索这条长达8公里的徒步和骑车小径，感受麦克莱伦谷氛围。这条小道沿着麦克莱伦谷和威朗加之间的一条古老铁道线延伸。如果不能尽兴，那就参加**Coast to Vines Rail Trail**，继续行进29公里前往Marino Rocks。你可以在**Oxygen Cycles**（☎08-8323 7345; www.oxygencycles.com; 143 Main Rd; 租借自行车 每半/全天/过夜 $15/25/40; ⏲周二至周五 10:00~18:00，周六和12月至次年2月的周日和周一 9:00~17:00）租到自行车，可从游客信息

Fleurieu Peninsula 弗勒里约半岛

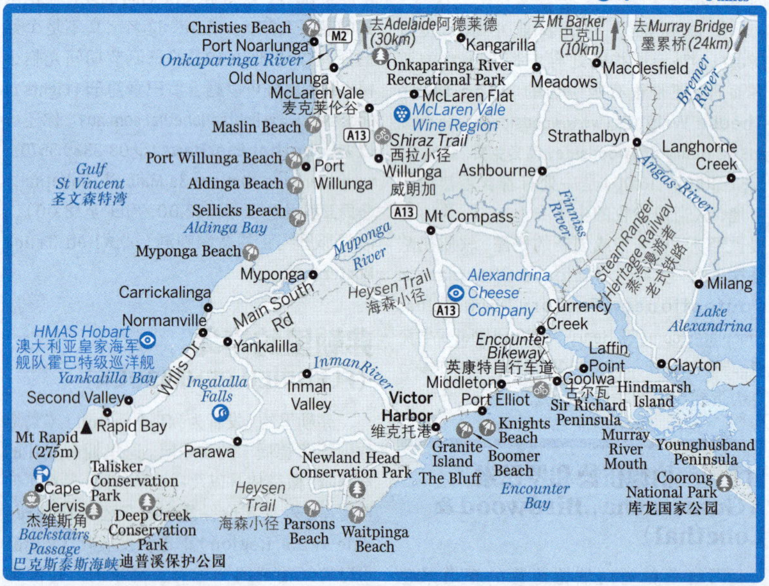

中心索取地图。

团队游

多数团队游可从阿德莱德或者麦克莱伦谷（McLaren Vale）出发，后者价格较低。

Chook's Little Winery Tours 导览游

（☎0414 922 200；www.chookslittlewinerytours.com.au；每人 $90起）组织小型团队游活动，从阿德莱德出发，参观麦克莱伦谷中一些鲜为人知的精品酒庄。

McLaren Vale Wine Tours 导览游

（☎0414 784 666；www.mclarenvaletours.com.au）当地人运营的团队游，为游客量身订做麦克莱伦谷和弗勒里约周围的活动；请致电咨询价格。从阿德莱德出发。

Off Piste 4WD Tours 导览游

（☎0423 725 409；www.offpistetours.com.au；半天/全天 团队游 $129/225）2至10位游客一组，搭乘四驱车探索游览弗勒里约半岛，全程半天或者全天，穿越旷野、品味葡萄酒和啤酒、体验沙滩风情。

Sacred Earth Safaris 导览游

（☎08-8555 3838；www.sacredearthsafaris.com.au）可从阿德莱德启程，搭乘四驱车进行弗勒里约半岛2天游（$595）。或从维克托港（Victor Harbor）启程，进行麦克莱伦谷一日游（$99）。

食宿

可在城内就餐，或在麦克莱伦谷那些酒庄就餐。

麦克莱伦谷湖畔房车营地 房车营地 $

（McLaren Vale Lakeside Caravan Park；☎08-8323 9255；www.mclarenvale.net；48 Field St；无电力/有电力供应/套房 露营地 $28/33/43起，小屋 $110~155；❄✉）这座绿草茵茵的公园距离城区不远，紧靠一个人工湖（不知今年夏天是否有水？），是麦克莱伦谷最便宜住宿地。这里的露营地内设有厨房、游泳池、水疗池、网球场和旧书交换处。此外，冬天住宿的价格也很实惠。西拉小径（见822页）就经过此处。

McLaren Vale Backpackers 青年旅舍 $

（☎08-8323 0916；www.mclarenvalebackpackers.com.au；106 Main Rd；铺/标单/双 $27/75/80起；❄@📶✉）这家背包客旅舍的前身是主街上一个老旧的健身俱乐部，陈旧的壁球室内设有酒厂工人床铺，前面设有普通宿舍和单人间。提供桑拿、水疗，还有一个小水潭。

Red Poles 民宿 $$

（☎08-8323 8994；www.redpoles.com.au；190 McMurtrie Rd；双 带/不带浴室 $125/115；❄📶）离群索居的Red Poles建在茂密的丛林之中，是住宿及就餐的理想场所。乡村风格的套房，比起其他旅馆更为宽敞。要点山羊凝乳丸子（主菜$14起，营业时间为9:00~16:30），在等菜的间隙，欣赏一些当地的艺术作品。周日下午还有现场音乐演出，可以品尝麦克莱伦谷啤酒公司（www.mvbeer.com）出产的麦芽酒。

McLaren Vale Studio Apartments 公寓 $$$

（☎08-8323 9536；www.mvsa.com.au；222 Main Rd；双 $225起，多加一人 $50；❄）位于主干道，6套公寓紧密相挨，每套容纳6人。装饰新潮时髦、烹饪设备齐全、配备烧烤用具、建筑设计迷人。距离咖啡馆、餐馆和酒吧一箭之遥。

★ **Blessed Cheese** 咖啡馆 $

（www.blessedcheese.com.au；150 Main Rd；主菜 早餐 $6~16，午餐 $11~28；⏲周一至周四 8:00~16:30，周五至周日 至17:00）这家咖啡馆店员聪明伶俐，供应香醇的咖啡、羊角面包、卷饼、沙拉、馅饼、汉堡、奶酪拼盘、诱人的蛋糕和新潮的香肠卷。每过几天，菜单就会变更一次，但当地的农产品总是这里的主角。美味奶酪散发的香味让人难以抗拒。

Salopian Inn 新派澳洲菜 $$

（☎08-8323 8769；www.salopian.com.au；Main Rd和McMurtrie Rd交叉路口；主菜 $28~58；⏲每天 正午至15:30，周四至周六 18:00至深夜）这家餐馆外部爬满藤蔓，始于1851年。最新特色当属亚洲风味的超级创意菜品：尝尝伯克

郡（Berkshire）鲜肉包或者蓝蟹和虾仁饺，可以去往酒窖自选当地品牌酒水。提供170种杜松子酒，足以令你精神焕发。

实用信息

麦克莱伦谷和弗勒里约游客信息中心（McLaren Vale & Fleurieu Visitor Information Centre；☎1800 628 410，08-8323 9944；www.mclarenvale.info；796 Main Rd；⊙周一至周五 9:00~17:00，周六和周日 10:00~16:00）位于麦克莱伦谷的北端，提供葡萄酒厂信息，并协助预订住宿和Sealink前往袋鼠岛的长途汽车/渡轮。

到达和离开

Adelaide Metro（www.adelaidemetro.com.au）定期的郊区火车行驶在阿德莱德和诺仑加（Noarlunga，1小时）之间，而751路和753路则从这里开往麦克莱伦谷和威朗加（45分钟）。同样适用Adelaide Metro的常规票价。

威朗加（Willunga）

人口 2420

艺术氛围浓郁的威朗加是一座狭小的城镇，拥有3家小酒馆（堪称迷人的组合！）。1840年，威朗加附近发现了高品质的石板，经济从此开始腾飞，产品行销至澳大利亚各地。倾斜的High St两旁坐落着小镇早期的建筑，如今，这里则布满精致餐馆、民宿住所和画廊。基德曼小路（见797页）的起点也位于

不要错过

麦克莱伦谷葡萄酒厂

如果说巴罗萨山谷是南澳大利亚州葡萄酒产业的老者，那么麦克莱伦谷则是新贵，像个年轻人，站在小屋后面，抽着香烟偷喝着父亲酒桶中的葡萄酒。夏天，秀美的葡萄酒庄园有着托斯卡纳（Tuscan）般的氤氲，好似泛起的涟漪荡漾到利古里亚（Ligurian）一样的平静海岸线。这里是西拉的国度——纯正、强劲、无比可口。

Alpha Box & Dice（www.alphaboxdice.com.au；Lot 8 Olivers Rd；⊙周一至周四 11:00~16:00，周五至周日 10:00~17:00）这家令人神清气爽的小型葡萄酒厂独具匠心，这里有新潮而复古的装饰、奇特的标签和慵懒的雇员，在葡萄酒界已经占据重要地位。

Coriole（www.coriole.com；Chaffeys Rd；⊙周一至周五 10:00~17:00，周六和周日 11:00~17:00）带着当地特色餐盘，走进这座漂亮农舍（1860年建造）的花园，分享希腊黑色橄榄、自制面包和阿德莱德丘陵伍德赛德奶酪。等着品尝当地风味的佳肴吧，要是还能痛饮红石（Redstone）西拉，或旗舰佳酿白诗南葡萄酒（chenin blanc），那这里的一切就更显可爱了。

d'Arenberg（☎08-8329 4888；www.darenberg.com.au；Osborn Rd；⊙10:00~17:00）餐馆位于山坡之上，坐拥秀美风景。葡萄酒的标签是这里的特色之一：枯藤西拉（Dead Arm shiraz）和Broken Fishplate白索维农（sauvignon blanc）是我们的挚爱。午餐需预约。

Samuel's Gorge（☎08-8323 8651；www.gorge.com.au；Chaffeys Rd；⊙11:00~17:00）坐落在麦克莱伦谷小镇后面山地之上，名不见经传，位于一座1853年石头房子之内，可以欣赏峡谷风景。歌海娜（grenache）不同凡响。自带野餐。

Wirra Wirra（www.wirrawirra.com；McMurtrie Rd；⊙周一至周六 10:00~17:00，周日 11:00~17:00）喜欢一边饮酒一边掷球吗？这座谷仓般的酒庄建于1894年，拥有一片野餐草坪，冬天还有旺盛的篝火。你可以品尝贴着标签、定价合理的餐后葡萄酒。此外，这里还有颇受欢迎的教堂庄园红葡萄酒（Church Block）。白葡萄酒包括柑橘味维欧尼葡萄酒和馥郁芬芳的雷司令葡萄酒。

此处。

景点

威朗加农贸市场 市场

（Willunga Farmers Market; www.willungafarmersmarket.com; Willunga Town Sq; ◷周六8:00~12:30）威朗加农贸市场位于High St和Main Rd的转角处，每周六上午开放，提供大量有机、预先订购的和当地采购的产品。

威朗加石板博物馆 博物馆

（Willunga Slate Museum; www.nationaltrust.org.au/sa/willunga-slate-museum; 61 High St; 成人/儿童 $5/1; ◷周二、周六和周日 13:00~16:00）这座博物馆用一些古老的石砖垒砌，位于威朗加向上延伸的High St顶端。在不同时期里，博物馆所在的建筑承担着不同角色——警察局、法院、监狱和男子学校。如今，这里则把目光聚焦在威朗加石板开采的历史，以及从事这些体力劳动的康沃尔（Cornish）采矿人身上。

食宿

Willunga House B&B 民宿 $$$

（☎08-8556 2467; www.willungahouse.com.au; 1 St Peters Tce; 双 含早餐 $210~280; ❄📶🏊）这家优雅的庄园始建于1850年，共两层楼，就位于主干道旁边。如果你想找一家真正的豪华旅馆，那么这里是为你量身定制的选择：波罗的海松木（Baltic-pine）地板、意大利的樱桃木床、开放式的壁炉、原住民艺术作品，还有一个游泳池。早餐是一场美食的盛宴，包括有机的牛奶什锦早餐、水果沙拉和水煮梨，随后还有一些烹饪菜肴。

Fino 新派澳洲菜 $$

（☎08-8556 4488; www.fino.net.au; 8 Hill St; 主菜 $28~33; ◷周二至周日 正午至15:00，周五和周六 18:30~21:00）Fino确实不错：它是"澳大利亚百佳餐馆"（Australia's Top 100 Restaurants）榜上的常客，柜中也摆满了各种美食和美酒的地区奖项。餐馆由一幢石板小屋改建而来，非常低调，拥有简单小巧的菜单，提供简单小巧的菜肴，其食材尽可能从当地采购。配有芥菜的库龙安格斯（Coorong Angus）排骨是这里的镇店之宝。

Russell's Pizza 比萨 $$

（☎08-8556 2571; www.facebook.com; 13 High St; 比萨 $24起; ◷周五和周六 18:00~23:30）Russell's看起来像一个摇摇欲坠的鸡笼，但在周末，这里却会奉献无与伦比的炭烤比萨。这里的氛围极好，没人介意为一顿大餐等上一会儿（可能要1个小时）。餐厅颇受欢迎，因此得早点预订。

圣文森特湾的海滩（Gulf St Vincent Beaches）

阿德莱德南郊至杰维斯角（Cape Jervis）这段海岸美不胜收。从市内启程，来此一日游，享受沙滩生活，真是无与伦比。通往袋鼠岛途中设有便捷过夜投宿点，或者就是暂时离开麦克莱伦谷的葡萄藤，来体验一下海岸风情也不错。

在圣文森特湾的海岸线上，分布着不少适合游泳的一流海滩，但是都不适合冲浪。从郊区的**克里斯蒂斯海滩**（Christies Beach）延伸至**玛斯林海滩**（Maslin Beach），后者的南端则是一片裸体海滩和同性恋者的聚集场所。玛斯林海滩距离阿德莱德有45分钟的车程，但足以远离城市日益扩大的购物中心，以及向南渗透的新楼盘开发项目。

Star of Greece（☎08-8557 7420; www.starofgreececafe.com.au; 1 The Esplanade, Port Willunga; 主菜 $29~35; ◷周三至周日 正午至15:00，周五和周六 18:00至深夜）的店名源于一艘沉船，这家整日繁忙的崖顶海鲜小店位于**威朗加港**（Port Willunga），拥有前卫的装饰、良好的服务，还有阳光明媚的室外露台。我们问侍者店里的牙鳕鱼是在哪里捕到的，他眺望着远方的海湾说道："看到那里的船了吗？"此外，这里还有一个提供外卖的亭子（小吃 $4~8，营业时间 10月至次年5月 10:00~15:00）。

Victory Hotel（☎08-8556 3083; www.victoryhotel.com.au; Main South Rd, Sellicks Beach; 主菜 $17~35; ◷正午至14:30和18:00~20:30）是一家建于1858年的小酒馆，坐落在**赛利克斯海滩**（Sellicks Beach）上的高速公路旁，经过翻新后显得非常时尚。你能在这里欣赏到银色海湾的绝伦美景，体验愉悦

而又悠闲的氛围，还有一座风景优美的啤酒花园等着你。要是把激动人心的菜肴、令人难忘的酒窖和杯中的美酒也都算上，那么你将有种凯旋的感觉。另外，这里还有3个民宿小屋（双人房 $150起）。

再向南行驶，便可来到可爱的小镇**岩卡里拉**（Yankalilla），地区性的**岩卡里拉海湾游客信息中心**（Yankalilla Bay Visitor Information Centre；☎1300 965 842，08-8558 0240；www.yankalilla.sa.gov.au；163 Main South Rd，Yankalilla；⏲周一至周五 9:00~17:00，周六和周日 10:00~16:00；📶）就坐落于此。小镇有一家小型的当地历史**博物馆**（www.yankalilla.sa.gov.au；169 Main South Rd，Yankalilla；门票 $5；⏲周一至周五 9:00~17:00，周六和周日 10:00~16:00）。如今，沉没的**澳大利亚皇家海军舰队霍巴特级巡洋舰**（HMAS Hobart；www.exhmashobart.com.au），已成为海岸附近的一处潜水地点，记得在这里找找船上的雷达天线。岩卡里拉还有一家个性十足的**Lilla's Cafe**（☎08-8558 2525；www.lillascafe.com.au；117 Main South Rd，Yankalilla；主菜 早餐 $7~20，午餐和晚餐 $15~32；⏲周日至周二和周四 8:30~16:00，周五和周六 至23:00），这儿是喝咖啡吃蛋糕的优选之地，在周五和周六的晚上也提供分量十足的炭烤比萨。

卡里克卡林加（Carrickalinga）位于阿德莱德以南大约60公里处，拥有美轮美奂的白色弧形沙滩：这里非常冷清，没有一家小店。想要购物和住宿的游客，可以前往相邻的**诺曼维尔**（Normanville），那里有着一家布局凌乱的小酒馆，以及超市和几个房车露营公园。时髦新潮、都市风格的**One Little Sister**（☎08-8558 3759；www.onelittlesister.com.au；4/48 Main Rd，Normanville；主菜 $10~18，比萨 $19~23；⏲周日至周四 8:00~16:00，周五和周六 至20:30）也在这里，而且生意兴隆，出售咖啡、丰盛早餐和比萨。诺曼维尔10公里之外的地方则是风景宜人的**岩卡里拉瀑布**（Ingalalla Falls），就在Hay Flat Rd的沿途，跟着小镇一侧通向岩卡里拉的指示牌便可到达。前往**欣德马什瀑布**（Hindmarsh Falls），路线基本相同，欣德马什瀑布紧邻Hindmarsh Tiers Rd，位于Myponga内陆。

杰维斯角距离阿德莱德107公里，除了是开往袋鼠岛的渡轮终点站外，还是海森小径（见797页）的起点，但这里并没有很多的景点值得一游。附近的**迪普溪保护公园**（Deep Creek Conservation Park；www.environment.sa.gov.au；每车$10）则拥有美不胜收的海岸景色、一座迷人的瀑布、成人大小的禾木胶树（yakkas，学名是Xanthorrhoea semiplana tateana）、沙滩、袋鼠、笑翠鸟和丛林露营地（每车$13起）。

Ridge top Retreats（☎08-8598 4169；www.southernoceanretreats.com.au；Tapanappa Rd；双 $245）有着弧形的屋顶，紧邻通往迪普溪保护公园的公路：三个使用波纹钢材建造的豪华套间位于丛林之中，设施齐全，里面摆放着木炉加热器、真皮座椅和不锈钢桌子。可以登录www.southernoceanretreats.com.au了解其他更加实惠的旅游项目。

维克托港（Victor Harbor）

人口 13,850

英康特海岸上最大的城镇当属维克托港（是的，就是这个名字，不要太嫌弃南澳大利亚州当地早期糟糕的基础教育）。这是一个稍显破落但又人潮涌动的度假胜地，有着3家大型酒馆，近岸还有迁徙的鲸鱼经过。11月，草木丰茂的前滩上，到处都是年轻的毕业生，他们毫不拘束地在**Schoolies Festival**（www.schooliesfestival.com.au）上释放激情。

👁 景点和活动

南澳大利亚州鲸鱼中心 博物馆

（South Australian Whale Centre；☎08-8551 0750；www.sawhalecentre.com；2 Railway Tce；成人/儿童/家庭 $9/4.50/24；⏲10:30~17:00）维克托港位于南露脊鲸的迁徙之路上（5月至10月）。南澳大利亚州鲸鱼中心高达数层，拥有令人印象深刻的鲸鱼展览（包括散发着恶臭的庞大头颅），还能让你近距离地观察它们。来这里的时候不是鲸鱼迁徙季？那就去全新的3D电影院看看巨型哺乳动物吧。如需观赏鲸鱼，可以致电**Whale Information Hotline**（☎1900 942 537）了解相关信息。

Alexandrina Cheese Company 奶酪

（www.alexandrinacheese.com.au；Sneyd

Rd, Mt Jagged；免费品尝，奶酪拼盘 $10~13；⏲周一至周五 正午至17:00，周六和周日 10:00~16:30）这家弗勒里约奶酪店相当成功，位于维克托港以北18公里、通往Mt Compass途中。专门接待奶酪达人和奶昔行家。尝尝高德干酪、球形干酪和羊乳酪。然后买块能量超群的切达干酪以备不时之需。

Horse-Drawn Tram 有轨电车

（☎08-8551 0720；www.horsedrawntram.com.au；Foreshore；往返 成人/儿童/家庭 $9/7/25；⏲每小时1班 10:30~15:30）紧邻海岸的是鹅卵石铺就的**花岗岩岛**（Granite Island），该岛通过一条1875年建造的长堤与主岛相连，总长达632米。你可以步行前往小岛，但更为有趣的则是乘坐1894年的双层电车，这辆小车完全由一匹强壮的挽马拖动。你可以从司机或者游客信息中心那里购票。

英康特自行车道 骑车

（Encounter Bikeway；www.fleurieupeninsula.com.au/pdfs/bikeway_brochure09.pdf）免费 英康特自行车道颇受欢迎，很多自行车爱好者都在此骑行。车道从维克托港绵延至古尔瓦（Goolwa）的Laffin Point，总长30公里。游客中心提供地图，**Victor Harbor Cycle Skate Bay Rubber**（☎08-8552 1417；www.victorharborcycles.com；73 Victoria St；自行车租赁 每4/8小时 $30/40；⏲周一至周五 9:00~17:00，周六和周日 10:00~15:00）则有自行车出租。

Big Duck 乘船游

（☎0405 125 312；www.thebigduck.com.au；团队游 30分钟 成人/儿童/家庭 $35/25/110，团队游1小时 $60/50/195）乘着坚固的"大鸭号"充气船（"Big Duck"），在花岗岩岛周围转一圈，看看海豹、海豚和鲸鱼（合适时节）。请致电或上网预约以及了解开船时间。

食宿

Anchorage 客栈 $

（☎08-8552 5970；www.anchorageseafronthotel.com；21 Flinders Pde；标单/双/标三/四/公寓 $55/80/110/160/240起；@）这家滨海的大客栈历史悠久，在当地堪称精品中的精品。客栈里一尘不染，长长的走廊两边是物超所值的客房，大多数房间都面朝海滩，其中一些还拥有阳台——要是在悉尼，你会因此被狠狠地敲一次竹杠！最便宜的房间里看不到风景，且共享浴室。楼下的咖啡馆酒吧很是受人青睐。提供免费Wi-Fi（有些房间信号不好）。

Victor Harbor Holiday & Cabin Park 房车营地 $

（☎08-8552 1949；www.victorharborholiday.com.au；19 Bay Rd；无电力/有电力供应 露营地 $32/39，小屋/套房/别墅 $114/114/174起；❄@📶）小镇上最为友好的房车公园（房车公园颇有几座，没有一个如此新潮），有着整洁的设施、免费的烧烤、Wi-Fi，还有杂草丛生的场地供你支起帐篷。

Nino's 咖啡馆、意大利菜 $$

（☎08-8552 3501；www.ninoscafe.com.au；17 Albert Pl；主菜 $18~29；⏲周一至周四 10:00~22:00，周五至周日 10:00至午夜）Nino's咖啡馆自1974年起便在此营业，但它还是给维克托港的市区增添了一丝现代的光彩。年轻时尚的侍者、室内的现代装饰让餐馆的比萨、意大利面、沙拉、意式调味饭和意式荤菜更显美味。这里还提供不错的咖啡、蛋糕和外卖食品。

Anchorage Cafe 新派澳洲菜 $$

（☎08-8552 5970；www.anchorageseafronthotel.com；21 Flinders Pde；小吃 $4~17，主菜 $16~34；⏲8:00~11:00，正午至14:30和17:30~20:30）这个坐落在Anchorage酒店里的"深海洞穴"，拥有一艘用作酒吧的古老捕鲸船，提供满是各类海鲜的地中海式和新派澳大利亚佳肴菜单（法式长棍、比萨、希腊烤肉）。这里还有不错的咖啡、西班牙小吃、蛋糕和欧式啤酒，你可以在清风徐徐的露台上畅饮。

ℹ 实用信息

维克托港游客信息中心（Victor Harbor Visitor Information Centre；☎08-8551 0777；www.tourismvictorharbor.com.au；Foreshore；⏲9:00~17:00）处理团队游和住宿的预订工作。如果你喜欢游泳，这里还有《南海岸上的海滩》（*Beaches on the South Coast*）小册子，以及关于

历史步道的小册子《古老的维克托港》(*Old Port Victor*)。

到达和离开

长途汽车

Premier Stateliner (www.premierstateliner.com.au)的长途汽车从阿德莱德开往维克托港($24, 1.75小时, 每天1~3班),并继续驶向古尔瓦。

火车

6月至11月的第一和第三个周日,**蒸汽漫游者老式铁路**(SteamRanger Heritage Railway; ☎1300 655 991; www.steamranger.org.au)上都会行驶着南部邂逅号(Southern Encounter, 成人/儿童 往返 $71/37)旅游列车,从阿德莱德丘陵中的巴克山开往维克托港,途经斯特拉萨尔宾(Strathalbyn)、古尔瓦和埃利奥特港(Port Elliot)。考克尔号列车(Cockle Train, 成人/儿童 往返 $29/15)会在每周日和周三(学校假期时则会每天开行)沿着维克托港和古尔瓦之间的英康特海岸行驶,途经埃利奥特港。

埃利奥特港(Port Elliot)

人口 3100

历史悠久的埃利奥特港如今已是相当富庶,坐落在维克托港以东大约8公里处,依偎在马蹄湾(Horseshoe Bay)的怀抱之中,拥有弧形的橙色沙滩、和缓的浪花,非常适合游泳。诺福克岛松树直指云霄,而在小酒馆的墙上还贴有最新的观鲸地点。如果鲸鱼恰好在周围游弋,不妨前往位于Strand尽头的Freemans Knob瞭望台,用免费的望远镜一探究竟。

活动

痴迷历史的游客应该去古尔瓦游客信息中心(Goolwa Visitor Information Centre, 见831页),找一本名为《走进埃利奥特港历史》(*Walk Into History at Port Elliot*)的小册子,里面提供了小镇周围几条历史步道的详情。

Port Elliot Bike & Leisure Hire 自行车出租

(☎0448 370 007; www.portelliotbikeleisurehire.myob.net; 85-87 Hill St; 每天 $40起; ⏲周一至周六 9:00~17:00, 周日 10.30~17:00)挑一辆山地自行车,直冲英康特自行车道(见829页),穿过埃利奥特港,直达古尔瓦(向东15公里)和维克托港(向西7公里)。

冲浪

康摩多尔角(Commodore Point)位于马蹄湾最东端,对于经验丰富的冲浪者而言,附近的布马海滩(Boomer Beach)和骑士海滩(Knights Beach)都有不错的海浪,海浪时常高达2米。古尔瓦一旁的小镇米德尔顿(Middleton)很不起眼,但那里的海滩也非常适合冲浪。继续远行,可以到达维凭加海滩(Waitpinga Beach)和帕森斯海滩(Parsons Beach),地处维克托港(Victor Harbor)西南方12公里处。

冲浪的最佳季节在3月至6月,那时会刮起北风。想要获得冲浪信息,请登录www.southaustralia.com,而在www.surfsouthoz.com上则可以找到冲浪报告。米德尔顿拥有几所出色冲浪学校。

South Coast Surf Academy 冲浪

(☎0414 341 545; www.danosurf.com.au; Surfers Pde, Middleton)学习冲浪,2小时课程,提供装备,大约花费$50。

Surf & Sun 冲浪

(☎1800 786 386; www.surfandsun.com.au; 44 Victor Harbor Rd, Middleton)出租桨板/潜水服(半天 $20/10),开设冲浪课程(2小时大约花费$50,提供装备)。

Big Surf Australia 冲浪

(☎08-8554 2399; www.bigsurfaustralia.com.au; 24 Goolwa Rd, Middleton; 冲浪板/趴板/潜水服 每天 $20/15/15; ⏲9:00~17:00)租赁冲浪设备,就到米德尔顿的Big Surf Australia。

食宿

★Port Elliot Beach House YHA 青年旅舍 $

(☎08-8554 1885; www.yha.com.au; 13 The Strand; 铺/标双/双/家 $28/90/90/125起; ❄@📶)这座漂亮的砂石建筑始建于1910年,

原先是Arcadia Hotel的所在地，可以欣赏到埃利奥特港海岸的全景。如果你将目光移回室内，就会发现这里拥有擦得锃亮的地板，床上用品精美大方，现代色彩无处不在；设施绝对奢华。冲浪课程几乎是来这儿的“必修课”，而Flying Fish Cafe则在200米外，那里出售的炸鱼和薯条堪称弗勒里约南部一绝。

埃利奥特港假日公园 房车营地 $

（Port Elliot Holiday Park；☎08-8554 2134；www.portelliotholidaypark.com.au；Port Elliot Rd；供电露营地/小屋/套间/别墅 $34/90/115/145起；❄@📶）这片绿草如盖的公园占地5公顷，坐拥无可比拟的地理位置，就在马蹄湾沙丘的背后，气候多风。有着一切必要设施，包括一间阳光明媚的野营厨房和全天候烧烤区。这里有茂盛的草地及茁壮的树木。冬天的价格较为便宜。

Royal Family Hotel 小酒馆 $

（☎08-8554 2219；www.royalfamilyhotel.com.au；32 North Tce；标单/标双/标三/双 $40/50/60/65）花旗总裁查克王子是否真的在此下榻过尚存疑问。如果这是真的，那他当时一定会惊讶地发现这里有上好的酒吧房间、干净的公共浴室、电视休息室，还有可以眺望主街的阳台。楼下，自动点唱机播放着Bon Jovi（邦乔维乐队）的音乐，简餐精美得可以招待帝王（主菜 $13~25，营业时间为：正午至14:00和18:00~20:00）。

Jetty Food Store 咖啡馆、熟食 $

（☎0448 147 097；www.jettyfoodstore.com；42 North Tce；餐 $8~16；⏲周一至周五 9:00~18:00，周六 8:30~16:00，周日 9:00~15:00）🍃这里的座右铭是：为你捕获收集海岸食物。你可以在这里喝一杯有机咖啡，吃一点袋鼠岛的牡蛎，喝点本地有机葡萄酒，或者在冰箱里搜寻一番，看看是否有美味的奶酪、冰激凌和橄榄。果汁令人垂涎欲滴。

★Flying Fish Cafe 新派澳洲菜、炸鱼和薯条 $$

（☎08-8554 3504；www.flyingfishcafe.com.au；1 The Foreshore；主菜 咖啡馆 $5~18，餐厅 $19~34；⏲咖啡馆 每天 9:00~16:00，餐厅 每天正午至15:00，周五和周六 18:00~20:00）来此享用咖啡早餐，便会逗留一天——马蹄湾的风景实在是美轮美奂。你也可以买一点外带食物，如用Coopers啤酒制作的炸鱼薯条，然后来沙滩上慢慢品尝。晚上，食物档次将提高，主菜多用南澳大利亚州独立农产品商提供的食材来烹饪。

ℹ 到达和离开

Premier Stateliner（www.premierstateliner.com.au）运营的长途汽车，每天都往来于阿德莱德和埃利奥特港（$24，2小时，每天1~3班）之间，途经维克托港，并继续前往古尔瓦。

古尔瓦（Goolwa）

人口 6500

与联系紧密的兄弟城镇维克托港相比，古尔瓦显得更为低调、优雅和谦逊，墨累河正是在此奔流入海。沙丘之外坐落着一片无与伦比的海滩，那里有大量的冲浪手出没于海浪之间……每个奇数年份的2月，南澳大利亚州木舟节（South Australian wooden Boat Festival；www.woodenboatfestival.com.au）在此举行。

👁 景点和活动

在古瓦尔海滩（Goolwa Beach），一家小巧玲珑的咖啡馆迎风而立，一条木板小道穿过重重沙丘，你可以在此远眺滚滚海浪。可在Ocean Living Surf School（☎0487 921 232；www.olsurfschool.com.au；2/4小时课程 $35/65）学习冲浪技巧。

沿海的英康特自行车道（www.fleurieupeninsulatourismvictorharbor.com.au/pdfs/bikeway_brochure09.pdf）总长30公里，连接着古尔瓦和维克托港（古尔瓦游客中心提供地图）。

Steam Exchange Brewery 酿酒厂

（☎08-8555 3406；www.steamexchange.com.au；Goolwa Wharf；品酒 $3.20；⏲周三至周日 10:00~17:00）往下走到码头，你会看到Steam Exchange Brewery，这家当地经营的酿酒厂出产烈性啤酒和麦芽酒。可远眺涟漪阵阵的河面，小酌一口Southerly Buster Dark Ale。南澳大利亚州独一无二的单一麦芽威士忌酿造厂就在这里！品酒费用低廉。这里也组织团队游。

值得一游

金钱溪和兰汉溪葡萄酒厂

金钱溪坐落在古尔瓦以北10公里处，曾一度被提名为南澳大利亚州首府，如今则满足于出品屡获殊荣的葡萄酒（www.currencycreekwineregion.com.au）。金钱溪葡萄酒厂（Currency Creek Winery；☎08-8555 4069；www.currencycreekwinery.com.au；Winery Rd, Currency Creek；⏰10:00~17:00）拥有160英亩的葡萄种植园，生产无与伦比的赤霞珠。此外，这里还有一家时髦的餐馆（主菜价格为$26~30，营业时间：周三至周日 正午至15:00，周五和周六 18:00~21:00）。建议你提前预约。

再往北走，兰汉溪葡萄酒厂位于斯特拉萨尔宾以东16公里处，这里是澳大利亚最老的葡萄种植区之一（www.langhornecreek.com）。这里孕育20多家酒庄，出产西拉、赤霞珠和霞多丽（chardonnay）白葡萄酒。Bleasdale Winery（www.bleasdale.com.au；wellington Rd, Langhorne Creek；⏰10:00~17:00）是这个地区的第一家葡萄酒厂，拥有广袤的种植园、历史悠久的酒窖和一台古老的红葡萄酒压制机。Bremerton（www.bremerton.com.au；Strathalbyn Rd, Langhorne Creek；⏰10:00~17:00）位于一片老式的种植区内，由一对姐妹经营，颇有创新精神，出品顶级的霞多丽和西拉。

Canoe the Coorong 划独木舟

（☎0424 826 008；www.canoethecoorong.com；成人/儿童 $135/85）🍃从古尔瓦出发，全天在库龙和墨累河河口泛舟。提供午餐，并有一次穿越沙丘的徒步游，极富挑战性。同时组织远程团队游。

Spirit of the Coorong 巡游

（☎08-8555 2203, 1800 442 203；www.coorongcruises.com.au；Goolwa Wharf）🍃他们提供的生态巡游活动将带你泛舟墨累河上，走进库龙国家公园，提供午餐并组织步行导览游。4小时的发现库龙巡航游（Coorong Discovery Cruise，成人/儿童 $90/66）安排在每周四，还有10月至次年5月的每周一；而每个周日，以及10月至次年5月的每周三，这里会提供时长6小时的库龙探险巡航游（Coorong Adventure Cruise，$105/72）。必须预约。

此外，2小时的墨累河河口巡航游（Murray Mouth Cruise，$38/19）活动则在10月至次年4月的每周六举行。

Goolwa Riverboat Centre 巡游

（☎1300 466 592, 08-8555 2108；www.oscar-w.info；Goolwa Wharf；成人/儿童/家庭 $20/8/48；⏰10:00~15:00，致电询问巡航时间）乘坐拥有130年历史的明轮船Oscarw，在1小时的巡航游中细细品味墨累河。如今可能难以想象，但在1875年，曾有127条江轮穿梭在这里与新南威尔士州（NSW）之间的河面上！请致电了解时间安排并预约。

住宿

古尔瓦镇里和周边的假日住宿都由LJ Hooker（☎08-8555 1785；www.ljh.com.au/goolwa；25 Cadell St）和Professionals（☎08-8555 2122；www.goolwaprofessionals.com.au；1 Cadell St）两家负责，都能提供每晚只需$80的房屋（尽管大部分都在$130左右），周租价格优惠。

Jackling Cottage B&B 民宿 $$

（☎08-8555 3489；www.goolwaheritagecottages.com；18 Oliver St；双 2晚 含早餐 $340起；❄）这座可爱的老旧宅第始建于19世纪60年代，坐落在古尔瓦一条平凡无奇的小街上（请忽略马路对面的加油站），周围则是丛生的玫瑰花和石灰墙。两间卧室可容纳4人——非常适合寻找低调滨海住宿的家庭或夫妇来此欢度周末。距离小镇主干道几步之遥。最少入住2晚。

也有假日出租房可供选择，但不提供早餐。

★Australasian 精品酒店 $$$

（☎08-8555 1088；www.australasian1858.com；1 Porter St；双 含早餐 $395起；❄📶）这幢

华美的石制酒店始建于1858年，坐落在古尔瓦主干道的起点，如今已然脱胎换骨，拥有一个时髦的民宿、一系列日式装饰、光彩照人的附属建筑，还有一家高档的正餐厅。5个豪华套房都可以欣赏到美景，而这里的早餐更是让你想要多住几天。至少需住两晚。

就餐

Café Lime 咖啡馆 $

(1/11 Goolwa Tce；餐 $9~20；⊙每天 9:00~16:00，12月至次年2月 周五和周六 9:00~20:00）买一份加热即食的美味晚餐，或是外带椒盐鱿鱼和酸咸适度的油炸食品。如果你想要逗留片刻，不妨找一张桌子，来一点酒香油炸库龙胭脂鱼（这可不是在一般酒馆里可以尝到的）、法式长棍面包、咖喱、汤品和意面。浓缩咖啡更是完美。

Hector's 咖啡馆、新派澳洲菜 $$

(☎08-8555 5885；www.hectorsonthewharf.com；Goolwa Wharf；主菜 $15~30；⊙每天 9:00~17:00，12月至次年2月 周五和周六 18:00至深夜）用鱼竿装饰的Hector's位于墨累河上，欣德马什岛大桥之下，在此进餐就仿佛在好友的船库里聚会一样，有爵士乐的伴奏和当地美酒的陪伴，海鲜杂烩浓汤、扇贝片和羊乳酪菠菜馅饼更显美味。这里也供应很不错的咖啡。

实用信息

古尔瓦游客信息中心（Goolwa Visitor Information Centre；☎1300 466 592；www.visitalexandrina.com；4 Goolwa Tce；⊙周一至周五 9:00~17:00，周六和周日 10:00~16:00）开在一家1857年建的邮局里，提供当地的详细信息，包括住宿。

到达和离开

Premier Stateliner（www.premierstateliner.com.au）每天都有长途汽车往来于阿德莱德和古尔瓦之间（$24，2小时，每天1~3班）。

坎加鲁岛（KANGAROO ISLAND，袋鼠岛）

汽车渡轮缓缓从杰维斯角驶出，穿过巴克斯泰斯海峡（Backstairs Passage）起伏的波涛，最终抵达袋鼠岛（简称KI）。岛上一直以来都不会有游客扎堆的现象，如今受到荒野和野生动物爱好者的追捧，成为一处蓬勃发展的旅游目的地。这里是名副其实的动物乐园，生活着海豹、鸟类、海豚、针鼹——当然还有袋鼠。现在岛上还是一如既往地保持着乡村的生活节奏，经济也较为落后。孩子们还是骑着自行车上学，农民们则在布告栏上征婚相亲。岛上的农产品是这里的一大亮点。

历史

在袋鼠岛上，许多地名都有法国特色，这得归功于法国探险家尼古拉·博丹（Nicholas Baudin），他在1802年至1803年勘察了这里的海岸。与博丹难分伯仲的是英国人马修·弗林德斯（Matthew Flinders），也是在1802年，他在享用了这里的袋鼠肉后，将这里命名为袋鼠岛。那时岛上还无人居住，但考古

大大小小的各类生物

来到袋鼠岛，你就一头扎进了野生动物的领地，袋鼠、小袋鼠（wallaby）、袋狸（bandicoot）和负鼠（possum）都在晚上出没，特别是在弗林德斯狩猎国家公园的那些荒野地带。因为生怕考拉和鸭嘴兽在澳大利亚大陆上灭绝，人们在20世纪20年代将这两种生物引进到了弗林德斯狩猎国家公园。针鼹在灌木丛中漫步，而巨蜥（goanna）与虎蛇（tiger snake）则让袋鼠岛保持了适度的弱肉强食。

岛上有267种鸟类，有的物种非常稀有，甚至濒临灭绝。袋鼠岛鸸鹋（dwarf emu）已经重蹈渡渡鸟（dodo）灭绝的覆辙。而由于栖息地的减少，光彩夺目的黑凤头鹦鹉（black cockatoos）也可能马上要步它们的后尘，离开动物大家庭了。

近岸处，人们经常看到海豚和南露脊鲸搏击海浪的场面。此外，这里还有一些小企鹅、新西兰海狗（New Zealand fur seal）和澳大利亚海狮（Australian sea lion）的栖息地。

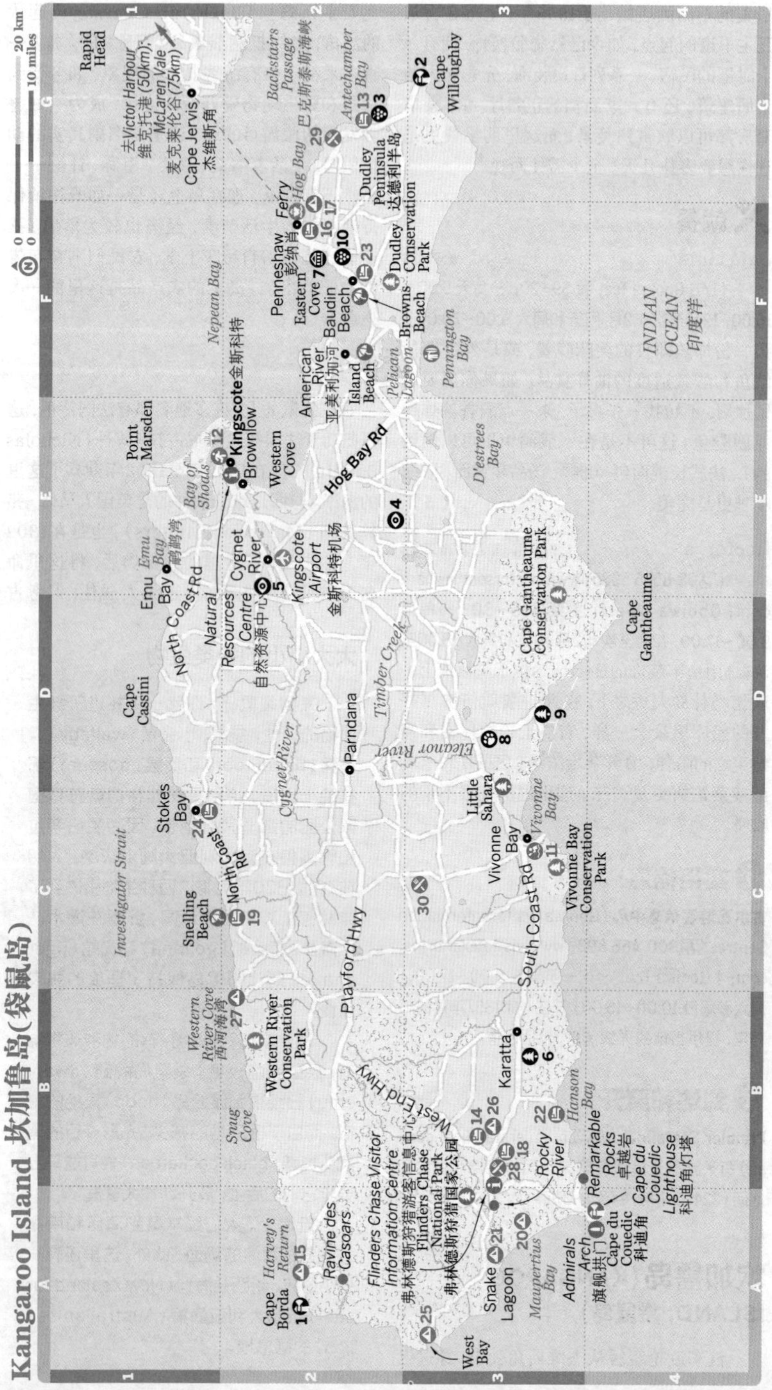
Kangaroo Island 坎加鲁岛(袋鼠岛)
20 km
10 miles
去Victor Harbour 维克托港 (50km); McLaren Vale 麦克莱伦谷 (75km)
Rapid Head
Cape Jervis 杰维斯角
Backstairs Passage 巴克斯泰斯海峡
Antechamber Bay
Cape Willoughby
Hog Bay
Penneshaw 彭纳肖
Ferry
Dudley Peninsula 达德利半岛
Dudley Conservation Park
Nepean Bay
Eastern Cove
Baudin Beach
American River 亚美利加河
Island Beach
Browns Beach
Pelican Lagoon
Pennington Bay
INDIAN OCEAN 印度洋
Point Marsden
Kingscote 金斯科特
Brownlow
Bay of Shoals
Western Cove
Hog Bay Rd
D'estrees Bay
Emu Bay 鸸鹋湾
Emu Bay
Cygnet River
Kingscote Airport 金斯科特机场
Natural Resources Centre 自然资源中心
North Coast Rd
Cape Gantheaume Conservation Park
Cape Gantheaume
Cape Cassini
Timber Creek
Parndana
Eleanor River
Cygnet River
Little Sahara
Stokes Bay
Investigator Strait
Vivonne Bay
Vivonne Bay Conservation Park
South Coast Rd
Snelling Beach
Playford Hwy
Western River Cove 西河海湾
Western River Conservation Park
Karatta
Hanson Bay
West End Hwy
Snug Cove
Harvey's Return
Cape Borda
Ravine des Casoars
Flinders Chase Visitor Information Centre 弗林德斯狩猎游客信息中心
Flinders Chase National Park 弗林德斯狩猎国家公园
Rocky River
Remarkable Rocks 卓越岩
Cape du Couedic Lighthouse 科迪角灯塔
Cape du Couedic 科迪角
Admirals Arch 旗舰拱门
Maupertius Bay
Snake Lagoon
West Bay

Kangaroo Island 坎加鲁岛（袋鼠岛）

◎ 景点

活动、课程和团队游

住宿

就餐

实用信息

学家认为，澳大利亚的原住民已在岛上居住了2000年之久。对他们抛弃这座岛的原因仍有颇多猜测，但这一问题的答案似乎隐藏在原住民对袋鼠岛的称谓上——他们称这里为"Karta"，意为"死亡之地"（Land of the Dead）。19世纪早期，捕杀鲸鱼和海豹的猎人，从塔斯马尼亚州（Tasmania）绑架了不少原住民妇女，并把她们带到了岛上，袋鼠岛上这才重现了原住民的身影。

活动

袋鼠岛上最安全的**游泳**地点在北海岸，那里水温适宜，裂流也比南海要少，想要游泳的游客可以去鸸鹋湾（Emu Bay）、斯多克斯湾（Stokes Bay）、斯内林海滩（Snelling Beach）或西河海湾（Western River Cove）看看。

冲浪爱好者们不妨迎着南海岸的阵阵海浪一展身手。彭宁顿海湾（Pennington Bay）拥有持久强劲的海浪，而位于西南方的维逢湾（Vivonne Bay）和汉森湾（Hanson Bay）也有一些过瘾的冲浪点。记得从游客信息中心拿一本《袋鼠岛冲浪指南》（*Kangaroo Island Surfing Guide*），或者登录www.tourkangarooisland.com.au下载。

袋鼠岛上有着很多值得一看的景点适合徒步游。登录www.tourkangarooisland.com.au/wildlife获取**丛林徒步**的信息，路线长度从1公里到18公里。

袋鼠岛周围的水域是230种鱼类、珊瑚和大约60艘沉船的家园，堪称**浮潜**和**潜水**的胜地！**Kangaroo Island Dive & Adventures**（☎08-8553 3196；www.kangarooislanddiveandadventures.com.au）组织潜水之旅（乘船潜水 $320起），出租装备和皮划艇（浮潜装备租赁 $35起，皮划艇租赁 全天 $70）。

从**小撒哈拉**（Little Sahara）的沙丘上顺势滑下真是乐趣无穷。**Kangaroo Island Outdoor Action**（☎08-8559 4296；www.kioutdooraction.com.au；188 Jetty Rd, Vivonne Bay）出租滑沙板/平底雪橇（每天 $29/39），以及单人/双人皮划艇（4小时 $39/69）。

小岛周围有很多不错的**钓鱼**场所，包括金斯科特、彭纳肖（Penneshaw）、鸸鹋湾和维逢湾的码头。包船垂钓团队游（半天/全天每人 $150/250起）还提供用具和茶点，钓到的战利品也归你支配。可以联络**Kangaroo Island Fishing Adventures**（☎08-8559

3232; www.kangarooislandadventures.com.au）。

团队游

如果可以，至少要在岛上住一晚。只在袋鼠岛做一日游实在是太过匆忙。

Adventures Beyond 探险游

（☎1300 736 014; www.adventuresbeyond.com.au; 1天/2天 团队游 $258/415）观赏野生动植物之旅（背包客小团），为期两天，无所不包，阿德莱德启程，项目丰富多彩（沙滩冲浪、浮潜、徒步等）。也有一日游项目。

Cruising Kangaroo Island 皮划艇

（☎0418 767 667; www.cruisingkangarooisland.com; 团队游 每人 $80起）行程2小时，配有导游，乘坐皮划艇穿越袋鼠岛海岸、布朗海滩以外那些绝佳地点。不妨询问一下日暮皮划艇游的情况。

Groovy Grape 团队游

（☎08-8440 1640, 1800 661 177; www.groovygrape.com.au）野生动植物游猎之旅（$415），走出阿德莱德，全程2天，无所不包，小团旅行。参加沙滩冲浪、篝火晚会，还会参观主要景点。

Kangaroo Island Ocean Safari 探险游

（☎0419 772 175; www.kangarooislandoceansafari.com.au; 团队游 成人/儿童 $77/55）跳上这艘12座快艇，参加75分钟航海之旅，驶出彭纳肖，一窥海豹、海豚、鸟类以及鲸鱼（有时出现）的风采。

Kangaroo Island Adventure Tours 导览游

（☎08-8202 8678; www.kiadventuretours.com.au）适合背包客的团队游套餐为期两天，带你走出阿德莱德（$436起，包含宿舍铺位；单间价位略高），还有众多活动等着你。

Kangaroo Island Marine Tours 团队游

（☎08-8553 3227; www.kimarineadventures.com）提供时长1小时的北部海岸乘船游（$60）和时间更长、持续半天的短途游（$190），活动内容包括与海豚在水中共舞、探访海豹栖息地，以及深入袋鼠岛的偏远地区。

袋鼠岛通票

如果打算游览大多主要景点，购买**袋鼠岛通票**（www.environment.sa.gov.au; 成人/儿童/家庭 $68/42/185）很是划算。这张通票可以进入所有公园和保护区，同时包括Seal Bay、Kelly Hill Caves、贝达角以及Cape Willoughby导览游。网上、游客信息中心以及大多景点均有销售。

住宿

袋鼠岛上的住宿非常昂贵，在你搭乘价格不菲的渡轮上岛后，住宿费更让你的荷包雪上加霜。尽管岛上也有一些不错的露营地和价格适中的汽车旅馆，但设施齐全的小屋、民宿和海滨别墅收费都要每晚$160起，并且通常至少要求住上两晚。高品质的房车营地和青年旅舍非常少见。

数家旅行社可为游客预订岛上住房。

门户游客信息中心 住宿服务

（Gateway Visitor Information Centre; ☎1800 811 080; www.tourkangarooisland.com.au/accommodation）

袋鼠岛假日住宿 住宿服务

（Kangaroo Island Holiday Accommodation; ☎08-8553 9007; www.kangarooislandholidayaccommodation.com.au）

Sealink 住宿服务

（☎13 13 01; www.sealink.com.au/kangaroo-island-accommodation）

实用信息

重要的门户游客信息中心（见837页）位于彭纳肖。**袋鼠岛医院**（Kangaroo Island Hospital; ☎08-8553 4200; www.countryhealthsa.sa.gov.au; The Esplanade, Kingscote; ⏲24小时）在金斯科特。金斯科特和彭纳肖都有自动柜员机（ATM）。在小岛主要城镇以外的地区，手机信号时断时续，最好选择使用澳大利亚电信（Telstra）。彭纳肖和金斯科特还有一些超市，亚美利加河地区则有杂货店。

可以登录www.tourkangarooisland.com.au获取信息。

到达和离开

飞机

区域快线(Regional Express, Rex; www.regionalexpress.com.au)每天都有往来阿德莱德和金斯科特的航班(往返 $240起)。

长途汽车

Sealink运营的长途汽车,每天上午和下午都会穿梭于阿德莱德中央汽车站和杰维斯角(往返成人/儿童 $52/28,单程2.25小时)之间。

渡轮

Sealink(☎13 13 01; www.sealink.com.au)的汽车渡轮往返于大陆上的杰维斯角和袋鼠岛上的彭纳肖之间,每天至少开行3班(往返 成人/儿童 $98/50起,自行车/摩托车/汽车 $22/64/286,单程45分钟)。托运车辆的价格中包含一名司机的船费(仅限汽车,不包括自行车)。

当地交通

岛上没有公共交通,所以游客要么加入团队游,要么开车或租车。岛上的主要路段都是柏油马路,剩下的则是一些砂石小路——包括前往威洛比角、贝达角和North Coast Rd的道路,因此请缓慢行驶,特别是开夜车的时候。金斯科特、彭纳肖、亚美利加河地区、潘达那(Parndana)和维逢湾都设有加油站。

抵离机场

金斯科特机场(Kingscote Airport; www.kangarooisland.sa.gov.au/airport)距离市区14公里。**Kangaroo Island Transfers**(☎08-8553 3133, 0427 887 575; www.kitransfers.com.au)提供的运送服务连接了机场和金斯科特(每人$20,至少2人)、亚美利加河地区($30)和彭纳肖($45),独行的旅客只能付双份的钱(例如,前往金斯科特需花费$40)。必须预订。Sealink提供类似服务。

抵离渡轮

Sealink运营的渡轮往返彭纳肖和亚美利加河地区(成人/儿童 $15/8,30分钟)及金斯科特($18/10,1小时)。必须预订。

租车

并不是所有的阿德莱德汽车租赁公司都能让你租他们的车开上袋鼠岛。**Budget**(www.budget.com.au)与**Hertz**(www.hertz.com.au)有车供你租赁去往彭纳肖、金斯科特和金斯科特机场。

彭纳肖和达德利半岛(Penneshaw & Dudley Peninsula)

彭纳肖(人口 300)位于**达德利半岛**的北岸,是渡轮上岛的港口。视线穿过巴克斯泰斯海峡,你能从这里远眺到弗勒里约半岛。虽然短暂的旅游贸易曾让这里的企业经受了一定考验,但土生土长的酒馆、青年旅舍和杂货店依旧扎根在这里。在前往亚美利加河地区的路上,不妨欣赏一下**彭宁顿湾**的海浪。

景点

Chapman River Wines　　葡萄酒厂

(www.chapmanriverwines.com.au; 紧邻Cape Willoughby Rd, Antechamber Bay; ⏲9月至次年6月 周四至周一 11:00~16:30)这家奇特的酒庄位于一个经过改建的飞机库中,出产颇为不错的西拉葡萄酒,内部用艺术作品装饰,摆放着一些从南澳大利亚州周边的教堂、小酒馆和宅邸弄来的另类废品。这里的咖啡也很不错。

袋鼠岛农贸市场　　市场

(Kangaroo Island Farmers Market; www.goodfoodkangarooisland.com; Lloyd Collins Reserve, Frenchmans Tce, Penneshaw; ⏲每月的第一个周日 9:00~13:00)烘焙的食物、酸辣酱、海鲜、橄榄油、蜂蜜、鸡蛋、奶酪、酸奶……当然还有街头艺人和葡萄酒!如果你只是想在白天来这里的市场看看,Sealink(见835页)提供游客专用的往返大陆的票。

威洛比角灯塔　　灯塔

(Cape Willoughby Lightstation; ☎住宿 08-8553 4410; www.environment.sa.gov.au; Cape Willoughby Rd; 自助游 仅地面 每人 $3,导览游 含灯塔 成人/儿童/家庭 $15/9/39; ⏲导览游 11:30、12:30和14:00)这座灯塔建在彭纳肖东南方大约28公里处(途中并非柏油路段),于1852年首次投入使用,如今是一个气象站。这里有大量沉船信息,并提供基本的别墅住宿(双人房$170起;多加一人 $28)。学生放假期间，加开两趟团队游，时间分别为15:00和16:00。

Sunset Winery 葡萄酒厂

（www.sunset-wines.com.au; 4564 Hog Bay Rd, Penneshaw; ⏰11:00~17:00）哇，景色太棒了！如果觉得车道太过陡峭，可以选择背后那条通道。无论选择哪条通道，最终都能品味无与伦比的白索维农酒和令人振奋的西拉酒。这里还提供可口的佳肴拼盘，让你边大快朵颐边欣赏美景。

彭纳肖海事与民俗博物馆 博物馆

（Penneshaw Maritime & Folk Museum; www.nationaltrustsa.org.au; 52 Howard Dr, Penneshaw; 成人/儿童/家庭 $4/2/7; ⏰9月至次年5月 周三至周日 15:00~17:00）这里展示着来自当地沉船和早期定居地的手工制品，记得看看那些巨大的磨石！此外，这里还有最早勘察袋鼠岛的那两艘探险船的模型，分别是弗林德斯的"调查者号"（Investigator）和博丹的"地理学家号"（Geographe），让人又爱又恨。

食宿

Kangaroo Island YHA 青年旅舍 $

（☎08-8553 1344; www.yha.com.au; 33 Middle Tce, Penneshaw; 铺 $35, 双 带/不带浴室 $110/75, 家 $160; @🛜）这家青年旅舍在一幢20世纪60年代的老旧汽车旅馆内，采用仿砖装饰风格，靠近彭纳肖市中心，客房宽敞整洁，多数带有浴室。这里还有阳光明媚的公用厨房、小型休息室、洗衣房和迷人吊床。

Kangaroo Island Backpackers 青年旅舍 $

（☎0439 750 727; www.kangarooisland backpackers.com; 43 North Tce, Penneshaw; 铺/标单/标双/双/家 $28/38/58/80/120起）这家旅舍干净整洁、热情好客。距离酒馆和渡轮码头几步之遥。环境简陋，没有Wi-Fi。可是，既然来到岛上度假，还要奢华装饰和社交媒体干什么？去码头垂钓吧。

Kangaroo Island Shores 房车营地 $

（☎08-8553 1028; www.seafront.com.au; Lot 501, Talinga Tce, Penneshaw; 无电力/有电力供应露营地 $25/30）距离渡轮最近的营地。从彭纳肖码头出发，沿着海滩前行不久，即可到达。环境野味不足，趣味不够，但是干净舒适。

Antechamber Bay Ecocabins 小屋 $$

（☎08-8553 1557; www.kiecocabins.com; 142 Creek Bay Rd, Antechamber Bay; 双 $130起，多加一位成人/儿童 $20/免费，无电力供应露营地 成人/儿童 $20/免费）🌿 在沙丘后方22公顷的土地上，两座小屋紧邻Cape Willoughby Rd而建。每个简易的小屋都有8个床位，但住得非常舒适，拥有露天淋浴设备、抽水马桶、太阳能，并供应热水。也可搭起帐篷，使用古里古怪的营地厨房。此外，这里还提供皮划艇和垂钓用具（水里生活着鲤科鱼）。

Wallaby Beach House 出租房 $$

（☎08-8362 5293; www.wallabybeach house.com.au; Browns Beach; 双 $180起，多加一人 $25）在彭纳肖以西13公里、人烟稀少的布朗海滩（Browns Beach）上，有这样一幢3个卧室的滨海宅第。这里设施齐全，有着简单而又不失时尚的内部装饰，还能欣赏广阔的落日美景，途经此处的海豹、海豚和企鹅也会与你相伴。出租房可睡6人。

Fish 海鲜 $

（☎0439 803 843; www.2birds1squid.com; 43 North Tce, Penneshaw; 主菜 $13~18; ⏰10月中旬至次年4月 16:30~20:00）提供外带的炸鱼薯条，你会享受到从未有过的超凡体验——这里有用牙鳕鱼和雀鳝（garfish）烹制的烤鱼、酒香炸鱼或鱼块。此外，还提供体型巨大的袋鼠岛扇贝、蟹虾（marron）、龙虾拼盘、大虾和牡蛎。有多种自制酱料，蘸着吃真是美味绝伦。营业时间可能变动，提前电话咨询。

★ Dudley Cellar Door 咖啡馆 $$

（☎08-8553 1333; www.dudleywines.com.au; 1153 Cape Willoughby Rd, Cuttlefish Bay; 主菜 $25~28; ⏰10:00~17:00）袋鼠岛上锐意进取的葡萄酒业又多了一位新贵，它就在彭纳肖以东12公里处。这里有波纹钢材的华丽外墙，可以远眺大陆上的壮丽景色。这里供应上好的比萨，不妨试试乔治王牙鳕鱼（King George whiting）比萨，还有牡蛎和数量众多的大虾——要是在露台上再喝上一瓶夏敦埃白葡

萄酒，那就更完美了。

Isola Pizza 比萨 $$

（☎08-8553 1227；www.facebook.com/isolapizzakangarooisland；43 North Tce, Penneshaw；主菜 $15~30；⏰17:00~20:00；📶）日薄西山，苦等渡轮，干粮耗尽，饥肠辘辘？快来这里（"Isola"来自西班牙语，意思是"岛屿"），抓起美味比萨，大嚼大咽。希腊风格羊羔肉堪称一绝。

实用信息

门户游客信息中心（Gateway Visitor Information Centre；☎1800 811 080，08-8553 1185；www.tourkangarooisland.com.au；Lot 3 Howard Dr, Penneshaw；⏰周一至周五 9:00~17:00，周六和周日 10:00~16:00；📶）就在彭纳肖的郊外，通往金斯科特的道路旁，这儿有大量小册子和地图，并提供住宿预订服务，销售公园门票和袋鼠岛通票。

亚美利加河地区（American River）

人口 230

亚美利加河地区位于彭纳肖和金斯科特之间的路边，蜷缩在光彩夺目的**鹈鹕潟湖**（Pelican Lagoon）旁，显得颇为多余。小镇得名于一群来自美洲的海豹猎手，1804年，他们在这里建造了一艘从事贸易的大帆船。现在，这里已没有了当年那如火如荼的造船场景，只剩一家杂货店和一群鹈鹕。

在Scenic Dr的尽头有一条**海岸步道**（单程2公里），穿过自然生长的低矮树木、糖桉树和木麻黄树（she-oak），最终通向鱼罐头厂的古老遗址。

食宿

American River Camping Ground 露营地 $

（☎08-8553 4500；www.kangarooisland.sa.gov.au；Tangara Dr, American River；无电力/有电力供应露营地 每2人 $15/25，多加一人 $5）这片露营地位于潟湖之畔，由当地政府管理。这里绿树成荫，有着篝火、淋浴设施、厕所和漂亮烧烤屋。你得通过自助登记设备付款。

Mercure Kangaroo Island Lodge 汽车旅馆 $$

（☎1800 355 581，08-8553 7053；www.kilodge.com.au；Lot 2, Scenic Dr, American River；双 含早餐 $180起；❄@📶🏊）条件合格的房间，有的俯瞰游泳池，有的能远眺潟湖，侧翼的夯土建筑当中则是最好的客房，这里的餐馆提供自助早餐，晚餐突出海鲜（主菜 $20~30，营业时间为7:30~9:00，18:00~20:30）。

Island Coastal Units 汽车旅馆、小屋 $$

（☎08-8553 7010；www.kangarooislandcoastalunits.com.au；Tangara Dr, American River；套间/小屋 $100/120起，多加一人 $20）正对着前滩的树丛之中，坐落着一排低矮的汽车旅馆，有着基本配置的一卧和双卧套房。此外，这里还有风景宜人、设施齐全的小屋，配有太阳能热水器、煤气灶和空调，但需额外支付$20。最低两晚起住。

Oyster Farm Shop 海鲜 $

（☎08-8553 7122；www.goodfoodkangarooisland.com/food/kio_shop.asp；486 Tangara Dr, American River；餐 $9~21；⏰周一至周五 11:00~16:30，厨房 至14:30）小店由当地一家牡蛎养殖场运营，作为袋鼠岛上海鲜经销商的直销店。牡蛎、蟹虾、鲍鱼、乔治王牙鳕鱼……甚至澳洲肺鱼（barramundi）都可以外带或被烹制成美味佳肴。只需$10，即可购得一打尚未去壳的新鲜牡蛎。

金斯科特（Kingscote）

人口 1700

静谧的滨海小镇金斯科特（发音为：kings-coat）是袋鼠岛上的主要居民区，也是岛屿生活的中枢。这里景色宜人，有着随风摆动的诺福克岛松树、几个小酒吧和一些高雅的餐馆。

景点和活动

袋鼠岛烈酒酿酒厂 蒸馏酒厂

（Kangaroo Island Spirits，简称KIS；www.kispirits.com.au；856 PlayfordHwy, Cygnet River；免费品尝，瓶装酒 $42起；⏰周三至周一

11:00~17:00，学校假日期间每天）这家气氛愉悦的小型烈酒厂，采用袋鼠岛当地的杜松子酿造少量的杜松子酒，还有伏特加、白兰地和烈性酒（但愿有机蜂蜜胡桃酒没有售罄）。

蜂巢岛 蜂场

（Island Beehive；www.island-beehive.com.au；59 Playford Hwy，Kingscote；团队游 成人/儿童/家庭 $4.50/3/13；⏲9:00~17:00，团队游 每30分钟一次 9:30~15:30）提供参观工厂设施的团队游。在这里，勤劳的利古里亚蜂已被驯化，你可以乘此机会仔细研究和了解养蜂的知识，还能买到一些蜂蜜制品，包括美味的有机蜂蜜和蜂蜜冰激凌。可以组织团体旅游。

Island Pure Sheep Dairy 乳品厂

（www.islandpure.com.au；127 Gum Creek Rd，Cygnet River；团队游 成人/儿童/家庭 $6.50/5.50/22；⏲正午至16:00）这家乳品厂坐落在锡格尼特河（Cygnet River）附近，距离金斯科特12公里。每天下午两点开始，1500头羊排成长队准备挤奶。如果加入参观工厂的团队游，活动内容会包括品尝酸奶和乳酪，这里的羊奶干酪令人赞不绝口。

Pelican Feeding 观鸟

（☎08-8553 3112；Kingscote Wharf，Kingscote；成人/儿童 $5/3；⏲17:00）拉张椅子就座，观赏金斯科特码头20来只鹈鹕争先恐后、狼吞虎咽。喂食人全副武装，头戴帽，手戴套，脚穿靴，而且带着麦克风。所以，尽管鸟嘴争相啄食，游客仍然能够听清喂食人说话。

Kingscote Tidal Pool 游泳

（www.kangarooisland.sa.gov.au/page.aspx?u=572&c=8272；Chapman Tce，Kingscote；⏲白天）免费 金斯科特的海滩并不适宜游泳，当地人通常远赴位于西北方18公里外的鹈鹕湾，或者来到这个长达50米的潮汐游泳池。这里的几艘驳船和岸边的草坪可供你享受日光浴。

食宿

Kangaroo Island Central Backpackers 青年旅舍 $

（☎08-8553 2787；www.kicentralbackpackers.com；19 Murray St，Kingscote；铺/双 $25/60起；❄📶）这家简单的小旅馆距离金斯科特主干道只有几个街区的距离，整洁干净，价格便宜，拥有一个温馨的休息室、茂盛的草坪，在旅舍的后面还有一个风景宜人的双人套房小屋。就像住在某人家里——是好是坏取决于你是否喜好社交。

Kingscote Nepean Bay Tourist Park 房车营地 $

（☎08-8553 2394；www.kingscotetouristpark.com.au；First St和Third St交叉路口，Brownlow；无电力/有电力供应露营地 $34/40，小屋/套间 $90/135起；❄📶）你会在布朗洛（Brownlow）的沙丘后方、金斯科特西南方3公里处，发现所有能在房车营地里找到的乐子。你也可以走沿海小道步行回到金斯科特。在此露营比住小屋更好。

Aurora Ozone Hotel 酒店 $$

（☎08-8553 2011，1800 083 133；www.aurorareresorts.com.au；Commercial St和Kingscote Tce交叉路口，Kingscote；双 小酒馆/汽车旅馆 $162/248起，1卧/2卧/3卧公寓 $270/482/543起；❄@📶🏊）这家有100年历史的小酒馆正对前滩，可以欣赏迷人的风景，楼上设有高品质的酒馆房间。在街道对面新建的侧翼建筑里，还提供汽车旅馆房和时尚奢华的公寓房。终日繁忙的法式小馆（主菜$20~48）供应喷香的烤肉和海鲜，你还可以来到这里的酒吧，沉浸在袋鼠岛葡萄酒的世界里。

Seaview Motel 汽车旅馆、客栈 $$

（☎08-8553 2030；www.seaview.net.au；51 Chapman Tce，Kingscote；客栈 标单/双 $90/100，汽车旅馆 标单/双 $146/156，多加一位 成人/儿童 $25/15；❄📶）这个地方似乎总是客满——正说明此处不错！你可以选择1929年的老式客房，与别人共享旅馆设施（没有空调）；你也可以选择20世纪80年代经过翻新的汽车旅馆房。以袋鼠岛的标准来看，这个家庭经营的旅馆还是便宜的。

Kangaroo Island Fresh Seafoods 海鲜 $

（www.goodfoodkangarooisland.com/eatingout/kifreshseafood.asp；26 Telegraph Rd，Kingscote；餐 $8~16；⏲周一至周六 8:00~

20:00）这个低调的餐馆毗邻加油站，提供可能是你品尝过的最美味的海鲜，肥美牡蛎只要大约1澳元。此外，这里还能以各种方式为你烹调、打包外带各种袋鼠岛的新鲜海产品——真是太棒了！

Bella 意大利菜 $$

（☎08-8553 0400；www.goodfoodkangarooisland.com/eatingout/bella.asp；54 Dauncey St，Kingscote；比萨 $15~39，主菜 $26~32；⏲10:00至深夜）Bella是一家气氛愉悦的意式咖啡馆，兼营餐馆和比萨餐厅，你可以坐在里面，也可以坐在露天的人行道边。每天午餐时分开始供应比萨，可以堂食或外带；晚餐佳肴都在菜单上，提供亚美利加河地区的特产牡蛎、斯宾塞湾的大虾、本地的袋鼠和牙鳕鱼。

ℹ 实用信息

自然资源中心（Natural Resources Centre；☎08-8553 4444；www.naturalresources.sa.gov.au/kangarooisland；37 Dauncey St，Kingscote；⏲周一至周五 9:00~17:00）出售袋鼠岛通票，提供有关国家公园的信息。

北部海岸路（North Coast Road）

北部海岸路从金斯科特开始，沿海岸线一路向西85公里，直至Playford Hwy，其中柏油路段在鸸鹋湾戛然而止。优美的海滩（比南海岸的更为平静）、原始林区和起伏的草原点缀沿途。这里没有很多事可做，除了在海滩上闲逛——听上去不错！

距离金斯科特大约18公里的**鸸鹋湾**是一处度假胜地，拥有5公里长的白色沙滩，是袋鼠岛上最好的游泳场所之一。再向西36公里左右就是**斯多克斯湾**，那里是企鹅的栖息地；还有，宽阔的岩石水潭在海湾的东端，爬过峭壁上一条20米的隧道便可到达（小心碰头！），注意水潭外涌来的激流。

站在Constitution Hill之巅，回望**斯内林海滩**的景致，真可谓美不胜收。继续向西7公里，就到了去往**西河海湾**的岔路口，那里有一片小沙滩，布满阴暗的玄武岩，山脊之上的道路则景色迷人，颇为险峻。

🛏 食宿

西河海湾露营 露营地 $

（Western River Cove Campsite；☎08-8553 4500；www.kangarooisland.sa.gov.au；无电力供应露营地 每2人 $15，多加一人 $5）通往这片自助露营场地的车道比较陡峭，露营地距离海滩咫尺之遥，河上没有人行天桥，在此钓鱼一定很有意思，这里有洗手间和烧烤屋，但没有淋浴设施。

Emu Bay Holiday Homes 小屋、出租屋 $

（☎08-8553 5241；www.emubaysuperviews.com.au；21 Bayview Rd，Emu Bay；小屋 $96，度假屋 $122~152，多加一人 $22；❄📶）虽然物超所值的小屋和度假屋有点装饰过度，但它们是建在繁花似锦的大花园里的，能从山上俯瞰鸸鹋湾的海滩，景色优美。装修好的房车营地小屋设备齐全，但没有空调，可以睡4或6人，而度假屋则可以睡6或10人。

Waves & Wildlife 别墅 $$

（☎08-8559 2232；www.wavesandwildlife.com.au；North Coast Rd，Stokes Bay；1卧/3卧 每2人 $125/145起，多加一人 $20）这片小屋整洁、崭新（建于2006年），紧邻草木茂盛的山边而建，俯瞰斯多科斯湾（Stokes Bay）。隧道和岩池赏心悦目。提供一卧和三卧客房，厨具一应俱全，户外景色壮丽，傍晚时分，袋鼠来回跳跃。床上用品额外收费，并且设有最低入住天数，但是物有所值。

Lifetime Private Rentals 出租屋 $$$

（www.life-time.com.au；North Coast Rd，Snelling Beach；双 $490起；❄）虽然价格不菲，但物有所值：四间石木房屋位于山坡上，非常华丽，设备齐全，还能俯瞰优美的斯内林海滩（如果同行人数较多，那这里的价格就不算昂贵：可住6人的3间卧室每晚$510起）。屋外建有露天平台，窗户宽大，屋内装饰奇特艺术作品，景色让人惊喜。

Rockpool Café 咖啡馆 $$

（☎08-8559 2277；www.facebook.com/therockpoolcafe；North Coast Rd，Stokes Bay；主菜 $15~28；⏲11:00~17:00）这家斯多克斯湾的

露天连锁咖啡馆非常悠闲，别担心你那满是沙子的双脚会弄脏这里。“这里有什么特色菜吗？”我们问道。大厨则回答说：“只要是我喜欢做的菜，都是特色菜！”通常，你可以就着当地的葡萄酒和不错的浓缩咖啡，品尝这里的海鲜。

南部海岸路（South Coast Road）

和北部海岸相比，南部海岸因海浪冲刷而崎岖不平。

景点和活动

海豹湾保护公园 自然保护区

（Seal Bay Conservation Park；☎08-8553 4460；www.sealbay.sa.gov.au；Seal Bay Rd；导览游 成人/儿童/家庭 $32/18/80；⏲团队游 全年 9:00~16:00，加开团队游 12月至次年2月，暮色团队游 10月至次年3月）这里的宗旨是“观察，但不打搅”。导览游沿着海滩漫步（也可以走木板路自助徒步；成人 $15，儿童 $9，家庭 $40），去看澳大利亚海狮的栖息地。海狮们大多数时候都在酣睡。夏季的12月和1月提供暮色团队游（成人 $60，儿童 $38，家庭 $165）。建议你提前预约。

> **南海度假酒店**
>
> 百万富翁们，出发发动你的引擎吧！在南澳大利亚州旅游业的银河中，**南海度假酒店**（Southern Ocean Lodge；☎08-8559 7347；www.southernoceanlodge.com.au；Hanson Bay Rd；双 每晚 $1050起；❄@📶🏊）就是那颗耀眼的恒星，盘踞在汉森湾的峭壁之上，真正做到了专享体验。你可以尽享机场接送、餐饮服务和袋鼠岛上所有的导览游活动，但至少需要在这里住上两晚。
>
> 如果你想来此打探，可别期望能在路上看到什么：你所能发现的一切，不过是一排威严的铁门和一通恕不接待的对话，毕竟，顾客来此度假就是冲着这里的私密。嘿，四驱车里坐着的不正是泰瑞·海切尔（Teri Hatcher，美国女星，热播剧《绝望的主妇》主演）吗？不过，你还是能从汉森湾的海滩上暗中瞥到一眼。

克利福德蜂蜜农场 农场

（Clifford's Honey Farm；www.cliffordshoney.com.au；1157 Elsegood Rd，Haines；⏲9:00~17:00）来这座迷人的非营利农场，享受蜂蜜冰激凌吧。为了它，就算游泳横渡巴克斯泰斯海峡也值了。这里的蜂蜜采自稀有的利古里亚蜂群，来农场的游客不多，但是（再说一遍）这里非常迷人。

凯利山保护公园 自然保护区

（Kelly Hill Conservation Park；☎08-8553 4464；www.environment.sa.gov.au；South Coast Rd；团队游 成人/儿童/家庭 $18/10/45，探洞 成人/儿童 $70/40；⏲10:15~16:30）19世纪80年代，一匹名叫“凯利”（Kelly）的马跌入洞中，“发现”了这些干燥的石灰岩山洞。你可以参加标准的洞穴旅行团队游（10:30组织一次，然后11:00~16:00每小时组织一次），或加入探洞冒险团队游（14:15组织一次，必须预约）。**汉森湾步道**（Hanson Bay Walk，单程9公里）从洞穴处开始，经过淡水湿地。学生放假期间，加开探索洞穴之旅。

Raptor Domain 动物园

（www.kangarooislandbirdsofprey.com.au；South Coast Rd和Seal Bay Rd交叉路口；猛禽 成人/儿童/家庭 $16.50/12/50，爬行动物 $12/10/35；⏲10:30~16:00）你可以在1小时的猛禽展（11:30和14:30）中，欣赏到一些袋鼠岛上的楔尾鹰（wedge-tailedeagle）、仓鸮（barnowl）和笑翠鸟，或者在1小时的蜥蜴和蛇类展（13:00）看看那些有鳞动物。

食宿

西袋鼠岛房车营地 露营地 $

（Western KI Caravan Park；☎08-8559 7201；www.westernki.com.au；7928 South Coast Rd，Flinders Chase；无电力/有电力供应露营地 $25/30，小屋 $110~190；❄）这个友善的房车营地有着枝叶繁茂的桉树和栖居的袋鼠，从弗林德斯狩猎国家公园驱车向东几分钟便可到达。可以来看看这里的考拉，或者在潟湖边步行，在一辆老式面包车里还有电话亭。露营地的商店出售各色杂货、加热即食的自制食品，以及游客专享的啤酒和葡萄酒。

Flinders Chase Farm 青年旅舍、小屋 $$

（☎08-8559 7223; www.flinderschasefarm.com.au; 1561 West End Hwy, Karatta; 铺/小屋 $25/70，双/家 带浴室 $110/120起）这个忙碌的农场颇具魅力，距离弗林德斯狩猎国家公园只有一小段车程。其住宿选择包括一尘不染的铺房、几个温馨的小屋，以及度假屋的套房。这里还有一个不错的野营厨房、篝火和颇具"热带风情"的室外淋浴设备。

Kangaroo Island Wilderness Retreat 酒店、度假村 $$

（☎08-8559 7275; www.kiwr.com; Lot 1, South Coast Rd, Flinders Chase; 双/公寓/套 $175/182/256起；❄@📶）这家低调的酒店坐落在弗林德斯狩猎国家公园的入口附近，拥有木屋风格的度假村，还有栖居于此的小袋鼠。住宿选择从基本的汽车旅馆房到奢华的水疗套房，可谓应有尽有。这里还配备了加油泵、酒吧和餐馆（早餐 $15~25，晚餐 $24~36；⏲7:30~9:30和18:00~20:30）。

Marron Café 新派澳洲菜 $$

（☎08-8559 4114; www.andermel.com.au; 804 Harriet Rd, Central Kangaroo Island; 主菜 $16~38; ⏲9月至次年4月 11:00~16:30，5月至8月 正午至15:30）餐馆位于维逢湾以北大约15公里处，你可以先去看看养殖场里的虾蟹，再亲口品尝。菜肴的口味精细，厨房调制的浓重蘸酱进一步提升了美味程度。对于那些不习惯享用甲壳类动物的顾客，这里也有牛排或鸡肉菜肴。最后点单时间为打烊前30分钟。

弗林德斯狩猎国家公园（Flinders Chase National Park）

弗林德斯狩猎国家公园位于袋鼠岛西端，是南澳大利亚州顶级的国家公园之一。公园的大部分地区都是小桉树林，但也有一些高大漂亮的糖桉树，特别是在贝达角以南5公里、Rocky River与Ravine des Casoars附近。在弗林德斯狩猎游客信息中心缴纳入园费用。

景点和活动

Rocky River地区曾经是一个农场，如今则是各类野生动物繁衍生息的乐园，袋鼠、小袋鼠、巴林角鹅（Cape Barren goose）竞相争夺你的宠爱。游客中心的后方是很多不错的步道起点，包括Rocky River Hike（9公里环形步道，3小时），你可能还会在路上发现鸭嘴兽出没。

该地区还有一条公路从Rocky River向南延伸，通往荒凉偏僻的科迪角（Cape du Couedic，发音"coo-dick"），那儿矗立着一座1906年建造的灯塔。木板路蜿蜒而下通向旗舰拱门（Admirals Arch），在历经了巨浪的长期冲刷后，终于形成了这个巨大的拱道。一群新西兰海狗时常穿门而过（不过它们身上可不会有好闻的味道）。

Kirkpatrick Point位于科迪角以东几公里之外，这里的卓越岩（Remarkable Rocks）十分抢镜，它由许多饱经风霜的巨型花岗岩石堆积而成，形成了岩石穹顶的形状，一直延伸至海，长达75米。真是蔚为壮观！

在岛的西北角，始建于1858年的贝达角灯塔（Cape Borda Lightstation; ☎08-8559 3257; www.environment.sa.gov.au/parks; 免费进入，团队游 成人/儿童/家庭 $14.50/9/38; ⏲9:00~17:00，团队游 11:00、12:30和14:00）高高地耸立着，俯视着波涛起伏的南大洋。此外，这里还有一些步道，长度从1.5公里至9公里，暑假期间的15:15和16:00，这里还会举行团队游活动。

Harvey's Return的附近有一处公墓，讲述着此地早期与世隔绝的辛酸史。你可以驱车前往Ravine des Casoars——其字面意思是"食火鸡峡谷"（Ravine of the Cassowaries），19世纪初的法国探险队正是在这里发现了澳大利亚食火鸡，还有如今已灭绝的倭鸸鹋（dwarf emus）。极具挑战性的步道Ravine des Casoars Hike（往返8公里，4小时）会一路穿过峡谷，最终抵达海岸。

食宿

在Rocky River（每人/车 $10/28）、Snake Lagoon（每人/车 $7/13）、West Bay

（每人/车 $7/13）和**Harvey's Return**（每人/车 $7/13）都有露营场地，请通过南澳大利亚州**环境、水和自然资源部门**（Department of Environment, Water & Natural Resources，简称DEWNR；☎08-8553 4490；flinderschase@sa.gov.au）预订。

在Rocky River地区也有重修过的小屋可供住宿，如经济型的**Postmans Cottage**（双 $72）以及适合家庭居住的**Mays Homestead**（双 $171），而在**科迪角**和**贝达角**（双 $48~219）则有灯塔守护者小屋。可以上网预订，发电子邮件预订，或者致电**环境、水和自然资源部门**（☎08-8553 4410；www.environment.sa.gov.au）预订。

饮食方面，如果你不想自炊，那么唯一的选择就是位于游客信息中心里的**Chase Cafe**（☎08-8559 7339；www.thechasecafe.com.au；Flinders Chase Visitor Information Centre；餐 $7~28；⏲9:00~15:30），那里提供汉堡、卷饼、汤品、咖啡和按杯出售的葡萄酒。

ℹ 实用信息

弗林德斯狩猎游客信息中心（Flinders Chase Visitor Information Centre；☎08-8559 7235；www.environment.sa.gov.au/parks；South Coast Rd，Flinder Chase；公园门票 成人/儿童/家庭 $10/6/27；⏲9:00~17:00）提供信息、地图和露营/住宿预订，还有一个咖啡馆，以及一些有关岛屿生态的展品。

巴罗萨山谷和南澳大利亚州东南部

包括 ➡

最佳餐饮

- Skillogalee（见855页）
- Terroir（见853页）
- 班瑞克葡萄酒园和湿地中心（见859页）
- Pipers of Penola（见870页）
- Ferment Asian（见849页）

最佳住宿

- Reilly' s（见854页）
- Waikerie Hotel Motel（见858页）
- Dalton on the Lake（见864页）
- Bompas（见867页）

为何去

南澳大利亚州之内，阿德莱德北部葡萄酒区蜚声海外，墨累河（Murray River）蜿蜒曲折，再加上莱姆斯通海岸（Limestone Coast），整片土地广袤无垠，令人心驰神往。

如从阿德莱德启程，可以来个巴罗萨山谷和克莱尔山谷一日游。但是，既然这里盛产美酒珍馐，为何走马观花呢？每到一处，盘桓几日，探访古老城镇，骑车穿梭酒庄之间，尽情享受美食娱乐。南澳大利亚州这些山川沟壑狭小紧凑，实属度假胜地。

墨累河的景象截然相反：一望无际，蜿蜒曲折，贯穿全州。有实用的城镇规划风格，乡村气息厚重浓郁。

往东南方向行进，沿着莱姆斯通海岸前行，跨越吹拂着咸涩海风的库龙（Coorong），穿过海滨度假城镇，到达南澳大利亚州第二大城市甘比尔山（Mount Gambier）。如果觉得畅饮葡萄美酒尚未尽兴，库纳瓦拉葡萄酒区随时恭候着你。

何时去

塔南达

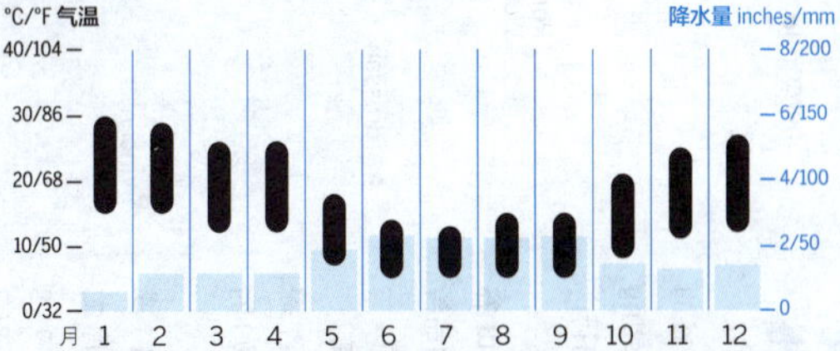

3月至5月 秋日夕阳低悬天边，葡萄果实紫红欲滴；丰收在望。

10月和11月 墨累河春意盎然，游客尚未蜂拥而至。

12月至次年2月 夏日来临，海滩度假正当其时。

巴罗萨山谷和南澳大利亚州东南部亮点

❶ 沿着克莱尔山谷的**雷司令小径**(Riesling Trail，见853页)骑行，探访各个酒庄。

❷ 前往**巴罗萨山谷**(见846页)，一边品尝德国泡菜和炸肉排，一边啜饮醇香葡萄酒。

❸ 租借一艘游艇，探索**墨累河**(见856页)的“九曲十八弯”。

❹ 抽出几个小时(或者几天)，探索**库龙国家公园**(Coorong National Park，见863页)那些静谧角落。

❺ 亲眼领略**甘比尔山**(见867页)蓝湖的真实色彩。

❻ 去往已被列入联合国教科文组织世界文化遗产名录的**纳拉库特岩洞国家公园**

（Naracoorte Caves National Park，见871页），进入地下岩洞探险。

❼来到**库纳瓦拉葡萄酒区**（Coonawarra Wine Region，见870页），学习根据西拉口味分辨产地。

❽参加冲浪，搏击风浪之后，来到**罗布**（Robe，见865页）海滩休憩身心。

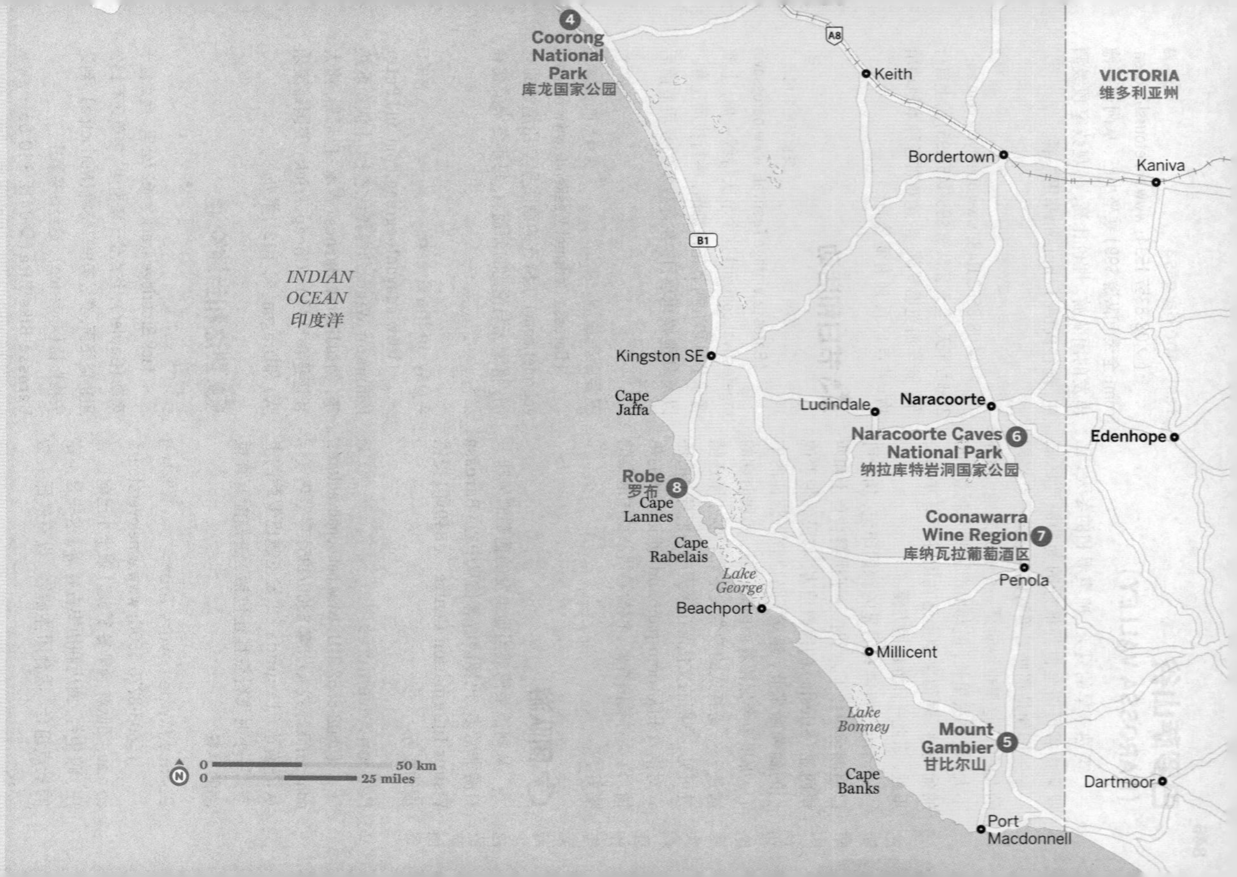

巴罗萨山谷 (BAROSSA VALLEY)

炎热干旱的夏天，凉爽温和的冬天，巴罗萨山谷可谓全世界最好的葡萄酒产区之一——即便是那些对美酒只有略微一点兴趣的人而言，这里也绝对是一个必游之地。山谷不大，仅25公里长，但却出产了澳大利亚21%的葡萄酒。阿德莱德坐落在山谷西南方65公里处，来此一日游也很方便。

当地小镇带有明显的德国印记，历史可以追溯至1842年。当时，为了逃避普鲁士和西里西亚（Silesia）的宗教迫害，移民们带着他们的葡萄藤来此，建立了路德教派信徒的中心，那里至今保留着德国的传统。殖民时期的遗迹——哥特式的教堂尖塔和石制小屋还随处可见，早期的文化留在今天的人们身上的还有对铜管乐队（oom-pahband）难以名状的热情，以及对德国香肠、椒盐卷饼和德国泡菜的嗜好。

团队游

从阿德莱德或当地出发的葡萄酒风味一日游非常多，巴罗萨游客信息中心（Barossa Visitor Information Centre，见849页）提供预约服务。

Balloon Adventures　热气球

（☎08-8562 3111；www.balloonadventures.com.au；飞行 成人/儿童 $300/195）乘坐热气球从塔南达（Tanunda）出发飞越巴罗萨的上空。一小时飞行旅程还包括了一顿配有香槟酒的早餐。

Barossa Wine Lovers Tours　团队游

（☎08-8270 5500；www.wineloverstours.com.au；团队游 含早餐 $75起）乘坐小巴前往酒庄、瞭望台、商店和历史古建等，这些是不错的景点组合。适合团体游客。设有最低人数要求。

Groovy Grape　团队游

（☎1800 661 177；www.groovygrape.com.au；全天 团队游 $90）面向背包客、从阿德莱德出发的一日游，附带烧烤午餐。价格实惠，妙趣横生。仅限11月至次年4月。

Taste the Barossa　团队游

（☎08-8357 1594；www.winetoursbarossa.com；全天 团队游 $99）乘坐小巴、从阿德莱德出发的团队游。性价比高，参观数家顶级酒庄，前往Peter Lehmann享用午餐。

Uber Cycle Adventures　骑车

（☎08-8563 1148；www.ubercycle.com.au；2小时/半天/全天 团队游 $95/145/195）跨上自行车，骑车游览巴罗萨，沿途观赏各种本地动植物（差点忘了，还有葡萄酒！）。

节日和活动

巴罗萨葡萄酒节　美食节和葡萄酒节

（Barossa Vintage Festival；www.barossavintagefestival.com.au）这个节庆持续一周，上演音乐节目和五朔节花柱舞蹈，举行拔河比赛，以及其他娱乐项目。在奇数年的复活节前后举行。

巴罗萨美食周　美食节和葡萄酒节

（Barossa Gourmet Weekend；www.barossagourmet.com）在精选的酒庄里享用绝妙的食物，搭配无与伦比的葡萄酒；每年冬末或初春举行。

A Day on the Green　音乐节

（www.adayonthegreen.com.au）Peter Lehmann Wines劲爆舞台之上，上演劲歌热舞，例如Jimmy Barnes（吉米·巴尼斯，澳大利亚摇滚明星）、Cheap Trick（美国摇滚乐队）和Dragon。每年12月举办。

到达和当地交通

自行车

Jack Brobridge Track全长27公里，起点位于高勒（Gawler），终点位于塔南达。接着还有13公里轨道路面，穿过努里乌特帕（Nuriootpa），到达安格斯顿（Angaston），途经许多酒庄。

Barossa Bike Hire（☎0412 380 651；www.barossabikehire.com.au；5 South Tce，Nuriootpa）位于努里乌特帕，对外出租高品质自行车/双人自行车，费用为每天$35/70起。**Angaston Hardware**（☎08-8564 2055；www.facebook.com/angastonhardware；5 Sturt St；⊙周一至周五 8:30~17:30，周六 9:00~16:00，周日

10:00~16:00）同样出租自行车，费用为$25/40（半天/全天）。前往塔南达的巴罗萨游客信息中心（见849页）索取旅行手册《骑行游览巴罗萨》（*Barossa by Bike*）。

长途汽车和火车

Adelaide Metro（www.adelaidemetro.com.au）每天定时发出火车，开往高勒（$5.10，1小时）。

LinkSA（www.linksa.com.au）运营的长途汽车从高勒启程，开往塔南达（$9.60，45分钟）、努里乌特帕（$12.20，1小时）和安格斯顿（$14.80，1.25小时）。

出租车

Barossa Taxis（☎0411 150 850；www.barossataxis.com.au；⏲24小时）运营出租车，每车最多可坐9人。

塔南达（Tanunda）

人口 4680

无论从地理位置还是社会环境而言，塔南达都是巴罗萨山谷的中心地带，也是巴罗萨的主要旅游城镇。塔南达成功地融合了努里乌特帕的务实和安格斯顿的魅力，但没有一丝自视甚高的感觉。来到塔南达，就是为了探访葡萄酒厂，不妨喝个痛快。

景点

蒙格勒山瞭望台 观景点

（Mengler Hill Lookout；Mengler Hill Rd；⏲24小时）**免费** 从塔南达出发，沿着风景宜人的路线前往安格斯顿，途经贝瑟尼（Bethany），看看云雾缭绕的朦胧山景（忽略掉显眼的过时雕塑吧）。小路穿过漂亮的乡村，两边则分

不要错过

巴罗萨山谷葡萄酒厂

巴罗萨山谷最为著名的葡萄酒莫过于西拉，还有享誉白葡萄酒界的雷司令。这里大约有80家葡萄酒厂及60个酒庄，从精品葡萄酒室到巨大的酒厂，不一而足。久负盛名的Barossa Barons协会统辖着这里，无论是面积很大，还是外表华丽，抑或是锐意创新的葡萄酒厂，均在其统领之下，而生机盎然的新兴精品酒庄却难觅其踪。

Henschke（www.henschke.com.au；Henschke Rd，Keyneton；⏲周一至周五 9:00~16:30，周六至正午）Henschke是家传统酒庄，坐落于安格斯顿东南方大约10公里处的伊登山谷（Eden Valley），以标志性的神恩山（Hill of Grace）红葡萄酒名扬于世。当然，这里大多数葡萄酒都堪称经典。

Penfolds（www.penfolds.com.au；30 Tanunda Rd，Nuriootpa；⏲10:00~17:00）你一定听说过它的大名：Penfolds是个巴罗萨机构。想要加入“自己调酒”（Make Your Own Blend）团队游（$65），或者“品尝葛兰许”（Taste of Grange）团队游（$150），请提前预约，你将有机会让Penfolds葛兰许红酒（Grange Hermitage）滑过你的嘴唇。

Peter Lehmann Wines（www.peterlehmannwines.com.au；Para Rd，Tanunda；⏲周一至周五 9:30~17:00，周六和周日 10:30~16:30）位于巴罗萨山谷地区，这家酒庄提供的西拉和雷司令葡萄酒（对了，还有沙美龙白葡萄酒）算是首屈一指：品质稳定、价格公道、销售广泛。不过，酒庄2013年停业，游客可以去门口一睹昔日风采。

St Hallett（www.sthallett.com.au；St Hallett Rd，Tanunda；⏲10:00~17:00）这家酒庄完全采用巴罗萨本地葡萄，出产价格公道、品质稳定的优质白葡萄酒（试试这里的Poacher’s Blend混搭酒），以及香醇可口的老区西拉葡萄酒（Old Block Shiraz）。朴实无华，物超所值。

Rockford Wines（www.rockfordwines.com.au；Krondorf Rd，Tanunda；⏲11:00~17:00）这是我们最爱的巴罗萨精品酒庄之一。这家创建于19世纪50年代的酒庄销售传统工艺制作的小众葡萄酒，包括起泡的西拉。这里的西拉干红葡萄酒泡沫芳香四溢、香醇可口。

布着高大的桉树。

巴罗萨博物馆
博物馆

（Barossa Museum；www.community.history.sa.gov.au/barossa-museum；47 Murray St；成人/儿童 $2/1；周二至周五 10:00~17:30，周六 9:00~12:30）这家邮局大楼始建于1856年（从山谷前方的自行车修理店进入），里面展示着骨制餐具、黄油制作设备、戴着高帽的当地人照片、一间重建的殖民时期卧室，还有一张令人惊叹的德国地图，上面标有巴罗萨移民的家乡。

Keg Factory
工厂

（www.thekegfactory.com.au；25 St Hallett Rd；10:00~16:00）免费 工厂坐落在小镇以南4公里处，工人们会毫无保留地向你展示啤酒生产和葡萄酒桶修理的过程。真是神奇！

山羊广场
古迹

（Goat Square；John St和Maria St交叉路口）免费 塔南达遍布着历史建筑，包括在这个广场周围位于John St的房舍。这座"山羊广场"（ziegenmarkt）建于1842年，是镇里的集市和聚会场所，也是塔南达最初的市镇中心。

巴罗萨地区画廊
画廊

（Barossa Regional Gallery；www.freewebs.com/barossagallery；3 Basedow Rd，Soldiers Memorial Hall；周三至周一 11:00~16:00）免费 收藏有各种画作、手工艺品和巡展，在房间后方还有一套管风琴，令人印象深刻。

住宿

Barossa Backpackers
青年旅舍 $

（08-8563 0198；www.barossabackpackers.com.au；9 Basedow Rd；铺/标单/双 $27/80/80起；）这家旅舍比较新，坐落在一幢经过改建的U形酒厂办公大楼里，距离塔南达主街500米。干净整洁，安全无虞，井井有条，周租价格优惠。旅舍的管理人员还能够帮你找到采摘水果或者修剪枝叶的工作。自行车租借费用为每天$20。

Tanunda Hotel
小酒馆 $

（08-8563 2030；www.tanundahotel.com.au；51 Murray St；双 带/不带浴室 $80/70，公寓 $200起；）这家喧闹古老的酒吧坐落在小镇中心，建于1846年，是真正的社区中心。楼上的酒馆房间物有所值，整洁干净，酒店后面还有9个豪华的淡紫色公寓房。楼下，自动点唱机播放着杜兰杜兰乐队（Duran Duran）的歌曲，大块的炸肉排快要从餐盘的边缘掉下来了（主菜$18~37，营业时间为正午至14:00

另辟蹊径

巴罗萨地区公园

如想暂时远离葡萄产区，去往巴罗萨地区公园再好不过。这里开设徒步小径，适合周末漫步及丛林探险等各类徒步游。巴罗萨游客信息中心提供地图和徒步指导。

Kaiserstuhl Conservation Park（08-8280 7048；www.environment.sa.gov.au；Tanunda Creek Rd，Angaston；白天）这个公园占地390公顷，步道闻名遐迩，位于蒙格勒山至安格斯顿道路途中。Stringybark Hike（往返 2公里）和Wallowa Hike（单程 4.7公里）的起点位于公园入口处，通往巴罗萨山顶，景色无比壮丽。沿途可以留意雀鹰（Nankeen kestrels）和西部灰色袋鼠。

Para Wirra Recreation Park（08-8280 7048；www.environment.sa.gov.au；Humbug Scrub Rd，One Tree Hill；每人/车 $4/10；8:00至日落）这个公园位于塔南达以南绵延45公里的洛夫蒂山（Mt Lofty Ranges）的北部，占地1417公顷，内有徒步小径、风景秀丽的车道、烧烤区域和网球场。鸸鹋满怀希望，围绕野餐区觅食。西部灰色袋鼠迎着暮色咀嚼草食。

Warren Conservation Park（08-8280 7048；www.environment.sa.gov.au；Watts Gully Rd，Kersbrook；白天）这个公园环境静谧，占地363公顷。内有金合欢树、山龙眼，还有粉色、蓝色桉树及雕像般的赤桉。步道陡峭，适合久经沙场的资深徒步游客。

以及18:00~20:00)。

Discovery Holiday Parks Barossa Valley 房车营地 $

(☎1800 991 590, 08-8563 2784; www.discoveryholidayparks.com.au; Barossa Valley Way; 无电力/有电力供应营地 $33/36起, 小屋带/不带浴室 $115/99起, 别墅 $285起; ❄📶🏊)这个房车营地地域开阔, 位于城镇以南, 利于缓解宿醉。内里设有游乐场、烤肉区、洗衣房, 同时面向顾客出租自行车(每天$35)。别墅外表华丽, 最多容纳6人, 两晚起住。

Stonewell Cottages 民宿 $$$

(☎0417 848 977; www.stonewellcottages.com.au; Stonewell Rd; 双 小屋 含早餐 $355起; ❄)这片河畔水疗度假地和小屋非常浪漫, 周围环绕着葡萄树, 提供无可比拟的私密、舒适与静谧。宠物鸭在荒废的古老耕地上蹒跚踱步, 而水鸟则在水库里戏水。价格不菲, 但物有所值(网上提供特价房间, 长住价格较低)。

就餐

Die Barossa Wurst Haus Bakery 面包房 $

(86a Murray St; 餐 $4~26; ⏰7:00~16:00)这家德国面包房秉承“满足顾客所需”的理念。提供巴伐利亚香肠(mettwurst)卷、奶酪、馅饼、蛋糕和果馅奶酪卷, 早餐全天供应。看到店里配有欧式香肠、德国泡菜、加奶酪和芥末的德式传统肉卷, 你很难无动于衷。柜台的上方还挂着一排柔软的条状香肠。

Cafe Pod 咖啡馆 $

(58 Murray St; 主菜 $10~19; ⏰周一至周五 9:00~15:00, 周六 9:00~16:00, 周日 8:30~16:00; ✎)作为塔南达主街一个普普通通的嬉皮风格场所, 这家咖啡馆出售各种绿色食品(green food, 简称GF)和素食菜品。隆冬清晨, 生起明火, 铺上流苏毛毯。提供鹰嘴豆泥丸子、亚洲炸鱼饼、三明治、蔬菜汉堡、烤干酪辣味玉米片、花草茶, 等等。调整最佳状态, 然后返回葡萄酒厂。

★ **Ferment Asian** 东南亚菜 $$

(☎08-8563 0765; www.fermentasian.com.au; 90 Murray St; 主菜 $23~33; ⏰周四至周日 正午至14:00, 周三至周六 18:00~20:30)这家餐馆位于一栋赏心悦目的古老石头别墅里, 斜对塔南达主街, 角度巧妙。这家餐馆的行为方式总是有点与众不同。有些菜肴看起来充满异域风情, 实际上平淡无奇。例如, cari rau就是蔬菜黄咖喱, vit voi hoa chuoi就是鸭脯沙拉。烹制这些菜品, 主厨Tuoi Do绝对拿手。

1918 Bistro & Grill 新派澳洲菜 $$

(☎08-8563 0405; www.1918.com.au; 94 Murray St; 主菜 $29~40; ⏰每天正午至14:30, 周一至周日 18:30~21:00, 周日 至20:00)这家讨人喜欢的餐馆位于一幢古老的迷人别墅里, 就在路旁巨大的诺福克岛松树下。新潮时髦, 供应新式主菜, 比如川香橘糖烤鸭。建议预订长廊中的餐桌。

实用信息

巴罗萨游客信息中心(Barossa Visitor Information Centre; ☎1300 852 982, 08-8563 0600; www.barossa.com; 66-68 Murray St, Tanunda; ⏰周一至周五 9:00~17:00, 周六和周日 10:00~16:00; 📶)位于巴罗萨山谷下方, 提供上网、住宿和团队游预订服务。提供旅游手册《漫步塔南达小镇》(*A Town Walk of Tanunda*)。

努里乌特帕(Nuriootpa)

人口 5705

努里乌特帕位于山谷北端一条貌似没有尽头的主干道边, 是巴罗萨的商业中心。它不像塔南达或安格斯顿那样讨人喜欢, 但却有着某种特殊的乡土魅力。在这里, 路德教派的精神根深蒂固, 正如一块标牌上所写的:“上帝给了你天赋——那么你对自己的人生有兴趣吗?”

别错过自驾穿行**Seppeltsfield Road**(www.seppeltsfieldroad.com), 这条不甚协调的大街蜿蜒穿过努里乌特帕后方的葡萄园, 两侧是高大的棕榈树。过了玛若南伽(Marananga)后, 这些棕榈树突然在路边转向, 通往山上的**泽佩尔特家族陵墓**(Seppelt Family Mausoleum)——那是一座希腊式的神殿, 建筑的正面有着多立克式的敦实柱子。

食宿

Barossa Valley Tourist Park 房车营地 $

(☎08-8562 1404; www.barossatouristpark.com.au; Penrice Rd; 无电力/有电力供应营地$30/35起, 小屋 $78起; ❄@📶)这家绿树成荫的公园里拥有至少6个不同风格的小屋, 园内松树成排。紧邻努里乌特帕橄榄球场——老虎队(Tigers)加油! 所有的小屋都配备了电视机、冰箱和厨具(有些不带床上用品)。记得去公园的前方, 看看1930年生产的道奇牌(Dodge)"移动房"(House on wheels)——不知这是不是房车的雏形?

Whistler Farm 民宿 $$$

(☎0415 139 758; www.whistlerfarm.com.au; 616 Samuel Rd; 双 含早餐 $250; ❄📶)这家农舍民宿的周围环绕着葡萄园和当地的灌木植物, 侧翼则是一个私密的客房建筑, 里面有裸露的木梁、独立的顾客入口和两个乡村风格的房间。你可以懒散地坐在宽敞的廊道上, 回想顺利而快乐的一天, 或者憧憬即将到来的酒庄游活动。

Barossa Old Garage B&B 民宿 $$$

(☎0407 203 016; www.barossaoldgaragebnb.com.au; Lot 15 Saleyards Rd; 双 $265起, 多加1人 $75; ❄📶)这家仿古民宿风格独特。几年以前这里还是修理厂, 现在却熠熠生辉, 摆满20世纪50年代和60年代的怀旧物品, 从陈旧汽油泵到可口可乐玻璃器皿及红色镀铬高脚凳, 应有尽有。两卧可以容纳6人(只是禁带小孩, 令人遗憾)。

Maggie Beer's Farm Shop 熟食 $

(www.maggiebeer.com.au; 50 Pheasant Farm Rd; 小吃 $5~20, 野餐篮 $16起; ⏲10:30~17:00)南澳的美食名流玛吉·贝尔(Maggie Beer)凭借其口味多样的调味料、腌制品、鱼肉酱和电视访谈节目大获成功。这里的氛围不如从前那样轻松, 但停下你的脚步, 来此品尝一些美食和冰激凌, 观看厨艺展示, 或者购买一篮美食。紧邻Samuel Rd。

Barossa Indian Cuisine 印度菜 $$

(☎08-8562 4005; www.barossa-indian-cuisine.com.au; 15 Murray St; 主菜 $13~19; ⏲周三至周日 正午至15:00, 周二至周日 18:00~21:00; 🖉)造访这栋经过改建的红砖建筑, 巴罗萨之旅将会更加活色生香(金黄拱顶令人沉醉)。如今, 这里变身庖厨, 提供精选印度菜肴, 例如姜味蒜香大虾、蔬菜咖喱和"极其美味"浓辣咖喱鸡。

安格斯顿(Angaston)

人口 1910

乔治·怀夫·安格斯(George Fife Angas)是一位巴罗萨地区的拓荒先驱, 值得拍照留念的安格斯顿就是以他的名字命名的。小镇上的酒庄较少, 仍洋溢着一派农业的氛围: 母牛在镇上街道尽头的小牧场里吃草, 空气中还弥漫着些许肥料的味道。古老的石制小屋坐落在主干道的街边, 其中有两家小酒馆以及一些不错的餐馆和民宿(不妨住在有着双层玻璃和"幽灵"的那一家——我们经历了一个不眠之夜!)。

景点

巴罗萨山谷奶酪公司 奶酪厂

(Barossa Valley Cheese Company; www.barossacheese.com.au; 67b Murray St; ⏲周一至周五 10:00~17:00, 周六 10:00~16:00, 周日 11:00~15:00)巴罗萨山谷奶酪公司散发着绝妙的奶酪味, 这里销售的自制奶酪都是用当地的牛奶和羊奶制作的。可以免费品尝, 不过你绝对会买一点Washington Washed Rind奶酪。

巴罗萨农贸市场 市场

(Barossa Farmers Market; www.barossafarmersmarket.com; Stockwell Rd和Nuriootpa Rd交叉路口; ⏲周六 7:30~11:30)周六开业, 地点就在Vintners Bar & Grill后方农贸大棚。出售多种德式食品、咖啡、鲜花及各种本地特产。有些形迹可疑的街头艺人混迹其间。

食宿

Marble Lodge 民宿 $$$

(☎08-8564 2478; www.marblelodge.com.au; 21 Dean St; 双 $225起; ❄📶)这座庞大的1915年别墅坐落在小镇后方的山上, 采用当地粉色和白色的花岗岩建成, 有着那个年代

Barossa Valley 巴罗萨山谷

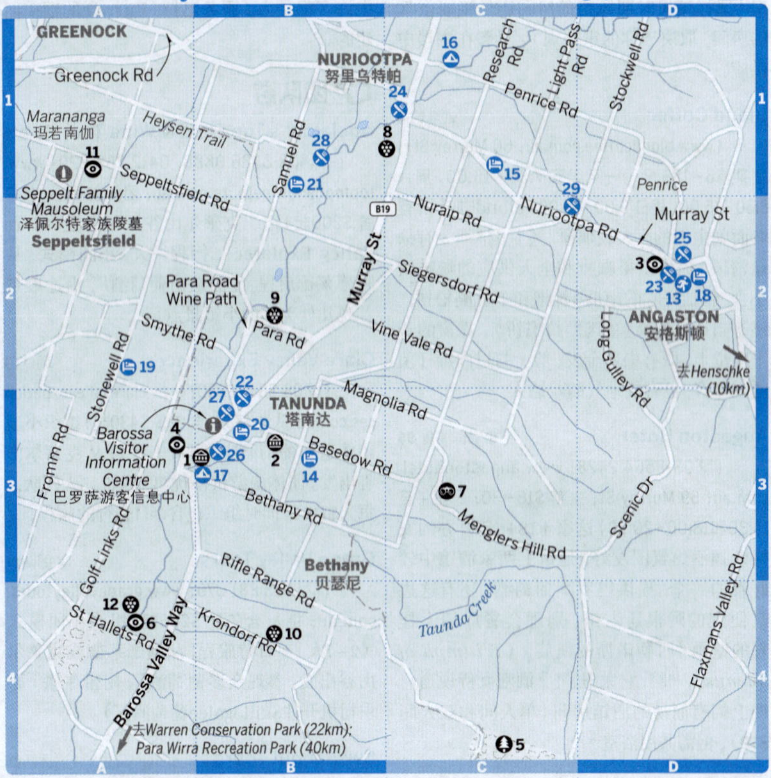

Barossa Valley 巴罗萨山谷

景点

巴罗萨农贸市场 ......（见29）
1 巴罗萨博物馆 B3
2 巴罗萨地区画廊 B3
3 巴罗萨山谷奶酪公司 D2
4 山羊广场 A3
5 Kaiserstuhl Conservation Park C4
6 Keg Factory A4
7 蒙格勒山瞭望台 C3
8 Penfolds C1
9 Peter Lehmann Wines B2
10 Rockford Wines B4
11 Seppeltsfield Road A1
12 St Hallett A4

活动、课程和团队游

13 Angaston Hardware D2

住宿

14 Barossa Backpackers B3
15 Barossa Old Garage B&B C1
16 Barossa Valley Tourist Park C1
17 Discovery Holiday Parks Barossa Valley B3
18 Marble Lodge D2
19 Stonewell Cottages A2
20 Tanunda Hotel B3
21 Whistler Farm B1

就餐

22 1918 Bistro & Grill B3
23 Angaston Hotel D2
24 Barossa Indian Cuisine C1
25 Blond Coffee D2
26 Cafe Pod B3
Die Barossa Wurst Haus Bakery ......（见27）
27 Ferment Asian B3
28 Maggie Beer's Farm Shop B1
29 Vintners Bar & Grill C2

的典型建筑风格。民宿内拥有两间豪华的套房（选择殖民时期风格的房间还是艳丽俗气的房间，取决于你的审美观）。早餐在主楼中供应。

Blond Coffee　咖啡馆 $

（www.blondcoffee.com.au; 60 Murray St; 主菜 $6~18; ⌚周一至周五 7:30~16:00, 周六 8:30~15:00, 周日 9:00~15:00）Blond咖啡馆有着面朝主街的巨大玻璃窗，其氛围高雅，有徐徐清风，提供坚果咖啡和全天供应的咖啡馆小食，包括好吃的南瓜、辣椒和羊乳酪松饼，还有当日特色菜（牛肉西拉馅饼）。靠窗的若干座位上，既有染着金发、脸上打过肉毒杆菌的观光客，也有接地气的普通人。

Angaston Hotel　小酒馆美食 $$

（☎08-8564 2428; www.angastonhotel.com.au; 59 Murray St; 主菜 $16~30; ⌚正午至14:30和18:00~20:30）这家于1846年开办的安格斯顿酒馆氛围友好，是镇上两家酒馆中较好看的一个，提供巴罗萨葡萄酒，还有这边最便宜的阿根廷牛排。别理会餐厅墙上挂着的壁画《西勒诺斯的凯旋》（*Triumph of Silenus*），"啊，它太丑了！"酒吧女侍说道。楼上拥有简易的酒馆房间（单人间和双人间 $70），但需共用浴室。

Vintners Bar & Grill　新派澳洲菜 $$$

（☎08-8564 2488; www.vintners.com.au; Stockwell Rd和Nuriootpa Rd交叉路口; 主菜 午餐 $16~36, 晚餐 $34~39; ⌚每天 正午至14:30, 周一至周六 18:30~21:00）Vintners是巴罗萨地标性的餐馆之一，其着力打造美食与氛围两方面的简约优雅。餐厅里有开放式的壁炉，干净整洁的白色桌布，还能欣赏到葡萄园的美景；菜单则主打当地农产品（祈祷在你光临的时候，菜单上还有苹果汁炖五花肉）。

克莱尔山谷（CLARE VALLEY）

克莱尔山谷比较狭窄，位于阿德莱德以北两小时车程的中北部肥沃农垦区的核心位置，出产世界一流的雷司令葡萄酒和红葡萄酒。这片乡村土地景色秀丽，天空一望无际，山峦貌似驼峰，桉树高耸林立，清风拂过麦田。城镇历史追溯至19世纪40年代，其中许多都是为了服务巴拉（Burra）的铜矿而建的。

团队游

Adelaide's Top Food & Wine Tours　葡萄酒

（☎08-8386 0888, 0412 268 829; www.topfoodandwinetours.com.au; 团队游 每人 含午餐 $200起）组织克莱尔山谷探秘之旅（Clare Valley Explorer），行程一天，小团模式，从阿德莱德启程。专门造访葡萄酒厂，沿途顺带参观几处美妙的小镇景点。

Clare Valley Experiences　团队游

（☎08-8842 1880; www.clarevalleyexperiences.com; 团队游 每2人 含午餐 $430起）组织小型团体造访葡萄酒庄（附带午餐），从克莱尔山谷出发。团体旅游价格优惠（例如，5人团队，每人$115）。同时组织包含半日骑行的旅程。

Grape Valley Tours　团队游

（☎0418 881 075; www.grapevalleytours.com.au; 每人 含午餐 $265起）组织小团模式（2~7人）一日游旅程，从阿德莱德或克莱尔山谷出发，参观众多葡萄酒厂，附带午餐（要求司机开往Skillogalee葡萄酒厂）。

Swagabout Tours　团队游

（☎0408 845 3780, 08-8266 1879; www.swagabouttours.com.au; 团队游 $190起）组织克莱尔山谷一日游，从阿德莱德出发。信誉可靠，内容丰富，小团模式，全程一天。"葡萄酒托"大煞风景。

节日和活动

A Day on the Green　音乐节

（www.adayonthegreen.com.au）巴罗萨最受喜爱的节日，每年2月都会来到克莱尔山谷的Annie's Lane酒庄。上演吉米·巴尼斯（Jimmy Barnes）、拥挤房子乐队（Crowded House）、达里尔·布雷思韦特（Daryl Braithwaite）等个人或乐队曲目。

克莱尔山谷美食周　美食节和葡萄酒节

（Clare Valley Gourmet Weekend; www.clarevalley.com.au）葡萄酒、美食和音乐的狂欢，就在每年5月。

雷司令小径

无与伦比的雷司令小径总长33公里，沿着奥本（Auburn）和克莱尔北部Barinia之间已遭弃用的铁道线而行，一路上遍布着酒庄、自行车和令人惊叹的事物。小径主要是条**自行车**道，但平缓的坡度意味着你可以很容易地沿着道路步行或推着婴儿车。骑着自行车2小时便可完成全程，但为何要如此行色匆匆呢？沿途有3条环形绕道和一些支道可以探索，还有不少酒庄诱惑着你。**Rattler Trail**继续延伸，从奥本以南通往里弗顿（Riverton），全长19公里。

想要租赁自行车，不妨去**Clare Valley Cycle Hire**（见855页）、克莱尔的**Riesling Trail Bike Hire**（见855页）或奥本的**Cogwebs**（见853页）看看。

Clare Show 庙会

（www.sacountryshows.com）南澳最大的一日演出活动，每年10月举办。

到达和当地交通

自行车

在奥本（Auburn）和克莱尔，你可以租一辆自行车环游各大酒庄。价格大约在$25/40（每半天/全天）。

长途汽车

Yorke Peninsula Coaches（☎08-8821 2755；www.ypcoaches.com.au）周二至周五及周日运营阿德莱德至奥本（$32，2.25小时）和克莱尔（$40，2.75小时）的长途汽车；周四时，汽车将继续驶向巴拉（Burra；$40，3.25小时）。

出租车

Clare Valley Taxis（☎08-8842 1400；www.131008.com）在"雷司令小径"的任何地方都能上下车。

奥本（Auburn）

人口 320

静谧的奥本建于1849年，是克莱尔山谷最南面的乡村，你总能在小镇上看到大开的后门，还有留在车里的钥匙，真是一派安详的景象。这里更是一条时光隧道，让你有种回到黑白照片世界里的感觉。街道风景优美，保护良好，两侧耸立着手工打造的石制建筑，小屋的花园里则盛开着烂漫的花朵。不要忘了从克莱尔山谷游客信息中心拿一本名为《在奥本与历史同行》（*Walk with History at Auburn*）的小册子。

奥本位于前往山谷酒庄的主干道上，最初是赶牛人和南美赶骡人的驿站，他们的四轮马车（每天可多达100辆）隆隆地往来于巴拉的铜矿和威克菲尔德港之间。

无与伦比的**雷司令小径**总长33公里，起点和终点都在经过复原的奥本火车站（Auburn Train Station）。**Cogwebs**（☎08-8849 2380，0400 290 687；www.cogwebs.com.au；30 Main North Rd；租借自行车 每半天/全天 $25/40，双人自行车$35/60；⏰8:30~18:00，冬天营业时间较短）出租自行车（并提供上网服务）。

食宿

Auburn Shiraz Motel 汽车旅馆 $

（☎08-8849 2125；www.auburnshirazmotel.com.au；Main North Rd；标单/双/标三 $85/95/125起；❄）这家经过重修的小型旅馆位于小镇通往阿德莱德的一侧，拥有西拉酒色调的墙面，以及赤霞珠色彩的房门，并深以为傲。此外，这里还有9个明亮的房间，店主也很友好。租借自行车每天需$40。

Rising Sun Hotel 小酒馆美食 $$

（☎08-8849 2015；www.therisingsunhotel.com.au；19 Main North Rd；主菜 $18~30；⏰正午至14:00和18:00~20:00；📶）这家经典的酒馆始建于1850年，因其氛围、食品和住宿条件而名满天下。酒吧食物别出心裁，还有很多当地的葡萄酒等你品尝。住宿选择包括酒馆套房和隐藏在建筑后方的小屋（双人间 含早餐 $80和$125起）。

★ **Terroir** 新派澳洲菜 $$$

（☎08-8849 2509；www.facebook.com/terroirauburn；Main North Rd；主菜 早餐 $17~20，午餐 $18~25，晚餐 $35~40；⏰周四至周六 正午

至14:00和18:00~20:00，周日 8:30~11:00和正午至14:00；✎）Terroir（风土条件）这个用语经常用于葡萄酒行业，描述产地的自然条件：海拔、土质、气候及环境。而在这个优秀的餐馆，Terroir指代食材品质，食材根据时令采购，范围限于方圆百里，然后采用现代工艺烹制。菜单每周都不同（但愿能够吃到羊奶干酪）。文他鲁（Mintaro）石板地面魅力迷人。

文他鲁（Mintaro）

人口 230

被列入联合国教科文组织世界遗产名录的文他鲁（Mintaro，读作min-tair-oh，建于1849年）是一座可爱的石头山村，让你恍惚间有科茨沃尔德（Cotswolds，英格兰著名的乡村丘陵地带，景色迷人）降临澳大利亚丛林的感觉。20世纪起，这里少有其他建筑风格的侵入，整个地方在很大程度上自成体系。国际上制造台球桌时都会使用文他鲁出品的石板，你晚上又有事可做了。山谷各处都可以拿到小册子《历史悠久的文他鲁》（*Historic Mintaro*）。

景点和活动

★马丁戴尔大宅 历史建筑

（Martindale Hall；☎08-8843 9088；www.martindalehall.com；1 Manoora Rd；成人/儿童$10/2.50；⏲周一至周五 11:00~16:00，周六和周日 正午至16:00）马丁戴尔大宅建于1880年，是一座令人惊叹的庄园，距离文他鲁3公里。庄园专为年轻的田园诗人小埃德蒙·鲍曼（Edmund Bowman Jnr）而建，他随后花光了所有的家财（好吧，干旱和暴跌的羊毛价格也是原因之一……但更主要的还是其乐于社交而大肆花费的结果）。大宅里仍留有当年的家具、无与伦比的黑檀木楼梯、由文他鲁石板制成的台球桌，以及如博物馆般的豪华吸烟室。庄园因在1975年彼得·威尔（Peter Weir）的电影《悬崖下的野餐》（*Picnic at Hanging Rock*）中作为阿普尔亚德学院（Appleyard College）而大放异彩。魅力令人陶醉！

含早餐或含早晚餐的住宿套餐（分别为$130和$260）能让你在这里过上一个"心惊胆战"的夜晚。

文他鲁迷宫 迷宫

（Mintaro Maze；www.mintaromaze.com；Jacka Rd；成人/儿童 $12/8；⏲周四至周一 10:00~16:00，学校假期 每天开业，2月歇业）想在文他鲁迷宫中再找到回去的出口，你可得多试几次。这里还有一家咖啡馆。

就餐

★Reilly's 新派澳洲菜 $$

（☎08-8843 9013；www.reillyswines.com.au；Hill St和Leasingham Rd交叉路口；主菜$18~30；⏲10:00~16:00）Reilly's始建于1856年，最初只是一家补鞋的小店。如今，这里已是一家餐馆，装饰有当地的艺术，提供新颖、当季的现代菜肴（开胃菜、兔肉砂锅、希腊菠菜派）和Reilly葡萄酒，而餐馆后方则是有机蔬菜花园，为餐馆供应新鲜时蔬。店主还对外出租4间漂亮的古老石屋，就在Hill St（双人间 $145起）街边。

Magpie & Stump Hotel 小酒馆美食 $$

（☎08-8843 9014；www.mintaro.com.au/attractions/eateries；Burra St；主菜 $18~40；⏲周五至周日 正午至14:00，周三至周六 18:00~20:00）古老的Magpie & Stump最早于1851年获得执照，对于那些往来于巴拉和威克菲尔德港之间的铜矿承运人而言，这里是补充水分的重要场所。这里供应炸肉排和牛排，拥有炉火、台球桌和用文他鲁石板铺就的地板，前方还坐落着一个阳光明媚的啤酒花园——这还不是完美的酒馆吗？

克莱尔（Clare）

人口 3280

克莱尔建立于1842年，以爱尔兰（Ireland）的克莱尔郡（County Clare）命名，是山谷中最大的城镇，但与其魅力相比，小镇讲求实用的特点更为明显。你能在这里找到所有必备的服务场所：邮局、超市、加油站等，但如果在镇外住宿，你将会体验到一次更为有趣的克莱尔山谷之旅。

景点和活动

老警察局博物馆 博物馆

（Old Police Station Museum；☎08-8842

2376; www.nationaltrustsa.org.au; Victoria和Neagles Rock Rd交叉路口; 成人/儿童 $2/0.50; ⏲周六和周日 10:00至正午和14:00~16:00)这个1850年的警局和法院如今改建成了老警察局博物馆，展示着维多利亚时期的服饰、古老照片、家具和零星的家庭小物件。

Riesling Trail Bike Hire 自行车出租

(☎0418 777 318; www.rieslingtrailbikehire.com.au; 10 warenda Rd; 租借自行车 每半天/全天 $25/40，双人自行车 $40/60; ⏲8:00~18:00)出租高品质的自行车(包括双人自行车)，就在雷司令小径的路边。

Clare Valley Cycle Hire 自行车出租

(☎08-8842 2782, 0418 802 077; www.clarevalleycyclehire.com.au; 32 Victoria Rd; 租借自行车 每半天/全天 $17/25; ⏲9:00~17:00)也为小孩提供儿童座椅和可以拖在自行车后头的婴儿车。

住宿

Bungaree Station 民宿 $

(☎08-8842 2677; www.bungareestation.com.au; Main North Rd; 每人每晚 $59~99;)这片漂亮的庄园有着170年的历史，位于克莱尔以北大约12公里。曾经拥有50名工作人员、一个教堂和一所学校，如今仍然拥有3000英亩农场。住宿地点位于修缮一新、设施简朴的历史建筑内，每间客房可以容纳2~10人，有些房间配备公共浴室。游客可以喂食农场动物、徒步穿越历史小径(每人$15)，或者下水畅游。

不要错过

克莱尔山谷葡萄酒厂

克莱尔山谷有着凉爽的微型气候，因为这里被小河、溪水和沟壑环绕着。宜人的气候明显作用于这里的美酒，使白葡萄酒在长期放置后仍保持完美的品质。山谷里出产全世界最好的雷司令及卓越的沙美龙和西拉。

Hop & Vine (www.clarevalleybrewing.com.au; 20 Main North Rd, Auburn; ⏲10:00~17:00)这个奥本店面魅力非凡，隶属克莱尔山谷酿造公司(Clare Valley Brewing Co)。品尝一下美味红麦酒、澳洲淡麦酒和葡萄苹果酒。这里也是谷内三家葡萄园(Jeanneret、County Clare和Good Catholic Girl)的酿酒基地。价廉物美。

Knappstein (www.knappstein.com.au; 2 Pioneer Ave, Clare; ⏲周一至周五 9:00~17:00，周六 11:00~17:00，周日 11:00~16:00)Knappstein最低限度地变动制酒工艺，并因此声名显赫。这里的西拉和雷司令极受人欢迎，但酒庄也出品不错的沙美龙和白索维农混合白葡萄酒(还有啤酒!)。

Pikes (www.pikeswines.com.au; Polish Hill River Rd, Sevenhill; ⏲10:00~16:00)辛勤的派克(Pike)家族于1984年开设该店，自此之后就一直出品令人称赞的雷司令(还有西拉、桑乔维塞红葡萄酒、意式品诺、维尼亚葡萄酒……)。如果你口渴难耐，这里还有极好的Oakbank Pilsener啤酒。

Sevenhill Cellars (☎08-8843 4222; www.sevenhill.com.au; College Rd, Sevenhill; ⏲10:00~17:00)想让你的美酒带点宗教色彩吗？不妨前往这个耶稣会士(Jesuits)1851年建立的酒庄看看，它是克莱尔山谷里最古老的葡萄酒厂，别忘了参观圣阿洛伊修斯教堂(St Aloysius Church)，这座不可思议的建筑始建于1866年。对了，这里的葡萄酒也很美味。

Skillogalee (☎08-8843 4311; www.skillogalee.com.au; 23 Trevarrick Rd, Sevenhill; ⏲10:00~17:00)Skillogalee是一个由家庭经营管理的小型酒庄，因其辛辣的西拉、无与伦比的美食和顶级的雷司令而闻名(啜饮一杯雷司令，那种美妙仿若夏日午后亲吻漂亮女孩)。你可以在廊道上享受漫长而慵懒的午餐(主菜 $20~35; 请提前预订)。

克莱尔房车营地 房车公园 $

(Clare Caravan Park; ☎08-8842 2724; www.clarecaravanpark.com.au; Lot 136, Main North Rd; 无电力/有电力供应营地 $20/35起，小屋 $89起; ❄📶🏊)这个公园运营高效，位于小镇以南4公里处，面朝奥本，有着僻静的营地、小屋套房、一条溪流和高大的桉树林。这里还有一片下沉式的游泳池，骑行之后可来此处放松身心。

Battunga B&B 民宿 $$

(☎08-8843 0120; www.battunga.com.au; Upper Skilly Rd, Watervale; 双/四含早餐 $195/315，多加1人 $60; ❄)这片位于山岭之中的农场占地80英亩，坐落在沃特维尔(Watervale; 有点难找，请咨询具体方位)以西2公里处，两个石制小屋内有4个公寓，里面配备了文他鲁石头地板、烧烤设施、小厨房和壁炉。这里的乡间风景优美，起伏的农田上点缀着高大的桉树。

Riesling Trail & Clare Valley Cottages 民宿 $$

(☎0427 842 232; www.rtcvcottages.com.au; 9 Warenda Rd; 双 含早餐 $150起，多加1人 $50; ❄)这个住宿地点经营井井有条，提供7个现代小屋，全部都在乡村花园的环绕之中，位于雷司令小径(Riesling Trail)上。Riesling Trail Bike Hire(见855页)就在马路对面。面积最大小屋可以容纳6人。连住数晚会有优惠。

就餐

Wild Saffron 咖啡馆 $

(☎08-8842 4255; www.wildsaffron.com.au; 288 Main North Rd; 主菜 $7~18; ⏰周一至周五 8:30~17:30，周六 8:30~12:30，周日 9:00~12:30)我们不确定克莱尔山谷里究竟长着多少野生藏红花(wildsaffron; 人们说，看上去大多都在"葡萄藤下")。尽管如此，这家咖啡馆还是颇受欢迎的。菜单上没什么惊奇之处(意式面包、牛排三明治、汤品、自制蛋糕)，但这些简单食品的制作手艺却很不错。

Artisans Table 新派澳洲菜 $$

(☎08-8842 1796; www.artisanstable.com.au; Lot 3, Wendouree Rd; 主菜 $28~32; ⏰周六和周日 正午至15:00，周三至周六 18:00~21:00)这家位于山坡之上的餐馆兼营酒吧，新颖时髦、通风良好，拥有一个阳光明媚的宽敞阳台，非常适合来一瓶当地的雷司令葡萄酒，吃一些国际风味的美食：泰式、印式、巴西式的口味……这里还有着许多当地的时令农产品。

ℹ 实用信息

克莱尔山谷游客信息中心(Clare Valley Visitor Information Centre; ☎1800 242 131, 08-8842 2131; www.clarevalley.com.au; 33 Old North Rd; ⏰周一至周五 10:00~18:00，周六和周日 至14:00; 📶)提供当地信息、上网服务、山谷之内住宿预订服务，还有旅行手册《克莱尔历史徒步游》(*Clare History Walk*)。位于克莱尔图书馆内。

墨累河(MURRAY RIVER)

墨累河在南澳的土地上蜿蜒流淌了650公里，它是澳大利亚的所有河流中坡度最平缓的。沿途修筑的堤坝和水闸驯服了墨累河，它一路滋润了北部多沙的**河岸**地区(Riverland district)，灌溉了那里种植的果树和葡萄藤，又向南穿过**墨累河**地区(Murraylands district)的乳业乡村。白色和粉色凤头鹦鹉成群结队地从峭壁与赤桉树梢一跃而起，掠过茂密的葡萄种植园和果林。

在欧洲人来此殖民前，墨累河地区是原住民Meru人的家园。随后，轻量级的明轮船沿着达令河(Darling River)开到了这里，从墨累桥(Murray Bridge)将远自昆士兰州(Queensland)中部的羊毛、小麦及货物带了过来。然而，随着铁路的兴起，墨累河上的航运日益衰落。如今，河面上满是滑水者、水上摩托和游艇，尤其是在夏季。如果你不希望看到宁静的河畔被V8引擎的轰鸣打搅，那么在周末和节假日期间，要避免前往沿岸各主要的城镇和房车营地。

ℹ 到达和离开

LinkSA(www.linksa.com.au)每天发出几班长途汽车，往返阿德莱德和墨累桥($22, 1.25小时)，有时需在阿德莱德丘陵的巴克山(Mt Barker)换

乘；周一至周五，还有几班长途汽车从墨累桥开往曼纳姆（Mannum；$8，30分钟）。

Premier Stateliner（www.premierstateliner.com.au）开行的河岸地区长途汽车，从阿德莱德出发，途经怀克里（Waikerie；$45，2.5小时）、巴默拉（Barmera；$56，3.25小时）、贝里（Berri；$56，3.5小时）和伦马克（Renmark；$56，4小时）。除周六外，长途汽车每天都会在洛克斯顿（Loxton；$56，3.75小时）停靠。

墨累桥（Murray Bridge）

人口 16,710

墨累桥是南澳最大河畔城镇，有点杂乱无章，却是地区枢纽，也是南澳第五大城镇。拥有大量老式酒馆、未加充分利用的河岸地带和一个巨大的监狱，其魅力只可意会不可言传。

景点和活动

墨累桥地区美术馆 画廊

（Murray Bridge Regional Gallery；www.murraybridgegallery.com.au；27 Sixth St；周二至周六 10:00~16:00，周日 11:00~16:00）免费 这里是小镇的文化中心，有一个很大的展室，陈列本地及外来展品：画作、陶瓷制品、玻璃制品、珠宝和版画。这里是雨天参观的不二之选。

蒙纳托动物园 动物园

（Monarto Zoo；www.monartozoo.com.au；Princes Hwy，Monarto；成人/儿童/家庭 $32.50/18/85；9:30~17:00，最后入园时间 15:00）这家精彩的开放式动物园位于墨累桥以西大约14公里处，是澳大利亚和非洲猛兽的家园，这里有猎豹、犀牛、斑马和长颈鹿（还有讨人喜欢的动物幼崽，非常适合拍照留念）。票价中已包含了动物园内的巴士观光环游，全天都安排有饲养员讲解。

Riverglen Marina Kayak Hire 皮划艇

（08-8532 1986；www.riverglen.com.au；Jervois Rd；每小时 皮划艇/救生衣 $10/2.50）租借一只双人皮划艇，自己划桨，穿行河面。

Captain Proud Paddle Boat Cruises 游轮

（0466 304 092；www.captainproud.com.au；Wharf Rd；3小时 巡航游 午餐/晚餐 $59/79）沿着河流主干巡航游，带午餐或晚餐。请致电了解开船时间及预约。

食宿

墨累河上，乘坐船屋游览非常流行。如需了解详情，参见1222页。

Balcony on Sixth 度假屋 $$

（08-8531 1411；www.balconyonsixth.com.au；6 Sixth Ave；标单/双 不带浴室 $109/159，双/家 带浴室 $189/259；）这栋经过翻修的街角建筑建于1918年，楼上提供10间极其现代的汽车旅馆客房。位于核心地段，阳台很长，俯视街面，可供住客休憩、啜饮、观景。同时提供2卧和3卧公寓（$259起）。

Murray Bridge Hotel 小酒馆 $$

（08-8532 2024；www.murraybridgehotel.com.au；20 Sixth St；主菜 $16~31；正午至14:00和18:00~20:00；）城区内外，老牌酒馆屡见不鲜，但是这家富丽堂皇，首屈一指。提供烤肉、鲜嫩烤牛排，海鲜菜品多过牛排。酒水都是精选。

实用信息

墨累桥游客信息中心（Murray Bridge Visitor Information Centre；08-8339 1142，1800 442 784；www.murraybridge.sa.gov.au；3 South Tce；周一至周五 9:00~17:00，周六和周日 10:00~16:00）提供墨累桥《住宿指南》（*Accommodation Guide*）和《就餐指南》（*Dining Guide*），还有探索历史徒步游和自驾游手册，以及河面巡游组织机构介绍。

曼纳姆至怀克里（Mannum to Waikerie）

迷人的**曼纳姆**（人口2170）紧靠阿德莱德以东84公里处的狭长河岸地带，是非正式的世界游艇中心！1853年，澳大利亚第一艘明轮蒸汽船玛丽安号（Mary Ann）在此完成组装，并在墨累河上完成首航。曼纳姆游客信息中心（见859页）里的**曼纳姆码头博物馆**（Mannum Dock Museum of River History；08-8569 1303，1300 626 686；

www.psmarion.com; 6 Randell St; 成人/儿童 $7.50/3.50; ⊙周一至周五 9:00~17:00, 周六和周日 10:00~16:00), 提供当地原住民Ngarrindjeri人社区的信息, 并收藏有1876年的干船坞和复原的1897年明轮船"PS马里恩号"(PS Marion), 偶尔还有机会可以乘坐此船在河面缓缓巡游。

Breeze Holiday Hire (☎0439 829 964; www.murrayriver.com.au/breeze-holiday-hire-1052) 出租独木舟和皮划艇(每天$75)、装有马达的小艇(每天$95)和垂钓用具(每天$15)。还组织游客滑水。

从曼纳姆到天鹅区(Swan Reach), 东边的河畔小道通常沿着墨累河东岸平庸无奇的道路延伸, 然而沿途众多的瞭望台则能让你一览那里的美景。墨累河在天鹅区以南大约9公里突然急转, 此处转弯俗称**大湾**(Big Bend), 透迤的急流流过斑驳的赭色峭壁。

古老而又静谧的**天鹅区**(人口850)坐落在怀克里西南方70公里处, 但它的名称有点欺世盗名之嫌: 这里有一家老式酒吧、一个博物馆和大量鹈鹕而非天鹅。

怀克里(人口4630)是柑橘种植业的中心, 镇上密布着电视机天线, 地名来源于原住民的习语, 意思是"任何会飞的东西"。就像地名暗示的那样, 怀克里周边栖息着大量的鸟类, **格鲁普特保护区**(Gluepot Reserve; ☎08-8892 8600, 壳牌加油站08-8541 2621; www.gluepot.org; Gluepot Rd; 车辆 每天/过夜 $5/10; ⊙8:00~18:00)内有记载的飞鸟种类就达180种。这片桉树林区位于怀克里以北64公里处, 紧邻Lunn Rd, 属于联合国教科文组织认定的河滨生态圈自然保护区(Unesco's Riverland Biosphere Reserve)一部分。在你启程前, 记得去位于Peake Tce的壳牌加油站(Shell service station), 看看你是否需要领取一把进入保护区的大门钥匙。

Nippy's (www.nippys.com.au; 2 Ian Oliver Dr, Waikerie; ⊙周一至周五 8:00~16:00)也在怀克里, 这是一家本地果汁生产商, 门前设有销售点。

团队游

Proud Mary 游轮

(☎08-8406 4444; www.proudmary.com.au; 1.5小时 团队游 成人/儿童 $60/42.50)午间巡航游周一从曼纳姆出发, 乘坐大船, 欣赏大河风景。还可重温克里登斯清水复兴合唱团(Creedence Clearwater Revival)熟悉的旋律。

Jester Cruises 游轮

(☎0419 909 116; www.jestercruises.com.au; 1/2小时 团队游 每人 $16/36, 2小时 团队游含午餐 $44)从曼纳姆出发, 乘坐40座的杰斯特号(Jester)游艇, 在河面上来回巡游。达到规定人数才会开船。

食宿

曼纳姆房车营地 房车公园 $

(Mannum Caravan Park; ☎08-8569 1402; www.mannumcaravanpark.com.au; Purnong Rd, Mannum; 无电力/有电力供应 营地 $29/32起, 小屋/别墅 $64/132起; ❄@📶)这个风景秀丽、轮廓分明的房车营地就在河边, 紧邻曼纳姆的渡口, 鸭子和水鸡时常悠闲地在草坪上散步。雨天, 可去游艺室打打台球。公园里有着成片的桉树林, 绿树成荫。

Murray River Queen 青年旅舍 $

(☎0410 416 655; www.murrayriverqueen.com; Leonard Norman Dr, Waikerie; 铺 $30, 双 带/不带 浴室 $90/55起; ❄📶)这艘1974年轮船早已退役, 不再驶行河面。如今成为怀克里河岸一处水上背包客住所。提供简朴船舱宿舍——房间低矮, 光线昏暗, 但是的确与众不同。船上设有酒吧、台球桌、日光浴场所和泰国菜餐厅(主菜 $14~20)。深受水果采摘工人青睐。

★ **Waikerie Hotel Motel** 酒店、汽车旅馆 $$

(☎08-8541 2999; www.waikeriehotel.com; 2 McCoy St, Waikerie; 双 $99~149; ❄📶)2012年, 距离成立100周年仅剩两天, 这家酒店遭遇火灾, 几乎焚毁殆尽。楼上, 19间新建酒馆套房精美绝伦: 配备雅致床上用品、小巧冰箱、大屏电视, 真皮和大理石装饰随处可见。法式小馆制作经典的酒吧食物(主菜 $16~35)。后堂翻新的汽车旅馆客房价格较低。

River Shack Rentals 住宿服务 $$

(☎0447 263 549; www.rivershackrentals.

com.au；双 $100起）这家住宿地点位于曼纳姆上游，提供大量河滨住所，可以容纳2至20人。多数就在水上：36 River Lane是个以曼纳姆为中心、值得信赖的住所，可以容纳10人（$450起）。同时提供游艇。

Pretoria Hotel 小酒馆美食 $$

（☎08-8569 1109；www.pretoriahotel.com.au；50 Randell St，Mannum；主菜 $18~32；⊙11:30~14:30和17:30~20:30）氛围友好的Pretoria建于1900年，面朝河流，拥有一个宽敞的法式小馆，提供大块的牛排、袋鼠肉块、帕尔玛火腿，以及美味海鲜。1956年，大洪水淹没了小镇，可这家酒馆还在二楼阳台上源源不断地供应着啤酒！

实用信息

曼纳姆游客信息中心（Mannum Visitor Information Centre；☎1300 626 686，08-8569 1303；www.psmarion.com；6 Randell St；⊙周一至周五 9:00~17:00，周六和周日 10:00~16:00）提供游轮和游艇的预订服务，还有旅游手册《曼纳姆历史步道》（*Mannum Historic Walks*），**曼纳姆码头博物馆**（Mannum Dock Museum of River History，见857页）也开设在这里。

巴默拉及周边（Barmera & Around）

寂静的巴默拉（人口3020）坐落在邦尼湖（Lake Bonney）的浅滩边。1964年，全球陆上极限速度（汽车）记录的保持者唐纳德·坎贝尔（Donald Campbell）在这里尝试打破他的水上速度（汽艇）记录未果。这里曾是陆路运输线上的重镇，从新南威尔士州（NSW）运送的货物都会经过此处。如今，当地人对两种音乐（乡村乐和西方乐）的热情使他们对自身发展有着简单的乐观态度。另一个小镇——墨累河畔金斯顿（Kingston-On-Murray；人口260）位于前往怀克里的途中。

景点和活动

以前，邦尼湖经常干涸，如今四季充盈，周围环绕着高大的赤桉树，露出水面的光秃枝头上，时常会有飞鸟停留，形成了一道亮丽的风景线。如果你思想开放，可以去湖泊西岸的Pelican Point Holiday Park（www.riverland.net.au/pelicanpoint），那里有一片裸体沙滩。

穆鲁可（Moorook）有一些野生动物保护区，里面设有步道和露营地（每人/车 $6/10）。穆鲁可（Moorook）位于通向洛克斯顿的途中，从墨累河畔金斯顿出发，跨过河流便可抵达背靠Overland Corner Hotel的月亮湖（Loch Luna）。这两片保护区都有自然形成的步道，还有适宜观鸟和划独木舟的绝佳场所。在保护区入口处可以领取自助登记的露营许可。

在Overland Corner Hotel的附近也有一些步道。

★班瑞克葡萄酒园和湿地中心 葡萄酒厂

（Banrock Station Wine & Wetland Centre；☎08-8583 0299；www.banrockstation.com.au；Holmes Rd，Kingston OM；免费品酒，捐赠零钱进入湿地步道；⊙周一至周五 9:00~16:00，周六和周日 至17:00）在墨累河畔金斯顿，紧邻Sturt Hwy的地方有一片免受猛兽袭扰的复兴湿地，你可以在班瑞克葡萄酒园和湿地中心远眺那里。湿地中心坐落在时尚的夯土建筑内，是一个实现了碳中和的品酒中心——喜欢这里的添普兰尼洛红葡萄酒（tempranillo）。热情奔放的午餐厅（主菜 $20~30；试试这里的班瑞克比萨）里所用食材都是从本地采购的。这里还有3条湿地步道，长度分别为2.5公里、4.5公里和8公里。

Rocky's Hall of Fame Pioneers Museum 博物馆

（www.murrayriver.com.au/barmera/rockys-hall-of-fame-pioneers-museum；4 Pascoe Tce，Barmera；门票 $2；⊙周一、周三和周四 9:00至正午，周五 8:30至正午）在巴默拉，乡村音乐可了不得。南澳大利亚乡村音乐节和颁奖礼（South Australian Country Music Festival & Awards；www.riverlandcountrymusic.com）每年6月在这里举办，而Rocky's Museum则在主街上，通过室外扬声器播放着真挚的乡村弦音。不要错过建筑后方那尊高达35米的植物园吉他（Botanical Garden Guitar）和博物馆收藏的160位乡村音乐家手稿，包括斯利姆·达

斯蒂(Slim Dusty)、凯西·钱伯斯(Kasey Chambers),以及风格介于两者之间的其他乐手。

食宿

Discovery Holiday Parks Lake Bonney 房车公园 $

(☎08-8588 2234; www.discoveryholidayparks.com.au; Lakeside Ave, Barmera; 无电力/有电力供应 营地 $22/31起,小屋 $94起; ❄📶🏊)这座湖畔公园管理有序,设施齐备,拥有小型的沙滩(可以安全地游泳)、电烤炉、露营厨房、洗衣房和大量可供孩童嬉戏的空间。此外,这里还有很多树木和滨水露营地,同时出租双人自行车、独木舟和船只。

Barmera Lake Resort Motel 汽车旅馆 $

(☎08-8588 2555; www.barmeralakeresortmotel.com.au; Lakeside Dr, Barmera; 双 $80~135,家 $195起; ❄🏊)这家干净整洁、物有所值的汽车旅馆就在湖畔马路的对面。拥有泳池,以确保湖水浑浊之时住客也有地方游泳。客房结构紧凑,简单朴素,但是一尘不染,许多房间能够欣赏湖景。

Overland Corner Hotel 小酒馆美食 $$

(☎08-8588 7021; www.overlandcornerhotel.com.au; 205 Old Coach Rd; 主菜 $16~28; ⏰周二至周日 正午至14:00,周五和周六18:00~20:00)这家极具氛围的酒馆始建于1859年,位于巴默拉西北方19公里处。酒馆以墨累河的一处河湾命名,那里常是牲畜贩子的露营场所。这里的墙壁透露着酒吧的个性,而菜肴则是分量十足。此外,这里还有一家据说有幽灵出没的博物馆和风景优美的啤酒花园。另有4条步道通往墨累河。可去巴默拉获取导游手册《历史悠久的陆上角落》(*Historic Overland Corner*)。

实用信息

巴默拉游客信息中心(Barmera Visitor Information Centre; ☎08-8588 2289; www.barmeratourism.com.au; Barwell Ave, Barmera; ⏰周一至周五 9:00~16:00,周六和周日 10:00~13:00)协助游客办理交通和住宿的预订。记得索取徒步线路导游手册《历史悠久的陆上角落》和《巴默拉遗迹徒步游》(*Heritage Walk Barmera*)。

洛克斯顿(Loxton)

人口 3780

缓缓流淌的墨累河在这一段形成了一片宽阔的环形地带,洛克斯顿就坐落其中,并号称是"河岸地区的花园城市"(Garden City of the Riverland)。这里主营农业,游客较少、氛围低调,还有着比其他地方更多的轮胎经销商、五金商店和灌溉设备直销店。

景点和活动

从洛克斯顿出发,你可以划着独木舟前往**墨累河国家公园**(Murray River National Park; www.environment.sa.gov.au)的**卡塔拉帕库溪**(Katarapko Creek);从洛克斯顿河畔房车营地(Loxton Riverfront Caravan Park)可以租到独木舟。

知识之树 地标

(Tree of Knowledge; Grant Schubert Dr)知识之树生长在房车营地附近的河边,至今仍留有前几年的洪水印记。1956年,绝无仅有的特大洪水暴发,留在树干上的痕迹高达4米,这使得1931年、1973年、1974年、1975年和2011年的洪水圈痕实在难以望其项背。

洛克斯顿乡村历史 博物馆

(Loxton Historic Village; www.thevillageloxton.com.au; Allen Hosking Dr; 成人/儿童/家庭 $12.50/6.50/32; ⏰10:00~16:00)这家博物馆位于河滨,稍显俗丽(但还是颇为有趣)。来到这里,面对45栋灰尘密布、破败不堪的古老建筑和古老乡村用具,游客会有穿越时空的感觉。

住宿

洛克斯顿河畔房车公园 房车公园 $

(Loxton Riverfront Caravan Park; ☎1800 887 733, 08-8584 7862; www.lrcp.com.au; 1 Sophie Edington Dr; 无电力/有电力供应 营地 $27/32起,小屋 带/不带 浴室 $115/85起; ❄📶)这家友善的河畔房车营地坐落在Habels Bend,距离小镇大约2公里,周围点缀着几棵桉树,因而标榜自己是个"安静的营地"(The

Quiet One)。你可以租一艘独木舟(每小时$15),还可以在九洞的高尔夫球场打球(场地通常多沙,但偶尔会受到洪水的侵扰)。提供免费Wi-Fi。

Loxton Hotel 酒店、汽车旅馆 $$

(☎1800 656 686, 08-8584 7266; www.loxtonhotel.com.au; 45 East Tce; 酒店 标单/双 $90/115起, 汽车旅馆 $135/150起; ❄📶≋)这座庞大的建筑为游客提供一尘不染的房间,还有不错的周末套餐可供选择,其所得利润都归于洛克斯顿社区。这里原先是一家酒馆,于1908年开业,但如今已被无情地取代。酒店会在早餐、午餐、晚餐期间供应法式小馆菜肴(主菜 $18~32)。提供免费Wi-Fi。

ℹ 实用信息

洛克斯顿游客信息中心(Loxton Visitor Information Centre; ☎1300 869 990, 08-8584 8071; www.loxtontourism.com.au; Bookpurnong Tce, Loxton Roundabout; ⏲周一至周五 9:00~17:00, 周六 9:00~16:00, 周日 10:00~16:00)服务态度友好,是你获取住宿、交通和国家公园信息的好地方。这里还有一家艺术馆。出售当地干果。记得找找名为《洛克斯顿历史步道》(*History Walk of Loxton*)的小册子。

贝里(Berri)

人口 4110

贝里这个名字源于原住民语中的"berri berri",意思是"河流的大弯",曾是烧柴明轮船补给燃料的中转站,非常繁忙。如今,贝里成为一个富裕的地区中心,是州政府和农业散工机构的所在地,也是丰收时节寻找临时农活的最佳地点之一。

👁 景点和活动

如需前往**墨累河国家公园**(www.environment.sa.gov.au)里风景宜人的**卡塔拉帕库溪**,可以取道贝里和巴默拉之间的斯图尔特公路。那里风景优美,适合丛林露营(每车/人 $10/6)、划独木舟和观鸟。

河岸地区农贸市场 市场

(Riverland Farmers Market; www.riverlandfarmersmarket.org.au; Crawford Tce, Senior Citizens Hall; ⏲周六 7:30~11:30)所有周边种植的上等产品都会在这里销售。来一个培根鸡蛋卷和一些鲜榨的橙汁会让你精神满满。

A Special Place for Jimmy James 花园

(Riverview Dr; ⏲24小时)原住民探长吉米·詹姆斯(Jimmy James)能够像"阅读报纸一样读懂丛林",而A Special Place for Jimmy James就是为其建造的河畔纪念碑,距离游客中心只有几步之遥,氛围活跃,花岗岩的周围分布着一些奇特的小径与痕迹。

河地画廊 画廊

(River Lands Gallery; www.countryarts.org.au; 23 Wilson St; ⏲周一至周五 10:00~16:00, 周六 至13:00)正如贝里大桥(Berri Bridge)下的壁画和图腾柱所显示的那样,贝里是个具有艺术氛围的小镇。这家画廊展示了当地、原住民和巡回展示的画作、雕塑、织品和数字化的媒体展品。

Canoe Adventures 划独木舟

(☎0421 167 645; www.canoeadventure.com.au; 独木舟租赁 半天/全天 $55/65, 团队游每位成人/儿童 半天 $75/50, 全天 $120/80)租借独木舟,参加带导游独木舟之旅和露营探险游……这家机构提供以上所有服务,总部位于贝里,业务覆盖大多河滨城镇。

BMS Tours 游轮

(☎0408 282 300; www.houseboatadventure.com.au; 团队游 $70起)墨累河团队游,从贝里出发,乘坐埃尔卡号(Elka)沼地汽船。可以致电预约旅程、询问时间安排及最低开团人数。

🛏 食宿

Berri Backpackers 青年旅舍 $

(☎08-8582 3144; www.berribackpackers.com.au; 1081 Old Sturt Hwy; 铺 每晚/周 $35/160; 📶≋)这家旅舍符合"中庸"理念,适合寻找打工机会的旅行者,经过一天辛劳,能在这个与众不同"新时代"氛围之中休憩,真是令人心旷神怡。房间种类多样,包括凌乱的铺房、双人房、共用房、印第安帐篷和蒙古

包——所有房间都是统一价。旅舍经理还能给你介绍工作（请提前预约）。

Berri Hotel 酒店、汽车旅馆 $$

（☎1800 088 226, 08-8582 1411; www.berrihotel.com; Riverview Dr; 酒店 标单/双 $77/145, 汽车旅馆 双/家 $155/175; ）这是一座庞然大物，整体呈现橘黄色，位于墨累河畔。提供酒店式房间（带有公共浴室），附楼提供空间宽敞的汽车旅馆套房。深邃的法式小馆供应高档的酒吧食物（主菜 $19~33, 晚餐时段营业），咖啡馆提供早餐和午餐。酒店光鲜亮丽，尽管有点拉斯维加斯的感觉。提供免费Wi-Fi。

Sprouts Café 咖啡馆 $

（☎08-8582 1228; www.sproutscafe.com.au; 28 Wilson St; 主菜 $7~14; 周一至周五 8:30~16:00, 周六 9:30~13:00）这家山上新开的咖啡馆采用亮绿色的风格，氛围愉悦，干净整洁，距离墨累河只有几个街区的距离，提供汤品、乳蛋饼、汉堡、咖喱、卷饼和不错的咖啡。此外，这里还有自制蛋糕、烤饼和核桃巧克力布丁。

实用信息

贝里游客信息中心（Berri Visitor Information Centre; ☎08-8582 5511, 1300 768 582; www.berribarmera.sa.gov.au; Riverview Dr; 周一至周五 9:00~17:00, 周六 9:00~14:00, 周日 10:00~14:00）就在墨累河边，提供小册子、上网、地图、防水独木舟向导服务（$10）。员工无所不知。

伦马克（Renmark）

人口 7500

从维多利亚州跨越边境过来，伦马克是南澳这边头一个重要的河畔城镇，距离阿德莱德大约254公里。这里绝不是一个受人追捧的旅游目的地，但却有着轻松的氛围和水草丰茂的河岸，你可以在那里登上一艘游艇，巡游河面。这里也是河地葡萄酒区的中心：进入小镇的道路上挂着诱人的标牌："买6赠1""港口散货$5/L!"。河对岸，朝向上游前行4公里，到达伦马克的卫星城帕灵加（Paringa），这个小城鲜为人知。

> **河岸地区水果采摘**
>
> 贝里、巴默拉、怀克里、洛克斯顿和伦马克的水果和葡萄种植中心经常招聘收割工人。工作是季节性的，但通常都会有需要采摘的水果（核果、橘子、葡萄、苹果……），除了9月中旬至10月中旬及4月中旬至5月中旬的淡季。如果你手持有效工作签证，并且不介意在田野上挥汗如雨（熟练工人每天可赚$100），那么可以向当地背包客青年旅舍咨询工作事宜。你也可以试试伦马克的**MADEC Labour Hire**（☎08-8586 1900; www.madec.edu.au; 8 Ral Ral Ave, Renmark）办事处和**National Harvest Information Service**（☎1800 062 332; www.jobsearch.gov.au/harvesttrail）。

景点和活动

乔维拉当地保护区 自然保护区

（Chowilla Regional Reserve; www.environment.sa.gov.au）这个保护区坐落在小镇的上游，是丛林露营（每人/车 $6/10）、划独木舟和丛林徒步的绝好去处。从伦马克出发，其入口位于河流北岸的沿途，你也可以从帕灵加由南岸进入。想要了解更多信息，请致电位于贝里的**环境、水和自然资源部门**（DEWNR; ☎08-8595 2111; 28 Vaughan Tce, Berri）。

Riverland Leisure Canoe Tours 划独木舟

（☎08-8595 5399; www.riverlandcanoes.com.au; 半天/全天 团队游 $75/120）导览游从伦马克的帕灵加（Paringa）出发，驾着独木舟缓缓地划过墨累河。出租独木舟/皮划艇（每天 $65/55），并提供晚间和月光下的团队游。

食宿

BIG4 Renmark Riverfront Holiday Park 房车营地 $

（☎1300 664 612, 08-8586 6315; www.big4renmark.com.au; Sturt Hwy; 无电力/有电力供应 营地 $30/42起，小屋 带/不带浴室 $104/80

起；❄📶🏊）这家引人瞩目的河畔公园位于小镇以东1公里的地方，亮点包括一个露营厨房和货真价实的滨河小屋，以及有电力供应的露营地，同时出租独木舟和脚踏船。波纹钢材建造的小屋高档新潮，周围环绕着干瘪的棕榈树，看上去有点“里维埃拉”（Riviera）的感觉。假日期间，滑水爱好者们会蜂拥前来，聚集于此。

Renmark Hotel 酒店、汽车旅馆 $$

（☎1800 736 627, 08-8586 6755; www.renmarkhotel.com.au; Murray Ave; 酒店/汽车旅馆 双 $90/110起；❄📶🏊）真是太美了！伦马克这家大型酒馆的建筑装饰曲线漂亮迷人。可以入住老式酒店房间，或者高档汽车旅馆房间。在闷热的夜晚，没有什么比得上在Nanya Bistro（主菜$18～37，营业时间 正午至14:30和17:30～21:00）的露台上来一杯冰镇的啤酒和烤尖吻鲈了。提供免费Wi-Fi。

Renmark Club 小酒馆美食 $$

（☎08-8586 6611; www.renmarkclub.com.au; Murray Ave; 主菜 $13～35; ⏲正午至14:30和18:00～20:30）这家水上店面本是酒馆兼夜店，如今又作为光彩夺目、时髦新潮的法式小馆而再次名声大噪。提供高档酒馆美食（乡村前腿肉馅饼、白兰地炖牛扒），能够欣赏壮丽河景。这家店面同时经营由褐色实木新建的华丽的住宿地点**Renmark Holiday Apartments**（☎1300 855 563; www.renmarkholidayapartments.com.au; 161 Murray Ave; 1/2卧 公寓 $195/235起；❄），就在马路对面。

ℹ 实用信息

伦马克帕灵加游客信息中心（Renmark Paringa Visitor Information Centre; ☎1300 661 704, 08-8586 6704; www.visitrenmark.com; 84 Murray Ave; ⏲周一至周五 9:00～17:00，周六和周日10:00～16:00）提供常用本地信息、旅行手册及城区内外住宿地点的联系方式。这里还有一个游客解说中心，并且出租自行车（每半天/全天$25/40）。重新投入使用的1911年明轮蒸汽船渡轮（PS Industry）每逢周日便起锚航行90分钟（成人/儿童 $20/10）。

莱姆斯通海岸（LIMESTONE COAST）

莱姆斯通海岸是一块迷人的奇妙之地，位于平缓葱郁的墨累河下游，向南澳的东南部延伸，直抵维多利亚州的州界。你可以驱车行驶在高速公路上，一天之内毫不费力地穿过这片平原，但是这里最大的乐趣在于细节。驶离公路，绕道去看看这里的潟湖、冲浪海滩和偏僻的海湾，还有葡萄酒区、风景宜人的垂钓港口、静谧的农业小镇供你参观。然而，道路的“下面”更为惊人——在地下还有石灰岩洞、灰岩坑和深不可测的火山湖这些奇特的风光。这片开阔地带曾是火山区域，名叫卡纳文卡地质公园（Kanawinka Geopark; www.kanawinkageopark.org.au）。

ℹ 到达和离开

Dukes Hwy（A8高速公路）是往返阿德莱德和墨尔本（Melbourne）之间最直接的路线（729公里），但沿海的王子公路（B1高速公路；大约900公里）毗邻库龙国家公园，这条路沿途的景致更为优美。

飞机

区域快线（Regional Express, Rex; www.regionalexpress.com.au）每天都有航班往返于阿德莱德和甘比尔山之间（单程$170起）。

长途汽车

Premier Stateliner（www.premierstateliner.com.au）在阿德莱德和甘比尔山之间（$80, 6小时）运营着两条长途汽车线路——海岸线和内陆线。从阿德莱德出发，乘坐海岸线（周一、周三、周五和周日）将会途经库龙国家公园，你可以在梅宁吉（Meningie; $39, 2小时）、罗布（Robe; $70, 4.5小时）和海滩港（Beachport; $74, 5小时）下车。内陆线长途汽车则每天发车，途经纳拉库特（Naracoorte; $74, 5小时）和佩诺拉（Penola; $76, 5.75小时）。

库龙国家公园（Coorong National Park）

神奇的库龙国家公园（www.environment.sa.gov.au）是一片潟湖，景观丰富多样。公园沿着海岸线，从亚历山德里娜湖（Lake Alexandrina）向Kingston SE一直绵延了145公里。扬哈斯本半岛（Younghusband Peninsula）上有着数量可观的沙丘，这里与大海相分离，形成了一系列错综复杂的水洼地和盐碱滩，更有多达200种水鸟在此栖息。广受喜爱的电影《风暴男孩》（*Storm Boy*）就是在这里拍摄的，影片改编自科林·蒂勒（Colin Thiele）的小说，讲述的是一个小男孩与鹈鹕之间的友谊。

19世纪时，资源丰富的库龙地区养活了大量原住民Ngarrindjeri人。现如今，他们的生活依旧与库龙紧密相连，许多人仍然在此居住。

梅宁吉（人口900）坐落在艾伯特湖（Lake Albert，亚历山德里娜湖的巨大分支湖泊）旁，地处库龙边缘地带，1866年建成时还只是一个小港。得益于发生在2011年的墨累河洪水，这些"水位较低的湖泊"最近重新焕发了生机。如今的情形只是气候变化过程中的短暂喘息吗？时间将会告诉我们一切。

王子公路的路线沿着库龙国家公园，但你从路上看不到什么。也可以选择未铺柏油的库龙风景车道（Coorong Scenic Drive），其正式名称为Seven Mile Rd，起点在梅宁吉西南方10公里处，紧邻Narrung Rd，总长13公里。这条路将带你进入如画的美景之中，欣赏到海雾、垂钓棚屋、鹈鹕、黑天鹅、野生鸸鹋，以及散发臭味的潟湖。随后，在梅宁吉以南10公里处，道路又重新并入了王子公路。

有了四驱车，你就可以前往九十英里海滩（Ninety Mile Beach）了，那里可是著名的海边钓鱼点。想要进入海滩，最为便捷的入口是距离王子公路3公里的42 Mile Crossing，就在盐溪（Salt Creek）以南19公里的地方。虽然来到此处颇费周折，但是很有意义。

Kingston SE（人口：2200；www.kingstonse.com.au）位于库龙地区的南部边缘。小镇是龙虾捕捞业的热土：1月，可以参加附近举办的杰夫角酒庄海鲜和葡萄酒节（Cape Jaffa Seafood & Wine Festival；www.capejaffafest.com.au）品尝龙虾。仿真的"虾霸"（Larry the Lobster）大龙虾是澳大利亚一个"大型"旅游景观，在当地非常有名。

想要领略水泽风光，可以参加Spirit of the Coorong（见830页）巡航游或者Canoe the Coorong（见830页）独木舟游，两家机构都在弗勒里约半岛（Fleurieu Peninsula）的古尔瓦（Goolwa）。

食宿

公园里有11处丛林露营地（www.environment.sa.gov.au；每人/车 $7/13），可以通过www.environment.sa.gov.au/parks预订。多数露营地设有"诚信箱"（honesty boxes），没有服务人员时，游客只需自觉付款便可露营。

★艾伯特湖房车营地 房车营地 $

（Lake Albert Caravan Park；☎08-8575 1411；www.lakealbertcaravanpark.com.au；25 Narrung Rd，Meningie；无电力/有电力供应营地$20/30起，小屋带/不带浴室 $110/75起；❄📶）这个房车营地凉风习习，方位极佳，能够远眺艾伯特湖，欣赏湖面鹈鹕（湖滨营地最佳）。4栋双卧室的奢华小屋（$155）堪称这里的精品。

★Dalton on the Lake 民宿 $$

（☎0428 737 161；admason@lm.net.au；30 Narrung Rd，Meningie；双 $145起；❄）慷慨大度、干净整洁，这家湖畔民宿不遗余力地确保着你住宿的舒适。在你抵达时，这里会提供新烘焙的面包；早餐时分，则有自制的饼干、大量的培根和鸡蛋供你选择。同时，这里有设施齐全的现代居室紧邻一侧，也有翻新过的石制小屋——无论是二选其一，还是两者都要，均需预约。

Cheese Factory Restaurant 小酒馆美食 $$

（☎08-8575 1914；www.meningie.com.au；3 Fiebig Rd，Meningie；主菜 $15~33；⏲周二至周日10:30~15:00，周三至周六 17:30至深夜）你可以靠在吧台上与当地人闲聊，或者前往奶酪作坊改建而成的餐厅（或许你早已猜到！），大口咀嚼牛排、炸肉排、库龙胭脂鱼或库龙卷饼（夹着胭脂鱼肉的！）。梅宁吉奶酪厂博物馆（Meningie Cheese Factory Museum；☎08-8575 1914；www.meningiecheesefactorymuseum.com；门票 $5；⏲8:30~17:00）也在这里，收藏有奶

油搅拌器、旧式打字机、家用小物件。

实用信息

梅宁吉游客信息中心（Coorong Cottage Industries；☎08-8575 1770；www.meningie.com.au；14 Princes Hwy；⏲10:00~16:30）提供库龙地区的露营许可和当地的信息。

罗布（Robe）

人口 1020

罗布是一个可爱的小渔港，如今已是阿德莱德和墨尔本人度假的天堂。进入小镇时，你会看到写有“Drain L Outlet”的标牌，不甚可靠，但在主干道的沿途，你却能发现高品质的餐馆和大量的住宿场所，而小镇周围还有一些神奇的海滩和湖泊。在圣诞节和复活节期间，罗布经常人山人海，可得早早预约。

景点和活动

罗布街道两侧的一些建筑已被列入联合国教科文组织世界遗产名录，这些建筑建于19世纪40年代晚期到19世纪70年代，包括1863年的小型海关大楼（Customs House；www.nationaltrustsa.org.au；Royal Circus；成人/儿童 $2/0.50；⏲2月至12月 周二和周六 14:00~16:00，1月 周一至周六 14:00~16:00），保存良好，如今则是一个航海博物馆。

小迪普保护公园（Little Dip Conservation Park；www.environment.sa.gov.au）免费 在海岸边，位于小镇以南13公里处，拥有众多生态栖息地，包括湖泊、湿地和沙丘，还有一些风景优美的沙滩、原住民的贝家、步道与露营地（每人/车 $7/13）。取道Nora Creina Rd进入。

在罗布小镇海滩边游泳非常安全，而长滩（Long Beach；距离小镇2公里）则适宜冲浪和帆板运动，或者慵懒地享受一整天的时光，在部分区域游泳也很安全——详情请咨询游客中心。Steve's Place（☎08-8768 2094；stevesplace66@internode.on.net；26 Victoria St；⏲周一至周五 9:30~17:00，周六 9:30~13:00，周日 10:00~13:00）出租冲浪板（每天 $40）、俯卧式冲浪板（$20）和潜水服（$20）。可以在此咨询冲浪课程。Robe Easter Classic每年4月在这儿举行，是南澳历史最为悠久的冲浪赛事（始于1968年）。

住宿

当地的一些租房代理商享有房屋的产权，因而可以在淡季提供最低每晚$80的住宿，包括Happyshack（☎08-8768 2341，0403 578 382；www.happyshack.com.au）、SAL Real Estate（☎08-8768 2737；www.salrealestate.com.au；25 Victoria St）和Robe Lifestyle（☎1300 760 629；www.robelifestyle.com.au）。

Caledonian Inn 酒店 $

（☎08-8768 2029；www.caledonian.net.au；1 Victoria St；双 $75起；📶）这家旅馆历史悠久（始于1859年），楼上提供几间酒馆客房，房间明亮、温馨，带有公共洗手间，物美价廉。酒吧的食物也非常不错（主菜$17~40，营业时间 正午至14:00和18:00~20:30）。

Lakeside Tourist Park 房车公园 $

（☎08-8768 2193；www.lakesiderobe.com.au；24 Main Rd；无电力/有电力供应营地 $34/35起，小屋/别墅 $70/105起；❄@📶）这个布局抽象的精品公园就在费尔蒙格利湖（Lake Fellmongery，“fellmonger”的意思是羊毛商，懂了吧！）的旁边，有着已被遗产名录收录的松树、接待大厅（原是马厩，拥有130年历史）、大片的草地、简易的小屋和时尚的别墅。

Robe Harbour View Motel 汽车旅馆 $$

（☎08-8768 2155；www.robeharbourview.com.au；2 Sturt St；双/家 $120/155；❄📶）这家汽车旅馆位于静谧的城市一隅（距离市中心5分钟步程），店面干净整洁，经营井井有条。前堂几间客房品质最佳，能够欣赏海港景色。后堂标准间无景可赏，但是非常雅致（酣睡之际，谁会赏景呢？）。床上用品精美，客房色调宜人，浴室经过修缮。

Robe Lakeview Motel & Apartments 汽车旅馆 $$

（☎08-8768 2100；www.robelakeviewmotel.com.au；2 Lakeside Tce；双/2卧公寓 $125/240起，多加一人 $15；❄📶）这是罗布较出色的汽

车旅馆之一，可以远眺划水圣地费尔蒙格利湖（Lake Fellmongery）。旅馆内部的装饰正逐步提升，慢慢抛弃20世纪90年代末风格。这里房间宽敞，一尘不染。夏天，烧烤区内则是人头攒动。提供免费Wi-Fi。

Grey Masts 民宿 $$$

（☎0419 571 003；www.greymasts.com.au；Victoria St和Smillie St交叉路口；住宅 含早餐 $200起）这座19世纪50年代的石制小屋相当迷人，位于当地书店的后方，屋顶低矮。两间卧室可以睡4个人。此外，这里还有一个紧凑的厨房、气氛热烈的休息室和花团锦簇的花园。萨维奇一家（the Savage family）——包括萨维奇夫妇和他们的12个儿子——曾在此居住。夏季，3晚起住。

就餐

Union Cafe 咖啡馆 $

（☎08-8768 2627；4/17-19 Victoria St；主菜 $7~16；⏰8:00~16:00；📶）这家角度奇特的咖啡馆坐落在街角处，总是顾客盈门，地板镶嵌着光亮的玻璃贴片，墙上装饰着冲浪画作。宿醉之后，不妨来此享用EBT（带有奶酪和自制番茄酱的培根鸡蛋加土耳其面包）。还有精美咖啡、薄烤饼、咖喱、沙拉和卷饼。

Polly's Fish 'n' Chips 炸鱼和薯条 $

（☎08-8768 2712；www.pollysfishnchips.com.au；Lot 1，Lipson Tce；餐 $5~16；⏰周日至周三 10:00~20:00，周四至周六 10:00~21:00）这家迷人的炸鱼薯条小店位于罗布海港，采用当日捕捞海产，海产直接购自渔船。快餐经常不快，因为品质和耗时成正比：落座后，可以一边等菜，一边欣赏渔船。

Mahalia Coffee 咖啡馆 $

（☎08-8768 2778；www.mahaliacoffee.com.au；2 Flint St；小吃 $5~9；⏰8:30~17:00）莱姆斯通海岸之上，Mahalia Coffee广告随处可见——真是个成功的营销案例。可以前往罗布工业街区的烘焙店，点上一大杯白咖啡、一块牛角面包，或者一份白巧克力和夏威夷果松饼。

Sails 新派澳洲菜 $$$

（☎08-8768 1954；www.sailsatrobe.com.au；21 Victoria St；主菜 $31~38；⏰18:00至深夜）这是罗布最为时髦雅致的餐馆，主营海鲜。竟然没在海里？尝尝搭配甜菜油煎饼和山葵的袋鼠里脊肉，或者搭配山羊乳干酪、菜花和甜洋葱的小扁豆馅饼。这里环境赏心悦目，服务贴心到位。

实用信息

罗布游客信息中心（Robe Visitor Information Centre；☎1300 367 144，08-8768 2465；www.robe.com.au；Mundy Tce，Public Library；⏰周一至周五 9:00~17:00，周六和周日 10:00~13:00）设有历史展览，提供旅游手册及免费上网服务。记得索取旅游手册《风景车道》（*Scenic Drive*）、《遗迹车道》（*Heritage Drive*）和《走进历史》（*A Walk Through History*）。

海滩港（Beachport）

人口 890

这片地域位于莱姆斯通海岸，到处都张贴着如下标语："一边看热闹，一边出风头：高光24小时！"这是海滩港极度渴望引人侧目，呼号着寻求关注吗？不过，我们还是喜欢这里本真的样子——低调的风格与成片的沙滩，还有碧绿的海浪、长达772米的著名防波堤、坚固的石制建筑以及成排的诺福克岛松树。忘了你会被人关注吧，你在这里的时光只属于自己。

景点和活动

Old wool & Grain Store Museum 博物馆

（☎08-8735 8029；www.nationaltrust.org.au/sa；5 Railway Tce；成人/儿童/家庭 $5/2/10；⏰10:00~16:00）博物馆坐落在主街上一幢宏伟的国家信托基金会的建筑里，收藏有海滩港从捕鲸和航海时代留下的遗迹，房间是19世纪70年代的装饰风格，同时展出当地Buandi文化。

海滩港保护公园 自然保护区

（Beachport Conservation Park；www.environment.sa.gov.au）免费 公园位于小镇以北2公里处，占地710英亩，夹在海岸与乔治湖（Lake George）之间，拥有一些非常不错的

步道。这里还有原住民的贝冢、避风小港、潟湖及丛林露营地（每人/车 $7/13）。

Pool of Siloam 游泳

（Bowman Scenic Dr）免费 水潭位于小镇西郊的沙丘之中，非常适合游泳和漂浮（潭水的盐分浓度7倍于海水）。咨询游客信息中心，了解具体方位。

住宿

Southern Ocean Tourist Park 房车营地 $

（☎08-8735 8153；www.southernoceantouristpark.com.au；Somerville St；无电力/有电力供应营地 $25/28起，小屋 $95~160；）该公园隐在镇中心的山脚边，树木修剪良好，四周绿树成荫。新来的管理人员确实极大地提升了这里的档次。提供的设施包括洗衣房、自带顶棚的烧烤区、烹制小龙虾的厨具和一个不错的小操场。厨房小屋建在山顶上，非常迷人。

Bompas 酒店 $$

（☎08-8735 8333；www.bompas.com.au；3 Railway Tce；双 带/不带浴室 $125/100起；）Bompas坐落在海滩港第一家酒馆（建于1873年）之中，是个多合一的小型酒店，集餐馆和咖啡馆于一身，还能售卖酒水。楼上的房间非常宽敞，装饰富有现代艺术气息（3号房间景色美轮美奂）。楼下餐厅（主菜$13~32，营业时间为正午至14:00，以及18:00~20:00）菜品丰富，包括中式炒菜、羊腿和牛排，开展趣味竞猜游戏，提供美味啤酒。

实用信息

海滩港游客信息中心（Beachport Visitor Information Centre；☎08-8735 8029；www.wattlerange.sa.gov.au；Millicent Rd；周一至周五 9:00~17:00，周六和周日 10:00~16:00）提供各类信息，位于进城途中。记得找找旅行手册《海滩港头桨手景观车道》（*Beachport's Bowman Scenic Drive*）和《海滩港古建自驾游》（*Beachport's Historic Buildings Drive*）。

甘比尔山（Mount Gambier）

人口 25,200

甘比尔山这座城镇在一座死火山下方的平原地带绵延，是莱姆斯通海岸的主要城镇和服务中心。有时候，甘比尔山看上去缺乏城市景观，但这里并非以街道上的建筑取胜，这里真正的特别之处在于深邃的蓝湖（Blue Lake）和城镇下方蜿蜒穿过石灰岩的幽深洞穴，非常神奇。

景点

蓝湖 湖泊

（Blue Lake；www.mountgambierpoint.com.au/attractions/blue-lake；John Watson Dr；24小时）免费 甘比尔山最吸引人的景点莫过于灯火通明、深达75米的湖泊。夏天，这一汪湖水的蓝色则更令人难以置信。心存困惑的科学家们认为，这一现象与水中悬垂的方解石晶体有关，它们只有在温暖的季节里才会较快形成。因此，如果在4月至11月来到这里，你会发现这里的水面与任何其他湖泊一样灰暗无光。**Acquifer Tours**（☎08-8723 1199；www.aquifertours.com；Bay Rd & John Watson Dr交叉路口；成人/儿童/家庭 $9/4/25；团队游 每小时1次 11月至次年1月 9:00~17:00，2月至5月和9月至10月 9:00~14:00，6月至8月 9:00至正午）每小时组织一次团队游活动，让你乘坐观光电梯，走近下方的湖岸。

瑞多克美术馆 画廊

（Riddoch Art Gallery；☎08-8723 9566；www.riddochartgallery.org.au；1 Bay Rd；周一和周三至周五 10:00~17:00，周六和周日 11:00~15:00）免费 如果甘比尔山闻名遐迩的蓝湖并非蓝色，别太遗憾，至少可以游览澳大利亚顶级区域画廊之一。这里总共包含3个展厅，即常设和到访展厅、当代艺术展厅及原住民聚居地艺术展厅。这个"主角"大楼里还设有一些遗迹展和一家电影院，放映当地的历史电影。每周四11点组织免费的团队游活动。

岩洞花园 洞穴

（Cave Gardens；www.mountgambierpoint.com.au/attractions/cave-gardens；Bay Rd和Watson Tce交叉路口；24小时）免费 一个深达50米的坑洞就位于小镇的中心。你可以走到洞穴的底部，欣赏每晚举行的声光表演（Sound & Light Show；20:30开始），那里讲述着当地原住民"梦创时代"的传奇故事。

恩格布勒特岩洞 洞穴

(Engelbrecht Cave; ☎08-8723 5552; www.engelbrechtcave.com.au; Jubilee Hwy W, 紧邻Chute St; 团队游 成人/儿童/家庭 $12.50/8/35; ⏲团队游 每小时1次 周四至周二 10:00~15:00) 这个蜿蜒回环的岩洞1979年以前曾是垃圾堆，地面之上就是Jubilee Hwy及19栋民居。Jubilee Hwy团队游持续45分钟，将带你深入一个地下湖泊(请致电咨询洞穴潜水信息)。此外，这里还有一个咖啡馆。冬季开放时间较短。

住宿

Old Mount Gambier Gaol 青年旅舍 $

(☎08-8723 0032; www.theoldmountgambiergaol.com.au; 25 Margaret St; 铺/标双/双/家 $26/60/80/150起; 📶) 这个地方直到1995年还是一座监狱，如果你能忽略这点，或者接受现实，那么这些重修过的古老建筑的确是温馨舒适、氛围浓郁的住宿场所。其中一栋房屋是背包客铺房，你也可以大胆尝试，在原先令人毛骨悚然的牢房里睡觉。这里的酒吧偶尔还会有乐队进行现场表演。提供免费Wi-Fi。

蓝湖假日公园 房车营地 $

(Blue Lake Holiday Park; ☎1800 676 028, 08-8725 9856; www.bluelake.com.au; Bay Rd; 无电力/有电力供应营地 $34/39, 小屋/套间/别墅 $99/127/156起; ❄@📶🏊) 这家令人愉悦的公园毗邻蓝湖、高尔夫球场、步道和自行车道，拥有一些灰白色的漂亮小屋和平整的草地。这里还有设施齐全、现代时尚的"度假屋"($192起)，可以睡4个人。

Colhurst House 民宿 $$

(☎08-8723 1309; www.colhursthouse.com.au; 3 Colhurst Pl; 双 $170起; ❄) 大多数的当地人都不知道Colhurst，这家民宿位于小街Wyatt St近旁一条小巷之内，从甘比尔山的镇中心基本看不到这里。该庄园于1878年由威尔士移民建造，保留了古典的气质，但不过分俗丽。楼上有着华丽迷人的环绕式阳台，可以凭高远眺周边的美景。提供现烹早餐。

Park Hotel 小酒馆 $$

(☎08-8725 2430; www.parkhotel.net.au; 163 Commercial St W; 双/家 $140/190起; ❄📶) 这家古老的街角酒馆坐落在甘比尔山西侧的荒地上，耗费巨资翻修了其楼上的3个房间。抛光的木地板、双层玻璃、大理石的浴室，还有咖啡色和奶油色的色彩搭配——的确是光鲜时尚。厨房公用，用于烹制早餐(提供食材)。

Barn 公寓、汽车旅馆 $$

(☎08-8726 9999; www.barn.com.au; 747 Glenelg River Rd; 双/公寓/住宅 $135/190/280起; ❄📶) 驾车沿着通往尼尔森的道路出城7公里，即可到达此处。这是一片新潮靓丽的汽车旅馆式客房，提供双人间、2卧公寓及4卧住宅等。还有华丽的牛排餐厅，烹制本地牛肉(主菜 $33~38, 晚餐时段营业)。

就餐

★ **Metro Bakery & Cafe** 咖啡馆 $

(☎08-8723 3179; www.metrobakeryandcafe.com.au; 13 Commercial St E; 主菜 $8~23; ⏲周一至周三 8:30~17:00, 周四至周六 至深夜) 如果问当地人去哪儿喝咖啡，他们通常会说"Metro"。这家咖啡馆位于市区核心地段，服务高效，色调黑白相间，整洁大方。提供煎蛋、意式面包、三明治、油酥点心和荤菜(可以尝尝苹果汁炖五花肉)。这里还有葡萄酒吧，摆满库纳瓦拉赤霞珠葡萄酒。请提前预订晚餐。

Yoeys 咖啡馆、熟食 $

(www.yoeys.com.au; 32 James St; 小吃 $5~15; ⏲周一至周五 8:30~17:30, 周六 至13:30) 这家美味的咖啡馆提供大量的蛋糕、松饼、面包、巧克力、意大利面和令人难以抗拒的美食套餐，还有各种无与伦比的奶酪，咖啡同样出色。此外，这里也有汤品、馅饼和沙拉。确实不错!

Wild Ginger 泰国菜 $$

(☎08-8723 6264; www.wildginger.com.au; 17 Commercial St W; 主菜 $16~24; ⏲周二至周五 11:30~14:00, 周二至周日 17:30至深夜) 这家泰国餐馆纯正地道、金光闪闪、位于主街，深受本地人推崇。提供柑橘鸡丁沙拉及上乘红咖喱牛肉等菜品。这是一流就餐地点，许多方面可圈可点，例如菜品做法、内部陈设及员工态度。的确不错！

Jens Town Hall Hotel 小酒馆美食 $$

（☎08-8725 1671；www.jenshotel.com；40 Commercial St E；主菜 $18~32；⏰正午至14:00和18:00~20:00）1884年创建的Jens拥有宽敞的正餐厅，供应甘比尔山最可口的啤酒，并提供很多同样大小的牛排、意面、海鲜和绝顶美味的现做羊排。特色午餐物美价廉（$6~12）。

实用信息

甘比尔山游客信息中心（Mount Gambier Visitor Information Centre；☎1800 087 187，08-8724 9750；www.mountgambiertourism.com.au；35 Jubilee Hwy E；⏰周一至周五 9:00~17:00，周六和周日 10:00~16:00）提供有关当地景点、活动、交通和住宿的信息，同时提供导游手册《古迹徒步游》（*Heritage Walk*）和《历史酒店》（*Historic Hotels*），还有城市历史回顾影片。**纳尔逊夫人探索中心**（Lady Nelson Discovery Centre；成人/儿童/家庭 $4/2/10）也在这里，拥有历史悠久的"纳尔逊夫人号"（Lady Nelson；1800年驶过192米高的甘比尔山时得名）双桅横帆船的仿制品，还有地质、湿地及原住民历史展品。

佩诺拉和库纳瓦拉葡萄酒区（Penola & the Coonawarra Wine Region）

佩诺拉（人口1710）是一座蓬勃发展的乡村小镇，真是难得！在你走下主街抵达酒吧前，会有不下3人向你打招呼，热情好客的程度可见一斑。小镇主要因两点而闻名于世：一是圣约瑟夫圣心修女会（Sisters of St Joseph of the Sacred Heart），与小镇渊源颇深，该修女会是由澳大利亚第一位被天主教册封的圣人玛丽·麦基洛浦（Mary MacKillop）于1867年与他人共同建立；二是小镇位于库纳瓦拉葡萄酒区的中心。

景点

玛丽·麦基洛浦解说中心 博物馆

（Mary MacKillop Interpretive Centre；www.mackilloppenola.org.au；Portland St和Petticoat Lane交叉路口；成人/儿童 $5/免费；⏰10:00~16:00）该中心位于一幢漂亮的建筑内，门口有着一个藤架走廊——可能不如圣玛丽（Saint Mary）所喜欢的那样朴素，常有不少人在此交谈。你可以从博物馆中了解到很多澳大利亚第一位圣人的故事；此外，伍兹·麦基洛浦校舍（Woods MacKillop Schoolhouse）也坐落于此——这是澳大利亚首家招收社会经济背景较低的孩子的学校。

约翰·瑞多克中心 博物馆

（John Riddoch Centre；www.wattlerange.sa.gov.au/tourism；27 Arthur St；⏰周一至周五 9:00~17:00，周六和周日 10:00~16:00）免费 该博物馆坐落在游客中心内，展现了19世纪50年代以来的当地历史，包括本地的原住民Pinejunga人，以及佩诺拉的原创田园诗人瑞多克（Riddoch）。他"坚定执着""从未屈服于悲惨的命运"。

Petticoat Lane 街道

（⏰24小时）免费 佩诺拉的首批街道之一。原来大多数建筑都已拆除，但这里还是能看到一些古老的木板建筑、路边的赤桉树和盘根错节的大树。

食宿

访问www.coonawarradiscovery.com获取民宿列表。当地许多酒庄也设有餐馆。

Penola Backpackers 青年旅舍 $

（☎08-8736 6170，0428 866 700；www.penolabackpackers.com.au；59 Church St；铺/标单/双/家 $35/45/95/140起；❄📶）这栋西班牙教会风格5卧房舍位于主街，适合背包客入住。开业正当其时，莱姆斯通海岸正缺此类住宿地点。厨房干净整洁，店前种着玫瑰和水仙，店后设有烧烤区域。有些客房带有空调。问问南区海滩寓所的情况。

Heyward's Royal Oak Hotel 小酒馆 $

（☎08-8737 2322；www.heywardshotel.com.au；31 Church St；标单 $66，双和标双 $99）这个带有花边的石头宅院（建于1872年）是佩诺拉社区的中心。客房位于楼上，朴实无华，共用浴室，但是价格低廉。宽敞的餐厅（主菜$15~23，营业时间为11:30~14:00，以及

18:00~20:00）位于楼下，铺着格子呢地毯，提供当代酒吧食物和超大分量的炸肉排。

Must@Coonawarra 汽车旅馆 $$

（☎08-8737 3444；www.mustatcoonawarra.com.au；126 Church St；房间 $160起；❄📶）🍃这家豪华汽车旅馆屋顶曲线犹如悉尼歌剧院。提供包括居室和公寓在内的各类住宿，可持续发展的特色非常明显：这里有收集雨水的淋浴装置、双层玻璃绝缘、太阳能热水器及天然的洗涤用品等。租借自行车的花费为每天$20。

Georgie's Cottage 民宿 $$$

（☎08-8737 3540；www.georgiescottage.com；1 Riddoch St；双 $200起；❄）倍感浪漫吧？这家民宿位于前往米利森特（Millicent）的道路旁，距离小镇仅几步之遥，是一幢可爱的石制小屋，门前种着绽放的玫瑰和蜀葵，提供包括巧克力和起泡葡萄酒在内的美味食品，但喜不喜欢当早餐来吃就因人而异了。

diVine 咖啡馆、熟食 $

（☎08-8737 2122；www.penola.org/listing/divine-cafe；39 Church St；主菜 $9~19；⏲周一和周二 9:00~16:30，周三至周日 8:00~16:30）这是一家明亮现代的咖啡馆，提供法式长棍面包、全天供应的早餐、不错的咖啡和国际化的精美午餐（尝尝中式猪肉虾肉卷吧）。喜爱高谈阔论的佩诺拉人会嚼着松饼和当地的奶酪，讨论各种葡萄酒的细微差别。

★ **Pipers of Penola** 新派澳洲菜 $$$

（☎08-8737 3999；www.pipersofpenola.com.au；58 Riddoch St；主菜 $30~37；⏲周二至周六 18:00~21:00）这家高档私密的餐厅在一幢古老的卫理公会（Methodist）教堂内，有着友善的侍者和时令菜肴。菜单上满是诸如“块菌欧洲萝卜”“枣椰蒸粗麦粉”“芥末调味”等食物——只有真正的美食家方能体会其中真意。这里的菜肴质量会随着价格的提升而水涨船高。餐馆还提供很多当地的上等美酒（啤酒单有待改善）。

不要错过

库纳瓦拉的葡萄酒庄

当谈到香醇的赤霞珠葡萄酒时，再去争辩库纳瓦拉葡萄酒产区（www.coonawarra.org）的优点就显得很愚蠢了。此外，这里的红土地（terra rossa）也出产令人难以抗拒的西拉和霞多丽。

Balnaves of Coonawarra（www.balnaves.com.au；Riddoch Hwy；⏲周一至周五 9:00~17:00，周六和周日正午至17:00）这里品酒记录的字里行间都流露出对绚丽葡萄酒的赞誉，有人要来一瓶吗？不过，即便你的鼻子分辨不出美酒的细微差别，你还是会很享受这里的赤霞珠和霞多丽的。

Majella Wines（www.majellawines.com.au；Lynn Rd；⏲10:00~16:30）经营Majella的库纳瓦拉家庭已历经四代，因此他们对强劲的红葡萄酒略知一二也不足为奇了（我们很喜欢“The Musician”西拉赤霞珠）。

Rymill Coonawarra（www.rymill.com.au；Riddoch Hwy；⏲10:00~17:00）Rymill出产你能品尝到的最棒的白索维农，并以此震惊了当地的葡萄酒业。酒庄的门前是两匹战马互相搏击的雕塑，颇具叛逆气质。

Wynns Coonawarra Estate（www.wynns.com.au；1 Memorial Dr；⏲10:00~17:00）Wynns由佩诺拉的先驱约翰·瑞多克（John Riddoch）建造，是库纳瓦拉最古老的酒庄，其历史可以追溯至1896年。顶级的西拉、芳香四溢的雷司令和金色的霞多丽都是这里的镇店之宝。

Zema Estate（www.zema.com.au；Riddoch Hwy；⏲周一至周五9:00~17:00，周六和周日10:00~16:00）该葡萄酒厂坚定不移地走着传统路线，于20世纪80年代早期由泽马家族（Zema family）创立。这里风景优美，低调氛围中还融入了西拉和赤霞珠的芳香。

实用信息

佩诺拉游客信息中心（Penola Visitor Information Centre；☎1300 045 373，08-8737 2855；www.wattlerange.sa.gov.au/tourism；27 Arthur St；⏰周一至周五 9:00~17:00，周六和周日 10:00~16:00）服务范围涵盖库纳瓦拉地区，提供当地的骑车路线和酒庄游的信息。约翰·瑞多克中心也在此处。记得索取旅行手册《与历史同行》（*Walk with History*）。

纳拉库特岩洞国家公园（Naracoorte Caves National Park）

纳拉库特岩洞国家公园位于纳拉库特镇东南方大约10公里处，紧邻Penola路，是南澳唯一的世界遗产地（World Heritagesite）。在这些石灰岩洞中，人们发现了古老的有袋类动物化石。此事震惊了全世界的古生物学家，并登上了英国广播公司（BBC）大卫·爱登堡（David Attenborough）的系列纪录片《生命的进化》（*Life on Earth*）。

沃纳姆比化石中心（Wonambi Fossil Centre；☎08-8762 2340；www.environment.sa.gov.au/naracoorte；89 Wonambi Rd；成人/儿童/家庭 $13/8/36；⏰9:00~17:00）地处一片从20万年前就已在该地区形成的雨林之中，提供令人难忘的娱乐活动，同时也是公园的游客中心。沿着斜坡一路向下，你会经过一些实物大小的模型，这些重塑的已灭绝动物包括：袋狮（marsupial lion）、巨针鼹（giant echidna）、双门齿兽（Diprotodon australis；考拉和灰熊的近亲）和古巨蜥（Megalania prisca）——重达500公斤的巨型蜥蜴。

这里有26个石灰岩洞穴，亚历山德拉洞穴（Alexandra Cave）、大教堂洞穴（Cathedral Cave）和维多利亚化石洞穴（Victoria Fossil Cave）都有着奇特的钟乳石和石笋。未来的蝙蝠侠们应该来此参观蝙蝠洞（Bat Cave），数千只濒临灭绝的南长翼蝠（southern bentwing bat）栖居其中，它们会在夏日的黄昏一齐飞出。你可以通过自助导览游（成人/儿童/家庭 $9/5.50/25）探索湿洞（Wet Cave），但参观其他洞穴需要跟随看管员带队的导览游。游览单一洞穴的团队游价格分别为$20/12/55（成人/儿童/家庭）。洞穴探险游价格为$60/35（成人/儿童）。

Wirreanda Bunkhouse（☎08-8762 2340；www.environment.sa.gov.au/naracoorte；无电力/有电力供应营地 $27.50/30起，铺/家 $22/75起）提供经济型的住宿，通常挤满了学生，但游客可以提前预订。

想要获取更多当地信息和住宿建议，请联系位于纳拉库特的纳拉库特游客信息中心（Naracoorte Visitor Information Centre；☎1800 244 421，08-8762 1399；www.naracoortelucindale.com；36 MacDonnell St；⏰周一至周五 9:00~17:00，周六和周日 10:00~16:00）。

约克半岛和南澳大利亚州西部

包括 ➡

最佳餐饮

- Fresh Fish Place（见881页）
- Dragon Well（见875页）
- Mocean（见884页）
- Ceduna Oyster Bar（见885页）

最佳住宿

- Point Turton Caravan Park（见876页）
- Tanonga（见881页）
- Port Lincoln YHA（见881页）
- Dawes Point Cottage（见883页）

为何去

从阿德莱德驱车向西，只需几个小时便可以抵达靴型的约克半岛（俗称“Yorkes”），这里以“农业富饶，风景秀丽”为宣传名片。的确，约克半岛没有太多都市喧嚣，反倒焕发出乡村魅力——深蓝夏日天空、金黄大麦田野，麦田随着山地连绵起伏、云遮雾绕。这里的海岸线很是迷人，你可以发现翻滚的海浪、漫步的鸸鹋、袋鼠和鱼鹰，鲸鱼或者海豚不时游过。

继续向西，就是地域辽阔、浅黄色、三角形状的艾尔半岛（Eyre Peninsula），这是澳大利亚“天际无边地带”，也是海鲜食客的天堂。鲜有菜肴不含当地牡蛎、金枪鱼或牙鳕鱼。国家公园美轮美奂，沿着海岸线分布，沿途还有世界顶级冲浪胜地和慵懒闲适的度假小镇。而当你西行前往大澳大利亚湾（Great Australian Bight）、纳拉伯平原（Nullarbor Plain）和西澳大利亚（Western Australia，简称WA）方向，这些美景会渐行渐少，淡出你的视野。

何时去

塞杜纳

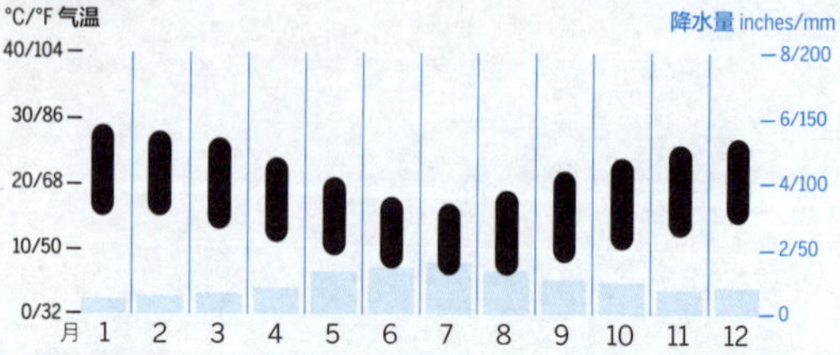

11月至12月 旅游旺季翩然而至，气候温和，可以游泳。

3月至5月 秋季时令，白天暖和，夜间凉爽。体验沙滩、品尝牡蛎，正当其时。

8月至10月 春意盎然，麦田碧绿无垠，道路车少人稀。

约克半岛和南澳大利亚州西部亮点

❶ 去往**蒙塔**（见876页），探究康沃尔铜矿开采的历史。

❷ 脚踏冲浪板，滑入人迹罕至的**邦达洛威湾**（见877页）的海浪之中。

❸ 来到**奥古斯塔港**的**澳大利亚旱地植物园**（见879页），了解澳大利亚的沙漠中心。

❹ 前往澳大利亚金枪鱼之都**林肯港**（见880页），看一看当地的海产，最好能够尝一尝。

❺ 到达**林肯港**，乘坐**吊笼入水观赏鲨鱼**（见880页），体验"死亡迫近"。

❻ 进入**科芬湾国家公园**（见882页），探索海湾、沙丘以及偏僻的徒步小径。

❼ 造访**塞杜纳**（见884页），敞开肚皮大吃海洋牡蛎。

❽ 来到**海湾之首**（见885页），扫视海面，搜寻南露脊鲸的身影。

约克半岛（YORKE PENINSULA）

对于历史爱好者而言，约克半岛（俗称“Yorkes”）北端的三个小镇引人注目，它们分别是蒙塔（Moonta，铜矿所在地）、沃拉鲁（Wallaroo，冶铜所在地）和卡迪娜（Kadina，服务性小镇），统称“铜三角”（CopperTriangle）。19世纪60年代早期，这片地区经历了一次采铜业大繁荣，推动了该地区的经济发展，不少来自英格兰矿业重镇康沃尔郡的矿工纷纷在此定居。半岛东部、南部仍以农业为主，生活节奏缓慢，城镇氛围闲适慵懒，爱恩斯国家公园地处偏远，冲浪佳地乏人问津，海滨沙滩门可罗雀。

团队游

Aboriginal Cultural Tours South Australia 文化游

（☎0429 367 121; www.aboriginalsa.com.au; 半天/1天/2天/3天团队游 $85/150/350/495）组织备受赞誉的原住民文化团队游活动，带你游览约克半岛，了解Narungga原住民与这片土地源远流长的联系。文化知识丰富、荒野体验精彩、露营经历难忘。团队游从阿德莱德启程。

Heading Bush 荒野游

（☎1800 639 933, 08-8356 5501; www.headingbush.com; 3天 团队游 $695起）全程三天团队游，从阿德莱德启程，深入约克半岛：观赏野生动植物，游览悬崖峭壁，海滩游玩，探访原住民文化，甚至拜访酒庄。价格包含宿舍住宿费用。如需单人、双人或者标双客房，需要额外付费。

住宿

半岛各地有15处**露营地**（☎08-8832 0000; www.yorke.sa.gov.au; 每晚 $10）。

想要以每晚$100起的低价租借度假屋，不妨试试**AccommodationonYorkes**（☎08-8852 2000; www.accommodationonyorkes.com.au）或者**CountryGetaways**（☎08-8832 2623; www.countrygetaways.info）。

到达和当地交通

长途汽车

Yorke Peninsula Coaches（☎08-8821 2755; www.ypcoaches.com.au）每天都有长途汽车从阿德莱德出发，前往卡迪娜（Kadina; $36, 2.25小时）、沃拉鲁（Wallaroo; $36, 2.5小时）和蒙塔（Moonta; $36, 3小时），最远向南可达爱迪斯堡（Edithburgh）以及约克镇（Yorketown; $52, 4小时，除周三外每天发车）。

渡轮

SEASA（☎08-8823 0777; www.seasa.com.au; 单程 成人/儿童/汽车 $35/10/140）汽车渡轮每天开行，往来于沃拉鲁（位于约克半岛）和幸运湾（Lucky Bay，位于艾尔半岛）之间——这条捷径免除了你驾车数小时、从奥古斯塔港行驶350公里的劳顿。单程大约需要1.75小时。

西海岸（West Coast）

西海岸面朝斯宾塞湾，有一系列的浅水海滩，适合游泳。此外，铜三角的各镇都在西海岸，彼此之间距离很近，驱车很快便可到达。**康沃尔·劳文德**（Kernewek Lowender; www.kernewek.org）又名铜矿海岸康沃尔艺术节（Copper Coast Cornish Festival），逢每个奇数年的5月在此举行。

卡迪娜（Kadina）

人口 4470

气候异常炎热的卡迪娜（发音为“ka-dee-na”）坐落在内陆，有着铜矿大开采时期的民居以及不少大型的古老酒吧、车场和加油站，令人印象深刻。**铜矿海岸游客信息中心**（Copper Coast Visitor Information Centre; ☎08-8821 2333, 1800 654 991; www.yorkepeninsula.com.au; 50 Moonta Rd; ⊙周一至周五 9:00~17:00，周六和周日 10:00~16:00）在此，它是约克半岛游客中心总部。背后则是**农场小屋博物馆**（Farm Shed Museum; www.nationaltrust.org.au/sa; 50 Moonta Rd; 成人/儿童/家庭 $8/3/20; ⊙周一至周五 9:00~17:00，周六和周日 10:00~15:30）的所在地，里面收藏有农业、矿业和家庭使用的古老物件，令人着迷称奇。

Eyre Peninsula & Yorke Peninsula 艾尔半岛和约克半岛

食宿

Kadina Gateway Motor Inn 汽车旅馆 $$

（☎1800 665 005, 08-8821 2777; www.kadinagatewaymotorinn.com.au; 4754 Copper Coast Hwy; 双/家 $110/155起; ❄🛜🏊）如果只是需要一处朴素干净住所，可以投宿这家汽车旅馆。旅馆位于城区阿德莱德一侧，开设法式小馆提供餐饮，配备泳池以供住客应对约克半岛酷夏。

Dragon Well 咖啡馆 $

（Graves St和Digby St交叉路口；套餐 $3~6；⏰周一至周五 7:00~17:00，周六和周日 7:00至正午）真没想到，卡迪娜市中心会有这样一家咖啡馆！其空间狭小、看上去脏兮兮的，满墙涂鸦。配备古怪复古家具，咖啡师带有文身，墙壁挂满旧日唱片套盒：与Redfern格格不入！咖啡口味极佳，还提供饼干和糕点。

沃拉鲁 (Wallaroo)

人口 3050

沃拉鲁仍是小麦转运重点港口，一切都是蒸蒸日上：来自艾尔半岛的渡轮络绎不绝；酒馆林立，顾客盈门。沃拉鲁的北面还有一片巨大的新开发的区域，而崭新的**铜湾码头**（Copper Cove Marina; www.coppercoastproperty.com.au/marina）则停泊着大量奢华的船舶。

顺流而下，到达**遗产和航海博物馆**（Heritage & Nautical Museum; www.nationaltrust.org.au; Jetty Rd和Emu St交叉路口；成人/儿童 $6/3；⏰10:00~16:00），这栋简朴建筑建于1865年，原是邮局。你能在这里听到英国横帆船与浸泡着的巨型鱿鱼乔治（George）的故事。如想深入了解本地历史，可去铜矿

海岸游客信息中心（Copper Coast Visitor Information Centre，见874页）索取《探索沃拉鲁历史》（*Discovering Historic Wallaroo*）徒步/自驾旅行手册。

住宿

Sonbern Lodge Motel 酒店、汽车旅馆 $

（08-8823 2291；www.sonbernlodgemotel.com.au；18 JohnTce；标单/双/家 $80/95/125起；❄）这是一家百年历史、禁止饮酒及不售酒的Sonbern大型酒店，充满了古典魅力，你能在这里看到古老的木制阳台，以及上发条的古董电话。此外，主楼设有带基本配置的酒吧房间（自带浴室），后面还有全新的汽车旅馆套间。提供早餐。

Wallaroo Marina Apartments 酒店、公寓 $$

（08-8823 4068；www.wallarooapartments.com.au；11 HeritageDr；双/公寓 $144/184起；❄📶）Wallaroo Marina Apartments是一幢新建的多层建筑，位于小镇北部边缘的码头，拥有整洁的套间，提供冰镇库柏麦酒（Coopers Pale Ale）和酒馆美食（什锦烤肉、本地海鲜），还能欣赏码头风情。楼下**Coopers Alehouse**（08-8823 2488；www.wallaroomarinahotel.com；主菜 $17~30；⏲正午至14:30和18:00~20:30）定期举办现场音乐表演。

蒙塔（Moonta）

人口 3350

19世纪晚期，蒙塔拥有澳大利亚储量最为丰富的铜矿。如今，自称“澳大利亚小康沃尔”（Australia' s Little Cornwall）的蒙塔依旧闪耀着其日渐褪色的光辉，有着几个还算不错的酒馆。浅浅的蒙塔湾（MoontaBay）就在镇中心以西1公里处，是堤岸垂钓的好去处，还有一片网围起来的游泳区等待你的到来。

蒙塔游客信息中心（Moonta Visitor Information Centre；08-8825 1891；www.moontatourism.org.au；Old Railway Station, Blanche Tce；⏲9:00~17:00）提供少量的历史小册子，还会详细介绍小镇以东1.5公里处的**蒙塔遗址**（Moonta Heritage Site），遗址内包含了一家极为不错的**蒙塔矿业博物馆**（Moonta Mines Museum；www.nationaltrust.org.au/sa；Verran Tce；成人/儿童 $8/4；⏲13:00~16:00），前身是拥有1100名学生的大学校；**Old Sweet Shop**（Verran Tce；⏲10:00~16:00）建于1846年，就在街道对面。此外，这里还有一个完全复原的**矿工小屋**（Miner' s Cottage；Verco St；成人/儿童 $4/2；⏲周三、周六、周日以及学校假期时 每天 13:30~16:00）。

食宿

蒙塔湾房车公园 房车公园 $

（Moonta Bay Caravan Park；08-8825 2406；www.moontabaycaravanpark.com.au；5 Tossell St, Moonta Bay；无电力/有电力供应营地 $32/34起，小屋不带/带水疗 $112/150起；❄📶）入住这家房车公园，能够方便地往来于海滩和码头。小屋很多，环境雅致，带有水疗和小巧玲珑的露天平台。茂密的露营草坪几乎就在海滩之上（Wi-Fi信号不太稳定，但是落日美景十分惊艳）。

Cottage by Cornwall 民宿 $$

（0438 313 952；www.cottagebycornwall.com.au；24 Ryan St；双 含早餐 $160起，多加一位成人/儿童 $20/免费；❄）这是蒙塔难得一见的上乘住宿地点。这栋1863年屋舍带有三间卧室（一共可以住6人），床铺精美，家具时髦，配备四脚浴缸。距离酒馆和Cornish Kitchen几步之遥。两晚起住。

Cornish Kitchen 快餐 $

（10-12 Ellen St；套餐 $4~11；⏲周一至周五 9:00~15:00，周六 9:00~14:00）经过了一天辛勤的铜矿开采，带着你的铲子，大摇大摆地走进这家Cornish Kitchen，来一份康沃尔终极肉馅饼吧。

波因特顿（Point Turton）

波因特顿（人口250）位于西海岸南段。这是一座慵懒闲适的海滨城镇，正在大兴土木。可去附近的**Neptunes Surf Coaching**（0417 839 142；www.neptunes.net.au；2小时授课 $50起）学习冲浪。

食宿

Point Turton Caravan Park 房车公园 $

（08-8854 5222；www.pointturtoncp.com.

au; Bayview Rd; 无电力/有电力供应营地 $22/27起, 小屋 $55~150; ❄📶) 这个房车公园位于海滨, 服务非常热情。露营地和小屋边绿草如茵, 可以远眺海景。

Tavern on Turton 小酒馆美食 $$

(☎08-8854 5063; www.tavernonturton.com; 154 Bayview Rd; 主菜 $17~35; ⏰9:00~14:00和18:00~20:00) 水面景色美轮美奂, 海鲜沙拉精致可口。

Inland Sea 海鲜 $$

(☎08-8854 5499; www.inlandsea.com.au; 12918 Yorke Hwy, Warooka; 主菜 $19~34; ⏰周三至周六 正午至14:00和18:00~20:00) 这家餐馆靠近内陆, 距离Point Turton Caravan Park数公里。主打海鲜。距离海岸很近, 日间捕捞品运抵之时仍然活蹦乱跳。

东海岸 (East Coast)

东海岸的车道沿着圣文森特湾的海岸线前行, 与大海仅隔一两公里的距离。一路上, 车道会急速向东, 进入多沙的海滩和度假小镇。就像海湾对面的阿德莱德郊区一样, 这里也是很好的捕蟹场所。

多数沿海城镇都有一家酒馆、一处码头以及一个房车公园或露营场所, 朴实无华的文森特港 (Port Vincent; 人口480) 也不例外。继续往南, 到达Stansbury (人口550), 这里开有两三家汽车旅馆, 还有美丽迷人的水岸宾馆 (Dalrymple Hote; ☎08-8852 4202; www.facebook.com/thedalrymplehotel; 1 Anzac Pde; 主菜 $16~33; ⏰正午至14:00和18:00~20:00)。可以落座酒店露天平台, 品味炸鱿鱼。

再向南走, 你便会来到几乎与阿德莱德同纬度的爱迪斯堡 (Edithburgh; 人口400)。这里的一个小湾中坐落着一片潮汐游泳池; 若是站在峭壁之上, 那么从近岸的美景到多沙的特罗布里奇岛保护公园 (Troubridge Island Conservation Park; www.environment.sa.gov.au) 都能一览无余。你可以在特罗布里奇岛灯塔 (Troubridge Island Lighthouse; ☎08-8852 6290; www.environment.sa.gov.au; 每位成人/儿童含转乘 $90/45, 最低消费 $360) 过夜, 能住10人, 并可自带食物和床上用品。

回到主岛上, 你可以入住位于爱迪斯堡主街上的Tipper's B&B (☎08-8852 6181; www.tippersedithburgh.com.au; 35 Blanche St; 双/四 含早餐 $150/210起; ❄), 这个有着惊人时尚气息的民宿就开在原先的赭色铁匠铺 (19世纪90年代建造) 中, 有两个套间可供选择。两晚起住。

南海岸和爱恩斯国家公园 (South Coast & Innes National Park)

在袋鼠岛的庇护下, 半岛的南海岸在很大程度上免受南海惊涛骇浪的侵扰, 因此这里的沿海一带拥有不错的海滩, 适合游泳。海浪从特罗布里奇角 (Troubridge Point) 和斯宾塞角 (Cape Spencer) 附近穿过。

斯宾塞角是爱恩斯国家公园 (☎08-8854 3200; www.environment.sa.gov.au; Stenhouse Bay Rd, Stenhouse Bay; 每车 $10; ⏰游客中心 周三至周日 10:30~15:00) 的一部分, 那里有着陡峭的悬崖, 直插靛蓝的海水, 近岸的岩石小岛则遮蔽着小湾和沙滩。马里恩湾 (www.marionbay.com.au) 就在公园外面, 而斯坦豪斯湾 (Stenhouse Bay) 和邦达洛威湾都位于公园之中, 是当地主要定居点。邦达洛威湾还是一艘大型龙虾捕捞船的驻地。此外, 这里也有一片极好的冲浪海滩。

埃塞尔号 (Ethel) 钢制三桅帆船重达711吨, 于1904年搁浅, 生锈的船骨被遗弃在沙滩之上, 就在邦达洛威湾的南边。你还可以沿

半岛手指礼

约克半岛和艾尔半岛有些地域, 经常出现一种奇怪的现象: 车辆迎面驶来之时, 驾驶员食指竖起, 离开方向盘, 表达他们对于这场邂逅的欣喜之情。这是当地礼节, 类似我们说: "你好! 天气晴朗, 我们能够驾车在此相逢, 真是有缘。" 不要妄自猜忌, 一切顺其自然。或者采用同一方式回应, 看看谁先表达半岛手指礼!

着标示牌、经过斯宾塞湾后进入鬼镇爱恩斯（Inneston），它曾是个石膏矿的开采社区，但在1930年遭到废弃。

住宿

爱恩斯国家公园 露营地、度假屋 $

（Innes National Park；☎08-8854 3200；www.environment.sa.gov.au；露营 每车 $10，度假屋 $108~160）爱恩斯国家公园拥有7个丛林露营地。我们最喜欢的地点是邦达洛威湾，你也可以从Cable Bay进入海滩，在Surfers冲浪，或在布朗海滩垂钓。此外，位于爱恩斯的遗产度假屋可睡4~10人，提供淋浴设备和厨具。如需预订露营地以及度假屋，可以上网办理或者前往公园游客中心使用信用卡支付费用。夏天请自带饮用水。

★ **Marion Bay Motel & Tavern** 汽车旅馆 $$

（☎08-8854 4044；www.marionbaymotel.com.au；Jetty Rd, Marion Bay；标单/双/标三 $120/140/160；❄📶）这片汽车旅馆客房别致新潮（总共5间，墙壁洁白、电视崭新、床铺舒适迷人），堪称马里恩湾一大亮点。隔壁酒馆（主菜$17~38，营业时间为正午至14:00，以及18:00~20:00）正面采用玻璃幕墙，可以远眺海湾。比萨烤箱置于波纹铁皮水箱之内。常规酒吧美食带有东南亚风味（可以尝尝越南鸡肉沙拉）。

艾尔半岛和西海岸（EYRE PENINSULA & THE WEST COAST）

艾尔半岛的西侧风景宜人，充满了野性魅力，对于南露脊鲸、澳大利亚海狮和大白鲨等海生动物是极为重要的繁殖地，电影《大白鲨》（*Jaws*）中最恐怖的场景就是在此拍摄的。你还有机会在沿途与这些海洋生物不期而遇，留下难忘的记忆。

团队游

Goin' Off Safaris 导览游

（☎0427 755 065；www.goinoffsafaris.com.au；团队游 $150起）当地导游带队，行程涵盖艾尔半岛精华项目：鲨鱼、金枪鱼、海狮以及海鲜。一日游围绕林肯港（Port Lincoln）和科芬湾（Coffin Bay）展开，还有过夜旅程、品尝海鲜旅程和垂钓旅程。

到达和离开

汽车渡轮（见874页）往返约克半岛和艾尔半岛，乘坐方便。

飞机

区域快线（Regional Express, Rex；www.regionalexpress.com.au）每天都有航班往返于阿德莱德与怀阿拉（Whyalla；单程$154起）、林肯港（$115起）以及塞杜纳（Ceduna；$190起）之间。

长途汽车

Premier Stateliner（www.premierstateliner.com.au）运营的长途汽车每天从阿德莱德出发，前往奥古斯塔港（$60，4.25小时）、怀阿拉（$68，5.5小时）、林肯港（$119，9.75小时）、斯特里基湾（StreakyBay；$122，10小时）和塞杜纳（$135，11.25小时）。

火车

著名的汗线火车连接着阿德莱德和达尔文，途经奥古斯塔港，而印度洋太平洋线（来往于珀斯和悉尼之间）则与奥古斯塔港的汗线火车相接。每周六，**皮奇里奇铁路公司**（Pichi Richi Railway；☎1800 440 101；www.prr.org.au；Port Augusta Train Station, Stirling Rd；单程 成人/儿童/家庭 $52/19/122）都会开行往来于奥古斯塔港和阔恩（2小时）之间的列车。

奥古斯塔港（Port Augusta）

人口 13,900

奥古斯塔港发挥着巨大作用，号称"澳大利亚交通枢纽"（Crossroads of Australia）。从这里出发，向西延伸的高速公路和铁轨穿过纳拉伯平原进入西澳（WA），向北通往弗林德斯岭或达尔文，向南可到阿德莱德或林肯港，向东能前往悉尼——这可是一个不错的地理位置！古老的镇中心极富吸引力，有优雅的古建筑和一片重新恢复活力的滨水区域。海水蔚蓝，堤岸宁静，居民怡然垂钓，儿童水边嬉戏。

景点和活动

澳大利亚旱地植物园 花园

（Australian Arid Lands Botanic Garden；www.aalbg.sa.gov.au；Stuart Hwy；团队游收费标准；⏲花园 7:30至黄昏，游客中心 周一至周五 9:00~17:00，周六和周日 10:00~16:00）免费 这家无与伦比的免费植物园就在小镇的北部，250公顷的区域中有沙丘、黏土平地和沙漠动植物。你可以独自探索，也可加入导览游（周一至周五 10:00）。这里还有一家咖啡馆。

奥古斯塔港水上运动及户外探险中心 户外

（Port Augusta Aquatic & Outdoor Adventure Centre；☎0427 722 450，08-8642 2699；www.augustaoutdoors.com.au；4 El Alamein Rd；⏲周一至周五 9:00~16:00）提供皮划艇、风帆冲浪、攀岩、速降、水肺潜水、丛林徒步以及帆船等活动的课程，并出租装备。自行车租费每小时 $20。

食宿

Shoreline Caravan Park 房车公园 $

（☎08-8642 2965；www.shorelinecaravanpark.com.au；Gardiner Ave；无电力/有电力供应营地 $30/33，铺 $40，小屋 $60~130；❄✉）这家房车公园尘土飞扬，从镇子里出发，需要步行相当一段距离（退潮之后，从海岸走来，距离也挺远）。但这里的小屋很不错，而且还有适合背包客的简易四人间宿舍。城内，楼下不带酒馆的住宿地点当中，这家最便宜。

Oasis Apartments 公寓 $$

（☎08-8648 9000，1800 008 648；www.majestichotels.com.au；Marryatt St；公寓 $153~219；❄📶✉）这个滨水公寓主要招待与会人员，拥有75个豪华的时髦套间（从单间到双卧套间）。所有房间都配备了洗衣机、烘干机、电视机、冰箱和微波炉，有严格的安保措施，室内设计也非常漂亮。提供免费Wi-Fi。

Crossroads Ecomotel 汽车旅馆 $$

（☎08-8642 2540；www.ecomotel.com.au；45 Eyre Hwy；双 $120起；❄📶）🍃这家汽车旅馆不落俗套（至少表面如此），我们到访之时，刚刚开业。采用素土内墙、双层玻璃以及承重隔热板（structural insulated panel，简称SIP）建造，目的在于稳定室温。单从建筑风格来讲，堪称奥古斯塔港首屈一指。沙漠色调、精美床品、免费Wi-Fi，一切完美。正在计划修建泳池。

Standpipe 印度菜 $$

（☎08-8642 4033；www.standpipe.com.au；Stuart Hwy和Hwy 1交叉路口；主菜 $18~39；⏲18:00~21:00；❄📶✉）这个大型汽车旅馆拥有泳池和85个时髦套间（双人间/双卧公寓 $128/233起），高尔夫球场近在咫尺，因此受到公务人员和商务人士青睐。但是，吸引顾客的主要亮点当属这里无与伦比的印度餐厅（绝对超乎想象）。真是令人难以置信！

实用信息

奥古斯塔港游客信息中心（Port Augusta Visitor Information Centre；☎1800 633 060，08-8641 9193；www.portaugusta.sa.gov.au；Wadlata Outback Centre，41 Flinders Tce；⏲周一至周五 9:00~17:30，周六和周日 10:00~16:00）是艾尔半岛、弗林德斯岭和内陆地区游客信息总部，位于**瓦拉塔内陆中心**（www.wadlata.sa.gov.au；41 Flinders Tce；成人/儿童/家庭 $19.50/11/42；⏲周一至周五 9:00~17:30，周六和周日 10:00~16:00）。瓦拉塔内陆中心的"时光隧道"（Tunnel of Time）通过声光展示、交互展览和一条恐怖的大蛇再现原住民和欧洲殖民历史。

怀阿拉（Whyalla）

人口 21,130

怀阿拉距奥古斯塔港有1小时车程，是南澳大利亚州（South Australia，简称SA）第三大城市。这里拥有一个深水港，维持着钢铁厂、炼油厂、成片浓烟滚滚的烟囱、港口设施和工业园区的运转。这个老旧的工业城镇的确丑陋，不过也有一些不错的酒馆和保存良好的民居民房，近岸水域还能看到迁徙的澳大利亚大王乌贼（Giant Australian Cuttlefish；5月至8月）。

怀阿拉游客信息中心（Whyalla Visitor Information Centre；☎08-8645 7900，1800 088 589；www.whyalla.com；Lincoln Hwy；⏲周一至周五 9:00~17:00，周六和周日 10:00~16:00）

提供乌贼介绍信息和住宿地点名录，可帮游客预订One Steel团队游。怀阿拉海事博物馆（Whyalla Maritime Museum；☎08-8645 8900；www.whyallamaritimemuseum.com.au；Lincoln Hwy；成人/儿童/家庭 $12/7/31；⏲10:00~15:00，舰船团队游每小时1次 11:00~14:00）紧邻游客中心，收藏有澳大利亚皇家海军舰队"怀阿拉号"军舰（HMAS whyalla），据说这是澳大利亚最大的内海舰船。Foreshore Motor Inn（☎08-8645 8877；www.whyallaforeshore.com.au；watson Tce；双/家 $145/165起；❄📶🏊）实用功能显著，就在怀阿拉前滩那宽广的白色沙滩边。

林肯港（Port Lincoln）

人口 15,000

繁荣的林肯港坐落在艾尔半岛的南端，俯瞰着宽广的波士顿湾（Boston Bay），堪称"世界金枪鱼之都"（Tuna Capital of the world）。这里仍然是一个渔港，距离任何地方都很远，但却充满了活力！水草丰茂的前滩非常热闹，不少人来此散步。这里也有一些不错的酒吧和餐馆，更有丰富的水上活动让你无暇分身。

要不是因为缺乏淡水，林肯港可能已经成为南澳大利亚州的首府了。如今，正是那咸涩的海水（还有在其中繁衍生息的金枪鱼）维系着小镇的运转。想要在这里交朋友，一个百试百灵的方法就是在对话中不经意地提起迪安·卢金（Dean Lukin）的名字——"大迪安"（Big Dean）是这里的英雄，他走下渔船，投身体育运动，赢得了1984年洛杉矶奥运会超重量级（Super Heavy weight）举重的金牌——多么振奋人心的冠军啊！

每年1月，在澳大利亚国庆节所在的周末，金枪鱼节（Tunarama Festival；www.tunarama.net）将会在奥古斯塔港举行，这是金枪鱼捕捞业的年度盛会。

景点和活动

在Fisheries Bay、Lone Pine和Wreck Beach都有一些不错的初级和中级冲浪点。前往Lincoln Surf（☎08-8682 4428；www.facebook.com/lincolnsurfsa；7-11 Lewis St；⏲周一至周五 9:00~17:30，周六 9:00~13:00）获取相关信息。

如果你更喜欢待在岸上而不是泡在水里，那你也算运气不错，因为当地相当适合垂钓。咨询Spot On Fishing Tackle（www.spotonfishing.com.au；39 Tasman Tce；⏲周一至周五 8:30~17:30，周六 8:00~16:00，周日 9:00~14:00）了解当地鱼群种类和它们的上钩地点。

Boston Bay Wines 葡萄酒厂

（☎08-8684 3600；www.bostonbaywines.com.au；Lincoln Hwy；⏲正午至16:00）如今，来到南澳大利亚州，所到之处似乎都有酒庄（对了，除了沙漠地带），林肯港也不例外。这家葡萄酒厂位于城镇北郊，出产普通梅鹿汁（merlot，红葡萄酒名）和"超级白葡萄酒"白索维农（sauvignon blanc），与本地水生动物体系非常协调。

Adventure Bay Charters 探险游

（☎08-8682 2979；www.adventurebaycharters.com.au）🍃秉承生态环保理念的Adventure Bay Charters将带你与海狮（成人/儿童 $195/135）同游，以及乘坐吊笼潜入水底观赏大白鲨（$345/245）。同时组织全程数日的海洋游猎之旅，以及全程90分钟休闲惬意的林肯港码头乘船游（$45/25）。

Calypso Star Charters 探险游

（☎08-8682 3939，1300 788 378；www.sharkcagediving.com.au；1日潜水 成人/儿童 $495/345）组织游客乘坐吊笼潜入海王星群岛（Neptune Islands）附近水域，观赏大白鲨。记得提前预订。如果只是乘船观望鲨鱼，费用较低。同时组织4小时"人与海狮共游"之旅（成人/儿童 $150/105）。

Swim with the Tuna 探险游

（☎1300 788 378，08-8682 6010；www.swimwiththetuna.com.au；成人/儿童 $90/60）组织3小时的团队游，乘船前往一处流动的金枪鱼聚集区。在那里，你可以从水下观察这些大鱼的一举一动。你也可以跃入水中，与它们共舞。

Port Lincoln Walk & Talk History Tours 导览游

（☎0474 222 020；www.facebook.com/portlincolnwalkandtalktours；成人/儿童 $12/10）组织徒步之旅，沿着林肯港海滩附近小道前行。本地人带队，他家落户于此已超五代，对于当地了如指掌。

食宿

★ Port Lincoln YHA 青年旅舍 $

（☎08-8682 3605；www.yha.com.au；26 London St；铺/标双/大床/家 $33/80/100/200起；❄@📶）这家旅舍老板是一对夫妇，他们精力充沛，耗费巨资修缮此处。旅舍引人瞩目，总计84张床位，设在昔日壁球场馆之内。一些设施贴心周到，例如厚实弹簧床垫、床头灯、咖啡馆/酒吧以及储物柜电源插座（专为手机充电！）。客房一尘不染，储备300部电影（包括《大白鲨》），可以用来打发无聊的下雨天。还可为游客预约当地的旅游活动。

Pier Hotel 小酒馆 $

（☎08-8682 1322；www.portlincolnpier.com.au；33 Tasman Tce；双/标双/2卧公寓 $80/80/130起；❄）这家接待住宿的老酒馆已经完成了翻新，楼上有12间套房，干净明亮，并且配备了电视机和抛光的地板。楼下法式小馆（主菜 $18~34；⏲正午至14:00和18:00~20:00）主营海鲜食品：牡蛎、鱿鱼和贻贝扮演主角。

Port Lincoln Tourist Park 房车公园 $

（☎08-8621 4444；www.portlincolntouristpark.com.au；11 Hindmarsh St；无电力/有电力供应营地 $25/32，小屋和套间 $70~155；❄@📶）林肯港最好的房车公园就是这座微风徐徐的滨水公园。商务小屋客房美丽迷人，坐落于水滨，活动空间充足。可在堤岸垂钓、在私属海滩游泳。如需入住简易小屋，请自带床上用品。

Port Lincoln Hotel 酒店 $$

（☎1300 766 100，08-8621 2000；www.portlincolnhotel.com.au；1 Lincoln Hwy；双 $145~250；❄📶🏊）这家奢华的7层楼酒店由澳大利亚橄榄球联盟（Australian Football League，简称AFL）阿德莱德乌鸦队几位球员出资建立，在林肯港鹤立鸡群。酒店的格调高档现代，还有时尚新潮的侍者。这里也内设了酒吧和餐馆，且全天候开放（主菜 $25~42）。

★ Tanonga 民宿 $$$

（☎0427 812 013；www.tanonga.com.au；Charlton Gully；双含早餐 $310起，2晚起住；❄）🍃在林肯港后方的山上，坐落着两个建筑师精心设计的豪华生态度假屋，全都采用太阳能供电。私密性极好，周围环绕着野生丛林、步道和鸟类。你可以进城享用晚餐，也可以用当地的农产品自制餐点。

★ Fresh Fish Place 海鲜 $

（☎08-8682 2166；www.portlincolnseafood.com.au；20 Proper Bay Rd；餐 $10~14；⏲周一至周五 8:30~17:30，周六 8:30至次日0:30）这家海鲜饭庄出类拔萃，门前黑板标注当日特色鱼品。内里出售新近捕捞的本地海产，例如乔治王鳕鱼（King George whiting）、金枪鱼、无鳔石首鱼和鲬鱼等。还有科芬湾牡蛎（每打 $12）以及极品烤鱼薯条。同时还会组织品味海鲜之旅、开设烹饪课程。

GLO 咖啡馆 $

（Good Living Organics；☎08-8682 6655；www.goodlivingorganics.net；23 Liverpool St；套餐 $6~12；⏲周一至周五 8:30~17:30，周六 9:00至正午；✍）🍃这家当地咖啡馆距离海滩约有一个街区之遥，因而并没有进入许多游客的视野之中。这里提供健康有机的乳蛋饼、卷饼、沙拉、沙拉三明治和燕粗麦粉（couscous），咖啡在林肯港首屈一指。留意当日特色汤品！

Del Giorno's 意大利菜 $$

（☎08-8683 0577；www.delgiornos.com.au；80 Tasman Tce；主菜 $17~33；⏲周一至周六 7:30~21:00，周日 8:30~21:00）这是城内生意最火的餐馆，而且理应如此。因为，这里咖啡精美、早餐丰盛，本地特色菜肴（尤其是海鲜）更是出类拔萃，价格还比酒馆低廉。其他餐饮同样不同凡响，包括比萨、意大利面、Kinkawooka贻贝西红柿砂锅、辣椒以及白葡萄酒。

实用信息

林肯港游客信息中心（Port Lincoln Visitor Information Centre；☎08-8683 3544，1300 788 378；www.visitportlincoln.net；3 Adelaide Pl；⏲周一至周五 9:00~17:00，周六和周日 10:00~16:00）提供住宿预订服务和国家公园信息，并出售公园通票。此外，这里还有《林肯港和周边地区骑行指南》（*Port Lincoln & Districts Cycling Guide*）。当地铁路、海事和传统遗产博物馆趣味十足，可以在此具体询问。

林肯港至斯特里基湾（Port Lincoln to Streaky Bay）

林肯港周边（Around Port Lincoln）

塔姆比湾（Tumby Bay；www.tumbybay.com.au）是一座安静的小镇，位于林肯港以北大约50公里处，拥有沙滩、堤岸、酒馆、房车公园和汽车旅馆——真是个不错的度假胜地！

林肯国家公园（www.environment.sa.gov.au；每车 $11）坐落在林肯港以南大约15公里的地方，你能在这里发现漫步的鸸鹋、小袋鼠以及毛尾草原袋鼠（brush-tailed bettong），这里，还有适宜游泳的安全海湾和适宜冲浪的海滩。请从路边的自助登记点进入。如果想在这里过夜，那么位于斯伯丁湾（Spalding Cove）的**Donnington Cottage**（每晚 $93）是个不错的选择。这座建于1899年的木屋设施齐备，拥有2间卧室，可以睡6个人，还有值得拍照留念的宜人风景。请通过林肯港游客信息中心预约，并自带食物和床上用品。游客中心还会提供有关在公园中进行**丛林露营**（每车 $10）的信息，露营地地点包括渔民角（Fisherman's Point）、记忆湾（Memory Cove）、九月海滩（September Beach）和瑟利夫湾（Surfleet Cove）。

林肯港游客信息中心出售**Whalers Way**（24小时通票，每车含露营1晚 $30）进入许可证，这是一条总长14公里的沿海车道，位于林肯港西南方32公里处，风景优美。

科芬湾（Coffin Bay）

人口 650

环行澳大利亚的英国航海家马修·弗林德斯用他的好友艾萨克·科芬爵士（Sir Isaac Coffin）的姓氏给这里命名。虽然地名里带有"棺材"（coffin）的意思听上去很不吉利，但科芬湾堪称牡蛎爱好者的天堂！平时这是一座安逸的渔村，慵懒地沐浴在温暖的阳光下，而到了每年1月，会有超过4000人的游客队伍声势浩大地来到这里。从周边的海里捕捞上来的咸味**牡蛎**口感爽滑，出口至世界各地，但是在科芬湾周围，享用一只牡蛎的花费不应该超过$1。访问www.coffinbay.net获取在线信息。

科芬湾的沿海一带有着不少狂野的海岸风光，最突出的莫过于**科芬湾国家公园**（Coffin Bay National Park；www.environment.sa.gov.au；每车 $10）的部分地区，那里到处都是小袋鼠、鸸鹋和庞大的巨蜥。适合一般车辆进入的公园景点有限，你可以前往风景如画的**阿沃伊德角**（Point Avoid），那儿有海岸瞭望台、岩石峭壁、不错的海浪，以及5月至10月生活在附近海域的鲸鱼。还可以去**扬基湾**（Yangie Bay），那儿有看上去非常荒芜的岩石景致和步道。要去其他地方，你就得开四驱车了。公园内还分布着一些隔离的**露营地**（每车 $10），通常经由土路便可进入。

Coffin Bay Explorer（☎0428 880 621；www.coffinbayexplorer.com；成人/儿童 $85/45）组织为期半天观赏野生动物和品尝海鲜的团队游，可观看海豚、品尝牡蛎。也可参加Earth Adventure皮划艇之旅（见797页）。

食宿

如想每晚花费$50~300入住度假屋，可以联系**Coffin Bay Holiday Rentals**（☎0427 844 568；www.coffinbayholidayrentals.com.au）或**Coffin Bay Holiday Homes**（☎0447 658 288；www.coffinbayholidayhomes.com.au）。

科芬湾房车公园 房车公园 $

（Coffin Bay Caravan Park；☎08-8685 4170；www.coffinbaycaravanpark.com.au；91 Esplanade；无电力/有电力供应营地 $24/33，小屋带/不带浴室 $100/85起，别墅 $120；❄）这片营地之内，木麻黄树遮天蔽日，周围栖息着鹦鹉、凤头鹦鹉和桃红鹦鹉，它们叽喳啁啾。小屋客房价廉物美（自带床上用品）。双卧家庭别墅赏心悦目。

★ **Dawes Point Cottage** 出租屋 $$

（☎0427 844 568; www.coffinbayholidayrentals.com.au/2_DawesPoint.htm; 5 Heron Ct; 每晚 $140~200; ❄）这栋旧式垂钓寓所（澳洲作家蒂姆·温顿会称其为"垂钓风尚"）是在一次纸牌赌博当中落入现在东家之手的！如今价值连城，虽是真正的邻水美宅，但仍旧朴素低调。

Coffin Bay Pizza & Homemade Food 比萨 $

（☎0458 248 725; www.coffinbaypizza.com.au; 4/61 Esplanade; 餐 $7~17; ⊙周一 10:00~14:00，周三至周日 11:00~21:30）这是一处普普通通外卖摊位，似乎已经在此扎根。出售精美比萨、原味意大利面以及烤鱼薯条。还有自制馅饼、油酥点心和腊肠卷。一定要尝尝牡蛎馅饼！学校放假期间，每天营业。

科芬湾至斯特里基湾 (Coffin Bay to Streaky Bay)

格林利海滩（Greenly Beach）位于科芬湾以北40公里处，就在库尔塔（Coulta）的南面，适合冲浪。沿海的宽广地带有一些不错的三文鱼捕捞海滩，尤其是**洛克斯维尔**（Locks Well），那里有一条漫长而陡峭的台阶，称为**天国的阶梯**（Staircase to Heaven），一共283级？慢慢数吧……从停车场一路向下，能够直达一片极好的冲浪海滩，厚实的橙色沙滩点缀着贝壳。

向北大约15公里就是宁静的滑铁卢湾（Waterloo Bay），捕鱼小镇**埃利斯顿**（Elliston；人口380）坐落于此，这里有着景色秀丽的游泳海滩和一条垂钓堤道（希望美味的牙鳕鱼会上钩）。滨水的**Waterloo Bay Tourist Park**（☎08-8687 9076; www.visitelliston.net; 10 Beach Tce; 无电力/有电力供应营地 $25/30，小屋 $65~130; ❄📶）是一座小型的公园，拥有相当好的小屋（要一间位于沙丘之上的为佳），还有渔具出售。昔日议会大楼就在前门附近。

埃利斯顿游客信息中心（Elliston Visitor Information Centre; ☎08-8687 9200; www.elliston.com.au; Beach Tce; ⊙周一至周五 9:00~17:00，周六和周日 10:00~13:00）能够指引游客前往市区北边**大洋旅游道路**（Great Ocean Tourist Drive），顺着这条道路行进10公里，可达**忧虑湾**（Anxious Bay），沿途海景令人心旷神怡。途中会经过**布拉克费洛斯**（Blackfellows），号称西海岸最好的冲浪点就在那里。还有面积36平方公里的**弗林德斯岛**（Flinders Island），小岛距离海岸35公里，上面有一个牧羊场和一座设备齐全、总共有9张床的度假屋**Flinders Island Getaway**（☎0428 261 132; www.flindersgetaway.com; 每人 $90起）。你需要从林肯港包机，或从埃利斯顿包船前往小岛（住宿费另算）。预约时请咨询详情。

维纳斯湾（Venus Bay）有一些湾内海滩，还有不受海湾庇护的蒙特卡梅尔海滩（Mount Camel Beach）。此外，这里还有一群鹈鹕、小型的房车公园以及专用的垂钓堤道。

如果你喜欢一头扎进水中，与海狮和海豚一起游泳，那么请在拜尔得湾（Baird Bay）留步，参加**拜尔得湾海洋生态体验之旅**（Baird Bay Ocean Eco Experience; ☎08-8626 5017; www.bairdbay.com; 4小时团队游 成人/儿童 $150/75; ⊙9月至次年5月）🍃，也提供住宿。

如果你不喜欢与水亲密接触，那么斯特里基湾以南43公里处，通向**拉巴特角**（Point Labatt）的道路将带你前往澳大利亚大陆上少有的几个海狮常年栖息地之一。在崖顶用望远镜向它们暗送秋波吧。

沿着拉巴特角的道路南行几公里就到了球形的**墨菲干草堆**（Murphy's Haystacks; www.streakybay.sa.gov.au; 每人/家 $2/5），这是一群彩色的、历经数百万年风吹雨打形成的花岗岩"岛山"，令人不可思议。

斯特里基湾 (Streaky Bay)

人口 1150

这个迷人的小海湾实际上位于布兰奇港（Blanche Port），名字（英语意为"条纹状的"）源于当年马修·弗林德斯驾船驶入海湾时看到的条纹状海草。退潮时，这里的海草清晰可见，因而吸引了以海草为食的海洋生物和大型动物，也使得这里成为一流的钓鱼场所。

景点

斯特里基湾博物馆(Streaky Bay Museum; www.nationaltrust.org.au/sa; 42 Montgomery Tce; 成人/儿童 $6.50/1; ⏲周二和周五 13:30~16:00)位于一栋1901年建造的校舍内，展示着一座设备齐全的木屋、一个古老的人工呼吸机，还有很多先辈的历史等你去聆听。1990年，人们曾在斯特里基湾钓起一只长达5米、重约1.5吨的**大白鲨**(White Pointer shark)：可以前往**Stewarts Roadhouse**(☎08-8626 1222; 15 Alfred Tce; ⏲7:00~21:00)欣赏有点吓人的巨鲸模型。

食宿

Foreshore Tourist Park 房车公园 $

(☎08-8626 1666; www.streakybayftpark.com.au; 82 wells St; 无电力/有电力供应营地 $23/29起, 小屋和套间 $87~133; ❄)这家沙滩公园位于小镇的东面，就在Doctors Beach上。夏天，这里多是来度假的家庭。冬天，则迎来开着房车旅行的老人。公园里有充足的空间和活动供你选择。

Streaky Bay Hotel/Motel 酒店、汽车旅馆 $

(☎08-8626 1008; www.streakybayhotel.com.au; 33 Alfred Tce; 酒店 双和标双 $50~135, 汽车旅馆 双 $110, 均含早餐; ❄)这个迷人住所建于1866年，楼上客房风景宜人，可从阳台尽情欣赏！楼下客房无景可赏，而且不带浴室、电视和空调，但是还算温馨。汽车旅馆客房乏善可陈，但是私密性好。法式小馆供应餐饭(主菜 $16~35; ⏲7:00~9:00, 正午至14:00和18:00~20:30)。

Streaky Bay Motel & Villas 汽车旅馆 $$

(☎08-8626 1126; www.streakybaymotelandvillas.com.au; 11-13 Alfred Tce; 汽车旅馆 双 $130, 别墅 双/家 $160/220; ❄📶🏊)这家旅馆包含一排整洁、砖砌、老式汽车旅馆套间(经过装修)以及数栋新建家庭别墅。家庭别墅比较新潮，装饰有盆栽，墙壁乳白，室外配备青绿颜色家具。旅游淡季，房价打折。同时提供3卧住房。

★**Mocean** 咖啡馆 $$

(☎08-8626 1775; www.moceancafe.com.au; 34b Alfred Tce; 主菜 $17~35; ⏲周二、周三和周日 10:00~15:00, 周四至周六 10:00至深夜; ✍)这家氛围活跃的咖啡馆拥有波纹钢材的建筑外表，看上去像是街边的大型集装箱。这里也引领了小镇的时尚潮流：壁画、摩洛哥式提灯、你能从扇形阳台眺望到的水景。菜肴所用的食材主要是艾尔半岛的美味海鲜，试试这里的酸辣鱿鱼或鲍鱼。咖啡和外卖食品也都不错。8月歇业。

实用信息

斯特里基湾游客信息中心(Streaky Bay Visitor Information Centre; ☎08-8626 7033; www.streakybay.com.au; 21 Bay Rd; ⏲周一至周五 9:00~12:30和13:30~17:00)如想了解当地情况，就去这个信息中心。

塞杜纳(Ceduna)

人口 2290

尽管当地人有着种种美好的设想，可是塞杜纳仍然只是一个破落的捕鱼小镇，始终无法撕下“中途服务区”的标签，人们会在前往西澳的途中匆忙地经过这里(这有5个房车公园)。不过，当地的牡蛎迷们却会为此欢呼。10月初举办的**牡蛎节**(Oysterfest; www.ceduna.sa.gov.au/oysterfest)是澳大利亚各类牡蛎节日中无可争议的王者。如果在鲸鱼迁徙季(5月至10月)期间向西进发，你还可以在塞杜纳获取海湾之首旅游景点的最新信息。

景点

塞杜纳校舍博物馆 博物馆

(Ceduna School House Museum; www.nationaltrust.org.au/sa; 2 Park Tce; 成人/儿童/家庭 $4/2.50/9; ⏲周一、周二和周四至周六 10:00至正午, 周三和周四 14:00~16:00)这家小型博物馆里拥有早期移民者的展品、原住民的文物展览，还呈现了当年英国在南澳的马拉林加(Maralinga)进行核试验的惨状。

食宿

Ceduna Foreshore Hotel/Motel 汽车旅馆 $$

(☎08-8625 2008; www.cedunahotel.

com.au; 32 O' Loughlin Tce; 双 $125~195, 家 $160~180; ❄📶)翻新后的汽车旅馆Foreshore拥有54个房间，是镇上最豪华的住宿选择，可以欣赏水景。还有一座法式小馆(主菜 $17~38; ⏲6:30~9:00, 正午至14:00和18:00~20:30)主营西海岸海鲜。站在室外露台，可以远眺诺福克岛(Norfolk Island)松林以及海湾地带。

★Ceduna Oyster Bar 海鲜 $$

(☎08-8626 9086; www.facebook.com/oysterbarceduna; Eyre Hwy; 12个牡蛎 $12, 餐 $14~22; ⏲9:30~19:30)挑一箱去壳的新鲜贝类，带到前滩上享用，或者坐在屋顶(不知翻修完工没有)，看着公路列车轰隆隆从西澳大利亚州驶来。菜品非常新鲜。

ℹ 实用信息

塞杜纳游客信息中心(Ceduna Visitor Information Centre; ☎08-8625 2780, 1800 639 413; www.cedunatourism.com.au; 58 Poynton St; ⏲周一至周五 9:00~17:30, 周六和周日 9:00~17:00)如想了解当地情况，就去这个信息中心。

塞杜纳至西澳大利亚州边界 (Ceduna to the Western Australian Border)

塞杜纳距离西澳的边界有480公里。你可以在沿途的佩浓(Penong; 距离塞杜纳72公里)、佛勒斯湾(Fowlers Bay; 141公里)、能德鲁(Nundroo; 151公里)、海湾之首附近的Nullarbor Roadhouse(295公里)和位于边界线上的Border Village找到一张床位，喝上一杯啤酒。

通向能德鲁的道路两旁都是麦田和牧羊场，此后你还得继续穿越100公里的桉树林。大约20公里后，当你真正进入纳拉伯(Nullarbor, 拉丁文，意思是“无树之地”)之时，你会发现树木渐渐稀少，取而代之的则是低矮的美洲茶灌木丛。在你迈开脚步，迎向夕阳之际，公路列车、房车，还有自行车手(他们的神智是否清醒值得怀疑)是你仅有的同伴。

在佩浓(人口200)驶离高速公路，沿着长达21公里的土路行驶，将会抵达辛克莱岬(Point Sinclair)和卡克特斯海滩，那里有着澳大利亚最著名的三大冲浪胜地的海浪之一。对于经验丰富的冲浪者而言，“洞穴”(Caves)是一个适合右撇子的极好冲浪区，但是当地人对于来此的游客并不是特别友好。靠近海边的私有土地上还有一片丛林露营地(www.youcamp.com/properties/51; 无电力供应营地 $13)。请自带饮用水。

位于海湾之首(☎0407 832 297; www.yalata.org; 成人 $20, 15岁以下/以上 免费/$15; ⏲8:00~17:00)的观鲸台可以远眺南露脊鲸的主要繁殖地。每年的5月至10月，你都能看到从南极洲迁徙至此的鲸鱼跃出水面。大澳大利亚湾联邦海洋保护区(Great Australian Bight Commonwealth Marine Reserve; www.environment.gov.au)保护着鲸鱼繁殖地，这是全球第二大的海洋公园，仅次于大堡礁。

海湾之首是亚拉塔原住民保护区(Yalata Indigenous Protected Area)的一部分。支付门票后，你可以在前往观景区的路上，从怀特韦尔护林站(Whitewell Ranger Station)获取最新的鲸鱼信息。设有路标的岔路坐落在Nullarbor Roadhouse以东14公里处。

到了这里，不妨去威若维金妮岩洞(Murrawijinie Cave)看看，这个巨大的洞穴就在Nullarbor Roadhouse的后方。你还可以前往高达80米的本达悬崖(Bunda Cliffs)，在设有路标的海岸瞭望台上欣赏美景。

如果你要继续向西进入西澳的话，请在Border Village卸下你所有的水果、蔬菜、奶酪和其他植物(必须遵守检疫规定)。如果你在夜晚驾车，可得小心提防动物出没。请注意，如果你是从西澳州往东开过来的，那么直到抵达塞杜纳才会有南澳州方面的检疫站。

🛏 住宿

佩浓房车公园 房车公园 $

(Penong Caravan Park; ☎08-8625 1111; www.nullarbornet.com.au/towns/penong.html; 3 Stiggants Rd, Penong; 无电力/有电力供应营地 $22/25起, 园内房车/小屋 $45/75起; ❄)这家维护良好的房车公园距离塞杜纳很近，被旅行者们评选为纳拉伯最佳公园。小屋的条件不错，而露营区则配备了洗衣房和烧烤设施。

如需床上用品得额外付费。

Fowlers Bay Eco Park 房车公园 $

（☎08-8625 6143；www.fowlerseco.com；Esplanade, Fowlers Bay；有电力供应营地 每2人 $28，多加1人 $8）这家房车公园气氛活跃，提供有电力供应营地，设有售货亭，采用先进太阳能发电系统。近旁就有古迹建筑、绝佳钓鱼地点以及大片沙丘。不时还有鲸鱼游过。咨询一下观鲸之旅（5月至10月）。佛勒斯湾岔口距离塞杜纳106公里。

Fowlers Bay Holiday Flats 公寓 $$

（☎08-8625 6179；www.fowlersbay.com；Fowlers Bay；双 $100起；❄）这家公寓提供设施简朴的汽车旅馆套间，每间可容纳4人，厨具齐备。距离镇上码头一箭之地（带上钓竿）。

Nundroo Hotel/Motel 汽车旅馆 $

（☎08-8625 6120；www.nundrooaccommodation.com；Eyre Hwy, Nundroo；无电力/有电力供应营地 $8/20，双 $99；❄📶）如果你正向西进发，不妨在Nundroo这家酒店兼汽车旅馆里修整一番。在进入西澳州、抵达1038公里之外的诺斯曼（Norseman）前，这里是最后一个汽车修理站。汽车旅馆房间虽然破旧，但很舒适，浴室经过翻修。这里还内设了一家酒吧餐馆（餐 $15~35；⌚11:00至深夜）。

Nullarbor Roadhouse 汽车旅馆 $

（☎08-8625 6271；www.nullarbornet.com.au/towns/ nullarbor.html；Eyre Hwy, Nullarbor；无电力/有电力供应营地 $20/25，经济型客房 单/双/标三 $47/57/67，汽车旅馆 单/双/标三 $125/145/165起；❄）这家路边客栈靠近海湾之首的观鲸区域，对于舟车劳顿赶路的人，无异于沙漠绿洲。内设一家酒吧餐馆（餐 $15~30；⌚7:00~22:00）。

Border Village Motel 汽车旅馆 $

（☎08-9039 3474；www.nullarbornet.com.au/towns/ bordervillage.html；Eyre Hwy, Border Village；无电力/有电力供应营地 $15/20，经济型 标单/双/标三 $40/60/70，汽车旅馆 单/双/家 $95/110/120起；❄@📶）这家汽车旅馆经过改建，距离西澳边界50公里，拥有各种式样的现代客房和小屋，还有一家允许售酒的餐馆（餐 $15~28；营业时间 正午至14:00，以及18:00~20:00）。

弗林德斯岭和南澳大利亚州内陆

最佳餐饮

- Rawnsley Park Station（见894页）
- Prairie Hotel（见896页）
- John's Pizza Bar & Restaurant（见902页）
- Quorn Cafe（见893页）

最佳住宿

- North Star Hotel（见892页）
- 阔恩房车公园（见893页）
- 维凭拿庞度假村（见895页）
- Down to Erth B&B（见901页）

为何去

如果打算游览内陆（广袤地理区域，占到澳大利亚大陆面积70%），可以乘车先至弗林德斯岭，开启精彩旅程。

弗林德斯岭南麓，南澳中北部麦田和酒庄退耕还牧，赭红山峰的脚下，养牛牧场取而代之。这片土地历史悠久，流传许多阿亚曼塔哈民族的"梦创时代"。鸸鹋悠然穿过马路，黄脚岩石袋鼠在岩石之间来回跳跃。

踏上斯图尔特公路、沿着乌德纳达塔步道和斯特雷兹莱基步道继续北行，古怪奇特内陆城镇逐渐冲破炙热束缚，呈现眼前。其中包括乌默拉、威廉溪、因纳明卡以及库伯佩迪。这片地域极度缺水、环境恶劣、酷热难耐，如果勇气不够，敬请绕道。库伯佩迪的澳宝开采者住在地底的独特体验就更不用多说了！

何时去

阔恩

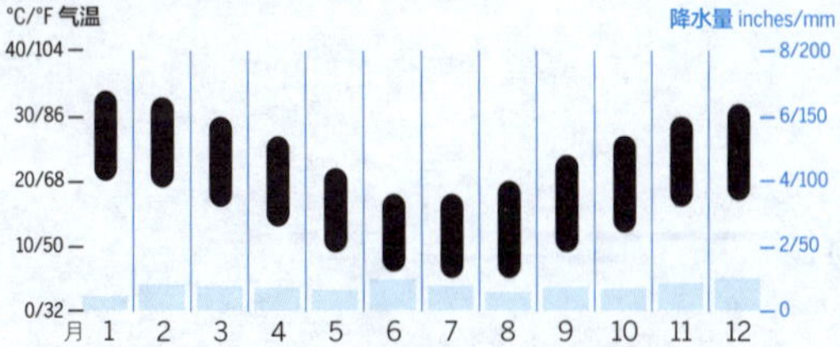

5月 沙漠在骄阳下熠熠生辉。内陆进入深秋，天气凉爽。

6月至8月 进入冬季，内陆迎来旅游高峰：气温适宜，天空清澈，休闲出游正当其时。

9月 如果既不愿意忍受35℃高温又想游览内陆，这是一年之中最后的机会。

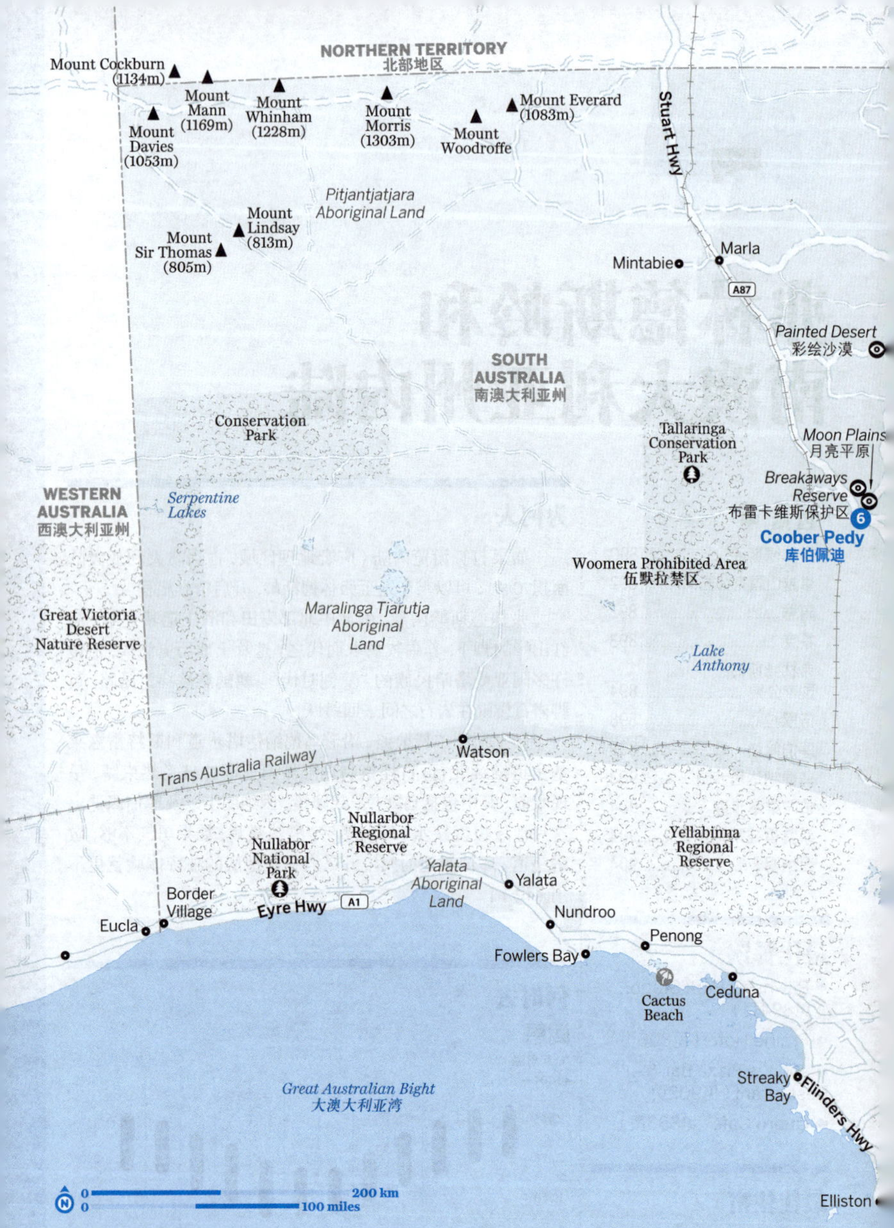

弗林德斯岭和南澳大利亚州内陆亮点

❶ 前往**卓越山国家公园**（Mt Remarkable National Park，见892页），欣赏峡谷和山坡的极致风光。

❷ 去往梅尔罗斯**North Star Hotel**（见892页），要杯冰啤，舒缓身心。

❸ 到达**阔恩**（见892页），探访古宅，感受西部荒野气息。

❹ 来到**伊卡拉**（维凭拿庞，见895页），爬上Wangarra Lookout。

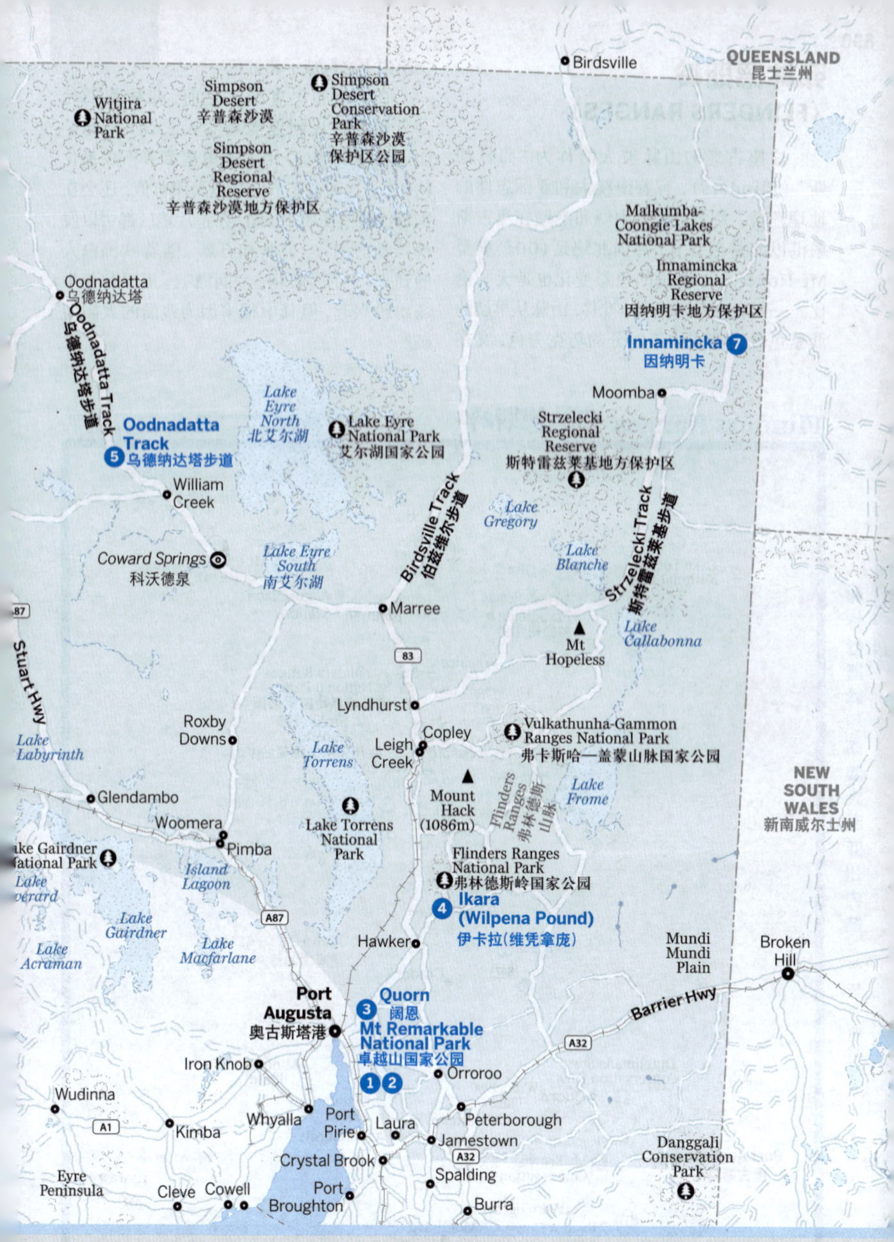

⑤ 跳上四驱车，沿着**乌德纳达塔步道**（见903页）行驶，体验一番澳大利亚探险游。

⑥ 进入**库伯佩迪**（见899页）挖掘澳宝，然后入住地下房舍。

⑦ 露营**因纳明卡库珀溪**（见904页）附近，欣赏璀璨星空。

弗林德斯岭 (FLINDERS RANGES)

这座古老的山脉被人简称为“弗林德斯”(Flinders),有着南澳大利亚标志性的地理环境。犬牙交错的山峰和绝壁在奥古斯塔港以北赫然耸立,并向北绵延400公里至Mt Hopeless。这里的色彩变化也是无与伦比——每天,随着时间的推移,山脉从早晨的淡紫色逐渐变成中午时分的巧克力色,又在夕阳西下之际成了赭红色。

在欧洲殖民者抵达之前,弗林德斯岭一直被原住民阿亚曼塔哈人(Adnyamathanha)所珍视,因为这里蕴藏着不少氧化铁矿石。这种铁矿不仅具有药用价值,还会在宗教仪式中使用。因此,在整片地区都可以发现神圣的洞穴、岩画和石雕。随着欧洲白人的到来,村庄、农场、乡间酒吧、麦田和养牛场纷纷兴起,但其中很多因为残酷的太阳而破产。

Flinders Ranges 弗林德斯岭

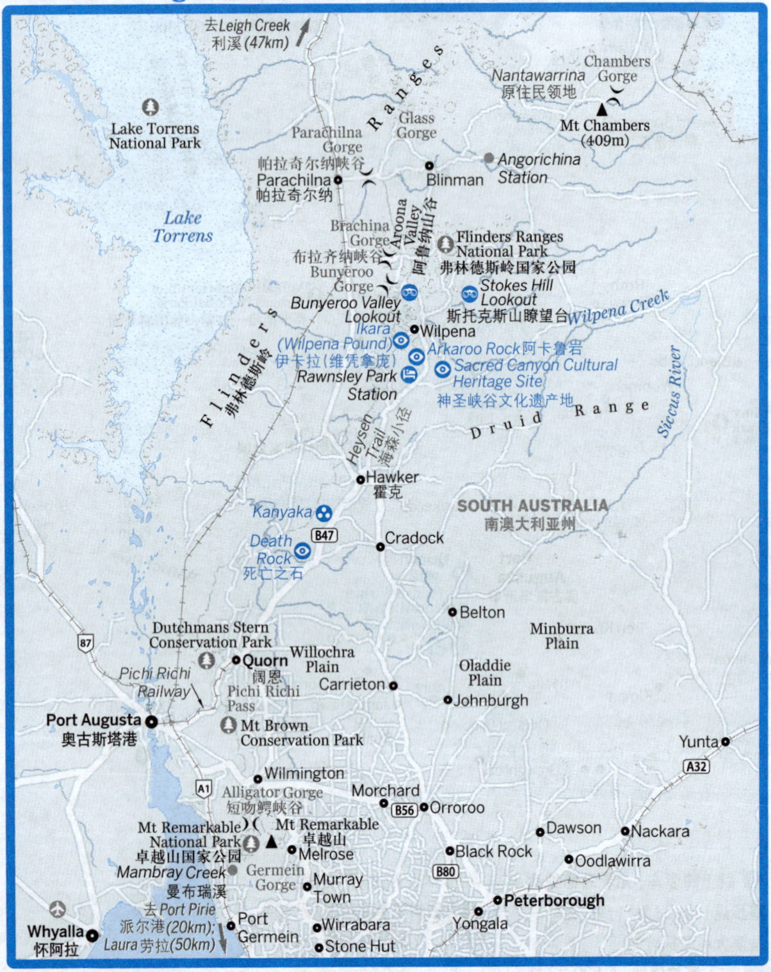

团队游

Arkaba Walk 步行

(☎02-9571 6399, 1300 790 561; www.arkabawalk.com; 每人 $2150; ⏲3月中旬至10月中旬)徒步4天，穿越弗林德斯岭，全程安排周密(带导游)。价格包含以下费用：公园门票、可口饭菜、行李托运、奢华露营以及Arkaba Station(见894页)一晚住宿。这种体验千载难逢。

Groovy Grape 户外

(☎1800 661 177, 08-8440 1640; www.groovygrape.com.au)小团模式团队游，行程分为以下两种：第一种，全程4天，往返阿德莱德和库伯佩迪(Coober Pedy)，途经弗林德斯岭($495)。第二种，全程7天，起点是阿德莱德，终点是爱丽斯泉，途经弗林德斯岭、库伯佩迪以及乌卢鲁($975)。价格包含以下费用：餐饮、露营和国家公园门票。

Heading Bush 户外

(☎08-8356 5501, 1800 639 933; www.headingbush.com)小团模式，跋山涉水远程旅行。全程10天，起点阿德莱德，终点爱丽斯泉，价格$2495，费用全包，途经弗林德斯岭、库伯佩迪、辛普森沙漠(Simpson Desert)、原住民聚居地、乌卢鲁以及西麦克唐奈山脉。全程3天、弗林德斯岭露营团队游价格为$695，如果选择小屋住宿，价格为$1250起。

Flinders Ranges By Bike 山地自行车

(☎08-8648 0048; www.flindersrangesbybike.com.au; 每人 1/2/3/4天 $35/40/45/50)沿着全长200公里线路一路骑行，遍览弗林德斯岭顶级景致，起点(和终点)都是朗斯利公园小站(Rawnsley Park Station，见894页)，这个公园小站位于维凭拿(Wilpena)南部。价格包含以下费用：公园门票和沿途私属领地门票。住宿自理。还可托运行李。

Wallaby Tracks Adventure Tours 户外

(☎08-8648 6655, 0428 486 655; www.wallabytracks.com; 1/4天团队游 $250/1200)小团模式、面向背包客的四驱车团队游，带你环游弗林德斯岭和伊卡拉(维凭拿庞)。一日游的行程从奥古斯塔港出发，而为期4天的团队游则从阿德莱德出发。同时组织艾尔湖(Lake Eyre)和阿尔卡鲁拉(Arkaroola)之旅。

阿亚曼塔哈人的"梦创时代"

弗林德斯岭的原住民主人被合称为阿亚曼塔哈人(意为"山上住民")，土地和自然是其文化中不可分割的一部分。阿亚曼塔哈人实际上是由Wailpi、Kuyani、Jadliaura、Piladappa以及Pangkala部落所构成，彼此之间交流着各自的故事，并以此详细阐明当地那雄伟壮阔的地理环境。

举例来说，传说伊卡拉(维凭拿庞)的高墙其实是两条巨蛇(akurra)的身躯。在一次入会仪式上，它们盘踞于伊卡拉，吃掉了大部分与会者。大快朵颐之后，巨蛇吃得太饱，无法动弹，自取灭亡，最后变成高墙。

到达和离开

游览弗林德斯岭，只能参团或者自助游。

Pichi Richi Railway(☎1800 440 101; www.prr.org.au; 单程 $52)的列车周六从奥古斯塔港开往阔恩(2小时)。

南部山脉城镇 (Southern Ranges Towns)

派尔港(人口13,830)位于弗林德斯的南部山脉，是一座冶炼铅矿和锌矿的大镇。奈星炼铅厂(Nyrstar)的熔炉直插云霄。派尔港是向北进发前储备物资的好地方。**派尔港地区旅游和艺术中心**(Port Pirie Regional Tourism & Arts Centre; ☎08-8633 8700, 1800 000 424; www.pirie.sa.gov.au; 3 Mary Elie St; ⏲周一至周五 9:00~17:00, 周六 9:00~16:00, 周日 10:00~16:00)提供有关当地的信息。

劳拉(Laura; 人口550)小镇就像电影《超人前传》(*Smallville*)里的一样，在麦田里兀立，充满了市民的自豪感和20世纪50年代的繁荣景象。你很可能会从劳拉的周边地区进入南部山脉。以天竺葵装饰的长长的主街上拥有超市、药店、面包房、银行、邮局……甚至一家鞋店！

梅尔罗斯（人口200）是弗林德斯岭中最古老的小镇（始建于1853年），依偎在长达960米的卓越山（Mt Remarkable）的臂弯中。这里完美地融合了各类事物，包括保护良好的建筑、一家极好的小酒馆、高品质的住宿场所和拥有真正的草地的公园。不要错过Jacka's Brewery（1878年创建）那日益衰败的多层建筑遗迹，这座位于Mount St的酿酒厂曾一度雇了40名员工。山地自行车游是本地热门项目。Over The Edge（☎08-8666 2222; www.otesports.com.au; 6 Stuart St, Melrose; ⊙周三至周一 9:00~17:00）提供自行车配件和维修服务，开有一家咖啡馆。

住宿

梅尔罗斯房车公园 房车公园 $

（Melrose Caravan Park; ☎08-8666 2060; swww.parks-sa.com.au/caravan_park/250; Joe' Rd, Melrose; 铺 $20，无电力/有电力供应营地 $20/25，小屋 $60~120; ❄）这是一座整洁的小型公园，拥有5英亩的丛林露营地，还有2000年悉尼奥运会（Sydney Olympics）遗留下来的小屋，它们设施完备，全部配有电视机和厨具，但较为便宜的一些没有浴室。攀登卓越山（Mt Remarkable）的步道往返共12公里，起点就在公园的后门处。一旁则是经过改建的农舍，配备了一些基本的铺房设施。

★ North Star Hotel 小酒馆 $$

（☎08-8666 2110; www.northstarhotel.com.au; 43 Nott St, Melrose; 双/车厢 $125/160起; ❄📶）这家酒馆深受青睐。始建于1854年，靓丽时髦，经过改建，融合都市风尚以及作坊气息。落座酒馆（主菜 $16~30; ⊙周三至周日正午至14:00和周四至周日 18:00~20:00），屋顶风扇哗哗旋转，咖啡精美，冰啤爽口。客房档次不一，例如，楼上配备豪华套房，隔壁提供Bundaleer Cottage（可以容纳16人），还有两节车厢改造的别致小屋。

卓越山国家公园（Mt Remarkable National Park）

陡峭而错落的卓越山国家公园（☎08-8634 7068; www.environment.sa.gov.au; 每人/车 $4/10）横跨弗林德斯南部山脉，丛林学家对这里钦慕有加。前往曼布瑞溪（Mambray Creek），即哲美因港（Port Germein）以北约21公里、紧邻Hwy 1处，通过自助付费系统支付门票费用，或者前往内陆线路（梅尔罗斯和威明顿之间Main North Rd）上的短吻鳄峡谷（Alligator Gorge）支付门票费用。野生动物和丛林徒步是这里的主要诱惑，各式各样的步道（包括海森小径的部分路段）纵横穿过这片孤寂的山谷。

从位于短吻鳄峡谷（Alligator Gorge）的停车场出发，你可以踏上陡峭的短途步道（2公里，2小时），一路向下进入崎岖的山谷（没有任何短吻鳄的踪影）。你也可以取道环形路线（9公里，4小时），步行至Hidden Gorge（18公里，7小时）或曼布瑞溪（Mambray Creek；13公里，7小时）。还可以挥汗如雨地步行在小道上，向高达960米的卓越山（12公里，5小时）之巅发起冲击；步道起点位于梅尔罗斯房车公园（见892页）的后方。

如果你想在公园内住宿，那么这里有着充足的丛林露营地（每位成人/儿童 $18/免费），还有两座度假屋，分别位于曼布瑞溪（可睡4人，每晚$557起）和短吻鳄峡谷（可睡10人，每晚$1560起）。两家都使用太阳能供电，但短吻鳄峡谷的小屋拥有更好的厨房用具和淋浴设备。可以通过网络预订露营地和度假屋。也可前往派尔港（Port Pirie）、奥古斯塔港或阔恩游客信息中心支付现金预订，或者去往梅尔罗斯（Melrose）的Over The Edge（见892页）自行车店预订。

阔恩（Quorn）

人口 1210

阔恩（发音为“corn”）这个镇子很像是电影剧组撤离后的片场吧？这座内陆小镇有着大群的乌鸦，甚至比人还多，因而来到这里就犹如置身于电影场景中一般。1875年，这里的小麦种植业也开始腾飞，并且随着始于奥古斯塔港的Great Northern Railway的开通，小镇也步入了繁荣。直到1970年进入弗林德斯岭的火车停运前，阔恩仍然是一处重要的铁路枢纽。

景点和活动

阔恩的街景，简直就是一堂鲜活的历史课，特别是在Railway Terrace地区，因而这里拍摄了几部澳大利亚标志性的电影，例如《加里波底》(*Gallipoli*)和《遥遥星期天》(*Sunday Too Far Away*)。城外，历史遗迹无人管理，散布于阔恩至霍克道路两旁，其中令人印象最深刻的莫过于Kanyaka，这是一座建于1851年的牧羊场，也曾有过一幅繁荣的景象。从这些遗迹（距离阔恩41公里）出发，步行20分钟后可以到达一处水潭，上方则是巨大而又阴森的死亡之石（Death Rock）。有传闻称，当地的原住民曾将他们奄奄一息的亲人放到这块巨石上，陪伴他们度过最后的时光。

团队游

Four Winds Cultural Guiding 文化游

（☎08-8648 6993；www.southaustralia.com；团队游 每人 $35起）1小时丛林徒步游，阿亚曼塔哈导游带路，内容就是了解本地文化和传说故事，或者品尝丛林美食、追踪以及狩猎。

食宿

★阔恩房车公园 房车公园 $

（Quorn Caravan Park；☎08-8648 6206；www.quorncaravanpark.com.au；8 Silo Rd；无电力/有电力供应营地 $26/32，铺 $40，房车 标单/双 $60/70，小屋 $90~135；❄）🍃这家位于平克顿溪（Pinkerton Creek）边的房车公园充满了激情，能够随时察觉天气变化，并执着地专注于降低尾气排放和修复本土栖息地的生态。公园拥有整洁的小屋、一座背包客小屋（可容纳8人住宿）、废弃木材搭建的露营厨房以及绿树成荫的露营地，还有分布在各处的雨水收集器，而一些懒散的小袋鼠则会在赤桉树下闲逛。

Austral Inn 酒店、汽车旅馆 $

（☎08-8648 6017；www.australinn.info；16 Railway Tce；汽车旅馆 标单/双 $70/90，小酒馆 标单/双 $110/115；❄）这里总有一些当地人给自动点唱机演奏的机会。翻新过的酒吧房间简洁干净，拥有全新的床上用品，比后方5间汽车旅馆客房还要漂亮。不妨在法式小馆（主菜 $16~24；营业时间 正午至14:00，以及18:00~20:00）品尝油炸袋鼠肉。

Savings Bank of South Australia 出租屋 $$

（☎0448 727 622；www.stayz.com.au/131032；39 First St；双 $180起；❄）可以期待在此酣睡一晚。这家阔恩住宿地点采用红砖构建，两层、两卫、三卧，由一栋1906年小楼改建而成。如需探访弗林德斯岭，入住于此真是再合适不过了。可以容纳6人，2晚起住，周租价格优惠。

★Quorn Cafe 咖啡馆 $

（☎08-8648 6368；www.quorncafe.com.au；43 First St；主菜 $9~17；⏲9:00~17:00；📶）这家嬉皮风格的咖啡馆与众不同，一扇旧门悬挂于墙壁之上，展示着菜品名录。旧门贴满牛皮纸三明治包装袋，每个纸袋标注一个菜品，例如羊肉汉堡、鸡肉和熏制鲑鱼沙拉、鸡蛋培根三明治，等等。所有菜品家常口味、分量充足。可以尝尝咖喱山羊肉（骨多肉少，但是美味可口）。咖啡雄冠阔恩。

实用信息

弗林德斯岭游客信息中心（Flinders Ranges Visitor Information Centre；☎08-8620 0510；www.flindersranges.com；Railway Tce，Quorn Railway Station；⏲3月至10月 9:00~17:00，11月至次年2月 10:00~16:00）提供地图、小册子、上网服务和旅行建议。

霍克（Hawker）

人口 300

在你抵达北边55公里外的伊卡拉（维凭拿庞）之前，霍克是文明世界中最后的边区村落。这里的历史与阔恩如出一辙，也曾见证过美好的时光，那时候，古老的汗线列车会在此停靠。如今，霍克只是一个平坦的中途休息站，拥有一台自动柜员机、一家百货商店、一个小酒馆，以及世上最有帮助的加油站。

景点和活动

真正令人兴致盎然的活动不在霍克镇

上，而是在其周边。然而，如果喜欢身处室内、感受户外风光（虽然好像怪怪的），不妨去Jeff Morgan Gallery（☎08-8648 4071；www.wilpenapanorama.com；Wilpena Rd和Cradock Rd交叉路口；成人/儿童/家庭 $8/5.50/20；⏲周一至周五 9:00~17:00，周六 9:00至正午，1月和2月歇业）的维凭拿全景（Wilpena Panorama；www.wilpenapanorama.com；Wilpena & Cradock Rd交叉路口；成人/儿童 $8/5.50；⏲周一至周五 9:00~17:00，周六 9:00~16:00，周日 11:00~14:00，1月和2月关闭）看看，这是一个圆形的大房间，在你周围的各个方位都有伊卡拉（维凭拿庞）的图像。

霍克以北大约40公里，朝向维凭拿的地方就是阿卡鲁岩（Arkaroo Rock），这是原住民的神圣之地。这里的岩石艺术包含了以木炭、粘鸟胶、黄赭石和红赭石绘制的爬行动物和人形，极具特色。如从停车场步行返回，则路程稍微短一些（2公里，1小时）。

团队游

Derek's 4WD Tours 自驾游

（☎0417 475 770；www.dereks4wdtours.com；半天/全天 团队游 $160/220起）提供四驱车团队游之旅，包括游览班耶卢（Bunyeroo）和布莱奇那（Brachina）山谷，亲近自然。

Bush Pilots Australia 观光飞行

（☎08-8648 4444；www.bushpilots.com.au；60 Elder Tce；30分钟飞行 每人 $180）观光飞行之旅，飞跃弗林德斯山巅，跨过霍克。也可组织远距离内陆飞行。

住宿

BIG4 Hawker Flinders Ranges Holiday Park 房车公园 $

（☎08-8648 4006；www.big4hawker.com.au；44 Chace View Tce；无电力/有电力供应营地 $28/32，套房营地 $42~50，小屋 $96~162；❄@📶🏊）这座房车公园位于小镇的一端，面朝维凭拿，不但生机勃勃，而且建筑精致，拥有铺设碎石的宽敞营地和一系列的小屋。此外，这里还有一座游泳池！12 Carpenter Rd设有一处分支营地，4月至10月营业，不带泳池。

★ Rawnsley Park Station 度假村 $$

（☎房车公园 08-8648 0008，前台 08-8648 0030；www.rawnsleypark.com.au；Wilpena Rd，经由Hawker；无电力/有电力供应营地 $25/35，青年旅舍 每位成人/儿童 $38/28，小屋/套间/别墅 $98/150/410起；❄@📶🏊）这个宽阔宅院距离霍克35公里，提供各种档次住宿，上至奢华生态别墅，下至帐篷营区，还有用房车公园小屋改建的国际青年旅舍（Youth Hostels Association；www.yha.com.au）宿舍。内陆旅游项目包括骑乘山地自行车（每小时$15）、丛林徒步（30分钟至4小时）、四驱车团队游以及观光飞行。Woolshed Restaurant（☎08-8648 0126；www.rawnsleypark.com.au；Wilpena Rd，经由Hawker；主菜 $27~36；⏲周三至周日 正午至14:00，每天 17:00~20:30）不同凡响，提供绝佳的丛林美食，还有咖喱、海鲜和比萨。

Outback Motel & Chapmanton Holiday Units 汽车旅馆 $$

（☎08-8648 4100；www.outbackmotel.com.au；1 wilpena Rd；标单/双 汽车旅馆 $120/125，标单/双 套间 $130/150；❄）这家驶入式的汽车旅馆用橙色的方砖建成，提供霍克市区最好的客房，俨然就是一幅从犹他（Utah）沙漠移植而来的景象。对于家庭游客而言，这里带有两个卧室的套间可谓物有所值：最大客房最多容纳6人（多加一人 $15）。

Arkaba Station 精品酒店 $$$

（☎02-9571 6399，1300 790 561；www.arkabastation.com；Wilpena Rd，经由Hawker；双 $1632起）这家内陆庄园住宿地点精美华丽，位于一座19世纪50年代宅邸之内。"荒野丛林奢华住宿"是其宣传噱头。

实用信息

霍克汽车（Hawker Motors；☎1800 777 880，08-8648 4014；www.hawkermotors.com.au；wilpena Rd和Cradock Rd交叉路口；⏲7:30~18:00）这家镇上的加油站（如果你要向北进发，请在此加满汽油）同时也是这里的游客信息中心。

弗林德斯岭国家公园（Flinders Ranges National Park）

弗林德斯岭国家公园（www.environm

ent.sa.gov.au; 每车 $10)是南澳最受珍视的公园之一，其边缘镶嵌着崎岖的山谷、犬牙交错的山脉、曾遭遗弃的家园、原住民的定居点、本土的野生动物，还有雨后绽放的成片野花。公园的王牌景点当属占地80平方公里的天然盆地**伊卡拉(维凭拿庞)**，这是一个下沉的椭圆形山谷，周围则环绕着粗糙的山脊(要是有人告诉你它是一个陨石坑，千万别信他!)。

唯一能进入维凭拿庞的交通工具是维凭拿庞度假村(Wilpena Pound Resort)的**班车**(往返 成人/儿童/家庭 $5/3/10)。你会在距离古老的**Hills Homestead**大约1公里的地方下车，然后从那里步行前往**Wangarra Lookout**(步行300米)。班车会于9:00、11:00、13:00和15:00发车。或者，你也可以选择步行，瞭望台和度假村之间的步道长达8公里，往返需3小时。

布拉齐纳峡谷地质小径(Brachina Gorge Geological Trail)总长20公里，沿途有着裸露的沉积岩层，1.2亿年的地球历史都涵盖其中，令人啧啧称奇。记得从游客中心拿一本小册子了解详情。

邦叶鲁-布莱奇那-阿鲁纳风景车道(Bunyeroo-Brachina-Aroona Scenic Drive)是一条总长为110公里的环形道路，途经邦叶鲁谷(Bunyeroo Valley)、布拉齐纳峡谷、阿鲁纳山谷(Aroona Valley)和**斯托克斯山瞭望台**(Stokes Hill Lookout)。车道的起点位于维凭拿的北面，紧邻通往布林曼的公路。

景点和活动

在弗林德斯岭进行**丛林徒步**是一段令人难忘的旅程。在你高兴地踏上征程之前，请确保自己带了足够的水、防晒霜和一顶大帽子，并告诉别人你的行进计划。记得从游客信息中心拿一本《在弗林德斯岭国家公园内丛林徒步》(*Bushwalking in Flinders Ranges National Park*)的小册子。许多步道的起点都位于维凭拿庞度假村。

通向**坦德拉山脊**(Tanderra Saddle; 往返15公里，6小时)的步道在**圣玛丽峰**的山脊之上，这条无与伦比的小径可以让你真切地欣赏到伊卡拉美景，尽管攀登的艰辛会让你的大腿酸痛。由于圣玛丽峰对于阿亚曼塔哈人的传统文化具有重要意义，他们会要求你不要攀登圣玛丽峰，也尽量不要攀爬山脊。

通向**奥尔森邦吉山**(Mt Ohlssen Bagge; 往返6.5公里，4小时)的快速步道可谓路途艰辛，时常让徒步客挥汗如雨，尽管如此，那里的壮丽景色还是会让你感觉不枉此行。这里也有一些不错的短途步道，你可以漫步至**群山庄园**(Hills Homestead; 往返6.5公里，2小时)，或者快走到**维凭拿太阳能发电站**(Wilpena Solar Power Station; 往返500米，30分钟)。

公园的东南角有一条长达1公里的步道，通向**神圣峡谷文化遗产地**(Sacred Canyon Cultural Heritage Site)，往返需1小时，那里是原住民的岩石艺术，多描绘动物的行踪，一些设计作品也颇具特色。

团队游

维凭拿庞度假村(半天/全天 $189/295起)和朗斯利公园小站(Rawnsley Park Station; 半天/全天 $160/245起)都组织四驱车公园团队游。也有旅行社提供从霍克开始的团队游活动。

Air Wilpena Scenic Flight Tours 观光飞行
(☎08-8648 0048; www.airwilpena.com.au; 飞行 20分钟/30分钟/1小时 $169/199/299)组织从维凭拿庞度假村开始的观光飞行。

住宿

你可以从游客信息中心或自助服务站获得在国家公园内(维凭拿庞度假村之外)进行**丛林露营**(每人/车 $7/13)的许可。

★ **维凭拿庞度假村** 度假村 $$$
(Wilpena Pound Resort; ☎08-8648 0004, 1800 805 802; www.wilpenapound.com.au; wilpena Rd via Hawker; 无电力/有电力供应营地 $23/34，游猎帐篷 $180~230，双 $236~300; ❄@🛜🏊)在这家出色的度假村中，你的住宿选择包括汽车旅馆式的房间、相对高档设备齐全的套房和一片极好(尽管人满为患)的露营地，露营地配备豪华游猎帐篷。冬季(旅游旺季)越早预订越好。不要忘了在池中游游泳，在酒吧(17:00~18:30)内享受欢乐时光，还有在法式小馆(主菜$19~32，试试袋鼠

肉！）里享用晚餐的机会。

实用信息

维凭拿庞游客信息中心（Wilpena Pound Visitor Information Centre；☎08-8648 0048，1800 805 802；www.wilpenapound.com.au；Wilpena Pound Resort；⌚8:00~17:00）设有商店、出售汽油、开设停车场、提供丛林徒步信息、提供上网服务、出租自行车（每半天/全天 $35/65），还可以为游客预订观光飞行和四驱车团队游。可在这里支付公园门票。

布林曼和帕拉奇尔纳（Blinman & Parachilna）

可爱的布林曼（人口30）位于伊卡拉（维凭拿庞）以北一条柏油马路近旁，距离伊卡拉大约一小时路程。它的存在得益于1859年在这里发现的铜矿，以及1903年在此建造的冶炼厂。然而，繁荣的景象破灭后，1500人离开了小镇。如今，布林曼主要宣扬的名头是“南澳海拔最高的城镇”（海拔610米）。

布林曼矿区遗迹（Heritage Blinman Mine；☎08-8648 4782；www.heritageblinmanmine.com.au；Main St，Blinman；团队游 成人/儿童/家庭 $28/11/65；⌚9:00~16:00，12月至次年3月 营业时间缩短）十分老旧，大部分区域都经过改造，配备了瞭望台、试听解说和信息告示牌。1小时的团队游分别从10:00、正午和14:00开始。

> **国家公园假日通票**
>
> 南澳土地当中，大约22%处于官方环保监管，包括国家公园、休闲公园、生态保护区和野生动植物保护区。环境、水和自然资源部门（Department of Environment，Water & Natural Resources；www.environment.sa.gov.au/parks）管理国家保护区，并且出售公园通票和露营许可。有效期两个月的“假日通票”（每车 $40，含露营 $80）可以进入大多数南澳公园，不能进入袋鼠岛沙漠公园和弗林德斯狩猎国家公园。可以上网或者前往公园售票处购买。

建于1869年的North Blinman Hotel（☎08-8648 4867；www.blinmanhotel.com；Main St，Blinman；无电力/有电力供应营地 $10/20，双 汽车旅馆/酒店 $90/155；❄）经过了翻新，厚实石制地板、老照片和殖民地风格的房间在这里相映成趣，酒店后面还有杂乱无章的帐篷露营地（它们把游泳池的位置给占了！）。法式小馆（主菜$20~30，营业时间为正午至14:00以及18:00~20:00）则会供应大量的酒吧美食。Angorichina Station（☎08-8648 4863；www.angorichina.com.au；Blinman-ArkaroolaRd；无电力供应营地 $20，剪工宿舍 每5人 $200，小屋 每4人 $200；❄）位于前往阿尔卡鲁拉（Arkaroola）的途中，提供铺位、露营地，以及设施齐备、美丽迷人的小屋。

布林曼与帕拉奇尔纳之间的道路将会穿过壮美的帕拉奇尔纳峡谷，你能在那里找到免费的溪边露营地和休息区，而海森小径的北端也在这里。Blinman Pools Walk（往返12公里，5小时）出发地点位于布林曼和帕拉齐尔纳（Parachilna）两地中间，随着一条小溪延伸，途经废弃的坑洞和河畔桉树。

帕拉奇尔纳坐落在霍克至利溪（Leigh Creek）的道路上，其人口有4~7人，堪称弗林德斯岭中的必经之地。此地的旅游名片便是富有传奇色彩的Prairie Hotel（☎08-8648 4895，1800 331 473；www.prairiehotel.com.au；High St和West Tce的交叉路口，Parachilna；有电力供应营地 $35，经济小屋 标单/双 $65/80，酒店 标单/双/标三 $195/225/320起；❄📶）。这座世界一流的酒店拥有靓丽的套间，街道对面还有露营地和工人小屋。不要错过在酒吧（主菜$18~35，营业时间 11:30~15:00和18:00~20:30）品尝美味菜肴的机会。你也不妨试试这里的野味串烤（包括骆驼香肠、袋鼠肉片和鸸鹋）。我们10:42就到了酒馆，侍者说：“喝啤酒太早了？谁这么规定的？”

利溪和科普利（Leigh Creek & Copley）

20世纪80年代早期，州政府建造了原先并不存在的利溪小镇（人口700）。利溪同时也是一座煤矿小镇，为奥古斯塔港的电站供应原料。Leigh Creek Tavern（☎08-8675 2025；leighcreektavern@alintaenergy.com.au；Black Oak Dr, Leigh Creek；汽车旅馆 标单/双 $115/140，小屋 标单/双/家 $100/110/150；❄）提供非常漂亮的20世纪90年代汽车旅馆客房、简朴小屋，还有分量十足的法式小馆菜肴（主菜$18~30，营业时间为正午至14:00，以及18:00~20:00）。利溪游客信息中心（Leigh Creek Visitor Information Centre；☎08-8675 2315；www.loccleighcreek.com.au；Shop 2, Black Oak Dr, Leigh Creek；⊙周一至周五 8:30~17:30，周六 8:30~14:00）则坐落在Liz's Open Cut Cafe之中。

无所事事的可爱小镇科普利（人口80）位于利溪以北大约6公里处，而Copley Caravan Park（☎08-8675 2288；www.copleycaravan.com.au；Lot 100 Railway Tcew, Copley；无电力/有电力供应营地 $25/30，小屋 双 $80~150，家 $150；❄）面积虽小，但很干净。Quandong Cafe（Lot 100 Railway Tce W, Copley；餐点 $5~7；⊙8:00~17:00）开门迎客，提供美味杜英果馅饼（杜英果是一种本土樱果）。

Iga Warta（☎08-8648 3737；www.igawarta.com；Arkaroola Rd；无电力供应营地 $22，铺和帐篷 每人 $36，小屋/旅行帐篷 双 $104/150）建在科普利以东57公里处，位于前往弗卡斯哈—盖蒙山脉国家公园（Vulkathunha-Gammon Ranges National Park）的路上，是一个由当地人运营管理的机构，提供阿亚曼塔哈文化体验活动（$25~84），以及四驱车和丛林徒步团队游（$138）。

弗卡斯哈-盖蒙山脉国家公园（Vulkathunha-Gammon Ranges National Park）

偏远的弗卡斯哈-盖蒙山脉国家公园（www.environment.sa.gov.au）占据着1282平方公里的沙漠，拥有深邃的峡谷、崎岖的山脉、澳大利亚岩间袋鼠（yellow-footed rock wallaby）和桉树林立的溪流。公园的大部分地区都不太好进（四驱车几乎是必备的交通工具），提供的设施也很有限。巴尔卡努那公园管理总部（Balcanoona Park Headquarters；☎08-8204 1910, 08-8648 5300）距离科普利99公里，森林管理员常会聚集于此。

公园内拥有5片丛林露营地（每人/车 $6/10），可在公园管理总部领取露营许可。这里还有两处小屋客房：Grindells Hut（至多容纳8人 $155）和巴尔卡努那剪羊毛人小屋（Balcanoona Shearers' Quarters；双/标三 $44/65，包房 至多容纳19人 $285），可以通过公园管理总部订房。

阿尔卡鲁拉（Arkaroola）

阿尔卡鲁拉荒原保护区（Arkaroola Wilderness Sanctuary；☎08-8648 4848；www.arkaroola.com.au）是一片私人运营的野生动物保护区，位于科普利以东129公里处，占据着弗林德斯岭的偏远一角，拥有壮美的景观，你可以驾车从土路进入。这里的游客中心（⊙9:00~17:00）陈列着关于自然史的展品，还科学地解释了这一带经常地震的原因。

来到阿尔卡鲁拉，有一项活动必须参加，就是4小时四驱车脊巅之旅（Ridgetop Tour；☎08-8648 4848；www.arkaroola.com.au；成人/儿童 $145/55）。旅程穿越荒野山村，体验令人胆战心惊的爬坡，然后一路向下并最终抵达奇特的西里尔斯瞭望台（Sillers Lookout）。你还可以预订导览游或跟随团队游（驾车和步行）穿越该区域。

阿尔卡鲁拉度假村（Arkaroola Rd Camp；无电力/有电力供应营地 $22/29，小屋 家 $130~175，汽车旅馆 双 $149~179；❄☒）包含了一片汽车旅馆建筑、房车公园、酒吧餐厅（主菜$20~30，营业时间为正午至14:00以及18:00~20:00）、超市，还有车辆服务站。

内陆（OUTBACK）

从艾尔半岛和弗林德斯岭向北挺进，就进入了南澳广袤而又空旷的内陆地区。只要准备妥当，在这片人口稀少、环境严酷的乡村地带旅行还是会收获颇丰的。

从斯图尔特公路驶向澳大利亚的心脏地带，伍默拉是沿途第一座休息站。这里有着核试验留下的灰暗阴影，还收藏着不少闪亮的火箭残片。再向北走就是库伯佩迪，那里蕴藏着澳宝矿藏，绝对是一个独一无二的小镇，人类面对财富的迷乱和癫狂曾经淋漓尽致地展现在这片酷热的不毛之地上。如果你有探险家的雄心壮志，就去标志性的乌德纳达塔步道，这条崎岖的内陆小径是除了柏油马路斯图尔特公路之外的另一种选择。

☞ 团队游

除了定向内陆旅程，弗林德斯岭之旅有时也会向北延伸，进入内陆。观光飞行之旅则从库伯佩迪（见899页）、威廉溪（William Creek，见903页）和马里（Marree，见903页）出发。

Arabunna Tours 文化游

（☎08-8675 8351；www.arabunnatours.com.au；7天团队游阿德莱德出发 $1800起）这家原住民开办的公司提供文化之旅，从阿德莱德出发前往弗林德斯岭、马里、乌德纳达塔步道和艾尔湖。

Sacred Earth Safaris 探险游

（团队游 每位成人/儿童 $4900/4700）宏伟又让人震撼的内陆四驱车团队游，全程10天，乘车沿着三大沙漠路径（即乌德纳达塔步道、斯特雷兹莱基步道和伯兹维尔步道）游历，也会游览库伯佩迪和弗林德斯岭。

ℹ 到达和当地交通

飞机

区域快线（Regional Express，Rex；www.regionalexpress.com.au）大多数日子里都有往来于阿德莱德和库伯佩迪之间的航班（$247起，2小时）。

长途汽车

澳洲灰狗巴士（Greyhound Australia；www.greyhound.com.au）每天都有长途汽车往返于阿德莱德和爱丽斯泉（$244，20.5小时）之间，途中停靠皮姆巴（Pimba；$82，7小时）、格伦丹巴（Glendambo；$95，8.25小时）和库伯佩迪（$147，11.25小时）。

汽车

斯图尔特公路连接奥古斯塔港和达尔文。南澳的皮姆巴（距离奥古斯塔港171公里）、格伦丹巴（285公里）、库伯佩迪（535公里）、Cadney Homestead（689公里）和马勒（Marla；771公里）均提供住宿和加油服务。皮姆巴、库伯佩迪和马勒还提供24小时的汽油销售服务。

乌德纳达塔步道（Oodnadatta Track）、伯兹维尔步道（Birdsville Track）和斯特雷兹莱基步道（Strzelecki Track）会在暴雨后关闭。可以咨询阿德莱德的**皇家汽车协会**（Royal Automobile Association，简称RAA，见792页地图；☎08-8202 4600；www.raa.com.au；41 Hindmarsh Sq；⏲周一至周五 8:30~17:00，周六 9:00~16:00），了解路况信息，或者登录www.dpti.sa.gov.au/OutbackRoads查询。

火车

大南部铁路公司（Great Southern Rail，见911页）运营的汗线火车穿越内陆地区，往返阿德莱德和爱丽斯泉。不同班次分别停靠库伯佩迪和马勒（Marla）或其附近。可以登录网站了解详情。

伍默拉（Woomera）

人口 200

从**皮姆巴**（人口50）出发，驶离斯图尔特公路，绕道6公里后便可到达伍默拉。这个小镇1947年成为英国火箭实验与核试验的总部，留下了类似马拉林加核试验场这些臭名昭著的地方，而当地的原住民部落也遭受了严重的核辐射。如今，伍默拉是一个有些怪异并且人工规划痕迹较浓的城镇，是国防部（Department of Defence）仍在运行的试验基地。

在**伍默拉遗产和游客信息中心**（Woomera Heritage & Visitor Information Centre；☎08-8673 7042；www.southaustralia.com；Dewrang Ave；博物馆 成人/儿童 $6/3；⏲3月至11月 9:00~17:00，12月至次年2月 10:00~14:00），你会发现这里的展品描述了伍默拉的昨天和今天。此外，这里还有一个保龄球馆！停车场的对面就是**Lions Club Aircraft & Missile Park**，那里有着不少喷气式飞机和火箭的残骸。

为火箭专家而造的**Eldo Hotel**（☎08-8673 7867；eldohotel@transfieldservices.com；Kotara Ave；双 $110起；❄）拥有舒适的汽车旅馆房，这里高雅的法式小馆（主菜$19~32，

沙漠公园通票

想要探索南澳的内陆地区，可以考虑买一张**沙漠公园通票**（☎08-8648 5328，1800 816 078；www.environment.sa.gov.au；每车 $150）。这张通票能让你进入7座内陆公园（含露营），并获得一份地图和手册。可从阿德莱德皇家汽车协会购买；或者上网邮购（仅限澳大利亚境内）；也可登录www.environment.sa.gov.au查询弗林德斯岭以及南澳内陆的通票代理商，然后购买。

营业时间 7:00~9:00、正午至14:00和18:00~20:30）提供各式菜肴。记得尝尝荤菜拼盘。

经过伍默拉，沿着柏油马路继续向北行驶90公里，你就会来到**偌克斯比道恩思**（Roxby Downs；www.roxbydowns.com）。这个拥有4500人的沙漠小镇颇为富庶，令人称奇。这里为庞大的奥林匹克大坝矿（Olympic Dam Mine）提供生活服务，这个大矿有丰富的铜、银、金和铀矿储量。

伍默拉至库伯佩迪（Woomera to Coober Pedy）

建于1982年的**格伦丹巴**（人口30）位于皮姆巴西北方约115公里处，距离库伯佩迪245公里，前不着村后不着店，是斯图尔特公路上的服务中心。在抵达库伯佩迪之前，这里是路上最后一个加油站。

你可以在绿洲般的**Glendambo Hotel-Motel**（☎08-8672 1030；manager@glendambo.com.au；Stuart Hwy；无电力/有电力供应营地 $23/27，标单/双/家 $94/99/140；❄✉）下榻，这里有酒吧、餐馆和一些不错的汽车旅馆套间。旅馆外面是尘土飞扬的露营地，当然你也可以在法式小馆（$16~30，营业时间为正午至14:00以及18:00~20:00）里品尝这里的荤菜。

从格伦丹巴再往北，Stuart Hwy便进入了政府管辖的**伍默拉禁区**（Woomera Prohibited Area）——公路本身并不限制通行，但别乱逛。

库伯佩迪（Coober Pedy）

人口 3500

来到“国际都会”（民众来自44个国家！）库伯佩迪，你会发现干旱贫瘠的沙漠突然满目疮痍，遍布着坑洞，一旁还有垒起的土堆——据说小镇周边有着多达100万个这样的洞穴。如此疯狂的挖掘就是为了寻找澳宝矿。100年前人们在此发现澳宝矿，小镇因此成为开采之都。但这并不意味着库伯佩迪也是一个旅游胜地：成群的苍蝇，没有树木，夏天50℃的高温，住在洞中的当地人，还有院落前堆放着的锈迹斑斑的破车……你一定觉得自己来到的是一片历经浩劫、废墟荒芜之地。但是，这里还真是趣味无穷！库伯佩迪（Coober Pedy）这个名称源自土著语kupa（白人）和piti（洞穴）。

周边沙漠荒凉得令人咋舌，全世界的电影制片人都注意到了这一点，他们来到这里，拍摄了史诗般的世界末日电影，诸如《疯狂的麦克斯 3》（*Mad Max III*）、《红色星球》（*Red Planet*）、*Ground Zero*、《星际传奇》（*Pitch Black*），以及相对而言更可信的《沙漠女王普里西拉》（*Priscilla, Queen of the Desert*）。

景点

Big Winch 雕刻、观景点

Big Winch绝对不容错过，那里能够俯瞰库伯佩迪城市全景。巨大水桶侧面印有“if”，表达这个城市乐观上进的精神。

Spaceship 雕刻

《星际传奇》（*Pitch Black*）选用这个令人惊叹的物体作为道具，电影当中，这艘飞船坠毁Hutchison St。

Tom's Working Opal Mine 矿井

（www.tomsworkingopalmine.com；Lot 1993，Stuart Hwy；团队游 成人/儿童/家庭 $25/10/55；⏲8:00~17:00）该矿井位于小镇西南方2公里处，是你参观采矿工作的最好去处：在这里，矿工们继续搜寻他们的大矿脉，而游客也可以仔细搜寻，说不定能发一笔小财。提供自助导览游，时间为8:00~17:00，成人价格$10，儿童价格$5。

Coober Pedy 库伯佩迪

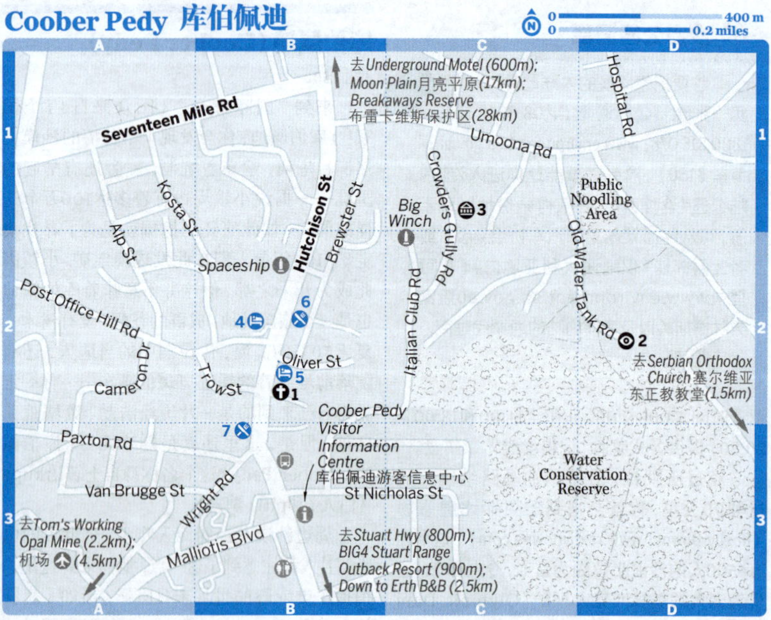

Coober Pedy 库伯佩迪

景点

1 圣彼得和保罗天主教教堂 B2
2 菲的地下家园 D2
3 Old Timers Mine C1

住宿

4 Desert Cave Hotel B2
5 Radeka Downunder B2

就餐

6 John's Pizza Bar & Restaurant B2
7 Tom & Mary's Greek Taverna B3
Umberto's .... （见4）

Old Timers Mine　　博物馆

（www.oldtimersmine.com; 1 Crowders Gully Rd; 自助导览游 成人/儿童/家庭 $15/5/40; ⏲9:00~17:30）这片区域坑道密集，妙趣横生，1916年开凿，此后又被矿工掩藏。后来，人们在建造防空洞屋（dugout home）时打穿了墙体，通进了这里迷宫般的坑道，这才重新发现了这个尘封的矿区。除了精彩纷呈的坑道自助游，这里还有一座博物馆，坐落在重建的20世纪20年代的地下建筑之中。博物馆每天都有免费的采矿工具展（9:30、13:30和15:30）。

防空洞屋和教堂

夏季，即使天气无比炎热，地底温度不会超过23℃，所以地底住宿根本不需要空调。教堂也是如此，矿工在那儿怀揣信仰和希望。

菲的地下家园　　地道

（Faye's Underground Home; ☎08-8672 5029; www.cooberpedy.sa.gov.au; Old Water Tank Rd; 成人/儿童 $5/1.50; ⏲3月至10月周一至周六8:00~17:00）20世纪60年代，3位女士亲手挖出了这片地下家园。有点花里胡哨，起居室室内游泳池无疑是一大亮点！

塞尔维亚东正教教堂　　教堂

（Serbian Orthodox Church; ☎08-8672 3048; Saint Elijah Dr, 紧邻Flinders St; 门票 $5; ⏲24小时）这座城内最大、最令人难忘的地下教堂有精美石墙雕刻和绝美的拱形屋顶，就坐落在小镇以南大约3公里处。

圣彼得和保罗天主教教堂 教堂

（Catholic Church of St Peter & St Paul; Halliday Pl和Hutchison St交叉路口；⊙每天10:00~16:00，周日 10:00 弥撒）免费 库伯佩迪的第一座教堂，至今仍散发着迷人的魅力。四周摆满圣像，播放肃穆的经典音乐。

团队游

Arid Areas Tours 自驾游

（☎08-8672 3008; www.aridareastours.com; 2/4/6小时团队游 每2人 $120/240/420起）提供环游小镇的四驱车团队游，行程还可延伸至彩绘沙漠（Painted Desert）和布雷卡维斯（Breakaways）。

Desert Cave Tours 团队游

（☎1800 088 521, 08-8672 5688; www.desertcave.com.au; 4小时团队游 每位成人/儿童 $98/49）组织便捷的团队游，带你遍访小镇中的亮点，包括野狗围栏（Dog Fence，旨在保护南澳不受澳大利亚野狗侵扰而建）、布雷卡维斯以及月亮平原（Moon Plain）。这里也提供4小时的“下井挖矿”（Down ‘N’ Dirty）团队游活动（成人/儿童 $110/55），让你有机会体验开采澳宝。

Mail Run Tour 自驾游

（☎08-8672 5226, 1800 069 911; www.mailruntour.com; 团队游 每人 $195）组织持续全天的邮件递送之旅，你将从库伯佩迪出发，穿越沙漠，沿着乌德纳达塔步道，抵达乌德纳达塔，并从威廉溪返回。

Opal Air 观光飞行

（☎08-8670 7997; www.opalair.com.au; 飞行每人 $470起）半天时间的观光飞行将从库伯佩迪出发，带你纵览艾尔湖、威廉溪及彩绘沙漠。

住宿

Riba's 露营地 $

（☎08-8672 5614; www.camp-underground.com.au; Lot 1811 William Creek Rd; 地下营地 $30，地上无电力/有电力供应营地 $20/28，单和双 $66; ⊜）Riba's距离小镇约5公里，提供独一无二的地下露营体验！另外，这里还有一个位于地下的电视房和经济型的地下单人房，并组织晚间的澳宝矿藏团队游（成人 $24；地下住宿和无电力供应营地 免费，其他住宿 享受打折）。

BIG4 Stuart Range Outback Resort 房车公园 $

（☎08-8672 5179; www.stuartrangeoutbackresort.com.au; Yanikas Dr; 无电力/有电力供应营地 $27/34，双 $99起，1/2卧 公寓 $170/255; ❄⊜≋）这家营地花费巨资重新装修客房以及全面美化景观（快看，橄榄树！），堪称城郊最佳传统（意即“地上”）房车公园。我们到访之时，正在修缮泳池：下水之前，确认修缮已经完工。同时组织团队游。

Radeka Downunder 青年旅舍 $

（☎08-8672 5223; www.radekadownunder.com.au; 1 Oliver St; 铺/双/标三/标四 $35/85/120/155，汽车旅馆套间 双/标三/家 $130/165/200; @⊜）这里的主人从1960年起便开始在此挖掘。虽然他们并没有发现很多澳宝，但却成就了这家别致的背包客旅馆！这个位于地下6.5米的多层建筑提供经济铺位、不错单人间和汽车旅馆套间。还有公用厨房/酒吧、烧烤区和洗衣房。组织团队游。提供机场接送服务。近来，顾客评价褒贬不一。

★ Down to Erth B&B 民宿 $$

（☎08-8672 5762; www.downtoerth.com.au; Lot 1785 Monument Rd; 双 含早餐 $165，多加一人 $25; ⊜≋）这家地下住宿地点非常出色，距离城区3公里。地下双卧客房（最多容纳5人，绝对适合家庭入住）带有厨房和休息区，还有绿茵如盖的跌水潭，游览一天之后可来此处纳凉休憩。烧烤采用木柴，还有巧克力赠送。

Desert Cave Hotel 酒店 $$

（☎08-8672 5688; www.desertcave.com.au; Lot 1 Hutchison St; 双/标三 $170/200起，多加一人 $35; ❄@⊜≋）这家酒店处于库伯佩迪住宿价格的金字塔顶端，引入沙漠奢华客房，正是当下所需。配备迷人的泳池，咖啡馆白天营业，提供机场接送服务，Umberto's（☎08-8672 5688; www.desertcave.com.au; Lot 1 Hutchison St; 主菜 $28~38; ⊙18:00~21:00）餐馆出类拔萃。员工礼貌有加。组织团队游。同时提供地上客房（虽然宽敞，但是城内还有更加美妙的住宿地点）。

Underground Motel 汽车旅馆 $$

(☎08-8672 5324; www.theundergroundmotel.com.au; Catacomb Rd; 标准 标单/双/家 $110/125/157, 套 $125/135/182; 📶)这家旅馆提供标间和套间（配备独立的休息室和厨房）。这里氛围友好，可以欣赏布雷卡维斯（Breakaways）全景，但从小镇步行至此稍有距离。堪称Catacomb Rd精品汽车旅馆之一。

就餐

★John's Pizza Bar & Restaurant 意大利菜 $$

(☎08-8672 5561; www.johnspizzabarandrestaurant.com.au; Shop 24, 1 Hutchison St; 主菜 $13~32; ⏲10:00~22:00)千万不要错过这家餐馆。这里供应大块的比萨、丰盛的意大利面以及清凉解暑的意大利冰激凌，还提供烤肉、沙拉、汉堡、皮塔三明治、炸鱼薯条。可以落座室内，也可点外卖。或者落座室外街边，紧靠鲜翠欲滴的盆栽花木旁。

Tom&Mary's Greek Taverna 希腊菜 $$

(☎08-8672 5622; Shop 4/2 Hutchison St; 主菜 $17~32; ⏲周一至周六 18:00~21:00)这家繁忙的希腊式餐厅提供各式各样的菜肴，从极其美味的慕沙卡（moussaka），到皮塔三明治、海鲜、希腊沙拉和有着希腊风情的意面。当库伯佩迪的红日西下，不妨坐在店里休息，要一瓶冰镇的希腊葡萄酒，等待尘土飞扬的明天到来。

实用信息

24小时自动售水机（24-hour Water Dispenser; Hutchison St; 每30升 $0.20）可为水壶加水，紧邻游客信息中心。

库伯佩迪游客信息中心（Coober Pedy Visitor Information Centre; ☎08-8672 4617, 1800 637 076; www.opalcapitaloftheworld.com.au; Council Offices, Lot 773 Hutchison St; ⏲周一至周五 8:30~17:00, 周六和周日 10:00~13:00）提供住宿信息、历史展览以及30分钟免费上网服务（需要预约），并组织综合性的团队游活动。

库伯佩迪医院（Coober Pedy Hospital; ☎08-8672 5009; www.sahealth.sa.gov.au; Lot 89 Hospital Rd; ⏲24小时）提供事故医疗和急诊服务。

到达和当地交通

注意，汗线火车最近站点位于市区东北42公里的曼古历（Manguri）。所以需要提前规划如何进城。

Budget（☎08-8672 5333; www.budget.com.au; Coober Pedy Airport）汽车、四驱车和露营房车，每天$80起。

库伯佩迪至马勒 (Coober Pedy to Marla)

沿着一条崎岖道路向着库伯佩迪北方前行33公里，即可到达**布雷卡维斯保护区**（Breakaways Reserve）。这里荒无人烟，却又多姿多彩，山丘和山坡一片荒芜。沿着公路，到达城西22公里处，转弯即到。进入许可（每位成人/儿童 $2.20/免费）可在库伯佩迪游客信息中心办理（注意，当地土地所有者未来可能修改许可办理流程）。

从库伯佩迪出发，在Oodnadatta Rd上有一条颇为有趣的环形车道，你可以在沿途欣赏到布雷卡维斯、**野狗围栏**和像桌子似的**月亮平原**。这条车道总长达70公里，大部分路段都不是柏油马路，如果遇到雨天，你需要驾驶四驱车来游览。

如果你要去乌德纳达塔，在Cadney Homestead（库伯佩迪以北151公里处）驶离斯图尔特公路，比起途经马勒或者库伯佩迪的路线来说，走土路时间会更短一些，而且你能在沿途经过恰如其名的**彩绘沙漠**（记得带上你的相机）。

Cadney Homestead（☎08-8670 7994; cadney@bigpond.com; Stuart Hwy; 无电力/有电力供应营地 $16/25起，双小屋/汽车旅馆 $85/125; ❄@🏊）拥有停放房车和搭建帐篷的营地、经久耐用的汽车旅馆房以及简易的小屋（自带毛巾，营地设施公用），并提供汽油、补胎修理服务、外卖食物、冰镇啤酒、自动柜员机、游泳池……

马勒（人口245）位于一片洋槐灌木之中，距离Cadney Homestead大约82公里。1980年，汗线铁路改道之后，马勒便取代乌德纳达塔成了官方的地区中心。**Marla Travellers Rest**（☎08-8670 7001; www.marla.com.au; Stuart Hwy; 无电力/有电力供应营地 $20/30, 小屋 $40,

双 $120起；❄@☒）提供汽油、汽车旅馆房、露营地、游泳池、咖啡馆和一家超市。

有着边塞风情的明太比（Mintabie；人口250）坐落在马勒以西35公里处，是一片位于原住民土地上的澳宝矿区定居地。这里有一家杂货店、餐馆和简易的房车公园。

从马勒出发，再行驶180公里就到了北部地区（Northern Territory，简称NT）的边界。跨过边界，你可以在20公里外的卡尔格拉（Kulgera）找到一座加油站。

乌德纳达塔步道（Oodnadatta Track）

富有传奇色彩的乌德纳达塔步道是一条总长615公里的土路，位于斯图尔特公路沿线的马勒和弗林德斯岭北部的马里之间，人迹罕至。步道随着古老的大陆电报线（Overland Telegraph Line）和已经弃用的Great Northern Railway延伸。世界第六大湖艾尔湖（Kati Thanda；www.environment.sa.gov.au）就在路边，通常水位较低。虽然这条步道普通车辆也能走，但由于沿途时常坑坑洼洼、崎岖不平、泥泞不堪、尘土飞扬，所以最好驾驶四驱车。

ℹ 实用信息

前往乌德纳达塔步道之前，记得查询道路状况（以及雨后是否封闭）。可向库伯佩迪游客信息中心或阿德莱德皇家汽车协会（见899页）咨询，或者登录www.dpti.sa.gov.au/OutbackRoads查询。

在马勒、乌德纳达塔、威廉溪和马里都有汽油、住宿和用餐服务提供。

如需了解步道相关信息，可以登录www.southaustralia.com下载South Australian Tourism Commission《乌德纳达塔步道——泉水巡礼》（*Oodnadatta Track-String of Springs*）。亦可登录Pink Roadhouse网站，查询那些简明实用的地图。

乌德纳达塔至威廉溪（Oodnadatta to William Creek）

乌德纳达塔（人口170）距离马勒大约209公里，是主干道和旧铁路线铁轨分道扬镳的地方。Pink Roadhouse（☎08-8670 7822，1800 802 074；www.pinkroadhouse.com.au；无电力/有电力供应营地 $22/32起，小屋 双 $120起）是一个获取小径信息（关于合理轮胎气压，他们非常懂行）和美味菜肴的好地方，不妨试试乌德纳达塔汉堡（Oodnaburger）。这家路边驿站还有一座附属的房车公园。住宿既有简易露营地，又有设施齐备小屋。

再过201公里，你便可以抵达威廉溪（人口6），不妨在饱经风霜的William Creek Hotel（☎08-8670 7880；www.gdaypubs.com.au；William Creek；无电力/有电力供应营地 $24/30，双 小屋/酒店 $90/150；❄）尽享此处的生活。这家标志性的酒馆始建于1887年，使用各种照片、名片、旧牌照和钉在墙上的货币装饰。这里还有布满灰尘的露营地、朴素的小屋和汽车旅馆房，并提供汽油、冰镇啤酒、基本生活用品、全天供应的菜肴（主菜$16~32）和备用轮胎。

威廉溪还是Wrightsair（☎08-8670 7962；www.wrightsair.com.au；william Creek；飞行每人 $285起）的大本营，其组织的观光飞行游将会带你掠过艾尔湖的上空（最少2人）。

科沃德泉至马里（Coward Springs to Marree）

科沃德泉露营地（Coward Springs Campground；☎08-8675 8336；www.cowardsprings.com.au；无电力供应营地 成人/儿童 $12.50/6.25）与马里大约有130公里的距离，是古老的科沃德泉铁道侧线上的第一站。这里的天然温泉浴盆（每位成人/儿童 $2/1）使用原先的铁轨枕木制成，你可以毫无顾忌地沉浸其中；你也可以从这里出发，参加前往艾尔湖的骆驼之旅（每人 $1760），行程为期6天。

南艾尔湖（Lake Eyre South）位于海平面以下12米，你的下一站就是能够俯瞰湖泊的瞭望台，访问www.lakeeyreyc.com获取艾尔湖的水位报告。距离马里大约60公里的地方坐落着Mutonia雕塑公园（Mutonia Sculpture Park；⏲24小时）免费，这里有几架焊接在一起的飞机，它们的尾部被埋在地下，形成了"飞机阵"（Planehenge）的景象。

马里（人口100）曾是阿富汗驼队（Afghan camel teams）和Great Northern Railway沿途的重要中心，同时也是乌德纳达塔步道和伯兹维尔步道的起点（或终点）。巨大的石制建筑Marree Hotel（☎08-8675 8344；www.marreehotel.com.au；Railway Tce S；无电力供应营地 免费，双 酒店/小屋 $120/140；❄📶📺）始建于1883年，拥有不错的酒馆房间（带有公用卫生间）、别致小屋套房和免费露营地！马里更是组织观光飞行的好地方：不妨试试Aus Air Services（☎08-8675 8212；www.ausairservices.com.au；2小时飞行 每人 $280起）。

你可以在空中清晰地看到马里勇士（Marree Man）的身影，这是一个蚀刻在艾尔湖畔的沙漠之中、长4.2公里的人形轮廓，描绘的是一位Pitjantjatjara原住民战士。直到1988年，这个蚀刻像才被人发现，看起来似乎没人知道它的作者是谁。遗憾的是，如今这一景观的风化速度很快。

从马里出发，向南行进80公里后便可抵达林赫斯特（Lyndhurst）。在那里，沥青公路重新出现，并朝南通向33公里外，位于弗林德斯岭北端的科普利。

伯兹维尔步道（Birdsville Track）

古老的伯兹维尔步道原先是驱赶牲畜时所走的小径，总长517公里，从南澳的马里延伸至伯兹维尔（见512页），跨过了昆士兰州的边境，并从东侧的辛普森沙漠和西侧的斯图尔特多石沙漠（Sturt Stony Desert）之间穿过，堪称澳大利亚经典的内陆线路之一。访问www.dpti.sa.gov.au/OutbackRoads获取路况信息（无论如何，必须驾驶四驱车）。

斯特雷兹莱基步道（Strzelecki Track）

斯特雷兹莱基步道蜿蜒穿过斯特雷兹莱基地方保护区（Strzelecki Regional Reserve；www.environment.sa.gov.au）内的沙丘，跨越460公里，从马里以南80公里处的林赫斯特，通向边境边区小村因纳明卡（Innamincka）。小镇蒙巴（Moomba）并不向游客开放，但在那里发现的油气资源却见证了步道从骆驼小道变迁至像样土路的历程，不过繁忙的交通还是留下了深深的车辙，坑洼的道路能把你的骨头颠散了架。稍新一些的蒙巴-斯特雷兹莱基步道（Moomba-Strzelecki Track）保养得更为良好，但远不如沿着斯特雷兹莱基溪（Strzelecki Creek）而行的老路来得有趣和漫长。林赫斯特与因纳明卡都提供住宿、生活用品和汽油，但两者之间的地带却一无所有。

因纳明卡（Innamincka）

人口 12

因纳明卡位于斯特雷兹莱基步道北端的库珀溪（Cooper Creek），靠近1860年探险家伯克（Burke）和威尔斯（Wills）远征不幸失败的地方。著名的救援树（Dig Tree）标志着远征探险队大本营的所在地，尽管已经看不到树上刻着的“dig”这个词，但你还是能辨认出远征军营地的编号。

库珀溪（Cooper Creek）隶属因纳明卡地方保护区（Innamincka Regional Reserve；www.environment.sa.gov.au/parks；每车 $10；⏲24小时），拥有一些深邃、水流不息的水潭。Malkumba-Coongie Lakes National Park（www.environment.sa.gov.au；每车 $10；⏲24小时）还有时枯时盈的湖泊。欧洲人到来之前，该地区生活着为数众多的原住民，因此可以发现不少诸如贝冢和磨石之类的遗迹。

因纳明卡交易所（Innamincka Trading Post；☎08-8675 9900；www.innaminckatp.com.au；South Tce；⏲8:00~17:00）销售汽油、沙漠公园通票、露营许可和生活物资，包括新鲜的面包和卷饼。也提供住宿：带空调小屋的套房（双人间 $150起）。古典风格的Innamincka Hotel（☎08-8675 9901；www.theoutback.com.au/innaminckahotel；2 South Tce；标单/双 $130/155；❄）同样提供住宿：雅致的汽车旅馆房间、适合家庭入住的牧场宿舍、单人房。同时供应冰镇啤酒（因纳明卡麦酒！），还有分量十足的简餐（主菜$20~30，供应时间为正午至14:00以及18:00~20:00）。

库珀溪的沿岸有着大量绿树成荫的丛林露营地（☎08-8648 5328；每车 $18）——因纳明卡交易所也销售这里的露营许可，你也可以使用沙漠公园通票。交易所外面设有热水淋浴（$2）和卫生间。

达尔文及周边

包括 ➡

最佳餐饮

- Laneway Speciality Coffee（见922页）
- Exotic North Indian Cuisine（见923页）
- Darwin Ski Club（见923页）
- Moorish Café（见922页）
- 斯托克斯山码头（见922页）

最佳住宿

- Melaleuca on Mitchell（见920页）
- Darwin Central Hotel（见920页）
- Wildman Wilderness Lodge（见932页）
- Pine Creek Railway Resort（见935页）
- Anbinik（Lakeview）Resort（见941页）

为何去

北部边缘地带（Top End）旷野无垠，尽是荒山野地。花点时间，探访这个地区周边的山村，你将洗去铅华，返璞归真。

从热带地区到沙漠地带，北部地区（简称NT）是澳大利亚冬天的绝佳去处。这里交通方便，路况良好，空中航线四通八达。当然，遥远的距离会使得每一次造访都与冒险相伴。可以感受源远流长的本地文化，还有数千年外族统治遗留的痕迹。这种机会可遇而不可求。本地岩画堪称一道亮丽的风景线，记录了远古人类社会，任凭千年风吹雨打，样貌依旧。

北部地区位于热带的北部边缘地带。毫无疑问，它拥有狂野的一面。鳄鱼潜藏在河流中，鸟儿的鸣叫让空气中充满了灵动的气息。在这里，你可以体验穿越时空的原住民文化，也可以凝视空灵的岩画，这可是千载难逢的机会。

何时去

达尔文

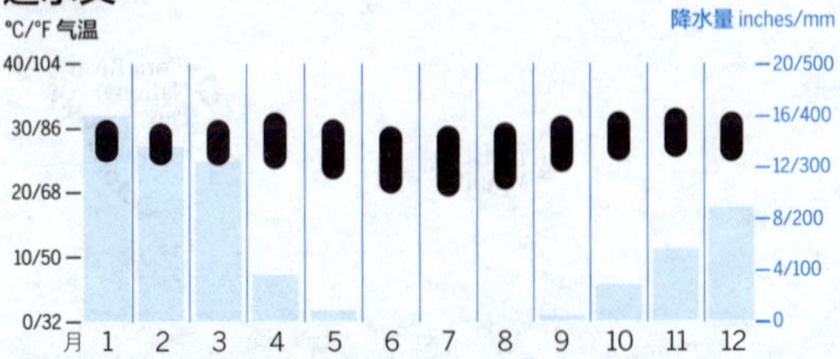

4月至8月 旅游旺季，北部地区湿度较低。

6月和7月 边缘艺术节来临，达尔文喜气洋洋，上演音乐、表演还有各种文化活动。

9月至次年3月 暴雨肆虐，北部边缘地带汪洋一片，恍若仙境。垂钓尖吻鲈正当其时。

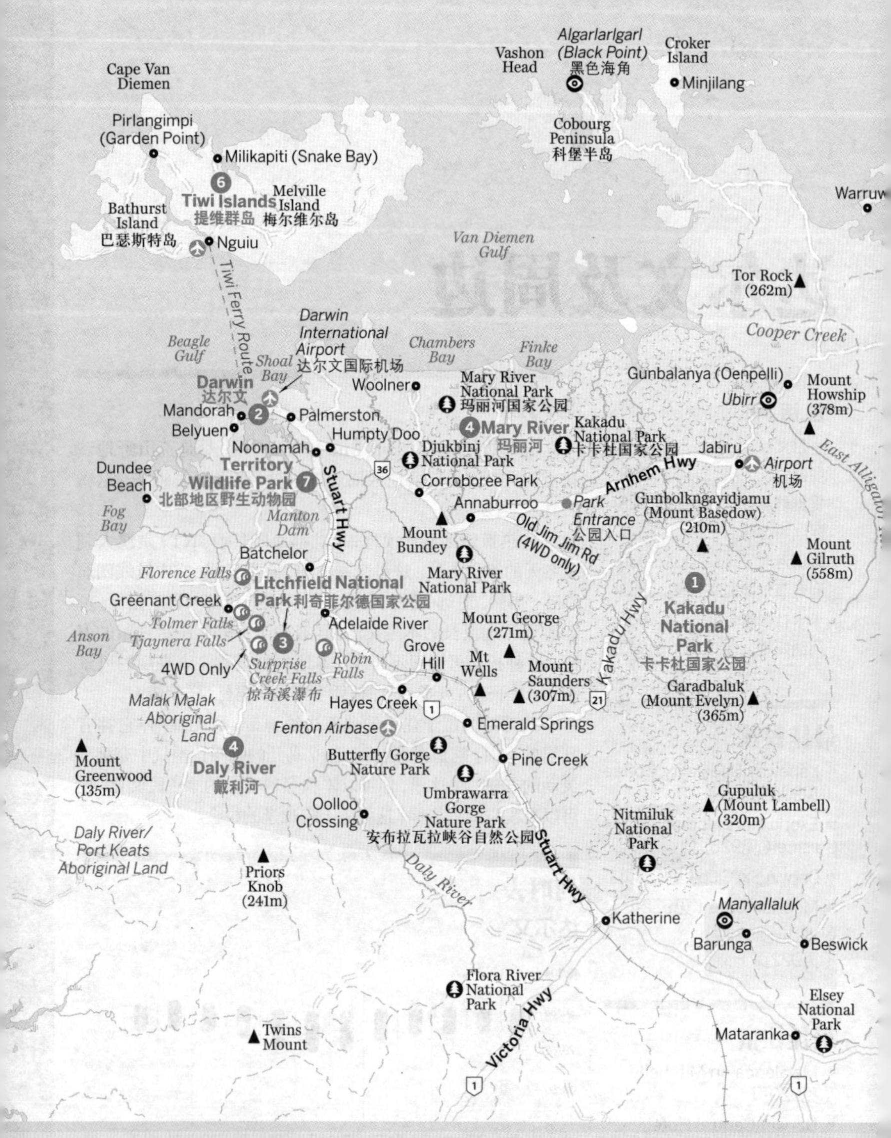

达尔文及周边亮点

❶ 观看鳄鱼犀利的目光，它们潜伏在**卡卡杜国家公园**（Kakadu National Park，见936页）的水域仙境，向外窥视。

❷ 前往**达尔文明迪尔海滩日落市场**（Mindil Beach Sunset Market，见926页），品尝沙嗲烤肉以及其他异域美食。

❸ 纵身跃入**利奇菲尔德国家公园**（Litchfield National Park，见933页）内水晶般清澈的岩石水潭。

❹ 前往**戴利河**（Daly River，见935页）或**玛丽河**（Mary River，见930页）垂钓尖吻鲈；澳大利

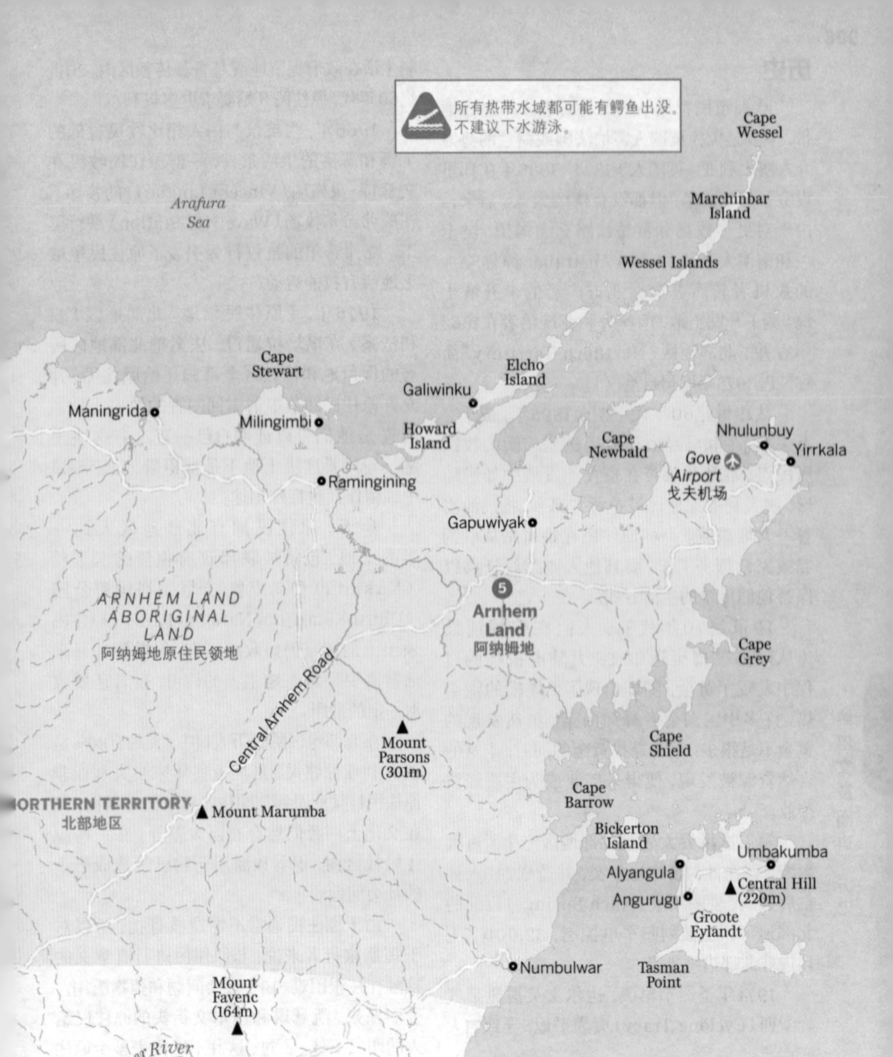

亚几处顶级**尖吻鲈垂钓地点**（见909页）就在这里。

❺ 游览地处偏远、令人心旷神怡的**阿纳姆地**（Arnhem Land，见943页），感受本地文化。

❻ 了解**提维群岛**（Tiwi Islands，见928页）独特本土文化，搜集几件非同凡响的当地纪念品。

❼ 前往**北部地区野生动物园**（Territory Wildlife Park，见932页），观赏那些独特的澳大利亚生物。

历史

欧洲殖民者最早试图定居于北部边缘地带，主要是因为英国人害怕法国或荷兰的势力介入澳大利亚。英国人于1824~1838年在那里设立了三个要塞，但都没有持续太久。后来，由于对更多牧场和贸易线路充满渴望，昆士兰和南澳大利亚（South Australia，简称SA）的投机者转而去探索北方广袤的未开垦土地。为了开发土地，南澳大利亚统治者在1863年吞并了北部地区（Northern Territory，简称NT。1978年取得自治权）。

从19世纪60年代中期至1895年，成千上万头羊、牛和马经由陆地运送到广阔的牧区居民点。混乱和艰苦在畜牧业发展中如影随形，澳大利亚原住民被迫背井离乡，牧民面临着一大堆难题。一些原住民在牲畜站从事饲养或家政服务工作，而其他人则继续迁移以保持他们传统的生活方式。

19世纪70年代初，人们在挖掘铺设（从阿德莱德至达尔文）大陆电报线的过程中发现了黄金，随即出现了小规模的淘金热，许多中国淘金者蜂拥而至。虽然发现的黄金不是很多，但在寻找黄金的同时，丰富的自然资源被发现，使得采矿业成为主要经济产业。

第二次世界大战对北部地区产生了重大影响。就在日本轰炸达尔文，并造成243人死亡后数周，爱丽斯泉（Alice Springs）以北的北部地区领土被划归军事控制，32,000名士兵进驻北部边缘地带。

1974年圣诞节早晨，达尔文又被热带气旋翠西（Cyclone Tracy）夷为平地，导致71人死亡。

北部地区原住民

澳大利亚的原住民在北部地区部分地区大约生活了有60,000年之久，但中部地区直到24,000年前才有人居住。他们首次与外界的重要接触发生在17世纪，当时来自今天的印度尼西亚苏拉威西岛的望加锡（Macassan）贸易者前往北部边缘地带收购海参（trepang）。

与澳大利亚别的地方相比，白人在北部地区的定居过程相对缓慢，而且遭遇到不少麻烦与暴力。到20世纪初期，大多数原住民仍被限制生活在政府保留地或基督教传教区内。20世纪60年代，原住民开始要求更多权利。

1966年，为抗议与白人相比牧民过低的工资和恶劣的生活条件，一群原住民牧民在文森特·灵格瑞（Vincent Lingiari）的领导下在威弗希尔牧场（Wave Hill Station）举行罢工。威弗希尔的抗议行为引发了原住民争取土地所有权的运动。

1976年，《原住民领地（北部地区）权利法案》在堪培拉通过。法案把北部地区所有的保留地和传教区全部归还给原住民，并允许原住民部落申请索回闲置的政府土地，前提是他们可以证明自己一直占有这块土地——只要这块土地不是被租借、位于城镇中或留作其他特殊用途。

今天，原住民拥有北部地区大约一半的土地，包括被联邦政府租借的卡卡杜（Kakadu）和乌卢鲁-卡塔楚塔国家公园（Uluru-Kata Tjuta National Park）。原住民领土上的矿藏仍归政府所有，但勘测和开采通常需要经过土地主人的许可，后者还要收取一定的费用。

在北部地区的20万人口中，大约有30%是澳大利亚原住民。虽然近些年来澳大利亚非原住民日益意识到与原住民和解的必要性，但在文化上两者仍然存在巨大差异。在一些原住民社区内，积弱和滥用药物已然造成严重的社会问题。

由于原住民通常不愿意被打扰，所以对于短期旅行者来说，与原住民进行有意义的接触往往很困难。由于社会问题和药物滥用，爱丽斯泉、凯瑟琳和达尔文街头的原住民给人的印象不佳。不过，这并不能代表整个原住民社会。

造访原住民社区的旅行团（其中大多数由当地社区经营）和前往艺术中心的游览越来越普及，这是因为原住民社区逐渐愿意分享自己的文化。这样的分享可以带来多方面的收益：通过自发性努力增加财政收入，让非原住民了解传统文化和习俗，从而有助于缓和过去由于无知和误解引发的诸多问题。

国家公园

除达尔文之外，北部边缘地带的最大亮点便是国家公园。澳大利亚幅员最为辽阔、名气最为响亮的自然风光区域就在这里，包括卡卡杜（Kakadu）和利奇菲尔德（Litchfield）。**澳大利亚公园管理局**（Parks Australia; www.environment.gov.au/parks）负责管理卡卡杜，而北部地区园林和野生动植物委员会（Parks & Wildlife Commission of the Northern Territory）负责其他公园并提供信息介绍，可从网上或各办事处获取。

活动

丛林徒步

北部地区的国家公园提供不同长度和难度的丛林徒步路线，这些路线维护得都很棒。这些路线能让徒步者身临其境地体验到各种环境和野生动物的栖息地。记得带上足够的水，随身带走垃圾，坚持走徒步小道。顶级丛林徒步路线包括卡卡杜国家公园的巴尔克砂岩丛林漫步（Barrk Sandstone Bushwalk）。

钓鱼

在北部地区的河道钓鱼不需要许可证，但是规定尺寸，而且限制数量。北部地区旅游局（Travel NT）通过网络（www.travelnt.com）发布相关信息。**北部地区业余渔民协会**（Amateur Fishermen's Association of the Northern Territory; www.afant.com.au）同样通过网络发布信息。

活蹦乱跳的尖吻鲈是吸引垂钓者来到北部边缘地带的最主要原因，尤其是在博罗卢拉、戴利河和玛丽河。不过，为了保持鱼类的可持续发展，现在越来越常见的场景是休闲垂钓联谊会鼓励人们在钓到鱼后放生。许多团队游提供交通和垂钓工具，费用为每人$275起。

游泳

凉爽的瀑布、水潭和使人焕发活力的温泉遍布北部边缘地带，是涤荡身心的最佳地点。利奇菲尔德国家公园（Litchfield National Park）特别值得一去。

咸水鳄在北部边缘地带的咸水和淡水中来去自如，但这里也有许多安全、天然的游泳点。在尝试下水之前，一定要遵守告示牌的规定，并寻求当地人的建议。如果不能确保安全，千万不要冒险。

箱形水母（box jellyfish）季节性地出没于达尔文市周围水域，5月至9月在城市海滩游泳最安全。

野生动物观赏

达尔文市区外的北部地区野生动物园（Territory Wildlife Park）是可以看到野生动物的最佳地点，从袋狸（bilby）到鸸鹋（emu），应有尽有。

如果你喜欢在野外观赏野生动物，那就得靠运气了，因为该地区许多动物都在夜间活动。但卡卡杜例外，在那里你能在卡希尔渡口（Cahill's Crossing）或黄水潭（Yellow Waters）看到鳄鱼，还可以在大片湿地上看到种类繁多的鸟。

实用信息

旅游资源

北部地区园林和野生动植物委员会（Parks & Wildlife Commission of the Northern Territory; ☎08-8999 4555; www.parksandwildlife.nt.gov.au）提供北部地区公园和保护区的详细信息，包括信息表格等。

Road Report（☎1800 246 199; www.roadreport.nt.gov.au）发布北部地区路况报告。

Tourism Top End（www.tourismtopend.com.au）总部设在达尔文的旅游机构。

北部地区旅游局（Travel NT; www.travelnt.com）官方旅游网站。

原住民地区进入许可证

进入原住民地区可能需要许可证，除非你使用的是穿过原住民领地的已获得认可的公共道路。许可证的办理需要4~6周的时间，但如果要去甘巴兰亚[Gunbalanya，奥培利（Oenpelli）]的印加拉克艺术中心（Injalak Arts Centre），许可证通常在贾比鲁（Jabiru; ☎08-8938 3000; Flinders St, Jabiru; ⏰周一至周五8:00~16:30）现场办理。

北部土地委员会（Northern Land Council; www.nlc.org.au）负责办理北部地区库努纳拉（Kununurra，位于西澳大利亚）和芒特艾萨（Mt Isa，位于昆士兰）间的许可证。凯瑟琳（Katherine）设有分支机构（☎08-8971 9802; 5 Katherine

Tce)。

提维土地委员会(Tiwi Land Council,见912页地图;☎08-8970 9373;www.tiwilandcouncil.com)负责办理前往提维群岛的许可证。

ℹ 到达和当地交通

飞机

国际和国内航班从**达尔文国际机场**(Darwin International Airport,见912页地图;www.darwinairport.com.au;Henry Wrigley Dr,Marrara)起降。也有往来于达尔文、爱丽斯泉(Alice Springs)和乌卢鲁(Uluru)之间的航班。

北部航空(Airnorth;www.airnorth.com.au)往返东帝汶(East Timor),前往阿纳姆地、布鲁姆(Broome)、珀斯(Perth)、库努纳拉和黄金海岸(Gold Coast)。

捷星航空(Jetstar;www.jetstar.com.au)航线涵盖了澳大利亚大多数主要城市和一些东南亚城市。

澳洲航空(Qantas;www.qantas.com.au)往返亚洲和欧洲,还有涵盖澳大利亚所有大城市的航线。

维珍澳洲航空(Virgin Australia;www.virginaustralia.com)有达尔文和布里斯班、墨尔本、珀斯、悉尼之间的直达航线。

长途汽车

澳洲灰狗巴士(Greyhound Australia;www.greyhound.com.au)提供整个北部地区主要公路线路的定期班车服务,包括前往卡卡杜的支线线路。

也可乘坐旅游巴士公司(例如AAT Kings)的客车或者背包客长途汽车,这些班车覆盖广袤区域,沿途可以观览景点。

小汽车

如想自驾游,揭开北部边缘地带的庐山真面目,则需一辆装备齐全的四驱车和一些内陆常识。**北部地区汽车协会**(Automobile Association of the Northern Territory,简称AANT;☎08-8925 5901;www.aant.com.au;2/14 Knuckey St,达尔文;⏲周一至周五 9:00~17:00,周六9:00~12:30)可提供行前准备和资源方面的建议,汽车协会的成员在澳大利亚其他州府享有互惠权利。

许多公路允许家用汽车和露营车通行,在达尔文和爱丽斯泉可以租到这些车。如果组团一起租车,则是一种相当经济的选择。

北部地区有些地方的路况与众不同。虽然交通便捷,公路笔直,但两地之间的距离却相当

在达尔文的……

两日

在**Four Birds**(见914页地图;☎0408 729 708;32 Smith St Mall,Shop 2,Star Village;菜品$6~12;⏲周一至周五 7:00~15:00,周六 8:00~14:00)或**Roma Bar**(见921页)享用早餐,同时浏览一下《北部地区新闻》(*Northern Territory News*),从而开始你新的一天。在市中心闲逛,穿过**两百年纪念公园**(Bicentennial Park,见914页地图;www.darwin.nt.gov.au;⏲24小时),不要错过**海洋公园**(Aquascene,见914页地图;☎08-8981 7837;www.aquascene.com.au;28 Doctors Gully Rd;成人/儿童 $15/10;⏲涨潮时间,上网查询具体时间)涨潮时的活动。趁着下午气温升高的时候,前往**海滨区**(waterfront precinct,见913页),光顾**Curve**(见922页),在波浪潟湖(Wave Lagoon)戏水,停留并畅游一番。日落时分,抵达**明迪尔海滩日落市场**(Mindil Beach Sunset Market,见926页),那里满是小吃摊、街头艺人和卖纪念品的。

第二天,租一辆自行车,前往**北部地区博物馆和美术馆**(Museum & Art Gallery of the Northern Territory,见916页),然后光顾附近的**Cornucopia Café**(见923页)享用午餐。接着,继续你的沿海短途远足海滨徒步之旅,去**东角保护区**(East Point Reserve,见918页)和**达尔文防卫展达尔文军事博物馆**(Defence of Darwin Experience Darwin Military Museum,见917页)看看。晚上的话,不妨逛逛**Mitchell St**(见924页)的酒吧。或者在卡伦湾(Cullen Bay)找一家安静的海滨餐厅,在满天繁星之下到**躺椅电影院**(Deckchair Cinema,见925页)看一场电影。

远。要当心北部地区的四大公路危险：速度（开放式公路最高限速为每小时130公里）、疲劳驾驶、公路列车和动物（夜间驾车尤甚）。注意，雨季时部分公路时常因洪水而关闭。可以登录www.ntlis.nt.gov.au/roadreport查询相关信息。

火车

著名的汗（Ghan）线火车由**大南部铁路公司**（Great Southern Rail；www.gsr.com.au）经营，蜿蜒往返达尔文和阿德莱德之间，途经凯瑟琳和爱丽斯泉。汗线火车在奥古斯塔港（Port Augusta，位于南澳大利亚）与往返于悉尼和珀斯之间的印度洋太平洋线（Indian Pacific）火车交会，而在阿德莱德与往返于墨尔本的陆地（Overland）线火车交会。

汗线火车有三个级别的卧铺票以及一种坐票。

达尔文（DARWIN）

☎08/人口 127,500

作为澳大利亚唯一地处热带的首府，达尔文自信地眺望着帝汶海（Timor Sea）。比起邦迪海滩（Bondi），这里更靠近巴厘岛，仿佛澳大利亚一处世外桃源。

达尔文为旅行者准备了丰富多彩的活动。街边餐馆和酒吧外面摆满了桌椅，新颖的博物馆向你揭示这个城市的过往，而美术馆则陈列着该地区丰富的原住民艺术品。这座城市是个世界性的大熔炉——来自50多个国家的人们毫无芥蒂地在这里聚居。比较典型的一个例子是，整个旱季都有很棒的集市。

在达尔文的郊区，你能观赏到不错的自然景色——驱车数小时就能到达著名的卡卡杜和利奇菲尔德国家公园，乘船则可以前往独一无二的提维群岛。对于当地人来说，最完美的周末活动莫过于带着装满啤酒的小冰箱、划着小船去钓尖吻鲈。

历史

拉若基亚原住民已经在达尔文生活了数千年，他们在这里狩猎、捕鱼和饲养家畜。1869年，一个永久性的白人定居点在此建立，新城镇的格局初具雏形。最初这座城镇被叫作帕默斯顿（Palmerston），1911年更名为达尔文。新城镇发展迅速，不断改变着这里的自然和人文景观。

松溪（Pine Creek）附近金矿的发现引来了大量华人，但他们很快就投入到其他行业中去了。其他亚洲人和岛屿居民也在此处的珍珠行业、铁路和码头工作。最近，邻近的东帝汶和巴布亚人都在达尔文找到了就业岗位。

第二次世界大战期间，达尔文是盟军在太平洋地区对日本作战的前线。它是当时唯一一座遭到轰炸的澳大利亚城市，但当时的官方报告为了鼓励澳大利亚人的士气，淡化了毁坏程度。虽然该市并没有被所遭受的攻击所摧毁，但全面军事占领仍然对达尔文造成了巨大的影响。

对达尔文来说，更大的破坏来自热带气旋翠西（Cyclone Tracy）。1974年平安夜，达尔文在午夜时分遭到热带气旋袭击。到了圣诞节的早上，达尔文实际上已经无法称得上是一座城市了。原本的11,200座房屋中只剩下400座依然挺立，共有71人失去生命。后来，达尔文制定了新的房屋规范，并严格遵照该规范进行重建，城市于是向外围稳步扩张。

景点

达尔文市中心

★鳄鱼湾乐园 动物园

（Crocosaurus Cove，见914页地图；☎08-8981 7522；www.crocosauruscove.com；58 Mitchell St；成人/儿童 $32/20；⏲9:00~18:00，最晚进入时间 17:00）如果旅行者不愿意到野外看鳄鱼，就把鳄鱼带到他们面前吧。鳄鱼湾乐园位于Mitchell St中段，可以让你以前所未有的距离靠近这种令人惊奇的生物。这里有一流的水族馆和池塘，能看见其中6条最大的人工养殖的鳄鱼。其他水族馆里还能见到尖吻鲈、海龟和黄貂鱼。另外，这里还有一个面积很大的爬行动物馆（据说展出了澳大利亚品种最多的爬行动物）。

你可以在透明的“死亡之笼”（Cage of Death，1人/2人 $160/240）中下降进入鳄鱼池。如果“死亡之笼”太可怕，你也可以去另一个池塘里游泳。在那里，一面透明的墙壁会将你与一些不那么具有威胁性的、温和的鳄鱼宝宝隔开。

Greater Darwin 大达尔文地区

乔治·布朗植物园

植物园

(George Brown Botanic Gardens, 见914页地图; http://www.parksandwildlife.nt.gov.au/botanic; Geranium St, Stuart Park; ⏲7:00~19:00, 信息中心 8:00~16:00) **免费** 以1971~1990年的植物园管理者命名，这座占地42公顷的植物园展有来自北部边缘地带和世界各地的植物——季风藤本植物林、红树林及海滨植物、酒瓶树(boab)以及大量本地和外来的棕榈树和苏铁等。

骑上自行车从达尔文出发，沿着Gilruth Ave和Gardens Rd前行，只要2公里就可轻松到达植物园。或者从紧邻Geranium St的另一个入口进门，需要在斯图尔特公路(Stuart Hwy)边的斯图尔特公园(Stuart Park)处转弯。此外，还可以乘坐7路公交车在斯图尔特公路(Stuart Hwy)/Geranium St拐角处的站点下车，步行前往植物园。

这里的许多植物都被当地原住民以传统的方式所利用，自助式原住民植物用途徒步小路已经建立，不妨在植物园位于Geranium St附近的信息中心拿一份宣传手册。在信息中

Greater Darwin 大达尔文地区

重要景点

1 北部地区博物馆和美术馆 A4

景点

2 查尔斯·达尔文国家公园 B4
3 鳄鱼公园 D3
4 东角保护区 A3
5 范尼湾监狱博物馆 A4
6 北部当代艺术馆 B4

活动、课程和团队游

7 达尔文帆船俱乐部 A4

住宿

8 Discovery Holiday Park – Darwin C4

就餐

Cyclone Cafe （见14）
9 Darwin Ski Club A4
Laneway Speciality Coffee （见6）
Parap Fine Foods （见14）
10 Pavonia Place B2
11 Pee Wee's at the Point A3

饮品和夜生活

Bogarts （见6）
Darwin Ski Club （见9）

娱乐

12 Darwin Railway Club B4

购物

13 奈特克利夫集市 B2
14 帕拉普村庄集市 B4
15 速溪集市 B3
Tiwi Art Network （见14）

心你还可以找到观鸟手册和植物园地图。

米利角遗产区 古迹

（Myilly Point Heritage Precinct，见914页地图）位于Smith St最北端，是一个面积不大但非常重要的区域，矗立着四座建于1930~1939年的房屋（这意味着它们在经过第二次世界大战的轰炸和热带气旋翠西的袭击后仍屹立不倒！）。这四座房屋现在由国家信托（National Trust）管理。其中，本内特住宅（Burnett House，见914页地图；www.nationaltrustnt.org.au；捐款进入；周一至周六10:00~13:00，周日 14:30~17:00）现在是一座博物馆。4月至10月，周日15:00以后，可在花园里品味诱人的殖民地风格下午茶（$10）。

达尔文海滨区

经过雄心勃勃的再开发之后，古老的达尔文海滨区（Darwin Waterfront Precinct；www.waterfront.nt.gov.au）已经改变了整座城市的外貌。耗资数百万澳元的重建后，游轮码头、豪华酒店、精品餐馆、购物中心、天空桥（Sky Bridge）纷纷建成。后者位于Smith St南端和波浪潟湖之上，是高架行人通道和电梯。

波浪潟湖和休闲潟湖 水上乐园

（Wave & Recreation Lagoons，见914页地图；08-8985 6588；www.waterfront.nt.gov.au；波浪潟湖 成人/儿童 $7/5；波浪潟湖 10:00~18:00）广受欢迎的波浪潟湖（Wave Lagoon）对当地人和外来旅行者都同样具有吸引力。这里能制造出10种不同的波浪（持续20分钟，中间停歇10分钟），有救生员、一座凉亭和一片供人们晒太阳的草坪。旁边是休闲潟湖（Recreation Lagoon），有沙滩、救生员和带有防护网的海滨浴场（但防护网和过滤器不能保证百分百有效）。

"二战"储油地道 隧道

（WWII Oil-Storage Tunnels，见914页地图；08-8985 6322；www.darwintours.com.au/ww2tunnels；自助游每人 $7；5月至9月 9:00~16:00，10月至次年4月 9:00~13:00）步行穿过"二战"储油地道，可以躲避白天的炎热并尽情挥洒希区柯克式的想象力。隧道修建于1942年，本来用于储藏海军的石油供给（但从未使用过），现在用于展出战时照片。

印度洋-太平洋水族展览馆 水族馆

（Indo-Pacific Marine Exhibition，见914页地图；08-8981 1294；www.indopacificmarine.com.au；29 Stokes Hill Rd；成人/儿童 $24/10；4月至10月 10:00~16:00，11月至次年3月 电话预约）这座很棒的海洋水族馆位于海滨区，为你提供与生活在达尔文港底部的"居民"近距离接触的机会。每一个小水箱都是一个完整的生态系统，偶尔需要给一些肉食动物们喂食小

Central Darwin 达尔文市中心

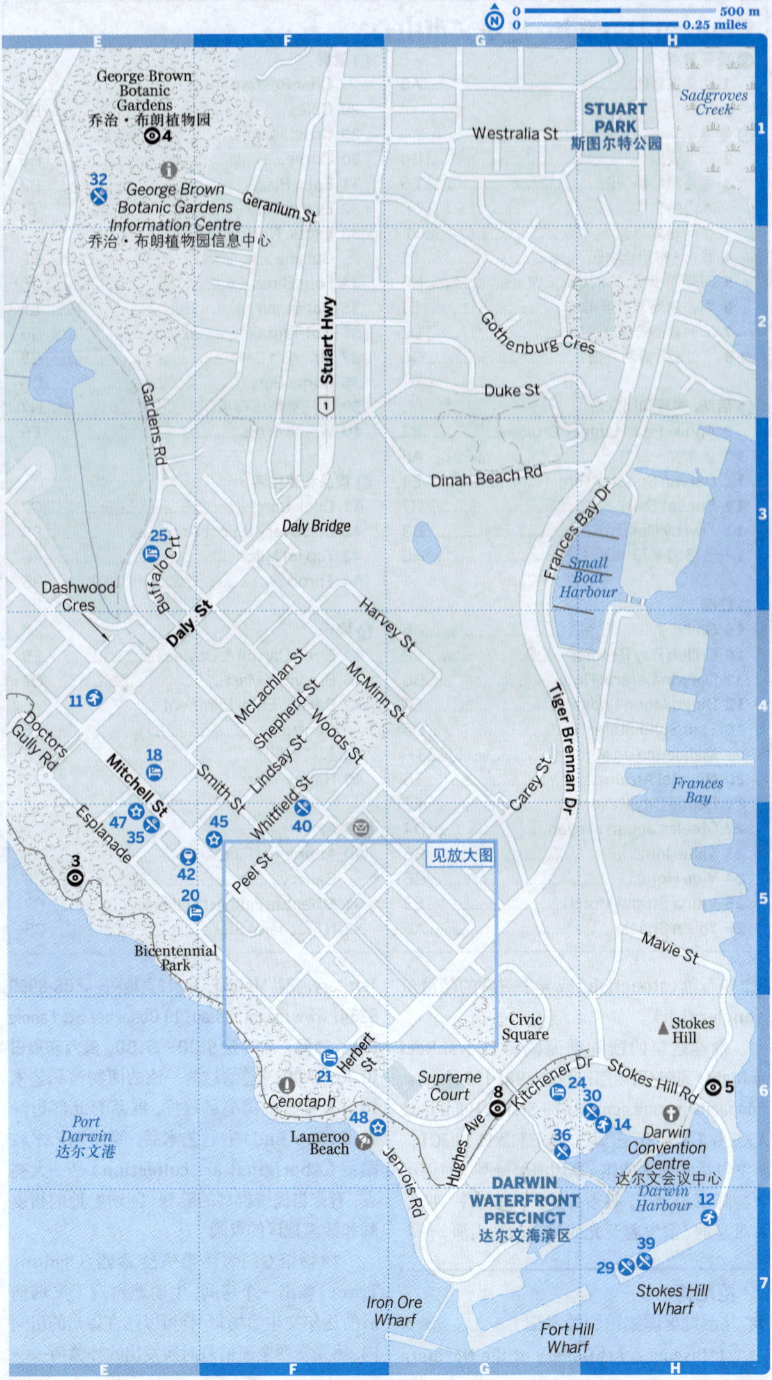
0 500 m
0 0.25 miles
E
F
G
H
1
2
3
4
5
6
7
George Brown Botanic Gardens
乔治·布朗植物园
4
32
George Brown Botanic Gardens Information Centre
乔治·布朗植物园信息中心
Geranium St
Westralia St
STUART PARK
斯图尔特公园
Sadgroves Creek
Stuart Hwy
1
Gothenburg Cres
Duke St
Gardens Rd
Dinah Beach Rd
Frances Bay Dr
Small Boat Harbour
Daly Bridge
25
Buffalo Crt
Dashwood Cres
Daly St
Harvey St
McLachlan St
McMinn St
Shepherd St
Woods St
Tiger Brennan Dr
11
Doctors Gully Rd
18
Mitchell St
Lindsay St
Smith St
Carey St
Frances Bay
Whitfield St
47
35
45
40
Esplanade
3
42
Peel St
见放大图
20
Mavie St
Bicentennial Park
Civic Square
Stokes Hill
Herbert St
21
Supreme Court
Stokes Hill Rd
5
Kitchener Dr
24
8
30
Cenotaph
14
Darwin Convention Centre
达尔文会议中心
Port Darwin
达尔文港
48
Lameroo Beach
Hughes Ave
36
Jervois Rd
DARWIN WATERFRONT PRECINCT
达尔文海滨区
Darwin Harbour
12
39
29
Stokes Hill Wharf
Iron Ore Wharf
Fort Hill Wharf

Central Darwin 达尔文市中心

重要景点

1 鳄鱼湾乐园 A6

景点

2 海洋公园 D4
3 两百年纪念公园 E5
本内特住宅 （见7）
夜间珊瑚礁游 （见5）
4 乔治·布朗植物园 E1
5 印度洋-太平洋水族展览馆 H6
6 明迪尔海滩日落市场 D1
7 米利角遗产区 D2
8 “二战”储油地道 G6

活动、课程和团队游

9 Anniki Pearl Lugger Cruises B2
10 达尔文一日游 A6
11 Darwin Scooter Hire E4
12 Sunset Sail H7
13 Tiwi by Design B3
14 波浪潟湖和休闲潟湖 H6

住宿

15 Chilli' s A6
16 Cullen Bay Resorts C2
17 Darwin Central Hotel B6
18 Dingo Moon Lodge E4
19 Elan Soho Suites D5
Melaleuca on Mitchell （见23）
20 Novotel Atrium E5
21 Palms City Resort F6
22 Steeles at Larrakeyah D4
23 Value Inn B6
24 Vibe Hotel G6
25 Vitina Studio Motel E3
26 Youth Shack A6

就餐

27 Char Restaurant A7
28 Coles B6
29 Crustaceans H7
30 Curve H6
31 Eat a Pizza B2
32 Eva' s Cafe E1
33 Exotic North Indian Cuisine B2
34 Four Birds C6
35 Hanuman E5
36 Hot Tamale G6
37 Moorish Café C5
38 Roma Bar C6
39 斯托克斯山码头 H7
40 Woolworths F5

饮品和夜生活

41 Deck Bar C7
42 Discovery & Lost Arc E5
43 Tap on Mitchell A6
44 Throb B5

娱乐

45 Birch Carroll & Coyle F5
46 Brown' s Mart C7
47 Darwin Entertainment Centre E5
48 躺椅电影院 F6
49 Happy Yess C7

购物

50 Aboriginal Fine Arts Gallery B6
51 Mbantua Fine Art Gallery C7
52 NT General Store C5

鱼，如石鱼（stonefish）或异乎寻常的琵琶鱼（angler fish）。

推荐这里的**夜间珊瑚礁游**（Coral Reef by Night，见914页地图；☎08-8981 1294；www.indopacificmarine.com.au；29 Stokes Hill Rd；成人/儿童 $120/60；⏲周三、周五和周日 18:30），游览包括参观水族馆、享用海鲜晚餐（使用可生物降解的盘子，必须如此！）和观看一场令人难忘的、散发着荧光的海洋动物表演。

范尼湾

★北部地区博物馆和美术馆 博物馆

（Museum & Art Gallery of the Northern Territory，简称MAGNT，见912页地图；☎08-8999 8264；www.magnt.net.au；19 Conacher St，Fannie Bay；⏲周一至周五 9:00～17:00，周六和周日 10:00～17:00）免费 这座一流的博物馆和艺术馆有看上去很漂亮的展厅，展品为北部边缘地带（Top End）主题艺术品。**原住民艺术收藏品**（Aboriginal art collection）是一大亮点，有来自提维群岛的雕刻、阿纳姆地的树皮画和沙漠地区的点画。

博物馆专门为**热带气旋翠西**（Cyclone Tracy）腾出一个房间，生动地再现了灾难前后的达尔文生活场景。你可以站在昏暗的房间内，感受翠西全速前进时所发出的呼啸声——

那绝对是一种你不会轻易忘却的声音。

航海展厅(Maritime Gallery)如同巨大的洞穴，里面有来自附近岛屿和印度尼西亚的各种工艺品，奇特而美妙。还有一艘采珍珠船和一艘越南难民船。

在这里展出的动物标本中，最令该博物馆自豪的毫无疑问要数"甜心"(Sweetheart)：一只长5米、重780公斤的咸水鳄鱼。"甜心"曾经在达尔文南部芬尼斯河(Finniss River)攻击了几艘捕鱼小船，之后便在北部边缘地带声名鹊起。

博物馆有间不错的书店，而Cornucopia Cafe可以眺望大海，是享用午餐的好地方。

范尼湾监狱博物馆

博物馆

(Fannie Bay Gaol Museum，见912页地图；http://artsandmuseums.nt.gov.au/museums/moretosee/gaolitage/visit/gaol；East Point Rd和Ross Smith Ave交叉路口，捐款进入；⏲10:00~15:00)这座博物馆相当引人入胜，稍显恐怖，它象征着近百年的孤独。作为1883~1979年达尔文的主要监狱，结实的牢房中挂着信息板，为了解该地区独特的社会历史提供了一扇重要的窗口。这里曾关押过麻风病人、难民和未成年人。牢房以及1952实施两次绞刑的绞架仍然保留。

达尔文防卫展

博物馆

(Defence of Darwin Experience，见912页地图；☎08-8981 9702；www.defenceofdarwin.nt.gov.au；成人/儿童/家庭 $14/5.50/35；⏲9:30~17:00)这家博物馆不落俗套，采用多媒体技术。游客能够听到"二战"中澳大利亚卫国战争受害者和参与者亲口讲述那段历史。战争期间，达尔文和北部边缘地带处于战争旋涡，前后遭到64次轰炸，1942年2月19日，总计188架战机对这座城市展开猛烈攻击。一间小小剧场播放着一段20分钟视频，生动再现了整个轰炸过程。东角北侧陈列一系列"二战"炮台，还有达尔文军事博物馆(Darwin Military Museum)。

北部当代艺术馆

艺术馆

(Northern Centre for Contemporary Art，简称NCCA，见912页地图；☎08-8981 5368；http://nccart.com.au；Vimy Lane，Parap Shopping Village；⏲周三至周五 10:00~16:00，周六10:00~14:00) 免费 北部当代艺术馆规模很小，但是展品变化多样、引人入胜。不妨趁转悠Parap Market之际，来此一游。

外围东部

鳄鱼公园

动物园

(Crocodylus Park，见912页地图；www.crocodyluspark.com.au；815 McMillans Rd，Berrimah；成人/儿童 $40/20；⏲9:00~17:00)鳄鱼公园有数以百计的鳄鱼，还有一个小型动物园，里面饲养着狮子、老虎和其他大型猫科动物，还有蜘蛛猴、绒猴、食火鸡以及大型鸟类。逛完整个公园需要2小时左右，你应该根据团队游(10:00、正午、14:00和15:30)的时间来把握自己的参观时间，团队游中包括了喂养示范活动。这里有鳄鱼肉烧烤套餐!

公园距离市中心15公里，从达尔文乘5路公共汽车即可到达。

活动

海滩和游泳

达尔文并不是所谓的"海滩天堂"，因为港口内鲜有适合冲浪的浪头。但市中心以北蜿蜒曲折的海岸线上倒是有一系列的沙滩，其中最受欢迎的要数范尼湾的明迪尔海滩(Mindil)和维斯蒂斯海滩(Vestey's)。再往北去，是7公里长的卡苏阿林娜海滩(Casuarina Beach)，这是官方认可的天体海滩。在达尔文，可以游泳的海滩一般离红树林很远，基本不用担心鳄鱼。但致命的箱形水母却会带来大麻烦，所以每年10月到次年5月(而且通常是在10月之前，直到次年5月)期间游泳并不安全。不过，你可以在一年中的任何时间到亚历山大湖(Lake Alexander)的西部尽情畅游。从东角(East Point，见912页地图；⏲红树林木板路 8:00~18:00)中心骑自行车可以轻松到达此地。也可在达尔文码头区(Darwin Wharf Precinct)中心的波浪潟湖和休闲潟湖里游泳。就在休闲潟湖，过滤后的海水和网形成了一个天然的海水浴场。

航海

达尔文帆船俱乐部

帆船

(Darwin Sailing Club，见912页地图；☎08-

8981 1700；www.dwnsail.com.au）这里氛围极佳，可以结识当地帆船发烧友，以及品酒观日落。虽然不能在此包船，但是可以注意一下布告栏，上面会贴出招聘船员的告示，以及季节性竞赛项目详情。还有资深教练教授航行和风帆冲浪。

骑自行车

达尔文是个特别适合骑自行车的地方（在冬天！）。这里没有繁忙的交通，有的只是一系列覆盖城市大部分地区的**自行车道路网**（bike tracks），主要的路线是从Cavenagh St的最北端到范尼湾、椰子林（Coconut Grove）、奈特克利夫（Nightcliff）和卡苏阿琳娜（Casuarina）。在范尼湾，有通向**东角保护区**（East Point Reserve）的分支路。

可以考虑前往位于城市东南5公里处的**查尔斯·达尔文国家公园**（Charles Darwin National Park，见912页地图；www.parksandwildlife.nt.gov.au/parks/find/charles-darwin#；⏲8:00~19:00）。在公园的湿地、林地和"二战"掩体周围，有几公里长的小路。一些旅舍对外出租自行车，山地自行车每天的租金为$15~25，还可试试下面这家租车店：

Darwin Scooter Hire 自行车

（见914页地图；☎08-8941 2434；www.thescootershop.com.au；9 Daly St；⏲周一至周五 8:00~17:00，周六 9:00~15:00）租用山地自行车的费用为每天$20（需交纳$100的押金）。

跳伞

Top End Tandems 探险运动

（☎0417 190 140；www.topendtandems.com.au；双人跳伞 $380起）双人跳伞项目，从达尔文机场起航，在李角保护区（Lee Point Reserve）降落。

☞ 团队游

前往达尔文市内和周边地区的团队游线路有数十条，很多团队游都包括卡卡杜、阿纳姆地、利奇菲尔德和更远的地方。

Batji原住民海滨步行之旅 文化游

（Batji Indigenous Waterfront Walking Tour；☎0416 731 353；www.batjitours.com.au；成人/儿童 $70/免费；⏲周三和周五 10:00）达尔文拉若基亚（Larrakia）民众组织的一段精彩纷呈的徒步之旅，沿着滨海大道（The Esplanade）行进，全程2小时。步行途中，游客可以了解本地野生动植物、探访Lameroo海滩、深入了解拉若基亚的文化瑰宝。

达尔文探索者 巴士游

（Darwin Explorer；☎0416 140 903；http://theaustralianexplorer.com.au/darwin-explorer.html；24小时旅程 票价 成人/儿童 $35/20）乘坐敞篷巴士，游历达尔文主要景点。分为24小时旅程和48小时旅程两种。每隔30分钟，从游客信息中心启程。

Tour Tub 巴士游

（☎08-8985 6322；www.tourtub.com.au；成人/儿童 $100/60）乘坐小型公共汽车，游览达尔文重量级景点，全程5小时，带导游。票价包含其他场地入门费用（例如达尔文防卫展）。

Sea Darwin 生态旅游

（☎1300 065 022；www.seadarwin.com；团队游 成人/儿童 $35/20起）🍃提供1个、2个或者3个小时环绕达尔文市和达尔文港的生态游项目，内容包括参观红树林、鳄鱼湾、一艘沉船残骸以及（如果你够幸运的话）儒艮（dugong）和海豚。

达尔文一日游 团队游

（见914页地图；☎1300 721 365；www.darwindaytours.com.au；下午城市团队游 成人/儿童 $75/38）提供下午时间的城市团队游，将带你前往市内所有的主要景点，包括斯托克斯山码头、博物馆和艺术馆以及东角保护区。可与"日落烤鱼薯条港口巡游"（$55/40）衔接。

提维之旅 文化游

（Tiwi Tours；☎1300 721 365；www.aussieadventures.com.au；成人/儿童 含航班 $550/410）小团模式文化游，探访附近提维群岛（Tiwi Islands），本地导游随行。卡卡杜和利奇菲尔德团队游也可以通过公司的其他品牌获得：达尔文一日游（Darwin Day Tours）和澳洲探险游（Aussie Adventure）。

北部地区原住民文化之旅 文化游

（Northern Territory Indigenous Tours；☎1300 921 188；www.ntitours.com.au；成人/儿童 $249/124）高端原住民文化探访之旅，深入利奇菲尔德国家公园。

Sacred Earth Safaris 户外运动

（☎08-8555 3838；www.sacredearthsafaris.com.au）为期数天的小团模式四驱车露营团队游，前往卡卡杜、凯瑟琳和金伯利周边地区。两日卡卡杜四驱车团队游的价格为$850起，五日北部边缘地带国家公园游猎之旅价格为$2600。

Kakadu Dreams 团队游

（☎1800 813 266；www.kakadudreams.com.au）前往利奇菲尔德的背包客一日游（$119）以及前往卡卡杜喧闹的二/三日游（$400/535）。

Wallaroo Tours 团队游

（☎08-8981 6670；www.wallarootours.com；团队游 $160）小团模式团队游，探访利奇菲尔德国家公园。

海港巡游

4月至10月，很多游船从卡伦湾码头和斯托克斯山码头出发，带你进行海港巡游。

Anniki Pearl Lugger Cruises 帆船

（见914页地图；☎0428 414 000；www.australianharbourcruises.com.au；团队游 成人/儿童 $70/50）乘坐这艘古老的采珍珠船从卡伦湾码头（Cullen Bay Marina）出发，看海上日落。历时3小时，并提供气泡葡萄酒和小食品。你可能曾经在电影《澳大利亚》（*Australia*）中见过这条船。

Sunset Sail 帆船

（见914页地图；☎0408 795 567；www.sailnt.com.au；团队游 成人/儿童 $70/45）从斯托克斯山码头出发，乘坐Daymirri 2号双体船进行3小时的午后巡游。提供茶点，自带酒水。

节日和活动

文字风暴作家节 文学节

（WordStorm；www.wordstorm.org.au）两年一次的北部地区作家节（NT Writers' Festival）在5月举行（偶数年），活动包括演唱、讲故事、综合视觉艺术、戏剧、表演，以及历史、传记、诗歌和小说创作。

达尔文蓝调音乐节 音乐节

（Darwin Blues Festival）6月下旬，达尔文植物园（Darwin Botanic Gardens）因令人振奋的蓝调音乐而沸腾。你还可畅饮啤酒，倾听曼妙的吉他旋律。

啤酒罐赛船会 文化节

（Beer Can Regatta；www.beercanregatta.org.au）一个绝对疯狂但典型的北部地区节日，参赛的所有船只都是用啤酒罐制作而成。7月在明迪尔海滩举行，在那里你将度过美好而有趣的一天。

达尔文原住民艺术市集 艺术节

（Darwin Aboriginal Art Fair；www.darwinaboriginalartfair.com.au）这个为期三天的节日于每年的8月在达尔文会议中心（Darwin Convention Centre）举行，展出来自北部地区不同社区的原住民艺术。

达尔文节 艺术节

（Darwin Festival；www.darwinfestival.org.au）这个节庆突出户外艺术和文化，展示音乐、戏剧、视觉艺术、舞蹈和卡巴莱歌舞（cabaret），8月举行，历时18天。庆典活动集中于Harry Chan Ave旁边紧挨着Civic Sq的开阔公园。

住宿

达尔文有各种住宿可供选择，其中多数都能便利地到达中央商务区。但在5月至9月的旺季期间，想要临时找个地方住并不容易——请至少提前一晚预订。住宿价格随着季节和供求的变化而变化。11月至次年3月，房价会有大幅度折扣，特别是中档和高档住宿。

背包客旅舍的价格波动幅度最小，不同住宿地点之间价格差别也不大——它们多集中于酒吧林立的Mitchell St的那一小段。如果你想住在较为安静的地方，请选择稍远一点的住宿地，一般而言，这些住宿地不会远离市中心。旅舍通常包括公用厨房、游泳池和洗衣设备，并都设有团队游预订服务台。其中一些旅舍还会到机场、汽车站或火车站迎接客人，但需要提前预约。另外，YHA/VIP会员在多数旅舍都可以享受折扣。

市中心

Melaleuca on Mitchell 青年旅舍 $

（见914页地图；☎1300 723 437；www.momdarwin.com.au；52 Mitchell St；铺 $32，双带/不带 卫生间 $115/95；❄@📶🏊）如果下榻此处，记得这里24小时营业，地处Mitchell Street核心地段。所以，住宿只是配角，狂欢才是主角。重头戏当属天台岛屿酒吧和俯瞰Mitchell St的泳池区，雨幕水疗和大屏电视更是锦上添花。真是娱乐天堂！这家时髦旅舍一尘不染、设施完善、祥和安全。四楼仅供女宾入住。

Dingo Moon Lodge 青年旅舍 $

（见914页地图；☎08-8941 3444；www.dingomoonlodge.com；88 Mitchell St；含 早餐铺 $32~38，双和标双 $105；❄@📶🏊）入住Dingo，对月引吭。这家旅舍趣味十足、氛围闲适，不在核心娱乐区域，一切娱乐项目其实近在咫尺。两栋建筑内共有65张床，既满足了社交功能又不吵闹。环境和服务时好时坏。亮点在于水波荡漾的游泳池，刚好在茂盛的鸡蛋花树下。

Chilli's 青年旅舍 $

（见914页地图；☎08-8980 5800，1800 351 313；www.chillis.com.au；69a Mitchell St；铺 $34，标双/双 不带卫生间 $100；❄@📶）友好的Chilli's是个时髦的地方，有小阳台和水疗（使用隔壁的泳池）。这里还有一张台球桌、一个通风良好的厨房和能眺望Mitchell St的用餐区。房间有些拥挤，但很干净。一些安排别出心裁，例如阳台屋顶悬挂陶罐，陶罐里栽种着香草。

Youth Shack 青年旅舍 $

（见914页地图；☎1300 793 302；www.youthshack.com.au；69 Mitchell St；铺 $34，标双和双 不带卫生间 $90；🏊）这家旅舍深受青睐，位于运输中心一端。开放式厨房特别宽敞，就餐区俯瞰池塘，池塘够大，可以游泳。酒吧顾客盈门，有时喧闹不堪。客房稍显陈旧，但是干净整洁，员工友好热情，备受赞誉。旅游服务台久负盛名。

Darwin Central Hotel 酒店 $$

（见914页地图；☎1300 364 263，08-8944 9000；www.darwincentral.com.au；21 Knuckey St；双 $180起；P❄@📶🏊🐾；🚌4路、5路、8路、10路）这家豪华的独立酒店位于市中心，极具现代风格，设施无可挑剔，还有一个备受赞誉的餐厅。酒店有一系列时尚客房，残障旅行者进出极为方便。门市价非常高，但网络预订、周末时和入住3晚都有折扣，使其物超所值。加上精美早餐，一切完美收官。

Value Inn 酒店 $$

（见914页地图；☎08-8981 4733；www.valueinn.com.au；50 Mitchell St；双 $140起；P❄🏊）这家一流住宿地点虽然位于Mitchell St繁华地段，但是（通常都很）安静和舒适。店如其名，非常超值，特别是在淡季。套房面积不大，但最多可容纳3人，配有冰箱和电视。

Palms City Resort 度假村 $$

（见914页地图；☎08-8982 9200，1800 829 211；http://palmscityresort.comwww.citypalms.com；64 TheEsplanade；双 汽车旅馆/别墅 $230/280；P❄📶🏊）这个度假村地处闹市，好评如潮，周边PalmsCity花园长满棕榈树。如果你想要一台微波炉和更为宽敞的空间，可以多花点钱入住高级汽车旅馆间。而亚洲风格的六边形别墅则设有户外温泉，尽显奢华。迷人的花园里，蝴蝶和蜻蜓在花叶间飞舞。

Vibe Hotel 酒店 $$$

（见914页地图；☎08-8982 9998；www.tfehotels.com/brands/vibe-hotels/vibe-hotel-darwin-waterfront；7 Kitchener Dr；房间 $260~310；P❄@📶🏊）这家酒店相当专业，员工友好热情，地理位置优越，位于达尔文海滨区。既然来此，就得享受高端住宿服务。卧室越大，海景越好，房价越高。如果对你来说，背阴的游泳池太过乏味，隔壁就是波浪潟湖。

Elan Soho Suites 酒店、公寓 $$$

（见914页地图；☎08-8981 0888；www.elansohosuites.com；31 Woods St；房间 $220，1/2床 公寓 $270/310；P❄📶🏊）这家行业新秀别

具一格，我们到访之时，仍处修缮阶段，可是已经开门迎客。客房价格特别低廉，至少落成之初确实如此。景色令人惊叹，设施无可挑剔。甚至可以上网登记入住以及通过手机打开房门。其餐厅Seoul Food将韩国料理引入达尔文。

Novotel Atrium 酒店 $$$

（见914页地图；☎08-8941 0755；www.novotel.com；100 The Esplanade；双 $350起，双卧室公寓 $470起；Ⓟ❄@📶≋）众所周知，Novotel是个连锁酒店，但是这家拥有如梦如幻的海景，出类拔萃。格调高过标准：有微妙的灯光、新鲜的花朵和有趣的原住民艺术品。你可以在阳台上呼吸海洋的气息，或者下到肾脏形状的游泳池里，后者可是达尔文最美丽的泳池之一。早餐不同凡响。

城市边缘和郊区

Discovery Holiday Park – Darwin 房车公园 $

（见912页地图；☎08-8984 3330，1800 662 253；www.discoveryholidayparks.com.au/nt/darwin/darwin；Farrell Cres和Stuart Hwy交叉路口，Winnellie；露营地 $34，小屋 $104~184；❄≋）这个房车公园设施无可挑剔，还有露营厨房、特许商店以及室内海水泳池，员工热情友善。位于街角的8路公交车可直达达尔文市中心。

Free Spirit Resort Darwin 房车公园 $

（见930页地图；☎08-8935 0888；www.darwinfreespiritresort.com.au；901 Stuart Hwy，Berrimah；露营地 $50，小屋/单元房 $140~300；❄@📶≋）这是个令人印象深刻的公园，位于公路旁边，离市区仅10分钟车程。设施非常齐全，包括三个泳池。旱季推出蹦床、儿童乐园、酒吧和现场音乐表演这些项目。无论成人儿童，都会感到乐趣无限。

Vitina Studio Motel 汽车旅馆 $$

（见914页地图；☎08-8981 1544；www.vitinastudiomotel.com.au；38 Gardens Rd；双/套 $175/250；Ⓟ❄@📶≋）我们钟情达尔文这家旅馆：客房价格实惠，服务热情高效，地理位置优越，确实不错。汽车旅馆客房新潮时髦，宽敞套房带有小巧厨房。就在城市边缘，到花园公园（Gardens Park）的高尔夫球场、植物园（Botanic Gardens）和明迪尔海滩都很方便。留意网站发布的打折信息。

Steeles at Larrakeyah 民宿 $$

（又名Darwin City B&B，见914页地图；☎08-8941 3636；www.darwinbnb.com.au；4 Zealandia Cres，Larrakeyah；双 $225起，单/双卧公寓 $285~410；❄≋）有些民宿过于商业化，有些却能令人如沐春风。这家民宿属于后者。这栋西班牙风情的建筑提供三间客房，配备冰箱、平板电视和独立入口。房东同时经营公寓宾馆，就在附近，那里设施完善，墙壁装饰有原住民艺术的作品。

Cullen Bay Resorts 公寓 $$$

（见914页地图；☎08-8981 7999，1800 625 533；www.cullenbayresortsdarwin.com.au；26-32 Marina Blvd；单卧 公寓 带常规景色/海景 $310/330；Ⓟ❄📶≋）一对双子公寓大楼。身处楼内，放眼望去，卡伦湾（Cullen Bay）码头和海港景色美轮美奂。为了欣赏海景，多花点钱也是值当。步行前往餐馆特别方便，就像渡轮驶向曼都拉（Mandorah）那般，倏忽而至。除非生意火爆，否则至少可以提供九折优惠。

就餐

在北部地区的餐饮界里，达尔文绝对算得上是一颗闪闪发光的珍珠。餐馆通常都设有户外餐桌，尽显热带风情。而说到食物的品质和多样性，达尔文在北部地区更是首屈一指。

市中心

达尔文市中心有两家大型超市：**Coles**（见914页地图；55-59 Mitchell St，Mitchell Centre；⏰24小时）和**Woolworths**（见914页地图；Cavenagh St和Whitfield St交叉路口；⏰6:00~22:00）。

Roma Bar 咖啡馆 $

（见914页地图；☎8981 6729；www.romabar.com.au；9-11 Cavenagh St；主菜 $8~15；⏰周一至周五 7:00~16:00，周六 8:00~14:00，周日

8:00~13:00;)这是一家本地品牌的咖啡馆，堪称达尔文最可信赖的优质咖啡提供商。左翼人士、文人墨客以及商旅游客经常光顾。远离Mitchell St的喧闹地段，提供免费Wi-Fi，供应新鲜果汁，菜式丰富多样，早餐有牛奶什锦早餐和火腿蛋松饼，中午则可以尝尝美味的烤面包和咖喱鱼。

斯托克斯山码头　海鲜、快餐 $$

（Stokes Hill Wharf，见914页地图；斯托克斯山码头；主菜 $10~20；11:00起）这个忙碌的美食中心坐落于斯托克斯山码头尽头，有十多个食物柜台，露天餐桌沿着码头一字排开。这个地方人气很旺，可以点一些炸鱼薯条、牡蛎、一份炒菜、一碗辣味米粉汤（laksa），或者只是一边喝着冰凉的啤酒一边欣赏日落。

Crustaceans　海鲜 $$

（见914页地图；08-8981 8658；www.crustaceans.net.au；斯托克斯山码头；主菜 $18~40；17:30起；）这是一家看上去很随意的餐馆，有售酒执照，主打新鲜鱼类、泥蟹、龙虾、牡蛎，甚至还有鳄鱼肉，也提供多汁的牛排。位置优越，位于斯托克斯山码头的尽头，可以欣赏范尼湾（Francis Bay）上空的日落美景。冰镇啤酒和上乘葡萄酒更是锦上添花。

Hot Tamale　墨西哥菜 $$

（见914页地图；08-8981 5471；www.hottamale.net.au；Bldg 3, 19 Kitchener Dr；主菜 $20~25；正午至21:00）这家餐馆提供各种特制酒水，氛围令人愉悦、闲适轻松。备受推崇，因为气氛宜人、地处海滨优越位置、墨西哥菜品美味可口。大量出售墨西哥煎玉米卷、卷饼和烤干酪辣味玉米片。

Curve　咖啡馆 $$

（见914页地图；08-8982 9709；7 Kitchener Dr；主菜 $22~35；6:00~21:00；）这家咖啡馆兼容并包，内里宽敞整洁，门前设有舒适餐座，清风拂面。营业时间以内，随时适宜就餐。午餐非同凡响：汉堡包或panini（意大利式烤面包）搭配一杯啤酒或葡萄酒售价$18。晚上，出售煎炸Cajun金枪鱼。这家咖啡馆正对波浪潟湖，适合需要更大空间或者饥肠辘辘的家庭游客。

Moorish Café　中东菜 $$$

（见914页地图；08-89981 0010；www.moorishcafe.com.au；37 Knuckey St；西班牙小吃塔帕斯 $7~11，主菜 $33；周二至周五 9:00~14:30和18:00~22:00，周六 9:00~22:00）这家被赤陶装饰的小餐馆品位不凡，散发出诱人的香味，汇聚了北非、地中海和中东美味。西班牙小吃（tapas）品质可能时优时劣，但是其他菜品，例如辣味巧克力酱猪肚和柏柏尔（Berber）五香袋鼠肉，美味可口而且品质稳定。就餐体验令人愉悦。有些餐座俯瞰街景，落座那里，感觉尤佳。

Hanuman　印度菜、泰国菜 $$$

（见914页地图；08-8941 3500；www.hanuman.com.au；93 Mitchell St；主菜 $19~38；正午至14:30，晚餐 18:00开始；）在达尔文，如果向当地人询问哪儿有比较好的餐馆，他们中的大多数通常会提到Hanuman。该餐馆布置精细但并不沉闷，创新的印度菜和泰国娘惹（Nonya）菜散发的诱人的香气，时常从厨房飘到时尚的开放式餐厅和露天平台。菜品丰盛，包括异域素食菜品以及宴会套餐。

Char Restaurant　牛排 $$$

（见914页地图；08-8981 4544；www.charrestaurant.com.au；The Esplanade和Knuckey St交叉路口；主菜 $30~60；周三至周五 正午至15:00，每天 18:00~23:00）Char位于历史悠久的舰队司令府（Admiralty House）里，是肉食爱好者的天堂。特色菜是炭烧牛排——以谷物喂养的老牛肉，被烹调得恰到好处。还有各种精巧海鲜创意菜，例如香蕉虾（banana prawn）以及河蟹，配备鳄梨酱和tobiko鱼子酱。

城市边缘和郊区

Laneway Speciality Coffee　咖啡馆 $

（见912页地图；08-8941 4511；4/1 Vickers St, Parap；主菜 $12~18；周一至周六 8:00~15:00）这家咖啡馆氛围轻松休闲，内部装饰如工厂，坐落于街角，活力四射。顾客置身其间，恍若身临墨尔本。顾客好评如潮，声名鹊起。饭菜精心烹制，选用当地有机食材。

当地知识

帕拉普村庄集市

帕拉普村庄堪称美食天堂。出色的餐馆、酒吧和咖啡馆比比皆是。闻名遐迩的熟食店铺Parap Fine Foods（见912页地图；☎08-8981 8597；www.parapfinefoods.com；40 Parap Rd，Parap；⏰周一至周五 8:00~18:30，周六 8:00~18:00，周日 9:00~13:00）也在这里。即便如此，星期六早市（见926页）才是高潮时分，此时，人们蜂拥而至。氛围轻松，早餐可能变身早午餐，甚至午餐。赶集民众光顾各个外卖食品摊位（多数出售香辣的东南亚小吃），满载热带水果和蔬菜而归，包括烹制辣味米粉汤和咖喱牛肉所需的一切食材。食材本地出产，所以十分新鲜。

烤肉鸡蛋卷仿似艺术作品，仅此一项，便是不虚此行。午餐可以享用神户（Wagyu）牛肉汉堡。

Cyclone Cafe 咖啡馆 $

（见912页地图；www.parapvillage.com.au；8 Urquhart St，Parap；餐 $12~18；⏰周一至周五 7:30~15:00，周六 8:30至正午）这家咖啡馆外部采用波纹铁皮装饰，铁皮锈迹斑斑。但是内里温馨，出人意料。墙壁悬挂本地艺术作品，员工乐观向上，咖啡浓郁（试试超浓的Hypercino）。菜品五花八门，仅就早餐而言，即有中东蛋品、菠菜、羊乳酪、柠檬皮和dukkah（源于埃及的烤坚果和香料）松饼。令人垂涎欲滴。午餐提供沙拉、汉堡和冰激凌。

Eva's Cafe 咖啡馆 $

（见914页地图；George Brown Botanic Gardens；主菜 $8~14；⏰7:00~15:00）这家卫理公会（Methodist）教堂建筑1897年通过海路运抵达尔文，属于达尔文公园内的世外桃源。户外区域（包括屋后绿荫覆盖的露天平台）安排得当，深受家长和孩子们的喜爱。早餐简单利落（想想牛奶什锦早餐和烤面包），三明治和沙拉在午餐时段供应。

★Exotic North Indian Cuisine 印度菜 $$

（见914页地图；☎08-8941 3396；http://exoticnorthindiancuisine.com.au；Cullen Bay Marina；主菜 $15~20；⏰17:00起；👶）这家餐馆提供上乘印度美食，深受好评，继承达尔文顶级印度餐馆衣钵。正好位于卡伦湾海滨，在此享用海滨晚餐简直美妙至极。服务贴心，配备婴儿高脚座椅，考虑如此周全，在达尔文鲜见。可以自带酒水。

★Darwin Ski Club 新派澳洲菜 $$

（见912页地图；☎08-8981 6630；www.darwinskiclub.com.au；Conacher St，Fannie Bay；主菜 $18~24；⏰13:00~21:00）这家餐馆不断进步。摘得"达尔文最佳日暮啜饮地"（Darwin's finest location for a sunset beer）桂冠之后，又花心思烹制珍馐美味。饭食精心烹制，菜品精美诱人、搭配合理。我们品尝了五花肉，美味令人震惊，西班牙辣香肠（chorizo）和尖吻鲈意大利扁面条同样令人赞不绝口。此店在当地享有盛誉。

Cornucopia Cafe 咖啡馆 $$

（见912页地图；☎08-8941 9009；Bullocky Point，Conacher St，Fannie Bay；主菜 $20~30；⏰周一至周六 9:00~17:00和周三至周六 17:30~20:30）这家咖啡馆紧邻博物馆和美术馆，如果你正在附近，可以来此小憩。室外就餐区清风徐徐，景色宜人，俯瞰水域。菜单菜品种类繁多，沙拉品质出众，包括泰式烤牛肉和章鱼肉。如果需要顶饥食品，可以试试本地尖吻鲈和神户后臀牛肉。

Eat a Pizza 比萨 $$

（见914页地图；☎08-8941 0963；1/57 Marina Blvd，Cullen Bay；大块比萨 $22，意大利面 $18；⏰周二至周日 17:00~22:00）这个家庭企业历史悠久，穿过连接卡伦湾海滨的道路，即可到达。就餐区面积宽广、绿茵如盖，时常萦绕着狼吞虎咽的声音，那是因为顾客正在酣畅享用自制美味比萨和意大利面食。

Pavonia Place 新派澳洲菜 $$

（见912页地图；☎08-8948 1515；www.pavoniaplace.com.au；2 Pavonia Place，Nightcliff；主菜 $26~36；⏰周二至周六 17:30至深夜）这家餐馆堪称尚未发掘的瑰宝，藏身奈特克利夫（Nightcliff）的僻街陋巷。新派澳洲创意菜

出类拔萃。烤箱烤茄采用西兰花、奶油山羊干酪、蒜瓣、蘑菇以及圣女果作为馅料，口感极好。餐馆选用本地新鲜食材，就餐区宽敞而又温馨。

Pee Wee's at the Point　新派澳洲菜 $$$

（见912页地图；☎08-8981 6868；www.peewees.com.au；Alec Fong Lim Dr, East Point Reserve；主菜 $40~50；⏰18:30开始）这个餐馆，龙虾仁$70一例，真是物美价廉的就餐地。作为达尔文顶级餐馆之一，顾客来此消费绝对不虚此行。可以落座东角保护区热带棕榈树丛林海滨地带，尽情享用柠檬香草、生姜以及鸭肉炖五花肉。

饮品和夜生活

达尔文位于热带地区，所以这里的饮品业相当发达（冰啤酒和湿度的关系密不可分）。城市中有数十家酒馆和露台酒吧，能让你度过许多温馨的夜晚。事实上，所有的酒吧也都是餐馆，特别是Mitchell St两旁的酒吧——每一家都满是旅行者，各个酒吧之间也都近在咫尺。

★ Darwin Ski Club　小酒馆

（见912页地图；☎08-8981 6630；www.darwinskiclub.com.au；Conacher St, Fannie Bay）离开Mitchell St，前往这个位于维斯蒂海滩悠闲的滑水俱乐部，你可以欣赏到壮观的日落景观。坐在啤酒花园里，透过棕榈树能看到出众的景色。这里经常有现场乐队的表演。毋庸置疑，这是达尔文最佳啜饮观日落的地点。

Bogarts　酒吧

（见912页地图；☎08-8981 3561；52 Gregory St, Parap；⏰周二至周六 16:00至深夜）这是达尔文最出色的酒吧之一。要来这里，需要长途跋涉进入郊区，然而，这些努力是值得的。屋内张贴昔日的电影海报，摆放藤制家具，选用豹纹沙发，一切貌似凌乱不堪，实际美丽迷人。不事张扬，深受当地中年顾客青睐。

Tap on Mitchell　酒吧

（见914页地图；www.thetap.com.au；51 Mitchell St）作为Mitchell St最繁忙、最出色的露台酒吧之一，Tap总是那么喧闹。供应品种多样的啤酒和葡萄酒，配上便宜的餐食，如墨西哥烤干酪辣味玉米片（nacho）、汉堡包和鱿鱼。

Beachfront Hotel　小酒馆

（☎08-8985 3000；342 Casuarina Dr, Rapid Creek）这家小酒馆靠近奈特克利夫边界，欢乐热闹，本地小有名气，经常邀请乐队演出。如想体验绝佳感受，那就坐在前面的露天平台之上，迎着微风，啜饮冰镇啤酒。

Deck Bar　酒吧

（见914页地图；www.thedeckbar.com.au；22 Mitchell St）在Mitchell St无党派议会的尽头，Deck Bar热闹非凡，有打折优惠、酒吧活动和定期的现场音乐演出。露天平台与酒吧同名，从而巧妙混淆了室内室外概念。露天平台非常适合观察路人。

Discovery & Lost Arc　夜店

（见914页地图；www.discoverydarwin.com.au；89 Mitchell St）Discovery是达尔文规模最大夜总会和舞厅，共有3层，播放嘻哈音乐、科技舞曲和浩室音乐。设有酒吧、包厢、卡拉OK、高台舞池。顾客盈门。Lost Arc是个安静酒吧，入口面对Mitchell St，22:00以后开始变得热闹非凡。

☆ 娱乐

达尔文的夜晚非常温馨，让人们忍不住想在午夜时分出来活动活动。虽然夜店数量并不多，但是每晚你都能找到不同的娱乐活动。另外，这里还有一些热闹的艺术和娱乐场所，如剧院、电影院和音乐厅。

Off the Leash（www.offtheleash.net.au）杂志和*Darwin Community Arts*（www.darwincommunityarts.org.au）都会刊登达尔文举办的各种活动。注意贴在布告栏和电线杆上的宣传海报，上面有舞会和满月派对的广告。

几乎城中的每个酒馆/酒吧都有形形色色的现场音乐演出，多数在周五和周六晚上举行。一些酒吧在周中还有卡拉OK演唱活动，还邀请DJ前来助兴。

Throb　夜店

（见914页地图；64 Smith St；⏰周五和周六23:00至次日4:00）Throb是达尔文主要的男女

同性恋者夜总会和鸡尾酒吧，吸引着所有性别的派对爱好者前来，他们会沉迷于这里火辣的DJ和很酷的气氛之中。这里会举办扮装秀（drag show）和乐队巡回演出。不要错过周五Batman & Throbbin表演。

★躺椅电影院 电影院

（Deckchair Cinema，见914页地图；☎08-8981 0700；www.deckchaircinema.com；Jervois Rd，海滨区；成人/儿童 $16/8；⏰售票处 4月至11月 6:30开始）在旱季期间，达尔文电影协会（Darwin Film Society）会开放这个很棒的户外电影院。影院位于滨海大道的南端。在满天繁星下，斜靠在折叠帆布椅子上看一场电影吧。这里有一个拥有售酒执照的酒吧供应美食，你也可以自带野餐食物（不能自带酒类）。周五和周六通常是两场连放（成人/儿童 $24/12）。

Birch Carroll & Coyle 电影院

（见914页地图；☎08-8981 5999；www.eventcinemas.com.au；76 Mitchell St；成人/儿童 $19/14.50）这是达尔文一家主流的综合影院，共有5个放映厅，播放最新上映的电影。超值星期二（Tropical Tuesday）的电影票只需$12.50。

Darwin Entertainment Centre 艺术中心

（见914页地图；☎08-8980 3333；www.darwinentertainment.com.au；93 Mitchell St；⏰售票处 周一至周五 10:00~17:30和演出前1小时）这是达尔文主要的社区艺术场所，由Playhouse和Studio Theatres组成，主办各类活动，从时尚颁奖晚会到戏剧、摇滚歌剧、喜剧和音乐会，应有尽有。

Brown's Mart 表演艺术

（见914页地图；☎08-8981 5522；www.brownsmart.com.au；12 Smith St）这是个历史悠久的场所（从前是一个矿业交易所），举办现场戏剧演出、现场音乐，并播放电影短片。

Happy Yess 现场音乐

（见914页地图；happyyess.tumblr.com；12 Smith St，Browns Mart）这是达尔文现场音乐的核心表演场地。由音乐达人经营，所以不会邀请翻唱乐队。无论独创新颖，还是奇特怪异，总能令人愉悦。

Darwin Railway Club 现场音乐

（见912页地图；☎08-8981 4171；www.darwinrailwayclub.com；17 Somerville Gardens，Parap）这个机构大力倡导发展达尔文现场音乐，并且请来一些业内名流。

🛍购物

沿Smith St Mall不用走多远，便能找到一家纪念品商店。这里出售以北部地区为主题的纪念品小玩意儿，如珠宝、T恤衫、杂物盒和藤制蟾蜍储钱罐（其中大部分是中国制造的）。此外，还有很多出售原住民手工艺品的商店（先了解哪些商店较为可靠，见826页）。达尔文贸易市场非常出色，出售别具

购买原住民艺术品

带一件原住民艺术品回家，可以让你时常想起澳大利亚。对原住民艺术家来说，绘画是一项重要的文化，也是一项经济事业。不要冲着原住民艺术的名气而花钱购买非原住民艺术品，避免购买便宜的冰箱贴、杂物箱、回旋镖或迪吉里杜管。确保你是从销售原版艺术品的真正经销商处购买。如果画廊没有给他们的画家预付画作费用，要问清楚你的钱有多少会返还给画家或社区。

有一种不错的检验方法，就是向商家要求获得艺术家的一些个人信息。如果他们无法提供，那就继续往前走吧。真正的作品会附有一份证书，上面印着艺术家的名字、语言族群、社区、作品名称、创作经过及创作时间等。

你也可以问一下，销售艺术品的画廊是否与监管机构有联系，如**澳大利亚商业画廊协会**（Australian Commercial Galleries Association；www.acga.com.au）。如有可能，直接从原住民艺术中心或所处的城市网点购买（参考www.ankaaa.org.au或www.aboriginalart.org），这样一般会更便宜，真实性也有保证。你还可以看到这些作品的创作环境。

达尔文神奇的市场

明迪尔海滩日落市场(Mindil Beach Sunset Market, 见914页地图; www.mindil.com.au; 紧邻Gilruth Ave; ⏲5月至10月 周四 5:00~22:00, 周日 16:00~21:00)这里, 美食就是焦点。从泰国、斯里兰卡、印度、中国和马来西亚菜品到巴西、希腊、葡萄牙和其他佳肴, 应有尽有, 每例$6~12。不过, 美食并非独领风骚, 其他商品同样引人注目。艺术品和工艺品摊位之上, 商品琳琅满目: 手工珠宝、绝美彩虹扎染衣物、原住民工艺品以及印度尼西亚和泰国用品。明迪尔海滩(Mindil Beach)距离达尔文市中心2公里。可以步行, 也可乘坐4路或6路公交车前往, 公交车经过市场。

当太阳落向地平线时, 几乎一半的达尔文人都会前往明迪尔海滩日落市场, 他们拖着孩子, 带着桌子、椅子、地毯和烈酒。客人们在摊位前细细赏鉴或来回漫步。你可以停下来做个捶击按摩, 也可以聆听节奏感很强的现场音乐。不要错过波比(Bobby)用炭火烤出的热气腾腾的沙嗲肉串, 还可以来一份新鲜的水果沙拉、美味的蛋糕或可口的烤薄饼。

周五至周日, 在多个市郊集市会有类似的摊位(你可能会认出很多摊主)。

帕拉普村庄集市(Parap Village Market, 见912页地图; www.parapvillage.com.au; Parap Shopping Village, Parap Rd, Parap; ⏲周六 8:00~14:00)这个面积不大且拥挤的集市是当地人的最爱之一, 有品种齐全的东南亚美食以及大量原材料, 可以买回去烹制属于自己的热带风情美食。

速溪集市(Rapid Creek Market, 见912页地图; www.rapidcreekshoppingcentre.com.au; 48 Trower Rd, Rapid Creek; ⏲周日 6:30~13:30)这是达尔文最古老的集市, 也是一个亚洲市场, 出售种类繁多的热带水果和蔬菜, 并混杂着各种令人头晕的香料味道和沙嗲烤串的烟雾。

奈特克利夫集市(Nightcliff Market, 见912页地图; www.nightcliffmarkets.com.au; Pavonia Way, Nightcliff; ⏲周日 6:00~14:00)这是另一个受欢迎的社区集市, 位于达尔文北部的奈特克利夫购物中心(Nightcliff Shopping Centre)。在这里, 你会找到大量二手商品和设计师服饰。

一格的手工艺品, 如籽皮帽子、贝壳首饰、风筝、衣服和原版照片等。

NT General Store
户外用品

(见914页地图; ☎08-8981 8242; www.thentgeneralstore.com.au; 42 Cavenagh St; ⏲周一至周三 8:30~17:30, 周四和周五 8:30~18:00, 周六 8:30~13:00)这家随意的、用波纹铁皮装饰的大商店, 货架上堆满了野营和丛林徒步装备, 也出售各种地图。

Aboriginal Fine Arts Gallery
艺术

(见914页地图; www.aaia.com.au; 1st fl, Mitchell St和Knuckey St交叉路口; ⏲9:00~17:00)展出并售卖来自阿纳姆地和中部沙漠地区(central desert region)的艺术作品。

Mbantua Fine Art Gallery
艺术

(见914页地图; ☎08-8941 6611; www.mbantua.com.au; 2/30 Smith St Mall; ⏲周一至周六 9:00~17:00)惟妙惟肖的乌托邦式设计, 画在画布或陶器等各种各样的物件上。

Tiwi Art Network
艺术

(见912页地图; ☎08-8941 3593; www.tiwiart.com; 3/3 Vickers St, Parap; ⏲周三至周五 10:00~17:00, 周六 10:00~14:00)提维群岛三个艺术团体的办事处和陈列室。

实用信息

紧急情况

北部地区汽车协会道路救援(AANT Roadside Assistance; ☎13 11 11; www.aant.com.au)提供道路救援服务。

救护车(☎000)提供急救服务。

火警(☎000; www.nt.gov.au/pfes)

毒物信息中心(Poisons Information Centre; ☎13

1126；⏲24小时）提供有关中毒、叮咬方面的建议。

警察（☎000；www.nt.gov.au/pfes）提供当地警察服务。

上网

达尔文大多数住宿地都提供一些上网服务。另外，史密斯大街购物中心（Smith Street Mall）还提供免费的Wi-Fi。

北部地区图书馆（Northern Territory Library；☎1800 019 155；www.ntl.nt.gov.au；Parliament House, Mitchell St；⏲周一至周五 10:00~17:00，周六和周日 13:00~17:00；📶）免费上网服务，需预约，并提供Wi-Fi。

医疗服务

达尔文皇家医院（Royal Darwin Hospital；☎08-8920 6011；www.health.nt.gov.au；Rocklands Dr, Tiwi；⏲24小时）针对意外和突发事故，提供医疗服务。

现金

市中心分布有24小时的自动柜员机，Mitchell St有货币兑换处。

邮政服务

中心邮局（General Post Office，见914页地图；☎13 13 18；www.auspost.com.au；48 Cavenagh St；⏲周一至周五 9:00~17:00，周六 9:00~12:30）提供高效的邮件待领服务。

旅游信息

北部边缘地带旅游局（Tourism Top End，见914页地图；☎08-8980 6000，1300 138 886；www.tourismtopend.com.au；Smith St和Bennett St交叉路口；⏲周一至周五 8:30~17:00，周六和周日 9:00~15:00）非常有帮助，提供数百种旅游手册，可预订团队游和住宿。

ℹ 到达和离开

飞机

除了下列到达达尔文国际机场（Darwin International Airport）的大航空公司之外，当地航空公司还运营短途线路，可向旅行社咨询详情。

北部航空（Airnorth；☎1800 627 474；www.airnorth.com.au）往返东帝汶、布鲁姆、珀斯、库努纳拉（Kununurra）和黄金海岸。

捷星航空（Jetstar；www.jetstar.com）有飞往东部海岸首府城市和主要枢纽机场的直航班机，也有前往几个东南亚城市的航线。

澳洲航空（Qantas；www.qantas.com.au）有飞往珀斯、阿德莱德、堪培拉、悉尼、布里斯班、爱丽斯泉和凯恩斯的直航班机。

维珍澳洲航空（Virgin Australia；www.virginaustralia.com）有往返达尔文和布里斯班、布鲁姆、墨尔本、悉尼与珀斯之间的直航班机。

长途汽车

澳洲灰狗巴士（Greyhound Australia，见914页地图；www.greyhound.com.au）提供始于运输中心（Transit Centre，见914页地图；www.enjoy-darwin.com/transit-bus.html；69 Mitchell St）的长途汽车服务。一天至少有一班汽车沿着斯图尔特公路（Stuart Hwy）往返，中途停靠派恩克里克（Pine Creek；3小时）、凯瑟琳（4.5小时）、马塔兰卡（Mataranka；7小时）、滕南特克里克（TennantCreek；14.5小时）和爱丽斯泉（22小时）。

要前往卡卡杜，可以乘坐每天从达尔文开往贾比鲁（Jabiru；$66，3.5小时）的往返班车。

为背包客服务的长途汽车也会带你前往偏远地区：

Adventure Tours（☎1300 654 604；www.adventuretours.com.au；52 Mitchell St）声誉很好。

Oz Experience（www.ozexperience.com）使得徒步前往爱丽斯泉更加容易。

小汽车和露营房车

在达尔文周边自驾的话，常规车辆的租金非常便宜。多数公司规定，每天前100公里免费，这个距离只够在市区周边活动。小型汽车租金为每天100公里$40起。

达尔文还有足够的四驱车可供出租，但需要预订，租金和押金通常要比两驱车高。大公司提供单程租赁服务，对于更贵的车辆则提供里程优惠。在北部地区周边旅行，驾驶露营房车是个不错的选择，即使是短租也不限制驾驶里程。一辆普通露营车每天的租金约$60起，一辆三铺位高顶露营车每天的租金为$100~120，更大的拖车房车或四驱丛林露营车每天的租金在$220以上。需另付保险费或额外的费用。

多数租车公司每天营业，并在市中心设有代理点。Avis、Budget、Hertz和Thrifty都在机场设有办事处。

Britz Australia（www.britz.com.au; 17 Bombing Rd, Winnellie）是一家可靠的租车公司，有各种露营房车和房车，包括四驱丛林露营车。

JJ's Car Hire（www.jjscarhire.com.au; 7 Goyder Rd, Parap）知名本地租车行。

Mighty Cars & Campervans（www.mightycampers.com.au; 17 Bombing Rd, Winnellie）与Britz在同一个车站，是一家便宜的租车公司，以合理价格出租小型露营车和高顶车。

Travellers Autobarn（www.travellers-autobarn.com.au; 13 Daly St）专业露营房车出租公司。

火车

著名的汗线列车由**大南部铁路公司**（Great Southern Rail; www.gsr.com.au）经营，每周往返（5月至7月每周两趟）于阿德莱德和达尔文之间，途经爱丽斯泉。达尔文终点站位于Berrimah Rd，距离市中心15公里，大约20分钟车程。从火车站至市中心搭乘出租车需花费约$30，另有往返运输中心（Transit Centre）的穿梭车。

当地交通

抵离机场

达尔文国际机场位于市中心以北12公里处，国际和国内航班都在此起降。**达尔文机场班车**（Darwin Airport Shuttle; ☎08-8981 5066; www.darwinairportshuttle.com.au）可以在市中心任何地方上下车，票价为$16。要离开达尔文，需在出发前一天预订班车。从机场乘坐出租车到市中心需花费约$35。

公共交通

Darwinbus（见914页地图; www.nt.gov.au/transport）的公共交通网覆盖较广，从Brown's Mart对面的**达尔文汽车总站**（Darwin Bus Terminus，见914页地图; Harry Chan Ave）出发。

持有价格为$3的成人票可以在3小时内无限次乘坐公交车（首次上车时验票）。可在公交车换乘站、书报店和游客信息中心购买一日票（$7）和周票（$20）。4路车[途经范尼湾、奈特克利夫（Nightcliff）、速溪（Rapid Creek）和卡苏阿琳娜（Casuarina）]和6路车[途经范尼湾、帕拉普和斯图尔特公园（Stuart Park）]非常便捷，可以乘坐这两路车去往海洋公园、植物园、明迪尔海滩、博物馆和艺术馆、范尼湾监狱博物馆（Fannie Bay Gaol Museum）、东角保护区以及集市。

踏板车

Darwin Scooter Hire（☎08-8941 2434; www.thescootershop.com.au; 9 Daly St）以每天$20/60/180的价格出租山地自行车/50cc的踏板车/摩托车。

出租车

出租车在Knuckey St等候乘客，就在史密斯大街购物中心（Smith St Mall）北端的斜对面。此外，招手拦车也很容易。可致电**Darwin Radio Taxis**（☎13 10 08; www.131008.com）订车。

达尔文周边 (AROUND DARWIN)

曼都拉（Mandorah）

曼都拉是一个低调又休闲的海滩市郊住宅区，隔着海港可以眺望到达尔文。它位于科克斯半岛（Cox Peninsula）的顶端，从达尔文到这里的公路距离为128公里，但乘坐定期渡轮横跨海港的距离只有6公里。到访曼都拉，主要是为了体验渡轮横跨海港之旅以及码头怡然垂钓之乐。附近的Wagait原住民社区约有400位居民。令人遗憾的是，Mandorah Beach Hotel已经关门歇业。

曼都拉渡轮（Mandorah Ferry，见914页地图; www.sealinknt.com.au; 成人/儿童往返$25/12.50）每天提供十几班渡轮服务，首班5:45从达尔文的卡伦湾码头出发，最后一班23:00出发（周五和周六延长至午夜）。从曼都拉返回的最后一班23:20出发。不必预订。

提维群岛（Tiwi Islands）

提维群岛由巴瑟斯特岛（Bathurst Island）和梅尔维尔岛（Melville Island）构成，位于达尔文以北约80公里处，是提维原住民的家乡。提维人（Tiwis，被称为"We People"）拥有独特的文化，如今，他们创作栩栩如生的艺术作品，还不时夺得澳式橄榄球冠军，并因此闻名遐迩。

群岛限制旅游业的发展，所以对于大多数旅行者来说，造访的唯一方式是参加从每天达尔文出发的团队游。

由于与大陆隔离，提维群岛直到20世纪才发展起来，这也让提维文化保留了其独一无二的特征。最出名的大概就是葬礼柱（Pukumani）了。这种柱子表面雕刻或绘制着符号和神秘图案，竖立在墓地周围。最近，提维人开始出售采用传统花纹设计和主题的艺术品，比如雕刻、绘画、丝网印花、蜡染印花布和陶器等。Bima Wear纺织厂成立于1969年，雇用提维岛的女性。如今，该纺织厂专门生产设计独特的绚丽织物。

群岛上的主要居民点是巴瑟斯特岛东南的**努尤**（Nguiu），它于1911年作为天主教传教区而建立起来。梅尔维尔岛的居民点则有**佩朗吉姆皮**（Pirlangimpi）和**米莉卡皮提**（Milikapiti）。

提维群岛的2700位岛民大多数都住在巴瑟斯特岛（梅尔维尔岛住有大约900人）。大多数岛民过着在我们看来"非传统"的生活，但他们仍然会捕捉儒艮（dugong），采集海龟蛋，每周打猎和采集若干次，以作为餐桌主食的补充。每年提维人都会抽出几周时间回到梅尔维尔岛的传统地区，教授和学习传统文化。日本的珍珠采集者在20世纪初曾定期造访这里，现在他们的后代还在梅尔维尔岛上生活。

岛民们疯狂地喜爱着**澳式橄榄球**，3月下旬举行的**提维橄榄球总决赛**是一年中最重要的赛事之一（也是一年中唯一不需要许可证或参加团队游就可造访岛屿的时候）。考虑到届时会有大量从大陆地区前来观赛的旅行者，最好还是预订好团队游或渡轮。

☞ 团队游

岛上没有公共交通工具，所以最好是参团造访群岛。你可以乘坐**Tiwi Ferry**前往努尤，到市镇上四处逛逛，不需要参加团队游或购买许可证。但如果想要进行深入探索，就需要有提维土地委员会（Tiwi Land Council）发放的许可证。

Tiwi Tours Aboriginal Cultural Experience 文化游

（☎1300 228 546; www.aatkings.com/tours/tiwi-tours-aboriginal-cultural-experience; ☎）虽然，旅程之中，了解原住民文化唯一途径就是倾听、咨询导游以及参观本地作坊和展览馆，但是，这里组织的一日游旅程仍然令人心醉神迷。可以搭载渡轮（成人/儿童 $250/125，周四和周五 单程2.5小时）或者飞机（成人/儿童 $275/138，周一至周三 单程20分钟）。

具体内容包括：颁发游览许可证、举行欢迎仪式、参观手工艺品作坊、欣赏古老的天主教建筑、游览帕塔奇基亚里博物馆（Patakijiyali Museum）以及瞻仰pukumani葬礼柱。

Tiwi by Design 文化游

（见914页地图；☎1300 130 679; www.sealinknt.com.au; 成人 $319）这项团队游周四和周五7:30从卡伦湾渡轮码头启程，具体内容包括：颁发游览许可证、午餐、举行欢迎仪式以及参观当地博物馆、教堂和艺术作坊。游客可在艺术作坊一显身手。经营单位就是渡轮公司Sealink。

全程搭载渡轮前往岛屿的费用为$80/40（成人/儿童）。

阿纳姆公路（Arnhem Highway）

阿纳姆公路（36号公路）在达尔文东南34公里的路口，通往卡卡杜方向。沿公路前进约10公里，可以到达一个名叫Humpty Doo的小型农业中心。这里有自称"世界知名"的**Humpty Doo Hotel**（见930页地图；☎08-8988 1372; www.humptydoohotel.net; Arnhem Hwy; 双/小屋 $130/150; ❄☒）是一家有点儿嘈杂的路边小旅馆，供应丰盛的餐食（主菜$20~30）。旅馆后面有不太起眼的汽车旅馆房间和小屋。

过了Humpty Doo约15公里，就到了通往芳草如茵的**福戈水坝保护区**（Fogg Dam Conservation Reserve，见930页地图；www.foggdamfriends.org）的岔路口。带上双筒望远镜，以便更近距离地观看这里数量庞大的水禽。堤坝不对步行者开放（因为鳄鱼），但如果想穿越森林和林地，这里有两条天然步道（长度分别为2.2公里和3.6公里）。12月至次年7月鸟类数量最多。

经过福戈水坝岔路前行3公里，到达**湿**

Around Darwin 达尔文周边

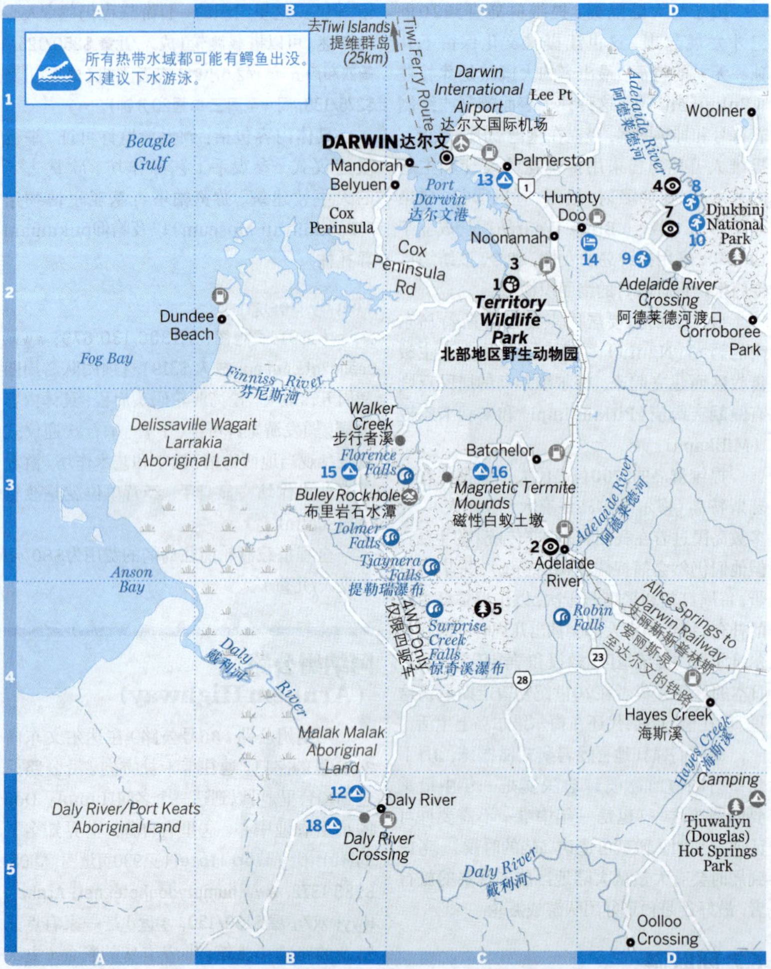

地之窗游客中心（见930页地图；www.nretas.nt.gov.au/national-parks-and-reserves/parks/windowwetlands; Arnhem Hwy; ⌚8:00~17:30）**免费**这里气派十足，展品丰富多彩（有些仅供欣赏，有些鼓励游客参与），讲述湿地生态系统以及当地Limilgnan-Wulna原住民历史。从瞭望平台上，能看到阿德莱德河洪泛区的壮观景色。这里还配备了双筒望远镜，以便更好地观察比阿特丽斯湖（Lake Beatrice）上的水鸟。

阿德莱德河渡口（Adelaide River Crossing）距离湿地之窗游客中心（Window on the Wetlands Visitor Centre）8公里远。在这条浑浊的河里，大鳄鱼会试着跳起来咬那些专注于摆弄相机的游客。

玛丽河地区（Mary River Region）

过了阿德莱德河渡口，阿纳姆公路将会穿过玛丽河地区。**玛丽河国家公园**（Mary River National Park）从这里一直向北延伸，

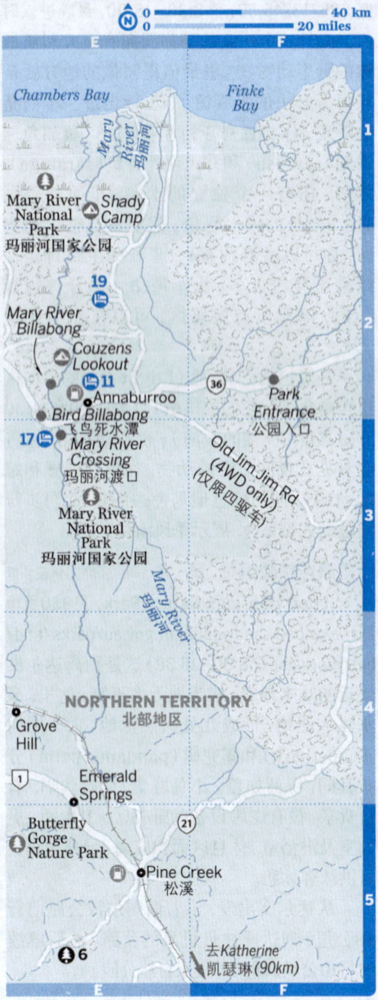

有湿地和各种野生动物。

飞鸟死水潭（Bird Billabong）位于**玛丽河渡口**前几公里，雨季时从Mt Bundy Hill流出的溪流在这里汇集，形成这个水潭。距离公路4公里，全年都可以驾驶两驱车前往。风景如画的**环形步道**（loop walk；4.5公里，2小时）经过邦迪山（Mt Bundy）花岗岩掩映下的**热带林地**。

沿同一条路再走大约2公里，就到了绿得如同翡翠一般的**玛丽河死水潭**（Mary River Billabong，见930页地图），这里有一个令人愉悦的烧烤区（不能露营）。从这里开始，有一条仅能通行四驱车的哈迪斯小道（Hardies Track），小道穿过国家公园深处通向**舞宴死水潭**（Corroboree Billabong；25公里）和**库森观景点**（Couzens Lookout；37公里）。

沿着阿纳姆公路继续向北，部分为柏油路面的Point Stuart Rd通往几处河边观景台和**谢迪坎普**（Shady Camp）。拦河大坝的建立是为了阻止淡水流入咸水，同时也为尖吻鲈创造了理想的觅食环境，也是理想的**钓鱼**场所。

Around Darwin
达尔文周边

食宿

库森观景点和谢迪坎普有简单的公共**露营地**（见930页地图；成人/儿童/家庭$3.30/1.65/7.70）。营地位于榕树下，遍地青草。要预防被成群的蚊子叮咬。

Bark Hut Inn 酒店 $
（见930页地图；☎08-8978 8988；www.

barkhutinn.com.au; Arnhem Hwy; 经济房标单/双 $50/65, 双 $130, 别墅 $200) Bark Hut面积宽敞，提供酒馆餐食（主菜 $15~26），还展示着一些有趣的水牛耕作历史。画廊纪念品丰富多彩，选购机会难得。来此，仅观赏黄脸龟富兰克林(Franklin)一项，也算不虚此行。

Mary River Wilderness Retreat 度假村 $$

（见930页地图；☎08-8978 8877; www.maryriverpark.com.au; Arnhem Hwy, Mary River Crossing; 无电力/有电力供应营地 $24/33, 小屋 $130~220; ❄📶🏊)这个丛林度假地占据了玛丽河前方3公里的河段，拥有水滨林地小屋，屋旁露天平台林木环绕。水滨小屋超凡脱俗，屋顶高耸，淋浴设施齐备，空间宽敞，能容纳3人入住。在绿草如茵的坡地露营，感受非同一般。

参加赏鳄巡航游($50)、租赁渔船或者咨询垂钓相关事宜。必须预订。

Wildman Wilderness Lodge 度假村 $$$

（见930页地图；☎08-8978 8955; www.wildmanwildernesslodge.com.au; Point Stuart Rd; 游猎帐篷/小屋 $550/700; ❄🏊) Wildman Wilderness Lodge属于高档丛林度假屋，并且当之无愧。团队游和旅游活动异常精彩，游客可以选择参加。有10个带空调的时尚小屋和15个配风扇的豪华帐篷。每日费用包括早餐和三道菜的晚餐。

斯图尔特公路至利奇菲尔德国家公园(Stuart Highway to Litchfield National Park)

北部地区野生动物园和贝里泉自然公园 (Territory Wildlife Park & Berry Springs Nature Park)

从达尔文沿斯图尔特公路前行48公里，就可以到达通往北部地区野生动物园和贝里泉自然公园的岔路口，从路口前行约10公里可达公园。

景点和活动

★北部地区野生动物园 动物园

（Territory Wildlife Park, 见930页地图；☎08-8988 7200; www.territorywildlifepark.com.au; 960 Cox Peninsula Rd; 成人/儿童/家庭 $26/13/45.50; ⏰8:30~18:00, 最晚进入时间16:00)这个一流的动物园拥有澳大利亚最棒的野生动物。这里最值得骄傲的地方就是旅行者必去的水族馆了，步行走过一个明亮的隧道，你将置身于巨型尖吻鲈、黄貂鱼、锯鳐(sawfish)和乔氏硬骨舌鱼(saratoga)之中。还有一个独立的水箱，里面养着一只3.8米长的咸水鳄鱼。想要参观整个动物园，你可以沿着约有4公里长的主道行走，或乘坐穿梭火车。火车每15~30分钟运行一趟，停靠所有展览区，可以在途中任意上下。

亮点包括：飞行舱(Flight Deck)，在这里猛禽会展示它们的机敏（每天11:00和14:30有猛禽自由飞翔的表演）；夜行动物馆，你将会看见在夜间出没的动物，如兔耳袋狸和蝙蝠；11个不同的栖息地鸟舍；还有一个可步行通过的大型鸟舍，展示季风雨林景观。

贝里泉自然公园 自然保护区

（Berry Springs Nature Park, 见930页地图；www.parksandwildlife.nt.gov.au/parks/find/berrysprings; ⏰8:00~18:30)这是距离达尔文最近的戏水地点，在当地无人不知。这里，泉水注入洼地，形成几处天然泳池，白千层树(paperbark)和露兜树(pandanus palm)分布其间，绿茵如盖。小鸟群集，低吟浅唱。有售货亭、设有烧烤设备的野餐区、卫生间、更衣室及淋浴室。休息区面积广阔、绿草茵茵，可供泳客休憩。

从达尔文出发，沿着斯图尔特公路前行48公里，到达通往贝里泉的岔路。然后继续前行10公里，即到贝里泉自然公园。

巴奇勒(Batchelor)

人口 538

政府一度出让了巴奇勒的土地，以鼓励人们在这座小镇定居。当时，他们尚未发现铀矿，附近的Rum Jungle矿场也没被开发（这座矿场在经营近20年之后于1971年关闭）。如今，巴奇勒作为邻近利奇菲尔德国家公园的门户和服务中心而存在。

食宿

利奇菲尔德旅行者公园 房车公园 $

(Litchfield Tourist Park, 见930页地图；☎08-

8976 0070; www.litchfieldtouristpark.com.au; 2916 Litchfield Park Rd; 露营地 $35, 简陋房屋 $75, 套房式小屋 $150~240; ❄@📶🏊)这个公园距离利奇菲尔德只有4公里。客房类型多种多样，也是距离公园最近的住宿地。这里还有一家通风良好的露天酒吧兼餐馆(全天食品 $10~18，早餐和晚餐时段营业)，你可以点一瓶啤酒、一份汉堡或一杯真正好喝的咖啡。

Pandanus 澳大利亚菜 $

(☎08-8976 0242; www.pandanuslitchfield.com.au; 275 Litchfield Park Rd; 经济住所 房间 $50，小屋 $115，主菜 $10~15)这家小店交通便利，客房经济实惠。然而，投宿或者光临此处的真正目的却是品尝美食。这里，餐厅采用澳大利亚传统食材，所有菜肴都带有澳洲风味。有谁不吃金合欢籽？菜单采用当地Koongurrukun人的语言标注。餐饮佳地，物有所值。经过Litchfield Park Road的岔口，前行2.5公里，即可到达。

Batchelor Butterfly Farm 度假村 $$

(☎08-8976 0199; 8 Meneling Rd; 双 $120~170; ❄@📶🏊)这里面积不大，它将自己定位在低调的旅游景点和友好的热带风情度假村之间。孩子们会爱上蝴蝶农场(成人/儿童 $10/5)和住客免费进入的小型动物园。有套房式小屋、一间较大的家庭寄宿处和繁忙的、全天营业的餐馆(主菜 $20~30)，餐馆的特色是亚洲菜。阴凉的露台上供着佛像，加上沁人心脾的音乐和柳条椅，全部都透着禅意。

利奇菲尔德国家公园 (Litchfield National Park)

利奇菲尔德国家公园不像卡卡杜那样出名，但许多北部地区当地人对前者却给予了更高的评价。事实上，在当地甚至有这样一种说法："利奇菲尔德才值得一去，卡卡杜没什么意思。"对于这种说法，我们并不完全同意，因为卡卡杜也很不错。不过，利奇菲尔德国家公园毫无疑问是在北部边缘地带进行丛林漫步、露营和(特别是)游泳最棒的地方之一，在这里你能看见瀑布倾泻到迷人而又安

跳跃的鳄鱼

一条3米长的咸水鳄从水中一跃而起，朝着一块肉而去，很少有人能抗拒这样的场景。就像训练有素的马戏节目一样，这些野生鳄鱼知道哪里能获得免费的食物——在阿德莱德河，鳄鱼跳跃的场景经常上演。

实际上，跃出水面获取猎物是鳄鱼的一种自然行为，它们通常是为了使树枝上的鸟儿或动物受惊从而得以捕获。利用强有力的尾巴，鳄鱼可以让自己从水下看见猎物的地方原地跳起。

沿着阿德莱德河，共有3个经营商在不同地点组织这类活动。

Adelaide River Cruises (见930页地图; ☎08-8983 3224; www.adelaiderivercruises.com.au; 团队游 成人/儿童 $35/25; ⏲5月至10月 9:00、11:00、13:00和15:00)前往位于福戈水坝岔路口过去一点的一段私人河段上的独立河面，观赏鳄鱼跳跃。同时组织也经营小团队的观赏野生动物一日游。

Adelaide River Queen (见930页地图; ☎08-8988 8144; www.jumpingcrocodilecruises.com.au; 团队游 成人/儿童 $35/25; ⏲3月至10月 9:00、11:00、13:00和15:00，11月至次年2月的经营时间可参考网站)一家老牌观赏鳄鱼跳跃之旅信誉卓著的经营商组织机构，就位于到达阿德莱德河渡口之前的公路上。

Spectacular Jumping Crocodile Cruise (见930页地图; ☎08-8988 9077; www.jumpingcrocodile.com.au; 团队游 成人/儿童 $35/20; ⏲9:00、11:00、13:00和15:00)在通往湿地之窗(Window on the Wet lands)的路上，这个机构经营1小时团队游。从达尔文出发之前询问相关旅行信息。

全的游泳洞中的壮观场面。

国家公园占地1500平方公里，覆盖了壮观的泰布尔托普山脉（Tabletop Range）的大部分。这是一个广阔的砂岩高原，四周基本都是悬崖。瀑布是公园的一大亮点，沿着高原的边缘倾泻而下，形成水晶般清澈的小瀑布和水潭。这里可没有鳄鱼。

从斯图尔特公路到利奇菲尔德（达尔文以南115公里处）的两条路连接起来穿过公园，形成一条环形路。途经巴奇勒的南面入口的道路全是柏油路，但在Cox Peninsula Rd旁的北面入口的道路有部分是高低不平的土路，雨季时经常会关闭。

从巴奇勒进入公园约17公里，你会来到一个看上去到处都是墓碑的地方。这些是显眼的磁性白蚁土墩（magnetic termite mounds），只有顶端才用于埋葬死白蚁，底部则居住着蚁王和蚁后，中间都是工蚁。白蚁土墩整齐排列以便于调节温度，早上吸收阳光，中午则可以让白蚁们躲避炎热。附近有一些巨大的土堆，由一种称作大教堂白蚁的白蚁巧妙造就。

继续前行6公里，有一条岔路前往布里岩石水潭（Buley Rockhole；2公里），瀑布般的水流流过一系列大到能容下游客身体的岩石水洞。从岔路口沿着有135级阶梯的小路下行15分钟，可以到达佛罗伦萨瀑布（Florence Falls；5公里）。瀑布倾泻而下，注入一个很深的、被季风雨林环绕的美丽水潭。此外，你还可以从观景台欣赏瀑布。这两个地方之间有一条沿着佛罗伦萨溪（Florence Creek）的步道（1.7公里，45分钟）。

从到佛罗伦萨瀑布的岔路口行驶约18公里，就到了通往壮观的托儿莫瀑布（Tolmer Falls）的岔道。这条瀑布只可远观，那里有一条1.6公里长的环形小路（45分钟），可以欣赏山谷的优美风景。

沿着主路再前进7公里，有一条岔道通往利奇菲尔德最出名的景点：万吉瀑布（Wangi Falls，发音为“Wong-guy”），沿着旁边那条路走1.6公里就可以到达。瀑布常年有水，从巨大的橙色岩石层各处溢出，然后注入巨大的、雨林环绕的天然水潭中，带上游泳镜以便看清当地的鱼类。旱季这里极受欢迎（这时会有一家流动小食摊；北部地区第一处免费公共Wi-Fi），但雨季水位变高，游泳可能会不安全，注意周围的警示性标志。

公园里有许多丛林徒步路线，包括泰布尔托普小道（Tabletop Track；39公里）。这条路线绕公园一周，走完全程要花3~5天，具体时长取决于你要走多少旁边的支路。可以从佛罗伦萨瀑布、万吉瀑布和步行者溪（Walker Creek）前往这条小路。必须随身携带这个地区地形图，可从游客信息中心或巴奇勒的零售商店获取。该路线在9月末至次年3月关闭。

住宿

公园里有相当好的公共露营地（成人/儿童 $6.60/3.30）。佛罗伦萨瀑布、佛罗伦萨溪、布里岩石水潭、万吉瀑布（更适合露营车，而不是帐篷）和提勒瑞瀑布[Tjaynera Falls，即桑迪溪（Sandy Creek），需要四驱车]都有带厕所和篝火的场地。惊奇溪瀑布（Surprise Creek Falls；需要四驱车）和步行者溪有一些更简单的露营地。后者还有自己的游泳洞。露营于此，首先需要徒步跨越丛林，才能到达美不胜收、遗世独立的河畔营地。

Litchfield Safari Camp 露营地 $

（见930页地图；☎08-8978 2185；www.litchfieldsafaricamp.com.au；Litchfield Park Rd；无电力/有电力供应营地 $25/35，铺 $30，双 游猎帐篷 $150，多加一人 $10；✉）这里是阴凉的草地营地，使其成为利奇菲尔德丛林营地之外又一个不错的替代选择，特别是当你需要用电的时候。游猎帐篷很超值，可容纳4人，非常舒适。这里还有一个摇摇欲坠的营地厨房、一个小卖部和一个小水塘。

阿德莱德河至凯瑟琳（Adelaide River to Katherine）

阿德莱德河（Adelaide River）

人口 238

这座路边小镇小到你可能眨眼间就会错过。它位于达尔文以南111公里处。阿德莱德河战争公墓（Adelaide River War Cemetery，见930页地图；Memorial Tce）是一处重要的遗迹：金色纪念牌不计其数，纪念着1942~1943年澳大利亚北部遭空袭时献身的澳军将士。

戴利河 (Daly River)

人口 512

戴利河被认为是北部地区最棒的尖吻鲈垂钓地之一，其中心就是这个位于海斯溪（Hayes Creek）西南117公里处的小型社区，通过紧邻Dorat Rd[即老斯图尔特公路（Old Stuart Hwy），23号公路]的一条狭窄柏油路可以到达。这里还有一家商店和加油站，旅行者不用申请许可证就可以进入，但要注意，这是一个禁酒的社区。

除了钓鱼，这里的主要景点是玛利潘艺术中心（Merrepen Arts；☎08-8978 2533；www.merrepenarts.com.au；⊙6月至9月 周一至周五和周六）**免费** 这是一家美术馆，展出当地艺术家创作的艺术品和工艺品，包括蚀刻版画、丝网印花、亚克力画（acrylic painting）、雕刻品、编织物和纺织品。

玛利潘艺术与体育节（Merrepen Arts & Sports Festival；www.merrepenfestival.com.au；成人/儿童 $20/10）是为了颂扬来自附近社区（Nauiyu、Wadeye和Peppimenarti）的艺术和音乐，有展览、艺术品拍卖、工作坊和舞蹈表演等活动。举办地位于戴利河西北5公里处的Nauiyu。

Daly River Mango Farm（见930页地图；☎08-8978 2464；www.mangofarm.com.au；无电力/有电力供应营地 $30/35，双 $130~200；❄≋）露营地位于戴利河边，距离渡口9公里，掩映在一片生长了近一个世纪的壮观杧果林中。其他住宿包括经济型房间和设施齐全的独栋小屋。提供导游带领的钓鱼游，并有小船可供出租。

Perry's（见930页地图；☎08-8978 2452；www.dalyriver.com；Mayo Park；无电力/有电力供应营地 $28/38，渔民小屋 $95；❄）这片露营地环境静谧，占据2公里长的河段。还有一个花园，里面是四处乱跳的袋鼠孤儿。知名钓鱼专家迪克·佩里（Dick Perry）在这里经营团队游，还有小船可供出租。渔民小屋不带空调，配备双人大床和单人铺位。我们到访之时，船只入水坡道停止使用，所以游客不能驾船下水。

松溪 (Pine Creek)

人口 381

离开斯图尔特公路，绕行不远就来到了松溪，这是一个灰尘弥漫的小镇，曾是人们疯狂淘金的地方。Kakadu Hwy（21号公路）在这里和斯图尔特公路分离，朝着库因达和贾比鲁而去，使得松溪成为探索该地区的重要基地。

景点和活动

铁路博物馆和蒸汽火车 博物馆

（Railway Museum & Steam Train；Railway Tce；⊙5月至9月周一至周五 10:00~14:00）**免费** 铁路博物馆建于1889年，有1889~1976年达尔文至派恩克里克的铁路主题展览。精心修复的蒸汽发动机是1877年在曼彻斯特建造的，现在坐落在博物馆旁边的围场内。

安布拉瓦拉峡谷自然公园 自然保护区

（Umbrawarra Gorge Nature Park，见930页地图；www.parksandwildlife.nt.gov.au/parks/find/umbrawarragorge）位于斯图尔特公路在派恩克里克以南约3公里的地方，是去往安布拉瓦拉峡谷自然公园的岔道，后者是个相当美丽的去处。公园内有一个安全的游泳水潭、一片小沙滩和一块简单的露营地（露营地 成人/儿童 $3.30/1.65）。沿着崎岖的土路往西南方前行22公里就到了（旱季可以乘坐两驱车，雨季往往不能通车）。需携带足够的水和驱蚊剂。

食宿

Lazy Lizard Caravan Park & Tavern 露营地 $

（☎08-8976 1019；www.lazylizardpinecreek.com.au；299 Millar Tce；无电力/有电力供应营地 $17/30；≋）Lazy Lizard是块面积不大但芳草如茵的露营地，其热闹程度仅次于隔壁喧嚣的酒馆。户外酒吧由雕刻的硬木柱支撑，是个相当繁忙的当地酒吧。有一张台球桌，椽子上挂着陈旧的马鞍。厨房提供顶级的酒馆餐食（主菜 $18~35，午餐和晚餐时段营业），特色菜是巨型牛排和尖吻鲈。

Pine Creek Railway Resort 精品酒店 $$

（☎08-8976 1001；www.pinecreekrailwayresort.com.au；标单/双 $90/130，小屋

$150~170; ❄ 🅿)这家迷人的酒店用生铁、钢和木材建造而成，为单身人士、情侣/夫妻和家庭提供时尚现代的客房。用餐区是昔日浪漫的铁路旅行风格，压锡的天花板和精致的枝形吊灯引人瞩目。然而，菜品（主菜$22~30）饱含现代气息，包括牛排、意大利面、排骨和意大利调味饭。

卡卡杜和阿纳姆地（KAKADU & ARNHEM LAND）

卡卡杜和邻近的阿纳姆地都集中体现了北部边缘地带非凡的景色和文化传统。两者都是巨大的宝库，充满了自然的历史和原住民艺术，并且都是当代原住民文化的重要故乡。

卡卡杜国家公园（Kakadu National Park）

卡卡杜不仅仅是一个国家公园，它还生动形象地见证了原住民文化保护者和这一地区紧密而与生俱来的联系。他们数千年来都在这片土地上生息和延续，对这里充满了尊敬。公园占地面积几乎达到2万平方公里（南北长约200公里，东西长约100公里），拥有着恢宏的生态体系，远古**岩画**作品扎堆呈现，令人瞠目结舌。这里的景色就像一幅千变万化的织锦画——有时候会火焰四起，也有时候洪水泛滥，随着季节的不同，时而荒凉，时而丰富多彩。

在几天的时间里，你可以做的事情很多，例如在满是**野生动植物**的水潭上泛舟，在原住民向导的帮助下鉴赏有25,000年历史的岩画，在汹涌的**瀑布**脚下水潭中畅游，步行穿越古老的砂岩绝壁地区。

卡卡杜几乎完美无瑕，唯一缺憾就是游客太多（至少旱季如此）。度假村、露营地和岩画景点都会人满为患。但好在这是一个广阔的公园，不妨让自己有点冒险精神，主动避开人群涌动的道路，独自一人去探索自然吧。

阿纳姆公路和卡卡杜公路（Kakadu Hwy）贯穿公园。两条公路都是可全年通行的柏油路。还可以沿着阿纳姆公路从只允许四驱车通过的老吉姆吉姆路（Old Jim Jim Rd）进入，老吉姆吉姆路在科因达以南7公里处与卡卡杜公路交会。

地理

迂回曲折的阿纳姆地悬崖组成了一条高30至200米的砂岩悬崖线，从卡卡杜东面向东南方蜿蜒500公里，成了卡卡杜和阿纳姆地之间的天然屏障。

溪流断断续续从岩石平原穿过，在雨季会翻滚形成雷鸣般的瀑布。水流穿过低地流向卡卡杜北方广阔的冲积平原。从西到东的河流有怀尔德曼河（Wildman）、西阿利盖特河（West Alligator）、南阿利盖特河（South Alligator）和东阿利盖特河（East Alligator；即公园的东边界）。沿海地区有长长的红树林沼泽，它对防止侵蚀起到了重要作用，并为鸟类和海洋生物提供了繁殖后代的地方。公园南部是有着开阔草原和桉树的干燥低地。小型的季风雨林点缀在整座公园当中。

卡卡杜超过80%的地方属于热带稀树林地。这里生长着1000多种植物，其中许多仍然被原住民用作食物和药材。

气候

卡卡杜的年平均最高气温为34℃。旱季基本上是从4月到9月，雨季为10月到次年3月，雨季时卡卡杜的平均降雨量为1500毫米。当湿地扩张、瀑布增加的时候，没铺柏油的道路会变得无法通行，使得一些著名景点根本无法前往，比如吉姆吉姆瀑布（Jim Jim Falls）。

当地原住民认为一年有6个季节：

Gunumeleng（10月至12月）：雨季前奏。在此阶段空气中的湿度开始增加，气温会升到35℃或者更高，蚊子泛滥成灾。到11月，开始出现雷雨天气，水潭水位升高，到处都是水鸟和鱼。

Gudjewg（1月至3月）：雨季来临。这时雷雨肆虐，动植物在炎热、潮湿的环境下茁壮成长。

Banggereng（4月）：此时的暴风雨[被称为强有力的暴风雨（"knock 'em down" storms）可以砸倒在雨季时猛长至2米高的针茅。

Kakadu National Park 卡卡杜国家公园

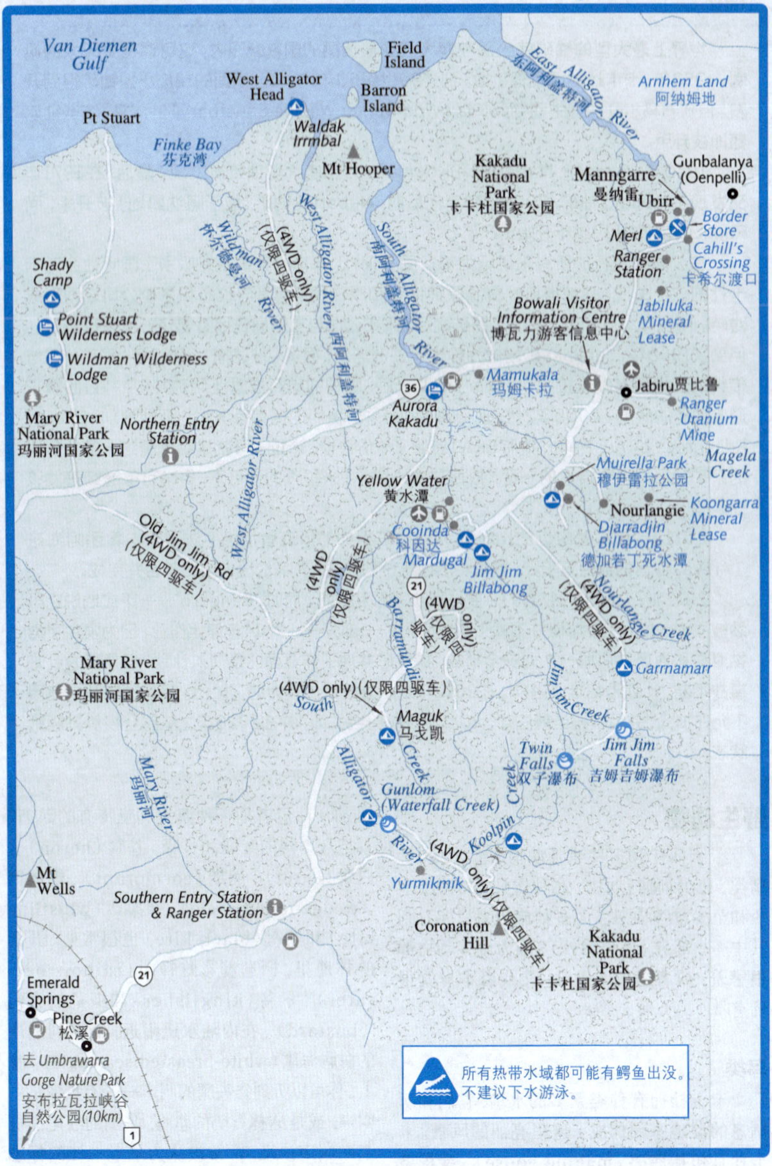

Yegge（5月至6月）：雾霭季节。此时，空气开始干燥。湿地和瀑布的水量仍然很多，大多数小路都开放。乡村地区开始出现首起林火。

Wurrgeng（6月至8月中旬）：旱季末期，7月伊始。天气爽朗宜人。这时，动物特别是鸟类大量聚集在缩小的水潭周围，也是旅游旺季。

Gurrung（8月中旬至9月）：旱季结束。气候轮回周而复始。

铀矿

世界上最大型的铀矿就坐落在澳大利亚最美丽的国家公园内，这可谓是个天大的讽刺。1953年，卡卡杜地区发现了铀。到了20世纪60年代，公园南面的12座小型铀矿得到开发。但随着乌尔旺加野生动物保护区（Woolwonga Wildlife Sanctuary）的成立，这些铀矿随即被弃用。

1970年，Ranger、Nabarlek和Koongarra这3座大型铀矿被发现。随后，在1971年又发现了Jabiluka铀矿。20世纪70年代后期，Nabarlek铀矿（位于阿纳姆地）被开采，而Ranger铀矿则从1981年开始出产矿石。

在公园里进行的所有采矿行为都备受争议，Jabiluka铀矿更是吸引了国际社会对卡卡杜的广泛关注，并使得自然资源保护论者和原住民所有者与政府和采矿公司之间形成对峙。1971年，Jabiluka发现了铀矿之后，采矿公司与当地原住民签署了一份采矿协议。但到了1998年，Jabiluka矿场成为静坐示威的场所，很多人被逮捕。2003年，采矿公司与传统的土地所有者米拉人（Mirrar）商议之后，囤积的矿石被返还到矿井中，并且回填了通向铀矿的隧道。2005年2月，现行Jabiluka采矿租约的拥有者澳大利亚能源部（Energy Resources of Australia，简称ERA）签署了一份协议：米拉人可就是否恢复这一备受争议的采矿项目投出决定性的一票。根据这次协议，在米拉人的许可下，ERA可得继续开发该铀矿。

2011年，诺兰基附近的Koongarra铀矿租约的所有者拒绝了法国核电集团阿海珐（Areva）许诺的数百万美元，要求将土地统一划给并入国家公园，2013年合并完成。

2012年，公园租约包含的必要法律步骤顺利执行。同时，Ranger矿——正式地说它虽然被国家公园所包围，但并不属于国家公园的一部分——2014年停止作业，因为发生了毒物泄露和通风井坍塌一系列安全事故。扩展矿井地下作业面已经列入计划，但是因为近来事故不断，计划恐怕难以落实。在2012年末从公开矿山转为地下矿山。但是铀矿开采范围不允许扩大，并且根据当前法律，2021年该矿将会关闭，并在2026年之前完全恢复其原始状态。

野生动物

卡卡杜有60多种哺乳动物、超过280种鸟类、120种爬行动物、25种青蛙、55种淡水鱼和至少1万种昆虫。大多数旅行者只能看到其中一小部分（昆虫除外），因为许多动物都很害羞，或者是夜间出没，又或者本身就很稀有。

鸟类

卡卡杜拥有种类繁多的水鸟，它们和所栖息的湿地家园构成了这里亮丽的风景。卡卡杜是包括鹊鹅（magpie goose）、绿棉凫（green pygmy goose）和白腹麻鸭（Burdekin duck）在内的几种鸟类在澳大利亚的主要栖息地之一。这里还生活着其他一些水鸟，包括鹈鹕（pelican）、澳洲鹤（brolga）和鹳[jabiru，更准确地说是黑颈鹳（black-necked stork）]，后者是一种澳大利亚特有的鹳，长着与众不同的红腿和长喙。苍鹭（heron）、白鹭（egret）、鸬鹚（cormorant）、楔尾鹰（wedge-tailed eagle）、啸栗鸢（whistling kite）和黑鸢（black kite）也很常见。开阔的林地里，栖息着彩虹蜂虎（raibow bee-eater）、翠鸟（kingfisher）和濒危的大鸨（bustard）。在内陆水道附近，能看到威严的白胸海鹰（white-breasted sea eagle）。晚上，你可以听到猫头鹰的叫声——有点像是狗叫声，或是丛林石鸻的悲鸣。华丽的红尾黑冠鹦鹉叫声沙哑，常常被认为是卡卡杜的标志性声音。

从南阿利盖特河往东，沿阿纳姆公路行驶8公里，就会来到**玛姆卡拉**（Mamukala）。这是个非常棒的观测地，有专门观察鸟类的隐蔽处和一条3公里长的步行道。

鱼类

千万不要错过银色的尖吻鲈，它会在水面附近产生独特的旋涡。尖吻鲈是一种极受垂钓者欢迎的鱼，身长可超过1米，在5岁或6岁时可以转换性别，由雄鱼变成雌鱼。

哺乳动物

公园里生活着几种袋鼠和小袋鼠，害羞的黑色大袋鼠（wallaroo）是卡卡杜和阿纳姆地的特有动物。你可以在诺兰基岩石（Nourlangie Rock）处找到它们，它们会独自在突出的岩石下面休息。在乌比尔（Ubirr），一大早就可以看到短耳小袋鼠。白天你还会在林区看到蜜袋鼯（sugarglider）或害羞的澳大利亚野狗。卡卡杜有26种蝙蝠，其中4种处于濒危状态。

爬行动物

双子瀑布（Twin Falls）和吉姆吉姆瀑布生活着淡水鳄鱼，它们有狭窄的颚，体长很少超过3米。公园各处也栖息着危险的咸水鳄。

卡卡杜的其他爬行动物包括斗篷蜥蜴（frilled lizard）、11种巨蜥和5种淡水海龟，其中最常见的是北部蛇颈海龟。卡卡杜还有很多蛇，不过大多数都在夜间行动，很少碰到。1976年，非原住民第一次发现了惊人的Openpelli巨蟒，看起来很奇怪的锉蛇（file snake）生活在水潭里，多被视为丛林美食，它们有方形的脑袋，长着小眼睛，身体上覆盖着粗糙的鳞屑（因此称为"锉蛇"）。这种蛇的动作非常缓慢（根本不到陆地上），每月进食一次，每10年产一次卵。

岩画

卡卡杜是澳大利亚岩画最丰富也是最容易接近的保留地之一。这里共有5000多幅岩画，可追溯至2万年前到10年前。大多数都禁止入内或无法接近，但位于乌比尔和诺兰基（Nourlangie）的画廊是两个最佳去处，交通十分便利。

岩石绘画粗略地被划分为3个时代：前河口时代（Pre-estuarine）——从绘画的最初期到大约6000年前；河口时代（Estuarine）——6000年前到2000年前，此时上升的海平面使海岸达到现在的高度；淡水时代（Freshwater）——从2000年前一直到现在。

对当地原住民来说，这些岩画遗址是传统知识的主要来源，就像是他们的历史档案馆。原住民很少再在岩石上绘画，因为他们已不再生活在岩石洞穴中，而且具有必要知识的人也越来越稀少。一些更加古老的绘画被许多原住民认为是由"咪咪"（mimi）神灵创作的，将人和创世传说以及认知发展联系了起来。

因为这些画都是用天然的、可溶解于水的赭石制作而成，所以它们很容易受到水的破坏。在岩画上方的岩石上，保护者们设立了硅胶排水管来疏排雨水。最容易到达的岩画每周要接待多达4000名游客，为了防止灰尘四起，现在已经铺设了木板路，同时要求游客和岩画保持合适的距离。

团队游

卡卡杜有数十家旅行社，如有可能，至少提前一天预订。许多团队游从达尔文启程。旅行社一般会到游客的下榻地点接游客。留意选择那些优质出色、护林员领航、穿越公园的旅程和活动。

Kakadu Animal Tracks 文化游

（☎0409 350 842；www.animaltracks.com.au；成人/儿童 $205/135）这个位于科因达的公司经营7小时的团队游，将野生动物游猎和原住民文化游结合起来，并配有原住民向导。你会看到数千只鸟儿，可以打猎、采摘、准备并品尝丛林美食，还可以吃点绿蚂蚁。

Arnhemlander Cultural & Heritage Tour 文化游

（☎08-8979 2548；www.kakadutours.com.au；成人/儿童 $258/205）这项团队游由原住民组织经营，前往北卡卡杜和阿纳姆地。游客可以欣赏远古岩画、学习丛林生存技巧，还能前去奥培利（Oenpelli）的印加拉克艺术中心（Injalak Arts Centre）接触当地艺术家。

Top End Explorer Tours 户外

（☎08-8979 3615；www.kakadutours.net.au；成人/儿童 $230/170）小团模式、四驱车团队游。从贾比鲁和科因达启程，前往吉姆吉姆瀑布和双子瀑布。

Ayal Aboriginal Tours 文化游

（☎0429 470 384；www.ayalkakadu.com.au；成人/儿童 $220/99）原住民经营的一日团队游，前往卡卡杜周边地区，跟随当地人及前护林员维克多·库珀（Victor Cooper）一起，欣赏艺术、文化和野生动物。

Kakadu Air 观光飞行

（☎1800 089 113，08-8941 9611；www.kakaduair.com.au）提供30分钟/1小时固定翼飞机观光游，每位成人$150/250。直升机游花费会多一些，但会给你带来更为刺激的空中视角体验。每人所需的费用$230（20分钟）至$650（1小时）。注意，只有雨季，可以搭载飞机飞跃吉姆吉姆瀑布，因为思想保守的东主认为，旱季，天空应该休息。

Yellow Water Cruises 游轮

（☎1800 500 401；www.gagudju-dreaming.com）乘船游览南阿利盖特河和黄水潭（Yellow Water Billabong），观赏野生动物。从科因达的Gagudju Lodge买票，那里有班车可将你送到旅程出发地。2小时的巡游（每位成人/儿童 $99/70）分别在6:45、9:00和16:30出发。1.5小时的巡游（成人/儿童 $72/50）则在11:30、13:15和14:45出发。

Guluyambi Cultural Cruise 文化游

（www.aptouring.com.au/KCT；成人/儿童 $72/48；⏲5月至11月 9:00、11:00、13:00和15:00）从位于卡希尔渡口（Cahill's Crossing）附近的东阿利盖特河逆流登船点出发，开始原住民带领的巡游。这项旅程备受达尔文民众推荐。

实用信息

4月和10月约有20万人前往卡卡杜，可以预见在乌比尔和黄水潭等地会遇到许多旅游大巴。考虑在公园南部逗留一些时间，进行丛林徒步和露营——这里的旅行者较少，但风景独特，令人印象深刻。

进入公园需要有14天的公园门票（Park Pass；成人/儿童 $25/免费）：可从博瓦力游客信息中心（Bowali Visitor Information Centre）、北部边缘地带旅游局驻达尔文办事处（Tourism Top End in Darwin）、Gagudju Lodge Cooinda或凯瑟琳游客信息中心购买，这些地方同时提供精美实用的《游客指南》（*Visitor Guide*）小册子。请随身携带门票，因为护林员会进行抽查（没购买的会被罚款）。卡卡杜度假村（Kakadu Resort）、科因达和贾比鲁有汽油供应。

卡卡杜的住宿价格随季节不同变化很大，度假村的房价在雨季时最多会下降50%。

一流的**博瓦力游客信息中心**（☎08-8938 1121；www.kakadunationalparkaustralia.com/bowali_visitors_center.htm；Kakadu Hwy，Jabiru；⏲8:00~17:00）有一些简单的陈列展品，使你可以纵览这片土地，从原住民和非原住民的角度解释了卡卡杜的生态环境。该中心在阿纳姆地公路岔道口以南2.5公里处，从这里沿着一条1公里长的徒步小道可到达贾比鲁。

网站**Kakadu National Park**（www.kakadu.au）相当出色，提供游客指南、景点名录以及供下载目录。

北部土地委员会（Northern Land Council）发放参观东阿利盖特河对岸甘巴兰亚[Gunbalanya，奥培利（Oenpelli）]的许可证（成人/儿童 $186.50/免费）。

到达和当地交通

许多人选择参团进入卡卡杜，团队游会将他们带至主要景点，从而省去许多麻烦。但是自驾车也很方便，只要你知道自己驾驶的车辆适合何种道路情况（例如，吉姆吉姆瀑布和双子瀑布只有四驱车可进入）。

澳洲灰狗巴士（Greyhound Australia；www.greyhound.com.au）有一班从达尔文出发前往贾比鲁（$66，3.5小时）的往返长途汽车。

乌比尔及周边（Ubirr & Around）

到这里游览的旅行者很多，好在他们还没有破坏**乌比尔**（Ubirr；⏲4月至11月 8:30至日落，12月至次年3月 14:00至日落）固有的威严和典雅。一幅幅来自不同世纪的**岩画**呈现出多种风格，有着令人心醉的宁静感。主画廊的大部分看起来像菜单，有用X射线画的袋鼠、乌龟和鱼的图片，这是大约8000年前的主导风格。比这些更早的是“咪咪”神灵绘画：冒冒失失、栩栩如生的人物，据说都是第一批造物主（Creation Ancestors）在岩石上绘制的（鉴于公元前6000年还没有车载起降机，你可能会觉得，除了神灵之外，的确没有人能在如此高度和角度的岩石上作画了）。注意观察那些“山药头”——人体或动物身体的头被描绘成一个个山药状的物体，这些形象的绘制可追溯到大约1.5万年前。

雄伟壮观的**纳达布瞭望台**（Nardab Lookout）需要从主画廊入口处攀爬250米才能抵达。在这里，你可以巡视台球桌般平坦翠绿的洪泛区，欣赏月升日落，月亮和太阳看起来就好像位于一个无形天平的两端，这份惊喜堪称壮丽。**乌比尔**位于阿纳姆公路以北39公里处，由一段柏油路连接。

路上你会经过通向**Merl**（成人/儿童 $10/免费）露营地以及**Border Store**（☎08-8979 2474；主菜 $20~28；⊙4月至11月 8:30~20:00）的岔道。Merl只在旱季开放，设有生活区和烧烤区。Border Store出售日用百货、纯正咖啡以及泰国美食（没有汽油）。

活动

巴德吉利吉砂岩步道（Bardedjilidji Sandstone Walk） 步行

这条小道（2.5公里，90分钟，无难度）从上游野餐区停车场开始，经过东阿利盖特河湿地区。沿途能看到阿纳姆地悬崖被侵蚀的砂岩外露层。信息提示牌点明了这条徒步小道的很多特点。

曼纳雷季风森林步道（Manngarre Monsoon Forest Walk） 步行

这条徒步小道（往返1.5公里，30分钟，无难度）基本上就是一条木板路。以Border Store附近的登船点为起点，穿过绿茵如盖的蔬菜地、棕榈树林和攀缘植物蜿蜒向前。

砂岩与河石洞穴步道（Sandstone & River Rock Holes） 步行

这条小道（6.5公里，3小时，中等难度）是巴德吉利吉步道的延伸段，能看见砂岩外露层、白千层属植物沼泽地和河堤。雨季时封闭。

贾比鲁（Jabiru）

人口 1129

在野生国家公园之中发现像贾比鲁这种规模和结构的市镇，听起来会令人觉得惊讶。不过，贾比鲁的建立只是因为附近的Ranger铀矿场。它是卡卡杜的主要服务中心，有一家银行、一个报刊零售店、一个医疗中心、一家超市、一个面包店和一个加油站。你甚至还可以在这里打一场高尔夫。

节日和活动

Mahbilil Festival 文化节

（mahbililfestival.com）这个本土文化庆典9月初举行，持续一天，地点在贾比鲁。节日期间，举行本土艺术展览以及手工艺展示，包括纺织技艺和绘画艺术。同时举办各种竞技活动，例如投掷标枪、吹奏迪吉里杜管（didgeridoo）以及烹制鹊鹅（magpie goose）。夜晚，本土音乐舞蹈粉墨登场。

食宿

★Anbinik（Lakeview）Resort 小屋 $$

（☎08-8979 3144；www.lakeviewkakadu.com.au；27 Lakeside Dr；套房式有电力供应营地 $40，平房/双/小屋 $130/140/245；❄🏊）这个原住民拥有的公园是卡卡杜最棒的住宿地之一，郁郁葱葱的花园里有各种舒适的热带风格小平房。双人间共用厨房、卫生间和休息室，配有电视和冰箱。“丛林平房”新颖时髦，采用挑高的野外探险风格（不带空调），屋外带有专用浴室。每间平房最多容纳4人。目前是贾比鲁性价比最高的住宿地。

Aurora Kakadu Lodge & Caravan Park 度假村 $$

（☎08-8979 2422，1800 811 154；www.aurorareseorts.com.au；Jabiru Dr；无电力/有电力供应营地 $28/40，小屋 $250起；❄@🏊）这是城内最佳露营地之一，树木林立、芳草如茵，露营地点之间存在天然屏障，私密性高。这个度假村/房车公园无可挑剔，有一个很棒的潟湖风格的游泳池。小屋客房设施齐全，每间最多容纳5人。户外餐厅讨人喜欢，俯瞰泳池。菜品不多，但是其中一些（例如水牛腊肠）精致美味。

Mercure Kakadu 酒店 $$$

（Crocodile Hotel；☎08-8979 9000；www.accorhotels.com；1 Flinders St；双 $310起；❄📶🏊）这个酒店在当地被称为“鳄鱼”（Croc），因为其外形就像一条鳄鱼。当然，你

只能从空中或通过Google Earth才能明显地看出这一点来。房间干净舒适，但略显呆板，可能有点对不起这个价格（登录网站搜寻优惠价格）。不妨住在一楼面对中央泳池的房间。

Kakadu Bakery 面包店 $

（Gregory Pl；餐 $6~15；⏲周一至周五6:00~15:00，周六 8:00~15:30，周日 8:00~16:00）三明治根据顾客要求现场制作，风味极佳，面包自家烤制。还有美味汉堡、切片面包、煎炸早餐、比萨、蛋糕和常规沙拉。

Jabiru Sports & Social Club 小酒馆美食 $$

（☎08-8979 2326；Lakeside Dr；主菜 $16~35；⏲周四至周日 正午至14:00，周二至周六18:00~20:30）与高尔夫俱乐部一样，这个低顶棚场也是一个饮酒、结交本地人的好地方。酒馆菜肴货真价实，例如牛排、帕尔马干酪鸡肉和烤鱼薯条。露天平台可以俯瞰湖景。还有儿童游乐场地。电视播放着体育节目。

诺兰基（Nourlangie）

阿纳姆地悬崖外露层所呈现出的隐约景象，让你很容易理解它在原住民心中的重要历史地位。长长的红色砂岩堆（有些地方有橙色、白色和黑色的条纹）从周围的林地倾斜向上，最后消失在阶梯状悬崖的一端。岩石的下面就是卡卡杜著名的岩画。

诺兰基（Nourlangie）是nawulandja的变体，这是个原住民词汇，意思是“一个大于岩石本身的区域”。2公里的环行步道（8:00至日落开放通行）首先经过安邦邦岩石屏障（Anbangbang Shelter），该屏障2万年来一直被当作避难所和“画布”。然后是安邦邦画廊（Anbangbang Gallery），它展示了20世纪60年代重新绘制的“梦创时代”人物。找找Nabulwinjbulwinj，这是一种危险的精灵，喜欢用山药敲破女人的头然后吃掉她们。再走不远就是冈沃德沃德瞭望台（Gunwarddehwarde Lookout），在此可以欣赏到阿纳姆地悬崖。

卡卡杜公路向东分岔，是一条12公里长的柏油公路，其终点就是诺兰基。向南前进约7公里可以到达位于德加若丁死水潭（Djarradjin Billabong）的穆伊雷拉公园（Muirella Park；成人/儿童 $10/免费）露营地岔道，营地有烧烤台、齐全的生活设施和往返5公里长的布巴湿地步道（Bubba Wetland Walk）。

活动

纳沃兰加观景台（Nawurlandja Lookout） 步行

这条不长的步道（往返600米，30分钟，中等难度）在一个平缓的斜坡上，能看到诺兰基岩石地区无与伦比的景色，也是观赏日落的好地方。

安邦邦死水潭步道（Anbangbang Billabong Walk） 步行

这个水潭风景如画，距离诺兰基不远。四周散布着野餐桌，是个受欢迎的午餐地。徒步小道（2.5公里环路，45分钟，无难度）环绕水潭一圈，并经过长着白千层属植物的沼泽地。

巴尔克步道（Barrk Walk） 步行

这条步道环绕诺兰基地区一圈，需要一整天才能走完（12公里环路，5~6小时，高难度），能够带你远离喧闹的人群。Barrk是一种黑色的公袋鼠，早点出发就有可能见到这种躲躲藏藏的有袋类动物。相关旅游手册可在博瓦力游客信息中心获取。

这条较为吃力的徒步小道从诺兰基停车场出发，先经过安邦邦画廊，然后通往陡峭的诺兰基岩石（Nourlangie Rock）顶部。在岩石平坦的顶部迂回穿过砂岩柱，再顺着只有雨季才有的水道往下走。之后沿着岩石底部前行，途经南古鲁沃画廊（Nanguluwur Gallery）和西边的悬崖，最后重新到达停车场。

南古鲁沃画廊（Nanguluwur Gallery） 步行

这是一个出色的岩画展览馆，到这里来的旅行者要比诺兰基少得多，因为要步行更远的距离（往返3.5公里，1.5小时，无难度）并走过一段沙砾路才能到达。公园内大部分岩画种类在这里都能看到，包括很古老的动态风格作品、X射线作品和“接触艺术”。后者有很不错的代表作——一幅双桅大帆船拖着一艘小艇的画。

吉姆吉姆瀑布和双子瀑布（Jim Jim Falls & Twin Falls）

这两个瀑布是崎岖的北部边缘地带的

一个缩影，遥远而又壮观。吉姆吉姆瀑布高215米，雨后景象令人望而生畏（只能从空中俯瞰这种景象）。但大约到了6月，水量锐减，瀑布成为一条细流。双子瀑布则全年流淌不息（禁止游泳），但此处一半的乐趣在于到达的途中。其中有段路需要乘船（成人/儿童$12.50/免费；⏲运营7:30~17:00，末班16:00），还要走一段水上栈道。

前往这两处瀑布，需要经由一条南向四驱车道，这个车道位于卡卡杜公路诺兰基和科因达岔道之间。从岔路口到吉姆吉姆瀑布约56公里（最后1公里步行），到双子瀑布还有5公里的颠簸路程。道路只在旱季开放，5月下旬还有可能是封闭的。大多数租来的车辆不得入内（查看一下租车合同的小字体部分）。旱季里，一些旅游公司组织来此参观的团队游，吉姆吉姆瀑布附近还有一个露营地Garrnamarr（成人/儿童 $10/免费）。

科因达和黄水潭 (Cooinda & Yellow Water)

科因达最出名的活动是在被叫作黄水潭（Yellow Water）的湿地区域乘船巡游，后者已经发展成了一个豪华的度假区。距离度假区约1公里处是瓦拉甸原住民文化中心（Warradjan Aboriginal Cultural Centre；www.gagudju-dreaming.com; Yellow Water Area; ⏲9:00~17:00），这里描述了创世纪的故事，有非常棒的永久性展览，包括敲敲木、糖果袋夹具及岩画样本。会有人向你介绍半偶族系统（人际关系学）、语言和皮肤名字（skin name）。这里还有小型剧院，有许多影片供你挑选。

Gagudju Lodge & Camping Cooinda（☎1800 500 401; www.gagudju-dreaming.com; Cooinda; 无电力/有电力供应营地 $38/50，经济房/度假屋房间 $75/310起; ❄@≋）是公园内最受欢迎的住宿度假村。这是一片现代化的绿洲，有380个扎营点，各种设施散布其中。经济型的空调单元房面积不大但很舒适，有公用的露营地设施。度假屋的房间宽敞舒适，可容纳4人。这里还有一个杂货店、团队游咨询处、加油站和很棒的露天餐厅Barra Bar & Bistro（☎1800 500 401; www.gagudju-dreaming.com; Cooinda; 主菜 $15~36; ⏲全天）。

从卡卡杜公路与阿纳姆公路交会处向下沿卡卡杜公路行驶47公里，就来到了前往科因达住宿区和黄水潭的岔路口。紧邻卡卡杜公路、科因达路口南部2公里处，是树丛繁盛的Mardugal露营地（成人/儿童 $10/免费）。该露营地很棒，全年开放，有淋浴和卫生间。

科因达至派恩克里克 (Cooinda to Pine Creek)

公园南面很少能见到旅游大巴车。尽管如此，你也不太可能独自欣赏马戈凯[Maguk，即尖吻鲈谷（Barramundi Gorge），位于科因达南部45公里处，沿着崎岖不平的四驱越野车小路前行10公里]梦境般的景色。如果碰巧，你和几位伙伴倒是可以单独享受这流光溢彩的天然水潭和瀑布。向南继续行驶40多公里，就是前往加伦[Gunlom，即瀑布溪（Waterfall Creek）]的岔道。这是另一处壮观的悬崖瀑布、深水池和露营地，它坐落在沿一条沙砾公路前行37公里远的地方，再次建议驾驶四驱车前往。沿着这里陡峭的瀑布步道（Waterfall Walk; 1公里，1小时）行走，沿途景色美不胜收。

阿纳姆地 (Arnhem Land)

阿纳姆地是北部地区一片幅员广阔、让人无法抗拒而又充满神秘感的角落，其面积几乎相当于整个维多利亚州，但人口仅约17,000，大部分是雍古族人（Yolngu）。这个原住民保护区是澳大利亚最后未被开发的大片荒野地区之一，大多数人都生活在边远地区，他们的生活方式融合了传统习俗与现代西方文化。所以，他们可能会去狩猎，然后及时赶回家收看下午6点的新闻。为了保护这里的环境、岩画和仪式场地，这里实行许可证制度，外来的商业和旅游活动受到严格控制。巴兰达人（Balanda；白人）不知道墓地和仪式场地的地点。通常情况下，想要获得进入这里的许可证，你需要有一个特定的进入目的，例如参观一个艺术中心。如果行程很远，需要过夜，一定要提前安排好住宿，因为这里的住宿相当紧张。游览甘巴兰亚（奥培利）及其艺术中心很方便，它就在边界的另一边，参加团队游或者自助游览皆可。至于别的地方，最好是参团游览，团队游中包括了进入原住民生活区的许可证。

团队游

Arnhemlander Cultural & Heritage Tour 团队游

（☎1800 665 220；www.aptouring.com.au/KCT；成人/儿童 $258/205）经营前往位于甘巴兰亚（奥培利）的Inkiyu Billabong和印加拉克艺术中心（Injalak Art Centre）的四驱车团队游。

Davidson's Arnhemland Safaris 团队游

（☎08-8979 0413；www.arnhemland-safaris.com）经验丰富的旅游机构，组织前往奥培利北边博拉戴勒山（Mt Borradaile）的团队游。每日费用（$750起）包括餐饮、团队游、垂钓以及野外露营住宿。可以安排车辆前往达尔文接游客。

Venture North Australia 团队游

（☎08-8927 5500；venturenorth.com.au；4天/5天团队游 $2590/2890）前往偏远地区的四驱车团队游，在专家的带领下参观岩画。在科堡半岛（Cobourg Peninsula）的史密斯角（Smith Point）附近设有一个旅游营地。

Lord's Kakadu & Arnhemland Safaris 团队游

（☎08-8948 2200；www.lords-safaris.com；成人/儿童 $225/180）从贾比鲁（或达尔文，成人/儿童 $255/195）出发前往阿纳姆地（甘巴兰亚）的四驱车一日游，在原住民带领下造访奥培利，步行参观印加拉克山（Injalak Hill）岩画景点。

Nomad Tours 团队游

（☎08-8987 8085；www.banubanu.com；半天/全天 每人 $250/380）豪华小型团队游，包括包船钓鱼、四驱车和文化之旅。接送游客以及导游服务需要另外收费。

Gove Diving & Fishing Charters 钓鱼

（☎08-8987 3445；www.govefish.com.au）种类丰富的垂钓、潜水、浮潜和野外旅行，从Nhulunbuy出发。半天/全天钓鱼之旅的费用为$225/325。

甘巴兰亚（奥培利）[Gunbalanya (Oenpelli)]

人口 1121

甘巴兰亚（Gunbalanya）是一个小型的原住民社区，距离阿纳姆地17公里，与卡卡杜的Border Store隔着东阿利盖特河。这里特别适合驾车出行，你会看到很棒的绿色湿地和四周壮观的悬崖。道路只在5月至10月开放：出发前，查询东阿利盖特河卡希尔渡口（Cahill's Crossing）的潮汐情况，以免被潮水困在另一边。

进入小镇需要许可证，通常许可证在参观**印加拉克艺术和手工艺品中心**（Injalak Arts & Crafts Centre；☎08-8979 0190；www.injalak.com；⊙周一至周五 8:00~17:00，周六 9:00~14:00）时发放。中心的艺术家和手工艺人在树皮和纸上创作传统绘画，还展有迪吉里杜管、露兜树编织物、竹篮和丝网印花织物。艺术作品产自这个艺术中心或其在整个阿纳姆地偏远地区的分部。

当你走在艺术中心的走廊上参观艺术家们现场创作时（仅上午），注意越过湿地眺望悬崖的后面和**印加拉克山**（Long Tom Dreaming）。见识广博的当地导游会带你参观这里精美的岩画画廊。3小时团队游的价格为$110/33（成人/儿童）。虽然有可能在现场直接参团，但通常情况下最好在贾比鲁或达尔文预订。

石头之乡节8月举行，是个面向公众的文化庆典。节日期间，上演传统音乐、舞蹈以及艺术和手工艺展示。只有这天，不需要许可证即可游览甘巴兰亚。可以露营，禁止饮酒。登录网站查询具体日期。

北部土地委员会（Northern Land Council；☎08-8938 3000，1800 645 299；www.nlc.org.au；3 Government Bldg，Flinders St，Jabiru；⊙周一至周五 8:00~16:30）负责发放参观印加拉克的许可证（成人/儿童 $16.50/免费），通常是现场发放。这里还提供东阿利盖特河的潮汐时间表，涨潮时河流不能通行。

科堡半岛（Cobourg Peninsula）

这座荒芜、偏远半岛构成了**格拉奇古纳巴鲁国家公园**（Garig Gunak Barlu National

Park; www.parksandwildlife.nt.gov.au/parks/find/gariggunak）的主体，公园还包括周边海域。在碧绿的水面上，你可能会看到海豚和海龟，以及在你的钓鱼竿上活蹦乱跳的马鲅鲑鱼（threadfin salmon），后者是绝大多数人来此旅游的目的。埃辛顿港（Port Essington）有维多利亚时期的定居点（英国人在1838年试图建立的军事前哨）的石头遗址和墓石。

在黑色海角（Algarlarlgarl，即Black Point）有个护林站（ranger station; ☎08-8979 0244），里面有游客信息和文化中心及Garig Store（☎08-8979 0455; ⏲周一至周六16:00~18:00），后者出售基本的日用品、冰块和露营用煤气。

游览科堡半岛需要两份许可证：一份是驾车穿越原住民生活区的许可证（每辆车$12.10），请联系北部土地委员会；另一份是在国家公园过夜的许可证，请联系科堡半岛保护区及海洋公园委员会（Cobourg Peninsula Sanctuary & Marine Park Board; ☎08-8999 4814; www.parksandwildlife.nt.gov.au/parks/find/gariggunak）。过夜费用为每辆车$232.10，最多可供5人使用，有效期为7天，并包含露营费和过境费。

公园里有两个露营地，提供淋浴、厕所、烧烤设备和有限的地下水，有一个区域允许使用发电机。露营费（每人每天 $16.50）包含在车辆许可证的费用之中，但如果你是坐飞机来的，就需要支付露营费。其他提供住宿服务的地方包括垂钓度假村，但价格昂贵。

ℹ 到达和离开

到这里最快的方法是乘坐私人包机，可以由住宿提供者负责安排。到科堡的公路起始于甘巴兰亚（奥培利），只能在5月至10月驾驶四驱车通过。从东阿利盖特河到黑色海角全长270公里，大约需要4小时。

东阿纳姆地 (Eastern Arnhem Land)

东阿纳姆地（www.ealta.org）粗犷美丽的海岸和乡村都很偏僻。约4000人居住在该地区的主要居民点Nhulunbuy，这个居民点的设立是为了服务当地的铝土矿区。1963年建立锰矿的计划遭到土地的传统主人雍古族人的强烈抗议。虽然后来采矿继续进行，但这个事件成为确定土地所有权的一个重要转折点。澳大利亚一些享有盛誉的艺术品也来自这个地区，包括树皮画、"咪咪"人物雕刻、迪吉里杜管（yidaki）、编织篮和垫子以及珠宝。

布库拉宁格穆尔卡艺术中心和博物馆（Buku Larrnggay Mulka Art Centre & Museum; www.yirrkala.com; Yirrkala; 捐款进入 $2; ⏲周一至周五 8:00~16:30，周六 9:00~12:00）位于Yirrkala的Nhulunbuy东南20公里处，是阿纳姆地最好的博物馆之一。从Nhulunbuy或戈夫机场（Gove airport）到这里不需要办理许可证。

Garma Festival（www.yyf.com.au）8月举行，持续4天，地点位于阿纳姆地东北。这是东阿纳姆地最为重要庆典之一，旨在弘扬雍古族（Yolngu）文化。活动包括礼仪表演、丛林生存技巧课程、迪吉里杜管（yidaki）高级讲习班以及学术研讨。参加者需要提供详尽计划，所以如需参加，要提前准备。

从凯瑟琳经陆路前往阿纳姆地，需到北部土地委员会办理许可证（免费）。Dhimurru Land Management Aboriginal Corporation（☎08-8987 3992; www.dhimurru.com.au; Arnhem Rd, Nhulunbuy）发放去东阿纳姆地特定休闲地区游览的休闲许可证（7天/2月$35/45）。

ℹ 到达和离开

北部航空（Airnorth; ☎1800 627 474; www.airnorth.com.au）和Qantaslink（见910页）每天有从达尔文飞往戈夫机场（Gove; 前往Nhulunbuy）的航班，单程票价$355起。陆路则是10小时的四驱车之旅，只有旱季才通行。通往戈夫的阿纳姆地中央公路（Central Arnhem Hwy），从凯瑟琳南面52公里处离开斯图尔特公路（Stuart Hwy, 87号公路）。我们到访之时，**Sea Swift**（☎08-8935 2400, 1800 424 422; www.seaswift.com.au）正在推出一项巡航游业务，搭乘营运货轮从达尔文前往戈夫。

乌卢鲁和北部地区内陆

包括 ➡

最佳餐饮

- Savannah Bar & Restaurant（见952页）
- Epilogue Lounge（见970页）
- Hanuman Restaurant（见970页）
- Piccolo's（见970页）

最佳住宿

- Nitmiluk National Park Campground（见955页）
- Territory Manor Motel & Caravan Park（见957页）
- Alice in the Territory（见969页）

为何去

北部地区（Northern Territory，简称NT）达尔文至乌卢鲁之间的广袤地带荒芜偏僻，没有美妙憧憬，只有艰难险阻。如果喜欢驾车穿越旷野，观赏澳大利亚内陆真实风貌以及峭壁、山谷、峡谷和青葱灌木林构成的古老土地，这里正好合适。

从凯瑟琳到爱丽斯泉的斯图尔特公路（Stuart Hwy）至今仍被称为"小路"（The Track）。自第二次世界大战起，它就是连接北部地区这两个主要城市的一条土路，基本上沿着大陆电报线修建。全线基本笔直。红土中心位于澳大利亚核心地带，王牌景区乌卢鲁（Uluru）和卡塔楚塔（Kata Tjuta）便在这里，中部沙漠文化神秘莫测，不断创造着非同凡响的抽象艺术作品。爱丽斯泉物产丰富独特，具有开创精神，山川饱经风霜，游客流连忘返。爱丽斯泉处于大陆的中心位置。

何时去

艾丽斯斯普林斯(爱丽斯泉)

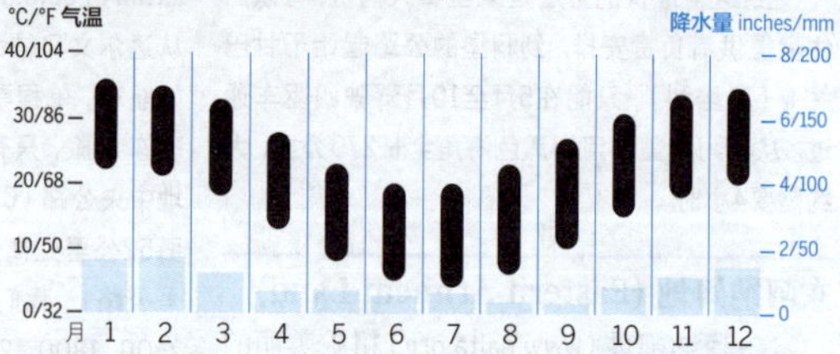

4月至8月 旅游旺季，红土中心（Red Centre）天气凉爽。

6月和7月 节庆季，爱丽斯泉帽子节（Beanie Festival）和骆驼杯（Camel Cup）拉开大幕。

9月至次年3月 爱丽斯泉内外酷热难耐；凯瑟琳风暴肆虐，炎热有所缓解。

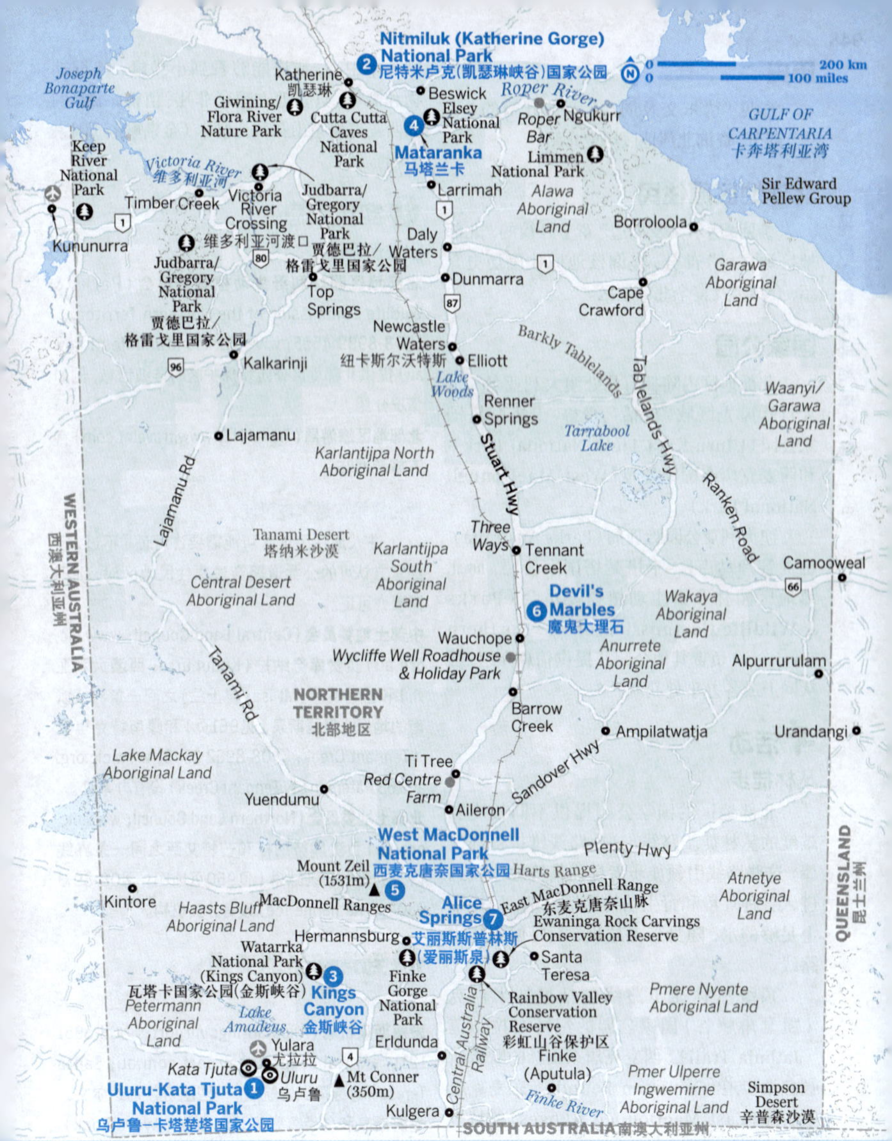

乌卢鲁和北部地区内陆亮点

❶ 日暮时分，欣赏**乌卢鲁**（见984页）和**卡塔楚塔**（见986页）的极致美景。

❷ 划着扁舟，穿行河面，仰视**尼特米卢克（凯瑟琳峡谷）国家公园**（见953页）巍峨的砂岩城堡。

❸ 踏过远古蕨类植物，穿越蜂巢般奇特的岩石群落，到达**金斯峡谷**（见978页）。

❹ 前往**马塔兰卡**（见958页），跃入温泉，荡涤周身污秽。

❺ 去往**西麦克唐奈国家公园**（见975页），游览山川峡谷、河流水潭。

❻ 来到**魔鬼大理石**（见961页），穿梭于那些看似不甚稳当、实际保持平衡的大块岩石之间。

❼ 探访**艾丽斯斯普林斯（爱丽斯泉**，见961页），了解澳大利亚中部顶级原住民艺术。

历史

参见“达尔文及周边”章节开篇的“历史”部分，查询北部地区历史介绍。

北部地区原住民

参见“达尔文及周边”章节开篇的“北部地区原住民”部分，查询该地原住民历史介绍，介绍涉及整个北部地区。

国家公园

北部地区内陆拥有几处澳大利亚名气最大自然风光区域，包括乌卢鲁-卡塔楚塔国家公园（Uluru-Kata Tjuta National Park）和西麦克唐奈国家公园（West MacDonnell National Park）。

澳大利亚公园管理局（Parks Australia）负责管理乌卢鲁-卡塔楚塔国家公园，而北部地区园林和野生动植物委员会（Parks & Wildlife Commission of the Northern Territory）负责其他公园并提供信息介绍，可从网上或各办事处获取。

活动

丛林徒步

北部地区的国家公园提供不同长度和难度的丛林徒步路线，这些路线维护得都很棒。这些路线引领徒步者身临其境地体验到进入各种环境和野生动物的栖息地。记得带上足够的水，随身带走垃圾，不要偏离徒步路线。

顶级丛林徒步路线包括尼特米卢克（凯瑟琳峡谷）国家公园的纪特布拉小道（Jatbula Trail）、西麦克唐奈山脉的欧米斯顿鱼塘步道（Ormiston Pound）、东麦克唐奈山脉（East MacDonnell Ranges）的特里非那峡谷（Trephina Gorge）以及卡塔楚塔的风之谷步道（Valley of the Winds）。

野生动物观赏

最佳野生动物观赏地点位于爱丽斯泉沙漠公园，从袋狸（bilby）到鸸鹋（emu），应有尽有。

如果喜欢前往野外观赏野生动物，得靠运气，因为该地野生动物大多昼伏夜出。来到干旱中心，或许能够看到小袋鼠、爬行动物和鹰隼。许多地方精彩非凡，值得一游，例如西麦克唐奈山脉和瓦塔卡（金斯峡谷）国家公园。

实用信息

旅游资源

北部地区园林和野生动植物委员会（Parks & Wildlife Commission of the Northern Territory；☎08-8999 4555；www.parksandwildlife.nt.gov.au）提供北部地区公园和保护区的详细信息，例如情况介绍。

北部地区旅游局（Travel NT；www.travelnt.com）官方旅游网站。

原住民地区进入许可证

进入原住民地区可能需要许可证。不过，行经官方认可的公共道路穿过原住民地区时，则不需要许可证。

中部土地委员会（Central Land Council；www.clc.org.au）负责库努纳拉（Kununurra；西澳大利亚州）和芒特艾萨（Mt Isa；昆士兰）之间一条界线以南的地区。爱丽斯泉（见961页）和滕南特克里克（Tennant Creek；☎08-8962 2343；www.clc.org.au；63 Paterson St，Tennant Creek）设有办事处。

北部土地委员会（Northern Land Council；www.nlc.org.au）负责库努纳拉和芒特艾萨之间一条界线以北的地区。凯瑟琳（见950页地图；☎08-8971 9802；5 Katherine Tce）设有分支机构。

到达和当地交通

飞机

爱丽斯泉机场（Alice Springs Airport；☎08-8951 1211；www.alicespringsairport.com.au；Santa Teresa Rd）起降国内航班。一些航班往返达尔文、爱丽斯泉和乌卢鲁附近埃尔斯岩（Ayers Rock）机场。

澳洲航空（☎13 13 13，08-8950 5211；www.qantas.com.au）定期发出航班，往返爱丽斯泉和悉尼、墨尔本、阿德莱德、珀斯、达尔文、凯恩斯（Cairns）以及布里斯班（Brisbane）。也有航班飞往乌卢鲁。

维珍澳洲航空（☎13 67 89；www.virginaustralia.com）的航班往返悉尼和乌卢鲁、爱丽斯泉、达尔文以及阿德莱德。

捷星航空(www.jetstar.com)的航班从乌卢鲁飞往墨尔本和悉尼,包括直航。

长途汽车

澳洲灰狗巴士(见960页)定期发出班车,沿着北部地区各大公路,开往凯瑟琳、滕南特克里克(Tenant Creek)和爱丽斯泉。

也可乘坐旅游巴士公司(例如AAT Kings)的客车或者背包客长途汽车,这些班车覆盖广袤区域,沿途可以观览景点。

小汽车

参见"达尔文及周边"章节"小汽车"部分,该节介绍北部地区自驾游情况。

火车

参见"达尔文及周边"章节"火车"部分,该节介绍阿德莱德和达尔文之间汗(Ghan)线火车运营情况。

凯瑟琳(KATHERINE)

人口 9187

在这一地区,凯瑟琳算得上是一座比较大的城镇了。从爱丽斯泉出发,沿着公路马不停蹄,到达此处,会有"拨云见日"之感。同名的凯瑟琳河是爱丽斯泉北部第一处永久水源。凯瑟琳最知名的景点大概是东边的尼特米卢克(凯瑟琳峡谷)国家公园[Nitmiluk(Katherine Gorge) National Park]了。显然,凯瑟琳可以作为旅程落脚点,这里酒店林立。

景点和活动

戈蒂尼马因伊加德河艺术和文化中心 画廊

(Godinymayin Yijard Rivers Arts & Culture Centre; ☎08-8972 3751; www.gyracc.org.au; Stuart Hwy, Katherine East; ⏲周二至周五 10:00~17:00, 周六 10:00~15:00)这家凯瑟琳艺术和文化中心新近开业、令人叹为观止,处于一栋靓丽、时髦的城市地标性建筑之内。成立这个中心,目的就是建立一个场所,以供原住民和非原住民聚会议事以及交流文化。来到这里,你可以通过多媒体屏幕倾听当地人娓娓诉说着人间百态。如果身处凯瑟琳,记得来此一游。位于凯瑟琳以南1公里处,经过公众泳池,顷刻即达。

中心包含一个精彩纷呈的画廊和一个艺术表演场馆。画廊展示北部地区艺术作品,表演场馆可以容纳400人。

Top Didj Cultural Experience & Art Gallery 画廊

(☎08-8971 2751; www.topdidj.com; Gorge Rd和Jaensch Rd交叉路口; 文化体验 成人/儿童/家庭 $65/45/200; ⏲文化体验 周日至周五 9:30和14:30, 周六 9:30和13:30)由凯瑟琳艺术馆(Katherine Art Gallery)的拥有者经营,是一个观赏原住民艺术家进行创作的好地方。文化体验包括亲自操作打火棒、投掷长矛、绘画和编织篮子。

凯瑟琳博物馆 博物馆

(Katherine Museum, 见950页地图; ☎08-8972 3945; www.katherinemuseum.com; Gorge Rd; 成人/儿童 $10/4; ⏲9:00~16:00)该博物馆位于一座旧机场的航站楼里,在小镇去往峡谷的路上,离小镇约3公里远。这里有由首位飞行医生克莱德·芬顿(Clyde Fenton)驾驶的吉卜赛飞蛾(Gypsy Moth)号双翼飞机,有很多有趣的锈迹斑斑的旧卡车。此外,还有大量历史照片,包括记录1998年洪水的照片。

团队游

Gecko Canoeing & Trekking 户外

(☎0427 067 154, 1800 634 319; www.geckocanoeing.com.au)颇受欢迎的独木舟之旅,由导游带领,在凯瑟琳河更为偏远的河段上行进。行程包括在凯瑟琳河上待3天($860)和在戴利河与凯瑟琳河上待6天($1600)两种。在尼特米卢克国家公园内,沿纪特布拉小道(Jatbula Trail)进行为期5天的徒步旅行费用为$1600。这里也为纪特布拉小道的徒步旅行者提供从雷林瀑布(Leliyn Fall)返回凯瑟琳或尼特米卢克国家公园总部的穿梭巴士服务。有最低人数要求。

Crocodile Night Adventure 游轮

(☎1800 089 103; www.travelnorth.com.au; 成人/儿童 $75/49; ⏲5月至10月 18:30)位于春天谷农场,为你提供夜间巡游凯瑟琳河的

Katherine 凯瑟琳

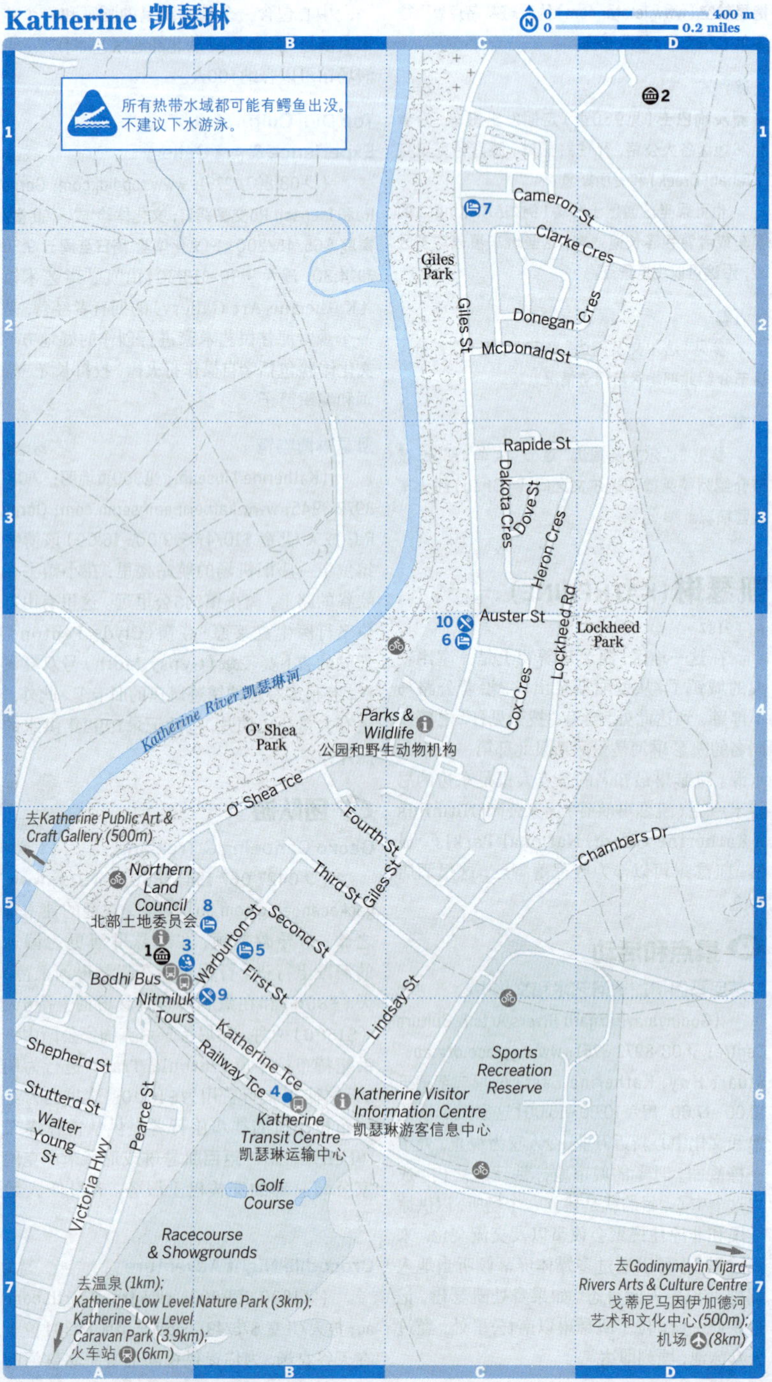

Katherine 凯瑟琳

机会。届时，你将会看到鳄鱼和其他夜行野生动物。包括烧烤晚餐和饮品。

Travel North 观光

（见950页地图；☎08-8971 9999，1800 089 103；www.travelnorth.com.au；6 Katherine Tce，Transit Centre）一家位于凯瑟琳的旅行社，提供前往卡卡杜、阿纳姆地和利奇菲尔德的各种团队游，以及凯瑟琳镇的一日团队游。也代理预订汗线列车车票和澳洲灰狗巴士汽车票。

节日和活动

凯瑟琳乡村音乐节 音乐节

（Katherine Country Music Muster；www.kcmm.com.au；成人/儿童 $35/免费）当地人会说："我们喜欢这两种音乐：乡村音乐和西部音乐。"5月或6月的周末，在Tick Market Lindsa St的酒馆和娱乐场所有大量现场音乐表演。登录网站查询具体日期。

住宿

Coco's Backpackers 青年旅舍 $

（见950页地图；☎08-8971 2889；coco@21firstst.com.au；21 First St；露营每人$20，铺 $35）这里深受游客喜爱，墙壁装饰有原住民艺术作品，隔壁活动板房摆放迪吉里杜管，营造出纯正的凯瑟琳氛围。Coco's旅舍由主人的家改建而成，主人会在这里与客人闲聊，他对城市以及本地了如指掌。原住民艺术家经常在这里为迪吉里杜管上色。

Katherine Low Level Caravan Park 房车公园 $

（☎08-8972 3962；http://katherine-low-level-caravan-park.nt.big4.com.au；Shadforth Rd；无电力/有电力供应营地 $37/40，游猎帐篷 $90；）这个公园修建得相当整齐，面积巨大，有很多阴凉的地方和一个很棒的泳池。泳池旁是一个酒吧，还有一个很不错的小酒馆（主菜 $22~27），后者位于一棵巨大的无花果树树荫下。一流的设施使其在小镇里的几个房车公园中首屈一指。沿维多利亚公路行驶，距离小镇约5公里，需要穿过低标高桥（Low Level bridge）。

Knott's Crossing Resort 汽车旅馆 $$

（见950页地图；☎08-8972 2511；www.knottscrossing.com.au；Cameron St和Giles St交叉路口；无电力/有电力供应营地 $27/43，小屋/汽车旅馆 双 $110/160起；@）这家旅馆堪称是凯瑟琳首屈一指的选择。客房多样，适合各种消费档次。餐厅非常出色。整体运营专业有序。设施全部位于热带花园之内，布局紧凑。不过找个僻静场所也很容易。位于前往凯瑟琳峡谷（Katherine Gorge）途中。去往凯瑟琳峡谷非常便捷。

Katherine River Lodge Motel 汽车旅馆 $$

（见950页地图；☎08-8971 0266；http://katherineriverlodge.com.au；50 Giles St；双/家 $120/180起；@）客房刚刚修缮一新。服务亟待改善，但是住宿环境安全无虞，客房时髦，维护良好。这个大型旅馆（有3栋3层楼的建筑）位于热带花园之中，有些房间内部相通，非常适合家庭入住。内部餐馆供应绝佳美食。

St Andrews Apartments 公寓 $$$

（见950页地图；☎08-8971 2288，1800 686 106；www.standrewsapts.com.au；27 First St；公寓 $230~285；）这家酒店式公寓位于镇中心，非常适合家庭或者希望拥有家庭般舒适住处的人入住。双卧室公寓可睡4人（加上沙发床一共可容纳6人），并配有设施齐备的厨

房和休息室/餐厅。漂亮的烧烤小露台与底层单元房相连。

就餐

Coffee Club 咖啡馆 $

（见950页地图；www.coffeeclub.com.au；Katherine Tce和Warburton St交叉路口；餐$12~20；⊙周一至周五 6:30~17:00，周六和周日7:00~16:00）这是城内最佳早餐地点，午餐也挺出色。就餐环境敞亮。出售精美咖啡、健康早餐，例如水果和牛奶什锦早餐。全天供应汉堡、三明治、卷饼和沙拉。

★ Escarpment Restaurant 新派澳洲菜 $$

（见950页地图；☎08-8971 1600；50 Giles St；午餐 $12，晚餐 $25；⊙周一至周六11:30~14:30和17:00~22:00）如果忽略视线之内的停车场，这家餐馆户外就餐区简直无与伦比，户外就餐体验美妙绝伦。美食更是锦上添花。午餐供应汉堡、卷饼、沙拉、海鲜。做菜和上菜均比其他餐馆略胜一筹。

Savannah Bar & Restaurant 新派澳洲菜 $$

（见950页地图；☎08-8972 2511；www.knottscrossing.com.au/restaurant；Giles St和Cameron St交叉路口，Knott's Crossing Resort；主菜 $25~35；⊙6:30~9:00和18:00~21:00）毋庸置疑，这是凯瑟琳最佳就餐地之一。全然就是一个室外花园餐厅，和煦微风时常拂过热带植物。菜单菜品包括牛排、尖吻鲈和维纳斯湾（Venus Bay）鲜虾佳肴，甚至提供烤乳猪。员工热情友善、手脚利落，管理井井有条。

实用信息

凯瑟琳医院（Katherine Hospital；☎08-8973 9211；www.health.nt.gov.au；Giles St）在小镇以北约3公里处，提供急救服务。

凯瑟琳游客信息中心（Katherine Visitor Information Centre，见950页地图；☎1800 653 142；www.visitkatherine.com.au；Lindsay St和Stuart Hwy交叉路口；⊙旱季 每天 8:30~17:00，周一至周五8:30~17:00，雨季 周六和周日 10:00~14:00）一个配有空调的现代化信息中心，有北部地区所有区域的信息。别忘了拿一份《凯瑟琳地区游客指南》（*Katherine Region Visitor Guide*），方便实用。

公园和野生动物机构（Parks & Wildlife，见950页地图；☎08-8973 8888；www.Parksandwildlife.nt.gov.au；32 Giles St；⊙8:00~16:20）这里提供国家公园的信息和注意事项。

到达和当地交通

凯瑟琳是北部地区的主要公路枢纽：南北向的斯图尔特公路和向西延伸至西澳大利亚州库努纳拉的维多利亚公路在这里会合。

澳洲灰狗巴士（Greyhound Australia；www.greyhound.com.au）提供达尔文到爱丽斯泉、昆士兰州或西澳大利亚州的定期长途汽车服务。汽车都在**凯瑟琳运输中心**（Katherine Transit Centre，见950页地图；☎08-8971 9999；6 Katherine Tce）停靠。从凯瑟琳出发的单程票为：达尔文（$105，4小时）、爱丽斯泉（$335，16小时）、滕南特克里克（Tennant Creek；$220，8.5小时）和库努纳拉（$158，4.5小时）。

Bodhi Bus（见950页地图；http://thebodhibus.com.au）运营的长途汽车开往偏远乡镇，也有凯瑟琳至达尔文班车（周一、周四和周六 单程 $60），终点停靠帕墨斯顿岛（Palmerston）汽车中转站或达尔文机场。

汗线火车由**大南部铁路公司**（Great Southern Rail；www.gsr.com.au）经营，运行于阿德莱德和达尔文之间，每周两趟。中途在凯瑟琳停靠4小时，你有足够的时间去凯瑟琳峡谷（Katherine Gorge）转转！**Nitmiluk Tours**（见950页地图；☎1300 146 743；www.nitmiluktours.com.au；Katherine Tce；⊙周一至周六 9:00~17:00）提供火车站和小镇之间的穿梭巴士服务。

凯瑟琳周边（AROUND KATHERINE）

卡塔卡塔洞穴自然公园（Cutta Cutta Caves Nature Park）

公园位于凯瑟琳以南约30公里处，弯腰背离灼热的太阳，下到地面以下15米，到这个迷宫式的石灰石洞穴系统中观赏一番吧。占地1499公顷的**卡塔卡塔洞穴自然公园**（Cutta Cutta Caves Nature Park；☎08-8972 1940；www.parksandwildlife.nt.gov.au/parks/find/cuttacuttacaves；团队游 成人/儿童 $20/10；⊙8:30~16:30，导览游 9:00、10:00、11:00、

13:00、14:00和15:00)生态环境独特，你将与棕色的树蛇、巨蟒、濒危的大耳蝠(ghost bat)和橙色的菊头蝠(horseshoe bat)同处于一个空间。卡塔卡塔(Cutta Cutta)是周恩族(Jawoyn)起的名称，意思是“繁星”，原住民忌讳进入该洞穴，因为他们认为白天星星会躲进这个洞穴中。只可参团进入。

尼特米卢克(凯瑟琳峡谷)国家公园[Nitmiluk (Katherine Gorge) National Park]

尼特米卢克(凯瑟琳峡谷)国家公园

[Nitmiluk (Katherine Gorge) National Park; www.parksandwildlife.nt.gov.au/parks/find/nitmiluk]距离凯瑟琳约30公里、占地2920平方公里，壮观的凯瑟琳峡谷是它的脊梁。凯瑟琳河从阿纳姆地流到帝汶海，途中它“凿开”了13个深邃的砂岩峡谷。这个地方美丽非凡，让人久久不能忘怀。不过，旺季时这里会变得人潮汹涌，因为它是凯瑟林周边一个必去的景点。在旱季里，平静的河面非常适合泛舟，但一到雨季，河水会变得很深，水流速度加快，凶猛的急流在峡谷间翻滚。在河面上划独木舟或巡游，然后再到丛林里漫步一番，至少要花一整天的时间。

这里传统的主人是周恩族原住民，他们与公园和野生动物机构(Parks & Wildlife)共同管理着尼特米卢克。Nitmiluk Tours负责管理公园里的住宿、巡游和其他活动。

景点

雷林(伊迪斯瀑布)[Leliyn (Edith Falls)] 自然保护区

斯图尔特公路位于凯瑟琳以北40公里处，从这里沿着一条柏油路前行20公里，就来到了田园般的雷林。在这里游泳和进行徒步旅行都很安全。**雷林小道**(Leliyn Trail，2.6公里环路，1.5小时)穿越银桦树林和三齿稃区，一路蜿蜒爬上悬崖区。途经风景秀丽的瞭望台(下午时分，Bemang是其中最棒的一个)，最后抵达上水潭(Upper Pool)，那里是与中等难度的**甜水潭小道**(Sweetwater Pool Trail，8.6公里往返，3~5小时)的交叉点。宁静的甜水潭(Sweetwater Pool)有个小型的**露营地**(每人$3.30，押金$50)，过夜许可证可以在售货亭获得。

主要景点**低水潭**(Lower Pool)是个镜面般平静的游泳潟湖，从停车场前行150米即可到达。公园和野生动物机构的**露营地**(☎08-8975 4869；成人/儿童$12/6)在停车场旁，有绿草如茵的露营点、卫生间、淋浴房、洗衣间和残疾人设施。所有费用都在**售货亭**(kiosk；⏰5月至10月 8:00~18:00，11月至次年4月 9:30~15:00)支付，这里也出售小吃和基本的日常用品。附近有一个野餐区，有烧烤炉和餐桌。

活动

丛林徒步

公园里有约120公里长带标记的徒步路线，距离从2公里到多天的66公里。需要过夜的远足者必须在尼特米卢克中心登记。任何参加徒步游的旅行者都要交纳$50可退还的押金和每人每夜$3.30的露营费。尼特米卢克中心有全部徒步路线的地图和信息。

Barrawei (Lookout) Loop 丛林徒步

向上爬一段很短很陡峭的路(3.7公里环路，2小时，中等难度)，便可俯瞰凯瑟琳河的美景。

Butterfly Gorge 丛林徒步

这是一条具有挑战性的林荫小道(12公里往返，4.5小时)，穿越季风热带雨林，路上经常能看到蝴蝶，一直延伸到第二峡谷的中间地带和一个深水潭。

周恩族山谷(Jawoyn Valley) 丛林徒步

有一条颇具难度(40公里环路，过夜)的荒野小道，始于第八峡谷步道(Eighth Gorge Walk)，中途穿越一个有岩石露层和岩画崖壁的山谷。

纪特布拉小道(Jatbula Trail) 丛林徒步

这是一条翻越阿纳姆地悬崖到雷林(伊迪斯瀑布)的著名路线(单向66公里，5天，高难度)，途经流入沼泽的比德勒康布小瀑布(Biddlecombe Cascades)、水晶瀑布(Crystal Falls)、圆形剧场(Amphitheatre)和甜水潭。路程为单向(即你不能从雷林走回凯瑟琳峡谷），10月至次年4月关闭，其他月份也要求至少两人同行。

渡轮可以带你越过峡谷，来到这条路线的起点处。

独木舟

没有什么比得上自己划船去探索峡谷更有趣的了，很多旅行者至少会划到第一峡或第二峡。记住，太阳烤得厉害，天气也会很热。在这样的环境下，你还得扛着独木舟越过峡坝和急流，从一个峡谷走到另一个峡谷。在尼特米卢克中心拿一份《独木舟划行指南》(*Canoeing Guide*)，如果想自己划船，每人需要支付注册费$5.50，另外还要支付$50的可返还押金。

Nitmiluk Tours 划独木舟

（见950页地图；☎08-8972 1253, 1300 146 743; www.nitmiluktours.com.au）4月至11月，Nitmiluk Tours提供独木舟出租，单人/双人独木舟分为半日（$53/76，押金$50，8:00和12:30出发）或全天（$66/98，8:00出发）。包括一种可以放置照相机和其他设备的防水容器（并不完全防水）、一份地图和一件救生衣。独木舟船坞在主停车场旁边的登船点旁，距离尼特米卢克中心（Nitmiluk Centre）约500米。

租用独木舟半日可以划到第一峡；如果租用一整天的话，最远可达第三峡，这取决于你的身体素质——早点出发。如果想要更冒险一些，你可以租用独木舟过夜，费用为$126/140（单人/双人），另外要支付$3.30购买露营许可证——第五、第六、第八和第九峡都设有营地。由于过夜许可证数量有限，务必提前预订，需交纳$60的押金。不过，不要轻率地进行这种旅行。

☞ 团队游

Nitmiluk Tours 游轮

（☎08-8972 1253, 1300 146 743; www.nitmiluktours.com.au）想要探索幽深的峡谷，一个最简单的方法就是参加巡游。旅游高峰期游轮很抢手，所以至少提前一天预订。

2小时巡游会前行到第二峡，并参观一个岩石艺术长廊（包括一个800米的徒步小道）。全年发团，但要视水线高低的情况而定，每天9:00、11:00、13:00和15:00出发。轮椅通道仅能到达第一峡的顶部。4小时游轮会到第三峡，提供点心以及游泳的机会。4月至11月每天9:00出发，5月至8月每天11:00和13:00出发。

还有更为休闲的2小时早餐游轮，4月至11月于7:00出发。也有日落游轮，5月至10月每晚起航，提供自助烛光晚餐和香槟。

Nitmiluk Tours 观光飞行

（☎1300 146 743; www.nitmiluktours.com.

GHUNMARN文化中心

如果你想欣赏正宗的、由当地社区制造的原住民艺术品，可以从斯图尔特公路下来，绕道前往地处偏远的比斯维克（Beswick）文化中心。

比斯维克是个小镇，位于阿纳姆地最南边、斯图尔特公路以东56公里，可以经由柏油公路阿纳姆地中央公路（Central Arnhem Hwy）前往。在这里，你将看到于2007年落成的**Ghunmarn文化中心**（Ghunmarn Culture Centre; ☎08-8977 4250; www.djilpinarts.org.au; Beswick; ⏲4月至11月周一至周五 9:30~16:00），展有来自西阿纳姆地的本土艺术品、印刷品、雕刻品、编织物和迪吉里杜管。该中心还举办Blanasi Collection藏品展，长期展出来自西阿纳姆地地区年长艺术家的作品。参观该中心不需要办理许可证，但要提前打电话询问中心是否开门。如果无法来此，可去**凯瑟琳Djilpin Arts**（见950页地图；☎08-8971 1770; www.djilpinarts.org.au; 27 Katherine Tce; ⏲周一至周五 9:00~16:00）。

比斯维克有一个非常特别的节日，叫作**“与圣灵同行”**（www.djilpinarts.org.au/visit-us/walking-with-spirits），这是与澳大利亚莎士比亚公司（Australian Shakespeare Company）合办的传统歌舞表演，相当神奇。7月举行。届时比斯维克瀑布（Beswick Falls）允许露营，但务必提前预订。

au）提供各种飞行游览，从8分钟观赏第一峡（每人$99）到20分钟观赏所有13个峡谷（$235），应有尽有。还提供去更远地方的团队游，如前往原住民岩石艺术景点和卡卡杜国家公园。可在尼特米卢克中心预订。

住宿

整个公园里有方便过夜徒步者使用的丛林露营地，尼特米卢克游客中心附近和雷林（伊迪斯瀑布）还设有永久露营场地。

Nitmiluk National Park Campground 露营地 $

（☎08-8972 1253，1300 146 743；www.nitmiluktours.com.au；无电力/有电力供应营地$38/44，游猎帐篷 $130；）该营地有大量草地和树荫，有热水淋浴、厕所、烧烤区和一个洗衣房。游泳池看起来不错，旁边还有一个售货亭，沙袋鼠和巨蜥是这里的常客。还有一个"帐篷村庄"，设有可睡两人的固定旅行帐篷。需要在尼特米卢克中心预订。

Nitmiluk Chalets 小屋 $$$

（☎08-8972 1253，1300 146 743；www.nitmiluktours.com.au；单/双卧室小屋 $205/255；）位于房车公园附近。如果你希望住在有牢固屋顶（和平板电视）的地方，那么这些小屋会是不错的选择。在此住宿可使用所用房车公园设施（游泳池、烧烤区、售货亭等）。

Cicada Lodge 精品酒店 $$$

（☎08-8974 3100，1800 242 232；www.cicadalodge.com.au；Nitmiluk National Park；双含早餐 $700；）这座豪华住所建筑风格融合现代风尚和传统周恩族（Jawoyn）理念。总计18间奢华客房，俯瞰凯瑟琳河。装修高雅时髦，特色包括整面百叶窗门扇，门后便是私属阳台。墙壁装饰原住民艺术作品。户外露天平台俯瞰泳池，邻近丛林地带，格调不俗。如果想要住得舒适雅致，这里正好合适。

实用信息

尼特米卢克中心（Nitmiluk Centre；☎08-8972 1253，1300 146 743；www.nitmiluktours.com.au；⊙6:30~17:30）有公园地貌、野生动物、传统原住民（周恩族）和欧洲历史的信息和展示，内容详尽。这里还有一家餐馆（小吃和餐食 $7~25）以及一个**公园和野生动物机构**（Parks & Wildlife）咨询台，后者有多个带标记的徒步小道信息单，这些小道以中心为起点，穿越风景如画的峡谷南部乡村。如果要参加过夜徒步游或露营，要在8:00~13:00进行许可证登记（每夜 $3.30），这里也发放划独木舟许可证。

到达和离开

从凯瑟琳到尼特米卢克中心有30公里，都是柏油路。再往前行驶数百米就会看到停车场，这里是峡谷和巡游的起点。

Nitmiluk Tours（见950页地图；☎08-8972 1253，1300 146 743；www.nitmiluktours.com.au；27 Katherine Tce，Shop 2，Katherine；成人/儿童 往返 $27/19）提供凯瑟琳和峡谷之间的每日班车服务。班车从尼特米卢克镇预订中心出发，如有需要，也提供前往当地住宿地的接客服务。每天3趟班车驶离凯瑟琳。

凯瑟琳至西澳大利亚州（KATHERINE TO WESTERN AUSTRALIA）

长达513公里的维多利亚公路（Victoria Hwy）连接着凯瑟琳和西澳大利亚州的库努纳拉，是大草原之路（Savannah Way）的一部分。如果驾驶四驱越野车，你可以从维多利亚公路旁进入几个偏远的国家公园，可以穿过半干旱沙漠和砂岩外露层迤逦而行，如果看到臃肿的酒瓶树正恭候着你，说明西澳大利亚州就在不远处了。所有水果、蔬菜、坚果和蜂蜜都必须留在边界的检疫站，不能带走。

纪维宁/弗洛拉河自然公园（Giwining/Flora River Nature Park）

弗洛拉河富含矿物质，碳酸钙不断沉积，附着树根和枯枝，形成石灰岩堤坝，一连串壮丽瀑布随之生成。纪维宁/弗洛拉河自然公园（Giwining/Flora River Nature Park；www.

parksandwildlife.nt.gov.au/parks/find/florariver）之内，有个露营地（www.parksandwildlife.nt.gov.au/parks/find/florariver；成人/儿童 $6.60/3.30），就在Djarrung。里面设施齐全。弗洛拉河里有鳄鱼，所以禁止游泳。

公园的岔路口在凯瑟琳西南90公里处，沿一条可通行的土路再往前行进32公里就可以到达公园入口（在旱季允许两驱车通行）。

维多利亚河渡口（Victoria River Crossing）

公路跨过维多利亚河（凯瑟琳以西194公里处）处被红色砂岩悬崖环绕，形成一片引人注目的景象。该区域的大部分地带成为贾德巴拉（Judbarra，格雷戈里国家公园）东边的一部分。维多利亚河房车旅馆停车场（Victoria River Roadhouse Caravan Park；传真 08-8975 0744；Victoria Hwy；无电力/有电力供应营地 $20/25，双 $135）在桥的西面，有一家商店和酒吧，并提供餐食（$14~32）。

廷伯克里克（Timber Creek）

人口 231

廷伯克里克（Timber Creek）规模极小，是凯瑟琳和库努纳拉之间唯一的小镇。这个弹丸之地在历史上非常重要。早先，欧洲探险队乘坐的Tom Tough号帆船需要用当地木材（timber，该城市因此得名）修理，探险队的队长A.C.格雷戈里（AC Gregory）将其抵达日期刻在一棵酒瓶树上。至今，在位于小镇西北15公里处的格雷戈里树（Gregory's Tree）上，刻痕还依稀可辨（旅游解说牌有详细的信息）。沿着维多利亚公路（Victoria Hwy）近旁一条3公里道路前行，即可到达格雷戈里树。由于天气变化，这条道路可能变得颠簸不平。

廷伯克里克的一大亮点活动是维多利亚河游轮（Victoria River Cruise；☎0427 750 731；www.victoriarivercruise.com；日暮巡游 成人/儿童 $95/50，野生动植物巡游 成人/儿童 $60/30；⏲4月至9月 每天）游船将带你沿着河流顺流而下40公里，沿途可以观赏野生动物，并能及时返回观赏火红的日落美景。

廷伯克里克镇被路边的Timber Creek Hotel & Circle F Caravan Park（☎08-8975 0722；www.timbercreekhotel.com.au；Victoria Hwy；无电力/有电力供应营地 $27/30，双 $100；❄📶）所占据。巨大的树木为部分露营区提供了绿荫，旁边是一条小溪，每天傍晚（17:00）都能看到喂鳄鱼的场景。这个综合公园内设有Timber Creek Hotel和Fogarty's Store。

贾德巴拉/格雷戈里国家公园（Judbarra/Gregory National Park）

贾德巴拉/格雷戈里国家公园（Judbarra/Gregory National Park；www.parksandwildlife.nt.gov.au/parks/find/gregory）地处偏僻而崎岖的荒野，幅员辽阔，游客罕至。这座国家公园占地12,860平方公里，位于热带地区和半干旱地区的过渡地带。它涵盖了古老的牧场，并由两个独立部分组成：东部（维多利亚河）地区和更大的西部布利塔（Bullita）地区。

廷伯克里克的公园和野生动物机构（Parks & Wildlife；☎08-8975 0888；www.parksandwildlife.nt.gov.au；Timber Creek；⏲7:00~16:30）提供园区说明和四驱车驾驶说明，同时可以提供地图，上面标注各条步行道、露营点、崎岖车道、从前的农场和险峻浪漫的旧时代牲畜围场——是出发之前的必备之物。这个地方时有鳄鱼出没，游泳不安全。

基普河国家公园（Keep River National Park）

偏僻的基普河国家公园（www.nretas.nt.gov.au/national-parks-and-reserves/parks/find/keepriver）以令人叹为观止的石灰石地貌、美丽的荒地和岩画而著称。在这条美妙小路的起点处可以拿到详细介绍徒步游路况的各种手册。千万不要错过贾尔纳姆（Jarnem）附近的岩画步道（rock-art walk，往返5.5公里，2小时），以及位于吉努姆（Jinumum）的峡谷步道（gorge walk，往返3公里，2小时）。

公园入口处离西澳大利亚州边境只有3

公里。旱季你可以乘常规交通工具到达公园的主要地点。从主路进入公园3公里就是护林站(rangers station; ☎08-9167 8827)。在古兰当(Gurrandalng，进入公园18公里)和贾尔纳姆(Jarnem，32公里)有被石灰石包围的简单露营地(成人/儿童 $3.30/1.65)。在贾尔纳姆有水箱。

马塔兰卡和埃尔西国家公园(MATARANKA & ELSEY NATIONAL PARK)

人口 244

舒缓而又温暖的温泉坐落在郁郁葱葱的棕榈树和热带植物之中，如果你不想在马塔兰卡逗留几小时以洗去路途中的满身灰尘，那你肯定是疯了。马塔兰卡是一处小型居民点，时常人满为患，拿着毛巾的旅行者人挤人地前往热水池或有泉水的埃尔西国家公园(Elsey National Park)。

景点和活动

马塔兰卡那水晶般清澈的温水池被热带雨林所遮蔽，距离城镇10公里，就在马塔兰卡Homestead Resort的旁边。阳光透过棕榈树叶缝隙，洒在温暖透明的池面，光影斑驳。池水每天滋养荡涤着许多游客。温水池从度假村经由木板路可到达，但可能会很拥挤。大约200米外(沿着木板路走)是沃特豪斯河(Waterhouse River)，河边可以租独木舟，费用为每小时$12。史蒂夫水潭(Stevie's Hole)是沃特豪斯河中的一个天然游泳洞，更为凉爽，距离度假村1.5公里远，这里通常没什么人。

埃尔西国家公园 国家公园

(Elsey National Park; www.parksandwildlife.nt.gov.au/parks/find/elsey)该自然公园靠近温泉区，可以提供安静的露营、钓鱼和沿着沃特豪斯河及罗珀河(Roper River)步行等活动。苦味泉(Bitter Springs)是自然公园内棕榈树形状的平静温泉，从马塔兰卡沿着Martin Rd柏油路前行3公里可以到达。由于石灰石会在水中分解，所以泉水颜色呈现出一种非自然的蓝绿色，水温为34℃。

食宿

Mataranka Homestead Resort 露营地 $

(☎08-8975 4544; www.matarankahomestead.com.au; Homestead Rd; 无电力/有电力供应营地 $24/29，铺/双/小屋 $25/90/115; ❄🅿)距离主温泉只有几米的距离，提供各类经济型住宿，是个非常受欢迎的地方。巨大的露营地看上去满是尘土，但这里有一些阴凉的区域和不错的设施。用风扇降温的旅舍式客房非常简单(提供床单)，装有空调的汽车旅馆式客房(也很简单)内有冰箱、电视和卫生间。小屋内还设有小厨房，能容纳6人。要提前预订。

Mataranka Cabins 小屋 $$

(☎08-8975 4838; www.matarankacabins.com.au; 4705 Martin Rd, Bitter Springs; 无电力/有电力供应营地 $25/30，小屋 $120; ❄@📶🐾)位于小罗珀河(Little Roper River)河岸，距离苦味泉热水池仅几百米远，是一个安静的林地。前院有惊人的白蚁土墩群。小屋都是大开间，配备电视和阳台，阳台能够欣赏丛林景色。欢迎携带宠物入住。

★Territory Manor Motel & Caravan Park 汽车旅馆 $$

(☎08-8975 4516; www.matarankamotel.com; Martin Rd; 无电力/有电力供应营地 $26/30，标单/双 $105/120; ❄@🅿)这是马塔兰卡(Mataranka)最佳房车公园，地理位置优越，卓越不凡，因此深受青睐。客房小巧玲珑、装饰精美，卫生间宽敞。园区绿茵如盖，适合露营。每天会有两次人工喂养观赏型尖吻鲈的壮观场面。而它们的“远房表亲”则和牛排、沙拉一起，被制成这家有售酒执照的小酒馆里的美味菜肴(主菜 $20~35)。

巴克利高原和海湾地区(BARKLY TABLELAND & GULF COUNTRY)

斯图尔特公路(Stuart Hwy)以东有北部地区最为偏远的畜牧场，部分地区经由柏油路可进入，海湾(Gulf)地区的一些河流以及近海水域被认为是澳大利亚最好的垂钓场所之一。

罗珀公路(Roper Highway)

斯图尔特公路旁的马塔兰卡南边不远就是罗珀公路,这条大部分铺着柏油的单车道公路向东175公里就抵达了罗珀河旁的罗珀沙洲(Roper Bar)。它穿过两岸林立着白油树和露兜树的罗珀河,淡水与咸水在那里汇合,只有在旱季才可以通过。希望获得丰收的渔民们在这里停留。Roper Bar Store(☎08-8975 4636; www.roperbar.com.au; 无电力供应营地$20,标单/双 $115/135)提供住宿、汽油和给养。罗珀沙洲是进入博罗卢拉(Borroloola)的门户。沿坑洼不平的Nathan River Rd路向南行驶穿过利门国家公园(Limmen National Park; www.parksandwildlife.nt.gov.au/parks/find/limmen)——车底盘要够高,并需要两个备用轮胎——然后前往阿纳姆地东南部。

从罗珀沙洲出发,沿着公路继续向东前进45公里,就来到了努库尔(Ngukurr)原住民社区,那里生活着说9种不同语言和文化背景各异的大约1000名原住民。努库尔艺术中心(Ngukurr Arts Centre; ☎08-8975 4260; http://ngukurrarts.net.au/Ngukurr_Art/About_art_center.html; ⏲周一至周五 10:00~16:00)展示的独特作品体现了当地文化的多样性,作品可供出售。造访这个中心不需要许可证。

卡奔塔利亚公路和高原公路(Carpentaria & Tablelands Highways)

在戴利沃特斯南部,沿铺了柏油的卡奔塔利亚公路(1号公路)向东378公里,可到达卡奔塔利亚湾(Gulf of Carpentaria)附近的博罗卢拉(Borroloola,是北部地区钓尖吻鲈的热点地区之一)。在267公里处卡奔塔利亚公路与铺了柏油的高原公路在克劳福德角(Cape Crawford)交会,著名的Heartbreak Hotel(☎08-8975 9928; www.heartbreakhotel.com.au; Carpentaria Hwy和Tablelands Hwy交叉路口, Cape Crawford; 无电力/有电力供应营地$20/28,标单/双 $75/90; ❄)就位于这个交叉路口。可在有树荫的草地上搭建帐篷,然后在宽敞的阳台上喝杯冰啤酒放松一下。提供早餐、午餐和晚餐(餐 $16~28)。

从克劳福德角沿着荒凉的公路向南374公里,穿越巴克利高原就来到了巴克利公路(Barkly Hwy, 66号公路)以及热闹得令人吃惊的公路旅馆Barkly Homestead Roadhouse(☎08-8964 4549; www.barklyhomestead.com.au; 无电力/有电力供应营地 $25/32,小屋和汽车旅馆 双 $150; ❄≋),它在滕南特克里克以西210公里,昆士兰州边境东面252公里处。

博罗卢拉(Borroloola)

人口 927

博罗卢拉位于麦克阿瑟河边,靠近浩瀚的海湾,是钓鱼爱好者重点关注的地方。不过,除非你酷爱钓鱼(尖吻鲈季节的高峰期是2月至4月),或者原本就是要沿着偏僻的大草原之路(Savannah Way)驶向昆士兰(最好驾驶四驱车),否则这里就只是一段漫长的路,并没有什么别的可玩之处。

Savannah Way Motel(大草原之路汽车旅馆; ☎08-8975 8883; www.savannahwaymotel.com.au; Robinson Rd; 房间 $80~130,小屋$130; ❄≋)位于贯穿全镇的主路上,干净舒适,有小屋、旅馆客房和热带花园。

马塔兰卡至滕南特克里克(MATARANKA TO TENNANT CREEK)

拉里马(Larrimah)

人口 18

以前,从达尔文出发的铁路线曾一直通到位于拉里马(Larrimah)以南8公里处的伯德姆(Birdum)。拉里马本身是一座迷你小镇,位于凯瑟琳以南185公里处。Pink Panther (Larrimah) Hotel(☎08-8975 9931; 无电力/有电力供应营地 $20/25,双$70~90; ❄≋)最初是"二战"时军官的食堂,现在是一家很有风格的酒馆,提供非常普通的房间和餐食(主菜 $12~32),还有一个动物园。Fran's Devonshire Teahouse(Stuart Hwy; 餐 $6~20; ⏲8:00~16:00)是个享用午餐的好地方。可以尝尝大名鼎鼎的骆驼肉馅饼或水牛肉馅饼，或者点杯德文郡茶（Devonshire tea）[从埃克塞特（Exeter）长途运来这里]或现磨咖啡。

戴利沃特斯（Daly Waters）

人口 25

戴利沃特斯位于马塔兰卡以南160公里处，距离公路约3公里，是早期航空业的一个重要补给站。艾米·约翰逊（Amy Johnson）于1930年史诗性地从英国驾驶飞机到澳大利亚，就在此地着陆。几乎人人都会去著名的Daly Waters Pub（☎08-8975 9927；www.dalywaterspub.com；无电力/有电力供应营地$16/28，双 $70~110，小屋 $135~175；❄☒），酒馆里满是过路旅行者留下的商务名片、胸罩、钞票和纪念品。这家酒馆自称是北部地区最古老的（它的售酒营业许可从1893年就开始生效了）。虽然盛名带来一些不利影响，但这里已然成为旅途之中的传奇地点。本地音乐家经常来此捧场。提供各种菜肴（主菜$12~30，午餐和晚餐时段营业），包括尖吻鲈汉堡。酒馆旁边是尘土飞扬的露营地，带一点点树荫，需要提前预订或尽早抵达以确保住进有电力供应的营地。这里提供各种住宿服务，从只有基本设施的可移动小型房屋到宽敞、设施齐全的独立小屋。

戴利沃特斯至三路（Daly Waters to Three Ways）

从戴利沃特斯继续南行，在公路以西3公里的地方你会遇到迷人的“幽灵”小镇纽卡斯尔沃特斯（Newcastle Waters）。这里最大气并且有历史意义的建筑包括Junction Hotel，它是1932年在被废弃的风车基础上改建而成的。在畜牧小镇艾略特（Elliott）以南的地方，土地变得越来越干燥，植被也越来越稀疏。继续往南就到了伦纳泉（Renner Springs）。从这里开始，富有魅力的单一平衡性被打破——伦纳泉是公认的地区分界线，它将季节性潮湿的最北部地区和干燥的中心地区分割开来。这里有一家不错的公路旅馆。

Banka Banka（☎08-8964 4511；成人/儿童 $10/5）是个历史悠久的畜牧站，位于滕南特克里克以北100公里处。这里的露营地（无电）草木茂盛，有一些带标记的徒步线路（其中一条通往一个静谧的水潭）、一个砖墙酒吧和一个卖简单点心的小售货店。

三路（Three Ways）位于爱丽斯以北537公里处，是斯图尔特公路和巴克利公路（Barkly Hwy）的交会点。从这里你可以南行至爱丽斯泉，北上到达尔文（988公里），或者向东前往昆士兰州的芒特艾萨（Mt Isa；643公里）。可以在Threeways Roadhouse（☎08-8962 2744；www.threewaysroadhouse.com.au；Stuart Hwy；无电力/有电力供应营地$24/32，双 $100~115；❄@☒）停下来歇歇脚，有酒吧、餐馆。继续南行26公里，即可抵达滕南特克里克。

滕南特克里克（TENNANT CREEK）

人口 3061

滕南特克里克是凯瑟琳（以北680公里）和爱丽斯泉（以南511公里）之间唯一的城镇，是漫长的旅途中一个不错的中途停靠点，还可以参观一下一些有趣的景点。滕南特克里克被当地瓦鲁芒古（Warumungu）人称为Jurnkurakurr，这里几乎一半人口都是原住民。

景点和活动

宁卡努努 画廊

（Nyinkka Nyunyu；☎08-8962 2699；www.nyinkkanyunyu.com.au；Paterson St；导览 $15；⏲10月至次年4月 周一至周五 9:00~17:00，周六和周日 10:00~14:00；5月至9月 周一至周六 8:00~18:00，周日 10:00~14:00）这个新型博物馆及美术馆突出了当地瓦鲁芒古人生动的艺术和文化。展览相当引人瞩目，集中展现了当代艺术、传统物品（许多是从州际博物馆归还的）、丛林医药和地区历史。透视画系列或在社区内逐渐闻名的丛林电视尤为特殊。

宁卡努努就坐落在一个尖尾巨蜥的圣地旁边。向你的私人导游了解丛林美食和这里的“梦创时代”故事吧。这里还有一个画廊商店和不错的Jajjikari Café，后者供应浓咖啡和简餐。

巴特里山采矿中心 矿山

（Battery Hill Mining Centre；☎08-8962 1281；www.barklytourism.com.au；Peko Rd；成人/儿童 $25/15；⊙9:00~17:00）可以在这里体验20世纪30年代滕南特克里克这个采矿中心的生活，同时它也是游客信息中心，位于城镇以东2公里处，有**地下矿井团队游**和使用10号电池的语音导览服务。另外，还有一流的**矿物博物馆**（Minerals Museum），你可以试着亲手用淘洗盘淘金。门票包含上述所有活动，你也可以选择仅参观矿物和社会历史博物馆（Minerals and Social History Museums；成人/家庭 $7/15），或仅用淘洗盘淘金（每人$2）。

在这里的时候，别忘了要一把古老的电报站（Telegraph Station）的钥匙（可返还的押金 $20），电报站就在城镇北部约12公里的公路旁，它是北部地区11个原始电报站中仅存的4个之一。电报站的北边有一个岔路口，一路向西就能抵达库恩迪亚拉[Kundjarra，小鹅卵石（The Pebbles）]。它由花岗石卵石形成，和以南100公里处更为出名的魔鬼大理石（Devil's Marbles）相类似，只不过是微缩版本，同时，它也是瓦鲁芒古族妇女神圣的梦想之地。

食宿

Tourist's Rest Youth Hostel 青年旅舍 $

（☎08-8962 2719；www.touristrest.com.au；Leichhardt St和Windley St交叉路口；铺/双 $30/65；❄@✉）这个小旅舍热情友好，但房子看上去稍有些破落，提供明亮干净的客房、免费早餐和VIP折扣。还组织前往金矿和魔鬼大理石的团队游，并会到汽车站迎接客人。

Outback Caravan Park 露营地 $

（☎08-8962 2459；Peko Rd；无电力/有电力供应营地 $15/36，小屋 $70~150；❄✉）在一个总是让人感到闷热的小镇里，待在这个芳草如茵的房车露营地的树荫下，是最好不过的事了。露营地在小镇中心以东约1公里处。这里有货物充足的售货亭、露营厨房，提供汽油。19:30，你可以一边品尝丛林食物一边欣赏丛林诗歌（$5），这些都来自殷勤的说故事者吉米·胡克（Jimmy Hooker）。户外酒吧区非常出色，但是打烊很早，所以尽量早去。

Safari Lodge Motel 汽车旅馆 $$

（☎08-8962 2207；http://safari.budgetmotelchain.com.au；Davidson St；标单/双 $110/130；❄@📶）入住这家家庭汽车旅馆，需要预订。旅馆位于城镇最好的餐厅旁边，干净、相对规范的房间有电话、冰箱和电视。

Top of the Town Cafe 咖啡馆 $

（☎08-8962 1311；163 Paterson St；早餐 $7~14；⊙周一至周五 7:00~15:00，周六 7:00~13:00）这家咖啡馆仿似美玉，主打花里胡哨杯装蛋糕，有点华而不实。内里华丽、古怪、局促。但是，外面走道摆有餐桌和餐椅。早餐提供各种烘焙面包以及培根鸡蛋制品，堪称城内最佳早餐地点。

Woks Up 中国菜 $$

（☎08-8962 3888；108 Paterson St；主菜 $14~24；⊙17:00至深夜）这家餐厅整洁时髦，食品美味诱人，味道清爽可口。属于北部地区最佳中国餐馆之一。炒菜分量充足，加入香辣肉块、蒙古或豆瓣酱料。

实用信息

Leading Edge Computers（☎08-8962 3907；145 Paterson St；每20分钟 $2；⊙周一至周三和周五 9:00~17:30，周四 9:00~19:00，周六 9:00至正午；📶）提供上网服务。

警察局（Police Station；☎08-8962 4444；Paterson St）处理城区警务事件。

滕南特克里克医院（Tennant Creek Hospital；☎08-8962 4399；Schmidt St）提供紧急医疗服务。

游客信息中心（Visitor Information Centre；☎1800 500 879；www.barklytourism.com.au；Peko Rd；⊙周一至周五 9:00~17:00，周六 9:00~13:00）位于城镇以东2公里的巴特里山。

到达和离开

所有的长途汽车都在**运输中心**（Transit Centre；☎08-8962 2727；151 Paterson St；周一至周五 9:00~17:00，周六 8:30~11:30）停靠，你可以在此购票。**澳洲灰狗巴士**（Greyhound Australia；☎1300 473 946；www.greyhound.com.

au）运行从滕南特克里克到爱丽斯泉（$205，6小时）、凯瑟琳（$215，8.5小时）、达尔文（$290，14小时）和芒特艾萨（$170，8小时）的班车。

汗线火车运行于爱丽斯泉和达尔文之间，每周一趟，中途可在滕南特克里克下车，但是不能装载或卸载小汽车。火车站位于城镇以南约6公里处，需要乘**出租车**（☎08-8962 3626）前往。**Thrifty**（☎08-8962 2207；Davidson St，Safari Lodge Motel）提供小汽车出租服务。

滕南特克里克至艾丽斯斯普林斯（爱丽斯泉）（TENNANT CREEK TO ALICE SPRINGS）

在斯图尔特公路旁，一块块巨大的砾石看上去岌岌可危。这里就是位于滕南特克里克以南105公里的**魔鬼大理石**（Devil's Marbles），当地的瓦鲁芒古人称它为Karlu Karlu。这个登记在册的神圣之地具有极其重要的文化意义，其岩石被认为是彩虹蛇（Rainbow Serpent）产下的蛋。

一条环路围绕着主要遗址，步行需要15分钟。这片地质景观在日出日落时格外美丽，奇特的石头散发出温暖的光晕。这里的**露营地**（成人/儿童 $3.30/1.65）地面异常坚硬，提供简易卫生间和篝火地（自带柴火）。

从魔鬼大理石向南10公里，就来到了沃科普[Wauchope（war-kup）]。**Wauchope Hotel**（☎08-8964 1963；www.wauchopehotel.com.au；Stuart Hwy；无电力/有电力供应营地 $14/20，经济房标单/双 $60/100；❄☒）开设于此。这里的经济型房间窄小简陋，高端客房宽敞而且带有浴室。可以在**餐厅**（☎08-8964 1963；www.wauchopehotel.com.au；Stuart Hwy；主菜 $18~33）就餐，你一定会非常满意。

Wycliffe Well Roadhouse & Holiday Park（☎1800 222 195，08-8964 1966；www.wycliffe.com.au；无电力/有电力供应营地 $35/36，经济型标单/双 $60/70起，标单/双小屋带卫生间 $120/140；⌚6:30~21:00；❄@☒）位于沃科普以南17公里处。在这个奇特的公园里，你可以补充燃油与食物（主菜 $15~25），或者住一晚上并看看UFO（不明飞行物）——它们有规律地飞过这里，令人惊讶。公园里装饰着很多外星人画像和UFO剪报。这里还有一块草坪露营地、一个室内游泳池、一个儿童游乐场、一间咖啡屋和大量世界各地不同品牌的啤酒。

继续南行，你会到达朴素的**Barrow Creek Hotel**（☎08-8956 9753；Stuart Hwy；有电力供应营地 $20，标单/双 $60/75），它是一个奇特的内陆酒馆，就在公路旁边。根据剪羊毛工人的传统，他们将名字写在钞票上并用针别在墙上，确保下次路过时能付得起酒钱，旅行者也留下了钞票和照片。这里提供食物和燃料，隔壁是大陆电报线上的旧**电报站**之一。

Aileron在爱丽斯以北135公里处，延续了澳大利亚人在路边修建巨大建筑以吸引司机的传统。这家路边旅馆后面有裸体的查理·夸特波特（Naked Charlie Quartpot）塑像，这是一个12米高的安玛提尔（Anmatjere，即Anmatyerre）原住民男子像。查理塑像栩栩如生，周围就是其传奇般的家族成员。**故居艺术馆**（Homestead Art Gallery；☎08-8956 9111；Stuart Hwy）售卖来自当地安玛提尔社区的平价画作，以及来自延杜穆（Yuendumu）的瓦勒皮里（Warlpiri）社区的作品。

在爱丽斯泉以北约70公里，Plenty Hwy往东转向**哈茨山脉**（Harts Range）。绕路的主要原因是可以到斯图尔特公路以东78公里处的宝石田地（gem fields）去淘宝，后者以石榴石和锆石而闻名。**Gemtree Caravan Park**（☎08-8956 9855；www.gemtree.com.au；Gemtree；无电力/有电力供应营地 $22/30，小屋$85）相当热门，在这里你一定会交上好运。想体验一下荒漠生活，那就计划你的行程前往一年一度的**哈茨山脉赛马**（Harts Range Races；8月举行）吧，它是北部地区最好的内陆马术竞赛会。

塔纳米路（THE TANAMI ROAD）

1000公里长的塔纳米路（Tanami Rd）连接西澳大利亚州的霍尔斯克里克（Halls Creek）和爱丽斯泉，这条路基本上和“孤独的内陆驾驶"同义。实际上，它是澳大利亚中部和金伯利之间的一条捷径。在干旱的情况下，驾驶一辆性能良好的两驱车可以通过崎岖不平又尘土飞扬的土路。注意，这里经常发生翻车事故，另外还要备足燃油、轮胎、食物和水。

塔纳米路的北部地区路段始于爱丽斯泉以北20公里处，路面较宽且路况较好。该路在纳珀比畜牧站（Napperby Station）边缘的**Tilmouth Well**（☎08-8956 8777；www.tilmouthwell.com；无电力/有电力供应营地$30/40，小屋不带卫生间 $80；❄@✉）处是柏油路面。纳珀比畜牧站标榜自己是"沙漠中的一片绿洲"，拥有一个闪闪发光的水潭和大片郁郁葱葱的草地。

接下来的加油站在**延杜穆**（Yuendumu），这是该地区最大的偏远社区，也是因丛林修车技术（Bush Mechanics；www.bushmechanics.com）而闻名的瓦勒皮里人的故乡。**瓦鲁古朗艺术中心**（Warlukurlangu Art Centre；☎08-8956 4133；www.warlu.com；⏰周一至周五 9:00~16:00）值得造访。它是当地人拥有的一家企业，专门从事丙烯画创作。

从这里接下来的600公里都没有加油站，直至穿过西澳大利亚州的边境来到**比利卢纳**（Billiluna；☎08-9168 8076；www.billiluna.org.au）辖区。注意，Rabbit Flat Roadhouse已永久停业。再行驶170公里，你就可以在霍尔斯克里克放松一下疲惫的身体了。

艾丽斯斯普林斯（ALICE SPRINGS，爱丽斯泉）

人口 25,186

对于爱丽斯泉，游客莫衷一是，两极分化。有人喜爱，有人憎恶。无论态度如何，如果游览红土中心，必然进入爱丽斯泉地界。爱丽斯泉旅游设施齐备，包括大量住宿地点、出色餐饮处所以及旅游交通网络。对许多游客而言，从爱丽斯泉开始，他们得以慢慢揭开澳大利亚当代原住民社会神秘面纱，逐步认识原住民绚烂多姿的艺术、令人震撼的文化和当前面临的挑战。

这是一个粗犷又美丽的城镇，拥有神秘的景观、充满活力的原住民文化（除此之外你还能在其他地方的大街上听到6种独特的澳大利亚语言吗？）和艰难但具有开创性的过往。爱丽斯泉与乌卢鲁-卡塔楚塔国家公园相对较近，驱车只要4小时，是探索澳大利亚中部的天然基地。麦克唐奈山脉从小镇中心向东西两边延伸，这样你不用冒太多险就可以置身赭红色的峡谷、色调柔和的群山以及幽灵般的白桉树林中。

景点

爱丽斯泉沙漠公园 野生动物园

（Alice Springs Desert Park；☎08-8951 8788；www.alicespringsdesertpark.com.au；拉拉平塔车道；成人/儿童 $25/12.50；⏰7:30~18:00，最晚进入时间 16:30）如果你既定的旅行路线无法见到野猪或者拥有大理石纹理的天鹅绒壁虎，那就前往沙漠公园吧，这个地方有澳大利亚中部所有动物。主要的户外展览区忠实地再现了这些动物的自然栖息地：内陆河、沙漠和林地。

骑自行车2.5公里可轻松到达沙漠公园。也可搭乘班车，**沙漠公园班车**（Desert Park Transfers；☎08-8952 1731；www.tailormadetours.com.au；成人/儿童 $40/22）每天从爱丽斯泉发出5趟班车，开往沙漠公园。车票包括公园门票和住地接送开销。

抽出一点时间观赏很棒的猛禽捕食表演，主角是自由飞翔的澳大利亚红隼、鸮子以及令人畏惧的楔尾鹰。若想观赏公园里数量稀少行踪又飘忽不定的动物，如兔袋狸，请到夜间房子。如果你特别喜欢自己看到的这些动物，还可以在晚上再回来，并在导游的带领下参加夜间游（必须预订），以观看濒危物种。

想要深入了解公园，不妨拿一部免费的语音导览（有多种语言）或参加全天举行的免费护林员讲座。

阿拉伦文化区 文化中心

（Araluen Cultural Precinct，见964页地图；☎08-8951 1122；http://artsandmuseums.nt.gov.au/araluen-cultural-precinct；拉拉平塔车道和Memorial Ave交叉路口；文化区通票 成人/儿童 $15/10）这是爱丽斯泉文化中心。抽出至少一个下午体验那些非凡景致。你可以自由地在外面漫步，参观墓地及庭院。持有"文化区通票”可以在两天内自由进出所有展览和陈列场馆（通票有效期为14天）。

➡ **阿拉伦艺术中心**

（Araluen Arts Centre，见964页地图）爱丽斯泉只是一个小镇，但它却呈现出艺术事业蓬勃发展的场景，阿拉伦艺术中心是其核心。该艺术中心有一个拥有500个座位的剧院（见970页）和4个画廊，重点展示来自中部沙漠地区的艺术。

艾伯特·纳马吉拉画廊（Albert Namatjira Gallery）的特色是同名水彩画艺术家作品展，他于20世纪30年代在赫曼斯堡（Hermannsburg）开始进行创作。这里展出的作品和他的启蒙老师雷克斯·巴塔比（Rex Battarbee）以及其他来自赫曼斯堡学校（Hermannsburg School）的艺术家们的作品形成鲜明对比。还有来自帕普尼亚社区学校收藏（Papunya Community School Collection）的14幅早期丙烯画。

其他画廊陈列了当地艺术家和巡回展出的作品，还有一些来自原住民社区艺术中心的新作品。

➡ **澳大利亚中部博物馆**

（Museum of Central Australia，见964页地图；⌚周一至周五 10:00~17:00）这个小巧博物馆展示的自然历史物品可以让旅行者回想起巨型动物主导地球的时代，例如河马大小的袋熊和3米高不会飞的鸟在陆地上游走的场景。还有地质演变展品，例如陨石碎片和化石。提供免费的语音导览，有古生物学家为你讲解，有助于你更好地了解展品。

该博物馆还展有泰德·史瑞特劳（TGH Strehlow）教授的作品，他是一位语言学家和人类学家，出身于赫曼斯堡传教区（Hermannsburg Mission）的阿伦特族。在他的一生当中，他收集了世界上大量关于澳大利亚原住民的工艺品、歌曲、宗谱、电影和记录声音的藏品，非常具有史料价值。楼上的史瑞特劳研究中心（Strehlow Research Centre，见858页地图）有一个对外开放的图书馆。

➡ **澳大利亚中部航空博物馆**

（Central Australia Aviation Museum，见964页地图；www.centralaustralianaviationmuseum.com; Memorial Ave; ⌚周一至周五 10:00~16:00，周六和周日 11:00~16:00）**免费** 位于康奈兰空中航线飞机库（Connellan Airways Hangar）。展示北部地区航空先驱作品，包括皇家飞行医生服务（Royal Flying Doctor Service，简称RFDS）飞机。

最值得一看的展品无疑是“库卡伯拉”（Kookaburra）号的残骸。1929年，这架小飞机坠落在塔纳米沙漠（Tanami Desert）。当时，它正在搜寻飞行员查尔斯·金斯福特·史密斯（Charles Kingsford Smith）及副驾驶查尔斯·乌尔姆（Charles Ulm），他们和“南十字星”（Southern Cross）号飞机一起坠入沙漠。“库卡伯拉”号的飞行员基思·安德森（Keith Anderson）和鲍勃·希契科克（Bob Hitchcock）在沙漠中遇难，而金斯福特·史密斯和乌尔姆最终获救。

皇家飞行医生服务基地 博物馆

（Royal Flying Doctor Service Base，见966页地图；☎08-8958 8411; www.flyingdoctor.org.au; Stuart Tce; 成人/儿童 $12/6; ⌚周一至周六 9:00~17:00，周日 13:00~17:00，咖啡馆 周一至周六 8:30~16:30）刚刚经过升级改造，花费$3,000,000，新增信息交互平台。这所博物馆重新焕发生机。这里是皇家飞行医生服务基地所在地，这些敬业的医生为周围方圆约125万平方公里的地区提供24小时紧急援救。先进设施包括视频系统，还可参观操作控制室。同时展出古老的医疗设备和一架飞行模拟器。

广播教育学校 博物馆

（School of the Air; ☎08-8951-6834; www.assoa.nt.edu.au; 80 Head St; 成人/儿童 $7.50/5; ⌚周一至周六 8:30~16:30，周日 13:00~16:30）建于1951年，是澳大利亚第一所广播教育学校，为孩子提供广播教学，覆盖了130万平方公里的地区。学校原先通过高频无线电传输信号，如今卫星网络和网络摄像头则使学生们可以在虚拟课堂中学习。该中心的导览游包括观看一段视频。学校位于市中心以北约3公里处。

爱丽斯泉运输遗产中心 博物馆

（Alice Springs Transport Heritage Centre; www.roadtransporthall.com）这两座博物馆位于

Alice Springs 艾丽斯斯普林斯(爱丽斯泉)

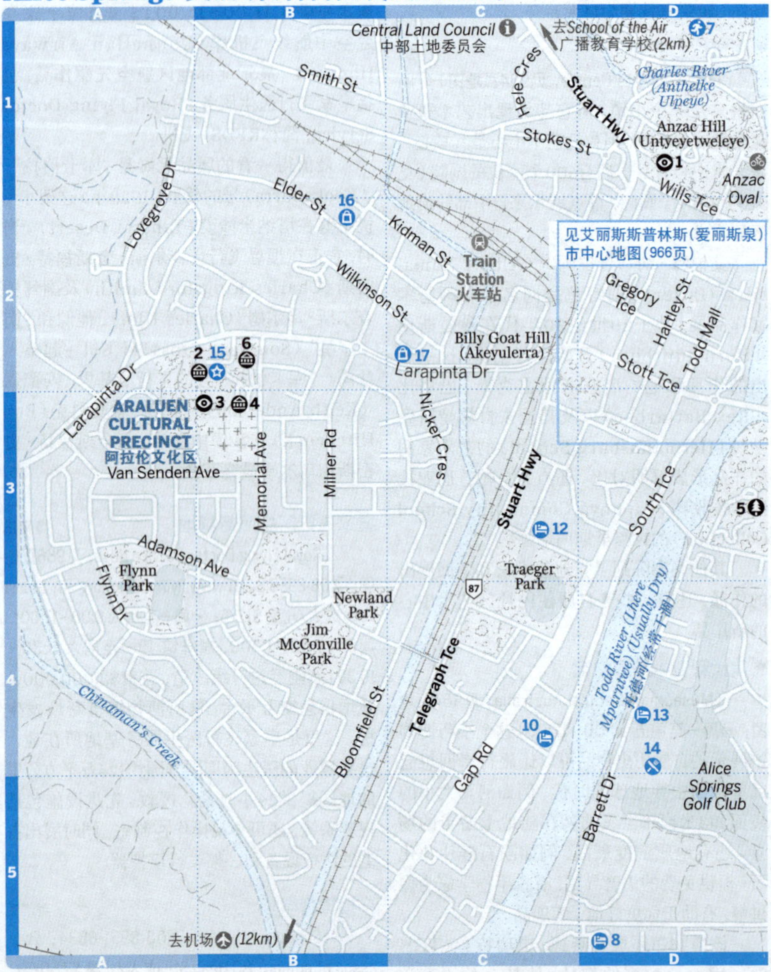

麦克唐奈山脉的侧线、爱丽斯以南10公里和斯图尔特公路以西1公里处，是为大卡车和老式火车而建的。**老汗线铁路遗迹博物馆**(Old Ghan Heritage Railway Museum; ☎08-8952 7161; 1 Norris Bell Dr; 成人/儿童 $10/6; ⏲9:00~17:00)收藏大量经过修复的汗线火车头，还有茶室。迷人的斯图尔特火车站收藏许多铁路纪念品。如果你想看大卡车，可以去**国家道路交通名人堂**(National Road Transport Hall of Fame; www.roadtransporthall.com; 2 Norris Bell Ave; 成人/儿童 $15/8; ⏲9:00~17:00)，这里有令人叫绝的展品，包括一些古老的长列拖车。

这里共有100多辆被修复的卡车和老爷车，包括许多内陆地区的创新性车辆。门票包含肯沃斯商业卡车博物馆(Kenworth Dealer Truck Museum)入门费用。

奥利夫·平克植物园 自然保护区

(Olive Pink Botanic Garden，见964页地图；☎08-8952 2154; www.opbg.com.au; Tuncks Rd; 捐款进入；⏲8:00~18:00)蜿蜒的步行道交错散布并穿越这个美丽的旱区植物园，该植物园由著名的人类学家奥利夫·平克建立。植

Alice Springs 艾丽斯斯普林斯（爱丽斯泉）

景点

1 安扎克山 D1
2 阿拉伦艺术中心 B2
3 阿拉伦文化区 B3
4 澳大利亚中部航空博物馆 B3
澳大利亚中部博物馆 .... （见6）
5 奥利夫·平克植物园 D3
6 史瑞特劳研究中心 B2

活动、课程和团队游

7 Outback Cycling D1

住宿

8 Alice in the Territory D5
9 Alice Lodge Backpackers E2
10 Alice on Todd C4
11 Alice's Secret Traveller's Inn E2
12 Annie's Place C3
13 Desert Palms Resort D4

就餐

Bean Tree Cafe .... （见5）
14 Hanuman Restaurant D4

饮品和夜生活

Annie' s Place .... （见12）

娱乐

15 阿拉伦艺术中心 B2

购物

16 Desert Dwellers B2
17 Tjanpi Desert Weavers C2

物园里有500多种来自澳大利亚中部的植物，并有丛林食物和药用植物，如原生柠檬草、檀香科树木和丛林百香果。

较平缓的迈尔斯山（Meyers Hill）视野很好，可以纵览爱丽斯和Ntyarlkarle Tyaneme——由毛虫祖先创造的最初地点之一。

小型游客中心全年都有各种展览。

Bean Tree Cafe（见964页地图；☎08-8952 0190；www.opbg.com.au/bean-tree-cafe；Tuncks Rd, Olive Pink Botanic Garden；主菜 $12~20；⏲8:00~16:00）很棒，会让你觉得不虚此行。

安扎克山 地标

（Anzac Hill，见964页地图）拥有广阔的视野，特别是在日出和日落时分，可以徒步[从Wills Tce出发沿着狮子步道（Lions Walk）前行]或驾车直奔安扎克山山顶（阿伦特人称之为“Untyeyetweleye”）。从战争纪念碑处可以以全景视角俯瞰整个城镇，纵览海维奇山口（Heavitree Gap）和山脉的美景。

活动

丛林徒步

如果想要亲身体验爱丽斯周围的丛林，你会发现一些轻松容易的步道从奥利夫·平克植物园和电报站延伸而出，后者也是拉拉

Central Alice Springs
艾丽斯斯普林斯(爱丽斯泉)市中心

Central Alice Springs
艾丽斯斯普林斯(爱丽斯泉)市中心

景点

1 皇家飞行医生服务基地 A4

活动、课程和团队游

2 Emu Run Tours C3

住宿

3 Aurora Alice Springs D2
4 Elkira Court Motel B3

就餐

5 Epilogue Lounge C2
6 Overlanders Steakhouse B3
7 Page 27 Cafe C3
8 Piccolo' s D1
9 Red Dog Cafe C3
10 Red Ochre Grill C2

饮品和夜生活

11 Todd Tavern D1

娱乐

Alice Springs Cinema .... （见8）
12 Sounds of Starlight Theatre C2

购物

13 原住民艺术世界 C3
14 Mbantua Gallery C3
15 Talapi C2
16 Todd Mall Market C2

平塔小道（Larapinta Trail）徒步路线第一阶段的起点。

澳大利亚中部丛林徒步者 丛林徒步

（Central Australian Bushwalkers; centralaustralianbushwalkers.com; 徒步 $5）这是由当地丛林徒步者成立的一个组织，安排该地区各种各样的徒步活动，特别是3月至11月的西麦克唐奈山脉的徒步线路。

骑骆驼

在公路和铁路建成之前，骆驼在拓荒时期的澳大利亚中部起到非常重要的作用。现在，旅行者可以重新体验那种冒险的感觉。

Pyndan Camel Tracks 骑骆驼游

（☎0416 170 1640; www.cameltracks.com; Jane Rd; 1小时骑乘 成人/儿童 $60/30）由当地骆驼脚夫马库斯·威廉姆斯（Marcus Williams）提供的1个小时骑乘游和半日短途游（每人 $110）。

自行车和山地车

在爱丽斯泉游览的最好方式是骑自行车。这里有多条骑车路线，可以沿着托德河一直到电报站，向西至爱丽斯泉沙漠公园或一直骑到更远的辛普森山口（Simpsons Gap）。游客信息中心（见972页）提供自行车路线和徒步路径地图。

从小镇很容易到达山地车道，或者参与由Central Australian Rough Riders' Club提供的**社交日落骑行**（social sunset ride; ☎08-8952 5800; centralaustralianroughriders.asn.au; 骑行 $5）。

Outback Cycling 自行车出租

（见964页地图; ☎08-8952 3993; http://outbackcycling.com/alice-springs/bicycle-hire; Alice Springs Telegraph Station; 1天/1周 $30/140）出租城市自行车和山地自行车，以及车筐、童车和婴儿座椅。

团队游

爱丽斯周边和麦克唐奈山脉

Dreamtime Tours 文化游

（☎08-8953 3739; www.rstours.com.au; 成人/儿童 $85/42，自驾 $66/33; ⌚8:30~11:30）这里提供受欢迎的"梦创时代和丛林食物之旅"（Dreamtime & Bushtucker Tour），历时3小时，使你有机会接触到瓦勒皮里原住民，并了解他们的一些传统习俗。面向大型的汽车团队，是非个人的团队游，你也可以自己驾车参团。

Foot Falcon 步行游览

（☎0427 569 531; http://footfalcon.wordpress.com; 团队游 $30; ⌚周一至周五16:00，周日 15:00）由当地的历史学家、作家和教师琳达·威尔斯（Linda Wells）带领的2小时爱丽斯泉徒步之旅，可以倾听她对爱丽斯原住民历史和拓荒历史的深刻见解。

彩虹谷文化之旅 文化游

（Rainbow Valley Cultural Tours; ☎08-8956 0661; www.rainbowvalleyculturaltours.com; 下午 徒步游览 成人/儿童 $80/50）参观彩虹谷（Rainbow Valley）的团队游，这是相当美丽的景点，由原住民拥有。还可以游览不向公众开放的岩石艺术景点。如需夜晚露营以及晚餐，多加$20即可。

RT Tours 团队游

（☎08-8952 0327; www.rttoursaustralia.com; 团队游 $160）由阿伦特人导游兼厨师鲍勃·泰勒（Bob Taylor）经营，是辛普森山口一个受欢迎的午餐和晚餐团队游，他在电报站遗址亲自制作丛林风格的大餐。还可提供其他团队游。

Trek Larapinta 步行

（☎1300 133 278; www.treklarapinta.com.au; 3/6天 $1195/2195起）沿着拉拉平塔小道（Larapinta Trail）部分路段、由向导带领的多日徒步游。还包括志愿者项目，例如小道维护工作和在原住民定居点的丛林再生工作。

乌卢鲁、金斯峡谷和棕榈谷

Emu Run Tours 户外

（见966页地图; ☎1800 687 220; www.emurun.com.au; 72 Todd St）经营前往乌卢鲁（$220）的一日游和乌卢鲁及金斯峡谷的二日游（$520）。费用中含公园门票、餐食和住宿。推荐参加穿越西麦克唐奈山($125)的小团模式旅程。同时提供原住民文化一日游($195)。

Wayoutback Desert Safaris 四驱车游

(☎08-8952 4324, 1300 551 510; www.wayoutback.com)经营四驱车丛林小团队游。包括红土中心远途旅行($325),需要过夜,露营乌卢鲁附近荒凉沙漠。这里还提供为期3天的远途旅行,通过四驱车道前往乌卢鲁和金斯峡谷,价格为$695。此外还有五日游,在三日游的基础上加上西麦克唐奈山,价格为$1045。

节日和活动

爱丽斯泉杯 赛马

(Alice Springs Cup Carnival; www.alicespringsturfclub.org.au)在5月的第一个周一举办。找顶帽子戴上,直奔举办这个5天狂欢活动的先锋公园赛马场(Pioneer Park Racecourse)吧。

芬克沙漠车赛 摩托车越野赛

(Finke Desert Race; www.finkedesertrace.com.au)为了争夺冠军,摩托车手及汽车司机们于6月在爱丽斯沿Old South Rd至芬克(Finke)的240公里路程上风驰电掣,第二天还要返回。赶快加入沿途的观众阵营为他们加油吧。

爱丽斯泉原住民文化节 艺术节

(Alice Springs Beanie Festival; www.beaniefest.org)这个历时4天的节日于6月至7月举办,举办地为阿拉伦艺术中心(Araluen Art Centre),以展示低调简单的无檐小圆帽(粗纺羊毛针织帽)——它们由中部沙漠地区各地的妇女手工制作。

骆驼杯 赛骆驼

(Camel Cup; www.camelcup.com.au)7月中旬在布莱斯斯盖特公园(Blatherskite Park)举办,洋溢着嘉年华的气氛。

爱丽斯泉牛仔竞技表演(Alice Springs Rodeo) 牛仔竞技表演

8月在布莱斯斯盖特公园举行,内容包括牛仔骑手不用马鞍直接骑在公牛身上、绊公牛大赛(steer wrestling)和女牛仔马术赛(ladies' barrel race)。

Old Timers Fete 节日

这是个歌颂老年妇女艺术的节日,桌布和茶巾上都放满了艺术品。8月的第二个周六在旧时计村(Old Timers Village)举行。

爱丽斯沙漠节 艺术节

(Alice Desert Festival; www.alicedesertfestival.com.au)一系列盛会的高潮,包括马戏、音乐、电影和喜剧。色彩缤纷游行队伍穿过托达购物中心(Todd Mall),表示节日拉开大幕。每年9月举办。

Henley-on-Todd Regatta 划船比赛

(www.henleyontodd.com.au)于9月在干涸的托德河河床上举行的一系列赛舟会。该赛事是典型的澳大利亚式乐观心态的写照:船是无底的,选手们双脚穿过船身。事实上,他们就是套着船身在河床上赛跑而已。

住宿

旺季(6月至9月)旅行时要提前预订住宿。如果你想试试运气,可以上网找找特惠折扣,这可能会使你花中档的价格住进高档住所。

Alice Lodge Backpackers 青年旅舍 $

(见964页地图; ☎08-8953 1975, 1800 351 925; www.alicelodge.com.au; 4 Mueller St; 铺$24~26, 双/标三 $68/80; ❄@📶🏊)这家酒店备受赞誉,管理人员尤为出色,他们热情友善、乐于助人。从小镇出发走路10分钟即可到达。我们强烈推荐这个小巧而低调的旅舍。工作人员热情友好,旅舍各档次的房间也一样令人满意。围绕着中心游泳池有混合间、女性间、3人间、4人间和6人间宿舍,以及舒适的双人间和双床间。

Alice's Secret Traveller's Inn 青年旅舍 $

(见964页地图; ☎08-8952 8686; www.asecret.com.au; 6 Khalick St; 铺 $23~26, 标单/双/标三 $60/70/90; ❄@🏊)可以在此预订乌卢鲁之旅,从而享受最佳房价。爱丽斯泉住宿地当中,这是我们最爱。隔着托德河与小镇相望。老板热情好客,有求必应,旅店干净整洁,真是无可挑剔。可在泳池周围放松一下,吹吹迪吉里杜管或躺在花园里的吊床上。

活动板房区客房空间逼仄，正厅客房简单、舒适、整洁。

Annie' s Place 青年旅舍 $

（见964页地图；☎08-8952 1545，1800 359 089；www.anniesplace.com.au；4 Traeger Ave；铺 $22~25，双/标双 $60~75；❄@☒）Annie' s拥有枝叶繁茂的啤酒花园，备受旅行者和当地人的欢迎。游泳池畔的区域很不错，是个热闹的地方，任何一个晚上都适合闲逛。唯一的问题是，这里无法满足真正爱睡觉的住客的需求。经过改建的汽车旅馆式客房（所有房间都有浴室，其中一些配有冰箱）空间虽小，但是温馨舒适，房价包含早餐。

麦克唐奈山脉度假公园 房车公园 $

（MacDonnell Range Holiday Park；☎08-8952 6111，1800 808 373；www.macrange.com.au；Palm Pl；无电力/有电力供应营地 $41/47，小屋 双 $100~230；❄@☒）这可能是爱丽斯面积最大、维护最好的公园，拥有芳草如茵的露营点、无可挑剔的便利设施。客房档次不一，既有带公共卫生间的简单小屋，也有设施齐备的双卧别墅。儿童可在儿童游乐园、童车（BMX）车道和篮球场地尽情玩耍。2015年，三个泳池落成开放。

Heavitree Gap Outback Lodge 房车公园 $

（☎08-8950 4444，1800 896 119；www.auroraresorts.com.au；Palm Circuit；无电力/有电力供应营地 $26/34，双 $100~180；❄@📶☒）Heavitree位于麦克唐奈山脉脚下，散布着桉树，小袋鼠在岩石中四处跳跃。这里拥有大片可以扎营或停车的阴凉地。住宿设施包括4铺位宿舍和带有简易厨房的寓所。寓所提供前往北边4公里之外镇中心的免费穿梭汽车服务。

附近的酒馆大多数晚上有乡村音乐现场演出。

Elkira Court Motel 汽车旅馆 $$

（见966页地图；☎08-8952 1222；www.bestwestern.com.au/alice-springs/hotels/best-western-elkira-court-motel/；65 Bath St；房间 $80~150；❄@📶☒）这是一家出类拔萃的中档住宿地点，地处市区，位置优越。提供经济客房、大床房、豪华大床房，所有客房物美价廉。最好入住楼上客房，从而拥有小巧玲珑、洒满阳光的阳台。

★ **Alice in the Territory** 度假村 $$

（见964页地图；☎08-8952 6100；www.alicent.com.au；46 Stephens Rd；铺 $25~35，标单和双 $110~150；❄@📶☒）这是爱丽斯性价比最高的住所之一。的确，是一处宽广的度假村。客房分为双人间和4铺宿舍两类，带有狭小卫生间。所有客房敞亮、洁净、舒适。

酒吧不同凡响，餐馆提供各国菜肴，宽大的泳池位于麦克唐奈山脉脚下。

Alice on Todd 公寓 $$

（见964页地图；☎08-8953 8033；www.aliceontodd.com；Strehlow St和South Tce交叉路口；单间/单卧公寓 $135/158；❄@📶☒）这家公寓设置精当，员工热情友善、有求必应。魅力十足、安全无虞，位于托德河（Todd River）河岸，提供一个卧室或两个卧室的独立单元房，并配有厨房和休闲室，还有单间客房。带阳台的单元房最多可容纳6人，是家庭旅行不错的选择。周围的空地风景如画，围绕着一个烧烤区、游乐场和一间游戏房。

Desert Palms Resort 酒店 $$

（见964页地图；☎1800 678 037，08-8952 5977；www.desertpalms.com.au；74 Barrett Dr；房间 $140；❄@☒）这里弥漫着休闲小岛的氛围，有郁郁葱葱的棕榈树、花团锦簇的簕杜鹃和印度尼西亚风格的别墅。房间里有教堂式天花板、小厨房、小型浴室、电视和私人阳台。设施虽然落伍，但是舒适无比。小岛一般的游泳池深受孩子们的欢迎。

Aurora Alice Springs 酒店 $$

（见966页地图；☎08-8950 6666，1800 089 644；www.auroraresorts.com.au；11 Leichhardt Tce；标准/豪华/超豪华 双 $110/150/180；❄@📶☒）侧楼修缮一新，所以尽量入住侧楼。侧楼房间带有独立阳台，能够俯瞰托德河。这个现代酒店位于小镇中心（“后”门对着Tod Mall），氛围轻松，还有一间非常不错的餐馆Red Ochre Grill（见864页）。舒适的标准房设施齐备，配有冰箱、电话，还有免费的室内电影可看。

就餐

★ Piccolo's
咖啡馆 $

(见966页地图;☎08-8953 1936;Shop 1, Cinema Complex 11, Todd Mall;早餐 $10~18;⊙周一至周五 7:30~15:00,周六 7:30~14:00,周日 8:00~13:30)这家咖啡馆时髦新潮,食品相当出色,咖啡也许在爱丽斯属首屈一指。如果开在墨尔本,同样适宜得体,相比而言,员工更加热情,服务更加快捷。建议尝尝BRAT(猪肉肠)。

Page 27 Cafe
咖啡馆 $

(见966页地图;☎08-8952 0191;FanLane;主菜 $9~15;⊙周二至周五 7:30~14:30,周六和周日 8:00~14:00;☑)这家咖啡馆设在拱棚之下,当地人信步而至,品味可口咖啡或新鲜果汁。同时提供营养健康家常早餐(各种做法的鸡蛋、薄烤饼)、皮塔卷饼以及精美沙拉(例如鸡肉蔬菜拼盘、香草藜麦、芝麻菜品和茄子酱)。提供各种非常好吃的素菜。

Epilogue Lounge
西班牙小吃 $$

(见966页地图;☎08-8953 4206;58 Todd Mall;西班牙小吃/主菜 $15/25;⊙周三至周一 8:00~23:30)这家都市仿古餐馆绝对位列市区雅致就餐地之首。酒水出色,全天供应美食,员工面带微笑,在爱丽斯泉首屈一指。我们到访之时,这里西班牙菜品并无特别出彩之处,但是起码菜单已经更新。

Red Dog Cafe
咖啡馆 $$

(见966页地图;☎08-8953 1353;64 Todd Mall;早餐 $12.50,午餐 $16.50)来到这里,可以落座户外餐桌,俯瞰Todd Mall。这是观赏人群最佳地点。早餐丰盛,现磨咖啡精心烹煮。午餐供应汉堡,还有几种素食。

★ Hanuman Restaurant
泰国菜 $$

(见964页地图;☎08-8953 7188;www.hanuman.com.au/alice-springs;82 Barrett Dr, Doubletree by Hilton;主菜 $25~36;⊙周一至周五 12:30~14:30,每天18:30起;☑)在这家时尚的餐馆,你可以品尝美味得让人难以置信的泰式和印度风味菜肴。此时,你可能绝对不会相信自己正置身于澳大利亚内陆。美味的泰式主菜和海鲜菜肴无可挑剔,特别是大虾。尽管这是一家明显的泰国餐馆,但是也有很多印度菜肴,能满足咖喱爱好者的需求。提供几道素食和一些不错的葡萄酒。

Red Ochre Grill
新派澳洲菜 $$$

(见966页地图;☎08-8952 9614;www.redochrealice.com.au;Todd Mall;午餐 主菜 $15~18,晚餐 主菜 $30~37;⊙10:00~21:00)供应创新性的融合菜肴,以内陆菜为特色,还有传统的肉食和当地富含蛋白质的食物,如袋鼠肉和鸸鹋肉,都搭配本地柠檬香桃、胡椒浆果和野生西红柿等草药。执行许多特价政策,例如西班牙小吃外带一瓶葡萄酒售价$49;晚餐高峰之前就餐,餐费8折。

Overlanders Steakhouse
牛排 $$$

(见966页地图;☎08-8952 2159;72 Hartley St;主菜 $30~50;⊙18:00至深夜)供应牛扒、大份多汁的牛肉(以及鳄鱼肉、骆驼肉、袋鼠肉或鸸鹋肉)。在牧场风格装饰(鞍座、烙铁等)的空间里,你可以尝尝Stuart's Tucker Bag:半截香肠(采用鳄鱼肉、袋鼠肉、鸸鹋肉和骆驼肉制成)。

饮品

Annie's Place
酒吧

(见964页地图;4 Traeger Ave;⊙17:00至深夜)熙熙攘攘的背包客酒吧。有不错的音乐(有时是现场音乐)、葱葱郁郁的啤酒花园、便宜的饮品和泳池边酒水。

Todd Tavern
小酒馆

(见966页地图;www.toddtavern.com.au;1 Todd Mall;⊙10:00至午夜)这是一个历史悠久的经典澳大利亚酒吧,富有爱丽斯当地特色。有气氛活泼的吧台、老虎机、酒吧小食,有时周末还会有现场音乐演出。

娱乐

Centralian Advocate(每周二和周五发行)的娱乐部分有关于小镇和周边地区活动的介绍。周末前往Epilogue Lounge(见864页),一睹爱丽斯泉最佳现场音乐的风采。

阿拉伦艺术中心
艺术中心

(Araluen Arts Centre,见964页地图;☎08-8951 1122;http://artsandmuseums.nt.gov.au/

araluen-cultural-precinct；拉拉平塔车道）位于爱丽斯文化中心，拥有500个座位的阿拉伦剧场（Araluen Theatre）经常举办各种表演，从舞团演出到喜剧演出应有尽有，而艺术电影院（Art House Cinema）则在每周日晚上7点播放电影（成人/儿童 $15/12）。网站上有活动时间表。

Sounds of Starlight Theatre 现场音乐

（见966页地图；☎08-8953 0826；www.soundsofstarlight.com；40 Todd Mall；成人/优惠/家庭 $30/25/90；⏰周二、周五和周六 20:00）这是一家爱丽斯当地的机构，迪吉里杜管、鼓和键盘演奏出很有气氛的1.5小时的音乐表演，展现了内陆地区的精神风貌，还有很棒的照片和灯光。音乐家安德鲁·朗福德（Andrew Langford）提供免费的迪吉里杜管课程（周一至周五上午11点）。

Alice Springs Cinema 电影院

（见966页地图；☎08-8953 2888；www.alicespringscinema.com.au；11 Todd Mall；成人/儿童 $17.50/13.50，星期二全天优惠票价 $12.50）在这里可以看到最新的好莱坞大片。

购物

爱丽斯是整个澳大利亚中部的原住民艺术中心。由社区艺术中心拥有及经营的地方能确保为艺术家和艺术家社区带来更好的收益。注意寻找黑红相间的原住民艺术编码（Indigenous Art Code；www.indigenousartcode.org），有编码的经销商都致力于与艺术家进行公平透明的交易。

Talapi 艺术

（见966页地图；☎08-8953 6389；http://talapi.com.au；45 Todd Mall）这家画廊新近开业，仿似市区中心一处“沙漠绿洲”，旨在展览和弘扬中部沙漠的原住民艺术。艺术作品全部来自各个原住民自营艺术中心。这家画廊是原住民艺术编码（Indigenous Art Code）成员机构。建议顺便走访，了解一下即将登场的展览。

原住民艺术世界 艺术

（Aboriginal Art World，见966页地图；☎08-8952 7788；www.aboriginalartworld.com.au；89 Todd Mall）专门展出特定区域艺术家的作品，即爱丽斯泉附近沙漠地区，特别是皮詹加加拉（Pitjantjatjara）地区。可以购买已完成的作品，也可定制私属作品。

Desert Dwellers 户外用品

（见964页地图；☎08-8953 2240；www.desertdwellers.com.au；38 Elder St；⏰周一至周五 9:00~17:00，周六 9:00~14:00）想买露营和徒步旅行装备，那就到这家商店来吧，里面有进行内陆短途旅行所需的一切装备——地图、行李包、帐篷、便携式冰箱、炉灶及其他更多装备。

Mbantua Gallery 艺术

（见966页地图；☎08-8952 5571；www.mbantua.com.au；64 Todd Mall；⏰周一至周五 9:00~18:00，周六 9:00~13:00，周日 10:00~13:00）这是一家私人美术馆，展品丰富多彩，源自闻名遐迩的尤托皮亚（Utopia）地区。还有来自纳玛吉拉（Namatjira）学校的水彩画作品。设有华丽壮观文化展区，这里的信息板介绍了原住民神话和习俗。

Tjanpi Desert Weavers 艺术

（见964页地图；☎08-8958 2377；www.tjanpi.com.au；3 Wilkinson St；⏰周一至周五 10:00~16:00）这个小型企业雇用和支持来自中部沙漠18个偏远社区的编织工。他们的商店非常值得参观，可以欣赏漂亮的编织篮子和用当地收集来的草制作的奇特雕塑。

Todd Mall Market 市场

（见966页地图；www.toddmallmarkets.com.au；⏰9:00~13:00或14:00）街头艺人、工艺品摊位、咝咝作响的砂锅、烟雾缭绕的烤肉串摊位、原住民艺术品、首饰和小摆设为你在这里的闲逛增加了乐趣。每月举办两三次，可以登录网站查询具体日期。

实用信息

危险和麻烦

应避免夜间独自在小镇里行走。如果你很晚还在外面，那就乘出租车回住的地方吧。

紧急求助

救护车（☎000）提供急救服务。

上网

Travel Bug（19 Todd Mall；24分钟收费$2）提供上网服务。

医疗服务

爱丽斯泉医院（Alice Springs Hospital；☎08-8951 7777；www.health.nt.gov.au/hospitals/alice_springs_hospital；Gap Rd）提供医疗服务。

现金

有自动柜员机的大银行位于市中心Todd Mall的里面和附近，如澳新银行（ANZ）、联邦银行（Commonwealth）、澳大利亚国家银行（National Australia）和澳大利亚西太平洋银行（Westpac）等。

邮政

邮政总局（Main Post Office，见966页地图；☎13 13 18；31-33 Hartley St；⊙周一至周五 8:15~17:00）这里提供所有常规服务。

旅游信息

中部土地委员会（Central Land Council，见964页地图；☎08-8951 6211；www.clc.org.au；PO Box 3321，27 Stuart Hwy，Alice Springs；⊙8:30~12:00和14:00~16:00）办理前往原住民地区的许可证和过境许可证。

澳大利亚中部旅游局游客信息中心（Tourism Central Australia Visitor Information Centre，见966页地图；☎08-8952 5199，1800 645 199；www.discovercentralaustralia.com；Todd Mall和Parsons St交叉路口；⊙周一至周五 8:30~17:00，周六和周日 9:30~16:00；📶）这个旅客信息中心非常有用，提供成堆的旅游小册子和免费的旅游指南。天气预报和道路情况就贴在墙上。提供国家公园信息。如果你想租一辆小汽车，要问清楚不限里程的收费情况。

ℹ 到达和离开

飞机

爱丽斯泉交通便利，**澳洲航空**和维珍澳洲航空（见948页）每天都有航班往返爱丽斯泉和各个首府城市。航空公司代表处均设在爱丽斯泉机场。登录航空公司网站以了解最新时间表和价格信息。

长途汽车

澳洲灰狗巴士（Greyhound Australia，见966页地图；☎1300 473 946；www.greyhound.com.au；113 Todd St，shop 3）有定期从爱丽斯泉出发的班车（登录网站了解时间表和优惠票价）。出发站和到达站均位于Todd St的澳洲灰狗巴士办事处。票价浮动，目前如下：

目的地	单程票价	行程（小时）
阿德莱德	244	20
库伯佩迪	127	8
达尔文	244	22
凯瑟琳	222	16.5
滕南特克里克	134	6.5

Emu Run（见967页）每天都有来往爱丽斯泉和尤拉拉（单程 成人/儿童 $135/80）之间的班车，价格低廉。**Gray Line**（见966页地图；☎1300 858 687；www.grayline.com；Capricornia Centre 9 Gregory Tce）也经营往来于爱丽斯泉和尤拉拉（单程 成人/儿童 $170/120）之间的班车。

背包客长途汽车穿梭于爱丽斯泉和其他地方之间，充满着狂欢的气氛，你会有机会欣赏沿途景色。**Groovy Grape Getaways Australia**（☎1800 661 177；www.groovygrape.com.au）有从爱丽斯泉到阿德莱德的定期班车，7天的短途露营之行费用为$975。

小汽车和摩托车

不管从哪里前往，爱丽斯泉都是个遥远的地方。这里到昆士兰州芒特艾萨的距离是1180公里，到达尔文是1490公里，到尤拉拉（前往乌卢鲁）是441公里（4.5小时）。尽管向北和向南的路都是柏油路并且路况良好，但它们都是内陆公路，你最好在出发之前做好充分准备，特别要考虑到的是，在爱丽斯泉和尤拉拉以外的地区手机收不到信号。任何时间都要带上足够的饮用水和应急食物。

所有主要的租车公司都在爱丽斯泉设有办事处，许多租车公司也在机场设有柜台。租金并不便宜，多数公司每天只提供100公里的免费行程，基本上你走不了多远。11月至次年4月价格下降约20%。预订之前可以向澳大利亚中部旅游局游客信息中心（Tourism Central Australia Visitor Information Centre）里的人打听无里程限制车辆的租用费用。常规车辆（两驱车）能带你前往麦克唐奈山脉的多数景点，并能通过柏油路直接前往乌卢鲁和金斯峡谷。如果你要往更远的地方去，比如说钱伯斯柱（Chambers Pillar）、芬克峡谷（Finke Gorge）甚至是米林尼环路（Mereenie Loop

Rd)，就要选择四驱车了。

Alice Camp 'n' Drive（☎08-8952 0098；www.alicecampndrive.com；76 Hartley St）提供露营用的车辆，配备完善的露营设施，有铺盖卷（或帐篷）、睡袋、炊具、椅子等。不限制公里数，可将车辆送至你的住宿地。

Britz（☎08-8952 8814；www.britz.com.au；Stuart Hwy和Power St交叉路口）露营车和小汽车。在机场设有柜台，同时也是Maui（☎1800 670 232；www.maui.com.au）和Mighty（☎1800 670 232；www.mightycampers.com.au）露营车的总部所在地。

Budget（☎08-8952 8899；www.budget.com.au；113 Todd St；⊙周一至周五 9:00~17:00，周六 9:00至正午）信誉可靠的租车行，机场设有业务网点。

Central Car Rentals（☎08-8952 0098；www.centralcarrentals.com.au；76 Hartley St）一家当地经营商（与Alice Camp 'n' Drive是关联企业），提供可装备露营工具的两驱车和四驱车，可提供不限制公里数的租车服务。

Territory Thrifty Car Rental（☎08-8952 9999；www.rentacar.com.au；Stott Tce和Hartley St交叉路口）值得信赖的租车行。

火车

进出北部地区最好通过**大南部铁路公司**（Great Southern Rail；☎13 21 47；www.greatsouthernrail.com.au）预订汗线火车票。有时会有折扣，特别是在淡季（2月至6月）。必须提前预订。

火车站在拉拉平塔车道旁George Cres的尽头。

ℹ 当地交通

爱丽斯泉布局紧凑，步行可到达大部分地区，你也可以骑自行车参观附近的很多景点。

抵离机场

爱丽斯泉机场位于小镇以南15公里处，乘出租车大概花费$45。**机场班车**（☎08-8952 2111；Gregory Tce；单程 $16）按照航班抵达时刻发车并将乘客送至城里的住宿地点。如果希望班车到住地接你，请提前一天预订。

公交车

公交车服务公司**Asbus**（☎08-8944 2444）从Yeperenye购物中心外面发车。周一至周五和周六上午，每1.5小时一班。对于旅游者来说，以下3条路线比较常用：400路或401路车途经文化区；100路或101路车经过广播教育学校；300路或301路车沿着Gap Rd和Palm Circuit经过南部许多旅店和房车露营地。游客信息中心（见989页）有时刻表。

出租车

出租车都集中在游客信息中心附近。如果想要预订，请致电☎13 10 0或☎08-8952 1877。

麦克唐奈山脉（MACDONNELL RANGES）

饱经风霜的麦克唐奈山脉十分壮丽，它在沙漠中绵延400公里，这是一个由壮观的峡谷、珍稀的野生动物和丰富而深厚的原住民遗产构成的世外桃源，从爱丽斯出发一天就可到达。没有公共交通到达东、西麦克唐奈山脉，但有许多从爱丽斯出发的团队游。

东麦克唐奈山脉（East MacDonnell Ranges）

尽管被更受欢迎的西麦克唐奈山脉抢走了风头，但东麦克唐奈山脉的风景却毫不逊色。这里的旅行者较少，可以让你获得更为愉快的内陆体验。东麦克唐奈山脉被一连串风景优美的山口和峡谷分割开来，Ross Hwy柏油公路沿着山脉一路延伸100公里。金矿鬼城阿尔唐加（Arltunga）距离Ross Hwy 33公里远，沿着一条土路驾驶两驱车，一般都可以到达。但想要前往约翰海斯岩孔[John Hayes Rockhole，位于特里非那峡谷自然公园（Trephina Gorge Nature Park）]、恩达拉峡谷（N' Dhala Gorge）和鲁比山口（Ruby Gap），就只能驾驶四驱车。

艾米丽和杰西山口自然公园（Emily & Jessie Gaps Nature Park）

这两个山口都在东阿伦特毛虫"梦创时代"（Eastern Arrernte Caterpillar Dreaming）小道沿线。艾米丽山口（Emily Gap）离爱丽斯泉16公里，在狭窄的峡谷中有风格独特的岩画和一个相当深的水潭。阿伦特人把艾米丽山口叫作Anthwerrke，这里是爱丽斯泉地区最重要的原住民圣地之一——Mparntwe的毛虫祖先正是起源于此，它们爬过这片土地因而形成今天的地貌。山口是个神圣的地方，在东面的石壁上有几处保存很好的岩画。从艾米丽山口继续向前8公里，就到了杰西山口（Jessie Gap），这里的景色同样美丽而且更安静。两处景点都设有卫生间，但是不允许露营。这两个地方都吸引了成群结队来寻找水源的鸟儿。在两个山口之间的山脊上，一条8公里长没有标志的丛林小道蜿蜒向前。

歌舞会岩保护区（Corroboree Rock Conservation Reserve）

离开杰西山口你会驶过一些被侵蚀的平地，然后进入红色山脊间的一个山谷。距离爱丽斯泉51公里的歌舞会岩（Corroboree Rock）是散布在山谷中许多奇怪形状的外露白云岩中的一个。尽管它的名字叫歌舞会岩，但这个岩石是否曾经作为歌舞会的狂欢场所还很值得怀疑。不过，它倒是和蜥蜴“梦创时代”（Perentie Dreaming）小道有联系。眼斑巨蜥（perentie）的身长能超过2.5米，这一地区的岩石瀑布就是它们的藏身处。围绕岩石有一条较短的徒步路线（15分钟）。

特里非那峡谷自然公园（Trephina Gorge Nature Park）

如果你逗留的时间很短，只够在东麦克唐奈停留几个地方，那么特里非那峡谷自然公园（距离爱丽斯泉75公里）应该是其中之一。这里有灰白色的含沙河床、红色和紫色的峡谷岩壁、白色的树干以及绿色的桉树叶，一切都与湛蓝的天空形成对比，相当引人入胜。你会在那里发现很深的水潭和丰富的野生动物。特里非那峡谷步道（Trephina Gorge Walk；2公里，45分钟）沿着峡谷的边缘绕了一圈。从峡谷到约翰海斯岩孔的山脊顶峰步道（Ridgetop Walk；单程10公里，5小时）穿越山脊，沿8公里长的公路返回大概需要两小时。

壮观的约翰海斯岩孔（John Hayes Rockhole）距离特里非那峡谷岔路口9公里远（最后4公里只能由四驱车通过），有3个提供基本设施的露营地（John Hayes Rockhole，Trephina Gorge Nature Park；成人/儿童$3.30/1.65）。这里有一条壮观的水塘链步道（Chain of Ponds Walk；4公里环路，1.5小时），穿过岩石水塘，直通峡谷上面的瞭望台。

在特里非那峡谷和悬崖（Bluff）有护林站（☎08-8956 9765）和露营地（Trephina Gorge Nature Park；成人/儿童 $3.30/1.65），提供烧烤台、水和厕所。

恩达拉峡谷自然公园（N' Dhala Gorge Nature Park）

就在Ross River Resort西南方向，沿着一条只有四驱车才能通行的道路向南11公里，可到达恩达拉峡谷。在这个幽深而狭窄的峡谷里，有超过5900幅古老的原住民岩石雕刻和一些稀有的当地植物。不过，这些岩石艺术并不容易看到。这里有个无遮蔽的小露营地（N' Dhala Gorge；成人/儿童 $3.30/1.65），但水源时有时无。

罗斯河（Ross River）

幽僻的Ross River Resort（☎08-8956 9711；www.rossriverresort.com.au；Ross Hwy；无电力和有电力供应营地 $38，牧场工人宿舍 $30，双/家 小屋 $130/160；❄ 🏊）建立在古老的石头庄园附近，简陋的小木屋环绕着一个游泳池。营地绿草如茵，还点缀着一些桉树，相当绝妙。这里有一家供应燃油的商店，在Stockman's Bar吃顿午餐（主菜 $17~25）或喝杯啤酒都是不错的选择。如从爱丽斯泉前来，经过阿尔唐加（Arltunga）岔口，继续前行9公里，即可到达。

阿尔唐加历史保护区（Arltunga Historical Reserve）

古老的金矿鬼城阿尔唐加（距离Ross Hwy有40公里长的土路）位于爱丽斯泉以东110公里处，麦克唐奈山脉的最东边。从1887年发现表层金矿开始，一直到1912年矿业活动逐渐停止，在这期间，小镇的历史十分吸引人。这片炎热土地上的古老建筑、几座公墓和许多荒芜的矿区都在向游人讲述着过去矿工们的生活。你可以探索这里的徒步路线和旧矿区（有蝙蝠！），要带上手电筒。

游客信息中心里没有工作人员，但是有很多关于黄金提炼过程的旧照片，还有介绍本地区历史的幻灯片。有饮用水和卫生间。保护区里没有露营地。

从阿尔唐加可以沿着Arltunga Tourist Dr回到爱丽斯泉。Arltunga Tourist Dr在城镇以北约50公里处与斯图尔特公路交会。公路经过雅致的Old Ambalindum Homestead（☎08-8956 9993；www.oldambalindumhomestead.com.au；无电力/有电力供应营地 $30/35，铺 $80；❄✉），农场和畜牧站的简陋小屋可提供12人的住宿，需要自炊。务必预订，且需要自备食物。

西麦克唐奈山脉（West MacDonnell Ranges）

西麦克唐奈山脉有着丰富多样的动植物和令人惊叹的美景，绝对不容错过。驾驶普通车很容易到达，所以这里成了一日游的热点地区。从爱丽斯泉沿拉拉平塔车道向西，过斯坦德利峡谷（Standley Chasm）后6公里，向西北转到纳玛吉拉车道（Namatjira Dr），沿着这条柏油路就可以到达泰勒斯山口（Tylers Pass）。

西麦克唐奈山脉的大部分地区都属于西麦克唐奈国家公园（West MacDonnell National Park），斯坦德利峡谷除外，它属于私人所有。在辛普森山口和奥米斯顿峡谷（Ormiston Gorge）有护林站。

拉拉平塔小道（Larapinta Trail）

230公里长的拉拉平塔小道沿着西麦克唐奈山脉的山脊延伸，是澳大利亚最长的徒步路线之一。它分为12段，在途中不同的地段有不同的难度，从爱丽斯泉的电报站一直延伸到崎岖的、海拔1380米的桑德山（Mt Sonder）。每一段都要花1~2天，这条小道经过西麦克唐奈的许多景点。

第1段：爱丽斯泉电报站到辛普森山口（23.8公里）

第2段：辛普森山口到杰溪（Jay Creek；24.5公里）

第3段：杰溪到斯坦德利峡谷（Standley Chasm；13.6公里）

第4段：斯坦德利峡谷到生日水潭（Birthday Waterhole；17.7公里）

第5段：生日水潭到休依峡谷（Hugh Gorge；16公里）

第6段：休依峡谷到艾勒里溪（Ellery Creek；31.2公里）

第7段：艾勒里溪到瑟蓬坦峡谷（Serpentine Gorge；13.8公里）

第8段：瑟蓬坦峡谷到瑟蓬坦小屋水坝（Serpentine Chalet Dam；13.4公里）

第9段：瑟蓬坦小屋水坝到奥米斯顿峡谷（Ormiston Gorge；28.6公里）

第10段：奥米斯顿峡谷到芬克河（Finke River；9.9公里）

第11段：芬克河到红岸峡谷（Redbank Gorge；25.2公里）

第12段：红岸峡谷到桑德山（往返15.8公里）

路线说明和地图可从公园和野生动物机构（Parks & Wildlife；☎08-8951 8250；www.parksandwildlife.nt.gov.au/parks/walks/larapinta）获得。8人（含）以上旅游团队需要制定旅游计划，并且通知公园和野生动物机构。

这一地区没有公共交通可以到达，但可以联络Alice Wanderer（☎08-8952 2111，1800 722 111；www.alicewanderer.com.au）安排汽车接送，请查看网上的报价。查询有导游的徒步旅行，包括从爱丽斯泉出发的交通信息，可以联系Trek Larapinta（见967页）。

辛普森山口（Simpsons Gap）

从爱丽斯泉沿拉拉平塔车道向西，你很快会到达皇家飞行医生服务所创始人的坟墓——约翰·弗林墓（grave of John Flynn）。坟墓上有一块大石头，由阿伦特人捐赠（来自被归还的魔鬼大理石）。前往辛普森山口的柏油自行车道起点就在停车场对面，这条往返用时3~4小时的车道值得推荐。

从爱丽斯泉沿拉拉平塔车道前进22公里，离开公路后再行驶8公里，可到达辛普森山口。这是个很受欢迎的野餐地点，还有一些不错的短途徒步路线。清晨和傍晚是最好的时间，可一睹黑足岩石小袋鼠。游客信息中心在公园入口1公里处。

斯坦德利峡谷[Standley Chasm (Angkerle)]

爱丽斯泉以西约50公里就是壮观的斯坦

德利峡谷（Standley Chasm；☎08-8956 7440；成人/优惠 $10/8；⏲8:00~17:00，最后进入峡谷时间 16:30），该峡谷由附近的Iwupataka社区拥有及经营。这座狭窄的走廊整齐地切穿岩石山脉，有些地方光滑的岩壁高达80米。岩石小路（20分钟，1.2公里）沿着一条小溪进入峡谷，两岸是白千桉树和苏铁树。你可以继续走到第二个山口（往返1小时）或一直走到拉拉平塔山（Larapinta Hill；往返45分钟），观赏美丽的景色。在停车场附近有一个售货亭，还有野餐设施和卫生间。

纳玛吉拉车道（Namatjira Drive）

纳玛吉拉车道通往西麦克唐奈山脉一连串峡谷和山口。离开斯坦德利峡谷不远，你可以选择向西北延伸的纳玛吉拉车道[呈环形，与赫曼斯堡（Hermannsburg）西部的拉拉平塔车道连接]或继续沿着拉拉平塔车道前进。

如果选择纳玛吉拉车道，很快将会到达几个景点，艾勒里溪大水潭（Ellery Creek Big Hole）或许就是其中之一。这个水潭距离爱丽斯泉91公里，是一个很大的永久性水潭——天热时是个颇受欢迎的游泳场所（潭水冰冷）。再继续前进约11公里，就到达一条通向狭窄、赭红的瑟蓬坦峡谷（Serpentine Gorge）的石砾小路，非常颠簸。有一个迷人水潭挡住了入口，在一条短而陡的小路（往返30分钟）尽头有个瞭望台，你可以在上面观赏古老的苏铁树。

赭石坑（Ochre Pits）坐落在瑟蓬坦峡谷以西11公里处一条干涸小溪的河床上，曾经是原住民绘画颜料的来源地。这里的黄色、白色和红棕色等不同颜色的赭石是风化的石灰石，因为含有氧化铁而形成了各种色彩。

离开赭石坑25公里，就到了宏伟的奥米斯顿峡谷停车场。这个崎岖的大峡谷是西麦克唐奈最令人难忘的峡谷。白千桉树的树荫下有个水潭，峡谷弯曲围绕着奥米斯顿水塘（Ormistion Pound）。这里是野生动植物的天堂，在三齿稃草坡上以及围篱树林地，你会看到一些动物。这里有几条相当不错的徒步路线，包括白千桉树瞭望台（Ghost Gum Lookout；20分钟），在瞭望台上可以俯视峡谷的绝妙风光，还有极佳的迂回曲折的水塘步道（Pound Walk；7.5公里，3小时）。还有一个游客中心（☎08-8956 7799；⏲10:00~16:00）。

再走约2公里，就是去往风景优美的格伦海伦峡谷（Glen Helen Gorge）岔路口，芬克河（Finke River）从峡谷穿越麦克唐奈山脉。离开格伦海伦仅1公里，在桑德山上有个不错的观景台，这里的日出和日落景色尤其令人难忘。

如果你继续向西北前行25公里，将到达一个岔路（仅四驱车通过），从这里可以前往彩色大教堂般宏伟的红岸峡谷（Redbank Gorge）。这里的永久性水潭长达数千米，穿越迷宫一般的峡谷，适合在炎热的天气里畅游一番或进行攀登探险。沿着纳玛吉拉车道继续南行，在到达泰勒斯山口观景台（Tylers Pass Lookout）之前都是柏油路，在观景台上能看到高斯崖（Grosse Bluff，即Tnorala）的壮观景致，这是彗星撞击地球时留下的痕迹。

食宿

在艾勒里溪大水潭、红岸峡谷和瑟蓬坦峡谷以西6公里的瑟蓬坦小屋（Serpentine Chalet，建议驾驶四驱车或者底盘高的两驱车前往该小屋）有基本的露营地（成人/儿童 $5/1.50）。位于奥米斯顿峡谷的露营区（Ormiston Gorge；成人/儿童 $10/5）颇为豪华，有淋浴、卫生间、燃气烧烤店和野餐桌。

Glen Helen Resort 酒店 $

（☎08-8956 7489；www.glenhelen.com.au；Namatjira Dr；无电力/有电力供应营地 $24/35，铺/房间 $35/170；❄✉）这家旅馆很受欢迎，位于西麦克唐奈国家公园（West MacDonnell National Park）的边缘地带。后面有一条充满诗情画意的走廊，紧贴壮丽的峡谷赭石悬崖逶迤而上。这里有个忙碌的餐吧，提供丰盛餐食，周末还有现场音乐表演。还提供四驱车团队游和直升机飞行。

晚上，啜饮冰镇饮品之时，极有可能看到成群结队、五颜六色的虎皮鹦鹉。找块草地、支起帐篷、点燃篝火，那种体验多么美妙。

红土中心路（米林尼环路）[RED CENTRE WAY（MEREENIE LOOP）]

红土中心路（Red Centre Way）是从爱丽斯前往乌卢鲁的"小路"。它是由纳玛吉拉车道和拉拉平塔车道以及崎岖的米林尼环路（Mereenie Loop Rd）组成的一条"内环路"。后者是去往金斯峡谷的捷径。在这条尘土飞扬、颠簸起伏的道路上驾驶，千万不能掉以轻心，小汽车租赁公司则不允许它们的两驱车驶上这条路。

拉拉平塔车道（Larapinta Drive）

拉拉平塔车道位于斯坦德利峡谷以南，穿越它与纳玛吉拉车道的交叉处和休依河（Hugh River）之后，即可到达西阿伦特（Western Arrernte）社区的岔道口，这个岔道通往华莱士岩洞（Wallace Rockhole）。岩洞距离主路18公里，距爱丽斯泉109公里。

在华莱士岩洞游客公园（Wallace Rockhole Tourist Park; ☎08-8956 7993; www.wallacerockholetours.com.au; 无电力/有电力供应营地 $20/24，小屋 $130; ❄）你肯定会有一种与世隔绝的感觉。里面有设施齐全的露营区。必须提前预订团队游，包括1.5小时的岩画游和丛林医学之旅（成人/儿童 $15/13），提供传统丛林茶和硬面包。

距离华莱士岩洞的岔路口约26公里处，继续沿着拉拉平塔车道前行，你会经过纳玛吉拉纪念碑（Namatjira Monument），这里离赫曼斯堡大概有8公里远。

赫曼斯堡（Hermannsburg）

人口 625

原住民社区赫曼斯堡（Ntaria）距离爱丽斯泉约125公里，因曾是艺术家艾伯特·纳玛吉拉（Albert Namatjira）的住所和赫曼斯堡传教所（Hermannsburg Mission）所在地而闻名。

在Hermannsburg Historic Precinct之内，传教所（☎08-8956 7402; www.hermannsburg.com.au; 成人/儿童 $10/5; ⏲周一至周六 9:00~17:00，周日 10:30~17:00）白色的墙壁掩映在高高的河边桉树和枣椰树下。它是一座北部地区早期路德教会的丰碑，充满魅力。现在包括一所学校大楼、一座教堂和各式附属建筑。"牧师住宅"内有一个艺术画廊，展出艾伯特·纳玛吉拉一生的历史资料和其他39位赫曼斯堡艺术家的作品。

Kata-Anga Tea Room（餐 $8~14; ⏲9:00~16:00）位于老传教士住宅内，提供珍馐美味。也展出和出售由当地人制作的别具风格的绘画和陶瓷作品。

在赫曼斯堡以西，你会看到纳玛吉拉故居（Namatjira's House）。

芬克峡谷国家公园（Finke Gorge National Park）

位于赫曼斯堡以南的芬克峡谷国家公园是澳大利亚中部最重要的荒野保护区之一，拥有保存完好的原始风景。这里最吸引人的要数棕榈谷（Palm Valley）了，以其红卷心菜棕榈树（red cabbage palm）而闻名，这种树在世界上其他任何地方都没有。这些史前时代的遗产给山谷带来令人惊叹的感觉，如图画书中的绿洲一般。

步道包括穿越山谷、途经砂岩高原返回的阿兰卡亚步道（Arankaia Walk; 2公里环路，1小时），深入峡谷之后与阿兰卡亚步道会合的玛普伦金亚小道（Mpulungkinya Track; 5公里环路，2小时），以及姆帕拉小道（Mpaara Track; 5公里环路，2小时）。这条路线经过芬克河、棕榈弯道（Palm Bend）和一个崎岖不平天然圆形剧场[半圆的砂岩造型，由现已断流的棕榈溪（Palm Creek）冲刷而成]。这里还有一个受欢迎的露营地（Finke Gorge National Park; 成人/儿童 $6.60/3.30）。

沿着芬克河的沙质河床和岩石小道前行可抵达公园，高底盘四驱车是必不可少的交通工具。如果你没有这样的车辆，可以参加由经营商组织的从爱丽斯出发前往棕榈谷的团队游。前往棕榈谷的岔路位于拉拉平塔车道上的赫曼斯堡岔路以西约1公里处。

如果你已经做了充分的准备，那么可以试试沿着芬克河的沙质河床穿过国家公园的这条路线，相当具有挑战性。这条驾驶路线既偏僻又遥远，但沿途风景美不胜收，可通往欧内斯特·贾尔斯路(Ernest Giles Rd)。沿着这条路,你还可以继续向西前往金斯峡谷(或乌卢鲁)或向东返回斯图尔特公路。最好是和别的车组成车队一起上路(陷入泥沼是时常遇到的情况之一),记得带上一份《芬克河四驱车路线》(*Finke River 4WD Route*)。

米林尼环路(Mereenie Loop Road)

从赫曼斯堡,你可以继续向西到达前往艾尔永加(Areyonga;没有游客)的岔路口,然后沿米林尼环路(Mereenie Loop Rd)前往金斯峡谷。这是一条由爱丽斯到金斯峡谷的替代路线。道路崎岖不平,而且可能出现较深沙坑。路况不断变化,每年各个时期有所不同,如果刚刚经过修缮,状况则较好,所以尽量驾驶高底盘车辆,四驱车最好。要注意,驾驶两驱车在这条路上行进将不在保险理赔范围内。

沿着这条路线行驶,会经过原住民的领地,所以你需要一份有效期只有1天的米林尼旅游通行证(Mereenie Tour Pass,$5)、一本详细介绍当地原住民文化的小册子和一张路线图。通行证可在爱丽斯泉的游客信息中心、格伦海伦度假村(Glen Helen Resort)、金斯峡谷度假村(Kings Canyon Resort)和赫曼斯堡服务站现场办理(通常只在旅游当天有效)。

金斯峡谷和瓦塔卡国家公园(Kings Canyon & Watarrka National Park)

瓦塔卡国家公园金斯峡谷这道巨型裂隙堪称澳大利亚中部最壮观的景观之一,也是米林尼环路(Mereenie Loop)核心景点之一。到达这里的其他路线包括:在爱丽斯泉以南140公里处的斯图尔特公路旁,沿着欧内斯特·贾尔斯公路(Ernest Giles Rd)继续向西;或者从拉瑟特公路(Lasseter Hwy)下来,绕路沿着去往乌卢鲁方向的Luritja Rd柏油路前行。后者是最长的路线,但也是最受欢迎和最舒适的路线。

无论走哪一条路线,你都会愿意多花一些时间行驶在路上,以享受这里的风景。徒步者在**金斯峡谷边缘小道**(Kings Canyon Rim Walk;6公里环路,4小时;炎热季节,必须9:00以前出发)沿途会看到壮丽的景色,因此许多旅行者将其列为前往澳大利亚中部旅行的一个重头戏。经过一段路途较短但较为陡峭的攀爬之后(这是该徒步路线唯一有难度的一段路),沿着峡谷的边缘向前走,然后向下走过木制栈道,就可以到达**伊甸园**(Garden of Eden)——郁郁葱葱的蕨类植物和古老的苏铁树围绕着一个天然池塘。小路的下一部分蜿蜒穿过迷宫般的巨大蜂窝状圆顶——风化的砂岩外露层,这个圆顶对Luritja人来说,代表了库尼亚"梦创时代"(Kuniya Dreaming)。

金斯溪步道(Kings Creek Walk;2公里往返)是一条短途路线,沿着溪流的岩石河床攀爬到一个升起的平台上,在平台上能看到高耸的峡谷边缘。

凯瑟琳泉步道(Kathleen Springs Walk;往返2.6公里,1小时)在停车场以东约10公里处,是一条舒适的、可供轮椅通行的步行路,通往峡谷前端的一个水潭。

贾尔斯小道(Giles Track;单程22公里,需过夜)是一条有标志的徒步路线,在凯瑟琳泉(Kathleen Springs)和峡谷之间沿着乔治吉尔山脉(George Gill Range)蜿蜒而行。前往Reedy Creek护林员办公室填写出行计划,以便遭遇突发事件之时,护林员能够很快找到你。

团队游

一些旅游公司安排从爱丽斯出发的团队游,往返乌卢鲁(见984页)时在这里逗留。

Kings Creek Helicopters 观光飞行

(☎08-8956 7474;www.kingscreekstation.com.au;飞行每人 $70~480)飞机从Kings Creek Station出发,包含金斯峡谷上空激动人心的30分钟观光飞机游。

Professional Helicopter Services 观光飞行

(简称PHS;☎08-8956 2003;www.phs.com.au;飞行每人 $95~275)从金斯峡谷度假村搭载游客,PHS直升机在峡谷上空飞行8/15分钟,费用为$95/145。

Kings Canyon 金斯峡谷

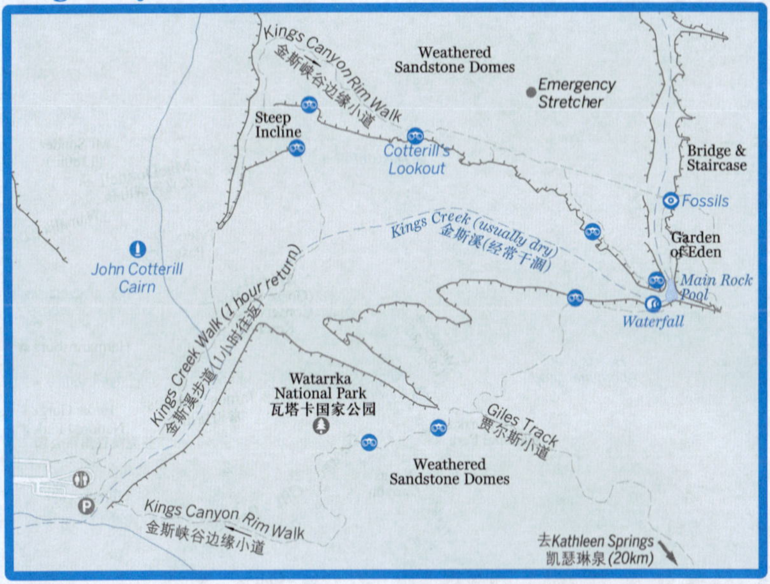

食宿

Kings Creek Station 露营 $$

（☎08-8956 7474; www.kingscreekstation.com.au; Luritja Rd; 无电力/有电力供应营地 2人使用 $40/44, 游猎小屋 标单/双 含早餐 $105/170; @ ≋）这个家庭经营的住宿地位于金斯峡谷前面35公里处，在沙漠橡树林中设有丛林露营地。舒适的游猎风格小屋（在坚实地板上搭起的小帆布帐篷）共用便利设施和厨房及烧烤区。你可以在沙漠里骑着四轮摩托车到处乱窜（骑行1小时 $93），或享受更平稳刺激的日落骆驼骑行（骑行1小时 $65）。

商店（7:00~19:00营业）提供燃油、冰块、啤酒、葡萄酒、烧烤用品和餐食。可以去**Conways' Kids**（www.conwayskids.org.au）看看，这个慈善基金建立的目的是送当地的原住民儿童去阿德莱德学校接受教育。

Kings Canyon Resort 度假村 $$$

（☎08-8956 7442, 1300 863 248; www.kingscanyonresort.com.au; Luritja Rd; 无电力/有电力供应营地 $39/45, 铺 $35, 双 $285/469; ❄ @ 📶 ≋）这个设计巧妙的度假村距离峡谷10公里，提供各种各样的住宿选择，从自带游泳池和酒吧的绿地露营区到可以欣赏原生态丛林景致的豪华客房，不一而足。饮食同样丰富多样，设有一个法式小馆、Thirsty Dingo酒吧和室内烧烤摊位（烤制大块牛排）。还有各种现场娱乐活动。这里还有一个提供燃油的杂货店，前台有自动柜员机。

Kings Canyon Wilderness Lodge 度假村 $$$

（☎1300 336 932; www.aptouring.com.au; Luritja Rd; 帐篷式小屋 $640; ❄）🍃这个豪华度假村位于Kings Creek Station一处隐秘的地方，10个时尚的帐篷提供私人独立设施，还有可以欣赏丛林风光的露台，那里的风景让人十分放松，由APT经营。自助旅行者可能会发觉自己被团队游旅行者包围。费用包含早餐和晚餐。

艾丽斯斯普林斯（爱丽斯泉）南部（SOUTH OF ALICE SPRINGS）

老南方路（Old South Road）

"老南方路"几乎与老汗线铁路并行，道

South of Alice Springs 艾丽斯斯普林斯(爱丽斯泉)南部

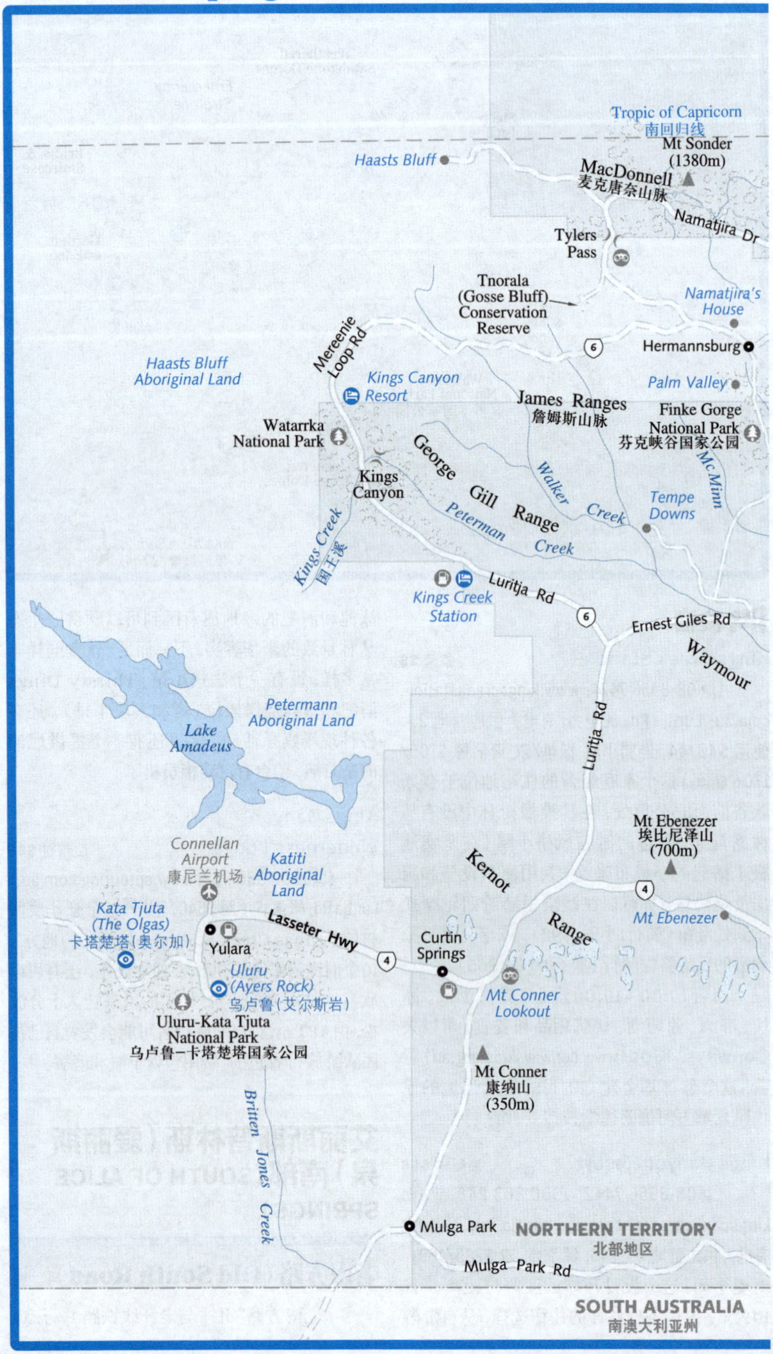

乌卢鲁和北部地区内陆

老南方路

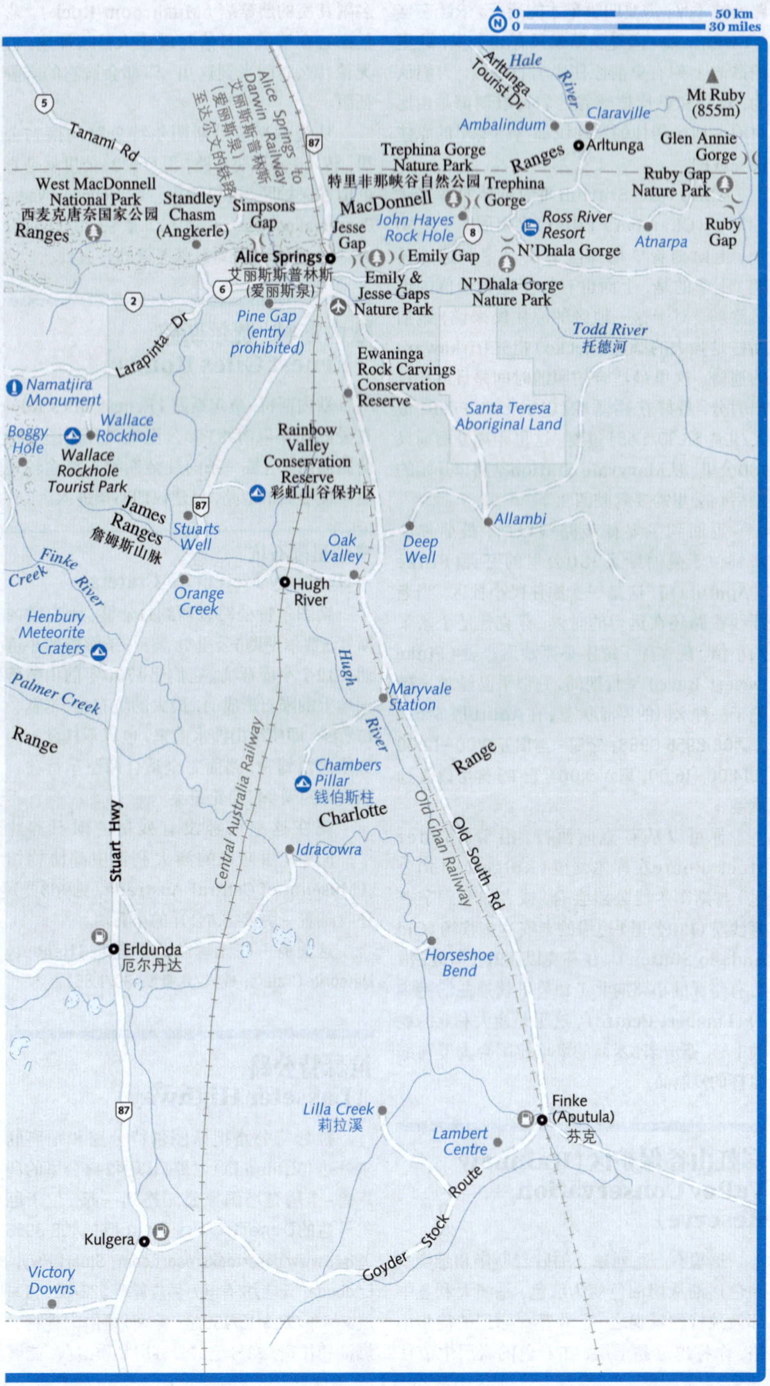

乌卢鲁和北部地区内陆 老南方路

路崎岖不平，需要四驱车才能通行。依娃宁佳（Ewaninga）离爱丽斯泉只有39公里，这里的砂岩上刻有史前原住民岩石壁画。人们认为，这里和恩达拉峡谷的岩石雕刻都是由比目前该地区居住的原住民部落还要早的原住民完成的。

Maryvale Station西南奇异的砂岩钱伯斯柱（Chambers Pillar）高出周围平地50米，上面刻着早期探险者的名字和造访日期。不幸的是，上面也有很多毫无价值的现代涂鸦。对于这一地区的原住民来说，钱伯斯柱是强大的壁虎（gecko）祖先Itirkawara的遗迹。这里最适合拍照的时间是日落和日出时分，最好在露营地（Chambers Pillar；成人/儿童 $3.30/1.65）过夜。这里距离爱丽斯泉160公里，从Maryvale Station岔路口开始的最后44公里需要驾驶四驱车。

返回到主要徒步路线以南，最后你会来到位于爱丽斯泉230公里的芬克[Finke（Aputula）]，这是一个原住民小社区。当老汗线铁路还在运行的时候，芬克曾是个繁荣的小镇。现在除了每年芬克沙漠车赛（Finke Desert Race）举行期间，它似乎已经越来越趋于一种永恒的停滞状态。在Aputula Store（☎08-8956 0968；⊙周一至周五 9:00~12:00和14:00~16:00，周六 9:00至正午）你可以买到汽油。

你可以从芬克向西行，沿着Goyder Stock Route在库尔戈拉（Kulgera；150公里）与斯图尔特公路会合，或者向东到辛普森沙漠（120公里）边缘的老安达多牧场（Old Andado Station）。在芬克以西21公里处，沿着有路标的小路向北走12公里就是兰伯特中心（Lambert Centre），这里是澳大利亚的地理中心，矗立着5米高的堪培拉国会大厦顶部旗杆的复制品。

彩虹山谷保护区（Rainbow Valley Conservation Reserve）

这里有一系列独立的砂岩断崖和悬崖，颜色逐渐从奶油色变为红色，是澳大利亚中部最独特的景观之一。沿着有标记的徒步小路，你将越过黏土层，在彩色的岩层中前往名副其实的蘑菇岩（Mushroom Rock）。彩虹山谷在清晨和日落时最让人目眩神迷，但无论什么时间来到这里，你都会被它的寂静征服。

从爱丽斯泉沿斯图尔特公路向南77公里，转入一条四驱车路，再行驶24公里就是彩虹山谷保护区。这里的露营地（Rainbow Valley Conservation Reserve；成人/儿童 $3.30/1.65）没有遮蔽，但却是观看日落美景的好去处。

欧内斯特·贾尔斯路（Ernest Giles Road）

欧内斯特·贾尔斯路（Ernest Giles Rd）在爱丽斯泉以南约140公里处离开斯图尔特公路向西。这是一条前往金斯峡谷路途较短但难度更大的道路，只建议四驱车进入。

亨伯里陨石坑（Henbury Meteorite Craters）

斯图尔特公路以西约11公里、距离欧内斯特·贾尔斯路5公里处，有一条颠簸的小道通往12个小陨石坑。它们是4700年前由坠落到地上的陨石形成的，最大的坑有180米宽、15米深。即使跋山涉水前来，也算不枉此行。如果谨慎驾驶，路面完全适合两驱车行驶。陨石坑四周乡村美轮美奂。

现在这里已经没有残留的陨石碎片了，不过爱丽斯泉的澳大利亚中部博物馆（Museum of Central Australia，见963页）还收藏着一块重46.5公斤的小石块。

这里有一些无遮蔽的露营地（Henbury Meteorite Craters；成人/儿童 $3.30/1.65）。

拉瑟特公路（Lasseter Highway）

拉瑟特公路把斯图尔特公路和距离厄尔丹达（Erldunda）岔路口以西244公里的乌卢鲁－卡塔楚塔国家公园连到一起。位于厄尔丹达的Desert Oaks Resort（☎08-8956 0984；www.desertoaksresort.com；Stuart Hwy, Erldunda；无电力/有电力供应营地 $22/32，汽车旅馆标单/双 $115/150起；❄☒）可供应食物、燃油和住宿，23号至27号客房品质出众，能够欣赏花园景色。

康纳山(Mt Conner)是一座大平顶山，高出沙漠350米，是内陆地区被拍摄次数最多的景点——第一次看到它的人大多会误以为是乌卢鲁。对当地原住民而言，它的意义非同寻常，他们将它称之为Atila。

Curtin Springs Wayside Inn(☎08-8956 2906; www.curtinsprings.com; Lasseter Hwy; 无电力/有电力供应营地 免费/$25, 标单/双 $75/105, 房间带卫生间 $160; ❄)是到达尤拉拉之前的最后一站，距离尤拉拉80公里。如果目的地是乌卢鲁，这里是堪比Ayers Rock Resort的最近住宿地点。你可以在这里免费扎营(沐浴 $3)或在维护良好的小屋内休息。这里有燃油和一个出售有限日常生活用品、外卖食品和酒吧食品(主菜 $20~32)的商店。内陆风格酒吧氛围奇特，历史话题不绝于耳，遗闻逸事漫天飞舞。

乌卢鲁-卡塔楚塔国家公园(ULURU-KATA TJUTA NATIONAL PARK)

一些全球知名景点徒有其名，游客乘兴而去，败兴而归。乌卢鲁绝非此类：石头岩地广袤无垠、巍峨壮丽、色彩斑斓、岿然不动，这种体验一定前所未有。如此景致注定难忘。

乌卢鲁已被列入世界文化遗产名录，成为旅游胜地。乌卢鲁景致不输(甚至超过)卡塔楚塔(奥尔加)，而周边地区对于原住民后裔来说，历史文化意义重大。原住民后裔指皮詹加加拉(Pitjantjatjara)和延昆加加拉(Yankuntjatjara)人(他们自称安南古族人)。

这里有许多可以看的东西和做的事情：蜿蜒迤逦的徒步路线、骑行旅程、导览团队游以及沙漠文化。甚至可以观察巨石，查看其颜色的变化和性状的改变。

这里唯一的住宿地是位于尤拉拉村的Ayers Rock Resort，距离乌卢鲁20公里。房价不菲，因为这里地处偏远，交通不便。

ℹ 实用信息

公园(www.parksaustralia.gov.au/uluru/index.html; 成人/儿童 $25/免费)开放时间为每天日出前半小时至日落(各个月份营业时间略有不同，可以登录网站查询具体信息)。门票3日内有效，可以在从尤拉拉来此处的公路驾驶入口处购买。

乌卢鲁-卡塔楚塔文化中心(Uluru-Kata Tjuta Cultural Centre; ☎08-8956 1128; www.parksaustralia.gov.au/uluru/do/cultural-centre.html; ⏲7:00~18:00)坐落在从尤拉拉来的路上，离乌卢鲁还有1公里，应该是你进入乌卢鲁的第一站。展品和展览多是关于"tjukurpa"(原住民法律、宗教和风俗)及国家公园的历史及管理。Nintiringkupai建筑中的信息台员工同时也是公园护林员，他们能提供内容翔实的《游客指南》(*Visitor Guide*)和信息小册子，并告诉你徒步应该注意的事项。

文化中心还包括来自澳大利亚中部各地20个安南古族(Anangu)社区(包括当地的Mutitjulu社区)经营的工艺品商店**Maruku Arts**(☎08-8956 2558; www.maruku.com.au; ⏲8:00~17:30)，这里出售手工制作的木雕、碗和回旋镖。**Walkatjara Art Centre**(☎08-8956 2537; ⏲9:00~17:30)是

独自欣赏日落

观赏乌卢鲁的日落是一种美好的经历，但你却很难避开人群和他们的相机。以下是公园护林员们分享的独自欣赏日落的秘密。

Talinguru Nyakunytjaku 在黎明时分非常受欢迎，但在日落时分你会同时拥有乌卢鲁和卡塔楚塔的美景。它们在阳光下形成的剪影中，被收进同一个镜头里，只属于你一个人。

Kantju Gorge 赶在日落之前走到马拉步道的尽头，观赏乌卢鲁岩壁上璀璨的落日。

Kata Tjuta Sunset Viewing 在一个隐秘的地方坐下来，观察颜色如何变化至最深的红色。

Mutitjulu Waterhole 想要获得最深层次的平静，沿着库尼亚步道来到这个壮丽的水潭吧。

一个为当地Mutitjulu社区拥有的艺术创作中心，这里主要展示由Mutitjulu妇女创作的绘画与陶器。**Ininti Cafe & Souvenirs**（☎08-8956 2214；⊙7:00~17:00）出售纪念品，如T恤衫、陶瓷、帽子、CD和各种关于乌卢鲁、原住民文化、丛林食物以及该地区动植物的书籍。附设的咖啡馆提供冰激凌、馅饼和简餐。

团队游

Seit Outback Australia 巴士游

（☎08-8956 3156；www.seitoutbackaustralia.com.au）这个小型团队游经营商提供各种各样的选择，包括乌卢鲁周边的日落之旅（成人/儿童 $149/121），还有前往卡塔楚塔的日出之旅。价格一样，费用包含早餐和徒步前往瓦尔帕峡谷（Walpa Gorge）。

AAT Kings 巴士游

（☎08-8956 2171；www.aatkings.com）经营前往乌卢鲁客车团队游，可选旅程多种多样。还提供从尤拉拉出发的各种半天/全天团队游。查询网站，或者从尤拉拉的团队游和信息中心（Tour & Information Centre，见989页）了解详情。

Uluru Camel Tours 骑骆驼游

（☎08-8956 3333；www.ulurucameltours.com.au）提供了远观乌卢鲁和卡塔楚塔的全新视角，那就是骑在骆驼上（$80，1.5小时）。也可以参加热门的骑骆驼观日出日落团队游（Camel to Sunrise and Sunset tours；$125，2.5小时）。

★Uluru Aboriginal Tours 文化游

（☎0447 878 851；www.uluruaboriginaltours.com.au；导览游 $99起）由Mutitjulu社区的安南古族人拥有并经营，提供一系列短途旅游。通过安南古族人的介绍，你会对乌卢鲁有更深的了解。团队游从文化中心（见983页）出发，也从Yulara Ayers Rock Resort（通过AAT Kings）和爱丽斯泉出发。

提供一系列团队游，包括Rising Sun & Sacred Walk团队游。其中有丛林技能展示，例如投飞矛、在营火四周制作一顿热腾腾的自助早餐，还有当地导游对本地历史文化和故事传说与众不同的见解。可致电或者发电子邮件询问最新提供的自驾团队游和旅游套餐信息。

Desert Tracks 文化游

（☎0439 500 419；www.deserttracks.com.au；成人/儿童 $249/199）这家由皮詹加加拉人经营的公司提供全天的四驱车之旅，可以进入偏远的皮詹加加拉地区（Pitjantjatjara Lands），与凯弗山（Cave Hill）传统的主人会面，还可以参观描绘七姐妹（Seven Sisters）故事的壮观岩画。

Sounds of Silence 就餐

（☎08-8957 7448；www.ayersrockresort.com.au/sounds-of-silence；成人/儿童 $195/96）一边在沙丘上享用服务员送上的香槟和点心，一边观赏乌卢鲁和卡塔楚塔绚丽的日落景象，然后在南方的天空下享用自助晚餐（有鸸鹋、鳄鱼和袋鼠）。晚饭过后，还可以通过望远镜仰望星空。如果你喜欢清晨，还有类似风格的**Desert Awakenings 4WD Tour**（www.ayersrockresort.com.au/desert-awakenings；成人/儿童 $168/130）。这两个团队游都不适合10岁以下的儿童。

摩托车团队游

你可以坐在哈雷摩托车后座一睹乌卢鲁和卡塔楚塔的日出和日落美景。

Uluru Motorcycle Tours 团队游

（☎08-8956 2019；www.ulurucycles.com；骑行 $99~429）在日落时分乘坐摩托车前往乌卢鲁（$199，1.5小时）。

观光飞行

价格按人计算，包括从Ayers Rock Resort到机场的车费。

Ayers Rock Helicopters 观光飞行

（☎08-8956 2077；www.helicoptergroup.com/arh-index）乘坐直升机，盘旋乌卢鲁上空15分钟，收费$150。如需再加卡塔楚塔上空飞行，总计收费$285。

乌卢鲁（艾尔斯岩）[Uluru (Ayers Rock)]

无论是谁，即使疲惫不堪，乍一看到乌卢

Uluru (Ayers Rock) 乌卢鲁(艾尔斯岩)

0 1 km
0 0.5 miles

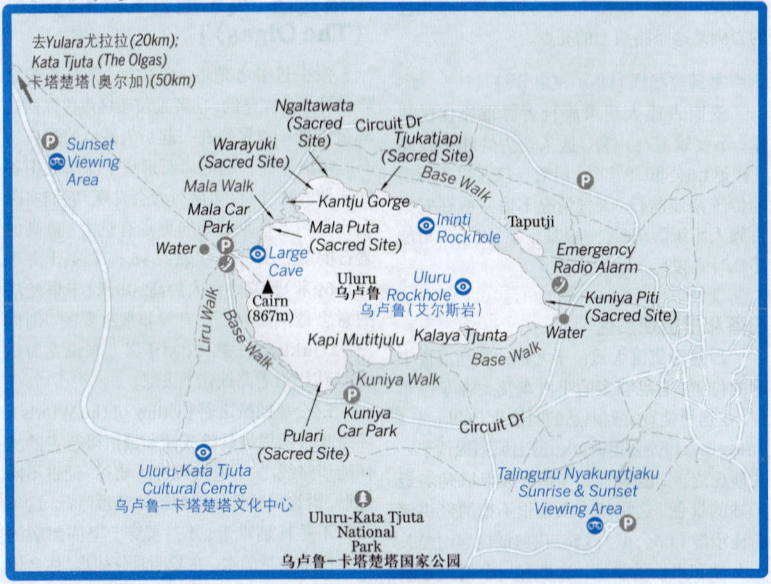

鲁都会精神为之一振。乌卢鲁长3.6公里，比周围的沙质灌木丛林地区高出348米（高于海平面867米）。如果这还不能让你印象深刻的话，那么你还应该知道：据说这块岩石的三分之二是埋在沙地之下的。仔细观察，你会发现在令人吃惊的波浪状表面下，掩盖着大量对于安南古族人来说极其重要的神圣遗址。如果你在下午时分第一次看到乌卢鲁，那么它呈现的会是一种赭棕色，上面是岩石本身褶皱形成的黑色阴影。日落时，岩石在太阳的照耀下形成一种锃亮的橙色，然后变成一系列越来越深的红色，直到褪成炭黑色。而日出时，相似的情况以相反的顺序出现，只是观众可能会略微少那么一点。

活动

乌卢鲁周围有些徒步路线，还有护林员随行的解说当地植物、野生动物、地质和文化意义的徒步游。所有的道路都很平坦，可供轮椅通行。有几处对安南古族人非常重要的圣地是禁止旅行者参观的，这些地方都有围栏和标记。安南古族人请求你不要拍摄这些圣地。

在文化中心可拿到很棒的《游客指南和地图》（*Visitor Guide & Maps*），其中详细介绍了几条自助徒步路线。

基站步道（Base Walk） 步行

这条路线（10.6公里，3~4小时）围绕岩石而行，沿路经过洞穴、岩画、砂岩褶皱和地质磨损处。

丽鲁步道（Liru Walk） 步行

这条步行小道将文化中心和马拉徒步及攀登线路（Mala Walk and climb）的起点连接了起来，并蜿蜒穿过大片围篱树，最后抵达乌卢鲁（4公里往返，1.5小时）。

马拉步道（Mala Walk） 步行

这条路从攀登岩石的起点开始（往返2公里，1小时），解说牌阐述了马拉人（野兔—沙袋鼠人）的创世纪故事“tjukurpa”，这对于安南古族人来说意义非凡，还介绍了岩画的典范之作。这条路线上有护林员讲解（免费）步行游览，10:00（10月至次年4月8:00）从停车场出发。

库尼亚步道（Kuniya Walk） 步行

从南侧停车场出发的短途步行线路（往返1公里，45分钟），前往永恒的水潭穆迪丘鲁（Mutitjulu），这也是祖先水蛇（watersnake）的家园。观鸟和参观一些出色的岩画是这条路线上的亮点。

乌卢鲁攀登路线（Uluru Climb） 步行

安南古族人请求旅行者尊重原住民法律，不要攀登乌卢鲁。这条费力的陡峭线路（往返1.6公里，2小时）沿着马拉人祖辈所走的传统路线前行。天气情况不适宜或在安南古族人组织活动时，一般禁止攀登（有时可能是临时通知）。

日落和日出观赏区

日落观赏区大致位于尤拉拉和乌卢鲁中途的位置，有足够多的小汽车及大客车停车位，在这里能观赏到熟悉的明信片上的风景。**Talnguru Nyakunytjaku日出风景区**位于一片沙丘之上，能观赏到乌卢鲁和卡塔楚塔最美妙的景色。这里还有两条很不错的带讲解的徒步游（1.5公里）线路，讲解的内容则是关于女性和男性的事情。这里有一个树荫遮蔽的观景区、厕所和一个野餐场所。

卡塔楚塔（奥尔加）[Kata Tjuta（The Olgas）]

没去过卡塔楚塔（奥尔加）的乌卢鲁之旅是算不上完整的，前者是位于乌卢鲁以西约35公里处一群聚集在一起引人注目的圆顶岩石。36块靠在一起的岩石形成了深深的山谷和陡峭的峡谷。许多旅行者会发现，它们实际上比那声名卓越的邻居更富有魅力。最高的岩石**奥尔加山**（Mt Olga；546米高，高出海平面1069米）比乌卢鲁大约高200米。卡塔楚塔的意思是“很多头”，有着非常重要的“创世纪”（tjukurpa）意义，对于男人来说尤为重要。所以，沿着路线走下去吧。

7.4公里的**风之谷**（Valley of the Winds）环路是公园里最具挑战性和最值得行走的丛林徒步路线之一。它蜿蜒穿过峡谷，经过不同地形，沿途可欣赏如梦似幻的穹顶巨石。这条路并不是特别难走，不过要穿上坚固耐磨的鞋并携带大量的水。在黎明时分徒步，你会体会到一种孤独感，能够听到山谷中回荡的风声和鸟鸣声。

一个关于攀登的疑问

许多游客都认为，攀登乌卢鲁是在中部地区旅行的一大亮点，甚至当作必经仪式。但对于原住民安南古族人而言，乌卢鲁是一个神圣的地方——爬上岩石的路是他们的祖先马拉（Mala）抵达乌卢鲁所走路线的一部分，具有十分重要的精神意义，不应该被人类的脚步所践踏。所以，当你抵达乌卢鲁之后，会看见安南古族人所立的标牌：“我们不会攀登。”这也是请求你们不要攀登。

安南古族人是乌卢鲁的管理人，并对旅行者的安全负责。旅行者受到任何损伤或死亡都会令他们感到悲痛和伤心。同样出于公共安全的考虑，澳大利亚公园管理局（Parks Australia）也希望人们不要攀登乌卢鲁。这是一条非常陡峭的上坡道，要走完全程非常费力。每年当地都会进行几次空中救援，多数都是因为攀登者心脏病发作而引起的。此外，澳大利亚公园管理局还一直对攀登活动进行监控，在天气预报称气温要超过36°C（含36°C）或者刮强风时，这条坡道会被关闭。

既然安南古族人和澳大利亚公园管理局并不希望人们攀登乌卢鲁，那么登山坡道为何仍然开放？答案是旅游业。旅游业内人士（尤其那些觉得乌卢鲁只有登山、别无它长的人）认为如果关闭攀登坡道，游客数量将会骤减——至少在关闭初期一定会这样，特别是对于那些认为乌卢鲁除了登山之外没什么其他乐趣可言的游客而言。

有关部门已经承诺关闭攀登坡道，但前提条件是：旅行者造访的新景点数量充足，或者旅行者的攀登比例低于20%时。到那时候，是否攀登乌卢鲁则取决于旅行者本身以及他们对安南古族人的尊重程度了。在你做决定之前，可以先去参观一下**文化中心**（见983页）。可能的话，再参加一个**安南古族导览游**（见984页），这可能会使你改变想法。

Kata Tjuta (The Olgas) 卡塔楚塔(奥尔加)

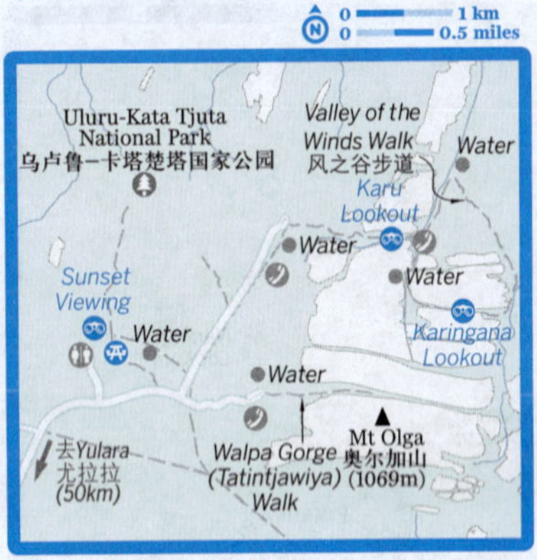

沿着一条有路标的小路，从高耸的岩石壁下前往美丽的**瓦尔帕峡谷**(Walpa Gorge；往返2.6公里，45分钟)。这里在下午阳光洒满峡谷时特别美丽。

在卡塔楚塔底部以西几公里的公路旁有野餐和日落观赏区，提供卫生间等设施。与乌卢鲁一样，卡塔楚塔在日落时会呈现出最壮丽的血红色。

一路向西

在卡塔楚塔西边的尽头，一个孤独的路标指示着西澳大利亚州的方向。如果你装备精良，可以向西181公里，来到原住民居住区Kaltukatjara[多克尔河(Docker River)]，然后前行约1500公里来到西澳的卡尔古利(Kalgoorlie)。需要在中部土地委员会办理许可证才能前往。

尤拉拉(艾尔斯岩度假村)[Yulara(Ayers Rock Resort)]

人口 887

尤拉拉是乌卢鲁-卡塔楚塔国家公园的"服务村"，有效地把这个世界上最不好客的地区转变成一个舒适的地方。它位于国家公园外面，距离乌卢鲁20公里、卡塔楚塔53公里，是探索公园最近的基地。

◉ 景点和活动

艾尔斯岩度假村(Ayers Rock Resort)全天提供数不胜数的免费活动：从矛、回旋镖和dij课程到舞蹈节目，应有尽有。在你的住处挑一个吧。

住宿

尤拉拉的所有住宿，包括露营地及青年旅舍，都由艾尔斯岩度假村所有。虽然这里能够提供5000来张床位，但是最好提前预订，尤其是在学校放假期间。如果一次预订两三天以上住宿，通常可以享受大幅折扣。

Ayers Rock Resort Campground 露营地 $

(☎08-8957 7001；www.ayersrockresort.com.au/arrcamp；无电力/有电力供应营地 $38/48，小屋 $165；❄@🏊)这个宽敞的露营地位于当地的花园内，绝对是经济型旅行者的首选。有很好的设施，包括一个杂货店、免费的烧烤区、一个野营厨房和一个游泳池。在旺季，这里非常繁忙。黎明前大批队伍前往乌卢鲁时会发出吵闹的声音，你根本不需要叫醒服务就会被吵醒。小屋(共享各类设施)很狭窄，可以睡6个人，真的只适合家庭入住。

Outback Pioneer Hotel & Lodge 青年旅舍 $

(☎1300 134 044；www.ayersrockresort.com.au/outback；铺 $38~46，双 $240~310；❄@🏊)这里有一个热闹的酒吧、烧烤餐厅和音乐消遣场所，对非野营者来说是经济型选择。最便宜的选择是20张床位的YHA男女混合宿舍和廉价小屋，后者设有4张又潮又塌的床，配有冰箱、电视和公用卫生间。更宽敞的汽车旅馆式客房可容纳4人。12岁以下的儿童免费入住，12岁以上加床的费用为每人每晚$50。

Emu Walk Apartments 公寓 $$$

(☎1300 134 044；www.ayersrockresort.com.au/emu；单/双卧室公寓 $400/500起；❄🏊)这里设备齐全，是寻找独立住宿的家庭最好的选择。提供舒适又现代化的公寓，每套都有客厅(配有电视)和设施齐备的厨房，还有洗衣机和烘干机。拥有一间卧室的公寓可以容纳4人，拥有两间卧室的公寓可容纳6人。

Desert Gardens Hotel 酒店 $$$

(☎1300 134 044；房间 $410~530；❄@

Yulara (Ayers Rock Resort)
尤拉拉(艾尔斯岩度假村)

Yulara (Ayers Rock Resort) 尤拉拉(艾尔斯岩度假村)

住宿

1 Ayers Rock Resort Campground.............D1
2 Desert Gardens Hotel.............B3
3 Emu Walk Apartments.............B2
4 Outback Pioneer Hotel & Lodge.......C3
5 Sails in the Desert.............B1

就餐

Bough House.............(见4)
6 Geckos Cafe.............B2
Outback Pioneer Barbecue.............(见4)
Pioneer Kitchen.............(见4)
Walpa Lobby Bar.............(见5)

)这是尤拉拉酒店业元老之一，似乎“年事已高”。学校放假期间，这里顾客爆满，以致清洁人员忙不过来，但是工作人员通常彬彬有礼、服务高效。宽敞的豪华客房是最好的选择，有可以欣赏到沙漠或乌卢鲁景观的阳台。餐厅供应丰盛的自助早餐，还有一个旁边有桉树的游泳池。

Sails in the Desert 酒店 $$$

(☎1300 134 044; http://www.ayersrockresort.com.au/sails; 高端客房 双 $540，套 $1000;)即使这是度假村酒店业的翘楚，房价似乎仍然偏高。泳池精致迷人，周边草坪矗立风帆、栽种树木，因此阴凉舒适。这里还有一个网球场、一个康体水疗中心、几家餐厅和一个钢琴酒吧。最好的房间有可以看到乌卢鲁美景的阳台，在预订时要求入住其中一间。

就餐

Walpa Lobby Bar 新派澳洲菜 $$

(Sails in the Desert; 主菜 $30; ⏲11:00~22:00)如想犒劳自己，可来此处。最近经过装潢，颇具Hilton Hotel酒吧气息。虽然缺乏内涵，但是饭食出色、服务贴心，有效弥补缺憾。热冷海鲜菜品美味可口，许多菜肴采用野生食材。出售沙拉和开胃菜。“Walpa”是皮詹加加拉语，意思是“风”。

Geckos Cafe 地中海菜 $$

(Resort Shopping Centre; 主菜 $20~30;

⌚11:00~21:00；✎）这家卖酒的咖啡馆相当吵闹，但餐食很超值。提供温馨的氛围和美味的食物。木柴烤制的比萨、意大利面、汉堡和烤鱼薯条与桑格利亚汽酒相得益彰，庭院里的桌子是可以享受沙漠夜晚的好地方。还有一些素食和无麸质食物，也提供外卖食品。

Outback Pioneer Barbecue　烧烤 $$

（Outback Pioneer Hotel & Lodge；汉堡 $18，肉类 $30，沙拉吧 $17；⌚18:00~21:00）如果想获得一个趣味盎然又充满休闲氛围的户外之夜，这个生气勃勃的餐馆是很好的选择，它深受背包客到牧民以及各种各样人群的欢迎。这里有各种食物，包括烤袋鼠肉串、大虾、蔬菜汉堡、牛排和鸸鹋香肠，还可以在公共烧烤区自己动手烤制食物，还有一个沙拉吧。位于同一个综合建筑中的**Pioneer Kitchen**（Outback Pioneer Hotel & Lodge；餐 $10~22；⌚18:00~21:00）生意非常红火，供应汉堡包、比萨和儿童餐食。

★ Bough House　澳洲菜 $$$

（Outback Pioneer Hotel & Lodge；主菜 $30~40；⌚6:30~10:00和18:30~21:30；👪）这家乡村餐馆非常欢迎家庭客人，能俯瞰Outback Pioneer酒店中的泳池Tastes of Australia。就餐区烛光闪亮、温馨舒适，竟然位于一座仓库般的建筑之内。这家餐馆懂得如何利用本土食材，例如柠檬香桃木、卡卡杜梅子和野生番茄。点份本土美味拼盘，尝试里面包含的各种精选野味。然后，尝尝红焖袋鼠腿，作为正餐。只要点了正餐，自助甜点免费。

ℹ 实用信息

澳新银行（ANZ bank；☎08-8956 2070）可进行外汇兑换，有24小时自动柜员机。

急救服务（Emergency；☎救护车 0420 101 403，警察 08-8956 2166）

网吧（Internet Cafe；Outback Pioneer Hotel & Lodge；⌚5:00~23:00；📶）位于背包客公共大厅。

邮局（Post Office；☎08-8956 2288；Resort Shopping Centre；⌚周一至周五 9:00~18:00，周六和周日 10:00~14:00）联邦银行（Commonwealth）和澳大利亚国家银行（National Australia Bank，简称NAB）的代理处。外面有付费电话。

皇家飞行医生服务医疗中心（Royal Flying Doctor Service Medical Centre；☎08-8956 2286；⌚周一至周五 9:00至正午和14:00~17:00，周六和周日10:00~11:00）这个度假村的医疗中心也是救护服务中心。

旅游和信息中心（Tour & Information Centre；☎08-8957 7324；Resort Shopping Centre；⌚8:00~20:00）大多数旅游和出租车公司都在这里设有咨询台。

游客信息中心（Visitor Information Centre；☎08-8957 7377；⌚8:30~16:30）包含本地区地理、野生动物和历史的展览。如果你想了解更多内容，这里还提供短时间的语音导览游（$2）。出售书籍和地区地图。

ℹ 到达和离开

飞机

康尼兰机场（Connellan Airport）在尤拉拉以北约4公里处，许多航空公司在此驻扎。

长途汽车

Emu Run（见967页）的长途汽车票价便宜，每天往返爱丽斯泉和尤拉拉之间（单程 成人/儿童 $135/80）。

小汽车和摩托车

从爱丽斯泉到尤拉拉全程都是柏油路，沿途散布着餐馆和加油站。位于斯图尔特公路上的厄尔丹达距离爱丽斯泉200公里，在这里向西沿着拉瑟特公路前进245公里，就到了尤拉拉。整个行程需要4~5小时。

组团在爱丽斯泉租一辆车来回乌卢鲁是比较划算的选择。

ℹ 当地交通

免费的穿梭车配合着航班，把旅行者送到度假村的住宿地。航班起飞前1.5小时穿梭车会到住宿地接客人。度假村内还有另外一种免费的环线穿梭车，它们停靠所有住宿点和购物中心，10:30~18:00和18:30至次日0:30每隔15分钟一班。

Uluru Express（☎08-8956 2152；www.uluruexpress.com.au）的服务方式介于穿梭车和有组织的团队游之间。它提供从度假村到乌卢鲁和卡塔楚塔的往返交通。可以登录网站了解详情。

租辆车会让你更加灵活地游览乌卢鲁和奥尔加，想什么时候去都行。租车行位于旅游和信息中心以及康尼兰机场。

珀斯和弗里曼特尔

包括 ➡

最佳餐饮

- Duende（见1012页）
- Brika（见1010页）
- Restaurant Amusé（见1009页）
- Pleased to Meet You（见1011页）
- Bread in Common（见1025页）

最佳住宿

- Durack House（见1007页）
- Above Bored（见1007页）
- Witch's Hat（见1007页）
- Alex Hotel（见1007页）
- Hougoumont Hotel（见1024页）

为何去

珀斯是一座兴旺的现代化城镇，位于河畔和几乎永远湛蓝的天空下，繁华的中央商务区为澳大利亚的经济发展注入源源不断的动力，但同时它也保留着宁静的天鹅河（Swan River）般的闲适——黑天鹅在河上舞蹈，河水从摩天大楼间蜿蜒而过，最终汇入印度洋。

即使是在它的经济贸易繁荣地区，珀斯的中心始终是时刻被清澈的海水冲击着的海滩。城市的海滩一直延伸到西澳大利亚州边缘40公里左右，你可以在任何一天来享受这个城市中大规模的海滩，因为珀斯是一个地广人稀的地方。

随着珀斯城区的不断扩展，弗里曼特尔被纳入其市郊范围，但是这座港口城市依然保持了鲜明的个性，这里的海港历史、工人阶层的传统和放荡不羁的名声，以及尤为重要的橄榄球队都让当地人引以为豪。

何时去

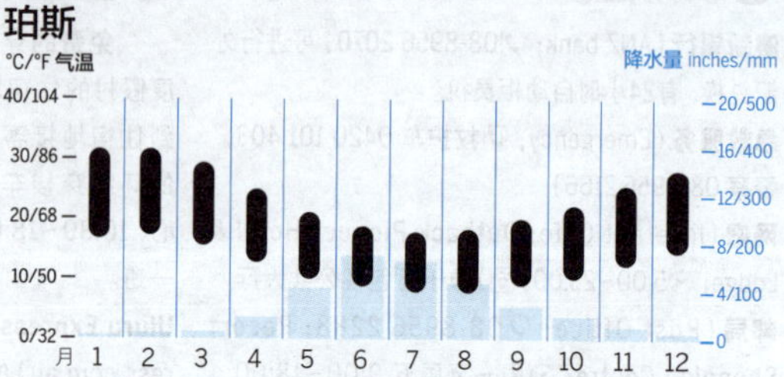

2月 “珀斯艺术节”举行的时节，学校也纷纷开学，因此海滩上的人没有那么多。

3月 温暖干燥，海滩地区的天气舒适宜人，不是那样闷热难耐。

9月 国王公园的野花竞相开放，珀斯皇家表演会让你享受听觉上的饕餮盛宴。

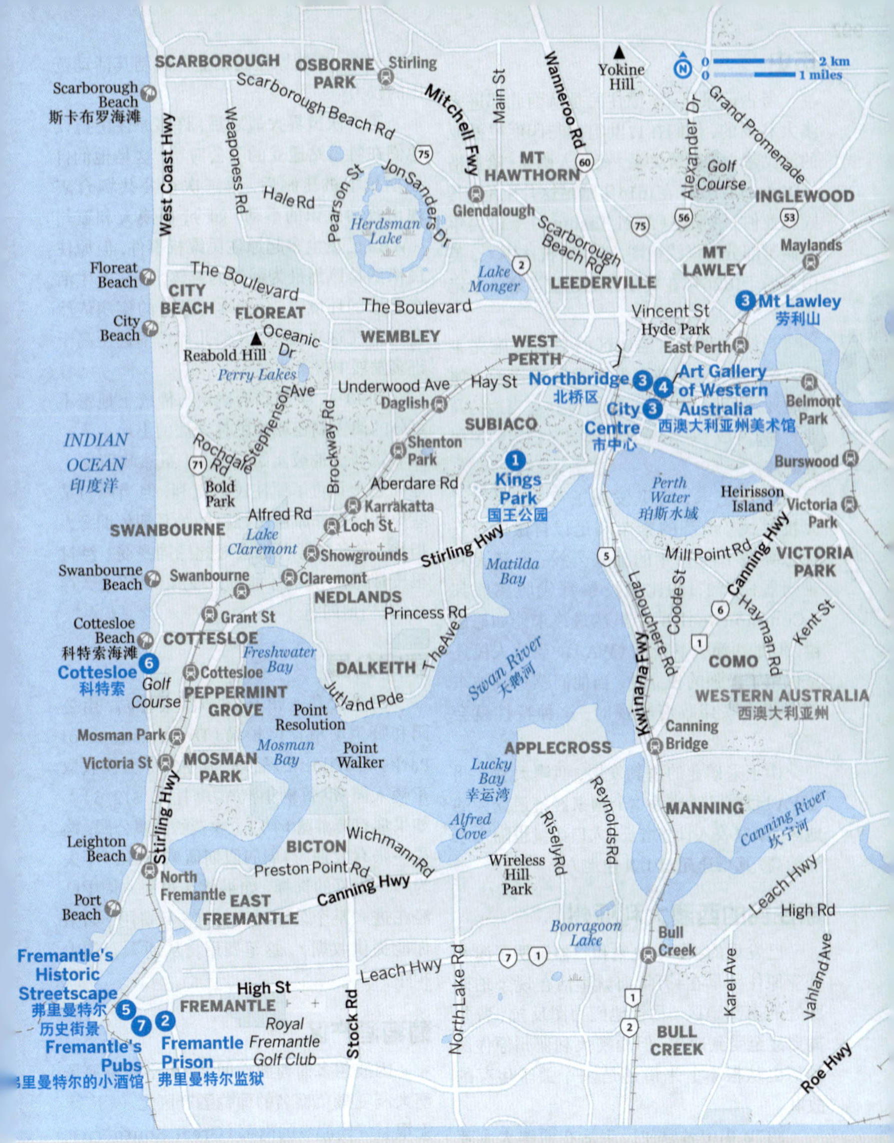

珀斯和弗里曼特尔亮点

❶ 在**国王公园**(见998页)的草坪上，对着波光粼粼的河水张开你的双臂。

❷ 在被列入世界遗产名录的**弗里曼特尔监狱**(见1020页)与逝去的罪犯亡灵一同体验坐牢的感觉。

❸ 体验珀斯**劳利山**、**北桥区**和**市中心**门庭若市的**餐馆**(见1009页)。

❹ 在**西澳大利亚州美术馆**(见1000页)探索丰富的地方艺术。

❺ 感受淘金热时期宏伟壮丽、现在却已破败不堪的**弗里曼特尔历史街景**(见1020页)。

❻ 在**科特索**(见1002页)游玩一天后，一边喝着饮料一边欣赏夕阳。

❼ 进入**弗里曼特尔的小酒馆**(见1026页)，让邦·斯科特(Bon Scott)家乡的乐队使你兴奋一整夜。

历史

考古记录显示，原住民是从西北部进入澳大利亚的，他们在17世纪就与印度尼西亚的渔民建立了商贸关系。荷兰人德克·哈托格（Dirk Hartog）在1616年踏足这片土地，其同胞亚伯·塔斯曼（Abel Tasman）于1644年绘制了部分海岸线地图。为了对抗法国人，英国当局于1826年在奥尔巴尼建立了第一个定居点。

当澳大利亚其他地区的交通设施完工后，一万多名囚犯被发配到发展缓慢的西澳大利亚州（WA）。随后，他们建立起当地的商业贸易，并成了一个颇具规模而又稳定的定居者群体。

19世纪末，这里发现了黄金，吸引了大批移民。经济的繁荣和足以自傲的自立状态导致了1933年的独立公投：西澳大利亚州居民以2:1的比例投票赞成脱离联邦（Commonwealth）。虽然最终未能如愿以偿，但是西澳大利亚州（WA）的当地人民还是保留了极强的独立性。当他们感觉到被东部诸州或联邦政府轻视时，这种特性就会增强。

由于采矿业的蓬勃发展，西澳大利亚州（WA）目前已经成为这个国家经济最繁荣的地区。家庭收入日益增长，人口数量也随之水涨船高，其增速超过了其他地方。

原住民的西澳大利亚州

已发现的绘画、蚀刻和石器证明了澳大利亚原住民早在4万年前就生活在现今珀斯所处的南部地区。尽管他们力图反抗、背井离乡甚至受到冷遇，但西澳大利亚州原住民的历史从根本上来讲还是一个关于生存的故事。

约72,000名原住民生活在西澳大利亚州，是这个国家中最庞大的原住民群落之一，尤其是皮尔巴拉和金伯利地区。

殖民化不可挽回地改变了西澳大利亚州原住民的生活方式。在全州各地，反对者将会被屠戮或关进监狱。在被迫离开世代居住的土地后，许多原住民死于欧洲的疾病。1905年颁布的《原住民法案（西澳大利亚州）》[*Aborigines Act 1905*（*WA*）]赋予当局带走原住民儿童、控制原住民就业并限制其活动范围的权力。

第二次世界大战之后，许多原住民抗议他们在牲畜站遭受的不公对待，这是他们自早期抗争被压制后，第一次在公共场合表现出政治意识的举动。如今，西澳大利亚州（WA）已发生多起原住民维权事件，但原住民依然是该州最为弱势的群体。许多人生活在悲惨的环境中，一些本可预防的疾病依然会时常在这里爆发，其婴儿死亡率甚至高于许多发展中国家。

1993年，联邦政府确定与传统土地密不可分的澳大利亚原住民是合法的土地主人，除非这些土地被卖给其他人。虽然政府在土地问题上认可了原住民的权利，但当局与某些原住民和非原住民社群的关系却依旧令人担忧，许多旅行者都会对此感同身受。经过很长时间后，人们才能真正理解（几乎永久存在的）当地问题。

国家公园

西澳大利亚州有96个国家公园，由公园和野生动植物保护局（Department of Parks & Wildlife）管理，其中30个公园收取车辆入园费（每辆小汽车/摩托车 $12/6）。如果你打算游览3个以上收费的西澳公园，购买一张有效期为4周的假期通票（$44）不失为一个很好的选择。如果你在过去一周中已经在进入某个公园时支付过一日费用（如果你能提供收据），这笔费用将从通票费用中扣除。

葡萄酒产区

因波尔多葡萄酒而闻名，玛格丽特河是澳大利亚最负盛名的葡萄酒产区之一。广阔无垠且气候凉爽的南部（Great Southern）葡萄酒产区包括登马克（Denmark）、巴克山（Mt Barker）和普朗戈洛普（Porongurup）。还有珀斯附近口碑稍逊一筹的天鹅谷（Swan Valley）。

季节性工作

旅行者在这里的工作机会包括：

时间	行业	地区
2月至3月	葡萄	登马克、玛格丽特河、巴克山(Mt Barker)、曼吉马普(Manjimup)
2月至4月	苹果/梨	唐尼布鲁克(Donnybrook)、曼吉马普
3月至6月	捕虾	卡那封(Carnarvon)
4月至12月	香蕉	库努纳拉(Kununurra)
全年	香蕉	卡那封
5月至11月	蔬菜	库努纳拉、卡那封
5月至12月	旅游	库努纳拉
9月至11月	鲜花	中部地区(Midlands)
11月至次年5月	龙虾	埃斯佩兰斯(Esperance)

活动

徒步

从西南部凉爽茂密的森林到遥远的北部崎岖不平、地处热带的金伯利，西澳大利亚州的地形非常适合丛林徒步旅行。要到达**比布蒙步道**(Bibbulmun Track; www.bibbulmuntrack.org.au)，从珀斯附近的卡拉蒙达(Kalamunda)出发，蜿蜒南行，穿越沃尔波尔(Walpole)周围的自然风景区，之后再沿着海岸线直抵奥尔巴尼(Albany)——全程963公里。每隔一段距离就会有一个露营地和庇护所。探寻这条丛林徒步路线的最佳季节是冬末至春天(即8月至10月)。

露营

西澳大利亚州为人们提供了许多返璞归真的机会，尤其是在国家公园内。

骑自行车

珀斯有许多自行车骑行路线，西南地区正是骑车观光的好地方。对山地车爱好者而言，最具吸引力的路线是**蒙达比第小径**(Munda Biddi Trail; www.mundabiddi.org.au)，这条路线从珀斯附近的蒙达林(Mundaring)出发，穿越西南森林区直抵奥尔巴尼，全程1000公里。

潜水和浮潜

在罗特内斯特岛(Rottnest Island)海滩附近可以探寻到沉船遗骸和海洋生物，其他适合潜水和浮潜的地区包括肖尔沃特群岛海洋公园(Shoalwater Islands Marine Park)和地理湾(Geographe Bay)。在宁加卢海洋公园(Ningaloo Marine Park)里有一个极佳的潜水和浮潜地点，距离海岸仅100米。

冲浪和风帆

西澳大利亚州不乏惊涛巨浪(高度通常超过3米)，因此必须根据自身能力来挑选合适的冲浪地。活动时需要注意强流、大鲨鱼和突然出现的当地冲浪手。

在西南部，从亚林加普(Yallingup)出发到达玛格丽特河(Margaret River)一带的海滩。北部的最佳冲浪场地包括卡尔巴里(Kalbarri)附近的杰克角(Jake's Point)、卡那封(Carnarvon)以北150公里处的加纳洛拉站(Gnaraloo Station)和埃克斯茅斯(Exmouth)的冲浪者海滩(Surfers Beach)。

对于风帆和风筝冲浪爱好者来说，西澳大利亚州有许多一流的适合进行静水和海浪航海运动的地点。最佳地点是珀斯以北的兰斯林(Lancelin)。

观赏鲸鱼

从7月开始，多达30,000头南露脊鲸和座头鲸开启了它们一年一度的迁徙之旅，从南极洲游向西澳大利亚州西北海岸温暖的热带水域。在初夏时节，它们缓缓地向南部海岸迁移。怀孕的母鲸在7月至10月迁移到奥尔巴尼的乔治王湾(King George Sound)。

探访野花

从8月至10月，西澳大利亚州的丛林开满了生机勃勃的野花，此时也是比布蒙步道色彩斑斓的时节，斯特灵山脉和勒苏尔国家公园(Stirling Range and Lesueur National Park)也是五彩缤纷。

团队游

珀斯的西澳大利亚州游客中心可以为你推荐各州的团队游，包括具有挑战性的偏远地区四驱车之旅。

Greater Perth 大珀斯地区

Greater Perth 大珀斯地区

景点

1 科特索海滩 B4
2 弗里曼特尔艺术中心 B7
3 弗里曼特尔公墓 B7
4 罗特韦斯特联邦步道 D4
5 珀斯动物园 E4

活动、课程和团队游

6 About Bike Hire E4
7 Australasian Diving Academy C4
8 Funcats E4
9 Surfschool B1

住宿

10 Above Bored E2
11 Ocean Beach Backpackers B5
12 Peninsula D4

就餐

Canvas .... (见2)
13 Divido D2
14 Flipside B6

饮品和夜生活

Mrs Browns .... (见14)

娱乐

15 Camelot Outdoor Cinema B5
16 HBF Stadium B3
17 Mojo's B6
18 Moonlight Cinema D4
19 Somerville Auditorium D4

购物

Found .... (见2)

AAT Kings Australian Tours 四驱车游

(☎1300 228 456; www.aatkings.com.au)一个历史悠久的专业机构，提供范围广泛的巴士护送之旅和四驱车冒险。西澳大利亚州团队游包括为期6天的珀斯(Perth)到芒基米亚(Monkey Mia)之旅和为期11天的极具挑战性的金伯利(Kimberley)冒险。

Adventure Tours 四驱车游

(☎1300 654 604; www.adventuretours.com.au)为期14天的西澳大利亚州团队游通常侧重于冒险和土著文化。住宿可能包括青年旅舍和露营，旅游路线包括从珀斯到布鲁姆($1995，14天)。

Outback Spirit 豪华观光游

（☎1800 688 222；www.outbackspirittours.com.au）豪华的全地形探索游，包括“西部野花发现之旅”（Western Wildflowers Discovery；$6495，15天）及前往皮尔巴拉（Pilbara）、卡里吉尼（Karijini）和宁加卢珊瑚礁（Ningaloo Reef）等地区的探索之旅（$6995，13天）。

Red Earth Safaris 巴士游

（☎1800 501 968；www.redearthsafaris.com.au）经营为期6天的自珀斯（Perth）至埃克斯茅斯的小巴观光游（$785）和为期两天的返程之旅（$200）。此外，还提供从珀斯到塞万提斯（Cervantes）和尖峰石阵（Pinnacles）两天/一夜的返程（$225）之旅。这其中也包含了天鹅谷（Swan Valley）和New Norcia的寺院。

实用信息

西澳大利亚州旅游信息中心（Tourism Western Australian；www.westernaustralia.com）提供州内各种实用信息的综合性网站。

到达和离开

如果你从欧洲、亚洲或非洲来，直接飞往**珀斯机场**（www.perthairport.com）将更为方便快捷。

Interstate Greyhound长途汽车往返于达尔文（Darwin）和布鲁姆（Broome）之间，途经库努纳拉（Kununurra）、菲茨罗伊克罗辛和德比（Derby）。

著名的印度洋太平洋线（Indian Pacific）由**大南部铁路公司**（Great Southern Railway；☎13 21 47；www.greatsouthernrail.com.au）经营，从珀斯出发，到达悉尼（3天），途经卡尔古利（Kalgoorlie）、阿德莱德（Adelaide）、布罗肯希尔（Broken Hill）。

当地交通

飞机

Airnorth（☎1800 627 474；www.airnorth.com.au）珀斯—库努纳拉、卡拉沙（Karratha）—黑德兰港（Port Hedland）、卡拉沙—布鲁姆、黑德兰港—布鲁姆和布鲁姆—库努纳拉。

Cobham（☎1800 105 503；www.cobham.com.au）有航班往返于珀斯和埃克斯茅斯及卡拉沙之间。

澳洲航空（Qantas；☎13 13 13；www.qantas.com.au）珀斯到卡尔古利、埃克斯茅斯、卡拉沙、帕拉伯杜（Paraburdoo）、纽曼（Newman）、黑德兰港和布鲁姆。

Skippers Aviation（☎1300 729 924；www.skippers.com.au）珀斯—利奥诺拉（Leonora）—拉弗顿（Laverton）、珀斯—威卢纳（Wiluna）—莱恩斯特（Leinster）、珀斯—磁铁山（Mt Magnet）—米卡萨拉（Meekatharra）、珀斯—卡那封、珀斯—杰拉尔顿（Geraldton）—卡那封和珀斯—卡尔巴里—芒基米亚，还有布鲁姆—菲茨罗伊克罗辛—霍尔斯克里克（Halls Creek）。

维珍澳洲航空（Virgin Australia，简称VA；☎13 67 89；www.virginaustralia.com）连接了珀斯到巴瑟尔顿（Busselton）、奥尔巴尼、埃斯佩兰斯、杰拉尔顿、埃克斯茅斯、黑德兰港和卡尔古利。也飞往悉尼、墨尔本（Melbourne）、达尔文（Darwin）和布里斯班（Brisbane），并且周末还有飞往黑德兰港（Port Hedland）和巴厘岛（Bali）的航班。

长途汽车

澳洲灰狗巴士（Greyhound；☎1300 473 946；www.greyhound.com.au）提供达尔文和布鲁姆之间的路线服务，途经库努纳拉、菲茨罗伊克罗辛和德比。

Integrity Coach Lines（☎1800 226 339；www.integritycoachlines.com.au）长途汽车经大北方公路往返于珀斯和黑德兰港之间，另有从珀斯开往兰斯林（Lancelin）、塞万提斯、杰拉尔顿、埃克斯茅斯、卡拉沙和布鲁姆的长途汽车。观光巴士车票的有效期为12个月，可以随时停车（珀斯—埃克斯茅斯 $245，珀斯—布鲁姆 $365）。里面包含了西部海岸的卡尔巴里和鲨鱼湾（Shark Bay）的往返接送服务。同时还有方便灵活的服务，可以到达埃克斯茅斯和卡里吉尼。

South West Coach Lines（☎08-9261 7600；www.transdevsw.com.au）从珀斯发车前往西南地区的所有主要城镇，是你前往玛格丽特河的最佳选择。

Transwa（见998页地图；☎1300 662 205；www.transwa.wa.gov.au）运营以下线路：珀斯—奥古斯塔（Augusta）、珀斯—彭伯顿（Pemberton）、

珀斯—奥尔巴尼（3条线路）、珀斯—埃斯佩兰斯（两条线路）、奥尔巴尼—埃斯佩兰斯、卡尔古利—埃斯佩兰斯、珀斯—杰拉尔顿（3条线路）和杰拉尔顿—米卡萨拉。

小汽车

西澳大利亚州不仅幅员辽阔，而且人烟稀少。因此，在规划旅行时一定要做足安全准备，准备好额外的水和燃料。许多地方最好驾驶四驱车前往，比如风景壮美的金伯利。

原住民事务局（Department of Aboriginal Affairs，简称DAA；☎1300 651 077；www.daa.wa.gov.au；151 Royal St, East Perth）如果想要驾车穿越西澳大利亚州的原住民土地，你需要获得许可证。相关申请可以在网上递交。

Mainroads（☎13 81 38；www.mainroads.wa.gov.au）提供全州各地的道路情况报告，每日更新（在必要时更新频率更高）。

火车

Transwa开通的铁路运营线路仅有Prospector号（珀斯—卡尔古利）、AvonLink[珀斯—诺瑟姆（Northam）]和Australind[珀斯—班伯里（Bunbury）]。Transperth的当地铁路网向南最远可达曼哲拉（Mandurah）。

珀斯（PERTH）

人口 180万

与悉尼、墨尔本和堪培拉不同，珀斯几乎不问国家大事，它是澳大利亚在偏远的西部海岸的一个自信而大胆的城市。它依着辽阔的天鹅河（Swan River）建立，边缘是来自印度洋的深蓝色海水。作为世界上最遥远的州首府之一，它巧妙地把大城市的魅力和轻松的氛围，以及随心所欲的生活方式融为一体。

珀斯到东南亚的距离与到澳大利亚东部诸州首府的距离相近，它为当地人提供了多姿多彩的生活方式，更为旅行者们提供了无穷的乐趣。它是一个国际大都市，拥有无数极具吸引力的酒吧、餐馆和文化活动。目前城市发展带来中央商务区（Central Bussiness District，简称CBD）的大胆转型，但这个城市里幸运的居民知道如何放松，他们经常会远离喧嚣，在40公里的弧形海滩享受生活。

历史

现代珀斯初建于1829年，当时的詹姆斯·斯特灵船长（Captain James Stirling）在原本属于Noongar人旁支的Wadjuk人的土地上开辟了天鹅河殖民地。在天鹅河附近发现的石器显示，这里早在4万年前已成为原住民的家园。

双方关系一开始还比较友好，Noongar人认为英国人是逝者归来的灵魂，但对于资源的竞争最终导致了冲突。1843年，Wadjuk人已失去了新城市周边的所有土地，被迫到北边的沼泽和湖泊附近扎营。

早期定居点的发展非常缓慢，直到1850年有囚犯被流放到这里，才缓解了劳动力短缺的情况并带来了人口增长。以囚犯为主体的劳动力负责建造了城市内的一些大型建筑，例如政府大厦（Government House）和市政厅等。19世纪90年代得益于内陆的淘金热，珀斯的人口在10年内增长到原来的4倍，人们在此大兴土木，当时的情形与现在采矿业和

在珀斯的……

两日

在**海格特**（Highgate）或**劳利山**（Mt Lawley）慢慢享用晚餐，然后用第一天上午来游览**珀斯文化中心**（Perth Cultural Centre，见1000页）的博物馆和美术馆。在探索景色优美的**国王公园**（Kings Park）之前，在**苏比亚科**（Subiaco）或**利德维尔**（Leederville）享用午餐。第二天乘火车去**弗里曼特尔**，参观世界遗产监狱、海事博物馆和沉船展览馆（Shipwreck Galleries）。在**弗里曼特尔南部**（South Fremantle）随便吃点儿东西，然后找一家酒馆听乐队演唱，或者畅饮西澳大利亚州（WA）的精酿啤酒。

四日

按照两日游路线进行，但可以放慢脚步，享受舒适惬意。前往**罗特内斯特岛**（Rottnest Island，见1031页）进行一日游，然后用剩下的时间尽情享受珀斯的**海滩**。两个晚上可以分别前往**北桥区**（Northbridge，见1007页）和中央商务区最好的新酒吧和餐厅。

Central Perth 珀斯市中心

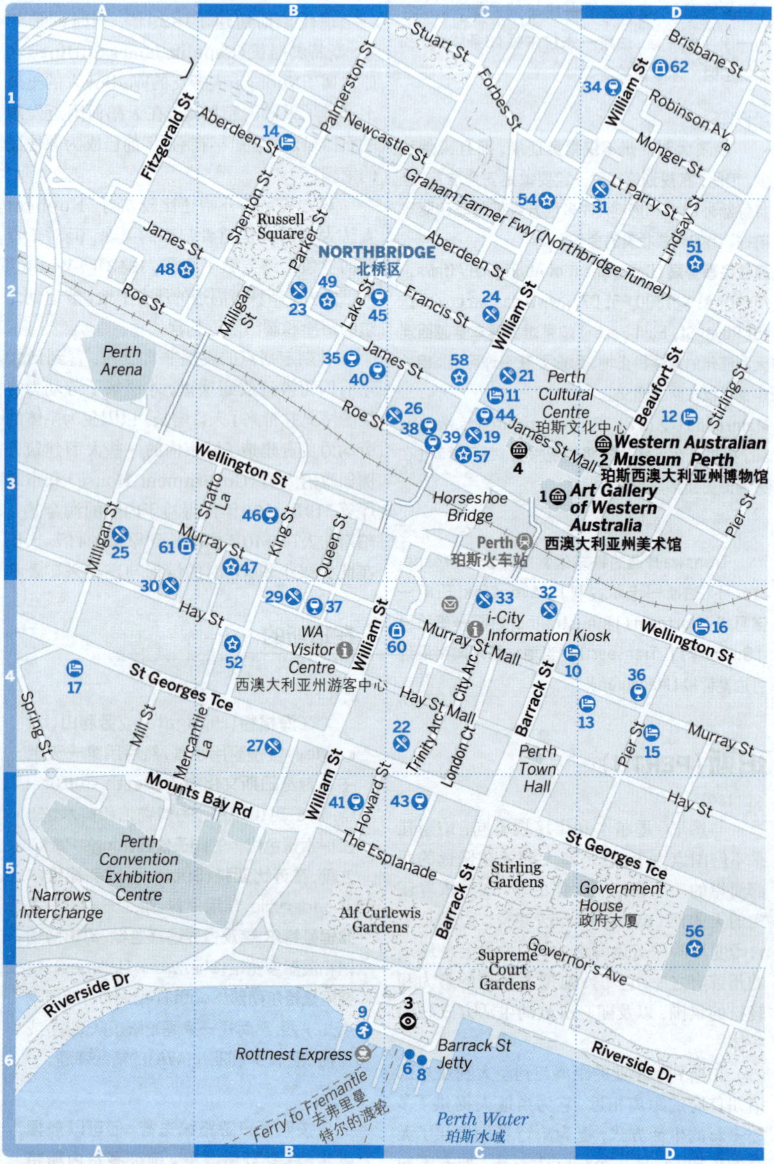

经济的繁荣景象颇为相似。

虽然最近西澳大利亚州的资源繁荣发展相对放缓，珀斯仍然是一个充满活力的城市，它正在通过各大城市的建设项目进行转型，中央商务区和近郊区域如诺斯布里奇（Northbridge）也在逐渐复兴。

◉ 景点

★ 国王公园和植物园

公园

（Kings Park & Botanic Garden，见1002页地

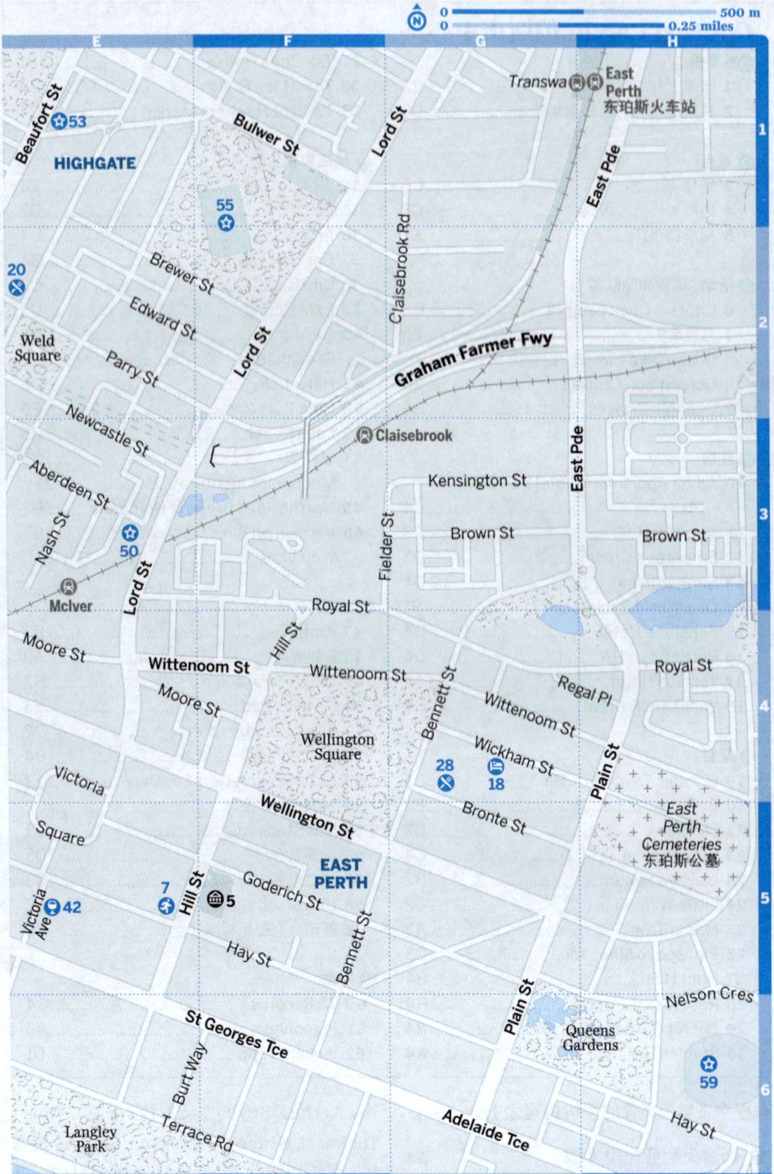

图；www.bgpa.wa.gov.au；⊙步行导览游10:00、正午和14:00）免费 在天鹅河的上游，城市的西侧，这个占有400公顷茂密丛林的国王公园是珀斯的骄傲和乐趣。公园中心是占地17公顷的植物园（Botanic Garden），里面有2000多种西澳本地植物。在春天，这里盛放的野花闻名全州。一年四季的亮点是**罗特韦斯特联邦步道**（Lotterywest Federation Walkway，见890页地图；⊙9:00~17:00），这是一条长620米的小径，包括一段222米长的玻璃钢结构桥梁，

Central Perth 珀斯市中心

重要景点

1 西澳大利亚州美术馆 C3
2 珀斯西澳大利亚州博物馆 D3

景点

3 钟楼 C6
4 珀斯当代艺术研究院 C3
5 珀斯铸币厂 F5

活动、课程和团队游

6 Captain Cook Cruises C6
7 自行车中心 E5
Gecko Bike Hire .... （见12）
8 Golden Sun Cruises C6
9 Oceanic Cruises B6

住宿

10 Adina Apartment Hotel Barrack Plaza C4
11 Alex Hotel C3
12 Emperor's Crown D3
13 Kangaroo Inn D4
14 One World Backpackers B1
15 Pensione Hotel D4
16 Perth City YHA D4
17 Terrace Hotel A4
18 Wickham Retreat G4

就餐

19 Bivouac Canteen & Bar C3
20 Brika E2
21 Flipside C2
22 Greenhouse C4
23 Izakaya Sakura B2
24 Little Willy's C2
25 Mama Tran A3
26 Pleased to Meet You C3
27 Print Hall B4
28 Restaurant Amusé G4
29 Secret Garden B4
30 Stables Bar A4
31 Tak Chee House D1
32 Toastface Grillah C4
33 Twilight Hawkers Market C4

饮品和夜生活

34 399 .... D1
35 Air B2
36 Ambar D4
37 Bar Halcyon B4
38 Bird C3
39 Ezra Pound C3
40 Geisha B2
Greenhouse .... （见22）
41 Helvetica B5
42 Hula Bula Bar E5
43 Lalla Rookh C5
44 LOT 20 .... C3
Mechanics Institute .... （见21）
45 Northbridge Brewing Company B2
46 Varnish on King B3
Wolf Lane .... （见29）

娱乐

47 Amplifier B3
48 Bakery A2
49 Cinema Paradiso B2
50 Devilles Pad E3
51 Ellington Jazz Club D2
52 国王陛下剧院 B4
53 Lazy Susan's Comedy Den E1
54 Moon C2
55 NIB Stadium F1
56 珀斯音乐厅 D5
57 州立戏剧中心 C3
58 Universal C2
59 西澳大利亚州板球协会 H6

购物

60 78 Records C4
61 Pigeonhole A3
62 William Topp D1

它凌空飞架于高耸的桉树树冠之上。

★西澳大利亚州美术馆 画廊

（Art Gallery of Western Australia，见998页地图；www.artgallery.wa.gov.au；Perth Cultural Centre；⊙周三至周一 10:00~17:00）免费 这座精彩绝伦的美术馆始建于1895年，陈列有州内非凡的艺术展品，包括重要的“二战”后澳大利亚杰出人物的作品，如亚瑟·博伊德（Arthur Boyd）、艾伯特·塔克（Albert Tucker）、Grace Cossington Smith、拉塞尔·德雷斯戴尔（Russell Drysdale）、亚瑟·斯切特（Arthur Streeton）和西德尼·诺兰（Sidney Nolan）的作品。登录网站确认不断变化的免费团队游的时间安排，大多数时间是在11:00和13:00。美术馆里的本土画廊也极具声望。

珀斯西澳大利亚州博物馆 博物馆

（Western Australian Museum-Perth，见998页地图；www.museum.wa.gov.au；Perth Cultural Centre；⏲9:30~17:00）免费 西澳大利亚州博物馆是一个6头野兽的形状，在弗里曼特尔、奥尔巴尼、杰拉尔顿和卡尔古利都有分馆。这座博物馆里包含了恐龙、哺乳动物、蝴蝶和鸟类展览。馆内设有一个**儿童探索中心**（chiledren's discovery）和很棒的本土和殖民地历史展览。

西澳水族馆 水族馆

（Aquarium of Western Australia，简称AQWA；☎08-9447 7500；www.aqwa.com.au；Hillarys Boat Harbour；成人/儿童 $29/17；⏲10:00~17:00）它把西澳大利亚州广阔的海岸线分成了5个独特的区域[遥远的北部（Far North）、珊瑚海岸（Coral Coast）、沉船海岸（Shipwreck Coast）、珀斯（Perth）和西澳大南区（Great Southern）]，西澳水族馆以98米长的水下隧道为特色，展示黄貂鱼、海龟、鱼和鲨鱼。在工作日前往水族馆，你可以乘Joondalup火车到沃里克（Warwick）车站，然后换乘423路公共汽车。如果自驾前往，可以沿Mitchell Fwy向北开，然后转入Hepburn Ave。胆大的游客可以在水族馆内部的潜水教练的带领下与群鲨一起浮潜或潜水。

珀斯当代艺术研究院 画廊

（Perth Institute of Contemporary Arts，简称PICA，见998页地图；www.pica.org.au；Perth Cultural Centre；⏲10:00~17:00）免费 PICA（读音pee-kah）可能看上去十分传统——位于一所1896年建造的精致红砖学校内——但一走到里面，你就会发现这里是澳大利亚最重要的当代前卫艺术平台之一，包括各种装置、表演、雕塑和视频。珀斯当代艺术研究院一直致力于推动新艺术和实验艺术的发展，每年还会举办一次毕业作品展。周二至周日的10:00开始，珀斯当代艺术研究院的酒吧就成了喝咖啡和鸡尾酒的最热门地点，有时还会有临时的现场音乐表演。

钟楼 地标

（Bell Tower，见998页地图；www.thebelltower.com.au；成人/儿童 $14/9；⏲10:00~16:00，周六至周一和周四 正午至13:00敲钟）这座玻璃建筑前有几面铜帆，里面有一些来自伦敦圣马丁教堂（St Martin's-in-the-Fields）的钟铃，其中最古老的可追溯至1550年。它们于1988年由英国政府赠送给西澳大利亚州，也是现存的唯一一套离开英格兰的钟。你可以攀至钟塔顶层，饱览珀斯的全景风光。

珀斯铸币厂 历史建筑

（Perth Mint，见998页地图；www.perthmint.com.au；310 Hay St；成人/儿童 $25/8；⏲9:00~17:00）这座非同寻常、引人注目的铸币厂的历史可上溯至1899年，陈列有各种硬币、金块和金条。你可以亲手抚摸一根价值$20万的金条，还可以铸造专属于自己的硬币并观看金水灌模（9:30~15:30，半小时一次）。铸币厂的黄金展览设有一个一吨重的金币，价值高达$5000万。

珀斯动物园 动物园

（Perth Zoo，见994页地图；www.perthzoo.wa.gov.au；20 Labouchere Rd；成人/儿童 $27/13；⏲9:00~17:00）游览动物园的一大乐趣就在于到达那里——乘坐渡轮从Barrack St码头出发，跨越天鹅河，到达Mends St码头（每隔半小时），步行上山。园区包括爬行动物观赏区（Reptile Encounter）、非洲大草原区（African Savannah；犀牛、猎豹、斑马、长颈鹿和狮子）、亚洲热带雨林区（Asian Rainforest；大象、老虎、马来熊、猩猩）和澳大利亚丛林徒步区（袋鼠、鸸鹋、考拉、澳洲野狗）。你还可以选择另一种交通方式，乘坐30或31路公交车从Wellington St汽车站或滨海大道（Esplanade）火车站出发。

天鹅谷 葡萄酒厂、啤酒厂

（Swan Valley；www.swanvalley.com.au）珀斯当地人喜欢到这个位于城市东部边缘的半农业化峡谷里享受生活中美好的事物：开怀畅饮、品尝小吃并进行各种户外活动。或许大家都认为，这里的葡萄酒相比其他更知名的产区要逊色（因为这里缺乏理想的天气），但天鹅谷的美术馆、酒庄、供应商店（providores）和餐馆却弥补了这些不足之处。

峡谷入口处是建于1829年、被列入国家信托（National Trust）名录的**吉尔福德**

Subiaco, Kings Park & Leederville
苏比亚科、国王公园和利德维尔

（Guildford）。这里有一些有趣的历史建筑——其中一座楼内设有**游客中心**（visitor centre；☎08-9379 9400；www.swanvalley.com.au；Old Courthouse，Swan St和Meadow St的交叉路口，Guildford；⊙9:00~16:00），使其自然而然地成为一日游旅行者的出发地。吉尔福德距离珀斯城中心大约只有12公里，乘坐市郊列车非常便利。

科特索海滩 海滩

（Cottesloe Beach，见994页地图）这里是最安全的海水浴场、海滩，科特索海滩有咖啡厅、小酒馆、棕榈树和壮美的日落景色。海滩距离科特索火车站（在弗里曼特尔线路上）1公里。从Wellington St车站出发的102路公共汽车直达海滩。

活动

Mills Charters 观赏鲸鱼

（☎08-9246 5334；www.millscharters.com.au；成人/儿童 $80/65；⊙9月中旬至11月，平时

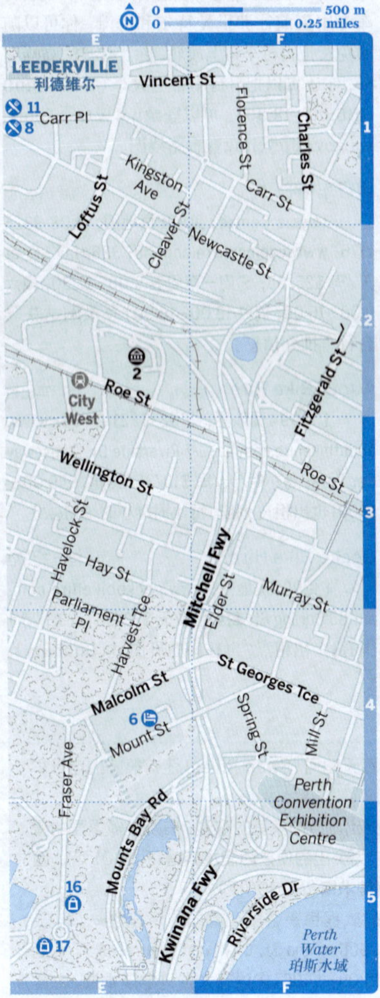

9:00，周六和周日 13:30）让人大开眼界的3~4小时观鲸之旅，从希拉里斯船港（Hillarys Boat Harbour）出发。

Surf Sail Australia 风帆、风筝冲浪

（见1002页地图；☎1800 686 089；www.surfsailaustralia.com.au；260 Railway Pde, Trial；⊙周一至周六 10:00~17:00）当午后海风呼啸而至时，风帆冲浪爱好者便会云集在天鹅河、雷顿（Leighton）和珀斯北面的海滩上。在这里你可以租赁或购买各种装备。

Subiaco, Kings Park & Leederville 苏比亚科、国王公园和利德维尔

重要景点
1 国王公园和植物园 C5

景点
2 科技馆 E2

活动、课程和团队游
3 Surf Sail Australia C2

住宿
4 Murray Hotel D3
5 Richardson D3
6 Riverview 42 Mt St Hotel E4

就餐
7 Boucla B4
8 Duende E1
9 Leederville Farmers Market D1
10 Low Key Chow House D1
11 Sayers E1
12 Subiaco Farmers Market A4

饮品和夜生活
13 Juanita's B4

娱乐
14 Luna D1
15 Patersons Stadium C2

购物
16 Aboriginal Art & Craft Gallery E5
17 Aspects of Kings Park E5
18 Atlas Divine D1
19 Indigenart C3

Oceanic Cruises 观赏鲸鱼

（见998页地图；☎08-9325 1191；www.oceaniccruises.com.au；成人/儿童 $77/34）从珀斯的Barrack St码头或弗里曼特尔的B Shed出发。

Australasian Diving Academy 潜水

（见994页地图；☎08-9389 5018；www.ausdiving.com.au；142 Stirling Hwy）出租潜水装备（全套装备每天/每周 $75/200），并设有潜水课程（为期4天的开放水域课程花费$495）。附近有各种各样的潜水场地，包括罗特内斯特岛和4处沉船遗骸。

Funcats 帆船

（见994页地图；☎0408 926 003；www.funcats.com.au；Coode St Jetty；每小时 $40；⏲10月至次年4月 10:00~18:00）这些易于操控的双体船可在南珀斯（SouthPerth）的前滩租赁。每艘船最多可容纳3人。

Surfschool 冲浪

（见994页地图；☎08-9447 5637；www.surfschool.com；Scarborough Beach；成人/儿童 $60/55；⏲10月至次年5月）在斯卡布罗海滩（在Manning St的尽头）进行的两小时教学课程，费用含冲浪板和冲浪服。需要提前预订。

WA Skydiving Academy 探险运动

（☎1300 137 855；www.waskydiving.com.au）该机构会组织从6000/8000/10,000/12,000英尺高度进行的双人跳伞活动，费用起步价为$260/300/340/380。降落区域包括珀斯、曼哲拉（Mandurah）和Pinjarra。

骑车

国王公园（Kings Park）内有许多非常不错的骑行小道，你还可以沿着天鹅河旁的自行车专用道前往弗里曼特尔和海滩。你可以随时免费把自行车带上渡轮，除工作日的高峰期外，你还可以把自行车带上火车（7:00~9:00和16:00~18:30）。可以登录www.transport.wa.gov.au/cycling查看路线图。

自行车中心 自行车出租

（Cycle Centre，见998页地图；☎08-9325 1176；www.cyclecentre.com.au；326 Hay St；每天/周 $25/65；⏲周一至周五 9:00~17:30，周六 9:00~16:00，周日 13:00~16:00）登录网站获取自行车推介信息。

About Bike Hire 自行车出租

（见994页地图；☎08-9221 2665；www.aboutbikehire.com.au；1-7 Riverside Dr，Causeway Car Park；每小时/天/周 $10/36/80起；⏲9:00~17:00）也出租皮划艇（每小时/4小时 $16/45）。

Gecko Bike Hire 自行车出租

（见998页地图；www.geckobikehire.com.au；85 Stirling St；每4小时/天 $22/33）在珀斯周围有4个出租点，再往南的班伯里（Bunbury）

带孩子游珀斯

国王公园里有运动场和人行步道，并且沿着天鹅河（Swan River）还有很好的自行车道。提到海滩，科特索（Cottesloe）是最安全的。

珀斯皇家表演（Perth Royal Show）大受外出旅行的家庭的欢迎，珀斯许多重要的景点都有针对小观众而设置的活动和项目，其中较为突出的便是**西澳水族馆**（见1001页）、**西澳大利亚州博物馆**（见1001页）和**西澳大利亚州美术馆**（见1000页）。

乘坐轮渡前往**珀斯动物园**（见1001页）的旅程也是游览动物园的乐趣之一。**科技馆**（Scitech，见1002页地图；www.scitech.org.au；Sutherland St，City West Centre；成人/儿童 $17/11；⏲周一至周五 9:30~16:00，周六和周日 10:00~17:00）内设有大型科学技术展，内含160多个互动体验项目。**探险世界**（Adventure World；www.adventureworld.net.au；179 Progress Dr；成人/儿童/家庭 一日通行证 $54.50/44.50/169.50；⏲9月末至次年5月初的周四至周一 10:00~17:00，学校假期和12月每日）设有游乐项目、游泳池、滑水道和一座城堡。

怀特曼公园（Whiteman Park；www.whitemanpark.com；West Swan；⏲8:30~18:00）在天鹅谷（可从Lord St或Beechboro Rd进入）里面有人行步道、自行车道，以及野餐和烤肉场所。在整齐的园内还有**卡弗舍姆野生动物公园**（Caversham Wildlife Park；www.cavershamwildlife.com.au；成人/儿童 $25/11；⏲9:00~17:30，16:30后停止入园）、**本尼特·布鲁克铁路**（Bennet Brook Railway；www.whitemanpark.com；成人/儿童 $8/4；⏲周三、周四、周六和周日 11:00~13:00）、**有轨电车**（www.pets.org.au；成人/儿童 $5/2.50；⏲周二和周五至周日，假期每天 正午至14:00）及**西澳大利亚州机车博物馆**（Motor Museum of WA；www.motormuseumofwa.asn.au；成人/儿童 $10/7；⏲10:00~16:00）。

和巴瑟尔顿（Busselton）也有出租点。登录网站查看路线图。Stirling St的分店在Emperor's Crown青年旅舍的里面。

团队游

Indigenous Tours WA 文化游

（www.indigenouswa.com）看看当地Wadjuk人眼中的珀斯。可选的包括**原住民传承之旅**（Indigenous Heritage Tour；☎0405 630 606；成人/儿童 $50/15；⊙周一至周五 13:30和15:30）——历时1.5小时的围绕国王公园的步行导览游和一个原住民主题的弗里曼特尔周边漫步游活动（见916页）。

Beer Nuts 酿酒厂

（☎08-9295 0605；www.beernuts.com.au；每人 $60起；⊙周三至周日）探访天鹅谷内的微酿啤酒作坊和一家朗姆酒厂。

City Sightseeing Perth Tour 巴士游

（☎08-9203 8882；www.citysightseeingperth.com；成人/儿童 $30/12起）可随时上下的双层巴士游，线路环绕中心城区、国王公园和Burswood Entertainment Complex。车票两日内有效。

Captain Cook Cruises 游轮

（见998页地图；☎08-9325 3341；www.captaincookcruises.com.au；成人/儿童 $38/21起）乘船巡游天鹅谷或弗里曼特尔，有一系列的附属活动，例如享用三餐、品尝葡萄酒和乘坐有轨电车。

Golden Sun Cruises 游轮

（见998页地图；☎08-9325 9916；www.goldensuncruises.com.au；团队游 $22起）物有所值的游轮之旅，是到达弗里曼特尔的一个良好选择。

Out & About 葡萄酒

（☎08-9377 3376；www.outandabouttours.com.au；每人 $85起）天鹅谷地区和历史悠久的吉尔福德地区的葡萄酒主题观光游。一些包括游轮、酿酒厂、奶酪和巧克力店。一日游还到玛格丽特河（Margaret River）。

Swan Valley Tours 美食、美酒

（☎08-9274 1199；www.svtours.com.au；每人 $65起）与美食和美酒相关的主题观光游，到达或穿越天鹅谷。

Two Feet & A Heartbeat 步行游览

（☎1800 459 388；www.twofeet.com.au；每人 $40~50）围绕珀斯开展的日间步行游览活动，入夜后另有受欢迎的"小酒吧之旅"（Small Bar Tour）活动。注意，价值$20的"Tight Arse Tuesdays"只有珀斯团队游才有。

Rottnest Air Taxi 观光飞行

（☎0411 264 547；www.rottnest.de）历时30分钟的观光飞行（每人 $67~115）活动，沿途可俯瞰城市、国王公园和弗里曼特尔的美景。从简达科特（Jandakot）机场出发。

节日和活动

珀斯杯 赛马

（Perth Cup；www.perthracing.org.au）这是珀斯最盛大的赛马大会，每年元旦举行，有许多人涌向"Tentland"观看DJ表演，品尝代基里酒（daiquiris）。

澳大利亚烟花日 烟花表演

（Australia Day Skyworks；www.perth.wa.gov.au/skyworks）1月26日是澳大利亚的家庭游乐日，届时会有大约25万人涌向河畔，30分钟的烟花表演将使节日的气氛达到高潮。表演20:00开始。

珀斯国际艺术节 艺术节

（Perth International Arts Festival；www.perthfestival.com.au）劳里·安德森（Laurie Anderson）、"逝者善舞"（Dead Can Dance）及菲利普·格拉斯（Philip Glass）等一流艺术家会与当地顶尖艺术家共同为观众奉上顶级艺术盛宴。节日从2月中旬开始至3月初，为期25天，将举办包括戏剧、古典音乐、爵士乐、视觉艺术、舞蹈、电影和文学在内的各种活动。非常值得一游，尤其是对于喜欢夜间活动的人来说。

Kings Park Festival 文化节

（www.kingsparkfestival.com.au）节日贯穿整个9月，与野花展同时进行，包括周日现场音乐演出、步行导览游和讨论等活动。

皇家珀斯展 展览会

（Perth Royal Show；www.perthroyalshow.com.au；Claremont Showground）在为期一周的节庆期间，参加者将会见到各种奇趣游乐项目、棉花糖和装满塑料小玩意儿的奇趣包，对了，还有农场动物。在9月末至10月初举行。

Listen Out 音乐节

（www.listen-out.com.au；Adelaide Tce和Riverside Dr交叉路口，Ozone Reserve）这个为期一天的节日，由国际和当地的承办商主办，届时会有适合跳舞的音乐表演。在9月下旬举办。

住宿

中央商务区（CBD）和北桥区离公共交通都很近，使得前往城市近郊的利德维尔（Leederville）和劳利山（Mt Lawley）等地也很方便。

珀斯的住宿价格非常昂贵。尽早预订，而且请注意，许多酒店周五至周日的价格要更便宜。民宿通常比较物美价廉。另一个好选择就是住到性价比更高的弗里曼特尔。

市中心

Kangaroo Inn 青年旅舍 $

（见998页地图；☎08-9325 3508；www.kangarooinn.com.au；123 Murray St；铺 $45~50，标单/双 $109/119；❄@📶）位于市中心，靠近物美价廉的亚洲餐馆，Kangaroo Inn经营良好，除珀斯外，最近又有一系列的背包客旅舍开始营业。私人客房和宿舍既干净又现代，公共卫生间一尘不染，里面有一个很大的屋顶休闲区，那里非常适合与其他旅客会面。

Wickham Retreat 青年旅舍 $

（见998页地图；☎08-9325 6398；www.wickhamretreat.com；25-27 Wickham St；铺 $34~38，双 $80；@📶）坐落于市中心东面的一个居民区内。与城内其他青年旅舍相比，这里的气氛更为安静。大多数住客都是国际旅行者，他们被这里色彩缤纷的房间和宿舍及不落俗套的Astroturf花园所吸引。免费的食物包括米饭、新鲜的面包和蔬菜——可以在物价很高的珀斯为你节省一些旅行开支。

Perth City YHA 青年旅舍 $

（见998页地图；☎08-9287 3333；www.yha.com.au；300 Wellington St；铺 $37~40，房间 带/不带浴室 $125/100；❄@📶🏊）位于一栋20世纪40年代的装饰艺术风格的建筑内，紧邻铁道。这座地处中心地段的青年旅舍的走廊会让你感觉仿佛身处一所寄宿学校之中，但是房间十分干净，配套设施完善，还有一个健身房和一间酒吧。像珀斯的许多青年旅舍一样，这里非常受时进时出（FIFO）的煤矿工人的欢迎，所以YHA传统的旅行者氛围已经几乎不复存在。

Riverview 42 Mt St Hotel 公寓 $$

（见1002页地图；☎08-9321 8963；www.riverviewperth.com.au；42 Mount St；公寓 $140起；❄@📶）Mount St上千篇一律的高档公寓让人目不暇接，这也使得充满个性的Riverview在这片街区显得与众不同。楼下是一个极具现代感的门厅和一间惬意的咖啡馆，楼上则是粉刷一新的20世纪60年代风格的单人间。房间阳光充足、简单整洁。前面的房间可以看到河景，而后面的房间更加安静。

Pensione Hotel 精品酒店 $$

（见998页地图；☎08-9325 2133；www.pensione.com.au；70 Pier St；双 $189起；❄📶）前身是以营利为目的的Aarons，这个在市中心有98个房间的地方现在设有一个闪闪发亮的像Pensione Hotel那样的精品店。这里的标准间非常舒适且（非常）小巧，但时尚的装饰和便利的位置在这座高消费城市里是两个绝对的加分项。

Adina Apartment Hotel Barrack Plaza 公寓 $$$

（见998页地图；☎08-9267 0000；www.tfehotels.com/brands/adina-apartment-hotels；138 Barrack St；公寓 $289起；❄🏊）Adina精心布置的公寓大小的酒店客房简约而温馨。所有单间卧室都有阳台，在Barrack St的客房往往能获得更多的自然光线。

Terrace Hotel 精品酒店 $$$

（见998页地图；☎08-9214 4444；www.terracehotelperth.com.au；237 St Georges Tce；双 $432起；❄📶）在2012年年底开业，Terrace Hotel在珀斯历史悠久的伦敦西区（West

End)的排屋被列入了遗产名录。那里只有15间豪华客房和套房，氛围都很活跃且奢华。现代装备包括巨幕平面电视、iPad，以及有四根帷柱的大床和埃及棉床单。

北桥区、海格特和劳利山

珀斯的大部分青年旅舍都集中在北桥区，在决定入住前，可以多看几家并挑挑房间。那里周末可能会很喧嚣。

Witch's Hat　青年旅舍 $

（见1010页地图；☎08-9228 4228；www.witchs-hat.com；148 Palmerston St；铺/标双/双$36/88/99；❄@📶）Witch's Hat像是童话里的建筑。这座1897年的建筑本身很可能被误认为是一个姜饼屋，并且"女巫的帽子"（一座英王爱德华时代的角楼）傲然挺立在前方，吸引着好奇的人走进里面一览它的庐山真面目。宿舍窗明几净，非常宽敞，房后还有一个用红砖砌成的烧烤区。

Emperor's Crown　青年旅舍 $

（见998页地图；☎08-9227 1400；www.emperorscrown.com.au；85 Stirling St；铺 $30~34，房间 带/不带浴室 $109/99起；❄@📶）珀斯最棒的青年旅舍之一，位置绝佳（靠近北桥区却不太吵闹），员工友好，服务专业周到。当然，它比大多数的住宿地点价格略高，但绝对物有所值。

One World Backpackers　青年旅舍 $

（见998页地图；☎08-9228 8206；www.oneworldbackpackers.com.au；162 Aberdeen St；铺 $31~33，双 $82；@）🍃这家经过重新装修的老房子里的所有房间都有光亮的地板。宿舍宽敞明亮，厨房很大而且非常实用，里面有各种厨具，还有一个宽敞的休息室，可供游客放松身心、计划旅行。

Alex Hotel　精品酒店 $$

（见998页地图；☎08-6430 4000；www.alexhotel.com.au；50 James St；双 $190起）作为新邻居，新的Alex Hotel是北桥区重建的一个比较时髦的证据。优雅和简洁的房间都用中性色调所装饰，里面堆放着精美的亚麻制品和电子装备，在屋顶的露台可以饱览城市的美景。供游客休闲放松的公共区域包括一间咖啡厅和酒吧，并且Alex的街边餐馆能通向一个复古的欧式小酒馆。

Durack House　民宿 $$

（见1010页地图；☎08-9370 4305；www.durackhouse.com.au；7 Almondbury Rd；房间 $195~215；📶）描述这间小屋时，很难让人不使用"愉快"这样的字眼。这家民宿位于一条安静的郊区街道上，在用玫瑰装饰的白色栏杆后面，里面的3个房间都洋溢着旧时魅力，配有非常现代化的浴室。这里距离劳利山站仅250米；左转进入Railway Pde，Almondbury Rd右侧的第一栋建筑就是。

Above Bored　民宿 $$

（见994页地图；☎08-9444 5455；www.abovebored.com.au；14 Norham St；双 $190~200；❄📶）这栋建于1927年的联邦住宅（Federation house）坐落于一个安静的居民小区内，主人是一位友好的电视编剧。主屋内的两个主题房间采用不拘一格的装饰，并且花园里还有一间舒适的、配有小厨房的独立小屋。在这个住宿价格昂贵的小镇，Above Bored绝对物超所值。前往北桥区和劳利山仅需一小段车程。

Pension of Perth　民宿 $$

（见1010页地图；☎08-9228 9049；www.pensionperth.com.au；3 Throssell St；标单/双$150/165起；🚭❄@📶）这是一间洋溢着法式"美好年代"（belle-époque）风格的民宿，所有陈设无不散发着奢华的光芒：有躺椅（chaise longues）、昂贵的印花地毯、厚厚的织锦窗帘、开放式的壁炉和金框镜子。这里有两间带着凸窗（和小浴室）的双人间，可欣赏公园风景；还有两个房间配有水疗浴缸。这里地理位置优越，就在美丽的海德公园（Hyde Park）的马路对面。

苏比亚科和国王公园

Murray Hotel　酒店 $$

（见1002页地图；☎08-9321 7441；www.themurrayhotel.com；718 Murray St；双 $149~

199；❄📶🏊）位于国王公园附近，交通便利，是一家比较古老的酒店，最近改造成了21世纪的面貌。装饰时髦而现代，尽管酒店20世纪70年代的痕迹不能完全被隐藏，但它在这个昂贵的城市依旧具有一定价值。游泳池可以在西澳大利亚州闷热的夏天里为你带来一丝清凉，门外有珀斯免费的CAT巴士服务站。

Richardson 酒店 $$$

（见1002页地图；☎08-9217 8888；www.therichardson.com.au；32 Richardson St；房间$530起；❄📶🏊）这座轮船形状的Richardson酒店非常奢华，房间设计精巧——一些能通过拉门进入更大的套房。整个建筑内通风良好，洋溢着令人愉悦的气氛，采用浅色大理石瓷砖搭配奶油色墙壁，同时装饰着有趣的艺术品。如果你需要额外的服务，酒店内有一间室内水疗中心。

海滩

Ocean Beach Backpackers 青年旅舍 $

（见994页地图；☎08-9384 5111；www.oceanbeachbackpackers.com.au；1 Eric St，Cottesloe；铺/标单/双 $29/75/84；@📶）这座位于科特索中心地带的明亮的大型青年旅舍离海滩只有咫尺之遥，能够望见（一些）海景。房间比较普通，但都有私人浴室。你可能只是由于优越的地理位置就居住在这里。可以租一辆自行车，在当地随处逛逛，也可以借用旅舍的卧式冲浪板和冲浪板尽享海滩乐趣。

Trigg Retreat 民宿 $$

（☎08-9447 6726；www.triggretreat.com；59 Kitchener St，Trigg Beach；房间 含早餐 $180~200；❄@📶）这处拥有3个房间的民宿洋溢着时尚的气息，提供极具吸引力的高级舒适的大床房。民宿的陈设非常现代化，驾车行驶一小段路即可到达特里格海滩（Trigg Beach）。每个房间里都有冰箱、电视、DVD播放机，以及泡茶和煮咖啡的工具。还提供了美味的早餐。

其他地区

Discovery Holiday Parks-Perth 露营地 $

（☎08-9453 6877；www.discoveryholidayparks.com.au；186 Hale Rd；供电双人营地 $42~50，套 $159~179；❄@📶🏊）这处维护良好的假日公园位于城外15公里处，拥有各种小屋和令人赏心悦目的套房，其中许多都配有露天平台、电视和DVD播放器。

Peninsula 公寓 $$

（见994页地图；☎08-9368 6688；www.thepeninsula.net；53 South Perth Esplanade；公寓$219起；❄@📶）虽然只有前面的少部分公寓能看到全景，但位于河边的优越位置让你与慵懒的渡轮时光或漫步河畔观赏日落的机会无限接近。这是一栋宽敞的旧式风格建筑，但它被打理得不错。所有的公寓里都设有小厨房，还有一个公共的洗衣房。

就餐

通常在珀斯吃饭很昂贵，但也有一些经济实惠的选择，尤其是北桥区William St上的小亚洲（Little Asia）地段。许多餐厅都标示着BYO（bring your own wine，可自带葡萄酒；可先询问清楚）。

咖啡馆是享用一顿中档餐饮的好地方。在大多数中央商务区的大型购物中心里有许多很好的民族风味餐馆。在"饮品和夜生活"部分列出的一些地方也提供很棒的餐食。

市中心

Twilight Hawkers Market 街边小吃 $

（见998页地图；www.twilighthawkersmarket.com；Forrest Chase；小吃和主菜 $10；⏰10月中旬至次年4月中旬，周五 16:30~21:00）春夏季的周五晚上，来自世界各国的民族风味大排档在珀斯市中心芳香四溢。你可以一边享用你的土耳其gözleme（开胃可丽饼）或哥伦比亚馅饼（油炸糕点），一边观看珀斯当地乐队的定期现场音乐表演，非常令人期待。

Toastface Grillah 咖啡馆 $

（见998页地图；www.toastfacegrillah.com；Grand Lane；三明治 $7~9；⏰周一至周五7:00~16:00，周六 9:00~16:00）这里有充满活力的街头艺术、优质的咖啡、隐蔽的巷道位置，还有有趣的烤三明治，如"Pear Grillz"，里面混合了蓝奶酪、梨和石灰酸辣酱。所有这一切

都有一种微妙的感觉。

Mama Tran
越南菜 $

（见998页地图；www.mamatran.com.au；36-40 Milligan St；小吃和主菜 $8~14；⊙周一至周五 7:30~16:00，周四和周五 17:30~21:00）现在你不必乘车穿越北桥区去吃一碗丰盛的越南米粉汤（pho）了。时尚的Mama Tran也供应很棒的咖啡、新鲜的米皮卷和亚洲风味沙拉。在共享餐桌上抢一个位置，然后点上丰盛的一餐，包括圆滚滚的越南鸡肉长棍面包（banh mi ga）。

Secret Garden
咖啡馆 $

（见998页地图；www.secretgardencafe.com.au；Murray Mews；主菜 $10~19；⊙周一和周五 7:00~15:00；）藏身于紧邻Murray St的一条荒废的巷道上，Secret Garden为宿醉的人提供优质的咖啡、诱人的食品和全天早餐。免费Wi-Fi和浓烈的咖啡简直是绝配。

★Greenhouse
西班牙小吃 $$

（见998页地图；☎08-9481 8333；www.greenhouseperth.com；100 St Georges Tce；早餐 $10~20，拼盘 $12~32；⊙周一至周五 7:00至深夜，周日 9:00开始营业）这家具有西班牙小吃风格的小餐馆装修设计别具一格——稻草堆、三合板、波状铁和覆盖着5000盆植物的外墙——里面的食物也让人赞不绝口。中东和亚洲风味的菜肴共同构成了一份让人胃口大开的菜单，包括羔羊肉锅配黑橄榄和辣酱，或者是龙虾配香菜和越南风味的nuoc cham酱油。夜晚，Greenhouse会摇身一变，成为一个很好的酒吧。

Stables Bar
小餐馆 $$

（见998页地图；www.thestablesbar.com.au；888 Hay St；西班牙小吃 $12~16，主菜 $25；⊙周一至周六 11:00至深夜）隐藏在一个古老的拱廊里，Stables Bar致力于成为一个充满活力的繁华酒吧，以及一个因拥有有趣的美食而值得一去的目的地。在周末的晚上，这里就会变成鱼龙混杂、非常吵闹的精酿啤酒和鸡尾酒酒吧，但在比较安静的时候，这里价格合理的西班牙小吃和主菜非常值得你来品尝，包括意大利螃蟹扁面条，以及羊肉配茄子酱和杜卡（dukkah）。

Print Hall
亚洲菜、新派澳洲菜 $$$

（见998页地图；www.printhall.com.au；125 St Georges Tce；拼盘 $14~36，主菜 $25~36；⊙周一至周五 11:30至午夜，周六 16:00至午夜）这家位于Brookfield Place区域的综合建筑里设有以东南亚街头小吃为特色的Apple Daily餐厅和价格昂贵的Print Hall Dining Room，后者供应牡蛎、西澳大利亚烤肉和海鲜等。不要错过到屋顶的Bob's Bar喝一杯和品尝西班牙小吃的机会。酒吧是以从前的澳大利亚总理Bob Hawke的名字命名的。

★Restaurant Amusé
新派澳洲菜 $$$

（见998页地图；☎08-9325 4900；www.restaurantamuse.com.au；64 Bronte St；精选套餐 不搭配/搭配葡萄酒 $130/210；⊙周二至周六 18:30至深夜）美食家显然深深地为这里的精选套餐所折服，所以它被视为澳大利亚最好的餐馆之一。它不断地获得各种荣誉，包括从2010年开始每年都被《美食旅行者》（Gourmet Traveller）杂志评为西澳大利亚州的最佳餐馆。需要提前预订，同时为在这里的美食冒险做好准备。这里一流的葡萄酒单也非常值得期待。

北桥区、海格特和劳利山

Veggie Mama
素食 $

（见1010页地图；www.veggiemma.com.au；Beaufort St和Vincent St的交叉路口；主菜 $10~20；⊙周一和周二 8:00~19:00，周三至周五 8:00~21:00，周六和周日 9:00~17:00；）这间可爱的街角咖啡厅拥有众多严格素食和不含麸质的美食选择，其美味不因素食而有丝毫减弱。菜单包括可口的沙拉、冰沙、素食咖喱和汉堡。周末的早餐非常受欢迎。

Little Willy's
咖啡馆 $

（见998页地图；www.facebook.com/LittleWillys；267 William St；主菜 $8~16；⊙周一至周五 6:00~18:00，周六和周日 8:00~16:00）它是William St上很小的一家咖啡馆，人行道上的餐桌是很多食客的首选，你可以抢一个座位，然后品尝各种美味食品，例如城里最棒的早餐玉米煎饼和什锦果麦（Bircher museli）。这里也是许多北桥区先锋独立音乐人小聚的首选咖啡馆。带上你自己的紧身牛仔裤吧。

Highgate & Mt Lawley
海格特和劳利山

Highgate & Mt Lawley 海格特和劳利山

住宿

1 Durack House D2
2 Pension of Perth A2
3 Witch' s Hat A3

就餐

4 Ace Pizza C3
5 Cantina 663 .... C2
6 El Público C2
7 Mary Street Bakery C2
8 St Michael 6003 .... C2
9 Veggie Mama C2

饮品和夜生活

10 Clarence' s C2
11 Five Bar C2
12 Flying Scotsman C2

娱乐

13 Astor C2
14 Rosemount Hotel A1

购物

15 Future Shelter A1
16 Planet C2

Tak Chee House 马来西亚菜 $

（见998页地图；1/364 William St；主菜$11~17；⊙周二至周日 11:00~15:00和17:00~21:00）马来西亚的学生都挤在这里寻找家乡的味道，Tak Chee是我们沿着William St挑选出来的最好也最便宜的亚洲餐馆之一。如果你不喜欢加香烤肉（satay）的味道，可以品尝一下海南鸡或炒面（char kway teo），这里也有俯拾皆是的泰国菜、越南菜、老挝菜和中国风味。只收现金。可以自带葡萄酒或啤酒。

Flipside 汉堡 $

（见998页地图；www.flipsideburgerbar.com.au；222 William St；汉堡 $11.50~15.50；⊙周二至周日 11:30~21:30）供应美味的汉堡，你可以选择把食物带到位于楼上的Mechanic Institute（见907页）食用。

★ Brika 希腊菜 $$

（见998页地图；www.brika.com.au；3/177 Stirling St；开胃小菜和主菜 $9~27；⊙周三至周日 正午至深夜）对传统的希腊美食进行了时尚

的创新，Brika是我们最喜欢的新兴的珀斯餐馆。色彩斑斓的传统纺织品为粉刷成白色的餐馆内部增添了活泼的气氛，菜单的亮点包括奶油西葫芦油煎饼、慢火烹饪的羔羊肉和炭烤箭鱼串。一定要留一些肚子品尝这里的甜点ravani（粗面蛋糕）。如果时间或金钱紧张的话，可以考虑买一份$12的午餐时间的烤肉串。

Pleased to Meet You 小餐馆、酒吧 $$

（见998页地图；www.pleasedtomeetyou.com.au；38 Roe St；拼盘 $9~20；周一至周四 17:00至深夜，周五至周日 正午至深夜）这里有各种时髦的烹饪盒，它致力于亚洲和南美的街头食品，Pleased to Meet You提供多种重口味的菜肴，非常适合搭配鸡尾酒、西澳大利亚州的葡萄酒或精酿啤酒。在公共餐桌抢一个座位，然后享用美食，如椰子酸橘汁腌鱼、鸭肉玉米饼和烤大蒜牡蛎。

El Público 墨西哥菜 $$

（见1010页地图；0418 187 708；www.elpublico.com.au；511 Beaufort St；小吃和拼盘 $9~18；周一至周五 17:00至午夜，周六和周日 16:00开始营业）这里有趣和正宗的墨西哥街头美食非常值得期待，所有的食物都用小盘盛装，非常适合分享。菜单亮点包括墨鱼软壳玉米饼和鲑鱼酸橘汁腌鱼，以及甜点花生酱牛奶焦糖果仁糖（dulce de leche）。带上几个朋友一起来分享美食，幸运的话还能看到临时的DJ表演。

★ **Cantina 663** 地中海菜 $$

（见1010页地图；08-9370 4883；www.cantina663.com；663 Beaufort St；主菜 $15~33；周一至周六 7:30至深夜，周日 至15:00）这是一个迷你的世界杯（World Cup）厨房，供应各种西班牙菜、葡萄牙菜和意大利菜；这还是一个很酷但又很随意的地方，拱廊里布满了餐桌。服务态度略显冷漠，但是像意大利松露饭配栗子和洋蓟，或烤墨鱼配腌制的胡萝卜、黄瓜、小萝卜和白葡萄酒等菜肴都值得等待。

Ace Pizza 比萨饼 $$

（见1010页地图；www.acepizza.com.au；448 Beaufort St；小吃 $8~16，主菜和比萨饼 $18~26；17:30至深夜）这个灯光昏暗、极具戏剧色彩的餐馆里到处是舒适的长条座椅，并供应珀斯最好的薄皮比萨饼。菜单还包括一些其他的意大利风现烤美食，但大多数食客来这里是为了品尝带蒜味的酥脆烟熏组合，即松软的奶酪、新鲜的香草和意大利熏火腿或海鲜。一系列简单的酒吧小吃还使这里成为一个喝一杯啤酒或葡萄酒放松身心的好地方。

Bivouac Canteen & Bar 咖啡馆 $$

（见998页地图；www.bivouac.com.au；198 William St；拼盘 $10~28，比萨饼 $23~25；周二至周六 正午至深夜）地中海风味的菜肴搭配品质优良的葡萄酒，美味的比萨饼搭配精酿啤酒和工匠苹果酒。咖啡味道香醇，一个展示当地艺术家作品的旋转花名册使Bivouac功利主义的装饰变得更加柔和。

Izakaya Sakura 日本菜 $$

（见998页地图；08-9328 2525；www.izakayasakura.com.au；2/182 James St；拼盘 $10~15，主菜 $13~18）从乱作一团的北桥区脱颖而出，这家时尚的餐馆以用小盘盛装的拼盘为特色。寿司和生鱼片都非常新鲜，还有其他的特色菜肴包括精致的天妇罗虾和章鱼烧（takoyaki，炸章鱼小吃）。你可以带着对日本米酒或冰镇啤酒的热切期望来到这里，浏览价格合理的菜单。在周五和周六晚上最好提前预订。

Mary Street Bakery 咖啡馆 $$

（见1010页地图；507 Beaufort St；主菜 $12~21；7:00~16:00）这家最近在劳利山开张的餐馆供应松脆温暖的柴火烘烤食品、工匠面包和有趣的咖啡馆美食，还有很可能是珀斯最好的巧克力甜甜圈。这里宽敞明亮，阳光充足，是探索该地区的零售市场前开始新一天的好地点。午餐时间，这里还有简单的葡萄酒和啤酒可供选择。

St Michael 6003 新派澳洲菜 $$$

（见1010页地图；08-9328 1177；www.facebook.com/stmichael6003；483 Beaufort St；3/7小餐盘 每人 $49/89；周二至周六 17:00~22:00，周五 正午至15:00）前身是高端餐馆Jackson's，这个新的化身比原来略显随

意，但依然优雅和高贵。像珀斯的其他地方一样，这里的亮点是较小的拼盘，但在厨房里有一些神奇的烹饪魔法。菜单的亮点包括西澳栗子（淡水龙虾）、扇贝、鹌鹑和鳟鱼。你可以选择一个有七道菜的菜肴，然后悠闲地享用美食。

霍桑山和利德维尔

Leederville Farmers Market 市场 $

（见1002页地图；www.leedervillefarmers.com.au; Newcastle St, car park; ⏲周日 8:00至正午）每周日上午开市。

★ Duende 西班牙小吃 $$

（见1002页地图；☎08-9228 0123; www.duende.com.au; 662 Newcastle St; 西班牙小吃和主菜 $15~32; ⏲7:30至深夜）井然有序的Duende占据了人来人往的利德维尔（Leederville）的一个角落。这里主打现代风味的西班牙小吃，你可以将其作为正餐享用，也可以在深夜到这里点一杯餐后葡萄酒和西班牙甜甜圈（churros）。我们喜欢以一杯浓咖啡和Duende的火腿及曼彻格奶酪油炸丸子开始新的一天。

Sayers 咖啡馆 $$

（见1002页地图；www.sayersfood.com.au; 224 Carr Pl; 主菜 $12~28; ⏲7:00~15:00）这家时尚咖啡馆的柜台里摆放着各种让人垂涎欲滴的蛋糕。早餐包括熏制鲑鱼搭配炒鸡蛋和芦笋，而午餐的亮点包括五香鸡肉沙拉搭配藜麦、开心果和柠檬酸奶调味品。欢迎来到珀斯最好的咖啡馆之一。

Low Key Chow House 亚洲菜 $$

（见1002页地图；www.keepitlowkey.com.au; 140 Oxford St; 主菜 $24~30; ⏲周五至周日 正午至15:00，周三至周日 17:30~22:30）喧闹而繁华，就像东南亚街头美食的小餐馆一样——在Low Key Chow House和一群人一起分享美食将会是一次有趣的体验。晚餐时间有冰凉的胜狮（Singha）啤酒或令人头昏眼花的亚洲鸡尾酒，你可以从一个有最好的马来西亚菜、越南菜、泰国菜、柬埔寨菜和老挝菜的菜单上选择丰盛的美食。

Divido 意大利菜 $$$

（见994页地图；☎08-9443 7373; www.divido.com.au; 170 Scarborough Beach Rd; 主菜 $38~40，5道菜精选套餐 $89; ⏲周一至周六 18:00至深夜）这家浪漫的意大利风格餐厅并不因循守旧（主厨是克罗地亚人的后裔，所以甜点菜单上出现了达尔玛西亚风格的甜甜圈），供应各种手工制作的意大利面食和火候纯熟的烤制主菜。如果你想在晚上进行一次美食冒险，我们强烈推荐5道菜的品尝菜单。

苏比亚科

Boucla 咖啡馆 $

（见1002页地图；www.boucla.com; 349 Rokeby Rd; 主菜 $11~24; ⏲周一至周五 7:00~17:00，周六 7:00~15:30）这家有着希腊和地中海东岸风情的咖啡馆远离Rokeby Rd的喧嚣，是当地人的秘密基地。蜜糖果仁千层酥和蛋糕的魅力无可抵挡，以蓝纹奶酪和烤蔬菜为馅料的大馅饼溢出了餐盘。沙拉也非常美味。

Subiaco Farmers Market 市场 $

（见1002页地图；www.subifarmersmarket.com.au; Subiaco Primary School, 271 Bagot Rd; ⏲周六 8:00至正午）每周六上午开市。

饮品和夜生活

最近，一批风格独特的小酒吧如雨后春笋般在从前一到天黑就格外冷清的市中心地区蓬勃兴起，并且北桥区还有更多风格独特的饮酒场所。

西澳大利亚州的采矿业的繁荣使年轻人手握大笔现金，毫不手软地购买大排量汽车、啤酒和毒品。酒吧里经常发生打斗和砸场的情况，促使许多场所增强了安保措施，尤其是北桥区。

大部分酒馆如今都有锁门时间，因此你需要在午夜前到达方可入内，你可能还需要出示带照片的身份证明。天黑后，不论是在酒馆里或是马路上都需要保持警惕。

市中心

Greenhouse 鸡尾酒吧

（见998页地图；www.greenhouseperth.

com; 100 St Georges Tce; ⏲周一至周五 7:00至午夜，周六 9:00开始营业）在一座非常热爱户外运动的城市里，市中心有一家屋顶酒吧再正常不过了。时髦且注重环保的Greenhouse在绿色植物中掀起一阵由超棒的鸡尾酒及有趣的啤酒和葡萄酒单组成的风暴。这里还供应美味的食物。

Lalla Rookh 葡萄酒吧

（见998页地图；www.lallarookh.com.au; Lower Ground Fl, 77 St Georges Tce; 比萨饼 $16~26，拼盘 $14~21，6盘菜套餐 $58; ⏲周一至周五 11:30至午夜，周六 17:00开始营业）逃离中央商务区，来到楼下这间温馨的专门经营葡萄酒、精酿啤酒和意大利美食的酒吧。这里还有清淡的地中海菜搭配鸡尾酒，而且全天候餐饮供应让顾客在共享菜肴期间可以放松品尝。我们最喜欢的组合是辣椒和国王明虾比萨饼搭配源自天鹅谷附近的Feral Hop Hog Pale Ale。

Helvetica 酒吧

（见998页地图；www.helveticabar.com.au; 101 St Georges Tce背后; ⏲周二至周四 15:00至午夜，周五 正午至次日1:00，周六 18:00至次日1:00）有艺术气质的人物经常会现身于这家味道鲜美的以某种字体命名、专门供应威士忌和鸡尾酒的酒吧。入口位于HowardSt上，很不起眼：在小巷里找找挂有枝形吊灯的门面。

Wolf Lane 鸡尾酒吧

（见998页地图；www.wolflane.com.au; Wolfe Lane; ⏲周五和周六 16:00至午夜）裸露的砖块、复古的家具和高挑的天花板恰到好处地打造出一种西澳大利亚版的纽约阁楼风格。这里主打各种鸡尾酒和葡萄酒，也有种类丰富的啤酒，酒吧小吃包括土耳其面包和口利佐香肠拼盘等。

Bar Halcyon 鸡尾酒吧

（见998页地图；www.bardehalcyon.com.au; Wolfe Lane; ⏲周二至周五 11:30至深夜，周六 16:00至深夜）隐藏在时髦的巷道Wolfe Lane里的Bar Halcyon拥有西班牙的氛围，供应桑格里厄汽酒、西班牙小吃和开胃的酒吧小吃（pinxtos），还有许多很好的鸡尾酒和啤酒可供选择。大多数周末的晚上都会有DJ表演，而它也是白天喝咖啡的一个热门地点。

Hula Bula Bar 鸡尾酒吧

（见998页地图；www.hulabulabar.com; 12 Victoria Ave; ⏲周三至周五 16:00至午夜，周六 18:00至次日1:00，周日 16:00~22:00; 📶）这家小巧的波利尼西亚主题酒吧会让你感觉仿佛置身于梦幻岛（Gilligan's Island），装饰采用了翠竹、棕榈叶和提基像（tikis）。一群又酷又悠闲的顾客会在周末来到这里，慢慢品味用陶瓷猴头杯装盛的华美鸡尾酒。

Varnish on King 威士忌吧

（见998页地图；www.varnishonking.com; 75 King St; ⏲周一至周五 11:30至午夜，周六 16:00至午夜）随着有趣的购物街和新的咖啡馆和酒吧的兴起，声名狼藉的国王街（King St）成了珀斯的热门地点。在一片时髦的理发店和单品咖啡馆中间，这家新开张的美国威士忌酒吧是我们的最爱，它由砖砌成，令人心生敬意。这里有超过40种威士忌可供选择，还有一个极佳的啤酒和葡萄酒单，搭配成人派对美味，如让人欲罢不能的炸鸡翅。

Air 夜店

（见998页地图；www.airclub.com.au; 139 James St; ⏲周五和周六 21:00开始营业）室内是连绵不绝的house、电子（techno）和迷幻（trance）音乐。

Ambar 夜店

（见998页地图；www.boomtick.com.au/ambar; 104 Murray St; ⏲周五和周六 22:00至次日5:00）珀斯人气最旺的鼓点舞曲夜店，鼓和贝斯及经常来访的国际知名DJ都让这里显得与众不同。

Geisha 夜店

（见998页地图；www.geishabar.com.au; 135a James St; ⏲周五和周六 23:00至次日6:00）小巧但让人兴奋的夜店，有DJ打碟，对同性恋友好。

北桥区、海格特和劳利山

北桥区是珀斯夜生活的中心地带，数十家酒吧和夜店云集于William St和James St旁。劳利山也有很好的夜店和酒吧。

Northbridge Brewing Company 小啤酒厂

（见998页地图；www.northbridgebrewingco.com.au；44 Lake St；⊙周日至周二 8:00~22:00，周三至周六 至午夜）这里酿造的4种啤酒香醇爽口，但这里真正的吸引力是源自澳大利亚各地的特选啤酒，可以随时饮用但偶尔才有。户外酒吧与辽阔郁葱的北桥区广场（Northbridge Plaza）相连，非常放松和随意，许多大屏幕点缀广场周围，使其成为一个观看体育现场直播的好地方。

★ Mechanics Institute 酒吧

（见998页地图；www.mechanicsinstitutebar.com.au；222 William St；⊙周二至周六 正午至午夜，周日 至22:00）走进James St拐角处小巷内的大门，你就到了珀斯最质朴的小酒吧之一。你可以在露台上和其他客人一起拼个大桌，也可以在吧台边找一张高脚凳坐下。精酿啤酒可以随时饮用，你甚至可以在楼下的Flipside（见1010页）订一份美味的汉堡。

LOT 20 酒吧

（见998页地图；www.lot20.co；198-206 William St，入口在James St；⊙周一至周六 10:00至午夜，周日 至22:00）LOT 20见证着简陋的北桥区正在转变成一个舒适安逸的地方以包容各种精致亲切的小酒吧。坐在砖砌的庭院里享受西澳大利亚州温暖的夜晚堪称完美，而在凉爽的夜晚，坐在舒适的屋内享用一些酒吧小吃也是极好的体验——试一试亚洲风格的"女婿鸡蛋"和葡萄酒或精酿啤酒。

Clarence's 鸡尾酒吧

（见1010页地图；www.clarences.com.au；506 Beaufort St，Mt Lawley；⊙周一至周五 16:00至深夜，周六 正午至深夜，周日 正午至22:00）Clarencefo里有充满活力的小酒吧音乐和温馨的小酒馆菜肴，是Mt Lawley's Beaufort St天黑后享受好时光的可靠地点。菜单的亮点包括蟹肉炸玉米饼、甜玉米和橙黄色的炸饭球。

Five Bar 精酿啤酒

（见1010页地图；www.fivebar.com.au；560 Beaufort St，Mt Lawley；⊙周一至周六 正午至午夜，周日 至22:00）这家位于劳利山的酒吧拥有进口的和澳大利亚本土的精酿啤酒，包括来自西澳大利亚州最好的季节性和一次性酿造的啤酒，这使得劳利山的Five Bar非常值得品位不凡的酒客前往探寻。葡萄酒爱好者也会在这里得偿所愿，菜单上的菜肴多为精致适口的食物。

Ezra Pound 酒吧

（见998页地图；www.epbar.com.au；189 William St；⊙周四至周六 13:00至午夜，周日 至22:00）这家位于William St上一条涂鸦巷内的酒吧是北桥区放荡不羁的人们的最爱。在这里你可以坐在红色的天鹅绒椅子里，细细品尝一杯用果酱罐盛装的Tom Collins。在这里还可以展开关于凯鲁亚克（Kerouac）和卡夫卡（Kafka）的激烈探讨。

399 酒吧

（见998页地图；www.399bar.com；399 William St；⊙周一至周六 16:00至午夜，周日 至22:00；📶）这家气氛友好的街区酒吧一面是展台，另一面是吧台，这使得顾客能很好地与酒吧工作人员进行交流。这里的鸡尾酒设计精巧，还有许多不错的啤酒和葡萄酒。在它附近还有许多物美价廉的亚洲餐馆。

Bird 酒吧

（见998页地图；www.williamstreetbird.com；181 William St；⊙周一至周六 正午至午夜，周日 至22:00）这是一间很酷的独立酒吧，里面有当地乐队、表演者和DJ的表演。楼上是砖砌露台，能看到城市的风景。

Flying Scotsman 小酒馆

（见1010页地图；www.facebook.com/scottoscottoscotto；639 Beaufort St，Mt Lawley；⊙11:00至午夜）这家旧式酒馆吸引了Beaufort St的独立音乐人群。这里是在前往Astor（见1015页）观看演出前喝上一杯、小憩一下的好地方。

苏比亚科

Juanita's 酒吧、咖啡馆

（见1002页地图；www.juanitas.com.au；341 Rokeby Rd；⊙周一至周五 9:00~23:00，周六 10:00至次日1:00，周日 正午至次日1:00）欢迎来到珀斯最不拘一格的小（我们就是想说它很小）酒吧。这里有西班牙小吃、拼盘、几种简

单的啤酒和葡萄酒可供选择。配以20世纪60年代的家具，墙上是许多小摆设，还有几张户外餐桌。与苏比亚科（Subiaco）其他地方的星光璀璨、修葺一新的夜店相比，这里本土气息浓烈，非常迷人。

☆ 娱乐

现场音乐

Ellington Jazz Club 爵士乐

（见998页地图；www.ellingtonjazz.com.au；191 Beaufort St；⏲周一至周四 18:30至次日1:00，周五和周六 至次日3:00，周日 17:00至午夜）这座既漂亮又充满私密氛围的夜店每晚都会上演现场爵士乐。站票$10，你也可以预订一张餐桌（每人 $15~20），吃一些西班牙小吃和比萨饼。

Bakery 现场音乐

（见998页地图；www.nowbaking.com.au；233 James St；⏲19:00至午夜）由Artrage经营。作为珀斯现代艺术节的举办地，Bakery吸引了大批艺术家。这里几乎每个周末都会举办受欢迎的独立音乐会。

Amplifier 现场音乐

（见998页地图；www.amplifiercapitol.com.au；383 Murray St背后）古老优秀的Amplifie是现场（主要是独立音乐）乐队演出的最好地点之一。建筑的另一部分就是Capitol，有DJ驻场表演。

Moon 现场音乐

（见998页地图；www.themoon.com.au；323 William St；⏲周一和周二 18:00至深夜，周三至周日 11:00至深夜）这家营业到深夜的低调咖啡馆周三晚上会举办原创音乐会，周四是爵士乐演出，周六下午从14:00开始则会举办诗歌朗诵会。

Universal 现场音乐

（见998页地图；www.universalbar.com.au；221 William St；⏲周三至周日 15:00至深夜）朴实低调的Universal是珀斯最古老的酒吧之一，深受灵魂音乐、蓝调音乐和布鲁斯爱好者的喜爱。

Rosemount Hotel 现场音乐

（见1010页地图；www.rosemounthotel.com.au；Angove St和Fitzgerald St的交叉路口；⏲正午至深夜）当地乐队和国际乐队定期在这个宽敞的带有一个休闲啤酒园的装饰艺术夜店演出。

Astor 演出场所

（见1010页地图；www.liveattheastor.com.au；659 Beaufort St）漂亮的装饰艺术的Astor仍然为奇怪的电影提供拍摄场景，但近来主要是用于演唱会。

现场歌舞表演和喜剧

Lazy Susan's Comedy Den 喜剧

（见998页地图；www.lazysusans.com.au；Brisbane Hotel，292 Beaufort St；⏲周二、周五和周六 20:30）Shapiro周二的节目异彩纷呈，包括新演员处女秀、经验丰富的业余演员的表演和专业演员上演的新剧目（价格公道，只需$5）；周五有更加成熟的演出，包括一些州际演出；周六则是欢乐满堂（Big Hoohaa），届时会有剧团为观众奉上精彩的戏剧盛宴。Den就在Brisbane Hotel里面。

戏剧和古典音乐

查阅《西澳大利亚州》（*West Australian*）报纸以了解演出资讯。可通过www.ticketek.com.au或者www.ticketmaster.com.au订票。

州立戏剧中心 剧院

（State Theatre Centre，见998页地图；www.statetheatrecentrewa.com.au；174 William St）这个建筑群包括有575个座位的西斯·莱杰剧院（Heath Ledger Theatre）和234个座位的地下工作室（Studio Underground）。它也是黑天鹅州立戏剧公司（Black Swan State Theatre Company）和珀斯剧院公司（Perth Theatre Company）的所在地。

国王陛下剧院 剧院

（His Majesty's Theatre，见998页地图；www.hismajestystheatre.com.au；825 Hay St）这里是**西澳大利亚州芭蕾舞团**（West Australian Ballet；www.waballet.com.au）和**西澳大利亚州歌剧团**（West Australian Opera；www.waopera.asn.au）宏伟的发源地。这里也有许多戏剧、

喜剧和卡巴莱歌舞表演。

珀斯音乐厅 音乐厅

（Perth Concert Hall，见998页地图；www.perthconcerthall.com.au；5 St Georges Tce）**西澳大利亚州管弦乐团**（Western Australian Symphony Orchestra，WASO；www.waso.com.au）会在此演出。

电影院

Somerville Auditorium 电影院

（见994页地图；www.perthfestival.com.au；35 Stirling Hwy；⊙12月至次年3月）这里能体验到珀斯的精髓，珀斯节（Perth Festival）的电影活动就在这里的西澳大利亚州大学（University of WA）松树环绕的美丽场地里举办。看电影前来这里野餐是必不可少的。

Luna 电影院

（见1002页地图；www.lunapalace.com.au；155 Oxford St）这家利德维尔（Leederville）的艺术电影院在周一会放映两部影，它里面有一间酒吧。周三有特价票。

Cinema Paradiso 电影院

（见998页地图；www.lunapalace.com.au；164 James St）北桥区的一家艺术电影院。周二有特价票。

Moonlight Cinema 电影院

（见994页地图；www.moonlight.com.au；Synergy Parklands，Kings Park；⊙12月至次年复活节）带上野餐的食物和毛毯，在月光下欣赏浪漫的影片。仅夏日开放。

Camelot Outdoor Cinema 电影院

（见994页地图；www.lunapalace.com.au；Memorial Hall，16 Lochee St；⊙12月至次年复活节）位于莫斯曼公园（Mosman Park）内的露天电影院。

体育

在西澳大利亚州，"football"一词的意思是"澳式橄榄球"。在澳大利亚橄榄球联盟（Australian Football League，简称AFL）赛季中，很难让当地人的话题离开两支本地球队——**西海岸老鹰队**（West Coast Eagles；www.westcoasteagles.com.au）和**弗里曼特尔码头工人队**（Fremantle Dockers；www.fremantlefc.com.au）。

Patersons Stadium 体育馆

（Subiaco Oval，见1002页地图；☎08-9381 2187；www.patersonsstadium.com.au；250 Roberts Rd）这里经常举办澳式橄榄球比赛和大型音乐会。

西澳大利亚州板球协会 体育馆

（Western Australian Cricket Association，简称WACA，见998页地图；☎08-9265 7222；www.waca.com.au；Nelson Cres）州际和国际板球比赛的主要地点。

NIB Stadium 体育馆

（Perth Oval，见998页地图；www.nibstadium.com.au；Lord St）这里是两支球队的主场：**珀斯荣耀**（Perth Glory；www.perthglory.com.au）英式足球队和Super 15联盟成员**西部力量**（Western Force；www.westernforce.com.au）英式橄榄球队的主场。

HBF Stadium 体育馆

（见994页地图；www.hbfstadium.com.au；Stephenson Ave，Mt Claremont）这里是**西海岸狂热**（West Coast Fever；www.westcoastfever.com.au）无板篮球队的主场。

购物

Murray St和Hay St两条大街上的商场是城里最热闹的购物中心，而利德维尔和劳利山有许多不拘一格的商店。如果你喜欢复古风格，那么就去北桥区，而在中央商务区的Wellington St附近，较低等的国王街（King St）正在发展成为一个独立零售商和设计师中心。

市中心

78 Records 音乐

（见998页地图；www.78records.com.au；255 Murray St Mall楼上；⊙周一至周六 9:00~17:00，周日 11:00开始）这是一家独立唱片行，还可以买到黑胶唱片及摇滚和独立音乐演出的门票。

Pigeonhole 服装、配饰

（见998页地图；www.pigeonhole.com；9 Shafto Lane；⏲周一至周六 10:00~18:00，周五 至21:00）这里销售当地和国际服装，以及时尚的复古配饰和礼品。

北桥区、海格特和劳利山

William Topp 设计品

（见998页地图；www.williamtopp.com；452 William St；⏲周二至周五 11:00~18:00，周六 至17:00，周日 至16:00）这里出售由很酷的设计师专门设计的各种新奇的小物品。

Future Shelter 家庭用品

（见1010页地图；www.futureshelter.com；56 Angove St，North Perth；⏲周一至周六 10:00~17:00）这里售卖前卫的服装、礼物和家居用品，全部是由当地人设计和制作的。它附近的Angove St是珀斯北部新兴的一个街区。

Planet 书籍、音乐

（见1010页地图；www.planetvideo.com.au；636-638 Beaufort St；⏲10:00至深夜）出售书籍、CD和冷门DVD。

利德维尔

利德维尔的Oxford St林立着时装店、兼容并包的唱片行和书店等。

Atlas Divine 服装

（见1002页地图；121 Oxford St；⏲9:00~21:00）潮人们的专属衣柜，售卖牛仔裤、千奇百怪的T恤和裙子等。

苏比亚科和国王公园

你可以在Rokeby Rd和Hay St买到时尚品、艺术品和高档礼物。

Indigenart 艺术品

（见1002页地图；www.mossensongalleries.com.au；115 Hay St；⏲周三至周六 11:00~16:00）原住民艺术品商店，有来自澳大利亚各地的艺术品，但重点是西澳大利亚州艺术家的作品。作品包括编织物，画在帆布、树皮和纸张上的油画，以及雕塑。

Aboriginal Art & Craft Gallery 艺术品

（见1002页地图；www.aboriginalgallery.com.au；Fraser Ave；⏲周一至周五 10:30~16:30，周六和周日 11:00~16:00）有来自西澳大利亚州各地的作品，与高端的艺术品或收藏品相比，这里的作品显得更加平民化。

Aspects of Kings Park 艺术品、纪念品

（见1002页地图；www.aspectsofkingspark.com.au；Fraser Ave；⏲9:00~17:00）澳大利亚的艺术品、手工艺品和书籍。

实用信息

紧急求助

警察局（☎13 14 44；www.police.wa.gov.au；2 Fitzgerald St）

性骚扰信息中心（Sexual Assault Resource Centre；☎08-9340 1828，免费电话 1800 199 888；www.kemh.health.wa.gov.au/services/sarc；⏲24小时）有24小时的紧急服务。

上网

西澳大利亚州立图书馆（State Library of WA；www.slwa.wa.gov.au；Perth Cultural Centre；⏲周一至周四 9:00~20:00，周五至周日 10:00~17:30；📶）有免费的无线网络和互联网接入服务。

媒体

Drum Media（www.facebook.com/drumperth）音乐、电影和文化活动信息。

Go West（www.gowesternaustralia.com.au）背包客杂志，提供关于季节性工作机会的实用信息。

Urban Walkabout（www.urbanwalkabout.com）就餐、饮品提供和购物等方面的信息，尤其是在珀斯内部的主要街区和弗里曼特尔。

西澳大利亚州（West Australian；www.thewest.com.au）当地报纸，刊登娱乐和电影院资讯。

X-Press Magazine（www.xpressmag.com.au）一个关于现场音乐的很好的在线资源，也可以下载有用的app。

医疗服务

Lifecare Dental（☎08-9221 2777；www.dentistsinperth.com.au；419 Wellington St；⏲8:00~20:00）在Forrest Chase。

皇家珀斯医院（Royal Perth Hospital；☎08-9224 2244；www.rph.wa.gov.au；Victoria Sq）位于珀斯

中部。

旅游医疗中心（Travel Medicine Centre；☎08-9321 7888；www.travelmed.com.au；5 Mill St；⊙周一至周五 8:00~17:00）提供专门的旅游信息和疫苗接种建议。

邮政

邮政总局（The Main Post Office，简称GPO，见998页地图；☎13 13 18；3 Forrest Pl；⊙周一至周五 8:30~17:00，周六 9:00~12:30）位于市中心，在公共汽车站和火车站附近。

旅游信息

i-City Information Kiosk（见998页地图；Murray St Mall；⊙周一至周四和周六 9:30~16:30，周五至20:00，周日 11:00~15:30）由志愿者运营的步行团队游。

西澳大利亚州游客中心（WA Visitor Centre，见998页地图；☎1800 812 808，08-9483 1111；www.bestofwa.com.au；55 William St；⊙周一至周五 9:00~17:30，周六 9:30~16:30，周日 11:00~16:30）有关西澳大利亚州实用信息的优质资源。

实用网站

Heatseeker（www.heatseeker.com.au）演出信息和票务服务。

PerthNow（www.perthnow.com.au）珀斯和西澳大利亚州新闻，以及餐厅点评信息。

Scoop（www.scoop.com.au）娱乐和饮食信息。

What's On（www.whatson.com.au）活动和旅行信息。

ℹ 到达和离开

飞机

想要了解到达珀斯的国际航班、州际航班和来自西澳大利亚州其他方向航班的详情，请参见“交通指南”章节。

火车

Transwa（☎1300 662 205；www.transwa.wa.gov.au）运营以下铁路线路：

Australind（每天两班）运营从珀斯至平贾拉（Pinjarra；$17，1.25小时）和班伯里（$31，2.5小时）的火车。

AvonLink（每天）运营从东珀斯（East Perth）至图吉（Toodyay；$17，1.25小时）和诺瑟姆（$20，1.5小时）的火车。

Prospector（每天1班）运营从东珀斯至卡尔古利-博尔德（Kalgoorlie-Boulder；$82，7小时）的火车。

ℹ 当地交通

抵离机场

珀斯机场的国内和国际航站楼分别位于珀斯以东10公里和13公里处，靠近吉尔福德。从国内/国际航站楼乘坐出租车前往城内的费用约为$40，前往弗里曼特尔的车费约为$60。

Connect（☎1300 666 806；www.perthairportconnect.com.au）运营从机场往返市中心（单程/往返 $15/30；每50分钟1班）的中心居住地和交通枢纽的穿梭巴士。建议多人一起预订团队票。

Transperth旗下的36路、37路和40路公共汽车从William St附近的St Georges Tce（车站 10121）发往国内航站楼（$4.40，40分钟；每10~30分钟1班，19:00后每小时1班）。免费的转接巴士连接了国内和国际航站楼。

小汽车和摩托车

在城内驾车需要熟悉当地情况，因为有些街道是单行道，而且许多都没有明显的标志。中心城区有充足的停车建筑，但是没有免费的停车场。如果希望在路边停车时不计时，那么需要确保远离主要商业地带，而且要仔细检查附近是否有禁止停车的标志。

珀斯当地提供车辆租赁服务的公司有：

Backpacker Car Rentals（☎08-9430 8869；www.backpackercarrentals.com.au；235 Hampton Rd，South Fremantle）性价比不错的当地公司。

Bayswater Car Rental（☎08-9325 1000；www.bayswatercarrental.com.au）在珀斯和弗里曼特尔设有4家分店的汽车租赁公司。

Britz Rentals（☎1800 331 454；www.britz.com.au）出租装备齐全的四驱车，可作为露营房车使用，这在西澳大利亚州的北部很常见。这家公司在所有州的首府都设有办事处，包括珀斯和布鲁姆，因此可以异地还车。

Campabout Oz（☎08-9301 2765；www.campaboutoz.com.au）出租露营房车、四驱车和摩托车。

Scootamoré（☎08-9380 6580；www.scootamore.com.au；356a Rokeby Rd，Subiaco；单日/3日/1周/1月 $45/111/200/400）出租50cc踏板车和头

盔（强制佩戴），含保险（被保险人年龄需在21岁以上）。

公共交通

Transperth（☎13 62 13；www.transperth.wa.gov.au）经营珀斯的公共汽车、火车和渡轮。该公司在珀斯车站、威灵顿街（Wellington St）汽车站、珀斯地下车站（紧邻Murray St）和滨海大道汽车站（Esplanade Busport；Mounts Bay Rd）都设有咨询中心。还可以在线制订自己的出行计划。

从市中心出发，公共交通工具的费用大致如下：

免费搭乘区域（Free Transit Zone，简称FTZ）覆盖了市中心商业区，大致的边界为Fraser Ave、Kings Park Rd、Thomas St、Newcastle St、Parry St、Lord St和河流（包括分别位于城西和城东的City West和Claisebrook火车站）。

1区 包括市中心和近郊（$2.90）。

2区 弗里曼特尔、吉尔福德和北至索伦托(Sorrento)的海滩（$4.40）。

3区 希拉里斯船港（Hillarys Boat Harbour；AQWA）、天鹅谷和卡拉蒙达（Kalamunda；$5.30）。

5区 罗金厄姆（Rockingham；$7.80）。

7区 曼哲拉（Mandurah；$10.30）。

单日通票（DayRider）工作日9:00以后和周末全天可在任何区域乘车（$12.10）。

家庭套票（FamilyRider）可供两位成人和多达5名的儿童共同使用的交通套票（$12.10），使用时间为周末、工作日18:00以后和学校假期期间工作日的9:00以后。

如果你要在珀斯停留一阵子，可以考虑购买一张SmartRider智能卡，该卡在乘坐公共汽车、火车和渡轮时都可使用。该卡工本费为$10，可向卡内充值。卡片会自动计算你的行程所需费用，每次上下车船时刷卡即可（将卡与电子读卡器接触），在免费搭乘区域（FTZ）也可以使用。使用SmartRider乘车的费用会比购买单程车票便宜15%，如果你避开早高峰乘坐公共交通工具出行，该卡会自动将单日通票费用设为计费上限。

公共汽车

免费搭乘区域（FTZ）内除有定时发车的公共汽车外，白天还有3种免费的中心区运输班线（Central Area Transit，简称CAT）。黄色和红色的CAT运营东西向线路，黄色线路主要沿Wellington St行驶，红色线路为环形线路，向东沿Murray St行驶，向西沿Hay St行驶。蓝色CAT经过北桥区和城市南端，线路为一个“8”字形，这也是唯一一条运营至深夜的线路——周五和周六运营至次日1:00。拿一份免费班次时刻表（在公交车上和其他地方都可领取）以了解详细的线路和站点信息。这些CAT线路在工作日每隔5~8分钟就有1班，周末为每隔15分钟1班。车站的电子显示屏会通知你下一班车何时到站。

Transperth巨大的公共汽车网络覆盖了大都市区域。从Transperth信息中心可获取时刻表，也可使用在线的“出行计划工具”（journey planner）自助规划乘车线路。

渡轮

唯一的渡轮线路每隔20~30分钟往返于Barrack St Jetty和南珀斯（South Perth）的Mends St Jetty之间。你可以搭乘渡轮去动物园，或者从河上欣赏珀斯的城市远景。

火车

Transperth经营着5条铁路线路，运营时间为工作日5:20至午夜，周六和周日从开行至次日2:00。你购买的火车票也可用于乘坐车票线路区域内的Transperth的公共汽车和渡轮。在非高峰时段可免费携带自行车上火车。铁路线和常用站点展示如下：

Armadale Thornlie线 珀斯、Burswood。

Fremantle线 珀斯、City West、西利德维尔（West Leederville）、苏比亚科、申顿公园（Shenton Park）、Swanbourne、科特索、北弗里曼特尔（North Fremantle）、弗里曼特尔。

Joondalup线 滨海大道（Esplanade）、珀斯地下车站（Perth Underground）、利德维尔。

Mandurah线 珀斯地下车站、滨海大道、罗金厄姆、曼哲拉。

Midland线 珀斯、东珀斯、劳利山、吉尔福德、Midland。

出租车

珀斯拥有一套完善的计程出租车系统，不过通常情况下的出行距离使得频繁使用出租车的费用相当高昂，且在繁忙的晚上也可能很难在街上拦到一辆出租车。出租车扬招点在城里随处可见。珀斯主要的两家出租车公司是**Swan Taxis**（☎13 13 30；www.swantaxis.com.au）和**Black & White**

（☎13 10 08；www.bwtaxi.com.au），两家公司都可提供配有无障碍设施的出租车。

弗里曼特尔（FREMANTLE）

人口 28,100

澳大利亚最时尚的城市是哪儿？乘坐火车向珀斯南部行进20公里你就会发现它。那里有维多利亚女王时代和英王爱德华时代的标志性建筑，“弗里奥”（Freo）是一个燃烧着咸苦灵魂的声名狼藉的海港城市。它是一个与世隔绝的地方——与悉尼相比，它更接近新加坡。但是，像任何一个港口一样，随着潮来潮去，世界上的潮流趋势也随之流入这里，使当地人具有全球化的时代精神。

弗里曼特尔有许多现场音乐室、时髦酒吧、精品酒店、左派书店、工艺啤酒厂、印度洋海鲜棚屋、街头艺人、海滩和放学回家的学生。它是一个迷人的地方，会让你想在这里待上几天（尤其是当地球队弗里曼特尔码头工人队取得胜利的时候）。

历史

作为贸易枢纽通道，这里对属于Wadjuk一族的Noongar人来说是一个十分重要的地方。夏天这里会非常热闹，Wadjuk人会到这里来捕鱼。冬天他们会迁往更远的内陆，以避开季节性洪水。

弗里曼特尔的欧洲殖民历史始于1829年英国皇家海军战舰“挑战者”号（HMS Challenger）的到来。与珀斯一样，定居点的发展一直较为缓慢，直到囚犯劳工的到来。在澳洲淘金热期间，这座港口得到了极大的发展，如今许多与众不同的建筑都可追溯至这一时期。直到1987年，弗里曼特尔成为“美洲杯”帆船赛（America's Cup）的举办地，从而也使自己从一个默默无闻的港口小镇发展为如今生气蓬勃且富有艺术气息的城市。

景点

★弗里曼特尔监狱 历史建筑

（Fremantle Prison；☎08-9336 9200；www.fremantleprison.com.au；1 The Terrace；单日游成人/儿童 $20/11，多日游 $28/19，火把之旅 $26/16，隧道之旅 成人/年满12岁的儿童 $60/40；⏰9:00～17:30）在威严的5米高墙内，这座老式的监狱在弗里曼特尔依然十分醒目。白天游的项目包括进入厨房、男子牢房和单独牢房的时间之旅。大逃亡之旅会为你讲述著名的囚犯，并带你进入女子监狱参观。火把之旅着重讲述令人毛骨悚然的监狱历史，需要提前预订。历时2.5小时的隧道之旅包括一段地下乘船之旅，地下隧道由囚犯劳工建造。

★西澳大利亚州海事博物馆 博物馆

（Western Australian Museum-Maritime；www.museum.wa.gov.au；Victoria Quay；成人/儿童 博物馆 $10/3，潜水艇 $10/3，博物馆和潜水艇 $16/5；⏰9:30～17:00）博物馆设在位于港口的一座极富魅力的帆形建筑里，就在市中心西侧，海事博物馆是了解西澳大利亚州与海洋关系的好地方。这里的展览范围从皮划艇比赛到土著居民的捕鱼工具和檀香木贸易，解说详细。如果你不是幽闭恐惧症患者，还可以登上“欧文斯”号潜水艇（HMAS Ovens）。这艘舰艇在1969～1997年是澳大利亚海军舰队的一部分。团队游从10:00～15:30，每隔30分钟出发一次。

★西澳大利亚州沉船博物馆 博物馆

（Western Australian Museum-Shipwreck Galleries；www.museum.wa.gov.au；Cliff St；捐款进入；⏰9:30～17:00）沉船馆位于1852年修建的军需用品仓库内，被认为是南半球最棒的海事考古博物馆。最大的亮点是“巴达维亚号”展厅（Batavia Gallery），厅内展出了1629年沉没的荷兰商船的部分残骸。附近的巨大石门在它沉没时幸免于难，被当作是巴达维亚城堡（Batavia Castle）的入口。

圆屋 历史建筑

（Round House；☎08-9336 6897；www.fremantleroundhouse.com.au；Captains Lane；捐款进入；⏰10:30～15:30）建于1830～1831年，这座12面的石头监狱是西澳大利亚州现存最古老的建筑。这里是殖民地的首个绞刑架所在地，后来用于关押将要被赶至罗特内斯特岛的原住民。山顶是信号站（Signal Station），这里的工作人员每天13:00会通过报时球和炮来提醒海员正确的时间。这种仪式现在每天表演一次，如果你想亲手点燃大炮，可以提前预约。

弗里曼特尔艺术中心 画廊

（Fremantle Arts Centre，见994页地图；www.fac.org.au；1 Finnerty St；⊙10:00~17:00）免费 这是一座令人印象深刻的新哥特式建筑，周围是榆树掩映的可爱花园。它于19世纪60年代由囚犯劳工建造，当时被用作精神病院。自20世纪60年代逃脱被拆毁的厄运之后，楼内拥有趣味盎然的展览和出色的Canvas咖啡馆（见1025页）。夏季，这里会举办音乐会、培训课程和研讨会。

弗里曼特尔市场 市场

（Fremantle Markets；www.fremantlemarkets.com.au；South Tce和Henderson St的交叉路口；⊙周五 8:00~20:00，周六和周日 至18:00）免费 这些让人眼花缭乱的市场最初于1897年开放，后关闭，1975年重新开放，如今吸引了喜欢闲逛的人群到这里购买塑料回力镖和天鹅形磁力贴等小纪念品。生鲜产品区是储备零食的好去处。

淘金热建筑

弗里曼特尔在19世纪晚期的淘金热期间得以蓬勃发展，这里的许多宏伟建筑都是在此期间或此前不久修建的。在High St，尤其是街尾路段，有包括几家旧式酒店在内的经典老建筑。

公共雕塑

渔船港内还有名为**向渔民致敬**（To The Fisherman）的雕塑，这是一组展示从码头搬运货物的人物的青铜像。在市政厅（Town Hall）外面的国王广场（Kings Sq）里有一个惟妙惟肖的雕像，雕刻的是前弗里曼特尔议员、战时工党总理**约翰·科廷**（John Curtin，1885~1945年），附近是雕塑家格雷格·詹姆斯（Greg James）破产时的作品**Pietro Porcelli**（1872~1943年）。

弗里曼特尔最受欢迎的雕塑莫过于格雷格·詹姆斯（Greg James）的**邦·斯科特**（Bon Scott，1946~1980年）塑像。这位已故的AC/DC乐队主唱于1956年和家人一起来到弗里曼特尔定居，去世后骨灰葬于**弗里曼特尔公墓**（Fremantle Cemetery，见994页地图；Carrington St）。公墓入口位于High St和Carrington St的交叉路口。沿着公墓小径走约15米，左手边就是邦的墓碑。

海滩和公园

弗里曼特尔周围的绿地包括被诺福克岛（Norfolk Island）松树覆盖着的**滨海大道保护区**（Esplanade Reserve；Marine Tce），它把城市从渔船港（Fishing Boat Harbour）分开。夏季，附近的**巴瑟斯海滩**（Bathers Beach）会有周六夜市，17:00~21:00，有各种音乐和美食。那里还有一家自2014年年末开始营业的新海滨餐馆。**南海滩**（South Beach）非常隐蔽，适合游泳，距离市中心仅1.5公里，乘坐免费的CAT公交车即可到达。另一个主要的海滩是库基海滩（Coogee Beach），位于南部6公里处。

活动

Fremantle Trails 步行

（www.visitfremantle.com.au）旅行者可在游客中心领取多种步行线路卡，上面列出了11条自助步行游览线路：艺术和文化之旅（Art and Culture）、罪犯之旅（Convict）、CY O'connor之旅（土木工程师的先驱）、发现之旅（Discovery；快速游览弗里曼特尔）、渔船港之旅（Fishing Boat Harbour）、酒店和啤酒厂之旅（Hotels and Breweries）、海事文物之旅（Maritime Heritage）、海洋遗产之旅（Manjaree Heritage；原住民）、零售店和时装店之旅（Retail & Fashion）、海滨和作家之旅（Waterfront and Writers）。

Oceanic Cruises 观赏鲸鱼

（☎08-9325 1191；www.oceaniccruises.com.au；成人/儿童 $69/29；⊙9月中旬至12月初）10:15从维多利亚码头B仓库（B Shed，Victoria Quay）出发的两小时步行游览活动。活动日期根据月份变化，因此需要提前查询网站以确认。

STS Leeuwin II 帆船

（☎08-9430 4105；www.sailleeuwin.com；Berth B；成人/儿童 $99/69；⊙11月至次年4月中旬）搭乘55米长的三桅横帆船出海远航，耗时

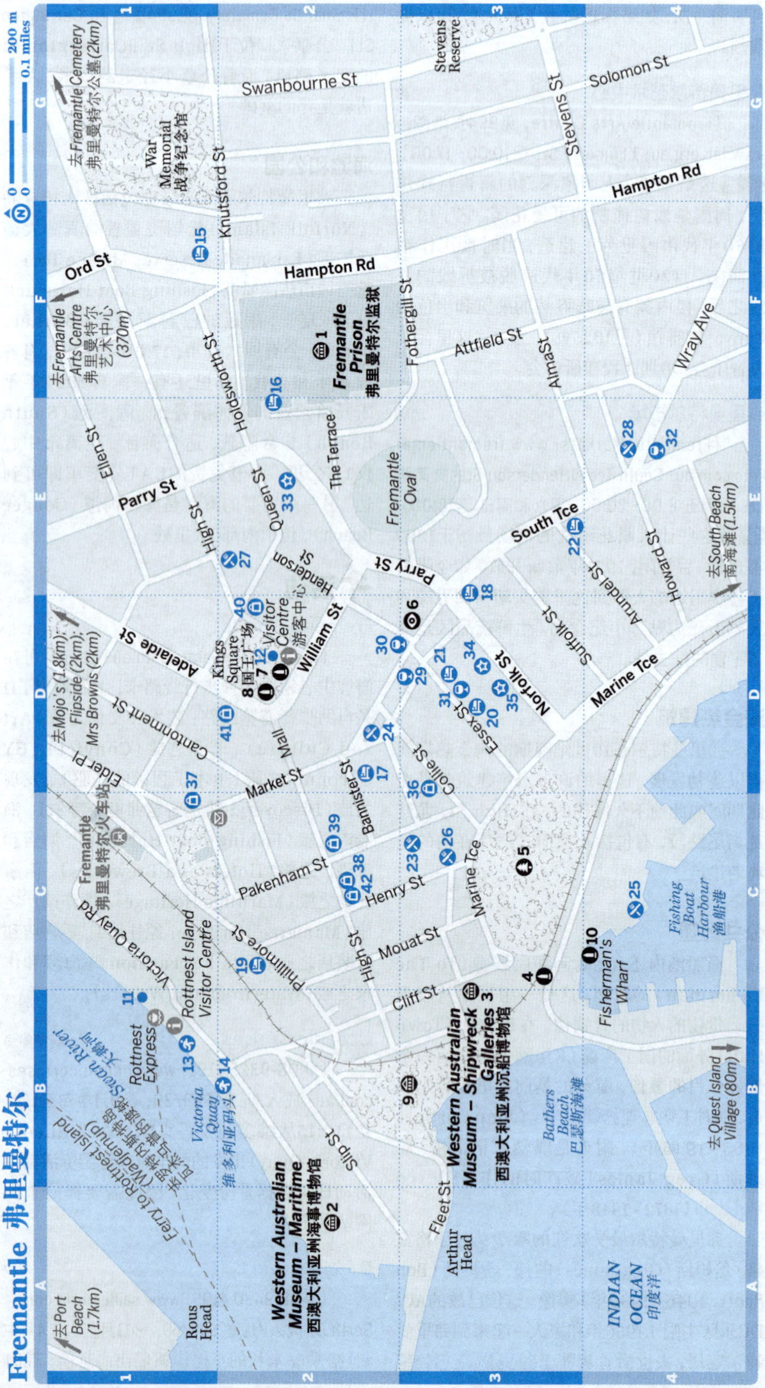
Fremantle 弗里曼特尔
200 m
0.1 miles
去Fremantle Cemetery 弗里曼特尔公墓(2km)
War Memorial 战争纪念馆
Swanbourne St
Stevens Reserve
Solomon St
Stevens St
Knutsford St
Hampton Rd
Ord St
去Fremantle Arts Centre 弗里曼特尔艺术中心(370m)
Fremantle Prison 弗里曼特尔监狱
Holdsworth St
Fothergill St
Attfield St
Alma St
Wray Ave
Ellen St
Parry St
The Terrace
Fremantle Oval
Queen St
High St
Henderson St
South Tce
Howard St
去South Beach 南海滩(1.5km)
Adelaide St
Kings Square 国王广场
Visitor Centre 游客中心
William St
Arundel St
Suffolk St
Norfolk St
Marine Tce
去Mojo's (1.8km); Flipside (2km); Mrs Browns (2km)
Cantonment St
Elder Pl
Mall
Market St
Essex St
Collie St
Bannister St
Fremantle 弗里曼特尔火车站
Pakenham St
Henry St
Marine Tce
Fishing Boat Harbour 渔船港
Victoria Quay Rd
Phillimore St
High St
Mouat St
Fisherman's Wharf
Rottnest Island Visitor Centre
Cliff St
Rottnest Express
Swan River 天鹅河
Victoria Quay 维多利亚码头
Western Australian Museum – Shipwreck Galleries 西澳大利亚州沉船博物馆
Bathers Beach 巴瑟斯海滩
去Quest Island Village (80m)
Ferry to Rottnest Island (Wadjemup) 到罗特内斯特岛(瓦杰姆普)的渡轮
Slip St
Western Australian Museum – Maritime 西澳大利亚州海事博物馆
Fleet St
Arthur Head
INDIAN OCEAN 印度洋
去Port Beach (1.7km)
Rous Head

Fremantle 弗里曼特尔

重要景点

1 弗里曼特尔监狱 F2
2 西澳大利亚州海事博物馆 A2
3 西澳大利亚州沉船博物馆 B3

景点

4 邦·斯科特塑像 C3
5 滨海大道保护区 C3
6 弗里曼特尔市场 D3
7 约翰·科廷雕像 D2
8 Pietro Porcelli雕像 D2
9 圆屋 B3
10 向渔民致敬 C4

活动、课程和团队游

11 Captain Cook Cruises B1
12 弗里曼特尔有轨电车之旅 D2
13 Oceanic Cruises B1
14 STS Leeuwin II B2

住宿

15 Fothergills of Fremantle F1
16 Fremantle Prison YHA Hostel E2
17 Hougoumont Hotel D2
18 Norfolk Hotel E3
19 Old Firestation Backpackers C2
20 Pirates D3
21 Port Mill B&B D3
22 Terrace Central B&B Hotel E3

就餐

23 Bread in Common C3
24 Gino's D2
25 Little Creatures C4
26 Moore & Moore C3
27 Raw Kitchen E2
28 Wild Poppy E4

饮品和夜生活

Little Creatures （见25）
29 Monk D3
Norfolk Hotel （见18）
30 Sail & Anchor D2
31 Whisper D3
32 Who's Your Mumma E4

娱乐

33 Fly by Night Musicians Club E2
34 Luna on SX D3
35 X-Wray Cafe D3

购物

36 Chart & Map Shop D3
37 Didgeridoo Breath C1
38 Japingka C2
39 Love in Tokyo C2
40 MANY6160 D2
41 Mills Records D2
42 New Edition C2

3小时。登录网站获取有关上午、下午或黄昏出海的详细信息。出海时间从周五至周日。

团队游

弗里曼特尔有轨电车之旅 团队游

（Fremantle Tram Tours; ☎08-9433 6674; www.fremantletrams.com.au; 幽灵游 成人/儿童 $80/60，午餐和有轨电车 成人/儿童 $89/54，三人团队游 成人/儿童 $80/30，有轨电车和监狱 成人/儿童 $45/14）这辆公共汽车看上去就像一辆老式电车，从市政厅发车绕着城市开行，全天都可以随意上下车（成人/儿童 $26/5）。幽灵游（Ghostly Tour）于每周五18:45~22:30进行，其间游客会在火炬映照下参观监狱、圆屋和弗里曼特尔艺术中心（从前是精神病院）。套票组合包括午餐和有轨电车（有轨电车加上乘船游览时的午餐）、三人团队游（有轨电车、乘船游览和珀斯观光巴士），以及有轨电车和监狱（包括有轨电车和弗里曼特尔监狱）。

Captain Cook Cruises 游轮

（☎08-9325 3341; www.captaincookcruises.com.au; C Shed; 成人/儿童 $28/16）乘船巡航于弗里曼特尔和珀斯之间（成人/儿童 $28/16），分别在11:05、12:45、15:30从弗里曼特尔出发（最后一班船是单程）。3小时的午餐巡游活动于12:45出发（成人/儿童 $69/46）。

弗里曼特尔原住民遗产团队游 步行游览

（Fremantle Indigenous Heritage Tours; ☎0405 630 606; www.indigenouswa.com; 成人/儿童 $50/15; ⏲周六 13:30）这个备受赞誉的团队游可以帮助你了解弗里曼特尔及Nyoongar和Wadjuk原住民的历史。可以通过弗里曼特尔游客中心预订。

Two Feet & A Heartbeat 步行游览

（☎1800 459 388；www.twofeet.com.au；每人 $20~40；⏲每天 10:00）由一组精力充沛的年轻船员经营，团队游着重于讲授弗里曼特尔常常发生暴乱的历史。“折扣星期二”（Tight Arse Tuesdays）非常超值。

节日和活动

Laneway 音乐节

（www.fremantle.lanewayfestival.com）西澳大利亚州的内部机密——爱穿紧身牛仔裤的人们会在这里庆祝这个新兴的独立艺术节。这个超酷的节日于2月初在弗里曼特尔西端地区各地和Esplanade Reserve举行。

西海岸布鲁斯和传统音乐节 音乐节

（West Coast Blues 'n' Roots Festival；www.westcoastbluesnroots.com.au）为了进一步扩大它的影响范围，近期的音乐节请来了史蒂夫·厄尔（Steve Earle）、格蕾丝·琼斯（Grace Jones）、埃尔维斯·科斯特洛（Elvis Costello）和早安夹克乐团（My Morning Jacket）。在3月末至4月中旬举办。

船队祝福节 宗教节日

（www.fremantleseafoodfestival.com.au；Esplanade Reserve, Fishing Boat Harbour）它是由来自意大利莫尔费特（Molfetta）的移民传入弗里曼特尔的传统庆典活动，自1948年以来每年10月举办。Molfettese的殉难者夫人（Lady of Martyrs；由男子抬着）雕像和西西里岛（Sicilian）的Madonna di Capo d'Orlando（由女子抬着）从圣帕特里克大教堂（St Patrick's Basilica；47 Adelaide St）到渔船港（Fishing Boat Harbour）游行，人们还会在那里祷告。附近还会举行一个相关的海鲜美食节。

弗里曼特尔节 文化节

（Fremantle Festival；www.fremantle.wa.gov.au/festivals）到了春天，在这个澳大利亚持续时间最长的节日里，城市的大街小巷和演出场馆都会有街道游行和各种表演，到处都洋溢着热闹的节日气氛。

住宿

Fremantle Prison YHA Hostel 青年旅舍 $

（☎08-9433 4305；www.yha.com.au/hostels/wa/perth-surrounds/fremantle-prison-yha/；6a The Terrace, 6160；铺 $36~40起，私人客房 $156；❄📶）2015年年初开业的这家青年旅舍有一个厢房，里面是融合多种宿舍风格的铺位和单间。稍微高档一点的房间包括一间私人浴室。

Pirates 青年旅舍 $

（☎08-9335 6635；www.piratesbackpackers.com.au；11 Essex St；铺 $31~33，双 $80；@📶）这个阳光充沛、乐趣无限的青年旅舍吸引了来自五湖四海的人们，它位于弗里曼特尔的中心地带，是一个结识朋友的好地方。房间较小，设施较简单，但是崭新的浴室非常干净。厨房区设施齐全，有一个阴凉的庭院，还有醒目的海洋壁画会提醒你这里离海洋游泳区只有几分钟的路程。

Old Firestation Backpackers 青年旅舍 $

（☎08-9430 5454；www.old-firestation.net；18 Phillimore St；铺 $28~32，双 $75~80；@📶）在这座由消防站改建的青年旅舍里有许多娱乐设施：免费上网、桌上足球、电影和一个阳光明媚的庭院。宿舍光线明亮，午后海风轻拂，而且还设有女士专区。这种嬉皮士氛围还表现在：深夜时，偶尔会有人弹着吉他，领着众人纵情高歌。如果你需要良好的睡眠，最好带上耳塞。

Woodman Point Holiday Park 露营地 $

（☎08-9434 1433；www.aspenparks.com.au；132 Cockburn Rd；双人营地 $47~49，双 $120~215；❄@📶🏊）这是一个舒适宜人的地方，位于弗里曼特尔以南10公里处。通常这里都比较安静，它的位置给人一种夏季海滩度假地的感觉，不像是弗里曼特尔郊外的露营地。

★ Hougoumont Hotel 精品酒店 $$

（☎08-6160 6800；www.hougoumonthotel.com.au；15 Bannister St；双 $200~255）标准的“小屋”房间很简洁，但又非常时尚，设计实用，这家最近新开业的精品酒店地处市中心，地理位置无与伦比。这里有顶级的洗浴用品、时尚活泼的氛围，以及免费的葡萄酒和小吃供顾客在傍晚享用。与其他的住宿地点相比，Hougoumont更加能令顾

客耳目一新。多国团队的服务很随意却很专业。

Fothergills of Fremantle 民宿 $$

（☎08-9335 6784；www.fothergills.net.au；18-22 Ord St；房间 $195~245；❄📶）赤裸的女性铜像矗立在前花园中，而和真牛一样大小的花牛静静地立于这些彼此相邻的山间宅邸的走廊上。内部装修与建筑的古老年龄一致（建于1892年），楼内随处可见当代艺术作品，包括一些绝妙的土著作品。在一个阳光充足的小屋里有早餐供应。

Terrace Central B&B Hotel 民宿 $$

（☎08-9335 6600；www.terracecentral.com.au；79-85 South Tce；双 $180~220；❄@📶）也许骨子里是充满个性的民宿，但它的巨大规模使其看起来更像一座精品酒店。主要的区域由一间1888年建成的烘焙房改建而成，旁边还有联排房屋，后面还有单卧室和双卧室公寓。还有车位充足的街边停车场。

Port Mill B&B 民宿 $$

（☎08-9433 3832；www.portmillbb.com.au；3/17 Essex St；房间 $199~299；❄📶）Port Mill是镇上最豪华的民宿之一，完美地将巴黎风格与弗里曼特尔本土特色融为一体。建筑采用当地石灰石建造而成（它建于1862年并被作为磨坊使用），内饰全是现代巴黎风格，配以闪闪发光的水龙头、当代法式家具和熟铁栏杆阳台。推开法式屋门便可来到洒满阳光的露天平台，在那里你可以用你的早餐餐盘敲击出美妙的音乐。

Norfolk Hotel 酒店 $$

（☎08-9335 5405；www.norfolkhotel.com.au；47 South Tce；标单/双 不带浴室 $90/120，双 带浴室 $150；❄📶）桉树和榆树静静立在波光粼粼的啤酒园里，古老的石灰岩建造的Norfolk楼上隐藏着一个秘密，那就是：它的房间。这里比标准的住处要豪华得多，房间装饰极具品位，采用柔和的色调和雪白的亚麻织物；酒店里还设有一个公共休息区。周末会有点吵，但是酒吧在午夜就会打烊。

就餐

市中心和南弗里曼特尔

★Bread in Common 小餐馆、面包房 $$

（www.breadincommon.com.au；43 Pakenham St；拼盘 $12~14，主菜 $21~26；⏲周一至周五 10:00~22:00，周六和周日 9:00~22:00）在你把目光停留在奶酪和熟食拼盘，或更丰盛的菜肴上，如炭火鸡肉配玉米、生姜和香菜。之前，你会先被它内部的面包房散发出的香气所吸引。你也会关注这里的美食和烹饪天赋，而巨大的共享餐桌和一个悠闲的仓库氛围会让你展开有关西澳大利亚州葡萄酒、澳洲精酿啤酒和苹果酒的谈话。

★Moore & Moore 咖啡馆 $

（www.mooreandmoorecafe.com；46 Henry St；主菜 $11~20；⏲7:00~16:00；📶）一家都会时尚咖啡馆，与周围美术馆的艺术气息完美契合，石板庭院会让人流连忘返。这里有醇厚的咖啡、可口的早餐、糕点、卷饼和免费Wi-Fi，是放松身心的好地方。经常会有一些弗里曼特尔（Freo）的时尚人士和许多在弗里曼特尔的美国圣母大学（University of Notre Dame）学习的各国学生光顾这里。

Public & Co 小餐馆、西班牙小吃 $$

（www.publicandco.com.au；25 Duoro St；拼盘 $15~24，主菜和比萨饼 $15~28；⏲周三至周五 18:00~22:00，周六 至16:00和18:00~22:00，周日 8:00~15:00）距弗里曼特尔市中心大约2.5公里，在Public & Co宽敞通风的小屋里悠闲自在地吃上一餐，会让你感到不虚此行。拼盘（大多具有地中海或亚洲特色）里有柴火烤制的比萨饼和一流的汉堡包，都极具悠闲的西澳大利亚州生活风格。这里还有珀斯最好的工艺啤酒可供选择。

Canvas 咖啡馆 $$

（见994页地图；www.canvasatfremantleartscentre.com；Fremantle Arts Centre；主菜 $12~25；⏲周一至周五 8:00~15:00，周六和周日 8:00~16:00；📶）弗里曼特尔最棒的咖啡馆位于弗里曼特尔艺术中心阴凉的庭院内，菜单集中东、西班牙和北非风格于一身。早餐亮点包括烘蛋类菜肴——试试以色列风味的

红沙卡蔬卡（Red Shakshuka）——午餐菜肴从烤鸡肉包到浓味鱼肉汤和塔斯马尼亚鲑鱼。简单的饮品单里有精酿啤酒、苹果酒和葡萄酒。

Wild Poppy 咖啡馆 $$

（2 Wray Ave；早餐 $10~18，午餐 $16~22；⊙7:00~16:00；）蕾丝桌布、附庸风雅的家具，以及数量惊人的复古人像画和风景画使这个弗里曼特尔南部的时尚咖啡馆非常值得寻觅。特价浓汤和沙拉搭配极棒的咖啡、啤酒和苹果酒，再加上香辣鸡蛋，这里正是你开始美好一天的地方。如果是吃午餐，可以问问当天是否供应明虾米粉汤。

Raw Kitchen 素食 $$

（www.therawkitchen.com.au；181a High St；主菜 $18~24；⊙周一至周四 11:00~16:00，周五至周日 至21:00；）素食、有机、可持续恰恰是弗里曼特尔的特色。在这个时尚的砖砌仓库内，你可以吃到非常健康又美味的食物，还能打通你的经脉，使你更加精力充沛。许多（但不是全部）菜单都会注明原材料，但没有介绍味道。无麸质啤酒和可持续生产的葡萄酒意味着你不必太矜持。

Gino's 咖啡馆 $$

（www.ginoscafe.com.au；1 South Tce；主菜 $17~31；⊙6:00至深夜；）怀旧风格的Gino's是弗里曼特尔最著名的咖啡馆，虽然成了一个旅游景点，但当地人还是喜欢将这里当作家之外的第二个起居室——只为了这里的好咖啡。你可能需要订购并付款，然后再来取你的咖啡。

渔船港

Little Creatures 小酒馆美食 $$

（www.littlecreatures.com.au；40 Mews Rd；拼盘 8~24，比萨饼 $19~24；⊙周一至周五 10:00至午夜，周六和周日 9:00开始营业；）这家酒馆具有弗里曼特尔的一切特点：海港风光、迷人的啤酒（提前制作）和非常棒的食物。它由一个凹形的舢板棚改建而成，可以俯瞰港口。这里有时会显得杂乱无章，但招牌饮品淡色麦芽酒（Pale Ale）加上木烤比萨一定会让你觉得花点时间等也值了。其他大分量的拼盘菜肴包括西红柿酸辣酱袋鼠肉和烤明虾串。不接受预订。

北弗里曼特尔

Flipside 汉堡 $

（见994页地图；www.flipsideburgers.com.au；239 Queen Victoria St；汉堡 $11.50~15.50；⊙周二至周四 17:30~21:00，周四 正午至14:30，周五至周日 正午至21:00）这里有让人赞不绝口的汉堡，可选择在隔壁的Mrs Browns（见1027页）用餐。

饮品和娱乐

弗里曼特尔的大部分大型酒吧都位于South Tce和High St上。长久以来，这里一直是摇滚青年的聚集地，从这里甚至走出了几支闻名全国的西澳乐队，例如John Butler Trio、San Cisco和Tame Impala等。

Sail & Anchor 小酒馆

（www.sailandanchor.com.au；64 South Tce；⊙周一至周六 11:00至午夜，周日 至22:00）欢迎来到西澳大利亚州最适合啤酒发烧友驻足的目的地。这个弗里曼特尔地标建于1854年，现已被修复完善，能让人们回想起它辉煌的历史。楼下很大，集中供应啤酒，有27个啤酒龙头和千变万化的本地和进口啤酒。偶尔上演的现场音乐表演和精致的酒吧美食为这一切锦上添花。

Little Creatures 啤酒厂

（www.littlecreatures.com.au；40 Mews Rd，Fishing Boat Harbour；⊙周一至周五 10:00至午夜，周六和周日 9:00开始营业）试试Little Creatures的淡色麦芽酒（Pale Ale）和Pisner酒，以及贴有White Rabit和Pipsqueak标签的其他啤酒和果酒。留意一下一次性的Shift Brewers's Stash啤酒。隔壁是一间名为Next Door的休闲酒吧，定期举办现场娱乐演出和DJ表演。现场爵士乐演出于周日下午4:30开始，周六晚上还有现场喜剧表演（$30），从20:00开始。

Who's Your Mumma 酒吧

（www.facebook.com/whosyourmummabar；Wray Ave和South Tce的交叉路口；⊙周一至周六

16:00至午夜，周日 正午至22:00）工业时尚风格的灯泡和铿亮的水泥地板因为使用了循环木料进行装饰而显得格外柔软。形形色色的南弗里曼特尔人蜂拥而至，来品尝这里极好的鸡尾酒、西澳大利亚州的精酿啤酒和让人欲罢不能的酒吧小吃，包括松软的鲜肉包。周四的墨西哥煎玉米卷味道正宗、物超所值。

Norfolk Hotel 小酒馆

（www.norfolkhotel.com.au; 47 South Tce; ⌚周一至周六 11:00至深夜，周日 至22:00）你可以到这家1887年的小酒馆里体验弗里曼特尔悠闲慵懒的生活节奏。有趣的限时供应的贵宾酒极其诱人，会让犹豫不决的饮酒者醉得七倒八歪，酒馆食物和比萨也很不错。我们喜欢遗留下来的石灰石庭院，尤其是当太阳光透过榆树和桉树时。楼下的Odd Fellow连通着一个波希米亚风格的小酒吧，那里从周二至周六会举办现场演唱会。

Monk 精酿啤酒

（www.themonk.com.au; 33 South Tce; ⌚周一至周五 11:30至深夜，周六和周日 8:30至深夜）你可以在前面宽敞的露台上，或在用循环利用的枕木装饰的别致的屋内，享用这里的自酿佳品（科隆啤酒、淡味啤酒、小麦酒、波特酒、麦芽啤酒和淡色麦芽酒等）。酒吧小吃和比萨也很不错。限时供应的贵宾啤酒和定期季节性精酿啤酒会吸引大批当地喜欢精酿啤酒且知识渊博的书呆子。

Mrs Browns 酒吧

（见994页地图；www.mrsbrownbar.com.au; 241 Queen Victoria St, North Fremantle; ⌚周二至周四 16:30至午夜，周五至周日 正午至午夜）裸露的砖块、铜吧台、复古家具及古董家具，共同打造出北弗里曼特尔最有气氛的酒吧。这里有所有你崇拜的乐队的音乐，仿佛为你私人订制。包含各色啤酒、葡萄酒和西班牙小吃的菜单，旨在吸引稍年长的泡吧爱好者，你可以从隔壁的Flipside叫汉堡外卖。

Whisper 葡萄酒吧

（www.whisperwinebar.com.au; 1/15 Essex St; ⌚周三至周日 正午至深夜）这个典雅的法国主题葡萄酒吧坐落于一栋可爱的遗产建筑内，也有熟食和干酪拼盘。

Fly by Night Musicians Club 现场音乐

（www.flybynight.org; Parry St）异彩纷呈是这家夜店吸引客人的秘诀，它是一间非营利的夜店，由乐师经营，多年来秉承为乐师服务的经营理念。这里有各种表演，许多本地乐团都是从这里走上成名之路的。它在弗里曼特尔监狱（Fremantle Prison）下面的停车场对面。

X-Wray Cafe 现场音乐

（www.facebook.com/xwray.fremantle; 3-13 Essex St; ⌚周一至周六 7:00至午夜，周日 至22:00）这个时尚的娱乐场所每天晚上都有精彩演出（现场爵士、摇滚、钢琴）。场地由一个较小的室内区域和一个巨大的用帆布覆盖的露台组成。简餐与早餐同时供应。

Mojo's 现场音乐

（见994页地图；www.mojosbar.com.au; 237 Queen Victoria St, North Fremantle; ⌚19:00至深夜）本地乐团和海外乐团（主要是摇滚和独立乐团），以及DJ都会来这个小场馆演出，后面还有一个适合结交新朋友的露天啤酒花园。每个月的第一个星期五是瑞格舞之夜；每个星期一是即兴表演之夜。

Luna on SX 电影院

（www.lunapalace.com.au; Essex St）放映艺术片的电影院，位于Essex St和Norfolk St之间的一条巷子里。周三有特价票。

购物

High St尽头是个可以买到各种稀罕玩意儿的有趣地方。时装店位于通往火车站的Market St两边。在北弗里曼特尔的Queen Victoria St上可以买到古董。

Japingka 艺术品

（www.japingka.com.au; 47 High St; ⌚周一至周五 10:00~17:30，周六和周日 正午至17:00）专门经营来自西澳大利亚州和其他地方的精致的原住民工艺品。购买时，店家会附赠有关作品和相关艺术家的详细信息。

Found 艺术品、工艺品

（见994页地图；www.fac.org.au; 1 Finnerty St; ⌚10:00~17:00）弗里曼特尔艺术中心内的

这家商店拥有许多让人印象深刻的西澳大利亚艺术品和工艺品。

Love in Tokyo 服装

(www.loveintokyo.com.au; 61-63 High St; ⌚周一至周六 10:00~17:00, 周日 正午至16:00) 售卖由本地设计师制作的华丽时尚女装。

New Edition 书籍

(www.newedition.com.au; High St和Henry St交叉路口; ⌚9:00~18:00) 最近搬迁到了一个阳光充足的角落，这里依然是书虫的梦中仙境，你可以坐在柔软的扶手椅上博览群书、品味文字。

Didgeridoo Breath 艺术品、工艺品

(www.diggeridoobreath.com; 6 Market St; ⌚10:30~17:00) 这里有地球上最大的迪吉里杜管、澳大利亚土著书籍和CD，还有从1小时到4个星期的"如何演奏"教程。在你看到这家商店之前可能会先听到店里的声音。

MANY6160 艺术品、工艺品

(www.many6160.com; 2 Newman Ct; ⌚周五至周日 10:00~17:00) 波希米亚混搭式的当地艺术家的工作室、许多画廊和商店占据了昔日的玛雅百货公司宽敞的一楼。

Mills Records 音乐

(www.mills.com.au; 22 Adelaide St; ⌚周一至周六 9:00~17:30, 周日 正午至17:00) 销售(一些很少见的)音乐和音乐会的门票。到"Local's Board"查看弗里曼特尔和西澳大利亚州的表演记录。

Chart & Map Shop 地图

(www.chartandmapshop.com.au; 14 Collie St; ⌚10:00~17:00) 销售地图和旅行指南。

ℹ 实用信息

弗里曼特尔城市图书馆 (Fremantle City Library; ☎08-9432 9766; www.frelibrary.wordpress.com; Kings Sq, Town Hall; ⌚周一、周五和周六 9:30~17:30, 周二至周四 至20:00; 📶) 提供免费Wi-Fi和上网终端。

弗里曼特尔医院 (Fremantle Hospital; ☎08-9431 3333; www.fhhs.health.wa.gov.au; Alma St) 位于弗里曼特尔市中心边缘。

邮局 (☎13 13 18; 1/13 Market St; ⌚周一至周五 9:00~17:00) 位于市中心。

游客中心 (☎08-9431 7878; www. visitfremantle.com.au; Kings Sq, Town Hall; ⌚周一至周五 9:00~17:00, 周六 9:00~16:00, 周日 10:00~16:00) 可帮助游客预订住宿和团队游，还出租小汽车。

ℹ 到达和当地交通

弗里曼特尔位于珀斯公交系统**Transperth** (☎13 62 13; www.transperth.wa.gov.au) 的2区范围内，乘坐火车只需30分钟即可抵达。珀斯市中心和弗里曼特尔之间有许多公共汽车在运营，包括103路、106路、107路、111路和158路等。此外，这里还开通了直达机场的Connect (见1018页) 摆渡巴士。

从珀斯到弗里曼特尔的另一种惬意的方式就是乘坐Captain Cook Cruises (见1023页) 的游轮，航程约为1.25小时。

弗里曼特尔的单行道和停车收费表随处可见。步行或乘坐免费的CAT巴士服务足够轻松便捷，后者为10分钟一班的环形线路，覆盖所有重要景点，运行时间为工作日的7:30~18:30、周五的7:30~21:00及周末的10:00~18:30。

Bicycles (Fremantle Visitor Centre; Kings Sq; ⌚周一至周五 9:30~16:30, 周六 至15:30, 周日 10:30~15:30) 游客中心可为游客提供免费的自行车。这是探索充满故事的弗里曼特尔街道的理想方式。租车需支付$200的押金，还车时退还。

珀斯周边

包括 ➡

最佳就餐

- Hotel Rottnest（见1034页）
- New Norcia Hotel（见1043页）
- Taste & Graze（见1038页）
- Lobster Shack（见1042页）
- Beach Bistro（见1042页）

最佳住宿

- Cervantes Lodge & Pinnacles Beach Backpackers（见1041页）
- Amble Inn（见1042页）
- Rottnest Island Authority Cottages（见1034页）
- Lancelin Lodge YHA（见1040页）

为何去

西澳大利亚州（WA）地域辽阔，你不必从珀斯去太远的地方旅行就能感受到这个地区的独特魅力。一日游包括与野生海豚嬉戏、与海狮一同潜水、挖亮蓝的螃蟹或在丛林中寻觅兔耳袋狸。运动型的游客可以划皮划艇、漂流、冲浪、帆板、滑沙、潜水、跳伞和骑山地自行车。

早起体验黎明时分南邦国家公园（Nambung National Park）的尖峰石阵（Pinnacles），并在黄昏时分返程，结束一天壮观的旅程。探索被划入国民托管组织（National Trust）的古镇，或者去迷人的新诺舍（New Norcia）体验修道院氛围。

这一章的大标题可以用一日游来概括，或更好一点地概括为短途旅行。如果你喜欢长途旅行，无论是北部、南部或是东部，你会在这几页里发现你的第一个停留地点。

何时去

曼哲拉

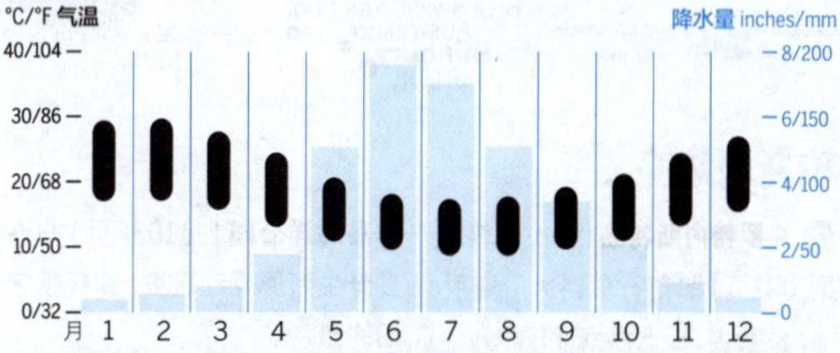

3月 海滩天气晴朗，是参观克利夫顿湖锑铜矿的好时节。

6月 亚封山谷美食和葡萄酒节在诺瑟姆举办，届时会有许多美食和优质的葡萄酒。

8月 野花开始绽放，勇敢、狂热的船桨手会参加诺瑟姆的亚封河节。

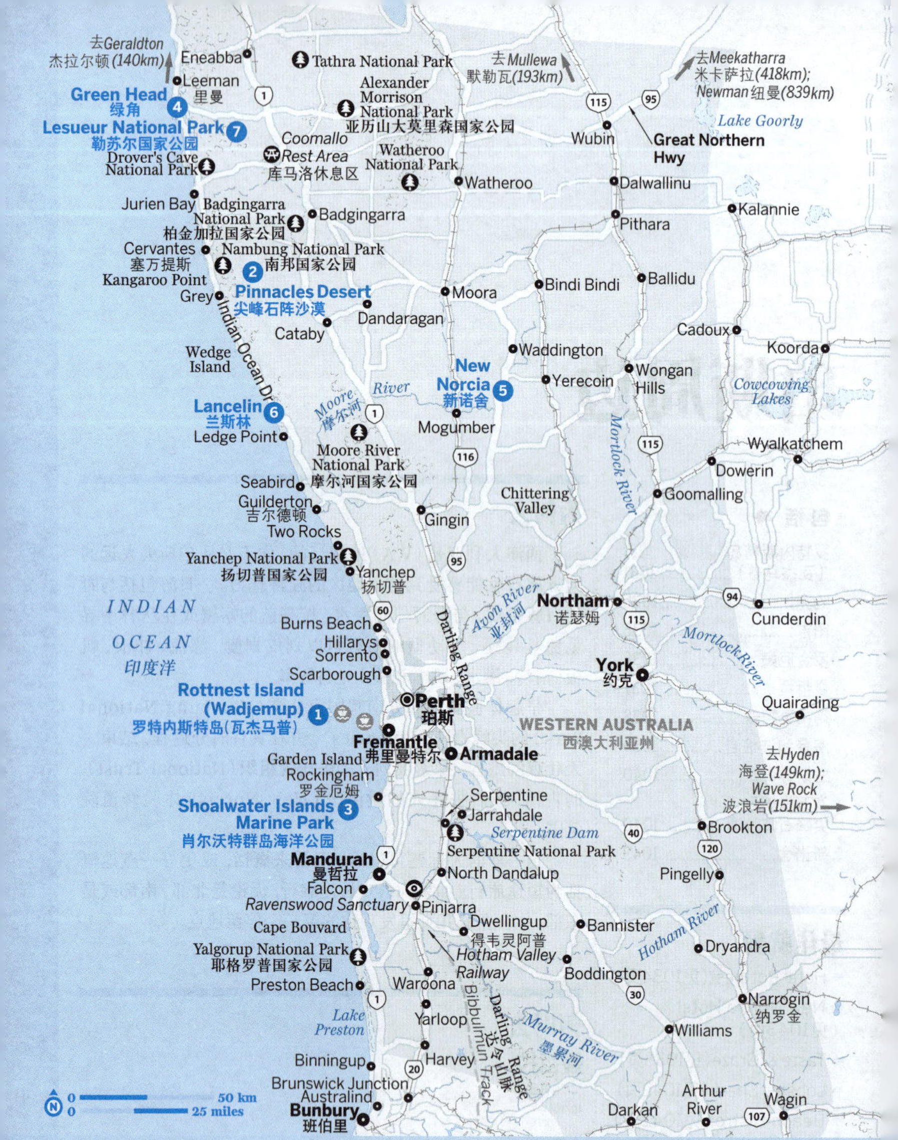

珀斯周边亮点

❶ 在**罗特内斯特岛**(瓦杰马普,见1031页)骑自行车到达沿海胜地,然后游泳、晒太阳和浮潜。

❷ 在恍若仙境的**尖峰石阵沙漠**(见1040页)欣赏绝妙的日落美景。

❸ 在紧邻罗金厄姆的**肖沃尔特群岛海洋公园**(见1036页)与许多野生海豚互动玩耍,并抚摸它们的鳍。

❹ 在**绿角**(见1042页)与海狮戏水。

❺ 在**新诺舍**(见1043页)探索迷人的修道院小镇。

❻ 在**兰斯林**(见1040页)悠闲的海边学习风帆冲浪、风筝冲浪和滑沙。

❼ 在**勒苏尔国家公园**(见1041页)置身于芬芳妖娆的野花海洋。

罗特内斯特岛（瓦杰马普）[ROTTNEST ISLAND（WADJEMUP）]

人口 475

"Rotto"一直是珀斯当地人家庭度假的游乐场。尽管距离弗里曼特尔（Fremantle）仅19公里左右，但这里没有汽车，遁世绝俗，四周被僻静的海滩和海湾环绕，让人感觉是离都市千里之外的人间天堂。

在这座11公里长、4.5公里宽的海岛上环岛骑行是一次真正的享受。你可以骑行一圈，然后选择自己钟爱的海滩度过一天。在路上，你会见到短尾矮袋鼠（quokka），它们是岛上唯一的土著陆生哺乳动物；也许你还会看到新西兰海狗（New Zealand fur seal）在迷人的岛屿西端（West End）附近嬉水玩耍，同时出现的还有海豚，赶对了季节还能看到鲸鱼；大号长尾蜥蜴（King skink）也很常见，它们会趴在路上晒太阳。

如果你憧憬着其他的消遣方式，浮潜、垂钓、冲浪和潜水都是适合在岛上开展的活动。事实上，在这里除了户外活动，还真没有什么其他事情可做。因此，如果天气很糟，不妨推迟你的一日游行程。如果真的赶上风起云涌，你可能会失望而归。

罗特内斯特岛还是每年毕业生和期末考试结束后的学生们聚会的场所，此时岛上到处都是喝得醉醺醺的孩子。根据你的年龄，这里要么成为你人生中最美好的回忆，要么成为最糟糕的一段——所以来之前要查看一下日历。

历史

根据Wadjuk人[努噶人（Noongar）的一支]的口述史，在海平面升高之前，这座岛屿曾经与大陆相连。现代科学家研究发现，这次分离发生在6500年前，Wadjuk人的传说因此成为世界最古老的记忆之一。考古发现表明，这座岛屿3万年前就有人类活动，而不是与大陆分离之后才有人居住。

1696年，荷兰探险家威廉·德·福拉曼（Willem de Vlamingh）宣称发现了这个岛屿。他将这里命名为Rotte-nest（意思是"老鼠窝"），因为他看到遍地都是巨型"老鼠"（实际上那是澳大利亚短尾矮袋鼠）。

短尾矮袋鼠

曾几何时，短尾矮袋鼠的身影遍布澳大利亚整个西南地区，如今它们的栖息地只剩下大陆上的森林，此外在罗特内斯特岛上还有8000~10,000只短尾矮袋鼠。这种可爱、温顺的小型有袋目哺乳动物在相当长的一段时间里经历了许多尴尬。发现这座岛屿的荷兰探险家威廉·德·福拉曼（Willem de Vlamingh）的船员将它们误当作老鼠；随后，英国定居者错听并改变了它们的名字（在Noongar语中它们的名称应该是quak-a或gwaga）。然而，最糟糕的是，20世纪90年代的虐待狂们发明了一种名为"矮袋鼠足球"的残忍游戏，许多矮袋鼠都被活活踢死，直到游戏参与者受到$10,000的罚款后这股风气才被逐渐遏制住。

从1838年开始，这里被用作监狱，关押来自全州各地的原住民男人和男孩。至少有3670人曾被关押于此，在恶劣的条件下，大约有370人死亡（其中至少5人被判绞刑）。在监狱建立之前，瓦杰马普（Wadjemup，原住民对罗特内斯特岛的称呼）就被视为"神灵之城"，加上监狱时代数百同胞命丧于此，这里在原住民心中就变得愈加神圣。时至今日，仍有许多原住民避免登上这座岛。

景点

监狱 古迹

（Quod；Kitson St）建于1864年，这座有天井的八角形建筑，曾经是关押原住民的监狱，如今已成为Rottnest Lodge酒店的一部分。在作为监狱的那段时间里，每个长3米、宽1.7米的牢房里都被塞进好几个人，而且没有任何卫生设施（造成大部分人的死因都是疾病）。这座建筑群现在只有一个教堂对游客开放，教堂很小，被粉刷成白色。每周日服务在上午9:30开始。

罗特内斯特博物馆 博物馆

（Rottnest Museum；Kitson St；少量捐赠即可入内；⏲11:00~15:30）位于干草商店旧楼中，这个小博物馆讲述了这座小岛的自然和人文

Rottnest Island 罗特内斯特岛

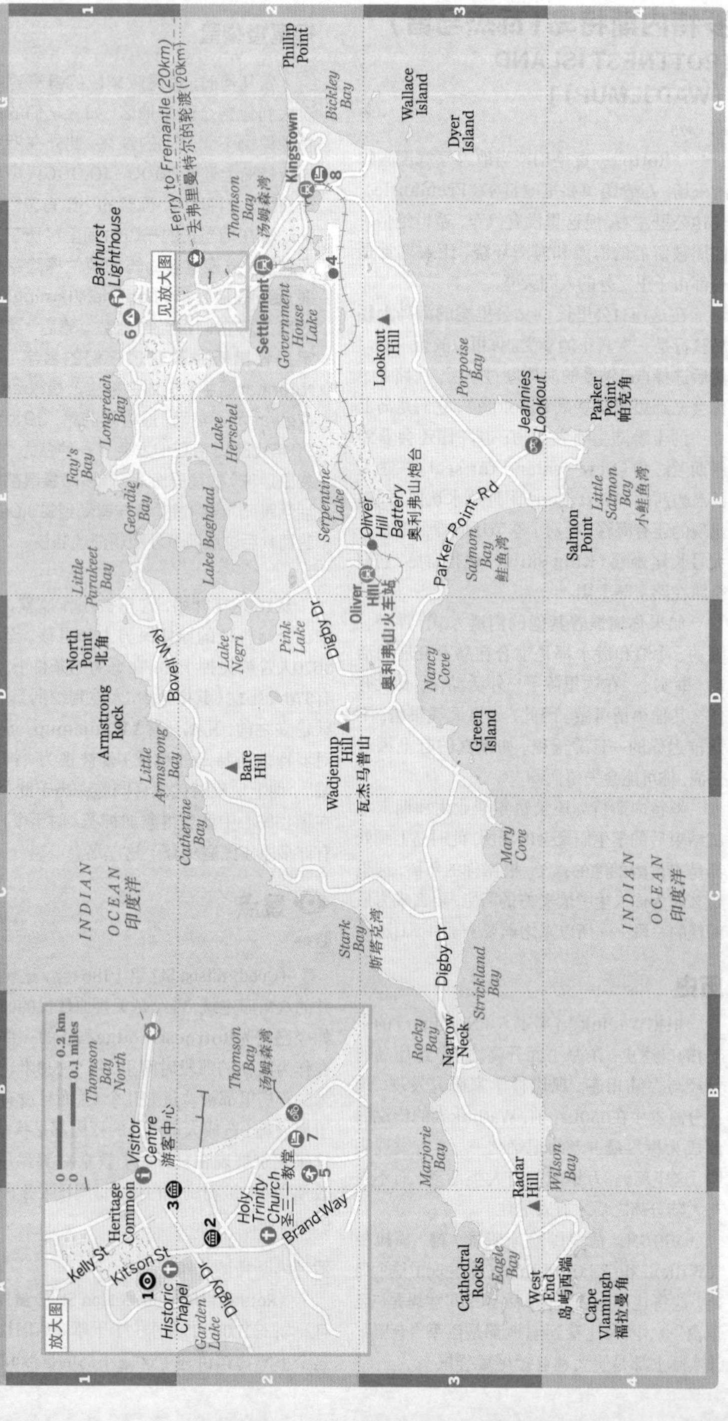

Rottnest Island 罗特内斯特岛

景点

1 监狱 A1
2 罗特内斯特博物馆 A2
3 盐店 A1

活动、课程和团队游

4 罗特内斯特空中出租车 F2
5 Rottnest Island Bike Hire B2
罗特内斯特志愿导游 （见3）

住宿

6 Allison Tentland F1
7 Hotel Rottnest B2
8 Kingstown Barracks Youth Hostel G2
Rottnest Lodge （见1）

就餐

Hotel Rottnest （见7）
Riva （见1）

历史，以及关于海难和监禁的苦难记忆。

盐店 历史建筑

（Salt Store; Colebatch Ave）免费 这座建筑建于19世纪，内设图片展览，展现了当地历史的不同篇章：1838~1950年，岛上的盐湖供应着整个西澳大利亚州用盐。这里还是步行团队游的集合地点。

活动

这里水温适宜，能见度极好，水下还有珊瑚和沉船，因此成为水肺潜水和浮潜的绝佳之选。带有水下标识的浮潜小径位于小鲑鱼湾（Little Salmon Bay）和帕克角（Parker Point）。

罗特内斯特的珊瑚礁上沉睡着十几艘沉船。岛上各处的讲解牌讲述了这些船是如何以及何时沉没的。唯一一艘不需要浮潜爱好者乘坐小船就可以直接前往的沉船位于汤姆森湾（Thomson Bay）。

最佳冲浪点在岛屿西端的斯特里克兰湾（Strickland Bay）、鲑鱼湾（Salmon Bay）和斯塔克湾（Stark Bay）。

Rottnest Island Bike Hire 自行车出租

（☎08-9292 5105; www.rottnestisland.com; Bedford Ave和Welch Way的交叉路口；⏰8:30~16:00，夏季至17:30）出租面罩、呼吸管、脚蹼和冲浪板。

团队游

罗特内斯特志愿导游 步行团队游

（Rottnest Voluntary Guides; ☎08-9372 9757; www.rvga.asn.au）每天都有从盐店（Salt Store）中心出发的免费主题步行游活动：历史（History）、礁石（Reefs）、Wrecks和Daring Sailors; Vlamingh Lookout和Salt Lakes；以及短尾矮袋鼠漫步（Quokka Walk）。向导还可带队参观游览瓦杰马普灯塔（Wadjemup Lighthouse; 成人/儿童$9/4）、奥利弗山炮台及隧道（Oliver Hill Gun & Tunnels; 成人/儿童$9/4），但是需要你自行前往这两处目的地。

Oliver Hill Train & Tour 火车游

（www.rottnestisland.com; 成人/儿童$29/16.50）奥利弗山（Oliver Hill）炮台建于20世纪30年代，在西澳大利亚州（WA）海岸线和弗里曼特尔（Fremantle）港口的防御中发挥了重要作用。这段旅程将带你乘火车前往奥利弗山（13:30从火车站出发），途中还会由罗特内斯特志愿导游（Rottnest Voluntary Guides）带队游览炮台和隧道。

罗特内斯特探险之旅 乘船游

（Rottnest Adventure Tour; www.rottnestexpress.com.au; 成人/儿童$55/27; ⏰9月中旬至次年4月末）环绕海岸线进行的1.5小时乘船巡游活动，重点是观赏野生动物。除珀斯（成人/儿童$152/78）和弗里曼特尔（$132/68）外，都有旅行套餐可供选择。登录网站查看其他游览信息，如发现罗特内斯特（Discover Rottnest）海岸之旅和生态浮潜（Eco-Express snorkelling）之旅。9月中旬至11月末，还有历时2小时的观鲸之旅（成人/儿童$77/34，珀斯除外）。

罗特内斯特空中出租车 观光飞行

（Rottnest Air Taxi; ☎0411 264 547, 1800 500 006; www.rottnest.de）10分钟的空中飞行项目，可从空中俯瞰整个岛屿（$45）。

食宿

罗特内斯特岛在夏季和学校假期期间是非常受欢迎的度假地，住宿在几个月前就被预订一空。大部分罗特内斯特岛的旅行者都选择自炊。岛上的商店像是一个小超市（可售酒），但如果你只是停留片刻，最好是自己带上一些食品和用品。你也可以通过www.rottnestgeneralstore.com.au预订各种商品。

Allison Tentland 露营地 $

（☎08-9432 9111；www.rottnestisland.com；Thomson Bay；营地$36）这片绿树成荫、配有烧烤设施的露营地是岛上唯一允许露营的地方。要小心保管你的个人物品，尤其是食物——淘气的短尾矮袋鼠面对美食从来都是毫不客气的！

Kingstown Barracks Youth Hostel 青年旅舍 $

（☎08-9432 9111；www.rottnestisland.com；铺/家$51/111）这家青年旅舍位于一座旧式的陆军兵营内，依旧给人一种纪律严明的感觉。旅舍没有太多设施。先到游客中心登记入住，然后可步行、骑自行车或搭乘巴士前往1.8公里外的Kingstown。

★Rottnest Island Authority Cottages 小屋 $$

（☎08-9432 9111；www.rottnestisland.com；小屋$114~256）岛上约有250栋别墅和小屋可供出租。其中一些有着面朝大海的绝佳位置，而且修得富丽堂皇；其他的则更像是沙滩棚屋。周五和周六晚上房价会增加约$60，旺季（9月末至次年4月）可能会一再加价，涨幅最高可达$120。登录网站可查看复杂的价格表。

Rottnest Lodge 酒店 $$

（☎08-9292 5161；www.rottnestlodge.com.au；Kitson St；房间$210~320；❄）据说旧楼内时常闹鬼。酒店所在的地方曾是监狱和男孩感化学校。如果这让你感到不安，可以要一间新楼内的房间，从那里可以俯瞰一个盐湖。Riva餐馆供应意大利风味的菜肴。

Hotel Rottnest 酒店 $$$

（☎08-9292 5011；www.hotelrottnest.com.au；1 Bedford Ave；房间$270~320；❄）酒店的前身是Quokka Arms，这座前州长的夏季度假别墅（建于1864年）如今已经完全改造成了一处时尚场所。毗邻建筑里雪白的房间精致而现代，就是价格略高。一个巨大的玻璃亭构造出了开放而诱人的空间，小酒馆风格的餐食（主菜$19~38）价格合理（考虑到这里的地理位置）。一些房间可以看到绝佳的海景。

Riva 海鲜 $$

（Rottnest Lodge；Kitson St；午餐$18~20，晚餐$24~38；⊙正午至深夜）这家典雅的意大利餐馆主打烧烤和海鲜。对虾和鲑鱼都洋溢着浓郁的地中海风情。这里还有木柴烤比萨和诱人的转炉烤鸡和烤羊肉。

★Hotel Rottnest 小酒馆美食 $$

（www.hotelrottnest.com.au；1 Bedford Ave；比萨$20~26，主菜$25~38；⊙11:00至深夜）在这个别致的海滨酒店的人工草皮上，一边欣赏夕阳西下时的美景，一边喝上一杯Little Creatures，别提有多惬意了。巨大的玻璃馆为享用小酒馆式的食物和比萨饼提供了开阔而引人注目的环境，考虑到地理位置和餐饮氛围，这里的价格也算合理。夏日，定期的乐队和DJ表演让这里慵懒的海岛气氛越发浓郁。

实用信息

主码头附近有一片购物区，这里还有一台自动柜员机。

巡逻队（Ranger；☎08-9372 9788）可以查询钓鱼和划船信息。

游客中心（☎08-9372 9732；www.rottnestisland.com；Thomson Bay；⊙周六至周四7:30~17:00，周五至19:00，夏季营业时间延长）办理岛上所有官方经营的住宿地的入住手续。弗里曼特尔办事处（见1022页地图；☎08-9432 9300；www.rottnestisland.com；E Shed，Victoria Quay）位于轮渡码头附近，设有一个预订柜台。

到达和离开

飞机

Rottnest Air-Taxi（☎0411 264 547；www.rottnest.de）提供从珀斯的简达科特（Jandakot）机场起飞的四座飞机（单程/同日往返/延期往返$260/360/460）或六座飞机（单程/同日往返/延

期往返$380/480/580)的包机服务。四座飞机最多可载3名乘客，六座飞机最多可载5名乘客。

船

Rottnest Express(☎1300 467 688; www.rottnestexpress.com.au)办事处分别设立在弗里曼特尔(见1022页地图; BShed, Victoria Quay; 成人/儿童$83.50/47)、诺斯珀特(见994页地图; 1 Emma Pl, Northport, RousHead; 成人/儿童$83.50/47)、珀斯(见998页地图; Pier 2, Barrack St Jetty; 成人/儿童$103.50/57)。这里列出的价格是包括上岛门票在内的当日往返价格。轮渡班次随季节而变化，下面所列均为最短航时和最少班次：珀斯(1.75小时，每天1班)、弗里曼特尔(30分钟，每天5班)、北弗里曼特尔(30分钟，每天3班)。还有许多套餐可选，可以加入自行车租赁服务、浮潜装备、餐食、住宿和团队游等。

Rottnest Fast Ferries(☎08-9246 1039; www.rottnestfastferries.com.au; 成人/儿童$85/48.5)从希拉里斯船港(Hillarys Boat Harbour)出发(40分钟；每天3班)。也有套餐可供选择。希拉里斯船港在珀斯以北约40分钟车程处。可登录www.hillarysboatharbour.com.au了解公共交通详情。夏季周五晚上还增加了一班渡轮，18:00离港。

当地交通

Rottnest Island Bike Hire(☎08-9292 5105; www.rottnestisland.com; Bedford Ave和Welch Way的交叉路口; 每小时$13, 1天/2天/3天/4天/5天$32/45/56/67/79; ⏲8:30~16:00, 夏季至17:30)提供在线预订和现场租赁自行车服务。Rottnest Express和游客中心也提供自行车出租服务。

汤姆森湾(Thomson Bay)和主要住宿区之间有免费摆渡车来往。**Island Explorer**(www.rottnestisland.com; 成人/儿童$20/12; ⏲8:45~15:00, 每1.25小时一趟)提供客运服务，可以随时上下车，环岛设有18个站点。车上有解说，如果你是第一次来这里，这将会是一个不错的选择。

亚封山谷(AVON VALLEY)

粮食短缺迫使斯特灵州长(Governor Stirling)派遣Ensign Dale前往达令山脉(Darling Range)寻找耕地，郁郁葱葱的亚封山谷(Avon Valley)就这样在1830年年初被欧洲殖民者"发现"了。Ensign Dale发现的是天鹅河(Swan River)的上游河段，但他推测这是一条独立的河流——这就是为什么瓦永嘉国家公园(Walyunga National Park)内的河道由天鹅(Swan)更名为亚封(Avon)。许多历史悠久的石砌建筑仍然在该地区的城市和乡村中傲然挺立。

亮点是低调的约克(York)和图吉(Toodyay)。诺瑟姆(Northam)各地一年一度举办盛大节日，包括在6月初举办的亚封山谷美食和葡萄酒节(Avon Valley Gourmet Food & Wine Festival; www.avonvalleywa.com.au)和在8月初举办的激动人心的亚封河节(Avon River Festival; www.avondescent.com.au)。

约克(York)

距珀斯仅97公里的约克是西澳大利亚州内陆最古老的城镇，始建于1830年，仅在天鹅河被殖民统治2年后。移居到这里的人们看到了亚封山谷(Avon Valley)与他们的家乡约克郡(Yorkshire)的相似之处，所以斯特灵州长(Governor Stirling)就把这个地方命名为约克(York)。整个城镇已经被列入国民托管组织(National Trust)。

景点

Avon Tce林立着许多重要的建筑，包括市政厅、Castle Hotel、警察局、旧监狱和法院(Old Gaol & Courthouse)和移民局(Settlers House)。横跨亚封河的吊桥建于1906年。

圣三一教堂 教堂

(Holy Trinity Church; Pool St)在亚封河(Avon River)河畔，这座教堂建成于1854年，拥有由西澳大利亚州艺术家罗伯特·朱尼珀(Robert Juniper)设计的彩色玻璃窗，以及一架罕见的管风琴。

机车博物馆 博物馆

(Motor Museum; www.yorkwa.com.au/Motor.Museum; 116 Avon Tce; 成人/儿童$9/4; ⏲9:30~15:00)老爷车爱好者的必去之地。

住宅博物馆 博物馆

（Residency Museum；www.yorksoc.org.au；Brook St；成人/儿童$4/2；⏲周二、周三和周四13:00~15:00，周六和周日11:00~15:30）建于1858年，这座博物馆拥有一些有趣的历史展览和约克令人心酸的黑白老照片。

就餐

Jules Cafe 咖啡馆 $

（121 Avon Tce；小吃和主菜$10~18；⏲周一至周六8:00~16:00；）自1990年开张以来，Jules Café为古老的约克增添了一抹亮色。餐厅极具黎巴嫩（Lebanese）风情，供应顶级的烤肉串、炸豆丸子（falafel）和中东甜食。新引进的有机食品、素食和无麸质食品使这里令人耳目一新。

到达和离开

Transwa（☎1300 662 205；www.transwa.wa.gov.au）与约克有长途汽车往返的地区有：珀斯东部（$17，1.5小时）、巴克山（$56，5.25小时，每周4趟）和奥尔巴尼（$61，6小时，每周4趟）。

图吉（Toodyay）

图吉（Toodyay）历史悠久，距珀斯东北部仅85公里，是一个周末度假胜地。在这里你可以逛一逛小古董店，或在一家古老的小酒馆的阳台上喝一杯啤酒。图吉有许多迷人的文物建筑，因此也被列入国民托管组织（National Trust）。起初这里名为纽卡斯尔（Newcastle），图吉（发音为"2J"）这个名字来源于土著语duidgee（富饶之地），1910年左右采用。

景点

康纳的磨坊 博物馆

（Connor's Mill；Stirling Tce；门票$3；⏲9:00~16:00）从这个古老的磨坊（1870年）顶部开始参观，向下通过3个楼层，机器发出轰隆隆声音，还有对粉碎过程的解说演示以及对当地历史的介绍。入口在邻近的游客中心。圣史蒂芬教堂（St Stephen's Church，1862年）在马路对过，也值得一看。

纽卡斯尔监狱 博物馆

（Newcastle Gaol；17 Clinton St；门票$3；⏲10:00~16:00）建于19世纪60年代，用于关押罪犯劳动力，这个监狱包括一间审判室、数间牢房和马厩。还有一个画廊，讲述了丛林大盗Moondyne Joe的故事。

Coorinja 葡萄酒厂

（Toodyay Rd；⏲周一至周六10:00~17:00）自19世纪70年代开始经营，这家葡萄酒厂专门加工烈葡萄酒，包括波特酒、雪利酒、麝香葡萄酒和马沙拉白葡萄酒（Marsala）。酒厂距城镇6公里远，在通往珀斯的路上。

到达和离开

图吉是**Transwa**（☎1300 662 205；www.transwa.wa.gov.au）运营的AvonLink和Prospector路线上的一个站点，有火车通往珀斯东部（$17，1.25小时，每周7趟）、诺瑟姆（$8，20分钟，每周12趟）和卡尔古利（$78，5.5小时，每周4趟）。

罗金厄姆和皮尔区（ROCKINGHAM & THE PEEL DISTRICT）

这个地区坐拥大片红柳桉树林和众多海滨度假村，是从珀斯出发进行一日游的上佳之选，也可以作为西南远征之旅的第一站。进入皮尔区，你将穿过Wadjuk领地并进入他们的Noongar邻居——Pinjarup人的地盘。

罗金厄姆（Rockingham）

人口 10万

距珀斯南部大约46公里，这座海边小镇有风景优美的沙滩和肖尔沃特群岛海洋公园（Shoalwater Islands Marine Park；www.marineparks.wa.gov.au；⏲6月至9月中旬关闭，为了动物筑巢），在这里你可以观察野生海豚、海狮和企鹅。

划船、游泳或搭乘轮渡（Mersey Point Jetty；每人$12；⏲9月至次年5月9:00~15:00每小时1班）几分钟就可以到达企鹅岛（Penguin Island），这里栖息着600多对繁殖后代的企鹅，以及数千只地面筑巢的澳洲红嘴鸥。除了观鸟，你还可以在清澈见底的海水里游泳和浮潜。如果天气晴朗，你还可以在罗金厄姆（Rockingham）的休憩场地上用餐。

活动

Rockingham Wild Encounters 野生动物观赏

（☎08-9591 1333; www.rockinghamwildencounters.com.au; Arcadia Dr和Penguin Rd的交叉路口）这是带领游客到罗金厄姆（Rockingham）附近的企鹅岛（Penguin Island）观光的唯一一个有执业资格的机构，还经营其他对环境危害较小的观光游。最受欢迎的是海豚共泳观光游（从Val St Jetty出发；每人$205~225；⏲9月至次年5月8:00）。在海洋公园，你可以与200条野生的宽吻海豚互动。如果你不想将身上弄湿，这里也有两小时的观赏海豚之旅（从Shoalwater的Mersey St Jetty出发；成人/儿童$85/50；⏲9月至次年5月10:45）。此外，还可以选择一个45分钟的乘坐玻璃底游船的企鹅和海狮巡游。该机构可以派车前往珀斯各个酒店接送客人。

West Coast Dive Park 潜水

（www.westcoastdivepark.com.au; 许可证每天/每周$25/50）在据说很倒霉的400吨级渔船Saxon Ranger号沉没后，海洋公园内的潜水活动变得更加有趣。可以从游客中心领取在此地潜水的许可证。可联系Australasian Diving Academy（见1003页）了解前往Saxon Ranger号、其他海底残骸（三艘沉船和两架飞机）以及附近众多珊瑚礁的信息。

实用信息

游客中心（☎08-9592 3464; www.rockinghamvisitorcentre.com.au; 19 Kent St; ⏲9:00~17:00）如果你想逗留一晚，这里会提供住宿信息。

到达和当地交通

罗金厄姆有**Transperth**（☎13 62 13; www.transperth.wa.gov.au）运营的常规火车，经由Mandurah线到达珀斯地下车站/滨海大道车站（$7.70，34分钟）和曼哲拉（$5.20，18分钟）。

罗金厄姆车站位于罗金厄姆海滩（Rockingham Beach）东南约4公里、默西角（Mersey Point）以东约6公里处，后者也是前往企鹅岛轮渡的出发地。你可以乘坐551路或555路公共汽车前往海滩，或者继续乘551路前往默西角。

> **值得一游**
>
> **耶格罗普国家公园**
>
> 曼哲拉以南50公里处就是美丽的耶格罗普国家公园（Yalgorup National Park），这个占地12,000公顷的美丽滨海公园有10个宁静的湖泊，周围围绕着森林和沙丘。该公园是一处公认的对于季节性迁徙水鸟具有国际意义的湿地。你也可以来看看克利夫顿湖（Lake Clifton）特有的一种锑铜矿（thrombolites），这种矿石源于地球上某些最为古老的有机物。3月和4月，水落石出，是观赏这些类岩石结构的最佳时期。Old Coast Rd旁的Mt John Rd上有一个观景台。

曼哲拉（Mandurah）

人口 68,300

为了摆脱退休养老地的老旧形象，曼哲拉正千方百计地向高端海滨度假村转型。

城镇横跨曼哲拉河口（Mandurah Estuary），该河口位于大洋和皮尔湾（Peel Inlet）的水域之间。这里也是该地区钓鱼、捕蟹、捞虾（3月至4月）和观赏海豚的最佳地点。

活动

Mandurah Cruises 游轮

（☎08-9581 1242; www.mandurahcruises.com.au; Boardwalk）你可以参加历时一小时的海豚和风景优美的运河巡游（Dolphin & Scenic Canal Cruise），或是历时半天的墨累河午餐巡游（Murray River Lunch Cruise），整个12月还会有历时1个小时的圣诞赏灯运河巡游（Christmas Lights Canal Cruise），在令人啧啧称赞的节日展览上，你还能看到许多百万富翁的豪宅。另有其他主题的游船活动，如捕捞和烹饪曼哲拉有名的蓝色梭子蟹，以及突出该地区历史的遗产巡游。

Mandurah Boat & Bike Hire 划船、骑自行车

（☎08-9535 5877；www.mandurahboatandbikehire.com.au；Boardwalk）在四座小船或六座浮船（每小时/每天$50/320起）上捕鱼。

就餐

★Taste & Graze 咖啡馆 $$

（www.tasteandgraze.com.au；Shop 3/4 16 Mandurah Tce；拼盘和主菜$14~32；⏲周日至周三8:00~16:00，周四至周六17:00至深夜）这家咖啡馆位于"老"曼哲拉城区后面，户外桌椅可以让你尽享午后阳光。琳琅满目的新派澳洲菜菜单包括早餐、午餐和小拼盘，使这里成为都市之中静静品味咖啡的好地方。

实用信息

游客中心（☎08-9550 3999；www.visitmandurah.com；75 Mandurah Tce；⏲9:00~17:00）在河口的木板栈道上。

到达和离开

Transwa（☎1300 662 205；www.transwa.wa.gov.au）和**South West Coach Lines**（☎08-9261 7600；www.transdevsw.com.au）都有公共汽车在此停靠。

有直达珀斯地下车站/滨海大道（$10.20，50分钟）和罗金厄姆（$7.70，8分钟）的列车。

得韦灵阿普（Dwellingup）

人口 550

得韦灵阿普是一个被森林覆盖的个性小镇，位于珀斯以南100公里处。那些挑战比布蒙小径（Bibbulmun Track）和蒙达比第小径（Munda Biddi Trail）的坚强的长途徒步者和骑行者往往将这里作为活动基地，小镇也因此而闻名。

景点和活动

森林遗产中心 自然保护区

（Forest Heritage Centre；www.forestheritagecentre.com.au；1 Acacia St；成人/儿童$5.50/2.20；⏲10:00~15:00）这个有趣的夯土建筑坐落于红柳桉树森林内，采用了三片相互连接的桉树叶的造型。中心内有关于森林动植物群落的展览，还有一家商店销售当地木工艺术家制作的精美手工艺品。中心外有深入森林的带标记的短途小径，其中有一段11米高的树顶吊桥。

Hotham Valley Railway 旧式火车

（☎08-6278 1111；www.hothamvalleyrailway.com.au；森林火车成人/儿童$24/12，美食列车$79，蒸汽机车成人/儿童$34/17；⏲森林火车发车时间周六和周日10:30和14:00，美食列车发车时间周六19:45，蒸汽机车发车时间5月至10月周日10:30和14:00）周末以及学校假期的周二和周四，得韦灵阿普的**森林火车**（Forest Train）会沿着一条8公里的森林火车道行进，往返90分钟。**美食列车**（Restaurant Train）每周六晚上（周五有时也运行）会沿着相同的路线行进，在1919年生产的车厢里供应5道菜的大餐。第三个选择是**蒸汽机车**（Steam Ranger），沿着西澳大利亚州最陡峭的铁路线行进14公里，爬升至伊莎德拉席丁（Isandra Siding）。蒸汽机车仅在5月至10月的周日开行。

Dwellingup Adventures 探险运动

（☎08-9538 1127；www.dwellingupadventures.com.au；Marrinup St和Newton St交叉路口；单人皮划艇和双人独木舟每3小时$30；⏲8:30~17:00）不要错过在美丽的墨累河上泛舟的好机会。租上露营装备、自行车、皮划艇和独木舟，或者参加自助式泛舟游（全天；单人皮划艇每艘$107）或自行车骑行游（全天；单人/双人/三人$107/140/198）。激浪漂流之旅可在6月至10月开展（每人$150）。

实用信息

游客中心（☎08-9538 1108；www.murraytourism.com.au；Marrinup St；⏲9:00~15:00）内部有一个关于1961年林区火灾的有趣展览，大火几乎摧毁了得韦灵阿普，烧毁了75间房屋，但没有造成人员伤亡。

德兰德拉至海登（DRYANDRA TO HYDEN）

美丽的森林、珍稀的有袋目动物、令人惊

值得一游

德兰德拉林地

德兰德拉林地（Dryandra Woodland）是位于珀斯东南部164公里处的一片残存的桉树林，是濒危的袋食蚁兽、负鼠和塔马尔沙袋鼠的家园。这片隐匿的林地向人们展示了大规模土地清理和野生食肉动物对当地生态系统造成破坏之前的小麦种植带的景象。这里有无数步行小路，从而成为人们逃避珀斯喧嚣的好去处。

巴纳米亚动物保护区（Barna Mia Animal Sanctuary）非常不错，是濒危的兔耳袋狸、草原袋鼠、负鼠和marla的家园。保护区内有90分钟的夜间手电团队游，你能近距离观赏这些动物，机会难得。可通过**公园和野生动物机构**（DEC；☎08-9881 9222；www.parks.dpaw.wa.gov.au；7 Wald St, Narrogin；成人/儿童/家庭$14/7.50/37.50；⏲8:30~16:00）预订周一、周三、周五和周六的夜间团队游，旺季时需要提前预订。

虽然你可以在**Congelin Camp Ground**（☎08-9881 9200；成人/儿童$7.50/2.20）支起帐篷，但是德兰德拉仍是不容错过的地方之一。**Lions Dryandra Village**（☎08-9884 5231；www.dryandravillage.org.au；成人/儿童$30/15，2人/4人小屋$70/90，8~12人小屋$130）是建于20世纪20年代的森林露营地，提供设施齐备、经过重新装修的伐木人小屋，并配有冰箱、炉灶、壁炉、浴室，附近还有游走的沙袋鼠。搭乘Transwa长途汽车可前往东南22公里外的纳罗金（Narrogin）。

叹的古代花岗岩构造、咸水湖、趣味盎然的小路和独一无二的波浪岩（Wave Rock），这些都是散布在这片广阔的农耕地区中的亮点。

海登和波浪岩（Hyden & Wave Rock）

巨型花岗岩点缀着中部和南部小麦带（Central and Southern Wheat Belts），其中最为著名的当属其顶部突出的彩色波浪岩（距离珀斯350公里）。波浪岩形成于6000万年前，成因是风化和流水侵蚀，彩带般的颜色则是因为流经的泉水富含矿物质。

想更深入地了解波浪岩，可以去**游客中心**（☎08-9880 5182；www.waverock.com.au；Wave Rock；⏲9:00~17:00）领取小册子《徒步小路：波浪岩和驼峰》（*Walk Trails at Wave Rock and The Humps*）。将车停在Hippos Yawn，然后沿绿荫小路由岩石底部前往波浪岩（1公里）。

住宿非常抢手，所以最好提前致电**Wave Rock Cabins & Caravan Park**（☎08-9880 5022；www.waverock.com.au；不供电/供电营地$28/35起，小屋/小别墅$140/160起；❄📶），以求在桉树林中有一个栖身之地。

在波浪岩以东4公里处的海登（人口190），20世纪70年代的砖楼**Wave Rock Motel**（☎08-9880 5052；www.waverock.com.au；2 Lynch St；标单/双$105/150起；❄📶）有一个室内丛林小酒馆。

Transwa有长途客车从珀斯发往海登（$51，5小时），并继续开往埃斯佩兰斯（$53，5小时），每周二发车，周四返回。可以到西澳大利亚州游客中心（WA Visitor Centre，见1018页）查询波浪岩（Wave Rock）的团队游信息。需要注意的是，这一天的旅行会相对漫长。

如果要前往纳拉伯（Nullarbor）或从纳拉伯返回，可以选择未铺设柏油路面的海登—诺斯曼路（Hyden-Norseman Road），这将让你节省大约100公里路。可以在诺斯曼或波浪岩的游客中心获得宣传册《花岗岩和林地发现之旅》（*The Granite and Woodlands Discovery Trail*）。

日落海岸和绿松石海岸（SUNSET & TURQUOISE COASTS）

印度洋景观大道（Indian Ocean Drive）连接起珀斯与一系列美丽的海滩、静谧的渔村、壮丽的地貌、崎岖嶙峋的国家公园和无与伦比的多样植物群。

到达和离开

Integrity（☎1800 226 339；www.integritycoachlines.com.au）运营海滨路线的长途汽车，每周3趟，连接珀斯（Perth）和杰拉尔顿（Geraldton），以及埃克斯茅斯（Exmouth）和布鲁姆（Broome）。

Transwa（☎1300 662 205；www.transwa.wa.gov.au）在周五和周日下午2点发车，开往塞万提斯（Cervantes）和绿角（Green Head）。周五的车会继续前往杰拉尔顿（Geraldton）。

扬切普国家公园（Yanchep National Park）

扬切普国家公园（www.parks.dpaw.wa.gov.au；Wanneroo Rd；每车$12；⊙游客中心9:15~16:30）的森林和湿地养育着成百上千种动物和植物，包括考拉、袋鼠、鸸鹋和凤头鹦鹉等。可以报名参加45分钟的探洞游（成人/儿童$10/5；每天5次）。周末的14:00和15:00，当地Noongar向导会组织非常棒的团队游（成人/儿童$10/5），你可以从中了解原住民的历史、文化和生活方式，还可观看迪吉里杜管和舞蹈表演（成人/儿童$10/5）。

吉尔德顿（Guilderton）

人口 150

扬切普以北43公里处的吉尔德顿是一个非常受欢迎的亲子游度假地。孩子们在摩尔河（Moore River）河口安全地泛舟，家长们则在海洋边的白沙滩上享受垂钓、冲浪和日光浴。Guilderton Caravan Park（☎08-9577 1021；www.guildertoncaravanpark.com.au；2 Dewar St；不供电/供电营地$30/45，小屋$165）是度假者的聚集地，这里有设施完善的度假屋、一间咖啡馆和一个杂货店，还有由志愿者运营的游客中心（开放时间不定）。

兰斯林（Lancelin）

人口 670

受远处一片海礁的庇护，这片宁静的浅滩在午后风起时会摇身变为风帆冲浪和风筝冲浪的绝佳场所。每年1月这里都会吸引五湖四海的极限运动爱好者前来参加兰斯林海洋公开赛（Lancelin Ocean Classic；www.lancelinoceanclassic.com.au）。这里同时也是一个极好的浮潜地点。

活动

Makanikai Kiteboarding 风筝冲浪

（☎0406 807 309；www.makanikaikiteboarding.com；课程$200起）课程讲授风筝冲浪的艺术，并出租器材。另有含住宿的套餐项目。

食宿

★Lancelin Lodge YHA 青年旅舍 $

（☎08-9655 2020；www.lancelinlodge.com.au；10 Hopkins St；铺/双/家$30/85/105；@🛜🏊）这家气氛慵懒的青年旅舍设备齐全、热情好客，拥有宽敞的走廊和许多可供休闲的公共场所。实用的设施包括大大的厨房、烧烤架、木柴比萨烤炉、游泳池、乒乓球桌、排球场以及免费使用的自行车和布吉板（一种短而轻的冲浪板）。

Endeavour Tavern 小酒馆 $$

（58 Gingin Rd；主菜$18~38）这是一家典型的澳洲海滨酒馆，有可俯瞰大海的啤酒花园。休闲小餐厅提供不错的海鲜、经典酒馆小食和美味的柴火比萨饼。

塞万提斯和尖峰石阵沙漠（Cervantes & Pinnacles Desert）

人口 480

盛产小龙虾的悠闲小镇塞万提斯（Cervantes）在珀斯以北198公里处，是探索尖峰石阵沙漠（Pinnacles Desert）和邝甘（Kwongan）——勒苏尔国家公园（Lesueur National Park）和柏金加拉国家公园（Badgingarra National Park）繁花似锦的荒野腹地——的落脚点。这里也有一些可爱的海滩供你打发时间。

景点和活动

★南邦国家公园 国家公园

（Nambung National Park；每车$12）距离塞万提斯19公里的南邦国家公园是壮观的尖峰

石阵沙漠的所在地，数以千计的石灰石柱从广袤的沙漠中拔地而起，简直像是外星景观。这些给沙漠增添了神秘色彩的石柱其实是压实了的贝壳残骸，这些贝壳曾经覆盖在平原上，经过数千年的风化侵蚀，最终形成这些石柱。一条环形道路穿梭其间，但是徒步漫游更为有趣，尤其是在日暮、满月或黎明时，光线照在石柱上形成梦幻般的效果，而且也不会有熙熙攘攘的人流。

勒苏尔国家公园 国家公园

（Lesueur National Park；每车$12）位于塞万提斯以北50公里处的这处植物天堂孕育了820种植物，其中许多都是珍稀品种及当地特有品种，例如松树班克木（Banksia tricupsis）和勒苏尔山银桦（Grevillea batrachioides）等。冬末，漫山遍野的石楠花迎风怒放。此外，这座公园还是濒危的卡纳比（Carnaby）凤头鹦鹉的栖息地。公园里有一条18公里长的环形车道，途中会经过几处观景台和野餐区。从勒苏尔山（步行往返4公里）平坦的山顶可以看到壮观的海岸全景。

团队游

许多珀斯的旅行社都提供前往尖峰石阵沙漠的一日游项目。

Turquoise Coast Enviro Tours 观光游

（☎08-9652 7047；www.thepinnacles.com.au；59 Seville St, Cervantes；全天邝甘团队游$170）塞万提斯当地人和前公园护林员麦克·牛顿（Mike Newton）组织全天邝甘团队游，游览范围包括勒苏尔国家公园和里曼（Leeman）海岸。

食宿

学校假期住宿价格猛涨。

★**Cervantes Lodge & Pinnacles Beach Backpackers** 青年旅舍 $

（☎1800 245 232；www.cervanteslodge.

值得一游

繁花似锦的邝甘

从绿松石海岸出发，经由任何一条内陆道路都可以很快抵达邝甘荒野。那里路边野花盛放，并会随着季节不断变化。你可以考虑以下几种选择：

柏金加拉国家公园（Badgingarra National Park）这里有总长3.5公里的步行小道，路旁全是袋鼠爪花、班克木、禾木、羽毛花（verticordia）和罕见的灌状桉（桉属植物）。公园后面的道路将柏金加拉（Badgingarra）与勒苏尔（Lesueur）连接在一起，也有品类丰富的植物。可从柏金加拉公路旅馆（Badgingarra Roadhouse）获取详细信息。

亚历山大莫里森国家公园（Alexander Morrison National Park）以西澳大利亚首位植物学家的名字命名。这里没有小路，但是你可以慢悠悠地沿Coorow Green Head Rd驾车前行，从勒苏尔出发后路边就遍布无数野花。在这里能看到油桐、班克木、银桦、烟树、花环花（leschenaultia）和甜蜜香桃木（honey myrtle）等。

塔斯拉国家公园（Tathra National Park）塔斯拉的植物品种与亚历山大莫里森国家公园颇为相似，连接这两座公园的道路两边都是漫山遍野的班克木、袋鼠爪花和银桦。

库马洛休息区（Coomallo Rest Area）各种兰花、羽毛花、黑色袋鼠爪花、鞣桉（wandoo）和类赤桉（river red gums）在河流上游沿岸及小山坡上竞相开放。

布兰德公路（Brand Highway；1号公路）虽然这条公路并非慢慢游逛的好地方，但是路边出人意料地开满了野花，尤其是在Eneabba两侧。

如果你被这些野花征服了，却因为无法辨别这些新植物而黯然神伤，可以考虑住在**Western Flora Caravan Park**（☎08-9955 2030；wfloracp@activ8.net.au；Brand Hwy, North Eneabba；不供电/供电营地$24/26，铺$65，营地房车$75，度假屋$120）这里热情好客的主人每天16:30都会组织免费的两小时野花步行游览活动，穿越他家65公顷的土地。

com.au; 91 Seville St; www.pinnaclesholidaypark.com.au; 铺$33，带/不带浴室双$130/90; @）这家让人身心放松的旅舍位于沙丘的后面，位置绝佳。旅舍拥有宽敞的走廊、小巧整洁的宿舍、一个漂亮的公用厨房和一个舒适的休息区。隔壁的度假屋里有明亮宽敞的套间，有些还可看到海景。

Pinnacles Holiday Park 房车旅店 $

（☎08-9652 7060; www.pinnaclesholidaypark.com.au; 35 Aragon St, Cervantes; 不供电/供电营地$25~49，小屋$90~105; 📶）位置极佳，就在沙丘的后面。露营地绿草如茵、树影婆娑，还有一家营地咖啡馆。

★Amble Inn 民宿 $$

（☎0429 652 401; 2150 Cadda Rd, Hill River; 双$170起; ❄）这家鲜为人知的瑰宝民宿位于塞万提斯以东25公里处的荒野，拥有美丽的厚石墙、凉爽而宽敞的走廊和超有个性的房间。薄暮时分，你可以来到附近的山上，一边品味美酒，一边看夕阳徐徐落入大海。

Lobster Shack 海鲜 $$

（☎08-9652 7010; www.lobstershack.com.au; 11 Madrid St, Cervantes; ⏲商店9:00~17:00，午餐11:30~14:30，团队游12:30~14:00）非常想吃小龙虾？没有比这里的直供午餐点更好的地方了——由烤小龙虾、薯条和沙拉组合而成的美味套餐只需$40。龙虾卷物美价廉，只需$18。这里还提供团队游（成人/儿童$15/7.50）和冷冻海产品外卖的服务。

ℹ 实用信息

塞万提斯（Cervantes）合二为一的**邮局和游客中心**（☎08-9652 7700, 1800 610 660; www.visitpinnaclescountry.com.au; Cadiz St; ⏲周一至周五9:00~17:30，周六和周日至17:00）提供住宿预订服务和团队游信息。

ℹ 到达和离开

Integrity（www.integritycoachlines.com.au）每周有3班长途汽车开往珀斯（$44，3小时）、当加拉（$34，2小时）、杰拉尔顿（$42，3小时）和埃克斯茅斯（$183，14小时）。**Transwa**（www.transwa.wa.gov.au）每周有2班长途汽车开往珀斯（$34，3小时）、当加拉（$22，2小时）和杰拉尔顿（$40，3小时）。

朱里恩湾、绿角和里曼（Jurien Bay, Green Head & Leeman）

从塞万提斯径直向北，杂乱的朱里安湾（人口 1500）是一个大型渔港，有许多宜人的海滨步道。可通过当地的**房产中介**（☎08-9652 2055; www.jurienbayholidays.com; Shop 1a, 34 Bashford St）预订度假房和公寓，**Jurien Bay Tourist Park**（☎08-9652 1595; www.jurienbaytouristpark.com.au; Roberts St; 营地$38，小屋$140~170）在海滩后面建有舒适的小屋。

隔壁的**Jetty Cafe**（☎08-9652 1999; 餐食$10~17; ⏲7:30~17:00）有丰盛的早餐和午餐，附近的**Beach Bistro**（2/1 Roberts St; 午餐$15~22，晚餐$21~36; ⏲周三至周一正午至21:00）的晚餐非常不错。如果你想从天空中和海滩上瞭望海岸线，请联系**Skydive Jurien Bay**（☎1300 293 766, 08-9652 1320; www.skydivejurienbay.com; 65 Bashford St; 8000/10,000/14,000英尺跳伞$300/350/450）。

迷你小镇绿角（Green Head; 人口 280）有几处风光旖旎的海湾是游泳的绝佳地点，附近的里曼（Leeman; 人口 400）则是风帆冲浪胜地。

绿角有**Centrebreak Beach Stay**（☎08-9953 1896; www.centrebreakbeachstay.com.au; Lot 402, Ocean View Dr, Green Head; 铺/双/家$35/150/190; 📶），店内还有一家有营业执照的咖啡馆（餐食$15~40）；此外绿角还有舒适惬意、绿树成荫的**Green Head Caravan Park**（☎08-9953 1131; www.greenheadcaravanpark.com.au; 9 Green Head Rd, Green Head; 不供电/供电营地$20/28，营地房车$75起）。

Sea Lion Charters（☎0427 931 012; sealioncharters88@gmail.com; 24 Bryant St, Green Head; 上午团队游成人/儿童$150/75）你可以在浅水里和淘气的海狮一起玩耍。

新诺舍（NEW NORCIA）

人口 70

距珀斯132公里的新诺舍以修道院闻名，华丽的西班牙风格建筑在澳大利亚丛林之中显得有些格格不入。1846年，西班牙本笃会（Spanish Benedictine）的修士们修建了这座修道院，以作为原住民的布道所。修道院如今还在使用，会举行祈祷和静修，并经营着生产手工烤制食品的买卖。有新诺舍面包生产许可的面包店都在珀斯郊区的Mt Hawthorn和苏比亚科（Subiaco）。

景点和活动

新诺舍博物馆和艺术画廊　　博物馆、画廊

（New Norcia Museum & Art Gallery；☎08-9654 8056；www.newnorcia.wa.edu.au；Great Northern Hwy；博物馆和小镇之旅套餐成人/家庭$25/60；⏲10:00~16:30）新诺舍博物馆和艺术画廊记录着修道院的过往，展示了令人印象深刻的艺术品，包括一些当代艺术展，以及一个文艺复兴后期的宗教艺术收藏品展览，这是该国在该领域展品数量最大的展览之一。礼品店出售纪念品、蜂蜜、果酱和修道士用燃木烤炉烤制的面包。

修道院教堂（Abbey Church）　　教堂

在修道院教堂里面，尝试找出五彩拉毛陶瓷艺术品耶稣受难像（Stations of the Cross）中的本土野生动物。仔细看，里面还有一个宇航员。

小镇之旅　　团队游

（Town Tours；www.newnorcia.wa.edu.au；成人/儿童$15/10；⏲11:00和13:30）2小时的小镇之旅有导游带领，参观修道院教堂和壁画学会教堂。从博物馆购买门票。

住宿

New Norcia Hotel　　酒店 $

（☎08-9654 8034；www.newnorcia.wa.edu.au；Great Northern Hwy；标单/双$75/95）New Norcia Hotel干净的楼梯间、高高的天花板、简朴的房间（有公共卫生间）和宽敞的走廊让人们想起绅士时代。酒吧和优雅的餐厅供应各国风味菜肴（主菜$15~36）。我们的选择是农夫午餐，里面有新诺舍独有的柴火烤制的酸酵种面包。

在露台上找个位子坐下，尝尝味道鲜美、但容易醉人的新诺舍修道院麦芽酒（New Norcia Abbey Ale），这是一种金黄色的比利时风味麦芽酒，专门为修道士酿造。周日是来这里的最佳时间，既有休闲的早餐，又有大受欢迎的柴火烤制的比萨饼。

Monastery Guesthouse　　客栈 $

（☎08-9654 8002；www.newnorcia.wa.edu.au；全膳宿建议捐赠$80）修道院客栈可提供全膳宿服务，地点在南部回廊内。客人可以和修道士一同祷告（男性可以和他们一起吃饭）。

玛格丽特河和西南海岸

包括➡

最佳餐饮

- Laundry 43（见1048页）
- Piari & Co（见1049页）
- Eagle Bay Brewing Co（见1051页）
- Vasse Felix（见1054页）
- Miki's Open Kitchen（见1056页）

最佳住宿

- Wildwood Valley Cottages（见1051页）
- Wharncliffe Mill Bush Retreat（见1054页）
- Acacia Chalets（见1057页）
- Burnside Organic Farm（见1055页）
- Foragers（见1061页）

为何去

西澳大利亚州的西南角一片葱郁，绿草如茵，这里的农田、森林、河流和海岸与该州大多数其他地区阳光灼热的荒凉地貌形成了鲜明的对比。在陆地上，世界级的葡萄酒厂和手工啤酒厂诱惑着你，高大的树木为步行小径和风光无限的驾车路线提供了荫蔽。在近海区，瓶鼻海豚（bottlenose dolphin）和鲸鱼在海浪中嬉戏，专注的冲浪爱好者则在这里寻找——并且通常能找到完美的海浪。

与西澳大利亚其他地方不同，这里很多景点之间的距离很短，所以不用花太多时间开车。你可以在这个神奇的地方玩上好几天——如果你自己有车的话，在此稍作停留会让你收获颇丰。夏季带来了成群结队的旅行者，不过在7月至9月寒冷的冬季，到处都是温暖舒适的大火炉，旅行者却很稀少，而且当营业时间飘忽不定时，价格也会更加合理。

何时去

玛格丽特河

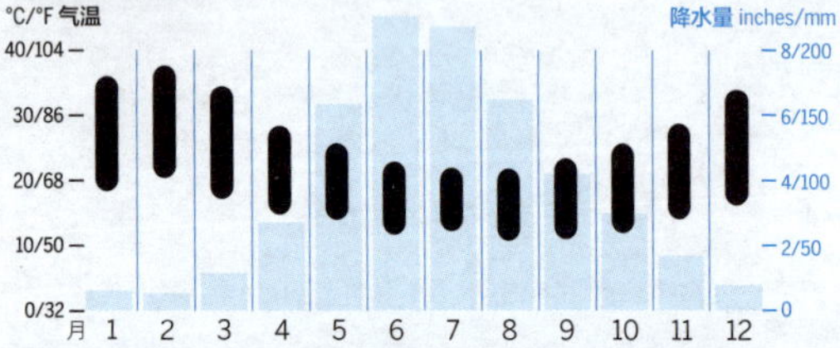

1月 跟随拥挤的人群到南部的海滩庆祝节日。

3月和4月 正好赶上玛格丽特河冲浪比赛和楠纳普音乐节。

8月 前往空旷的海滩、玛格丽特河葡萄酒厂和巴瑟尔顿的电影节。

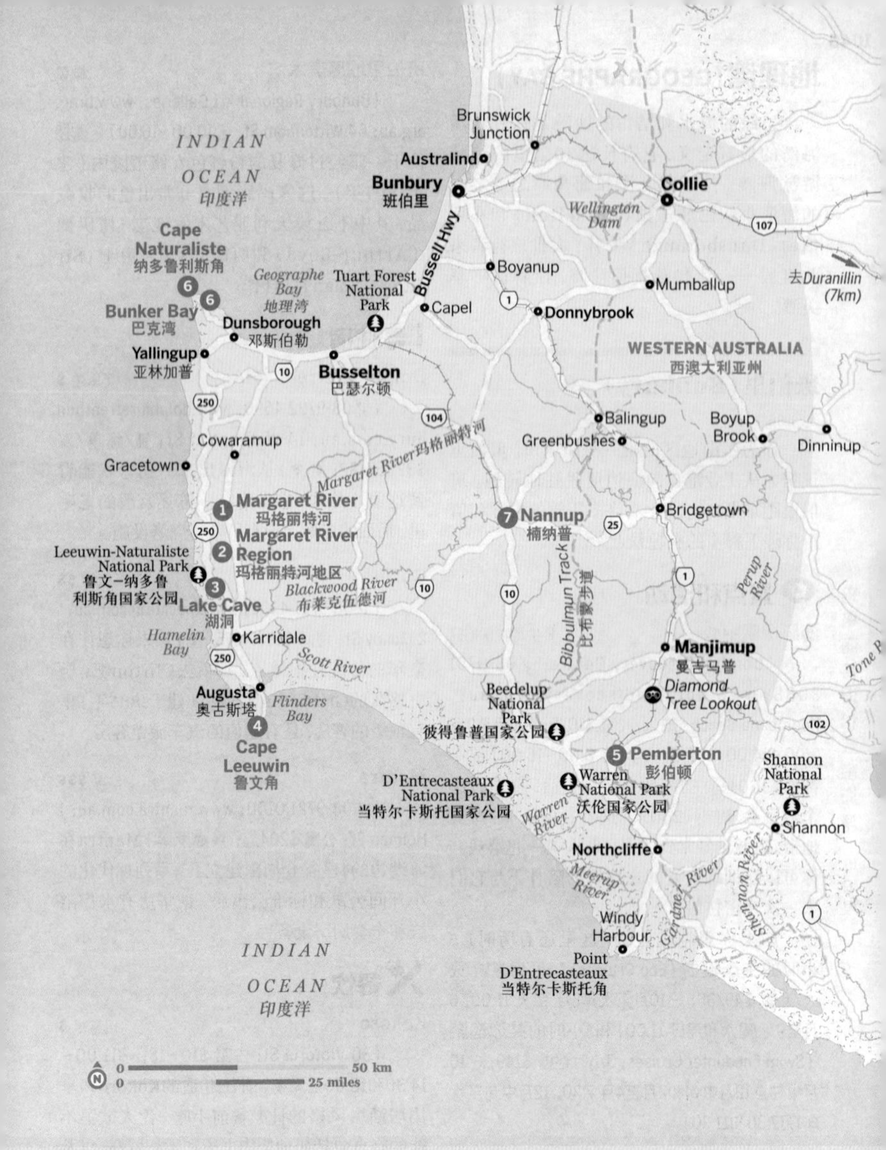

玛格丽特河和西南海岸亮点

❶ 品尝**玛格丽特河**（见1054页）一流的葡萄酒和美食，参观顶级的建筑。

❷ 到**玛格丽特河地区**（见1050页）观赏令人激情澎湃的海景和地貌景观。

❸ 沿着Caves Rd探索迷宫般的石灰岩溶洞，尤其是美丽的**湖洞**（见1057页）。

❹ 前往令人印象深刻的奥古斯塔**鲁文角**（见1058页）。

❺ 进入到**彭伯顿**（见1060页）周围斑驳的红桉树林深处。

❻ 在美丽的荒野**纳多鲁利斯角**和**巴克湾**（见1050页）狂欢。

❼ 从森林到海洋，乘独木舟沿着黑木河漂流，从**楠纳普**（见1059页）出发。

地理湾（GEOGRAPHE BAY）

碧绿的海水和洁白的沙滩是这片壮丽海湾的最好定义，它有长达30公里的绝佳游泳海滩。位于印度洋和葡萄酒之乡之间的海滨小镇巴瑟尔顿（Busselton）和邓斯伯勒（Dunsborough）吸引了大批旅行者来此度假——让脚趾抚摸沙滩，让唇齿尽享美酒。

班伯里（Bunbury）

人口 66,100

作为西南地区的唯一一座城市，班伯里正努力从工业港口向海边度假胜地转型。班伯里距珀斯170公里，有许多很棒的餐厅和值得你停下脚步的有趣景点。

景点和活动

海豚探索中心 野生动物保护区

（Dolphin Discovery Centre；☎08-9791 3088；www.dolphindiscovery.com.au；Koombana Beach；成人/儿童 $10/5；⏲6月至9月 9:00~14:00，10月至次年5月 8:00~16:00）常年都有约60只宽吻海豚在湾内生活，夏季时这个数字会增加到260只。这个中心有一片海滨地带，海豚会经常到浅水区和人类一起嬉戏，你可以在训练有素的志愿者的陪伴下与它们来一次亲密接触。

如果你想碰碰运气，这里还有历时1.5小时的**生态巡游**（Eco Cruises；1.5小时巡游 成人/儿童 $49/35；⏲10月至次年5月 每天 11:00，6月至9月 周六和周日 11:00）和3小时的**共泳巡游**（Swim Encounter Cruises；3小时巡游 $149；⏲10月中旬至12月中旬和2月至4月 7:30，12月中旬至次年1月7:30和11:30）。

班伯里野生动物园 动物园

（Bunbury Wildlife Park；www.bunburywildlifepark.com.au；Prince Philip Dr；成人/儿童 $9/5；⏲10:00~17:00）这里有鹦鹉、袋鼠、沙袋鼠、负鼠、猫头鹰和鸸鹋等特色动物。马路对面，**大沼泽地**（Big Swamp）有很不错的湿地步道，途中还设有观鸟站。前往南部的Ocean Dr，在Hayward St左转，然后继续穿过环状交叉路口到达Prince Philip Dr。

班伯里地区美术馆 画廊

（Bunbury Regional Art Galleries；www.brag.org.au；64 Wittenoom St；⏲10:00~16:00）免费 位于一座经过修复的粉红色女修道院内（建于1897年），这家画廊拥有非常出色的收藏品，其中不乏澳大利亚艺术家亚瑟·博伊德（Arthur Boyd）和西德尼·诺兰爵士（Sir Sidney Nolan）的佳作。

住宿

Dolphin Retreat YHA 青年旅舍 $

（☎08-9792 4690；www.dolphinretreatbunbury.com.au；14 Wellington St；铺/标单/双 $32/57/82；@📶）从海滩出来一拐弯就能看到这家小旅舍，它坐落在一栋迷宫般的老宅里，后面的走廊上设有吊床和烧烤设施。

Clifton 汽车旅馆 $$

（☎08-9721 4300；www.theclifton.com.au；2 Molloy St；房间 $150~275；📶）如果你想住在豪华的传统住宿地点，那就去Clifton吧，历史悠久的Grittleton Lodge（建于1885年）里有顶级的客房，还有超值的汽车旅馆客房。

Mantra 公寓 $$$

（☎08-9721 0100；www.mantra.com.au；1 Holman St；公寓 $204起；❄@📶🏊）Mantra在海港边的4座谷仓周围建立了一系列现代化的小开间公寓和标准公寓房。豪华房有水疗浴缸和全套厨房设备。

餐饮

Kokoro 日本菜 $

（30 Victoria St；主菜 $10~18；⏲11:00~14:30和18:00至深夜）前往舒适的Kokoro和享用居酒屋风格的日本餐前小吃。让人欲罢不能的亮点包括奶油蟹肉丸子和天妇罗虾，以及更多样的菜单，包括寿司和生鱼片，以及更健康的红烧鲑鱼和牛肉料理。特价午餐物美价廉，$9.50起。

Happy Wife 咖啡馆 $$

（www.thehappywife.com.au；98 Stirling St；主菜 $11~24；⏲周一至周五 6:30~15:30，周六 7:30~14:30）这栋科德角（Cape Cod）风格的小屋距离城中心仅有一小段路，你可以在其

附带的花园里找个位置，品尝这里美味的自制烘焙品和定期推出的午餐特价菜，绝对是物有所值。尝一尝亚洲风味的苹果梨黏肉沙拉、卷心菜沙拉和烤花生。

Café 140 咖啡馆 $$

（www.cafe140.com.au; 140 Victoria St; 主菜 $12~21; ⏲周一至周五 7:30~16:30，周六和周日 8:00~14:00）时尚的工作人员使时尚的Café 140成为享用悠闲的班伯里（Bunbury）早餐的顶级场所，同时也是在西澳大利亚州享用鲑鱼煎蛋卷的最佳地点之一。这里有香醇的咖啡、大量杂志和报纸，在你的行程表上，你可能至少要安排在这里待上一个小时。在稍晚些时候，汉堡和土耳其烤三明治是午餐时段的明星单品。

Mash 精酿啤酒

（www.mashbrewing.com.au; 2/11 Bonnefoi Blvd; ⏲周一和周二 11:00~15:00，周三至周日至21:00）这个沿海小啤酒厂供应七种自酿啤酒，以及有趣而应景的季节调制品。一定要尝一尝在2014年的澳大利亚国际啤酒奖（Australian International Beer Awards）中荣获冠军的Copycat AIPA。这里的食物（主菜 $18~38）是相当好的小酒馆美食，但服务可能会有不尽如人意之处。

ℹ 实用信息

游客中心（☎08-9792 7205; www.visitbunbury.com.au; Carmody Pl; ⏲周一至周六 9:00~17:00，周日 10:00~14:00）位于历史悠久的火车站（建于1904年）内。

ℹ 到达和当地交通

长途汽车

长途汽车在游客中心旁边的**中央长途汽车站**（central bus station; ☎08-9722 7800; Carmody Pl）或**火车站**（train station; Picton Rd, Woolaston）有停车站。

Transwa包括以下路线：

SW1（每周12趟）去往珀斯东部（East Perth; $31, 3.25小时）、曼哲拉（Mandurah; $17, 2小时）、巴瑟尔顿（Busselton; $9.55, 43分钟）、玛格丽特河（Margaret River; $17, 2小时）和奥古斯塔（Augusta; $25, 2.5小时）。

SW2（每周3趟）去往Balingup（$14, 53分钟）、布里奇顿（Bridgetown; $17, 1.25小时）和彭伯顿（Pemberton; $28, 2.25小时）。

GS3（每天）去往沃尔波尔（Walpole; $45, 4.5小时）、丹麦（Denmark; $51, 5.5小时）和奥尔巴尼（Albany; $58, 6小时）。

火车

班伯里（Bunbury）是**Transwa**（☎1300 662 205; www.transwa.wa.gov.au）澳大利亚铁路线的终点站，每天2趟，到达珀斯（Perth; $31, 2.5小时）和平贾拉（Pinjarra; $17, 1.25小时）。

巴瑟尔顿（Busselton）

人口 15,400

低调、质朴，散发着些许古旧的魅力，适合亲子游的巴瑟尔顿被平静的海水和白沙滩所环绕。学校假期时，这里会格外喧嚣——镇上的人口会增加四倍，住宿价格也会随之大涨。

👁 景点和活动

Busselton Jetty 码头

（☎08-9754 0900; www.busseltonjetty.com.au; 成人/儿童 $2.50/免费，往返火车 成人/儿童 $11/6，解说中心免费; ⏲解说中心 9:00~17:00）建于1865年的巴瑟尔顿木制防波堤是南半球最长的防波堤（全长1841米）——在斥资2700万澳元翻新后，于2011年重新开放。一列小**火车**慢悠悠地开往**水下观测台**（Underwater Observatory; 成人/儿童 含火车票 $29.50/14; ⏲9:00~16:25），你可以参加在水下8米处开展的团队游活动；预订是必不可少的。这里还有一个**解说中心**（Interpretive Centre），是一座20世纪30年代沐浴棚屋风格的引人注目的建筑，在防波堤方向约50米处。

Dive Shed 潜水

（☎08-9754 1615; www.diveshed.com; 21 Queen St）该机构运营定时出发的潜水船，从防波堤出发前往四英里礁（Four Mile Reef; 长达40公里的石灰石暗礁，距离海岸约6.5公里）和被凿沉的澳大利亚皇家海军舰船“天鹅”号（Swan; 位于邓斯伯勒近海）的残骸所

在处。

节日和活动

Southbound 音乐节

（www.southboundfestival.com.au）用为期3天的另类音乐和露营活动来欢庆新年的到来。

CinéfestOZ 电影节

（www.cinefestoz.com.au）8月底举办的这个古怪而迷人的法国和澳大利亚电影节使巴瑟尔顿摇身变为圣特罗佩兹（St-Tropez），包括许多澳大利亚电影首映式和澳大利亚初涉影坛的小明星。

住宿

巴瑟尔顿在假期时总是人满为患，但其他季节则是门可罗雀。住宿地位于小镇两头的海滩边，绵延数公里，因此如果你不是自驾而来，一定要先确定住宿地的位置。

Beachlands Holiday Park 房车公园 $

（☎1800 622 107；www.beachlands.net；10 Earnshaw Rd, West Busselton；营地 每两人 $45，小屋 $142起；❄📶🏊）这是一处非常适合亲子游的公园，提供位于树荫、棕榈树和亚麻植物丛中的多种住宿选择。豪华水疗别墅（$185）里有角落水疗中心、巨幕电视、DVD播放机和设备齐全的厨房。

Blue Bay Apartments 公寓 $$

（☎08-9751 1796；www.bluebayapartments.com；66 Adelaide St；公寓 $140起；❄）这些设施齐全的公寓靠近海滩，氛围明亮欢快，每间公寓都带私人庭院和烧烤设施，性价比相当高。

就餐

★ **Laundry 43** 咖啡馆 $$

（www.laundry43.com.au；43 Prince St；拼盘 $14~29；⏰周二至周六 9:00至深夜）砖墙和蜂蜜色的红柳桉树吧台构成了品味玛格丽特河啤酒、葡萄酒以及美味鸡尾酒的场所，这里还有精致的拼盘和更加丰盛的菜肴。你一定要为漫长的等待做好装备，那一定比你预计的时间要长。周三晚上从19:30开始有现场音乐表演。

Goose 小餐馆 $$

（www.thegoose.com.au；Geographe Bay Rd；早餐 $10~21，拼盘和主菜 $11~34；⏰7:00至深夜；📶）这家时尚的咖啡馆位于防波堤附近，已经重建为时髦优雅的酒吧和小餐馆。酒水单上有西澳大利亚州的精酿啤酒和葡萄酒，通用菜单由鸡蛋早餐拉开序幕，拼盘包括越南手撕猪肉，更加丰盛的菜肴有清蒸贻贝和海鲜大杂烩。

实用信息

游客中心（☎08-9752 5800；www.geographebay.com；end of Queen St, Busselton Foreshore；⏰周一至周五 9:00~17:00，周六和周日 9:00~16:30）在码头附近的灯塔下面。

到达和当地交通

South West Coach Lines（☎08-9753 7700；www.transdevsw.com.au；39 Albert St）提供抵离珀斯的滨海大道汽车站（$39，3.75小时，每天3趟）、班伯里（Bunbury；$11.50，1小时，每天3趟）、邓斯伯勒（Dunsborough；$11.50，30分钟，每天3趟）和玛格丽特河（Margaret River；$11.50，50分钟，每天3趟）的运营服务。

Transwa（☎1300 662 205；www.transwa.wa.gov.au）长途汽车SW1（每周12趟）在Peel Tce发车，抵离珀斯东部（East Perth；$37，4.25小时）、班伯里（Bunbury；$9.55，43分钟）、邓斯伯勒（Dunsborough；$8，28分钟）、玛格丽特河（Margaret River；$14，1.5小时）和奥古斯塔（Augusta；$17，1.75小时）。

邓斯伯勒（Dunsborough）

人口 3400

邓斯伯勒是一个气氛轻松、以海滩为中心的小镇。每年11月末，当7000名教师（学校毕业生）从天而降时，这里的一切都会变得疯狂而喧嚣。而在没有喝醉和疯狂的年轻人时，这里大体上还是一个十分宜人的地方。这里的海滩比巴瑟尔顿要好，但是住宿床位更加有限。

活动

Cape Dive 潜水

（☎08-9756 8778；www.capedive.com；222 Naturaliste Tce）地理湾非常适合潜水，尤其是在退役的澳大利亚皇家海军驱逐舰“天鹅”号于1997年在这里被凿沉进而成为沉船潜水点之后，自那时起海洋生物就开始向这艘沉船殖民。沉船位于距离海岸2.5公里的30米水下。

Naturaliste Charters 观赏鲸鱼

（☎08-9750 5500；www.whales-australia.com；成人/儿童 $80/50；⊙9月至12月中旬 10:00和14:00）历时两小时的观鲸巡游活动会在9月至12月中旬进行。而1月至3月的活动则以生态荒野团队游（Eco Wilderness Tour）为主，此时可游览海滩和以原住民艺术为特色的石灰石洞窟并观赏野生动物，包括海豚和新西兰毛海豹。团队游也会在5月中旬至9月从奥古斯塔出发。

住宿

镇上有各种设施齐全的出租房，具体出租房型取决于寻租的季节；游客中心可提供当前可供出租的房屋的名单。

Dunsborough Beachouse YHA 青年旅舍 $

（☎08-9755 3107；www.dunsboroughbeachouse.com.au；205 Geographe Bay Rd；铺 $34~36，标单/双 $58/88；@📶）这家热情友好的青年旅舍位于Quindalup海滨，拥有延伸至水边的草坪；从镇中心骑行两公里即可到达。

Dunsborough Central Motel 汽车旅馆 $$

（☎08-9756 7711；www.dunsboroughmotel.com.au；50 Dunn Bay Rd；房间 $130~175；📶🏊）这个经营良好的汽车旅馆位于邓斯伯勒镇上，性价比颇高。当你凑巧在网上找到了工作日的折扣房价时更是物超所值。这意味着你将有更多的旅行预算去享受附近的葡萄酒厂和啤酒厂。

餐饮

Pourhouse 小餐馆、小酒馆 $$

（www.pourhouse.com.au；26 Dunn Bay Rd；主菜 $19~31；⊙周一至周六 16:00至深夜，周日14:00开始营业）这里时尚而不张扬，有舒适的大沙发、定期演出的现场乐队和夏天时使用的楼上露台。比萨非常棒，口味一流的汉堡采用本地烘焙的酵母面包制作而成。只要拧开龙头就可畅饮澳大利亚首屈一指的精酿啤酒，还有许多令人惊喜的瓶装酒！

在西南地区冲浪

纳多鲁利斯角和鲁文角（Cape Leeuwin）之间的海滩被冲浪者亲切地称为“Yals”（亚林加普周边）和“Margs”（玛格丽特河口周边），拥有强大的礁石激浪，主要是左手浪。

在邓斯伯勒周边，较理想的冲浪地点位于老鹰湾和巴克湾之间。在亚林加普（Yallingup）附近有三只熊（Three Bears）、兔子（Rabbits；朝向亚林加普海滩北部的海滩激浪）、亚林加普、英吉达普停车场（Injidup Car Park）和英吉达普角（Injidup Point）。你需要乘坐四驱车方可到达格雷斯顿（Gracetown）以北的吉罗庭/加洛斯（Guillotine/Gallows）。此外格雷斯顿附近还有哈扎斯（Huzza's）、南海角（South Point）和左旋浪（Lefthanders）。

一年一度的Drug Aware Pro（www.aspworldtour.com；⊙4月）冲浪赛会在玛格丽特河口和南部（Southside，又称“Suicides”——“自杀”的谐音）举行。

Samudra 咖啡馆 $$

（www.samudra.com.au；226 Naturaliste Tce；主菜 $14~23；⊙周四至周二 7:00~15:00，周三至22:00；📝）🌿这个时髦的花园咖啡馆是西澳大利亚州最好的素食餐馆之一。超级健康的菜单上有美味的柴火比萨、卷饼和冰沙等，有足够的阴凉处让你坐下发呆、读书或是写作。这里还提供令人放松的瑜伽课程和水疗按摩服务，以及冲浪活动等。

★ **Piari & Co** 小餐馆、酒吧 $$$

（☎08-9756 7977；www.piariandco.com.au；5/54 Dunn Bay Rd；小盘 $17~20，主菜 $35~38；⊙周二 10:00~17:00，周三至周五 10:00~23:00，周六 17:00~23:00）这种轻松而时尚的小餐馆非

常注重当地和时令的食材。小盘包括埃斯佩兰斯（Esperance）扇贝香酥鸭，以及柑橘腌鲑鱼和柑橘凝胶的绝妙组合。主菜，如五花肉烤苹果与自豪地展示玛格丽特河葡萄酒和精酿啤酒的酒水单的绝妙搭配。建议预订。

实用信息

游客中心（☎08-9752 5800；www.geographebay.com；1/31 Dunn Bay Rd；⏰周一至周五 9:00~17:00，周六和周日 9:30~16:30）实用信息和酒店预订。

到达和离开

South West Coach Lines（☎08-9753 7700；www.transdevsw.com.au）提供抵离珀斯的滨海大道汽车站（$43.50，4.5小时，每天）、班伯里（Bunbury；$18.50，1.75小时，每天）和巴瑟尔顿（Busselton；$11.50，30分钟，每天3趟）的运营服务。

Transwa（☎1300 662 205；www.transwa.wa.gov.au）长途汽车SW1（每周12趟）在游客中心有停车站，往返于珀斯东部（East Perth；$40，4.5小时）、班伯里（Bunbury；$14，1.25小时）、巴瑟尔顿（Busselton；$8，28分钟）、玛格丽特河（Margaret River；$9.55，49分钟）和奥古斯塔（Augusta；$17，1.25小时）。

纳多鲁利斯角（Cape Naturaliste）

在邓斯伯勒西北，Cape Naturaliste Rd通往一些精彩的海滩，如密卢普（Meelup）、老鹰湾（Eagle Bay）和巴克湾（Bunker Bay），然后继续延伸至纳多鲁利斯角。巴克湾也是Bunkers Beach Cafe（www.bunkersbeachcafe.com.au；Farm Break Lane；早餐 $14~25，午餐 $16~34；⏰8:30~16:00）的所在地，这家位于沙滩不远处的咖啡馆供应一系列需要一定勇气才敢尝试的美味佳肴。

纳多鲁利斯角灯塔（Cape Naturaliste lighthouse；成人/儿童 $14/7；⏰团队游 9:30~16:00，每30分钟一次）建于1903年，游客可以登塔游览，“上下”套餐（Above and Below packages；成人/儿童 $30/15）还包含了亚林加普附近的吉尔吉洞穴（Ngilgi Cave）的门票。

玛格丽特河葡萄酒区（MARGARET RIVER WINE REGION）

宜人的乡村道路，惊涛拍岸的冲浪海滩，极好的夏敦埃酒和波尔多风格的红葡萄酒，玛格丽特河是西澳大利亚州旅程中的一大亮点。那里美酒飘香，有许多葡萄园餐馆、奶酪店、精酿酒庄、美术馆和工艺品商店。

玛格丽特河有许多团队游运营商，包括参观葡萄酒厂和啤酒厂。如果不想品酒，还有更加活跃的选择，包括骑山地自行车、攀岩、海上皮划艇和洞穴探险。

亚林加普及周边（Yallingup & Around）

人口 1070

海滨小镇亚林加普在某种程度上可谓是冲浪者和葡萄酒爱好者心中的圣地。当惊涛拍岸的海岸线映入眼帘时，你一定会情不自禁地发出惊呼。浪漫主义者则会被告知“亚林加普”（Yallingup）的意思是“爱之地”。

景点和活动

沃丹原住民中心 文化体验、画廊

（Wardan Aboriginal Centre，见1052页地图；☎08-9756 6566；www.wardan.com.au；Injidup Springs Rd，Yallingup；体验观光 成人/儿童 $20/10；⏰10月中旬至次年3月中旬 每天 10:00~16:00，3月中旬至6月中旬和8月中旬至10月中旬 周一、周三至周五和周日 10:00~16:00，体验观光 周日、周一、周三和周五）提供一扇了解当地Wardandi人的窗口。这里有一家画廊（免费入场）、一个关于Wardandi日历上6个季节的解说展览（成人/儿童 $8/3），还有机会参加各种实地体验，包括石器制作、回旋镖和长矛的使用等。一个由向导带领的丛林徒步游可以探索Wardandi神灵以及各种植物在食品、医药和家宅里的用途。

吉尔吉洞穴 洞穴

（Ngilgi Cave，见1052页地图；☎08-9755 2152；www.geographebay.com；Yallingup Caves Rd；成人/儿童 $22/12；⏰9:00~17:00）位于邓斯伯勒（Dunsborough）和亚林加普

玛格丽特河的精酿啤酒

玛格丽特河(Margaret River)地区的葡萄酒无可挑剔，但该区域也是精酿啤酒爱好者的一个必经之地。以下地点都供应酒吧小吃和午餐。

Eagle Bay Brewing Co(www.eaglebaybrewing.com.au; Eagle Bay Rd, Dunsborough; ⊙11:00~17:00)这里有可爱的田园风光、现代宽敞的环境，供应有趣的啤酒、葡萄酒以及极好的美食，包括香脆的燃木比萨饼($20~24)。留意这里的伊格尔海湾单品特价餐(Eagle Bay's Single Batch Specials)。

Colonial Brewing Co(www.colonialbrewingco.com.au; Osmington Rd, Margaret River; ⊙11:00~18:00)这个现代的小型啤酒厂有优美的田园风光，还有大量极好的纯正啤酒，包括白啤酒(小麦啤酒)搭配香菜和柑橘，以及浓烈刺激的印度麦酒(India Pale Ale)。我们最喜欢的是清爽的德国风味的科隆啤酒。

Bush Shack Brewery(www.bushshackbrewery.com.au; Hemsley Rd, Yallingup; ⊙10:00~17:00)在繁茂丛林中的一个小规模的啤酒厂。这里有以健康为理念的创新成果，都是一些非常有趣的啤酒，如辣椒啤酒、柠檬啤酒和草莓麦酒。

Bootleg Brewery(www.bootlegbrewery.com.au; 紧邻Yelverton Rd, Wilyabrup; ⊙11:00~18:00)在这里的阳光下喝上一杯乐趣无穷——尤其是在周六有现场乐队表演时。尝一尝备受赞誉的Raging Bull Porter或者美国西部沿海风味的Speakeasy IPA。

Cheeky Monkey Brewery(www.cheekymonkeybrewery.com.au; 4259 Caves Rd, Margaret River; ⊙10:00~18:00)坐落在一个美丽的湖泊边上，Cheeky Monkey有一个宽敞的餐厅和广阔的空间，让孩子们跑来跑去。尝一尝Hatseller比尔森啤酒和大胆搭配的新西兰啤酒花或比利时风格的哈根贝克麦酒(Hagenbeck Pale Ale)。这里相当好的食物、苹果酒和梨酒意味着你将在这里待上一天。

Cowaramup Brewing Company(www.cowaramupbrewing.com.au; North Treeton Rd, Cowaramup; ⊙11:00~17:00)这是一家现代化的小型啤酒厂，拥有获奖的比尔森啤酒和让人欲罢不能的英伦风情超淡麦芽酒(Special Pale Ale)。这里的特色产品还包括4种其他类型的啤酒和不定期供应的季节性啤酒。

(Yallingup)之间，这个有着50万年历史的洞穴体现着Wardandi的精神，讲述着正义的Ngilgi战胜恶魔Wolgine的故事。对Wardandi人来说，这里成了一个度蜜月的好地方。1899年，一个欧洲人在寻找他的马时偶然发现了这里。洞穴的构造包括白色的**Mother of Pearl Shawl**和同样美丽的**Arab's Tent**、**Oriental Shawl**。团队游每半小时出发一队。网上有可供选择的其他信息。

Koomal Dreaming 导览游

(☎0413 843 426; www.koomaldreaming.com.au; 成人/儿童 $50/25起)亚林加普(Yallingup)当地和Wardandi人Josh Whiteland经营的团队游，旨在展示本土美食、文化和音乐，通常还包括丛林徒步和吉尔吉洞穴(Ngilgi Cave)探险。

食宿

Yallingup Beach Holiday Park 房车公园 $

(见1052页地图; ☎08-9755 2164; www.yallingupbeach.com.au; Valley Rd; 营地 每两人 $38, 小屋 $115~165; 📶)你会伴着海浪声入眠，路对面就是海滩。

Wildwood Valley Cottages & Cooking School 小屋 $$$

(见1052页地图; ☎08-9755 2120; www.wildwoodvalley.com.au; 1481 Wildwood Rd; 小

Margaret River Wine Region
玛格丽特河葡萄酒区

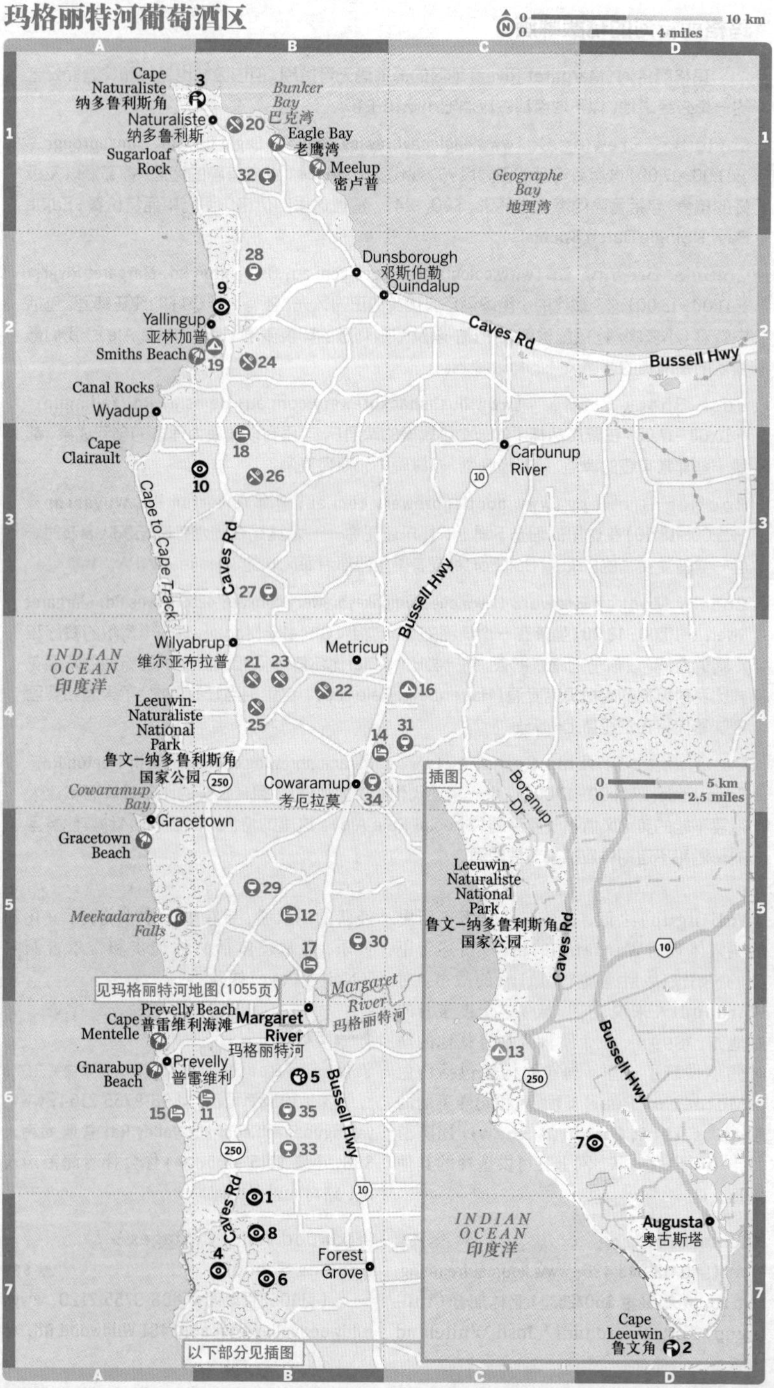

Margaret River Wine Region 玛格丽特河葡萄酒区

景点

1 卡佳达普洞……B7
2 鲁文角灯塔……D7
3 纳多鲁利斯角灯塔……B1
4 洞穴展览厅和湖洞……B7
5 老鹰中心……B6
6 巨人洞……B7
7 珠宝洞……D6
8 猛犸洞……B7
9 吉尔吉洞穴……B2
10 沃丹原住民中心……B3

住宿

11 Acacia Chalets……B6
12 Burnside Organic Farm……B5
13 Hamelin Bay Holiday Park……C6
14 Noble Grape Guesthouse……B4
15 Surfpoint……A6
16 Taunton Farm Holiday Park……C4
17 Wharncliffe Mill Bush Retreat……B5
18 Wildwood Valley Cottages & Cooking School……B3
19 Yallingup Beach Holiday Park……B2

就餐

20 Bunkers Beach Cafe……B1
21 Cullen Wines……B4
22 Margaret River Chocolate Company……B4
23 Providore……B4
24 Studio Bistro……B2
25 Vasse Felix……B4
26 Wills Domain……B3

饮品和夜生活

27 Bootleg Brewery……B3
28 Bush Shack Brewery……B2
29 Cheeky Monkey Brewery……B5
30 Colonial Brewing Co……B5
31 Cowaramup Brewing Company……C4
32 Eagle Bay Brewing Co……B1
33 Leeuwin Estate……B6
34 Margaret River Regional Wine Centre……B4
35 Voyager Estate……B6

屋$250起；🛜）这些以当地灌木装扮的豪华小屋分布在49公顷的土地上，主要建筑内开设有希奥班（Sioban）和卡罗·博蒂尼（Carlo Baldini）的**“情迷食物烹饪学校”**（Mad About Food Cooking School）。希奥班（Sioban）的课程包括在Longrain烹饪和在Tuscany生存，所以烹饪教学以泰国菜或意大利菜为主，烹饪课程费用为每人$135，通常在周三上课。

★ Studio Bistro 新派澳洲菜 $$$

（见1052页地图；☎08-9756 6164；www.thestudiobistro.com.au；7 Marrinup Dr；小盘$15~20，主菜$28~39，精选套餐配/不配葡萄酒$135/95；⏲周四至周一 10:00~17:00，周五和周六 18:00至深夜；☑）Studio Bistro的画廊重点是澳大利亚艺术家的作品，而花园餐馆陈列着精致的菜肴，例如煎鱼配花菜奶油、紫莴苣、豌豆和蟹肉等精品菜肴。周五和周六晚上提供五道菜的精选套餐。最好提前预订。

Wills Domain 葡萄酒厂 $$$

（见1052页地图；www.willsdomain.com.au；Brash Rd和Abbey Farm Rd交叉路口；主菜$29~40，熟食拼盘$38；⏲品尝10:00~17:00，午餐正午至15:00）这里有餐馆、画廊，还可以在葡萄藤下欣赏绝妙的山顶美景。这里还有经过创新的七道菜品尝菜单（配/不配葡萄酒$139/99）。

考厄拉莫和维尔亚布拉普（Cowaramup & Wilyabrup）

人口 990

考厄拉莫不过是Bussell Hwy两边排列的一些店铺。附近的葡萄园和美食生产商足以证明这里便是优质的葡萄酒区的核心地带。西北方向的乡村气息的区域被称为维尔亚布拉普，玛格丽特河葡萄酒区就是20世纪60年代时在此应运而生的。

住宿

Taunton Farm Holiday Park 房车旅店 $

（见1052页地图；☎1800 248 777；www.tauntonfarm.com.au；Bussell Hwy, Cowaramup；营地$42，小屋$115~175；🛜）这里是玛格丽特河（Margaret River）最好的家庭露营地之一，有很多农场动物可供孩子们参观。对于房

车和露营爱好者来说，这里有一尘不染的设施，还有农场式的自助小屋。

Noble Grape Guesthouse 民宿 $$

（见1052页地图；☎08-9755 5538；www.noblegrape.com.au；29 Bussell Hwy, Cowaramup；标单 $140~160，双 $145~190；）这里更像是一个高档汽车旅馆而不是传统的民宿。房间较为私密，而且都有绿草如茵的小花园庭院。

餐饮

Providore 熟食店 $

（见1052页地图；www.providore.com.au；448 Tom Cullity Dr, Wilyabrup；9:00~17:00）这里的食品被《澳大利亚旅行家》（*Australian Traveller*）杂志评选为100种顶级美食体验之一——考虑到这里富有艺术气息的产品（包括有机橄榄油、果酱和果脯），我们对评比结果深表认同。这里有许多免费的样品菜值得期待。

Margaret River Chocolate Company 巧克力 $

（见1052页地图；www.chocolatefactory.com.au；Harman' Mill Rd；9:00~17:00）你可以在这里观看松露巧克力的制作过程，也可以品尝新鲜出炉的巧克力样品。

Vasse Felix 葡萄酒餐厅 $$$

（见1052页地图；☎08-9756 5050；www.vassefelix.com.au；Caves Rd和Harmans Rd S的交叉路口，Cowaramup；主菜 $32~39，3道菜 $65；品酒室 10:00~17:00，餐馆 10:00~15:00）许多人都认为Vasse Felix葡萄酒厂是玛格丽特河地区最棒的餐厅，这里有宽敞的木制餐厅，会让人想起极其闪亮的谷仓。屋内点缀着各色雕塑，单是画廊里来自Holmes à Court的收藏品本身就值得到此一游。

Cullen Wines 葡萄酒餐厅 $$$

（见1052页地图；☎08-9755 5277；www.cullenwines.com.au；4323 Caves Rd, Cowaramup；主菜 $25~38；10:00~16:00）这里从1966年开始种葡萄。时至今日，Cullen在食物和葡萄酒方面都秉持着有机和生物动力农业的理念。这里有令人轻松的氛围，非常美味的食物，许多水果和蔬菜都来自自己的菜园。

Margaret River Regional Wine Centre 葡萄酒

（见1052页地图；www.mrwines.com；9 Bussell Hwy, Cowaramup；10:00~19:00）供应玛格丽特河葡萄酒的一站式购物商店。

玛格丽特河（Margaret River）

人口 4500

虽然在一年中的大部分时间里，旅行者的数量都会超过当地人口，但玛格丽特河依然保持着淳朴的乡村城镇风貌。在这里住宿的好处之一是，到了17:00后（即周边的葡萄酒厂关门后），这个小镇便成了附近少数几个能见到人烟的地方之一。

节日和活动

玛格丽特河美食节 美食节和葡萄酒节

（Margaret River Gourmet Escape；www.gourmetescape.com.au）从Rick Stein和Heston Blumenthal到Masterchef's George Calombaris，美食节吸引了全球美食界的名人。历时3天的食品作坊展览、品尝、葡萄园活动和展览非常值得期待。在11月下旬举办。

住宿

★ **Wharncliffe Mill Bush Retreat** 生态露营地 $

（见1052页地图；☎08-9758 8227；www.wharncliffemill.com.au；McQueen Rd, Bramley National Park；不供电/供电营地 $28/32，铺 $25~30，旅行帐篷和小屋 $85~170；）在茂密的森林之中，曾经的木材厂附近，Wharncliffe提供多种住宿，从简单的集体宿舍，到旅行帐篷和舒适的小木屋。这里有太阳能和可持续的环境保护措施，并且有大量关于当地丛林徒步旅行和骑山地自行车的绝佳建议。这里距玛格丽特河（Margaret River）小镇仅有2公里，还有山地自行车可供租用（半/全天 $15/25）。

Margaret River Lodge 青年旅舍 $

（见1055页地图；☎08-9757 9532；www.margaretriverbackpackers.com.au；220 Railway

Margaret River 玛格丽特河

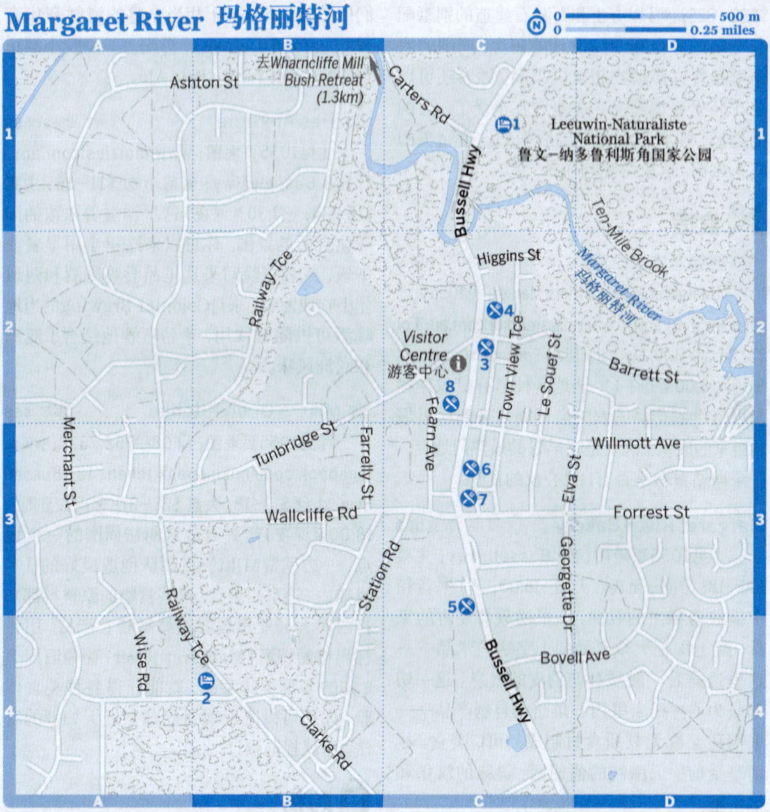

Margaret River 玛格丽特河

住宿

1 Edge of the Forest C1
2 Margaret River Lodge B4

就餐

3 Larder C2
4 Margaret River Bakery C2
5 玛格丽特河农夫市集 C3
6 Miki's Open Kitchen C3
7 Morries Anytime C3
8 Settler's Tavern C2

购物

Tunbridge Gallery .... （见3）

Tce；铺 $30～32，房间带/不带浴室 $87/76；@令≋）这家干净整洁、经营有序的青年旅舍位于镇中心西南约1.5公里处，设有一个泳池、一个排球场和一个足球场。宿舍共用一个很大的公共厨房，独立房间的环境更为安静，还有私人厨房和休息室。

Edge of the Forest 汽车旅馆 $$

（见1055页地图；☎08-9757 2351；www.edgeoftheforest.com.au；25 Bussell Hwy；房间$160；❄令）这里是从玛格丽特河小镇轻松步行即可抵达的住处之一。这里的客房经过修葺后焕然一新，都带有新的浴室和时尚的亚洲主题。热情友好的主人会为你提供许多当地的游览建议，枝繁叶茂的公共花园是在结束一天的旅行后，烧烤的最佳地点。

★**Burnside Organic Farm** 别墅 $$$

（见1052页地图；☎08-9757 2139；www.burnsideorganicfarm.com.au；287 Burnside Rd；双

$280~325; ❄)以夯土和石灰石建造的别墅配有宽敞的露台和专门设计的厨房，周围的农场里养着许多动物和有机果园。顾客还可以在花园里采摘蔬菜。欢迎您在享受了一天的葡萄酒、啤酒和美食之旅后来到这个完美的私人旅馆。这里两晚起住。

食宿

玛格丽特河农夫市集 市场 $

（Margaret River Farmers Market，见1055页地图；www.margaretriverfarmersmarket.com.au; Lot 272 Bussell Hwy, Margaret River Education Campus; ⏲周六 8:00至正午）该地区种植有机农作物及可持续农产品的农夫会每周六来到这里展示自家的成果。这里是吃早餐的最热门地点。登录网站看看是否有自己心仪的食物。

Margaret River Bakery 咖啡馆 $

（见1055页地图；89 Bussell Hwy；主菜 $10~18；⏲周一至周六 7:00~16:00；）音箱中播放着猫王的歌曲，店里摆放着复古的家具，配上深受大众喜爱的十字绣艺术品——这里透露着一股质朴而俏皮的气息。这一切都是为了衬托店里用心烘焙的自制产品——采用蔬菜或无麸质食材制成的可口美食。尽情享受前一天酿制的葡萄酒、美味的汉堡和馅饼吧。

Larder 熟食 $$

（见1055页地图；www.thelarder.biz；2/99 Bussell Hwy；⏲周一至周六 9:30~18:00，周日 10:30~16:00）这里展示着玛格丽特河（Margaret River）的农产品和美食，Larder也出售外卖餐（$15~17）——吃正餐的一个不错的选择——这里还有各种早餐套餐、野餐篮和烧烤（$50~95）。偶尔烹饪班会来烹饪这些美味的菜肴。

Settler's Tavern 小酒馆美食 $$

（见1055页地图；www.settlerstavern.com；114 Bussell Hwy；主菜 $16~36；⏲周一至周六 11:00至午夜，周日至22:00）你可以来这里感受浓浓的酒馆氛围，从丰富多样的酒水单上找到自己钟爱的啤酒或葡萄酒，周四至周日还有现场娱乐表演。玛格丽特河吃晚餐的地方有限，所以这里通常会受到当地居民和旅行者们的热捧。尝试一下相当丰盛的海鲜豪华套餐（Seafood Deluxe），再配上一品脱小酒馆自酿的Great White Pale Ale。

Morries Anytime 咖啡馆 $$

（见1055页地图；www.morries.com.au；2/149 Bussell Hwy；餐前小吃 $11~16，主菜 $15~34；⏲7:30至深夜）这里洋溢着浓浓的国际化会所的氛围。你可以来这里享用早餐或午饭，或者在晚间来这里品尝鸡尾酒和西班牙小吃或晚餐。来自Colonial Brewing的当地啤酒可供随时饮用，菜品巧妙地结合了亚洲和欧洲风味。

★ Miki's Open Kitchen 日本菜 $$$

（见1055页地图；☎08-9758 7673；www.facebook.com/mikisopenkitchen；131 Bussell Hwy；小盘 $12~16，大盘 $28~37；⏲周二至周六 18:00至深夜）选择开放式厨房周围的一个地点，一边欣赏Miki's的团队创造最好的日本风味，一边享用美食，这些食物的原材料都来自西澳大利亚州最好的海鲜和农产品。用一杯玛格丽特河（Margaret River）葡萄酒配上$55的多重美味菜品，就能获得各种美食体验，你还可以凑近观看厨师烹饪天妇罗的魔法。建议提前预订。

购物

Tunbridge Gallery 艺术品

（见1055页地图；www.tunbridgegallery.com.au；101 Bussell Hwy；⏲周一至周六 10:00~17:00，周日 10:00~15:00）非常棒的原住民艺术画廊，主要销售来自西澳大利亚州的作品。

实用信息

游客中心（见1055页地图；☎08-9780 5911；www.margaretriver.com；100 Bussell Hwy；⏲9:00~17:00）提供预订服务和实用信息，还有当地葡萄酒展示。

到达和离开

South West Coach Lines（☎08-9261 7600；www.transdevsw.com.au）长途汽车往返于巴瑟尔顿（Busselton）和奥古斯塔（Augusta）之间（每周12趟），在考厄拉莫（Cowaramup）和玛格丽特河（Margaret River）有停车站，周末还通往珀斯

(Perth)。

Transwa(☎1300 662 205; www.transwa.wa.gov.au)长途汽车SW1(每周12趟)从珀斯(Perth)发车，去往奥古斯塔(Augusta)，在亚林加普(Yallingup)和玛格丽特河(Margaret River)经停，每周有3班长途汽车继续前往彭伯顿(Pemberton)。

当地交通

Margaret River Beach Bus(☎08-9757 9532; www.margaretriverbackpackers.com.au)往返于镇上和普雷维利(Prevelly)周边海滩的小巴($10，每天3班)；仅夏季运营，必须预订。

玛格丽特河周边(Around Margaret River)

小镇西边的海岸线非常适合冲浪和徒步。普雷维利是主要的生活区，分布着一些食宿点。

景点和活动

洞穴展览厅和湖洞 洞穴

(Cave Works & Lake Cave，见1052页地图；www.margaretriver.com; Conto Rd; 单洞 成人/儿童 $22/10; ⌚9:00~17:00，湖洞团队游 9:30~15:30，每小时1次)湖洞、猛犸洞(Mammoth)和珠宝洞(Jewel Caves)的主要售票处，此外这里还有关于洞穴、洞穴保护和当地化石发掘的精彩展览。

还有一个逼真的洞穴模型和一个“洞穴爬行”体验。单个洞穴的门票包括洞穴展览厅的门票。Grand Tour Pass(成人/儿童$55/24)包括洞穴展览厅和所有3个洞穴的参观费用，有效期为7天；而Ultimate Pass(成人/儿童$70/30)还包含了鲁文角灯塔的门票。洞穴展览厅在玛格丽特河以南20公里处，紧邻Caves Rd。

猛犸洞 洞穴

(Mammoth Cave，见1052页地图；www.margaretriver.com; Caves Rd; 成人/儿童 $22/10; ⌚9:00~17:00)猛犸洞里有大面颊兽的颚骨化石、巨大的类袋大熊的颚骨，以及其他被保留下来的化石和令人叹为观止的地质构造“猛犸披肩”(Mammoth Shawl)。可领取MP3语音导览器进行自助游览。

卡佳达普洞和巨人洞 洞穴

(Calgardup & Giants Caves; www.parks.dpaw.wa.gov.au)这两处自助游的洞穴由环境与保护局(简称DEC)管理，这一机构会为游客提供头盔和手电。卡佳达普洞(Calgardup Cave；见1052页地图；Caves Rd；成人/儿童 $15/8；⌚9:00~16:15)有季节性地下湖，是在生态系统中扮演着重要角色的洞穴——当树根垂入湖泊时，它能把里面的营养传送给居住在山洞里的生物。巨人洞(Giants Cave，见1052页地图；www.dec.wa.gov.au; Caves Rd; 成人/儿童 $15/8; ⌚仅学校假期和节假日开放9:30~15:30)要更深更长一些，有许多陡峭的阶梯需要攀爬。

老鹰中心 野生动物保护区

(Eagles Heritage，见1052页地图；☎08-9757 2960; www.eaglesheritage.com.au; 成人/儿童 $17/10; ⌚周六至周四 10:00~16:15)这座中心位于玛格丽特河以南5公里处，拥有澳大利亚规模最大的猛禽群落，每年还会救助许多受伤的鸟儿。每天11:00和13:30会举办自由飞翔表演。

Boranup Drive 观光车道

这条14公里长的未铺设柏油的岔路横穿鲁文—纳多鲁利斯角国家公园(Leeuwin-Naturaliste National Park)内漂亮的红桉森林。在南端终点附近有一个观景台，可以在此饱览海景。

住宿

Surfpoint 客栈 $

(见1052页地图；☎08-9757 1777; www.surfpoint.com.au; Reidle Dr, Gnarabup; 单/双 $70/110起；@🛜🏊)这个光线充裕、通风良好的地方以经济实惠的价格提供海滩住宿。房间干净整洁，还有一个迷人的小泳池。带浴室的私人房间物美价廉。

★Acacia Chalets 度假屋 $$$

(见1052页地图；☎08-9757 2718; www.acaciachalets.com.au; 113 Yates Rd; 双 $250~280; ❄)这里的私人丛林中生活着有袋类动物居民，还隐藏着3座豪华度假屋，你可以以此为落脚点探访该地区的葡萄园、洞穴和附近崎岖的海岸线。这里的石灰岩墙壁和蜂蜜色的

红柳桉树地板组成了该地区最好的、设备齐全的住宿地，宽敞的露台设有燃气烧烤架。

餐饮

Voyager Estate 葡萄酒厂

（见1052页地图；☎08-9757 6354；www.voyagerestate.com.au；Stevens Rd；⊙10:00~17:00，团队游 周二、周四、周六和周日 11:00）这个宏伟的花园和荷兰角（Cape Dutch）风格的建筑，是玛格丽特河最壮观的葡萄酒厂。有团队游（$25~75，含品酒活动和午餐）。

Leeuwin Estate 葡萄酒厂

（见1052页地图；☎08-9759 0000；www.leeuwinestate.com.au；Stevens Rd；主菜 $31~39；⊙每天 10:00~17:00，周六 正餐）另一个令人印象深刻的地方，这里有参天大树和一直铺向灌木丛的郁郁葱葱的草坪。Leeuwin出品的艺术系列（Art Series）霞多丽在澳洲同类葡萄酒中独领风骚。葡萄酒深度体验游和品酒活动于11:00开始（成人/儿童 $12.50/4）。这里还会定期举行大型露天音乐会。

奥古斯塔及周边（Augusta & Around）

人口 1700

奥古斯塔位于鲁文角以北5公里处，地处布莱克伍德河（Blackwood River）入海口。附近分布着一些葡萄园，但是这里的氛围少了几分放纵，多了几分静逸。

景点和活动

鲁文角灯塔 灯塔

（Cape Leeuwin Lighthouse，见1052页地图；www.margaretriver.com；成人/儿童 $8/5；⊙9:00~16:30）印度洋和南大洋在狂野而多风的鲁文角相逢，这是澳大利亚的西南顶点。它是以在1622年经过这里的荷兰战舰命名的。西澳大利亚州最高的灯塔（建于1896年）正坐落于此，从灯塔上可以尽览海岸线的壮丽风景。团队游（成人/儿童 $20/13）在9:00~16:20，每40分钟一次——在假期可能需要短暂的等待。Ultimate Pass（成人/儿童 $70/30）包含了灯塔、珠宝洞、湖洞和猛犸洞的门票。

珠宝洞 洞穴

（Jewel Cave，见1052页地图；www.margaretriver.com；Caves Rd；成人/儿童 $22/10；⊙团队游 9:30~15:30 每小时1次）这是该地区最壮观的洞穴，珠宝洞拥有令人叹为观止的5.9米高的管状钟乳石，是迄今为止在观光洞穴里发现的最长的钟乳石。被认为有3500年历史的塔斯马尼亚虎（袋狼）化石就是在这里被发现的。它坐落在Caves Rd的南尽头，位于奥古斯塔西北部8公里处。Grand Tour Pass（成人/儿童 $55/24）包括进入珠宝洞（Jewel Cave）、湖洞（Lake Cave）和猛犸洞（Mammoth Cave）的门票。

Absolutely Eco River Cruises 游轮

（☎08-9758 4003；cdragon@westnet.com.au；成人/儿童 $30/15；⊙10月至次年5月）10月至次年5月在布莱克伍德河上开展的巡游活动。

Miss Flinders 游轮

（☎0409 377 809；成人/儿童 $30/15；⊙10月至次年5月）10月至次年5月在布莱克伍德河上开展的巡游活动。

食宿

Hamelin Bay Holiday Park 房车公园 $

（见1052页地图；☎08-9758 5540；www.hamelinbayholidaypark.com.au；Hamelin Bay West Rd；双人营地 $28~45，小屋 $90~220）这个隐秘的地方位于奥古斯塔西北方，是一处真正的海滨露营地，假日期间会变得人满为患。

Baywatch Manor YHA 青年旅舍 $

（☎08-9758 1290；www.baywatchmanor.com.au；9 Heppingstone View，Augusta；铺 $29，双带/不带浴室 $93/73；@📶）洁净、现代化的客房，配以米色砖墙和仿古家具。从露台上可以看到海景；冬季时公共休息室会燃起熊熊壁火。部分双人间配有小巧的阳台。

Deckchair Gourmet 咖啡馆 $

（Blackwood Ave，Augusta；主菜 $10~25；⊙周一至周六 8:00~15:00，周日至正午；📶）提供很棒的咖啡和美味的食物。尝一尝这里的早餐腌肉和鸡蛋卷。

实用信息

游客中心（☎08-9758 0166；www.margaretriver.

com; Blackwood Ave和Ellis St的交叉路口, Augusta; ⏲9:00~17:00)提供实用信息和预订服务。

南部森林(SOUTHERN FORESTS)

西澳大利亚州西南部的高大森林堪称气势磅礴,高耸的桉树(红桉、红柳桉、美叶桉)为下方的低矮植被提供了凉爽的荫蔽。森林之间的小镇见证了本地区的伐木和采矿历史。许多小镇如今将自己重新定位为小型旅游中心,在这里你可以参加步行游览、葡萄酒团队游、独木舟之旅以及捕捞鳟鱼和海螯虾的活动。

楠纳普(Nannup)

人口 500

楠纳普历史悠久的装有护墙板的建筑和小屋花园在布莱克伍德河边营造出诗情画意的田园氛围。小镇的名字来源于Noongar语,意思是"停下来休息的地方",直到如今仍可谓名副其实(尽管这里也是丛林徒步者和皮划艇爱好者的大本营)。Blackwood River Canoeing(☎08-9756 1209; www.blackwoodrivercanoeing.com; 租金每天 $25起)可提供装备、基本的指导和前往泛舟游起点的交通服务。

这里传说有人看到了外表与狼相似、身上有斑纹的楠纳普虎,这种传说从未间断,也使人们产生了袋狼(塔斯马尼亚虎)在周围丛林中生存的猜测(最后一只袋狼于1936年在霍巴特动物园死去)。将相机放在方便拿取的地方,仔细观察,时刻准备拍照!

楠纳普音乐节(Nannup Music Festival; www.nannup-musicfestival.org)于每年3月初举行,主题是民谣和世界音乐。

食宿

Caravan Park 房车公园 $

(☎08-9756 1211; www.nannupcaravanparks.com.au; 营地 $27~32)这个河畔房车公园在另外两个附近的地点还有许多露营地。

Holberry House 民宿 $$

(☎08-9756 1276; www.holberryhouse.com; 14 Grange Rd; 房间 $140~190; 📶🅿)酒店的装修风格可能略显老旧,但是山上的这处大房子拥有舒适的房间,店主亦充满魅力。周围环绕着大花园,园中点缀着奇形怪状的雕塑(非住客参观 $4)。

Pickle & O 咖啡馆 $

(16 Warren Rd; 小吃 $7~12; ⏲10:00~16:00; ✎)🍃这里香醇的咖啡、巨大的奶酪蛋糕、熏鲑鱼串卷会成为你来这家奇特的健康食品店和可持续的有机咖啡馆的原因。

ℹ 实用信息

游客中心(☎08-9756 1211; www.nannup-wa.com; 4 Brockman St; ⏲周一至周五 9:00~17:00, 周六 10:00~15:00, 周日 10:00~13:00)负责管理旁边的房车公园。

布里奇顿(Bridgetown)

人口 2400

布里奇顿依布莱克伍德河而建,四周环绕着红桉林和农田,是西南地区最惹人喜爱的小镇之一。大部分周末这里都会迎来川流不息的人群,11月第二个周末举办的一年一度的布里奇顿蓝调音乐节(Blues at Bridgetown Festival; www.bluesatbridgetown.com.au)更会为这里带来如潮的访客,但除此以外,这里在其他时间更像是一个普通的社区。

食宿

Bridgetown Riverside Chalets 度假屋 $$

(☎08-9761 1040; www.bridgetownchalets.com.au; 1338 Brockman Hwy; 度假屋 $140起)这处位于乡村河畔的物业距离楠纳普有5公里的车程,有4栋独立木制度假屋(配圆肚取暖炉和洗衣机),两间卧室最多可住6人。

Barking Cow 咖啡馆 $$

(88 Hampton St; 早餐 $11~18, 午餐 $13~21; ⏲周一至周六 8:00~14:30)这家色彩鲜艳、舒适的咖啡馆里供应小镇里最好的咖啡,Barking Cow的素食特价餐和举世闻名的布里奇顿(Bridgetown)精美汉堡也非常值得

你为之驻足。

Cidery 咖啡馆 $$

（www.thecidery.com.au; 43 Gifford Rd; 主菜 $10~25; ⏲周六至周四 11:00~16:00，周五至20:00）你可以在河边的户外餐桌上享用精酿啤酒、果酒和简餐。周五17:30开始有现场音乐表演。

ℹ 实用信息

游客中心（☎08-9761 1740; www.bridgetown.com.au; 154 Hampton St; ⏲周一至周五 9:00~17:00，周六 10:00~15:00，周日 10:00~13:00）包括苹果丰收大事记。

彭伯顿（Pemberton）

人口 760

彭伯顿隐藏在红桉树林深处，这个慵懒的小镇如今也已经转型成为一处享乐的天堂。这里的葡萄酒虽然产量不多，但在口感方面可与玛格丽特河的相媲美。葡萄酒旅游业在这里并不怎么发达，一些知名度较高的酒庄只接受预约品酒；可以在游客中心索取列出了各处营业时间的免费地图。

彭伯顿周围的国家公园让人印象深刻。不妨花一两天时间沿着红桉树林探险家大道（Karri Forest Explorer）来趟自驾游。你也可以沿着小径徒步或在绿林深处野餐。

值得一游

曼吉马普

如果你想了解更多关于世界上最昂贵的农产品的收获过程，可以跟随你的味蕾前往**Truffle & Wine Co**（☎08-9777 2474; www.truffleandwine.com.au; Seven Day Rd, Manjimup; ⏲10:00~16:00，午餐 正午至15:00）。在6月至8月的周六和周日，你可以参加在拉布拉多地区（Labradors）举行的历时2.5小时的寻找松露之旅（成人/儿童 $60/30；提前预订），穿木底鞋是非常明智的选择。随后，你可以选择享用一顿3道菜的松露午餐（$65）。一年四季都有大量松露被采摘取样，并探明储量。咖啡馆供应奶酪和熟食拼盘，以及咖啡和蛋糕。从布里奇顿（Bridgetown）到彭伯顿（Pemberton）途经曼吉马普；Truffle & Wine Co的岔路口在小镇以南3公里处。

活动

Salitage 葡萄酒厂

（☎08-9776 1195; www.salitage.com.au; Vasse Hwy; ⏲周五至周二 10:00~16:00）Salitage出产的黑皮诺（pinotnoir）被评为本州同类酒之最，霞多丽和白索维农（sauvignonblanc）也颇受推崇。历时一小时的葡萄园之旅于11:00出发；提前致电预约。

彭伯顿电车轨道 有轨电车

（Pemberton Tramway; ☎08-9776 1322; www.pemtram.com.au; 成人/儿童 $24/12; ⏲10:45和14:00）这条线路建于1929~1933年，穿越郁郁葱葱的红桉和美叶桉森林抵达沃伦河畔（Warren River）。随车会有导游进行讲解，这是一段妙趣横生的往返共计1.75小时的旅程，就是有点吵。

彭伯顿葡萄酒中心 葡萄酒厂

（Pemberton Wine Centre; www.marima.com.au; 388 Old Vasse Rd; ⏲周一至周五 12:00~16:00）这个中心位于沃伦国家公园（Warren National Park）的核心地带，在这里可以品尝当地葡萄酒，并且根据自己的口味组合葡萄酒。

团队游

Pemberton Hiking & Canoeing 徒步、独木舟

（☎08-9776 1559; www.hikingandcanoeing.com.au; 半天/全天 $50/100）在沃伦和当特尔卡斯托国家公园以及雅格阿普（Yeagarup）沙丘开展的环保团队游。还有专业团队游（野花、青蛙、珍稀动物）以及可以观赏夜行野生动物的夜晚独木舟之旅（$50）。

Pemberton Discovery Tours 自驾游、山地自行车

（☎08-9776 0484; www.pembertondiscoverytours.com.au; 12 Brockman St; 成人/儿童 $105/

50）半天的四驱车团队游，前往雅格阿普沙丘和沃伦河口。还有其他团队游重点参观当地葡萄园、啤酒厂和苹果酒厂，以及当特尔卡斯托国家公园（D' Entrecasteaux National Park）的沿海景观。在彭伯顿（Pemberton）市中心位置可以获取实用信息，并租用山地自行车，包括附近道路的详细信息和推荐路线。

Donnelly River Cruises 游轮

（08-9777 1018；www.donnellyrivercruises.com.au；成人/儿童 $65/35）在当特尔卡斯托公园内开展的12公里长的巡游活动，前往南大洋的悬崖峭壁。

食宿

当地特色菜是鳟鱼和小龙虾。

Pemberton Backpackers YHA 青年旅舍 $

（08-9776 1105；www.yha.com.au；7 Brockman St；铺/标单/双 $33/70/77；）本地最主要的青年旅舍里总是挤满了季节工，但是你需要在此登记入住以便在独立的小屋（8 Dean St）找到房间，这些小屋是专为旅行者而设的。这里可爱而舒适，但是需要提前预订，因为只有3个房间，其中有一个是6人间。

Old Picture Theatre Holiday Apartments 公寓 $$

（08-9776 1513；www.oldpicturetheatre.com.au；Ellis St和Guppy St的交叉路口；公寓 $160~210；）镇上最古老的电影院被改造为设备齐全、宽敞通透的独立公寓，细节之处均以红柳桉树进行了装饰，并配以黑白电影照片。住在这里非常划算，还有现场水疗设施。

★**Foragers** 小屋 $$$

（08-9776 1580；www.foragers.com.au；Roberts Rd和Northcliffe Rd的交叉路口；小屋 $225~270；）你可以在这些漂亮而又简单的红桉树小屋里选择一间，或者爬上楼梯，去看看豪华的生态度假屋。后者光线充裕、通风良好，配以典雅的当代装饰、具有环保效果的废水处理系统以及被动式太阳能设计。你还可以很方便地到旁边的Foragers Field Kitchen享受美味菜肴。

值得一游

红桉树森林探险

这条自驾游景观大道全长86公里（部分路段未铺设柏油路），蜿蜒穿过3座国家公园（车辆门票 $12），道路两边布满了壮丽的步行道、姿态各异的树木、野餐区和完善的指路牌。

景点包括火警树（Gloucester Tree）；如果你胆子够大，可以爬上58米的树木顶端。戴夫·伊万斯两百周年纪念树（Dave Evans Bicentennial Tree）是所有可攀登树木中最高的一棵，高达68米，它在位于彭伯顿以南11公里处的沃伦国家公园（Warren National Park）内。两百年纪念树的单行道途经Maiden Bush，到达Heartbreak Trail，经过250岁高龄的红桉树林。

在彭伯顿北部，大布鲁克植物园（Big Brook Arboretum）有来自世界各地的参天大树。

小路时不时地与主路交会，因此你每次可以只开一小段路。在彭伯顿的游客中心可以领取一本旅行小册子。

Marima Cottages 小屋 $$$

（08-9776 1211；www.marima.com.au；388 Old Vasse Rd；小屋 $249~269）位于沃伦国家公园的中心位置，这4间乡村风格的夯土和雪松小屋里配有圆肚采暖炉，私密性非常好，是豪华度假游的好去处。傍晚时分可能会有有袋动物陪你一起用餐，非常值得期待。

Holy Smoke 咖啡馆、自炊 $

（www.holysmoke.com.au；Dickinson St；小吃 $5~15；周一至周五 10:00~16:00，周六和周日 9:00开始营业）这个与极好的Pemberton Fine Woodcraft Gallery相邻的地方有香醇的咖啡、美味的蛋糕和烤三明治，尤其美味的是Holy Smoke的大拼盘、熏肉、鱼等食品。

Foragers Field Kitchen 各国风味 $$$

（08-9776 1503；www.foragers.com.au；Roberts Rd和Northcliffe Rd交叉路口；正餐 $55~75）周五或周六套餐中通常会加入著名的厨师Sophie Zalokar的菜肴——包括燃木

意大利菜肴或四道菜的时令菜肴——或报名参加她的烹饪班（通常在周三晚上上课）。你可以通过网站上的活动日历确定日期。预订最好提前至少48个小时。

实用信息

公园和野生动物管理局（☎08-9776 1207; www.dpaw.wa.gov.au; Kennedy St; ⊙8:00~16:30）提供有关于当地公园和丛林徒步旅行的实用信息。

游客中心（☎08-9776 1133; www.pembertonvisitor.com.au; Brockman St; ⊙9:00~16:00）设有一座先驱博物馆和一个红桉树林探索中心。

西澳大利亚州南部

包括 ➡

最佳餐饮

- York Street Cafe（见1072页）
- Mrs Jones（见1068页）
- Maleeya' s Thai Cafe（见1075页）
- Pepper & Salt（见1068页）
- Boston Brewery（见1068页）

最佳住宿

- Cape Howe Cottages（见1068页）
- Beach House at Bayside（见1071页）

为何去

站在南部海岸的海浪和悬崖峭壁上是一种不可多得的体验。在风平浪静的日子里，碧绿色的大海和白沙滩看上去是如此纯洁而别具吸引力，这是一种完全不同的壮美之感。即使在最忙碌的暑期，这片"大南方"的土地也充满了休闲气氛，因为这个地方对于珀斯的度假者而言实在是路途遥远。

冬季这里会有一群群迁徙的鲸鱼，沃尔波尔的巨人谷中壮观的巨树更显示了大自然的神奇魅力。

对于大自然的变化，奥尔巴尼——这个州最早的欧洲殖民地——具有殖民和澳新军团的历史，而登马克有极好的葡萄酒、精酿啤酒和美食。

从埃斯佩兰斯出发，向北行进，开始一场激动人心的穿越探险之旅，从诺斯曼穿越纳拉伯平原或者继续向前，在喧闹的卡尔古利寻找过去、现在和未来的金矿。

何时去

埃斯佩兰斯

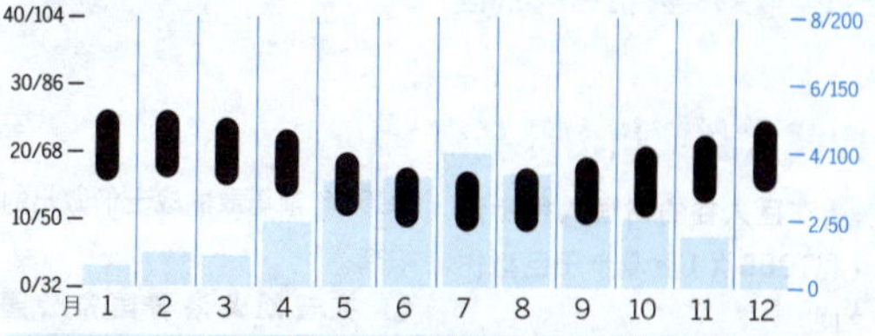

1月 海滩的天气在此时最好——不像西海岸那么炎热，人也没有那么拥挤。

9月 可以到野外观赏野花和鲸鱼。

12月 这时的天气最适合去斯特灵山脉国家公园和普朗戈洛普国家公园。

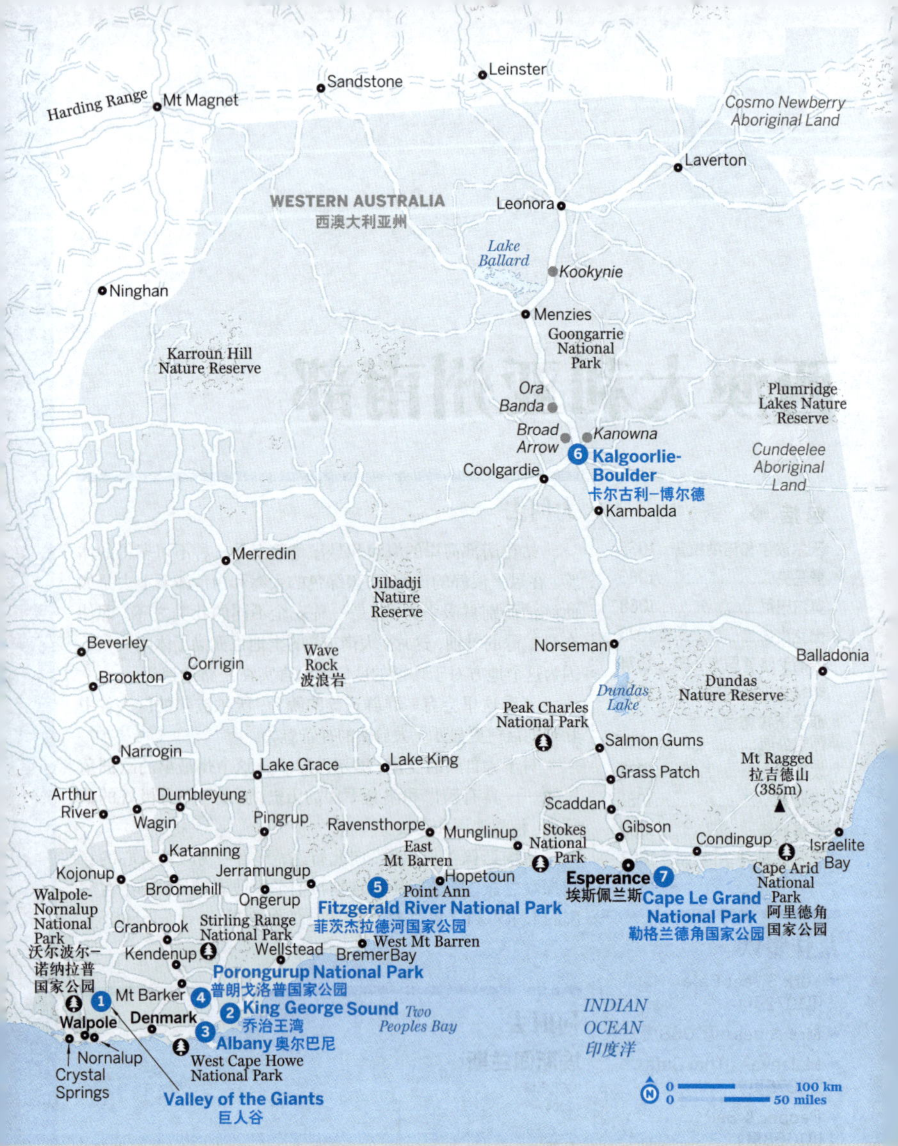

西澳大利亚州南部亮点

❶ 在**巨人谷**的**树顶人行步道**（见1065页）上漫步于巨型树之间。

❷ 比一比，看看谁能够在奥尔巴尼的**乔治王湾**（见1071页）发现最多的鲸鱼。

❸ 在**奥尔巴尼**（Albany）的**国家澳新军团中心**（见1070页）了解100年前勇敢的战士们做出的牺牲。

❹ 在**普朗戈洛普国家公园**（Porongurup National Park，见1074页）徒步于参天大树和花岗岩之间。

❺ 在**菲茨杰拉德河国家公园**（见1076页）沿着人行步道漫步于野花的海洋。

❻ 在**卡尔古利**（见1083页）的壮观的超级坑（Super Pit）深处感受自己的渺小。

❼ 在**勒格兰德角国家公园**（Cape Le Grand National Park，见1080页）的海滩游泳、冲浪、晒日光浴。

沃尔波尔和诺纳拉普（Walpole & Nornalup）

平静的双子河口小镇沃尔波尔（人口320）和诺纳拉普（人口50）是探索被森林覆盖得严严实实的沃尔波尔荒野区（Walpole Wilderness Area）的大本营。这片一望无垠的荒野区内坐落着崎岖不平的海岸线、几座国家公园、海洋公园、自然保护区和森林保护区——总占地面积达3630平方公里。沃尔波尔是两个定居点中规模较大的一个，South Western Hwy（1号公路）正是在这里摇身变为South Coast Hwy的。

景点和活动

沃尔波尔-诺纳拉普国家公园 自然保护区

（Walpole-Nornalup National Park；www.parks.dpaw.wa.gov.au）参天大树包括红色、黄色和名为Rates的汀格树（各种桉树和橡树）。很好的人行步道包括比布蒙小径（Bibbulmun Track）其中的一段，这条小路穿过沃尔波尔，直达煤矿海滩（Coalmine Beach）。还有许多风光旖旎的自驾车道，包括位于沃尔波尔以东3公里处的圆丘车道（Knoll Drive）、巨人谷路（Valley of the Giants Road）和穿越优美田园前往沃尔波尔以北29公里处的弗兰克兰山（Mt Frankland）的车道。在这里你可以登上山顶一览众山小，或者沿着山脚的小路徒步旅行。在Knoll Drive对面，Hilltop Rd可通往一棵巨型汀格树；这条路继续延伸至弗兰克兰河上的圆形池（Circular Pool），这是一个非常热门的划独木舟的地方。你可以从Nornalup Riverside Chalets租到独木舟。

巨人谷 自然保护区

（Valley of the Giants；www.valleyofthegiants.com.au；树顶漫步成人/儿童 $15/7.50；⊙9:00~17:00，免费导览游 10:15、11:30和14:00）在巨人谷（Valley of the Giants）里有令人叹为观止的**树顶漫步**（Tree Top Walk）。600米长的斜坡从巨人谷的谷底平缓上升，旅行者可以沿着斜坡到达高耸的汀格树的顶部。在它的最高点，斜坡距离地面40米。它的倾斜度较为平缓，从而便于人们行走，坐轮椅的旅行者在他人协助下也可以登上树顶。在地面，古老帝国木板路（可免费进入）蜿蜒伸展，穿过红色的老汀格树，这些树的树干的周长达16米，高达46米。

Conspicuous Cliffs 地标

在诺纳拉普（Nornalup）和宁静湾（Peaceful Bay）的中间，7月至11月，Conspicuous Cliffs是观赏鲸鱼的极佳地点。这里有一个山顶瞭望台，沿着陡峭的山路步行800米就能到达海滩。

团队游

WOW Wilderness Ecocruises 游轮

（☎08-9840 1036；www.wowwilderness.com.au；成人/儿童 $45/15）这里流传着有关原住民定居点、鲑鱼捕捞者和遭遇海难的海盗的各种奇闻逸事，这些故事为这片有着壮丽风景和丰富生态环境的地区注入了无限活力。历时2.5小时的巡游覆盖河口和河道，每天10:00启程，可在游客中心预订。

Naturally Walpole Eco Tours 生态游

（☎08-9840 1019；www.naturallywalpole.com.au）组织探索沃尔波尔荒野的半日游（成人/儿童 $95/55）和树顶漫步（成人/儿童 $105/60）。还有可以按照游客要求组织的葡萄酒厂和野花观光团队游等。

住宿

沃尔波尔荒野地区有一些丛林露营地，包括水晶泉和芬胡克瀑布（Fernhook Falls）附近的营地。

Walpole Lodge 青年旅舍 $

（☎08-9840 1244；www.walpolelodge.com.au；Pier St，Walpole；铺/标单 $27/45，双 $65~90；@☎）这个受欢迎的住宿地陈设简单，采用开放式风格，气氛闲适。这里有非常实用的信息公告板，老板平易近人而且乐天达观。套房都物超所值。

Tingle All Over YHA 青年旅舍 $

（☎08-9840 1041；www.yha.com.au；60 Nockolds St，Walpole；铺/标单/双 $31/54/74；@☎）你可以从位于公路旁的这家干净、陈设简单的青年旅舍的花园里随意摘些柠檬和辣椒。这里会提供关于当地徒步线路的海量信息。

Rest Point Holiday Village

房车公园 $

(☎08-9840 1032; www.restpoint.com.au; Rest Point; 2人营地 $26, 小屋 $80~125)在宽阔的草坪上，这个宽敞的假日公园有阴凉的露营地和许多设备齐全的住所。

Riverside Retreat

度假屋 $$

(☎08-9840 1255; www.riversideretreat.com.au; South Coast Hwy, Nornalup; 度假屋 $150~210)这些设备齐全的度假屋位于美丽的弗兰克兰河两岸，性价比很高。房内设有圆肚取暖炉，以便在冬季保持宜人的室内温度。你还可以参加网球和划独木舟等户外活动。经常到访的野生动物非常值得期待。

Nornalup Riverside Chalets

度假屋 $$

(☎08-9840 1107; www.walpole.org.au/nornalupriversidechalets; Riverside Dr, Nornalup; 度假屋 $110~180)在静谧的诺纳拉普的这些舒适宜人、色彩丰富、设施齐全的度假屋里住上一晚，你会伴着近在咫尺的弗兰克兰河里鱼儿游动的声音入眠。小木屋被隔出很远，让人感觉像私人房间一样隐秘。

就餐

Thurlby Herb Farm

咖啡馆 $$

(www.thurlbyherb.com.au; 3 Gardiner Rd; 主菜 $15~20; ⊙周一至周五 9:00~17:00) Thurlby供应可口的午间简餐和蛋糕，并会搭配新鲜采摘的茶叶，这里还有一些其他的草药产品，包括肥皂和香薰护理产品。它在沃尔波尔(Walpole)的北部，在通往弗兰克兰山国家公园(Mt Frankland National Park)的路上。

Top Deck Cafe

咖啡馆 $$

(25 Nockolds St, Walpole; 主菜 $15~27; ⊙9:00~14:00和17:30~21:00)隐藏在沃尔波尔(Walpole)的主干道上，Top Deck以供应早餐开始新的一天，正餐包括菠菜羊乳酪馅饼和一份每天都有的咖喱特价餐。

实用信息

游客中心(☎08-9840 1111; www.walpole.com.au; South Coast Hwy, Walpole; ⊙9:00~17:00; @)在先锋小屋(Pioneer Cottage)。

到达和离开

从游客中心发车，**Transwa**(☎1300 662 205; www.transwa.wa.gov.au)长途汽车GS3每天往返于班伯里(Bunbury; $45, 4.5小时)、布里奇顿(Bridgetown; $26, 3.25小时)、彭伯顿(Pemberton; $20, 1.75小时)、登马克(Denmark; $14, 42分钟)和奥尔巴尼(Albany; $22, 1.5小时)。

> **前往曼德勒之路**
>
> 在沃尔波尔以西约13公里的水晶泉(Crystal Springs)，有一条8公里的砾石路通向**曼德勒海滩**(Mandalay Beach)，挪威三桅帆船“曼德勒”号(Mandalay)于1911年在此沉没。每隔大约10年或在暴风雨过后，沉船的残骸就会神秘地出现。你可以在沃尔波尔(Walpole)信息中心看到有关的照片。海滩非常壮观，而且经常是空无一人，你可以通过木板道穿越沙丘和悬崖。它是当特尔卡斯托国家公园(D' Entrecasteaux National Park)的一部分。

登马克(Denmark)

人口 2800

登马克的海滩和海岸线、河流以及静谧的水湾、背后的森林和内陆吸引了一个多样化、富有创造性和环保意识的群体。农民、原住民、渔民和家庭等每年都会在该镇的4个周末集市日时聚到一起。

登马克的建立是为了给早期采金区供应木材。Minang Noongar人将其称为Koorabup(“黑天鹅之地”)，在威尔森河口(Wilson Inlet)发现的3000年前的渔网证明早期原住民曾在此定居。

景点和活动

登马克(Denmark)位于气候凉爽的大南部葡萄酒产区，著名的葡萄酒厂包括

Howard Park（www.burchfamilywines.com.au; Scotsdale Rd; ⊙10:00~16:00）和**Forest Hill**（www.foresthillwines.com.au; South Coast Hwy和Myers Rd交叉路口; ⊙10:00~16:00）。后者拥有极好的Pepper & Salt（见1068页）餐馆。

冲浪和钓鱼

冲浪和钓鱼者需要前往险峻而又美丽的**大洋海滩**（Ocean Beach）。口碑极佳的本地教练麦克·纽努贝尔（Mike Neunuebel）开设**冲浪课程**（☎0401 349 8540; www.southcoastsurfinglessons.com.au; 2小时课程含装备 $60起）。

漫步

想要了解自己的耐力，可以选择**莫克尔遗产小径**[Mokare Heritage Trail; 沿登马克河（Denmark River）环行3公里]或**威尔森河口小径**（Wilson Inlet Trail; 从河口开始，往返共12公里），后者是距离较长的**诺纳拉普小径**（Nornalup Trail）的一部分。在**夏德弗斯山观景台**（Mt Shadforth Lookout）可将迷人的海岸风景尽收眼底。郁郁葱葱的**夏德弗斯山路**（Mt Shadforth Rd）从小镇到达镇西边的South Coast Hwy，在行车的过程中会看到令人心旷神怡的美景。较长的田园环路经过**斯克茨戴尔路**（Scotsdale Rd）。沿路景点包括羊驼农场、葡萄酒厂、乳制品农场和艺术品与手工艺品画廊等。

游泳

威廉湾国家公园（William Bay National Park）位于镇西20公里处，在美丽的**格林池**（Greens Pool）和**大象岩**（Elephant Rocks）有隐蔽的游泳区，还有很不错的徒步小路。在海滩尽兴之后途经**Bartholomews Meadery**（www.honeywine.com.au; 2620 South Coast Hwy; ⊙9:30~16:30）时，可以喝一杯蜂蜜酒（蜂蜜葡萄酒）或者吃一些自制的蜂蜜玫瑰杏仁冰激凌（$5）。

团队游

Out of Sight! 户外旅行

（☎08-9848 2814; www.outofsighttours.com; 5小时的团队游 成人/儿童 $150/75）四驱车大自然之旅，探索西豪威角国家公园（West Cape Howe National Park）。

Denmark Wine Lovers Tour 巴士游

（☎0410 423 262; www.denmarkwinelovers.com.au）提供走访登马克各个葡萄酒厂的全天游活动，或者安排前往更远处的普朗戈洛普（Porongurup）或巴克山的团队游活动。

节日和活动

Market Days 市场

（www.denmarkarts.com.au）每年4次（12月中旬、1月初、1月末和复活节）登马克（Denmark）举办的河畔市场日，有手工艺品摊、音乐和美食。

Festival of Voice 音乐节

（www.denmarkfestivalofvoice.com.au）在6月初的长周末举行，届时会有演出和工作坊表演。

住宿

Blue Wren Travellers' Rest YHA 青年旅舍 $

（☎08-9848 3300; www.denmarkbluewren.com.au; 17 Price St; 铺/双/家 $28/80/120）小鸡在这座小木屋附近跑来跑去，每个人都很宠那只呆萌的看门狗。墙壁上挂满了各种信息公告板，这里确实非常小（仅有20个床位），却洋溢着家的温馨。在这里还可以租到自行车——每天$20，热情好客的老板格雷厄姆（Graham）修理自行车的技术可谓炉火纯青。

Denmark Rivermouth Caravan Park 房车公园 $

（☎08-9848 1262; www.denmarkrivermouthcaravanpark.com.au; Inlet Dr; 双人营地 $30，小屋和度假屋 $135~210）这座房车公园坐落于船舶滑坡旁边的威尔森河口，是航海爱好者的理想选择。其中一些套房非常光鲜，尽管略显拥挤。这里还设有儿童游乐场，同时提供皮划艇出租服务。

31 on the Terrace 精品酒店 $$

（☎08-9848 1700; www.denmarkaccommodation.com.au; 31 Strickland St; 房间 $115~155;

❄)这个镇中心的经过翻新的角落小酒馆里有价格合理的时尚套间——一些有阳台。简洁的公寓可以住5个人。

★ **Cape Howe Cottages** 小屋 $$$

（☎08-9845 1295；www.capehowe.com.au；322 Tennessee Rd S；小屋 $180~290；❄）如果想远遁山林，位于登马克东南丛林中的这5栋小屋一定会让你如愿以偿。它们各具特色，但是最棒的那栋距离海豚最钟情的低地海滩（Lowlands Beach）仅1.5公里，而且豪华舒适——露台上有烧烤设施，厨房里有洗碗机，还有洗衣设备。

Celestine Retreat 度假屋 $$$

（☎08-9848 3000；www.celestineretreat.com；413 Mt Shadforth Rd；双 $239~289；❄）这个有4个温泉浴场的度假屋分散在超过13公顷的土地上，在这个奢华的住所能看到令人震撼的海洋和山谷景色。这里还是一个非常浪漫的地方，有私人温泉浴场、柔软的睡衣和高端的浴室用品。我们上次来时，这里正在进行大规模的翻新。

餐饮

★ **Mrs Jones** 咖啡馆 $$

（☎0467 481 878；www.mrsjonescafe.com；12 Mt Shadforth Rd；主菜 $9~18；⏲7:00~16:00）登马克最棒的咖啡就在这里。当地人和旅行者都到这里来享用有趣的咖啡馆美食，这里常会有亚洲或地中海风味的美食。拼盘（$42）里有大虾、鱿鱼和鲑鱼，非常适合两个人的午餐。

★ **Pepper & Salt** 新派澳洲菜、亚洲菜 $$$

（☎08-9848 3053；www.pepperandsalt.com.au；1564 South Coast Hwy，Forest Hill Vineyard；主菜 $38~42；⏲周四至周日 正午至15:00，周五 18:00开始营业）传承于斐济和印度，这里的厨师Silas Masih关于调味料和草药的知识完美地展现在了他新鲜而富有活力的美食上。亮点包括大虾配红辣椒爆米花和酸橙蛋黄酱，还有超棒的小吃拼盘（$62）可以轻而易举地将你的味蕾从亚洲转入中东。必须提前预订。

Boston Brewery 啤酒厂

（www.willoughbypark.com.au；Willoughby Park Winery，South Coast Hwy；比萨 $17~18，主菜 $25~38；⏲周一至周四 10:00~19:00，周五和周六 至22:00，周日 至21:00）相比酒庄的工业时尚氛围，这里紧邻葡萄园的地理位置更加令人心动。木柴烤比萨、餐食和酒吧小吃与这里的4种波士顿啤酒完美搭配。Willoughby Park Winery也在这里，隔周周六的16:00~20:00还有现场音乐表演。

实用信息

游客中心（☎08-9848 2055；www.denmark.com.au；73 South Coast Hwy；⏲9:00~17:00）提供实用信息和住宿预订服务，还有一个当地葡萄酒展览。

到达和离开

Transwa（☎1300 662 205；www.transwa.wa.gov.au）长途汽车GS3每天往返于班伯里（Bunbury；$51，5.5小时）、布里奇顿（Bridgetown；$34，4.75小时）、彭伯顿（Pemberton；$28，2.75小时）、沃尔波尔（Walpole；$14，42分钟）和奥尔巴尼（Albany；$10，42分钟）。

奥尔巴尼（Albany）

人口 25,200

奥尔巴尼建立于1826年，略早于珀斯建立的时间，这个本州最古老的欧洲殖民地现在是熙熙攘攘的南部地区的商业中心。奥尔巴尼就像是一锅大杂烩，由庄严、古典但又颓败的殖民地大楼、大规模重建的海滨区、无序扩张的购物中心和快餐店组合而成。稍微和谐一点的是这里的壮观的海岸线，从托蒂拉普国家公园（Torndirrup National Park）里惊涛拍岸的悬崖到米德尔顿海滩（Middleton Beach）的白色沙滩，以及水面平静的乔治王湾（King George Sound）。

小镇所在的地区经常会有狂风暴雨，在这也会看到暴力的捕鲸活动。观赏鲸鱼仍然是奥尔巴尼体验的一部分，但现在只能通过摄像头来观看。

这里是比布蒙小径（www.bibbulmuntrack.org.au）的终点（或者起点），就在游客中心外。

Albany 奥尔巴尼

Albany 奥尔巴尼

重要景点

1 奥尔巴尼遗址公园 D2
2 奥尔巴尼西澳大利亚州博物馆 B3

景点

3 友好号双桅帆船 B3
4 法院 B2
5 沙漠骑兵团纪念碑 D2
6 梅尔维尔山观光塔 A1
7 老邮局 C3
8 圣约翰圣公会教堂 B2

活动、课程和团队游

9 奥尔巴尼鲸鱼之旅 C3
10 Southcoast Diving Supplies B1

住宿

11 1849 Backpackers B2
12 Albany Harbourside B2

就餐

13 Albany Boatshed Markets C3
14 Albany Farmers Market B2
15 Earl of Spencer C2
16 Lime 303 .... C1
17 Vancouver Cafe & Store A2
18 White Star Hotel C2
19 York Street Cafe C2

娱乐

20 市政厅 B2

历史

Minang Noongar人将这里称为"Kinjarling"(下雨的地方),并且认为好战的Wargals(神秘的巨蛇)创造出了这片崎岖断裂的地貌。

与欧洲人的初次接触十分友好,1622~1826年共有60余艘船到访此地。英国人建立定居点时受到原住民的欢迎,因为这有助于规范那些犯下绑架、强奸和谋杀米南人(Minang)等恶行的海豹猎人及捕鲸者的行为。然而在19世纪末,奥尔巴尼的所有商店都拒绝土著居民进入,并控制他们生活的各个方面(包括他们抚养自己孩子的权利)。

对于英国人来说,奥尔巴尼的避风良港使其成为一个捕鲸港口,直到1978年。在第一次世界大战期间,它是前往埃及和参加加里波利(Gallipoli)战役的舰船的集结地,运送了超过40,000的澳大利亚人和新西兰军团(Australian and New Zealand Army Corps,缩写为Anzac,即澳新军团)的部队。

景点

★奥尔巴尼遗址公园(Albany Heritage Park) 公园

创办于2014年,奥尔巴尼遗址公园(Albany Heritage Park)包含国家澳新军团中心(National Anzac Centre)、公主皇家要塞(Princess Royal Fortress)、怀特神父瞭望台(Padre White Lookout)、沙漠骑兵团纪念碑(Desert Mounted Corps Memorial)和阿塔图尔克纪念碑(Ataturk Memorial)。

国家澳新军团中心 博物馆

(National Anzac Centre; www.nationalanzaccentre.com.au; Forts Rd, Princess Royal Fortress;成人/儿童 $24/12; ⏲9:00~16:00)在2014年年底奥尔巴尼的澳新军团百年的纪念活动时开放,这个崭新的博物馆铭记着在第一次世界大战中奥尔巴尼参战的人们。先进的多媒体使展览更具真实性和震慑力,博物馆的位置也非常有意义,体现了对先烈的缅怀之情。从那里俯瞰,就能看到军队船只的出发点。

游客在进入时会拿到记录着士兵和护士的32张照片中的一张——包括一名德国士兵和一名土耳其士兵——然后游客可以通过互动装置了解他们的故事。在32张照片上的每个人物的命运都非常令人心酸,在博物馆的最后阶段有详细介绍。

公主皇家要塞 古迹

(Forts Rd;持国家澳新军团中心门票入内;⏲9:00~17:00)作为一个战略要地,奥尔巴尼在历史上一直被视为易受攻击之地。这座要塞于1893年被修建在阿德莱德山上,最初是为了防御俄国人和法国人可能发动的进攻。经过修复的建筑和炮台都非常有趣。

梅尔维尔山和克拉伦斯山 山

在梅尔维尔山(Mt Melville)和克拉伦斯山(Mt Clarence)可以饱览海岸和内陆的美景。在克拉伦斯山的顶部是沙漠骑兵团纪念碑(Desert Mounted Corps Memorial),它最初作为第一次世界大战的纪念碑竖立在埃及的塞德港。它在1956年苏伊士运河(Suez)危机期间遭受了无可挽回的破坏,这个复制品是在抢救出的原砖石的基础上制作而成的。克拉伦斯山在奥尔巴尼遗址公园(Albany Heritage Park)的顶端。

★奥尔巴尼西澳大利亚州博物馆 博物馆

(Western Australian Museum-Albany; www.museum.wa.gov.au; Residency Rd;捐款入内;⏲10:00~16:30)州立博物馆的这座分馆分列于两栋建筑内。比较新的Eclipse建筑内设有儿童探索区和一个灯塔展。经过修复的19世纪50年代的地方长官宅邸内则展出了Minang Noongar人的历史、当地自然历史和航海故事。

友好号双桅帆船 船只

(成人/儿童 $5/2; ⏲10:00~16:30)这是一艘按照原尺寸进行复制的双桅帆船,它的原型于1826年载着奥尔巴尼的首批英国定居者从悉尼前来此处。这艘复制品是为这座城市150周年庆典而建的。在双桅帆船的周围是值得探索的文物区。

大南部酿酒厂 酿酒厂

(Great Southern Distillery; ☎08-9842 5363; www.distillery.com.au; 252 Frenchman Bay Rd;团队游 $15; ⏲酒窖 10:00~17:00,团队游 13:00)单一麦芽威士忌是海滨酿酒厂的明星产品,但白兰地、杜松子酒、苦艾酒和葡萄酒也很有特色。团队游包括品酒。这里还有一个咖啡馆,提供小吃和点心。

历史建筑

在海滩附近的奥尔巴尼历史景区。漫步在Stirling Tce——这里的维多利亚时代店面、法院和老邮局极为引人瞩目——然后前往York St参观圣约翰圣公会教堂(St John's Anglican Church)和奥尔巴尼市政厅(Town Hall; www.albanytownhall.com.au; 217 York St)。可以从游客中心拿一本徒步游导游小册子。

海滩

在城镇中心以东,美丽的米德尔顿(Middleton Beach)和伊谬海滩(Emu Beach)面对着乔治王湾(King George

Sound)，是一长段绵延的沙滩，非常适合亲子游。冬季，在这里能看到母鲸带着它们的孩子在这里畅游。你可以从伊谬角(Emu Point)附近一路走到牡蛎港，沿途有许多漂浮的浮桥和更为平静的海水。

悬崖顶端的步行道环抱着市中心和米德尔顿海滩之间的大部分海滨。木板人行道则沿着伊谬海滩(Emu Beach)继续延伸。

活动

观赏鲸鱼

在捕鲸活动于1978年被终止后，鲸鱼逐渐开始重返奥尔巴尼附近的水域。如今，在7月到10月中旬，南露脊鲸和座头鲸在乔治王湾(King George Sound)附近的一些小海湾聚集，你有时能从海滩上望见它们的身影。

奥尔巴尼海洋探险(☎0428 429 876; www.whales.com.au; 成人/儿童 $88/50; ⊙6月至10月)和奥尔巴尼鲸鱼之旅(☎08-9845 1068; www.albanywhaletours.com.au; Albany Waterfront Marina, Princess Royal Dr和Toll Pl的交叉路口; 成人/儿童 $90/55; ⊙6月至10月)都在旺季经营鲸鱼观赏之旅。

潜水

2001年，澳大利亚皇家海军"珀斯"号战舰(HMAS Perth; www.hmasperth.com.au)在这里沉没，从而使奥尔巴尼成为顶级潜水目的地，还为潜水者新建了一个人工鱼礁。

Southcoast Diving Supplies(☎08-9841 7176; www.divealbany.com.au; 84b Serpentine Rd)可以让你看到水下的世界。

团队游

Kalgan Queen 乘船之旅

(☎08-9844 3166; www.albanyaustralia.com; Emu Point; 成人/儿童 $85/50; ⊙9月至次年6月 9:00)沿卡尔甘河(Kalgan River)乘坐玻璃底的游船的巡游活动，历时4小时，会为你解说该地区的历史和野生动物的情况。

住宿

★1849 Backpackers 青年旅舍 $

(☎08-9842 1554; www.albanybackpackersaccommodation.com.au; 45 Peels Pl; 铺 $33, 房间 $77; @📶)这家经营良好的青年旅舍悬挂着五颜六色的国旗，让来自五湖四海的旅行者一下子就感觉到国际化的热情接待。这里有巨大而现代化的厨房、阳光明媚的房间和舒适慵懒的社交氛围，对于预算紧张的游客来说，这里是最佳住宿地点之一。周日晚上举办的免费烧烤晚会，一定要提前预订。

Albany Discovery Inn 客栈 $

(☎08-9842 5535; www.discoveryinn.com.au; 9 Middleton Rd, Middleton Beach; 标单 $65, 双 $90~100; @📶)Albany Discovery Inn位置离海滩非常近，色彩鲜艳的房间会让你感到很温馨。这里的咖啡馆提供3道菜的晚餐，价格为$20，同时也提供早餐和午餐(主菜$10~15)。同样欢迎非住客到此用餐，不过需要提前预订。

Emu Beach Holiday Park 房车公园 $

(☎08-9844 1147; www.emubeach.com; 8 Medcalf Pde, Emu Point; 营地 $40, 度假屋 $125~200; ❄)伊谬海滩和这个亲切的假日公园都受到家庭旅行者的钟爱。这里有一个户外烧烤区和一块儿童游乐场地。最近新建的汽车旅馆套房宽敞而现代。

Albany Harbourside 公寓 $$

(☎08-9842 1769; www.albanyharbourside.com.au; 8 Festing St; 双 $159~219; ❄)这家连锁公寓包括Festing St上的宽敞洁净的公寓和城中心其他三处设施完善的住所。装修充满现代气息且色彩丰富，一些公寓能看到海景。

★Beach House at Bayside 精品酒店 $$$

(☎08-9844 8844; www.thebeachhouseatbayside.com.au; 33 Barry Ct, Collingwood Park; 房间 $280~375; ❄)地处米德尔顿海滩和伊谬角之间安静的地区，坐拥海滩边的黄金位置，高尔夫球场近在咫尺。这个现代化的住所拥有完美的服务。价格包括早餐、下午茶和巧克力。

餐饮

Albany Farmers Market 农民市场 $

(www.albanyfarmermarket.com.au; Collie

St; ⏲周六 8:00至正午）每周举办的集市，销售美食和当地的手工产品。

Albany Boatshed Markets 市场 $

（www.albanyboatshedmarkets.com; Princess Royal Dr, The Boatshed; ⏲周日 10:00~13:00）销售来自大南部（Great Southern）地区的农产品、手工艺品和葡萄酒。

★ York Street Cafe 咖啡馆 $$

（www.184york.com; 184 York St; 早餐和午餐 $13~23，晚餐 $24~27; ⏲周日至周二 7:30~15:00，周三至周六 7:30至深夜; 📶）在主干道上，这家国际性的多功能咖啡馆提供绝佳的美食。午餐包括亚洲风味的五花肉，配上涂抹了五香苹果酸辣酱的土耳其面包，晚餐则以法式小馆菜肴为主，例如搭配燕粗麦粉的意大利熏火腿卷鸡肉。可自带葡萄酒。

Vancouver Cafe & Store 咖啡馆 $$

（☎08-9841 2475; 65 Vancouver St; 主菜 $12~24，拼盘 $32; ⏲8:00~15:30）这个很棒老字号的小咖啡馆的特色是美丽的阳台景致和可口的自制糕点。烤土耳其三明治搭配更加丰盛的菜肴，如摩洛哥羊肉球、搭配抓饭和蜂蜜酸奶，以及物超所值的拼盘，会让你在轻松地午餐之后精力充沛。

White Star Hotel 小酒馆食物 $$

（72 Stirling Tce; 主菜 $16~34; ⏲11:00至深夜）这个老牌酒馆口碑很好，供应现成的优质啤酒和极好的酒馆食物，还有一个啤酒花园和许多现场音乐表演。周日晚间的民谣和蓝调音乐会是与奥尔巴尼悠闲的当地人一起喝一杯的好机会。

Earl of Spencer 小酒馆食物 $$

（Earl St和Spencer St交叉路口; 主菜 $20~34; ⏲11:30至深夜）当地人都为品尝这里出名的馅饼、酒水或健壮的羊腿而来。现场乐队总在周末光顾这里，经常演奏轻松活泼的爱尔兰音乐。

Lime 303 新派澳洲菜 $$$

（☎08-9845 7298; www.dogrockmotel.com.au; 303 Middleton Rd; 主菜 $36~43; ⏲正餐 18:00至深夜，小吃 16:30~21:00）作为西澳大利亚地区漂亮的闪光点，Lime 303在菜肴中展示了当地的特产，如奶油海鲜肉末茄子搭配鱼肉、扇贝和虾，以及鸭腿和白菜卷。更休闲的酒吧小吃从16:30开始供应。

ℹ 实用信息

公园和野生动物管理局（☎08-9842 4500; www.parks.dpaw.wa.gov.au; 120 Albany Hwy; ⏲周一至周五 8:00~16:30）提供国家公园相关信息。

游客中心（☎08-9841 9290; www.amazingalbany.com; Proudlove Pde; ⏲9:00~17:00）位于老火车站内。

ℹ 到达和离开

奥尔巴尼机场[Albany Airport; 奥尔巴尼交通干道（Albany Hwy）]在市中心西北11公里处。

Skywest（☎1300 660 088; www.skywest.com.

奥尔巴尼到埃斯佩兰斯的选择

乡下的480公里长的南部沿海交通干线（Rte 1）在奥尔巴尼（Albany）和埃斯兰佩斯（Esperance）之间，是人烟非常稀少的地方。第一段行程要走奥尔巴尼公路（Albany Hwy，即Rte 30）到达巴克山（Mt Barker），然后向东前往普朗戈洛普（Porongurup）。然后向北行进，穿过斯特林山脉（Stirling Ranges），再次向东转弯，穿越Ongerup，在杰伦孟加普（Jerramungup）重新进入高速公路。这条路线会多走出57公里的行程。

在Ongerup，**Yongergnow Malleefowl Centre**（☎08-9828 2325; www.yongergnow.com.au; 成人/儿童 $8/4; ⏲周六至周一、周三和周四10:00~16:00）致力于保护濒临灭绝的珍奇鸟类，因此建造了许多巨大的土丘供它们孵化小鸟。

在杰伦孟加普（Jerramungup）附近是**菲茨杰拉德河国家公园**（Fitzgerald River National Park），在霍普顿（Hopetoun）或布雷默湾（Bremer Bay）住宿。注意到达布雷默湾（Bremer Bay）的最佳路线是从奥尔巴尼（Albany）出发，走南部沿海公路（South Coast Hwy）。

au）每周有18趟航班抵离珀斯（Perth；70分钟）。

Transwa（☎1300 662 205；www.transwa.wa.gov.au）长途汽车服务在游客中心有停车站。线路包括：

➡ GS1 每天抵离珀斯（Perth；$61，6小时）和巴克山（Mt Barker；$9.55，39分钟）。

➡ GS2 抵离珀斯（Perth；$58，8小时）、诺瑟姆（Northam；$66，6.5小时）、约克（York；$61，6小时）和巴克山（Mt Barker；$9，41分钟），每周4趟。

➡ GS3 每天抵离班伯里（Bunbury；$58，6小时）、布里奇顿（Bridgetown；$45，4.75小时）、彭伯顿（Pemberton；$37，3.5小时）、沃尔波尔（Walpole；$22，1.5小时）和登马克（Denmark；$9，42分钟）。

当地交通

Loves（☎08-9841 1211）运营当地公共汽车服务。游客中心有关于到达伊谬角（Emu Point）和米德尔顿海滩（Middleton Beach）的实用信息。

奥尔巴尼周边（Around Albany）

发现湾

博物馆

（Discovery Bay；☎08-9844 4021；www.discoverybay.com.au；Frenchman Bay Rd；成人/儿童 $29/12；⏲9:00~17:00）当切内斯海滩捕鲸站（Cheynes Beach Whaling Station）于1978年11月被勒令关闭时，很少有人会预料到这里曾经无比血腥的露台如今会被游客大潮所淹没，他们来探索这里凄凉而又吸引人的往事。它的附属博物馆会播放几部关于鲨鱼和鲸鱼的电影，并且展示巨大的鲸鱼骨架、捕鲸叉、捕鲸船模型和雕刻（在鲸须上雕刻）。博物馆外还陈列着锈迹斑斑的“切内斯4号”（Cheynes Ⅳ）捕鲸船和捕鲸站用于监测的各种装备。10:00~15:00每小时会有一次免费的导览游。广阔的发现湾（Discovery Bay）综合设施包括一个新开的澳大利亚海洋生物公园和植物园（成人/儿童 $15/8），植物园里有许多该地区的特有植物。在高处的景点可以看到迷人的海洋风光，但新建的植物园仍需要多发展几年，而这里的动物——包括树袋熊、小型沙袋鼠和大袋鼠——则被养育在相当拥挤的区域里。

托蒂拉普国家公园

国家公园

（Torndirrup National Park；Frenchman Bay Rd）**免费** 这座国家公园覆盖了环绕公主皇家海港（Princess Royal Harbour）和乔治王湾（King George Sound）南部的大部分半岛，里面有海风吹拂、海浪拍打的悬崖峭壁。**裂口**（The Gap）是岩石中的一道天然裂缝，撞击在花岗岩峭壁上的激浪从夹缝中穿行而过。它附近就是**“天生桥”**（Natural Bridge）奇景。继续往东，**喷水孔**（Blowholes）非常壮观。岩石遍布的**吉米纽维尔斯港**（Jimmy Newells Harbour）和**鲑鱼洞**（Salmon Holes）是冲浪者们的最爱。比较适合游泳的地方是半岛上更加隐蔽的**悲惨海滩**（Misery Beach）或**法国人海湾**（Frenchman Bay）。

这里还有一条颇具挑战性的丛林徒步线路，可借此翻越伊斯缪斯山（Isthmus Hill）并直抵伯德角（Bald Heads），全程往返10公里，需要5个多小时才能走完。

Two Peoples Bay

自然保护区

（Two Peoples Bay Rd）这个海湾位于奥尔巴尼以东约20公里处，是一片占地46平方公里、风景优美的自然保护区，内有一个很好的游泳海滩。

维奇尼卡普国家公园

国家公园

（Waychinicup National Park；Cheyne Beach Rd；公园 免费，露营地 成人/儿童 $7.50/2.20）这座国家公园坐落于风景优美的维奇尼卡普河（Waychinicup River）畔；在这里经常可以看到吉尔伯特（Gilbert）的长鼻袋鼠和薮鸟。

巴克山（Mt Barker）

人口 1770

巴克山（位于奥尔巴尼以北50公里处）是前往普朗戈洛普国家公园和斯特灵山脉国家公园的必经之路。它也是当地葡萄酒产业的中心。在镇上的游客中心可以领取《巴克山葡萄酒厂》地图，也可以参见网站www.mountbarkerwine.com.au。

景点和活动

在小镇以南大约5公里处，巴克山（Mt Barker）风景如画。在巴克山的西南部，在埃杰顿—沃伯顿（EgertonWarburton）地区的环形路上是非常适合拍照的St Werburgh's Chapel（1872年）。

West Cape Howe Wines 葡萄酒厂

（www.westcapehowewines.com.au；14923 Muirs Hwy；⌚酒窖 10:00~17:00）坐落在巴克山以西10公里的美丽土地上，West Cape Howe Wines的雷司令、梅乐和卡白内红葡萄酒经常被评为葡萄酒冠军。

Plantagenet Wines 葡萄酒品尝

（www.plantagenetwines.com；Albany Hwy；⌚10:00~16:30）Plantagenet Wines的酒窖位于小镇的中心，交通便利。

Mt Barker Police Station Museum 博物馆

（Albany Hwy；成人/儿童 $5/免费；⌚周六和周日 10:00~15:00）巴克山自19世纪30年代以来就有人定居，1868年由囚犯修建的警局和监狱现在则成为一家博物馆。

班克木农场 花园

（Banksia Farm；☎08-9851 1770；www.banksiafarm.com.au；Pearce Rd；导览游 $20；⌚团队游 3月中旬至6月中旬周一至周五，8月中旬至11月中旬 每天 10:00）在班克木农场可以看到78种澳大利亚班克木以及24种子属班克木植物。这里还有咖啡馆和民宿（标单/双 $95/150起）。从8月中旬至11月中旬，"兰花寻觅"之旅（$25）每天14:00出发。

住宿

Nomads Guest House 客栈

（☎08-9851 2131；www.nomadsguesthousewa.com.au；12 Morpeth St；标单/双/圆顶帐篷/度假屋 $70/90/100/110）Nomads Guest House正宗的蒙古包（毛毡帐篷）和蒙古与中国艺术的画廊会令你非常惊讶。这里的业主经常救助袋鼠宝宝，所以在主房里看到经常造访的有袋动物不要感到太惊讶。

普朗戈洛普国家公园（Porongurup National Park）

占地24平方公里、绵延12公里的普朗戈洛普国家公园（门票 每辆小汽车 $12）拥有地质年龄长达11亿年的花岗岩层、壮观的全景、秀美的风光、大片的红桉树林和一些很棒的丛林徒步小道。

丛林徒步旅行从100米高的Tree-in-the-Rock出发，到达道路难行的Hayward and Nancy Peaks（5.5公里的环形路）。Devil's Slide（往返 5公里）穿越红桉树林，到达遍布低矮植物的花岗岩地带。这

Porongurup National Park 普朗戈洛普国家公园

些徒步旅行都从人来人往的主要地区出发（Bolganup Rd）。由Castle Rock Trail去Balancing Rock（往返 3公里）从东部更远的Mt Barker-Porongurup Rd出发，路边设有路标。Castle Rock Granite Skywalk Trail（往返 4.4公里，2小时）越过陡峭但景色壮观的小路，直达岩石区。到达顶点的最后200米的路途包括攀爬陡峭的岩石区和一个7米高的阶梯。

普朗戈洛普（Porongurup）也是大南部葡萄酒产区的一部分，在它附近有11家葡萄酒厂。详细信息参见网站www.porongurup.com。

食宿

公园里没有住宿，但是附近有许多住所可供选择。就餐选择十分有限。

Ty-Jarrah 度假屋 $$

（☎08-9853 1255；www.tyjarrah.com；3 Bolganup Rd；套/度假屋 $135/150）这个设施齐全的A字形度假屋位于茂密的林间，非常舒适温馨。

★ **Maleeya' s Thai Cafe** 泰国菜 $$

（☎08-9853 1123；www.maleeya.com.au；1376 Porongurup Rd；主菜 $25~33；⏲周五至周日 11:30~15:00和18:00~21:00）美食家和厨师都来到Porongorup品尝西澳大利亚州最正宗的泰国美食。咖喱、汤和炒菜都加入了从自家花园里采摘的新鲜香草，其他原材料的种植和养殖过程也都采用了有机种植和自由放养的方式。建议提前预订。

斯特灵山脉国家公园（Stirling Range National Park）

斯特灵山脉从周围平坦多沙的平原中拔地而起，8月末至12月初是山间野花盛开的季节，届时这里变幻不定的蓝色、红色和紫色的花儿会让摄影师们心醉神迷，这里也被Noongar人视为具有特别意义的地方——一个逝去者灵魂回归的地方。每一座山峰都有一位与之相关联的祖先，因此在参观时注意保持恭敬。

这个占地1156平方公里的国家公园由一条宽10公里、长65公里的山脉组成，这条山脉则是一连串的山峰经过板块的碰撞而形成的。占据它长度大部分的是孤立的山峰、一些山丘和一些锥形山峰，它们高耸在宽阔的山谷之中，上面覆盖的灌木和石楠植被。布拉夫山（Bluff Knoll，Bular Mai）是西南地区的最高点，海拔1095米。

停车费用会在Bluff Knoll Rd的起点处收取（门票 每辆汽车/摩托车 $12/6）。

活动

斯特灵（Stirlings）因丛林徒步旅行而著名。狂热的徒步者可以选择从Toolbrunup（景色优美、易于攀爬；海拔1052米，往返 4公里）和布拉夫山（一条备受好评的旅游路线；海拔1095米，往返6公里）出发。Mt Hassell（海拔848米，往返 3公里）和Talyuberlup（海拔783米，往返 2.6公里）是非常受欢迎的半日徒步之旅。

具有挑战性的徒步路线穿越东部地区，包括从布拉夫山到艾伦峰（Ellen Peak；3天）的路线，或者穿越Arrows到达艾伦峰（Ellen Peak；2天）的较短的路线。

食宿

最好在巴克山多储备些食物。

Stirling Range Retreat 房车公园 $

（☎08-9827 9229；www.stirlingrange.com.au；8639 Chester Pass Rd；不供电/供电双人营地 $32/34，小屋 $55~95，套 $145~185；❄@🏊）这个绿树成荫的地方位于公园北部边界上，提供露营地、简单小屋、房车、设备齐全的夯土套房在内的各种住宿选择。8月中旬至10月末会组织野花和兰花巴士游及丛林徒步游（3小时，每人$49）。游泳池只在11月至次年4月开放。

Mount Trio Bush Camping & Caravan Park 房车公园 $

（☎08-9827 9270；www. mttrio.com.au；Salt River Rd；营地不供电/供电每人 $13/15）这是一处位于农庄内的简单丛林营地，靠近步行小道，位于公园中心以北。这里有热水淋浴、一个厨房、免费的燃气烧烤设备和一个营火会点。可提供90分钟至一天的导览步行游。

Stirling Range National Park 斯特灵山脉国家公园

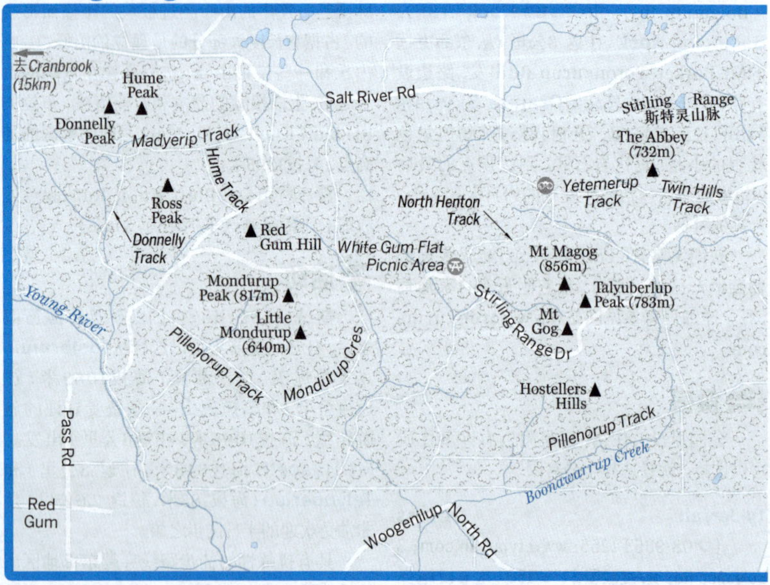

★ The Lily 小屋 $$

(☎08-9827 9205; www.thelily.com.au; Chester Pass Rd; 小屋 $149~179)这些位于公园以北12公里处的小屋分布于一座仍在使用中的风车磨坊周围。这里的住宿设施非常齐全，附近的餐厅可为住客提供餐食($36)。致电询问餐馆具体在哪天晚上营业，并预订磨坊之旅($50，最少4人)。在经过翻修的1944年达科他(Dakota)飞机里还有私人住宅。

菲茨杰拉德河国家公园(Fitzgerald River National Park)

位于奥尔巴尼和埃斯佩兰斯之间，这个被视为珍宝的公园(每辆汽车/摩托 $12/6)被联合国教科文组织列为生物圈保护区。占地3300平方公里，里面生长着西澳大利亚州一半的兰科植物物种(80多种，其中70种已在其他地方绝迹)还有22种哺乳动物、200种鸟类和1700种植物(占西澳大利亚州已知植物种类的20%)。

徒步者们会发现美丽的海岸线、沙原、崎岖的沿海丘陵(又被称作荒漠)和幽深宽广的河谷。如果在合适的季节前来的话，你很可能能从安海角(Point Ann)的海滨望到鲸鱼和它们的幼崽。这里有一个瞭望台，还有一条传统怀旧的步道，沿着全长1164公里的2号防兔围栏(No.2 rabbit-proof fence)延伸一小段。

进入公园的3个主要的两驱车入口：South Coast Hwy(Quiss Rd和Pabelup Dr)、霍普敦(Hopetoun; Hamersley Dr)以及布雷默湾(Bremer Bay; 沿Swamp Rd和Murray Rd)。所有公路都是碎石路，下雨后可能不能通行，因此出发前要先打听当地的路况。

公园另一端是寂静的沿海定居点布雷默湾(Brener Bay)和霍普敦(Hopetoun)，这两个地方都有白沙滩和波光碧水。霍普敦以东是风景如画但经常颠簸难行的南冰洋东部车道(Southern Ocean East Drive)，通往梅森湾(Mason Bay)和饥饿湾(Starvation Bay)的海滩露营地。如果你驾驶的是两驱车，不要通过这条路前往埃斯佩兰斯。

住宿

Quaalup Homestead 露营地 $

(☎08-9837 4124; www.whalesandwildflo

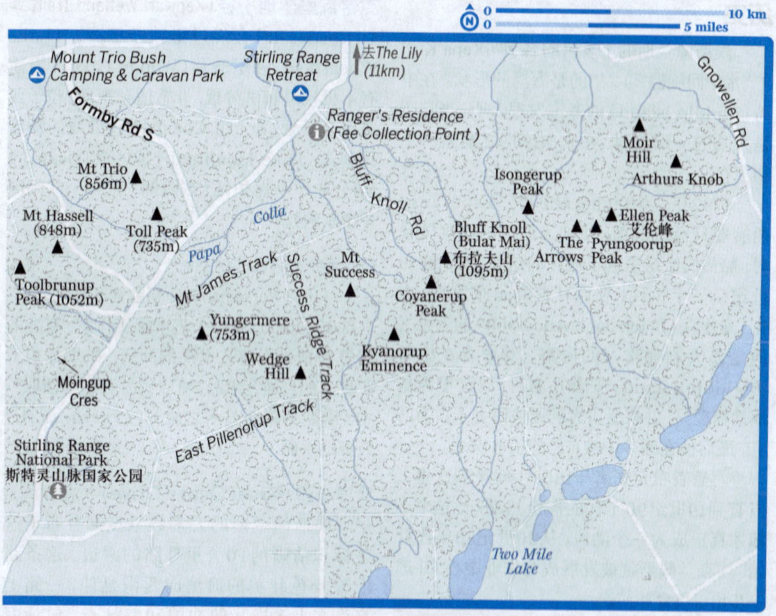

wers.com.au; Quaalup Rd; 小屋 $100~125)这座建于1858年的农庄位于公园南部的深处。电力是太阳能发电，更不要想有手机信号了。住宿包括带燃气户外烧烤架的丛林营地、舒适的套房和度假屋。从Pabelup Dr可以到达Quaalup Rd。

Parks & Wildlife Camp sites 露营地 $

(www.parks.dpaw.wa.gov.au; 营地 每位成人/儿童 $10/2.20)位于圣玛丽河口(St Mary Inlet，在安海角附近)和四英里海滩(Four Mile Beach)的营地，能够驾驶两驱车抵达。其他位于汉默斯利河口(Hamersley Inlet)、鲸鱼骨海滩(Whale Bone Beach)、楔子角(Quoin Head)和菲茨杰拉德河口(Fitzgerald Inlet)的营地都能驾驶四驱车或徒步抵达。

Hopetoun Motel & Chalet Village 汽车旅馆 $$

(☎08-9838 3219; www.hopetounmotel.com.au; 458 Veal St, Hopetoun; 房间 $140~200; 📶)这是一座夯土建筑，有舒适的床铺和上乘的亚麻床品。

ℹ 实用信息

Deck Treasures(www.decktreasures.com.au; Veal St, Hopetoun; ⊙11月至次年4月 9:00~12:30; @📶)在霍普顿(Hopetoun)提供关于当地野生动物的实用信息，以及驾车路线推荐。

埃斯佩兰斯(Esperance)

人口 9600

埃斯佩兰斯位于湛蓝的海水和纯白色的海滩旁边，坐落在极为隐蔽但景色壮丽的岛屿湾(Bay of Isles)上。尽管它非常偏僻，但仍然有许多家庭从珀斯或卡尔古利来这里旅行，只为享受悠闲自在的氛围和美好的海滩生活。对于沿着陆地海岸线前行的旅行者而言，这里是在到达纳拉伯(Nullarbor)之前所能遇见的最后一个大城镇。

在小镇东南部更为偏远的国家公园内还分散着许多风景如画的海滩。近海的勒谢什群岛(Recherche Archipelago)拥有105座岛屿，岛上原始的环境则是毛海豹、企鹅和各种海鸟的家园。

历史

埃斯佩兰斯的土著语的名字叫Kepa Kurl（"水中回旋镖"），指的是海湾的形状。在中岛（Middle Island）的考古发现表明，当它还是大陆的一部分时，在末次冰期之前就有生物存在。

1792年，当Recherche和l'Espérance两艘船只经过群岛，并驶入海湾内躲避风暴时，船员们给这里起了现在的这个名字。在19世纪二三十年代，勒谢什群岛是布莱克·杰克·安德森（Black Jack Anderson）的老巢，他是澳大利亚唯一的海盗。安德森在中岛（Middle Island）安营扎寨后，以这里为基地劫掠船只，并将受害者的原住民妻子占为己有。最后他在睡梦中被自己的手下谋杀。

尽管首批定居者于1863年就来到这里，但直到19世纪90年代的淘金热期间，这个小镇才真正成为一个港口。从20世纪50年代开始，埃斯兰佩斯就被发展成为农业中心，并进一步出口粮食和矿产。

景点和活动

埃斯佩兰斯博物馆 博物馆

（Esperance Museum; James St和Dempster St的交叉路口；成人/儿童 $6/2; ⏲13:30~16:30）玻璃橱窗里摆满了奇特的贝壳、青蛙饰品、网球拍和便盆等。大型展品包括船只、一节列车车厢以及1979年美国空间站"天空实验室"（Skylab）的部分残骸——空间站在回收过程中部分零件没有燃烧殆尽，坠落在位于埃斯佩兰斯以东的巴拉多尼亚（Balladonia）。

博物馆村（Museum Village） 历史建筑

这个博物馆由画廊和咖啡馆组成，占据着各种各样的历史建筑，隔周周日上午这里还有集市活动。由原住民经营的**Kepa KurlArt Gallery**（www.kepakurl.com.au; Dempster St和Kemp St的交叉路口；⏲周一至周五 10:00~16:00，周日 集市）有来自当地和中央沙漠（Central Desert）的艺术家的作品，价格合理。

沃登湖湿地体系（Lake Warden Wetland System） 湿地

埃斯佩兰斯周围分布着密集的湿地，包括7个大湖和90余个小湖。往返共7.2公里的**克普瓦里湿地小径**（Kepwari Wetland Trail；紧邻Fisheries Rd）会经过**维特菲尔德湖**（Lake Wheatfield）和**伍迪湖**（Woody Lake），沿途有木板栈道和讲解板，非常适合观鸟。位于西北14公里处、South Coast Hwy沿线的**蒙吉玛普湖**（Lake Monjimup）地区被Telegraph Rd分成一个保护区（在西侧）和一个休闲区（在东侧）。

Cannery Arts Centre 画廊

（1018 Norseman Rd；捐献金币即可入内；⏲13:00~16:00）有一个艺术家工作室、有趣的展览和销售当地艺术品的商店。如果你想了解更多的当地艺术品，可以到游客中心领取一本《埃斯兰佩斯艺术之旅》（*Esperance Art Trail*）手册。

大洋车道（Great Ocean Drive） 观光自驾游

埃斯佩兰斯的大多数景点都分布于这条标识清晰的40公里环路的两边。这条路沿着景色壮美的海滨向西南延伸，一路上有许多人气极旺的冲浪和游泳点，包括**蓝色港口海滩**（Blue Haven Beach）和**暮光湾**（Twilight Cove）等地。中途可在**天文台角**（Observatory Point）和**无线电山**（Wireless Hill）的观景台略作停留。路上有一条岔道通往**风力发电厂**（wind farm），它供应了埃斯佩兰斯大约23%的电力。当风起云涌时行走于这些风车间，会有一种超现实的感觉。

团队游

Esperance Island Cruises 游轮

（☎08-9071 5757; www.woodyisland.com.au; 72 The Esplanade）团队观光游包括搭乘动力强劲的双体船前往埃斯佩兰斯湾（Esperance Bay）和伍迪岛（Woody Island；半天/全天 $120/185），与毛海豹、海狮、巴伦角（Cape Barren）的鹅和（如果人品够好）海豚来一次亲密接触。1月还会有轮渡前往伍迪岛（成人/儿童 往返 $60/30）。

Kepa Kurl Eco Cultural Discovery Tours 文化游

（☎08-9072 1688; www.kepakurl.com.au; Museum Village；成人/儿童 $105/90，最少2人）🍃这一团队游会带领游客以原住民的视角探

索乡村地区：参观岩画和水潭，品尝丛林食物，倾听远古故事。

Eco-Discovery Tours 自驾游

(☎0407 737 261; www.esperancetours.com.au)经营沿着沙滩前往勒格兰德角国家公园(Cape Le Grand National Park)的四驱车游(半天/全天 $105/195，最少2人/4人成团)和历时两小时的大洋车道环线游(Great Ocean Dr; 成人/儿童 $60/45)。

Aussie Bight Expeditions 四驱车游

(☎0427 536 674; www.aussiebight.com; 半天/全天 $90/160; ⏲8月和9月)从8月末至9月，有专门的野花之旅。

Esperance Diving & Fishing 潜水、钓鱼

(☎08-9071 5111; www.esperancedivingandfishing.com.au; 72 The Esplanade)提供到"Sanko Harvest"号沉船残骸处的潜水活动(双罐潜水，含所有装备 $260)，也提供前往群岛的钓鱼包船服务。

住宿

Woody Island Eco-Stays 露营地 $

(☎08-9071 5757; www.woodyisland.com.au; 营地每人 $25，营地帐篷 $41~61，小屋 $140~165; ⏲12月中旬至次年1月，4月中旬至5月初; ❄)你不可能每天都待在A级的自然保护区。你可以选择绿树成荫的露营地(非常紧密)或用帆布围成的丛林小屋，其中一些配有私人露台和私人照明设备。这里的电力主要来自太阳能，淡水则来自净化后的雨水——这两者都被给予了很高的评价。另外，需要付$60的往返轮渡费用。

Blue Waters Lodge YHA 青年旅舍 $

(☎08-9071 1040; www.yha.com.au; 299 Goldfields Rd; 铺/标双/三 $28/74/95)位于海滨地带，距离城镇中心约1.5公里，这个略显凌乱的青年旅舍会让你感觉有点教条，但这里的管理着非常友善。从这里可以望见一片一直延伸至水边的整齐草坪。你可以租辆自行车在海滨骑行。

★ **Esperance B&B by the Sea** 民宿 $$

(☎08-9071 5640; www.esperancebb.com; 34 Stewart St; 标单/双 $125/180; ❄)这栋超值的海滩房屋有私密的翼楼，在甲板上可以远眺蓝色港口海滩(Blue Haven Beach)。步行一小段即可抵达海边，驾车从埃斯兰佩斯中部到这里只需5分钟。

Clearwater Motel Apartments 汽车旅馆 $$

(☎08-9071 3587; www.clearwatermotel.com.au; 1a William St; 标单 $110，双 $140~195; ❄)这里明亮宽敞的客房和公寓配有阳台，彼此独立，并有一个设施齐备的公用烧烤区。距离海滨和城镇都很近。

Driftwood Apartments 公寓 $$

(☎0428 716 677; www.driftwoodapartments.com.au; 69 The Esplanade; 公寓 $165~220; ❄)面朝大海的这7栋不错的蓝黄相间的公寓房都有自己的烧烤区和户外餐桌。两层楼的双卧套房配有露台，并且更加私密。

餐饮

Taylor's Beach Bar & Cafe 咖啡馆 $$

(www.taylorsbeachbar.com.au; Taylor St Jetty; 早餐 $13~24，午餐和晚餐 $20~30; ⏲周一至周五10:00至深夜，周六和周日 7:00至深夜; 📶)这处宽敞的咖啡馆位于防波堤的旁边，供应咖啡馆食物、汉堡包、海鲜和沙拉。当地人悠闲地坐在草地上的桌边享用美食，或在露台上读书看报。如果你要前往海滩，福卡夏三明治($11~14)非常超值，那里也非常适合喝上一杯葡萄酒或Little Creatures啤酒。可以咨询不定期的现场音乐表演何时上演。

Ocean Blues 咖啡馆 $$

(19 The Esplanade; 主菜 $11~35; ⏲周二至周六 8:00~20:30，周日 8:00~16:00)你可以光着脚走过细细的沙地，到这家不起眼的小店里吃上一顿简单的午餐(汉堡、沙拉、三明治)。晚餐更为丰盛，且物有所值。

Pier Hotel 小酒馆美食 $$

(www.pierhotelesperance.net.au; 47 The Esplanade; 主菜 $20~35; ⏲11:30至深夜)品类众多的桶装啤酒、木柴烤比萨和物美价廉的法式酒馆餐食使这家本地酒馆受到当地人和游客的青睐。

Coffee Cat 咖啡馆

（⏲周一至周五 7:00~14:00）西澳大利亚州最时尚的移动咖啡车，供应美味的自制蛋糕和松饼。你可以清晨在这里饱餐一顿，然后沿着埃斯兰佩斯崭新的滨海大道散步。你可以在海滨找到这辆咖啡车。

S' Juice 果汁

（果汁和冰沙 $7~9；⏲周一至周五 9:00~16:00，周六和周日 至15:00）这是一辆色彩鲜艳的房车，里面有味道极好的果汁和冰沙，在比较凉爽的月份里还有几种暖汤。它通常停在Pier Hotel对面的停车场。

实用信息

公园和野生动物管理局（☎08-9083 2100；www.parks.dpaw.wa.gov.au；92 Dempster St）提供国家公园的信息。

游客中心（☎08-9083 1555；www.visitesperance.com；Kemp St和Dempster St的交叉路口；⏲周一至周五 9:00~17:00，周六至14:00，周日至正午）在博物馆村落里。

到达和离开

埃斯兰佩斯机场（Esperance Airport；库尔加迪-埃斯兰佩斯公路）位于镇中心以北18公里处。**维珍澳洲航空**（☎1300 660 088；www.virginaustralia.com）每天大约有3趟航班抵离珀斯（Perth；1.75小时）。**Transwa**（☎1300 662 205；www.transwa.wa.gov.au）在游客中心有停车站。

➡ GE1 抵离珀斯（Perth；$91，10.25小时，每周3趟）。

➡ GE2 抵离珀斯（Perth；$91，10小时）、蒙达林（Mundaring；$90，9.25小时）、约克（York；$82，8.5小时）和海顿（Hyden；$56，5小时），每周3趟。

➡ GE3 抵离卡尔古利（Kalgoorlie；$58，5小时，每周3趟）、库尔加迪（Coolgardie；$56，4.75小时，每周）和诺斯曼（Norseman；$31，2.25小时，每周3趟）。

埃斯佩兰斯周边（Around Esperance）

勒格兰德角国家公园 国家公园

（Cape Le Grand National Park；门票 每辆小汽车/摩托车 $12/6，露营地 成人/儿童 $10/2.20）进行轻松惬意的一日游。勒格兰德角国家公园（Cape Le Grand National Park）位于埃斯佩兰斯以东60公里处，以壮观的海岸风光、迷人炫目的海滩和一流的步行道而著称。那里的**幸运湾**（Lucky Bay）和**勒格兰德海滩**（Le Grand Beach）很适合钓鱼、游泳和露营，壮丽的**地狱火湾**（Hellfire Bay）有日间设施可供使用。努力登上**法国人峰**（Frenchman Peak；十分陡峭，往返3公里，限时2小时），你可以在最高处或通过岩石密布的"山眼"（eye）的岩隙看到心旷神怡的美景，尤其是在傍晚时分。15公里长的勒格兰德海岸小径（Le Grand Coastal Trail）将这些海湾连接起来，或者你可以在海滩之间进行短途徒步。

阿里德角国家公园 国家公园

（Cape Arid National Park；门票 每辆小汽车/摩托车 $12/6，露营地 成人/儿童 $10/2.20）在大澳大利亚湾（Great Australian Bight）和纳拉伯平原（Nullarbor Plain）的边缘是崎岖又偏僻的阿里德角国家公园（Cape Arid National Park），这里有很棒的丛林徒步线路、赏心悦

精彩的纳拉伯穿越之旅

"穿越纳拉伯"是一段标志性的澳大利亚旅程，一路上的风景如同目的地一样迷人，所以放松身心，尽情享受广阔的天空和一望无际的视野吧。

所有公路旁的旅馆都销售食物和燃料，住宿条件从经常空无一人的露营地到条件一般的平价客房和汽车旅馆。每隔250公里还有带卫生间和桌子的免费路边露营地。

确保你的车辆能走很远的距离，并携带比你预计所需要的更多的饮用水。这里的燃料价格很高，并且离加油站有一段大约200公里的距离。

登录www.nullarbornet.com.au获取更多的旅游信息。

目的沙滩和踩上去吱吱作响的沙子。鲸鱼（某些季节可见）、海豹和巴伦角鹅经常会在这里出没。公园的大部分区域只有四驱车通行，不过通向营地的Thomas River Rd适合各种车辆通行。

这里还有一条更具挑战性的步行道路，一直通往拉吉德山（Mt Ragged）顶端的塔峰（Tower Peak；往返3公里，需时3小时）。

南部内陆（SOUTHERN OUTBACK）

南部内陆提供了一种标志性的澳大利亚体验。鲜有人烟的公路绵绵不断地穿过荒芜的纳拉伯平原（Nullarbor Plain），通向南澳大利亚州，然后直达北部地区（Northern Territory）。这里曾是（现在仍是）淘金区，卡尔古利-博尔德城（Kalgoorlie-Boulder）是其核心，而更难以持续发展的金矿小镇如今正在日益衰落，变得寂静和荒凉。原住民在这片土地上已经生活了很长时间，早期的殖民者发现很难在这一地区立足——直到黄金的诱惑让他们感到值得留在这里。

历史

1888年，人们在南克罗斯（Southern Cross）发现了金子，淘金热（全球最后的几次大规模淘金热之一）由此爆发。大约50多个城镇被快速地建立了起来，但热情和贪婪通常会冲昏人的头脑。伤寒症，水源、住所和食物的匮乏让许多采矿营地上的人失去了生命。

这个地区的人口随着黄金存量的缩减而逐渐减少，今天的卡尔古利-博尔德成为这些城镇中唯一保持兴旺的地方。你可以沿着965公里的黄金探寻发现小径（Golden Quest Discovery Trail；www.goldenquesttrail.com）探寻其他几个日益衰落的城镇和宏大的采矿建筑。

1903年修建的黄金管道（Golden Pipeline）从珀斯山麓延伸560公里，将水源带到了金矿区。这条作为这些城镇的生命线的管道途经卡尔古利，给这个地方的未来带来了希望——无论有没有黄金。如今的大东部公路（Great Eastern Hwy）就是沿着黄金管道线路修建的，沿途有遗留下来的泵站和信息标志。

ℹ 到达和离开

飞机

澳洲航空（☎13 13 13；www.qantas.com.au）有卡尔古利（Kalgoorlie）去往珀斯（Perth）和阿德莱德（Adelaide）的航班。

Skippers Aviation（☎1300 729 924；www.skippers.com.au）运营珀斯—利奥诺拉（Leonora）—拉弗顿（Laverton）航线和珀斯—威卢纳—米卡萨拉航线。

维珍澳洲航空（☎13 67 89；www.virgin-australia.com）有卡尔古利（Kalgoorlie）去往珀斯（Perth）、墨尔本（Melbourne）、悉尼（Sydney）和布里斯班（Brisbane）的航班。

长途汽车

Transwa（☎1300 662 205；www.transwa.wa.gov.au）卡尔古利至埃斯佩兰斯的长途汽车（$58.20；5小时），途经库尔加迪和诺斯曼。

Goldrush Tours（☎1800 620 440；www.goldrushtours.com.au）每周有班车从卡尔古利发往拉弗顿（$82，4.5小时），途经孟席斯（Menzies）和利奥诺拉，周四发车，周五返回。

火车

Transwa运营的"勘探者"号（Prospector）列车从东珀斯发往卡尔古利（$86，7小时，每天1班）。

诺斯曼（Norseman）

人口 860

从诺斯曼镇区的十字路口出发，向南可达埃斯佩兰斯，向北可达卡尔古利，向西可至海登和波浪岩（Wave Rock），而向东则可穿过纳拉伯。注意从海登和波浪岩到达诺斯曼的300公里长的公路还没有完工，但在干旱地区非常适合两驱车行进。在启程之前先在诺斯曼或海登确认路况。

你可以沿着**灯塔山马拉罗亚观景台**（Beacon Hill Mararoa Lookout）的步行小径舒活一下筋骨，并在**历史博物馆**（Historical Museum；Battery Rd；成人/儿童 $3/1；⏲周一至周六 10:00~13:00）稍事停留。拿一本**Dundas Coach Road Heritage Trail**手册，然后便可循着明确的标志进行50公里的环线自驾游。

住宿

Great Western Motel 汽车旅馆 $

（☎08-9039 1633；www. norsemangreatwesternmotel.com.au；Prinsep St；房间 $120；❄🏊）这座老楼内的"经济型"和"度假屋型"房间十分宽敞，但是以夯土建造的"汽车旅馆型"房间更漂亮。旅馆里有一间咖啡馆兼餐厅。

Gateway Caravan Park 房车公园 $

（☎08-9039 1500；www.acclaimparks.com.au；23 Prinsep St；营地 $35~40，小屋 $132~158；❄）这里拥有很棒的小屋和浓厚的丛林氛围。

实用信息

游客中心（☎08-9039 1071；www.norseman.info；68 Roberts St；⏲周一至周五 9:00~17:00，周六和周日 9:30~16:00）可以提供大量有关纳拉伯的信息。

艾尔公路（纳拉伯）[Eyre Highway (the Nullarbor)]

2700公里长的艾尔公路横穿广阔的纳拉伯平原的南部边缘，和泛澳大利亚铁路（Trans-Australia Railway）平行，一路向北。

约翰·艾尔（John Eyre）于1841年成为第一个走完这条令人生畏的路线的欧洲人。1877年，这里铺设了一条电报线路，之后采矿工人沿着这条几乎辨认不出来的道路艰苦跋涉，穿越大平原，冒着酷暑和严寒来到梦想中的金矿。1941年，一条粗糙但是还可以使用的公路会驶过几辆车，1969年，通往南澳大利亚州的边界的道路被封死了。1976年，最后一段沿海公路修缮完毕，可以通往纳拉伯地区直到大澳大利亚湾。

从诺斯曼到南澳大利亚州边境的距离是725公里，再往前480公里就到了塞杜纳。从塞杜纳出发，还有793公里才到阿德莱德。

诺斯曼至尤克拉（Norseman to Eucla）

从诺斯曼出发后，位于100公里路标附近的是**Fraser Range Station**（☎08-9039 3210；www.fraserrangestation.com.au；营地不供电/供电 $22/30，经济型标单/标双/双/家 $55/95/95/120，小屋 $155），这里有许多历史建筑和露营地。下一站是巴拉多尼亚（Balladonia；193公里），这里的**Balladonia Hotel Motel**（☎08-9039 3453；www.balladoniahotelmotel.com.au；营地不供电/供电 $19/28，铺 $50，房 $130起；❄@🏊）有一座小博物馆，陈列了1979年从天而降的"天空实验室"号空间站的残骸。

巴拉多尼亚到科克尔比迪（Cocklebiddy）的距离约为210公里。最初的160公里道路通往凯古纳（Caiguna），并包含了澳大利亚最长的直线道路（145公里），终点在凯古纳的**John Eyre Motel**（☎08-9039 3459；caigunarh@bigpond.com；营地不供电/供电 $20/25，双 $85~120，标三/四 $130/140；❄）。

澳大利亚鸟类协会（Birds Australia）的艾尔鸟类观察站（Eyre Bird Observatory；☎08-9039 3450；www. birdlife.org.au/visit-us/observatories/eyre；全食宿 成人/儿童 $90/45）的前身是1897年建成的与世隔绝的艾尔电报站（Eyre Telegraph Station），它位于科克尔比迪以南50公里处。住宿需要提前预订。这里欢迎一日游旅行者（每车 $10），但是最后10公里是软沙道路，只有四驱车才能通行；两驱车旅行者可联系看护员接送。这里没有露营地。

位于科克尔比迪以东91公里处的小镇马杜拉（Madura）在汉普顿高地（Hampton Tablelands）附近。**Madura Pass Oasis Inn**（☎08-9039 3464；maduraoasis@bigpond.com；营地不供电/供电 $15/25，房间 $105~125；❄🏊）拥有一个迷人的泳池。

继续向东116公里即可抵达曼德拉比拉（Mundrabilla），这里的**Mundrabilla Motel Hotel**（☎08-9039 3465；mundrabilla@bigpond.com.au；营地不供电/供电 $20/25，房间 $80~110；❄）的油价比更西边的路边旅馆要便宜。

在抵达南澳大利亚州边境之前你会首先来到尤克拉，这里被令人目眩的沙丘和淳朴原始的海滩所环绕。参观一下镇南5公里处的氛围独特的1877年电报站遗址，如今它正一点点地被沙丘侵蚀掩埋；继续步行15分钟即可

世界上最长的高尔夫球场

从卡尔古利向南延伸1362公里直抵诺斯曼，中途穿过荒凉的纳拉伯平原到达塞杜纳（Ceduna），Nullarbor Links（www.nullarborlinks.com；18洞 $50）是一个独特的18洞、72杆高尔夫球场。

你需要在卡尔古利、诺斯曼或塞杜纳游客中心购买记分卡，然后沿途遵循指示而行。可以每个石洞和沙洞都租用球杆（$5）。

到达旧防波堤废墟处。

Eucla Motor Hotel（☎08-9039 3468；euclamotel@bigpond.com；营地不供电/供电 $10/20，房间 $45~110；❄）有很好的露营地和宽敞的客房。

库尔加迪（Coolgardie）

人口 800

在路过宁静的库尔加迪时，很难想象这里在1898年曾经是西澳大利亚州第三大城镇，当时其人口达到了15,000人，有6家报社、2家证券交易所、20多家酒店和3家酒庄。一切的一切都源于1892年，当时阿瑟·贝利（Arthur Bayley）骑马进入了南克罗斯并在矿区看守人的柜台上卸下了554盎司库尔加迪金子，仅仅几小时后，这个小镇就成了人们竞相争夺的热土。但如今，这里唯一的历史痕迹只有一些排列在宽阔主街两侧的宏伟的历史建筑。

景点和活动

金矿区博物馆和游客中心 博物馆

（Goldfields Museum & Visitor Centre；☎08-9026 6090；www.coolgardie.wa.gov.au；Bayley St，Warden's Court；成人/儿童 $4/2；⏲周一至周五 8:30~16:20，周六和周日 10:00~15:00）金矿区纪念品展览包括美国前总统赫伯特·胡佛（Herbert Hoover）在瓜利亚（Gwalia）金矿区时期的资料，还有"被埋矿工"（Entombed Miner）莫德斯托·瓦里谢提（Modesto Varischetti）的传奇故事。

芬内尔提矿长宅邸 历史建筑

（Warden Finnerty's Residence；www.nationaltrust.org.au；2 McKenzie St；成人/儿童 $4/2；⏲周四至周二 11:00~16:00）这所房屋是1895年为库尔加迪的首任矿长和地方长官建造的。

食宿

Coolgardie Goldrush Motel 汽车旅馆 $

（☎08-9026 6080；www.coolgardiemotels.com.au；49-53 Bayley St；房间 $125~150；❄📶🏊）这些新近翻修过的房间拥有色彩明亮的亚麻床品、洁净的浴室和平板电视，色彩鲜艳的房间虽然很拥挤却非常舒适。附属餐厅供应自制馅饼。

卡尔古利-博尔德（Kalgoorlie-Boulder）

人口 28,300

卡尔古利-博尔德拥有保存完好的历史建筑，是内陆地区城镇发展的成功范例，并且它还是这个地区的采矿中心。

在历史上，矿工们会直接到城里声名远扬的妓院或是身着"节约布料衣衫"的员工（衣着暴露的女服务员）服务的酒馆里将自己的积蓄挥霍一空。如今，这个小镇已变得更适合居家置业——矿工们必须在镇上安家，而不能再做两头跑的"飞进飞出"劳动力。

但这里仍然给人些许"狂野西部"的感觉，古老的小酒馆和"节约布料"的酒吧服务员，无不在提醒着人们这里曾经喧嚣的过往。

这里有许多历史和现代矿业设施可供探索发现，并且卡尔古利是探索周边废弃城镇的大本营。

历史

长期从事探矿工作的帕迪·汉南（Paddy Hannan）从库尔加迪出发，去寻找新的金色矿脉。他偶然发现的地表金矿引发了1893年的淘金热，而他在不经意之间选择了卡尔古利这个地方，使其发展成为一个小镇。

当表层金矿被挖掘殆尽，矿工们便开始用昂贵而复杂的方法开掘更深的地方。卡尔古利迅速走向繁荣，一些建于19世纪末期的宏伟壮观的公共建筑证实了它神话般的富有。

尽管第一次世界大战后这里慢慢地衰落了，但卡尔古利目前仍旧是澳大利亚最大的黄金产地，满是小型矿业经营商留下的井架和波纹铁工棚的金矿带（Golden Mile）现在成了一个让人难以置信的超级矿坑（Super Pit）。

景点和活动

城市主干道汉南街依然保留了许多最初的淘金热时期的建筑，包括几家宏伟的酒店和令人瞩目的市政厅。市政厅外面有一尊举着水袋的帕迪·汉南塑像，塑像同时也是一座饮用水喷泉。

超级矿坑 观景台

（Super Pit; www.superpit.com.au; Outram St; ⌚7:00~19:00）这里的景致极为壮观，楼房大小的载重卡车成群结队地在矿洞里上上下下，看起来就像是孩子们的玩具。可参加Kalgoorlie Tours & Charters组织的非常吸引人的团队游。

卡尔古利-博尔德西澳大利亚州博物馆 博物馆

（Western Australian Museum-Kalgoorlie-Boulder; www.museum.wa.gov.au; 17 Hannan St; 建议捐赠 $5; ⌚10:00~16:30）令人印象深刻的艾芬豪矿（Ivanhoe-mine）井架就是这座一流博物馆的大门；乘坐电梯到观景台，即可俯瞰整个城市。地下拱顶空间里展出有巨大的金块和金条，还有一系列迷人的工会横幅展览。

矿业学院矿产博物馆 博物馆

（School of Mines Mineral Museum; Egan St和Cassidy St的交叉路口；⌚周一至周五 9:00~12:00，学校假期闭馆）免费 馆内设有地质展览，包括在本地区发现的大金块的复制品。

皇家空中救护队游客中心 团队游

（Royal Flying Doctor Service Visitor Centre; ☎08-9093 7595; www.flyingdoctor.net; Kalgoorlie-Boulder Airport; 捐赠进入；⌚周一至周五 10:00~15:00，团队游 全年 10:15，额外的团队游 5月至10月 14:00）你可以在这里了解飞行医生（Flying Doctors）如何为内陆地区的人们提供医疗服务。

团队游

Kalgoorlie Tours & Charters 巴士游

（☎08-9021 2211; www.kalgoorlietours.com.au; 250 Hannan St; 成人/儿童 $70/45; ⌚周一至周六 9:30和13:30）探索超级坑（Super Pit）的团队游，历时2.5小时。时间略短的90分钟团队游（成人/儿童 $45/25）在学校假期可根据需求开展。所有参与者都要身着长裤和全封闭鞋。

Goldrush Tours 巴士游

（☎1800 620 440; www.goldrushtours.com.au; 成人/儿童 $150/75）卡尔古利-博尔德周边遗产游和前往巴拉德湖（Lake Ballard）塑像群的一日游。

Questa Casa 历史游

（☎08-9021 4897; www.questacasa.com.au; 133 Hay St; 团队游 $25; ⌚团队游 15:00）这里是曾经林立于Hay St上的淘金热时代的最后一家妓院，现在仍在营业。团队游在15:00出发，仅限18周岁及以上的游客。

节日和活动

卡尔古利市场 市场

（Kalgoorlie Market; Hannan St, St Barbara's Sq）每月第一个周日举行的集市活动。

博尔德赶集日 市场

（Boulder Market Day; Burt St）每月第三个周日在Loopline Reserve Railway Park举行。

卡尔古利-博尔德赛马会 赛马

（Kalgoorlie-BoulderRacingRound; www.kbrc.com.au）9月，当地人和蜂拥而至的旅行者都身着盛装到这里观看赛马。届时住宿将会非常紧张。

住宿

大部分住宿地点都面向采矿业。比较整洁的地方往往定价过高，而青年旅舍和酒馆常常被长期停留者占据。

Kalgoorlie Backpackers 青年旅舍 $

（☎08-9091 1482；www.kalgoorliebackpackers.com.au；166 Hay St；铺/标单/双 $33/60/85；❄@☒）这家位于镇中心的青年旅舍有一部分房间设在一家旧妓院内，是寻找临时工作的好地方。

Discovery Holiday Parks 房车公园 $

（www.discoveryholidayparks.com.au；营地 $21~51，房间 $60，套房 $119~179；❄@☒）卡尔古利（☎08-9039 4800；286 Burt St, Kalgoorlie）；博尔德（☎08-9093 1266；201 Lane St, Boulder）这处房车公园拥有多栋建筑，既有塔形结构的度假屋和小屋，也有绿草如茵的营地、游乐场和泳池。

Rydges Kalgoorlie 酒店 $$

（☎08-9080 0800；www.rydges.com；21 Davidson St；房间 $209起；❄@☎☒）卡尔古利最好的住所位于卡尔古利和博尔德之间的居民区内。在郁郁葱葱的当地植物之间，房间宽敞而舒适。

Railway Motel 汽车旅馆 $$

（☎08-9088 0000；www.railwaymotel.com.au；51 Forrest St；房间$135起；❄☒）这处位于火车站对面的住所拥有明亮而整洁的房间。与它相邻的双卧室独立公寓非常宽敞舒适。

Langtrees 精品酒店 $$$

（☎08-9026 2181；www.langtreeshotel.com；181 Hay St；双 $300）曾经是一个有名的妓院，Langtrees的10个主题房间都有略显古怪的内饰，包括“阿富汗闺房”（Afghan Boudoir）或“霍顿汽车房”（Holden-on）等，后者对汽车迷来说简直是最好的选择。这里也有比较质朴的房间。

就餐

Relish 咖啡馆 $

（162 Hannan St；早餐 $8~16，午餐 $10~14；⏲周一至周五 6:00~15:00，周六和周日 7:00~14:00）🍃这里有最好的咖啡和有趣的食物，例如羊肉和羊乳酪煎蛋饼、蔬菜卷和甜土豆香肠馅饼。你可以在与这家咖啡馆相邻的被粉刷过的巷道上欣赏当地画家的艺术作品。

Hoover's Cafe 小酒馆美食 $

（www.palacehotelkalgoorlie.com/hoovers-cafe/；137 Hannan St；主菜 $11~26；⏲8:00~17:00；☎）这家小酒馆的餐厅位于Palace Hotel内，提供实惠美味的食物。楼上是新潮的**Balcony Bar & Restaurant**（主菜 $36~47；⏲17:00开始营业）提供牛排和海鲜。

Lemongrass 泰国菜 $$

（5/84-90 Brockman St；主菜$18~22；⏲周一至周六 11:30~14:30，每天 16:30~21:00）在镇上以健康的小酒馆食物而闻名，里面有健康、清淡的美食。

Paddy's Ale House 小酒馆美食 $$

（135 Hannan St, Exchange Hotel；主菜 $17~30；⏲11:00至深夜）这里提供经典的吧台简餐，包括肉排和香肠土豆泥，还可以观看体育赛事的现场直播。

饮品和娱乐

Hannan St上淘金热时期的酒馆里到处都是能喝善饮的小伙子和仅着内衣、吊裤带和高跟鞋的女酒保，这使你有机会满足自己在人类学方面的好奇心。如果你不喜欢酒吧服务员这种“暴露的”工作服，那么挑选酒馆时就得谨慎一些。

Palace Hotel 小酒馆

（www.palacehotelkalgoorlie.com.au；137 Hannan St）在相对安静的露台酒吧里看大街上人来人往，或者下到Gold Bar，欣赏现场乐队和DJ的表演以及衣着暴露的女酒保。

实用信息

公园和野生动物管理局（☎08-9080 5555；www.parks.dpaw.wa.gov.au；32 Brookman St；⏲周一至周五 8:00~17:00）提供关于金矿地区森林国家公园（Goldfields Woodlands National Park）的实用信息。

游客中心（☎08-9021 1966；www.kalgoorlietourism.com；Town Hall, Hannan St和Wilson St的交叉路口；⏲周一至周五 8:30~17:00，周六和周日 9:00~14:00）提供住宿预订服务和实用信息。

坎宁牧道和冈巴雷尔公路

位于利奥诺拉以北300公里处的威卢纳是澳大利亚两条四驱车极限探险车道——坎宁牧道(Canning Stock Route)和枪管公路(Gunbarrel Hwy)——的起点或终点。这些艰难、偏远的线路穿越数千公里的无尽荒野,只有4月至9月才能安全行进。路况和行车安全取决于天气状况,所以在上路之前,一定要先向游客中心、公园和野生动物管理局咨询气象和路况信息。HEMAMap's出版的《大沙漠道路——西北区》(*Great Desert Tracks-North West Sheet*)详细地图也是必备物品。

坎宁牧道(www.exploroz.com/TrekNotes/WDeserts/Canning_Stock_Route.aspx)向东北方向延伸2006公里,直抵霍尔斯克里克(Halls Creek),中途横穿大沙漠(the Great Sandy)和吉布森沙漠(Gibson Deserts),这绝对是一条需要严肃对待的道路。如果你从威卢纳启程,可以在**领地办事处**(shire office; ☎08-9981 8000; www.wiluna.wa.gov.au; Scotia St)获取路况和安全信息。如果要途经Birrilburru原住民地区,你还需要获得许可证。

古老的**冈巴雷尔公路**(www.exploroz.com/TrekNotes/WDeserts/Gunbarrel_Highway.aspx)从威卢纳一直延伸至北部地区边境附近的瓦拉库尔纳(Warakurna;公路在这里与内陆路交会)。这是一段漫长、艰辛、颠簸的旅程,途中会穿越无数沙丘。与坎宁牧道类似,我们强烈建议你在有其他车辆护送的前提下行驶,而且记得带上所有补给品,包括途中所需的燃料和饮用水,以确保你的旅行能够继续下去。记得将自己的行程告诉道路两头的警察站。

卡尔古利-博尔德以北(North of Kalgoorlie-Boulder)

从卡尔古利-博尔德一路向北,Goldfields Hwy的柏油路面一直铺设到威卢纳(Wiluna;镇北580公里处)。威卢纳是只能通行四驱车的Canning Stock Route和枪管公路的起点。沿着从利奥诺拉至拉弗顿(卡尔古利东北方367公里处)的道路向东行驶,是非柏油路面的大中央公路[Great Central Rd,又名内陆路(Outback Way)]的起点。

很多碎石路可以让普通小汽车通行,但雨水很快就会阻挡它们前行的脚步。所有(未废弃的)城镇都有酒馆住宿,带有小屋、加油站和杂货店的房车公园。

卡诺那、宽箭头和奥拉班达(Kanowna、Broad Arrow & Ora Banda)

位于从卡尔古利北方的几座废弃的金矿小镇非常适合作为一日游的旅行目的地,其中包括卡诺那(东北18公里处)、宽箭头(北方38公里处)和奥拉班达(西北65公里处)。卡诺那除了16处酒店的地基和其他公共建筑外,就没有多少留存至今的建筑,不过这里的先驱者墓地——包括两处早期的日本人墓地——很有意思。宽箭头曾出现在西澳大利亚州拍摄的第一部完整的故事片《镍币皇后》(*The Nickel Queen*, 1971年)中,但昔日的辉煌早已成为历史。在20世纪初,这里的人口曾多达2400人。但现在这里只剩一个酒馆——周末会有很多卡尔古利当地人来这里——和两幢摇摇欲坠的房子。建于1911年的**Ora Banda Historical Inn**(☎08-9024 2444; www.orabanda.com.au;营地每2人 $20~30,房间$75~120)有一个啤酒花园、一处棚屋式的简单住宿和一个满是灰尘的露营区地。

孟席斯和巴拉德湖(Menzies & Lake Ballard)

曾经风光无限、如今却已微不足道的小镇**孟席斯**距卡尔古利132公里,以一条前往**安东尼古尔姆利**(Antony Gormley)雕塑群的岔路而闻名。这片令人震撼的雕塑群位于壮丽的咸水湖**巴拉德湖**(小镇西北51公里处)的岸边。你可以在此免费露营;这里设有厕所和烧烤区。

孟席斯游客中心(Menzies visitor centre; ☎08-9024 2702; www.menzies.wa.gov.au; Shenton St; ⏲周一至周五 9:00~16:30,周六

和周日 9:00~13:00；@?）提供关于塑像和当地其他景点的信息，同时还经营着旁边的房车公园（caravan park；☎08 9024 2702，下班后 0448 242 041；营地每2人 $22~30）。中心内还设有滨刺草美术馆（Spinifex Art Gallery），展出了来自东部750公里外的Tjuntjuntjarra社区的作品。

库凯尼 (Kookynie)

在孟席斯和利奥诺拉之间，有一条路况良好的土路通往25公里外的库凯尼，这是另一座有趣的废弃城镇。这里的Kookynie Grand Hotel（☎08-9031 3010；puseymin@bigpond.com；标单/双 $80/100）提供啤酒和床铺。宁静的尼亚加拉大坝（Niagara Dam）距库凯尼10公里，可以在那里进行丛林露营。

利奥诺拉 (Leonora)

利奥诺拉在库凯尼北边（距卡尔古利237公里），是该地区采矿和农业服务中心。游客中心（☎08-9037 7016；www.leonora.wa.gov.au；Tower St；⏲周一至周五 9:00~16:00）位于小镇的主干道上，附近还有许多值得一看的古老的公共建筑和小酒馆。瓜利亚历史遗址（Gwalia Historic Site）位于小镇西南4公里处，建于1896年，废弃于矿坑关闭后的1963年。里面有保存完好的住房和家用物品，如同一个怪诞迷人的鬼城。博物馆（www.gwalia.org.au；成人/儿童 $10/5；⏲9:00~16:00）内有许多稀奇古怪的展品，还有很不错的语音导览器（$2）。胡佛之家（Hoover House；☎08-9037 7122；www.gwalia.org.au；标单 $120~150，双 $130~160；❄）是建于1898年的矿区经理的住宅，是以瓜利亚（Gwalia）首任矿区经理、后来成为第31任美国总统的赫伯特·胡佛的名字命名的。这栋住宅经过修复之后变得光鲜如新，你可以在一个摆满古董的精致房间里过夜。

> **ⓘ 许可证，谢谢！**
>
> 坎宁牧道和内陆路横贯各种各样的原住民领地，旅行者必须从原住民事务局（Department of Aboriginal Affairs，简称DAA；www.daa.wa.gov.au）获得许可证才能穿越。在线申请通常十分快捷，但是如果你计划停留一阵子或在此露营而不仅仅是穿行而过，那么你还需要获得相关社区的批准。有效期为两周。

拉弗顿 (Laverton)

拉弗顿位于大维多利亚沙漠（Great Victoria Desert）边缘。游客中心（☎08-9031 1361；www.laverton.wa.gov.au；Augusta St；⏲周一至周五 9:30~16:30，周六和周日 9:00~13:00）内的伟大之外——探索者名人纪念堂（Great Beyond-Explorers' Hall of Fame；成人/儿童 $10/5）运用现代科技讲述了先辈们的故事。非营利的Laverton Outback Gallery（www.laverton-outback-gallery.com.au；4 Euro St；⏲9:00~17:00）是购买绘画、项链、标枪和回旋镖的好去处，所得收入的80%都直接交给原住民艺术家。

拉弗顿是内陆路的起点。这里可以过夜和/或补给燃油和淡水，而且一定记得在游客中心打听当前路况。

内陆路（大中央公路）[Outback Way (Great Central Road)]

在这条没有铺设沥青的内陆路（www.outbackway.org.au）将拉弗顿与昆士兰州中部的温顿（Winton）连接起来，途经北部地区（Northern Territory）的红色中心地带。从拉弗顿到尤拉拉（Yulara）的路程为1098公里，到爱丽斯泉（Alice Springs）为1541公里，到温顿为2720公里！

这条道路虽然是沙路，有些地方崎岖不平，但是路面较宽，适合所有车辆通行，不过雨后可能会关闭几天。在西澳大利亚州境内，大约每隔300公里就有一个加油站。

如果你从拉弗顿出发，沿途会有3家西澳大利亚州公路旅馆（WA roadhouses；www.ngaanyatjarraku.wa.gov.au），它们均可提供食物、燃油和有限的机械服务，它们分别是位于315公里处的Tjukayirla（☎08-9037 1108；tjukayirlaroadhouse@bigpond.com；不供电/供电营地 $20/30，标单 $75，套房 $120~160；⏲周一至周五 9:00~17:00，周六和周日 9:00~14:00）、567公里处的Warburton（☎08-8956 7656）和798公里处的Warakurna（☎08-8956 7344；

warakurnaroadhouse@bigpond.com)。这3个地方都有露营地(每人约$25)、经济型房间($70左右)和设施齐全的套房($160左右),一应俱全。一定要提前预订,因为客房数量有限。Tjukayirla公路旅馆还运营前往岩洞的团队游,洞内的岩石艺术距今已有5000年的历史了。

在Warburton参观Tjulyuru Cultural & Civic Centre(☎08-8956 7966; www.tjulyuru.com; ⏲周一至周五 8:30~16:30),里面收藏着大量Ngaanyatjarra原住民绘画作品。Warakurna、Warburton和贾尔斯都采用北部地区时间,比西澳大利亚州的时间早1.5小时。

芒基米亚和中西部地区

包括 ➡

最佳日落观赏点

- 陡峭点（见1104页）
- 渔夫瞭望台（见1091页）
- 红色悬崖（见1098页）
- Shark Bay Hotel（见1104页）
- 霍罗克斯（见1101页）

最佳住宿

- Gnaraloo Station（见1108页）
- Ospreys Beach Chalet（见1095页）
- Dongara Breeze Inn（见1091页）
- Bentwood Olive Grove（见1092页）
- Hamelin Station（见1102页）

为何去

马加纳（Malgana）乡下的原生态海岸线和隐蔽的碧绿色的海水吸引了来自世界各地的游客和海洋生物。除了芒基米亚（Monkey Mia）的海豚，被列入世界遗产名录的鲨鱼湾（Shark Bay）的水下海草草甸中聚集着儒艮、鳐鱼、鲨鱼和海龟。

再往南，在Nhanda人的土地上，卡尔巴里（Kalbarri）的峡谷深处期待着冒险家的探索，而平原上遍布着野花。

在卡那封的蔬菜成熟的时候，垂钓者和木板划水者会在这里追赶潮汐，而帆板冲浪者也会等待“Doctor”（强大的下午海风）呼啸而来。

何时去

芒基米亚

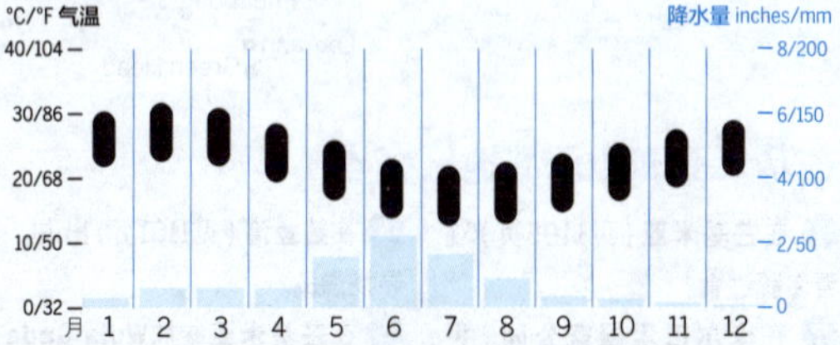

6月至8月 冬季加纳洛拉和酷巴角附近人潮汹涌。

8月和9月 卡尔巴里的野花竞相开放。

11月至次年2月 风帆冲浪者都在杰拉尔顿和卡那封之间乘风破浪。

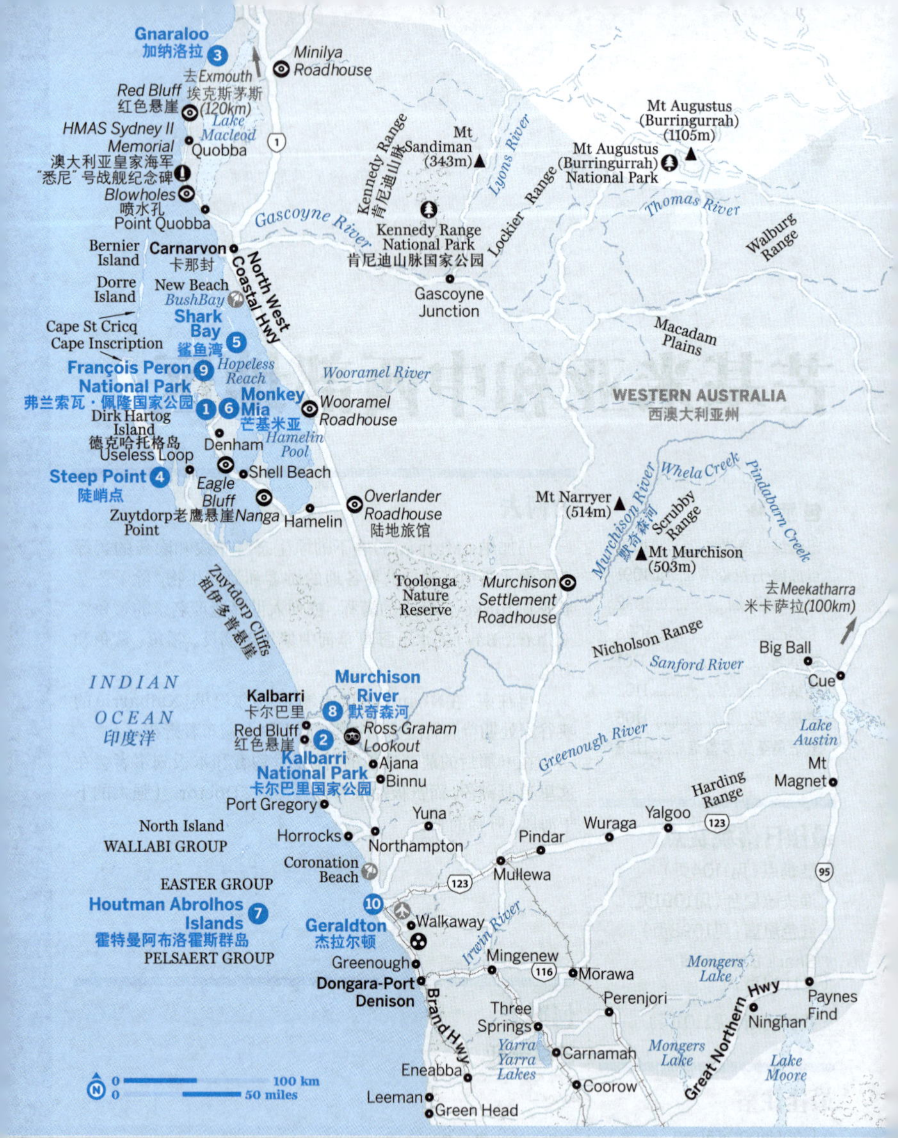

芒基米亚和中西部地区亮点

❶ 在**芒基米亚**（见1105页）观看海豚进食。

❷ 在**卡尔巴里国家公园**（见1098页）乘独木舟。

❸ 在**加纳洛拉**（见1108页）向Tombstones冲浪。

❹ 驱车前往大陆最西端的**陡峭点**（见1104页）。

❺ 在**鲨鱼湾**（见1101页）出海，寻找儒艮。

❻ 在**芒基米亚**参加**Wula Guda Nyinda**（见1105页）之旅，领略马加纳（Malgana）文化。

❼ 在**霍特曼阿布洛霍斯群岛**（见1096页）古老的沉船地点潜水。

❽ 沿着**默奇森河**（见1098页）骑马。

❾ 在**弗兰索瓦·佩隆国家公园**（见1105页）进行海边漫步，寻找海洋生物。

❿ 在**杰拉尔顿**（见1092页）的博物馆、画廊和咖啡馆享用咖啡，体验当地文化。

到达和当地交通

飞机

维珍澳洲航空（☎13 67 89；www.virginaustralia.com）珀斯（Perth）至杰拉尔顿（Geraldton）。

Skippers（☎1300 729 924；www.skippers.com.au）珀斯（Perth）至杰拉尔顿（Geraldton）、鲨鱼湾（Shark Bay）和卡那封（Carnarvon）。

澳洲航空（☎13 13 13；www.qantas.com.au）珀斯（Perth）至杰拉尔顿（Geraldton）。

长途汽车

Integrity（☎1800 226 339；www.integritycoachlines.com.au）周日、周二和周四晚上从珀斯（Perth）出发，到达布鲁姆（Broome），途经杰拉尔顿（Geraldton）、卡尔巴里（Kalbarri）和卡那封（Carnarvon）。

Transwa（☎1300 662 205；www.transwa.wa.gov.au）经营珀斯和卡尔巴里、杰拉尔顿及当加拉之间的长途汽车，沿布兰德公路（1号公路）行驶。

巴达维亚海岸（BATAVIA COAST）

从宁静的当加拉-丹尼森港（Dongara-Port Denison）到偏居一隅、风声呼啸的祖伊多普悬崖（Zuytdorp Cliffs），这段异彩纷呈的海岸线拥有漫长的历史、沉没的船骸和丰富的海洋生物。虽然该地区见证了早年许多欧洲水手的丧生，但如今现代化船队正充分利用获利丰厚的小龙虾产业重振当地经济。

当加拉-丹尼森港（Dongara-Port Denison）

人口 3100

小巧玲珑的当加拉和丹尼森港是两座彼此相邻的海滨小镇，距离珀斯359公里，是你漫长的行车过程当中值得驻足的一个世外桃源。周围环绕着美丽的沙滩、人行步道和历史建筑，洋溢着休闲恬静的气氛。在丹尼森港有许多海滩和住所，当加拉主街道两边林立着有百岁树龄的无花果树，还有最好的餐饮店。

景点和活动

免费的《漫步当加拉-丹尼森》（*Walk Dongara Denison*）手册中的12条游览线路包括**欧文河自然小径**（Irwin River Nature Trail），在那里你可以看到黑天鹅、鹈鹕或者鸬鹚。**《遗产徒步游》**小册子（*Heritage Trail*；$2）详细介绍了一条1.6公里的徒步线路，包括19世纪60年代的**拉斯小屋**（Russ Cottage; Point Leander Dr），里面的厨房地板是由压实的蚁丘制作而成。在旧警察局的监狱里有**Irwin District Museum**（☎08-9927 1404；门票 $2.50；⏲周一至周六 10:00至正午），有许多历史展览。

当夕阳西下，**渔夫瞭望台**（Fishermens Lookout）出现令人目眩的日落景象时，附近的**丹尼森港码头**（Denison Beach Marina）到处都是捕捉小龙虾的船只。

住宿

需要注意的是在公众假期和学校假期期间这里的住宿比较贵。

★ Dongara Breeze Inn 客栈 $

（☎08-9927 1332；www.dongarabackpackers.com.au; 32 Waldeck St, Dongara；铺/标单/双 $30/80/85）这家受欢迎的客栈提供镇上最便宜的床位，可以俯瞰一片郁郁葱葱的花园。旅舍里有别致的亚洲风格的时尚的双人间、简单的宿舍（在一节古董铁路车厢内），住客可免费使用客栈的自行车。花园周围鳞次栉比的共享空间非常吸引人。

Dongara Tourist Park 房车公园 $

（☎08-9927 1210；www.dongaratouristpark.com.au; 8 George St, Port Denison；营地不供电/供电 $26/37，单卧/双卧小屋 $110/150；❄📶）这里是最棒的露营地选择，阴凉且宽敞，位于南海滩背后。小山上的双床小屋坐拥壮观景致，还有一片种满植物的凉棚可用于户外就餐。

Dongara Old Mill Motel 汽车旅馆 $

（☎08-9927 1200；www.dongaraoldmillmotel.com.au; 58 Waldeck St, Dongara；标单/双 105/110；❄📶🏊）这里有超值的精装房间、友好的老板和修剪整齐的棕榈树游泳池，非常值得你留宿一晚。在Dongara中心享用一些美食和饮品会为你的旅程增加不少乐趣。

Port Denison Holiday Units 公寓 $$

(☎08-9927 1104; www.dongaraaccommodation.com.au; 14 Carnarvon St, Port Denison; 双 $125~135; ❄📶)这里有干净、宽敞、设施齐全的套房,其中一些能看到海景,离海滩很近。

就餐

Starfish Cafe 咖啡馆 $

(☎0448 344 215; White Tops Rd, Port Denison; 主菜 $10~30; ⏱周三至周日 8:00~14:00)这家休闲小吃店隐藏在南海滩的停车场里,提供咖啡和烤三明治,冬天有热汤,夏天有沙拉。

Priory Hotel 小酒馆、法式小馆 $$

(☎08-9927 1090; www.prioryhotel.com.au; 11 St Dominics Rd, Dongara; 主菜 $15~42; @)这里绿树成荫,曾经是修道院和女子学院,有一种《悬崖上的野餐》(*Picnic at Hanging Rock*)的韵味,里面有极具时代特色的家具、抛光地板、黑白照片和宽敞的走廊。周日这里有烤肉和燃木比萨,有时晚上会有现场音乐表演,每天晚上都有牛排供应。

Dongara Hotel Motel 餐馆 $$

(☎08-9927 1023; www.dongaramotel.com.au; 12 Moreton Tce, Dongara; 双 $145, 主菜 $22~42; ⏱7:00~22:00; 📶)当地人对这家老字号的生猛海鲜、肉排和"亚洲角落"(Asian Corner)咖喱、印尼炒面和泰式炒河粉情有独钟。简洁务实的汽车旅馆房间非常受商务客人的欢迎,里面相当时尚。

实用信息

Telecentre(CRC; ☎08-9927 2111; 11 Moreton Tce, Dongara; 上网每小时 $5; ⏱周一至周五 8:30~16:30; @)可以上网。

游客中心(☎08-9927 1404; www.irwin.wa.gov.au; 9 Waldeck St, Dongara; ⏱周一至周五 9:00~17:00, 周六至正午)在当加拉的老邮局里面。

到达和当地交通

当加拉-丹尼森港可经由布兰德公路、Indian Ocean Dr或Midlands Rd(116号公路)到达。**Transwa**每天有班车发往珀斯($56, 5小时)和杰拉尔顿($14, 1小时)。**Integrity**每周有3班班车发往珀斯($56, 5小时)和杰拉尔顿($34, 1小时),每周还有两班夜车开往埃克斯茅斯($172, 13小时)。长途汽车站设在游客中心。

如果需要出租车,可致电☎08-9927 1555。

杰拉尔顿(Geraldton)

人口 39,000

杰拉尔顿是中西部地区的首府,湿热的"Gero"(当地人对这座城市的昵称)被景色

格里诺

位于杰拉尔顿(Geraldton)以南24公里处,你会在历史悠久的格里诺(Greenough)乡村地区度过一个愉快的夜晚。景点包括有着少数19世纪建筑的**Central Greenough Historical Settlement**(☎08-9926 1084; www.centralgreenough.com; Brand Hwy; 成人/儿童 $6/3, 咖啡餐 $10~28; ⏱9:00~16:00, 11月至12月和2月至3月 10:00开始营业)和**Pioneer Museum**(www.greenoughmuseum.com; Phillips Rd; 成人/儿童 $5/免费; ⏱9:30~15:30)——讲述着早期移居者的生活,并为你提供了一个随处走走的机会,但该地区的主要吸引力是极好的食物和住所。在格里诺中部(Central Greenough)以北2公里处,你可以找到奇特的**Leaning Trees**,这些树木是因为不断地受印度洋狂风的侵袭,从而形成了扭曲奇特的形状。

Bentwood Olive Grove(☎08-9926 1196; www.bentwood.com.au; Brand Hwy; 双 $130~160; 🅿)有许多美食,但它现在的重点是住宿,这里有漂亮的小石屋,最多可以住6个人。Transwa每天会有到达杰拉尔顿(Geraldton)的交通运输服务,会把你带到Brand Hwy的入口处。

野花之路

在杰拉尔顿（Geraldton）内陆东部，Rte 123通往布满小麦粮仓、野花和只有一个小酒馆的小镇，在8月和9月期间有许多热闹的活动，届时，小型巴士会满载着资深旅行者来这里游玩，欣赏盛开的野花。住宿包括房车营地、小酒馆和汽车旅馆，并有定期往返的Transwa长途汽车。在野花怒放的季节，当地的游客中心有时还会派出小巴，把游客载到最佳赏花地点。

莫拉瓦、明吉纽和默勒瓦

"三个M"形成了一个三角形，在野花盛放的季节人们蜂拥而至，但有限的承载能力呼吁着人们不要在这个季节到来。莫拉瓦（Morawa）和默勒瓦（Mullewa）都有由Monsignor John Hawes设计的独特的教堂。

Coalseam Conservation Park（www.parks.dpaw.wa.gov.au/park/coalseam；露营 每人 $7）在明吉纽（Mingenew）东北部34公里处的欧文河（Irwin River）上，有一直盛开的纸雏菊，一条很短的环形步道和镶嵌在悬崖里的古老的贝壳化石。

默勒瓦（Mullewa）因它的花环Lechenaultia macrantha而著名。小镇每年都会在8月末举办一个野花展。届时，通往东北部雅尔古（Yalgoo）的道路上通常会有源源不断的人群。

佩伦乔里

佩伦乔里（Perenjori），距珀斯（Perth）360公里，是一个美丽的小镇，周围环绕着许多野花，从7月至11月，野花竞相开放，姹紫嫣红。游客中心（visitor centre；☎08-9973 1105；www.perenjori.wa.gov.au；Fowler St；⏲7月至10月，周一至周五 9:00~16:00），也是先驱博物馆（pioneer museum；成人/儿童 $2/0.50）的所在地，提供自驾游手册，包括《野花之路》（*The Way of the Wildflowers*）和《Monsignor Hawes古迹观光路线》（*Monsignor Hawes Heritage Trail*）。这些路线都可以到达由作品众多的霍斯（Hawes）设计的、漂亮的圣约瑟教堂（St Joseph's Church）。

优美的海滩所环绕，为人们提供了大量的水上运动项目，包括游泳、浮潜、冲浪等，特别是风筝冲浪。作为珀斯和达尔文（Darwin）之间最大的城镇，这里的经济以小麦加工和水产捕捞业为主，使它并不依赖不稳定的旅游业收入，临时工们会在小龙虾收获季节蜂拥而至寻找工作机会。处于发展大潮中的杰拉尔顿将大都市的浮华精彩和小城镇的友善很好地融合在一起，并拥有浓厚的艺术文化氛围、丰盛的美食和美妙的本地音乐。

景点

★西澳大利亚博物馆——杰拉尔顿 博物馆

（Western Australian Museum-Geraldton；☎08-9921 5080；www.museum.wa.gov.au；1 Museum Pl；捐款进入；⏲9:30~16:00）在本州最佳博物馆之一，智能化多媒体显示屏展示了该地区的自然、文化和原住民历史。"沉船厅"（Shipwreck Gallery）记录了"巴达维亚"号（Batavia）的悲剧故事。请查询有关停泊在博物馆后面的大艇的开放日。

圣弗朗西斯泽维尔大教堂 教堂

（Cathedral of St Francis Xavier Church；☎08-9921 3221；www.geraldtondiocese.org.au；Cathedral Ave；⏲团队游 周一和周五 10:00，周三 16:00）据说这是多才多艺的约翰·霍斯阁下（Monsignor John Hawes）最精美的建筑作品。大教堂的显著特点包括壮丽的拱形门洞双子塔、中央圆顶、罗马柱和显眼的条纹墙壁。

杰拉尔顿地区美术馆 画廊

（Geraldton Regional Art Gallery；☎08-9964 7170；www.artgallery.cgg.wa.gov.au；24 Chapman

Geraldton 杰拉尔顿

Geraldton 杰拉尔顿

重要景点

1 西澳大利亚博物馆——杰拉尔顿 C1

景点

2 圣弗朗西斯泽维尔大教堂 C4
3 杰拉尔顿地区美术馆 C3
4 澳大利亚皇家海军"悉尼"号战舰纪念碑 D3
5 老杰拉尔顿监狱工艺品中心 D1

活动、课程和团队游

6 G-Spot Xtreme B4

住宿

7 Foreshore Backpackers B3

就餐

8 Culinary HQ B3
9 Geraldton Fish Market A4
10 Go Health Lunch Bar C2
11 Jaffle Shack B3
12 Provincial B3
13 Saltdish C2

饮品和夜生活

14 Freemasons Hotel C2
15 Vibe B4

娱乐

16 Breakers C2
17 Camel Bar C3
18 Orana Cinemas B3
19 Queens Park Theatre D4

购物

20 Yamaji Art B3

Rd；⏲周二至周日 10:00~17:00）免费 拥有妙趣横生的永久性藏品，包括诺曼·琳赛（Norman Lindsay）和伊丽莎白·杜拉克（Elizabeth Durack）的画作，这个画廊还有引人入胜的当代作品展览和定期巡回展览。

老杰拉尔顿监狱工艺品中心 历史建筑

（Old Geraldton Gaol Craft Centre；☎08-9921 1614；Bill Sewell Complex，Chapman Rd；⏲周一至周六 10:00~15:30）这里的工艺品是由1858~1986年监禁在阴暗的监狱里的囚犯制造的，还有历史文件详细记载着他们恶劣的生活条件。

澳大利亚皇家海军“悉尼”号战舰纪念碑 纪念碑

（HMAS Sydney II Memorial；www.hmassydneymemorial.com.au；Mt Scott；⏲团队游 10:30）免费 这座纪念碑屹立于可以俯瞰杰拉尔顿的小山上，旨在纪念1941年搭载了645人的“悉尼”号战舰在德国战舰“高摩轮”号（Kormoran）发动的突袭中沉没的事件。

活动

这里的大部分活动都在水中进行，但是也有非常不错的自行车道网络，包括从塔库拉海滩（Tarcoola Beach）到查普曼河（Chapman River）的10公里沿海线路。不妨在游客中心拿一份《本地旅游通》（*Local Travelsmart Guide*）。可在Revolutions（☎08-9964 1399；www.revolutions-geraldton.com.au；2c Jensen St；自行车出租 每天 $20；⏲周一至周五 9:00~17:30，周六至正午）租到自行车。

G-Spot Xtreme 风帆冲浪

（☎08-9965 5577；www.gspotxtreme.com.au；241a Lester Ave；租赁风帆冲浪板 每天 $100起，皮划艇 2/4小时 $30/45起；⏲周二至周五 10:00~16:00，周六 10:00~13:00）你可以在这里购买或租赁风帆冲浪和风筝滑水装备及皮划艇。

巴达维亚海岸潜水学院 潜水

（Batavia Coast Dive Academy；☎08-9921 4229；www.facebook.com/bataviacoastdive；118 Northwest Coastal Hwy；本地潜水 含/不含装备 $140/100；⏲周一至周五 9:00~17:00，周六 8:00~13:00，周日 10:00至正午）有开放水域课程（全套PADI证书 $630）和一系列潜水之旅的项目，包括前往霍特曼阿布洛霍斯群岛（Houtman Abrolhos Islands；每人每天$300起）的特许旅游活动。

Midwest Surf School 冲浪

（☎0419 988 756；http://surf2skool.com；课程 $60起，冲浪板出租 $30）在杰拉尔顿的后海设有各种课程，从初级课程到高级课程，不一而足。

KiteWest 风筝冲浪

（☎0449 021 784，0449 021 784；www.kitewest.com.au；教练指导 每小时 $50起）提供风筝冲浪、冲浪和桨式冲浪板课程，还有四驱车露营团队游和钓鱼、景区和野花一日游（每人 $95起）。

住宿

学校假期和节假日期间住宿价格会上涨。

Foreshore Backpackers 青年旅舍 $

（☎08-9921 3275；www.foreshorebackpackers.com.au；172 Marine Tce；铺/标单/双 $30/50/70；@）这家地处中心的休闲旅舍拥有许多隐蔽的角落、阳光明媚的阳台和云游世界的旅行者。这里离很好的酒吧和咖啡馆都很近，也是找工作、搭顺风车或找旅伴的最佳地点。

Sunset Beach Holiday Park 房车公园 $

（☎1800 353 389；www.sunsetbeachpark.com.au；Bosley St；供电营地 $38，小屋 $110~145）这座房车公园位于城镇中心以北约6公里处，拥有宽敞的有树荫的营地，从这里步行可抵达一个漂亮的海滩。还有一个配有整个海岸最大的等离子电视的极为现代化的露营厨房。

★ **Ospreys Beach Chalet** 小屋 $$

（☎0447 647 994；enerhkalm@gmail.com；40 Bosuns Cr，Point Moore；双人 $155起）这间小屋离海滩很近，还可以看到鹗。店家秉承可持续发展的经营理念，并依此理念对房屋进

行了改建，如今这里还处在理念验证阶段。雨水收集罐、太阳能电池板和可循环材料，使得此次修复工作并未以牺牲舒适性为代价。这里有充足的户外空间，屋后的天然花园非常漂亮。

Ocean West 公寓 $$

（☎08-9921 1047；www.oceanwest.com.au；1 Hadda Way；单卧/三卧公寓 $133/213起；❄📶🏊）不要被20世纪60年代的砖墙外表所迷惑；这些设施完备的套房早就经过了重新装修，从而使其成为城里非常经济划算的住处之一。马路对面就是狂野而迷人的后海。

Weelaway 民宿 $$

（☎08-9965 5232；www.weelaway.com.au；104 Gregory St；房间 $100~135，双卧小屋 $165起；📶）Weelaway有被列入遗产名录的房间，历史可以追溯到1862年。这里有整洁的休息室、阴凉的走廊和一个藏书量丰富的图书馆。这些地方都是从市中心步行就能到达。

就餐

海滩上，免费的户外烧烤区和野餐桌比比皆是。

Jaffle Shack 咖啡馆 $

（www.facebook.com/TheJaffleShack；188 Marine Tce；小吃 $6~12；⏲周一至周五 7:30~16:00，周六至15:00，周日至13:00）这个质朴的咖啡馆里陈列着不起眼的烤三明治（jaffle），并有从传统的澳洲组合（如咸味酱和奶酪）到黄油鸡和黄瓜酸奶酱等食品，还有越南风味的手撕猪肉。一定要留一点肚子品尝一下这里的甜点之一——能多益巧克力酱，并在当天晚些时候回来享用杰拉尔顿最好的冰激凌奶昔，还有好得不能再好的咖啡。

Geraldton Fish Market 海鲜 $

（365 Marine Tce；⏲周一至周五 8:30~17:30，周六至正午）这里新鲜安全的咸水鱼和海鲜会让你享受到一次特别的户外澳洲盛宴，这里有可口的食品，包括熏鱼和腌章鱼。美味的成品海鲜咖喱物美价廉，仅售$14.95。

另辟蹊径

霍特曼阿布洛霍斯群岛

以“阿布洛霍斯”（Abrolhos）更为著名，这个群岛有122个珊瑚岛，距杰拉尔顿（Geraldton）海岸仅有60公里，是令人惊叹的野生动物的家园，包括海狮、绿海龟、地毯蟒，还有90多种海鸟和塔玛尔袋鼠。这里的大部分植物也是罕见的并受到保护的地方植物。由于温暖的Leeuwin Current，周围的珊瑚礁成了潜水胜地，也使得像鹿角珊瑚（一种大珊瑚）这样的热带物种在偏远的南部更加繁茂。

这些崎岖的礁石多年以来撞击了许多船只，包括命运多舛的巴达维亚号（Batavia；1629年）和哈达号（Hadda；1877年）。你可以在沉船遗址潜水，这里还有许多自驾游的路线[参见西澳大利亚州渔场（WA Fisheries）《阿布洛霍斯群岛信息之南》（*Abrolhos Islands Information Guide*）了解详细信息]。因为通常市民不能在这里过夜，潜水者（和冲浪者）通常需要租几天船。如果一日游就能满足你的需求，那在丛林里徒步、野餐、浮潜或钓鱼后乘坐飞机离开将是你最好的选择。

巴达维亚海岸潜水学院（Batavia Coast Dive Academy，见1095页）可以帮助你租一条船。

Shine Aviation Services（☎08-9923 3600；www.shineaviation.com.au；90分钟/全天 团队游 $175/240）全天团队游包括乘飞机到阿布洛霍斯群岛和浮潜。

Geraldton Air Charter（☎08-9923 3434；www.geraldtonaircharter.com.au；Brierly Terminal, Geraldton Airport；半/全天 团队游 $240/550）一些旅程包括尖峰石阵（Pinnacles）到南部。

Go Health Lunch Bar
咖啡馆 $

(☎08-9965 5200; 122 Marine Tce; 简餐 约$11; ⊙周一至周六 8:30~15:00; ✎)素食者非常喜欢这里的菜单：新鲜果汁和冰沙、极好的浓缩咖啡、健康美味的墨西哥玉米煎饼、小扁豆汉堡、意式佛卡夏面包以及其他简餐。这家人气很旺的午餐吧位于商业步行街的中心位置。

Culinary HQ
咖啡馆 $

(☎08-9964 8308; www.culinaryhq.com.au; 202 Marine Tce; 午餐 $14.50; ⊙周一至周五 7:00~16:00, 周六 8:00~13:00)这个门庭若市的咖啡馆里有选择丰富的美食菜单，包括汤、法式面包和煮熟的餐点，也供应外卖——便于加热，非常适合青年旅舍或露营车的旅客。

★ Saltdish
咖啡馆 $$

(☎08-9964 6030; 35 Marine Tce; 早餐 $8~20, 午餐 $16~32; ⊙周一至周五 7:30~16:00; 📶)这家城里最前卫的咖啡馆可提供新派创意早餐、午间简餐和口感醇厚的咖啡，夏天的晚上还会在院子里放电影。一定要尝一尝这里的甜玉米和香菜油煎饼。可以自带葡萄酒或啤酒。

Provincial
新派澳洲菜 $$

(☎08-9964 1887; www.theprovincial.com.au; 167 Marine Tce; 西班牙小吃 $8~20, 比萨 $14~20, 主菜 $20~30; ⊙周二至周六 16:30至深夜)这家氛围独特的葡萄酒吧采用图案艺术装饰，供应西班牙小吃、木柴烤比萨和比较健康的主菜。一定要尝一尝期望值很高的椰子咖喱虾，再配上一杯吸引人的White Rabbit Belgian Pale Ale。这里的服务虽然有些随意，但Provincial的气氛会让你感觉宾至如归。在大多数周五和周六晚上有现场音乐演出。

🍷 饮品

Freemasons Hotel
小酒馆

(☎08-9964 3457; www.thefreemasonshotel.wix.com/home; Marine Tce和Durlacher St交叉路口; 餐食 $18~33; ⊙11:00至深夜)被列入遗产名录的Freo从19世纪开始就为口渴的旅行者提供啤酒。如今它是一个很受人们欢迎的地方，有现场音乐表演、DJ表演、开放的麦克风和琐碎的夜生活，还有一系列美味的酒吧菜肴供应。

☆ 娱乐

现场音乐演出和夜店包括Vibe(☎08-9921 3700; 38-42 Fitzgerald St; ⊙周四至周日 23:00开始)、Breakers(☎08-9921 8924; www.facebook.com/breakersgeraldton; 41 Chapman Rd; ⊙21:00开始)、Camel Bar(☎08-9965 5500; 20 Chapman Rd)、Provincial(见1097页)和Freemasons Hotel。这里还有电影院(☎08-9965 0568; www.orana-cinemas.com.au; Marine Tce和Fitzgerald St的交叉路口)和剧院(☎08-9956 6662; www.queensparktheatre.com.au; Cathedral Ave和Maitland St的交叉路口)。

🔒 购物

Yamaji Art
艺术品

(☎0487 420 237, 08-9965 3440; www.yamajiart.com; 205 Marine Tce; ⊙时间不定，请事先致电询问)一个购买Yamaji艺术品、碗、迪吉里杜管和音乐制品的好机会。营业时间很灵活，所以请事先致电询问。

ℹ 实用信息

图书馆(☎08-9956 6659; www.library.cgg.wa.gov.au; 37 Marine Tce; Wi-Fi第一个小时免费; ⊙周二至周六 9:00开始, 周日和周一 13:00开始; @📶)有免费的Wi-Fi，并穿过杰拉尔顿中部。Marine Tce沿线有几家带自动柜员机的银行。

Sun City Books & Internet Corner(☎08-9964 7258; 49 Marine Tce; ⊙周一至周五 9:00~17:00, 周六至13:00; @)可以上网，还有二手书。

游客中心(☎08-9921 3999; www.geraldtontourist.com.au; Bill Sewell Complex, Chapman Rd; ⊙周一至周五 9:00~17:00, 周六和周日 10:00~16:00)提供住宿、团队游的实用信息和交通预订服务。

ℹ 到达和当地交通

飞机

维珍澳洲航空和澳洲航空每天都有飞机往返珀斯和杰拉尔顿。Skippers经营往返卡那封的航线，每周数班。机场坐落于距Marine Tce约12公里处。

长途汽车

Integrity每周有3趟连接杰拉尔顿到达珀斯（$63，6小时）、卡那封（$115，6小时）和埃克斯茅斯（$156，11小时）的长途汽车。Transwa每天有一班内陆班车开往珀斯（$68，6小时），每周有3班车开往卡尔巴里（$28，2小时）。每周还有两班车开往米卡萨拉（$76，7小时）。所有的长途汽车都从**老火车站**发车，在那里还有一个Transwa售票处。

出租车

可致电☎131 008。

卡尔巴里（Kalbarri）

人口 2000

壮丽的红色砂岩悬崖耸立在印度洋边。美丽的默奇森河（Murchison River）蜿蜒穿过陡峭的峡谷，最后注入甘芬湾（Gantheaume Bay）。在袋鼠、鸸鹋和蜥蜴经常出没的道路两边开满了五颜六色的野花，鲸鱼在近海区跃出水面，稀有的兰花在岩石缝隙间挣扎绽放。在北边，鬼斧神工的祖伊多普悬崖依然保持着遗世独立的原始魅力。

卡尔巴里周围被极美的自然景观环绕。你可以在镇上或卡尔巴里国家公园（Kalbarri National Park）开展非常不错的冲浪、游泳、钓鱼、丛林徒步、骑马和划独木舟活动。虽然大多数时候这里的氛围都相对低调，但学校假期时卡尔巴里会立刻变得活跃张扬。

景点和活动

卡尔巴里拥有完善的海滨自行车道，你可以骑车前往蓝洞（Blue Holes）进行浮潜，到杰克斯角（Jakes Point）冲浪和钓鱼，还可以去5.5公里以外的红色悬崖海滩（Red Bluff Beach）。

海岸线上的任何一处观景台都是观赏日落的好地方。在Siles Rd、River Rd和镇外机场附近可以看到许多野花。游客中心会公布不同季节里的野花的变化情况。

可以在游客中心咨询其他活动信息，包括沙滩车、跳伞和钓鱼。

★卡尔巴里国家公园 国家公园

（Kalbarri National Park；每辆汽车 $12）这座崎岖嶙峋的卡尔巴里国家公园（Kalbarri National Park）有壮观的类赤桉和塔姆布拉古达（Tumblagooda）砂岩、2000平方公里的野生林地、风景优美的河流峡谷，以及受到侵蚀的海岸悬崖。这里也是数不胜数的野生动物的家园，其中包括200种鸟；7月至11月是野花绽放的季节，届时景象极为壮观。

镇南令人印象深刻的海岸线上点缀着一连串观景台，难度较低的比古尔达小径（Bigurda Trail；单程8公里）沿着天生桥（Natural Bridge）和老鹰峡谷（Eagle Gorge）的悬崖顶部蜿蜒穿行；7月到11月，你还会看到迁徙的鲸鱼。城镇附近还有波特小路（Pot Alley）、彩虹峡谷（Rainbow Valley）、蘑菇岩（Mushroom Rock）和红色悬崖（Red Bluff），后者可经由一条自卡尔巴里出发的步行小路进入（单程5.5公里）。

这些河流峡谷位于卡尔巴里东边，沿着Ajana Kalbarri Rd到达11公里处的岔道口，然后在未铺设柏油的马路上行进20公里，到达一个T字形交叉路口。左转就能看到卢普区（The Loop）和雄伟的大自然之窗（Nature's Window；往返1公里）。如果要尝试毫无遮挡的环线小路（Loop Trail；往返8公里），记得多带一些水。在T字形交叉口右转，前往Z-Bend，那里有一处惊险的观景台（往返1.2公里），你也可以沿着陡峭的山路一直下到谷底（往返2.6公里）。返回到Ajana Kalbarri Rd，前行24公里，在转弯去老鹰角（Hawk's Head）之前，老鹰角有雄奇的风景和野餐桌，你可以从罗斯格拉厄姆（Ross Graham）下到河边。你还可以从罗斯格拉厄姆出发，并徒步前往环线小路，这是一段艰苦的四日荒野穿越之旅，全程38公里，请注意：途中会经过许多没有标记的小径和几处河口。

Pelican Feeding 野生动物观赏

（☎08-9937 1104；⊙8:45）免费 给鹈鹕喂食是卡尔巴里海滨最热门的活动。你可以在紧凑的木制观察区域，等待饥饿的鸟儿出现。

Kalbarri Boat Hire 独木舟

（☎08-9937 1245；www.kalbarriboathire.com；Grey St；皮划艇/独木舟/冲浪船/机动船 每

Kalbarri 卡尔巴里

Kalbarri 卡尔巴里

活动、课程和团队游

1 Kalbarri Air Charter C3
2 Kalbarri Boat Hire C3
3 Kalbarri Wilderness Cruises C3
4 Pelican Feeding C3

住宿

5 Anchorage Caravan Park C1
6 卡尔巴里背包客 D2
7 Kalbarri Reef Villas C2
8 Pelican Shore Villas B4
Pelican's Nest .... （见6）

就餐

9 Angies Cafe B4
10 Black Rock Cafe C3
11 Finlay's Fresh Fish BBQ C4
12 Gorges Café C1
13 Kalbarri Motor Hotel C3
14 Restaurant Upstairs C4
15 The Jetty Seafood Shack C1

小时 $15/15/45/50）经营沿默奇森河顺流而下的4小时早餐和午餐独木舟之旅（成人/儿童 $70/50）。

Kalbarri Abseil 独木舟

（☎08-9937 1618; www.abseilaustralia.com.au; 速降 半天 $80，峡谷漂流 全天 $135; ⊙速降全年无休，峡谷漂流 4月至11月）在卡尔巴里国家公园的峡谷里进行速降，然后沿着内部隧道顺流而下。峡谷漂流包括非常艰辛的12公里徒步。

Kalbarri Sandboarding 滑沙

(☎08-9937 2377; www.sandboardingaustralia.com.au; 成人/儿童 $80/70)在沙丘上漫步，然后在有趣的半日游中去潜一次水。

Kalbarri Adventure Tours 独木舟

(☎08-9937 1677; www.kalbarritours.com.au; 成人/儿童 $75/55起)在国家公园内的Z-Bend/环线小路区域附近开展划独木舟、丛林徒步和游泳等活动。有一日游和半日游。

Big River Ranch 骑马

(☎08-9937 1214; www.bigriverranch.net; 紧邻Ajana Kalbarri Rd; 90分钟沿小径骑马 $85)你可以骑在马背上穿过美丽的默奇森河冲积平原。根据客人骑术的高下，有不同的骑马项目。有露营(每人 $15)和陈设简单的住屋(每人 $25)。

团队游

在游客中心可以安排所有团队游的预订。

Kalbarri Air Charter 观光飞行

(☎08-9390 0999; www.kalbarriaircharter.com.au; 62 Grey St; 飞行 $69~315)提供20分钟的观光飞行活动，带你从空中欣赏海岸悬崖；时间更长的飞行活动可俯瞰峡谷、祖伊多普悬崖、芒基米亚和阿布罗霍斯群岛。江河峡谷和海岸悬崖之旅(45分钟，$132)可以欣赏到非常壮观的美景。

Kalbarri Wilderness Cruises 游轮

(☎08-9937 1601; www.kalbarricruises.com.au; 成人/儿童 $46/25)使人大开眼界的沿默奇森河开展的自然巡游活动，时长两小时。

Reefwalker Adventure Tours 鲸鱼观赏

(☎0417 931 091; www.reefwalker.com.au; 成人/儿童 $85/55)座头鲸的迁徙地点(7月至11月)。也经营海洋捕捞和观光旅行。

住宿

最好避开房价疯涨的学校假期。

卡尔巴里背包客 青年旅舍 $

(Kalbarri Backpackers; ☎08-9937 1430; www.yha.com.au; Woods St和Mortimer St的交叉路口; 铺/双 $29/77; 自行车出租 $20; @ 🏊)这个漂亮的青年旅舍有舒适的泳池和户外烧烤区，与海滩相隔一个街区。提供自行车出租服务。

Anchorage Caravan Park 房车公园 $

(☎08-9937 1181; www.kalbarrianchorage.com.au; Anchorage Lane和Grey St的交叉路口; 供电营地 $37, 小屋带/不带浴室 $100/80; 🏊)这里是露营者的最佳选择，有宽敞、阴凉的营地，可远眺河口。

Pelican Shore Villas 公寓 $$

(☎08-9937 1708; www.pelicanshorevillas.com.au; Grey St和Kaiber St的交叉路口; 别墅 $136~188; ❄ 📶 🏊)这些现代而时尚的小镇房屋能看到最佳的镇上风景。

Pelican' s Nest 汽车旅馆 $$

(☎08-9937 1598; www.pelicansnestkalbarri.com.au; 45-47 Mortimer St; 双 $120~180; ❄ @ 🏊)地理位置非常安静，距离海滩仅几步之遥，Nest拥有一系列整齐的汽车旅馆式客房和良好的设施。

Kalbarri Reef Villas 公寓 $$

(☎08-9937 1165; www.reefvillas.com.au; Coles St和Mortimer St的交叉路口; 套 $141~195; ❄ 📶 🏊)这个设备齐全的双层双卧公寓面朝一个长满棕榈树的花园，位于海滩后面一个街区处。

餐饮

在两个购物中心内都有超市。

AngiesCafe 咖啡馆 $

(☎08-9937 1738; Shop 6, 46 Grey St; 餐食 $8~22; ⏰7:00~16:00)这家很棒的小咖啡馆可提供新鲜可口的餐食，还有多种沙拉供选择。

The Jetty Seafood Shack 炸鱼和薯条 $

(在Marina对面; 餐食 $11~25, 汉堡包 $9~13; ⏰周一至周六 16:30~20:30)这里有极好的炸鱼和薯条、美味的汉堡包和外卖沙拉(至少会让你感觉清淡健康)。快穿过马路选择一张户外野餐餐桌用餐吧。

★ **Gorges Café** 咖啡馆 $$

(☎08-9937 1200; Marina Complex, Grey

St；餐食 $8~25；⏲周一至周五 7:00~15:00，周六和周日 至14:00）就在码头对面，里面有极好的早餐和午餐，以及热情的服务。一定要尝一尝早餐包或者柠檬辣椒鱿鱼。你也可以期待着喝一杯小镇上最好的咖啡。

Black Rock Cafe 咖啡馆 **$$**

（80 Grey St；主菜 $15~40；⏲周二至周日 7:00~22:00）热情的服务、合适的营业时间、美味的海鲜以及卡尔巴里观看印度洋日落的最佳地点使人们争相前往。

Finlay's Fresh Fish BBQ 海鲜 **$$**

（☎08-9937 1260；24 Magee Cres；主菜 $15~40；⏲周二至周日 17:00至深夜）这个卡尔巴里的公共场所提供简单的烧烤和海鲜正餐，还有大量的薯条和蛋黄酱沙拉包。一定不要忘记欣赏挂满墙面的数十年的澳洲文物作品和奥兹（Oz）的流行文化。可以自带酒水。

Kalbarri Motor Hotel 小酒馆 **$$**

（☎08-9937 1400；50 Grey St；比萨$22，主菜 $22~37）这个花园酒吧是我们傍晚喝啤酒时最喜欢的地方。周五和周六晚上会有临时的现场乐队表演。

Restaurant Upstairs 新派澳洲菜 **$$$**

（☎08-9937 1033；2 Porter St楼上；主菜 $25~44；⏲周三至周一 18:00至深夜）特价餐食有时会让人们感到失望，但坚持选择核心菜单上的海鲜和受亚洲影响的主菜，镇上这个有品位的地方会让你感到心满意足。需要提前预订，并要求预订走廊上的一个餐位。热情的服务和相当好的酒单会让你不忍离去。

ℹ 实用信息

Grey St和Porter St上的购物中心内都有自动柜员机。

游客中心（☎1800 639 468；www.kalbarri.org.au；Grey St；⏲周一至周六 9:00~17:00，周日 10:00~14:00）可以预订住宿和团队游。隔壁的图书馆可以上网。

ℹ 到达和当地交通

在游客中心发车的**Transwa**的长途汽车是往返珀斯（$80，9小时）和杰拉尔顿（$28，2小时）最轻松快捷的方式。如果要往返更靠北的目的地，唯一的选择就是**Integrity**，每周有3趟车前往埃克斯茅斯（$146，10小时），继续前往布鲁姆。要使这些路线服务连接起来，先乘坐到达卡尔巴里的班车，到达Ajana-Kalbarri岔路口。班车应该提前通过Integrity或卡尔巴里背包客（Kalbarri Backpackers，见1100页）预订。

Kalbarri Auto Centre（☎08-9937 1290）出租四驱车和轿车，价格大约为每天$60起。卡尔巴里背包客（Kalbarri Backpackers）和**娱乐中心**（entertainment centre；☎08-9937 1105；www.kalbarripirate.com；15 Magee Cres；每 半/全天 $10/20；⏲周五至周一和周三 9:00~17:00）都提供自行车。

如需出租车，可致电☎0419 371 888。

> **值得一游**
>
> ### 霍罗克斯和格雷戈里港
>
> 霍罗克斯（Horrocks）和格雷戈里港（Port Gregory）的海滨小村庄分别位于卡尔巴里（Kalbarri）以南92公里和68公里处，非常宁静。霍罗克斯（Horrocks）在两者中较小，也更加漂亮，有沙丘旁的**Horrocks Beach Caravan Park**（☎08-9934 3039；www.horrocksbeachcaravanpark.com.au；营地 $24~33，小屋 $75~100；📶）和价格合理的**Beachside Cottages**（☎08-9934 3031；www.horrocksbeachsidecottages.com；5 Glance St，Horrocks；双 $85~95）。格雷戈里港（Port Gregory）在遥远而神秘的Pink Lakes旁边，有一个珊瑚礁群，非常适合钓鱼和浮潜。**Port Gregory Caravan Park**（☎08-9935 1052；www.portgregorycaravanpark.com.au；供电营地 $32，小屋 $100~125）是你的最佳选择。

鲨鱼湾（SHARK BAY）

被列入世界遗产名录的鲨鱼湾地区从卡尔巴里延伸至卡那封，拥有长度超过1500公里的壮丽的海岸线、蓝绿色的潟湖、贫瘠的手指形状的半岛、隐蔽的海湾、洁白的沙滩、高耸的石灰岩悬崖和数不胜数的岛屿。它是澳大利亚大陆的最西端，也是西澳大利亚州众多生物赖以生存的家园，有许多在地球上的其他地方都没有的植物和动物。海草丰茂的海底和避风港养育着儒艮、海龟、座头鲸、鲨鱼和其他水生动物。在陆地上，鲨鱼湾的生物多样性得益于“伊甸园项目”（Project Eden），这个雄心勃勃的生态恢复计划一直在设法清除一些野生动物并重新引入地方物种。鲨鱼湾也是哈美林池（Hamelin Pool）惊人的叠层岩的故乡。

鲨鱼湾原本居住着Malgana人、Nhanda人和Inggarda人，旅行者可以参加团队游来了解当地的原住民文化。早期的欧洲探险家曾在这里登陆，此处的许多地理名称显示了这一点。1616年，荷兰探险家德克·哈托格（Dirk Hartog）在那座现在以他的名字命名的岛上（西澳大利亚州最大的岛屿）留下了一个青灰色的餐盘[现在藏于国立博物馆（Amsterdam' s Rijksmuseum）]。

ℹ 到达和离开

鲨鱼湾机场位于德纳姆（Denham）和芒基米亚之间。**Skippers Aviation**每周有6班飞机抵离珀斯。

最近的**Integrity**的长途车乘车点在陆地旅馆，它在128公里以外的North West Coastal Hwy边上。**Shark Bay Car Hire**（☎08-9948 3032, 0427 483 032; www.carhire.net.au/shuttle-service/; 65 Knight Tce, Denham; 穿梭车 $70, 小汽车/四驱车租赁 每天 $95/185）运营前往此处的穿梭车（至少要提前24小时预订）。

陆地旅馆至德纳姆（Overlander Roadhouse to Denham）

从陆地旅馆出发，沿着鲨鱼湾路（Shark Bay Rd）行进29公里就到达了，通往**哈美林池**（Hamelin Pool）的岔路口。哈美林池是一个海洋保护区，拥有世界上最为著名的**叠层石群**。这些珊瑚一样的岩石由蓝藻组成。它们几乎和35亿年前的有机体一模一样，正是它们通过光合作用制造了如今的大气层，为其他更复杂的生命形式的出现奠定了基础。这里铺有一条带讲解牌的木板栈道，低潮时是欣赏这些叠层石的最佳时机。

它附近的**电报办事处**（门票 $5.50; ⏲在商店查询）建于1884年，里面有一个博物馆，展出了可能是迄今为止唯一被找到的仍存活的叠层石。**邮政局长住宅**（Postmasters Residence）有一家咖啡馆，也是小小的**Hamelin Pool Caravan Park**（☎08-9942 5905; www.hamelinpoolcaravanpark.com; Hamelin Pool; 营地不供电/供电 $22/27, 套房 $90; ❄）管理处的所在地。

沿着道路，你会经过一个岔路口，可以到达**哈美林牧场**（Hamelin Station; ☎08-9948 5145; www.hamelinstationstay.com.au; 营地每人 $12, 标单/双/家 $70/100/110; 套房 $150），这里有经过改建的剪毛工宿舍，里面有很多可爱的房间，都配备了高端设施；露营地简直可以用不毛之地这个词来形容了。附近的水潭边能看到许多鸟儿。

随着Shark Bay Rd向北延伸，你将会经过通向**Useless Loop**（一个已经废弃的盐矿小镇）、**埃德尔兰**（Edel Land）和**陡峭点**（Steep Point）的岔路口，后者是澳洲大陆的最西端。

Nanga Bay Resort（☎08-9948 3992; www.nangabayresort.com.au; Nanga Bay; 不供电/供电营地 $25/30, 简易房/汽车旅馆房间/小屋/别墅 $50/165/180/250; ❄❄）在尘土飞扬的前绵羊牧场有一系列的住宿。有一些住所需要打扫，但那里有一个很好的餐馆，以及一条通往闪闪发光的弧形海滩的道路。

在防护栏里面，距哈美林岔路口55公里处，是通往荒芜的**贝壳海滩**（Shell Beach）的道路，那里有很小的海扇壳，随着时间的流逝已经被压得很实。作为建筑材料，这些扇贝曾被挖出并用于德纳姆的建筑，例如Old Pearler Restaurant。

经过几个通往丛林露营地的路口之后便是**老鹰悬崖**。站在这座悬崖的崖顶你可以俯瞰下方湛蓝的潟湖。你也许还会看到海龟、鲨鱼或蝠鲼。

德纳姆（Denham）

人口 1500

美丽而闲适的德纳姆拥有碧绿的海水和棕榈环绕的海滨，这使其成为前往附近的鲨鱼湾海洋公园(Shark Bay Marine Park)、弗兰索瓦·佩隆国家公园、德克哈托格岛国家公园(François Peron and Dirk Hartog Island National Parks)以及26公里外的芒基米亚的大本营。

澳大利亚最西端的这座小镇曾经是一个采珠基地,人们曾用珍珠贝铺设主街的路面。

Knight Tce上有一家小酒馆、一个超市、一间面包店、许多咖啡馆和外卖店。

景点和活动

鲨鱼湾世界遗产探索中心 博物馆

(Shark Bay World Heritage Discovery Centre; ☎08-9948 1590; www.sharkbayvisit.com; 53 Knight Tce; 成人/儿童 $11/6; ⏲9:00~18:00)兼具知识性和启发性的展览展示了鲨鱼湾的生态系统、海洋动植物、原住民文化、早期探险家、定居者和沉船的故事。

Little Lagoon 野餐地点

Little Lagoon,在距离小镇4公里处,有野餐桌和烧烤架。如果有鸸鹋从这里经过,千万不要感到惊讶。

海洋公园 水族馆

(Ocean Park; ☎08-9948 1765; www.oceanpark.com.au; Shark Bay Rd; 成人/儿童 $20/15; ⏲9:00~16:00)这个家族经营的水产养殖场在镇前的一处海角上,特色是一个人工潟湖。在那里你可以参加一个历时1小时的导览游,观察给鲨鱼、海龟、黄貂鱼及其他鱼类喂食的活动。也有到达弗兰索瓦·佩隆国家公园(François Peron National Park)的全天四驱车团队游($180),以及到达陡峭点(Steep Point)的包括丛林徒步和浮潜的团队游($350)。还有一个新增的重点在珀斯南部的半日游($75)。

团队游

Shark Bay Scenic Flights 观光飞行

(☎0417 919 059; www.sharkbayair.com.au)观光飞行包括15分钟的芒基米亚低空飞行($59),以及40分钟的前往陡峭点和祖伊多普悬崖的空中之旅($195)。

Shark Bay Coaches & Tours 观光巴士

(☎08-9948 1081; www.sharkbaycoaches.com.au; 团队游 $150)从德纳姆前往芒基米亚的半日巴士观光游(每人 $12)。

住宿

在学校假期期间住宿需要附加费。

★ Bay Lodge 青年旅舍 $

(☎08-9948 1278; www.baylodge.info; 113 Knight Tce; 铺/双 $34/100起; ❄@≋)这家YHA连锁青年旅舍的每个房间都有独立卫生间、小厨房和电视/DVD机。它就在海滩对面,有极好的泳池、宽敞的公用厨房和前往芒基米亚免费的旅客穿梭车。海景套房($130)能看到壮丽的海洋景观。

Denham Seaside Tourist Village 房车公园 $

(☎08-9948 1242; www.sharkbayfun.com; Knight Tce; 不供电/供电 营地 $36/43,套房 $95~160; ❄)这家可爱的水边公园是镇上最好的,尽管你需要借助钻孔机才能钉好帐篷桩。晚上记得把自己裹得严实些,以防蚊叮虫咬;如果你在18:00之后才能抵达,记得要提前致电告知。

Oceanside Village 小屋 $$

(☎08-9948 3003; www.oceanside.com.au; 117 Knight Tce; 小屋 $160~200; ❄🛜≋)这

> **海边丛林露营**
>
> 鲨鱼湾(Shark Bay)有4个沿海丛林露营地可供选择——Goulet Bluff、Whalebone、Fowlers Camp和老鹰悬崖——都在德纳姆(Denham)以南20~40公里处被称为South Peron的地区。要在这里露营,你必须首先获得来自鲨鱼湾游客中心(Shark Bay visitor centre,见1103页)的许可证(每车$10)。虽然通过电话安排很容易(如果你在这里住过的话),但实际上,你最好先来看一看露营地点,再获取许可证。这里没有任何设备,并在整个地区都只限住一晚。

另辟蹊径

在埃德尔兰一路向西

澳洲大陆的最西端是陡峭点，它位于德克哈托格岛（Dirk Hartog Island）南边。这个海角是一处狂野、多风、贫瘠的崖顶，拥有自成一派的荒凉偏僻之美。祖伊多普悬崖向南延伸开来，崖壁上早已是千疮百孔，背风地和拥有白沙滩的海湾提供了避风的露营地。整个地区被称为埃德尔兰（Edel Land），并被推荐为一个国家公园。钓鱼者在高高的崖顶上放长线钓大鱼，但是几乎没有旅行者会专门穿越140公里的死路来此观光。

你需要经由Useless Loop Rd前往这片区域，并需要取得公园和野生动物管理局（www.parks.dpaw.wa.gov.au；进入许可证 每车 $12，营地 每人 $19）签发的许可证。在避风湾（Shelter Bay）有一个巡逻站，附近可以露营；在陡峭点（Steep Point，多岩石且无遮蔽）和南边的错误入口（False Entrance）也有一些露营点。营地十分有限，而且必须提前预订。Dirk Hartog Island Eco Lodge（☎08-9948 1211；www.dirkhartogisland.com；全食宿 每人 $290~350，至少居住两晚；⊙3月至10月；📶）也提供住宿服务。价格包括卓越精美的海鲜餐。

你需要一辆高底盘的四驱车，因为从Useless Loop岔路口（距离Shark Bay Road约100公里）开始，路况会变得极差。轮胎气压应降低到20磅/平方英寸。确保饮用水和燃油足够让你返回陆地旅馆（185公里）或德纳姆（230公里）。在冬季，有一艘驳船在避风湾和德克哈托格岛之间运行（必须提前预订）。www.sharkbay.org.au有详细的实用信息和可供下载的许可证。你无法通过租车公司为这条路投保，但是在德纳姆可以报名参加团队游。乘船可以更加容易地到达陡峭点，但如此一来就失去了来这里的意义，不是吗？

些整洁、设施齐全的小屋有阳光明媚的阳台，地理位置十分优越，就在海滩对面。

Tradewinds 公寓 $$

（☎1800 816 160；www.tradewindsdenham.com.au；Knight Tce；套房 $145~165；❄）宽敞、设备齐全的现代化套房就在海滩对面。

餐饮

★Ocean Restaurant 咖啡馆 $$

（www.oceanpark.com.au；Shark Bay Rd；主菜 $26~32；⊙9:00~17:00；📶）在鲨鱼湾，最精致的午餐一定会有最美丽的风景相随。这家咖啡馆在海洋公园（Ocean Park）内，可以远眺碧绿的海水，你可以喝一些啤酒和葡萄酒，再搭配一些小吃，这里全天供应早餐和当地海鲜。两人拼盘物超所值（$42）。经营项目齐全。

★Old Pearler Restaurant 海鲜 $$$

（☎08-9948 1373；71 Knight Tce；餐食 $30~53；⊙周一至周六 17:00开始营业）这个氛围独特的"海上休憩所"是用海贝壳砖块建造而成的，供应美妙的海鲜菜肴。这里的招牌菜包括小鳕鱼、小龙虾、牡蛎、对虾和墨鱼——都是烧烤，而非油炸。可自带酒水。最好提前预订。

Shark Bay Hotel 小酒馆

（☎08-9948 1203；www.sharkbayhotelwa.com.au；43 Knight Tce；餐食 $22~38；⊙10:00至深夜）在这个澳大利亚最西部的小酒馆前面能看到无与伦比的日落美景。

实用信息

登录www.sharkbay.org.au获取实用信息、交互式地图、可下载的许可证。

Heritage Resort和Shark Bay Hotel有自动柜员机，**社区资源中心**（Community Resource Centre，CRC；☎08-9948 1787；67 Knight Tce；@）可以上网。

公园和野生动物管理局（☎08-9948 2226；www.parks.dpaw.wa.gov.au；61-63 Knight Tce；⊙周一至周五 8:00~17:00）提供公园通行证和相关信息。

鲨鱼湾游客中心（Shark Bay Visitor Centre；☎08-9948 1590；www.sharkbayvisit.com；53 Knight Tce；⊙9:00~18:00）提供住宿和团队游预

订服务，还可发放南佩隆（South Peron）的丛林露营许可证。

弗兰索瓦·佩隆国家公园（François Peron National Park）

弗兰索瓦·佩隆国家公园 国家公园

（François Peron National Park；每车 $12）德纳姆北边的整个半岛都被低矮灌木、咸水湖和红色沙丘所覆盖，这里生存着珍稀的兔耳袋狸（bilby）、眼斑冢雉（malleefowl）和窝玛蟒（womapython）等各种动物。夺目的白沙滩附近分布着许多简陋的露营地，但都只通行四驱车（将轮胎气压减至20磅/平方英寸）。不要错过瓦纳马路小径（Wanamalu Trail，往返3公里），这条崖顶小路的两头分别是佩尔森角（Cape Person）和斯基普杰克角（Skipjack Point）。你可以看到崖下清澈海水中游荡的海洋生物。

请注意两驱车最远可到达老佩隆庄园（Peron Homestead），那里有一条步行线路，围绕着剪羊毛棚；还有一个自流井温泉浴场。从德纳姆或芒基米亚出发，到达公园的团队游起价约为每人$180。团队出游可以考虑从德纳姆以同样的价格租一辆四驱车前往。

芒基米亚（Monkey Mia）

在德纳姆东北26公里处的芒基米亚（成人/儿童/家庭 $8.50/3.20/17）的浅滩每天早晨观看野生海豚出来觅食，是每一位来这个地区旅行的游客所期待的亮点。看看他们怎样把鱼群聚集在一起，并引诱它们浮出水面。码头是一个绝佳的观赏地点。第一次喂食时间在7:45，但是你会看到海豚会提早到达。在喂食后可以稍等一会儿，海豚通常会来第二次或第三次。

需要注意的是游客只能站在水边，每次喂食只能选出3个幸运的人进入水中，帮助给海豚喂食。

芒基米亚游客中心（Monkey Mia Visitors Centre；☎08-9948 1366；⏲8:00~16:00）会提供实用信息和团队游信息。

你可以作为全职志愿者为海豚服务4~14天——这个志愿者项目极受追捧，以至于需要提前好几个月预约，确定志愿服务的时间，但偶尔会有最后时刻开放申请的情况。可以联系志愿者协调员（☎08-9948 1366；monkeymiavolunteers@westnet.com.au）了解详情。

团队游

Wula Guda Nyinda Aboriginal Cultural Tours 文化之旅

（☎0429 708 847；www.wulaguda.com.au；90分钟团队游 成人/儿童 $60/30起）你将学到一些当地Malgana语，并认识一些丛林食物和原住民医药知识。傍晚时分的"Maru Maru Dreaming"团队游（成人/儿童 $60/30）妙不可言。这里还有浮潜和皮划艇团队游（成人 半/全天 $140/185）和令人兴奋的四驱车冒险之旅（$185）。

Aristocat II 游轮

（☎1800 030 427；www.monkey-mia.net；1小时/2.5小时团队游 $50/86）乘坐这艘大型双体船出海远航，你也许会看到儒艮、海豚和红海龟。中途还会在蓝色潟湖珍珠养殖场（Blue Lagoon Pearl Farm）停靠。

Wildsights 冒险之旅

（☎1800 241 481；www.monkeymiawildsights.com.au）搭乘"Shotover"号小型双体船，开展极限活动；2.5小时的野生动物巡游之旅，起价$89。还有1.5小时的日落巡游之旅（$39）和到达弗兰索瓦·佩隆国家公园（François Peron National Park）的全天四驱车之旅（$195）；选择多个旅程可以打折。

食宿

芒基米亚海豚度假村 度假村 $$

（Monkey Mia Dolphin Resort；☎1800 653 611；www.monkeymia.com.au；帐篷营地 每人 $16，房车营地 $44起，铺/双 $30/109，花园套房 $229，海滨别墅 $329；❄@📶🏊）芒基米亚唯一的住宿选择位置绝佳，有面向露营者、背包客和要求极高的游客的服务。这里的工作人员非常友好，背包客"共享套房"物美价廉，但顶级的客房价格非常昂贵。这里经常会人山人海。餐厅坐拥美不胜收的水滨风景，但是

饭菜价格相当贵，而背包客酒吧里有便宜的食物，还有许多非常兴奋的背包客。

到达和离开

从德纳姆没有到达芒基米亚的公共交通工具。如果你住在德纳姆的Bay Lodge（见1103页），你可以乘坐那里的穿梭巴士，但是每隔一天才有一班。你可以租一辆汽车或者自行车，或乘坐鲨鱼湾海滨（Shark Bay Coaches，见1103页）的穿梭巴士。

加斯科因海岸（GASCOYNE COAST）

这条狂野、崎岖、大多数地方都荒无人烟的海岸线从鲨鱼湾延伸至宁加卢（Ningaloo），绝佳的钓鱼环境和奔涌的海浪吸引了世界各地的垂钓爱好者和冲浪者。地处亚热带的卡那封作为该地区的枢纽，是一个重要的水果和蔬菜种植基地，这里的农场总是在招募季节工。西澳大利亚州最长的河流加斯科因河（Gascoyne River；全长760公里）为这片大地带来了勃勃生机——虽然一年中的大多数时候它都是在地下静静地流淌着。内陆地区地广人稀、高温难耐，但你可以在这里发现肯尼迪山脉（Kennedy Range）的古老风蚀岩石。

卡那封（Carnarvon）

人口 9000

富饶的卡那封位于Yinggarda地区的加斯科因河口处，拥有水果和蔬菜种植园，还有繁荣的渔业，是德纳姆和埃克斯茅斯之间一处宜人的歇脚点。这个友善、充满活力的城镇拥有一些稀奇古怪的景点、一些不错的住宿地、货源充足的超市和丰富多彩的当地产品。绿树成荫的中央商务区（CBD）散发着热带风情，布满棕榈树的海滨是一个漫步放松的好地方。3月至次年1月的漫长采摘季带来了无数的季节性工作岗位。

在10月的最后一个周末，你会看到这个城镇被沙漠司机和骑手所接管，届时他们将会进行一场需要跋涉511公里的**Gascoyne Dash**（Gassy Dash；www.gasdash.com）比赛。

景点和活动

卡那封的North River Rd和South River Rd边全是肥沃的种植园，提供了本州半数以上的水果和蔬菜。可以在游客中心拿一本《加斯科因美食之旅》（*Gascoyne Food Trail*）宣传册（www.gascoynefood.com.au）。

你可以沿着老电车轨道步行或骑行2.5公里前往巴比吉岛（Babbage Island；www.carnarvonheritage.com.au）上的**遗产区**（Heritage Precinct），该地区曾是城市的港口区。**一英里防波堤**（One Mile Jetty；成人/儿童 $5/免费；⏲9:00~16:30）拥有不错的钓鱼场所和瑰丽风景；你可以步行或乘坐稀奇的**咖啡壶列车**（Coffee Pot Train；成人/儿童 $10/5）走完整个防波堤。附近的**灯塔看守人小屋**（Lighthouse Keepers Cottage；Heritage Precinct；⏲10:00~13:00）免费 已经过精心修复；不要错过从**火车站博物馆**（Railway Station Museum；⏲9:00~17:00）免费 的水塔顶上观景的机会。

靠近范西恩（Fascine，Robinson St末端的水域）的**步道**两边棕榈林立，是悠闲漫步、欣赏日落的绝佳场所。

地面卫星接收站 地标

（OTC Dish；Mahony Ave）位于城镇边缘，是由澳大利亚相关部门和美国航天局（NASA）在1966年共同设立的。这里曾被用于追踪双子星（Gemini）和阿波罗（Apollo）太空任务，并曾追踪过哈雷彗星（Halley's Comet），后于1987年关闭。引人入胜的**卡那封空间技术博物馆**（Carnarvon Space and Technology Museum；www.carnarvonmuseum.org.au；Mahony Ave；成人/儿童 $7/5；⏲10:00~14:00，旅游旺季以外缩短开放时间）就在附近，在2014年年末进行了扩建，里面有一个交互式的土星5号运载火箭（Saturn V）实物模型。

Gwoonwardu Mia 画廊

（☎08-9941 1989；wwww.gahcc.com.au；146 Robinson St；⏲周一至周五 10:00~15:00）Gwoonwardu Mia是为了纪念一次热带气旋而建的，这里介绍了当地5个原住民语言族群的相关文化。内部有一个文化中心和一个艺术画廊。亮点包括在老人谈话（Burlganjya Wanggaya）展览中来自土著长老的令人心酸的口头证词。

Bumbak's 农场之旅

（☎08-9941 8006；449 North River Rd；1小时团队游 $8.80；⊙商店 周一至周五 9:00~16:00，团队游 4月至10月 周一、周三和周五 10:00）Bumbak's是一个营利性的香蕉和杧果种植园，提供种植园团队游，并销售各种干鲜果品、蜜饯和美味的自制冰激凌。

住宿

大部分住宿都分布在公路两旁5公里内的支路两侧。尽量赶在18:00前到达。

Fish & Whistle 青年旅舍 $

（☎08-9941 1704；Beardaj@highway1.com.au；35 Robinson St；标单/双/标双 $50/60/60，汽车旅馆房间 $120；❄@）这家空间宽敞、微风轻拂的背包客栈拥有宽大的走廊、众多可自由安排铺位的宿舍房和很棒的厨房，从而使旅行者对这里情有独钟。后院设有带空调的汽车旅馆房间，楼下的Port Hotel供应非常棒的啤酒。业主可以帮助客人寻找季节性的就业机会，并提供到果园和农场的交通运输服务。

Coral Coast Tourist Park 房车公园 $

（☎08-9941 1438；www.coralcoasttouristpark.com.au；108 Robinson St；供电营地 $35~45，小屋和套房 $75~205；❄🛜≋）这处让人心情愉悦的房车公园有热带泳池和露营草地，是离城镇中心最近的营地。这里提供各种设施齐全的小屋、一个很棒的营地厨房，还有自行车可供租赁。

Carnarvon Central Apartments 公寓 $$

（☎08-9941 1317；www.carnarvonholidays.com；120 Robinson St；双卧公寓 $140；❄）这些整洁的独立公寓非常受商务游客欢迎。

Hospitality Inn 汽车旅馆 $$

（Best Western；☎08-9941 1600；www.carnarvon.wa.hospitalityinns.com.au；6 West St；双 $159~179）镇上最好的汽车旅馆。房间既干净又安静，还有一个很好的餐馆（餐食 $19~42）。

就餐

在范西恩（Fascine）周围和班克斯特公园（Baxter Park）里有免费烧烤区，你可以在那里自己烹饪当地的海鲜。在卡那封也有少数的几家小酒馆供应美味的正餐。

自己烹饪美食的人应该在**Gascoyne Arts, Crafts & Growers Market**（www.gascoynefood.com.au/growers-market；Civic Centre car park；⊙5月至10月 周六 8:00~11:30）挑选农产品。这是一个无塑料污染市场，所以你要自带购物袋。

River Gums Cafe 咖啡馆 $

（Margaret Row，紧邻Robinson St；汉堡包和沙拉 $7~10；⊙5月至10月 周三至周日 10:00~15:00）这个质朴的花园咖啡馆坐落于水果种植园之中，里面有传说中的巧克力香蕉冰沙、一流的汉堡包和自制的烘焙产品。

Morel's Orchard 市场 $

（☎08-9941 8368；486 Robinson St；⊙4月中旬至10月中旬 8:30~17:30）这里有当地的新鲜水果和蔬菜可供选择，同时还有天然水果冰激凌。我们的最爱是冰冻草莓巧克力。

The Crab Shack 海鲜 $$

（☎08-9941 4078；Small Boat Harbour；⊙3月至12月，周一至周六 9:00~17:00）用新鲜的蒸螃蟹、对虾、贻贝、剥好壳的牡蛎和鱼片填满你的餐盒吧。这里还供应美味的螃蟹蛋糕和对虾汉堡包。

Gwoonwardu Mia Community Café 咖啡馆 $$

（☎08-9941 3127；146 Robinson St；小吃 $12.50，果汁和冰沙 $7；⊙周一至周五 8:00~15:00）在Gwoonwardu Mia建筑群内，这个本土青年的培训中心供应可口的小吃——一定要尝一尝这里的鸡蛋腊肠早餐包——和镇上最好喝的果汁。

实用信息

Camel Lane和Robinson St上有很多自动柜员机。

游客中心（☎08-9941 1146；www.carnarvon.org.au；Civic Centre, 21 Robinson St；⊙周一至周五9:00～17:00，周六至正午；@）能提供各种信息、地图和农产品。

ℹ 到达和当地交通

Skippers每天都有航班飞往珀斯，每周有航班飞往杰拉尔顿。

Integrity每周有3班长途汽车开往埃克斯茅斯（$92，4小时）、杰拉尔顿（$115，6小时）和珀斯（$167，12小时）。长途车都从游客中心发车。

Coral Coast Tourist Park有自行车出租（见1107页）。

如需出租车，可致电☎131 008。

酷吧角至纳罗鲁湾（Point Quobba to Gnarraloo Bay）

当North West Coastal Hwy折向内陆，卡那封以北的海岸线狂野、多风且荒无人烟，也因此成为冲浪者和垂钓者的心头最爱。很少有人会来到这么远的地方，但那些来到这里的人会看到冬天巨大的涌浪，体验夏天的高温，感受无情的狂风，看到令人叹为观止的海洋生物和美得令人窒息的风景，获得一些真正的神奇旅行体验。

沿着距加斯科因桥（Gascoyne Bridge）12公里的Blowholes Rd前行，然后沿着柏油的马路继续前行49公里就能到达海岸。在丁字路口左转即可看到喷水孔（Blowholes；在有巨大的涌浪时，海浪从状似烟囱的石灰岩空隙中喷涌而出）。继续往南1公里到达酷吧角（Point Quobba），这里有海滩棚屋、很棒的钓鱼点和一些露营地（营地 每人 $11），除此外别无其他。

在满是灰尘的丁字路口右转，行驶10公里后便可到达Quobba Station（☎08-9948 5098；www.quobba.com.au；营地不供电/供电 每人 $13/15，小屋和别墅 每人 $35～60），这里有一些简单的住宿、一家小商店和很棒的钓鱼点。

酷吧以北60公里处是红色悬崖（Red Bluff；☎08-9948 5001；www.quobba.com.au；不供电营地每人 $15，棚屋每人 $20，平房/游猎帐篷 $180/200），这是一处壮观的岬角，拥有诡异的造浪地形和完美的垂钓地，同时也是宁加卢海洋公园（Ningaloo Marine Park）的南部边界。这里有各种各样的住所，从棕榈树下光秃秃的营地到带有露台和无敌美景的独立奢华大帐。红色悬崖的第一次鲨鱼攻击发生在2012年。

然而，真正的瑰宝却在这条路的尽头、距离卡那封约150公里的地方：加纳洛拉牧场（Gnaraloo Station；☎08-9942 5927；www.gnaraloo.com；不供电营地每人 $20～25，小屋 双人 $120～180；📶）🍃 世界各地的冲浪者每年冬天都会齐聚此处，试图征服大名鼎鼎的墓碑（Tombstones）巨浪；夏天则是海龟监测（☎08-9315 4809；www.gnaraloo.com/conservation/gnaraloo-turtle-conservation-program；⊙10月至次年4月）和试图在午后海风（Carnarvon Doctor）中驰骋的风帆冲浪者的天堂。海岸附近有非常棒的浮潜点，从纳罗鲁湾（Gnaraloo Bay）往北的海岸线保持了让人惊讶的原始感。你可以选择住在海滩附近的3-Mile的简陋营地，或者到牧场庄园歇歇脚，这里有各种不同的住宿选择，最棒的是拥有一览无余的海景的石头小屋——观赏迁徙的鲸鱼（6月至11月）和海鹰的好去处。加纳洛拉致力于可持续发展，并为此实施了一系列颇有远见的环保计划。这个牧场一直在寻找愿意在此工作的工人。要知道，这里是澳大利亚内陆的一个工作站，而不是豪华的度假胜地。

珊瑚海岸和皮尔巴拉

包括 ➡

最佳住宿

- Whalers Restaurant（见1117页）
- Karijini Eco Retreat（见1128页）
- Bills on the Ningaloo Reef（见1114页）
- BBqFather（见1117页）
- Silver Star（见1130页）

最佳游泳地点

- 绿松石湾（见1121页）
- 珊瑚湾（见1112页）
- 汉默斯利峡谷（见1128页）
- 蕨类水池（见1126页）
- Deep Reach Pool（见1126页）

为何去

珊瑚海岸与印度洋为邻，清浅、碧绿的海水造就了一个独一无二的海洋天堂。孤独的海湾、苍凉的沙滩和清澈的潟湖提供了在无数海洋生物陪伴下进行浮潜和潜水的机会，这些动物包括座头鲸、蝠鲼和红海龟等。被列入世界遗产名录的宁加卢礁（Ningaloo Reef）是地球上为数不多的能够让你有机会与性情温和的鲸鲨共泳的地方，要知道，它们可是世界上最大的鱼类。

在内陆，皮尔巴拉地区被侵蚀的高山上随处可见成群结队的采矿人员，满载矿石的列车沿着蜿蜒的轨道开往丹皮尔（Dampier）至黑德兰港之间的一片繁忙港口。但在群山之间其实掩藏着两枚瑰丽的宝石——卡里吉尼国家公园和米尔斯特姆-奇切斯特国家公园（Karijini and Millstream-Chichester National Parks）。

何时去

埃克斯茅斯

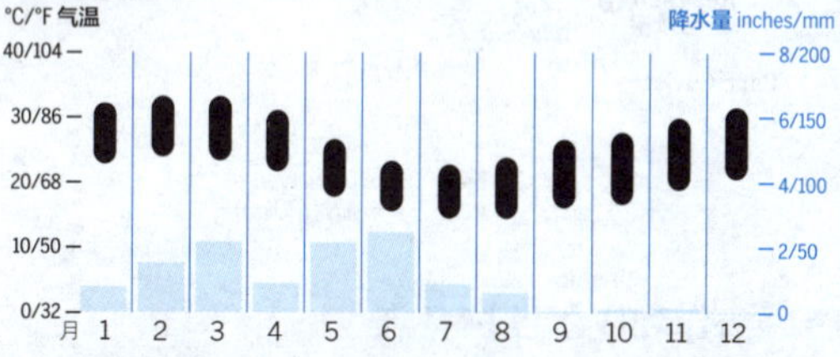

4月至7月 鲸鲨出没的季节——千万不要错过这个千载难逢的游泳机会。

9月和10月 卡里吉尼的峡谷气温回暖，漫山遍野开满野花。

11月至次年3月 宁加卢到处都是交配的海龟、龟蛋和刚出生的小海龟。

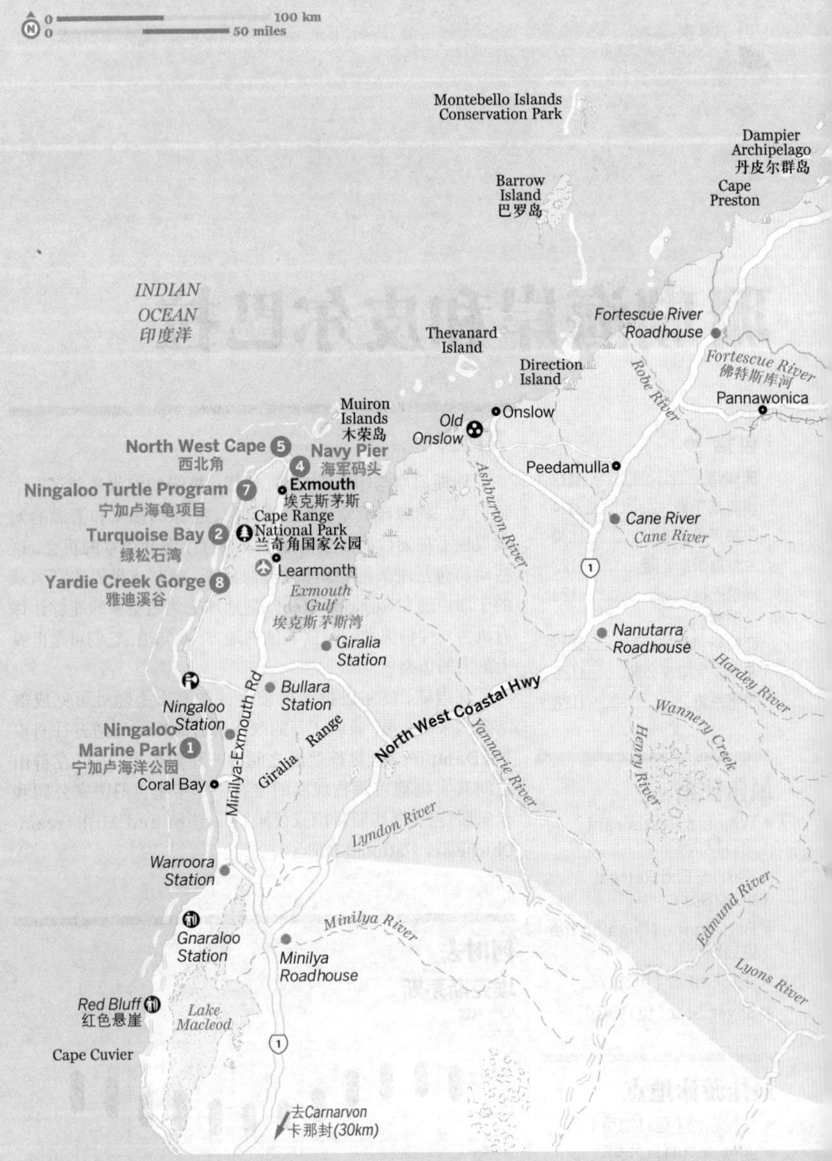

珊瑚海岸和皮尔巴拉亮点

❶ 在**宁加卢海洋公园**(Ningaloo Marine Park，见1120页)与“温柔的巨人”鲸鲨一起游泳。

❷ 在宁加卢海洋公园的**绿松石湾**(见1121页)的海洋生物上面浮潜。

❸ 在**卡里吉尼国家公园**(见1126页)参加一个冒险之旅，穿越峡谷，到达“地球的中心”。

❹ 在紧邻**海军码头**(见1120页)的世界上最好的潜水海岸Point Murat潜水。

❺ 在**西北角**(见1119页)观看一年一度的座头鲸大迁徙。

❻ 在**米尔斯特姆-奇切斯特国**

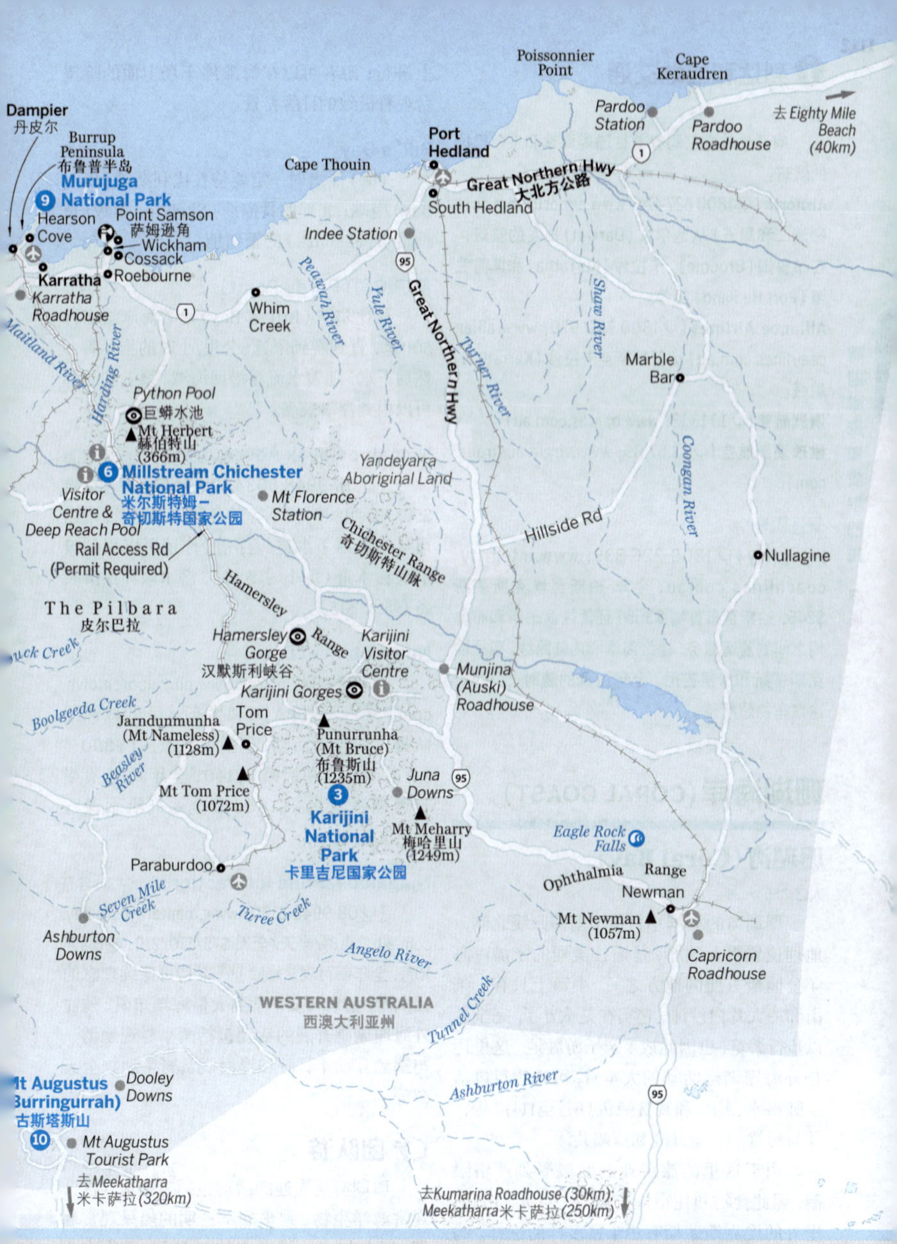

家公园（见1125）田园般的小水塘里感受清凉。

7 参与**宁加卢海龟项目**（见1116页），在偏僻的海滩追踪海龟。

8 在乘船游览风景秀丽的**雅迪溪谷**（Yardie Creek Gorge，见1123页）时寻找稀有的两侧为黑色的岩袋鼠。

9 参加**本土文化之旅**（见1124页），在**Murujuga National Park**感受土著居民的热情好客。

10 攀登这个地区最大、最偏远的山脉——**奥古斯塔斯山**（见1124页）。

到达和当地交通

飞机

有几个航空公司有前往珊瑚海岸和皮尔巴拉的航班：

Airnorth（☎1800 627 474；www.airnorth.com.au；⏲周二和周五）从达尔文（Darwin）出发的航班，在布鲁姆（Broome）、卡拉沙（Karratha）和黑德兰港（Port Hedland）经停。

Alliance Airlines（☎1300 780 970；www.allianceairlines.com.au）运营珀斯至卡拉沙（Karratha）航线。

澳洲航空（☎13 13 13；www.qantas.com.au）

维珍澳洲航空（☎13 67 89；www.virgin-australia.com）

长途汽车

Integrity（☎1800 226 339；www.integrity-coachlines.con.au；全年 珀斯至埃克斯茅斯 $245，珀斯至布鲁姆 $365）经营往返珀斯和布鲁姆之间的营运服务，途经海滨和内陆路线，包括埃克斯茅斯和卡里吉尼。全年运营的随时上下的长途汽车物超所值。

珊瑚海岸（CORAL COAST）

珊瑚湾（Coral Bay）

人口 255

珊瑚湾的海滨小村位于南回归线北侧，地理位置得天独厚，是通往美丽的宁加卢海洋公园最方便的地方之一。小镇上只有一条街和一大片白沙滩，它实在是太小了，完全可以步行游览，也因此成了亲子游胜地。这里还是外海珊瑚礁活动的大本营，可选项目包括水肺潜水、钓鱼和观赏鲸鱼（6月至11月）等，并与鲸鲨（4月至7月）和蝠鲼共泳。

由于这里的旅游业的发展受到严格限制，因此食物和住宿价格偏高一点儿。152公里外的埃克斯茅斯有更丰富多样的选择。购物中心和人民公园（Peoples Park）杂货店有自动柜员机，Fins Café可以上网。这个小镇在4月至10月总是人满为患。

景点和活动

喂鱼活动在大多数日子里是15:30在海滩上进行；游客可以在海滩停车场上面的瞭望台观看极致的日落美景。

Bill's Bay 海滩

（🅿）浮潜时一定要待在比利斯湾（Bills Bay）南端；北部的骨骼湾（Skeleton Bay）是礁鲨（reef shark）的繁殖地。

普尔迪角（Purdy Point） 浮潜

从比尔湾（Bill's Bay）沿着海岸线南行500米，直到看到限速8公里/小时的指示牌，然后下水，随着水流浮潜回海湾。镇上到处都可以租到浮潜装备。

Ningaloo Kayak Adventures 皮划艇

（☎08-9948 5034；2小时/3小时团队游 $50/70）组织时长不等的各种皮划艇游，中途可从主海滩下水进行浮潜。你还可以租到玻璃底独木舟（每小时 $25）、潜水服和浮潜装备（每天 $15）。

Ningaloo Reef Dive 潜水

（☎08-9942 5824；www.ningalooreefdive.com）🍃由经过PADI和生态认证的教练团队提供的浮潜活动，包括观赏鲸鲨（$390；3月末至7月）和蝠鲼（$140；全年）；还有半日珊瑚礁潜水（$180）和全系列潜水课程（$450起）。

Ningaloo Marine Interactions 浮潜

（☎08-9948 5190；www.mantaraycoralbay.com.au；2小时/半天/全天 $75/170/210；⏲6月至10月，全年都可观赏蝠鲼）🍃秉持可持续理念的团队游，游客可从中学到大量海洋知识。前往外海珊瑚礁开展的活动包括两小时观鲸游、与蝠鲼互动半日游和浮潜观赏野生动物全天游等。

团队游

珊瑚湾受欢迎的活动包括与鲸鲨共泳、观赏海洋生物、乘坐底部透明的船只观赏珊瑚，以及加入沙滩车之旅。可以在购物中心和房车公园预订团队游，并查看提前预订的折扣。

Coral Bay Ecotours 乘船游

（☎08-9942 5885；www.coralbayecotours.com.au；1/2/3小时 $39/54/75，全天 $175）🍃经

牧场小憩

如果你厌倦了拥挤的房车公园，希望远离人群，或者只是想找一个清净之地来放松身心和获得不同的体验，可以考虑到牧场待一阵子。在珊瑚海岸附近分布着为数众多的田园牧场，可提供一系列的乡村住宅——那是在空旷的海岸线上的精致住宅、落满灰尘的家庭围场、简单质朴的剪毛工宿舍或者设备齐全、配有空调的小屋。不要指望这里会有任何顶级设施，许多地方根本没有任何设施。电力和水都非常有限，因此你越是自给自足，就越能享受到旅途的快乐——记住：你来这里本就是为了摆脱凡尘俗世的各种“便利”所带来的烦恼。你会看到大量的野生动物，前所未见的灿烂星空下，感受辽阔的空间和真正的偏远地区。

一些牧场可以提供远离庄园的荒野露营（通常是在海边），你需要一辆四驱车将你送到那里，同时需要简易厕所。这些地方通常比较适合拥有小船的垂钓者或是打算住上一周的房车旅行者。

一些牧场仅在旺季时提供住宿（4月至10月）。

Giralia（☎08-9942 5937；www.giraliastation.com.au；Burkett Rd；珊瑚湾以北110公里；露营 每人 $10，小屋 $160，农庄住宅 标单/双 $220/300；❄✉）这里很受渔民的欢迎，并可以满足旅行者的各种需求，设有一个丛林露营区，配备便利设施、住所、一个家庭小屋以及包含早晚餐的配空调的庄园房间。乘坐四驱车40分钟可抵海岸。供应餐食和酒。

Bullara（☎08-9942 5938；www.bullara-station.com.au；Burkett Rd；珊瑚湾以北70公里；露营 $13，标双/双/小屋 $110/140/200；⊙4月至10月）在Minilya三岔路附近，两驱车可以进入，这里经过翻新的剪毛工宿舍里有几个房间，一个有个卧室的小屋和有便利设施的不供电营地。

Warroora（☎08-9942 5920；www.warroora.com；Minilya Exmouth Rd，Minilya以北47公里；露营 每天/每周 $10/50，房间每人 $30，小屋 $150）提供海边的荒野露营地（一些营地两驱车可以进入）、便宜的剪毛工宿舍以及设施齐全的小屋和庄园房间。还有简易厕所出租（每天 $15）。

Ningaloo Station（☎08-9942 5936；www.ningaloostation.com.au；Minilya Rd，珊瑚湾以北85公里；营地每周 $35，担保金 $100）不要把它和海洋公园弄混了，这个原生态的住宿地的物资非常有限，是在原始的海岸线上完全自给自足的丛林营地。

过生态认证的碳平衡团队游包括玻璃底船巡游（含浮潜），以及全天野生动物观赏之旅（含与蝠鲼互动）等。

Coral Coast Tours 自驾游

（☎0427 180 568；www.coralcoasttours.com.au；半天 四驱车 成人/儿童 $135/78，全天 四驱车 成人/儿童 $185/124，浮潜 2/3小时 $55/75）半天的四驱车之旅沿着Warroora Station内崎岖不平的道路，观察野生动物，而全天的团队游则沿着海滨道路到达Yardie Creek和Cape。这家运营商还运营珊瑚礁团队游活动和机场接送服务（$88），以及继续前往埃克斯茅斯的交通服务（$110）。

Coastal Adventure Tours 探险游

（☎08-9948 5190；www.coralbaytours.com.au；2/2.5小时 沙滩车 $110/130，帆船 $75起）这里不只有一家运营商，而是有更多的预订服务可供选择。沙滩车和浮潜组合之旅好评如潮。你还可以预订帆船短途之旅、玻璃底船之旅和比目鱼互动之旅。

食宿

尽量避开学校假期，旺季（4月至10月）需要提前预订。推荐自炊，因为在外就餐费用较高。

Peoples Park Caravan Village 房车公园 $

(☎08-9942 5933; www.peoplesparkcoralbay.com; 不供电营地/供电营地 $41~47, 单卧/双卧小屋 $250/270, 山顶别墅 $295; ❄) 这家一流的房车公园设有绿草如茵的营地和各种设施齐备的独立小屋。热情的工作人员把现代化的设备和宽敞的露营厨房打扫得一尘不染，并且这里是唯一有淡水淋浴的地方。山顶别墅坐拥无敌美景。公园四围散布着众多烧烤区，附近的Fins Café可以上网。

Ningaloo Club 青年旅舍 $

(☎08-9948 5100; www.ningalooclub.com; RobinsonSt; 铺 $28~32, 双带/不带浴室 $120/95; ❄@≋) 这家青年旅舍非常受派对群体的欢迎，是结识新朋友的好地方，这里有一个中心泳池、一个设备完善的厨房和一家酒吧。房间完全可以更干净一些，在酒吧打烊前还是不要想睡觉的事了。这里可代订汽车票（汽车在旅舍外停靠）和团队游折扣票。

★Bills on the Ningaloo Reef 新派澳洲菜 $$$

(☎08-9385 6655; Robinson St; 午餐 $16~24, 晚餐 $18~28; ⏲11:00至深夜) 这个新开张的美食酒吧对于餐厅的位置提出了更高的要求，使其他餐馆都显得黯然失色。一定要尝一尝神话般的咖喱鱼，精选小吃或用一杯清凉的精品麦酒将“对虾桶”一饮而尽。

Fins Cafe 各国风味 $$

(☎08-9942 5900; Peoples Park; 晚餐主菜 $24~46; ⏲早餐、午餐和晚餐; @) 这是一家随意的户外餐馆，可自带饮食。黑板上的菜单总是千变万化，有当地海鲜、咖喱和经典美食。

ℹ 到达和当地交通

珊瑚湾在珀斯以北1144公里处，即埃克斯茅斯以南152公里处。最近的机场（见1118页）在利尔蒙斯（Learmonth）、珊瑚湾以北118公里处。旅游团可以考虑租用一辆汽车。

Integrity (☎1800 226 339; www.integritycoachlines.com.au; 在Ningaloo Club外面) 有到达珀斯（$203, 16小时）和埃克斯茅斯（$47, 1.5小时）的长途汽车，每周3趟，还有到达卡里吉尼（$177, 12小时）的长途汽车，每周1趟。

Coral Coast Tours (☎0427 180 568; www.coralcoasttours.com.au; 成人/儿童 $88/44) 在珊瑚湾和利尔蒙斯之间有机场班车。

埃克斯茅斯（Exmouth）

人口 2500

埃克斯茅斯在第二次世界大战期间曾经是一个潜艇基地，但是直到20世纪60年代超低频无线电通信站（Very Low Frequency，简称VLF）入驻西北角（North West Cape）后，这里才开始走向繁荣。同时，渔业（尤其是对虾捕捞）和资源勘探业在这里生根发芽，并蓬勃发展至今[夜幕降临后从弗拉明角（Vlamingh Head）就能看到油气平台绽放的点点光芒]。

这里有保存完好的被列入世界遗产的宁加卢礁，大批旅行者如潮水般奔涌而来，许多人都是为了一睹高贵而神秘的鲸鲨（4月至7月）。在旅游旺季（4月至10月），这个平日弥漫着慵懒气氛的小镇会从沉睡中苏醒，变得人山人海；但是别担心，这里仍不失为探索附近的宁加卢海洋公园和兰奇角国家公园（Cape Range National Park）的最佳大本营。你也可以在这里尽情地放松身心，洗去长途旅行的风尘，观赏本地的野生动物：鸸鹋在步行道上散步，袋鼠在树荫下小憩，巨蜥从容地穿过马路，凤头鹦鹉、桃红鹦鹉和环颈鸟在树林间啼鸣和嬉戏。

◉ 景点和活动

埃克斯茅斯平坦、炎热且略显杂乱，大部分景点都在镇外，而且这里没有公共交通。大多数活动都是在水中进行的。海龟志愿者服务项目（见1116页）在11月至次年1月很受欢迎。

浮潜和潜水爱好者可以前往宁加卢海洋公园（见1120页）或木荣岛（Muiron Islands，见1122页）。镇上有几家潜水商店提供PADI课程。

环绕埃克斯茅斯有一组自行车道，继续向北可以到达Harold E Holt Naval Base（HEH），那里的道路可以通往邦迪吉海滩。一定要当心澳洲野狗！可以在周围寻求自行车租赁服务。

Exmouth 埃克斯茅斯

Exmouth 埃克斯茅斯

景点

1 Town Beach D3

活动、课程和团队游

2 Sewerage Works C2

住宿

3 Exmouth Ningaloo Caravan & Holiday Resort B2
4 Ningaloo Lodge B1
5 Potshot Hotel Resort B1

就餐

6 5 Kennedy St A1
BBqFather .... （见3）
7 See Salt A1
8 Whalers Restaurant C3

饮品和夜生活

9 Grace's Tavern B2
10 Potshot Hotel B1

购物

11 Exmouth Shopping Centre A1
12 Ningaloo Kite & Board B2
13 Reef Beef B2

Town Beach 海滩

（在Murat Rd东部1公里处；P）距离小镇仅几步之遥，在盛行东风时，这个海滩很受风筝冲浪爱好者的欢迎。

Sewerage Works 观鸟

（Willersdorf Rd）在这里和隔壁的高尔夫球场都可以观赏大量水鸟。

Exmouth Cape Horses 骑马

（☎0400 886 576；www.exmouthcapehorses.com.au；1小时 骑马 $70）这些沿着埃克斯茅斯湾的短途骑马适合各种技能水平和年龄的人。

课程和团队游

与鲸鲨共泳、观察野生动物、潜水、浮潜、皮划艇、冲浪和钓鱼会让你心满意足——游客中心（见1118页）拥有团队游的完整名单。有些团队游是季节性的。

鲸鲨出没的季节之外，海上团队游的重点是蝠鲼。你需要具备一定的浮潜技能。

宁加卢海龟志愿者

每年11月至次年3月，海龟监测志愿者项目都会在沿海地区进行，游客可以在当地人的保护下参与其中，这样的机会非常激动人心。奇特的经历、艰苦的环境会为你带来巨大的满足感，非常值得期待。申请工作一般从8月前后开始，但请查询确定具体方案。

宁加卢海龟项目（Ningaloo Turtle Program，简称NTP；www.ningalooturtles.org.au；埃克斯茅斯；5周 $1300；⏲11月至次年3月）在志愿者参与活动的5周时间里，大部分时间都会待在偏远地区。从日出开始，工作5个小时，收集关于海龟巢穴、栖息地和捕食地的数据，其余时间可以自由活动。你的费用包括设备、三餐、住宿、从埃克斯茅斯（Exmouth）到这里的交通和保险。

黑德兰港志愿者可申请参加**Pendoley Environmental**（☎08-9330 6200；www.penv.com.au；Port Hedland；⏲11月至次年1月）Pendoley的标记追踪项目，与石油和天然气工业的项目一起在巴罗岛（Barrow Island）等地开展工作。志愿服务周期通常为17天，不需要任何费用；申请者需经过严格的甄选流程，且工作时间通常是在晚上，很少有休息时间。

关爱黑德兰（Care for Hedland；☎0439 941 431；www.careforhedland.org.au；⏲11月至次年3月）基层群众保护团体，在黑德兰港（Port Hedland）设有志愿监测项目，从11月开始。

Gnaraloo Turtle Conservation Program（GTCP；☎08-9315 4809；www.gnaraloo.com/conservation/gnaraloo-turtle-conservation-program；Quobba Coast via Carnarvon；⏲10月至次年4月）理科毕业生（任何专业）如果打算从事6个月的志愿者服务，可以申请参与GTCP的志愿工作，该项目为志愿者提供食物、住宿、交通和培训。

需要特别注意的是，部分浮潜项目实际上可能是潜水团队游——这意味着下潜的深度会超过你的预期。如果你待在船上，价格通常要便宜30%。大部分海洋团队游都从西海角的**Tantabiddi**出发，并可免费从埃克斯茅斯将客人接至活动地点。认真了解关于“未看到”（no sighting）和取消的条件及政策。

Kings Ningaloo Reef Tours 野生动物游

（☎08-9949 1764；www.kingsningalooreeftours.com.au；浮潜观赏/船上观赏 $385/285）这是最老牌的旅行社之一，其开设的鲸鲨观赏之旅有口皆碑。其出海时间超过其他旅行社（这一点广为人知），而且执行如果未看到鲸鲨可“免费再乘坐一次”的政策。

Ningaloo Ecology Cruises 乘船游

（☎1800 554 062；www.ningalootreasures.com.au；1/2.5小时 $50/70）开设历时1小时的玻璃底船之旅（4月至10月）和时间更长的2.5小时含浮潜团队游（全年）。

Birds Eye View 观光飞行

（☎0427 996 833；www.ningaloomicrolights.com.au；Exmouth Aerodrome；30/60/90分钟飞行 $199/299/399）想不把脚弄湿又想来点刺激的？那就乘坐小型观光飞机到Cape和Ningaloo Reef（只有长途飞行）的高处进行一次难以置信的观光飞行吧。

Montebello Island Safaris 游轮

（☎0419 091 670；www.montebello.com.au；⏲4月至11月）在永久停泊在蒙特贝罗群岛（Montebello Islands）的船屋参加海洋爱情至上的六晚游（每人$3000）。

Capricorn Kayak Tours 皮划艇

（☎0427 485 123；www.capricornseakayaking.com.au；半天/1天/2天/5天团队游 $99/179/665/1650）这里可提供沿宁加卢礁潟湖的单日和多日皮划艇及浮潜团队游。

Ningaloo Whaleshark-N-Dive 潜水

（☎1800 224 060；www.ningaloowhalesharkndive.com.au）每天开展前往灯塔湾

(Lighthouse Bay; $85)和木荣岛(Muiron Islands; $210)的潜水游,也有前往木荣岛和蒙特贝罗群岛的更长时间的船上团队游。潜水课程从简单介绍的初级课程($255)到完整的专业潜水教练协会课程(Professional Association of Diving Instructors,简称PADI; $620),不一而足。

住宿

镇上住处有限,因此需要提前预订,旺季(4月至10月)尤其如此。

Exmouth Ningaloo Caravan & Holiday Resort 房车公园 $

(☎08-9949 2377; www.exmouthresort.com; Murat Rd; 营地不供电/供电 $38/49,铺/双 $39/80,度假屋 $205; P❄📶≋)这座友善、宽敞的公园位于游客中心对面,有绿草如茵的营地、设施齐全的度假屋、四人宿舍间、一家餐厅,甚至还有一个宠物专区。如果你打算扎营,这里毫无疑问是最佳的选择。

Potshot Hotel Resort 度假村 $

(Excape Backpackers YHA; ☎08-9949 1200; www.potshotresort.com; Murat Rd; 铺/标双 $30/72,汽车旅馆 双 $145,工作室 $245,公寓 $270起; P❄@📶≋)这是一个城中城,这个热闹的度假胜地拥有10个床位的宿舍、标准的汽车旅馆房间、豪华鱼鹰公寓、几间酒吧和一间迪斯科舞厅。背包客房间可能很吵,但如果是一群人一同旅游,选择公寓就非常划算。

Ningaloo Lodge 客栈 $$

(☎1800 880 949; www.ningaloolodge.com.au; Lefroy St; 双 $150; P❄📶≋)这里提供的干净整洁、品位不凡的汽车旅馆房间是镇上最物有所值的,并设有一处现代化的公共厨房。这里还有烧烤区、阴凉的泳池和免费Wi-Fi。

餐饮

许多备受欢迎的地方已经搬迁或改名。埃克斯茅斯购物中心(Exmouth Shopping Centre,见1118页)内有一家超市、一家面包房和几家外卖餐厅。

Grace's Tavern(☎08-9949 1000; Murat Rd; ⊙正午至23:00)和**Potshot Hotel**(☎08-9949 1200; Murat Rd; ⊙10:00至深夜)是坐下来喝一杯的好地方,这两个地方都供应很好的餐食。

★ **Whalers Restaurant** 海鲜 $$

(☎08-9949 2416; whalersrestaurant.com.au; 27 Murat Rd,在Exmouth Escape里面; 主菜 $29~40; ⊙18:00至深夜)刚搬迁到这里,这个埃克斯茅斯餐馆以美味的克里奥尔风味海鲜而闻名。千万不要错过名为新奥尔良秋葵的浓汤,还有软壳蟹、当地对虾和牡蛎射手等海鲜菜肴。铁杆粉丝只需要看看这里的海鲜混合菜单就能得到莫大的满足。

See Salt 咖啡馆 $$

(☎08-9949 1400; www.seesalt.com.au; 1 Thew St, Shopping Centre; 三餐 $8~22; ⊙每天6:30~15:30,周四至周日 18:00~20:30)重新装修和搬迁到新地址的Ningaloo Health仍然保留着与原来相同的日间健康菜单,并一直持续到周末时候的正餐。你可以用一个香辣蛋卷或一碗越南米粉(牛肉和米粉汤)开始新的一天。胆小的人可以点一份浆果煎饼、麦片粥或者一杯可口的果汁。

See Salt还提供简餐、沙拉、冰沙、外卖午餐篮(非常适合前往兰奇角国家公园一日游的旅行者)和香醇的咖啡。

★ **BBqFather** 烧烤、意大利菜 $$

(Pinocchio; ☎08-9949 4905; www.thebbqfather.com.au; Murat Rd, Exmouth Ningaloo Caravan Park & Resort; 主菜 $18~40; ⊙2月至10月 周一至周六 18:00~21:00)这个很受欢迎的、获得经营许可的户外餐厅已经更名,并变成了一个狂热的烧烤地点,这里有大块、多汁的熏牛肉片、猪肉和牛排。在对当地人进行调查后,他们深受喜爱的比萨和自制意大利面也回到了菜单上。供应的食品还是一如既往的传奇。

5 Kennedy St 新派澳洲菜 $$$

(☎08-9949 4507; www.5kennedyst.com.au; 5 Kennedy St; 主菜 $30起; ⊙周二至周四 正午至深夜,周五至周日 9:00至深夜)🍃在捕鲸船

(Whalers)的旧址，这家埃克斯茅斯最新的餐馆供应精致的菜肴，使用的都是当地最好和可持续获得的原材料。菜单是以盘子的大小划分的，从小块的零食到1公斤的肉片和骨棒。

购物

Exmouth Shopping Centre 购物中心

（Maidstone Cres）这个购物中心包括一家潜水商店、礼品店、冲浪和野营用品店和两家超市。星期天的工艺品市场从4月举办到10月。

Ningaloo Kite & Board 户外用品

（Exmouth Camper Hire；08-9949 4050；www.exmouthcamperhire.com.au；16 Nimitz St；请事先致电询问）这里有新的和二手的风筝、齐全的初学者套件和大量的当地专家信息，这些专家也对外出租备货充足的露营车。

Reef Beef 食品

（0408 951 775；11 Pelias St；周一至周五 9:00~17:00，周六 9:00至正午）他们大肆宣扬的就是——美味的牛肉干。有最好的公路旅行零食。

实用信息

如果想获得海角周围环境规划项目的信息，请查看海角保护组织的网站（www.ccg.org.au）。

图书馆（08-9949 1462；22 Maidstone Cres；周一至周四 8:30~16:00，周六 8:30至正午；@）和Potshot Hotel（见1117页）可以上网。

公园和野生动物管理局（DPaW；08-9947 8000；www.dpaw.wa.gov.au；20 Nimitz St；周一至周五 8:00~17:00）可提供宁加卢、兰奇角和木荣岛的地图、宣传册和许可证，包括非常棒的野生动物指南。可在此咨询海龟志愿服务项目的相关事宜。

Tours N Travel Ningaloo（Europcar；0437 106 183；Pellew St和Murat Rd交叉路口；上网 每小时 $5；8:30~19:00；@）这里可以上网，还有二手书和当地Europcar代理商。

游客中心（08-9949 1176；www.visit-ningaloo.com.au；Murat Rd；9:00~17:00）预订团队游、汽车票，提供住宿服务、Yardie Creek船票和公园信息。

到达和离开

埃克斯茅斯的利尔蒙斯机场位于镇南37公里处。

澳洲航空（13 13 13；www.qantas.com.au）每天有珀斯和利尔蒙斯之间的航班。

Airport Shuttle Bus（08-9949 4623；$25）与所有航班接驳；前往机场必须提前预订。

Integrity（1800 226 339；www.integrity-coachlines.com.au）长途汽车从游客中心出发，到达珀斯（$240，17小时）、珊瑚湾（$47，1.5小时）和布吉姆（$240，18小时），每周3趟；还有到达卡里吉尼（$167，10小时）的长途汽车，每周1趟。

Red Earth Safaris（1800 501 968；www.redearthsafaris.com.au；$200）每周有一班车直达珀斯，周日7:00从埃克斯茅斯的Potshot Resort发车（$200，30小时），包括餐饮和中途的一晚住宿。

当地交通

Budget、Avis和Europcar在小镇周围都有代理商，汽车出租起价为每天$80。

Allens（08-9949 2403；24 Nimitz St背后；每天$60起）比较旧的汽车前150公里免费。

Exmouth Boat & Kayak Hire（0438 230 269；www.exmouthboathire.com；7 Patterson Way；皮划艇 每天 $50）Tinnies（小艇）或更大的船只（包括船长！）都可以出租，每天$100。

Exmouth Camper Hire（08-9949 4050；www.exmouthcamperhire.com.au；16 Nimitz St；4天 $660起）出租设备齐全的房车，让你能痛痛快快地在兰奇角国家公园度假，车上配太阳能电池板。

Scooters2go（08-9949 4488；www.facebook.com/pages/Exmouth-Scooters2go/155067980 5188747；Murat Rd和Pellew St的交叉路口；每天/每周 $80/175）只要有小汽车驾驶证就能在这里租到50cc和125cc的踏板车，如果租一个星期价钱会便宜得多。最好提前打电话预订。

埃克斯茅斯周边（Around Exmouth）

向北行进，在到达超低频天线阵之前的交叉路口会经过哈罗德·E.霍尔特海军基地（Harold E Holt Naval Base，简称HEH）。继续直行前往邦迪吉海滩或左转进入Yardie Creek Rd，来到西部海角和宁加卢礁（Ningaloo Reef）的美丽海滩和海湾。

兰奇角国家公园（Cape Range National Park）入口车站在40公里的标记处，南部到达雅迪溪（Yardie Creek）的道路适合各种车辆通行。经验丰富的四驱车驾驶员可以尝试在退潮时穿越沙溪，然后沿着全程都凹凸不平的海岸小道到达珊瑚湾（Coral Bay，见1112页）。先要在Milyering游客中心（见1120页）确认路况。

景点和活动

邦迪吉海滩 海滩

（Bundegi Beach；P）在超低频天线阵附近，环埃克斯茅斯的范围内（位于埃克斯茅斯以北14公里处），邦迪吉海滩平静、隐蔽的水域和暗礁非常适合游泳、浮潜、潜水、划皮划艇和钓鱼，你会在这里玩得很愉快。

SS Mildura Wreck 沉船

（Mildura Wreck Rd）跟随Yardie Creek Rd

North West Cape 西北角

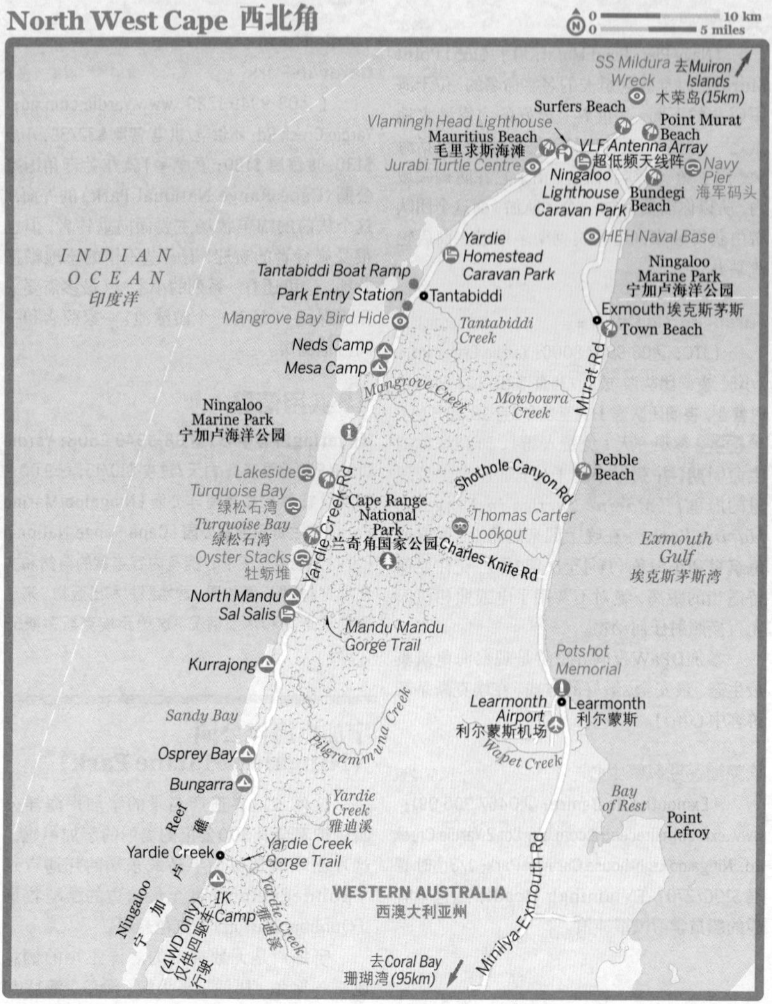

沿途的路标找到1907年搁浅在礁石上的牲口船。

Vlamingh Head Lighthouse 灯塔

你很难错过这个建于1912年的山顶灯塔。从这里能看到整个海角的壮丽景色，这里也是观赏鲸鱼和日落的最佳地点。

毛里求斯海滩 海滩

（Mauritius Beach; Yardie Ck Rd，西北21公里；P）Vlamingh Head Lighthouse附近的一个可以随意着装的海滩。

★海军码头 潜水

（Navy Pier; Point Murat; 潜水 $155）Point Murat是以拿破仑姐夫的名字命名的，位于海军码头的下面，是世界上最好的海岸潜水地点之一。这有一系列奇妙的海洋生物，包括海兔、蝎子鱼、海鳝和礁鲨。由于它在防御领域内，所以你需要参加一个团队游，而这个团队游由获得独家许可的埃克斯茅斯潜水商店轮流举办。

Jurabi Turtle Centre 野生动物互动

（JTC; 08-9947 8000; Yardie Creek Rd; 2小时 夜间团队游 成人/儿童 $20/10; 24小时营业，夜间团队游 11月至次年3月 18:30开始）免费 参观一天（免费入场），研究海龟的生命周期，并获得小册子《宁加卢海洋公园里的海龟》（*Marine Turtles in Ningaloo Marine Park*）。在晚上回来的路上，观察海龟筑巢和小海龟（11月至次年3月），记住要保持适当的距离，绝对不要用手电或照相机闪光直接照射任何动物。

参加DPaW夜间导览游是观察海龟筑巢最生态、最安全、最好的方式。在埃克斯茅斯游客中心预订。

埃克斯茅斯风筝中心 风筝冲浪

（Exmouth Kite Centre; 0467 906 091; www.exmouthkitecentre.com.au; Lot 2 Yardie Creek Rd, Ningaloo Lighthouse Caravan Park; 1/3小时 课程 $100/270）在Vlamingh Head跟随这里有趣的船员学习风筝冲浪。

住宿

Ningaloo Lighthouse Caravan Park 房车公园 $

（08-9949 1478; www.ningaloolighthouse.com; Yardie Creek Rd; 不供电/供电 营地 $33/41，小屋 $115，别墅 $135，灯塔/瞭望台 度假屋 $155/245; ）位置极佳，坐落于西部海角的Vlamingh灯塔下，在冲浪者海滩（Surfers Beach）附近，悬崖度假屋坐拥迷人的景色。另外还有许多适合平民的阴凉的帐篷营地，在旺季（5月至9月）还有一个咖啡馆。

Yardie Homestead Caravan Park 房车公园 $

（08-9949 1389; www.yardie.com.au; Yardie Creek Rd; 不供电/供电 营地 $32/38，小屋 $130，度假屋 $180; P）就在兰奇角国家公园（Cape Range National Park）的外面，这个从前的绵羊牧场主要面向垂钓者，但也很受旅行者的欢迎，有一些不错的草地帐篷营地。这里还有一系列的小木屋（最多需要一张担保函），还有一个游泳池、一家商店和一间营地厨房。

实用信息

Milyering游客中心（08-9949 2808; Yardie Creek Rd; 浮潜装备 白天/过夜 $10/15; 9:00~15:45）提供尼格鲁海洋公园（Ningaloo Marine Park）和兰奇角国家公园（Cape Range National Park）的服务，该中心拥有内容丰富的自然和文化展览、地图、潮汐图、营地照片和出版物。来这里确认道路和水源情况。这里距埃克斯茅斯53公里。

宁加卢海洋公园（Ningaloo Marine Park）

被列入世界遗产名录的宁加卢海洋公园保护着全长300公里的美丽的宁加卢礁，这片珊瑚礁从位于半岛最东端的邦迪吉礁（Bundegi Reef）直至最南边的酷吧牧场（Quobba Station）的红色悬崖。

宁加卢是无数神奇的海洋生物的栖息地——鲨鱼、蝠鲼、座头鲸、海龟、海豚和

500余种鱼类——它也是澳大利亚最大的近海珊瑚礁群，交通便利，距离海岸仅100米。

何时去

公园全年精彩的海洋活动包括：

11月至次年3月 海龟——3种濒危海龟会在沙滩上产卵。

3月 珊瑚产卵——发生在月圆之后的7天内的壮观景象。

3月中旬至7月 鲸鲨——地球上最大的鱼类会在珊瑚产卵时来到这里。

5月至11月 蝠鲼——四季常在；冬天和春天数量陡增。

6月至11月 座头鲸——在温暖的热带海洋里繁殖，然后再回到南极捕食猎物。

野生动物

记录在案的宁加卢硬珊瑚超过220种，从在礁岩上发现的球状脑珊瑚到鹿角珊瑚和生长缓慢的大型珊瑚，应有尽有。虽然硬珊瑚在色彩方面较软珊瑚（常见于外堡礁的深水区）略逊一筹，但却有着复杂精妙的构造。在2月和3月的满月和新月之间，雌雄同体的珊瑚会通过触角同时向水中弹射卵子和精子，而产卵的高峰期通常出现在3月满月之后的6~10天。

珊瑚产卵会引来公园内的大块头——特立独行的斑点鲸鲨（Rhiniodon typus）。宁加卢是世界上为数不多的吸引这种脾性温和、以浮游生物和小鱼为食的巨型动物每年准时到访的地方之一，这里也成了海洋生物学家和旅行者的朝圣地。作为世界上最大的鱼类，鲸鲨的重量可达21吨，但大部分鲸鲨的体重都在13~15吨，长度可达18米。它们的寿命长达70年。

你可以将自己拍到的精彩的鲸鲨照片上传至Ecocean（www.whaleshark.org），这个网站会识别和追踪你拍摄到的鲸鲨或在你进行海岸徒步旅行（Coastal Walkabout；www.coastalwalkabout.org）时标记你见到的其他生物。《宁加卢海洋公园和珊瑚湾海洋生物》（*The Marine Life of Ningaloo Marine Park & CoralBay*）可以帮助你了解更多有关栖息在宁加卢的生物的信息。

活动

大部分旅行者前往宁加卢海洋公园是为了**浮潜**。人们通常在**Milyering游客中心**（见1120页）稍事停留，索取最佳景点的信息和地图并查询相关自然状况。查看潮汐表，确定你所能承受的极限，因为有时水流会变得格外危险，该地区很偏远，没有电话信号覆盖，也没有救生员，在非季节性条件下还有被水母蜇伤的危险，但这种情况很少见。公园管理处也出租浮潜装备。

★绿松石湾 浮潜

（Turquoise Bay；Yardie Creek Rd，距埃克斯茅斯65公里处）**海湾潜水区**（Bay Snorkel Area）适合各个技能水平的潜水者，水中有无数的鱼和珊瑚，紧邻海滩，在海湾停车场的右侧。**漂流**吸引了更强壮的游泳者，那里的水流会带你穿越珊瑚群，千万不要错过出口，否则你有可能会被卡在礁石的缝隙中。

漂流潜水区（Drift Snorkel Area）在距沿着海滩的漂流停车场以南300米处；再向前游出40米，然后脸朝下浮在水面上。在到达含沙点之前出来，因为那里的水流湍急，然后沿着海滩跑回来，再重新开始一次！

湖滨 浮潜

（Lakeside；Yardie Creek Rd，距埃克斯茅斯54公里）从停车场沿海滩向南步行500米，然后进入水中浮潜，之后水流会将你带回最初的起点附近。

牡蛎堆 浮潜

（Oyster Stacks；Yardie Creek Rd，距埃克斯茅斯69公里）这些壮观的礁岩离岸仅数米，但是你需要至少1.2米高的潮水，尖锐的岩石使得进出格外困难。如果你累了，不要站在礁岩上，尽量站在沙子里。

★Ningaloo Kayak Trail 皮划艇

仍处于起步阶段，这个不可思议的新的公园和野生动物管理局的举措将在邦迪吉海滩至珊瑚湾设立一系列皮划艇专用停泊点，这些停泊点之间还会有许多指定的偏远的海滩露营地。这些停泊点允许皮划艇运动员在浮潜时将皮划艇停泊在这里，而露营地则为你延长行程提供了条件。联系埃克斯茅斯的公园和野生动物管理局（见1118页）了解更多信息，或在网上搜索宁加卢海洋公园皮划艇停泊处（Ningaloo Marine Park Kayak Moorings），下载路线概况手册。

灯塔湾 潜水

（Lighthouse Bay；Yardie Creek Rd）灯塔湾有一些非常棒的水肺潜水点，例如迷宫（Labyrinth）、暴风雪山脊（Blizzard Ridge）和曼杜墙（Mandu Wall）等。可以查阅《西澳大利亚州潜水和浮潜点》（*Dive and Snorkel Sites in Western Australia*）一书以获取其他信息。

Reef Search 志愿活动

（Reef Check；www.reefcheckaustralia.org）利用你自己的时间，在浮潜或潜水的过程收集海洋数据，或进行志愿的珊瑚礁监测（会有培训课程）。

兰奇角国家公园（Cape Range National Park）

崎岖不平的兰奇角国家公园（每车 $12）占地510平方公里，这里参差嶙峋的山峰和峡谷与西北角其他地方的平坦和干旱形成鲜明对比。这里生活着多种野生动物，包括极少见的黑肋岩袋鼠、5种蝙蝠和200余种鸟类。壮丽的深谷如刀削斧劈般直入山脉，峡谷尽头就是饱受风吹日晒的海岸沙丘和宁加卢礁碧绿清澈的海水。

Yardie Creek Rd是进入公园的主要通道。埃克斯茅斯以南的Minilya-Exmouth Rd有一些未铺柏油的支路可以通往公园东部的一些区域。该公园是曾在2014年遭受严重的洪灾，有几个露营地和旅游景点都已经关闭：一些永久性的关闭，其他的正在重建。登录Parkstay（http://parkstay.dpaw.wa.gov.au）查看最新信息。

景点和活动

查尔斯小刀峡谷 峡谷

（Charles Knife Canyon；Charles Knife Rd, Eastern Cape；距埃克斯茅斯23公里）位于东海岸，一个令人难以置信的风景胜地，这条陡峭的道路沿着刀锋般的山脊蜿蜒而上，途中有许多向左或向右的急弯，而壮丽动人的美景更会令你不得不走走停停。继续通往**Thomas Carter lookout**的道路凹凸不平，在那里（在较冷的月份）你能在8公里长的**Badjirrajirra环形道**上漫步，穿越布满滨刺草和岩石的沟壑；这里没有树荫和水源。夏季无论如何都不能尝试这条道路。

Mangrove Bay Bird Hide 鸟类保护区

［Western Cape，距兰奇角国家公园（Cape

在海角冲浪

7月至10月，西北角（North West Cape）会有翻涌的大浪，还有很多断层和岩石。

Surfers Beach（Dunes；Mildura Wreck Rd，埃克斯茅斯西北17公里）这里险峻而美丽，冲浪者冬季会汇聚到西部的海角，而夏季风帆冲浪和风筝冲浪则大受欢迎。第一个停车场会为你提供通往暗礁地带的最佳路线。

Lighthouse Bombie（Yardie Creek Rd，埃克斯茅斯西北19公里）紧邻Vlamingh Head，bombie是一个很大的戏水地点。只适合经验丰富的冲浪者。

Wobiri Access（Yardie Creek Rd，埃克斯茅斯西北23公里）在西部海角，距埃克斯茅斯23公里处，这里温和的波浪非常适合初学者，有时还会有冲浪课程。

木荣岛（Muiron Islands）认真的冲浪者一定要与同伴一同租一艘船到达紧邻Point Murat的木荣岛（Muiron Islands），那里有无数的断层，没有人能驾驭得了。你可以在埃克斯茅斯公园和野生动物管理局（见1118页）取得许可证，而后在木荣岛南部（South Muiron）露营。这里也非常适合浮潜和潜水。你的包租费包括三餐、住宿（在船上或露营地），以及钓鱼和浮潜装备。埃克斯茅斯游客中心（见1118页）会为你安排船只租赁。

Range National Park）入口站8公里；P 免费 你可以在红树林之中观看候鸟，或只是沿着滩涂漫步。

曼都曼都峡谷 峡谷

（Mandu Mandu Gorge；Milyering以南20公里；P）景色优美但气候干燥，往返峡谷边缘3公里。

雅迪溪谷 峡谷

（Yardie Creek Gorge；Milyering以南36公里；P）这个充满水的峡谷景色无与伦比，步行很容易到达，往返2公里。

Yardie Creek Boat Tours 乘船游

（☎08-9949 2920；www.yardiecreekboattours.com.au；成人/儿童/家庭 $35/15/80；⏲季节性的11:00和12:30，2月不出团）轻松的1小时乘船游览，经过上游的短而陡峭的雅迪溪谷（Yardie Creek Gorge），在那里你可能会见到罕见的岩袋鼠，它们身体的两侧是黑色的。

住宿

Cape Range Camp Sites 露营地 $

（每人 $10）兰奇角国家公园（Cape Range National Park）内的海岸上有一连串的沙滩露营地。设施和遮挡物很少，但是绝大多数营地都配有厕所，一些营地能抵挡盛行风。目前，只有部分营地可以通过Parkstay（http://parkstay.dpaw.wa.gov.au）在线预订，其他营地则需在公园的入口处（不是游客中心！）进行分配，先到先得。如果你喜欢宁静，记得要一个离发电机远点儿的地方。

大多数露营地在旺季都有当地居民临时管理。两个最远的露营点在雅迪溪（Yardie Creek）的另一边，你需要一辆底盘高的四驱车才能到达那里。

Sal Salis 豪华露营地 $$$

（☎1300 790 561；www.salsalis.com；荒野帐篷标单/双 2晚 $1126/1500起；⏲3月至12月）想要从绵密的纯棉布之间欣赏色彩鲜明的绯红色印度洋日落？来这里品尝夏布利酒吧！对于那些想要享受不受约束的舒适露营生活的人来说，这里最少住宿两晚，有三餐美食和一个免费酒吧，当然你还可以和沙丘那边露营车里的情侣做一样的事情。

皮尔巴拉（THE PILBARA）

丹皮尔至罗伯恩（Dampier to Roebourne）

大部分旅行者都会忽略这片以采矿业为主的从丹皮尔（Dampier）到Roeburn的沿海地带，因为这里没有什么有吸引力的景点，除非你对巨大的工业设施感兴趣。但是，该地区有几个有趣的景点、便利的交通、物品丰富的超市和实用的修理店。

团队游

Ngurrangga Tours 文化游

（☎0423 424 093；www.facebook.com/NgurranggaTours；成人/儿童 $110/55起；⏲2月至11月）Ngarluma人Clinton Walker的文化游在整个皮尔巴拉地区好评如潮。它的Murujuga National Park半日团队游探索丹皮尔附近的布鲁普半岛（Burrup Peninsula）上的岩石雕刻艺术，而更长一点的一日游探索格雷戈里峡谷具有深远文化意义的地区（成人 $220，儿童 $110）和米尔斯特姆（成人 $220，儿童 $110），后者有住宿一晚的选择（成人 $440，儿童 $220）。

节日

Red Earth Arts Festival 艺术节

（www.reaf.com.au）在每年9月举行的艺术节，包括音乐、戏剧和视觉艺术，庆祝活动席卷皮尔巴拉海岸。

丹皮尔（Dampier）

丹皮尔围绕国王海湾（King Bay）而建，是该地区的主要港口和重工业的发源地。在海岸边可远眺**丹皮尔群岛**（Dampier Archipelago）布满珊瑚的水面和原始岛屿，水中栖息着大量的海洋生物，岛上还有许多濒临灭绝的有袋类动物。

赫尔森海湾（Hearson Cove；P）有很好

的海滩，可以观赏“登月梯”（Staircase to the Moon；见1156页）的美景，还有道路通往Murujuga的岩石艺术。

Murujuga National Park 免费 有世界上最大的岩石壁画群，分布在高度工业化的布鲁普半岛（Burrup Peninsula）空旷的岩石山丘上。迪普峡谷（Deep Gorge）交通最便利，在赫尔森海湾（Hearson Cove）附近，拥有令人震惊的景色，但一些景点已经被破坏。你将需要一辆四驱车去探索Withnell Bay北部。

卡拉沙（Karratha）

大部分旅行者来这里的过程都是：去卡拉沙银行、补充给养、修理车辆，然后在钱财耗尽之前离开。

如果你时间充足，可以去游客中心后面的加布拉拉遗产小径（Jaburara Heritage Trail；Yaburara）。这些小径（其中最长的一条单程3.5公里）可以带你穿过重要的传统遗址，你可借此了解当地加布拉拉（Jaburara）原住民迁移以及最终消亡的详细情况。带上足够的饮用水，早点儿出发。

食宿

以前，这里的住宿不怎么好，但正在逐步改善。如果确实需要在卡拉沙住宿，可以在线搜索限时特价折扣或咨询游客中心。这里周末的房价通常要比工作日便宜。萨姆逊角和Millstream是很好的选择。

在购物中心能找到你需要的大部分东西，包括自动柜员机、外卖食品和超市。

Pilbara Holiday Park 房车公园 $

（☎08-9185 1855；www.aspenparks.com.au；Rosemary Rd；供电营地 $42，汽车旅馆/小开间 双 $190/200；❄@🏊）这个公园干净整洁、经营良好、设施齐备。

Soul 咖啡馆 $$

（☎0422 667 649；Warambie Rd，Pelago Centre；⏰6:00~16:00）一家城市风格的咖啡馆，供应精致的早餐和午餐快餐。

实用信息

卡拉沙游客中心（☎08-9144 4600；www.karrathavisitorcentre.com.au；Karratha Rd；⏰周一至周五 8:30~17:00，周六和周日 9:00~14:00，10月至次年3月 营业时间缩短；@）有很实用的当地信息，提供Rail Access的道路许可证，还可以预订团队游（包括采矿业的基础设施），并能帮你寻找住宿地点。

到达和离开

卡拉沙的交通便利。澳洲维珍航空公司（见1112页）、澳洲航空公司（见1112页）和Alliance（见

另辟蹊径

奥古斯塔斯山国家公园

奥古斯塔斯山[Mt Augustus（Burringurrah）]位于Wajarri领地，是一个巨大的单斜构造的山脉（海拔1105米），其规模是乌卢鲁（艾尔斯岩）的两倍。这座山峰突兀地从周围平原中拔地而起，相对落差717米，地处偏僻，游人稀少。附近有为数众多的步行小路和原住民岩画遗址可供探索，包括景色超炫的山顶小径（往返12公里，6小时）。

如果驾驶两驱车，需要从卡那封（Carnarvon）经加斯科因路口（Gascoyne Junction）在高低起伏的地面上行驶450公里，或者从米卡萨拉行驶350公里。如果是四驱车，那么至少有3条路线可以选择，包括经由杜利当斯（Dooley Downs）和汤姆普赖斯（Tom Price）前往卡里吉尼（Karijini）的一条捷径。所有这些道路均是人迹罕至，因此要做好最坏的打算。公园内没有露营地。

最近的住宿地点是到达奥古斯塔斯山（Mt Augustus）的**Mt AugustusTourist Park**（☎08-9943 0527；www.mtaugustustouristpark.com；营地 不供电/供电 $22/33，简易房 双 $88，套 $176；Ⓟ❄）营地满是灰尘，在这里唯一能看到的就是小袋鼠和风滚草。

1112页)每天都有航班飞往珀斯。Airnorth(见1112页)每周有两航班飞往布鲁姆、达尔文和黑德兰港。

Integrity(☎1800 226 339; www.integrity-coachlines.com.au)从游客中心发车,开往珀斯($282, 24小时)、黑德兰港($89, 3小时)和布鲁姆($187, 10小时),每周各两班。

罗伯恩(Roebourne)

位于Ngaluma乡下,卡拉沙以东40公里处,罗伯恩是皮尔巴拉地区历史最悠久且仍有人居住的小镇。这里有一个规模很大的原住民社区;Yindjibarndi是这里的主流语言。镇上有一些漂亮的老建筑和一个一枝独秀的土著艺术舞台(www.roebourneart.com.au)。Yinjaa-Barni(☎08-9182 1959; www.yinjaa-barni.com.au; Lot 3 Roe St; ⏲不定时)为土著人经营的画廊,展示天赋异禀的艺术家的作品。

游客中心(Old Gaol; ☎08-9182 1060; www.roebourne.org.au; Queen St; ⏲周一至周五9:00~16:00,周六和周日9:00~15:00,11月至次年4月营业时间缩短)位于老监狱中,里面有一个有趣的博物馆、一个户外矿产展览和罗伯恩的重要建筑指南。

哥萨克(Cossack)

景色优美的荒芜小镇哥萨克位于哈丁河(Harding River)河口,一度是该地区最主要的港口,但后来被萨姆逊角所取代并逐渐衰落。这里许多古老的青石建筑都可追溯至19世纪末。

很小的可自助游览的社会历史博物馆(Social History Museum; 成人/儿童 $2/1; ⏲9:00~16:00)在哥萨克(Cossack)的旧法院里,人们在冬至前后会在这里庆祝,而日本区的小型先驱者公墓(Pioneer Cemetery)见证了哥萨克的采珠历史。在马路尽头的里德尔角观景台(Reader Head Lookout)可以欣赏迷人的河口、沙滩和"登月梯"(Staircase to the Moon)的风景(见1156页)。这里通常空无一人,Settlers Beach是一个很好的游泳地点。

令人大开眼界的(一点阴凉都没有!)6公里长的Cossack Heritage Trail连通了所有的主要景点[在罗伯恩游客中心(见1125页)领取小册子]。

Cossack Budget Accommodation(☎08-9182 1190; www.karratha.wa.gov.au/cossack; 双 不带/带空调 $100/120; ❄)有5间基础客房,位于一座颇具氛围的旧警察营房内。需自带食物。

萨姆逊角(Point Samson)

萨姆森角是一个没有工业的海滨小镇,这里有生猛的海鲜和干净的沙滩,是该地区最宜人的休憩地。萨姆逊角附近有非常不错的浮潜点,蜜月湾(Honeymoon Cove)的旖旎海滩更是风景如画。

小小的Samson Beach Caravan Park(☎08-9187 1414; Samson Rd; 供电营地 $42)周围被茂密的树林环绕,离海边和酒馆很近。在学校假期期间,提前预订是必不可少的。Cove(☎08-9187 0199; www.thecoveholidayvillage.com.au; Macleod St; 营地 $49.50,单卧/双卧套房 $240/310)感觉像是密密麻麻的"房车之城",但拥有干净的现代化设施和优越的地理位置,步行即可轻松抵达所有景点。

Samson Beach Chalets(☎08-9187 0202; www.samsonbeach.com.au; Samson Rd; 度假屋 $280~650; P❄📶🏊)有陈设高雅、设施齐全的度假屋(大小不一),距离海滩很近。这里还有泳池、免费Wi-Fi和室内电影院。而Samson Beach Bistro(☎08-9187 1435; 主菜 $11~44; ⏲11:00~15:00和17:00~20:30)在小酒馆的下面,供应美味的海鲜,你可以在浓荫掩映的露台上边用餐边欣赏海景。

米尔斯特姆-奇切斯特国家公园(Millstream Chichester National Park)

在卡里吉尼和海岸之间,布满鬣刺的贫瘠高原和玄武岩山脉中隐匿着米尔斯特姆-奇切斯特国家公园(每辆车 $12)水潭,这些由佛特斯库河(Fortescue River)形成的水潭造就了这处凉爽而葱郁的绿洲。公园北部是奇切斯特山脉(Chichester Range)令人惊愕的独峰和饱经风蚀的平顶山峰。

这座公园是当地动植物的生命线，是西澳大利亚州最重要的土著遗址之一。无人值守的游客中心里面设有历史、生态和文化展览。

景点和活动

Jirndarwurrunha Pool 文化点

（Millstream）这里距米尔斯特姆-奇切斯特国家公园（Millstream Chichester National Park）的游客中心仅几步之遥。美丽的百合花和棕榈树强烈地彰显着这里传统的Yindjibarndi主人的气息。这里禁止游泳。

Deep Reach Pool 游泳水潭

（Nhangganggunha；Millstream；P）完美的游泳水池后面有阴凉的野餐桌和烧烤架，被认为是Warlu（creation serpent）最休闲的地方。

赫伯特山 瞭望台

（Mt Herbert；Roebourne-Wittenoom Rd，Chichester Range；P）从停车场的道路到罗伯恩（Roebourne）需要10分钟攀爬，途中可饱览崎岖的奇特斯特山脉（Chichester Range）的迷人景色。

巨蟒水池 游泳水潭

（Python Pool；Chichester Range；P）这个瀑布下的水潭非常适合游泳，但在游泳之前一定要确认藻花的情况。

Murlamunyjunha Trail 散步

这条棕榈成行的7公里步道（往返2小时），两旁有由传统的Yindjibarndi主人设置的说明板，连接着Crossing Pool和Milliyanha Campground。

Chichester Range Camel Trail 徒步

徒步爱好者可能会尝试8公里的Camel Trail，这条小径连接赫伯特山（Mt Herbert）和巨蟒水池（Python Pool），途经麦肯齐泉（McKenzie Spring）。单程需要3小时。

住宿

Milliyanha Campground 露营地

（Millstream；营地 每人 $10；P）一个景色优美、阴凉的圆形营地，坐落在游客中心附近，中间有一个厨房。如果营地已满，可以到人烟稀少的Stargazers露营地看一看。

卡里吉尼国家公园（Karijini National Park）

卡里吉尼国家公园（每车 $12）里狭窄的、令人叹为观止的峡谷，隐藏的水池和壮观的瀑布构成了西澳大利亚州最吸引人的景点。冒险家和大自然爱好者涌向岩石、红色山脉和幽深的峡谷，那里是大量野生动物和800多种不同植物物种的家园。

袋鼠、树胶和野花点缀着布满滨刺草的平原。岩袋鼠在悬崖峭壁上乱窜，濒危的橄榄色蟒在寂静的水池上面的巨大的无花果上游走。西澳大利亚州最高的3座山峰也都位于公园内：梅哈里山（Mt Meharry）、布鲁斯山（Mt Bruce）和弗雷德里克山（Mt Frederick）。

Banyjima Dr是公园内的主干道，在公园两座大门处与Karijini Dr交会。从东部入口离游客中心和达雷斯峡谷（Dales Gorge）最近。驾车时要格外小心，旅行者翻车事故时有发生。避免夜间行车。

你需要谨慎地选择步行路线，并穿着合适的衣服，如果没有持证向导带领，绝对不要进入禁区。在雨中和雨后不要进入峡谷，因为凶猛的洪水随时会不期而至。

景点和活动

探索卡里吉尼的峡谷是一种神奇的体验，但要遵守所有的标识牌，远离禁区。

戴尔斯峡谷 峡谷

（Dales Gorg；距离公园东门19公里；P）戴尔斯露营地（Dales Campground）附近的一条短而陡峭的下坡路，通往佛特斯库瀑布（Fortescue Falls），瀑布后面有一条逆流而上的林荫小道可以直通美丽的蕨类水池（Fern Pool；Jubura）；从佛特斯库瀑布顺流而下1公里则是如诗如画的圆周水池（Circular Pool）；向上走到三条路观景台（Three Ways Lookout），然后沿着崖顶小路返回。

Karijini National Park 卡里吉尼国家公园

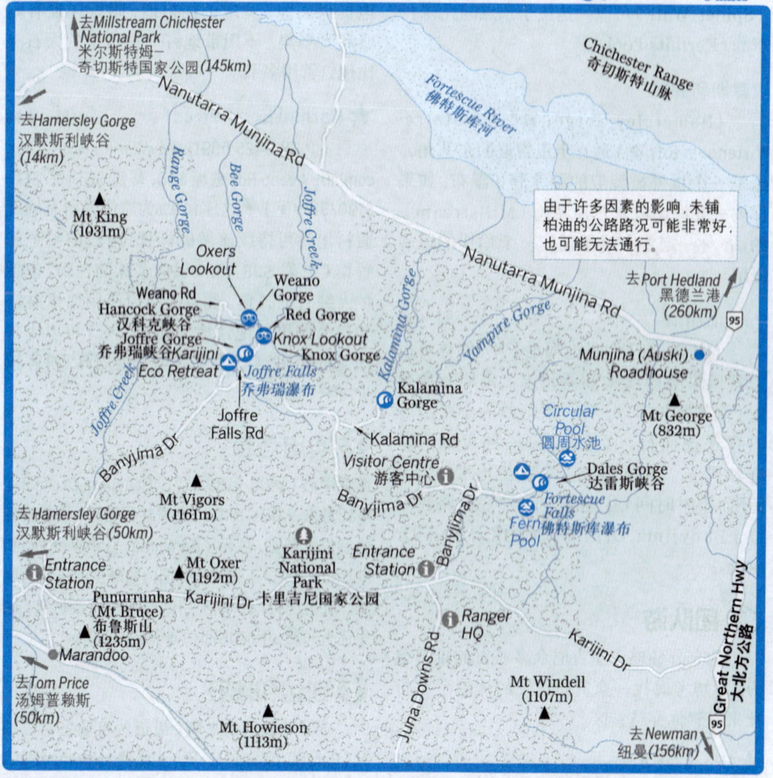

卡拉米纳峡谷

峡谷

（Kalamina Gorge；Kalamina Gorge Rd；P）十分开阔，易于到达，谷内有宁静的水潭和瀑布。

乔弗瑞峡谷

峡谷

（Joffre Gorge；Joffre Falls Rd；P）乔弗瑞瀑布（水流湍急时）非常壮观，但下面寒冷的水池终年不见阳光。那里有一条从卡里吉尼Eco Retreat（见1128页）到达瀑布的步行道。

诺克斯峡谷

峡谷

（Knox Gorge；Joffre Falls Rd）从诺克斯瞭望台（Knox Lookout）蜿蜒向下有几处漂亮的可游泳的水潭，周围环绕着本地的无花果树。

维诺峡谷

峡谷

（Weano Gorge；Weano Rd；P）这个海拔较高的峡谷气候干燥，但陡峭的小道从停车场一直延伸到海拔较低的峡谷狭窄地区，直到如梦如幻的栏杆水池（Handrail Pool）。

奥克斯尔斯瞭望台

瞭望台

（Oxers Lookout；Weano Rd；P）去往激动人心的奥克斯尔斯观景台（Oxers Lookout）的最后13公里道路崎岖不平，但130米以下的红色峡谷（Red Gorge）、维诺峡谷（Weano Gorge）、乔弗瑞峡谷（Joffre Gorge）和汉科克峡谷（Hancock Gorge）非常值得一观。

汉科克峡谷

峡谷

（Hancock Gorge；Weano Rd；P）一个陡降坡（一部分有阶梯）将带你到达阳光充足的竞

技场(Amphitheatre)。沿着湿滑的蜘蛛步道(Spider Walk)可以到达位于顶点的克米特水池(Kermits Pool)。

汉默斯利峡谷 峡谷

(Hamersley Gorge; 紧邻Nanutarra-Wittenoom Rd; P)远在卡里吉尼的东北角,这是一个世外桃源般的游泳洞和瀑布,如果你要去北海岸或米尔斯特姆(Millstream)的话,你一定要在这里稍作一个愉快的短暂停留。

Punurrunha 步行

(Mt Bruce)你吃饱喝足了吗?那你可以去尝试攀登西澳大利亚州第二高峰布鲁斯山(海拔1235米),有一条绝妙的小路沿着山脊逶迤而行,直至山顶,一路可以饱览奇妙风光。尽早出发,多带点儿水,至少留出5小时时间(往返9公里)。登山路起点位于Banyjima Dr西端对面的Karijini Dr附近。

团队游

为充分领略卡里吉尼众多峡谷的雄奇魅力,不妨考虑找一家资质过硬的探险游旅行社来带领你穿越禁区。

★West Oz Active Adventure Tours 探险游

(0438 913 713; www.westozactive.com.au; Karijini Eco Retreat; 1/3/5天团队游 $245/745/1450, 3日游 不包括汤姆普赖斯$335; 4月至11月)提供全面的穿越禁区峡谷的一日游套餐,活动包括徒步、游泳、乘轮胎浮游、登山、瀑布速降和绳降等。费用含装备和午餐。此外还提供全包式多日团队游,含机场接机服务和Integrity汽车服务。

Lestok Tours 巴士游

(08-9188 1112; www.lestoktours.com.au; 一天 成人/儿童 $165/80)从汤姆普赖斯(Tom Price)出发前往卡里吉尼的全天游览活动。

食宿

达雷斯峡谷 露营地 $

(Dales Gorge; 营地 成人/儿童 $10/2.20; P)尽管有一些灰尘,但这个大型的DPaW营地提供阴凉、宽敞的住宿地,附近还设有厕所和野餐桌。不用带地钉——这里的大石头比地钉管用多了。

★Karijini Eco Retreat 度假村 $$$

(08-9425 5591; www.karijiniecoretreat.com.au; Weano Rd; 营地 $40, 帐篷 双 淡季/旺季 $190/315; P)这座100%为原住民所有的度假村堪称可持续旅游的标杆,附设的餐吧和餐馆(主菜 $28~39)供应美味的食物,包括炉火纯青的肺鱼。露营者可以使用热水淋浴和与公园里其他营地一样的岩石(可以代替帐篷桩使用)。夏季到这里来很划算,游客较少,但气温很高。

实用信息

游客中心(08-9189 8121; Banyjima Dr; 2月至12月末 9:00~16:00)由原住民管理,设有出色的解说性展览,展示了Banyjima、Yinhawangka和Kurrama文化,还有关于公园内的野生动植物的展览。从这里可以获取实用的地图和徒步信息,这里还有一部公用电话和劲道十足的空调。

到达和离开

带上你自己的车辆。最近的机场是帕拉柏杜(Paraburdoo; 101公里)和纽曼(Newman; 201公里)。

Integrity(1800 226 339; www.integrity-coachlines.com.au)每周抵离珀斯($293, 25小时)、布鲁姆($198, 12小时)和埃克斯茅斯($146, 8小时),途经汤姆普赖斯,在那里你可以参加游览卡里吉尼的团队游。

黑德兰港(Port Hedland)

人口 14,000

黑德兰港不是最美丽的地方。路过这里时,你能在对面见到许多铁路站场、铁矿石堆、盐山、熔炉和一个巨大的深水港口。然而,在红色的沙尘下潜伏着130年的历史,这段历史丰富多彩,记载着采矿业的繁重与萧条、旋风、珍珠业以及"二战"的行动。在几个小时愉快的时光里,你可徜徉在黑德兰港蓬勃发展的艺术和咖啡厅(真正的咖啡!)场

汤姆普赖斯和纽曼

卡里吉尼国家公园（Karijini National Park）的两头是由矿业公司修建起来的小镇**汤姆普赖斯**（Tom Price）和**纽曼**（Newman）。沿大北方公路向东走即可到达纽曼，它是两个镇子中较大的一个，虽然路程相对较远，但是这里的交通和住宿更为完善。这两个小镇都有很不错的超市（例如都有空调）、加油站和很棒的游客中心。如果你对那些巨大的矿洞情有独钟，可以在这里预订矿山之旅。当地图书馆可以上网，纽曼的房车公园也很适合搭帐篷。

纽曼游客中心（Newman Visitor Centre；☎08-9175 2888；www.newman.org.au；Fortescue Ave；矿山之旅 成人/儿童 $30/15；⏰3月至10月 8:00~17:00，11月至次年2月 营业时间缩短）这里可以为你提供一张当地景点地图，还有6间可供短期居住的小木屋（$150）。

汤姆普赖斯游客中心（Tom Price Visitor Centre；☎08-9188 5488；www.tomprice.org.au；Central Rd；矿山之旅 成人/儿童 $30/15；⏰周一至周五 8:30~17:00，周六和周日 8:30~12:30，11月至次年4月 营业时间缩短）发放Rail Access Rd许可证并可预订团队游。

景中、历史悠久的中央商务区和风景优美的海滩。

景点和活动

你可以在游客中心拿一本非常实用的《黑德兰港，一个发现者的日志》（*Port Hedland, A Discoverer's Journal*），然后自行游览中央商务区和海滩。

每年11月至次年2月，平背海龟（flatback turtles）会到附近的沙滩上产卵。可以向游客中心咨询参与志愿者服务项目的机会。

在美丽池（Pretty Pool）附近的Goode St上可以很方便地观赏黑德兰港的登月梯奇景。

★法院美术馆 画廊

（Courthouse Gallery；☎08-9173 1064；www.courthousegallery.com.au；16 Edgar St；⏰周一至周五 9:00~16:30，周六和周日 9:00~14:00）这个绿树成荫的艺术场所不仅仅是一家美术馆，它堪称是黑德兰的艺术中心。屋内是引人瞩目的本地当代艺术和原住民艺术展，屋外树荫下还会不时地举办工艺品集市。人们会聚在这里谈天说地，打发时光。

Spinifex Hill Studios 画廊

（☎0457 422 875；www.spinifexhillstudio.com.au；18 Hedditch St，South Hedland；⏰周一至周五 9:00~17:00）一家新营业的大型画廊，展示黑德兰港和整个皮尔巴拉地区的土著艺术家的作品。来参观之前请致电。

马拉皮库林亚公园 公园

（Marapikurrinya Park；Wedge St尽头处）你可以在这里观看与你擦肩而过的巨大的油轮。天黑后，在附近**菲纽肯瞭望台**（Finucane Lookout）可以看到必和必拓集团（BHP Billiton）的热压块铁工厂（Hot Briquetted Iron）里面铸铁时的景象。

美丽池（Pretty Pool） 钓鱼

非常受欢迎的钓鱼和野餐地点（当心有毒的石鱼和背包客！），位于镇中心以东7公里处。

团队游

BHP Billiton 导览游

（成人/儿童 $45/30；⏰经常变化）非常热门的参观铁矿石工厂的团队游，从游客中心出发。

Local History 巴士游

（90分钟 $25；⏰4月至9月）这些信息量丰富的深入到黑德兰港不断变化的过往的团队游由当地的历史学家经营。需要在游客中心预订。

食宿

在黑德兰找一间房间既不容易也不便宜。去游客中心看看，或者前往八十英里海滩（80 Mile Beach）或萨姆逊角（Point

另辟蹊径

马布尔巴

这座小镇很难出现在任何人的旅行计划中。马布尔巴（意思是"大理石条石"）在澳大利亚人心目中是这个国家最炎热的小镇。时光回到1921年，在连续161天的时间里，当地温度计的水银指针就没有下过37.8°C（100℉）。小镇的名称（错误地）来源于西南5公里外库恩甘河（Coongan River）边水潭旁的一块碧绿色的条石（但它其实并非大理石）。

一年中的大部分时间里，这里都会让你觉得无所事事。你可以前往镇外8公里处，在Hillside Rd上的**彗星金矿**（Comet GoldMine；☎08-9176 1015；Hillside Rd；门票 $3；⏰9:00~16:00；P）观赏矿石，或者在**Ironclad Hotel**（☎08-9176 1066；15 Francis St；⏰不定时）的酒吧坐下来，上网聊聊天。这个经典的内陆酒馆提供舒适的汽车旅馆房间、可口的餐食，对待经济型旅客同样热情友好。

但是如果你在7月的第一个周末来到这里，小镇的规模会扩大至平常的10倍。在为期一周的时间里，人们纵酒、赌钱，届时还会举办时尚盛典、乡村音乐表演、裸体奔跑活动和一场名为**马布尔巴杯**（Marble Bar Cup）的赛马活动。**房车公园**（☎08-9176 1569；64 Contest St；营地 不供电/供电 $20/30）会变得拥挤不堪，Ironclad内更是人声鼎沸——人们从四面八方会聚到此，只为体验这里纯正的内陆节庆气氛。

地区办事处（☎08-9176 1008）每周都有一班长途汽车发往黑德兰港和纽曼（途经Nullagine），并可提供各种旅游信息。如果你要南行，返回柏油路的最轻松的方法就是沿着孤独但美丽的Hillside Rd行进。

Samson）是比较好的选择。

镇上的**Boulevard**（Wilson St和McGregor St的交叉路口）和**South Hedland**（Throssell Rd）等购物中心内都有超市、咖啡馆和外卖餐厅。

Cooke Point Caravan Park 房车公园 $$

（☎08-9173 1271；www.aspenparks.com.au；Athol St和Taylor St的交叉路口；供电营地 $54，双 不带浴室 $130，套双 $204起；❄📶🏊）你也许能抢到一辆营地房车或一片帐篷营地，但是其他类型的住宿通常早已满员。在这里可以欣赏到美丽池附近的红树林景致，各种设施被维护得非常好。

★ **Silver Star** 咖啡馆 $$

（☎0411 143 663；Edgar St；早餐 $10~20，午餐 $18~24；⏰每天 7:00~15:00）这节20世纪30年代的美国银星（American Silver Star）铁路车厢位于Courthouse Gallery隔壁，也许是皮尔巴拉地区最别出心裁的咖啡馆。你可以在从前的会议休息室或外面的一张阴凉的餐桌享用香醇的咖啡、丰盛的早餐和精致的午餐。

ℹ 实用信息

Wedge St沿街和Boulevard shopping centre有自动柜员机。**图书馆**（☎08-9158 9378；Dempster St；⏰周一至周五 9:00~17:00，周六 10:00~13:00；@）可以上网。

游客中心（☎08-9173 1711；www.visitporthedland.com；13 Wedge St；⏰周一至周五 9:00~17:00，周六和周日 9:00~14:00；@📶）这个迷人的中心销售旅游书籍、发布轮船时刻表并运营铁矿场团队游，还会帮助游客寻找住处和开展海龟监测（11月至次年2月）。

Seafarers Centre（☎08-9173 1315；www.phseafarers.org；Wedge St和Wilson St的交叉路口；⏰9:00~23:00；@📶）这里有高速的无线网络和互联网。还销售Integrity长途汽车票和原住民艺术品，并提供货币兑换服务。

ℹ 到达和当地交通

维珍航空和**澳洲航空**每天都有飞往珀斯的航班，周二**澳洲航空**还有直飞布里斯班和墨尔本的航班。**维珍航空**还有便利的周末航班飞往巴厘岛和布鲁姆。Airnorth（见1112页）有航班飞往布鲁姆（周二和周五），可转机前往达尔文。

机场距小镇13公里；乘坐**出租车**（☎08-9172 1010）大约需花费$40。

Integrity（☎1800 226 339；www.integrity-coachlines.com.au）每周有3班长途汽车开往珀斯（$293，28~31小时）和布鲁姆（$129，6小时）。到达珀斯每周还有一条较快的内陆线路（$274，22小时），途经纽曼。发车地点是游客中心和黑德兰港南部购物中心。

布鲁姆和金伯利

包括 ➡

最佳咖啡馆

- Whale Song Cafe（见1160页）
- Jila Gallery（见1136页）
- Wild Mango（见1147页）
- Rusty Shed（见1144页）
- Cygnet Bay Pearl Farm（见1161页）

最佳另辟蹊径地点

- 中澙湖（见1159页）
- Mornington Wilderness Camp（见1140页）
- 米切尔瀑布国家公园（见1138页）
- 邓肯路（见1143页）
- 卡伦布鲁（见1141页）

为何去

澳大利亚最尽头的这片疆土是一片偏僻遥远的狂野之地，地域辽阔、景色壮观、气候严酷、人口稀少、基础设施欠缺。金伯利的面积超过了世界上75%的国家，四周被人迹罕至的海岸线和无情的大沙漠所包围。其间是点缀着猴面包树的鬣刺的平原、棕榈茂盛的峡谷、荒凉的山脉和壮观宏伟的瀑布。到这里旅行是一次真正的冒险，每到旱季就会有源源不断的探险者来到这里。

原住民文化在这一地区深深植根。在丹皮尔半岛（Dampier Peninsula），你会看到衣着整洁的原住民社群，他们热烈欢迎旅行者前来游览。

虚张声势的布鲁姆和讲究实在的库努纳拉（Kununurra）位于整个地区的两头。这是两处休闲小憩、寻找工作和结识其他旅行者的好地方。

何时去

布鲁姆

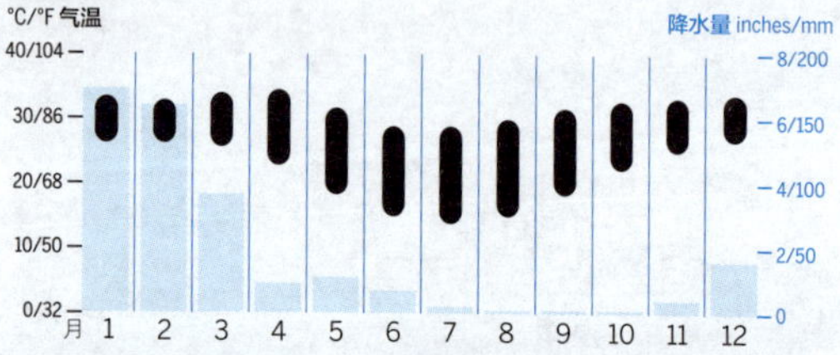

4月 飞越非比寻常的米切尔瀑布和乔治国王瀑布。

5月 在游客潮袭来之前，布鲁姆正处于它一年中最绿意盎然的季节。

9月和10月 随着南下的季风一起去普尔努卢卢和吉布河路。

到达和离开

飞机

下列航空公司运营布鲁姆和金伯利的航线。

Airnorth（☎1800 627 474；www.airnorth.com.au）布鲁姆到达尔文（Darwin）、库努纳拉、卡拉沙（Karratha）和黑德兰港（Port Hedland）。

澳洲航空（☎13 13 13；www.qantas.com.au）

Skippers（☎1300 729 924；www.skippers.com.au）运营布鲁姆、德比（Derby）、霍尔斯克里克（Halls Creek）和菲茨罗伊克罗辛（Fitzroy Crossing）等地之间的航线。

维珍澳洲航空（☎13 67 89；www.virgin-australia.com.au）

长途汽车

Integrity（☎1300 226 339；www.integrity-coachlines.com.au）每周有3班车运行于布鲁姆和珀斯（Perth）之间（其中一辆经过卡里吉尼和埃克斯茅斯）。

澳洲灰狗巴士（Greyhound；☎1300 473 946；www.greyhound.com.au）每天都有长途汽车运行于布鲁姆和达尔文之间（除周日外）。

金伯利（THE KIMBERLEY）

德比（Derby）

人口 3300

夜已深，整个德比已然进入梦乡，猴面包树摆脱了束缚，开始在镇上四处游荡，凶残的强盗们踉踉跄跄地与巨人军团作战，鳄鱼猎人的身影出现在周围的泥滩中……若真是如此该有多好。

红树林里确实藏着鳄鱼，但你更有可能看到栖息于此的200多种不同种类的鸟儿；而猴面包树则深深扎根于两条平行的主街Loch St和Clarendon St边。坐落于国王海口（King Sound）之上的小城德比是前往地平线瀑布群（Horizontal Waterfalls）和巴克尼尔群岛（Buccaneer Archipelago）的大本营，也是吉布河路（简称GRR）的最西端。

德比是西金伯利（West Kimberley）的行政中心，在附近的科廷澳大利亚皇家空军基地（RAAF Curtin）的政治避难移民羁留中心关闭后，虽然这里已经流失了一些合同工人，但是紧张的住宿资源也得到了缓解。

景点和活动

游客中心内的实用城镇地图列出了所有你能想到的景点。

★诺瓦尔画廊 画廊

（Norval Gallery；Loch St；⏲开放时间不定）金伯利的艺术传奇马克·诺瓦尔（Mark Norval）和玛丽·诺瓦尔（Mary Norval）在城镇边缘的一处老旧的锡棚里建立了这座让人激动不已的画廊咖啡馆。这里陈列着极富视觉冲击力的艺术品和精美的珠宝，此外还有可口的咖啡和5000张老唱片（会根据夜间的活动主题进行播放），参观这里绝对会带来愉悦的感官享受。

维尔芬格尔博物馆 博物馆

（Wharefinger Museum；捐款进入）你可以在游客中心领取钥匙，然后便可浏览位于其隔壁的这家博物馆，这里有别具氛围的船运和航空展览。

防波堤（Jetty） 地标

你可以在位于镇北一公里处的环形防波堤上观赏国王海口高达11.5米的巨浪。这是一处受欢迎的钓鱼、捕蟹、观鸟或仅仅是望着远方发呆的场所。对了，红树林里有鳄鱼。

金伯利广播教育学校 学校

（Kimberley School of the Air；Marmion St；门票 $10）你可以在这里了解地处偏远社区的孩子们在学校里是如何通过无线电上课的，令人大开眼界。参观时间不定，因此最好先与游客中心确认。

旧德比监狱 历史建筑

（Old Derby Gaol；Loch St）和**猴面包监狱树**（Boab Prison Tree；向南7公里）一样，这座老监狱会勾起参观者对人类自相残杀行为的反思。

鸟类观测站（Bird Hide） 观鸟

在Conway St尽头的湿地（又称污水池塘）有一个鸟类观测站，你在这里可以找到迁徙涉禽和来自当地的猛禽。

布鲁姆和金伯利亮点

❶ 日落时，沿着布鲁姆的**凯布尔海滩**（见1151页）来一次骑骆驼之旅。

❷ 在原始的**丹皮尔半岛**（见1159页）与原住民居民一起学习了解传统文化。

❸ 驾驶四驱车在声名显赫的**吉布河路**（见1137页）上驰骋探险。

❹ 在雨季之后飞越令人赞不绝口的**米切尔瀑布**和**乔治国王瀑布**（见1146页）。

❺ 穿越野性十足的**地平线瀑布**（见1137页）。

❻ 在**普尔努卢卢国家公园**（见

1148页)古老的圆顶石中迷失自己。

7 在壮阔的**奥德河**(见1145页)上划独木舟,来一次三天不带导游的史诗般的行程。

8 把自己沉浸在**原住民艺术合作社**(见1146页)所展出的本土艺术中。

9 在**隧道溪国家公园**(见1142页)徒步,穿越地球深处。

10 沿着**卢鲁加里之梦小径**(见1155页)到达詹姆斯普赖斯角以及更远的地方。

乔恩乔植物小径（Joonjoo Botanical Trail） 徒步

这条长2.3公里的小路正对着吉布河路转弯处，沿途设有当地Nyikina人制作的整齐的解说展板。

团队游

地平线瀑布（见1137页）是德比最引人入胜的风景，大部分游轮线路还覆盖了偏远的国王海口和巴克尼尔群岛壮观的自然风景。有许多旅行社可供选择（在游客中心可以查询详细清单）。大部分团队游线路都只在旺季开设。

Horizontal Falls Seaplane Adventures 观光飞行

（☎08-9192 1172；www.horizontalfallsadventures.com.au；6小时团队游 从德比/布鲁姆出发 $695/795）前往地平线瀑布群的飞行观光游包括乘坐快艇穿过瀑布的活动。你还可以选择过夜游（从德比出发），价格为$845。

North West Bush Pilots 观光飞行

（☎08-9193 2680；www.northwestbushpilots.com.au；飞行 $352起）覆盖地平线瀑布群、巴克尼尔群岛和Walcott Inlet的观光游；只能远观，不可近距离接触。

Windjana Tours 文化游

（☎08-9193 1550；www.windjanatours.com.au；$195；⏲5月至8月 周二、周四和周日）Bunuba向导Dillon Andrews将带领信息量很大的全天文化之旅，深入温德加纳峡谷（Windjana Gorge）和隧道溪国家公园（Tunnel Creek National Parks）。

Uptuyu 文化游

（☎0400 878 898；www.uptuyu.com.au；Oongkalkada Wilderness Camp，Udialla Springs，距离大北方公路50公里；每天 $450起）在菲茨罗伊河（Fitzroy River）沿岸的Nyikina乡间，Neville和Jo二人经营“定制”文化之旅，欣赏湿地和岩石艺术，还安排菲茨罗伊河及更远区域的垂钓并且拜访当地原住民社区。

节日和活动

猴面包树节 音乐节、文化节

（Boab Festival；www.derbyboabfestival.org.au）7月的德比是一片欢乐的海洋，到时会举行音乐会、泥地橄榄球赛、赛马、泥蟹赛、诗歌朗诵、艺术展以及街道游行。一定要试试在泥滩上举办的长桌（Long Table）晚餐。

食宿

科廷的政治避难移民羁留中心关闭后，如今的住宿情况已经得到了缓解。可以到游客中心去碰碰运气，但如果你准备前往吉布河路或是从那里返回，可以考虑入住Birdwood Downs Station（见1139页）。

在Loch St和Clarendon St上有几家外卖店和咖啡馆。

Kimberley Entrance Caravan Park 房车公园 $

（☎08-9193 1055；www.kimberleyentrancecaravanpark.com；2 Rowan St；不供电/供电露营地 $32/38）在这里总能找到空地，但并非所有营地都有树荫。由于靠近泥滩，因此蚊虫甚多。

Derby Lodge 汽车旅馆 $$

（☎08-9193 2924；www.derbylodge.com.au；15-19 Clarendon St；房间/公寓 $160/210；Ⓟ❄@📶）在干净整洁的汽车旅馆房间和设施一应俱全、带有厨卫设备的公寓房里做出选择。

Spinifex Hotel 度假村 $$

（☎08-9191 1233；www.spinifexhotel.com.au；6 Clarendon St；简易房/汽车旅馆 房间 $160/250，主菜 $24~39；❄@≋）从老Spini的灰烬中涅槃重生，这个焕然一新的度假村如今设有行政套房（其中一些带有小厨房）和一间附属餐厅。旺季时这里有户外现场音乐表演。

Sampey Meats 肉铺 $

（☎08-9193 2444；59 Rowan St；⏲周一至周五7:00~17:00，周六7:00至正午）自制牛肉干、干肉条和真空包装的烤肉，全部都可以打包带上路。

★Jila Gallery 意大利菜 $$

（☎08-9193 2560；www.facebook.com/

Jilagallery; 18 Clarendon St; 比萨 $20~28, 主菜 $24~34; ⏲周二至周五 10:30~14:00和18:00至深夜, 周六 18:00至深夜) 口味很棒的炭烤比萨、完美的海鲜意大利调味饭、让人食指大动的蛋糕和绿树环绕的户外就餐区, 这里无疑有德比最棒的食物。

ℹ 实用信息

Loch St和Clarendon St上有超市和自动柜员机。

德比游客中心 (Derby Visitor Centre; ☎08-9191 1426; www.derbytourism.com.au; 30 Loch St; ⏲周一至周五 8:30~17:00, 周六和周日 旱季 9:00~15:00) 是一个很有帮助的中心, 拥有最翔实的路况、住宿、交通和团队游预订信息。

ℹ 到达和离开

德比有两个机场。珀斯的航班从科廷机场 (Curtin Airport, 机场代码DCN) 抵离, 离城40公里。**穿梭巴士** (☎08-9193 2568; 每人 $35) 在科廷和市区之间往返; 请提前一天预订。包机和观光飞机则使用离城更近的德比机场 (机场代码DRB), 过了Gibb岔路口就是。

所有长途汽车都从游客中心出发。

Derby Bus Service (☎08-9193 1550; www.derbybus.com.au; 单程/往返 $50/90; ⏲周一、周三和周五) 一早出发前往布鲁姆 (2.5小时), 途中经停Willare Roadhouse (基本上沿途任何地方你都可以要求司机停车), 当日返回。

澳洲灰狗巴士 (☎1300 473 946; www.greyhound.com.au) 除周日外, 每天都有去往布鲁姆 ($52, 2.5小时)、达尔文 ($241, 23小时) 和库努纳拉 ($123, 11小时) 的车。

Skippers (☎1300 729 924; www.skippers.com.au) 每周有几个航班飞往布鲁姆、菲茨罗伊克罗辛和霍尔斯克里克 (Halls Creek)。

维珍澳洲航空 (☎13 67 89; www.virgin-australia.com) 每周有5个航班从科廷机场飞往珀斯。

ℹ 当地交通

出租车 (☎13 10 08)

吉布河路 (Gibb River Road)

富有传奇色彩的吉布河路 (被称为"the Gibb"或GRR) 如一条深棕色的长龙一般横贯金伯利荒凉的心脏地带, 堪称澳大利亚最狂野的内陆之旅之一。吉布河路横亘于德比和库努纳拉之间, 全长约660公里, 大部分路段都未铺设柏油路面, 沿途都是广阔无垠的红土地、一望无际的开阔蓝天和如梦似幻的崎岖地貌。颠簸坎坷、时而坑坑洼洼的支路通往偏远的峡谷、浓荫下的池塘、人迹罕至的瀑布和辽阔的牧场。雨水随时可能导致道路关闭, 雨季时这条路根本无法通过。这里是真正的荒野, 沿途鲜有服务设施, 因此一定要带足给养, 三思而后行。

4月中旬至10月底, 有几个加油站会提供过夜住宿; 6月至8月的旺季必须提前预订。Hema Maps出版的《金伯利地图册和指南》(*Kimberley Atlas & Guide*) 中有详细的地

地平线瀑布

金伯利海岸线上最引人入胜的自然现象就是"地平线瀑布"。尽管有这样的名称, 但这些瀑布其实只是潮汐——奔涌着通过位于德比北部巴克尼尔群岛的狭窄海岸峡谷。制造如此胜景的推手是巨大的浪潮, 常常可以高达11米。水流以令人瞠目结舌的30海里的速度通过两道狭窄的裂口, 裂口的宽度分别为20米和10米, 从而制造出高达4米的"瀑布"。

每到旱季, 许多旅行社都会开通从德比 (有些从布鲁姆) 出发的空中、水上或二者结合的团队游。乘坐高速快艇"骑着"潮汐穿越海峡已经成为到此一游时必须体验的项目, 但是它存在风险——曾经发生过事故。观光飞行是最快捷和最经济的选择, 一些水上飞机会在着陆后将乘客转运到在此等待的快艇上, 此后乘客就可以进行令肾上腺素激增的活动。如果你喜欢刺激但又厌倦颠簸, 那么可以考虑参加路程较长的巡游活动, 穿越群岛去欣赏瀑布。在德比和布鲁姆的游客中心都可以预订团队游。

图和景点介绍，在游客中心也可以买到《吉布河路和卡伦布鲁路旅行指南》(*The Gibb River & Kalumburu Road Guide*；$5)。

高通过性的四驱车(例如丰田的陆地巡洋舰)是必备车辆，而且至少要带上两个备胎、常用工具、应急用水(至少20升)和多日食物以防止出现意外状况。布鲁姆的Britz(见1158页)是一家口碑不错的租车公司。沿途加油站的数量有限且油价高昂，大部分手机在这里都没有信号，而且高温可能会让人痛不欲生。布鲁姆和库努纳拉是最好的补给地点。

如果只是想体验一下内陆探险，可以试试"游客环线"：从德比出发沿吉布河路转入Fairfield-Leopold Downs Rd，前往温德加纳峡谷(见1142页)和隧道溪国家公园(见1142页)，出公园后便可进入**菲茨罗伊克罗辛**附近的大北方公路。

团队游

Adventure Tours 四驱车游

(☎03-8102 7800；www.adventuretours.com.au；$1950起)为期9天的吉布河路露营之旅，适合较为年轻的人群。

Kimberley Wild Expeditions 四驱车游

(☎1300 738 870；www.kimberleywild.com.au)这家口碑甚好的获奖旅行社提供从布鲁姆出发的吉布河路团队游，时长从1天($229)至14天($3995)。

Kimberley Adventure Tours 四驱车游

(☎1800 083 368；www.kimberleyadventures.com.au；3/9日 团队游 $550/1995)从布鲁姆出发沿着吉布河路开展的探险小团队露营游，9天的行程会继续前往普尔努卢卢和达尔文。

布鲁姆和金伯利 吉布河路

值 得 一 游

米切尔瀑布和德赖斯戴尔河

德赖斯戴尔河

在旱季，你可以驾车沿卡伦布鲁路(Kalumburu Rd)直抵**Drysdale River Station**(☎08-9161 4326；www.drysdaleriver.com.au；营地 $10~15，双 $170~250；⏲4月至12月 8:00~17:00)，这个距吉布河路59公里的地方可提供油料、餐饮和住宿，你还能在这里打听到接下来的路况。4月至9月可以参加前往米切尔瀑布的观光飞行(每人 $200起)。

米切尔瀑布国家公园

前往**米切尔高原**(Mitchell Plateau，又名Ngauwudu)的岔道口位于吉布河路160公里处，6公里后你会从一个布满石头、水位较深的河滩渡过**爱德华国王河**(King Edward River)，旱季之初，这个过程会令人胆战心惊。

在绿树成荫的爱德华国王河岸边，许多人都会选择住在**Munurru Campground**(成人/儿童 $10/2.20)而非米切尔河国家公园内，然后再前往米切尔瀑布进行一日游。附近有非常棒的岩石艺术。

从卡伦布鲁路出发前往**米切尔河国家公园**(Mitchell River National Park；门票 每车 $12，露营 成人/儿童 $10/2.20)的道路坎坷颠簸，全长87公里，一路上会经过许多观景台和成片的蒲葵(livistona)棕榈林。公园内有一个满是尘土的露营地。如果要步行前往**米切尔瀑布**(Mitchell Falls，即Punamii-unpuu；往返8.6公里)，就得早点儿启程。最简单的步道穿过澳洲特有的带刺植物、树林和峡谷，沿途点缀着Wandjina和Gwion Gwion的岩石艺术遗迹以及隐秘的水潭，一路还有蜥蜴、沙袋鼠和澳洲鹤相伴。

无论是旱季的涓涓细流还是雨季的万钧雷霆(后者只能从空中观赏)，这些瀑布群都令人叹为观止。你可以在瀑布上方的长形水潭内游泳，但瀑布下面的水潭则严禁游泳，因为它们对Wunambal人来说有着极为重要的文化意义。大部分人都能在3小时内走完全程。

Wundargoodie Aboriginal Safaris 文化游

（☎08-9161 1145；www.wundargoodie.com.au；随从车 每辆 $250，仅限女性 11日团队游 $3500；⏲4月至9月）这种由当地原住民经营的四驱车随同（即你开自己的车来）之旅颇具洞察力，展示了当地的文化和偏远的金伯利西部地区的岩石艺术。仅限女性参加的团队游所有费用全包，在特别的地点露营并有机会与许多不同社区的原住民女人交换各种经验。

ℹ 实用信息

登录www.gibbriverroad.net和www.kimberleyaustralia.com查询信息，也可前往**德比**和**库努纳拉**游客中心的网站查询。

如需地图，可以购买Hema的《金伯利地图册和指南》（*Kimberley Atlas & Guide*；$40）或者《地区地图——金伯利》（*Regional Map - The Kimberley*；$15）。

Mainroads Western Australia（简称MRWA；☎13 8138；www.mainroads.wa.gov.au；⏲24小时）可查询高速公路和吉布河路的路况。

公园和野生动物管理局（DPaW；www.dpaw.wa.gov.au）发行公园许可证、收取露营费用、提供各种信息。如果计划在一个月内游览3座以上的公园，假日通票（Holiday Pass；$44）将是非常划算的选择。

德比自治社区/西金伯利（Shire of Derby/West Kimberley；☎08-9191 0999；www.sdwk.wa.gov.au）可提供支线道路路况的相关信息。

温德姆自治社区/东金伯利（Shire of Wyndham/East Kimberley；☎08-9168 4100；www.swek.wa.gov.au）可提供卡伦布鲁/米切尔瀑布（Mitchell Falls）的路况信息。

德比至Fairfield-Leopold Downs Rd路口（Derby to Fairfield-Leopold Downs Rd Junction）

从德比出发的前100公里为柏油路。

莫万俊艺术文化中心 画廊

（☎08-9191 1008；www.mowanjumarts.com；Gibb River Rd, Derby；⏲旱季时每天 9:00~17:00，雨季时 周六和周日 关闭，1月 关闭；Ⓟ）从德比沿着吉布河路过来只有4公里路程，艺术家们在这家不可思议的画廊里重现了Wandjina和Gwion Gwion的形象，整个画廊看上去就像是他们的艺术品。

Birdwood Downs Station 牧场

（☎08-9191 1275；www.birdwooddowns.com；露营 $14，草原木屋 每人 含/不含餐 $139/81）这里距离德比大约20公里，占地2000公顷，可提供乡村风情的草原木屋和满是灰尘的露营地，营地周围蝴蝶飞舞。这里欢迎世界有机农场机会组织（WWOOF）的志愿者，并且还是金伯利马术学校（Kimberley School of Horsemanship）的所在地，设有马术课程、骑马露营和小径骑行活动（90分钟日落骑行 $99）。

五月河（MayRiver） 露营地 $

距离德比40公里处有一条12公里长的土路通往几处灌木丛包围的露营地，就在五月河边。

利奥波德国王山脉（King Leopold Ranges）

从德比沿着吉布河路直行，119公里路碑处是前往温德加纳峡谷的路口——这里是你返回大北方公路的最后机会。跨过伦纳德河（Lennard River）后就进入了Napier Downs Station的范围，风景也变得愈发壮美，古老的利奥波德国王（King Leopold）山脉在正前方若隐若现。过了英格力斯裂缝（Inglis Gap）后的下一条支路可前往Mt Hart，之后继续前行7公里，就到了狭窄的伦纳德河峡谷（Lennard River Gorge；Ⓟ）。

Mt Hart Homestead 露营地

（☎08-9191 4645；露营 每人 $18，房间 每人 含早晚餐 $210；⏲旱季；🅧）在英格力斯裂缝下方有一条50公里长的土路通向偏僻的Mt Hart Homestead，这里有绿草盈盈的露营地、赏心悦目的峡谷以及可供游泳和垂钓的水潭。

Imintji到加尔万斯峡谷（Imintji to Galvans Gorge）

距离德比204公里处的行军飞行峡谷（March Fly Glen）的名字虽然不怎么雅致，

但却是一个景色宜人、绿树成荫的野餐地，周围环绕着露兜树（pandanus）。不要错过壮丽的贝尔峡谷（Bell Gorge；每辆车 $12；P），只需沿着一条颠簸的小道前行29公里即可进入峡谷内，这里有风景如画的瀑布和清凉迷人的水潭。你可以在Imintji Store（☎08-9191 7471；⏰旱季8:00~17:00，雨季时营业时间缩短；📶）为车子加满油（只有柴油），来上一个冰激凌，再查查电子邮件。

Silent Grove 露营地

（成人/儿童 $12/2.20；P）距离吉布河路19公里，这处位于利奥波德国王山脉的阴凉而略脏的露营地隶属于公园及野生生物部门，十分受团队游客的欢迎。

★ Mornington Wilderness Camp 野生生物保护区

（☎08-9191 7406；www.awc.org.au；门票 每车 $25；⏰旱季）作为澳大利亚野生动物保护协会（Australian Wildlife Conservancy）的一部分，这个Mornington Wilderness Camp位于菲茨罗伊河边，风景秀美，地处偏僻。从吉布河路247公里的路碑处驾车95公里即可到达，一路风景无比秀美。这里近40万公顷的土地被用来保护金伯利的濒危动物，可以开展独木舟、观鸟和丛林徒步等活动，都很不错。你可以选择树荫下的露营地（每位成人 $18.50，儿童 $8）或宽敞且有走廊的高架帐篷（食宿全包 标单 $320，双 $570）。餐吧和餐厅可提供全套晚餐（$60）、野餐篮（$19），还拥有玛格丽特河（Margaret River）这一侧最棒的奶酪拼盘。

Charnley River Station 露营地 $

（☎08-9191 4646；www.awc.org.au；露营地 每人 $20，一日游 $20）现在这里由澳大利亚野生动物保护协会管理，这个颇具历史的避暑地位于吉布河路以北44公里处，是一处阴凉、绿草如茵的露营地。可以去探访美丽的Grevillea峡谷和Dillie峡谷，以及Donkey水潭。这里也有不可思议的岩石艺术和鸟类生活。

Over the Range Repairs 机械维修

（☎08-9191 7887；⏰旱季 8:00~17:00）位于Adcock和Galvans峡谷之间，Nev和Leonie是你在整条吉布河路上处理机械维修问题的最好希望——如果不算是唯一的话。

Galvans Gorge 峡谷

（P）一处有瀑布、可爱的游泳水潭、岩袋鼠和Wandjina岩画的峡谷，交通方便，距离道路不到1公里。

巴尔内特山到伊丽莎白山（Mt Barnett to Mt Elizabeth）

可以在距离德比300公里的Mt Barnett Roadhouse（☎08-9191 7007；⏰8:00~17:00）加油，如果想要在曼宁河峡谷停留的话，可以在这里获得露营许可证。

曼宁河峡谷 露营地 $

（Manning River Gorge；在Mt Barnett Roadhouse后面7公里；每人 $20；🚿）这个布满灰尘的营地里通常挤满了等着加油的旅行者，但至少这里有一个可以游泳的水潭，甚至还有热水淋浴。

巴尔内特河峡谷 露营地

（Barnett River Gorge；位于Mt Barnett Roadhouse以东29公里）免费 位于灌木丛里的营地离吉布河路只有几公里，位于一条阴凉的道路旁。

Mt Elizabeth Station 牧场

（☎08-9191 4644；www.mountelizabethstation.com；营地 每人 $20，标单/双 含早、晚餐 $185/370；⏰旱季）顺着吉布河路（距离德比约338公里）往前就是通向Mt Elizabeth Station的岔路。这是金伯利仅存的私有租借土地的一部分。Peter Lacy名下的这20万公顷土地是探索附近的峡谷、瀑布和原住民岩石艺术的不错的大本营。沙袋鼠是露营地的常客，家常风味的3道菜晚餐（$45）味道恰到好处。

卡伦布鲁路到家园山谷（Kalumburu Rd to Home Valley）

前往卡伦布鲁的岔道口距离德比406公里。继续沿着吉布河路经过如诗如画的乡村，跨越汹涌澎湃的杜拉克河（Durack River），翻山越岭穿过五旬节山脉（Pentecost

Ranges）到达579公里处，这里可以看到由柯克伯恩山脉（Cockburn Ranges）、剑桥湾（Cambridge Gulf）和五旬节河（Pentecost River）共同组成的壮美全景。

Ellenbrae Station 牧场

（☎08-9161 4325；www.ellenbraestation.com.au；位于卡伦布鲁岔道口以东70公里；营地 每人 $15，平房 双 $155）颇具氛围的Ellenbrae Station供应新鲜出炉的司康饼，营地积尘有些过多，平房看上去也稍显古怪。

★Home Valley Station 牧场

（☎08-9161 4322；www.homevalley.com.au；营地 成人/儿童 $17/5，4人 生态帐篷 $190，农庄 双 $250起；Ⓟ❄@📶🏊）当到达令人赞叹不已的Home Valley Station后，之前在吉布河路经历的艰辛与困苦便会立刻被抛诸脑后。这个原住民风格的服务业培训度假村拥有各种超级豪华的住宿选择。这里有出色的草地露营和汽车旅馆风格的房间、一家美妙的露天小酒馆和轮胎修理处，并且组织小径骑行、钓鱼和牧牛等活动。

五旬节河到温德姆/库努纳拉（Pentecost River to Wyndham/Kununurra）

你会在589公里处穿越声名狼藉的**五旬节河**（Pentecost River）——要注意，这里的水位总是难以预测，还有咸水鳄鱼在附近徘徊。吉布河路剩下的路段都是柏油路。艾玛峡谷（Emma Gorge）的岔路口就在埃尔奎斯（El Questro）之后10公里处，你会在距离德比630公里处渡过国王河（King River），之后在647公里处最终到达公路路口——向左转即可前往温德姆（48公里），右转则可去往库努纳拉（53公里）。

埃尔奎斯荒野公园 度假村 $

（El Questro Wilderness Park；☎08-9169 1777；www.elquestro.com.au；许可证 成人 每天/周 $12/20；⏲旱季；📶）这里占地40万公顷，曾经是巨大的养牛场，如今则摇身一变成了国际化的度假村，坐拥许多风景秀丽的峡谷——如艾米莉亚峡谷（Amelia）和埃尔奎斯峡谷（El Questro）——和泽比第温泉（Zebedee；仅在上午开放）。你可以参加**乘船游**（成人/儿童 $63/32；⏲15:00）来探索**侍从峡谷**（Chamberlain Gorge），也可以自己租船游览（$100）。**El Questro Station Township**（营地 每人 $20~28，平房 双 $329起；❄📶）有绿树成荫的露营地、配有空调的平房，以及一间户外酒吧和高档的**牛扒餐厅**（主菜 $32~45）。营地会举办各种各样的活动，但大部分都需要付费参与。

艾玛峡谷 峡谷

（从度假村停车场步行40分钟；Ⓟ）这里有

另辟蹊径

卡伦布鲁

卡伦布鲁是一个掩映在巨大的杧果树和椰子棕榈树中间的教区，处处风景如画。这里有两家商店和**加油站**（⏲周一至周五 7:00~11:00和13:30~16:00，周六 8:00至正午）。附近有一些有趣的岩石艺术和第二次世界大战时期留下的轰炸机残骸。你可以住在**Kalumburu Mission**（☎08-9161 4333；kalumburumission@bigpond.com；营地 每人 $20，简易房 标单/双 $125/175），里面有一座小型**博物馆**（门票 $10；⏲11:00~13:00）；或者从卡伦布鲁原住民社区办事处申请许可证，前往**蜜月湾**（Honeymoon Bay；☎08-9161 4378；营地 $20）或**麦克高万岛**（McGowan Island；☎08-9161 4748；www.mcgowanisland.com.au；营地 $20）露营，它们位于20公里外的海岸线附近，就在路的尽头。

通往卡伦布鲁的道路在经过米切尔高原岔路口后立刻变得非常糟糕，随后又渐渐变得崎岖坎坷。你需要在**原住民事务局**（DAA；☎1300 651 077；www.daa.wa.gov.au）申请参观卡伦布鲁的许可证，并且在**卡伦布鲁原住民社区**（Kalumburu Aboriginal Community，简称KAC；☎08-9161 4300；www.kalumburu.org；每车 $50）的入口处获取游客通行证（有效期7天）。卡伦布鲁禁止饮酒。

令人心旷神怡的瀑布和水潭，这是整个金伯利地区最壮观的景致之一。附带的度假村（游猎小屋 双 $289起；⏲旱季；❄）内有一家露天餐吧，但小屋过于闷热且价格过高。

泥盆纪珊瑚礁国家公园（Devonian Reef National Parks）

拥有3座美丽峡谷的3个国家公园在3.5亿年前的泥盆纪时期曾经是澳大利亚西部的"大堡礁"的一部分。前往温德加纳峡谷（Windjana Gorge）国家公园和隧道溪（Tunnel Creek）国家公园需经过Fairfield Leopold Downs Rd（将大北方公路和吉布河路连接起来）到达，而盖基峡谷国家公园（Geikie Gorge National Park）就在菲茨罗伊克罗辛的东北方22公里处。

温德加纳峡谷 国家公园

（入场费 每辆车 $12，露营 成人/儿童 $12/2.20；⏲旱季；P）高达100米的壮观绝壁笔直地矗立在伦纳德河（Lennard River）畔。这条河在雨季里波涛汹涌，在旱季却只是一连串的池塘。数十只淡水鳄鱼在岸边打盹。如果从营地出发步行游览，往返距离为7公里，记得带上足够的水。

★隧道溪 国家公园

（Tunnel Creek；每辆车 $12；禁止露营；⏲旱季；P）厌倦了阳光？那就在这里的地下凉爽一下。这条暗河沿纳皮尔山脉（Napier Range）延伸近一公里，19世纪时曾经是原住民抵抗军领袖Jandamarra的藏身之所。在旱季，你可以一直走到终点，但在途中的一些地方你需要蹚过齐膝深的水；当心蝙蝠，准备防水性能较好的鞋子，并带上强光手电。

盖基峡谷 国家公园

（Geikie Gorge；⏲4月至12月；P）不要错过这个靠近菲茨罗伊克罗辛的雄伟壮观的峡谷。自助游小路多沙而且酷热难当，可以参加由公园和野生动物管理局（☎08-9191 5121；1小时团队游 成人/儿童 $30/7.50；⏲巡游活动 5月至8月 8:00开始）或当地Bunuba导游经营的信息量很大的船游项目。

团队游

Bungoolee Tours 文化游

（☎08-9191 5355；www.bungoolee.com.au；2小时团队游 成人/儿童 $60/15；⏲旱季 周一、周三和周五 9:00和14:00）Bunuba警官Dillon Andrews经营的2小时的隧道溪团队游信息量很大，详细介绍了Jandamarra的故事，还提供在Leopold Downs Station的四驱随同车之旅。过夜也可以安排，地点在简单的Biridu露营地。通过菲茨罗伊克罗辛的游客中心预订。

Darngku Heritage Tours 游轮

（☎0417 907 609；www.darngku.com.au；成人/儿童 2小时团队游 $70/60，3小时团队游 $90/70，半天团队游 $175/138；⏲4月至12月）在收获颇丰的巡游盖基（即Darngku）峡谷的过程中，本地的Bunuba导游会介绍原住民文化和丛林美食。在平季（4月和10月至12月），每天还有较短的1小时巡游活动。

菲茨罗伊克罗辛至霍尔斯克里克（Fitzroy Crossing to Halls Creek）

菲茨罗伊克罗辛（Fitzroy Crossing）

Gooniyandi人、Bunuba人、Walmatjarri人和Wangkajungka人世代生活在内陆小镇菲茨罗伊克罗辛，大北方公路在这里横跨汹涌澎湃的菲茨罗伊河（Fitzroy River）。除了作为泥盆纪珊瑚礁国家公园的门户之外，实在是找不到这里有其他吸引人的地方。可以逛逛拥有独特的树脂艺术品的芒卡加艺术中心（Mangkaja Arts；☎08-9191 5833；www.mangkaja.com；8 Bell Rd, Fitzroy Crossing；⏲周一至周五 正午至16:00）和位于轮胎修理铺旁边的Dr Sawfish（☎0419 908 586；www.drsawfish.com；⏲周一至周五 8:00~16:00，周六和周日营业时间缩短），后者有精美的玻璃和陶瓷器皿，你可能会有需要购买。氛围独特的Crossing Inn（☎08-9191 5080；www.crossinginn.com.au；Skuthorpe Rd；不供电/供电营地 $30/38，房间 $195起；❄@）和位于河对岸的较为高级的Fitzroy River Lodge（☎08-9191 5141；www.fitzroyriverlodge.com.au；Great Northern Hwy；露

营 每人 $15，帐篷 双 $160，汽车旅馆 双 $220；❄@📶✉）都有露营地和客房，还可提供很棒的柜台餐食（$22~36）。镇上还有一家货物齐全的新超市，游客中心（☎08-9191 5355；www.sdwk.wa.gov.au；⏲周一至周五 8:30~16:00）和长途大巴车站就在公路边上。

米姆比洞穴（Mimbi Caves）

米姆比洞穴

洞穴

（Mimbi Caves；Mt Pierre Station）这里是金伯利保存最完好的秘密之一，这个巨大的地下迷宫位于菲茨罗伊克罗辛东南90公里处。洞穴地处Gooniyandi领地，内藏众多原住民岩石艺术和一些南半球最引人瞩目的鱼化石。由原住民经营的Girloorloo Tours（www.mimbicaves.com.au；3小时团队游 成人/儿童 $80/40；⏲4月至9月 周二至周六 10:00）提供各种行程，包括介绍当地"梦创时代"的各种故事、丛林食物和传统医药。可通过菲茨罗伊克罗辛或霍尔斯克里克的游客中心预订。

Larrawa Station

Larrawa Station

露营地

（☎08-9191 7025；www.larrawabushcamp.com；Great Northern Hwy；营地 $20，标单 含/不含餐 $120/70；@）位于菲茨罗伊克罗辛和霍尔斯克里克之间，是一个让人愉悦的过夜地点，设有热水淋浴、基本营地和剪毛工房间，还提供餐食（用餐时间才有）。这里还有一座拥有3个房间的农舍。

伊伊利（Yiyilli）

拉里画廊

画廊

（Laarri Gallery；☎08-9191 7195；www.laarrigallery.com；Yiyilli；⏲学校上课期间 8:00~16:00）这个小小的非营利性画廊位于社区学校的后部，有着很有意思的当代风格艺术，重点关注当地的历史。这里位于霍尔斯克里克以西120公里，距离大北方公路仅5公里。提前致电预约。

霍尔斯克里克（Halls Creek）

在大沙漠（Great Sandy Desert）边缘坐落着小镇霍尔斯克里克，Kija人、Jaru人和Gooniyandi人世代在此生活。非常不错的游客中心（☎08-9168 6262；www.hallscreektourism.com.au；Great Northern Hwy；⏲7:00~17:00）可以帮助预订前往邦戈邦戈山脉（Bungles）的团队游，以及米姆比洞穴的门票。隔壁的社区资源中心（Community Resource Centre；位于图书馆内，Shire Building；上网 每小时 $5；⏲周一至周五 8:00~16:00；@）可以上网收发邮件。在公路对面，亚尔利伊美术馆

另辟蹊径

邓肯路

邓肯路从霍尔斯克里克向东逶迤而行，然后转向北面，与西澳大利亚州和北部地区的边界时而重合、时而分离。驾车穿越邓肯路可以带给你"另一种"非凡的金伯利内陆自驾体验。整条路都未铺设柏油路面（445公里），路上的旅行者数量与吉布河路相比简直差远了，但旅行者的付出并不是徒劳的：壮观的景致、优美的峡谷、恬静的水潭和摄人心魄的孤独营地便是邓肯路给予他们最好的回报。

从技术角度来说，邓肯路并不比吉布河路更难走，虽然也有许多小溪和河流，但是河滩通常都较为结实，而且没有鳄鱼。如果你沿着大北方公路前往普尔努卢卢，但在返回库努纳拉和/或北部地区时又不想走回头路，那么这条路正好可以让你的旅途形成一条环形。整条邓肯路上都没有服务设施，因此至少要备齐行驶500公里所需的燃料。可以在霍尔斯克里克或者库努纳拉的游客中心打听路况。

邓肯路上唯一的住宿是Zebra Rock Mine（Wetland Safaris；☎0400 767 650；ruth.a.duncan@gmail.com；Duncan Rd，NT；营地 每位成人 $10，日落之旅 $90；⏲4月至9月），距离维多利亚公路10公里，严格上来说位于北部地区。旅行者们都喜欢这里的乡村气息，而日落观鸟游也不容错过。这里还有一个小咖啡馆和礼品店。

值得一游

帕里潟湖自然保护区

这片列入《国际湿地公约》(*RAMSAR*)的湿地风光旖旎，距离温德姆15公里，雨季时到处都是迁徙来此的鸟儿，它们最远的来自西伯利亚。**玛尔古水潭**(Marlgu Billabong)有一座鸟类观测站和木板步道，从**电报山**(Telegraph Hill)上可以看到美丽的风景。

被帕里潟湖自然保护区环绕的**Parry Creek Farm**(☎08-9161 1139; www.parrycreekfarm.com.au; 不供电/供电营地 $34/37，房间 $125，小屋 $230; ❄✉)安详宁静，有着绿草如茵的露营地，吸引了野生动物成群结队地来到这里。舒适的房间和空调小屋由一条抬高的木板道连接，木板下面是一个死水潭，旅行者们可以很方便地在此观鸟。可售酒的咖啡馆供应可口的烤肺鱼、木柴烤比萨和其他精致美食。

岩穴(Grotto; Great Northern Hwy)就在公路旁边，距离温德姆33公里，陡峭的台阶路通往隐匿于小峡谷里的幽深宁静的深水池，很适合畅游。

(Yarliyil Gallery; ☎08-9168 6723; www.yarliyil.com.au; Great Northern Hwy; ⏲周一至周五 9:00~17:00)绝对值得一游。

Kimberley Hotel(☎08-9168 6101; www.kimberleyhotel.com.au; Roberta Ave; 房间 $172起，餐厅主菜 $22~46; ❄📶✉)是吃午餐的最佳选择，你还可以在这里或**Best Western**(☎08-9168 9600; www.bestwestern.com.au; 双 $260; ❄✉)找到住处。这里有一座房车公园，但是最好还是去镇外住宿。

Skippers(见1133页)有航班从菲茨罗伊克罗辛和霍尔斯克里克飞往布鲁姆，澳洲灰狗巴士(见1133页)的长途汽车每天都经过这里。

温德姆(Wyndham)

人口 900

温德姆诞生于淘金热时期，如今显得颇为萧条。小镇位于库努纳拉西北约100公里处，在剑桥湾和崎岖不平的群山之间，风景秀美。从堡垒山(Mt Bastion，海拔325米)上面的**五条河流观景台**(Five Rivers Lookout)不仅可以坐看壮丽的日落，还可以俯瞰国王河(King River)、五旬节河、杜拉克河(Durack River)、森林河(Forrest River)和奥德河(Ord River)这5条河流汇入剑桥湾的壮观景象。

一条20米长的巨型鳄鱼会在小镇入口处欢迎旅行者们的到来。5公里之外，是历史港口区，这里有一间小型**博物馆**(☎08-9161 1857; Old Courthouse; ⏲旱季 每天 10:00~15:00)以及开拓者们的墓地。

澳洲灰狗巴士(见1133页)的长途汽车在56公里之外的Victoria Hwy路口下客：你需要在到达之前自行安排接车或是预订**计程车**进城。**社区资源中心**(Community Resource Centre，简称CRC; ☎08-9161 1002; www.wyndham.crc.net.au; 990 Koojarra Rd; 每小时 $5; ⏲周一至周五 8:00~16:00; @)可以上网。

食宿

Wyndham Caravan Park 房车公园 $

(☎08-9161 1064; Baker St; 带电/不带电营地 $35/25，简易房 双 $70; ✉)轻松惬意的公园，有阴凉、绿草如茵的露营地。

Rusty Wheelbarrow 民宿 $$

(☎0408 902 887; www.facebook.com/pages/The-Rusty-Wheelbarrow-Bed-Breakfast; 1293 Great Northern Hwy; 双 $160; ❄)温德姆最新的住宿选择，位于离城5公里的一块10英亩的土地上。美丽的高架房全部带有卫浴，面朝一个公共的“通风廊”。欧式和热早餐都能提供，有很多新鲜水果可供选择，你甚至可以买到“烧烤包”——如果你不想出去吃的话。

★ **Rusty Shed** 咖啡馆 $

(☎08-9161 2427; www.facebook.com/TheRustyShedCafe; O' Donnell St, Port Precinct; 主菜 $7~17; ⏲周二至周日 8:00~15:00，旱季 周日 晚餐 17:30起)这里最受当地人欢迎，有上好的咖啡、丰盛的早餐和美味的蛋糕和点心。

在固定的周日提供烧烤晚餐，有时还有音乐家来助阵。

Five Rivers Cafe 咖啡馆 $

（☎08-9161 2271; www.facebook.com/FiveRivers-Cafe; 12 Great Northern Hwy; 餐$6~16; ⏲周一至周五 7:30~14:00, 周六 8:00~13:00, 周日 8:00~13:00和17:00~20:00）这家店在一棵杧果树下，开门很早，澳洲鲱鱼汉堡分量很足，好好享受吧！供应非常棒的咖啡、冰沙和早餐，周日晚上还有比萨。

库努纳拉（Kununurra）

人口 6000

库努纳拉坐落于Miriwoong领地，是一个如沙漠绿洲般轻松惬意的小镇，周围有葱郁的农田以及种植着热带水果和檀香木的种植园，这还得归功于奥德河灌溉项目。依靠便利的交通和通信、卓越的服务和物品丰富的超市，这里成了旅行者在布鲁姆和达尔文之间旅行时最钟爱的落脚点。

库努纳拉也是金伯利东部绝大部分团队游线路的起点，由于果园众多，这里可提供大量的季节性工作。注意北部地区属于澳大利亚中部时区，与澳大利亚西部地区有着90分钟的时差。

景点和活动

小镇公路对面的**莉莉克里克潟湖**（Lily Creek Lagoon）是一片小型湿地，拥有令人称奇的鸟儿和淡水鳄鱼，可以划船游览。**库努纳拉湖**（Lake Kununurra; Diversion Dam）有宜人的野餐地和不错的钓鱼点。团队出行的游客可以考虑到**Kununurra Self Drive Hire Boats**（☎0409 291 959; Casuarina Way, 靠近Lakeside Resort; $174起）租一艘自己的"烧烤"船。

不要错过非常棒的**瓦宁加利原住民艺术中心**（Waringarri Aboriginal Arts Centre; ☎08-9168 2212; www.waringarriarts.com.au; 16 Speargrass Rd; ⏲周一至周五 8:30~16:30, 旱季周六 10:00~14:00, 雨季仅工作日开放; Ⓟ），它正对着通往**凯利旋钮**（Kelly's Knob）的道路，凯利旋钮是观看日落的热门地点。

米里玛国家公园 国家公园

（Mirima National Park; 每车 $12; Ⓟ）这里看上去就像是微缩版的邦戈邦戈山脉，隐蔽谷（Hidden Valley）的嶙峋峡谷遍布尖尖的红色山峰，是鬣刺、猴面包树和各种野生动物的家园。一些步行小道可通至观景平台，清晨或黄昏是观赏动物的最佳时间。

库努纳拉历史社会博物馆 博物馆

（Kununurra Historical Society Museum; www.kununurra.org.au/khs/museum; Coolibah Dr; 捐款入内; ⏲10:00~15:00）馆内陈列着记录了库努纳拉历史的旧照片和剪报，展览内容包括战时坠毁的Wirraway飞机以及之后修复任务的故事。博物馆就在领地俱乐部出口对面。

Go Wild 探险运动

（☎1300 663 369; www.gowild.com.au; 3天独木舟之旅 $220）自助式的多日独木舟之旅，从阿盖尔湖（Lake Argyle）出发沿着奥德河航行，在河边的露营地过夜，提供独木舟、露营设备和交通；自带食物和睡袋。他们还提供团队探洞游（$220）、绳降（$150起）及丛林徒步（$40起）之旅。

团队游

North West Airboats 探险游

（☎0419 805 2780; www.northwestairboats.com; 45分钟游览 $100）这里大概是你在库努纳拉让肾上腺素飙升的地方：在船后系上一个巨大的风扇，将它和V8内燃机相连，然后开足马力前进。行程会探寻鲜有人至的奥德河下游，这里淡水与海洋里的咸水交汇。

Kununurra Sunset Cruises 游轮

（☎08-9169 1995; www.kimberleysunsetcruises.com.au; 成人/儿童 $85/35）在莉莉克里克潟湖和奥德河上举办的非常受欢迎的"烧烤晚餐"游轮活动。自带饮品。

Triple J Tours 游轮

（☎08-9168 2682; www.triplejtours.net.au; 成人/儿童 $180/140）乘船巡游库努纳拉和阿盖尔湖大坝之间全长55公里的奥德河的两岸风光。

Kingfisher Tours 观光飞机

（☎08-9168 1333; www.kingfishertours.net; 每人 $290起）环绕邦戈邦戈山脉、剑桥湾、卡伦布鲁和壮观的米切尔瀑布和乔治国王瀑布。

节日和活动

Ord Valley Muster 文化节

（www.ordvalleymuster.com; ⏲5月）每年5月的10天时间里，库努纳拉人满为患，届时会举办一系列的体育运动、慈善和文化活动，最终以一场在奥德河岸边的满月夜的大型户外音乐会收尾。

住宿

这里有许多住宿地可供选择，房价越高，在雨季的折扣力度也就越大。如果选择在湖畔露营，一定要做好防蚊准备。

★ **Wunan House** 民宿 $

（☎08-9168 2436; www.wunanhouse.com; 167

金伯利的艺术风情

金伯利的原住民艺术独具特色。画风严谨且具备强大感染力的Wandjina人作品、多产而神秘的Gwion Gwion（Bradshaws）人作品、色彩明艳的热带海滨艺术、精妙而灰暗的丛林赭石艺术和西部沙漠的地画，都在诉说着各自领地的故事。

为了亲身体验，不妨考虑前往下列原住民经营的合作社参观；大多数地方都可驾驶两驱车抵达：

莫万俊艺术文化中心（Mowanjum Art & Culture Centre，见1139页）这间艺术中心里陈列着莫万俊等艺术家的作品，建筑外形为Wandjina独特风格。

瓦宁加利原住民艺术中心（Waringarri Aboriginal Arts Centre，见1145页）这个卓越的库努纳拉画廊兼工作室陈列着当地艺术家用赭石创作的独特的抽象风格作品。这里还展出卡伦布鲁（Kalumburu）艺术家们的画作。

沃曼艺术中心（Warmun Arts; ☎08-9168 7496; www.warmunart.com; Great Northern Hwy, Warmun; ⏲周一至周五 9:00~16:00）位于库努纳拉和霍尔斯克里克之间的这座艺术中心里陈列着沃曼（Warmun）艺术家创造的美丽的艺术品。艺术家们运用赭石来表达Gija社群的身份感。访客需要在Warmun Roadhouse先致电预约以获得口头许可。

拉里画廊（Laarri Gallery，见1143页）这个非营利的小画廊位于Yiyilli社区学校背后，里面陈列着有趣的阐述本地历史的当代风格艺术作品。位于霍尔斯克里克以西120公里处，距离大北方公路5公里。

芒卡加艺术中心（Mangkaja Arts，见1142页）这间画廊位于菲茨罗伊克罗辛（Fitzroy Crossing），陈列着在沙漠和河流附近生活的部族所创作的独树一帜的树脂作品、印刷画和编织篮等。

亚鲁曼艺术中心（Yaruman Artists Centre; ☎08-9168 8208; Kundat Djaru）位于塔纳米（Tanami）边缘，距离霍尔斯克里克162公里，这里陈列有以本地水潭为主题的树脂作品。每周从库努纳拉出发的邮车都会在此停靠（Ringer Soak）。

亚尔利伊美术馆（Yarliyil Gallery，见1143页）这间非常棒的霍尔斯克里克画廊展示了当地艺术家的才华，还有来自Ringer Soak人的作品。

瓦拉伊尔提艺术家中心（Warlayirti Artists Centre; ☎08-9168 8960; www.balgoart.org.au; Balgo; ⏲周一至周五 9:00~17:00）这个中心位于塔纳米小道（Tanami Track）255公里处，展出了该地区艺术家的作品，亮点是明亮的树脂点画、石版画和玻璃制品等。先行致电以便获得参观许可证。

Coolibah Dr; 房间 $90起; P❄📶)由原住民所有并经营，这家完美无瑕的民宿拥有明亮、通风的房间，都带有卫浴和电视。这里有免费的Wi-Fi、非临街的停车位以及丰盛的欧式早餐。

Hidden Valley Tourist Park 房车公园 $

(☎08-9168 1790; www.hiddenvalleytouristpark.com; 110 Weaber Plains Rd; 不供电/供电 营地 $28/38，小屋 双 $125; @📶🏊)这座绝妙的小公园位于米里玛国家公园若隐若现的悬崖峭壁下，有美丽的草坪露营地，深受短期打工者的青睐。设施齐备的小屋非常划算。

Kimberley Croc Backpackers 青年旅舍 $

(☎1300 136 702; www.kimberleycroc.com.au; 120 Konkerberry Dr; 铺 $27~33，双 $89~125; ❄@📶🏊)这座华丽的现代化国际青年旅舍拥有得天独厚的地理位置，内设一个大型游泳池和烧烤区，还有设备齐全的厨房。它还在附近经营着面向季节性短期打工者的**Kimberley Croc Lodge**(☎08-9168 1411; www.kimberleycroclodge.com.au; 2 River Fig Ave; 铺 每周 $160; P❄📶🏊)。

Freshwater 公寓 $$

(☎08-9169 2010; www.freshwaterapartments.net.au; 19 Victoria Hwy; 小开间/单卧/双卧/三卧公寓 $224/249/329/399; P❄📶🏊)这里拥有典雅而设施齐全的独立套房，并配有充满异域风情的敞篷淋浴设施。

就餐

大型度假村都拥有附属餐厅，供应的菜肴以及服务的质量也是大同小异。这里还有两个商品品种丰富的超市和几家外卖食品店。大部分餐饮店在雨季时都会缩短营业时间，14:00后你会发现很难找到吃午餐的地方。

★ **Wild Mango** 咖啡馆 $

(☎08-9169 2810; 20 Messmate Way; 早餐 $9~23，午餐 $6~13; ⏲周一至周五 7:30~16:00，周六和周日 8:00~13:00)🌿这是镇上最前卫、最健康的餐厅，供应咖喱卷饼、让人垂涎欲滴的煎饼、印度奶茶冰沙、纯正的咖啡和自制的意式冰激凌。咖啡馆大门位于Konkerberry Dr上。

Ivanhoe Cafe 咖啡馆 $$

(☎0427 692 775; Ivanhoe Rd; 主菜 $12.50~24; ⏲4月至9月 8:00~16:00)在枝叶繁茂的杧果树下找一张桌子，尝尝这里可口的卷饼、沙拉和汉堡，所用食材均为新鲜的当地农产品。不要错过了他们的招牌——杧果冰沙。

★ **Pump House** 新派澳洲菜 $$$

(☎08-9169 3222; www.thepumphouserestaurant.com; Lakeview Dr; 午餐 $19~36，晚餐 $32~45; ⏲周二至周四 16:30至深夜，周五 11:30至深夜，周六和周日 8:00至深夜; 📶)这家餐厅坐拥库努纳拉湖的无敌风景，用当地优质食材打造出鲜嫩多汁的菜肴。你可以在走廊上往湖里扔一点点食物碎屑，然后看一大群鲶鱼争夺食物的场景，也可以在这里一边啜饮啤酒一边观赏落日。美味的葡萄酒和免费Wi-Fi也为这里加分不少。

购物

Artlandish 艺术

(☎08-9168 1881; www.artlandish.com; Papuana St和Konkerberry Dr的交叉路口; ⏲周一至周五 9:00~16:30，周六 9:00~13:00)出售震撼人心的金伯利赭色画和西部沙漠(Western Desert)树脂画，可以满足各阶层消费者的需求。

Bush Camp Surplus 户外装备

(☎08-9168 1476; Papuana St和Konkerberry Dr的交叉路口; ⏲周一至周五 8:30~17:00，周六 8:30至正午)布鲁姆和达尔文之间最棒的户外用品商店。

实用信息

超市附近有自动柜员机。大部分咖啡馆都提供免费Wi-Fi。

社区资源中心(Community Resource Centre，简称CRC; ☎08-9169 1868; Banksia St; 每小时 $6; ⏲周一至周五 9:00~16:00; @📶)上网、打印和非工作时间段自助Wi-Fi。

公园和野生动物管理局(Parks & Wildlife; ☎08-9168 4200; Lot 248 Ivanhoe Rd; ⏲周一至周五 8:00~16:30)可提供公园资讯并办理许可证。

游客中心(☎1800 586 868; www.visitkununurra.com; Coolibah Dr; ⏲每天 8:00~16:30，10月至次年3月营业时间缩短)可在此咨询住宿、团队游、季节性工作和路况等信息。

到达和离开

Airnorth（TL；☎1800 627 474；www.airnorth.com.au）每天都有航班飞往布鲁姆和达尔文，周六有航班飞往珀斯。

澳洲灰狗巴士（☎1300 473 946；www.greyhound.com.au）车站位于BP Roadhouse。每周都有6班长途汽车经由霍尔斯克里克（$91，4小时）发往布鲁姆（$146，13小时）、菲茨罗伊克罗辛（$106，7小时）和德比（$125，10小时），此外每周也有6班长途汽车经由凯瑟琳（Katherine；$95，6小时）开往达尔文（$128，11小时）。

维珍澳洲航空（☎13 67 89；www.virgin-australia.com.au）每周有几个航班飞往珀斯。

当地交通

Avis（☎08-9168 1999）、**Budget**（☎08-9168 2033）和**Thrifty**（☎1800 626 515）都在机场设有办公室。

BP Roadhouse（Messmate Way）提供加油服务，是长途车的休息站，还有24小时自助洗衣店。

Ordco（Weaber Plain Rd；⏲24小时）出售最便宜的柴油。

出租车（☎13 10 08）

普尔努卢卢国家公园和邦戈邦戈山脉（Purnululu National Park & Bungle Bungle Range）

被列入世界遗产名录的普尔努卢卢国家公园（每车 $12；⏲4月至11月）奇峰林立、层峦叠嶂，是邦戈邦戈山脉那些不可思议的赭色和黑色条纹的"蜂巢"圆顶石的所在地，看上去就像是一袋烂了一半的巴基斯坦甜橙。

与众不同的圆形岩石塔群由经过数百万年雨水打磨的砂岩和粗糙的砾岩形成。这些条纹是岩石中的铁受到氧化和藻类侵蚀的结果。对当地Kidja人而言，"普尔努卢卢"（purnululu）意即砂岩，"邦戈邦戈"也许是由"bundle bundle"（一种常见草类）演变而来。

这片超过3000平方公里的古老领地同时也是许多野生动植物的家园，其中包括130余种鸟类。白种人直到20世纪80年代中期才"发现"了这个山脉。4月至11月会有护林员在此看守，其他时间公园则闭门谢客。

你需要高底盘的四驱车来完成这段通往游客中心的52公里的崎岖土路，全程需时2.5小时，中心靠近Three Ways岔道口。沿途会经过5个水位较深的溪水，岔路口位于沃曼（Warmun）以南53公里处。Kurrajong（露营地 每人 $12；⏲5月至9月）和Walardi（露营地 每人 $12；⏲4月至11月）营地有淡水和厕所。可以通过公园和野生动物管理局（DPAW；http://parkstay.dpaw.wa.gov.au/）在线预订露营地。

景点和活动

康卡拉哈伊观景台（Kungkalanayi Lookout）

观景台

在这个靠近Three Ways的小山上看到的

Purnululu National Park 普尔努卢卢国家公园

值得一游

阿盖尔湖

荒凉的红色山岭矗立在一汪深邃的碧蓝湖水中，一望无际的阿盖尔湖是奥德河截流所形成的澳大利亚第二大水库。它可以容纳相当于18个悉尼港（Sydney Harbour）的水量，为库努纳拉提供全年不断的灌溉；这里也是迁徙的水鸟、淡水鳄鱼和孤僻的有袋类动物的重要栖息地。

Lake Argyle Cruises（☎08-9168 7687；www.lakeargylecruises.com；成人/儿童 上午 $70/45，下午 $155/90，日落 $90/55）受欢迎的日落船游将此湖的亮点一网打尽。需提前预订，因为人数不够成团的话经常会被取消。

阿盖尔农庄（Argyle Homestead；☎08-9167 8088；成人/儿童/家庭 $4/2.50/10；⏲4月至9月8:00~16:00）在水位升高后已经换了地方，之前的建筑前身是著名的Durack农家所在地，如今已经成了一个博物馆。

Lake Argyle Village（☎08-9168 7777；www.lakeargyle.com；Lake Argyle Rd；不供电/供电 营地 $30/37，小屋 $125~219，单元房 $359起；❄@📶≋）位于高于湖面很远的地方，位置绝佳，提供绿草如茵的露营地、各种各样的小屋，还有允许售酒的小酒馆供应的丰盛餐食。这里的泳池可以欣赏到无与伦比的绝美景致，不要错过。

日落无比辉煌。

针鼹裂谷 峡谷

（Echidna Chasm；⏲往返 2公里，1小时）位于北部公园内的狭小峡谷，周围棕榈环绕，游览时注意观察那些栖息在峭壁上的小蝙蝠。徒步小径从针鼹裂谷停车场开始，在护林员办公室提供的公园地图上已经被标注出来了。

大教堂峡谷（Cathedral Gorge） 峡谷

名副其实，这个巨大的令人振奋的环形洞穴从公园南停车场漫步过来很轻松，仅2公里（往返）。

原住民小孩峡谷 峡谷

（Whip Snake Gorge；⏲往返 10公里，4小时）从公园南停车场过来是颇费精力的半天行程，这处阴凉的峡谷满是蕨类植物、无花果树和油加利树。这里有一个小水池。

黑人小孩峡谷 峡谷

（Piccaninny Gorge；⏲往返 30公里，2~3天）从公园南停车场出发往返要走30公里才能到达这个偏僻、原始的峡谷，需要过夜，对有经验的徒步者来说最为适合。

☞ 团队游

大部分金伯利观光游经营商都会将普尔努卢卢纳入多日游行程中。你还可以在Warmun Roadhouse、霍尔斯克里克和玛贝尔丘陵（Mabel Downs）报名参团。直升机比固定翼飞机能让你更近距离地感受这个地方的魅力。

East Kimberley 观光飞机

（☎08-9168 2213；www.eastkimberleytours.com.au；1天/2天/3天 团队游 $720/1593/1831，游猎帐篷 $225起）从库努纳拉出发的在邦戈邦戈山脉的各种飞行/驾车团队游。也提供公园内的住宿。

Helispirit 直升机

（☎1800 180 085；www.helispirit.com.au；18分钟/30分钟/48分钟 飞行 $225/299/495）提供从Bellbird和沃曼起飞的邦戈邦戈山脉直升机观光游。他们还提供去米切尔瀑布、库努纳拉和阿盖尔湖的观光飞机游览。

Bungle Bungle Expeditions 长途汽车、直升机

（☎08-9169 1995；www.bunglebungleexpeditions.com.au；巴士一日游/过夜游 $285/695，直升机 $290起）提供在邦戈邦戈山脉的各种巴士、直升机和固定翼飞机观光游，从公路附近玛贝尔丘陵的房车公园出发。

住宿

Mabel Downs 露营地

（Bungle Bungle Caravan Park；☎08-9168 7220；www.bunglebunglecaravanpark.com.au；帐篷/供电营地 $35/50，游猎帐篷 带/不带浴室 $225/120，晚餐 $25；📶）位于距离公路1公里处（普尔努卢卢之外），别指望这里能有多好的私密性：帐篷被夹在无数摩托车和夸张的长拖车之间。提供多种多样的团队游。

黑德兰港至布鲁姆（PORT HEDLAND TO BROOME）

"空旷地带"（Big Empty）从黑德兰港一直铺展至布鲁姆，大北方公路从大沙漠（Great Sandy Desert）边缘擦身而过。这条路全长609公里，一路上除了沙漠旋风和滚滚尘埃外别无他物。沿途只有两家公路旅馆，分别是Pardoo（148公里处）和Sandfire（288公里处），因此出发前要准备好充足的燃料。海岸线苍凉而原始，全程都与你近在咫尺。

住宿

大北方公路沿线的住宿点在5月至9月间通常人满为患。

Eighty Mile Beach Caravan Park 房车公园 $

（☎08-9176 5941；www.eightymilebeach.com.au；不供电/供电 营地 $35/41，小屋 $190；📶）这处绿树成荫而又略显慵懒的公园是钓鱼的好地方，距离黑德兰港250公里，在一片美丽的白沙滩后面。海龟会在11月至次年3月到这里产卵。

Port Smith Caravan Park 房车公园 $

（☎08-9192 4983；www.portsmithcaravanpark.com.au；不供电/供电 营地 $30/40，简易房 双 $80，小屋 $180）这处潮汐潟湖边的公园拥有众多野生动植物，距黑德兰港487公里。

Barn Hill Station 牧场 $

（☎08-9192 4975；www.barnhill.com.au；不供电营地 $22，供电营地 $27~35，小屋 $100起）这里距离黑德兰港490公里，是一处还在经营的养牛场，牧场内有自己的"迷你尖峰石阵"。这里对于富有冒险精神的灰色游牧民族（当然所有人都会受到欢迎！）来说尤其受欢迎。

Eco Beach 度假村 $$$

（☎08-9193 8015；www.ecobeach.com.au；Great Northern Hwy, Thangoo Station；游猎帐篷 $225起，别墅 双 $345起；❄✉）🍃这个屡获殊荣的豪华生态度假村位于布鲁姆西南120公里处僻静的海岸线旁。可以选择游猎帐篷（没有空调）或别墅，有间一流的餐厅和一系列团队游和其他活动。从布鲁姆可以乘坐轻型飞机（$60）、直升飞机（$270）前来度假村，或是自驾前来。

布鲁姆（BROOME）

人口 16,000

布鲁姆位于原始的丹皮尔半岛（Dampier Peninsula）边缘，宛如镶嵌在大自然瑰丽风景中的一颗明珠，紧挨着金伯利最西端的狭长红土地带。这片Yawuru领地被印度洋的碧海蓝天以及雄獐海湾（Roebuck Bay）的小溪、红树林和泥滩所环绕，距离最近的州首府有2000公里之遥。

布鲁姆的历史重点都是围绕着其采集珍珠的产业，而布鲁姆的墓地是这里的采珠传统的最好证明，许多日本人、中国人、马来西亚人和原住民潜水者都为此失去了生命。如今，布鲁姆现代化的海上养殖场培育的珍珠仍源源不断地出口到世界各地。

凯布尔海滩（Cable Beach）和附近的豪华度假村不断吸引旅行者在旺季（4月至10月）来到这里，畅享由骆驼、海浪和日落构成的浪漫氛围。但是在布鲁姆如明信片般壮丽的表象下隐藏着更多值得人们去发掘的内涵；而旅行者在无意中拨开沙子看到下面贫瘠的红土时，往往会感到惊讶万分。

布鲁姆的中心是位于雄獐海湾岸边的唐人街（Chinatown），凯布尔海滩和度假村则远在西边6公里外的印度洋边。机场位于两地之间；港口和甘芬角（Gantheaume Point）则在南面7公里处。

旺季时很容易在服务行业或珍珠养殖场找到临时工作。在淡（雨）季时，你会感觉自己如同在温暖潮湿的手套里游泳，许多地方

都闭门歇业或者缩短了营业时间，其他地方则会大幅降价并提供诸多优惠。

每到傍晚，小镇就变得安静下来，空气中飘荡着酒香，落日带着余晖渐渐沉入海水中。

景点和活动

凯布尔海滩地区

★凯布尔海滩 海滩

（见1154页地图）作为西澳大利亚州最负盛名的海滩胜地，这里有碧蓝的海水和美丽的白沙滩，让你可以惬意地欣赏海上落日。岩石北部是天体海滩，而在南面，步行小道穿过**明耶尔公园**（Minyirr Park）的红色沙丘——这里是Yawuru人的心灵家园。凯布尔海滩上聚集了众多骆驼，傍晚时沿着沙滩骑骆驼会让许多旅行者感觉不虚此行。当地人则驾驶着他们的四驱车蜂拥前往岩石北部，在日落时尽情畅饮。

甘芬角和恐龙足印 观景台

（Gantheaume Point & Dinosaur Prints）

免费 每到黎明或薄暮时分，砂岩悬崖便开始变红，显得尤其美丽。这个平和的观景台保留着一个1.35亿年的秘密：附近有世界上最多样化的**恐龙足印群**，不过只有在退潮时才能看到（提示：直接去到悬崖的右方，不过要注意，岩石相当湿滑）。

Reddell Beach 海滩

想要看一场不被游客打扰的非凡日落，可以骑骆驼或开四驱车到甘芬角和港口之间的Kavite Rd沿途的任何一个岔道口，然后观看半干旱的灌木悬崖被落日染成熔岩。

唐人街

Sun Pictures 历史建筑

（见1152页地图；☎08-9192 1077；www.sunpictures.com.au；27 Carnarvon St；成人/儿童 $17/12）你可以坐在全球历史最悠久且仍在经营的电影博物馆的帆布躺椅上。这里于1916年建成，目的是取悦不断增加的当地社区人口（所谓的取悦方式并不那么“干净”），这个电影院开始播放无声电影，然后就进化为有声的世界。如今，这里仍在晚上播放电影。这栋建筑本身就是布鲁姆历史的缩影——不同种族的人被指定坐在不同的座位区，经常被水淹，飞机则直接从头顶飞过（今天仍旧如此；因为电影院就位于飞机进场线的下方）。想要了解更多点滴，别错过内容丰富的15分钟的**声音历史**（4月至10月 每天 13:00；$5）。

★短街美术馆 画廊

（Short Street Gallery，见1152页地图；☎08-9192 6118；www.shortstgallery.com.au；7 Short St；⏲周一至周五 10:00~15:00，周六 11:00~15:00）这栋古老的大楼一个接一个不停地进行当代原住民艺术的展览。位于老布鲁姆3 Hopton St的收藏工作室里拥有原住民们创作的各种尺寸的canvass画作（还有一些雕塑），令人惊叹。对于Yulparija艺术家们来说，这里是一处代理，也是金伯利以及更远地区的艺术中心。

不要错过

“二战”的水上飞机残骸

在潮水水位很低的时候，有可能可以穿过泥泞的沙滩，从城镇海滩一路走到水上飞机**残骸**（见1152页地图）处，飞机属于Catalina和Dornier两种机型，它们都于第二次世界大战期间被日军“零式”战斗机击落。这些飞机都曾被用来帮助爪哇岛的难民撤退，其中的许多架还搭载有乘客。共有超过60位乘客以及15架水上飞机（多数属于荷兰和英国）失踪。仅有6架飞机的残骸可供参观，剩余的都埋身于深深的海水之中。

在退潮之前的1小时就开始动身，大致朝着东南方向走1.5公里（约30分钟）。记得穿合适的鞋——泥土很黏，土里偶尔还会有尖锐的物件，有的甚至还是活物。留心水母这样会蜇人的动物，可以在游客中心查询退潮的时间。**博物馆**（见1153页）也有关于退潮时间的小册子，很方便。或者直接联系**hovercraft**（☎08-9193 5025；www.broomehovercraft.com.au；1小时 成人/儿童 $119/85，日落游船/水上飞机 $172/109）。

Broome 布鲁姆

0 200 m
0 0.1 miles
Broome Airport 布鲁姆机场
去Boulevard Shopping Centre (650m); Kimberley Camping & Outback Supplies (1km); Chinese Cemetery (1.1km); Japanese Cemetery 日本公墓(1.1km); Muslim Cemetery 穆斯林公墓(1.1km); Cable Beach 凯布尔海滩(6km)
Broome Visitor Centre 布鲁姆游客中心
Coach Stop 长途汽车站
Short Street Gallery 短街美术馆
Male Oval
CHINATOWN
OLD BROOME
Broome Hwy
Gray St
Carnarvon St
Dampier Tce
Short St
Johnny Chi La
Napier Tce
Macpherson St
Coghlan St
Bagot St
Frederick St
Stewart St
Weld St
Barker St
Mary St
Herbert St
Robinson St
Haas St
Anne St
Bedford Park
Louis St
Hamersley St
Saville St
Walcott St
Hopton St
Robert St
Mangrove Pt
Mudflats & Mangroves
Roebuck Bay 雄獐海湾
所有热带水域都可能有鳄鱼出没。不建议下水游泳。

Broome 布鲁姆

Pearl Luggers 历史建筑

（见1152页地图；☎08-9192 0000；www.pearlluggers.com.au；31 Dampier Tce；入场 免费，1小时团队游 成人/儿童/家庭 $25/12.50/60；⏲团队游 11:30和15:30）免费 这个紧凑的博物馆的确拥有一些"珍宝"，它提供关于布鲁姆悲惨的珍珠产业的过去的一段讲述，很有意思，还用货真价实的艺术品来唤起观看者对潜水员体验的共鸣。你还可以在最后两艘幸存的（并且被修复过的）小帆船上逗留一会儿，它们的名字是Sam Male号和DMcD号。

老布鲁姆

布鲁姆博物馆 博物馆

（Broome Museum，见1152页地图；☎08-9192 2075；www.broomemuseum.org.au；67 Robinson St；成人/儿童 $5/1；⏲6月至9月 周一至周五 10:00~16:00，周六和周日 10:00~13:00，10月至次年5月 每天 10:00~13:00）你可以在这座略显古怪的博物馆里观看这一地区的采珠史和第二次世界大战期间轰炸袭击的相关展览，通过这些展览可以了解凯布尔海滩和唐人街的起源。博物馆占据了整幢前海关大楼。

公墓

好几个公墓可以证明布鲁姆多文化背景的过去。最打动人心的是**日本公墓**，这里有919座坟墓（其中大多数都属于采珠潜水人）。在隔壁的**中国墓地**（Frederick St）有超过90座坟墓和纪念碑。小小的**穆斯林公墓**（Frederick St）用以纪念马来西亚的采珠人以及阿富汗的饲养骆驼的人。

往东南方的几公里处，同样小小的**开拓者墓地**（Pioneer Cemetery，见1152页地图）俯瞰着位于城镇海滩上的雄獐海湾。

团队游

骑骆驼

这是一项极其热门的生意，在调研期间有3家骑骆驼活动经营商在凯布尔海滩提供颇为相似的项目。

Broome Camel Safaris 骑骆驼

（见1154页地图；☎0419 916 101；www.broomecamelsafaris.com.au；Cable Beach；30分钟的午后骑行 $25，1小时的日落骑行 成人/儿童 $70/55）由被称为"骆驼女士"的艾莉森（Alison）经营，这里提供下午和日落时沿着凯布尔海滩的骑行。

Red Sun Camels 骑骆驼

（见1154页地图；☎1800 184 488；www.redsuncamels.com.au；Cable Beach；成人/儿童 40分钟晨间骑行 $55/35，1小时日落骑行 $75/55）除了经营上午和日落时分的骑骆驼之旅，Red

Cable Beach 凯布尔海滩

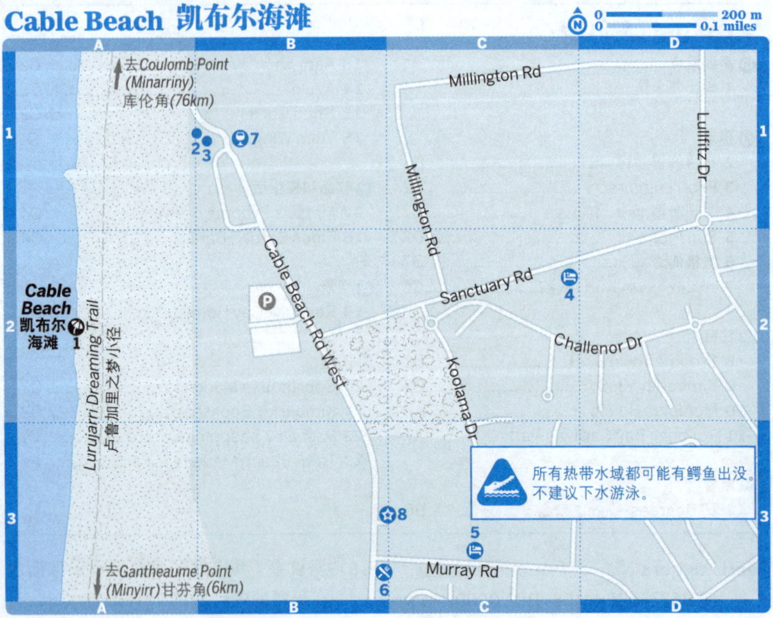

Cable Beach 凯布尔海滩

重要景点
1 凯布尔海滩 A2

活动、课程和团队游
2 Broome Camel Safaris B1
3 Red Sun Camels B1

住宿
4 Beaches of Broome C2
5 Broome Beach Resort C3

就餐
6 Cable Beach General Store & Cafe B3

饮品和夜生活
7 Sunset Bar & Grill B1

娱乐
8 Diver's Tavern B3

Sun在16:00还有30分钟的骑行项目($30)。

Sundowner Camel Tours 骑骆驼

(☎08-9195 2200; www.sundowncameltours.com.au; Cable Beach; 成人/儿童 40分钟晨间骑行 $55/45, 30分钟午后骑行 $40/25, 1小时日落骑行 $75/55)除了晨间骑行、午后骑行和日落骑行项目外, 这里还为儿童们提供“坐在大腿上”的骑行项目($10)。

非骆驼活动

从布鲁姆的步行团队游到观光飞机, 选择可谓无穷无尽; 具体信息可咨询当地游客中心。

Broome Adventure Company 皮划艇

(☎0419 895 367; www.broomeadventure.com.au; 3小时团队游 成人/儿童 $75/60)你可以报名参加这些经过生态认证的沿岸皮划艇之旅, 并与那些在水中嬉戏的海龟擦身而过。

Astro Tours 天文游

(☎0417 949 958; www.astrotours.net; 成人/儿童 $80/50)天黑后2小时的观星之旅, 有大大的望远镜和很棒的解说, 令人陶醉。就在布鲁姆郊区进行。自己开车的话可以省$15。

Kimberley Birdwatching 观鸟

(☎08-9192 1246; www.kimberleybirdwat

ching.com.au；3小时/6小时/10小时/12小时团队游 $90/150/250/300）你可以参加由鸟类学家乔治·斯万（George Swann）组织的布鲁姆自然团队游。可安排过夜行程。

Broome Historical Walking Tours 步行团队游

（☎0408 541 102；www.broomehistoricalwalkingtours.com；成人/儿童 $35/20）这个超棒的1.5小时的步行团队游通过参观景点和摄影展来探求布鲁姆过去的时光——从"二战"岁月回到采珠的年代。Wil非常健谈，会讲一些很精彩的故事。

卢鲁加里之梦小径 导览游

（Lurujarri Dreaming Trail；☎0423 817 925；www.goolarabooloo.org.au；⏲日期不定）这条82公里长的小径从甘芬角（Minvirr）开始，沿着海岸线向北延伸至库伦角[Coulomb Point（Minarriny）]。Goolarabooloo每年都会组织一次为期9天的导览游（成人/学生 $1600/900），途中会在传统露营地安营扎寨。

节日和活动

布鲁姆举办多种多样的节日活动，具体日期每年都不尽相同。可向游客中心咨询（见1158页），或登录网站www.visitbroome.au查看。

布鲁姆赛马季 运动节

（Broome Race Round；www.broometurfclub.com.au）金伯利杯（Kimberley Cup）、女士节（Ladies Day）和布鲁姆杯（Broome Cup）等赛马活动期间，当地人和旅行者们会身着盛装，尽情狂欢。赛马季从7月一直持续到8月。

Shinju Matsuri Festival of the Pearl 文化节

（www.shinjumatsuri.com.au）布鲁姆的珍珠节庆典活动包括为期一周的游行、美食、艺术展、音乐会、烟花表演和龙舟竞赛，在8月或9月举行。

浅尝布鲁姆 食品节

（A Taste of Broome；www.goolarri.com）原住民和多文化风味的各种美食在这个需购票入场的活动上都能找到，旺季时每个月都会举办。除了美味佳肴之外还有音乐和舞蹈活动。

住宿

住宿选择较为多样，不过要么提早预订，要么随遇而安。旺季时房费飙升，淡季时则一路跳水。如果是多人出游，可以考虑租一套公寓。

Beaches of Broome 青年旅舍 $

（见1154页地图；☎1300 881 031；www.beachesofbroome.com.au；4 Sanctuary Rd, Cable Beach；铺 $32~45，汽车旅馆 双 带/不带浴室 $180/140；❄@📶🏊）这家青年旅舍值得一住，房间干净整洁，配有空调，旅舍内有阴凉的公共区域、池畔酒吧和适合自炊的厨房。宿舍大小各不相同，汽车旅馆房间装饰得非常漂亮。有踏板车和自行车供出租，房费还包含欧式早餐。

Kimberley Klub 青年旅舍 $

（见1152页地图；☎08-9192 3233；www.kimberleyklub.com；62 Frederick St；铺 $25~33，双 $99~120；❄@📶🏊）从这家舒适而受欢迎、稍显陈旧的背包客栈可以很方便地前往机场，是结识其他旅行者的好地方。

Roebuck Bay Caravan Park 房车公园 $

（见1152页地图；☎08-9192 1366；www.roebuckbaycp.com.au；91 Walcott St；不供电营地 $32，供电营地 $37~50，营地房车 双 $90）位于城镇海滩旁，这个受欢迎的阴凉公园靠近河水，有几种营地可供选择。

★ **McAlpine House** 民宿 $$$

（见1152页地图；☎08-9192 0588；www.pinctada.com.au；55 Herbert St；双 $185~420；P❄📶🏊）这里的前身是属于珍珠大亨的一座农舍（建于1910年），McAlpine大人将这个绝妙的屋子作为他80年代在布鲁姆的住所，并将其重新装修，令其恢复了之前的容光。房间大小不一（有些比较狭小），不过图书馆、凉风习习的用餐区、泳池和回廊都令其魅力倍增。杧果树和鸡蛋花树连荫成片，阻挡了热气。

Broome Town B&B 民宿 $$$

（见1152页地图；☎08-9192 2006；www.

broometown.com.au; 15 Stewart St, Old Broome; 房间 $285; P❄📶🏊)这家令人愉悦的精品民宿有四个宽敞的房间，房间里铺的是赤桉木的地板，富有热带情调。这里的建筑是布鲁姆风格的典范：挑高的屋顶和木制的通风口。在公共泳池区供应欧式早餐。

Broome Beach Resort 公寓 $$$

(见1154页地图; ☎08-9158 3300; www.broomebeachresort.com; 4 Murray Rd, Cable Beach; 单卧/双卧/三卧公寓 $295/325/365; ❄📶🏊)非常适合家庭和团队入住。宽敞而又质朴的公寓簇拥着一个中心水池，步行即可轻松抵达凯布尔海滩。

就餐

准备好体验"布鲁姆价格"（收费过高）、"布鲁姆时间"（应当营业时却打烊）和与下述事物有关的各种附加费：信用卡、公共假期、坏运气等。这里的餐馆的服务水平参差不齐——有些不错，另一些却惨不忍睹，因为大部分员工都是短期的临时工。大部分餐厅在淡季都闭门歇业。

登月梯

退潮时，一个正在缓慢升起的满月倒映在一览无余的泥滩上，制造出了一个通向月亮的**金色阶梯**（⏲3月至10月）的视错觉效果。3月至10月，布鲁姆在满月前后异常忙碌，每个人都热切期盼一览胜景。在**城镇海滩**（见1152页地图），届时会有一个热闹的**夜市**（见1152页地图），夜市上都是小食摊，人们纷纷自带便携式座椅，尽管实际上Hamersley St尽头的小海岬拥有更好的观景位置。雄獐海湾的派对和别处完全不同：整个金伯利和皮尔巴拉（Pilbara）的海岸线都是狂欢的景象——也就是说，任何拥有面朝东方的泥滩之所在。其他好的观景点包括莱韦克角的独臂角、黑德兰港的Cooke Point、Onslow的Sunrise Beach、丹皮尔附近的Hearson Cove和哥萨克的观景台。大多数游客中心都在他们的网站上公布了满月派对的日期。

在唐人街的Carnarvon St一带，可以找到咖啡馆。许多度假村都有室内餐厅；尽管通常的情况下只会让你觉得来这里不过是付钱看了看风景。

一些主要的购物中心内都有超市，包括**Broome Boulevard**（106 Frederick St）和位于中心地带的**Paspaley Shopping Centre**（见1152页地图；Carnarvon St和Short St）。在**Yuen Wing**（见1152页地图；☎08-9192 1267; 19 Carnarvon St; ⏲周一至周五 8:30~17:30，周六和周日 8:30~14:00）可以买到香料、面条以及所有和亚洲有关的东西，是你在城里最好的选择。

Good Cartel 咖啡馆 $

(见1152页地图; ☎0406 353 942; 3 Weld St; 小吃 $7~15; ⏲周一至周五 5:30~14:00，周六 6:30~14:00，周日 7:00~14:00)最开始这里只是一家临时咖啡馆，现在却摇身一变成了城里喝上一杯上好咖啡的地方，另外还有墨西哥风味的小吃。这里的爆米花筒式的锡座椅与其所处的位置相得益彰——就在新的Sun Pictures电影院后方。

Cable Beach General Store & Cafe 咖啡馆 $

(见1154页地图; ☎08-9192 5572; www.cablebeachstore.com.au; Cable Beach Rd和Murray Rd的交叉路口; 小吃 $10~20; ⏲每天 6:00~20:30; @📶)这是一家原汁原味的凯布尔海滩小店，同时也是一家典型的澳洲风格街角商店，可提供带鸡蛋的早餐、肺鱼汉堡、馅饼和上网服务，没有隐性收费。你还可以在这里打一局迷你高尔夫。

Azuki 日本菜 $$

(见1152页地图; ☎08-9193 7211; 1/15 Napier Tce; 寿司 $13.50~15，主菜 $22.50~38; ⏲周一至周五 11:00~14:30和17:30~20:30)在这家超小的餐厅享用精心制作的地道日本菜肴吧——从新鲜的寿司卷到美味的盒饭，可以自带酒水。不足之处：周末不营业。

Aarli 西班牙小吃 $$

(见1152页地图; ☎08-9192 5529; www.theaarli.com.au; 2/6 Hamersley St, Frederick St

街角；主菜 $24~38；⏲8:00至深夜）“一如既往”就是当地人用来形容Aarli的词。的确如此，这里可提供布鲁姆最具创意和最可口的珍馐，并且尽可能地使用产自当地的食材。地中海—亚洲创意风味小吃非常棒，早餐也不错。咖啡的味道也不算坏——取决于谁来做。

18 Degrees 国际风味 $$

（见1152页地图；☎08-9192 7915；www.18degrees.com.au；Shop 4, 63 Robinson St, Seaview Centre；主菜 $20~33）布鲁姆新的现代风格餐厅供应不错的拼盘和美味的主菜（例如，鲱鱼块和羊里脊），此外葡萄酒和鸡尾酒单都长得吓人。

Wharf Restaurant 海鲜 $$$

（☎08-9192 5800；401 Port Dr；主菜 $25.50~55；⏲11:00~23:00）你可以一边慵懒地享用海鲜午餐，一边享受惬意的海滨环境，运气好的话还能看到鲸鱼。的确，这里价格昂贵，但是冰镇葡萄酒很爽口，迷人海景和香辣梭子蟹更是无懈可击。14:00之后再点新鲜的牡蛎（届时只要半价！）。

饮品和娱乐

夜间尽量不要独自出行，也不要不带手机在街上闲逛；平静的表象下总是暗流涌动。

Tides Garden Bar 酒吧

（见1152页地图；☎08-9192 1303；www.mangrove-hotel.com.au；47 Carnarvon St；⏲11:00~22:00）Mangrove Resort的户外休闲酒吧是在夜幕降临之前喝杯小酒并对着雄獐海湾发呆的好地方。精致的酒吧菜肴（$35~39）和现场音乐（周三至周日）与美妙的“登月梯”景观堪称绝配。

Sunset Bar & Grill 酒吧

（见1154页地图；☎08-9192 0470；www.cablebeachclub.com；Cable Beach Club Resort, Cable Beach Rd；⏲早餐 5:00~10:30，酒吧 16:00~21:00，晚餐 17:30~21:00）在16:45前后到达这里，找一张前排的椅子坐下，点一杯饮料，然后便可以开始观看“演出”了——背包客、旅行团、当地人、骆驼和火红的逐渐隐入椰子树林后面的印度洋落日。

Matso's Broome Brewery 酒馆

（见1152页地图；☎08-9193 5811；www.matsos.com.au；60 Hamersley St；⏲7:00至午夜）在这家受欢迎的酒吧喝杯Pearler's Pale麦芽酒（或另一种自制酒品），吃上一点东西（主菜 $20~42），然后便可走到走廊上尽情享受现场音乐演出。

Roebuck Bay Hotel 现场音乐

（见1152页地图；☎08-9192 1221；www.roebuckbayhotel.com.au；45 Dampier Tce；⏲11:00至深夜）这里是派对胜地，布鲁姆的“旧日时光”得以重现，迷宫似的酒吧里有体育运动、现场音乐、驻场DJ，还有鸡尾酒和被淋漓大汗打湿的T恤衫。

Diver's Tavern 现场音乐

（见1154页地图；☎08-9193 6066；www.diverstavern.com.au；Cable Beach Rd；⏲11:00至午夜）Diver's在大部分夜晚都热闹非凡。周三有时可以看到当地乐队的演出，周日则是他们的必演日。

购物

Short St和Dampier Tce上的旧锡棚小店里塞满了精致的原住民艺术品、首饰（当然，包括珍珠制品）和廉价而俗气的纪念品。

Kimberley Bookshop 书籍

（见1152页地图；☎08-9192 1944；www.kimberleybookshop.com.au；4 Napier Tce；⏲周一至周五 10:00~17:00，周六 10:00~14:00）这里有大量关于布鲁姆和金伯利的书籍。

Kimberley Camping & Outback Supplies 户外装备

（☎08-9193 5909；www.kimberleycamping.com.au；Frederick St和Cable Beach Rd的交叉路口）在这里可以找到露营燃炉和进行一次成功远足活动所需的各种物品。

Courthouse Markets 市场

（见1152页地图；Hamersley St；⏲全年的周六上午以及4月至10月的周六和周日）所售商品包括当地艺术品、工艺品、音乐制品和前卫装备等。

实用信息

布鲁姆旅游局的网站(www.visitbroome.com.au)有不错的音乐讯息以及最新活动页面。Environs Kimberley(www.environskimberley.org.au)则关注最新的环境问题,并介绍金伯利地区的各项相关项目。

上网

布鲁姆社区资源中心(Broome Community Resource Centre,简称CRC;☎08-9193 7153;40 Dampier Tce;每小时 $5;⏲周一至周五 8:30~16:30;@📶)提供打印、Wi-Fi和上网服务,价格便宜(每小时 $3)。

Galactica DMZ Internet Café(☎08-9192 5897;4/2 Hamersley St;每小时 $5;⏲周一至周四 9:00~18:00,周五和周六 9:00~20:00;@📶)极客聚集地;在麦当劳的后面。

旅游信息

布鲁姆游客中心(Broome Visitor Centre,见1152页地图;☎08-9195 2200;www.visitbroome.com.au;Male Oval, Hamersley St;⏲周一至周五 8:30~17:00,周六和周日 8:30~16:30,雨季营业时间会缩短)可预订住宿和团队游。提供关于路况、"登月梯"观景、恐龙足印、"二战"沉船和潮汐时间的实用信息。还售卖由原住民出版公司Magabala Books出的书籍。在进入小镇的环岛附近。

到达和离开

如果你并非在进行一次长途旅行,目前为止最快也最快捷的到达布鲁姆的方式就是直接搭乘飞机前往。布鲁姆国际机场距离市中心很近(尽管大多数时候,你还是需要搭一辆出租车才能到达)。

长途汽车在珀斯和德比之间运营。许多旅行团——尤其是去往丹皮尔半岛的,并不经过布鲁姆。

飞机

澳洲维珍航空公司(☎13 67 89;www.virgin-australia.com.au)每天都飞往珀斯。

澳洲航空(☎13 13 13;www.qantas.com.au)运营季节性的直飞航班,去往东部的首府城市。

Airnorth(☎08-8920 4001;www.airnorth.com.au)每天飞往达尔文(除周二外)和库努纳拉,去卡拉沙和黑德兰港则是一周两班。

Skippers(☎1300 729 924;www.skippers.com.au)一周三班飞往菲茨罗伊克罗辛、霍尔斯克里克和黑德兰港。

长途汽车

Derby Bus Service(见1137页)

Integrity(☎08-9274 7464;www.integrity-coachlines.com.au;单程/往返 $340/646)每周有2班车运行于布鲁姆和珀斯之间(反之亦然)。

当地交通

布鲁姆这个城市较为分散,城中各地之间的距离颇具欺骗性。如果你住在老布鲁姆或唐人街一带,搭乘当地的公交车是去往海边和旅游景点的便捷方式。对住在凯布尔海滩或是想要探索周边区域的人来说,最好还是拥有自己的交通工具更为方便。

镇公交车(Town Bus Service;☎08-9193 6585;www.broomebus.com.au;成人 $4,单日通票 $10)在唐人街和凯布尔海滩间往返运行,每小时1班(10月中旬至次年4月 7:10~19:10,5月至10月中旬 8:40~18:40)。16岁以下儿童随大人免费乘车,独自乘车则收费$2。

Broome Cycles(☎08-9192 1871;www.broomecycles.com.au;2 Hamersley St;每天/每周 $24/84,押金 $50;⏲周一至周五 8:30~17:00,周六 8:30~14:00)在唐人街和**凯布尔海滩**(☎0409 192 289;Old Crocodile Park, Cable Beach;⏲5月至10月 9:00至正午)都设有租赁点,旺季时营业。

Broome Broome(☎08-9192 2210;www.broomebroome.com.au;3/15 Napier Tce;每天 小车/四轮驱动/踏板摩托车 $65/155/35起)不限公里数,还提供有别于全国性保险公司的保险条件。

Britz(☎08-9192 2647;www.britz.com;10 Livingston St)出租宿营房车(每天 $50~300)和强劲的四轮驱动车(每天 $160~280),后者对于开吉布河路来说是个必需品。

BroomeTaxis(☎13 10 08)城里几个出租车公司之一。

Chinatown Taxis(☎1800 811 772)提供靠谱的城内服务。

布鲁姆周边（AROUND BROOME）

马尔科姆·道格拉斯荒野公园 野生生物保护区

（Malcolm Douglas Wilderness Park；☎08-9193 6580；www.malcolmdouglas.com.au；Broome Hwy；成人/儿童/家庭 $35/20/90；⏰每天 14:00~17:00）这个占地30公顷的动物保护区位于布鲁姆东北约16公里处，参观者需要通过一个巨型鳄鱼的下颌才能进入。这个公园是几十只鳄鱼（15:00喂食并提供说明性介绍）的家园，这里的居民还包括袋鼠、鹤鸵、鸸鹋、澳洲野狗、鹳和无数的鸟儿。

布鲁姆观鸟站 自然保护区

（Broome Bird Observatory；☎08-9193 5600；www.broomebirdobservatory.com；Crab Creek Rd；捐款进入，露营 每人 $15，单元房带公共浴室 标单/双/家 $50/85/100，度假屋 $165；⏰3月至11月 8:00~16:00）在距离布鲁姆25公里的雄獐海湾的一处易于到达的海滩，这个令人惊叹的观鸟站坐落在美丽的灌木丛之中，是成千上万只迁徙鸟类（约40种）的重要补给站（它们中的一些要飞1.2万公里）。团队游项目包括1小时的入门级“步行加介绍”（$20），或两个半小时的驾车游（$70），以及5天的全包观光游（$1290）。你甚至还可以选择住在单元房或设备齐全的度假屋内。

丹皮尔半岛（Dampier Peninsula）

丹皮尔半岛的红色岩层从布鲁姆向北延伸，其尽头是一片空无一人的海滩、人迹罕至的红树林海湾和在夕阳下呈现深红色的峭壁。这片偏远而景致惊人的领地是世代相传的原住民定居地，生活着Ngumbarl、Jabirr Jabirr、Nyul Nyul、Nimanburu、Bardi Jawi和Goolarabooloo等多个部族。只有驾驶四驱车才能沿着全长215公里的Cape Leveque Rd（大部分路段未铺设柏油路面）来到这里。

在Cape Leveque Rd上前行14公里后，左转进入Manari Rd，沿着风景优美的海岸线一路向北。条纹溪（Barred Creek）、库安东角（Quandong Point）、詹姆斯普赖斯角（James Price Point）和库仑角（Coulomb Point）都设有丛林露营地（没有任何设施），库仑角附近还有一个自然保护区。

原住民社区可以从Cape Leveque Rd到达，想要访问的话，务必提前预订（直接要求你的社区家庭主人帮你联系，或是通过布鲁姆游客中心），并查询是否需要许可证以及是否要收费。《丹皮尔半岛游客指南》（*Ardi-Dampier Peninsula Travellers Guide*；$5）非常实用，值得一读。你应当自备补给，尽管社区可以提供有限的补给。许多社区（或外站）提供住宿，正式的或是露营式的都有，此外还有垂钓、划皮划艇以及捉螃蟹的机会。

团队游

★Chomley's Tours 导览游

（☎08-9192 6195；www.chomleystours.com.au；1天/2天 团队游 $280/520）可提供前往半岛的多种一日游和过夜团队游（含捕蟹及其他活动）项目，包含单程的交通费。儿童的收费更低。

比格湾（Beagle Bay）

比格湾教堂 教堂

（Beagle Bay Church；☎08-9192 4913；捐赠入场）距离布鲁姆约110公里，比格湾因为比格湾教堂内超凡美丽的珍珠之母的圣坛而闻名，圣坛由Pallottine教士们于1918年建造。这里不提供住宿，但可以加油（仅限非周末）。提前预订，然后直接前往教堂即可。

中潟湖及周边（Middle Lagoon & Around）

中潟湖 社区

（Middle Lagoon；☎08-9192 4002；www.middlelagoon.com.au；不供电/供电 营地$30/40，小屋 双 $140~240）距布鲁姆180公里，周围是空旷的沙滩，特别适合游泳、浮潜、钓鱼和发呆。这里树影婆娑，小屋物超所值。

Mercedes Cove 小屋 **$$$**

（☎08-9192 4687；www.mercedescove.com.au；Pender Bay；生态帐篷/空调小屋 $150/300）🍃这里靠近中潟湖，拥有自己的隐蔽海滩，提

供的是一种隔绝于世之感，拥有几个动人的生态帐篷以及有着绝美景致的空调小屋。这里打理得很好（非常注重细节），露营地紧邻大海——一条20米的沙坡道缓缓通向下方的海水。

Gnylmarung Retreat
露营地 $

（☎0429 411 241；www.gnylmarung.org.au；营地 每人 $20，平房 $90起）这个小小的、低调社区靠近中澙湖，有几处隐蔽的露营地以及简易的平房，在渔夫当中很受欢迎。

彭德尔湾（Pender Bay）

★ Whale Song Cafe
咖啡馆 $$

（☎08-9192 4000；Munget；简餐 $7~25；⊙6月至8月 9:00~15:00）这家生态咖啡馆位置绝佳，俯瞰彭德尔湾，可提供美味的有机杧果冰沙、色香味俱全的手工比萨和半岛上最醇厚的咖啡。这里有一个小型丛林露营地（露营地 每人 $20），风景极其优美，户外浴室非常时尚，而且一辆房车都看不到。可以提供Telstra网络的手机入住服务。

Goombaragin
露营地 $$

（☎0429 505 347；www.goombaragin.com.au；Pender Bay；露营地 每人 $18，天然帐篷带公共浴室 $75，生态帐篷带浴室 $175，平房带浴室 $220；📶）这个友善的地方有着几处隐蔽的露营地，游猎帐篷稍显破旧，还有固定式的“天然”帐篷（自带食物）以及舒适的平房。这里位置一流——就位于一处猩红色的悬崖上，可以俯瞰下方的海滩。

朗巴迪娜及周边 (Lombadina & Around)

朗巴迪娜
社区

（Lombadina；☎08-9192 4936；www.lombadina.com；门票 每车 $10，房间带公共浴室 $170；⊙办事处 周一至周五 8:00至正午和13:00~16:00，周末需提前安排）地处中澙湖和莱韦克角之间，距离布鲁姆200公里，是一个绿树环绕的村庄，可提供各种团队游（最少3人成团）。活动包括钓鱼、观鲸、四驱车游、捕蟹、皮划艇和徒步游等，都可以在办事处直接预订。住宿既有背包客风格的房间，也有设备齐全的小屋（$220~240），但没有露营地。周一至周五可以补充汽油，艺术中心里有一些可爱的手工艺品出售（仅工作日开放）。

Chile Creek
社区 $$

（☎08-9192 4141；www.chilecreek.com；露营 每位成人/儿童 $16.50/10，丛林平房带公共浴室 $95，4人游猎帐篷 $185）从朗巴迪娜出发，沿着一条沙石小路前行10公里就到了极小的Chile Creek，这里有基本的丛林露营地、带卫浴的游猎帐篷（至少入住两晚），只要步行一小段距离就能到达一处小溪，印度洋仅在2公里以外。对于喜爱观鸟的人来说是很不错的地方。

莱韦克角及周边 (Cape Leveque & Around)

Cape Leveque（Kooljaman）
露营地

这里的风景极为壮观，有璀璨的白沙滩和令人叹为观止的红色峭壁。生态旅游获奖者**Kooljaman**（☎08-9192 4970；www.kooljaman.com.au；门票 每位成人 $5，不供电/供电营地 双 $38/43，圆顶帐篷 $65，小屋 带/不带浴室 双 $170/145，游猎帐篷 双 $275；📶）可提供绿草如茵的露营地、由浮木建造的海滩木屋、坐拥瑰丽景致的山顶狩猎帐篷和简易帐篷。至少入住两晚，6月至10月这里会人满为患。可以自带酒水的**餐厅**（☎08-9192 4970；主菜 $29~38，烧烤套餐 $22~26；⊙4月至10月 8:00~16:00和18:00~22:00，11月至次年3月 午餐）供应午餐和晚餐，你也可以点一份能带走的烧烤套餐。

Brian Lee Tagalong Tours
导览游

（☎08-9192 4970；www.brianleetagalong.com.au；Kooljaman；成人/儿童 半天 $75/35起，全天 $125/75）必须要抓住机会结识Brain——金伯利最有个性的人物之一，他组织的游览被垂钓和捉螃蟹爱好者认为是最棒的。需要自己准备交通工具。

Bundy's Tours
文化游

（☎08-9192 4970；www.bundysculturaltours.com.au；Kooljaman；成人 $45~75，儿童 $25~35）Bardi的监护人Bundy以当地人的视角带领导览游，为了解传统民俗提供了绝好的洞察力，包括丛林食物、毒杀鱼群和制作

长矛。

★ **Cygnet Bay Pearl Farm** 珍珠养殖场

(☎08-9192 4283; www.cygnetbaypearls.com.au; Cygnet Bay)这个珍珠养殖场可以远眺绝美的Cygnet Bay，是一个受游客欢迎的所在，提供关于采珠过程的详尽有趣的解说（成人/儿童 $27/10)，这里还有本地区最好的餐厅（主菜 $17~50)。住宿的选择有露营地（双 $90)、游猎帐篷（双 $230)，或是更为奢华的采珠人小屋（双 $290起)。大潮时的船游价格为$155。

独臂角 珍珠养殖场

[Ardiyooloon(One Arm Point); 每人 $10; ⏲周一至周五 8:30~16:30]这个社区有物品丰富的商店、加油站和非常适合钓鱼和游泳的地方，可以欣赏到巴克尼尔群岛（Buccaneer Archipelago)的风景。进入社区需要缴费（门票包含了参观孵化场的费用)，付费点在圆锥形螺壳状的孵化场。注意：这里没有露营地。

Gambanan 露营地 $

(☎0427 786 345; 靠近独臂角; 每位成人 $20，12岁以下 免费; ⏲5月末至9月)这个露营地靠近海边，位于莱韦克角和独臂角之间，位置偏僻。

Sydney Harbour 悉尼港

塔隆加动物园

即使你租了汽车，前往这座动物园的最佳方式依然是乘轮渡。然后乘坐缆车前往山顶，最后顺着小路蜿蜒而下返回码头。

曼利

乘坐渡轮前往曼利探索外港风光。你可以到海滨漫步，在码头畅饮，并决定要将哪些风景收进相机带走。

柯里比利

除非总理或总督邀请你到家里喝茶，否则观赏柯里比利宅邸和总督官邸的最佳地点是水面上。一定要目不转睛地看着周围。

悉尼港大桥

当你路过桥边时，不妨仔细找找正在试图攀到桥顶的那些勇士。清晨或薄暮时分来到这里，欣赏金碧辉煌的港湾风景。

重要提示

别忘了，港口一直延伸到大桥西边。如果有时间，一定要乘坐轮渡前往曼利。

沃森湾

在登上棚户林立的码头时，沃森湾一定会让你想起曾经偏安一隅的渔村。在南角漫步，饱览港口和被海浪冲刷的崖壁景色。

丹尼森堡

又被称为“断肠堡”，这个壁垒森严的地方曾经是一处酷刑场。罪犯被处决后，他们的尸体被悬吊在这里以震慑所有人，让当地的原住居民心有余悸。

PETER DRAGICEVICH ©

渡轮

圆形码头是政府经营的Sydney Ferries的运营基地，有9条线路从这里出发，前往38个不同的码头。

悉尼歌剧院

你可以登高远望，或者绕其而行，但最难忘的景象莫过于搭乘轮渡时从海上看到的歌剧院的巨大白帆。让你的相机准备就绪。

圆形码头

自1788年第一舰队锚泊在此开始，圆形码头就成为悉尼生活的中心。订好船票，查看指示牌并找到相应的码头，然后登船起航吧。

1

悉尼的海滩

在悉尼，没有什么能比享受一天海滩生活更惬意的了。一年中的6个月，悉尼人与阳光、沙滩和海浪为伴。这里没有私家海滩，放下一块浴巾，你就占领了一片自己的天堂，想在这里消磨多久都没问题。

海滩

一连串壮丽的海滩从北端的皇家国家公园一直延伸到南端棕榈树海滩。冲浪者、观光客、游泳者和日光浴者被勾引到金色的沙滩边，投入塔斯曼海（Tasman Sea）的浩瀚波涛中。冲浪高手前往南部的Cronulla、东部的Maroubra、勃朗特、塔玛拉马和邦迪等海滩，以及北部海滩中的CurlCurl、Narrabeen、Queenscliff、Freshwater和曼利。其中，勃朗特海滩和曼利海滩非常受游泳者喜爱，它们与库吉海滩、嘉富丽海滩、邦迪海滩、Bilgola海滩、鲸鱼海滩和棕榈树海滩都已成为各种“最佳海滩”排行榜上的常客。这些海滩都有自己坚定的追随者——家庭旅行者喜欢前往嘉富丽海滩、勃朗特海滩和鲸鱼海滩，古铜色肌肤、勤于健身的单身者则热衷于在邦迪海滩、库吉海滩和棕榈树海滩炫耀自己的身材。

悉尼知名度最高的海滩——邦迪海滩和曼利海滩到处都是皮肤惨白的外国人、善观天象的冲浪健儿和冲浪新手，还有苦练冲浪技术的当地老者。这两个海滩总是人满为患，在这里你可以看到悉尼个性中最讨人喜欢、最不拘一格的一面，绝对不容错过。

海滨浴场

如果你觉得冲浪有点吓人，或是只想游几圈缓解时差，可以去这座城市著名的海滨浴场。悉尼的海岸线上分布着40个海滨浴

1. 邦迪冰山游泳俱乐部（见102页）2. 邦迪海滩上的冲浪者（见91页）

场，大部分都是免费的。其中最热门的有库吉的Wylie's Baths、Giles Baths、Ross Jones Memorial Pool，邦迪冰山游泳俱乐部，以及曼利Fairy Bower海滩上的浴场等。我们最喜欢的是Maroubra附近小而崎岖的Mahon Pool。

海港沙滩和泳池

值得推荐的海港沙滩有靠近南角的营湾和淑女湾，后者的同性恋裸游者较多。还有Vaucluse尼尔森公园的鲨鱼海滩，以及北海岸的Balmoral海滩。北部海岸克雷蒙角（Cremorne Point）上布有防鲨网的封闭泳场和双湾附近的Murray Rose Pool也同样受到热捧。还有许多沙滩散落在各处，连悉尼人都难以找到，比如Vaucluse居民区中心的香菜湾（Parsley Bay）和牛奶湾（Milk Beach）。

社区海滩

悉尼港 这里有许多不为人知的海湾，最棒的位于海角附近。

邦迪至库吉 高耸的悬崖簇拥着一处又一处优质的冲浪海滩，美味的咖啡和冰凉的啤酒也近在咫尺。

北部海滩 这里拥有一系列梦幻般的冲浪海滩，从曼利往北绵延30公里直到棕榈树海滩。

超赞的大堡礁门户

有好几种方式可以进入这片广阔的海底王国：你可以前往一个门户城镇，参加有组织的团队游项目；或是报名加入多日的帆船或潜水之旅，体验大堡礁人迹罕至的外围岛礁；抑或飞往一处偏僻的海岛，寻找专属于自己的一片珊瑚礁。

降灵群岛

这里有碧蓝的海水、珊瑚花园和被棕榈树包围的海滩，降灵群岛（见417页）如同天堂一般，可以把一座岛屿作为大本营，或是乘坐帆船，或是逗留在主岛上的艾尔利海滩（Airlie Beach），还可以参与跳岛一日游。

凯恩斯

作为大堡礁最受欢迎的门户，凯恩斯（见445页；通常用鼻音读作“Cans”）拥有几十家船只经营机构，提供浮潜一日游以及多日的船潜体验珊瑚礁的项目。对于初学者而言，凯恩斯还是学习水肺潜水的好地方。

道格拉斯港

从凯恩斯向北驾车一小时即可到达，道格拉斯港（见473页）是一座富足、安逸的海滩小镇，潜水游和浮潜的船只从这里出海前往十几处景点，包括更加原始纯粹的外礁，例如阿金科特礁（Agincourt Reef）。

汤斯维尔

澳大利亚最大的热带城市（见425页）虽然远离外围礁（乘船2.5小时），但仍然不乏一些过人之处：可以前往澳大利亚最棒的沉船潜水处，有一座精彩的水族馆、多家海洋主题博物馆，还有多日船潜的旅行线路从这里出发。

南礁群岛

如果想要前往更加悠闲的冷门去处，需要预订行程，前往大堡礁南部边缘几座珊瑚礁围绕的偏僻岛屿（见395页）。在海滩附近就可以找到出色的浮潜和潜水地。

1

AUSCAPE / UIG / GETTY IMAGES ©

1. 小丑鱼 **2.** 艾尔利海滩（见411页）
3. HQ珊瑚礁水族馆（见425页），汤斯维尔

3

2

AUSTRALIAN SCENICS / GETTY IMAGES ©

ULLA LOHMANN / LOOK-FOTO / GETTY IMAGES ©

1

2

HOLGER LEUE / GETTY IMAGES ©

1. 卡塔楚塔（奥尔加，见986页）2. 瓦塔卡（金斯峡谷，见978页）3. 斯坦德利峡谷（见975页），西麦克唐奈山脉

ANDREW BAIN / GETTY IMAGES ©

内陆深处

对澳大利亚不同的人或不同的地区而言，“内陆”有着不同的含义——它可能是沙漠、热带草原，甚至是湿地。但它们的共同之处就在于远离人们熟悉的舒适感和城市的喧嚣。内陆地区虽然“十分遥远”，但却充满惊喜。

乌卢鲁（艾尔斯岩）

乌卢鲁-卡塔楚塔国家公园（见983页）是澳大利亚中部无可争议的亮点。乌卢鲁的精彩闻名遐迩，早已被人类探索、拍摄、记录。但即使如此，面对乌卢鲁庞大的体积、神奇的传说、引人注目的外表和非凡的色彩，你还是会被震惊。

卡塔楚塔（奥尔加）

卡塔楚塔最高的圆顶岩石（见986页）比乌卢鲁还要高（二者分别为546米和348米），所以有人说，探索这36块半埋在地下的巨石是更私密、更能触动人心的经历。徒步小道在红色岩石之间蜿蜒前行，呈现出寂静的美感，带你前往精神上的家园。

瓦塔卡（金斯峡谷）

金斯峡谷（见978页）位于瓦塔卡国家公园内，从乌卢鲁沿公路向北行约300公里即可到达。与乌卢鲁相反，金斯峡谷似乎是有人抓住一块巨石，然后把它推进沙漠里形成的。在这里，270米高的悬崖直插棕榈树林立的谷底，这里是600种植物和本土动物的栖息之处。花4个小时沿着6公里长的峡谷边缘漫步是值得一试的体验。

麦克唐奈山脉

麦克唐奈山脉（见973页）自爱丽斯泉向东西两个方向延伸，山脉的远古褶皱下别有洞天。即使是在最热的天气里，岩石小袋鼠和五颜六色的鸟儿也能在这里找到水源。

原住民艺术与文化

在这片大陆上，不同的原住民民族拥有不同的复杂而迷人的艺术、歌曲和舞蹈，它们无不体现出澳大利亚原住民与古老土地之间的共鸣。内陆地区是感受原住民文化的好去处：参加一次文化团队游，聆听"梦创时代"故事，沉浸在古老岩画的画廊间，或是研究以现代丙烯画手法展现的当代油画。

文化团队游

澳大利亚全国各地原住民拥有和经营的文化团队游是原住民旅游业发展的最好见证。如今，你可以通过最熟悉这个国家的人来了解它。能找到真正的"当地"导游的最佳地点包括最北部的达尔文、卡卡杜国家公园和阿纳姆地，以及位于红土中心的爱丽斯泉和乌卢鲁-卡塔楚塔国家公园。

岩石艺术

澳大利亚古代原住民文化最明显的证据就是散落于内陆地区的户外岩石画。亮点包括卡卡杜国家公园里5000多处记录了从"梦创时代"、灭绝的动物到非凡的"接触艺术"等不同时期的岩石艺术，它们描绘了澳大利亚原住民、望加锡渔民和早期欧洲移民之间的互动。卡卡杜出色的景点有乌比尔和诺兰基。在尼特米卢克国家公园、基普河国家公园、爱丽斯附近的麦克唐奈山脉和乌卢鲁，很容易看到更多的岩石艺术。

当代原住民艺术

澳大利亚当代原住民艺术大部分产自内陆地区，近年来颇受全球关注。传统的方法和

1

精神意义被精心地维持下去，也能找到以西方材料制作的相似内容，其结果是极大地丰富了传统故事和仪式设计的原始内涵。丙烯画是最为鲜明的形式，你也会见到合成的聚合物绘画、编织物、树皮、武器、回旋镖和雕塑。

原住民节日

要想获得真正难以忘怀的经历，你可以选择在传统原住民节日期间进行内陆旅行。这些庆典可以让旅行者在活动中感受原住民文化。去观看世代相传的舞蹈并感受强劲的鼓点吧，这将是一次跨越时空的旅程。北部地区的一些原住民节日和活动包括在比斯维克广受欢迎的“与圣灵同行”、凯瑟琳附近的巴伦加狂欢节、戴利河的玛丽潘艺术与体育节以及阿纳姆地的石头之乡节。

OLIVER STREWE / GETTY IMAGES ©

2

LEANNE WALKER / GETTY IMAGES ©

1. 丙烯画，北部地区 2. 巴伦加狂欢节，凯瑟琳附近（见949页）

了解澳大利亚

今日澳大利亚

4500万年以来的与世隔绝，造就了澳大利亚地理与文化上独有的特性。这片环境严酷而又美丽动人的土地经过无数次无情的大火、令人绝望的干旱和令人难以置信的洪水的侵扰和考验——澳大利亚人身上的韧性可想而知。在澳大利亚人略显张扬的机智幽默和不拘小节的亲和友好之中，你不难发现他们所共有的达观和乐天的精神，正是这种乐观帮助这个国家走出了全球金融危机的阴霾。但是，好日子还能持续多久呢？就其政治局面和房地产的现状来说，未来的前景还不是很明朗。

最佳电影

《加里波利》（*Gallipoli*，导演Peter Weir；1981年）"一战"磨炼出的民族感。

《疯狂的麦克斯》（*Mad Max*，导演George Miller；1979年）愤怒的梅尔·吉布森。

《猎人》（*The Hunter*，导演Daniel Nettheim；2011年）脾气暴躁的威廉·达福捕猎最后的塔斯马尼亚老虎。

《十只独木舟》（*Ten Canoes*，导演Rolfde Heer和Peter Djigirr；2006年）首部完全采用原住民对白拍摄而成的澳大利亚电影。

推荐阅读

《奥斯卡和露辛达》（彼得·凯里；1988年）曼布克文学奖得主。如何找到一个玻璃教堂。

《辛德勒名单》（托马斯·肯尼利；1982年）布克奖得主，后被改编成电影《辛德勒的名单》并获奥斯卡金像奖。

《风暴眼》（帕特里克·怀特；1973年）讲述了一个发生在悉尼市郊花园别墅内的一张病床上的故事。诺贝尔文学奖得主。

政治

和全球变暖同步的是，近期澳大利亚的政治气候已经显得急躁起来。2013年，因为保守派的自由党和国家党结盟，左翼工党被踢出联邦政府。选举前夕，工党经历了一段非常时期——被派系权力斗争严重削弱了力量。在2013年年初，澳大利亚首位女总理朱莉亚·吉拉德（Julia Gillard）失手于陆克文（Kevin Rudd）。2010年，正是她从陆克文手中接过了总理之位。

观看总理争夺战的保守派几乎无法相信他们的双眼。之后，他们轻而易举地赢得了2013年大选。不过，新总理托尼·阿博特（Tony Abbott）看上去像是个对未来没有多少把握的男人。

之后，在2015年，阿博特开始出错。他的人气指数一路下跌，在澳大利亚国庆日上授予菲利普亲王（英国女王的丈夫）骑士爵位的怪异举动被媒体痛斥，公众也认为这一行为很不符合澳大利亚的精神。更换领导人的动议开始启动，前自由党领导人马尔科姆·特恩布尔（Malcolm Turnbull）是最受欢迎的总理候选人，他对总理之位也是虎视眈眈。不过，就领导人选的投票并未发生：阿博特躲过一劫。

房地产热潮

澳大利亚人热爱房地产。他们喜欢谈论它、建造它、购买它、在电视上看它和出售它赚钱。当全球金融危机在2008年给每个人当头一棒时，整个西方世界的经济学家和银行家很明智地评论道："哎呀！我们一直把钱借给那些偿还不起的人，而他们一直把钱花在过于昂贵的住房贷款上。”由此，房地产价格开始大跌。

但这和澳大利亚无关。采矿业正处于蓬勃兴盛之中，当无穷无尽的西澳大利亚土地还在等着被开发并卖给中国人时，没人去担心荒谬的房价。澳大利亚人还在不停地购买昂贵的房产，将整个市场炒到极致。如今的房价已经到达了一个临界点，房价中间值已经是家庭平均年收入的五倍——澳大利亚的房产是这个星球上最负担不起的事物之一。

接下来会发生什么呢？中国经济已经放缓，澳大利亚的矿业出口也开始变得萎靡。媒体上充斥着对于房地产泡沫即将破灭的担忧。但只要汇率保持较低水平，普遍的观点认为澳大利亚是一个幸运的国度——可以在某种程度上对全球危机免疫。换句话说，盛行全国的房地产热潮将很难被打破。

城市生活

澳大利亚是一个高度城市化的国家：90%的澳大利亚人都居住在城镇。这里的城市不断扩展、再造和变迁，积极吸收着来自全球各地的新鲜事物。“本地人”在外国人面前感到自愧不如的情形相比30年前已经非常少见（这种现象被称为“文化自卑感”）。民族自豪感持续高涨，这在都市艺术和烹饪文化中体现得最为明显。多元文化主义的盛行使这里的城市保存了自己的独特个性：悉尼是一个甜美的馅饼，墨尔本是一只具有艺术魅力的猫咪，布里斯班是一个无忧无虑的玩伴，阿德莱德是一位端庄的夫人，而珀斯则是一种自由的精神，更不用说充满书生气质的霍巴特、提倡享乐主义的达尔文以及满是博物馆的堪培拉了。澳大利亚的城市都充满了魅力，多花些时间了解它们中的一个吧，之后你就舍不得离开！

人口：23, 750, 000

面积：7, 000, 000平方公里

GDP：15, 300亿美元

GDP增长率：3.5%

通胀率：1.7%

失业率：6.4%

每100个澳大利亚人中

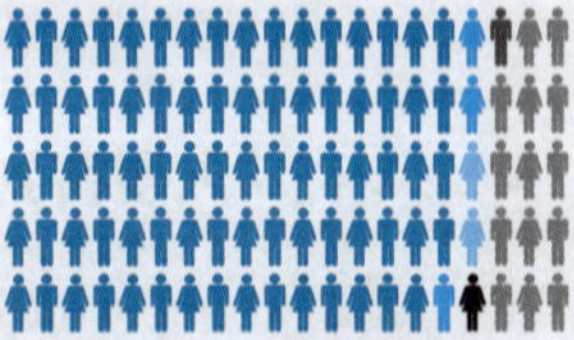

79人说英语
3人说中文
2人说意大利语
1人说越南语
1人说希腊语
14人说其他语言

信仰体系
（占人口百分比）

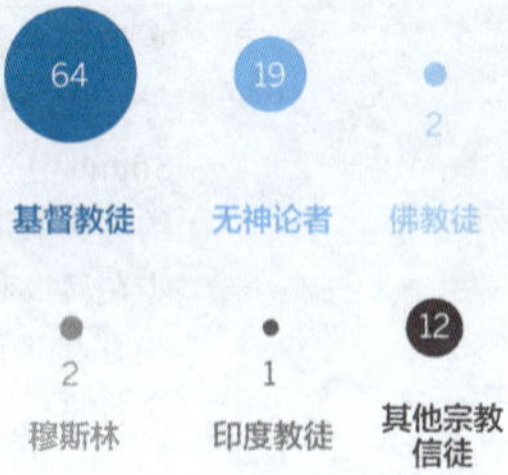

每平方公里人口数

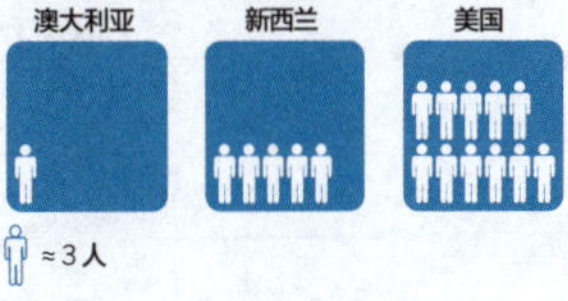

历史

迈克尔·凯斯卡特

澳大利亚是一片古老的大陆，原住民在这里生活了5万多年。从这一点来看，本章似乎稍显简略，但读起来一定会让你兴趣盎然！从作为流放罪犯的殖民地的艰苦时期，到从大英帝国独立出来，这个焕然一新的国家一直在稳步前进。战争、大萧条以及文化的演变使这个国家20世纪的历史纷繁多姿。近年来，澳大利亚的古老景观和原住民受到了前所未有的影响。

迈克尔·凯斯卡特曾是ABC国家广播电台的著名播音员，并且担任过ABC电视台历史节目的主持人。

入侵者到来

黎明时分，风暴已然远去。在英国"奋进号"（endeavour）舰船上，扎克雷·希克斯（Zachary Hicks）正睡眼惺忪地值班瞭望。突然，他睁大眼睛，并把船长叫了过来。当詹姆斯·库克（James Cook）船长爬上空气清新的甲板，不可思议的景象映入其眼帘：他们面前是一片在地图上从未出现的土地，这里的山峦上树木丛生，山谷平缓蜿蜒。这一天是1770年4月19日。在接下来的日子里，库克开始绘制第一幅由欧洲人制作的澳大利亚东海岸地图，这也标志着当地原住民主权的终结。

两周之后，库克带领一队人马踏上了狭长的海滩。当他们在海滩跋涉时，两名原住民男子也走上了沙滩，他们用长矛挑战入侵者，库克则用步枪赶走了这两个原住民。在那一周剩下的时间里，原住民和入侵者都小心翼翼地观察着彼此。

库克的"奋进号"属于伦敦顶尖的科研机构"皇家学社"（Royal Society）。船上的乘客包括工艺大师、科学家、一位天文学家和一位名叫约瑟夫·班克斯（Joseph Banks）的富有的植物学家。班克斯和同伴们漫步在澳大利亚原住民的领地，对收集到的一大堆新植物物种兴奋不已（那些看起来像洗瓶刷一样的红色、白色或金色的班克斯花就是以他的名字命名的）。

大事年表

8000万年前

1.2亿年前从史前时代的冈瓦纳大陆分离后，澳大利亚脱离南极并向北漂移。

5万年前

第一批有记载的原住民在澳大利亚定居。这片地区是大型有袋类动物的家园，包括与犀牛一样大小的袋熊。这里还有郁郁葱葱的森林和大片的湖泊。

1616年

荷兰人的贸易路线利用了被称为"咆哮西风带"的西风，穿越印度洋抵达印度尼西亚。西风将德克·哈托格船长带到了澳大利亚西海岸。

当地原住民称这个地方为克奈尔(Kurnell),而库克则给它起了个外国名字——"博特尼湾"(Botany Bay)。如今,澳大利亚肥沃东海岸的许多地名都与库克有关,其中包括希克斯角(Point Hicks)、赫维湾(Hervey Bay,以一名英国海军上将的姓氏命名)、奋进河(Endeavour River)和索兰德角(Point Solander,以"奋进号"上一名科学家的名字命名)。

当"奋进号"航行到约克角(Cape York)最北端时,蓝色的海洋开始向西延展。在这里,库克和他的船员产生了一种直觉——这将是可以从海路回家的航线。在一个多山的小岛"属地岛"(Possession Island)上,库克升起了英国米字旗。在枪炮齐鸣中,他宣称这块大陆的东半部归属于英王乔治三世。

库克的本意并不是要从澳大利亚原住民手中窃取土地。事实上,他对原住民的认知相当理想化:"他们远比我们欧洲人快乐得多",他写道,"他们认为自己已经拥有生活的所有必需品,而他们也不需要那些额外的东西。"他的爱国心体现为限制法国人和荷兰人对这片土地的野心。在过去的两个世纪中,荷兰人已经到达并测绘过西部和南部海岸的许多地区。事实上,库克已然知道澳大利亚西半部已被称为"新荷兰"。

在最后一个冰河世纪之后,海平面上升,塔斯马尼亚的原住民被从澳大利亚大陆分隔开来。他们渐渐发展出了属于自己的独特语言和文化。

流放开始

1788年,在库克到达澳大利亚的18年后,由11艘舰船组成的舰队载着英格兰人返回了这里。船上满载武器、工具、建筑材料和家畜,还有751个囚犯、约250名士兵、官员和家属。带领这支杂牌"第一舰队"的是一位仁慈、勤恳的海军上校亚瑟·菲利普(Arthur Phillip)。菲利普下令在博特尼湾抛锚。然而,曾经令约瑟夫·班克斯兴奋不已的这片天堂,带给菲利普的却是满心沮丧。这片土地沼泽遍布,几乎没有可饮用的淡水,船队停泊处风雨交加。于是,菲利普离开这个在海上漂泊的监狱,乘上一艘小船,去寻找更好的落脚点。沿海岸线上行不远,他的心跳开始加速,因为他发现自己驶入了世界上最好的港湾。在这片小小的港湾里,在艾欧拉人(Eora)世外桃源般的土地上,他建立了一所英国囚犯营。他还用英国内政大臣(Lord Sydney)的名字来命名这个地方——悉尼。

入侵者开始砍伐树木,建起房屋,并尝试种植庄稼。菲利普接到正式指令,指令要求他在不与当地人发生暴力冲突的情况下,将这里变为殖民地,但许多在悉尼附近居住的原住民却遭受了失去土地的厄运。成百上千的人因感染天花而死去,许多幸存者也沉溺于酗酒和绝望之中。

在澳大利亚的偏远地带,以及爱丽斯泉和达尔文的中心区域,许多原住民仍然使用着他们的传统语言,而非英语。许多人同时讲几种语言——在澳大利亚大陆,一度有300多种不同的原住民语言存在。

1770年

詹姆斯·库克船长是第一个绘制澳大利亚东海岸地图的欧洲人,他还将这里命名为"新南威尔士"。他返回英格兰并带回了一个消息:他在"博特尼湾"发现了适合移民的理想之地。

1788年

第一舰队将英国囚犯和官员带到艾欧拉人世代拥有的土地上,海军上校亚瑟·菲利普正是在这里建立起了第一座囚犯营——他把这里称作"悉尼"。

1789年

天花在悉尼附近的原住民群体中传播,造成了毁灭性的灾难。英国官员报告,海港里到处都是腐烂的澳大利亚原住民的尸体。

1804年

在范迪门斯地(即现在的塔斯马尼亚),大卫·柯林斯将刚刚建成的罪犯殖民点从里斯登湾迁往现在的霍巴特所在地。

贝尼隆

在澳大利亚原住民中，有一些人是菲利普总督的中间人，其中一位名为贝尼隆（Bennelong）的艾欧拉人颇具影响力，他学习了许多白人的风俗习惯和礼仪。被俘后，贝尼隆学会了读、写英语，并在澳大利亚和1792年前往英国的途中担任族人与英国人之间的翻译。他在1796年写给菲利普夫妇的书信是现存最早的澳大利亚原住民用英语写作的文书。

在返回悉尼之后的许多年里，贝尼隆一直住在陆地边缘的一座小屋内——现在被称为贝尼隆角（Bennelong Point），这里如今是悉尼歌剧院的所在地。他手下有100名族人，他们共同为当时的亨特总督（Governor Hunter）出谋划策。虽然如今流传的故事里形容他勇敢睿智、活跃风趣，而且"对小孩呵护备至"，但晚年贝尼隆的健康和脾气却被酒精毁坏殆尽。1813年，他去世后被葬在他的好友、酿酒人詹姆斯·斯夸尔（James Squire）的果园里。

1803年，英国人在范迪门斯地（Van Diemen' s Land，后来被称为塔斯马尼亚）建立了第二座囚犯营。不久，屡教不改的囚犯们被送到霍巴特（Hobart）附近美丽而荒芜的亚瑟港（Port Arthur）的恐怖监狱里。同时，另一些人则在太平洋上遥远的诺福克岛（Norfolk Island）监狱里忍受着痛苦折磨。

作为囚犯流放地的早期历史，是那么悲惨，以致在很长一段时期里，澳大利亚人都将这段历史视为耻辱。但时代不同了，今天，如果发现自己的家族史中有被流放的囚犯，多数澳大利亚白人可能会沾沾自喜。事实上，每年澳大利亚人都会纪念1788年1月26日"第一舰队"到达悉尼湾的日子，现在这个日子已被定为"澳大利亚国庆日"。当然，澳大利亚原住民将这一天称为"入侵日"也是不足为奇的。

流放历史景点

- 亚瑟港，塔斯马尼亚州
- 帕拉玛塔，悉尼
- 罗特内斯特岛，西澳大利亚州
- 海德公园囚营，悉尼

从枷锁到自由

起初，悉尼和那些较小的殖民地只能依靠从船上带来的补给为生。政府急于开发有生产能力的农场，于是将土地分给士兵、军官和外来移民。经过30年的努力尝试，历经挫折后，这些农场终于发展起来了。在这些新的农场主中，脾气最暴躁且冷酷无情的恐怕是约翰·麦克阿瑟（John Macarthur）了。他和精力充沛的妻子伊丽莎白一起，率先在悉尼附近的土地上放养美利奴羊。

麦克阿瑟还是朗姆酒军团（Rum Corps）的领头人物，该团体由一群

19世纪20年代

在范迪门斯地，原住民和前来定居的欧洲人之间发生了"黑色战争"。血腥的冲突使原住民人口锐减，仅有几人存活下来。

1829年

詹姆斯·斯特林船长领导的一家私营企业在澳大利亚西海岸的珀斯建立了定居点，周围的土地都是不毛之地，这阻碍了殖民地的发展。

1835年

约翰·巴特曼从范迪门斯地起航抵达菲利普港，并与库林族的长者们达成了一笔土地交易。同一年，墨尔本殖民地建立。

1836年

威廉·莱特上校在托伦斯河的岸边选定了阿德莱德的城址，这里是Kaurna人的土地。与悉尼和霍巴特不同的是，这里的定居者都拥有自由民的身份，自愿前来此地定居。

有权势的军官组成，他们压制了数任总督（包括以“邦蒂号事件”而出名的威廉·布莱），并通过控制悉尼大部分的贸易（尤其是朗姆酒贸易）而致富。1810年，军团的敲诈勒索行径被强硬的新上任总督拉克兰·麦夸里（Lachlan Macquarie）终结。麦夸里规划了现代悉尼的主要道路，兴建了一些美观的公共建筑（其中许多都由天才建筑师、囚犯弗朗西斯·格林维设计），为建立更文明的社会打下了基础。

这时，澳大利亚有便宜的土地和许多工作机会的消息传回英国，具有冒险精神的移民纷纷漂洋过海，前来寻找发家致富的机会。同时，英国政府继续将囚犯源源不断地运送过来。

1825年，一群士兵和囚犯在现在布里斯班附近的尤格拉人（Yuggera）的领地建立了囚犯营。不久，这块温暖肥沃的土地就吸引了自由人前来定居，他们在这里进行农耕、畜牧、伐木和开矿等活动。

两处新定居点：墨尔本和阿德莱德

在塔斯马尼亚凉爽的草原上，牧羊业兴旺发展。19世纪20年代，牧人与岛上的原住民之间发生了血腥的战斗，把原住民推向了毁灭的边缘。此时，这些移民需要更多的土地。1835年，雄心勃勃的年轻人约翰·巴特曼（John Batman）横渡海峡，航行到澳大利亚大陆的菲利普港。在亚拉河岸上，他选择了现在墨尔本的所在地，宣布“这里就是未来村庄所在的地方”。之后，巴特曼说服当地原住民，将他们历来拥有的土地“卖”给他（面积达25万公顷），为此他仅支付了一箱毯子、刀子和饰品。

19世纪的学术界一直试图用“优越”的欧洲物种来取代“下等”的澳大利亚动植物。兔子和狐狸等“小动物”就是从这时起被引入这片大陆的。

与此同时，一家英国私营公司的人来到南澳大利亚州的阿德莱德。与任何囚犯都没有关联，这些“敬畏上帝”的家伙制订了一个计划，他们将土地卖给有钱的移民者，再利用卖地所得帮助穷困的英国劳工移民前往澳大利亚。当这些劳工挣到足够的钱并从这家公司买地时，公司又将收入用来支付船费，以运来下一批劳动力。这个诱人的理论在一片混乱的土地投机和破产浪潮中破灭。1842年，这家南澳大利亚公司被政府接管。此时，矿主们已在巴拉（Burra）、卡潘达（Kapunda）和洛夫蒂山麓（Mt Lofty Ranges）找到了丰富的银、铅和铜矿，移民定居地得以继续扩展。

继续寻找土地

每年，移民者都会更深入地进入原住民的领地，为他们的牲畜寻找草场和水源。这些人被称为“盘踞者”（因为他们“非法盘踞”在原住民的土

1851 年

探矿者在维多利亚州中部发现了金子，于是世界各地的年轻人来此淘金。与此同时，统治东部殖民地的总督开始赋予人们更多的民主权利。

1854 年

由于金矿开采证费用高昂，被激怒的矿工在巴拉腊特附近的尤利卡栅栏组织抗议示威。部分反抗者遭到杀害，其他人以叛国罪被起诉。公共舆论支持反抗者。

1861 年

探险家伯克和威尔斯是首先从南至北穿越澳大利亚大陆的欧洲人。他们为这样的远征付出了极大的代价，许多人为此付出了生命，其中也包括他们自己。

1872 年

工程师查尔斯·托德修建了从阿德莱德到达尔文的电报线路，并使之与通向爪哇岛的海底电缆相连，这使澳大利亚与欧洲的电报线路连接起来。电子信息时代就此到来。

关于库克船长最经典的传记是J.C.贝格赫尔(J C Beaglehole)的著作《詹姆斯·库克船长的一生》(*The Life of Captain James Cook*, 1974)。贝格赫尔还编辑出版了库克的航海日志。还有一些在线传记可供阅读,可前往www.wikipedia.org/wiki/james_cook找寻。

地上),许多人还持枪占据着土地。为维护这些地区的秩序与法规,自19世纪30年代起,政府允许这些牧场主支付一笔形式上的租金以逗留在"皇家土地"上。原住民的故事讲述了牧场主因定居者被杀而屠杀原住民族群的往事。后来,全国各地都流传着关于暴动领袖的故事,这些反抗英雄有天鹅河的Yagan、悉尼的Pemulwuy以及金伯利的Jandamarra。

经过一段时间之后,许多牧场主与当地的部落达成了妥协。原住民在牧场从事低工资的工作,如充当赶羊人和驯养人,或是处理家务。作为回报,他们得以留在原有的土地上,并且为了适应变化的环境而对其文化加以调整。在偏远的牧区,这种合作一直持续到"二战"以后。

从踏上这片土地时起,这些新来者就幻想着在这里发现奇迹。在1813年探险家们翻越悉尼西部的蓝山(Blue Mountains)前,一些人竟天真地以为中国就在山的另一边!之后,冒险家、考察者和科学家开始发布关于澳大利亚内陆的理论。多数人都说那是澳大利亚的密西西比,另一些人则预言那里是沙漠。一个名叫查尔斯·斯图尔特(Charles Sturt)的执着冒险家相信那里是一片神秘的内陆海洋。

冒险家的内陆远征几乎都是铩羽而归。但澳大利亚人将那些死在荒野的冒险家视为英雄,比如路德维希·莱西哈特(Ludwig Leichhardt),还有伯克(Burke)和威尔斯(Wills)这对搭档。这体现了维多利亚时代的信念,即只有其人民在战争中挥洒鲜血,一个国家才能真正成为一个国家,即使这场战争的另一方是这片土地本身。

戴维·乌奈庞(David Unaipon, Ngarrindjeri, 1872~1967)被誉为"澳大利亚的莱昂纳多·达·芬奇",因其原住民文化的倡导者、作家和发明家的身份而被后世铭记。他获取了19项临时专利,其中包括"一战"前受回旋镖的启发而绘制的直升机设计图。他的头像被印在50澳元的纸币上。

金矿与叛乱

19世纪40年代,英国停止向澳大利亚东部运送囚犯。消息来得正是时候:1851年采矿者在新南威尔士州和维多利亚州中部发现了金矿,这一消息就像飓风一样席卷了整个殖民地区,来自各个社会阶层的年轻小伙和一些富有冒险精神的妇女都前来淘金。不久,更多来自海外的采矿者、演艺人员、酒馆老板、奸诈的非法酒贩、妓女和骗子也都加入进来。在维多利亚州,英国总督警觉起来,这不仅因为维多利亚州的阶级体制被完全打乱,还因为金矿所在地需要建立金融法律和秩序。总督的解决方法就是强制所有采矿人每月为开采证支付昂贵的费用,政府希望借此让那些实力较弱的人回归其原来的生活中。

但金子的诱惑力实在太大了。在为了金子而不顾一切的兴奋中,采矿者起初容忍着那些残暴执行开采证政策的士兵。然而,3年后,巴拉腊特

1880年

警察在维多利亚小镇格兰罗恩抓获了众人皆知的丛林大盗奈德·凯利。凯利以罪犯的名义被处以绞刑,后来却被奉为民间英雄并被世人铭记于心。

1895年

AB.班卓·帕特森出版了民谣诗《来自斯诺伊河的人》。帕特森及其同行亨利·劳森一起主导了文学运动,并开创了澳大利亚丛林文学的传奇。

1901年

澳大利亚各殖民地改制为州并形成澳大利亚联邦。联邦议会设在墨尔本,并在墨尔本通过了带有"白澳政策"烙印的《移民限制法案》。

1915年

4月25日,澳新军团加入雄心勃勃的英国军队,对土耳其发起进攻。加里波利的军事失利成为一段民族主义传奇。

(Ballarat)那些容易得到的金子已经开采完了，采矿者必须深入被水浸没的矿井才能采到金子。这时，他们再也无法容忍欺辱他们的腐败而残酷的法律制度了，在一个名叫彼得·莱勒(Peter Lalor)的富有领袖魅力的爱尔兰人的领导下，矿工们举起自己的反抗大旗“南十字星”旗，发誓保卫自己的权利与自由。他们武装起来，等待政府的回应。

1854年12月3日，星期日，黎明之前，一支军队袭击了军营。经过15分钟的激战，一切归于平静。这是一次残酷的、一边倒的战争，30名矿工被杀，5名士兵死亡，但民主的呼声已起，公众舆论倒向矿工一边。当叛乱者中的13人受到审判时，墨尔本的陪审团判他们无罪释放。许多澳大利亚人从事件中找到了荣耀，即任何“真正”的国家必须浴血重生。但是很遗憾，在那个时候，这样的杀戮却是不必要的。东部的殖民地已经在英国当局的全力支持下筹备民主议会了。19世纪80年代，彼得·莱勒本人成为维多利亚议会的发言人。

淘金热也吸引了大量来自中国的采矿者，他们有时要忍受着来自白人的强烈敌意。1860~1861年，在新南威尔士州的Lambing Flat(现称为Young)的金矿发生了丑恶的种族暴乱，他们成为牺牲品。不久，在悉尼和墨尔本的后街上形成了中国人社区，一些通俗小说津津乐道地讲述着有关鸦片屋、肮脏的赌巢以及妓院的故事。但许多中国人开始经商，尤其是蔬菜种植业。如今，各州首府中热闹的唐人街，以及遍布全国城镇的中国餐馆都提醒着人们：从19世纪50年代起，中国人在澳大利亚扮演着强力角色。

金矿和羊毛将大量的投资和时尚气息带到了墨尔本和悉尼。到19世纪80年代，墨尔本和悉尼已成为颇具风尚的现代化城市，街道上有煤气灯，还有铁路、电力和那项伟大的新发明——电报。事实上，墨尔本这座南部的首府城市有许多剧院、酒店、画廊和时装店，它如此富庶，以至于被称为“神奇的墨尔本”。但当时的经济发展过热，许多政客和投机家被卷入土地交易腐败案中，而投资者将资金投向高风险和不切实际的企业，这一切注定不能长久。

同时代的西部故事

西澳大利亚州的发展迟于东部殖民地约50年。虽然早在1829年就有来自上流社会的殖民者在珀斯(Perth)定居，但物质文明却因与外界隔绝的地理位置、原住民的反抗以及干旱气候的影响而止步不前。直到19世纪

最佳历史博物馆

- 岩石探索博物馆，悉尼
- 莫森小屋复原博物馆，霍巴特
- 悉尼博物馆
- 军需储备博物馆，布里斯班

1919年

澳大利亚飞行家罗斯·史密斯和吉斯·史密斯驾驶着他们的维克斯维米双翼飞机，从英格兰飞至澳大利亚并因此成为民族英雄。两人还获得了骑士头衔。

1929年

从美国开始的经济大萧条波及澳大利亚，许多工人家庭变得一贫如洗。这段时期发生的暴力及苦难成为公共记忆里不可磨灭的一段。

1932年

一位名叫Francis de Groot的右翼分子身着军装，策马上桥，砍断了悉尼港大桥的剪彩彩带。这一举动抢走了鼓吹独立的新南威尔士州州长Jack Lang的风头。

1936年

最后一头被捕猎的塔斯马尼亚老虎在霍巴特一所动物园死去。接下来的几十年间，野外兴许还有老虎存活，但经过了密集的搜寻，人们无功而返。

澳大利亚和英格兰之间两年一次的"灰烬杯"(Ashes)板球对抗赛总是精彩纷呈，这项比赛始于1882年。虽然双方都曾在一段时间内独领风骚，但截至目前是澳大利亚32胜、英格兰31胜。

80年代，在偏远地区发现的金矿才为这个与世隔绝的殖民地带来了财富。当时，西部刚刚开始自治，其首任领袖是一位强有力的、饱经风霜的探险家约翰·弗雷斯特(John Forrest)。他认识到，如果政府不提供一流的港口、有效的铁路运输和可靠的水源，采矿业就会衰亡。他不顾私营承包商的威胁，任命能干的工程师奥康纳(CY O' Connor)负责这些政府项目中所有的设计和建设。

日益高涨的民族主义浪潮

到19世纪末，澳大利亚的民族主义者试图将"丛林国家"和它的人民理想化。为这种"丛林民族主义"摇旗呐喊的是广受欢迎的《公告》(*Bulletin*)杂志。它的政见包含平等、民主、共和的理念，字里行间充满了关于日常生活的幽默和感伤，有许多作家为其撰文，其中最有名的是亨利·劳森(Henry Lawson)和AB.班卓·帕特森(AB 'Banjo' Paterson)。

19世纪90年代也是个创伤深重的年代。随着泡沫经济的破灭，东部殖民地劳动阶层的家庭深受失业和饥饿的折磨。然而，澳大利亚工人已发展出了一种强烈的认知，就是他们有权分享国家的繁荣。随着经济萧条的加重，工会在维护工人权益方面变得越来越激进。同时，决心赢得合法改革的社会活动家建立了澳大利亚工党(Australian Labor Party, 简称ALP)。

国家独立

推荐两本角度不同、充满睿智见解的澳大利亚历史书籍：斯图尔特·麦金泰尔(Stuart Macintyre)的《简明澳大利亚史》(*A Concise History of Australia*)和杰弗里·布莱内(Geoffrey Blainey)的《澳大利亚简史》(*A Shorter History of Australia*)。

1901年1月1日，澳大利亚联邦成立。当新任国家议会成员汇集在墨尔本时，他们的首要目标是保护欧洲人在澳大利亚的身份和价值，使其免受蜂拥而至的亚洲人和太平洋岛民的影响。他们的解决方案成为一项法律，即"白澳政策"(White Australia policy)。在接下来的70年里，这项政策成为澳大利亚人处理种族问题的原则和信条。

对于这些生活在这个圈子内的白人来说，这是一个处于大英帝国外围的模范社会。就在一年后，白人妇女赢得了联邦选举的投票权。经过激烈变革，政府出台了一系列覆盖方方面面的社会福利政策，并利用进口税来保护澳大利亚人的工资水平。这一政策集资本主义拜金论和社会主义同情心于一体，被称为"澳大利亚方案"。

同时，多数澳大利亚人生活在大陆的沿海"边缘"。干旱荒凉的内陆令

1939年

罗伯特·孟席斯总理宣布，英国已加入对抗希特勒德国的战争中，"所以澳大利亚也处于战争状态"。

1941年

日本突袭珍珠港，战火席卷了东南亚。澳大利亚人发现他们已被传统盟国英国抛弃。不过，他们欢迎美军在澳大利亚建立基地。

1945年

第二次世界大战结束了。新的口号开始在澳大利亚流行起来——"增加人口，否则会灭亡！"在接下来的30多年里，200多万移民涌入澳大利亚，其中三分之一是英国人。

1948年

板球运动员唐纳德·布莱德曼退役，他所创造的场均99.94分的纪录至今无人能破。南非"蝙蝠侠"Graeme Pollock的纪录紧随其后，但其1970年退役时的场均得分仅为60.97分。

人难以接近，人们将干燥的艾尔湖（Lake Eyre）称为这个国家的“死亡心脏”。这是一幅恐怖的景象，就像将生命之水送到澳大利亚内陆的心肌已经死亡了。但矮小精悍的阿尔弗雷德·迪金（Alfred Deakin）总理结束了这样的景象。他带领着支持者，决心战胜暴虐的气候。早在联邦成立之前的19世纪80年代，迪金就支持在墨累河（Murray River）流域的米尔迪拉（Mildura）进行灌溉和开发，这个地区很快就被葱葱郁郁的葡萄园和果园覆盖了。

塔斯马尼亚的帕拉瓦（Palawa）原住民社区成员正试图在岛上原住民语言记录的基础上，重构一种名为“palawa kani”的塔斯马尼亚通用原住民语言。原始塔斯马尼亚语的最后一位本地使用者于1905年去世。

步入国际舞台

生活在干燥而令人难以接近的土地边缘地带，与世界其他地区隔绝，多数澳大利亚人完全接受他们是大英帝国的一部分的观念。1914年，当“一战”在欧洲爆发时，数以千计的澳大利亚人响应帝国的号召。他们第一次尝到死亡的滋味是在1915年4月25日，那天澳大利亚和新西兰联合军团（Anzacs）与成千上万的英法军队一起参加了土耳其加里波利半岛（Gallipoli Peninsula）的一次袭击战。8个月后，英军司令终于承认，这是一次失败的战斗，而此时已经有8141名年轻的澳大利亚士兵战死沙场。不久，澳大利亚军队开始辗转欧洲各战场作战。战争结束时，有60，000名澳大利亚人战死。从此，每年4月25日，澳大利亚人在全国各地的战争纪念碑集会，举行悲痛而庄严的仪式以纪念“澳新军团日”（Anzac Day）。

在20世纪20年代，澳大利亚在长达10年的时间里经历了翻天覆地的变化。汽车开始和公路上的马匹抢道。在新兴的电影院里，年轻的澳大利亚人欣赏着美国电影。在性解放的气氛中，年轻人在聚会上随着美国爵士乐跳舞狂欢。就在激进派与保守派的冲突中，澳大利亚飞速奔过20世纪20年代，一头栽入1929年经济大萧条的谷底。全球小麦和羊毛价格急速下跌，令人感到羞愧的是，失业率也达到了可悲的每三个家庭就有一家失业的程度。工薪阶层重新体会到这个将他们抛弃的制度的残酷性。对那些富裕阶层或是有工作的人们来说，大萧条几乎没有任何影响。事实上，极度的通货紧缩，意味着他们的购买力的提升。

关于澳新军团的传奇故事，最受到认同的版本是彼得·韦尔（Peter Weir）摄制的澳大利亚史诗电影《加里波利》（*Gallipoli*, 1981）。影片由梅尔·吉布森（Mel Gibson）领衔主演。

1932年，板球场上发生了对不道义行为的指责和抗议。英格兰队在队长道格拉斯·贾汀（Douglas Jardine）的带领下，采用新的所谓“身体防线”的粗暴投球策略，其目的在于打击澳大利亚的明星击球手、具有压倒性优势的唐纳德·布莱德曼（Donald Bradman）。这场残酷的比赛引发了一场澳大利亚与英国的外交危机，并成为澳大利亚传奇的一部分。布莱德

1956年

奥运会在墨尔本举行，圣火由年轻的田径冠军罗恩·克拉克点燃。澳大利亚在这届奥运会上以13枚金牌的成绩雄踞奖牌榜第三。

1965年

罗伯特·孟席斯总理信守承诺，将澳大利亚军队派至美军在越南的战场，这一举动分裂了整个国家。共有426名澳大利亚人在战争中牺牲，2940人负伤。

1967年

在一次全国公民投票中，澳大利亚白人同意接纳原住民为澳大利亚公民。“任何州的原住民除外”的词句被从澳大利亚宪法对公民资格规定的条款中删除。

1973年

在经历了冲突重重的建设后（包括丹麦建筑师约恩·乌松被解雇），悉尼歌剧院开始营业。这座标志性的建筑在2007年被列入世界遗产名录。

长长的墨累河流经三个州（新南威尔士州、维多利亚州和南澳大利亚州）。1986年，经过测量，这条河全长为2756公里。从1853年开始的半个世纪里，它一直是通往澳大利亚内陆地区的重要水道。

曼继续其击球生涯，到1948年退役时，他已经取得了职业生涯中无人可及的平均99.94分的辉煌战绩。

对日战争

1933年后，经济开始复苏。1939年，希特勒将欧洲带入新的战争，但这几乎没有打断人们日常生活的忙碌。虽然澳大利亚人长期以来惧怕日本，但他们想当然地认为，英国海军会确保其安全。1941年12月，日本轰炸了珍珠港的美军舰队。数周后，位于新加坡的"坚不可摧"的英国海军基地被瓦解。不久后，数以千计的澳大利亚和他国盟军士兵开始在日本军队的战俘营里忍受残酷的煎熬。

就在日本军队横扫东南亚、进入巴布亚新几内亚时，英国宣布他们没有多余的资源来保护澳大利亚。而传奇人物美军司令道格拉斯·麦克阿瑟将军（General Douglas MacArthur）却视澳大利亚为美国在太平洋上的完美基地。经过一系列激烈的海陆战，盟军逐渐扭转颓势。美军——而非大英帝国——挽救了澳大利亚。与英国联盟的解体之日近在眼前。

以战时布里斯班为背景的精彩小说有《乔诺》（*Johnno*，1975）。这是澳大利亚最好的作家之一、大卫·马勒夫（David Malouf）的开山之作。

展望和平

当第二次世界大战结束时，一条新的口号响彻全国："移民或者灭亡！"澳大利亚政府开始实行宏伟的计划，来吸引成千上万的移民。有了政府的支持，人们从英国以及非英语国家蜂拥至澳大利亚，其中包括希腊人、意大利人、斯拉夫人、塞尔维亚人、克罗地亚人、荷兰人和波兰人，之后还有土耳其人、黎巴嫩人和许多其他国家的人。人们期待这些"新澳大利亚人"融入被称为"澳大利亚式"的郊区生活之中。

赛马

在大萧条那段艰难的岁月里，澳大利亚人通过体育运动从痛苦中摆脱出来，并沉迷于游戏与赌博中。一匹叫法拉普（Phar Lap）的栗色马强劲有力，赢得了一次又一次的比赛，最终在1930年的墨尔本杯（这项年度盛事被称为"让全国停工的赛马"）上毫不费力、优雅无比地获得了冠军。1932年，这匹伟大的马被带到了美国的赛道上，之后神秘地病逝。在澳大利亚，流言四起，人们坚持认定这匹马是被起了妒忌心的美国人毒杀的。于是，在巅峰期折翼的体育英雄就成了传奇。法拉普被制成荣誉标本陈列于墨尔本博物馆，它的骨架则被送还其出生地新西兰。

1975年

在激进式改革和无法控制的通货膨胀的背景下，总督约翰·克尔爵士解散了工党领导的惠特兰政府，并下令举行联邦大选，结果保守党大获全胜。

1979年

不顾环境保护团体的激烈抗议，联邦政府授权Ranger财团在北部地区开采铀矿。

1979年

1978年，在一次联邦政府的调查问询后，捕鲸行为在澳大利亚海域被全面禁止。最后一头被合法捕杀的鲸鱼死于1979年11月。

1983年

塔斯马尼亚政府计划在富兰克林河修建水坝，这成为联邦选举中的重要议题。工党的鲍勃·霍克支持"不修大坝"的政策，并成为新总理。

许多移民在日益发展壮大的制造业找到了工作，比如通用和福特那样获得关税支持的公司。另外，政府实行大胆的公共建设计划，其中著名的有在堪培拉附近山区进行的大型“雪山水力发电计划”。如今，环境保护者指出，这一巨型的隧道、水库和发电站组成的网络对环境造成了破坏。但雪山计划代表着人们重新找回了积极乐观的情绪，也体现了参与项目的多国人员之间的合作。

在现代自由党的创建人、澳大利亚任职时间最长的总理罗伯特·孟席斯（Robert Menzies）的领导下，澳大利亚经历了一个增长和繁荣的时期。孟席斯深受英国历史和传统的影响，是个颇有怀旧情结的保皇派，同时他也是个警觉的反共产主义者。随着冷战的阴影笼罩亚洲，澳大利亚、新西兰与美国达成正式的军事联盟，其标志是1951年的《澳新美安全条约》的签订。在美国将卷入越南战争时，孟席斯按承诺派遣澳大利亚军队奔赴越战战场，并为海外军事行动征兵。第二年，孟席斯退休，给继任者留下难题。反战运动使澳大利亚陷入分裂。

许多艺术家、知识分子和年轻人持有另一种观点，那就是孟席斯领导下的澳大利亚已成为一个枯燥和自满的国家，它更偏爱美国和英国的文化，却不太重视自身的天赋和故事。在民族主义思潮中，工党在有才干的理想主义者、律师高夫·惠特兰（Gough Whitlam）的领导下赢得了1972年大选。在短短的4年任期内，他的政府改变了国家，停止征兵，取消所有大学费用，实行了免费的大学医保计划、无过错离婚、原住民土地权法则以及女性同工同酬。“白澳政策”已经渐渐被淡忘，而在惠特兰的任期内，它被彻底废止了。到今天，已有大约100万的移民来自非英语国家，他们的到来为澳大利亚带来了新的语言、文化、食品和观念。在惠特兰领导下，这一成就被称为“多元文化主义”。

到了1975年，惠特兰政府受到通货膨胀和丑闻的影响。1975年年底，总督在一片争议声中解散了惠特兰领导下的政府。但他的继任者继续推行其社会改良政策，原住民土地权得到扩展。从20世纪70年代起，亚洲移民数量有所增加，多元文化主义已成为澳大利亚的新传统。中国和日本已超越欧洲成为澳大利亚主要的贸易伙伴，澳大利亚经济的未来在亚洲。

当代的挑战

今天的澳大利亚面临着新的挑战。20世纪70年代，澳大利亚开始去除其贸易保护主义的壁垒，新的效率带来了新的繁荣。而与此同时，原本

在第二次世界大战期间，北部地区的达尔文在日军发动的64次空袭中损失惨重（1942~1943）。在报道中，只有17人死亡，但实际上却有243人遇难，成百上千的人受伤，半数以上的居民逃往阿德莱德河。1974年的圣诞节早晨，达尔文被热带气旋“翠西”夷为平地。

20世纪50年代至60年代初，英国科学家在偏远的南澳大利亚州马拉林加（Maralinga）进行了7次核试验，这给马拉林加当地Tjarutja人的生存环境造成了毁灭性破坏。20世纪50年代，西澳大利亚州的蒙特贝罗群岛（Montebello Islands）还进行了3次鲜为人知的核试验。了解这方面信息的最好读物是罗伯特·德鲁伊（Robert Drewe）的著作《蒙特贝罗》（*Montebello*, 2012）。

1992年

澳大利亚最高法院对Mabo原住民做出裁决，承认原住民的土地权利，直接推翻了长期以来的“无主土地”惯例。

2000年

悉尼奥运会是一场壮观而友好的盛会。原住民短跑冠军凯西·弗里曼点燃了圣火，并在女子400米竞赛中一举摘金。

2007年

陆克文被选为新一任澳大利亚总理。他一改前保守党政府的政策方向，向原住民道歉，并批准了有关气候变化的《京都议定书》。

2009年

2月7日，澳大利亚经历了最严重的自然灾害，维多利亚州的400起山火造成173人遇难。这一天被称为“黑色星期六”。

在墨尔本的华人博物馆（www.chinesemuseum.com.au）和移民博物馆（www.museumvictoria.com.au/immigrationmuseum）里可以了解更多有关澳大利亚移民的故事。

受独立法院保护的工资和工作条件变得不稳定，因为平等主义让位于竞争了。而且，在经过两个世纪的发展之后，对环境造成的压力开始显现出来，其中包括水源、森林、土壤、空气质量和海洋。

在澳大利亚任期第二长的总理、保守党代表人物约翰·霍华德（John Howard，1996~2007年在任）的领导下，澳大利亚相比以往任何时候都更亲近美国，并加入了美国对伊拉克发动的战争之中。政府苛刻对待寻求避难者，拒绝承认气候变化的现实，进行反工会性质的改革，而且总理缺乏对原住民的同情心，这一切令澳大利亚左派人士心灰意冷。但是在霍华德任职期间，澳大利亚经济获得了增长，这凸显了自力更生的价值，从而为他赢得了澳大利亚中部地区的持续支持。

2007年，霍华德在竞选中败给工党领导人陆克文（Kevin Rudd）。这位前外交官很快对澳大利亚原住民在过去两个世纪中受到的不公正待遇进行了正式道歉。虽然陆克文政府许诺在环境和教育领域进行全面改革，但随着2008年世界经济形势的恶化，政府也面临危机。2010年6月，陆克文黯然离职。之后上台的新总理朱莉亚·吉拉德（Julia Gillard）和世界上其他国家的领导人一样，面临着三个相互关联的方面的挑战——气候变化、原油供应不断减少以及经济衰退。随着环境的恶化、民望的下降和持续的焦虑，吉拉德在2013年将总理之职还给陆克文。然而，2013年年末，陆克文再度失去总理之职，继任者是保守派的领导人托尼·阿博特。

2010年

澳大利亚首位女性总理朱莉亚·吉拉德宣誓就职。她出生于威尔士，幼年时因体弱而举家迁往澳大利亚，以便生活在温暖的气候中。

2011年

五级强热带气旋“雅斯”在昆士兰州北部海岸的使命海滩登陆，使房屋、基础设施和农田受到严重损毁。

2013年

在经历了2011年大面积的洪涝灾害之后，昆士兰州再次洪水泛滥——热带气旋“奥斯瓦德”横扫过境。班达伯格受灾尤为严重。灾害总损失达$2,400,000,000。

2014年

新当选的保守党总理托尼·阿博特指派澳大利亚空军战斗机以及特种部队顾问加入多国军队，参与对抗伊拉克极端分子的军事作战。

澳大利亚原住民

凯茜·克雷吉

如果未曾体验过原住民和托雷斯海峡岛民异彩纷呈的特色文化，你的澳大利亚之行就算不上圆满。游客在这里了解世界上流传至今的古老文化，并且认知已经存在了5万余年的生活方式。在从城市到丛林的旅途中，你有许多机会走近澳大利亚原住民的世界，具体方式包括参观美术馆、博物馆或者预约前往原住民地区观光等。丰富多彩的原住民文化一定会赋予你别开生面的澳大利亚旅行体验。

原住民文化

原住民文化历经数千年的发展，其演化与人们的精神、经济和社会生活息息相关。这一传统通过仪式、艺术、文化材料和语言世代相传。语言在维持原住民文化的过程中发挥着重要作用。

如今，澳大利亚举国上下都兴起了恢复原住民语言和振兴原住民艺术行业的运动。传统知识被用于科学、自然资源管理和政府计划。原住民文化从来都不是一成不变的，而是随着时间和环境的改变而不断发展。如今，人们用新技术、新媒介讲述原住民故事，游客可以报名参加文化游，从原住民的视角体验生活。你可以通过某些特定的天然地标了解原住民祖先，观赏已有数千年历史的古老岩画，品尝传统食物，或者参加原住民的节庆和表演。

政府对文化事业的支持力度时有变化，这取决于当时的政治气候。然而，原住民决心维持自己与传统的联系，同时运用他们的文化知识打造一个更美好的未来。

凯茜·克雷吉是一位来自新南威尔士州北部Gamilaroi/Anaiwon的女性。她是一位自由撰稿人和文化咨询顾问，对原住民事务非常在行。

土地

原住民文化将人类视为生态环境的一部分，而不是游离于生态体系之外。每件事物都相互关联，环境从整体上维系人类的精神、经济和文化生活。反过来，原住民通过庆典、仪式、歌唱和故事讲述等方式世代传递着其获取的知识，又维持了对这片土地的崇敬。对原住民而言，土地在本质上与个人身份和神灵息息相关。澳大利亚所有的地方都在原住民的口头传说中有所反映，而某些地方对于宗教和文化信仰来说意义重大。其中一些广为人知的圣地包括蓝山的三姐妹峰，以及塔斯马尼亚的Warreen Cave，洞中有可追溯至4万年前的手工艺品。

圣地可以是岩石、山川、树木或水流的一部分，它们与某个祖先或某件重大事件息息相关。这些地方通常都是“梦创时代”故事的一部分，并且将不同地区的人们联结在一起。爱丽斯泉周边的山脉就有毛虫“梦创时代”故事中的许多内容，包括Akeyulerra（Billy Goat）、

托雷斯海峡岛民

原住民社会五花八门，他们并不是完全一样的群体，而是数百个截然不同的"主权民族"。托雷斯海峡岛民是美拉尼西亚人（Melanesian），拥有与澳大利亚原住民全然相异的文化，但是其历史却与澳大利亚原住民有着密不可分的联系，这两个群体构成了澳大利亚最初的两个原住民民族。本章阐述的是广义上的原住民问题，与这两个民族都有关系，但重点在澳大利亚大陆，因为这里曾是原住民的土地。

Atnelkentyarliweke（安扎克山）和艾米丽山口的岩画等。其中最著名的当属乌卢鲁（艾尔斯岩）和卡塔楚塔（奥尔加），后者是故事中巨蛇Wanambi的家，它呼出的气形成了穿越峡谷的风。Pirla Warna Warna是塔纳米沙漠中瓦勒皮里人的一处圣地，位于爱丽斯西北270英里处，数个瓦勒皮里的"梦创时代"故事在这里产生交集。

文化团队游使你可以拜访原住民的家园，了解各种动植物，还可开展狩猎和钓鱼等活动，享受丛林美食或舞蹈。

请注意，许多原住民聚居点都受法律保护，禁止任何形式的打扰。

原住民艺术不仅仅是点画、舞蹈和迪吉里杜管乐器，还是一种生机勃勃的文化。想要与原住民打交道，可借助这一完美的载体实现。对维多利亚州的原住民文化来说，Koori Heritage Trust（www.koorieheritagetrust.com）提供一站式服务。

艺术

原住民艺术对澳大利亚的人文景观产生了重要影响，被视为澳大利亚文化的重要组成部分。如今，在国内外重大活动中，都能看到原住民艺术。澳大利亚原住民艺术承担着传递知识的重任，如今也在经济、教育和政治等多方面发挥了重要作用。艺术被用来加强大家对于健康等问题的关注，也是澳大利亚各族群之间重新达成和解的主要工具。在许多社区，原住民艺术已经成为就业和收入的重要来源。

视觉艺术

原住民艺术很难被定义为某种风格，因为其形式和实践因地区不同而各异。从最原始的岩画、雕刻和身体装饰等艺术形式，到生机勃勃的当代艺术，这些作品演绎着澳大利亚原住民的成功故事。

岩画

岩画是人类最古老的艺术形式，澳大利亚原住民岩画可追溯至数万年之前。在澳大利亚的各个州都能找到岩画。对原住民来说，岩画是他们与过往生活方式的直接联系。这种艺术以及实践方法是将人与这片土地相连的歌曲、故事和习俗的组成部分。澳大利亚各地有许多不同风格的岩画艺术，包括在砂岩和模板上铭刻、在悬岩上刻印和绘画等。原住民出于各种原因创作岩画，例如，他们将岩画作为仪式或庆典的一部分，并用岩画来记录事件。

在3天的时间里，凯恩斯原住民艺术节（www.ciaf.com.au）上会展出300多位原住民艺术家的代表作品。艺术节在每年的8月举办，吸引着数以万计的游客。如果想要观看和购买这个国家最棒的艺术品，不要错过这一机会。

一些最古老的雕刻作品可见于西澳大利亚州的皮尔巴拉和南澳大利亚州的Olary，后者雕刻的是一只鳄鱼。这让人感到非常意外，因为澳大利亚的这个地区并没发现过鳄鱼的存在。金伯利的岩画内容多为古代创造之神Wandjina。悉尼附近的所有国家公园里都有岩石雕刻，这些地方交通便利，易于游览。在维多利亚州的格兰扁（加里维德）有手印和手工模板印刷。原住民经营的旅行社Guurrbi Tours（见487页）可带领游客前往昆士兰州的库克敦附近，并参观Wangaar-Wuri岩石绘画。

在北部地区，许多岩画遗址都有用绘画、雕刻和其他文化材料表现的模式和符号。卡卡杜国家公园内有5000多处有记载的地点，但人们推测，还有许多地方有待发现。其中一些作品完成于2万年之前。卡卡杜已被列入世界遗产名录，其在文化方面的重要性早已获得国际公认。

在澳大利亚中部地区，岩画依然具有宗教意义。在这里，人们会对这些艺术作品进行修补，并将其作为仪式的一部分与故事联系到一起。在其他大部分地方，人们已不再绘制岩画，而是改用树皮、纸张和画布来作画。

如果你要访问岩画所在地，请不要触摸或损坏这种艺术，并请尊重你参观的地方和周边地区。

当代艺术

当代艺术发源于澳大利亚中部一个名为Papunya的小社区。这里的居民来自好几个语言族群，都是被赶出原居住地的人。1971年，Papunya学校的一位美术教师开始鼓励大家绘画，一些老人对此表示出兴趣。这开启了原住民艺术从砂岩和人体绘画向现代媒介的转型，"可圈可点"的当代绘画风格就此发端。"点画"（dot paintings）的形成被视为20世纪最伟大的艺术运动，Papunya的艺术家成为其他原住民社区争相仿效的好榜样。

位于堪培拉的国家美术馆内藏有许多精美作品。在任意一个公共美术馆或任一销售原住民作品的独立画廊里都能欣赏到当代原住民艺术。无论是何种媒介，当代艺术家都能一展身手。原住民作品还会出现在许多非常规物体上，例如宝马汽车和澳洲航空的飞机机身等。澳大利亚中部沙漠仍是原住民艺术的中心，爱丽斯泉是观赏和购买原住民艺术作品的最佳地点。凯恩斯则是创新原住民作品的另一个热点城市。

如果你要购买艺术品，确保卖家能提供这幅作品的出处。这包括艺术家的名字、他们来自哪个社区或语言族群以及这幅画作背后的故事等。如果这真是一幅原住民艺术作品，那么所有的收益都能返回到艺术家处。澳大利亚还有转售版税方案。

音乐

音乐一直是原住民文化中的重要组成部分。歌曲在教育和传递知识的过程中有着重要作用，乐器也通常被用于治疗、庆典和仪式。最著名的乐器要数迪吉里杜管（didgeridoo，又称Yidaki），传统上只有澳大利亚北部的男子才能吹奏。其他乐器还有敲敲木（clapsticks）、摇铃（rattles）和回飞镖（boomerangs）等。在澳大利亚南部，人们用兽皮紧紧围住张开的双膝，从而形成鼓声效果。

大事年表

1928年

安东尼·马丁·费尔南多，首位在国际上宣扬原住民权利的活动家，因在伦敦的澳大利亚专员公署外抗议种族歧视而被逮捕。

1938年1月26日

为了铭记英国人到来150周年，"原住民进步协会"在悉尼的澳大利亚厅召开了一次会议，当天被称为"哀悼和抗议的一天"。

1963年8月15日

北部地区的Yirrikala人向众议院递交了一份树皮请愿书，反对政府在他们的土地上开矿，而此前联邦政府未经协商就批准了开矿计划。

1967年5月27日

联邦公投决定联邦可以制定关于原住民问题的法律，并且将他们纳入全国人口普查中。现在，他们开始享有和其他澳大利亚人一样的公民权利。

1971年7月12日

在国家原住民日，原住民旗帜首次在阿德莱德迎风飘扬。这面由澳大利亚中部原住民哈罗德·托马斯设计的旗帜，成为原住民身份认同的象征。

1972年1月26日

"原住民帐篷大使馆"出现在堪培拉议会大厦的草坪上，这一行为是抗议原住民受到的不公待遇以及政府近来拒绝了一项原住民土地权提案的行为。

讲故事的重要性

原住民拥有口述文化，因此学习如何讲故事非常重要。故事赋予生命以意义，并且被用来传递逝去祖先的信息。虽然不同的地区、不同的语言群体的信仰和文化实践各不相同，但是他们拥有共同的世界观，那就是这些祖先创造了土地、海洋和所有的生物，也就是通常所说的"梦创时代"。通过故事，知识和信仰得以世代相传，并且形成了应当遵循的道德规范。今天的艺术家延续了这一传统，但他们使用的是新媒介，例如电影。首位出版作品的原住民作家是戴维·乌奈庞。这位来自南澳大利亚州的男子是一位作家、科学家，并且积极为他的族人奔走。他生于1872年，出版了作品《原住民传说》（*Aboriginal Legends*，1927）和《当地传说》（*Native Legends*，1929）。

其他出版作品的早期作家有Oodgeroo Noonuccal、Kevin Gilbert和Jack Davis。当代作家中较为出名的有Alexis Wright、Kim Scott、Anita Heiss和Ali Cobby Eckerman。推荐阅读的获奖小说有Kim Scott的《逝者之舞》（*Deadman Dancing*，Picador Australia出版）、《心中的明天》（*Benang*，Fremantle Press出版），Alexis Wright的《卡奔塔利亚》（*Carpentaria*，Giramando出版），Ali Cobby Eckerman的《许久以前》（*Little Bit Long Time*，Picaro Press出版）和《红宝石月光》（*Ruby Moonlight*，Magabala Books出版）。

这些丰富多彩的音乐传承持续至今，对蓬勃发展的当代音乐行业也具有重要影响。与其他艺术形式类似，原住民音乐正慢慢发展为一种融合了新的创意和风格以及厚重的文化特征的艺术形式。Dan Sultan和Jessica Mauboy等当代艺术家成功地被主流社会接纳，他们赢得了许多音乐大奖，在电视上的流行综艺节目和大型音乐节上都能见到他们的身影。原住民音乐频道是倾听原住民音乐最佳、最便捷的方式。

被《滚石》（*Rolling Stone*）杂志形容为拥有"澳大利亚最重要的声音"的盲人歌手Geoffrey Gurrumul Yunupingu（www.gurrumul.com）用来自阿纳姆地的语言Yolngu歌唱。他用如天籁一般的歌声诉说了身份认同及与土地、祖先的联结。Gurrumul在海内外拥有大量听众，他的两张专辑都是白金唱片。

表演艺术

舞蹈和戏剧是原住民文化的重要组成部分。各个族群的传统舞蹈风格截然不同。对动物、鸟类和其他事物的模仿是澳大利亚各地原住民舞蹈的共同特点，但是舞蹈动作却有很大的不同，例如手臂、腿和身体的动作等。节庆舞蹈和仪式舞蹈是高度结构化的，通常都通过讲述故事来传递一些知识，与人们在狂欢会（corroborees）上的即兴表演完全不一样。与其他艺术形式类似，舞蹈也会适应当今世界的变化而有所发展。当代的舞蹈团体赋予了这种传统形式以现代意义。最知名的舞蹈团体是在国际上享有盛誉的Bangarra Dance Theatre（见127页）。

戏剧也借鉴了讲故事的传统。传统戏剧和舞蹈在举行仪式或狂欢会时上演，同时也出现在许多当代剧作中。今天的澳大利亚拥有繁荣兴旺的原住民戏剧产业，许多原住民演员和作家都为主流制作公司工作，或者与这些公司合作。有两家主要的原住民戏剧公司——墨尔本的Ilbijerri（www.ilbijerri.com.au）和珀斯的Yirra Yakin（www.yirrayaakin.com.au）。此外，一些主流公司专门演绎原住民的故事，这些公司制作的一些作品蜚声海内外。

电视、广播和电影

原住民很快就适应了电子广播，并且开发了一个由广播、出版和电视服务构成的庞大媒体网络。在澳大利亚的城市、乡村地区和偏远社区，共有120多个原住民广播站和节目在运营。各地的节目形式有所不同。一些广播仅采用原住民语言或迎合特定的音乐口味。

原住民广播电台是听原住民音乐最好、最便捷的方式。在布里斯班的总部，国家原住民广播电台（The National Indigenous Radio Service，简称NIRS；www.nirs.org.au）通过4个频道（卫星和网络）播放和原住民有关的内容。

原住民电影行业蓬勃发展，近年来多部故事片都在主流电影市场赢得了不错的口碑和票房，如《蓝宝石》（*The Sapphires*）、《全新的一天》（*Bran Nue Dae*）和《参孙和达利拉》（*Samson and Delilah*）。自从首个原住民电视频道NITV于2007年开播以来，愿意讲述原住民故事的电影制片人的数量正在与日俱增。

澳洲原住民历史

在欧洲人抵达澳大利亚前，文化是维系澳大利亚各地原住民的共同纽带。澳大利亚各原住民族群间存在着许多共同之处，正是通过这些共性，他们方可彼此沟通互动。在后殖民地时期，原住民也是澳大利亚历史中的重要角色。

最初的澳大利亚人

许多学者认为，原住民来自其他地方，而科学证据表明，原住民至少在4万至5万年前就已来到这片大陆。原住民认为，这片土地就是他们世代生存的家园。

欧洲人将原住民按照语言和边界分为300多个不同的民族。大部分原住民居无定所，他们随着季节性的动物迁徙和植物生长的情况在领地内来回迁移。澳大利亚的多样化地貌意味着每个民族的生活方式都不尽相同。虽然这些民族是截然不同的文化族群，但他们也有许多共同特点。每个民族都有几个氏族或家族负责看护特定区域。在数千年里，原住民生活在一个将他们与自然环境密切联系起来的复杂亲属关系体系内。从沙漠到海洋，原住民不断按照他们所处的环境来塑造其生活方式，培养不同技能，并且丰富着对自己领地的认知和了解。

殖民地化

殖民地化的影响在欧洲人抵达之后立刻显露无疑。他们首先影响了土地和水资源的分配，此外还造成了疾病的流行。悉尼港附近约半数的原住民因身染天花而死亡。在一段时间内，原住民奋起反抗，以保护他们的土地和生活方式。随着暴力和屠杀席卷全国，许多原住民被迫离开世代居住的土地。在100多年里，原住民人口锐减了90%。

到19世纪后期，大部分肥沃的土地都被夺走了，大多数原住民被迫在定居点边缘或不适合居住的土地上过着

1987年8月10日

一个旨在调查原住民被拘禁期间死亡事件的皇家特派团，调查了大量原住民在狱中死去的案例。

1992年6月3日

此前“无主土地”的法律概念被澳大利亚最高法院推翻，判决宣称澳大利亚在英国人到来之前就已经归原住民所有。

1988年1月26日

在澳大利亚欢庆英国人抵达200年之际，40,000多名原住民和他们的支持者在悉尼游行，以纪念澳大利亚被入侵200周年。

2000年5月28日

超过300,000人一起走过悉尼港大桥，以显示原住民和其他澳大利亚人需要和解。

2007年6月21日

联邦政府暂时中止《种族歧视法案》，开始实施大规模的调停，以应对北部地区原住民社区的虐待儿童问题。

2008年2月13日

澳大利亚总理代表政府对原住民被偷走的孩子和他们所遭受的不公正式道歉。

2010年7月10日

原住民首领Yagan在以他的名字命名的一座珀斯公园中入土为安。他于1833年被谋杀。

2015年1月22日

Bargnarla人宣称拥有南澳大利亚州艾尔半岛的大部分原住民地权，此事正在联邦法庭审理。

被偷走的一代

当澳大利亚在1901年成立联邦时，政府出台了“白澳政策”。这项政策的实施旨在限制非白人移民前往澳大利亚定居，然而，该政策也对澳大利亚原住民造成了影响。政府各部门“鼓励”人们将这项政策贯彻到更广泛的社会领域，以逐渐消除原住民族群。1909~1969年，官方将原住民和托雷斯海峡岛民的孩子从其家人身边带走。也许准确的数字永远都不会有人知道，但据估计，共有100,000原住民儿童被迫离开了自己的家人（或者说，每三个孩子中的一个）。

一个名为“原住民保护委员会”的政府机构就此成立，其专门负责执行这项政策，并且有权力在不经父母同意或未获法庭授权的情况下就将孩子带走。许多孩子从此再也没有见过他们的家人，即使有些人设法回到家里，却发现很难维系亲情。这些被从自己的家庭带走的孩子后来被称为“被偷走的一代”。

进入20世纪90年代后，澳大利亚人权委员会对抱走原住民儿童的做法进行了一次调查。当名为《带他们回家》的报告于1997年5月被提交到议会时，这些政策对孩子及其家人的破坏性影响才被公之于众。政府、教堂和福利院都参加了强行带走孩子的行为。性侵和虐待在许多安置儿童的机构中是家常便饭。如今，被偷走的一代中，还有许多人饱受早期生活的创伤之苦。

2008年2月13日，当时的澳大利亚总理陆克文代表这个国家向被偷走的一代正式道歉。对许多原住民来说，这代表着国家治愈过程的开始。今天有许多组织专门为“被偷走的一代”而奔走。

如果想要更深入地了解英国定居点的早期岁月以及欧洲移民与澳大利亚原住民之间的冲突，可以读一下William Dawes的笔记——他在1787~1788年担任第一舰队的官员。这些日记可以上网阅读（www.williamdawes.org），其中包含了当地原住民语言的措辞，还有对传统生活的形容。最主要的消息提供者是一个叫Patyegarang的原住民女孩。

贫困的生活。原住民被迫接受新文化，但是却被当作二等公民对待。就业机会稀缺，大部分人都从事体力活或者家政工作。这一不利局面一直持续下去，尽管历届政府不断出台措施和计划来帮助原住民，但大部分行动都收效甚微。

权利与和解

原住民和其他澳大利亚人之间的关系并不总是一帆风顺。多年来，一些系统化政策陆续执行，但其中暗藏着许多不可告人的控制土地、驱逐人口、自我保护、对外同化、自我决定和自我管理的目的。

政府已经着手解决一些问题，但那一段充斥着强制迁移、骨肉分离、失去土地和文化的历史却无法被轻易抹去。当前政策的核心是“缩小差距”，重点是更好地提供基础服务以改善生活，但是原住民和其他澳大利亚人之间仍存在着巨大的差距，原住民的教育水平、就业率、健康状况和生活条件较差，入狱、自杀率居高不下，预期寿命较短。

纵然如此，原住民仍设法保持住了他们的身份认同以及与国家和文化之间的联系。尽管这个国家越来越多地认同和接受原住民，但展望前路，依然任重而道远。原住民没有真正意义上的政治或物质财产，但是他们对于法律和文化权利的追索一直持续至今，而且总是站在政治的最前沿。原住民所有的胜利都来之不易，这都是他们自己争取来的。

环境

蒂姆·弗兰纳雷

澳大利亚的动植物可能是你在地球上能见到的最接近外星生物的物种了。这是因为，澳大利亚在相当长的时间里（约8000万年）与其他大陆相隔绝。与其他曾有大陆桥相互连接的适合人居的大陆不同的是，澳大利亚的鸟类、哺乳动物、爬行动物和植物因有其迥然不同的进化过程，从而形成了世界上最独特、最多样化的自然世界。

独特的环境

首批探索澳大利亚的自然学家对其发现感到无比震惊——在这里，天鹅是黑色的，这对于欧洲人而言，简直不可思议，而鸭嘴兽和针鼹等哺乳动物竟然能下蛋——这真的是一个天翻地覆的世界。许多大型动物跳跃着行进，而每年树木蜕去的是树皮而不是叶子。

如果你到澳大利亚进行短期旅游，你可能需要改变既定路线，去体验自然环境的多姿多彩。这是因为，澳大利亚是个很微妙的地方，一些原始环境（特别是在城市周围）已被破坏，或被欧洲引进的树木和生物所取代。反倒是悉尼这样的地方（尽管人们很容易抵达）保留了一大片原生的自然环境。在你体会和欣赏之前，有必要了解一些关于澳大利亚自然界发展的基本知识。这一点很重要，因为澳大利亚是一块如此与众不同的大陆。而一旦你对其起源和自然节奏有所了解，你就能更好地领略这个地方。

在解释澳大利亚的自然生态前，要先讲两个重要因素：澳大利亚的土壤和气候，两者都非常独特。

蒂姆·弗兰纳雷是一位科学家、探险家和作家，还是独立运营的气候协会的主要顾问。他曾是悉尼麦夸里大学科学系的教授，直到2013年。2007年，他被授予“杰出澳洲人奖”。他曾经出版过众多的获奖书籍，包括《未来人类》（*The Future Eaters*）、《启程》（*Throwim Way Leg*，讲述他在巴布亚新几内亚从事植物学工作的经历），以及《气候成因》（*The Weather Makers*）。

气候

澳大利亚的缺憾不仅在于土壤条件，也在于它的气候。在世界上大部分地区，潮湿的热带地区以外的生物随着季节变化的节奏而自我调整——由夏季到冬季，或由湿润到干燥。澳大利亚的大部分地区也有着季节的变化（有时变化会很极端），但是生物却不完全跟着这种季节变化走。这一点通过这样的事实可以清楚反映出来：虽然澳大利亚有许多寒冷有雪的地区，但这里几乎没有在冬天落叶的树木，也没有多少澳大利亚的动物需要冬眠。实际上，还有一个更具威力的气候现象，它是澳大利亚生物忌惮的——厄尔尼诺。

厄尔尼诺现象是导致南太平洋地区出现重要气候变迁的复杂气候模式，它带给澳大利亚洪水和干旱的轮回，其影响深不可测。这里的河流（即使是伟大的墨累河——澳大利亚第一大河流，它流经东南部地区）可能在某一年达数英里宽，而第二年你甚至可以涉水过河。这就是厄尔尼诺的威力，它与澳大利亚贫瘠的土壤条件相结合，其影响就更大了。

环境保护组织

- **澳大利亚环保基金会**（Australian Conservation Foundation; www.acfonline.org.au）澳大利亚最大的从事环境保护的非政府组织。
- **澳大利亚丛林遗产**（Bush Heritage Australia; www.bushheritage.org.au）和**澳大利亚野生动物保护组织**（Australian Wildlife Conservancy, AWC; www.australianwildlife.org）欢迎人们付出资金和时间来保护本地物种。
- **澳大利亚环保志愿者组织**（Conservation Volunteers Australia; conservationvolunteers.com.au）一个以开展实践性环保项目为重点的非营利组织，开展的项目包括种树、修建步道、动植物调查等。
- **澳大利亚生态旅游组织**（Ecotourism Australia; www.ecotourism.org.au）在澳大利亚建立了值得信赖的环保、可持续的旅游体系，列出了各州的生态友好型旅行社、住宿地和景点。
- **荒野学会**（Wilderness Society; wilderness.org.au）关注荒野和森林的保护。

动植物

澳大利亚的野生动植物物种极为多样化，而且能够完美地适应这个国家的土壤和气候。

哺乳动物

袋鼠

当然，澳大利亚作为袋鼠和其他有袋类动物的故乡而闻名于世。不过，除非是在野生动物园，否则你很难看到这些动物，因为它们多在夜晚活动。它们的生活方式足以适应澳大利亚恶劣的自然条件。你是否想过：为什么袋鼠这种体型较大的哺乳动物以跳跃的方式行进？事实上，跳跃是中速行进最有效的方式。因为弹跳的能量储存于腿腱中，就像装了弹簧高跷的棍子。跳跃时，肠子像活塞一样上下跳跃，不必动用胸肌就能将胸腔清空并填入空气以进行呼吸。在长途行进中寻找微薄的草料时，这种效率是必要的。

澳大利亚博物馆的教育网站（www.australianmuseum.net.au）提供有关从白垩纪到现今的澳大利亚动物生活的丰富信息。孩子们可以全神贯注地进行在线游戏、观看纪实资料和电影。

考拉

有袋类动物的能效是如此之高，以至于它们对食物的需求只是其他相同大小的有胎盘类动物（从蝙蝠到老鼠、鲸鱼，再到我们人类）的五分之一。还有一些有袋类动物将能效提到了更高的程度。如果你参观野生公园或动物园，你可能会注意到考拉迷离的眼神。这种眼神给人感觉它身处无人之境——事实也近乎如此。几年前，生物学家宣布考拉是世界上唯一一种大脑与头颅不匹配的动物。它们如起皱核桃一般大小的大脑在满是液体的头盖骨中浮动。另一些研究者则对此发现提出异议，指出被研究的考拉的大脑很可能萎缩了，因为这些器官非常柔软。不管是大脑柔软还是脑袋空空，可以肯定的是考拉绝不是动物界的爱因斯坦。现在我们确信，考拉为获得能效而牺牲了其大脑。大脑运作需要许多能量。考拉食用桉树叶，树叶中的毒素需要考拉消耗20%的能量进行解毒，这样就几乎没有能量留给大脑了。幸运的是，居住在树顶则远离掠食动物，这也意味着考拉不需要太多智慧也能够生存。

袋熊

澳大利亚特殊环境的局限性并没有使所有生物变得愚笨。考拉的近亲——袋熊（有三个种类）就有着一个相对于其他有袋类动物而言太大的脑袋。袋熊生活在结构复杂的地洞里，体重可达35公斤，这使其成为地球上体积最大的食草类穴居动物。由于其洞穴具备有效的空调功能，袋熊在其中能减缓新陈代谢活动。一位研究过袋熊甲状腺荷尔蒙的生理学家发现，睡着的袋熊生物运动停止的程度，就如同其进入了死亡状态！袋熊一次可在地下待一个星期，所需食物只相当于同样大小的羊的三分之一。将来，讲究效率的农场主可能会去饲养袋熊而非羊群了。当然，这在目前还是不可能的。北部的毛鼻袋熊是袋熊中最大的一种，也是世界上最稀有的动物之一：在昆士兰州中部偏远的自然保护区内仅有大约160头幸存的毛鼻袋熊。

其他哺乳动物

在澳大利亚一些主要城市周边的自然公园里，你可能会看到一些比较常见的有袋类动物，其中就有袋鼩。这种老鼠般大小、在夜晚活动的动物过着不同寻常的生活。雄性动物只能存活11个月，而其中头10个月都在进食和生长。终有一天，它们的注意力转移到了性上，对袋鼩来讲，这就变成了一种瘾。雄性袋鼩在向雌性求偶时，会完全忘记进食和睡眠。到8月底——即它们进入"青春期"仅两星期后，所有雄性袋鼩都因疲乏不堪的交配行为导致睾丸肿大而死去。

还有两种独特的单孔目动物（卵生哺乳动物）生活在澳大利亚：笨手笨脚的针鼹，其与刺猬有几分相似；还有会让人想到水獭的鸭嘴兽——它们双脚有蹼，喙状似鸭。针鼹在丛林步行小道上十分常见，但鸭嘴兽却行踪飘忽，通常会在清晨或薄暮时现身于宁静的河边溪畔。

如果你非常幸运的话，会看到一只蜜貂。这种个头很小的有袋类动物令人捉摸不定。从某种程度上来看，花蜜和花粉已经满足了其所需的所有膳食需要，而西南地区又总是有足够多的花朵供其食用。但是，没人能理解为什么公蜜貂需要拥有比蓝鲸精子更大的精子，或者说，为什么他们的睾丸如此巨大。若是人类也具有此项"天赋"的话，男人就需要在两腿间带着4公斤重的土豆走来走去了！

R Strahan的《澳大利亚哺乳动物》（*The Mammals of Australia*）是一份针对澳大利亚神秘的哺乳动物的全面调查。每个物种都配有插画，对于物种的文字描述都由澳大利亚的动植物专家执笔。

爬行动物

你在澳大利亚经常能看见的物种就是爬行类动物。蛇各处都有，包括一些目前所知的剧毒种类。虽然和它们狭路相逢的机会很渺茫，但最好祈

与众不同的鸟类

澳大利亚的鸟类很少按季节繁殖，也几乎没有候鸟。鸟类在雨水来临时繁殖，其中很大一部分都会追随着降雨在整个大陆进行迁徙。

澳大利亚如此严峻的自然条件使得鸟类发展出一些异乎寻常的习性。随便举几个例子，就说你可能看到的笑翠鸟、鹊和蓝鹪鹩吧。这些鸟已经养成了一种被称为"鸟巢助手"的繁殖习性。所谓助手是那些鸟类家庭里的大哥大姐，它们已经成年，但与父母住在一起并帮助父母哺育幼鸟。开始，人们对它们为什么这样做不太理解，直到后来才认识到，澳大利亚自然条件如此恶劣，所以有两只以上的成年鸟哺育幼鸟才行。这种繁殖方式在亚洲、欧洲和北美洲非常少见，但在澳大利亚的许多鸟类中却不足为奇。

H Cogger的《澳大利亚的爬行动物和两栖类动物》(*Reptiles and Amphibians of Australia*)被那些对澳大利亚爬行动物感兴趣的读者视为冷血的圣经。这一大厚本有助于你辨识动物种类（必要时还可用来作防卫武器）。

祷不要遇到它们。如果你不去招惹蛇，它通常也不理会你。注意观察，悄悄地后退，切忌恐慌，这样通常都不会有麻烦。

有些游客会把蜥蜴误当成蛇，有些澳大利亚蜥蜴看上去的确很奇怪。最常见的一种是遍布南部干旱地区的睡蜥蜴，其看上去就像是会活动的松果。它们在澳大利亚就等同于乌龟，是无害动物。另一些蜥蜴要大得多。除非你到过印度尼西亚的科莫多岛，否则你不会看到比沙漠蜥蜴更大的蜥蜴。这些身上有类似豹纹斑点的生物可以长到2米多，能有效地捕食兔子、野猫和类似的动物。

卡卡杜国家公园是观赏爬行动物的最佳场所，这里的咸水鳄是世界上体型最大的爬行动物——一些成年公鳄身长可达6米。

植物

澳大利亚的植物具有令人难以抗拒的魅力。如果你碰巧在春天到达珀斯，一定要来一次野外赏花之旅。最悦目的花朵盛开在干旱的沙原地带，袋鼠爪、班克斯花和其他相似的本地植物鲜艳得令人目眩。其品种的多样性也让人吃惊，在澳大利亚的西南角汇集了4000个品种的植物。如此多样的开花类植物令植物学家也大为困惑，看来这要归功于澳大利亚贫瘠的土壤。沙原要算是澳大利亚最为贫瘠的土壤了，几乎全是石英石，它阻碍着任何一种快速生长的物种，使之无法占有主宰地位。相反，数以千计特殊的植物种类已掌握了在夹缝中求生存的方法，并因此得以共存。有些生长在1米高的沙丘脚，有些生长在沙丘顶，有的长在向东的斜坡，有的在向西的斜坡，诸如此类。它们的花朵必须鲜艳夺目，这样才能吸引花粉采摘者，因为在这片沙原世界，养料如此稀缺，连蜜蜂之类的昆虫也非常少见。

如果你在西南部的野花地区漫步，要留意毛毡苔。澳大利亚有多种毛毡苔，这些美丽的肉食性植物放弃了从土壤中汲取养料，转而利用润湿其叶子的甜甜的汁液捕捉昆虫。这种植物吞食它们以获取氮和磷。

环境挑战

欧洲对澳大利亚的殖民始于1788年，对环境的灾难性破坏也由此开始，其结果是如今澳大利亚人面临着一些世界上其他地方没有的、最为严重的环境问题。这看起来似乎有些奇怪，生活在面积相当于美国（不含阿拉斯加）大陆上的数量仅为23,000,000的人口却能对环境造成如此大的损害。然而，澳大利亚长期与世隔绝，其脆弱的土壤和恶劣的气候都使其

澳洲鲸鱼史

出于经济原因，从殖民地时期开始，南澳大利亚州就开始捕杀鲸鱼了，但这一活动最终于1979年被政府禁止。捕鲸叉所捕获的主要战利品包括座头鲸、蓝鲸、南部露脊鲸和抹香鲸。这些鲸鱼在悉尼港、奥尔巴尼附近的西澳大利亚海岸以及霍巴特的德温特河口等传统繁育场所被大量捕杀。这个行当在19世纪中期之前还非常红火，后来受鲸鱼数量的大幅度减少、内陆淘金热以及石油成为替代燃料等因素的影响，捕鲸业日渐萎靡。

近年来（让当地人欣喜若狂），鲸鱼小心翼翼地重返悉尼港和德温特河。颇具讽刺意味的是，观鲸活动正成为日益兴起的旅游项目，比较热门的观鲸点包括南澳大利亚州的海湾之首、维多利亚州的瓦南布尔、昆士兰州的赫维湾和悉尼港外海。

鲨鱼

对鲨鱼的恐惧会毁掉你的海滩行程？抛开媒体有关2014年5起死亡事件的报道，自1791年以来，澳大利亚平均每年仅有1起因鲨鱼袭击而导致的致死事件。在全世界的海洋里有约370种鲨鱼，其中有160种生活在澳大利亚的周边水域。其中，只有部分鲨鱼会对人们造成威胁，它们通常是白鳍鲨、大白鲨、虎鲨和牛鲨。

事实证明，人们扎堆的地方往往是鲨鱼大开杀戒的场所。新南威尔士州和悉尼就曾经因此而四海闻名。鲨鱼袭击人类事件的数量在1920~1940年达到顶峰，但是随着1937年防鲨网的全面建成，截至目前仅发生了一起鲨鱼致死事件（1963年）。所以，放心畅游，享受海水吧！

特别易于受到人为的破坏。

对澳大利亚环境的破坏有几种方式，最为严重的是有害物种的引进、对森林的破坏、土地的过度开垦以及对水道的破坏。

1788年，有家猫逃进丛林，以此为开端，不断发生有害动物（从狐狸到野骆驼和蔗蟾蜍）进入澳大利亚野生环境并引起本地原生物种灭绝的事件。在欧洲殖民之前存在的原生哺乳动物中，每10种已有1种灭绝，其他的许多种动物也到了濒临灭绝的状态。这样的物种灭绝也影响到原生的植物、鸟类和两栖动物。

对森林的破坏影响到环境。在环保主义者为最后的一些未得到保护的“古树木”与伐木业主对峙时，大多数澳大利亚的雨林已经开始遭到破坏。

许多澳大利亚的牧场在一个多世纪的时间里长期过度放牧，其结果是土壤和农业经济极易受到澳大利亚洪水和干旱周期的影响，也造成了许多原生物种的灭绝。农业的发展涉及土地清理和灌溉的供应，这又造成了深刻的影响。西澳产麦带上各种各样壮观的植物是在一个世纪前才开始消失的，而如今该地区三分之一的土地已经盐碱化。

澳大利亚1.5%的土地提供了其95%的农业产出，这些土地大多位于墨累-达令盆地（Murray-Darling Basin）的灌溉地区。这是澳大利亚农业的心脏地带，也是土壤和河流遭受严重盐碱化威胁的地区。灌溉水渗入古代海洋留下的沉积物，将盐分带入排水层和农田里。新南威尔士州和维多利亚州的斯诺伊河也面临着巨大的生存挑战。

尽管巨大的生物危机威胁着澳大利亚，政府和社区却迟迟没有回应。直到20世纪80年代才有了协调行动，直到20世纪90年代才采取了一些主要措施。土地保护组织（Landcare; www.landcareaustralia.com.au）是一个使人们能够有效讨论地方环境事务的机构。该组织的建立以及联邦政府发起的“关心祖国”计划（Caring for our Country）启动了超过2,000,000,000澳元的预算，这些已成为重要的国家项目。然而，这个国家所面临的一些问题非常棘手，在阻止破坏进程方面的进展微乎其微。

澳大利亚面临的环境问题非常严重，克服这些问题首先需要有革命性的解决方案。因为这些可持续性发展的措施必须在生活中全面执行，无论是农场、郊区还是城市中心。可再生能源、可持续发展的农业和水的使用是这些变革的核心，不过澳大利亚人目前还只是在规划可持续发展的蓝图，而为了这个大陆长远的未来，发展的可持续性已成为当务之急。

各州和地区的象征植物

- 澳石楠（维多利亚州）
- 库克敦兰花（昆士兰州）
- 红色和绿色袋鼠爪（西澳大利亚州）
- 皇家风铃草（澳大利亚首都直辖区）
- 塔斯马尼亚蓝桉（塔斯马尼亚州）
- 沙漠豌豆（南澳大利亚州）
- 沙漠玫瑰（北部地区）
- 特洛皮（新南威尔士州）

近年来，澳大利亚饱受森林火灾袭击之苦：2009年，维多利亚州的“黑色星期六”森林火灾夺走了173条生命；2013年，发生在塔斯马尼亚的大火造成一名消防员遇难，并且毁坏了数百栋房屋。2015年发生在阿德莱德的山火连烧了125平方公里，几十幢房屋和附属建筑物被毁。

当前的环境问题

目前，澳大利亚的脆弱地貌所面临的格外引人关注的环境问题是气候变化、水资源缺乏、核能和铀矿开采。所有这一切都是相互关联的。对于澳大利亚来说，气候变化造成的气温上升将给已经十分脆弱的地貌带来灾难性的影响。若平均气温上升2℃，将导致占这个国家一半的南部地区变得更干旱，水资源更为缺乏。科学家还认为，气候条件越发炎热和干燥，将使得森林大火更为频繁，飓风的强度也会随之增加。

澳大利亚是一个温室气体排放严重的国家，这是因为它的能源供应依赖于煤炭和其他化石燃料。核能是最优质却最有争议的替代能源，它可以减少温室气体的排放，使人们转而依赖于铀，而铀在澳大利亚非常丰富。但是核电站产生的放射性垃圾，可能要花费数千年的时间才能转化为无害物质。而且，铀是一种有限的能源（这不同于清洁能源和可再生能源，如太阳能和风能），即使澳大利亚现在就开始建立足够的核电站以真正减少对于煤炭的依赖，也得经过许多年才能带来环境和经济上的效益。

铀矿开采本身也引发了针锋相对的意见。因为世界各国正在关注核能，澳大利亚发现自己处于增加铀矿出口换取美元的位置。但铀矿开采几十年来一直在澳大利亚遭到激烈的反对，不仅因为铀是核武器的核心成分，还因为澳大利亚的更多铀矿蕴藏于原住民神圣的土地下。增加铀矿开采和出口的支持者建议，确保铀矿安全使用的最佳方式，就是掌控它的整个生命周期，也就是将原料销售给国际买主，然后有偿回收废料并且进行处置。出于经济原因考虑，两个主要政党都认可扩大澳大利亚的铀矿出口。

国家和州立公园

世界遗产胜地

- 大堡礁，昆士兰州
- 西南荒原，塔斯马尼亚州
- 乌卢鲁-卡塔楚塔国家公园，北部地区
- 卡卡杜国家公园，北部地区

澳大利亚有500多座国家公园，它们是在郊外被保护起来的具有环境或自然重要性的地区。每个州划定并管理自己的国家公园，但基本规章制度是全国统一的。国家公园包括雨林、空旷的澳大利亚内陆的大片地带、沿海沙丘地带以及崎岖不平的山区。

政府鼓励公众进入公园，只要他们能够遵守安全和保护规定即可。在所有的公园里，游人均被要求不能破坏或扰乱自然环境。公园通常都为游客设立了露营地（通常带有厕所和淋浴）、步行小道和咨询中心。大多数国家公园对携带宠物入内有严格的规定。

州立公园和州立森林的拥有权属于州政府，这些保护区内的规定比国家公园少。尽管州立森林允许砍伐，但它们多是带有露营地、步行小道和有标志的林间车道的休闲场所。有些公园允许马匹和狗进入。

观赏野生动物

澳大利亚的一些地区能给人们提供独特的观察野生动物的机会。其中内容最丰富的地区之一就是塔斯马尼亚岛。这个岛屿之所以遍布沙袋鼠、树熊和负鼠，主要是由于没有狐狸。狐狸消灭了大陆上大部分的有袋动物，却没能迅速来到这个岛上（直到2001年才在塔斯马尼亚岛发现第一只狐狸）。这个岛也是被称为“塔斯马尼亚恶魔”的袋獾（澳大利亚土狼）的家乡，这些有袋类动物在岛上很常见。在一些国家公园，你可以看到它们在撕咬被轧死的树熊，它们的咬扯令人生畏，叫声震耳欲聋。不幸的是，“塔

一蹶不振的墨累-达令河流域

墨累-达令盆地（Murray-Darling Basin）中分布着澳大利亚最大的水系，该水系流经昆士兰州、新南威尔士州、澳大利亚首都直辖区、维多利亚州以及南澳大利亚州，流域面积达105万平方公里，相当于澳大利亚国土面积的14%。除了满足本国三分之一的农村和城市人口的饮水，这些水源还要灌溉珍贵的雨林、湿地、亚热带地区和酷热的不毛之地。

然而干旱、灌溉和气候变化却使墨累-达令河的流量大为减弱。达令河附近的湿地曾经每5年就会遭遇一次泛滥的洪水，如今这个频率已经下降至25年一次，曾经丰富的物种濒临灭绝。整个生态体系将会彻底盐碱化并无法使用，从而造成真正的危机。

2010年以来（尤其是2011年），整个澳大利亚东部的降雨和频发的洪水使流量有所增加，但是如何实现农业和环境用水的分配，这一议题在五个州和地区之间遭遇了政治和社会争议。

斯马尼亚恶魔”的数量正在因面部肿瘤症的侵袭而急剧下降。

悉尼大学的海岸研究小组调查认定，澳大利亚的海滩数量达到了令人惊叹的10,685个（他们对海滩的定义是延伸长度超过20米、涨潮时依然未被淹没的沙滩）。

对于那些对热带雨林多样化着迷的人，昆士兰州的世界遗产值得一看。白天可以看到天堂鸟、食火鸡和其他多种鸟类，晚上则可以搜寻树袋鼠（是的，有些种类的袋鼠确实生活在树顶）。夜间出行时，你很可能会看见好奇的负鼠，它们中有些看起来就像鼹鼠，还有一些目前只在昆士兰州东北部小范围地区才有的其他有袋类动物。

要观察野外生物，在澳大利亚的沙漠就真要碰运气了。如果你在干旱的年份去沙漠，所看到的可能只是多尘的平原、袋鼠和鸸鹋群，还有几棵挣扎求生的树。然而，经过几场大雨后重返沙漠，你眼前的景象就如同是伊甸园。成片的白色和金色的雏菊延伸到远方，盐湖里注满淡水，数以百万计的水鸟捕食水中充足的鱼类和昆虫。这看上去就像是海市蜃楼——与海市蜃楼相同的是，土地一旦干涸，这一切就会消失，几年或十几年以后才能再次恢复生命的春天。要想去更可靠的鸟类观测点，卡卡杜绝对值得一游，特别是11月干旱季节结束的时候。

澳大利亚境内所发现的最大动物是鲸鱼和海豹那样的海洋哺乳动物，要观察它们，没有比南澳大利亚州更好的地方了。春天时，南部露脊鲸纷纷拥向大澳大利亚湾的边缘，你可以在偏远的Yalata原住民社区附近从容地观察鲸鱼交配、嬉戏和哺育子女。阿德莱德南部的袋鼠岛是观察海豹和海狮的极佳地点。各地有完善的游客中心，可为游客观赏野生动物提供帮助，有些地方的夜晚还会有企鹅巡游，届时成年蓝企鹅会在此筑窝。袋鼠岛的沙滩是一个神奇的地方，漫步其间，你能发现美丽的贝壳、鲸鱼骨，还可以在海生植物中看到如同珠宝的阔叶状海马。

昆士兰州大堡礁的生物多样性颇具传奇色彩，从凯恩斯或道格拉斯港乘船，前往大堡礁的旅程令人毕生难忘。同样非比寻常却鲜为人知的是澳大利亚南部水域的物种多样性，世界上没有其他任何地方能像大澳大利亚湾那样成为众多海洋生物的家园。

饮食

10年前，澳大利亚人靠着"一荤三素"的饮食习惯生存和发展，并引以为荣。当时所谓的美食就是周日烧烤会，意式千层面被认为是很洋气的舶来品。幸运的是，澳大利亚的烹饪正在与时俱进，如今已勇于推陈出新，佐餐饮品有举世闻名的葡萄美酒、优质咖啡以及日益增多的精酿啤酒。

最佳美食节

塔斯马尼亚美食节，霍巴特，塔斯马尼亚州

墨尔本美食美酒节，墨尔本，维多利亚州

克莱尔山谷美食周末，克莱尔山谷，南澳大利亚州

玛格丽特河美食节，西澳大利亚州

现代澳式风味

"Mod Oz"是"Modern Australian"（现代澳式风味）的缩写，可用来概括当代澳大利亚的烹饪风格：东西方烹饪技巧互相结合，大西洋和环太平洋风味彼此融合，再加上地道的法式和意式传统。

移民是促成菜系融合的重要原因。"二战"以来，大量来自欧洲、亚洲、中东和非洲的移民涌入澳大利亚，他们带来了各种新的配料和烹饪方法。越南菜、日本料理、斐济食物，无论它们来自何方，都会有固定的移民群体以及对此颇感兴趣的本地人精心烹饪和品尝。你会发现牙买加人使用苏格兰灯笼椒进行烹饪，突尼斯人则乐于烹煮塔津（tajine，摩洛哥菜，将牛肉、羊肉、土豆、南瓜、蚕豆放在瓷器盘里面蒸）。

随着澳大利亚人对食物多元化和新奇发明的胃口越来越大，美食文化也日益精进。烹饪书和美食杂志都很畅销。澳大利亚许多知名的厨师都来自海外，他们的背景和菜肴风格也反映了澳大利亚的多元文化特征。电视上的做菜节目——无论是竞赛类还是美食旅游类，都已经成为每晚的必播档。

这些虽然听上去令人头晕目眩，但不用担心，种类丰富是澳大利亚饮食中最宝贵的财富。你会发现这些菜肴的特色在于味道大胆而富有趣味，口感新鲜。它们能赢得不同的人的青睐：辣味从微辣到极辣都有，各种海鲜无所不有，肉类新鲜柔嫩，而且素食者的需求也会得到照顾（尤其是在城里）。

当地新鲜食物

澳大利亚每年消耗的海鲜超过206,000吨。海岸边的炸鱼和薯条餐厅通常都直接向当地渔船购买海鲜。因此可以问问厨师哪些是冷冻的（即从别处运来的），哪些是新鲜的。

澳大利亚幅员辽阔（与美国本土的面积差不多），气候极其多样——从北部的热带到南部的温带，因此一年中的任何时候都有多种农产品，水果就是一个典型的例子。夏天是油桃、蜜桃和樱桃丰收的季节。杧果如此之多，昆士兰人都吃厌了。墨累河地区分布着广阔的果园，里面种满了柑橘、葡萄和甜瓜。塔斯马尼亚的寒冷气候使当地的草莓和核果味道绝佳。南澳大利亚州的西红柿和橄榄在全国首屈一指。在当地超市里可以购买到各种新鲜水果。

这个地域辽阔的国家盛产各种海鲜。牡蛎非常受欢迎，美食家对悉尼岩石牡蛎赞不绝口，这种生物其实生长在新南威尔士州沿海地带。优质的牡蛎也来自南澳大利亚州7个不同的地区，塔斯马尼亚州的太平洋牡蛎更是

丛林美食：澳大利亚本土食物

约有350种食用植物是澳大利亚丛林所特有的。丛林食物为你提供了真正感受澳大利亚地貌的机会。这里有沙漠中的干果和瘦肉，海滨地区的贝类和鱼类，高地地区美味的高山浆果和山椒，以及雨林中的水果和香草等。

这种食物烹饪方式是基于澳大利亚原住民对自然环境的专业认知，以及经过世代传承的文化知识。多年来的尝试和失败，使原住民对这些食物有了充分的认识并掌握了其烹饪方法。

收获丛林食物用来赚取商业回报，大约在30年前就开始了。在澳大利亚中部，这主要是由中年和老年原住民妇女负责的。在这里以及其他地区，丛林肉食有袋鼠肉和鳄鱼肉，鱼类有澳洲肺鱼等，丛林水果有沙漠葡萄干、大杜英果、澳大利亚小红莓等。

Janelle White是一位应用人类学家，目前她的博士研究课题是原住民从事的各种沙漠丛林农产品，其中包括丛林食物、丛林医药和丛林珠宝等。她在阿德莱德以及爱丽斯泉西北200公里处的土地上工作、生活。

远近驰名。这个澳大利亚最南端的州还以鳟鱼、三文鱼和鲍鱼闻名于世。

另一种听起来怪怪的美味食物被称作“小虫子”（bug）——长着铲状鼻子的龙虾，却没有一般龙虾的标价。Marron是产自西澳大利亚州的貌似史前动物的淡水小龙虾，流行的重口味调料不会影响其清新细腻的口感。澳大利亚的大虾也很棒，口感极佳，尤其是在新南威尔士州北部沿海看到的甜种大虾或东海皇大虾。此外，还有数不清的野生鱼类产品，包括来自北部地区备受称赞的澳洲肺鱼。即使是那些较为平常的鱼类，如笛鲷、鲹鱼和牙鳕鱼，经过简单的烧烤后都会变得格外鲜美。

近年来，澳大利亚乳品业刮起了一股日益壮大的精品奶酪风，仅塔斯马尼亚出产的奶酪品种就多达50种。

餐厅烹饪

在澳大利亚，去餐厅吃饭是件十分惬意的事情。点菜时间大概在15分钟之内，20分钟后就会上第一道菜，主菜会在之后约半小时内被端上餐桌。即使是最高档的餐厅，也不会要求你穿外套（当然穿上也不会有什么不好）。

如果一家餐厅的类型是BYO，就是允许你自带酒水。如果餐厅本身也出售酒，则你通常只能携带瓶装葡萄酒，而且餐厅会加收开瓶费。费用以每人或者每瓶计算，在一些高档餐厅开瓶费可能高达每瓶$20。

在澳大利亚，小费并非一定要给，但是如果食物很棒，或是对方的服务让你称心如意，给点儿小费会让双方都感到开心。通常的标准是10%。

快餐

在大城市，街头摊档正在日益兴起——咖啡推车和售卖墨西哥玉米卷饼、煎饼、烤土豆、汉堡的货车比邻而立……在城里的其他地方，你会发现各种快餐连锁店、美味的三明治酒吧、购物中心和市场内的美食城、烘焙店以及寿司铺、面条馆和沙拉吧等。在大城镇以外的地方，可供选择的快餐非常有限而且十分传统，例如小商店（在南澳大利亚州和西澳大利亚州被称为“delis”）。这些街角商店通常供应传统的汉堡包（带有培根、鸡蛋、菠萝以及甜菜根）和其他外卖食品。

在澳大利亚有近1,000,000人是意大利后裔，因此比萨饼已成了澳大利亚（有争议的）最受欢迎的快餐食品。大多数送货上门的外卖比萨饼都是美式（厚型，并有许多填料）而非意式的。但是，在乡村小镇仍可轻而易举地找到用木材烘烤的薄型那不勒斯式比萨饼。

炸鱼薯条仍广受欢迎，炸鱼大多是鲨鱼形状的（通常被称为flake，别担心，它味道不错），或烤或浸着面粉炸。

如果你去观看英式橄榄球联赛或澳式橄榄球赛，你不仅得穿着与所支持的球队颜色一致的服装在看台上大声欢呼，而且，一罐啤酒、一个肉馅饼也是必不可少的。

与当地人进餐

大多数人仍以麦片、吐司面包和水果作为早餐，在周末还会增加培根和鸡蛋，配以茶和咖啡。午餐时，澳大利亚人喜欢吃三明治、沙拉和寿司，晚餐则较为随意。

标志性的澳式烧烤几乎算得上一种必须要经历的文化体验。夏天，澳大利亚人常常呼朋唤友，在晚餐时间架起户外烤架，将汉堡包、香肠、肉排、海鲜、蔬菜置于火上。如果你受邀参加烧烤会，记得带上一些肉和冰啤酒。一年中，澳大利亚人还会在周末推出烤架，进行午间快速烧烤。全国各地的公园里都设有免费的通电式或燃气式户外烧烤设施。

礼仪提示：如果你被邀请赴家宴，记得带上礼物（即使主人事先声明拒绝礼物）：一瓶葡萄酒、半打啤酒、一些鲜花或者一盒巧克力都是不错的选择。

咖啡馆和咖啡

澳大利亚的咖啡馆通常都可提供经济实惠的食物：只需花上约$15就能获得一顿美味可口的餐点。咖啡馆通常都欢迎小孩子。

澳大利亚人越来越沉迷于咖啡，几乎每个咖啡馆都配备意式浓缩咖啡机和各类优质的咖啡烘焙机，城市里经常能见到优秀的咖啡师，就连加油站都有配备咖啡师的咖啡馆。很多悉尼人和墨尔本人自认为咖啡专家，这两座城市为争夺澳大利亚“咖啡之都”的美誉而引发的“明争暗斗”从未停止。其他大的城镇也有相当不错的咖啡，如今在许多农村地区都能喝到好咖啡。

酒馆和饮品

不管偏好何种烈酒，如果你想来上一口，那你可算来对了国家。长期

就餐：时间、地点和方式

- 经济型餐厅主菜的价格通常在$15以下，中档餐厅的菜价通常为$15~32，高档场所的菜价则超过$32。
- 周末，咖啡馆从8:00开始供应早餐，工作日则略早一些。17:00左右打烊。
- 酒馆和酒吧通常从午餐时开门迎客，营业到22:00，周四至周六的闭店时间较晚。酒馆供应食物的时间通常为正午至14:00以及18:00~20:00。
- 餐厅大约于中午开始供应午餐，18:00开始供应晚餐。澳大利亚人通常在刚过正午时吃午饭，晚餐时间通常为19:00~20:00，大城市的一些餐厅会营业至22:00以后。
- 素食餐厅以及非素食餐厅里的素食菜（包括为素食者和肠胃功能不佳者准备的食品）在大城市里较为常见。在澳大利亚农村地区，肉类仍然是餐桌上的主流食物。
- 咖啡馆、餐厅、俱乐部、酒馆以及许多城市的购物中心都禁止吸烟。

葡萄酒产区

如今，澳大利亚所有的州和大陆领土（除北部地区的热带/沙漠地带以外）都发展了葡萄酒业，其中一些已经有差不多200年的历史。许多酒厂都允许顾客免费品尝葡萄酒，或是支付少量现金以品尝葡萄酒，若是之后你买酒的话还能以这部分费用抵扣买酒的总额。虽然许多佳酿产自有相当规模的大酒庄，但最具风味的葡萄酒往往来自小酒厂。下文将简要介绍各州的情况。

南澳大利亚州

南澳大利亚州的葡萄酒产业世界闻名。可前往阿德莱德的国家葡萄酒中心参观。库纳瓦拉（Coonawarra）的赤霞珠、克莱尔山谷（Clare Valley）的雷司令、阿德莱德山（Adelaide Hills）的白索维农，以及巴罗萨山谷（Barossa Valley）和麦克莱伦谷（McLaren Vale）的西拉都是仙液琼浆。

新南威尔士州和澳大利亚首都直辖区

猎人谷是澳大利亚最古老的葡萄酒产区，其历史可追溯至1820年。谷中地势较低处盛产西拉红葡萄酒和非木桶发酵的沙美龙白葡萄酒。地势较高的酒厂则擅长生产赤霞珠和西拉红葡萄酒，而且也可酿造华帝露和霞多丽白葡萄酒。在格里菲斯（Griffith）、马奇（Mudgee）和奥兰治（Orange）等内陆地区，有不少曾获大奖的酒庄。在澳大利亚首都直辖区，堪培拉周边知名酒庄的数量也在与日俱增。

西澳大利亚州

玛格丽特河（Margaret River）产区堪称一流赤霞珠和霞多丽葡萄酒的代名词。在古老的森林中，彭伯顿（Pemberton）的酒厂盛产赤霞珠干红、梅洛、黑品诺、白索维农和西拉等葡萄酒。南部海岸地区的芒特巴克（Mt Barker）是另一处崭露头角的葡萄酒产区。

维多利亚州

维多利亚州有500多座葡萄酒庄。在墨尔本外围，亚拉山谷（Yarra Valley）出产品质上乘的霞多丽和黑品诺，莫宁顿半岛（Mornington Peninsula）也毫不逊色。拉瑟格伦（Rutherglen）周边的酒厂出产优质的烈性葡萄酒以及西拉和杜瑞夫（durif）葡萄酒。

塔斯马尼亚州

去北部的派普斯河产区（Pipers River Region）和泰玛谷（Tamar Valley），或者探访霍巴特（Hobart）附近里士满（Richmond）周边的煤河谷（Coal River Valley）蓬勃兴起的葡萄酒产业。凉爽的气候是这里葡萄酒品质上乘的重要原因，尤其是黑品诺、赤霞珠和白气泡酒。

昆士兰州

高海拔的斯坦索普（Stanthorpe）及位于东南部的布兰德恩（Ballandean）是昆士兰州葡萄酒产业的中心，你还可以在位于黄金海岸内陆的坦柏林山（Tamborine Mountain）找到一些酒庄。

以来，澳大利亚葡萄酒都被认为是世界上最好的葡萄酒之一，现在更是澳大利亚最主要的出口产品之一。随着市场对啤酒口味的日益挑剔，当地制作的精酿啤酒正在经历日新月异的变化。精酿啤酒的风味和种类在不断创新，它已经开始向大啤酒品牌叫板。如果你偏好威士忌，就去塔斯马尼亚吧。那里现在已有十几家酿酒厂，生产上好的单一麦芽发酵威士忌，且屡获国际殊荣。

多数澳大利亚啤酒的酒精度在3.5%~5.5%，低于欧洲啤酒的酒精含蔬菜酱：你对它非爱即恨。美国总统奥巴马曾在一次外交场合中称其“十分可怕”——仅供参考。澳大利亚人每年消费的蔬菜酱超过了22,000,000罐。

量但高于大多数北美啤酒的含量。淡啤酒的酒精含量低于3%，如果你需要开车的话，喝一杯淡啤酒是个不错的选择。

购买啤酒时的用词各州不尽相同。在新南威尔士州，如果你比较渴，可以叫一大杯“schooner”（425毫升）啤酒，如果没那么渴，可以叫一中杯“middy”（285毫升）啤酒。285毫升在维多利亚州被称为罐“pot”，在塔斯马尼亚州则是10盎司（10-ounce）。品脱（Pints）可能是425毫升或568毫升，这取决于你身处何地。在大部分地方，你可以只是简单地要一杯啤酒，然后看看端上来的是什么。

“轮流做东”（Shouting）是一项传统习俗，大家会轮流支付酒钱。在干杯时，每个人都应碰杯，碰杯时一定要看着对方的眼睛，否则会导致7年性生活不和谐。

酒吧餐食（即柜台餐食）通常量大且物有所值。标准餐食包括香肠和土豆泥，或者炸肉排和沙拉，价格为$15~25。

另一个经济实惠的就餐场所是俱乐部，澳大利亚退役与现役军人俱乐部或冲浪救生俱乐部都是不错的选择。通常，你可以在厨房点菜，然后取号等待，柜台或对讲机会叫到你的号，你需要自行取餐，餐厅因此节省了雇员工的钱，你也节省了费用。

体育运动

无论是亲临体育场馆、流连于酒吧的大屏幕前，或是窝在沙发里看电视，澳大利亚人都会毫不吝惜地对体育运动进行投入——在钱财上和情感上都是如此。联邦政府每年在体育方面的开支超过$300,000,000，这笔钱足够让澳大利亚与任何令人钦佩的国际体育对手相匹敌。尽管在2012年伦敦奥运会奖牌榜上滑落至第10名，但澳大利亚正为了在2016年里约热内卢奥运会上卷土重来而不懈努力。

澳式橄榄球

澳大利亚最热门、收视率最高的两项运动之一，就是澳式橄榄球。虽然最初的比赛只和维多利亚州的文化及名头挂钩，但澳式橄榄球联盟（www.afl.com.au）逐渐风靡所有州，包括英式橄榄球占主导地位的新南威尔士州和昆士兰州。精妙的长传、高比分和剧烈的身体对抗让观众忘乎所以，球场内50,000多名球迷一起高喊"Baaall!!!"的叫嚷声是如此喧嚣，以至于周围数英里外的小狗都会受惊。

在澳大利亚，"Footy"可用于指代多种球类运动：在新南威尔士州和昆士兰州通常是指英式橄榄球，但在其他地方这个词指代的是澳式橄榄球。"football"也可以用来指代足球！

英式橄榄球

全澳英式橄榄球联赛（National Rugby League，简称NRL；www.nrl.com.au）是墨累河以北最受欢迎的体育赛事，赛季中的高潮是一年一度的新南威尔士州对昆士兰州的起源州赛（State of Origin）系列赛。看这样一场英式橄榄球比赛，能让你在激烈的对抗中深入体验牛顿的力学原理！

英式橄榄球联盟球队"沙袋鼠队"（Wallabies）于1991年和1999年捧起过英式橄榄球世界杯，还在2003年一举冲入决赛并最终摘银，但自此之后再无建树。澳大利亚、新西兰和南非共同参与角逐的**Super 15s**（www.superxv.com）比赛也非常火爆，其中有5支澳大利亚队伍参加：悉尼特洛皮队（Waratahs）、布里斯班红队（Reds）、堪培拉野马队（Brumbies）、珀斯力量队（Force）以及墨尔本叛逆者队（Rebels）。在2014年的决赛上，特洛皮队以一分的优势击败了新西兰的坎特伯雷十字军队（Canterbury Crusaders）——特洛皮队万岁！

足球

澳大利亚国家足球队（Socceroos）在历经多年征战后，最终于2006年、2010年和2014年挺进世界杯决赛圈。球队的表现不尽理想，但举国上下对这支队伍的热情支持丝毫未减（实际上，国家队在2015年赢得亚洲杯之后，其支持率上升并达到了顶峰）。

全国超级联赛（A-League；www.a-league.com.au）近年来风生水

起，成功吸引了一些国际巨星来帮助本地人才的成长。

板球

澳大利亚的T20 Big Bash League（www.bigbash.com.au）——一项基于20-over规则的板球赛事，在传统的五日赛和单日赛形式中异军突起。赛场上有更快速、更华丽、更出色的表现，尽管比赛内容不算太精彩，却是度过一个愉快夜晚的方式。

澳大利亚板球队在即时赛和单日赛中都占据统治地位，10年来在多数时间里其世界排名都位列第一。但是，随着天才球员Shane Warne、Adam Gilchrist和Ricky Pointing等人的退役，整支球队开始进入重建模式。直到现在，这支球队才恢复了之前的水平。

澳大利亚板球的最高潮是澳大利亚与英格兰之间两年一次的即时系列赛，即“灰烬杯”。非官方的奖杯是一个装有1882年板球横木白色灰烬的小陶罐（在澳大利亚户外烧烤会上找人聊天最好的引子，莫过于问问当地人什么是“bail”——板球三柱门上的横木）。2009年、2011年及2013年对阵宿敌英格兰队的接连失利，让举国上下都陷入一片悲伤之中。2014年，复仇的机会终于来了——澳大利亚以5比0赢得灰烬杯，这是在整个杯赛历史上第三次出现一边倒的胜利（2014年的系列赛本来应该在2015年举办，但为了不与2015年举行的单日世界杯赛重合，系列赛的举办时间被提前了一年）。

虽然澳大利亚板球队在言语方面的表现早已声名远扬（即为分散对方注意力，对对方击球手进行讽刺挖苦），但板球本身仍不失为一种非常绅士的运动。如果你从未观看过这种运动，不妨花点儿时间看一场比赛——场上交锋的策略是如此巧妙，战术配合是如此精密，运动姿态是如此风度翩翩。

网球

每年1月，在墨尔本举行的澳大利亚网球公开赛（见542页）都会吸引无数球迷到此观战，其球迷数量超过其他任何体育比赛。在男子比赛中，澳大利亚人上一次获得这项桂冠还是1976年，当时由马克·埃德蒙德森（Mark Edmondson）捧得了桂冠。在过去的许多年中，人们一直对雷登·休伊特（Lleyton Hewitt）寄予厚望，但这位曾获世界排名第一的球员的职业巅峰似乎已然远去（他似乎打算成为一名职业赛事评论员）。年轻球员尼克·克耶高斯（Nick Kyrgios）貌似有望承接衣钵（至少他的发型令人眼前一亮）。在女子比赛方面，澳大利亚选手萨姆·斯托瑟（Sam Stosur）在2011年获得美国网球公开赛冠军后，排名一直位居世界前十名。

游泳

四周大海环绕，泳池分布密集，澳大利亚人几乎人人都会游泳。澳大利亚最伟大的女子游泳运动员道恩·弗雷泽（Dawn Fraser）被民众亲切地称为“我们的道恩”，她在1956~1964年的3届奥运会上连续摘得100米自由泳金牌，还在1956年奥运会上率队获得了4×100米自由泳接力金牌。澳大利亚最伟大的男子游泳名将是伊恩·索普（Ian Thorpe，被人们称为Thorpie或Thorpedo），他在收获了5枚奥运会金牌后，于2006年退役，当时他仅有24岁。2011年年初，索普宣布复出，其目标是2012年伦敦奥运会，但他在选拔赛中就铩羽而归，再次告别泳池，并开始撰写个人自传。新贵詹姆斯·马格努森（James Magnussen）尚未赢得奥运会金牌，但本书落笔之时他已经是100米自由泳的世界锦标赛冠军了。

勇闯浪尖!

自从位于悉尼北部的“澳大利亚的纳拉宾”海滩出现在沙滩男孩乐队(Beach Boys)的MV《美国冲浪》(*Surfin'USA*)中之后,澳大利亚就与冲浪运动结下了不解之缘。贝尔斯海滩(Bells Beach)、玛格丽特河、拜伦湾渡口(Pass at Byron Bay)、塔斯马尼亚凶猛的Shipstern Bluff以及黄金海岸的伯力角(Burleigh Heads)等其他热门冲浪地点都深受国际冲浪客的青睐。“铁人”(Iron Man)和“冲浪救生”(Surf Lifesaving)竞赛在全国各地的海滩举办,吸引了众多专业冲浪客的到来。

不少澳大利亚冲浪好手都曾获得过“世界冠军”头衔。在男子领域,具有传奇色彩的冲浪手包括马克·理查兹(Mark Richards)、汤姆·卡罗尔(Tom Carroll)、乔尔·帕金森(Joel Parkinson)以及2013年的冠军米克·范宁(Mick Fanning),而在女子领域,标志性的澳大利亚冲浪手有温迪·博塔(Wendy Botha)、7次获得冠军的莱恩·比奇利(Layne Beachley)和2014年的冠军得主(6次获胜的)斯蒂芬妮·吉尔默(Stephanie Gilmore)。

赛马

澳大利亚人喜欢“赌马”,实际上,在赛马活动中下注非常方便,以至于这似乎成了举国上下共同的爱好!澳大利亚有全国性的赛马活动,同时维多利亚、塔斯马尼亚和南澳大利亚等州也有当地的赛马节。

澳大利亚最盛大的赛马活动是“让全国停工的赛马”——墨尔本杯(见543页),这项赛事于每年11月的第一个星期二举办。墨尔本杯上最有名的冠军赛马是新西兰出生的法拉普,它曾赢得1930年的杯赛,之后在美国神秘地病逝(疑为砒霜中毒)。后来,法拉普被制成荣誉标本并陈列于墨尔本博物馆。出生于英国(但在澳洲受训)的Makybe Diva是近年来冉冉升起的一颗新星,2005年退役之前它曾获得3次杯赛冠军。

生存指南

人身安全

如果你并非乐天派，那么你在澳大利亚或许会留意预防叮咬、刺痛、灼痛、冰冻、水淹或抢劫之类的事情。但你能遇到最糟糕的情况也许只是一些讨人厌的苍蝇和蚊子。喷洒一些防虫剂并勇敢闯荡吧！

请同时查看1217页。

哪里有野生动物

澳大利亚有种类繁多的传奇性的危险生物：蛇、蜘蛛、鲨鱼、鳄鱼、水母……旅行者不必过于恐慌，因为你在野外见到这些生物的可能性很小，被袭击的可能性就更是微乎其微了。

鳄鱼

澳大利亚北部海岸线周围的咸水鳄鱼非常危险。河口、小溪和河边也是它们的栖息之地，有些则生活在偏远的内陆。下水游泳前，请留意安全标志，或者向当地人打听那些看上去非常迷人的水潭或河流中是否有鳄鱼出没。

水母

生活在澳大利亚热带水域的箱形水母也叫“海黄蜂”或“毒刺”，它有毒触角的长度可达3米。它们在雨季（10月至次年3月）期间最为常见，在这段时间你要尽量远离海洋。一些海滩设有防刺网，但除非能够确定这些防刺网的存在，否则最好不要下水游泳。“防刺泳衣”（连身莱卡游泳衣）可以防止被刺伤，潜水服也有此功能。如果被刺伤，先用醋清洗皮肤，然后再前往医院就诊。

箱形水母还有一个个头略小但会致人死亡的近亲，即伊鲁康吉水母，但迄今为止，只有两例北部海岸的死亡事件被认为与之直接相关。

鲨鱼

尽管媒体对鲨鱼伤人事件的报道可谓铺天盖地，但在澳大利亚遭到鲨鱼袭击的风险并不比其他拥有漫长海岸线的国家更大。可向冲浪救生组织了解在当地被鲨鱼袭击的风险。

蛇

澳大利亚有许多毒蛇。最常见的是灰蛇和虎蛇，但它们大多不具备攻击性。除非你用棍子招惹它们，或不幸踩在它们身上，否则被它们咬到的可能性不大。如果被蛇咬伤，先用力压住伤口，防止毒液扩散，然后用夹板或吊带固定受伤部位。不要轻易走动，找个人去帮你寻求医疗帮助。

蜘蛛

澳大利亚有几种毒蜘蛛，被其咬伤后可以用抗蛇毒血清予以治疗。致命的漏斗网蜘蛛生活在新南威尔士州，治疗

全面看待问题

在澳大利亚，大概每年发生一次鳄鱼攻击人致死事件和一次鲨鱼伤人致死事件——不算2014年的5起致死事件的话。被蓝环状章鱼攻击致死的就更少了，只在20世纪发生过两起。水母更凶猛一些，每年大概会致两人死亡，然而相比之下，淹溺的几率比被它们袭击要高出100倍。在过去的20年里，没有人因蜘蛛叮咬致死。每年有一到两人因被蛇咬而死，每年蜜蜂伤人的事件数量也与此相仿。然而，这个国家道路上的交通事故死亡率比被蛇和蜜蜂咬伤致死的概率要高1000倍。

它的咬伤和治疗蛇的咬伤相同（压住并固定受伤处然后前往医院）。澳大利亚各地都有红背蜘蛛，被它咬伤会引起疼痛、发汗和恶心。敷上冰块或冷毛巾，然后前往医院。被白尾蜘蛛咬伤会导致难以治愈的慢性溃疡，被咬后要清洗伤口并寻求医疗救助。大得令人不安的猎人蜘蛛无甚危害，然而看到它通常会让你心惊肉跳。

户外和城市周边

在海滩上

在跳入海浪之前，先查看一下冲浪的条件，并对你自己的专业度、局限性有充分的了解。有人巡逻的安全区域以红黄旗标示，在它们之间游即可。冲浪时回头浪是个问题。如果你被卷入浪中，沿着和海岸平行的方向游泳，直至游出回头浪，然后再游回海滩。

每年都有人在浅滩跳水时撞在沙丘上，这会导致瘫痪，所以在向下跳跃之前一定要先检查水的深度。

每次都应使用SPF防晒指数在30以上的防晒霜，在前往海滩的30分钟之前将其涂抹在身上，并定时重复涂抹。

森林大火

在澳大利亚，每年都会有森林大火。在炎热、干燥、多风的季节以及完全禁火的时期，要特别小心未熄灭的火苗（包括烟头），也不要使用露营火炉、点燃篝火或进行烧烤。徒步旅行者应延期安排行程，等到条件许可的时候再进行丛林徒步。如果你在林中看到烟，不可掉以轻心，应该找到最近的空地（能够下山是最好的）。草木丛生的山脊是极其危险的地方。

寒冷天气

在澳大利亚死于严寒的徒步旅行者比在山火中丧命的还要多。特别是在塔斯马尼亚、维多利亚和新南威尔士的高原地带，天气变化非常快，即使是夏天，气温也可能降到零度以下并刮起暴风雪。体温过低是一件非常危险的事情。体温过低的早期征兆包括不能完成细微的动作（比如系扣子）、颤抖，以及较为严重的麻木感（手脚不灵、口齿含糊、喃喃自语及磕磕绊绊）。应离开寒冷的地方，换掉湿衣服，然后穿上干衣服，吃些东西或喝点水使身体变暖。

中暑虚脱

中暑虚脱的症状包括眼花、晕眩、疲劳、恶心或呕吐，皮肤变得苍白、冰冷且黏糊。在阴凉的地方休息，多喝水或稀释过的运动型饮料，可以帮助治疗。

中暑是热度所导致的疾病的严重形态，是一种需要得到紧急医疗的情况，脑部过热会导致方向感不辨、幻觉和痉挛。保持充分的水分摄入可以防止中暑，尤其是在进行强体力活动时。

犯罪

澳大利亚是一个相对安全的旅行目的地，但你仍应采取必要的预防措施。避免独自在夜间行走，离开旅馆房间时记得锁门，汽车要上锁，也不要把贵重物品放在车内透过车窗可以看到的地方。

在悉尼和其他大城市，一些酒吧发布了关于麻醉药或"兴奋"饮料的警告：在酒吧，有人请你喝免费饮品时要提高警惕。

疾病与不适

在旅途中，感染以下任何一种疾病都是不太走运的事，但你在澳大利亚的确有可能突然染上以下这些疾病。

要防御以昆虫传播的疾病（如登革热、罗斯河热、蜱传斑疹伤寒、病毒性脑炎），穿宽大的长袖衣服，并在暴露的皮肤上涂抹30%的避蚊胺。

登革热

在昆士兰州北部，有时会有登革热病毒的传播，特别是在雨季期间。登革热会引起严重的肌肉痛，是一种病毒性疾病，由一类专门在白天叮咬人的蚊子传播。大多数感染者会在几天后康复，但有时也会引发更为严重的疾病。

贾第虫病

贾第虫在澳大利亚水域中广为分布。不建议饮用未经处理的溪水或湖水，推荐使用滤水器并将水烧开，或者用碘酒片净化水，从而达到预防贾第虫病的目的。贾第虫病的症状是间歇性的腹泻、腹胀和腹部痉挛，可以进行有效的治疗（服用替硝唑或甲硝唑）。

罗斯河热

罗斯河热病毒广泛分布于澳大利亚，由居住在沼泽地区的蚊子传播。除了引起发热，它还会引起头疼、关节和肌肉疼痛以及皮疹，5~7天后可以康复。

蜱传斑疹伤寒

蜱传斑疹伤寒主要发生在昆士兰州和新南威尔士州，症状包括出现在蜱虫叮咬的伤口边缘的黑色区域，接着会出现皮疹、发烧、头疼和淋巴结发炎。可以用抗生素来治疗。

病毒性脑炎

这种由蚊子传播的疾病在澳大利亚北部最为常见（特别是在雨季期间），但是游客感染的危险性很小。症状包括头疼、肌肉疼痛和对光敏感。疾病可能会带来遗留神经损伤，目前还没有有效的治疗方法。

出行指南

签证

除新西兰公民外的所有外国游客都需要签证。一些签证类型的申请表，可从澳大利亚海外使领馆、旅行社或**移民和边境保护部**（Department of Immigration and Border Protection; www.border.gov.au）网站获得。

电子旅游签证（ETA; 601）

- 中国大陆和澳门护照持有人暂时不能申请电子旅游签证。
- 持香港护照的旅行者可以在线申请旅游或商务ETA。ETA的有效期为12个月，每次在澳停留时间不超过3个月。你可以在线（www.eta.immi.gov.au/ETAS3/etas）申请ETA，收取的$20服务费不予退还。持有英国护照的香港游客则需通过旅行社或航空公司申请。
- 台湾游客暂时无法在线申请ETA，但可以通过电子邮件发送以下材料到immigration.hongkong@dfat.gov.au：访澳目的（旅游或商务）、护照个人资料页、联系方式（包括电子邮件地址和联系电话）。18岁以下申请人要提供出生证明、父母同意信、父母联系方式及其身份证件。也可以通过www.hongkong.china.embassy.gov.au/hkng/VISMG_TaiwanETAagent.html中列出的旅行社申请。

旅游签证（600）

大陆游客和澳门游客可申请这一签证，需要注意的是持有该签证的游客不能在澳大利亚工作。该签证持有人可以一次或多次出入澳大利亚，每次停留不超过三个月、六个月或十二个月。

签证费用：一般包含申请费用700元人民币（常有调整）、签证服务费182元人民币和快递费50元人民币。

此外，在北京、上海、广州和成都的签证中心申请旅游签证的申请人还可以选择快速评审服务，此服务需支付4800元人民币的额外费用。申请人的条件详见：http://china.embassy.gov.au/bjngchinese/VisitorVisaPriorityServiceFAQcn.html。

准备材料：

1.填写好的签证申请表（通过www.border.gov.au/Forms/Documents/1419chs.pdf下载）。贴上近期护照照片。

2.护照原件。

3.护照（个人资料页、护照底页，以及所有贴有签证标签、盖有出入境章和有签字的护照页）、户口本（整本）、身份证复印件（均为彩色复印件）。护照个人资料页复印件需要两份（其中一份应为彩色复印件），其他的都只需要一份。

4.资金证明。证明自己经济状况的文件，如银行卡或信用卡半年到一年的对账单，或存款证明的复印件等。如果有在澳大利亚的朋友或亲戚资助你的旅行，你还需额外提供他们的邀请信及他们的资金证明。

5.工作证明和在读证明。

a）在职人员需提供工作证明信，信上注明职位、薪资、工作年限、准假许可、签发该证明信人员的姓名和联系方式。

b）私营业主需提供营业执照复印件。

c）在读学生需提供在读证明。

6.提供电子邮件地址、签证邮寄地址和签收者的联系电话。

7.赴澳探亲访友的申请人还需提供：邀请人的姓名、联系方式、护照，若邀请人非澳大利亚籍，还需提供其澳大利亚签证的复印件。

8.个人行程单，包括酒店安排和交通预订信息等，让签证官确信你真的是去旅游。

9.若申请人未满18周岁，则需提供补充材料，详见"申请材料核对表"（http://120.52.73.80/china.embassy.gov.au/files/bjng/Checklist-462-Work-and-Holiday-China-CN.pdf）。

材料准备充分后，可以到北京、上海、广州、成都的签证中心递交（可提前网上预约，见www.vfsglobal.cn/Australia/China/）。也可以选择邮寄，邮寄方式和付款方式参见www.china.embassy.gov.au/bjngchinese/DIMAcn23.html。

澳门游客可以邮寄至**澳大利亚驻香港总领事馆**（☎00852-2827 8881；香港湾仔港湾道25号海港中心23楼），邮寄材料只交复印件，如果本人亲自去，须一并递交所有资料的原件。也可以把所有材料以电子邮件的方式发送至hkng.macauapps@dfat.gov.au，记得在申请表上填写有关信用卡的资料。

签证中心：

北京澳大利亚签证中心（☎020-2910 6150；提交申请 周一至周五 公共假期除外 7:30~15:00；info.aupek@vfshelpline.com；北京市东城区东直门外大街48号东方银座写字楼21层D-I室；邮编：100027）

上海澳大利亚签证中心（☎020-2910 6150；提交申请 周一至周五 公共假期除外 7:30~15:00；info.ausha@vfshelpline.com；上海市黄浦区四川中路213号久事商务大厦2层；邮编：200002）

广州澳大利亚签证中心（☎020-2910 6150；提交申请 周一至周五 公共假期除外 7:30~15:00；info.aucan@vfshelpline.com；广州市天河区珠江新城金穗路3号汇美大厦29楼2单元；邮编：510623）

成都澳大利亚签证中心（☎020-2910 6150；提交申请 周一至周五 公共假期除外 7:30~15:00；info.auctu@vfshelpline.com；成都市锦江区东御街19号茂业天地写字楼A座30层3003单元；邮编：610016）

工作度假签证（417）

香港和台湾的年轻人（年龄18~30岁）可申请工作度假签证。该签证允许最长停留12个月，并可申请临时工作。签证持有人只可以为任何一位雇主工作6个月。首次签证须在进入澳大利亚之前获得（最长可提前一年申请）。如果你持有旅游签证入境，一旦进入澳大利亚则不能改为工作度假签证。申请条件包括出具回程机票或足以购买回程票或前往其他地方的资金证明，申请费为$440。

一旦身在澳大利亚，就可以申请第二次工作度假签证，只需满足相应的条件，登录http://www.border.gov.au/Trav/Visa-1/417-查看详情。

打工与度假签证（462）

中国大陆的年轻人（年龄18~30岁）可申请打工与度假签证。该签证允许申请人在澳大利亚停留一年并申请临时性工作。

自2015年9月开始，澳大利亚每年向中国的年轻人开放5000个赴澳打工与度假签证。第一年分批开放，每批开放的名额不等，之后陆续增加，直到5000个名额的上限。该签证重点在于只可申请临时工作，而非全职工作，所以你最多仅可为任何一位雇主工作6个月。不可携带子女赴澳。参与者只能申请一次。

首次签证须在进入澳大利亚之前获得，请参考http://www.border.gov.au/Trav/Visa-1/462-。如果你持旅游签证入境，一旦进入澳大利亚将不能改为工作度假签证。

签证费用：一般包含申请费用2180元人民币、签证服务费182元人民币、快递费50元人民币。

准备资料：

1.填写好的签证申请表（通过http://www.border.gov.au/Forms/Documents/1208.pdf下载）。

2.申请预约确认信。

3.护照（护照首页、底页，以及所有贴有签证标签、盖有出入境章和有签字的护照页）、户口本（整本）、身份证复印件（均为彩色）。护照首页复印件需要两份（其中一份应为彩色复印件），其他的都只需要一份。

4.两张浅色背景的护照照片，并在照片背面注上姓名，附在申请表的第一页。

5.资金证明。$5000以上的存款证明、往返机票或有足够资金购买往返交通票的证明（不包含在先前提到的$5000内）。

6.学历证明。大学毕业学历证明或完成至少两年的大学课程的证明，需提供大学毕业证和成绩单公证书。

7.英文水平要求：雅思考试（IELTS）均分在4.5分以上，或托福网考（iBT）总分在32分以上，或PTE学术英语考试总分在30分以上，或剑桥英语测试总分在147分以上等。申请人必须在签证申请提交前12个月内参加考试并取得合格成绩。

8.特殊情况：

a）若申请人曾更改过姓名，需提供更改姓名公证书等相关证明。

b）若申请人曾在任何国家的部队服役，需提供部队服役记录或退役证明。

c）可能需要申请人进行健康体检或提供无犯罪记录证明，如有需要，签证处会在签证申请评审过程中通知申请人。

此项签证需要申请人亲自前往中国的澳大利亚签证中心递交申请及相关材料，且需要提前在网上预约。网上预约系统开放时间不定，具体可关注澳大利亚大使馆新浪微博（http://www.weibo.com/imagineaustralia）、人民微博（http://t.people.com.cn/australiaembassy）或在微信上搜索“Australian Ambassador”。

签证延期

如果你在澳的停留期超过签证有效期，你需要通过www.immi.gov.au申请一个新的签证（通常对类别600的旅游签证收费为$335）。至少在签证过期前的2周至3周申请。

保险

建议在国内购买旅行保险，否则一旦发生纠纷不容易处理。全球旅游险有美亚万国游踪国际旅行保障计划，最长可保182天。太阳联合安心海外旅行保险最长可保90天。在“磨房”网站的保险界面（bx.doyouhike.net/）可以选择适合你的险种，包括一些涵盖户外运动项目的险种。

车辆 参见1237页关于车辆保险的信息。

健康 你可能更偏好保险公司直接向医生或医院支付的方式，而不是你先自行支付费用，稍后再获得赔偿。如果是后面一种情况的话，务必保留所有的相关文件。检查保险条款是否包括救护车和航空紧急医疗运送的服务。

货币

$1等于100c。有5c、10c、20c、50c、$1和$2的硬币，还有$5、$10、$20、$50和$100的纸币。

本书中的价格指的是澳元。

自动柜员机和Eftpos

自动柜员机 澳大利亚的“四大”银行是澳新银行（ANZ）、联邦银行（Commonwealth）、澳大利亚国家银行（National Australia Bank）和西太平洋银行（Westpac）。他们的分行遍布澳大利亚，其中很多分行都提供24小时自动柜员机。但不要期望在任何地方都能找到自动柜员机，特别是人迹罕至的内陆地区或小城镇中。多数自动柜员机与国际联网并接受其他银行卡（收取手续费）。部分澳大利亚国家银行的自动柜员机可能没贴银联标志，但贴有“nab”或“National”标志的都可以用银联卡取现。

Eftpos 如今，大多数加油站、超市、餐馆、咖啡馆和商店都提供销售点电子资金转账（Electronic Funds Transfer at Point of Sale，简称Eftpos）服务，让你可以使用信用卡或借记卡直接购物甚至提取现金。在多数大城市的主要免税店（悉尼、悉尼唐人街、黄金海岸、凯恩斯等），以及澳大利亚国家银行的一些商户可以刷银联卡。使用前可以主动询问店员可否刷银联卡。

费用 注意，通过自动柜员机或Eftpos提取现金可能会被收取不少费用，请先了解银行的相关政策。

银行开户

6周内 如果你计划在澳大利亚停留相当长一段时间，比如你得到了打工与度假签证，你也许需要在当地银行开一个账户。如果在你到达的6个星期内办理，开户手续相当简单，只需出示你的护照并告诉银行一个可以接收邮件的地址，银行将为你开户并将卡寄给你。

6周后 如果是在到达6个星期后办理，手续要复杂得多，必须通过一个累计点数的系统办理。首先，点数至少要达到100点，银行才会接受你的钱。护照或出生证明相当于70点，有照片的国际驾驶执照相当于40点，其他个人身份证件（例如信用卡）相当于25点。你至少应出示一份有照片的个人身份证明。在账户开启后，你可以从国内的银行账户往新账户转账（当然需要支付一定的费用）。

抵达前 可以在开始你的国际旅行前开启澳大利亚银行账户服务。可在线办理。详细信息可查看以下银行的网址：

澳新银行（ANZ；www.anz.com.au）

联邦银行（Commonwealth Bank；www.commbank.com.au）

澳大利亚国家银行（National Australia Bank，简称NAB；www.nab.com.au）

西太平洋银行（Westpac；www.westpac.com.au）

信用卡

无论是在旅馆、餐馆消费，还是参加一个探险旅游团，或者租车（如果不想支付巨额定金），你都可以使用Visa和MasterCard这样的信用卡。你也可以使用信用卡在银行柜台和自动柜员机上提取现金，但需要支付利息和手续费。不是所有地方都接受Diners Club和美国运通这样的信用卡。

信用卡挂失电话：

美国运通（☎1300 132 639；www.americanexpress.com.au）

Diners Club（☎1300 360 060；www.dinersclub.com.au）

MasterCard（☎1800 120 113；www.mastercard.com.au）

Visa（☎1800 450 346；www.visa.com.au）

借记卡

使用借记卡，通过自动柜员机、银行或Eftpos等可从你国内的账户中直接取钱。可以使用任何与国际银行网络连接的银行卡（Cirrus、Maestro、Plus和Eurocard）以及带有银联标志的借记卡——应该需要输入卡片密码。有可能需要支付手续费。

通济隆（Travelex）等公司提供借记卡[通济隆的"现金护照卡"（Cash Passport）可以在中国银行办理]，收取固定手续费，可以让你在旅途中通过个人银行账户充值。

兑换货币

澳大利亚各地银行、大城市和主要城镇内授权的货币兑换处（比如通济隆或美国运通）可以兑换现金或旅行支票。

税及退款

商品及服务税 商品及服务税是对所有物品和服务（包括住宿、就餐、交通、电器、书籍、家具、衣服等）收取的10%平税，但对一些基本生活用品（比如牛奶、面包、水果和蔬菜等）不收税。按照法律规定，所有物品的报价或上架价格都应含税。来往于澳大利亚的国际航空的机票、船票以及从境外由非澳大利亚公民购买的澳大利亚国内机票则免税。

退税 在离开澳大利亚之前的30天内，如果你从任一商家购买了总价值达$300的物品，就可以享受"旅游退税计划"（Tourist Refund Scheme，简称TRS）——即退还任何已支付的商品及服务税。这项计划只适用于你带上飞机或轮船的行李物品或随身穿戴着离开澳大利亚的东西。注意，退税也适用于从多个商家购买的物品，但至少应在每个商家消费$300。更多详细信息，联系**澳大利亚海关和边境保护署**（Australian Customs & Border Protection Service；☎1300 363 263，02-6275 6666；www.customs.gov.au）。

所得税 旅行者在澳大利亚工作所获得的收入需纳税，且必须向澳大利亚税务办公室提出纳税申报。如果工资中被扣取了太多的税，你会获得退款。到**澳大利亚税务办公室**（Australian Taxation Office，简称ATO；www.ato.gov.au）网站了解详情。

旅行支票

➡ 国际通用信用卡和借记卡服务设施在澳大利亚的普及和便利程度，使得旅行支票沦为配角。

➡ 美国运通和通济隆可以兑换与其有关的旅行支票，大银行也能兑换旅行支票。

➡ 在所有情况下，用旅行支票兑换现金都需出示护照以确认身份。

优惠卡

60岁以上的游客凭借一定形式的年龄证明（如一张各州发放的老人卡或国外相对应的卡片）常常可以在乘坐公共交通时获得优惠的价格。国际通行的**国际学生证**（International Student Identity Card，简称ISIC；www.isic.org）只对12岁以上的全日制学生发放，持有者可以享有住宿、交通、景点门票等的价格优惠。还有国际青年旅行卡（International Youth Travel Card，简称IYTC），该卡面向26岁以下的非全日制学生，持有者享有和国际学生证持有者同等的优惠。和国际学生证类似的是国际教师证（International Teacher Identity Card，简称ITIC），该证面向教师。所有三种卡都可以在线购买或从学生旅行公司购买（$30）。

电源

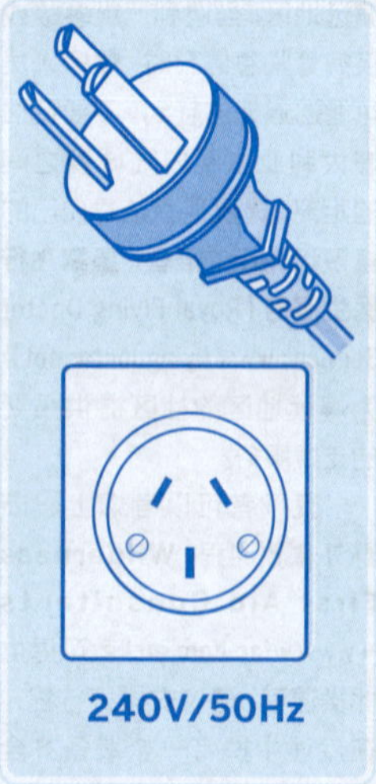

使领馆

中国驻澳大使馆在堪培拉。此外，中国在澳大利亚还有四个总领事馆，分别位于悉尼、墨尔本、珀斯和布里斯班。

中国驻澳大利亚使领馆联系方式：

中国驻澳大利亚大使馆（☎02-6228 3999; au.china-embassy.org; 15 Coronation Dr, Yarralumla, Canberra, ACT 2600）

中国驻悉尼总领事馆（☎02-8595 8002; sydney.chineseconsulate.org/chn/; 39 Dunblane St, Camperdown, NSW 2050）

中国驻墨尔本总领事馆（☎办公室 03-9824 6450，证件办理咨询 03-9822 0604，领事侨务 03-9804 3271，节假日10:00~17:00 03-9821 0208; melbourne.china-consulate.org/chn/; 534 Toorak Road, Toorak, VIC 3142）

中国驻珀斯总领事馆（☎08-9221 7513; perth.china-consulate.org/chn/; 45 Brown St, East Perth, WA 6004; 周一至周五 9:00~12:00）

中国驻布里斯班总领事馆（☎领事侨务 07-3210 6509-200; brisbane.chineseconsulate.org/chn/; Level 9, 79 Adelaide St, Brisbane, QLD 4000; 周一至周五9:00~12:00）

海关规定

如欲了解海关和检疫规定详情，请联系**澳大利亚海关与边境保护署**（Australian Customs & Border Protection Service; ☎1300 363 263, 02-6275 6666; www.customs.gov.au）。

在入境澳大利亚时，大部分物品都可以免关税带入澳大利亚，只要这些是你的私人物品，并且保证你在离开澳大利亚的时候将其带走。每人可携带的免关税物品配额如下（请注意，香烟的数额低于一般水平）：

酒水 2.25升（18岁以上）

香烟 50支（18岁以上）

应纳关税物品 价值$900以上（18岁以下$450）

携带毒品当然是违法的，海关检查员和他们受过特别训练的警犬特别擅长嗅探违禁毒品。检疫条例非常严格，因此你必须申报携带的所有动物和植物——木制勺子、草帽以及所有这一类的东西。禁止携带新鲜食物（肉类、奶酪、水果和蔬菜等）和鲜花。如果你不想被检查，可以将任何可疑物品丢至机场里的垃圾桶。你还需要对$10, 000以上的现金（包括外币）进行申报。

健康

澳大利亚国土的大部分都位于热带地区，在健康方面，这是一个非常安全的旅游目的地。来澳大利亚的旅行者最糟糕的经历，可能是肠胃不适或饮酒过量后的不适。而且，即便你真的生病了，澳大利亚的医院和医疗条件也会让你高枕无忧。

查看本书的人身安全一章，见1210页。

州际检疫

在澳大利亚，无论是通过陆路还是空中旅行，你都会碰到将水果、蔬菜和植物从一个地区携带至另一个地区可能带来危害的警告标志（主要在机场、州际火车站和州界）。某些害虫和疾病（果蝇、葫芦蓟马、葡萄根瘤蚜）仅在某些地区普遍存在，而其他地方则没有，官方想限制它们的传播。

在州界和其他某些地方设有检疫站。尽管检疫控制通常依靠个人的诚实，但许多站点仍配备了工作人员，他们有权搜查你车上未进行申报的物品。通常，他们会没收所有的新鲜水果和蔬菜，所以最好在通过检疫站之后的第一个镇买这些物品。

接种疫苗

出发前的4周到8周咨询医生。向医生询问如何办理"国际疫苗证书"(International Certificate of Vaccination,也叫"黄皮书"),那上面会列出你已经注射的疫苗种类。

在进入澳大利亚时,你会被要求填写一张"旅行历史记录卡",你需要在上面详细列明21天内是否去过任何受埃博拉病毒影响的地区。

如果你在进入澳大利亚的前6天内,在黄热病流行的国家停留过一晚或更长的时间,入境时你需要出示黄热病疫苗的注射证明。**疾病控制预防中心**(Centers for Disease Control & Prevention; www.cdc.gov/travel)的网站上有这些国家的名单。

世界卫生组织(World Health Organization; www.who.int)建议,无论目的地是哪里,旅行者都应注射预防以下疾病的疫苗:白喉、破伤风、麻疹、流行性腮腺炎、风疹、水痘、脊髓灰质炎以及乙型肝炎。虽然澳大利亚有很高的儿童疫苗注射水平,但这些疾病仍会发生。

健康保险

对所有旅行者来说,健康保险都是必不可少的,请参见1215页。

参考网站

互联网上有大量的关于旅行健康的建议。登录**Lonely Planet**(www.lonelyplanet.com)会是一个不错的开始。**世界卫生组织**(World Health Organization; www.who.int/ith)发行的《国际旅行和健康》(*International Travel and Health*)一书每年更新,可以从网上免费获得。**MD旅行健康**(MD Travel Health; www.mdtravelhealth.com)按每个国家分类,提供了详细的旅行健康建议,网站每日更新。政府的旅行健康网站包含如下这些:

澳大利亚(www.smartraveller.gov.au)

加拿大(www.hc-sc.gc.ca)

英国(www.nhs.uk/livewell/travelhealth)

美国(www.cdc.gov/travel)

医疗服务及费用

设施 澳大利亚拥有完善的医疗系统,集合了私人诊所、医院和政府资助的公共医院。在澳大利亚主要的公共场所,有为妇女和儿童特别设置的一流而专业的公共卫生设施。

医疗保险 澳大利亚公民的部分医疗保健费用由Medicare医疗保险系统负责。澳大利亚与一些国家签有双边医保互惠协议,包括新西兰、爱尔兰、瑞典、荷兰、芬兰、意大利、比利时、马耳他、斯洛文尼亚、挪威和英国,来自这些国家的游客有权享受Medicare医保项目所列明的优惠。登录www.humanservices.gov.au/customer/dhs/medicare查看详情。

药物 在遍及澳大利亚的药房可以直接购买非处方药物,包括止痛药、治疗过敏的抗组胺药以及护肤用品。你可能会发现,有些在其他国家可以直接购买的药物,在澳大利亚需要有医生的处方才能得到。这些药物包括口服避孕药、一些治疗哮喘的药物和所有抗生素。

偏远地区的医疗保健

在澳大利亚人烟稀少的偏远地区,当遇到严重事故或疾病等紧急情况时,救援人员可能迟迟无法赶到。不要低估澳大利亚主要内陆城镇之间的距离,建议拥有依靠自己的意识和充足的准备。**皇家飞行医生服务**(Royal Flying Doctor Service; www.flyingdoctor.net)为偏远地区的社区提供重要的支援服务。

旅行者可以考虑上一节野外急救课程,**Wilderness First Aid Consultants**(www.wfac.com.au)就可提供此类课程。建议安排好行程,在旅途中携带一个装备齐全的急救箱。

确保你配备了足够的通信设备。虽然澳大利亚有广泛的移动信号覆盖范围,但在偏远地区,额外的无线电通信(比如一部卫星电话)还是很重要的。

药物清单

- 对乙酰氨基酚(扑热息痛)或阿司匹林
- 抗生素
- 抗腹泻药(如洛哌丁胺)
- 抗组胺剂(治疗花粉症和过敏性反应)
- 消炎药(如布洛芬)
- 抗菌药膏(对付割伤或擦伤)
- 类固醇药膏或可的松(对付过敏性皮疹)
- 绷带、纱布、纱布卷
- 胶带或纸带
- 剪刀、安全别针、镊子
- 体温计

- 折叠刀
- 含避蚊胺的皮肤驱虫剂
- 可喷在衣服、帐篷、蚊帐上的含有氯菊酯的驱虫喷雾剂
- 防晒霜
- 口服补液盐
- 碘酒片或滤水器（净水用）

旅游信息

澳大利亚旅游委员会（Australian Tourist Commission；www.australia.com）是国家级的政府旅游组织，它建立了一个不错的网站，可供游客在旅行前进行资料查询。该网站还列出了世界各国信誉良好的旅行社，有助于你计划行程。此外，还有签证、工作和海关等信息。

在澳大利亚，旅游信息是通过不同的地区和当地办公室发布的。几乎每个澳大利亚的主要城镇都有一个旅游办公室，无论是哪种形式，其中都有健谈的员工（经常是退休志愿者）为你提供州办公室没有的当地信息。如果通过当地旅游办公室预订住宿或旅游团，你需要知道的是，这些办公室通常只推荐那些向当地旅游协会付费的会员单位。

营业时间

虽然各州的营业时间稍有不同，但仍然可以以下面的营业时间作为参考。注意，几乎所有澳大利亚的景点都在圣诞节时关闭，许多景点在新年和耶稣受难日也会关闭。

银行 周一至周四9:30~16:00，周五到17:00。一些大城市的支行工作日8:00~18:00营业，少数银行在周五晚上会营业到21:00。

咖啡馆 每天7:00左右开门，一直营业到17:00，或继续营业到晚上。

加油站和公路旅馆 营业时间为8:00~22:00。一些城市的加油站24小时营业。

邮局 周一至周五9:00~17:00营业，有些邮局在周六的9:00至中午营业。你可以在报刊店和杂货店购买邮票。

酒馆 一般在中午至14:00和18:00~20:00提供食物。酒馆和酒吧一般于午饭时提供酒水，然后一直持续到晚上，特别是周四至周六。

餐馆 大约在午饭和晚饭时间提供服务，一般分别营业至14:00和21:00。大城市的食肆营业时间更长。

商店和公司 周一至周五9:00开门，17:00或18:00关门，周六9:00开门，中午或17:00关门。在大城市、市区和旅游城镇，周日也营业。在大城镇，购物时间可至21:00（通常是周四或周五晚上）。

超市 一般是7:00~20:00，有一些24小时营业。杂货店也营业到很晚。

节假日

在各个州，公众假日的时间可能不尽相同，可以在当地询问具体日期。某些假日只在某个州才有。如果是这种情况，相关的城镇、城市或地区会在下面一一列明。

国家节日

新年 1月1日

澳大利亚国庆日 1月26日

复活节（从耶稣受难日到复活节星期一）3月下旬/4月上旬

澳新军团日 4月25日

女王诞辰（西澳大利亚州除外）6月第二个星期一

女王诞辰（西澳大利亚州）9月最后一个星期一

圣诞节 12月25日

节礼日 12月26日

澳大利亚首都直辖区

堪培拉日 3月第二个星期一

银行日 8月第一个星期一

劳动节 10月第一个星期一

新南威尔士州

银行日 8月第一个星期一

劳动节 10月第一个星期一

北部地区

五月节 5月第一个星期一

展览日 7月第一个星期五（爱丽斯泉）；7月第二个星期五（腾南特克里克）；7月第三个星期五（凯瑟琳）；7月第四个星期五（达尔文）

野餐日 8月第一个星期一

昆士兰州

劳动节 5月第一个星期一

昆士兰皇家展览日 8月第二或第三个星期三（布里斯班）

南澳大利亚州

阿德莱德杯日 5月第三个星期一

劳动节 10月第一个星期一

宣言日 12月最后一个星期一或星期二

塔斯马尼亚州

赛舟日 2月14日（霍巴特）

朗塞斯顿杯日 2月最后一个星

期三

8小时日 3月第一个星期一

银行日 复活节之后的星期二

金岛展览日 3月第一个星期二

朗塞斯顿展览日 10月第二个星期四

霍巴特展览日 10月第四个星期四

娱乐日 11月第一个星期一（北塔斯马尼亚）

维多利亚州

劳动节 3月第二个星期一

墨尔本杯日 11月第一个星期二

西澳大利亚州

劳动节 3月第一个星期一

建州日 6月第一个星期一

学校假期

- 圣诞节/学校暑假从12月中旬到次年1月底。
- 澳大利亚的学校一年中还有三次比较短的假期，各州会有一到两星期的间隔。假期的大致时间分别是4月上旬至中旬（通常包括复活节假期）、6月下旬至7月中旬、9月末至10月初。

住宿

澳大利亚提供多种多样的住宿方式，既有支满帐篷的露营地和各色人等共处一室的青年旅舍，又有提供丰盛早餐的客栈、对客人盛情款待并可留宿的农场以及各种设施应有尽有的度假村，还有开展全方位经营的酒店和汽车旅馆。

旅游旺季（12月至次年2月）和其他旅游高峰时期（特别是学校假期和复活节），住宿价格最高。其他时间则有明显的折扣，就算未经预约直接入住的价格也会较低。澳大利亚中部、最北部以及滑雪胜地是例外，这些地方的夏季是淡季，届时住宿价格会大幅下降。

民宿

澳大利亚民宿的选择包括重新修复的矿工农舍、改建的农屋、不规整的老房子、高级乡村庄园以及海滨平房。民宿的价格一般为中档，但也可能更高。在周末游的热门目的地——历史古城、葡萄酒产地，还有对游人开放的林区，比如新南威尔士州的蓝山、维多利亚州的丹德农，民宿通常比较昂贵，旺季周末的收费会更高。

有些标明民宿的地方实际上是设备齐全的农舍，这里还提供早餐。只有在一些价格较为低廉的民宿才需要使用公用浴室。一些民宿的主人还会为客人制作晚餐（通常需要提前24小时预约）。

网上的住宿资源有：

Beautiful Accommodation（www.beautifulaccommodation.com）一批经过细选的豪华型民宿及设备齐全的房屋。

Hosted Accommodation Australia（www.australianbedandbreakfast.com.au）网站上列出了民宿、农场住宿、农舍和牧场住宿等信息。

OZ Bed and Breakfast（www.ozbedandbreakfast.com）全国性的网站。

露营和房车旅行

两个人露营过夜的收费是$20~30，带电的露营地收费略高。在树丛中露营是来澳大利亚旅行必不可少的体验。在澳大利亚内陆或北部地区，你甚至连帐篷都不需要。在满天的繁星下，躺在温暖的篝火边度过的夜晚将让你毕生难忘。

季节 为避免遭遇过热或过冷的天气，在澳大利亚北部搭帐篷露营的最佳季节是冬季（旱季），在南部露营的最佳季节则是夏季。

费用 除非另有说明，露营地的价格通常指的是两人价格。住在国家公园指定的露营地点一般收费为每人$7~15。

设施 几乎所有的露营车和露营公园都配备了热水淋浴、抽水马桶和洗衣设施，通常还有游泳池。大多数场地都有小屋、带电的露营车营地和帐篷营地。小屋的大小和配备的设施有所不同，但通常带一个小厨房的小屋收费为$70~80，两卧室或三卧室小屋内带全套厨房、客厅、电视和最多可睡6人的铺位，费用达$170。

地点 注意，大多数城市的露营地与市中心相距数公里，所以除

网上预订住宿

关于Lonely Planet作者给出的更多住宿点评，可登录http://lonelyplanet.com/australia/hotels查看。你可以读到一些观点独到的评价，以及关于最好住宿地的推荐语。最棒的是，你可以在线预订住宿。

非你自己驾车，否则住在露营地并不方便。沿海地区的房车公园非常受欢迎。夏季和复活节前往最好提前预订。

资源 买一本《在澳大利亚露营》(*Camps Australia Wide*; www.campsaustraliawide.com)，这是一本便于随身携带的小册子(还有app)，内容包括澳大利亚全国的露营地地图以及相关信息。

许可 如今，通常可在各州的网站上申请在国家公园露营的许可。比如，在昆士兰州可通过Department of National Parks, Recreation, Sport & Racing的网站www.nprsr.qld.gov.au申请；在西澳大利亚州可通过政府管理公园住宿的网站http://parkstay.dpaw.wa.gov.au申请。本书所列的部分露营地包含此类预订信息。

主要连锁机构 如果你经常乘房车旅行或露营，不妨考虑加入某个可享受会员折扣的连锁机构。

Big 4 Holiday Parks(www.big4.com.au)

Discovery Holiday Parks(www.discoveryholidayparks.com.au)

Top Tourist Parks(www.toptouristparks.com.au)

假日公寓

费用 两间卧室的公寓一晚的费用在$140~200，但是旺季的价格会高很多，大城市里提供客房服务的公寓价格也不低。

设施 设备齐全的假日公寓既有简单的、带烹饪区域的工作室式客房，也有带全套洗衣设备和顶级娱乐系统的双卧室公寓。如果要多住几晚，这些公寓很超值。有些时候，这些公寓位于小型的单层建筑内，但是在黄金海岸等旅游热点地区，它们通常都栖身于鳞次栉比的摩天大厦里。

住宿价格区间

以下的价格范围指的是旺季(夏季)带卫生间的双人间价格:

$ $100以下

$$ $100~200

$$$ $200以上

在消费水平较高的地区，你可能会被多收取$20~50的费用，特别是悉尼、珀斯以及西澳大利亚州北部的部分地区。部分高端的青年旅舍对一间双人间收取$100以上的房费，但在此书中我们仍然将此类青年旅舍归类为"$"档，这主要取决于他们经济型宿舍床位的价格。

青年旅舍

在澳大利亚的城市和海岸，青年旅舍非常受欢迎。但在内陆和乡村地区就很难找到这类旅舍。青年旅舍作为热闹的交际场所，其住客通常是18~30岁的年轻人，但是有些青年旅舍对自身进行了改造，以吸引仅仅想要寻找廉价住处的其他类型的游客。

费用 通常，宿舍床铺的价格为每晚$25~35，双人间(通常不带卫生间)的价格为$70~90。

设施 青年旅舍提供各种类型的住宿，既有朴素简单的荒野旅舍，也有城市中心带咖啡吧和独立卫生间的旅馆。大多数旅舍提供宿舍式住宿(上下铺)，通常每个房间有4~12个床位。许多旅舍也提供双床间或双人间。青年旅舍一般都有厨房设施，以及配备了电视、洗衣设施的公共区域，有些旅舍内还设有旅行社办事处和就业中介。

寝具 一般都提供被子和床单。基于卫生的考虑，睡袋较为少见。

青年旅舍组织和连锁店

青年旅舍联盟(Youth Hostels Association，简称YHA; www.yha.com.au)在澳大利亚约有60家青年旅舍，它们提供宿舍、双床间、双人间、烹饪和洗衣设施——这里的氛围相对于独立的青年旅舍来说通常更内敛一些，这里没有那么多的派对。

会员每晚的住宿费用为$25起。此类青年旅舍也接受非会员入住，住客只需额外支付$3。澳大利亚居民可以花$42成为青年旅舍联盟会员，有效期为一年(如果你的年龄在18~25岁，只需支付$32)。可以在线购买或在任何青年旅舍联盟旗下的青年旅舍直接购买。家庭也可以加入——只需支付成人的费用即可，小于18岁的青少年可以免费成为会员。

青年旅舍联盟是**国际青年旅舍**(Hostelling International; www.hihostels.com)的一部分。如果你已是所在国该组织的会员，可以享受青年旅舍联盟在澳大利亚各地的会员价。到澳大利亚旅行的人最好在国内购买一张国际旅舍卡(HI卡),但如果你身在澳大利亚,也可以在线申请,或通过州办公室或各个青年旅舍联盟旗下的青年旅舍申请购买会员资格。

其他在澳大利亚设有青年旅舍的国际组织:

Base Backpackers(www.stayatbase.com)

Nomads(www.nomadsworld.com)

VIP Backpacker(www.vipbackpackers.com)

酒店

澳大利亚各城市或旅游区中的酒店大多是商务型或豪华型的连锁酒店(中档到高端),这类酒店提供的是一栋高楼里舒适、现代化、设备齐全却没什么个性的房间。对于这类酒店,我们标出"挂牌价"(官方公告价格——通常每晚的价格超过$160),当然,在淡季时你能获得意想不到的折扣价。

汽车旅馆

遍布澳大利亚的汽车旅馆提供舒适的中档住宿,这些旅馆通常都位于城市的边缘地带,需要驾车前往。汽车旅馆对单独旅行者没有优惠价,所以两人或三人结伴入住更为合算。一间带水壶、冰箱、电视、空调和卫生间的房间的价格为$120~160。

酒馆客栈

澳大利亚的酒馆客栈大多建造于经济繁荣期,因此它们往往是城镇中最大、最奢侈的房子。这样的一些房子被重新修葺,但里面的房间仍然狭小而简陋,只有一条长长的通道连接卫生间。价格通常都很便宜,而且地处中心地带,带公用设施的单人间和双人间的价格分别为$60起和$90起,配备单独卫生间的房间更贵一些。如果你睡觉容易惊醒的话,避免预订酒吧上面一层的房间,入住前记得询问当晚楼下是否有乐队演出。

租赁住宿和长期住宿

如果你要在澳大利亚待较长的时间(签证有效期内),那么和别人合租一间公寓或一栋房子是比较经济的方式。可以参考每天报纸上的分类广告部分,特别是星期三和星期六的报纸。大学、青年旅舍、书店和咖啡馆里的公告牌也值得浏览。通过房地产机构租房的话,最低租期是6个月,此外,需提前支付押金和第一个月的租金。

City Hobo(www.cityhobo.com)可在大城市的郊区寻找满足你个性需要的住处。

Couch Surfing(www.couchsurfing.com)你可以在这里的空沙发上放松一下,还可以在这里结识新朋友。

Flatmate Finders(www.flatmatefinders.com.au)提供长期合租房信息。

Gumtree(www.gumtree.com.au)提供就业、住宿和物品出售的分类信息。

Stayz(www.stayz.com.au)提供假日租赁房信息。

其他住宿

还有很多不同于传统方式的住宿形式分散在这个国家内,而且它们更具澳大利亚特色。

船屋

船屋住宿是墨累河上的一项大生意。顺着河水蜿蜒曲折

实用信息

➡ **DVD** 澳大利亚销售的DVD可以在接受第四区DVD的播放器上观看,包括墨西哥、南美洲、中美洲、新西兰、太平洋和加勒比海地区。

➡ **报纸** 可以浏览每日发行的《悉尼先驱早报》(*Sydney Morning Herald*)、墨尔本的《时代报》(*Age*)或全国发行的《澳大利亚人》(*Australian*)等报纸。

➡ **广播** 主要广播机构为澳大利亚广播公司(ABC)。登录www.abc.net.au/radio查询详情。

➡ **吸烟** 公共交通工具、酒馆、酒吧和餐馆内禁止吸烟,一些室外公共场所也禁止吸烟。

➡ **电视** 主要的免费电视频道是政府所有的澳大利亚广播公司频道、特别广播服务公司(SBS)频道以及3个商业电视台——7台、9台和10台。在这些主流频道之外,还有众多可免费观看的副台和当地电视台。

➡ **度量衡** 澳大利亚采用公制单位。

地航行真是有趣极了——你只需年满18岁，并提供有效的驾驶执照。船的出发地点多数位于维多利亚州西北和南澳大利亚州的沿河小镇。需提前预订，尤其是10月至次年4月。

➡ **船屋租用人联盟**（Houseboat Hirers Association；☎1300 665 122，08-8231 8466；www.houseboatbookings.com）可以提供每一艘船的照片，也可以为你预订。

➡ 南澳大利亚州旅游局的*Houseboat Holidays*小册子列明了船屋的详细情况。

➡ 欲了解米尔迪拉船屋的情况，见672页。

➡ 欲了解米尔迪拉伊丘卡船屋的情况，见681页。

乡村农场

乡村农场有时会提供可过夜的床位。在一些偏远的内陆农场，你可以住在牧场房间里或剪羊毛人的宿舍里，尝试骑马等活动。在**Hosted Accommodation Australia**（www.australianbedandbreakfast.com.au）和**Farmstay Camping Australia**（www.farmstaycampingaustralia.com.au）上可自行进行选择，州旅游办公室也可提供帮助。

大学

回到城市里，有时候你也可以住在高校学生平常居住的旅舍和宿舍内，只是要算准行程——得在学校放长假的时候过来。

饮食

参考本书餐饮一章，见1200页。

在本指南中，以下的价格范围表示每道主菜的价位：

$ $15以下

$$ $15~32

$$$ $32以上

邮政

澳大利亚邮政（Australia Post；www.auspost.com.au）提供非常可靠的国内和全球邮政服务，网站上面有国际信件和包裹递送地区及费用信息，所有的邮局都会为游客暂时保管邮件。你需要提供某种形式的有效证件（比如护照或驾照）来收取信件。

电话

澳大利亚主要的电信公司有：

Telstra（☎13 22 00；www.telstra.com.au）

Optus（☎1800 780 219；www.optus.com.au）

Vodafone（☎1300 650 410；www.vodafone.com.au）

Virgin（☎1300 555 100；www.virginmobile.com.au）

免费电话和信息电话

➡ 许多公司提供号码开头为☎1800的免费电话服务，可在澳大利亚的任何地点免费拨叫，也可拨叫开头为☎13或☎1300的号码，这种电话按市话收费。这些号码都不能在澳大利亚以外呼叫（通常也不能在澳大利亚境内由手机呼叫）。

➡ 从任何公用电话或私人座机上拨叫对方付费电话，可拨打☎1800 738 3773或☎12 550。

➡ 号码为☎190开头的电话通常是信息服务电话，收费从每分钟35c到$5或更多（用手机或付费电话呼叫则收费更高）。

国际长途

付费电话 大多数付费电话允许ISD（国际用户拨号）呼叫，但费用和国际电话区号因不同的国际电话卡提供商而异。国际电话卡可以很容易地在网吧和便利店买到。

座机 澳大利亚座机的国际呼叫也相对便宜，一些特别的优惠政策还会进一步压低价格。费用因不同的供应商而异。

代码 在澳大利亚打国际长途需要先拨打国际接入号码（☎0011或☎0018）、国家代码和区号（去掉号码前的☎0）。例如，拨打北京的电话，你需要拨叫☎0011-86-10，然后是你所要拨打的电话号码。另外，一些服务提供商还会提供接入其服务的特殊号码。从国外拨叫澳大利亚的电话，国家代码是☎61，然后去掉区号前的0，再拨叫本地号码。其他地区的代码如下：

地区	代码
中国大陆	☎86
中国香港	☎852
中国澳门	☎853
中国台湾	☎886
英国	☎44
美国和加拿大	☎1

长途电话和区号

长途电话（50公里以上）按时间计费。澳大利亚使用4个STD（Subscriber Trunk Dialling，用户中继拨号）的地区区号。可以在任何公共电话上拨叫STD号码，非高峰时段

（通常是19:00至次日7:00以及周末）的收费相对便宜。以下是一些主要地区的区号：

地区	代码
澳大利亚首都直辖区	☎02
新南威尔士州	☎02
北部地区	☎08
昆士兰州	☎07
南澳大利亚州	☎08
塔斯马尼亚州	☎03
维多利亚州	☎03
西澳大利亚州	☎08

区号的分界不一定和州界相同，比如新南威尔士州的部分地区就使用了邻州的区号。

移动电话

号码 开头为☎04xx的号码为移动电话号码。

网络 澳大利亚的网络兼容GSM900/1800（在欧洲使用），中国的三大移动运营商开通国际漫游服务后都可以兼容澳大利亚的网络。

信号 澳大利亚的手机网络为90%以上的人口提供通信服务，但也有广阔的地域还未被覆盖。

供应商 可以很容易地获得短期移动服务，主要的运营商（Telstra、Optus、Virgin和Vodafone）都提供预付费服务。购买一个起始套餐——可能会包含一部手机。如果你自己有手机，那么可能会包含一张SIM卡以及一张预付费卡。多问几家，好好比价。

电话卡和公共电话

电话卡 在报亭、青年旅舍和邮局可以购买各种固定金额的电话卡（通常是$10或$20）。电话卡可以在任何公共电话或私人座机上使用，只要拨打一个免费号码并输入密码就可以了。多问几家。

公共电话 大多数公共电话使用电话卡，有些公共电话也接受信用卡。老式的投币式公共电话日益罕见。

上网

网吧

与5年前相比，今天的网吧数量少了很多（得益于iPhone/iPad和Wi-Fi的出现），但是你仍可在大多数上了规模的城镇里找到网吧。价格为每小时$6~10。多数住宿场所不再配备电脑终端，取而代之的是Wi-Fi服务。

大多数公共图书馆也拥有互联网的接入服务，但这些服务是为了查询资料而不是让游客上Facebook的。

自带设备

互联网接入服务提供商

如果你带着自己的掌上电脑或笔记本电脑，可向你的互联网接入服务提供商（ISP）询问在澳大利亚接入网络所需的号码。澳大利亚主要的互联网接入服务提供商包括：

Australia On Line（☎1300 650 661；www.ozonline.com.au）

Dodo（☎13 36 36；www.dodo.com）

iinet（☎13 19 17；www.iinet.net.au）

iPrimus（☎13 17 89；www.iprimus.com.au）

Optus（☎1800 780 219；www.optus.com.au）

Telstra（☎13 76 63；www.telstra.com.au）

调制解调器

需要注意的是，你的PC卡调制解调器在澳大利亚可能无法使用。最安全的方法是出发前购买一个质量良好的"全球通用"调制解调器，或在到达澳大利亚后购买当地的PC卡调制解调器。

Wi-Fi

在澳大利亚的偏远地区，Wi-Fi仍十分罕见。但是大城市的酒店越来越普遍地提供无线宽带连接信号（通常对住客免费），咖啡店、酒吧甚至一些公园和城镇广场也提供Wi-Fi服务。查询这些场所，请登录www.freeWi-Fi.com.au。

时间

时区 澳大利亚被分为三个时区：西部标准时间（GMT/UTC加上8个小时），覆盖西澳大利亚州；中部标准时间（GMT/UTC加上9.5个小时），覆盖北部地区和南澳大利亚州；东部标准时间（GMT/UTC加上10个小时），覆盖塔斯马尼亚州、维多利亚州、新南威尔士州、首都直辖区和昆士兰州。有个别例外，比如隶属新南威尔士州的Broken Hill就在中部时区。更多国际时区的信息可见www.timeanddate.com/worldclock。

夏令时 "夏令时"就是把时针向前拨快1个小时，一些州在夏天（10月至次年4月初）推行夏令时。但是，由于西澳大利亚州、北部地区和昆士兰州不推行夏令时，而塔斯马尼亚州的夏令时比南澳大利亚州、维多利亚州、首都直辖区和新南威尔士州都提前1个月开始，因此要搞明白它们之间的关系是一件头疼的事。

厕所

- 澳大利亚的厕所是西方坐式马桶。一些偏远地区休息站内的坐式马桶实在无法令人恭维。
- 登录www.toiletmap.gov.au查看公共厕所的位置，包括残疾人厕所。

旅行安全

澳大利亚是一个相对安全的旅游目的地——从犯罪率和战争的角度来看，但近来的自然灾害已经造成严重的破坏。森林火灾、洪水和热带气旋经常威胁大多数州和地区，但如果你留意地方当局的警告并且不进入受影响地区，就没有问题。

法律事宜

多数旅行者可能不会有机会接触澳大利亚警察或法律部门，除了开车时被交通警察拦下外。

驾驶 在澳大利亚中部地区的公路上，警察似乎无处不在。他们有权拦住你的汽车，请你出示驾照（你必须随身携带）、检查你的车是否有上路许可和要求你做酒精呼吸测试（有时还会进行毒品测试）。

毒品 被发现服用少量非法药物的初犯者，将受到罚款的处罚而不是进监狱。但是，这项记录可能会对你将来的签证申请产生负面影响。

签证 如果在澳大利亚的停留时间超过签证有效时间，你将被认为是“非法逗留者”，可能面临拘留，并被禁止在3年内返回澳大利亚。

被逮捕了? 如果在澳大利亚被捕，你有权在正式讯问开始前，电话通知你的一位朋友、亲戚或律师。法律援助只会在特别严重的案件中提供。如果想了解法律援助办公室的信息，请参考网站www.nationallegalaid.org。很多律师的首次咨询都不收费。

带孩子旅行

如果你能适应城市间的长途跋涉，那么带孩子周游澳大利亚真的会很有趣。无论是在室内还是户外都有许多可以观看或参与的有意思的事情。

Lonely Planet的《带孩子旅行》（*Travel with Children*）提供了很多实用信息。

实用信息

住宿 许多汽车旅馆和设施完善的露营公园中都有游乐场和游泳池，可以提供儿童床和婴儿浴盆，有些还在室内放映儿童录像并提供托儿服务。高档酒店和许多（但非全部）中档旅舍都非常了解携带儿童的游客的需要。而民宿则相反，这类住宿宣称他们不接受带孩子入住的旅客。

更衣室和哺乳 所有城市和大部分主要城镇的中心区都设有公共休息室，父母可以在这里给孩子喂奶或换尿布。可以通过当地旅游办公室或市议会了解详细信息。大多数澳大利亚人对在公共场合喂奶和换尿布的行为持宽容态度。

儿童看护 澳大利亚有很多拥有执照的儿童看护机构。你可以在黄页电话目录上查询“儿童看顾”（Baby Sitter）或“儿童看护中心”（Child Care Centre），或致电当地的顾问办公室。被授予执照的照看中心需遵守政府规定并按照高标准管理，为了安全起见，建议不要将孩子交给未被授予执照的看护中心。

儿童安全座椅 主要的出租车公司都会提供合适的儿童安全座椅，并一次性收取约$25的费用。可提前打电话联系出租车公司，让司机为你准备儿童安全座椅。各州对带孩子乘坐出租车的规定稍有不同：大多数地方法律没有规定一定要用安全座椅，但如果有安全座椅则必须使用。

优惠 儿童优惠价格（以及家庭优惠）通常适用于住宿、旅游团、门票以及交通，有的优惠价格高达成人价格的50%。但是，对“儿童”的定义有时是12岁以下，有时则是18岁以下。一般情

政府发布的旅行建议

以下的政府网站提供旅行建议并就当前热点给出相关信息：

澳大利亚外交事务与贸易部（Australian Department of Foreign Affairs & Trade; www.smarttraveller.gov.au）

英国外交与联邦事务部（British Foreign & Common wealth Office; www.gov.uk/fco）

加拿大政府（www.travel.gc.ca）

美国国务院（www.travel.state.gov）

况下，住宿优惠只针对12岁以下与成人同居一室的儿童。

外出就餐 很多咖啡馆和餐馆都有儿童食谱，或可以为儿童提供小份食物。有的餐馆还配备了高脚椅。

医疗卫生 澳大利亚拥有高水准的医疗服务和设施，随处都可以购买到婴儿配方奶粉和一次性尿片。

残障旅行者

- 澳大利亚对伤残人士有特别的关注，而且关注的程度还有上升的趋势。
- 法律规定，所有新建的旅舍必须达到行动不便的游客都能方便进入的标准。旅游运营商对伤残人的歧视是违法的。
- 澳大利亚的许多主要景点（包括国家公园）都为行动有障碍的人士提供了特别的服务，有些地方还针对视力或听力有缺陷的游客提供服务。请提前询问景点是否有相关服务设施。
- 大多数城市中的旅游经营者使用的是伤残人士可以上下的旅游车。
- 越来越多的住宿地配备了轮椅设施，但仍然有很多古老的建筑物没有完成必要的服务升级工作。

网络资源

Deaf Australia（www.deafau.org.au）

e-Bility（www.ebility.com）

Lonely Planet's Accessible Melbourne（www.lonelyplanet.com/accessible-melbourne）

National Information Communication & Awareness Network（简称Nican；☎02-6241 1220，电传打字机 1800 806 769；www.nican.com.au）

Spinal Cord Injuries Australia（简称SCIA；☎1800 819 775；www.spinalcordinjuries.com.au）

Vision Australia（☎1300 847 466；www.visionaustralia.org）

坐飞机旅行

澳洲航空（Qantas；www.qantas.com.au）为残障者和护理人员提供有折扣的低价机票，联系National Information Communication & Awareness Network获取申请表并进行资格申请。**澳洲航空、捷星航空**（Jetstar；www.jetstar.com.au）和**维珍澳洲航空**（Virgin Australia；www.virginaustralia.com.au）以及他们下属的航空公司均免费提供导盲犬服务。澳大利亚所有的主要机场都设有专用停车位、轮椅通道和无障碍厕所，还有经登机道运送乘客登上飞机的空中轮椅。

乘火车旅行

在新南威尔士州，Country Link的XPT列车至少有一节车厢（通常是自助餐车）里有一个可拆卸后安装轮椅的座位，还有无障碍厕所。昆士兰铁路公司（Queensland Rail）从布里斯班开往凯恩斯的摆式列车（Tilt Train）设有一节可供轮椅进出的车厢。

残障旅行者可使用墨尔本的郊线铁路网络，而维多利亚州所有的公共交通工具都允许使用导盲犬和助听犬。**Metlink**（☎1800 800 007；www.ptv.vic.gov.au）为视力障碍人士及轮椅使用者提供在墨尔本乘坐免费交通工具的服务。

同性恋旅行者

澳大利亚是很受同性恋旅行者欢迎的旅行目的地。悉尼的"粉红旅游业"很著名，这主要归功于该市每年一度引人瞩目、极其壮观的同性恋大游行。总的来说，澳大利亚人对同性恋持宽容态度，但是越深入这个国度，你就越有可能陷入严重的同性恋恐惧症。

全国各地（尤其是东海岸）都有面向同性恋游客的团队经营商、旅行社和旅馆。

同性恋行为在各州都是合法的，但合法年龄各有不同。

主要的同性恋活动

仲夏节（Midsumma Festival；www.midsumma.org.au）墨尔本一年一度的同性恋艺术节，从1月中旬至2月中旬举行100多项活动，压轴的是骄傲大游行。

悉尼同性恋大游行（Sydney Gay & Lesbian Mardi Gras；www.mardigras.org.au）举世闻名、为期两周的大游行和派对在3月的第一个周六达到高潮。

布里斯班骄傲节（Brisbane Pride Festival；www.brisbanepridefestival.com.au）布里斯班一年一度的同性恋庆典在9月里举办为期四周的活动（某些活动在6月举行，包括胖女王舞会）。

Pridefest（www.pridewa.asn.au）11月在珀斯举行。

Feast Festival（www.feast.org.au）盛大的同性恋节日11月在阿德莱德举行，为期两周，有狂欢节、戏剧、对话和舞蹈。

出版物

大城市都有同性恋报纸，可以在俱乐部、咖啡店、演出地点和报刊店找到。同性恋生活杂志包括*DNA*、*Lesbians on the Loose*（*LOTL*，《自在蕾丝边》）和悉尼的*SX*。墨尔本有*MCV*。昆士兰有*Queensland Pride*（《昆士兰骄傲》）。珀斯有免费的*Outin Perth*（《约会珀斯》）。阿德莱德有*Blaze*（《烈焰》）。

澳大利亚同性恋之旅（Gay & Lesbian Tourism Australia，简称Galta；www.galta.com.au）提供一般性的信息。

SameSame（www.samesame.com.au）提供新闻、活动和生活方式等信息。

女性旅行者

对于女性旅行者来说，澳大利亚基本上是一个安全的旅游目的地。不过，还是有一些必要的注意事项。

夜间 避免在任何大城市和城镇单独出行，如果出门在外，预留足够的钱以搭出租车回住地。

酒馆客栈 最好不要在普通的酒馆客栈住宿，除非它看起来非常安全并且管理完善。

性骚扰 性骚扰不常见，但一些澳大利亚壮汉偶尔会犯错，特别是当他们喝醉酒的时候。

农村地区 通常的观点认为，离大城市越远，你遇到的男性越容易对女性失礼。然而，很多女性旅行者说她们遇到的最友好、最老实的家伙，都在内陆的酒吧和偏远地区的路边小店里。

搭便车 不建议任何人搭便车，即使是结伴旅行的，也要全程小心谨慎。

饮料投药 悉尼和其他大城市的一些酒吧发布了关于麻醉药或“兴奋”饮料的警告——可能不无道理，在酒吧有人向你提供饮品的时候要提高警惕。

摄影

门店和打印 如果你对自己智能手机的摄影质量不甚满意的话，在城市和城区中心可以很方便地买到数码相机、记忆卡和电池。也可试着到电子用品商店（Dick Smith、Tandy）或更大的百货商店购买。许多网吧、相机店和大型文具店（Officeworks、Harvey Norman）都提供相片打印设备。

书籍 可参考Lonely Planet的《旅行摄影》（*Travel Photography*）。

礼貌 如同在任何其他国家一样，摄影时，有礼貌的行为大有裨益。给别人照相前，可先询问一下。尤其要记住的是，对于澳大利亚原住民来说，摄影可能具有高度侵犯性。对文化场所、活动、人物肖像、具有重要意义的地点和仪式的拍摄可能成为一个敏感的问题。记得始终要在拍照之前询问一下。

志愿者服务

Lonely Planet出版的《志愿者：一本与众不同的世界环游指南》（*Volunteer: A Traveller's Guide to Making a Difference Around the World*）提供了与志愿活动相关的实用信息。

参考以下网站：

澳大利亚海外服务局（Australian Volunteers International；www.australianvolunteers.com）接受有经验的志愿者前往北部和中部地区的原住民社区工作。多数是长期职位，偶尔也有一些短期的非技术性职位——通常是在社区经营的汽车旅馆里帮忙。

澳大利亚环境志工团（Conservation Volunteers Australia；www.conservationvolunteers.com.au）组织植树、步行路径建设以及动植物调查等非营利性活动。

澳大利亚地球观察研究所（Earthwatch Institute Australia；www.earthwatch.org）为志愿者提供探险机会，主要的活动内容是与环境保护和野生动物相关的。

GoVolunteer（www.govolunteer.com.au）全国性的网站，列出了数以千计的志愿工作机会。

i to i Volunteering（www.i-to-i.com）在澳大利亚进行与环保相关的假日志愿活动。

Responsible Travel（www.responsibletravel.com）在抵达澳大利亚之后，可以在固定的时间段从事志愿者服务。

STA（www.statravel.com.au）为那些想要在澳大利亚寻求假日志愿机会的游客提供帮助——在它们的网站点击“Planning”进入志愿者链接。

Volunteering Australia（www.volunteeringaustralia.org）列明了澳大利亚各州的志愿者工作机会。

有机农场的自愿工作者（Willing Workers on Organic Farms，简称WWOOF；www.wwoof.com.au）该项目的形式是，你每天在农场工作数小时，作为回报，农场为你提供免费的床铺和膳食。在某种程度上，多数主人都给你提供了一种体验不同生活方式的机会。多数地方都要求志愿者至少待两晚。在线申请费用为$70。你将获得会员号和一本列出了参与单位的小册子。如果需要有机农场的自愿工作者将这本小册子寄往海外，则要多交$5。

工作

如果你是凭旅游签证来澳大利亚的，那么你就不能进行有酬劳的工作。你需要申请工作度假签证或工作与度假签证，详情请登录www.immi.gov.au。

背包客杂志、报纸和青年旅舍布告栏是在当地寻找工作机会的好地方。旺季，在主要的旅游中心，常常可以找到临时的工作。在澳大利亚的旅游旺季，爱丽斯泉、凯恩斯和昆士兰州沿海地区的各个度假小镇，以及维多利亚州和新南威尔士州的雪场，都是不错的工作地点。其他的临时工作有工厂工作、劳务工作、酒吧工作、服务员、内陆路边旅馆中的杂务工作、保姆工作、牧场工作以及为慈善募捐的工作。具备足够的计算机知识或可以担任秘书、护理和教师的游客，可在大城市找到临时的工作，但需要在相关机构登记注册。

可参考以下网站，了解城市中一些不错的工作机会：

Adzuna（www.adzuna.com.au）

Career One（www.careerone.com.au）

Gumtree（www.gumtree.com.au）

Seek（www.seek.com.au）

TAW（www.taw.com.au）

季节性工作资源

季节性的水果采摘（收获）工作一般都依赖于临时工，所以你全年都能在澳大利亚找到一些采摘、修剪或耕种的工作。这类工作确实艰苦，通常一大清早就要起床开工，你所获得的报酬通常根据采摘收获量（每箱、每桶、每公斤等方式）计算。通常，工作初期每天可挣$50~60，随着你的工作越来越熟练，每天可获得的报酬也越来越多。有些工作，如修剪或分类，每小时约$15。你可以致电**全国收割电话资讯服务**（National Harvest Telephone Information Service；☎1800 062 332）以了解更多的相关信息，比如在何时何地可以找到这类采摘工作。

需注意，由于签证情况的复杂性，许多的当地游客信息中心和青年旅舍都不再协助旅行者寻找任何工作。为避免失望，请勿为保留一份水果采摘的工作而交付任何定金，也不要预付水果采摘处的住宿费。

更多资源如下：

Harvest Trail（www.jobsearch.gov.au/harvesttrail）专门介绍和收获相关的工作。

QITE（www.qite.com.au）昆士兰州非营利性的就业中介，介绍凯恩斯、因尼斯费尔和阿瑟顿高地周边的工作。

Viterra（www.viterra.com.au）介绍维多利亚州和南澳大利亚州（10月至次年1月）的季节性粮食收获工作。

Workabout Australia（www.workaboutaustralia.com.au）介绍各州季节性工作机会的详情。

季节性工作热点

新南威尔士州 新南威尔士的雪场在滑雪季有许多季节性的工作机会，特别是铁播堡附近。Narrabri和莫里附近也有收获的工作，猎人谷则提供葡萄采摘的工作。在腾特菲尔德、奥兰治和扬格附近常常能找到水果采摘的工作。

北部地区 北部地区为背包客提供打工度假的机会，大部分工作是水果采摘、牧场工作、劳务工作和接待工作。

昆士兰州 昆士兰有大片农田和果园，在斯坦索普、奇尔德斯、班达伯格和凯恩斯附近能找到水果采摘工作。那些寻找更稳定且报酬更好的工作的人应留意矿业城镇的采矿机会，比如韦帕和克朗克里。

南澳大利亚州 在弗勒里半岛、库纳瓦拉地区和巴罗萨山谷能找到不错的季节性工作（葡萄酒酿制），在贝里的墨累河沿岸也能找到一些工作（水果采摘）。

塔斯马尼亚州 南部，尤其是锡格尼特和休恩维尔的苹果园，是塔斯马尼亚地区最可能找到工作的地方。

维多利亚州 在米尔迪拉和谢珀顿能够找到收获方面的工作。

西澳大利亚州在珀斯，可以找到大量与旅游、酒店、行政、IT、看护、幼托、工厂和劳力等相关的临时工作。在珀斯以外的地方，游客很容易就能找到与旅游和接待相关的工作以及各类季节性工作。如果想找葡萄采摘工作，到玛格丽特河边的葡萄园试试。

税

税务号码

如果你在澳大利亚工作，你应该申请一个税务号码（Tax File Number，简称TFN）。没有税务号码，你的工资会被按照最高的税率征税。通过**澳大利亚税务局**（Australian Taxation Office；www.ato.gov.au）在线申请税务号码，从申请到获得税号需要4周的时间。

纳税和退税

即便有税务号码，非澳大利亚居民（包括工作度假签证持有者）适用的税率比起大多数澳大利亚居民来还是要高得多。首先，你没有免税点，你挣的每一元钱都是需要交税的。

因为你在澳大利亚获取了工资，所以必须向澳大利亚税务局提交纳税申报单（tax return）——查看他们的网站以了解如何操作，包括如何从你的雇主那里得到一份付款摘要（Payment Summary；关于你的所得及税务情况的官方摘要）、提交纳税申报单的时间，以及如何收到你的评税通知书（Notice of Assessment）。

记住，你没有资格对所缴纳的税申请退税，只有从你薪水中扣的税款超过你应该缴纳的税额时，才能进行退税。如果你没有缴纳足够的税款，那么你会被要求补齐这些税款。

交通指南

到达和离开

无论从地球上任何一个地方出发，澳大利亚都是一个遥远的目的地，到达那里意味着需要经过长途飞行。如果进行陆地旅行的时间不够，不妨考虑乘坐澳大利亚国内航班——澳大利亚的国内航班价格实惠（相比汽油费和汽车租赁费用），通常还符合碳补偿计划的要求，而且可以节省自驾车的时间。飞机票、团队游、火车票均可在线预订：www.lonelyplanet.com/bookings。

入境

澳大利亚入境手续简便高效，无非是惯常的海关申报手续。如果你拥有护照和进入澳大利亚的签证，无论你来自哪个国家，都会畅通无阻。

飞机降落前，空乘人员会发一张入境旅客登记卡。此外，还需填写申报单。两种文件都有中文版，但必须用大写英文字母填写。将护照、签证、回程机票以及有关的健康证明放在便于拿取的地方，以备海关检查。

另外，澳大利亚自助通关系统已启用，持有中国大陆、香港、澳门电子护照的旅行者在抵达澳大利亚国际机场时可使用自助通关"智能门"办理入境手续。

航空

飞往澳大利亚的旺季（价格也最高）大致上就是这个国家的夏季（12月至次年2月），淡季则是冬天那几个月（6月至8月），然而冬天却是澳大利亚中部和最北部地区的旅游旺季。澳大利亚的国际航空公司是**澳洲航空**（Qantas；www.qantas.com.au）。

在中国，有不少航班飞往澳大利亚，如国航、南航、东航、港龙航空、国泰航空、菲律宾航空、新加坡航空、新西兰航空、马来西亚航空的航班等。国航、东航、南航、川航、厦航、海航、澳洲航空和捷星航空有共计15条航线可实现中国内地直飞澳大利亚，这些航线覆盖北京、成都、重庆、南京、福州、广州、上海、武汉、厦门、西安。

国际机场

澳大利亚有许多国际机场，其中悉尼机场和墨尔本机场最为繁忙。

阿德莱德机场（www.adelaideairport.com.au）

布里斯班机场（www.bne.com.au）

气候变化和旅行

任何依赖碳基燃料的运输方式均会产生二氧化碳，该气体是人类活动导致气候变化的主要原因。现代旅游离不开飞机，在每人每公里耗油量方面，飞机比大多数汽车都更节省燃料，而旅行的距离却更远。但由于飞机在高空排放废气（其中包括二氧化碳）和颗粒，这加剧了对气候变化的影响。许多网站都提供"碳排放计算器"，人们可以估算出行程所产生的碳排放量，如果你愿意，还可以捐助世界各地的气候友好型项目，以抵消温室气体排放对气候的影响。Lonely Planet会抵消所有员工和作者旅行所产生的碳足迹。

凯恩斯机场（www.cairnsairport.com）

达尔文机场（www.darwinairport.com.au）

黄金海岸机场（www.goldcoastairport.com.au）

墨尔本机场（www.melbourneairport.com.au）

珀斯机场（www.perthairport.net.au）

悉尼机场（www.sydneyairport.com.au）

海路

你不是没有可能免费搭上航船或去游艇上帮忙（但绝不意味着轻松和安全），这些航船往返于澳大利亚和巴布亚新几内亚、印度尼西亚、新西兰、太平洋岛国等国家之间。通常而言，你要在船上干点儿活，才能获取免费的食物。你可以在科夫斯港、大克佩尔岛、艾尔利海滩、降灵群岛、达尔文和凯恩斯等地的码头或航海俱乐部询问是否有这样的机会。4月，你可以在悉尼附近找到许多靠泊的船只。

另外，**P&O Cruises**（www.pocruises.com.au）经营布里斯班、墨尔本、悉尼和新西兰及太平洋岛国之间的假日游轮。还有一种选择：有些往来澳大利亚和其他地方的货船允许乘客搭乘。可参考网站了解更多选择：www.freighterexpeditions.com.au和www.freightercruises.com。

当地交通

飞机

澳洲的航空公司

澳大利亚国内主要的航空公司是**澳洲航空**（www.qantas.com.au）和**维珍澳洲航空**（Virgin Australia; www.virginaustralia.com），它们在所有主要的中心城市提供定期的航班服务。**捷星航空**（Jetstar; www.jetstar.com.au; 澳洲航空旗下子公司）和**虎航**（Tiger Airways; www.tigerair.com; 部分隶属于新加坡航空公司）的价格一般较便宜，它们的航班飞行于澳大利亚大多数首府城市之间。参考各地区章节，可获取澳大利亚各州和地区当地航空公司的运营信息。

航空套票

澳洲航空提供折扣机票**旅行航空套票**（Walkabout Air Pass），对象是乘坐澳洲航空或美国航空从国外飞到澳大利亚的乘客。该套票的花费比你单独预订机票更优惠，可让你往来于澳大利亚国内约60个目的地之间。登录www.qantas.com.au/travel/airlines/air-pass/us/en了解详情。

自行车

澳大利亚是个让骑行者大显身手的地方。这里既有穿越大多数主要城市的自行车车道，也有蜿蜒几千公里、路况良好的乡村公路。澳大利亚有地势平坦的乡村和平缓起伏的小山等待你去探索。虽然这里不像瑞士或法国那样多山，但山地自行车手还是可以找到许多林间起伏的路线和高地。如果你真的热衷于骑行，也可以在内陆地区骑行。

租车 在城市里很容易就能租到自行车。

法律规定 在澳大利亚所有的州和地区，骑车人都必须佩戴自行车头盔。在夜间骑车的时候，需打开车前的白色警示灯和车后的红色警示灯。

地图 虽然一张标准公路地图也能凑合用，但如果想避开低级的未铺装土路，政府系列的地图则是最好的选择。其中1:250,000的图最合适。当然，如果你去更远的地方，就需要更多的地图。其他可选择的是1:1,000,000的图。

运输 如果你携带自己的自行车，请事先向航空公司询问拆卸、包装的价格和手续。澳大利亚的长途客车通常要求骑车人事先拆卸自行车，有时候，你的自行车可能会被运载在另一趟客车上。

天气 夏季，要携带足够多的饮用水。骑车时，可以佩戴有檐的头盔（或在头盔下戴一个有檐的帽子），涂抹防晒霜，不要在中午骑车出行。要小心酷热的北风，它会让北上的骑手叫苦不迭。4月开始刮起东南信风，你可以顺风（理论上）一路骑到达尔文市。维多利亚州、塔斯马尼亚、南澳大利亚州南部和新南威尔士州山上的温度较低。

实用信息

全国骑行者的组织是**澳大利亚自行车联合会**（Bicycle Federation of Australia; www.bfa.asn.au）。每个州和地区都有旅行组织为你提供骑车方面的信息和旅游俱乐部的联络方式。**骑行澳大利亚**（Bicycle Network Australia；www.bicycles.net.au）可以提供相关信息、新闻及链接。

骑行塔斯马尼亚（Bicycle Network Tasmania；www.biketas.org.au）

骑行维多利亚（Bicycle Network Victoria；www.bicyclenetwork.com.au）

骑行新南威尔士（Bicycle NSW；www.bicyclensw.org.au）

骑行昆士兰（Bicycle Queensland；www.bq.org.au）

自行车交通联盟（Bicycle Transportation Alliance；www.btawa.org.au）在西澳大利亚州。

骑行南澳大利亚（Bicycle SA；www.bikesa.asn.au）

骑行北部地区（Cycling Northern Territory；www.nt.cycling.org.au）

Pedal Power ACT（www.pedalpower.org.au）

购买自行车

如果你想在澳大利亚购买一辆全新、可靠的公路自行车或山地车，起步价约为$600。如果加上所有必需的装备（车筐、头盔等），起步价约$1600。在城市中，可以考虑购买二手车，圣诞节后的大减价和年中的清仓也是购买稍新的打折自行车的好时机。

卖掉自行车（或买一辆二手自行车），可浏览旅舍布告栏或登录网站**交易邮报**（Trading Post；www.tradingpost.com.au）和**Gumtree**（www.gumtree.com.au）。

船

虽然澳大利亚被大海包围，但乘船旅行并不是特别可行的方式。除了地区间的短途渡轮（比如，从南澳大利亚去往袋鼠岛、从西澳大利亚去往罗特内斯特岛、从塔斯马尼亚岛去往布鲁尼岛，以及从昆士兰去往北斯特拉德布罗克岛），唯一运送长途旅客的服务由**Spirit of Tasmania**（☎1800 634 906；www.spiritoftasmania.com.au；⏲顾客联系中心 周一至周六8:00~20:30，周日9:00~20:00）提供，在墨尔本和塔斯马尼亚岛西北海岸的德文波特之间还有两艘快速的载车渡轮。

长途汽车

澳大利亚四通八达的长途汽车网络使乘车旅行成为一种颇为可靠的出行方式，尽管乘车旅行并不一定比坐飞机便宜，而且漫长的路途也可能会令人感觉枯燥乏味。大多数长途汽车上都配备了空调、厕所和电视，所有的车上都禁止吸烟。澳大利亚的客车没有等级之分，而不同公司的汽车看起来也差不多。

小城镇的汽车站通常没有那种正规的站台，而是在邮局、报亭等地设一个上下客的站点。

全国性的客运网络由**澳洲灰狗巴士**（Greyhound Australia；www.greyhound.com.au）经营。注意，该公司运营的阿德莱德和珀斯之间的路线并不经过纳拉伯平原，该公司也不运营珀斯至布鲁姆之间的路线。网上订票最便宜。

其他运营商包括：

Firefly Express（www.fireflyexpress.com.au）往返于悉尼、堪培拉、墨尔本和阿德莱德之间。

Integrity Coach Lines（www.integritycoachlines.com.au）珀斯与西澳大利亚州的布鲁姆之间主要的运营商。

Premier Motor Service（www.premierms.com.au）东部海岸澳洲灰狗巴士最主要的竞争对手。

V/Line（www.vline.com.au）往返于维多利亚州和新南威尔士州、南澳大利亚州和首都直辖区。

澳洲灰狗巴士通票

澳洲灰狗巴士为各类旅客提供大量汽车通票，详情请参考www.greyhound.com.au/passes。许多通票对青年旅舍联盟、VIP、国际学生证和其他一些组织的成员提供最高10%的优惠。

里程通票

这是最简单的一种通票，可以购买指定的里程数，从1000公里（$189）起，最多可购买25,000公里（$2675）。一张5000公里的通票价格为$785,10,000公里的通票价格为$1435。通票有效期是12个月，可以去任何地方、任何方向，停留任意多的次数。可使用在线的里程计算器来选购适合你的通票。至少提前一天预订座位。

随时上下车通票和短途通票

此类通票能让你遍游颇受欢迎的路线，主要是东海岸沿线、凯恩斯和爱丽斯泉之间，还有从阿德莱德经爱丽斯泉到达尔文一线。只能沿一个方向行进，你可以随意上下

Principal Bus Routes & Railways
主要长途汽车线路和铁路线

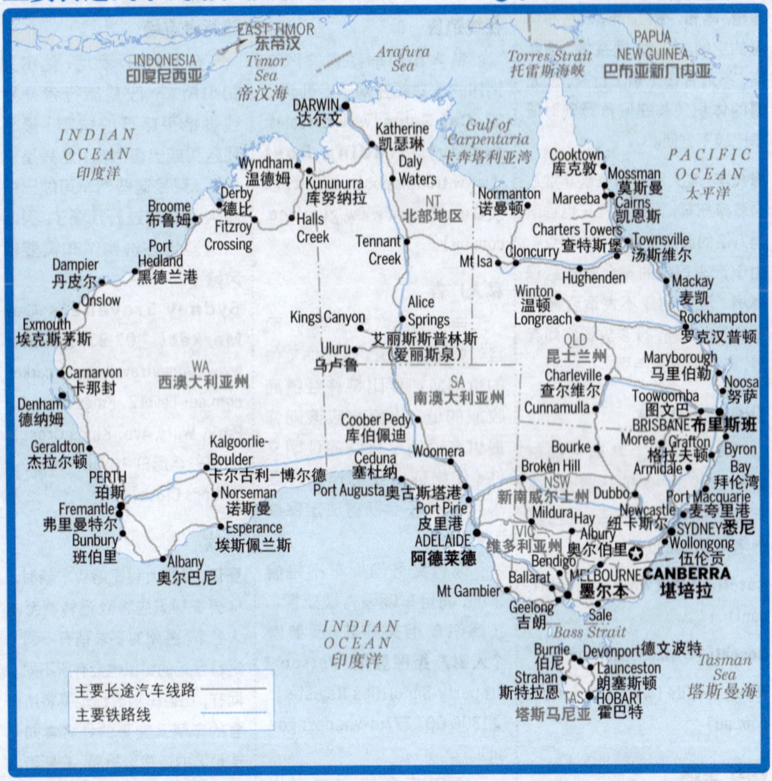

车。通票的有效期为6个月，一旦行程开始，需在3个月内用完。经典行程有：

- 阿德莱德到爱丽斯泉 $209
- 爱丽斯泉到达尔文 $199
- 凯恩斯到爱丽斯泉 $369
- 墨尔本到凯恩斯 $509
- 悉尼到凯恩斯 $419

可以参考网站**Oz Experience**（☎1300 300 028；www.ozexperience.com），这是一个背包客就如何利用灰狗套票服务提供的个人旅行建议。

费用

以下是一些在澳大利亚最常见的旅行路线，及其单程未打折的平均汽车票价，可在线预订：

线路	成人/儿童
阿德莱德—达尔文	$490/420
阿德莱德—墨尔本	$105/85
布里斯班—凯恩斯	$310/270
凯恩斯—悉尼	$500/430
悉尼—布里斯班	$190/160
悉尼—墨尔本	$135/115

小汽车和摩托车

驾照

在澳大利亚开车要有国内颁发的有效英文驾照。如果不是英文驾照，你还要携带一本国内颁发的国际驾照。

选择车辆

两驱 车辆的选择取决于你的旅行目的地，但一辆标准的两驱车可能就够用了。租赁、购买和使用两驱车的费用都要比四驱车低。两驱车大都比较省油，且易于维修和出售。缺点：没有越野能力，也无法提供可以睡觉的空间！

四驱车 四驱车适合在内陆旅行，因为它们几乎可以到达任何你渴望去的地方。而且，车后可能有供你睡觉的空间。缺点：油费高昂，停车不便，而且租车或购车费用都比较高。

房车 便利的设施唾手可得：洗涤槽、冰箱、橱柜、床、厨房和休息的空间。缺点：速度慢、油耗高，不适合在土路上行驶，巨无霸的体积使其在城市行驶时显得比较不方便。

摩托车 澳大利亚的气候非常适合骑摩托车，而且摩托车也是颇为方便的城市交通工具。缺点：由于汽车司机的安全驾驶意识薄弱，澳大利亚不太适合摩托车旅行。此外，行李放置空间有限，还不能遮风挡雨。

背包客和拼车

与其他旅客共用车辆可以降低成本、保护环境。可在布告栏找到此类广告，还可以参考网络上的分类广告：

Catch a Lift（www.catchalift.com）

Coseats（www.coseats.com）

Need a Ride（www.needaride.com.au）

购买车辆

你可以购买属于自己的车辆，自由地游览。而且，自驾游可能比租车进行长途行驶更便宜。缺点包括需要应对复杂及昂贵的登记手续、办理行驶证书和保险事宜、支付维护和修理的开支，转售车辆也可能比想象中的难。

如果你计划买一辆二手车，注意其隐性费用：印花税、登记费、转让费用、保险和车辆保养费用。

注意事项

最明智的做法是对车辆进行独立专业的检查——由汽车俱乐部检查车辆。道路运输局有获得许可的汽车修理厂的名单。

在线销售

私人和经销商有关汽车销售的信息都在网站上列明，如：**Car Sales**（www.carsales.com.au）、**Trading Post**（www.tradingpost.com.au）以及**Gumtree**（www.gumtree.com.au）。

私人广告

自行购买汽车很费时，而且你要货比三家，但是你支付的价格应该要比特许经销商收取的低。出售方应该向你提供车辆适于行驶的证明文件（如果你所在的州这样要求），但你不会获得法定保修服务。

你有义务确保车不是偷来的，而且车辆没有被抵押。了解汽车相关细节，请参考**个人财产担保登记**（Personal Property Securities Register；☎1300 007 777；www.ppsr.gov.au）。

青年旅舍的布告栏以及www.lonelyplanet.com的荆棘树旅行论坛都有车辆销售的信息。旅游办公室通常也有发布此类信息的布告栏。

经销商

有执照的汽车经销商必须保证汽车没有被抵押。根据汽车的使用年限和行驶里程，经销商还应向你提供法定保修服务。你需要签署一份销售协议，并确保自己在签署协议之前已清楚地了解了协议内容。有些经销商在卖车的同时承诺将会以一定价格再从你那里把车买回去，但不要接受口头保证，而是将保证写进协议里面。

旅行者市场

在凯恩斯、悉尼、达尔文和珀斯（一般是旅行者开始或者结束旅行的城市）最容易购买或出售汽车，尤其是凯恩斯。只是这些汽车可能已在澳大利亚转过好几圈了，因此在这些地方选购汽车需要冒风险。

Sydney Travellers Car Market（☎02-9331 4361；www.sydneytravellerscarmarket.com.au；Level 2, Kings Cross Car Park, Ward Ave, Kings Cross；⏲周一至周日 10:00~16:30；🚇Kings Cross）

手续

登记 在澳大利亚购买车辆时，你要在14天内将登记转移至本人名下。各州的要求稍有不同，进行登记的组织也会有所不同。同样，出售车辆时你也要将所出售的车辆及变更的姓名告知州或地区的道路运输局。在新南威尔士州、北部地区、昆士兰州、塔斯马尼亚州、维多利亚州和西澳大利亚州，买方和卖方须填写和签署转让登记表。首都直辖区和南澳大利亚州没有该转让登记表，但买方和卖方需要在注册表的背面填写和签署转让登记。

道路行驶证 如果你考虑购买的车辆没有适于道路行驶的证书，最好在购买之前进行车辆性能检查。这项花费可能高达$100，但是可以节省你的隐性费用。道路运输局有获得许可的车辆检验员的名单。在以下转让注册的情形下，卖家必须能提供车辆适于行驶的证书：

王子公路悉尼至墨尔本路段

- 首都直辖区——车龄为6年
- 新南威尔——车龄为5年
- 北部地区——车龄为3年
- 昆士兰州——所有车辆必须要有安全证书
- 维多利亚州——所有车辆必须要有车辆性能证书
- 西澳大利亚州、南澳大利亚州和塔斯马尼亚州——大多数情况下不需要检查或提供证书

天然气检查合格证 在昆士兰州，使用天然气的车辆在转让注册时，卖方必须提供天然气检查合格证。在首都直辖区，天燃气车辆需要进行年检。

防盗锁止器 在西澳大利亚州，大多数进行转移注册的车辆（不包括摩托车）必须要有经批准的防盗锁止器，这是买方的责任。

更改登记所在州 注意：将以前登记在一个州的车辆变更登记在另外一个州既困难又费时，价格还不低。

续交登记费 澳大利亚全国的登记费都按照全年收取，但大多数州或地区允许你每6个月再交付一次登记费，有时是每3个月一次。

道路运输局

了解更多关于流程和费用的信息：

Department of Planning, Transport & Infrastructure（☎1300 872 677; www.dpti.sa.gov.au）南澳大利亚州。

Department of State Growth - Transport（☎1300 851 225; www.transport.tas.gov.au）塔斯马尼亚州。

Department of Transport（☎1300 654 628; www.transport.nt.gov.au）北部地区。

Department of Transport（☎13 11 56; www.transport.wa.gov.au）西澳大利亚州。

Department of Transport & Main Roads（☎13 23 80; www.tmr.qld.gov.au）昆士兰州。

Roads & Maritime Services（☎13 22 13; www.rta.nsw.gov.au）新南威尔士州。

Road Transport Authority（☎13 22 81; www.rego.act.gov.au）首都直辖区。

太平洋公路悉尼至布里斯班路段

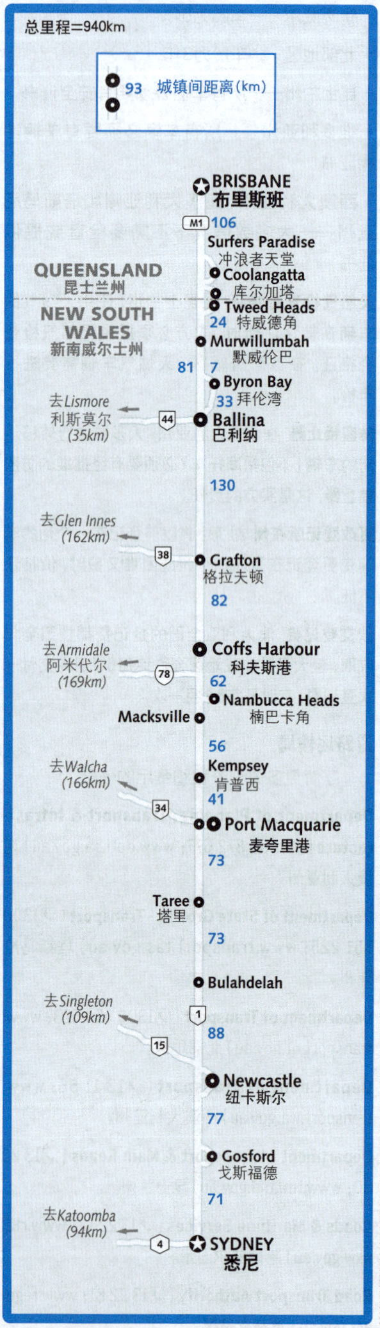

VicRoads(☎13 11 71; www.vicroads.vic.gov.au)维多利亚州。

租车

主要城镇中有规模较大的租车公司。大多数公司要求司机的年龄在21岁以上，而某些公司要求司机的年龄在18岁或25岁以上。

对租车过程的建议：

➡ 逐字逐句阅读合同。

➡ 约定：一些公司可能要求有署名的信用卡收据，其他公司可能只通过你的信用卡收取费用。如果是后者，弄清楚何时能取得退款。

➡ 询问是否有里程限制，如果有，每公里额外收费多少。

➡ 弄清楚发生撞车时你的起赔额是多少，或者如果每天支付一定费用，能否降低起赔额（一般来说，无论你是否询问，对方都会向你提供这种选择）。了解你的个人旅行保险是否包含了车辆意外险及起赔额。

➡ 了解排除在保险以外的内容（撞到袋鼠、在土路行驶时车辆受损等），还有是否赔偿你在无法避免的土路上（如进入营地）行驶时的车损。一些保险公司不赔偿部分汽车零部件损坏的情况，如汽车底部、轮胎和挡风玻璃。

➡ 检查车辆传感器有无损坏。签名之前将合同的内容记录下来。

➡ 询问故障和事故解决过程。

➡ 如果可以的话，在营业时间返还车辆并且坚决要求当面检查。

较大型的国际公司有Avis、Budget、Europcar、Hertz、Thrifty。下面的网站提供最终的折扣并为你在大的运营商之间进行比价：

Carhire(www.carhire.com.au)

Drive Now(www.drivenow.com.au)

Webjet(www.webjet.com.au)

四驱车

要在内陆地区崎岖不平的道路上行驶，四驱车是必不可少的。主要的汽车租赁公司都提供四驱车。

几个人合租一辆四驱车的费用不高：租一

Brisbane to Cairns via the Bruce Hwy 布鲁斯公路布里斯班至凯恩斯路段

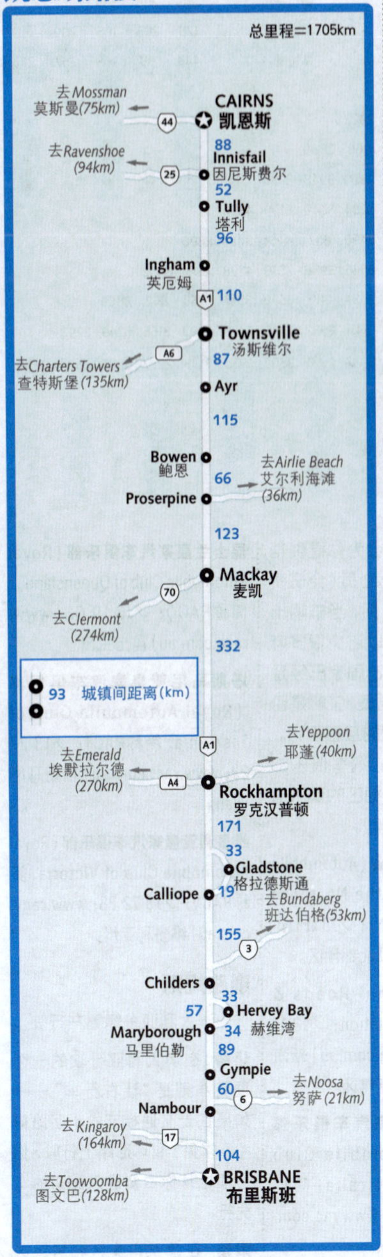

辆日产奇骏(可行驶于大多数小道)的价格为每天$100~150。租一辆丰田兰德酷路泽的价格为$150~200,里程数应该无限制。

了解保险条件,特别是起赔额(可高达$5000),因为有关起赔额的问题颇为麻烦,而且保险条款可能不涵盖越野旅行造成的车辆损坏。

露营房车

租车公司出租房车,价格为每天$90(双卧铺)或$150(四卧铺),通常最低租期为5天,无里程限制。包括如下公司:

Apollo(☎1800 777 779; www.apollocamper.com, www.hippiecamper.com)拥有一个专注于背包客服务的品牌,名叫Hippie Camper。

Britz(☎1300 738 087; www.britz.com.au)

Jucy Rentals(☎1800 150 850; www.jucy.com.au)

Maui(☎1300 363 800; www.maui.com.au)

Mighty Cars & Campers(☎1800 670 232; www.mightycampers.com)

Spaceships Campervans(☎1300 132 469; www.spaceshipsrentals.com.au)

Travelwheels(☎1800 289 222; www.travelwheels.com.au)

单程租车

单程租车通常更便宜,但是时间灵活性较低。多数大型的租车公司都提供这种租车服务,或联系以下公司:

imoova(☎1300 789 059; www.imoova.com)

Relocations2Go(☎1800 735 627; www.relocations2go.com)

Transfercar(☎02-8011 1870; www.transfercar.com.au)

保险

第三方保险 除了新南威尔士州和昆士兰州,澳大利亚的第三方伤亡险均包含在车辆注册费用中,从而确保每一辆注册的车辆至少承担最基本的保险责任(如果车辆是在新南威尔士州或昆士兰州注册的,你要私下与受害者进行协商)。建议在最基本的保险计划中加入第三方财产险,因为很小

道路里程（KM）

	阿德莱德	奥尔巴尼	艾丽斯斯普林斯（爱丽斯泉）	伯兹维尔	布里斯班	布鲁姆	凯恩斯	堪培拉	约克角	达尔文	卡尔古利	墨尔本	珀斯	悉尼	汤斯维尔
奥尔巴尼	2649														
艾丽斯斯普林斯（爱丽斯泉）	1512	3573													
伯兹维尔	1183	3244	1176												
布里斯班	1942	4178	1849	1573											
布鲁姆	4043	2865	2571	3564	5065										
凯恩斯	3079	5601	2396	1919	1705	4111									
堪培拉	1372	4021	2725	2038	1287	5296	2923								
约克角	4444	6566	3361	2884	2601	5076	965	3888							
达尔文	3006	5067	1494	2273	3774	1844	2820	3948	3785						
卡尔古利	2168	885	3092	2763	3697	3052	5234	3540	6199	4896					
墨尔本	728	3377	2240	1911	1860	4811	3496	637	4461	3734	2896				
珀斯	2624	411	3548	3219	4153	2454	6565	3996	7530	4298	598	3352			
悉尼	1597	4246	3109	2007	940	5208	2634	289	3599	3917	3765	862	3869		
汤斯维尔	3237	5374	2055	1578	1295	3770	341	2582	1306	2479	4893	3155	5349	2293	
乌卢鲁	1559	3620	441	1617	2290	3012	2837	2931	3802	1935	3139	2287	3595	2804	2496

	比奇诺	摇篮山	德文波特	霍巴特	朗塞斯顿
摇篮山	383				
德文波特	283	100			
霍巴特	186	296	334		
朗塞斯顿	178	205	105	209	
昆斯顿	443	69	168	257	273

以上都是最短道路距离，其他路线距离更远。

的碰撞也可能造成巨大的经济损失。

租赁车辆 在租赁车辆时，了解发生事故时你应承担的责任。与其白白支付几千澳元，不如购买内容齐全的汽车保险，或者每天支付给租车公司一定的金额以降低起赔额（可将事故起赔额从$2000~5000降至几百澳元）。

免赔 注意，如果在土路上行驶，除非你驾驶的是四驱车，否则保险公司不予赔偿（阅读细则）。另外，多数保险公司不赔偿玻璃（包括挡风玻璃）或者轮胎的损失。

汽车俱乐部

澳大利亚汽车协会（Australian Automobile Association; ☎02-6247 7311; www.aaa.asn.au）协会由各个州的汽车俱乐部赞助，当涉及保险、法规、地图和路边援助时，它会为你提供帮助。成为俱乐部会员（会员费为$100~150）后，当车辆出现故障时，你可以避免很多麻烦。如果你在自己国家已经是某汽车俱乐部成员，了解是否享有在澳大利亚的互惠权利。澳大利亚主要的汽车俱乐部通常为其他州和地区的俱乐部会员提供互惠权利。

北部地区汽车协会（Automobile Association of the Northern Territory，简称AANT; ☎13 11 11; www.aant.com.au）北部地区。

NRMA（National Roads & Motorists' Association; ☎13 11 22; www.mynrma.com.au）新南威尔士州和首都直辖区。

西澳大利亚皇家汽车俱乐部（Royal Automobile Club of Western Australia，简称RAC; ☎13 17 03; www.rac.com.au）西澳大利亚州。

昆士兰皇家汽车俱乐部（Royal Automobile Club of Queensland，简称RACQ; ☎13 19 05; www.racq.com.au）昆士兰州。

塔斯马尼亚皇家汽车俱乐部（Royal Automobile Club of Tasmania，简称RACT; ☎13 27 22; www.ract.com.au）塔斯马尼亚州。

维多利亚皇家汽车俱乐部（Royal Automobile Club of Victoria，简称RACV; ☎13 72 28; www.racv.com.au）维多利亚州。

道路规则

澳大利亚车辆靠左行驶。

让路 在澳大利亚行驶的一个重要准则是"让右行车"——如果在无交通标志的十字路口（不常见）和环形路上行驶，你必须让从你右侧进入路口的车先行。

限速 在建筑密集区和居民区

行驶的最高车速是每小时50公里。在学校附近，早上和下午的最高车速是每小时25公里（有时候是每小时40公里）。高速公路上的最高车速通常是每小时100公里或110公里，在北部地区，最高车速是每小时110公里或130公里。警察有速度雷达枪和照相机，而且喜欢将它们安装在重要的位置上。

安全带和汽车座椅 法律规定，前后座位的乘客都必须系安全带，不系安全带可能会被罚款。儿童必须乘坐检验合格的安全座椅并系好安全带。

酒后驾驶 呼吸测试很常见。如果你的血液酒精浓度超过0.05%，会被罚款并被没收驾照。警察可以随机抽取任意一位司机进行酒精或毒品测试。

手机 在澳大利亚开车时使用手机属违法行为（免提手机除外）。

危害和预防措施

驾驶

疲劳 切忌疲劳驾驶，长途驾驶（尤其是在炎热天气下）会让人精疲力竭。此时，在方向盘上打盹的现象并不少见。长途行驶时，每两小时停下来休息一下，做一些运动，更换司机或者喝杯咖啡。

长列拖车 遇到长列拖车，超车需谨慎（有两三节拖车的卡车长达50米），与这些车保持一定距离并且控制好速度。若在单车道上行驶，遇到长列拖车尽可能地远离公路。

土路 土路路况复杂，汽车制动时可能会发生故障，还会陷进泥路。车速不要超过每小时80公里。如果车速过快，急转弯时就没有反应时间，容易陷在路上或撞到无标志的大门。

动物伤害

➡ 在澳大利亚开车时撞死动物属于严重问题，特别是在北部地区、昆士兰州、新南威尔士州、南澳大利亚州和塔斯马尼亚州。许多澳大利亚人都避免在日落后开车，因为这样可以避免遇上夜间活动的动物。

➡ 在乡村路上经常可以见到袋鼠，在非隔离的内陆地区公路上也可以见到牛和羊。袋鼠在黎明和黄昏时最活跃，而且常常结伴而行：如果你看到一只跳跃着穿过公路的袋鼠，应立即降低车速，因为它的朋友们可能就在它的后面。

➡ 如果你在行驶过程中撞死动物，将它拖至路边，这样可以防止下一辆车遭遇潜在的事故。如果被撞动物只是受伤而且很小[也许是一只幼兽（小袋鼠）]，可用毛巾或毛毯包起它，并且拨打相关的野生动物援救电话。

环境及遗产保护局（Department of Environment & Heritage Protection；☎1300 264 625；www.ehp.qld.gov.au）昆士兰州。

公园及野生生物保护局（Department of Parks & Wildlife；野生动物救助热线☎08-9474 9055；www.parks.dpaw.wa.gov.au）西澳大利亚州。

南澳大利亚州动物救援（Fauna Rescue of South Australia；☎08-7226 0017；www.faunarescue.org.au）

新南威尔士州野生动物信息、救援和教育服务（NSW Wildlife Information, Rescue & Education Service，简称WIRES；☎1300 094 737；www.wires.org.au）

公园及野生生物服务（Parks & Wildlife Service；☎01300 827 727，非工作时间☎03-6165 4305；www.parks.tas.gov.au）塔斯马尼亚州。

北部地区野生动物救助（Wildcare Inc NT；☎0408 885 341，08-8988 6121；www.wildcarent.org.au）

维多利亚野生动物（Wildlife Victoria；☎1300 094 535；www.wildlifevictoria.org.au）

燃油

燃料类型 市区加油站提供无铅汽油和柴油。在偏远地区的路边加油站里，液化石油气的储量比较有限。

费用 不同的地方油价不同，撰写本书之时，城里的无铅汽油价格为每升$1.20~1.50。来到乡下，价格随即飞涨——在北部地区、西澳大利亚州和昆士兰州的内陆地区，价格可能会涨到每升$2.20。

分布 城市和城镇加油站的数量激增，内陆地区加油站之间的距离可能很长。即便如此，也仅有少数道路要求你准备好超大的油箱。主要的公路两边每隔150~200公里就有一些小城镇或路边旅馆。许多加油站是24小时营业。

网络资源

Australian Bureau of Meteorology（www.bom.gov.au）天气信息。

Department of Planning, Transport & Infrastructure（☎1300 361 033；www.transport.sa.gov.au）南澳大利亚州的道路情况。

Green Vehicle Guide（www.greenvehicleguide.gov.au）澳大利亚的汽车温室气体和污染气

体排放量排行榜。

Live Traffic NSW（☎1300 131 122；www.livetraffic.com）新南威尔士州的道路情况。

Main Roads Western Australia（☎13 81 38；www.mainroads.wa.gov.au）西澳大利亚州的道路情况。

新南威尔士州摩托车委员会（Motorcycle Council of NSW；☎1300 679 622；www.mccofnsw.org.au）澳大利亚的几个此类组织之一。

Road Report（☎1800 246 199；www.roadreport.nt.gov.au）北部地区的道路情况。

Traffic & Travel Information（☎13 19 40；www.transport.sa.gov.au）昆士兰州的道路情况。

搭便车

在世界上任何地方搭便车，都不是一件绝对安全的事情，我们不推荐这种做法。决定搭便车的旅行者，需要了解这么做的潜在危险。选择这种方式的旅行者，最好结伴出行并让其他人知道你们的目的地。

当地交通工具

澳大利亚所有的大城市都有便宜可靠的公共汽车网络，悉尼、墨尔本、布里斯班、阿德莱德和珀斯还有郊区火车。墨尔本有有轨电车（阿德莱德也有一条电车线路），悉尼有海港渡轮和轻轨线。澳大利亚全国都有出租车。

参见各地区章节并了解详情。

团队游

巴士旅游符合背包客的风格，而且更正式，提供了观赏沿途景色的便捷方式。以下名单是多个州的运营商，可参见地区章节并了解各个州内更小型的公司。

AAT Kings（☎1300 228 546；www.aatkings.com）大型旅行公司（颇受老年团体的青睐），可组织各种前往澳大利亚各地的团队游。

Adventure Tours Australia（☎1300 654 604；www.adventuretours.com.au）价格实在，在所有州提供吸引有冒险精神的年轻人的团队游。

Autopia Tours（☎03-9397 7758；www.autopiatours.com.au）为期1~3天的行程，从墨尔本、阿德莱德以及悉尼出发。

Groovy Grape Tours（☎1800 661 177；www.groovygrape.com.au）总部在南澳大利亚州的小型运营商。提供由阿德莱德、墨尔本和爱丽斯泉出发的1天至1周的团队游。

Nullarbor Traveller（☎1800 816 858；www.thetraveller.com.au）这家小型公司提供穿越纳拉伯平原的小巴休闲游，这个平原位于南澳大利亚州和西澳大利亚州之间。

Oz Experience（☎1300 300 028；www.ozexperience.com）提供背包客游览服务，覆盖了澳大利亚中部、北部和东部一片呈U形的路线区域——凯恩斯、布里斯班、悉尼、墨尔本、阿德莱德、爱丽斯泉和达尔文。游览过程中由澳洲灰狗巴士提供交通服务。

火车

游客在澳大利亚搭乘火车长距离旅行，不是因为它更便宜、更方便或速度更快，而是因为他们就是想坐火车。话说回来，火车比汽车更舒适，而且在澳大利亚的一些长途火车旅行中，游客也会获得一种新鲜的浪漫之感。多数州的短途铁路运输由各州相关的铁路部门管理，这些部门可能属于政府或是私人。

澳大利亚3条主要的州际交通服务线路由**大南部铁路公司**（Great Southern Rail；☎13 21 47；www.greatsouthernrail.com.au）经营，它们分别是来往于悉尼和珀斯的印度洋太平洋线、来往于墨尔本和阿德莱德的陆地线和通过爱丽斯泉从阿德莱德到达尔文的汗线。**昆士兰铁路公司**（Queensland Rail；☎13 16 17；www.queenslandrail.com.au）经营布里斯班和凯恩斯之间的高速Spirit of Queensland线。**NSW TrainLink**（☎13 22 32；www.nswtrainlink.info）则经营从悉尼到布里斯班、墨尔本和堪培拉的线路。在维多利亚州，**V/Line**（www.vline.com.au）经营的火车线路可以与长途汽车线路相互衔接，由此可以到达新南威尔士州、南澳大利亚州和首都直辖区。

费用

以下是在线预订的标准单程票价。背包客可享受折扣价。

阿德莱德—达尔文 成人/儿童座位票 $929/433；卧铺票$1790/1489起

阿德莱德—墨尔本 成人/儿童座位票 $139/71

阿德莱德—珀斯 成人/儿童座位票 $589/273；卧铺票 $1349/1161起

布里斯班—凯恩斯 成人/儿童座位票 $269/135起；卧铺票 $519/311起

悉尼—堪培拉 成人/儿童座位票 $57/28

悉尼—布里斯班 成人/儿童座位票 $91/65；卧铺票 $216/179

悉尼—墨尔本 成人/儿童座位票 $91/65；卧铺票 $216/179

悉尼—珀斯 成人/儿童座位票 $939/438；卧铺票 $1929/1689起

火车通票

昆士兰铁路公司提供的**昆士兰州海岸通票**允许凯恩斯和布里斯班之间任一方向上单程无限次的停留。1个月的海岸通票费为$209，2个月的则为$289。**昆士兰州开拓者通票**与前者类似，但覆盖了整个州的铁路网络。1个月的开拓者通票费为$299，2个月的则为$389。

大南部铁路公司为国际游客提供**铁路探险家通票**，每位成人3个月或6个月的票价为$545和$655。乘坐的是汗线、陆地线和印度洋太平洋线（座位票）。

NSW TrainLink提供的**发现通票**适用于国际游客及澳大利亚人，可在整个新南威尔士州境内单程旅行，不限中途停留次数，还有去往布里斯班、黄金海岸、墨尔本和堪培拉的线路。14天、1个月、3个月和6个月的通票费分别是$232、$275、$298和$420。可以升级到豪华座。

幕后

说出你的想法

我们很重视旅行者的反馈——你的评价将鼓励我们前行，把书做得更好。我们同样热爱旅行的团队会认真阅读你的来信，无论表扬还是批评都很欢迎。虽然很难一一回复，但我们保证将你的反馈信息及时交到相关作者手中，使下一版更完美。我们也会在下一版特别鸣谢来信读者。

请把你的想法发送到**china@lonelyplanet.com.au**，谢谢！

请注意：我们可能会将你的意见编辑、复制并整合到Lonely Planet的系列产品中，例如旅行指南、网站和数字产品。如果不希望书中出现自己的意见或不希望提及你的名字，请提前告知。请访问lonelyplanet.com/privacy了解我们的隐私政策。

声明

气候图表数据引用自Peel MC, Finlayson BL & McMahon TA（2007）'Updated World Map of the Köppen-Geiger Climate Classification', *Hydrology and Earth System Sciences*, 11, 1633–44。

封面图片：乌卢鲁（艾尔斯岩）的徒步者，Andrew Watson/AWL。

本书部分地图由中国地图出版社提供，其他为原书地图，审图号GS（2016）1994号。

关于本书

这是Lonely Planet的*Australia*的第18版。本书的作者为查尔斯·罗林斯卫、梅格·沃尔拜、凯特·阿姆斯特朗、布莱特·阿特金森、卡洛琳·贝恩、塞莱斯特·布拉什、彼得·德拉吉塞维奇、安东尼·汉姆、保罗·哈丁、艾伦·墨菲、米里亚姆·拉斐尔、本尼迪克特·沃克和史蒂夫·沃特斯。

本书为中文第五版，由以下人员制作完成：

项目负责 关媛媛
内容统筹 谭川遥
翻译统筹 肖斌斌 邹云
翻　　译 钟奕 李高飞 刘颖 吕国斌 徐彬 何珊 杨彬 梁华萍 任世萍 李俊颖 孙宇航 李新
内容策划 谢滢 熊毅 张文颖（本土化内容） 陈泽龙 李小可
视觉设计 李小棠 庹桢珍
协调调度 丁立松 富晓敏
责任编辑 杨帆
地图编辑 马珊
制　　图 田越 刘红艳
终　　审 朱萌
流　　程 孙经纬
排　　版 北京梧桐影电脑科技有限公司

感谢薛平、张桐、兰珊、张旖旎、丁阳、程良雪、刘霜、向阳、洪良、朱琳、陈丽、罗霄山、刘泽刚、胡天伊、王心怡、余盈、乔爽为本书提供的帮助。

索引

000 地图页码
000 图片页码

地图图例

景点

- 海滩
- 鸟类保护区
- 佛教场所
- 城堡
- 基督教场所
- 孔庙
- 印度教场所
- 伊斯兰教场所
- 耆那教场所
- 犹太教场所
- 温泉
- 神道教场所
- 锡克教场所
- 道教场所
- 纪念碑
- 博物馆/美术馆/历史建筑
- 历史遗址
- 酒庄/葡萄园
- 动物园
- 其他景点

活动、课程和团队游

- 人体冲浪
- 潜水/浮潜
- 潜水
- 皮划艇
- 滑雪
- 冲浪
- 游泳/游泳池
- 徒步
- 帆板
- 其他活动

住宿

- 住宿场所
- 露营地

就餐

- 餐馆

饮品

- 酒吧
- 咖啡馆

娱乐

- 娱乐场所

购物

- 购物场所

实用信息

- 银行
- 使领馆
- 医院/医疗机构
- 网吧
- 警察局
- 邮局
- 电话
- 公厕
- 旅游信息
- 其他信息

地理

- 棚屋/栖身所
- 灯塔
- 瞭望台
- 山峰/火山
- 绿洲
- 公园
- 关隘
- 野餐区
- 瀑布

人口

- 首都、首府
- 一级行政中心
- 城市/大型城镇
- 镇/村

交通

- 机场
- 过境处
- 公共汽车
- 缆车/索道
- 自行车路线
- 轮渡
- 地铁
- 单轨铁路
- 停车场
- 加油站
- 出租车
- 铁路/火车站
- 有轨电车
- 其他交通方式

路线

- 收费公路
- 高速公路
- 一级公路
- 二级公路
- 三级公路
- 小路
- 未封闭道路
- 广场
- 台阶
- 隧道
- 步行天桥
- 步行游览路
- 步行游览支路
- 小路

境界

- 国界
- 一级政区界
- 未定国界
- 地区界
- 军事分界线
- 海洋公园
- 悬崖
- 墙

水文

- 河流、小溪
- 间歇河
- 沼泽/红树林
- 暗礁
- 运河
- 水域
- 干/盐/间歇湖
- 冰川
- 珊瑚礁

地区特征

- 海滩/沙漠
- 基督教墓地
- 其他墓地
- 公园/森林
- 运动场
- 一般景点(建筑物)
- 重要景点(建筑物)

注：并非所有图例都在此显示。

我们的故事

一辆破旧的老汽车，一点点钱，一份冒险的感觉——1972年，当托尼（Tony Wheeler）和莫琳（Maureen Wheeler）夫妇踏上那趟决定他们人生的旅程时，这就是全部的行头。他们穿越欧亚大陆，历时数月到达澳大利亚。旅途结束时，风尘仆仆的两人灵机一闪，在厨房的餐桌上制作完成了他们的第一本旅行指南——《便宜走亚洲》（*Across Asia on the Cheap*）。仅仅一周时间，销量就达到了1500本。Lonely Planet 从此诞生。

现在，Lonely Planet 在墨尔本、伦敦、奥克兰、德里和北京都设有公司，有超过 600 名员工及作者。在中国，Lonely Planet 被称为“孤独星球”。我们恪守托尼的信条：“一本好的旅行指南应该做好三件事：有用、有意义和有趣。”

我们的作者

查尔斯·罗林斯卫

布里斯班及周边；霍巴特和塔斯马尼亚州东南部；朗塞斯顿和塔斯马尼亚州东部；阿德莱德及周边；巴罗萨山谷和南澳大利亚州东南部；约克半岛和南澳大利亚州西部；弗林德斯岭和南澳大利亚州内陆 作为一名有前途的年轻人，查尔斯穿着短裤，痛苦地度过了塔斯马尼亚的冬天。夏天，他会去探望在阿德莱德的祖父母。这座位于地势平坦地区的南澳大岭城市有着像沙漠一般炙热的天气、凉爽的游泳池和4家电视台，因而拥有天堂般的地位。小时候，他就知道布里斯班非常迷人。最近，越来越多的书店、酒吧和乐队练习室证明了这一事实。返回塔斯马尼亚之后，他惊喜地发现霍巴特也有了地道的咖啡，而山里仍然能够看到雪。查尔斯已经为Lonely Planet撰写过二十多本旅行指南，他还参与了今日澳大利亚、餐饮、体育运动、行程计划和生存指南等章节的写作。

梅格·沃尔拜

布里斯班及周边；霍巴特和塔斯马尼亚州东南部；朗塞斯顿和塔斯马尼亚州东部；阿德莱德及周边；巴罗萨山谷和南澳大利亚州东南部；约克半岛和南澳大利亚州西部；弗林德斯岭和南澳大利亚州内陆 让我们用一组数字来说明情况：这是梅格第4次前往美丽的塔斯马尼亚、第7次去温和的昆士兰州、第780次回到她那最适于居住的家乡——南澳大利亚州。作为Lonely Planet在墨尔本和伦敦的语言、编辑、网络和出版小组前成员，这是梅格为Lonely Planet写作的第八本旅行指南。梅格还参与了今日澳大利亚、餐饮、体育运动、行程计划和生存指南等章节的写作。

凯特·阿姆斯特朗

冲浪者天堂和黄金海岸；努萨和阳光海岸；布鲁姆 凯特来自维多利亚州，但已迁居北部多年。她很愉快地享受着充满阳光的昆士兰州温暖、闲适的生活态度。最近，她为了本书不得不暂别冲浪板——她原本每天6:00就开始趴板冲浪。她还喜欢探访各地区的美食场所，并且为第一次前往丹皮尔半岛激动万分。凯特参与了30多本Lonely Planet指南的写作。她非常高兴能够加入澳大利亚一书的作者队伍。可以在www.katearmstrong.com.au查看更多有关她的探险经历的文章，她的twitter账号是@nomaditis。

布莱特·阿特金森

堪培拉和新南威尔士南部海岸；新南威尔士州南部；珀斯和弗里曼特尔；珀斯周边；玛格丽特河和西南海岸；西澳大利亚南部；芒基米亚和中西部 为了写作本书，布莱特飞越了西澳大利亚的卡里吉尼国家公园，在堪培拉新兴的城市氛围中探访画廊、博物馆，还在这个国家的东西两岸拜访了上好的澳大利亚精品自酿酒庄。作为一位旅行指南作者、旅行作家以及美食作家，布莱特主要居住在新西兰的奥克兰。他的足迹已遍布50个左右的国家。可登录www.brett-atkinson.net了解他刚去了哪儿以及接下来将要到哪儿旅行。

卡洛琳·贝恩

新南威尔士州中部和内陆地区 在卡洛琳儿时的每个夏天，她的家人都会蜿蜒穿过新南威尔士州（两次）。从他们靠近墨尔本的家到黄金海岸的海滩有着往返3500公里的距离。在这次调研的旅途中，卡洛琳在探索之旅中度过了相当多的时间。在广阔的蓝天下，她的足迹踏遍了新南威尔士州壮丽辉煌的6500公里的景致——从芒戈的灼热沙丘到马奇的葡萄田间。内陆地区40℃的温度对她来说算得上是个大改变，她通常的旅行写作地点可是爱尔兰和丹麦这样的地方。登录carolynbain.com.au可了解更多。

塞莱斯特·布拉什

弗雷泽岛和弗雷泽海岸；摩羯海岸和南礁群岛；降灵海岸；汤斯维尔和使命海滩 塞莱斯特非常幸运，她的特长就是书写前往海岛、海滩和珊瑚礁等目的地的旅行经历。她参与了约50本Lonely Planet指南的写作，她的获奖作品已经出版在BBC旅行频道和国家地理的Intelligent Traveller等栏目。在南太平洋地区生活了15年之后，现在的她和丈夫以及2个孩子住在美国俄勒冈州的波特兰。

彼得·德拉吉塞维奇

悉尼及周边 10年间，彼得无数次飞行于出生地新西兰和悉尼之间。此后，他终于下决心跨过塔斯曼海，在澳大利亚更为稳定地居住下来——这多亏了明媚阳光和无止境的海滩的诱惑力。最好的是，在接下来的10年，他会把悉尼的近郊当作自己的家，同时会出任数家报纸及杂志的总经理。最近，作为作者之一，他为Lonely Planet写了好几十本书，包括《澳大利亚东海岸》和《悉尼》。

了解更多有关彼得的信息，
可以查看http://auth.lonelyplanet.com/profiles/peterdragicevich

安东尼·汉姆

墨尔本及周边；大洋路；吉普斯兰和威尔逊角；格兰扁和金矿区；维多利亚州高地地区；维多利亚州西北部；塔斯马尼亚自治区北部和西部 安东尼（anthonyham.com）在墨尔本出生，在悉尼长大，成年时代的大部分时间都在周游世界。在马德里住了10年之后，最近他回到了澳大利亚，并为本书贡献了有着15年经验的旅行作家的一臂之力。作为新近回归的人士，安东尼为这次重新发现自己国家的机会而感到无比欢喜，并将他的全部热情投入到荒野之中。在书中，他以独特的视角带领大家了解这片熟悉的土地，并以局外人的身份重新观察它。

保罗·哈丁

昆士兰州内陆地区和大草原湾 尽管保罗在维多利亚州南部出生并长大，他却对澳大利亚广阔的内陆地区有着持久的热情——对伟大的马路旅行也一样充满了热情。因此，他轻而易举地就做出了决定，选择为本书的昆士兰州内陆地区和大草原湾部分写作。在经过约6000公里、两打内陆酒馆、无数牛群、各种漫游的野生动物、少数化石以及一些超赞的澳洲人物之后，他终于成功完成了这次旅行。作为一个旅行作家和摄影师，他在内心深处还是一个背包客。保罗为Lonely Planet差不多四十本旅行指南的编写做出了贡献，包括许多澳大利亚章节。他目前仍生活在墨尔本。

艾伦·墨菲

达尔文及周边；乌卢鲁和北部地区内陆地带 艾伦在澳大利亚各地游历甚广，并为Lonely Planet数本与澳大利亚有关的指南书工作过。北部地区拥有古老的地貌及内陆风情，原住民文化在他心中占据了特殊的位置。为了本书，他纵横穿越这一地区广阔的土地，并开拓了新的目的地。艾伦还就北部地区的澳大利亚原住民写过几篇网络文章，他对于能有机会在这次旅程中了解更多的原住民文化倍感荣幸。

米里亚姆·拉斐尔

新南威尔士州中部海岸；拜伦湾和新南威尔士州北部 米里亚姆曾为Lonely Planet的十几本书供稿，她在澳大利亚广阔的棕色土地上驰骋数千公里，只为寻找最棒的隐秘海滩、内陆酒馆餐食和有趣的人物。她一边为澳大利亚和一些国际出版物工作并书写旅行经历，一边在SevenSuitcases.com上发表关于带着孩子踏上无畏旅途的博客文章。在澳大利亚超凡的北部地区生活了许多年之后，最近她回到了家乡悉尼。

本尼迪克特·沃克

凯恩斯和丹特里雨林；约克角半岛 本目前游走在距离他的家乡纽卡斯尔和母亲不远的海滩上。对他来说，“生活在梦想里”意味着在三个他最爱的地方生活：澳大利亚、北美及日本。看上去这一梦想业已实现——这可算不得贪心，只要将爱平均分配即可！本也参与了Lonely Planet的《日本》、《加拿大》和《佛罗里达》等指南书的写作，编写并导演了一部戏剧，为一些摇滚明星的澳大利亚巡回演出安排行程，同时他还是一位热心的摄影师，四处摆弄着他自制的摄影器材。他就是“梦想的确可以成真”的真人版本。了解最新信息，可参看www.wordsandjourneys.com。

史蒂夫·沃特斯

珊瑚海岸和皮尔巴拉地区；金伯利地区 这是史蒂夫第6次进入西澳大利亚州北部。有些东西一如往昔：广袤的距离、热浪、在卡伦布鲁路上遭遇爆胎；其他的则完全改观：洪水肆虐过后的兰奇角国家公园、在莫宁顿做鸟类观测志愿者的经历、寻找位于埃克斯茅斯的老餐馆的体验。史蒂夫为西澳大利亚州写过在线文章，还合著了《澳大利亚》、《印度尼西亚》、《伟大的冒险》及《最棒的旅行》的上一版。下一个旱季到来的时候，他将再次北上。

澳大利亚

中文第五版

书名原文：*Australia*（18th edition，Nov 2015）

图书在版编目(CIP)数据

澳大利亚／澳大利亚 LonelyPlanet 公司编；钟奕等译. -- 2 版. -- 北京：中国地图出版社，2016.9（2019.12 重印）
书名原文：Australia
ISBN 978-7-5031-9408-5

Ⅰ.①澳… Ⅱ.①澳… ②钟… Ⅲ.①澳大利亚－概况 Ⅳ.①K961.1

中国版本图书馆 CIP 数据核字 (2016) 第 214867 号

出版发行	中国地图出版社
社　　址	北京市白纸坊西街 3 号
邮政编码	100054
网　　址	www.sinomaps.com
印　　刷	北京华联印刷有限公司
经　　销	新华书店
成品规格	197mm × 128mm
印　　张	39.75
字　　数	2135 千字
版　　次	2016 年 9 月第 2 版
印　　次	2019 年 12 月北京第 8 次印刷
定　　价	148.00 元
书　　号	ISBN 978-7-5031-9408-5
审 图 号	GS（2016）1994 号
图　　字	01-2014-0654

如有印装质量问题，请与我社发行部（010-83543956）联系